国学经典文库 图文珍藏版

中华名人大传

董飞◎主编

线装書局

图书在版编目（CIP）数据

中华名人大传／董飞主编 .-- 北京：线装书局，
2011.10（2022.3）
ISBN 978-7-5120-0397-2

Ⅰ.①中… Ⅱ.①董… Ⅲ.①名人－列传－中国②帝
王－列传－中国 Ⅳ.①K82

中国版本图书馆 CIP 数据核字（2011）第 136982 号

中华名人大传

主　　编：董　飞
责任编辑：崔建伟　李　旻
出版发行：线装书局
　　　　　地　址：北京市丰台区方庄日月天地大厦B座17层（100078）
　　　　　电　话：010-58077126（发行部）010-58076938（总编室）
　　　　　网　址：www.zgxzsj.com
经　　销：新华书店
印　　制：北京彩虹伟业印刷有限公司
开　　本：710×1040 毫米　1/16
印　　张：112
字　　数：1360
版　　次：2022 年 3 月第 1 版第 2 次印刷
印　　数：3001-9000 套

线装书局官方微信

定　　价：598.00 元（全四卷）

　　细说百代帝王事拾珍补奇，详述千古朝野情博采古今。一部漫长的中华民族帝王史，一部辉煌的华夏文明史，跨越五千年时光流转……为你精致地呈现眼前。

千古一帝——秦始皇

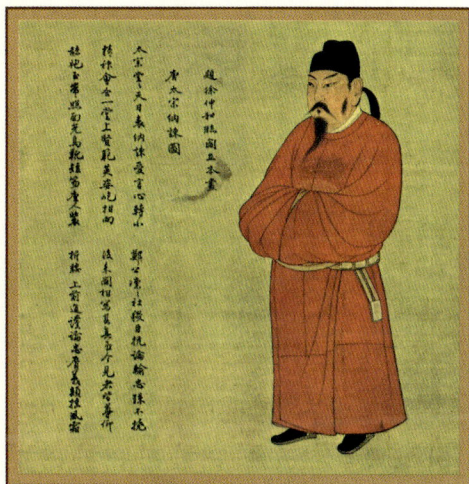

盛世明君——李世民

　　试看庙堂高远，深宫诡谲。几度骊歌，香飘凤城，绿满江山。经纶王业一统，终究成全谁人情义……权力世界里的婀娜身影，千载犹存艳质余香！

牝鸡司晨——吕雉

武则天第二——太平公主

　　他们是历史上最有智慧的代表人物，从自身的生存实践中创造出来的智谋，不仅适用于当时那个时代，而且对于后人也能从中获取神秘而制胜的力量……

公而忘私，成就大业——萧何

鞠躬尽瘁，死而后已——诸葛亮

　　他们是上千位宰相权臣中具有典型意义的代表人物，不仅使广大读者读了以后能够了解一定的历史因果关系，而且能够吸取一些可值得借鉴的经验教训。

贞观名相，唐之萧何——房玄龄

宁鸣而死，不默而生——范仲淹

　　九州华夏，漫漫历史长河，英雄人物，灿若星辰；风高节亮，正气凛然。然观历朝历代，亦不乏奸佞之徒：阿世媚主，奢侈无度，结党营私，祸国殃民，为世人所不齿。

汉奸鼻祖，遗臭万年——秦桧

开国奸雄，欺君擅权——鳌拜

· ─── · 将帅兵圣 · ─── ·

　　在中华民族数千年的历史上，涌现出了许多的军事家、军事理论家和杰出将领，其智谋之高超，战略之精妙，战策之神奇，战绩之辉煌等，都是世界战争史中所独见的。

兵家鼻祖，惠泽万世——孙武

精忠报国，壮怀激烈——岳飞

· —— 厚黑枭雄 · ——

　　纵观历代枭雄，有搏击时代风雨，推动历史前进的正面人物，也有凶残歹毒，阻碍社会发展的反面人物。他们在人类历史长河中留下了不可磨灭的印记。

治世枭雄——曹操

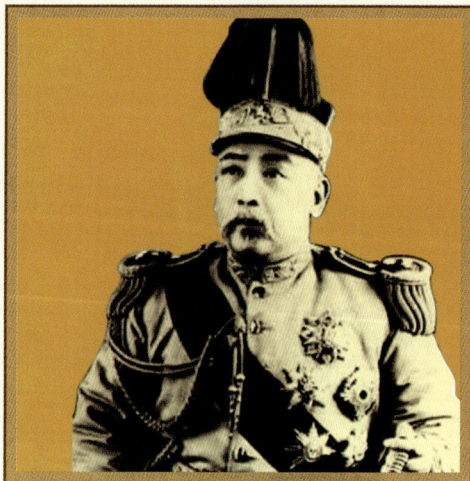

窃国大盗——袁世凯

· —— 商界巨擘 · ——

　　中国商业文化博大精深，曾经培育出一大批商界巨擘，他们所创造的"治生之学"（"治家人生业"），是中国经济管理思想史上一份珍贵的遗产。

商界鼻祖，荣名留世——范蠡

红顶商人，悲剧命运——胡雪岩

中国历史长河中的科技巨匠，闪耀着智慧和科学精神的耀眼光芒，也以其对国家的责任感和爱国心昭示后人，他们凭借其超人的智慧为人类文明的进步而开拓创新。

享誉中外，造纸祖师——蔡伦

通晓天地，成就卓著——张衡

· —— · 圣哲高僧 · —— ·

每个时代，总有他那个时代的圣哲。圣哲是时代的代言人，是时代智者中的精英。人类社会需要圣者，人类社会需要哲人。

至圣先师，万世师表——孔子

千古书圣，万代效仿——王羲之

他们，或道德崇高，或学识闳深，以深厚卓绝之才能，开一代风气，成一代宗师，独领风骚千年，冠盖天下百代。他们是洒脱不羁的才子，冠绝古今的文豪。

庙堂名臣，文坛宗师——欧阳修

热肠冷眼，傲骨诗仙——李白

才艺双全的名女，如同价值连城的珍珠宝贝。然而命运多变故，在封建意识桎梏下的她们，把自身视为一种稀世之宝，待价而沽……

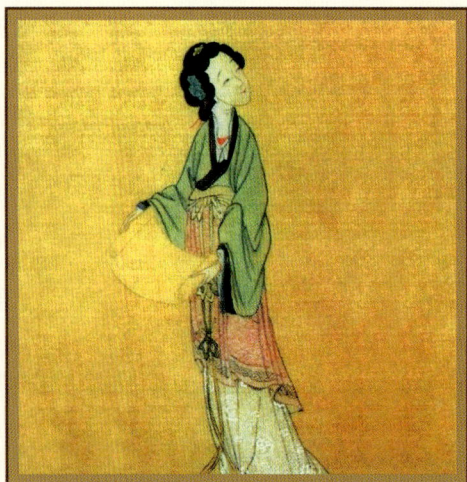

"大家"女性——班昭

女中俊杰，一代词人——李清照

前　言

　　历史的天空群星灿烂，或怒发冲冠，或荡气回肠，如大风悲歌，又如高山流水，即千年以降，其叱咤风云、慷慨磊落之气，尚纵横驰骋于万里华夏大地，磅礴激荡于亿兆炎黄子孙心中。

　　古人常说，以史为鉴，可知兴亡，以人为鉴，可知得失。历史是人的历史，读史即是读人；品人也正是论史。历史生态中的人物，是最有魅力又最值得回味的。

　　在川流不息的历史长河中，每个时代都有值得我们追随的人，他们或以其深邃的思想推动了世界文明的进步，或以其叱咤风云的政治生涯影响了历史的进程，或以其在自然科学领域中的巨大成就造福于人类……

　　他们是千古帝王、后妃公主、帝师谋士、宰相权臣、奸党阉宦、将帅兵圣、厚黑枭雄、商界巨擘、科技巨匠、圣哲高僧、才子文豪、风流名女，他们是对世界历史进程产生过重大影响的大人物。

　　本套丛书呈现的，是一个个在历史生态中遨游的活生生的人物，而不是收藏在博物馆中的孤立的、冰冷的脱离了时代的名人标本。将一个人物放回他所在的历史生态之中，就会看到以往我们所忽视的一些内容：忠臣对一个国家的影响，是不是一定是好的？ 在固定的政治秩序下，如何打破僵局，谋求个人的发展？ 义正词严的反对派，是不是真的愿意为他所认为的真理献身？ 一个权倾朝野的人物，真的适合在政坛中生存吗？ ……他们演绎着中华民族进程的轨迹，充扮了自己不可缺少的角色。

　　阅读他们的传记，了解他们的生平、思想、智慧以及人格魅力，必然会使人汹涌澎湃，思绪万千，对我们的人生也一定会产生重大的影响……

　　我们的时代千变万化，充满机遇，我们渴望成功，但我们却不想奋斗，我们要的是一夜成名。浮躁和急功近利或许会使我们取得昙花一现的成就，但绝不能让我们跻身人类中的不朽者之列。因此，读读《中华名人大传》也许会让我们清醒一些。

　　西汉历史学家司马迁有言："古者富贵而名磨灭，唯有非常倜傥之人称焉。"有的人生前显赫，死后默默无闻；有的人生前无名，死后流芳百世。众多的历史人物，贯通中华上下五千年，可以说本书历史内容是中国五千年悠久文化的浓缩，思想内容是当代学术精英集体智慧的结晶。

目 录

千古帝王

后妃公主

帝师谋士

国学经典文库

千古帝王

千古帝王

图文珍藏版

导 语

中国的历史在封建社会阶段徘徊、漫步乃至止步不前、倒退,有明主,有昏君,明主开国治国,昏君丧国亡国,都那么道貌岸然的称孤道寡君临天下,"乱哄哄你方唱罢我登场",又都做了匆匆过客,化入史册。

明君,勤政爱民、多谋善断、兼听从谏,国运昌盛,黎民安居乐业,臣呼君万岁,民盼国万岁。

昏君,坐吃山空、声色犬马、恣意淫乐,国势衰微,百姓水深火热,卖儿鬻女,逃荒要饭,直至扯旗造反。

更有后宫肆虐,耐不了寂寞,更耐不了主子的朝三暮四朝秦暮楚,始幸终弃,由争风吃醋到干预朝政,与宦官勾结,和太监联手,导致祸起萧墙、后院失火,让那些昏君们个个丢九五之尊,或明杀或暗害,不得善终。

纪元两千年,走马灯似的换了大小几十个朝代、几百个皇帝,都破灭了帝王梦。一篇读罢头飞雪,人生何其短暂!

君主因权力至高无上而在历史上的作用是惊人的,但并不是无限的。任何君主在历史上的作用都要受到种种制约。人民,是各种制约力中最主要的,"得民心者得天下,失民心者失天下"。很多亡国之君就是因其倒行逆施,激起人民的反抗,使载舟之柔水变成覆舟之怒涛,将其吞没。秦二世、隋炀帝、崇祯等人,尽皆如此。而很多开国之君则是在人民革命风暴摧毁旧王朝之时,乘势崛起,得以黄袍加身的。汉高祖刘邦、光武帝刘秀、唐太宗李世民、明太祖朱元璋等,无一例外。人民对帝王的制约力很微弱,但在被逼得生路断绝时,会团结奋起,爆发出排山倒海的力量。这也是历史事实,不容否定。钩沉他们的史迹,传述他们的轶闻,于今之借鉴、增知、休闲不无裨益——大而言之,历朝皇帝的贤愚仁暴、国运的兴衰更迭、政治的清浊荣枯、民生的安乐艰辛,都能给后世以镜鉴;小而言之,个人的修养成长,家庭的维系安顿,处世的进退取予,行事的韬略谋断等,都可以从中受到启迪。

细说百代帝王事拾珍补奇,详述千古朝野情博采古今。一部漫长的中华民族帝王史,一部辉煌的华夏文明史,跨越五千年时光流转——为你精致地呈现眼前。编委会在雄主的晚景中,着重评述晚年,从多方面供人评说,这就是本卷编选的价值之所在!

千古一帝

——秦始皇嬴政

名人档案

始皇帝：名政。秦庄襄王和赵姬之子。中国古代杰出的政治家、战略家、改革家，首次完成中国大一统的政治人物，也是中国第一个称皇帝的君主。十三岁即秦王位，由仲父吕不韦摄政。亲政后灭六国，称始皇帝。在位37年，其中称王25年，称帝12年。病死，终年50岁。

生卒时间：前259年~前210年。

安葬之地：葬于骊山(今陕西西安市临潼区下河村)。

性格特点：嬴政属虎，性格也很像虎。他的重要辅佐尉缭曾这样描述他说：秦王生得高鼻子、长眼睛，胸膛像鸟似的鼓着。对人没感情，揣着颗虎狼心。当他还没达到目的时，对人还算谦和，可一旦得志，就能吃人！如果让他得了天下，天下人就都成了他的俘虏了！只几句话就把他的相貌、性格勾勒得极为恰切。

历史功过：他统一了六国，废封建、改郡县。做到了车轨、文字、货币、度量衡天下一致。对中国各族文化的融合，对中国版图的确立，都有着不可磨灭的功绩。可是，他扫平海内后，实行苛政峻法，焚书坑儒，大兴土木，肆意挥霍，迷信邪术，梦想长生，致使怨声四起，哀鸿遍野。所以他死后不久，秦王朝就淹没在农民起义的火海中……

名家评点：统一中国、功勋赫赫，苛政如虎、千夫所指，为中国历史上的大暴君。

风雨飘零　不韦投资

公元前259年,一个具有秦王室血统的婴儿降生在赵国都城邯郸。这个男孩降生后迎接他的并不是喜悦和宠爱,而是仇恨和冷漠。因为他刚一降生,生身之父就离开了他,只有他和母亲留在一个视他们为敌人的环境中,相依为命。他的名字叫赵政,也就是后来的千古一帝秦始皇嬴政。

他出生前后,战国七雄中唯一堪与秦国抗衡的仅有赵国了,"赵地方三千里,带甲数十万,兵千乘,骥万匹,西有常山,南有河潭,东有清河,北有燕国"。因此赵国成为秦国最后统一中国的严重阻碍,为此双方还展开了决定由谁统一中国的最后角逐——秦赵大战。这场战争史上空前惨烈的大会战延续了十三年,最终,在长平之战中,秦国战胜只懂得纸上谈兵的赵括,将四十万赵国壮丁全部活埋,从此赵国陷入败亡的泥沼,秦赵两国的兴亡也由此发生了决定性的改变,赵政的命运就因这场会战而发生了翻天覆地的变化。

长平之战前,赵政的父亲异人正在赵国当人质。异人并不是秦国太子安国君的长子,也不是太子妃的儿子,安国君不喜欢异人的母亲夏姬。安国君有二十多个儿子,他一点也不重视异人,所以异人才被派到赵国——秦的世仇——当人质。因为父亲不喜欢他,所以秦国人甚至没有给他足够的生活费用。秦赵连年大战,死在秦国人手中的赵国人不计其数,因此赵国人异常憎恨秦国人。虽然异人贵为秦国的王子,但在赵国的生活却是贫穷和痛苦的。他常常借酒消愁,要不是他无意中遇到一个人,就不会有秦始皇的出世,中国的历史也许会被改写。这个改变他一生命运的人,就是中国历史上的政治赌徒——吕不韦。

当时的吕不韦是阳翟(今河南禹县)的一个大商人。古时的商人虽然有钱财,但是没有权势,地位很低。大商人们千方百计和各国的权贵套近乎、攀交情,吕不韦自然也不例外。有一次,他正好来到赵国为自己的货物打通关节,在街上无意中撞到了落魄潦倒的异人。异人身材消瘦,与生俱来的高贵和落难江湖的窘迫,反倒给他增添了一种飘逸潇洒的气度,给吕不韦留下了深刻的印象。吕不韦走南闯北,自然是阅人无数,看得出异人不是普通人,所以当他知道了异人的身份后,兴奋得一句话脱口而出:"真是奇货可居啊!"

胸怀着前所未有的宏大计划,吕不韦直接去登门拜访异人。

刚一见面,吕不韦就说了莫测高深的一句话:"您知道吗,我能最大限度地改变您目前的处境。"

异人一愣,他知道吕不韦只是个寻常商人,不得由啼笑皆非,于是他带着讽刺,傲慢地说:"你还是先改变你自己的地位再说吧。"

吕不韦不动声色,微笑着说:"这您就不懂了。要想改变我自己的地位,就得先改变您的地位。"

异人也是聪明人,知道这次来的不是一个普通的商人,而且话里有话。他立刻把吕不韦请进了里屋,两人开始了改变命运的一番详谈。

吕不韦开门见山地问:"您有希望当秦国的太子吗?"

异人苦笑着摇摇头。吕不韦双目熠熠生辉,低声凑近他耳边说:"只有我能让您当上秦国的国王,就看您肯不肯相信我了?"

异人大吃一惊,目瞪口呆。吕不韦先是分析了异人的处境,又允诺在生活上帮助他,让他不至于为衣食发愁,而且可以结交邯郸城有势力的人物,提高自己的名声;接下来为他去秦国活动,让他登上秦国太子之位。

异人感激涕零,诅咒发誓说:"只要我异人能有出头之日,保证和你共享秦国的权力和富贵。"

两人从此开始分头实施制订的计划。异人不仅摆出慷慨豪爽的派头,花钱如流水,结交赵国权贵,还在众人面前不断提起远在咸阳的父亲——安国君,痛哭流涕地表示自己多么惦记父母,天天祈祷两人平安。

吕不韦则只身来到咸阳,他计划中最关键的一环取决于一个女人——华阳夫人。华阳夫人是安国君的正室,此刻正非常得宠,但是华阳夫人有个致命的缺陷——她没有孩子。安国君已经有了二十多个儿子,大儿子懦弱无能,安国君一向瞧他不上,所以尚未立储。只要华阳夫人认异人为义子,异人就成了名正言顺的嫡子,也就有了继承秦国国君之位的资格。吕不韦不认识华阳夫人,但他并不担心,因为财可通神。

他先去见了华阳夫人的姐姐,获得了她的信任,指出了华阳夫人没有子嗣的危险;又通过阳泉君——华阳夫人的弟弟推荐异人,华阳夫人最后决定认异人为儿子,以巩固自己王后的地位。她施展浑身解数,苦苦哀求安国君为她日后的命运着想。安国君拿自己最爱的女人无可奈何,两人刻璧为证,同意立异人为秦国太子。

从无人问津的贵族弃子陡然成为炙手可热的强秦太子,异人立刻成了各国权贵巴结的对象,以往冷漠鄙视的嘴脸忽然堆满了谄媚和热诚,从此异人陶醉在醉生梦死、日日笙歌的生活中。但他并没有忘记,今天的风光全仰仗吕不韦的倾囊资助,共同的成败荣辱使两人结成生死同盟,亲如兄弟。

一次吕不韦请他到家中小聚,叫来歌舞姬表演助兴,主角是吕不韦新收房的绝色歌姬,能歌善舞,在邯郸城名动公卿。一见到艳色照人、媚骨天成的赵姬,异人立刻被她深深吸引,接下来的几天更是失魂落魄,茶饭不思。最后他鼓起勇气,吞吞吐吐地向吕不韦表示愿娶赵姬为妻。吕不韦心中大怒,但只是绷紧了面皮,没有即刻回绝。

接下来的几天,吕不韦心中激烈地交战着,一方是自己最爱的女子,一方是未来的荣华富贵;是儿女情长还是争权夺势?商人利益至上的本性逐渐战胜真挚感情,他已经几乎倾家荡产来下这惊世的赌注,怎么可以为了一个女人放弃唾手可得的权势和荣耀呢?

当他有些为难地向赵姬摊牌时,尚沉浸在幸福快乐中的赵姬先是惊诧,继而愤怒。她冷冷地质问吕不韦:"为了权势,是不是连亲生儿子都可以放弃?"吕不韦这才知道赵姬已经身怀有孕,他欣喜若狂,只留下一句话:"宁愿儿子做普天之下最有权势的秦国国君,而不是一个普通商人。"赵姬无奈地接受了自己的命运,做了异人明媒正娶的妻子。

然而好景不长,长平之战,赵国大败,四十万赵人的鲜血使得秦赵两国结下了解不开的深仇大恨。群情激奋的赵国人打算杀死异人为冤死的国人报仇。异人与吕不韦仓皇出逃秦国,留下了赵姬和刚出生不久的儿子赵政。

异人和吕不韦逃走后,秦国围困赵都城邯郸三年,城内缺粮,饿死的人多过战死的人,赵姬母子东躲西藏才躲过搜捕。只要有人发现他们是秦国人的家眷,他们就不得不开始新的逃亡。幼小的赵政随着母亲过着颠沛流离、惊慌不安的动荡生活,过早地体会了人性的冷酷与卑劣。面对战乱的残酷与血腥,他不得不忍受周围人们的鄙视与欺凌,养成了他孤僻冷酷、沉默寡言的性格。唯一能激励他的就是远在西北,让六国人谈之色变的遥远而神秘的秦国,体内流淌的秦国好斗的血液全部被激发成为复仇的火种,他心中无数次地发誓,只要有一天能成为秦王,就一定要灭掉所有的国家,杀掉所有曾经欺负过他们母子的人,让全天下的人在他脚下俯首称臣。

公元前251年,秦昭襄王去世,安国君被立为秦君,史称孝文王。吕不韦随同异人回到秦国后很受器重。异人为了讨好华阳夫人,已经改名为子楚,因为华阳夫人是楚国人,改名字可以增加对他的好感。吕不韦走遍天下,见多识广,花重金买到毒药混在给安国君的食物中,安国君日日花天酒地,本来身体就虚弱,不久暴病身亡。公元前249年,异人秦庄襄王继位,吕不韦为丞相。同年九月,吕不韦找到已经9岁的赵政,把他接回秦国,正式改名为嬴政。

旭日东升　铲灭异己

庄襄王继位,吕不韦上台伊始,就大赦天下,这自然是个很得民心的举措。吕不韦被封为文信侯,以河南洛阳10万户为封邑。三年后,吕不韦重施故技,趁庄襄王生病的机会,再次下毒,庄襄王也在继位仅仅三年后离奇死亡。公元前246年,秦王政继位。但是他只有13岁,所有的政事都由丞相和太后掌管。吕不韦还封自己为仲父。

从公元前246年秦王政继位到公元前238年秦王亲政的九年间,吕不韦是秦国实际的掌权者,他实行了一系列政治军事行动,充分显示了吕不韦作为政治家和军事家的才干。

当吕不韦志得意满、傲视天下时,却遇到一件非常棘手的事,并因此而断送了自己的前途和性命。庄襄王去世后,赵姬和吕不韦旧情复燃。但作为大秦的丞相、秦王的臣子,和太后有不正当的关系,再加上秦王嬴政的身世之谜,都是绝对不能落人口实的天大秘密,只要有一点风声传出去,就是抄家灭族的大祸。吕不韦深知这种关系的危险,他绞尽脑汁,终于想出了李代桃僵之计。他门下有一个舍人叫嫪毐,容貌俊秀,体质超人,原本是韩国贵族,犯罪后逃到秦国,并做了吕不韦的舍人。吕不韦和他合演了一出戏,谎称他已经被净了身,把他偷偷送进宫里献给赵姬。

吕不韦自以为找到了万全之策,但他万万没想到,这给自己树了一个强敌。嫪毐以假宦官入宫之后,和太后赵姬有了真感情,并生了两个孩子。他不甘只是个男宠的身份,千方百计招揽宾客,权力越来越大。公元前239年,嫪毐被封为“长信侯”,以河西太原郡(今山西中部)为封国,封疆裂土。嫪毐也给自己封了一个“假父”的头衔。吕不韦与嫪毐两大集团针锋相对的局面,使得秦国内政乱成一团,秦国也因此成为六国的笑柄。这使得逐渐长大的秦王政倍感耻辱,母子感情不断疏远,最后他连母亲的面也不见了。

按照秦国的惯例,君主22岁时要举行成人大礼,从此正式亲政。赵姬和嫪毐怕秦王政亲政后不会放过他们,密谋用自己的孩子取代他做秦王。公元前238年,秦王嬴政在雍城祖庙行冠礼,嫪毐趁机发动叛乱。不料秦王政早有准备,昌文君率兵很快就平复了叛乱,嫪毐兵败被杀,夷灭全族,他与赵姬的两个儿子被乱棍打死。嬴政把母亲赵姬囚禁在雍城,发誓永不相见;嫪毐的四千舍人被流放到巴蜀地区。秦王政刚刚亲政,就处变不惊地以冷血手段处置了第一次叛乱,第一次显示了少年君主的手段与城府。

嫪毐集团虽然覆灭了,但是秦王政并不轻松,因为最危险的并不是太后撑腰的假宦官,而是手握重权、根深蒂固的丞相吕不韦。只要有吕不韦的存在,年轻的君主就难有自己施展拳脚的机会。嬴政忍辱负重多年,无比艰辛才登上王位,他决不允许身边有人指手画脚,说长道短。但他沉得住气,在嫪毐集团覆灭的第二年才开始动手。秦王政找到证据证实嫪毐伪装宦官混进宫中是吕不韦的阴谋,立刻罢免了吕不韦相国之职,开始了他镇压吕不韦集团、夺取权力的斗争。消息传开后,天下震动。

嫪毐集团本来已销声匿迹了,现在看秦王政开始镇压吕不韦集团,觉得东山再起的机会来了。不断有嫪毐从前的门客跑来进谏,恳求秦王政接回幽禁在雍城的秦太后赵姬。秦王政大为恼怒,下令:谁敢来说情,就把谁推出去砍头。一共处死了27个游说之士,尸体就挂在宫门口,但是跑来劝谏的人依然络绎不绝。

有个齐国人叫茅焦,原是嫪毐的门客,也来冒死进谏。秦王政看到居然还有人敢来,怒不可遏,命人点起了一堆火,火上放一个油锅,做好了把他下油锅的准备,才命他进来。没想到茅焦面不改色,主动脱了衣服,不慌不忙地说:“我听说天上有28个星宿,现在死的人已经有27个,正好差一个,要是我说得不中您的意,您大可把我杀了凑数。"

秦王政看他临危不乱,倒有几分佩服,就示意他说完。茅焦正色道:"您杀死同胞兄弟太不仁慈;幽禁生身之母太不孝顺;屠杀劝谏之人与暴君没什么两样,倘若天下人都这样看待您,有谁还会来依附?"

秦王政听完,大惊失色,连忙从王位上走下来,握着他的手说:"是我做得过分了!谢谢先生指点。"于是封茅焦为仲父,又亲自带兵接回太后赵姬。

正当秦王政准备诛杀吕不韦时,一个关于他身世的流言却慢慢在咸阳传开了——他不是异人的儿子,而是吕不韦偷天换日的结果。这个流言有如重磅炸弹在秦国王室掀起轩然大波,刚刚登基的年轻的秦王政面临着一生中最艰难的决定。如果他赦免吕不韦,恰好证实了他和吕不韦之间有着不可告人的关系,这是抄家灭族的滔天大祸。不仅秦王宝座,甚至自己的性命都难以保全。如果他不赦,又怎能杀死一手辅助他登上秦王宝座,对秦国劳苦功高的生身之父呢?

公元前 236 年,秦王政下令吕不韦离开咸阳,回到他河南的封地;紧接着下诏斥责他:"你对秦国有什么功劳,却能洛阳封侯?你和秦国有什么关系,敢用仲父的称号?"

吕不韦看完信后,悲喜交加。悲的是自己由炙手可热、呼风唤雨的一代权相落到如此地步;喜的是见识到自己儿子的非常手段,这和他当年是多么相似。只有非常之人才能勇敢承担起一统天下的重任。为了保护秦王政,吕不韦服毒自尽。此后秦王政宣布赦免流放的嫪毐余党。也就在这一年,嬴政将吕不韦所有的门客诛杀,以掩盖秘密。

几乎在同时,轰动朝野的"郑国间谍案"发生了,这一突发性事件使秦国刚刚平静的政坛又掀起一场轩然大波。公元前 246 年,韩国人郑国假装流亡入秦,取得了吕不韦的信任,建造泾洛大运河,使秦国把人力物力都投入到长达三百里的运河上,极大地消耗了秦国的财力和人力。这本来是韩王挖空心思想出来的消耗秦国力量的馊主意,使得秦国无力再对六国用兵。但从长远看来,泾洛大运河使贫瘠的关中变成沃野千里的天府之国,给秦国提供充足的粮食储备,成为秦国征战六国过程中军粮的重要来源,对秦国来说实在是利远远大于弊。因此,虽然郑国在事情败露后被抓进监牢,但在他陈述了运河的好处以后,秦王政不但没杀他,还让他继续修建运河。

高层贵族向来有排外的特点,尽管秦国的强大与网罗六国人才有极大的关系,但外族人即使立下汗马功劳,时过境迁后,往往难有善终。商鞅、范雎、吕不韦都是如此。借着吕不韦的垮台和郑国案,秦国的排外情绪又一次高涨起来,秦始皇无奈之下,下了逐客令。这个命令却使得一个人脱颖而出,成为秦始皇生前死后最信任、最倚重的人之一,也是除吕不韦、韩非之外对秦始皇有非常重要影响的人物,这人便是李斯。

李斯字通古,是楚国上蔡人(今河南上蔡县)。年轻时曾担任过"郡小吏"的职务,也就是现在的普通文官,专门为官员写文章。有一次上厕所,看见老鼠正吃脏东西,老鼠见到他后慌慌张张地四处逃窜;后来他无意中进了粮仓,也看见老鼠,但粮仓的老鼠又肥又大,根本不怕人,看到他视若无睹,照吃不误。李斯由此恍然大悟:人的处境和这些老鼠是没什么区别的,好与坏全在于自己的选择。一个普通人要想有好的地位,就得刻苦努力,凭着才华周游列国,得到君王的赏识,实现自己的价值。他不甘心留在家乡,一辈子做个默默无闻的小官。因此,公元前254年,李斯离开家乡,告妻别子,进入赵国向荀子拜师学艺。

荀子名况,赵国人,是战国后期最有影响的思想家之一。15岁即进入齐国的学术中心——稷下学宫,以后成为六国学术思想无可争议的领袖人物,备受各国学子的推崇和各国君主的赞许。晚年退隐于兰陵(今山东范山县)。在为哪国君主效力的问题上,李斯和老师荀子产生了激烈的冲突。李斯看好秦国,但出身儒家正统的荀子则认为秦国暴虐凶残,不守信用,坚决反对。

李斯入秦前,曾与荀子有过一场激烈的争辩,他说:"人最可耻的就是卑微,最可悲的就是穷困。一个人连饭都吃不饱,却自命清高,抨击现实,标榜自己无欲无求,绝不是真正有能力的人。一个有能力的人首先就要改变自己的命运。"他最后与老师荀子决裂,投向法家思想。

李斯入秦后,吕不韦正得势,于是他先投吕不韦,由于他能言善辩,才气过人,很快得到吕不韦的赏识。吕不韦在提拔亲信的时候,也把李斯包括在内。吕不韦让他充任郎官,陪在嬴政身边,影响未来的秦王。吕不韦本以为他是荀子的学生,应该属于儒家学派,但他没想到李斯已经完全接受了法家思想。在李斯的影响下,秦王政对法家的思想有了深入的了解,秦国一贯采用的本来就是法家治国之道,思想上的共鸣使两人越走越近。

公元前241年,五国联军合纵抗秦大败。李斯审时度势,提出武力统一天下论,这正中秦王政的下怀,升他任长史。李斯在吕不韦集团被镇压前已经归向秦王政,因而并没有受到吕氏集团败亡的影响。

正当他以为可以一展才华时,"逐客令"的颁布使他所有的希望和前途成为泡影,李斯不甘心自己多年的苦心经营付之东流,写就了千古流传的文章《谏逐客令》,雄辩滔滔地说明了"逐客令"会对秦国产生的危害,显示了过人的才华。一门心思都放在统一天下的秦王政看了,立刻撤销了"逐客令",还把所有被驱逐的客卿追了回来。李斯已经离开咸阳城,又被秦王政派出的快马信使接回来。他的这一举动提高了他在秦王政心目中的地位,从此,他进入了秦人的高级决策层,发挥了越来越重要的作用。

如日中天　统一六国

吕不韦死后,再也没有人能妨碍秦王政实现儿时的理想。他虚心求教于各路人才,采用蔚缭、尉弱的建议,用军事进攻和离间分化两手措施,仅仅用了十年,相继兼并韩、赵、燕、魏、楚、齐六国,结束了五百年分裂的局面,实现了一统天下的雄心壮志。

第一个被灭掉的是韩国。韩国正好位于秦国东征的路途上,又最为弱小。寻找薄弱环节是确保首战告捷的关键,符合远交近攻的方略,也符合先弱后强的军事原则。而且韩国地处中原腹地,是春秋时晋国分裂后独立出去的诸侯国,它和另两个独立的诸侯国——赵国、魏国关系密切,是最容易团结对抗秦国的国家之一。

在秦国决定逐一消灭六国前,秦王政对于先打韩国还是先打赵国,一直和谋士们有分歧。先灭韩国本来对秦国最有好处,但是秦王政从小在赵国备受欺凌,早就决心拿赵国开刀,报仇雪恨。

趁着他们争论不休,韩王又想出一条计策,派韩非出使秦国,游说秦王政把目标定在赵国。韩非是韩国贵族,与李斯是同学,是荀子最优秀的学生之一。由于他是个结巴,不善言辞,反倒更可以埋头苦读,专心致志研究学问。他总结了历代法家思想,形成了法家完整的治国理论,世称《韩非子》。

秦王政非常欣赏韩非子的才华,看完他的书后,感叹道:"要是能结识这个人,我就是死了也心甘情愿。"他还曾三番五次派人到韩国,请求韩王派遣韩非来秦国。

借此机会,韩非入秦,极力劝说秦王先攻打赵国。李斯坚决反对,揭露了韩非来秦国的真正目的,秦王政失望之余把韩非子关进了监狱。秦王政本来不打算杀他,但是李斯深知韩非的理论才能远在他之上,将来对自己的地位是个严重的威胁,所以他背着秦王政把韩非毒死了,然后报告秦王政说韩非畏罪自杀。秦王政虽然万分可惜,但忙于争霸天下的他无暇处理这件事。公元前230年,内史地拿下韩国都城新郑,生擒韩王安,韩国灭亡。秦王政在韩国的疆土上设颍川郡。

公元前228年,秦国开始攻打赵国。虽然长平之战元气大伤,但赵国是战国时期名将辈出的国家,廉颇、赵奢、李牧都是名闻天下的大将,与秦国的白起、王翦齐名。赵王恐慌之下,派人去请在魏国的廉颇,廉颇很高兴再次为国家效力,在使者面前吃了三大碗饭,饭后还舞了一会儿大刀,表示自己老当益壮,宝刀未老。可是使者早被秦国收买了,他回去告诉赵王,廉颇虽然勇武,一顿饭没完就跑了三次厕所,已经老得不中用啦。赵王信以为真,就不再用他了。廉颇又气又伤心,不久就病死了。

赵国只剩下李牧。李牧常年和匈奴作战,经验丰富,沉着冷静,以不变应万变,硬是把秦军困在赵国边境,只要再支持一段时间,秦国断粮就得退兵。秦王政派姚贾出使各国,再次使用离间计,骗得赵王相信李牧要造反,夺了李牧的兵权,并迫使他自杀。这样赵国自毁长城,再也没有名将可以抵御秦国大军,仅仅五个月,邯郸城破,赵国灭亡。秦王政亲自主持接收邯郸城的仪式,找到当年欺辱他们母子的人并全部杀死。他异常兴奋地回到秦国,打算告诉母亲自己已经为她报了仇,没想到赵姬就在这期间过世了,没能见他最后一面。

在短短的三年时间内，关东六国被秦国灭掉了两个，天下震动，其中最惊恐的当然是燕国。因为赵国是燕国的天然屏障，如今赵国灭亡，燕国不得不单独直接面对强大的秦国军队。燕国的国势比韩国还弱，根本没有抵挡秦国大军的能力。当时燕王喜在位，燕太子丹也是个礼贤下士的人才。他和秦王政一样，也在赵国做过人质，因此认识秦王政。秦王政亲政后，太子丹以人质身份来到咸阳，满以为凭着过去的交情，秦王政会盛情款待，没想到秦王政对待他连普通人都不如。太子丹逃回燕国，发誓报仇，他广收天下人才，还收容了秦国的叛将樊於期。太子丹认为，如果正面作战，燕国无论如何不是秦国的对手。为了解燃眉之急，他想出刺杀秦王政的计策，到处寻找能当此大任的能人异士，最后选中了荆轲。

荆轲是齐国庆氏的后裔，迁居到卫国改姓荆。荆轲年轻时到各国游历，结识了许多豪杰志士，来到燕国后与当地的击筑音乐大家高渐离交上了朋友。太子丹找到了另一个出名的剑客田光，田光推荐了荆轲，自己为保守秘密自杀而亡。太子丹封荆轲为上卿，安排他住在最好的房子，每天还去问安，好酒好饭招待，各种珍宝、车骑、美女由他随意享受。赵国灭亡后，太子丹就决定由荆轲入秦刺杀秦王政。与荆轲同行的还有一个人叫秦舞阳，是燕国有名的杀人狂。

这便是后人传颂的荆轲刺秦王，易水相送别。高渐离悲壮的送行曲"风萧萧兮易水寒，壮士一去兮不复还"随之成为千古绝唱。

为了能够取得秦王政的信任，接近秦王政，樊於期自杀，荆轲将他的头颅装入锦盒，并假称将燕国督亢地区献给秦国，从而得到了面见秦王政的机会。当荆轲捧着装有樊於期头颅的匣子、秦舞阳捧着装地图的匣子到了宫殿台阶前，秦舞阳突然吓得变了脸色，浑身发抖。大臣们都感到奇怪。荆轲笑着看了秦舞阳一眼，说道："北方小子没见过世面，见到天子的威仪害怕了，请大王原谅。"秦王政很是得意。

荆轲接过秦舞阳捧着的地图，送了上去。

秦王慢慢打开地图，荆轲一把抽出藏在最后卷轴中的匕首，左手揪住秦王的袖子，右手拿起匕首就向秦王胸口刺去。秦王政大吃一惊，匆忙闪躲，挣断了衣袖。秦王政想拔出腰间的佩剑，可是剑太长，一下子拔不出来。荆轲在后面不断追刺，秦王政没兵器不能抵挡，只好绕着柱子跑。大臣们惊慌失措，在台阶下乱成一团，而带有武器的侍卫郎中又都在殿下，根据秦法，没有诏谕上殿是死罪。而且距离太远，等他们发现奇变陡生，奋力冲上来救驾，秦王政已是险象环生。

旁边侍奉的太医夏无且首先清醒过来，他提起手上的药箱就向荆轲砸过去，其他人全在台阶下拼命叫喊："大王背剑！"荆轲看到砸来的药箱，顾不上追杀秦王政，挥剑将药箱砍飞，但就是这一瞬间的工夫，秦王政已经缓过神，拔出剑，趁机一剑将荆轲的左腿砍断。荆轲跪在地上，将匕首用力投向秦王。秦王一闪，匕首击中了铜柱。秦王将荆轲连砍八剑，荆轲血流如注，倚着柱子，慢慢坐倒在地，却放声大笑，说："我原本是想活捉你，逼你归还占领的土地，否则你早就被我杀死了！"郎中们冲上殿，将荆轲杀死。

秦王政大怒,立即命令出兵攻燕。公元前226年,秦攻克燕国都城,灭燕。

公元前225年,灭魏战争开始。秦军围困魏国都城大梁,掘开城外狼汤河水灌城,三月后城墙倒塌,魏国灭亡。秦王政在魏国的疆土上设立东郡。

在攻灭六国的战役中,最惨烈的战事发生在楚国。楚国历史悠久,地域辽阔,有鲜明的地域特点。

刚开始灭楚时,由于一连串的胜利,秦王政并未将楚国放在眼里,最后导致决策失误。老将王翦认为必须用60万兵马才能攻破楚国,年轻将领李信则认为20万秦兵就足够了。秦王政也怕老将功劳过大,打算逐步用年轻将领取代他们,他接受了李信的建议。王翦一赌气回了老家。楚军由项燕指挥,大败秦军,七个校尉被杀,李信受伤。秦王政亲自去请王翦,用60万大军与楚国决战,当时的60万大军已是秦国全国所有能用的兵力。

秦王政亲自将王翦送到咸阳城外,王翦忽然提出要良田美宅,秦王政大惑不解询问原因,王翦说要为子孙留产业。秦王政大笑着答应了。王翦带兵还没走出秦境,就接连派信使五次返回要赏赐。有人因看不过去而问他原因,王翦笑着说:"秦王向来多疑,现在我带走秦国所有军队,装成贪图享受的样子,才让他不会怀疑我造反。"

果然秦王政对王翦深信不疑,秦楚决战,项燕独木难支,兵败身死,楚国灭亡。

最后剩下的齐国不战而降。齐国原本是东方大国,拥有完全超过三晋和楚国的实力,但它长期实行锁国自保的政策,在秦国远交近攻的策略下,大部分高官重臣被秦国收买,成为秦国的棋子;齐王昏聩无能,又躺在管仲变法创造的齐桓公的辉煌美梦里不能自拔,还与秦国并称东西二帝,不但不参与连纵,反而不断趁各国与秦国交战之际,袖手旁观,趁火打劫,所以在秦王政灭六国的过程中,以灭齐国最为顺利,几乎没有经过什么战事。齐王建在秦国的哄骗下,举国弃械投降,最终也没有得到秦国许诺的五百亩封地,而是被囚禁在共地(今河南辉县)的一个松树林里,并被活活饿死了。

千古一帝　伟绩丰功

秦王政灭掉六国,做出了前所未有的功绩,接下来就要考虑怎样巩固辛辛苦苦打下的江山。秦王政确立了两大政治文化体系。

首先确立的是指导思想——法家路线。战国之前并没有法的观念,规范人们行为的是"礼法",也就是儒家思想的出发点。在春秋战国时代,"礼法"规范人们的行为,但是"礼法"强调教化和自律;到了春秋末期,社会发生了巨变,人们不再严格遵行"礼法"规定的事情,社会陷入了空前未有的失控状态。如何规范社会成员,重建有序的社会秩序,成为战国时期许多有识之士的追求目标,从而出现了"百家争鸣"的局面,大学者们纷纷著书立说,宣传自己的政治主张。

其中法家理论的出发点是"人性本恶论"和"君主专制",认为人生来就是自私的,是没有是非对错观念的,人与人之间的关系完全是利益关系,所以强调用"刑法"来规范社会成员的行为,以取代名存实亡的"礼法"。这番主张应和了战国时期诸侯争霸建立一统和君主专制的要求,被历代秦君奉为治国之道,商鞅变法之后更成为秦国立国之本。秦始皇所接受的教育和个人的生活经历使得他从小就倾向于法家理论。秦始皇把法家理论推到了一个极端的程度,从而变成了他个人残忍暴虐的工具。

另一个政治文化体系是五德终始说,这是邹衍的理论。

邹衍是战国末期齐国人,阴阳学派的代表,他认为,世上万物都是由五种元素组成的——金、木、水、火、土,五种元素相生相克,互相取代,循环往复。王朝的兴衰也体现这种特点,比如黄帝是土德,大禹是木德,木德取代土德;商汤是金德,金德取代木德;周朝是火德,火德取代金德;现在周朝灭亡,是因为注定要被秦的水德取代。水是黑色的,因此秦朝朝廷的衣服和旗帜都是黑色的。水结冰之后是六角形,因此秦朝的符节和法冠为六寸,车要六尺,一步是六尺,驾车的马是六匹。黄河也改名叫德水。水是阴性的,为执行酷烈的秦法找到了天命的依据。秦王朝在统一的新形势下使用了韩非和邹衍的新理论。这两种风马牛不相及的理论被秦始皇融合在一起,用神的意义包装法家理论,使得没人敢质疑它的合理性。

既然秦国胜利是神的旨意,那么赢得如此丰功伟绩的秦王岂不等同于神了?

秦国刚刚统一不久,嬴政就召集丞相王绾、御史大夫冯劫、廷尉李斯等人,要他们给自己起一个符合身份的名称。古时候有三皇五帝,三皇是天皇、地皇、泰皇,五帝是黄帝、颛顼、帝喾、唐尧、虞舜。嬴政本人认为他"德兼三皇,功过五帝",因此,取"三皇"之"皇""五帝"之"帝"为"皇帝"。嬴政是第一个皇帝,所以称始皇帝,其后世按子孙世系排列,为二世、三世……传之无穷。"制""诏""朕"作为皇帝专用术语,其他人都不能使用。整个帝国都是属于皇帝的,其地位和权力至高无上,朝廷和地方的主要官吏都由皇帝任免。玉玺是皇帝行使权力的凭证,只有皇帝的印信才能称为玺。皇帝名号和权位确定以后,皇帝的亲属尊号也相继确定,父亲叫"太上皇",母亲叫"皇太后",正妻叫"皇后"。

秦始皇还下令博士官参照六国礼仪,制定一整套宫廷礼仪。比如:

皇帝高高在上坐着,群臣进殿叩见皇帝时得站着。

政治制度:三公九卿制。

丞相:协助皇帝处理国家大事,是最高行政长官。

御史:品级低于丞相与廷尉,但可以监管各级官员,为帝王指出过失,等于最高监察长官。

廷尉:管理全国军事,是最高军事长官。

地方行政机构:最高一级是郡,设郡守;郡下设县,万户以上的是县守,万户以下的是县令;县下设乡,有三老、蔷夫和游徼。三老是道德首领,由德高望重的老人担任,在有纷争的时候做出判定;蔷夫是掌管诉讼的;游徼负责收缴赋税。乡下设亭,以十亭为一乡,亭设亭长。亭下设里,十里是一亭。

当时传说有人在临洮见过十二个巨人出现,秦始皇就按照神秘的流言,没收全国的兵器,把所有的兵器铸成 12 个巨大的铜人,又铸了许多铜乐器;统一了钱币,以圆形方孔钱作为统一流通的货币;统一并推广了度量衡,规定小篆是官方正式使用的文字,但后来逐渐被隶书所取代。据说隶书是程邈创造的,他原本是秦国的一个小吏,因犯小罪被关进监狱十年,创立了隶书,上书秦始皇。秦始皇赏程邈做了御史。

在灭亡六国的过程中,每灭掉一个国家,秦始皇就让画师画下宫殿的样式,在咸阳重新建造,共建起一百四十多处宫殿。秦始皇生前住的阿房宫是咸阳的中心,规模之大无与伦比,直到他死都没有修建完工,后被项羽一把火烧为灰烬。他雄心万丈修建的宏大工程,把全天下的人都变成了建筑工人。为了建造各式各样的宫殿,秦国人从 15 岁开始服役,到 60 岁才能服完。当时全国人口两千多万,但青壮劳力服役的就有三百万,占人口的 15%,是全国劳动力的一半。

日暮西山　病死沙丘

统一全国后,秦始皇总共进行了五次大规模的巡游。

公元前 220 年,秦始皇巡游西北边陲,欣赏大漠风光,同时抵御匈奴,鼓舞士气。

公元前 219 年,秦始皇去泰山封禅。他主要是借封禅为名,向上天表现自己的功劳,再次神化自己。秦始皇志得意满地封禅完毕,下山时遇到瓢泼大雨,几百人淋得像落汤鸡一样,狼狈不堪,秦始皇好不容易找到一棵松树避雨。雨停了后,他封这棵松树为"五大夫"作为酬谢。尽管封禅完毕,但是中途被雨淋总归不是什么好兆头,这在他心里留下了阴影。

此后秦始皇又到东海登蓬莱山,路过彭城(今天的江苏徐州)时,听说海里埋着周朝九个鼎中的一个。周鼎象征着王权,于是他派人打捞周鼎,但一无所获。秦始皇一行只好继续西行。走到湘山湖时,准备祭祀湘水之神——湘君。不料忽然狂风大作,水浪滔天,秦始皇大怒之下把湘君祠一把火烧个精光,还把湘山上所有的树都砍光。

第三次巡游是在公元前 218 年,途经博浪沙时遇到张良行刺。张良是韩国贵族,韩国灭亡后,张良发誓为国家和家族报仇,他也像当年的太子丹一样四处寻访能人异士,后来结交了一个大力士,能一只手舞动 120 斤的大铁锤,于是两人埋伏在秦始皇车队的必经之处。但是秦始皇也怕六国人行刺,早有防备,自己坐在第二辆车中,结果大力士砸死了坐在第一辆车里的人。受到巨大惊吓的秦始皇悬赏重金捉拿凶手。

此后，张良只好四处逃亡。

公元前215年，秦始皇第四次巡游，到达北海，建造了碣石宫。

公元前210年，秦始皇身体已经极度虚弱，但仍然强打精神进行第五次巡游。这一年是始皇帝三十六年，据说不断有天象和凶兆出现。第一次是"荧惑守心"，意味着天下大乱。联想到他亲政时的"彗星竟天"，秦始皇忧心忡忡；在这之后东郡地区有一颗流星坠落，上面刻着"始皇帝死"几个字，他在盛怒之下，将附近村民全部杀死，并烧毁了陨石。

同年秋天，出使关东的使者郑容回咸阳途中，半夜过华阴道（今陕西华阴北）时，一个神秘的人忽然出现，拦住郑容，交给他一块玉璧，并说"今年祖龙死"，还没等郑容问清楚到底是什么意思，那个神秘人就消失了。秦始皇让史官查查是什么时候的玉璧，史官查出来，八年前秦始皇经过长江时，遇狂风巨浪，曾经把一块玉璧投进江水里，立刻风平浪静了，那个神秘的人交给郑容的就是那块玉璧。秦始皇听后沉默良久，最后说："山鬼只知道一年内的事情。"

据说出行可以增加寿命，消灾避祸，因此秦始皇决定抱病继续出巡。

一路上不断有平头百姓出于好奇来看这位横扫六合的一代天骄。在前来观看的人群中就包括后来灭掉秦国的项羽和刘邦。项羽是楚国大将项燕的后人，随叔父项梁隐姓埋名在此避难。据说项羽从小气宇轩昂，要学万人敌。当他见到秦始皇时，脱口而出："我可以取而代之。"另一个人汉高祖刘邦当时只是一个默默无闻的沛县亭长，看到秦始皇出行的气势和排场后，感叹说："大丈夫生当如此！"

最后，秦始皇到达琅琊海岸，他找来方士徐福询问不死药有没有找到。徐福不敢说没有，撒谎说海中有大鱼出没，阻挡他的去路。于是秦始皇命人入海射杀鲸鱼，并派遣徐福带三千童男童女入海求取仙药。

秦始皇这五次出巡行程约三万公里，占统一后的一半时间。出巡的目的除了扬威天下，就是求取仙药。秦始皇天性"刚戾自负"，自认为可以与天争命，与神比功，到晚年这种感觉越发强烈。他千里奔波，心力交瘁，终于一病不起，死于沙丘。随行的赵高、李斯和胡亥等人知道秦始皇时日不多，但因秦始皇忌讳说"死"字，所以没有人敢问他身后的国事如何安排。随着病情越来越重，秦始皇也意识到生命到了极限，便留下了遗诏，要长子扶苏奔赴咸阳主办丧礼，并继承皇位。

诏书放在当时任中车府令的赵高那里，还没有等诏书送出，秦始皇便于公元前210年的7月暑热季节病死在沙丘平台（现在河北广宗境内）。这也是当年一代暴君殷厉王埋骨之处。秦始皇死后，赵高和李斯封锁了消息，将秦始皇的尸首放在车里继续向咸阳赶路，但由于天热，尸体开始腐烂，散发出臭气。为了掩盖真相，李斯让每辆车上都装一石鲍鱼，用鱼臭掩盖尸体的腐臭。

秦始皇死时仅50岁，他在秦王位共25年，称皇帝12年，总共37年。

秦始皇的长子叫扶苏，是个敦厚宽容的人。他看不惯秦始皇一系列荒谬的行为，曾经劝说过秦始皇："现在天下刚刚安定，但远处的民众还没有彻底安定，士人们现在也都在推崇儒家的主张。父皇用严酷法律治理天下,儿臣担心会令天下不稳。希望父皇能认真考虑,改变政策,安定人心。"

秦始皇听不进扶苏的话,反而斥责扶苏多事。最后,秦始皇将扶苏派到北面边境的军队中做监军,和大将蒙恬一起抵御匈奴。秦始皇死后,赵高为了自己专权,借扶苏不喜欢李斯的事实来蛊惑李斯,二人一起篡改诏书,让胡亥继承了皇位,同时假造圣旨逼扶苏自杀了。

胡亥即位后称秦二世。

千秋功过　后人评说

尉缭曾给嬴政留下一幅肖像:"秦王为人,蜂准,长目,鸷鸟膺,豺声,少恩而虎狼心,居约易出人下,得志亦轻食人。我布衣,然见我常身自下我。诚使秦王得志于天下,天下皆为虏矣。不可与久游。"

郭沫若曾做过考证,认为这四项都是生理缺陷。鸷鸟是现代医学上的鸡胸,是软骨症的一种症状;蜂准是马鞍鼻;豺声是有气管炎。可能赵政小时候在赵国时发育不良。这是一个集自傲与自卑、冷酷与狂热、进取与残忍于一身,除了强烈的复仇欲望之外并无深刻情感的铁血君主的雏形。嬴政出生于战国时代的烽火岁月,大概从记事起,就目睹了数不清的刀光剑影,经历了无数的宫廷内外的明争暗斗,过早接触了政治斗争和与之相伴的残酷无情,泯灭了童心和爱心。这一切对于塑造他的性格有着十分重要的作用,也深深地影响了他的帝王生涯和一系列重要改革。

秦王朝在中国历史上是如此特别,如此短暂却又影响深远。秦始皇是乱世和分裂的结束者,但从另一个角度说,他又开创了暴虐的君主专政体制;秦始皇最重要的历史功绩,在于完成了统一大业,建立了历史上第一个封建的中央集权国家,并且奠定了多民族封建国家的基础。秦统一后实行的各种政策和措施,有的不仅影响了以后两千年的封建社会,而且及于现在,包括统一的度量衡、货币及文字,从中央到地方的郡县的三层框架体系,以防为主、以和为贵的外交军事路线……秦始皇采取的各种统一措施和制度,对当时的历史发展来说,是一种大胆的革新,他改变割据状态的政治和文化,从而使封建的社会经济顺利地向前发展。秦代制定的一些制度大部分为后来所继承就证明这些制度和措施是适应当时历史形势的。他的功绩是主要方面,但不能因此掩盖他的罪恶;他的罪恶是深重的,但也不应因此抹煞其历史功绩。

平民皇帝

——汉高祖刘邦

名人档案

刘邦:字季,属蛇。汉沛郡丰县中阳里人(今江苏省徐州市丰县)人。中国历史上杰出的政治家、战略家和军事指挥家,汉朝开国皇帝,汉民族和汉文化的伟大开拓者之一,对汉族的发展以及中国的统一有突出贡献。生于普通农民家庭。其性格放荡不羁,风流倜傥,有农民的刁钻,也有豪侠的仗义。起兵后善用人,从谏如流。从他斩白蛇起义,到他即位称帝,充满了戏剧和偶然。他做汉王4年,称帝8年,病死,终年62岁。

生卒时间: 前256年~前195年

安葬之地: 葬于长陵(今陕西咸阳东),谥号高皇帝,庙号高祖。

历史功过: 继承和发展了秦朝体制,改革和放弃了秦始皇的苛政峻法,给百姓以休养生息的机会,为以后汉朝的200年基业奠定了基础。可惜他稍稍地走了回头路,对子弟大举分封,在他死后不久,各藩国间又开始相互攻伐,它们的势力甚至威胁到中央,直至汉武帝时才彻底解决。

名家评点: 毛泽东说"刘邦是一位高明的政治家"。史学大师汤因比更将其与西方的恺撒并列,认为他们是对人类文明最有影响力的两大历史人物。可是民国时的李宗吾推举刘邦为脸厚心黑的代表者，因为他"厚"得到家、"黑"得彻底，所以才获得了成功。

赤蛇传说　扑朔迷离

公元前256年，刘邦出生于沛县丰邑（今江苏丰县）中阳里。当时秦始皇还没有统一六国，这里还属于楚国的领土。按照中国生肖算，刘邦属蛇，后来大家传说他是赤练蛇的儿子，斩杀了白蛇。巧的是项羽也属蛇，人们都说他是白蛇转世。刘邦起兵的时候天下大乱，他实力微弱，连母亲都不能保护，她死在兵荒马乱中，被草草掩埋，最后连埋在哪里都不知道了。他做了皇帝后，在母亲死去的地方为母亲招魂，结果看见一条红蛇从水边游来，钻进了棺材。这些与蛇纠缠在一起的传说使得刘邦的身世也扑朔迷离起来。

《史记》记载，刘邦的母亲在怀他的时候，有一天出门去看朋友，回来的时候觉得累，在湖边休息时睡着了。他的父亲不放心就出来找，却见到电闪雷鸣，大雨倾盆，一条蛟龙从湖中冲天而起，盘绕在她的身上。好半天才云散雨收，蛟龙也消失了。这就是人们对于刘邦以一介草民竟能称王称霸所给予的一种朴素解释——不是真命天子哪有这等福分？

一次，刘邦押送一批犯人进京服苦役，一路上犯人跑了不少，刘邦就索性放了所有的犯人，自己也躲进了深山。一天半夜他喝醉了酒，醉醺醺地走在乡间小道上，看见路中间有一条白蛇挡道，他借着酒兴，拔剑杀死了大蛇。过后随从来找他时，看见道路中间有个老妇人在蛇尸体边上痛哭，并说："我的儿子变成白蛇，但是被赤蛇杀死了。"当人们想把她抓起来时，老妇人却消失了。

刘邦本人相貌堂堂，他身材高大，天庭饱满，鼻子挺直，留着一把浓密的大胡子，很符合楚地美男子的标准。他在家排行第三，大哥叫刘伯，早死，二哥叫刘仲，还有个弟弟叫刘交。他的家境较好，所以豁达大度，宽厚爱施舍，放荡不羁，颇有浪荡少年的意味。据说少年时，有一次来了几位朋友，他天天领着朋友去二嫂家蹭饭，二嫂十分不满意，看见他们来了，猛刮锅底，表示饭已经没有了，朋友们都找借口溜走了，这使得刘邦无比尴尬。直到他做了皇帝后，对这事仍然耿耿于怀，不肯封他的侄子。

青年时代的刘邦不肯安分地待在家中，游手好闲，交朋结友，因而被父亲和家里人看作没出息和不成事的人，经常拿他的二哥和他做比较，认为他不会有什么成就。刘邦虽然我行我素，但心里难免感到气愤、无奈。后来他称帝后，在大宴群臣的时候，刘邦当着众大臣的面，不无调侃地问父亲："当年您总说我不如二哥有出息，现在我和二哥比，哪个更有出息、产业更多？"刘父无言以对，众大臣大笑。

刘邦一直孑然一身，直到四十多岁才娶妻生子。他的岳父吕公是沛县县令的好朋友,因为躲避仇家来到沛县定居。沛县的乡绅听说吕公是县令的朋友,纷纷前去道贺,萧何当时正是宴会的主持人,他跟门房说,送贺礼不到一千钱的,不能坐到正堂去。

刘邦也混了进去,但他并没有带任何礼物,却夸口说自己送了一万钱,大摇大摆地进了正堂。吕公听说有人送了一万钱,慌忙出来道谢。吕公据说善于看相,可能看出他相貌非凡,就让他坐了上座。萧何大惑不解,偷偷对吕公说:"刘老三是个好说大话的人,靠不住的。"但吕公不以为然,宴会后又把刘邦留了下来,告诉他自己有个女儿叫吕雉,愿意招他为女婿,而且不用他破费半文钱。面对天上掉下来的美事,刘邦当然大喜过望。

吕公的夫人不明原因,埋怨丈夫说:"你一向说女儿是贵命,怎么要把她嫁给这么个不务正业的小混混?"吕公并不解释,只说了句:"女人家知道什么?"然后坚持把女儿嫁给了他。

这便是中国历史上第一个出名的女主——吕雉。她为刘邦生下一儿一女,便是后来的汉惠帝和鲁元公主。传说有一次她在田间劳作时,有一个老翁来讨水喝,她就给了他一碗饭。饭后老翁对她说:"看相貌夫人是天下贵人。"

吕后半信半疑,又让他给儿女相面,老人指着她的儿子说:"你的富贵就是因为有了这个儿子!"

群雄逐鹿　投奔项羽

秦二世满以为刑法严酷,就可以巩固权力,稳固地位,天下太平,但没想到换来的却是公元前209年陈胜、吴广领导的大泽乡(今安徽宿州东)起义所点燃的秦末农民暴动的熊熊烈火。陈胜、吴广都是楚人,打出的旗号也是"张楚"(张大楚国之意),甚至以楚国大将项燕为号召,令秦始皇念念不忘的"楚虽三户,亡秦必楚"的预言似乎变成了现实。

陈胜,字涉,阳城(今河南方城)人,是一个普通的农夫,但从小胸怀大志。有一次在田间休息时,陈胜对一起耕田的人说:"如果有一天我富贵了,绝不会忘记各位的!"

众人哈哈大笑,取笑他说:"你就是一个耕田的,能有什么富贵?"

陈胜不回答,只是哼了一声,过了一会儿才叹道:"你们就像普通的麻雀一样,又怎么会知道鸿鹄的远大志向呢!"

吴广,字叔,阳夏(今河南太康)人。起义时他和陈胜都是被征发到渔阳戍边的小兵,被洪水围困在大泽乡,误了到达的日期,等待他们的只有被全体处死的命运。他们两个人认为,与其等着被杀,不如起来反抗。他们领头杀死了带军的将领,并带领其他士兵攻占了蕲县。

他们起义的消息如野火般迅速传遍秦帝国全境,陈胜的兵马很快壮大,成为一支强大的军团,并建立了张楚政权,楚地各部落趁机杀死各郡县的官员,四处响应。其中最为有名的就有刘邦在沛县自立,以及项梁、项羽在会稽起兵。会稽郡统有战国时的吴越两国,辖区有 26 个县,几乎占据了东南半壁江山。项梁带着侄子项羽避祸来到这里,因为是项燕的后人,再加上自己仗义疏财,见识过人,在吴中地区名气颇大,会稽太守殷通也对他另眼相看。陈胜、吴广起义后,会稽郡也受到影响,一方面怕陈胜南下攻打,一方面为了对付新出现的良莠不齐的起义队伍,各县纷纷组建自卫队。面对这种混乱局面,殷通忐忑不安,于是决定先下手为强,割地自立。

殷通找来了项梁,让他去寻找楚地另一个地方领袖恒楚,项梁假装答应,兴冲冲跑回家嘱咐项羽杀了殷通,占领会稽。项羽一进郡守府立刻发难,杀死了殷通,宣布会稽自立,很快成为江南最有势力的一支军队。十二月,项梁叔侄渡过长江,挥军北上,一路上收编了陈婴、黥布等多支起义军,实力大增,成为拥兵六七万的劲旅了。之后项羽击败了彭城的秦嘉,声势更盛。

与此同时,秦王朝也派出了大军严厉镇压各地的叛乱,首当其冲的就是先举反秦大旗、自立为王的陈胜。陈胜由于自己骄傲自大,内部又纷争不断,在秦将章邯的强大攻势之下,节节败退,陈胜被庄贾刺杀,并送给章邯邀功请赏。

公元前 209 年,萧何偷偷去找刘邦,让他带人回来占领沛县,不料被县令发现了。县令命令关上城门,不许刘邦他们进城,曹参和樊哙杀了县令,打开城门迎接刘邦一行,随后萧何、曹参推举刘邦为沛公,先后夺取了胡陵、方与、薛县等好几个城池。正当刘邦踌躇满志、准备举兵北上时,后院起火,不但夺得的城池被人占领,还丢掉了大本营丰邑。刘邦气得大病一场,只好去投靠另一股起义军秦嘉。这成为刘邦一生的转折点,因为刘邦遇到了他事业上最得力的帮手——张良。

张良,字子房,祖父和父亲相继当过五任韩国丞相,是韩国的豪门。秦国灭韩后,张良以复国雪耻为己任,散尽家财,结交豪侠,为了刺杀秦始皇,特意到东海去见一个神秘人物——仓海君。仓海君推荐了一个大力士,张良和这位大力士策划了震惊全国的博浪沙事件——刺杀出巡的始皇帝。但是他们误中副车,功败垂成。张良相貌文雅,像女人一样秀美。他成功逃脱了追捕之后,也跑到原来属于楚国的疆土躲了起来。

博浪沙后的某一天,张良过一座小桥时,有个穿褐色衣服的老头坐在桥头,看到他后故意把鞋子扔到桥下,对路过的张良说:"年轻人,把我的鞋子捡回来!"

张良听后一怔,本想不理他,但看对方是个老人,他忍住火气跑到桥下把鞋捡了回来。不料老人又说:"给我把鞋穿上!"

或许张良看出这老人有些不寻常,反倒不生气了,恭恭敬敬地跪下来帮他穿好鞋。老人笑道:"孺子可教!五天后的早上就在这桥上来和我见面。"

当张良依约来到桥头时,老人早到了,见他就怒骂:"与老人约会还能迟到,太没礼貌了！你五天后再来吧！"张良只好回去了。

五天后鸡刚啼晓，张良就去了桥头，不料老人比他去得还早，一番呵斥后还是让他五天后见。张良无奈，最后天没亮就早早等在桥头。老人来了看见他，微笑道："这就对了。"

随后老人拿出一本书给他，又郑重地说："这本书可以让你成为王者之师。十年后一定会天下大乱，所以这十年内你要勤奋学习，一定会有过人的成就。十三年后来济州找我吧，古城山底下有块黄石头就是我！"

说完老人就飘然而去，从此再也没人见过这个被人称为"黄石公"的老人。

张良得到的是传说中的《姜太公兵法》。十年后果然天下大乱，张良早已把这部兵法烂熟于胸，于是带了一百多个少年去投奔秦嘉，想借此机会恢复韩国，恰好遇到了也来投奔秦嘉的刘邦。

张良隐居十年苦读兵法，好不容易见到志同道合的人，自然会借机讨论，以显示生平所学。让他大为惊讶的是，刘邦竟然一点就透，和他以往所遇到的懵然不知者截然不同，而且还能举一反三，应用到为人处世上，恰到好处。张良不由得大为惊叹："沛公才是天生的英雄。"于是就和这一百多人归附了刘邦。从此刘邦不仅拥有如云的猛将，还拥有智谋过人的谋士，如虎添翼。

《姜太公兵法》并不是兵书，而是"政术"之书，有点像是法家的"法术势"——通过检讨古往今来兴亡成败的故事，总结出避祸求福的教训，寻找"以弱胜强，克敌制胜"的方法。在运用这些兵法时，依靠智谋和诡计获胜，这正中人少势微的刘邦的下怀，也符合两人当时所处的境况，并在日后与勇猛强大的项羽作战时发挥了全部的威力。

张良给一个素不相识的平凡老头捡鞋，还跪下来给他穿上，可见其过人的冷静隐忍和城府之深，连续几次被辱骂而不动声色，可见其性格里的坚毅和韧性，遇到具有相似秉性的刘邦自然会意气相投，引为知己，誓死追随。

刘邦归附秦嘉后不久，秦嘉被项羽打败，身死沙场，余下的部队也被项羽收编。刘邦虽然赢得了几次胜利，但没有稳固的根基，在张良的指点下，率军投靠了声势最强的项羽。由于章邯率秦军继续南下，势如破竹，所有的起义军暂时放下内部矛盾，共同迎击章邯的秦军。

霸王项羽　汉王刘邦

公元前 208 年，项羽在薛城召开各路起义军首领大会。在这之前，项梁请来了谋士范增。范增原本隐居在庐江郡，已经七十多岁了，但身体硬朗，博古通今，见识过人，他曾断定陈胜成不了气候，主动投奔项梁为他效力，并劝说项梁寻找楚王后裔，以王者之师的名义号令天下，不要重蹈陈胜的覆辙。

项梁听从了他的建议，找到了已经沦为牧羊人的楚怀王的孙子熊心，仍然号称楚怀王，作为起义军的共同领袖。项梁自称武信君，成为所有起义军众望所归的军事首领。

薛城会议协调了各路起义军的整体作战行动，摆脱了陈胜失败的阴影，结成统一的团体，以便加强实力共同对付强大的秦军。公元前208年短短几个月内，项羽与刘邦合军，以项羽军为主力，两军配合，四战四捷，大败章邯。然而胜利使得项梁骄傲轻敌，被章邯在定陶突袭，猝不及防，兵败身亡，起义军遭受重大损失。

章邯的胜利使得秦王朝以为高枕无忧，从而犯下了致命的错误。首先是李斯被赵高陷害，夷灭三族。在军事上，秦王朝以为项梁既死，其余的人不再构成威胁，于是章邯北渡黄河，进攻刚宣布复国的赵国，赵国损失惨重，不得已向楚怀王求救。楚怀王吸取了陈胜孤军败亡的教训，为了避免被秦军各个击破，他与各起义军将领达成了历史上著名的怀王之约。内容包括：第一，保留秦的国号，疆土限制在关中地区；第二，先入关中的就是秦王；第三，即使到达咸阳，不许烧杀抢掠。

起义军兵分两路，一路由宋义指挥，项羽为副帅；一路由刘邦统率，共同进入关中。宋义原本是楚国贵族，祖辈担任过楚国的令尹，对楚国军政颇为了解，还研究过秦王朝大将章邯的兵法，楚怀王登位后封他做首席谋士。项梁被章邯突袭前，宋义警告过他小心轻敌，但项梁没有理会。项梁遇袭身亡后，宋义受到重用。

公元前207年，宋义率军到达安阳（今山东曹县南），命令全军停止前进，一驻就是四十多天，尽管求救的使者络绎不绝，宋义却装聋作哑。这时已是十一月份，进入雨季，楚军困在安阳弹丸小地，饥寒交迫，怨声不绝。项羽急于为项梁报仇，恨不能早日与章邯决战，便借着朝会的时候，发动兵变杀死宋义，对外宣布是楚怀王的命令。楚怀王虽然对他擅杀主将极为不满，但自己并没有惩罚他的实力，只好任命他为上将军，全线指挥。

章邯正在加紧围攻巨鹿，巨鹿城已是强弩之末，城破在即。巨鹿位于邯郸东北，离漳河不远，历来是兵家必争之地，章邯率三十万大军前来攻打时，张耳和赵王歇移往巨鹿，准备长期抗战。章邯驻扎在巨鹿平原，将巨鹿城团团围住，以逸待劳，具有压倒性的优势。项羽日夜督军，就在巨鹿城即将崩溃之际，赶到了漳河沿岸。楚军只有七万之众，赵军被围困多日，已没有多少再战的能力，若是硬攻，无异于以卵击石，因此唯一的胜算便是突袭。

项羽命令全军两万人渡河，渡河后将全部船只凿沉，烧饭的锅统统砸光，沿途的房屋一律烧毁，每人只携带三天的粮食，表示有进无退、义无反顾的决心。这就是"破釜沉舟"这一成语的由来。

渡河后，项羽立刻指挥主力马不停蹄地投入战斗，直抵巨鹿。他身先士卒，亲自上阵，斩杀秦将苏角，活捉王离，另一秦将涉间拒不投降，自焚而死。

这一战创造了军事史上以少胜多、以弱胜强的军事奇迹。当秦楚两军决战时，各路援军目睹项羽决战战场的骁勇和彪悍。当秦军投降，项羽邀请各路援军首领来见面时,他们都跪在项羽面前,连头也不敢抬。当项羽创下巨鹿之战的光辉战绩时,年仅26岁。

巨鹿之战后,秦二世把失败的责任全部推到章邯的身上,大加斥责,章邯陷于进退维谷的境地,连连败退,只好投降了,项羽代表诸侯封章邯为雍王。至此秦军精锐已经损失殆尽,项羽亲率大军沿黄河而西,浩浩荡荡向咸阳进军,几乎没有遇到任何抵抗。但当公元前206年底项羽到达咸阳时,刘邦已经先期到达,秦王朝已宣告灭亡两个月了。

刘邦对于怀王之约的"先入关中者为秦王"十分向往,所以比宋义的大军出发得更早,而且沿途没有遇到强大的秦军阻拦,各个城池守军也不多,路上又收编了不少项梁的旧部,力量不断壮大,所以过关夺城十分顺利。

公元前207年,刘邦大军到达宛城,宛城城防坚固,易守难攻。郡守派人与刘邦谈判,刘邦答应他只要归降,还可以继续担任郡守留守宛城,而宛城的军队要跟随刘邦继续前进。这以后,刘邦一路顺风,秦王朝的官吏纷纷投降,他兵不血刃地一路西进。刘邦严格约束士兵,每攻克一地,都严禁士兵劫掠百姓,给人们留下了很好的印象。八月,他攻下武关,打开了南面通往咸阳的门户,这时项羽也结束了巨鹿之战,从东面进军咸阳。

这时的秦王朝已濒临崩溃。秦二世在赵高的蒙骗下,胡作非为。赵高为了诛杀与自己不和的大臣,有一天在上朝时牵了一匹鹿进来,一口咬定是马,秦二世问大臣这是马还是鹿,凡是回答是马的后来都被赵高杀了,赵高导演了一幕"指鹿为马"的闹剧。赵高接着还杀死了秦二世,想立他的兄弟子婴为傀儡,同时派使者与刘邦谈判,企图保留关中,不料反被子婴杀死。但咸阳已无险可守,无兵可用,子婴只好投降刘邦。

刘邦自从挥军西进,就开始了独立作战,很快军队壮大了十倍以上,纵横驰骋黄河以南。刘邦的确是幸运的,反秦起义军浩浩荡荡赶往咸阳的征途中,刘邦选择的是一条最容易的道路。当时秦军的主力有两支:一支是章邯率领的关中精锐,一支是对付匈奴的勇武之师,两队都集中在黄河以北。项羽遇到的就是秦王朝最强悍的军队。

各起义军差不多都服过兵役,受过秦军虐待,现在风水轮流转了,他们也开始虐待秦军士兵。项羽害怕进入关中后秦军哗变,而且粮饷这时也不够了,为了轻装上阵早进咸阳,一天晚上便趁秦军睡熟,发动突然袭击把20万秦军一夜之间全部杀光。消息传出,关中百姓恨他入骨,骂他歹毒残暴,怕他会是第二个秦始皇,他所到之处军民拼死抵抗,宁死不降,耗费了他大量时间。20万秦军本来可以成为项羽送给关中百姓最好的见面礼,完全可以赢得拥护和好感,与刘邦争夺关中民心。然而由于项羽决策的失误,为自己日后的失败埋下了祸根。

公元前207年,刘邦首先进入咸阳,穷乡僻壤出身的刘邦面对奢华的阿房宫,晕头转向,并设想着据为己有。但在众谋士的轮番劝说下,他恋恋不舍地封存了所有财物,退出咸阳城,并推出了"约法三章":第一,除了杀人和盗窃罪外,其余秦法全部废除;第二,所有旧官员一律留任;第三,宣布自己的军队不会扰民。这"约法三章"保证了关中百姓的生命安全,解除了他们的恐慌心理,取得了百姓的好感,与项羽杀降卒的行为形成了鲜明的对比。

当项羽日夜兼程赶来时,刘邦自认为凭着楚怀王的命令,自己是秦王了,于是派兵驻守函谷关,拒绝项羽和其他诸侯入关。项羽大怒,强行闯关,各方诸侯也对刘邦独占功劳的行为不满,双方剑拔弩张,一场大战一触即发。

就在项羽决定攻打刘邦之前的一个晚上,一个人半夜里偷偷跑出项羽军营,找到张良,让他赶快逃走,以免有杀身之祸。这个人叫项伯,是项羽的叔叔,和张良私交很好。张良暗中一惊,面上不动声色:"大丈夫做事有始有终,总得让我和沛公辞行吧!"

他稳住项伯,赶快通知刘邦。刘邦一听立刻慌了手脚,一把拉住张良,要他赶快想办法。张良思忖半晌,微笑道:"现在只有项伯能救你了!"

张良将刘邦介绍给项伯,刘邦一边夸赞项伯豪情仗义,一边诅咒发誓自己对项羽忠心耿耿,绝无二心。两人越聊越投机,最后为儿女定下婚事,成了亲家。项伯连夜跑回见项羽,为刘邦说好话。项伯虽然是项羽的叔叔,但是一向忌惮自己的侄子。他与范增不合,在楚汉战争中还暗中投效刘邦。项羽败后,他看大势已去,就举家归附了刘邦。但项羽从未怀疑过自己的叔父,一直对他信任有加。

第二天一大早,刘邦和张良带着姻亲樊哙和几个手下,来到项羽军中负荆请罪。项羽经过项伯一番劝解,已经打消了杀刘邦之意。一见面,刘邦痛哭流涕,埋怨项羽不念兄弟之情,听信外人挑拨离间;咒骂在项羽耳边离间的小人;又信誓旦旦表示自己从没想过拥关自立为秦王,只不过是准备好一切等项羽来接受。项羽于是设宴款待刘邦。

席上刘邦不断回忆两人并肩作战的日子,说到动情处两人相视大笑。范增冷眼旁观,看出项羽不忍心下手,于是他出来找到项庄要他借表演助兴为名杀了刘邦。项庄依计而行,项伯老奸巨猾,立刻看出端倪,拔剑而起和项庄斗在一处。项羽看形势已无法控制,也不好出言制止。张良见形势危急,跑出来找到樊哙,要他闯进去救刘邦。樊哙打退卫士,硬闯而入。项羽大怒,按剑起身,不料樊哙进来后把兵器往地上一扔,主动请罪。刘邦慌忙起来赔礼,表示樊哙是个粗人。

项羽一向赞赏勇士,见此神色立和,吩咐赏酒菜。樊哙狼吞虎咽,吃得干干净净后,大声说:"我一向认为项将军是个英雄,没想到也会妒贤嫉能。我姐夫功劳最大,又对你忠心不二,你竟然使出这种毒计想暗杀我们,这怎么能让天下英雄佩服?这和秦始皇有什么区别?"

项羽无言以对,挥手示意樊哙坐下。樊哙威风凛凛地坐在刘邦身旁。范增一时也想不出什么好办法,既可在众目睽睽之下杀了刘邦,又不伤项羽的颜面。不一会儿刘邦借口上厕所,溜了出去。几个人会合后一商议,决定刘邦只身先回去,免得项羽反悔，只留下张良赔罪。等到刘邦差不多到军营了，张良才不慌不忙地告诉项羽，并献上带来的珠宝。项羽也未在意，一笑收下了。只有范增气呼呼打破了刘邦送给他的玉碗，说："放虎归山，以后夺天下的必定是这个刘邦了！"

这就是千古流传、脍炙人口的"鸿门宴"。

项羽占领咸阳后，大加杀戮，抢掠财富，并烧毁了阿房宫。干完了这一切后，他决定带军回楚国。这时有个人来见项羽，劝他留在咸阳，但是项羽却说："一个人富贵了却不能让家乡人知道，就好像半夜穿上华丽的衣服出门，没有任何价值。"

这个劝谏的人听了瞠目结舌，出门后感叹说："我听说楚国人都是上不了台面的傻子，果然不错，简直和穿上人衣服的猴子一样傻。"

项羽听了大怒，就把他抓回来杀了。

公元前 206 年，项羽开始分封诸侯。他自立为西楚霸王，占有原楚国的领土，显示自己高居诸侯之上的地位。对于其他的诸侯，项羽根据自己的好恶和亲疏远近给予分封。他对于刘邦的分封着实费了一番心机，最后封刘邦为汉王，据有巴蜀和汉中，巴蜀离中原很远，关山重重，是秦朝流放犯人之地；汉中又有南山阻隔，只有崎岖的栈道和关中沟通、联系。项羽又在关中部署三个诸侯防备刘邦。刘邦进入关中后，根据张良之计，立刻命人烧毁栈道，令项羽相信他准备据守关中，永无二心，从而不再防备。

时隔不久，诸侯间就因为不满意地域分配，重新开战，项羽带军四处镇压。但是一方平罢一方又起，弄得西楚霸王焦头烂额，疲于奔命。

楚汉相争　决胜千里

趁着关外一片混乱，刘邦"明修栈道，暗渡陈仓"，神不知鬼不觉地打回关外。这个计策出自一个新冒出的军事天才——韩信。

韩信是淮阴（今属江苏）人，年轻时名声不好，没有正当职业，到处混饭吃。有一次韩信饿得在江边昏过去了，一个老妇人看见了可怜他，给他饭吃，韩信感激不已，允诺日后加倍报答。他性格自负倨傲，难与人相处。一次一伙无赖少年挑衅，要么拔剑杀死他们，否则就从他们的裤裆下爬过去，韩信选择了忍受"胯下之辱"，从他们的裤裆下爬了过去。从此"胯下之徒"的名声一直如影随形地伴随着他，并使他一直不受重用。

天下大乱之后他便去投奔项羽，未受重视，韩信感到灰心绝望。诸侯分封后，他主动要求跟随刘邦进入汉中。不料还没见到刘邦，就卷入一场集体违法事件，按律处斩。轮到他时，想到平生所学还没有机会施展，壮志未酬，就送了命，很不甘心，他便仰天长叹："汉王不是想夺取天下嘛，怎么可以杀我这么有本事的人呢？"

他这一番感叹正好被夏侯婴听见，觉得他出语不凡，和他交谈一番后非常满意，便把他推荐给刘邦。此时的刘邦正为自己的士兵不断逃走而烦恼，只给了他主管全军粮饷的职位，并没有表现出特别的礼数与重视。

韩信虽然死里逃生，又得到破格提拔，但他自负才华盖世、当世奇才，怀着建功立业的雄心壮志，却难以得到充分的施展，因此总感到壮志难酬、闷闷不乐。他早就料到中原势必展开新的群雄逐鹿的大战，于是就在某一天夜里逃跑了。韩信在做治粟都尉时，常与萧何接触，几次交谈后萧何认定韩信是个难得的军事人才。他听说韩信跑了，就连夜去追，连和刘邦打招呼的时间都没有。这就是著名的"萧何月下追韩信"的故事。萧何把韩信追回来，劝服刘邦正式任命韩信为全军统帅。

公元前205年，汉军采用"明修栈道，暗渡陈仓"之计，攻下陈仓。刘邦自己率兵出关向中原进军。一路上诸侯们纷纷归附，一时间队伍达到56万人，声势浩大，势如破竹，并攻下了彭城。项羽率领精兵3万，急返彭城。结果汉军虽然人多，但良莠不齐，加上指挥不利，被项羽杀得大败，死了十几万人。刘邦一路溃退，又在灵璧(今安徽省东北)东滩水上被项羽追上，又有十几万汉军被杀死，只逃走了包括刘邦在内的几十个人。在溃逃的路上，刘邦为了减轻重量，保证逃跑的速度，三次将自己的儿女抛出车外，都被夏侯婴救起。各路诸侯看到刘邦大败，纷纷叛离，归附项羽。

刘邦慌不择路，遇到领兵来救的韩信才稳定下来。当年八月，刘邦封韩信为左丞相，领兵攻打反叛的魏国。两军在黄河两岸对峙。魏王豹在黄河东岸的蒲坂设下重兵，韩信驻扎在蒲坂对面的临晋，假装要正面渡河强攻，把大量船只集中在临晋，却悄悄用瓦罐和木框做成临时的小船，从上游夏阳渡过黄河，突袭安邑，突然出现在魏军背后，两面夹攻大破魏军，俘获魏王豹。

这时，刘邦和项羽作战，接连失败，退到荥阳。刘邦命令韩信率领的主力军到荥阳加强守备。韩信只好带了剩下的一万余人东下井陉攻打赵国，赵王歇和赵军统帅成安君陈余集中20万兵力于太行山区的井陉口，抢先占据有利地形，准备与韩信带领的一万多人决战。

韩信分出两千骑兵，半夜迂回到赵军大营的侧后方埋伏。天明后，韩信自己率主力军到河边背水列阵。赵军一看汉军人数很少，地理位置也不好，立刻倾巢而出，将全部兵力都投入战斗，想要一下子打垮汉军。预先伏下的两千轻骑轻易地攻入了赵军空营，将营中插上汉军红旗。

赵军陷入腹背受敌的境地，前面的汉军是背河而战，无路可退，所以人人拼死作战，而后面的赵军大本营失守，因此赵军军心大乱。韩信趁势反击，大破20万赵军，斩杀赵军统帅陈余，生擒赵王歇。

刘邦退到荥阳之后，两军在荥阳一带对峙。项羽派兵侵扰汉军的运粮通道，最终将荥阳的汉军围困起来。刘邦只好向项羽求和，提出以荥阳为分界线，荥阳以西为汉。

项羽想答应刘邦，但范增却不同意，说现在正是消灭汉军的好时机，如果错过这个机会,放虎归山,就后患无穷了。项羽于是又加紧攻打荥阳,刘邦走投无路,就采用了另一个谋臣陈平的离间计。

陈平,阳武(今山东)人,与张良一样属于黄老派。年轻的时候家徒四壁,游手好闲,为了混点酒食帮人料理丧事过活。一次举行社祭,他负责分祭肉,分得很公平,人人夸奖,他叹息说:"如果让我主宰天下,也一定会和分祭肉一样公平。"

天下大乱后,陈平先投陈胜,又投项羽,都没有得到重用。楚汉相争时,陈平得罪了项羽,渡河去投奔刘邦,船家看他相貌堂堂,衣饰华丽,以为是有钱的贵公子,打算谋财害命。陈平看出他们不怀好意,故意脱下衣服同他们一起划船,让划船的知道他身无分文,才保住了性命。陈平找到刘邦后,两人一番密谈,他为刘邦夺得彭城立下大功,被任命为都尉,监管全军人员调配。

陈平使计,当项羽派使者来劝刘邦投降时,就让人先摆出盛情款待的样子,送去好酒美食,见了使者,故意惊奇地说:"我们听说是亚父的使者来了,原来是项王的使者啊。"接着就将美食撤了下去。

使者大怒,饭也没吃,回去告诉项羽,项羽信以为真,从此不再听取范增的意见。他怀疑范增背叛自己,私下和刘邦交往。范增得知内情,勃然大怒,对项羽说:"既然你不相信我,我还是回老家吧!大王自己多保重。"范增赌气离开了项羽,但没能到达彭城,就气得病死在半途中。

范增走后,项羽加紧进攻荥阳。刘邦的大将纪信和刘邦长得有点相似,于是自告奋勇,冒充刘邦向项羽假投降。纪信乘坐着刘邦的车出东门,所有的楚军都跑来看汉王投降,刘邦则趁机从西门逃出城去,项羽一气之下将纪信烧死。

项羽和刘邦在荥阳东北部的广武山一带对峙,时间长达几个月之久。项羽的粮草供应常遭到汉军袭击,为了尽早结束战斗,同时迫使刘邦投降,项羽就把原先俘获的刘邦的父亲押到了两军阵前,他对刘邦说:"你如果再不投降,我就把你的父亲煮了吃!"

刘邦回答道:"我和你怎么说也是拜把子兄弟,所以我的父亲就是你的父亲了。如果你一定要煮了我的父亲,那就请便吧。不过,别忘了给我也留一碗肉汤。"项羽无可奈何,只好又将他的父亲带回去。

两军对峙时,项羽提出与刘邦单独决斗,刘邦回答说:"我和你只斗智,不斗勇。"

刘邦当着两军的面,大骂项羽有十大罪状,并说:"我现在率领众将领来诛杀你这残忍的逆贼,何必非要和你单独决斗呢!"

项羽怒不可遏,趁机射了刘邦一箭,正中刘邦的胸部。中箭之后,刘邦不敢让军士知道自己受重伤,立刻捂住自己的大脚趾,大声呼痛,逃过死劫。

在对阵了十多个月之后,项羽兵源缺乏,粮草不足,刘邦逐渐占了上风。双方立下了停战协定:楚汉以鸿沟(今河南荥阳中牟、开封一带)为界,东西分治。协定达成之后,项羽将刘邦的父亲和妻子送还。项羽领兵返回楚国,张良和陈平则极力劝说刘邦趁机灭掉项羽,不要放虎归山。

公元前 202 年,刘邦的军队在固陵(今河南太康西)追上了项羽,然而,韩信和彭越的军队还没有到达。项羽向汉军猛烈反击,将汉军击溃。刘邦只得坚守不出,不断催促韩信带兵来会合,却收到韩信要求当齐王的信,刘邦勃然大怒,当着信使的面破口大骂。坐在他身边的张良和陈平一人踢了他一脚,刘邦立刻反应过来,转了口风说:"要当就当真的,当什么假的。"立刻封韩信为齐王,并封另一个也在观望中的大将彭越为梁王,这样两人才率兵来会合。

同时,楚大司马周殷也被刘邦派人劝降,淮南王英布也领兵赶来会师。汉军会合各路援军共 30 万,把项羽围困在垓下。

一天夜里,韩信用计,让围困项羽的汉军唱起了楚国苍凉的歌,楚军想起家乡,军心动摇,半夜里就有很多人逃跑了。项羽以为汉军已占有全部楚地,万念俱灰。他在帐营中和虞姬饮酒话别,乘着酒兴慷慨而歌:"力拔山兮气盖世,时不利兮骓不逝。骓不逝兮可奈何,虞兮虞兮奈若何!"

虞姬唱道:"汉兵已略地,四地楚歌声。大王意气尽,贱妾何聊生。"虞姬不想拖累项羽,含泪自刎,项羽率领 800 骑兵趁夜突围。

第二天早晨,汉军才发现项羽已经突围而去,灌婴率骑兵火速追击。项羽渡过淮河后,身边只剩下了 100 人,到达阴陵时,慌不择路,韩信事先安排了一个人假装给他们指路,结果把他们骗进了大沼泽。从大沼泽出来后,在东城被灌婴的 5000 骑兵追上,一番血战后,只剩下 28 个人了。

项羽又和汉军激战三次,杀伤几百汉军后,再次突围而出,但只剩他单人孤骑了,一直跑到了长江北岸的乌江(今安徽和县),乌江亭长正划着一条小船在江边等他,劝他赶快渡过乌江,重整旗鼓。项羽惨然大笑,说:"我带了八千江东子弟兵打天下,到今天只剩我一个人还活着,哪有脸面去见江东父老。这是天要亡我!"他不忍心和自己征战多年的战马被汉军杀死,将战马送给了乌江亭长。

项羽转身面对汉军,毫无惧色,杀死数百人后已是精疲力竭,但是汉军也早已被他的悍勇惊呆了,一时间也不敢再冲上来。看到汉军中有一个熟人,项羽大笑道:"我认识你,我的头价值千金,看在相识一场的分上,我的头就送给你了!"说罢横剑自刎,年仅 31 岁。

至此,楚汉战争以项羽的失败而结束。

"生当作人杰,死亦为鬼雄。至今思项羽,不肯过江东。"这便是宋代女词人李清照为慷慨悲壮的末路英雄送上的一首挽歌。

称帝建汉　巧定后事

公元前 202 年二月初三,刘邦在山东定陶汜水举行登基大典,定国号为汉。同时,封吕氏为皇后,儿子刘盈为太子,定都长安。

　　汉朝继承了秦朝大部分的制度,但是采取的是郡县制与分封制并行的办法,与秦朝的残酷刑法和严厉的治国思想不同,汉朝采取清静无为的黄老思想为治国的指导思想,中央是三公九卿,地方是郡县制。

　　除了郡县制外,汉朝还采用封国制,即分封诸侯王到地方建立诸侯国和王国。最初,除了同姓王之外,还分封了七个功臣为异姓王,同时规定:诸侯王国的政治地位等同于郡,中央政府派相国辅佐各诸侯王,相国是中央的官吏,不准与各诸侯王勾结对抗中央,否则就要以"阿党附益"的重罪处罚。同时,还分封了一些侯国,地位和县等同,主要是封给建国功臣们。这样,诸侯国和郡县并立,因王国和诸侯国有自己独立的司法审判权,从而使得后来的地方政治机制混乱不堪。

　　为了促进经济的繁荣发展,汉朝实行了"重农抑商"的经济政策。汉高祖下令释放囚犯、流民返乡,军人复员,解放奴婢,鼓励生育。同时,他又调整土地政策,发展农业经济。在秦的赋税制度的基础上,采取了轻徭薄赋政策。此外,还通过"赐爵""复爵"等手段来调动农民的积极性。对工商业的政策也做了调整,主要措施就是放宽对私人工商业的限制,振兴了工商业,同时也促进了农业生产。

　　经过一番整顿,汉朝国势渐渐好起来,人民安居乐业。但是刘邦却越来越觉得不安稳了,七个异姓王始终是横在他心头的七根刺。他患得患失,既怕他们起兵造反,也怕自己死后国家像秦国一样四分五裂。刘邦因此坐立不安。

　　汉初三杰之一,运筹帷幄之中、决胜千里之外的张良,在汉朝建立后就过上半隐居生活,没有争权夺利的野心;致力于安居乐业、国富民强的萧何对刘邦忠心耿耿,也没有争天下的野心;只有叱咤风云、出奇制胜的绝世名将韩信,始终让刘邦耿耿于怀,更何况韩信当年在楚汉之争中,在刘邦最危急的时刻要挟过他,并强迫刘邦封他为齐王。

　　刘邦首先把韩信由齐王改封为楚王。公元前201年,即高祖六年,朝中有人告发韩信谋反。陈平认为,韩信是当世名将,善于用兵,没人是他的对手,如果发兵攻打,无异于自找麻烦,以卵击石。不如假装巡游云梦,通知各个异姓王到陈县会面,韩信必定也会前来谒见,到那时,就可以轻而易举地把他抓起来。

　　韩信一到陈县,立即被逮捕。韩信大喊冤枉,他感慨道:"果然像人们说的那样'狡兔死,走狗烹;飞鸟尽,良弓藏;敌国破,谋臣亡'。"

　　后来因为查无实据,不能乱杀以免激起所有旧人的恐慌,刘邦又赦免了韩信,但把他贬为淮阴侯。后来刘邦亲征匈奴,吕后怕韩信趁机谋反,采用萧何的计策,把他骗入宫中逮捕,然后斩首于长乐宫的钟室。韩信死前叹道:"成也萧何,败也萧何!"

　　刘邦的同乡卢绾,自刘邦浪迹沛县市井之时,就是刘邦患难与共的朋友。卢绾是富户,一直死心塌地追随刘邦,为他提供粮饷。称霸战争时卢绾是刘邦的亲信和心腹,建国后被封为燕王。但最后刘邦怀疑他私通匈奴,有谋反的嫌疑,最终逼得卢绾真的逃亡匈奴。

赵王张耳本是刘邦的女婿,也因涉嫌谋反被废除王位,贬为宣平侯。

韩信被杀不到三个月,刘邦灭了陈豨,回到洛阳,又有彭越的手下人告发彭越谋反。刘邦听到这个消息,派人把彭越逮住,下了监狱。彭越是韩信之后最有名望、最有军事才能的大将,后来因为没有查到彭越谋反的真凭实据,就把他贬为平民,遣送到蜀中。

彭越去蜀中的路上,遇到吕后回京,于是他苦苦央告吕后在刘邦面前替他说句好话,让他能回自己的老家。吕后一口答应,她把彭越带回洛阳。吕后见到刘邦就对他说:"彭越是个枭雄,把他送到蜀中,这不是放虎归山,自找麻烦吗?"

刘邦恍然大悟,于是杀了彭越,并将他的尸体剁成肉酱,再派人分赐给各位诸侯和功臣品尝,以示威胁与警告。功臣们因此更加胆战心惊。彭越事件后,淮南王英布自知不能幸免,被迫铤而走险,起兵反叛,最后兵败被杀。

这样,在汉朝建立的短短七年之内,刘邦就利用各种借口,将除偏守南方而又势力弱小的长沙王吴芮以外的所有异姓诸侯王相继铲除。对于六国的残余贵族,汉高祖也同样没有忘记要消除他们。公元前198年,他接受娄敬的建议,把六国的残余贵族和各地的一些名门豪族十几万人都迁到了关中。这样一来,就可以对他们进行有效的控制。

萧何看穿了刘邦的心意,为了自保,他故意败坏自己的名誉,强买强卖长安附近的土地,装成贪财好利的样子。但是刘邦还是觉得萧何权力太大,处心积虑地等待时机削弱他的权力。

公元前195年,萧何建议:"长安地方狭小,而上林苑中空地很多,已经废弃,希望陛下能下令允许百姓进去耕作,不要把它变成了养兽的场所。"

刘邦听了大怒,认为对萧何下手的机会来了,于是,他说萧何是受了商贾的贿赂,才来为他们请求开放上林苑的。于是便不顾多年交情,下令把萧何逮捕,关进监狱。

过了几天有人问他相国犯了什么大罪。刘邦解释说:"我听说李斯做秦始皇的相国,有功都归于秦始皇,有坏事都算在自己头上,现在相国不仅接受商贾的许多贿赂,还请求开放我的上林苑,讨好百姓,所以我把他关进监狱治罪。"

过后不久,刘邦又释放了萧何,但他已经失去了从前的权力了。

晚年,刘邦宠幸戚姬而疏远吕后。戚姬的儿子叫如意,刘邦对他十分钟爱,而大儿子刘盈从小宽容敦厚,刘邦怕自己死后吕后专权,有心立如意为太子。他在朝堂上提出很多次,旧臣认为不可行,纷纷反对。刘邦大发雷霆,不料周昌坚决反对,并说如果改立太子,就先杀了他。刘邦无奈,拂袖而去。

周昌是出名的谏臣,直言大胆,宁折不弯。

据说有一次周昌有事去见刘邦,正好碰见刘邦和姬妾在屋里喝酒,周昌扭头就走。刘邦乘着酒兴追出来,骑着周昌的脖子问他:"你说说我是个什么样的皇帝?"

周昌气得脸色铁青,结结巴巴地说:"像夏桀、商纣王一样,是个暴君!"

刘邦哈哈大笑,也没追究,让他走了。

所有的大臣都不敢违刘邦的意,只有周昌据理力争,以死要挟,不换太子。刘邦拂袖而去后,在后面偷听的吕后走出来向周昌跪下表示感谢,她含泪说:"今天要不是先生,我们母子将来就死无葬身之地了!"

　　为了巩固儿子的太子地位,吕后千方百计逼求早已不问世事的张良出山,张良无奈,最后答应为汉朝出力。

　　一天,宫中大摆筵席,四位须发皆白的长者,肃立在太子刘盈身后,刘邦得知他们就是"商山四皓"。汉朝建立后,刘邦千方百计想要网罗德高望重的"商山四皓",为治理国家出谋划策,但"商山四皓"始终不肯答应。刘邦万万料不到他们竟然被张良说动出来辅助太子刘盈。询问原因时,"商山四皓"说:"因为太子天性仁厚,是个好皇帝,早就天下归心。"

　　听了这话,刘邦心里明白太子根基已定,如果废除,争权夺利,天下就会大乱。他回宫后只好无奈地劝慰戚姬。刘邦知道自己百年之后吕后不会放过戚姬和如意,为了保护儿子,他封如意为王,派往外地,又让周昌辅助。

　　公元前196年,刘邦在平定英布叛乱时被箭射中,在回长安的路上箭伤开始发作,回到长安后病情已经很严重。刘邦问太医自己的病情如何,太医说能治,但刘邦听了太医的口气,知道自己危在旦夕,就说:"我一介草民,手提三尺剑,居然能得天下,就是天命。现在天要我死,就是神医扁鹊来了也没有用!"说完赏赐太医五十金打发他走了。

　　刘邦知道自己已经不行了,便开始为自己安排后事。为了确保汉朝万世的江山,刘邦召集群臣,特意宰了匹白马,与群臣歃血为盟:"从今以后,非刘姓者不能称王,违背此约者,天下共起而击之!"

　　在病榻上,吕后问他人事上的安排:"萧何死了后,由谁来接替相国?"刘邦说曹参。

　　吕后问曹参之后又由谁接替,刘邦说:"王陵可以,但王陵智谋不足,可以由陈平辅佐。陈平虽然有智谋,但不能断大事。周勃虽然不擅言谈,但为人忠厚,日后安定刘氏江山为国立功的肯定是他,让他做太尉吧。"

　　吕后又追问多年之后怎么办,刘邦有气无力地说:"以后的事你也不用知道了。"

　　刘邦死于公元前195年,即高祖十二年四月二十五日。葬于长陵,谥号为高皇帝,庙号是高祖。刘邦死后,吕后之子刘盈为帝,即孝惠帝。

　　汉高祖不通文、不通武,但能役使天下英雄为犬马,虽曰天命,也得益于他容人、识人、用人的度量。观他打天下、治天下,所用之策虽皆出自臣下,但如果不是由于他的英明正确、智虑深远,也难以致用。一个成功的君主不一定要有非凡的才能,关键是用对人、用好人,汉高祖为后人提供了一个最鲜明的例证。战国以后不断有平民出身的大臣涌现,但像西汉立国时那样,君臣将相均为平民出身则是前所未有的,刘邦以自己的传奇为后世的野心家树立了最好的榜样。

一代雄主

——汉武帝刘彻

名人档案

武　帝：名刘彻，景帝子，属猴。西汉第七位皇帝，杰出的政治家、战略家、文学家。性情暴烈而有霸气，志向远大、雄才大略。景帝死后即位。在位54年。病死，终年71岁。

生卒时间：前156年~前87年

安葬之地：葬于茂陵（今陕西兴平市东北）。谥号孝武皇帝，庙号世宗。

历史功过：77 他把汉朝推向了一个极盛时期，他的主要功业是开拓疆土，称雄东方。可是他也有两大罪孽。一是罢黜百家、独尊儒术，给历代统治者找到了专制思想武器，使中华民族禁锢了两千年，长期难以摆脱其影响。二是穷兵黩武，耗尽国力，使大汉国力大损。

名家评点：儒术定国，改革政体。开拓疆域，穷兵黩武。追求永年，晚年落寞。其命运很像始皇。

机缘天定　登上帝位

景帝前元元年（前156）七月，春华秋实，正是金秋收获时节。

武帝就在这时来到人世。

他的父皇景帝刘启已经32岁了，但登基才一个月。他给新生儿取名曰"彘"。彘，今名猪。景帝怎么给儿子取此等贱名？魏晋时人托名班固撰的《汉武帝内传》说，一日，景帝在崇芳阁少憩，梦见一头红毛猪，醒来找卜者姚翁解梦。姚翁说此阁中将产生一位伟人，为汉家盛世之主。于是，景帝改崇芳阁为猗兰殿，吩咐武帝生母王娡搬进去住，遂生武帝，取名"彘"。此说荒诞不经，景帝给儿子取此名盖如后世给婴儿取阿狗、阿猫之类那样，用意在于命贱易活。

4岁那年，刘彘被封为胶东王。

此后不久，刘彘的启蒙教育便开始了，景帝派人教他学写字。当然，一天学不了几个字，更多的时间是尽情玩耍。

他还不知道，一桩改变他一生命运的姻缘落在了他的头上。

促成这桩婚事的是馆陶长公主。

馆陶长公主姓刘名嫖，景帝的大姐，下嫁给堂邑侯陈午，生有一女，叫陈娇。馆陶长公主想把女儿许配给皇太子刘荣，以便将来女儿能出人头地。不曾想，刘荣的生母栗姬竟一口回绝了，原因很简单，馆陶长公主时常引荐一些美女给景帝，景帝有了新欢，自然就冷落了别的嫔妃。别人倒还耐得住寂寞，栗姬生性好妒，心中恨透了馆陶长公主，如今见她来求婚，就摆出一副皇太子生母的架子，回绝了，以泄怨恨。栗姬心中好不痛快，岂不知此举惹下了大祸，她后来为此付出了惨重的代价。

馆陶长公主碰了钉子，自是愤懑不已。虽说她的丈夫陈午只是个堂邑侯，且这侯爵还是祖父陈婴出生入死挣下的，陈午只是坐享其成而已。可她是当朝天子的姐姐，老母窦太后的掌上明珠。栗姬如此不给她脸面，怎不惹她恼怒？她暂且按捺下怒火，从长计议，慢慢算计栗姬不迟。

给刘荣做妃子是不成了，馆陶长公主打算从亲王中物色一个，最后相中了刘彘。她向王娡求婚，王娡是个有心计的女人，这等大好姻缘做梦都不曾有，赶紧答应下来。

刘彘与陈娇都还年幼，自母亲定下他们的婚事后，两家来来往往，二人两小无猜，倒很合得来。托名班固撰的《汉武故事》说，有一次，馆陶长公主把小刘彘抱在膝上，逗他："想要个媳妇吗？"刘彘嬉笑道："想。"左右有侍女若干，馆陶长公主一一指着问刘彘，刘彘都说不喜欢。最后，馆陶长公主指着爱女问他："阿娇好不好？"刘彘这才笑着说："好！如果给我当媳妇，我就造座金屋给她住。"这便是"金屋藏娇"故事的由来。当然，这事不一定可信。不过，年仅五六岁的刘彘自然不会喜欢大他十几岁的那些侍女，喜爱与自己一同嬉闹玩耍、年龄又相仿的陈娇，也是情理中事。

就在这时，后宫嫔妃之间展开了一场明争暗斗。

导火线是薄皇后被废。

薄皇后是靠了景帝祖母薄太后而正位中宫的，景帝不喜欢祖母的这个娘家女。薄皇后无子无女，这原因可能在她本人，更有可能是景帝绝少与她同床共枕。她的皇后位子一开始就不稳，只是靠了薄太后才勉强维系着。薄太后一死，景帝很快就废了她。

谁将成为景帝的第二任皇后？

栗姬最有希望。她正得景帝之宠，更重要的是她的儿子刘荣已被立为皇太子，母以子贵，乃古之通例。栗姬自以为皇后那顶凤冠非她莫属，万分得意。

她高兴得太早了。馆陶长公主决计要报昔日拒婚之仇，见了景帝就百般诋毁栗姬。景帝绝非那种轻信谗言之君，馆陶长公主与栗姬的恩怨，他也知晓，故对馆陶长公主的话只是姑妄听之而已。凭馆陶长公主一人之力，很难扳倒栗姬。问题是算计栗姬的并非馆陶长公主一人，那些自以为有问鼎实力的，还有妒忌栗姬的嫔妃，也都不忘寻机诽谤栗姬几句。众口铄金，不怕景帝不信。事情很快就有了转机。一次，景帝生病，栗姬在旁侍奉，景帝有些悲伤，对栗姬说，他万一有个三长两短，要栗姬善待诸皇子。栗姬心胸狭窄，且正恼恨到处败坏她的众嫔妃，出言不逊。至于她说了些什么，《史记》《汉书》没有记载，《汉武故事》说她骂景帝"老狗"，恐系揣测之辞。景帝大为不快，联想起馆陶长公主和诸嫔妃之言，觉得栗姬确实不配做那母仪天下的皇后。

刘彘的母亲王娡一直在悄悄地注视着这场皇后之争，窥伺景帝不满于栗姬后，大为亢奋，要再给栗姬以致命一击。她忖度自己出面会引起景帝的怀疑，就暗中指使人挑唆典客去奏请册封栗姬为皇后。典客乃九卿之一，负责迎往送来、封爵授官等礼仪，皇宫内的恩恩怨怨，他当能知？只觉得皇后之位不宜久空，遂上疏奏请立栗姬为皇后。景帝正对栗姬大失所望，典客此疏偏偏戳他痛处，不禁大怒，以"非所宜言"的罪名杀了典客。接着，又颁诏废太子刘荣为临江王。

贬刘荣，实际上是要断栗姬的皇后梦。栗姬不仅功亏一篑，且连累了儿子，悲恨而死。

刘荣一废，皇太子位空缺，又一场角逐开始了。

景帝共有 14 个儿子，除去刚被废黜的刘荣，还有 13 个竞争者。他们当中，刘彘最有实力。刘彘机敏过人，连景帝都为之惊奇。除自身的条件外，他还有未来的岳母馆陶长公主的鼎力相助。自从把爱女许配给刘彘那天起，馆陶长公主就打算搞掉刘荣，代之以刘彘。现在，刘荣被废，她不遗余力地为刘彘活动。刘彘的生母王娡也竭力为他谋划，儿子的富贵也就是她的富贵。

最后，景帝终于拿定主意，立刘彘为嗣。

前元七年(前 150)夏四月，景帝诏立王娡为皇后。12 天后，又颁下一诏，立刘彘为皇太子，并给他改名"彻"。彻，圣彻过人之意。

这年，刘彻年方 7 岁。

太子乃储君，身系江山安危，故历代无不重视对太子的教育，景帝亦然，他任命忠厚老实的卫绾为太子太傅，教育刘彻。卫绾升任御史大夫后，景帝又任命儒士王臧为太子少傅。除了读书学习外，景帝有时还让刘彻参与一些军国大政，以便在实践中锻炼他的能力。

刘彻 16 岁那年，景帝病逝，享年 48 岁。

国不可一日无君。刘彻在景帝病逝当天即皇帝位。他死后的谥号为"武"，史

独尊儒术　统一思想

君临天下的武帝,首先面临的问题,是转变统治思想。

用什么思想来取代"无为而治"?

从当时的情况来看,儒家思想最有竞争力。

诸子百家,有一套治国理论的仅法、儒两家而已;墨、道、阴阳、杂、兵、纵横、名、农诸家,仅在某些方面提出了某些主张。鉴于亡秦之教训,法家那一套已被否定。可供选择的,实际上仅有儒家。

儒家还有一个优势:朝中多儒。

翻检《汉书·百官公卿表》,武帝即位之初,在丞相任上的是窦婴,太尉为田蚡,御史大夫是赵绾。窦、田都热衷儒学,赵绾乃名倾天下的儒学大师、鲁人申培的弟子。三公是清一色的儒者。九卿中,郎中令王臧也是申培的弟子;中尉张欧虽学过法家那一套,然其人忠厚,行事更像个儒者;太仆灌夫,一个侠客般人物;太常许昌、大行令光,思想倾向失载。九卿可考者五人,一个儒家,一个行类儒者。三公九卿中,儒家者流占了优势。

两个优势加在一起,给儒学崛起提供了一个绝好时机。

机不可失,在王臧、赵绾的策划下,一场尊儒活动在建元元年(前140)拉开了帷幕。窦婴、田蚡予以积极支持。年过80的申培也被礼请到长安做顾问。

然而,此举得罪一个人,她就是武帝祖母、太皇太后窦氏。这位拥有监国权的老太后亲身经历过黄老思想指导下的"无为而治",始终坚信这是最好的治国思想。她双目早已失明,但两耳不聋,脑子也还清晰。王臧、赵绾、窦婴、田蚡的活动,很快就有人密奏给她。王、赵、窦、田也知道他们犯了太皇太后之大忌,密谋之后,决定来个先下手为强,由赵绾出面,奏请武帝凡事不必向太皇太后请示,要自行决断。王、赵、窦、田四人精明过人,这次却委实小瞧了老太后。很快,从太皇太后的长乐宫传出一旨,要武帝处置王、赵、窦、田四个"祸国乱制"的罪人。武帝岂敢抗命?遂将王臧、赵绾投进死牢,窦婴、田蚡免职,把申培打发回老家。这是建元二年(前139)的事。

尊儒的首次尝试就这么失败了。

建元第五年(前135)的五月,太皇太后寿终正寝,武帝亲掌国政。

怎样才能把国家治理好?这位22岁的年轻皇帝不时陷入深思之中。最后,他决定按照先帝的做法,向那些有名望有德才的文人学士——当时叫"贤良方正"——请教。元光元年(前134)五月,100多名文人学士应征到长安,接受武帝的策问。他们当中有一位来自广川(今河北景县)的儒生,名叫董仲舒,是研究《公羊传》的。他给武帝上了著名的《天人三策》，请求罢黜百家，独尊儒术。武帝终于被说动了，诏准。

元光元年，儒学史上一个最重要的年份。儒学从此登上了中国思想的统治舞台，历2000多年，直至清朝的大龙旗落下。

不过，武帝也不是完全用儒学来治国，他实行的是"阳儒阴法"，即表面上是儒学那一套，满口仁义道德，骨子里却是法家那一套，严刑峻法。法治在"独尊儒术"后明显地强化，一批新的律令制订、颁布，法网更密，执法者的几案上摆满了法律文书，连他们都不能遍睹。这批新的律令主要是针对官吏的，因为武帝明白："明主治吏不治民。"一国之君难治一国之民，贤明的君主应把精力放在官吏的管理上，通过他们来间接地统治百姓。武帝一朝的立法活动，几乎都是针对官吏的。武帝一朝，杀了5个丞相，5个御史大夫，1个太常，3个少府，1个郎中令，2个卫尉，1个大鸿胪，1个大农令，凡19人。这仅仅是三公九卿中的大员，其他官吏被杀的就更多了。严刑峻法，使得酷吏辈出。《汉书·酷吏传》收录以杀戮立威的酷吏14人，武帝一朝便占了9人；还有2个最有名的酷吏，单独立传，一是张汤，一是杜周。若再加上他俩，则16个酷吏中，有11人出在武帝朝，占酷吏总数的69%。

武帝厘定的"阳儒阴法"，被他的曾孙宣帝刘询称为"汉家故事"。实际上不独汉代，后世封建王朝也大多因循这一做法。

强化皇权　尽显雄才

强化皇权的第一项措施，是打击地方割据势力，目标有两个，一是诸侯王，二是豪强大族。

对于诸侯王，除了诛杀图谋不轨的淮南王刘安、衡山王刘赐、江都王刘建等人外，主要是颁布了一项新的法令：推恩令。

推恩令是主父偃提出来的，他是临淄（今属山东）人，少学纵横家言，晚乃学《易》《春秋》，书读了不少，却没求得什么功名，最后孤注一掷，诣阙上书。武帝看了他的大作，挨不到明日，当晚便召见，拜为郎中，不到一年，连升四级，成为中大夫。第二年，即元朔二年（前127）正月，主父偃提出了推恩令：诸侯王国，除了诸侯王的长子继承王位外，其他儿子可以裂地而分封为侯。名义上是"推恩"于诸侯王的其他儿子，实质上是分化、削弱诸侯王国。因为，一旦封侯，地盘就要从王国中分离出来，划归附近的郡管辖。从《汉书·王子侯表》看，从元朔二年正月以后，16个王国中，王子封侯的就达154人；最多的是城阳国（都莒县，今属山东），有33人。这样，兼有数郡、连城数十的王国被一块块分割出去，仅剩下区区数县，难成什么气候了。

此外，又重申了《左官律》《阿党法》和《附益法》。《左官律》规定，王国官吏低于同级的中央皇朝官吏,且他们不得再到中央做官。《阿党法》禁止王国官吏阿附诸侯王。《附益法》严禁为诸侯王谋取私利。这三条律令汉初已有,此番仅是重申,要求严格执行。

对付豪强大族的办法有两个,一是迁徙,二是诛杀。

迁徙是个传统办法,汉初,刘敬就向刘邦提出把六国贵族后裔和豪强大族迁入关中。如此,一来可以增加中央直辖的关中地区的人口;二来把他们从他们势力盘根错节的故乡迁到京畿地区,易于控制。刘邦依计而行。武帝迁徙的对象与曾祖时有所不同,以资产为标准,凡是家产 300 万以上者,一律迁到他的茂陵附近;另外,凡是二千石以上的大官,也一律把家迁到茂陵附近。全国总共迁去了 16000户。在茂陵附近,设了个茂陵邑,编制相当于县。

迁徙还算是一种较温和的手段,另一手诛杀就残酷多了。武帝朝的酷吏,大都靠诛杀豪强大族而出名。有个叫王温舒的酷吏做河内(郡治怀县,今河南武涉西南)太守时,抓了豪强大族 1000 多家,或灭族,或诛其首恶,血流 10 余里。

强化皇权的第二项措施,是组建中朝。

这项措施,实际上就是以臣制臣。武帝把才学出众、思维敏锐、能言善辩且比较年轻的严助、朱买臣、主父偃、儿宽等人,任命为中大夫,又给一批他赏识的人加官给事中、侍中,让这两种人在身边侍奉,帮他出谋划策、赞襄辅弼。于是,中大夫和加官给事中、侍中的官员就组成了一个新的权力中枢,因他们都在宫中供职,被称为"中朝"。中朝成为决策机构,而以丞相为首的外朝,变为执行机构。中朝官品秩不高,易于驱使;他们大都年轻气盛,血气方刚,如不怕虎的初生牛犊,直凌丞相、九卿等一班老臣出其上。

强化皇权的第三项措施,是加强监察。

在这个方面,最重要的是设置 13 州刺史。

那是在元封五年(前 106),武帝下令废止从前的监御史,改置 13 州刺史。这13 州刺史分别是豫州刺史、冀州刺史、兖州刺史、徐州刺史、青州刺史、荆州刺史、扬州刺史、凉州刺史、益州刺史、并州刺史、幽州刺史、朔方刺史和交趾刺史。每州刺史监察数郡,监察对象主要是二千石大员,即二千石的郡太守、诸侯国相,相当于二千石的郡国都尉;其次是他们的子弟;再次是豪强大族。从监察的范围来看,对二千石的监察重在他们是否恪守诏令,公正地行使职权;对他们子弟的监察重在是否靠他们的权势谋取私利;对豪强大族的监察则重在他们是否兼并民田,欺凌小民。每年八月,刺史乘车巡行所察郡国,岁末回京,将情况上奏。刺史品秩仅六百石,但监察的却是二千石大员,秩卑而权重。若刺史品秩过高,权力又大,则刺史本人就难以控制了。武帝以后,刺史地位提高,权力膨胀,成了一股分裂割据势力。实践证明武帝比他的子孙高明。

强化皇权的第四项措施,是建设官僚队伍。

首先是广开仕途。

汉初的察举,到武帝时制度化,且新增了几个科目。首先是孝子、廉吏,这两个科目又往往合称"孝廉"。从武帝起,孝廉成为察举最重要的科目,又叫"察廉举孝"。察廉是考察官吏,提拔、重用那些清正廉洁的;举孝是推举民间的孝子贤孙出来做官。元光元年(前134),武帝诏令每个郡和每个诸侯王国要推举孝、廉各一人。第七年上,又颁布一道诏令:不认真推举孝子贤孙的,以"不敬"论处;不认真举荐廉吏的,罢官。按照汉律,"不敬"是死罪。从此以后,孝廉成为清流之目,汉代官吏大多由此进身。

孝廉之外,还有秀才一科。秀才,即优秀的人才,东汉时避光武帝刘秀讳,改称"茂才"。故在东汉人班固的《汉书》中,都作"茂才"。

孝廉、秀才是武帝新设的科目,汉初的贤良方正一科仍沿用。这样,察举的范围就扩大了。

在察举之外,还有很多选官方式,如:

征辟。皇帝、三公九卿、郡国守相直接征聘优秀人才为吏。

博士弟子。经过考试,博士官的弟子可以做官。

上书拜官。无论谁人,都可以上书言得失,武帝亲加审阅,从中发现人才。

任子。这是汉初就有的制度,吏二千石以上,任职满3年,子弟一人可以做郎官。武帝保留了这项措施。

武帝的方针,是尽可能地通过各种途径,把各种各样的优秀人才都选拔出来。凡有一技之长的,在武帝朝,都有条件、有机会出来做官。

但是,这些人的才干也有优劣高下之分,还存在一个如何使用的问题。在这第二步棋上,武帝的高招是:量能使用。如果真有才干,武帝往往破格重用,有个叫汲黯的大臣说武帝用人就好比堆木柴,后来者居上。他是濮阳(今属河南)人,刚直粗俗,官位久久不得升迁,眼见比自己低得多的小吏一个个被提拔起来,就发了这句牢骚。不过,他这句牢骚也的确道出了武帝用人的方针。前面提到的那位临淄人主父偃,以上书而拜郎中,一年之中又连升四级。

广开仕途,量能使用,使得武帝一朝人才济济,班固在《汉书》中说,汉朝人才最多的时期,就是武帝一朝。

北伐匈奴　开通西域

古时居住在汉族周边的少数部族,被称为"四夷"。武帝一朝用兵的重点,就是"四夷",重大军事行动有以下几项:北伐匈奴,南平两越,东定朝鲜,开西南夷,通西域。其中,北伐匈奴又是重中之重,是武帝一朝历时最久、用兵最多的军事行动。

战事是从元光二年(前133)拉开序幕的。

这年，马邑(今山西朔县)人聂壹献计，利诱匈奴人南下，伏兵围歼。武帝批准了这个方案，出动30万大军，埋伏在马邑附近的山谷中，然后让聂壹以献马邑城为诱饵，把匈奴人引进包围圈。这时，统治匈奴的是军臣单于，他在领兵南进的路上，识破了汉军的妙计，慌忙退兵。

从此开始，汉、匈的"和亲"破裂。

4年后，即元光六年(前129)，武帝发动了第一次北伐。

汉军4万精锐骑兵，分4路北上：

车骑将军卫青从上谷(郡治沮阳，今河北怀来东南)出击；

骑将军公孙敖从代郡(郡治代县，今河北蔚县东北)出击；

骁骑将军李广从雁门(郡治善无，今山西右玉南)出击；

轻车将军公孙、贺从云中(郡治云中，今内蒙古托克托东北)出击。

4路大军在东西千余里的战线上，同时发起攻击。

卫青麾兵北上，深入匈奴腹地，一直打到龙城(今内蒙古锡林郭勒盟西乌珠穆沁附近)。龙城是匈奴的"圣地"，每年五月，匈奴人大会于此，祭祀天地、祖先与鬼神。卫青斩首生俘7000余人，凯旋而归。公孙敖却被匈奴打得大败，1万骑兵损失了7000多。

李广更惨，被匈奴活捉，在被押送去见军臣单于的路上，夺得一匹马逃回。公孙贺一路没寻着匈奴，徒劳而返。

4路大军唯卫青一路立功，卫青从此脱颖而出。

卫青是个私生子，他的母亲卫媪是阳信公主府中的婢女，已有4个儿女，又与在阳信公主府当差的郑季私通，生了卫青。郑季任职期满，撒下卫媪、卫青，回了平阳(今山西临汾西南)老家，卫媪一人含辛茹苦，抚养卫青。待他稍大一点，就打发他去找亲生父亲。几个同父异母的兄弟不把他当人看，受尽了苦难，又逃回了母亲身边。长大成人后，卫青成了阳信公主的一名骑奴——骑马扈从的奴隶。过了几年，他的三姐卫子夫入宫，受到武帝宠幸，卫青也摆脱了奴仆身份，成了武帝身边的官吏。这次北伐，武帝慧眼识英才，又把他提升为车骑将军。

从此，卫青成为北伐匈奴的主帅。

元光六年这一仗，匈奴人占了上风，军臣单于得意起来，要再给武帝君臣一点儿颜色看看，接连出兵南下。

武帝也决计以进攻来解决问题。

元朔元年(前128)秋，武帝命卫青率3万骑兵从雁门出击，又命将军李息率一支人马从代郡北进，与卫青互为犄角。卫青斩杀数千匈奴兵，李息则无功而还。

第二年，武帝调整了战略，决定先夺取"河南地"(今内蒙古河套南伊盟一带)。此为匈奴人的发祥地，水草丰美，距长安也近，直线距离仅700公里。秦将蒙恬曾攻取此地，秦末战乱，驻守上郡(郡治扶施，今陕西榆林南)的30万秦军奉调去镇压项羽、刘邦等，匈奴人乘机把它夺回。武帝决定攻取"河南地"，解除匈奴对长安的威胁。这一重任又交给了卫青,他率李息等将从榆溪塞(今陕西榆林东北)北上,抵达云中,突然挥师西进,攻占了高阙(今内蒙古临河西北石兰计山口),切断了驻牧"河南地"的匈奴楼烦王、白羊王与以北匈奴的联系。接着,卫青移师南下,大败楼烦、白羊二王,俘虏数千人。楼烦王、白羊王丢下100多万头牛羊,带着残兵败将北逃。

匈奴政权分三部,单于居中,统领全族;东为左贤王,管领东部;西为右贤王,管领西部。"河南地"在右贤王的辖区。右贤王在新即位的伊稚斜单于的督责下,麾兵南下,想夺回这块风水宝地。

武帝决定组织一次大的战役,打垮右贤王。

元朔五年(前124)春,卫青率4员大将从朔方出击。右贤王麻痹大意,以为汉兵不会深入漠北,喝得酩酊大醉。卫青麾兵急行军六七百里,在一个月黑风高之夜摸到了右贤王的大营附近,卫青一声令下,汉兵杀入。右贤王惊醒后,在数百名精骑的扈从下,突围北逃。卫青俘获匈奴小王10余人,男女15000多人,牛马羊数百万头。

卫青以赫赫战功晋升为大将军。

在汉军的沉重打击下,伊稚斜单于北撤。北撤的确是良策,因为汉军决意消灭匈奴主力,匈奴南下,正好撞在汉军的枪矛上。撤到漠北,汉军若寻找匈奴主力,必定长途跋涉,兵马劳乏,而匈奴则可以逸待劳。伊稚斜北撤,也给了武帝一个时机,决定乘北部边塞无患之际,腾出手来,发动河西之役。

河西,即河西走廊,地势险要,匈奴屡次从此入寇。占据河西的是匈奴浑邪王、休屠王二部。为了确保西北边陲的安全,河西一带,势在必争。

武帝把夺取河西的重任交给了霍去病。

霍去病也是个私生子,他父亲霍仲孺也是平阳人,也是去阳信公主府当差,与卫媪的女儿卫少儿私通,生下了他。论辈分,他是卫青的外甥。元朔六年,卫青北伐,霍去病以票姚校尉随从,立下殊功,显示了他的军事才干,武帝擢升他为骠骑将军,命他去收复河西。

元狩二年(前121)春三月,河西之役开始。

汉军仅出动1万骑兵,他们在霍去病指挥下从陇西(郡治狄道,今甘肃临洮)出发,一直打到焉支山(在今甘肃山丹东南)以西,行程千余里,俘杀15000多人。夏,霍去病再次带兵出击,一直打到祁连山,俘杀30200多人,仅匈奴小王就有70多个。浑邪、休屠二王遭到致命打击,又被伊稚斜单于怒斥,就打算降汉。霍去病统兵去迎,不料,休屠王反悔,浑邪王杀了他,带4万人降。

从此,河西走廊无匈奴踪迹。

接下来,武帝要解决漠北匈奴主力了。

元狩四年(前119),漠北之役开始。

是年夏,武帝集结了10万骑兵,又招募了4万人马,由卫青、霍去病分领;征调数十万步兵,转运粮草。卫青一路穿越大漠北上,与伊稚斜的主力遭遇,经过一场恶战,匈奴兵败,伊稚斜带了数百精骑,突围北逃,卫青统兵追击,一直追到寘颜山(今蒙古人民共和国杭爱山南面的一支)脚下的赵信城,也未能追上。霍去病一路深入漠北2000多里,遇上匈奴左贤王的大军,霍去病麾兵攻击,左贤王大败。

这次漠北会战,消灭匈奴兵90000人。伊稚斜主力损失殆尽,无力再南下攻掠。为征伐匈奴,汉朝也付出了巨大的人力、物力、财力,难以再对匈奴大规模用兵。此后,武帝一方面加强边防建设;一方面派出使者,想不战而屈匈奴之兵。但匈奴不肯归顺,且扣留了汉使苏武等人,苏武在荒无人烟的北海度过了19个春秋,坚贞不屈,直到昭帝始元六年(前81),汉匈和亲,才全节而归。

得知苏武被扣的消息,武帝知道兵不血刃是不行的了,又恢复了军事行动。这时,霍去病、卫青都已先后病死,李广利成为北伐主帅。他是李夫人的哥哥,没什么将才,再加上汉朝内部危机严重,始终没能取得什么战果。

武帝虽然没能彻底解决匈奴问题,但基本上解除了匈奴人的威胁。

北伐匈奴,还有一个"副产品",即张骞通西域。

为了断匈奴右臂,武帝招募智勇双全之人出使西域,联络大月氏人,夹击匈奴。在应募的人中,武帝相中了张骞。

张骞是成固(今陕西成固张家村)人,当时是个郎官,智勇过人。与他一同应募的,还有堂邑氏的一名奴隶,叫甘父,匈奴族人,人称"堂邑父"。经过一番准备,建元三年(前138),张骞率一个有100多名随员的使团从长安出发,踏上了西行之路。出了陇西,再往西便是匈奴人的势力范围了。结果,他们被匈奴人俘虏。张骞在匈奴人那里呆了12年,匈奴人还硬塞给他一个匈奴族妻子,两人还生了一个儿子。但张骞始终没忘自己的使命,第十二年上的一天,乘匈奴人不备,他和堂邑父等逃了出来,日夜兼程,风餐露宿,躲着匈奴哨卡,向西行进,经大宛、康居,到达大月氏国。大月氏人原住在河西走廊,在匈奴人的侵逼下才西迁。这一带水草丰美,也很少有人敢侵凌他们,安居乐业,不想再与匈奴人打仗,谢绝了联手对付匈奴的建议。张骞在大月氏逗留了一年,最后只得东归。回来的路上,他们又被匈奴人俘获。一年后,军臣单于病死,匈奴内乱,才乘机与堂邑父和妻子逃了出来,回到了阔别13年的长安。随行的100多人只剩下他和堂邑父了。

张骞把一路上所见所闻,特别是西域各国的情况,整理成一篇800字左右的报告,呈给武帝。这篇保留在《史记·大宛列传》中的报告,是中国历史上对西域的第一次真实记述。张骞是打通西域的第一人。

元狩四年(前119),张骞又奉命带领一个300多人的使团,出使西域乌孙国。此次与第一次出使情况不同了,河西走廊已在两年前被霍去病将兵攻取,他们用不着躲避匈奴人,也不用为粮水而发愁,很快就到了乌孙。乌孙虽然不想与汉联手对付匈奴,却很想与汉结好。张骞又派副使出使大宛、康居、大月氏、大夏、安息、于阗等国,与他们建立了联系。张骞回国后一年病死,此后不久,他派往西域各国的副使也陆续回国。

这次出使之后，汉与西域各国正式建立了联系，双方使臣、商人来往日渐频繁，经济、文化交流加强。

张骞开通的西域之路，成为闻名世界的"丝绸之路"。

垄断财利　解决危机

开土斥境，南征北伐，东进西讨，虽然戡定了边患，开拓了疆域，然所费不赀。一笔笔钱粮从国库中支出，到元朔二年（前127），国库已捉襟见肘。三年后，大司农奏报，国库已空。文景时期积累起来的财富告罄。

不设法缓解财政危机，不仅征伐战争难以继续进行下去，且会危及大汉江山。局势迫使武帝采取行动。

增加粮食生产，无疑是解决财政危机的根本方法之一。而增加灌溉面积，无疑又是增加粮食生产的根本方法之一。于是，一批水利工程纷纷上马。为修建这些水利工程，投入了十几个亿的钱物。但是，收益要在完工之后才能逐渐显示出来。武帝觉得收效太慢，开始卖官鬻爵。

卖官鬻爵收效快，马上可以见钱。但是，这无异于饮鸩止渴。买了官爵的人步入仕途，就得给他们发俸禄，卖官爵的钱财又分批还给了他们。卖官鬻爵只视钱财，不问贤愚，致使官僚队伍鱼龙混杂。而买爵到了一定级别，就可以不服役，又影响了徭役的征发。有鉴于此，武帝逐渐放弃了这个敛钱的法子，另找出路。

有个叫卜式的，是河南（今河南洛阳）人，家里很富有。汉军北伐匈奴时，他上书武帝，愿献一半家产以助军用。武帝对卜式的义举很不理解，让人问他，是不是想当官，卜式说不是；又问他是不是有冤案，卜式说没有；最后，卜式说他此举只是想为北伐匈奴尽微薄之力。丞相公孙弘说卜式居心叵测，武帝以为然，不再理睬卜式。然而，卜式又一再捐钱捐物，官府给他的奖赏，又全不要。武帝这才认识到卜式捐钱捐物是出于真心，他心想，像这般忠心爱国的，不会只卜式一人吧？决定大树卜式这个典型，劝民捐献。然而，武帝大失所望，芸芸富豪不仅无一人效法卜式，且乘机大发国难财。武帝的希望落空，决定采取强制手段从富商大贾的口袋里往外掏钱。于是，有了算缗告缗。

算缗，就是向商人和手工业主征收高额财产税，商人每2000钱征税一算（120钱），手工业主每4000钱征税一算。隐匿应税物品不报的，或呈报不实的，罚戍边一年，没收全部财产。检举揭发偷税漏税的，奖励被检举者财产的一半，是为告缗。尽管惩罚很严，然而，意料中的隐匿不报、少报漏报还是很多。于是，武帝发动了一个告缗运动，派了一个叫杨可的人专门负责此事。很快，告缗运动就在全国轰轰烈烈地开展起来，中等以上的商人、手工业者大都成了被告。当然，这里面不能排除诬告。但是，负责审理"缗钱案"的御史中丞杜周，是个著名的酷吏，案子到了他那里，绝少有翻案的。

告缗运动持续了8年才宣告结束。

通过这场告缗运动，政府收缴了大量的"赃物"，计有以亿计的财物，以千、万计的奴婢，还有大批土地、房屋。

但是，这只能解一时之急，绝非长久之计。对此，武帝君臣心中也明白。所以，在算缗告缗的同时，又决计把富商大贾赖以赚钱的行业收归国有。于是，又有了垄断财利的一系列措施。

第一项措施是盐铁官营。

元狩三年（前120），御史大夫张汤提出把社会需求量大、利润亦大的盐铁收归官府经营，武帝马上批准，命人拿出具体实施方案。经过几年酝酿，元狩六年（前117），大农丞东郭咸阳和孔仅拿出了盐铁官营的具体方案。他俩本来就是大盐铁商人，对盐铁官营本来就不满，当他俩到各地推行盐铁官营政策时，乘机安插了一批盐铁商人子弟，负责当地盐铁事务。武帝当机立断，罢了他俩的官，提升大农丞桑弘羊为治粟内史代理大农令，整顿盐铁官营。在桑弘羊的努力下，盐铁官营切实开展起来，全国设置了35处盐官、48处铁官，从生产到销售，全部由官府经营。

第二项措施是均输平准。

这项措施是桑弘羊在元鼎二年（前115）提出来的。把各郡县应上缴中央的物品，一律按当地市价，折合成当地出产的、价格低廉的土特产品，交给均输官，再由均输官运往缺少这些物品的地区出售，是为"均输"。"平准"即平衡物价，在京师长安设立平准官，管理国有物资。当市场上物价上涨时，就抛售物资；物价下跌时，就大量吃进，以此平衡、稳定物价。

第三项措施是统一铸币。

元鼎四年（前113），武帝下令禁止郡国铸币，郡国以前铸造的钱币统统销毁，把铜上缴上林三官——钟官、辨铜、技巧，由上林三官统一铸造。

第四项措施是酒类专卖。

酒类专卖是天汉三年（前98）实施的，由官府供给私营作坊谷物、酒曲等原料，规定酿造格式、品类、质量，产品上缴，由官府统一销售。

上述各种措施，对于集中一切财力、物力，保证征伐战争进行下去，起了巨大作用。但是，这些措施大都是搜刮富商大贾，与民争利，不能从根本上解决财政危机。

晚年转变　令人称赞

武帝曾对卫青说："汉家诸事草创，匈奴等又不断侵陵，我如果不改革制度，后世就无所依据；不出师北伐，天下就难以安定。因此，不得不劳民伤财。但是，如果后世仍像我这样,就会重蹈亡秦的覆辙。"武帝是位英明的君主,他清楚征伐战争不可能长期打下去,最终要把军国大政的重点从征伐战争转移到恢复发展国民经济上来。这是武帝的既定方针。不过,他把政策的转变设计在他的下一代,他要在有生之年解决匈奴等问题。

然而,社会危机的总爆发迫使他不得不提前实行大政方针的转变。

社会危机总爆发的标志,是农民起义。

征伐战争,再加上武帝的穷奢极欲,耗尽了国库的钱财,也搜刮尽了富商大贾的钱物,农民也纷纷破产。难以继续生活下去的贫苦农民,揭竿而起。到天汉二年(前99)前后,形成4支较大规模的起义军:

(1)梅免、百政起义军,活动于南阳一带。

(2)段中、杜少起义军,活动于楚国故地。

(3)徐勃起义军,活动于泰沂山区。

(4)坚卢、范生起义军,活动于燕赵一带。

每支起义军都有数千人,自立名号。此外,还有数不胜数的小股起义军。从燕赵到江淮,到处都是衣衫褴褛、面黄肌瘦而手执刀枪、攻城夺池的农民。

武帝采取种种手段,试图剿灭起义者。

然而,就像那野火烧不尽、春风吹又生的离离原上草,镇压了一批,又冒出一批。

武帝意识到,不改弦更张,大汉江山将不保。

就在这时,搜粟都尉桑弘羊会同丞相田千秋、御史大夫商丘成,联名上了一道请求加强对西域经营的奏疏。又有人上疏,提议从囚徒中招募一批人,深入漠北,去刺杀匈奴单于。武帝以此为契机,痛下了罪己诏——《轮台诏》。在这份中国历史上第一个皇帝罪己诏中,武帝检讨了自己的失误,宣布:当务之急,是禁苛暴,止擅赋,力本农。也就是说,要把军国大政的重心转移到恢复发展经济上来。

这是征和四年(前89)的事。这年,武帝已是68岁的老人。

他的果敢、胆魄,大令后人称赞。

《轮台诏》仅是一个纲领性的文件,如何实现政策的转变,从哪里入手作为突破口?武帝决定先从农业抓起。民以食为天,生产生活资料的农业是生存与一切生产一般最先决的条件。武帝明白,要安定社会必须先安民,安民必须先让他们有饭吃有衣穿。于是,在颁布《轮台诏》的同时,武帝诏封丞相田千秋为"富民侯",下诏把力农定为第一要务。

在发展农业生产上,武帝把改进农业生产技术作为突破口,任命农学家赵过为搜粟都尉,让他负责农业生产技术的改进。

赵过总结前人的经验,发明了"代田法"。

代田法是在一亩地上开挖三条沟,深、宽各一尺。把种子播进沟里,待幼苗生长起来,进行中耕,除了锄草,还需将垄上的土逐次锄下,培壅苗根。到了天热的时候,垄上的土削平,作物的根长得很深。第二年则将做垄的地方变为沟,做沟的地方变为垄,一年一换,故名"代田法"。

代田法主要通过以下三点使庄稼增产:

(1)种子播在沟里,可使幼苗避免干风之吹,减少叶面水分蒸发。同时,也可使庄稼充分利用沟底的水分——对于干旱的北国来说,水分尤为重要。

(2)随着作物生长,逐次培壅,根部愈来愈深,既可防止庄稼倒伏,又能使其吸收更多的水分。

(3)沟、垄一年一换,使土地轮番使用,地力得到恢复。

赵过还发明了从耕地、下种到耘锄一整套新式农具,其中最重要的是耦犁。耦犁用二牛三人,二牛共挽一犁,牛前一人双手各牵一牛,右牛后一人执鞭赶牛,一人扶犁。

不过,黎民百姓不是家家户户都有牛的,没牛的人户就难以使用耦犁了。有个叫光(姓氏失传)的人,做过平都(今陕西子长西南)县令,他教赵过用人拉犁的方法,赵过奏请武帝,任命他为搜粟都尉的属吏,推广此法。

赵过先在宫廷附近的闲地上试验代田法和新式农具。结果,亩产量比别的农田高一斛以上。武帝大为高兴,命令大农令选择身手好的工匠制作赵过发明的新式农具,郡国守相派县令、长等人,领取新式农具,学习代田法。

不久,代田法和新式农具便在沿边各郡、河东、弘农和关中地区推广开来,极大地促进了农业生产的发展。

不过,这时武帝已疾病缠身,自度不久于人世。刚刚开始的政策转变能否在他身后继续下去,成为武帝关心的焦点。如果后继者不能沿着他厘定的方针走下去,那么,大汉江山的安危就难说了。武帝要在有生之年,安排好身后事,确保他的新经济方针在他死后也能贯彻执行下去。

选定继承人,成为头等大事。

武帝的长子刘据,7岁那年上被立为皇太子。刘据为人,仁恕温谨,敦厚好静,与武帝的性格有别。武帝雄才大略,好大喜功,有点儿看不上刘据。有个叫江充的大臣,是武帝身边的红人,与刘据有矛盾,想乘机扳倒刘据。刘据走投无路,只好举兵造反,抢夺帝位。兵败,刘据自杀。他的母后卫子夫参与了反叛,也自杀身亡。

这是征和二年(前91)七月的事。

刘据死后,皇太子之位一直虚悬。武帝把尚健在的4个儿子逐一衡量,最后决定立小儿子刘弗陵为皇太子。

刘弗陵年幼,必须有人辅佐。于是,武帝又开始物色顾命大臣。

第一人选是霍光。

霍光,霍去病同父异母弟弟。父亲霍仲孺去阳信公主府当差,与卫少儿私通,生了霍去病。任职期满,霍仲孺回家,娶妻,生了霍光。霍去病北伐匈奴,路过平阳,把霍光带到了长安。当时,霍光年仅10岁,武帝让他做了一名郎官,侍从于左右。过了几年,霍光升任诸曹侍中。霍去病死后,霍光被任命为奉车都尉、光禄大夫,成为武帝最亲近的大臣。霍光为人端庄谨慎,循规蹈矩,在武帝身边侍奉20多年,不曾出过差错。

武帝认定,霍光是顾命大臣的最佳人选。

霍光之外,武帝又选定了金日磾、上官桀、桑弘羊和田千秋4人。

后元二年(前87)二月,武帝去了五柞宫。五柞宫在长安东南,宫中有5棵大柞树,故名。到了五柞宫不久,武帝就病倒了,他把霍光、金日磾、上官桀、桑弘羊和田千秋召集到病榻边,宣布遗诏:立刘弗陵为皇太子,以霍光为大司马大将军,金日磾为车骑将军,上官桀为左将军,桑弘羊为御史大夫,田千秋为丞相,共辅少主。其中,霍光为首辅。

第二天,武帝驾崩,享年70岁。

皇太子刘弗陵即日就帝位,是为昭帝。

18天后,武帝的灵柩入葬茂陵。

昭帝即位那年才8岁,无法担当起治国理民的重任,霍光以大司马大将军领尚书事,总理朝政。他忠实地履行武帝的既定方针,经济恢复发展起来,在昭帝和昭帝的接班人宣帝两朝,大汉帝国又出现了一派兴旺景象,史称"昭宣中兴"。

一代英主　后人评说

武帝以赫赫功业奠定了他在西汉历史上的地位。

汉人认为,高祖刘邦提三尺剑,出生入死打下天下,惠帝、吕后、文帝、景帝祖述高祖,无为而治,到武帝才又轰轰烈烈,把西汉皇朝推向辉煌,功至著。这个评价是中肯的。汉初60余年,清静无为,致力于医治战争创伤,恢复发展经济,是给武帝打基础、搭舞台的。武帝登基,把属于他的那54年演得有声有色。武帝死后,余音未绝,又有一幕"昭宣中兴"。一部西汉史,武帝占去大半。

武帝不仅是一位功至著的汉家天子,更是一位在中国历史上影响深远的百代之人物。

如是说是基于中国封建社会的若干制度、措施,始创于武帝,如尊儒术,建中朝,盐铁酒官营,均输平准,等等;还有,中国的疆域版图,于此时基本奠定;中、西经济文化交流的通道,从此开通。人们常以"秦皇汉武"连称,确实是事出有因,他们同是中国封建时代开风气的人物。

武帝能够在汉代和中国历史上占有重要一席,首先是时代的造就。此外,还有一个重要因素:武帝的才识。

雄才大略,是班固写完《汉书·武帝纪》后,给武帝下的一个评语。班氏所言不虚。在具体问题的处理上,武帝可能有失误、不当之处,但他有统揽全局之明。

他的才识展现在他对天下大势高屋建瓴般的把握上，雄才大略之内涵，即在于此。武帝一朝，事情千头万绪，变化多端，但武帝对时局始终有清醒的认识，有整体的把握，因此他知道什么时候应该干什么，怎么干。即位之初，他对外征伐，对内改制，完成时代赋予他的使命。当此之时，他已制订了下一步对策：一旦"外攘夷狄"大功告成，即把军国大政的重点从对外征伐转移到恢复发展经济上来。当危机日重、百姓蜂起之时，他又意识到不能等到他的下一代再转变了，当机立断，痛下罪己诏。秦皇、汉武并称，二人在若干方面颇有相似之处，但在对时局的把握、及时地调整统治方针上，始皇实不及武帝雄才大略。始皇是个实干家，事无大小，都要亲自裁决，一天要看一石奏章，看不完不休息。武帝则像个战略家，他的精力更多地用在战略方针的研究、制定上，具体事务多责臣下。

因此，武帝也有更多的时间来游玩、享乐，声色犬马。后宫佳丽成群，多至数千，武帝以好色而屡遭后人讥斥。他还喜欢驰逐射猎，观赏斗兽、歌舞，与臣子玩射壶、蹴鞠等游戏，或泛舟湖上。他还是一个出手不凡的文学家，赋作得很有水平。武帝是一位至尊至贵至高至上的皇帝，但他又是一个有血有肉、有情有欲的人。当他登上未央宫前殿时，他是天下共主；下得殿来，他又成了食人间烟火的一员。皇帝的权威与人的本性，在他身上都有充分的体现。

代周自立

——隋文帝杨坚

名人档案

文　帝：名杨坚，属鸡。隋朝开国皇帝。性格深沉稳重、孤傲多疑。北周隋王，后废杀北周静帝宇文阐而称帝，建立隋朝。在位23年，被子杨广谋杀，终年64岁。

生卒时间：前541年~前604年

安葬之地：葬于泰陵（今陕西武功县西南20里处）。谥号文皇帝，庙号高祖。

历史功过：统一中国；推行均田；改革户籍制度，增加收入；改革官制，确立三省六部制，加强中央集权统治。开科举制先河，以科举选拔朝廷官吏。他内修制度，外抚四夷，崇尚节俭，勤理政务。对反叛旧臣、豪强大吏，诛夷罪退，毫不手软；对百姓则实行较宽缓的政策。但晚年好猜疑，不善明察，听信谗言，任用小人，且不悦诗书，迷信符瑞。隋朝统治短暂，与杨坚有一定关系。

名家评点：对后世影响深远的政治家。

青云直上　皇亲国戚

西魏大统七年（541）六月的某天，冯翊（今陕西大荔）般若寺。夜色朦胧，静静的寺院中突然传出婴儿的啼哭声。一个新生儿在这里降生了。

婴儿的父亲姓杨名忠。杨忠祖籍弘农华阴（今属陕西），汉太尉杨震第十三代孙。弘农杨氏是最负盛名的门阀世族之一。婴儿出生时,杨忠20多岁,正在西魏权臣宇文泰手下效力,颇受信用。他的妻子吕氏,小名芳桃,济南(今属山东)人,家境贫寒。这个婴儿是她第一个儿子。

杨忠给他的儿子取名"坚"。

杨坚的降生,有若干稀奇古怪的传说:

他降生时,般若寺紫气缭绕,祥云笼罩。天明,从河东(今山西一带)来了位尼姑,对吕芳桃说:"这个孩子生来异常,不能让他生活在俗世。"遂把杨坚带到庵中抚育。一天,吕芳桃抱着儿子玩耍,忽然看见他头上生出两角,身上长出鳞,芳桃大惊失色,孩子坠落地上。这时,尼姑从外面进来,道:"孩儿受了这一惊吓,做皇帝要晚好几年。"

杨坚的长相也颇古怪,身子上长下短,面孔像龙,前额有五根柱子直贯头顶,目光如电射,手上有纹似"王"字……

这些传说都是为了说明杨坚何以能做皇帝而面壁虚构的。

虽然古人奢谈杨坚生来便有天子气象,但少年时的杨坚却没有什么超人之处。他的嗜好唯有音乐,常怀抱琵琶自弹自唱,还编写过两支歌。他曾入最高学府太学读书,从后世多讥讽他不学无术,他也自称"不晓书语"看,他当时也不是个用功的学生。他与众略有不同的是,整天板着脸,不苟言笑。在太学读书时,即使好友也不敢跟他开玩笑。

不过,他的父亲杨忠却很走红,成为宇文泰的得力干将,被赐鲜卑姓"普六茹"。

靠着父亲的权势,杨坚14岁便步入仕途,京师长安的地方长官京兆尹薛善任用他为功曹。功曹是重要的属吏,职司庶务。薛善任用一个14岁的少年为功曹,完全是看在杨忠的面上。15岁时,杨坚又因父亲的功勋被授予散骑常侍、车骑大将军、仪同三司的官衔,封成纪县公。16岁时,杨坚又升为骠骑大将军、开府仪同三司。

这时,一场废立阴谋正在悄悄地进行。

主谋是西魏的执政大臣宇文护。宇文护乃宇文泰的侄儿。宇文泰在杨坚升任骠骑大将军这年的九月病死,临终,他把儿子宇文觉兄弟托付给侄儿宇文护。宇文泰死后,宇文护辅政。西魏君主恭帝拓跋廓自即位以来便是个傀儡,他无权预闻政事,便整天与嫔妃寻欢作乐。宇文护图谋废掉拓跋廓,拥立堂弟宇文觉。这年十二月,宇文护逼迫拓跋廓禅位宇文觉。

第二年,宇文觉在长安即皇帝位,改国号为"周"。

杨忠在这场宫廷政变中,为宇文护、宇文觉鞍前马后地效力,立下汗马功劳。宇文觉君临天下后,杨忠进官为柱国、大司空,封随国公。

宇文觉做了九个月的皇帝,便被宇文护杀掉。宇文护拥立宇文觉的长兄宇文毓为帝,是为周明帝。

杨坚被晋封为大兴郡公。

第四年,即武成二年(560)四月,宇文护鸩杀宇文毓,拥立宇文毓的四弟宇文邕为帝,是为周武帝。

杨坚升为左小官伯。不久,出为隋州(今湖北随州市)刺史,进位大将军。

这年,杨坚仅19岁。

做了一个时期的隋州刺史,杨坚被征还京师。适逢生母吕氏罹病,杨坚昼夜服侍,不离左右,大令众人称赞。

25岁那年上,杨坚大婚。妻子独孤伽罗,是独孤信的七女。独孤信是鲜卑大贵族,官居柱国大将军,是自西魏以来的权臣。他的长女是周明帝的皇后。独孤信见杨坚前途无量,便把14岁的七女嫁给了杨坚。

与独孤氏联姻,更加提高了杨坚的地位。

杨坚地位的提高,引起执政宇文护的猜忌,多次想干掉杨坚,幸亏大将侯伏侯万寿替他说情,才免一死。

27岁那年上,父亲杨忠病死,杨坚承袭随国公的爵位。

第五年上,武帝宇文邕诛灭宇文护及其同党,亲揽朝政。杨坚的威胁消除。宇文邕选杨坚的长女杨丽华为皇太子宇文赟的妃子。杨坚成为皇亲国戚。

左大丞相 觊觎龙位

杨坚虽然深得宇文邕器重,但他对宇文邕却不忠,觊觎其龙位。不过,他的羽翼未丰,不敢有所表示,只是心中暗暗地盘算,偷偷地培植自己的势力。

一些精明的大臣觉察出杨坚图谋不轨。齐王宇文宪奏告武帝:"普六茹坚相貌非同寻常,臣每次见到他,总感到浑身不自在。此人恐不是久居人下者,请尽早把他除掉!"武帝不以为然,道:"此人只不过是一名武将罢了。"内史王轨也奏言杨坚有歹相,也没有引起武帝的重视。

杨坚闻讯宇文宪、王轨等奏劾他图谋不轨,并没有胆怯,只是更加隐秘地做夺权的准备。

周武帝虽非庸才,但被杨坚的假象所迷惑,加上武帝此时的精力用在攻伐北齐上,对杨坚也无暇留心考察。他没有想到,由于他的粗心、失察,终于断送了"大周"江山。

杨坚34岁那年上,即建德四年(575)七月,武帝下诏伐齐。北周出动水步18万大军,武帝亲率6万士卒直趋河阴(今河南孟津),杨坚奉命率领水军3万,顺黄河东下。起初,进军较为顺利,攻取了一些州县。但在攻打淖城(今河南孟津)时受阻,围攻了20多天也没攻克。武帝心急如焚,病倒了,大军不得不西撤。第二年十月,武帝再次御驾亲征,14万多兵马分为左三军、右三军和前军,杨坚统领右三军中的一军。这次出兵,大获全胜,灭亡北齐,统一了北部中国。

杨坚以功进位柱国,出任定州总管,随即转为亳州总管。

不久,武帝驾崩,皇太子宇文赟即位,是为宣帝。

宣帝立杨丽华为皇后,父以女贵,杨坚被拜为上柱国、大司马。第二年,转为大后丞、右司武,旋即升为大前疑。宣帝外出,便由杨坚处理日常政务。

年轻的宣帝是个昏君,荒淫无道。武帝尸骨未寒,他便把父皇宫人全部接收过来,供他发泄兽欲。忠直的大臣遭诛杀,奸佞小人却受到重用。他做皇帝的第二年二月二十日,禅位7岁的皇太子宇文阐,是为静帝,自己称"天元皇帝",做太上皇去了。不过,他并没有放弃权力。北周王朝在他的统治下迅速走向黑暗。

正觊觎着皇位的杨坚却心中暗喜,他抓住时机,做取代周室的准备工作。

一次,杨坚与好友宇文庆谈论时局,杨坚道:"天元皇帝没什么德政,看相貌也不会长寿。加上法令繁多而严苛,整天沉湎于声色中,我看皇上的统治维持不了多久。宇文宗室诸王各就封国,既不能有效地控制地方,朝廷内也失去亲信。像这种局面,一旦天下有事,局势将不可收拾。"接着,他又对掌握实权的地方势力做了分析:"安阳太守尉迟迥是皇亲国戚,声望素著,若天下有变,他必首先起来作乱,但此人才智平庸,子弟也多轻浮,且贪财好利,对部下不事拉拢,肯定成不了大事。驻守郧州的司马消难是个反复无常的小人,若有机会,肯定会发难,不过此人轻薄,缺少智谋,也不足为虑,至多失败后投奔江南。益州易守难攻,总管王谦却是个蠢材,没有什么心计,即使受人唆使而作乱,也成不了气候。"

杨坚料定北周的统治即将结束,对他取代周后如何应付可能出现的动乱局面有了充分的准备。

周宣帝虽然是个昏君,但对杨坚图谋不轨也略有觉察。他有4个宠妃,并立为皇后。4个皇后争宠,互相诋毁。宣帝对杨丽华皇后最为不满,动辄骂道:"朕要诛灭你家族!"有一次,他宣召杨坚进宫,吩咐身边的卫士:"若他表情有异,就立即把他干掉!"杨坚入宫,神情自若,宣帝又怀疑起自己的判断力来了:是不是自己搞错了,杨坚果真有二心吗?他拿不定主意,放过了杨坚。

尽管杨坚表面上不露声色,但心中对宣帝的猜忌甚感不安,他权衡再三,决定暂时离开朝廷,到地方上避避风头。他把自己的想法告诉了同窗好友郑译。郑译是个见风使舵的无耻小人,他善于阿谀奉承,深得宣帝欢心。但他明白,北周气数已尽,杨坚迟早要夺权的,遂表面上信誓旦旦地效忠宣帝,背地里却投靠了杨坚。大象二年(580)五月,宣帝心血来潮,要南征,郑译乘机推荐杨坚为扬州总管。

大军还未发,宣帝就病倒了,宣召大臣刘昉、颜之仪进宫,欲托以后事。两人到时,宣帝已不能说话。静帝宇文阐年方8岁,乳臭未干。刘昉是个很识时务的人,他知道宣帝一死,宇文阐是无法控制杨坚的。为了自己的前程,他下定决心投靠杨坚。他找来郑译,两人一同草拟了一个假诏,声称宣帝遗嘱杨坚辅政。然后,刘昉去找杨坚,杨坚还有顾虑,刘昉道:"你要愿意,就赶快答应。你若不愿意,我就自己去做。"杨坚遂答应下来。但是,当刘昉拿着假诏要颜之仪签字时,颜之仪却断然拒绝,说诏书有诈。于是,刘昉便替他签了。不久,宣帝驾崩,刘昉、郑译秘不发丧,把假诏颁发,任命杨坚都督中外诸军事,总理朝政。在杨坚接管了权力后,他们才公布了宣帝的死讯。此时,宣帝已死了3天。

刘昉、郑译把杨坚扶上辅佐的地位后,建议杨坚任大冢宰,郑译做大司马,刘昉为小冢宰,三人共掌朝政。杨坚不愿让他们分割自己的权力,在亲信李德林等人的支持下,拒绝了他们的建议。经过周密策划之后,杨坚出任左大丞相,任命郑译为相府长史,刘昉为相府司马,把他们二人置于自己的控制之下。

杨坚已基本上控制了朝政。

培植党羽 代周自立

杨坚虽然成为北周实际上的最高统治者,但要代周自立,还需花一番功夫。

首先是培植自己的心腹党羽。

郑译、刘昉仅会阿谀奉承,没什么才干,一心谋取私利,不肯死心塌地地为杨坚效力。他们要求做大司马、小冢宰的愿望被拒绝后,心中颇为不满。靠他们这号人是不行的,必须另物色人选。

杨坚费尽心机,网罗得力干将。

高颎便是其中一个。

高颎,又名敏,字玄昭,自称系渤海蓨县(今河北景县)人,聪明机智,才华出众。杨坚看中了他,派人与他面谈,他欣然应允,愿举家以事杨坚,赴汤蹈火,在所不辞。杨坚大喜,委任他为相府司录,颇为倚重。

经过一番努力,杨坚网罗了一批有真才实学且死心塌地愿为其效力的心腹。

有了一批党羽后,杨坚便开始行动了。

当朝天子静帝的叔父宇文赞官居上柱国、右大丞相,与杨坚平起平坐。杨坚让刘昉去劝他回家,不要过问朝政,骗他说以后让他做皇帝。宇文赞是个不满20岁的年轻人,刘昉天花乱坠的一番话,竟把他说动了,高高兴兴地回家等着做皇帝去了。

但是,在对付几个藩王上,杨坚却颇费周折。

赵王宇文招、陈王宇文纯、越王宇文盛、代王宇文达、滕王宇文逌,都是宇文泰的儿子,身居王位,握有重兵。杨坚知道,他们是不会坐视自己代周而立的。还在宣帝死讯未公布时,杨坚便假借千金公主出嫁突厥的名义,召他们入京。一个月后,五王到了长安,被收缴了兵符。这时,他们才知道中计了。

诚如杨坚在任大前疑时分析的那样,尉迟迥在相州(今河南安阳)起兵,传檄天下,讨伐杨坚。王谦、司马消难等纷纷响应。杨坚命大将韦孝宽出击尉迟迥,梁睿出击王谦,王谊出击司马消难。

京师长安城中,五王也蠢蠢欲动。

杨坚陷于危险的境地。

派去出击尉迟迥的韦孝宽,率军进至河阳(今河南孟州市)便停了下来,没人敢再前进一步。传言梁士彦、宇文忻、崔宏度等将校收受了尉迟迥的贿赂。形势危急,需派一名既忠心耿耿又有魄力的人去做监军。杨坚挑选了大臣崔仲方,崔仲方以老父在尉迟迥的占领地为由拒绝。杨坚又想到了郑译、刘昉,但郑译说他有老母在堂,刘昉说他没有带过兵。杨坚犯难了。这时,高颎自告奋勇,甘负重任。杨坚欣然同意。高颎到达前线后,调整战术,督军进攻,大败尉迟迥。

王谦、司马消难也被梁睿、王谊击败。

消息传到长安,杨坚大为亢奋。

五王闻讯尉迟迥等兵败大惊,为了宇文氏的江山,他们决定铤而走险,刺杀杨坚。经过一番密谋,一个刺杀计划敲定了:由赵王宇文招出面,宴请杨坚,周围埋伏刀斧手;把杨坚的随从挡在门外,只让他一人入内;席间,宇文招的儿子送瓜上来,拿刀切瓜时刺杀杨坚。一切准备就绪,宇文招开始行动。

杨坚对于五王估计不足,觉得已经收缴了他们的兵符,解除了他们的兵权,量他们也没什么作为了,见宇文招有请,遂带着杨弘、元胄等几个随员前往。到了赵王府邸,随从都被挡在门外,杨弘、元胄硬是闯了进去。元胄进去一看苗头不对,便对杨坚道:"相府有事,丞相不宜久留!"

"我与丞相说话,你插什么言!"宇文招斥责元胄,喝令他退下。

元胄两眼圆睁,不但不退,反而提刀上前保护杨坚。宇文招不敢动强,问过元胄姓名,道:"你过去不是在齐王手下做事吗? 真是一个壮士!"赐给元胄一杯酒,说:"我哪有什么恶意,你何必如此紧张?"说完,装作呕吐,欲离开座位,被元胄强行扶回座位上。宇文招几次想离开,都被元胄"劝"止。宇文招又说口渴,元胄便让人送来水让他在座位上喝。宇文招被置于元胄的威胁下,他手下的人也不敢轻举妄动。这时,滕王宇文逌来到,乘杨坚出门迎接,元胄在他耳边说:"苗头不对,赶快离开这里!"

杨坚估计风险不大,道:"他没有兵马,能干什么?"

"兵马本来就是他们的,只要他们先下手干掉丞相,一切都完了。"元胄道:"不是我怕死,因为我死了也解决不了任何问题。"

杨坚没有走,镇静地回到席上坐下。

元胄听到后堂有披挂盔甲的声音,急了,上前对杨坚说:"相府的事那么多,丞相怎么这样,老坐着不走?"说完,拉着杨坚就走。宇文招快步追出来,元胄堵在门口,等杨坚出了府邸大门,他才紧走几步赶上。

杨坚回到了相府,以谋反的罪名杀了宇文招、宇文逌。

杨坚彻底击败了他的敌人。

不久,杨坚就以静帝的名义下诏,任命自己为大丞相,废除左、右大丞相,免得

千古帝王

图文珍藏版

有人利用二相并立的条件与自己分庭抗礼。

二个月后,静帝颁诏,盛赞杨坚功德,进位相国,以 20 郡之地封杨坚为随王,剑履上殿,入朝不趋,赞拜不名,位在诸侯王之上。杨坚假意谦让了一番,最后,除了减去 10 郡封地外,其他全部接受。

为了削弱宇文氏的影响,杨坚下令废除所有对汉人的赐姓,令各复本姓。这一命令得到了汉人的普遍拥护。

不久,在杨坚的授意下,静帝又颁诏:杨坚的王冕为十二旒,建天子旌旗,出警入跸,乘坐金银车,驾六马,享用八佾乐舞。杨坚假意辞让,前后三次,才无可奈何般地接受。

杨坚的人臣之位已是无以复加了。

接着,杨坚派人为静帝写好退位诏书,诏书中盛誉杨坚功德,请杨坚接过帝位。诏书由朝廷大臣奉送到随王府。在百官的再三恳求下,杨坚才勉为其难般地接诏。他穿上早已准备好的皇服,在百官簇拥下入宫,登上帝位。周静帝北面称臣,杨坚封他为介国公,食邑 5000 户,享用原来的车马、旌旗、服饰、乐舞,不向新帝称臣,只是新朝的客人。

杨坚承嗣父亲随国公的爵位,后又晋称随王,遂定国号为“随”。但他觉得“随”字有“辶”,与“走”同义,不吉利,遂改“随”为“隋”,仍以长安为国都,立独孤伽罗为皇后,长子杨勇为皇太子,改元“开皇”。

这年,是公元 581 年。杨坚时年 40 岁。

完善体制　加强统治

每个开国皇帝,都要在前王朝典章制度的基础上,结合新王朝的实际情况,厘定一套新的体制,以维系新王朝的生存。在这个方面,有成功的,也有失败的。

杨坚也厘定了一套新的体制。

在中央,设置三师、三公、五省、六部、二台、九寺、十二府。

太师、太傅、太保,为三师。三师官衔为正一品,在名义上是皇帝的老师,与皇帝坐而论道,但不置官署,没有什么实权,仅是赐予德高望重大臣的荣誉官衔。三公为太尉、司徒、司空,也是正一品。三公虽置僚属,有参议国家大事的权力,但一般不设;即使设置,也不单设,而是给某些重臣的加官。五省,为内史省、门下省、尚书省、秘书省和内侍省。秘书省管理图书历法,内侍省是宦官机构,这二省在政权中不占重要地位,真正的权力中枢是内史、门下、尚书三省。内史省协助皇帝决策军国大政,长官为内史监、内史令,各一人,旋即废内史监,置内史令二人,正三品。门下省负责审核大政方针,认为不妥的,可以驳回,长官为纳言二人,正三品。尚书省主持日常政务,长官为尚书令一人,正二品,但一般不授人,有隋一代,只有炀帝时杨素以翊戴之功,进位尚书令,故尚书省长官实际上是左右仆射,从二品。在尚书省之下,设吏、礼、兵、都官(后改刑部)、度支(后改民部)、工六部,分掌具体事务。吏部负责文官的选拔、考核,礼部负责礼乐、学校,兵部负责武官的选拔、兵籍、军令,都官负责刑狱、司法,度支负责赋税、财政,工部负责土木工程、水利。六部长官为尚书,正三品。尚书左仆射领导吏、礼、兵三部,右仆射管理都官、度支、工三部。左右仆射和六部尚书,合称"八座",地位显赫。二台为御史台、都水台。御史台职司监察,都水台掌管舟楫、河渠。九寺为太常寺、光禄寺、卫尉寺、宗正寺、太仆寺、大理寺、鸿胪寺、司农寺、太府寺,分司各项事务。十二府为军事机构,各设大将军一人,将军二人。

上面这些,只是中央主要机构,此外还有一些权位较低的衙署。

对最要害的三省六部,杨坚委任他最信任的8人担任长官:

高颎为尚书左仆射兼门下纳言,李德林为内史令,虞庆则为内史监兼吏部尚书,韦世康为礼部尚书,元岩为兵部尚书,元晖为都官尚书,杨尚为度支尚书,长孙毗为工部尚书。这8人都是杨坚做丞相以来网络的心腹,且都是精明强干的人物。特别是高颎,身兼尚书、门下二省长官,权位极重。

至于郑译、刘昉这样的人,杨坚的看法是:"没有这几个人,朕就没有今天。但朕知道他们实际上都是反复无常的人,周宣帝时以无赖进幸,宣帝病重,他们为了个人私利,推举朕辅政。朕要治理国家,他们又跟朕捣乱。对这些人,若任用他们,他们不会老老实实做事;不用他们,他们又牢骚满腹。"结果,郑译得到的仅是第一等勋官官阶——上柱国,刘昉得到的是第二等勋官官阶——柱国。

杨坚登基的时候,地方上有州201个,郡508个,县1124个。每个州管辖的郡,仅2个或3个;每个郡也只管辖2个或3个县。州、郡、县都分九等,一般都有两套职官,一套是由吏部直接任命的,州除刺史外,还有长史、司马等;另一套是由刺史聘任的,如州都、祭酒从事等。郡也是这样,除太守、丞由中央任命外,还有一大批由太守聘任的僚佐。县也是如此。这样,州、郡、县官员十分庞大,如第一等州额定官员多达323人。造成了民少官多、十羊九牧的局面。开皇三年(583),杨坚下令裁省郡一级行政单位,实行州、县二级制,又合并了一些州县,并下令废除州县长官聘任的僚佐。这样,既节省了开支,又简化了政令推行的程序。

为了有效地控制地方,杨坚把子弟分遣到战略要地,镇守一方。他们大都是挂着"行台尚书省"长官的官衔出镇的。行台尚书省简称行台省,长官也叫尚书令,相当于中央尚书省在地方的派出机构,总统一方军政,管区内的州县都受其节制,权任极重。开皇二年(582),置河北道行台于并州(今山西太原),以晋王杨广为尚书令;置西南道行台于益州(今四川成都),以蜀王杨秀为尚书令;置河南道行台于洛州(今河南洛阳),以秦王杨俊为尚书令。在行台尚书省之外,还有总管府,掌一州或数州军政,一般也以亲王充任总管。

在刑律上,制订、颁布了《开皇律》。

这部新律是苏威、牛弘等人修订的。苏威是武功（今属陕西）人，牛弘是安定（今甘肃泾川北）人。两人都博闻强记，精通律令。开皇三年（583），杨坚把制订新律的重任交给他们，他们广泛汲取了魏晋南北朝以来的立法经验，结合当时社会的实际状况，完成了一代法典《开皇律》。《开皇律》共分12篇，500条，删除了魏晋南北朝以来一些残酷的刑罚，定刑名为5种：死刑二，有绞、斩；流刑三，有1000里、1500里、3000里；徒刑五，有一年、一年半、二年、二年半、三年；杖刑五，从60至100不等；笞刑五，从10至50不等。为了确保杨氏家天下，又规定"十恶"：谋反、谋大逆、谋叛、恶逆、不道、大不敬、不孝、不睦、不义、内乱，属于"十恶"的罪犯，从重从严惩处，不得宽赦。官僚地主犯罪，只要不是十恶不赦之罪，都可以减一等，也可以出钱赎罪，还可以用官品来折抵徒刑。

在经济上，继续推行均田制。

每个成年男子（18岁—60岁）给露田80亩，永业田20亩；成年女子给露田40亩。露田死后归还政府，永业田可以传给子孙。奴婢也像平民一样分田，亲王的奴隶受田限300人，一般地主不得超过60人。每头耕牛给露田60亩，限四牛。自亲王至都督，给永业田100顷至40亩不等。京官自一品至九品，给职分田自五顷至一顷不等，作为俸禄。

在赋役上，分租、调、力役。

一夫一妇每年纳粟三石，叫作"租"；种桑养蚕地区每年交缩绢一匹、绵二两，种麻织布地区每年交布一端、麻三斤，叫作"调"。成年男子每年服役一个月，叫作"力役"。开皇三年（583），成年的年龄从18岁提高到21岁，服役时间从一个月减为20天，调绢从一匹减为二丈。到开皇十年，规定成年男子的力役，从50岁以后可以交纳布帛代替，称为"庸"。

在户籍管理上，推行"大索貌阅""输籍定样"。

"大索貌阅"即根据户籍上登记的年龄和本人的体貌相核对，检验是否谎报年龄，诈老诈小。"输籍定样"是根据各户资产划分户等，根据户等制定税额，写成定簿。每年五月，县令派人核查，重新制定"定簿"。

这些措施、制度的推行，强化了君主专制主义中央集权统治，也在一定程度上促进了经济、文化的发展。不仅如此，杨坚时厘定的体制，承上启下，对后世中国封建社会有深远的影响，特别是中央的三省六部制，地方的州县二级制，刑法上的《开皇律》，经济上的均田制，对唐代及其以后的封建王朝都有重大影响。

结束分裂　统一全国

当杨坚登基称帝时，华夏大地仍处于分裂状态，隋的南面还有梁、陈两个小朝廷。

梁的都城在江陵（今属湖北），历史上称为"后梁"。后梁地盘不大，自萧詧建国以来，一直依附于北朝，是个"儿皇帝"角色。杨坚称帝时，统治后梁的是萧詧的儿子萧岿，杨坚派特使赐他黄金 500 两、白银 1000 两、布帛 10000 匹、马 500 匹，以示恩宠。第二年，杨坚又派人去江陵为晋王杨广选妃，经过占卜，所选美女都不吉，萧岿想起自己还有个女儿在舅父家住着，何不让她一试？于是派人把女儿接来，占卜吉凶，得了个"吉"，于是萧岿的女儿就成了杨广的妃子，后来杨广做了皇帝，萧妃又成了皇后，这是后话。由于这次联姻，杨广很优遇萧岿，取消了派去监视萧岿的江陵总管，让萧岿自己处理后梁事务。第三年上，萧岿去长安朝见杨坚，杨坚又钦准他的地位在王公之上。翌年，萧岿病死，子萧琮嗣位。萧琮为人倜傥，博学好文，娴于弓马，风采不逊乃父。但在杨坚眼里，已不被看重了，原因很简单，这时隋内部已整顿完毕，杨坚腾出手来，准备完成统一大业了。杨坚宣布恢复江陵总管，重新把后梁置于隋的监管之下。萧琮即位第三年上，杨坚征萧琮入朝，萧琮自然不敢违命，率文武百官 200 余人北上，江陵父老叹道："我主这一去，就回不来了。"正如他们所料，萧琮离江陵北上，隋将崔弘度就带兵南下，说是去守卫江陵。萧琮叔父萧岩知道崔弘度来者不善，率城中官民 10 余万人投奔陈而去。消息传到长安，杨坚宣布废掉后梁，改封萧琮为莒国公。

杨坚的下一个目标，就是建都建康（今江苏南京）的陈了。

当时，坐在建康皇宫龙座上的是陈叔宝。

陈叔宝多才多艺，风流倜傥。但他的聪明才智全用在玩乐上，整日沉湎于酒色之中。

> 烟笼寒水月笼沙，夜泊秦淮近酒家。
>
> 商女不知亡国恨，隔江犹唱《后庭花》。

这是唐代大诗人杜牧的《泊秦淮》诗。

诗中说的《后庭花》，全名为《玉树后庭花》，是陈叔宝与嫔妃饮酒作乐时谱写的曲子。他最宠爱的妃子，一是张丽华，一是孔贵妃，就连上朝听政，也要一手揽着张丽华，一手抱着孔贵妃，一边与她们调情，一边决断军国大事。若两贵妃插上一句，他马上就说："就按贵妃说的办！"昏君在位，纲纪紊乱，奸佞专权，贿赂公行，江南锦绣江山被他们搞得乌烟瘴气。几个有识之士上疏劝谏，陈叔宝置若罔闻。

陈的覆灭已是指日可待。

废除后梁以后，杨坚便加快了灭陈的准备工作。第二年秋，兵力部署既毕，杨坚下诏，大举攻陈。

隋军 51.8 万人马，兵分八路出击：

晋王杨广统兵出六合（今属江苏）；

秦王杨俊将兵出襄阳（今湖北襄樊）；

清河公杨素领兵出永安（今四川奉节）；

荆州刺史刘仁恩统兵出江陵（今属湖北）；

宜阳公王世积将兵出蕲春(今属湖北);

新义公韩擒虎领兵出庐江(今安徽合肥);

襄邑公贺若弼统兵出广陵(今江苏扬州西北);

落丛公燕荣将兵出东海(今江苏连云港西南)。

八路大军由晋王杨广节制,在东起大海,西迄四川的数千里战线上,同时发起强攻。

陈叔宝仍在与张、孔二贵妃纵情歌舞。

不久,隋军将士的呐喊就淹没了皇宫里面的歌舞声。第二年正月,贺若弼、韩擒虎两路大军突破长江防线,陈军10万将士,全无斗志,大将任忠投降,引韩擒虎所部从朱雀门攻入建康城。文武百官四散逃命,偌大一个宫殿,只剩下一个叫袁宪的侍臣陪伴在陈叔宝身边。"我从来待你不如他人,现在只有你在这里相陪,真令我追悔莫及。"陈叔宝说了几句感激的话,就要找个地方藏起来,袁宪劝他说,事已至此,哪里还有藏身之处? 陈叔宝不听,说:"锋刃之下,怎敢大意? 你不必多说,我自有办法。"说完,就拉着张、孔二贵妃躲进一口枯井中。不久,隋兵杀入皇宫,见井边有绳,伏下身去喊叫,不见答应,便说往下填石头,才听见喊声,即用绳拉人,但觉得很沉,不免有些惊异,待拔出井外,才发现一根绳子系了陈、张、孔三人,众人不禁失笑。

陈叔宝成了阶下囚,陈各地官军,也纷纷投降。

自西晋倾覆以来270多年的分裂局面至此结束,全国重新统一。

在灭陈的当年,杨坚认为军人和兵器的历史使命应该结束了,否则,便会造成不安定因素。于是,杨坚下令:除边疆和京师戍卫军队外,其余的兵器等军事装备立即停止制造,民间兵器立即销毁;军人子弟应偃武习文。开皇十五年,杨坚又下令收缴天下兵器,若发现有私自打造者,严加惩处。开皇八年,又下令收缴江南三丈以上的大船。杨坚想消除一切不安定因素,确保杨氏家天下。

恶劣习性　自坏长城

从一个贵公子,一步步走向帝位,建立了自己主宰的皇朝,说明杨坚很有才干。隋朝建立后,他厘定的政治、法律、经济体制,承上启下,影响深远;废梁,灭陈,使长期分裂的中国重新统一,凡此使杨坚成为中国历史上一个很有作为的皇帝。但是,他身上也有很多恶劣习性:猜疑苛察、刚愎自用、喜怒无常、不学无术、惑于佛教等等。他的这些恶劣习性最终危及了他苦心经营、竭力维系的隋朝江山。

杨坚的皇位是篡夺宇文氏的,他极担心臣子仿效他,篡夺皇位。故他对文武大臣保持高度警惕,留意他们的言行,常常疑神疑鬼。

虞庆则颇有才干,很为杨坚赏识。杨坚代周后,任命虞庆则为内史监兼吏部尚书,是群臣中的第三号人物。后来,虞庆则升任尚书右仆射,颇受杨坚信任。开皇十七年,桂州(今广西桂林)人李代贤反叛,朝中无人愿领兵讨伐,杨坚便指名要虞庆则去。虞庆则的内弟与虞庆则的妾私通,向杨坚说虞庆则的坏话,说虞庆则不愿去。杨坚很不高兴,怀疑起虞庆则的忠心来。凯旋回师的路上,虞庆则指着一个地方说:"若这里有个合适的人把守,只要有足够的粮食,便难以攻破。"作为一名将领,注意山川地形,本是正常现象。但有人把虞庆则的话密告给杨坚后,杨坚的疑心更大了,遂以图谋不轨的罪名杀了虞庆则。

高颎是杨坚的得力辅佐,杨坚君临天下,高颎被委以尚书右仆射兼纳言的重任,位冠群臣,杨坚巩固君主专制主义中央集权的统治措施,多出自高颎之手。灭陈时,虽说晋王杨广为总统帅,但高颎为杨广的长史,主持各种军务。北击突厥,高颎为帅。高颎为杨坚立下赫赫战功,杨坚颇为倚重。杨坚对皇太子杨勇日渐不满,欲立晋王杨广为嗣。高颎劝谏说废长立少有违礼仪,因为杨勇的女儿是高颎的儿媳,杨坚遂怀疑起高颎来。最后,高颎被褫夺官爵,贬为平民。

猜疑是对自己的统治缺乏信心的表现。为了树立自己的绝对权威,杨坚还滥用酷刑。

在杨坚的宫殿里,放着棍棒,谁人不顺眼,便加杖打,有时一天就打数人。他还嫌行刑者下手过轻,怀疑他们是不是手下留情,行刑人只得卖力往死里打。有些大臣上疏,说朝堂非杀人之所,殿廷非杖罚之地,杨坚迫于舆论压力,下令撤去棍棒,再想打人时,便用鞭子,但鞭子实在不过瘾,便又用起了棍棒。有一次,杨坚又喝令杖人,兵部侍郎冯基百般劝谏,杨坚就是不听,终于将那人打死了。过了一会儿,杨坚气渐消,觉得那人罪不至死,便回头训斥身边那些没劝谏的人为什么不阻止他。

杨坚喜怒无常,动辄杀人。一次上朝,个别武官服饰不整齐,杨坚认为这是对朝廷的不尊,斥责御史为什么不弹劾,喝令把御史推出斩了。谏议大夫毛思祖行使职权,出来劝谏,也被杀头。像这样因一些轻微小事而诛杀官吏之事,经常发生。

盗窃确实让官员们头痛,为了杜绝盗窃,杨坚费尽心机,但都不奏效。最后,杨坚颁诏:凡偷窃一钱以上的都处以死刑,横尸街上示众;四人合窃一桶,三人合窃一瓜,也全部处死。滥用酷刑竟然到了这种地步。

杨坚不学无术,认为学问无甚用处,于仁寿元年(601)下诏,除国子监外,其余的学校全部废除。虽然大臣们再三劝谏,也无法改变杨坚对文化的藐视。

杨坚不相信人,也不看重文化,却信奉鬼神,无论哪路神仙,他都虔信、礼敬,特别是对佛教,他大加崇祀,广建佛塔、寺院,佛教风靡全国。甚至对宫女渲染的妖精,杨坚也深信不疑。一次,嫔妃们说时常有人挑逗她们,杨坚断定宫门防卫森严,外人进不来,定是妖精作祟,命令嫔妃们再发现有人挑逗,应挥剑砍杀。有个宫女遵旨实施,手中的剑好像砍在一堆腐骨上,没有见血,宫女追,妖精跳入水池中不见了。杨坚信以为真,下令把池水淘干,果然在池中捉到了一只大乌龟!

杨坚不大讲究吃穿,后世盛赞他节俭。但是,杨坚在建造宫殿上却不怕浪费、奢靡。他做皇帝的第二年,便嫌从前的长安城规模太小,且经常闹鬼,便诏令在旧城西北修筑新城,命名为"大兴城"。过了10年,杨坚对大兴城失去了兴趣,又在岐州(今陕西凤翔南)耗费巨资兴建豪华的仁寿宫。过了五年,又在仁寿宫和大兴城之间修建行宫12座。

杨坚还时常沽名钓誉地搞点儿仁慈行为。一次,关中大旱,粮食歉收,百姓连糠菜都吃不饱。杨坚看到这种情况十分难过,说这是自己统治不好的结果。为了弥补过失,他带着关中百姓浩浩荡荡向洛阳进发,去谋生路。这时,他的富丽堂皇的仁寿宫刚刚竣工,国库中的存粮还满满的,他没有拿点儿出来赈济濒临死亡的饥民,却让百姓扶老携幼,跋涉千里去洛阳谋生。到了洛阳怎样谋生,杨坚就管不了那么多了。

杨坚想方设法巩固杨氏的家天下,但他的这些行为又自坏长城。到他统治的末年,大隋皇朝已是危机四伏。

立嗣失误　猝死成谜

独孤伽罗皇后出身名门望族,杨坚发迹,沾过独孤氏的光,他对皇后独孤伽罗心怀畏惧。可以说,杨坚统治着天下,独孤伽罗左右着杨坚。杨坚上朝,独孤伽罗同车相随,只是停在殿外,但独孤伽罗派亲信宦官跟着杨坚上朝,若发现杨坚对问题的处理有不当之处,便出来报告独孤伽罗,独孤伽罗就把自己的意见转达进去。杨坚退朝,二人同车回寝殿。故宫中称杨坚、独孤伽罗为"二圣"。

独孤伽罗嫉妒心很强,除了她之外,不许杨坚和别的女人亲近。虽然三宫六院齐全,但那仅是一种摆设;杨坚也不是不好女色,只是慑于独孤伽罗的雌威不敢而已。一天,杨坚看见被充入后宫的尉迟迥的孙女很有姿色,忍不住与她亲热了一番。很快,后宫有人把这事密报了独孤伽罗。独孤伽罗脸上很平静,没什么变化。待杨坚上朝后,独孤伽罗便让人杀死了尉迟氏。杨坚闻讯,愤懑难忍,又无处发泄,自己骑马出宫,驰入山谷。大臣闻悉,惊慌失措,高颎、杨素等人骑马追赶,拉住杨坚的马头苦苦劝解。杨坚愤怨满腹,道:"朕贵为皇帝,行为却没有自由!"

尽管杨坚愤愤不平,但他始终不能摆脱独孤伽罗的影响、制约。在立皇嗣上,他再次被这个女人所左右。

杨坚有五个儿子:杨勇、杨广、杨俊、杨秀、杨谅,都是独孤伽罗所生。长子杨勇被立为皇太子,杨坚对他寄予厚望,10多岁时便让他参与军国大政。但随着年龄的增长,杨勇越来越迷恋女色。独孤伽罗最讨厌的就是这事,甚至劝杨坚查办有私生子的大臣。杨勇的第一个儿子便是私生子,是一个姓云的女子生的。杨坚虽不满独孤伽罗对他的制约,但又不敢不与她同好恶。况且他对杨勇的私生子很不满,怀疑那个私生子是否是杨勇的血脉,唯恐他乱了杨氏皇族的血统。杨坚开始斥责杨勇,谁知杨勇不买账,甚至公开对抗,气得杨坚七窍生烟。

杨广早就觊觎着皇太子的位子,见杨勇惹父母讨厌,心中大喜。他是个擅长玩骗术的人,遂使出浑身解数,讨父母、特别是母后独孤伽罗的欢心。他虽然是个好色之徒,却装得极为检点,只和王妃萧氏相处,别的嫔子生了孩子,便偷偷地杀掉。每逢父母驾临他的府邸,他便把年轻貌美的姬妾藏起来,让年老丑陋的宫女穿上粗劣的衣服充当嫔妃。独孤伽罗越来越喜欢杨广,鼓动杨坚废了杨勇,另立杨广为皇太子。

开皇二十年冬十月,杨坚终于下诏,废黜杨勇,另立杨广为皇太子。

杨广做了皇太子,迫不及待地想当皇帝。

过了四年,杨坚罹病,在仁寿宫休养。杨广急不可待地写信给亲信杨素,问他如何料理杨坚的后事。杨素的回信错送给杨坚,杨坚大怒。杨坚喜爱的宣华夫人陈氏入侍,杨广见了美貌的宣华夫人,不由得欲火烧身,兽性大发,企图逼奸她。杨坚得知大怒,骂道:"畜生何足付大事!独孤误我!"他对身边的侍臣柳述等人说:"速召我儿!"柳述等以为是叫杨广,杨坚连呼:"勇也!"柳述等人便出去起草诏书,召被囚禁的杨勇前来。

风云突变,杨广惊慌失措,经与心腹密谋,他派爪牙宇文述,郭衍率东宫卫士包围仁寿宫,撤换杨坚的卫士,把服侍杨坚的宫人全部赶走。一个仁寿宫就剩下了杨坚一人。

不久,杨坚死,享年64岁。

关于杨坚之死,《隋书·高祖纪》没有明言是怎样死的,后人根据杨广采取行动后杨坚猝死,怀疑系杨广杀死的。

杨坚的庙号为"高祖",谥号是"文皇帝",故史称"隋文帝"。

盛世明君

——唐太宗李世民

名人档案

太　　宗：名李世民，李渊次子，属羊。著名的政治家、军事家、书法家和诗人。性格果敢倔强。杀太子李建成后，逼高祖禅位给他。在位23年，患痢疾而死，终年51岁。

生卒时间：前599年~前649年

安葬之地：葬于昭陵（今陕西醴泉县东北50里九嵕山）。谥号文武大圣大广孝皇帝，庙号太宗。

历史功过：任用贤能，从善如流，闻过即改。视民如子，不分华夷。开创了被誉为"贞观之治"的中国封建社会中最突出的太平盛世，使中国成为当时世界上最富强昌盛的封建国家。

名家评点：中国历史上少有的能打天下又能治天下的有道明君。

英姿少年　初露头角

李世民出生于一个北方胡汉混血的贵族门阀世家。父亲李渊，自称是十六国时凉武昭王的后代。而实际上，李渊很可能是北魏弘农太守李初古拔的后裔。李初古拔是北方少数民族，后代不断跟汉族里的世家贵族通婚，到李渊的祖父李虎时已经是胡汉混血的后裔了。

李虎是西魏的"八柱国"之一，到了北周时已经做了唐国公。李渊就是世袭的唐国公,其母独孤氏和北周的独孤皇后、隋朝隋文帝杨坚的妻子独孤皇后都是"八柱国"之一独孤信的女儿。独孤家是北方贵族世家,曾经出过四个皇后,在北周是炙手可热的世家门阀,权倾一时。李渊和隋文帝杨坚是姻亲,李渊一向得到杨坚的信任,在杨坚建立隋朝后,镇守北方边疆地区。

李渊娶的也是北方少数民族世家的女儿,妻子姓窦。李家子弟有着典型的北方人的相貌:浓眉大眼,眼睛很深,头发和胡子颜色微微发黄,稍微有点卷曲,脸部轮廓清晰,线条硬朗,身体魁梧健壮。李渊有四个儿子,长子李建成,二子李世民,三子李元霸,四子李元吉。

李建成相貌和性格都比较温和一些,眼睛细长,皮肤白皙,说话柔和,看起来温文尔雅,只是为人不是特别有容人的气量,心胸稍稍狭窄一些。

李世民排行老二,于隋文帝开皇十八年(公元598)十二月戊午生于武功别馆,是典型的北方男子,英气勃勃,浓眉大眼,矫健敏捷。

老三李元霸是四兄弟中功夫最好的一个,就是脑子不大好,而且很早就死了。

老四李元吉脾气暴烈,骄横野蛮,花天酒地,是典型的世家纨绔子弟。

李世民还有一个姐姐,即平阳公主,嫁给了关中的富豪柴绍,足智多谋,是女中豪杰,还经常带领军队帮助李世民征战四方。

传说李世民出生的时候,有人见过有两条龙在府第外飞来飞去,前后足足飞了三天,等李世民出生了才离开,而李世民出生时就瞪大双眼,炯炯有神,没有像全天下小孩子一样大哭,所以从小就有很多人说他是个神童。

据说李世民4岁的时候,有一天,有个在街上摆摊看面相和手相替人算命的书生在街上见到李渊,便拦住了他的去路,前前后后不停地打量他,李渊很不高兴,正想绕开他,这个书生忽然给他跪下了,把李渊吓了一大跳,赶快把他扶起来,问他这是干什么,这个书生恭恭敬敬地说:"您是贵人啊,而且有个贵不可言的儿子。"

李渊大为高兴,立刻把他请到了自己府里,让他看自己的四个儿子。他看到老大、老三、老四几个都只是笑笑,没说什么,等到见到4岁的李世民,立刻瞪大双眼,仔细地打量他,还摸了摸他的头,最后慢慢道:"这个孩子的相貌是天底下最有贵气的,称得上是龙凤之姿、天日之貌,20岁以后,必定可以济世安民。"

一向谨慎持重的李渊又吃惊又欢喜,但这种话在当时非同小可,是大逆不道的,被人听到等于有谋反的意思,要是告到皇帝那里就更不得了,是完全可以诛九族的。当李渊正想着怎样派人把这个书生杀了时,这个书生就告辞走了,李渊赶紧派人去追杀他,但是他好像走出李家就神秘消失了,怎么也找不到,从此以后也没有再出现过。

而李渊竟就取这个书生所说的"济世安民"中的两个字,给李世民取了正式的名字。

李世民从小就显示出出类拔萃、与众不同的性情:他博览群书,但是对历史和兵法情有独钟,还练得一手好字。作为武将出身的贵族子弟,他从小就学习骑马射箭,驰骋沙场,冲锋陷阵。他身强力壮,在所有帝王中,称得上是功夫过硬的皇帝;他喜欢射箭,而且所使用的弓要比普通人大一倍,箭术纯熟精湛,可以射穿百步之外的大门。他还喜欢读兵书,十几岁的少年时期就已可和父亲谈论攻城的诀窍,说得头头是道。因此李渊很宠爱他,南征北讨都把他带在身边,一直到14岁才在京师长安安定下来。

在这段不安定的岁月中,他饱览名山大川和军事要塞,亲身接触民事民情。这一切更使他和普通的贵族少年截然区别开来:他见多识广,心思细腻,遇事果断,深谋远虑,为人坚韧,言行举止间很有领袖的气度。

很快李家四兄弟都长大成人,雄心万丈,本来想为国为民做一番事业,但是隋王朝却发生了剧烈动荡。隋炀帝登基后,荒淫无道,横征暴敛,不是四处挑起战乱,就是到处搜罗美女,内政外交一塌糊涂,弄得民不聊生,农民起义此起彼伏。隋王朝掌握重兵的武将们也对他的倒行逆施很不满意,魏晋南北朝的纷争刚刚过去,忠君爱国的概念还没有深入人心,人们对于王朝灭亡和复辟已是司空见惯,看隋朝大势已去,再也没有能力起死回生,于是相继竖起反隋大旗,隋王朝已是朝不保夕。

李氏家族将来何去何从,关系到整个家族的兴衰存亡,他们静观其变,小心翼翼地选择自己的前途命运。李渊也在暗中积聚力量,准备公开反隋自立。

隋文帝杨坚死了以后,隋炀帝杨广一直对李家很猜忌,因为民间流传这样一种说法:李家将会取代杨家做皇帝。杨广找个茬子杀了很多姓李的人,还是不放心,又下命令叫李渊去他的行馆见他。李渊也听说他憎恨李家的人,又一向和他关系不好,于是就说自己病了不肯去,让自己的外甥去了。杨广很不高兴,问李渊的外甥是怎么回事,还恶毒地冷笑说:"不是快死了吧?"李渊从此更不想忠于他了。

公元616年,李渊被任命为太原留守去镇压农民起义。这时全国各地的起义军已是如火如荼,隋炀帝第三次出游的时候被困在了江都,手下纷纷叛离了他,隋朝已经是名存实亡了。李渊看时机已经成熟,指示手下刘文静假造诏令,说辽东已经集结了25万人反叛,然后借机开始集结队伍。

这年三月,刘武周起兵直逼太原,李世民提醒父亲这是个千载难逢的良机,李渊下定决心以讨伐刘武周为名公开招兵买马。这支队伍是李渊父子私自控制和指挥的,成为晋阳起兵的主力。当年五月,李氏父子的军事举动惊动了以前蒙在鼓里的隋将副官,李渊先下手为强,以通敌为名囚捕他们。

几天后突厥犯境,李渊趁此机会,公开起兵。虽然晋阳起兵的策划人和领导者是李渊,但李世民在集结队伍、运筹规划的关键事件中起了突出的作用。晋阳起兵后,下一个军事部署就是乘虚而入,直取关中长安。

关中长安是都城所在,而且有不少李氏家族的亲戚和朋友可以作为内应。占领关中地区既有利于扩充军事实力,又可以扩大政治影响。公元617年,李元吉留守太原,李渊带兵三万取得西河大捷。当李渊拥兵南下时,有传闻突厥与刘武周乘虚进攻晋阳,李渊对是否回兵救晋阳犹豫不决,李世民、李建成都不同意。李渊一时听不进,促令班师回朝先救大本营。

半夜李世民在李渊帐外大哭,说:"这是千载难逢的机会。如果退回,再也不会有机会出兵了。以后就再也不是朝廷将领,反倒成了叛徒盗贼,而且退兵后很可能腹背受敌,一败涂地。"

李渊当夜把军队追了回来,决定按照原来的计划继续进军霍邑。霍邑的太守是宋老生,他根本没把李渊放在眼里,李渊利用他骄傲自大,把他引到了城外,陷入唐军的埋伏。但是唐军人少,战斗十分惨烈。李世民亲自率一队200人的骑兵上阵,连着砍断了两把刀,衣袖沾满了血,终于带着士兵贯穿了整个隋军,把隋军一分为二,宋老生想退回城里,在半空中被一个小兵跳起来杀了。霍邑被攻破,北方附近的郡县纷纷投降。

李渊兵分两路,自己率主力渡江入关,阻止隋军,李世民率另一路大军包围长安。李世民的妹妹平阳公主起兵响应并与他会合,声势更壮,一路进展神速,几乎没有遇到抵抗就直抵长安。当时围攻长安的20万大军中,有19万是李世民率领的。十一月李建成的部队率先攻进长安城。

进入长安后,李渊并没立即称帝,而是把隋炀帝的孙子推上宝座,自己任唐王。

统一天下　战功显赫

公元618年,隋炀帝被宇文化及杀死。李渊在长安称帝,改国号为唐,李世民被封为秦王,哥哥李建成被立为太子,弟弟李元吉被封为齐王。

唐朝的建立远远不等于全国的统一,事实上当时正是各派军事势力分裂与混战的高峰期。李世民在唐朝建立之前的战功还不十分显著,但是统一全国的赫赫军功是无人能与其匹敌的,因此李世民才有了要帝位的强烈愿望,才导致哥哥李建成的嫉妒与谋害,才有了兄弟相残的玄武门之变。

李渊在称帝之后就不便于亲征了,而李建成也要在长安辅佐父亲处理政务,这样,平定各方势力、统一全国便成了李世民不可推卸的责任。二十来岁的李世民勇敢地挑起了这副重担,前后用了十年多的时间完成了这项艰巨的任务。

李世民的统一战争包括三部分,一是平定薛举父子,二是击溃刘武周,三是打败王世充和窦建德。

唐朝已经建立了,但也只是个名义上的王朝,各地的起义军还是各自为政,很多原来隋朝的大小将领按兵不动,想看情形再作打算。原来的隋将王世充控制了大部分原隋朝军队的核心将领和士兵,而最大的起义军瓦岗军由李密率领,这两支队伍都在争夺南方的地盘,根本不理睬李渊。要想坐稳龙椅,就得先平定各地的起义军和自立为王的小部队。

李世民确定的第一个目标是薛举。

薛举原本是河东汾阳人(山西万荣)。造反前是金城校尉,负责保卫金城的安全,但是他借着镇压农民起义,杀了金城县令,自己号称西秦霸王。公元617年,薛举称帝,十二月,薛举率领十万军队进犯渭水,攻打扶风,和李渊争夺关中。

李渊命李世民为帅与薛举在扶风展开大战,斩首万余人,大胜薛举,将势力扩充到了陇右一带,进一步稳定了关中的局势。第二年的六月,李渊又封李世民为西讨元帅,继续讨伐薛举。七月,在泾州和薛举开战,由于准备不足,被薛举偷袭,结果大败而归。八月,薛举死后,他的儿子薛仁杲领兵进犯。

为了清洗上一次失败的耻辱,李世民更加沉稳,他先固守60天,不准部下迎战,还下令:"敢随便出战者斩!"这主要是为了使自己的军队士气得到恢复,同时也挫敌锐气。

果然薛仁杲因为粮食不足,士气开始涣散,李世民便命令属将在附近浅水原安营扎寨,把薛仁杲大部分的人马吸引到那里,让他们忍饥挨饿,把他们拖得筋疲力尽,然后全军出动,两面夹击。薛仁杲大败,只好投降了。经过浅水原这一战,陇右地区宣告平定。

在所有的隋朝旧部里,刘武周是地方将领中最早独立的,也是实力最大的一支军队,而且刘武周得到了北方强大的突厥的支持,在北方势力很深。公元619年,刘武周在突厥的支持下大举南下,攻打并州,即太原地区。

李渊当时派裴寂指挥黄河以东的战事,但是裴寂没有统军作战的才能,连连败退,灰头土脸地跑到了长安。在并州的总管李元吉只有15岁,支持不住,也逃回了长安,致使晋州等地也失守,关中地区震动。李渊想放弃河东这个地区,遭到李世民等人的反对。李世民认为,河东是富庶之地,也是京城的重要依托,还是起兵之地,所以不能放弃,他愿意领兵夺回来。李渊便命李世民出征。

十一月,李世民趁黄河结冰的机会顺利渡河,然后用"坚壁挫锐"的战术来和刘武周的大将宋金刚对峙。李世民坚守不出,挫敌锐气,待机而动,因为他知道敌军深入,必定会粮草不济。宋金刚无奈只好死守柏壁。李世民把宋金刚困在柏壁,自己率领秦叔宝、殷开山等将领堵截了来增援的尉迟敬德,并打败了尉迟敬德。

为了攻克柏壁,一次李世民只带了一个侍卫去侦察柏壁的情况,路上又累又困,两人在一座小山上睡着了,不料被敌人包围了。幸亏他的侍卫睡觉的时候被爬到脸上的一条蛇惊醒了,才看到四面围上来的敌军,李世民赶快拿出自己的大羽弓,一气狂射,打退了敌军才安全脱身。

次年的二月,宋金刚粮草缺乏被迫撤军,李世民不给他任何喘息的机会,率军马不停蹄地急追,一连追了三天三夜,路上打了数十仗,宋金刚本来就是败军之将,士气低落,所以几乎每战必败。李世民的军队也是人马困乏,好几天没有吃的。有一次只剩下一头羊了,李世民就在旷野里和士兵们分着吃了。

宋金刚一路战一路逃,直逃到介休城。李世民也紧跟着追到了介休城,两军对阵,李世民又一次打败宋金刚。宋金刚没办法,只好继续北逃去投奔匈奴,而尉迟敬德则率军投降。刘武周听说宋金刚被打得溃不成军，也只好放弃太原北逃到突厥去寻找支持。突厥看他已经没有了利用价值，便拒绝收留他。刘武周又生气又怨恨，但也没有办法。不久，刘武周又想逃回马邑东山再起，但阴谋败漏，被突厥杀了。

隋炀帝死后，王世充获得了最大的好处，他基本接受了大部分原来隋朝的精兵强将。公元618年五月，隋炀帝被杀的消息传到洛阳后，守将拥立越王杨侗称帝，改元皇泰。

公元619年四月，王世充夺取了政权，改国号为郑，割据关东地区。刚坐上龙椅，王世充还是点了几把火的，也想做个流芳百世的好皇帝。但是他本人才干不高，往往适得其反。开始的几天，他亲自到街上和普通百姓聊天，还把办公的地方移到了大街上，鼓励百姓上书。这可是开天辟地第一回有皇帝在街上和老百姓一起做事的，所以人人都跑来凑热闹。因为上书的人太多，他应接不暇，不几天就不出来了。

打败了刘武周之后，北方基本已经统一，李家父子的眼光开始转向中原，首当其冲的就是占据了战略要地的王世充。

公元620年，李世民率兵十万，进军洛阳，开始平定王世充。双方围绕着洛阳展开了大大小小的争夺战。李世民总是身先士卒，有一次，他带五百骑兵巡视前方地形，结果被敌人骑兵包围。敌将单雄信挺槊直取李世民，尉迟敬德跃马而出，将单雄信刺落马下，掩护李世民突出了重围。李世民的亲随队伍是他自己一手训练的玄甲骑兵，每次作战，他都带领队伍直接冲杀敌人的队伍，用这样的方式来了解敌人的战斗力。

从这年的八月完成对洛阳的包围，到下一年的二月，李世民的军队虽然经常昼夜攻城，但是由于王世充早有准备，洛阳城坚固无比，粮食也很充足，短时间很难取胜。将士们看到战事没有什么进展，都泄气了，想回老家的心情很迫切。但李世民却意志坚定，他鼓励将士说："这次我们领重兵而来，应当一劳永逸，东边各州已经望风而降，只剩下了洛阳一座孤城，从现在的形势来看，敌人很难再坚守多长时间了，大功马上就要告成，你们为什么要放弃，无功而返呢？"在李世民的坚持下，众将表示追随他决战到底。

在王世充被围将败的紧要关头，河北的窦建德虽然一向和王世充争夺关中的霸权，但他怕唇亡齿寒，难逃厄运，所以领兵十万，号称三十万，为救王世充而大举南下。窦建德开始时写信给李世民，要他退回潼关，讲和修好。李世民断然拒绝，并开始部署如何对付窦建德。

李世民的部下分为两派意见，以薛收为主的一派认为，王世充现在只缺粮草，万一得到接济，战争的胜败就很难预料了。应该在围困洛阳的同时，由秦王李世民亲自领精锐骑兵抢占虎牢关。在击败窦建德之后，王世充也就不攻自破了。但是，屈突通等将领却反对，他们认为去虎牢关会腹背受敌，应该先退守新安，再寻机而战。

李世民最后说:"王世充粮草已将用尽,内外离心,我们就应当坐收渔利,不必劳师动众去攻击。而窦建德则将士骄横兵卒懒惰,我们必须进占虎牢,扼守险要之地。窦建德如果要和我交锋决战,一定能一战取胜;如果他们畏缩不战,那么王世充十日之内必然溃败。假若现在不速战速决,让窦建德占据虎牢,那么,刚归降的各城就会无法守卫,我军就很难再有现在的良机取胜了。"

李世民最终还是采纳了薛收的意见,他命令屈突通和齐王李元吉继续围困洛阳,自己则率领精锐骑兵火速奔袭虎牢,中国历史上著名的战役之一虎牢之战正式开始了。

公元 620 年三月,李世民领兵到达虎牢,他亲自东进二十里侦察敌隋,窦建德无法进军,只好就地筑垒固守。李世民到达的第二天就亲自到窦建德的大营,窦建德立刻派兵出寨去追杀他,李世民走走停停,把窦建德派来的大军引进了包围圈,取得了第一次胜利。

四月,窦建德军队被堵截在虎牢一个月,好几次作战失利,将士思归心理日益加重,军心开始涣散,而运粮道又遭到了李世民的突袭,大将张青也被俘。这时李世民得到情报,说窦建德正在等唐军粮草用尽了,到黄河北岸牧马时趁机偷袭。李世民将计就计,在黄河北岸牧马,并留下战马千匹,给窦建德一种粮草已尽的假象,他本人则在晚上返回虎牢。

第二天早晨,窦建德果然中计,他全军出动,排兵二十里击鼓而进,想用气势吓倒唐军。李世民登高观望,然后对部将说:"窦建德过险关鼓噪而进,这是毫无纪律;临城而列阵,是在轻视我军。我们如果按兵不动,他们的勇气必然渐渐衰退,列阵久了将士就会饥饿疲劳,不攻自退,等那时我们再乘势追击,将战无不胜。"

果然不出所料,到了中午,窦建德的军队因为没有开战,士卒又饥又渴,开始争着喝水,很多人坐在地上,没有了开始时的阵形,一副败象。

李世民看时机已到,便下令攻击,全军以排山倒海之势冲向敌军,窦建德的军队还没来得及集合,就被唐军冲进阵里,李世民身先士卒,带着一群猛将杀进敌阵,采用他的老办法,直冲到底,然后在队伍的后方举起唐军的旗帜,窦建德的士兵一看四面楚歌了,以为被唐军包围了,彻底涣散,四处逃窜。窦建德自己也中了枪伤,在后退途中被唐军俘虏。

窦建德一败,洛阳的王世充成了惊弓之鸟,想突围又遭到众将的反对,只好开城投降。窦建德被押送到长安之后,李渊将他处死,结果使他的部将又起兵叛乱,刘黑闼恢复了窦建德原有的地区,李世民又领兵将其击溃。不久,刘黑闼又起兵,被李建成击败。直到后来刘黑闼被杀,窦建德的势力才最后平定。

玄武兵变　登基称帝

公元 621 年,李世民平定了王世充,李家天下的地位基本已经稳固。除了南方一些小的割据势力,中原逐鹿已经以李家父子的胜利而结束了。而这一切都是李世民一手打回来的。

就在这年的七月,李世民从洛阳凯旋回到长安,街头百姓倾城出动去迎接,争相一睹他的风采。李世民也的确没有让他们失望,他身穿金甲战衣,带着 25 位留名青史的猛将,还有军纪严明、威震天下的玄甲铁骑,凯旋归来。一时间鼓声震天,欢呼声响彻云霄,整个长安城轰动了。

李世民的声望已经是如日中天,李渊封他为天策上将军,位列王公之上,可以自己设置官职;军权在手,整个潼关以东都归他治理。他的天策府里,猛将如云,文臣似海,可说是李唐王朝一半以上的人才都汇聚在他身边了。

尽管长安城欢天喜地,但是有一个人忧心忡忡,坐立不安,他就是李渊的长子李建成。李建成眼睁睁看着弟弟功高震主,势力越来越大,勃勃野心也是水涨船高。自己虽然身为太子,但是功劳平平,威望更是不能相提并论了。再这么下去,难保李渊不会换太子,这太子的位置怎么样才能坐得稳呢?

他听从谋臣的建议,积极和李世民争夺立功的机会。刘黑闼再次起兵时,李建成主动要求带军出征,击败了刘黑闼,平定了窦建德的最后势力。同时拉拢了弟弟李元吉,两人结成联盟共同对付李世民。

李渊最宠爱的张婕妤和尹德妃两人把宝都压在太子李建成身上,不断在李渊耳边说太子的好话,诋毁李世民。恰好有一次,李渊宴请所有的儿子,李世民想起早逝的母亲,忍不住掉了眼泪,李渊很是生气,逐渐疏远了李世民。

这时候李建成犯了一个错误,他的心腹杨文干反叛,牵连了李建成。李渊怕他提前动手发动政变,便把李世民叫到宫里,要他出兵平叛。李渊还允诺事情过后,把李建成发配到巴蜀一带,让李世民做太子。但是李建成听说后,知道性命攸关,天天在宫外磕头请罪,表示自己清白无辜,又不断有大臣替他求情,李渊知道换太子会掀起一场轩然大波,只好打消了念头。

李世民当然非常不满意,但也无可奈何。李建成度过危机,终于起了暗杀李世民的念头。公元 623 年,李世民随李渊到齐王府,李元吉本想趁机杀李世民,李建成害怕父亲,没敢动手。公元 626 年,李世民在东宫喝酒,结果吐了很多血。李渊知道后,下令禁止东宫再请李世民。

两人各自培养朝中和地方势力,并且收买对方的手下。李建成收买李世民的重要将领鲜有成功,李世民却只收买次一级的官员,虽然地位不高,但均属重要部门,在日后的玄武门之变中发挥了重要作用。

在李渊的支持下,李建成将房玄龄和杜如晦调出了秦王府,削弱了李世民的力量。在激烈争夺继承权的时候,恰逢突厥南侵,李建成和李元吉觉得时机到来,便由李建成建议让李元吉代替李世民北伐突厥,李渊同意了。然后,他们就进一步提出,调秦王的部下大将尉迟敬德和秦叔宝等人随同出征,还要求将秦王的精兵划归李元吉统领。这显然是想孤立李世民,然后再下手除掉他。李渊也同意了。

李建成和李元吉商议在出兵钱行的时候,派人将李世民刺死。太子李建成的一个属官得知后,马上向李世民报告了这个机密消息,李世民决定先下手,以免后患。但他还念着手足之情,更担心会召来千古骂名,因而一直犹豫不决,竟然找了个算卦的看看是吉还是凶。

正好他的心腹张公谨进来看见了,他气冲冲地一把抢过占卜的龟甲,扔到地上,说:"现在箭在弦上,不得不发了,即使结果是不吉利的,也只能干下去了。占卜还有什么意思?"

尉迟敬德也激他说:"人人都怕死。秦王你要是害怕了,我们也就各自逃命,不想等到太子把我们一个个都杀了!"

李世民立刻叫长孙无忌把房玄龄叫回来,没想到房玄龄怕惹祸上身,推辞不来。李世民大怒,他亲手解下佩刀,递给尉迟敬德,说:"要么把房玄龄的人带来,要么把他的头带来!"房玄龄和杜如晦化装成道士才进了天策府。众人定下了玄武门为事变的地点。

公元 624 年六月三日,李世民向李渊报告了二人的阴谋,还趁机告发他们淫乱后宫,李渊答应第二天早朝时对质,处理此事。李世民去见李渊的事被倾向李建成的后宫张婕妤得知,她马上派人密告李建成。六月四日清晨,李世民命属将伏兵于长安宫城北门口即玄武门。李世民成功地收买了李建成的将领,玄武门守将便是被收买的李建成的属将。

李建成和李元吉走到临湖殿时,发觉守门的士卒不是自己的属下,便想回头。但此时李世民骑马赶来,双方发生了激战,李元吉射了三箭没有射中李世民,李世民开弓还箭,李建成中箭身亡,尉迟敬德领骑兵将李元吉射死。然后,尉迟敬德向李渊报告说李建成和李元吉要造反,已经被秦王杀死;李渊只好下诏平息了两派的激战。

六月六日,李世民被立为太子。八月,李渊传位给李世民,自己做了太上皇。

玄武门之变改变了很多人的命运,是唐太宗李世民政治生涯的转折点,此后他取得太子地位,不久就登上了皇位。从晋阳起兵到唐朝建立,李渊父子团结一致,成功地建立了一个新的王朝。但取得政权后的系列争斗中,集团内部发生了严重的分裂,最突出的矛盾是李建成和李世民兄弟间抢夺皇位继承权。

随着李世民军功的显赫,一方面他本人逐渐产生觊觎皇位的野心,另一方面必然引起李建成的妒忌。李建成为人宽厚,很有政治才干和军事才能,他辅助李渊处理政务,对稳定后方、支援前线起过巨大的作用,身边也有有能力的东宫部下,如魏征、韦挺等。

从晋阳起兵到攻克长安,李建成和李世民的战功几乎一样,但在统一战争过程中,李世民则显得突出了,在战争的磨砺下,李世民越来越英武干练。公元618年,李渊派李密去幽州接李世民,李密自恃军功,见到李渊依然面带傲气,但见到李世民后,立刻被他所折服,私下对人说:"秦王才是真英雄!"

贞观之治　开创盛世

贞观之治是中国历史上引以为豪的一个阶段,很难再找出哪一个时期有如此众多的能臣猛将,有如此众多熠熠生辉的名字能同时流芳百世,这应归功于一手创造了大唐盛世的传奇的帝王楷模——唐太宗李世民。从他坐上九五之尊的帝王宝座的那一天起,已经放眼四海,开始了开创王者之道的漫漫长路。

李世民对于自己的兄弟并没有做得太过分,相反他采取措施挽回了一些不良影响,虽然李建成和李元吉生前和自己是死敌,但毕竟是兄弟,所以李世民又主持礼葬二人。当天李世民在千秋殿西边宜秋门痛哭致哀,缓和了与原来李建成和李元吉手下人的矛盾。此后,对东宫的部署实行宽大政策,其中的能臣甚至引为知己。

李世民继位为唐太宗后立刻调整政权机构,到贞观四年已基本完成。这个政权班子既有秦王府旧部,也有原东宫的幕僚,还有不少关中的士族或寒族,又用了许多熟知经史的江南儒生为文学侍从,基本汇集了当时最杰出的人才。他们大多都卷入过隋末的战乱,具有革旧鼎新的愿望,唐太宗对他们进行合理安排,相互协调,巩固了自己的地位,还为进一步励精图治,开创"贞观之治"的大唐盛业打下了坚实的基础。

尾声暗淡　历史重演

在一派"太平盛世"的景象面前,在万国来朝的颂扬声中,唐太宗君臣逐渐失去了往日的风采与活力,曾经是生机勃勃的贞观朝廷被沉闷的气氛所笼罩,盛极一时的"治世"终于降下了帷幕。

晚年的唐太宗失去了往日虚心纳谏的作风,他对自己的才能和业绩由欣赏而陶醉,乃至以为自己功高古人,无与伦比。他开始追求豪华奢侈的生活,淡漠了草创天下的雄心壮志。他大征徭役,兴建宫殿,频繁游猎,征选美女。在后期,他对死亡有着严重的惧怕心理,背离了他早年根本不相信神仙之术的信念。

唐太宗最信任的两个人房玄龄和长孙无忌都是绝顶聪明、明哲保身的高手,决不会像魏征那样拼着性命去规劝皇帝。为了洗脱杀兄篡位的千古污迹,唐太宗启用了有才无德的名士许敬宗。

许敬宗是当时的一位博学大家,但是为人品行不高,他生平最看重的就是金钱财势,为此不但和天下最有钱财的世家联姻,还挖空心思讨唐太宗的欢心。一次,唐太宗见御花园中的一棵树长得很好,夸奖了一句,许敬宗在旁边立刻把这棵树大大地赞美了一番。

唐太宗又好气又好笑,故意板着脸说:"魏征常常告诉我要远小人,近君子。我看啊,你就像个小人!"

许敬宗面不改色地说:"因为陛下身边有魏老头那样的臣子,才需要我这样的忠臣,否则帝王天天被臣子指责,还有什么乐趣!"

在修编史书的过程中,唐太宗为了抹杀杀兄篡位的行为,特意利用了许敬宗的才气与品行,有意将李建成描绘为荒淫无道、残忍暴虐之徒,父亲李渊变成优柔寡断、婆婆妈妈、没有决断力的人,并将李唐王朝的建立与兴盛的功劳全部集于自身,贬低了李渊的功劳。这一行为将历代史家忠实记录的良好风尚摧毁,开了自我粉饰的恶劣先锋。

他对周围的属国也逐渐失去了当年的博大胸怀,几乎重演了汉武帝后期的穷兵黩武、好大喜功的作为。

公元 645 年二月,高丽大臣泉盖苏文杀了自己的国王,唐太宗以讨伐这个乱臣贼子为理由,御驾亲征,统率六军,从洛阳北进,率兵攻打高丽。但东渡辽水以后,由于遭到高丽的顽强抵抗,唐军在安市城(今辽宁海城南营城子)久攻不克,加之气候转冷,草枯水冻,粮草不继,兵马难以久留,唐太宗只得下诏班师。这给唐太宗横扫天下、百战百胜的威名一个尴尬的和暗淡的尾声。

公元 643 年是唐朝政权最动荡的一年,长孙皇后和魏征先后谢世,宫廷中又发生一起重大的谋反事件,参加者是唐太宗的儿子和近臣,表面上是立储之争,实际上直指至高无上的皇权。这个事件在朝廷上下,尤其是在唐太宗心中产生了剧烈的震荡,引起了一系列连锁反应,唐太宗的猜忌心越来越重,造成了统治群体力量和智慧的致命损耗,成为"贞观之治"由盛而衰的转折点。最后,荏弱、默默无闻的皇子李治脱颖而出,被立为太子。

李世民的嫡子有三个,长子李承乾,老二李泰,还有老九李治。长子李承乾从小就很聪明,唐太宗也对他寄予了厚望,亲自悉心教导,但是李承乾长大后,骄奢淫逸,违法乱纪的事情没少做。而老二李泰聪明果断,勇武过人,和年轻时候的李世民最相似,越来越得到唐太宗的喜爱。

两个人都得到朝中大臣的支持,这简直就是当年玄武门事变起因的重复。李世民不得不面临父亲李渊当年痛苦的抉择。每当想起这件事,英雄一世的李世民往往泪如雨下,在大臣面前失态。

李承乾恐怕夜长梦多,居然想学习父亲当年发动玄武门事变,提前执掌政权。没想到的是历史没有重演,他的阴谋失败了。

贞观十七年(公元 643)四月,太子李承乾以谋反之罪被废除,最有可能继承皇位的李泰成了众矢之的。在重臣长孙无忌的支持下,唐太宗也怕李泰对自己的兄弟不会留情,为了保住自己众多儿子的性命,唐太宗将第九子晋王李治立为太子,重新担负起严格教管的重任。

与此同时,唐太宗走上了和汉高祖刘邦相同的道路,开始了一系列为儿子清扫道路的工作。他接连诛杀功臣,魏征死后蒙冤,君臣不疑变为君臣相忌,使得直谏之臣被杀,谄媚之臣慢慢得势。为了让李治能够治理好国家,唐太宗还为他安排了辅政大臣:长孙无忌、褚隧良等忠心耿耿的老臣。

绝代双骄　光耀千古

唐太宗李世民算得上历史上最优秀的帝王之一,而默默随在他身后,同样光耀千古的人物是他的结发妻子长孙皇后。这两人几乎是完美的帝后典范,即使世上会出现如李世民般出众的帝王,也很难再出现一个如长孙皇后般完美的皇后去匹配了。不仅感情数十年如一日,更难能可贵的是长孙皇后的才华、气度、品行、个性魅力足以增添李世民作为绝代帝王的光彩,而不只是深宫内院寂寞且平淡的虚衔。

长孙皇后是长安人,祖先为北魏拓跋氏,也是一个官宦世家,父亲长孙晟隋时官至右骁卫将军。她从小爱好读书,通达理仪,温柔端庄。

"飞龙自有飞凤配!"她小的时候,表妹曾经见过她身后出现一匹高头骏马的影子,家人就请了一个相面先生算命,算命先生说她"坤载万物、贵不可言";13岁时她嫁给只有17岁的李世民为妻。年龄虽小,但她已能尽行妇道,悉心侍奉公婆,相夫教子,是一个非常称职的妻子,深得丈夫和公婆的欢心。

在李世民征战南北期间,长孙王妃紧紧追随着丈夫四处奔波,为他照料生活起居,使李世民在繁忙的战事之余能得到一种清泉般温柔的抚慰,从而使他在作战中更加精神抖擞,所向无敌。

唐朝建立后,她被册封为秦王妃。当李世民与李建成之间的嫌隙日益加深之时,她对唐高祖尽心侍奉,对后宫嫔妃也殷勤恭顺,极力争取他们对李世民的同情,竭力消除他们对秦王的误解。"玄武门之变"前夕,她勇敢地走出秦王府,在细雨中抚慰、激励将士,感动了所有人,包括自己的丈夫。

做了至高无上的皇后,长孙氏并不因此而骄矜自傲,她一如既往地保持着贤良恭俭的美德。对于年老赋闲的太上皇李渊,她十分恭敬而细致地侍奉,每日早晚必去请安,时时提醒太上皇身旁的宫女怎样调节他的生活起居,像一个普通的儿媳那样尽孝道。对后宫的妃嫔,长孙皇后也非常宽容和顺,她并不一心争得专宠,反而常规劝李世民要公平地对待每一位妃嫔。正因如此,唐太宗的后宫很少出现争风吃醋的韵事,这在历代都是极少有的。

长孙皇后生性节俭,她所使用的一切物品,都以够用为限,从不铺张。长孙皇后与唐太宗的长子李承乾自幼便被立为太子,由他的乳母遂安夫人总管太子东宫的日常用度。当时宫中实行节俭开支的制度,太子宫中也不例外,费用十分紧凑。遂安夫人时常在长孙皇后面前嘀咕,说什么"太子贵为未来君王,理应受天下之供养,然而现在用度捉襟见肘,一应器物都很寒酸",屡次要求增加费用。

长孙皇后并不因为李承乾是自己的爱子就网开一面,她说:"身为储君,应该做表率!需要用心的是天下的臣子,怎么可以在意自己的吃穿!"

有一年唐太宗病得很厉害,长孙皇后尽心尽力、衣不解带地亲自照顾丈夫,她身上甚至藏了一包毒药,准备一旦唐太宗有什么危险,她就服毒自杀。幸好唐太宗转危为安,但是她自己却累病了。

不久,长孙皇后随唐太宗巡幸九成宫。一天夜里,出现了紧急状况,有人报告说侍卫中发生了兵变,太宗自己手持武器,出来巡视,长孙皇后害怕太宗遇到危险,自己挡在太宗面前。虽然有惊无险,但她身体本来不好,受了惊吓,又感染风寒,病情日渐加重。

太子李承乾就向母亲提请用赦免囚徒和度人入道等方法,乞求保佑,但却遭到皇后的坚决拒绝。她说:"大赦是中家的大事,佛、道二教也自有教规。如果可以随便就赦免囚徒和度人入道,就必定会有损于国家的政体,这是你父皇所不愿意的。我岂能乱天下之法?"

贞观十年(公元636)六月,长孙皇后与唐太宗最后诀别。她用尽力气对唐太宗说:"我的家族并无什么大的功勋、德行,只是有缘与皇上结为姻亲,才身价百倍。要想永久保持这个家族的名誉、声望,我请求陛下今后不要让我的任何一个亲属担任朝廷要职,这是我对陛下最大的期望。我活着的时候对国家并没有丝毫功绩,所以死后也千万不要厚葬,仅因山而葬,不起坟墓,不用棺椁,所需器物,都用木、瓦制作,俭薄送终。如能这样,就是陛下对我的最大纪念。"说完不久,就死在后宫立政殿。

唐太宗并没有完全遵照长孙皇后的意思办理后事,他下令建筑了昭陵,气势十分雄伟宏大,并在墓园中特意修了一座楼台,他常常到楼台远望埋葬了长孙皇后的昭陵,以这种方式来表达自己对妻子的敬慕和怀念。直到后来魏征讽刺他只看妻子的墓,而不看父亲的墓,唐太宗才拆了楼台。

唐太宗李世民是中国古代最杰出的帝王之一。他年轻时就与父、兄、弟等人登上隋末群雄逐鹿中原的大战乱的舞台,推翻了隋末的残暴政权,建立了李唐王朝。武德九年,他发动"玄武门之变",取得皇太子的地位,同年,李渊禅让皇位,李世民正式登基称帝,年号"贞观"。在李世民当政时期,他吸取隋朝灭亡的教训,重用有能之士,善于纳谏,轻徭役,减税赋,休养生息,使得社会出现了国泰民安的局面。同时较好地处理和少数民族的关系问题,稳定边疆,促进了民族交流和发展,为后来的开元盛世奠定了重要的基础,将中国封建社会推向鼎盛时期。他所开创的"贞观之治"被誉为中国历史上最清明、最繁盛、最公平的时期之一。作为大唐盛世的开创者,李世民的名字终将流芳百世。

雄才大略

——宋太祖赵匡胤

名人档案

太祖：名赵匡胤。属猪。性格任侠而决绝。后周殿前都检点，在"陈桥兵变"中被拥立为帝，建立宋朝。在位17年，病死，后人怀疑为其弟宋太宗赵光义所害，终年50岁。

生卒时间：前927年～前976年

安葬之地：葬于永昌陵（今河南巩义市西南）。谥号启运立极英武睿文神德圣功至明大孝皇帝，庙号太祖。

历史功过：结束分裂，统一中国；以文治国，削弱藩镇，建立中央集权；提倡农业，鼓励农桑；培养人才，健全科举；整顿吏治，严峻刑法。

名家评点：赵匡胤的雄才大略，文治武功，不仅医治了国家数十年的战争创伤，也为宋王朝300多年的帝业奠定了坚实的基础。

武官出身　步步高升

赵匡胤，出身于武官之家，祖籍涿州（今河北涿州）。祖父赵敬，曾任唐朝涿州刺史，父亲赵宏殷，曾任五代后周检校司徒。后唐天成二年（927）三月二十一日，赵匡胤出生于洛阳夹马营，是赵宏殷的第二个儿子，母亲杜氏。后来赵匡胤坐上皇帝宝座，文人们神化赵匡胤，说什么在赵匡胤出生时，"赤光绕室，异香经宿不散。体有金色，三日不变"。长大成人，"容貌雄伟，器度豁如，识者知其非常人。"

战火纷飞的岁月，武官出身的家庭，加上自己身强体壮，使赵匡胤不爱习文爱练武，终于练就了一身好武艺。在练习骑马射箭时，曾试骑烈马，不用马勒。烈马狂奔，赵匡胤脑袋碰在城门上而落马，路人以为此人必死无疑，不料赵匡胤慢慢爬了起来，徒步追赶烈马而去。

后汉乾祐元年（948），已经21岁的赵匡胤，不甘心碌碌无为虚度年华，他要去拼搏，他要追求光辉的未来。他满怀雄心壮志，离家出走去闯荡江湖。从陕西走到甘肃，赵匡胤壮志难酬，机遇难觅，连收留他的人都找不到，反而穷困潦倒，受人欺凌。走投无路的赵匡胤只得南下湖北，去投奔与父亲有交情的复州（今湖北沔阳）防御使王彦超。王彦超不念其父旧情，仅送给赵匡胤几贯钱，不想留下他。天无绝人之路，赵匡胤又去投奔随州（今湖北随州市）刺史董宗本，董宗本终于收留了赵匡胤。然而，董宗本的儿子董遵海却百般欺凌落难的赵匡胤。赵匡胤英雄气不短，拂袖而去。赵匡胤流落到襄阳，寄宿于寺庙。寺庙老和尚见赵匡胤魁伟英武，或许能在战场上出人头地，便指点赵匡胤北上投奔郭威。郭威任后汉枢密使，掌握军权，当时以西面军前招慰安抚使的身份，西征反叛的李守贞、赵思绾和王景崇，并留守邺都（今河北大名），乘机扩充实力，招兵买马。这一次难得的机遇，终于被赵匡胤赶上，郭威收留下赵匡胤。当时是后汉乾祐三年（950）年初，赵匡胤已经23岁。浪迹天涯两年左右的赵匡胤，有了归宿，改变了赵匡胤的一生。从此，赵匡胤驰骋疆场，拼杀立功，步步高升，直到登上龙庭。史载赵匡胤在投奔郭威前，曾在寺庙求签占卜，结果是赵匡胤应为真龙天子。这条史料及所载之事，显然不足为凭，同样是文人们神化赵匡胤的编造。

郭威留守邺都时，后汉隐帝却要忌杀功臣，暗派郭崇威去杀害郭威。郭威军权在握，愤而起兵反后汉，于乾祐三年十一月南下，隐帝率军与郭威交战，被郭威打败，隐帝落荒而逃，被乱兵所杀。不久，有奏报说是辽兵南下，郭威率军北上抗辽。军到澶州（今河南濮阳），将士们将黄旗包在郭威身上，拥立郭威当皇帝。郭威便率军返回大梁（今河南开封），在广顺元年（951）正月即帝位，改国号为周，史称后周。

赵匡胤在这次战事和郭威称帝过程中，有两大收获。一是他目睹了郭威称帝的前前后后,必然会受到启发:只要有军权,当皇帝也不是太难的事。后来赵匡胤陈桥兵变,黄袍加身,学的就是郭威这一手。二是赵匡胤立了功,成为东西班行首;两年后,升任为副指挥使。一指挥由500士兵组成,首领是指挥。赵匡胤升任副指挥使,说明他已经是后周的中级武官了。

乾祐三年三月,郭威的养子柴荣为开封府尹,柴荣对赵匡胤有所了解,印象很好,便将赵匡胤调入开封府任马直军使。后周显德元年(954),郭威病死,柴荣即帝位,后称周世宗。周世宗刚即位,山西太原北汉主刘崇联合辽国,出兵共8万,想乘机消灭后周。周世宗发兵亲征,两军对阵于高平(今山西高平)。周将樊爱能等临阵脱逃,周兵大乱,步军投降。在这千钧一发之际,赵匡胤挺身而出,大喊成败在此一举,带领兵马冲入敌阵,奋勇杀敌。北汉军溃败,周军反败为胜,扭转了战局。周世宗乘胜追击,直逼北汉太原城下。高平之战,展示了赵匡胤的无畏、英勇和高超的指挥能力,受到周世宗的赏识与倚重,被提升为殿前都虞候,遥领严州刺史,成为掌管禁军的高级将领之一。

周世宗是位有雄才大略的帝王,他想统一全国,对后周的军事、经济、文化等方面进行了一系列改革。后周显德二年(955)五月,周世宗发兵收复了后蜀占领的秦(今甘肃天水)、凤(今陕西凤县)等四州。第二年起,周世宗又先后三次亲征南唐,攻占了南唐四州六十县,使长江以北、淮河以南尽归后周所有。在对南唐的战争中,赵匡胤多次立功。首战于寿州(今安徽寿县),在涡口大败南唐军,斩杀南唐兵马都监何延锡。次战于滁州(今安徽滁州),赵匡胤飞骑冲入敌阵,活捉南唐节度使皇甫晖、姚凤,占领了滁州城。三战于六合(今江苏六合),杀敌近万。四战于寿春(今安徽寿春),略营拔寨,所向无敌。五战于泗州(今江苏盱眙),赵匡胤跃马渡河,攻克泗州城。六战于楚州(今江苏淮安),活捉南唐节度使陈承昭,淮南地区尽归后周所有。南唐主得知赵匡胤神勇,曾使离间计,派人密送赵匡胤白金3 000两,赵匡胤不为所动,将3 000两白金全部上交。

陈桥兵变　黄袍加身

后周显德六年(959)三月,一心想要统一全国的周世宗,亲率大军北征辽国,企图收复石敬瑭割让给辽国的燕云十六州。周军先后攻克了军事要地河北三关(益津关、淤口关和瓦桥关),以及关南的三州十七县,军事态势对周十分有利。正当周世宗准备继续北上,收复辽国的战略要地南京(今北京市)之时,却突然病重,不得不率军返回。当年六月,周世宗去世。史载周世宗在北征途中批阅奏章文稿时,发现一块三尺多长的木牌,上面有"点检作天子"的字样。点检是殿前都点检的省称,殿前都点检是禁军的最高统帅,掌握和指挥着全国的精锐部队,如果殿前都点检想要发动政变而自立为王,皇帝也无可奈何。当时的殿前都点检是老资格的张永德,周世宗不得不有所疑虑,疑虑的是自己死后,长子柴宗训尚在幼年,张永德会不会篡位代周。返回开封后,周世宗便解除了张永德殿前都点检这一关系到身家性命、国家安危的重要职务,改由资格较浅、周世宗认为忠诚可靠的赵匡胤担任。谋求更大军权的赵匡胤,真可谓喜从天降,轻而易举地得到了最高军事统帅的位置。

对于这块神奇的木牌,后来的文人说这是上天安排赵匡胤即将当皇帝的神助信符,这当然同样不足为凭;当代的史学家,又有人推测这是赵匡胤搞的阴谋诡计,也缺乏真凭实据。赵匡胤不可能预知正值壮年的周世宗会得重病而突然去世,也不可能预知病中的周世宗必然会令赵匡胤担任殿前都点检。在我看来,这条史料的本身,就很不可信。也是在赵匡胤当了皇帝后,文人们为制造君权神授神化赵匡胤而凭空编造的。

周世宗突然病死,7岁的小皇帝柴宗训怎能统治偌大的一个国家?掌握军权的赵匡胤,这才领悟到机会来临,谋划起代周自立的方案。不要认为既然赵匡胤掌握军权,代周自立便易如反掌。在千年以前,发动军事政变废立帝王,那是要受到万众唾弃咒骂的逆天大罪。赵匡胤当然不会如此鲁莽。他要与赵匡义和赵普秘密商议万全之策。赵匡义是赵匡胤的亲弟弟,在后周任供奉官知都,比其兄爱读书。赵普是赵匡胤攻克滁州时认识的,后来将赵普调到自己身边,任推官及掌书记,成为赵匡胤的亲信。赵普长于吏治,足智多谋,对日后赵匡胤得天下和治天下,起了非凡的作用。三人密谋加紧作政变的准备。一是笼络将领,让他们感到天下非赵匡胤莫属,一心跟随赵匡胤并与之荣辱与共。二是做舆论准备,派人在京城散布"点检为天子"的谣言。三是策划了政变的具体方案和步骤。这种山雨欲来的态势,宰相王溥和范质以及内宫,却还蒙在鼓里而无所觉察,更无从谈起阻止赵匡胤政变,从而使政变按计划顺利进行。

后周显德七年正月初一(960年1月31日),人们正在欢度春节,赵匡胤指使人谎报军情,说是辽国与北汉联合入侵后周,宰相范质、王溥不知是计,慌忙令赵匡胤率军前往抗敌。正月初二,殿前副都点检慕容延钊便率领先头部队离开京城。正月初三,赵匡胤率大军出开封爱景门,向东北方向进发。当天,赵匡胤到达离开封约20公里的陈桥驿(今开封市郊陈桥镇),便住下而停止进兵。当晚酒后,赵匡胤假装酒醉而卧床睡觉。赵匡义、赵普与将领们商议兵变,将领们自然一致赞成立"点检为天子"。赵普便以"长保富贵"相利诱威胁,要将领们绝对听从指挥,并且派人急告在京城作策应的殿前都指挥使石守信、殿前都虞候王审琦等人。正月初四清晨,赵普、赵匡义率领将领们到赵匡胤的卧室,将假装醉酒卧床的赵匡胤扶出,并将事前准备好的黄袍披在赵匡胤身上,拥立赵匡胤为天子,大家叩拜高呼万岁。赵匡胤假情假意地推拒一番之后,便宣布若要他当皇帝,一是众将领必须听从他的指挥命令,二是回京城后不许劫掠百姓,三是必须保护周帝及皇族。将领们齐声表示"唯命是听。"

人们会问,既然赵匡胤掌握军权,为什么不直接在京城兵变,而要玩这么一套把戏? 答案是:玩这套把戏的目的,在于给人造成假象:他赵匡胤可坚决不想当皇帝,而是将领们逼迫他当皇帝;所谓逆天行道、篡位自立的罪责,不在他赵匡胤。事实上,御用文人千方百计掩盖真相,力图证明陈桥兵变、黄袍加身并非赵匡胤策划和自愿,而是赵普和将领们自发拥立。如果阅读这些文人们的史书笔记,根本找不着赵匡胤阴谋篡位的蛛丝马迹。

黄袍加身的赵匡胤,顾不得出兵抗辽的谎言,而是立即掉转马头领兵从仁和门进入京城。早就在京城等待的石守信等人,接应了赵匡胤。入城时,没有遇到后周文武官员的抵抗,仅韩通抗拒兵变,被王彦升杀害。安排部署妥当后,赵匡胤令潘美去通知范质、王溥。范质、王溥这才知道发生了兵变,但已追悔莫及。赵匡胤哭着对范质说:我受世宗厚恩,现在被将士逼迫,实在有罪于天地。范质、王溥被迫无奈,只得承认既成事实,对赵匡胤下拜行皇帝礼,并且召集后周臣僚,在崇元殿举行赵匡胤代周称帝的仪式,由宰相扶赵匡胤登上皇帝宝座,陶谷宣读早就准备好的禅代诏书,接受百官拜贺。后周恭帝降为郑王,迁居西京(今河南洛阳)。禅代仪式一直延续到天亮。正月初五,赵匡胤颁布新国家的国号叫宋,改后周显德七年为宋建隆元年。赵匡胤成为大宋朝的开国皇帝宋太祖,时年33岁。

宋太祖代周立宋后,原后周各地掌握军队的节度使,有的并不想归顺,他们在想,既然你赵匡胤能当皇帝,我为什么不能? 当年四月,原后周昭义节度使李筠,在壮汉的支持下,准备在潞州(今山西长治)起兵反宋。宋太祖派石守信、高怀德、慕容延钊、王全斌率大军分路进讨。石守信等与李筠首战于长平(今山西高平),李筠失利。五月,宋太祖亲征,在泽州(今山西晋城)大败李筠。李筠自焚而死,从而消除了宋初黄河以北的一大威胁。七月,原后周节度使李重进也不服宋,在扬州(今江苏扬州)起兵反宋。十月,宋太祖又一次亲征,攻入扬州城,李重进也自杀。原后周的疆域,尽归宋所有,使宋成为北至燕山,南达长江,东临大海,西过黄河的大国。

公平而论,赵匡胤陈桥兵变黄袍加身,代周自立当皇帝,也不是什么逆天大罪。谁都有成为一国之主的平等权利,而不是一姓一家的专利。从当时的形势分析,后周的柴姓小皇帝确实朝不保夕,难以为继,此其一。其二,赵匡胤拥兵代周,还是比较平和与明智的,他没有大动干戈,残杀军民,连后周的小皇帝及其京城百官,都加以保护或留用,称得上是和平过渡。其三,从代周以后的效果来评价,以武装发迹而稍逊风骚的赵匡胤,不但基本统一了中国,而且促进了经济文化的发展,使宋朝成为当时世界上科学文化最先进的国家。

深谋远虑　杯酒释将

武人出身,以兵变夺取政权而当了皇帝的宋太祖,首先考虑的,当然是不但自己要一辈子当皇帝,而且还要将皇位传给赵姓子孙后代。赵匡胤认为威胁自己皇位的,主要不是外部力量,最担心的是自己周围的功臣武将。五代的武将们拥兵夺位篡权,郭威的以周代汉,自己的黄袍加身,无一不是依靠掌握军权。因此,要保持皇位,必须解除掌握重兵的武将的兵权,将兵权收归宋太祖亲自掌管。

在打败李筠和李重进后,宋太祖曾问过赵普:这几十年来,帝王换了八姓,战争不息,是什么原因? 我要确保国家长久安定,有什么办法? 赵普回答说:陛下能考虑如此深远,是天地神人之福。至于原因,无非是"方镇太重,君弱臣强而已"。这意思是说:掌握军权的武将,比皇帝还要厉害,所以皇帝不能自保。赵普接着回答说,解决的办法很简单:"惟稍夺其权,制其钱粮,收其精兵,则天下自安矣。"也就是说,只要削夺中央和地方将领兵权、财权,将兵权收归皇帝,天下就太平了。宋太祖心领神会,下决心削夺主要武将的兵权。在此之前的建隆二年(961)闰三月,宋太祖就已经废除了至关重要的殿前都点检这一军职,将慕容延钊改任为节度使。

宋太祖的高明之处在于,解除武将的兵权,不是采用兵戈相见或暗杀等办法,而是采用饮酒谈心的计谋,让武将们和平地交出兵权,从而避免了相互残杀和混乱。这种和平处置的办法,被称颂为奇迹般的"杯酒释兵权"。

建隆二年(961)七月初七夜间,宋太祖召集石守信、王审琦等禁军将领晚宴,饮酒正酣,宋太祖令其他人退下,仅留下武将。宋太祖装作推心置腹地对他们说:我能当上皇帝,全靠你们出了大力,我很感激。然而你们哪里知道,当皇帝也有难处,弄得我天天睡不着觉。石守信等不知宋太祖什么意思,傻乎乎地问:当皇帝还有什么难处? 宋太祖接着说:这有什么不明白的,谁不想抢夺我的位置,自己当皇帝? 你们说,我的皇位能坐稳吗? 石守信等这才有点明白,吓出一身冷汗,赶快向宋太祖发誓表忠心:陛下当皇帝,那是天命,我们绝没有这种想法。宋太祖又说:你们是没有这种想法,我当然信任你们。但是,如果你们的部下贪图富贵,将黄袍加在你们身上,拥立你们当皇帝,你们能不当皇帝? 石守信等人听到这里,更加害怕,急忙叩拜,流着泪说:我们没有想到这一点,还望陛下可怜我们,给我们指出一条生路。赵匡胤继续说:人的一生十分短暂,无非是追求富贵,有很多钱,得到欢乐,为子孙造福。我为你们考虑,最好的办法是放弃军权,离开京城,到外地去当节度使,做个闲官,购屋置田,为子孙留下产业;多养些歌儿舞女,每天饮酒作乐,以终天年! 我还可以与你们定为亲戚关系,使君臣之间,互不猜疑,上下相安,不是十全十美吗? 石守信等人听了宋太祖这番话,知道自己再也不可能执掌军权,便拜谢宋太祖指点迷津,宽待自己之恩,都说陛下为我们考虑得如此周到,真可以称作同生死的骨肉之情。第二天,石守信等人都声称有病,请求罢免军职。宋太祖顺水推舟,立即批准了他们的请求,免除了石守信、高怀德、王审琦、张令铎、赵念徽等人的禁军要职,改命他们为节度使,离开朝廷,并对他们加以重赏。唐末五代,节度使是总管一方军、政、财大权的重要官职,世称藩镇,石守信等改领节度使之后,宋太祖削弱节度使的实权,使之成了高级武官的虚衔,但待遇俸禄却等同甚至超过宰相。

为了确保军权由宋太祖直接掌管指挥,在解除石守信等人的禁军要职后,这些官职本身也同时撤销。从此,宋朝不再设殿前都点检、殿前副都点检、侍卫马步军都指挥使等统领全军的职位,改由殿前都指挥使、侍卫马军都指挥使、侍卫步军都指挥使分掌全国禁军,形成三衙分掌的格局。宋太祖还规定,分掌禁军的三衙,仅有带兵权,没有发兵权,发兵权由枢密院掌握,而枢密院的首脑枢密使(相当于宰相)多由文官担任。这就使其能互相制约,既便于皇帝直接掌管禁军,又可以避免武将们再演陈桥兵变。即使如此,宋太祖仍不放心,任命资格浅、才能低的韩重斌、张琼等掌管三衙,以绝后患。

　　中央禁军的兵权处理后,宋太祖着手解决地方武装的兵权。开宝二年(969)十月末,宋太祖在皇宫后苑宴请仍掌握军政大权的地方节度使。饮酒正酣,宋太祖对王彦超等人说:你们都是功勋宿将,长期在地方日夜操劳,忙于公务,我对你们照顾关心不够,今后要让你们多享福,少管事。王彦超等人心领神会,清楚自己乌纱帽难保,便效法石守信等人的做法,请求解职退休。王彦超说:我本来没有什么功劳业绩,全靠陛下提拔重用,实在是心中有愧,现在已经年老,愿意解甲归田。也有弄不清宋太祖真实意图的。武行德等人竞相表功,说自己如何能征战,历尽艰难。宋太祖不耐烦地说:这些都是前朝的事,有什么可表功的。武行德等人这才明白宋太祖的真实用心,但又有苦难言。第二天,各重要地方的节度使王彦超、武行德、郭从义、白重赞、杨廷璋等人,都被解职,改为徒有虚名的武官军衔。后来,主管地方军政的官职,大多由文官充任。此外,宋太祖还加强中央禁军,削弱地方军队厢军的战斗力,使厢军难以与禁军抗衡,地方武装割据反叛的威胁,被彻底消除。

　　最后,宋太祖还经常调换武将,使军队“兵不识将,将不专兵”,“兵无常帅,帅无常师”,防止出现亲兵悍将,士兵效忠拥戴将领、将领拥兵自重争当皇帝的危险。

　　宋太祖的“杯酒释兵权”,实际上是我国历史上军政制度的一次大改革。这次改革,有积极的一面:由皇帝和中央直接掌管军队,保证了宋朝300多年的统一和安定;从宋朝直到明清,中国历史上不再重演军阀混战、四分五裂的悲剧。当然,也有消极的一面:宋太祖防止武将拥兵自立的改革措施,发展到了矫枉过正的地步,重文轻武,对武将极度不信任,从而造成后来对辽、夏、金、元的屡战屡败,被称为“弱宋”。也是由于对武将的过度防范、猜忌和不信任,使有宋一代的军中豪杰壮志难酬,甚而自身难保。岳飞之死,就在于皇帝宋高宗对领军将领的猜忌。

先南后北　统一江南

　　从一介武夫到开国皇帝,宋太祖赵匡胤逐渐磨炼成具有雄才大略的军事家和政治家。他意气风发,壮志满怀。他不甘心当守业之主,更不愿中华大地群雄割据。他要效法周世宗,尽快统一中国。他心里很清楚,后周原有的疆域和军事、经济实力,都是各国中最大最强的,他完全有可能统一中国。

周世宗在世时,曾经就如何统一问题征求过大臣们的意见。王朴向周世宗提出了先易后难、先南后北的战略方针,也就是先消灭长江以南各小国弱国,再回过头来对付北方契丹族建立的强大的辽国,以及辽国的附庸山西北汉。周世宗执行了这一方针,可惜北征辽国时壮志未酬身先死。宋太祖代周后,也曾就统一问题征求过大臣们的意见,并且发生了争议。有人主张先打辽国,再平江南。宋太祖倾向于先南后北,但还未下定决心。他在雪夜叩开谋臣赵普的家门,与弟赵光义(即赵匡义,因避讳改名)三人又一次密商。赵普主张先打江南,再攻北汉。这与宋太祖不谋而合,于是决定"先取四川,次及荆、广、江南,则国用富饶",然后再北攻辽国及北汉。历代和当代的一些文史家,对宋太祖的先南后北方针颇有微词,认为这是对辽国妥协退让,放虎归山,错失灭辽良机。实际上,依当时宋朝的国力,绝对难以消灭辽国,反而可能两败俱伤,宋初将一蹶不振。

宋太祖统一战争的目标,首先对准了地理位置十分重要,军力却是最弱的荆南(南平)和湖南。荆南仅占荆州(今湖北江陵)、归州(今湖北秭归)和峡州(今湖北宜昌)三州之地,由高继冲掌权,湖南则属周保权的势力范围。乾德元年(963)正月,张文表不服周保权统治,周保权派人向宋求援。宋太祖喜在心头,借机出兵,扬言要路过荆南。高继冲不设防,宋大军已达荆南,占领荆州后,便硬逼高继冲降宋,高继冲方知借路纯属阴谋诡计,但为时已晚,毫无还手之力,只得将三州之地,乖乖献给宋朝。荆南首先被宋占领。

当年三月,慕容延钊马不停蹄继续南下,进占潭州。此时,张文表已被周保权杀死。周保权得知张文表已死而宋军还要来支援自己,必然是项庄舞剑,因而赶快率军抗宋。无奈周保权心有余而力不足,当了俘虏,湖南被宋占有。宋军占领荆湖地区后,取得了统一江南的主动权,不但割断了江南各国之间的联系,而且从此向西可以攻后蜀,向南可以攻南汉,向东可以顺江南下攻南唐。

乾德二年(964)十二月,宋太祖下令进军后蜀。后蜀王孟昶得知宋已攻占荆、湖,预料宋必将攻四川,因而作了一些抗宋准备,并曾约太原北汉联合攻宋。宋太祖便以此为借口,出动6万大军,分两路向四川进发。北路由王全斌等率领,从凤州(今陕西凤县)进发,沿嘉陵江上游南下,攻占了兴州(今陕西略阳)而进入四川。战斗力不强而又轻敌的蜀军被宋军打败,王全斌占领了天险剑门关。南路军由曹彬等率领,从新占领的归州沿长江向西进入四川,夺取夔州、万州、开州、施州、忠州等川东地区。乾德三年正月初七,走投无路的后蜀主孟昶决定向宋军投降。正月十三日,王全斌在魏城(今四川绵阳)举行受降仪式,接受了蜀使送来的降书。宋军进占成都,亡国之主孟昶在王全斌面前俯首称臣,不久被送到宋京城开封。打下四川后,宋太祖感到山西北汉威胁太大,曾一度偏离先南后北的战略方针,先后于开宝元年(968)八月及第二年三月两次攻打山西。第一次打到太原城下,由于辽国增援北汉,宋军无功而返。第二次宋太祖率大军亲征,再次包围太原城,宋太祖亲自指挥水淹火攻,太原城仍是久攻不下,又是由于辽兵驰援太原,宋太祖又一次无功而返。

两次攻打山西北汉,两次因辽兵增援而功亏一篑,宋太祖深切体会到北方的辽国难以对付,才又回到先南后北的战略上来。开宝三年(970)九月,宋太祖诏令潘美率军向广东的南汉进军。宋军占领贺州(今广西贺州市),南汉派兵10万以大象为阵,与宋军对抗。潘美下令用强弓射象,象群中箭向后奔逃,反踩汉军,汉军大败,潘美进占韶州(今广东韶关)。开宝四年(971)二月,宋军到达英州(今广东英德),逼近广州(今广东广州)。南汉主刘铱派人来求和,请求潘美停止前进,潘美不答应,挥军直指广州,南汉军依水立寨顽抗,宋军用火攻,烧毁竹木栅寨,南汉军大败,广州被包围。第二年二月,刘铱山穷水尽,只得身穿白色冠服出广州城,向潘美投降,刘铱被押送到京城开封。南汉灭亡,使宋朝的疆域扩展到中国最南端。

南汉被宋统一后,地处东南的南唐感到末日将临,派人向宋进贡,改唐国为江南国,幻想宋不去进攻南唐。南唐国主李煜(即李后主)"聪悟好学,善属文,工书画,明音律",写得一手好词,但治国打仗却是外行。开宝七年(974)九月,宋太祖下决心消灭南唐。为了寻找借口,宋太祖派使者到南唐,要李后主来朝拜。李后主称病不来,宋太祖便派兵10万,由曹彬、潘美率领,下江南攻南唐。宋军从荆南以数千战船顺长江东下,很快占领了池州(今安徽贵池)、铜陵(今安徽铜陵),在采石矶(今安徽当涂北)与南唐军接战后,宋军登陆江南。第二年二月,宋军已到达南唐都城金陵(今江苏南京)城下。曹彬、潘美曾下令向金陵城发起总攻,在秦淮河一带与南唐军决战,宋军火烧水寨,渡过秦淮河。然而,虎踞龙盘的金陵实在易守难攻,金陵城终未攻破。此后双方有战有停,宋方多次敦促李后主投降,甚至不惜封官许愿,李后主却始终决心难下,反而乞求宋解围撤军。李后主在兵临城下之时,曾先后两次派文官徐铉去开封拜见宋太祖,要求宋太祖撤兵,后一次徐铉对宋太祖说,李后主博学多才,并没有得罪宋,皇上为何要兵临城下?皇上出师无名,还望撤军。徐铉能言善辩,言辞急切,惹恼了宋太祖。宋太祖手按宝剑,对着徐铉怒吼:不要再说了!你们是无罪,"但天下一家,卧榻之侧,岂容他人鼾睡!"宋太祖在这里说得十分露骨:一国一家,一家不能有二主,中国不能有两个国主;消灭南唐,不容商谈。书呆子徐铉这才清楚宋太祖灭唐是其既定方针,吓得赶快跑回金陵。金陵被包围时,城中军民饥寒交迫,宋军才于十一月底攻进金陵城,李后主被俘投降,也被押送到开封,南唐被宋朝统一。

南唐被消灭,地处浙江吴越的钱俶自知自身难保。事实上,吴越早就感到宋的强大和威胁,向宋妥协并进贡,希望宋高抬贵手。宋攻南唐时,吴越还曾受宋之命,出兵配合宋军进攻南唐的常州(今江苏常州)等。开宝九年(976)二月,钱俶做到开封,住了两个月,实际上已经臣服宋朝。宋太祖也就不必发兵征服。直到太平兴国三年(978)三月,吴越才正式归宋。四月,地处福建的陈洪进也向宋纳土称臣,江南尽为宋所有。

统一江南后，先南后北方针的"先南"已经基本完成，"后北"便提上日程。开宝九年八月，宋太祖命令党进、潘美等兵分五路，第三次攻打北汉，再一次包围太原城。十月，宋太祖突然去世，宋军撤围退军，北汉又一次逃过一劫。

"后北"的强敌是辽国。对于辽国，宋太祖和赵普等并非不想消灭它，而是认为暂时无力消灭。以契丹族为主体的辽国，虽然地处草原荒漠，但正处于发展扩张的上升阶段。其强大的 10 万骑兵，足以对付宋初的 20 万步兵。所以，宋太祖在平定江南过程中，对辽国采取以和为主的策略，以免辽国骑兵乘机南下犯宋，使宋太祖腹背受敌。在此期间，尽管双方因辽国援助北汉而时有摩擦，甚而发生宋辽双方的边境冲突，但大体上还是和平共处。开宝八年（975），辽国派使者到宋"请通好"，宋与辽达成了和好协议。辽国还曾通知北汉，要北汉不再以宋为敌。宋太祖放弃了武力攻辽，而是采取赎买政策，以 500 万缗赎买燕云地区，并为此而特设了封桩库；如果赎买不成，宋太祖便以武力解决。可惜宋太祖英年早逝，收复燕云，打败辽国成了遗愿。

改革更新　文官治国

唐末五代，尤其是中原地区，军阀横行，文人和文官社会地位低下。当时的士大夫即知识分子有这样的说法："贵不如贱，富不如贫，智不如愚，仕不如闲。"也就是说有知识不如无知识，当文官不如做闲人。当时的老百姓，对于横行不法的军人统治，厌恶到了极点。周世宗曾决心改革这种状况，整顿恢复科举制度，搜求整理图书，以改善士大夫的社会地位，发挥知识分子的作用。

宋太祖代周建宋后，百废待兴。在统治国家的实践中，宋太祖逐渐意识到，打天下靠武将，而治天下，却要靠文官。史载宋太祖"以神武定天下，儒学之士，初未曾进用"，闹出了不少笑话。宋太祖诏令改年号为"乾德"。消灭后蜀后，得到一面铜镜，背面刻有"乾德四年铸"五个大字，宋太祖很吃惊，问宰相这是哪个国家的年号，都无法回答。宋太祖召来学士陶谷、窦仪询问，陶谷回答说：这一定是伪蜀王衍的年号，这铜镜是当年所铸造的。宋太祖由此十分感慨地说："宰相须用读书人。"此话一出，不但有宋一朝 300 多年宰相必用文人，结束了"出将入相"的历史，而且中央各部及副宰相等，都由文官担任，甚至主管军事的枢密使，也由文人任职。逐步做到了武将不参政，军政分离，军不代政。

在中央实行文官治政的同时，宋太祖推行地方州县官吏，也由文人任职。宋太祖对赵普说："五代方镇残虐，民受其祸，朕令选儒臣干事者百余，分治大藩，纵皆贪浊，亦未及武臣一人也。"早在乾德二年（964），宋太祖就开始任命文人为知州（即一州长官）。次年，又在各州设通判一职，也由文人担任，削弱武将节度使的权力，直到节度使成为空有其名的虚衔。

从中央到地方推行文官治国，需要大量文人，而跟随宋太祖东征西讨的，大多是大字不识几个，怎么办？宋太祖采取三方面措施。

一是留用后周、后蜀、南唐等原有文官，有的还调到中央机构任要职，就连李煜等帝王，也供养保护。一些人害怕这些帝王大官会作乱反叛，干脆一杀了之。宋太祖笑着说，"守千里之国，战十万之师而为我擒"，现在已是"孤身远客，能为变乎"？对于留用归臣、降臣的政策，明朝的王夫之曾称道"可谓善取才矣"。

二是科举取才。建国伊始，宋太祖就恢复了科举制度，即通过考试录取人才。宋太祖还曾多次主持考试，要求以成绩优劣决定录取与否而不以门第贵贱为标准。宋太祖说得很明确：从前科举录取者，多是权前的弊端。这种改革，对以后的影响很大，出身低微贫寒的范仲淹、欧阳修等英杰，都是通过考中进士而名扬四海的。终太祖之世，科举取士十余次，录用了数以百计的优秀人才，给宋初文人治国带来了生机。

三是推荐人才。宋太祖多次下诏，要官员们推荐有用之才。例如曾下令"有习河渠之书，深知疏导之策"的水利专家，可以"用其所长"。不过，通过推荐而录用的人不多，并未形成风气。

重用文人，恢复科举，录用有用之才，使宋初的知识分子看到了希望，青年们不再梦想习武从军，而是梦想读书做官，"万般皆下品，唯有读书高"。武夫出身而读书不多的宋太祖逐渐认识到读书求知的重要，因而不但自己带头读书，而且要求"今之武臣欲令读书，贵知为治之道"；不但主张修史整理书籍，而且多次到最高学府国子监视察。由宋太祖倡导的读书之风，在北宋中期开花结果，饱读诗书的苏东坡、司马光、沈括等，登上了世界文化科学的最高峰，至今仍为中国人的骄傲。

财政是国家的命脉。唐末五代，"方镇屯重兵，多以赋入自赡"，"厚敛以自利"，地方赋税收入，多归方镇割据的武将侵占，很少上交中央。宋太祖立国之初，情况依然如此。为了改变这种局面，赵普当了宰相后，劝告宋太祖"革去其弊"。宋太祖随即加强了中央主管财政的三司的地位和权力，三司使的地位仅次于宰相，号称计相。在地方各路则设转运使，专管各州的赋税收入。下令各州所有的赋税收入，除必须留下的以外，全部上交中央，不得侵占留用。这些改革，使宋初的财政状况迅速得到改善，积累了很多钱财，被称为"积贫积弱"的宋朝，在宋初乃至百年之内，其实一点也不"贫"；不但不贫，反而很富，中央财政收支相抵，还有很多结余。

宋太祖的另一个历史功绩，便是严惩贪官污吏，严厉禁止文武官员行贿受贿和经商取利。早在建隆二年（961）四月，宋太祖就批准将"商河县令李瑶坐赃杖死，左赞善大夫申文纬坐失觉察除籍"。这使一位县太爷因贪污受贿被处死，另一位官员因疏于监察而被削职为民。四个月之后，大名府永济主簿"坐赃弃市"。又一位县级官员因贪污受贿而被处死。此后，每年都有贪官污吏被处以极刑，其中不少是中央的中高级官员。对于官员经商或贩运货物从中谋利的，宋太祖也严惩不贷，有的被处死，有的被开除官职。

相对来说,开国皇帝宋太祖还是比较重视农民和农业,关心民间疾苦的。宋太祖曾对宰相赵普等大臣们说,如果地方官员不去教育和宽待百姓,反而对他们严厉刻薄,我决不能容忍。对于开荒种田、种树养蚕的农户,不征税收,并且禁止砍伐桑树枣树。所有这些,促使中原从战乱中迅速恢复生产,百姓过上相对安定的日子。

最后,宋太祖的性格与品德,有助于他成为改革创新、励精图治的好皇帝。宋太祖待人宽容,对己严格,即使是反对过他的人,他也能用其所长而不加报复。他能纳谏。他赞赏魏徵,希望大臣们像魏徵那样忠言直谏。他有时也能承认错误。处理错了一件事,闷闷不乐,还对大臣们说,当皇帝真不容易,一时高兴竟犯了错误。他在后苑游玩,有人以一件平常事求见奏报,扫了他的兴,怒而拿起象征皇权的柱斧将那人的门牙打掉两颗;那人拾起牙齿,宋太祖又骂他:你身留牙齿,想责备我吗! 那人说:臣不能责备陛下,自有史官去记录下来。史官要记录皇帝的言行留传后世,皇帝有时也怕史官。宋太祖当面向那人认错,赐他金帛表示慰问。当了皇帝,宋太祖也比较节俭。女儿服饰华贵,他加以劝阻;皇后主张用黄金装饰轿子,他不同意,笑着说:我拥有天下财富,宫殿都用金银装饰,也能办到,但我是为百姓守财,怎能乱用? 古人说一人治天下,不能以天下奉养一人。降王孟昶用的便器上都装饰珠宝,宋太祖下令砸碎便器,说:如此奢侈,能不亡国?

斧声烛影　死亡成谜

从陈桥兵变坐龙位到开宝九年(976),宋太祖已当了16年皇帝。这位开国皇帝治国有方,身体却越来越差。据史书记载,陈桥兵变前,赵匡胤曾结识一位道士,他十分迷信这位道士,曾多次下令寻找,却始终找不着。开宝九年,这位道士突然来到京城,宋太祖很高兴,立即请这位道士进宫聚宴,谈心欢饮。饮酒之时,宋太祖说,我一直在找你,现在请你为我算一算,我还有多少阳寿,也就是还能活多久。道士回答说:如果今年十月二十日夜晚是晴天,皇上还有"一纪"即12年的阳寿;如果不是晴天,你必须立即安排后事,意思是当晚你就可能死亡。宋太祖相信了这位道士的话。熬到了十月二十日那天,宋太祖便到太清阁察看关乎生死存亡的天气。当天夜晚,晴空万里,满天星斗,宋太祖兴高采烈,觉得自己肯定还能活12年。然而真可谓天有不测风云,不久便乌云密布,雪雹交加。宋太祖大惊失色,急忙回到寝宫,立即派人叫来赵光义。赵光义来到后,宋太祖令侍从宦官等人都离室暂避,自己和弟弟对酌饮酒。饮酒之间,有人在屋外透过窗户看见在烛影之下,赵光义"时或离席,若有逊避之状",也就是宋太祖要赵光义即皇帝位,而赵光义却谦逊推辞,时间已到深夜三更,宋太祖送弟弟出寝宫。宫门口的积雪已有好几寸厚。宋太祖站在寝宫门口,用柱斧戳着雪地对弟弟说:好自为之。送走弟弟,宋太祖便回寝宫睡觉。夜深人静,大胖子宋太祖已经睡着,并且"鼻息如雷霆",打呼噜之声如打雷。但是到了黎明前时，卫士听到宋太祖的"鼻息声异"，打呼噜之声异常，便入寝宫探视，发现宋太祖已经停止呼吸而死亡。

年仅49岁的开国皇帝突然死亡，使寝宫内的人无所适从，乱作一团。年仅27岁的宋皇后自己做不了主，赶紧派宦官王继恩去叫宋太祖的大儿子赵德芳来商量后事。不料王继恩是赵光义的亲信，他违背宋皇后的旨意，不去请赵德芳，而是直奔晋王府，去请赵光义。赵光义得到这一突如其来的消息后，便立即与王继恩一起赶到寝宫，先由王继恩去见宋皇后。心急如焚的宋皇后问：赵德芳来了没有？王继恩回答：赵德芳没有来，晋王来了。宋皇后听到赵德芳没有来，却来了赵光义，知道大事不妙。在封建社会，君臣十分讲究先来后到的次序礼仪，见皇帝遗体也不例外，皇位继承人，应最先去瞻仰皇上遗体。宋太祖没有立皇太子，皇位继承人还是未知数，因而谁先到谁就得先机，掌握了主动权。宋皇后无奈，只得见赵光义。为了避免被迫害，宋皇后恳求赵光义："吾母子之命，皆托于官家。"皇帝又可称呼为官家，宋皇后被迫认可了赵光义为皇位继承人。赵光义立即向宋皇后保证："共保富贵，勿忧也。"天亮之后，大臣们被通知到寝宫瞻仰宋太祖遗体，但见遗体气色正常，没有被杀或被毒死的任何迹象。第二天，赵光义即皇帝位，举行了即位仪式，这便是宋朝的第二代皇帝宋太宗。

由于《国史》《实录》等可靠史书，对宋太祖之死因，都没有详细而明确的可靠记载，而野史笔记的记载，虽较为详细却错误百出，自相矛盾，甚至混杂了神鬼迷信之说，很不可靠，因而宋太祖之死，成了"斧声烛影"的千古之谜。历代直到当代的文史学家，都想弄清楚宋太祖的死因，并且展开了激烈的争辩。一种观点认为，宋太宗为了抢班夺权，谋杀了宋太祖。另一种观点认为，宋太祖属暴病而亡，并非宋太宗谋杀；赵光义不过是乘宋太祖病故之机，取得了皇位。时至今日，这一谜底仍未揭开。

一代天骄

——元太祖铁木真

名人档案

太　　祖:名孛儿只斤铁木真,尊称"成吉思汗"。蒙古部孛儿只斤氏族首领也速该子。属马。世界史上杰出的军事家、政治家。性格坚毅勇敢,但也有残暴血腥的一面。统一蒙古各部,创立蒙古国。在位 22 年,病死,终年 66 岁。

生卒时间:1162 年~1227 年

安葬之地:葬于起辇谷,象征性墓在今内蒙古伊金霍洛旗阿腾连镇东南。谥号法天启运圣武皇帝,庙号太祖。

历史功过:统一蒙古诸部,建立大蒙古国;改革军队,制定法律;扫平西夏,逐鹿中原;横扫东西,席卷欧亚。但作为"天才的野人",他征服世界的经历也是生灵涂炭的过程。

名家评点:成吉思汗,一代天骄;深有大略,用兵如神;兵锋所指,攻无不克;其武功之盛,空前绝后。

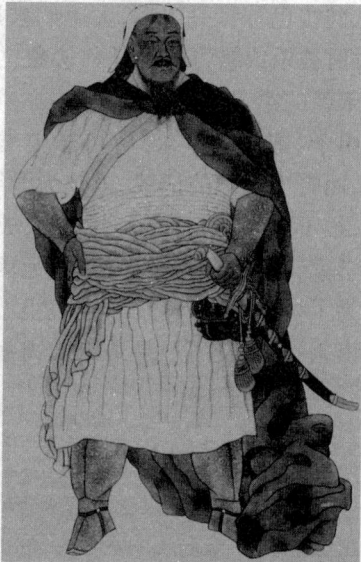

蒙古高原　　长年混乱

　　13 世纪初,在北方草原上出现了一个强大的政权——大蒙古国。成吉思汗铁木真就是大蒙古国的缔造者,他的活动对当时的世界产生了巨大的影响。

　　位于亚洲北部的蒙古草原,历来是游牧民族活动的地方。在这里相继出现过匈奴、鲜卑、突厥、回纥、黠戛斯等政权,他们的活动都在历史上产生过重大的影响。9、10 世纪,当回纥、黠戛斯相继衰落以后,蒙古草原上分布着许多大小不等的部落,经常为争夺牧地和牲畜发生激烈的冲突。蒙古就是其中的一个部落。

蒙古部在唐代是室韦部落联盟的组成部分,史书上称之为蒙兀室韦。当时他们居住在今额尔古纳河以东的兴安岭中。后来逐渐向西迁徙,到 12 世纪初,已经游牧于鄂嫩、克鲁伦、土拉三河的源头,成为漠北的一支强大势力。当时蒙古草原上比较强大的部落,还有克烈、篾儿乞、塔塔儿、乃蛮、弘吉刺等。克烈部位于蒙古之西,占据了蒙古草原的腹心地带。这个部落人数众多,势力强大,很早就信奉景教(基督教的一派,又称聂斯脱里教)。篾儿乞部位于蒙古的西北,以勇悍善战闻名。塔塔儿部游牧于蒙古之东,有营帐七万,分为六部,它占有呼伦贝尔湖周围富饶的草原。乃蛮部则在克烈与篾儿乞之西,位于阿尔泰山与杭爱山之间,领土广大,畜群众多。乃蛮部也信奉景教。弘吉刺部居地在塔塔儿部的东北,势力较弱,他们与蒙古部的关系最为密切。

上述这些部落的成员主要过着游牧生活,逐水草迁徙。牲畜既是游牧民的生产资料,也是他们的基本生活资料。此外,他们也从事狩猎和采集,用以弥补生活资料的不足。在游牧民中间,已经出现了适应游牧经济需要的简陋的手工业,主要是以牲畜产品为原料的家庭手工业,也有少数专业的工匠。在有些部落中,已经开始经营农业,当然规模是很有限的。

在草原各部落中,氏族组织的结构仍然普遍存在。氏族组成部落,氏族内部不能通婚,血族复仇盛行。各氏族都有自己的谱系,以及一定的祭祀仪式等等。但是,牲畜和其他财产私有的现象已普遍出现,父系的财产继承制度也已确立。在私有制的基础上,贫富分化日益显著。富有者称为"伯颜",拥有大量牲畜和其他财产,占有奴隶。他们中间有的世代相袭为部落首领,还接受辽、金王朝赐予的官职或名号,于是便成为草原贵族,称为"那颜"。氏族中的大部分成员称为"哈刺出"(下民),只有少量牲畜,不得不依附于伯颜或那颜,随他们转移牧场,为他们服各种劳役。伯颜、那颜的奴隶,称为"孛斡勒",或是战争中的俘房,或是因贫困不能自存被迫卖身的穷人。孛斡勒的社会地位是很低的,平时为主人服役,从备马鞍、开门、挤奶、剪羊毛,一直到牧放牲畜,战时还要跟随主人出征。孛斡勒的后代世世代代都要听由主人便唤。孛斡勒如果逃亡,抓回来就要把"脚筋挑了,心肝割了","性命断了"。

阶级分化的出现,必然导致社会上层建筑的变化。草原各部的首领,拥有愈来愈大的权力,可以任意向氏族成员征收财物,对不听命者施加刑罚。在部落首领周围,开始形成了"那可儿"集团。"那可儿"当时汉语译为"伴当",也就是随从。他们是首领们从本部落(有时也从外部落)召集来的战士,平时跟随首领狩猎,执行首领的各项命令;战时则随同首领出征,是部落军队的核心力量。这样一种独立的武装力量的出现,促进了专制王权的产生。在有的部中,已经设官分职,使用印信。政权的雏形已经出现。

草原各部的首领都把对外掠夺战争当作扩大自己财富和权力的主要手段,因此,随着首领们权力的增大,各部之间的武装冲突也就日甚一日了。一旦发生流血冲突之后,部落首领们就利用原始的"血族复仇"观念,使这种冲突无休止地继续下去。在同一部的各个贵族家族之间,为了争夺统治权,也经常发生矛盾、冲突,直至兵戎相见,互相残杀。

当时草原各部大多数和金朝发生过联系,接受金朝的管辖。金朝统治者害怕草原各部力量壮大威胁自己的统治,一贯采用分化、收买和镇压的办法。对于归附自己的部落,则授以官职、称号,给予种种赏赐,允许他们到边界贸易。同时在他们中间制造矛盾,挑动他们互相残杀。对于那些敢于反抗的部落,则派遣军队进行残酷的镇压。在12世纪90年代,就曾三次派遣大军进剿草原东部的弘吉剌、塔塔儿等部,使这些部落的生命财产遭到极大的损失。当时把这种血腥的屠杀称为"减丁",就是用暴力强行减少人丁。屠杀之外,金朝军队还掳掠了大批蒙古儿童,转卖给河北、山东等地的官僚、地主,充当奴隶。

总之,12世纪的蒙古草原,是十分混乱的,13世纪蒙古人回忆这时的情况说:"天下扰攘,互相攻劫,人不安生。"蒙古草原上的各部人民在这种动荡的环境中无法从事正常的生产,他们迫切要求解除金朝的残酷压迫,停止无休止的部落之间的冲突。而一些强大的部落首领,也企图进一步扩大自己的势力,吞并其他各部,称霸草原。正是在这样的形势下,成吉思汗出现了。

环境艰难　奋然雄起

蒙古部中又分成若干部,其中之一是孛儿只斤部,乞颜氏和泰赤乌氏是孛儿只斤部中两个强大的氏族,经常充当蒙古部的领袖。金大定二年(1162),乞颜氏族的也速该参加了蒙古部对塔塔儿部的战争,俘虏了一个名叫铁木真的塔塔儿首领。为了纪念这次战斗的胜利,也速该将自己刚出生的儿子取名铁木真。这个孩子就是后来震动世界的成吉思汗。

大定十一年(1171),铁木真9岁。也速该带领他到弘吉剌部去求婚。弘吉剌部首领特薛禅答应将自己的女儿孛儿帖许配给铁木真。定亲后,铁木真留在岳父家里,也速该独自回家。在回家的路上,经过塔塔儿人的营盘。塔塔儿人认出也速该是他们的仇敌,便在酒中下毒。也速该到家之后,毒发身死。临死之前派人把铁木真叫回来,但是铁木真年纪太小,不能继承父亲的地位,乞颜氏屡失去首领,势力中衰,不少部众和属民纷纷离去。原来和乞颜氏族一起游牧的泰赤乌氏族,也乘机扩大自己的势力,扔下也速该家属不管。也速该的妻子诃额仑带着未成年的子女,既缺乏牲畜,也缺少劳动力,"除影子外无伴当,尾子外无鞭子",生活非常困难。他们经常只能靠采集野生的果子,挖掘地下的草根,勉强过活。铁木真兄弟逐渐长大成人,钓鱼打猎,和母亲一起共同度过艰辛的岁月。

铁木真长大以后,失散的部众又逐渐回来。泰赤乌氏族的首领担心乞颜氏族重新壮大,威胁自己的地位,便不时前来骚扰。在一次突然袭击中,他们捕获了铁木真,将他套上木枷到处示众。铁木真利用泰赤乌人举行宴会疏于防备的机会打倒看守人,几经曲折,才在旁人帮助下逃回家中。不久,泰赤乌人又来盗马,铁木真追踪了六天,才把马匹夺了回来。这些冒险的经历,使得他的声望逐步提高。

为了恢复自己氏族的地位,铁木真积极进行活动。他前往弘吉刺部迎娶童年时订下的妻子孛儿帖,从而加强了与弘吉刺部的联系。接着又把孛儿帖拜见婆婆的礼物黑貂鼠皮袄,献给克烈部的首领王罕。王罕原来曾与也速该结为“安答”(盟兄弟),接受了礼物之后,表示愿意为他收集离散了的部众。这样,铁木真得到了弘吉刺、克烈两部的支持,地位有了明显的改变。不久,篾儿乞部发动突然袭击,掳走了孛儿帖。铁木真在克烈部王罕和札答阑部(也是蒙古部中的一支)首领札木合(铁木真的“安答”)协助下,发起了对篾儿乞部的战争,把对方打得大败,夺回了孛儿帖,还俘虏了许多篾儿乞人作为奴隶。对篾儿乞一战,具有重要意义,标志着铁木真开始走上草原的政治舞台。

击败篾儿乞人以后,铁木真和札木合再一次结为“安答”,共同游牧,非常亲密。但没有多久,彼此便发生了矛盾。铁木真势力不断壮大,引起了札木合的猜忌,双方便分裂了。大定二十九年(1189),一部分蒙古部贵族聚集在铁木真周围,拥立他为汗,得到了克烈部首领王罕的承认。札木合当然不能容忍这一举动,便纠集了蒙古部的其余首领,拥兵3万,分成十三翼,前来挑战。铁木真也把自己的部众和归附于自己的各部分成十三翼应战。这便是蒙古早期历史上著名的十三翼之战。这次战斗以铁木真失败告终,他被迫退到鄂嫩河上游,但实力并未受很大损失。札木合虽然得胜,但他对部属十分残暴,内部又互争雄长,不能统一,不少人反而前去投奔铁木真。铁木真通过这场战争得到了磨炼,而且很快便恢复了元气。

十三翼战役后不久,金朝接连发动了对蒙古各部的战争。强大的塔塔儿部,长期以来依附于金朝,在金朝支持下,不时攻打克烈、蒙古诸部。蒙古部的著名首领俺巴孩便是被塔塔儿人抓住献给金朝处死的,两部是世仇。但是在明昌六年(1195),金军进攻呼伦贝尔地区的部落时,塔塔儿人拦夺其俘获的羊马,因而与金军发生冲突。承安元年(1196),金朝大军由丞相完颜襄统领,向塔塔儿部进攻。塔塔儿部抵挡不住,纷纷逃窜。铁木真得到消息,立即与王罕联合,阻击逃跑的塔塔儿人,捕杀他们的首领,掳掠了大批财物。这次胜利,实现了蒙古部复仇的愿望,大大提高了铁木真的威望。事后,完颜襄授予铁木真以“扎兀惕忽里”(诸部统领)的称号,实际上承认他是蒙古部的首领,从而使他的地位具有了合法性。

这样,到12世纪末,铁木真部已经成为蒙古草原的一支强大力量了。

七载光阴　成就大业

从承安五年(1200)起,铁木真用7年的时间,实现了蒙古草原的统一,其间进行了四次大规模的战斗。

第一次在泰和元年(1201),札木合纠集泰赤乌、塔塔儿、篾儿乞、乃蛮诸部,打算向铁木真、王罕发起突然袭击。但铁木真事先得到消息,与王罕联合,迎击札木合联军。在战斗中铁木真中箭负伤,部众损失也很惨重,但终于击败对手,彻底吞并了泰赤乌部。札木合败逃。

第二次在泰和二年(1202),铁木真主动出击,把矛头对准东方的塔塔儿部。塔塔儿部经过金军的打击,力量衰微,当然不是铁木真的对手,很快便失败了。胜利之后,为了替祖先报仇雪恨,铁木真下令将塔塔儿部中身长高于车辖的男人都要全部杀掉,其余分给蒙古人当奴隶。这道命令被塔塔儿人知道了,人人拼死反抗,使蒙古军遭到很大损失。经过这一仗以后,塔塔儿部就一蹶不振了。

在攻打塔塔儿人以前,铁木真发布军令:在作战中不许私自掳掠财物,要等胜利后统一分配,军退时要返回杀敌,逃走者斩。这两条军令都是针对部落贵族而发的,他们在战争中往往随意进退,自行掠夺财物,不听从统一指挥。这两条军令的颁布和实施,大大提高了铁木真作为领袖的地位,进一步树立了他的权威。

塔塔儿部居住的呼伦贝尔草原,位于蒙古高原的东部,是个水草丰美、牲畜繁衍的好地方。铁木真夺取了这一片富饶的草原,便获得了强大的物质力量。这样,蒙古草原政治力量的构成,发生了很大的变化,占有东部的新兴的蒙古部,与中部的克烈、西部的乃蛮,鼎足而三,成为可以左右局势的力量了。

第三次在泰和三年(1203),对手是克烈部。铁木真原来依靠克烈部的支持来扩大自己的势力,他尊称王罕为"罕父",不断向其贡献财物。王罕当之不疑,在他眼中,铁木真不过是可供指使的附庸。但是,随着蒙古部势力日益强大,王罕和他的儿子桑昆愈来愈感到不安,双方的联盟关系终于破裂了。原来他们的共同敌人札木合这时也投奔了王罕,共同策划反对铁木真。泰和三年(1203)春,王罕父子设计,请铁木真赴宴,想在宴会上乘机将他杀掉。但是这一计划被两个奴隶知道了,逃走向铁木真报告。王罕知道计划泄露,便发兵来攻,双方大战于合兰真沙陀(约在今内蒙古锡林郭勒盟乌珠穆沁旗北境)之地。这一仗是铁木真一生中最为艰苦的战斗。称雄漠北多年的克烈部,兵强马壮,又得到札木合等人的支持,人数既多,又具有很强的战斗力。铁木真的部众,数量上比对方差得很远,面对强敌,有的将领在阵前用马鞭抚弄着马鬃,犹豫不决,不敢向前。这时铁木真的结义兄弟忽亦勒答儿挺身向前说:"我要把大旗插到敌人后方的山冈上去,你们跟着我上。如果我死了,希望把我的几个儿子抚养成人。"他说完以后便跃马冲锋,果然把大旗插上了山冈,这样一来,铁木真的军队士气大振,奋勇杀敌。王罕的军队眼看就要抵挡不住,桑昆率领援军来到,稳住了局势。又经过一番战斗,铁木真的军队终因寡不敌众,被迫败退,王罕军队的攻势已衰,桑昆又在战斗中受伤,也就停止了追击。

在败退过程中,铁木真部众溃散,他率领19骑经过巴勒渚纳(一译班朱尼河,意为沼泽。有些记载中称之为黑河)。这个地方只有一点泉水,不够他们和马匹饮用,于是只好从污泥中挤出水来喝。他们携带的干粮均已吃完,荒野上找不到别的可吃的东西,便四处打猎,射杀野马,剥皮为釜,敲石取火,煮熟了吃。铁木真在这里对天发誓:将来能成大业,一定要与大家同甘共苦,决不相负。他的话起了稳定人心的作用。离开巴勒渚纳以后,他把离散的部众重新收集起来,还收降了与自己联姻的弘吉剌部,力量逐渐恢复。他便派遣使者到王罕那里去,列举自己对王罕的种种好处,并且说:"大车的两个轮子如果折断了一个,犍牛想拉也拉不动,我就好比你的大车上的两个轮子中的一个。"他要求王罕派使者来谈判。王罕承认自己对铁木真有不公正的地方,答应与他联系。这样,依附于王罕的札木合等大失所望,策划自立为汗,并要袭击王罕。王罕得知此事,抢先发动进攻,札木合等便逃往乃蛮部去了。

泰和三年(1203)的秋天,铁木真让自己的兄弟合撒儿派人去对王罕说:现在蒙古部处境困难,愿意归附王罕。王罕信以为真,派遣使者来与合撒儿联系。其实这是铁木真的计策,以此来麻痹王罕父子,放松戒备。使者还在半路上,铁木真的军队已出动。王罕父子正在兴高采烈举行宴会,蒙古军在夜间发动了突然袭击。经过三天三夜的激战,彻底打垮了王罕的军队。王罕向西逃亡,被乃蛮人杀死。他的儿子桑昆到处流窜,也被人杀害。以强大著称的克烈部,完全被铁木真征服了。

对克烈部的战斗,是铁木真统一蒙古草原的关键。从原来的力量对比来说,铁木真并不占有优势,在最初的战斗中,他还吃了败仗。但他以坚忍不拔的意志,巧妙地利用对方的弱点,终于取得了这场决定性的胜利。为了纪念这场战斗,铁木真对在巴勒渚纳追随他的骑士都赐予特殊的荣誉。他们的后代在元代也都受到优遇。在战斗中一马当先的忽亦勒答儿,因伤重死去,他的家族也得到特殊的待遇。

第四次在泰和四年(1204)。克烈部被征服以后,草原上唯一还有力量与蒙古部抗衡的,是西边以"国大民众"著称的乃蛮部。乃蛮部在蒙古草原各部中,经济、文化水平较高,从来看不起那些"歹气息,破衣服"的蒙古部人。现在听说克烈部的结局,受到很大的震动,意识到铁木真的目标是想统治整个草原。乃蛮部的领袖太阳汗也有成为草原霸主的野心,"天上只有一个日月,地上如何有两个主人!"他决心要与蒙古部较量一番,要把对方"生得好的妇女掳来,将他们的弓箭夺来"。实际上,太阳汗昏庸无能,喜好的是放鹰、狩猎,再加上兄弟不和,内部矛盾重重,人心离散。

另一方面,铁木真却利用战胜克烈部的有利形势,对军队进行整顿。他按十进制的原则将军队分成百户、千户,统一编组起来,委派了各级那颜。他挑选那颜子弟和其他勇士千人组成怯薛（护卫军），规定了怯薛轮番宿卫的制度。这些措施，使军队完全听从大汗的统一指挥，从而大大提高了战斗力。

泰和四年（1204）初夏，双方集结军队，进行决战。在太阳汗统率下的，除了乃蛮部军队之外，还有先后被铁木真打败的篾儿乞部、克烈部残余力量以及铁木真的老对手札木合等。铁木真军队在数量上处于劣势。双方遭遇之后，铁木真下令全军，每人于夜间点燃五堆篝火，虚张声势。这一招果然有效，太阳汗以为蒙古军人数众多，先自胆怯。两军交锋时，铁木真亲自打前锋，锐不可当，乃蛮军节节败退，最后被迫据山固守。入夜后，乃蛮军队企图突围，遭蒙古军拦截，许多人坠崖而死，太阳汗也在乱军中死去。札木合和太阳汗之子屈出律逃走。铁木真取得了完全的胜利，乃蛮部归于他统治之下。紧接着，铁木真相继征服了篾儿乞和乃蛮两部残余势力，札木合在逃亡途中被捉杀死。蒙古草原全听从铁木真的号令，再没有能与他抗衡的敌手。

建立蒙古　一代天骄

泰和六年（1206）春，铁木真在蒙古部原来居住的鄂嫩河源头召集全体贵族、将领举行大会（蒙语称为"忽里台"）。在会上，全体与会者推举铁木真为大汗，号"成吉思"，并以大蒙古作为国号。"成吉思"意为海洋，成吉思汗就是像海洋一样的统治者。蒙古本是草原上一个部落的名称，现在成为国家的名称了。

在成吉思汗建立大蒙古国时，他统治的地区东起兴安岭，西迄阿尔泰山，南到阴山，是一片极其广阔的地区。这个地区内的各种游牧部落，原来都有自己的名称。在大蒙古国建后，他们逐渐融合为一个民族，以蒙古为名称。也就是说，蒙古族的形成，是与成吉思汗统一草原、建立大蒙古国分不开的。

成吉思汗建立了一套具有草原游牧民族特色的统治机构，主要是：

1.千户制。草原上的人民原来主要是按部落、氏族编制的。在统一草原的过程中，原有的部落组织已被打乱，有的部落通过掳掠或其他手段吸收了大量来自部落之外的人口，有的部落则因战争失利而被强制拆散，分属胜利者的部落。因此，迫切需要适应这种变化的新编制形式。前面说过，成吉思汗在与乃蛮作战以前，按十进制编组军队。建国以后，他进一步推广这种制度，将全蒙古的百姓划分为95个千户，分封开国功臣为千户长，分别进行统治。千户以下，又分为百户、十户。每个千户都有固定的游牧地区。百姓与千户之间，有严格的隶属关系，如果投奔他处，就要被处死，接收者也要受严厉惩罚。大蒙古国按千户来征收赋税、分派徭役。在作战时，就由千户长、百户长率领成年男子出征。千户制既是行政机构，又是军队的组织形式。这种军民合一的制度，是草原游牧民族的特色。

在千户以上，设有万户。东边直至大兴安岭的广大地区内分布的各千户，由左手万户管辖,西边直至阿尔泰山的广大地区内分布的各千户,由右手万户管辖。成吉思汗任命自己亲信将领木华黎和博尔术为左右手万户。此外,还任命一个中军万户,统领大汗的护卫军。万户、千户、百户都是世袭的,但如果对大汗不忠,就会被撤职。

2.怯薛。在征服乃蛮以前,铁木真已经建立了一支千人组成的怯薛。大蒙古国建立后,他将怯薛扩充为一万名,主要由各级那颜和贵族子弟中选充,也有一小部分来自"白身人"(平民)。怯薛分为四队,每三天一次,轮流到大汗身边值班。怯薛是大汗亲自掌握的一支精锐部队,负责大汗的安全,同时还承担各种杂务。四怯薛长由大汗最亲信的"四杰"担任,怯薛受到大汗的特殊宠信,常常被委派处理各种政务。元朝建立以后,怯薛仍然保留下来,成为一个最有特权的部门,怯薛成员往往很快就可以当上大官。

前面说过,草原各部首领周围形成了"那可儿"("伴当")集团,这是首领们对内统治、对外战争的得力工具,怯薛实际上就是由"那可儿"发展而成的。

3.札鲁忽赤和札撒。札鲁忽赤译成汉文就是断事官。建国以前,铁木真已任命过札鲁忽赤。大蒙古国建立时,成吉思汗任命义弟(诃额仑收养的孤儿)失吉忽秃忽为最高的札鲁忽赤,授权他分配人户,审理盗贼、诈伪等事,该杀的杀,该罚的罚,任何人不得违背。同时还命令他将"断了的事,写在青册上,以后不许诸人更改"。"写在青册上"的断事决定,就是法律条规,当时称为"札撒"。札鲁忽赤兼管财政、刑罚,拥有很大的权力。后来大汗派往征服地区的最高长官,也都称为札鲁忽赤。

千户制、怯薛、札鲁忽赤和札撒,便是大蒙古国初建时国家机器的主要部分。它们对于巩固成吉思汗的统治起了很大的作用。还应该提到的是蒙古文字的创建。蒙古人原来没有文字,调发兵马时结草为记或刻木记事。铁木真征服乃蛮时,俘虏了乃蛮的掌印官塔塔统阿。塔塔统阿懂得畏兀儿(今天维吾尔族的祖先)文字,乃蛮的印章就是用畏兀儿文刻成的。根据成吉思汗的命令,塔塔统阿借用畏兀儿文的字母来拼写蒙古语,创制了蒙古文,教授蒙古贵族子弟。蒙古文创建后,应用于印信、牌符上,还用来发布大汗的旨意,记录法令,这就进一步加强了国家机器的职能。

大蒙古国的建立,是蒙古社会进入奴隶制发展阶段的标志。在统一草原的过程中,铁木真将大批战争中的俘虏分配给有功的将士为奴隶。建国后,又通过"札撒"肯定了抑配俘虏为奴和使用奴隶劳动的合法性。随着大规模战争的继续进行,大量外族的俘虏被遣回草原,作为蒙古人的奴隶。由于蒙古成年男子必须从军或在驿站服役,以至在草原上牧放牲畜的主要是外族奴隶。大蒙古国是代表蒙古奴隶主利益的政权。成吉思汗是蒙古奴隶主的政治代表。

大蒙古国建立后,南边与西夏、金朝为邻,西边与畏兀儿、哈剌鲁相接。在蒙古草原以北的森林地带,还有一些部落没有降附。

泰和七年（1207），成吉思汗派遣长子术赤前去征服森林地带的"林木中百姓"，经过艰苦的战斗，取得了胜利，这样便巩固了后方。紧接着，便开始对外发动大规模的战争。主要分两个方面，一是南下进攻西夏和金朝，一是西征中亚。

一、南下进攻西夏和金朝

泰和四年（1204），铁木真灭乃蛮部后，统治的境土已与西夏相接。泰和五年（1205），蒙古军以西夏接纳逃亡的乃蛮贵族为借口，攻入西夏境内大肆抢掠，但很快便退回。大蒙古国建立的次年，成吉思汗亲自率军侵入西夏，历时五个月才退出。这两次军事行动都属于实力侦察性质。到大安元年（1209）春，蒙古军发动大规模进攻，连克数城，包围西夏首府中兴府（今宁夏银川）。西夏向金朝请求援助，遭到拒绝。大安三年（1211）年初，西夏纳女称臣，成吉思汗才退回蒙古草原。

蒙古与金朝的关系是很复杂的。蒙古部的首领俺巴孩曾被金朝杀害，但成吉思汗本人曾配合金朝军队对塔塔儿部作战，并因此接受过金朝的封号。在泰和六年（1206）建立大蒙古国后，成吉思汗曾到边境向金朝进贡，金章宗派遣其叔父卫王完颜永济接受贡献。完颜永济为人软弱无能，成吉思汗轻视他，对他很不礼貌。泰和八年（1208）金章宗死，无子，完颜永济嗣位。金朝派遣使臣将即位的诏书传送到蒙古，成吉思汗问使者："新君为谁？"金朝使臣回答说："卫王也。"成吉思汗向南方吐了一口唾沫，骂道："我以为中原皇帝都是天上人做，这种无用软弱的人也能做吗！我才不拜他呢！"立即跳上马背走开了。成吉思汗归附金朝不过是一种策略，他早已有意对金用兵，现在昏庸无能的卫王做了皇帝，正是出兵的好时机，所以他利用这一机会与金朝决裂。

西夏称臣后，成吉思汗消除了来自侧翼的威胁，拆散了金、夏之间的联系。于是，大安三年（1211）的春天，他便在克鲁伦河畔聚众誓师。按照蒙古的习俗，他登上高山，祈求上天帮助，为祖先报仇雪恨。他发动对金战争，就是以报仇为借口进行的。这一年七月，蒙古军突破金朝用来防御草原游牧民进攻的边墙，在野狐岭（今河北张北）大败金军。蒙古军进而围攻中都（今北京），金兵坚守，相持不下，蒙古军退兵。崇庆元年（1212），成吉思汗亲自率军围攻西京（今山西大同），大败金朝派来的援兵，但在攻城时中了流矢，便退回阴山附近。至宁元年（1213）秋，成吉思汗集结军队，再次攻金。在怀来（今河北怀来）大败金朝丞相完颜纲和术虎高琪指挥的军队，金朝伤死的将士"如烂木般堆着"，金军精锐在这一仗被消灭殆尽。蒙古军乘胜来到居庸关前，居庸关是中都西北的要隘，一过居庸关，就是平原，无险可守，因此金朝在这里置重兵固守，布下了严密的防御工事。成吉思汗避实就虚，由山间小路绕到关后。然后分兵三路，连破山西、山东、河北和辽东的许多州县。到贞祐二年（1214）春，属于金朝管辖的华北平原广大地区，只有中都、真定等11个城未下。三路大军掳掠了大量人口、牲畜、财物之后，在中都附近集合，准备攻城。

正当蒙古军在华北平原上驰骋时,金朝宫廷中发生政变,皇帝完颜永济被权臣谋害,金宣宗完颜珣继立。宣宗面对内外交困的局势,只好向蒙古求和,献出公主,加上大批金帛、童男女、马匹,由丞相恭送蒙古军出关。

这一年五月,被蒙古军吓破了胆的金宣宗不顾一部分贵族官僚的反对,将朝廷迁到汴京(今河南开封),留下大臣完颜承晖镇守中都。成吉思汗闻讯,便派军队包围中都,金朝由河南派遣军队来救援,中途被击溃。中都孤立无援,城中发生饥荒。贞祐三年(1215)五月,完颜承晖自杀,城中军民投降,蒙古军占领了这座华北平原上的名城。

兴定元年(1217)起,成吉思汗集中全力西征,把对金战争交给左手万户木华黎全权负责,封他为太师国王。木华黎率领蒙古军和归附的其他各族武装,逐步占领了河北、山西、山东的大片土地。

二、西征中亚

当大蒙古国建立时,它的西边有畏兀儿,居地是以别失八里(今新疆吉木萨尔)、哈剌火州(今新疆吐鲁番)为中心的新疆东部地区;哈剌鲁,居地在今巴尔喀什湖东南的伊犁河、楚河流域。在畏兀儿和哈剌鲁以西,则是西辽和花剌子模汗国。辽朝被金灭亡时,皇族耶律大石率领一支军队西行,建立了一个国家,仍以辽为国号,历史上称为西辽,也称为哈剌契丹(黑契丹)。西辽的统治地区以河中(锡尔河与阿姆河中间地区)为中心,首都是虎思斡耳朵(今吉尔吉斯斯坦托克马克附近),一度是中亚最强大的国家,畏兀儿和哈剌鲁都成为其藩属,受它控制。西辽以西是花剌子模,它位于咸海以南,首都玉龙杰赤(在阿姆河下游)。13世纪初,花剌子模算端(算端是统治者的称号)野心勃勃,到处扩张势力,辖地已达今伊朗、阿富汗的广大地区,并曾大败西辽。

西辽在畏兀儿地区派驻少监,横征暴敛,对畏兀儿的亦都护(统治者的称号)巴而术阿儿忒的斤和他的部属加以百般凌辱。巴而术阿儿忒的斤得知成吉思汗统一蒙古建立国家的消息后,便于大安元年(1209)将西辽少监杀掉,归顺蒙古。成吉思汗给予畏兀儿亦都护以隆重的待遇,按照游牧民族收养子的习惯,承认巴而术阿儿忒的斤为第五子,并把女儿许给他为妻。自此,畏兀儿成为蒙古的藩属。畏兀儿的归附,有着重要意义。畏兀儿人有较高的文化,他们对于大蒙古国的行政管理起了很大的作用。畏兀儿地区位于东西方交通的要道,商队必经之地,成吉思汗通过畏兀儿对西方的情况有了更多的了解。紧接着,居住在海押立地区(今伊犁河中游北岸)的哈剌鲁人首领也杀死西辽的少监,摆脱与西辽的藩属关系,投向蒙古。阿力麻里(今新疆伊犁地区)的哈剌鲁首领当时正在反抗西辽的统治,很快也归附成吉思汗。这样,大蒙古国便与西辽发生直接接触了。

蒙古灭乃蛮后,乃蛮王子屈出律向西逃走,几经曲折,来到西辽。西辽皇帝耶律直鲁古把女儿嫁给他,并支持他招集乃蛮旧部。屈出律势力渐大,便乘西辽与花刺子模交战的时机,发动突然袭击,囚禁了耶律直鲁古,夺取了帝位。屈出律称帝后,出兵征服可失合儿(今新疆喀什)、斡端(今新疆和田)等地,强迫当地人民放弃伊斯兰教,改信佛教或景教,对当地人民敲诈勒索,奸淫烧杀,引起了强烈的反抗。成吉思汗知道这些情况后,便于1218年派遣大将哲别领兵2万出征屈出律。哲别进入西辽境内后,宣布信教自由,从而得到伊斯兰教徒的广泛支持。屈出律犹如惊弓之鸟,不敢与蒙古军交锋,狼狈逃窜,后为巴达哈伤(今阿富汗巴达克山)地区山民捉获,送交蒙古军处死。蒙古征服了西辽,便和花刺子模接壤。

花刺子模这时正处于鼎盛时期,它与蒙古联系较早。成吉思汗在草原上崛起的消息,很快传到中亚,引起了花刺子模算端的注意。他派遣使者来到东方,侦察蒙古的虚实。贞祐二年(1214),成吉思汗接见了花刺子模使者,提出双方派遣使臣、商人互相往来,交换商品,彼此和好。为了表示自己的诚意,他用很高的价格买下了花刺子模商队的货物,同时还派遣使臣和400余人组成的庞大商队回访。蒙古使臣见到了花刺子模算端,但商队却被讹答剌(今哈萨克斯坦共和国境内锡尔河右岸)城的长官扣留。经过花刺子模算端同意,讹答剌的长官下令杀死商队中的所有商人,没收全部货物。他的命令被执行了,但是商队中有一人设法逃走,回到蒙古,向成吉思汗报告事情的经过。成吉思汗闻讯大怒,感到遭受了前所未有的羞辱。他奔上高山之顶,脱去帽子,以脸朝地,祈祷了三天三夜,说:"我非这场灾祸的挑起者,赐我力量去复仇吧。"下山以后,他派遣使者到花刺子模,向花刺子模算端提出质问,并警告说,自己打算讨伐,要花刺子模算端做好准备。花刺子模算端摩诃末当场下令将为首的蒙古使臣杀死,其余二人剃去胡须后放回。这件事进一步加深了成吉思汗对花刺子模算端的仇恨。但由于西辽未灭,加上对金用兵,就暂时搁置了下来。在消灭屈出律、征服西辽以后,他就开始对花刺子模采取行动了。

兴定三年(1219)秋天,成吉思汗率领蒙古军和其他民族的军队,共10余万人,出征花刺子模。花刺子模貌似强大,实际上内部矛盾重重,各怀异志。面对强敌,算端摩诃末根本无法组织军队进行决战,只能采取分兵守御要塞的办法,把希望寄托在蒙古军大掠后会自行退兵上。但是,经过对西夏和对金战争的锻炼之后,原来长于野战的蒙古军,现在在攻坚方面也具有很高的能力。严密设防的讹答剌、撒麻耳干(今译撒马儿罕,在乌兹别克斯坦共和国)、不花剌(今译布哈拉,在乌兹别克斯坦共和国)、玉龙杰赤等城,相继都在蒙古军攻击下陷落了。蒙古军对居民大肆杀戮,抢劫财物,纵火焚烧各种建筑,使这些城市受到毁灭性的打击。有的城市(如讹答剌、玉龙杰赤)则被夷为平地。算端摩诃末在蒙古军追击下狼狈逃窜,最后逃到里海的一个小岛上病死。摩诃末之子札阑丁组织力量抗击,兴定五年(1221),他在申河(今印度河)边被成吉思汗打败,逃入印度境内。蒙古军的一部,在追逐摩诃末时,曾越过高加索山脉,打败当地钦察部落和斡罗思(今译俄罗斯)人的联军,沿第聂伯河至里海北岸,然后返回。从兴定三年(1219)到兴定六年(1222),蒙古人的铁骑在中亚广大地区到处驰骋,给花剌子模汗国以致命的打击。但是,成吉思汗这次出征的主要目的是报仇,在这一地区大肆掠夺,造成极大的破坏,却没有建立牢固的统治。所以到他死后又有第二次西征。

在战胜札阑丁之后,成吉思汗回到大雪山(今兴都库什山)山麓过冬。兴定六年(1222)四月,在那里接见了全真道的领袖丘处机。丘处机住在山东,成吉思汗听说他有长生不老之术,专门派遣使者召他前来。丘处机在进谒时坦率地说:只有养生之道,没有长生之药,并劝说成吉思汗要以"敬天爱民为本"。在接见丘处机后不久,成吉思汗决定结束西征,循原道回师,经过两年多的跋涉,在正大二年(1225)春回到斡难河头的营地。

三、西夏的灭亡和成吉思汗之死

当成吉思汗西征时,曾要西夏出兵相助,遭到西夏大臣阿沙敢不的拒绝。成吉思汗对此深为恼怒,为了对花剌子模用兵,他没有立即对西夏采取行动。在西征胜利以后,他急于回师的原因之一,就是因为西夏变得倔强,动摇于降、叛之间。

正大三年(1226)年初,成吉思汗率领大军,进攻西夏,势如破竹。阿沙敢不战败被俘。十一月,两军在灵州(今宁夏银川南朵儿篾该)决战,西夏将士虽奋力抵抗,但没能挡住蒙古骑兵的冲击,终于失败。灵州陷落后,蒙古军进围西夏国都中庆府。经过长期包围之后,中庆府粮尽援绝,到正大四年(1227)六月间又发生强烈地震,灾上加灾。西夏国王被迫请降。成吉思汗在出征西夏前已因打猎时坠马得病,这时因水土不服病势更加严重,他自知很快要死,下令死后秘不发丧,待西夏国王前来谒见时便把他杀掉。这年七月十二日,成吉思汗病死,终年66岁。死后三天,西夏国王出降被杀,中庆府也被洗劫一空,城中居民不是惨死在刀下就是沦为奴隶。

成吉思汗的遗体,立刻被护送到斡难河头的营帐所在地,沿途看见人畜全部杀死。根据他生前的意愿,遗体埋在鄂嫩、克鲁伦、土拉三河发源地不儿罕山的起辇谷,后来元朝诸帝死后也都送到这里来安葬。起辇谷草木茂密,到13世纪末,成吉思汗的葬地已经无法辨认了。

成吉思汗有许多儿子,正妻孛儿帖所生四子地位最高,他们是术赤、察合台、窝阔台、拖雷。四人常常跟随成吉思汗出征,立下了赫赫战功。成吉思汗将巴尔喀什湖以西蒙古军马蹄所到之处封给长子术赤,自畏兀儿到阿姆河之间地区分给察合台。窝阔台占有以叶密立河(额敏河)和霍博(今新疆和布克赛尔)为中心的地区。按蒙古人习惯,幼子继承家业,其余诸子另立门户,所以前面三子分有被征服的领土,而幼子拖雷继承了漠北蒙古本土。至于汗位继承,则与财产继承有所区别。成吉思汗对于确立汗位继承人,非常犹豫。在西征将要开始时,也遂夫人(成吉思汗宠爱的妻子)说:"皇帝涉历山川,远去征战。若一日有不讳,四子内命谁为主,可令众人先知。"成吉思汗就把四个儿子找到一起商量。他先征求术赤的意见，术赤还未说话，察合台抢先说道："父亲问术赤，是不是要委付他？他是篾儿乞种带来的，俺如何教他管？"原来，成吉思汗长妻孛儿帖曾被篾儿乞人抢去，夺回以后才生下术赤，所以他的血统是很可疑的。术赤听了这番话，非常恼怒，揪住察合台的衣领，就要动手，被旁人劝阻住。面对二子的冲突，成吉思汗感到忧虑，便指定第三子窝阔台为汗位继承人，并要其余三子立誓拥戴。术赤于成吉思汗出征西夏时在自己的封地死去。成吉思汗临死前，将窝阔台、拖雷及其他诸子召集在一起，用箭和多头蛇作譬喻，要他们拥戴窝阔台为大汗，并说："只要你们弟兄相互帮助，彼此坚决支援，你们的敌人再强大，也战胜不了你们。"因此，在成吉思汗死后召开的忽里台大会上，根据遗命与会者一致推选窝阔台为大蒙古国的大汗。但是，事实与成吉思汗的愿望相反，子孙并不听从他的嘱咐，反而经常为争权夺利发生冲突。从窝阔台即位之日始，以术赤系和拖雷系为一方，以窝阔台系和察合台系为另一方，形成两个派别，围绕着汗位一直进行着明争暗斗。大蒙古国与元朝政治生活的许多方面，都是受这一派系斗争影响的。

成吉思汗是中国和世界历史上的一个传奇人物。他幼年时历经艰辛，成人后屡遭挫折，但从不气馁，努力奋斗，终于战胜一个个强大的对手，统一了蒙古草原。大蒙古国建立后，他又接连用兵，四处出征。他的一生，"灭国四十"，在世界历史上写下了惊心动魄的篇章。"一代天骄"，他是当之无愧的。

大蒙古国的建立，使草原上说各种语言的部落，逐渐融合为一个民族共同体，以蒙古为名，走上了世界历史舞台。在蒙古族的形成和发展过程中，成吉思汗的贡献是巨大的，他是当之无愧的蒙古族民族英雄。他在我国北方的军事活动，打破了长期以来分裂割据的局面，为以后元朝统一全国奠定了基础，也是有积极意义的。当然，也应看到战争的消极一面，无论在蒙古草原统一的过程中，或是对金、西夏的战争中，都造成了巨大的破坏，各族（包括蒙古族在内）人民的生命财产遭到十分惨重的损失。

成吉思汗的西征，是一个长期存在争论的问题。西征是在"复仇"的名义下进行的，实质上是争夺霸权的斗争。西征给中亚各族人民带来了极大的痛苦，成吉思汗的暴行长期留在人们的记忆里。但是，也应该看到，它冲破了长期以来各国互相隔绝的状态，促进了东西方经济、文化的交流，"丝绸之路"再一次兴盛起来。西征带来的这方面的后果，在世界历史上是有积极意义的。

明代官修的《元史》称赞成吉思汗"深沉有大略，用兵如神"。历来中外历史学家都盛赞成吉思汗的军事天才。的确，他善于用兵，能出奇制胜，在军事上有许多值得重视的创造。但是，我们也可以看到，他并不是天生的常胜将军，在统一蒙古过程中，曾不止一次吃过败仗。重要的是，他在失败之后从不气馁，善于从失败中学习，以坚强的意志，重整旗鼓，直到取得胜利。正因为他在艰苦的环境中得到了充分的磨炼，所以在走出蒙古草原以后，才会所向无敌，成为叱咤风云的一代豪杰。

崛起布衣

——明太祖朱元璋

名人档案

太　祖：名朱元璋，幼名重八，改名兴宗，字国瑞，属龙。明朝开国皇帝。性格开朗。濠州钟离(今安徽凤阳)人，农民出身，幼失父母。后参加元末农民起义军，建立明朝。在位31年，病死，终年71岁。

生卒时间：1328年~1398年

安葬之地：葬于应天孝陵(今江苏南京钟山南面)。谥号开天行道肇纪立极大圣至神仁文义武俊德成功高皇帝，庙号太祖。

历史功过：灭亡元朝，统一中国；颁行法律，整顿吏治；与民休息，轻徭薄赋；垦荒屯田，兴修水利；屡兴大狱，滥杀功臣；创建特务机构，加剧极权统治。

名家评点：太祖以聪明神武之资，崛起布衣，乘时应运，戡乱摧强，奄奠海宇，西汉以后所未有也。

出身寒微　投奔红巾

　　朱重八这个名字，是按照当时他们兄弟之间的排列顺序而起的。朱五四有兄弟二人，其兄朱五一生有四子，分别起名为重一、重二、重三、重五；朱元璋身上有三个哥哥，分别取名为重四、重六、重七，所以，他起名重八，顺理成章。朱重八后来发达以后，曾几次更换雅名，最后选定为：名元璋，字国瑞，这个名字从此载入了史册。为了前后一致，本传此后只称朱元璋。

朱元璋家境贫寒,从小就饱受苦难的生活,7岁就操起皮鞭给地主放牛牧羊。父母亲的美好愿望,并没有使得小元璋受到点滴实惠。然而,他的聪明才智,在小小的年纪里就表现得淋漓尽致。一次,在同食不果腹的小伙伴们山中放牧时,饿得饥肠辘辘,小元璋指挥大家七手八脚地宰杀了自己放养的一头小牛,然后捡些干柴烤起牛肉来。当大家狼吞虎咽将半生不熟的牛肉吃下肚后,才想到由此所引起的严重后果来,知道自己闯了大祸,于是面面相觑,并且互相埋怨、指责起来。小元璋此时表现出了大丈夫的气概,胸脯一拍,很大度地说:"主意是我出的,有什么事由我一人承担,只要大家按照我说的做就行了。"说完,便吩咐大家用沙土掩埋了小牛的皮、骨、血迹等,并把牛尾巴扯下,牢牢地插入石缝中。回去后,对地主谎称小牛钻进了山洞里,夹在了石头缝里边。地主明明知道有诈,却找不到充足的理由驳斥元璋,只好不了了之。自此,小伙伴们对朱元璋既感激又佩服,小元璋自然而然地成了他们的"领袖",玩起游戏来,总是被推举做"皇帝"。

至正三年(1343),朱元璋17岁那年,淮北发生了多年不遇的干旱荒年,旱灾引起了蝗灾和瘟疫,广大农民在饥饿与瘟疫的双重折磨下,处于水深火热之中,过着朝不保夕的生活,不少人家相继病死,成了绝户。朱元璋一家也难逃厄运,先是64岁的父亲撒手人寰,紧接着不到半个月的时间里,他的长兄、长侄以及母亲也离开了人间。多年的贫寒生活,再加上亲人的离去,此时的朱元璋已经厌倦了这个昏暗的世界,恨不得随亲人而去。然而,这个家庭已经没有人能再抚摩他的伤痛、安稳他的心灵了。朱元璋走投无路,只好剃光了脑袋进了皇觉寺。他穿起了衲衣,做起了小行童。整天除了扫地上香,打钟击鼓,还要为主持担水劈柴、烧饭洗衣,几乎无所不做。低眉弯腰,劳苦疲乏,还要受师父的责骂、师兄的刁难。他开始羡慕大墙外面的生活,特别是怀念与少年伙伴们一起放牛、一起割草那些无拘无束的日子。但是,为了生存下去,为了混口饭吃,朱元璋只得忍气吞声。

由于旱情严重,地里的植物颗粒无收,靠收租来度日的皇觉寺终于维持不下去了。入寺才50天,经文没念上一卷,各种杂活倒做了不少的小沙弥朱元璋,被主持打发去"云游",实际上就是流浪各地,向大户人家"化缘",求乞度日。这样一去就是三年。

朱元璋几年来的流浪生活,尝尽了人间的辛酸,也看到了各地百姓同样的困苦。到处是衣服褴褛,到处是如土的面色,到处是成群结队的逃难人群。百姓们已不再对腐败的朝廷、官府抱有任何希望,他们只有把满腹的希望寄予神灵、菩萨的保佑。他发现,一路上,除了各大小寺院里虔诚的信男信女之外,百姓们普遍信仰白莲教,并大有积蓄力量、蠢蠢欲动之势。

三年后,朱元璋又回到了皇觉寺。"云游"中,他目睹国事日非,预感到天下大乱的时候就要到了,即立志勤学,广交朋友,以待时而动。他在这里学习了三教九流的许多知识,诵经,打坐,做布施,做道场,外加清除,上香,劈柴,担水,读书,识字。一晃,又过了较为平静的四年时间。

这时的中国,正处于元朝末年社会矛盾空前激化的年代。不堪忍受元朝封建统治者的残酷剥削和压迫的农民们终于在元至正十一年(1351)勇敢地行动起来了。白莲教主韩山童乘机聚集数千人,斩白马乌牛,祭告天地,揭竿起义。因起义军头裹红巾,身穿红衣,打着红旗,被称为"红巾军"。接着,彭莹玉、徐寿辉在湖北组织起义,土豪方国珍、盐贩张士诚也先后在浙江和苏北起兵反元。与此同时,郭子兴在濠州起兵响应,袭杀州官,占领了濠州城。至此,农民起义的烈火迅速燃烧在大江南北。

虽然身居静门,内心却早已不安分的朱元璋,听到不断传来的农民起义的消息,已是热血沸腾。面对所生活的黑暗社会,他早就有了投奔"红巾军"的念头,只是对"红巾军"内部不甚了解,再加上元军追杀得太紧,怕他们成不了气候,而犹豫不决,持观望态度。正在这时,已在郭子兴的军队里当上了小头目的儿时的穷伙伴汤和,给朱元璋捎来了一封信,邀请他前去投军。此时他仍举棋不定。同屋的师兄偷偷告诉他:汤和来信邀他参军一事已被人知道了,就要去报官领赏。被逼上绝路的朱元璋,终于看清了自己所面临着的危险形势。丢掉幻想,告别了朋友,连夜向濠州城急急奔去。

广交豪杰　　不断壮大

至正十二年(1352)闰三月初一,天刚蒙蒙亮,朱元璋就来到了濠州城下,被守城卫兵绑去见了郭子兴。当这个时年 25 岁、身强力壮、气度不凡的精壮汉子站到面前,立即把郭子兴吸引住了。子兴便留他做了帐下亲兵。朱元璋不负子兴的众望,更加苦练武艺,听从指挥;并且处事沉稳,计虑周详,仗打得漂亮,且能独当一面,是个难得的人才。由此,郭子兴就把他当作知己,时常把他叫到内宅议事,宠信有加。

此时,郭子兴身边有个养女,她是郭子兴的刎颈之交的老友马公的独生女。马公夫妇死后,所留下的小女就由郭氏夫妇收养。马姑娘勤劳贤惠,深得郭氏夫妇的喜爱,二人也把她视为己出。此时,马姑娘已是待嫁的年龄,郭氏夫妇决心把她嫁给一个有出息的人物,以了却自己及死去的老友的心事。朱元璋的到来,使郭子兴心地开朗,并同时得到了郭夫人的喜爱,又征得了马姑娘的同意,就择日给他们成了亲。

这位马姑娘出生于至顺三年(1332)七月十八日,此时刚满 21 岁,比朱元璋小4岁。她脸上有几颗麻子,说不上十分漂亮,却聪明、端庄、秀气,颇有大家闺秀的风度。自从与朱元璋结婚,夫妻感情一直很好,对朱元璋的事业也很有帮助,后来成为中国历史上非常有名的后妃。

出身低微的朱元璋,投军时间不长,能与大帅的养女结亲,自然是身价百倍。

人们对他不得不刮目相看，官兵们也不直呼其名了，而尊称他为朱公子。但朱元璋的好运，却惹恼了郭子兴的二位公子。这郭氏二兄弟，心胸狭窄，嫉妒心强，对突然出现的朱元璋，眼见着地位一天比一天高，如今又做了郭家的乘龙快婿，与自己称兄道弟，感到心里很不舒畅。于是，兄弟两个三天两头到父亲郭子兴面前搬弄是非，说朱元璋的坏话，说他讨你的好，听从你的指挥，实际上是有一天要夺你的兵权，等等。起初，郭子兴对此并不以为然，还叱责他们胡说八道。久而久之，不免对朱元璋也起了疑心。终于，有一天，郭子兴把朱元璋关进了禁闭室。郭氏二兄弟兄阴谋得逞，又商量着如何将朱元璋置于死地，这时，他们的阴谋首先被马姑娘察觉，并告知了郭夫人。郭夫人一听，大怒，立即找来郭子兴和两个公子，把他们骂了个狗血喷头，逼着他们说出实情。两个公子眼看隐不下去，就把他们的所作所为一五一十地道了出来，并认了错。郭子兴听了，非常惭愧，感到非常对不起朱元璋。从此后，郭氏一家对朱元璋更加厚待，朱元璋也通过这件事品尝到了做人的艰难，自己逐渐成熟起来。

不久，队伍里又发生了内讧事件。当初，郭子兴与孙德崖、俞某、鲁某、潘某一起举事，倒也能协同作战，相安无事。当取得胜利后，在立名号、排座次的问题上，却各不相让，相互猜疑。当时，元帅郭子兴与歃血为盟的副帅孙德崖因战事不和而发生了冲突。孙遂设下圈套，将郭子兴骗到家中，想秘密处死他，自立为帅。朱元璋出征归来闻讯后，即带领亲兵追到孙家，拔剑而指："敌人逼近城下，副帅不去杀敌，却要谋杀主帅，这是什么道理？"遂指挥兵士砍断锁链，救出郭子兴。有此救命之恩，郭子兴对朱元璋更加宠爱和厚待了。

通过这个事件，朱元璋对时局有了更加清醒的认识：他们五人（包括郭子兴在内），都不是能成大事的人。为了自己的地位、排名，他们互不服气，互不支持，内耗太多。长此下去，不是自己把自己打败，就是被元军消灭掉。要想成就一番大事业、还是靠自己。但目前自己手下无兵，如何能树立起自己的威望呢？于是，朱元璋就说服了郭子兴，让他批准自己回家乡招兵。1353 年春天，朱元璋回到了久违了的故乡钟离，十几天的功夫，就拉起了一支 700 多人的队伍。郭子兴喜出望外，当即升任元璋为镇抚，并把这 700 人的精壮部队交给他率领。这是朱元璋独自带领的第一支队伍。

朱元璋手握兵权，再也不愿呆在多事的濠州，他决心独自打下一片天地。经郭子兴的允许，至正十四年（1354）正月初一，朱元璋带领着精心挑选出来的 24 名士兵，离开濠州，向南奔向定远。这些精兵强将是他从 700 名士兵中挑选出来的，其余的全部留给了郭子兴。这 24 人是：徐达、汤和、吴良、吴祯、花云、陈德、顾时、费聚、耿再成、耿炳文、唐胜宗、陆仲亨、华云龙、郑遇春、郭兴、郭英、胡海、张龙、陈桓、谢成、李新、张赫、张铨、周德兴。他们都曾经是受尽苦难的穷苦庄稼汉，但此次南行，便成了与朱元璋一起打江山的亲信、骨干和时代的风云人物。后来，他们 3 人封公、21 人封侯（其中，耿再成和花云在开国前战死，公与侯为追封），全部都成了有明一代名垂青史的开国功臣。

南下定远后，第一仗是智取驴牌寨，收编了这支3000多人地下武装，使自己拥有了一支名副其实的武装部队。

这时，定远县同其他混乱地区一样，兵匪如蝗，军寨林立。有的是游兵团聚，有的是财主结寨自保。收降这些散兵游勇，是壮大势力的途径。朱元璋看准了这一点，凭着自己手中的3000人马，说降了盘踞豁鼻山的秦把头，得部众800人。又乘胜夜袭拥兵数万余众的元朝义兵元帅缪大亨。险居横涧山的缪大亨，睡梦中慌忙迎战，因摸不清对方的虚实，士兵伤亡惨重。看到如此形势，他只好率领所剩下的2万多人投降，归顺朱元璋。收编了缪大亨的人马后，队伍迅速扩大，朱元璋威名大震，四方归附。

就在朱元璋将要离开横涧山去他处征战时，接到邻近的冯国用、冯国胜兄弟的邀请。元璋欣然应邀前往。这冯氏二兄弟，是两个20岁上下的青年。他们靠着祖上留下的一些产业，专好习弄刀箭，攻读兵书，钻研攻防计略，结交天下豪杰，成为远近闻名的文武全才。元末，群雄并起，他们也拉起了队伍，结寨于妙山。当得知元璋智取驴牌寨，义说秦把头，夜袭缪大亨，队伍作战勇敢，纪律严明，人心所向，心里很是佩服，便有投靠之意。朱元璋见冯家兄弟举止得体，温文尔雅，知道是读书之人，心里非常高兴，便向他们请教取天下的大计。国用回答："书生有六字相告。"元璋急忙请教，国用说："'有德昌，有势强。'建康（今南京）虎踞龙蟠，帝王之都，拔而取之以为根本，成有势之强。然后命将出师，倡仁义，收人心，不贪子女玉帛，则为有德之昌。而后天下可定。"听到这番议论，有茅塞顿开之感。自打从军以来，朱元璋接触的都是些无知识的小农，还没有听见过这样清晰明白、高瞻远瞩的谈话，他第一次感到读书人的高明。于是，就将冯氏兄弟留在了身边，作为他的幕中参谋，为他出谋划策。向建康即集庆路发展，成为他追求的目标。眼下第一步，是兵发滁州。

朱元璋在定远的一举一动，还被另外一个读书人密切注视着，他就是与朱元璋的帝位关系密切的李善长。李善长，原名元之，祖籍安徽歙县，生于延祐元年（1314），比元璋大14岁。少时曾在家闭门苦读。他喜欢文案书牍、兵家法家著作，善于推测人们的心理活动，预见某些事物的发展与结局。因不满元朝的腐朽，而弃文经商，遂成了定远一带有名的大财主。但他仍然密切注视着形势的变化，等待着大显身手的时机。对韩山童、郭子兴等，他都感到不能成大器，而不轻易出头。眼下，朱元璋的出现，使他看到了希望，仿佛看到了"真龙天子"的幻影。冯氏兄弟的主动投靠，使他下定了决心。他当机立断，把家稍做安排，就急急忙忙去追赶朱元璋的队伍。

至正十四年（1354）七月，42岁的李善长在去滁州的途中求见朱元璋，元璋大喜，立即请李善长上座叙谈。二人越谈越投机，善长特别生动详细地叙述了出身微贱的汉高祖刘邦取天下的故事，使元璋听得入迷。你问我答，整整谈了一天，晚饭后，秉烛对座，谈兴更浓，不知不觉中，又迎来了第二天的朝霞。善长特别指出："主公祖居沛县，正同汉高祖同乡，山川王气，正应在主公身上。"元璋强作镇静，缓声说道："照先生看，这四方战乱什么时候可结束？"善长略做沉吟，回答道："汉高祖虽然出身布衣百姓，然而豁然大度，知人善任，不贪图眼前的富贵享乐，不烧杀抢掠，五年就成就了帝业。今日的时局，与秦末有些相似。只要主公效仿汉高祖，天下很快就会平定的。"李善长的一席长谈，不但鼓起了朱元璋的雄心，而且对他今后的事业产生了深远的影响。在他看来，李善长的到来，就是萧何转世，是来帮助他成就大业的。于是，当即任命李善长做记室（秘书官），一切机密谋议都认真听取他的意见和建议。

文人儒士的韬略，更坚定了朱元璋夺取天下的雄心壮志，也加快了他横扫群雄、统一天下的步伐。

此时，元军围攻在六合的另一支反元武装。六合守将派人到滁州求援。郭子兴同六合守将有过节，不肯派兵前往。朱元璋深知六合在地理位置上的重要性，若六合被攻破，必危及滁州，于是，便苦口婆心地向郭子兴申明利害关系，终于使子兴同意派兵。当时攻六合的元军号称百万，无人敢与之迎战。朱元璋奋勇当先，点齐兵马直指六合。朱元璋设伏打退了一股元军之后，故意将夺得的马匹还给元军。元军以后遇到了红巾军主力，遂引兵撤离。朱元璋勇救六合，计驱元兵，其胆识、智谋令诸将折服，同时也显示出了他的杰出的军事才能。

至正十五年（1355）春，朱元璋率军攻下和州（今安徽和县）后，郭子兴任命他为总兵官，统率和州诸将的兵马。当时和州的诸将成分复杂，多为郭子兴的部下，纪律松弛，为所欲为，很不得人心。朱元璋上任后，并未被他们所看重，每次议事，争抢上席，而把最末的一个座位留给他。朱元璋决心改变这种状况。不久，他创议修建城池，规定每人负责一段，限定三天完工。届时只有朱元璋负责的一段修完。于是，他拿出郭子兴的金牌，厉声说："我这个总兵官是郭元帅任命的，大家理应服从。修建城池已有约在先，大家不能按时完工，万一敌人来犯，我们怎么对付？此事既往不咎，今后再有违抗命令者，一律军法严惩！"众将从此听命于朱元璋，再也没有违纪现象发生。

同年三月，郭子兴这位起义领袖故去了。此时，韩山童的儿子韩林儿被拥立为小明王，国号宋。小明王任命朱元璋为左副元帅。不久，其两副帅又先后战死，朱元璋遂被升任为大元帅。至此，他的岳丈郭子兴所创建的起义军旧部全部归为朱元璋指挥了。

朱元璋成了一军之主后，越来越感到自己所掌管的地盘狭小，兵马太少，难以实现自己的宏图大业。必须打过长江去，才能求得进一步的发展。于是，他特别注意瓦解敌人，壮大自己；同时，又采取措施，鼓舞士气，使他们勇猛作战，一往无前。至正十六年（1356）三月，朱元璋亲统水陆大军，进攻集庆（今南京），三天内，攻破城外的陈兆先军营，陈部36000人投降。朱元璋看到这支投降的军队顾虑重重，恐惧万分,心神不定,就从中挑选出 500 名勇士当自己的亲军,让他们在夜里当自己的守卫,而自己平时的卫士一个不留,全部打发走。朱元璋独自脱下战甲,酣然入梦,一觉到天亮。3 万多降兵知道了这件事,大为感动,便赤胆忠心地为朱元璋效力,心甘情愿地跟随朱元璋打天下。

三月十日,朱元璋攻下了集庆。第二天,朱元璋带领徐达等巡视全城,看到它的雄伟、它的富庶和繁华,恍惚如在梦中,那种激动与兴奋简直无法按捺,遂对徐达等人说:"金陵枕山带江,真是天造地设的一块宝地,难怪古人称之为长江天堑。况且仓廪实,人民足,今天终为我有。再加上诸位同心协力相助,还有什么样的功业不能建立!"徐达附和道:"元帅建功立业绝非偶然。今天能够得到它,实在是上天所授!"听到这话,元璋更是喜欢。

于是,改集庆为应天府。设置大元帅府,朱元璋自任大元帅。从此,朱元璋有了一个为将来打天下而积蓄力量的可以立足的基地。

朱元璋以应天府为根据地,经过了几年的努力,拥有集庆路、太平路、镇江路、广德路等江南地盘、十几万军队,成为江南很有势力的割据政权。此时,他的上游有义军徐寿辉,下游有张士诚,今天的浙江宁波、临海沿海一带有方国珍,其他江南地区仍为元朝所占有。江北则有韩林儿的大部队牵制着元朝主力,做了南方农民军的屏障,使他们得以任意地蚕食元属领地,并在彼此之间展开厮杀与拼搏。此时的朱元璋,已不是早先的小和尚了,已成长为一名驰骋疆场的将帅、一个称雄一方的霸主。

运筹帷幄　登基称帝

取得了初步的胜利后,如何发展今后的事业,是摆在朱元璋面前的首要问题。至正十七年(1357)在攻占了徽州后,朱元璋亲自到了石门山拜访老儒朱升,请教夺取天下的计策。朱升高瞻远瞩地送给他三句话:"高筑墙,广积粮,缓称王。"就是说,要扩充兵力,巩固后方;发展生产,储备粮食;不图虚名,暂不称王。朱元璋认为老儒的话很有道理,即提出了一个在两淮、江南地区"积粮训兵,待时而动"的行动计划。

"兴国之本,在于强兵足食。"按照老儒朱升的提示,朱元璋首先抓紧军队建设,提高军队的作战本领,尤其重视军事纪律的训练和整顿,强调"惠受加于民,法度行于军"。同时,朱元璋大抓农业生产。他设置营田司,任命营田使,负责兴修水利。并且还抽出一部分将士,在战事之余开荒屯田;推行民兵制度,组织农村丁壮,一面练武,一面耕种。这样一来,所生产的粮食不仅能自给自足,还能支援贫苦的百姓,改变了军队历来吃粮靠百姓的习惯,深受农民的欢迎。

为了发展自己的势力,朱元璋还礼贤下士,广揽人才。刘基、叶琛、宋濂、章溢四大名士被应聘至应天,朱元璋称他们为"四先生",特筑礼贤馆,给他们居住。

此外,朱元璋为了避免树大招风、较早暴露自己,以防止在自己力量脆弱的时候被吃掉,他在形式上一直对小明王保持臣属关系,用的还是宋政权的龙凤年号,打的还是红巾军的红色战旗,连斗争的口号也不改变。直到朱元璋改称吴王后,发布文告,第一句话仍是"皇帝圣旨,吴王令旨",表示自己仍是小明王的臣属。朱元璋经过如此数年卧薪尝胆,积蓄力量,开拓疆土,其所辖的根据地终于巩固地建立起来了,在人们不知不觉中拔地崛起一支足以与元军相匹敌的强大军事力量。

随着朱元璋势力的一天比一天强大起来,原先的盟友,为了争得利益,也逐渐变成了对头,变成了朱元璋改朝换代的强大阻力。于是,朱元璋在同元军进行殊死搏斗的同时,不得不对盘踞在周围的敌对势力进行清除。四周的陈友谅、张士诚、方国珍、陈友定部,以陈友谅部的势力最大,他也是朱元璋占领应天后所遇到的第一个劲敌。

至正二十年(1360)五月,陈友谅以派人祝贺胜利的名义去江州(今九江)杀死徐寿辉。他估计应天指日可下,野心勃发,就以采石五通庙为行殿,草草即了皇帝位,改国号为汉。随后盛食厉兵,约张士诚夹攻朱元璋。

陈友谅当时的势力相当强大,光战舰就有百余艘,且兵众士广,杀气腾腾。驻守应天城中的朱元璋的文官武将,风闻陈友谅部已顺江而下,旌旗指向应天,都吓得惊慌失措。一时间,众将领议论纷纷,有的主张投降,有的主张放弃应天,也有的主张抵抗,各执一词,乱成一团。唯有谋臣刘基成竹在胸,静坐不语。朱元璋问计刘基,刘基答道:"张士诚目光短浅,胸无大志,只满足于割据一方,没有什么可怕的。陈友谅占据上流,拥有精兵利舰,来势凶猛,是一支不可小视的队伍,我们必须集中力量打败他们。这样,张士诚便不敢出兵,应天城就没有什么忧患了。我们再北向中原,必定可成王业。"朱元璋又问他:"如何打败陈友谅呢?"刘基说:"陈友谅自恃人多势众、装备精良,骄傲轻敌。诱敌深入,用伏兵截击,定能取胜。"朱元璋觉得刘基的分析非常深刻,入木三分,便采纳了他的意见,遂决定伏兵智取陈友谅。

如何诱使陈友谅迅速东下、进入伏击圈?使朱元璋颇费思量。突然,他想起了一个人,这就是他早年攻打集庆时招降的元水军元帅康茂才。康本是陈友谅的好友,但归顺朱元璋后,深得器重和宠信。他早有报答朱元璋之意,只是没有机会。此时,朱元璋将他找来,如此这般地告知了他这次行动的计划,他非常痛快地接受了任务,遵照朱元璋的指令,康茂才派一个亲信将其亲笔信秘密送给"老友"陈友谅,约陈及早来攻应天,由他做内应,里应外合,一举拿下应天城。陈友谅见信后,大喜,忙问来人:"康将军现驻在何处?"来人答称在龙江(应天附近)。陈友谅深信不疑,迫不及待地率主力直奔龙江,没有见到康茂才的踪影,方知受骗中计,急令舟师转移。此时为时已晚,朱元璋的伏兵早把陈友谅部团团围住,插翅难逃。只见朱元璋站在高高的卢龙山上擂鼓助战,顿时杀声四起,水陆并进,把陈友谅苦心经营的精锐部队打得丢盔弃甲,死伤无数,落荒而逃。张士诚见状,果然未敢轻举妄动。

接着，朱元璋又挥师攻下安徽，收复江西等许多州县，扩大、巩固了胜利成果。

三年后，陈友谅倾其全力，统兵60万包围洪都（今南昌），以报龙江之仇。朱元璋亲率20万大军救援洪都，逼陈友谅退至鄱阳湖。陈军几百艘战舰用铁索联结起来，有十几里长，在兵力上占了显著优势。朱元璋利用敌舰高大、联舟布阵所带来的行驶不灵活的弱点，就决定采取火攻的战术。他派出敢死队，用轻舟装满火药和芦苇，乘机点火，借着风势，冲入敌舰阵。刹那间，火借风势，风助火势，火焰冲天，湖水皆赤。陈部官兵围困在转移不得的战舰上，冲不上，逃不走，只能眼睁睁地看着被大火吞没。眼看这场战斗是无法再继续打下去了，陈友谅只好带兵突围。他刚冲出湖口，不料又遇伏兵拦截，陈友谅被一支飞箭射穿了头颅，而一命归天。

消灭了势力最强、野心最大的陈友谅后，朱元璋又挥师东进，征旗直指雄踞东方的自称"吴王"的张士诚。

张士诚本是个盐贩子，其手下也多是一些盐贩子、盐丁、中小地主和部分贫苦农民。他们由于不堪忍受元朝统治者的压迫凌辱，而趁元末大乱时聚众起兵，作战也十分勇敢。但其领导集团却非常腐败，自称"吴王"的张士诚，胸无大志，只图保住一块地盘尽情地享乐。他终日不理政事，与一批地主文人谈古论今，舞文弄墨。其属下的将军大臣也争相修花园，玩古董，养戏班子，整日寻欢作乐，甚至打仗时还带着舞女做伴解闷，完全丧失了战斗力。

对于张士诚，朱元璋不是急于一下子将他消灭掉，而是分三个阶段对其围攻：首先，攻苏北和淮河下游地区；然后，取湖州、杭州；最后，南北夹击，攻破平江。

朱元璋在围攻张士诚的同时，派大将廖永安去滁州假意迎接小明王至应天，从瓜州（今江苏六合东南）渡江时，廖乘机把船弄翻，使小明王溺死江中。这样，又为以后的登基，扫清了一个绊脚石。

与此同时，朱元璋还制服了浙江的方国珍，平定了福建的陈友定，又乘胜南进攻克了广东、广西。在实现了整个南部中国除四川、云南外的统一后，不失时机地调集精锐部队实施北伐，同元朝政权展开了最后的大决战。

元朝政权虽然依靠地主武装，于至正十九年（1359）攻陷了宋政权都城汴梁（今开封），后又拔掉了宋最后一个据点安丰（今安徽），把北方红巾军也镇压下去。但它的统治基础，也在各支起义军，特别是北方红巾军的沉重打击下趋于瓦解。此时，它仅仅依靠几支地主武装支撑残局，且内部派系林立，矛盾重重，已是摇摇欲坠、不堪一击了。

至正二十七年（1367）十月，朱元璋派徐达、常遇春率25万大军北伐，大军出发前，他亲自制定了一个周密的作战计划："先取山东，撤除大部的屏障；再回师河南，剪掉它的羽翼；夺取潼关，占据它的门槛。如此一来，天下形势为我所掌握，然后进兵大都，元朝势孤援绝，可不战而胜。"

北伐战争按照朱元璋的计划顺利实施了。当年十一月，徐达就率军推进到山东，平定了山东全境；继而兵分两路，又胜利进军河南，所向披靡，元朝将领纷纷归附。至第二年三四月间,北伐军包围元大都的战略已告完成。

元朝最后的一个皇帝——元顺帝眼看援军无望,孤城难守,慌忙带后妃、太子北逃。八月,徐达率领大军攻进大都,统治近百年的元朝政权宣告被推翻。明朝呼之即出。

虽然朱元璋从骨子里就想登基做皇帝,但却不好自己提出来,好在有一批贴心的下属早已看出了他的心思。

早在七月间,在朱元璋兴致勃勃地与熊鼎等文臣研究庆典雅乐时,李善长便率群臣上表,劝元璋即皇帝位。朱元璋认为时机尚不成熟,"一统之势未成,四方之途尚便",而没有采纳。到了十二月,在战场上南北大局已定时,李善长又率文武百官奉表劝进。朱元璋自谦说:自己"功德浅薄,自愧弗如,还不足以当此造福万民的皇帝重任",而再一次推辞不就。第二天,李善长再率百官恳请,说道:"殿下谦让之德,已经著于四方,感于神明。愿为生民百姓的利益着想,答应群臣的要求。"朱元璋终于同意登基做皇帝了。

布衣皇帝　强权政治

朱元璋梦寐以求、文臣武将们翘首以待的好日子就要到来了。经过多日的准备,至正二十八年(1368)正月,在北伐胜利攻克山东的凯歌声中,40岁的朱元璋在文武百官的欢呼声中于应天城中的奉天殿内正式登上皇位,改国号为大明,年号为洪武,应天为南京。同时,册封马氏为皇后,长子朱标为太子;任命李善长、徐达为左右丞相,刘基为御史中丞兼太史令。至此,一个出身农家、横笛牛背的牧童,经过奋斗,终于成了我国历史上继刘邦之后的又一位出身布衣的开国君主。

凡事冷静,是朱元璋成功的一大秘诀。越是打了胜仗,越是办事顺利,他的头脑就越清醒,就越是能从中捕捉到可能发生的隐忧隐患。现在衮冕登极,实现了多年的愿望,他自然处在极度的兴奋当中,不过他很快就从激动的情绪中平静下来。即位第二天,他就告诉身边侍臣,说:"你们知道,创业之初是怎样的困难,而不知道守成会更加困难。"第三天,在奉天殿内外大宴群臣时,他又专门讲了保持忧患意识的重要性,说:"处天下者,当以天下为忧;处一国者,当以一国为忧;处一家者,当以一家为忧。身担天下国家之重,不可顷刻忘却警畏。"

朱元璋登基以后,每天天不亮就开始批阅奏章,接见大臣,一直忙到深夜。他兢兢业业,一心想着如何巩固统治,使大明的江山、朱家王朝得以万世长存。

元末明初,经过近20年的战争,人们转徙流离,或死于饥荒,或亡于战火。到处都是灌莽弥望、一片荒凉的景象。同时,元政权垮台后,蒙古贵族虽退居漠北,但仍然保存有一定的势力,其"引弓之士,不下百万也;归附之部落,不下数千里也",随时准备卷土重来,严重威胁着明朝边疆的安全。在明王朝内部,伴随着新政权的确立,统治集团之间争权夺利的矛盾与日俱增。这一切,都危及着新王朝的统治。面对严酷的现实,他决心在幅员广阔的大明帝国建立起一套权力高度集中、运转自如、犹臂使指的统治政权。于是,他首先大刀阔斧地开始了改革旧制,以建立高度发展的中央集权制。

洪武初年的官僚机构,基本上还是沿袭了元朝的建置。在实践中,朱元璋逐渐感到,现行的政治体制潜伏着十分严重的危机,特别是中书省。中书省总管天下政事,掌管中书省的丞相统率百官,对政务有专决能力,位居一人之下万人之上,掌握着行政大权,容易造成大权旁落,酿成军权与相权的对立。

地方政权机构也沿袭元制,即设行中书省。元代行中书省统管一省军政、民政、财政大权,便形成了枝强干弱、地方跋扈的局面。实际上,一个行中书省就是一个独立王国。朱元璋曾做过小明王的行中书省丞相。想当初,他表面拥戴小明王,实则不把小明王放在眼里。所以,他对元代设置行中书省的弊端看得最深刻了。

看到了官僚机构设置的弊端,朱元璋就着手大刀阔斧地进行改革。为了缩小矛盾,他首先对地方政权机构进行了改革。他决计把地方政权控制在中央,只许地方奉令唯谨。于是,朱元璋把行中书省改为布政司,设左、右布政使各一人。布政司和行中书省的性质有着根本的不同:行中书省是中书省的分出机构,布政司则是皇室的派出机构。前者是中央分权于地方,后者是地方集权于中央。布政使是中央派住地方的使臣,负责宣传、执行朝廷的政令,秉承朝廷的意旨。同时,地方还设置了掌管军事的都指挥使司和管理司法的提刑按察使司。这三个机构合称"三司",彼此互不统辖,既各自独立,又相互牵制,都直接听命于朝廷的指挥,达到了朝廷收回大权的目的。

实现了对地方行政机构的改革之后,朱元璋又开始集中精力对中央政府机构,首先是总揽天下政事的中书省的改革。本来中书省在中央各机构中位置都重要,其行政长官左、右丞相又负有统率百官之责,这样君权与相权、皇帝与丞相之间的矛盾最容易激化。明初的第一任丞相李善长、徐达,因与朱元璋共同打得江山,又遇事必请示朱元璋,得到朱元璋的首肯后才执行,他们之间相处得倒也相安无事。但是,相位传至胡惟庸时就不同了,1373年,定远人胡惟庸被晋升为中书省丞相。他因是朱元璋建国的第一号功臣李善长的女婿,深得朱氏的宠信,于是在朝中结党营私,组成一个淮人官僚集团,且大权独揽,独断专行,对官员升降、生杀之事,他都自作主张,不向朱元璋请示。刘基曾对朱元璋说过:"胡惟庸是一头难驯的小犊,将来会愤辕而破犁。"而极力让朱元璋罢免胡惟庸。但是,朱元璋念及李善长的友谊,又从内心里宠爱胡惟庸,就没有采纳刘基的意见。这样一来,胡惟庸更是有恃无恐,变本加厉地网罗自己的党羽,组织自己的小团体,肆无忌惮地排斥异己,妄图与朱元璋分庭抗礼,称霸天下,终于引起了朱元璋的警觉。洪武十三年(1380),有人告发胡惟庸阴谋叛乱,朱元璋毫不留情地对他进行抄家灭族,并乘机下令废除中书省,声称今后永不再设丞相一职,大臣中如有奏请再立者,处以重刑。同时,提高吏、户、礼、兵、刑、工等六部的地位,由六部分理朝政,各部尚书直接对皇帝负责,奉行皇帝的命令。六部分任而无总揽之权,政务由皇帝亲裁。此时,朱元璋实际上在兼行宰相的职权,封建中央集权发展到了顶峰,他成了历史上权力最大的君主之一。

朱元璋在继废中书、罢丞相之后,对中央监察、审判机构也进行了一系列改革调整。

中央的监察机关明初为御使台,洪武十五年(1382),朱元璋把它改为都察院,下设十三道监察御史。其职权是:纠察百官,辨明冤枉,凡有大臣奸邪、小人构党,擅作威福,扰乱朝政,或贪污舞弊、变乱祖制的,都要随时检举弹劾。这实际上是些"天子耳目风纪之司",起着为皇帝搏击异己的鹰犬作用。

朱元璋即位时,中央军事机关为大都督府,统领全国所有的卫所军队。他认为大都督府的权力太大,在废除中书省时就把它一分为五,设立左、右、中、前、后五军都督府,分别统领所辖的卫所军队。并规定,都督府只管军籍和军政,而由兵部掌握军令颁发和军官铨先之权。若遇战事,调遣军队和任命将帅将由皇帝决定。只有在皇帝做出决定之后,兵部发出调兵命令,都督府长官才可奉命出为将帅,带领所调集的军队出征。一旦战事结束,将帅即要交还帅印。这样一来,军权也集中到了皇帝手里。

经过一番改革和经营,朱元璋把全国军政大权都集中到了中央,最后统归皇帝一人掌握。他认为这套严密的统治制度,是确保朱家王朝"万世一统"的最好制度,特地编订一部《皇明祖训》,要求他的子孙后代必须世代遵守,不可妄加改变。

这样一来,朱元璋的皇权确实强化了,但皇帝的政务也随之繁重起来了。过去,政务有丞相协助,现在,朱元璋一人独揽大权,事无巨细,一切事情都要他亲自处理。当时,国事待兴,政务十分纷繁,长此下去,或者要误大事,或者要把皇帝的身体累垮。朱元璋便在洪武十五年(1382)设置了华盖殿、文华殿、武英殿、文渊殿、东阁等殿阁大学士,以帮助朱元璋阅读奏章,处理起草文书,襄助侍从,以备顾问,无丞相之名,实干丞相之事。昔日的忙乱现象逐渐得了改观,工作效率也增加了不少。

设锦衣卫　无孔不入

还是在大明王朝建立的前夕,朱元璋就将文武百官请到自己身边,给大家出了个题目:元朝为什么会土崩瓦解?不久将诞生的新王朝的当务之急是什么?让大家各抒己见。刘基首先进言:"宋元以来,宽纵日久,当使纪纲整肃然后才能实施新政。"朱元璋一边洗耳恭听,一边陷入思索:想当初元朝统一海内,政治不可谓不清明,只是到了后来,贵戚专权,奸邪得宠,内外勾结,使法度松弛,纪纲日坏,造成国家土崩瓦解。现在是大明创业之初,要改变这种状况,恢复建立封建秩序,必须制定严格的法律。

根据朱元璋的命令,李善长于至正二十七年(1367)就开始了从事法律的制订工作。对各级官吏的职权任务以及应当遵守的事项,都做出了详细的规定;对官吏的违法乱纪行为,也制定出了具体的惩处办法。洪武三十年(1397),经朱元璋的授权,终于正式颁布了几经修改、已趋完善的《大明历》。该历法十分具体,执行起来非常方便,尤其是对官吏贪污,处罚得特别重,这也反映出执政之初的朱元璋仍然保留着质朴的农民习气,对贪官污吏尤其深恶痛绝。法律规定:凡犯有贪赃罪的官吏一经查证属实,一律发配到北方荒漠地区充军;官吏贪污获赃白银60两以上者,处以枭首示众、剥皮实草之刑。

后来,朱元璋根据《大明历》的施行情况,又差人编出了《大诰》,共汇编了案例一万多件,要求每户都持有一册,经常翻阅,起到警示作用。朱元璋在《序言》中写道:"将残害百姓的事例昭示天下,各级官吏敢有不务公而务私、贪赃酷民的,务必追究到底,严加惩处。"朱元璋对自己主持制定的法律非常满意,除要求各级严格施行外,还要求自己的家人和大臣带头执行,若有违犯,执法即相当严厉,这在中国古代封建帝王中是很少有的。这样的例子很多,在这里仅略举一二:他的女婿、驸马都尉欧阳伦,因违犯法律贩运私盐,且不听小吏的劝阻,朱元璋知道后,立即下令赐死欧阳伦,并发了通敕令,表扬了那位劝阻的小吏;他的义子、亲侄朱文正,因违法乱纪,朱元璋就撤了他的官职;开国功臣汤和的姑父,自以为有强硬的靠山,就隐瞒土地数量,不纳税粮,朱元璋也依法将他处死。

为了大明王朝的长治久安,朱元璋同贪赃枉法者的斗争十分坚决,顶住了一切压力,毫不手软。他除了注意平时依法严查以外,还集中力量处理了几个权力大、根子深、影响坏的贪污案件,一查到底,严查严办,不给他们留有任何幻想,得到了全国百姓的广泛赞同。洪武十八年(1385),御史徐敏、丁举廷告发北京承宣布政使司、提刑按察使司的官吏李彧、赵全德等人,伙同户部次郎郭桓、胡益、王道亨等人贪污舞弊,吞盗官粮。朱元璋听说这件事后,十分愤怒,当即命令司法部门依法严加追查。查到后来,进展缓慢,司法部门也感到很棘手,因为这个案件一直牵连到礼部尚书赵瑁、刑部尚书王惠迪、兵部侍郎王志、工部侍郎麦志得等高级官员和许多布政使司的官员。在追查他们内外勾结,狼狈为奸,盗窃国库的金银财宝,盗卖官仓里的粮食时,又发现他们还贪污了大量的没有入库的税粮和渔盐等项税款,其数量之大,令人震惊,案件查清后,看到如此大案要案,且牵扯到的要犯职位之高、人数之广,司法部门不敢依法执行,只好请示朱元璋。朱元璋当即下令将赵瑁、王惠迪等人弃市,郭桓及六部侍郎以下的官员也统统处死。一时间,与各布政使司有牵连的大小官吏几万人也都被逮捕入狱,严加治罪。各地卷入这个案件的官吏、富豪被抄家、处死者不计其数。一段时间里,彻底打击了贪赃枉法者的气焰,此类案件的发生数量急剧下降,百姓无不拍手称快。

为了加强对臣民的监视和控制，及早发现有不忠于自己的地方，朱元璋一贯采取彼此提防、加强监视的措施，且收到了良好的效果。早在战争时期，元璋曾以多收义子做耳目，达到监视的目的；建国前后，已开始使用太监做眼。后来，朱元璋设立了负责保卫和侦缉的两个特务系统：一个系统叫检校，一个系统叫锦衣卫。检校"专主察听。在京大小衙门官吏不公不法及风闻之事，无不奏闻。"重要的头目有高见贤、夏煜、杨宪、凌说等人。元璋把这几个人比作自己养的几条恶狗，使人见人怕。他们都以"伺察搏击"即访人的阴私、打小报告以博取主子的欢心，同时也把自己搞得声名狼藉，后来，连朱元璋也容不下他们了，把他们统统处决。锦衣卫的前身是拱卫司和亲军都尉府，正式建立于洪武十五年（1382），是皇帝的仪仗和贴身的警卫部队，它还专门设立有刑讯机构镇抚司，朱元璋亲自过问的案子都交镇抚司刑讯办理。这样一来，锦衣卫从缉查逮捕到刑讯一应俱全，就构成了严密的特务系统。

这些特务几乎是无孔不入，不管是文官武将的所作所为，都逃不过他们的鹰眼犬鼻。对京城武将的监视之细微，涉及了他们的家庭琐事。大将华高、胡大海之妻礼佛敬僧，与外籍僧人有来往，向他们学习西天教法。被他们知道后，就告了上去，朱元璋勃然大怒，命人将两家的妇人和僧人一起投入水中致死。浙江绍兴70多岁的老儒钱宰被征到京城编书，因年老力衰、精神疲倦，一天，不觉吟到："四鼓咚咚起着衣，午门朝见尚嫌迟。何时得遂田园乐，睡到人间饭熟时。"第二天，文华殿赐宴，元璋对钱宰说："昨天你做得好诗。可是，我何尝嫌你，'嫌'字何不换成'忧'字？"钱宰吓黄了脸，忙跪下谢罪。大学士宋濂有一次请客喝酒，朱元璋秘密遣人监视，看这个老实谨厚的人是否表里如一。第二天，问宋濂：昨天饮酒了吗？请的什么客，吃的是什么菜？宋濂答毕，朱元璋笑着说："说的对。你真是个老实人。"国子监祭酒宋讷很受朱元璋的信任，一天，朱元璋突然问他："宋祭酒昨天为什么独坐发怒？"宋讷大惊，说道："昨天有诸生走路颠跑而跌倒，摔破了茶具。臣觉得是自己的教育没尽到责任，就独坐着自责。皇上是怎么知道的？"当朱元璋把偷偷监视他的特务画的画像拿给他看时，他连忙跪地叩头谢罪。由此可见，朱元璋所建立的特务组织之严密，特务们的无孔不入。

朱元璋不仅有一套严密的政治统治制度，而且对人们的思想控制也相当严密。也正因为如此，他亲手酿造了一桩桩触目惊心的文字狱。

像朱元璋这样，家境贫困，自幼失学，成年以后在战争与厮杀中才开始读书学习，而能够操觚成文，马背哼诗，粗通文史，已实在是很不容易的了。但是，比起朝中那些从小就饱读经书的文人墨客，朱元璋所掌握的学识实在是少得可怜。在那个讲门第、讲资格、讲知识的年代，以皇帝之尊也无法弥补这种心理上的缺陷，他不免感到自惭形秽。这时，他会觉得眼前那些舞文弄墨的文臣，趾高气扬，看不起他。这种高贵与卑贱两种相互矛盾的潜意识的冲击，使朱元璋与贤士大夫之间，形成了相当微妙的关系。他最不高兴人们提他的出身经历；对于臣属的言辞文字，他都反复推敲,注意寻找有否挖苦诽谤之处。因为朱元璋做过几年和尚,故与和尚有关的"僧""光""秃"字都是他最忌讳的,甚至连与此有关的谐音字也不能在奏章文字中出现。杭州府学教授徐一夔在其起草的《贺表》里有:"光天之下,天生圣人,为世作则"的话。这本来是歌颂朱元璋的,可读罢他却勃然大怒:"这个腐儒竟敢这么侮辱我。'生'者,'僧'也,骂我当过和尚;'光'则,'秃'也,说我是个秃子;'则'字音近'贼'字,骂我做过贼。"于是下令将他处死。这样一来,在朝野文人当中造成了一个"开口怕锦衣卫,提笔怕文字狱"的人人自危的恐怖局面。这可以说是当时整治国家机构,进行法律建设取得成效之中的一个不合拍的"音符"。

医治创伤　发展生产

建国之后,朱元璋在对政治制度、法律制度实行大刀阔斧、卓有成效地改革的同时,也着手医治战争创伤,恢复和发展社会经济。

明帝国建立后,朱元璋在经济上所面临的是一幅凋敝不堪的景象。元末明初的20多年的战乱,使整个中国遍地荆棘,满目疮痍。当时的河北平原,荆榛丛生,积骸成丘,人烟断绝;一向发达的汉中地区,也是一片荒草灌丛,虎豹出入其中;就连唐宋以来的南北交通枢纽、繁华的扬州城也变成了一片废墟。

面对着这个衰败的局面,朱元璋即位不久(洪武元年正月十三日),就将御史中丞刘基召到偏殿,寻问治理的良策,说道:"十几年来,群雄角逐,生灵涂炭。而今天下开始太平,恐怕要考虑一下百姓休养生息的事情。"刘基略一沉吟,便答道:"要对人民采取宽仁的政策。"朱元璋说:"笼统讲宽仁不讲实惠,也无益。依我看来,必须使民众的财力增加,减少劳役,安养生息,为国家创造财富,百姓足而后国富,百姓逸而后国安,未有民困穷而国独富安者。"

农业是封建社会最主要的生产部门。朱元璋在恢复和发展社会经济中,把农业放了重要的位置。为了稳定经济残破的北方新平定地区,朱元璋下令免除其农民一年到三年的租税,并对贫户饥民输谷赈济。洪武二年(1369)三月平定了陕西时,正值关中大饥,朱元璋命令立即调运粮食,每户发粟3石,一下子稳定了陕西的局势。因为朱元璋懂得:"得民心者得天下。抚恤老幼,天下为人子弟父母者感悦诚服。如果任他们贫困而不周恤,他们还要我这个皇帝有什么用? 必然不听我的指挥而叛乱、暴动。"

要发展农业生产,就必须保证农业第一线有足够的劳力资源。于是,就号召百姓归农,垦荒种植。对因战乱而离乡出走者,若返乡复业,给予适当的奖励。奖励之外,还采取了一些强制性措施。朱元璋下令将那些游手好闲、赌博无业的二流子加以逮捕监禁,关进"逍遥牢",改造一段时间后迫令其归农,有的则迁于边远的地方。对那些有田不耕、任其荒芜的,则全家迁发荒凉边远的地区弃军。并把"开荒垦种，劝民归农"作为对地方官考核的重要标准。洪武五年(1372)，又发布诏令，解放奴婢，让他们归农垦种。而且明令，除去贵族、官僚之外，一般百姓之家，再也不准买卖收养奴婢。富贵之家的奴婢也应减少到最少数量。违者，施行杖刑。

除去就地开垦，还实行移民垦荒。移民垦荒又称民屯。迁出民户的，主要是那些"地狭民多，小民无田以耕"的地区。大规模的组织移民屯垦始于洪武三年(1370)，迁徙苏、松、杭、嘉、湖五府4000多无地民户到凤阳。其后又大规模迁民7次之多，先后有20多万人迁徙到他地垦荒种田。移民一般由政府提供路费，发放耕牛、农具、种子，并免除三年赋役。这些外来移民与当地的土著居民分别管理，自成聚落，一般称之为某某屯，以与原来土著称为乡、社的村落相区别。

除了民屯之外，还有军屯、商屯两种。军屯是由卫所军队来承担的。建国初始，朝廷就明令："天下卫所，一律屯田。"要求边地的军队三分守城、七分屯耕，内地的军队二分守城、八分屯种。拨给士兵每人50亩地，并统一发放耕牛、种子和农具。屯种的头几年不纳税，以后每亩只交税一斗，其余作为本卫所的军粮。明代初期有100多万军队，其军粮绝大部分来自军屯。所以，朱元璋曾自豪地说："我养兵百万，不需要百姓支付一粒粮食。"商屯是军屯的补充。明初政府曾实行"中盐法"，要求商人运粮到边境入仓，商人再将盐运回内地贩卖。后来，商人干脆就在边境地区募民屯垦，所获谷物就地入仓，以减省运费。

朱元璋奖励屯垦的政策，收到了显著的成果。据不完全统计，到洪武十三年(1380)，共垦荒地1.8亿多亩，加上军屯和商屯垦田，垦荒总面积远远超出了原来的熟田面积，十几年间耕地面积增加了一倍多。使残破的经济逐渐走向复苏，满目疮痍的局面初步得到根治。

但是，随之而来又出现了新问题。大规模的垦荒，不仅促进了自耕农的成长，也促成了中小地主的再生。垦荒不仅是劳动的投入，更重要的是农具、牲畜、种子的投入。谁更多地掌握这些生产资料，谁就可能占有更多的耕地。国家奖励垦荒，不限制亩数，减免徭役赋税，就便利了这些有余力者占有了更多的土地并占有他人的劳动。"富家隐藏逃户，辟地多而纳粮少，故积有余财而愈富。"使自耕农之间迅速发生了两极分化，新的地主富户又不断地迅速成长起来。

当朱元璋了解到这个情况后，针对抢占荒地和出租雇佃的情况，洪武十四年(1381)朱元璋下令在全国进行户口普查，洪武二十年(1378)又在全国普遍丈量土地，并根据拥有田地的数量，对所交纳的赋税进行了适当的调整，辟地多者，纳粮亦多。限制了贫富之间差别的加大，减轻了普通农民的负担，调动了广大农民的生产积极性。

朱元璋虽然贵为一国之尊，但由于他出身贫苦，少年时代饱经沧桑，青年时又度过了艰苦的军旅生涯，可以说，世间所有的苦，他都饱尝过。因而，他对"成由节俭破由奢""节俭则倡，淫逸则亡"这样的古训有着切身的体会。正是因为有过艰难的经历，使他把节俭既看作是一种美德，又看作是一种治国方策，看作是抚慰百姓、安定民生的重要措施。

在此方面，朱元璋总是从我做起，从宫廷内部首先做起，以身垂范。他曾说过："珠玉非宝，节俭是宝。"他的宫室起居、吃用等相对其他帝王来说，相当俭朴。并且一生谨言饬行。他一般不近女乐歌舞，不看戏曲，更没有酣歌夜饮的习惯。他一心扑在国事上，戴着星辰起床，日暮才回后宫。在公事的空闲，多是读读书，或是与文人学士谈论经史文学，丰富自己的知识。

朱元璋对他的嫔妃、太监的要求也很严格。包表笺的包裹绣有金龙，元璋命宫人清洗出来，将金粉积少成多，铸成金块。还命宫人将做衣服剩下的绸缎片缝成百衲被面，供平时使用。一天，他回到后宫，见到地上散乱放堆着一些零碎丝绸，便把嫔妃全部召来，给她们算一笔百姓养蚕丝织应役纳赋账目，而后下令，再有这样浪费的，必严加惩处。他命令太监在皇宫墙边种菜，不要建造楼台亭阁，并要太监织造麻鞋、竹藤。为了让皇子们得到锻炼，他规定他们出城稍远，要骑马十分之七，步行十分之三；并让他们深入到农家的茅草小屋，看看农民吃、住、用的情况，让他们从小就体察民情。

朱元璋虽然因家境贫困没有上过一天学，但他却喜爱读书，推崇文人。在他的队伍草创初期，便与李善长、冯氏兄弟、范常等读书人结下了不解之缘。而后，江浙文人学士聚集在他麾下，他们于戎马倥偬之中，讲经论史，寻章摘句，联句吟诗。在有了相当的阅读能力之后，元璋不仅择经读史，揣摩兵书，学习星占，浏览申、韩法家南面之术，苏、张纵横辩说之词，李、杜诗家吟咏之作。一直到称帝之后，这种学习从不间断。通过学习，使他从一个识字不多的一介武夫变成了一个文化人。他粗通《四书》《五经》、诸朝基本史实，与文臣讲论，常常引经据典，对许多历史上的著名人物、著名的事件都有独特的见解和评说。这些，为他成为中国历史上的卓越政治家、军事家，打下了良好的基础。

洪武三十一年（1398），一代开国名君、71岁的朱元璋因病长逝，谥高皇帝，庙号太祖。同历史上其他皇帝一样，朱元璋生前就安排好了自己的后事，生前就在南京钟山南麓的独龙阜建好了他的陵墓——孝陵，死后就安葬在此处。

他一生生育了24子、16公主。遗诏命太孙朱允炆嗣位。

经文纬武

——清康熙帝玄烨

名人档案

康熙帝:名爱新觉罗·玄烨,顺治帝福临第三子。属马。清朝第四位皇帝。性格仁孝智勇。福临病死后即位。在位61年,是中国历史上在位时间最长的皇帝。病死于畅春园,终年69岁。

生卒时间:1654年~1722年

安葬之地:葬于景陵(今河北遵化西北70里昌瑞山)。谥号弘运文武睿哲恭俭宽裕孝敬诚信功德大成仁皇帝,庙号圣祖,史称康熙皇帝。

历史功过:智除鳌拜,削平三藩,抗击沙俄,统一台湾,平定噶尔丹。整顿吏治,招揽人才,废除圈地,改革赋役,发展生产。

名家评点:早承大业,勤政爱民,经文纬武,寰宇一统,虽曰守成,实同开创。

烦恼少年　奋发图强

康熙帝姓爱新觉罗,名玄烨,是顺治帝的第三子,顺治十一年(1654)三月十八日生于景仁宫。玄烨虽然贵为天子,但8岁丧父,10岁丧母,少年时代就成了孤儿。这不幸的遭遇给他带来许多政治的、人情的烦恼,同时也造就了他独立思考、奋发图强的个性。

顺治帝临死之前,遗诏命索尼、苏克萨哈、遏必隆和鳌拜四人为辅政大臣,叫他们共同辅佐年仅 8 岁的玄烨做皇帝。这四人受命后,曾在顺治帝的灵前宣过誓,说他们要"协忠诚,共生死,辅佐政务",并且保证"不私亲戚,不计怨仇,不听旁人及兄弟子侄教唆之言,不求无义之富贵","不结党羽,不受贿赂",等等。但是,这些誓言、保证不久都化作了泡影,辅政的大臣变成了少年天子的绊脚石。

四个辅政大臣中,索尼年老早死,遏必隆追随鳌拜,苏克萨哈与鳌拜有矛盾,到康熙六年(1667)被鳌拜诬陷致死。鳌拜是个专横跋扈、野心勃勃的人物。他肆无忌惮地贪污受贿,结党营私,疯狂地扩张自己的权力和财富,并以维护祖宗之法为借口,把顺治时期的某些进步改革一个一个地推翻。鳌拜还欺侮康熙年幼,经常在康熙面前呵斥大臣,甚至吼叫着同康熙争吵不休,直到康熙让步为止。面对这样一个咄咄逼人的家伙,康熙应当怎么办呢? 下令逮捕吗? 不成。因为这个人不仅大权在握,而且还有一大批党羽,弄不好要出大乱子。康熙六年(1667),玄烨已经 14 岁,依照规定,他可以开始亲政了。此时他虽然还是个少年,但他天资聪慧,机智过人,加上平素努力学习历代统治经验,已经开始向成熟的彼岸过渡了。于是,他在祖母孝庄太皇太后的支持下,不动声色,悄悄地开始了铲除鳌拜的准备。古人说:欲擒故纵。玄烨对鳌拜也是采用的这种麻痹战术。他曾给鳌拜父子分别加过"一等公""二等公"的封号,以后又分别加了"太师""少师"封号。至此,鳌拜父子也真到了位极人臣的地步。然而,加封不过是一种表面现象,而且是一种假象。玄烨亲政后不甘做傀儡皇帝,他同鳌拜的矛盾无法掩饰地日益激化起来。到康熙八年(1669),鳌拜自恃位高权重,经常借口有病不上朝。有一次玄烨去探望鳌拜,御前侍卫和托发现鳌拜神色反常,便迅速走到鳌拜床前,揭开席子发现一把匕首。鳌拜见此情景十分紧张。玄烨却出人意料地笑了,说:"刀不离身是满人的旧俗,不足为怪!"当场稳住了鳌拜。回宫后,玄烨以下棋为名,立即召大学士索额图入宫,谋划铲除鳌拜之事。在此之前,他以演习摔跤为名,训练了一批身强力壮的少年,为擒拿鳌拜做了准备。现在,终于到了实施他的计划的时刻了。一天,当鳌拜入宫去见玄烨时,便神不知鬼不觉地被一群演习摔跤的少年擒住,并立即被投入监狱。玄烨监禁了鳌拜后,立即公布了鳌拜的三十条大罪状,逮捕、惩办了鳌拜集团的首恶分子。后来,鳌拜死于狱中。玄烨解决了鳌拜之后,还为以前受鳌拜打击迫害的人平反昭雪,下令永远禁止圈占民地,限制奴仆制度,放宽逃人法,改革政府机构,恢复被鳌拜取消的内阁和翰林院。由于玄烨这些决定深得人心,因而进一步巩固了清朝的中央集权。

铲除权臣鳌拜,使少年的康熙帝在政治上从此摆脱了充当傀儡的烦恼,为他日后施展自己的雄才大略创造了条件。

但是,少年时代的康熙帝还有第二个烦恼——科学的烦恼。这种烦恼在当时的具体事件就是清初的历法风潮。

清朝定都北京后,曾经为明朝修改历法的一些西方传教士,又投靠了清廷。以汤若望为首的耶稣会士们,在顺治帝当政期间,受到极为优厚的待遇。由于修改历法取得成绩,汤若望被任命为钦天监的监正(相当于国家天文台台长),还被赐予"通玄法师"的称号。顺治帝死后,康熙年幼,鳌拜排斥一切进步事物。可巧有一个名叫杨光先的人,上书给清廷,说明末科学家徐光启借鉴西方科学是"贪其奇巧""阴行邪教",有阴谋;又说汤若望阴谋推翻清朝,在《时宪历》上印有"依西洋新法"五字,是向全世界宣示清朝屈服于西方,应将汤若望等人处死,恢复旧历法。在鳌拜操纵下,议政王会议、礼部、刑部决定废除新历法,并杀了一批主张用新历法的人。仅仅由于康熙祖母的庇护,汤若望才免于一死。汤若望下台后,杨光先被任命为钦天监监正。杨对天文历法并无新的研究,对中国古老的一套也不熟悉,所以推算的错误屡屡出现。这时,玄烨已经十五六岁,他一面酝酿着消灭鳌拜势力,一面思考着解决新旧历法争议的途径。当时,他还没有能力从科学上分清这场斗争的是非,因而十分苦恼。但他知道,只有抛弃偏见,并用实验的方法来检验新旧历法,才能得出正确的结论。他派大学士李霨等人向杨光先和西方传教士南怀仁等宣读他的指示:不准心怀偏见,不许固执己见,"务须实心,将天文历法详定,以成至善之法"。后来经过多次测量、推算,杨光先等人的旧法总是不准,而南怀仁的新法则比较准确。但杨光先的理论很厉害,他说:"皇上是尧、舜的继承人,应该用尧舜以来的老黄历,假如改用西洋历法,那么尧舜以来的诸书礼乐、文章制度就都完了!"所以,"宁可使中国无好历法,不可使中国有西洋人!"康熙帝对此非常反感。到康熙八年(1669)五月,鳌拜集团倒台。七月,南怀仁等传教士控告杨光先"依附鳌拜",要求将其处死。康熙帝虽然支持新历法,但反对把这场科学上的公案引入政治斗争的邪路。所以,他决定宽大处理:"杨光先本当依议处死,但念其年老,姑从宽免,妻子亦免流徙(流放)。"

清初的历法争议,对少年的康熙帝产生了极大的刺激。他后来回忆说:"新旧历法两派互相控告,死了不少人。在双方辩论时,王公大臣中竟没有一个人对历法有了解。朕目睹其事,心中痛恨。所以在日理万机之余,专心学习天文历法20余年,终于略知其大概,不致混乱。"

在科学的是非面前无所依从,虽然是他少年时代的一大烦恼,但却使他懂得了学习的重要性。康熙十五年(1676),他下令钦天监的官员必须学习新法,对新法不掌握的人,不准升用。不过,康熙帝虽然学习西洋历法,但他并不迷信和墨守这些成果。他认为,新法使用年月久了,也会出偏差,也必须不断修正。

少年时代的康熙帝,在政治上铲除了鳌拜集团,在科学上分清了历法争议的是非。这两件事,显示了他的确具有卓越杰出的智慧,有统治国家的巨大魄力。

大权归一　统一战争

康熙帝粉碎鳌拜集团之后,在朝廷内部实现了大权归一,真正达到了亲政的目的。但是,整个中国还不统一,还潜伏着分裂割据的危机。当时,在南方有手握重兵、伺机而动的汉族军阀吴三桂、尚之信、耿精忠;在东南沿海及台湾有伺机侵犯大陆的郑氏政权;在西北方有剽悍难服、时或掳掠的准噶尔部。因此,康熙帝面临和肩负着一场统一国家的战争。

一、平定"三藩"之乱

"三藩"是指明亡后投靠清朝的三个汉族军阀,即平西王吴三桂(镇守云南)、靖南王耿精忠(耿仲明之孙,镇守福建)、平南王尚之信(尚可喜之子,镇守广东)。这三个军阀在追随清军镇压农民起义和消灭南明抗清势力的过程中,逐渐扩大了私人势力,各自拥兵在手,独霸一方。

"三藩"之中,以吴三桂势力最大。吴三桂自康熙元年(1662)在云南绞死了南明永历帝朱由榔后,便割据云南。吴在当地圈占民地,抢掠人口,苛捐杂税,鱼肉百姓。他占据南明桂王五华山的帝宫作为藩府,大肆扩建,搞得"千门万户,极土木之盛"。吴三桂为了扩大势力,还招降纳叛,广收党羽。他选官、练兵,清廷不能过问,用财开支不受户部限制。所以当时有"天下之财赋,半耗于三藩"的说法。盘踞在广东、福建的尚之信、耿精忠也都极力扩大自己的势力。因此"三藩"的割据,不仅是清朝实行中央集权的巨大障碍,而且还严重地威胁着清朝的统治。

对于"三藩"应持什么政策呢?是养痈遗患还是动手术切除?对此,清廷内部意见不一,曾经进行过多次辩论。有人主张削去"三藩"兵权,即实行撤藩;但许多人害怕吴三桂等人,认为撤藩会引出天下大乱。可巧康熙十二年(1673)三月,尚可喜因受不了其子尚之信的挟制,向朝廷提出告老还乡,并请求让尚之信接替他的封爵,继续镇守广东。19岁的康熙帝认为这是撤藩的大好机会,便立即批准尚可喜告老还乡,但不准其子袭爵。当时,吴三桂的儿子在北京,消息很快就传到云南、福建。吴三桂、耿精忠心中忐忑不安,便于七月间先后上疏,假意请求撤藩,以此试探朝廷的态度。康熙帝接到吴三桂、耿精忠的上疏,下令廷臣会议讨论。当时大部分廷臣反对撤藩,有的说吴三桂镇守云南,靖边有功;有的说撤藩后朝廷另派兵去镇守,财政费用太大,因此断不可撤,实际上是怕引起乱子。只有户部尚书米思翰、兵部尚书明珠、刑部尚书莫洛等少数大臣力主撤藩,认为决不能再让吴三桂盘踞云南了。经过几次会议讨论,意见始终不能统一,而且辩论十分激烈。这时,康熙帝挺身而出,做出了果断的裁决——坚决撤藩。他指出:"三藩"久握重兵,已经形成尾大不掉之势。吴三桂蓄谋已久,撤亦反,不撤亦反,与其养痈成患,不如及早除掉。所以,他毅然下令批准吴三桂、耿精忠自请撤藩的上疏,并派特使分别赴云南、广东、福建宣读朝廷撤藩命令和督促实行。

吴三桂接到撤藩旨意后,便于当年(1673)十一月悍然举行叛乱,发布讨清檄文,宣称要恢复明朝,并自称"天下都招讨兵马大元帅"。从此,一场长达8年的大叛乱正式揭开了战幕。

叛乱开始后，吴三桂的军队很快就打到湖南，广西、四川的将军、提督、巡抚也闻讯响应。康熙十三年（1674）三月，耿精忠在福建起兵反清，到康熙十五年（1676）二月，尚之信又在广州揭起叛乱的旗帜。南中国燃起了熊熊战火！

"三藩"之乱来势汹汹。清朝内部有一些读史不能消化的迂腐大臣，主张重蹈西汉初年景帝杀晁错的历史覆辙。他们对康熙帝说："应该先杀掉那些主张撤藩的大臣，只有这样才能使吴三桂息兵。"康熙坚决反对重复历史的错误。他熟读史书，深知这是腐儒之见，汉景帝虽然杀了主张削藩的晁错，吴楚七国之乱依然不止，因为吴王刘濞等人是醉翁之意不在酒。康熙表示，"如果有错误，朕一人承担"，决不把责任推给别人。因此，他非但不杀主张撤藩的户部尚书米思翰和兵部尚书明珠等人，相反却把吴三桂留在京师的儿子吴应熊等人投入监狱。与吴三桂有往来的西藏达赖五世，也向康熙提出，"若吴三桂力穷求降，请免其一死；万一嚣张，不如裂土罢兵"，意思是以长江为界，承认一个南北朝的局面。康熙断然拒绝了达赖喇嘛，并命令他履行前言，协助清军平叛。为了横扫清廷内部的妥协论调和表示自己平叛的决心，康熙又下令处死了吴三桂的儿子吴应熊、孙子吴世霖。这样，朝廷内部的思想得到了某种程度的统一，并使吴三桂在精神上受到一次打击。

"三藩"之乱爆发时，康熙年仅 20 岁。但他历史知识丰富，又熟读兵法，善于谋略，指挥得当。他知道，"三藩"之乱虽然气势吓人，只要打败吴三桂，其他人均不在话下。所以，他制定了重点打击吴三桂的战略，争取其他叛乱名中立、归降。如他反复争取叛乱的陕西提督王辅臣，稳定了西北战场的局面，粉碎了吴三桂打通西北的阴谋，他在军事进攻之余，又利用耿精忠与台湾郑经集团之间的矛盾，招降了耿精忠，并乘势进军，迫使郑经势力退出福建。到康熙十六年（1677），尚可喜忧愤而死，尚之信也因与吴三桂矛盾重重，在清军的进逼下向清朝投降。

康熙帝在激烈的战争中，能够保持刚毅、果断、沉着、机智。他深得用兵之道与指挥之法。他指示领兵诸将：战争中要紧的是得民心，所以一定要"严禁军士侵扰百姓"。为了取得这场战争的胜利，他执行了重罚先行于亲贵的做法，即对那些敢于玩忽职守、贻误军机、畏惧不前的皇亲国戚，绝不宽贷。如他下诏公布了顺承郡王勒尔锦，简亲王喇布，贝勒尚善、察尼、鄂鼐、洞鄂等人坐失战机、收受贿赂的罪行，分别给予了处罚。他说："若非朕运筹决策，命令水师取岳州，命令岳乐的江西军队进攻长沙，命令图海的陕西军速复平凉，后果几乎不堪设想。在一般人尚不可原谅，何况是王、贝勒这些皇亲国戚呢！"

吴三桂等人虽然一度掀起大波，但这些朝秦暮楚、气节丧尽的家伙是得不到人民拥护的。当时有人作诗讽刺吴三桂说："复楚未能先覆楚，帝秦何必又亡秦？丹心已为红颜改，青史难宽白发人！"这意思是说：你不但没有恢复明朝，反倒把明朝灭亡了，你为了一个美人（指陈圆圆）而改变了丹心，历史是难以宽恕你这老头子的！到康熙十七年（1678）三月，在清军步步进逼下，吴三桂日暮途穷，在湖南衡阳称帝,国号"大周",改元"昭武",但几个月后就在内外交困、忧愤交加中死去。他的孙子吴世璠继立后更是一天不如一天。康熙二十年(1681),清军攻陷昆明,吴世璠自杀。一场席卷10省、长达8年的大叛乱终于平息。27岁的康熙帝得到胜利的捷报,他心情激动,夜不能寐,挥笔写了一首《滇平》诗:

洱海昆池道路难,捷书夜半到长安。

未矜干羽三苗格,乍喜征输六诏宽。

天末远收金马隘,军中新解铁衣寒。

回思几载焦劳意,此日方同万国欢。

　　"三藩"之乱平定后,康熙采取一系列措施消除昔日的弊病。他下令在原来"三藩"控制地区设立八旗兵驻防,将藩王的财产全部充官作为军饷,革除昔日的苛捐杂税,归还被"三藩"霸占的部分民田。这些措施不但加强了国家的统一,也促进了经济的发展。

二、统一台湾

　　在"三藩"之乱的硝烟弥漫中国上空的时候,盘踞在台湾及东南沿海的郑氏集团也乘机向内地窜犯,并与"三藩"联为一气。因此,康熙在平定"三藩"之后,便决定解决台湾问题。

　　台湾自古就是中国的领土。荷兰殖民者趁明末中国动乱之机,派兵占领台湾,在台湾血腥地统治了38年。直到清初顺治十八年(1661),民族英雄郑成功才把荷兰人赶走。郑成功原想以台湾作为反清的基地,但不幸中年早死,壮志付之东流。郑成功死后,郑氏集团内部互相倾轧,统治者花天酒地,鱼肉人民,完全丧失了郑成功那种英雄气质。清廷曾多次用招抚办法,想和平解决台湾问题。但郑经(郑成功之子)集团一面表示可以称臣入贡,一面又坚持不登岸,不剃发,像朝鲜、琉球一样和中国保持一种藩属关系,实际上是想把台湾从祖国分裂出去。康熙帝断然拒绝了郑氏集团分裂国家的要求。他指出:郑经是中国人,台湾"皆闽(福建)人,不得与琉球、高丽比"。既然称臣,就必须接受调遣。由于在这样重大原则问题上达不成协议,再加上"三藩"之乱的干扰,统一台湾的问题便拖了很长时间。

　　康熙二十年(1681),福建总督姚启圣向康熙帝上疏,报告郑经已死和台湾内乱情况,认为"机不可失",应立即派兵统一,并推荐以前从郑氏方面归降过来的施琅作为进军台湾的统帅。康熙立即批准这个建议,任命施琅为水师提督,相机进取澎湖、台湾。康熙二十二年(1683)六月,施琅率军在澎湖海战中击溃了郑氏集团的主力,七月在台湾登陆。这时,台湾的当政者是郑克塽。有人教唆他赶快逃往南洋,建立流亡政府,也有人劝他认清形势,向清朝投降。就在郑克塽举棋不定的时候,康熙帝指示前线的施琅,要他力争和平解决,并转告郑克塽等人,"从前抗违之罪,尽行赦免",而且保证他们归降后给予从优待遇。由于康熙英明及时的决策和施琅等人的认真贯彻,郑克塽及许多在台官吏放弃了逃亡国外的打算,从而使台湾最终以和平方式得到统一。康熙二十二年(1683)八月,清军进入台湾。八月十五日(即中秋节)的晚上,统一台湾的喜讯传到北京,29岁的康熙帝无比兴奋。他多年统一国家的愿望终于取得了重大的成功。为了纪念这个重大的胜利,他欣然命笔,写了一首《中秋日闻海上捷音》的诗:

> 万里扶桑早挂弓,水犀军指岛门空。
> 来庭岂为修文德,柔远初非黩武功。
> 牙帐受降秋色外,羽林奏捷月明中。
> 海隅久念苍生困,耕凿从今九壤同。

经过长期的努力,祖国终于实现了九壤同耕的大一统局面。郑克塽到北京后,受到康熙帝的接见,并被授予正黄旗汉军公,其亲属、部下也分别被授予官爵。康熙帝还特别下诏说,郑克塽的祖父郑成功、父亲郑经不是"乱臣贼子",可以归葬南安。

统一台湾后,康熙又否决了朝廷内某些人放弃台湾主权的荒谬主张。他毅然批准施琅的建议,在台湾设一府三县,隶属于福建省,并在台湾驻军八千,澎湖驻兵两千。从此,台湾在政治上、军事上、行政上与大陆又重新成为一个整体,由于内地、沿海居民进一步移居台湾,台湾的经济也得到进一步的发展。

三、平定噶尔丹之乱

在我国的厄鲁特蒙古族中,有一支游牧在巴尔喀什湖以东、天山以北和伊犁河流域的强悍部落,这就是准噶尔部。准噶尔部世代受中国政府管辖。康熙十年(1671),噶尔丹杀死其兄僧格,夺取了准噶尔部的统治权。噶尔丹是一个雄心勃勃、掠夺成性的人物,他上台后频繁地对临近各部发动掠夺战争。康熙二十七年(1688),噶尔丹在进攻喀尔喀蒙古的过程中,同沙俄侵略者相互勾结,逼得喀尔喀蒙古部人民向南迁逃。

康熙帝曾致书噶尔丹,要求他"罢兵息战",不要对四邻各部肆行侵掠。噶尔丹虽然表面上臣服,但实际上却步步向东向南进逼,甚至把他的军队推进到距北京只有几百里的地方。康熙二十九年(1690)六月,康熙帝决定御驾亲征。八月间,左翼军同噶尔丹军队在乌兰布迪(今辽宁境内)发生了激烈的遭遇战,一举击溃噶尔丹的驼军,噶尔丹狼狈逃窜。康熙三十一年(1692),噶尔丹派人到北京,向康熙帝"请安进贡",表面上虽"词调恭顺",实际上是想麻痹康熙。康熙一眼就看穿了噶尔丹的阴谋,他指出:"噶尔丹不可信任,如果不加防备,万一有事就要后悔。"当时,西藏的第巴桑结与噶尔丹狼狈为奸,要求康熙撤回各地戍兵。康熙说:"第巴何以敢要求我朝撤兵?这是噶尔丹的阴谋。"所以,他决定,不但不能撤兵,还要加强防备。果然康熙三十四年(1695),噶尔丹又率3万人马沿克鲁伦河大举南犯,并扬言他背后有沙俄撑腰,已经从俄国借了6万鸟枪兵。康熙三十五年(1696)春天,康熙帝力排众议,决定第二次亲征。他指出,上一次亲征,因裕亲王福全中了西藏喇嘛济隆的缓兵之计,致使噶尔丹从乌兰布通逃走。又加上当时自己生病,未能彻底歼灭噶尔丹,至今犹以为憾。这一次亲征,一定要彻底根除噶尔丹势力,以绝后患。他命将军萨布素率兵出东路迎头截击,命大将军伯费扬古率兵出宁夏为西路,断绝噶尔丹的退路,自己则亲率禁旅为中路,三路军约期夹攻噶尔丹,务期彻底歼灭之。

康熙亲率的大军,在克鲁伦河附近向噶尔丹的军队相对扎营。当时两军的距离甚近。噶尔丹望见康熙的御营和清军的威武阵容,不禁为之胆寒,立即下令拔营逃走。康熙亲自率兵追击到拖诺山。当噶尔丹逃到昭莫多时,又同清军的西路大军相遇。在两军激战中,噶尔丹的军队几乎全军覆没,他仅率少数人死里逃生。康熙的第二次亲征又取得了重大胜利。但是,噶尔丹并没有死,这股叛乱势力并未根绝。所以,康熙一面分化受噶尔丹控制的回部、青海、哈萨克诸部,警告与噶尔丹狼狈为奸的西藏第巴桑结,一面限期噶尔丹到北京投降。由于噶尔丹拒降,康熙三十六年(1697),康熙又进行了第三次亲征。当时,康熙在各部族中的分化瓦解工作取得很大成功,因此噶尔丹四面楚歌,困难到"居无庐(帐幕),出无骑(马),食无粮"的地步。噶尔丹的儿子到哈密逼粮,也被当地维吾尔人擒送至清营。原先追随噶尔丹叛乱的亲信们,也慑于清军的威力望风投降。最后,噶尔丹在走投无路、众叛亲离的困境中服毒自杀(一说病死)。至此,康熙平定噶尔丹叛乱的斗争宣告结束。

康熙五十六年(1717),噶尔丹的侄子策妄阿拉布坦在沙俄煽动下,继两年前进攻哈密之后,又驱兵攻入拉萨,并到处毁寺庙,抢掠人畜。康熙五十七年(1718),康熙帝命皇十四子允禵为抚远大将军进驻西宁,指挥清军入藏平叛。当时有些朝臣希图苟安,看不到平叛的必要性,说:西藏路途遥远险恶,且有瘴气,不能顺利进军。康熙不同意这种看法,他反驳说:"策妄阿拉布坦的叛乱军队忍饥挨饿,步行一年有余,尚能到达西藏,我们的平叛大军怎么反而不能到达?"事实证明康熙的决定是正确的。当清军进入西藏时,西藏的大小头人、各寺喇嘛都争先恐后地出来迎接。清军迅速驱逐了叛军,取得了胜利。康熙死后,又经过雍正、乾隆两代人的努力,终于最后平定了准噶尔上层分子的叛乱。

康熙在用武力平定叛乱的同时,还用各种手段,对蒙古及西北、西南少数民族上层分子进行笼络。如:他对蒙古王公用封爵、联姻、组织打猎等方法加以团结,在承德按照各民族的特点建筑一些庙宇,以表示他对各民族风俗信仰的尊重,并以此来表明,清朝是一个多民族的国家。他的这些做法,对维护国家统一起了积极的作用。

卫国战争　抗击沙俄

在康熙一生中,抗击沙俄的武装侵略,保卫祖国北方的领土,占有十分重要的贝加尔湖以东和黑龙江流域,自古以来就是中国的领土。在唐、宋、元、明1000余年的历史中,我国历朝的中央政府或地方政府,均在黑龙江两岸设有管辖机构。顺治元年(1644),清朝在北京建立中央政权以后,不仅完全接替了明朝在这些地区的统治权,而且使当地同中央的关系更加密切。但是,自17世纪以后,沙俄利用我国明朝在东北势力的衰落和清朝入关南下之机,对黑龙江流域的侵略与日俱增。沙俄先后派遣波雅科夫、哈巴罗夫、斯捷潘诺夫等率兵侵入我国领土。他们到处烧杀抢掠,无恶不作,不但奸淫妇女,还残暴地烤食中国儿童。为了吞并我国领土,他们在被占领的土地上修建城堡,甚至还狂妄地叫嚣要清朝向沙皇进贡!顺治十五、十七年(1658、1660),清朝军队经过两次激战,击毙了斯捷潘诺夫,而且把其残部驱逐出黑龙江中下游。康熙继位后,沙俄又以被其占领的尼布楚为据点向东扩张,重新占据雅克萨城,并向南占领楚库柏兴(即色楞格,属中国喀尔喀蒙古),从而在贝加尔湖以东和黑龙江地区制造了新的紧张局势。

康熙帝从13岁起,就注意到了沙俄对我国的侵略。康熙十年(1671),18岁的康熙进行了第一次东巡,前往东北地区"周览形胜",并召见宁古塔将军巴海,了解当地情况,嘱咐他加紧操练兵马,做好边疆的保卫工作。当时,康熙已经准备开展一场驱逐沙俄的斗争。不料,康熙十二年(1673),爆发了吴三桂等人的"三藩"之乱,康熙的抗俄计划被迫暂缓执行。在平定"三藩"叛乱过程中,康熙曾希望通过外交途径解决沙俄的入侵问题。但沙俄非但置之不理,而且变本加厉地扩大其侵略,在中国精奇里江一带修筑结雅斯克堡和德隆斯克堡,在额尔古纳河东岸修筑额尔古纳堡。康熙二十年(1681),"三藩"之乱平定后,康熙立即把抗击沙俄的部署提上了日程。康熙二十一年(1682)四月,他借到盛京祭陵之机,再一次到东北边疆视察。回到北京后,又在同年九月派副都统郎谈、公彭春率人以捕鹿为名,到达斡尔、索伦等地观察形势,侦察敌情。在听取了郎谈等人的报告后,他下令修筑黑龙江呼玛城堡,调动军队,修造战船,储备粮食,开辟从乌喇(在今吉林)到瑷珲的驿路,组织了辽河、松花江、黑龙江的水路运输,为进行一场自卫反击战做好了充分准备。

康熙二十四年(1685)六月,清军水陆两军包围了俄军盘踞的雅克萨城,对负隅顽抗的侵略者展开了猛烈进攻。俄军头目托尔布津被迫出降。清军平毁了雅克萨城,将被俘的俄军遣送出境。但是,由于清军忽略了在雅克萨驻军,又没有割除附近的庄稼,因此托尔布津等人又率兵卷土重来,在雅克萨的废墟上重新建造了更为坚固的城堡。这样,康熙二十五年(1686)双方又进行了第二次雅克萨之战。在清军猛烈的炮火中,托尔布津重伤致死。到后来,800名俄军死伤、病亡殆尽,只剩了100多人。雅克萨城堡的攻克,已经指日可待了。就在这关键时刻,康熙的停战命令到了前线,说俄国派出的全权代表已在途中,双方将在谈判中定议边界。

康熙二十八年(1689),经过反复折中,中俄双方签订了《尼布楚条约》。条约规定,以格尔必齐河和额尔古纳河为两国国界。再由格尔必齐河源顺外兴安岭往东至海,岭南属中国。这就从法律上肯定了黑龙江和乌苏里江流域的辽阔地区是中国的领土。当时,由于噶尔丹叛乱的内因,清朝方面也做了重大让步,把本来属于中国的尼布楚划归了俄国。

总的说来,康熙帝的反侵略战争取得了重大胜利。他的英明表现在:不轻易用兵,而是先做好调查研究,做好军事的、物质的准备;不穷兵黩武,在取得反侵略战争的胜利后及时恢复和平,从不关闭谈判的大门。在战争过程中,他认为将军萨布素未能毁掉雅克萨附近的田禾是一大错误,因为这正是侵略者得以卷土重来的物质条件。当议政王大臣会议请下令直隶、山东、山西、河南各省派火器兵支援进攻雅克萨时,康熙指出:这些兵未曾经历过战阵,况且黑龙江火器甚多,应改派福建投诚、善用藤牌的官兵,由台湾投降的武将率领开赴雅克萨。第一次雅克萨之战的事实证明,这些久历战阵的藤牌兵确实起了不小作用,他们一举歼灭了从黑龙江顺流而下,企图冲入雅克萨城内的俄国哥萨克增援兵。

《尼布楚条约》的签订,缓和了中俄两国之间的紧张局势,暂时制止了沙俄的军事侵略。但是,康熙并没有因《尼布楚条约》而放松警惕。他说:"今虽与俄罗斯和好,边界已定,但各省驻军仍照从前规定办理。"他决定继续在墨尔根等地驻军设防,并在外兴安岭、额尔古纳河、格尔必齐河等边界设立卡伦,派军队巡防驻守,以防备沙俄势力的侵扰。

传奇皇帝　热爱科学

康熙帝之所以是一个传奇式的人物,不仅因为他在少年时代勇擒权奸鳌拜,青年时代平定了"三藩"之乱、统一了台湾,壮年时代平定了噶尔丹叛乱、抗击了沙俄的侵略,而且还由于他着迷地热爱科学,学习科学乃至在科学上做出了一定的贡献。

一、数学

少年时代所经历的那场关于天文历法的争论,在康熙心灵深处留下永不消失的痕迹。他目睹了那些在科学面前无所适从的大臣的昏愦,也痛恨自己对科学的无知。他在杨光先与南怀仁的科学斗争中认识到,数学是这两个人胜败的关键之一。因此,他对数学狠下了一番功夫。他后来对人谈他自己如何发愤学习数学的情况时说:"你们只知道我算术不错,却不知道我为什么要学算术。我少年时,钦天监汉官与西洋人不睦,互相攻击告讦,死了不少人。杨光先、汤若望在午门外,当着九卿大臣的面赌测日影。无奈九卿中没有一个人懂得这种方法。我当时想,自己不懂,怎么能够判断别人是对还是不对呢?所以我发愤学习数学。"他先是跟比利时传教士南怀仁学习几何。康熙二十七年(1688),南怀仁去世,他又跟来到北京的法国传教士张诚、白晋等人学习。为了学好课程,他为传教士准备了良好的生活条件,还叫他们到内务府学习满、汉语。他自己则努力学习拉丁文,争取听懂或看懂数学讲义。他学习过欧几里得的《几何原本》和巴蒂斯的《实用和理论几何学》的满文译本。他每学一个定律,不但务求必懂,而且都尽可能联系实际。

康熙不但向外国人学数学,他还努力培养和团结一批中国自己的数学家。他团结了当时颇负盛名的大数学家梅文鼎,后来又把梅氏的孙子梅毂成调到北京,让他专门从事科学研究与编纂工作。此外,如泰州人陈厚耀、大兴人何国宗以及蒙古族的明安图等数学家,也都曾受教于康熙。

康熙晚年在北京畅春园设立了"算学馆"。在他的倡导主持下,梅毂成等人用了10年工夫,编成了集当时乐律、天文和数学之大成的巨著——《律历渊源》。此书的第二部取名为《数理精蕴》,它不但收录了中国历代数学精华,同时也囊括了明末以来传入的西方数学,是一部很有价值的数学丛书。

二、医学

康熙自幼对医学就很感兴趣。后来,他在向西方学习的过程中,又接触了西方医学。他40岁时得过一次疟疾,虽经御医多方治疗也未见效。这时,在宫廷工作的法国传教士洪若翰、刘应进进献了一种特效药——金鸡纳。康熙服用了金鸡纳之后效果很好,不久就恢复了健康。为了酬谢传教士,他特赐在西安门内建立一座大教堂,这就是日后西安门内北堂的来历。

康熙病愈后,便不时推广金鸡纳。他每逢出巡时,总是随身带上些金鸡纳,赐给一些封疆大吏。康熙五十一年(1712)夏天,曹雪芹的祖父曹寅得了疟疾。曹寅托亲戚李煦向康熙讨要金鸡纳。康熙得知后,立即从北京用驿马昼夜奔驰把药送往江宁(今南京),并御批说:"疟疾若未转泻痢,还无妨。若转了病,此药用不得。……金鸡纳专治疟疾,用二钱末,酒调服。若轻了些再吃一服……若不是疟疾,此药用不得,需要认真。万嘱!万嘱!万嘱!万嘱!"可惜药还没有送到,曹寅就一命归天了。

康熙除了推广金鸡纳,还不时为臣下看病开方。有一次,直隶总督赵弘燮看文件时忽然半身瘫痪,请求康熙派人到保定给他治病。康熙派人去了,但指示说:"类风之病,补药无益而有大损。十分留心!"后来赵弘燮又向康熙讨要"御制药酒"。康熙怕药酒容易坏,便动了一番脑筋,特赐西洋药饼,叫赵弘燮用时泡在酒里,还告诉他饮酒的用量。赵弘燮服酒之后,向康熙报告说:"初服之日即觉得热气上至左膀,下至左腿。"颇为见效。

康熙在医学上的一个重要贡献,是他以皇帝的权威下令推广种痘法。明末清初,天花传染病流行,夺去了无数人的生命,也使许多人脸上留下了永不消失的疤痕。康熙帝就是天花的受害者之一。那时,世界上还没有防治天花的好办法。只有我国在世界上首先创造了一种预防天花的种痘法。这种方法,就是把患者的痘痂研成细末,用湿棉花蘸上这种"痘苗"塞在健康人的鼻孔里(或将痂末吹入人的鼻内),使接种者发生一次轻微的感染,从而获得对天花的免疫力。这种方法虽然历史悠久,却未能广泛推行。康熙知道这种方法以后,便首先在自己的孩子和一些亲贵子女中推行,后来又在蒙古等少数民族中推行。开始,有些老年人少见多怪,表示怀疑。但康熙以皇帝的至高无上的权力坚持推行,终于取得了很好的效果。

三、地理学

康熙学了数学与天文,因而对地理学的重要性有了更加深刻的认识。他学会了使用测量仪器,每行到一处,就要测量那里的地势,调查当地的地貌、地质、水文、土壤等等。他不但测量该地距京师的里程,还要测量那里的纬度,并把这些情况记录下来,收入他撰写的文章、上谕中。例如,他在亲征噶尔丹的行军途中,就详细地调查过所经之处风物、地理情况,把记下来的材料寄给留在北京的皇太子。康熙三十五年(1696)四月二十一日,他在给皇太子的信中叙述了行军中的饮水问题,说:"自出喀伦未见寸土,其沙亦坚硬,履之不陷……营中军士凿井甚易,一人可凿二三十处。因水泊中取水嫌远,均于近账房凿井。可凿井的地方也很易认识。蒙古语叫'善达'之处,地洼润,掘末二尺即可出水;叫'塞尔'的地方,山涧沟径,掘仅尺余即可及泉;有称'布里杜'者,是一种丛草间积留的潦水,水质不佳;叫'窥布尔'的,水流地中,以手探之泉即随出,故野驴以蹄趺之而饮……"可见,他对所经地方是做过详细调查的。

他在沙漠中行军,往往发现有贝壳。这种东西引起了他很大兴趣。他联想到当地蒙古人关于洪水的传说,推测这里在洪荒时代很可能是一片泽国。这和近代学者的某些科学推论是很接近的。

康熙在世时,还费了几十年的心血,开展了一场史无前例的伟大工程,这就是:在辽阔的中国疆土上进行实测、绘制地图。这项工作是由外国传教士与中国工作人员共同完成的。这次测绘工作进行了多年,采用了当时比较先进的大地测量术和用经纬度绘图的方法。到康熙五十五年(1716),除今新疆等少数地区外,对大多数省区进行了测绘。这次测绘的成果,便是一部《皇舆全览图》。它是中国历史上第一部完全实测、比较精确的地图集,也是世界地理测量史上的伟大成果之一。康熙曾对大臣蒋廷锡说:"此图是朕费三十余年心力才完成的,山脉水道合乎《禹贡》。你可以将此图和各省分图让九卿们细阅,倘有不对之处,可以面奏。"可见康熙很以《皇舆全览图》为自豪,但他又不拒绝别人批评。

四、农业

康熙从少年时代就喜欢看人种庄稼,而且自己也把各类种子种到地里,以观察收获的多少,他的这种兴趣一直坚持到老。康熙60多岁时写过一篇《刈麦记》,其中说:"在收获的时节,看到苍颜老农欢庆秋收,黄口孺子不再愁饿肚子,这才是我真正的快乐!"为了使人们穿衣不忘织女之寒,吃饭不忘农夫之苦,他命人画了一册《耕织图》,每幅图旁由他题诗一首,然后刻版印刷,广为流传。

在康熙一生中,有一件很重要的事情,就是他曾发现、培育和推广过一种连作双季稻——"御稻种"。

在中南海丰泽园旁边,有几块水田,种着稻子。有一年六月下旬的一天,康熙经过这里,发现有一颗高出众稻的特殊稻子,而且已经结穗成熟。于是,他把这颗早熟的稻穗摘下来,决定次年再种,看它是否仍比别的稻子早熟。第二年试种的结果,还是比别的稻子早熟。从此,他便以此为种子,培养了一个新的稻种——"御稻米"。这时的康熙,大约28岁。

康熙对他培育的这种粒长、色红、味香的新品种,寄予很大希望。他先在北京、承德试种若干年,取得经验后才向江南推广试点。他下令在苏州、江宁等地先种。为了种好这种可以连作两季的品种,他还派了有经验技术的农民李英贵前去指导,他自己也随时下达具体指示。从康熙五十四年到六十一年,在苏州、江宁等地连续试种了8年,直到他死为止。这种"御稻米"第一季的成熟时间平均不到100天,最短的只有70天左右,因此收割后可以连种第二季。而当时苏州本地稻子的成熟期,需要一百四五十天。显然,康熙培育的新品种有它的优越性。如果当地的稻田改种"御稻米",由于一年可以连种两次,估计每亩可增产五成左右。苏州、江宁试种不久,江西、浙江、安徽的官吏和两淮商人也申请试种,康熙一律批准。当然,在封建时代,由于官府、地主对农民的残酷压榨,农民对种植紧张费力的连作双季稻是缺乏积极性的,况且他们也无法解决由于消耗地力过多而必须补偿的肥料问题。康熙的本意是培养一个新品种,让更多的人能吃到。但那时的官僚们,却把"御稻米"限制在上层人物中享用。清代作家曹雪芹的祖父曹寅,就曾在江宁受命试种过"御稻米"。《红楼梦》中所描写的"御田胭脂米"和"红稻米粥",就是康熙培育的"御稻米"。

除了培育新品种之外,康熙还大力推行垦荒的政策。他主张大面积地开垦北方的处女地。他曾告诉臣下说:"边外地广人稀,自古以来无人开垦。我数年前避暑塞外,下令开垦种植,有的禾苗高达七八尺,穗长一尺五寸。"有的官吏听了不相信,康熙就命人取了几株,证明塞外荒地经过开垦,也可以长出很好的庄稼。由于他的提倡,原来荒凉的山区也出现了大村落。他曾写诗记述这种变化:

沿边旷地多,弃置非良策。

> 年来设屯聚，教以分阡陌。
>
> 春夏耕耨勤，秋冬有蓄积。
>
> 霜浓早收黍，暄迟晚刈麦。
>
> 土固有肥硗，人力变荒瘠。
>
> 山下出流泉，屋后树豚栅。
>
> 行之无倦弛，定能增户籍。
>
> 古来王者治，恐亦无以易。

这大意是说：沿边的荒地，丢弃不管不是好办法。近年来设立一些民垦的聚落，教他们耕种。春夏耕耘，秋冬收获。这里霜期早而浓，要早收黍，夏天来得晚，割麦要迟些。土地固然有肥有瘠，但是可以用人力改变的。山下可以挖井（这说明康熙很懂地下水的知识），屋后可以造猪圈。如果长期坚持下去，这里一定能繁荣起来，可以增加人口。古来帝王的治道，恐怕也没有更高明的方法了。

为了农业的需要，康熙还努力研究气象，他下令各地每天记录当地的阴晴风雨，由主要负责人按时上报，并作为一种制度肯定下来。至今，故宫内还保存着大批清代的《晴雨录》。这是一批很宝贵的气象史料。为了同样的需要，康熙还研究蝗虫，调查灭蝗的方法，并亲自指导一些地区的灭蝗工作。

五、治河

明末清初，由于政局动乱与战争的破坏，黄河、淮河、运河、永定河等许多河流因年久失修而连年泛滥。这不但关系到千百万人民的生命财产的安全，也威胁着封建王朝的长治久安。康熙帝从14岁起就"反复详考"历代治河得失，亲政后，更把"河务"与"三藩""漕运"作为三件大事写在宫廷的柱子上，以便每天看到、想到这些重大问题。

康熙治河，比以往的治河有很大进步。首先，他治河的战略思想是积极的。他主张不但要减少水患，还要进一步变水害为水利。他说"古人治黄河，唯在去其害而止，今则不但要去其害，还要利用黄河来运漕粮"，把河水变成运输的渠道。其次，他主张把原先绘在纸上的平面图，改为立体的地形图，因为纸上的图很难分辨地势高低。再次，他认为治河者必须亲临现场，没有亲历过河工，就无法了解河势之汹涌、堤岸之远近高下，当然也就提不出好的治河方案。为了指导治河，他六次巡阅河工，并亲乘小舟，冒着风险进行勘察，亲自测量水位。因此，他不但对那些重大水患地区的情况了如指掌，而且能提出有实际意义的指导方案，能推测出曾经发生和预见到将来可能出现的问题。例如，他在视察永定河时及时指出：薛家庄不宜筑减水坝，因为南岸已露出矶嘴，北岸必被冲刷。询之当地群众，果然30年前河身在南岸。他还预言说：高家堰堵堵塞六坝之后，泗州、盱眙等地必被水淹。到康熙四十五年（1706），六坝刚刚闭塞，立刻引起洪泽湖水大涨，泗州、盱眙等地果然水发康熙研究了历代治河经验,指出:深浚河身,让河水直行刷沙是治河上策。因此,他主张裁弯取直,束水刷沙。他认为,明朝治黄河多在徐州以上,本朝俱在徐州以下,应该注意中上游,吸取明代行之有效的经验。他还认为,明朝时山东微山湖一带,将水蓄在山中,涝则蓄为水库、旱则泄作灌溉的做法,深得其宜。

康熙在治理黄、淮、运诸河之外,特别注意治理经常改道泛滥的浑河(即永定河)。因为浑河关系到京师(北京)的安全问题。康熙三十七年(1698),浑河工程竣工,他亲自改名为"永定河"。应该指出的是,他治理永定河不仅仅是为了北京,他还有一个更富战略的思想:永定河是一条小黄河。他是想把治永定河的经验推广到治黄工程中去。所以,当永定河工程用的方法成功之后,他便指示在治黄工程中推广,效果良好。康熙还鉴于永定河筑石堤取得成功,曾提出把这种做法推广到治黄工程中去,主张由徐州至清口皆修石堤。后因主持工程的大臣反对,加之财政开支太大而未能实行。

康熙积极治理河道,在他当政的60余年中取得了很大的成绩,并为以后雍正、乾隆两代的水利兴修打下了良好的基础。

开明帝王　出类拔萃

康熙是一个什么样的人呢?据一个在他身边工作过的外国传教士说:

皇帝(指康熙)中等身材,是位慈祥、稳重、举止端庄的人。他那威严的外表,无论从哪一方面看,即使放在千人之中,也与众不同,能够立即分辨出来。这是由于他想使自己的容态和举止,让人一看便是心地善良的人所造成的。这一点,就我所见,任何王公权贵也没有超出其上者。最低限度,他能和这些人中任何人相匹敌的。他自诞生以来,就是一位发号施令的人,又熟悉科学的许多领域,每日都致力于钻研,还要处理国务,所以他在上午和下午都定出一定的时间来,专心于学习。

的确,康熙确实是一个不平凡的人。他自幼失去父母,是从奋斗中成长、练就的人物。他性格坚毅,勤奋好学,读书曾用功到咯血的程度。他没有享受过足够的父母之爱,也没有顺治热恋董鄂妃或乾隆追求香妃那样的罗曼史。他把毕生精力都用到处理国家大事上。但他能"治国""平天下"却不能"齐家",在那"家丑不可外扬"的时代,他的家丑却不胫而走。他立了一个品质恶劣的儿子允礽做皇太子,允礽非但不争气,反而父子成仇,终于又被他废掉。诸皇子之间为争夺继承权而演出的结党营私、明争暗斗的丑剧,使他既气愤又伤心,因而身心蒙受了严重的创伤,只活了69岁就死了。

康熙在封建帝王中,是比较开明的人物。他在统一国家、捍卫主权、发展生产、提倡文化等方面都做出了重要贡献。但是,他毕竟不能超越历史、阶级的局限,也不能摆脱狭隘的民族偏见。他一面重视科学,一面又以更大的精力去提倡束缚人们思想的宋明理学,作为自己统治的思想支柱;他提倡文化,开博学鸿儒科,命人纂修《全唐诗》《佩文韵府》《历代赋汇》《康熙字典》《广群芳谱》《律历渊源》《古今图书集成》等许多大部头的书籍,但又以禁止淫词小说为名,扼杀一些有悖封建理教、有碍清朝统治的文化,并用文字狱打击有反清思想的士大夫,使之俯首就范;他重视农业生产,也曾下过开海令,但晚年又封锁海疆,禁止或限制中外贸易往来,扼杀本国的资本主义萌芽。所以,康熙一朝在经济、文化、科学等方面虽然有可观的成绩,却依然不能越出封建的雷池,致使中国不能脱颖而出地进入一个新的时代。当然,这是中国历史发展本身所造成的,康熙的一生得失,不过是这种历史发展在一个统治者身上的具体表现罢了。如果我们把他放在历代统治者的行列中观察,他依然是一个出类拔萃的人物。

盛世严君

——清雍正帝胤禛

名人档案

雍　正：名爱新觉罗·胤禛，康熙第四子。属马。清朝第五位君主。性格严酷。康熙病死后即位，在位13年。传说被侠女吕四娘报家仇而暗杀，终年58岁。

生卒时间：1678年~1735年

安葬之地：葬于泰陵（今河北易县西50里泰宁镇永宁山）。谥号敬天昌运建中表正文武英明宽仁信毅睿圣大孝至诚宪皇帝，庙号世宗，史称雍正皇帝。

历史功过：整顿吏治，建立密折制度，设立军机处，进一步巩固了皇权；实施改土归流和摊丁入亩制度，废除贱籍，促进了生产发展；加强对蒙古准噶尔部、青海、西藏的控制；大兴文字狱，文化统治残酷。

名家评点：知政要，尚严明，其治可比于汉之文景。

皇子四阿哥　逐渐成熟

　　清世宗胤禛登基后改年雍正，故又称雍正帝。雍正，生于1678年12月30日（康熙十七年十月三十日），是康熙帝的四子，俗称四阿哥。

　　雍正青少年时期受过良好而又严格的教育，熟读五经四书，写一手好字，又爱同僧侣讨论佛学，通晓汉、满文，自然科学也略知一二，武艺科目也学习过，他还随从康熙办过一些政事,康熙第二次亲征噶尔丹,雍正从军,掌管正红旗大营。康熙秋狝热河,西巡五台山,南巡江浙,雍正都跟从过,他奉命到盛京、遵化拜谒祖陵,去曲阜祭孔,代行南郊祭天,参与查察京城仓储,磨勘会试原卷。各地考察及处理政事,使他逐渐成熟起来。

在后来皇太子的权力角逐中,许多人都忽视了这位四阿哥。在二阿哥(原太子)被废、大阿哥失宠之后,由于三阿哥允祉缺乏政治才能,这位四阿哥就是几个年长皇子中相当引人注目的一位了。尽管他也积极参加过权力争夺,也被父亲猜疑过,甚至被拘禁过,但他采取外弛内紧的策略,表面不动声色,暗中却加紧活动,因而,康熙认为他是一个较为淳厚老实、孝敬恭顺的儿子。当允礽被废、允祀受到严厉处罚时,四阿哥还在父亲面前有分寸地为他们说情,给父亲多下了"识大体"的印象。几个年长的皇子为争夺地位拼命活动,他却相当平静,看不出有什么猖獗的表现。皇帝最忌讳儿子们结交朝臣、培植死党,四阿哥的雍王府却是一个颇为冷清、车马少至的所在。但他也并不愚笨,凡是父亲交代的事情,他都做得很妥当。四阿哥的一个门下曾告诫他:父亲英明,做儿子的就很难。太锋芒毕露,要引起父亲的猜忌,一点也不显露才能,又会被父亲看不起,弃而不顾。所以,必须严格掌握好二者的分寸,在露与不露间做好文章。

也许,雍正本来的意图,是努力拍好父亲的马屁,名正言顺地做太子。然而很不幸,已经做了半个多世纪皇帝的康熙,还嫌不过瘾,所以对年长的儿子,一个都不放心。所以,他也必须做其他准备。其实,他并没有结交许多大臣,像废太子、皇八子那样,声势过大,反而弄巧成拙,但他结交两个重要人物:一是隆科多,皇后的胞兄、步兵统领,掌管京城的戍卫;一是年羹尧,四川巡抚,在与准噶尔作战的西域战场拥有一支主力军,必要时能够对付允禵,使他无法用武力达到目的。雍正没有过多的争位活动,但长期隐而不发,而一发必中,乃是历史所证明了的权力斗争的重要原则。

多子多祸　权力混战

"不孝有三,无后为大",是中国相传的祖训。而多子,则更被中国人视为难得的好福气。可惜,"后"也有可能是祸根,多子则更有可能酿成灾难。这也是封建制度的痼疾之一,每每老皇帝未死,诸子混夺天下,一个个血亲骨肉,最终都成了最危险的阴谋家。

皇家父子、兄弟之间围绕最高权力的斗争,要数清康熙朝最为持久和热闹。其原因,说起来也真可怜,就是康熙皇帝儿子生得太多,他自己在位的时间太长。多子、长寿,向来是一种难得的福气,在皇家,弄不好却变成灾难。康熙8岁做皇帝,一屁股在宝座上坐了61年,创造了中国历史上一项最高纪录;去世前,已成年的儿子就有十几个。这么老而不死，占定茅坑不挪脚，让大家等得实在不耐烦。等，是父子之间的矛盾，且又是兄弟之间谁来接班的矛盾。两者纠结在一起，那就够热闹的了。做父亲的，当然不愿死，看着一群儿子在旁边个个虎视眈眈，又伤心，又害怕，究竟让谁来接班，也难免动摇不定。说来康熙也是中国古代少有的英明君主，14 岁亲手智擒权臣鳌拜，20 岁对付吴三桂等人叛乱，指挥几十万军队打了 8 年仗；一生功业，辉煌无比。但康熙对自己的儿子，却伤透脑筋，不知哭了多少回。有时面对着大臣，竟会哭倒在地。他曾对别人说：人生的福气，富贵尊荣都不算什么，最难得是享长寿而终天年。这其实是害怕儿子中有谁等不及，为了先发制人而将自己打发上西天。结果，他到底怎么死的，也还是不明不白，而且死于非命的可能性最大。

本来，为了防止在自己身后发生继承权的纷争，康熙很早就做了安排。他 22 岁时，就把年才 1 岁的嫡长子允礽立为太子。但他没有想到，儿子小时候都是很可爱的，长大了却难免让人讨厌。父子之间的对抗，好像是由人类天性决定的，这还在其次。关键是，太子一立，就有了特殊地位，大臣们为了自己的前程，都得考虑与太子的关系，时间久了，就形成太子的势力，而威胁到皇帝的权威，于是引起父子间的冲突。再说允礽本人，从小做太子，就知道自己将来要当皇帝，谁知做了三十几年太子，还没有当上皇帝。给小孩子一块糖，又老是不许吃，小孩都受不了，何况几十年等着做皇帝？急得太子大发牢骚："岂有四十年的天子！"这话简直是嫌老子活得太久，把康熙气坏了，父子间的矛盾越来越尖锐。据康熙说，他带太子出巡，发现太子老是在窥视他，令他晚上都不敢放心睡觉，不知什么时候要被太子害死！于是，康熙四十七年(公元 1708)，他就下令把太子废了。

允礽一废，其他儿子们一个个活跃起来。首先是大阿哥允禔(满族人称皇子为"阿哥")，他的岁数比允礽还大些，因为不是皇后所生，算是庶子。但庶子并不是一定不能继承皇位，何况皇后也是可以改立的。如果将他立为太子，再将他的生母惠妃立为皇后，他就算是嫡长子了。允禔从小也很受父亲的喜爱，曾多次随康熙出征，并受康熙委托处理某些具体事务。他作为最年长的皇子，由于嫡庶之分而不能立为太子，心中充满怨毒。为了制造机会，他曾请了喇嘛施行厌胜巫术，企图咒死允礽。允礽被废以后，这位大阿哥兴奋过了头，意向父亲提出应当杀死允礽，以防后患，还表示自己愿意执行这个任务，这就做过了头。不要说康熙总还考虑到父子之情，也不要说康熙一心想做圣明之君，不愿担杀戮亲子的恶名，单凭允禔这种急不可耐、穷凶极恶的腔调，就足以引起康熙的警惕和厌恶。所以康熙立即宣布允禔为"乱臣贼子"，加以拘禁。大阿哥才跳得一跳，就被父亲一脚踢翻在地。

在争夺继承权方面做得最为充分的，要数皇八子允禩。他聪明能干，风度高雅，特别善于笼络人心。无论在满洲贵族还是在朝廷大臣中，甚至在诸皇子兄弟中，都有不少人支持他。皇九子允禟、皇十四子允禵，和他的关系尤其亲近。太子允礽被废、大阿哥允禔因争位被禁后不久，皇帝召集群臣，要他们在除了上述二人以外的诸阿哥中，推举一人为皇太子。与八阿哥关系最密切的领侍卫内大臣阿灵阿、礼部侍郎揆叙、户部尚书王鸿绪等满汉大臣事先商议，各人在手上写了个"八"字暗示其他人。结果，满朝大臣当场各据一案，分别以书面形式提出自己的意见，却差不多全是写"八阿哥"。既然朝臣的意向如此一致，允禩立为太子，似乎成了定局了。

然而，他们万万没有想到，这又大大触犯了忌讳，非但未能把事情做成功，反而一举断送了八阿哥的前程。问题就在于，康熙虽然需要有一位太子将来继承皇位，但绝不能容忍这个继承人在他还活着的时候就形成太大的势力，以至威胁自己的权力。古史上，为了夺取帝王宝座而以子杀父的事例绝非罕见，康熙对此是非常警惕的。允礽被废，表面的理由是他"不仁不孝"，其实这只是借口；关键在于太子的势力引起了皇帝的不安。如今，八阿哥居然能够获得几乎是全体朝臣的拥护，岂不是较原太子有过之而无不及吗？而且，聪明的康熙皇帝马上就会想到：八阿哥的结植党羽，绝非一日之事。至少在允礽与自己发生不和的好几年中，他已经做了准备争位的充分努力。这岂能容忍！第二天，正当允禩兴致勃勃等待好消息的时候，父亲给了他当头一棒：重立允礽为皇太子！

不仅如此，在以后的多年中，康熙对允禩的压制特别厉害。他甚至公开说："说不定哪一天，会有猪狗不如的阿哥，为了讨好允禩而起兵发难，逼我让位给他。到那时，我只有含笑而死罢了！"有一次，允禩没有按例去行宫请安，康熙就勃然大怒，宣布与他断绝父子之情，下令停止发放允禩及其下属护卫官员的俸银俸米。这样，由康熙立允禩为太子的可能性，就根本不存在了。但允禩的政治势力，并没有完全消退。直到康熙末年，朝廷大臣中还有人宣扬：诸皇子中，皇八子最贤。而太子允礽的重立，只是康熙为了打击允禩而使出的一招，不过以此堵住群臣的嘴，并非出于本意。所以，皇帝与太子的矛盾，非但没有解决，反而有更趋激烈的势头。到了康熙五十一年，皇帝又严厉指责太子私结党羽，为非作歹，屡教不改，再次下令废黜，并加以软禁。这以后，康熙皇帝就没有明确立太子。

康熙专权而多疑，在立嗣问题上长期动摇不定，诸皇子野心勃勃，使得皇权的继承这一根本大事，没有一个明确的前景，王朝的未来充满危机。从可能性来说，不但十多个成年皇子都有可能成为继承人，就是已废黜的太子允礽、已失宠的皇八子允禩，因为始终保持着一定的势力，也不可排斥在特殊情况下（如皇帝突然病死）东山再起的可能。特别是，由于当时清人入关的年代还不长，政治制度中保存了很多原来奴隶制部落联盟时代的特点，皇子往往直接统领八旗兵，整个政治局面更是混乱不清。而康熙本人，却被无情的岁月一天天催促变老。

到了康熙五十七年（公元1718），事态终于有一种明朗化的兆头。这个兆头，就是皇十四子允禵被任命为抚远大将军。

自康熙即位以来，蒙古族准噶尔部落的势力发展迅速，并走上背叛清朝的道路。到康熙五十年以后，他们逐渐控制了今内蒙古西部、青海、新疆、西藏一线极为广大的地域，甚至威胁到陕西、甘肃、四川、云南。平定准噶尔之叛，保持清王朝版图的完整,成为当时最重大的政治和军事任务。由于这一战役关系重大、情况复杂,必须派出可信的人在前线镇守,掌握全局。在没有太子的情况下,派任何一位皇子担任大将军的职务,都具有不同寻常的意义。这不仅仅表现了对一个皇子的能力和可信程度的估价,而且,由于清人于马上得天下,一向重视战功,这样做,也是为出征的皇子提供建功立业的机会,使之获得足以服众的威信。然后再继承皇位,就变成顺理成章的事情。

那么,康熙为什么选派十四子允禵呢?他是皇后所生、具有政治才干、为人比较忠直可靠等等,都可能是比较重要的考虑因素。但更重要的,却是因为允禵在诸皇子中年岁较小、爵位较低,在过去争立太子的混斗中,他没有怎么积极参与。满清的皇子,分为亲王、郡王、贝勒、贝子四个等级,通常是按照年龄逐步提升的。允禵在当时还是贝子。几个年长的儿子,或者缺乏才干,或者过去过于活跃,康熙对他们已失去了信心。他当时已经 66 岁了,究竟还能活多久,是无法预料的。所以一方面不能不考虑立嗣,一方面又绝不肯放弃手中的权力,选一个年龄稍轻的皇子做继承人(允禵当年 30 岁),耐心会好一些,不至于急着跟他争权,甚至做出大逆不道的事情。

但正因为允禵在诸子中年次和爵位都低,康熙就必须给他以特殊的待遇,才能提高他的地位。康熙在这方面做了精心安排。

在允禵出征前一年年底,康熙向众皇子和全体大臣颁布了一道诏书,表示自己对立太子的问题,已有所考虑。又说:“我一定会选择一个坚固可靠之人为你们做主,让你们倾心悦服。”次年,就派允禵西征。两件事连在一起,有着暗示的意味。出征时,康熙授命允禵使用王所用的旗帜,给他“大将军王”的称号,并举行了十分隆重、规模宏大的送行仪式。这又是表示,允禵的正式爵位虽然还是贝子,却已经享受了王的待遇,将来立为太子,可以不必一级级晋升爵位。他还在多种场合一再夸奖允禵的能干和美德,给大臣们留下了很深的印象。

这些举动的含义,众皇子和大臣都是知道的,所以大家都已经把他当作未来的太子看待。康熙六十年(公元 1721),“大将军王”从前线被召回京商量西征大事时,几位王公大臣奉命到郊外迎接,有一位叫阿布兰的宗室公爵离开行列,行跪拜之礼。从双方地位来说,阿布兰的做法是破例的,但他是把对方视为太子,预先拍马屁,就不算奇怪了。特别是皇八子允禩的政治集团,由于允禩的失宠已成定局,所以对允禵这位过去关系密切的皇子地位上升十分高兴,认定他就是将来的皇爷,私下表示热烈的拥护。

允禵任抚远大将军,在前线 4 年,取得收复西藏的重大胜利。而后在康熙皇帝的指示下,与准噶尔部进行和平谈判,也取得基本一致的意见。他大功也立了,声誉也提高了,西部战争很快就要平息,到康熙六十一年(公元 1722),他眼看就要带着丰硕的收获,回到北京,顺顺当当地当太子。然而,正在这个时刻,康熙突然去世,皇四子胤禛莫名其妙地继位当了皇帝(习惯以其年号称为雍正皇帝),把一切打得粉碎。

三军相斗　有谋者胜

康熙六十一年十月底,准噶尔使团从甘肃出发,奔赴北京,按照正常情况,他们将会在十一月底前后抵达。关于和平解决的方案,在这之前已大致有了眉目,使团来京,只是与皇帝做最后的拍板。因此,中国西北部的多年战乱,很快就要平息,而皇十四子作为抚远大将军的使命,也将随之结束。

就在十一月初七,康熙皇帝驾临京城郊外的畅春园。初八,皇帝传旨:偶然受了风寒,当天已经出了汗。从初十到十五,将为冬至的祭祀大典进行斋戒,一应奏章,都不必送来。"斋戒",是在举行祭祀天地、祖先等重大典礼之前,独居静休以表示诚意。畅春园在郊外,皇帝又处于斋戒中。因而,在这几天里,人们得不到皇帝的任何消息,而且都将认为这是正常的。这无疑造成了一个机会。

康熙的病似乎并没有好透。从九日到十二日,皇四子胤禛不断派人入宫探视,还给父亲送去人参汤。然而康熙的病况却突然变得严重了,到十三日凌晨,已经处于垂危状态。一直在皇帝身边担负侍卫职责的隆科多,派人传达诏命,令允祉、允祐、允禩等7位皇子立即赶到畅春园。胤禛因为另有事务将近中午才赶到。同时,隆科多在畅春园外布下严密的警戒,以防万一。

十三日一天,畅春园的空气异常紧张。众皇子入宫以后,根本就未能和父亲说一句话——因为皇帝始终昏迷不醒。所有的人都显得焦躁不安,担心皇帝会突然死去,一句话也不留下。太子未立,被多数人认为最可能成为太子的皇十四子允禵却远在西北,一旦出现那样的情况,局面将是怎么样的呢?但也没有人愿意离开,因为很可能皇帝会回光返照,突然醒来,对众皇子留下最后的遗言。皇子们守在父亲的寝室外面,有的坐着,有的倚柱而立,有的轻轻的踱来踱去,谁也不说一句话。不时有一个皇子进去看一看,走出来时,总是摇摇头。各人的心,越来越沉重。

皇八子允禩,向来是诸皇子中最机敏的一个。他早就疑心这里面有什么问题,阴狠的眼光,不停地在各个脸上扫来扫去,最后死死地停在皇四子胤禛的身上。胤禛却一直很平静,安安定定地坐在一旁,双目微垂,只是手好像有些颤抖。允禩似乎感觉到了什么,傍晚时分,突然准备离开畅春园。刚要走出行宫大门,隆科多上前拦住了他:"圣上的病,目下正是不可言说,阿哥此时离开,一旦圣上不豫,如何是好?"允禩抬眼向前看,不远处是层层卫士,剑戟闪亮;回头看隆科多,神色坦然,胸有成竹。他知道走不出畅春园,知道今日必有大事要发生,抬起的脚又重重地放了下来,"哼!"从鼻孔中喷出长长一股气。

僵持到戌刻(相当于晚上十点),一个小太监从康熙的卧室内惊惶万分地冲出来,张大着嘴,还没有说出话来,大家已经明白是怎么一回事,倏地一齐向室中冲去。围着病床俯首细看，只见父亲微微张开的嘴中，已经没有呼吸。众人惊住了，不由自主地跪倒在床前。没有人哭，谁都知道这时候哭出声来，是最令人讨厌的。还有比哭泣重要得多的事情。

谁也想不出办法，谁也不说话。过了好一阵，年龄最大的允祉才提出，先到外间去商量一下。各人一个个慢慢退了出来，都在心中盘算如何进行下一步的行动。这时，隆科多也进入室内，对皇帝遗体行了叩拜之礼，然后走出来，把胤禛叫到另一处房间。其他皇子一下子紧张起来，十几道目光盯住他们的身影，宫内的空气，好像马上就要燃烧。

也不知过了多久，隆科多和胤禛再次出现在众人面前。所有的人都不曾动过脚，目光仍然盯住他们。隆科多郑重其事地宣布："皇上有遗诏宣付皇四子，命皇四子继承大统。"

遗诏！犹如当空一个霹雳，几乎把所有的人惊得跳起来，纷纷问道："遗诏何在？"隆科多说："是口诏。"没有凭据的口头遗诏！允祀一下子什么都明白了，愤怒地指责："你为何不早说？"隆科多脸色一变："若非皇上不起，自有安排，我岂敢擅自传诏？"这话好像也有几分道理，允祀一时说不出话来，气得脸色发白。

这时，与胤禛关系亲近的几个皇子，都已经恭恭敬敬地围住了胤禛，表示祝贺和忠诚之心，请他主持先皇的丧礼。一贯追随允祀、后来又投靠允禵的皇九子允禟，心知大势已去，神思恍惚，默默不语，走到院子里，仰望星空，不住短叹长吁。允祀看到胤禛盘腿坐在一旁，正对身旁的隆科多和几个皇子吩咐事情，一派真龙天子的架势，忍耐不住，几步走上前去，傲慢地面对面坐下，目光从上到下，又从下到上扫了一遍，冷笑道："胤禛，你好大的胆量！好大的本领！"

然而，他知道一切都已经晚了。就在十三日畅春园这一幕演出的同时，手握兵权的隆科多已经严密控制了北京城，凡是可能与胤禛为敌的皇子及大臣，都已处于他们的监视之下。当晚，胤禛和隆科多等就载着康熙的遗体回京，封锁了皇宫，不许其他皇子进入。经过7天的筹划，胤禛正式登基做了皇帝。次年，照例改元，称为"雍正"。

雍正皇帝即位之初，因为立足未稳，对几位敌对的皇子暂时还给以容忍。随着他采取各种措施，不断削弱王公贵族的势力，加强皇帝个人的独裁权力，就不再客气了。先是允禵从抚远大将军任上被召回，改派年羹尧担任他的职务。允禵对雍正即位的合法性公然表示怀疑，遭到终身拘禁。允祀、允禟不断散布康熙之死可疑、雍正即位不合法的言论，被逮捕治罪，二人分别由皇帝亲自改名为"阿其那""塞思黑"（满文猪、狗的意思），送往边疆效力，最后死于非命。至于隆科多、年羹尧两位大功臣，一则知道的事情太多，二则恃功骄横，前者被判四十一大罪，永远禁锢；后者被判九十二大罪，处以死刑。

在雍正即位之后，由于反对派的有意宣传，再加上民间对宫廷阴谋的特殊兴趣，社会上流传着各种关于他如何篡位的奇异传说。其中最出名的一个，是说康熙生前留有"传位十四子"的遗诏，被雍正把"十"，改成"于"，变成"传位于四子"。这可以肯定是个谣言。但这些谣言都不是无缘无故的。雍正对此十分恼火，上台7年后，还亲自编写了《大义觉迷录》一书，为自己粉饰、辩护。这也可以算是中国历史上的一部奇书。

但无论雍正怎样洗刷，怎样毁灭和篡改历史记载，他阴谋夺位，却是一个无法掩饰的事实。清史研究者通过不断努力，在这一点上已经取得了比较一致的看法。只是康熙究竟是被害死还是自然病亡，仍缺乏有力的证据。但从康熙的死亡时间，以及雍正篡位的严密计划来看，被害死的可能性大得多。否则，就太巧合了。可叹康熙对儿子们一向很警惕，终了还是逃不过这一关。他确实是被四儿子的淳厚老实、不露野心迷惑了，却忘记了淳厚老实、不露野心的人，很可能就是最为成熟、最为危险的阴谋家。

改革兴政　盛世繁荣

雍正即位的当月，要求大学士、尚书、侍郎等高级官员，根据有利于国计民生的原则，提出改革的建议。接着他对左副都御史李绂说：我如今上台，应当出现"政治一新"的局面，表明他登极伊始，即以改革政治为己任。他从康熙末年的社会矛盾和吏治败坏的现实中，从储位斗争的实际体验中，发展了他在皇子时期的政治思想，形成了比较完整的改革政治主张，这就是：

反对因循守旧。康熙晚年思想保守，认为办一件好事，也会产生一个弊病，因此多一事不如少一事，安安静静地保持现状，比冒风险的改革好。雍正不赞成他父亲的主张，认为那样把百官惯坏了，大家只知道因循苟且，过一天算一天，不能奋发有所作为。因此，问题成堆，不能处理。他认为这是人心怠惰太久，百弊滋生，如果他再不给这种恶习以惩罚，发展下去，就不可收拾了。他要求官员和他一样，具有改革思想，着意搜列前朝弊政，甚至几百年前的积弊，将它们清除干净。如科举中的弊病，是唐宋以来的积染之习，雍正宣布与它做斗争。他是看到科甲出身的人比较保守，清理科举之弊，也是冲击科甲人的守旧思想。他的反对因循的改革思想，被人攻击为"多事"，他则指斥这些人"浅见无知"。表示他坚持反对因循苟且。

为利民生而整饬吏治的思想。康熙在主静思想下，对官吏的不法行为，睁一只眼闭一只眼，于是吏治腐败。官吏贪赃剥民，还以假行仁义来掩盖。雍正看透了这种鬼蜮伎俩，他说当今的官员，贪污肥了自家，而又沽名钓誉，例落了个"名实兼收"，可是老百姓却受害。他在即位的元年元旦给从督抚到知县的各级地方文武官员的诏书中，对这种名实兼收作了无情的揭露，要求官员廉洁奉公，实心实意地去办事。他决心整顿吏治，剔除官吏贪赃枉法，因循苟且，朋比结党的积习。他的目的是使官吏忠诚执行他的改革政策，以利于国计民生，继续清朝的长远统治。

反对朋党的思想。雍正深知朋党的危害。朋党各自按照自己的奋斗目标去行事,破坏朝政的统一,损害君主的权威;各党之间互相攻击,任用私人,不仅失去正常的用人原则,也干涉了君主的用人去人的权柄;朋党各抒己见,自我标榜,批评朝政,扰乱君主视听,妨碍实行既定的政策。所以雍正说朋党的危害最大,搞朋党的人罪行最重,诛杀他们也不为过。他站在君主的立场上强调政治的统一,反对官僚的结党。他特别撰写了专门文献——《御制朋党论》,诏告天下,表示他反对朋党的思想和决定。他的打击允祀、允禟、年羹尧、隆科多、李绂、蔡珽就是在反朋党的名义下进行的,是他这一思想的付诸行动。

雍正政治思想的核心内容是兴利除弊,富国裕民。他主张办事从实际出发,踏踏实实地去做,这是他的政治思想的灵魂。他反对因循苟且和沽名钓誉,同务实思想相表里,是为在改革政治中清除思想障碍。他主张施政严猛,即要有雷厉风行的办事作风,这是他施政的策略思想和手段。雍正的改革思想实有他的可贵之处。

雍正从他的改革思想出发,制定了一系列社会政策,并取得了巨大成果。

首先,雍正改革了赋役制度,实行清查亏空,实行耗羡归公制度,养廉银制度、摊丁入粮制度,推行士民一体当差政策。

然后,他又变革行政制度,完善了推行奏折制度,确立秘密立储制度,建立军机处等。

雍正在民族事务中最成功的两件事,是在西南实行改土归流。在青海用兵并设立驻藏大臣等。

雍正的改革措施,解决了一些社会积弊,有利于社会生产发展,增强了国力,使清朝沿着康熙时期发展的轨道向前推进,从而出现了康雍乾三朝盛世,成为封建社会晚期的繁荣时代。

雍正之死　历史谜案

于1735年8月21日(雍正十三年)雍正亡故。关于他的死因众说纷纭;有几种说法:官书记载,他在20日白天还在办理政事,晚上得病,次日凌晨死去。根据这种迹象,有的专家认为他是中风而死;有的专家认为雍正与道家接近,宫中养有方士,他好吃丹药,可能吃药中毒烧死;有的小说中说吕留良的孙女吕四娘为父祖报仇,进宫刺杀雍正,所以雍暴卒。被刺之说颇为流行,直传到现在。1980年河北易县曾经发掘雍正泰陵地宫,没有挖开就中止了,对雍正尸体状况自然毫无所知。但社会上传说,雍正地宫打开了,发现只有尸身,没有头颅,似乎证实了被刺之说。其实遇刺说是无稽之谈,前二说当有待于证明,而最能证实的,只有等待地宫打开检验其尸体了。

雍正和他的子嗣乾隆的出身,都有人提出与官书记载不同的说法。有人说雍正的生母是侍卫卫某的妻妾,有孕进宫生了雍正,故雍正是卫家儿。稍有历史常识的人就会知道这是脱胎于秦始皇出身的故事,因始皇母后赵姬是吕不韦的姬妾,怀孕送给秦公子异人的。异人的处境与康熙怎么相比,康熙身上绝不可能重演嬴异人之事。有人说雍正没有儿子,浙江海宁陈阁老家生了男孩,雍正用女孩把他换了来。后来乾隆南巡,还到陈阁老家探视过。乾隆自然是雍正的血亲,他有四个哥哥,其时有一个健康地活着,他的弟弟弘昼在他几个月后也来到人间,这就是说雍正并非没有后嗣,何须抱养他人之子!狸猫换太子故事的流传,可能给后人生造雍正换子说提供了一点编造的素材。

励精图治

——清乾隆帝弘历

名人档案

乾隆帝：名爱新觉罗·弘历，雍正第四子。属兔。清朝第六位皇帝。性格仁厚。雍正死后即位。在位60年，退位后4年，无疾而终，终年89岁。

生卒时间：1711年~1799年

安葬之地：葬于裕陵（今河北遵化西北70里昌瑞山）。谥号法天隆运至诚先觉体元立极敷文奋武钦明孝慈神圣纯皇帝，庙号高宗，史称乾隆皇帝。

历史功过：勤政爱民，废除苛政；贯彻祖宗之法，致力生产发展；编撰典志书籍，保存文化遗产；武功卓著，加强统一。但宠信奸臣和珅，蠹坏国家肌体。

名家评点："高宗运际郅隆，励精图治，开疆拓宇，四征不庭，揆文奋武，于斯为盛。"

密诏继位　传说纷纭

公元1735年8月23日，大清朝第五代皇帝雍正暴亡。顾命大臣庄亲王胤禄、果亲王胤礼、大学士鄂尔泰、张廷玉四人率群臣齐至乾清宫。在群臣众目睽睽之下，总管太监小心翼翼地从堂前悬挂着的顺治帝手书"正大光明"匾额之后取出一个锦匣。开读雍正生前留下的密诏:"宝亲王皇四子弘历,秉性仁慈,居心孝友……今即遭大事,着继朕登位,即皇帝位。"

原来,在雍正前,满族皇帝并没有传位的定例,所以在太祖努尔哈赤和圣祖康熙帝死后,两次引起皇位之争。雍正帝胤禛吸取这一教训,认为明立太子容易使其陷于骄矜而失德,同时亦难免诸王子夺储位之明争暗斗,引起祸端。所以他决定亲自选择皇太子,将诏书生前写好,封藏于锦匣,放置于乾清宫"正大光明"匾额后,待皇帝千秋万岁后,取出当众宣布。此后遂成定制。

这位皇四子宝亲王弘历,于9月3日在众臣拥戴下荣登大宝,即位于太和殿。祗告天地、宗庙、社稷、布告天下,以明年为乾隆元年,当时,他年方25岁。

弘历生于康熙五十年(1711)八月十三日,其母钮祜禄氏,家素贫,后嫁于雍亲王(雍正)为妃。弘历生得高鼻梁、修长身材,从小就很聪慧。6岁就学,能过目成诵,六七岁即能背诵《爱莲说》。他既学文,又习武,箭法奇精,11岁到圆明园游玩,康熙见了非常喜爱,命留在宫中读书。从翰林院庶吉士福敏学习满汉文字,从贝勒允禧学习射箭,从庄亲王允禄学习火器。一次,随康熙木兰秋狝(打猎),康熙用枪击中一头熊。熊倒地还没有完全咽气。康熙为了让弘历初次打猎就享受猎获熊的美名,叫随从带领他前去将熊射杀。谁知刚一走近,熊忽然立起。康熙大惊,忙发枪将熊击毙。而小弘历在马上控辔自若,丝毫没有惊慌。康熙进账后对诸皇妃评论说:"此子命相贵重,将来福量要超过我!"此后愈奇之,爱护他甚于其他皇孙,早晚亲自教训,期望他日后成为国家朝廷的栋梁之材。而弘历自幼受圣祖的耳提面教,自然受到康熙的熏陶渲染,思想和行事竭力效仿他的祖父。直到他晚年,仍把康熙作为自己的立世楷模。

关于弘历的出身,现存各种传说。

一种说法认为弘历是浙江海宁陈阁老的儿子。相传雍正为皇子时,与陈氏关系很好,两家往来密切。皇子妃与陈夫人同日产子,胤禛听后很是高兴,令陈氏将孩子抱来瞧瞧。孩子被抱入王府后,许久才送还。陈氏发现送还的已不是自己的孩子,并且已经易男为女。陈氏大感惊恐,但又不敢声张,只好严守秘密不对外人说。不久雍正即位,对陈家格外施恩。乾隆南巡时,曾四次临幸海宁陈氏家,并将其私人园林隅园改名为安澜园。有人说这是乾隆自疑身世,所以南巡亲加访问。还有人说乾隆自知不是满人,所以在宫中常着汉服,一天他刚换好汉装,召近侍问道:"朕像不像汉人",一位老臣跪对说:"对汉人来说,皇上确实像汉人,不过对满人来说,则不像汉人。"乾隆遂不再提及此事。

再有一种说法是说弘历的生父是雍正朝的大臣杨林,是雍正以公主偷换入宫的,而杨林因悲愤交加成为疯子浪迹江湖。弘历即位后,知道了自己的身世,遂多次南下寻找生父。经再三奔波,四处打探,终于在五台山见到已出家的父亲,父子得以团圆。

还有一种说法是说弘历是雍正与皇太后的使唤丫头在承德避暑山庄时的私生

子。弘历就出生于一座小草屋中,生后不久,其母就被秘密处死。

以上传说,使乾隆的出生充满神秘传奇色彩。不过多是文人的牵强附会和民间传说的以讹传讹罢了。

由于深受祖父康熙和父亲雍正的喜爱和赏识,雍正在即位的当年,就手书弘历名字,封藏于乾清宫正大光明匾额之后,准备让他将来承继大统。当时,弘历才12岁。雍正五年,17岁的弘历娶妃富察氏(即为后来的孝贤皇后)。十一年,被封为和硕宝亲王,奉命总理军中机要事务,参与国家重大决策。当时,朝廷西征准噶尔的战事还没有结束,又有镇压贵州苗疆反叛的军事行动,弘历亲历政事,参议军事,对他日后登基治理国家是一个很好的锻炼。

宽严相济　笼络人才

乾隆帝弘历,是一个胸怀大志的人,再加上他资质聪颖,自幼在其祖其父的精心培养下习文练武,再加上几年的政事历练,文韬武略大有所成。他继承了其祖的阅人成事和其父的精明果敢,他要有所作为,在文治武功方面超过其先人甚至中国历代帝王。

自清朝入关,经顺治、康熙、雍正三朝近百年的经营和巩固,政治、经济都有较大发展,封建统治进入稳定时期,这也给乾隆治国创造了有利的条件。

首先在政治上,乾隆采取了一系列措施,加强以皇帝为中心的中央集权统治。为了加强他自己对全国事务的管理,于即位第二年就重建了军机处。军机处始为雍正所创建,雍正七年,因西、北两路出师讨伐噶尔丹策零,雍正下令建军需处,供给军需。雍正八年又命张廷玉等三人议军行事宜,并赞襄机务,军需处由是改为军机房。雍正病重时,命允礼、胤禄、鄂尔泰、张廷玉四人辅政,并任总理大臣。乾隆即位后,准两位年老亲王辞职,重新任命鄂、张及尚书讷亲、海望,侍郎纳延泰、班第为军机大臣,重建了军机处。军机处协助他处理奏折,拟写诏谕,参与科举考试,奉派出京查办事件,提出官吏任免草案等,有力地加强了乾隆的专制统治。

乾隆十分重视奏折制度,通过各地奏折了解民情,处理政务,处置统治阶级集团内部斗争、贪污不法案件、文字狱和镇压人民反抗。乾隆处理奏折事必躬亲,每天早晨卯时必起,夏天天长,天也才蒙蒙亮,到冬季日短,才五更刚尽,在军机处值班的官员远远就能听见乾隆到来的响声。原来乾隆有个习惯,自寝宫出来,每过一门则命人燃爆竹一响,自远渐近,大家都知是皇帝驾到。到后方须再燃去蜡烛一寸多长方才天明。军机处每人约四五日才轮换值班一次,已经觉得很辛苦,而乾隆每天如此,除其精力过人外,其勤政的态度也确实令臣下们佩服不已。有时半夜来了紧急军报,不管多晚,乾隆总是亲自赴军机处阅览,催召军机大臣指示军机大事,有时上千言,待文吏将记录的草稿用正楷誉清进呈御览,常常需要几个小时,进来一看,皇上仍然披衣端坐等候。

乾隆还十分重视对官吏的考核。即位初期,他就制订了对京官三年一考察的"京察"制度,目的是澄清吏治、整饬官方,以达到"举一人,使众皆知劝,退一人,使众皆知儆"的效果。原先雍正在位时,政令峻厉,采用高压手段统治,搞得朝廷内外关系紧张。乾隆即位后采用了较宽容的政策,纠正了雍正时的一些冤假错案,并允许大臣提出一些不同的意见。这对其早期笼络人心、树立自己的威信有很大作用。为此也招致一些旧臣的非议,如四川巡抚王士俊就曾上折奏言:"近日条陈,唯在翻驳前案。"并扬言:"只需将世宗(即雍正)时事翻案,即系好条陈。"乾隆阅后震怒,判王士俊斩监候(后释),打击了雍正旧臣们的反对意见,显示了年轻皇帝敢于独断专行的决心和能力。

乾隆还下令重修《大清律例》,于乾隆五年修成。分为《名律例》《吏律》《户律》《礼律》《兵律》《刑律》《工律》七篇,律例并行,共1845条。他亲自作序文颁告天下,对百姓约之以规,对不法官吏绳之以法,虽皇亲国戚亦不能幸免。

乾隆元年,山东文登知县王维干因创设非刑、草菅人命,被革职查办。甘肃巡抚许容隐匿灾荒不报,被革职解京。乾隆二年,永定河决,卢沟桥及长辛店一带田地被淹,房屋倒塌。乾隆立罢直隶河道总督刘勷任,追究其玩忽职守之罪。安西镇总兵张嘉翰,被检举剥削军需,判为斩监候。乾隆三年,工部尚书赵宏恩因收受贿赂被解职,后被发往台站效力。乾隆五年,四川道御史褚泰收贿银500两,被判为绞监候。六年,礼部侍郎吴家骐以告假回籍省亲为名,收受下属的"盘费银",被革职。山西学政官喀尔钦利用科考之便,贿卖童生名额,致使龙颜大怒,被判处斩。

乾隆六年,御史仲永檀参奏兵部尚书兼九门提督鄂善受贿,鄂善反诬仲诬陷大臣。乾隆亲自率亲王及大臣七人审讯此案,查实鄂善得贿银1000两。尽管鄂过去有些功劳,乾隆还是流着泪下谕令鄂自裁。随后提升仲永檀为金都御史。

乾隆十三年,闽浙总督喀尔吉善,参奏浙江巡抚常安贪贿索财。命大学士高斌、总督顾琮往审,两人回报查无实据。后又命大学士、军机大臣讷亲复审,审出求索财物属实。常安按律绞监候,高斌、顾琮因失察革职留任。

果亲王弘瞻,是乾隆胞弟。后来弘瞻因私开煤窑,占夺民产被告,并查出其贩卖人参(当时属控制物品),干预朝政等言行。乾隆气愤地将其革去王爵,永远停俸。

总之,乾隆前期还是比较注意开放言路,并鼓励臣下进谏。即位之初他曾说过:"论才德和年纪,朕不如皇考(即雍正),但朕即位半年,诸臣中竟无人指出朕的过失,难道朕所行之事,都能上合天理、下协人情? 嗣后大家务必直言无隐。"所以乾隆执政前期,御史在政治生活中比较活跃,监察制度也得到较好的发挥发展。这与其治国先治吏的思想也有很大关系,除对贪官污吏严惩不贷外,他还制定了"州县官无故赴省参处例"。对那些害怕艰苦,虽移驻州县为官而将家眷留驻城邑并久居省城逗留不归的官员,以擅离职役例进行罚俸、革职等处罚。

由于前期能够励精图治，乾隆在政治上实行了宽严相济的方针，形成了一个较好的政治环境，统治集团内部比较稳定，在其周围集结了一批贤臣良将。

辅政大臣鄂尔泰和张廷玉是雍正时的重臣，曾为开辟苗疆和征战西北立下汗马功劳。乾隆时凡事谨慎，为政清俭，对朝政影响很大。乾隆初即位时比较谨慎节俭，与他们的规劝不无关系。两人死后，按雍正遗诏得配享太庙，这是清朝皇帝对臣子的最高奖赏。特别是张廷玉，为汉人中得此殊荣的唯一大臣。

大学士刘纶、大学士尚书刘统勋，先后入军机处多年，也颇著政声。因刘纶为江苏武进人，刘统勋为山东诸城人，所以当时有"南刘北刘"之称。刘统勋曾巡视治理黄河的工地，看到干活儿的人员车辆很少，询问河吏，回答说是因为喂牲口的草料供给不上，所以无法集中车马施工。过了一个月，问题仍得不到解决。刘于是装扮成普通老百姓到工地附近查访，看到一处停有上百辆装满草料、蔬菜的大车，车夫在车旁临时搭起的地铺上躺着。近前一问，原来是河吏索要贿赂，因这些人穷的拿不出钱，所以被刁难不收，只好在此等待。刘立刻将河吏治罪。一夜功夫，百余辆大车的草料全部收尽。河工逾月完成。

吏部尚书嵇璜，曾任河东河道总督，在任期间恪尽职守，曾奏请修补黄河高堰、修建堤闸等。常巡视河道水情，每到艰险之处，总是先于属吏探测。一天夜里听说虞城大堤出现险情，急奔大堤，指挥用埽架填土护堤。当时暴雨交加，并夹有冰雹，水浪将埽架打得摇摇欲坠，难以插入水中。随从人员无不失色，劝嵇璜退避一下。嵇站在堤前沿一步不退，大声说："埽去我与俱去！"指挥保住了大堤。

此外，像孙嘉淦、程景伊、裘曰修、岳钟琪等人也都是一代贤臣良将。

务本足国　开创盛世

清朝自康熙平定三藩后，人口有7000万。到乾隆初年，人口已增至1亿4千万。至乾隆五十五年（1790）统计，人口已达3亿。人口剧增，一方面说明当时社会经济的全面发展，一方面也给经济发展带来较大的负担。为了巩固大清王朝的统治，乾隆从即位伊始就坚持推行"务本足国，首重农桑"的经济政策。他要求各地官员要"重农务本"，强调"劝民勤农，为政之本"，并以此作为考察地方官员政绩的主要标准。对一些遭受自然灾害的省及地区，总是减免赋税，与民生息，以维持生产。他在位60年间，颁布制定了许多有利于农业生产和经济发展的法令，对一些阻碍生产进步的旧规则随时予以更正。

如广东杂税繁多，像广州有"通桥税"、揭阳有所谓"牛骨税"等，而肇庆府州竟征收各种名目的杂税达382项之多，民众苦不堪言。乾隆在即位的第二年就下诏悉数裁除。后来，他又得知云南杂税也不少，随即下令裁除。

同年，乾隆还下旨革除福建澎湖渔船每年向官府交纳"规礼银"的陋习，保护渔民出海捕鱼的积极性。

雍正时,民间买卖田地房屋,例应由买主向官府交税,然后在地契上加盖官印,以证明地契有效。后来改为契纸契根之法,即由布政司将预先盖好印信的契纸发给各州县,用时填写。此法行之即久,一些府吏便乘机索要钱财,费用十数倍于应交税款方才能领到契纸。百姓怨声载道。乾隆刚一即位,就下令革除契纸契根之法。以后民间买卖田地房屋仍自行立契,照则纳税,杜绝了地方官吏借机营私的生财之道。

乾隆二年,他又制定"八旗家奴开户例",准许八旗贵族家的家奴放出为民,但仍存主仆名分,只准从事农业耕作,不准谋求仕宦。虽然这些奴隶还没有完全解放,政治上仍然不具备与一般百姓平等的权利,但总比奴隶身份提高了一步。当然,乾隆并不一定考虑此例的政治意义,主要是作为一项促进农业生产的措施推出。

而对于可能妨碍粮食生产的一些行业如酿酒、一些作物如烟草的种植则严加控制。按乾隆本意,应禁止种烟、酿酒,并曾于乾隆二年颁旨严禁烧锅(造酒)。但大臣中有不同意见,先是兵部尚书孙嘉淦上疏认为:"烧锅之禁,无益于盖藏,而有损于生计。"后又有礼部侍郎方苞劝说:如果南北各省、不论丰歉,一律禁止酿酒、种烟,那么河北宣化种植的苦高粱,陕西出产的枣、柿、葡萄等就会卖不出去。而种烟之地,全部改为种粮食和蔬菜,也不一定适宜。这无异为"夺民之资财而狼藉之,毁民之肌肤而敲扑之,取民之生计而禁锢之"。乾隆采纳了他们的意见,采取了不加禁止但加以限制的政策,其本意还是为了加强农业生产。

乾隆还十分关心农事收成,在他一生写作的大量诗文中,不乏"喜雨""报雪"之句,说明他还是能够关心民间疾苦和农业生产的。他命人把中国古代农书上有关耕种、备荒、灭蝗的记载汇编成《授时通考》一书,供各地使用。此外,他还十分注意农业技术的推广。乾隆八年,他亲自下令将山东省养椿蚕、柞蚕之法移之各省进行试养,希望全国都能推广开来,以收蚕利与民。

在位期间,他数次普查人口和全国贮粮,两相对照,以更好地修订农业政策。乾隆五十九年,他已是85岁。接到各省奏报民数共30746万余口后,他认为这种"以一人耕种,供十数人食"的"生之者寡,食之者众"的局面与"闾阎生计,诚有关系"。因此"心甚忧之"。

重农务本之外,乾隆也很注重通商贸易和矿业生产。

雍正时各地乡村集市贸易有所谓"落地税",凡农具、薪炭、鱼虾、蔬果之类必须要查明上税,方许交易。乾隆刚一即位即全面禁革"落地税",鼓励人民自由交易,促进经济发展。

当时江浙一带已有百工匠人等手工业,旧制每年都要奉官府役使,有的直接以钱代差,名为"贴费",实际上是对小手工业者的剥削。乾隆元年发布诏令,严禁官府奉行官差,不准扰累手艺工匠,支持小手工业发展。

乾隆五年，又准大学士赵国麟奏，"凡产煤之处，无关城池龙脉及古昔帝王圣贤陵墓，并无碍堤岸通衢处所，悉听民间自行开采，照例完税。"随后，直隶、山东、山西、湖南、广东、甘肃等省先后招商采煤。

有一位朝臣上疏反对在昌平开采硫磺矿，说是断了京城"王气"。乾隆怒斥其"迂谬、荒诞"，说京城外西山、北山自元明以来就采煤及开石，从未闻有碍风水，岂开采硫磺就有碍地脉？命将这人交刑部严加议处。

重视民众生活和生产。执政后期，他又下令准许汉人娶蒙古妇女为妻，提倡内地百姓移民边疆垦荒，由官府筹措路费，借给口粮，并代办农具、种子。如乾隆七年，曾发满洲居民已有妻室的一千户移民往拉林、阿勒楚喀垦植。每户由官府建房三间，给地三顷，并配备耕牛和农具，发给种子，建成了八区庄屯。乾隆四十二年，劝谕甘肃贫民往乌鲁木齐地区垦荒，由官府发给路费，筹借口粮、种子、农具，分批到各地段安插。

乾隆还批准当时居住在中国西北部的准噶尔部族与汉人通市贸易，后来又逐步放宽对蚕丝的出洋限制，准许外国商人到中国买卖丝绸。他还下令废除了禁止云南、贵州一带苗汉民通婚的禁令，认为这样有利于各民族杂居地区社会的稳定和发展。

乾隆在位期间十分重视水利，他制定了《江南水利岁修章程》，规定江南督、抚及河道总督和各地河务官员等，趁农闲时机，招募民夫疏通河道，兴修水利，保证每年水利设施的修建。

黄河是一条害河，清代时常决口，淹没良田，冲毁房屋，使大批灾民流离失所，无以生计。乾隆注重黄河治理，派得力大臣督工，修堤筑坝，投入了大量的人力物力，耗费巨额工费。如工部尚书裘曰修，自乾隆二十二年至二十三年间出治河工，他遍巡山东、河南、安徽三省的河道，清淤筑堤，使水患初步得到控制。乾隆为嘉奖他，特赐其继母郝氏和生母王氏两块匾额，以示她们教子有方。这在封建年代是少有的殊荣。另外像嵇曾筠、嵇璜父子等也都是治河名臣。

乾隆四十二年，他又令河道总督高晋勘测绘图，自江苏陶庄至周家庄开掘引河，使黄河改道，避免了旧河道黄河倒灌之灾。四十八年，又由河南兰考至商丘沿黄河筑新堤170余里。他还派大学士阿桂的儿子、乾清宫侍卫阿弥达前往青海考察黄河源头，命大学士纪昀等根据考察结果编著了《河源纪略》共36卷，书中绘图列表，考古证今，并杂录沿河风俗、物产、古迹、轶闻等，为治理黄河提供依据。

此外，乾隆对不事生产的僧道等加以限制，反对人们浪费许多财力建寺进香。雍正帝死后第三天，乾隆就将他供养在西苑的游方道士张太虚等驱逐出宫，赶回原籍。即位当月，又传诏禁止各地不经批准修建寺庙、道观、神祠，并对寺庙所属的斋田进行清查造册。雍正后期，佛教和道教盛行，全国各地兴建寺庙无数，多数占有斋地，甚至雇长工耕种，或租给贫民。由于僧道大都不劳而获，许多人都愿出家，大大超过朝廷规定的名额。乾隆四年清查，僧道无度牒者共34万人。这些私自剃鬐的人对农村劳动人口是一个很大的流失。有些人甚至假出家,娶妻生子、拥有私田的也不在少数。乾隆力矫此弊,下令清查庙田斋地,清退无牒僧道,让其还俗,这对经济发展和社会风气都是有益的。

当时直隶、山东、山西、河南等地的百姓有"进香"的习俗,百姓不远千里,聚集省会,"成行结队,树帜扬幡,鸣金击鼓,黄冠缁衣,前后导引"到外省名山宝刹进香还愿。乾隆认为这是很愚昧的事,并且很浪费,因此在乾隆四年下旨禁止越省进香,并要各省官员晓谕教化,徐徐申明禁止。

由于乾隆采取了"重农务本"的经济政策和许多开明措施,使大清朝在康熙、雍正的基础上,国力日增,达到顶峰,形成了所谓"康乾盛世"。

开拓疆域　国势大振

乾隆晚年,曾御制《十全武功记》,以满、汉、蒙、藏四种文字建碑勒文。记略:"十功者,平准噶尔为二,定回部为一,扫金川为二,靖台湾为一,降缅甸、安南各一,即今二次受廓尔喀降,合为十。"

在他在位的60年间,多次对边疆异族和属国用武,南征北讨,成了他政治生涯中极为重要的内容。这十功代表了他的一生功绩。

乾隆二十年,清朝政局稳定,国力强盛,兵强马壮,库存银三千余万两,仓储粮可用20年。正是施兵威于远方之时,乾隆命班第为定北将军,永常为定西将军,分兵两路,由蒙古和新疆进攻盘踞在西北边疆的准噶尔部族。

准噶尔部原是元朝蒙古遗族,盘踞新疆、蒙古一带。康熙、雍正时多次进剿,终无结果。使清朝有西顾之忧。到乾隆十年后,其部落首领噶尔丹策零死后,发生内乱,有些部落投降清军。乾隆认为形势有利,以叛附的阿睦尔撒纳为副将,分兵二路攻击准噶尔部。准部因内乱已久,人心思治,所以清军数千里征战,所到之处各部落纷纷投降。清军顺利进入伊犁。准部头领达瓦齐毫无准备,还在帐中饮酒,闻听清军到了,急忙率百余骑投奔南疆乌什城。城主霍吉思(维吾尔族人)奉牛酒迎接,乘其醉卧时把他擒获,押送清军大营。后解往北京,乾隆恩威并施,将其训斥一番后赦免了他,并将其留在北京。准噶尔部被初次平定。

乾隆平定准噶尔部后,为了削弱其内部力量,将准部分为四部,分设台吉(首领),并封阿睦尔撒纳为双亲王,驻守伊犁。但阿氏并不满足,自恃功高,妄图做四部总台吉。他不穿清朝官服,不用清朝官印,以总台吉自居,行文各部准备叛乱。乾隆接到密报后,命他到避暑山庄来晋见,想将其擒住。他行至途中,设计逃回伊犁,调集人马进行叛乱。当时清兵已撤,仅留将军班第、尚书鄂容安率屯兵500人,因措手不及被围。将军永常拥兵数千屯乌鲁木齐,却因惧战退却,导致班第兵败被杀。

阿睦尔撒纳叛乱后,乾隆又以策愣为定西将军,再次出兵准噶尔。这时阿睦尔撒纳称总台吉后,内部不服又发生内讧,策愣击败阿部收复伊犁。阿氏利用假投降骗过策愣,逃往哈萨克。乾隆二十二年,乾隆命衮札布为左副将军,出北路,兆惠为右副将军,出西路,大军直入,阿睦尔撒纳逃往俄国,后在俄国病死。历时近百年的准噶尔叛乱始平息。

这时又发生了回疆大小和卓木兄弟叛乱。回疆又称回部,为唐代回纥后裔,散居在天山南,常被准噶尔部侵凌。清军进占伊犁,让大小和卓木率兵出天山南北路协助。后小和卓木参与阿睦尔撒纳之乱,阿氏败后他又宣布独立,尊其兄为图尔汗,招集天山南北回户数十万,只剩库车、拜城、阿克苏三城不从,而归附清军。小和卓木探知库车等附清后,发兵袭击破城。清朝副都统阿敏前往招抚,但被杀害。

乾隆二十三年,乾隆宣示大小和卓木罪状,命雅尔哈善为靖逆将军,率兵出征。以8千人围攻驻守库车城的小和卓木。围城三月,小和卓木突围而逃,清军仅攻下一座空城。乾隆闻报大怒,将雅尔哈善斩首。令兆惠由伊犁出兵南疆,当时清军大兵尚未集中,兆惠令副将富德后续,自率4千人马先发,在叶尔羌与和卓木接战,兆惠身先士卒,四面冲杀,两次更换战马,面部和腿上两处负伤,终因寡不敌众,被和卓木军一万人围在营中。双方相持近三个月,富德率清军大队到,两军会合,和卓军大败。大小和卓木分别逃往喀什和叶尔羌居守。兆惠与富德各率1万5千人攻打两城,这时和卓木兄弟众叛亲离,弃城逃往巴达克山中。回民纷纷迎接清军到来,大小和卓木的"巴图尔汗国"遂告灭亡。

从此天山南北尽归大清版图,北接俄罗斯界,南接乌斯藏(西藏)及青海,东西七千里,南北三千里,新辟疆界约二万里。自此这块新辟的疆土就被称为新疆。

大小金川位于四川大渡河上游。在丹巴县以北为大金川,以东为小金川。其地丛山林立,河涧汹涌,地形险要。

乾隆十二年,大金川土司莎罗奔并吞小金川,又袭杀屯驻的清军,公开叛乱。乾隆命四川总督张广泗讨伐。莎罗奔负隅顽抗,清军连连失利。于是乾隆派大学士讷亲为经略,前去监军,并起用老将岳钟琪、傅尔丹等人。

岳钟琪为雍正时名将,善于用兵,治军严厉。每次登坛发令,手下将弁都紧张不已。临阵时与士兵同甘共苦,士卒甘为效命。一次,他经过傅尔丹大帐,看见帐内挂满刀戟。傅得意地说:"这是我平素所习练的兵器,故悬挂在此激励众人"。岳出门后对人说:"为大将军者,不恃谋而恃勇,离灭亡也就不远了。"后傅尔丹果败。

岳钟琪到川西军中,与张广泗议定进攻之策。讷亲到后予以否定,严命三日之内攻下噶尔崖(今金川县南),结果损兵折将。讷亲自知失误,从此不敢私自下令。而张广泗意气用事,有意推诿。由于将帅失和,空耗许多粮饷,军事上毫无进展。乾隆大怒,将二人押解回京审问,两人仍互相推诿责任。乾隆以"忘恩负国"将张广泗斩首,又派人拿讷亲祖父的遗剑送给讷亲,令其自裁。另派傅恒为经略,与岳钟琪合力进剿。傅恒乃皇后富察氏的哥哥,以做事严密谨慎深得乾隆器重,官拜大学士兼军机大臣。莎罗奔自知不敌,向清朝投降。大小金川遂告平定。

乾隆三十一年,大金川再次叛乱,四川总督阿尔泰多次征讨不能平息。三十七年,乾隆令温福为经略,督师讨伐。温福刚愎自用,饮酒误事,被攻破营寨身亡。后又命阿桂为平西将军,统精兵围剿。至乾隆四十一年,攻克喀尔崖,莎罗奔等出降。阿桂京师献俘,乾隆午门受虏。改大小金川为县治,这场征讨五年,耗银7000万两,死伤3万余人的平乱战争最终结束,开辟疆土仅400里。

乾隆三十年,缅王孟驳侵扰云南,云贵总督刘藻连吃败仗。乾隆三十二年,以杨应距代替刘藻带兵出关,因孤军深入受挫。后又以明瑞代杨,分兵三路入缅。明瑞率军连克蛮结16寨,后在木邦被围战死。乾隆遂调傅恒、阿桂往征缅甸。三十四年,傅恒、阿桂两军在新街合师,沿江而下,直捣老官屯。缅王孟驳乞降,臣服清朝,乾隆规定其十年一贡,撤兵许和。

乾隆五十三年,安南(越南)发生内乱,国王黎维祁向中国求救。乾隆闻报,派孙士毅(两广总督)出兵安南。此时阮文惠已在顺化称王,听说中国兵来,伪装投降。孙士毅麻痹大意吃了败仗。乾隆闻报大怒,立命福康安取代孙率兵再进。五十四年,阮文惠遣使求和,并入贡中国。乾隆因连年用兵,劳师费财,于是就准其入贡,封阮为安南国王。第二年,阮备下贡品亲入京朝觐,为乾隆八十大寿祝贺。后来,安南数次派兵协助清军剿捕海盗。

乾隆五十一年,台湾官府镇压"天地会",激起民变。天地会首领林爽文以"安居心,保家业"为号召,率众起义,台湾全岛悬天地会旗响应。起义军迅速发展至10余万人,攻台湾省府不克,后在彰化县建立农民政权。乾隆急调福康安为将军,统兵十余万人赴台镇压。起义军与官兵相持一年多,最后失败。林爽文被俘,被押解京城遭凌迟处死。乾隆平定台湾,镇压了天地会农民起义。

乾隆五十三年,尼泊尔一带的廓尔喀族乘班禅兄弟相争之际入侵后藏,理蕃院侍郎巴忠不顾达赖反对,私自与廓尔喀议和,以每年供其银元宝300个为代价,换得其退出西藏,并向朝廷报捷,说是廓尔喀乞降,还煞有介事地让其入贡受封。乾隆被瞒过,还真以为廓尔喀已被降服。

第二年,廓尔喀以清负约为名(清朝原不知有岁银之约)再次入侵西藏,大掠日喀则,全藏大震,达赖、班禅飞章告急,巴忠闻变投水自尽。乾隆派嘉勇公福康安统军入藏,讨伐廓尔喀。福康安入藏后整兵反击,连战连捷,于乾隆五十七年尽复西藏失地。后又深入尼泊尔境内数百里,逼近廓尔喀首都加德满都。廓尔喀乞降。乾隆颁布《钦定西藏章程》,规定驻藏大臣地位与达赖、班禅相等,并制定了"金瓶掣签"制。

传说明代甘肃西宁卫人宗喀巴,入大雪山修行得道,创立一派,当时称"黄教"。宗死后其弟子达赖、班禅分成两支。因其教禁止娶妻生子,所以采用活佛转世的继承法,由其死的那一日出生的孩童为转世灵童。到乾隆时期,已是七世转生。常因指定转世灵童发生纠纷,引发战乱。乾隆遂设一金瓶,内装象牙签数枚,将符合条件的孩童姓名各写一签,放入瓶内,焚香诵经七日,由驻藏大臣会同大喇嘛当众抽签决定灵童。所以称为金瓶掣签法。其瓶称作金奔巴瓶,供在西藏大昭寺。

到乾隆晚年,大清版图北至外兴安岭、恰克图,西至巴尔克什湖和葱岭,南及南沙、西沙群岛,东至台湾,国土的辽阔和国势的强盛,都达到了前所未有的程度。这与乾隆的武功业绩是分不开的。

所以,志得意满的乾隆亲撰《十全武功记》,并自称为"十全老人"。当然,他也没有忘记跟随他建功立业的将军谋臣。他建立了紫光阁,将有功之臣的画像供于阁中,供人瞻仰。前后共三批135人,以傅恒、阿桂、福康安为首。

博学鸿词　大兴文狱

乾隆初即位时,实行了比较开明的文化政策,对拥护大清朝统治的汉族文人采取了笼络的办法。

乾隆元年,他就开了博学鸿词科,在保和殿御试176人,选中刘纶等15人封官重用。后刘官至大学士,有"南刘"之称。此外,清代许多名士都出于乾隆时期,他们之中有的著书立说,创立学派,有的则考中进士,入官翰林,至宰辅之列的也不乏其人。

著名的有:吴敬梓,所作《儒林外史》,是我国近代四大讽刺小说之一,卒于乾隆十九年。曹雪芹,所作《红楼梦》是中国四大名著之一,卒于乾隆二十九年。沈德潜,乾隆四年进士,后官至礼部侍郎,是著名诗论家。戴震,著名哲学家、经学家,乾隆时举人,曾任《四库全书》纂修官。"桐城派"著名散文家方苞,官任礼部侍郎。他的得意门生刘大櫆,也是当时著名散文家。另外,时称"江右三大家"之二的文学家袁枚、蒋士铨,都是乾隆进士,其著作《随园诗话》和《临川梦》至今脍炙人口。闻名天下的"扬州八怪"郑板桥、金农、汪士慎、李鱓、黄慎、罗聘、高翔、李方膺等书画家相映生辉。人才辈出,与乾隆重视人才的政策是分不开的。

乾隆自己也十分喜好文学。后来他就规定每年元旦后三日在重华宫举行茶宴,命能作诗的大臣都参加,或者是联句,或者是对诗,努力营造一种文化气氛。他还在各地建造了七个藏书阁,并在阁内匾额上亲提"知不足"三字,他常在阁中与一些文人相聚,写诗作画,谈古论今。他与一些文人建立了密切的关系。

朱筠入四库全书馆时,乾隆常称赞他文章学问过于常人。总裁于敏中曾对乾隆说朱筠办事太慢,乾隆回答说,"可以催促一下,但不要责备他。"其中多含爱护之意。朱筠知道后,对乾隆非常感激。

戴震在四库全书馆校著《水经注》,难度很大,但他却校正得非常精到。乾隆在卷首题诗,对其褒奖。后来书成付印时,他派一个小太监去问:"戴震尚在否?"当听说已去世时,叹息良久。

与乾隆关系最密切的要算纪昀了。纪昀博学多才,被选为《四库全书》总裁,并曾入值南书房起草文书。纪昀身体肥胖,每到夏天就汗流浃背,衣服湿透。一次,他与同官数人在房中脱掉上衣,赤膊而坐。忽然乾隆从内殿出来,大家匆忙穿衣。纪昀发觉较晚,来不及穿衣,忙钻入桌子底下,大气也不敢喘一口。乾隆早已看见他,故意坐在房内不走,也不开口说话。两个小时过去了,纪昀耐不住酷热,伸头向外窥看,问:"老头子走了吗?"乾隆大笑。然后他绷着脸说:"纪昀无礼!怎么说出这么轻薄的话来,朕要你解释'老头子'的含义,说得出则可,说不出就杀。"纪昀只得爬出来,穿好衣服谢罪,从容回答说:"万寿无疆之为老,顶天立地之为头,父天母地之为子,连起来就是'老头子'"。乾隆很高兴,以后对他更加恩遇。

有一次乾隆微服私行,走入内庭馆中,见馆中只有一个人,就问其他人都到哪里去了,这个人叫杨瑞莲,在馆内任缮写官。他不认得皇帝,于是就客气地让座,然后回答说别人都去参加乡试了。乾隆又问:"你为什么不去?"回答说:"担心内庭有传办的事,所以留下未去。"乾隆仔细地询问了他的姓名、籍贯等,又看了他抄写的文字,点点头走了。第二天乾隆传谕:"杨瑞莲人很诚实,字也写得好,未能参加考试十分可惜,可赏给他做举人。"后来,杨任湘潭知县,因违背上司意旨被参。乾隆说:"杨瑞莲诚实人,我所深知。所参不准。"将奏折掷还。

乾隆对中国文化的最大贡献,就是他集中一些文人编纂了一些很有价值的大型图书。如纪昀等编著的反映黄河流域风土人情和水情资料的《河源纪略》。吴谦等编著的《医宗金鉴》90 卷,论述内、外、妇、儿、正骨等科的诊断、辨正和方剂等。周祥钰等撰的《九宫大成谱》82 卷,集南北曲 2094 个曲牌,连同变体共 4466 个曲调,并有北曲套曲 185 套,南北合套 36 套,唐宋元明清初诸调齐备。于敏中等编辑的《日下旧闻考》42 卷,辑有关北京史料,分星土、世纪、形胜、宫室、城市、郊坰、京畿、侨治、边障、户版、风俗、物产、杂辍十三门。他还建立"三通馆",编纂了大型典志《续通典》《续通志》《续文献通考》。并令人将辽、金、元三史所记人名、地名、职官、氏族等译音厘正划一,对中国文化艺术和史志进行整理总结。

乾隆三十八年,他又开"四库全书馆",以纪昀、陆锡熊为总裁,翰林官 30 员专司编纂,历时 10 年,四库馆员先后总计达 4186 人,辑成《四库全书》,按经、史、子、集四部排列,共收书 3461 种,79309 卷。《四库全书》共缮写七套,分别藏于故宫文渊阁、圆明园文源阁、盛京文溯阁、避暑山庄文津阁、镇江文宗阁、扬州文汇阁和杭州文澜阁,另有一副本藏于北京翰林院。《四库全书》在中国文化史上占有很重要的地位,保存下来很多有价值的典籍,后人在利用这些资料时,很自然会联想到乾隆的贡献。但是人们很少想到乾隆在编纂这部浩帙之作时,对中国古代文化典籍进行了一次大规模的清查销毁。

乾隆三十九年、四十一年两次下谕,命各省遍访遗书,将"词意抵触本朝者"尽行销毁,共有3千余种图书被销毁,与《四库全书》所收者差不多,目的是维护满清封建统治。

不仅如此,乾隆还继续了康熙、雍正时期兴起的文字狱,捕风捉影,望文生义,以"莫须有"的罪名撒布文网,打击对象主要是中下层文人。他们吟诗作文,往往被莫名其妙地曲解成反清复明、讥讽朝政,招致杀身之祸。

翰林学士胡中藻著《坚磨生诗钞》,其中有"一把心肠论浊清"。乾隆御批:"加'浊'字与国号之上,是何肺腑?"并认为"坚磨"二字本身就用心不良,结果胡被弃市。受其连累,其老师鄂尔泰的牌位也被撤出贤良祠。

已故江苏举人徐述夔,在《一柱楼诗》中有"明朝期振翮,一举去清都"和"大明天子重相见,且把壶儿搁半边"句,被说成是影射讥刺,要恢复明朝,推翻大清,并说"壶儿"就是骂清朝是"胡儿",谕将徐述夔及其儿子掘墓戮尸,其孙斩首。江苏布政使陶易、负责校对的徐首因"失察"判斩监候。已故礼部尚书沈德潜曾为作传,命将其撤出乡贤祠,御赐碑推倒,并将碑文磨掉。

江西举人王锡侯,增删《康熙字典》,另编成《字贯》,乾隆以其不知"尊君亲上"为名交刑部严讯。巡抚海成及布政使、按察使均以失察革职,并遍查《字贯》一类书,全部销毁。

文字狱是清统治者用以打击不同政治力量或政见的一种手段。可是泛滥开来,使许多普通人因诗文被曲解而开罪。如"布袍宽袖浩然巾"被说成是反对清朝服制;"天地一江河,终古自倾泻"说成是希望天下大乱;有人因米价昂贵,写了一篇《吊时文》,被斥责"生逢圣世,敢以吊时为题?"有人写了一篇《祝寿文》,其中有"创大业于河南",说是"创大业"就是要做皇帝,实属僭逆。这些人轻则被抄家,发配充军,重则被杀头,满门抄斩,已死的还要焚骨扬灰。于是,一些文人都不敢议论朝政,也不敢研究历史,只好埋头于故纸堆中去搞繁琐考证。自乾隆时起,考据学大盛,史称"乾嘉考据",这与清代文字狱是有关系的。

风流天子　奢侈挥霍

乾隆治下,西南平定,海内升平,俨然是一个太平天子。他承继父祖,垂裳而治,勤政训子,阅武习文,自认为是一个守成君主。但他又性喜巡游,精通音律,琴棋书画、词翰文章无所不通,被人称为风流天子。这看似矛盾的两个方面在乾隆身上交互显现,再加上野史轶闻的刻意渲染,使乾隆其人也蒙上了一层神秘的色彩。应该说,关于乾隆的故事,有些是史实,有些则是传说。

乾隆的第一位皇后富察氏,是在他做亲王时的原配,即位后奉太后之命立为皇后。据说,富察皇后出身名门,但是她平时很注意节俭,穿衣从不挂珠翠,并在后宫带领嫔妃亲自养蚕,然后用蚕丝织成御衣供皇帝祭祀时穿。满族妇女有在元旦向丈夫赠送荷包的习俗,宫人多用金银线缀成,她认为太奢侈,每年送给乾隆的荷包都是用兽皮制成,用意在于清人起于关外,不可忘本。乾隆对她格外敬重和恩爱。

一次皇后寿辰,在坤宁宫大摆寿宴,后宫嫔妃和公主福晋等都来祝寿。其中有一位命妇生得眉如春山,眼似秋水,顾盼留情,乾隆不禁被迷住了。原来这是皇后之兄大学士傅恒的夫人。当时在席间,乾隆与傅夫人联诗让酒,眉目传情,两人都有了意思。自此以后,傅氏常常被召进内宫,陪皇后散心。日子久了,也常留宿宫中。其间乾隆与傅氏不时幽会,宫女虽然知道,但都不敢声张。

后来,风声传到富察氏耳中,但傅氏是她嫂嫂,碍于面子也不好说破,只得把苦水咽在肚里,整日闷闷不乐。恰巧这年冬天,她的亲生儿子永琏患病死去。永琏年方8岁,聪明伶俐,招人喜爱,已被密诏立为太子。永琏突然死去,皇后痛上加痛,整日以泪洗面,面容一天天憔悴起来。乾隆帝自感愧对皇后,于是好言劝慰,并答应再生了儿子一定立为太子。后果然又生一子,取名永琮。不料2岁时又患天花夭折。这次打击使富察氏彻底失望,精神郁悒。乾隆为了给皇后解闷散心,便下旨东巡,祭泰山,谒孔庙,游览名胜古迹。尽管景色宜人,无奈富察氏心如死水,再加旅途劳累,反倒一病不起,于乾隆十三年死在德州。

乾隆十分悲痛,特颁谕旨,谥名"孝贤皇后",并亲撰碑文,其中有"念百行以孝为先,而四德唯贤兼备"。其悼亡诗中有"廿载同心成逝水,两眶血泪洒东风"。可见二人情爱甚笃。

乾隆在孝贤皇后死后两年,按太后旨意册立那拉氏为皇后。这位那拉氏皇后大概性情比较乖烈,不为乾隆所喜。再加上乾隆风流成性,也不被那拉氏所容,两人一直不和睦。乾隆三十年南巡途中到达杭州,乾隆经常微服出游,深夜不归。那拉氏皇后多次苦谏,乾隆不听,在极度愤怒和失望下,竟将自己头发剪掉。乾隆十分恼怒,认为她精神"异常",派人将她送回宫中,从此打入"冷宫"。一年后愤懑而死,人称"无发国母"。死后,乾隆以"无发之人,岂可母仪天下"为由,不准以皇后身份入葬,仅以妃礼葬。直至嘉庆五年,才重新以皇后礼改葬。

乾隆非常喜欢写诗,他一生写诗四万余首,在篇幅上可与全唐诗相比。政务以外,他以写诗作来"托兴寄情,朝吟夕讽"进行娱乐。但他的诗作尽管很多,艺术水平却不高,没有多少文学价值。他自己说他的诗可用"拙速"二字概括,即成篇很快,不事雕饰,并且喜欢用典,有时还杜撰词汇,令人不解。因他是皇帝,无人敢提出疑义,只有自叹学识浅薄。乾隆有时也故意耍些小手腕,找一些生僻典故写在诗文中,令臣下去找注解。中国文化书卷浩如烟海,一个人学问再大,也不可能阅遍全部书籍。许多著名文臣都被他搞得满头大汗,无法解释,不得不感叹"圣学渊博"。

据说,还有一些诗是臣下代笔。如著名学者沈德潜就曾长期陪伴乾隆,与御诗唱和,直到致仕在家,还在为乾隆校改御制诗。乾隆曾对人说:"朕和德潜,以诗始,以诗终。"一次乾隆游西湖,恰逢降雪。见到眼前迷人的南国雪景,他不禁诗兴大发,随口吟道:"一片一片又一片,三片四片五六片,七片八片九十片……"口中吟数着雪花,心里却暗自着急,不知如何才能将这倒霉的诗作完。沈德潜见皇上发愣,忙上前解围:"请让臣把诗续完。"乾隆求之不得,连忙答应。沈脱口而出:"飞入梅花都不见。"乾隆大喜,竟脱下身上的貂皮大衣赐给沈。可是沈死后却因文字狱牵连被磨碑免祀。传说原因主要是沈生前曾把替乾隆起草的御制诗收入自己诗集发表,使乾隆非常难堪。

传说乾隆亲自参加《明史》的校勘,编校人员就故意在明显处写几个错字,让乾隆改正,乾隆也为自己能校验出错处而高兴。可是一经他校验过就成了钦定,有错也不能再改了。

康熙时修建了圆明园,至乾隆时又大加扩建,集中全国能工巧匠,花费大量银钱,增添楼台亭榭,又责成各省官员贡献无数珍禽异卉、古鼎文彝,陈列园中,乾隆常陪太后、率领后妃到园中游玩,其奢侈挥霍,远胜康熙。

每到秋天,乾隆都要到热河地区去打猎,称为"木兰秋狝"。乾隆自小习武,箭射得很准,经常在较射中九发九中。每行猎,随从们携犬带鹰,前呼后拥,几百人合围,围中獐狍野鹿数百头,乾隆亲自射鹿,随即取生鹿血喝下,希望能延年益寿。行猎间歇,乾隆令人牵出几匹骆驼,与随从一起玩跳驼峰的游戏,从八尺高的驼峰上跳过,以落地站稳为胜。

乾隆还在热河(现承德)修建了避暑山庄,圈地几十里。其间茂林修竹,清池绿草,凉风习习,确是避暑胜地。一次他到山庄游玩,对身边人说:"这里气候凉爽,真不愧称避暑山庄啊!"一武臣答道:"这是相对宫内而言,外间民房都十分低矮,街道又窄,人群拥挤,炎热超过京师十倍。所以民间谚谣说:'皇帝山庄真避暑,百姓仍在热河地。'"乾隆听后一连几天都很不高兴。

玩乐是玩乐,但乾隆深知保持大清江山受其家族统治的艰难,所以严尊祖训,教育王子们不能忘记祖先创业的艰辛。每天五鼓,天还未亮就要到书院读书,下午习武。有一次校场较射,年仅8岁的皇孙、后来的道光帝也用小弓连中三箭,乾隆高兴地赏赐他一件黄马褂。十一皇子在扇子上题名"镜泉居士",乾隆训斥说:"我们家累世敦朴,所重者读书骑射,怎么能仿效书生追求虚名呢?"

乾隆还接受历史上外戚作乱的教训,严禁后宫妃嫔和太监干预朝政。他制《宫训图》12幅,分挂在大内各宫中,作为后妃学习的榜样。如"徐妃直谏""曹后重农""樊妃谏猎""马妃练衣""西陵教蚕""太姒诲子"等,还常以图中内容让后妃联句作诗。

乾隆认为明代宦官多弄权,是因为他们读书太多。所以他一改旧制,把教习太监读书的内书堂关闭,不让他们懂得太多知识。他还令办差太监一律改姓"王",这样外廷大臣就难以分辨认识他们。有一个贴身太监向乾隆说了几句关于外廷臣僚的事,事涉朝政,立被处死。就连军机大臣于敏中因向一个内监探明乾隆"朱批"内容,也被乾隆发现后勒令致仕,并下诏撤销他死后入贤良祠的资格。后又赐给他一幅陀罗尼经被（殡殓之物），于敏中明白乾隆的意思，不久便饮毒自尽了。

六下江南　粉饰太平

"袅袅东风拂面春，乘春銮辂举时巡。江南至矣犹江北，我地同子总我民。"乾隆十六年二月，江苏淮安，天气晴朗，春日融融千里，黄河在此入海，无数百姓身着盛装，正聚集在黄河南岸，恭候皇帝第一次南巡。御舟上乾隆踌躇满志，接受着万民的呼拥。

乾隆晚年在《南巡记》中写道："朕临御五十年，凡举二大事，一曰西师，一曰南巡。"西师指平定准噶尔和大小和卓木，开辟新疆省。南巡即指六下江南。因当年康熙在位曾六下江南巡视，所以乾隆也要"法祖省方"，遵照祖父的做法，巡视地方民情。

乾隆十六年第一次南巡后，又分别在二十二年、二十七年、三十年、四十五年、四十九年进行南巡。前四次南巡都打着奉太后巡幸的旗号，后二次太后已死。南巡名义上是巡视河工，同时也达到游玩散心的目的，并能了解江南的民风民俗，加强对东南各省的统治。

历次南巡一般都是正月十五前后从北京出发，由陆路经直隶、山东到江苏清口渡黄河，然后乘舟沿运河南下，经扬州、镇江、常州、苏州进入浙江，再由嘉兴、石门抵杭州。回銮时，绕道江宁（南京），祭明孝陵，于四月底五月初返京。

南巡由北京到杭州，往返水陆行程共5800余里。陆路御道中心路宽一丈六尺，御道两旁宽各七尺，要求坚实、平整，不得随意弯曲。御道经过处，许多良田被毁、坟墓被掘。凡是石桥都要用黄土垫铺。乾隆经过，都要泼水清尘。每到一处，备有专人介绍地理、历史沿革及风土人情。每隔几十里设尖营，供乾隆休息打尖。进入水路，换乘御舟。乾隆御舟为安福舻和翔凤艇。随从后妃外，还带一整套政务班子，加侍卫等共约2500余人，随从船只数百艘。御用拉纤兵丁3600人，分作六班。所经支港河汊、桥头村口都设兵守卫，禁止民舟出入。御舟停靠码头陈铺棕毯，设大营五十丈供皇帝歇宿。皇太后大营设在船上。南巡规模宏大，声势震天，提前一年就指定以亲王为首的筹划班子，勘测道路，制定停留地点。所过之处地方官都要修桥铺路，治理河渠，建筑行宫，安排迎銮。同时还要通缉捕盗，清理刑狱，以粉饰太平。

南巡中，皇家生活与宫中无大差别。每日早晚照例鸣鼓奏乐，茶房所用乳牛70余头，膳房用牛300头，羊1000头，均从北京提前运至。每天还从京师或地方运来泉水和冰块。乾隆饮食极为讲究，什么直隶玉泉山、济南珍珠泉、镇江金山泉、杭州虎跑泉等泉水，他都能分出高下。

清朝还规定，凡巡幸所经30里内，地方官都要身着朝服来接驾，并派专员到各地演习迎送仪式，民妇士绅都要跪伏行礼。因乾隆奉母出巡，以孝子自居，所以地方官特别罗致一些老年人，身穿黄绢外褂，手捧高香跪迎接驾。据说乾隆游寄畅园时，接驾的九位老人长者九十，小的也年过花甲，加起来共600余岁。

乾隆喜谈佛学，但江南高僧较少。督抚们就让一些略知佛法的文人学者剃头假扮僧人迎驾，以博取乾隆欢心。可怜这些人在伴驾时一个个都心中打鼓，唯恐万岁爷一高兴，钦赐一个什么名号，从此就要蒙受"天恩"，在青灯古佛下了此一生了。

南巡内容，首先是祀典。一是各种神庙祭祀，像泰山岱岳神、黄河河神、钱塘海神，以及江神、淮神、关帝等。二是著名帝陵和孔庙。如江宁的明孝陵（朱元璋墓）、会稽的禹陵，乾隆都亲自致祭。孔子在清代被尊为"至圣先师"，所以回銮时乾隆也亲赴孔庙行礼。三是历代名臣祠庙和坟墓，一般是派专人致祭。如周公、岳飞、韩世忠、范仲淹、于谦等。祀典，无非是显示皇帝顺天应人，提倡忠孝之意。

另一项内容是阅武，即检阅军队。乾隆中后期，随着政治腐败的抬头，阶级矛盾加剧，下层人民的反抗有所加强。东南地区会党活动频繁，像天地会、小刀会等都十分活跃。乾隆在治理国家上，不但希望文治超过汉唐，而且希望武功也能远胜历代。所以南巡阅武是有一定针对性的。参加阅武的兵丁一般有二三千人，项目有骑射、阵式、技艺等内容，水师主要是阵式、泅水、爬桅等。乾隆对水师不感兴趣，常不让地方官准备。后来实践证明他犯了一个历史性的错误，半个世纪后英国舰队正是凭借其海上实力打开了中国的大门。

乾隆自称："南巡之事莫大于河工。"炫耀自夸之情溢于言表。因康熙南巡主要是巡视河务，且颇有政绩，史书称"黄河顺轨，安澜十年"。而乾隆六下江南，治理黄河已居次要地位。不过，他前五次都视察了河工。一个封建统治者以九五之尊，亲自阅视河工，是值得称道的。

乾隆巡视地点主要在洪泽湖东岸清口、高家堰一带，这里是黄、淮交汇区。另外，偶尔也到徐州视察。他亲自筹定洪泽湖水志，督建了五座大坝，并在高家堰加筑石堤，使其成为淮安、扬州一带屏障。二次南巡时，他看到东南水灾严重，命裴曰修到鲁、豫、苏三省深入各州县勘察水情，来一次统筹治理。三次南巡中他命人确定清口水志，在水涨之时按志启闭闸门，保证了下游百姓的安全。他还几次下令修筑徐州石堤，最终形成徐州河岸高17层、长达90里的壮观工程。

南巡中，他还四次视察海宁海塘，亲自试验打设石桩，最后决定先建"柴塘"（以木材为桩）聚集泥土，坚硬后再建石塘，应该说这是一个很有远见的措施，经过二十年的努力，终于建成长达数百里的石塘，对保护杭州、嘉兴一带的安全起到了"一劳永逸"的作用。

值得一提的是，乾隆在南巡期间，并没有荒废政务。除处理河工外，他还指挥着当时进行的平定边疆战事，同时他还借南巡地方官晋见时，考察他们的德能，作日后用人的依据。这是乾隆不同于一般昏君巡幸的过人之处。

既是巡游，自然少不了玩乐。一路上春光无限，使得乾隆这位风流天子心旷神怡,江南秀丽的湖光山色,又使他流连忘返。置身于如画江山之中,乾隆不禁诗兴大发,一路上吟诗作赋,乐不思归。

南巡御制诗,大多是描写园林风光和巡幸生活的,从中可见南巡的主要活动内容。如苏州狮子林,专为南巡所建,中有狮子峰、含晖岭、问梅阁、玉鉴池等十余处名景,乾隆游后有诗云:"一树一峰入画意,几湾几曲远尘心。"感到非常满意。扬州九峰园,奇石很多。其中有九个很像苍颜白发老人。乾隆非常喜欢,竟下令挑两个最好的不远千里运回北京。海宁陈阁老与雍正是世交,皇太后自然少不了要去看看,所以乾隆南巡曾四次驻跸其家。陈家内花园原名隅园,乾隆住后改为安澜园。因陈世倌已告老在家,所以乾隆赠诗:"老成忆告能无惜,皇祖朝臣有几人?"颇令一些老臣感激涕零。

扬州平山堂行宫,原来无梅。为了得到皇帝的欢心,竟捐资移来万株梅树。天宁寺行宫已有房屋500余间,可当地富豪仍觉不够气派,又在它后面建了重宁寺行宫。乾隆有诗赞曰:"天宁寺后建重宁,众志殷勤未可停。"鼓励各地继续殷勤效忠。

江南名胜古迹众多,历代文人墨客乃至帝王如康熙者,都留下过诗词歌赋。乾隆一般都要作诗唱和。此外,对地方官员有时也要踢诗,以示嘉励。乾隆还为名山古刹、新祠旧庙题写大批匾联,如虎丘佛殿的"须弥春满"、西湖行宫的"镜治澄怀"、明陵的"开基定制"、海宁海胜庙的"保障东南"等,大都保留至今,留下了这位风流天子、文治皇帝的墨宝。

由于南巡劳师动众,耗费民财,所以从一开始,就出现各种劝谏和反对事件。

第一次南巡时,民间广为流传一封假冒工部尚书孙嘉淦的奏稿。孙以谏诤之臣名闻朝野。雍正时他还只是一名小官,却上书劝雍正"亲骨肉、罢西兵、停捐纳",雍正看后,始则大怒,继则大笑,说:"朕亦不能不服其胆。"奏稿指责乾隆南巡有"五不可解十大过"。由于打着孙嘉淦旗号,在社会上影响很大,流传17个省,为此乾隆在全国搜捕一年多,抓人千余名。

第四次南巡,乾隆以观养蚕为名想到湖州游玩。大学士程景伊坚决反对,说现在蚕时已过,皇上看不到了。乾隆不听,命绍兴知府赵某沿河试航。赵是一位关心民间疾苦的清官,暗中投木石塞住河道,使御舟无法通过。后赵被革职回籍,当地百姓哭送百余里。

一次在苏州灵岩寺,见一棵梅树正在盛开。内里博尔奔察拔剑欲斫,乾隆惊问原因,博氏奏到:"臣恨其不生于圆明园中,以致皇上劳累。"实际是在讽谏乾隆游山玩水。

禅位嘉庆　盛世远去

乾隆六十年九月初三,乾隆在勤政殿召见皇子皇孙及王公大臣,宣布皇十五子嘉亲王颙琰为皇太子,预定明年归政,自己称太上皇。首辅大臣和珅等极力劝阻,无奈乾隆决心已定,说:"朕即位之初曾立下誓愿,如能在位60年,将传位于嗣子,不敢上同皇祖(康熙)在位61年之数。现初愿已偿,不敢再生奢望。"

嘉庆元年正月初一,在太和殿举行了禅位大典。嘉庆帝登基,尊乾隆为太上皇帝。

乾隆在位60年,禅位时已85岁,这是历代皇帝所仅有。乾隆前期,由于他能励精图治,使大清朝在政治、经济、军事各方面都达到顶峰,实现了"康乾盛世"。中后期,由于他沉湎于"文治武功"的颂扬声中,逐渐豪奢放纵于山水之间,吏治也开始腐败。他的首辅大臣,乾隆十四年前是鄂尔泰、张廷玉,他们为政谨慎,又系前朝老臣,对乾隆有一定的规约作用。后来是讷亲和傅恒,讷亲才疏学浅,又很专横,不久即被杀头。傅恒军功卓著,政治上本事不大,他还是国舅,生活上奢靡。乾隆三十五年后,于敏中、和珅执政。于学识渊博,但政治道德低劣,惯于结党营私。和珅则是个大贪官,他自乾隆四十四年任首辅大臣后,深得乾隆信任。

和珅出身于满洲正红旗,19岁袭职任銮驾仪卫尉。一次乾隆外出,仓促间找不到黄龙伞盖,就生气地问:"是谁之过欤?"和珅应声答道:"岂非典守者之过邪?"原来这两句都出自《论语》。乾隆见答话人眉目清秀,而且口齿伶俐,并且还上过满洲官学,于是就提升他为侍卫总管。和珅能言会道,办事又很会"体察圣心""奏对颇能称旨",很受乾隆赏识,所以他很快就平步青云,进了军机处。乾隆还把十公主嫁给和珅的儿子,从此他更有恃无恐。在朝中大权独揽,排斥异己,收受贿赂,贪赃枉法。其家人奴仆也都横行乡里,一时朝野切齿,弹劾和珅的奏折不断,但乾隆都当作耳旁风。

御史曹锡宝不敢正面触及和珅,仅弹劾其家人刘全衣服、车马、住宅违制。和珅连夜通知刘全将超制部分拆毁。结果乾隆派人去查看,什么问题也没有,曹反被革职。

正是由于乾隆后期宠信的几个权臣的胡作非为,朝政日趋腐败,民变屡起。乾隆三十九年,山东爆发王伦农民起义;四十六年,陕甘回民起义;五十一年,台湾林爽文起义;五十九年,湘贵苗民起义;到嘉庆元年,川、陕、甘、楚、豫五省白莲教起义,历时九年方被扑灭。从根本上动摇了清朝封建统治,宣告"盛世"结束,迅速走向"嘉庆中衰"。

嘉庆四年(1799)正月初三,太上皇乾隆去世。享年89岁。葬于裕陵,谥纯皇帝,庙号高宗。

乾隆死后才五天,嘉庆帝就将和珅革职查办,抄没家财,宣布20大罪状,后令其在狱中自尽。和珅被抄没的家产有:房屋2000余间,田8000余顷。银号42家,当铺75家,古玩铺15家,金银珠宝无数。共计合白银8~10亿两,相当于清政府10余年的财政收入(当时每年财政收入7千万两白银),所以民谣说:"和珅跌倒,嘉庆吃饱"。乾隆后期政治,可见一斑。

后妃公主

国学经典文库

后妃公主

图文珍藏版

导　语

　　一笑背负上千古骂名忧郁美丽的褒姒；"安史之乱"的替罪羊的美人杨玉环；被贴上"亡国祸水"标签的天真的冯小怜；最终沦为整个封建制度的殉葬末代皇后婉容……在历史长河幽暗的河床上，埋藏着数不尽的红颜白骨。她们也许曾经倾国倾城，也许曾经秀外慧中，也许曾经纯真善良……但短暂的闪光之后，却只能在不见天日的幽暗水底悄无声息地腐烂着，哭泣着。但真善美的种子，在磐石的重压下却依旧顽强地萌发生长，直至泼泼辣辣地绽放出一丛丛可歌可泣的生命之花，在冰天雪地中吟唱着热烈，在孤灯冷月下礼赞着从容，在腥风血雨中展现着智慧。

　　后妃公主，都是生长在幽深的宫殿里，高墙把宫闱与世俗分成两个世界，这无形之中给泱泱后宫罩上一层朦胧迷离的神秘色彩，引得世人总想看个究竟：想看皇后走向"母仪天下"的酸甜苦辣，想看皇后与妃子们争宠夺爱的悲剧性艳史，想看皇后在风险迭起的人生紧要关头体现出的智慧或权术，想看皇后是如何为皇室培养下一代"真龙天子"，想看幽禁在宫闱之中的后宫第一人的精神生活……在谜一般的后宫，有人扭曲了心灵，有人迷失了方向，有人丢掉了真爱……

　　在两千多年的纷繁复杂、光怪陆离的宫闱生活系列图景中，后妃公主们的人生际遇，虽各有千秋，但终究脱不了悲剧性的命运底色。在具有强大惯性的封建文化氛围中，后妃公主尽管是当时女人群体中的最上层，但在掌握社会评价系统的男人们看来，她们毕竟首先仍是女人。

　　本卷采用纪实手法，文史并重，人事合一，融史实的真实性、客观性与叙述的文学性、可读性于一体，将几十位后妃公主起伏跌宕的一生全方位、立体式地展示给读者，让我们看到一个个有血有肉栩栩如生的人物形象向我们姗姗走来，同时，也向我们展示了一幅中华五千多年多姿多彩的历史画卷。

　　俗话说："当事者迷，旁观者清。"后妃公主们都是局内者，皆为权欲所迷。我们作为旁观者，茶余饭后兴之所至，从书籍中领略一下曾经激荡过的历史风云，未尝不是一件放松身心的好事。

　　试看庙堂高远，深宫诡谲。几度骊歌，香飘凤城，绿满江山。经纶王业一统，终究成全谁人情义……权力世界里的婀娜身影，千载犹存艳质余香！

牝鸡司晨

——汉高祖刘邦皇后吕雉

名人档案

吕雉：名雉，字娥姁，秦代砀郡单父县（今山东省单县终兴镇潘庄）人，汉高帝刘邦之皇后，通称吕后。与唐朝的武则天并称为"吕武"。

生卒时间：前241年~前180年。

安葬之地：与汉高祖合葬长陵。吕后陵位于陕西咸阳市渭城区窑店乡三义村，在高祖长陵东南200米处。陵高32米，底边东西160米，南北131米，呈覆斗形。由于陵地建筑在渭水北岸的高原边缘，远望如同山丘，显得异常雄伟。

性格特点：性格刚毅、有抱负、有韬略。

历史功过：为刘邦剪除异姓诸王侯中起了很大作用，是刘邦定天下的得力助手。

史家评点：司马迁评价说："孝惠皇帝高后之时，黎民得离战乱之苦。君臣俱欲休息乎无为。故惠帝垂拱，高后女主称制。政不出房户，天下晏然。刑罚罕用，罪人是稀，民务稼穑，衣食滋殖。"

心肠恶狠　剪除忠良

汉高祖十年八月，正是秋高马肥的季节，曾帮助刘邦打天下的代国陈豨，举兵造反，高祖刘邦赶紧带兵前往镇压，留下皇后吕雉伴着年轻的太子刘盈，镇守长安，相国萧何做辅助。

秋空高爽，但宫城里的空气却有几分紧张，宫内外的禁卫加多了。此时，淮阴侯韩信府中有个舍人，悄悄但急匆匆地赶到皇宫里来，禀告一个绝大的机密消息，说淮阴侯要谋反，正准备假传诏书，调动被罚做苦役的官奴，杀到宫里来，加害皇后和太子。这消息顿时激荡起宫内紧张的气氛。一向刚毅自强的吕后，内心也不免有些不安。但她毕竟老于应对危局，很快镇定下来。这消息是否可靠呢？她想。接着，她脑海中迅速回忆起这么多年来，韩信的所作所为。

韩信本来投奔的是项羽。可在楚军，他不被重视。后来投奔刘邦。开始也未获得大用，又连夜逃离汉营。幸得萧何慧眼识良将，月下追回韩信，极力推荐，才得刘邦重用，登坛拜为大将，统率汉军三军。在韩信的指挥下，汉军终于击败项羽的楚军，奠定了汉家江山的根基。刘邦曾先后封韩信为齐王、楚王。韩信为人很自信，他称刘邦只擅长"将将"（宏观领导将帅），只有他韩信才有能力带领百万大军，克敌制胜。他的才能，他的功劳，他的威望，都让他直接威胁到刘家天下的安全。所以，刘邦始终没有完全信用韩信。他几次用突袭的手段，剥夺了韩信的兵权和爵位。高祖六年，他将韩信贬为淮阴侯，幽居在关中。不过，大约刘邦还念着韩信的功劳，怜惜他的才能，没有要他的命。韩信虽然早已感到了阵阵的秋寒，可他在政治方面，却很优柔寡断，始终叨念着刘邦登台拜将的知遇之恩，所以，在他还掌握着实际的兵权，手中还有数十万大军的时候，却没有听从一些谋士的意见，从刘邦手中夺取政权。当时已先后有武涉、蒯通等鼓动造刘家的反，说过什么"当断不断，反受其乱"，还有什么"狡兔死，走狗烹；飞鸟尽，良弓藏"的话，等等，韩信虽时而心动，却始终下不了反刘的决心。韩信擅长带兵，却缺乏政治斗争的战略眼光，以及狠毒的心肠与手段。但他又贪恋权位，不知身家性命早已笼罩着死亡的危险，不能全身远害及早功成身退。所以，仍隐忍偷生地活着，做着侯爷。他被贬为淮阴侯已经五六年了，仍住在长安，实际形同监管。

告他谋反的说法是：陈豨反时，韩信推托有病，拒绝跟汉高祖一同出兵征讨，却暗中派人送信给陈豨，说："老兄呀，不要慌，愚弟这就起兵来响应你。"他一面等候陈豨的回复，一面与家臣密谋，要假传皇帝的诏书，发动官奴，来围攻皇宫。

这些话都是正史中有记载的，但其中疑点也颇多。韩信要谋反，何不在有兵权时谋反？何以到这手无一兵一卒时来谋反？何以要跟远在千里之外的叛将联络？他的行动能有几分胜算？并无必胜的把握。善于带兵的韩信，会如此冒险吗？或许韩信的政治遭遇，让他对刘氏产生怨恨情绪是可能的，至于说到他要谋反，虚幻想象的成分或许更多一些。安知这次告反，不是刘邦或吕后怕大军出征代国之时，怕韩信在后方发难，而设下的一个先发制人的圈套。

不管怎样，吕后心中早想彻底剪除，以永远消除他汉家天下的隐患。不管韩信之反是真是假，有人出面告反，给她提供了个绝好的消灭韩信的借口和机会。而且此时刘邦不在长安，也免了被别人说是刘邦因嫉妒而诛杀功臣的闲话，岂能不赶快下手！可是韩信毕竟是带过兵的大将，她与太子都手无缚鸡之力，要除韩信，亦非易事，事机不密，惊动韩信以及同情、支持他的人，真的造起反来，刘家人辛苦打来的天下，被人端了老窝，岂不坏了大事？

思前想后，吕后决定召来丞相萧何密谋。萧何虽然曾经极力保荐韩信，促成了韩信事业的成功。而今却要与吕后密谋诛杀韩信，真不知是何滋味。然而，此一时也,彼一时也,如今事关他的皇帝主子天下的安危,也关系到他自家的身家性命,他也管不得许多了,自然站到了吕后一边。

"丞相,你看怎样才能平定淮阴侯的谋反,又不会造成太大的震动,影响皇帝陛下在前方的战事?"吕后问。

"禀皇后陛下,依老臣的主意,可以如此如此。"萧何在进宫的路上,已经想好了计谋。他稍为思考了一阵,便低声细语地说出了一番办法。

吕后听后,频频点头称是,道:"也只有如此了。就烦丞相去淮阴侯府走一趟吧。"

萧何领命,沉沉稳稳地来到韩信的府邸,见了韩信,谎说道:"今日有舍人从前线回来,报告说,陛下大军大获全胜,陈豨已被斩首。众臣都到未央宫中向皇后和太子祝贺。我这来约侯爷,侯爷何不跟我一同前去庆贺一番。"韩信听了,心中咯噔一下,虽不知消息的真假,但萧何是他进身汉王最大的举主,他并不疑心老丞相会来赚他。对陈豨之死,虽不免有兔死狐悲之感,又不敢太表露。他内心虽然不甚愿意去见吕后,却还是立即起身,随同萧何骑马来到未央宫。他的随从被挡在宫门外,他翻身下马,只身随着萧相国步入宫中。

飒飒的凉风,裹卷着秋日的肃飒之气。韩信默默地跟着萧何走进那巍峨而隐约笼罩着杀气的宫殿。

他们刚进了几道宫门,两旁就涌出好多卫士,将韩信拿下。韩信叫道:"萧丞相,为何捉拿我?"萧何还未回答,已有吕后和太子转出,喝道:"淮阴侯,你为何要谋反,危害本后?"韩信辩道:"韩信未反! 陛下此语从何说起?"吕后严厉喝道:"告反者在此,岂容你狡辩? 快快斩了!"不容韩信再说,没有经过廷尉的审理,就这样将韩信押到未央宫的悬钟室内,一刀杀了。

韩信临刑,想起了蒯通等人的话:

狐兔死,走狗烹;飞鸟尽,良弓藏!

他不由自主地随口念出,吕后听到,冷冷一笑,道:"本自如此!"

民间传说,因为韩信功劳大,汉高祖曾赐给了他铁券丹书,永远赦免他的死罪,还有什么见天不杀,见地不杀的承诺。因此吕后在未央宫的悬钟之室里,在地毯上将韩信杀了。果然是上不见天,下不沾地,总算没有违背汉高祖的诺言。而萧何赚韩信来送死的故事,在民间也留下了"成也萧何,败也萧何"的谚语。后人还有一副对联咏此事道:

成败一萧何

生死两妇人

韩信穷困时,得漂母的救助,是活韩信之女人;今为吕后所杀,是处死韩信之女人,是所谓"生死两妇人"。

汉高祖虽在前线,却时时刻刻挂念着长安的安全,不很放心怀了一肚皮怨气的韩信。当他回到长安,听到吕后诛杀韩信,夷灭了韩氏的宗族,感到胸中悬着的一块巨石终于着了地,他非常高兴,感激他得力的内助吕后,为他了结了早想做而又有所顾虑,不敢亲手做的事。但他也对韩信之死感到有点惋惜,毕竟他刘家的天下,是韩信帮助打下来的呀。但他这种感觉是短暂的,天下的安宁才是他最大的心愿哩!

这件案子,显示了吕后这个女人的性格特征:政治目标明确,为人沉着刚毅,为实现既定的目标,心肠恶狠,不择手段。对于残害功臣良将,她是刘邦最有力的帮手。

受吕后之害的,除韩信外,还有一位惨遭灭族的有功劳的将军——梁王彭越。

彭越本是山东曹州昌邑地方的村民,早年与一些破产的贫民,啸聚在巨野泽中,成为山林好汉。陈胜起事时,他拉了一支队伍参加。后来,他的队伍发展到数万人,拥护刘邦,跟楚军作战。他忠于刘邦,即使汉军大败,刘邦亡命,几无立足之地的时候,他也坚定地站在汉王一边,奋力抵抗楚军,帮助刘邦站稳脚跟,东山再起,因而屡建大功。汉高祖六年,刘邦封彭越为梁王,国都定陶。此时的彭越,可谓风光无限。

然而,刘邦对于异姓王,始终有很深的怀疑和恐惧。汉高祖十年,刘邦出征陈豨时,曾调梁国兵随征,要彭越亲自带队。彭越虽然派了兵,却因为他自己生病,没有亲自出征,另外派了个带兵将军。刘邦便很不高兴,怀疑彭越有了二心,派人前来责备。彭越害怕,打算亲至汉营向汉王赔罪。但彭越手下将领扈辄觉出汉王是找借口,准备乘此机会剪除梁国的势力,此去难免祸患,就劝说道:

大王开始托病不去,已经引起陛下的疑心和愤恨。现在再去,恐怕才到汉军帐下,就会被抓起来治罪了。去也是死,不去也是死,不如乘陈豨已反,汉王首尾难以兼顾,也起兵反了吧!

彭越觉得扈辄的话有几分道理,但他在政治上也是个优柔寡断的人,不敢也不愿公开反对刘邦,没有听从扈辄将军立即造反的话,但却又改变了去亲见刘邦赔罪的主意,继续称病不行。刘邦一时倒也无奈他何。恰巧此时梁国国内有个小官,犯了事,被彭越抓起来,要斩首。这官员却找机会逃脱,到汉营里首告彭越有谋反的意图。

刘邦得此报告,立即派使者再去梁国,乘彭越没有防备,突然将他与他的谋臣都抓到洛阳,交由廷尉审理。廷尉很快确认了梁王谋反的罪名和证据,拟了个处死的刑名。但刘邦免了彭越的死罪,将他废为庶民——平头百姓,发往远离彭越家乡的巴蜀青衣县居住。

对于一位潜在的汉家天下的威胁者、异姓的侯王来说,彭越能获得这样的处分应该是很不错了。他在汉家官员的押送下,乘着驿传的车马,向西进发,前往蜀中。可他总觉得受了冤屈,处罚不公,整天长吁短叹。一天,他们一行人来到华州郑县地界,遇到大队车骑,旗旛飘飘、尘土飞扬。打听之后,知道是吕皇后从长安出来,到洛阳去,不想在此邂逅。彭越以为找到一位可以向之申诉的人,就急着想去见吕后。

吕后也注意到迎面来的一小队车马，便问是什么人。随从官员问清后，回禀道："是梁王犯法，被汉王赦免死罪，发往蜀中居住。"吕后对这一班功臣都很了解，听了随从的报告后，不禁想到：非我族类，其心必异。对这些异姓侯王，不乘此时诛锄，怎么还要留下，并且放到巴蜀去呢？她想起刘邦当年被项羽封为汉王，赶到汉中。项羽以为刘邦被山岭所限，不可能东山再起，与他争夺天下了。后来怎样了？汉王还不是东山再起了吗？他项羽早不知葬身何处了。放彭越西去，无异放虎归山！她决不能给汉王，也给她自己留下后患。但她碍于汉王已有成命，不便在路上发作，处死彭越。如果那样，怎样向别人交代？天下还未太平，不能让反对汉家天下的人找到攻击刘邦的借口呀。稍一思索，她来了主意，传令带彭越过来。

彭越见到吕后，忙不迭地叩首，口称：

小臣冤枉，请皇后陛下明察。小臣誓死忠于皇帝、皇后陛下，岂会谋反。小臣完全是遭小人们陷害的呀！小臣愿意回到家乡昌邑县居住，永做皇帝陛下的顺民。说着，痛哭不已。吕后显露出一副同情的表情，安慰道：

彭将军请起。将军忠于皇帝，天下人所共知。本后岂不知晓？本后正要去洛阳，你就先随我回到洛阳，待见了皇帝陛下，再给你分辨就是了。

彭越闻言，如同听到天上的玉音，感激涕零，连忙叩头谢恩。他满怀着希望，回转车骑，跟随吕后，往洛阳而去。

到了洛阳，吕后就急急忙忙找到刘邦，坚决地说道：

彭越是个勇武的壮士，既能打仗，又有号召力。您将他送到蜀中去，在那天高皇帝远的地方，岂不任他自由发展，给汉家天下留下严重的后患吗？

汉高祖听完吕后的话，不由得一怔，道："皇后所说极是，寡人考虑欠周了，重新发落吧！只是已经处分过了，如果改变，不被人耻笑吗？"

吕后笑道："这事好办。妾身已经考虑好了，只需如此如此就行。"她见刘邦点头后，随即叫人把彭越手下原来的一个舍人找来，吩咐他出面举报彭越有谋反的新动向。舍人哪敢不依，急忙编了一番言语，向廷尉去首告，说彭越被贬，一路上心怀怨望，策划如何谋反。自然不容彭越再作申辩，廷尉判了他死刑，取消梁国的建制，还要诛灭彭氏三族。报到汉高祖那里审批。高祖很快批了一个"可"字。不知彭越想没想到，正是被他视为救星的吕皇后出卖了他，送他到了刑场上。他的家族也遭到了族灭。

天生姻缘　"国母"应言

吕后刚毅坚强，好冒险，心狠手辣的性格，在她年轻时就形成了。她本名雉，字娥姁。出生在河南砀郡单父县一家大户人家。其父吕公，史书上没有留下姓名，个别的古书说他名文，字叔平，不一定可靠。吕公因为在家乡得罪了仇人，住不下去了,举家搬到同郡的沛县来,依托他的老朋友沛县县令,安家度日。

吕公有两个儿子,三个女儿。大儿子名泽,二儿子名释之,大女儿字长姁,三女儿名婆,吕雉行二。长得漂亮,而且性格刚毅,很有识见。人们都夸她将来必定找到好婆家,有大福大贵。吕雉也很自负。

吕公到了沛县,县令大办宴席,为他接风。县乡的各级官吏、世家大族、头面人物,都来祝贺,馈送财礼。刘邦当时是县境内泗水乡的一个亭长,家境并不宽裕,而且"不事生产",田地里劳动完全丢给家人,本人只靠着那小小的差使,拿着微薄的薪俸,在社会朋友中厮混。但他好结交朋友,对人亲和力强,有仁而爱人的小小名声,多得一帮三教九流朋友的拥护。他听说县令正款待一个从单父县来的大户人家吕公,便也去凑份热闹。

县衙前车水马龙,熙来攘往,好不风光。刘邦怀中早已一文不名,却要显示其大方气派,他气宇轩昂地来到县衙门口。站门的一班兄弟,平日与刘邦都是混熟的。刘邦拱拱手道:"弟兄们,小弟奉上贺钱一万,愿吕公万寿。"那专司收礼的,是衙门中的小吏萧何,与刘邦极相知,深明这位亭长老兄的底细,榨干全身,也没有这笔钱,实际上是连一文钱都是没有的,因为不久前他与刘邦喝酒时,酒钱还是由萧何掏的呢。但萧何还是特意拖长了声调,高声唱筹,道:"刘亭长——贺礼一万!"

一万钱,在当时当地,可是一笔大数目,惊动了来宾和吕公。吕公来看时,见刘邦高额头,高鼻梁,红光满面,身材健壮,显示一副刚毅顽强的相貌,虽为小吏,却颇有风仪,不禁暗暗喜欢。虽然他很快知道,这位出手大方的客人,实际没送一文钱,是打的白条,他还是为刘邦如此豪迈大度,不拘小节,具有冒险和疯狂精神的性格所折服。当时,秦朝的天下,乱象已现,吕公应该是个政治比较敏感的人。他认为,在可能即将发生的动乱中,像刘邦这样的人,或许将大有作为。司马迁《史记》说他会看相,认为刘邦有贵人之相。也许是吕公善于观察人的一种直觉吧。无论怎样说,他决定,将他的第二个女儿吕雉嫁给这个一见心喜的小小亭长。这也算是一种投资吧!

当吕公回家将他的想法说给老伴和女儿听时,老伴是反对的,可是,吕雉却非常的愿意。她听了吕公对刘邦的为人和性格的描述后,立即感到与她自己的性格相近,她骨子里的那种敢于冒险,忍辱负重,坚忍不拔,为达目的而不择手段的精神,与刘邦可是不谋而合的。她期待的就是这样类型的冒险家。

由此,刘季子(刘邦行二,称季或季子,即刘老二之意)与吕二姑娘(吕雉也行二,确也凑巧)这段天生的姻缘,就迅速地缔结下来。用句时髦的话说:这未来的汉代第一家庭就这样诞生了。

吕雉嫁到刘家,倒也安分守己,勤劳俭朴。旧时俗语,嫁鸡随鸡,嫁狗随狗嘛。她一面侍奉公婆,一面在田间劳作。刘邦不是在外面应差,就是与朋友饮酒玩钱应酬,不大归家。大田中的劳作,家人的生活,他并不过问。连刘太公有时都禁不住要骂他无赖。但日子过得还安稳。吕雉先后与刘邦生下两个孩子,老大是女孩,似无正式名字,史书称她为鲁元、鲁元公主、鲁元太后。旧说鲁是她的封邑,元表示她是长女,一说元是她的谥号;老二小鲁元三岁,是个男孩,取名盈,后来继位为孝惠皇帝。

吕雉平时待人倒也和气。一天,她正带着两个孩子在田里耨草。有个老人路过,向她讨水喝。吕雉从水罐中倒出一碗水,递给老人。鲁元、刘盈两个孩子也跟着热情地招呼。他们还给老人饭吃。老人很满意这母子三人的招待。对吕雉说了番恭维话:"我老头子会看相,我看您将来必是天下最尊贵的夫人。"又看了两个孩子的相说:"这男孩子的命最为尊贵,女孩子也很尊贵。"吕雉心中高兴,口中谢道:"但得应了老丈的话,自当重谢。"老人哈哈大笑了一阵后,悄然离去。从此,吕雉胸中升腾起了更大的希望。

秦朝末年,官府的差役越来越重,许多农民都被征发到遥远的地方去服苦役,逃亡与死难的民工实在太多了。一次,沛县官府征调一批农民去骊山服劳役,命刘邦押送。刘邦不得已,告别父母和吕雉,挎着腰刀,带着队伍上路了。吕雉像千万户农家的妻子一样,千叮咛、万嘱咐地送别了丈夫,衷心地祝愿她的丈夫早日完差,平安归来。

然而,刘邦与被押送的人,多是乡里乡亲,他不愿管得太严厉,押着人去送死,所以,出发没有多少日子,民工们已经逃亡了一半。刘邦想,照这样下去,就是到了目的地,人都逃光了,自己也肯定活不成。还不如将大伙都放了,自己也不要这倒霉的差事,大家各自求生去吧!一天,宿营时,他请大伙喝了顿酒,将绑在差徒身上的所有绳索、刑具都打开,让大家各奔东西,而他自己也决心不会再回去做亭长了。差徒们被这突如其来的行为感动了,有十几个人不愿意离开刘邦。刘邦就带着他们回到家乡附近的芒砀山中落草,做绿林好汉去了。

刘邦经常往来荒山丛莽中。有次他酒醉后,在路上遇到一条白色的巨蟒。他乘着酒气壮胆,抽剑将巨蟒斩为两段。接着,他又遇到一个老太婆寻找儿子,说什么她的儿子白帝子被赤帝子所杀。隐喻刘邦是赤帝的化身。这说法不知是巧合,还是后来为拍皇帝的马屁编造出来的神话,不过当时的流传,颇增加了刘邦和吕雉对辉煌前途的希望和信心。尽管刘邦此时已经沦落为草莽英雄,吕雉也没有改变对刘邦的初心。她一面侍奉二老,抚育孩子,一面还经常找到刘邦隐藏的地方,看望丈夫。刘邦问她,她为什么能轻易地找到自己。吕雉故作神秘地说:我常见到你躲藏的山石林木上方,有云气缭绕,神龙维护,说得刘邦满心欢喜。

无论如何,吕雉是认定了这个沦落为草莽英雄的丈夫,并决心跟他一辈子了。这是吕雉通往皇后道路的初阶。

崛起的风云终于来了。秦二世三年,即公元前 209 年,同样也是因为押送差徒,因雨误期的陈胜、吴广,在大泽乡揭竿而起,涌动了反秦大起义的浪潮,席卷了整个中原大地,也涌进到沛县和芒砀山中。那些久处草莽的英雄好汉们,早就想一试身手了。正当刘邦与他的伙伴们摩拳擦掌的时候。秦朝任命的沛县县令,也想投暴动的机,加到反秦队伍中来。无奈他平时为人刻薄,不为当地的民众和豪杰们拥护,所以当他想抢先竖起反秦的旗帜时,沛县城中刘邦的好友萧何、樊哙、陈平等,早与刘邦暗中呼应,内外结合,一举杀掉县令,占领县城,拉出了队伍,迎接刘邦做了这支队伍的首领。接着,刘邦参加了陈胜、吴广与楚怀王的阵营,转战于中原、关中大地,血战秦军。

经过四年的苦战,刘邦在他的文臣武将的帮助下,终于打进了关中,直逼秦都咸阳城下。这已是公元前206年的事了,此时秦二世被权臣赵高害死,继位的小皇帝孺子婴出城向刘邦投降。秦朝灭亡。

前一年,反秦大军的共主楚怀王曾郑重地与各路反秦大军约定:先入关者为王。依此政治约言,刘邦自然应成为天下的霸主。可是,当时各路反秦的队伍互不服气,尤其是项羽率领的楚军,势力最为强大,虽然没有抢到头功,却不肯让刘邦称王天下。在咸阳城郊,项羽以强大的军事实力,对刘邦军形成巨大的压力。此时的刘军,远非项军的对手。刘邦君臣在鸿门宴上,与项羽经过一番政治斗争后,不得已,忍辱退让了,承认项羽为天下共主,项羽即自封为西楚霸王,封刘邦为汉王,并逼刘邦率军进驻远处于西北汉中巴蜀的边远地区,以此限制刘邦军事政治势力的发展。刘邦君臣为了保存有生力量,接受了汉王的封号,并退往汉中。为解除项羽的疑心,汉军进入汉中时,还烧毁了汉中通往外界的道路——悬崖峭壁上行军的栈道,表示永远不再出山。

这段时期,刘邦戎马倥偬,时常吃败仗,亡命荒野,所以其父太公与妻儿吕雉、刘盈等,都只得留在沛县家中,处于项羽势力的管辖之内。数年来刘、项尚处于共同对付秦朝军队的政治和军事同盟范围内,所以吕雉一家人倒还相安无事。但吕雉以一个女人,在乱世中独自撑持家庭,所忍受的惊吓、艰难和夫妻离别之苦,是可想而知的。但她以坚忍的毅力操持着这个家,耕田育儿,以待夫君,其精神也很值得称道。她相信他的夫君刘邦必定能获得成功。

其实刘邦哪安心困于汉中。他退入汉中当年八月,就用韩信之计,从故道县出击,打败了项羽所封的雍王章邯,占领了雍国的土地。雍王本是项羽用以阻遏刘邦出山的一个障碍,今反而被刘邦撕开,成为一个缺口。刘邦急于扩大这个缺口,他接着就派军队进攻南阳,同时想把刘太公及吕雉,以及他的一对儿女从家乡接出来,以免落入楚军之手,成为人质。可是赶来镇压的楚军,立即派队伍半路迎击,将刘邦的军队打得大败。太公、吕雉一家并未被接出,终被楚军抓去,成于人质。只有鲁元、刘盈姐弟俩逃出。他俩半路上遇到正在败逃的刘邦,才被接上车同逃。可是当楚军追来时,刘邦为了让马车减轻载重,逃得快些,竟然三番五次将鲁元、刘盈姐弟推下车去。幸得护驾的滕公屡次下车,将姐弟二人拉上车来,这姐弟二人才拣得性命,免于遭难。

滕公着急,责备刘邦说:"尽管形势危急,但为什么要将亲骨肉抛弃呢?"刘邦无言以对。刘太公与吕雉从此被作为人质,困在楚军之中,他们在精神上和生活上所受的痛苦磨难之巨大,可想而知,但吕雉却以惊人的毅力坚持下来。

韩信、彭越等军在各地攻击楚军,项羽虽强,多处作战,也不能彻底击败汉军。汉王四年,公元前203年,刘邦与项羽两军对峙于河南广武,临山涧而结阵。项羽为威胁刘邦,命将刘邦的父亲与妻子押到两军阵前,安放在砍杀人体的大砧板上,然后他亲自向刘邦喊话:"刘老二,你再不投降,我就将你的老子杀来煮了吃!"

刘邦眼看父亲、妻子被绑在案桌上,内心虽然难受,嘴里却应道:"项王,我与你曾经结为兄弟,我的父亲就是你的父亲,你要烹煮你的父亲,也分一碗肉汤给我喝喝好吗?"

对于刘邦如此无赖的态度和嘴脸,项羽也没有办法,怒火之下,就要下令将太公、吕雉杀了。幸得楚军将军项伯暗中保护,劝说项羽,才免了太公、吕雉一死。经此大劫,更增强了吕雉性格中那坚忍、无情的一面。

不久以后,刘邦与项羽终于讲和了,约定以河南的鸿沟为界,界东属楚,界西属汉。项羽随即将太公与吕雉送还刘邦。吕雉经过多少年的磨难,此时方得与刘邦团聚。

汉王五年,汉军在垓下终于彻底打败了楚军,项羽单人独骑逃到乌江岸边,感觉无颜回到江东见家乡父老,伏剑自杀而死,但他至死始终不肯低下他那高贵的头。刘邦这才放心地在群臣的拥戴下,即位做了皇帝,吕雉也终于成了皇后,刘盈立为太子,鲁元被封公主。此时,吕雉终于应了昔日田间老人的预言,成为"国母",而贵不可言了。不过,楚汉之争虽已结束,各路诸侯仍在,他们手握重兵,虎视眈眈,注视着刘家的天下。刘邦的皇位还未安稳,吕雉的"国母"之尊也未完全稳妥,吕后的权力之途还刚开始,她也许还未想过,她将来会升到汉皇朝权力的顶峰。

宫内争宠　智除戚夫人

各路诸侯王的明里暗里的反抗,逐渐在刘邦与吕后这对夫妇密切的配合下,镇压下去了,可是,皇家内部的争斗,却方兴未艾,正逐渐激烈起来。

自古帝王之家都有个三宫六院。刘邦在娶吕雉之前,就曾占有一个姓曹的女子,他俩生了个儿子,叫刘肥。刘邦得天下后,封刘肥做了齐王。这个刘肥似没有什么政治野心,曹氏女子好像也没有到宫里来。他们一家对吕后没有构成什么严重威胁,所以吕后与这齐王倒也相安无事。

刘邦还在做汉王的时候,一次,打到山东曹州定陶县(一名济阳县),见到一个女子,年轻而漂亮,善于歌舞,姓戚。刘邦非常喜爱,收为姬妾。刘邦做了皇帝,戚氏被封为夫人。刘邦经常与戚夫人在一起,有说有笑。不久,戚夫人为刘邦生了个儿子,取名如意,聪明智慧。刘邦非常爱如意,封为赵王,有空闲总爱将如意抱在身边。

一个要强的女人，取得权力不容易，要巩固已经到手的权力，也不容易。吕后要达到帝后的地位，不知经过了多少次的血拼。吕后为刘邦结发之妻，与刘邦同生共死多年，从刀枪剑戟丛中及杀人的砧板上滚了过来，刘邦对她还是敬重的。但吕后逐渐年老，失去了青春年华，刘邦自得到戚夫人之后，把那爱吕后之心，淡去许多。因此，吕后虽贵为皇后，却时时感到苦闷。尤其令她苦闷的是，她的儿子刘盈的太子地位，也因为戚夫人及赵王如意的出现受到严重威胁，也预示着她的皇后宝座，开始动摇了。

刘盈除了他母亲有些失宠的原因外，大约还因为他小时出生于农家，自小朴直，为人仁和而不免懦弱，所以不为他那以顽强、坚忍、刚毅，还有些无赖而著称的、以百战而得天下的父皇所欢喜。戚夫人的种种娇媚，幼子如意的聪慧可爱，更将刘邦的心，几乎从刘盈身上完全移开。

戚夫人也是个很有心计的女人。为了巩固刘邦对她的宠爱，她一有机会，就把如意抱到刘邦面前逗玩，娇滴滴地哭诉说："陛下总不能让那一点不像您的英武神勇的不肖儿子，始终压在您的爱子的头上吧。"她说到"您的爱子"时，语气特别加重许多，娇媚中还带有几分悲切。说得汉高祖不由得不动心，几次想：就废掉刘盈的太子之位，立如意吧！

刘邦的心事，戚夫人的行为，吕后看在眼里，许多大臣也看在眼里。这大大增加了吕后的危机感。封建时代，讲的是母以子贵。一旦儿子的太子位置不保，将来做不成皇帝，她母亲吕后的权力地位也就会失去根基，甚至落到"人为刀俎，我为鱼肉"、任人宰割的地步。她要为自己和儿子的生存，为巩固已经到手的地位和权力而竭力奋争。

她听说有不少大臣为太子的事，曾向刘邦进谏，劝阻废立太子，可是刘邦哪里肯听。在此情况下，大臣中没有一个敢于坚持进谏的。

吕后越想越着急，越恐惧。她想到了汉朝第一大谋士张良，便去请他帮助出主意，挽回刘邦的心意。张良见到吕后，恭谨地回答说："这是皇上骨肉间的事，是难以口舌争辩成功的，臣又是个外人，岂能妄语？况且现在天下基本太平，臣的话，皇上恐怕不会太重视了吧。不过，臣有个迂回的办法，改变一下太子环境的气氛，以及改变他与皇上之间目前较为淡漠的关系。不知皇后认为可行不可行。"

吕后忙不迭地问道："先生请讲，先生请讲。"

张良从容说道："现今皇上求治天下的心切，急于招揽天下贤者。商山中有四位隐居老人，大家称他们为'商山四皓'，名字分别为东园公、绮里季、夏黄公、角里先生，是天下公认的贤者，名声响亮。皇上几次要将他们请到长安来，备顾问。可是派去好几批使者，都被他们拒绝了。他们认为皇上并不真正尊重士人，所以他们不愿做汉朝的臣子。直到现在，皇上没有见过这四位老人。如果皇后能够舍得钱财珠玉，以太子的名誉，写封口气谦卑的书信，并派出驷马安车，将四老接到长安来，做太子的老师，经常跟随在太子左右。若让皇上见到了，臣想，皇上一定会对太子的贤能、品性和人望刮目相看的。"吕后根据张良的建议，派人以极谦恭的态度，去请来这四老，让他们先住在她的弟弟府中。四老同情太子的遭遇，随使者来到长安。太子拜他们做老师，他们也不离太子左右。

汉王十一年，黥布举兵反，刘邦要派兵前去镇压。但他正生病，便想派太子去。刘邦本意，未尝没有让太子经受一番战争的磨砺，锻炼一下太子的能力和心性的意思。让太子掌握兵权，对吕后来说，未尝不是好事。但是太子素无带兵经验，在军队中还没有建立威望，未免又不是好事。他如何能够控制得住那些与刘邦共同出生入死、桀骜不驯的功臣骁将呢？如何是骁勇善战的正造反的将军黥布的对手呢？这无疑是让太子去送死，而实际上要废掉太子嘛？太子的兴废事关重大，汉家江山的兴亡，关系更大。四老向吕后建议，要极力向皇上说明利害关系，劝皇上取消派太子出征的主意。

吕后依四老的话，急忙找刘邦，说了一番太子不能出征的理由。一面说，一面哭泣。吕后毕竟与刘邦生死与共数十年，面对吕后的哭泣，刘邦想：皇后的话说得也是，太子一旦吃了败仗，兵败如山倒，岂不危及长安，危及自己的基业。而且一旦太子遭遇外，这做母亲的如何过？他叹了口气，道："还是老子我亲自去厮杀吧！"

刘邦带病出征。次年，黥布被打败，刘邦班师回到长安。但他的病更重了，想到皇位继承的事，已经迫在眉睫，他废太子的心也更强烈了。张良此时正做太子少傅，也感觉到情况的危急，顾不得禁忌，直接向刘邦进谏，力阻太子的废立，太傅叔孙通也参与劝谏，都扭不转刘邦的意思。吕后终于要请四老直接出面了。

一天，乘刘邦在宫中饮酒，召太子来侍候，吕后即忙安排商山四老跟随太子进宫。太子款款而来，到了刘邦面前，行礼道："儿臣叩见父皇。"刘邦见太子身后紧跟着四位白须白发白眉毛的老人，衣冠整洁，气势壮伟，飘飘有仙气。不禁奇怪地问道："你们是什么人，跟随朕之太子？"四老从容上前，报出自家姓名："臣东园公"，"臣角里先生"，"臣绮里季"，"臣夏黄公"。刘邦听后大惊，道："原来你们就是商山四皓呀！朕请了你们好多年，你们总躲着，不来见朕，而今倒跟随太子，却是为何？"

四老恭敬地答道："陛下轻慢士人，老朽们不堪受辱，是以不敢晋见陛下。今太子为人仁孝恭敬，怜惜、善待天下之士。天下之士都愿为太子卖命，所以臣等甘愿来侍奉太子。"

刘邦闻言，既高兴又尴尬，高兴的是太子有了四老的辅助，尴尬的是自己很失面子。但他还是勉强地笑道："好，好。烦诸公助朕好好调护太子吧。"四老一齐向前，举杯为刘邦祝寿，银须银发，飘在酒宴间，让刘邦升起一种无奈的情绪。他勉强地饮了杯酒，便吩咐太子和四老道："你们下去吧。"

太子在四老的簇拥下，翩翩而去。刘邦目不转睛地盯着他们远去的身影，突然叫过避在一旁的戚夫人，指着那即将消失的四老的背影，伤感地说道："爱妃呀，朕是想废掉这个太子。可是你看，连这样举国敬仰、德高望重的四老都来辅助他，他的翅膀已硬朗,羽毛已经丰满,再不能变动他了。看来,今后的皇宫,要全由皇后做主了。"

戚夫人明白,她对权力的追求角逐,已经彻底失败,彻底绝望了。她极其伤心,悲悲切切地哭起来。刘邦对她既怜悯又无奈,随口安慰道:"不要哭了。朕百年之后,会安排大臣照顾好你们母子的。"这话引得戚夫人更加伤心。刘邦强笑道说:"爱妃的舞跳得极好,今天给朕跳段楚舞吧,朕为爱妃唱首楚歌,好吗?"

戚夫人这才整整身段,舒展长袖,转动柳腰,轻盈盈、悲切切地旋转舞蹈起来。刘邦和着她的节奏,唱起了悲凉的《鸿雁之歌》:

大雁大雁高高飞,飞越千里众山河。

(鸿雁高飞,一举千里。)

羽毛丰满翅膀硬,飞遍四海风云多。

(羽翮已就,横绝四海。)

飞遍四海风云多,眼望雁影怎奈何?

(横绝四海,当可奈何?)

虽有强弓和疾箭,何人还能展拳脚!

(虽有矰缴,尚安所施!)

等候在旁边的宦者们也都附和着刘邦的歌声,哼唱起来。戚夫人虽然尽量保持着舞姿的形态,尽力地旋转着,但已经泪流满面,失声痛哭,再也跳不下去了。刘邦不忍心再看下去,让侍奉的宦官将戚夫人扶进寝宫休息,他自己也黯然地离开了酒宴。

但在另一处宫室里,却响起了另一个女人的满意的笑声。这个女人就是吕后。

刘盈的太子地位保住了,吕后的皇后地位与权力得到了巩固。吕后向着权力的巅峰又前进了一大步。

在封建宫廷争权夺利的残酷斗争中,吕后的行动,也是不得已的。

宫廷血腥　惨不忍睹

汉高祖十二年,已是春末夏初,而长安城的皇宫里,却笼罩在一种低沉紧张的气氛中。刘邦已经病了好久,此时病情转重,接近于弥留之际。他深知吕后手段的厉害和心肠的毒辣,但又不能废掉吕后。因为他知道,太子仁弱,若没有吕后这个手段泼辣的太后扶持,是对付不了他手下那些居功而骄横的功臣骁将的。他最放不下心的一件事是,在自己死后,怎样保护戚夫人与赵王如意母子的安全。

之前,刘邦已派御史大夫周昌去赵国,做赵王如意的相国,暗中予以保护。此时,他又听人告密说,吕后的妹夫,他的连襟樊哙密谋在他自己死后,率兵杀死戚夫人及赵王如意,保护吕后母子的权位。一股无名之火,从刘邦胸腔子中冲出。这樊哙是与他一同造反的朋友,又是连襟,鸿门宴上曾立大功,平时与刘邦间的关系也比较密切、随便。有次,刘邦卧病宫中,一连十多天不让将相大臣入宫见面,国政大事也不处理。只有樊哙一把推开守卫宫门的宦官,直闯到刘邦的卧榻前,冲着刘邦就嚷嚷:

陛下当初与臣等打天下时,是多么奋发有为,身先士卒。而今功成业遂,却为什么没有一点上进的精神?有了点病,就独卧宫中,与宦官商量决定国家大事。陛下难道忘了秦二世宦者赵高的事吗?

刘邦闻言,也吃了一惊,立即赔笑着起身,接见群臣。但他心里却已埋下对樊哙的不快。现在听说樊哙要杀他心爱的戚氏母子,哪里还按捺得住。立即召来陈平和周勃,命他们即时赶到正在燕国前线平叛的樊哙军中,将樊哙就地斩首,由周勃代替樊哙率领汉军,继续平叛。吕后听到这些消息,也是急得没有办法。幸得陈平知道刘邦将不久于人世,将来必是吕后掌权,杀了樊哙,吕后面前不好交代。他捉住了樊哙后,并未马上在军中将他处死,而是声称要押回长安,请皇上亲自发落。而又尽量拖延在路上的时间,等他押着樊哙到长安时,刘邦已死。陈平立即将樊哙送到吕后那儿去,请吕后发落。樊哙这才免了一死。

刘邦在长乐宫里"驾崩",太子刘盈正式即皇帝位,史称孝惠皇帝,又称惠帝,年号称孝惠元年。吕后成了皇太后。然而宫中、朝中实际的大权,都揽在吕后手中,事无大小,都要吕后点头才算数。

吕后执掌大权后的第一件事,就是施加报复,清除嫔妃中那些曾经威胁过,或者还可能威胁她的权势、地位的人。她下旨,将宫中所有曾为刘邦宠爱的嫔妃,都赶到冷宫——永巷中幽禁起来,罚做洗衣等苦役。戚夫人自然是首当其冲被禁闭的一人。只有薄夫人是个例外。

薄夫人是刘邦在与魏王魏豹打仗时,从魏宫掠得的一个宫女。刘邦见她漂亮,"召幸"了一次,竟怀了孩子,生下来,取名刘恒,封为代王。但这薄夫人的命也薄,仅被汉高祖"幸"了一次,就被长期冷落在一边。幸得这冷落,救了她,倒被吕后从轻发落了,让她出宫到代国去依靠她儿子,做起代国的王太后来。

戚夫人命运的悲惨,那是常人所想象不到的。她首先是丧失了自己的儿子。

吕后一上台,就命将戚夫人打入永巷,穿上囚徒的衣服,与粗使宫妇女们一起春米。戚夫人每天干着繁重的活,以泪洗面。她不由得唱起了悲伤的歌:

儿子做王爷,母亲为奴婢。(子为王,母为虏。)

春米春到日头西,(终日春薄暮,)

死神与我常不离!(常与死为伍!)

母子相隔三千里,(相离三千里,)

谁人报儿娘信息?(当谁使告汝?)

有人将戚夫人的哀歌,学给吕后听。吕后骂道:"这个贱婢,还想靠她的儿子翻身吗?"吕后冷笑了一声,一条恶毒的主意又涌上心来。她立即派出使者到赵国去,命赵王如意迅即来京。

然而，赵国的相国周昌素以耿直和不畏权势著称。刘邦当年就因为周昌的这个特点，派他护卫年轻的赵王。周昌明确地对使者说：我知道太后与戚夫人不和，赵王到京城去后，肯定要遭到危险。当年高祖皇帝派我来辅助赵王，就有保护他的责任。我决不会放赵王到京城去的。使者往返奔波了三次，都未达到目的。吕太后气极了，只得先将周昌调到长安。调动朝廷官吏，是朝廷的权力。周昌不得不奉调，但等周昌一离开赵国，使者立即传命赵王来京。

赵王不得不来。可是爱护兄弟的惠帝知道赵王要来京，又知道母后恨赵王，必要置他于死地，就决心担负起保护这个异母兄弟的责任来。他抢在头里，将赵王接到自己的宫中，饮食起居都在一起，让吕后没有机会对赵王下手。吕后却必定要杀死赵王而后才甘心并安心。吕后也有她自己的理由：赵王不死，戚夫人仍然还会猖狂，而且如意总是一个潜在的皇位的竞争者，一旦赵王得位，自己，还有儿子惠帝，岂不是死无葬身之地了吗？无论如意会不会那样做，吕后总会是这样想的，因为她自己就是这样做的。

转眼到了十二月。一天，惠帝起了个大早，赶到郊外去射猎。因为天冷，赵王才是个十来岁的小孩子，不能起早，惠帝便留他在寝宫中睡觉。吕后的人侦知这个消息，立即报知。吕后就派人带了毒药来到惠帝的宫中，逼迫劝诱，让如意将毒药喝下。不到一刻时辰，如意就七孔流血，死于非命。惠帝猎罢回宫，呼唤弟弟一同进膳，却闻报如意已经饮毒身亡，不禁痛哭起来，却也无可奈何。

杀了赵王，吕后便来到永巷，召来戚夫人，先将如意的死，特别向她宣布，然后问道：你还要派人去告诉你的儿子吗？她要让戚夫人受尽精神的折磨。

她欣赏够戚夫人痛苦的样子后，又命人将戚夫人的眼睛刺瞎，耳朵戳聋，往口中灌下药水，弄哑戚夫人的嗓子，又砍去她的两手两脚，只剩一截光秃秃的躯干，变成一个血淋淋的肉团，抛到猪圈中。尚未断气的戚夫人极度痛苦，在猪屎猪尿中蠕动翻滚，只能发出哑哑的声音。

吕后一面欣赏着自己的"杰作"，一面给她取个极污辱的名字——人彘——人猪。残忍的吕后，觉得对戚夫人的血腥折磨还不够，过了不久，派人去叫惠帝来观看。她大约是想让她的儿子变得更坚强些，更像她一些。可是，惠帝一见这样残忍、血腥的场面，就失声痛哭，回去便大病一年多，不能起床。他让人带话给吕后，不无责备地说：

这样的事太残忍，不是人做得出来的。儿臣虽是母后的儿子，却不能再跟着母后治理天下了。

从此，惠帝再也不上朝处理政务，整日只在宫中饮酒玩乐，一任其母为所欲为。

吕后闻言虽然不快，但惠帝毕竟是自己的儿子，而且惠帝不视事，正中其独揽朝纲的下怀，便以惠帝的名义，径直发布朝命和政令。

刘邦共生了八个儿子。长子刘肥，是刘邦的外室曹氏所生，封为齐王。次子即惠帝刘盈。三子如意,赵王,已为吕后所杀。四子刘恒,薄夫人子,封代王。五子刘恢,封梁王;六子刘友,封淮阳王;七子刘长,封淮南王;八子刘建,封燕王,都是一般宫妃所生。还有个楚王刘交,是刘邦的弟弟;有个吴王刘濞,是刘邦哥哥的儿子。吕后对这些刘姓王侯,都是极不放心的,一有机会,就想置他们于死地。

孝惠二年的秋天,诸侯王都来宫中朝拜太后与皇帝。孝惠帝是个很友爱的人,见了兄弟们,他很高兴,在宫中置酒款待他们。因为齐王属兄长,惠帝就在酒筵上,安排齐王坐了上座。吕后见了很不高兴,认为这不符合君臣的礼节。惠帝却说:这是家人间的团聚,何必讲地些礼节。吕后认为这是清除齐王的好机会。就让人在盘中准备了两个酒杯,在一只杯中下了毒,要齐王先举此杯自饮,以此向太后祝寿。然而,深知自己母亲性格的孝惠帝,为保护哥哥,也同时起身,举起了那只杯子。吕后见状大惊,连忙起身,另取一杯,亲自给自己的儿子斟酒,让他放下那杯,改饮此杯。齐王看在眼里,心中奇怪起来,越想越怕,便装酒醉,没有喝下那杯毒酒,才逃躲一死。

那时,诸王在长安都设有府邸,为平日来京时所居。齐王平安回到自己府邸后,派人暗中打听,知道那杯酒果然有毒,越加害怕,恨不得立即离开长安,可是早已有御林军将府邸围住,如何得走脱?

幸得齐府内一个官员献了一计,他说:

太后膝下只有当今皇上和鲁元公主。她也最疼爱皇上和公主。然而,公主的封邑只有数城,大王却有七十多城,太后心中自然不快。大王若能主动将所封城邑献出一部分,做鲁元公主的封邑,必能博得太后欢心。而大王也能逃得此难,平安回国了。

齐王刘肥茅塞顿开,连忙向吕太后上疏,愿将城阳一郡献给公主作汤沐邑。太后见齐王如此慷慨,也没有再多的话说,"恩准"了。齐王这才得准回到自己的封地。

接着,吕后命将淮阳王刘友,改封为赵王,代替原赵王如意。这也是她逐渐削弱诸侯王势力的一种方法。

不过,吕后虽然在内部的夺权斗争中,心狠手辣,不择手段,但在关于国计民生的施政上,她继承了刘邦开国以来的安民富民、休养生息的方针,继用萧何、曹参为相,行"无为之治",尽量不滋事,不扰民。所以在她先后掌权的十多年的时间里,汉朝的经济得到一定程度的恢复,国力有所增强。司马迁评论吕后说:

孝惠皇帝、高后之时,黎民得离战国之苦,君臣俱欲休息乎无为,故惠帝垂拱,高后女主称制,政不出房户,天下晏然。刑罚罕用,罪人是希,民务稼穑,衣食滋殖。

确是公平之论。

对于北匈奴的滋扰,吕后也是采取和亲安定的政策。她一面命令军队加强战备,防止匈奴的进犯,一面忍辱负重,尽量采取和平安抚的手段,为国家生产的恢复和发展,赢得了时间。当时,刘邦去世的消息刚传到匈奴。匈奴的冒顿单于以为汉朝力量空虚,便想挑起事端,制造进犯中原的理由,便向汉朝递交了一封国书,称高祖驾崩,太后一定孤单,而单于的阏氏(匈奴皇后之号)新逝,愿与汉朝的皇太后做伴。

对于这样一封严重侮辱吕后人格、非常无礼的国书,许多大臣都愤愤不平,要求立即派出军队,讨伐匈奴。吕后开始也愤怒难平,但她听到季布的劝谏后,认识到汉朝的民生尚未舒缓,国力尚未恢复,勉强与匈奴作战,将给国家、民众带来很大的灾难,便叫大臣拟了封回书,口气谦和,而态度坚决,既抨击了冒顿的无礼态度,又平息了双方的争斗。她对于南越王的方针,大致类此。

惠帝在位约七年,由于长期郁郁寡欢,又沉醉于声色醇酒之中,身体健康迅速恶化。到惠帝七年的秋天,刘盈便又“驾崩”了。于是,吕后更进一步扫清了她通往权力宝座的道路,她紧紧地抓住了皇权,成为一代女性雄主,迈向了权力的巅峰。

女主掌权　封王建侯

尽管吕后没有正式称王称帝,但她已经实际掌握了汉朝皇室的皇权,成了汉朝朝廷实际上的最高当家人。所以,在司马迁的《史记》里,为吕后立的传记,称为“本纪”——这种史传文章体裁,本来是只为帝王写的传记。

但她深知这皇权的宝座上,既有无上的权力,也有特大的风险和可怖的深渊,她只有不断地巩固她所已经获得的权力,才能继续握有她的权力。

尽管她是实际的皇权的拥有者,可是,到她为止,中国历史上还没有产生过一个正式封号的女皇。在中国,女人是不能拥有皇帝的名号的。她未始不想拥有一个皇帝的名号,但礼法不允许她这样做。她仍然只得在礼法面前低下她那高傲的头来。她退而求其次,控制一个有名号的皇帝,不就等于自己就是皇帝吗?

惠帝实际已经成为她控制下的皇帝。惠帝死后,她要更加彻底地控制新的皇帝,让皇帝成为她的权力的象征和拐杖。她依照皇室的制度,很快物色了一个她感到满意的皇帝。这个皇帝,当时还是个几岁的孩子。这孩子原是惠帝与后宫宫女所生,被吕后强行夺来,当作惠帝皇后的儿子养起来,而孩子的母亲却被吕后叫人杀死了。如今惠帝一死,吕后即让这孩子继了帝位,史称少帝。但是有人说,这个孩不是惠帝的亲骨肉,而是吕氏家人事先物色的一个女子,待其“有身”——怀孕了,再献进宫中的,实际是吕家的骨血,但宫闱事秘,许多事是永远也弄不清的了。

小皇帝并不会管理国事,自然一切朝政都得由他祖母太皇太后吕雉掌管和处理。因此,吕后名正言顺地“临朝称制”起来。“临朝称制”就是由太后或太皇太后当政,代行皇帝职权。颜师古注释这个词,说:“天子之言,一曰制书,二曰诏书。制书者,谓为制度之命也,非皇后所得称。今吕太后临朝行天子事,断决万机,故称制诏。”

然而，少帝一天天长大，到吕后称制第六年，少帝大约已有十多岁，开始懂事了。不知道是哪个知道内情的人，将少帝的真实身世向他说了。因此，孩子的心中，立即滋生了对被他呼做祖母的老太婆——吕太后的仇恨。而十几岁的孩子实际还是不懂事，不知道世道的险恶，不懂得保护自己。他竟然幼稚地扬言："太后怎么着？她岂能杀了我母亲，还叫我做她的孙子！我现在人还小，等我长大了，一定要为母亲报仇！"

这番话传到吕太后耳中，让她心惊肉跳。她决心及早除掉这个隐患，保卫她的权位，她的生命。她随即叫人把少帝关到无人的冷宫中，幽禁起来，并在朝堂上向群臣宣布，小皇帝患了精神错乱之症，病得不轻。神志糊涂，心志不明，胡言乱语，不能再承担安百姓、卫社稷的重任了，必须废黜。群臣哪敢说半个不字，一齐跪倒在大殿上，高呼："太后圣明。太后为天下的黎民百姓考虑，全凭太后做主了。"

吕后是个非常有心机的人，见群臣如此表态，原来还有些不安的心放下了，却显露出一副不得已的神态，说："既如此，朕就将这个昏乱的皇帝废了。不过国家不可一日无君。朕已察知，常山王刘义，谦恭仁义，可立为帝。"这个刘义，本名刘山，也是惠帝后宫宫人之子，吕后称制元年，封为襄城侯。称制二年，常山王刘不疑（刘山之兄，也是惠帝后宫宫人之子）死，刘山做了常山王，改名刘义。这个刘义大约是个较为听话的人，所以被吕后选中，再改名为刘弘，过了几年皇帝瘾。但吕后不让这个新皇帝有任何权力，连年号都不给他，当年仍然继续称吕太后六年。

新皇帝即位的时候，幽因在冷宫中的小皇帝早被吕后的人杀死。可怜的小皇帝，在史书记载中，连一个正式的名字都没有。

皇帝虽然被她完全掌握了，但吕后却总不能放心享受权利宝座的荣耀，她仍在思索，她的权力基础，是否真的已经很巩固了呢？

她知道，刘氏家族的力量还很强大，而许多文臣武将，都是跟随刘邦在血雨腥风中战斗过来的，他们并不服气由一个吕姓的女人长期来专政。

她计算过，汉朝建立后，刘家子弟封王的，足有十多人，除了已被她毒死的赵王如意外，还有齐王刘肥，是高祖的长子，代王刘恒、梁王刘恢、淮阳王刘友、淮南王刘长，也都是高祖的儿子，楚王刘交、燕王刘建，都是高祖的兄弟，琅琊王刘泽，是高祖的叔伯兄弟，这些人，多数据有兵权，都虎视眈眈地看着她。一旦有变，他们不会反过口来咬噬自己吗？对这些刘姓侯王，一定要尽量削他们的势力，但是又不能一下子就将他们消灭。她想来想去，只有赶快加强和巩固自己吕氏家族的势力，将自己的兄弟子侄也都封侯建王，掌握军政权力，作为对刘氏家族势力的对抗，作为自己掌握的皇权的基础。

吕后有两个兄长，吕泽和吕释之，早年都率军跟在刘邦左右，血战沙场，屡立战功，还有她的几个侄子吕台、吕产、吕禄、吕种等，也多是身经百战的将领。汉朝建国后，吕泽得封周吕侯，吕释之封康侯。吕台封郦侯，吕产封交侯，吕禄封胡陵侯，吕种封交侯，但没有一个封王的。说起来，吕家对刘家的贡献，不可谓少，就是封一两个王,也不为过。吕后如此遐想。

但吕后善于权谋,行事谨慎。她在封王之前,先要试探一下朝中那些德高望重的有影响的大臣们的意见。

于是,她在朝堂上试探着说出自己的想法。她没有料想到丞相王陵会激烈反对。王陵说:

高祖曾与诸臣杀白马,歃血盟誓:"非刘氏而王,天下共击之。"大家都参加了盟誓。今太后要封吕氏诸王,违背了盟约,万万不可!

吕后闻言,脸便沉下来,可又不便当场发作。她强制着转向左丞相陈平和绛侯周勃,问:"卿等的意见呢?"陈平、周勃等答道:"高皇帝平定天下,封王刘氏子弟,是自然的;现在太后临朝称制,要封王吕氏兄弟,也是同样的道理,有什么不可呢?"吕后的心情这才放松起来。她对大臣的态度有底了。可是为此事,王陵对陈平、周勃等人的言行大不以为然,下朝后王陵将他们责备了一通。陈平、周勃劝道:"老丞相,你不要过于激动。此事非一朝一夕能妥善解决的,日久人心会有分晓。"王陵却摇摇头,铁青着脸,愤愤地回到自己的府邸。不久,王陵就被撤去丞相之职,被迫回家养老去了。

吕后决心封诸吕为王。她首先将早已去世的周吕侯吕泽,追封为悼武王,以观察群臣和刘氏诸王的反应。

封赠诏命发出后,朝堂上并未有什么不良的舆论反映。于是,这次封赠便成了封拜诸吕为王的开端。此后受封的有:吕台,吕泽子,为吕王,死后谥肃王;吕嘉,吕台子,继其父封吕王;吕产,吕泽子,吕嘉因荒恣放荡,被废王位,吕产继封吕王;吕通,吕台子,封燕王;吕禄,吕释之子,封赵王;其父吕释之早死,因吕禄之封,得追封为赵昭王。而吕氏子弟获得封侯的更多。连吕后的妹妹吕嬃也获封为临光侯。不但封侯,还让她的这些子侄担任各种军职,掌握了负责从宫廷到皇城禁卫的南北军等军政大权。一时间,诸吕兄弟子侄控制了朝廷的各种军政要职。

吕后一面封自己的兄弟子侄为王为侯,一面却不断寻找借口,削弱或消灭刘氏王室。例如赵国的赵王,先是赵王如意,被吕后召到京师下毒毒死,继移淮阳王刘友为赵王。吕后让刘友娶吕氏的女子做王后。而刘友不爱吕氏女。吕氏即向吕后诬告说,赵王不满太后称制,扬言:吕氏家人哪有资格封王?等太后百岁后,我就打他们个落花流水。吕后即命人召赵王来长安,将他囚禁在赵王府中,命禁卫兵将府邸团团围住,断其饮食。有偷偷送食的,捕捉治罪。刘友就这样被活活饿死。刘友在饥饿中,发出了对吕后暴行的控诉之声:

吕家掌权啊刘家危,

(诸吕用事兮刘氏危,)

压迫王侯啊逼我娶吕家女做王妃。

(迫胁王侯兮强授我妃。)

吕家妃子嫉妒啊恶言恶语,

（我妃既妒兮诬我以恶，）
长舌之妇搅乱王国啊太后却不明悟。
（谗女乱国兮太后不寤。）
我无忠臣啊被迫放弃自己的封国，
（我无忠臣兮何故弃国，）
我在原野自尽啊请苍天作正义的裁决，
（自决中野兮苍天举直，）
哎呀，哪有后悔药啊我早宁愿自生自灭。
（于嗟不可悔兮宁蚤自财。）
侯王也饿死啊有谁悯怜？
（为王而饿死兮谁者怜之？）
吕家人灭绝天理啊老天爷为我冤报仇雪。
（吕氏绝理兮托天报仇。）

刘友死后，吕后又将梁王刘恢改封赵王。吕后仍然要以吕产的女儿做刘恢的王后。而随侍王后的官员也都是吕氏家族的人，刘恢的一举一动，都受到他们的监督。刘恢有个心爱的歌姬，被吕产的女儿毒死。赵恢伤心至极，自杀而死。吕后以此加给刘恢"宠爱女人，毁弃宗庙"的罪名，将他的王位彻底取消了。后来，竟让吕禄来做了赵王。

又如燕灵王刘建，是高祖之弟，并无任何过错被吕后拿捏住。可是当他在吕后称制的第七年，因病去世时，吕后竟以他没有子嗣，除去他的封国。其实他所宠爱的一个宫人生有一个孩子。吕后却叫人把这个孩子杀了，硬让刘建绝了后。不久，吕后却将燕国王位封给了他的侄孙吕通（吕台之子）。全是假公济私的行为。

不过，吕后也不是一味地做这种抑刘扬吕的事。她在给吕氏家族封王建侯时，也常玩一些平衡的把戏。

她在给吕氏子弟封王建侯时，常常是同时也封一些刘氏或他姓的王侯。如她临朝称制的第二年，"欲侯诸吕"，便先封刘邦时的功臣郎中令冯无择为博城侯，封鲁元公主的儿子张偃为鲁王，封齐悼惠王刘肥的儿子刘章为朱虚侯，封齐丞相齐寿为平定侯，封少府阳城延为梧侯，张买为南宫侯，同时封吕释之的儿子吕种为沛侯、吕要之子吕平为扶柳侯。接着，她又"欲王吕氏"，也是先立孝惠帝后宫宫人之子刘强为淮阳王，刘不疑为常山王，刘山为襄城侯，刘朝为轵侯，刘武为壶关侯，然后再"风（暗示）大臣"，让大臣提出，请求立郦侯吕台为吕王，吕禄为胡陵侯。对于吕氏王侯中的一些不肖者，吕后也做出过惩罚。她企图以此作为平衡，减少刘氏家族及朝中大臣对封诸吕侯王的反感和阻力，在平静中，"和平演变"汉室的皇权。

这显示了吕后的心机，同时也显示了一个女人在争夺权力道路上的艰辛。当时，作为一个女人，要掌握天下之大权，其社会的阻力是如何的大，连吕后这样刚烈的女人，也不得迂曲前行，费尽心力。

在吕后的精心策划、安排下，吕氏家族的子弟，逐渐掌握了朝廷的军政警卫大权，诸臣和刘氏家族的王侯们，都只能屏息噤声，俯首低眉地过日子。

一代雄主　惊恐离世

吕后虽说是个女子，可是她具有男子一样刚强的性格，好勇斗狠，一生残害过不少政治上的敌手。其中最有名声者有韩信、彭越、赵王如意、戚夫人、少帝之母惠帝宫人、少帝、继赵王刘恢、燕灵王刘建后宫美人及其儿子，等等。虽说在封建社会宫廷及朝廷的政治斗争，是你死我活的事，消灭政敌的事，哪一代也不能免，可是吕后的手段有时也不免毒辣了些，心肠太狠毒了些。在她年轻气盛胆壮时期，她做这些事，并无什么心虚胆怯。可是，当吕后逐渐进入老年，体衰气竭，眼看身边的熟人老臣、亲人儿女，一个个离她而去，成了故人，生命力的衰竭，让她感到心虚力竭，特别是她对过去做过的一些自己也感到过分、亏心的事，更感到后怕。于是种种可怖的幻觉也随境而生。那些被她残害过的冤魂，一个个地展现到了她的眼前。

吕后临朝称制八年的春天，三月中旬，吕后特地到郊外去举行祓除祭祀，意在驱除邪魔妖怪，驱除一切冤魂孽鬼，不许他们附身。

她以为，经这么一祓除，便可以安享晚年富贵尊荣的日子，不再有冤魂孽鬼来缠绕她了。但她毕竟是老了，经过长途的跋涉，她在返回长安宫殿的路上，坐在车辇中，忍不住打起瞌睡来。经过轵道时，迷迷糊糊之中，她忽然觉得有个黑乎乎的活动的东西，像条黑狗，从身后扑到她的腋下，要撕咬她。她惊叫起来，宫女太监们急忙围上来问候，却又什么东西都没有见到。

吕后回到宫中，叫术士来为她占卜，是什么怪物作祟。卜者在宫中舞蹈了一阵又一阵，一会"死去"，一会醒来，然后跪下向吕后禀报道：禀太后，太后轵道所遇，是赵王如意的孤魂在作祟。待臣焚烧几张符咒加以驱逐，太后龙体自当康复，圣寿无疆。

吕后已经听惯了这些应付的话，挥挥手，叫卜者退下，道：你们去行法驱逐吧，本后要休息了。她大约已经感觉到自己冤孽债欠得太多，讨债的太多，再怎么施法行术，也无法解除了。

从此后，吕后的后腋肿痛起来，溃烂流脓，任多少高明的宫廷御医开了多少医方，都无疗效。吕后每当迷糊睡去时，不是看到耳鼻流着黑血的如意向她扑来，就是看到一团黑乎乎臭烘烘的肉球朝她滚来，张口要咬她的手脚。她感到，那就是被斩成人彘的戚夫人。她怎么也躲不过这些冤孽的纠缠。

这些，实际都是吕后病中的幻觉，然而，确实成了她实实在在的沉重的心理负担。她感到，这也许是她残忍手段对待戚夫人、赵王如意等人的报应吧！

她感觉自己的时日已经不多了，让她最放心不下的，是她吕氏家族子弟们的安全和权位,是她自己花了毕生精力构建起来的权力的宝塔。当她清醒的时候,她知道,一旦她"山陵崩坏"后,那些活着的刘姓的、非刘姓的,对吕氏心怀不满的侯王将军大臣们,会像猛虎扑羊一样,将她吕家的人吞噬一光的。

她尽自己最后的力气,作了最后的安排,以保障吕家的子弟们在她死后的安全和权势。

到这年的七月中旬,吕后的病已进入最后时期,她叫赵王吕禄将女儿送进宫中做皇后;又任命吕禄为上将军,率领禁卫北军;任命吕王吕产为上将军,率领南军,都亲自到军中坐镇。

她命人将吕产、吕禄兄弟叫到病榻前,努力支撑着病体,教他们说:

当初高帝平定天下后,曾与大臣们约定:日后再有非刘氏子弟封建王爵的,天下的人都有权力、义务去攻击他。现在,我们吕家封了这么多王,大臣们心中非常不平衡。我一旦崩逝,皇帝又很小,恐怕大臣们会发生政变。你们一定要掌握好警卫部队,守好皇宫。你们千万不要随便离开宫殿,为我送葬。你们一离开宫殿,必定要为人代替的。

吕产、吕禄兄弟在他们的姨母面前,早已泣不成声,边哭边应道:"请太后放心。望太后保重龙体,才是侄臣们之福。侄臣们一定牢记太后教导,谨守宫门,维护吕氏的基业。"

吕后认为她终于对身后之事有了一个安排,然后最后望了一眼二吕兄弟及寝宫上方的龙凤图形,轻轻叹了一声:"我走了。"便永远闭上了她的双眼。

一代雄杰的女主,终于在恐惧之中离开了人世。

铲除诸吕　另立新帝

吕后死后,留下遗诏,赏赐各诸侯王每人千金,其他大小官吏也按品秩赏赐钱财,对全国实行大赦。吕后的意思,不外是想以此来收买人心,安定天下,稳住吕家权势的阵脚。

然而,吕家与刘家以及许多倾向于刘家的旧大臣,怀怨已久,猜忌已深,岂是这区区的小恩小惠的赏赐所能收买、平息的? 实际上,吕后还没有死的时候,双方早已在酝酿着一场争权的斗争,吕后一死,这夺权之争,便迅速白热化起来。

此时,吕氏兄弟子侄们都分据了守卫长安城的军队和卫戍部队的要职地位。刘氏家族的势力虽有旧大臣、功臣宿将周勃、灌婴、陈平等人的支持帮助,却一时撼吕家兄弟不动。吕氏兄弟虽然也想发动政变,早点消灭刘氏势力,可对于周勃、灌婴等功臣宿将等却也有所顾忌,不敢贸然动手。双方各自拥兵自卫。

首先发难的是拥兵在外的齐王刘襄。八月,刘襄以诛诸吕为号召,发兵东进。并传书诸侯,声讨诸吕的罪恶:擅自废帝更立;杀三赵王(赵隐王刘如意——毒杀、赵幽王刘友——饿杀、赵王刘恢——迫其自杀);灭梁、赵、燕,以王诸吕;诸吕擅自尊官,聚兵严威,劫列侯忠臣,矫制以令天下,等等,故入长安"诛不当为王者"。

吕氏兄弟急命灌婴率兵出关迎击齐兵。他们以为灌婴之妻为吕要,与诸吕有亲戚关系,应属诸吕方面的人。哪知灌婴一至荥阳,便屯兵不发,与齐王及诸侯王相约,和平相处,等待吕家方面内部产生矛盾后,反戈而击。

吕氏弟兄虽握有长安军事卫戍的大权,然而大兵压境,也让他们一筹莫展,六神无主,和,和不成;战,战不了。灌婴的屯兵不进,就是一个眼下的难题。要先消灭长安城中刘氏势力,又畏惧外有刘氏之兵,内有太尉周勃等威望很高的老将。

然而,刘氏势力方面,因为吕氏牢牢地掌握着兵权,严令禁止太尉周勃等进入南军、北军的军营,夺取兵权,手中无兵,所以也无法对诸吕动手。但他们很快找到一个人:就是郦商的儿子郦寄。郦寄很得吕禄的信任,他们就叫郦寄去骗说吕氏兄弟,劝吕禄说:

虽说高祖皇帝曾有约:非刘氏王者,天下共诛之。但如今的刘氏九王,吕氏三王,也都是通过大臣们的商议后,一致同意置立的。已经向诸侯发过通告,取得大家同意,是合法的。只是现在您既做了赵王,却又带兵在此。这自然要遭到大臣和诸侯的疑惧,而要反对你了。如果您将兵权归还太尉,请梁王吕产归还相国之印,你们与诸侯们订立盟约,取得大家的信任,各回封国,齐国也会罢兵,各自安享太平,岂不胜似现在的提心吊胆?

虽说吕家人对此建议的意见不一,并未完全交出兵权,但也已说得吕禄放松了警惕,时时与郦寄外出打猎,把其姨母吕后的警诫不得离开军营的话抛到脑后。

正当吕氏兄弟犹豫不决的时候,太尉周勃、陈平等决计进入北军,用计把兵权夺过来。由于负责掌管军中符节的襄平侯刘通手中有符节,守门士兵不得不放周勃入营。此时吕禄在郦寄等人的连骗带吓下,已经自动解下将军军印,交给掌印官,离开了北军。周勃便接过军印,正式接管了北军。

周勃传令北军将士,愿站在吕家一边的袒开右膀,愿意站在刘氏一边的,袒开左膀。令声刚落,全军将士都袒开左膀。一时军威大震。

此时,周勃得知吕产将带兵入宫,急令平阳侯曹窋(曹参子)前往通知卫尉,不要放吕产进入宫殿殿门。吕产率军来到未央宫,被拒绝进入,只得在殿门外徘徊。直到快吃晚饭时,朱虚侯刘章奉周勃令,带士兵一千多人,赶到未央宫,对吕产发起攻击。吕产兵败,被杀。北军便也完全归于太尉掌握。诸吕的势力,到此,便被彻底摧垮。接下来的几天里,吕家掌大权的人物长乐尉吕更始、放弃兵权的吕禄、燕王吕通,以及吕后的妹妹吕媭等都被捕杀。吕氏家族的男女老少,也在这场动乱中,遭到集体屠杀。这几天,真是吕氏家族的末日到了。

吕后所立的小皇帝,被诸大臣废除,另立薄夫人之子代王刘恒为新皇帝,即史称文景之治的孝文帝。汉初吕后及吕氏家族的历史,到此结束。中国古代第一位最有权势的女主,最终落得如此惨痛的结局,令后代多少读史的人唏嘘不已。

与皇帝并称"二圣"

——隋文帝杨坚皇后独孤氏

名人档案

独孤氏：名伽罗，隋朝云中（位于今内蒙古）人，西魏、北周时期重要将领、八柱国之一独孤信第四女。独孤信见杨坚相貌奇伟，器宇轩昂，故将伽罗女许配为婚，时年十四。隋文帝即位之后，封为文献皇后。

生卒时间：543 年~602 年。

安葬之地：仁寿二年八月，文献皇后病逝永安宫中，终年 59 岁，葬于太陵。

性格特点：生活俭朴，不好华丽，专喜读书，识达古今。

历史功过：文献皇后很有政治才能，每当与隋文帝议论国家大事，看法往往不谋而合，十分一致，故而宫中称为二圣。但她却在确立隋王朝的继承人上犯了错误，对废掉忠厚的长子杨勇，改立比较善于伪装的次子杨广为太子负有一定责任。

独孤皇后

出身名门　许嫁杨坚

　　独孤氏是南北朝时期北方的名门望族，他们原先居住在代北地区，独孤家是该部少数民族的首领。北魏建国，魏孝文帝进行改革，把都城从平城迁到洛阳，独孤家作为朝廷重臣也随皇室迁到洛阳，到独孤伽罗一辈时，已经在中原地区生活数十年，基本上被汉化了，后来独孤伽罗做了皇后，都称自己籍贯为洛阳。

　　南北朝时期门阀世族观念浓厚，独孤伽罗的父母兄弟，都在朝廷中任要职。她的父亲独孤信是北周名将，作战勇敢威猛，少年时代就闻名于当世，20 岁刚刚出头,人送外号"独孤郎",有抵挡三军之勇。生于乱世之时,独孤信有勇有谋,家庭背景雄厚,必然会有一番作为。北魏孝武帝永熙三年(535 年),北魏政权分裂为东魏和西魏,独孤信追随孝武帝来到关中。起初局势混乱,独孤信帮助孝武帝平定各地叛乱,巩固了西魏政权,军功卓著,先后被授予府兵柱国大将军、大都督、大司马、河内郡开国公等,与宇文泰等人并列为八大柱国之家,显赫一时。也是由这一时期开始,独孤氏的势力历时数百年而不败,成为关陇地区的百年豪门。独孤信为人威严刚毅,受到了君臣各层的尊敬。据说他仪表庄重,有一次外出打猎,回来时天色已晚,独孤信快马加鞭,致使风将帽子稍稍吹偏了一些。没想到第二天城中戴帽子的人都将帽子稍稍戴偏,学他的样子。

独孤伽罗出生以前,独孤信已经育有 6 个女儿。由于前面的几个孩子都是女儿,独孤信非常希望这次妻子能生个儿子,由于害怕会再生个女儿,因此心里很着急。妻子刚怀孕不久,独孤信就带妻子去佛寺烧香问卜,主持亲自为其占卜,卦上说"大善",独孤信和妻子都很高兴,以为这一次必生个儿子无疑。临盆前夕,独孤信的妻子梦见有明月入怀,她急忙将这一消息告诉丈夫,独孤信愈加相信妻子必能生一个大富大贵的孩子。不久,独孤伽罗出世,独孤信想起妻子的梦兆,方才醒悟"明月"乃女儿,非男儿之身,这一小女儿或许将来是大富大贵之身。因此对独孤伽罗疼爱有加。

在父亲的着意培养下,独孤伽罗从小就谙悉上层社会的各种生活礼仪和规范,随着年龄的增长,她也慢慢地领悟着人际关系的微妙与复杂。这样的家境与阅历,对于她的一生,都有很深的影响。只是待字闺中的独孤伽罗,在出嫁前仍保持着纯情的少女本性。

光阴似箭,转眼间独孤伽罗已经 14 岁了,出落成一位身材修长、面如满月、凤眼秀腮的亭亭少女,独孤家身世显赫,独孤女貌美动人,士家大族趋之若鹜,慕名求聘者络绎不绝。古代社会,儿女的婚事由父母做主,独孤伽罗虽情窦初开,却碍于礼节不能亲自选夫,她的父亲关心女儿,为她选了一名出色的夫君,此人就是日后名垂青史的杨坚。

杨坚原名普六茹坚,弘农(今陕西华阴)人。他出身望族,父亲杨忠是与独孤信一样伟岸挺拔的人物,史书中记载杨忠"美须髯,身长七尺八寸,状貌环伟,武艺绝伦,识量深重,有将帅之略。"北魏分裂,孝武帝西迁长安时,杨忠是独孤信麾下大将,屡立战功,位列晋府兵十二大将军之位,仅次于独孤信的柱国大将军之职。独孤家与杨家可谓是世交,门第也相当。北朝政权毕竟是少数民族所建,社会风俗纯朴尚武,男女礼教界限不很讲究,杨坚长独孤伽罗 3 岁,从二人的年龄和家世来推断,二人在幼年时期就可能有所交往。

想起女儿出生前的种种征兆,独孤信感觉有必要对杨坚进行一番考察。据说杨坚出生时,育室内红光冲天,有紫气自东方飘荡而来,久久不能散去。杨坚出生后体型过人,生得面方耳阔,前庭饱满,额有五柱人顶,目光外射,哭声亮如洪钟,久久不能平静。杨坚 16 岁时,承袭父亲的勋荫,被授为散骑常侍、车骑大将军、仪同三司,随军作战有功,又被晋封为骠骑大将军,成为朝中最年轻的将军。这些不同凡响的经历,自然会引起他人的注意,独孤信也早就注意到杨坚,眼见自己家的女儿已经长成,就有了将年貌相当的七女许嫁的意愿。

一天,独孤信特意摆下酒宴,宴请杨坚父子等人。酒过三巡,独孤信问杨坚:"我和你的父亲,是出生入死才有今天的地位的,你年纪轻轻,没有多少激烈的考验却获得了高官厚位,你认为合适吗?"杨坚一听,早就知道这是在故意考验自己,他自己踌躇满志,对独孤伽罗也是倾心相许,于是站起来毕恭毕敬地说:"将军盛事盖名,家父常赞将军用兵如神,非我辈所能及。我依仗将军和家父的声威忝名于此,日后上了战场,必定以将军为榜样,为国赴命,建功立业,在所不辞!"

这一番话,既有恭维,又有雄心壮志,还说得非常谦虚,独孤信十分欣赏,于是笑着对杨坚说:"打仗用兵可非同儿戏,子侄有什么武艺为国立功啊?"杨坚说:"每日不敢懈怠,骑马射箭、刀枪棍棒不离身边,但仅有匹夫之勇是项羽啊,只有像刘邦一样有智谋韬略,才能扬威立名!"独孤信不禁大叹杨坚年纪虽轻却不是等闲之辈,走下台去手抚杨坚背说:"将门虎子,他日造就一定在老夫之上。"杨坚忙起立答礼,声称不敢。

于是,一场门当户对的婚姻顺理成章地结成了。

丈夫膀臂　谦卑自守

郎才女貌,门当户对,杨坚和独孤伽罗的婚后生活美满幸福。杨坚日常在朝廷做事,随军出征,每逢闲暇之时必定回家陪同娇妻。夜半之时,夫妻二人恩爱之余,独孤氏不无担忧地对杨坚说:"夫君此时对妾身恩爱,恐怕日后就会忘记今日夫妻情谊。"杨坚立即严肃起来,神色慌张地问妻子怎么会说出这样的语言。独孤伽罗说:"夫君是正直忠信之人,但是男人一旦有权势必然会变心,以夫君的文才武略日后必大有作为,恐怕那时候妾身容颜已老,夫君就会另寻他欢了。"

杨坚听完,立即起身对妻子发誓,要一生一世尊重爱护妻子,绝对不会再与第二个女人交往,否则必遭天谴。独孤伽罗见杨坚对自己如此忠心,不由得涌上一阵幸福的感觉。后来的事实证明,杨坚夫妇真诚相爱,即使以后杨坚做了皇帝,只要独孤氏在身边时就不纳妾,也不乱爱,在中国古代社会里,这样的严守一夫一妻制的皇帝是非常罕见的。

独孤伽罗的婚姻是幸福的,但是时间不久,国家就突然发生了变故,西魏被宇文泰的儿子宇文觉取代,建立了北周。柱国大将军赵贵等人对摄政的宇文护不满,想借机发难,但由于策划不周,事泄被诛,独孤伽罗的父亲独孤信也参与了这件事,受到株连,宇文护命令他自尽。在杨坚等人的积极活动下,才保住了独孤氏其他成员的性命。但是,父亲的死使独孤伽罗对政治斗争的残酷无情有了初步而深刻的认识,她慢慢地成熟起来,逐渐改变了淑女的形象,在政治上成为丈夫的一个得力助手。

宇文觉做皇帝之前,和杨坚颇有交情,他早就听说杨坚有帝王之相,又亲眼见他一表人才,心里愈加放心不下。做了皇帝之后,为了拉拢杨坚,宇文觉不断地赏赐一些珍贵之物,并赐予杨坚高爵位,但不授予他实权。独孤伽罗十分留心皇帝对丈夫的"厚恩",认为这是个不祥的预兆,多次告诫丈夫为人不可张扬,更不能表现出有大志向来。于是杨坚就命手下私下里到处传播流言,说自己宠爱妻子独孤氏,就连皇帝赏赐的金银珠宝都全部送给了妻子以讨其欢心。杨坚也表现出十分溺爱妻子的样子,皇帝每有赏赐,必称妻子一定会很高兴。这样时间一长,宇文觉渐渐认为杨坚不过是一个胸无大志之徒,而独孤伽罗是一个贪财好利的女人,夫妻二人一唱一和,度过了险境。

政坛风云变幻莫测,杨坚夫妇明哲保身,图谋日后的发展。权臣宇文护飞扬跋扈,皇帝想除掉他,却不想宇文护提前发动政变,另立新帝宇文邕,就是历史上著名的武帝。武帝不能容忍权臣当道,经过 11 年的准备,终于杀死了宇文护,亲掌朝政。武帝力图振兴国家,推行灭佛政策,大力发展军力,灭掉了劲敌北齐。杨坚随武帝出征,他听从妻子的劝诫,处处隐忍,结交好友,地位日益牢固,等到父亲杨忠去世的时候,他顺利地继承了父亲的爵位,并加封为隋国公。

婚后的第二年,独孤伽罗与杨坚的第一个女儿降生了,取名杨丽华。转眼间,杨丽华就到了成婚的年龄。北周建德二年九月,她嫁给了已经 15 岁的皇太子宇文赟,即后来的宣帝。女儿现在做了太子妃,必定是日后的皇后,杨家的地位日益飙升,引起了许多人的妒忌和猜测,这时候有关杨坚种种与众不同的长相的流言又传播起来。宇文赟即位后,对于威望益盛的岳父更加不放心,使杨坚夫妇的日子很不好过。这时候杨坚已经官居大后丞,又是当今皇帝的岳丈,但他不得不更加韬光养晦,加倍小心。为了保住全家性命,独孤伽罗利用进宫探望女儿的机会,万分嘱咐已为皇后的女儿务必对皇帝侍候周全,为人要小心谨慎。即使如此,性情残暴多疑、刚愎自用的周宣帝,仍是无风三尺浪,制造事端。他曾恶狠狠地对杨丽华说:"如果让我抓住了证据,我一定要杀你家满门。"有一次,他秘密布置了大量的卫士在大殿两边,并派亲军持器械前去请杨坚来皇宫议事。他吩咐手下,一旦杨坚不敢前来,或者有其他举动,立即将他拿下。杨坚一见卫士携带武器,知道大事不妙,不知道该如何处理,独孤伽罗见事情紧急,再做其他准备已经来不及,规劝丈夫从容应对,必能化险。杨坚见事已至此,只得按妻子的嘱咐行事。杨坚整理好衣装,面色沉稳地随卫士来到皇宫,对眼下的凶险视而不见,从容应答。最后宣帝沉不住气了,问杨坚不害怕吗?杨坚义正言辞地回答说,皇上是明君,臣子是忠臣,即使有小人从中作梗,又何惧之有呢?宣帝果真认为杨坚无二心,并对他夸奖了一番。回到家时,杨坚内衣尽湿,他对独孤伽罗说,若不是妻子贤言相劝,此次性命必不保。

为了丈夫的安危,独孤氏努力地为杨坚树立忠顺的形象。深承母训的杨丽华,平日在后宫众嫔妃争宠相毁、勾心斗角的环境中，也以柔婉的性格，举止贤良、待人宽厚，以免引起麻烦。宣帝喜怒无常，虽然没有杀死杨坚，却对他还不放心，于是决定拿杨丽华开刀，削减杨家的权势，但又找不到罪名，就故意虐待杨丽华，逼其自尽。消息传到宫外，独孤伽罗伤心欲绝，为了无辜的女儿，不得不到后宫中向宣帝请罪，为女儿求情，请宣帝降罪于她，而不要罪责皇后。独孤氏声辞情切，叩头流血，才得到宣帝的赦免。一次次危险的经历，使独孤氏更是注意自己的言行，在社会交往中，她总是显得彬彬有礼。在宫中宴会或其他正式场合，常常有礼节地谢绝那些要向她致敬的提议，以免皇后生母的身份招致宣帝的忌恨。路上遇到同僚，独孤氏从不让手下人抢道先行，别人按礼制给她让路时，自己也表示很谦虚，显得并不心安。她这种"谦卑自守"的形象，使她获得了极好的名声。

杨坚深知宣帝对自己不信任，为了安全起见，他要求到地方做官，远离京都。宣帝欲治罪杨坚而无名，巴不得他早日离开，于是同意杨坚担任扬州总管，不日启程。杨坚临走时，秘密安排心腹郑译等人，密切注视朝廷动向，一有事情立即报告。

恩爱携手　助夫称帝

杨坚还没有出行，宣帝就兴奋异常，结果饮酒过多数日未醒。杨坚与妻子商议当前该如何行事，独孤氏审时度势，认为这是个变化的时期，机不可失，绝不能轻易离开京城，但出任日期已到，可以先留在京城周围，静观其变。于是杨坚悄悄地出城等待，图谋局势改变。

果然不出所料，宣帝没过几天就死了。郑译等人按照杨坚的指示，伪造了一份皇帝的遗诏，命杨坚入朝辅政，并统领天下军事。杨坚立即行动，拥立了只有8岁的静帝，杨坚以左大丞相、都督内外诸军事的身份总领百官、入宫辅政。由于杨坚是皇后的父亲，还有独孤氏与他多年来的克己礼让，在朝野上下树立了贤良的形象，竟然没有遇到反对。

宣帝性多疑，公卿大臣被诛戮黜免者不可胜数，他在位仅两年，就造成了朝政黑暗，人心涣散。宣帝前后共立了5位皇后，杨丽华为天元皇后，另外还有天皇后、天左皇后、天右皇后、天中皇后，生活糜烂奢侈，随心所欲，喜怒无常。为了发泄兽欲，宣帝经常让京城少年穿上妇女的服饰来后宫为宫人表演歌舞取乐，连陪侍的官员都苦不堪言。宣帝当政，每逢召见侍臣与朝廷元老，从不过问治政得失，不听群臣进谏。他还经常派人对朝臣秘密侦查，搜集情报，找借口对公卿大臣行以刑罚。王公大臣、后妃嫔御，几乎无一幸免，以至于内外恐惧，人人自危。到静帝时，各种矛盾急剧激化，北周政权危机四伏。杨坚辅政后，不少地方官员趁机造反，杨坚调兵遣将，用了四个多月的时间就平定了叛乱，政权虽然巩固了下来，却使杨坚更加清楚地看到宇文氏的统治已处于风雨飘摇之中。杨坚大权在握，又平乱有功，朝中大臣无人不服,形势的转化对于杨坚越来越有利。

独孤氏清楚地看到这一形势,于是支持并鼓励丈夫杨坚进行取代后周的活动。她对杨坚说:"当年你我二人结为夫妻之时,就知道夫君有帝王之运,而我也有为人女主的卜算,以现在的局势,夫君与我的卦运都会应验的。如今宇文氏已经失德,周朝大势已去,自夫君入宫辅政,虽未为人主却行人主之事,其势如骑虎难下,请顺应时变,好自为之。"杨坚想起当年自己的种种祥兆,又看到当前形势对自己这样有利,充满了信心。但他感觉取代北周有违人臣之道,独孤伽罗反问道:"夫君忘记了当年为人臣虽忠心却没有安全吗?"杨坚这才下定了决心。

为了收买人心,杨坚"大崇惠政,法令清简,躬履节俭",使天下欢悦,赢得了人心。不仅关陇集团,就连山东士族中的高颖、李德林等也成了他的智囊与伙伴。在一片赞誉声中,杨坚的地位日益尊隆,独孤伽罗也由隋国公的夫人作了隋王的王妃,最后又成了王后。辅政不到一年,杨坚就已临近皇帝的御座,其势咄咄逼人。一些善于献媚的臣子乘机上书皇帝,要求皇帝禅位于有德之人,几次三番,静帝以此事问杨坚,杨坚沉默不语,静帝知道杨坚已决定夺位,迫于无奈,只得下诏禅位,将传国玉玺拱手交给了他的外祖父。经过一场不流血的宫廷政变,杨坚顺利地坐上了皇帝宝座。

公元581年春月,长安城寒气袭人,杨坚正式举行了登基大典。从那一天起,他就成了隋朝的开国之君,是为隋文帝。想起与独孤伽罗共同度过的不寻常的岁月,杨坚感慨万千。杨坚如此轻而易举地称帝,历史上是少有的。人们往往注意北周政权的腐败和汉族成员的支持,但杨坚心里最清楚,独孤氏的大力支持,使他赢得了更多的盟友,因此对患难与共的妻子深怀感激之情。在即位大典的第二天,独孤伽罗就理所当然地被封为皇后。

隋朝的建立,标志着南北朝纷乱的时代即将结束和一个新的时代的开始。恩爱携手的杨坚夫妇,开阔了中国历史的一个新的时期。

一代明主 识古达今

多年动荡的生活使独孤氏在政治上更加成熟,也使她更明白安定的珍贵。做了皇后后,她更加兢兢业业地辅佐杨坚。由于是患难夫妻加之独孤皇后的贤明,杨坚对她自是格外宠爱和敬重。称帝之后,二人形影相随,可谓是寸步不离。

杨坚勤于政事,每日坚持早朝,无论身体如何还是天气有变,从不懈怠。每次杨坚早朝,独孤皇后都要乘辇与杨坚并车而行,直到大殿的后阁门。她目送杨坚到前殿与百官朝会、商议国事,自己仍停在殿后等候杨坚,并派宦官来回传递朝会的情况。一旦发现杨坚处理政事有失,立即提出劝谏,让他纠正。就这样,一直到大朝结束,杨坚退朝,两人再一起并行回宫。路上,独孤皇后还会同丈夫谈起朝会的情况,帮助分析,直说得杨坚心中折服,点头称是。回宫后,一同进餐,直到一天政事完毕,方才一同安寝。

这样日复一日,时间久了,他们自己都养成了习惯。宫中的人也看得明白,索性把皇后与皇帝并称为"二圣"。杨坚也觉得,独孤皇后不仅是他生活中的好伴侣,更是政治上的好帮手。她每每与自己"言及政事、往往意合"。而这种不谋而合,使他感到两人在政治上有很多共同语言,政治上的默契,再加上独孤皇后"雅好读书,识古达今",使得皇帝就连处理日常政务也征求她的意见,每到这时,独孤皇后都能提出很合杨坚心意的见解。因而,两人在一起,"相顾欣然",心情都很舒畅。

这时的独孤皇后,早已过而立之年。虽然红颜已逝,却未见宠衰,杨坚"唯皇后当室,傍无私宠,虚嫔妾之位,不设三妃"。在此后20多年里,独孤皇后与杨坚可谓寸步不离,不管杨坚走到哪里,都能见到皇后,她几乎成了杨坚的影子。

这些年中,她不知度过了多少不眠之夜,全身心地在政治上协助杨坚。这期间,隋文帝杨坚平定四海,统一全国,结束了中国二百七十多年南北分裂的局面;而且内修制度,外抚戎夷,在政权建设、经济恢复与开发及边疆经营中,都以空前未有的动作取得了巨大成效。可谓人口滋盛,仓廪丰实,隋朝成为中国历史上又一个强盛的统一帝国,杨坚也因而被后世誉为一代明主。不过,因杨坚每一项政治举措几乎都留下了独孤皇后的痕迹,后世甚至有人讥讽他是个惧内的皇帝。公正地说,独孤皇后在隋代建立后的历史大变革时期,对历史的发展做出了自己的贡献,隋文帝能得做出"开皇之治"的历史功绩,实在是有她的不小功劳。

提倡节俭　身体力行

据史书中记载,隋文帝杨坚为人勤俭节约,毫无奢侈之风。殊不知,杨坚的勤俭在很大程度上来自于独孤皇后的劝诫,她才是杨坚节俭的鼓动者和倡导者。如果没有她的坚持,杨坚的节俭恐怕也要大打折扣。独孤皇后以"雅性俭约"的品质,保证了隋文帝杨坚统治时期政治的清明。这时的节俭,不仅是他们奉行的一条生活准则,也是一项政治要求。杨坚就曾告诫过太子杨勇,自古君王从未有因奢侈而长久的。后因太子生活豪奢,独孤皇后对他产生不满。可见,独孤皇后与皇帝都是把节俭与国家大事相联系而加以重视的。

独孤皇后不仅提倡节俭,更是身体力行。杨坚对共同生活多年的独孤皇后的节俭是深有体会的。有一次,他得到齐朝七宝车和镜台,这都是精美绝伦的东西,因深知皇后不好华丽,便只把镜台赐给她,却命人把七宝车拆掉。平日他和独孤皇后所乘的车子和其他生活用具,都以俭约为先,有的破旧了,就让人随时修补一下继续用,很少更换。在皇后的表率下,后宫的俭朴蔚然成风。宫中之人,衣服破旧了,就缝补浆洗后再穿,所谓"六宫咸服浣濯之衣",几乎见不到衣着华丽的人。据说,杨坚曾想赐人一件织成的衣领,宫内竟没有现成的。有一次,他要配制止痢疾的药,需胡粉一两,宫内也没有找到。胡粉本是种擦脸用的化妆品,宫中之人多不施粉黛,所以也就找不到了。皇后与杨坚平日饮食,只要不是大礼享祀或国宴,"所食不过一肉而已",绝无浪费铺张。

有一次,幽州(今北京市)总管阴寿派人告诉皇后,说在他的辖区内有突厥商人出售一箧明珠,要价800万,劝皇后买下。结果,独孤皇后说:"明珠虽美,但非我所需也。当今戎狄(北方的一支少数民族)势力强大,屡屡凭凌寇乱中原。藩方将士为之疲劳不堪,我要买并不所需的明珠,远不如用这些钱分赏卫国有功的将士。"后来,此事被文武官员知道,都深感皇后以国为重,体恤边防将士,不呈私欲,纷纷上表庆贺。从这件事,足以领略到独孤皇后的不同凡响和作为政治家的非凡风度。当然,这也说明她提倡节俭,正是考虑到国家的利益。

这样,隋朝前期,举国皆以节俭为荣。史书上记载,隋文帝统治时期,一般男子都不穿绫罗绮绢,也无金银玉石之类的装饰品,日常服装多是粗布所做,装饰品也不过钢铁骨脚而已。有些不知节俭、伤费浪财的官员常常受到斥责。浪费少了,财富也就容易积累,所以这一时期"内外率职,府帑充实,百官禄赐及赏功臣,皆出于丰厚焉",终成一代治世。这其中,独孤皇后功不可没。

不徇私情　树立榜样

中国历代王朝,外戚依仗皇后的权势得高位者很多,但是这种得势的局面往往并不长久。随着受宠的皇后妃嫔的失宠,或者当权者的失势,外戚集团迅速灭亡。如汉初的著名的吕氏外戚集团,曾经飞黄腾达一时,但最终落得满门抄斩的下场。独孤皇后权势浩大,连皇帝都敬她三分,但是她对家人却约束有度,从不因为自己受宠而随便施恩于娘家人。纵观文帝一朝,外戚少有凭借私宠飞扬跋扈的,也因此得以保全声名。这与独孤皇后鉴于史实、矫正其弊端是分不开的。

独孤皇后对她的亲戚,生活上可以给以许多关照,但在政治上却加以种种限制。隋代外戚任高官很少,独孤皇后的兄弟不过任将军、刺史而已。独孤皇后家的亲戚,不预朝政,兄弟在位,亦无殊荣,不但没有像西汉王政君时兄弟一日得封"五侯",而且亲属也无列三司之荣仪。至于家蓄巨财、称富一方,耀武扬威、横行乡里,也是从未有过的事情。正是由于独孤皇后的严厉约束,隋朝外戚极少干扰朝政。若是外戚犯法,必依律科罪。

独孤皇后有个同父异母弟弟独孤陀,喜欢搞一些鬼神巫术。据说每到子夜时辰,他就拜祀咒诅,咒符就可以听从人的意志去害人,被害人家的钱财可以潜移到养猫鬼的人家中。一天,独孤陀用妖法毒害皇后,结果致使独孤皇后生了病。事情败露后,杨坚想将他赐死。独孤皇后听说后,一连几天没有进食。她对杨坚说:"独孤陀若是害民扰政，杀死他是罪有应得，但是他是因为诅咒我，希望能饶他一死。"在皇后的一再坚持下，杨坚才免其死罪，削职为民。若是亲族犯了国法，独孤皇后便毫不犹豫，并且态度极为坚决。有一次，大都督崔长仁犯法当斩。杨坚考虑到崔长仁是独孤皇后娘舅家的表兄弟，想赦免他。独孤皇后闻知，虽然痛心，但对杨坚讲："国家之事，怎能因亲私之情而置国法于不顾呢？"结果，崔长仁被依法处斩。

不仅对外戚如此，独孤皇后还特别注意自己的形象。她深知，保持宽厚仁爱、善待下情的形象，对于笼络人心、维护统治是有重要意义的。对公卿大臣的父母，独孤皇后都能尽到礼数，常不断地派人探视，听到有人对父母孝敬，还给以表彰。她不愿世人觉得她居尊自傲，所以还常告诫自己的女儿，为人子女要尽孝道，为人妻要尽妇道。有一次，独孤皇后有位娘家侄女的丈夫死在并州（今山西太原），因为侄女已有身孕，她母亲不想让她前去奔丧，独孤皇后却说："妇人事夫，怎么能不去呢？再说她婆婆在，为人儿媳岂能不尽孝道？"结果侄女只得前去给丈夫奔丧。

在皇帝与大臣之间，独孤皇后更是发挥了桥梁作用，扮演了一个和事佬的角色，维护君臣间良好的关系。有一次，杨素负责修建一座宫殿，建成之后规模壮丽雄伟，杨坚对此很不高兴，他说杨素殚竭民力，是让他结怨于天下。杨素恐惧不安，为此甚至不敢上早朝。独孤皇后知道这件事后，就借一个机会，当着皇帝的面对杨素说："你觉得我夫妻上了年纪，晚景无以自娱，尽心修饰这座离宫，足见你忠孝之心。"杨坚见简朴的皇后这么说，也就不便再说什么。对那些犯颜直谏的大臣，独孤皇后也常劝杨坚要尊重他们，使得朝廷里敢于言正事、讲真话的大臣大受鼓舞。

贤惠皇后　妒忌心强

独孤皇后的贤惠世人皆知，但是如同每一个女人都有致命的感情弱点一样，独孤皇后也有不好的一面，这就是她妒火极盛。史称她"性尤妒忌，后宫莫敢进御"。在她有生之年，不准皇帝亲近宫中其他女人，只有她与皇帝日夜相伴。她认为，只有这样，皇帝才不致沉湎女色，才能把全部精力用于治理国事。不仅对皇帝，她要求太子也应如此，否则也难以继承大统，所以对太子杨勇多内宠很不满。后来发生太子废立事件与此有很大关系。

独孤皇后对其他王子与大臣多养妾者也看不惯，若是他们与妾关系亲密，多生育子女，就劝皇上不要重用。据说，隋初重臣高颖被贬职就与此有关。原来，高颖正妻死后，独孤皇后劝皇上给他娶继室，结果高颖说："多谢陛下与皇后垂衷于臣。但我已年老，以后想清静清静，读读佛经打发日子，没有再娶正室的想法了。"后来，高颖的妾生了个儿子，杨坚倒为他高兴，谁知独孤皇后说："皇上这下看清高颖的面目了吧？原来要给他续弦，他说自己老了，实际上是心里想着他的爱妾。这种敢当面蒙骗皇上、对您不老实的人，怎么能再信任他呢？"结果，高颖被慢慢地疏远了。

其实独孤皇后与高颖还是旧交。高颖的父亲曾任独孤信的僚佐，并改姓独孤，独孤皇后小时候常到高颖家玩。

奇妒的独孤皇后不允许别的女人接近杨坚，因此隋宫里面虽然美女如云，杨坚却只能空望着咽唾，终不能够让他开怀一下。这天独孤皇后受了些风寒小病卧床，在宫中调养。杨坚闲着无事，就悄悄地带了两名内侍去了仁寿宫。宜人的春景逗起了他心中的一团春意。忽然一阵清香随风送至，梅花丛里，一个女子背面立着，乌黑的云发披覆在晶莹的颈项上。她盈盈地回过娇躯，和杨坚打过照面，杨坚吃了一惊，不料宫里藏着如此美艳的丽人，亭亭如出水莲花，袅袅似当风杨柳。看到皇帝驾到，那女子马上从花丛中走出，走到杨坚面前，垂柳般拜倒，磕了一个头，才袅袅起立，垂着罗袖，站在一边。杨坚早已神迷意荡，一问名字叫尉迟贞，年方二八。杨坚用话语挑逗她，尉迟贞红飞双颊。杨坚走近尉迟贞身前，与她携手而行。

尉迟贞怯生生地随了皇上，不胜娇羞，愈发动人怜惜。两个人在梅苑周围闲游了一会儿。梅花别苑里面，一切都是梅花式样，清幽绝惕。杨坚笑对尉迟贞说："你冰肌玉骨，不愧为梅花苑主人。"尉迟贞忙说："贱婢蒲柳之质，怎堪与梅花比妍？"杨坚说："依朕看来，梅花却不敢与你比妍，尚需逊你三分芳菲。"

这一晚，杨坚便携尉迟贞入帏。一宵过后，尉迟贞先醒了，见时刻已经不早，杨坚还睡得深沉。她怕杨坚耽误了早朝，又怕独孤皇后知道，便将杨坚推醒。杨坚见尉迟贞睡眼惺忪，贪恋香衾，依旧不起床。尉迟贞又催促了数次，杨坚懒洋洋说："你怎么这样性急！不让朕多睡一刻。"尉迟贞说害怕娘娘知道，杨坚也害怕了，才勉强起身，一步挨一步地出了梅花别苑。

独孤皇后卧病后宫，两个平日专替独孤皇后侦察他人隐私的心腹宫女，得了杨坚留宿在梅花别苑的消息，便报告了独孤皇后。独孤皇后顿时气得咬牙切齿，等到杨坚一走，立即率领宫女太监到了梅花别苑。尉迟贞顿时花容失色，忙双膝跪倒。独孤皇后二话不说，命令手下动手，可怜一个千娇万媚的尉迟贞，不到片刻时光就香消玉殒了。

独孤皇后余怒未息，这时杨坚早朝结束，到独孤皇后的宫中探病，听说皇后领着宫女多人，不知上哪儿去了。杨坚坐在宫里慢慢等候，不一会儿，独孤皇后回来了，杨坚忙起身相迎。独孤皇后说，今日早朝未曾奉驾，请皇上息怒。独孤皇后接着说，有礼物献给皇上。于是让手下拿上来一个盒子，然后将众人屏退。杨坚十分纳闷，打开盒子一看，竟然是尉迟贞的头颅，不禁大叫一声，差点跌倒。

杨坚又痛又恨，只是平日慑于独孤皇后的威严和夫妻情谊，不便发作。见了尉迟贞的惨死景象，回想到昨夜的蜜意柔情心如刀割。不禁心下一横，返身便走。独孤皇后见杨坚变色而走，不禁也着慌起来。急忙赶出室外，想唤回杨坚。哪知杨坚却误会了独孤皇后的意思，以为独孤皇后不肯与他干休，恐被她扯住，便加快脚步，头也不回地走出了皇后寝宫。独孤皇后随在后面喊："圣上请回来，不要为了一个宫女，伤了多年夫妇的情分！"任凭独孤皇后怎样喊，杨坚一句也不听，匆匆地只顾向前走。宫门外面，恰好有一匹马，杨坚跨到马背上，鞭一挥，那马便放开了四蹄，径出东华门。

皇帝这一走，可慌了皇后，她立即派人去请大臣高颖、杨素。事不宜迟，高颖、杨素骑马顺道追杨坚，过了很长时间，才发现杨坚牵马立于河畔。高颖、杨素上前请皇帝回宫，杨坚丧气地说："朕贵为天子，反不得自由，连一无辜弱女也保护不了，要天下又有何为？"高颖正色说："圣上错了，得天下艰难，守成治安更不易，怎能为了一个妇女，反将天下看轻？还请圣上早早回宫，免得人心惶惑。"杨坚听了，沉吟不语。这时已是暮云四垂，倦鸟归林。城中的百官，备齐了车驾，纷纷来迎。高颖、杨素又连连苦谏，杨坚才勉强登辇。

独孤皇后也觉做得过分，出城门来迎接，一看到杨坚，立即上前请罪，并痛哭流涕向杨坚认错。杨坚到了这种时候，也已无可奈何，便随皇后同乘辇车回宫。

从此之后，独孤皇后的行为才有所收敛，但是杨坚也变得规矩了许多，他知道皇后对自己情深意切，也慑于皇后的威严，不敢与宫人有太过分的举动。

错立太子　暴君亡国

杨坚共有 5 个儿子，都是他与独孤皇后所生。长子杨勇，被立为太子；再就是杨广、杨俊、杨秀、杨谅，皆封藩王。杨坚曾对群臣说："朕五子同母，可谓真兄弟，决不会像前世帝王那样溺于内宠，发生废立之事。"但是，事实却恰恰相反。

太子杨勇生性率直，为人宽厚，但生活奢侈，性喜浮华，内宠很多。其中高良娣、王良媛、成姬、云昭训 4 个女子最得宠幸，4 名女子各有千秋，加上杨勇与正妃元氏性情合不来，因此太子整日和四美人就寝，对正妃却不理不问。独孤皇后是一个善妒的人，她不愿杨坚宠爱嫔妃，也讨厌群臣及诸子宠姬妾。如今自己的儿子杨勇如此行为，独孤皇后极为气愤。每当杨勇入宫时，独孤皇后从没有好脸色。本来杨坚对太子十分信任，常让他参决政事，杨勇提出的意见，杨坚总是乐于采纳，可独孤皇后不喜欢杨勇，后来杨坚对太子也有了看法。

一年冬至，百官都到太子宫中称贺，杨勇超出礼制规定张乐受贺。独孤皇后便对杨坚说："太子勇率性任意，动多乖张，今日冬至，百官循例进宫，他却张乐受贺。圣上尚需劝诫他一番才好。"杨坚听说后，也是心中不快，下诏与群臣，令此后不得擅贺东宫。从此杨坚对于太子渐加猜忌，宠爱大不如以前了。

这时候正好元妃患病去世。独孤皇后怀疑是太子有意谋害，心里越发不平。渐渐就有了废掉太子的打算。她密令手下监视太子的一举一动，有不良行为，立即向她奏报。

晋王杨广生性狡诈，善于矫饰逢迎，他早就有了夺嫡的心思，处处沽名钓誉，一味迎合独孤皇后的性情。杨广与正妻萧妃如胶似漆，以取悦于母亲，杨广不惜将与其他妻妾所生的骨肉命人掐死，只有正妃萧氏所生之子才禀告父母，给父母造成了仅与原配厮守终身的假象。有一天杨坚与独孤皇后同临晋王府，杨广立即将后宫美女都藏起来。只留下几个又老又丑的宫女充当侍役，身上所穿全是粗布衣服。杨广与萧妃也穿得很陈旧，一切陈设都因陋就简，就连架上的乐器都尘堆垢积，望上去便知道已是久不动用了。

生性节俭，最恨奢华的杨坚和独孤皇后夫妇，见到杨广如此，心里很满意。独孤皇后见晋王专爱妻子，对杨广也极有好感。从此文帝夫妻两人，对晋王另眼看待。有时独孤皇后遣亲信左右至晋王府第探视，杨广不论来使身份的贵贱，都与萧氏亲至大门迎接，设宴款待，并送以厚礼，于是很多人都为他说好话。

杨广还暗中结交朋友，他先以重金结交贿赂大理少卿杨约，再通过杨约结交杨素，获得杨素的暗中支持，又收买东宫内臣做内应。

对于废立太子一事，文帝杨坚犹豫不决，因为太子没有太大的过错，所以心中不忍心废黜。这时候杨广调守扬州，不到半年就要回朝觐见父母。到了辞行回扬州的那天，杨广入宫向母亲告别，痛哭不止，并进言说长兄太子意欲加害于他，此次远行不知下次能否还有机会进奉孝心。

独孤皇后勃然大怒，她联想到太子妃的离奇死亡，愈发怀疑是太子谋害所为，现在听杨广这么一说，更加相信太子无法无天。杨广见独孤皇后果然中计，佯装劝慰母亲，还自责自己没有做好，没有感动哥哥。独孤皇后将杨广安慰一番，叫他安心回去，不必惧怕太子。

此后独孤皇后废杨勇的决心更坚决了。太子杨勇毫无知觉，依旧我行我素，丝毫不加防备。独孤皇后自然不再喜欢太子，大臣杨素也开始说太子坏话，内外交谗，杨坚便动了废立的主意。宫廷内外都知道了废立的消息，传到东宫，杨勇才开始着急。可怜杨勇受了杨素蛊惑，竟然使用巫蛊之术，又被人探听了去，杨坚知道后大怒，便在成德殿上召集了百官宣诏废掉太子杨勇，立晋王杨广为太子。

仁寿二年八月二十四日，59 岁的独孤皇后在永安宫离开了人世。据说，她死时天象反常，皇后寝宫天降金银花，大殿后夜有神奇闪光。这时已经被立为太子两年的杨广，对母后的死当众哀恸欲绝，私下里却谈笑风生、荒淫无度，根本不守丧礼之制。

独孤皇后死后，杨坚生活更加放荡，宠信陈宣华夫人与蔡容华夫人。四年之后，杨坚也在仁寿宫中一病不起，觊觎皇位已久的杨广跃跃欲试，杨坚有所察觉，正好杨广调戏宣华夫人的事被杨坚知道，方才悔悟杨广一直虚伪欺骗，他想重召长子杨勇，但为时已晚，杨广控制了一切局面。为了早日登上皇位，杨广竟然派人将亲生父亲害死。杨坚临死前大呼："独孤氏误我!"然后带着无尽的遗憾死去了。杨广继位，就是有名的暴君隋炀帝。

独孤皇后辅佐隋文帝杨坚一生，从夺取江山到治理天下，无不立下了汗马功劳，她若知道亲手册立的太子杨广竟然是这样一种人，不知会做何感想!

女霸天下

——唐高宗李治皇后武则天

名人档案

武则天：名曌,祖籍山西并州文水(今山西省文水县)人,生于唐都长安。唐朝至武周时期的女诗人和政治家。武周开国君主,中国历史上唯一一个正统的女皇帝,也是即位年龄最大(67 岁)及寿命最长的皇帝之一(82 岁)。唐太宗赐名"武媚",后称帝后以武曌为名。唐开国功臣武士彟次女,母亲杨氏。唐高宗时为皇后(655 年~683 年)、唐中宗和唐睿宗时为皇太后(683~690),后自立为武周皇帝(690 年~705 年),改国号"唐"为"周",定都洛阳,并号其为"神都"。史称"武周",705 年退位。

生卒时间：624 年~705 年。

安葬之地：乾陵。

性格特点：善谋心计,心狠手辣,兼涉文史,富有才气。

历史功过：其执政的半个世纪中,社会经济呈现政绩辉煌,国威大振。

寺中尼姑　媚娘相会

现在是永徽元年(650 年)五月二十六日,去年今日,万民景仰的贞观大帝驾崩了。

如今新皇帝高宗李治,正率领百官和后宫嫔妃前来感业寺降香,以祭奠亡父的在天之灵。感业寺打扫得干干净净,纤尘不染。寺内修行的不是和尚,而是为数众多的尼姑,她们表情肃穆,穿着黑白相间的道袍,里里外外地忙碌着。

祭奠的队伍迤逦而来,正是初夏,天气已然燥热起来,寺外的大柳树垂下万条绿枝,在弱风吹拂下,翩然而动。早有小尼姑过来用清水洗净了寺前街道,铺好红毡,一直延伸到大雄宝殿。

时间不长,李治就到了。新皇帝今日很精神,浑身上下喜气洋洋,倒不像是来降香祝祭的,而像是为赏玩初夏的景致而来。贞观朝的元老,长孙无忌、褚遂良等,却如丧考妣,未至庙门,已经是悲痛难当,泪水涌落了。

新人欢喜旧人哭,不知在天的李世民看到会做何感想。

忽然,哐!哐!哐!三声巨响,撼天动地,感业寺的住持知道新皇到了,忙让闲杂的小尼姑闪了,带领前头体面的众尼迎了出来。迎进去以后,忙不迭地歌功颂德,歇了一会儿,饮了几口清茶淡水,便向大殿里去。

大殿里早就摆好了香案,李治走过来,手握着一簇香,香烟缭绕,在淡淡的蓝色烟雾中,就看这位新皇帝嘴里不知嘟囔着什么,也斜着眼,怪里怪气地倒身下拜。

降香祭奠不过如此,不过是做给世人看的,几分钟就完了。贴身的太监过来对住持说,皇上乏了,闲杂人等都散了吧,休息的地方准备得怎么样了?

住持念了声无量佛,早就准备好了,后园子内,僻静人少,极好的休息地方!贴身的太监听了,不住地点头,费心了,皇上自不会亏待你们!说着,进去扶李治出来,跟着住持往后园子里去了。

这感业寺原是先朝的深宅大府,改朝换代以后,无处发落才重修成了寺庙。重修的时候,后园子没动,按原貌留在那里,李世民死后,他那群小老婆无法处置,就一概送到感业寺里,落发为尼,因地方不够,一部分就住到后园子里。

说话间就到了,虽说是个后园子,却也占地甚广,方圆也有几十里地大。靠西边是一溜殿阁,中间是正殿,飞檐拱瓦,翠竹掩映,名曰滴翠宫。园子中心是个大海子,上面修的人工岛,养着野鸭、鸳鸯。最东边是一片苗圃,奇花异草,应有尽有。

住持把李治领到滴翠宫,李治一看环境非常满意,殿内异香扑鼻,显然事先用香熏了又熏。歪在床榻上,透过窗子,就能见到外头的海子,像是看一幅水墨丹青。住持不敢在里面逗留,说了几句闲话就出来了,在外面的游廊上待命。

大约过了一盏茶的工夫,门一开,贴身太监从里面出来,住持抢上去说,怎么样,皇上叫了没叫?太监说,那还用说,要不然长安的和尚庙姑子庵不下千所,为什么偏选了你这一处?快去领了来,莫让皇上等急了。

住持转身去了,没过多久,却自己回来了。太监正在门口左右张望呢,见回来了就问,怎么回事?怎么你一个人回来了?住持支支吾吾地说,生气了,在那里哭哭啼啼的,叫我把这个交给皇上。说着从袖兜里掏出一封短笺来交与那太监,太监接了,不敢擅自做主,转身进去,交给李治看。

李治忙问,如何?太监摇摇头,递上手中的纸笺,一脸的无可奈何。李治忙接过来看,见是一幅海棠花的纸笺,上面歪歪斜斜地写着一首诗,字虽称不上有功夫,但却秀丽飘逸,一看就知道出自女子之手,诗曰:

看朱成碧思纷纷,憔悴支离为忆君。

不信比来长下泪，开箱验取石榴裙。

字里行间，泪痕斑斑，一看就知道一边流着泪一边写的。大意是，春去也，红花都谢了，夏来也，到处碧树成荫，我面容憔悴支离都是因为你，自上次分别以来，我没一日不哭的，不信等我穿上石榴裙让你看看泪痕。

李治看了，露出满脸的怜意，一边浅笑，一边翻来覆去地读这首诗。摆手把太监叫过来，对他耳语了几句，太监会意，转身到了门外，对住持说，麻烦再跑一趟吧，皇上在里边发怒了，直摔杯子摔碗呢，要是还不来，你我这吃饭的家伙都得搬家，还不快去！

住持满脸苦笑，一面胡乱应着，一面说，不是我不出力，只是她这次真的恼了，皇上一去就是一年半载的，她在这儿就像鲜花骨朵打了蔫，伤心绝望了好一阵子，这会子去叫她不是找倒霉吗？太监说，甭啰唆了，你自有办法，别不识抬举，这次再叫不来，小心你的皮！住持无奈只好又去了。

这次时间比上次还长。太监急得在门外直绕圈子，额头的汗也滚下来了。好不容易等到住持回来，后面跟着一个年轻的尼姑。太监忙过来行礼，年轻尼姑赶紧搀住，这边住持把门推开，年轻尼姑迈步就进去了。

住持欲往里边瞧，太监伸手拦住，松了一口气说，行了，没咱俩的事了，该哪凉快往哪凉快去。说着与住持一起，跑到前边海子边上看野鸭子打架去了。

不知怎的，滴翠宫外的竹林里突然起了风，一阵瑟瑟作响。好一阵子，风才缓了下来，燥热的天气因此凉快了许多。

年轻女尼刚进来的时候，正是风起的时候，吹得衣袂飘摆，好像天外来的仙人一样。

李治先是一愣，然后跑过去将女尼揽在怀中，柔声细语地说，媚娘，你怎么才来，想煞我了！媚娘说，哼，我还以为皇太子把我忘了呢，不，应该称皇上，我哪里入得了皇上的心呢！说着，泪水吧嗒往下掉。

李治心疼地把她抱紧，安慰她说，我不是看你来了吗？我在宫中无时无刻不思念你，也过得甚是凄苦，要不是怕那些老臣讲闲话，我早就把你接进宫去了，何必受这两地相思之苦？

媚娘说，你也不用花言巧语地来哄我，早知今日，何必当初，你父皇病了的时候，咱们就不该……话到伤心处，媚娘的心里委屈万状，泪如雨下。李治也没有办法，只有无声叹息，事到如今，既然没办法接她入宫，说什么也是枉然。

两个人依偎在一起，无限恩爱，只是一肚子苦水倒不出。拥抱了好一阵子，李治才说，如今咱俩的事，还要从长计议，着急不得，我现在做了天子，凡事都要小心，何况咱们名不正言不顺，难以让天下人信服。

媚娘泪眼婆娑，娇嗔地说，我不管，我不管，反正我是你的人了，成天待在这座破姑子庵做什么，难道要念一辈子经不成？万一哪天你被别的女人勾搭去了，我岂不永无出头之日了，我这身心都给了你，你要是那样，我就活不成了。

　　李治忙说,不会,我对天发誓,我一定会接你入宫的,你只管放心在此等候,别做他想,等我摆平了那些老顽固,就光明正大地将你接进去,我们就可长相厮守了。媚娘见李治许下诺言,心中安定了许多,自然风情万种,如胶似漆地恩爱一番。

　　从此之后,李治经常到这感业寺来,开始时打着这样那样的幌子,后来干脆省了那些劳什子,堂堂正正地来往,也不怕别人说什么。来这儿的目的只有一个,就是与那年轻的尼姑媚娘相会。

　　媚娘何许人也,竟让李治如此神魂颠倒?

老爹出色　　视女如宝

　　要问媚娘何许来历,还要从她的老爹武士彟说起。

　　武士彟是山西文水人。武家从来都不是名门望族,社会地位与唐初的崔、卢、王、李、郑五大郡姓没有可比性,祖上也只做过幕僚式的小官,到了武士彟这一辈,连芝麻小官都没得做了,无奈只好放下体面,做起了"末商"之流。

　　古代社会中,士、农、工、商四个阶层,做商人的排在末位,故称为"末商。"

　　不过武士彟有头脑,经商有道。隋朝末年,隋炀帝好大喜功,大肆营造宫室,大兴土木工程,武士彟抓住市场时机,搞起了木材生意,没想到第一桶金挖得真准,几个月的工夫,赚了个盆满钵满。

　　无论古今,钱都是硬通货,腰里揣着孔方兄,无论走到哪,说话都好使。武士彟发了以后,并没有成为令人鄙视的守财奴,而是重义轻财,笼络了不少江湖弟兄。那时天下方乱,没有点私人力量,干什么都不顺利。

　　到了结婚的年龄,虽说家族不是显贵,但家资万贯,谁也不敢小瞧。武士彟向来门第观念很淡薄,什么出身不大放在心上,娶了一位退役军官的女儿做老婆。

　　他的那位老丈人在军队里还有些故旧,花钱送礼,帮武士彟在军队谋了个"队正"干,大致管辖五十人左右,相当于现在的连长。当上连长后,武士彟并没有忘本,一有机会还不忘捞上一把。

　　大业元年(605年),隋炀帝要营建东都洛阳,差事交给堂弟杨达、宰相杨素和宇文恺去办。

　　武士彟一看,商机无限啊,就从军队跑出来,备下重礼,托关系找门路,终于见到了总负责人杨达。

　　杨达一看武士彟,面相敦厚,谈吐不凡,十分爱惜,就把他介绍给其他负责工程项目的高官认识。其中有一位官拜殿前少监、卫尉少卿的人物,对武士彟的未来影响深远,其名曰李渊,即未来的唐高祖。

　　武士彟洛阳此行,收获巨大,一是谈成了一笔生意,大赚特赚了一笔;二也是最重要的,认识了李渊,这是意外收获。武士彟当时是不知道好处的,不知未来的富贵,未来飞黄腾达的政治前程,全都系于此人身上。因此,结识李渊倒比挣了一大笔钱还要意义重大。

时间到了大业十一年(615年),李渊被派到山西一带对付造反分子,途中借宿武士彟家。武士彟晚上举行盛大宴会招待李渊,以尽地主之谊,故两人关系又拉近一层。武士彟凭感觉认为李渊绝非久居人下之辈,于是倾心交结,相谈甚欢。

大业十三年(617年),李渊任太原留守,把武士彟叫到太原,任行军司铠,就是掌管太原府的兵器军备,相当于总装备部长。

当时,李渊已经有了起事的心思,但准备力量不足,因此一直隐忍不发,暗中叫次子李世民与谋士刘文静招兵买马。谁知道,动作太大,引起了副留守王威的怀疑。

王威是忠于隋朝的,眼见着李渊打着防范突厥、征讨刘武周的幌子加大自己的军事实力,日夜不安,莫非唐公李渊也要反隋?

王威曾就此事征询过武士彟的意见。武士彟早就下定决心,要跟着李渊一起闹革命,就掩盖说,不可能,唐公世受皇恩,又委以重任,绝不会造反的。王威本来就没有胆子挑战李渊,听武士彟这样一说,虽说还不放心,却不敢找麻烦。

武士彟既上了贼船,就没有走回头路的道理,王威已经起了疑心,一旦跑回长安告密,事情就难以收拾了,唐公啊,还犹豫什么,此时不反更待何时?

为了帮助李渊下定起兵的决心,武士彟写了一份报告。报告中称,我时常听到天空中有一种声音,高唱"唐公当有天下!"还经常做同一个梦,梦到唐公骑马登天,双手揽住日月,乾坤顿时失色,这正是唐公欲主天下的征兆啊,不可不察。

李渊信以为真,对武士彟说,既然你这样看,我就放心了,我也觉得差不多了,事情一旦成功,当与你同富贵!

这年五月,李渊杀死王威,开始造反了。武士彟有从龙之功,被任命为中郎将兼司铠参军,管的仍是装备部,但这回意义不同了,上次是太原府的,而这次要随着李渊杀奔长安,一旦王天下,前途不可限量。

后来,李渊在长安建立了唐朝,论功行赏,武士彟便以二等开国功臣得授金紫光禄大夫、封太原郡公,不久又升工部尚书、加封"应国公"。公爵是世袭的,武士彟摇身一变,从末流的小商人变成了当朝新贵,恍若做梦一般。

然而这等殊荣,武士彟的原配夫人却无福享受,还没等攻下长安就一命呜呼了。武士彟一直忙于公务,无暇顾及妻儿老小,老婆去世都没回家,李渊心有不忍,亲自为武士彟安排了续弦的事情。

这位续弦,武士彟并不陌生,乃是大恩人杨达之女,因杨达死在炀帝征高丽的途中,父亲死后,女儿不肯嫁人,守着一处佛堂,念经超度,不与外界交流。但她不是普通女子,没学过针织刺绣,却读过不少书,经、史、子、集,广泛涉猎,学问很是渊博。

圣人说过,女子无才便是德,非常有道理。女子才高,心气就高,找婆家就不好找，高不成低不就，婚事一拖再拖，转眼就是大龄青年，愁死家人。这位杨氏大概也是这种情况，要不是皇帝亲自保媒，她恐怕还要当一阵子姑娘呢。

武德五年（622年），由李渊亲自主婚，武士彟和杨氏喜结连理。婚后夫妻感情很好，武德六年（623年），杨氏生下一女，昵称"大囡"，武德七年（624年），又生下一女，昵称"二囡"，这位"二囡"就是前文所说的媚娘，也是后来不可一世的武则天。

媚娘生下来不久，武士彟被外放到扬州做大都督长史。原因是赵郡王李孝恭被人诬告图谋造反，李渊将其投入大狱，等待审查。原来的长史李靖被调往与突厥作战的前线，扬州无人料理，朝廷就委派武士彟接替李靖。

武士彟不辱使命，半年时间，扬州地界风平浪静，生产恢复得很快，临到进京述职的时候，扬州人民不愿意武士彟走，希望其将任期延期一年，因此不但武士彟没有离开，杨氏也带着女儿赶来团聚。

谁承想，武士彟从此再没回中央任职，一直外任，直到死在赴任荆州的途中。外任也有外任的好处，可以远离宫廷斗争，避免杀身之祸。

武德九年（626年），武士彟在外当官，皇宫发生了著名的玄武门之变，李世民成功地击败太子建成和齐王元吉，成了唐朝的新主人。一朝天子一朝臣，李世民为了防止武德元勋在外作乱，纷纷召回长安，另作安排。

武士彟也在被召之列，但留京不久，便又被派到豫州当都督去了，这一点足以说明新皇帝李世民对武士彟是信任的。不过，即使如此，武士彟再也不可能得到武德年间那样的宠爱和重用了。他的内敛使他免受清洗，也算是对他失意后的补偿。

只是苦了幼小的媚娘，尚未离襁褓，就得跟随老爹过上颠沛的生活。不过，她还是蛮自豪的，她的老爹是个出色的装备部长，深受百姓的爱戴，而且最重要的，把女儿视若珍宝，这一点就足够了。

相面入宫　性格刚强

在豫州待了一年，武士彟又被派到利州做都督去了。

利州地处绵谷，归蜀地辖管，向来被认作武则天的诞生之地。持此观点的大有人在，那里有多处遗迹可为佐证，例如"武则天坝""天后梳洗楼"等，此外还有"黑龙潭感孕"一说。相传，利州有一湖名曰黑龙潭，杨氏曾荡舟湖上，忽有一黑龙追随游弋，久久不去，故而感孕，生下武则天。大诗人李商隐还煞有介事地写了一首诗，记载的就是这件事。

可是上文说过，武则天武德七年（624年）诞生于长安是毋庸置疑的，诞生于利州的说法不过是某些人一厢情愿。可以肯定的是，武则天在利州度过了四年的童年生活。

这四年无疑是幸福的，老爹公事不多，有大量的时间与女儿一起玩耍，平时所写的奏书文告，对将来媚娘帮助李治处理政事也大有裨益。杨氏作为大家闺秀的优势也显露出来，她没教给媚娘针织女工，而是教她识字、读书，将自己所掌握的知识悉心传授。

媚娘对母亲教的不甚了解，但随着年龄增长，这种蒙学的好处自然就会显现。通俗地讲，一般的女孩，除了漂亮以外，一无是处，媚娘却还有满腹的才华，美丽的容颜加上超人的才华，一旦鲤鱼跃龙门，前途就不可限量。

成都有一个大名鼎鼎的术士，名曰袁天罡，这个人十分了得，能掐会算，相面术独步当时，至今民间仍认为他是麻衣神相的首创者，《推背图》也是他创作的，据说是一部能够预言未来的大著，相传他还擅长一种通过称量骨重而推演命运的相术，神乎其神。

从古至今，这种人最有市场，上至达官贵人，下到黔首黎民，都信这个，还不用说袁天师，就是一个普通的问卜打卦的，走到哪都受礼遇。不问苍生问鬼神，历代帝王将相尤好此道，倒没什么特别的，趋吉避凶，万事图个吉利而已。

这一年，袁天师北上，要到长安去。因他是一条大龙，成都小庙养不起，要到大庙深山。长安乃是京都，首善之区，没有比这儿更大的庙了，高官贵族又都信服，连贞观大帝都要跟他商量事情，因此袁天师移动仙躯，日夜兼程，丝毫不敢耽搁。

行至利州，武士彟听说了，忙放下手中公事，亲自带领下属到城外迎接。这位大罗神仙，身穿八卦仙衣，头戴道冠，手擎着拂尘，俨然太上老君降世。那些早来的城中百姓都伏地跪拜，"无量天尊，无量天尊"地喊个不停。

武士彟见袁天师仙风道骨，超凡脱俗，心里也虔敬非常，请到都督府下榻。不过说了些屁话，无甚紧要。到了晚上，素斋素饭摆了一桌子，算是家宴，杨氏带着几个儿女也一起陪同用膳。

武士彟就说，老天师，一路辛苦，略备素斋，请放心享用，此次奉诏进京，天下皆知，道门荣耀，可喜可贺！

袁天师回说，皇上圣明，不过约我谈一些养生之道，修炼之法，以期得以延年益寿，如此贤明的君王，如果能寿与天齐，也是普天之下老百姓的恩泽。

武士彟颔首称是，忙劝了一杯素酒，因说，皇上自然洪福齐天，老天师，我也有一事相烦，请为我妻儿相上一面，不胜感激。

说着，指了指杨氏，那是拙荆，请高抬法眼，直说无妨。袁天师略端详了一下杨氏，低头抿了一口茶，徐徐说道，贵夫人骨相非凡，所生的孩子都将成为贵人。

武士彟又指着前妻所生的元庆、元爽两个儿子说，这是前妻所生，母已故去，命运如何？袁天师看也不看，只说，官也能做到刺史，堪称保家之主，但恐怕不得善终。武士彟听了，皱皱眉头，满脸戚容。

又拉过杨氏所生的大姐来，就是那个昵称"大囡"的，因怕人看，哇哇地哭了。袁天罡看了，哼了一声说，也想大富大贵，可惜对她的丈夫不利。说罢，转过头去，不愿再看。

又指了指奶妈抱着的"二囡",即媚娘,时年方五岁,杨氏把她打扮得男孩一样,穿小男孩的衣服、鞋子和帽子。袁天师一看,眼睛顿时就瞪圆了,揉了揉又仔细端详,看了好长时间,才说,这个小男孩神采傲然,清明灵澈,前途不可限量。

一边说一边捋髯,不住地颔首,又说,放到地上走一走,我再看来。奶妈就把媚娘放到地上,小媚娘毫不怯场,大模大样地走了一番。袁天师哈哈大笑,朗朗说道,妙哉,妙哉,此儿龙睛凤颈,富贵至极,只可惜是个男孩,要是个女孩,将来必定成为天下之主!

袁天师只在武家逗留了一晚,翌日大清早就离开了。武士彟对他的话也不敢相信,传出去也不好,没有神仙的日子,一切如旧,一旦闲下来总揣量袁天师那几句话,心中不住怀疑,他怎么就没看出男孩装束的媚娘是个女孩呢?

不管信与不信,武士彟算是无福等到媚娘鹏程大展的那一刻。

贞观九年(635年)五月,大唐王朝的创立者李渊龙驭上宾,消息传到利州,武士彟悲痛成疾,一病不起。他原是哮喘病,经不起感情的巨大波动,噩耗传来,竟然一连数天呕血不止,挨了不过十天,就撒手西去了。

这一年,小媚娘刚满十一岁。紧接而来的少年岁月,一定会因为缺少父爱而变得凄清冷淡。杨氏也没法在利州待了,带领阖家老小回奔原籍——山西文水。

无奈人情冷暖,世态炎凉,山西文水的武家本因武士彟而崛起,但杨氏来奔却遭受冷遇,前妻所生的元庆、元爽也渐渐对庶母不尊,时常顶撞。杨氏一见山西不能容身,便又启程投靠长安堂兄杨师道。

这辗转一路,多少风霜辛苦,小媚娘深有感悟。到了京城,舅舅杨师道非常欢迎,这才结束了颠簸之苦,虽寄人篱下,也算有个可以安顿的地方。杨师道也不是简单人物,乃是李渊的乘龙快婿,桂阳公主的丈夫。

桂阳公主非常喜欢小媚娘,常带着她去参加一些宫廷沙龙。所谓的沙龙,无非长安贵妇、后宫嫔妃们聚会的地方,小媚娘貌美才高,渐渐在沙龙中声名鹊起,周围也围拢了不少人,都是看媚娘大有前途而有心结交的。

得益于此,小媚娘终于有了改变命运的机会。

贞观十年(636年),长孙皇后薨逝,又因李世民仁慈,前后几次放归宫女,导致后宫空虚,为了充实后宫,内侍省决定从官宦人家遴选才人。其中,李世民钦点了武士彟的女儿媚娘,大概就是出于桂阳公主和沙龙中后宫妃嫔的荐引。

诏书一下,杨氏就起了悲声,想到历朝历代一旦身入皇宫大内,没有一个不是晚景凄凉惨淡的,即使受到皇帝宠爱,也是一时而不得永世,因此兴悲。媚娘就劝,侍候天子岂知就不是好事? 用不着哭哭啼啼的。

入宫后,李世民接见她,看她姿容秀丽,秋波婉转,眼角眉梢似有诉说不尽的情趣意味,勾魂摄魄,因此赐名"武媚",媚娘之称也从此而来。与她同时进宫的,还有那位温柔体贴的徐惠。

这里谈及徐惠，无非是证明这批才人受宠的是徐惠，媚娘并没有得宠，只是作为女官，负责管理文书、宴会或是音乐方面的闲杂事宜。

虽然如此，媚娘在陪侍李世民期间并非没有亮点可书写。

一年，大宛进献宝马，名曰狮子骢，又肥壮又野性，性情暴烈，无人能制，媚娘就对李世民说，皇上，妾能对付它，不过需要三件器物——一条铁鞭、一柄铁锤、一把匕首，铁鞭打不服，就用铁锤凿，还不管用，就用匕首割断喉咙，此马必被制服。

这么残酷的办法，李世民不但不生气，反而"壮其志"，就是大加赞赏、鼓励，一方面说明了媚娘有手段；另一方面也说明了李世民不太喜欢性格太刚强的女人，他也是至刚至强的性子，两强相遇，必有一折，因此媚娘难受宠爱。

才人的生涯一直延续到李世民死掉，前后长达十一年，在此期间，媚娘一直没受宠幸。塞翁失马，焉知非福。没能登上龙床，媚娘便有更多时间关心政务，积累了大量的政治经验，尤其贞观大帝的帝王之术，她感受极深，为将来自己主政打下了坚实基础。

另一个重要的收获，就是李世民的儿子，老九李治，偷偷地爱上了这位名义上的庶母，大概是爱情互补定律起了作用，更主要的是，这位老九，已经正式选做贞观大帝的接班人——下一任皇帝。

庶母媚娘　私通老九

这位老九名曰李治，小名唤作"雉奴"，是长孙皇后的第三个儿子。

长孙皇后为李世民育有三子，李承乾、李泰和李治，他们都是嫡出，最有可能成为储君，但自古储君之路就是一片血途，胜出者无不经历了一番血雨腥风。即使储君之位已经确立了，也难免有觊觎之徒，暗怀夺嫡之志，致使兄弟反目，父子成仇。

武德九年（626 年）十月，玄武门事变后，李世民立嫡长子李承乾为太子，那时候李承乾刚八岁，李治还没出生呢。

小时候的李承乾聪明伶俐，李世民十分喜欢，但长大了，竟变了一个人。太子的位子坐稳了以后，原形毕露，当着老爹一个样，谦恭知礼，言必称仁孝，背着老爹又一个样，与群小厮混，不成体统。

东宫是堂堂的潜龙府邸，竟被太子当作游戏场所，不知从哪弄来一些突厥人的衣服、帐篷，让群小穿上突厥服装，住在突厥帐篷里，说咿咿呀呀的突厥话，还派出去到长安郊区的农家强抢来牛羊，在大殿前支起大锅，杀牛宰羊，大快朵颐。

李承乾呢，扮作突厥可汗，躺在地上假死，群小围着他跳突厥舞蹈，他突然跃起来吓人，以此为乐。还经常说，将来我做了天子，要随心所欲，胆敢进谏的，杀之，杀够了五百，我看还有没有敢乱讲闲话的。

那些太子的老师一是不敢管，二是管不了，就连太子的亲舅舅长孙无忌都拿他没办法,渐渐失去信心。李世民有所耳闻,便动了废太子的念头。

当太子胡闹的时候,另一位皇子却在偷偷地笑,就是长孙皇后的二儿子魏王李泰。

李泰比太子强多了,喜欢读书,富于文采,但心术不正,一直觊觎太子之位。又看到哥哥那样,更加坚定了夺嫡之志,上面讨好老爹,下面笼络了一批朝臣,渐渐成为一股不可小觑的政治势力。

李世民对李泰也很喜欢,因其喜好文学,专门为其设立了文学馆,李泰也不负所望,组织编纂了《括地志》一书,颇得老爹的赞许,也多了一份争夺太子之位的砝码。

太子也看出李泰那点猫腻,就派人刺杀他,但没有成功,一计不成又生一计,叫人伪称魏王门客,上了一道捏造魏王种种不轨的折子,李世民看了吃了一惊,就派人彻查,谁知尽是子虚乌有,因此越发不满意太子。

太子心生恐惧,担心老爹会废掉他,就召集了对李世民怀有不满的汉王李元昌、大将侯君集,准备拥兵造反。可没等他们有动作呢,齐王李佑抢先发动政变。

齐王谋反失败,按理说对太子是个警示,他就该偃旗息鼓,老实一阵子,可是不知吃错了什么药,竟大言不惭地说,齐王想要造反,为什么不与我联合,我这里距离大内不过二十步远,顷刻即到,比齐王可近多了。言外之意就是,要干掉老爹,我这儿最方便。

这话不知怎的传到李世民耳朵里,他非常震怒,以前以为太子不过是行为不检,没想到竟到了要弑君杀父的地步,这还了得,就派长孙无忌、房玄龄等追查到底。

果然,从东宫府库查出了兵器,还从密室搜出歃血盟书,铁案如山,李世民盛怒之下,将太子贬为庶人,追随人等全都被杀死。

说起这档子事,李世民也有责任,他不该先宠太子,再恩宠魏王,既刺激了魏王的野心,又让太子如履薄冰,最终不免铤而走险。

太子被废,又将立谁呢?魏王李泰和晋王李治两个人选浮出水面。李世民原意要立李泰的,但慢慢地放弃了这个想法。他想要世人都知道,这个皇位不是靠阴谋争得的,而是有德者居之。

废太子的一番话,李世民一直记忆犹新。

太子被废后,李世民责问他。太子说,儿臣已经是太子了,还有什么要谋求的,我是被魏王所逼,要找一个保全自己的办法,没想到,别有用心的人教我干了坏事,现在,魏王如果当了太子,正好遂了他的心愿,落在他的精妙算计之中。

李世民听后心中警觉。魏王看老爹一时难以在他跟李治之间下定决心,就跑到晋王府去吓唬李治,他对李治说,你跟汉王李元昌交好,他如今事败了,你还能安枕无忧吗?吓得李治心跳加速,惶惶不可终日。毕竟是小孩子,没有主心骨。

李世民看到李治面色惊慌,一副朝不保夕的样子,就问什么原因。李治年纪小不会撒谎,就将魏王对他说的话如实禀告。

李世民恍然大悟,一拍脑门,李泰立不得!如果真立了李泰,废太子承乾和晋王李治这些兄弟们能有好下场吗?那是一条狼啊。

事先李泰还表态呢,说什么为了不辜负父皇爱晋王之心,自己若做了皇帝,有朝一日不行了,要杀子以传位晋王。何等仁爱之心,于今听来全是屁话!

李世民遂打消立李泰为太子的想法,转而决心立晋王李治为太子。

一天罢朝,备受立储一事打击的贞观大帝,叫住长孙无忌、褚遂良、房玄龄等亲近重臣,说是有事要说。长孙无忌多聪明啊,知道是立太子的事,故把晋王李治也留下。李世民没说什么,算是默允。

朝臣散去后,只听李世民长叹一声,颤抖着嗓音说,汉王元昌,废太子承乾,不忠不孝,让我寒心。说着,一头栽倒在御座上,老泪纵横,拔出身边佩刀,就要自刎。褚遂良手快,赶过去夺下佩刀,交与晋王李治。

众人都不明白,皇上葫芦里卖的什么药,自登基以来,大事不知经历过多少,再难也没见皇上要抹脖子,这次为的什么?

李世民缓缓地说,我欲立晋王李治为太子!

长孙无忌一下子心领神会,连忙说,奉诏,敢有异议者,臣请斩之!

褚遂良、房玄龄等随声附和,他们原是和长孙无忌一起支持晋王的,今见皇上终于下定决心,没有不欢喜的,个个都高呼,皇上圣明。要是他们想到他们将来一个个全被李治和武则天收拾了,恐怕今天他们就笑不出来了。

李治被立为太子后,小心翼翼做事,虽没有什么雄才大略,但尽忠尽孝是不成问题的,做一个守成之主,也正是题中之意,因此李世民还算满意。

贞观二十一年(647年),贞观大帝病倒,李治开始听政,下朝后就守在老爹床边,尽心侍奉。老爹看他辛苦,让他到外面花园玩会儿,他都不肯,实在没办法,就让他搬进大内住,免得两边跑麻烦费力。

英明神武的贞观大帝万没有想到,正是因为他如此心疼儿子,才引出了李治和庶母媚娘的一段不伦之恋。

李治早就对这位庶母倾慕不已,当年制服狮子骢的时候,李治也在当场,年纪虽不大,却对媚娘的胆略和手段钦佩不已,老爹不喜欢这种类型的女人,他却喜欢得紧,但苦于礼节,不得亲近。

这下好了,终于可以一边侍候老爹,一边与媚娘见面了。媚娘此时也对李治有了好感,便把希望寄托在他身上,盼望有朝一日能把白白浪费的大好青春补偿回来。一来二去,两个人就好上了,竟偷偷在李世民为李治安排的别院私相会面,难免会突破防线。

大概侍候老爹这段时间,是李治一生当中最惬意的时光,也是最美丽的一段回忆,他偷偷地与媚娘约会,并许下了将来娶她的承诺,但那个时候做事简单,哪里想过从庶母过渡到老婆的难处?

封为昭仪　争宠夺爱

感业寺降香以后,李治虽常来与媚娘私会,但始终想不出万全之策把媚娘接进宫去,正愁着呢,后宫又出事了。

后宫着火,历朝历代无非是争宠夺爱。皇帝大小老婆一群,厚此薄彼,难免争风吃醋,暗地里钩心斗角,耍弄阴谋诡计。这事也不能小瞧,往往与朝中势力相串联勾结,虽是宫闱内廷的麻烦,却也牵一发而动全身。

李治的大老婆王皇后,乃是李世民亲自为儿子选定的媳妇,祖上也曾在北朝做过高官,到了唐朝就没落了,老爹不过是个小小的县令,不过她的舅舅柳奭,却是当朝的中书令,与顾命大臣长孙无忌、褚遂良等私交甚厚。

王皇后性格率直,从不刻意亲近别人,也不刻意疏远别人,对谁都不远不近的,这种天然的距离感,使人对她望而生畏。身边没笼络住可靠的人,这在后宫是非常危险的。现在之所以平安,是因为那个打破惯性的力量还没有横空出世。

李世民对这位儿媳非常认可。病重期间,一手拉着王氏,一手拉着晋王,对褚遂良等大臣说,我这对佳儿佳媳,今天就交给你们了! 欢喜之情溢于言表。

长孙无忌、柳奭等都在场,看得出李世民青睐这个儿媳,又是柳奭的亲外甥女,到后来在废后风波中,这些贞观元老无不竭尽忠诚地力保王氏的皇后之位,此为后话,暂且不表。

可是,李治偏偏不乐意老爹安排的这桩婚事,更不喜欢王皇后其人。

首先,王皇后这不冷不热的性格,着实让李治讨厌,这种性格的女人多半不解风情,不懂得柔情蜜意,不懂得缠绵悱恻,就是偶尔会,也略显生硬,很难抓住老公的心,尤其是皇帝老公,后宫佳丽无数,岂有在一棵树上吊死的道理,失宠也在情理之中。

其次,王皇后无法生育,直到如今也未给李治养下一男半女,李治岂有不恨的。有人要为王皇后鸣不平了,兴许是李治本人的毛病呢,不过事实证明,不是李治的毛病,问题的确出在王皇后身上,因为别的嫔妃已经生养好几个了。

李治宠爱的另有其人,就是风情万种的萧淑妃。

萧姓乃是齐梁皇族,在唐朝虽然没落了,但也出了萧瑀这样的开国元勋。萧淑妃据说是昭明太子的后裔。不管怎么说,王皇后所缺乏的那种女人味,那种风骚妩媚的言谈举止,萧淑妃可是擅长得很。

除了去感业寺私会媚娘,李治剩下的时间大都沉浸在萧淑妃的温柔之乡,把后宫统领王皇后晾在一边。萧淑妃也争气,给李治生了一子两女,令王皇后如芒在背。

王皇后因担心萧淑妃利用受宠的机会,撺掇皇上立她所生的儿子为太子,一旦如此,王皇后不但现在,将来都没好日子过了,于是就联合长孙无忌等朝中重臣,拥立李治的长子李忠为太子。

李忠并非嫡出,但王皇后养着,呼王皇后为母。李治一看,立就立吧,无嫡立长,这也符合原则。李治此时心思都在媚娘和萧淑妃身上,至于王皇后鼓捣什么,他才不往心里去呢。

李忠被立为太子后,情况依然没有得到改变,王皇后照样独守空房,萧淑妃夜夜承欢,几乎霸占了李治的床笫私宠。

王皇后情急之下,又想出一条计策。她知道李治经常到感业寺去,为的是私会落发为尼的武媚娘,这已不是什么新鲜事,宫中尽人皆知。王皇后知道媚娘在李治心目中的地位,就生出妙计,要把媚娘弄进宫来,联手制衡萧淑妃。

一天,王皇后出人意料地驾临感业寺,住持迎出来的时候,心里怦怦直跳,担心皇后是兴师问罪来的。这感业寺,原本该是清静之地,却成了皇上私藏情妇的地方。

住持手足无措,早把阿弥陀佛念了千声,垂手立着,等着王皇后发问。王皇后一看那样的窘态,失声笑了,就问:你这挨千刀的老货,这时候知道害怕了,当初干吗去了? 快去,把那个武媚娘给我叫来!

住持听了额头冒出了汗,吞吞吐吐地说:那武媚娘,她,今天……

王皇后听她胡言,厉声喝断:还不快去! 迟了要你老命! 住持哪还敢耽搁,风一阵似的去了。

没过多长时间,媚娘款款而来。媚娘脸上红扑扑的,精神焕发。

王皇后围着媚娘绕了一圈,不无醋意地说:你就是武媚娘? 媚娘不知何事,只盯着眼前这个女人,一言不发。住持忙过来说,媚娘,这就是当今的皇后娘娘,还不赶紧行礼! 媚娘多会来事,忙倒身下拜,甜言蜜语地奉承了一番。

王皇后听得心里舒服,心中暗想:要是这样的可人儿进了宫,何愁萧淑妃那狐媚子不望风溃败呢,我接引她入宫,她自然极念我的恩情,诸事也都可听我的。打定了如意算盘,走过去将跪在地上的媚娘搀起来,又不住地打量。

好一阵子才说,媚娘,论理来说,皇上如此疼你,我早就该把你接进宫去,可叹我也不贤明,这事那事的就耽误了,今天才又想起来,万能再耽误了,一大早的顾不得别的就到这感业寺来,告诉妹妹一声,从今往后将头发蓄起来,齐全了姐姐再来接你。

媚娘一听,天赐良机,欢喜得再次跪倒,说了一大堆花言巧语,王皇后本意是想利用媚娘牵制萧淑妃,见她如此感恩戴德,觉得计划成功了一大半,因此心里也春风得意。

过了一段时间,王皇后就跟李治说,皇上,臣妾看你近来政事繁忙,顾不上休息,心里着实心疼,不如将媚娘接进宫来,一来遂了她的愿,二来也可替皇上排忧解难,免得总往感业寺跑,传出去不好听。

李治纳闷,皇后何时这等贤惠? 惊讶之余,正中下怀,喃喃地说:接进来好啊!

接进来好啊！不住地称赞皇后是个有心人。皇后嘴上说应该的，心里却暗恨，这回就让萧淑妃那骚女人好看！

媚娘自从皇后走后，天天盼，日日盼，夜夜盼，这头发剪掉容易，蓄起来难，好不容易三四个月过去了，头发也出落得齐全了，又焦心地等待王皇后的消息。

这种等待好似焦渴的禾苗久盼甘霖一样，望眼欲穿。左等右等，这一天终于等到了，王皇后遵守承诺，派人来交代了住持几句话，就匆匆将媚娘接进宫去了。

进宫之后，媚娘仅以宫女的身份伺候在王皇后身边，日日兢兢业业的，不敢多说话，见了李治也规规矩矩的，不像感业寺那样亲昵欢乐，不过，媚娘沉得住气，总算脱离了那死气沉沉的尼姑庵，剩下的事情就好办多了。

没多久，媚娘就发现，王皇后虽得不到皇上的宠爱，但背景不容小觑，柳奭、长孙无忌、褚遂良这些元老级的人物都是她这头的，要想在宫中立稳脚跟，离不开王皇后的扶持，因此尽心尽力，把王皇后侍候得舒舒服服的，一点毛病都挑不出来。

王皇后觉得媚娘没有异志，对自己也忠心耿耿，就跟李治夸奖媚娘，说她是难得的一个体贴入微的人，当宫女真是白搭了，不如纳为小老婆吧。李治正求之不得呢，顺水推舟，就晋封媚娘为昭仪，别置寝宫。

可是，螳螂捕蝉，黄雀在后，为了赶走前门的狼，不惜迎来后门的虎，狼是赶跑了，老虎却盘踞着不走，比狼还令人头疼。

媚娘封为昭仪后，李治不去萧淑妃那里了，王皇后那里也不去了，因为心爱的人儿不再是那里的宫女了，成天地只往媚娘的寝宫里跑。媚娘有了自己的地盘，再也不受皇后的辖制，没有几天工夫，就取代萧淑妃的地位，成了皇帝专宠的对象。

王皇后大吃了一惊，终于后悔自己开门揖盗的行为。俗话说，请神容易送神难，再想赶走媚娘是万不能的，对付起来也远比萧淑妃难得多。王皇后心里一沉，大骂媚娘忘恩负义，同时想起了萧淑妃，顿生同病相怜之情。

不行，绝不能让武媚娘得遂心愿！王皇后嗓子里咕哝出一句。

舍孩套狼　让人生畏

王皇后不过是路边的燕雀，媚娘却是攀山越水的鸿鹄，燕雀焉知鸿鹄之志哉！媚娘之志，绝不在跟王皇后和萧淑妃夺床争宠，眼光紧盯的却是皇后宝座。

王皇后觉察到自己的愚蠢之后，决定跟萧淑妃捐弃前嫌，结盟共同对付武昭仪。萧淑妃因为失宠也对媚娘深为怨恨，两相都是失意人，结盟的想法不谋而合。

可是，她们已走上穷途末路，没有多少日子好混了。媚娘为了实现自己的目标，开始施展手腕，一步步逼王皇后就范。

王皇后因性格率直，身边没有知心的人，说话做事又不讲究方式，得罪了不少下人，媚娘就将这些下人笼络过来，为自己效命，监视皇后的一举一动。皇后若是发牢骚,言语中对李治有所冒犯,很快就传到李治耳中,因此越发冷落她了。

永徽四年(653年),媚娘为李治养下一女,在此之前已生过一男,就是代王李弘,不过李治仍爱若珍宝,对媚娘更加宠爱。

王皇后作为后宫统领,尽管与媚娘争宠争得白热化,也要顾及李治的感受,经常过来看望。她又没有生过小孩,见了孩子,油然而生一种亲近的情愫,这也是人之常情。

过了年,虽然已聆听到春天的脚步声,可万物仍笼罩在一片肃杀当中,宫殿上披着雪,天空灰色暗淡。

很快就到了元宵佳节,长安城中到处张灯结彩,皇宫自然是五彩缤纷,大红灯笼高挑,每个角落都喜气洋洋的,好一派节日气氛。

御花园举行灯会,后宫的嫔妃、宫娥、太监都跑去赏灯了,媚娘因小孩在怀,不方便出去,待在寝宫里,逗弄孩子玩耍。窗外灯火通明,炮仗的光焰红透了窗棂纸,照得屋里亮堂堂的,小孩子感到恐惧,哇哇哭个不停。

正哭着呢,有人报说,王皇后到了。媚娘一愣,这个时候她来做什么? 不敢急慢,起身将孩子交给奶娘,就迎出去了。皇后就带了两个跟班的,浑身上下一股冷气,显然刚从御花园来的。

媚娘刚要行礼,王皇后就说,免了吧,怪冷的,要那些繁文缛节做什么,妹妹刚出了月子,千万注意身体,别让皇上担心,也就是体谅我了。

媚娘忙往里边让,王皇后径直来到小孩那里,见小孩脸蛋红扑扑的,呼吸有些急促,表情也不同往常,也没往心里去,毕竟不是亲生,心想不过是天寒所致,抱起来不住地逗弄,欢喜得不得了。

王皇后抱了一阵子,那小孩老是蹬踹不已,渐渐吃不消了,就放到奶娘的怀里。奶娘想孩子必是饿了,将其放在床上,出去净手准备给孩子喂奶。小孩子不知什么原因,呼吸越发急促,憋得脸通红,四肢挣扎,看得出难受至极。

那边媚娘正和王皇后闲谈乱扯,过了好长一段时间,王皇后才起身要走,媚娘赶忙披了冬衣,将王皇后送出宫门。

等回来,却发现大事不好。那小孩子脸色青紫,竟暴卒于床上。媚娘惊叫了一声,感到天旋地转,顿时昏死过去。宫女们也吓傻了,一边抢救媚娘,一边派人去御花园叫李治过来。

媚娘一时背过气去了,很快就苏醒过来,哇的一声痛哭失声。不过,她确实是个有手腕、有策略的人,幼女新丧,痛彻心扉,但不能只念着那无福的小家伙,人还要往前看,目前最重要的是扳倒王皇后,这件事正好用来做文章。

读者作证,那孩子确实因病暴卒的,呼吸急促,四肢乱踹,都是先兆,既非王皇后陷害,也绝非武则天亲手将其扼杀,那都是载于野史,后人基于不同立场者杜撰的。不过,媚娘却要拿来做文章,这位的心机,确实让人生畏。

时间不长,李治气喘吁吁地跑来,还没进门呢,就问怎么回事。宫女们不敢说,吓得站在一旁，哭天抹泪。李治震怒了，大骂道，一群没用的东西，到底怎么回事还不从实讲来！

忸怩了一阵，宫女们才异口同声地说，刚才皇后来过，走以后，小公主就不行了。说完又都呜呜哭起来。显然事先已受了媚娘的教导。

这时，媚娘一头扑到李治怀里，大放悲声，哭得死去活来，断断续续地说，以前妾与皇后争宠，不过是女人天性，争风吃醋而已，没想到皇后竟然嫉妒我为皇上生儿育女，几次三番地来害，苦于没有机会，没想到这次竟将我们的爱女扼杀了，我还有什么活路……

李治也流下泪来，心疼女儿，也心疼媚娘，好一阵抚慰，然后大怒道：好个胆大的王氏，以前与萧淑妃一同构陷昭仪，现在又干出这等事来，气煞我也！因此就动了废后的心思。

读者要问，皇上乃九五之尊，想废谁废谁，想立谁立谁，何故动了心思却不当机立断把王皇后废了呢？

这里需要解释一下。皇后是皇帝的老婆，母仪天下，岂是擅自废立的，况且李治新登大宝，处处离不开贞观元老的辅弼，王皇后与这些人关联甚深，不是随便就动得了的。

不过，事情也在慢慢起变化。王皇后虽蒙受不白之冤，但无从申辩，皇上心思都在媚娘身上，哪有工夫听她辩解，因此越发失宠，连带的她的舅舅柳奭担惊受怕，上了一道奏折乞骸骨，李治未做挽留，随他去了。

可怜的王皇后看不清风向标已变了，事情的性质已从女人争宠转变到政治斗争上来，媚娘不止一次鼓励李治培植自己的势力，摆脱贞观元老的控制，一下子道出了李治的心声，将媚娘视作知己，无话不谈。

王皇后仍不甘心，再次蠢蠢欲动。她将母亲魏国夫人柳氏请进宫来，商量对策。柳氏懂得什么，半截子入土的人了，只会出馊主意。她建议女儿使用"厌胜"之术，就是将媚娘的生辰八字刻在草人上，用针刺其心，据说能感应到媚娘身上，心智昏迷，发狂而死。

自古宫廷斗争，没有不栽在这上面的。汉武帝何等英雄，晚年也因巫蛊之祸，错杀太子，牵连无数。这对油脂蒙了心的母女不以史为鉴，竟搞起这样不知死活的阴谋，很快就被媚娘安插的线人发觉了。

媚娘向李治打了小报告，李治听后，十分震怒，将柳氏赶出宫去，再不许进宫门半步。此事之后，李治决心废掉王皇后，立媚娘为皇后。

废后有两层含义，一是将媚娘得宠的事实，以国家机构的方式巩固下来；二是要向左右朝局的贞观元老发起挑战，让他们知道贞观时代已经结束，李治时代已经来临，要是看不清形势，顽固死保既得利益，结果只有一个死！

其实，真正要来临的是武媚娘时代，因为李治所做出的种种决策，都明显地带有武媚娘的色彩。媚娘要想如愿以偿地当上皇后，就必须同贞观元老决裂，因为他们支持的是王皇后，而不是自己。

媚娘的策略是，鼓励李治同旧势力——贞观元老划清界限，建立听命于自己的政治集团，取而代之。这一过程，凸现了媚娘作为女政治家的特质，为其以后经营自己的帝国打下坚实的基础。

铲除元老 废后血谏

李治清楚废后势在必行，不废后，就不能跟贞观元老的势力决裂，就不能建立自己的权威，自己这个皇帝当起来也了无意趣，自己心爱的人儿媚娘也不能如愿当上皇后，最终归结为一句话，必须将废后进行到底！

自古皇权与相权斗争异常激烈，这次恐怕也不能例外。贞观元老长孙无忌、褚遂良等势必死保贞观遗产和既得利益，誓死也不肯退步；李治和武媚娘也必将全力以赴，建立新的权威，开启自己的时代。

为了让读者明了永徽年间的时局，先将朝中诸势力的情况略做说明。

首先，实力最强大也最雄厚的一派，即所谓的贞观元老派，包括长孙无忌、褚遂良、韩瑗、来济、于志宁等，这些人大多是贞观大帝钦点的顾命大臣。

该派系首领长孙无忌，位列三公，位高权重，还是李治的亲舅舅，称得上权倾朝野，无人能制。他与其他贞观元老，经过多年的经营，已形成利益交织、盘根错节、根深蒂固的政治集团，实难撼动，而且做事专制，引起上至皇帝，下至百官的不满。

最明显的事实是，长孙无忌通过高阳公主与其老公房遗爱谋反一案，罗织罪名，排除异己，将宗室吴王李恪、荆王李元景一网打尽，引起李治的极度不满和高度警觉。

媚娘也适时地提出，长孙无忌羽翼坚固，若不铲除，这傀儡皇帝的滋味很不好受，李治深以为然。

其次，受到长孙集团排挤的，虽也是贞观元老，但却多年处于边缘状态，无人问津，代表人物就是李勣。

李勣本姓徐，就是《隋唐演义》里面大名鼎鼎的徐懋功，出身草莽，后来追随李世民建功立业，最后位列凌烟阁二十四功臣之一。就是因为他的出身，与长孙无忌有天壤之别，因此遭到猜疑、排斥，受到不公平待遇。

媚娘明晰此种情况，提醒李治，李勣是个大有用处之人，李治会意，把李勣封为司空，位在三公之列，与长孙无忌平起平坐。此举意图明显，就是重新起用李勣，牵制专横跋扈的长孙无忌。

最后，就是媚娘私下营建的一派势力，该派系效命于李治和媚娘，属于激进派、新生力量，主张树立新皇帝(区别于贞观大帝)的权威和拥立媚娘为皇后。其得力干将有两名，许敬宗和李义府。

许敬宗这个人地方色彩比较浓厚，官拜郑州刺史，因不满长孙集团擅权当政，上表请求辞职。李治拿不定主意，就询问媚娘。媚娘此时正竭力营建自己的势力，正好把许敬宗拉入自己的阵营，就让李治把许敬宗召回长安，左右侍奉。

许敬宗回长安后，媚娘秘密召见了他，说明皇上起用许敬宗乃是她的主意。许敬宗感恩戴德，知道媚娘想要夺取皇后之位并立她的长子李弘为太子的意图后，表示支持，建议媚娘不要急躁，目前紧要的还是网罗人才、获取人心，然后方可伺机而动。

李义府，绰号"李猫"，历史上小有名气，为人表面上逢人就笑，背地里狭隘猜忌，什么事情都做得出来。这个人最大的优点就是笔杆子厉害，天生作御用文人的材料。因受到长孙集团的排挤，久久不得志，经许敬宗外甥王德俭的引荐，成了媚娘私人势力的一员。

永徽年间的时局差不多就是这个情况，或早或晚，或前或后，取其大概。如果再谈谈趋势，就是长孙集团飞扬跋扈，虽出了不少名臣，但失道寡助，站到了历史趋势的对立面，而另外两个派系实力弱小，不堪与长孙集团比肩，然而顺应了历史潮流，只待轰轰烈烈的一战，结局立判。

彻底摊牌之前，李治和媚娘做了两个部署，一个是让许敬宗充任礼部尚书，此举先声夺人，使许敬宗在废后改立一事上享有充分的发言权；二是将李义府提升为中书侍郎，正式进入中枢。在此之前，李义府上表，建议废掉王皇后，改立武昭仪，以顺应民意。

永徽六年（655年）九月初一，李治在媚娘的授意下，决定向长孙集团宣战。

这日上罢早朝，李治叫太尉长孙无忌、司空李勣、左仆射于志宁、右仆射褚遂良四人留下，另有要事相商。

长孙无忌等为官多年，政治经验丰富，猜中必是因为废后改立的事情，皇帝要有动作了。褚遂良说，如果所议的是废立之事，我自然要当这急先锋，一旦发生争执，切不可使皇上背负恼怒娘舅、责骂功臣的恶名。

长孙无忌与褚遂良商量妥了，才与于志宁一起进内殿，里边李治和司空李勣已等候多时。

人到齐了，没有多少寒暄，李治直截了当地说，天下最大的罪过，莫过于绝嗣，今皇后无嗣，武昭仪有子，我想改立武昭仪为皇后，公等有什么意见吗？

长孙无忌与褚遂良对视一下，果然是废立之事，褚遂良略点了点头，正颜厉色地说，皇上，皇后出身名门，贞观年间就嫁入东宫，无愧妇德，曾记得先帝病重的时候，拉着你跟皇后的手对老臣说，我的好儿子、好媳妇今天就托付给你了，皇上也曾在场，言犹在耳，难道皇上忘怀了吗？况且当今的皇后并无过错，恐怕废不得，绝不能违背先帝的意愿！

褚遂良出手果然老辣，初次交锋就抬出先帝做挡箭牌，一要提高自己反驳皇上的底气，你看我，堂堂正正，按先帝的意思办事，问心无愧；二要打击李治的傲气，别看你是皇帝，离不开我们这些顾命老臣，我们是先帝指定辅佐你的，你不能违背先帝之道。

长孙无忌没有表态，但沉默即是最好的表态，意思就是褚遂良的意思也是我的意思,我也是反对废掉王皇后的。

李治无话可说,初次交锋就败下阵来,当即觉得人世间寡然无趣,受挫感十分强烈,没再坚持就让这些元老都退下了。回到大内,媚娘一看老公的脸跟霜打的茄子一样,就知道废立的事不顺利,好生劝慰,极尽温存,又说要再接再厉,不可轻言失败。

九月初二,李治又通知四人朝会,事先在内殿宝座的后面挂了一副帘幕,媚娘躲在帘幕后面偷听他们谈些什么,态度如何。结果只有长孙无忌、褚遂良、于志宁到了,司空李勣告病缺席。

聪明的读者明白,这就是躲了,他们三个串通好了,反对皇上,李勣不是他们一路的,也看不惯他们的跋扈行为,朝会也不会有结果,不如躲了。没想到这一躲,竟错过了一场好戏。

朝会上,李治先开的口,还是昨天的老问题,问这些元老对废后的态度。于志宁首鼠两端,一会儿看看皇上,一会儿看看长孙无忌,一言不发。长孙无忌呢,早就商量好了,不到关键时候绝不能轻易表态。只剩下褚遂良出马了,老头也豁出去了。

他反驳说,皇上要另立皇后不是不可以,但要从天下的名门望族中挑选,武昭仪曾侍奉先帝,尽人皆知,皇上岂能掩人耳目?要立武昭仪为皇后,岂不遭后世讥笑?皇上若执意如此,上有愧先帝,下自招恶名,国家败乱就不远了,今天老臣冒死直谏,罪当万死,倘能不辜负先帝重托,烹了我也心甘情愿!

褚遂良知道媚娘不是善茬,要是立为皇后,恐怕他们这些贞观元老都没好日子过,因此言辞火暴,慷慨激昂。正碰到李治和媚娘最忌讳的那根神经。

李治听褚遂良揭了老底,非常尴尬,脸上火烧一样。

褚遂良看皇上不为所动,步步紧逼,把笏板扔到阶前,不无失望地说,还陛下此笏,乞放归田里!意思就是,既然你不听我的,这官我也不当了,放归田里吧。不但言语充满威胁意味,还解下头巾,磕头不止,不一会儿,头就磕破了,鲜血直淌。

这下子李治也生气了,褚遂良威胁起皇上来了,来人啊,拉出去!

帘幕后的媚娘早就怒气难遏,一看此种情景,再也忍受不住,刷的一声把帘子拨开,指着正往外拖的褚遂良,厉声说,何不扑杀此人! 气愤至极。

事情到了这种地步,长孙无忌再也坐不住了,向着李治说,褚遂良是先帝顾命的大臣,有罪不可加刑! 朝会又不欢而散。

事后,未能参加朝会的侍中韩瑗两次上书,反对改立媚娘为皇后,也是苦口婆心,眼泪鼻涕都派上了用场,可惜,没有什么效果,这次李治吃了秤砣铁了心,非要立媚娘为皇后不可。

媚娘为后　志在必得

贞观元老如此强力抵制,真让李治和媚娘大伤脑筋,尤其李治胆气不壮,手段不高,有时候真想放弃,怎奈媚娘志在必得,他也只好硬着头皮上了。

实在无计可施了,媚娘决定向不肯出头的司空李勣问计,她知道李勣长期遭受长孙无忌等人的排挤,心中怨气不小,只要皇上出马,当面相求,李勣一定不会袖手旁观。

于是,李治密诏李勣入朝。面对这位开国元勋,李治没有隐瞒什么,而是袒露心迹,实话实说,废后改立之事,褚遂良坚决反对,他是顾命大臣,如此顽固抵制,难道我就非得妥协不可吗?

李勣心里明镜似的,长孙集团专横跋扈,妨害了新皇帝的权威,大概不会善终,武昭仪将皇上套得牢牢的,不达目的绝不会罢休,想起来,长孙无忌、褚遂良等也着实可恨,真应了那句话,不是不报,时候未到,因此轻描淡写地说了句,废立之事乃是皇上家事,何必看外人脸色行事?

李治闻听此言,如醍醐灌顶,心结一下子就解开了。是啊,这是我的家事,我想怎么解决就怎么解决,征询那些老臣的意见不是多余的嘛;媚娘知道后,心里也有了谱,胜败在此一举了,这回要让长孙集团一败涂地。

许敬宗这时也开始发力,他不止一次到长孙府上劝说长孙无忌同意皇上改立一事。长孙无忌哪里听得进去,瞧不起许敬宗,将他骂了个狗血喷头。许敬宗也不好惹,就在朝堂上说,田舍翁有钱了还要换掉老旧妇,娶新媳妇呢,何况当今天子,富有四海,改立一个皇后,有什么不可以?

不可小瞧舆论攻势,作用至关重要。这个节骨眼上,许敬宗的这番话,作用很大。一是一句话点醒那些看不清趋势的朝臣,让他们在废立一事上,选择好立场,免得将来后悔药都没处买去;二是李治发现改立皇后这件事,并不是孤立无援的,长孙集团也绝非铁板一块,自信心大大增加了。

许敬宗的话很快就见效了。渐渐地李治身边聚拢了一批人,这些人出身寒微,大都受过长孙集团的打压,成了支持拥立媚娘为皇后的铁杆力量。

这下有底了,李治再也不用前怕狼后怕虎的,寻了个机会,将褚遂良远远地贬到潭州做都督去了,不久,又贬到化外之地的越南,最终老死异乡。你不是反对吗,我把你流放赶走,看你怎么阻止。

褚遂良的遭贬,给长孙集团敲响了警钟,也宣告了这样一个事实:李治和媚娘胜出了;长孙集团元气大伤,一时难以恢复。

永徽六年(655年)十月十二,李治下诏,废除王氏的皇后之位,流配岭南。十九日,再次下诏,册封武媚娘为皇后,大赦天下。这一天,距媚娘出感业寺仅仅四年有余。

十一月初一,举行迎娶和册封大典。李治委派李勣和于志宁为正副使,持节到武府中迎娶媚娘,并举行册封仪式。媚娘笑容灿烂,仪态大方,凤冠霞帔,接受了皇后的印玺和敕封的册书,礼毕,随着皇家的迎亲队伍,浩浩荡荡地奔皇宫而来。

热闹过后,媚娘端坐于皇后的宫中,脸上流露出胜利者的喜悦。人生最快意的事情莫过于得偿所愿,此时此刻的媚娘最有体会。

她脸上的笑容,灿若桃花,而皇后座下的累累白骨,却让人触目惊心。然而这不是个结尾,只是个开头。鲜血还要继续流淌,阴谋还将继续,血腥的历史告诉后人,女人时代开启了,一个女人的野心开始膨胀、发芽、结果,这一幕将是天崩地裂、惊心动魄的。

爱情是一杯毒酒,让人心有余悸,却不顾生死。有人质疑,媚娘是不懂得爱的,在她眼里只有权力、阴谋,是个不折不扣的野心家、阴谋家。不敢苟同,最起码对历史人物是一种不负责任的评价。

媚娘是懂得爱的。长期生活在阴暗的宫廷世界,性格难免会渐染诡诈、善搞阴谋,那也是环境使然,如果以此作为她不懂得爱的依据,则大大错了。她一直到成为皇后之前,对李治的爱是深沉而又热烈的。他们两个性格不同,李治生性懦弱,遇事不果断,而媚娘呢,富有心计,做事果敢,手段强,手腕硬,处处都可作李治的弥补,李治一开始对媚娘的性格是欣赏,后来是钦佩,再后来就是依赖了,这是一个渐次递进的过程,感情也随之升华。

媚娘比李治大几岁,性格早熟,很小就入宫,但没得到过宠爱,心底里对爱的需求非常强烈。当李治出现时,她枯死的心灵终于再次冒出汩汩清泉,那种感觉一定会令她铭记终生,什么时候都忘不了,心里怦怦直跳,见面了左右不得劲,不见面了又想得紧,有一天终于抵抗不住诱惑了,激情像火山一样喷涌,造就了一段不伦之恋。

感业寺内,多少个日夜,李治和媚娘相拥度过,其中多少缠绵悱恻,山盟海誓,伴着山寺钟磬之鸣,久久不歇。是什么促使李治不顾天下非议,打着这样那样的旗号,一次又一次地到感业寺私会媚娘?答案只能是爱情,爱情的力量。备受绝望折磨的媚娘,总能在最无助的时候,迎来希望的曙光。

出了感业寺,进了皇宫,媚娘感到李治受制于贞观元老,没有作为皇帝的威严,为此,她计谋频出,步步捍卫李治的尊严。

不要以为废后一事,乃是媚娘在弄权使诈,非也,废后是他们两个同心协力的杰作,你为了我,我也为了你,把命运拴到一股绳上,生死与共,荣辱与共。

倘若爱情解释不了这一切,不知道还有什么更合适的说法。人不是一成不变的,每个阶段都有每个阶段的特性,不能一概而论。女皇帝武则天与那个武二囡、武媚娘、武昭仪是不同的,她们是同一个人,却是不同的爱情载体。

媚娘成为皇后以后,情况发生了微妙的变化。舔尝到权力美味的武皇后,野心如脱缰的野马日益狂热,渐渐地向更高的目标迈进。李治则由于身体原因,不能视朝,诸事都委托皇后处理,为什么呢,说到底还是信任,彻头彻尾的信任。

从李治患病,到他死,再到媚娘称帝,他们之间的爱情又经历了由生到死、由多到少、由有到无、由存到灭的过渡,情况也变得复杂异常,不能单从爱情一面考量了。

爱情是杯毒酒,没喝过的想喝,喝过的还想再喝,这就是毒酒的魅力。饮过毒酒,才懂得无论出了什么事,都要一起面对,就是火堆,也要义无反顾地去闯,同生共死。谁叫同饮了那杯毒酒呢?中毒太深,无法自拔。

红尘妃子

——唐玄宗李隆基妃杨贵妃

名人档案

杨贵妃:原名杨芙蓉,小字玉环,道号太真,出生地为容州(今广西容县)。唐玄宗李隆基的宠妃,宫廷音乐家、舞蹈家,中国古代四大美女之一,追封齐国公杨玄琰之女,宰相杨国忠堂妹。

生卒时间:719年~756年。

安葬之地:陕西省兴平市马嵬镇西。

性格特点:具备有一定的文化修养,性格婉顺,精通音律,擅歌舞。

史家评点:杨玉环与西施、王昭君、貂蝉并称为中国古代四大美女。用成语"沉鱼落雁,闭月羞花"形容4人。是我国古代四大美女中地位最高、权力最大的一位美女,也是我国在世界范围内影响最大的一位后妃。

长恨歌(节选)
白居易

汉皇重色思倾国,御宇多年求不得。

杨家有女初长成,养在深闺人未识。

天生丽质难自弃,一朝选在君王侧。

回眸一笑百媚生,六宫粉黛无颜色。

春寒赐浴华清池,温泉水滑洗凝脂。

侍儿扶起娇无力,始是新承恩泽时。

云鬓花颜金步摇,芙蓉帐暖度春宵。

春宵苦短日高起，从此君王不早朝。

杨玉环以"回眸一笑百媚生，六宫粉黛无颜色"的美貌开启了千百年来人们关于美丽女人的遐想，又以"后宫佳丽三千人，三千宠爱在一身"的风流韵事把帝王宫廷的爱情故事演绎到了极致。

奉诏朝天　凤阙承恩

君不见五侯七贵联云骑，丞相门楣仗女弟。

又不见蛾眉淡扫风流姨，金门走马朝天帝。

谁知乐极却生悲，半夜渔阳鼙鼓催。

六军不发马嵬驿，始悔卵翼大腹儿。

霓裳歇，羽衣裂，天子不能庇家室。

仓皇割爱谋生拙，绝代红颜化黄土。

行人莫叹马嵬驿，前车试读楼东赋。

上边这首诗，是咏杨贵妃的。贵妃小名玉环，其父杨元琰，弘农华阴人，徙居蜀之独头村。开元初年，为蜀州司户。贵妃之母李氏，随往任所，始生贵妃。

将生之夕，元琰夫妇，梦见彩虹自天而下，盘绕床柱，闪烁放光，未几，化为流星，堕于地上，有声如雷。夫妇受惊而醒，遂产贵妃。

李氏不悦，欲弃之，元琰不从道："此女生时，有虹霓之兆，将来必能光大门楣，为妃为后，不可测也。"李氏不得已而育之。

贵妃长大之后，诸姊妹时以此事相戏，呼之为贵人。贵妃亦以贵人自命，恒有不愿为常人妇之意。

杨氏姊妹莫不依艳绝伦，贵妃尤为美丽，丰容盛鬋，光彩照人。膝里之间，时有香气喷出，闻之者，疑为兰麝气息，而不知天生尤物，自有不同之处。

元琰在司户任上，未及数年，一病而亡，李氏遂携贵妃兄妹至京，依其叔元珪而居。元珪亦知贵妃生有异兆，遂起非分之心，命贵妃兄妹从师读书。

贵妃性极颖悟，经史子集，过目成诵，尤嗜词曲，对于音律，殚精竭虑，尽力研究，是经擅长歌舞。

开元二十二年，玄宗为寿王选妃，元珪闻知此信，夤缘李林甫，为之揄扬，得册为寿王妃。其时年才十六，明珰翠羽，艳丽如仙。娇鸟名花，移根上苑，可算天幸。

谁知贵妃意尤不足，以寿王无储贰之望，自己有如此才貌，不得母仪天下，心怀抑郁。且因寿王虽有陈平之美，内力不充，床第之间，难遂其愿，更觉不乐。

孰料天随人意，玄宗所爱之武惠妃，忽然薨逝，内宠虽多，俱不当意。梅妃江采苹，生得固然明艳，但性情孤高雅淡，不随时俗，玄宗虽爱其美，却嫌其腐，偶至宫中，不过饮酒赋诗，弹棋击钵，借此消遣。所以锦衾角枕，恒生形影之悲，意欲搜求美女,又恐物议顿生,中情抑郁,举动失常,每逢盛怒,笞挞中官,竟有伤重不起者。

内监高力士,素得玄宗之宠,揣知其意,乘机进言道:"陛下欲得倾城美貌,莫如寿王之妃杨玉环,姿容盖代,世所罕有。"

玄宗道:"比梅妃如何?"高力士道:"臣未曾亲见。但闻寿王作词赞她,内中有一联道:'三寸横波回绿水,一双纤手语香弦'。那年册妃之时,看见杨妃的人,也都赞道:'只有天在上,更无山与齐。'由此推想,可知美貌无比了。陛下只要召她前来,便见分晓。"

玄宗甚喜。即命高力士,快去宣杨妃来。

力士领旨,即到寿王宫中,宣召杨妃。杨妃问道:"圣上宣我何干?"力士道:"奴婢不知,娘娘见驾,自有分晓。"

杨妃心中喜惧交进,来见寿王道:"妾事殿下,本期同偕到老。谁知圣上,忽遣高力士,宣妾入朝,料想此去必与殿下永绝矣。"

寿王执手大哭道:"良缘鬼妒,好事多磨。方欲与卿白头相守,岂知祸起萧墙,一池乱棒,打散鸳鸯,怎不令人痛心呢?"说罢,号啕大哭,昏晕过去。

杨妃大惊,慌与宫女,尽力施救,此时室中哭声,达于户外。力士等候已久,入内相帮,救醒寿王,婉言相劝道:"圣上因一时兴起,召王妃前往一见,或者即放回宫,亦未可知。为时已久,未便耽延,奴婢来时,圣上在宫立候,倘再迟延,恐怕圣上动怒,那时为祸为福,更难测料了。"

寿王长叹一声,对杨妃言道:"事已如此,势不可违,倘若此去,不中上意,或者相逢有日,望卿百凡珍重,以慰孤意。"

说着,流泪不已。杨妃尚欲迁延,力士从旁再三催促,只得含着眼泪,辞别寿王,上辇而去。

力士将杨妃扶上辇来,风驰电掣赶往宫中。途中内侍,络绎不绝,衔命相催,金连宝炬,连属于道。杨妃坐在辇中,哭泣不止。内侍用碧玉盂,盛其香唾,唾入盂中,转瞬之间,便成血色,光彩独红,浑如琥珀。众人莫不称异。

须臾,已至宫内,力士率领见驾。杨妃含羞忍耻,参拜已毕,俯伏在地。

玄宗命其平身,赐座于帝。此时宫中,高烧银烛,阶前月影横空,玄宗就月光下,将杨妃定睛细看。但见她:

黛绿双蛾,鸦黄半额。蝶恋裙不短不长,凤绡衣且宽且窄。腰肢似柳,金步摇曳翠鸣珠;鬓发如云,玉搔头掠青拖碧。依依不语,仿佛似越国西施;脉脉含情,绝胜那赵家合德。艳冶销魂,容光夺魄。真是回头一笑百媚生,六宫粉黛无颜色。

玄宗于月光中,见此绝世佳人,不觉筋酥骨软,恨不能立刻抱入怀中,温存一番,方称心愿。但是翁媳之间,名分有关,沉吟不决。

力士近前,密奏道:"陛下狐疑不决,莫非为着名分一层吗?"玄宗微微点头。力士道:"昔太宗纳巢剌王妃,高宗纳武才人,陛下今日纳杨玉环,正是家法相传,有何妨碍?"

玄宗犹不能决,力士重又奏道:"陛下何不使杨妃自行具表,呈请为女道士,一面别为寿王择配,俟册封王妃,再纳杨妃入宫,如此可塞外人之口,万全之计,无过于此。"

玄宗大喜称善,即命力士,传谕杨妃,依计而行。

杨妃不敢违旨,立刻具表,自请为女道士,赐号太真,住太真宫内,一面别为寿王,册立韦昭讯之女为妃。

玄宗为寿王册妃之后,私幸太真宫,杨妃迎驾入内,朝拜如仪。玄宗见其神光离合,仪态万方,实足压倒六宫佳丽。即命置酒欢筵,互相酬酢,亲爱逾恒。

杨妃于数盏之后,微含醉意,离座奏道:"臣妾幼习宫商,颇善音律。今蒙陛下垂爱,愿奏玉笛,以侑一觞。未知圣意如何?"

玄宗大悦,命取于阗国所贡之玉笛,赐予杨妃。须臾取至,玉色温润有光,以手抚之,微觉暖气袭衣。始知此笛为暖玉所制,冬日吹之,一室尽温,真无价之宝也。

杨妃按拍依声,吹了一曲。笛声嘹亮,响遏行云。玄宗大喜,馨无算爵,已觉沉醉,传旨宿于此间,命杨妃侍寝。

玄宗心爱杨妃,已非一日,今日遂愿,其乐自不待言。及至同床共枕,觉得贵妃体质肥壮,滑泽如美玉,温软如吴绵,妙不可言。

杨妃初意以为玄宗年老,不料美如冠玉,床第之间,大非寿王可比,心愿醋足。遂与枕边涕泣言道:"臣妾无状,以残花败柳,得邀恩眷,死且不朽。然愿得一物以为信,他日色衰宠替,可恃此挽留已去之余恩,唯陛下垂怜为幸。"

玄宗闻言,不胜爱惜,急以钿盒一事,金钗一对,擘分其半,以赐杨妃。并用罗巾,亲为拭泪,细语安慰道:"朕得爱卿,看那六宫粉黛,如同粪土,唯恨相遇已晚,虽朝夕追欢,犹恐不足。岂有秋扇见捐之事!今以二物为信,赠予爱卿,倘异日朕有负情之处,天神共鉴,社稷不永。"

杨妃闻言,忙于衾中叩谢道:"得陛下如此钟情,臣妾千秋万岁,感德无穷矣。"

玄宗大喜道:"朕明日早朝,当册爱卿为贵妃,迎入宫中,共享欢娱。卿勿忧也。"

到得次日,玄宗果然迎杨妃入宫,命百官于凤凰园,册杨妃为贵妃,赠其父元琰兵部尚书,母李氏凉国夫人,叔元珪为光禄卿,兄铦侍御,从兄钊为侍郎。

那杨钊本是张昌宗之子,寄养于杨氏的。玄宗以钊字有金刀之象,改赐其名为国忠。封贵妃三姊,一为韩国夫人,二为虢国夫人,三为秦国夫人,称为皇姨,皆赐宅第。

一时之间,杨氏之贵显,倾动天下,煊赫无比。世人有五侯七贵之谣,庶民莫不摇首吐舌,称为奇遇。尽愿生女以光门楣。

两美相逢　西阁争风

玄宗自幸杨妃之后,宫中旧人,视如粪土,绝不临幸。向日嫔妃之中,梅妃最得玄宗宠爱,车驾虽不日日前往,却未间过三日。如今半月以来,未往西宫与梅妃晤面。梅妃虽无妒恨之心,然而争娇夺宠,乃女子之常情。梅妃久不见玄宗驾临,便问亲随的宫女嫣红道:"你可晓得皇上这两日,为何不到我宫中?"

嫣红道:"奴婢哪里得知,除非叫高力士来,便知分晓。"梅妃道:"你去寻来,待我问他。"嫣红领旨出宫寻问。

走到苑中,见力士坐在廊下打瞌睡。嫣红道:"待我要他一要。"见一棵干叶的桃花,红红娇艳,便折了一小枝来,将花插在他头上,取一嫩枝,塞向力上鼻孔中去。

力士陡然惊醒,见是嫣红,问道:"嫣红妹子,你来做甚?"

嫣红笑道:"我家娘娘,特来召你。"力士便同嫣红走到梅妃宫中,叩头见过。

梅妃问力士道:"圣上这几日,为何不进我宫中?"力士道:"阿吓,圣上在南宫中新纳了寿王的杨妃,宠幸无比。娘娘难道还不知吗?"梅妃道:"我哪里晓得,且问你,圣上待她意思如何?"

力士道:"圣上自从杨妃入宫之后,龙颜大悦。金钿珠翠,皆由圣上亲赐,举族加官,宫中号曰娘子,仪礼侔于皇后。"

梅妃听了这句话,不觉两泪交流道:"我初入宫之时,便疑有此事,不想果然。你且出去,我自有道理。"

高力士出宫去了,嫣红将适才苑内所见,如何行径,如何快活,说与梅妃知道。

梅妃听了不胜怨恨,嫣红道:"娘娘不要烦愁,依奴婢愚见,娘娘莫若装束了,步到南宫去,看皇爷怎么样说。"

梅妃见说,便向妆台,整理云鬓,对了菱花宝镜叹道:"天呵,我江采苹如此才貌,何至憔悴至此,岂不令人肠断。"说罢,两泪交流,强打出精神来梳妆。

嫣红与宫女再三劝慰,替他重施朱粉,再整花钿,打扮得齐齐整整,随了七八个宫奴,向南宫缓步而来。

却见玄宗独立花荫。梅妃上前朝见。玄宗道:"今日有甚好风,吹得你来?"梅妃微微地笑道:"时布阳和,忽南风甚竞,故闲步至此,以解寂寥耳。"玄宗道:"名花在侧,正要着人来宣妃子,共成一醉。"

梅妃道:"闻得陛下宠纳杨妃,贱妾一来贺喜,二来见新人。"玄宗道:"此是朕一时之兴,偶惹闲花野草,何足挂齿?"梅妃定要请见。

玄宗不得已道:"爱卿既不弃嫌着她,来参见你就是。但她来时,卿不可着恼。"梅妃道:"妾谨依遵命,须要她拜见我便了。"玄宗道:"这也不难。"即召杨妃出来。

杨妃望着梅妃叩头,道了万福。玄宗即命排宴。

酒过三巡,玄宗道:"梅妃有谢女之才,不惜佳句,赞她一首何如?"梅妃道:"唯恐不能表扬万一,望乞恕罪。"杨妃道:"妾系薄姿柳质,岂足当娘娘翰墨揄扬。"玄宗道:"二妃不必过谦。"叫左右快取一幅锦笺,放在梅妃面前。梅妃只得提起笔来,写上七绝一首道:

撇却巫山下楚云,南宫一夜玉楼春。

冰肌月貌谁能似?锦绣江天半为君。

梅妃写完,呈与玄宗。玄宗看了,连声赞美,付与杨妃。杨妃接来,看了一遍,心中暗想:此词虽佳,内多讥讽。她说撇却巫山下楚云,笑我从寿邸而来;锦绣江天半为君,笑我肥胖的意思。待我也回她几句,看她怎么说。

便对梅妃道:"娘娘美艳之姿,绝世无双,待我回赞一首何如?"梅妃道:"俚词描写歹甚,若得美人不吝名言,妾所愿也。"杨妃亦取笺写道:

美艳何曾减却春,梅花雪里亦清真。

总教偕得春风早,不与凡花斗色新。

玄宗见杨妃写完,赞道:"也来的敏快得情。"拿与梅妃道:"妃子你看如何?"

玄宗将诗递于梅妃。梅妃取来一看,暗想道:"他说道梅花雪里亦清真,笑我瘦弱的意思;不与凡花斗色新,笑我已过时了。两下颜色有些不和起来。"

高力士道:"娘娘们诗词唱和,奴婢有几句粗言俗语解分。"玄宗道:"你试说来。"高力士道:"皇爷今日同二位玉美人,步步娇,走到高阳台。二位娘娘双劝酒,饮到月上海棠;奴婢打一套三样鼓,唱一套贺新郎。大家沉醉东风,皇爷卸下皂罗袍,娘娘解下红衲袄。忽闻一阵锦衣香,同睡在销金帐,那时节花心动将起来,只要快活三,那里管念奴娇,惜奴娇。皇爷慢慢地做个蝶恋花,鱼游春水,岂不是万年欢,天下乐。"

只见二妃听到他说到花心动,快活三,不觉嘻嘻微笑起来。

玄宗道:"力士之言有理,朕今日二美既具,正当取乐。二妃休得争论。"遂挽手携着二妃回官。

梅妃生性柔缓,后竟为杨妃所潜,迁于上阳宫中。

一日,玄宗闲步梅园,忽想起梅妃来,差高力士去探望。力士领旨到上阳宫,只见梅妃正在那里伤感。力士连忙叩头。

梅妃道:"高常侍,我自别圣驾以来,久无音问,今日甚事,有劳你来?"

力士道:"圣上今日偶步梅园,十分思念娘娘,特着奴婢来探望。"

梅妃闻言,便欣欣喜喜,问力士道:"圣上着你来探望,终非弃我,你可为我叩谢皇恩,说我无日不望睹天颜,还祈皇恩始终无替。"力士领命。随即回到梅园,将梅妃所言奏上。

玄宗闻言不觉嗟叹道:"我岂遂忘汝耶?高力士,你可选梨园最快骏马,密召梅妃到翠华西阁相叙,不可迟误。"力士应声而去。

玄宗连声叫道："转来,你须悄地里去,不可使杨妃知道。"力士道:"奴婢晓得。"

便到梨园,选了一匹上等骏马,竟到东楼,见了梅妃。梅妃道:"高常侍,你为何又来?"力士道:"奴婢将娘娘之言,述与皇爷听了,皇爷浩叹道:'我岂忘汝!'就令奴婢,选了上等骏马,密召娘娘到翠华西阁叙话。"

梅妃道:"既是君王宠召,缘何暗地里来?"力士道:"只恐杨娘娘得知,不是当耍。"梅妃道:"陛下为何怕着这个肥婢。"力士道:"娘娘快上马,皇爷等久了。"

梅妃便上马而来。

到了厅前,玄宗抱下马来道:"爱卿,我哪一日不想你来?"梅妃道:"贱妾负罪,将谓永捐,不料又得复觐天颜。"

玄宗就命宫女摆酒。食至数巡,梅妃斟上一杯,敬与玄宗道:"陛下果终不弃贱妾,幸满饮此酒。"玄宗吃了,也斟一杯,回赐梅妃。

饮至半醉,玄宗双手捧着她面庞,细看道:"妃子花容,略觉消瘦了些。"梅妃道:"如此情怀,怎免消瘦?"玄宗道:"瘦便瘦,"却越觉清雅了。梅妃笑道:"只怕还是肥的好哩。"玄宗也笑道:"各有好处。"又饮了几杯,便同梅妃进房,忽忽一睡,不觉失晓。

杨妃在宫中,不见玄宗驾来,便问宫女念奴。念奴道:"奴婢闻万岁着高力士,召梅娘娘,至翠华西阁。"杨妃听了,忙自步到阁前。

惊得那些常侍飞报道:"杨娘娘已到阁前,将如之何?"玄宗披衣抱梅妃藏夹帐间。

杨妃走到里面,见礼毕,问道:"陛下为何起得迟?"玄宗道:"还是妃子来得早。"

杨妃道:"贱妾闻梅精在此,特此相望。"玄宗道:"她在东楼。"

杨妃道:"今日宣来,同至温泉一乐。"

玄宗只是看着左右,也不去回答她。

杨贵妃怒道:"衾裯狼藉,御榻下有妇人珠舄,枕旁有金钗翠钿,夜来何人侍陛下寝?酣睡至日出,还不视朝,是何体统,陛下可见群臣,妾在此阁,以俟驾回。"

玄宗愧甚,拽衾向屏复睡道:"今日有疾,不能视朝。"杨妃怒甚,将金钗翠钿掷于地,竟回私第。

不想小黄门见杨妃势急,恐生余事,步送梅妃回宫。玄宗见杨妃已去,欲与梅妃再图欣庆,却被黄门送去。大怒斩之,亲自拎起金钗翠钿包好,又将夷使所贡珍珠一斛,着永新领去,送往东楼。

梅妃问道:"圣上着人送我归来,何弃我之深乎?"永新道:"万岁非弃娘娘,恐怕杨娘娘性恶,所送黄门已斩讫矣。"梅妃道:"既然怜我,又怕这肥婢,岂非弃我也?原物俱已拜领,所赐珍珠不敢受。有诗一首,烦你进到御前道:妾非忤旨不受珍珠,恐怕杨妃闻知,又累圣上受气耳。"

永新领命而出,半珍珠并诗献上。玄宗拆开一看,念道:

柳叶蛾眉久不描,残妆和泪湿红绡。

长门自是无梳洗,何必珍珠慰寂寥。

玄宗览诗,怅然不乐,又喜其诗之妙,令乐府以新声度之,号一斛珠。杨妃既怀前恨,又知此事,逐日思量害她。

玉鱼治疾　癖嗜荔枝

玄宗自翠华西阁,受了贵妃一场羞辱,并且语言讥讽,指桑骂槐,刺刺不休。玄宗知她妒性甚重,不敢和她计较,唯有低首认过,笑脸承顺,求其回意罢了。谁知贵妃盛怒之下,触动内火,竟至齿痛起来。

原来杨贵妃自幼至长,身体壮实,从无丝毫癣疥之疾,但是体既肥胖,最畏炎热,一交夏令,即香汁浸淫,罗衣污渍,加以玄宗自知年老,床第之间,恐怕不惬贵妃之意,不免命力士多进媚药,有时贵妃亦复服之,媚药性多热毒,贵妃受毒既深,又为梅妃之事,无端发怒,于是时患齿痛。每当疾作,支颐默坐,蹙额颦眉,令人见之,不胜怜惜。

玄宗屡敕太医,进药调治,卒无效验。遂问群臣医齿之法,苟能使贵妃止痛,不吝重赏。

时有御史吉温奏道:"臣同里有富室朱氏,家藏玉鱼一事,系于阗国所产,其物清凉切骨,夏日盛暑之际,含玉鱼于口中,即觉遍体清凉,止渴祛烦。且有一种奇妙之处。如患齿痛者,以此鱼熨贴患处,即可止其疼痛。臣在家时,曾于亲戚家,目睹此物,故知其功用甚详。今杨娘娘既患齿痛,何不遣使,就朱氏求取玉鱼,可以无须别寻妙药。"

玄宗闻奏大喜,即遣中使,乘御厩八百里骏马,至朱氏索取玉鱼。未及三日,即回京复命。玄宗适坐早朝,中使当庭陈献玉鱼。玄宗视之,表里莹澈,鳞甲如生,确系珍贵之物。心中大悦,急欲一试其功效,即传旨散朝,径往贵妃宫中。

时贵妃齿痛方剧,玄宗戒内侍勿得通报,致劳贵妃接驾,愈增痛苦。停辇内宫门口,悄然而入。

时值暑月,天气酷热,回廊之下有宫女三四人,坐于石栏杆旁,玄宗毫不声张,移步入内。

见贵妃衣红绡衣,穿绿纱裤,坐在沉香椅上,侧身靠着花梨桌,以手支颐,露出玉臂半截,洁白如霜雪,双眉锁合,蹙损春山,另有一种妖媚神情,令人难书难描。

玄宗入室,贵妃方才知觉,意欲起身迎接,玄宗紧行一步,以手按其香肩,含笑道:"朕与妃子,恩则夫妻,情犹兄妹,何必拘于俗礼?朕因妃子齿痛大发,百药难疗,心中焦灼,莫可名状。前日闻吉御史言,知有玉鱼可治。今已求得,妃子试含于口内,是否有效。"

贵妃谢恩既毕,急取玉鱼在手,略一审视,便纳于口内,含于患处。

俄顷之间,觉清凉之气,直达肺腑,肌肤之上,香汗霎时收尽,陡觉凉快无比,津液汩汩,自丹田透出,十分齿痛,已去其七,芳心大悦。

玄宗见玉鱼有效,不禁狂喜,急揽贵妃于怀,笑慰之道:"恨不能早闻吉御史之言,致使妃子多受几日痛苦,心实不安。"

贵妃笑道:"玉鱼真是宝物,初含之时,尚有些微疼痛,今竟丝毫不觉,使臣妾如释重负,皆出自陛下之赐。那吉御史的功劳,亦不可没。"

玄宗称善。即传旨赐吉温黄金二十斤,以酬其功,并赐朱氏粟三千石,帛三千匹,荫其一子为千户,以为玉鱼代价。

此事一传朝野,上下莫不引为美谈。后人所作杨妃齿痛图,即是状当日之情形也。

玄宗见贵妃齿痛已愈,不胜欢喜。从此以后,更是千依百顺,不敢违拗。因贵妃随其父元琰宦蜀中时,酷嗜生荔枝。入宫以后,玄宗尝诏蜀中守臣,以时进奉。

其年四月中,曾一度进献。玄宗得之大喜。试啖一颗,觉其味不甚甘美,且有酸味,私念贵妃何取于荔枝,时常津津乐道,视为奇珍异品,岂贵妃之嗜好,与人有异趣么。

退朝之后,使内侍捧着金盘,盘中满贮荔枝,径往贵妃宫中而来。贵妃闻报,急趋出迎接。二人携手而入,至内宫坐定。

玄宗含笑向贵妃道:"今日觅得异宝,当令妃子一尝异味。"因顾谓随来内侍,将金盘献上。玄宗亲自揭开盘盖。

只见盘中满盛连枝带叶之荔枝,约百余颗。贵妃见之大喜,即取一颗剥食之,不觉攒眉半晌。

玄宗见状问道:"妃子嗜食荔枝,至形诸梦寐,征之诗歌。今既得而食之,面有不豫之色,何也?"

贵妃启奏道:"蜀中荔枝种类甚多,最上者为陈家紫、练家紫,次者为江家绿,其下名目繁多,一时不能备述。臣妾随臣父宦蜀时,臣父于诸姊妹中,最爱臣妾,知臣妾喜食荔枝,不惜重资,多方购买,闻有佳种,恒于隔年,先付定钱,故臣妾所食者,虽不可得上品,犹不失为中品。今滋献来之荔枝,作长圆形,色淡而多刺,蜀人呼之为虎刺,系荔枝中之最劣者。无怪其味酸涩,不堪下咽也。且荔枝之为物,最忌陈宿,凡自枝上初摘而下者,其中之液质丰满,吸入口中,满口甘芳,齿牙清冽,如饮仙露琼浆。若隔一二日,则荔枝液渐乾,甜味亦渐减,五日以外,则毫无香味矣。今妾食此荔枝,辨别其味,大约离树已有十余日之多,是以荔枝之真味全失,犹不如龙眼也。"

玄宗闻言,叹服道:"妃子辨物之工,至于如此,可谓冰雪聪明,体物浏亮了。自此以后,置驿按站,指名索贡可也。"贵妃称谢再三。

明日视朝,命后部设置驿站,择选驿马,专运荔枝,限五日以内到京,有失期者,以贻误军机论。若吏民有阻障损害等情,以毁伤禁物论。

此旨一颁,闽蜀之间,遂为官吏骚搅,无有宁岁。玄宗为了贵妃癖嗜一物,劳民伤财,直到如此地步,哪能不召祸乱呢? 当时杜牧之有诗两句:

一骑红尘妃子笑,无人知是荔枝来。

便是咏这件事情的。你说可叹不可叹呢?

恃宠被黜　剪发邀恩

玄宗宠爱贵妃,设置驿站,专递荔枝。那梅妃独居上阳宫,十分寂寞。一日,偶闻有海南驿使到来,因问宫人道:"可是来进梅花吗?"宫人回道:"是进荔枝与杨娘娘的,娘娘的梅花,是没有贡献了。"

梅妃听说梅花绝献,荔枝贡来,心下不胜伤感。即召高力士问道:"你日日侍奉皇爷,可知皇爷意中还记得江采苹三个字吗?"

力士道:"皇爷非不心爱娘娘,只因畏惧贵妃娘娘,所以不敢亲近。"

梅妃道:"我知肥婢妒我,皇上决不能忘情于我。曾闻汉陈皇后遭贬,以千金略司马相如,做长门赋,献于武帝,遂得复被宠遇。今日可有像司马相如的才人吗? 我欲请其作赋,以目上意,亦不吝千金之赠。你试为我求之。"

力士畏杨妃之威势,不敢应承,只推说一时无此才人。梅妃叹道:"何古今人才之不相及也。"

力士道:"娘娘大才,远胜汉后,何不自作一赋,献于皇爷呢?"

梅妃笑而点首,力士退出,宫人呈上纸笔,梅妃研墨伸纸,自作楼东赋一篇,其词道:

玉境尘生,凤奁香殄,懒蝉鬓之巧梳,闪缕衣之轻练。苦寂寞于蕙宫,寄芋绵于兰殿,信摽梅之落尽,隔长门而不见。况乃花心飑恨,柳眼弄愁,暖风习习,春鸟啾啾。红院日暮,听风吹以回头;碧云残夜,对素月以凝眸。温泉不到,忆含翠之日事:闲庭深闭,嗟青鸟之信修。缅想太液清波,水光荡漾,笙歌开宴,随从宸游。奏舞鸾之妙曲,乘画鹢之仙舟。两情缱绻,深叙绸缪。誓山海而常在,似日月而靡休。何期嫉色庸庸,妒心冲冲,夺我之爱幸,斥我于幽宫。思旧欢而不继,劳梦想于朦胧;度花晨与月夕,慵独对乎春风。欲相扣之奏赋,奈世才之不工。属愁吟之未毕,已响动乎疏钟。空长欢而掩泪,步踌躇乎东。赋成奏上,玄宗见了,沉吟嗟赏。想起旧情,不觉为之怃然。

杨妃闻之大怒,气愤愤的来道:"梅精江采苹;庸贱婢子,每敢宣言怨望,宜既赐死。"

玄宗默然不答。杨妃奏之不已,玄宗说道:"她无聊作赋,全无悖慢语,何可加诛？朕只置之不论罢了。"

杨妃道："陛下不忘情于此婢耶，何不再为翠华西阁之会。"玄宗见他提起旧事，又惭又恼，只因宠爱已惯，姑且忍耐。杨妃见玄宗不肯依她所言把梅妃处死，心中好生不然，侍奉之间，全没有个好脸色，常使性儿不言不语。

一日，玄宗宴诸王于内殿。诸王请见妃子。玄宗应允，传命召来，与诸王相见毕，坐于别席。酒半，宁王吹紫玉笛为念奴和曲。既而宴罢席散，诸王俱谢恩而退。

玄宗站起更衣，杨妃独坐，见宁王所吹的紫玉笛儿，在御榻之上，便将玉手取来，把玩了一番，就按着腔儿，吹弄起来。

此正是诗人张祐所云：

深宫静院无人见，闲把宁王玉笛吹。

杨妃正吹之间，玄宗适出见之，嬉笑道："汝亦自有玉笛，何不把他拿来吹着。此支紫玉笛儿，是宁王的。他才吹过，口泽尚存。汝何得便吹？"

杨妃闻言，全不在意，慢慢地把玉笛放下说道："宁王吹过已久，妾即吹之，谅亦不妨。还有人双足被人勾踹，以致鞋帮脱绽，陛下也置之不问，何独苛责于妾也？"

玄宗因她酷妒梅妃，又见她连日意志骞傲，心下着实有些不悦。今日酒后同她戏语，她却略不谢过，反出言不逊，藐视朕躬，又牵涉着梅妃的旧事，不觉勃然大怒，变色厉声道："阿环，何敢如此无礼？"

便一面起身入内，一面口自宣旨，着高力士即刻将轻车送她还杨家去，不许入侍。正是：

妒根于心，骄形于面，语言触忤，遂致激变。

杨贵妃平日恃宠惯了，不道天威今日忽然震怒，此时正欲面谢恩情，哀求赦宥，恐盛怒之下，祸有不测，况奉旨不许入侍，无由进见，只得含着眼泪，登车出宫私托高力士照管宫中所有的物件，当下来至杨国忠家，诉说其故。

杨家兄弟姐妹忽闻此信，吃惊不小，相对涕泪，不知所措。李林甫在旁，欲进一言以相救，恐涉嫌疑，不敢轻奏，且不便入宫，也不敢亲自到杨家来面候，只得密密使人探问消息罢了。正是：

一女人忤旨，群小人失势。祸福本无常，恩宠固难恃。

那玄宗一时发怒，将杨贵妃逐回入内，便觉得宫闱寂寞，举目无当意之人。

欲再召梅妃入侍，不想他闻杨妃欲潜杀之，心中又恼恨，又感伤，遂染成一病，这几日正卧床上，不能起来。玄宗寂寞不堪，焦躁异常，宫女太监们，多遭鞭挞。

高力士微窥上意，乃私语杨国忠道："若欲使妃子复入宫中，须得外臣奏请为妙。"

时有法曹官吉温，与殿中侍御使罗希奭，用法深刻，人人畏惮，称为阎罗。杨国忠乃求他救援，许以重贿。

吉温于偏殿奏事之暇，从容进言道："贵妃杨氏妇人无识，有忤圣旨，自应驱逐。但向蒙恩宠，今即使其罪当死，亦只合死于宫中。陛下何惜宫中一席之地，而忍今其居住于外乎?"

玄宗闻其言,惨然首肯,及退朝回宫,左右进膳,即命内侍霍韬光,撤御前玉食。及珍玩诸宝具奇物,赍至杨家,宣赐妃子。

杨贵妃对使谢恩讫,因涕泣说道:"妾罪该当万死,蒙圣上的洪恩,从宽遣放,未即就戮。然妾向荷龙光,今又忽遭弃置,更何面目偷生人世乎?妾死无以谢上,妾一身衣服之外,无非圣恩所赐,惟发肤为父母所生,窃以一发,聊报我万岁。"

遂引刀自剪其发一缕,付霍韬光说道:"为我献上皇爷,妾从此死矣。幸勿复劳圣念。"

霍韬光领诺,随即回宫复旨。备述妃子所言,将发儿呈现上。玄宗大为惋惜,命高力士以香车乘夜召杨贵妃进宫。杨贵妃毁妆入见,拜伏认罪,更无一言,唯有呜咽涕泣。

玄宗大不忍情,亲手扶起,立唤侍女,为之梳妆更衣。温言抚慰。命左右排上宴来。

杨贵妃把盏跽献说道:"不意今夕得复观天颜。"玄宗掖之使坐。是夜同寝,愈加恩爱。

至次日,杨国忠兄弟姊妹,俱入宫来即贺。太华公主与诸王,亦来称贺。玄宗赐宴尽欢。

看官听说,杨贵妃既得罪被遣,若使玄宗从此割绝爱情,不准入幸,则群小潜消,宫闱清净,何至酿祸启乱。

无奈心志蛊惑已深,一时摆脱不下,遂使内监得以窥视其举动,逢迎进说,交通外奸,心中如藕断丝连,遣而复召,终贻后患,此虽是他两个前生的孽缘未尽,然亦国家气数所关。正是:

手剪青丝酬圣德,顿教心志重迷惑。

回头再顾更媚生,从此倾城复倾国。

杨妃复入宫之后,玄宗宠比从前,更甚十倍。杨氏兄弟姊妹,作福作威,亦更甚于前日,自不必说了。

私通禄山　洗儿赐钱

杨贵妃复入宫中,玄宗愈加爱惜,真是言听计从,恩宠已极。

其时范阳节度安禄山来朝,玄宗以其相貌魁梧,语言便给,甚为宠幸,留之在朝侍驾。

禄山本属胡人,外貌诚朴,内实奸诈。玄宗称其信笃真诚,待遇日隆,得以非时谒见,宫苑严密之地,出入无禁。

一日,禄山觅得白鹦鹉一只,雪衣红爪,玉洁可爱,颇善人言,置之金丝笼中,欲献与玄宗。闻驾幸御苑，便携至苑中，正遇玄宗同着太子，在花丛中散步。禄山望见，将鹦鹉笼儿，挂在树枝上，趋步朝拜。却故意只拜了玄宗，更不拜太子。

玄宗道："卿何不拜太子？"禄山假意地说："臣愚，不知太子是何等官爵，臣何敢当至尊面前谒拜。"玄宗笑道："太子乃储君，岂论官爵，朕千秋万岁后，继朕为君者。卿等何不拜。"

禄山道："臣愚，向只知皇上一人，臣等所当尽忠报效，却不知有太子当一体敬事。"

玄宗回顾太子道："此人朴诚乃耳。"

正说之间，那鹦鹉在笼中叫道："安禄山快拜太子。"安禄山方才望着太子下拜，拜毕即将鹦鹉携至御前。

玄宗道："此鸟不但能言，且晓人意。卿从何处得来？"

禄山扯个谎说道："臣前征契丹，至北平郡，梦见先朝已故名臣李靖，向臣索食，臣为之设祭。当祭之时，此鸟忽从空飞至。臣以为祥瑞，取而养之，今已驯熟，方敢上献。"

言未已，那鹦鹉又叫道："且莫多言，贵妃娘娘驾到了。"

禄山举眼一望，只见许多宫女簇拥着香车，冉冉而来。到得将近，贵妃下车，宫人拥至玄宗前行礼，太子也行礼罢，各就座位。

禄山待欲退避，玄宗命且住着，禄山便不回避，望着贵妃拜了一拜，拱立阶下。

玄宗指着鹦鹉对贵妃道："此鸟最能人言，又知人意。"因看着禄山道，"是那安禄山所进，可付宫中养之。"

贵妃道："鹦鹉本能言之鸟，而白者不易得，况又能晓人意，真佳禽也。"即命宫女念奴，收去养着，因问："此即安禄山耶？现为何官？"

玄宗道："此儿本塞外人，极其雄壮，向年归附朝廷，官拜范阳节度，朕爱其忠直，留京随侍。"因笑道，"他昔曾为张守珪养子，今日侍朕，即如朕之养子耳。"

贵妃道："臣妾如圣谕，此人真所谓可儿矣。"玄宗笑道："妃子以为可儿，便可抚之为儿。"贵妃闻言，熟视禄山，笑而不答。

禄山听了此言，即趋至阶前，向着贵妃下拜道："臣儿愿母妃千岁。"

玄宗笑说道："禄山，你的礼数差了，俗拜母，先须拜父。"禄山叩头奏道："臣本胡人，胡俗先母后父。"玄宗顾视贵妃道："即此可见其朴诚。"

说话间，左右排上宴来，太子因有小病，不奈久坐，先辞回东宫去了。玄宗即命禄山侍宴。禄山于奉觞进酒之间，偷眼看那贵妃的美貌，真个是：

施脂太赤，施粉太白，增之太长，减之太短。看来丰厚，却甚轻盈，极是娇憨，自饶温雅。允矣胡天胡帝，果然倾国倾城。

那安禄山久闻杨贵妃之美，今忽得观花容，十分欣喜，况又认为母子，将来正好亲近。因遂怀下个不良的妄念。这贵妃又是个风流水性，她也不必以貌取人，只是爱少年，喜壮士，见禄山材貌充实，鼻准丰隆，英锐之气可掬，也就动了个不次用人的邪心。

安禄山拜认杨贵妃为母之后，外得玄宗之宠，内仗贵妃之势，声威煊赫，百僚侧目。玄宗又命禄山与杨国忠兄妹，结为眷属，时常往来，赏赐极厚。一时之贵盛莫比。又加赐韩国、虢国、秦国三夫人，每月各给钱十万，为脂粉之资。三位夫人之中，虢国夫人尤为妖艳，不施脂粉，自然天生美丽，真是天生尤物。

一日，值禄山生日，玄宗与杨贵妃俱有赐赏。杨家兄弟姊妹们，又各设宴称庆，闹过了两日，禄山入宫谢恩。御驾在宜春院，禄山朝拜毕，便欲叩见母妃杨娘娘。

玄宗道："妃子适间在此侍宴，今已回宫，汝可自往见之。"禄山奉命，遂至杨妃宫中。

杨妃此时方侍宴而回，正在微酣半醉之间，见禄山来谢恩，口中声声自称孩儿。杨贵妃因戏语道："人家养了孩儿，三朝例当洗儿，今日恰是你的生日三朝了，我当从洗儿之例。"

于是乘着酒兴，叫内监宫女们都来，把禄山脱去衣服，用锦缎浑身包裹，作襁褓中的一般，登时结起一座彩舆，把禄山坐于车中，宫人簇拥着绕宫游行。一时宫中多人，喧笑不止。

那时玄宗尚在宜春院中，闲坐看书，遥闻喧笑之声，即问左右，后宫何故喧笑？左右回奏道："是贵妃娘娘为洗儿之戏。"玄宗大笑，便乘小车，至杨妃宫中观看，共为笑乐，赐杨妃金钱银钱各十千，为洗儿之钱。

一日，玄宗于昭庆宫闲坐，禄山侍坐于侧旁。见他腹过于膝，因指着说道："此儿腹大如抱瓮，不知其中何所有？"

禄山拱手对道："此中并无他物，唯有赤心耳。臣愿尽此赤心，以事陛下。"

玄宗闻禄山所言，心中甚喜。哪知道：

人藏其心，不可测识。自谓赤心，心黑如墨。

玄宗从此待安禄山，真如腹心。安禄山之对玄宗，却纯是狼心狗肺，真是丧心之人，人方切齿痛心，恨不得即剖其心，食其心，亏他还哄人说是赤心。可笑玄宗还不知是狼子野心，却要信他是真心，好不痴心。

闲话少说。且说当日玄宗与安禄山闲坐了半晌，回顾左右，问妃子何在？此时正当春深时候，天气尚暖，杨妃方在后宫玉兰汤洗浴。宫人回报玄宗说道："妃子洗浴方完。"玄宗微微笑说："美人新浴，正如出水芙蓉。"令宫人即宣妃子来，不必更衣梳妆。

少顷，杨妃懒妆便服，翩翩而至，更觉风韵非常。玄宗看了满面堆下笑来。

适有外国进贡，献来的异香花露，即取来赐予杨妃，叫他对镜匀面，自己移坐于镜台旁看之。杨妃匀面毕，将余露染掌扑臂，不觉酥胸略袒，宝袖宽褪，微微露出二乳来了。玄宗见了说道："妙哉！"

软温好似鸡头肉。

安禄山在旁，不觉失口说道：

滑腻还如塞上酥。

他说便说了,自觉唐突,好生局促。杨妃亦骇其失言,只恐玄宗疑怪,捏着一把汗。那些宫女们听了此言,也都愕然变色。

玄宗却全不在意,到喜滋滋地指着禄山说道:"堪笑胡儿但识酥。"

说罢,哈哈大笑。于是杨贵妃也笑起来了,众宫女也都含着笑面。正是:

若非亲手抚摩过,那识如酥滑腻来。

只道赤心真满腹,付之一笑不疑猜。

赏花开筵　曲奏清平

安禄山,因平时私与杨妃戏谑惯了,今当玄宗之前,不觉失口戏言,幸得玄宗不疑,瞒了过去。禄山心不自安,又因虢国夫人与自己交好,杨国忠暗中吃醋,时与作对。便与贵妃商议,意欲自请还镇。

贵妃虽舍不得他去,便因杨国忠百般作对,也恐弄出事来,只得任他自请还镇。

玄宗见禄山愿归范阳,只道他尽心国事,心中甚喜。当即允其所请,命禄山以范阳节度,谦领平卢、河东三镇。

禄山谢恩,遄回范阳,训练士卒,屯聚粮草,暗施逆谋,暂按不提。

单说杨贵妃自禄山去后,闷闷不乐,茶饭无心,大有厌厌欲病之势。玄宗不知就里,唯有日事取乐,以宽其心。

是时宫中最盛的是芍药花,是扬州所贡,即今之牡丹也。有大红、深紫、淡黄、浅红、通白各色名种,都植于兴庆池东,沉香亭下。时值清和之候,此花盛开。玄宗命内侍,设宴于亭中,同杨贵妃赏玩。

杨贵妃看了花说道:"此花乃花中之王,正宜为皇帝所赏。"玄宗笑说道:"花虽好,而不能言,不如妃子之为解语花也。"正谈笑间,只见乐工李龟年,引着了梨园中一班新选的一十六名子弟,各执乐器,前来承应,叩拜毕,便待皇上同贵妃娘娘饮酒,命下奏乐唱曲。

玄宗道:"且住,今日对妃子赏名花,岂可复用旧乐耶。"即着:"李龟年将朕所乘玉花骢马,速往宣召李白学士前来,做一番新词庆赏。"

龟年奉旨飞走,连忙出宫,牵了玉花骢马,自己也骑了马,又同着几个伙伴,一併走到翰林院衙里来,宣召李白学士。

只见翰林院人役回说道:"李学士已于今日早晨,微服出院,独往长安市上,酒肆里吃酒去了。"

李龟年于是便叫院中当差人役,立刻拿了李白学士的冠、袍、玉、带、象笏,一同多人,走至市中,四处找寻。许多时候,忽听得前街酒楼上,有人高声狂歌道:

三杯通大道,一斗合自然。

但得酒中趣，莫为醒者传。

当时李龟年听了说道："这个歌诗的声音，不是李学士吗?"遂下了马，同众人入酒肆，大踏步走上楼来。果见李白学士，占着一副临街座头，桌上瓶中，供着一枝儿绣球花，独自对花而酌，已吃得酩酊大醉，手中尚持杯不放。

龟年上前，高声说道："奉圣旨，立宣李学士至沉香亭见驾。"

众酒客方知是李学士，又听说有圣旨，都起身站过一旁。李白全然不理，且放下手中杯，向龟年念一句陶渊明的诗来道：

我醉欲眠君且去。

念罢，便瞑然大睡。龟年此时无可奈何，只得忙叫跟随众人，一齐上前，将李白学士簇拥下楼来，即扶掖上玉花骢马，众人左护右持，龟年策马后随，到得五凤楼前。

有内侍传旨，赐李学士走马入朝。龟年叫把冠带朝服，就马上替他穿着了，衣襟上纽儿也扣不及，一霎时走过了兴庆池，直至沉香亭，才扶下了马，醉极不能朝拜。

玄宗命铺氍毹毯子于亭畔，且教少卧一刻，亲往看视，解御袍覆其体，见他口流涎沫，亲以衣袖拭之。

杨贵妃道："妾闻冷水沃面，可以解醒。"乃命内侍取兴庆池中之水，使念奴含而吐之。

李白方在睡梦中惊醒，略开双目，见是御驾，方挣扎起来，俯伏于地奏道："臣该万死。"

玄宗见他两眼朦胧，尚未苏醒，命左右内侍扶起李白学士，赐亭前，一面叫御厨光禄庖人，将越国所贡鲜鱼鲊，造三分醒酒汤来。

须臾，内侍以金碗盛上羹汤进来。玄宗见汤气太热，手把牙口，调之良久，赐李白饮之。

彼时李白吃下，顿觉心神为之清爽，即叩头谢恩说道："臣过贪杯斝，遂致潦倒不醒，陛下此时，不罪臣疏狂之态，反加恩眷，臣无任惭感，虽后日肝脑涂地，不足报陛下今日于万一也。"

李白醒后，玄宗笑道："今日召卿来此，别无他意。"当即指着亭下说道："都只为这几种芍药花儿盛开，朕同妃子赏玩，不欲复奏旧乐，故伶工停着，待卿来做新词耳。"

李白领命，不假思索，立赋清平调一章，呈上道：

云想衣裳花想容，春风拂槛露华浓。

若非群玉山头见，会向瑶台月下逢。

玄宗看了，龙颜大喜，称美道："学士真仙才也。"便命李龟年与梨园子弟，立将此词谱出新声，着李暮吹羌笛，花奴击鼓，贺怀智击方响，郑观音拨琵琶，张野狐吹觱篥，黄幡绰按拍板，一齐儿和唱起来，果然好听的很。少顷，乐阕。

玄宗道："卿的新词甚妙，但正听得好时，却早完了。学士大才，可为再赋一章。"

李白奏道："臣性爱酒，望陛下以余樽赐饮，好助兴作诗。"

玄宗道："卿醉方醒，如何又要吃酒，倘卿又吃醉了，怎能再作诗呢？"

李白道："臣有诗云：酒渴思吞海，诗狂欲上天。臣窃自称为酒中仙，惟吃醉后，诗兴愈高愈豪。"

玄宗大笑，遂命内侍将西凉州进贡来的葡萄美酒，赐予学士一金斗。李白叩受，一口气饮毕，即举起兔毫再写道：

一枝红艳露凝香，云雨巫山枉断肠。

借问汉宫谁得似，可怜飞燕倚新妆。

玄宗览罢，一发欢喜，赞叹道："此更清新俊逸，如此佳词雅调，用不着众乐工嘈杂。"乃使念奴转喉清歌，自吹玉笛以和之，真个悠扬悦耳。

曲罢，又笑说与李白道："朕情兴正浓，可烦学士再赋一章，以尽今日之欢娱。"便命以御用的端溪砚，教杨贵妃亲手捧着，求学士大笔。

李白逡巡逊谢。又顷刻之间，濡起兔毫笔来，题了一章献上。其诗云：

名花倾国两相欢，长得君王带笑看。

解释春风无限恨，沉香亭北倚栏杆。

玄宗大喜道："此诗将人面花容，一齐都写尽，更妙不可言。今番歌唱，妃子也须要相和。"

乃即命永新、念奴，同声而歌。玄宗自吹玉笛，命杨妃弹琵琶和之。和罢，又命李龟年将三调再叶丝竹，重歌一转，为妃子侑酒。玄宗仍自弄玉笛以倚曲，每曲中将换一调，则故迟其声以媚之。曲既终，杨妃再拜称谢。

玄宗笑道："莫谢朕，可谢李学士。"杨贵妃乃把玻璃盏斟酒，敬李学士，敛袵谢其诗意。

李白回身回避不迭，跽饮酒吃，顿首拜赐。玄宗仍命以玉花骢马，送李白归翰林院。自此李白才名愈著，不特玄宗爱之，杨贵妃亦甚重之。

那高力士却深恨脱靴之事，想道："我蒙圣眷，甚有威势。皇太子也常呼我为兄，诸王侯伯辈，都呼我为翁，或呼为爷。叵耐李白小小一个学士，却敢记著前言，当殿辱我，如今天子十分敬爱他，连贵妃娘娘也深重其才华，万一此人将来大用，甚不利于我等。怎生设个法儿，阻其进用之路才好。"

因又想道："我只就他所做的清平调中，寻他一个破绽，说恼了贵妃娘娘之心。总使天子要重用他，当不得贵妃娘娘于中间阻挠，不怕他不日远日疏了。"计策已定。

一日入宫，见杨贵妃独自凭栏看花，口中正微吟着清平调，点头得意。

高力士四顾无人，乘便间奏道："老奴初意娘娘闻李白此词，怨之刻骨，何反拳拳如是。"

杨妃惊讶道："有何可怨处？"力士道："他说'可怜飞燕倚新妆，'是把赵飞燕比娘娘。试想那飞燕，当日所为何事，却以相比，极其讽刺，娘娘岂不觉乎？"

原来玄宗曾阅赵飞燕外传，见说她体态轻盈，临风而立，常恐吹去，因对杨妃戏语道："若汝则任其吹多少。"盖嘲其肥也。杨妃颇有肌体，故梅妃诋之为肥婢，杨妃最恨的是说她肥。李白偏以飞燕比之，心中正喜。今却被高力士说坏，暗指赵飞燕私通燕赤凤之事，合着她暗通安禄山，以为含刺，其言正中她的隐微。于是遂变为怒容，反恨于心。

自此杨妃每于玄宗面前，说李白纵酒狂歌，放浪难羁，无人臣礼。

玄宗屡欲升擢其官，都为杨妃所阻；杨国忠亦以磨墨为耻，也常进谗言。玄宗虽极爱李白，却因宫中不喜他，遂不召他内宴，亦不留宿殿中。

李白明知为小人中伤，他即上疏乞休。玄宗哪里就肯放他回去，温旨慰谕了一番，不允所请。李白自此以后，益发放饮狂歌，正所谓：

安得山中千日酒，酩然直到太平时。

上巳修禊　华清避暑

贵妃有姊二人，妹一人，皆封国夫人。三人中，惟虢国夫人，最为妖冶，且又早寡。玄宗欲为之择婿，列举朝臣中之门第高贵而青年貌美者，以询虢国夫人，但得其点头应许，即为之图成好事。虢国只是笑而不答。

玄宗不能猜度其意，久之，恍然有悟，抚掌笑道："小姨殆以嫁得丈夫，便有拘束，不如任意逍遥，较为舒服么。"

虢国含羞低首，惟媚目流波，向玄宗嫣然一笑。

玄宗虽则曾经沧海，对此绝世丽人，眉目传情，亦不禁魂销魄荡，惟碍于贵妃在侧，未能真个销魂。彼此二人眠思梦想，思欲一快其情欲，终无机会可得。

贵妃是聪明人，早已看出二人之行径，若在他人，未免打翻醋瓮。只以虢国与自己有连枝同气之情，不得不暂且含忍，唯有暗中留意，事事提防，不使虢国得尝禁脔。

虢国亦知其意，心中不免怨恨，形诸辞色，于是宫中亦不常往来，恐遭贵妃的白眼，自在外旁招蜂惹蝶，居恒装束得十分艳丽，引诱京师中的宦家子弟。

当时富贵之家，青年美貌男子，往往有无故失踪者，究其去处，大都藏于虢国、秦国府中，众人钳口结舌，不敢声张，惧招大祸。

虢国夫人虽素性不喜浓妆，但是蛾眉淡扫，蝉鬓轻梳，果然万种风流，不愧美人本色。杜牧曾有诗咏之道：

虢国夫人承主恩，平明骑马入宫门。

却嫌脂粉污颜色，淡扫蛾眉朝至尊。

她那风流放诞之状,可想见了。玄宗垂涎虢国已久,苦于无隙可乘。一日,适逢上巳良辰,湔裙令节,玄宗与贵妃及诸贵戚,车水马龙,望曲江而来。一路上香风微送,罗绮缤纷,引得举国人士,如醉如狂。杜甫之丽人行,即咏此事。

玄宗至行宫中,与贵妃及虢国、秦国等,欢然畅饮,履舄交错,脂粉香浓,左顾右盼,逸兴遄飞,酒酣之际,玄宗屡以目视虢国。虢国心领神会,亦时时报以秋波。二人心房中均觉突突跳动,面上又阵阵发热。

适逢其会,贵妃忽然触动游兴,要往行宫外闲眺一回,问二夫人愿意同往否?玄宗急以目止虢国。虢国会意,托言更衣,请贵妃与秦国先去。

二人去后,玄宗即携虢国之手,径入帐中,了却相思孽债。

二人正在巫峡春浓之际,贵妃忽然想起此事,急忙回到行宫,只见杯盘狼藉,人影全无,询问宫人,宫人不敢隐瞒,悄悄禀知其事。贵妃大怒,遂自起身,先回禁中而去。

及至玄宗兴尽,与虢国携手出外,宫女禀知娘娘已经先回禁中。玄宗大惊。虢国亦怀惭无地。及玄宗回宫以后,不知赔了许多小心,换得贵妃无数眼泪,方将此事不提。可笑玄宗当垂暮之年,既得艳妃,还要拈花惹草,调戏小姨,岂非自寻烦恼么。

玄宗自修禊归宫,为了虢国夫人一事,不知赔了多少小心,方才平安。从此以后,不敢再生妄想。

但是玄宗与贵妃,在禁中卿卿我我,时刻不离,终为礼法所拘,不能放浪形骸,称心如意;且又不能连日不见群臣,若三日不视朝,那朝内自命忠直之臣,必致进言极谏,纵使不纳其言,问心不免自愧。不如避居华清宫里,将国家大小诸事,付之不见不闻,安安稳稳,与贵妃畅叙伉俪之乐。

或并坐纳凉,或评花斗草,有时倚声度曲,至斗转参横,方归内寝。有时清晨同梦,至日上三竿,犹未起身,起居饮食,随心所欲,无拘无束,不啻神仙。若在宫中,只要雄鸡再唱,已不能恋恋香衾,即须起身梳洗,以便早朝。设或稍稍晏起,朝中百官,必多腹诽之语。是以玄宗贪恋华清,视为洞天福地,初因避暑而来,及至暑气将销,新凉已至,群臣屡表请归,玄宗尚逗留不肯遽返。

一日,正交正午,玄宗与贵妃尚恋衾中,众宫女闲暇无事,相与凭栏玩赏。

其时池中荷花虽已开残,尚有一二枝亭亭斗艳,妃红俪白,洁净无尘。众宫女正倚栏遥瞩之际,猝睹雌雄二鸳鸯,游戏水面,交头比翼,出没于莲叶之中。

于是互相戏谑,彼谓汝面上忽现红色,难免撩动春心;此谓彼眼目乜斜,眉梢之上,已露无边春色。彼此嘲笑不已。

念奴以指自指其面道:"尔等羞也不羞,深宫寂寞,居处无郎,何至厚脸若此,尔等果欲效水中鸳鸯,当向余叩头四个,余即代尔等叩求杨娘娘,待娘娘去转求万岁爷。因万岁爷与杨娘娘皆系多情种子,必能体贴尔等衷肠,为开笼放鸟之举,异日嫁得如意郎君,朝朝暮暮,寒食元宵,说不尽旖旎风游,享不尽闺房幸福,一双两好,饮水思源，未识犹能记忆我念奴之德否？尔等试看水中鸳鸯，雄者追逐雌者之后，即昂着头，舒着两翅，有许多骄傲之态度；雌者摇头摆尾，双翅时时动摇，说不出那无穷的快乐。便是代尔等写着未来的小影，尔等自思若果如此，心中快乐不快乐？须从实答应一声，我侯万岁爷、杨娘娘起身时，便代尔等去求情。"

众宫女正自看得动情，又被念奴调笑许多风流话，遂觉心头突突跳动，一腔欲火，炎炎上升。口虽唾液，"咕咕"有声，一时之间，竟答不出一句话来。念奴拍掌大笑。

不期惊动玄宗贵妃，便问念奴，何事大惊小怪。念奴不敢隐瞒，一一禀知。

玄宗闻奏，不禁狂笑道："此皆朕之不是，朕与贵妃，日日在温柔乡中讨生活，宫女辈看得情动，自然不能牢锁春风矣。"因大声唤众宫女道："尔等贪看水中鸳鸯，何如朕与妃子被底鸳鸯。"

言次，将一手揭起鲛绡帐，则见贵妃斜卧床中。玄宗正附于贵妃之傍，真是一幅绝妙春艳图。若无锦被遮身，便不堪属目矣。引得念奴与众宫女，皆掩口葫芦。

众人面面相觑，两颊现出朵朵桃花，无不心猿意马，奔突难收。如此风流帝王，真是千古罕见。

夜半私盟　羯鼓催花

玄宗以边境无事，安心放志，且又自计年已渐老，正须及时行乐。

遂日夕与嫔妃内侍，及梨园子弟们，征歌逐舞，十分快活。杨妃与韩国夫人、虢国夫人辈，愈加淫佚娇奢。

华清宫中更置香汤泉一十六所。俱极精雅，以备嫔妃侍女们，不时洗浴。其奉御浴池，俱用文瑶宝石砌成，中有玉莲温泉，以文木雕刻凫雁、鸳鸯等水禽之形，蒙以锦绣，浮于泉水上，以为戏玩。每至天暖之时，酒阑之后，池中温暖，玄宗与杨妃，各穿袷短衣，乘小舟浮荡于其中。游至幽隐之处，或正炎热难堪，即令宫人扶杨妃到处就浴，每自宫眷浴罢之后，池中水退出御沟，其中遗珠残珥，流出街渠，在水中，行人常有所获，其奢靡如此。

杨妃因身体颇丰，性最怕热，每当夏日，止衣轻绡，使侍儿交扇鼓风，犹挥汗不止。却又奇怪得很，她身上出的汗，比人大不相同，红腻而多香，拭抹于巾帕之上，色如桃花，真正天生尤物，绝不犹人。

天宝十载七月，玄宗与杨妃尚在华清宫，那宫中有一殿名曰长生殿，极高爽凉快，其年七月七日夜，乞巧之夕，天气正当炎热，玄宗坐于长生殿中纳凉，杨妃陪着同坐，直至二更以后，方才入寝室中而卧，宫女亦都散去歇息。

杨妃苦热，睡不安稳，乃扯着玄宗起来，同出庭前乘凉，更不呼唤宫娥侍女们服侍。二人坐到更深，手挥轻扇，仰看星斗，此时万籁无声，夜景清幽，坐了一回，渐觉玄宗低声密语道:"今夜牛女二星相会,未知其乐何如?"杨妃道:"鹊桥渡河之说,未知果有此事否?若果有之,天上之乐,自然不比人间。"玄宗道:"若论他会少难多,倒不如我和你日夕饮聚。"

杨妃说道:"人间欢乐,终有散场,怎如天上双星,永久成配。"说罢,不觉怆然嗟叹。玄宗感动情怀,说道:"你我恁般恩爱,岂忍相离,今就星光之下,你我二人,密相誓愿,但愿生生世世,长为夫妇。"

杨贵妃听玄宗之说,点头道:"阿环愿此誓言,双星为证。"玄宗听了此说,不觉大喜之极。

后来有白居易《长恨歌》中,曾咏及此事。有句云:

七月七日长生殿,夜半无人私语时。

在天愿作比翼鸟,在地愿为连理枝。

玄宗自此把杨妃更加恩爱。是年秋九月,蓬莱宫中那柑橘结实。这种柑橘,是开元年间江陵进贡来的,味极甘美。玄宗命将数枚种于蓬莱宫中,一向只开花不结实,还有时连花也不开。那年忽然结实二百余颗,与江南及蜀中进贡者毫无异味,玄宗欣喜,亲自临视,命摘来颁赐各朝臣。杨国忠及众官,上表称贺,玄宗大悦,温旨批答。

那柑橘中却有一个是合欢的,左右进上。玄宗见了愈加欣喜,与杨妃互相把玩。

玄宗说道:"此果早知人意,我与妃子同心一体,所以结此合欢之实,我二人可共食之,以应其兆。"

乃促其坐,同剖交口而食,因命画工写命《合欢柑橘图》,传之于后世。杨国忠于此,又复献谀词以为说道:"此乃非常之祥瑞,陛下宜颁锡称庆。"正是:

屈轶曾生尧帝时,自能指佞最称奇。

唐家柑橘成何用,翻使谀臣进佞词。

玄宗听了杨国忠谀佞之言,遂降旨以宫中有珍果之庆,赐民大酺。于是选择吉日,率嫔妃及诸王辈,御勤政楼,大张声乐,陈设百戏,听人纵观,与民同乐。京城内百姓中,士民男女,拥集楼前,好不热闹。

教坊女人,有一个王大娘者,其技能为舞竿,将一丈八尺长的一根长竹竿,捧至头顶,竿儿上缀着一坐木山,为瀛洲方丈之状,使一小儿手扶绛节,出入其间,口中歌唱。王大娘头顶着竿,旋舞不辍,却正与那小儿的歌声,节奏相应。玄宗与嫔妃诸王等看了,俱啧啧称奇。

时有神童刘晏,年方九岁,聪明过人,因朝臣举荐登朝,官为秘书省正字。是日玄宗召于楼中侍宴,命王大娘舞竿,因命刘晏咏王大娘舞竿的诗一首。刘晏应声即吟道:

楼前百戏竞争新,唯有长竿妙入神。

说道绮罗偏有力，犹嫌轻便更惊人。

玄宗同嫔妃及诸王，见刘晏咏诗敏捷，词中又有隐带谐谑之意，甚为赞叹。杨贵妃抱他坐于膝上，亲为之梳发。

梳罢，玄宗招之近前，亲执其手，戏问道："汝以童年，官为正字，未知正得几字。"

刘晏应口答说道："诸字都正，只有一个朋字未正。"这句话，分明说那些朝臣，各立朋党，难以救正，恰好合著朋字形体，偏而不正之意。

玄宗哪知其意，惟赞叹他年幼聪明。正在快乐之时，忽然人声喧哗。

玄宗忽闻喧哗之声，问是何故，内侍启奏说："楼下百姓，争看花灯，拥挤喧哗。"玄宗道："可着该管官，严饬禁约，再着卫士弹压，如再不止，拿几个责治示众。"

刘晏忙奏道："人聚已众，不可轻责，以臣愚见，莫如使梨园乐工，当楼奏技，传谕众人，静听无哗。彼百姓喜于闻所未闻，人声自息矣。"

玄宗点头道："此言极善。"遂命内侍，晓谕众人，随后命梨园子弟锦衣花帽，手执乐器，出至楼头，站立于花灯之下，众人拥着观望。那欢笑之声，虽未即止，已不似从前的喧闹了。

高力士奏道："众乐工之中，唯李谟的羌笛尤为擅名，众人最为喜听。宜命楼下众人，清听一曲，以息众喧。"

玄宗依其所奏，传命李谟独自当楼吹笛。李谟领旨，拿着一枝紫纹云梦竹的笛儿，嘹亮呖呖，吹将起来。

这一枝笛真吹得响彻云霄，鸾翔鹤舞。楼下万万千千的人，都定睛侧耳，寂然无声。玄宗大喜。

你道李谟的笛，如何恁般人妙？只因玄宗洞晓音律，丝竹管弦，无不各尽其妙。有时自制曲调，随意即成，清浊疾徐，回环转变，自和节奏。于诸乐器中，独不喜琴声，闻人鼓琴，便欲别奏他乐以洗耳，谓之解秽。其所最爱者，羯鼓与笛，以此为八音之领袖，为诸乐之所不可少。每当宫中私宴，梨园奏曲，玄宗或亲自击鼓，或吹玉笛以和之。杨妃亦喜吹玉笛。

先是天宝初年，二月初旬，玄宗晨起，巾栉方毕，时值宿雨初晴，景色明丽，内殿庭中柳杏将欲萌芽。玄宗兀坐四顾，咄嗟而起道："对此景物，岂可不与他判断。"

遂命杨妃先吹玉笛一遍，随后亲自临轩，击羯鼓一通，其名曰《春光好》，亦是玄宗自制的雅调。鼓音才歇，回顾庭前柳杏，都已叶舒花放，天颜大喜，指与众嫔妃看了笑道："此一事，可不唤我作天工耶。"众毕顿首，口称万岁。

又一日，玄宗寝于玉清宫中，忽梦有仙女数人，从空而降，容貌俱极美丽，手中各执一乐器，向着玄宗吹舞了一回，其中笛声尤为佳妙。仙女道："此乃神仙之乐，名曰'紫云回'，陛下既深通音律，可传受了去。"

玄宗醒来，犹觉音乐在耳。遂自吹玉笛习之，尽得其节奏。过了二三日，偶乘月明之夜，与高力士改换了衣服，出宫游戏。走过了几处街坊，回走至宫墙外一座大桥之上，立着看月。

忽闻远远的有笛声嘹亮，仔细听之，正是紫云回的声调。玄宗惊讶道："此吾梦中所传受，亲自谱就的新翻妙曲，并未曾传受他人，何故外间亦有此调。"大为可恨。遂密谕高力士道："明日与我查访那个吹笛的人，不要惊吓了他，好好引来见我。"

高力士领旨，查得一个少年，入宫见驾。玄宗问他昨夜所吹的笛曲，从何处得来。

那少年奏道："臣姓李名谟，自幼性好吹笛，因精于其技。前两三夜，偶于宫墙外大桥上步月，闻得宫中笛声。细听节奏，极其新异，非复人间所有，因用心暗记，以指爪书谱，回家即依调试吹之，愈知甚妙。昨夜便自演习，不料有污圣耳，臣该万死，望陛下恕之。"

玄宗喜其聪慧知音，遂命为押班梨园之长，供奉左右。自此李谟更得尽传内府新声，其技愈加精妙。当夜在勤政楼头奏技，万民乐闻，天子称赏。笛声既毕，众乐齐奏，继以轻歌曼舞，楼下众人都静观寂听，更无喧闹。直欢宴到晓钟初鸣方散。

演风流阵　歌舞承欢

玄宗御勤政楼，自恃承平，安然无虑，唯日夕在宫中取乐。

杨妃亦愈加骄纵，内庭掌管贵妃位下，织锦刺绣及雕镂者数百人，以供其贺生辰庆时节之用。玄宗遣中使往各处采为新寄可喜之物进奉。

各处地方官，有以奇巧珍玩衣服等物，供献贵妃者，俱得不次升迁。玄宗游幸各处，多与杨妃同车并辇而行。

杨妃平常不喜坐舆，欲试乘马。因命御马监选择好马，调养得及其纯良，以备妃子坐骑。每常上马时，众宫娥侍女扶策而上，高力士执辔授鞭，宫女服侍者数十人，前后拥护。杨妃倩妆紧束，窄袖轻衫，垂鞭缓步，媚态动人。玄宗亦自乘马，或前或后，扬鞭驰骋，以为快乐。

杨妃见了笑道："妾舍车从骑，初次学乘，怎及陛下常事游猎，鞍马娴熟。"驰逐之际，因每让着先鞭。

玄宗戏道："只有骑马我胜于你，可知风流阵上，你终须让我一筹。"

杨妃也戏说道："此所谓老当益壮。"说罢，二人相顾，皆大笑不止。自此宫中饮宴，即名为风流阵之戏。

你道如何做戏？玄宗与杨妃酒酣之后，使杨妃统率宫女百余人，玄宗自己统率小内侍百余人，于掖庭之中，排下两个阵势，以绣帏锦被，张为旗幡，鸣小锣，击小鼓，两下各持短画竹竿，嬉笑呐喊，互相戏斗。若宫女胜了，罚小内侍各饮酒一大觥，要玄宗先饮。若内侍们胜了，罚宫女们齐声唱歌，要杨妃自弹琵琶和曲。此戏即名之曰风流阵。时人以为宫中之游戏，忽一变为战争之状，不祥之兆已见于此矣。

一日，风流阵上，宫女战胜了。杨妃命照例罚内侍们二斗酒，将金斗奉于玄宗先饮。

玄宗亦将金怀赐予杨妃说道："妃子也须陪饮一杯。"杨妃道："妾本不该饮，既蒙恩赐，请以此杯，与陛下掷骰儿赌色。若陛下色胜于妾，妾方可饮。"玄宗笑而许之。

高力士便把色盆骰子进上，玄宗与杨妃各掷了两掷，未有胜负。至第三掷，杨妃已占胜色。玄宗将次输了，惟得重四，可以转败为胜，于是再赌赛一掷，一头掷一头吆喝道："要重四。"

只见那骰儿辗转良久，恰好滚成重四双双。玄宗大喜，笑向杨妃说道："朕呼卢之技如何，你可该饮酒吗？"杨妃举杯说道："陛下洪福齐天，妾虽不胜杯斝，何敢不饮？"玄宗道："朕得色，卿得酒，福与共之。"杨妃拜谢立饮，口称万岁。

玄宗回头向高力士说道："此重四殊合人意，可赐以绯。"当时高力士领旨，便将骰子第四色，都用些燕子脂点染，如今的红四自此始。

当日玄宗因掷骰得胜，心中甚为欣喜，同杨妃连饮了几杯，不觉酣醉，乘着酒兴，再把骰子来掷，收放之间，滚落一个于地。高力士忙跽而拾之。

玄宗见高力士爬在地下拾骰子，便戏将骰子盆儿，摆在他背上，扯着杨妃席地而坐，就在背上掷骰。两个一递一掷，你呼六，我喝四，掷个不止。

高力士双膝跽地，双手撑地，一动也不敢动，只听得屋梁上边咿咿哑哑说话之声道："皇爷与娘娘，只顾要掷四掷六，也让高力士起来直直腰。"谁知他说的不是"直直腰"，却是说的"掷掷么"，这"掷掷么"三字，正隐着"直直腰"。

玄宗与杨妃听了，俱大笑而起，命内侍收过了骰盆，拉了高力士起来。力士叩头而退。玄宗与杨妃，亦便同入寝宫去了。

看官，你道那梁间说话的是谁？原来是那能言的白鹦鹉。这鹦鹉还是安禄山初次入宫，谒见杨妃之时所献，畜养宫中已久，极其驯良，不加羁绊，听其飞止，他总不离杨妃左右，最能言语，善解人意，聪慧异常。杨妃爱之如宝，呼为雪衣女。

一日飞到杨妃妆台前，说道："雪衣女昨夜梦兆不祥，梦已身为鸷鸟所逼，恐命数有限，不能常侍娘娘左右了。"说罢，惨然不乐。

杨妃道："梦兆不能凭信，不必疑虑，你若心怀不安，可将般若心经，时常诵念，自然福至灾消。"

鹦鹉道："如此甚妙，愿娘娘指教则个。"杨妃便命女侍炉内添香，亲自捧出平日那手书的心经来，合掌庄诵了两遍。鹦鹉在旁谛听，便都记得明白，朗朗的念将出来，一字不差。杨妃大喜，自此之后，那鹦鹉随处随时念心经，或高声念诵，或闭目无声默诵。如此两三个月。

一日，玄宗与杨妃游于后苑，玄宗戏将弹弓弹鹊，杨妃闲坐于远楼上观看。鹦鹉也飞上来,立于楼窗横槛之上。

忽有个供奉游猎的内侍,擎着一只青鸟,从楼下走过。那鸪儿瞥见鹦鹉,即腾地飞起,望着楼槛上便扑。鹦鹉大惊叫道:"不好。"急飞入楼中。亏得有一个执拂的宫女,将拂子尽力拂打,恰正拂着了鸪儿的眼,方才回身展翅,飞往楼下。

杨妃急看鹦鹉时,已闷绝于地下。半晌方醒转来,杨妃忙抚慰之道:"雪衣女,你受惊了。"鹦鹉回说道:"噩梦已应,惊得心胆俱裂。谅必不能复生。幸免为他所啖,想是诵经之力不小。"

于是紧闭双目,不食不语,只闻喉嗓间,喃喃讷讷地念诵心经。杨贵妃时时省视。三日之后,鹦鹉忽张目向杨妃说道:"雪衣女全仗诵经之力,幸得脱去皮毛,往生净土矣。娘娘幸自爱。"言讫,长鸣数声,耸身向着西方,瞑目戢翼,端立而死。

鹦鹉既死,杨妃十分嗟悼,命内侍殓以银器,葬于苑内,名鹦鹉坟,又亲自持诵心经一百卷,资其冥福。

玄宗闻知,亦叹息不已,因命将宫中所畜的能言鹦鹉,共有几十笼,尽数都取出来,问道:"你等众鸟,颇自思乡否? 吾今日开笼,放你们回去,何如?"众鹦鹉齐声都呼万岁。玄宗即遣内侍持笼送至广南山中,一齐放之,不在话下。

且说杨妃思念雪衣女,时时坠泪,她这一副泪容,愈觉嫣然可爱,因此宫中嫔妃侍妇辈,俱欲效之,梳妆已毕,轻施素粉于两颊,号为泪妆,以此互相称美。识者早已知其为不祥之兆矣。有诗云:

无泪佯为泪两行,纵然妩媚亦非祥。

马嵬他日悲恹态,可是描来做泪妆。

玄宗因杨妃思念鹦鹉,恐其抑抑不乐,或有他故,便征选歌舞以娱之。

原来玄宗最喜声色,而且天纵英才,对于词曲,无所不知,每遇良辰令节,辄自制歌词,使教坊子弟,按拍清歌,自己执着檀板,为之节奏。贵妃则从旁指点。故天宝之时,宫中歌曲冠绝一时。

贵妃知玄宗事事厌故喜新,为固宠计,因自谱一曲,名为霓裳羽衣,其中节拍,务为靡曼之音。费数月心思,方始完事。梨园子弟练习数月,方能成调。

当秋高气爽,明月团圆之候,贵妃设筵于宫中,命梨园子弟及宫女中之秀慧者,吹弹各种乐器,贵妃与念奴等,衣五色灿烂之衣,当筵歌舞,并令宫女等献技。

果然声裂金石,响遏行云。舞态与歌声相应,高下疾徐,得心应手,真如一群蛱蝶,翩跹飞舞于花间,又如二月黄莺,宛转娇啼于叶底。

此时玄宗看得目眩神迷,听得眉飞色舞,到得妙处,亟命斟酒一巨觥,亲自奉与贵妃,且笑道:"朕自谓于歌舞一道,悉心研究,无不通晓。今妃子所制之霓裳羽衣曲,出神入妙,恐非人间所有,想妃子前身定是广寒仙子,故能偷得天上仙音,以娱悦朕之耳。妃子当满饮一杯,以偿数月来制曲之辛苦。"

贵妃含笑受杯,一饮而尽。自此每一曲终,玄宗辄赐贵妃一杯,自己又陪饮一杯,宫女辈歌舞齐毕,玄宗连声赞美。

贵妃乘着酒兴，回顾宫女道："取翠盘来，待我亲自献技，以博圣上一粲。"

　　少顷，宫女拿一翡翠盘至，大如圆桌。贵妃起身更衣毕，命宫女四人肩起翡翠盘，贵妃立在盘中，慢慢歌舞。

　　初时若抑若扬，旋进旋退，尚辨得清眉目，身体惟为舞衣遮掩，不能十分清切。

　　迨后一阵紧一阵，柳腰折损，莲步轻移，翩若惊鸿，婉若游龙，虽洛水神妃，无从望其项背，舞到深处，但见衣裳上下飞翻，不复见眉目与身体矣，真如一朵彩云。但觉五色缤纷，人目欲眩，忽然一声檀板，歌舞齐止，贵妃翩然而下，伏地呼万岁。发不乱，气不喘，面不改容，裙不动摺，可谓尽舞中之能事矣。

　　玄宗此时满心欢喜，拍掌大笑道："朕昔读汉成帝传，见赵飞燕有留仙裙之故事，心常羡之。不料妃子之技，尤胜飞燕万倍。谁说古今人不相及呢？"

仓皇出奔　马嵬赐缳

　　玄宗正和杨贵妃奏霓裳羽衣曲，十分快乐，欢娱无比。忽然有警报前来道："安禄山举兵造反，各地纷纷失守，兵马已直叩潼关。"

　　玄宗闻报大惊，忙集群臣，共议防守之策。群臣犹以为癣疥之疾，不难灭此朝食。独玄宗自知武备久驰，禄山之反，为患匪浅，遂面喻群臣，欲使太子监国，下诏亲征。寇平之后，即行内禅。

　　此旨一下，杨国忠吃了一惊，想道："我向日与李林甫同谋，陷害东宫，太子心中，好不怀恨，只碍着贵妃得宠，右相当朝，他还身处储位，未揽大权，故隐忍不发。今若秉国政，吾杨氏无噍类矣。"

　　当日朝罢，急回私宅，哭向其妻裴氏，与韩、虢二夫人道："吾等死期将至矣。"众夫人惊问其故。

　　国忠道："天子欲亲征讨，将使太子监国，行且禅位于太子，太子向恶于吾家。今一旦大权在手，我与姊妹，都命在旦夕矣。如之奈何？"

　　于是，举家惊怕泣涕，都说道："反不如秦国夫人先死之为幸也。"虢国夫人说道："我等徒作楚囚，相对而泣，于事无益，不如同贵妃娘娘密计商议，若能谏止亲征，则监国禅位之说，自不行矣。"

　　国忠道："此言极为有理，事不宜迟，烦二妹入宫计之。"

　　两夫人即日命驾入宫，托言奉候贵妃娘娘，与杨妃相见，密奏其事，告以国忠之言。

　　杨妃大惊道："此非可以从容缓言者。"乃脱去簪珥，口衔黄土，匍匐至御前叩头哀泣。

　　玄宗惊讶，亲自扶起，问道："妃子何故如此？"杨妃说道："臣妾闻陛下将身亲战阵，是褒万乘之尊，以当一将之任，虽运筹如神，决胜无疑，然兵凶战危，圣躬亲试凶危之事,六宫嫔御,闻之无不惊骇。况臣妾尤蒙恩幸,岂忍身离左右。自恨身为女子,不能从驾亲征,愿甘碎首阶前,欲效侯生之报信陵君耳。"说罢,又伏地痛哭。

玄宗大不胜情,命宫人掖之就坐,执手抚慰说道:"朕之欲亲讨,原非得已之计,凯旋之日,当亦不远。妃子不须如此悲伤。"

杨妃说道:"臣妾想来,堂堂天朝,岂无一二良将,为国家殄灭小丑? 何劳圣驾自征。"

正说间,恰好太子具手启,遣内使来奏,辞监国之命,力劝不必亲征。只需遣一大将或亲王,督师出动,自当成功。

玄宗看了太子奏启,沉吟半晌道:"朕今竟传位于太子,听凭他亲征不亲征罢。我自与妃子退居别宫,安享余年何如?"

杨妃闻言,愈加着惊,忙叩头奏道:"陛下去秋欲行内禅之事,既而中止,谓不忍以灾荒贻害太子也。今日何独忍以寇贼贻害太子乎? 陛下临御已久,将帅用命,尤宜自握大权,制胜于庙堂之上,传位之说,待徐议于事平之后,未为晚也。"

玄宗闻言,点头道:"卿言亦颇是。"遂传旨停罢前诏。

正在此际,杨国忠前来见驾道:"哥舒翰兵败,潼关失守。"玄宗大惊。国忠便请驾幸西蜀,暂避凶锋。玄宗沉吟不决,贵妃姊妹,亦再三要求。不由玄宗不从。遂与国忠共议幸蜀。

国忠道:"陛下若明言幸蜀,朝臣必多异议,必至迟延误事。今宜下亲征之诏,一面竟起驾西行"。

玄宗依言,遂下诏亲征。以京兆尹魏方进为御史大夫,兼置顿使,少尹崔光远为西京留守将军,命为官边令诚掌管宫门锁钥,又特命龙武将军陈元礼,整饬护驾军士,给予钱帛,选闲厩马千余匹备用。总不使外人知道。

是日,玄宗密移驻北内,至次日黎明,独与杨妃姊妹、太子,并在宫中的皇子、妃子、皇孙、杨国忠、韦见素、魏方进、陈元礼及宦官宫人,出延秋门而去。临行之时,玄宗欲召梅妃江采苹同行,杨妃止之道:"车驾宜先发,余人不妨另日徐进。"玄宗又欲遍召在京的王孙王妃,随驾同行。杨国忠道:"若此则迟延时日,且外人都知其事了,不如大驾先行,徐降密旨,召赴行在可也。"于是,玄宗遂行。

驾过左藏,只见有许多军役,手中各执草把,在那里伺候,玄宗停车问其故,杨国忠奏道:"左藏贮财甚多,一时不能载去,将来恐为贼所得,臣意欲尽焚之,无为贼守。"

玄宗愀然道:"贼来若无所得,必更苛求百姓。不如留此为之,勿重困吾民。"遂斥退军役,催车前进。

方过了便桥,国忠即使人焚桥,以防追者。玄宗闻之咄嗟道:"百姓各欲避贼求生,奈何绝其生路?"乃敕高力士率军士速往扑灭之。后人谓玄宗于患难奔走之时,有此二美事,所以后来得仍归故乡,终享寿考。

玄宗驾至咸阳望贤宫地方,官员俱先逃避,日已向午,犹未进食,百姓或献粝饭，杂以麦豆，王孙等争以手掬，须臾食之而尽。玄宗厚酬其值，好言抚慰，百姓多哭失声，玄宗挥泪不止。

众百姓中，有个白发老翁，姓郭，名谨慎，涕泣进言道："安禄山包藏祸心，已非一日，当时有赴阙若言其反者，陛下辄杀之，使得逞其奸逆，以致乘舆播迁。所以古圣王务延访忠良以广聪明也。犹记宋景为相，每进直言，天下赖以安然。频岁以来，诸臣皆以言为讳，唯阿谀取容，是以阙门之外，陛下俱不得而知。草野之人，早知有今日久矣，但九重严密，区区之心，无路上达，事不至此，何由得睹天颜，而诉语乎？"

玄宗顿足嗟叹道："此皆朕之不明。"悔言无及，温言谢遣之，从行军士乏食，听其散往各庄村觅食。

是夜，宿金城馆驿，甚是不堪。是日，驾临至马嵬驿，将士饥疲，都怀愤怒。适河原军使王思礼，潼关奔至，方知歌舒翰被擒，因即以思礼为河西、陇右节度使，令即赴镇，收集散卒，以候东讨。

思礼临行，密语陈元礼道："杨国忠召逢起衅，罪大恶极，人人痛恨，仆曾劝哥舒翰将军上表，请杀之，惜其不从我言。今将军何不扑杀此贼，以快众心。"

陈元礼道："吾正有此意。"遂与东宫内侍李辅国商议，正欲密启太子，恰值有吐蕃使者二十余人，因来议和，随驾而行。要遮杨国忠马前，诉以无食。

国忠未及回答，陈元礼即大呼："杨国忠交通番使谋反，我等何不杀反贼？"于是众军一齐鼓噪起来。国忠大惊，急策马奔避。众军蜂拥而前，兵刃乱下，登时砍倒，屠割肢体，顷刻而尽。以枪揭其首于驿门外，并杀其子。正是：

任是冰山高万丈，不难一日付东流。

国忠才被害，却巧韩国夫人乘车而至。众军一齐上前，也将韩国夫人砍死，虢国夫人与其子裴徽，并国忠的妻子幼儿，都逃至陈仓，被县令薛景仙，率吏民追捕着，也都诛戮。正是：

昔年淡扫眉，今日血污颈。

可怜天子姨，卒难保首领。

恨不如沐猴，幻化潜踪影。

玄宗当日闻杨国忠为众军所杀，即出至驿门，用好言安慰众军，令各收队。众军只是喧闹扰攘，围住驿门不散。

玄宗传问："尔等如何还不散？"众军哗言道："反贼虽杀，根苗犹在，何敢便散。"

陈元礼道："众人之意，以国忠既诛，贵妃不宜更侍至尊，伏候圣决。"

玄宗惊讶失色道："妃子深居宫中，国忠即谋反，与她何干？"

高力士奏道："贵妃诚无罪，但众将士已杀国忠，而贵妃犹在帝左右，岂能自安？愿皇爷深思之，将士安则圣躬方安。"

玄宗点头默然，转步回驿，不忍入行宫，只于驿旁小巷，倚仗垂首而立。

京兆司录韦谔,即韦见素之子,那时正侍立于侧,乃跪奏道:"众怒难犯,安危在顷刻间,愿陛下割恩忍爱,以安国家。"

玄宗乃步入行宫,见了贵妃,一字也说不出口,但抚之而哭。

门外哗声愈甚,高力士道:"事宜速快。"玄宗携着贵妃,出至驿道北墙口,大哭道:"妃子,我和你从此永别矣。"杨妃亦涕泣呜咽道:"愿陛下保重,妾负罪良久,死无所恨。乞容礼佛而死。"

玄宗哭道:"愿仗佛力,使妃子善地受生"。回顾高力士:"汝可引至佛堂善处之。"说罢,大哭而入。

杨妃上佛堂礼佛毕,高力士奉上罗巾,促令自缢于佛堂前一棵树下。

中国的绝世美人杨贵妃,就此气绝而亡。后来真山民有咏杨妃诗道:

三郎掩面马嵬驿,生死恩爱可奈何。

瘗玉驿旁何足恨,潼关战骨不埋多。

又有随园老人咏马嵬驿诗道:

莫唱当年长恨歌,人间亦是有银河。

石壕村里夫妻别,泪比长生殿上多。

铁马红颜

——景宗耶律贤皇后萧绰

名人档案

萧绰:小字燕燕,契丹族,辽朝皇太后,辽景宗耶律贤的皇后。在民间戏曲中被称为萧太后。辽大臣北府宰相萧思温的第三女。辽朝政治家、军事家和改革家。在她摄政期间,辽朝进入了最为鼎盛的时期。

生卒时间:953 年~1009 年。

性格特点:开明、智谋、勇敢。

历史功过:作为契丹的一位有作为的女统治者,她的名字将永垂史册。

史家评点:《契丹国志·景宗萧皇后传》里有记载:太后所居宫殿叫"文化殿","好华仪而性无检束。""后天性忮忍,阴毒嗜杀,神机智略,善驭左右,大臣多得其死力。"毛泽东评价她说:"宋人(指宋太宗之流)不懂军事,非契丹的敌手。契丹善于使用'诱敌深入,聚而歼之'的战略战术,宋人总不省。宋太宗无能,屡战屡败。"这从一个侧面反映了萧绰独特的军事才能。

北国大地　辽国崛起

公元十世纪初,在北中国的土地上,崛起了一个强大的、以契丹族为主体的少数民族国家——国号大契丹,后来改称为大辽。皇室出于姓耶律氏的契丹家族。契丹族在隋唐之时,已经生活在中国北部与东北部边疆一带,时叛时服。唐末藩镇割据,军阀混战之际,契丹人在他们的开国君主、辽太祖耶律阿保机带领之下,乘机兴起,建国立号,称大契丹,与五代时期中原第一个王朝后梁太祖朱温在同一个年因为中原王朝内部各个反叛者、割据者相互间常发生争斗,为了增强自己的力量,削弱对手的力量,争斗的各方都想拉拢北方这个新兴的、军力强盛的少数民族王朝,作为自己的盟友和援军？他们争相向辽国的君主示好,代价是低声下气,承认契丹政权的权威,馈送中原出产的物质财富,甚至出卖土地、人民,以博契丹主的看顾。契丹的实力更因此大为膨胀,而成爆炸式的增强。

中原偏安王朝中最可耻、最大规模的一次出卖疆土,勾结辽国的行为,是公元936年前后,后晋君主石敬瑭做出的。他为了取得辽太宗耶律德光的支持,以便坐稳大晋皇帝的龙椅,不但奴颜婢膝地称耶律德光为父皇帝,自居儿皇帝,还同意将中原固有的、以幽蓟二州(今北京地区)为中心的"燕云十六州"大片的土地、世代居住在这片土地上的众多人民,都拱手割让给契丹。

这十六州的名称为幽州(即燕州)、蓟州、瀛州、莫州、檀州、涿州、顺州、新州、妫州、儒州、武州、云州、寰州、应州、朔州、蔚州。地域相当于今北京、河北直到山西大同以东一带。这片地域,绵亘千里,峰高谷深,山峦起伏,东接浩荡大海,南临华北平原,北面、西面则有连绵不绝的燕山、太行山山脉为天然屏障,有古北口、紫荆关、榆关、松亭关、居庸关等雄关为交通中原与塞北的门户和锁钥。如中原王朝拥有这片土地,退可以以千里山峦与蜿蜒不绝的长城为屏障,阻止契丹铁骑的南侵;进可开关出塞,转战千里,扫荡漠北、关东,有利于中原王朝对全中国的统一。而辽国据有了这片土地,则中原王朝屏障尽失,时时地地处于遭受攻击的态势,国家的安全和发展都将遭到严重威胁。

辽太宗获得了这一大块兵家必争之地,拓展了辽国的南境,如虎添翼,其国势、军威都大大增强。他如果挺进,可以南下中原,越黄河,跨长江,直窥吴越岭表,饮马江南,实现混一中国的美梦。雄才大略的耶律德光的欣喜,自然不可名状。在辽国会同元年(938),他便毫不犹豫地下诏将幽州升格为辽国的陪都,定名为南京,让辽的政治、军事中心逐渐南移。此举也掀开了今天的北京作为中国千年历史古都的帷幕。

石敬瑭卖国的可耻行径遭到了万世的唾骂,中原王朝的后继者,无论爱国有识之士,还是平民百姓,无不诅咒这个可耻的儿皇帝,也无时无刻不惦记着这块宝贵的土地的回归,时时刻刻都梦想着收复它。

辽太祖做皇帝二十年,辽太宗做皇帝二十一年。这两个契丹皇帝在位期间,是辽国势力最强盛的时期。可是,无奈他们之后继位的子孙并不太争气,多数没能继承他们的才能和勇气。太宗之后,先后登上皇位的辽国几个皇帝,多是昏聩懦弱、贪吃贪玩的平庸之辈。继太宗而后的第一个皇帝,是他的侄子辽世宗耶律阮。此人庸懦荒淫,一生沉溺于醇酒妇人之中,又不能团结本族的大臣、贵族,常常引起部族内部的反叛。他在位仅五年,最后被他的同宗贵族燕王耶律舍音弑杀。世宗之死,引起了一场皇室内部争夺皇位的战争。混战中,耶律舍音也被人杀死,辽太宗的长子耶律璟最终抢得了帝位，庙号穆宗。

此人比世宗更昏庸残暴。史书说他"体气卑弱，恶见妇人"。他不愿接近女人，拒绝皇太后为他立的嫔妃，宫中嫔御虽多，他都不喜欢。但这并不是他真的洁身自好，而是他有"龙阳之癖"——爱好同性恋，他整天与宦官们鬼混，泡在一起。大约他的生理上是有些疾病，但他心理上的疾病更为厉害。他除与宦官厮缠外，还没日没夜地醉溺于醇酒与沉迷于狩猎中。无论寒冬盛夏，他不是彻夜轰饮，就是终日驰骋于山林猎场，逐兔飞鹰，搏虎驱鹿。据说辽国京城上京的东北面，有一片山水秀绝，麋鹿成群的山峦，有黑山、赤山、太保山等山峰，辽穆宗一年四季多在这群山中游猎，不肯轻易离开。

他又好杀，不问政事，喝酒醉了就睡，睡醒再喝，号称"睡王"。睡得稀里糊涂，或者喝得不满意时，便迁怒于左右侍奉人员，动辄杀人。他宫廷营帐中负责獐、鹿、野猪、猎鹰、野鸡等飞禽走兽的侍从管理人员，以及奉膳掌酒的近侍人员，常常因动物的逃失死亡，或饮食不中意，或回答皇帝的询问不能让他满意，或者外出归来不及时，而遭到他的酷刑滥罚，如受炮烙（将受刑者捆在烧红的铁筒上）、用铁梳（带齿的铁刷）梳刷皮肉等，有时则遭乱刀砍死。受刑者多断手足，烂肩股，折腰胫，裂脑碎齿，然后弃尸于野，让野狗豺狼啃食。死者不计其数。他为了长生延寿，曾经听信女巫锡库的话，将活人的胆生取出来，制造长生不老药。后来，他不相信这个女巫了，就命人将她捆绑起来，用带鸣镝的乱箭，把她射成刺猬一般，再命人骑马践踏，踩为肉泥。而对于国家朝政，他毫不在意。尽管中原王朝四周的敌对割据势力，如山西的北汉，如江东的南唐，都曾派特使，暗带着蜡丸密书来与他联络，以期联手共抗全国的统一，他也不去认真回应。辽太祖、太宗创造的兴辽大好局面，在他手中，几乎彻底葬送。

后来，他的性格变得更加残忍和猜忌。他左右的侍奉人员，人人自危，谨小慎微，谁也不敢大声说话，主动应答，不愿真心侍奉他。

应历十九年（969）三月，耶律璟在怀州猎到一头大黑熊，自以为是好兆头，他高兴得发狂，就在猎场上与随侍的契丹贵族和汉族官僚们开怀畅饮，又吃又唱又跳。喝得酩酊大醉，兴犹未尽，带着侍从，醉醺醺地，连夜奔驰数十百里，回到行宫。下马进了宫门，他一面歪歪趔趔，喷着满嘴酒气，一面连声叫唤："厨官，快拿吃的喝的来，朕饿了！朕要喝酒！厨官！"

然而膳房的人员没有预料到皇帝深更半夜到来，措手不及，上食就慢了些。耶律璟怒不可遏，破口大骂，说是要将所有厨师和掌膳官员处死。幸得有人劝慰，他才稍稍息怒，叫道："先寄下你们几颗狗头，等孤家吃过饭后再找你们算账。"

掌膳官及左右侍奉人员知道他吃饱了便会真的要杀人，便一起合计，何不如先下手为强，将耶律璟干掉！近侍小哥哥、盥人华哥、庖人锡衮等几个人密谋后（可能还有一些心有异谋的近臣暗中支持），在食物中暗藏了匕首，进膳时，乘耶律璟不备，取出匕首，数人一拥而上，将他按住，一刀直接刺入心脏，年仅三十九岁的辽穆宗,便一命呜呼。

耶律璟在位十九年,一生残暴荒淫,终落得一个悲惨的下场。

就在辽世宗、穆宗昏庸怠政,辽国政治陷于混乱,国力衰退的同时,中原王朝几经更迭,终于进到一个恢复、发展时期。此时已经是后周的统治。后周皇帝柴荣,庙号世宗,是个有才能有胆魄,大有作为的君主。他初步统一了中原本土后,又实行了一系列的政治、军事、经济改革,国家的财力、物力、军力大增。一边是欣欣向荣,一边是人怠政衰,中原王朝与辽国的政治形势和军事态势发生了逆转,战略上由原来的基本处于守势,逐渐有了进攻的能力了。周世宗想乘此大好时机,一举收复燕云故地,进而完成神圣的、统一全国的绝大事业。于是,他在公元959年,即周世宗显德六年,在辽国则是穆宗应历九年,调集了大军,毅然亲征,发动北伐,直指辽的南京,即幽燕大地。此时的后周军队物资充足,斗志旺盛。接连收复了益津关(在今河北霸州市)、瓦桥关(在今河北雄县)、淤口关(在今霸州市信安镇)及其南面的土地,不久,瀛州、莫州也落入后周军队的手中。在幽燕各地做官的契丹文武官员,闻风而逃。久处于契丹贵族统治下的故国父老,纷纷牵牛担酒,来迎接犒劳中原王师。周世宗获得前线战报,非常兴奋,他是带着病出征的,前线胜利的捷报不断传来,他披着战袍,出到帐外,登上高岗,遥望远方,对着苍天祷告道:"孤家此举若能夺回燕云故地,恢复祖宗故土,一雪石晋卖国之辱,孤家也不枉带病出征一场,上对得起列祖列宗,下对得起子子孙孙了。"

此时辽穆宗耶律璟正在位,但他整日沉醉在醇酒之中。幽州守将以十万火急的军情来报:"瀛州、莫州已经丢失了,幽州也危在旦夕。"耶律璟却带着醉意,疏懒疲怠地斥责道:"三关本是汉人地方,现在不过归还汉家,孤丢失了什么!"话是实话,但站在辽的利益的立场,这话难免被其国人认为荒谬。然而他的左右臣僚也无可奈何。他们更为担心的,是不但燕云十六州之地将为后周夺回,就是辽国的江山也将岌岌可危了。有的大臣主张及早撤出南京(即幽州),回到关外去,固守契丹的本土,不少的契丹官员贵族,连夜逃离幽州。

但可惜的是,周世宗亲征时,已带重病。在取得重大军事胜利的关键时刻,他的病情却恶化起来,终于支持不住,罢战回师,逝世于大梁(今开封)的滋德殿,以身殉国了。后周军队失去这样一位既有胆略威望又有才能的杰出主帅,悲痛万分,一时群龙无首,如何再进行恶战?只得主动撤兵。这是五代时期中原王朝一次重要的北伐,竟然功亏一篑,遗下后来宋朝的北伐无功,数百年辽宋分治的局面,令人惋惜。正所谓"出师未捷身先死,长使英雄泪满襟"。

这在后周是噩耗,在辽国却是喜讯,辽国君臣这才得以松口气,总算渡过一场战争危机。

周世宗病逝的第二年。后周内部的军事强人、高级军官、禁卫军的总司令官——周世宗的"殿前都点检"赵匡胤,利用后周皇室孤儿寡母,束手无策的局面,发动陈桥兵变,佯称受到手下的将领和官员的强行拥立,龙袍加身,自做皇帝,夺取了国家政权,建立起大宋朝。中原王朝易了主,但新的赵宋皇帝,并没有放弃收复燕云十六州的雄心壮志和固有的国家战略目标,没有完全终止北伐的军事行动。不过在宋初,宋太祖忙于安定政权,进一步扫平仍然盘踞巴蜀、岭南、湖湘、吴越的地方势力,对于辽国,没有继续采取大规模的军事行动。直到宋太宗即位,宋朝彻底平定了西南东三面的地方割据政权,稳定了中央王朝的统治,积蓄起了强大的军事和经济力量后,才继周世宗后,进行第二次北伐,一场决定宋辽双方命运的战略决战才发生。这对辽国造成很大的军事威胁。但由于宋军方面最高军事当局的战略失误,以及战地指挥官的指挥失误,决战的结果却发生了有利于辽国的变化。不过这是后事,留待后面再讲。

在辽宋战略大决战之前的一段历史时期中,因为辽国相继的君主都是平庸懈怠之辈,在军事态势上,宋军常处于主动的、进攻的地位,辽国常处于被动的、防守的地位。总的形势,还是偏向于大宋朝一方的。加上辽国内部不断的内争,辽国的政治和军事局面,可以说一直处于危困境地。正是在这样的危局中,辽国统治者内部,崛起了一位杰出而又干练的契丹族女性,做了契丹王朝的强势女主,干出一番轰轰烈烈的事业,扭转了辽宋对峙中,不利于辽国的局面。此人的崛起,虽非中原王朝之福,却是契丹人的骄傲。

这个杰出女子,就是辽景宗的皇后、辽圣宗的皇太后萧绰,肃燕燕,是通俗历史演义小说《杨家将》中那个著名而厉害的辽国老太婆——萧太后。

野心女子　施展才干

耶律舍音发动政变,杀害辽世宗耶律阮时,世宗四岁(一说九岁)的儿子耶律贤也差点被人杀死。幸亏世宗属下一个忠于故主、名叫刘嘉里的御厨官员急中生智,用毛毡裹住年幼的皇子耶律贤,藏在堆垛得高高的柴禾堆中,躲了好久,才没有被政变的官兵们发现,让皇子耶律贤留下一条小命来。但由于柴禾堆里潮湿阴冷,他躲藏的时间又过长,因此染上了很难治愈的终身疾病——“风疾”,手脚麻痹酸疼,坐卧困难,行动不便。

穆宗耶律璟继其堂兄耶律阮即帝位后,念及家族情谊,将他这位幸存的小皇侄耶律贤收养在永兴宫中,抚养成人。到穆宗被害前,耶律贤已经是二十三岁的青年小伙子,只是顽固的“风疾”依然缠绕在他的身上。

耶律贤长大后,见到他的叔父穆宗整日酗酒,倦怠于政事,又好杀人,曾经与侍臣韩匡嗣议论过。但韩匡嗣赶忙暗示他不要多说话。耶律贤倒也乖巧,马上领悟了韩的意思,不再谈及政事以招祸。穆宗被害前一天,耶律贤曾进宫来叩见他。穆宗显出欢喜的样子,说:“我儿已经长大成人,应该担负一点政务工作了。”耶律贤连连答应:“是,是。”然而,第二天,就发生了穆宗被近侍和厨官杀害的事。而耶律

国学经典文库

后妃公主

图文珍藏版

二五三

贤也立即在侍臣萧思温、韩匡嗣、耶律斜轸等人的拥戴下,做上了辽国新皇帝。

史书在记载这些事件时,语多扑朔迷离,而字里行间,却偶尔又会留下一些令人感兴趣的,足以引起回味的叙述,而透露出某些蛛丝马迹。穆宗的死,除了那几个直接杀害他的官员、厨人外,与侍臣萧思温等,还有新皇帝耶律贤等,是否也有某些瓜葛呢?《辽史·萧思温传》说:穆宗射猎获熊,喝酒欢庆时,侍中萧思温就陪侍在座,同时在座的还有另外几个侍臣,他们同劝穆宗畅饮,让穆示饮得酩酊大醉,终于导致被厨人杀害的惨案。萧思温,就是萧太后的父亲,与耶律贤的关系比较接近。穆宗被害后,又是这个萧思温,立即拥戴着耶律贤入宫,在穆宗枢前即了皇帝位。景宗即位后,萧思温便做了北院枢密使兼北府宰相,他的女儿萧燕燕也随即入宫成为贵妃,过了两月,又当上了皇后。将这些分散的记载串联起来研读,是否能够觉察到一些痕迹或疑惑呢?这让人感觉到,穆宗之死与景宗即位,与萧思温当时的一些活动,好像有着某些联系。或者说有某种密谋,某种有意识的安排。但史书没有再多的记载,笔者也不便再做进一步瞎猜,只能写下一点感觉,供读者品味了。

耶律贤做了皇帝,庙号景宗。这位新皇帝,虽不像他的父亲、叔父做皇帝时那样荒淫残暴,却也对政务管理,没有多少兴趣和作为。这是因为,他患着严重的"风疾",行动不便,卧床的时候多,上朝的时候少,妨碍了他对繁重政务的关心和管理。他虽然是一位名义上的帝王,皇帝的职责,他却几乎视为一种负担,而委托给他最信任的一个女人去执行。这个女人,就是萧燕燕,是他的皇后。史书说,景宗时,辽国朝廷的"刑赏政事,用兵征讨"等国家大事,"皆皇后决之,帝卧床榻,拱手而已"。这种情形,颇有点儿像长期患头风病的唐高宗,将朝廷政事都委托给武则天处理一样。如果说辽景宗时,辽国的朝政,包括军事上,还有些成绩的话,主要都是萧燕燕的作为。

萧燕燕是个什么样的人呢?她是契丹名门贵族萧氏家族的一位千金。

萧氏与耶律氏,是契丹两个最显赫尊荣的家族。耶律氏是契丹的皇族,皇帝都是耶律氏的子孙;萧氏则是贯彻于整个辽代终始的外戚家族,契丹的皇后多出于萧氏。《辽史·后妃传》所记载的十四个皇后中,只有一个出于外姓舒鲁氏的家族,五个皇妃中,只有一个出于外姓甄氏的家族,其余都为萧氏。这萧氏并非汉族的萧姓,而是道地的契丹贵族,但与汉姓却也有些联系。传说,萧氏祖上本有契丹姓氏,但因仰慕汉人文化,而改取了汉族姓氏。在选择姓氏时,他们崇仰汉代著名丞相萧何的智慧与治国才能,因而取姓为萧。萧燕燕是契丹历史上第九个皇后,也是契丹皇后中最有智慧,最具治国能力,干练老成,而且取得成功的唯一女人。就这一点来说,她实现了她的祖上对选取萧姓的预想的期望。

史书说,燕燕的父亲萧思温,很爱读汉人的"书史",有较高的汉文化修养。燕燕是小字,她本名为绰。燕燕出于《诗经·邶风》的《燕燕》篇"燕燕于飞"句;绰出于《诗经·卫风》的《淇澳》篇"宽兮绰兮"句,有娴雅、舒缓、从容等含意。从这名与字的选取,也可以看出她出身的契丹贵族家庭里对汉文化喜爱的氛围。

但据史书记载，萧思温虽"通书史"，位至辽国的北府丞相，手握大权，却不像他的女儿燕燕那样有真正的治政才干和超人的胆略。《萧思温传》说，他在率兵抵抗后周军队的猛烈进攻时，以及后来抵抗宋兵的北伐时，表现都不佳，惧敌畏战，束手无策，面对强敌，不知计从所出；对于朝政，他也没有什么积极贡献，乏善可陈。舆论认为他既没有治军之才，也缺少治政能力，是个庸懦的人。然而，在玩弄权术方面，他却是还有一些智巧心机和手段的。他能在穆宗突然死去时，迅速拥立新皇帝，并及时将女儿送进宫中做上皇后，说明他在谋取个人利益时，确实有些小聪明。大约由于他行事缺少正道，因而树敌不少，所以，他在做了北府丞相不久，就在一次陪皇帝出猎时，被仇家杀死了。

燕燕与她父亲颇不相同，她胸有大局，每临大事有静气，能从容不迫地应付。行事有条理，有智谋心计，用人也比较得当。据说，她小时，在家参加清洁扫除，动作不快不慢，做事井井有条，物件摆放清洁整齐，连她父亲也不由得称赞："我这个女儿，将来治家必有方。"他哪里知晓，他的女儿岂止治家有方，治国也有方哩。

萧燕燕与景宗的结合，应该说是他父亲一手撮合的，是一场政治婚姻。虽说萧氏女人嫁为耶律氏的后妃，是辽国的传统。但在燕燕未入宫前，她已经与一个汉人青年韩德让相好了，而且她已经答应嫁给他。

这个韩德让出身于汉人官僚家庭，但具有契丹贵族家奴身份，犹如后来清朝的曹寅一家一样，虽受封官职，却仍然是满洲贵族的"包衣"——家奴。韩德让的祖父韩知古，在唐末被契丹人俘掠，做了契丹贵族的家奴。因为受到契丹贵族宠信，做了辽国的高官，为契丹贵族治理汉人，位居南面官的中书令之职。但他的契丹贵族家奴身份并未除去，契丹将此种身份称之为"宫分人"。上文那个曾经劝说耶律贤要隐忍不要对穆宗的行为发表意见的韩匡嗣，则是韩德让的父亲。韩匡嗣也做到辽国的南京（今北京）留守、西南面招讨使，封爵燕王。可见韩氏家族久已归化于契丹了，在辽国的政治地位，还是比较高的，因为与契丹贵族关系密切，所以萧燕燕会许嫁于他。

萧思温在新朝虽然因为有拥立之功，做到北院枢密使兼北府宰相，但他在契丹贵族中的评价并不很高。大约他担心自己的地位不稳，出于巩固他权位的考虑，他在拥立景宗的同时，他就急不可待地让女儿废弃了与韩德让的婚约，进宫做了景宗的贵妃，进而做了景宗的皇后，开始了对辽国皇室大权的染指。

燕燕并没有反对她父亲为她所做的这些安排，她是一个有野心、有抱负的女人，很乐意地成为辽国历史上又一位萧氏皇后。因为，她已经知道，耶律贤出于健康上的原因，不会有精力过问更多的事务的。果然，他一做上皇帝，就将治理国家的重负和对权力的控制，将军国大事的决定权，都委托给了自己的皇后。而这样的安排，正好为这个干练而又精力充沛的女人，提供了一个施展她的治政才干的平台，为她获得辽国最高执政的地位，开通了一条重要通道。

不过，萧皇后也没有忘记她旧日的相好韩德让。在她的授意与安排下，辽景宗封韩德让为东头承奉官;接着又任命他为枢密院通事、上京皇城使、彰德军节度使等重要职务。

有的史书说,萧皇后之所以重用韩德让,是因为她年轻,有"辟阳之幸",对于旧情人韩德让依然保持着感情上的往来。"辟阳"指汉代的男子审食其,因他受封辟阳侯而得名,他是著名的吕太后的男宠。"辟阳之幸",是说韩德让实际上是萧皇后的男宠。从后来萧皇后升到皇太后之后,与韩德让亲密无间,几乎像夫妻一样行事的许多行径看来,这种男宠关系也许是有的。但在景宗在世之时,恐怕不至于已经达到了一点不避行迹的亲密程度。尽管辽景宗为人比较大度,还有契丹民族对于家庭、夫妇、男女的伦理观念,不一定像汉人那样保守、执着、认真,不会对萧、韩二人的来往,有过多的嫉妒和限制,但萧燕燕与韩德让间此时的友好关系,毕竟不能太过分,否则萧燕燕的正式合法丈夫的面子,实在也难撑持下去。史书说,韩德让"侍景宗以谨饬闻"。说明当时韩德让至少在正式的场合中,还是谨守着臣子的名分和职责的。他并没有因情人被景宗所夺,而萌生怨愤或报复心理。

韩德让也并不是个只会依靠与萧后的旧情和特殊的关系才受重用的人。他为人比较厚重沉稳,由于其家庭的教养和汉文化的深厚熏陶,他富于理智与才华,有智谋藏韬略,会治国能统军,有一定的真才实学。景宗在位的十三四年间,他在协助萧后执政,率兵作战,抵抗宋兵的征伐,改革朝政,稳定辽国的政局方面,都出过不少力,有过贡献。

景宗对萧后是比较信任和依赖的。在景宗的支持下,萧后的执政地位越来越确定。这情形从保宁(景宗年号)八年(976)二月以皇帝的名义颁布的一道诏书中,可以看得出来。这道诏书:此后朝臣为萧皇后起草诏书时,其格式、规模、用语都要与皇帝的诏书一样,萧皇后的自称,一律要用"朕"等字样,并将此规定"著为定式"——作为朝廷公文的正式标准。这就以法律的形式确定了萧后的执政地位,与皇帝具有同等的地位与权力。这与唐高宗时明确规定武则天与唐高宗并称"二圣",共同执政的情形差不多。

然而,萧后的执政地位,并不是已经到了牢不可破、不受任何威胁的地步。因为在契丹皇室与其他贵族中,还有相当一部分有权势的人,并不完全认可萧后的权位,其中一些贵族怀有自己的政治野心,一直觊觎着皇位,只是碍于景宗对萧后的信赖与支持,才隐忍未发而已。

对萧后执政地位最严重的一次威胁和考验,发生在景宗患病去世的时候。乾亨(景宗所改的第二个年号)四年(982)八月,辽景宗到云州围猎。在尚和山突发急病,便急忙赶回上京。但才走到焦山时,就在行帐中病重死去,年仅35岁。史书说辽景宗死前留下遗诏,命其长子梁王耶律隆绪继承皇位,而将实际的军政大权都交给萧皇后掌握,规定一切朝政大事,都听皇后的诏命。又委命韩德让与皇族耶律斜轸同为顾命大臣,辅助萧皇后与新皇帝执政。

这道"遗诏"是否真是辽景宗遗下的,很难确定了。但无论辽景宗真的有否这道遗诏，都不能改变景宗死后形势的危急和严重。因为此时的皇帝遗体远在行帐，萧后也随在行帐，而辽都上京的朝野上下，拥有兵权，掌握大政，或者宗室势力强大的契丹皇室贵族，有二百多家；萧皇后虽然在景宗的支持和默许下，实际处理政务多年，却还没有培养起自己强大的势力范围，她和她的亲信都还没有掌握到绝对的兵权，她的外家亲戚，也多没有什么实权，难以给她以有力的支持、援助；她最大的儿子耶律隆绪，也才十二岁。如果那些心怀叵测的、握有军政权力又有野心的宗室大臣知道景宗已经去世，在京城造起反来，不承认什么遗诏，拒绝接受他们孤儿寡母回到京中，就像南朝后周的强势将军赵匡胤乘周世宗之死，从世宗遗下的孤儿寡母手中夺取政权一样，抹去大辽朝的皇权，她是难于控制的。此时的萧皇后，即便握有先皇的遗诏，也难以挽救她失去政权，甚至生命的命运，她的执政地位，实在是岌岌可危。她一想起此种暗淡前景，心中就不寒而栗。

她要竭尽全力巩固而且要加强已经到手的权位。

萧后内心紧张，表面却很镇定，照常接待随从大臣，指挥侍从人员，安排日常活动，不显露一丝惊慌之色。对众人好言安慰，稳定人心。同时，她一面委派亲信，增强警卫，封锁消息，一面又秘密差人，日夜兼程奔告远驻在另一处地方的南院枢密使韩德让——她的最亲密的情人、助手，最忠心的支持者。韩德让获知消息，也不等待萧后有无进一步的意旨，就秘密召集十几个亲信，长途奔驰，赶到行帐，见到萧皇后。

萧皇后见到韩德让，一阵惊喜，眼中饱含了泪水，说道："韩卿来了，事情就好办了。"她的一颗悬着的心，开始放了下来。她摒除了左右，与韩德让密商应急之计。韩德让道："启禀陛下，为今之计，绝不可声张，惊动诸人，特别是京城的王公大人们。宜一面诏告随侍诸臣，照常供职，各安其位，绝不变更，但也不许任何人擅自离开营帐；一面急速起驾，带领众人，日夜兼程，赶回上京。到了宫中，再图后计。"

萧后听从了韩德让的建议，在韩德让的安排下，乘朝野上下多数人还不知情，他们一行便已迅速地回到了上京。萧皇后的车骑急急忙忙奔进了皇宫大门，由韩德让指挥，布置好宫城的警卫，初步控制了局面。萧皇后这才彻底地、长长地舒了一口气，定心地喝了一碗奶茶。然后宣召南北两院枢密院及其他契丹族、汉族官员进宫，听候宣布大行皇帝驾崩的诏旨。

韩德让宣读了景宗皇帝的遗诏，他和契丹大将耶律斜轸便正式接过顾命大臣的名义与职权，佐辅景宗长子梁王耶律隆绪继任皇帝。新皇帝就在景宗的灵柩前即了位，后来所上庙号为圣宗，因称圣宗皇帝。遗诏同时还宣布圣宗的生母萧燕燕进位为皇太后，临朝称制，总揽朝政，拥有一切军国大事的最高决定权。众王公听到这几句话，大多面面相觑，说不出话来。韩德让则正式受命总管宫廷和京城的警卫，加封为开府仪同三司兼政事令，南院枢密使，参与国家大政的议论与决策，掌管南院汉官系统；顾命大臣耶律斜轸则被授予北院枢密使，掌管北院契丹官员系统。另外一位富于谋略、为萧太后所信任的契丹将军耶律休哥，则被任命总理南面军务,可以"便宜从事"。萧太后迅速地控制了朝政的全局。南院的汉官自不必说,北院的那些契丹大臣将军的贵族们,没有预料到萧太后的行动如此之快和果断,谁也不敢轻举妄动,乖乖地接受了萧太后称制的局面。

紧接着,萧太后又与韩德让一道,整肃那些仍然手握兵权、不甚安分的宗室亲王和大臣们,逐步剥夺掉他们爵位及实权。接着颁下诏敕,令原来聚集京师,常常聚会的亲王贵族们,立即各自回到自己的府邸,非经朝廷允许,亲王之间不许私自聚会饮宴,防范他们暗中串联,阴谋政变。不久,萧太后再诏命留在上京的契丹亲王们,将他们的家属,也召到上京来,作为实际上的人质,被太后监管起来。

经过整肃,辽国的军政大权及京城的禁卫大权,被萧太后牢牢地掌握在手中,辽圣宗也绝对服从他的母亲的决策和指导。萧燕燕被奉为辽国的国母,成了辽国真正的最高执政者、决策者,拥有了至高无上的、绝对巩固的执政地位,为她此后进一步施展治政、治军才能,开创了新的局面。

萧燕燕的杰出才能,不仅表现在她的政治生活的睿智与英明,也体现在她的情感生活的直率和开放。她不怕众人的非议,大胆地重用了她往日的情人韩德让,让韩德让有机会充分发挥他的聪明才智,参加辽国的治理。她对韩德让充分展现了女性的温柔,特别在景宗去世后,萧太后少去了一道形式上的束缚,她感情的表达,就更强烈和开放,无拘无束了。

辽圣宗成功地做了皇帝后,萧太后一面告诫这个才十二岁的少年,要充分尊重负有辅佐重命的大臣韩德让,要他像对待自己的父亲一样对待韩德让;一面又鼓励韩德让忠心地辅佐圣宗,将圣宗作为他的亲儿子一样看待。她对韩德让说:"我曾经答应嫁给你。我愿意延续旧日的那一分感情。我的儿子就是你的儿子,你一定要尽心尽力,不能辜负他!"

为了表彰、酬谢韩德让拥戴皇室的大功,她决定赐给韩德让"铁券誓文",以见证皇家对韩德让大功的永远铭记,和赐给他的一些特权。铁券上的誓文由圣宗亲自书写。然后召集南北院的契丹和汉族大臣做见证,参加的人都先要沐浴斋戒,在宫院中燃点香案,围聚在北斗星下,当众宣读了"铁券丹书"誓文。

为了表示给韩德让以最高奖励,萧燕燕赐给韩德让一个契丹皇族的姓氏——耶律,取名为德昌,后改名为隆运。不过,萧燕燕为韩德让取的"隆运"之名,从汉人的角度看来,有点不合规矩。因为,她既要她的儿子辽圣宗认韩德让为父亲,依照汉族的习惯,儿子与父亲的名字,是不能相同的。而辽圣宗既名耶律隆绪,再名韩德让为耶律隆运,看起来好像他们间又是兄弟一样,韩德让又成了萧燕燕的儿子了,一点没有规矩。也许契丹族在取名方面,没有汉人的这种观念,或者表明萧燕燕对韩德让的一种亲密的感情。

在萧太后的关怀下,韩德让还获得了另外一项政治上的特权。他虽然做了大官,但从身份说,他仍然是契丹贵族的家奴,这对于他和他的家族,都是一个永远的苦痛。萧太后特别加恩,解除了他契丹贵族家奴的身份,加入了皇室的谱籍"横帐"——犹如宋朝皇室族谱的"玉牒"——之中,而且承认他和他的家庭属于辽太祖耶律阿保机一族,列在辽景宗耶律贤的名位旁。

这还不够,她又封韩德让为晋王,特许他拥有上千人的庞大卫队,拥有专门的膳夫和大量的各族女奴。她要她的两个封王的儿子,每天到韩德让的营帐去问候请安。他们在距营帐两里路的地方就要下车步行。他们离开时,要并排站在帐外,向韩德让行礼告别,韩德让安然受礼。甚至规定辽圣宗去晋王营帐看他,也要在五十步内下车。韩德让出帐迎接,圣宗则先要向他作揖致礼。萧太后这样的安排,明显将韩德让当作了她的孩子的父亲,承认了韩与她的实际上的夫妇地位。

据一些历史文献的记载,萧太后还常常到韩德让的府中、帐中,与韩德让并排而坐,同坐同食,谈笑风生,商议国事家事,较一般的夫妇还要亲密。他们之间这样亲密的来往,并不怕形迹,不避国人,甚至不避外国使节。宋朝官员曹利用出使辽营,商谈和议时,就见到萧太后与韩德让并排坐在驼车上,一面吃饭,一面接待宋使,进行谈判。这是苏辙的《龙川别志》中所记载的。

萧太后对韩德让的情爱之强烈,从她对偶然冒犯韩德让的契丹官员的严厉处分中,也可感觉到。契丹贵族喜欢打马球。有一次在马球场上,一个正在打球的契丹将军,因为胯下马匹冲驰得太猛,将韩德让撞下马来,让他受了点小伤。萧太后竟勃然大怒,吩咐贴身侍卫当场将这个莽撞的将军擒下马,推出营门斩首。在场的侍臣,无论是契丹人还是汉人,都被太后的威严震慑住了,谁都不敢出声,不敢说情。

还有一个例子,萧燕燕当年进宫后,韩德让见婚姻已无望,便另娶个妻子。可是,当萧太后与韩德让续上旧缘后,为了独自占有她心爱的人,竟然派人去将韩的结发妻子杀了。虽然她是出于对韩德让的浓烈感情,却也太专横太残忍了。

萧后与韩德让的关系,确似夫妇一般,而且非常公开。这在宋朝的官员人士中,曾引起一些议论,但在辽国,却没有引起他们的国人关注和非议,甚至连辽圣宗也接受了他母亲的这个旧情人,对他十分尊重、亲近。后来韩德让死时,萧太后已先死,辽圣宗为他举行隆重的丧礼,就像为萧太后举办丧礼一般,规模庞大,皇帝、皇后、诸亲王、公主等,以及南北大臣,都到灵堂哭奠。灵柩将发时,圣宗还亲自挽车哭送,走了一百多步才停止。将他陪葬在景宗的乾陵旁边。规定所有张挂辽景宗画像的殿室,都要同时悬挂韩德让,即耶律隆运的写真像。

这件事,在汉族主政的北宋皇朝的人士看来,是很奇特的现象,很不可理解。所以宋代有的文人对之有些另外的解释,如王偁《东都事略》评述此事时说:"然(萧太后)天性残忍,多杀戮,与耶律隆运通,遣人缢杀其妻。又幸(私通)医工特哩衮,有私议其丑者,辄杀之。隆绪畏,莫敢言。"然而萧太后在日,辽圣宗固然可能因为畏惧太后的威权而敢怒不敢言,可是萧太后死后,圣宗仍然像往常一样地尊敬韩德让,像给自己的父亲办丧事一样办理韩的丧事,就不太好理解了。从辽国方面的文献看来,并没有什么对萧太后的非议留传下来。说明在辽国的皇室朝野上下,对于萧太后与韩德让的关系,确是视为很正常的,并非由于暴力、威权而作的屈从。也许除了契丹民族的风俗习惯、伦理观念与汉民族确有差异外,与萧太后个人性情、风格,与她的辽国"国母"的权势地位,与她在辽国朝野享有的巨大的威望分不开。换了别的契丹女子,产生如此的事,可能不一定会为众人所接受。不过,清人厉鹗为萧太后辩护说:"(萧后)史称贤后,隆运'辟阳'之幸,其说(谓王《东都事略》之说)近诬。"似乎连萧韩二人的亲密关系也否定了,未免太过。

韩德让没有辜负燕燕太后对他深挚的关爱。他除在充分满足萧太后的情感外,也尽心地对萧太后与辽圣宗一朝的政治改革和军事行动,提供了很多有益的意见和帮助。杰出的契丹女杰萧太后的崛起和成功,与韩德让的倾心辅佐,密不可分。

女主政事　勇于改革

契丹本是游牧民族,在中原文化的影响下,建立了自己的国家辽国。这个国家虽以契丹族为主,但汉族与其他少数民族在人口中也占了很大比例。以一个文化落后,且人口绝对少于汉族的民族,契丹人想要长治久安,永保耶律氏家族皇室的地位,光靠军事强力和契丹本族的力量,是远远不够的。契丹统治者还是很聪明的,他们不拒绝接受汉文化,不将汉族的上层人物和士族完全排斥在国家的统治集团之外,而是有限度地让他们分享一部分权力。他们也想出了个"一国两制"的办法,在朝廷的绝对控制和有效管理下,建立了北院与南院两套政府,各设枢密院,各置宰相与枢密大臣,分管契丹人和汉人事务。北枢密院官员大臣,由契丹人担任,官制与法制系统,都依契丹的传统,负责对契丹本族人的治理;南枢密院官员大臣,参用部分汉族人士,官名、官制,参用汉法,负责治理辽国管辖下的汉人。这套制度相当有效,它在一定程度上缓和了辽国国内契丹人与汉人间的矛盾,稳定了社会秩序,维护了辽国政权的生存和发展。两百年间,辽国的疆土与国势,一度扩张得很大,东起渤海之滨,西至西域,北面囊括了塞外大漠地区,南面到今天北京、河北、山西一带。俄语称中国国名为"格塔伊",应该就是契丹国名的译音。之所以会产生这样的称呼,其原因大约在于,俄罗斯位于中国北方,他向东方拓展时,正当契丹国横亘在整个北中国。契丹数百年的强大存在,让俄罗斯人较早、也是较多接触到的中国人,主要是契丹人。因此,他们便将契丹国名,当作整个中国的国名了。

契丹人参用汉法虽然较早,但是他们在相当长的时期内,依然保留着很多本民族的生活习惯和法规制度。尤其作为主要统治民族,契丹人对其他民族,特别对汉族,存在着根深蒂固的偏见和歧视,存在着严重的民族压迫。汉人在种族上,政治、法律上,都被压低一等。契丹贵族多延用其传统的法律和习惯,强加于汉族和其他民族。凡是契丹人与汉人或其他民族间的事务,他们都按有利于契丹人的契丹旧法和习俗处理,严重地偏袒契丹人。例如,契丹人和汉人之间斗殴,契丹人致汉人死亡,只要象征性地赔偿几头牲口了事,而契丹人一方如有伤亡,汉人则将被处斩,妻子儿女还要罚做奴婢。汉族农民的田地、牛马常被契丹贵族或政府掠夺,无偿征用,田地荒芜,家人流亡。生命、财产的安全都得不到保障,即使有些汉人——尤其是那些具有"宫分人"身份的汉人——在辽国政府中,做了高官,但在契丹人的社会里,他们的社会和法律地位仍然要低一等,依然是奴婢。

前面也提到过"宫分人"这个名称,这里稍做一点解说。所谓"宫分人",是契丹皇室贵族通过战争或其他手段虏获的家奴,他们分隶各亲王贵族的宫帐,为契丹贵族服劳役。"宫分人"之名,或许由此而来。宫分人应是契丹语的意译,音译则当为斡鲁朵,或作斡耳朵,本义为营帐、宫帐。"宫分人",即营帐里的用人、奴婢,如此一释,意思或许更易清楚。"宫分人"中有汉人,也有契丹或其他民族的人。他们有的长期为主人服役,获得主人信任,有的人可以得到一定程度的自由,可外出做事,甚至做官等等,但因有个"宫分人"这个身籍,在没有"出籍"前,他们永远都是原主人的家奴,遭受契丹人的歧视,始终要夹紧尾巴做人。韩德让就是一个鲜明的例子。因为他的宫分人身份,虽然贵为南院宰相,契丹的将军们依然瞧不上他,这才会发生前文说到的在马球场上,被横冲直撞的契丹武将,撞下马来的事。而当此莽撞的契丹武人被萧太后处死时,众多契丹贵族、官员都惊呆了。(参见上文)因为从来没有契丹人为汉人偿命的事,何况韩德让只受了点小伤,并未丧命。这起事件,在很大程度上是由于萧太后对韩德让的特别关爱,但似也含有一些有意纠正习惯法规上过于偏袒契丹人的意味。如果没有萧太后背后撑腰,韩德让说不定被契丹贵族整死了也不一定。

长期以来,此种蕃汉不平等的现象,在辽国已经司空见惯。结果不仅是汉民破产,生活困苦,契丹朝廷的财政收入也大量减少,难以维持庞大的政府和军费的开支。虽然他们可以继续用传统的暴力手段,掠夺其境内境外汉人的财产补充用度,但并不能给他们以长期稳定的财政收入,伴随着更多的杀伐和屠戮,生产越加破坏,财政则更加困难。这不是一个正常的国家的管理方式。因此,那些稍有识见的契丹人士,都希望进一步向汉族的文化和治国的方式学习,改变本族落后、野蛮的风俗习惯和管理国家的方法。在契丹政权中做事的部分有学识的汉人,也积极提出各种变革的建议,帮助耶律皇室统治者更多地采用汉法,加速汉化的过程。

萧太后便是在这关键时刻,在契丹历史上涌现的一位杰出的、勇于实行政治变革的奇女子。

她在辽景宗朝做了十三年皇后,在辽圣宗朝做了二十七年皇太后。她的变革,应该说从景宗时期就开始了的。如景宗保宁八年,曾有诏令恢复南京(今北京)礼部贡院,正是打算在辽国恢复科举取士的重要的一步,无论从政治上的用人制度,还是文化上的尊礼读经来说,都是一项重要的改革。此道诏令虽然是以景宗名义颁布的,但实际处理政务的还是萧燕燕,所以可以看作是她所施行的一次变革。不过,萧太后的大量的变革措施,是在辽圣宗时,在她做摄政皇太后,当上辽国国母,完全执掌了辽国军政大权的时候。此时的军国政事,全由她最后决定,政令由她发出,只不过大多数情况下,用皇帝的名义发布诏书而已。而辽圣宗本人在萧太后的教育下,也赞成和热心参加改革,是萧太后改革的支持者。她的施政,有极大的自由度。诸多条件,让她能够积极推动起辽国的社会改革来。萧太后的改革,可以看作是在她的主导下,与辽圣宗一起进行的。

萧太后的改革,自然也得到了她的亲信、汉人大臣韩德让、室防,以及契丹将军耶律斜轸、耶律休哥等人支持、参与。

她在统和元年(983)临朝称制时,即在韩德让等人的帮助下,果敢免去相当数量的契丹亲王、大臣的职位,剥夺了他们的兵权,削弱契丹保守贵族对变革的反对力量,可以看作是她深入推行改革措施所做的准备。

作为萧太后搞变革的得力助手,韩德让提出过各种改革的建议,如提倡选贤任能,改革用人制度;如提倡学习儒家经典,加强崇奉孔子及其他儒家圣贤;如正式实行科举考试制度;如主张轻徭薄赋,安辑流民,鼓励开荒种地,重视农业生产,进一步改变契丹人过度依靠放牧打猎的生活习惯;如善待汉民及其他少数民族,改革法制,等等。

萧太后所信任的另一个大臣室防,也是一个忠心耿耿的,有学问的,善于治理国家的人。他是辽国南京(今北京)人,曾中过进士。入辽后,获辽太宗的信用,曾任辽国南京副留守,参加编修过辽国国史。圣宗统和二年,他受委派,去赶修一条急用的道路。他很快就调齐了二十万民工,一天内将路修筑而成,为众人所叹服。萧太后时,他与韩德让、耶律色珍密切合作,特别关注纠谪朝政中的各种弊端,积极地参与变革,史书上说他是"知无不言,务在息民薄赋","法度修明,朝无异议"。

萧太后的另外两个得力助手,主要在军事方面给了她极大的帮助。这两位都是契丹人,是圣宗即位时的顾命大臣。一个叫耶律色珍(一作耶律斜轸),是萧太后的女婿。但她并不避嫌,委以北院枢密使的重任,并统率大兵与宋军作战。色珍作战勇敢,富于谋略,屡立战功。因有他的支持,萧太后的改革才得以顺利进行。另一人叫耶律休哥(又作耶律休格)。此人不但富于谋略,擅长作战,累建功勋,也积极参与改革。他在对宋军的作战取得首次战役的胜利后,被委任为"总理南面军务",全权负责辽国南京地区(幽燕等州)的防务,准备对宋军的战斗。萧太后在任命时,给了他"便宜从事"的权力,他从改革军事制度的角度,积极领会萧太后的意旨,在所辖区域内劝课农桑,注重发展农业生产;并且整军经武,创立军队的"更休法"。其法大约是将军队分为几部分,一部分参加日常防务,一部分休整蓄养军力,一部分垦荒种地。他所戍守的南京地区,农业生产有一定程度恢复,军队的给养有所保障,作战能力也得到很大提高,为在后来的辽宋攻防大战中取得战争胜利,作了充分的准备。

萧太后的改革,大约体现在以下几方面,一是政治体制,二是农业生产,三是文化风俗和礼制。

政治体制方面的改革,主要是选贤任能,整顿吏治。辽国虽然实行南北两院制,蕃汉分治,契丹人依然掌握绝对的权力,北院官员全用契丹人,南院的重要官职亦由契丹人担任,汉官的发言权并不高,而契丹官员的任用则较滥。萧太后决心依照选贤任能的原则,不分蕃汉,一体任用,赋予有能力的汉族官员以更重要的职位和更大的权力。如对韩德让的任用,就是一个例子。韩德让虽然是汉人,又有宫分人身份,但因武能带兵,文能治国,对改革有很多好的主意,所以萧太后不仅用他为南面枢密使,甚至让他兼任只有契丹人才能担任的北面枢密使,一个人,而且是个汉人,同时掌管南北两院。这自辽高祖以来,韩德让还是第一人。

韩德让不但力主任贤选能,网罗遗才,还身体力行,不计恩怨,力荐人才。

有过一个典型的例子。一个叫额布勒的武官,能文能武,有带兵能力,但就是性格粗暴倔强,得罪了不少人,长期没有得到重用。有一次,他与官员耶律杨珠激烈争执。杨珠虽是契丹人,却有"宫分人"的身份,额布勒便骂他:"你这个狗奴才!"

杨珠感到受到极大的侮辱,就告到时任北院枢密使的韩德让那儿。韩德让责问额布勒:"你额布勒凭什么骂人奴才? 你有本事得到这样的家奴吗?"

额布勒也不大瞧得起"宫分人"出身的汉人枢密使,语带讥讽地答道:"那还不容易,'三父异籍'的时候随便就可抓到几个。"

三父,古书中没有做解释,但依上下文义,似可解读为指大父、祖父。异籍,指身籍、身份变化,即指由自由民被降为宫分人、奴隶。韩德让的祖父韩知古,正是在六岁那年,辽高祖征讨蓟州时,被淳钦皇后的兄长萧欲稳俘获,后来作为淳钦皇后的陪嫁奴隶,跟着来到宫里,是典型的异籍家奴。额布勒用这句话来顶撞韩德让。很让韩德让恼火,但他面对一个如此粗暴的契丹武人,也不便发作,仅轻微一笑,将心中的怒火压制下去。随后好言慰解,劝二人各回营帐。额布勒见他的挑衅并没有发生作用,也感到没趣,就悄悄地回去了。

可是额布勒没想到,韩德让后来竟推荐他做了高级统兵官。一天,萧太后要求韩德让举荐一个人做"统军使",带兵去边境镇抚"诸蕃"。韩德让想了一下,便推举了额布勒。萧太后知道额布勒曾经讥讽韩德让,曾想惩罚额布勒,为韩德让出口气的,不想韩德让推荐了额布勒,很感意外,就问:"额布勒那样恶狠狠地冒犯爱卿。他有什么特别的才能,值得爱卿荐举?"

韩德让答:"额布勒性格刚强,不畏权势,臣官至宰相,他却一丝不畏惧,其他还有什么人会让他恐惧呢? 此人一定能担当大任,镇压住那些不安分的蕃部边民。臣受辱事小,国家用人事大,臣不得不举荐。"

韩德让一番答话,让萧太后赞不绝口,夸道:"爱卿能够不计嫌隙,荐进贤才,辅佐朝政,真是尽到了大臣的职责啊!"

恢复科举,从汉族读书人中,选拔人才,是萧太后的一贯主张。辽国开国以来,并不重视汉人王朝长期实行的这项制度。直到景宗保宁八年，才下诏恢复辽南京礼部贡院，保宁九年（977），取了辽国第一个进士易州人魏璘。此时萧太后已在主政，这次的诏书应当是她颁发的。不过此后景宗一朝再未见过有关录取进士的记载。还有笔记说，圣宗统和二年（984）、五年（987）都录取过进士，但《辽史》中都无正式记载。直到圣宗统和六年，才有正式开设贡举的诏书，并"放进士高进等二人及第"。此后，科举考试便在辽国固定下来，成了常行的制度，多数时间里是隔年举行，但有段时间，几乎是年年录取进士。初期只取一二人，后来增至数十人。辽圣宗以后，直到辽天祚帝，此后的辽国皇帝，都坚持了开科取士的办法。这说明萧太后的这项改革，是取得一定成效的。

　　法治的整顿，是萧太后改革的又一项重要内容。虽然在辽太祖神册年间，在制定治理契丹及诸夷之法时，已经明确规定"汉人则断以律令"，对汉人施汉法，但在实际的执行中，依然常用契丹旧法来治理汉人。尤其牵涉到汉人与契丹人相关的案件时，更是完全依照契丹的习惯法，极端袒护契丹人，歧视和打击汉人。同一殴击致死亡的命案，契丹人可以用罚钱物牛马了结，汉人则必须处以斩刑，并罚没财产及将家属罚为奴婢。同罪不同科，大量汉民蒙冤受屈，呼告无门，深化了民族间的矛盾冲突，也危及契丹王朝的统治。萧太后深切了解此种弊病，因此下诏再次明确了神册年间所规定的治汉人用汉法的精神，并规定契丹人犯法，也应采用汉律治罚，取消带民族歧视性的契丹旧法规。新法规定，无论契丹、汉人，一律依汉律治罪，同罪同罚。这一条改革，极为重要，因为它牵涉到在辽国生活的大多数汉人的利益，也牵涉到契丹法律的进步。

　　萧太后常常教育年幼的圣宗皇帝，要宽法省刑，体恤民情。在此种教育下，辽圣宗也锐意于法治的改革。《辽史》说，当时萧太后、辽圣宗母子二人所"更定"的法令有"十数事"之多。其他重要的更定的法规，诸如统和十二年（994）颁布一条诏令，规定契丹人犯了十恶之罪，也须依汉律处斩，不像过去那样仅以杖责或罚没财产了事。又如契丹旧法规定，囚犯被处死刑，必须在街市上暴尸三天，死者家属才可收葬；而新规定则减为一天，次日即可收葬。还有，统和二十四年（1006）的诏令规定，奴婢犯了罪，即使是死罪，也必须送到官府治罪，严禁奴婢的主人私自处死。这些新规定，都有一定的进步意义。

　　但是法规的执行也不是一帆风顺的。韩德让发现，辽国上京、西京、南京等地的一些官员，审案中收受当事人钱财，枉断案狱，有罪的不判刑，私自释放；无罪的而请托不到的，则受不住酷刑拷打，往往屈打成招，冤狱满市。他将所知道的情况向萧太后奏闻后，萧太后不但即派遣官员前往各地复审，还经常亲自前往审理，那个时候，这种重审案件，平反冤狱的做法叫作"录囚"或"决滞狱"。从统和元年开始，几乎每一年，萧太后都要到各地去"亲决滞狱"。

　　释放奴隶，奖励垦殖，适度限制游牧活动，大力恢复关南地区的农业生产，是萧太后施行改革的又一项重大的内容。

契丹人本来实行的是奴隶制度,靠掠夺财物和奴隶来维持其游牧生活。《辽史》说:"契丹旧俗,其富以马,其强以兵……马逐水草,人仰湩酪,挽强射生,以给日用,糇粮刍茭,道在是矣。"意思是说,契丹人原来以马匹为财富,马匹既可载人作战,又可为战士提供肉食和乳汁,战士饥可食,渴可饮,而粮食柴薪,随路抢掠,即可满足,并不需要农业提供食粮财用。

自辽太祖以来,大量汉族和其他民族的平民被掠为契丹人的奴婢。然而,这大大妨碍了辽国经济向农耕经济的发展。

但是随着契丹的建国,有了宗庙宫室,百官郡县,生活也讲究了,用度也多了,对钱财的需求也大了,也就逐渐对农业,对农业生产的劳动力的重要性有了更多的了解。

辽太宗就曾诏令"有司劝农桑,教纺绩",并将一些水草丰美的土地,交给一些将士去耕种。行军作战时,屡屡诫谕部下,不要妨碍农桑,有一次,他还发布一道诏书,诫谕各道军队,行军之中,有敢践踏农田损害庄稼的,以军法论处。

但在那戎马倥偬的年代,他的这些诏谕,是否真能执行,令人怀疑。

到了穆宗、景宗时代,辽国的国势已经衰退,对外战争掠夺的所得越来越少,景宗、圣宗、萧太后等人更加深刻地认识到,契丹人再也不能像过去那样,轻松地上马杀人,下马吃肉,衣食无忧了;只有开垦土地,种出粮食,才是财赋衣食无穷之源。因此,他们在韩德让等人的帮助下,采取了不少重视和振兴农业生产的改革措施。

第一,萧太后毅然决定改变契丹贵族无限制地掠夺占有奴隶,将大量汉族农耕民众变成契丹贵族农奴的局面和方法,于统和十三年(995)四月,以皇帝的名义,下了一道诏书,命令将辽穆宗应历年间(951—968)以后,被"胁从为部曲(奴婢)"的人,都还原其平民身份,归州县管辖。此后,凡在战争中捉到的敌方俘虏,或放或留,任其自便,奖励他们在辽国耕种、生活,不再当作贵族的奴婢使唤了。这项改革,基本上是针对汉族农民的。其效果是,为恢复农业生产提供了许多劳动力,为辽国政府增添了许多完粮纳税的农民。

第二,禁止契丹贵族和军队再占良田沃壤作游牧场所。保护农田,禁止妨碍农时。统和七年(989)、十四年(996)、十五年(997),都发布诏令,契丹军队在祭祀山神、举行田猎、放牧牛羊时,严禁霸占农田、践踏庄稼、妨碍农耕操作。甚至诏令狱官加紧处理案件,以免拖延不决,妨碍农民耕种。

第三,奖励垦殖,尤其鼓励、允许农民垦殖田主因战争逃亡而荒芜的土地。还在辽景宗乾亨四年(982),就发布诏书,令各州郡逃户的田庄,允许汉人及各少数民族农民去佃种。这些经人承租的无主土地,原主人在五周年回来认领本业的,新佃户只需将所耕种的三分之二的土地交还原主人;十周年内回乡的,归还一半土地;十五周年内原主人回来的,只归还三分之一。有人冒认承租者的土地,从严治罪。到圣宗统和四年,经韩德让奏准,对那些深受战争灾祸和灾荒的州县,迅速采取救助措施,减免当年以至未来数年的赋税,重申允许失去土地的农民领种无主的第四，轻徭薄赋，减免田税，减轻农民负担。如统和四年，根据室昉、韩德让等人建议，免除山西等地租赋；统和十三年，减免前一年所欠之租赋；统和十五年，减免流民的租税，等等。但是，一些地方官员，并不领会萧太后等人扶植农业生产的用心，却仍一味向农民征税。当时，辽国南京（即今北京）地区的官员竟要向农民征收一种"农器税"，就是农业生产最常备的农具如锄头、镰刀等等都要征税，其他赋税之重，可想而知。韩德让知道后，即向萧太后奏闻。此后这种不近情理的苛捐杂税就被取消了。

第五，给牛给种，扶助救济受到战争和天灾摧残的农民。如统和六年（988），先遭霜灾，后遇旱灾，萧太后令官府除发钱物赈济灾民外，又将部分灾民迁徙到比较富足一点的州郡，发给谷种和耕牛；统和十二年（994），赐给南京统军司贫户以耕牛，等等。

第六，春耕秋获的季节，派遣劝农官员，至各地鼓励和督促农民的耕作，养蚕植桑，严厉禁止农村中的无业游民。

第七，提倡军队中也奖劝农桑。

文化方面，第一是提倡儒家文化，学习中原礼俗。统和十三年，诏修诸州的孔子庙及黄帝、大舜等先圣先哲祭祠，以儒家的伦理、学说、思想、精神、礼制，改造契丹的文化、思想和社会习俗。第二是开科取士，诏郡邑贡明经、茂材，选拔人才。学校教材用朝廷颁的《五经》传疏。在学习中原儒家文化方面，萧太后和辽圣宗既是提倡者，又是带头实行者。萧太后对中原文化的爱好和素养，前面已经介绍过。辽圣宗在萧太后的教育下，他的中原文化的造诣也是很高的。《辽史》说他"幼喜书翰，十岁能诗。既长，精射法，晓音律，好绘画。"他好读《贞观政要》，尤其推崇白居易的诗，说："乐天诗集是吾师"，诏令文臣将白居易的文集译成契丹文，让那些还不懂汉字的契丹大臣，也能欣赏到这位唐代大诗人的锦绣诗文。

在萧太后与辽圣宗的一系列的改革下，辽国的国力和元气逐渐恢复起来。

智勇双全　挫败大宋

契丹民族起家于游牧渔猎，善于骑马射箭，奔袭战阵。契丹妇女也不例外。《辽史·后妃传》说："辽以鞍马为家，后妃往往长于射御，军旅田猎，未尝不从。"辽国的许多皇后，都曾征战沙场。辽太祖耶律阿保机的皇后就曾率领蕃汉精兵，参与南征北讨。萧太后的军事才能，不但在契丹皇后中，就是在众多的契丹军事将领中，也是一个佼佼者。她勇敢善战，胸藏韬略，每有大战，总是与她的丈夫或儿子一起，亲临战阵，督率三军，决策于庙堂之上，决胜于战阵之中。是个驰骋于金戈铁马、血雨腥风的战场之上的女中豪杰。

宋太祖建立大宋朝以后,南方的宋朝,就成了契丹国最强大的敌手。为了收复长期被契丹占领的燕云十六州的土地,大宋朝继承了北周的事业,与契丹朝廷进行了长期激烈的战争,数次北伐。在与宋的军事对垒中,萧太后充分展示和运用了她卓绝的军事指挥才能,累次挫败宋朝雄师的进攻,取得战争的胜利。

但文献中缺少她在辽景宗时期,督率军队,参与战事的记载,这大约是因为景宗在位,她虽参政,但还仅仅起辅助作用,史家记载的着眼点仍落在皇帝身上之故。而考之实际,辽景宗既生性"仁懦",又"沉疴连年",连登鞍跨马之劳也极吃力,哪能常常亲临战阵,平常之朝政多委托皇后萧燕燕处理,而国家的战争大事,以她那刚烈的性格,干练的作风,难以想象她会不代替夫君,披坚执锐,亲临战阵,督战指挥的。后来,她做到皇太后,临朝主政后,文献中关于她戎马疆场,指挥三军,对抗敌骑的记载就较多较详细起来。这是因为,她既主政,主持军国大事,披坚执锐,临阵杀敌,自是她的职责所在。况且,圣宗年幼,难以亲自统率军队,也不能不更多地依靠萧太后,史家也难以忽略了。在景宗,特别是圣宗时期,辽与宋的多次重大的战争,都有她戎装立马,督率三军,指挥若定的身影。辽军也每因他们的"国母"的亲征,而士气备受鼓舞,屡建战功。

萧太后在主政的数十年中,经历过许多次与宋朝的战争,而其中重大的,有决定性影响的战争,大致有三次。一次是公元979年,宋太宗太平兴国四年,辽景宗乾亨元年,宋太宗灭北汉后,移师伐辽的战争。另一次是公元986年,辽圣宗统和四年,宋太宗雍熙三年,宋军分三路,大举进攻辽国的南京,企图一举收复燕云十六州故地的辽宋大战。这两次战争的发动者都是北宋的军队,而辽军一方则获得最终的胜利。还有一次,是公元1004年,宋真宗景德元年,辽圣宗统和二十二年,萧太后与圣宗南下侵宋,澶渊缔盟的战争。这次战争,是由辽方发动的,在萧太后的主导下,以有利于辽国的经济与政治利益为条件,与大宋朝廷讲和而告终。

第一次辽宋大战时,辽景宗还在位,萧燕燕还只是景宗的皇后,所以史书中关于这次战争的记载,多只说到景宗的诏命和指挥,没有提到萧燕燕在战争中的作用和表现。但景宗实际上是个没有多少实际能力的皇帝,他喜好歌舞宴乐,不喜战阵,而且生性"仁懦",又"沉疴连年",连跨马登鞍都困难,要他真正亲临战阵,督率三军,指挥打仗,是很困难的。他早就将军政大权委托皇后管理。所以,这次对付宋军大举进攻的战争,名义上说是景宗指挥的,实际上,许多军事上的部署,应当出于萧皇后之手。辽国在此次战争取得的重大的胜利,应该被看作是萧皇后在军事上的初试身手。

这次战争发生时,是大宋立国已经近二十年的时候了。经过多年的军事的和物资的蓄备,宋军已对战争做了较为充分的准备,宋太宗决定发动收复北方国土的战争。太平兴国四年(979)二月,他部署了大军,首先向位于今山西太原一带的割据政权北汉发动进攻,拉开了北宋朝廷第一次北伐战争的序幕。

北汉是辽国的保护国,也是辽国的羽翼。宋太宗的意思,在于先翦除掉羽翼,再进攻辽国本部，就无后顾之忧了。

当北宋大军杀来，北汉主赶紧向辽国求救。然而，辽国此时刚度过世宗、穆宗之乱不久，虽然正在景宗和萧后的治理之下，国力有所恢复，但实力尚不足，所以虽然出动军队救援北汉，半路上被宋军狙击，大败而归后，不敢贸然再向北汉派兵。北宋大军于二月向太原发起进攻，太宗皇帝亲临前线督战，经过近三个月攻坚战，北汉主在断了外援的情况下，终于投降宋军。宋军取得军事北伐的第一个重大胜利，但在军力和物资上的消耗也很大，人缺粮饷，马乏草秣，人困马乏，众心思归，哪里还想继续作战。许多将领都主张应该暂时休兵，班师回朝，让军队和百姓休养生息，积蓄力量，再攻幽州。可是宋太宗被宋军的首战胜利冲昏了头脑，认为辽国守卫幽燕地区的兵力不多，而且多是老弱残兵，容易攻取。他求功心切，想乘大胜之后，军威远震，贾其余勇，一战可下幽州，完成数代以来未完成的北伐复土大业，建下千古奇功。他决定连续作战，立即进军幽州，不给辽兵以喘息之机。他的决心，谁敢再阻挡。于是经过数月鏖战的宋军，还没有得到充分的休整补充，攻下太原城后的第17天，就被统帅带领，移师东进，直捣辽国占领的幽州。

新的一轮战争开始了，初期，宋军取得了一些胜利。辽国许多州郡的守军和官员，降的降，逃的逃，人心惶惶，多无守志。宋军势如破竹，顺利进到幽州城下，立即展开了攻城战役。幽州城被密密匝匝地围了三层，宋军又是垒土山，又是架云梯，又是放火箭，日夜攻城，杀声震天。幽州城中的守兵，大多是老弱残兵，但是，幽州城城墙颇为高大坚固，守城的统帅是辽国的南京留守韩德让，他在城中组织起坚强有效的防御，坚守了十五个昼夜，宋军久攻不下，白白消耗了将士们的体力，挫尽了锐气，也贻误了战机。就在宋军在幽州的坚城之下浪费时间时，辽国已组织起强大的援军，向筋疲力尽的宋军掩杀过来。

再说辽国的景宗和萧皇后得知北汉投降，宋军移师东进后，就召集众大臣和军事将领们开会，商议对策。他们决定一面通知韩德让无论如何要坚守住南京，拖住宋军，消耗其力量，一面派大将军耶律休哥率领的十万大军，驰援幽州，夹击宋军。耶律休哥也是个会打仗的人，他根据萧后的安排，一方面命大军从西山急驰而南，星夜前进。行进中，他命军队虚张声势，夜里，每个兵士手持两把火炬，像一条火龙；白天，每个士兵手举两面旗帜，像红流滚滚。他故意让宋军侦知，以惑乱宋军将士的心，影响其士气。另一面，他选出了精骑三万，衔枚急奔，连夜从别的道路，绕到宋军的南面，再转向北，包抄奇袭宋军的后路。

此时，宋太宗还在严厉督率军队拼命攻城，他想抢在辽国援军到来之前，攻下幽州。他没有想到辽国的援兵来得那么快。

但宋太宗也有些不把辽军放在眼里，当军探报告耶律沙率领的辽国援兵已经出现在幽州城外的高粱河上时，他才调了部队去狙击。不过，宋兵虽然已经很疲乏，且事出仓促，但作战仍然很勇敢，一场凶猛的厮杀过后，耶律沙的援军竟被打败，准备掉头逃跑。但他们和宋军都没有料到，由南路包抄的辽军正好赶到，并且立即投入攻击宋军的战斗。耶律沙见宋军背后遭到本国军队的袭击,急忙稳住阵脚,返戈再战。已经精疲力竭的宋军,哪里还经受得住敌军两支生力军的前后夹击,阵脚立即大乱,士兵们四散溃逃,将领控制不住,也跟着逃跑起来。宋太宗挥剑斩杀了几个逃兵,但哪里阻止得了这如决堤洪水般的军溃,他被溃兵们拥着,也只得跟着逃亡。他一口气逃到涿州,身后留下一万多宋军将士的尸体,这些英勇而筋疲力尽的军人们,就这样为国捐躯,永远躺在幽州城外的高粱河上,河水都被将士们的鲜血染红了。

打了胜仗的契丹军队紧追不舍,跟着追到涿州。此时宋太宗喘息未定,不得已,临时找到一辆驴车,在亲兵的拥簇下,他登上驴车,一颠一颠地继续逃命。最后总算安全逃到范阳。在范阳,他急速安排得力将领和重兵,重新部署了各关隘要塞的防务,阻止契丹的追兵。此后,他才宣布班师回京,他的第一次北伐就这样结束了。

这次战争中,宋军损失了大批身经百战的将领和士兵,遗弃了数不清的辎重粮草,铠甲器械。多年的积聚,毁于一旦。这场恶仗,称为高粱河之战。辽方取得了重大的胜利。此后数年,宋军不再敢提北伐的事。不过,宋军虽然吃了大败仗,人员、物资损失惨重,但元气还没有彻底丧失。此后辽兵曾大举兴兵,南侵镇州,却在镇州城下,被北宋守军打得大败,丢下一万多尸体,丧失三个大将、一万多匹战马。偃旗息鼓逃回契丹本土。宋方报了一点仇,挽回了一些面子。

对于宋军在这场战争中失败的原因,当时有不少人认为,首先是宋太宗在战略、战术上犯了很大的错误。他不该先竭尽全力去攻打北汉,让辽军得以坐山观虎斗,以逸待劳。而是应养精蓄锐,扫平四海,先取幽州。幽州平服,北汉失去保护,便会不战而下。第二,既已经过多日苦战,攻取了北汉,将士们已经筋疲力尽,不应当马上就移师进攻幽州,以疲惫之卒,数百里奔袭,前往攻打以逸待劳、养精蓄锐的辽国军队,为自己埋下了失败的种子,岂有不败之理。这些意见,都不无道理。不过,还有一种意见认为,这幽州根本就用不着攻取,特别不应用战争手段收复,因为此种手段危害和平。这种意见有些似是而非,因为他们忽略了幽州在战略上,在传统文化上,在民族心理上,对于中原人民和中原朝廷的重大意义。宋人吕中说得比较中肯,他肯定了众人对宋太宗错误指挥的指责,但是,攻取幽燕诸州的战略目标还是对的,他说:"燕、蓟之所当取者有二:一则版籍之民(国家的人民)苦于流徙,二则山河之险移于强敌。燕、蓟不收,则河北之地不固;河北不固,则河南不可高枕而卧也。特太宗时未有可取之机耳。"

这是就宋军一方来说的,在辽国方面,之所以取得如此胜利,也不是偶然的,第一,辽国上有萧后这样干练而富于韬略的女主,辅助景宗主持军政,出谋划策,下有韩德让、耶律休哥等忠勇有谋的将领指挥。萧后又"明达治道,闻善必从","群臣咸竭其忠","多得其死力",君臣上下,比较一心。第二,辽军的军械战具精良。据《续资治通鉴长编》载,宋军曾缴获过一批辽军的攻城战具,经察看,"皆制度精好,锋锷钻利,梯冲竿牌,悉被以铁。城上悬板才数寸,集矢二百余。"兵精器良,自然有利于取得战争的胜利。第三,他们战略战术也比较高明。他们没有派兵出击,御敌于国门之外。因为刚攻下北汉的宋军,尽管筋力已疲,但锐气正盛。辽军巧妙地避开了宋军的锐气,利用宋太宗的错误,诱敌深入,将宋军拖入埋伏圈,拖得筋疲力尽,锐气尽失,然后突袭,一举而击溃之。史书上说,辽军比较善于游击作战,《辽史·兵卫志》谈到过辽军的作战特点:遇强敌,"必先料其虚实可攻次第,而后进兵""多伏兵断粮道""兵出,力不能加,驰还,勾集众兵与战"等等。这些战法,也符合游牧出身的辽国军队的特点;而加以巧妙地运用,则与萧后、耶律休哥等人在战略指挥上的高明和杰出有关。第一次交手就显示出,宋太宗在军事上,不是萧燕燕、耶律休哥等契丹君臣的对手。

第二次辽宋大战,也即是宋太宗的第二次北伐,正式爆发在太宗雍熙三年(986),但在此前四年,太平兴国七年(982),宋太宗就已经开始准备了。这一年,辽景宗死去,九月,圣宗即位,次年(983)改元统和,萧后以皇太后的身份临朝称制,正式主持国政。此时,契丹内部诸贵族还未完全服帖萧太后、圣宗母子的统治,而外面又面临宋军再度的北伐,所以连萧太后也发出这样的感叹:"母寡子弱,族属雄强,边防不靖,奈何?"

宋朝方面不少人也看到辽国此时的困境,岳州刺史贺怀浦,军器库使刘文裕,崇仪副使侯莫陈利用等人纷纷建议,乘此"契丹主年幼,国事决于其母,其大将韩德让宠幸用事,国人疾之"的时机,"乘其衅以取幽蓟"。这些话,说到宋太宗的心里去了,他确实想立即就发兵北伐。但此时,距高粱河之战才三年左右,宋人战争的创伤还没有完全平复,发动新的战争的工作还没有准备好,而一些权位更重、说话更有分量的大臣反对再次贸然启动战争。宋太宗也有些犹豫,因此,第二次北伐的事,就这样拖了下来。

在此期间,萧太后已经看到了形势的严重性,但她"明达治道",又"神机智略,善驭左右",很快地对辽国的政治、军事、经济局面进行了整顿。他倚靠韩德让、耶律休哥、耶律斜轸等蕃汉大臣,稳定了朝廷内部的形势,压制住了贵族内部的不满和反抗;施行一些有利于安顿幽燕地区农民生活和农业生产的政策,逐步地恢复了农业生产;又调整军事部署,令耶律休哥总领南面军务,立更休法,劝农桑,修武备,加强了辽国南京地区的军事力量。做好准备,等待着宋军的进攻。

又经过四年,到宋太宗雍熙三年,太宗皇帝感到军事上、物资上的准备,已经非常充分了。此时,守卫在宋辽边疆地区的知雄州节度使贺令图向太宗上了一道奏章,称辽国内部混乱,正是出兵的好时机。这一次,宋太宗再不听从其他大臣的劝告,毅然启动了第二次北伐战争。这一年在辽国是圣宗统和四年。

正月刚过几天,宋太宗就分东、中、西三路发兵北伐。东路出雄州(今河北雄县),中路出飞狐口(今河北蔚县黑山岭),西路出雁门关,直指辽的山后(太行山以西)地区。雄州一路主将为天平军节度使曹彬,授职幽州道行营前军马步水陆都部署,副将为河阳三城节度使崔彦进,中路还有一支队伍,主将为彰化军节度使米信,授职西北道都部署,沙州观察使杜彦圭为副将;飞狐口一路主将为靖难军节度使田重进,授职定州路都部署。雁门关一路主将为检校太师、忠武军节度使潘美,授任云、应、朔等州都部署,副将为云州观察使杨业。此外,宋太宗为防止辽军从水路救援幽州,还另派了一支军队,沿海道北上,直插平州(今河北卢龙北)、营州(今河北昌黎)。

宋太宗本来的战略意图,是想利用东路曹彬一路,制造声势,在涿州一线佯动,声言要进攻幽州,将辽军主力吸引过来,好为中、西路大军顺利夺取云、朔、寰、应等州县,断掉契丹的左右臂。然后三路军再会合一道,集中力量,攻取幽州。这大约是他吸取了高梁河之战失利的教训后,制定出来的。在大军出发前,他郑重地向东路军主将曹彬作了交代,说道:"朕让潘美的大军先进军云中,你们的十万大军,只是声言要攻打幽州,但不可冒进,必须持重缓行,不要贪图小胜,中敌圈套。敌军听到我大军将云集幽州,必然集中各地兵力前往援救。他们的西线守军必然削弱,潘美、田重进就能掠得实地,然后乘虚直捣幽州城下,敌人首尾不顾,破敌必矣。爱卿要牢牢记住!"

战争开始,中路和西路军的进展都较顺利。田重进在飞狐口大败辽军,光复飞狐、灵丘二县和蔚州州城,擒获了契丹大将冀州防御使大鹏翼、康州刺史马军指挥使何万通;潘美从雁门关出兵,打败前来抵抗的辽军,光复了云、寰、朔、应四州,契丹寰州刺史赵彦章、朔州知州赵希赞等归降。东路米信在新城被契丹包围,经过血战,才带着一百多人突围而出。他会合曹彬大军,接连攻下了新城、固安二县及涿州。

前线的战报传到宋太宗那儿,他对曹彬军事进展的快速感到惊讶,正打算派人前去了解情况,曹彬的又一份奏章送到。太宗展开一看,大吃一惊。原来曹彬进至涿州,想到临行前皇上的告诫,要"持重缓行",便犹豫起来,驻军涿州,一连十几天,没有动作。然而十天下来,部队所带的军粮吃得差不多了,而后续粮食,一时又运不上来,他竟下令大军退出涿州,回到宋朝境内的雄州就食。这份奏章,就是报告这件事的。太宗大怒,道:"哪有强敌在前,而大军退却寻找食物的!"他立即差遣使者赶到曹彬军中,制止他继续退兵,命令他即速率兵沿白沟河而进,与米信军会合,然后就地驻军,养精蓄锐,声援西路大军。等潘美全部收复山后的州县后,再会合田重进的大军,东西合势,以取幽州。

然而,当曹彬部下的将军们听说潘美和田重进两路大军攻城略地,建立了不少战功时,都等不住了,纷纷向曹彬抱怨道:"大将军手握重兵,却如此怯懦,在此驻兵,逗延时日,我等有何面目面对三军将士?"他们要求曹彬迅速进军,以抢得首先攻入幽州的头功。曹彬控制不住诸将争功抢战的情绪,大约他自己也对太宗的告诫有所不理解,于是屈从了从将的要求,命令军士带足干粮,拉起军队,再去攻打涿州。

此时,涿州城内,已积聚了不少契丹军队,做好了战斗准备,曹军在涿州城外又被阻挡。而当时已到炎暑的天气,士兵们经过这样一来一往的折腾,饥渴的饥渴,中暑的中暑,人困马乏,士气和战斗力都大大降低,军队的纪律松懈起来,陷入了严重的困境。而宋军在固安地区遭遇契丹军队的狙击,军官被俘,粮食军械牛马器具被抢,粮道被截断,又面临着断粮之虞。

却说在辽国一方,萧太后闻报宋军三路来攻,气势汹汹,因为早有准备,所以并不感到意外和惊慌,而应对得非常从容。接报的当天,她就下诏急宣召将军耶律休哥、耶律斜珍等人来商议阻击宋军的事。她当众宣布,将与辽圣宗一起,率军亲征,南下与宋师对垒。并且委派耶律休哥担任主将,阻击东路的曹彬、米信大军;任命耶律斜珍率军西去,迎击潘美、杨业大军。同时,她还急忙向各地派遣使者,调征兵马,来加强耶律休哥等人阻击宋人的军队。为严肃军队纪律,她授予主将们以专杀大权,以惩治那些临战畏敌、怯阵逃跑的人。

第二天,萧太后就与辽圣宗举行了严肃盛大的祭祀典礼,祭告契丹的祖宗的陵庙和山川神祇,以率军亲征大事。

祭典完毕,萧太后与辽圣宗都全身披褂,全副戎装,骑着雄俊的战马,率领着赳赳的武士,朝着南方进发了。

第七天,萧太后与辽圣宗的行帐已经进驻到涿州西北的骆驼口,这里是关外各路契丹军队南下必经的关口,也是宋军进军幽州的必由之路。萧太后坐镇此处,从容自若,指挥辽兵,可见其必战的决心与必胜的信心。

而此时的宋军,特别是曹彬的军队,却在涿州地区时进时退,折腾不止,犹豫不决。萧太后听探子来报告曹彬军队这些怪异的、违背军事常理的行为时,不禁笑了起来:谁说宋主善用兵,战将如云? 曹彬是他的大将军,指挥大军如此进退无据,哪得不败! 她决定先打败曹彬这路宋军,其他两路势单力薄,就容易对付了。

再说曹彬在涿州城下僵持了几天,携带的粮食又吃光了,而且粮路已断。曹彬无计可施,只得再次下令撤退。然而这次轻率的退军,给宋军的将士,给宋太宗北伐的雄心,带来又一场惨败的悲剧。

萧太后得知曹军正在退却,立即命令耶律休哥等军追击。当曹军退到歧沟关时,被耶律休哥追到,两军在关前大战。宋军饥饿疲乏,纪律不整,哪是精力饱满的辽兵的敌手,交战不到半天,便被打得大败,将士阵亡大半。余下的人马,沿着拒马河而逃,辽军紧追不舍。宋军在渡河时,被淹死的又不计其数。残部逃到高阳,再次遭到辽兵的狙击,死亡数万人,丢弃的戈矛铠甲,堆成一个大大的山丘。东路军遭到致命的打击。曹彬总算渡过拒马河,逃回宋京。

萧太后打败了东路军后,即集中兵力对付西路的潘美、杨业宋军。东路军的失败,也意味着宋太宗第二次北伐的失败,他不得不下令各路宋军迅速撤退。太宗知道,西路军所占领的云、寰、朔、应四州也保不住了,他特别命令潘、杨二人在撤军时,一定要将这四州的民众,安全转移到宋朝境内的许州、汝州安顿下来。此时,契丹十几万大军已经云集到云、朔等州,寰州已被契丹军重新占领。要将余下三州民众安全接出,是个很艰难的任务。而这个任务落到了老将杨业身上。

杨业,就是小说《杨家将》中的杨志令公,是个身经百战的将军,多次大败契丹军。契丹人尊称他为"杨无敌",远远看到杨业的将旗,便要躲开。他有很丰富的实战经验,根据当时敌我力量对比,认为撤离三州民众,只能智取。他对潘美建议说:如今契丹兵势强盛,我军不可与他们硬拼。朝廷只是要求我军安全护送数州的民众,因此,我们应该避免与辽军直接交锋。我设计的撤离路线是,我大军从大石路撤离。撤离前,先派人密告云州、朔州守将,大军离开那天,我军佯赴应州,将契丹军引开,即让云州、朔州民众出城,引到石碣谷口,进入大宋境内。谷口则可埋伏一支千人的强弩部队,阻止契丹追兵。半路上再派支骑兵保护,三州的民众便能安全到达我大宋的境土。

可是,一些平日嫉妒杨业的将领,反对他的方案,他们说:"我军尚有精兵数万,怎能畏敌如此? 大军应该从雁门关北的大路上,张旗击鼓,堂堂正正地前往接引三州民众,看他契丹兵能奈我何?"

杨业说:"绝不能这样做,如此强行,必败无疑。"

对方却反唇相讥道:"将军素称'杨无敌',现在却畏敌而不敢接战,是不是心怀异志呢?"杨业是个刚烈的武人,受不了他们的反激,慨然道:"杨业并非怕死,只是当前形势不利,白白让我的士兵送命,又不能建立功业,我心不甘啊。既然诸位如此说,我就勉力效死在诸位的前面吧。"

临行,杨业流着眼泪对潘美说:"此行必遭辽兵伏击,我死不足惜,但恐不能完成主上的嘱托。望诸位将军在陈家谷口左右埋伏一支部队,作为应援。等杨业转战至此,请即出动军队夹击辽兵。不然,我和我的兵士,都将死无葬身之地了。"他一面说一面指着附近的一个山谷入口。

潘美答应了他,在谷口布置了一支军队,等候杨业的归来。但从寅时(清晨4、5点钟左右)等到巳时(中午10、11点钟左右),前方的道路上,都没有什么动静。众人以为契丹军队已经被杨业打败,为了争功,众将领纷纷领兵离谷口。潘美也制止不住,也领兵跟着离开了。

却说杨业率着所部士兵北行,在朔州狼牙村果然遇到辽兵的伏击。虽然杨业与他的部下奋力杀敌,击毙辽兵不少,可是敌兵越杀越多。杨业且战且走,从午时(中午12~1点钟左右)杀到天黑,终于到达陈家谷口。可是当他张眼望去,静悄悄的谷口,空无一人。老将军拍着胸口,伤心至极。此时,他手下尚有数十名勇士。他对他们说:"我杨业一死保国,诸君家中尚有老小,不要随我葬身,这荒漠的沙场,各自逃命吧!"勇士们流着泪回答杨业道:"愿随将军捐躯报国,死而无怨!"于是他们转身冲入辽兵队里,拼死厮杀。最后,他部下的将士差不多都战死了。他的身上,受了数十处创伤,而被他杀死的辽兵也将近百人。这场厮杀,实在壮烈。最后,因他的坐骑受了重伤,将他掀下马来,被辽兵活捉。在辽国的兵营里,他不吃不喝,绝食三天，壮烈而死。

杨业被俘，意味西路军彻底失败。潘美领着部分残存的军队退回宋境，朔州、云州、应州的宋朝官吏都弃城而逃，州城相继落入契丹之手。

只有中路的田重进，进兵稳重，所以没有遭到大的失败，全军而回。

宋太宗的数十万雄师，就这样栽在萧太后这个智勇双全的契丹女人手里了。

对于宋太宗来说，这次战败，意味着他的北伐之梦彻底破灭，也意味着北宋王朝恢复故疆的雄心受挫，终宋一朝，只能局促于一个偏安的局面，至少从疆域而言，未能臻至于汉唐的辉煌。对于萧太后来说，这次战胜，意味着她在辽国主政的地位得到彻底的巩固，意味着在辽宋对局中，辽国的政治、军事形势有了根本的变化，辽国已从被动转为主动，从守势进入了攻势。此后的形势，不再是辽国担心宋军的北伐，而是宋人担心辽军的南征了。

澶渊会盟　百年和平

话说宋太宗回到大梁，回想起两次北伐失败，余悸未消，却又少有未甘。第二年四月，他又想与萧太后这个女人再比拼一次。他派出使者，分赴河南、河北四十多个州郡，按八个丁壮男子，抽取一人当兵的比例，企图再组成一支名称定为"义兵"的军队，重征辽国，挽回自己的面子。然而，大宋多年集聚的精兵良将与军需物资，在两次北伐中，多已消耗殆尽，而宋太宗又没有认真总结军事遭到严重失败的教训，不衡量手中的实力，不顾天下人民的死活，企图驱使没有经过训练的百姓，去与辽国的虎狼之师对垒而孤注一掷的想法，遭到大臣们的强烈反对。京东转运使李维清连上了三道奏疏，直言相劝道："依照陛下这样的抽取壮丁法，天下的田土就没有人耕种了！没有粮食吃，陛下的将士怎样还能打仗？"宰相李防等大臣也进谏："圣人说：'以不教民战，是谓弃之。'陛下所要招募的兵丁，平素都是耕地种田的农民，从未受过军事训练，没有上过战阵，赶他们上战场去与凶狼的契丹人作战，不等于将绵羊喂进虎狼的嘴里吗？"宋太宗自知理亏，只得大大缩小征兵的范围和规模，征辽的事也不再提起了。

事实上，北宋王朝两次北伐失败下来，多年集聚起来的军力，能征惯战的宿将，损失了大半，元气大伤，短期内是很难恢复的。现在的形势，不是北宋谈论还能不能再度北伐，而是如何防范契丹铁骑南侵的问题了。

果然，随着宋兵的溃败，契丹的骑兵已经开始南下牧马了。端拱元年，契丹军队重新占领了涿州，又攻占了祁州、易州，烧毁城池，抢劫财物，将民众掳掠北去。北宋边境不断地遭到骚扰，救边的将士疲于奔命。而宋太宗也不再与群臣讨论北征的问题，而是频频下诏征求群臣的"备戎策"，将防范"虏母"，即萧太后的南侵为头等的军国大事。

后来，宋太宗采纳了众臣的建议，一面沿北部边境建置三大边防军镇，各自统领精兵十万，控扼要塞，成鼎立之势，互相救援，以阻止敌骑的袭扰；一面选使通好，准备与辽国讲和，息兵罢战。

萧太后虽然也有讲和之意，但她感到还没有逼迫宋朝真正到了非和不可的境地，而且契丹的一些大臣们也认为乘辽军的大胜，正好抓紧南侵，以攫取更多的军事胜利和经济效益，不主张完全停止对宋朝边境地区的军事骚扰。所以契丹的君臣们一面答应讲和，一面又屡屡派兵南下袭击，攻入宋境的府州与雄州，幸得宋军守将率领边州军民的奋力反击，数次将入侵的契丹军队打得落花流水，方保得边境一时的平安。但宋人方面也仅仅防守住城镇而已，并无反攻的能力，而且宋方军民也遭到不小的损失，府州知府折御卿就在与契丹入侵军队的作战中阵亡。宋太宗对此局面，也无可奈何。

至道三年（997），忧郁的宋太宗最终怀着未能恢复燕云故土的深深遗憾，告别他的金瓯未全的江山，"乘龙而去"了。宋真宗赵恒即位，改元咸平。辽宋间的和与战的问题，太宗留给了真宗去处理。

再说辽国方面，自破除了宋太宗雄兵三路对辽国南京地区的围攻之后，国力与威望都大大提升，萧太后的权威也升到了最高点，辽国的政治局面最终得到了稳定。在韩德让、耶律休哥等一批得力大臣的辅助下，萧太后与辽圣宗牢牢地掌握着辽国的政权。

许多契丹人认为宋人已经被彻底打垮，要消灭南朝，犹如摧枯拉朽，轻而易举，想乘此大好形势，进军大河南北，进而投鞭天堑，渡过长江，一举并吞南朝，他们主张继续对宋军作战。

萧太后何尝不想饮马黄河，立马吴山，挥鞭断流呢？何尝不想建立统一中华的不世奇功呢？因此，她支持对宋朝的入侵。终宋太宗之世，契丹军队对宋朝边境的骚扰不曾间断过。宋真宗即位后，契丹对宋的军事入侵更为加剧。有好多次入侵，还是萧太后与辽圣宗率军亲征的。

但是，辽国对宋朝的军事攻防形势虽然发生了颠倒性的转化，它实际的军事力量仍然还是有限的，他们的多次入侵，尽管给宋军和宋境的边民造成很多很大的损失，却始终深入不到宋的内地，不能牢固地占领宋的领土。在所经过的地方，辽军遭到宋朝军民顽强的拼命地抵抗，各路入侵的契丹军，多次遭到惨重的损失。例如咸平三年（1000），契丹大军入侵河间府，被高阳关贝、冀路都部署范廷召在莫州迎头痛击，丢下一万多士兵的尸体和所抢掠的人畜财物，狼狈奔逃出境。咸平四年，契丹军队入侵遂城，又遭高阳关都部署王显的痛击，丢下两万多士兵的尸体，逃回辽境。而宋朝一方，虽然国力有所削弱，缺少主动出击辽国的实力，但许多守边的将士们毕竟经过多年的征战，仍然保存着相当强的战斗力，有丰富的战斗经验，面对外寇的侵犯，君臣将士尚能上下一心，宋真宗曾数次亲临前线，激励将士抗战杀敌，所以契丹军队想轻易摧垮宋军的抵抗，也是一种幻想。

宋人的顽强抵抗，让萧太后处于矛盾之中，是继续与宋人作战，通过战争，取得军事、经济和政治上的利益呢，还是与宋人讲和，让契丹国内的人民和军队也能得到休养生息呢？多年的征战，同样给契丹的民众和社会带来了巨大的创伤。因此萧太后也萌生过息兵罢战念头。她想争取比较长期的和平局面，让契丹的社会也能像南朝那样发展。

而宋朝方面，自太宗北伐失利以来，与辽国讲和，早已成为朝野议论的主流。只是在契丹铁骑不断入侵面前，要一个什么样的和平？如何才能实现和平？也是不太好回答的问题。真宗咸平二年（999），曾担任太宗第二次北伐时东路军主将的曹彬年老病逝。临终前，宋真宗到他病榻前看望他，向他请教与契丹的和战事宜。这个当年曾与契丹军队恶战的老将军，也是主张讲和的，他说："太祖皇帝神圣英武，平定天下，还是要与契丹和好啊。"真宗连连点头道："朕已明白老将军的意思了。朕一定委屈自己，而为天下苍生造福。只是与契丹讲和，也不能损贬国体，必须维持朝廷的尊严和百姓长远的利益。请将军放心吧。"

辽统和二十一年（宋咸平六年，1003），萧太后在归化州炭山凉殿接见了一个新俘虏的宋朝将军。此人是宋高阳关副都部署王继忠，也是个作战勇敢的人，他在望都县东北的康村与契丹军队发生恶战，由于他的副将畏缩退师，让他陷于独自与强大的敌军交战的境地，在重重包围之下，他与部下拼死战斗，直转战到白城附近，终于力尽被俘。萧太后怜他作战勇敢，规劝他投降了本朝，授予他辽南院户部使之职，赐姓名为耶律显忠。这个王继忠，后来，做了辽宋讲和的辽方信使。

辽圣宗统和二十二年（真宗景德元年，1004）闰九月，萧太后与辽圣宗，还有韩德让，再次率领大军，号称二十万人，大举南侵，一路杀来，最后打到澶州城下。

这次南侵，震动了宋朝朝野上下。大臣王钦若建议真宗皇帝逃往南方，迁都金陵，陈尧叟则主张真宗皇帝逃得更远一些，跑到成都去，把都城也迁过去。宰相寇准、毕士安则坚决反对王、陈二人的逃跑主义，他们都是主张坚决抗敌的人，寇准对真宗劝说道："陛下能去的地方，契丹那个凶婆子也都能去呀，陛下到了成都，契丹兵如果跟踪而至，圣驾再跑到哪里去呢？为今之计，唯有陛下御驾亲征，才能鼓舞士气，将契丹入侵军队赶出大宋的疆域之外！"

但宋真宗有些儿慑于契丹入侵的声势，担心宋军最终抵挡不住，而遭到更惨的失败。对于寇准、毕士安力主的御驾亲征，他总是犹犹豫豫。

寇准为他分析了当时辽宋双方的军事态势，说："陛下不必惧怕，契丹军队虽然号称二十万，其实为数不多，只是虚张声势。只要陛下抓紧时间，调遣精兵，任命良将，分守要害，亲率三军，伸张大义，一定能打败敌人的进攻，保守住我大宋江山的。"

事实上，萧燕燕的这次南征，进展也并不很顺利。她先派辽国得力大将统军顺国王萧挞览进攻宋的威虏军、顺安军、北平砦、保州等地，都吃了大败仗，丧失了几个偏将军，军需辎重被宋军俘获不少。萧太后不得已，将萧挞览的兵力与自己所率军队合在一起,攻打宋的定州,又被宋兵阻击于唐河一线,辽的大军只得困驻在阳城淀,只派出小股骑兵,四出剽掠,并无斗志。

接着,辽军又攻打了宋的瀛州城。数万辽兵集聚在瀛州城下,攻势很猛,昼夜不停。辽军在城下砍树伐木,制造了大量的攻城器械,驱使大批征发来的奚人(辽国境内的一个少数民族)背负挡板,手持火炬作前锋,像蚂蚁一样地靠近城墙,攀附登城。萧太后与她的儿子耶律隆绪亲自擂击战鼓,督促攻城辽兵不要命地往城上蚁附而登。鼓声与砍树伐木的声音,响彻四方。辽军射向城上的箭,像雨点一样地密集。萧太后企图借此一战,击溃宋军的意志,鼓舞辽军的士气。

宋军方面的抵抗也十分激烈,知州李延渥率领本州防兵,加上贝、冀巡检史石普率领的将士,顽强地守在城上,当辽兵蚁附而上时,城上的垒石巨木及弓箭就像暴风雨一样倾泻而下,城墙上的辽兵则像秋风中的落叶一样,从城上坠落。

双方就这样残酷厮杀了十多天,辽军死了三万多人,受伤的还要多。可是瀛州城依然在宋军手里。萧太后与辽圣宗只得放弃了对瀛州城的围困,引兵他去。

另外一支进攻冀州的契丹军也被知州王屿打跑。

总之,契丹入侵军虽然攻进了宋境,却到处碰壁,进攻的力量遭到严重削弱,真有点进退失据,走投无路的味道。萧太后也尝到当年宋太宗的大军困屯在幽州、涿州的坚城之下,进退失据的滋味。

寇准听到所派出去的侦察人员来报告辽军当前所处的困境后,愈加坚定了他抗击敌军必胜的信心。他急速地选派了得力的将领,率领一批精练的军队,分守住契丹军南下的各处军事要害,加固了宋军防守的态势。

节令已到夏历十月份,北方已进入寒冷的冬天,契丹军的粮草越来越快接济不上,萧太后愈加想退兵。但是,如果就此退兵,毫无所获,实在有失体面。此时,那个先已在辽营的王继忠,见到促进辽宋和平的时机到了,便向萧太后进言,分析了辽与大宋讲和的好处。萧太后本已准备讲和,立即接受王继忠的建议,派李兴带着王继忠的信及萧太后致宋帝的密表,秘密来到宋莫州部署石普处下书议和。

宋真宗得到石普报来辽方要讲和的消息,仍然犹豫不决,叫来朝臣们讨论,大多数朝臣怕负责任,也不敢随便表态。还是毕士安提出用好言回答,拖延时间,慢慢再与辽国讲和的策略。

真宗说:"辽人如此凶悍,恐怕不会真心与我谈和吧?"

毕士安答:"臣曾从契丹投降过来的人那里了解到,虏军虽然深入我境,可是频频遭到军事挫折,不能达到他们的军事目的,早就暗中打算退兵,却耻于找不到体面的理由。而且,虏母率大军长期陷在南方,难道不怕别人乘她老巢空虚,而加以偷袭吗?他们这次来谈和,定然不是假的。"

听到毕士安的分析,真宗的心放了下来。便诏令答复王继忠,转告萧太后,同意讲和。而萧太后也通过王继忠,答复宋方,希望宋方先派使节去辽营议和。

于是,真宗决定派使节讲和。经枢密院的一再推荐,真宗选中了正在行在办事的鄜延路派到朝廷来的一员小官曹利用,授予阁门祗候、崇仪副使的职衔,作为宋方的使节,前往辽营谈判。

曹利用自小就善于辩论,言辞犀利,而且为人慷慨而有节操,是个比较合适的谈判人选。他带上有关授权文书,临行时,真宗特别交代他:"契丹南侵,不是求取太宗时所收复的关南土地嘛,就是想勒索我大宋的财物。土地是一定不能答应他们的,至于财物,汉朝就有以玉帛赐单于的先例,你……"真宗话还没完,曹利用已明白了皇上的旨意,即慷慨陈词道:"谨启圣上,虏主如有非分的要求,臣决计不再活着回来见您!"

可是,当曹利用带着使命到大名府的时候,却被大名留守王钦若扣住不让前进。他认为辽兵气势正旺,所请求的和议,恐非具情。而不久,大名府又遭辽兵围困,这曹利用既到不了辽营,又回不到宋营。宋真宗方面不知曹利用到什么地方去了,而辽营方面则久不见宋使来议和。

萧太后有些耐不住了,就命大军强行绕过宋军防守的城市,越过大名府,直迫澶州。澶州是汴京北面的门户。一旦辽军占领澶州,汴京也就难守了。

边防告急文书迅速飞往汴京,一夜连来五封。而掌管军国重事的寇准却似胸有成竹,并不为如雪片一样的紧急军书而着急,像平常一样接客待物,谈笑自若。这可把宋真宗吓了。他派人把寇准找来,问他:"虏、虏骑即将临此,卿、卿将如何处之?"说话都有点儿结巴了。寇准却不慌不忙地回答道:"启禀圣上,只要圣上御驾亲征,莅临澶渊前线,不出五天,辽兵就可退了。"许多朝臣都被寇准的主意吓坏了,纷纷劝真宗不要轻举妄动,自冒危险,说是万一兵败,万乘之尊身陷虏手,作为大宋臣子,可是万劫不复之罪呀。这样,也就出现了上文说到的迁都金陵或成都的议论来。

寇准坚持请真宗亲临前线,以鼓舞宋军士气的意见,毕士安也坚决支持寇准的主张。他们对真宗说:"河北军民日夜盼御驾亲临,得以瞻仰圣容。以圣上的英明神武,以及军民将士的齐心协力,若圣驾亲征,虏军一定会自行逃遁。即使虏军不肯自退,我军出奇兵扰乱敌人的营寨,筑深沟高垒坚守我方城寨营盘,将粮草难继的辽军拖困拖死,我佚敌劳,是一定能取得最后胜利的。如果此刻圣上回銮数步,河北前线的军心民心会迅速崩溃,敌人就会乘胜深入,连金陵也到不了,大宋天下还守得住吗?"

真宗虽然觉得寇准说得句句在理,却仍有些犹豫。他对寇准说:"待朕再想一想,好吗?"

寇准也很无奈,只好退下殿来。在殿外,他恰好遇到殿前都指挥使高琼,灵机一动,就招呼高琼,说了要请真宗御驾亲征的想法,继而问道:"太尉受国厚恩,今天国事危急,太尉有什么可以报答国恩的吗?"高琼说:"愿以死相报,支持相公的主张。"

于是寇准带着高琼回到殿中。寇准对真宗说:"圣上不以臣言为然,那就听听高太尉的意见吧。"高琼即表示完全支持寇准的意见。真宗这才答应亲征。可是他又提出要回内宫准备一下。

寇准说："机不可失。圣上一入深宫,臣再叩见不知何时。前方军情紧急,哪容片刻耽搁,望圣上即刻起驾出征。"

真宗这才痛下决心,命王旦为东京留守,点起京城兵马,趁着清晨的微光,启动了亲征的銮驾。

到了澶州南城,隔着黄河,望见契丹军势盛大,又生畏惧之心,众臣便乘机请求銮驾就驻在黄河南岸,不要过河冒险。寇准又急了,他坚持请宋真宗即刻过河,分剖了当前形势:"军民见圣上不过河,内心益加恐慌,而敌人的气焰会愈加嚣张,不是争取胜利之道。圣上来到河边,却不去对岸,比不来澶州更加拖累人心士气。而今王超领劲兵屯驻中山,已经扼住辽兵的咽喉,李继隆、石保吉的军队已经控制了辽兵的左右肘,四方援兵来增援的,一天比一天多,圣上还有什么可犹豫、可畏惧的,而不敢进兵呢?"高琼亦帮助寇准请真宗进兵。还未等真宗点头,高琼就指挥卫士将真宗所乘的车辇推上渡船。

真宗就这样渡过黄河,到了抗击辽兵的最前线。真宗登上澶州北城门楼上,大张御盖。远近军民望见了皇帝的御盖,便都一齐欢呼雀跃,大呼"万岁",声音响彻数十里。

契丹将士看到这一幕,也都惊呆了,士气为之大减。

真宗这时才感到寇准的意见和安排是完全正确的。他将前线的军事指挥、处置权完全交与寇准。在寇准的严明号令下,宋军获得了一股战胜敌人的勇气和力量。

却说此时,曹利用也已摆脱王钦若的控制,到了辽营,见到萧太后母子,递上文件信函,说明议和的来意。

萧太后与辽圣宗在一辆皇帝专乘的大车上,接见宋使。他们母子坐在车厢内铺着虎豹皮的交椅上,让曹利用坐在车下,在车辕上设一横板,板上摆了几样食器,赐给他饮食,其他辽国大臣则坐在两旁相伴。萧太后母子一面吃喝,一面与曹利用谈论辽宋讲和的条件。果然,萧太后提出了两项条件,其中之一就是索要关南的土地。这关南数州土地,是周世宗时从契丹手中夺回的,宋朝取不回燕云故地也就罢了,岂能将周世宗时取回的土地再奉送给贪得无厌的辽人?曹利用行前已向宋真宗立下保证,自然一口拒绝。于是这次和谈就告结束。萧太后派辽国大臣韩杞随曹利用一起到宋营来,面见真宗,做进一步的讨价还价。

与此同时萧太后命令加紧围攻澶州,企图在军事上先占到优势,再逼宋方答应他们索地、索物的要求。很快,萧太后率领辽军就进逼澶州。并派出大将萧挞览率领精锐之师,打算在天将明未明之际,以偷袭的手法,攻取澶州。

但萧挞览将要偷营的密谋和时间被宋军侦知。宋军守将李继隆便部署了伏兵,分据各要害地形,专等辽军来袭。

到了预定时间,辽兵果然出现在宋军营前。萧挞览见宋营毫无动静,以为奇计得行,不觉喜上心头,而且贪功心切,便不顾一切,驱赶胯下坐骑,一马当先,就奔宋营而来。部下精兵,也随奔于后。他们哪知,宋营左右,都布下伏兵,前头是强弓硬弩,后面是铁甲步骑兵。弓弩中有一种大弩,叫床子弩,弓与弦是架在支架(即床)上的,有一床二弩、三弩的,张弓,搭矢,瞄准,发机都有专人负责,一弩射手有三四人到十多人不等,每发可射出二三支箭矢,远可达七八百步到一千多步,一箭可连贯二三人,在冷兵器时代,床子弩的威力可说是巨大的。此时宋营中的伏兵见辽兵袭来,便万箭齐发。李继隆手下战将张环正守着一具床子弩,立即扣动扳机,那箭头如凿子一样大小、锐利的弩箭,便嗖嗖地飞向辽兵。其中一支,不偏不倚,正射中萧挞览的额头。只听他大叫一声"啊呀",就一头栽下马来,躺在满地沙砾的战阵前。余下辽兵也顾不得生死,一窝蜂上前将萧挞览抢了,退回营寨,再也不敢出击。当晚,萧挞览就因伤重死去。主将一死,部下将士便都丧失斗志。萧挞览的死,给萧太后的打击很大,促使她痛下决心,放弃对关南地的需索,尽快与宋国讲和,好退兵回国。她担心的是,再相持下去,宋军集结更多,部署更周密,整个入侵辽军可能会遭到全军覆灭的命运。

却说曹利用带着契丹来使韩杞回到宋营,向宋真宗汇报了萧太后要求宋国向辽国割地和年贡岁币两个议和条件。真宗在割地条款上确实很坚决,他指示曹利用道:"契丹要求归还关南地事,极为无名。若必强要,朕当与之决战。但是,想到河北的民众因战争而遭到不小的损失,如果每年给他们提供一点钱财,弥补他们生活的不足,对朝廷倒也不伤大体,是可以考虑的。"

然而,寇准洞察到萧太后此刻急于求和的心情,感到当前军事形势对宋朝极为有利,割地自然绝不能答应,岁币也不应应允。不但不应该应允,还应该要求契丹向宋称臣,并逼萧太后交还燕云旧地。他向真宗剀切陈辞,说道:"如能获得萧老婆子同意我的条款,可以保证我大宋江山百年内无事。不然的话,不过几十年,虏寇义会产生新的侵犯我朝的欲望了。"审度当时的形势,寇准所论,未尝不是一法。燕云之地,不经一战,萧太后未必会拱手相送;宋人岁币之贡,或者可免。但无奈真宗罢战之心,似比萧太后更切,只望早一天息兵,及早班师,好回到他的宫殿中去。他对寇准说:"几十年以后的事,会有能够抵挡虏骑的人去承担。朕不忍生灵继续遭受战争的痛苦,就花点钱财,让曹卿去与契丹人讲和吧。"

寇准还想坚持自己的主张,不同意就此讲和,可是,已经有人在散布关于他的谗言:说他不想讲和,是想拥兵自重。寇准深知众口铄金的厉害,不得已,只得勉强同意了年送岁币的条件。

在曹利用将再次前往契丹军营传达宋朝方面的态度时,真宗特地表态说:"只要能够不再打仗,万不得已,即使每年给他们一百万钱财也是可以的。"这个皇帝话虽说得容易,可是他不知道,这些钱财,要耗尽多少宋朝百姓的血汗?寇准在朝堂上不敢当面驳回皇帝的意旨,可是下朝后,急忙将曹利用召到他营帐中,严厉地警告道:"虽然圣旨允许你百万岁币,但你对虏母的应允,绝对不许超过三十万。否则,你回来,我要你的人头!"

曹利用领命来到契丹军营,萧太后等得有些急了,立即召见。但萧太后内心虽急于讲和，表面却仍坚持索地加岁币的强硬态度，她对曹利用说："关南地是晋国送给我朝的，周世宗无理夺回，无论如何，现在应该归还我朝。"曹利用答道："晋朝周朝的事，都成了过去，我朝不知道。至于每年赠送一点钱物，以帮补贵军军费的事，大宋皇上也还不甚愿意呢。割地的事，就免谈吧。"

契丹南面官政事舍人高正始争辩说："我朝大军此番南下，就是要收复失去的故地。如果仅获得一些钱财就回去，我等实在愧对国人。"曹利用反驳道："你为何不为契丹长远利益算计呢？如果契丹朝廷采用你的意见，那两国之间，只能兵戎再见。贵军深入我境，已陷重围，将倦兵罢，粮草不继，而我大宋勤王之师，正四路结集，恐怕对贵军不利吧。"

最后还是萧太后审时度势，高瞻远瞩，从大局出发，同意依宋方的条款讲和，而所规定的岁币，也只有银十万两，绢二十万匹，比宋真宗准备应允的少了许多。而且规定，宋真宗与辽圣宗约为兄弟，真宗为兄，圣宗为弟。

曹利用与辽使回到宋营复命，获得宋真宗的旨准，宋辽和议就这样确定下来。接下来是双方通过使节，订立盟书，相互交换盟誓，这就是历史上有名的澶渊之盟。

澶渊之盟，对于辽国和萧太后来说，是占了大便宜的，第一，在当时并非有利于辽的军事形势下，入侵辽军能否全身而退，是个现实的严重问题，由于萧太后明智而果断地与宋方议和，就消除了军事上进一步遭受严重损失的危险；第二，由于盟约的签订，萧太后虽然没有争回周世宗所夺走的关南之地，但盟约规定，宋辽双方"沿边州、军各守旧疆"，实即从法律上，将辽国实际占据的幽燕地区，变成了辽国的合法疆域，断绝了宋朝恢复幽燕旧疆的理由和念想；第三，从此凭每年从宋朝取得的一批钱财，对辽国的经济和财政，有很大帮助；第四，其实也是辽国最重要的一项成就，是取得了辽的南部边境较长时期的和平，为契丹民族和契丹国家的政治、经济与文化的治理和发展，加速其汉化与封建化进程，创造了一个良好的社会环境。在辽国，终于出现了圣宗中兴的局面。

辽的部分所得，正是宋朝方面的所失：第一，他失去了一次军事上战胜辽国，以报高梁河、拒马河宋军大败的一箭之仇的机会；第二，他被迫岁岁年年向辽国进贡钱财，让宋的民众和朝廷的财政长期承受着沉重的负担；第三，实际承认了辽对燕云诸州的占有权，长期丧失了收复旧疆的权利。但宋朝也有一大收获，这就是和平，尽管这和平并不那么辉煌。自此以后，北宋的北部边疆，终于获得了百年的安定局面，对北宋经济的发展，有着巨大的促进作用。

澶渊定盟后，萧太后即宣布契丹远征军退兵回国，宋真宗则下旨命大宋沿边各州军守军，不要阻挡回国辽军的道路，不要半路袭击他们。

接着，北宋军队也宣布班师回朝，宋真宗回到汴梁，好不高兴。第二年正月元旦，他就下诏大赦天下，宣布军队大复员，河北各州戍守士兵裁省二分之一，沿边守军裁省三分之二。这些裁省下来的士兵，多是农村的精壮劳力，他们回归农村，对加强宋朝北部地区农业生产，有很重要的意义。此外，宋真宗又加强了对宋辽边疆地区的管理,下诏禁止沿边军队不得出境抢掠,原来所获契丹牛马都要送归原主。规定可以与契丹的农牧民互通有无。同时又要求沿边军政长官注意修葺城池,招抚流亡,广为储蓄,以防不测。

总之,由于和议的成功,宋辽边境两边的民众都获得了一些实际的好处,实现了安居乐业的梦想。

如此局面,维持了大约百年左右。直到宋徽宗末年,金国在契丹的北方崛起,宋朝统治者实行了短视的对外政策,联合新兴之金,毁弃盟约,攻击百年之好的辽,取得失去近二百年的燕云故地,辽宋间的和平局面,终告结束。然而北宋并无力量消化灭辽后所取得的微小的军事胜利。辽为金灭亡后不久,北宋也为金朝所灭亡。这些后话,无论是宋真宗,还是萧太后,都是逆料不到的。

澶渊之盟前后,大约是萧太后政治、军事生涯最鼎盛的时期。她在辽国政治地位及威望升到了顶点。统和二十四年,辽圣宗率群臣给萧太后上了个尊号,长达二十一个字,叫作"睿德神略应运启化法道洪仁圣武开统承天皇太后",此时的萧太后,大约五十四岁左右。此后,她又执政了三年左右,到统和二十六七年,她已经到了五十六七岁光景,而此时辽圣宗也早已从即位时的十二岁少年,成长为三十八九岁壮年了。虽说圣宗对待萧太后,始终是恭顺有加,事事遵从母命,从不怀疑他母后执政的权威,从不与母后争夺亲政大权,但毕竟已经成长为有主见、有执政能力的皇帝。不用群臣的议论,也许萧太后自己也感觉,再如此代替儿子执政下去,不归政于皇帝,对于圣宗在群臣中的威望,将有不利影响,也许是她自立为景宗皇后以后在辽国政治舞台上的活动,已长达四十年,而有些疲倦了,于是,她在统和二十六年(1008)年末,主动退出权力的第一线,将执政大权交付给辽圣宗。

史书上并没有记载萧太后在归政之前有何疾病。但她在归政不到一个月,在统和二十七年(1009)的十二月,从辽中京来到辽南京时,便偶感不适,到第七天,就过世了。死时不过五十七岁。她病逝速度之迅速,足以令人产生某种遐想。有人推测说是因为她在活力尚在充盈的年纪,就归政于圣宗,因而产生了巨大的失落感,他人难以体会的苦闷笼罩着她,致使她的生命迅速凋亡。这自然也有可能。但古代的宫廷内幕神秘,堂皇华丽、仁爱和平的幕布后面,到底发生了何种变故,非外人所能了解,而史书记载语焉不详。萧太后的死因为何,如不能相信《辽史》所载,则只能永远是个谜了。至于《杨家将》里说杨四郎与重阳公主里应外合,攻下幽州,萧太后愤而自缢而死,纯属小说家言,是当不得真的。

萧太后死后,辽圣宗为她举行了隆重的葬礼,追谥她为神圣宣献皇太后,宋朝皇帝也派出特使,吊唁她的逝世。萧太后的墓,据说在今辽宁省锦州市医巫闾山西的一个村子里,在东北,在北京,至今还留有一些有关萧太后的历史古迹。

萧太后的一生,可以说是叱咤风云的一生,萧太后可以说是中国历史上一位杰出的、曾经长期执掌国家大权的、有影响的、伟大的少数民族女性。不论你对她个人生活作风的评论如何,你都不能不承认这个事实。

母仪天下

——明太祖朱元璋皇后马秀英

名人档案

马秀英：明朝的开国皇后马氏（民间称为大脚皇后），汉族，南直隶凤阳府宿州（今安徽宿州）人，滁阳王郭子兴的养女，明太祖朱元璋的结发妻子。寿51岁。本名不详，但部分野史与地方戏曲称之为马秀英，不过《明史》上未见记载。

生卒时间：1332年~1382年。

性格特点：极具反叛精神，有胆有识。

历史功过：她生于乱世，有胆有识，在艰难逆境中，全力帮助朱元璋成就大业，五次救朱元璋死里逃生。做了皇后后，虽大富大贵，仍不娇，始终不忘民间劳苦，不改勤俭本色，不变平民心态，时常用自己的言行规劝、影响朱元璋。她惩奸佞毫不手软，扶良善鞠躬尽瘁，保忠臣机智灵活，助皇上能屈能伸，革陋习坚决果敢，倡新风大马金刀。朱元璋称她"家有贤妻，犹国之良相"。

史家评点：《明史》赞扬马皇后，"母仪天下，慈德昭彰"。史家公认的中国封建时代的第一贤后。

贫贱之时　私定终身

马皇后名叫马秀英，比朱元璋小两岁。马秀英是宿州人，朱元璋是凤阳人，两个人本来不是一地人，但朱元璋自幼四处流亡，无意中竟然结识了马秀英。

早年，朱元璋在地主家做放牛娃，久而久之，他竟然成了这一带孩子的小头头。马秀英脸蛋好看，又好说话，当他们一起玩"过家家"的时候，朱元璋就当皇上，马秀英就当娘娘。两个人从小感情就很深。朱元璋为人有胆识，为了巩固他的小头头的地位,他决定给小弟兄们解解馋,竟然宰了东家的一头牛,结果,不但被东家轰了出来,还被暴打了一顿。这时候,马秀英的父母也去世了,她被送到了另一处的人家,两个人从此就天各一方了。

朱元璋两手空空,无以为生,再加上名声不佳,想找份活干也没人敢用他,只好四处流浪。有一天,大雪纷飞,天快黑了,朱元璋还没找到过夜的地方,正惶惶然如丧家之犬,忽然看见一个大户人家的围墙根有一大堆马粪,落雪即化。他顿时眼睛一亮,心想果然天无绝人之路,原来他从小放牛,别的事不大懂,至于马粪一聚堆就发热,无人比他更通晓了。他一看到这堆马粪有半墙高,即断定中间已经腐熟干燥,足可以保住性命。于是,他手刨脚拨,在粪堆的半腰开始掏平洞。洞掏好以后,他似老虎做窝一般,忙把身子倒蹭进去。因为还要出气儿,脑袋只得留在外面,幸亏有个讨饭瓢,他往脑袋上一扣,就这样待了下来。

马粪堆中果然又背风又暖和,工夫不大,朱元璋的身子就不再哆嗦了。身子不冷了,肚子里又觉出饿来了,这一天他也没要着什么吃的,他看着漫天的大雪,想起自己的身世,不由得伤心地唱了起来:"老天无情下鹅毛,老天无情下鹅毛……"他不会唱别的,就这一句词唱了一遍又一遍。

没想到大雪纷飞的天气里还有人走动,而且还会来到这个马粪堆旁边。就在朱元璋唱得迷迷糊糊的时候,忽然听到有个女子的声音在叫他的名字,他以为自己是在做梦,就没有理会,没想到过了一会儿唤声又起,他没好气地问了声是谁,想不到来人竟是分别数年的马秀英。

朱元璋喜出望外,原来,马秀英就在这家大户人家做丫头。女大十八变,马秀英已经出落成如花似玉的模样,柳叶眉弯似天边月,樱桃小口自来红,只是小时候没缠过足,脚显得大了一点儿。这天马秀英正在院子里看雪,回到下处去歇息,正在看得出神时,忽然听到有人在唱自己儿时常唱的儿歌,声音隐隐约约的还有些熟悉,这一下马秀英吃惊不小,立即想是不是当年和自己在一块玩耍的朱元璋啊。她顺着声音慢慢地走了过去。后墙那扇小窗处传进阵阵歌声,由于只隔一墙,她听得清清楚楚,不由得双手合掌,暗谢上苍,这声音果然就是当年自己的玩伴。她悄悄地打开门,无声无息地走了出去。借着雪色,来到马粪堆前,先叫了声"元璋哥",没有回答。她忽然多了个心眼,记得朱元璋耳后有个小肉瘤,自己小时候常抚摸,现在得先摸一下,别万一认错了人。她掀起讨饭瓢,伸手一摸,果然有,才又唤第二声。

尽管谁也看不清谁,单凭一摸肉瘤,马秀英就认出了朱元璋。朱元璋更是喜出望外,没想到在这落魄将死的时候,竟然能遇到故人。一番惊喜之后,马秀英一时不好安排朱元璋,于是他们就跟跄了多半夜,来到一座关帝庙里。

忙活了大半晚上,借着微弱的灯光,两个人互相一端详,都觉得超出了想象:朱元璋虽蓬头垢面,但那股不怒自威的气质没变;马秀英脸似芍药月季花,更显得好看。这一看不要紧,朱元璋立即觉得自己窝囊,估计马秀英不会把鲜花插在牛粪上，就问马秀英打算下步怎么办。谁知马秀英风趣地说道："还给你当娘娘吧！"一句话说得朱元璋心里热乎乎的。

这时的朱元璋依然落魄，但是马秀英却已经找到了一个好的归宿。马秀英虽然不忘当年的交情，朱元璋却心里有数，自己衣食尚不能自保，马秀英现在这么漂亮又不愁衣食，怎么能配得上人家呢？眼见她穿着虽不是绫罗绸缎、珍贵华丽的衣服，却也是上等人家小姐的打扮，朱元璋心里不由得自惭形秽。

马秀英给朱元璋卷起了厚厚的稻草，说天已经不早了，她必须马上回去，等到天亮再来看他。朱元璋如做梦一般，这个关帝庙虽然破旧了一点，却能遮避风寒，他躲在厚厚的稻草下，糊里糊涂地想着这一番出乎意料的相遇。这几天真的是太累了，不一会儿就睡了过去。

早上一睁开眼，朱元璋就闻到一股透彻心脾的香味，原来马秀英给他带来了丰美的食物，朱元璋早已忘记了肉是什么滋味了，他也顾不得礼貌，抓起一条鸡腿就啃了起来。马秀英一边看他吃，一边给他捉衣服上的虱子。朱元璋大为感动，他扔下手中的鸡腿，面对关帝跪下发誓说："关帝君在上，如果日后朱元璋能富贵，一定报答今日之恩，若有半点对不住马秀英，你就用大刀劈了我！"

这一次的相遇，是朱元璋命运的转折点，以后的历史也证明，朱元璋没有食言，他始终善待马秀英。

帮助夫君　成就功名

马秀英家原本也是富甲一方的大户，母亲郑氏生下她这个独生女儿后不久就病逝了，父亲生性豪爽，仗义疏财，结交了许多生死兄弟，为替一位朋友讨回公道而出手杀死了当地一个豪绅，为了避仇只好逃亡异乡。马父逃亡在外，小女儿无人照管，最后竟沦落成了小丫鬟，正好朱元璋也在那户人家放牛，所以两人才有机会相识。马父出走多年，始终惦记着女儿，最后联系到好友郭子兴，请他务必找到女儿，代为抚养。

郭子兴也是一方义士，受朋友之托自然不能怠慢，他费尽心思，终于找到了马秀英，将她接了出来。郭子兴的妻子张氏将马姑娘视如己出，精心抚养她长大。稍大一点，郭子兴亲自教马姑娘读书写字，张氏则教她针线女工，马姑娘也是聪慧过人，无论学什么，稍一指点，就能精通无遗。及笄之年的马姑娘，出落得一副好模样，面貌端庄，神情秀逸，一举一动都透露出大家风范，郭子兴夫妇十分钟爱。一个相面先生曾对郭子兴说："此女天相，不可等闲视之！"郭子兴将信将疑，在为马姑娘挑选女婿时不由地十分谨慎。寻寻觅觅，始终没找到中意的人选。朝廷黑暗，各地义军蜂起，天下大乱，素有大志又颇具一定声望的郭子兴，也在境州聚众起义，反对元朝廷。起事之初，事多如麻，马姑娘的婚事也就暂时搁置下来了。

马秀英将自己的身世经历一一告诉了朱元璋,说到动情之处,声泪俱下。朱元璋虽经历坎坷,听后也不免落下泪来。马秀英说,如今你无处落身,就去投奔我义父吧,但是你不能打我的名号,男子汉大丈夫应当自食其力,才能不白活在这个世上。

郭子兴起兵不久,必须补充兵力,朱元璋刚刚25岁,立即就被接纳了下来。朱元璋作战十分勇猛,而且颇有智略,数次出战,都立下了大功,被任命为"十夫长",接着又连连得到升迁,成为郭子兴的爱将。一次打了个大胜仗之后,郭子兴设酒宴犒劳众将士,高级将领的席位设在郭子兴的帅帐中,朱元璋官职虽低,但因功高也被特请在其中。这次盛会,除庆功外,郭子兴夫妇还有一个目的,那就是趁这个机会,在将领中为马姑娘择一乘龙快婿。

郭子兴夫妇还不知道马秀英早已心有所属。酒宴开始后,郭夫人张氏拉着马姑娘躲在幕帐后暗暗观察。这时帐中的各位将领都酒兴正酣,神采飞扬,划拳喝令,觥筹交错,脸上满溢着胜利后的喜悦。马姑娘面含羞涩,只悄悄看了一眼,就将目光落在坐最后一席的朱元璋身上,他身材魁梧,面容黑粗,双眼深陷,脸长嘴阔,长相虽嫌粗陋,但眉目轩昂,英气逼人。马秀英向养母张氏表明了自己的选择,张氏也是个有眼光的女人,她早听丈夫说起过这位年轻军官的事迹,也深觉这人将来必有腾达之日,因此对养女的选择赞赏不已,立即赞同了这门婚事。

如此一来,由郭子兴夫妇做主,马姑娘的婚姻大事就定了下来,择一吉日,为两位年轻人在军营中举办了热热闹闹的婚礼,从此,在军中刚刚崭露头角的朱元璋与元帅郭子兴以翁婿相称,羡煞了不少英雄豪杰。

挽救丈夫　危难之中

朱元璋娶了郭子兴的养女,又在军中屡屡建功获赏,惹得一些追随郭子兴起兵的亲信人物眼红,他们总想寻机拆他的台。朱元璋雄才大略,很快在濠州红巾军中崭露头角,不免遭人侧目,郭子兴亦对他有疑忌。诸将出征,掳获物都要贡奉郭子兴,朱元璋不猎取私财,无从进纳,更引起郭子兴的不快。马秀英见此情形,就把自家财产送给养母张夫人和郭子兴妾张氏,请她们在义父前为干女婿说点好话,以弥缝裂痕。

这时,国内群雄并起,很多起义队伍渐渐壮大开来,影响较大的有张士诚和陈友谅部;这样,义军作战的形势变得错综复杂了,不但要对付元朝廷,而且还要提防义军之间的吞噬。在这种情形之下,朱元璋对战机、战略产生了一些与郭子兴不同的意见,他生性直率,又仗着与郭子兴有亲密的翁婿关系,所以常常直陈自己的观点,这不免引起性情刚愎的郭子兴的不快。那些平日里嫉妒朱元璋的郭子兴亲信乘机大进谗言,说朱元璋如何骄恣,如何专擅,一定是怀有异心,图谋不轨,郭子兴心起微澜。

这一天,郭子兴召集高级将领商议下一步的军事行动,众部将对郭帅的主张唯唯诺诺,连连称是;唯有朱元璋提出了异议,他毫无顾忌地恳谈自己的看法,使郭子兴甚觉反感,令他放弃自己的意见,朱元璋却据理力争,坚决不肯退让,最后翁婿两人竟大声争执起来。郭子兴大感脸上无光,一怒之下下令将朱元璋幽禁起来思过。

本来,郭子兴幽禁朱元璋是为了发泄一时之怒,也不曾想置他于死地,毕竟他还是一名得力的干将,又是自己的女婿。可郭子兴手下那批别有用心的亲信,却瞒着郭子兴,暗中下令看守人员断绝了朱元璋的饮食供给,把无法与外界取得联系的朱元璋暗暗推向死亡。

马秀英见丈夫无端被幽禁,心中十分焦虑,她想方设法接近关押丈夫的房屋,终于发现只要穿过一小片野坟地,就能靠近那间房子的后窗,而那后面是看守人员不会注意到的。这样,朱元璋断食的事情自然被马秀英知道了。可那时粮食供应相当紧张,每人每天只配给一定量的食品,即使元帅的女儿也不例外。马秀英又不敢告诉别人自己发现了那条通道,于是,她每次吃饭时都佯装身体不适,把食物要到卧室中。其实,她每次都只吃上几口,然后把大部分食物省下来,等到傍晚时,一个人壮着胆子穿过那片坟地,把一天省下的食物偷偷从后窗递给丈夫,得以勉强维持了朱元璋的生命。

可从马氏嘴中省下来的这点食物,毕竟填不饱朱元璋的肚子,为了能使丈夫吃饱,端庄高雅的马氏只好使出下策,到厨房行窃。这天,她看准了厨房中的馍馍刚蒸熟,厨子又离开了厨房,便悄悄地溜进去,掀开笼盖,也顾不得烫手,抓起几个热气腾腾的馍馍,连忙揣进怀里。不料刚一跑出厨房,就与养母张氏撞了个满怀,张氏见她神色慌张,不免大起疑心,关切地问道:"女儿何故如此慌张?"马氏以为自己的行为已被发现,顿时羞红了脸,两行泪也忍不住淌下来,垂首站在养母面前,半天不说话。张氏见她似有难言之隐,就把她带到自己房中,仔细询问,马秀英忍不住满腔的委屈,伏地大哭,然后把事情一五一十地告诉了养母。张氏听了大感震惊,也陪她落了不少泪,等到解开衣襟掏出藏在怀里的馍馍时,发现马秀英的胸部已被热气烫得又红又肿。这件事朱元璋铭感五内,当皇帝后还向大臣讲述,把它比作刘秀困在河北得到冯异豆粥麦饭的美事。

张氏当即就对郭子兴说明了情况,并替朱元璋说情。郭子兴听说自己的亲信竟敢背着自己干如此勾当,心中大为恼怒,马上下令放出朱元璋并恢复原职,把那几个玩弄阴谋的人关了进去。

一朝珠荣　成为皇后

至正十五年(1355年),朱元璋投到郭子兴门下还不满三年时间,却屡立战功,不断地得到提拔荣升,已成为郭子兴的副帅,总管兵符,节制诸将,有了很高的威望。不久,郭子兴病死,朱元璋顺理成章地顶替其位,成了义军元帅,继续抗元兴汉的大业。

第二年,朱元璋率军攻克了重镇集庆,将之改名应天府,自立为吴王,马秀英也随之成了吴王妃。当时吴王除对抗元军外,还与自称汉帝的陈友谅互相争夺地盘,战事频繁,无安宁之日。马秀英为了助丈夫一臂之力,亲自带领将士的妻女为部队制衣做鞋,使得前方士气大振。

朱元璋一鼓作气,率军南征北战,扫平了其他起义军,又回过头攻下了不堪一击的元都,恢复了汉族的天下,统一了中国。朱元璋定都应天府,也就是现在的南京,建立明朝,自己成了开国皇帝明太祖。

按理说,朱元璋应把马秀英接来,封为正宫娘娘。但没想到,从万人之下变成万人之上,身边已经美女如云,朱元璋却忘记了马秀英,迟迟不愿意将她接到南京来。与朱元璋一起南征北战的开国元勋,熟知朱元璋和马秀英底细的老伙伴们,纷纷上本,讲述为人君、为人夫的道理,劝他速将马秀英接来,封为正宫皇后,好早日龙凤呈祥,但朱元璋总以朝廷的四柱还没稳为由,一拖再拖。

或许朱元璋不是托词,从他一生对马秀英的感情来看,他从来没有背叛过马秀英,去宠爱其他的女人。从朱元璋的性格来看,他操持国务,从来不曾懈怠,国家刚刚建立,他忙于国事,建立国章制度,暂时忽略了个人生活之事,完全有可能。朱元璋虽不着急,那些追随他和马秀英打天下的开国元勋们却有些迫不及待了,他们没有请示朱元璋,而是众人私下商量,派骠骑大将军汤和以告假回乡省亲为名,回乡寻找马秀英。

由于战乱,马秀英和朱元璋一直分分合合。征战之初,马秀英还一直和朱元璋在一起,在和陈友谅作战时,朱元璋起初并不占优势,陈友谅攻势猛烈,朱元璋四处躲藏。在一次逃跑中,两个人失散了,从那以后,直到朱元璋做了皇帝,马秀英都不知道。

汤和找到马秀英时,她正在帮人舂米。汤和率领大批官员、武士,一下子跪倒在马秀英面前,声称恭请娘娘千岁回宫。马秀英一见这么大的排场,又听汤和口称"娘娘",方想到朱元璋已经做了皇帝。想起自己当年对朱元璋深情厚谊,如今他做了皇帝,自己却不知晓,不由得一阵伤心,她面不改色地问汤和:"吴王已经做了皇帝了?"汤和回答:"是"。马秀英继续问道:"皇帝派你来的?"汤和无言。马秀英顿觉失望至极,汤和把来意一讲,她没有说一句话,顺手捡起一个火筷子,在纸上草草地画了一幅破庙捉虱图,对汤和说:"国家初定,皇上繁忙,劳烦将军捎一封家信。"

汤和将信带回后,朱元璋一看这画,想起了当年自己落魄的情形,马秀英不嫌弃自己贫寒,以身相许,方才有自己的今日,他不由泪流满面。他传下旨意,命汤和带上凤冠霞帔,回凤阳接马秀英进京。马秀英将近京城之时,朱元璋率众臣出城相迎,手扶马秀英同登龙辇而回,并封马秀英为正宫娘娘。屡经坎坷,马秀英终于登基女主之位。

仁慈大度　母仪天下

古代从南唐开始产生了一种陋习,就是妇女必定要缠足,脚小则人美,脚大则人丑。在我国的封建社会的很长一段时间里,如果谁家的姑娘不缠足,长出和男人一样大小的脚来,这姑娘即使长得再漂亮,身材再苗条,也会被别人看作丑八怪。当时就流行这么一句话:"姑娘脚大,难找婆家。"姑娘们必须要有一双"三寸金莲"的小脚才算得上漂亮。

马秀英做了皇后,一双大脚却仍旧没有变样。马皇后小时候怎么会不缠足呢?原来,她的父亲马公早年逃亡在外,而她的母亲又死得特别早,家里没人照顾马姑娘,所以马姑娘的脚也就没有缠。马皇后当姑娘的时候,别人给他起了一个绰号,叫"马大脚"。她当了皇后,别人自然不敢这么叫了,可仍然还有很多人在背地里暗暗叫她"大脚皇后"。

"马皇后脚长得特别大,可心眼儿特别好。她很聪明,又很善良,温柔体贴,为人纯朴,也很有才干。朱元璋并没有因为这双大脚就讨厌她,而恰恰相反,朱元璋非常喜欢她,因为这一双大脚曾给他带来好运。"

朱元璋与陈友谅对垒时,受了箭伤,无法行走。对方追击猛烈,马秀英随军出征,只好背起朱元璋逃跑。后来,太子朱标为此绘有图像,放在怀中。朱标与父亲朱元璋政见不合,朱元璋追打他,他故意把图像遗落在地,朱元璋见到,痛哭一场,也不打儿子了。这个记载未必是真实的,不过马氏不像当时的其他妇女缠足,是天足者,背丈夫是有可能的。不久,朱元璋就击败了陈友谅。

一个元宵灯节之夜,朱元璋与谋士刘伯温微服私访京城的灯会,在一家大商号门前,彩灯高悬,上面贴着很多灯谜,图文并茂,引来无数人围观猜测。朱元璋也凑过去看热闹,偶然注意到一则有趣的图画谜面,图上画着一妇人,触目的是一双天然大足,怀抱一个大西瓜,眉开眼笑,模样十分滑稽。朱元璋不解其意,于是问博学多才的刘伯温:"此谜何意?"刘伯温沉吟片刻答道:"此为淮西大脚妇人也!"朱元璋仍不知"淮西大脚女人"指谁,继续追问,刘伯温则诡笑着说:"可回宫问皇后娘娘。"

当晚回宫后,朱元璋急不可待地向他的马皇后提起此事,马皇后讪然一笑,说:"妾乃淮西人氏,且为天足,此谜谜底想必就是妾了。"朱元璋一听大怒,心想:"小小街民竟敢制谜嘲讽堂堂天后,岂有此理!"于是传旨捕拿制谜者。马皇后见状,大度地劝解道:"佳节吉日,与民同乐,又有何妨?何况妾本是天足,说又何错?不必小题大做,贻笑大方!"此事方才作罢。

区区一件小事，足以见马皇后的仁慈与大度，不愧为一个母仪天下的皇后。

朴实节操　始终不改

在中国历代皇后中，马皇后无疑是最俭朴的皇后。攻下元都北京后，朱元璋的部下搜罗来元宫中大批的珍宝玩物，运到应天府，晋献给明太祖。朱元璋想自己从一个不名一文的穷小子，十多年时间就成了富拥天下的皇帝，眼下又拥有如此众多的宝物，自是喜不胜收，忙叫来马皇后一同玩赏。谁知马皇后见了，却不屑一顾地说："元朝就是因为有了这些而不能保住国家，陛下不是自有宝物，要这些做什么呢？"明太祖闻言一怔，喃喃道："朕知道皇后说的是以贤士为宝物啊！"马皇后见皇夫醒悟，忙拜贺道："陛下有此宝物可得天下，臣妾恭贺陛下！妾与陛下起于贫贱，今贵为帝后，最怕生出骄纵奢侈，危亡起于细微，愿陛下以贤士为宝物！"这样看来，性情自负而多疑的明太祖，之所以在打下江山后还能任用贤臣，是与马皇后的劝导密不可分的。

马皇后不但劝皇夫以贤德治国，自己也以贤德勤治后宫，用自己的一言一行，倡导后宫嫔妃节俭仁慈的风尚。马皇后喜欢读古代史书，也常用古训来教导别人，她认为宋代多贤后，因此命女史官摘录她们的言行家法，用来传示后宫众嫔妃，有人感慨道："宋代的皇后也太过于仁厚了！"马皇后正色道："过于仁厚，不比刻薄好吗？"众人无话可说。马氏自奉节俭，衣服穿破了还要补了穿，听女史讲元世祖昭睿顺圣皇后用旧弓弦织成绸，做衣服穿，马后就命用旧料织制，做成盖被、巾褥，送给孤寡老人。

马皇后对子女也是充满仁爱，勉励他们学习，要求他们生活简朴，有比穿衣用物的，就严加教诲。她又把宫中利用旧料织成的被褥送给他们，并解释说：你们生长在富贵家庭，不知纺织的难处，要爱惜财物。

明太祖的衣履饮食，马皇后都亲自料理省视，而她虽然位居极贵，但决不忘记贫贱时和战争年代养成的好习惯。她虽自己节俭，但对妃嫔宫人的子女，却一点也不小气，都派给了丰厚的生活待遇；对宫中下人她也关心备至，常送些衣物食品，以示体恤；每逢文武官员夫人入朝，她都不忘送些礼品，并与她们寒暄交谈，就像对待家人。这样一来，宫廷内外的人对马皇后都十分尊敬。朱元璋也盛赞她道："贤后与当年唐太宗的长孙皇后相比，毫不逊色！"马皇后回答说："妾闻夫妇相保易，君臣相保难，陛下不忘同贫贱的妾身，愿也勿忘同艰难的群臣。妾只求无愧于心，哪里敢与贤德的长孙皇后相比呀！"她不但自己谦和崇贤，而且时时不忘提醒大功告成的皇夫，真不愧为一个精心佐夫治国的好皇后。

和朱元璋血缘最近的亲戚是侄儿朱文正，文正在对陈友谅战争中立功，因叔父未及时赏赐而不满，朱元璋因此杀了文正身边的亲信，还要治他本人的罪。马皇后也把文正当儿子看,这时劝朱元璋:这孩子立了好多战功,守南昌尤其不易,况且只是性急要强,并不是反叛,不要追究了,朱元璋这才将文正免官了事。

马皇后对娘家人极为怀念,每当说到父母早逝就痛哭流涕,朱元璋也因关心她而及于外家,要为马皇后访察亲属,以便封赏。马皇后认为封外戚容易乱政,不是好事,不让访找。事实上马皇后是孤儿,娘家已没有人了。朱元璋只好追封马公为徐王,郑媪为王夫人,在宿州为他们设立祠祭署,以邻居王姓主持奉祀的事。

马皇后不但有贤德,而且有才能,她广读经史,学问渊博,太祖所有的札记,都由她亲自执笔记下。每当太祖有所感慨和言论,她都仔细地记录下来,无论事态如何复杂,均能排布得条理分明,毫无疏漏之处。

朱元璋为了报答马皇后的美德与佐治之功,数次提议赐予皇后族人以高官厚禄,马皇后总是坚决谢绝,她说:"外戚干政,易乱朝纲,官职恩赐外家,实非遵法!"这样,明代外戚虽然也享受高爵厚赐,但一般不授以高职,严禁干预政事,这规矩就是马皇后订下来的。

鉴于汉、唐两代的祸乱多由宦官参政而引起,善于以史为镜的马皇后特别在这方面给明太祖出了主意。明朝廷严格规定,内臣不得兼任外臣文武官职,不得着外臣冠服,不得与外廷诸司有文书往来,并在宫门前竖下铁牌,上写着:"内臣不得干预政事,犯者斩!"如此一来,杜绝了宦官乱政之弊。

马后对待身边的妃子和宫人也都是和睦相处,是比较慈惠的。妃嫔中有人生儿子,一定厚待她们母子。马后以皇后的身份,还要管丈夫的饮食,宫女认为她不必这样做,她说有两方面原因,一是尽做妻子的责任,再一是怕皇帝饮食有不中意处,怪罪下来,宫人担当不起,她好承受着。她多次设法保护宫女,有一次朱元璋盛怒要立即惩罚一个宫中下人,马后也假作发怒,命把那人捆绑起来,交给宫正司议罪。朱元璋不满地责问她:这是你皇后处理的事情,为什么要交给宫正司?马后回答:赏罚公平才可以服人,治理天下的君主,哪能亲自处理每一个人,有犯法的应当交给有关部门去办。朱元璋又问,那你为什么也发火?她回答说,当皇上愤怒时,我故意也发怒,把这事推出去,消释你的烦恼,也为有司能持平执法。

调理后宫　良士知音

身为皇后,她不但精心治理着后宫,还成为天下诸多良士的知音,这在历朝历代是不多见的。马皇后深知忠臣贤士对朝廷的重要性,十分注意以一个女性的细心来关心他们。每日早朝议事,若事情较多就常常要延续至晌午,这时奏事大臣就按惯例就在殿廷上用午餐。一天,马皇后命宦官取来为他们准备的菜肴品尝,她觉得味道欠佳,随即向明太祖建议:"人主奉宜薄,而养贤宜厚,否则怎能笼络贤德之士!"明太祖深以为然,就下令管理膳食的光禄寺卿改善官员们的午餐的质量。这看起来虽是一桩小事,却使官员们十分感激马皇后对他们的重视和关心,当然也就更加尽力于朝廷。

一次,明太祖巡视太学回宫后,马皇后关切地问:"太学有多少生徒?"太祖说有几千人。马皇后又问道:"人才可谓众多,他们有朝廷供给食用,而他们的妻子儿女谁来供养呢?"太学生是朝廷培养的一批有才之士,他们在太学学习期间,一应生活用度均由朝廷供给,但没有另外的俸银,他们的家人由谁供养,这问题过去倒是没有哪个朝廷顾及过。经由马皇后一提起,也引起了明太祖的重视,于是诏令特设"红板仓",储积粮食,赐给太学生家属,太学生从此无后顾之忧,一心治学,成为日后的栋梁之材。

明太祖朱元璋起于贫贱,身世坎坷,因而,表面上虽然睿智英明,豁达神武,但骨子里却藏着猜忌和苛刻。幸而身旁有一个仁慈宽厚的马皇后,常常遇事劝谏,减少了不少刑戮,挽救了无数的无辜受疑者,赦免大学士宋谦就是其中的一个事例。

宋谦是有名的文人学士,明代开国时的许多典章制度、礼乐刑政文典都是出自他的手笔,被明太祖尊称为"开国文臣之首"。他曾经辅佐明太祖19年,于洪武十年,也就是他68岁时告老还乡,回到青萝山中隐居。

三年以后,朝中大臣胡惟庸因图谋不轨被诛,宋谦的孙子宋慎因与胡惟庸关系密切而受株连被杀,宋谦因曾经教授胡惟庸经书也遭到明太祖的怀疑,72岁高龄的他被逮捕押到京城,危在旦夕。马皇后闻讯后,向太祖进言道:"宋先生曾经讲学宫中,一字为师,终身不移。民家为子延师,尚以礼全终始,何况天子呢?况且他隐居青萝山中,还能有什么施展?"太祖自负地说:"这个你不知道,此老儿不甘寂寞,虽隐居青萝山,但四方前去求教者络绎不绝,受业者遍及天下,倘有异志,如何得了!"他拒绝了马皇后的说情,马皇后沉默不语。

第二天,马皇后侍奉太祖午膳,摆出的全是素食,不见酒肉,太祖问是何故,马皇后垂泪答称:"妾为宋先生作福事啊!"明太祖不由得恻然心动,于是赦令宋谦不死,而流放茂州。

马皇后的仁慈不但保护了重臣,同时也荫及了平民百姓。吴兴有一巨富叫沈万三,据说他家有一个奇妙的"聚宝盆",能呼金唤银,因而家中金银堆积如山,沈万三性情豪爽浮躁,很喜欢显示自家的财力。在明朝开国之初修筑京城城墙时,他主动要求替朝廷分担一半的工程,这虽引起了朱元璋的不快,但因当时朝廷财力不足,就批准了他的请求。谁知,沈万三仗着财物富足,又调用方便,竟然比朝廷组织的工程还先完成,使得明太祖深感脸上无光。

朱元璋正想找借口惩治沈万三的时候,好大喜功的沈万三又申请犒劳皇家军队,明太祖闻言大怒,叱道:"何等匹夫,意想犒赏天子之军,居心不正,实为乱民,诛!"这时,马皇后又出来劝谏,马皇后认为,虽然沈万三性过狂妄,但不至于获死罪,于是进谏道:"妾闻国法是用来诛杀不守法的人,并不是用来惩罚国君不赏识的人。沈万三虽然狂妄,却未犯法,不当诛之。"明太祖觉得言语有理,也就没有诛杀沈万三,只是利用他的财力,派他去戍守云南边区。

据说,浦江有一个郑谦,家族和睦,十代同堂,当地人都称他家是"义门",郡守也表彰他们家族的融洽和乐,赐予一块"天下第一家"的匾额。明祖听说此事后,颇感兴趣,特意把郑谦召到京城相见,问他家中人口共有多少,郑谦回答说:"一千有余。"明太祖赞叹说:"一千多人同居共食,同心合力,世所罕有,确实是天下第一家啊!"于是赐给了他丰厚的礼品让他回去。

马皇后在屏后听了他们的对话,心有不安,连忙传话给明太祖:"陛下当初一人举事,尚得天下;郑谦家千余人,倘若举事,不是太容易了吗?"明太祖不免为之一惊,急命中官再召郑谦,问他道:"你治理家族,有什么方法可循吗?"郑谦回答说:"没有别的,只是不听妻子的话罢了。"明太祖听了释然一笑,不再追究,安心地放他回家了。这一次,明太祖虽然没有完全接受马皇后的意见,却又恰恰表现出他对马皇后的重视,他认为自己之所以成功,离不开妻子的辅佐,既然郑谦从不听从妻子的话,便认定他成不了大气候。

力劝丈夫　仁政治国

朱元璋是农家出身,对农民生活多少有点了解。他即位以后,也注意实行休养生息的政策。他告诫地方官员说:"现在天下刚刚安定,百姓财力困乏,好像初飞的鸟,不能拔它的毛;新种的树,不能摇它的根。"他要官员们廉洁守法,不能贪赃枉法,加重人民的负担。以后,他又召集流亡农民,开垦荒地,免除三年的劳役和赋税;要各地驻军屯田垦荒,做到粮食自给。他还兴修水利,奖励植棉种麻。所以,明朝初年的农业生产有了明显的发展,新建立的明王朝统治也巩固下来。

但是,朱元璋总不放心那些帮助他开国的功臣。他设立一个叫作"锦衣卫"的特务机构,专门监视、侦察大臣的活动。大臣在外面或者家里有什么动静,他都打听得一清二楚。谁被发现有什么嫌疑,就会有牢狱之灾甚至杀头的危险。

朱元璋对待官员极为严酷,大臣上朝时惹他发了火,他就让人按在地上打板子,叫作"廷杖",有的甚至当场就被打死。这种做法弄得大臣们个个提心吊胆,每天上朝的时候,都愁眉苦脸地向亲人告别。如果这一天平安无事,回到家里,亲人就高高兴兴地庆幸他又活了一天。

公元1380年,丞相胡惟庸被告发叛国谋反,朱元璋立刻把胡惟庸满门抄斩,还追究他的同党。这一追究,竟株连文武官员15000多人。朱元璋一发狠心,把那些有胡党嫌疑的人全杀了。

过了几年,又有人"告发"李善长和胡惟庸往来密切,明知胡惟庸谋反不检举揭发,采取观望态度,犯了大逆不道的罪。李善长是第一号开国功臣,又是朱元璋的亲家。朱元璋大封功臣的时候,曾经赐给李善长两道免死铁券。这一年,李善长已经 77 岁了,可是朱元璋仍然翻脸,借此机会,把李善长和他的全家七十几口全部处死。接着,又一次追查胡党,处死了 11000 多人,这次大狱史称"胡狱"。

马皇后见皇帝如此手狠,力劝朱元璋不要大开杀戒,人犯了罪,只要惩罚当事人就好了,再处死家人,于情于理都说不过去。她见朱元璋疑心重重,对手下的大臣都放心不下,为了避免血案的再次发生,就劝解朱元璋,将权力分开,大臣们就无力犯事了,这样也可以减少流血案件的发生。

朱元璋觉得这是一个好办法,马上予以采纳,他处心积虑,取消了丞相职位,由皇帝直接管辖吏部、户部、礼部、兵部、刑部、工部六个部的尚书;又把掌握军权的大都督府废了,改设左、右、中、前、后五个都督府,分别训练兵士,需要打仗的时候,由皇帝直接发布命令。这样一来,明朝皇帝的权力就大大集中了。

公元 1382 年,历尽磨难、殚尽心力的马皇后染上了重病,医治无效后,她坚持不肯再服药。朱元璋苦苦劝求,马皇后说:如果我吃药无效,你就会杀死那些御医,那不等于我害了他们吗!我太不忍心了。朱元璋答应不会惩治医生,但是马皇后还是不用药,以致死亡,她说:"生死有命,我病已不治,服药何用!"马后替医生着想,竟至不顾自身的治疗。躺在病榻上,她念念不忘地反复叮嘱皇帝:"愿陛下求贤纳谏,慎终如始,子孙宜贤,臣民得所!"然后,又把诸位王子公主叫到身边来,嘱咐说:"生长富贵之中,当知蚕桑耕作之不易,当为天地惜物,且为生民惜福!"走到了生命的最后一刻,她仍然不忘以她的贤德影响着她的丈夫和子女,为国家操心不已。不久,马皇后溘然长逝,享年 51 岁,匆匆走完了她从孤女到母仪天下的沧桑一生。

明太祖失去了同甘共苦的结发妻子,也失去了他得力的助手,悲痛之情,无以言表。为了永远追念可敬可爱的马皇后,明太祖竟然决定不再立后。马皇后的所作所为,赢得了丈夫的尊敬与爱护。她生前,朱元璋褒奖她,比诸历史上的贤后唐太宗长孙皇后,为她父亲起坟立庙;她死后,朱元璋不再册立皇后,表示对她的敬重和怀念。这一对同甘苦共患难的夫妇,互相眷恋,互相体贴,从这个意义上说,尽管丈夫多妻妾,她的生活还是完满的。

《明史》赞扬马皇后,"母仪天下,慈德昭彰"。的确,在封建时代,她是贤妻良母的典范,是"母仪天下"者中的佼佼者。她帮助丈夫成就帝业,谏止丈夫的败政,料理好家中、宫中事务,保持家庭和睦的局面,她对于朱元璋的家庭、对于朱明王朝都做出了贡献。

一手遮天

——慈禧太后

名人档案

慈禧太后:孝钦显皇后,满族,又称"西太后""那拉太后""老佛爷",徽号"慈禧端佑康颐昭豫庄诚寿恭钦献崇熙"。死后清朝上谥号为"孝钦慈禧端佑康颐昭豫庄诚寿恭钦献崇熙配天兴圣显皇后"。咸丰帝的妃子,同治帝生母,光绪帝养母。晚清重要政治人物,清朝晚期的实际统治者。慈禧博学多才,能书善画,书法长于行书、楷书,绘画有花卉等传世。

生卒时间:1835年~1908年。

安葬之地:葬于河北遵化定东陵。

性格特点:洞悉人性、工于心计、个人至上、敢作敢为。

历史功过:慈禧太后是晚清统同治、光绪两朝的最高决策者,她以垂帘听政、训政的名义统治中国四十七年。长期以来,有关慈禧的史学论著和文艺作品,大都只讲慈禧祸国殃民的一面,甚至把一些与慈禧毫不相干的恶行也加在慈禧的身上。在人们的心目中,慈禧已成为一个昏庸、腐朽、专横、残暴的妖后。

身世之谜 众说纷纭

道光十五年(1835年),慈禧出身于满洲镶蓝旗(后抬入满洲镶黄旗)一个官宦世家。慈禧的曾祖父吉朗阿,曾在户部任员外郎,遗下银两亏空,离开人世。祖父景瑞,在刑部山东司任郎中。在道光二十七年(1847年)时,因没能按时赔偿其父吉朗阿在户部任职时的亏空银两而被革职。外祖父惠显,在山西归化城当副都统。父亲名叫惠征,在吏部任笔帖式,是一个相当于人事部秘书、翻译的八品文官,后有升迁。根据清宫档案《内阁京察册》(清政府对京官三年一次的考察记录)记载:慈禧的父亲惠征,在道光十一年(1831年)时是笔帖式,道光十四年(1834年)考察被定为吏部二等笔帖式。道光十九年(1839年)时是八品笔帖式。道光二十三年(1843年)再次考察定为吏部一等笔帖式。道光二十六年(1846年)调任吏部文选司主事。道光二十八年(1848年)、二十九年(1849年)因为考察成绩又是一等,受到皇帝接见,被外放道府一级的官职。同年四月,任山西归绥道。咸丰二年(1852年),调任安徽的道员。

慈禧太后,由于她的特殊地位、身份、影响与作用,对她的身世,有多种说法。尤其是慈禧的出生地,可谓众说纷纭。主要有六种说法:(1)甘肃兰州;(2)浙江乍浦;(3)内蒙古呼和浩特;(4)安徽芜湖;(5)山西长治;(6)北京;

第一,根据慈禧的父亲惠征曾任过甘肃布政使衙门的笔帖式,认为慈禧出生在甘肃兰州说。传说慈禧出生在当年他父亲住过的兰州八旗马坊门。可专家查阅文献、档案,发现惠征虽然做过笔帖式,但其地点是在北京的吏部衙门,而不是在兰州的布政使衙门。

第二,根据慈禧的父亲惠征曾在浙江乍浦做官,认为慈禧出生在浙江乍浦说。《人民日报》曾发表一篇题为《史界新发现——慈禧生于浙江乍浦》的小文。这篇文章说:慈禧的父亲惠征,在清道光十五年至十八年(1835年~1838年)间,曾在浙江乍浦做过正六品的武官骁骑校,而慈禧正是在这段时间出生的,所以她的出生地在浙江乍浦。文章中说:在现今乍浦的老人当中,仍然流传着关于慈禧幼年的传说。当时的规定,京官每三年进行一次考核。有学者查阅了清朝考核官员的档案记载:这时的惠征被考核为吏部二等笔帖式,三年后又被作为吏部笔帖式进行考试,可见这时惠征在北京做吏部笔帖式,为八品文官。所以,这种说法值得怀疑。

第三,根据慈禧的父亲惠征曾做过安徽徽宁池太广道的道员,道员衙署在芜湖,因此说她出生在芜湖。慈禧既然生长在南方,便善于演唱江南小曲,由此得到咸丰帝的宠幸。许多小说、影视作品就是这么说的。我们当然不能以慈禧擅唱南方小曲,作为她出生在南方的证据。根据历史记载:惠征当徽宁池太广道员是在咸丰二年(1852年)二月,正式上任是在同年七月。而慈禧已经在咸丰元年(1851年)入宫,被封为兰贵人;档案中还保存有兰贵人受到赏赐的赏单。可见慈禧不会是生于安徽芜湖。

第四,根据慈禧的父亲惠征曾任过山西归绥道的道员,认为慈禧出生在今内蒙古呼和浩特说。慈禧的父亲惠征当年曾任山西归绥道,道署在归化城(今呼和浩特市)。据说在呼和浩特市有一条落凤街,慈禧就出生于落凤街的道员住宅里,甚至传说慈禧小时候常到归化城河边玩耍。但道光二十九年(1849年),惠征任山西归绥道道员时,慈禧已经十五岁,所以说慈禧不可能出生于归化城。不过,慈禧可能随父惠征在归化城住过。

第五,慈禧出生在今山西长治说。此说认为慈禧不是满洲人,生父也不是惠征。今山西长治当地传说:慈禧原是山西省潞安府(今长治市)长治县西坡村王增昌的女儿,名叫王小慊,四岁时因家道贫寒,被卖给上秦村宋四元家,改姓宋,名龄娥。到了十一岁,宋家遭到不幸,她又被转卖给潞安府(今长治市)知府惠征做丫头。一次,惠征夫人富察氏发现龄娥两脚各长一个瘊子,认为她有福相,就收她作干女儿,改姓叶赫那拉氏,取名玉兰。后来玉兰被选入宫,成了兰贵妃。可经专家考证,在这段时间,惠征没有任潞安府的知府。既然惠征没有在山西潞安府做过官,那么慈禧怎会在潞安被卖到惠征家呢?

第六,北京说。笔者以为慈禧后代的说法比较有说服力。慈禧的直系后裔叶赫那拉·根正认为:"其他说法中的女子,有可能那个地区出过某些宫女,不一定是慈禧,把这些事往她身上说,因为毕竟慈禧的名声太大。关于这个问题,在(上个世纪)九十年代初社会上炒作慈禧出生地问题的时候,我问过我的伯父景庄,他说:'这有什么可争可辩的呀。慈禧就是咱们家的姑奶奶,家谱上写着呢。'慈禧是1835年11月出生在北京西四牌楼劈柴胡同(她家老宅),她当时是卯时生人,她出生以后,家里请了几个保姆、几个嬷嬷、几个管家都有详细记载。"

总之,不管慈禧生长在哪里,她都是出身自官宦家庭。而她从小就聪慧、伶俐,特别是具有普通孩子难得的谋略和远见。据慈禧曾孙回忆:在慈禧十四岁的那一年,她家里出了一件大事。慈禧的曾祖父吉郎阿曾在道光时担任清户部员外郎,负责中央金库。但就在他卸任十几年后,在查账时,查到了库银亏空几十万两。道光接到奏报以后,非常气愤,下旨不管是谁,不管什么时期,凡是在银库的工作人员都要一查到底。经过反复的调查,最后竟查不出个结果。在这样的情况下,道光下令,就从亏损的那一年一直到现在,所有工作人员平摊这些亏空的银两,已经去世的,由他的儿子、孙子偿还。当时慈禧的曾祖已经去世,就把她的祖父给抓了起来。事情一出,家里立时乱了。年少的兰儿此时却表现得非常镇静,她劝自己的父亲惠征,将家里仅有的一点银两拿出来,交了出去,又让父亲带着她去亲戚和朋友家,借了一些银两。但她没有让父亲将这些银两全部交上去,而是用这些钱去上下通融。因为慈禧的祖父景瑞曾任刑部员外郎,认识很多的政府官员,有许多老关系,她的父亲也时任安徽的后补道台,也有很多朋友关系。正是在年少的慈禧的指点下,惠征打通了上下关系,很快将她的祖父营救了出来。她也因此受到了当时她所接触的那些满族贵族,特别是她的父母的偏爱。由此可见,她具有一般女子所没有的远见、胆识、谋略和手腕。这些都让她在后来的政治风云中立于不败之地。

辛酉政变　慈禧得胜

咸丰十年(1860年)七月十七日,咸丰帝病死。他临终前做了三件事:(一)立皇长子载淳为皇太子。(二)命载垣、端华、景寿、肃顺、穆荫、匡源、杜翰、焦祐瀛八人为赞襄政务大臣,八大臣控制了政局。(三)授予皇后钮祜禄氏"御赏"印章,授予皇子载淳"同道堂"印章(由生母慈禧掌管)。顾命大臣拟旨后要盖"御赏"和"同道堂"印章。不久,八大臣便同两宫太后产生了极大的矛盾。

1.三股势力

当时,朝廷主要分为三股政治势力:其一是顾命大臣势力,其二是帝胤势力,其三是帝后势力。三股政治势力的核心是同治皇帝,哪股政治势力能够同帝后势力相结合,它就会增加胜利的可能性。当时的清廷内有"南长毛、北捻子"之忧,外有列强重起战端之患。最高决策层为此产生了严重分歧,从而导致了其政治势力的重新分解组合,出现了三股势力集团。

第一股势力集团是聚集于咸丰周围握有重权的端肃集团,核心人物为怡亲王载垣、郑亲王端华、户部尚书肃顺。从该集团崛起来看,它是因太平天国农民起义猛烈发展,咸丰为使统治机构能够发挥得力的镇压功能,把决策权由"军机处"转移到几个干练的御前大臣手中而形成的。端肃集团对内主张坚决镇压农民起义。为此他们一方面尚严峻法,力除积弊,但对汉人又心存疑虑。他们对外态度是排外的。肃顺是咸丰一朝对外政策的制定者和执行人。他的全部努力就是确保中国处于对各部族首领的控制地位,因此,要清帝与欧洲的蛮夷酋长平起平坐。这对于欧洲人来说,是特别难以忍受的。这样就使列强的政治经济触角向中国更广、更深地伸展时受到阻碍。

为使清廷恭顺地履行不平等条约,打击端肃集团,培植为列强控制的集团就提到列强的议事日程上来。奕䜣集团应运而生。奕䜣曾是王位的有力竞争者,败北后长期失宠,但他不是个甘于寂寞的人物。1860年英法联军攻占北京给其境况带来了转机。他通过与列强接触,思想发生了重大变化,提出"灭发捻为先,治俄次之,治英又次之"的处理"内忧外患"的行动原则,取得了站在阶级斗争前沿的地主阶级的拥护和支持。列强也需要从最高阶层内部来扶植一派抗衡端肃集团,奕䜣便成了他们的最佳选择。奕䜣集团的根基是地主阶级与列强的支持。而奕䜣为改受制于人的局面,在政治上求得主动,在《北京条约》签字后,曾请咸丰回朝,其目的也正是想借洋人之力,推倒端肃,钳制咸丰。这些请求均遭咸丰拒绝而作罢,但却说明了列强已涉足清廷最高统治层,并且渐渐成为各派别较量的不可忽视的一颗砝码。

咸丰之死使本已复杂的权力之争更加复杂。咸丰弥留之际遗语六岁载淳为太子。载淳即位后立即宣布:"继承大统,尊孝贞皇后为母后皇太后,尊懿贵妃为圣母皇太后。"这样作为载淳生母的那拉氏取得了与钮祜禄氏同等的政治身份。权欲极强的那拉氏,对咸丰托孤的"赞襄政务"八大臣大权独揽极为不满,更对肃顺效"钩弋故事"的献策怀恨在心,决意要从其手中分权。此时那拉氏对内外矛盾处理的主张与端肃并无二致,而为争权她与奕䜣合流后,则与当时两大矛盾紧密相连了。

当时朝廷大臣实际上分为两部分:一半在承德,另一半在北京。即:前者是以肃顺为首的"承德集团",后者是以奕䜣为首的"北京集团"。在北京的大臣,又发生了分化,一部分倾向于顾命大臣,大部分则倾向于帝胤和帝后势力,从而出现错综复杂的局面。"承德集团"随驾,主要人物是赞襄政务八大臣。"北京集团"以恭亲王奕䜣为首,其支持者为五兄惇亲王、七弟醇郡王、八弟钟郡王、九弟孚郡王,还有军机大臣文祥、桂良、宝鋆等人。

其实,咸丰帝弥留之际的"后事"安排,是一种意在调适权力平衡但又必然引起权力争夺的行政制度。上谕"钤印"的规定,从制度上确保了皇权不致旁落,排除了肃顺等人挟制天子的可能,但同时也为慈禧掌握清廷最高权力提供了可能,使慈安、慈禧太后处于虽无垂帘之名而有临政之实的地位,故此时人明确指出,实际是"(太后)垂帘(八大臣)辅政,盖兼有之"的权力机制。慈禧取得代子钤印权力后,便理所当然地成为皇权的代表,因而干预朝政也就成为顺理成章的事了。

2.政变

七月十八日,大行皇帝入殓后,以同治皇帝名义,尊孝贞皇后为皇太后即母后皇太后,尊懿贵妃为孝钦皇太后即圣母皇太后。

八月初一日,恭亲王奕䜣获准赶到承德避暑山庄拜谒咸丰的梓宫。据《我的前半生》记载:相传奕䜣化妆成萨满,在行宫见了两宫皇太后,密定计,旋返京,做部署。奕䜣获准同两宫太后会面约两个小时。奕䜣在热河滞留的六天里,尽量在肃顺等面前表现出平和的姿态,麻痹了顾命大臣。两宫太后与恭亲王,破釜沉舟,死中求生,睿智果断,抢夺先机,外柔内刚,配合默契。他们密商决策与步骤后,返回北京,准备政变。此时,咸丰皇帝刚驾崩十三天。

初五日,醇郡王为正黄旗汉军都统,掌握实际的军事权力。

初六日,御史董元醇上请太后权理朝政、恭亲王一二人辅弼的奏折。

初七日,兵部侍郎胜保到避暑山庄。胜保在下达谕旨不许各地统兵大臣赴承德祭奠后,奏请到承德哭奠,并率兵经河间、雄县一带兼程北上。

十一日,就御史董元醇奏折所请,两宫皇太后召见八大臣。肃顺等八大臣以咸丰遗诏和祖制无皇太后垂帘听政故事,拟旨驳斥。两宫皇太后与八位赞襄政务大臣激烈辩论。八大臣"晓晓置辩,已无人臣礼"。《越缦堂国事日记》记载:肃顺等人恣意咆哮,"声震殿陛,天子惊怖,至于涕泣,遗溺后衣",小皇帝吓得尿了裤子。最后,八大臣想先答应两宫太后,把难题拖一下,回到北京再说。殊不知,回北京等待他们的是难逃的厄运。

十八日,在承德宣布咸丰灵柩于九月二十三起灵驾,二十九日到京。

九月初一日,同治上母后皇太后为慈安皇太后、圣母皇太后为慈禧皇太后徽号。

初四日,郑亲王端华署理行在步军统领,醇郡王任步军统领。两宫太后召见顾命大臣时,提出端华兼职太多,端华说他只作行在步军统领;慈禧说那就命奕䜣作步军统领。奕䜣作步军统领就掌握了京师卫戍的军权。没过多久,奕䜣又兼管善捕营事。

二十三日，大行皇帝梓宫由避暑山庄启驾。同治与两宫皇太后，奉大行皇帝梓宫，从承德启程返京师。

二十九日，同治奉两宫皇太后回到北京皇宫。同治奉两宫皇太后间道疾行，比灵驾提前四天到京。两宫皇太后到京后，即在大内召见恭亲王奕訢等。

三十日，发动政变。同治与两宫皇太后宣布在承德预先由醇郡王写就之谕旨，宣布载垣、肃顺等罪状：

（一）"上年海疆不靖，京师戒严，总由在事之王大臣等筹划乖张所致。载垣等不能尽心和议，徒以诱惑英国使臣以塞己责，以致失信于各国，淀园被扰。我皇考巡幸热河，实圣心万不得已之苦衷也！"

（二）以擅改谕旨、力阻垂帘罪，解载垣、端华、肃顺、景寿、穆荫、匡源、杜翰、焦祐瀛退出军机。

不久，同治帝在大典上穿小朝袍。初一日，命恭亲王为议政王、军机大臣。军机大臣文祥奏请两宫皇太后垂帘听政。《清史稿·文祥传》记载："十月，回銮，（文祥）偕王大臣疏请两宫皇太后垂帘听政。"命大学士桂良、户部尚书沈兆霖、侍郎宝鋆、文祥为军机大臣。

这次政变，因载淳登极后拟定年号为祺祥，故称"祺祥政变"；这年为辛酉年，又称"辛酉政变"；因政变发生在北京，又称为"北京政变"。其时，"辛酉政变"的三个主要人物——慈安皇太后二十五岁，慈禧皇太后二十七岁，恭亲王三十岁，真可谓年轻帝胤联盟战胜了老迈的宗室顾命大臣。

3.慈禧得胜与正统皇权

正如阎崇年教授在《正说清朝十二帝》一书中所分析的，"辛酉政变"的成功有以下几个直接原因。

第一，两宫皇太后和恭亲王奕訢，抓住并利用官民对英法联军入侵北京、火烧圆明园的强烈不满，对"承德集团"不顾民族、国家危亡而逃到避暑山庄的不满，而把全部历史责任都加到顾命八大臣头上，也把咸丰皇帝到承德的责任加到他们头上。这样便取得了政治上的主动，争取了官心、军心、旗心、民心，顾命八大臣则成了替罪羊。

第二，两宫皇太后和恭亲王奕訢，利用了顾命大臣对慈禧与奕訢的力量估计过低而产生的麻痹思想，又利用了两宫皇太后掌握"御赏""同道堂"两枚印章，顾命大臣虽可拟旨不加盖这两枚印章却不能生效的有利条件。

第三，两宫皇太后和恭亲王奕訢战术运用合理：抢占先机，先发制人，没有随大行皇帝灵柩同行，摆脱了顾命大臣的控制与监视，并从间道提前返回，进行政变准备。原定九月二十三日起灵驾二十九日到京，因下雨道路泥泞，而迟至十月初三日到京，比原计划晚了四天。两宫太后于二十九日到京，三十日政变，时间整整差了三天。这为她们准备政变提供了时间与空间。

第四，两宫皇太后和恭亲王奕訢意识到：这是他们生死存亡的历史关键时刻，唯一的出路就是拼个鱼死网破。慈禧曾风闻咸丰帝生前肃顺等建议他仿照汉武帝杀其母留其子的"钩弋夫人"故事，免得日后皇太后专权。但是，咸丰帝没有像汉武帝那样做，而是用"御赏"和"同道堂"两枚印章来平衡顾命大臣、两宫太后之间的关系，并加以控制。结果，这两枚印章使得两宫皇太后有能力打破最初的权力平衡结构。

另外，更深沉的原因是正统皇权思想在政变中的巨大影响作用。我们可以简单回顾一下政变前后的几次较量，便可一目了然。

较量之一：慈禧的太后封号。咸丰帝病逝当天，皇后钮祜禄氏即循例被尊为皇太后，率众妃嫔于灵前奠酒，那拉氏则无晋封。此举虽为肃顺等人抑制那拉氏、以示嫡庶等差的有意安排，但却不能无视其"母以子贵"的特殊政治身份以及由此而生的皇权分量。故此第二天，肃顺等不得不以"内阁奉上谕"的形式尊那拉氏为皇太后。

较量之二：慈禧有无干预朝政权。最初，肃顺等人拟实行"八大臣赞襄辅政制度"，凡"诏谕疏章"等事，皆由其拟定处理意见，"太后但钤印，弗得改易"。慈禧对此颇为不满，以拒绝钤印相抵制。"议四日"，肃顺等人只得妥协，同意以后的一切官员章疏均需送太后批阅；谕旨亦需由太后过目认可钤印发下后，才能生效；任命尚侍督抚等大员，由赞襄政务王大臣等"拟名请赘训拟定"，其他官员的任免，亦需"在御前擎签，两宫并许可"。肃顺等人之所以做如此妥协，大概不能仅以其政治上的幼稚不成熟来解释。他们面对的不是慈禧个人，而是充斥于人们心际脑海中神圣不可侵犯的皇权。在中国历史上，任何无视皇权并向其挑战的人，都不会有好下场，哪怕是握有实际军权、可以指鹿为马的权臣。肃顺等人不会不懂这点政治常识。

较量之三：慈禧是否垂帘听政。邓之诚先生曾说：慈禧太后"既已看摺……召见军机……且以来印代笔，即无异垂帘，所不同者，惟不召见外臣。"但是，慈禧并不满足于这种犹抱琵琶半遮面式的"听政"，而是热衷于名副其实的"垂帘听政"。九月初六，山东道监察御史董元醇上疏称：当此天下多事之秋，"皇帝陛下以冲、龄登基，所赖一切政务，皇太后宵吁思虑，斟酌尽善，此诚国家之福也"。要求清廷"明降谕旨，宣示中外，使海内咸知皇上圣躬虽幼，皇太后暂时权理朝政，左右并不能干预"。同时要求"于亲王中简派一二人，令同心辅弼一切事务"，朝政国政，"尽心筹画"，然后"再求皇太后、皇上裁断施行"。只有如此亲贤并用，才能"既无专擅之患，亦无偏任之嫌"。由此可见，董元醇提出以太后垂帘听政与亲王辅政制取代顾命大臣辅政制，完全是以维护皇权、防范臣下专擅立论的。肃顺等人面见两宫太后时，虽公然抗论，声称自己"系赞襄皇上，不能听命太后"，甚至说"请太后看折亦系多余之事"，但他们批驳董元醇请行太后垂帘听政主张时，也是以皇权为护符，以维护皇权立论。这不仅令人感到颇有意思，更令人深思其故。肃顺等人以新帝名义拟旨痛斥董元醇称:"皇考……特召载垣等八人,令其尽心辅弼。朕仰体圣心,自有深意。"董元醇"奏请皇太后暂时权理朝政,甚属非是……该御史必欲于亲王中另行简派,是诚何心!所奏尤不可行。"肃顺等人将拟定的这一谕旨递上,慈禧将其留中不发。肃顺等人以"决意搁车"停止办事的方式相抗。最后,慈禧以退为进,将董元醇的奏折及肃顺等人所拟谕旨同时发下。此后,肃顺等八大臣"始照常办事,言笑如初"。

就当时的结果来看,似乎肃顺等人取得了胜利。但在皇权思想颇盛的封建专制制度下,肃顺等人与慈禧围绕太后是否临朝听政问题的较量,是以肃顺等人为代表的臣权与以慈禧太后为代表的皇权的较量。肃顺等人的"胜利"中隐藏着危机与大祸,为慈禧以后治罪肃顺等人提供了口实。当时在热河化名守黑道人的军机章京即明确指出:如肃顺等人并不过分强求,慈禧未将董元醇的奏折及肃顺等人所拟谕旨发下,而是"将此折淹了,诸君(肃顺等人)之祸尚浅"。"搁车之后,(慈禧)不得已而发下,何以善其后耶!……吾谓诸君之祸,肇于搁车矣"。

需知,此段议论并非"辛酉政变"后人们的追思之论或后见之明,而是事前的前瞻预言。这位不出名的军机章京何以有此未卜先知之明?因其已看到肃顺等人与皇权抗争必然失败的命运。故此,这名军机章京大骂肃顺等人"可谓浑蛋矣"。"浑蛋者",既是村夫市井的粗俗之语,又是在讥责肃顺等人不识时务,竟敢冒天下之大不韪,公然与皇权对抗,在政治方面未免过于幼稚与无知。如果说肃顺等人在热河与慈禧的多次较量基本打成平手,主要是依赖于其在热河的强大影响及部分清廷官员暂时认可了这一非常时期的非常措施的话,那么,一旦清廷回到北京,广大官僚士大夫即要全力维护皇权的常态秩序了。肃顺等人的失败不但即将临头,而且充满了必然性。后来的历史也证明了这一点。

较量之四:曹操、王莽之流与孤儿寡母。清廷决定回到北京之时,肃顺等人自恃为赞襄政务王大臣,轻估了皇权思想对朝臣的巨大影响力量。而慈禧太后与小皇帝回到北京后,则竭力利用满朝文武的正统皇权思想和忠君意识,将自己打扮成长久受人欺侮的孤儿寡母。肃顺等人则是欺君藐上、专权谋逆的乱臣贼子。直如西汉王莽之于汉平帝及孺子婴,东汉董卓、曹操之于汉献帝等。慈禧与小皇帝刚至北京郊外,慈禧即对循例前来郊迎的元老重臣"涕泣","缕述三奸欺藐之状",争取众多大臣的同情。大学士周祖培奏称:

"何不重治其罪?"其实早在热河之时,慈禧即密令醇郡王起草上谕,罗列了肃顺等人"不能尽心和议",反对清帝回京,奏对之时,"常常置辩,已无人臣之礼,拟旨时又阳奉阴违,擅自改写"等罪名。慈禧此时虽暗藏杀机,却揣着明白装糊涂,故意以弱者的姿态询问,"彼为赞襄王大臣,可径予治罪乎?"奕訢也以"祖培等弱昧不足与共谋",未向其透露政变机密。故此,尚蒙在鼓里的周祖培继而出谋划策称:"皇太后可降旨,先令解任,再予拿问。"慈禧顺水推舟答称:"善。"由此可见,慈禧太后一直在利用朝野上下的皇权思想及其颁布上谕之权与肃顺等人进行着殊死的较量。

咸丰十一年（1861年）九月三十日，奕訢与文祥、周祖培等人入朝待命，载垣、端华等阻止说："外廷臣子，何得擅入？"奕訢等人立于宫门之外。未久，有旨下，命将肃顺、载垣等人治罪。载垣、端华厉声呵斥道："我辈未入，诏从何来？"赞襄政务王大臣与慈禧、奕訢的斗争已经公开白热化，文武百官及兵丁侍卫面临着是忠于"王事"，维护皇权，还是倒向赞襄政务王大臣一边的抉择。奕訢紧紧抓住人们的正统皇权和忠君思想，大声喝道："有王命在此，谁敢违者"。遂有"侍卫数人来前，撅二人冠带，拥出隆宗门"。另据晚清著名学者王闿运的《祺祥故事》记载，当奕訢向载垣、端华出示将其治罪的上谕时，两人面对赫赫皇权、皇命"皆相顾无语"。奕訢问其是否遵旨？载垣等只得向皇权低头称："焉有不遵。"遂束手被擒。赞襄政务王大臣的核心肃顺，面对慈禧等人手中的皇权，同样是无可奈何，无所作为的。浑宝惠先生曾说："以一少年之奕訢，偕睿王仁寿带领提署番役"，前去擒拿肃顺。肃顺虽心中不服，身边又有兵丁护卫，"尚犹咆哮，问谕旨所由来"，但仍是"事已去矣"。原因何在？"此无他，（皇）权在手耳"。

综上所述，慈禧等人掌握着小皇帝及颁布诏旨之权，奉有咸丰帝遗诏的赞襄政务王大臣实在无可奈皇权者何，正统皇权思想在政变中的巨大影响作用应该是具有决定性的，虽然它无影无形，但"辛酉政变"中双方每一次实力变化，都与它息息相关。正如台湾著名清史专家庄练先生所说："死的皇帝敌不过活的太后。"

4. "辛酉政变"与满清国运

"辛酉政变"是君权与相权的一次大的冲突，表现了两宫皇太后和恭亲王的聪明才智。它的重大结果是清朝体制的一大改变。经过"辛酉政变"，否定"赞襄政务"大臣，而由慈安皇太后与慈禧皇太后垂帘听政，这是重大的改制。"辛酉政变"后，恭亲王为议政王，这是当年睿亲王多尔衮辅政的再现。但有一点不同：既由帝胤贵族担任议政王、军机大臣，又由两宫太后垂帘听政。这样皇权出现二元：议政王总揽朝政，皇太后总裁懿定。这个体制最大的特征是皇太后与恭亲王联合主政，后来逐渐演变为慈禧独揽朝政的局面。随之产生一个制度：领班军机大臣由亲贵担任，军机大臣满人两人、汉人两人。在同治朝，大体维持了这种五人军机结构的局面。"辛酉政变"就满洲贵族而言，主要是宗室贵族同帝胤贵族的矛盾与拼杀。两宫皇太后特别是慈禧皇太后，主要利用和依靠帝胤贵族，打击宗室贵族，取得了胜利。

"辛酉政变"的意义不仅在于它完成了清政府最高权力由"顾命八大臣"到慈禧太后的权力转移，更重要的还在于它改变了清廷的内外政策，将其政权从濒于灭亡的境地挽救出来；在于它改变了其权力布局，对晚清政治具有深远的影响。

通过政变登上政治舞台的慈禧太后，为摆脱危机而施行了新的内外政策：

对外：执行议和外交，以取得"中外相安"并讨得列强对其政权的支持。为此，她采取了主动而积极的态度。突出的事例就是在宣布端肃等罪状时，就把"不能尽心议和,徒以诱获英国使臣以塞己责,以致失信于各国"列为首要罪状。就列强一方而言,面对清廷动荡的局面,他们也清楚"实际上中国的前途是很黑暗的,除非外边给它强有力的援助",否则"这座房子就会倒塌下来,而我们的最好利益也就此埋入废墟"。列强对华政策由主要是"打"而变成"中立"。中外反动势力通过政变达成了默契,出现了"中外和好"的局面。

对内:实行满汉合流。太平军的作战力很强,八旗兵不堪一击,绿营也腐败透顶,湘军成了能和太平军相抗衡的唯一力量。为尽早将太平天国革命镇压下去,清廷注意调整国曾国藩等人的关系,给他们以更多、更大的权力。1861 年 11 月即慈禧太后掌权的当月,就令曾国藩统辖苏、浙、皖、赣四省军务,所有四省巡抚、提督以下文武官员悉归节制。不久,又加其太子少保衔和协办大学士,随后重用左宗棠、李鸿章。曾国藩集团成为地主阶级当权派中最大势力集团。这与咸丰朝对汉族地主的猜忌、压制恰恰形成鲜明对比。满汉地主阶级为镇压农民起义,密切地合作起来。在中外反动势力联合绞杀下,太平天国农民起义被镇压,清政权在风雨飘摇中得到了暂时的喘息机会。

政变的另一结果是那拉氏调整了权力布局。这集中地表现为她实行垂帘听政。这种统治形式实质上是她个人独裁专政。故此。在她统治的四十八年的时间里,始终不惜以各种政治手腕竭力维护垂帘听政式的政治局面。权力布局的又一改变是:清政府的权力格局,由"内重外轻"变成"内轻外重",使中央集权和地方实力集团握有重权的矛盾现象为之解决。慈禧太后采取在地方实力派中扶植一派,抗衡另一派的手法,使他们之间相互制约,以利于她居间调节。但使用这种政策的结果则造成晚清政治中延绵不绝的众多派别的纷争。

政治格局变了,满清的国运有转机吗? 马上开始的由政变胜利者所主持的新政将决定这一切!

慈禧新政　悲郁而逝

1.自强·求富

慈禧发动"辛酉政变",本系权欲驱使,但权力一旦在握,她也活得很不轻松。与其同类武则天相比较,她所面临的时代要远为复杂得多,堪称"古今未有之变局"。慈禧太后垂帘听政,一言九鼎。她的性格、心态和识见,对这场改革运动的进程和结局,干系十分重大。这位宫廷头号女人不能不使出浑身解数,以撑持风雨飘摇的老大帝国。

慈禧发动政变后,以"自强""求富"为宗旨的洋务运动迅即拉开序幕。很难设想,如果没有慈禧太后的支持,洋务运动怎么可能在强大守旧势力的阻挠下延续三十多年? 很长一段时间里,慈禧被一些史家称为"顽固势力的总代表",说她"一贯

"顽固守旧"。殊不知慈禧掌权正值国事衰微之际,她并不缺乏改革进取之心。满清回光返照的"同治中兴"正是在慈禧当政期间发生的。而洋务运动如果可以算是中国走向现代化的第一次努力的话,这和慈禧大量信任、启用洋务派有必然的关系。

洋务派每办一事,必招致顽固派和清流党的攻讦,朝廷上无一日安宁。面对顽固派和清流党的嚣声,慈禧太后巧妙地施展其政治手腕,逐渐地减少来自他们的阻力。1866年,洋务派拟在同文馆加设天文、算学馆,选派科甲正途出身的人进馆学习。此议一出,文渊阁大学士、理学大师倭仁便倡首反对。他认为以中国之大,不患无才,"何必师事洋人"。慈禧见倭仁振振有词,即令他保举数员精通自然科学的中国教师,另行设馆授徒,以与同文馆的洋教习相比试。倭仁见上头动了真格,赶快申辩,说所谓中国"不患无才",不过是自己"以理度之",为想当然之事,"应请不必另行设馆,由奴才督饬办理。况奴才并无精于天文、算学之人,不敢妄保"。倭仁受此挫抑,后竟郁闷成疾,请求开缺休养。

清流派代表人物张佩纶也曾经领教过慈禧太后的厉害。中法战争期间,张佩纶放言高论,以谈兵事为能,对洋务派的军事外交政策不屑一顾。慈禧顺水推舟,任命张佩纶为福建海疆大臣,到前线指挥作战。张佩纶临事茫然,暗中却叫苦不迭。据《中法兵事本末》记载:"张佩纶、何如璋甫闻炮声,即从船局后山潜逃。是日大雷雨,张佩纶跣而奔,中途有亲兵曳之行,……乡人拒不纳,匿禅寺下院,距船厂二十余里。……适有廷寄到,督抚觅张佩纶不得,遣弁四探,报者赏钱一千,遂得之。"张佩纶的色厉内荏,慈禧的治人之术,于此可见一斑。但这次的代价是否也太大了。

慈禧一面应付顽固派、清流党的讧闹,一面给备受委屈的洋务派打气。1878年,曾国藩的长子曾纪泽出使英法前夕,与慈禧有段十分耐人寻味的对话:

慈禧:"也是国家运气不好,曾国藩就去世了。现在各处大臣,大多总是瞻徇。"

曾纪泽:"李鸿章、沈葆桢、丁宝桢、左宗棠均为忠贞、股肱之臣。"

慈禧:"他们都还不错,但都是老班子,新的都赶不上。"

曾纪泽:"郭嵩焘总是正直之人,此次亦是拼却声名替国家办事,将来仍求太后、皇上恩典,始终保全。"

慈禧:"上头也深知郭嵩焘是个好人。其出使之后所办之事不少,但他挨这些人的骂也挨够了。"

曾纪泽:"郭嵩焘恨不得中国即刻自强起来,常常与人争论,所以挨骂。总之郭嵩焘系一个忠臣。好在太后、皇上知道他,他就拼了声名也还值得。"

慈禧:"我们都知道他,王大臣等也知道他。"

慈禧不仅对曾、左等洋务运动的"老班子"念念不忘,而且颇有后继乏人之虑。郭嵩焘作为洋务运动的新锐,是中国首任驻英法大使。他极力主张向西方学习,动辄与老臣们争论,得罪了许多人。在顽固派眼中,郭嵩焘被看成士林败类,名教罪人。"出乎其类，拔乎其萃，不容于尧舜之世；不能事人，焉能事鬼，何必去父母之邦。"这首刻薄的对联便是顽固派送给郭嵩焘的礼物。慈禧说他"挨这些人的骂也挨够了"，实际上在为郭嵩焘鸣不平，同时对曾纪泽也是一种激励。

慈禧无疑是支持改革的，但处在一个社会大变革的时代，她与一个最高统治者应有的知识素养和精神面貌又有一定的差距。她没有主动吸纳新知识的渴求和行动，因而在不少问题上表现出惊人的无知。如认为修铁路破坏风水，火车要用驴马来牵引等等；她贪图安荣享乐，不惜挪用海军军费修造颐和园。无知和私欲，直接影响到她所支持的洋务运动的实绩。更为重要的是，她对事态的严重性、改革的进程和目标从未有过足够的心理准备和通盘考虑，而是在外力的刺激下被动地调整政策。这也表明慈禧仍然不够一个卓越政治家的前瞻视野。平心而论近代以来中国又有几个真正卓识的政治精英呢？

1895年的甲午战争失败后，1898年由光绪帝主持的"戊戌变法"维新应运而生。此事其他史书多有详解，笔者在此并不详谈。在大家的脑海里，"戊戌变法"运动是慈禧太后一手镇压下去的，慈禧此举成了阻碍中国进步的关键。然而，慈禧并非一贯就反对变法维新。甲午惨败，老佛爷岂能无动于衷？据费行简《慈禧传信录》载，早在变法之初，慈禧即对光绪说："变法乃素志，同治初即纳曾国藩议，派子弟出洋留学，造船制械，以图富强也。""苟可致富强者。儿自为之，吾不内制也。"光绪素怕慈禧，待到慈禧坦露心迹，抑郁顿释，也就在几个书生的簇拥下放胆行动起来，恨不得把一千年的任务在一个礼拜之内便大功告成。欲速则不达，反而适得其反，得罪了大批既得利益者。他们的所作所为渐渐超过慈禧所能容忍的限度，以致吞下血腥政变的恶果。

慈禧的不满，大概有两个方面。其一，维新派有针对她的兵变计划，直接威胁到她的地位和生命。陈夔龙《梦蕉亭杂记》云："光绪戊戌政变，言人人殊，实则孝钦并无仇新法之意，徒以利害切身，一闻警告，即刻由淀园还京。"在权力之争中，慈禧是比较心狠手毒的。如果改革要以牺牲她的权力为代价，那是万万不行的。其二，光绪帝和维新派全变、大变的急进变革主张，造成整个社会结构的强烈震荡，使许多与现存社会有利害关系的社会集团和政治势力觉得受到了威胁。百日维新期间，上谕达一百一十多件，令人目不暇接。各地方官员都怨声载道。光绪帝严惩阻挠变法的官员，树敌太多。至于废除八股改革科举制度，又在庞大士人群体中引起普遍恐慌。慈禧担心全线出击造成大厦倾覆，便出面干涉，稳定政局。

"戊戌变法"运动虽被镇压，可那只是宫廷内的权力斗争，改革毕竟已是大势所趋，关键在于由谁主持改革，以及如何进行改革。精明的慈禧太后通过"戊戌政变"确保了自己的地位之后，立即主动发出继续改革的信息："前因中外积弊过深，不得不因时制宜，力加整顿。而宵小之徒，窃变法之说，为煽乱之谋。业经严拿惩治，以遏横流。至一切政治有关国计民生者，无论新旧，均须次第推行，不得因噎废食。"慈禧的这一举动，给政变后万马齐喑的局面注入了兴奋剂。使主张变法维新的社会力量重燃希望之火,这实为她政治上的高明之处。

正当慈禧意欲缓进地推行改革时,义和团运动爆发。义和团运动,打着"扶清灭洋"的口号,对于痛恨洋人的慈禧太后而言,一开始就颇对胃口。然而在如何对待义和团的政策上,经过了激烈的争论,其间还夹杂着列强的干涉。到了1900年,中国的事不仅仅牵涉到中国人而已。

2.庚子之变

1900年初,义和团的主力转进直隶,逼进京畿。慈禧太后派刑部尚书赵舒翘、大学士刚毅先后去涿州调查情况。太后之所以对义和团采取慎重的态度,主要是义和团在痛恨洋人方面和太后有相似之处。义和团提出"保护中原、驱逐洋寇"。他们要焚烧教堂,因为教会"勾结洋人,祸乱中华"。他们要"三月之中都杀尽,中原不准有洋人"。

慈禧太后在1898年后痛恨洋人,其根源在于她发动政变废光绪,另立新君的举措,遭到洋人的极力干涉。据《庚子国变记》载:"首先是法国医官探视被后党宣布为病重的光绪,结果发现没事。上虽同视朝,嘿不一言,而太后方日以上病状危,告天下。""各国公使谒见,请法医人视病,太后不许,各公使又亟请之,太后不得已,召入。出语人曰:血脉皆治,无病也。"太后闻之不悦。以英国为首的列强反对太后废光绪,立新君。1900年1月24日,太后决定立端王载漪之子溥儁为大阿哥(皇位继承人),预定阴历元旦(1月31日)使光绪帝行让位礼。当时天下哗然。经元善等联名上书至二千人。"载漪害怕,遣人风各公使人贺,太后亦君各公使夫人饮,甚欢,欲遂立溥儁。各公使不听,有违言。太后及载漪内惭,日放谋所以报。会江苏粮道罗嘉杰以风闻上书大学士荣禄言事,谓:英人将以兵力会归政。因尽揽利权。"荣禄奏之,慈禧愈发生气。

其次是康有为为英人庇护这事使太后愤怒。"遂以李鸿章为两广总督,欲诡致之,购求十万金,而英兵卫之严,不可得。鸿章以状闻,太后大怒曰:此仇必报!"

可见,太后发现义和团从底层开始烧教堂、杀洋人的时候,其心态自是复杂的。一方面,她得到刚毅等的复命,言义民无他心,可以依靠。另一方面,她感到处处受洋人的"气",又找不到报复的机会。当1900年6月11日,董福祥的甘军受义和团的影响在永定门杀死日本使馆书记生杉山彬,并剖其尸后,局面已愈发不可收拾。当时群情激昂,据曾纪泽的女婿吴永(当时任怀来县知县)回忆,太后对义和团的认识是这样的:当乱起时,人人都说拳匪是义民,怎样的忠勇,怎样的有法术,描形画态,千真万确,教人不能不信。后来又说京外人心,怎样的一伙儿向着他们;又说满汉各军,都已与他们打通一气了,因此更不敢轻说剿办。后来接着攻打使馆,攻打教堂,甚至烧了正阳门,杀的、抢的,我瞧着不像个事,心下早明白。但那时他们势头也大了,人数也多了,宫内宫外,纷纷扰扰,满眼看去,都是一起儿头上包着红布,进的进,出的出,也认不定谁是匪,谁不是匪,一些也没有考究。这时太监们连着护卫的兵士,却真正同他们混在一起了。……这时我一个人,已做不得十分主意,所以闹到如此田地。我若不是多方委曲,一面稍稍迁就着他们,稳住了众心,一面又大力的制住他们,使他们对着我还有几人瞻顾;那时纸老虎穿破了,更不知道闹出什么大乱子,连皇帝都担着很大的危险。

西太后的自述表明在普遍的仇外和反抗侵略情绪高涨的情况下,她如何利用了义和团而又出现了不可收拾结局的无奈心理。

真正导致局面无法收拾的,是义和团入城后发生的不受控制的灭洋教、杀洋人和二毛子事件导致的八国联军侵华。第一批八国联军由英海军提督西摩尔率领,自1900年6月10日自天津出发,16日向大沽炮台发出交出炮台的最后通牒。正是在11日发生日本外交官被杀、13日义和团入北京城的前后几天。15日,太后召大学士六部九卿入议,当着群臣哭泣。吏部侍郎许景澄进言:"中国与外洋交数十年矣,民教相仇之事,无岁无之,然不过赔偿而止。唯有攻杀使臣,中外皆无成案,今交民巷使馆,拳匪日窥伺之,几于朝不谋夕,倘不测,不知宗社生灵,置之何也?"太常寺卿袁昶也进言:"衅不可开,纵容乱民,祸至不可收拾,他日内讧外患,相随而至,国何以堪?"慷慨嘘唏,声震殿瓦。太后目摄之。可见太后是不以为然的。

太后不仅认为有何大不了的,而且她是执意要硬到底了。真正促使她下决心同各国一战的,是端王载漪在大沽炮台失陷同日,伪造的一份外交团照会。经荣禄进呈的这份照会,要求四件事:一、指明一地令中国皇帝居住;二、代收钱粮;三、代掌兵权;四、请太后归政皇帝,废大阿哥。据景善记载:"刚毅来告诉我,他从未见过老佛爷那样地发怒,即使当她闻悉康有为谋反时也没有如此。彼族焉敢干预之权!她高喊着。是可忍,孰不可忍也;当灭此朝食。现老佛爷准立决死战,慈意所属,虽沐恩甚优之荣相,亦不敢劝阻,恐生意外也。"促使太后宣战的另一线索,是6月19日召开御前会议的当天,上海的《字林西报》发表了一篇社论,用强硬的词句斥责中国政府:"中国与各列强同时作战,它是由西太后和她的奸党的选择而作战的。他们非常愚蠢,妄自尊大,自以为他们能够安全地抗拒列强联军……不管发生任何事件,这批奸党若不自动离去,就必须被逐出北京城。希望有可能把光绪皇帝寻出来,把他重新置于皇位之上。现时必须对中国人明白指出,挑起目前的战争的是西太后,我们不是对中国作战,而是对那个篡夺政权的北京政府作战。"

慈禧太后被几种力量推动着:一是洋人对她的攻击甚至想夺她的权,促使她对洋人强烈地痛恨;二是周围顽固派的火上浇油、吹风点火;三是义和团煽动的全面的对洋人的仇恨情绪,更给了她报仇的机会、理由和实力。这一切都使慈禧太后感到了莫大的激愤和冲动。6月20日,德国公使克林德在乘轿去总理衙门途中为虎神营士兵枪杀,使馆中的外国卫队得知后,结队外出准备寻衅。义和团立即开始攻打使馆。次日,清政府发布了"宣战"上谕。

然而,慈禧太后真的是要倾全国之力与外敌决一死战吗?事实证明,当这口恶气出得差不多的时候,她也理性地认识到双方实力的差距,这时她也就害怕起来。她的宣战仅仅只持续了五天。6月21日宣战;6月22日发给义和团两万石粳米,同日悬赏洋人首级。据《景善日记》，"庄王出示悬赏，以励杀敌，杀一男夷者，赏银五十两；杀一女夷者，赏银四十两；杀一稚子者，赏银二十两"。25日，密谕各省遍杀洋人，但袁昶、许景澄将谕旨中的"杀"字改为"保"字或"保护"字。无人敢以此奏闻太后。同时，太后还赏给进攻使馆的神机营、虎神营和义和团银各十万两。

然而，自6月25日进攻使馆第一次明显的停火开始，7月18日到28日，8月3和4日，又有几次停火。据英人赫德的记述："有人从中给我们以部分的保护，这似乎是可能的事：历次攻击并不是由政府所能调动的数目的兵员所发动，攻击没有一次干到底，总是正当我们恐怕他们一定要成功的时候就停住了。假使在我们周围的军队真的彻底而决心地攻击的话，我们支持不了一个星期，或许连一天都支持不了。所以一种解释是可信的，那就是一定有某种保护。或许是知道摧毁使馆区将会对这个帝国和这个皇朝带来怎样的损失的一位聪明人，在发布命令和执行命令之间从中作梗。"其实，真正害怕的是太后本人。她从6月25日开始即派荣禄前往使馆要求停战，荣禄在当晚九时得的议和命令，次日带队往使馆界，悬一牌，书奉太后谕旨，保护使馆。洋人皆由馆中走出，与荣禄商议，于是有三记钟之久，不闻枪声。

慈禧态度变化的一个重要事件，是6月25日早上，端王、庄王、濂贝勒、瀛贝勒带领六十余名义和团员入宫，寻找二毛子，至宁寿宫门，太后尚未起床，他们大声呼噪，请皇帝出来，说皇帝是洋鬼子的朋友。太后在吃早茶时听到，大怒，斥退端王等。她这才意识到情况远比她意料的要复杂而危险，情况早已经超出了她的预料和掌控。

自此，朝廷占主流的意见已经倾向于议和。而6月26日，东南督抚们在密不公布"宣战"谕旨的同时，还和各国领事商订了《中外互相保护章程》九条。"东南互保"导致中外关系出现奇特的不统一局面。真正了解太后意图的，看来只有南方的地方大吏如两广总督李鸿章、两江总督刘坤一和湖广总督张之洞等。

慈禧还于7月20日起连日派人向使馆送西瓜、蔬菜、米面等物，又派人去慰问。8月2日，联军约四万人自天津出发，7日，清廷任命李鸿章为全权大臣，即日电商各国外交部，先行停战。但列强执意要攻入北京。8月14日，联军攻入北京，15日，西太后挟光绪帝出奔往太原、西安。9月7日发出上谕，对义和团痛加铲除。

3.晚年悔悟

慈禧对无法收拾的局面，虽然归罪于义和团和办事不力的下臣，但并没有完全逃避个人轻率鲁莽的责任。根据她后来回忆说："依我想来，还算是有主意的。我本来是执定不同洋人破脸；中间一段时期，因洋人欺负得太狠了，也不免有些动气。但虽是没拦阻他们，始终总没有叫他们十分尽意的胡闹。火气一过，我也就回转头来，处处都留着余地。我若是真正由他们尽意胡闹，难道一个使馆有打不下来的道理？不过我总是当家负责的人，现在闹到如此，总是我的错头；上对不起祖宗，下对不起人民，满腔心事，更向何处诉说呢？"慈禧太后在决策时的处境，确实比较艰难。

正如她自己所说:"去涿州查看义和团的两个'国家倚傍的大臣'(指刚毅和赵舒翘),回来复命时,曾问他们'义和团到底可靠不可靠?'他们并没有给回复。而余外的王公大臣们,又都是……要与洋人拼命地。教我一个人如何拿得定主意呢?"

慈禧还是把客观环境当做决策的理由,因此也摆脱了自身的罪责。这次打击似乎使她有所清醒,在回銮过程中,就急匆匆地准备在宫中召见各国驻华公使夫人,一反常态地要开展"夫人外交"。一方面表明她认识到妄自尊大可能会带来毁灭性的危险,另一方面,她也是极力地掩饰对洋人的刻骨仇恨。

慈禧对洋人的仇恨,据德龄公主的回忆,是相当普遍而深刻的。老佛爷(指慈禧)向来恨外国人,也许不是没有道理的,因为有这么多的外国人喜欢评论她的政府。她最讨厌的就是传教士,由此发展到痛恨一切外国人,不管他们在什么地方。下面的引文说明了慈禧对西方人、西洋文明的主要看法。

德龄回忆中慈禧曾说:

他们凭什么对我如此无礼!这不是他们的国家,对这个国家的内政,他们应该没有发言权。难道我不能处罚我自己的臣民吗?如果我派到外国的使节,他们干预那个国家的行动,试问,那个国家的政府能同意吗?……

他们不喜欢我们的生活方式,可是这是我们的生活方式,我们喜欢。他们不喜欢,他们可以走,我们并没有请他们来。他们到我们国家来,那是我们的容忍。……

当这些所谓文明国家的人还在把尾巴钩在树枝上打秋千的时候,我们的国家已经是一个文化发达的国家了,而这些国家竟厚颜无耻地派传教士到我们国家来宣传宗教,宣传文明!

他们给我们的人民灌输基督教的毒素,于是中国信洋教的人马上就不尊重我们的规矩和我们的传统习惯。中国内地发生的多数问题都是由信洋教的中国人引起的。

他们能给我们提供什么比我们已经有的更好的东西?根本没有!我们从远古时代起就懂得要尊敬父母。外国人不是这样,当他们达到一定年龄的时候就离开父母的家,并且从此就不再服从他父母了。

此外,她还多次抱怨西方的婚俗、有关教堂许多不真实的传闻。最终,她认为外国人已经成为中国的祸根,但愿有什么方法能让他们永远离开中国。

慈禧太后在八国联军侵华后,一反常态地招待外国公使夫人。当时有的公使夫人接到邀请后非常气愤,说:"还讲什么礼仪?应该把她踩在我们脚下!她用枪炮对付我们,应该请求原谅的是她,而不是我们对她彬彬有礼!"但1902年6月的这次召见,使这些外族贵妇感受到了身为一个没落帝国之主的威严,她们忘记了几天前聚会时大家义愤填膺的神情,一个个都被慈禧太后威严的仪表和这种庄严的场面深深震慑,都遵照觐见太后的礼节给她行了三次大礼。

可以说,慈禧在八国联军入侵北京,被迫西逃的打击下,必然是有所醒悟的。

1900年8月20日,她在逃至宣化县之鸡鸣驿,以光绪帝的名义,下诏罪己。诏曰:"近日衅起,团练不和,变生仓猝,竟敢震惊九庙。慈舆播迁,自顾藐躬,负罪实甚。"

可以想见,慈禧在西逃的过程中,经历怎样的思想斗争过程。这从她在8月22日、12月1日分别两次降谕,一方面要求各中央、地方官员直言,另一方面要求各中央和地方大臣在两个月内提出新改举的迫切心情中可以看出。其实,慈禧太后就是从此时开始、从宫廷礼节开始,着手曾经被一再耽搁、而今不得不进行的改革,虽然为时有点晚,但仍然反映了"老佛爷"晚年的一些理性和积极的精神要素。1901年1月29日,慈禧在西安发布"预约变法"上谕,要求王公贵族、部臣疆吏"各就现在情形,参酌中西政要,举凡朝章国故、吏治民生、学校科举、军政财政,当因当革,当省当并,或取诸人,或求诸己……各举所知,各抒己见,通限两个月,详悉条议以闻。"上谕发布后,各地方反应强烈,其中尤以两江总督刘坤一、湖广总督张之洞二人联衔会奏三疏最为完备。慈禧阅罢,认为"事多可行,即当按照所陈,随时设法,择要举办。"同年四月,清政府设立督办政务处,命奕劻、李鸿章等六人为督理大臣。至此,清末"新政"正式上演。

4.清末新政

与"戊戌变法"相比较,清末"新政"实际上是一场更具现代化性质的改革。但对于满清政府而言,"新政"的果实他们觉得并不那么甜美。政治上,它在沿袭"戊戌变法"裁汰闲衙冗官方针的基础上,设立外务部、商部、学部、巡警部、邮传部等新的政府机构,使传统的六部体制不复存在;经济上,首先肯定了"戊戌变法"时奖励工商、发展实业的各种措施,而后颁布《商人通例》《公司律》《破产律》《商会简明章程》等多种经济法规,为工商业的发展提供必要的法制保障;军事上,"戊戌变法"时的主张为整顿团练、令八旗改练洋操,并着手改革军制,而"新政"则致力于用现代化军队建制编练新军,军队组成、武器装备和指挥水平明显改善;文化教育上,"戊戌变法"时提出改革科举制度、设立新式学堂、奖励游学,"新政"则宣布废除科举制度,大规模地开办新式学堂和派遣士人出国留学,并参照日本模式制定出中国最早的学制——《钦定学堂章程》以及《奏定学堂章程》。

作为最高统治者的慈禧,对"新政"寄予厚望。她在接近古稀之年,却对魏源的《海国图志》、徐继畬的《瀛寰志略》等介绍外国历史地理的书籍产生了极为浓厚兴趣,时常阅读以广见闻,这是以往帝王很少有过的事情。"新政"推行过程中,虽有着种种弊端,但绝非无善可陈,更不是什么"假维新"。"新政"的推行,确实在为中国逐步积累着现代化资源,为社会的转型准备着物质和社会方面的条件。《清史稿·后妃传》中称:"(慈禧)晚乃壹意变法,怵天命之难谌,察人心之将涣,而欲救之以立宪,百端并举,政急民烦,陵土未乾,国步遂改。"

不过,当时的国内外环境没有再给中国提供一个稳健改革的机遇。1904年,日俄战争爆发,岛夷小国战胜了庞然大物俄罗斯。国内外舆论认为,这是立宪国战胜专制国的铁证,"皆谓专制之政,不足复存于天下"。于是国内立宪的呼声,由微弱转为高涨。慈禧在强大舆论压力下,不得不将"新政"归于宪政改革。宪政改革,意味着要突破政治体制中最核心的部分。这一重大的举措,给清末改革带来了功能性紊乱,也给慈禧招致了难以承受的压力。

本来,后起国家的现代化在初期需要一个集权的中央政府,以便整合社会力量,充分调动和使用各种资源,稳健地推动现代化的进程,日本即是一个成功的先例。

日本从1868年开始明治维新,到1889年颁布《大日本帝国宪法》,历时二十余年。而中国在实行"新政"不久即转入宪政改革,其结果只能导致政治资源的分散,使原已就"内轻外重"的政治格局更趋严重。当时国内就有人痛切地指出:"论日本之政,其所以致富强者,以其能振主权而伸国威也。今之议者不察其本,而切切以立宪为务,是殆欲夺我自有之权,而假之以自便自私也。……夫日本以收将权而存其国,而我国以限君权而速其祸,不可谓善谋国者也。"

1906年,光绪奉慈禧谕旨,宣布"预备仿行宪政",并以官制改革为下手处。官制改革以行政和司法相互独立为基本原则,"总使官无尸位,事有专司,以期各有责成,尽心职守。"由于官制改革牵涉权力和利益的重大调整,引起了统治集团内部的躁动不安。有关官制改革的条陈如雪片般飞到慈禧的眼前,其意见之纷杂、斗争之激烈实属罕见。老佛爷感觉"如此为难,还不如投湖而死。"区分清楚中央与地方的权限是官制改革中最头痛的问题之一。清政府本欲通过官制改革收取督抚的兵权和财权,哪知督抚却以设内阁、开国会相要挟,中央与地方的矛盾更加突出。官制改革陷于进退维谷的境地。

1908年,宪政编查馆颁布九年预备立宪逐年筹备事宜清单。与此同时,慈禧和光绪帝联名发布《九年预备立宪逐年推行筹备事宜谕》。上谕中指出:"当此危急存亡之秋,内外臣工同受国恩,均当警觉沉迷,扫除积习。……所有人民应行练学自治教育各事宜,在京由该管衙门,在外由各省督抚,督饬各属随时催办,勿任玩延。"又云:"至开设议院,应以逐年筹备各事办理完竣为期,自本年起,务在第九年内将各项筹备事宜一律齐备,届时即行颁布钦定宪法,并颁布召集议员之诏。"这是慈禧生前颁布的最后一道谕旨,也可说是慈禧的政治遗嘱。

不久,慈禧悲郁而逝,权力轴心顿成虚弱,要求速开国会、速立宪法的呼声更趋高涨。立宪派的鞭策和清廷的拖延,导致两者合作的最终破裂。满清王朝在革命派和立宪派的呼喊声中土崩瓦解,清末改革以失败而告终。

是非功过　后人评说

妇人干政是不符合中国正统观念的。于是晚清的衰败,中国的失败,都被夸大到必须由西太后负主要责任不可了。而中国在近代面临的千年未有之变局,面临的亡国灭种的危机,必须由一两个执政者负责,这种看法是偏离了实事求是的客观标准的。从政治斗争的核心问题——权力斗争的角度而言,慈禧只是做了她的角色必然要做的一些事情而已。文化、政治以及民族的危机实非她一人之过。

苏同炳对慈禧可谓不以为然。他假定:"如果不是道光误立奕詝,清代历史上不会出现慈禧太后垂帘听政的局面,不致以一个浅薄无识的妇人握定中国的命运达四十余年。当可断言,慈禧虽有才具而实无见识,所以晚清中国的命运,才会在她手中变得衰败没落,终至有亡国灭种之危险。"但我们要知道,首先历史不可假设,即便假设六阿哥奕訢真的是皇上,也未必能挽救晚清中国的命运。其次,"同治中兴"正是在慈禧当政期间发生,而"洋务运动"如果确实可以算是中国走向现代化的第一次努力的话,这和慈禧大量信任、启用洋务派有必然的关系。

胡适的高徒唐德刚认为"西太后原是个阴险狠毒,睚眦必报,狐狸其貌而虎狼其心的泼妇人"。对于政治中的人物,是否适用普通的道德标准去衡量呢?

白克好司认为:"如太后之为人,不可以寻常道德之见解观之,若执此以断,既不能得其真评。观于在太后以前及其同时代的人物,证以中国百姓之公论,则太后并非一残暴之君。不独此也,即英国近世,以争国家权力之故,其杀人之手段,亦难言乎仁道也"。这样的评价较为公允。

对于慈禧这样一位如此重要、又引来如此争议的人物来说,很难做出服众的公论。但是有几点似乎经常被忽略了:一是评价慈禧太后时,很容易不自觉地受正统思维的影响。妇人摄政在中国历史上都是遭怀疑和唾弃的。问题是,咸丰帝以后的几个皇帝如果能当政,就一定比慈禧太后强吗? 实际上,中国危机的根源在于千年的王朝统治;二是评价慈禧太后的概念化倾向。历史人物的评价不能以"好人"或"坏人"的简单标准去衡量。对慈禧自然也不例外。

近代史研究的开创者蒋廷黻认为,自鸦片战争到庚子年,这六十年中所受的压迫,所堆积的愤慨,他们(指顽固派)觉得中国应该火速抗战,不然国家就要亡了。"我们不要以为顽固分子不爱国,从鸦片战争起,他们是一贯反对屈服,坚强地主张抗战。在戊戌年,西太后复政以后,她硬不割让三门湾给意大利,她令浙江守土的官吏准备抗战。后意大利居然放弃了要求。"当然,慈禧太后对于中国所处环境的认识、对于她的使命的认识远远不能和洋务派、维新派相比。慈禧本人在改革派和极端顽固派之间长期寻求平衡。在维护国家利益方面,她在大多数时期是坚决维护的。晚年慈禧从大难中醒悟,决定开创新时代时,却是覆水难收,没有第二次机会。

关于慈禧的政治是非评价已经太多太多,我不想在这里就她的政治功过再多做评论,下面只想从一个女人的视角评价作为女人的慈禧。

在众多的评价慈禧太后的著作中,德龄的描写是最有人情味的。德龄在《慈禧后宫实录》中,行文至最后,给我们展现了曾经统治世界上人口最多的古老帝国的"老佛爷"的另一面:她只不过是个女人。她有女人对美的追求,对青春的渴望。

正是从这个角度，人们对于女人当政有着奇特的偏见。其实中国历史对女性而言是不公平的。这片土地上不知曾生长过多少杰出的女子，她们水晶般聪明，鲜花一样美丽。可惜她们只能在文字之外悄悄凋零。上天赐予她们才华，却没给她们施展的领地。然而，正当中国几千年来首次因为文化碰撞而陷入空前的困难之时，慈禧凭着自己超人的胆量和聪明，绕过重重阻碍，出现在历史的聚光灯下。也许多灾多难是那时中国不能摆脱的宿命，她的出现，此时却显得那样不合时宜。她也曾在政治舞台上尽力调动自己的演技，然而事实证明，她的演出是一场失败之作。

平心而论，在强大的观念和制度笼罩之下，慈禧在她的政治演出中表现的才干和能力还是出人意料地杰出。她比大部分男人刚强果断。她可以称得上有胆有识，机智精敏。在她四十八年的统治生涯中，她始终牢牢控制着整个局面，把那些男人中的精英人物操纵在股掌之间。她很有胆量。就在英法联军逼近北京，咸丰皇帝准备仓皇逃走的时候，她从储秀宫的帷幕后面第一次站出来，冒着违反祖制的巨大危险，极力反对这个懦弱的决定。"当皇上之将行也，贵妃力阻。言皇上在京，可以震慑一切。圣驾若行，则宗庙无主，恐为夷人践毁。昔周室东迁，天子蒙尘，永为后世之羞。今若遽弃京城而去，辱莫甚焉。"在满朝王公大臣的惊慌失措之中，懿贵妃的这番话掷地有声，足以让满朝男子蒙羞。她很有度量。在丈夫死后，她以闪电般而且果敢的手段，发动宫廷政变，颠覆了由顾命八大臣组成的权力中心。她只杀了为首的三个大臣，对其他人都轻轻放过，并且当众焚毁了从三大臣家搜出来的政治信件，不追不问，从而使大批和政敌集团有牵连的官员都松了一口气，稳定了局面，安定了人心。她有一定眼光。西方文化冲击之下中国第一个明智的反应——"洋务运动"就是在她的支持下开始的。她支持派出留学生，支持兴办工厂，支持建设新式军队。在她统治的最后十年，她相当努力地推行了政治改革，准备采用西方的君主立宪政体。她的改革范围甚至比康有为当初的设想还要广泛，改革手段也显然比"戊戌变法"时的举措更切实有效。如果她遇到的是比较平稳的政治局面，也许她会成功地完成她的政治生涯，如果是那样，她在历史上留下的也许不会是像现在的这么多骂名。

造物弄人，她偏偏撞上了中国最尴尬、最困难的时候。在她扮演的双重角色之中，她本质上更是一个女人而不是政治家，虽然她刚强能干。据说，旗人家的女人往往比丈夫能干。许多八旗子弟在外面摆够了谱，回到家里，却要乖乖受女人的辖制。这样的女人，侄儿要叫她"伯伯"，儿子不叫"妈妈"却叫她"爸爸"。慈禧无疑就是此类女子。光绪皇帝从小就叫她"皇爸爸"。碰巧，咸丰皇帝是那种较为软弱的男人，在内忧外患之中他直不起腰。这样的男人在生活中往往需要和欣赏个性坚强的女子，甚至产生一种不自觉的依赖心理。当慈禧第一次尝试着给他出出主意的时候，他并没有反对。于是，年青聪慧的慈禧借此机缘接近并最终走入了权力中心。

其实起初，她只是想替懦弱的丈夫当当家，后来，就是想保住爱新觉罗家的产业,以免孤儿寡母受人欺负。她只是一个爱享乐的精明的贵族女子,用她所熟悉的管理家庭的方式管理着国家。从现存的文献资料中,你可以看到许多她召对大臣的谈话记录。许多时候,这些谈话更像是和亲戚们唠家常,而不是政治家们之间的对话。晚清最有名的大臣曾国藩第一次进京面见太后,没想到慈禧和他谈的都是些家常,什么你兄弟几人,出京多少年了,曾国荃是你胞弟吗之类。曾国藩在当天的日记中惊讶且失望地写道:"两宫才地平常,见面无一要语。"毫无疑问,她热爱权力,也有学者称她是"权力欲驱使着灵魂",但是仅仅满足于用权力控制他人,维护自己的地位和生活而已。她并不想在政治领域建功立业,青史留名。她没有男人那样为了事业、为了国家和民族牺牲自我的献身精神,她没有因政治而牺牲自己的私人生活。相反,她对自己的私人生活倾注了大量的热情。她更关心的是给自己建造园林,使她快乐的是和那些聪明的宫眷谈女人们的话题,是豢养宠物,是研制化妆品。以她的地位和条件,如果她敏感一些,事业心强一些,她完全有可能更深地接触崭新的西方文明,更理智地观察世界,明了中国的处境和需要,因而凭自己的才智把国家引导到更安全的轨道上来。可惜她仅仅对巴黎的时装、华尔兹舞感兴趣。每天处理完政务之后,她把大量的时间用于化妆、游赏、宴饮、看戏。她完全把自己置于一个传统女贵族的生活趣味当中,没有看到用另外的方式发挥自己才智的可能。她对圆明园、颐和园的情结以及对陵墓过分地追求豪奢也说明了这一点。

在权力斗争中她果断冷酷,在世界大势前却反应迟钝;她有足够的聪明和手段控制局势,却没有足够的热情和责任感去改变中国。在很多时候,她能明智地顺应时势,采纳正确的意见,比如信任汉人,支持"洋务运动"。也有很多时候,她为了维持自己的地位而做了许多错事,影响了整个国家的前途。比如她两次打击恭亲王,仅仅是因为恭亲王权力太大,让她不太放心。两次打击,使得这位大清王朝的主心骨心灰意冷,"依违两可,无所建白。"对晚清政局造成了不可忽视的影响。她进行的历次政治斗争,都是纯粹的权力之争而非政见之争。作为一个满族女人,慈禧太后能得知事情真相的机会非常少,但她在每个场合都能做到坚持自己的立场,从不被周围的反对力量所压倒。这迥然不同于东方宫闱中那些只会纺纱织布的女子。

有人把慈禧比作俄国女皇叶卡捷琳娜二世,实际上这种比较是不确切的。她有着叶卡捷琳娜的精明果敢,却没有叶卡捷琳娜的科学头脑和政治眼光。在后者的开明专制统治之下,俄国提高了行政效率,招致了大批外国科学家,科学技术得到了长足的发展,综合国力大大增强。而慈禧带给中国的新政却不那么成功。

她的素质使她完全能够跻身一流政治家的行列,但是她所成长的文化氛围局限了她的眼光,使她浪费了这个宝贵机会。这时的中国需要一个具有非凡气魄和超人识度的巨人来引导,才有可能摆脱沉重的惰性,度过重重劫难。可惜历史没有产生这样的巨人,却把这个位置留给了她,一个过于专注自我的女人。这就是她的悲剧所在。

不过,如果抽去其他因素,单纯从女人这个角度去看慈禧的话,我们发现,她是相当亮丽的。无论是外表还是内质,都颇为光彩照人。她不像那个时代的大多数女子一样,自甘柔弱地依附在男人身上,因为习惯的强大而自我压抑,在不公正的自我牺牲中麻麻木木地消磨掉一生。她无所畏惧地向"男在上女在下"的传统进行挑战,冲破重重阻碍来张扬自己的生命热量。她身上具有许多现代女性的品质。慈禧极其自信,敢做敢当,从不压抑自己,也不委屈自己。面对一群男人组成的政治世界,慈禧毫不胆怯。她通过自己的聪明和狡黠成功地把这个世界变成了维护自己欲望的工具。慈禧精力充沛,热爱生命。她不像别的女人那样缺乏生命的热度,自甘于生命火焰有气无力地默默燃烧。《宫女谈往录》中有位老宫女回忆说:"太后就是讲精气神儿,一天到晚那么多的大事,全得由太后心里过,每天还是那么悠游自在,腾出闲工夫,讲究吃,讲究穿,讲究修饰,还讲究玩乐,总是精神饱满,不带一点儿疲倦的劲儿。"她特别爱美,二十五岁她成了寡妇,可是在寂寞的深宫里,她仍然满腔热情地打扮自己。她对美异常执着,四十多年里,天天都要在妆镜前消磨上几个小时,一定要把自己修饰得一丝不苟,光彩照人。她经常说:"一个女人没心肠打扮自己,那还活什么劲儿呢?"她天生喜欢大红大紫,喜欢明亮绚丽的东西。她冰雪聪明,刚进宫那会儿还不怎么识字,可是通过自学,她练出了一笔好字,诗也写得挺不错。她喜欢唐诗宋词,喜欢《红楼梦》。这部小说是她在深宫的寂寞伴侣。她还喜欢绘画,留下了一批还过得去的作品。她有很高的艺术鉴赏力,对于园林建筑颇有造诣。她生活得富于情趣,生活中的每个细节都安排得有滋有味。

她有冷酷无情的时刻,可是也富于人情味儿。少女时代在绥远城居住的慈禧对文学、书画和历史非常有兴趣。她在此读书、学画、下棋、弹琴,且经常骑马射箭。对于少女慈禧的长相史书中并无记载,野史中描绘她:"每一出游,旁观者皆喃喃做欢喜赞,谓天仙化身不过是也。"特别是对身边的宫女,她极其和蔼可亲,很少疾颜厉色。宫中的女仆们回忆起她来,话语中不无温馨:"老太后是最圣明不过的人,对自己最亲信的贴身丫头都是另眼看待的。不管外面有多不顺心的事,对我们总是和颜悦色。比如,她对我讲:'荣儿,你过来,你那辫梢梳得多么憨蠢,若把辫绳留长一点,一走路,动摆开了,那有多好看!'"在这些回忆录中,你看到的绝不是那个冷面冷心的铁女人,而是一个既威严又慈祥的老太太。

她是一个不完全的女权主义者,她的女权觉醒是不彻底的。由于文化传统的局限,她没有想到在男人的领域全面发展自己。在她的意识深处,她始终摆脱不了"相夫教子,看家守业"的身份定位。但作为一个女人,慈禧最对不起爱新觉罗家族的,正是在孩子教育上的失误。对独生子同治,她任母爱泛滥,过分娇纵,使这个孩子成了清朝十二代帝王中最没出息的一个,自制力极差。这样一个儿子,她怎能放手让他接管全部权力?而对继子光绪,她又矫枉过正,管束过严,教育出一个性格上过于懦弱的孩子。这样的继承者实在无法承担起拯救破坏帝国的重任。家庭教育的失误，无疑是慈禧这个聪明女人的最大败笔之一。这也许与慈禧自己过于强硬的性格有关，让儿子们都对她太畏惧。而这，又恰恰是她如此长久地涉足于政治不能自拔的部分原因。

不可否认的是，慈禧深深迷恋权力，这是她难以摆脱的弱点。权力这两个字具有太大的吸引力，对权力的渴望根植于人性深处。这个东西使得人性中根深蒂固的超越意识得到最充分的实现，这是任何强者都难以抵御的诱惑。从这点上来说，慈禧的失败是由于人性的普遍弱点而不是自己的性别因素。其实，作为统治者她有足够的智慧和权威。慈禧太后垂帘听政期间在军机大臣领班的职位上呆过的只有两个人——恭亲王和庆亲王。前者被贬黜过许多次，其荣誉被剥夺殆尽，而后者在三十年里则始终是个"不倒翁"，所得到的荣耀全都原封未动地保存了下来。张之洞、刘坤一、王文韶这三位杰出的总督、大学士也是这样。慈禧太后从来都让他们担任重要职务，但他们从未遭过她的贬黜。因为他们都是她的国家里最进步的官员，但其中没有一个人强大到足以危及她的统治，所以没有必要提醒他们上面有个强权人物。因为，历史和事实都已经让所有人知道：只要她大笔一挥，就可以让任何官员从天上掉到地下。

慈禧就是这样一个女人。她有着那个时代普通女人所没有的叛逆性格，却跳不出那个时代人们的局限。她妩媚又泼辣，她聪明又无知，她大胆又保守，她勤奋又贪图逸乐。她不太理解政治，政治也给了她千载骂名。

女人慈禧由着自己的性情，风风光光、曲曲折折走完了自己的一生。在生命的最后，她好像有一点后悔。她在病榻上留给人们的最后一句话是："以后勿使妇人干政。此与本朝家法有违，须严加限制。"她承认自己不成功地涉足了政治。她希望别人不要效仿她，而要做单纯的女人。可是，如果她不涉足政治，她怎么可能把女人做得那样风光？她给不出这个问题的答案。

而她或许会料到自己身后的骂名，但却万万想不到自己死后，会遭受盗陵抛尸的奇耻大辱，这也许是她最担心的！

冒牌公主　藏族女神

——文成公主

名人档案

文成公主：唐朝宗室之女，汉族。唐贞观十四年（640年），唐太宗李世民封李氏为"文成公主"。贞观十五年（641年），文成公主远嫁吐蕃，成为吐蕃赞普松赞干布的王后，在吐蕃生活了近40年，一直备受尊崇。

生卒时间：625年~680年。

性格特点：聪慧美丽，自幼受家庭熏陶，学习文化，知书达理，并信仰佛教。

历史功过：由于文成公主的博学多能，对吐蕃国的开化影响很大，不但巩固了唐朝的西陲边防，更把汉民族的文化传播到西域。

史家评点：在她的影响下，汉藏两族的友谊有了很大的发展，所以把文成公主誉为最成功的女外交家实不为过。

文成公主　身世之谜

我国历史上中央王朝的统治者，为了在政治上巩固与边疆地区少数民族上层的联盟，加强对边疆地区的统治，或求得边疆地区社会秩序的稳定，往往采取和亲或联姻的措施。

在唐朝，担任过和亲大任的公主和准公主一共有18位。

第一位执行和亲外交的唐朝公主，是贞观十四年（公元640年）嫁给吐谷浑王诺曷钵的弘化公主。

吐谷浑是古代少数民族慕容鲜卑的一支，后来分裂为东西两部，东部吐谷浑由慕容顺带领，在伏俟城（今青海省共和县境内）附近建立势力，依附于唐。慕容顺死了以后,他的儿子诺曷钵继位,唐朝廷又立新王为吐谷浑王。吐谷浑王颁行唐朝历法,奉唐朝年号。贞观十年(公元636年),吐谷浑王赴长安向唐太宗请婚,太宗把宗室女弘化公主许配给他。弘化公主并不是皇帝的亲生女儿,但是为了和亲,就给她一个公主的头衔。贞观十三年(公元639年)冬,诺曷钵到长安迎娶公主,第二年二月,唐太宗派大将军李道明送亲,并配送了大量贵重的嫁妆,从此,吐谷浑和唐朝关系更加亲密。

唐朝和亲的公主按理说应该是皇帝的女儿,但是嫁到北方偏远又野蛮的部落,哪有呆在爸妈身边好呢?皇帝心疼自己的亲生闺女,公主也舍不得离开父母。因此唐朝中期以前的公主们,没有一个远嫁,全部许配给了本朝的臣子。

唐朝有名的和亲公主是嫁到吐蕃的文成公主和金城公主,和弘化公主一样,她们都不是皇帝的亲生女儿。两位公主前后相差近七十年,因为信奉佛教,分别携带释迦牟尼像和大量佛经入藏,对后来的藏传佛教影响很大。

文成公主究竟是谁的女儿?历史上没有记载。唐高祖李渊有19个女儿,唐太宗李世民有21个,除了小时候夭折的,都有文献记载,而且都嫁给了本朝的臣子。我们只知道文成公主是"唐宗室女",应该姓李。那么,是皇帝的侄女?按照惯例,亲王的女儿也会有典籍的记录,但是历史上却没有这方面的记载。记载以"宗室女"身份出嫁,或许和宗亲关系较远,她父亲的爵位不会太高。但是"和亲"事关重大,就破格封她为公主吧。唐朝和亲的公主,还有的只是"宗室出女",即某位公主的女儿,或某位王亲的外孙女。

文成公主嫁的是吐蕃王国的第一位国王松赞干布。出嫁时规格也很高,由礼部尚书江夏王李道宗主婚,持节送公主至吐蕃。队伍非常庞大,嫁妆非常丰厚,有释迦佛像、珍宝、360卷经典,还带了很多书籍、食物、缎被、药方和器械。松赞干布丝毫没有怀疑这位公主,他亲自率领部下到河源迎接,见了主婚人,以女婿的礼仪向他行礼,非常恭敬。李道宗官职不过正三品,身为吐蕃之主的松赞干布却以女婿的身份对待他,显然,松赞干布不疑文成公主的身份,还以为真的娶了唐太宗的亲生女儿。后来,松赞干布知道了文成公主的真实身份,但并没有怪罪她,两人相亲相爱,为唐朝和吐蕃的友好相处做了不少贡献。

从那以后,和亲公主"非帝女"的真实身份不再隐瞒。如金城公主入藏,就说明白了她是雍王李守礼的女儿。这次和亲是在唐中宗时代,中宗亲自送孙女辈的金城公主到始平县,再让左卫大将军杨矩送往吐蕃。金城公主和亲,在唐代是最为隆重的一次。金城公主后来虽促成唐朝和吐蕃的和睦,但只保得一时之太平。吐蕃壮大后,野心越来越大,后来又向唐王朝发动了进攻。

赞普求婚　三次成功

吐蕃是中国古代藏族政权名,公元7—9世纪时存在于青藏高原。吐蕃人过着

后妃公主

以游牧为主的生活,饲养牦牛、马、猪和独峰骆驼,有的也种植青稞和荞麦。

公元7世纪,松赞干布继位做了吐蕃赞普。松赞干布的父亲囊日论赞,是一位很有作为的赞普,但是由于内部分裂严重,继位不久的囊日论赞就被杀死了。受父亲的影响,少年时代的松赞干布就已显现出非凡的才能。父亲被仇人毒害而死后,13岁的他继任赞普位。继位后,他一面稽查凶手,一面训练军队,很快平息各地的叛乱,先后降服周围的苏毗、多弥、白兰、党项、羊同等部。

松赞干布致力于政权建设,建立了完备的、以赞普为中心的高度集权的政治和军事机构。同时,他还制定法律、税制,任用贤明的大臣,采取许多措施鼓励百姓学习和运用先进生产技术,发展农牧业生产,使吐蕃的社会经济和人民生活迅速呈现发展之势。松赞干布看到当时大唐王朝国力强盛,就想和唐朝进一步发展友好关系。

唐贞观八年(公元634年),唐王朝与吐蕃王朝之间建立了外交关系,唐蕃经常派使者相互访问。有一次,松赞干布在和大唐使者聊天过程中,听说突厥和吐谷浑都和大唐的公主和亲了,而且私下里听说大唐的女子端庄文雅,不像吐蕃的女子那么朴实甚至野蛮,再加上想和唐王朝建立更加亲密的关系,于是他也想和唐王朝和亲。但是松赞干布美好的愿望并没有立刻得到实现,这次求婚有些曲折,经历了三次才成功。

第一次求婚在贞观十年,松赞干布派使者带着大量金银珠宝去长安向唐太宗求婚。

到了长安以后,一开始唐太宗对吐蕃的使者很客气,很爽快地就答应把公主嫁给吐蕃,还赐给了使者很多礼物,但这时杀出了一个程咬金。吐谷浑的使者也去求婚了,他们私下里对唐太宗说:"吐蕃的赞普松赞干布是一个很野蛮的人,当年他的第一个王妃尺尊公主就是抢来的。"唐太宗害怕女儿到吐蕃受罪,于是就借口说吐蕃的礼物太少,把婚约取消了。

吐蕃使者很郁闷,回去以后就和松赞干布说了。吐蕃和吐谷浑两国本来就在闹摩擦,松赞干布听了使者的回报,更加怨恨吐谷浑。他马上出动二十万人马进攻吐谷浑。吐谷浑王看吐蕃军攻势很猛,抵挡不住,就退到环海一带。

对于唐朝方面,松赞干布也非常不满,不但觉得没有面子,更因为这桩求婚还寄托着他的国家大计:他渴望公主能将先进的唐文化带进雪域,完成他武功之后"文治"的梦想。求婚不成那就只有逼婚了。为此他采用了"娶"尺尊公主时用过的老办法——当初尼泊尔的国王不愿把公主嫁给他的时候,松赞干布就是采用以五万兵马踏平尼泊尔的威胁办法逼婚成功的。

于是,松赞干布就趁打败吐谷浑这当儿,乘胜打到唐朝境内的松州,一方面展示自己的实力向唐王朝示威,另一方面也尝试进一步开疆拓土。接着,他再次派使者带着贡品去长安求婚:"你说我野蛮,是吧? 那我就再抢一次婚!"还派人威胁唐王朝说:"如果不把公主嫁给我,我就带兵打到长安。"

唐王朝的公主可不是好欺负的。唐太宗生气了,他没有答应,还正式下诏发兵，以侯君集为当弥道行军大总管、执失思力为白兰道行军总管、右武卫大将军牛进达为阔水道行军总管、左领军将军刘兰为洮河道行军总管，领兵五万讨伐二十万吐蕃军。这一次兵力战法都很得当，吐蕃兵败而返。

松赞干布只好俯首称臣，他派使者噶尔东赞去唐王朝谢罪。他在上书谢罪的同时，表示对大唐的强盛赞慕不已，同时仍然不屈不挠地提出第三次求婚。这就是有名的"唐太宗五难求婚使的故事"。

噶尔东赞是松赞干布时期的重臣之一，立下了极大的功劳，而且做了多年的"大伦"（即宰相），松赞干布的第一个王妃尺尊公主的求婚和迎娶都是他做使者。噶尔东赞是一个很聪明的人。由于吐蕃和唐朝刚刚有过战争，唐太宗对吐蕃的气还没消，于是处处刁难他，但都被噶尔东赞巧妙地应对了。在噶尔东赞提出要继续求婚的时候，唐太宗也想继续难为一下他。

当时来向唐太宗求婚的还有印度、波斯、格萨、鞑靼等地的使臣，太宗就说："这里来求婚的可不是你一个人啊！这样吧，我出几道题来考考你们，哪一个使者回答的最多，就把公主嫁到哪国去。"

唐太宗一边命人想题目，一边派人物色公主，当时，唐朝真正的公主们是不愿意远嫁的，这些和亲的使命通常是由一些堂姐妹们来完成。唐太宗也舍不得自己的亲生女儿们，于是就在唐姓宗室里挑出了文化素养较高、美丽而又温柔的女子，把她们封为公主，派她们去和亲。这次选派的就是文成公主。

第二天，唐玄宗召集五地的使者，由宫女报题，开始比赛。唐太宗出的这几道题既不涉及天文地理，也不涉及琴棋书画，而是几道智力题。噶尔东赞是个绝顶聪明的人，回答出了所有的题目。

第一道题是用丝线穿九曲珍珠。其他使臣都穿不过去，噶尔东赞用丝线缚住蚂蚁的腰，放在珠的孔口，慢慢吹气，让它爬过去，线也就穿成了。

唐太宗哈哈大笑，对噶尔东赞点点头。

于是宫女报第二道题："御马苑里有 100 匹小马驹关在左边的马厩里，有 100 匹母马关在右边的马厩里，请你们找出一个好方法为 100 匹小马驹找到自己的母亲。"

这时候，回纥使臣和吐蕃使臣都举手了，回纥使臣说："把 100 匹小马驹一一宰杀，母马听到自己的孩子哀鸣，定会痛苦嘶鸣。用此法，可一一辨出小马驹和母马。"

噶尔东赞听了微微一笑，站起来对太宗说："起奏天可汗，吐蕃使臣另有更好的方法解决此难题。"

唐太宗道："说来听听。"

噶尔东赞说："我的方法是：把小马驹饿一整天，然后放它们出来，小马驹定会跑到母马处吃奶。这样既不伤害小马驹性命，又能让其和母马团聚，体现天可汗的宽厚仁慈，何乐而不为呢？"

唐太宗捋了捋胡须："此法甚妙。出下一题。"

第三道题是令各国的使者各领一百只羊，一百坛酒；要将羊杀了，剥皮，吃光肉，揉好皮，喝完酒。其他使节有的肉没吃完便醉倒了，有的皮没揉好便累倒了，只有噶尔东赞令随从们慢慢地小碗喝酒，边吃边喝边揉皮子，最后完成皇帝交给的"任务"。

唐太宗看着各国的使臣，乐得哈哈大笑。然后又命人拿出一百根头、尾一般粗的木棒，让使臣认出头梢。噶尔东赞将木棒推进水里，头重尾轻，重的沉下，轻的浮在上面，认得一清二楚。

唐太宗哈哈大笑："此法甚好。还有最后一题。"这时，三十位打扮得一模一样的宫女走了出来，"这里有30位美女，其中一位是文成公主，你们要在一刻钟时间内从中找出文成公主。"

其他使者稀里糊涂找了半天，都领了一个出来，噶尔东赞等他们找好，微微一笑，对太宗说："赞普久闻文成公主芳名，倾慕公主良久。文成公主出生于皇宫，自然气度不凡，风华绝代，与众不同。臣已经辨认出来。"

唐太宗诧异地说："哦？指出来，给朕瞧瞧。"

噶尔东赞说："公主知喜事而来，额头上有红痣乍现，且祥瑞出现，身后有彩蝶飞来。"

太宗、众宫女纷纷望着文成公主，文成公主摸摸额头，不仅嫣然一笑。原来噶尔东赞早就找服侍过文成公主的仆人打听过公主的模样和特征，得知公主眉心有一颗朱砂红痣，所以很快辨认出来。

唐太宗笑呵呵地说："吐蕃使臣果然机智非凡，想必赞普更是聪明绝伦。既然吐蕃使者一一破解难题，文成公主就嫁给吐蕃赞普。"

噶尔东赞圆满地完成了任务，高高兴兴地带着文成公主回吐蕃了。大概是噶尔东赞把任务完成得太圆满，智力题回答得太好，本身又是吐蕃的大伦，唐太宗对他很是赏识，封其为右卫大将军。最后还把自己的外孙女段氏封作公主嫁给了噶尔东赞。

公主入藏　吐蕃和亲

由于当时的吐蕃文化相对落后，唐太宗为文成公主准备了丰厚的嫁妆。最珍贵的一件陪嫁，则是释迦牟尼十二岁等身像。唐太宗还派自己的族弟、礼部尚书江夏王李道宗为主婚使节护送公主。

经过两个多月的准备，贞观十五年隆冬，一支十分壮观的送亲队伍，在李道宗的率领下，护送文成公主前往吐蕃和亲。

之所以要在隆冬季节出发，是因为由长安到吐蕃有一个多月的路程，要经过几条湍急的大河，隆冬季节河水平缓，便于送亲的队伍通过。这支队伍除了携带着丰盛的嫁妆外，还带有大量的书籍、乐器、绢帛和粮食种子；组成成员除文成公主陪嫁的侍女外,还有一批文士、乐师和农技人员,几乎就像是一个"文化访问团"和"农技队"。文成公主所到之处,留下了很多小故事。

最著名的小故事就是青海湖的由来。青海湖在汉朝时被称为"西海",因为远离海洋的人们向往遥远的大海,所以高原上的湖泊几乎都用"海"来命名。汉朝的青海湖是传说中远古时代的瑶池,也是中国历代帝王公祭的"圣湖"。

文成公主西行的时候,唐太宗为了不让公主过于思念家乡,特赐她一面宝镜,无论她到哪里,镜中都能显出长安的景象;还为她用黄金各铸了日月之形的两面镜子相伴。当送亲的车队来到唐蕃分界之地,准备弃轿乘马的时候,文成公主再一次从宝镜里看了一眼家乡的景象,禁不住泪流满面。为了断绝对家乡的思念,专心走好未来的人生,坚强的文成公主没有把宝镜带走,而是把它扔到了山谷里。就在这个山谷里,这面宝镜变成了美丽的青海湖,那黄金铸就的日月镜就成了日月山。后来唐玄宗封这个湖为"青海湖"。

文成公主一面走一面流泪,流成了青海省东部海南藏族自治州内的"倒淌河"。一般东西走向的河流都是从西往东流,但"倒淌河"却不是。

还有一个小故事,是关于门巴族的。门巴族位于西藏林芝市,这里有一种让女子披羊皮作为饰品的风俗,少女披羊尾和四条腿完整的小羊皮,成年女子披牛犊皮或山羊皮。这也和文成公主有关。据说她入藏时,为了辟邪,曾经身披兽皮,后来路过这个地方的时候,把用过的兽皮赐给了门巴侍女,从此沿袭至今。

队伍到了青海省湟中县的时候,随从大多数侍女都有高原反应,无法继续前进。文成公主不忍心看着这些姐妹跟自己奔向前途未卜的拉萨,就下令这些侍女就地下嫁。这些侍女都是从全国各地挑选来的美女,因此湟中多美女的传说就这样流传下来了。

经过一个多月顶风冒雪的艰苦跋涉,春暖花开的时候,文成公主一行来到了黄河的发源地——河源,这里水草茂盛,牛羊成群,一改沿途风沙迷茫的荒凉景象,让人精神为之一振。一路上很为吐蕃地势恶劣而忧心的文成公主这时也松了一口气,于是送亲队伍在这里作了几天的短暂休整。

这天早晨,文成公主在睡梦中被侍女叫醒。侍女兴奋地对她说:"公主,赞普大人也到了。"

文成公主赶忙起来,让侍女给自己精心打扮一番,她看着镜子里的自己,喃喃地说:"他终于来了,他是一个什么样的人呢?会不会真的像传言中的那样,是一个很粗鲁的人呢?"

门外的松赞干布已经等候多时。他这次是经过精心准备的,为了表示诚意,他特意命人从长安买来了汉族新郎结婚时用的衣服和帽子,以唐朝女婿见岳父的礼仪拜见了送婚使李道宗,拜见过以后,李道宗就请文成公主和松赞干布相见。

松赞干布看着文成公主落落大方地走出来,身着华美的盛服,神态端庄,气度文雅,果然是来自盛世的金枝玉叶,没有一点狂野之态。他不由得微微一笑。

文成公主微微抬起头,看到了眼前这个自己的准丈夫,她的心"扑通扑通"地跳了起来:眼前的这位赞普,看起来倒还像条汉子。他黝黑而粗犷,显然是由于高原的多烈日和狂风的气候造成的;高大健壮的身材和眉宇间流露出豪爽之气,显得十分英武。早就听说这位赞普年少有为,今天看起来还真的气度不凡啊!

但是让文成公主脸红的,更是他充满爱意的眼神。文成公主不好意思地低下头,心想:"看起来还挺友好的,希望他也是一个温和的人吧!"

河源离逻些(今拉萨)路程并不遥远,送亲和迎亲的队伍汇合以后,一起往西前进,很快就到了逻些。送亲和迎亲的队伍前呼后拥、威风八面地进入了逻些城。吐蕃臣民举行了盛大的欢迎典礼。这一天是藏历四月十五日,也成了藏族的一个传统节日。

经过一段时间的安顿之后,在李道宗的主持下,松赞干布与文成公主按照汉族的礼节,举行了盛大的婚礼,全逻些城的民众都为他们的赞普和夫人歌舞庆贺。

松赞干布在婚礼上高兴地对李道宗说:"我今天能得到大唐的公主为妻,实在很幸运。我要为公主修筑一座华丽的宫殿,来给后代看看。"

这座宫殿,就是布达拉宫。

整个布达拉宫共有 1000 间宫室,富丽壮观。松赞干布为了让文成公主高兴,专门叫人从大唐请来画匠,经过深思熟虑,画出了构图精巧、人物栩栩如生、色彩鲜艳的壁画。里面屋宇宏伟华丽,亭榭精美雅致,还开凿了碧波荡漾的池塘,种上了各色美丽的花木。一切都模仿大唐宫殿的模式,用来安顿文成公主,借以慰藉她的思乡之情。

文成公主的担心是多余的。松赞干布虽然看起来粗犷,却是一个非常文雅的国王,对文成公主更是体贴周到。为了与文成公主有更多的共同语言,松赞干布努力地向文成公主学说汉语,还脱下他穿惯了的皮裘,换上文成公主亲手为他缝制的丝质唐装。就这样,一对异族夫妻,感情融洽,互爱互敬,开始了他们新的生活。

夫妻相敬　盛情和睦

文成公主和松赞干布结婚以后,两人相敬如宾,互相谦让,感情很是和睦。

文成公主不是一个权力欲很强的人,她不和后宫的佳丽们争风吃醋,表现得很有气度,这让松赞干布很放心。

文成公主以款款柔情善待松赞干布,使得这位生长于高原之地的吐蕃赞普深切体会到汉族女性的修养与温情,他对文成公主倍加珍爱。

文成公主读过很多书,对治理国家也很有自己的见地。她通过考察吐蕃的民情,对治理吐蕃提出了很多很有价值的建议。

吐蕃人有一个传统习惯,每天要用赭色制土涂敷面颊,据说是能驱邪避魔。文成公主刚到逻些就发现这一习惯了。一开始她还以为是这里的人民为了欢迎她故意这样做的,后来发现他们天天都这样,有时候,松赞干布也会这样,这让她很不习惯。文成公主请教了这里的大臣,仔细询问了这种习惯的由来,了解和揣摩了这种习惯,觉得这样做没有道理,又不卫生,实在是一项鄙俗的陋习。于是她决定帮助这里的人改变这种习惯。

这天,松赞干布也涂了面颊,晚上没有洗掉就闯到文成公主的寝宫,把文成公主吓了一跳。她叫人端来洗脸水,亲自为他洗掉颜色,边洗边问松赞干布:"赞普今天涂这种土,感觉舒服吗?"

松赞干布回答说:"一开始是有点不太舒服,但是一会儿就习惯了。"

文成公主用毛巾轻轻敷了敷松赞干布因为过敏而有点红肿的皮肤:"你看,这里有点过敏了。这样对皮肤多不好?我看到女孩子每天也涂这种土,这样很伤皮肤啊!"

松赞干布摸了摸有点疼的面颊,说:"是啊,这是父辈传下来的习惯,虽然不太好,但是大家都照章行事。"

文成公主说:"我听说在脸上涂这种土,可以驱魔避邪,但是据我观察,似乎也没有起到什么作用。"

松赞干布点点头。

文成公主于是又说:"既然没有作用,又不舒服,为什么不取消这种习惯呢?"

松赞干布握住文成公主的手:"是啊,我一直都没有想过这个问题。你说得很有道理。明天我就下令废除这项习俗。"

但是任何一种习惯的废除都不是一个简单的过程,一开始,一些吐蕃人很不习惯,特别是一些老年人。年轻小姑娘们倒是很高兴,终于可以不用在脸上抹这些难看的土了。文成公主就让一些年轻人开导开导老年人,向他们说明道理。渐渐地,这些念旧的老人们也慢慢想通了,都觉得保持自己的本来面目,既方便又好看。到后来,他们甚至还十分感激文成公主为他们破除了陈规。

西藏远在内陆,以游牧为生,虽然也种植一些青稞、荞麦之类的农作物,但由于不善管理,常常只种不管,所以产量极低。文成公主来了以后,把汉族的小麦、花生、大豆这些常用作物的种子也带来了。在松赞干布和文成公主的授意下,农技人员开始有计划地向吐蕃人传授农业技术,他们把种子播种在高原的沃土上,然后精心地灌溉、施肥、除草,到了收获季节,产量很高。这令吐蕃人很感激这位中原来的公主。

文成公主还带来了种桑养蚕的技术。松赞干布选出一些人员,专门向唐朝的农技人员学习这项技术,然后传授给其他人。这样,吐蕃也逐渐有了自制的丝织品,光泽细柔,花色浓艳,极大地美化了吐蕃人的生活,使他们喜不胜收,都十分感谢文成公主入吐蕃后给他们带来的好处。

音乐和舞蹈是盛唐文化最重要的组成成分之一,唐朝的音乐不仅有自己的音乐,还受外来文化影响,有燕乐、"四方乐"。唐人所说的乐曲往往包括了音乐、歌唱、舞蹈等艺术门类,舞蹈也分很多种类,如健舞、软舞。健舞刚健雄强,节奏明快;软舞优妩柔婉,节奏舒缓。唐代最流行的健舞有胡旋、柘枝、胡腾等,都是来源于中亚的舞蹈。杨贵妃也是一个擅长舞蹈的人，很具有舞蹈天赋，尤其擅长表演胡旋舞。

文成公主进入吐蕃后，把盛唐丰富的音乐文化也带给了吐蕃。汉族乐师们开始履行职责，他们十分卖力地为松赞干布和文成公主演奏唐宫最流行的音乐，音乐舒缓优美，使松赞干布大有如闻仙乐的感觉。松赞干布很喜欢盛唐的音乐，选拔了一些有天赋的青年男女，跟随汉族乐师学习。

古代的皇帝都有史官记录他的言行以及朝廷里的一些大事。这些文官经过层层选拔，都是饱读诗书、满腹经纶的有识之士。在唐太宗派到吐蕃的送亲队伍中，也有这样一批文士。他们负责整理吐蕃的有关文献，记录松赞干布与大臣们的重要谈话，使吐蕃的政治走出原始性，走向正规化。

这让松赞干布非常欣喜，松赞干布读过一些书，深知知识就是力量。他命令大臣与贵族子弟诚心诚意地拜文士们为师，学习汉族文化，研读他们带来的诗书；接着他还派遣了一批又一批的贵族子弟，千里跋涉，远赴长安，研读诗书，把汉族的文化引回吐蕃。

文成公主带来的"文化访问团"和"农技队"在吐蕃尽心尽力地工作，而文成公主也在以自己的知识和见地，细心体察吐蕃的民情，然后提出各种合情合理的建议，协助丈夫治理这个地域广阔、民风剽悍古朴的民族。松赞干布对她的一些建议也尽力采纳。

文成公主参与治理，却从未要求松赞干布给自己一个什么官职，对于吐蕃的重大政治决策，她只是提出自己的看法，并不强行干涉，因此松赞干布和大臣们对她非常尊敬，经常向她讨教唐宫的政治制度以作为他们行政的参考，而广大的吐蕃民众更视她如神明。

文成公主出嫁几年以后，吐蕃的经济文化得到了很大的发展。因为有了这一层姻亲关系，唐朝和吐蕃的关系一直很好，唐太宗的目的达到了，双方后来经常互派使者访问。

贞观二十二年，唐太宗派长史王玄策出使吐蕃，一方面和洽双方关系，另一方面也是去看望远嫁的文成公主。

文成公主得知唐朝皇帝派人来看她，很是高兴，同时她也想通过唐朝的使节了解自己家人的情况。毕竟自己来到吐蕃，和家人相距千里之外。吐蕃到长安交通不便，通信也不发达。出嫁以后文成公主就没有家人的任何消息了。

文成公主等啊等，终于等到了唐朝大使来了的消息。文成公主赶紧收拾一下，和松赞干布一起迎了出去。

见了王玄策以后，两个人不由得大吃一惊。只见王玄策只带了几个随从，没有任何东西，而且全身都脏兮兮的，看起来狼狈不堪。他们赶紧让他坐下来，喝点水，然后问他是怎么回事。

王玄策叹了口气："罪臣该死，有负陛下重托。陛下来的时候给公主带了很多绢帛文物，谁知途经天竺国时，不幸遭到天竺人的抢掠，除了我带着少量人马逃出外,大部分人马及物品全被抢去了。"说完捶胸顿足,懊悔不已。

文成公主见状,赶紧安慰王玄策:"这是天竺的错,和您没有关系。"

松赞干布也说:"是啊,他天竺竟敢抢夺唐朝派来看我吐蕃的使节,加罪与你,肯定是有意挑衅,我一定要给天竺一点颜色看看。"

不久以后松赞干布就派遣大军讨伐天竺,捣毁了他们的都城,俘虏了天竺王子,还缴获了大批牲畜,救回了唐朝使节随从人员,算是替王玄策出了一口气。

唐蕃的友好关系延续了几十年。贞观二十三年,唐太宗李世民驾崩,太子李治即位,这就是唐高宗。唐高宗也很重视和吐蕃的关系,他继续奉行唐太宗的"拉拢"政策。他授松赞干布为驸马都尉,封西海郡王,派使者送去大量的诗书、粮种、金银、丝绸,还特意为文成公主送去了饰品和化妆品。

松赞干布非常感动,派人上书谢恩:"陛下刚刚继位,为臣一定会尽心尽力,为您效忠。如果有二心,就请出兵征讨吐蕃。"并献上十五种珠宝,请高宗代他放到太宗的灵前,以表达自己对太宗的怀念之情。

唐高宗对松赞干布的忠心十分感动,又晋封他为宾王,还赐给了他更多的绢帛;吐蕃使者趁唐高宗高兴之机,向他请求赐给造酒、碾米和制造纸笔墨砚的技术,唐高宗都一一答应了。唐蕃的关系,在文成公主联络的基础上,至此已到了水乳交融的顶峰。

松赞干布在文成公主的协助下,学习唐朝的文化、技术和政治制度,大力推行改革,同时任用贤臣,使吐蕃在军事、政治、经济、文化等各个方面,都取得了突飞猛进的发展,因而能称霸西域,成为大唐王朝西方的有力屏障。

中原公主　菩萨转世

作为吐蕃赞普,松赞干布身边的女人当然不会少,他有三个藏族妻子。虽然其中的芒妃墀嘉为他生下了唯一的继承人贡松贡赞,但是这三位藏妃并不曾在结婚的时候立刻得到正式的王妃称号。出于各种因素考虑,松赞干布将他的王妃之位,优先给了尼泊尔公主尺尊。

当年吐蕃在松赞干布的领导下,实力蒸蒸日上。年轻的赞普东征西讨,征服了大片土地,威慑着周围的小国。当时松赞干布只有十几岁,正值婚龄,听说尼泊尔的公主年轻貌美,就想和尼泊尔联姻。但是尼泊尔国王不舍得女儿出嫁到这么远的地方,于是不同意。后来,松赞干布派了噶尔东赞去,威胁尼泊尔说:"如果不把公主嫁给松赞干布,就派大军杀到尼泊尔。"同时,在尼泊尔和吐蕃交界的地方,松赞干布也已经派了重兵驻扎。尼泊尔的国王看情况对自己不利,只好答应。他派出重臣护送尺尊公主出嫁。由于尺尊公主信仰佛教,因此陪送了佛经、佛像等。

由于尺尊公主特殊的身份,松赞干布把她封为第一个王妃,婚后对她也很好。这让尺尊公主有点安慰,于是就安心地呆在吐蕃,和松赞干布过日子。

尺尊公主的脾气还不是太坏,也不是一个很有权利欲的人,不过这可能是因为她是后宫独一无二的公主,后宫无人能和她相比,所以也没有人和她争。文成公主来吐蕃以后,情况就发生变化了。

同样是和亲的公主,尺尊公主早就明白自己的地位和身份。只是她比较幸运的是遇到了一个懂她的松赞干布。对于大唐公主的和亲,她心里有着女人特有的担忧与不平,可是,多年的宫闱生活早已让她学会了隐忍。难道她可以因为一己之私要求松赞干布舍弃吐蕃的利益吗?

在迎娶文成公主之前,松赞干布也安慰尺尊公主说:"公主不必担忧,想来大唐的公主必有其深明大义的素养,你们一定会相处得很好。你们两个以后将会享受同样的待遇。"

可是,在宫闱中生活多年的尺尊公主心里依然忐忑不安,毕竟一代君王的用情又能够维持多久呢? 来了文成公主这个新妇,她这个尺尊公主真的会被放在同样的位置上吗?

此外,同样身为公主,文成公主毕竟是大唐赐婚的公主,是松赞干布派噶尔东赞多次出使求得的公主,这与尼泊尔为了保全国家而送来和亲的尺尊公主当然不可同日而语了。尺尊公主越想越不安,小女人的心理开始占上风,她决定先下手为强。

文成公主和松赞干布的婚礼在松赞干布离开逻些迎娶文成公主的时候就已经开始筹备了,有专门的大臣负责。国王不在了,皇后的权力就是最大了。醋意大发的尺尊公主百般阻挠婚礼的筹备,直到松赞干布回来时,新房还没有布置,整个逻些没有一点新婚的气氛。

负责筹备婚礼的大臣敢怒不敢言,松赞干布回来以后非常生气,但是,有文成公主在旁边,他又不好发作,于是就把这个大臣撤了职,换了另一个大臣负责婚礼的筹备,自己亲自监督。

一个月后,婚礼终于得以举行。

这次婚礼竟然比迎娶尺尊公主的更为隆重!

尺尊公主不禁有些气急败坏了。在婚礼吃饭的时候,她就迫不及待地对文成公主说:"妹妹远从上国来,一路辛苦了。妹妹貌美贤淑,但是我比你年长,你来了以后,还是要以我为大的。"

文成公主没有想到她这么直接,但她是一个宽厚的人,她说:"我没有和你较量的意思,我们作为姐妹,还是要同心协力,辅佐赞普是最主要的。还是和平相处吧!"

但文成公主的诚意并没有打动尺尊公主。她早就筹划了一场和文成公主的较量。过了一会儿,尺尊公主提到了文成公主带来的释迦牟尼等身像。尺尊公主也信仰佛教。她说:"当初我在尼泊尔的时候,举国上下尊崇佛法,自从嫁到这雪域高原来,感觉离佛就远了,既然妹妹带来这尊等身像……"

正说着,尺尊公主起身跪在松赞干布面前:"赞普啊,恕臣妻斗胆,能否为妹妹带来的这尊佛像盖一座寺院呢?"

松赞干布一听很高兴:"两位王妃都信仰佛教,而且这尊释迦牟尼等身像世界上也只有四尊,那我就批准为你们俩建一座寺院吧!"

就这样,文成公主嫁过来不久,在尺尊公主的建议下,松赞干布下令修建了供奉释迦牟尼等身像的寺院,后世人称之为"大昭寺"。

所谓等身像,是佛祖释迦牟尼得道后应徒众要求建造的自己 12 岁、25 岁等四个年龄段和真身一样大小的佛像,据说是参照了佛祖母亲的回忆,并由释迦牟尼本人亲自开光。

大昭寺名为尺尊公主主持修建,实际上是两位公主的较量。

大昭寺开始动工的时候困难重重。藏族的传说是,当时根本建不起墙,修了就倒。

这让尺尊公主很郁闷,在她没有办法的时候,文成公主通过考察,发现大昭寺建了又倒是由于有人破坏导致的。当时藏族有自己的信仰,大昭寺供奉的却是佛教的释迦牟尼,这引起了当地其他宗教的仇视,于是他们在夜里就偷偷地把已经建好的寺院墙推倒。

拉萨河谷是一个罗刹魔女的形状,文成公主经过考虑,决定把寺庙建在魔女的心脏部位,因为根据传说,只有这样才能镇住罗刹魔女。而且这里是一片湖水和沼泽地,不容易被人搞破坏。

文成公主虽然指明了建寺的方位,但是尺尊公主却不太愿意遵循,因为那关系到面子问题。在两个人僵持不下的时候,松赞干布察觉到了事情的微妙之处。

一天,松赞干布和尺尊公主一起吃饭,言谈中松赞干布问起建造大昭寺的情况,尺尊公主面有难色。

于是松赞干布拿出一枚戒指,对尺尊公主说:"既然公主不能决定在哪里建寺,那就由上天来决定吧,我把戒指扔向天空,它在哪里落下,就在哪里建寺,你觉得怎么样?"

尺尊公主明白松赞干布的用心,于是就答应了。结果,戒指准确地落在了那片湖水中。

就这样,在松赞干布的调解下,大昭寺选址问题顺利解决。经过这件事情,尺尊公主也决定忘记过去,和文成公主友好相处。两人协助松赞干布处理事务,吐蕃在这个时候得到很大发展。

其实大昭寺建成以后,一开始供奉的是尺尊公主带来的释迦牟尼八岁等身像。八世纪前半期唐朝金城公主嫁到吐蕃后,把释迦牟尼的八岁等身像移置到小昭寺,而将文成公主带到吐蕃的释迦牟尼十二岁等身像迎到大昭寺供养。由于"昭"是藏语音译,意思是佛,所以称为大昭寺,即供奉大佛的神殿。

寺庙虽然建成了,但那个时候西藏还没有僧人,所以大昭寺建成以后,并没有人看管。后来经过几次扩建,建筑面积达 25100 多平方米,开始有少数僧侣看管寺庙,但不属于具体教派。黄教兴起后,每年在这里举行传昭大法会。历代达赖或班由于松赞干布和文成公主、尺尊公主在传播佛教方面的成就,在藏传佛教的经典中,他们被称为菩萨转世。松赞干布为护教三大法王之一,文成公主为救助菩萨,尺尊公主为怒纹菩萨。

文成公主为吐蕃百姓带来了福祉,吐蕃百姓把对她的感恩之情化成传说,世代流传。直到今天,藏族的传统八大藏戏中,第一出就是《文成公主》。对于藏族百姓来说,她就是天女神的化身。同时,把文成公主称为菩萨,也表达了他们对这位给他们带来新生活的中原公主的感激和敬仰之情。在雪域高原上,文成公主的地位是崇高的,假如有谁被比拟为文成公主,那是最高的赞美。

尘缘尽头　拉萨病逝

松赞干布和文成公主虽然很恩爱,但他们婚后却没有留下一男半女。松赞干布只有一个儿子,是芒妃为他生的,叫贡松贡赞。芒妃是一个部落首领的女儿,是松赞干布的第一个妻子。贡松贡赞从小聪明伶俐,松赞干布很喜欢他,并请来老师,教他读书习武。小贡松贡赞也从这位能言善战的父亲那里学到了很多东西,和父亲的关系很好。

贡松贡赞13岁那年,在吐蕃已经经营得蒸蒸日上的时候,松赞干布把王位传给了他,自己就辅佐儿子处理日常事务。小贡松贡赞在父亲的教诲下,对处理朝政有了越来越多的经验,松赞干布也越来越喜欢这个聪明懂事的儿子,觉得他很像自己。

贡松贡赞13岁继位,毕竟还是个孩子,孩子喜欢的东西他都喜欢。除了平时处理朝政、看书习武,他很喜欢去骑马。

骑马是贡松贡赞最大的爱好,没事的时候他就喜欢从他的随从中叫上几个年纪相仿的男孩子,和他一起去骑马。

逻些北面的彭域色莫岗是贡松贡赞常去的地方,这个地方不但一望无边,而且旁边就是峡谷,视野很广阔,马儿在这个地方跑得尤其欢。

小赞普最喜欢一匹黑色的骏马,这匹马最健壮,性子也最烈。18岁的小赞普正年轻气盛,每次驯服这匹马,骑在它身上奔驰的时候,他都有一种特别的成就感,所以每次骑马他都点名要牵这一匹。

一天午饭后,贡松贡赞又来了兴致,叫上他的随从赤桑羊顿等几个人,去彭域色莫岗骑马。这个时候正是春末夏初,天气已经渐渐热起来,加上是中午时分,气温达到了30多度。小赞普等几个人顶着烈日来到彭域色莫岗,叫人牵来了最心爱的马,纵身一跃骑了上去,一声口哨响彻云霄,一转眼,小赞普已经骑着马跑远了。他的随从赤桑羊顿见状,也赶紧策马跟了过去。

小赞普骑着马跑进了旁边的树林里,今天的马儿可能是太热,看起来有点烦躁不安，也有点不听话，跑到树林里后速度就放慢了。贡松贡赞甩了几鞭子，可似乎没有对它起到太大的威慑作用。

贡松贡赞的马在林中的小路上跑着跑着就不跑了，它有点不安地走着。贡松贡赞一边打它，一边骂道："没用的东西，你不是厉害吗，怎么今天走一会儿就不走了？"树林里静悄悄的，只有他的马走路的声音。赤桑羊顿他们还没有来到。

突然，黑骏马呼啸了一声，贡松贡赞抬头一看，只见前方50米处，一条巨蟒正从一棵树上盘旋着往下爬。还没等他反应过来，就被马摔倒在地上。贡松贡赞没来得及防备，头部重重地栽到地上，马上就昏了过去。

赤桑羊顿几个人听到马叫，赶紧骑马飞奔进树林，找到小赞普的时候，他身下已经满是血了。那条巨蟒听到有大群人过来，已经悄悄地爬走了。赤桑羊顿吓得脸都白了，赶紧把小赞普扶到马上，送回了布达拉宫。

布达拉宫里，松赞干布正和文成公主讨论国事，听到侍从报说赞普受伤了，赶紧派医生过去看。

医生很快赶来，可这个时候的贡松贡赞已经失血过多，而且头颅骨破裂，没有撑到天亮就死了。

松赞干布很悲痛，从下午贡松贡赞被送回来他就一直陪伴在儿子身边，眼睁睁地看着医生给满身是血的贡松贡赞止血、敷药，眼睁睁地看着自己的儿子在痛苦的呻吟中死去。这位高原硬汉也流泪了。

人生最不幸的事莫过于中年丧子，特别对于松赞干布来说，仅有的一个儿子也离他而去了，这位国王难过的不仅是自己亲生骨肉的死去，更是对自己苦苦经营下来的吐蕃后继无人的担忧和无奈。

贡松贡赞死后，松赞干布一下子老了很多，他经常到儿子的墓前，一坐就是半天，别人多次劝他，包括文成公主和尺尊公主在内，可怎么劝也没有用，他和这个儿子的感情实在是太深了。不久，悲痛过度的松赞干布也与世长辞了，这一年松赞干布只有35岁。

松赞干布的去世，使整个吐蕃陷入了深深的悲痛中。按照吐蕃的风俗，对他实行了土葬。在吐蕃，只有松赞干布和少数几个赞普才可以土葬，土葬是吐蕃最隆重的一种葬礼。当时唐朝的皇帝唐高宗也派了使者到吐蕃吊祭松赞干布。

在松赞干布去世以后，吐蕃人民为他建造了一座巨大的土墓。这座土墓建造在松赞干布的家乡——琼结县琼结村。

这是一座土葬梯台墓。梯台高约五层楼，平面为正方形，顶边长约200米，底边长约250米，形状像埃及金字塔，但少了顶端的正方形锥体。松赞干布之后，几个继位的赞普都安葬在这里，分散在东南西北的几座山坡上，互相遥遥可望。十几座土垒高台，完好地保存了一千多年。

松赞干布的墓顶上，用花岗石块建起一个长宽数丈的用于守坟和烧香的神室，香烟缭绕。这个千年古坟，从来不断香火。

松赞干布去世后，文成公主没有离开吐蕃，她守护在这片神秘的高原上，继续努力传播她的文明。

松赞干布死后，他的孙子，也就是贡松贡赞的儿子芒松芒赞继位为赞普，这个小赞普只有几岁。因赞普年幼，所以国事多由噶尔东赞一手掌握着，家事则由文成公主操持，这时一切还算平稳。

但是不久以后噶尔东赞也死去了，他的儿子钦陵沿袭做了大轮，这时吐蕃与吐谷浑关系恶化。他们都上诉唐朝，请唐朝来判定谁对谁错，可是唐高宗性格优柔寡断，迟迟也没能做出裁决。钦陵年轻气盛，等不及，和吐谷浑动起武来，率兵把吐谷浑打败了。

唐高宗正不知道怎么裁决，看吐蕃竟然没等到唐朝的说法，先出兵了，不由得脸上挂不住。于是，唐高宗马上派薛仁贵率兵讨伐吐蕃。

吐蕃军队刚刚把吐谷浑打败，士气大振，看到唐朝的大兵来了，也不害怕，竟然把薛仁贵的军队打得落花流水，从此吐蕃人不再臣服大唐，甚至还经常侵犯大唐的边境。唐朝只好派大军常年驻守在唐蕃交界的地方，防止他们的侵扰，双方陷入了敌对局面。

从唐太宗贞观十五年文成公主下嫁松赞干布开始，到唐高宗咸亨元年薛仁贵率兵征讨吐蕃为止，整整持续了三十年。文成公主为吐蕃带去了唐朝的先进文化，使得吐蕃这个深居内陆的地区经济和文化都得到很大发展，唐朝吐蕃关系融洽。可惜唐高宗不能巩固这个良好的局面，轻易发动战争，造成了不可收拾的局面，使得唐太宗和文成公主苦心经营的局势结束，这不能不说是一件遗憾的事情。

公元680年，文成公主在拉萨因病去世，唐高宗特意派使者前往祭奠，想通过这件事情缓解双方的关系，可是使者没有受到吐蕃的礼遇，双方的关系也没能得到改善。但是文成公主的威信并没有因此而降低。

文成公主死后，吐蕃人到处为她建寺庙，以表达对她的怀念。一些随她前来的文士工匠也一直受到丰厚的礼遇，他们死后，也纷纷陪葬在文成公主墓的两侧。到现在，文成公主和她的文士工匠们，仍被西藏人视为神明。

值得安慰的是，唐高宗以后的皇帝，如唐中宗等人，都很注意和吐蕃的友好关系。公元710年，唐中宗，也就是唐高宗的儿子，把金城公主嫁给吐蕃赞普。公元729年，吐蕃赞普派使者来见唐玄宗，表示愿意和唐朝同为一家人，让天下百姓永远过太平日子，表达了唐蕃人民的友好感情和愿望。文成公主的凤愿在她去世以后又继续延续下来。

文成公主知书达礼，不避艰险，远嫁吐蕃。她让随从人员向当地百姓传授耕种方法，还亲自指导青稞等谷物的试种。她带去的工匠帮助吐蕃人制造农具、纺织机、碾米机，兴办制陶、酿酒、造纸、制墨等手工业。文成公主还鼓励和帮助吐蕃大臣创造了藏文。后来，她又把许多汉族书籍译成了藏文，促进了唐蕃的文化交流。她在吐蕃生活了近四十年，为发展吐蕃经济、文化做出了巨大的贡献。

武则天第二

——太平公主

名人档案

太平公主：本姓李氏，名字不详，陇西狄道（今甘肃省临洮县）人。唐朝公主，唐高宗李治与女皇帝武则天的小女儿，唐中宗李显和唐睿宗李旦的妹妹。下嫁薛绍，再嫁武攸暨。生前曾受封"镇国太平公主"，后被唐玄宗李隆基赐死。

生卒时间：约665年~713年。

性格特点：骄横放纵，凶狠毒辣，野心勃勃。

历史功过：太平公主是作为一个政治人物活跃在历史舞台上的。她一生参与了三次大的政治斗争，并且卷入的程度一次比一次深，起的作用也一次比一次大。

史家评点：太平公主是我国历史上赫赫有名的人物，她不仅仅因为是中国历史上第一个女皇武则天的女儿，而且几乎真的成了"武则天第二"。

太平公主

金枝玉叶　娇贵无比

太平公主约出生于高宗二年（公元665年）。公元670年，外祖母荣国夫人杨氏病逝，武后为了给杨氏追福，为3岁的太平公主请为女冠，加入道籍。

太平公主是唐高宗的女儿，武则天亲生。在众多的公主中，她最受宠爱，真可谓"金枝玉叶"，娇贵无比。

太平公主10岁那一年，吐蕃王要求她下嫁和亲。武后不舍得，拒绝了亲事。同时，武后为太平公主修了道观，名曰太平观，让她受了熏戒，断了吐蕃王的贪念。

高宗和武后是舍不得让太平公主孑然一身的。岁月易逝，太平公主成为娇艳欲滴的鲜花了。一天，太平公主著紫袍，束玉带，一副戎装打扮，在父母面前舞剑。高宗和武后哈哈大笑，问她："你并不是男儿，怎么打扮成武将呢？"公主生气地说："我既不是男儿，那么把这身戎装赐给驸马吧！"

高宗夫妇恍然大悟：爱女思春了。

高宗挑选驸马是十分谨慎的。千挑万选后，开耀元年，选定光禄卿薛瓘的儿子薛绍。薛绍年轻英俊，仪表非凡，出身河东名门。河东薛氏起自西晋，族大势众，有薛稷、薛元超等多人位至公卿，家门显赫。

薛绍是河东薛氏中最正宗的一族。帝王之女联姻名门士族，风俗使然，更可谓地造一双。从亲戚的关系上讲，薛瓘已娶太宗之女城阳公主，薛家早就是皇亲，这次婚姻更是亲上加亲，皆大欢喜。

危机四伏　预谋有功

随着年龄的增长，太平公主的阅历逐渐丰富了，竟与其他公主有着不同的一面，就是她的政治才能突出。高宗逝世后，武则天执掌大权。武则天瞧不起昏庸猖狂的中宗、听人摆布的睿宗，对太平公主很欣赏。

太平公主善于机变，武后经常与她商讨国事。她也十分乖巧，知道母后专制，律法严峻，她不仅内与谋，而且外检畏，成为母亲的最得力的助手。

太平公主的政治才华的首次显示是除掉薛怀义的密谋活动。薛怀义是武则天的男宠，受宠长达十年。薛怀义骄横无比，爱吃醋，引起了武氏的厌恶，决定秘密处死他。太平公主授意乳母张夫人、建昌王武攸宁等人，密挑宫中健妇一百多名，积极准备。

公元695年2月4日，薛怀义闯进内宫时，太平公主下令，健妇们冲上去，把薛怀义捆绑起来。将作大匠宗晋卿把薛怀义拴到树上勒死。尸体扔上垃圾车，运到白马寺，对外称暴毙。这件事做得十分利索，没有留下罪证。

薛怀义死后，性欲旺盛的武则天寂寞难耐。神功元年，太平公主把号称"白皙美容姿，善音律歌词"的20多岁的张昌宗推荐入宫。张昌宗又带来了兄长张易之，二人把武则天搞得舒舒服服。由于武氏的刻意扶植，他们后来居上，权倾朝野。

二张是无赖之徒，骄横难制。由于是武则天的男宠，魏王武承嗣、梁王武三思都向二张俯首帖耳，百依百顺。朝中势力的官员们争先恐后地攀附二张。从此，二张更加目中无人。

公元701年，19岁的皇太孙李重润和妹妹永泰公主及其女婿武延基（武承嗣长子），戏谈张易之兄弟与武则天的丑事。有人告密，武太后恼羞成怒，派人将他们活活打死。

宪台宋璟多次要除掉二张，都因为武则天的阻拦而失败。武太后晚年时，二张收买了包括李迥秀、杨再思、苏味道和李峤等众多宰相在内的官僚。

长安四年（公元704年）十二月，武氏病重，无法临朝，而太子却无法亲政，群臣不得召见，国事皆由二张做主。对此，诸武不安，李氏宗室也感到危机重重。面对这种局势，太平公主见风使舵，站在太子李显一边，帮助他对付二张和诸武。

神龙元年（公元705年）正月，东都洛阳空气紧张。宰相张柬之、崔玄暐和相王府司马袁恕己，会同御林军将领桓彦范、敬晖、李多祚等人，共五百人攻入玄武门，冲进迎仙宫集仙殿，把张易之兄弟杀死，入殿逼武则天退位。

老谋深算的80岁宰相张柬之要求诛杀诸武，但缺乏政治经验的左御林军将军桓彦范反对诛杀,右羽林将军敬晖也反对诛杀,张柬之的主张无人附和。结果,武三思一派得以幸存。

当时中宗李显是众望所归,没有李显同意,众将不敢动武三思。在此次事变中,太平公主颇有胆略,史书皆言太平公主"预谋张易之有功,进号镇国太平公主。"

翦除韦武　立子有功

神龙元年政变之后,二张虽除,但形势更加严峻了。

中宗的皇后韦氏势力壮大,又与诸武结成联盟。以韦氏为核心形成的韦、武集团胡作非为,无恶不作。其核心人物是韦氏、安乐公主和上官婉儿。

韦皇后与中宗患难多年,感情深厚,中宗复位后,她操纵中宗,权力快速膨胀。她百般乱政,处处效仿武则天。神龙三年冬,南郊祭天,这是天子的特权,她却要助祭,以抬高地位。后来她竟不顾夫妻之情,要自立为女皇。韦氏广为收买党羽,首先收买了爱女安乐公主,接着把机智非凡的上官婉儿收为心腹。

安乐公主是韦后最小的女儿,生在中宗的患难时期,因此受到格外的恩宠。安乐公主美艳惊天下,淫乱奢侈。其夫武崇训活着时,她就与崇训的族兄弟武延秀通奸,并广纳男宠,明目张胆。

改嫁武延秀后,她竟敢使用皇后车辇。安乐公主出行,公卿见了马上伏地叩头,荣耀超过太平公主。她夺百姓田地,民众怨声四起。她还营造佛寺,建筑皆超过宫廷。她自凿定昆池,绵延数里,石山峻峭,机关重重。安乐公主才疏学浅,却有称帝的野心。

安乐公主与韦氏合伙卖官。授官时,她竟敢手制赦书,跑到中宗面前,盖住内容,要求他签字。不仅安乐府内官吏充斥,而且朝臣多出其门,势力逐渐扩大。后来,安乐公主的欲望一发不可收拾,逼中宗废掉太子,让她当皇太女来继承帝位。安乐公主哭道:"武氏尚为周天子,李氏女子为什么不可?"

中宗是少有的昏庸之君,他内由韦后、安乐任意摆布,外由宗楚客、纪处讷等奸臣摆布。上官婉儿一句话,他竟除掉亲生的太子。忠臣进谏,他轻则不听,重则捕杀。

在他的治理下,淫夫淫妇充斥宫廷,官场腐败透顶,国家弊端重重,阶级矛盾激化。由于中宗忠奸不分,韦武势力十分嚣张。

景龙四年(公元710年),韦后看到中宗身强体壮,离老死之日太久,皇帝位遥遥无期。六月,韦后派人在中宗最爱吃的三酥饼里下毒,中宗丧命。太平公主要求立温王李重茂为太子,韦氏、武三思、上官婉儿等人坚决反对。韦氏秘不发丧,利用这个关键时刻大搞阴谋。

中宗死后的第八天,长安城一片寂静。傍晚,李隆基带着薛崇暕、刘幽求等人潜入钟绍京的城北禁苑。李隆基得到了太平公主的内应。二更时分,李隆基一声令下,众人果断出击。御林军万骑葛福顺等将率众趁乱斩杀韦氏诸将,申明大义后,御林军将士们表示拥护李唐。

接着,御林军攻占玄德门和白兽门,李隆基勒兵玄武门,约合会师于大内东部的凌烟阁前。三更时分,李隆基率众冲入玄武门,宫内大乱。韦氏跑到飞骑营调兵,飞骑将士怨恨韦、武平日刻薄,将她杀死。安乐公主被御林军斩首。天亮时,皇宫肃清,紧闭城门,缉捕韦、武党羽。一两天内,庞大的韦、武集团竟被轻易地铲除了。

一连几天,太平公主从宫内传命,封贬了大批官吏。甲子日,太平公主派人请相王李旦入宫即位。将至太极殿,太平公主让李旦在梓宫旁等候,自带几人先进入大殿,把小皇帝李重茂抱下御座。李旦继位,庙号睿宗,改元景云。

睿宗登基后,遇到的最大问题是立谁为嗣君。宋王李成器是长子,但他智力平平;三子李隆基立有大功。究竟立谁呢?

睿宗拿不定主意。不久,李成器宣布不做太子,说:"国家安定时立嫡长子,危难时应该立有功的皇子。若不这样做,就遭到天下人的反对。我死也不敢当太子。"这句话十分有理:李隆基功劳大,威望高,理应立为太子;李成器既无功劳,又无才干。李成器被立为太子,地位无法稳固。李成器是无法治理国家的。李成器这样说,主要是怕将来遭到灭顶之灾。当时诸王、大臣们和太平公主都主张立李隆基为太子。

宰相刘幽求上奏:"平王李隆基拯救陛下的危难,功劳最大,应立为太子。"在众人的坚持下,睿宗立李隆基为太子。李隆基故意推辞,睿宗不准。

睿宗放弃嫡长制继承法,跟他本人的经历也有关。从中宗到睿宗,都不符合传统。既然如此,在立太子问题上就不再遵循传统。

唐初之时,秦王李世民通过"玄武门之变"夺取皇位。长兄李成器的避让,避免了可能发生的流血事件。

公元 705 年到公元 710 年,是太平公主最受磨难的六年。但她城府极深,善于周旋,屡屡死里逃生,巧用谋略,铲除了韦、武,为匡复李唐立下大功。有唐一代,除去母亲武则天以外,她要算第二个在政治上最为杰出的女性了。

太平公主　权倾朝野

李隆基成为太子后,在处理政事时,经常受太平公主的左右。太平公主"沉敏多谋略",性格类似武则天。

自公元 710 年起,太平公主迈入权力的巅峰。她从辅佐武则天处理政事起,就善于揣测人心,先事逢合,无不中的。

睿宗对她言听计从。每遇军国大事,睿宗总去请她前来商讨。

有时,她因事不能上朝,宰相们跑到府上请示。太平批示后,睿宗签字就可执行了。每见群臣们有奏,睿宗总会问:"这件事与太平妹商量了吗?"

太平公主不辞劳苦,热衷于参决军国大政。朝中官吏求她举荐,她认真考察;穷酸文人到她府上,她慷慨资助。朝野上下称颂她的品德。

太子李隆基为王琚索官,睿宗只封他小县主簿。太平有所举荐,不是跃升地方显职,就是跃为将相。自宰相以下,罢升只由太平公主的一句话,真可谓"威震天下。"

所以《资治通鉴》说她"权倾人主",《唐书》道她"权震天下",绝非妄语。李隆基与姑母的关系是很好的。在政变中,里应外合。李隆基能成为太子,主要是得到了太平公主的支持。公主认为自己支持过李隆基,而太子刚26岁,没有政治经验,会顺从她的意见行事。

人往往在平坦的道路上摔跟头,政治失败同样在最得意的时候。太平公主没有料到她会在权力之巅跌下来,死无葬身之地。

太平公主自以为睿宗和隆基都是一家人,只要是为了李唐社稷,他们有何话说?就在景云元年立为太子的当月,李隆基指使黄门侍郎崔日用,向太平公主的丈夫薛绍和太子少保薛稷寻找是非。睿宗一怒之下,双双罢免。太平公主见李隆基不听话,便拿废立太子吓唬他,没想到两下互争,矛盾激化了。

太平公主早在中宗时,就建有公主府,收买了大批官员。睿宗后期,朝中"宰相七人,五出其门,文武之臣,大半附之。"

值得一提的是,姚元之、宋璟等正直大臣坚决支持太子李隆基。因为他们佩服年仅26岁的李隆基在六月政变中的杰出表现,相信他是"社稷之主"。他们与李隆基的政治观点一致,对"外戚及诸公主干预朝政"十分不满,强烈呼吁改变这种混乱的局面。

拥护太子的大批权臣如姚元之、宋璟等,打着革除"弊政"的旗号活跃于朝野。李隆基与太平公主的矛盾不可避免地发生了。

十月,废黜太子的流言到处散布,新的斗争开始了。太平公主废黜太子,有个很好的理由,那就是"太子非长,不当立。"几个月前,太平公主要求以功劳建储,立李隆基为太子。不足半年,太平公主出尔反尔,打出维护嫡长制的旗号,显然是非法的活动。

她企图改立嫡长子李成器为太子,因为成器软弱无能,拥立他能使自己长久地专权。其罪恶的目的引起朝野上下的不满。

姚崇、宋璟于景云二年(公元711年)正月,向睿宗秘密上奏:"太平公主把持朝政,对太子十分不利。请将宋王及豳王贬为刺史,罢免岐、薛二王左、右御林军将领的职务,使左、右御林军归太子掌握。将太平公主迁到洛阳。"

睿宗听了二人的话,感到不安,反驳道:"朕没有亲兄弟了,只剩太平一个亲妹妹,怎能迁到洛阳!"不久,睿宗采取了一系列措施,专门防备太子隆基。张说密奏:"一定有人离间陛下和东宫的关系。望陛下令太子监国,则谣言不攻自破。"

姚崇劝道:"张说所说,于国有利呀。"睿宗采纳了张说、姚崇的建议,于二月初一下诏:迁太平公主于蒲州安置;宋王李成器贬为同州刺史,豳王李守礼贬为豳州刺史,左右羽林大将军岐王隆范和薛王隆业解除军职。接着,睿宗命太子监国。

太平公主仍未离开长安,伺机报复。当她得知二月一日的诏书出自姚元之和宋璟的密谋,勃然大怒,到睿宗那里告李隆基的状。李隆基采取了以退为进的手段,上奏姚元之、宋璟离间骨肉,请给予罢免。

李隆基显然是在舆论上表示自己并无异心。看来,他虽已监国,但太平公主的权势仍是强大的。

二月九日,睿宗贬姚元之为申州刺史、宋璟为楚州刺史。两天后,宋王李成器等贬为刺史的命令作废。然而,太平公主被迁到蒲州,离开了长安。歧王和薛王兵权被剥夺,御林军归太子掌管,这对太平公主十分不利。

为了证明自己没有"离间姑、兄"的阴谋,李隆基主动建议召回太平公主。睿宗准其奏,他处理矛盾仍用老办法:既维护太子的利益,又偏袒太平公主的地位。

以上处理是睿宗搞平衡的结果。半年来,他看到太平公主与太子之间的矛盾激化,既不想放纵公主,又不想废了太子。他陷入十分矛盾的境地,每碰到激烈的争斗,总想息事宁人,从中调和。他以贬谪姚元之和宋璟作为代价,来换取太平公主迁到蒲州。双方矛盾不仅没有缓和,而且公开化了。

四月,随着宫廷争斗的激化,左右为难的睿宗竟萌发了不愿意做皇帝的念头。他趁太平公主远在蒲州,欲传位给太子。他召集三品以上官员商议,说:"朕素怀淡泊,不以天子为贵。昔日为太子,已让给中宗。后居皇叔,坚辞不就。今天想传位给太子,卿等有何高见?"

消息传出,无论是太子集团还是公主集团都大感意外,谁都想不到即位不久的睿宗竟要"传位"了。太子李隆基以退为进,马上上表推辞,就连监国也要辞掉。拥护太平公主的殿中侍御史和逢尧对睿宗说:"陛下为天下所敬仰,时年半高,不算寿高,传位太早了一些。"彼此对立的两大势力,出于各自的利益,竟在"传位"问题上观点一致。睿宗只好打消传位的主意,不提了。

四月戊子日,睿宗颁布诏书:"政事皆取太子处分,若军马刑政、五品以上除授,凡事先与太子商量,再奏闻。"太子的权力扩大了。

太平公主自蒲州回到长安以后,吸取往日失败的教训,加紧安插亲信,排除异己。她把大批私党推举为权臣。益州长史窦怀贞曾是韦后的帮凶,劣迹臭遍朝野。由于投靠了太平公主,由益州长史任为京宫殿中监。五月,窦怀贞升任御史大夫、同平章事。九月,窦怀贞升为侍中。十月,降为御史大夫。同时,太平公主帮助崔湜成为中书侍郎、同中书门下三品。712年六月,岑羲升任侍中。窦、崔、岑等人是太平公主的心腹。在太平公主的要求下,睿宗罢免了韦安石、张说、郭元振的相职,分别贬为东都留守、左丞、吏部尚书。

棋错一步 满盘皆输

公元712年7月,天空出现彗星。古代人把彗星当成灾难的预兆,太平公主和李隆基十分紧张,睿宗更是惊恐万分。太平公主收买了一位术士,术士对睿宗说:"彗所以除旧布新,帝座皆有变,太子应为天子。"

太平公主想利用彗星来挑拨睿宗、李隆基的关系,激怒睿宗废了李隆基。没有料到,弄巧成拙。胆小怕事的睿宗竟坚决表示"传位避天灾,吾志决矣。"

太平公主及其心腹们见大事不好,纷纷劝谏。针对众人的劝阻,睿宗强烈要求:"当年中宗之朝,悖逆娇纵,擅权侈靡,天灾屡至。朕当时极力劝谏,请选贤子立之,以避天灾,中宗不听,结果被韦氏毒死。"睿宗借鉴中宗的惨痛教训,表明再次传位的决心。

李隆基不了解情况,觉得有些突然。他进入皇宫晋见,跪在地上,叩头说:"一年多前,父皇已经想要让位,而这次重提传位,其意何在?"

睿宗真诚地说:"你小小年纪竟能除掉韦、武党羽,尊父为天子,你有治国的能力呀!现天意如此,你理应为天子。你若不孝,就等着在我的灵柩前即位吧!"李隆基深受感动,痛哭流涕。

七月壬辰,睿宗下诏赞扬太子监国已超过一年,政治清明,国家太平。接着,传位于太子。睿宗让位是与"无为"思想分不开的。半年多前,他曾与天台山道士司马承祯讨论"道经之旨"。睿宗问:"做人无为,则清高。治国无为,如何?"司马承祯说:"顺物自然而无私也。"睿宗听后赞叹不已。

太平公主不得已而求其次,劝睿宗大权自己掌握。睿宗只好同意了。睿宗自称太上皇,下达的诏书为"诰",五天一次在太极殿朝见群臣。唐明皇李隆基自称"予",下达的诏书叫作"制",每天在武德殿朝见群臣。大政事由睿宗处理,其他的交给李隆基处理。

当时的七个宰相,有四个是太平公主的心腹,只有郭元振、魏知古、陆象先三人不是。文武百官多数依附太平公主。

早在李隆基当太子时,请求睿宗任命王琚为诸暨主簿。王琚到东宫去致谢。李隆基马上召见他。王琚说:"韦后毒死中宗,大失人心,因此容易除掉。太平公主在武后身边多年,学到了很多手段,所以她多年来都能够立于不败之地,大臣们多半依附她,我真替你担心。"

李隆基请他坐在身边,哭道:"父皇的同胞,只剩下太平,我想劝父皇杀掉她,怕伤他的心;不杀掉,怕她扰乱朝政。怎么办呢?"

王琚说:"天子不应有妇人之仁,必须安定宗庙社稷。盖主是汉昭帝的姐姐,从小抚养他。后来她有罪,汉昭帝杀了她。为了社稷,天子岂能顾小节。"李隆基很欣赏他,求睿宗任命他为太子詹事府司直。从此,王琚成为太子的重要谋士。

李隆基即位,任命王琚为中书侍郎。

宰相窦怀贞、崔湜、岑羲是太平公主的心腹,宰相刘幽求跟右羽林将军张暐密谋,把三个人杀死。不料,张暐竟把密谋泄露给侍御史邓光宾。李隆基为了自保,忍痛向睿宗汇报张暐、刘幽求、邓光宾的罪状。三个人被投入大牢。太平公主的党羽上奏:"刘幽求等三人挑拨离间,应处死。"李隆基晋见睿宗,说刘幽求等三人有大功,不能杀。结果,三人被流放到外地,保住了性命。

公元713年6月,太平公主认为发动政变的时机已经成熟。她和党羽密谋废了明皇李隆基,掌握羽林军的常元楷和李慈经常出入公主府,参与密谋。这时,唐朝又一次处于关键时刻,如果不处死太平公主,她很可能篡位,国家就会大乱,黎民百姓也会遭殃。

不过，李隆基也精心地准备着。王琚对他说："局势太紧张了，必须立即行动。"尚书左丞张说从洛阳派人献给明皇一把佩刀，目的是催促他先下手为强。荆州长史崔日用对李隆基说："陛下以前是太子，若想对付她，还需用谋、用力。现在已经是皇帝，下一道制书就行了，谁敢不服？万一公主先下手，后悔就晚了！"

李隆基说："你说得对，但这样做恐怕会危及太上皇。"崔日用劝道："天子的孝顺在于安定天下。若公主得志，战争四起，还谈什么孝顺呀！若先安定了御林军，再抓公主逆党，就不会危及太上皇了。"李隆基采纳了他的意见，提拔他为吏部侍郎。

为了从根本上消灭公主势力，李隆基时刻在密谋着。

公元713年秋，窦怀贞等与太平公主同谋决定：七月四日，由常元楷和李慈率领御林军，冲进睿宗朝见群臣的武德殿，窦怀贞、萧至忠和岑羲等宰相在南牙举兵响应，废了李隆基。

魏知古是中立人物，故能探知一些密谋情况，向李隆基密报。李隆基和岐王隆范、薛王隆业、宰相郭元振、龙武将军王毛仲、殿中少监姜皎、太仆少卿李令问等商议，决定先发制人。

七月三日，李基隆和王毛仲、高力士等十多人，率三百士兵，出武德殿，入太极殿，召见常元楷和李慈，杀死他们，控制了御林军。御林军在朝堂和内客省擒杀了宰相萧至忠、岑羲、李猷、贾膺福。窦怀贞外逃后自杀。

睿宗闻变，慌忙逃到承天楼。这时，郭元振率军前来"护驾"，说，皇帝奉太上皇命诛杀太平公主、窦怀贞等，诸事都已按计划完成。不久，李隆基来到承天楼谒见，睿宗见事已至此，只好顺水推舟。

七月四日，睿宗下诏："自今天起军国政刑，一切皆归皇帝处理，以遂朕心。"睿宗主动搬到百福殿。

太平公主因住在宫外，闻变逃亡，隐入山寺。三日后，她知道难逃一死，回到公主府，被赐死。公主诸子及党羽几十人被杀。薛崇简因反对其母参与朝政，多次遭其打击。李隆基赦免了他。

明皇下令抄公主家产，财货山积，田园牲畜，数年征敛不尽。崔湜被贬到窦州，新兴王晋被判死刑，临刑前叹道："今吾死，太冤枉啦！"在审讯宫女元氏时，元氏供出崔湜与其同谋用毒药谋害李隆基。结果，崔湜被赐死。

李隆基和太平公主之间斗争的实质，就是要不要改革弊政。太平公主及其党羽竭力维护"群邪作孽，法纲不振，纲维大紊"的弊政。太平公主代表着一股邪恶的社会势力。她的党羽多是贪婪的奸人，比如萧至忠表面上清苦，实际上贪得无厌。抄他的家时，财帛丰厚。僧惠范依附太平公主后，掠夺百姓的店铺，连州官都不敢管。御史大夫薛谦光揭发他，遭到太平公主的迫害，被贬为岐州刺史。如此腐朽的黑暗势力，其失败是迟早的事。

经过半年多的时间，太平公主的党羽被彻底铲除，唐朝由政治动乱转变为安定。当年十二月，玄宗改元"开元"，宣布维新，李唐王朝开始走向鼎盛时期。

帝师谋士

导 语

  "老师"一词,最早出现在《史记·孟子荀卿列传》:"齐襄王时,而荀卿最为老师。"是指年辈最尊的学者。明、清两代,生员和举子对主试的座主和学官也尊称"老师"。随着汉语双音节词汇的大量发展,"老师"成了对教学者的通称。

  "帝师"一词,最早出现在《史记·留侯世家》:"家世相韩,及韩灭,不爱万金之资,为韩报仇强秦,天下振动。今以三寸舌,为帝者师,封万户,位列侯,此布衣之极,于良足矣"。很明确,"帝师"是指皇帝的老师。

  "学得文武艺,贷予帝王家"是一般学子的理想。"儒者从来作帝师"是高级学者的崇高理想。他们从没有谋权篡位取而代之的野心,只有齐家治国平天下的壮志。齐家靠自己,治国平天下就要靠明主了。他们就是要通过自己对皇帝施加的影响,间接地完成治国平天下的宏愿。正如大诗人李白《赠钱征君少阳》云:

  白玉一杯酒,绿杨三月时。春风余几日,两鬓各成丝。

  秉烛唯须饮,投竿也未迟。如逢渭水猎,犹可帝王师。

  但他们毕竟是臣、是仆、是奴,遇见一个桀骜不驯、胸无大志的怪胎,他们也只有一筹莫展,望洋兴叹。所以,教育不是万能的,历朝历代总是不断更替的,不会只因为帝师们的努力就千世、万世地延续下去。

  本卷从记叙帝师谋士生平事迹入手,再现了帝王谋士对历代帝王的教育、指导和辅佐,同时揭示了帝师谋士以其亦师亦臣的特殊身份,对帝王决策的各种正面、负面的影响,展现给读者一幅亦真亦幻的历史画卷,道出一些亘古不变的历史发展规律。

  这些帝师谋士,可以说是历史上最有智慧的代表人物,他们从自身的生存实践中创造出来的这些智谋,不仅适用于当时那个时代,而且对于后人也永远是新鲜的,因为你能从中获取神秘而制胜的力量……

  智谋不是公式,也不是教训,更不是放之四海而皆准的真理。但它是智慧之光,是人类宝贵的智力遗产流传千载的经典历史故事,今天仍能启发我们的心智;千百年前的古人智慧,今天仍能赐予我们力量!徜徉在丰富多彩、妙趣横生的故事时,定会有深切的领悟,从而在现实生活中,做出更富有智慧的选择。

  一个不读历史的人对世界的认识永远是肤浅的。一切智谋故事或道理,对我们最大的价值就在于启发我们的悟性,开拓我们的思维与眼界。历史给我们一个观察的制高点,智谋给我们一条思维的途径。让我们珍惜这种人类共同的财富,学会健康的取用。

毁誉参半　第一帝师

——吕不韦

名人档案

吕不韦：姜姓，吕氏，名不韦。战国末年著名商人、政治家、思想家，后为秦国大臣，卫国濮阳（今河南濮阳滑县）人。主持编纂《吕氏春秋》（又名《吕览》），包含八览、六论、十二纪，汇合了先秦诸子各派学说，"兼儒墨，合名法"，史称"杂家"。

生卒时间：前290~前235年。

性格特点：目光远大，善于投机。

历史功过：吕不韦在历史上是一个颇受争议的人物。有人说他是一个善于投机的奸商，靠投机赢得政治上的新生命，充其量也不过是一个善于玩弄权势的政治家。更有甚者认为，他不过是一个利用女人谋取政治地位的人。可是纵观吕不韦的一生，在他两度出任秦相的任期中，为了秦国的统一大业，在政治、经济、军事和文化方面都做出了突出的贡献。

名家评点：中国人民大学历史系教授孙大洲对吕不韦评价说："其人其事可议，其功不可没，其学其书不可废。"

目光远大　结识异人

　　吕不韦是战国时期的卫国濮阳人（今河南濮阳西南），出生日期已不可确考，据史书上记载，他约生于赵惠文王九年（前290年）至赵惠文王十九年（前280年）之间，卒于赵王迁元年（前235年）。关于他的家世，史书上也已无从记载。在吕不韦出生的年代，卫国已经日渐衰落，社会动荡不安，幼年时代的吕不韦目睹了自己国家的衰败，深刻感受到弱肉强食的残酷现实。所以，吕不韦在很小的时候就很关注政治。

吕不韦成年后奔走于各国做生意,后来他经商到了韩国,成为当时阳翟县(今河南禹县)的巨富,号称"家累千金"。在吕不韦生活的那个年代,商人们经常走南闯北,见多识广,所以很多人在政治上都非常敏感,也有不少的商人参与了当时的政治、军事斗争,表现出很高的水平。吕不韦也不例外,因为如果在政治上一旦投机成功可比单纯做生意的获利大多了。

话说秦昭王四十二年(公元前 265 年),吕不韦到赵国的都城邯郸做生意,遇到了在赵国充当"质"的潦倒的秦国公子异人。这里所说的"质"就是人质。在春秋战国时代,各个诸侯国之间彼此相互攻打,没有什么信义可言,相互的猜忌也随之加深,所以他们就采取互相交换人质的方法来巩固盟国之间的关系。或者用向强国贡奉人质的方法来表示对其臣服。大多数充当"质"这个角色的是君王的太子,也有君王的孙子或是对方朝中重要的官僚。

秦国当时是战国七国中的大国,总是攻打别的国家,为什么他还要往赵国派遣人质呢?这就是秦国奉行的所谓"远交近攻"政策。秦国派人到各国充当人质,是拉拢其中的一些诸侯国联合起来去攻打别的诸侯国。为了达到这个目的,秦国不惜将国君的儿子、孙子们派到各国去充当人质。吕不韦在赵国遇到的这个落魄王孙就是秦国的一个贵族——异人。

异人是秦国太子安国君的儿子,当时在位的秦昭王的孙子。当时安国君有二十多个儿子,异人排行居中,且异人的生母夏姬也不受安国君宠爱,基于多重原因,异人就被秦国送往赵国当人质。当时,秦国多次进攻赵国,异人身处敌国,处境非常危险。我们完全可以想象得出,在战场上被秦国打败的赵国,君臣回来后一定会拿人质异人当出气筒。呵斥、凌辱是家常便饭,有时连起码的生活条件都不给他提供,所以异人的生活是非常拮据的。由于吕不韦对当时的政局一向非常关心,所以当他在邯郸街头巧遇秦国落魄公子异人时,商人的投机心理促使他立刻认为此人"奇货可居",是一个可以收买、进行政治投机的对象,于是决定用金钱来帮助异人谋取王位继承人的资格。从这一点可以看出,青年时代的吕不韦具有相当的野心。众所周知,我国古代长期有一种政策,就是"重农抑商",商人虽然很有钱,但在社会中的地位是很低下的。尤其是很多的士人不愿意和商人为伍,认为他们身上沾满了铜臭气,所以吕不韦也不甘心长期做一个被人看不起的商人,一直在寻找机会改变这种局面,并且也只有在已经了解天下形势的前提下,才有可能使他在看见异人的时候,立刻萌生出了在他身上投机的念头。

做出了这样的决定后,吕不韦曾回家与他父亲商量。他问父亲:"我辛勤的劳作能够获得几倍的利润呢?"他的父亲回答:"能获得十倍的利润。"吕不韦又问:"我要是做珠宝买卖能获得几倍的利润呢?"他的父亲回答:"能获得百倍的利润。"吕不韦接着问:"那我要帮助别人立一国之君,这又能赢几倍利呢?"他父亲回答道:"能赢无数的利啊!"吕不韦得出结论说:"看来,我现在努力耕田,也不见得能吃饱穿暖,而要是帮助立一国之君,那从中得到的益处,可以传之于后世,这种有大利可图的事,值得去尝试啊"。从此,吕不韦弃商从政,开始了他大半生的政治生涯。

于是，吕不韦主动去拜访异人，声称能叫异人的门庭扩大起来，异人认为他是开玩笑，待弄清来人的身份是个商人时，轻蔑地笑道："你还是先光大你自己的门庭！"吕不韦对这样的冷嘲热讽并不在意。继续说："您有所不知，只有使你先发达了，我才能发达。"一句话打动了异人，忙请他坐下深谈。接下来的一番谈话，显示了吕不韦的口舌之才。吕不韦说："秦王现在老了，现在的太子是安国君。而太子最宠爱华阳夫人，可是华阳夫人又没有子嗣。现在您有二十多个兄弟，而您又排行中间，且得不到宠幸，还长期在敌国做人质。一旦大王去世，安国君做了秦王，请问您哪有机会去争做太子呢？"一句话说到异人的心坎里去了。

他忙问吕不韦："那可怎么办？"吕不韦说："现在有能力左右立继承人的只有华阳夫人。我虽然也不是很富裕，但我愿意拿出千金，帮您去游说，帮您成为秦国的继承人。"异人听了这话真是喜出望外，连忙向吕不韦许诺："如果能够做到，我当秦王后，一定把秦国分一半给你，与你共同治理。"吕不韦要的就是这句话，商人总是唯利是图的。

吕不韦拿出五百金给异人，让他广交天下的诸侯宾客，而自己拿着剩下的五百金，购买了一批奇珍异宝，准备西游秦国，游说安国君和华阳夫人。吕不韦先是以异人的名义，通过买通华阳夫人的姐姐，把用重金买来的奇珍异宝献给华阳夫人，为异人在华阳夫人那里留下好印象奠定了良好的基础。吕不韦见到华阳夫人后，向夫人说异人非常贤德，还说，异人在赵国做人质期间，把夫人当作自己的天，没有一天不在思念安国君和华阳夫人，常常在思念中泣不成声。华阳夫人听了这样的话当然非常高兴，于是首先在心理上对异人有了一个很好的印象。接着，吕不韦又劝说道："女人得宠靠的是什么，还不是因为她年轻貌美，但女人的容颜是最容易衰老的，一旦您年老色衰便会失宠，最好的办法就是乘您现在受君王宠爱的时候立自己的儿子为太子。但是您又没有子嗣，不如及早在安国君的众公子中选一位合意的作为您的儿子。现在，异人十分贤德孝顺，而他又在敌国做人质，她的母亲又不受宠，如果现在您把他认作您的儿子，并帮助他成为太子，您在关键的时刻帮助了他，他如果当上了国君，自然不会忘记您对他的恩德，他会终生感谢您，这样一来，您的地位不也就保住了。"

吕不韦一开始就展现出他惊人的论辩能力，这也可能跟他从事的商人职业有关系。接着，为了巩固这个结果，他又来到华阳夫人弟弟的住所，和说服华阳夫人的办法大同小异，一开口都是直陈利害，劝说阳泉君："您的罪过足以致您于死地，不知您是否知道？您的门人每一个都在朝中占据着高位，而相反，太子的门下没有富贵的人。您的府库藏有无数珍珠宝玉，马厩里养满了骏马，美女更是充满后庭。但是，您想过没有，现在秦王年事已高，如若有朝一日驾崩，太子掌权，您就像累卵一样，面临着被消灭的危险。现在我有一个办法，可以使您永保富贵，您不用再担心您的安危和权势被剥夺。"阳泉君一听，正说中了自己的心病，忙向吕不韦求教，吕不韦接着说："因为现在您的姐姐华阳夫人虽然受到宠幸，但是没有子嗣，一旦子嗣即位，你这一门就会受到打击，那一定会败落下去。现在在赵国充当人质的公子异人，是一个贤德的人，他的母亲不受宠，所以他在赵国饱受着凌辱，但他非常想回来，只要华阳夫人认异人为儿子，子嗣的问题不就解决了吗？如果能将他立为继承人,不就能保住荣华富贵吗?"阳泉君听到这个建议,满心欢喜地答应了。

吕不韦的游说显然非常奏效,经过两次游说,已经完成了在秦国初步拟定的任务。接下来的就是如何让异人回到秦国了。这也是在吕不韦计划中非常重要的一步。如何让异人安全返回秦国还是个问题。吕不韦又开始了计划第二步,决定去游说赵王。

吕不韦见到赵王说:"公子异人是秦王宠爱的孙子,只是失去了母亲照顾,才会在你们国家充当人质。但现在安国君最得宠的华阳夫人想认他做儿子。大王,您想一想,假如秦国真的要攻打赵国,也不会因为您这里有他们一个王子做人质而改变灭赵的计划,赵国不是空有人质了吗?但是如果您今天让公子异人回国继位为王,并且带着厚礼隆重的送他回去,异人公子是不会忘记大王您的恩义的,这也是礼尚往来的做法啊。并且,如今秦王已经老迈,万一哪天驾崩,赵国虽仍有异人做人质,但恐怕也没有什么资格去和秦国亲近了。与其将来什么也得不到,您不如现在做个顺水人情,为赵国的将来打下些人情基础吧!"赵王听这话很有道理,就备了厚礼,隆重地把异人送回了秦国。

在吕不韦不停为异人游说的过程中,两人的关系也在逐渐升温。一次,异人去吕不韦家中吃饭,在宴席间看到一个能歌善舞的美貌歌姬,一问,才知道是吕不韦宠爱的女人,叫赵姬,异人十分爱慕,求不韦割爱给他,于是吕不韦就把她送给了异人。不久赵姬便生下一子,取名政,这就是后来的秦始皇。当然后人在评说这段历史时,借此总在传讲,吕不韦和太后之间的暧昧关系,更有甚者说秦始皇是吕不韦的儿子,时下很多的电视剧也对此大加渲染。在此我们不想做更多的评说,因为这些都不足以掩盖吕不韦后来成为一个大政治家,大思想家的光芒。

异人回到秦国后,在拜见华阳夫人过程中,为了讨得华阳夫人的欢心,吕不韦也是下足了功夫,可谓是煞费苦心。因为华阳夫人是楚国人,所以在异人拜见华阳夫人的时候,吕不韦让异人穿上楚人的衣服,果然,华阳夫人十分高兴,认为异人很有心,对异人首先有了一个很好的印象。会面之后,吕不韦就将异人改名为子楚。华阳夫人后来又在安国君面前极力推荐异人,让他来做王位的继承人。枕边风还是很厉害的,终于,安国君同意把异人立为太子。

至此,吕不韦耗费了万贯家财,费尽九牛二虎之力终于让异人回到了秦国,异人也被立为太子。这也为异人以后成为秦国的君主,吕不韦成为秦国的开国功臣奠定了坚实的基础。

所以只从这一点来说,后人在评价吕不韦的时候说他只是一个善于投机钻营的商人,说的也对,但不是很全面。吕不韦确实是一个商人,正是靠着商人善于经营的头脑,敢于冒风险,照现在的话来,吕不韦是一个非常成功的风险投资家,他凭借高投资,取得了高回报。同时,他也不仅限于是一个商人,他还是一个野心很大的政治家,因为若是仅仅醉心于金钱,他在当时已经是一个富商,拥有万贯家财,但他的眼光要更为长远,这些都为以后秦国的统一和发展打下了良好的基础,正因为他在政治上的不短视,秦国才会在他的治理下,取得了那样辉煌的成就。

秦孝文王元年(前250年)安国君即位为秦孝文王,但登上宝座仅三天就去世了。于是,当时为太子的子楚,即异人继位,是为秦庄襄王。按照异人和吕不韦两人当初的约定,就让吕不韦任相邦(宰相),封"文信侯",这样秦国的军政大权开始掌握于吕不韦手中了。

然而,子楚即位后三年也死了,年仅十三岁的太子政(即嬴政,秦始皇)继位,吕不韦再次出任相邦,号称"仲父",辅佐幼年的嬴政,稳定了秦国政局。

重用人才 谋求一统

秦孝文王二年(公元前 249 年),庄襄王即位,吕不韦为相邦,封"文信侯",从这时到前 238 年秦王嬴政二十二岁亲政以前,秦国的军政大权就一直掌握在吕不韦手中。在这十二年中吕不韦为推行秦国统一全国的大业制订了政策,采取了有力措施。

推行自己的政治主张的关键还在于用人,在这方面,吕不韦奉行的主张是"不拘一格用人才",所以他还注意起用一些老臣宿将,来调整好统治集团内部关系,以稳定国内的统治秩序。如老臣燕人蔡泽,智勇双全,但因曾受人攻击,早已被迫称病告老还乡。但秦王政即位后,吕不韦又请他出山,让他参与朝政。后派他出使燕国,最终促成了秦燕连横,为秦王朝统一大业的完成奠定了良好的基础。又如大将蒙骜,蒙骜本是齐人,因在齐国无用武之地,便跑到秦国为秦昭王效力。但秦国本土军人将领很多,且齐国人蒙骜在秦军中毫无背景,没有任何千丝万缕的复杂关系,所以在秦军中,很受其他将领的排斥。但吕不韦却发现了他,并任命蒙骜为秦军中最高指挥官,从此,蒙骜开始了自己辉煌的军事生涯。当然,这样的例子还很多,如后来的秦国宰相李斯,十二岁的少年甘罗,都曾经受到吕不韦的提携。李斯原来是楚国上蔡的一个平民,负责掌管乡里的文书,年轻时候抱负就很大,后来当了吕不韦的舍人,提出很多非常实用的政治观点,受到吕不韦的赏识,引荐给秦王嬴政,后来被嬴政任命为宰相。再说甘罗,十二岁当上宰相的故事也被后人广为传颂。甘罗出身于当时秦国的名门,是秦武王左相甘茂的孙子,从小就显露出非凡的才能,受到吕不韦破格重用。十二岁为秦国出使于赵国,赵王不但亲自迎接,而且在甘罗的伶牙俐齿的游说之下,心甘情愿地割五城以事秦。结果,甘罗此次出访,未费一兵一卒而取得五个城池。等甘罗回到秦国之后,就被拜为上卿。如果说这些人是骏马,那吕不韦就是识得这些骏马的伯乐,这些人在帮助吕不韦实现政治宏愿方面都立下了汗马功劳。

在政治上,吕不韦有很明确的政治主张。他主张结束分裂,力图建立一个以天子为首的统一的封建王朝。他认为战国之所以成为一个"乱世",是由于各个诸侯国家连年攻战不休的分裂割据局面造成的。因为天下没有一个统一的君主,所以每个诸侯国为了争得各个的利益,就会不停地发动战争,争夺更多的地盘,国家总是处于分裂的状态,人们被驱使参加战争,社会动荡不安。所以,为了结束这种分裂的局面,当务之急就是要拥立一个新的天子,重建以天子为首的统一王朝,来结束分裂割据的状况。此外,吕不韦还主张实行中央集权制,这个政治制度的施行,是为了保证政令执行的统一。而为了实现这个中央集权,他主张必须要建立一套新的统一的封建等级制度，即"正名分"，并把这当作是控制臣下的手段和方法。

只有保证天子的高度集权和高度权威，法令才能顺利贯彻。这种出发点是好的，有助于重振天子的声威，但是也容易走到事物的另一个方面，容易造成统治者过于武断。所以，在施政方针上，吕不韦倾向于采取"德治"，而辅以法治。他把施行德、义放在首位，否定法家的单纯强调刑罚。这实际上就是软硬兼施，政治说教与暴力镇压相结合的统治方法。

现在以历史的眼光看吕不韦，他的很多主张是进步的，促进了社会的发展。

并且这种中央集权制被历代封建王朝采纳，但是后来秦始皇却违背了吕不韦的初衷，政治上虽然高度集权，但是统治手段过于残暴，所以，事物走到了一个极端，这也是吕不韦生前没有想到的。

重视农业　兴修水利

在经济上，吕不韦强调重视农业，兴修水利，增强国家实力。吕不韦出身于商人，多年在下层社会的经商经历，使他明白巩固国家根基的关键在于，只有人民安居乐业，致力于生产，经济得到很大的发展，才能为国家提供大量的物力和财力，才能为以后要进行的兼并战争做充分的物质准备。

在《吕氏春秋》中就有专讲农事的《上农》《任地》《辨土》《审时》四篇文章。这四篇文章从不同的角度探讨了关于农业的问题。《上农》一篇，讲的是国家的农业政策；《任地》《辨土》《审时》三篇，讲的是农业方面的精耕细作技术。

如《上农》篇，上就是"重"的意思，即重农，阐述农业生产的重要性，反映出农业与政治的关系，如列举了一些国家关于鼓励农桑的政策和措施。

如《上农》篇中开篇就说：上古的圣王教导百姓的方法，是要他们首先致力于农业。百姓从事农业生产，为人就会淳朴，这样就很好管理；百姓服从管理，就可以使得国家安宁，君主的地位也就能长治久安。如果让他们舍弃农业这个根本而致力于工商等末节，他们就会不听从号令，不听从君主的号令就不能守卫国土，不能与敌作战。国家就会产生危机。所以国家的君主要采取很多的措施，以身作则，用政策和法令来保证、鼓励农业生产的正常进行。

又如《任地》篇，谈到土地利用的总原则。先从勘测土地、利用土地和改良土壤讲起，涉及耕作保墒、锄草通风等，论述了使农作物健壮生长、获得高产的十个重要问题。接着提出了一个重要观点"凡耕之大方：力者欲柔，柔者欲力；息者欲劳，劳者欲息；棘者欲肥，肥者欲棘；急者欲缓，缓者欲急；湿者欲燥，燥者欲湿。"这段话说的是要考虑到土壤的坚硬和粘和、休整和耕作、贫瘠和肥沃、紧密和疏松；潮湿和干燥。其实这里所说的意思就是在耕地的同时，要考虑到各种矛盾因素的并存，并适当进行矛盾的转化，土地利用的根本原则，是要通过劳作来进一步改良土壤的性质，使它适于耕种。

而《辨土》篇是谈如何具体使用土地，首先是对品质不同的土壤在耕作时间上要做不同的安排。即要遵循一定的"耕道"。接着谈了由不良的耕作方式引起的三种弊端,俗称"三盗",就是"地窃"(耕作过程中播种过稀)、"苗窃"(农田中缺苗)、"草窃"(田中杂草妨害庄稼的正常生长)。最后谈不合理的庄稼结构布局的危害,以及播种和耕作中所涉及的具体的技术原则。最后,《审时》篇主要论述了掌握农时的重要性。

有学者撰文指出:"《吕氏春秋》中的《上农》等4篇,是先秦时代最系统的农业学著作,除农业技术以外,也包括农业政策。这几篇文章反映了吕不韦和秦国政府对农业问题的高度重视。"(《人民出版社古代中国经济基本结构特点》)这种评价是中肯的。

这也从侧面印证了吕不韦在经济上采取的措施是符合当时社会的发展的。

吕不韦还注意兴修水利,他第二次任相期间,修建了著名的郑国渠,此渠的修建成功,大大改善了关中地区的灌溉条件,明显地提高了产量,终于使得秦国成为富庶一方的大国。

《史书》上记载,当初修建这个郑国渠的背后还隐藏着一个惊心动魄的故事。战国后期,秦国逐渐强大起来,要出兵讨伐其他六国。秦国首先把目光投向了身边的韩国,因为韩国正挡住了秦国向东扩张的通道。面对强秦的威胁,有人给韩王出主意,想出了一个对付秦国的办法——疲秦计。韩国派一名优秀的水士到秦国去,游说秦王修建一个浩大的工程——连通关中地区的大水渠。韩国人想,因为秦王嬴政好大喜功,如果劝说他修建这样一个巨大的水利工程,让他投入大量的人力、物力、财力,这样一来,就会牵制他很多的力量,他也就无暇东顾了,这样韩国暂时就安全了。于是,韩王派出水工郑国。郑国来到秦国,见到当时的相邦吕不韦,陈说了自己的主张:"我打算帮助秦国修建一条巨大的水利工程,这样一来,会使关中地区受益无穷。"因为,秦国自商鞅变法以来,就有兴修水利的传统,并且秦昭王时,就有水利专家李冰修建的都江堰。这个都江堰是世界水利史上的惊世之作,它对四川平原的影响一直持续到今天。所以吕不韦也深知兴修水利对秦国的发展是意义重大的。于是,在征得秦王嬴政的同意之后,这一浩大的工程就开始了。随后,秦国大量的人力物力便通过郑国的要求,在吕不韦的指示调动下汇集到了关中大平原上,据说当时兴修水利的场面非常壮观,大约有十万人参加了这次工程,就这样原本用于打仗的人力现在都束缚在了这个修建大渠的土地上,郑国对于韩王的任务也算是完成了。

公元前237年,就在郑国渠快要完工之际,一件意外的事情发生了,秦国识破了韩国的阴谋,知道了韩王派人来秦修建水渠的真正目的是为了要拖垮秦国。秦王嬴政大怒,要处死正在修建大渠的郑国,在情势非常危急的情况下,郑国为自己辩解说:"当初我确实是韩王派来作为间谍来向您建议修渠的,这确实是一条疲秦之计,可是您设想一下,虽然修建这样一个浩大的水利工程,会竭尽了秦国之力,可能暂且无力伐韩,但对弱小的韩国来说,也只是延缓他的灭亡罢了。但是大渠一旦修建成功,却可为秦国造福万代啊。您现在杀掉我郑国不算什么,可是眼看快要完成的工程半途而废,这才是秦国真正的损失啊!"一番话掷地有声,情势陡转,郑国的话终于打动了秦王嬴政,这条大水渠得以继续修建。

公元前236年,经过上万民众的艰苦努力和辛勤劳动,在水工郑国的指挥下,这项巨大的水利工程从它戏剧性的开始——作为"疲秦计"的砝码,大约花了十年时间终于完工,这时天下的人们看到了一个崭新的秦国。大渠建成之后,总长近三百华里,灌溉面积约四万余顷。渠中的流水中含有大量的淤泥,在灌溉田地的时候极大地增加了土壤的肥力,使它所流经的很多贫瘠的土壤得到改良,使每亩可以收获粮食六石四斗,使关中成为沃野,此后关中大地再也没有荒年,秦国因此富强起来。整个关中地区成了日后秦国攻打六国的天然大粮仓,那里的老百姓们为了纪念郑国的伟大业绩,就把这条渠命名为"郑国渠"。虽然后人有人分析说,当初吕不韦答应修建郑国渠是为了增加自己在政治上的砝码,所以力劝嬴政答应修建该渠,后来修渠以疲秦的阴谋败露,吕不韦也受到了牵连。但我们且不去管吕不韦的初衷到底是什么,单从鼓励兴修水利这个方面看,吕不韦这样做,使得秦国的政局稳定,国力明显增强,在实力上远胜于其他的东方六国,这些都为秦的最后统一全国奠定了稳固的基础。

带兵出征　节节胜利

众所周知,要想取得战争的胜利,首先要有正确的战争理论做指导。秦国自商鞅变法以来,就在兼并战争中不断取得胜利。吕不韦任相邦以来,坚持采用兼并战争来实现天下大一统的宏愿,于是在军事理论上提出了一些卓越的见解,具体指导在战争中就取得了重大的胜利。

首先,吕不韦和他的门客们阐述了秦国进行兼并战争的必要性。并且吕不韦强调"义军"的说法。他说,如果出征的军队是义兵,那这支队伍在讨伐别的国家,因为是正义的战争,所以是无可非议的,而且还要给予大力的支持。当然吕不韦是站在秦国新兴地主阶级的立场上来区分战争的"义"和"不义",是为了支撑自己的兼并战争找到的理论依靠点,但是他强调对不同的战争应取不同的态度,这是符合当时历史发展的客观要求的。

其次,吕不韦还认识到,战争的胜负还要取决于民心的向背。在战争开始之前,只有先审察民心,这样的战争才能获得百姓的支持,最终取得战争的胜利。并且吕不韦还提出了优待俘虏的问题,认为两国作战,消灭的是那些鱼肉百姓的君主,人民是无辜的。这种措施的施行是一种人道的做法,在一定程度上削弱了秦国过去较为凶残的战争手段。想当初秦将白起大败赵军,坑杀赵国的俘虏约四十万人,惨状不堪目睹。吕不韦的这种做法可以减少统一战争中的阻力,也会起到保护人民生命财产,保护社会生产力的作用。虽然,这个政策在秦国并未贯彻到底,秦王嬴政在战争中体现出来的残暴就是一个明证,但是对吕不韦提出这个政策的行为还是应该给予肯定的。

具体到两方交战的战略战术问题,吕不韦主张比起使用武力,用威势来制服敌人更有效,力争做到不战而屈人之兵。如果交战的话,也要多采用"先下手为强"的机动战略,要懂得战争情势的变化,并要随机应变,要随着敌情的变化来制定战略战术。这些军事思想都是比较高明的。正是在这种正确的军事思想指导下,吕不韦在推进秦国对其他六国的兼并战争中能比较顺利地取得许多重大的胜利。

秦庄襄王元年(公元前249年),东周君王纠集各诸侯国对秦国发动了进攻,吕不韦任相不久,就亲自出马,击退这次进攻,灭了东周,周室也最终灭亡了。至此,也使秦取得了河南(今河南洛阳)等通往东方的战略要地,而重要的意义是秦国所结束的是一个所谓正统的天下共主的统治,从此以后,天下没有了一个统一的统治者,这就为秦日后的一统天下的合法地位得以确立提供了保证。

吕不韦率领秦军攻破东周后,并没有停下进攻的脚步,继续向东攻打韩国,取成皋地区(今河南荥阳西北),建立三川郡(黄河、洛水、伊水之间),从此秦的版图扩大,占有了中原的心脏地区,这时秦的边界逼近了魏都大梁(今河南开封)。秦庄襄王二年(前248年),完全占有了韩、魏上党郡(今山西东南部),并北向攻打赵国,取得三十七座城池,建立太原郡。

从此秦占领了太行山以西的广大地区,进出太行山的交通要道被秦国牢牢控制。

秦王政三年(前244年),吕不韦再次出任相邦,又主持发动对三晋的大举进攻。这年,大将蒙骜攻打韩国,取得城池十三座。第二年,攻打魏国又取得城池两座。第三年又兵分三路向魏国大举进攻,一共取得城池二十座,这次胜利,使魏国的都城大梁处于秦国的三面包围之中。同时,在吕不韦的指挥下,还应对了战国时代东方五国最后两次合纵攻秦,都取得了胜利。这场胜利的结果是,使得东方五国面临着被各个击破的局势,再也无力抗秦了。

分析得出,这些胜利的原因要归结于吕不韦正确的作战理论和策略。这些兼并战争使得秦国的版图迅速扩大,在六国中已是首屈一指,并且造成了分割包围三晋的局势,使三晋朝不保夕,为秦王嬴政最后兼并六国,统一天下打下了良好的基础。

政坛失意　饮鸩自尽

伴随着吕不韦权势的一天天扩大,秦王嬴政也在一天天长大,两人的矛盾也在不断地加剧着。吕不韦是秦王嬴政父亲的相邦,后来又继续辅佐年幼的嬴政,号称"仲父",在秦国的地位是一人之下,万人之上,并且随着秦国兼并战争的不断胜利,吕不韦取得的封地也越来越多,在秦国的地位是炙手可热。作为国君的辅佐者,吕不韦当然希望嬴政能够按照自己的施政方针治理国家,但是嬴政生性是一个专断骄横而又具备雄才大略的人,他成年掌权之后,当然不希望在自己的身边有任何人来束缚自己的手脚,所以对吕不韦在朝廷中的霸权地位早已经是忍无可忍。并且两人后来在政治理论上又常常出现分歧,但碍于吕不韦的功勋卓著,嬴政也暂时奈何不得他。

造成两人冲突总爆发的导火索是公元前238年发生在咸阳宫中的"嫪毐事件"。

事情的经过是这样的,据说秦王嬴政的母亲赵姬曾经是吕不韦的爱妾,在一次宴席上被后来成为秦国国君的异人看中,求吕不韦割爱,于是吕不韦就把赵姬给了异人。赵姬嫁给异人不久,生下了一个孩子,就是秦王嬴政。异人死后,嬴政继位,吕不韦怕自己和太后私通的事情被嬴政发现,自己在秦国的地位有可能就保不住了。于是他找来自己的一个门客，善于淫乐的"大阴人"嫪毐，先给他捏造罪名，假装把他处以宫刑，后又以宦官的身份进献给太后，代替自己与太后私通。结果，太后把感情都转移到嫪毐身上，整日和嫪毐淫乐。并且瞒着已经逐渐长大成人的嬴政，为嫪毐生下了两个儿子。这两个私生子还得到太后的宠幸，得到了山阳和河西、太原两郡作为封地。

时间久了，嫪毐的野心越来越大，他仗着太后对他的宠爱，打算在时机成熟的时候，废掉秦王嬴政改立自己的儿子为秦王。就在这危急关头，有人向嬴政告密，把太后和嫪毐私通并生下两个儿子的事情告诉了嬴政。秦王嬴政本打算私下再做进一步调查，但是秦王政九年(前238年)，嫪毐先发制人，乘秦王嬴政到秦国故都雍地举行冠礼的时候，偷了秦王的御玺和太后的玺印发兵作乱，早有戒备的嬴政即令吕不韦、昌平君、昌文君等率军反击嫪毐的叛军，在咸阳城大败嫪毐。叛军溃败，嫪毐带领残余部队仓皇而逃。后来被抓住，车裂示众。

事情过去一年后，好像叛乱的余波已经平息了，但就在第二年，秦王嬴政借口相邦吕不韦与这场政变有牵连，罢免了他的相位。因为当年也确实是吕不韦向太后进献的嫪毐这个人。

又过了一年，秦王嬴政又给吕不韦送去一封书信说："你对我们秦国有什么功劳，我们秦国却要封给你河南十万户的邑，供你享受俸禄。你与我们秦国有什么亲属关系？你要自称'仲父'。你和你的家属还是发配到蜀地去生活吧！"秦王嬴政说出这样的话，极力贬低吕不韦，又下令把吕不韦流放到蜀地区，吕不韦深知自己再也无法与秦王嬴政相抗衡，嬴政的羽翼已丰，无奈之下只好自杀而死。《史记》上记载，吕不韦"乃饮鸩而死"，说的是喝毒酒自杀了。吕不韦自杀后，他的门客偷偷埋葬了他。但这件事情让嬴政知道后，又分别对这些门客做了处罚。终于，这场斗争以秦王嬴政的胜利而宣告结束，一代帝王之师就落了个这样的下场。

综观吕不韦的一生确实是传奇的一生，他从一名市井中唯利是图的商人，凭着超常的政治敏感和野心，终于登上了历史的舞台。在吕不韦两度辅佐秦国君主的过程中，从政治、经济、军事和文化诸多方面，他都为秦国后来成为战国中的最强国做出了突出的贡献。虽然说，吕不韦死后，秦王嬴政把他的很多思想弃之不用，并且对吕不韦的功劳一笔勾销，但吕不韦前期给他打下的坚实基础都为其以后统一六国，建立一个统一强大的大秦帝国立下了汗马功劳。

总之，吕不韦作为战国后期，社会由分裂走向统一这一转型期的封建地主阶级政治家和思想家的代表，他在历史上占据的地位和做出的功绩都是不容抹杀的。如果说秦始皇是中国第一帝，那么吕不韦就是中国第一帝师。

运筹帷幄　决胜千里

——张良

名人档案

张良：字子房，生于战国末期韩国城父（今安徽亳县东南），贵族之后，祖父张开地曾相韩昭侯、韩宣惠王、韩襄王；父张平继之又相韩僖王、韩桓惠王。秦末汉初杰出谋臣，西汉开国功臣，政治家，与韩信、萧何并称为"汉初三杰"。

生卒时间：? ～前186年。

性格特点：智谋过人、屡划良谋。

历史功过：张良是汉代著名的开国谋臣，本为战国时期韩国的贵公子，但身居乱世，胸怀国亡家败的悲愤，毅然投身于倥偬的兵戎生涯，辅佐刘邦建立了宏伟的汉室家业，完成了古代文人的宏愿"修身、齐家、治国、平天下"。刘邦赞其为"运筹于帷幄之中，决胜于千里之外"，给予了张良极高的评价。综观张良的一生，以三寸不烂之舌为帝王师，最后封万户，位居列侯，然功成身退，乃学道术。张良的传奇经历，真让人心生敬慕啊！

名家评点：一位洞察秋毫的谋略家和富有远见的政治家。

下邳受书　大展奇才

秦王政（始皇）十七年（前230），秦灭韩。其时，张良父张平已死，张良年少未仕，其家仍有童仆300百余人，不失为高门大族。旧天堂的毁灭，使他像通常的贵族遗少一样，胸中燃烧着复仇的烈火。他试图行刺秦始皇，来为韩国报仇。然而，为泄一己私愤而横冲直撞，只落得事败身危，却丝毫无改于天下大势。这是历史的必然。但是，无论天道、人事，必然中又伴随着许许多多的偶然。张良于走投无路之时,在下邳巧遇黄石公,便是一种"偶然"给他的命运带来转机,使之学业大进,为日后辅佐帝王打下基础。我们不妨录下这个富有传奇色彩的故事:

一日,张良闲步下邳桥头,见一老人失履桥下,回头呼叫张良:"孺子,下取履(鞋)。"张良强忍心中不满,替他取了上来。随后,老人又跷起脚来,命张良给他穿上。对待这个带有侮辱意味的事件,具有不同涵养的人会做出不同反应。起初,张良也曾受潜在的贵族意识驱使,凭着青年人的血气之勇,欲挥拳殴击老者。但是,终因他已久历人间沧桑,饱经漂泊生活的种种磨难,胸怀广远之志。他居然屈下身来,为老人穿上鞋。老人长笑而去,走出里许之地,又返回桥上,赞曰:"孺子可教矣。"老人约他五日后的凌晨再在桥头相会。五天后,老者故意提前来到桥上,反而不高兴地责备张良:"与老人约,为何误期? 五天后再来!"五日后,张良索性于午夜前去等候。他通过考察,其至诚和隐忍精神感动了老者,于是慨然赠他一件无价之宝——《太公兵法》。这位老者就是传说中的奇人:隐身洞穴的高士黄石公,也称"圯上老人"。从此,张良日夜研习兵书,为造就栋梁之材迈出了重要一步。在这个过程中,机遇固然重要,天资也是不可轻视的,而"至诚""刻苦"则是必备因素。

10年读书和任侠,使张良广泛接触到社会的方方面面,成为他汲取智慧的源泉,而其所看到的变幻难测的世态人情,又帮助他深深领悟了《太公兵法》的精妙。在这颠沛流离的10年中,旧的贵族偏见有时还限制着他的视野。但是,统治阶级中的明智人物,一旦脱胎换骨,从旧的营垒中冲杀出来,却往往对世界看得特别清楚,其思想也锤炼得更为犀利。

公元前210年,秦朝历史上又发生了一个重大事件,一代杰出帝王秦始皇暴病而亡。二世胡亥窃位登基。从此,秦王朝的政局急转直下,各种社会矛盾错综复杂地交织在一起。仅历一年,即秦二世元年(前209)七月,政治风波骤起,陈胜、吴广在大泽乡揭竿起义。在革命风暴的裹挟下,形形色色的人物纷纷出现,张良也凭借着这一广阔的社会舞台,得以大展奇才。

秦二世二年(前208)正月,景驹在留县自立为楚王,张良率众前往投靠。哪知,途中偶遇沛公刘邦统率千人略地下邳。两人一见倾心,遂称张良为厩将。张良数以《太公兵法》进说刘邦,刘邦每每心领神会,并能虚心采用其策。张良忍不住喟然兴叹:"沛公似是天授英主,天成其聪颖!"

这次不期而遇,又是张良成就一生功业的转折点! 在中国古代,虽然有所谓"君择臣,臣亦择君"的名言,但是,由于人们活动范围的狭小和眼光的短浅,选择是受到很大限制的。在相当程度上,一个人的成败要取决于际遇,或者说是"命运"(如果不把"命运"说作神秘主义的注解,便不应直斥为纯粹的唯心论,它可作为"际遇"的代名词)。正由于这种特殊的机遇,使他有幸投靠超凡的政治家刘邦,而不是刚愎自用的项羽,或者是徒有虚名的其他人物。从此,君臣相得,如鱼得水;一个是豁达大度、从谏如流,另一个则是智谋过人、屡画良谋。

西进运筹　逢强智取

　　秦二世二年(前208)六月,项梁拥立原楚怀王的孙子熊心为楚怀王。张良心存故国,忙对项梁提议说:"君既已立楚王后人,而韩王诸公子中以横阳君成最贤,可立为王,借以多树党与。"项梁依议,寻得韩成,立为韩王并任命张良为司徒。张良同韩王率兵千余人,西略韩地(指战国时的韩国地盘),在颍川(今河南中部)一带流动作战,时而攻取数城,时而又被秦兵夺回,迟迟未能开创大局面。

　　秦二世二年末,楚怀王命项羽、刘邦分兵西伐秦。刘邦取道颍川、南阳,准备从武关攻入关中。

　　秦二世三年(前207)四月,刘邦行至颍川,又同张良合兵一处,接连攻取 10 余城。刘邦命韩王成留守此地,另与张良率师南下。

　　同年六月,刘邦大破秦南阳军,逼使南阳太守退守宛城。此时,刘邦灭秦心切,企图绕道而过,直扑武关。张良仔细一想,刘邦当时实力弱小,不可进取京城临大敌! 再说,眼前的南阳郡治宛城,本是秦朝统治的一个重要据点,也是沛公军脚下的一根钉子,欲拔除它,轻易可取;越而攻之,则贻害匪浅,正犯了兵家的大忌。正确的用兵之道,只能是稳扎稳打,一方面与各地盟军合作,一方面在西进中逐步发展壮大自己的力量。据此,张良向刘邦献策说:"沛公虽欲急入关,秦兵尚众,距(据)险。今不下宛,宛从后击,强秦在前,此危道也。"刘邦心有灵犀,一点即通,立刻偃旗息鼓而还,于破晓前赶至宛城,重重包围。沛公又采纳陈恢建议,以攻心为上,下令招抚南阳太守,赦免宛城吏民。在大军压境的局面下,南阳太守有了活路,当然甘愿献城投降。刘邦如约封他个"殷侯"的爵衔,只是空头称号,无须封地付银,十分上算。因这一着棋得力,满盘随之皆活,全郡数十城群起效尤,迎风而降。南阳本是大郡,人口众多,财富丰饶。刘邦在此招兵买马,储草备粮,兵力很快发展到 2 万余人。

　　与此同时,北路正进行巨鹿大战,章邯所率秦军主力投降项羽。秦朝的军事支柱倾倒之后,兵力越发枯竭,四方救援不灵。这又造成南北照应之势,为刘邦顺利进军扫除了障碍。兼之,刘邦所过严禁掳掠,秦民皆喜,自然是得道多助,师行迅速。是年八月,刘邦便攻破通往关中的重要门户武关,开进秦朝腹地。

　　秦朝南北两线的军事失利,迫使统治阶级内部的矛盾激化,狗撕猫咬日重一日。秦相赵高自知罪责难逃,干脆杀死了二世胡亥,擅立子婴为秦王。赵高又遣使与刘邦通谋,妄想里勾外连,分王关中。刘邦既已胜利在望,岂肯信此诈谋,再分给秦朝权臣一杯羹。他仍旧遵照张良部署,乘胜西进。

　　同年九月,刘邦麾军趋至峣关。峣关偎倚峣山天险,是通往秦都咸阳的咽喉要塞,也是拱卫咸阳的最后一道关隘,秦派遣重兵扼守此地。刘邦赶到关前,便要驱动 2 万士卒强行仰攻。张良却连连摇头说:"秦兵尚强,不可轻举妄动。"刘邦着急地询问应敌之策,张良想了一个逢强智取的方案:"臣闻其将屠者子(守将是屠夫的儿子),贾竖易动认利(商贾小人唯利是图,可用财宝打动)。愿沛公且留壁中

（暂且在壁垒中按兵不动），使人先行，为5万人俱食（增修5万人的炉灶和用具），益为张旗帜诸山上（在各山上多树军旗，虚张声势），为疑兵。令郦食其持重宝啗（收买）秦将。"刘邦闻计非常高兴，立即调拨将士分头部署，并派能言善辩的谋臣郦食其、陆贾前往秦营，行施贿赂，伺机劝降。秦将见敌兵遍布山野，一时不明虚实，先已畏惧起来，且又贪恋金钱财帛，情愿倒戈，许与刘邦合兵掩袭咸阳。

刘邦得知秦将中计，以其政治家的果决，当即投袂而起，欲与秦兵联合西进。张良却以谋略家的深沉，又向前进谏说："此独其将欲叛，犹恐士卒不从。不如因其懈怠而击之。"刘邦欣然采纳，引兵绕过峣关，穿越黄山，大破秦军于蓝田。因出其不意，遂能首战告捷，一直推进到灞上（今陕西西安市东），威逼秦都咸阳。

汉元年（前206）十月，秦王子婴战守无方，不得不乘着白马、秦车，携带皇帝印玺符书，开城出降。偌大秦王朝，一旦走上下坡路，竟崩溃得如此迅速，这不能不为执政者引作前车之鉴。

刘邦在不足一年的时间里，竟然长驱直入，轻取关中，推翻暴秦。这固然因为秦朝的腐朽和项羽等盟军转战河北诸地，牵制了秦军主力，打击了各郡县的地方武装，使刘邦在西进途中未遇强敌，但是，若无文臣武将的强攻智取，特别是张良的正确战略战术的指导，要想顺利地夺关斩将，取得如此神速的胜利是根本不可能的。

谏主安民　博得民心

推翻暴秦，刘邦逐鹿中原初步告捷。尽管如此，胜利也极易冲昏庸夫俗子的头脑，连刘邦那样杰出的政治家也难免为之倾倒。他初入秦宫，就目迷五色，贪恋宫室、狗马、财宝和美女，有心追享富贵尊荣。对此，部下许多人很担心。武臣樊哙犯颜强谏，直斥他"要做富家翁"。可惜，这种简单的劝谏，竟使刘邦无动于衷。

张良深知，就很多人来说，渡过安乐关甚至比渡过生死关更难。生、死的含义是绝对的，而安乐意味着死亡，这却是不清楚的、容易被人忽略的。对于通常所说的"儿女情长，英雄志短"，人们虽然予以嘲讽，但又往往谅解多于反感。因此，要使刘邦放弃狗马声色，必须设法使之"心动"。所以，他巧妙地劝道："往日秦为无道，沛公才得以至此。倘欲为天下除残去暴，理应布衣素食。现今始入秦地，就要坐享安乐，岂不是'助桀为虐'。俗话说：'忠言逆耳利于行，良药苦口利于病'。愿沛公听从樊哙等人的话。"张良表面看心平气和，但话中对古今成败的揭示以及"无道秦""助桀为虐"等苛刻字眼，却适足刺痛刘邦差点沉醉的心。这比气愤地斥辱，要更加深刻、更易为人接受。这种紧打慢唱的手法，正是谋臣进谏的艺术。

然而，也切不可夸大辩士们的口舌之劳。须知，此时此刻，文武同道，相辅相成，才是谏诤成功的关键；而刘邦的明智也是不可忽视的内在因素。他终于封存秦朝宫宝、府库、财物，还军灞上，以待项羽等路起义军。

其间，刘邦等人采取了一系列有深远政治影响的政策。他召集诸县父老豪杰，与之约法三章："杀人者死，伤人及盗抵罪。"并扬言："余悉除去秦法。诸吏人皆安诸如故。凡吾所以来，非有所侵暴，勿恐。"另外，又派人与秦吏一起巡行县、乡、邑，晓谕此意。结果，"秦人大喜,争持牛羊酒食献飨军士。沛又让不受,曰:'仓粟多,非乏,不欲费人'。人又益喜,唯恐沛公不为秦王。"这些安民措施,为沛公刘邦获取了民心,对于他日后经营关中,并以此做根据地与项羽争雄天下,打下了良好的政治基础。

鸿门侍宴　足智多谋

　　秦亡之后,天下权利如何在几股反秦势力之中分配?围绕这一问题,引起了新的争夺。其实,最有实力者当首推项羽,其次是刘邦。所以,正确处理同项羽的关系,就成为刘邦的当务之急。

　　当初,刘、项的"共主"楚怀王曾经定下约定:"先入关中者,王之。"刘邦虽然抢先入关灭秦,但他在摧毁秦王朝的军事力量方面,根本不可与项羽的战功相比。早在两路分兵时,怀王及其左右将校偏袒刘邦,故意使刘邦为其易,取道南路;而使项羽为其难,取道北路,遇秦主力。巨鹿大战缠住了项羽,影响了其前进的步伐,但却大大减轻了刘邦的军事压力。因此,刘邦想要称王关中,号令群雄,在政治上独居霸主地位,决不会为不可一世的项羽所接受。更为主要的,是双方实力的对比相当大。巨鹿战后,项羽收降,改编了秦朝的军队后来项羽恐秦朝降卒军心不稳,入关后发生变故,于是把秦朝降卒20万人统统坑杀在新安(在今河南渑池城南),吸收了沿途的兵民,一时军威大振,兵力迅速发展到40余万(号称百万),而刘邦直至灭秦之后,所有兵力仅有10万(号称20万)。论将才,项羽本人力可拔山,威风凛凛,其麾下又聚集着许多第一流人才:骁勇善战者有黥布、龙且、钟离昧等等;智虑超群者有范增、陈平诸人,实在是猛将如云,谋士如鲫。刘邦虽然机警有余,可惜其勇武不足,他的手下周勃、灌婴、樊哙之辈,当时的声威也不及黥布、龙且、钟离昧等人。刘邦最大长处是知人善任和恢宏大度,这尽管是最重要的政治素质,但并不能靠它无条件地扭转乾坤,而只能慢慢地积蓄力量,逐渐改变力量对比。

　　在强弱不敌的形势下,刘邦一度误用下策。有人向他建议:"关西之富,胜过天下十倍,而且地形险要。现在章邯投降项羽,项羽封之为雍王,令他称王于关中。章邯来,沛公恐不得占有此地。现应抓紧时机,派兵驻守函谷关,不要放诸侯军进来。然后征集关中士卒壮大自己力量,以与项羽抗衡。"刘邦从其计,背着张良,擅自派兵扼守函谷关要塞。如此一来,就使楚汉原已存在的矛盾迅速表面化。

　　项羽率兵来到函谷关时,见关门紧闭,又见关上刘邦守军,不由得大为生气,遂命英布督军强攻。十二月,项羽军击破函谷关,进驻新丰、鸿门(两地均在今陕西临潼东北),紧接着秣马厉兵,欲与刘邦决一死战。

　　项羽的谋士范增对项羽说:"昔日刘邦是个贪财好色之徒。这次入关以后,他却不贪财宝,不近女色,可见他志见不小。务必速取之,勿使良机坐失。"

　　谁知项羽剑拔弩张要消灭刘邦之事,却惊动了项羽的叔父、张良的好朋友项伯。项伯欲报答张良的救命之恩,坐卧不安,便决定给张良通风报信。

　　是夜,项伯骑马偷入汉营。他找到了张良,把项羽的计划和范增的主张一

一五一

十地告诉了张良,并劝张良赶快逃离刘邦,不要待在此处等死。

张良头脑冷静,足智多谋。他听了项伯的话,不动声色,平心静气地说:"我奉韩王之命,送沛公(刘邦)入关,现在沛公有急,我偷走不合义理,理应告知。"项伯听了张良一番入情入理的话,更钦佩其为人,遂答应张良的要求。于是张良马上来到刘邦那里,把项伯的话告诉了他。刘邦听了大吃一惊。

张良问刘邦:"您估计,您的士卒可以抵挡住项羽的大军吗?"

刘邦沉默了一会,说:"实在不能。但是有何计?"

张良说:"为今之计,只有靠项伯挽回。请您去告诉项伯,说您不敢背叛项羽。"

刘邦不愧是一代人杰,既善于随机应变,又能伸能屈。他问张良:"你跟项伯有交情吗?"张良告知旧事。

刘邦又问:"你跟项伯孰长?"

张良说:"项伯比我大。"

刘邦说:"那就把他请来,我以兄长待之。"

于是张良出来,去请项伯,劝他无论如何去见一见刘邦。项伯本来无此议程,只想把张良带走,难却情面,只好随张良一起去见刘邦。

刘邦见项伯到来,像见到老相识一样,设宴款待。他先尊项伯为兄长,与他结为婚姻之好,然后委婉陈辞说:"我入关以后,清查了户口,封存了府库,一点不敢私取,只等项将军的到来。我之所以派兵守函谷关,主要是为了不让盗贼乱兵出入,以防不测。我拿下咸阳以后,日日夜夜盼望项将军到来,以便移交,哪能谋反呢?还是请您把这些情况如实告诉项羽。"刘邦的一番巧舌争辩,项伯竟信以为真,满口答应刘邦的要求,并对刘邦说:"明日一早,您务必亲自去向项羽说明,表示歉意。"刘邦只好同意了。

项伯回营将刘邦之言尽禀项羽,并说:"如果不是刘邦先攻入关中,您怎么能这么快就入关呢?人家现在立了大功,您不但不赏,反而要进攻人家,这是多么不义呀!您应该乘机好好招待他才对。"项羽本来就是一个四肢发达,头脑简单之人,项伯的一番说辞,他听了觉得甚对。为进一步验证,他决定明日刘邦来营之后,当面责问,再做决定。

次日清晨,刘邦带领张良、樊哙和百余骑兵来到鸿门,见面之后,刘邦开门见山,单刀直入,向项羽赔罪说:"我和将军戮力攻秦,您横扫黄河以北,我转战黄河以南。未料我竟然能首先攻关中,推翻暴虐的秦朝,在这里跟您重逢。我们兄弟相会,这本来是一件大好喜事,不料如今竟有小人从中挑拨离间,使我们之间发生误会。"刘邦这话说得有理有节,依据先前怀王所定,刘邦进关也是名正言顺,并无非份之处,相反项羽倒有违约之嫌。这"小人"二字,自然转骂到项羽头上。项羽却并不具备一般政治家强词夺理的气质,又无随机应变的才干,一旦窘迫,竟露出底蕴,脱口说道:"这是沛公的左司马曹无伤对我讲的,说你欲王关中,令子婴为相。不然,我怎能如此。"

于是项羽请刘邦赴宴。席间,范增多次向项羽使眼色,并屡次举起佩带的玉玦向项羽示意,要他下决心杀掉刘邦。可是项羽毫无反应,依旧饮酒。张良对席间局面了然于胸,暗思对策。

范增见项羽无意杀掉刘邦，又不愿失去大好时机，就离开宴席，叫来大将项庄，授意他去舞剑助兴，伺机击杀沛公。于是项庄按范增的吩咐在宴席上舞起剑来。然而这个用意又被项伯看穿了，他也拔剑起舞，并用身体时时掩护刘邦，使项庄无法下手。

张良见形势紧迫，便急忙辞席去找樊哙，对樊哙说："项庄舞剑，意在沛公。"命他速去救驾。樊哙一听事情如此紧急，便一手握剑，一手拿着盾牌，撞倒军门卫士，闯进帐内。但见他怒发冲冠，圆睁双眼，瞪着项羽。项羽见状大惊，慌忙问道："这是什么人？"

张良说："此为沛公的参乘樊哙。"

项羽不住口地称赞说："壮士！快赏酒！"

樊哙接过酒，站着一饮而尽。

项羽见樊哙如此豪爽，欣然说道："赏他一只猪腿！"

樊哙把盾牌放在地上，放上猪腿，用宝剑边切边吞。不一刻功夫，一只猪腿便到了樊哙的肚里。项羽愣住了，又问樊哙："壮士，还能喝酒吗？"

樊哙镇定自若，大声回答："我死都不怕，何谓喝酒？"

项羽大惊道："这话是什么意思？"

樊哙接着说道："昔日，楚怀王和诸侯有约在先：谁先攻入咸阳，谁就称王。现在沛公首先打败秦兵攻入咸阳，毫毛不敢有所取，封闭所有的宫室，驻军灞上，等着大王前来主持。沛公这样劳苦功高，你不但不封赏，反而听信谗言，要杀害有功之人，这不是重蹈秦朝灭亡的覆辙吗？我认为这太不对了！"

听了樊哙一番理直气壮地回答，项羽瞠目结舌，自觉理亏，没话回对，只是连声向樊哙让座。樊哙这才坐在张良身边。

刘邦见气氛有所缓和，知道此地不可久留，正好可借机脱身。便向项羽说道："大王，我去茅厕方便一下。"

项羽已有几分醉意，也不多想，便摆了摆手。刘邦即离开宴席。张良、樊哙跟着出来。樊哙对刘邦轻声说："马已备好，请沛公快点离开此地。"

刘邦说："不辞而别，如此合适吗？"

张良说："大行不顾细节，大礼不辞小让。如今人方为刀俎（菜刀和砧板），我为鱼肉，随时有被宰的危险，怎么还顾得上告辞。"

刘邦又说："我这一走，你怎么向项羽交代？"

张良说："您只管与樊哙脱身，我自有良策。"

于是，刘邦由樊哙等人护驾，抄小道，轻骑简从，向灞上狂奔而去，留下张良与项羽等人虚与委蛇。

张良推算刘邦一行已到了军营，乃从容返回大帐。项羽问道："沛公去哪儿了？"

张良从怀中取出白璧一双，玉斗一对呈上道："沛公已醉，怕失礼仪，不能辞行。他让我把白璧一双恭献大王，玉斗一对敬献亚父。他见您和您手下的人有意作对，所以一个人走了。如今已经回到军中。"

项羽接过白璧，边赏玩边说道："嗨！沛公也是，为何不辞而别？"

张良道："大王与沛公情同手足,只是大王部下有人与沛公有矛盾,想将沛公杀害,嫁祸大王。大王初定天下,正应宽厚待人,仁义天下,不应疑忌沛公。沛公若死,天下必讥笑大王,大王何必坐受恶名?譬如卞庄刺虎,一计两份,沛公不好明言,只好脱身避祸,静待大王自悟。大王圣明,一旦醒悟自然理解,就不会怪罪沛公不辞而别。"

项羽本来多疑。听了张良言语,反疑范增,双眸凝视范增多时。范增因计未成本已心中十分懊恼,再见项羽凝视自己,不禁怒气冲天,突然站起抓起张良敬献的那双玉斗,摔在地上,拔出宝剑,一剑击得粉碎,随后气愤地走出大帐。帐外,他仰天长叹:"唉!竖子无知,不足与谋,日后取得江山者必是刘邦!我们就等着做他的俘虏吧!"

刘邦一回到灞上,马上命人将曹无伤押来。刘邦脸色铁青,大声说道:"曹无伤,你知罪吗?"

曹无伤见事情已经败露,非常恐惧,"扑通"一声跪倒在地连连求饶:"沛公饶命,沛公饶命!"

刘邦道:"你怎敢出卖于我,我待你不薄,没想到你竟然吃里爬外陷害于我,你还有何话可说?"

曹无伤泣涕连声打自己脸求饶道:"我不是人,我不是人,我对不起沛公,对不起众位弟兄!"

刘邦说道:"你这个吃里爬外的东西,编造谎言,险些置我于死地,若不杀你,天理难容!来人,将曹无伤推出帐外,枭首示众!"

曹无伤立刻被处死了。

几天以后,项羽带领人马向西进发,屠了咸阳城,杀了子婴,放火烧毁了秦朝的宫室,包括绵延300公里的阿房宫在内,大火三月不灭。并把秦宫的财物美女劫掠一空,富丽堂皇的咸阳城一下子变得满目苍凉,成为一片废墟。关中百姓目睹项羽的所作所为,愈加仇视项羽,拥护刘邦。

是时,韩生向项羽建议说,关中地区乃天府之国,左有淆山函谷之天险,右有陇蜀山脉之屏障,上有千里草原可以放牧,下有肥沃土地可以取粟。海内无事,可经黄河、渭水将关东物资源源输入;天下有变,可乘舟而下,兵击四方。如果在此建都,霸业可成。

但项羽见咸阳宫室被大火烧得破败不堪,又思念家乡,不同意在关中建都。他说:"富贵不还乡,如衣锦夜行,谁能知道呢?"弄得韩生哭笑不得。后来韩生对人说:"人们都说楚人是沐猴而冠,果真如此。"意思是说项羽徒具人形而没有人的思想。有人将韩生的话报告了项羽,项羽暴跳如雷,立刻命人把韩生烹死了。

项羽又派人去见楚怀王,要求更改以前的盟约。但是楚怀王不同意。项羽非常生气,下令把他迁往江南,建都郴县(今湖南郴县)。表面上仍尊称他为"义帝",实际上却削除了他的权力。为了报复楚怀王,项羽还把怀王的土地分封给了诸侯。

助汉灭楚　四面楚歌

公元前206年二月,项羽自立为西楚霸王,定都彭城(今江苏徐州市)。项羽和范增意欲限制刘邦的发展,借口巴蜀也是汉中之地,封刘邦为汉王,统领遥远的巴、蜀地区,建都南郑(今陕西汉中)。为了牵制刘邦,阻碍他东进的道路,又把关中一分为三:把秦朝降将章邯封为雍王,统领咸阳以西,建都废丘(今陕西兴平东南);封司马欣为塞王,统帅咸阳以东,黄河以西,建都栎阳(今陕西临潼东北);封董翳为翟王,统领上郡(今陕西北部地区),建都高奴(今陕西延安)。另封关东14诸侯,项羽自为西楚霸王。

刘邦见项羽违背盟约,愤愤不平,要出兵攻打项羽。萧何认为时机尚早,乃谏阻道:"巴蜀之地虽然险恶,但总比白白送死好!"

刘邦不以为然,反问道:"怎么会死?"

萧何分析说:"现在敌众我寡,项羽士气正旺,在此情况下作战,必败无疑,岂不自取灭亡?与其如此,大王为什么不暂屈于一人之下,而取信于万人之上,像昔日商汤、周武王那样。臣请大王暂居巴、蜀之地,养精蓄锐,招贤纳士,待时机成熟,再还师平定三秦,与项羽一争高下。"

武将周勃、灌婴、樊哙也纷纷前来劝解,张良也支持萧何的意见,刘邦才罢休,不再提进攻项羽之事。

为了表彰张良,汉王刘邦特赐给他黄金百镒(20两或24两为一镒),珍珠二斗。张良一心为刘邦着想,把赏赐全部转赠给了项伯。刘邦闻之,又给张良许多财宝,让他去送给项伯,让项伯在项羽面前为刘邦请求汉中之地。项伯见利忘义,立即前去为刘邦说情,项羽果然答应。这样,汉王就将秦岭以南三郡连成一片,据为己有,定都南郑(今陕西南郑东北)。

巴、蜀、汉中,土质肥沃、物产丰富,士民众多。然而,由于地理隔阻,交通闭塞,进出十分艰难,欲从此东进,有诸多不便。所以,历史上的有为之主,在实力雄厚时,一般不拘泥于此地。项羽封刘邦为汉王,正是想借此遏制他向东扩展。可是,巴、蜀、汉中也有地理的优势——易守难攻。如果军力不足以争霸天下,退居此地自保,渐渐积聚力量,倒是一方宝地。汉王刘邦当时正需保存实力,所以刘邦、萧何、张良等人才决意西就封国。

是年四月,诸侯各回封地,刘邦分及3万人马,而投奔者无数。张良一心惦念着韩王成,不能跟随刘邦到南郑,但又很是牵挂。于是他决定先送刘邦,然后再去阳翟。他们经过杜县(今陕西西安东南),南入蚀中(今西安南,即子午谷)。张良一直送至褒谷(在今陕西褒城)。

褒谷又叫褒斜道,处崇山峻岭之中,山高谷深,山势陡峭,绵延数百里,中间有褒水流过,历来是自陕入川的南北通道和兵家必争之地。因悬崖绝壁,无路可行,人们就在半山腰的石壁上凌空搭建栈道,真可谓一夫当关,万夫莫开。刘邦见山高路险,劝张良不要再送。张良只好同意了。临分手时,张良指着山腰的栈道对刘邦说:"您走后应烧之。这样既可以防备诸侯攻打巴蜀,又向项羽表了忠心,使其麻痹。"这就是一向传为美谈的"明烧栈道"的妙计。刘邦依照张良的嘱咐,果然放火烧掉了栈道。

张良回到韩国后才知道,因为张良辅佐了刘邦,引起项羽的忌恨,所以项羽不让韩王成到封国去,而是把他带到彭城。项羽到达彭城后,又把韩王成降为穰侯,没多时就把他杀死了。

这时,由于项羽分封不公,加剧了诸侯之间的矛盾。田荣首先在齐国起兵反抗项羽。陈余没有被封为王,也对项羽不满,便跟田荣联合起来对付项羽。这年八月,汉王刘邦采纳了韩信的建议,乘机"暗渡陈仓",出兵关中,打败了雍王章邯,塞王欣、翟王翳也先后投降了刘邦。刘邦还出兵武关。项羽闻讯后甚恐,一方面出兵阳夏(在今河南太康),一方面封郑昌为韩王,以便对付刘邦。

张良生怕项羽去攻打刘邦,就给项羽写信说:"汉王名不副实,所以他想得到关中;只要按当初的约定得了关中,他绝不敢再往东扩张。"张良还把田荣与陈余联合起来企图反抗的事告诉了项羽,转移了项羽对刘邦的注意力,使项羽放松了对刘邦的警惕,集中兵力去攻打田荣。

公元前205年十月,张良回到汉中,被刘邦封为成信侯。是时,刘邦已经恢复关中,建都栎阳(在今陕西临潼北);田荣已经战败被杀,田荣的儿子田广立为齐王,继续对抗项羽。

项羽知道汉王刘邦已经向东推进,然而也无法脱身,便想先击败田广,平定齐地,然后再去打击刘邦。这就给刘邦造成了可乘之机。

这年四月,刘邦统帅56万大军经过洛阳到达外黄(在今河南兰考东南)。原来跟田荣联合、反对项羽的彭越,此时也率领3万人归属刘邦,刘邦封他为魏相国,转战梁地,自己亲率大军径直攻取彭城。

项羽听说以后,急忙率领3万精兵回师彭城。在军师范增的精心谋划下,项羽凭借3万精兵大败刘邦的数十万大军。汉军死伤20余万人,刘邦只率领数十名骑兵逃到下邑(今江苏砀山)。

这一仗不仅使刘邦的主力受到意料之外的重大损失,而且连先前投降刘邦的诸侯王也纷纷倒戈,又投靠了项羽。刘邦无法,便说:"关东地区我不要了。谁能为我立功破楚,我就送给他。"张良说:"九江王黥布,是楚国的猛将,他和项羽隔阂很深;彭越也跟齐国联合,在梁地跟楚军作战。此二人都可以利用。在汉王的将领中,只有韩信可以委以重任,独当一面。若赐此三子以关东,定败楚无疑。"刘邦听了,转忧为喜,一面派人去游说九江王黥布,一面又去联合彭越。后来,刘邦终于借助这三个人的力量打败了项羽。

公元前205年五月,刘邦移军荥阳,招集余部,萧何也从关中送来了补充的兵员和物资,汉军军威复振,把项羽拦阻在荥阳以东。刘邦还下令在荥阳和敖仓之间修建甬道,以便安全取用敖仓的粮食。

为了削弱项羽,刘邦派韩信渡过黄河,攻打安邑(在今山西夏县)。九月韩信生俘了魏王豹,接着又向燕、代进军,从侧翼声援刘邦,孤立项羽。公元前204年十月,韩信在井陉之战中击败赵军,俘虏了赵王歇。不久,九江王黥布归汉,刘邦命令他驻守成皋。

这时,项羽也加紧进攻刘邦,把荥阳重重围住,并断绝了汉军粮道。刘邦忧虑不安,便把谋士郦食其找来商议对策。郦食其认为,昔日商汤伐桀,武王伐纣,都曾把亡国国君的后代分封为王。秦始皇对六国诸侯,斩尽杀绝,使他们的后代无立锥之地,所以才招致失败。他建议刘邦重新分封六国的后裔,认为只要这样做,就可以获得百姓、诸侯的拥戴,最终称霸天下。刘邦听了,连声说好,并下令立即赶制印信,让郦食其去执行这个使命。

适逢张良来朝。刘邦正在吃饭,见张良来到,便向他谈起此事,并征求他的意见。

张良听后,非常惊讶,问刘邦:"这是谁给您出的馊主意?如果这样做,您的事业就完了!"

刘邦连忙追问:"为何?"

张良走上前去,拿起筷子,比比画画,胸有成竹地进行了分析。他认为:以前商汤伐夏并封夏桀的子孙为王,周武王伐商并封殷纣的子孙为王,那是因为能够牢牢把他们控制住,现在刘邦能置项羽于死地吗?周武王伐纣以后,曾经表彰贤良,为圣人修建坟墓,发放矩桥的粮食和鹿台的钱财,以接济穷苦的百姓,如今汉军连粮草都无法保证,哪有条件那样做呢?再说周武王灭商以后,为了表示不复征战,让人们安居乐业,便马放南山,收起兵器。如今刘邦却面临着项羽的重重包围,胜败未卜,况且刘邦的部下离乡背井,征战天下,只不过是想得到尺土之封,如果把土地都分封给六国的后代,这些人没有了指望,就会丢开刘邦,各归其主,返回故里。这样,谁还跟刘邦去打天下呢?再说现在最强大的还是楚国,即使封六国之后为王,由于他们势单力薄,也会先后纷纷投奔项羽,谁还会归顺于刘邦呢?

张良的分析实在精辟。首先,他认识到古今时移势异,反对照搬"古圣先贤"的旧章法。

第二,他看到汤、武分封夏、商后人,是在政局安定之后,已能左右天下形势,现今是楚汉方争,胜负未决。

第三,昔日武王散钱、发粟,是用敌国积储治疗自身疮痍;现今汉王自己军事无着,何暇救济他人。

第四,昔日刀枪入库,马放南山,牛息桃林,是由于时势已转入昇平年代;现今却正是狼烟四起,烽火连绵之际,决不可偃武修文。

至关重要的,是张良把封土赐爵用作奖赏军功,以激励天下士民追随汉王征战,作为维系将士之心的一条重要索链。此外,张良意识到六国贵族腐化堕落,分封六国只能分散抗击项羽的力量,最终将被楚军各个击破;即使有强者复出,亦必拥兵独立,怎么能臣属于刘邦。张良此论,较之他当初请立韩王,无疑是思想上的飞跃,而且在中国古代政治思想发展史上占有重要的一页。

刘邦听了,恍然大悟,急忙放下碗筷,把含在嘴里的东西吐在几上,连声骂道:"这小子差点败坏了老子的大事!"说罢,急忙命令把印信销毁。

起初陈胜起兵时,六国贵族也都想推翻秦朝,反秦的目标是一致的。陈胜分封六国的后代,暂时还能够起到联络党羽、孤立秦朝的作用。况且当时天下的土地并

国学经典文库

帝师谋士

图文珍藏版

不归陈胜所有,所以陈胜把秦朝的土地分封给六国的后代,既有美名又有实惠。但是,刘邦却不一样。楚汉相争,楚强汉弱,胜负未卜,六国诸侯并非全都反对项羽,如果刘邦把自己攻占的土地分封给六国的后代,就等于削弱了自己,帮助了敌人。一样是分封六国之后,形势不同,效果也完全不同。秦朝灭亡之后,项羽分封诸侯,结果是众叛亲离,纷争迭起,这就是一个沉痛的教训。张良虽然是韩国贵族,但他从全国的角度考虑,对当时的形势有清楚的了解和客观的分析,表现了他的远见卓识和雄才大略。

公元前205年五月,项羽围困荥阳,楚、汉在荥阳、成皋、广武一带相持一年多。

为了麻痹项羽,诱使项羽退军,刘邦用张良之计,提出议和。条件是以荥阳为界,西归汉,东归楚。项羽准备议和。范增对项羽说:"目前优势不在汉,大王要一鼓作气突破成皋防线,否则就难以对付刘邦了。彭城大捷是天赐良机,如不乘胜灭刘,将来后悔莫及。"项羽采纳了这一建议,猛攻汉军,一度攻下成皋,刘邦差点被活捉。刘邦一时失败,非常恐慌。他问计于张良、陈平,张良说:"项王的骨鲠之臣不过范增、钟离眛几个人。项王外宽仁而内猜忌,信谗言,用亲信而不用人才。只要我们愿意花本钱,设谋反间计,使楚国君臣相疑,范增、钟离眛几个智能人物失势,破楚擒项,在此一举。"

刘邦说道:"此计极好,依你之见,谁去施行合适?"

张良道:"陈平熟悉楚营,此计施计非陈平莫属。"

刘邦非常高兴,乃命从府库中取出数万两黄金、无数珍珠交给陈平去打点施行离间计。陈平原在项羽麾下行事,因长期不为重用,又见项羽刚愎自用,任人唯亲,才投奔刘邦。他对项羽相当了解,深知其为人。当天夜里,他用重金贿通楚军,让他们四处造谣说:"钟离眛、范增等将军替项王卖命,功劳卓著,然而始终不能割地封王,他们准备与汉联为一气,共灭项氏,分其地为王。"由于流言纷纷,不久即传到项羽耳中,项羽果然对钟离眛、范增等人不太信任了。

就在项王初生疑心之时,项王有事遣使者来汉营。张良见此,灵机一动,又心生一计。他把计策告诉刘邦,刘邦大加称赞。待楚使将至,刘邦老远就叫人捧出盛满牛、羊、猪三牲的食具,举过头顶,毕恭毕敬地打算款待使者,等使者走近,看仔细了,又假装吃惊的样子说:"哎呀,忙活大半天,你们原来是项王派来的使者,我还以为是亚父的使者呢。"说着,即命人把盛宴抬了回去,换成非常粗劣的饮食招待使者。

使者办完公事,回到楚营,将受辱之事回报项王,项王更增加了对范增的猜忌和怀疑,渐渐猜疑范增不忠。范增提议抓紧时间攻下荥阳城,项王因疑范增心怀鬼胎,偏不肯听。当范增得知项王疑心自己与汉勾结时,知道自己已失去项王的宠信,既气愤又伤心,乃对项王说:"天下事大局已定了,君王您好自为之吧。我已经老了,请君王让我告假回到故里。"项羽竟薄情地答应了他。范增年事已高,走到半路,气结淤积,背生毒疮而死。时年74岁。不久,钟离眛也被削弱了兵权。自此,项羽身边既无谋臣,又无良将,以匹类之勇,刚愎自用,连连中计,形势随之急转直下,最终落得众叛亲离,垓下被围,兵败自杀。这是后话,暂且不提。

再说汉军这里,虽张良、陈平计谋连连得逞,但依然处境困难,未能摆脱困厄的局面,荥阳城依旧被楚军包围得水泄不通,如铁桶一般。城中粮食日渐不济,将士也疲惫不堪。见此,张良又献一计,他让刘邦诈降,趁夜派遣 2000 女子出城东门诱敌,自己则与刘邦等从西门突围而去。

公元前 203 年十月,刘邦胸部中楚军伏弩。刘邦"伤胸扪足"(伤了胸膛却去捂脚),并大声嚷道:"敌人射中我的脚趾!"他边喊边退入后账。

张良心下赞叹刘邦的机警,竟一举哄过楚军,也蒙住了汉军的眼睛。可是,刘邦伤势很重,久久卧床不起,一旦被士卒察觉,定会扰乱军心。倘若被楚军侦悉,也会助长敌兵威风。想至此,张良便去面见刘邦,晓以利害,强让他起床,检阅军队,安定人心。项羽见刘邦照旧劳师,未敢乘机大举进攻。

楚、汉在荥阳、成皋一带相持日久,项羽因一时难取荥阳,便依范增之计,把在彭城大捷中俘获的刘邦之父、吕雉,及其一双儿女带到荥阳城下,对城楼喊道:"刘邦小儿听着,你再不投降,朕就烹了你父,煮了你妻!"

说罢,只见几名楚军将士马上架起油锅,生火架柴,又有两名士卒将太公、吕雉推到阵前。

刘邦闻讯与众臣登上城楼,举目一看,禁不住潸然泪下。张良一见,急忙劝慰道:"大王勿伤悲。这乃是范增之计,太公不会被烹。"

刘邦急问其故,张良说道:"项羽出于无奈,只是想以此来胁迫我军投降。此计若不成,他们果真要烹太公,楚军中有项伯,届时定会出面阻拦。再者,对于项羽这样的人,若主公胆怯,就正中其怀,他会得寸进尺。我们只能以狠对狠,不能让他抓住我们的把柄。如此或许能救太公于虎口。"说罢,张良对刘邦耳语一番。刘邦乃强打精神,对项羽大声喊道:"项羽小儿听着,我与你同侍义帝,结盟约为兄弟,我父即你父,你要烹你父,请看在兄弟的情分上,分我一杯羹!"说罢,扬长而去。

项羽听罢,气急败坏地说道:"呸!你这个薄情寡义的无耻小人,来人!给我将太公、吕雉抛下油锅!"

四名士卒架起太公、吕雉,就要向油锅中抛。果正如张良所料,正在危急之时,但见项伯挺身而出,大声喊道:"且慢!"然后来到项羽跟前施礼道:"大王,这使不得!"

"嗯!"项羽不喜道:"为何使不得?"

项伯:"大王,楚汉相争,与他们没有关系,今烹刘邦父、妻,楚汉会积怨更深,天下人也会唾骂大王,说咱们不仁不义,不忠不孝。而且臣闻刘邦从不顾亲眷家属,刚才大王也听见了,他还要分杯羹汤。对这样的人,即便杀了其父、妻,也无补无事,空留骂名而已。臣以为与其如此,不如暂且不杀他们,日后尚能挟持刘邦。"

项羽听后,觉得很有道理。本来烹刘邦父、妻,自己就不大赞同,因为即使此计成功,刘邦归降了自己,让诸侯知道,堂堂西楚霸王,不凭武力,而是靠烹人家父、妻而获胜,这于自己脸上也不大光彩。乃下令:"将刘邦父、妻押回营中,待日后处置!"

再说此时韩信却是连连得胜,先后平定了赵、燕、代诸地。之后,他又尽取三齐土地。这时刘邦正驻军广武。韩信派人送信给刘邦,信中略说:"齐国狡猾多诈,反复无常,又紧靠楚国,请封我为齐假(代理)王,以便镇服齐国。"

刘邦一听韩信所请，不禁勃然大怒，当着使者的面，破口大骂道："我久困于此，日夜指望你前来助我，你却要自立为王！"

当时，张良正坐在刘邦身边。他清醒地预测，韩信的向背对楚汉战争的胜负有举足轻重的作用。如果他归顺刘邦，刘邦就会胜利；如果他投靠项羽，项羽就会消灭刘邦。要战胜项羽，就必须利用韩信。况且，韩信远在齐地自立为王，刘邦鞭长莫及，不可能阻止。作为一个政治谋略家，必须在瞬息万变的情况下因时制宜，迅速应变。张良听到刘邦骂出前面的话，连忙在案下轻轻踢他一脚，然后附耳说道："汉正失利，岂能阻止韩信称王吗？莫如顺便立他为王，使其自守。否则，恐生不测。"机变的刘邦顿悟方才失言，于是改口骂道："大丈夫既定诸侯，就要做个真正，何必要做假王！"刘邦一向非常喜欢骂人，有此一骂本不足为奇；况且前后两语接得天衣无缝，竟然蒙混过去。

是年二月，刘邦遣张良操印出使齐，封韩信为齐王。一个顺水人情，居然笼住了韩信，为日后十面合围击败项羽，做了组织准备。

对于此权宜之计，东汉荀悦论得好："取非其有（指齐地本非刘邦所有）以予于人，行虚惠而获实福。"意思是说，刘邦用本不属于自己的土地赏赐韩信，行施于己毫无损伤的恩惠与他人，而得到实在的好处。

这时，持久战之后，楚汉战争的形势已经发生变化，实力对比越来越有利于刘邦，而不利于项羽，所以项羽也在拉拢韩信。他派武涉去离间韩信与刘邦的关系，劝韩信三分天下，独霸一方。韩信没有同意。接着，谋士蒯彻见武涉没能说服韩信，也劝说韩信鼎足而立，韩信又婉言拒绝。这说明，张良的远见卓识确实高人一筹。在当时的形势下，若不能稳住韩信，汉军的优势就很难保持，楚汉之争的后果便很难设想了。

因为韩信在黄河中下游稳住了阵脚，从东北方威胁项羽，彭越等人又不断从南方骚扰并削弱楚军，使项羽四面受敌，加上项羽孤立寡援，军粮缺乏，出于无奈，只得跟刘邦议和。双方约定以鸿沟为界，中分天下，鸿沟以西归汉，鸿沟以东属楚。

九月，为表示诚意和和解，项羽把以前俘虏的刘太公和吕后等人放回后，便撤军东归。

刘邦自反秦以来，转战数年，出生入死，鞍马劳顿，屡次幸免于难。现在楚汉已经议和，他也打算向西撤兵。张良却认为，这正是消灭项羽，夺取天下的良机，如果中途休战，就会半途而废。他指出：现在刘邦占据了大半个江山，各路诸侯皆已归附，如果不乘胜追击而纵敌，就会养虎遗患。刘邦接受了他的意见，改变主张，撕毁和约，掉转马头，继续向东进攻。

公元前202年十月，刘邦追击项羽，至于固陵（今河南太康南）。在此之前，刘邦已经和韩信、彭越约定，要在固陵会师，共同围攻项羽。可是韩信、彭越尚未如期到达。楚军趁汉军孤军深入，又把汉军杀得大败。刘邦只得坚壁自守，十分着急。

他问计于张良，张良分析说："现在楚兵将破，韩信、彭越却没有划定封地，他们自然不会前来助战；如果您能跟他们共分天下，他们就会立刻赶到。韩信虽说被封为齐王，但不是大王的本意，所以他至今将信将疑；彭越本来平定了梁地，应该受封，由于魏王豹当时还在，您只封他为相国。如今魏王豹已经死了，彭越也想封王，然而您又不曾封他。请您把陈(今河南淮阳)以东直至东海封给韩信;把睢阳(今河南商丘南)以北至谷城(今山东东阿南)封给彭越。韩信为楚人,他早就想得到家乡的土地。假如大王能把这些地方许给他们,让他们如愿以偿,他们必然会全力助战,这样楚国就不难打败了。"刘邦接受了张良的建议,韩信、彭越果然很快前来会师。

是年十二月,汉军在韩信指挥下把项羽围在垓下(在今安徽灵璧南)。项羽为了突破包围,在垓下发起了一次突围战。项羽亲率精兵向汉军猛冲。韩信假装败退,拉长战线,然后用骑兵从两翼截夹楚军,分段围歼,打败了项羽的突围战。夜间,汉军四面大唱楚歌,迷惑项羽。项羽惊恐不解地说:"莫非汉军把楚国都占领了吗?为何汉军中有这么多人唱楚歌?"其实这是韩信采用张良的攻心战,用思乡曲来瓦解楚军军心。"四面楚歌"果然奏效,楚军士兵无心再战,连项羽也心烦意乱,不停地喝闷酒。最终,楚军全军覆没,项羽虽带少数人冲出重围,然因无颜见江东父老,在乌江边自刎身亡。一场持续四年的楚汉战争最终以刘邦的胜利而告终。随后,刘邦改封齐王韩信为楚王,定都下邳;封彭越为梁王,定都定陶。公元前202年,刘邦即皇帝位,建立了汉朝。

五月,刘邦在洛阳南宫设宴招待群臣。席间,刘邦对大臣们说:"我之所以夺取天下,项羽之所以失去天下,是什么原因呢?"王陵等人说:"陛下派人去攻城略地,胜了就把这些地方赐给他,与天下同利。项羽却不然,他杀害功臣,嫉贤妒能,使部下离心离德,这就是项羽失败的原因。"刘邦不以为然地说:"你们只知其一,不知其二。要说运筹帷幄之中,决胜千里之外,我不如子房;镇国抚家,安抚百姓,筹办粮饷,供应充裕,我不如萧何;统帅百万之军,战必胜,攻必取,我不如韩信。此三子都是人中豪杰,对他们,我都能量才使用,这才是我能取得天下的真正原因。而项羽连一个范增都容不下,因此他才败在我的手下。"

劝都关中　高瞻远瞩

汉朝初创,建都问题至关重要。起初,汉高祖刘邦想长期定都洛阳,群臣也多持此见。

公元前202年五月,齐人娄敬到陇西戍边,途经洛阳。他叩见高祖,力劝建都关中。刘邦不能决断,便向群臣问计。当时刘邦的大臣大部分是山东六国之人,他们也都主张建都洛阳。理由是:洛阳东有成皋,西有崤山、渑池,背靠黄河,面向伊、洛,周围山河拱卫,地形险要。娄敬则从政治、经济、军事、历史诸方面分析了建都关中的优势。他分析道:其一,关中占形胜。四面阻险,进可以攻,退可以守;

其二,关中有地利。土地膏腴,河流、渠道纵横交错,利于农业生产。

其三,关中无后顾之忧。西、西南、西北三方没有形成统一的,强大的政治势力。

其四,关中得人和。在秦末诸侯中,刘邦最先进关,三章之法初施于此,早已赢得秦民之心。加上长年君临巴、蜀、汉中,已在关西一带形成势力,根深蒂固。

其五，关中经周、秦数百年经营，始终是全国的政治中心和经济重心，及至楚汉之争，战场较长时间局限在荥阳一带，曾波及洛阳，但关中地区影响较小，损失不大。

依靠上述优势，再恃殽关、函谷关等天险，即扼住了东西交通的咽喉；以此定都，诚如娄敬所说："夫与人斗，不扼其亢（咽喉），拊（击）其背，未能战胜对方也。今陛下入关而都，居于秦朝之故地，便可扼天下之咽喉从而牢牢地控制之。"

群臣之中，唯张良支持娄敬的建议。张良首先反驳了建都洛阳的主张，他认为："洛阳虽有成皋、崤山、渑池、黄河、洛水之险，但洛阳地域狭小，面积不大，而且土地瘠薄，容易四面受敌，不是用武之地。而关中左有崤山、函谷关，右有陇山、岷山，中间地域宽阔，沃野千里。再兼南有巴蜀之饶，北有畜牧之利，西、北、南三面有险可守，东面又便于控制诸侯。在天下平安无事时，可以从黄河和渭水运输全国的物资，供应京师。如果诸侯反叛，天下大乱，则可顺流而下，兵击四方，粮饷和物资也可源源不断地运达。实在是'金城千里，天府之国'"。

张良的建都思想，表现了一个谋略家的宽阔胸怀和高瞻远瞩，他不考虑个人感情和私利，而是站在全局的高度，为国家的长治久安着想。这在古代，是极其可贵的。

刘邦听了张良的一番分析，很以为对，遂"既日起驾，西都关中"。

小施计谋　奏封雍齿

公元前201年，刘邦论功行赏。因为张良主要是谋臣，没有战功，刘邦让他从齐国选3万户作为封邑。张良赶快辞谢说："当初我在下邳起事时，跟陛下在留城相遇，此为天意成全我，把我交给陛下。以后陛下信任我，我的计策有时还很管用，所以把留地封给我，我就心满意足了，怎么敢要3万户？"刘邦再三劝封，张良坚辞不受，最后，刘邦只好接受了他的请求，封他为留侯。

当时，刘邦分封了20余名大臣，其他人日夜争名夺利，使刘邦左右为难，无法再封。张良则适得其反，不但不争功，而且封了他还不要，表现了他的高风亮节和超然物外。

一天，刘邦在洛阳南宫里，从复道望见将领们三三两两地坐在沙地上交头接耳，窃窃私语，就问张良他们在议论什么。张良故作惊讶地说："难道陛下还不知道吗？他们在谋反呢！"

刘邦大吃一惊，问道："天下方定，他们为什么又要反叛呢？"

张良回答说："陛下出身平民，这些人跟随陛下夺取天下，就是为了封官晋爵。今天陛下贵为天子，被封赏的人都是您的老朋友，仇人获罪。现在即使拿出整个天下也不够他们每人分一份。他们既担心得不到封赏，又害怕因为有什么过失被您杀掉，所以他们就纠合在一起预谋反叛。"

刘邦非常担忧地问："以卿之见，该怎么办？"

张良问："您平生最恨而又为大家所知道的人是谁呢？"

刘邦回答:"雍齿和我以前有仇,曾经背叛过我,使我很难堪。我本想杀他,念他功劳不小,所以又不忍心这样做。"

张良说道:"那您就赶快先封雍齿,大家见雍齿这样的人都被封了,也就都安心了。"

于是,刘邦召集群臣,大摆酒宴,当即将雍齿封为什方侯。果不出张良所料,宴毕,群臣议论说:"像雍齿这样的人都能被封为侯,我们不用愁了!"

一场政治风波,被张良小施计谋,就轻而易举地平定了,而且结局皆大欢喜。

北宋史学家司马光评论这件事说,张良这样做,使刘邦避免了一场因用人唯亲、徇私行赏而导致的政治危机,使群臣消除了"猜忌之心"。北宋政治家王安石也写诗说:

汉业存亡俯仰中,留侯于此每从容。

固陵始议韩彭地,复道方图雍齿封。

诗中肯定了张良在打败项羽、巩固汉朝的过程中所起的作用。

明哲保身　功成身退

汉朝建立后,由于统治阶级内部争权夺利的斗争日益尖锐和激化,貌似妇人的张良又体弱多病,入关后身体越来越不好,所以他干脆"等功名于物外,置荣利于不顾。"杜门谢客,深居简出,采取明哲保身,功成身退的超然态度,成天在家颐养身体,修仙学道。他追随刘邦多年,明了其为人:只可与之共患难,而不可与之共荣华。他经常对人说:"我家世代相韩,韩国被灭掉后,我不惜花费万金家财,为韩国报仇。刺杀秦始皇一事使天下震动。现在我以三寸不烂之舌辅佐皇帝,被封为万户侯,作为一个普通人,这已经是登峰造极了,我张良心满意足。我情愿屏弃人间之事,跟着仙人赤松子去游历天下。"

张良假托神道,实在用心良苦。对此,北宋史学家司马光评论说:"夫人生之有死,犹如天有昼夜一样,是自然而然,不可抗拒的。自古及今,尚无一人能够超然这一规律而独存于世的。以子房之明辨达理,当然知道神仙之虚妄不实,然其明知如此却要从赤松子游历天下,足见其聪明机智。人臣最难处理之事即为对功名态度。汉高祖所称道的三杰之中,淮阴侯韩信被诛,丞相萧何入狱,他们难道不是因为功高而不知停步吗!?因此子房托于神仙,遗弃人间,超脱世外,把功名看作身外之物,置荣华富贵于不顾。所谓'明哲保身'者,正是张子房焉!"

公元前197年,皇室内部发生了戚夫人争宠夺嫡的事件。刘邦原先立了吕后的儿子刘盈为太子。后来吕后常常留守长安,而戚夫人则与刘邦形影不离,深受宠爱。时间一长,戚夫人经常向刘邦哭诉,请求废掉刘盈,改立自己生的赵王如意为太子。另一方面,刘邦对太子刘盈也不怎么喜欢,经常说:"如意类我",太子刘盈"仁弱","不类我"。于是刘邦便想废掉刘盈,改立如意为太子。尽管许多大臣竭力谏争,刘邦一直不肯改变主意。

在吕后无计可施的时候,有人对她说,张良足智多谋,又很受信任,何不向他请教,问他有什么办法。吕后一听,顿悟,遂让她哥哥、建成侯吕释之去找张良。

张良虽然超脱世外,不想多管闲事,但又奈不过吕释之的苦苦哀求,无奈接见了他。

吕释之对张良说:"您是陛下的谋臣,现在陛下要废掉太子,您怎么可以放手不管呢?"

张良说:"以前陛下打天下的时候,经常处在困厄之中,所以才肯听我的话;现在天下平定,陛下从恩爱出发,想另立太子,这是他们骨肉之间的事情,纵有一百个张良也没有用处!"

吕释之执意要张良出谋划策。张良见实在推脱不过,就说:"此事非言语所能动。现在有四个老人,很受皇上尊重,但因皇上对人傲慢无礼,所以他们宁愿躲在深山,也不愿意为朝廷出力。皇上很器重这四个人,若太子刘盈能设法把他们请来做自己的门客,常常带领他们出入朝廷,有意让皇上看见,让他知道'商山四皓'在辅佐太子。这样对巩固太子的地位是很有帮助的。"

吕后遵照张良的吩咐,派人带着太子的亲笔信和丰厚的礼物,把这四个老人接了过来。

公元前196年,黥布谋反,当时刘邦正在生病,就准备让太子刘盈率领军队前去平叛。这四个老人一眼就看穿了刘邦的真实意图,于是向吕释之说:"让太子去率军平叛,即使有了战功,地位也不会再高过太子。如果无功而返,就会因此遭祸,失去太子的地位。并且随同太子出征的这些将领,都是曾经和皇帝一起平定天下的猛将。现在让太子去统帅他们,就比如让一只驯服的绵羊去统帅一群恶狼,他们不会为太子效命的。因此也很难建立战功。"他们建议吕后赶快向刘邦哭诉求情,就说如果让太子去率领军队平叛,黥布知道后,定会无惧而西攻;皇上虽然有病,但是如果御驾亲征,将领们就不敢不尽力。

吕后果然去找刘邦,刘邦听了,非常不高兴地说:"我早就知道这小子不堪重任,还是老子亲自出马吧!"

刘邦率军出发时,群臣都到灞上送行。张良也强支病体,勉强起来去送行。他对刘邦说:"我本该跟随陛下前往,无奈病得太厉害了。楚人剽悍勇猛,请皇上勿与之争锋。"张良还建议,让太子刘盈为将军,监护关中的军队。刘邦同意了,就让张良辅佐太子。其时叔孙通是太子太傅,张良就做了太子少傅。

刘邦亲征前曾召集诸将商议。滕公夏侯婴推荐原楚国令尹薛公为刘邦出谋划策。薛公对刘邦说:"黥布造反,有上、中、下三计。东取吴,西取楚,并齐取鲁,威胁燕赵,使山东诸侯都反对汉朝,这是上计。东取吴,西取楚,一路向西夺取以前韩、魏之地,据有敖仓之粟,堵塞成皋的关口,这是中计。东取吴,西取下蔡,与南越结盟,向南靠近长沙,这是下策。"薛公又对刘邦分析说:"若黥布取上计,天下就大乱;取中计,胜负难分;取下计则迅速失败。黥布有勇无谋,必取下计。陛下立刻亲征,阻止黥布施行上、中两计。"刘邦依照薛公之计率兵亲征,在气势上占了上风。

刘邦和黥布在甄地会战。两军对垒,主帅披挂上马,刘邦和黥布在阵前对话。刘邦高声责骂:"我封你为淮南王,你为什么造反?"黥布直率地答道:"我也想做皇帝啊!"黥布以臣造反,此言并不能鼓舞士气,倒是激怒了汉兵。刘邦一面斥骂,一面指挥进攻。虽然黥布奋力作战,仍然大败而归。果不出薛公所料,黥布率领100多残兵败将逃向长沙。长沙王吴臣是黥布的内兄,黥布意欲投奔,结果被长沙王暗中派人杀害了。一代骁将黥布就这样陨落了。

刘邦平定黥布回来,病情更加沉重,更想废立太子。张良劝谏,刘邦不听,张良就称病不问。太傅叔孙通用晋国改立太子,导致晋国数十年的内乱,为天下所取笑,以及秦始皇没有早立太子,结果赵高篡权,诈立胡亥,导致秦国灭亡的经验教训来劝阻刘邦。刘邦见群臣屡次力争,知他们都不愿改立赵王如意,只好对叔孙通说:"算了!我不过是开开玩笑,哪能改立太子呢?"但他内心并未消除此念。

在一次宴会上,太子刘盈侍立一旁,那四个老人跟随在太子左右,年龄都在80以上,须眉皓齿,衣冠甚伟。刘邦见了,感到惊异,一问才知道他们是东园公、角里先生,绮里季和夏黄公。刘邦大吃一惊,说:"我叫你们,你们不来,总是躲着我。现在你们为什么愿意跟我儿子来往呢?"四人异口同声地说:"皇上一向看不起儒生,经常骂不绝口,我们不愿受人侮辱,所以才远远地躲起来。今闻太子仁孝,尊敬贤者,善待儒生,天下谁不想为太子效力,所以我们自愿前来!"刘邦见太子羽翼已成,即使改立赵王如意,恐怕自己死后,帝位未必巩固,这才被迫改变了废嫡立庶的主张。

这场统治阶级内部的政治斗争,尽管轰动朝野,几反几复,但是因为张良的运筹帷幄,终于使吕后和太子刘盈获得了胜利,从而化解了一场可能发生的政治动乱,巩固了汉朝统治,在客观上也有利于时局的安定。

公元前195年(汉十二年)四月,刘邦崩于长乐宫中,太子刘盈继位。公元前1896年,张良去世,谥文成侯,埋葬在谷城山下的黄石岗。

史载张良曾同韩信一同整理过汉时所有各类兵书;唐开元年间设置太公尚父庙,以留侯张良配祭;唐肃宗时又追谥姜太公为武成王,并挑选历代良将十人,称为"十哲",张良也是其中之一。

纵观张良的一生,他之所以能成为千古良辅,被后世谋臣推崇备至,不仅在于他能运筹帷幄,决胜千里,辅助刘邦创立西汉王朝,还在于他能因时制宜,适可进止,最后,既完成了预期的事业,又在那充满悲剧的封建专制时代里自保,一言以蔽之:功成名就。在秦汉之际的谋臣中,他比陈平深谋远虑,比蒯彻积极务实,比范增气度广阔。他与萧何、韩信并称汉初三杰,却未像萧何那样蒙受锒铛入狱的羞辱,也未像韩信那样落得兔死狗烹的下场。他确有大家的风度,可谓智慧的化身。

公而忘私　成就大业

——萧何

名人档案

萧何:沛郡丰邑(今江苏省徐州市丰县)人。西汉开国功臣、政治家,"汉初三杰"之一。萧何从小就十分聪明,读书学习也非常刻苦用心。他努力学习经史,钻研诸子百家著作,对历朝历代辅佐帝王建成霸业的能臣贤才都十分钦佩,所以他自小就非常努力学习治国平天下的各种本事。萧何出身贫寒,对生活在社会底层的劳苦百姓非常同情,自幼就立下了守护国家、抚恤百姓的远大志向,这就为他以后为官从政打下了坚实的基础。

生卒时间:? ~前 193 年。

性格特点:性格随和,善于识人,广交朋友。

历史功过:萧何一生勤俭,不尚奢华,严于律己,宽以待人,为官清廉,心存百姓,衷心为国,鞠躬尽瘁,不论是在推翻秦王朝的战争期间,还是在西汉王朝建立初期,他都表现出了一位中国古代杰出的政治家和治世能臣的政治远见和卓越的理政才干,尤其是他独具慧眼、举贤荐才的超人才能,千百年来被人们所讴歌和传颂。萧何生前为丞相,拜相国,封酂侯,去世后,被汉惠帝追封为文信侯。

名家评点:《史记·萧相国世家》:既杀项羽,定天下,论功行封。群臣争功,岁余功不决。高祖以萧何功最盛,封为酂侯,所食邑多。功臣皆曰:"臣等身被坚执锐,多者百余战,少者数十合,攻城略地,大小各有差。今萧何未尝有汗马之劳,徒持文墨议论,不战,顾反居臣等上,何也?"高帝曰:"诸君知猎乎?"曰:"知之。""知猎狗乎?"曰:"知之。"高帝曰:"夫猎,追杀兽兔者狗也,而发踪指示兽处者人也。今诸君徒能得走兽耳,功狗也。至如萧何,发踪指示,功人也。"

志向远大　善交朋友

萧何,出生年不详,逝世于公元前 193 年,是江南沛县(今属江苏省)人。青年时期,萧何被举荐到沛县担任功曹一职。在县衙功曹的职位上,萧何把幼时所学都用于实践,很快便熟悉了业务,适应了官场的环境。同时,他又为人宽厚,善待同僚,性格随和,上下左右关系都相处得非常融洽。在打理县令交给的业务时,他思维敏捷,办事干练,体恤百姓,为官清廉,深得县令的器重,同僚的敬重和百姓的好评。这期间,萧何还对历朝历代的法律法规又进行了长时间的学习和钻研,成为当时熟谙法律的优秀官吏。

为了实现自己的远大抱负,萧何利用功曹职位的便利,注重发现和网罗各种有用的人才,用心结交天下各路的英雄豪杰。当时在沛县泗水亭担任亭长的刘邦,在县衙任书吏的曹参,任捕快的樊哙,以及吹鼓手周勃等,都是萧何的心腹之交。在众多的朋友中,萧何最看重刘邦。刘邦,出身贫寒,世代为农,与萧何是同乡。传说刘邦的母亲在怀孕的时候曾梦见天上的神龙,刘邦出生时长颈高鼻,左肋有七十二颗黑痣,会看面相的人都说他是神龙转世,将来必有大富大贵(当然这都是迷信)。刘邦长大成人后,身高七尺八寸,仪表堂堂,风骨不凡,虽说是出身农家,但是他从小就不喜欢务农,整天在社会上游荡,喜欢结交三教九流的朋友,在与朋友交往的时候不拘小节,敢作敢为,对朋友宽厚大度。刘邦从小立志高远,很想在社会上干出一番大事业,在朋友们的帮助下,学习管理国家的知识,一点就通,一学就会,不多久便当上了泗水亭长。并与萧何、曹参等人成为无话不谈的知心朋友。刘邦经常与他们切磋学习,议论天下的形势,探讨救国救民的方法,大家无拘无束,推心置腹,往往边聊边喝酒,一直到深夜才散。

萧何对朋友的事都是十分关心,当他看到刘邦老大不小还未成家,生活又放荡,喜欢女色,认为这样对他将来的发展不利,就琢磨着应当尽快帮助他娶妻安家。恰好这时县令的朋友吕公携夫人和女儿来避难,县令动员官衙里所有的官员都要出资相助,萧何就动员刘邦去结识吕公,在萧何的介绍下,第二天,刘邦就去拜见吕公,吕公仔细端详刘邦,见他长相非凡,谈吐不俗,就把他待为上宾,马上安排酒宴款待刘邦,在萧何的撮合下,吕公请县令做媒,把他的女儿吕雉嫁给了刘邦。这样,经萧何这一引见,刘邦不仅结识了吕公和县令,又娶上了美丽的妻子,心中对萧何更加敬重和感激。

平时,由于刘邦说话随便,不拘小节,又好喝酒亲近女色,难免工作出些差错,得罪小人。每当这个时候,萧何都利用他的职权和良好的人际关系,为刘邦上下打点,大事化小,小事化了。除此之外,萧何对刘邦在经济上也是多有资助,有一次,刘邦奉了县令委派,去秦国的都城咸阳办理公务,县吏们每人都送上三百钱的路费,而萧何却送上五百钱的资助,刘邦对萧何的恩惠是牢记在心。

秦二世元年(公元前 209 年)九月,朝廷颁下诏令,命各县遣送罪犯囚徒去咸阳的骊山,继续修建秦始皇的陵墓。沛县的县令也得到诏令,凑齐了一批罪犯,指派刘邦押送他们去骊山。可是一出县境，便逃脱了几名，再走出数十里，又有几个不见了，一路走着，罪犯在不断地逃亡，刘邦无奈，只好睁一只眼闭一只眼，也不去监管，等到了丰邑县（今属安徽）的大泽，逃往的人越来越多，刘邦看到已经无法交差复命，也就索性不管了。秦朝的法律非常严苛，在监管罪犯的过程中，逃跑的人被抓住要被处死，押送罪犯的人由于监管不力也要被处死，于是刘邦干脆不走了，把剩下的人叫到一起宣布："各位弟兄们，大家听好，等你们到了骊山，都要去做苦役，不是累死就是被打死，侥幸不死的，说不定还要被活埋，尸骨不能还乡，我现在把大家全部释放，各逃生路去吧，我也只好逃亡了。"大伙听了真是感激涕零，千恩万谢，刘邦为他们一一松绑。其中有十几名无牵挂而又身强力壮的罪犯，见刘邦如此豪爽仗义，愿追随他一起走，刘邦就带领他们逃亡到芒砀山躲避起来，时间不长，在他的身边就聚集了一百多人。

沛县的县令久等数日也不见刘邦的消息，便派人出去打探，得知刘邦已经放掉罪犯逃跑了，便把他的妻子吕雉抓起来关进监狱。当时萧何正在咸阳出差，回到县里知道消息后，立即找到曹参和狱吏任敖等人商议，积极营救吕雉。萧何安排任敖利用看管囚犯的便利条件，好好照看吕雉，不让她在狱中受苦，又发动其他人通过关系在县令面前说情。一日任敖探监，发现一个狱吏正在调戏吕雉，任敖赶上前去对那个狱吏一顿猛揍，两个人扭打在一起，随后上诉到县令那里。县令升堂审问，二人各执一词，无法审断，县令请来萧何担当主审，萧何重判了调戏吕雉的狱吏，判任敖的举动是见义勇为，所以无罪释放，并趁机在县令面前为吕雉说情开脱罪责。他对县令说："吕雉身为女流之辈，在家里务农教子，不闻外事，刘邦在外犯了事，她并不知情，况且做丈夫的犯了罪也不能株连妻子啊。您不如放了吕雉，也显示出您的仁慈和爱民。"县令听萧何讲的入情入理，加上萧何先前也做了打点，于是就做个顺水人情，当堂下令将吕雉释放。随后，萧何又派人把吕雉母子护送到芒砀山，与刘邦团聚。对萧何的救命之恩，让刘邦夫妇甚为感激，终身未忘。

乱世起义　辅佐刘邦

秦二世元年（公元前209年）七月，陈胜、吴广在蕲州大泽乡起义反秦，紧接着江南会稽的项梁和项羽叔侄也起兵反秦，秦末农民起义如火如荼地爆发，天下大乱。面对天下风云变幻的形势，萧何经常约曹参、樊哙、夏侯婴、周勃等人秘密聚会，商讨如何应对混乱的局面，图谋起义发展的大计，并暗中与在芒砀山的刘邦保持联系，让他召集人马，搜罗人才，为起义做好准备。

陈胜、吴广在蕲州起兵之后，号召各地人民一同反秦。东南的各个郡县都纷纷杀掉了守城的县令，起兵响应。沛县与蕲县离得很近，县令怕陈胜攻打，非常恐惧，便与萧何等人商议举城投降，以保住性命。萧何和曹参等人向县令建议："您是秦朝的官吏，哪能向叛军投降，而且若是城中的人心不服，反倒会招来内乱。不如您自己也招兵买马来保住城池和百姓。县令听从了建议，便派人四处招募兵员。萧何借机又向县令推荐刘邦，说刘邦为人仗义豪爽，若是这时将他赦罪起用，他一定会感恩图报,辅佐县令保住城池并保护百姓的安全。县令早就知道刘邦平时结交了很多天下的英雄,而且现在就有一队人马,若是真的肯诚心帮助自己度过这次难关,那真是一个不可多得的人才。便听从了萧何的建议,派刘邦的连襟樊哙去芒砀山召回刘邦。临行前,萧何又与曹参和樊哙等人商议,让樊哙趁机劝说刘邦起义,其他人在城内充当起义的内应,找机会杀掉县令,占领沛县,起兵反秦。

萧何等人的策划正好与刘邦的想法不谋而合,刘邦立即整顿人马,带领他一百多人的队伍,浩浩荡荡地向沛县城进发。但是事不凑巧,不知是谁向县令密报了起义的计划,县令勃然大怒,立即下令关闭城门,派人前去把萧何和曹参抓来,两人得到消息后,赶忙从城中逃走了,在半路上正好与刘邦的人马相遇。当即二人随刘邦的队伍返回到沛县城下。这时城门已经关闭,看来城中早已经做了防备。于是萧何献计说:"如果我们强行攻城,不管是我们的人马还是城中的百姓必有伤亡。我想,城中的百姓未必都服从县令,不如先投一封书信到城中去做个宣传,号召百姓杀掉县令,免受秦朝的压榨。现在的问题是,城门紧闭,无法投递。"刘邦说:"快快书写信件,我自有办法。"萧何立即写好了书信交给了刘邦,上面写道:"沛县的父老乡亲大家听好,你们被秦朝坑害了多年,可你们还在为秦朝的县令守城,现在诸侯并起,马上就要杀到沛县,我为了全城的百姓着想,建议大家不如团结起来,杀掉县官,共同反秦,这样全城百姓的生命财产才能保全,否则危在旦夕啊!"刘邦看完书信,连声说写得太好了,立即找人把书信捆在箭上,飕的一声,把箭杆射到对面沛县的城头上。城上的守军看到书信,展开一看,说的句句在理,赶忙与城中的百姓们商量,百姓们一致赞同刘邦的意见,立即聚集青壮子弟数百人,攻入县衙,杀了县官,然后打开城门,迎接刘邦的队伍进城。

刘邦进入县城之后,立即召集城中父老商量善后的大计。萧何素来与刘邦关系很好,自然首先发言号召大家推举刘邦任县令,带领大家反秦自立,而自己也心甘情愿追随辅佐刘邦。这个提议得到众父老乡亲的欣然赞成。刘邦认为自己难当大任,所以竭力推辞,众人又劝,说:"我们大家早就听说您生来与众不同,说您是神龙转世,将来必有大富大贵,而且我们也请人算了卦,您当县令最合适,必能保住全城中百姓的平安。"萧何等人也是苦苦相劝,刘邦这才应允出任沛县的县令,自号沛公。九月初,在萧何等人的筹备下,选定吉日,在城中遍插红色旗帜,朝拜黄帝,祭奠蚩尤。刘邦宣誓就职。礼成之后,刘邦又授予萧何为丞相,曹参为大将,樊哙为舍人,夏侯婴为太仆,任敖为门客。刘邦又部署萧何、曹参做好反秦出兵的各项准备工作。时间不长,萧何、曹参就招募了沛中子弟两三千人,粮草也准备就绪。刘邦即下令由樊哙和夏侯婴为大将,带兵攻打胡陵和方与,所过之地,秋毫无犯,受到百姓的欢迎。正在两座城池攻打不下的时候,刘邦忽然接到其母病故的消息,命令军队返回丰乡驻守,军务交由萧何和曹参主持,自己急忙回家治丧。

刘邦为母奔丧,去了好长时间不见返回,萧何坐镇军中十分焦急。恰巧在这时,秦朝派泗川监率兵来攻打丰乡。于是萧何赶紧写信派人送达到刘邦那儿,劝他快点回来。刘邦回来后,萧何便对他说:"沛公您回乡奔丧,本是尽孝,这是天经地义的事情。但是现在大敌当前,古语说得好'忠孝不能两全',况且当前乱世之中,群雄四起,现如今项梁的大军已发展的声势浩大,大家都想灭秦而得到天下。此时正是各路英豪施展才能,夺取天下的大好时机,机遇稍纵即逝,如果让别人捷足先登,我们共谋发展的大计就会落空了。"刘邦听后,连连称是。紧接着带领队伍迎击秦军,秦军大败而逃窜。接下来,萧何又与刘邦分析天下大势,提出了借船出海、借梯上楼的策略。当初项梁、项羽在江南会稽起兵反秦,只有八千子弟兵,后又拥立楚怀王,号召天下,协力反秦,他们顺势而进,攻城略地,已经打到蕲城,发展到一二十万的人马,而刘邦的兵力还不及项军的十分之一,如果能加入项梁的反秦队伍,就可以借力推翻秦朝的统治,共图大业。刘邦听从了萧何的谋划,到蕲城与项梁会面,并商谈借兵的事情。刘邦和项梁初次见面,项梁见刘邦英姿豪爽,非常喜欢,和刘邦谈论天下的大事,也非常投机。当即答应借给刘邦五千士兵,将官十名,刘邦队伍壮大后,接连打了几个胜仗,声名大振。这期间,刘邦又巧遇张良,两人一见如故,说到排兵布阵,张良更是对答如流,刘邦授张良为厩将(管理军马的官),刘邦得到了张良这一军师,更是如虎添翼。

挥师西进　攻占咸阳

刘邦自从听了萧何借船出海的策略,与项梁大军会兵共图大业,这之后,反秦的起义军声势更加浩大,在各个战场上都大败秦军,消耗了秦军大量的有生力量,加速了秦朝统治灭亡的进程。

一天,楚怀王召集各路义军首领议事,说秦二世比其父亲秦始皇更加残暴无道,为早日推翻暴秦的统治,需派一支精兵西入秦关,攻克秦朝的都城咸阳,声称不管是谁先入秦关,便立他为秦王。刘邦和项羽都愿领兵西进,此时项梁已经战死,这让楚怀王左右为难,只好答应让两人分头去做西征的准备,出兵之日再议。会议之后,萧何除了帮助刘邦做好西征的各项准备外,还建议刘邦争取抢先入关。因为第一个入关,不仅能封王,而且占据了八百里秦川后,进可攻,退可守,为以后统一全国,实现霸业打下了基础。刘邦听从了萧何的建议,派萧何等人去游说怀王的亲信和老臣,说项羽起兵以来多么残暴,每攻克一座城池便把降兵全部杀掉,还对沿途的百姓烧杀抢掠等等。怀王听从了老臣的建议,下令让刘邦率军西征。

秦二世三年(公元前207年)十月,刘邦辞别楚怀王,率军西征,一路上又收集了许多项梁和陈胜的被打散的队伍,再加上自己的旧部,约有一万余人。

西征的途中,萧何又建议刘邦吸取项羽起兵以来的教训,一定要严肃军纪,严禁枉杀降兵降将,严禁骚扰百姓,通过招降纳叛的方式来充实壮大自己的力量,沿途还要招贤纳士,为以后建立霸业做好准备。同时,进攻一定要神速,能劝降的不用强攻,争取早日拿下秦都。刘邦听从萧何的谋划,号令三军,严禁抢掠百姓,严禁枉杀降兵,士兵将士如果有违抗的一律严惩不贷。从此,刘邦的军队所过之处,安抚百姓,优待俘虏,沿途的郡县大多开城投降,百姓夹道迎接。同时,萧何还协助刘邦一路上搜罗了如昌邑人彭越、高阳大儒郦食其等一大批武将、谋臣。刘邦大军挥师西进,能劝降的劝降,不降的刘邦就全力攻打,一路上势如破竹,不久就顺利进入关中,驻军在距咸阳不远的霸上。

国学经典文库

中华名人大传

图文珍藏版

三七六

当刘邦大军兵临咸阳城下的时候,城内的秦王子婴已经成了瓮中之鳖、惊弓之鸟,既没有良臣献策,又没有大兵可用,只等束手就擒了,况且此时秦廷刚结束了一场内乱。先是丞相赵高杀死了秦二世,把子婴扶上了帝王的宝座,接着秦王子婴又巧计杀了赵高,内乱刚刚平息。秦王子婴仅仅做了四十六天皇帝,无奈之下,在接到刘邦的劝降书后,便献出了玉玺,向刘邦投降了。至此,统治了十五年的秦朝帝国宣告灭亡。

刘邦的军队进入咸阳后,手下的将士们趁机打开皇家的府库,哄抢库中的金银财宝,一时局面难以控制。刘邦也禁不住诱惑,入住到皇宫中,秦朝的皇宫规模宏伟,雕梁画栋,尤其是宫内华丽名贵的装饰,普天之下的各种金银财宝、珍奇古玩更是成千上万,只把刘邦看得是眼花缭乱,这时从内宫中又出来一群娇艳欲滴的美女,刘邦本来就是好色之徒,看到这个阵势更是神魂颠倒,一连数日,在深宫中再也不想出来。后来在樊哙和张良的劝说下,这才恋恋不舍地离开皇宫。相比之下,深谋远虑的萧何,进入咸阳之后,一不贪恋金银财物,二不迷恋宫中的美女,而是带人迅速赶到丞相府和御史库,将秦朝的有关国家户籍、地形、法令、府库和图书档案收藏起来,以备日后查询。这些档案为刘邦日后在楚汉战争中打败项羽,为汉朝建立初期的经济迅速恢复和政治上的日趋稳定,都起到了相当大的作用。由此可以看出,萧何不图个人私利,一心辅佐刘邦成就大业的雄心壮志和先见之明。

刘邦又听从张良的建议,下令安抚百姓,整顿军纪,约法三章,向咸阳的百姓通告:"杀人的人要偿命,打伤人的人和偷盗的人一样要定罪,凡是秦朝的严苛刑法一律废除。"并且传下令去,一律不得骚扰百姓,如果违反自己的命令要立斩不怠。此外,还招抚秦朝的官吏,让他们继续管理政务,一时混乱的局面终于得到了控制,百姓们也开始逐步安居乐业。刘邦率领大军重回霸上驻扎,窥测项羽大军的消息。

慧眼识才　举荐韩信

项羽打败秦军主力,平定了各路诸侯,也率大军来到了咸阳。但是与刘邦的做法相反,项羽先是杀掉了子婴,后来又纵容手下对百姓侵扰不断,抢掠财物,火烧宫室,如一把大火烧了绵延三百里的阿房宫,这场大火连烧了三个多月,咸阳城内火到之处,都成为一片废墟。

更令刘邦不能容忍的是,项羽自封为西楚霸王,并背弃了先前在楚怀王那里的约定。当时刘邦和项羽在伐秦之前在楚怀王那里立下约定"先入定关中者王之",然而项羽在破秦后违背了先前之约,只把刘邦封为汉王,并只把偏僻的巴蜀和汉中地区作为刘邦的封地。为了阻止刘邦向东发展,还把关中地区一分为二,分封给秦朝的三个降将。刘邦为此非常恼怒,对手下的将军们说:"项羽太霸道无礼了,怎么能背弃楚怀王之约呢?我一定要与他决一死战!"当时樊哙、周勃、灌婴等大将都摩拳擦掌,萧何说:"千万不可以硬拼,巴蜀虽然偏远贫瘠,但总可以生存,如果与项羽开战,必死无疑。"刘邦说:"难道去攻打项羽,便一定很快亡吗?"萧何又引经据典,耐心地对刘邦说:"当前我们的兵力不及项羽的四分之一,敌强我弱,现在去攻打,肯定必败无疑,难道这不是白白送死吗?历史上的周武王在实力较弱时,曾服从商纣王的指挥,不与争是,因为敌太强,时机不成熟,不得不以屈求伸,但是羽翼丰满后,一举就打败了纣王。在当前的形势下,我们若能先以边蜀为根据地,善待百姓,招贤纳士,发展经济,壮大队伍,养精蓄锐,再挥师东进,攻占三秦,然后再与项羽争天下,到那时也不晚哪!"刘邦听了萧何高瞻远瞩的对时局的分析,不仅有近期的安排打算,还有未来的发展部署,怒气才慢慢消失,紧锁的眉头也舒展开来,张良以及众将军也认为萧何深谋远虑,讲的句句在理,于是刘邦号令三军从霸上启程,其他各国的将士也感念刘邦的宽厚仁义,也追随他一起西行,军队扩充至好几万人,过了一段时间,军队来到了汉中的南郑,刘邦封萧何为丞相,并按照萧何的对策,安抚百姓,休养生息,发展经济,招贤纳士,积极备战。

有一天,刘邦找到萧何商谈政务,怎么找也找不到萧何的影子,有军官报告说:"萧何只身逃跑了"。果然,一连两天也不见萧何,急得刘邦坐立不安,就像失掉了左右手一样的痛苦。正想派更多的人去寻找,萧何疲惫不堪地回来了,刘邦又是生气又是高兴,对着萧何大发脾气,骂道:"你怎么能背着我悄悄地逃跑呢?"萧何回答:"我并不是逃跑,而是去追赶逃跑了的都尉韩信。"刘邦大惑不解地问:"我们起兵从汉中出发,一路上逃跑了很多的人,你并没有去追赶,现在唯独去追一个名不见经传的韩信,这明明是骗人的假话。"萧何耐心地解释说:"前面逃跑的那些人都是些无足轻重的小人物,对于他们的去和留我根本就不放在心上,但唯独韩信万万不可失去,他可是当今天下数一数二的天才军事家,如果您想永久的在汉中待下去,做您的汉中王,不再求发展,可以不用韩信。但是您要想与项羽争夺天下,只有启用韩信这样的人才,方能取得成功,而且必须马上提拔并重用他,否则他就会投奔到别人那里去了。"刘邦说:"那就按你所说的提拔韩信做个将军试试。"萧何又说:"只是提拔他当将军,恐怕很难留住韩信。"刘邦说:"那就提拔他做大将军,怎么样?"萧何非常高兴,连说了几个好字,萧何又向刘邦建议说:"韩信是天下难得的将才,您不能像对待一般人那样傲慢无礼,必须对他敬重有加。您拜韩信为大将军的时候,也不能随随便便地宣布一下任命,必须要举行高规格的就职仪式才行。首先,您要选择一个吉利的日子;其次,您要进行斋戒,最后您还要搭建一个高台,在高台上举行隆重的任命仪式,当着所有文武百官的面,宣布由韩信担任大将军一职的任命,这样才能显示出您对人才的渴求和敬重。"刘邦对萧何的建议立即采纳,并把拜大将军的有关事宜责成萧何去准备。

韩信是淮阴人,出身贫寒,从小习文学武,胸怀大志,有勇有谋。天下起兵反秦之后,先是投奔项梁,后又追随项羽,在项羽的军中,韩信多次献策,都一直没有被重视和采纳。于是,他就离开楚军,投奔了汉军。但刘邦只是让韩信当了一个监管粮草的都尉,韩信怀才不遇,非常郁闷。萧何为了帮助刘邦实现霸业,处处留意发现人才,听说韩信是个将才,便找到韩信交谈,经过一番考察,萧何如获至宝。他发现韩信身材魁梧,仪表堂堂,而且是满腹经纶,对自己的问话对答如流,说到带兵打仗,排兵布阵,更是头头是道,萧何真是喜出望外,觉得遇到了一位能够辅佐刘邦的军事奇才。萧何当面向韩信表示一定向刘邦推荐他为大将军,但是时间过去快一个月了,韩信还是听不到被重用的消息,心想,此地不留爷,自有用爷处,便打点好行装,也不向萧何辞行,一个人悄悄地含愤离去。

萧何听到韩信离去的消息后,异常惊慌和着急,赶忙找来一匹快马,纵身跳上马背,快马加鞭,朝韩信离去的方向迅速追赶而去,萧何不辞辛苦,一路上边打听,边追赶,天已黑了,差不多跑出去了一百多里地,还不见韩信,刚想休息一下,借着月光好像看见一个人在小河边溜达,立即策马追赶了过去,上前一看果然是韩信。萧何此时已是汗流浃背,气喘吁吁,但他已顾不了许多,跳下马来,一把抓住了韩信,生怕他再跑了,萧何气呼呼地说:"韩将军,咱们可是一见如故的好朋友啊,你怎么连个招呼都不打就跑了呢?"韩信也一肚子怨气地说:"感谢丞相的知遇之恩,我韩信这辈子都不会忘记。既然汉王不用我,您还是让我另谋高就吧。"萧何耐心地劝说韩信:"我们汉王是一位求贤若渴的明君,不是他不用将军您,而是因为我政务繁杂,还没有顾得上向他推荐您。千错万错是我的错,希望将军看在我们朋友一场的缘分上,跟我回去吧。"萧何慧眼识才的真诚终于打动了韩信,这才与萧何乘着月色原路返回了汉营。

萧何月下追韩信的典故成为千百年来人们传颂的美谈,通过这个事件,表现出萧何求贤若渴、慧眼识才的优秀品质。后来的事实也证明,韩信确实是一位难得的军事天才,他指挥百万大军,战必胜,攻必克,为刘邦在楚汉之争中打败项羽最终建立汉朝一统天下立下了汗马功劳,而萧何慧眼识才,发现并举荐韩信,当属汉朝的第一功臣。

楚汉战争　坐镇关中

在萧何的举荐下,刘邦登坛拜韩信为大将军,并当着文武百官的面宣布,凡是今后汉军的对外作战,全权交给韩信指挥,如果有违抗命令者,尽可军法从事,先斩后奏,正如萧何所言,韩信果然不负重托,立即整顿军纪,抓紧操练兵马,众将官见韩信指挥操练得法,各个服从敬佩。时间不长,汉军的面貌一新,声威大震。

汉王元年8月,刘邦决定出师东征,楚汉战争由此拉开序幕。刘邦把汉中根据地的所有军政要务全部托付给萧何,重点要求他全力保障前线作战所需粮草、军械、兵员的供应。刘邦挥师东征后,由于韩信大将军用兵神出鬼没,变化多端,汉军前线捷报频传,节节胜利,真是到了出神入化的地步。汉军出师不到一个月,刘邦便平定了关中,三秦大地又归汉军所有,萧何坐镇后方,军需粮草及时运往做战前线,自然也是功不可没。刘邦重返汉中后,暂时把汉都定在栎阳。

这时,汉中之地,经过连年的战争,加上项羽入关后的烧杀抢掠,满目疮痍,百业凋敝,农田荒芜,民不聊生。萧何协助刘邦采取了多项措施,来收拾这残破的局面。一是选贤任能,重新建立各个郡县的统治政权。二是废除秦朝时的苛政刑法,颁布了汉王律令,释放了大批的罪犯,让他们回乡去务农。三是减免赋税,休养生息,安抚百姓。四是奖励农耕,开放秦朝皇家圈禁的土地,让百姓们去耕种。同时,还让百姓们推举年龄在五十岁以上的,又是大家公认的德高望重的人,任命他们为"三老",每乡推举一个人,再从乡中的"三老"中各推举出一个人担任县里的"三老",让他们去辅助县令管理地方,教育安抚百姓,维护治安,发展经济。随着各项法令和政策的实施,百姓们逐渐安居乐业,经济得以稳定和发展,三秦大地也慢慢恢复了往日的生机,汉王的大军也操练休整得兵强马壮。

冬去春来,三秦大地生机勃勃。按照萧何为刘邦制定的战略部署,汉王率领大军渡过黄河,挥师继续东进,开始与项羽逐鹿中原。萧何坐镇关中,管辖的地盘更加大了,军政事务更加繁忙。除了征发兵卒、运送军需粮草等之外,还要防止外敌入侵和保持内部的稳定,还有安抚出征将士的家属等等很琐碎的事务,每件事情他都是殚精竭虑,细心操办。每逢军政大事,都派人去前线向刘邦请示报告,刘邦对萧何也是放心、放手、放权,一切关中的要务统统都交给萧何做决断,从不遥控萧何。刘邦率领大军挺进中原后,由于韩信有勇有谋,战事进展得非常顺利,公元前205年,刘邦率大军攻克了楚国的都城彭城,并大摆酒宴庆贺。由于刘邦被胜利冲昏了头脑,失于防范,韩信这时又留守河南,汉军被楚军重重包围,结果汉军大败,损失惨重,刘邦趁着月黑风高,楚军混乱的时候,才率领数十骑冲出重围,逃回荥阳,楚军大兵压境,形势非常危急,这时关中多数青壮年都已经征调从军,萧何又调拨了留守关中的老弱兵士前去荥阳增援,韩信也率领军队来与汉军会师,刘邦这才得以突出重围、重整旗鼓,准备再战。接下来,又有几次刘邦被项羽打败,弃军逃跑,当时若是萧何稍微有二心就可以置刘邦于死地。可是萧何每次都能征发关中的兵员,补足汉军的缺口,粮草军需等更是源源不断地送往前线。刘邦也因此得以一次又一次地重新振作,多次转危为安。

公元前204年,刘邦与项羽两军在荥阳对峙不下,楚汉战争处于相持阶段。在此期间,刘邦三番五次地派人入关,慰问萧何,萧何除了感激汉王的关怀之外,对军政要务的处理更是尽心尽力,也从来没有过其他的杂念。但是萧何的一位叫鲍生的门客看出了其中的玄机,他向萧何说:"汉王在前线作战,非常危险又非常艰苦,本来没有空闲工夫来管后方的事情,但现在却经常派人来慰问丞相您,他一定对您起了疑心。解决的办法是,您可以从您的子弟和亲戚中挑选一批青壮年,派往前线参军打仗,这样汉王才能消除对您的疑心。"萧何听从了鲍生的建议,挑选了很多本族的子弟,让他们押送粮车,迅速赶到荥阳前线。刘邦对他们一一接见,并问候丞相可好? 大家齐声回答:"丞相托汉王的福,身体精神都非常的好。只是常常惦念汉王。您这么一大把年纪,还要到前线去带兵打仗,栉风沐雨,辛苦异常,他恨不得分身相随,为您分担劳苦。现在委派我们前来为您服役,望汉王能够收留我们,派我们到前线去作战吧,以此来效忠汉王。"刘邦听了非常高兴,说:"丞相为国家而忘小家,公而忘私,真是忠贞不贰啊!"从这以后,刘邦对萧何更加信任,不再有什么怀疑的了。

刘邦与项羽两军在荥阳对峙日久,萧何在关中筹措粮草越来越艰难,虽然萧何积极推行奖励农耕、发展生产的政策,也带领文武官员节衣缩食支援战争,但是关中毕竟产粮有限,也有粮草接济不上的时候。这时,多亏了萧何当时在咸阳收集的图书档案,帮助汉军解决了缺粮的大问题。按照秦朝当时守卫荥阳战时的需要,在荥阳的西北方向的敖山上建有储存粮食的仓库,叫作敖仓,韩信按照萧何提供的军用地图的方位,很快找到了敖仓,并派大将周勃带兵驻守,在关中运送粮草中断时,就由敖仓拨粮草供应。这都为汉军能在荥阳与楚军长久对峙,并为后来刘邦发起对项羽的反攻起到了非常关键的作用。萧何的先见之明,为日后渡过难关打下了基础。

公元前 203 年,楚霸王项羽由于连年征战,已经到了兵尽粮绝的地步,手下的将士只剩下十万左右,而且楚军士气低落,恋家思乡的情绪笼罩着楚营上下,项羽无奈之下只好从荥阳撤兵。可刘邦的汉军已经发展到三十万人,而且兵精粮足,士气高涨。此时,楚汉战争的形式发生了逆转,汉军对楚军大举反攻的机会终于到了。在反攻作战中,刘邦又采纳了韩信十面埋伏的计谋,在楚军撤退的路上号炮连天,伏兵四起,汉军像潮水般地涌来,直杀得楚军好像鸡犬一般的四散奔逃,真是兵败如山倒。项羽虽然是勇猛无比,但是看到大势已去,只好杀出一条血路,带着残兵败将逃回垓下。后又在汉军的四面围攻下,项羽只好率残部突围,最后,楚军全军覆灭,项羽单枪匹马败走乌江,终因无颜再见江东父老,英雄盖世的项羽在江边自刎身亡。至此,历时几年的楚汉战争以刘邦的全面胜利而宣告结束。

论功行赏　排次第一

公元前 202 年 2 月,刘邦接受了文武百官的朝贺,因为他是汉朝的开国皇帝,所以历史上称他为汉高祖。刘邦称帝后,在洛阳南宫设下酒席大宴群臣,并一一论功行赏。刘邦在宴会上对群臣说:"各位贤臣良将,今天是我们夺取天下后举行的庆功宴会,大家都要尽情欢乐,好好庆祝庆祝。我给在座的各位出一个题目,请大家思考。我为什么能夺取天下,而功高盖世的项羽为什么会失掉了天下?"群臣你一言我一语,众说纷纭,刘邦最后总结说:"你们只知其一,不只其二啊。据我看来,成败得失的主要原因,是在于用人的不同。运筹帷幄之中,决胜千里之外,我不如子房(张良);镇国家、抚百姓、送军需、供粮饷,我不如萧何;指挥百万大军,战必胜,攻必克,我不如韩信。这三个人是当今天下的豪杰,我能放心大胆地使用他们,所以取得了天下。项羽身边只有一个能臣范增,还不能重用他,因此最后被我消灭了。"从上面的刘邦的这番高谈阔论中,我们可以看出,刘邦能在生死存亡的楚汉战争中,打败势力比自己强大的项羽,最后夺取了天下,张良、萧何、韩信是不可多得的功臣。这三个人也被后人称为"汉初三杰"。而萧何在这三个人中应该是第一功臣,除了上面刘邦对萧何所评价的功劳外,萧何慧眼识才,发现并举荐了韩信,为刘邦在楚汉战争中战胜项羽,起到了决定战争胜负的关键作用。

因此,刘邦在论功行赏的时候,最后定萧何为首位功臣,封他为鄷侯,给他的俸禄也最多。对于萧何的封赏,许多有功的将领心中不服,一起找到刘邦,问:"我们身经百战,九死一生,才得到封赏,而萧何安居关中,并没有立下任何汗马功劳,只不过是舞文弄墨、发发议论罢了,为什么对他的封赏最高,都远远在我们之上,这是为什么呢?"刘邦说:"请问你们知道打猎吗? 追杀野兽,依靠的是猎狗,而给猎狗发出指令的是猎人。你们攻城克敌,好比是训练有素的猎狗,而萧何却好比是能发出指令的猎人,如此看来,各位只不过是有功劳的猎狗,而萧何却是个成功的猎人。而且萧何全族好几十人跟随我,而你们又有几个人呢? 多的也不过是带两三个家里人罢了,因此,我必须重赏萧何,请你们以后不要在下面随便议论了!"大家听到这里,一个个都无言可答。

刘邦回到内宫,又想起了当年在沛县时,萧何对自己无微不至的关心、提携和照顾,现在应当对萧何另眼看待和回报,于是又加封了萧何两千户的俸禄。

诸侯分封完毕,接着是排位次。刘邦向大臣们征求意见,群臣们都说:"平阳侯曹参在战争中英勇善战,身受七十余处战伤,他立下的战功最多,所以他应当排第一。"刘邦心里是想把萧何排在第一的,一方面萧何曾经是自己在沛县时一起起兵反秦的亲信,另一方面,萧何对自己于公于私都有很大的恩情,但是在前次分封的时候,刘邦已经力排众议,重赏了萧何,所以这次对排位次的事也就不好再说什么,不过他心里仍然认为应该把萧何排在第一位。这时,关内侯鄂君说:"在楚汉战争中,陛下有几次都是全军溃败,差一点就丢了性命,在这个关键时刻,多亏萧何坐镇关中,从关中抽调军队来增援,不仅是兵员,就是粮草也全靠萧何由关中供应,才保证了军队的补给。正是有了萧何在后方坐镇,您才能在前方安心作战,即使多次被项羽打败,多亏了萧何这个坚强的后盾,您才能屡次起死回生,最后积攒力量,战胜了项羽率领的强大楚军。这些都为您创立汉家天下建立了不可磨灭的大功劳,与曹参等人所立下的一时的战功,萧何的万世之功显得尤为重要啊!我认为在排位次上,萧何应排第一,曹参第二。"这番议论,正中刘邦的心意,于是决定把萧何排为第一,准许他穿鞋带剑上殿,并对萧何的父母兄弟一一加以封赏。

蔡东藩先生在他的《前汉演义》中对萧何做了如下的赞赏和评价:"从龙带甲入关中,转粟应推第一功。为语武夫休击柱,发踪指示孰如公?"这首小诗对萧何前半生的主要功绩做出了中肯的评价。

制定律令　营建宫室

刘邦登基当上皇帝之后,继续任用萧何担任丞相一职。萧何在相位上,继续辅佐刘邦,对国家上下,精心谋划,事必躬亲,废寝忘食,鞠躬尽瘁,为汉朝建立政权、巩固政权和初期的建设发展,做出了杰出的贡献。

汉朝初年,由于多年的战乱,国力已相当衰微,四海之内百业待举,百废待兴。壮大国力,发展经济,安抚百姓,政治稳定以及对各项法律法规的制定等等,任务艰巨,政务繁忙,萧何肩上的担子更重了。萧何除了在人事安排上,为刘邦出谋划策外,主要是集中精力,发挥自己的特长,在国家的法律法规、典章制度方面,下了很大的气力。萧何借助当年收集的秦朝的图书档案资料,删除了秦朝法律中苛繁、严酷的条文,保留下了适合汉朝实际的条文,并在此基础上有较多的创新,制作成汉律九章,这是汉朝律令的开端,使汉朝的朝廷行政以及各个郡县的管理有章可循。其文包括朝贺礼仪、内部管理和对外交往等等。都一一制定了规章制度予以规范。萧何还辅佐刘邦出台了一系列赦免罪犯,减少兵员,减免赋税,奖励农耕等方针政策来发展经济,经过一段时间的恢复,多年战争留下来的创伤慢慢复原,天下百姓能够安居乐业,社会也逐步趋于稳定,国力逐渐强盛。

汉朝定都咸阳后,(后改成长安)萧何又监管都城和皇室宫殿的建设,在此过程中,萧何亲临督造,从规划设计到现场施工,他都一一过问,建立都城是百年大计,一定要有相当的规模,但国家初定,财力有限,而该花的钱一定要花,不该花的也要尽量节省,整个过程谋划得非常辛苦,历时两年,都城和皇宫建设完工,刘邦前来巡视,萧何当时正在建未央宫,已经建好了东阙、北阙(高大的宫门),又开始建前殿、武库、太仓等,刘邦看到都城规划得井井有条,皇宫建设得更是宏伟壮观,心中十分高兴,但是又假装生气地说:"现在天下还不太稳定,百姓还处在疾苦之中,你为什么把皇宫建造得这么豪华呢?"萧何这时心中有数,皇宫的建设都是按照刘邦的旨意办的,刘邦现在说这样的话是让别人听的,于是不慌不忙地说:"正是因为现在天下还不安定,所以才把皇宫的围墙建造得坚固高大,人民的安全才有保障。皇宫壮观了,也能显示出天子的威严。再说建筑设计是百年大计,一定要为后代子孙的发展留有余地,如果现在建设得太狭小了,后代子孙们再要扩建改造,那就更加浪费,不如一劳永逸,更为划算。"刘邦这才转怒为喜,满脸堆笑地说:"你说得很有道理,看来我又错怪你了。"其实当时未央宫的建筑规模并不算很大,规模还不到秦朝的阿房宫的三分之一,加上萧何督造时的精打细算,总体的花费国家还是能承担的,所以,老百姓的怨言并没有很多。萧何又知道刘邦的脾气,喜欢外观宏伟而内部装饰简单,这君臣的对话是做给别人看的,好叫老百姓传颂刘邦是一位为国为民,崇尚节俭的明君。从这件事上看,萧何与刘邦的关系相当密切,刘邦对萧何也是非常信任。

计诛韩信　消除叛乱

刘邦称帝后,除分封兄弟子侄为王外,还分封了一些异姓王,让他们驻守各地。后来为了加强刘氏政权的统治,同时也怕这些异姓王造反,便寻找种种借口要消灭异姓王。萧何又投入到刘邦镇压异姓王的反叛、消灭异姓王的斗争中去。有一天,有一个叫周昌的人向刘邦密报,说阳夏侯陈豨招兵买马,阴谋反叛,自立为王,刘邦接到密报后,把朝中大事交付给萧何全权处理,自己率大军前去征讨陈豨。

原来这陈豨也是追随刘邦南征北战、屡立战功的武将,刘邦对他也很赏识重用,当时汉朝初立,刘邦加封陈豨为阳夏侯,并授予他代相的职务,管辖代地的军政要务。代地靠近匈奴,是北方抵御外敌入侵的军事重地,由此看来刘邦对陈豨还是非常器重的。但陈豨和韩信是推心置腹的好朋友,因为韩信被刘邦冷落后而萌生了反叛之心。这时的韩信,刘邦嫌他功高盖主,先是借故剥夺了他的兵权,楚汉战争期间虽然被迫封了韩信为齐王,战后把他调离了根基很深的齐地,改封为楚王,后来干脆把韩信降为徒有虚名的淮阴侯。韩信是为刘邦夺得天下的重要功臣,最后如此下场,韩信心中充满了对刘邦的不满和愤恨。恰巧此时陈豨奉命去代地赴任前来看望韩信,两人密谋,由陈豨在代地起兵,韩信在都城内作为内应。

刘邦率大军征讨陈豨后,韩信的一个门客向吕后告发,说韩信是陈豨的内应,准备在夜间趁都城空虚,先打开监狱,释放囚犯,再袭击皇后和太子。吕后得到密报后,非常惊慌,急忙把萧何找来商量对策。两人谋划好对策后,由萧何来实施。第二天,萧何便向朝中的大臣们宣布,今天已经接到前线传来的捷报,说高祖刘邦率领的大军已经打败了叛军陈豨,就要班师回朝了,让大家都要前去向吕后道贺。众大臣接到命令后都去向吕后贺喜,只有韩信自称有病,紧闭家门不见任何人,没有前去向吕后道贺。萧何便借着探望韩信病情的理由来到韩信的住所,韩信自然不能再拒绝会面,只好走出卧室与萧何见面。萧何上前一边亲热地拉住韩信的手,一边对他说:"你不过是偶感风寒,不要有太大的精神压力,慢慢调养就会好的。今天皇上派人从前线传来捷报,说已经打败了叛军陈豨,众位王侯大臣都已经进宫去向吕后贺喜去了,只有你一个称病不上朝,也不去向吕后道贺,你又是陈豨的好朋友,这已经引起了大家的猜疑和吕后的不满。咱们两人是无话不谈的老朋友,为了你的切身利益着想,我还是劝你随我一同进宫,早一点向吕后道贺,这样就可以消除大家的怀疑和不满。"韩信听着老朋友萧何的话句句在理,情真意切,也就不好再推辞,只好随着萧何一道进宫。谁知到了吕后的内宫,四周早已经埋伏下不少武士,韩信刚一进门,这些武士们如狼似虎地一拥而上,七手八脚地把韩信捆绑起来。韩信高声呼喊萧何来救他,可这时萧何已经悄悄地躲起来了。武士们把韩信押到了长乐殿中,只见吕后阴沉着脸,怒目圆睁地坐在椅子上,对着韩信大声喝问:"大胆的韩信,你为什么要和叛军陈豨暗中联合谋反,你还要在城中做内应,妄图加害我们母子,你要从实招来。"韩信辩解说:"您这话是从哪里听来的,这是无中生有的假话,我是冤枉的,请皇后明察。"吕后严厉地斥责韩信说:"我现在已经接到皇上的诏书,说陈豨已经被捉拿了,经过审问,他已经招供了,他交代说是听了你的唆使,才起来造反的,而且还有你家里的门客,已经来向我告发你,你暗中串通陈豨谋反的信件都在我这里。你们同谋反叛有确凿的证人证词,现在你还有什么话可说吗!"韩信还想再为自己申辩几句,但是吕后已不容韩信再说,喝令武士们将韩信拉出去处死。武士们将韩信拖到大殿旁的钟室中,将韩信乱刀砍死。一代大将就这样命丧于钟室,死于一个妇人之手。而出了这个计策的人正是萧何。想当初,萧何举荐韩信,劝刘邦登坛拜韩信为大将军,将韩信推到了一人之下,万人之上的位置。现在又是萧何,为吕后献策,诱杀了韩信,将韩信无情地置于死地。所以后来人在看到这段历史的时候,哀叹说:成也萧何,败也萧何。

为博信任　自污名节

　　萧何设计诛杀了韩信之后,刘邦对萧何更是恩宠有加,不仅把萧何晋封为相国,而且为萧何加封了五千户的俸禄。同时还派出一名都尉率领五百名士兵到相府保卫萧何。朝中的王侯大臣们都去相府为萧何祝贺,萧何为能得到刘邦的宠幸也很是得意。但是这时萧何府中有一个叫作召平的谋士,却身穿白衣白鞋前来吊丧,说:"丞相您快要大祸临头了。"萧何听到了这样的话非常震惊,忙问这话从何说起。召平说:"皇上连年率兵出征打仗,枪林弹雨,风餐露宿,非常辛苦,而丞相您一直留守在都城,没有汗马功劳,没有特殊的政绩,现在却授予您那么高的奖赏。

我暗自揣度皇上的意思，表面上是皇上对您越加恩宠，实际上是皇上开始怀疑您了，您不想一想，淮阴侯韩信足智多谋，为高祖刘邦得天下立下了汗马功劳，现在不是也被杀掉了吗？难道您丞相的功劳能与淮阴侯相比吗？现在皇上又派了卫队来保护您，表面看是关心您的安全，实际上是监视防范您。"萧何听了这一番话，觉得很有道理，就问如何去掉皇上的疑心，保全自己脱离祸患呢？召平又说："丞相可以向皇上辞去封赏，把自己家中的全部财产都捐献给国家，用作军队打仗的费用，这样就可以排除皇上对您的怀疑，就不至于大祸临头了。"萧何便按照召平的建议，恳请刘邦撤回圣命，不接受封赏五千户的俸禄，只接受相国的职衔，并表示要拿出全部的家财去支援军队打仗。这一招果然灵验，刘邦听了非常高兴，并在群臣中表扬了萧何。

同年秋天，英布谋反，刘邦再一次亲自率兵征讨。刘邦在前方作战，时刻还惦念着朝中的事情，所以每次萧何派人往前线输送军粮的时候，刘邦都要问："萧相国在长安忙什么呢？"使者当然每次都如实回答："萧相国，除了尽力办好供应前线的军需外，无非是做些安抚、体恤百姓的事情，京城里的百姓没有一个不说萧相国好的。"可是刘邦听后并没有露出满意的表情，每次都是默不作声。使者很奇怪，回来后告诉给萧何，萧何也不知道高祖刘邦是什么意思。有一天，萧何和他的门客坐下来闲谈，萧何向他们说了这个事情，其中一位门客说："您不久就要被满门抄斩了。"萧何听了大惊失色，忙问是为什么，那个门客接着说："您现在的位置是百官之首，可谓是一人之下，万人之上，高祖刘邦还有什么职位可以再封给您呢？况且您自从入关起就体恤百姓，关心农耕，制定律令，深得百姓的爱戴，到现在已经十多年了。现在您还是一如既往地爱民如子，可以说在百姓中的声望非常高。现在皇上身在前线，却总是关心您的近况，就是害怕您借助关中的民望做出一些反叛的事情啊！您设想一下，如果您一旦借助自己的威信，把百姓号召起来，闭关自守，那皇上不就处于进退两难的境地了吗？如今解决的办法倒是有，不知道您是否愿意一试？"萧何向这个门客讨教解决的办法，门客说："您可以故意把自己的名声搞臭，比如您可以贱价强买民间的田宅，故意让百姓骂您、怨恨您，把名声弄得越坏越好，这样皇上一看您也不得民心了，才会对您放心啊。"萧何听了这个办法，说："我怎么能去剥削百姓，做那些伤天害理的事情呢？"门客说："您这样做也是为了保全自己，百姓如果知道会体谅您的。"萧何也知道，门客的主意完全是对自己好，并且萧何也明白，对于一般的小官，高祖不怕他们有野心，如果他们犯了贪赃枉法的行为，一定会遭到严惩。但是对自己这样的朝廷重臣，如果干一些贪赃枉法的小事，就显得不是那么重要了，并且如果因为这样的话失去了民心，高祖或许还会对自己更放心。所以，为了消除刘邦对自己的猜忌，萧何不得已违心地做了一些侵夺民间财物的坏事来败坏自己的名声。果然，不久当有人把萧何的所作所为上告给刘邦时，刘邦只是微微一笑，也并未深究。

当刘邦从前线凯旋时，百姓向刘邦控告萧何凭借权势强夺、贱买民间的田宅，价值数千万，恳请刘邦将萧何法办。刘邦回到长安后，见到了前来拜见的萧何，把百姓的上书交给萧何，批评他说："你身为相国，不做些安民的事情，怎么能利用强权与百姓争夺利益呢？你自己做了错事，自己解决吧。"刘邦表面上是批评了萧何，可是内心里对萧何失掉了民心非常高兴,自此,对萧何的怀疑也逐渐解除了。

但是,萧何是个一心为民的人,因为要保全自己违心地听了门客的建议,干了一些侵害百姓利益的事情,心中总是不安,老是想找个机会补偿百姓,来解除自己的内疚。这时,萧何看到京城一带的耕地面积太小,百姓们粮食太少,总是满足不了温饱,而皇上的休闲场所上林苑中却有许多闲着的荒地,那里用这些空地来放养禽兽,萧何觉得太浪费了,不如把这些荒地腾出来,分给百姓去耕种,收了庄稼后留下的禾秆照样可以供养禽兽。可谓一举两得,既不妨碍天子饲养禽兽,又是一件利民的好事情。于是,萧何上书请高祖刘邦恩准,刘邦此时正在病中,看到了这个奏章,见萧何又在做些取悦于民的事情,一怒之下,就下令将萧何逮捕入狱。满朝文武不知道其中的隐情,以为萧何一定是犯了什么大逆不道的罪过,惹得刘邦大发雷霆,都害怕连累到自己,于是谁都不敢替他申辩。

这时多亏有一个叫王卫尉的人,平时非常敬佩萧何的为人,见到萧何入狱,决定要搭救他。所以,王卫尉就利用自己侍卫刘邦的时候顺便向刘邦探问:"萧相国究竟犯了什么大罪,惹您生这么大的气。"刘邦还余怒未消,说:"不要再提他了,说到他,朕就气不打一处来,当年秦朝李斯当丞相的时候,做了好事都是君主的,如果出了差错就揽在自己身上。可是你看这个萧何,他如今受了商人的许多贿赂,竟要求我开放上林苑给百姓耕种,这分明是想取悦于民,自己落个好名声吗?他这样做,又把我看成是什么样的君主了。难道我就不知道关心人民疾苦吗?"王卫尉听刘邦这样说,总算明白了事情的缘由,就说:"陛下您错怪萧相国了,相国为百姓着想,解决百姓的疾苦,这正是他作为丞相的职责所在啊。天下的百姓如果要心存感激,也决不会感激萧何一个人啊,因为他们明白,这样贤良的丞相,正是贤明的君主选用的。还有,您难道忘了,如果萧相国要是真有野心的话,当初您常年在外征战,他一人坐镇关中为您调配粮草,那时他可以说不费吹灰之力就可坐镇关中,称王称霸,但是他没有。现在他又何必以一个小小的上林苑来取悦于民,收买人心呢?"王卫尉见高祖刘邦听得认真,知道自己的话起了作用,继续说:"您看前朝的历史,秦朝之所以灭亡,就是因为君臣互相不信任,才给了您夺取天下的机会。如果现在您要无端猜疑萧相国,不但看轻了萧何,而且也是看轻了陛下您自己啊!"刘邦听了虽然不高兴,但仔细一想,王卫尉说的也是很有道理,于是就命人放了萧何。

萧何当时已是60多岁的老人了,见到刘邦开恩释放了他,更是感激涕零,诚惶诚恐。因为年岁大了。全身带着刑具,哪里吃得消,所以连路都快走不动了,而且在狱中蓬头赤足,污秽不堪,又不敢先回府洗洗再来拜谢刘邦的赦免之恩,就这样上殿谢恩。刘邦看到萧何如此狼狈,也觉得有些过意不去,说:"让你受委屈了。上次你建议开放上林苑给百姓做农田的事情,你做的并没有错,我却没有允许,是我做得不对。我不过是像夏桀、商纣那样的无道天子罢了,而你却是个贤德的丞相。我之所以关押相国,也就是让天下的百姓更加了解你的贤能和我的过失啊!"虽然刘邦的这段话是言不由衷,也就是说给旁人听的,但是对萧何的廉政为民,终于还是默认了。从此以后,萧何对刘邦更是谨慎恭敬,对国事也很少过问,采取了明哲保身的态度。

选定曹参　功在千古

汉十二年(公元前195年)四月二十五日,汉高祖刘邦病逝于长乐宫。同年,太子刘盈即位,是为汉惠帝。刘盈非常赏识萧何的能力,让萧何继任丞相。不过他年事已高,已经没有太大的精力来料理国家大事了。在此期间,萧何继续秉承着与民休息的政策。

公元前193年,年迈的萧何,由于多年的辛苦操劳,终于病倒了,病势严重,总也没好转。当萧何病危的时候,汉惠帝亲自前往探望,并趁机向萧何询问:"您百年之后,谁可以继任您的位置呢?"萧何听了,挣扎起身,向惠帝叩头,说:"陛下如果能得到曹参为相,我萧何就是死了,也没有什么遗憾了!"

曹参,也是西汉的开国功臣,早年和萧何都是沛县的官吏,公元前209年,跟随刘邦在沛县起兵反秦,身经百战,屡建战功,刘邦称帝后,对有功之臣,论功行赏,曹参功居第二,封为平阳侯,仅次于萧何。曹参因为自己在战争中立下了赫赫战功,但是分封的时候,地位却比不上萧何,并且高祖刘邦把萧何称为猎人,而把自己和别人都视同猎犬,感到非常难堪。所以曹参对萧何就有了看法,两人之间就产生了一些裂缝。

惠帝二年,萧何病危的时候,在临终前,萧何力荐曹参接替自己,表现出了萧何不计前嫌、以大局为重的崇高品质。

萧何死后,曹参继任丞相,一切都按照前任丞相萧何已经定下的成规办理,没有一点新的举措。有些大臣看到曹参这种无所作为的样子,有点着急,也有的干脆找到曹参家,想帮他出点治国的主意。但是他们刚到曹参家里,曹参就请他们一起喝酒,如果有人在他面前提起朝廷大事,他总是设法把话岔开,弄得别人几次都没法开口。最后客人们都喝得大醉回家。刚登上皇位的汉惠帝看到曹丞相一天到晚请人喝酒聊天,好像根本就不关心国家的大事,心里很着急,但又不知道是为什么。想当面问个究竟,但一想到曹参是先帝朝中重臣,又不好当面责问。

这个时候,曹参的儿子曹窋正在皇宫中当差,有一天,惠帝就对曹窋说:"哪天你回家的时候试着问问你父亲,他身为丞相,整日和别人饮酒聊天,也不见他对朝政有什么新的重大举措,是不是朕对他有什么亏待的地方,你回去之后婉转地把我的意思讲给他,不过可千万别说是朕要你问的。"

曹窋接受了皇帝的旨意,趁着休假回家的机会,在一次侍候父亲曹参吃饭的时候,按照汉惠帝的旨意向父亲婉转地说了这些话。谁料曹参听了他儿子的话后,大发脾气,大骂曹窋说:"国家大事,难道是你这样的小子该问的吗?你还是好好回宫尽心侍奉皇上去吧!"说完,还拿起板子把儿子狠狠地打了一顿。

曹窋很委屈,向惠帝诉说,惠帝听了后就更加感到莫名其妙了,不知道曹参为什么会发那么大的火。第二天,惠帝终于按捺不住好奇心,问曹参:"你为什么要责打曹窋呢,他说的那些话也是我的疑问啊?"曹参不慌不忙地反问惠帝:"陛下您想一想,您和先帝比,谁更贤明英武呢?"惠帝被问得涨红了脸,说:"我刚刚登基,年龄尚小,又没有什么治国的经验,哪里比得上先帝!"曹参又问:"陛下您看我比得上前代丞相萧何吗?"惠帝实话实说:"似乎你不如萧丞相。"曹参接着说:"您说得太对了。想当初,先帝出身寒微,南征北战,历尽艰难才夺得了天下,如果是没有大智大勇,能做到吗? 在协助先帝治理国家方面,萧相国先后制定了很多明确而又完备的法令,这些法令经过实践的检验、被证明是正确而有效的,并且已形成规模,在天下施行了很长时间,并且得到天下百姓的认可。现在我继任丞相一职,论才能,讲资历都在萧相国之下,所以我只要能奉公守法,遵照萧相国遗留下来的典章制度行事,如果能继续延续他的事业并不出什么差错,已经是非常幸运的事情了。如果我现在自以为是,把萧相国的法令全盘推翻,另立新法,相信一定会导致上下制度的混乱,如不能安民,不就成了扰民了吗? 若是这样的话,如果想再求得像现在这样的太平盛世,估计就很困难了。"一席话说得惠帝是心服口服,不禁感叹,萧何真是没有看错人,向自己推荐了一位能干的丞相。

曹参在相位 3 年,一直贯彻着清静无为的安民政策,遵照着萧何制定的法规继续治理国家,使西汉的政治稳定、经济发展,百姓安居乐业,人民的生活水平日渐提高。曹参死后,在民间流传着这样一首歌谣:"萧何定法律,明白又整齐;曹参继任后,遵守不背离。施政贵清静,百姓享安宁。"这就是历史上"萧规曹随"传说的由来,"萧规曹随"一词也成为历史上的佳话。仔细看来,这首歌谣虽然是在歌颂曹参的,但是,曹参得以无为治天下,得到百姓的拥护,维护了汉朝国家的稳定发展,又何尝不是萧何的功劳呢?

萧何不愧是一位具有深远谋略的"镇国家、抚百姓"的治世能臣,成为后世人景仰的千古帝王师,也是顺理成章的了。

鞠躬尽瘁　死而后已

——诸葛亮

名人档案

诸葛亮:字孔明,号卧龙(也作伏龙),汉族,琅琊阳都(今山东临沂市沂南县)人,三国时期蜀汉丞相,中国古代杰出的政治家、军事家、发明家、文学家。早年丧父,后随同叔父诸葛玄投奔荆州牧刘表。建安二年(197年),诸葛玄病逝。诸葛亮便移居隆中,隐居乡间耕种。建安四年(199年),19岁的诸葛亮与友人徐庶等从师于水镜先生司马徽。诸葛亮读书与当时大多数人不一样,不是拘泥于一章一句,而是观其大略,并喜欢吟诵《梁父吟》这首古歌谣。

生卒时间:181年~234年。

性格特点:熟知天文地理,精通战术兵法他志向远大,十分注意观察和分析当时的社会。

历史功过:在世时被封为武乡侯,谥曰忠武侯。后来的东晋政权为了推崇诸葛亮的军事才能,特追封他为武兴王。千百年来,诸葛亮一直是智慧的化身,诸葛亮一生的主要著作有:《前出师表》《后出师表》《隆中对》等。因为作战的需要,他在天文、符咒、奇门遁甲上有着很深的研究。诸葛亮娴熟韬略,多谋善断,长于巧思,曾革新"连弩",可同时发射出10箭,并作"木牛""流马",以便于山地军事运输;还推演出兵法,名为"八阵图"。

名家评点:陈寿《三国志》:诸葛亮之为相国也,抚百姓,示仪轨,约官职,从权制,开诚心,布公道;尽忠益时者虽仇必赏,犯法怠慢者虽亲必罚,服罪输情者虽重必释,游辞巧饰者虽轻必戮;善无微而不赏,恶无纤而不贬;庶事精练,物理其本,循

名责实,虚伪不齿;终于邦域之内,咸畏而爱之,刑政虽峻而无怨者,以其用心平而劝诫明也。可谓识治之良才,管、萧之亚匹矣。然连年动众,未能成功,盖应变将略,非其所长欤!

清朝康熙帝:"诸葛亮云:鞠躬尽瘁,死而后已。为人臣者,惟诸葛亮能如此耳。"

唐代孙樵:"武侯死殆五百载,迄今梁汉之民,歌道遗烈,庙而祭者如在,其爱于民如此而久也。"

西晋梅陶赞陶侃:"机神明鉴似魏武,忠顺勤劳如孔明。"

东晋常璩:"治国以礼民无怨声,不滥用私刑,没尚有余泣。"

隋朝王通:"若诸葛亮不死,则礼乐大兴。"

伟大的革命先行者孙中山在三民主义之民权主义中称赞诸葛亮:"诸葛亮很有才能,所以在西蜀能够成立很好的政府,并且能够六出祁山去北伐,和吴魏鼎足而三。"

三顾茅庐　隆中应对

三国时期,在官渡大战以后,刘备兵败,无奈之下,只好投奔了荆州刘表。刘表便给他一些人马,让他驻守在新野。刘备在荆州呆了几年,尽管刘表一直把他当上等宾客来招待。可是刘备是一个胸怀抱负的人,常因没能够实现抱负而闷闷不乐。有一天,刘备用手摸着自己的大腿,心里很有感触,不由得流下眼泪。刘表看到了,于是就问他有什么不开心的事。刘备便说:"以前我总是打仗,几乎每天都是人不离鞍,所以大腿上的肉特别结实。可是现在在这儿过着清闲的生活,大腿的肉不知不觉就长肥了。眼看着日子如流水一般地过去,人也快老了,可至今还干不出什么大事,因此,想起来心里就感到极为难过。"刘表当时对其加以安慰了一阵。可是刘备在心里总在盘算着长远的打算。为了能实现志向,他便想寻找能帮助自己成就事业的人。经过四下里打听,终于得知在襄阳有个名叫司马徽的名士,于是就特意去拜访。

司马徽十分客气地接待了他,随后也得知他的来意。刘备说:"不瞒先生,我是特意来向您请教天下大势的,请先生一定不吝赐教。"司马徽听了这句话,呵呵地大笑起来,说:"你看像我这样平凡的人,能懂得什么天下大势。如果要谈关于天下的大势,那得靠有才能的俊杰啊。"刘备马上央求他给予指点:"哪里才能找到这样的俊杰呢?"司马徽说:"这一带有卧龙和凤雏两个人,只要您能请得到其中一位,那就能助你平定天下了。"刘备便急着问卧龙、凤雏是谁,司马徽于是告诉他:卧龙名为诸葛亮,字孔明;凤雏名为庞统,字士元。刘备向司马徽辞别后,就回到了新野。这一天,忽然有一个读书人要求见他。刘备见他举止大方,便认为他不是卧龙就是凤雏,于是热情地接待了他。经叙谈,才知道这个人名叫徐庶,在当地也是一位名士,因为听说刘备正在招贤纳士,所以特地来投奔他。刘备十分高兴,于是,就把徐庶留下当谋士。同时,徐庶又说:"我有个人称卧龙的老朋友,名叫诸葛亮,将军是否愿意见见他呢?"通过徐庶,刘备对诸葛亮的情况又多了些了解。

刘备听了徐庶的介绍后,便对他说:"既然您跟他如此熟悉,那就辛苦您一趟,把他请到这里来吧!"徐庶马上把头摇了摇说:"不行啊。像他这样的能人,非得将军亲自去请他,如此一来,方能表示出您的诚意。"

刘备看到司马徽、徐庶对诸葛亮都十分推重,便知道诸葛亮这个人是非同小可,一定是个很了不起的人才。转过天来,他就带着关羽、张飞一起来到了隆中。当诸葛亮得知刘备要来拜访他,便故意躲开了。刘备扑了个空。跟随刘备一同去的关羽、张飞都感到有些不耐烦。可是刘备却记住徐庶说的话,一定要耐着性子去请,第一次没能见到,于是又去第二次,可是这次又没见到,如此两次,刘备并没有灰心,他打定主意,一定要把诸葛亮请出山来。等到他第三次去请他时,诸葛亮终于被刘备的诚意感动了,于是就在自己的草屋里接待了刘备。当时刘备把关羽、张飞留在门外,自己跟着诸葛亮进了屋里。刘备向诸葛亮坦言道:"而今汉室衰落,朝中的大权都落在奸臣手里。我虽然能力差,可是却很想挽回这个局面,只是想不出有什么好办法。所以特地前来请先生给予指点。"诸葛亮见刘备如此虚心请教,也就推心置腹地向刘备说出了自己的主张。他说:"如今曹操战胜了袁绍,拥有兵力百余万,况且他又挟持天子对天下发号施令。所以这就不能只凭借武力跟他争胜负了。现在孙权占据江东一带,已经历三代。江东地势十分险要,百姓都归附他,在他身边还有一批有才能的人为他效力。由此看来,和他只能联合,而不能打他的主意。"接下来,诸葛亮又给刘备分析了荆州和益州的形势,他认为荆州是一个军事要地,但是刘表并不能守得住这块地方。益州的土地肥沃而又广阔,向来被世人称为"天府之国",但是在那里的主人刘璋却是个懦弱无能的人,当地人都对他很不满意。最后,他又说:"而今,将军作为皇室的后代,天下人无不闻名,倘若您能够占领荆、益两州的地方,联合孙权,对内加以整治内政,一旦机会出现,就能由荆州、益州出兵两路,对曹操施以攻击。到了那时,还会有谁不欢迎将军呢?如此一来,将军的功业就此可成,汉室也能得以恢复了。"

刘备听了这一番精辟的见解,不住地点头表示赞同,打心眼里对诸葛亮钦佩,最后他说:"先生的话真使我开了窍。我对于您的意见十分赞同。但恳请先生能出山助我。"诸葛亮看到刘备态度诚恳,毫无虚情假意,于是做出决定,跟着刘备来到了新野。自那以后,刘备便把诸葛亮当作老师一般来对待,诸葛亮也把刘备当成自己要寻找的可实现自己抱负的主人。两人的关系是越来越亲密。关羽和张飞把这一切看在眼里,在心里很大的不高兴,在背后总是嘀咕。他们认为诸葛亮如此年轻,未必能有什么真本事,怪刘备过于把他看得太高了。刘备耐心地对他们加以解释说:"如今我有了孔明先生,就如同鱼儿得到了水一样。以后你们不可胡乱发议论。"关羽、张飞听了刘备这样的话,才闭住了嘴,无话可说了。

联吴抗曹　说服孙权

在曹操平定了北方之后,便于公元208年率军南下,对刘表发起了进攻。他的人马还没有到达荆州地界,刘表便已经病死了。这时候刘表的的儿子刘琮听说曹军声势浩大,早就吓破了胆,于是立即派人向曹操求降。这时候驻守在樊城的刘备也得到曹操大军南下的消息,于是他决定把人马向江陵撤退。荆州的百姓都知道刘备善待百姓,心地仁慈,都愿意追随着他一起撤退。当曹操带兵赶到襄阳时,已经得知刘备向江陵撤退了,这时他又打听到刘表在江陵蓄积了大批的军粮,他害怕被刘备给占了去,于是亲自率领五千轻骑兵在后面追赶刘备。刘备的人马不仅带有兵器及装备,最主要的是还有十几万百姓跟着,所以行军速度很慢,每天只能走十几里路。而曹操的骑兵仅一天一夜就赶了三百多里地,到了当阳的长坂坡,就把刘备追上了。

刘备的人马被曹操的骑兵给冲杀得七零八乱,幸亏张飞在长坂坡抵挡了一阵,刘备、诸葛亮才带得少数人马摆脱了后面的追兵。可是赶往江陵的路已经被曹军给截断了,所以只好改道往夏口退去。曹操占领了江陵之后,继续沿江向东进兵,眼看着就要追到夏口了。诸葛亮于是对刘备说:"而今形势危急,眼下只有一条路了,那就是求助于孙权。"正好孙权也担心荆州被曹操给占领,派鲁肃去找刘备,劝说他跟孙权联手共抗曹军。于是诸葛亮就跟随鲁肃来到了江东的柴桑。诸葛亮见到了孙权,说:"如今曹操把荆州攻下了,很快就要向东吴进攻。如果将军决心抵抗,那就趁早和曹操断绝关系,跟我们联手一起进行抵抗,要不然的话,您就干脆向曹操投降,倘若再犹豫不决,祸到临头时就来不及了。"孙权反问道:"那么刘将军自己为什么不投降曹操呢?"诸葛亮表情十分严肃地说:"刘将军乃是皇室后代,才能盖世,怎么可能会低三下四去投降曹操呢?"孙权听了诸葛亮这么一说,也神情激动地说:"既然刘将军如此,那我也不能将江东土地和十万人马白白地送了他人。只是刘将军刚刚打了败仗,他又怎么能抵抗得住人多势众的曹军呢?"诸葛亮神情自若地说:"这个您就放心吧,刘将军尽管败了一阵,可是还有两万水军。眼下曹操兵马虽众,可是他远道追来,兵士们早已是筋疲力尽。更何况,北方人不惯于水战,荆州的人马肯定会对他们不服的。只要我们能够同心协力,打败曹军是指日可待。"孙权听了诸葛亮如此的一番透彻的分析,心里特别高兴,于是马上召集了部下将领,讨论如何抵抗曹操的办法。

在东吴的群臣中,张昭是资格最老的。他说:"如今曹操用天子的名义来征讨,我们如果要对他进行抵抗,那首先在道理上输了一着。何况,我们本来想依靠的长江天险,现在也已经靠不住了。因为曹军占领了荆州,又有上千艘的战船,他们水陆军马合在一起,我们怎能抵挡得住,所以,投降是最好的办法了。"很多人也随之附和。孙权听着群臣的议论,心里很不是滋味。于是又把正在鄱阳的大将周瑜给召回来,周瑜态度慷慨激昂地说:"曹操虽然名为汉相,可其实与奸贼无异。这次是他自己送死来了,哪里有投降他的道理。"他当时就给大家分析了曹操许多不利的条件,认为北方兵士都不惯于水战,而且是由大老远地赶到了这陌生的地方,水土不服,一定会有很多兵士生病。即使兵马再多,也不会有什么用的。孙权听了周瑜的这些话,胆子也壮了起来。他当即站了起来,从腰里拔出宝剑,一剑砍下,"豁"的一声。就把案几砍去了一角。他声色严厉地说:"如果还有谁再提投降曹操的话,那就跟这案桌一样。"转过天来,孙权即任命周瑜为都督,叫他和刘备一起抵抗曹操。周瑜率领水军驻守在南岸,同曹军隔江相望。曹操的军士都是来自北方,不善水战,他们站在战船上的时候,只要一遇到风浪颠簸就受不了。到了后来,他们想了一个办法,就把战船用铁索给拴在了一起,如此一来,船果然平稳了许多。周瑜的部将黄盖看到这个情况,便对周瑜说:"曹军把战船都连接在一起,我寻思着用火攻的办法一定能把他们打败。"周瑜觉得黄盖的主意很好,于是两人定下了计策,并马上实施起来。黄盖派人给曹操送了一封信,表示自己要投降。曹操认为是东吴将领害怕他,对此没加任何怀疑。而黄盖则准备好了十艘大船,在每艘船上都装上枯枝,然后在上面浇足了油,又在外面裹上了布幕,插满了旗帜,另外又准备了一些行动轻快的小船,拴在大船的船尾上,准备在大船起火的时候转移。

有一天,天气突然回暖,竟然刮起了东南风。就在当天的晚上,黄盖率领着十条大船,扯满了风帆,船如同箭一般驶向了江北。约莫过了二里的光景,黄盖下令,将在前面行驶的十条大船点起火来。借着风势,十条大火船就如同十条火龙一样,向曹军的水寨闯了过来。因为曹营的船舰都是连在一起的,根本无法躲开,所以很快就燃烧起来。一眨眼的工夫,曹营已经被烧成了一片火海。曹军的大批兵士都被烧死了;另外还有不少人被挤到江里淹死。这时候,周瑜也带领着精兵渡过江来,向曹军发起了进攻。曹兵大败,四散溃逃,最后,曹操从华容的一条小路上逃了出去。刘备和周瑜在后面兵分两路紧紧追赶,一直追到了南郡。曹操的几十万兵马战死的很多,再加上得病而死的,损失了差不多有一大半。经过这一场火烧赤壁大战,三国分立的格局已经基本上形成了。

出兵北伐　鞠躬尽瘁

诸葛亮自平定南中后,一直希望能够出师北伐。又经过两年时间的准备,公元227年冬天,他率领大军离开成都,临行之际,他给后主刘禅上了一道奏章,名曰《出师表》,要后主亲近贤臣,疏远小人;并且表示了自己决心担负起兴复汉朝的责任。过了年之后,诸葛亮便趁魏军未加防备,亲率大军,突然由西路扑向祁山。因为自刘备死后,蜀汉多年没有动静,魏国没想到蜀军会突然袭击祁山,于是魏军大败。蜀军乘胜进军,祁山北面的天水、南安、安定三个郡都向诸葛亮求降。此时,魏文帝曹丕已经病死。刚即位不久的魏明帝曹叡马上派张郃带领五万人马赶到祁山,而且还亲自到长安去督战。诸葛亮到了祁山,选用马谡带人去占领街亭,作为据点。马谡读了不少兵书,每当诸葛亮找他商量打仗的事,他就谈个没完,也曾出过一些好主意。因此诸葛亮对他非常信任。

于是他派马谡作先锋,王平为副将。当马谡和王平带领人马到了街亭,张郃的魏军也正好由东面开了过来。马谡看了看地形,决定把营寨扎在山上。可是王平不同意,一再劝说他遵守丞相之命在山下扎营,马谡就是不听。当张郃领魏军赶到街亭,看到马谡竟敢放弃现成的城池不守,却把人马驻扎在山上,当即把马谡扎营的那座山给围困了起来。同时切断了山上的水源。这样一来,蜀军连饭都做不成,时间一长,自己就先乱了起来。诸葛亮知道街亭失守完全是因为马谡违反了他的作战部署。按照军法,把马谡定了死罪。诸葛亮杀了马谡之后,想起平日和马谡的情谊,心里很是难过,他把马谡的儿子给照顾得很好。诸葛亮认为王平在街亭曾经劝阻过马谡,就把王平提拔为参军。然后,他就上了一份奏章给刘禅,请求降职三级。

因为诸葛亮赏罚分明,能以身作则,使得蜀军将士都极为感动。大家就把这次失败当作教训,士气比以前更加旺盛了。228 年冬天,诸葛亮又带兵杀出散关,转过年来的春天,又出兵收复武都、阴平两个郡。刘禅于是下诏书,恢复诸葛亮的丞相职位。公元 229 年四月,吴王孙权称帝。蜀汉大臣认为孙权称帝是僭号,要求和东吴断绝盟好关系。诸葛亮却认为,蜀汉眼前的主要对手是魏国。他坚持跟东吴保持联盟。到了公元 231 年,诸葛亮第四次出兵祁山。魏国司马懿和张郃等一起率领人马赶往祁山。诸葛亮派人留在祁山,自己则率领主力拦击司马懿。司马懿认为诸葛亮孤军深入,带的军粮不多,所以在险要的地方便筑好了营垒,命令将士只守不战。魏军将领以为司马懿害怕诸葛亮,一再请战,司马懿只得硬着头皮,跟诸葛亮大战一场,结果被蜀军杀得一败涂地。由于蜀军后方的运粮官员失职,粮草未能供应上来,只好主动撤兵。大将张郃在后面紧紧追赶,被诸葛亮预先布置好的伏兵用乱箭给射杀了。诸葛亮几次出兵,都是因为粮食供应不上而退兵。于是他设计了两种运输工具,称作"木牛""流马",也即是两种经过改革的小车,用它们把粮食运到了斜谷口囤积起来。公元 234 年,诸葛亮率十万大军进行最后一次北伐,同时他又派使者到了东吴,约孙权同时发起攻势,以期南北策应,使得魏国两面受敌。诸葛亮大军出了斜谷口,一直到了渭水南岸的五丈原。而魏将司马懿也率领魏军渡过渭水,筑起了营垒防守,同蜀军对峙。

当孙权接到诸葛亮的信之后,立即三路出兵进攻魏国。魏明帝亲自率领大军到南面抵挡东吴;一方面通知司马懿坚守五丈原,只守不战。后来,孙权的进攻失败了。当诸葛亮得知后,就想和魏军决一死战,可是司马懿依然是稳守营垒,不出兵作战。诸葛亮便想了个法子用来激怒司马懿。他利用当时人们轻视妇女的风俗,派人给司马懿送去一套妇女穿的服饰。意思就是司马懿胆小怕战,还不如做个"闺房小姐"。魏军将士为此气恼得嚷着要跟蜀军拼斗。可是司马懿并没有发火,他安慰将士说:"好,待我向皇上请命,请求准许我们和蜀军进行决战。"几天过后,魏明帝派大臣赶到魏营,传达命令,不准出战。蜀军将士得知这一消息,感到特别失望。这时,也只有诸葛亮猜透了司马懿的用意,说:"司马懿上奏章请求打仗,这只不过是做给将士们看的。否则,大将领军在外,哪有时间还去千里迢迢请战的道理。"诸葛亮料到了司马懿的心理,同时司马懿也在探听诸葛亮的情况。有一次,诸葛亮派一使者到魏营去挑战,司马懿很有礼貌地接待这位使者,并和使者聊起天来,他说:"你们丞相平日公事一定很忙吧?近来身体如何?胃口如何?"使者觉得司马懿问的都是些人情客套话,于是也就老实地做了回答说:"我们丞相的确很忙,平日里的军营大小事情都要亲自去抓。他起得早,睡得晚。尤其是近来胃口不太好,吃得也比往日少多了。"当使者走后,司马懿就和左右将士说:"你们看,诸葛孔明平时吃得少,事务又如此繁重,哪能支撑多长时间呢?"

果然不出司马懿所料,诸葛亮因为过度辛劳,终于病倒在军营里。后主刘禅闻讯,赶快派了一位名叫李福的大臣来到五丈原进行慰问。李福和诸葛亮谈了一些军国大事,然后就走了。可是没过几天,李福又返了回来。当他看到诸葛亮已经病势转重,不由得哭了起来。诸葛亮对李福说:"我知道您回来想问些什么。您所要问的那个人,我看就是蒋琬吧。"李福说:"丞相所说的不错。皇上正是要我来问丞相万一身子不好,该由谁来担任您的工作。那蒋琬之后,又有谁可以继任呢?"诸葛亮说:"费祎可担此任。"李福还想再往下问,可是诸葛亮已经闭上眼睛不回答了。

建兴十二年(234年),54岁的诸葛亮在第五次北伐魏国的中途病故于五丈原的军营里,归葬于定军山。依照诸葛亮生前的嘱咐,蜀军将领并没有把他去世的消息透露出去。而是把诸葛亮的尸体裹放在车里,然后各路人马才开始很有秩序地往后撤退。魏营的探子得知诸葛亮已经病死的风声,马上报告了司马懿。司马懿随后引兵由后追赶上去,可是刚过五丈原,忽然发现蜀军的旗帜已经转了方向,同时传出一阵战鼓响,兵士们都转身掩杀了过来。司马懿极为吃惊,立即拨转马头,命令军队撤退。蜀军将领等到魏军离得远了,才不慌不忙地把全部人马安全撤出了五丈原。这件事被老百姓得知后,便编了一个歌谣嘲笑司马懿,说:"死诸葛吓走了活仲达(仲达是司马懿的字)!"司马懿听了之后,并不生气,说:"我只能料到活的诸葛,怎么可能会料到死的呢!"到了后来,他亲自跑到原来蜀军扎营的地方,观察了诸葛亮生前所布的阵势,不由赞叹地说:"诸葛孔明当真是天下奇才啊!"尽管诸葛亮统一中原的愿望没能实现,可是他的智慧和品格,却被后人所称颂。在民间传说中,诸葛亮一直被人当成是智慧的化身。在他写的《后出师表》里,有"鞠躬尽瘁,死而后已"两句话,人们认为这话正是对他一生的评价。

半部论语治天下

——赵普

名人档案

赵普：字则平，生于幽州蓟州（今北京城西南），后唐末年，相继迁居常州（今河北省正定县）、洛阳（今河南省洛阳）。五代至北宋初年著名政治家，北宋开国功臣。

生卒时间：922 年~992 年。

性格特点：性情沉着、严肃刚正、忌妒刻薄。

历史功过：开国宰相，他并不是经常出现在前台，而只是辅助君王在幕后出谋划策。然而，他所参与制订的重大方针政策，却一直影响着宋朝三百年的政治制度，关系到国运民命的重大问题。

名家评点：赵普一生在政治舞台上活动了五十年。作为封建时代地主阶级的政治家来说，是一个有一定远见的历史人物。他所佐治制定的巩固中央君主集权和地方分权的方针、政策，对于结束长期政治动乱、实现中原统一是有贡献的。对于深刻的消极后果来说，他同样是负有历史的责任，作为一代名相，他胸中缺少学问，而以所谓半部《论语》治天下，这当然妨碍他做出更积极的贡献。赵普以个人对君主的忠诚三次任相，在整个居相期间，看不到他造福人民的政绩，这是最大的缺憾。

出身孤寒　托迹诸侯

赵普，字则平，后梁龙德二年（922 年）出生于幽州。赵普的祖上三代都是出身小官吏，所以后来赵普说自己"出自孤寒，本非俊杰"。赵普读书不多，学术不广，但长于吏干，与他的家庭背景是有关系的。

幽州自安史之乱后便是藩镇割据的重镇。在唐代灭亡后的第四年，幽州军阀刘守光称帝，建立起一个大燕国。三年后为李存勖所灭。灭燕后十年，李存勖灭了后梁，一统中原，建立了后唐政权。这一年赵普两岁。这个时期的幽州并不安定，李存勖面临着他的另一个强大对手——契丹人耶律阿保机的挑战。耶律阿保机对幽州垂涎已久，幽州成为耶律阿保机的必争之地。在赵普出生后的八年间，耶律阿保机父子屡次进犯幽州，都被后唐军队击败。耶律阿保机无法得逞，既然不能南下，于是转向东西两个方向开拓。两强迟早要相遇。幽州成为两种文明的分界线，也是中原防备契丹民族入侵的桥头堡。

然而耶律阿保机毕生求之不得的幽州到了他的儿子耶律德光的时候却不费吹灰之力便得到了，是中原内部的纷争给了契丹人创造历史的机会。

后唐末帝清泰三年（936年），后唐的河东节度使石敬瑭，也就是后唐第二位皇帝明宗的女婿，起兵反唐。为了换取契丹出兵相助，打败后唐军队，石敬瑭开出了优厚的条件。一项是对契丹称臣，且父事契丹，也就是做契丹的儿皇帝；一项是割让幽、蓟、瀛、莫、涿、檀、顺、新、妫、儒、武、云、应、寰、朔、蔚十六州给契丹；一项是岁输帛三十万匹。对于这款屈辱的条约，石敬瑭部下的一个大将刘知远提出了反对意见，他说道："称臣也就可以了，以父事之就太过分了。用丰厚的金帛贿赂契丹，已经足以使他们出兵，不必再答应割让土地，割地恐怕以后会成为中国的大患，那时候就悔之无及了。"可见刘知远比石敬瑭有见识多了，后来石敬瑭建立的后晋为契丹所灭，正是刘知远收拾残局建立起了后汉王朝，但当时石敬瑭拒绝听从他的意见。耶律德光见到这些条件大喜，对他的母亲萧太后说道："儿子昨天梦见石郎派使者来，现在果然来了，这真是天意啊。"立即回书，同意出兵。石敬瑭成功了，如愿做上了比自己小10岁的耶律德光的儿皇帝，幽云等州也被割让了，十六州的割让后来也果然如刘知远所说成为中原王朝的大患。

赵普的父亲赵迥不愿意生活在异族统治之下，就率领家族迁往河北常山（今河北正定）。这一年赵普15岁，从此以后赵普再也没有机会回到这片他生活了十五年的土地。按理说赵普对这段历史应该是难以忘怀的，但他后来掌政之后，却没有收复失地的打算。

在常山，赵普一家居住了六年多的时间。正是在这里，沉默寡言的赵普娶了镇阳豪族魏氏的女儿，组建了自己的家庭。常山后来被赵普的后代看作是"祖乡"，并立庙于此。实际上，幽云沦入敌手，即使想归籍幽州也不可得。六年后，驻常山的节度使安重荣起兵反晋，战乱再起，21岁的赵普和妻子只好又跟随父亲迁到河南洛阳。

赵普的青少年经历，使他对军阀割据和契丹入侵有非常切身的认识，这也成了他后来制定北宋开国政策的基础。

五代是一个重武轻文的时代，对于普通的读书人来讲，除了隐居不仕之外，更多的是只有投奔武人的帐下做一名幕僚。赵普走的也是这条路。大约从移居洛阳开始，赵普开始了他的从军入幕生涯，从此"托迹诸侯十五年"，期间赵普曾客居长安一段时间。唐代帝陵在五代战乱时期被军阀发掘了,在长安赵普访求到唐太宗的遗骨,重新安葬到昭陵下。

后周显德元年(954年)七月,周世宗柴荣手下的亲信将领河阳(今孟州市)节度使刘词调任驻长安的永兴军节度使。赵普被辟为从事,进入刘词的幕府。刘词幕府中搜罗了不少人才,例如41岁的楚昭辅、39岁的王仁赡等等,他们后来都成了北宋开国功臣。次年12月,刘词去世,遗表将赵普、王仁赡推荐给周世宗。结果到了洛阳之后,楚、王两人投奔了年轻的禁军将领赵匡胤,而赵普未有归处,就暂时失业了。

宋人的记载中关于赵普与太祖赵匡胤的初次相遇有不少传说。有的说赵普很早就在赵匡胤家为门客。有的说在周世宗伐南唐时的滁州清流关之战时,赵匡胤访得赵学究,赵普画策击败南唐军,两人从此定交等等。这些经历都是后人所编造,赵普在遭遇太祖之前,实际上是浪荡江湖,托迹于诸侯之间十几年。直到刘词卒后,赵普来到开封时尚不为赵匡胤所知。契机来自太祖的父亲赵弘殷。

显德三年春,周世宗亲征南唐。二月,赵匡胤袭取南唐的淮南重镇滁州。赵普得到宰相范质的推荐,被任命为新得滁州的军事判官,在这里他初次见到了赵匡胤。赵匡胤的父亲赵弘殷在滁州病重,赵普朝夕侍奉,非常尽心,赵弘殷非常感谢。后来赵普又很机敏地断了一桩很大的盗案,救了不少无辜的人,这样赵普开始引起了赵匡胤的注意。

赵普服侍赵弘殷,恐怕是其有心结纳赵匡胤的表示。以赵普之心机,恐怕早就看到了赵匡胤前途无限。赵普显然成功了。赵匡胤因为滁州的战功擢升为匡国军节度使(治同州,陕西大荔县)兼殿前都指挥使,成为后周最年轻有为的将星。能够在30岁成为节度使是很不多见的。后来赵匡胤领同州节度,赵普被辟为推官,开始进入了赵匡胤的幕府。显德六年(959年)七月,赵匡胤移镇宋州,赵普做了掌书记。掌书记通常是武将幕府中最重要的幕僚,此前后梁的敬翔、后晋的桑维翰都是从掌书记做到了宰相。做了掌书记,赵普实际上等于已经成了赵匡胤身边最主要的谋士。赵普也果然不负所望,在出任掌书记仅仅半年后,就导演了陈桥兵变、赵匡胤黄袍加身的传奇性一幕。

陈桥兵变　黄袍加身

显德六年,英明神武的周世宗在事业蒸蒸日上的时候暴病去世,小皇帝柴宗训即位,年仅七岁。显德七年的元旦,正当大家沉浸在新年的欢乐当中时,突然传来契丹入侵的边报。选择这个日子入侵着实令人意想不到。仓促之下,宰相范质没有下令边关的韩令坤应战,却派了朝中的殿前都点检赵匡胤率军北上御敌。而就在这时候,京师又传出了策立新天子的流言,一时之间,京师人心惶惶。

正月初三,军队北上。行军途中,赵匡胤属下一个学过占星术的军校苗周训观察到了异常的天象,于是他告诉将士说这是天意有归,授命有兆。于是点检将做天子的谶言开始在军中流传。这时候如果发生军士拥立的事情,那当然也就没有什么奇怪的了,而事实上这种事隋也果然发生了。

当夜,军队到达陈桥驿。赵匡胤军中醉酒后呼呼大睡,一些禁军将校则冲到了军中谋主赵普的帐内,请赵普做主,要拥立点检做天子。赵普耐心地劝解诸将,并警告说:"太尉忠心耿耿,怎么会这样做呢? 到时候饶不了你们!"诸将抽刀大呼道:"如果这么说的话,退必受祸,我等已无退路!"赵普看到军心可用,时机成熟,于是假装叱责说:"策立天子是何等大事! 须从长计议。"于是众人便安静下来听赵普安排。赵普说道:"现在外敌压境,不如我们先击退外敌,然后再计议此事。"但诸将坚决反对:"事不宜迟,迟则生变。应当先入据京城,拥立点检做天子,然后再北向破敌。如果太尉不从的话,那么军队军心不稳也难以戮力破贼。"赵普又说道:"既然如此,我们须提前讲好规矩。"于是赵普强调:"改朝换代这样的大事,虽然说靠的是天命,但重要的还是人心所向。大军前锋已经过河,各地节度使各拥强兵。京城如果发生混乱,不但外患会更严重,内部四方也将生变。如果能严格约束军队,不准劫掠都城,人心不乱,那么四方自然无事,诸位也就可以常保富贵了。"众将齐声允诺,然后散去各自行事。赵普连夜派亲信快马加鞭返回京城将计划告诉了殿前都指挥使浚仪石守信、殿前都虞侯洛阳王审琦。石守信、王审琦都是早就归心于赵匡胤的人。黎明时分,赵匡胤营帐周围呼声四起,声震原野。赵普与赵匡胤的弟弟赵光义闯到赵匡胤的大帐禀告赵匡胤:"诸将已经全副武装,直奔寝门而来,声称'诸将无主,愿意拥立太尉为天子。'"赵匡胤大惊,披上衣服刚一走出来,就有人将黄袍披在他的身上,然后众将一起拜倒,高呼万岁。赵匡胤一看群情激昂,知道大局已定,就揽辔驻马对诸将训诫道:"你们这些人自贪富贵,才立我为天子。如果能听从我的命令,我就做,如果不能听从,我就坚决不做你们的皇帝。"诸将齐声道:"唯命是从!"赵匡胤道:"少帝及太后是我所侍奉之人,公卿大臣是我比肩之人,你们不准凌辱他们。近世帝王初入京城,都要纵兵大掠,擅劫府库,你们不准这样做。事定之后,自当厚赏你们。违令者族诛!"众皆听令,于是北上御敌的大军浩浩荡荡地南下返回京城,一路上秋毫无犯。早已准备好的石守信开关放军队进城,然后便派潘美去见执政传达事情经过,又遣楚昭辅到家里安慰家人。宰相早朝还没有退,听说发生了兵变后,宰相范质下殿紧紧地抓住同僚王溥的手懊悔地说道:"仓促遣将,这都是我们的罪过啊。"指甲深入到王溥手里,几乎抓出血来,王溥一声也不敢吭。诸将簇拥着赵匡胤进入宫城的明德门后,赵匡胤令军士解甲还营,太祖自己也返回到办公室里脱下黄袍。不久将士们就带着范质等人赶到了。赵匡胤呜咽流涕说道:"我受世宗厚恩,这完全是我六军所迫啊。我说我不要做,他们非让我做,结果到了现在这种地步,真是有负天地,这可怎么办才好?"范质等人还没来得及回答,太祖的一个亲信罗彦瓌就挺剑而出,上前道:"我辈无主,今日必得天子!"太祖呵斥道:"还不退下!"范质正不知所措的时候,王溥已经退到阶下参拜新君了,范质一看大势已去,只好带领百官口称万岁,一齐参拜。赵匡胤称帝,北宋建立。这就是陈桥兵变。

自唐代安史之乱后,地方藩镇割据,很多强藩的藩帅之命不出于中央,而出自军士拥立。即使在五代时期,这也是司空见惯的事情。在五代这个兴亡以兵的时代,拥立藩帅与拥立新君并没有什么本质的差别,后唐明宗与后周太祖都是如此登上皇位的。陈桥兵变看起来也是军士哗变的再一次上演，黄袍加身，事出无奈，赵匡胤、赵普等人事先都不知情。后来赵普还特地撰写了一部《飞龙记》，记载了兵变的经过。这当然是欺人之谈。正如清人查慎行有诗所言："千秋疑案陈桥驿，一着黄袍遂罢兵。"黄袍加身之后，契丹入侵的事情也不了了之了。所谓的"千秋疑案"实在是事先经过周密筹划的政变，而赵普则为谋主。

在以前所上演的一幕幕军士哗变中，为了取得军队的支持和欢心，新君往往都会允许军士公开劫掠都城作为奖赏。赵匡胤君臣对此当然有充分的了解，所以事先做了周密的防范。对于老百姓来讲，一夜醒来之后，还不知道江山依旧，却是已经换了主人。赵匡胤君臣一改五代弊习，以陈桥兵变这种和平的不流血的方式完成了改朝换代，为新王朝的开国奠基，宣告北宋王朝以一种崭新的姿态登上了历史舞台。

平定叛乱　谏收兵权

赵匡胤以兵变得国之后，北有契丹、北汉，南有割据诸国，内有强藩，天下未定，人心不稳，新政权的内外形势并不容乐观。在政变成功的当年就爆发了昭义节度使李筠和淮南节度使李重进的反抗。赵普积极参与了这两次平叛的战争，先是跟随太祖亲征李筠，接着又献速战速决之计破李重进。平叛之后，太祖特别赐予了赵普一所宅第。新宅特地选在靠近宫城的地方，为的是便于赵普随时谒见，以备咨访。太祖自己有时候也会不期而至，驾临赵普家，君臣之间相得甚欢。

平定叛乱之后，开始整顿禁军。主要的策略是罢免不属于殿前司系统的侍卫马步军的高级将领，代之以自己的亲信如石守信等，完全控制了侍卫司。而赵匡胤自己担任过的殿前都点检一职则不再除授。石守信等人都是与自己比肩同忾的义社兄弟，由他们掌控国家内外禁军，太祖是放心的。而赵普却难以放心。

赵普是一个深明利害关系、非常讲求实际的政治家，在这个以半部论语治天下的政治家看来，仁义、信用、道德从来都是靠不住的东西。赵匡胤有一次想让自己非常信任的宿将符彦卿掌握禁军，赵普认为符彦卿的名望、地位都已经很高，不可再委以兵权，因此坚决反对。但太祖不听，并直接下达了委任符彦卿的诏书。赵普截留了委任诏书，再次请见太祖。赵匡胤劈头就问："是不是又为符彦卿的事而来？"赵普一看这种形势，知道如果直承其事，恐怕不得接见，就先以别的事情上奏，这些事情都处理完了之后，才拿出了任命诏书退回。赵匡胤说道："果然还是为了此事。委任状怎么会在你这里呢？"赵普说："我假托以皇帝处分之语有未考虑周全的地方，将诏书留了下来，希望陛下能够深思熟虑其中的利害关系，以后再后悔可就晚了。"太祖说道："你何苦如此怀疑符彦卿？我厚待彦卿，彦卿怎么会辜负我呢？"赵普慢吞吞地回答道："陛下又为什么会辜负周世宗呢？"周世宗待赵匡胤至厚，而赵匡胤最后还是欺负孤儿寡母，夺了后周天下，赵普一句话使赵匡胤哑口无言，登时明白了赵普的苦心，随即收回了成命。

基于同样的考虑，赵普多次向太祖提议，解除石守信等功臣的军权，然而太祖总是不同意。赵普也是有韧劲,一有机会就不厌其烦地重申此议。终于被说烦了,太祖向赵普解释道:"他们都是我的亲信,肯定不会背叛我,你到底担忧什么呢?"赵普回答道:"我也相信他们绝不会背叛你。但我经过仔细观察,发现这些人都非统御之才,恐怕不能驾驭其部下。如果不能驾驭部下,万一军队中有作乱的,他们到时候恐怕也同样会身不由己的!"赵普的回答可谓精彩之极,直指赵匡胤的最软弱处。有了陈桥兵变的切身经历,对于赵普此一番利害分析,赵匡胤焉能不为之惊悚?他顿时醒悟,意识到问题的严重。然则又该如何处置这些与自己曾经同甘共苦、帮自己登上皇位且又忠心无二的老兄弟呢?谋夺诸将兵权,时时在赵普的考虑中,继陈桥兵变之后,这时候赵普胸中还会有怎样的大手笔呢?

建隆二年七月的一天,像往常一样,赵匡胤又召来石守信等众兄弟会饮。酒酣耳热之际,赵匡胤屏退左右,说道:"如果不是靠你们出力帮忙,我做不到这个位置。你们的恩德,我始终念念不忘。然而做天子也真是不容易,还不如做节度使快活,我是终夕不敢安枕而卧呀。"石守信等人大惑不解,哪有做天子不如节度使快活的道理啊,于是纷纷关切地问道:"这是为什么呀?"赵匡胤幽幽地说道:"这还不明白吗?谁不想坐我这个位子啊?"石守信等人怎么也没有想到赵匡胤矛头所向,正是自己,一齐顿首道:"陛下何出此言?现在天命已定,谁敢复有异心?"赵匡胤道:"不然。你们虽然没有异心,可是如果你们的部下中有想侥幸富贵者,一旦将黄袍加到你们的身上,你们即使不想做,也由不得你们了!"

石守信等人这才醒悟,原来是怀疑到自己头上来了,"狡兔死,走狗烹"的历史图景顿时浮现眼前,他们慌了手脚,急忙叩头涕泣道:"我等愚鲁,没有考虑到这种问题,唯有希望陛下哀怜,指示一条可生之路!"赵匡胤道:"人生如白驹过隙,所谓富贵,也不过就是多积攒点财富,使自己快活一生,也使子孙无贫乏罢了。你们何不交出兵权,出守大藩,多买些好田地、房产,为后代子孙置下一份长久的产业,多置歌儿舞女,日日饮酒相欢以终天年?"赵匡胤顿了一下,接着道:"而且我会与你们约为婚姻,结成亲家。这样我们君臣之间,就可以两无猜疑,上下相安,这样不是很好吗?"

这个结果的确是众将所没有想到的,这下放心了,都急忙拜谢道:"陛下为我们考虑得实在太周到了,所谓起死回生也不过如此。"第二天,石守信等人都如约宣称身体不佳,请求辞去兵权。赵匡胤大喜,安慰了一番后又给予了丰厚的赏赐,不久,诸将出外。

中国古来功臣难处于雄猜之主,从汉高到明祖,鸟尽弓藏、兔死狗烹的功臣悲歌曾一再上演。即使被称为不世出的明君唐太宗也时时难掩其对功臣的猜忌,例如数立奇功的卫公李靖就几次遭到猜疑,最后闭门谢客,连亲友都不敢见了。期间能够保全功臣始终的前有出身于读书人的汉光武,后有出身于武夫的赵匡胤。在赵普的谋划下,讲义气的赵匡胤以其特有的坦诚上演"杯酒释兵权"的传奇剧,解决了功臣问题。

在诸将交出了兵权之后,赵匡胤也并没有食言,除了委以大藩之外,并真的履行了"约为婚姻"的诺言。他的妹妹燕国长公主嫁给了高怀德;自己的弟弟赵廷美则娶了张令铎的三女儿。多年以后,赵匡胤的两个女儿又分别嫁给了王审琦和石守信的儿子。仅仅有功名富贵其实并不能打消功臣们的顾虑,而儿女亲家这一层关系的确立则大大增强了他们的安全感,也是真正实现君臣无猜、上下相安的有力保障措施。

君臣义、兄弟情、儿女亲,种种关系扭结在一起,营造出君臣一体、同舟共济的气氛。赵匡胤与赵普通过精心的策划,以这种和平的方式谈笑之间解除了诸将的兵权,将篡夺的隐患消于无形,解决了多少君臣为之头痛的功臣问题,不能不说是一个创举,充分反映了太祖君臣在政治上的大智慧。而高高在上的皇帝如此珍视自己同臣下之间的一纸口头誓约,在古代历史上不能不说是空前绝后的事情。由此我们也不难理解宋代何以会流传"不杀士大夫"的所谓太祖誓碑的传说,非太祖其人,不足以当其事。开国功臣尚且能保全,况士大夫呢!

自唐末以来53年间,共经历了五个朝代,换了八姓十三个皇帝,平均每朝不过十年多一点。当赵匡胤即位的时候,也许在大多数人的眼中,新生的宋王朝不过是继后周之后的第六代,赵匡胤则不过是后梁以来的第十四位皇帝而已。摆在赵氏君臣面前最迫切的问题并不是如何讨平南方诸僭伪、平定天下的问题。而是如何避免成为继后周之后的第六个短命王朝,稳固新政权,开创一个新时代。

平定了叛乱,解除了功臣兵权,消除了心腹之患后,太祖召赵普商量"息天下之兵,为国家长久计"的问题。赵普分析了唐末五代以来战乱不止的原因,指出核心问题就是八个字:"方镇太重,君弱臣强。"这的确是时弊的根本所在。既然弊因在此,那么消除此顽疾的措施当然就是反其道而行之了,为此,赵普提出了针对性极强的三大策略:稍夺其权,制其钱谷,收其精兵。

唐代从安史之乱后,中央的控制力下降,藩镇拥兵自重,其权力也从最初的军事扩展到行政,可以自行任命属官;所属州郡财赋除少量上交中央外,其余多数都以留使、留州之名为藩镇截留;利用这些财富,藩镇又豢养了大批私兵,作为节度使个人争权夺利的资本。藩镇既控制数州的土地、人民,又拥有自己的军队,终于导致君弱臣强、太阿倒持的局面。中唐以后,曾不断试图削弱藩镇,加强中央集权,宪宗时期曾一度几乎成功,然而最终失败。这种局面到了五代时期虽有所削弱,然而并没有本质上的改变。五代英主如周世宗在有一个藩帅从地方来朝时,竟然大喜过望,亲临其宅第以示褒扬。藩镇平目之跋扈可知。赵普的三大策略直接针对藩镇的行政、财政、军事权,意图从根源上彻底消除藩镇割据的局面。

所谓"稍夺其权"就是削夺节度使的行政权力。主要的办法是中央派遣文臣做各藩镇属州的知州,分节度之权。后来又慢慢地削夺支郡,使原来藩镇所属的州县直属中央,这样藩镇所能控制的地区越来越小,最后只剩下自己的节度州。

"制其钱谷"的主要措施是设置了一个叫转运使的官职来掌管一路的财政,又设置通判一职来掌管一州的财政。各地的财政收入除留下必要的经费之外,其余的盈余全部都运往京师。这样财政集中于中央,一方面改善了中央财政,另一方面地方不掌握财权,也削夺了地方养兵的基础。

"收其精兵"就是选拔地方精兵为中央禁军。中央禁军在数量和质量上都保持了对地方军队的强大优势。

这三个纲领的提出,藩镇节度使的权力被大大地削夺,从而消除了自唐中期以

来的藩镇之患。曾经有一个节度使非常郁闷地对僚属叹息道:"身为藩臣,却被压制到如此地步,真是为英雄所笑啊。"

可以说,从陈桥兵变到杯酒释兵权以及三大纲领的提出,在赵匡胤和赵普君臣的细致而又大气的谋划之下,北宋的开国一开始就显示出了前朝所无的独特的气质,它没有新朝开国所常有的血腥的气息,而是带有浓重的人性化的色彩。所有这一切都预示着一个新的时代即将来临。

胸怀天下　赵普罢相

赵普独任宰相十年,太祖视如左右手,事无大小,悉听赵普裁决,赵普也尽心尽力,的确为新王朝的制度建设立下殊功。对此,宋太祖也有很高的评价,他曾经对赵普说道:"我与你平定祸乱取天下,所创立的法度,如果后世子孙能够小心遵守,流传百世是没有问题的。"但到了开宝六年(973 年)八月,赵普在独相十年后被罢相。这样契合的一对君臣并没有能够保全始终。赵普为什么会被太祖罢相呢?

《宋史》的赵普传记里,列举了一些看起来与赵普罢相有关的事情。开宝六年,割据两浙的钱俶派使者持信与赵普,并送上海物十瓶,放在屋檐下。恰好太祖访普,仓促之间没来得及收拾,为太祖发现。当太祖听到赵普说送的是海物时,便微笑道:"这海物一定不错。"当即命令打开,结果瓶里装的全是瓜子金。赵普大惊,连忙表示自己还没有打开信件,实不知情。太祖从容道:"受之无妨,他们还以为国家事都是靠你们书生呢!"赵普的这次受贿被太祖逮个正着。

还有一次,赵普派遣亲吏到秦、陇之地买木材,用巨筏相连运到京师营造宅院,小吏乘机贩卖大木。私贩秦、陇大木在当时是国家明令禁止的,结果此事被三司使(财政部长)告发。据说当时太祖大怒,将下诏书驱逐赵普,幸亏老宰相王溥解救。另外赵普还以权谋私扩大自己的宅院,又以宰相之尊经营邸店谋利。最后这两件事连同赵普包庇自己属下的吏员贪赃枉法的好几件事情后来都被一个叫雷有邻的官员告发。太祖令御史府按问,结果属实,从此赵普恩遇渐衰。

从这些记载看来,赵普确实是比较好财,在经济上不够检点。然而这似乎不应该成为赵普罢相的主要原因。廉洁与忠实之间,君主历来更重视的是后者。太祖对赵普受吴越钱俶贿赂的反应显示,太祖并没有将这些事看得有多严重,自己的老朋友贪点小利怎会至于大动肝火呢? 其实在六年前雷有邻的父亲雷德骧就曾经告发过赵普强买田宅,聚敛纳贿,结果被太祖用柱斧打断了两颗牙齿。彼时能容,何以六年后就容不得呢? 同样的事情六年后再度告发就有效,只能说太祖实际上自己已经有了罢黜赵普之意。

在太祖和赵普为开国所设计的蓝图中,是处处充满制衡的精神。在这种体制下,容不得对皇权的半点威胁存在,当然也包括赵普自己。而赵普的政治作风和太祖的倚重却使得赵普渐渐突破了这种界限。

赵普性格深沉,处理事情比较果断,能以天下事为己任而不避嫌疑。前面曾经提到,赵普对于自认为太祖决策未当的事情多是坚决抵制,而对于自己认为得当的事情则必欲得之。

有一次赵普推荐某人为某官，太祖不能用。赵普明日复奏其人，太祖还是不用。次日，赵普又以其人奏，结果太祖大怒，将赵普的奏牍扯裂后扔到地上，而赵普却神色不变，捡起来就回家了。过几天赵普将撕碎的奏牍补缀好，再次上奏。最终太祖还是妥协了，用了赵普推荐的人。

又有一次，有臣僚按法应当迁官，太祖因为向来讨厌这个人，因此不同意他升迁。赵普坚请，太祖这回好像铁了心了，怒道："我就是不给他迁官。你能怎么着？"然后转身就走，结果赵普就跟着太祖，太祖到哪里，他就跟到哪里。最后太祖入宫，赵普就站在宫门外等候，久久不离去。最后还是赵普赢了。

赵普一方面排斥异己，另一方面则培植自己的势力。他与掌握军政的枢密使李崇矩相交结，为自己的长子娶了李崇矩的女儿。这显然有违太祖使宰相、枢密使分掌民政、军政，互相制衡的意图，使太祖很不高兴。开宝五年，借故罢免了李崇矩的枢密使一职，同时又扩大了副宰相的权力，作为对赵普专断的限制。

赵普为政专断的作风既渐渐招致了太祖的不满，同时也得罪了很多同僚。赵普曾经在自己的办公地点设置了一个大瓦壶，中外臣僚的各种表疏，赵普不满的就投到壶中烧掉。这也给了以翰林学士卢多逊为主的反对派以借口。他们每有太祖单独召见的机会，就攻击赵普的短处。太祖入于耳，记于心，日积月累，对赵普的专断作风日益厌恶，开宝八年终于下定决心罢免了赵普的宰相职位，让赵普到地方做了节度使。

太祖虽罢免了赵普相职，然而顾念赵普为开国元勋，所以仍给予了很高的礼遇。在免相诏书中只说是均劳逸，不提赵普之过。他是否意在对赵普略示薄惩，日后是否会有复用之意，我们是无法知道了，因为在赵普罢相三年后，太祖突然暴卒。

开国元勋　三登相位

宋太祖的暴卒和太宗的即位在历史上都充满离奇的色彩。

在太祖即位的第十七年，开宝九年(976年)十月的一个雪夜，太祖召晋王光义入宫，兄弟二人一边饮酒，一边议事。身边的宫女宦官们都被屏退了，他们只能看见烛光摇曳之中光义不时离席，好像是在推让的样子，而太祖以玉斧戳地的声音在深夜中更是清晰可闻。他们听到太祖大声地对光义说："好自为之！"夜深后，光义离去，太祖就寝。凌晨太祖暴卒。宋皇后发现太祖去世，忙命宦官王继恩召皇子德芳入宫，而王继恩显然早已被赵光义买通，他没有去找德芳，却请来了赵光义。当宋皇后看到跟王继恩一同前来的不是德芳而是晋王赵光义时，满脸惊恐，急忙道："我们母子性命都托付于官家了！"光义也哭泣着说："共保富贵，不用担忧。"于是太宗即位。这就是所谓"斧声烛影"的太祖太宗皇位授受之谜。太祖的死太突然，皇位不传于子而授予皇弟也与常理不合，太宗的即位在当时就未免引起众人的猜测，这自然也成了太宗的一块心病。他要怎样才能让国人相信，自己的继承皇位，是太祖一向就有的安排呢？

太宗的即位对于赵普来说,绝非一个好消息。

赵普比光义大17岁。自从赵普进入赵匡胤的幕府后,两人就相识了,而且关系还不错。杜太后非常喜欢赵光义,据说光义每次外出的时候,太后都说:"一定要和赵普一起出去才行。"然而等到赵普做了宰相之后,备受太祖信任,地位甚至超过了皇弟光义,双方的关系也发生了变化。这两个距离权力中心最近的人开始明争暗斗,彼此打压对方。

光义非常倚重一个叫宋琪的幕僚。宋琪是幽州人,与赵普是同乡,因此多次与赵普往来。这使光义很不快,就将宋琪赶了出去,直到他即位两年多以后,还对宋琪与赵普交好的事情耿耿于怀,直到宋琪痛陈往事之非,表示悔过自新才获得光义的原谅。赵普则寻机报复。光义的另一个得力幕僚姚恕,曾多次为光义谋划,最受信任。在宋琪被逐两年后,赵普找到一个机会将姚恕调离光义身边到地方去做通判,光义想法挽留,也没有成功。又两年后,姚恕在任上因为一个并不是很严重的过错被赵普撺掇太祖诛杀,投尸于河。两人矛盾如此,赵普当然不会愿意光义成为太祖的继承者。而在当时的确有很多迹象表明太祖好像真的有这样的想法。于是赵普密奏太祖,请求立太祖自己的儿子,但太祖没有同意。宋人中还流传一个说法,光义即位的时候,曾经说过这么一句话:"如果赵普还当宰相,那么我是坐不到这个位子的!"后来赵普复相之后,太宗把将皇位传给弟弟秦王廷美的想法告诉赵普,赵普是怎么回答的呢? 他说道:"当初太祖如果听了我的话,陛下就当不上皇帝了。先帝已经错了一次了,现在陛下岂能再错!"据此我们知道赵普在太祖时一定反对太祖传位太宗的。

现在太宗即位了,当初反对赵普最有力的大臣卢多逊则升任宰相,赵普的日子越发艰难。太宗即位的当年,赵普管辖下的一个州就被削夺直属中央了,赵普见势不妙,就赶紧上书请求进京朝见新帝,不久又自请解职,留在京师,这样呆在天子脚下,太宗心中也安稳些。在接下来的几年里,赵普又受到卢多逊的压制。先是赵普的妹夫侯仁宝在偏远的邕州(今广西南宁)做知州九年不得替代,很想回京。卢多逊却建议太宗命侯仁宝进讨交趾,结果侯仁宝果然战死。在侯仁宝死去不久,赵普的儿子承宗从潭州奉旨进京完婚,婚礼不及一月,卢多逊就迫使他返回潭州。对于卢多逊同赵普作对,卢多逊的父亲卢亿很早就表示了自己的担忧,他曾叹息着说:"赵普是开国元勋,你这样攻击他。我幸得早死,不用看见你的失败。"也许他早就预料到,赵普尽管暂时失势,但卢多逊终究不会是他的对手吧。卢多逊对赵普接二连三的打击,使赵普愈发愤怒。这位智谋深沉的开国元勋准备东山再起反戈一击了。而这时候他复出的机会也出现了。

太宗夺取了本该属于侄子的位置,人心不服。皇弟廷美以及太祖的两个儿子德昭和德芳成为自己皇位的最大威胁。他即位后的第四年,亲自率军征北汉,接着又不顾军队疲乏乘胜进攻契丹,企图收复幽云失地。结果在高粱河大败而归。在这次征辽中发生了一件使太宗非常不安的事。高粱河之败,太宗乘驴车只身逃脱,军队不知道太宗去处,于是有人谋立德昭,后来知道了太宗的下落才作罢。太宗回朝后因为征辽之败,累及平北汉的赏赐也迟迟不能落实。德昭便为平定北汉的将士们请赏。太宗没好气地说:"等你做了皇帝再赏赐也不迟。"德昭听了这明显有怀疑之心的话后,不知道是出于忧惧,还是明志,竟然自杀了。两年后,德芳又不明不白地去世了,年仅23岁。这时候能够对皇位构成威胁的就只剩下比太宗小8岁的弟弟廷美。德芳死去仅仅半年之后,廷美就犯事了。有人揭发廷美阴谋造反。揭发的人是太宗的幕府旧僚。太宗没有将这件事交给卢多逊去处理,因为卢多逊与廷美有不错的私交,由他来处理这件告发案件,恐怕难合己意。这时候太宗想到了赵普,他试探性地探问赵普对廷美谋反的看法。老谋深算的赵普也准确把握到了太宗的心思。他说他愿意来调查此事,并告诉太宗一件大秘密:宫中藏有当年杜太后命太祖兄弟传国的誓书,即所谓的"金匮之盟"。金匮之盟的发现,使得太宗的即位有了合法的依据,尽管它出现得有点晚。

太宗则酬赵普以宰相之位,而且位在卢多逊之上。他的儿子承宗也被留在了京师。赵普果然能干,第二年三月,秦王廷美谋反一事就被坐实了。四月份,赵普就又查到了廷美与卢多逊勾结的证据。一班大臣们集体开了一个会,一致认为廷美与卢多逊大逆不道,应当处死,但太宗皇恩浩荡,宽宏大量,不欲置之死地。于是廷美的很多亲信被处死,廷美自己也被降职,安排到了房州,派人监管。两年后,廷美死于房州。至于卢多逊,则被流放崖州。卢多逊被流放崖州时,开封府的知府李符对赵普建议道:"崖州虽然远在海中,但是水土还不错。春州虽然稍微近一点,但有瘴气,至者必死。不如让卢多逊去那里。"赵普没有同意。卢多逊最终也没有能够东山再起,死在了崖州。

借助于廷美之狱,太宗与赵普这一对曾经的对手,终于愉快地合作了一次,两人各得其所:太宗除去了自己皇位上最后一个威胁;赵普则二度当上宰相并除掉了自己的最大的对手卢多逊。双方的交易一旦完成,赵普也就到了该离开的时候了。第二年,太宗说赵普年纪老了,实在不忍让他为国事操劳,于是就罢免了赵普的宰相,出为武胜军节度使,镇邓州(河南邓州市)。这一年赵普62岁。太宗特地为赵普设宴饯行,并作诗送别。君臣二人都很伤感,赵普手捧诗笺老泪纵横:"我回去后一定把陛下赐给臣的诗,刻石留念,让它与我这把老骨头同葬泉下。"连太宗都为之流泪了。第二天副宰相宋琪称颂太宗说,太宗之与赵普真是君臣相处的楷模啊。不过有一个叫胡旦的就不识相了,他向皇帝上书说赵普是"强臣",太宗圣明,防患于未然,及时将他给赶了出去。本欲拍马屁,不想拍在马脚上,投机不成还落得个诽谤的罪名。

赵普此次罢相后,先是在邓州,后又在襄州做了两任节度使,五年后,赵普再次受到太宗的重用,第三次登上了相位。赵普的这一次复出,则是与太宗的经略幽燕有关系。

统一限度　反对北伐

赵宋政权刚刚建立的时候,天下南北分裂,南方有南唐、后蜀等割据政权,北方则有北汉,而最大的威胁则是来自于契丹。自从后晋石敬瑭割让幽云十六州给契丹之后,中原北部门户洞开,无险可守,契丹铁骑可以轻易南下,饮马黄河,直逼首都,威胁中原。在周世宗时期,就曾让群臣就南北统一问题献计献策。枢密使王朴上了著名的《平边策》。王朴的策略是先南后北,先易后难。具体步骤是:先取南唐,再下南汉、巴蜀,然后移兵燕云,消灭北汉。周世宗对这个策略很赞赏,但实际的行动中并没有完全按照此策略来。在占领了后蜀的数州之地和南唐的淮南之地后,就转而北征契丹了,结果在军中暴病,赍志而殁。建国之初,太祖在平定了李筠、李重进的叛乱后,便开始考虑统一问题。究竟是继承周世宗的做法,继续北伐,还是先定南方,成了令太祖头痛的问题。

这年十一月的一个大风雪之夜,太祖决定夜访赵普。太祖喜欢微服私访,曾数次到过赵普家。结果赵普每次退朝的时候,都不敢立即更换便服,怕太祖不期而至。在这个大风雪之夜,赵普以为太祖不会在这种天气来访,便早早地关了大门。过了不久,突然传来了敲门声,赵普急忙跑出去开门,果然是太祖站立风雪中。赵普急忙下拜,太祖道:"我还约了晋王。"一会儿,赵光义也到了。赵普在大堂中铺好褥子,围炉而坐,架起炭火烤肉。赵普的妻子在旁边行酒,太祖称之为嫂。赵普问太祖:"天晚了,又这么冷,陛下为什么要出来呢?"太祖说:"我睡不着啊。一榻之外,皆他人所有,所以来看看你。"赵普说:"陛下觉得天下小吗? 南征北伐,现在正是时候,想听听陛下有什么打算。"太祖说:"我准备北取太原。"赵普沉默了许久,说道:"这样不好。太原靠近我们的西部和北部边境,如果我们取了太原,那么我们就要直接面对契丹。为什么不等到削平南方诸国之后再来收拾它呢? 太原弹丸之地,能逃到哪里去呢?"太祖大笑道:"你也这样想,正合我意。"

太祖雪夜访普,定下了先南后北的统一策略。以后基本是按照这个策略,消灭或迫降了南方诸国。

在这个统一策略里,没有提到幽云。周世宗时期的"北"是北复燕云,而太祖君臣的这个"北"则是北取太原。那么太祖君臣又是如何看待幽云失地的问题的呢? 太祖并没有忘记契丹这个自己北方的强敌,更没有忘记幽云问题,并为收复幽云做了积极的准备。在太祖的策略里,有两手准备,一是和平赎买的方式,从契丹手中赎回幽云失地。为此太祖特地设立了封桩库,积蓄钱帛。他说:"等到我攒够了五百万贯,就向契丹赎回幽蓟。"如果契丹不答应怎么办呢? 太祖的另一策略,就是用这些钱来激励将士,"用二十四匹绢购一个契丹敌人的首级。契丹精兵不过十万,只需花费二百万匹绢,则敌人精兵立尽。"他又说,等到收复失地以后,就要在北方山地古北口一带设防。在太祖在位的最后一年年初,皇帝赵光义率领群臣给太祖上尊号,其中有"一统太平"字样。太祖说,太原未平,燕蓟未复,怎么能称作是"一统太平"呢,他拒绝接受这个尊号。可见太祖从来也没有忘记过收复失地。开宝九年八月,伐太原,十月,太祖暴卒。

赵普好像对取燕并不支持。宋初名将曹翰是一个颇有志于功名的人,他曾经写过一首诗:"曾因国难披金甲,耻为家贫卖宝刀。他日燕山磨峭壁,定应先勒大名曹。"他给太祖上了取幽州图。有一天太祖召赵普一起观看取幽州图。赵普仔细看后赞叹道:"这一定是曹翰所为!"太祖道:"怎么知道?"赵普说:"现在将帅之中,才略没有超过曹翰的。如果不是曹翰,别人做不出来。曹翰取幽州,定会成功。然而得到幽州之后,陛下想过有什么人可以代替曹翰?"赵普认为幽燕可取,但守不住,因此尽管欣赏,却不支持曹翰的这个计划。看到赵普并不支持,太祖默然作罢。这件事情虽然难以证实,但在赵普当政时期的确是没有过任何讨论收复失地的言论的,而且宋辽之间还保持和平的往来的关系。这当然是与太祖君臣先南后北的策略是一致的,在没有统一南方之前不会轻易与契丹交恶。

到了太宗即位的时候,于太平兴国四年(979年)和雍熙三年(986年)发动了两次大规模的北伐,结果皆大败而归。雍熙三年的这次北伐开始时,赵普在邓州任上。当他得到了前线兵败的消息之后,就上了《班师疏》。在这个《班师疏》里,赵普提出远人不服,自古圣王置之度外,何足介意。认为那些主张北伐的是奸邪误国,蒙蔽皇帝。北伐是师出无名、得不偿失,请求火速班师。然后赵普提出了自己的"全策":"皇帝陛下应当好好保证身体,休兵息民,使国家富裕。到那时候烽火不举,路不拾遗,夷狄之辈自然向化,纷纷归顺,契丹如果不归附,它自己又能到哪里去呢!"太宗见了班师疏后,表彰了赵普的忠心体君,然后还说道:"恢复旧疆是我的志向,我此次出兵并非穷兵黩武,是要救民于水火,本来是有成算的,可惜将帅没有遵守我的安排,这次打败仗的主要责任在主将。"这大概是委婉地告诉赵普北伐是自己的主意,并非失策吧。赵普赶紧上了谢表,在谢表里,赵普不再认为北伐是失策了,说自己又好好考虑过了,吊民伐罪,确是上策,将帅如果能遵守太宗成算,一定可以成功。然后再次指出,现在应该搞好内政,没有必要跟契丹较胜负。

《班师疏》使赵普获得了很高的名声。第二年,太宗的第二个儿子、预定的皇位继承人陈王元僖都上书保荐赵普,赞扬赵普身为开国元老,厚重有识,应当再次委以大政。不久,赵普传奇般的第三次复相,成为宋代第一个三登相位的大臣。

从《班师疏》里,我们可以很清楚地看到赵普关于幽云问题的战略思想,不与契丹较胜负,实际上也就是没有收复幽云的想法。这大概可以证实此前关于赵普反对取幽州的各种记载并不是没有根据的。在赵普第三次登上相位之后,还有一份比较重要的文件可以表明赵普在这一问题上的态度。端拱二年(989年)七月十三日起,出现了很奇怪的天象。先是连续10天发现有彗星早晨在东北方向出没,接着傍晚又在西北方向出现,一共持续了30天。面对这样的妖异,太宗自己避殿减膳食,他对宰相赵普等人说道:"彗星示变,这是在警告人君啊。难道不是我们政事处理有所不当,民间疾苦有所壅蔽吗?"后来司天台中有人对彗星出现做了新的解释,他们说彗星的出现不是意味着本国有灾,而是四夷有难,是"合灭契丹"的征兆。赵普为此上了《彗星疏》。在疏里赵普引前代以灾异罢宰相的故事自请黜责,但更重要的是痛陈司天台"合灭契丹"是邪佞之言,是在谄媚皇上,要求司天台拿出说"合灭契丹"的证据来。赵普的《彗星疏》与他反对北伐的思想是一致的。

赵普的文集现在已看不到了,这两篇奏疏直接反映了赵普对于幽云问题的看法。他明确反对北伐,我们没有看到任何赵普主张收复失地的言论和谋划。

赵普措置边事好像始终并无太好的谋略。在东北主张息兵,后来在西北边防的策划上又出现失误。从唐末以来拓跋氏世居西北夏州,太平兴国七年,李继捧献土,归顺宋朝,自己也迁到了开封。李继捧的弟弟李继迁反对归顺,起兵反宋,并屡屡拒绝了太宗的招降。赵普第三次当了宰相后,他建议让李继捧复领夏州故地,消灭李继迁。太宗听从了这个建议,并特别赐以国姓,改名赵保忠,专有夏州等五州之地。结果这个赵保忠反而重新与继迁联合,成为西北大患。其实李继捧即使成功了,专有藩镇,也是与他自己与太祖所定的削藩策略相矛盾的。

赵普对东北、西北均主张了与内地不同的策略,因此我们知道赵普统治策略的核心是守内的,在边境则宁肯息事宁人。当太祖雪夜访普时,君臣二人想的是同样的策略,勾画的是不同的蓝图。在赵普统一的构想里,也许本来就没有幽燕的位置。

博通古今 《论语》治国

赵普第三次入相时已经 67 岁了,但是他的为政风格还是如以前一样的果敢、专断。

当赵普复相的消息在朝廷上宣布时,曾经弹劾过赵普的雷德骧吓坏了,手中的朝笏掉到了地上都不知道。他害怕重蹈卢多逊的覆辙,于是很识相地赶紧上书请求辞职。太宗劝慰道:"有我在,你不用担心。"但雷德骧却不能不担心。太宗劝说无效,雷德骧终于如愿以偿地告老退休了。而那个曾经攻击赵普是"强臣"的胡旦就没有那么幸运了。赵普上任一个月后,胡旦和他的同伙就被罢黜了。

但赵普的身体还是越来越差了。第二年十月就不得不在家休养。本月的七日,是太宗的生日,但赵普已经无力前去祝贺了。再过了两个多月,赵普终于辞去了相位。淳化二年的七月,赵普 70 岁生日这一天,他的长子承宗带了太宗的亲笔信和礼物到洛阳来看他。见到儿子,赵普当然很高兴。然而承宗回京复命后不久就去世了,赵普的病情开始恶化。当下一个生日到来时,赵普去世。

太宗得知赵普去世的消息后非常伤心,他流着泪对近臣说:"众所周知,赵普曾经与我有过节,但在我即位以后,总是以礼相待,赵普也是尽忠国家。对于他的去世,我非常痛惜。"看到这样君臣情深的表白,左右都为之感动不已。太宗对这位自己曾经的对手和朋友的感情是复杂的,待赵普身后仍备极哀荣。太宗为之废朝五日,赠官尚书令,追封真定王,赐谥忠献,并为之亲撰亲书神道碑铭。

据说赵普晚年的时候经常手不释卷,每次下班回家后就关上门,打开一个小箱子取出一本书来读。到了第二天上朝处理政事的时候,处决如流。家里人也都不知道读的是什么书,有人疑心赵普是不是得到什么异书秘籍之类。赵普去世了,家里人终于可以打开那个神秘的小书箱了:里面放的是《论语》二十篇。

这个赵普读《论语》的说法到了南宋以后,就演绎成了赵普"半部论语治天下"的传说。传说的版本很多,最基本的说法是:太宗想让赵普当宰相,有人就对太宗诋毁赵普说:"赵普是一个山东学究,只会读《论语》。怎么能当宰相呢?"这使得太宗拿不定主意了,有些犹豫。于是他就干脆把这些话告诉了赵普,看看赵普怎么辩解。但赵普却并没有辩解,他说道:"我确实没读过多少书,只能读《论语》。辅佐太祖平定天下,才用了半部。还有半部可以辅佐陛下。"太宗听后,疑虑尽消,于是终于用了赵普做宰相。

"半部论语治天下"的说法当然是子虚乌有的事情。小时候曾为之激动的洪业先生后来发现这种说法漏洞很多:《论语》是非常常见的书,既不稀罕,也不犯禁,赵普何必压在箱底,关起门来偷偷地读呢?这非常不近情理。再者,《论语》这部书教人如何做学问,如何做人,如何处理政事,又怎能强分作戡乱与致治的两个半部?更重要的是,太宗和赵普那时什么关系?两人不但相识很早,还一度过从甚密,后来又反目,相互之间最为知根知底,太宗怎么会不知道赵普的出身和学问根基如何?还用得着别人来提醒?这种说法的漏洞还有很多。不过这种说法很有趣,所以广为流传。"半部论语治天下"的说法在南宋流传得越来越多,其含义大约有三种,一是赵普作为天下贤相,但读书不广;二是赵普善于读书,会读书,读书能得其精髓;三是《论语》这部书很重要。

不过这个传说之所以会附会在赵普身上,一则与赵普的名声太显赫,有助于抬高《论语》的地位有关;再者也与赵普本身的确读书不广有些关系。

宋人中有很多赵普读书不多的记载。建国初期,因为扩建开封城,有一次到朱雀门。太祖指着"朱雀之门"的门额问赵普:"为什么不直接叫作朱雀门,加个'之'字有什么用呢?"赵普回答道:"语气助词"。太祖笑道:"之乎者也,助得什么事!"赵普无法合理解释,招致太祖的讥笑。还有一次,太祖问赵普:"男尊女卑,为何男跪女不跪?"赵普也无法回答,又闹了个大红脸。

最著名的记载是关于乾德铜镜的事情。乾德是太祖的第二个年号,是太祖特地命宰相所选择的前世所没有的年号。乾德三年,宋灭后蜀,太祖在后蜀的宫女那里看到了一面铜镜,上面刻着"乾德四年铸"的字样。太祖大惊,问宰相:"怎么会已经有了四年铸的铜镜呢?"赵普不知道,于是找来了学士窦仪,窦仪看后说道:"前蜀后主王衍时有年号乾德,这一定是王衍时期铸的。"太祖感叹道:"做宰相还是应该用读书人啊!"据说这使得赵普很难堪,因此后来就阻止了窦仪当宰相。太祖还曾经对赵普说道:"爱卿苦于不读书,处在学士大夫中,能不惭愧吗?"

太祖并没有真的因为赵普读书不多就免了他的宰相,用读书人代替,不过赵普也真的接受了太祖的批评,此后开始广泛读书,经常手不释卷。随着建国日久,赵普的学识也在不断提高。尤其是到了太宗时期,赵普的奏疏已经开始咬文嚼字,很有些腹有诗书气自华的味道了。这一点我们从他晚年著名的两疏中也可见一斑。在这两疏里,赵普自己都说自己"载披典籍,颇识前言往行"。相比较而言,他读的史书更多。在两疏里他征引了从汉到唐的不少历史典故和名臣议论来印证自己不能同契丹开战的主张。

赵普当然不是仅靠半部《论语》治天下,他的政治才能不会是来自于读《论语》,而是来自丰富的阅历和实际的经验。即使在晚年学问增进以后,儒家的那一套治国的理念也没有对他产生多少影响。致君尧舜,选贤与能,推诚置信,这些都与赵普的政治理念和从政风格有着太大的距离。北宋建国以后,赵普屡次劝太祖报复那些以前对他们不尊的人,但太祖豁达,他对赵普说道:"如果在尘埃中能够识别出天子、宰相,那么人人都去物色这种人了。"赵普更像一个纵横家或者法家,追求的是权力,深通的是谋略和权术。看看他陷害秦王廷美与卢多逊的大狱,哪里有以道治国、气象醇正的影子?赵普最终不容于太祖,却屡屡得志于太宗,反映的是太祖与太宗的差距,不变的是赵普。

开国元老　万世奇才

——刘基

名人档案

刘基：字伯温，谥曰文成，汉族，浙江青田（今浙江文成）人。元末明初军事家、政治家及诗人，明朝开国元勋，通经史、晓天文、精兵法。

生卒时间：1311 年～1375 年。

性格特点：品格高尚，识于实务。

历史功过：刘基是位卓越的军事谋略家、政治家。他既是开国功臣，也是治国良臣。他以辅佐朱元璋完成帝业、开创明朝并使尽力保持国家的安定，因而驰名天下，被后人比作为诸葛武侯。朱元璋多次称刘基为："吾之子房也。"

名家评点：朱元璋曾赋诗《赠刘伯温》云：

妙策良才建朕都，

亡吴灭汉显英谟。

不居凤阁调金鼎，

却入云山炼云炉。

事业堪同商四老，

功劳卑贱管夷吾。

先生此去归何处，

朝入青山暮泛湖。

朱元璋读书不多，能将刘基比作刘邦请不动的商山四皓，辅佐齐桓公成霸业的管夷吾，如此评价刘基，亦属难能可贵了。

青田诸葛　半百出山

刘基的祖先，是青田县的豪门大族。曾祖父刘濠，学识渊博，也非常有谋略。

他曾在宋朝做过翰林掌书。宋朝灭亡后，当地人曾组织反元起义，遭到失败，失败后幸存人员四散隐藏。刘濠非常同情反元起义。后来，元朝廷派遣使者携带名册前去查抄起义人员。使者半路宿于刘家。刘濠把情况弄清楚后，故意殷勤接待，待其酩酊大醉，便反锁房门，放火烧了房子，名册尽毁。起义幸存者得到了保护。

刘基在这样的家庭长大，受到很好影响。他从小就好学敏求，博览群书，而且对古人论及天文、地理、用兵打仗的书籍总是爱不释手。刻苦的研读使刘基受益匪浅，广泛的涉猎不仅开阔了他的胸襟，更促使他立志大展鸿图，建功立业。

刘基14岁时，即已才华出众。他父亲为他请了几位老师，都因为学问不深无法满足刘基的求知欲而辞职。最后江南饱学名儒郑复初应聘，也深感刘基不比寻常。

一次，郑复初与学生们讨论孔子如何周游列国，宣传道化，刘基突然站起来说："孔子虽然道德高尚，但身为鲁国人，国败而难保，饱学而无为，岂不是一介无用的书生？大丈夫不应如此！"郑复初大惊失色，事后对刘基的父亲说："这可不是一个一般的孩子，日后定为国家的栋梁！"

果然，元至顺四年（1333年），年仅23岁的刘基进士及第，衣锦还乡，被任命为江西高安县丞、江浙儒学副提举等官。

少年得志的刘伯温，颇想为元朝效力尽忠，做一番轰轰烈烈的事业。时值元朝末期，官场腐败，吏治贪乱，整个社会统治已是独木难支，摇摇欲坠。但刘基并没有感到风雨飘摇，大厦将倾。他一方面以身作则，为政清廉，一方面与那些贪官污吏做斗争。然而，上任不久，即因受人嫉恨被排挤到别处，碰了个鼻青脸肿。又不久，因上文弹劾监察御史失职开罪于上司，被排挤回家。

官场初挫并未能使刘基丧失信心。他反而认为自己之所以出仕碰壁，一因自己学识未够，社会经验更是不足，涉世未深，不了解官场中之险恶；二者更因元朝政府积重难返，过于腐败，正直之人很难立足，更不用想有所作为了。因此，在回乡隐居的日子里，他如饥似渴地钻研《周易》八卦，兵书战策，并广交宾朋，扩大自己的影响，随时打算东山再起。他知道，有了梧桐树，不愁没凤凰。果然，随着岁月的流逝，刘基的名声日盛，甚至有人认为他的才干足可以与诸葛亮相比，很多江南名士于是纷纷登门求教。刘基觉得，自己出头的日子已经快了。

适值元朝末年，社会矛盾激化，各地农民起义连绵不断。栾城（今河北栾城）韩山童与颍州（今安徽阜阳）刘福通起兵汝颍，罗田（今湖北罗田）徐寿辉起兵蕲黄，定远（今安徽定远）郭子兴起兵濠州，泰州（今江苏东台）张士诚举事高邮……起义队伍如火如荼，一浪高过一浪。而在江浙一带，黄岩人方国珍因被诬告通寇，一气之下，便杀死仇家，率兄弟三人聚集海盗数千人骚扰江浙，元朝廷几次派兵都未能剿灭，连江浙行省左丞孛帖木儿都被其活捉。朝廷无计可施，只得决定官厚禄诱降方国珍。但方国珍本性难移，几降几叛，弄得人心惶惶。江浙行省见方国珍如此，终于想到了刘基，举荐他为元帅府都事。

隐居多年的刘基觉得又有了机会。他一到任就力主用武力严剿方国珍，认为方氏兄弟首先倡乱，不顾朝廷恩恤，"不诛无以惩后"，并且定下了剿除方案。方国珍早已听说刘基的才干，甚恐，急忙派人以大量金银财宝向他行贿，刘基拒绝不受。

方国珍又使人从海上至北京,贿赂京中权贵,以致元朝廷决定对方国珍进行招抚,并授以官职。刘基蒙在鼓里,正布置出兵呢,朝廷竟然令下,说他擅作威福,夺去兵权不算,还把他羁留在绍兴。刘基一怒之下,遂辞官回青田老家。

至正十六年(1356年),元朝行省重新复议以都事之职起用刘基,让他招抚安山起义军吴成七等。刘基自己招兵买马,组成部队,用软硬兼施的方法:投降政府的,予以宽大处理,甚至委以官职,抗命不服者当即擒捕诛杀,从而瓦解了这支义军。

至正十七年(1357年),浙东山区爆发农民起义,行省又招来刘基剿捕,与江浙行枢密院判官石抹宜孙守处州。经略使李国凤上疏称赞刘基的才干,请求予以重用。执政权贵因怕得罪方国珍,只让他做总管府判,不让他指挥军队。刘基施展不开才能,只得再次弃官回乡。青田富户生怕方国珍扰害,纷纷投靠刘基,组织起地主武装,修筑堡寨,保卫自家产业。方国珍的军队,不敢进犯。

刘基的才能在元朝并没有能够很好地发挥,在隐居青田的日子里,刘基遵奉孔子"邦有道,则仕;邦无道,则可卷而怀之"的古训,日日以读书为事,静待明主。凡天文兵法,四书五经,诗词文章,无不涉猎。并爱作诗撰文,抒发自己怀才不遇,报国无门的胸怀。他在《感怀》诗中写道:

"昊天厌秦德,瑞气生艺砀,
修身俟天命,万石全其名。"

诗中以"秦"喻"元",既有对时及的正确分析,又表达了自己的情怀。

在和张德平的诗中写道:

"贾谊奏书哀自哭,屈原心事苦谁论?"

在《感兴三首》中写道:

"乾坤处处旌旗满,肉食何人问采薇?"

刘基哀叹各地农民起义风起云涌,虽已搅乱地主阶级的安宁生活,但那些麻木不仁、贪生怕死的高级官僚,却仍然醉生梦死,无所作为。而像贾谊、屈原一类忧国忧民的志士,朝廷却不理解他们的心情。埋怨朝廷不问采薇,不能任用像他这样满腹经纶,身怀绝技隐居民间的"草茅"之人。

刘基污蔑农民写为贼寇,又不满政府军纪律败坏,无所作为。在《忧怀》诗中写道:

群盗纵横半九洲,干戈满目几时休?
官曹各有营生计,将帅何曾为国谋?
猛虎封狼安荐食,农夫田父苦诛求。
抑强扶弱须天讨,可怪无人借箸筹!

在《次韵和石抹公春晴》诗中写道:

赤眉青犊终何在,白马黄巾莫漫狂。
将帅如林须发踪,太平功业望萧张。

在《次韵和孟伯真感兴》中,他对跟随朱元璋起义的红巾军,直斥为盗贼,诗云:

五载江淮百战场,乾坤举目总堪伤。
已闻盗贼多于蚁,无奈官军暴似狼。

在《闻高邮纳款漫成口号》中写道:

> 闻道高邮已撤围,却愁谁甸未全归。
>
> 圣朝雅重怀柔策,诸将当知房掠非。
>
> ……

诗内所说江淮、淮甸,都是指朱元璋的,圣朝则是指元朝。刘基埋怨那些镇压农民起义的"官军暴似狼",那些领兵的将军只管"房掠",不问"房掠"引起的恶果。从这些诗中,我们能够清楚地看到在刘基依附朱元璋之间,他的立场,思想和感情都是站在元朝一边的。然而从中亦可看出刘基对元政府的腐败和官员的无能已有所认识。他在《卖柑者言》中,就寓意深刻地指责元朝官吏是"金玉其外,败絮其中","盗起而不知御,民困而不知救,更奸而不知禁,法斁而不知理,坐靡廪粟而不知耻。"

　　大规模反元农民起义的广泛影响,二十多年仕途的屡遭贬抑,使胸怀正义并深谙军事的壮年刘基,对元朝的异族统治渐渐有所觉悟,开始发生动摇。他钦羡古代的杰出军事家诸葛亮、祖逖、岳飞等的为人,在苦闷中撰写了《吊诸葛武侯赋》《吊祖豫州赋》《吊岳将军赋》,字里行间表达了他对这些民族英雄的景仰,以及对蒙古贵族统治的反感,这为他之后投靠朱元璋做了思想上的准备。

　　《郁离子》一书,是用寓言的形式表现了他渊博的学识和富有创造性的思想,寓意深刻。《郁离子》既是书名,又是作者自称,内容涉及面很广,从个人、家庭到社会、国家;从政治、经济到军事、外交;从思想、伦理到神仙鬼怪,几乎包罗万象,既是前一段从政经验的总结,又为日后立国治乱打下了深厚的理论基础。

　　《百战奇略》这部军事著作,也是这一时期的重要著作。可惜此书后来被朱元璋密封朝中,未能面世,现在所看到的,只是民间流传的抄本。

　　宋神宗元丰年间,曾将古代重要兵书集成《武经》,以《孙子》《吴子》《六韬》《司马法》《三略》《尉缭子》《李卫公问对》七部兵书,作为用兵不可不读之书。《百战奇略》便是刘基读《武经》的笔记,同时还收集了从先秦到五代1600多年间散见于史籍中的重要军事资料。尤为难得的是,在书中刘基根据自己的军事实践和体会,提出了一些很有价值的见解。

　　《百战奇略》一书继承了我国古代军事辩证法思想的精华并有新发展。一方面,反对穷兵黩武,从治国的角度谈治军,以政治家的头脑谈军事,认为好战必亡。另一方面,他又非常强调战略战术,主张安不忘危,治不忘乱,居安思危,"内修文德,外严武备"。刘基在战略上还主张"善战者省敌",认为"省敌者昌,益敌者亡",反对到处树敌,主张分化瓦解敌军,以敌制敌。

　　书中还有众多此类辩证军事思想,即使从标题上就可看出来:信战与教战,攻战与守战,进战与退战,缓战与速战,分战与合战,饥战与饱战……处处从相反或对立的方面来阐明用兵原则,提出了有信有教、恩威并施、严明赏罚的治兵之道及一系列辩明形势、灵活机动的作战方略。

　　史学家笔下的刘伯温,还是一位奇人、神人。他深通《易》学,能以天象预测人事,非常能料事均合,呼风唤雨,当时就有青田诸葛孔明之称。

　　元至正十九年(1359年),朱元璋统帅的一支红巾军,先后占领了诸暨、衢州和处州，随后又次第拔除了东南一带元军的一些孤立据点，元朝在浙东的军事力量已被清扫，浙东地区大部获得平定。雄心勃勃的朱元璋，极力搜求各地知识分子，知名人士，希望他们出来辅助自己的事业，帮自己扩充地盘，稳定社会秩序。刘基在浙东很有名望，自然被列入邀请之列。但因为刘基思想上反对红巾起义军，视起义军为"盗寇"，而自己又势力衰弱，无力与朱元璋相抗衡，所以当朱元璋几次派人礼请他出山，他都是好言推托。当胡大海攻下处州，再次厚币礼聘时，刘基仍是婉言谢绝，不肯依附。后来，处州总制孙炎写了一封几千字的长信，反复申明利害，讲明对他们不算旧账，只要他肯出山，不但可以保全身家性命，还可做官办事，一齐治理天下。与此同时，刘基的亲朋好友也写信催促，劝他应聘。

在严峻的形势面前，元至正二十年（1360 年）三月，刘基终于决定去应天府——今日南京，观察朱元璋对自己的真实态度。此时，他已经年近 50 了。离开青田时，他还不十分相信，拒绝了章军前去的建议。他把部队交给自己的弟弟刘陞和得力家人统率，要他们好生保卫家乡，提防方国珍的进攻。

灭陈友谅　北取中原

刘基到应天不久，就受到朱元璋的接见。朱元璋用上宾之礼接待了他，又命有司修礼贤馆让他住进去。刘基见朱元璋诚心诚意，自认为遇到了明主，马上呈上时务 18 策，内析内外形势，详陈灭元兴邦、扫除僭乱的大计方针。朱元璋听后大喜过望，当即把他留在身边参与机密谋划，尊称他为"老先生""汉之张良。"

刘基长期以来的愿望终于实现，他的政治军事才干也得以一展。于是他运筹帷幄，出谋划策，帮助朱元璋征东平西，走南闯北，逐鹿中原，干出了一番震天动地的事业，成了朱元璋智囊中的中心人物和忠心耿耿的谋士。甚至在他晚年将要告老还乡之前，还不忘朱元璋帝业的巩固。公元 1371 年，朱元璋雄心勃勃，既定中都，又锐意要灭扩廓军。刘基临归青田前，还上了最后一道奏章说："凤阳虽帝乡，但不是建都地。王保保不可轻视。"但朱元璋没有认真考虑他的奏文，仓促发兵西征，结果大败而归。扩廓最终逃入西北沙漠，成为边疆祸患。事后朱元璋大悔。

刘基初到应天，在军事战略上为朱元璋做了两件大事。这个时期正是朱元璋的政治、军事势力发展壮大的至关重要的时刻。朱元璋起兵后，利用刘福通在北方抗击元军之际，挥兵南进，一路下滁州，取太平，占建康，攻江浙，军事力量大增。但在政治上，他依然尊奉小明王韩林儿，称为宋后，受他的封爵，用龙凤年号。至正二十一年（1361 年）元旦，朱元璋在南京中书省设御座，遥拜小明王，行正旦庆贺礼，文武百官齐拜，只有刘基不拜。朱元璋问其缘故，刘基说："他只不过是个牧童而已，奉之何为？"刘基认为，在群雄四起之际，要成大业就必须摆脱别人的牵制，完成独立。朱元璋听后很是感动，后来终于废掉了小明王韩林儿。

其时，另外有两股劲敌。一是陈友谅，据湖广，扼长江上游；一是张士诚，称霸苏杭，占富庶之地。二者对朱元璋形成夹击之势，威胁很大。朱元璋决定主动出击，打破腹背受敌的局面。有人主张先打张士诚，他们认为张士诚力量薄弱，距离很近,容易取胜,且江南地区物产丰富,攻占后有利军需。朱元璋问刘基的意见,刘基却主张首先攻灭陈友谅。他说:"主公据有金陵,形势险要,地理条件很好,但东南有张士诚,西北有陈友谅,两人屡次为害于您。必须扫除二寇,无后顾之忧,才能北定中原。张士诚志向狭小,只图保其地盘,不会有什么作为,暂时可以不必管他;陈友谅则不同,他野心大,欲望高,是个最危险的敌人,拥有精兵巨舰,据我上游,无时无刻不想灭掉我们。面对这种形势,在战略上我们不能两面作战,应当集中力量首先歼灭陈友谅。陈友谅消灭之后,张士诚势孤力单,一举可定。接着再北取中原,霸业可成。"

朱元璋听后,觉得还是刘基想得全面,于是摒弃众议,采纳他的计策。抓住劲敌,各个击破,防止腹背受敌,成为朱元璋开创帝业的战略方针。

刘基不但为朱元璋制定了总的战略目标,而且在平定陈友谅的几次大的军事行动上,为朱元璋统一中国做出了更大的贡献。

至正二十年(1360年)闰五月,陈友谅攻下朱元璋的太平城后,杀死朱元璋养子朱文逊及守将花云,在采石五通庙行殿称帝。建国号汉,改元大义,并自命不凡,凯旋江州。随后又约张士诚同攻应天,张士诚未允,陈友谅便自集舟师,自江州顺长江引兵东下,直指应天。一路浩浩荡荡,声势浩大。消息传来,应天震动。朱元璋慌忙召集群臣商讨对策。有的说陈友谅骁勇善战,锐不可当,今占有江、楚、控扼长江上游,地险而兵强,财剽势盛,与之争锋,如同以卵击石,自取灭亡,不如就此将应天城献给他,归附在他的旗下;有的认为陈友谅新得太平城,气焰正盛,莫若先退出建康,钟山有王气,可以据守在那里,待其气衰,再与之决战;有的说陈友谅不过一沔阳渔家,刀笔小吏,要与他在建康决一死战,万一战不胜,即使逃走也不迟。

朱元璋觉得都不甚妙,但一时又不得要领。他环视了一下全场,见刘基双目炯炯,沉默不言。朱元璋见状,知道这位军师一定又有妙计在胸了。他连忙召刘基进入内室,问他为何一言不发。刘基愤愤地说:"先立斩主张投降及逃钟山的人,才可以树立正气,消灭陈贼。"朱元璋说:"先生有何具体计策?"刘基答道:"陈友谅这次是以骄兵来战,劳师远袭。而我们则有了上次失守太平城的教训,并且是以逸待劳。天道以后举者胜,我们哪里害怕打不赢他吗?现在我们的当务之急是敞开府库,心怀至诚,以稳固士民之心。古代兵法说,日行300里,奔袭敌人,即使不交战也会溃败。为什么?劳士疲劳!我们可先放弃几个地方,移走兵饷,装成逃跑的模样,再派人假装投降,引诱陈友谅全速奔袭,我们却中途设下埋伏,派兵截断他的后路,叫他首尾难顾。后援不至,夺敌之心;设伏围攻,乱其部署;以逸待劳,挫其锐气,怎么会有战而不胜的道理!然后我们乘胜追击,陈友谅必然拼力逃命,我们不仅能收复失地,还可以占领他的属地。陈友谅遭此惨败,进一步制服他就容易了。帝王之业,在此一举,天赐良机,岂可错过?"

此言正合朱元璋心意。然后他们密谋,先命胡大海出捣信州,牵制陈友谅后路;命常遇春、冯国胜、华高、徐达等将领各处埋伏,打算截击。一切部署停当,朱元璋先请陈友谅的老朋友康茂才给其写一封密信,假称与陈友谅里应外合,请他赶快来攻城。

陈友谅收到信后,不禁一阵暗喜:"这下胜券在握了。"他急于取胜,占领建康这块风水宝地,于是马上发兵进攻。

朱元璋这边也在积极准备:先在石灰山侧埋伏奇兵3万人,并拆掉江东木桥,易以铁石,设置水障,只等他中计。时日既到,陈友谅果然如约,引着战船径直驶入一条狭窄河道。到达江东桥时,看见桥下都是大石块,没有了原来的木桥。他甚为惊异,连忙用暗语联络,并无一人答应。这时,陈友谅方知中计,但想撤退已迟。

朱元璋的军队见陈友谅已到达江东桥,黄旗一举,伏兵见此信号,跳跃四起,水陆夹攻。不一会,陈友谅全军就被杀得大败,他自己独自跳上另一小船逃走了。朱元璋指挥大军乘胜追击,太平城失而复得,取得了保卫建康的大捷。

胜利后论功行赏,朱元璋欲将最高级别的"克胜奖"奖给刘基。刘基认为自己只图怀才有遇、学有所用,不图眼前的名利,故坚辞不受。从此之后,刘基声名大振,人们都说他是诸葛孔明再世。

神机妙算 奇袭江州

陈友谅退居江州之后,不甘失败,便派部将以优势兵力攻占了朱元璋属地重镇安庆。安庆是朱元璋西部边境的门户,朱元璋想乘胜一鼓作气,再次讨伐陈友谅,但心中犹豫不决,只好去征求军师刘基的意见。刘基分析了目前的形势,认为此时军队士气正旺,加之这次出征为收复失地,出师有名,如果可以做好战前发动,完全可以战胜陈友谅,歼灭其有生力量。有了这位"诸葛孔明"的支持,朱元璋决计再次伐陈。

依照刘基的计策,朱元璋在临发兵前宣谕众将士:"陈友谅杀主僭号,侵犯我疆土,戮杀我将士。观其所为,不灭不足以平民愤,不灭不足以慰我国魂。"朱元璋的一席话,众将士听了,情绪昂扬,誓死要与陈友谅决战。然后,整装西进。朱元璋与刘基共乘龙骧巨船,率师乘风溯长江而上。沿途,将士们斗志旺盛,精神抖擞,长江上万舟竞发,旌旗蔽天,蔚为壮观。

但胜利并非唾手可得。陈友谅属将张定边骁勇善战,而且广于谋略,加上安庆城池坚固,地势险要,易守难攻,朱元璋手下将士奋勇攻打,激战一天,未取得任何进展。

晚上,朱元璋很是烦闷,将刘基召来商量对策。刘基对朱元璋说:"我们大军远道而来,本拟一举攻克安庆,然而激战一天,却未得寸土,将士将生倦意;而且张定边骁勇,安庆城固,再打必然更费时日。陈友谅知我在此鏖兵,一定会派人前来决战,以报上次失利之仇,如此,内外夹攻,我军必败。"

朱元璋听罢,长叹一声说:"难道别无他法,只好放弃安庆吗?假如门户一开,猛虎入室,今后哪还有一日可以安宁?"

刘基摆摆手,对朱元璋说:"主公勿忧,暂时放弃安庆,并非就不要了。《武经》云:我欲战,敌却深沟高垒,不得与我战,则攻其所必救。安庆弹丸之地,城池固若金汤,足以久劳我师。陈友谅不敢出兵迎战,正由于心存恐惧。我们如果放弃安庆,迅速西上,直逼江州,捣其老巢,陈友谅必定撤离安庆而救江州。那么,安庆还能跑到哪里去？不是顺手可以攻克吗？如此一举两得,何乐而不为?"

朱元璋听罢,抚掌称妙,完全听从了刘基的计策,连夜出兵而去,却在营地乱设篝火旗帜,缚活羊于战鼓上,敲击有声,迷惑敌人。

暗夜沉沉,迷雾深重。朱元璋除留少量兵力在安庆迷惑敌人外,其余均偃旗息鼓,沿江西进,长驱直入,逼近江州。当陈友谅的江州守军还在梦中时,他们已发起攻城战。江州守军认为神兵自天而降,忙于应战。陈友谅匆忙发兵,却不能挽救败局。江州全线崩溃,陈友谅最后只得携妻子逃出,乘夜幕奔往武昌。江州守军投降,很快为朱元璋所攻取。陈友谅在逃跑的过程中,抓到了几个朱元璋的兵士,得知此举皆刘基所谋,他仰天长叹道:"我部众就缺像刘伯温这样的谋士,将来亡我者,必伯温也。难道天意在朱元璋,故遣伯温助之?"

刘基不但在军事上表现出卓越的谋略,而且在政治上,外交上也很灵活,做到战取与招抚并重,一切从实际出发,采取机动灵活的办法。

陈友谅的江西省丞相胡廷瑞守卫南昌,素闻朱元璋部队的声威,更惧怕刘基的神机妙算,遂派遣部将郑仁杰到朱元璋的军门前通报,请求和谈。朱元璋把他请到密室商议,大部分条件已谈妥,只是在"不解散其部下所属部队"这一条上,朱元璋还很迟疑,面有难色,怕他们日后养兵滋事。而刘基认为这正是分化瓦解敌军、恩威并重的良机。看到朱元璋不想答应的样子,刘基很着急,忙从后踢朱元璋坐的太师椅,听到"咚咚"的踢椅声,朱元璋清楚了刘的意思,便答应了他们的要求,并附信慰问胡廷瑞军,称赞他们的明智之举。不久,胡廷瑞公开宣布投降,在他附近的余干、建昌、吉安和南康等路府州县,也都相继望风投诚,全都受朱元璋的号令。

十月,那起初久攻不克的孤城安庆,也很快被朱元璋部队攻下。

运筹帷幄　鏖兵鄱阳

至正二十三年(1363年)二月,朱元璋决定亲征,解救为张士诚的部将吕珍包围的安丰(今安徽寿县南)。从整局出发,刘基意识到此举与原定先取陈又破张的方针相违,所以力劝朱元璋勿出兵。他说:"万一陈友谅乘虚来攻,便会进退无路。再者,如救得小明王韩林儿出来,怎样安置他呢？是继续让他当明王,还是把他禁闭起来？或是把他杀掉？要是关起来或者杀掉,那如今救他干什么？还不如借张士诚之手杀了他。要是让他继续当明王,岂不是自讨没趣,平白找个顶头上司来管制自己?"朱元璋则认为若安丰失守,应天也会失去屏障,救安丰即是保应天。所以还是亲自统兵去了。

不出刘基所料,当朱元璋出兵支援安丰时,陈友谅果然乘虚进犯,调动了数百艘战舰,五六十万军队,倾巢出动围困洪都(今江西南昌市),很快攻下吉安、临江、无为州等地。南昌被围80余日,激战数十昼夜,情势非常危急。朱元璋闻之,方知刘基的话是正确的,自责说:"不听先生之言,才有今日之失。"刘基宽慰他说:"现在醒悟还来得及。"朱元璋立即亲率20万大军救援,命刘基留守应天。

陈友谅听说朱元璋来援,怕腹背受敌,随即撤围,在鄱阳湖摆下阵势准备迎战。

双方大战于鄱阳湖之上,初时,朱元璋屡战屡败,几处险境。无奈,只好又命徐达去应天调换刘基。

刘基星夜赶来,便与朱元璋研究破敌战术。两人都主张用火攻,但朱元璋生怕风向不定,船多难烧净尽,弄不好还有可能烧及自身。据刘基观察天象,黄昏时分将有东北风起。他们随即准备了七艘小船,上载草人迷惑敌方,并把蘸满油渍的芦苇、硫磺火药等物放置船上,迅速开进湖中,待接近敌船,即抛出铁钩搭住敌船,乘势放起火来。刹那间烈焰腾空,大船多被燃着。战斗进行得十分激烈,一天几十次接火,喊杀声、涛声、燃烧声混在一起,煞是雄壮。激战中双方都有很多损伤,只是陈友谅始料不及,损失更大。

一次,朱元璋正在指挥船上发号施令,忽然,侍坐在身旁的刘基,一跃而起,大呼道:"难星过,请主公急速换乘别船!"平时十分镇定的朱元璋也惊起回顾,只见刘基双手挥舞,坚持说:"火速换船!"朱元璋不及多想,就被刘基和几个贴身卫士拉着换乘另一只船。坐都没有坐稳,只听"轰隆"一声,指挥船被陈友谅的大炮击中,顿时粉碎,沉入湖中。此时朱元璋才缓过神来,明白了是怎么回事,不由得称赞刘基的神机妙算。

原来,刘基见朱元璋一心求胜,顾不得指挥船的隐蔽,穿行兵阵之中,然而这一切都被陈友谅的军队发现。他想陈友谅必定会集中所有的炮火首先把朱元璋的指挥船击沉,恰好这时天象异常,出现所谓的"难星",刘基便趁机催着朱元璋换船,躲过了这场事关胜负成败的祸事。

这边的陈友谅见朱元璋的坐船已被击沉,以为朱元璋必死无疑。全军欢声一片,举杯庆功。正在狂喜中,又看到朱元璋指挥战船进攻,不免大惊失色,以为有神仙庇佑,顿时,陈友谅阵势大乱。朱元璋军队的战船乘机旋绕汉军巨船,时出时没,势如游龙,弄得陈友谅手足无措。朱元璋的将士见状,一时勇气百倍,呼声惊天动地。同时,湖面上波涛大起,阴云密布,给朱军进攻创造了良好条件。朱元璋军虽是小船,但移动自如,正好采用火攻,陈友谅的巨船却处处挨打,有的被击沉,有的燃起了熊熊大火。

双方在鄱阳湖中激烈地战斗了三天,仍未决出胜负。后来,刘基又建议朱元璋将主力军队移往湖口,扼住敌军通路,用关门打狗的办法,以致陈军补充给养的后路全被切断。给养断绝,将士疲乏,内争不已,陈军败局已定,大部被俘和投降。陈友谅也在露面瞭望时被流矢射中身亡。朱元璋的军队,在付出了很大伤亡代价,几经险境,终于彻底打败了这一强敌。

回到应天,朱元璋对自己的这次决策曾表示反悔,向刘基说:"我实在不当有安丰之行!如果陈友谅乘虚直捣应天,那我便进无所成,退无所守,大势去矣!幸而他不攻应天而围南昌,南昌又坚守了三个月,致使我有足够时间集中兵力。陈友谅出此下策,不亡何待。"

在平定陈友谅的几个主要战役中,刘基胸有成竹,运筹帷幄,每奏奇效,特别是鄱阳湖一战,奠定了平汉兴明的霸业。刘基在鄱阳湖中的战略战术思想,很值得人们研究借鉴。

平张士诚　攻打吴国

　　刘基在战略上为朱元璋制订了先灭陈友谅，后平张士诚的方针，为朱元璋获取了夺取天下的主动权。当西边平汉战火渐渐平息之后，朱元璋立即集中兵力，掉转矛头，挥戈东进，进攻张士诚所建的吴国。

　　当时张士诚据有浙西，北连两淮，凭恃武力，屡屡侵占朱元璋的势力范围。刘基认为这是一股不义之师，他们起事的目的，不是为了救民于水火之中，而是争名夺利，劫民掠商，而我们的军队就要与之不同，不要掳掠，不妄杀戮，不毁庐舍，为仁义之师，如此就能赢得民心。作为一名著名的政治家，刘基首先提出了以上的建议，使朱元璋军队在军事纪律上就高于张士诚一筹。在平定张士诚的过程中，刘基的军事思想也得以实现。

　　至正二十三年(1363年)，张士诚围攻建德城，守军统帅李文忠闻讯非常生气，要同他拼死决战。恰好刘基在建德，他详细向李文忠解释了他在《百战奇略》中提到的"以饱待饥"的战术："大凡远道而来的敌人，给养不济。敌饥我饱，我们可坚壁不战，断其粮源，断其粮道，与敌持久对峙；敌方必定要发生粮食危机，将士不饱则军易生乱。因此，敌军一定会主动撤退，我方即密派骑兵半路伏击，后面再纵兵追杀。这样大获全胜是必然的了。"据此，他推断："三日后张士诚必定会因粮源不济而撤走，他逃我追，就可以一举擒获。"

　　李文忠虽然并不完全相信，但见他说得在理，就按他的去做了，坚壁清野，依城固守，并乘夜色派出小股伏兵。

　　三日后，刘基从容率众将士，登城观望。观察了一会，刘基自信地说："张贼已经逃走了。"众将领看到张士诚的军营里，战阵中旗帜猎猎，一如往日，而且传来了一阵阵威严洪亮的战鼓声，都大为生疑，不敢随便发兵。

　　刘基再次催促，李文忠才下令出击。直到张士诚的军营一看，果然如刘基所料，军营里空空荡荡，张士诚的主力尽皆撤走，留下摇旗擂鼓的，只是一些老弱士兵。李文忠急忙传令追赶，即时快马奔腾，一齐飞驰，一直到东阳才赶上张士诚的部队。一番鏖战，疲乏饥饿的张士诚军被击溃，被俘者无数。

　　浙东台州人方国珍，元至正八年起兵抗元，占有沿海庆元、温、台各州县，元兵屡讨不克。刘基与他打交道，可说由来已久。元至正十三年，刘基为浙东行省都事，因其维护统治阶级利益的本性，他建议："方氏首乱，数降数叛，乖戾多变，不可赦免，应该捕获归案，依法斩之。"但因为方国珍贿赂了一批元朝官僚，朝议不听刘基的话，接受方国珍的投降，而刘基则被扣上"越权言事""擅权"的罪名，弃置不予重用。方国珍被授予元官后，仍然拥兵自重，不受元朝调遣，却利用官军的名义，大肆搜刮民财，掠夺国库，壮大自己的力量，扩大自己的地盘。

　　方国珍虽然与刘基有这一层"姻缘"，但他本是一位见风使舵，倾慕贤能的人，他对刘基仍然很看重，不记前仇。刘基的母亲死后举行葬礼，方国珍还派人送来吊唁信。这时，刘基认为陈友谅、张士诚的消灭乃当务之急，暂时可利用方国珍，不可因此,刘基写了一封长信,向方国珍说明朱元璋的威德和当前的军事形势,希望他察识时务,以图大业。又投书朱元璋,讲明暂时利用方国珍的意义,请他派人去诏谕方国珍。

方国珍收到刘基的信后,与其弟说:"现在元运将终,群雄并起。唯独朱元璋的军队号令严明,所向披靡,现在又东下婺州,恐怕难于与他争锋,何况与我为敌的,东有张士诚,南有陈友谅。我们不如按照刘基所劝告的,暂时依附朱氏,借为声援,静观其变。"这时,又恰好遇上朱元璋派来的使者刘辰招谕方国珍。方在他们的共同劝说下,决定归顺朱元璋,愿意合力攻伐张士诚,并献上黄金 50 斤,白金 100 斤,金织文绮等物。

成功招降方国珍,集中表现了刘基军事政治战略方针的灵活性、深刻性以及实用性。它为朱元璋略定汉、吴,既消除了一股反对势力,又能牵制住陈友谅、张士诚,取得了军事战略上的又一胜利。

严遭诽谤　告老还乡

元至正二十四年(1364)正月,在李善长、徐达等人的劝进声中,朱元璋即位为吴王,任命李善长为左相国,徐达为右相国,刘基为太史令。刘基精通天文知识,在任太史令后,曾以元代《授时历》为基础修订历法,制定了《大统历》,由吴王晋升皇帝的当年奏可颁行,成为明朝一代历法,因这年为戊申年,所以被称为《戊申大统历》。

此时朱元璋所建政权的性质已发生变化,朱元璋已经从农民阶级的代表,蜕变成封建地主阶级的代表。当朱元璋为梦象所警,准备杀一批囚犯破梦时,刘基从缓和阶级矛盾着眼,假借解梦劝说元璋停刑,不要滥杀无辜,说这梦是"得士得众之象"。不久,海宁州来降,朱元璋以为是解梦的应验,因此又把犯人交刘基审理,释放了全部犯人。

至正二十八年(1368 年),朱元璋称帝正式建立明朝,改元洪武,定都南京。李善长、徐达由相国改任左右丞相,刘基被任命为御史中丞兼太史令。在朱元璋登基大典上,太史令刘基代替大明皇帝宣读祝文;在册封勋臣时,刘基奉册宝宣布皇帝命令。

龙凤年间,朱元璋军队不断增多,编制极不统一,将校称呼也很混乱。朱元璋称吴王后曾下令按指挥、千户、百户、总旗、小旗统编军队,战斗力大为增强。洪武元年(1368 年)在此基础上刘基又"奏立军卫法",即在军事重要的地方设卫,次要的地方设所,"自京师达于郡县皆立卫所",大约每 5600 人为一卫,长官称指挥使;1120 人为一千户所,长官称千户;千户所下设百户所,设总旗、小旗,以都指挥使司为地方上的最高军事机构;以大都督府为中央最高军事机构。因此加强和巩固了明朝封建皇权的统治。

经过几十年群雄角逐的战乱,生民涂炭,国家凋敝,百姓困顿,急需休养生息。

为了迅速安抚民众,朱元璋又向刘基询问为政治平之道。刘基说:"霜雪之后,必有阳春。如今国威已经树立,宜渐渐济之以宽大。因为生民之道,在于仁爱,在于以仁心行仁政。宋元以来,法制名存实亡,宽纵日久。现今应当首先整顿纪纲,颁示法典,然后仁政才可付诸实施。"刘基用传统的儒家"仁政"思想作为治世的根本。他认为治世安民应该德政刑法并用,而以德治为主。首先反对暴虐凶残,对百姓要有仁爱之心;同时认为德政需有严明的法纪为保障,使用刑法的目的是不用刑法。有法必依,执法务严,使人有所畏惧,以确立必要的封建统治秩序。

他在理论上如此阐述,又在实践中如此实施。

他帮助朱元璋审理开释了一批积年未决的冤案,给这些人平反昭雪。一次,太祖由于晚上做了一个梦而要借梦杀人,刘基问明原因后说:"刑,威令也,其法止于杀,而生人之道存焉。皇上晚上的那个梦,是国家将得士得众的征兆,应该停刑以待。"刘基借说梦而制止太祖滥杀无辜。但也真巧,三日后,海宁宣布归降朱元璋。太祖闻讯后大喜,认为刘基的招数真灵验。从此以后,太祖将重大囚犯都交由刘基审理,刘基尽量从宽处理,以笼络、安定民心。

另一方面,他请求振肃法纪,立法定制,既制止纵罪,又严禁乱捕监杀。朱元璋下令实施他的提议。很快,刘基拟定明律令,成了明朝后来立法的基本依据。洪武三十年所颁布的《大明律》就是在它的基础上修订完善的。

洪武元年(1368年)厦历四月,在北伐中原获得占领山东、河南的胜利之后,朱元璋由应天(南京)去汴梁(开封),大会北伐诸将,研究战局和部署攻下元大都的步骤,留刘基和李善长做南京留守。刘基这时的官职是御史中丞,是御史台的佐贰长官,带着监察御史纠劾各级官吏中的非法违禁行为。刘基认为宋、元两朝末期,由于纲纪不严以致丢失天下,因此,要求各御史官对违禁行为,要仔细查处,不管犯禁的人权势多大、官职多高。那些宿卫朝廷的宦侍近臣如果犯法,他总是先报告皇太子然后绳之以法。他的严格执法令众臣属谨小慎微。恰在这时,李善长的亲信,中书省都事李彬犯法当斩,李善长出面为他求情通融,刘基铁面无私,冒着风险,没有理睬李善长的说情。由于事关重大,刘基按照正常规定向朱元璋做了书面报告,等批准后马上就把李彬杀了。

但是,这件事却带来了李善长的嫉妒。李善长原是朱元璋举事不久收用的幕府书记,元璋称吴时的左相国,称帝后的左丞相,在朝廷中一直位列第一。杀李彬后,李善长蓄意报复。闰七月,当朱元璋从开封回到南京时,李善长便极力中伤刘基。这年天旱,说刘基在祈雨坛下杀李彬,是对上天的大不恭敬,以致天怒,祈雨不灵,另外一些对刘基心存怨恨的人也纷纷投石下井,说刘基的坏话。朱元璋按迷信说法察纠天旱原因。问到刘基时,他对朱元璋说:"长期征战,将士死亡众多,他们的妻子家属或别葬,或寡居,没有什么抚恤和照顾,几万人阴气郁结,怨气冲天,此其一;大批工匠死后骸骨暴露野外,无人掩埋,此其二;江浙官吏投降的人都编入军户,让他们一家人世代充军,住在固定的卫所,足干和气,此其三。有此三条,人怨天怒,以致不雨,恳请陛下善为处理。"朱元璋采纳了刘基的意见,采取了一些应急措施。但是十几天过去了,天仍然没有下雨,朱元璋生气了。在此情况下,刘基感到十分尴尬,正好他的妻子在这时去世,刘基便以处理妻丧为借口告老回家了。

德才兼备　功勋卓著

　　刘基在告老还乡前,曾给朱元璋提了两条建议。当时,大将徐达已占领元都大都(今北京),朱元璋打算以他的故乡凤阳做中都,同时也正谋划集中兵力消灭元军统帅扩廓帖木儿。刘基说:"凤阳虽是陛下的故乡,但这里地理条件不好,不宜在此建都;元军虽败,但王保保(即扩廓帖木儿)仍然是元军的一个潜在势力,对他用兵应该采取审慎态度,因为他用兵灵活,轻视则易受挫。"刘基走后三个月,朱元璋深感刘基言之在理,又想到过去的岁月里刘基的赤胆忠心,便亲自下令表彰刘基的功勋,召刘基回南京。

　　朱元璋深恶李善长之专权,意欲废其相位,询问刘基相位人选。刘基对朱元璋说:"善长是对建国有大功的元勋,德高望重,深得众将爱戴,他能调和诸将,故不宜更换。"

　　朱元璋说:"他几次要谋害你,你为何还替他说话?我看还是你来当丞相吧。"

　　刘基知道在李善长等淮西集团当权的状况下,他是站不住脚的,所以,连连辞谢说:"换顶梁柱须要用大木,如用捆起的若干细木代替,要不了多久,就会被房子压垮的。"

　　元璋又问杨宪、汪广洋和胡惟庸等人如何?虽然刘基与杨宪交情很好,却没有因此说好话。他评论说:"杨宪虽有相才,但器量不够,当宰相者要'持心如水,以义理为权衡',万万不可意气用事。"至于汪广洋,刘基说他心胸偏狭怕比杨宪还厉害。他评论胡惟庸,说胡若为相,好比驾车,他非但驾不好车,甚至会弄坏辕木。

　　品来论去,朱元璋最后说只好由刘基任相了。但刘基却一再说明自己的缺点,说他疾恶如仇、性格偏激、脾气急躁,受不惯繁文缛节,深恐辜负了皇上的恩典。并说目前这几个人,实在没有很合适的丞相人选,但天下之大,何患无才,只要下功夫寻找,就一定能找到合适的人选。

　　朱元璋最终还是觉得刘基过于苛求,求全责备,没有听从他的劝告,任用了杨宪、汪广洋、胡帷庸为相,结果正如刘基所料,都出了问题。刘基品评相材,不以恶己者为恶,不以亲己者为好,唯才是举,深谋远虑,洞明一切,可算得上奇才伟识。

　　刘基的治国理论与实践,从为民为君的角度出发,"仁"与"法"相辅相成,重视选拔、识别人才,取得了洪武早年较为清明的政治局面。

　　洪武三年(1370年),刘基任弘文馆学士,历史上弘文馆是藏有众多文献图书的地方,弘文馆学士掌管校正图籍,教授皇家贵族子弟经史。在朱元璋给刘基的诰命中,朱元璋回顾刘基建国前的业绩时说:"朕亲临浙右之初,你等响应朕之正义之举,及至朕归京师,你等即亲来辅佐。当此之时,括苍(处州)之民尚未完全归顺,及至先生一至,浙东形势便彻底平定下来。"言之下意,希望刘基在弘文馆中进一步发挥政治影响。

　　同年十一月,统一中国北方之后,朱元璋论功行赏,大封功臣。刘基被封为诚意伯,授开国翊运守正文臣、资政大夫、上护军。给予刘基极高的荣誉。

洪武四年(1371年)的一天,青田山区的一座秀丽翠峰上,树木撑天,孤松傲立,百鸟争鸣,流水淙淙。在野草丛生的小路上走来一位虬髯飘发、身材修长、双目明烁的长者,望着林间飞来飞去、自由自在的小鸟,他不禁神清气爽,心旷神怡。于是他高声吟诵起陶渊明的《归去来辞》:

云无心以出岫,鸟倦飞而知还;

景翳翳以将入,抚孤松而盘桓。

归去来兮,请息交以绝游。

他,就是大名鼎鼎的刘基。不久前,他辞别朱元璋,告老还乡。

他难道官场失意了?不是。朱元璋将他所立下的汗马功劳记在心上,知功必赏,自出山以来,他累官至御史中丞兼太史令,太子赞善大夫,弘文馆学士,开国翊运守正文臣,资政大夫,上护军等。1370年又封诚意伯,俸禄240石,官位可谓显赫。尤为重要的是,朱元璋在开国之初定处州税粮,仍照宋制每亩加五合,朱元璋为了叫刘伯温故乡世世代代将他的事迹传为美谈,特别下令,青田不加税粮,使刘基的恩惠施及乡邻,该也很荣耀了吧。

那么,他为什么要归隐山中?除了因坚斩李彬开罪于李善长之外,其根本原因还在于他对人生真谛、历史真理、人世沧桑的深刻认识。他知道因为自己的个性,自己的才能在一定时期、一定范围内才可得到发挥,换个时期,换个环境,就不一定适应。"狡兔死,走狗烹",历史上这样的事例还少吗?但也很多功成身退的先例。范蠡泛湖四海,张良急流勇退,他们都能够寿终,避免了文种、商鞅、李斯、韩信等人的悲剧。慷慨有大节、睿智有哲学头脑的刘基对这些历史往事当然非常熟悉,自然也明白其中的道理。因此,他的退隐乡里是一定的。

人们往往在失去某一样东西时,才觉察它的分量和价值。朱元璋在刘基归隐的当年冬天,就开始感觉到刘基对自己是多么重要。于是,他力排众议,亲笔书写诏文,细细叙述刘基的功勋,召基赴京,并赏赐大批钱财、物资,追赠刘基祖父、父亲为永嘉郡公,还要再给刘基加爵进官。哪知刘基完全看破了红尘,亦知在淮西集团占绝对优势的大明王朝之中,自己也难有所作为,因而坚决拒绝,坚持归隐。刘基回到家乡,每天除游山玩水,怡情说性,吟诗作文,抒发感受外,还喜欢与乡人饮酒弈棋,评品字画,与儿童谈天说地,嬉笑玩耍,完全忘记了自己的身份,把自己放在普通百姓的位置。享受着逍遥出世,超然物外,屏除世间荣辱,超脱尘世的情致。

有时,他与樵夫渔父聊天,谈论山中的趣事,水中的雅兴。有时他又与野老桑农一同散步,大谈养生之道。但从来不讲自己以前的功名与战绩,也不喜欢别人提及。如果哪位不知趣的人想阿谀几句,肯定要遭到他的冷遇,甚至被拒之门外。因此,认识他的人都亲切地叫他"伯温兄",而不呼其职位名,不认识他的人还以为他不过是一位不闻世事的普通隐士。

青田县令早已仰慕刘基的才学,听说他回乡了,多次求见,刘基或干脆不见他,或婉言谢绝,对县令提供的种种照拂也不接受。他的韬晦埋名的事迹在下面这个故事中更显得有些传奇色彩。

一日,一位农夫装扮的人,花了很大工夫才打听到刘基的住处,千辛万苦求见。刘基正在用一个粗糙的木盆洗脚,听说后,以为与往常一样,是位过路的或干活的山里人,很高兴地应允,忙叫人把这位乡下人请进茅舍。乡下人自称并不认识刘基,只是与他随便说说话。两人谈得很投机。刘基还将他留下,做了一顿黍子饭给他吃。吃完之后,这位乡下人说:"请刘学士恕小臣欺瞒之罪,实际上,小臣就是青田知县,久仰先生的学识和为人,特来拜谒。"刘基听罢,惊讶不已,忙起身说道:"请恕小民不敬之罪,基告辞了。"说罢,便自己先离茅舍,飘然而去,剩下县令一人,独自站了半天,感慨万分。以后,这位县令再也没有能见到刘基的踪影。

刘基与达官贵人断绝往来,行踪不定,举动异常,表现了一种狂放文人的风格。其实,这也是他那"性刚嫉恶,与物多忤"个性的异化表现。他企图用这种不正常的、极端的行动来全身避祸,抵御济世思想的诱惑,以求得个性生命的发展。然而他终究是一个饱读诗书,受儒家"兼济"思想影响很深的士子,他愈想与世无争,世间烦恼却自己找上门来。

事情是这样的,自从刘基归隐不久,胡惟庸便当上中书省参知政事,他忌恨刘基以前说过他的坏话,便寻机在朱元璋面前诽谤刘基。

原来,在刘基老家青田附近有一块地方有淡洋。这里水陆两便,山河湖泊相连,易守难攻。以前它属于一块三不管地带,常有土匪出没,盐盗聚乱。方国珍就是靠这块地方起事,拥兵自强,对抗朝廷,祸国殃民的。刘基耳闻目睹这些事实,心里很着急,在他任官朝廷时,就上书请求在这里设立巡检司,镇守节制。那些杀人放火,奸淫盗窃之徒也稍有收敛,不敢为所欲为。

刘基回家隐居后,恰碰上茗洋逃军叛乱,危及朝廷安全。这伙叛军骚扰百姓,无恶不作,但是地方官吏企图隐瞒这件事,不让太祖知道。刘基毕竟是位有血性、疾恶如仇的人,虽然未自己出面,然而还是让儿子刘琏不经过中书省,直接向皇帝上奏章,报告了这件事。

胡惟庸闻讯,他欣喜若狂,认为报复刘基的机会来了。他精心策划,指使党羽刑部尚书吴云弹劾刘基,诬陷他与百姓争夺淡洋,只由于淡洋依山傍水,风水极佳,有"王气",刘基想辟之以为墓地,图谋不轨。由于百姓不肯让给他,他就指派巡检司,假托官军的名义逐赶百姓,以致激起民变。弹劾奏文绘声绘色,让人看了不能不信。吴云将其呈上朝廷后,胡惟庸借公报私,请求皇上予以重罚,并请逮捕刘基的儿子。明太祖看过奏文后,觉得刘基也太过分了,颇为所动。若按常规,肯定是满门抄斩,诛灭九族,只是念刘基为开国元勋,功勋卓著,不忍重罚,只象征性处置。取消其俸禄,并移文传达给刘基,使他知道这件事。

刘基接到太祖的移文后,如五雷轰顶,惊奇万分! 思来想去,知道定是有人暗中陷害,当今之计,唯有面见太祖,说明原委,澄清是非,方可免此大祸。于是他整理行装,即刻向南京进发。到了南京,发现形势对自己甚为不利,朝廷内外,皆为胡惟庸党羽,没有人会替自己说话。故而原定为自己申明原委的打算也只好取消了,以免届时"众怒难犯",引起太祖更大的不快。于是他改变主意,以退为进,主动向太祖请罪,要求惩办。朱元璋见其态度诚恳,也未深究,此事遂于了结。

刘基经此打击,知道再去过陶渊明式的隐居生活已不可能,为了避免再受诬陷,他干脆住在南京,连家也不敢回了。未过多日,刘基便病倒了。

没多时,太祖又提升胡惟庸为相,病中的刘基,在京师听说这件事后,痛心疾首,沉痛地说:"胡惟庸为相,定会出大祸,国家必然会大乱,生灵又将遭受祸殃。假使我的话不应验,那是因为苍生民众有天大的洪福;如果我的话应验了,这些芸芸众生怎么办呢?"胡惟庸闻此,更加把刘基视为眼中钉。决心再找机会陷害刘基,置之死地而后快。而刘基此时,由于悲愤交加,病情日益加重,终致卧床不起。洪武八年三月,明太祖见刘基病情恶化,气息奄奄,甚为怜惜,亲自制表文赐给刘基,并特派使者护送刘基回乡。回家后,刘基之病不但未能好转,反而病得更重了,只过了一个月,他就带着无限的忧怆、满腔怨恨,离开了人间,终年65岁。一代谋略大师,远见卓识的刘基就这样凄凉地长眠在故乡的山峰上。

刘基的死,首先与胡惟庸的谗言陷害有关。史料记载,刘基在京病重时,胡惟庸曾假惺惺地派医生给他诊治,医生给他开了一些药,服后,腹中就有小拳头大的石头似的积物。刘基本是一宽宏大度之人,万万想不到胡惟庸会采取如此卑鄙的手段毒害他,真是以君子之心度小人之腹。

其次与明太祖的多疑本性有关。他对这样一位忠心耿耿的功臣也不信任,对于胡惟庸党羽的弹劾奏文,不去调查核实,就妄下结论,这怎能不使刘基伤心。这一切无不证明刘基当初请求归隐是有远见的,只是他还隐得不彻底,终究还是逃不脱"走狗烹"的可悲下场。

刘基自始至终对明王朝忠心效命。在临终前将自己用心血凝成的著作和预测时势、人事的奏章呈献给明太祖,表现了一位既激愤又疏淡,既充满激情又富有柔情的正直谋士的情怀,表明了我们的主人公既有飘逸旷达的性格,又有一颗放不下尘世的心肠,此为典型儒家气质。病榻上的刘基,已是骨瘦如柴、奄奄一息了。他把大儿子刘琏叫到身边,从枕头下颤颤悠悠地拿出一本发黄的小册子,递给他说:"这是一本关于天象人事的书,它凝聚着为父多年的军事实践和从政经验。你要将它交给朝廷,并叫皇上不要让后人学习。"它就是至今也使人觉得神秘莫测的《天文书》。后来,太祖下令此书与《百战奇略》一样,属机密文献,秘而不宣,终致失传,实在是历史上一大损失。

他又将一份奏章交给次子刘璟,嘱咐道:"为政之道,宽猛如循环,要有松有紧,有纵有收。澄清天下之时,应该号令严明,有罪必斩,以法治军;坐天下之时,特别是现在,正处在休养生息的关键时期,必须修明德政,减省刑罚,实施仁义,祈天永命。各形胜要害之地,要与京师声势相连。我原来想做一份遗表,说明上述观点,只因胡惟庸把持朝廷,作了也没有多大作用,反而会贻害于你们。但我肯定他终究要出事,他事发后,皇上必定会念及我,那时他向你们问起,就可献上此奏章。"两个儿子含着泪,默默地答应了父亲的要求。

再说,从自杨宪、汪广洋先后因罪罢官之后,胡惟庸独揽中书省,独断专行,滥用生杀黜陟的权利,逞淫威,结朋党,营私利。凡是内外各司上报皇上的奏章,胡惟庸先取来阅看,有利于自己的上呈皇上,不利于自己的则全部扣留,隐匿不予上报,同时寻机报复打击那些向皇上揭露自己恶行的官员。一时间,血案迭起,人怨沸腾,闹得朝廷乌烟瘴气。

朱元璋也慢慢觉察不大对劲,胡惟庸举止反常。于是联想起以前刘基对他说过的药石积腹之事。当时太祖还不在意,认为刘基是多疑,现在回想起来觉得问题严重,有人在药中动了手脚的可能性很大,于是下令追查刘基的死因。胡惟庸知道事情终会败露,自忖道:"皇上草菅勋旧功臣,岂会饶恕我?事发是死,起兵反叛也是死,不如先下手为强。或许还有一线生机,不要坐以待毙。"于是勾结一帮党羽,并联络倭寇、元兵,密谋暗室藏兵,来个措手不及,杀害太祖,推翻明王朝。不料事情败露,被太祖以谋反罪伏诛,牵连的人不可计数。刘基的预言应验了。

胡案平息后,朱元璋果然想到了刘基。刘基的两个儿子遵照父亲的遗言,向朝廷呈上《天文书》和密奏。太祖接过这些遗物,就像看到了这位老臣那颗赤诚的心,不由得老泪纵横。他对刘基的儿子说:"刘伯温在这里时,满朝都是胡党,唯有他一个不从,吃他们蛊(毒药)了。"

洪武十三年(1380 年),朱元璋颁布诰命,令刘基子孙世袭诚意伯爵禄。刘基虽然没有正式当过朝廷丞相,然而他德才兼备、功勋卓著,赢得了后人的怀念和尊敬,明武宗称他"渡江策士无双,开国文臣第一"。

刘基作为一个地主阶级的知识分子,年轻时即学识渊博,"通古今之变"。起初效力元朝,后因不满元朝腐朽统治,从而走向反抗,投入到农民起义的大军之中。他随朱元璋南征北战,为大明帝国的创立运筹帷幄,出谋划策,做出了卓越的贡献。刘基为官清正,一贯反对贪官污吏,主张廉洁奉公。他性格倔犟,不畏强御,不阿权贵,在政治集团的派系斗争中他努力超脱,试图洁身自好,超然物外,可惜像他这样智虑过人的人,居然也难逃奸佞小人的陷害,面对诬陷无计可施,以致抱恨而终,深刻反映了封建社会统治集团内部相互倾轧的残酷。

清初谋士　开国元勋

—— 范文程

名人档案

范文程:字宪斗,号辉岳,辽东沈阳(今沈阳)人。北宋名相范仲淹十七世孙。清初一代重臣。

生卒时间:1597 年~1666 年。

性格特点:识大体、顾大局,言所当言,为所当为,韬略过人。

历史功过:范文程可谓清初政权中最重要的汉族官员,被誉为"文臣之首"。范文程历经清太祖、太宗、世祖、圣祖四朝,在清朝入主中原及统一全国的关键历史时期多次发挥重要作用,是名副其实的开国勋臣。

名家评点:清朝声名卓著的开国宰辅、文臣领袖。被列为中国历史上"十大谋士"之一。

身在被掳　沦身为奴

范文程,字宪斗,生于明万历二十五年(1597 年)。其先世于明初自江西贬往沈阳,"居抚顺所"。他的曾祖范锪,明嘉靖时曾任兵部尚书,祖父范沈曾任明沈阳卫指挥同知。范文程自幼好学,才智过人,于明万历四十三年(1615 年)在沈阳县学考取了生员(秀才),时年仅 18 岁。正当范文程踌躇满志,决心在仕进道路上有所作为的时候,灾难来临。万历四十六年(1618 年),后金政权首领努尔哈赤带兵南下,攻克抚顺等地,大肆掳掠,并将所得人畜 30 万分别赏赐给有功官兵,21 岁的范文程身在被掳之列,从而沦身为奴。

后金是我国东北部女真族(满族前身)建立的一个少数民族政权。女真人是我国境内一个十分古老的少数民族,其先祖是春秋战国时代的肃慎人;后汉、三国时被称为"挹娄";北魏时叫"勿吉";隋、唐则为"靺鞨";唐昭宗天复三年(903年)之后,正式改称"女真"。我国历史上唐代的"渤海国"以及与北宋对峙的"金",就是女真族相继建立的少数民族政权。

进入明代以后,居住在长白山以北、东濒大海及黑龙江流域广大地区的女真族分为海西、建州和野人三大部。由于明朝统治的日渐腐朽,官府对女真人的压迫日益加深,女真族与明廷的矛盾也日趋激化。明中后期,懦弱无能的统治者回天无力,只好采取"分而治之",利用其内部争斗,压制女真族日益高涨的反抗情绪。当时,明有个"镇辽"武将叫李成梁,千方百计地激化海西女真和建州女真的矛盾。他首先利用海西女真哈达部酋长王台杀了原建州右卫都督王杲,为了斩草除根,李成梁进而又于万历十年(1582年)派兵支援图伦城主尼堪外兰攻打王杲之子阿台。阿台之妻是努尔哈赤的堂妹,努尔哈赤的祖父叫觉昌安和父亲塔克世赶至阿台所在的古埒城外,让尼堪外兰暂停进攻,由他二人前去劝降。由于劝降未成,明军与尼堪外兰联手破城后血腥屠杀,入城劝降的二人也在乱军之中被误杀,因此努尔哈赤非常仇恨明朝。

万历十一年(1583),25岁的努尔哈赤终于以父亲遗留下来的13副铠甲举兵了。他首先攻克了图伦城,城主尼堪外兰仓皇出逃,努尔哈赤率兵穷追不舍,沿途征服了一个个女真族部落,他最终杀了仇人,并统一了女真各部。

万历四十三年(1615),雄心勃勃的努尔哈赤在实力日益壮大的基础上,终于宣布建立"大金"(史称"后金")政权,建元"天命"。58岁的努尔哈赤因此登上了可汗宝座。后金政权建立后不久,努尔哈赤便以"明无故生事,杀其父、祖"等所谓"七大恨"誓师,向明朝开战。

天命三年(1618),努尔哈赤率精兵强将2万余人鼓行而西,以迅雷不及掩耳之势,攻取了东州、马根单两城。随后,他又派"商队"50人先发,以重兵潜随其后,乘夜雨初晴之际,突至抚顺城下,一举拿下了抚顺,于是便出现了前文所述的包括范文程在内的明朝人畜30万被掳的一幕。次年,又经萨尔浒一战,沉重打击了明朝"边兵",双方实力对比改变。

努尔哈赤在短短数年之间,便攻占了辽河以东的全部地区,矛头直指辽西。由于蓟辽经略孙承宗、宁前兵备道袁崇焕等几位仁人志士的苦心经营,才确保了关外四年左右的平安。但明廷奸臣魏忠贤专权,却革了孙承宗的职,还撤除了许多要塞和据点,使御敌防线大为削弱。

天命十年(1625)初,努尔哈赤亲自统帅13万大军乘虚长驱直入,"南至海岸,北越广宁,大军前后如流,首尾不见,旌旗剑戟如林",浩浩荡荡,直逼宁远城下。此时,袁崇焕身边只有2万人马,孤立无援,处境维艰。但在他的感召下,宁远全民皆兵,严阵以待。

二月二十日,努尔哈赤指挥八旗精锐以裹铁车牌、勾梯等攻城器械蜂拥而上,袁崇焕命发红夷大炮猛烈轰击。后金兵在铁皮车的掩护下,一直到城墙底下挖起城来,明军一面扔棉油火把焚烧敌军,一面组织敢死队缒城出击,屡次杀退了敌人的进攻。

21日,后金军又乘夜袭击,仍难以得手。至26日,不得不撤围而去。

努尔哈赤自25岁起兵以来,历时43载,自命"战无不胜,攻无不克",没想到受挫于袁氏,自此积郁生疾,未到一年便去世了。

努尔哈赤死后,他的第八个儿子皇太极于天命十一年(1626)即了汗位,改元天聪。皇太极登基后,开展各项改革,范文程一生中的转机也随之来到。

群臣之首　因祸得福

皇太极即位后的第八天,便让所辖汉民"分屯别居,编为民户,选汉官之清正者统之",从而使庄园百分之四十奴隶身份的汉民壮丁恢复了民籍。不仅如此,皇太极还更新观念,抛掉了其父对汉族知识分子的偏见,多次选拔和荐举汉族与蒙古族官员加以"量才录用",赢得了不少汉族与蒙古族有识之士的支持,心甘情愿"实心齐力报答皇恩"。

天聪三年(1629),皇太极设立文馆,要求文馆"以历代帝王得失为鉴,并以记躬之得失"。这就不由得使人联想到一代名君唐太宗关于"以铜为镜,可以正衣冠;以古为镜,可以知兴替;以人为镜,可以知得失"的名训。皇太极设文馆,实在是为了知兴替、明得失。

文馆设立后,便急需有用之才供职其中。所以在同年八月,皇太极又颁布了一道上谕:"自古国家文武并用,以武功勘祸乱,以文教佐太平。朕今欲振兴文治,于生员中考取其艺文通明者,优奖之,以昭儆人之典。诸贝勒以下满、汉、蒙古家,所有生员俱令考试。于九月初一日命诸臣公同考校。各家主毋得阻挠。有考中者,仍以别丁赏之。"范文程就属于文中所说"生员"的范畴,由于这些人被俘后作为战利品赏赐给了有功人员,从而变成人家的家奴,故上谕特别关照其主人"毋得阻挠"。并答应凡考中被选拔走的,另外赏赐家丁代替。

这次应试的生员共计300多名,考取了近200名,范文程有幸名列其中。如此,范文程因祸得福,凭着自己的聪明才智,从一个奴隶一步步登上了群臣之首的显赫官位。

《清史稿》对范文程这段经历的记载与事实很多不符。据《范文程本传》讲,清太祖努尔哈赤攻陷抚顺后,文程与其兄便主动去谒见努尔哈赤,努尔哈赤对范文程魁伟的体魄颇有好感,交谈后,十分赏识范文程的见解卓越,加之得知他是明嘉靖时兵部尚书范锐的后代,便更加器重。于是嘱咐诸贝勒说:"这是名臣的后代,要多加关照。"

若冷静加以分析,就会觉得这段史料不可信。因为努尔哈赤本人对明朝"书生"非常反感,他认为"种种可恶,皆在此辈",恨不能杀尽斩绝。而明朝臣民对女真族开始大肆掳掠、肆意妄为的行径也尤为敌视,在感情上根本无法接受沦身为奴、被女真人视同牛马的现实。作为明朝元老重臣的后裔,范文程是不会主动去谒见努尔哈赤的,当时根本也不具备这样的气氛。实际上,努尔哈赤攻克抚顺等地后,对掳来的明朝"书生"进行了血腥屠杀,在成批的"书生"引颈就戮时,其中有一人相貌堂堂,仪表非凡,与一般的迂腐书生大为不同。努尔哈赤偶生恻隐之心,便放了他一条生路,将其赐给了镶红旗下为奴,此人就是范文程。《清史稿》出于对清开国皇帝的美化和对功臣范文程这段受辱经历的讳莫如深,便采用曲笔手法做了掩饰。

俗语说"大难不死,必有后福",这句话在范文程身上还真应验了。皇太极即位后对各项国策所做的重大调整和改革,在很大程度上化解了满、汉族之间的矛盾,使其统治范围内的汉族臣民逐渐改变了以往的敌视态度,对其也能心悦诚服。也正是这些政策的实施,为范文程的一展才华,提供了绝佳的机会。

随军出征　脱颖而出

天聪三年(1629),皇太极在整顿好内政后,便大举兴师伐明,范文程也随军出征。自从努尔哈赤在宁远被袁崇焕战胜郁闷身死之后,皇太极在宁远、锦州一线与袁崇焕也进行过反复较量,但都以损兵折将而告终。因此,此次在范文程等的筹划下,改变了进军路线。大军由喀喇沁部蒙古人做向导,从喜峰口越过长城,径入明朝内地。在这次战事中,范文程独当一面,发挥了重要作用。他受命率偏师沿潘家口、马兰峪、三屯营、马栏关、大安口一线进发,以从旁支援主力。范文程智勇兼施,力克五城。明军曾集中诸城兵力,拼命反扑,将大安口层层包围。范文程用火攻之计,解了重围,有力地配合了主力部队的行动。其后,皇太极率主力西进永平(今河北境),又把留守战略要地遵化的重任委托给了范文程。明军乘虚掩杀而来,兵临城下,其势甚猛。范文程多方设计,奋力抵抗,以少胜多,确保了后金军大本营的安全。范文程一次次地建立奇功,被封为世职游击。

皇太极在遵化一带立稳脚跟,便由蓟州越三河、略顺义、至通州,渡河而直逼北京。袁崇焕曾建议朝廷加强蓟门兵力,严防后金绕道而入,可惜未被接受,故而使皇太极有隙可乘。皇太极将军队一下子驻扎在离北京城关仅两里之遥的南海子一带,明朝上下大乱,慌乱无比。明总兵满桂等拒敌于德胜门、安定门外;城上明军发炮助战,竟打伤了自己的军队,连满桂本人也被损伤。只好率残兵躲入城中,坐以待毙。

袁崇焕得知皇太极绕道入关,即挥宁、锦将士回师救助,他率兵马日夜兼程,跟踪追击。到达蓟州后,更以两昼夜300余里的速度直追到北京城外,与后金军在广渠门外鏖战六小时之久,有力地牵制了后金军的行动,使其锐气大为挫伤。皇太极亲往袁崇焕阵前察看营寨形势,见阵坚难破,无法力取。便接纳了范文程等人的建议,下令撤兵,从中却施起反间计来。

原来皇太极这次大举入关,曾俘获两名太监,撤退途中,便暗中命令副将高鸿中、鲍承先等坐在非常靠近这两个太监的地方,并故作耳语道:"今天退兵,其实是皇上(指皇太极)设下的计策。前不久,皇上独自骑马到袁巡抚阵前,跟袁巡抚派的两个人谈了好长时间。袁巡抚跟咱有密约,图明的事眼看就要大功告成了。"然后,又故意给姓杨的太监一个逃脱的机会,杨太监逃回北京,便把他听到的"重大机密"一五一十地禀报给了崇祯帝。当时,朝中一些反对袁崇焕的人早已纷纷诽谤袁引狼入室,是要胁迫朝廷答应他提出的与后金议和的主张,好与后金订立城下之盟。崇祯帝一贯师心自用,独断多疑,他对袁崇焕本已有了疑心,听了杨太监的密奏,便不分青红皂白,召袁崇焕问罪,责备他援兵逗留,将其下狱。次年,袁崇焕竟被凌迟处死。真是范文程略施小计,便使明"自毁长城"。

皇太极用计拔掉了袁崇焕这颗眼中钉,马上消除了后顾之忧,真是喜出望外。他的将领们也因为没有了心腹大患而纷纷要求乘虚攻打北京,但皇太极却说:"如今攻城,必能克复。然而若因此损失我一、二良将,即使得到 100 座城池也不值得高兴。"所以,他率军直捣卢沟桥,进击永定门外满桂等四总兵的营盘,4 万明军被打得四散而逃,一败涂地。然后,皇太极移军至通州,向东攻取遵化、永平、迁安、滦州(皆在今河北省境内)4 城,分别派兵把守,自己统帅大队人马班师而回。看来,皇太极采取的是先消灭明军有生力量,然后再攻城略地的长久之策。

皇太极分兵把守四城,原存里外夹攻山海关之企图。但他退兵之后,明大学士孙承宗便组织兵力恢复了四城,从而打乱了皇太极的计划,使皇太极极其震怒。紧接着,又传来了明军昼夜赶筑大凌河城,以图进一步收复疆土的消息,皇太极怎能坐视不理!天聪五年(1631)八月,大凌河城才修复了一半,皇太极便率大军包抄而来。皇太极采用围城打援战术,守城明军在"粮绝薪尽,兵民相食"的情况下,只好投降了。

这次战役中,有一支蒙古军投诚了,但因部分士兵不肯投降,竟暗杀了他们的将领,然后纷纷逃去。皇太极知道后十分恼怒,要将剩余的蒙古士兵统统杀掉。范文程委婉进言说:"未逃之士兵,证明他们有忠顺之心,杀之非但于事无补,反会影响大局。"皇太极见范文程遇事能从长远的利益出发,便愉快地接受了他的建议,从而使 500 余条无辜的生命免遭屠戮。

当时,还有一支明军凭借天险固守西山,屡战不下,皇太极甚是着急。范文程胸有成竹,决计劝降。他单人独骑,置安危于不顾,直抵明军寨前,凭三寸不烂之舌,晓以利害。明军最终被感化,真心实意相投。皇太极大喜,将所降人马全部拨给范文程统辖。

天聪六年(1632),皇太极继续攻掠明朝边地。大军开进归化(今呼和浩特)城后,皇太极打算把战事再次向明纵深推进,于是召集范文程等商议对策。范文程根据双方的战略势态,提出了一明一暗两套方案:一是凭借高昂的士气和强大的战斗力,长驱而入,直抵北京,逼使明廷妥协。然后,捣毁山海关水门而归,以壮军威。要实现这一目标,从雁门关进军最为便利。明军于此防范不严,沿途阻碍不大。且沿途居民较为富裕,对筹措军马粮草十分有利。大汗若顾虑师出无名,可这样晓谕百姓,就说察哈尔汗已经远遁,他的部属皆已归在我的账下,现打算与明朝议和,苦于路途遥远,难以徒步跋涉。今借你们的马匹让新归附的察哈尔汗部骑用。若议和成功,当偿还你们的马价;如若议和不成,双方兵戎相见,赖天保佑,疆土归我所有,一定免除你们这一带几年赋税,以补偿战争给你们所造成的损失。这样,便可以堂堂正正地出师。如若不然,则可写信给明守疆大吏,让把我方议和的主张转达给他们的皇上,并限期让他们做出答复。料定明廷文臣勾心斗角,边将互相推诿,必然延误逾期。我们便可以此为借口,出其不意,攻其无备,乘隙直捣北京。因为后者是一条借议和之名以麻痹明方,趁机采取突然行动,以行攻战之实的计谋,故我们称其为"暗"的一手。皇太极虽然未能将此计策付诸实施,但仅从范文程虑事之周到、计划之缜密,并能知己知彼,对明朝内幕了如指掌几项而言,这实在是一条锦囊妙计!

早在天聪五年(1631)皇太极围困大凌河之际,明登莱巡抚孙元化曾派参军孔有德率军救援。但部队行至吴桥,遭遇大雨雪,没有粮吃,政府也不管,致使部分军士出营抢掠。因贪污惧罪的李九成乘此时机,鼓动叛乱。孔有德也心怀不轨,见机行事。第二年正月,孔有德与驻守登州的另一位参将耿仲明里应外合,占据了登州城,他自号都元帅,铸印置官,封耿仲明等为总兵。他们攻城陷镇,四外抄掠,焚杀甚酷。到这般田地,崇祯帝不得不派大军征剿。天聪七年(1633)孔有德遣使向后金求援,皇太极正中下怀,当即派范文程等率军前去援救。范文程凭借自己的才干,又一次出色地完成了招降任务。降将孔有德和耿仲明等后来为清朝打天下立了汗马功劳。

屡出奇谋　见识卓越

天聪九年(1635),皇太极宣布废除"女真"称号而改族名为"满洲"。第二年五月,又改"大金"为"大清",正式建立清朝,登上皇位。皇太极称帝后,对政府文武机构都进行了扩充。把以前的文馆扩编为内三院:即内国史院、内秘书院、内弘文院。各设大学士一人主持。任命范文程为内秘书院大学士,官爵晋升为二等甲喇章京(汉语称为参领)。

为了扩充军事力量,皇太极决定在满八旗与蒙古八旗的基础上,进而扩建汉军八旗。于是,诸大臣便一致推荐范文程担任固山额真(旗主,汉语称为都统)。要了解固山额真究竟属于怎样的一个官职,就有必要将八旗建制简单介绍:起初,女真人的生产和军事行动,各依族和寨而建,每10人为一基本单位,头目称为牛录额真(箭主,汉语称为佐领)。随着实力的日益发展和壮大,努尔哈赤于万历四十三年(1615)规定每300人为一牛录,五个牛录置一甲喇额真(参领),五个甲喇额真再组成一个固山(旗),开始只有黄、红、蓝、白四旗,后来增设了镶黄、镶蓝、镶白、镶红四旗,从而形成了历史上有名的兵农合一的八旗制度。努尔哈赤是八旗的最高统帅,他的子侄们则是各旗的首领。各旗主直接听命于大汗,其权限之大和地位之显赫,仅次于大汗。努尔哈赤死后,皇太极即以旗主的身份登上了皇位。随着辖区的迅速扩展和势力的不断发展壮大,皇太极依照满八旗的规制扩充了蒙古八旗和汉军八旗。当诸大臣提议由范文程担任旗主这一不同寻常的要职时,皇太极却认固山额真"只不过是一个军职而已",从而否决了大家的意见,要求另议人选。由此看来皇太极重用范文程是煞费苦心的。

内秘书院大学士的地位虽然相对较低,但所职掌的却都是机密要事。皇帝敕书的草拟,各衙门奏疏的收录,与他国来往书信的撰写等等,都出自内秘书院大学士之手。范文程实际上充当着皇太极秘书长的角色。他虽不在议政大臣之内,却往往参与着政府内外重大方针政策的制订。而且对朝廷要员的任免,他从中也起着重要的作用。皇太极对范文程的重视,几乎到了无以复加的程度:每次召见,商议政事的时间都特别长,而且常是前次被召才归,未及吃饭休息,复又被召入宫。凡遇军国大事,皇太极总要问范章京是否知道。有时觉得其中有什么不妥当的地方,便说为何不和范章京商议。若回答说范章京的意见也是如此,皇太极便批准同意。各种外交文书,均由范文程批复或草拟,起初皇太极还要亲自过目审查,每一次都感到十分稳当,后来通常的文书便看也不看了。一次,范文程因病告假,好多事情因一时犹豫不决,皇太极便谕令待范文程病愈后再行裁决。皇太极对范文程言听计从,范文程为了报答皇太极对自己的知遇之恩,也尽心尽力帮助他打天下。

皇太极从即位之日起,到崇德六年(1641)间,历时十五六年之久,他虽曾三次率军突入关内,但却总因没有能拿下山海关与锦州而行动不便,难有大的作为。于是,皇太极便把进攻的矛头瞄向了自己入关的最大障碍——山海关与锦州一线。而明朝也千方百计地加强这一线的防务。崇德四年(1639),明蓟辽总督换上了由于镇压农民起义军有功而成名的洪承畴。崇德六年(1641),清军开始采取行动,派兵包围了锦州。这年七月,洪承畴便带领吴三桂等八总兵、13万人马驰援。大军云集宁远之后,便分头向杏山、松山缓缓推进,准备步步为营,稳中求胜。但新上台的兵部尚书陈新甲,却说旷日久,恐粮草不济,派员临阵监军督战。洪承畴经不住催促,便轻易地将粮草留在宁远、杏山和塔山外的笔架岗,只带领6万兵马贸然前行。命其余兵马随后赶上。洪承畴到达松山、杏山一带后,将骑兵驻扎在松山东、南、西三面,将步兵驻扎在离锦州仅六七里地的孔峰岗,与清军成对垒之势。

皇太极闻知明大批援军已到,便于八月亲率大军从盛京(今沈阳)赶来,驻于松山、杏山之间,截断了松、杏间明军的联系,截断了洪承畴的归路。随后,又派兵夺了塔山之粮。洪承畴失去战机,困守松山半年之后,被部下出卖,城破做了阶下囚。皇太极很明白洪承畴对自己入主中原将会起到多么大的作用,所以,他一面派人好好招待洪承畴,一面让范文程前去劝降。

范文程来到洪承畴囚室,洪承畴得知其来意,便大骂范文程没有骨气,作清军走狗。并慷慨激昂,立誓要杀身成仁,决不屈膝投降。范文程也不和他争辩,只是随便地与他谈古论今及生死得失。正谈着,只见一小撮尘土落于洪承畴衣服之上,洪轻轻用手拂去。范文程瞧在眼里,心中已有了成算。他辞别了洪承畴,便去告知皇太极:"洪承畴必不肯死,面对这样的处境,对衣服尚且如此爱惜,更何况自己的生命。"皇太极听了大喜,便亲自前去看望洪承畴,见洪承畴衣着单薄,马上脱下自己穿的貂皮裘袍,亲手披在洪承畴身上,并关切地问:"先生还冷吗?"这样一来,洪承畴为之感动,目瞪口呆之下,感叹遇到明主,叩首请降。

关于洪承畴降清一事,还有皇后劝驾的传说。据说洪承畴初到盛京,绝食累日,自誓必死。范文程洞察其并无必死之心后,皇太极便令人百般劝降,但洪承畴却无动于衷。皇太极大费心思,后经多方了解,从明朝降人口中知晓洪承畴好色。于是派了一拨又一拨美女前去勾引,却仍不奏效。最终,皇太极竟派自己美冠一时的爱妃博尔济吉特氏偷偷带一小壶人参汤入侍。博氏见洪承畴闭目面壁,哭泣不止,劝之不成,动了恻隐之心,非常同情地说:"将军即使绝食,难道不能喝口水而后就义吗?"话音委婉,情切意真,并承壶于洪唇,洪承畴便轻轻呷了一口。不一会,博氏又如此这般,承壶于其唇,洪承畴终于抵挡不住这般强烈的诱惑,一直喝下去。一连多日,博氏每每相机劝慰,送进美馔,洪承畴渐渐心回意转,开始进餐,最后归顺了。

姑且不论是何种手法对洪承畴归降生了效,仅就范文程单凭"拂尘"这一小小的举动,便能断定洪承畴必不肯死而言,他真是机敏过人,能够见微知著,实在是一个名副其实的谋略家。

崇德八年(1643),皇太极病逝。清王室进行了一场争夺皇权的斗争。结果年仅6岁的福临登基,改年号为顺治,由他的两位皇叔——多尔衮和济尔哈朗辅政。

顺治元年(1644),多尔衮承担起了皇太极的伐明未竟之业,率军与明重开战端。范文程总结了以往历次与明军交战的经验教训,奏称:"中原百姓备受苦难,思得明主,以便安居乐业。以前我军虽曾屡次深入,但都烧杀掠抢之后而归,以致伐明大业至今半途而废。老百姓也以为我们不过是贪图财物人畜,并无大志,因而心怀疑虑,对我们没有信任感。如今应当严申纪律,做到秋毫无犯,并录用贤能,体恤疾苦,以使老百姓明白我们进取中原的决心和善待百姓的诚意。如能这样,黄河以北可传檄而定。"范文程还屡次为当朝权要敲警钟:"天有好生之德,自古未闻喜好杀戮者能得天下。若只打算统治关东便莫要说起,如果想问鼎中原、一统华夏,则非得爱护百姓不可。"范文程以上的建议,就是要把满洲贵族一贯从事的掠夺性战争转变成为夺取全国最高统治权的统一战争,这一策略,对清朝开国起了重大作用。

正在这时,忽然传来了李自成攻克明都的消息,多尔衮急召正在盖州(今辽宁盖州市)汤泉养病的范文程商议对策。范文程认为形势对进军中原极其有利,天赐良机,不可放弃,宜火速进兵。他分析说:"李自成虽然拥有百万之众,但其势却已成强弩之末。犯有三忌已必败:逼死其主崇祯帝自缢煤山,引起天怒人怨;刑辱大小官吏,勒索富商大户,激起了社会中上层的强烈不满;烧房屋、掠财产、奸淫妇女,使老百姓大失所望,非常反感。这三大失策,已完全失去人心;加之农民军将领被胜利冲昏头脑,居功自傲,贪图享乐,缺乏远见,一战便可将其击败。我方上下齐心,兵强马壮,如果能优待士人,体恤百姓,行仁义之师,以讨伐闯贼为名,何愁大功不成!"他马上驰赴军中,亲自起草进军文告,晓谕明朝官民:我军特来为你们报君父之仇,决不滥杀无辜,所要诛灭的只是闯贼。我们是正义之师,凡官吏归顺,皆按原职录用;老百姓投靠,各安本业,军队严守纪律,一定不会加害你们。为了改变清军以往的陋习,多尔衮也通告全军:"今此之行,非同昔日,蒙天眷顾,要当定国安民,以成大业。"并严格下达了"勿杀无辜,勿掠财物,勿焚庐舍"的禁令。

范文程将矛头直接指向农民起义军的策略,很好地将明、清之间的矛盾转化成为以明清为一方,以农民起义军为另一方之间的矛盾。此计甚妙,沿途明军尽皆归降,官吏竞相投诚。清方竟借用其力量击溃了农民起义军,轻而易举地占领了北京城。初入北京,多尔衮以身作则,只带1000人马宿卫,其余骑兵尽屯城外。规定没有九王(多尔衮)的标旗,一概不准出入,防止惊扰百姓。

此时的北京,几经折腾,人心惶惶,动荡不安。面对严峻的局势,范文程辅佐多尔衮推行了一系列行之有效的安抚人心措施。

首先,为崇祯皇帝、皇后发丧三日,晓谕天下,"以昭大义"。并派人保护明陵。同时还宣布:"故明诸王来归者,不夺其爵。"这就促使明王室成员认可和接受了清的统治,那些誓死要向清复仇的王室宗亲也不容易找到有力的理由去号召他人。

其次,传谕城中各级汉族官吏各司其职,照常办理公务,并给了这些人一定的好处。政治上:不仅规定降附者升级、殉死者立庙、隐逸者征辟录用,而且要求内、外衙门的公章,全部要铸有满、汉文字,使汉族官员名义上能与满族官员平起平坐、有职有权。经济上:所有官员、退休官员、举人、贡监生员,都可减免一定的赋税、徭役,而且尽可能地帮助汉族地主恢复旧业。这就收买了绝大部分汉族官绅。

再次,范文程建议根据原来簿册征收赋税以收揽人心。明朝末年,赋税不断增加,如辽饷、练饷、新饷、召买等等,名目繁多,老百姓不堪重负。农民起义军进城后,烧毁了征收簿册。而万历年间的旧册却得以幸存,但其赋税数额则比现行的要少得多。于是,有人建议责成有关部门另造新册,范文程坚决不同意,他说:"即使以此为额,犹恐老百姓难以承受,岂能有更多的过分要求呢?"清政府采纳了他的意见,从而减轻了老百姓的负担,缓和了政府与百姓间的矛盾。

另外,范文程格外注意赈济安排那些鳏寡孤独、无依无靠之人。

上述种种措施收到了极佳的效果,使明朝遗民上至王公贵族,下至寻常百姓,都在很大程度上化解了清廷的敌意,使一触即发的反抗情绪大为化解,从而使大局稳定了下来。这些措施也产生了不可小视的巨大影响,就连远在扬州的抗清名将史可法,在上书给南明福王时,也不得不万分感慨:"以清之能行仁政若彼,而我之渐失人心如此,臣恐恢复之无期,而偏安未可保也!"

顺治二年(1645),平定江南之后,范文程为了确保长治久安,他建议开科取士,网罗人才。他说:"治天下在得民心,士为秀民。士心得则民心得矣。请再行乡、会试,广其登进。"清政府接受了该建议,规定每逢子、午、卯、酉年,各直省举行乡试;每逢辰、戌、丑、未年,举行会试。这一举措,使穷经皓首的知识分子们终于有了出人头地的机会,获取了他们的普遍好感和拥戴,认为清皇帝乃"圣明之主"。出于感恩戴德的心理,这些人为清廷提出了不少治国良策。知识阶层为一个民族的灵魂所在,其态度的转变,必然会对整个民族的心态产生潜移默化作用,从而决定人心的向背。笼络住了知识阶层的心,就意味着得到了整个民心。范文程正是从优待知识分子着手,以获得整个民心。屡出奇谋,范文程真正是见识卓越。

闭门避祸　逢凶化吉

清统治者在创业之初,都能虚心接受良策,因此范文程的才干得以尽情发挥。然而,随着清统治地位的日益巩固,其统治集团的最高决策者便头脑发热,自以为是,甚至倒行逆施,与范文程所力主的"安抚百姓"的既定国策背道而驰。

在对"薙(剃)发令"的态度上,范文程与清廷当时的实际决策者多尔衮意见相左。

　　清统治者入主中原之后，要求各族人民都要按满族的传统发式，男人将前额剃光，把剩下的头发梳成辫子，垂在脑后，而汉族成年男子历来是束发绾结于头顶的。加之士大夫们又囿于"身体肤发，受之父母，不可毁伤"的观念，认为剃发是万万使不得的。其实，发式本是个社会习俗问题，剃与不剃并不是什么至关重要的大事。如能采用适当的方式善加诱导，很可能会相互效仿，逐渐风行，成为时尚。但如将其作为政治标准，且在时机并不成熟的情况下，把剃发视为是否臣服的象征而强迫执行，结果只能适得其反。事实上，早在清初入关时，就曾下过剃发令。导致"人情恐怖，逃去者不下几千、万人"。鉴于当时立足未稳，多尔衮不得不收回成命，才避免了一场社会动乱。然而到了顺治二年（1645年），清统一全国已成定局，多尔衮便志得意满，认为夺取天下易如反掌，完全可以为所欲为，恣意而行了。加之一些主动剃发以示效忠的汉族官员如冯铨、孙之獬之流，也积极迎合多尔衮的意图，怂恿重颁剃发令。这些汉官如此热心"薙发"，也有其苦衷。据说，清入关后，皇帝临朝时，满大臣与汉降臣分别作为一班分列于宫殿之下。进士出身的明朝降官孙之獬，为了向满族主子讨好，主动剃了发，并穿上满人的窄袖短衣，挤进满班，却被满班请了出来。他只好讪讪转入汉班，结果汉班也不容让他入列。他羞愧不堪，便上疏说："陛下……万事鼎新，而衣冠束发之制，独存汉旧，此乃陛下屈从汉人，非汉人服从陛下也！"于是，清朝才决定再次颁布剃发令。消息传出，满朝哗然。御史大夫赵开心责备冯铨、孙之獬等是"贪位固宠之辈"，推行剃发令是"阻人归顺之意"。但是，多尔衮完全不顾众人的反对，竟悍然下令："复有为此事续进章奏，欲将已定地方人民仍存明制，不随本朝制度者，杀无赦！"

　　随着剃发令的强制实施，民族矛盾迅速激化，骤然发展到了"留发不留头，留头不留发"的地步，时局发生了出人意料的变化。本已安定了的江南，此时又"人心始摇，纷然四起"，人们"毁弃身家，上灭宗祀，断头碎骨，浩然不顾"，纷纷抗命。清统治者也旧病复发，恢复了其奴隶主阶级出身的残酷本性，穷凶极恶，血腥镇压，烧杀掠抢，无所不为。目睹自己为之苦苦追求了大半生的老百姓"安居乐业"的局面行将化为泡影，范文程怎能不痛心疾首，心存不满。

　　剃发令不仅激起广大人民的强烈反抗，而且也阻碍清一统天下。因此，几个有胆略的御史接连上本，弹劾与剃发令密切相关的人员。但多尔衮权倾幼主，炙手可热，顺我者昌，逆我者亡。反对剃发令的人先后被废黜，奉迎的人非但未被罢官，反而日益得到了重用。冯铨竟然还获得了"赐婚满洲"的殊遇，并逐渐取代了范文程内阁班首的地位。

　　多尔衮的所作所为与范文程的政治抱负迥然不同，范文程对多尔衮便采取了不合作的态度，进行消极对抗。

　　顺治三年（1646）二月，多尔衮命令大学士等"宜时具条奏"。范文程则以"凡有闻见，即面启，毋庸具本"为词加以推脱。多尔衮对范文程不秉承自己意志的行为非常不满，遂以"尔素有疾，毋过劳，自后可早出休沐"为借口，削夺了范文程的权力。数月后，甘肃巡抚黄图安上书申请辞官，以侍奉父母双亲。主管部门认为这是"借端规避，应革职"。范文程不以为然，他将此事报告了另一位辅政王济尔哈朗,并请求说:"奉养父母是人子最高尚的情感,不应革其职。"多尔衮对范文程没有将此事禀告给自己却去请示济尔哈朗耿耿于怀,一怒之下,便以"擅自关白"辅政王济尔哈朗为借口,将范文程下法司问罪。稍后获释。

顺治五年(1648),多尔衮在清王室内部的争权夺利中再度获胜,他借故削去了济尔哈朗的亲王爵位,将二人共同辅政从而改为由他一人大权独揽。出于不可告人的目的,多尔衮令大学士刚林等删改《清太祖实录》,并让范文程参与其事。范文程明白事关重大,不敢恣意行事,然而又不好抗旨,因此称病不出。

顺治七年(1650)十二月,多尔衮因病亡故。第二年初,顺治皇帝(福临)开始亲政。此时,有大臣指控多尔衮生前"专权""僭位",以及攻击皇太极"序不当立",即不应该轮到皇太极做皇帝等等言行。经查属实,于是削夺了多尔衮及其母、妻的尊号,并废除庙享,抄没财产,诛戮党羽。曾为之删改《清太祖实录》的刚林等人皆被处死。范文程本应受到株连,但因并非同党,且几乎没有实际参与删改事宜,故从宽革职,很快又复职。

范文程由于能坚持自己的政治立场,没有随意地投靠多尔衮成为其私党,且在删改《清太祖实录》一事上又具有先见之明,闭门避祸,获得成功,终于躲过一次灭顶之灾。

历经坎坷　善始善终

顺治九年(1652),清廷任命范文程为议政大臣。范文程复出后,便辅佐亲政不久的顺治皇帝将国家的大政方针很快转向以仁德治天下的轨道。对南明政权采取了"招降弭乱"的政策;敕封郑成功为海澄公,允许他有拥兵自保的权力;各种抗清武装,只要投诚,便"悉赦前罪"。并派洪承畴前去管理湖广、云贵等地,告诫他应以"收拾人心为本",对已归顺的,要多加安抚;未附的,则开诚招徕。这就使一度吃紧的形势渐趋缓和。

其时,清政府经济困难,财政入不敷出。于是,范文程上疏建议实行屯垦。他说:土地荒芜,赋亏饷绌,对国家极为不利。若推行军屯,便能兴利除弊,使国家受益。明太祖曾炫耀自己养兵百万,不费民间一粒粮食,就是在元末战乱之后,他实行了屯田的结果。如今湖广、江西、河南、山东、陕西五省战乱日久,人口大减,应该在这些地方大兴屯田。可供具体实施的办法是:设二个道员,四个同知专门管理屯田事宜。道员全面负责,同知各自独当一面,一道协助道员做好屯田工作。这些官职由各省督抚选拔廉洁能干的部属来担任,并把人选得当与否作为考察督抚功过的一个标准。驻屯官吏的俸廪,第一年由屯垦专款拨发,第二年从仓库收入中支付,以后每年自负盈亏,从屯垦收成中提取。屯垦所需的耕牛、谷种、农具等,均由各道所在州县提供。屯田应先从土地荒芜面大而又便于灌溉的地方开始,再逐渐向周围扩展。无主或虽有其主却弃而不耕的土地,都由官屯。百姓意欲耕种而财力不足的,官府贷给耕牛及种子,每年收成的三分之一交公。三年之后,自耕的条件成熟了,所耕之地便可成为私人的田产。老百姓没有任何财物的,可以雇佣,付给工钱。第一年屯田所收粮草,听任各屯自留,用作储备,为第二年屯田打好基础。若富余较多,可将不宜久存的陈粮供给附近驻军,然而不得强取多要。三年以后,收获的粮草充足了,由政府派舟车运往军队作粮饷。不可烦劳和役使屯田官民及耕牛从事运输,以保证屯垦不受干扰。把屯田户编成保甲,让他们相互保护和监督,以根除奸猾不法行为。屯田官称职的,三年进两级,薪俸与边将等同,以酬其劳;若不称职,责成巡抚按察纠举;巡按如若徇私包庇,则连坐同罪。清政府实施了范文程屯田的主张,达到了预期的理想效果。

兴办屯田,不但增加了政府的财政收入,减轻了经济危机,增强了国力,而且还吸引了大批流民重新回归于土地,这对恢复和发展农业生产,安定人民生活,也起了至关重要的积极作用。

同年十一月,范文程认为时机已经成熟,于是,他将那些因反对剃发令而被多尔衮降罪革职的官员们指控冯铨之流的奏折汇集起来,进呈给顺治皇帝御览。顺治帝阅后说:"诸大臣弹劾得完全正确,为什么却因此罢了官?"范文程说:"他们为了忠君报国,才冒死弹劾佞臣,不料却被加上了莫须有的罪名。皇上应该加倍爱惜这些秉公不阿的臣属。"顺治帝立刻谕令吏部把这些人官复原职。从而昭雪了一大批冤案。

顺治十年(1653),范文程针对朝廷一直以来在用人制度上存在的重满轻汉、任人唯亲、拉帮结派等弊端,与同僚一道上疏,请求皇上敕令各部院三品以上大臣,推荐自己所熟知的人才。不论满人还是汉人,不论久任官职还是新近启用,更不囿于其官阶的高低,也不用避讳亲疏恩怨,尽要有才能,就大胆荐举。一官可举数官,数官也可同举一官。将姓名汇置御前,不时召对。察其议论,核其行事。出现官缺就根据各自才能选用。称职者,根据其政绩的大小,推荐者一同受赏;若不称职,视其过失的大小,对举荐者一同惩办。顺治帝"特允所请"。

这条建议,不仅促使了用人制度由任人唯亲向任人唯贤方面的转化,而且还表明了在举荐人才方面对满汉官僚做到了一视同仁,使汉族官员在举荐人才这一重大事项中与满族官员享受了同等的待遇,从而有效地克服了汉族官员素来受歧视的心理障碍和自卑感,使他们有了同样能被朝廷信任和重用的觉受,所以就更加乐于为朝廷效命了。洪承畴就是其中的例证之一。

是年,顺治帝让洪承畴去经略江南时,便明确指示:"抚、镇以下听其节制,兵马钱粮听其调拨","吏、兵二部不得掣肘!"洪承畴随军南下,忍辱负重,攻城劝降,十分卖力。他曾派人迎母于闽,其母至,见承畴而非常生气,以杖击之,骂道:"迎我来,将使为你旗下老婢吗? 我打死你,为人下除一害!"随后买船又南归福建而去。但洪承畴为了报清朝的知遇之恩,依旧义无反顾,一直干到双眼几乎失明,虽然只混了个三等轻车都尉的官衔,却毫无不满。

汉官对清廷如此忠心耿耿,清统治者也从中得到满汉地主合作的好处。于是在顺治十六年(1659),清政府进一步规定:不必分别满、汉,谁的官衔在前,就由谁管印。至于奏事,也要求满、汉官员"公同来奏",不许"只有满臣,不见汉臣"。开始,内阁大学士满人是一品,汉人却是二品,顺治十五年(1658),全改成为一品。六部尚书原先也是满人一品,汉人二品,顺治十六年(1659),皆改为二品。这就进一步消除了满、汉官员之间的人为隔阂,有利于他们团结一致,报效朝廷。

顺治十一年(1654),顺治皇帝准备派朝官到各省去检查刑狱,范文程劝道:"上次欲遣满、汉大臣到各地巡察,因考虑到会骚扰百姓,所以取消了。现在各地水旱灾害严重,百姓苦不堪言,理应停止遣使前往各地。各地关押的重囚,可令各省巡抚对其案详加审查,如有可疑的冤情,让他们上奏皇上裁定。"这条关心民间疾苦的建议也被顺治帝采纳了。

是年八月,皇上加恩于辅政诸臣,特加范文程为少保兼太子太保,九月,再进为太傅兼太子太师。由于范文程是先朝旧臣,有大功于国家,因此顺治帝对他"礼遇甚厚":范文程病了,皇上曾亲自调好药饵赐送给他治病;并派画工到范文程家里为他画像,将其珍藏于内府;又经常赐给范文程很多的御用衣物,范文程形貌颀伟,为称其体、专门让做特制衣冠赐给他。

顺治十八年(1661),玄烨继福临登位,改元康熙,依旧例要祭告天地祖宗。特命德高望重的范文程赴盛京(沈阳)告祭太宗皇太极陵墓。范文程在皇太极陵前伏地痛哭,久不能起。这其中不仅饱含着他对皇太极知遇之恩的由衷感激,同时也是对自己一生历经坎坷,几乎不保性命,幸而全躯至今,能够善终的无限感慨!

康熙五年(1666),范文程这位三朝元老终于寿终正寝了,享年70,康熙帝亲自做文,遣礼部侍郎黄机前去谕祭。而且御书"元辅高风"四字作为祠额,以表彰范文程的不朽功德。

范文程一生历清四世而佐其三主,为清朝开创江山立下了不朽之功,他的功绩可与汉之张良、明之刘伯温相提并论。但由于范文程是帮助少数民族夺取汉人的天下,以致人们对他的"叛逆"长期怀有某种偏见。范文程称自己是"大明骨,大清肉",这说明他自己也为此受到过煎熬。其实,范文程面对各种复杂的形势,能够识大体、顾大局,言所当言,为所当为,不仰人鼻息,不随风摇摆。他韬略过人,又能悟移人主,把自己的政治抱负能巧妙地转变为现实,从而为人民的安定、社会的进步做出了不可磨灭的贡献。他不愧为一个具有远见卓识的谋略家。

国学经典文库 图文珍藏版

中华名人大传

董飞◎主编

线装书局

目　录

将帅兵圣

宰相权臣

导　语

几千年来活动在历史舞台上的形形色色代表人物,有的是顺历史潮流而动的正面人物,有的是逆历史潮流而动的反面人物,宰相权臣也是如此。

在朝臣之中,宰相是国君之下辅助国君处理政务的最高官职,权力"佐天子,总百官,平庶政,事无不统"。在历史政治舞台上一直扮演着一人之下,万人之上的角色。翻开历代宰相们用头脑和手脚描就的画卷,我们可以看到,他们有的才干超群,为一代之治政;有的智识平庸,无几多之建树;有的清风两袖,成一代之清流;有的卖官鬻爵,兴一朝之浊浪;有的直言敢谏,置项上人首于度外;有的阿谀逢迎,保头顶乌纱以苟生;有的百代遗臭,有的万世流芳。他们几乎一身系天下之安危。相权的大小,无不直接影响政治局势能否稳定,天下能否长治久安。从历史发展的大体形势看,相权重,国势强;相权轻,则国势弱。因而了解了宰相的历史,也就在一定程度上了解了那个时代的历史,也就关注了历史。

除了宰相外,还有一些朝臣,官职虽不是宰相,但是却行使着宰相甚至皇帝的权力,我们把他们称为权臣。朱元璋认为,历代灭国之祸,概括起来,不外乎来自女宠、宦官、外戚、权臣、藩镇、夷狄六个方面。由此可见,权臣在中国历史占据重要地位,有着重要的影响。

厚厚一部《二十四史》,权臣历历:西汉霍光、梁冀,曹魏司马氏,西晋司马伦,东晋桓温,东魏高欢,西魏宇文泰,南朝宋刘裕,齐萧道成,梁萧衍,陈朝陈霸先,唐朱温,后周赵匡胤,北宋高俅、蔡京,南宋秦桧、贾似道,元朝脱脱,明张居正;清朝权臣差点当皇帝的只有摄政王多尔衮,后来的曾国藩、李鸿章小心翼翼,国柄在手仍一心忠于王室。

历史可见,权臣持国,只有两种下场——一是先封王,受九锡,加黄钺,然后搞"禅让",成为一朝开国之君;二是忠于王室,又恋于权力,或生时被杀,或死后宗族覆灭,鲜有善终。无论如何,子孙都难逃辱死。特别是南朝时期,王朝短命,几十年就一个轮回,可称是"现世报"。

本卷从中国历史的上千位宰相权臣中,遴选出一批具有典型意义(正面的或反面的)的代表人物,把他们的传记编撰成册,使广大读者读了以后,能够了解一定的历史因果关系,能够了解一点可值得借鉴的经验教训——这是我们编撰本卷的初衷。

夷吾辅齐 桓公称霸

——管仲

名人档案

管仲：名夷吾，字仲，又称管敬仲，周王同族姬姓之后，颍上（今安徽颍上）县人。中国古代著名经济学家、哲学家、政治家、军事家。春秋时期法家代表人物，周穆王的后代。

生卒时间：前 723 年~前 645 年。

安葬之地：葬于临淄（今淄博市临淄区）牛山北麓。

性格特点：注重实际，反对空谈主义。

历史功过：被称为"春秋第一相"，辅佐齐桓公成为春秋时期的第一霸主，所以又说"管夷吾举于士"。

名家评点：孔子曾称赞管仲："微管仲，吾其被发左衽矣。"（《论语·宪问篇》）意思是：管仲辅助齐桓公做诸侯霸主，一匡天下。要是没有管仲，我们都会披散头发，左开衣襟，成为蛮人统治下的老百姓了。这话是有一定道理的。

相知举荐 幸得名主

管仲小时候常跟鲍叔牙在一起，鲍叔牙知道他很能干。管仲家里穷，两人合伙做生意时，他常沾鲍叔牙的便宜，但鲍叔牙还是待他很好，从不埋怨，因为他知道管仲不是贪图小财，而是因为家中贫困。鲍叔牙和管仲都有远大的政治抱负，他们弃商后不久，鲍叔牙跟随了齐公子小白，管仲则追随了齐公子纠。不久，齐国发生内乱，齐襄公的堂弟公孙无知杀死襄公自立为君。没几天，他又被民众杀死。齐国无主，一片混乱。

齐国大夫高傒素与公子小白交好，就派人迎正在莒国主政的小白回齐为君。

鲁庄公则想帮公子纠当上齐君,于是他探得消息后就让管仲带人劫杀公子小白,管仲在途中遇上公子小白后一箭射中了小白的铜衣带钩,小白立即倒下装死,并趁机回到齐国做了国君,就是齐桓公。管仲不知内情,将"射死"小白的事告诉了鲁庄公,护送公子纠的鲁军就放慢了速度,齐桓公很快就出兵阻拦公子纠,两军大战于乾时(今山东省淄博市西面),鲁军大败。于是齐桓公向鲁庄公施加压力要求鲁庄公杀死公子纠的重臣召忽和管仲,鲁庄公顶不住压力就处死公子纠,并将管仲和召忽擒住,准备将二人送还齐桓公发落,以期退兵。召忽为了表达对公子纠的忠诚而自杀。死之前对管仲说:"我死了,公子纠可说是有以死事之的忠臣了;你活着建功立业,使齐国称霸诸侯,公子纠可说是有生臣了。死者完成德行,生者完成功名。死生在我二人是各尽其份了,你好自为之吧。"管仲抱着"定国家,霸诸侯"的远大理想,被装入囚车,随使臣回国。在回齐国的路上,管仲生怕鲁庄公改变主意,为了让役夫加快赶路,就心生一计,即兴编制了一首悠扬激昂的黄鹄之词,用唱歌给他们解除疲劳为名,教他们唱歌。他们边走边唱,越唱越起劲,越唱走得越快,本来两天的路程,结果一天半就赶到了。鲁庄公果然后悔,管仲乃天下奇才,若大用于齐,齐桓公无疑如虎添翼,不如先除掉此患。待他醒悟过来派兵追赶时,早已来不及了。

管仲一路恐慌,最后平安到了齐国,鲍叔牙正在齐国边境堂阜迎接他。老友相逢,格外亲切。鲍叔牙马上命令打开囚车,去掉刑具,又让管仲洗浴更衣,表示希望能辅助齐桓公治理国家。稍事休息后,管仲对鲍叔牙说:"我与召忽共同侍奉公子纠,既没有辅佐他登上君位,又没有为他死节尽忠,实在惭愧。现在又去侍奉仇人,那该让天下人多么耻笑呀!"鲍叔牙诚恳地对管仲说:"你是个明白人,怎么倒说起糊涂话来。做大事的人,常常不拘小节;立大功的人,往往不需他人谅解。你有治国的奇才,桓公有做霸主的远大志愿,如你能辅佐他,日后不难功高天下,德扬四海。"

做好管仲的工作后,鲍叔牙赶回临淄向齐桓公报告。齐桓公本想杀死管仲报当初一箭之仇。鲍叔牙便向齐桓公恳切地说:"大王您要治理齐国,有高傒和我就足够了;但想称霸天下,却非有管仲不可!管仲身怀大才,他在哪个国家,哪个国家就会强盛起来!"齐桓公听从了鲍叔牙的忠言,选择吉祥日子,以非常隆重的礼节,亲自去迎接管仲,以此来表示对管仲的重视和信任。同时也让天下人都知道齐桓公的贤达大度。并任命管仲为宰相,位在鲍叔牙之上。

励精图治　实施改革

齐桓公经常同管仲商谈国家大事。一次齐桓公召见管仲,首先把想了很久的问题摆了出来。"你认为现在的国家可以安定下来吗?"管仲通过这个阶段的接触,深知齐桓公的政治抱负,但又没有互相谈论过,于是管仲就直截了当地说:"如果你决心称霸诸侯,国家就可以安定富强,你如果要安于现状,国家就不能安定富强。"齐桓公听后又问:"我现在还不敢说这样的大话,等将来见机行事吧!"管仲被齐桓公的诚恳所感动,他急忙向齐桓公表示:"君王免臣死罪,这是我的万幸。臣能苟且偷生到今天,不为公子纠而死,就是为了富国家强社稷;如果不是这样,那臣就是贪生怕死,一心为升官发财了。"说完,管仲就想告退。齐桓公被管仲的肺腑之言所感动,便极力挽留,并表示决心以霸业为己任,希望管仲为之出力。

后来,齐桓公又问管仲:"我想使国家富强、社稷安定,要从什么地方做起呢?"管仲回答说:"必须先得民心。""怎样才能得民心呢?"齐桓公接着问。管仲回答说:"要得民心,应当先从爱惜百姓做起;国君能够爱惜百姓,百姓就自然愿意为国家出力。""爱惜百姓就得先使百姓富足,百姓富足而后国家得到治理,那是不言而喻的道理。通常讲安定的国家常富,混乱的国家常贫,就是这个道理。"这时齐桓公又问:"百姓已经富足安乐,兵甲不足又该怎么办呢?"管仲说:"兵在精不在多,兵的战斗力要强,士气必须旺盛。士气旺盛,这样的军队还怕训练不好吗?"齐桓公又问:"士兵训练好了,如果财力不足,又怎么办呢?"管仲回答说:"要开发山林、开发盐业、铁业,发展渔业,以此增加财源。发展商业,取天下物产,互相交易,从中收税。这样财力自然就增多了。军队的开支不就可以解决吗?"经过这番讨论,齐桓公心情兴奋,就问管仲:"兵强、民足、国富,就可以争霸天下了吧?"但管仲严肃地回答说:"不要急,还不可以。争霸天下是件大事,切不可轻举妄动。当前迫切的任务是百姓休养生息,让国家富强,社会安定,不然很难实现称霸目的。"由于管仲系统地论述了治国称霸之道,使齐桓公的全部问题都迎刃而解,不久就拜管仲为相,主持政事,为表示对管仲的尊崇,称管仲为仲父。

管仲为齐相后,根据当时形势,对齐国进行了一系列改革。

在行政方面:划分和整顿行政区划和机构,把国都划分为六个工商乡和十五个士乡,共二十一个乡。十五个士乡是齐国的主要兵源。齐桓公自己管理五个乡,上卿国子和高子各管五个乡。把国政分为三个部门,制订三官制度。官吏有三宰。工业立三族,商业立三乡,川泽业立三虞,山林业立三衡。郊外三十家为一邑,每邑设一司官。十邑为一卒,每卒设一卒师。十卒为一乡,每乡设一乡师。三乡为一县,每县设一县师。十县为一属,每属设大夫。全国共有五属,设五大夫。每年初,由五属大夫把属内情况向齐桓公汇报,督察其功过。于是全国形成统一的整体。

军队方面,管仲强调寓兵于农,规定国都中五家为一轨,每轨设一轨长。十轨为一里,每里设里有司。四里为一连,每连设一连长。十连为一乡,每乡设一乡良人,主管乡的军令。战时组成军队,每户出一人,一轨五人,五人为一伍,由轨长带领。一里五十人,五十人为一小戎,由里有司带领。一连二百人,二百人为一卒,由连长带领。一乡二千人,二千人为一旅,由乡良人带领。五乡一万人,立一元帅,一万人为一军,由五乡元帅率领。齐桓公、国子、高于三人就是元帅。这样把保甲制和军队组织紧密结合在一起，每年春秋以狩猎来训练军队，于是提高了军队的战斗力。同时又规定全国百姓不准随意迁徙。人们之间团结居住，做到夜间作战，只要听到声音就辨别出是敌我；白天作战，只要看见容貌，大家就能认识。

为了解决军队的武器，规定犯罪可以用盔甲和武器来赎罪。犯重罪，可用甲与车戟赎罪。犯轻罪，可以用值与车戟赎罪。犯小罪，可以用铜铁赎罪。这样可补充军队的装备不足。

在经济方面，管仲提出"相地而衰"的土地税收政策，就是根据土地的好坏不同，来征收多少不等的赋税。这样使赋税负担趋于合理，提高了人民的生产积极性。又提倡发展经济，积财通货，设"轻重九府"，观察年景丰歉，人民的需求，来收散粮食和物品。又规定国家铸造钱币，发展渔业、盐业，鼓励与境外的贸易，齐国经济开始繁荣起来。

由于管仲推行改革，齐国出现了民足国富、社会安定的繁荣局面，齐桓公对管仲说："现在咱们国富民强，可以会盟诸侯了吧？"管仲谏阻道："当今诸侯，强于齐者甚众，南有荆楚，西有秦晋，然而他们自逞其雄，不知尊奉周王，所以不能称霸。周王室虽已衰微，但仍是天下共主。东迁以来，诸侯不去朝拜，不知君父。您要是以尊王攘夷相号召，海内诸侯必然望风归附。"

尊王攘夷　助君称霸

在对外政策上，管仲提出了"尊王攘夷"，并积极促使齐桓公采纳。尊王就是尊重周天子，承认周天子的共同领袖的地位。因为在当时如果公开争夺天子的权力，会招致诸侯们的联合反对，如果"尊王"，就可以从道义上得到诸侯国的支持；"攘夷"就是联合各诸侯国，共同抵御戎、狄等部族对中原的侵扰。同时暗中遏制从江汉极力向北扩张的楚国。这也是中原各诸侯国的共同心愿。攘夷于外，必须尊王。尊王成为当时一面正义旗帜。

齐桓公二年（前684年），齐桓公借报收纳公子纠之仇，出兵伐鲁。当时鲁国刚被齐国打败不久，元气尚未恢复，齐兵压境，举国上下一片恐慌。恰巧鲁国曹刿出来为鲁庄公出谋献计，在长勺（今山东莱芜东北）把齐国打败。鲁国胜利后又去侵犯宋国，齐国为了报复长勺之败，又勾结宋国来攻打鲁国。由于鲁庄公采纳大夫公子偃的建议，在秉丘（今山东巨野西南）打败宋军。宋军一败，齐军自然也就撤走。次年，宋国为了昭雪秉丘之耻，又兴兵攻鲁，鲁庄公发兵抵抗，趁宋兵还没站住阵脚就发动猛攻，结果宋国被打得惨败。宋国连吃败仗，国内又发生内乱。大夫南宫长万杀了新立的郑闵公，不久宋贵族又杀了南宫父子。宋国的内乱，鲁国的战败，使他们的力量大为削弱。

谭国（今山东济南东）是齐国西邻的小国。齐桓公出奔时曾经过这里，当时谭国君对齐桓公很不礼貌，齐桓公继位，谭国也没派遣使臣祝贺。按照春秋的礼法，象谭国这样失礼，遭到谴责是自然的。齐桓公对此极为不满，因此管仲建议出兵问罪。谭国本来很小，力量十分微弱，怎能经受齐国大兵的进攻。结果很快就被齐国消灭。齐国没费力气消灭了谭国，扩大了国土。齐桓公五年（前681年），在管仲的建议下，齐国与宋、陈、蔡、郑等国在齐的北杏（今山东聊城东）会盟，商讨安定宋国之计。遂国（今山东肥城南）也被邀请，但没有参加。管仲为了提高齐国的威望，就出兵把遂国消灭。鲁国本来比较强大，但因接连被齐国打败，又看到诸侯国都服从齐国，不服从齐国的遂、谭两国又被消灭，所以也屈服了齐国。不久，齐国与鲁国和好，在柯（今山东东阿西南）会盟。这次会盟很隆重，会场布置庄严。修筑高坛，两边大旗招展，甲士列士，十分威武。齐桓公和管仲正坐坛上。就在这次会盟中，发生了著名的曹沫劫盟事件。会盟规定，只许鲁君一人登坛，其余随员在坛下等候。当鲁庄公与卫士曹沫来到会场，将要升阶入坛时，会盟傧相告诉他，不准曹沫升坛。曹沫戴盔披甲，手提短剑紧跟鲁庄公身后，对傧相瞪大圆眼，怒目而视，眼角几乎都要瞪裂了，吓得傧相后退几步，鲁庄公与曹沫就顺阶入坛。鲁庄公与齐桓公经过谈判，然后准备歃血为盟，正在这时，曹沫突然拔剑而起，左手抓住齐桓公的衣袖，右手持短剑直逼齐桓公。顿时齐桓公左右被吓得目瞪口呆。此时管仲沉着勇敢，急忙插进齐桓公与曹沫中间，用身体保护住齐桓公，然后问："将军要干什么？"曹沫正然道："齐强鲁弱，大国侵略鲁国，欺人太甚。现在鲁国城破墙毁，几乎快要压到齐国。请考虑怎么办？"齐桓公见形势不妙，马上答应归还占领的鲁国土地。诺约草成，曹沫收剑徐步回位，平息如初，谈笑如故。会盟结束，鲁国君臣胜利回国。齐桓公君臣却愤愤不乐，许多人都想毁约，齐桓公也有这种想法。管仲不同意毁约，劝说齐桓公："毁约不行，贪图眼前小利，求得一时痛快，后果是失信于诸侯，失信于天下。权衡利害，不如守约，归还占领的鲁国国土为好。"齐桓公听取了管仲的意见。不久宋国叛齐，次年齐桓公邀请陈、曹出兵伐宋，又向周王室请求派兵伐宋。周王室派大臣单伯带领王师，与三国军队共同伐宋，结果宋国屈服了。

公元前651年，齐桓公乘机以招待周王使者为名，会盟诸侯于葵丘（今河南兰考），从此齐桓公成为公认的霸主。周襄王派宰孔为代表参加，并特许齐桓公免去下拜谢恩之礼。齐桓公本来想答应，但管仲灵机一动，忙劝齐桓公说："不可！周王虽然谦让，臣子却不可不敬。"齐桓公见管仲表情严肃，便知道此中必有蹊跷，于是下拜受周襄王的赐予。众诸侯见此，皆叹服齐君之有礼。管仲让齐桓公下拜，却树立了齐桓公处处维护周天子的形象。齐桓公又重申盟好，订立了新盟。"葵丘会盟"更加确立了齐桓公的地位。至此，经过近30年的苦心经营，齐桓公在管仲的辅佐下，先后主持了三次武装会盟，六次和平会盟；还辅助王室一次，史称"九合诸侯，一匡天下"，齐桓公一步步成为春秋时期公认的中原霸主。

尽尽忠诚　临终论相

　　管仲虽然为齐桓公创立霸业立下了不朽的功勋,但他谦虚谨慎。周襄王郑五年(前647年),周襄王的弟弟叔带勾结戎人进攻京城,王室内乱,十分危机。齐桓公派管仲帮助襄王平息内乱。管仲完成得很好,获得周王赞赏。周襄王为了表示尊重霸主的臣下,准备用上卿礼仪设宴为管仲庆功,但管仲没有接受。最后他接受了卞卿礼仪的待遇。

　　周襄王七年(公元前645年),为齐桓公创立霸业呕心沥血的管仲患了重病,齐桓公去探望他,询问他谁可以接受相位。管仲说:"国君应该是最了解臣下的。"齐桓公欲任鲍叔牙,管仲诚恳地说:"鲍叔牙是君子,但他善恶过于分明,见人之一恶,终身不忘,这样是不可以为政的。"齐桓公问:"易牙怎样?"管仲说:"易牙为了满足国君的要求不惜烹了自己的儿子以讨好国君,没有人性,不宜为相。"齐桓公又问:"开方如何?"管仲答道:"卫公子开方舍弃了做千乘之国太子的机会,屈奉于国君15年,父亲去世都不回去奔丧,如此无情无义,没有父子情谊的人,如何能真心忠于国君? 况且千乘之封地是人梦寐以求的,他放弃千乘之封地,俯就于国君,他心中所求的必定过于千乘之封。国君应疏远这种人,更不能任其为相了。"齐桓公又问:"易牙、开方都不行,那么竖刁怎样? 他宁愿自残身肢来侍奉寡人,这样的人难道还会对我不忠吗?"管仲摇摇头,说:"不爱惜自己的身体,是违反人情的,这样的人又怎么能真心忠于您呢? 请国君务必疏远这三个人,宠信他们,国家必乱。"管仲说罢,见齐桓公面露难色,便向他推荐了为人忠厚、不耻下问、居家不忘公事的隰朋,说隰朋可以帮助国君管理国政。遗憾的是,齐桓公并没有听进管仲的话。易牙听说齐桓公与管仲的这段对话,便去挑拨鲍叔牙,说管仲阻止齐桓公任命鲍叔牙。鲍叔牙笑道:"管仲荐隰朋,说明他一心为社稷宗庙考虑,不存私心偏爱友人。现在我做司寇,驱逐佞臣,正合我意。如果让我当政,哪里还会有你们容身之处?"易牙讨了个没趣,深觉管仲交友之密,知人之深,于是灰溜溜地走了。

　　不久管仲病逝。齐桓公不听管仲病榻前的忠言,重用了易牙等三人,结果酿成了一场大悲剧。二年后,齐桓公病重。易牙、竖刁见齐桓公已不久于人世,就开始堵塞宫门,假传君命,不许任何人进去。有二宫女乘人不备,越墙入宫,探望齐桓公;桓公正饿得发慌,索取食物。宫女便把易牙、竖刁作乱,堵塞宫门,无法供应饮食的情况告诉了齐桓公。桓公仰天长叹,懊悔地说:"如死者有知,我有什么面目去见仲父?"说罢,用衣袖遮住脸,活活饿死了。桓公死后,宫中大乱,齐桓公的几个公子为争夺王位各自勾结其党羽,互相残杀,致使齐桓公的尸体停放在床上六七十天无人收殓,尸体腐烂生蛆,惨不忍睹。第二年三月,宋襄公率领诸侯兵送太子昭回国,齐人又杀了作乱的公子无亏,立太子昭为君,即齐孝公。经过这场内乱,齐国的霸业开始衰落。中原霸业逐渐移到了晋国。管仲的一生,不仅建立了彪炳史册的功勋,还给后世留下了一部以他名字命名的巨著——《管子》。书中记录了他的治国思想,对后世影响深远。

管仲思想中有不少可贵的地方,如他主张尊重民意,他说"顺民心为本","政之所兴,在顺民心;政之所废,在逆民心"。管仲的思想对后代影响很大。当然,管仲是春秋时代的历史人物,所以他也有历史局限。如为齐桓公创立霸业而加重了人民的负担,在改革中主要是代表统治阶级利益等。虽然这样,管仲仍不失为一位大政治家、思想家,在历史上有过巨大贡献。孔子就称赞管仲说:"管仲辅助齐桓公做诸侯霸主,一匡天下。要是没有管仲,我们都会披散头发,左开衣襟,成为蛮人统治下的老百姓了。"这话是有一定道理的。

至于管仲当官后很阔气,财产可和齐王公室相比,娶了三种姓氏的女子,还用了诸侯宴会时使用的"反坫"礼之事,并不影响他在齐国人心目中的地位。人们都认为他受之无愧,理所应当,他是一代贤相。

贞观名相　唐之萧何

——房玄龄

名人档案

房玄龄：名乔，字玄龄，以字行于世，唐初齐州人，房彦谦之子。唐朝初年名相、政治家、史学家。因房玄龄善谋，而杜如晦处事果断，因此人称"房谋杜断"。后世以他和杜如晦为良相的典范，合称"房、杜"。

生卒时间：579 年~648 年。

安葬之地：葬昭陵。

性格特点：聪慧豁达，大度无私，博览经史，工书善文。

历史功过：贞观前，他协助李世民经营四方，削平群雄，夺取皇位。贞观中，他辅佐太宗，总领百司，掌政务达 20 年；参与制定典章制度，主持律令、格敕的修订，又曾与魏徵同修唐礼；调整政府机构，省并中央官员；善于用人，不求备取人，也不问贵贱，随材授任；恪守职责，不自居功。后世以他和杜如晦为良相的典范，合称"房谋杜断"。

名家评点：李世民称赞他有"筹谋帷幄，定社稷之功"。

后世史学家在评论唐代宰相时，无不首推房玄龄，总是说，唐代贤相，前有房杜，后有姚宋。唐人柳芳叹道："房玄龄佐太宗定天下，及终相位，凡三十二年，天下号为贤相。然无迹可寻，德亦至矣。故太宗定祸乱而房玄龄不言己功；王珪、魏征善谏，房玄龄赞其贤；李积、李靖善将兵，房玄龄行其道；使天下能者共辅太宗，理致太平，善归人主，真贤相也！房玄龄身处要职，然不跋扈，善始善终，此所以有贤相之令名也！"柳芳的评论可谓恰如其分，司马光、欧阳修后来写有关这段历史评论时，都全文抄录。而明弘治十一年（1498 年）所刻《历代古人像赞》中在玄龄公画像左上角所题对联一副："辅相文皇功居第一，遗表之谏精忠贯日"。也是很好的注解。

唐代文学家皮日休，早年即志在立功名、佐王治，追踪房玄龄、杜如晦的事业。

他在《七爱诗·房杜二相国》中慷慨言道:"吾爱房与杜,贫贱共联步。脱身抛乱世,策杖归真主。纵横握中算,左右天下务。肮脏无敌才,磊落不世遇。美矣名公卿,魁然真宰辅。黄阁三十年,清风一万古。巨业照国史,大勋镇王府。遂使后世民,至今受陶铸。粤吾少有志,敢蹑前贤路。苟得同其时,愿为执鞭竖。"

弃暗投明　辅助秦王

隋炀帝大业十三年,太原留守李渊在太原起兵反隋,率军三万,进兵关中。李渊军队横渡黄河后,兵分二路。一路由李建成驻守送关,以防隋军救援;一路由李世民率军西进,占领渭北,逼近长安,李渊父子举兵反隋,得到人民的支持,一路势如破竹,沿途归顺者很多。

富有政治眼光的房玄龄,眼见隋朝大势已去,下定决心投奔李渊父子。他来到渭北军门拜见李世民,正好李世民广求贤才,收纳天下英俊,两人一见如故,李世民当即拜房玄龄为渭北道行军记室参军,成为他帐下的主要谋士。当年十一月,唐军攻占隋都长安。第二年五月,李渊灭隋,做了皇帝,改元武德,是为唐高祖。武德元年(618年)六月,立李建成为皇太子,封李世民为秦王,李元吉为齐王。李世民拜房玄龄为秦王府记室,封临淄侯,李渊在长安建立唐政权后,以关中为基地,进行统一全国的战争。

李渊任命李世民挂帅,向各个地方割据势力和农民起义军进攻。房玄龄随同李世民转战南北,运筹帷幄,取得一个又一个的胜利。武德六年十一月,首先消灭了陇西的割据势力薛仁果;武德三年(620年)又打败了割据西北的刘武周。占领山西后,李世民继续挥师东进,进攻盘踞洛阳的王世充。王世充被围,急忙向河北农民起义军窦建德求援。窦建德亲率十多万大军,火速开往洛阳,水陆并进,势不可挡。李世民让李元吉围困洛阳,自己则亲率精兵三千截击窦建德。

汜水一战,唐军大获全胜,窦建德受伤被俘。王世充眼见大势已去,只得投降了唐朝。武德五年(622年),李世民又继续镇压了窦建德余部刘黑闼。于是在短短的四五年间,李世民东征西讨,消灭了各种反唐势力,为唐王朝的统一,立下了赫赫战功。房玄龄随军出征,尽心辅助秦王,做出了卓越贡献。

在唐王朝的统一战争中,唐军每攻克一城池,诸将往往把眼光盯住库里的珍贵宝物。唯有房玄龄却不是这样做,他每到一地就首先物色人才,招入幕府,和他们结为朋友,千方百计将他们搜罗到秦王府来,这些人后来为李世民效劳,大大加强了秦王府的实力;这些人后来都出死力帮助李世民夺得帝位。李世民说:"汉光武得邓禹,门人益亲,我今有龄,犹禹也。"在各地征战中,房玄龄作为秦王府的记室,撰写了不少军书、表奏,他的文章"文约理赡",又快又好,深得高祖李渊的赏识。

唐王朝统一全国的战争结束后,其内部又出现了新的一场战争。

玄门当机　赢得胜利

　　武德末年,太子李建成与秦王李世民围绕着储位问题的激烈竞争,很快由暗争发展为明斗,势如水火,互不相容。在唐王朝的创建过程中,李世民立下了汗马功劳,无论太原起兵、进军长安,还是东征西讨,削平群雄,他都立下赫赫战功。司马光说:"高祖所以有天下,皆太宗之功。"李世民才能出众,这也是无可争辩的事实。房玄龄曾说他:"箭穿七札,弓贯六钧,加以留情坟典,属竞篇什,笔迈钟、张,词穷贾、马。"他的父亲李渊对李世民的才干也是赏识的。在太原起兵时,曾面许李世民:"若事成,则天下皆汝所致,当以汝为太子。"太子李建成虽没有像李世民那样的赫赫战功,但他自起兵太原,镇守道关,南进长安,东出洛阳,也立过一定的战功。再加上他位居东宫,联合其弟李元吉,其得到帝位的自然条件是相当优越的。

　　有锐敏政治眼光的房玄龄,对李世民兄弟之间事态的发展看得一清二楚,他心里十分着急,于是私下对长孙无忌说:"今嫌隙已成,一旦祸机窃发,岂惟府朝涂地,实乃社稷之忧;莫若劝王行周公之事以安家国。存亡之机,间不容发,正在今日!"(《资治通鉴》卷 191 年)长孙无忌也有同样的感受和忧虑,他把房玄龄的话告诉李世民。

　　李世民深感忧虑,召房玄龄共同议事。房玄龄与杜如晦劝李世民尽快动手,诛杀李建成和李元吉,但李世民仍犹豫不定,李建成、李元吉为了除掉李世民,首先第一步就是清除李世民身边的人,他先用收买、拉拢的办法想将秦王府的勇将谋臣拉过去,没有获得成功。继而又在李渊面前中伤、挑拨,李建成最忌恨的就是房玄龄、杜如晦,结果,李渊偏听偏信,下令把房玄龄、杜如晦逐出秦王府,武德九年(626年)夏,突厥兵犯边,按惯例,大都由李世民督军御敌,但此时,李建成却提议由李元吉和李艺出征,以阻止李世民掌握兵权。李元吉还征调秦府将领尉迟敬德、程知节、段志玄、秦叔宝前往,借此把秦府精兵抓到自己手中。事成之后他们决定再来谋杀李世民。

　　李世民得知此事后,立即召集内弟长孙无忌、舅舅高士廉、尉迟敬德、侯君集等商议。尉迟敬德怂恿说:"王今处事有疑,非智;临难不决,非勇。"李世民又秘密召回房玄龄和杜如晦,令二人穿戴道士服潜入秦府,共同议事。

　　房玄龄说:"大王功盖天地,当承大业;今日忧危,乃天赞也,愿大王勿疑。"经过周密的策划,武德九年六月四日,李世民暗中在玄武门设下伏兵,射杀了李建成和李元吉,取得了"玄武门之变"的成功。

　　"玄武门之变"后,李渊把军国大半完全委托给李世民处理,并立李世民为太子。接着,李世民拜房玄龄为右庶子,不久,又提升房玄龄为中书令,当上了宰相。

选贤审法　宰相之职

八月,李渊把帝位传给李世民,李世民即皇帝位,改年号为贞观。

唐太宗即位后,对等论功行赏,房玄龄、杜如晦等五人功居第一。李世民的叔父、淮安王李神通不满,说:"臣举兵关西,首应义旗,今房玄龄、杜如晦等专弄刀笔,功居里上,臣窃不服。"唐太宗说:"叔父虽首唱举兵,盖自营脱祸。乃窦建德吞噬山东,叔父全军覆没,刘黑闼再合余烬,叔父望风败北、玄龄等运筹帷幄,坐安社稷,论功行赏,固宜居叔父之先。"说得李神通理屈词穷,羞愧无言,贞观三年(629年)二月,房玄龄改任尚书左仆射。唐初的左右仆射就是宰相。房玄龄是位卓越的实干家,在他的努力下,一批出色的高级官员被陆续荐举给朝廷。他担任宰相后,首先裁减大量的冗员。

唐太宗曾对房玄龄说:"官在得人,不在员多。""若得其善者,虽少亦足矣;其不善者,纵多亦奚为。"根据唐太宗的诏令,房玄龄在贞观初年对在职官员进行大量裁并,全国根据地理位置的划分,设十道,三百余册,这是贞观初年全国性的一次重大行政改革,房玄龄不仅果断地裁去大量冗员,而且能因才授任、选贤任能。唐太宗重视选才用人,他认为"致治之术,在于得贤"。他确定宰相的首要职责是求访贤才,他曾对房玄龄和杜如晦说:"公为仆射,当广求贤人,随才授任,此宰相之职也。"唐太宗还下令把宰相担负的具体政务交给左右丞处理。

宰相集中精力处理大事和挑选人才,这为房玄龄选贤任能创造了极好的条件。早在秦王府时,房玄龄就发现杜如晦聪明识达,有助王之才,就向秦王李世民推荐:"必欲经营四方,非此人不可。"李世民说:"尔不言,几失此人矣!"李世民开始重用杜如晦。后来果然证实,杜如晦辅佐太宗,功勋卓著。

房玄龄选用人才,重才也重德,他推荐的李大亮,不但文武全才,而且品德优异。房玄龄本人则为官清廉,生活俭朴,竭心奉公,"每当宿值,必通宵假寐",房玄龄称李大亮"有王陵、周勃之才,可以当大位",唐太宗拜任李大亮为左卫大将军、兼领太子右卫军,又兼工部尚书,身兼三职,甚为器重。薛收是个卓有文才的读书人,经房玄龄的推荐,为太宗任用,太宗召见,"问以经略",薛收"辩对纵横,皆会旨要",太宗征伐时的檄文、捷报,大多出于薛收之手,可惜薛收只活了三十三岁。唐太宗悲叹地对房玄龄说:"薛收若在,朕当以中书令处之。"房玄龄选才,不"以备取人",张亮是个贫寒人士,"素寒贱,以农为业",而张亮胆气不足,无将帅之才,房玄龄却只用其长,并不"以备求人",对唐太宗任用的人,房玄龄认为不合适的,也不苟同。贞观二十一年(647年),太宗要拜李纬为支部尚书,想听听房玄龄的意见,房玄龄"但云李纬好说须,更无他语",唐太宗明白了房玄龄的意思,便改变了原来的主意。改任李纬为洛州刺史,可见房的意见在当时何等重要! 贞观时期人才济济,吏治清明,去冗员,对唐朝政治、经济的巩固和发展无疑有着重要的实际意义。

房玄龄精减官吏的做法,对经隋末大乱、人口锐减的初唐来说,既裁去了冗官滥职,避免了十羊九牧,有利于提高朝廷各部门的办事效率,同时也节省了国家的财政开支,有利于减轻人民的负担,使人民得以休养生息,发展生产,繁荣经济。这一道理唐太宗和房玄龄等是非常明白的。唐太宗和房玄龄从隋朝的灭亡吸取教训,他们深知"吏良,则法平政成;不良,则王道弛而败美"。他们深知"官得其人,民去叹愁"的道理。"民去叹愁",则阶级矛盾缓和,国家就会长治久安,这是出现贞观之治的重要原因。为了进一步加强和巩固王朝的统治,唐太宗即位后,命长孙无忌、房玄龄与学士、法官一起,重新商议修订法律。

鉴于隋炀帝忌刻,"法令尤峻,人不堪命,遂至灭亡"的教训,在太原起兵时,李渊父子即"布宽大之令"。入长安后,为了取得民心,约法十二条:"惟制杀人、劫盗、背军、叛逆者死,余并摘除之。"李渊称帝后,曾制定"武德律","尽削大业所用烦峻之法"。

唐太宗主张克简刑政,审慎法令。他在贞观元年对侍臣说:"死者不可再生,用法务在宽简。"他还说:"国家法令,唯须简约,不可一罪作数种条。格式既多,官人不能尽记,更生奸诈,若欲出罪即引轻条,若欲入罪即引重条。数变法者,实不益道理。宜令审细,毋使在文。"(《贞观政要·赦令》)房玄龄等根据唐太宗的旨意修订成的唐代法律,即《贞观律》,有四个部分,即律、令、格、式。"律以正别定罪",就是刑事法典。唐律所涉及的范围非常广泛,从国家的政治制度到百姓的户籍婚丧,都有极其详密的规范。其中"定律五百条,分为十二卷:一曰名例,二曰卫禁,三曰职制,四曰户婚,五曰厩库,六曰擅兴,七曰盗贼,八曰斗讼,九曰诈伪,十曰杂律,十一曰捕亡,十二曰断狱,有笞、杖、徒、流、死,为五刑。笞刑五条,自笞十至五十;杖刑五条,自杖六十五至一百;徒刑五条,自徒一年,遂加半年至三年;流刑三条,自流二千里,递加五百里,至三千里;死刑二条,绞、斩。大凡二十等。"(《帅唐书·刑法志》)"令者,尊卑贵贱之等数,国家之制度也。"令是对各种制度的规定,如《户令》是对户籍和婚姻制度的规定;《田令》是对土地制度的规定。令只规定应该怎样,不应该怎样,但不包括对于违令行为后给予的刑事制裁。唐太宗时,"定令一千五百九十条,为三十卷。贞观十一年正月颁下之"(《帅唐书·刑法志》)。"格者,百官有司之所常行之事也"。格是皇帝赦令的汇编,百官的职责范围,由房玄龄等在贞观十一年规定武德以来赦格七百条为《贞观格》,共有十八卷,颁行天下。(《资治通鉴·唐纪十》)"式者,其所常守之法也",式是各种行政法规,国家机关办事的章程、条例,房玄龄等制定的《贞观律》的量刑定罪上有宽缓的方面,仅与隋律相比,《贞观律》减大辟(死刑)者九十二条,减流刑为徒刑者七十一条。在官犯法,只夺官除名,仍同性伍。房玄龄因旧律的别重,"议绞刑之属五十,皆免死而断右趾"。但唐太宗哀其断毁肢体,令房玄龄等再议。王珪、萧瑀等认为改死刑为断趾,保存了生命,已放宽,而房玄龄主张再行放宽,他认为:"左者五刑,刖居其一。及肉刑既废,今以笞、杖、徒、流、死为五刑,而又刖足,是六刑也。"(《新唐书·刑法》)于是决定将断趾改为加役流三千里,居作二年。

房玄龄还改变了旧律中因谋反罪而兄弟连坐得俱死的法律,规定为"反叛者,祖孙与兄弟缘坐,皆配没。恶言犯法者,兄弟流配而已"。(《新唐书·刑法》卷五六),死刑和古代相比,几乎去掉一大半。至于削烦去囊,变重为轻,更是不可胜记。

后来,长孙无忌对《唐律》做了具体说明,编成《唐律疏议》一书。此书是我国专制主义中央集权封建国家的一部较为完备的法典。

法与礼是统治者维护其统治的两个方面,所谓"德主刑辅"说的就是这个道理。贞观期间既重视法律的修订,也重视以礼的道德规范来约束人们的思想行为,以礼来制约各种社会关系,而且以礼制律,律礼相辅,"失礼之禁,著在刑法"。不忠者有罪,不孝者必诛。用法律的强制力量推行礼的道德规范,反过来,又用礼的道德来辅助法的推行。唐太宗即位之初,即诏令房玄龄等礼官学士修改隋礼,最后完成《贞观新礼》一百三十八篇,是唐代礼制的基础之作。

力主安抚　通好外邦

唐朝初年面临着极为复杂的民族关系问题,房玄龄在民族政策上,显示了他深思熟虑的外交能力,他主张结好各民族,以减少冲突。贞观十六年(624 年),雄踞漠北的东突厥薛延陀部实力较强,太宗曾封其首长夷南为真珠可汗。但薛延陀部反复无常,出尔反尔,唐太宗派兵联合突厥的一部给以致命的打击后,真珠可汗派人来唐求婚。唐太宗虽对薛延陀并不放心,但是在以武力消灭,还是联姻这个问题上一时下不了决心。房玄龄权衡利弊,认为和亲为上策。理由是大乱之后,国家元气尚待恢复,用兵对国家不利。唐太宗采纳了房玄龄的意见,答应许以第十五个女儿新兴公主,但要求"厚纳聘和",亲自到灵川迎亲。真珠可汗闻知,兴高采烈,"谓其国中曰:'我本铁勒小帅,天子立我可汗,今复嫁我公主……斯亦足矣。'"(《帅唐书·北狄》卷199)从而使薛延陀部归顺了唐朝,避免了一场战争,改善了民族关系。后来,真珠可汗一时无法集得聘礼,延误了迎亲日期。唐太宗以其轻侮中国,"下诏绝其婚"。

唐初,朝鲜半岛有三个国家。西半部的叫百济,中部的叫新罗,北部的叫高丽。其中以高丽最为强大,它占有汉江流域和辽东平原。隋文帝开直十八年,曾发兵三十万,大举进攻高丽,失败而回。隋炀帝也曾三次征高丽,结果都失败而回,并引起了农民大起义,走上了灭亡的道路。唐初,三国均遣使和唐朝来往。贞观十六年,高丽发生内乱,大臣盖苏文弑其君,独专国政。唐太宗想出兵以武力干预,但房玄龄以为不可。他对唐太宗说:"臣观古之列国,无不强凌弱,众暴寡。今陛下抚养苍生,将士勇锐,力有余而不取之,所谓止戈为武者也。"他又以历史为鉴,劝谏唐太宗:"昔汉武帝屡伐匈奴,隋主三征辽左,人贫困败,实此之由,唯陛下详察。"(《贞观政要·征伐》)唐太宗接受了意见,便中止了这次行动。后来,高丽联合百济进攻新罗,新罗向唐求救。唐太宗派人劝说,高丽不听,于是,唐太宗决定亲征高丽。他委令房玄龄筹办和运送军粮、军械,下手诏曰:"公当萧何之任,朕无西顾之忧矣。"(《旧唐书·房玄龄传》)他屡次上言,提醒太宗,不要轻敌。房玄龄虽然没有强烈劝阻唐太宗东征,但他始终放心不下。唐太宗这次亲征高丽,虽然暂时取得了一些胜利,攻下了一些城池,但遇到顽强抵抗,只能屯兵广安东城下。此时正值隆冬严寒,草枯水冻,士马难久留,且粮食将尽,于是,唐太宗决定班师回京。

对于此次征伐高丽的挫折,唐太宗耿耿于怀,他不甘心,还想举兵东征。此时房玄龄已年老多病,但他出于忧国之心,宰相之责,毅然上书,劝谏唐太宗,他说:"进有退之义,存有亡之机,得有丧之理,老臣所以为陛下惜者,盖此谓也。"他引用老子的话:"知足不辱,知之不殆"来劝导唐太宗,他还说:"威名功德,亦可足矣;拓地开疆,亦可上矣。"希望唐太宗放弃"天可汗"的迷梦,不再"驱使无罪之士卒,委之锋刃之下"。房玄龄认为,高丽的内乱是他们内部的事,他们并没有得罪中国,而唐王朝的出兵"内为前代雪耻,外为新罗报仇,岂非所存者小,所损者大乎广"。(《资治通鉴》卷199)唐太宗对房玄龄的恳切之言深为感动。

尽官切谏　尽职尽心

房玄龄在辅佐唐太宗时多有进谏,他谏勿征高丽,谏勿用平庸之辈,以及谏减少民族冲突、改善民族关系方面,日后都证明他意见的正确,都收到过很好效果,房玄龄的进谏反映了他善于思谋,考虑效果的特点。

唐高祖李渊去世后,唐太宗要以汉高祖长陵的规模为父亲建陵,而汉长陵东西长一百二十步,高十三丈,工程浩大。秘书监虞世南劝唐太宗实行薄葬,认为薄葬并非不孝,厚葬反而为亲所累,他建议造的陵墓,陵内器物,尽量从俭。虞世南的建议利国利民,但房玄龄考虑,唐太宗不会接受虞世南的建议,于是,他提出了以汉武帝的陵墓规格建造,唐太宗欣然接受了这一建议。房玄龄为相,通达政事,善于谋划,尽心尽责,唯恐失误,褚遂良说:"人臣之助,玄龄为最。"王珪赞誉说:"孜孜奉国,知无不为。"房玄龄治理国政,秉公守正,他始终认为:"理国要道,在于公平正直。"加上他的作风忠谨谦恭,对人宽厚,对己严谨,晚年,他体弱多病,几次上表请求解除仆射职务,太宗不答应,贞观十六年(642年)太宗又晋升房玄龄为司空。司空为三公之一,品高位尊。房玄龄又上表辞让,太宗仍不允许,并说:"国家久相任使,一朝忽无良相,如失两手,公若精力不衰,无烦此让。"可以看出,唐太宗是离不开他的。

总结历史　著书立说

　　房玄龄是一个著名的政治家,也是一个优秀的历史学家,唐朝初年,为了修明政治,达到天下大治,非常重视历史经验,唐太宗有句名言:"以古为镜,可以知兴替。"在重视总结历史经验的前提下,唐太宗任命房玄龄为史书的总监修,开了官修史书的先河,为此还专门成立了史馆。在总监修房玄龄的组织领导下,官修史书盛况空前,贞观期间,一共修撰史书八种,即令孤德棻和岑文本合修的《周书》、李白药修的《北齐书》、姚思廉编撰的《梁书》和《陈书》、魏征编撰的《隋书》。在中国官修的二十四部正史中,占了三分之一,其贡献之大,有目共睹,根据唐太宗的提议,房玄龄还开创了编纂本朝历史纪录的新制度。唐朝是编纂本朝诸帝实录的头一个王朝。贞观十七年(643年),高祖、太宗实录修成,唐太宗因房玄龄修史有功,"降奎书褒奖,赐物一千五百段"。贞观二十二年(648年),房玄龄病重,唐太宗派名医为其医治,每日供给御膳,还亲临探望,当握手叙别时,不胜悲痛。七月,房玄龄与世长辞,终年七十岁。唐太宗庆朝三日以示哀悼,册赠太尉,并州都督,谥文昭,陪葬昭陵。

救时宰相 英名传世

——姚崇

名人档案

姚崇：字元之，祖籍江苏吴兴，因先辈世代在陕州为官，遂定居陕州硖石（今属陕县硖石乡）。唐朝名相、著名政治家，隽州都督姚懿之子。曾任武后、睿宗、玄宗三朝宰相常兼兵部尚书。

生卒时间：650 年～721 年。

安葬之地：葬于华阴潼亭。

性格特点：不敬神，不信鬼，不以官高而凌下，不以位尊而专横，但好弄权术，为人权谲。

历史功过：姚崇吏事明敏，是吏治派的代表人物，他先相武则天，再相睿宗、玄宗父子。凡三次入相，皆兼兵部尚书，熟于边务，善于条理。每次拜相，都有所针对。他的施政纲领，就是消除长期积累下来的各种弊政，在睿、玄两朝犹为明显，随机应变，不事拘泥。开元前期的整个政策，都是在他的协助下确定下来的。因而有"救时宰相"之誉。

名家评点："自小及长，从微见著。唯以直道为业，非以曲路相通。"（见《全唐文》卷二〇六）

"剖析如流，皆有条贯"，"则天甚奇之，超迁夏官侍郎，又寻同凤阁鸾台平章事""（姚）崇善应变以成天下之务。"（《新唐书·姚崇传》）

则天当政 善于政事

皇后武则天也不例外。没有人比她自己更清楚这一年对她的意义有多重要。

她是文德长孙皇后死的那年进的宫,那时她才 14 岁,而今掐指算来已经过去 38 年了。这么多年的宫廷生活,已经把她磨炼成了一个精明能干、果敢有为的政治家。她自信没有谁是她的对手,长孙无忌和上官仪不都落了个惨死的下场?她也愈发意识到自己是个女人,不过她下决心要突破女人的限制。丈夫虽贵为皇帝,却深受风疾之苦,自显庆(656 年~661 年)年间以来,苦于头晕目眩,政事常阙。故而她渐渐获得了参与政事之权。

武皇后在想,也许是所有人都看错了自己的丈夫,他并不像表面看起来的那样孱弱。他在利用制度钳制着自己,军国大事都交由宰相在政事堂议决,自己却根本没有人事权,尤其是宰相的任用权。自从李义府、许敬宗罢相之后,她再也无法插手其间了。这一点他们夫妻二人肚子里跟明镜儿似的,却谁也不去点破。丈夫的病已是沉疴,虽不至立刻撒手人寰,却是日甚一日。他自己也晓得,已经开始在安排后事。咸亨四年(673 年)八月,他因为疟疾发作,下令太子李弘在延福殿接受诸司启事,渐生禅位之心。

提到自己的大儿子,武则天是一肚子怒火。自己苦心将他扶上储位,谁知他竟不跟自己一心,果然是李家的好儿孙。这点使她无法容忍下去,她要出击了。毕竟几十年的夫妻了,她对高宗的脾性一清二楚,不能明着来。咸亨五年(674 年)四月,在她的努力下,武承嗣迁为宗正卿,掌管王室宗籍。四个月后,她又建议追谥高祖太武皇帝为神尧皇帝,太穆皇后为太穆神皇后;太宗文皇帝为文武圣皇帝,文德皇后为文德圣皇后;皇帝称天皇,皇后称天后。同时改元,以咸亨五年为上元元年。

这套先予后取的做法,也只有武则天这个烁古震今的女人才能想得出来。她知道,高宗已是皇帝,改称天皇意义并不大,但自己改称天后,则从名义上获得了与丈夫同等的地位。所谓名正言才顺,这有利于她以后的计划。

这一年就要结束了,她要再加一把劲儿。十二月壬寅,她上表建言十二事,其中一至五事为息兵、息役、轻徭薄赋,主张改变高宗即位以来的对外战争的基本国策;六至九事,一方面表明自己是李唐王室的忠实维护者,另一方面又提高妇女的地位,暗含她要突破礼制对女性的限制;十至十二事,则是增加八品以上京官的俸禄和勋官的利益,要求提拔才高位下的官吏,并保障在此前的战争中产生的大量中下级勋官的利益。

这种顺应现实要求的纲领性意见,高宗是不会拒绝的,他下诏褒奖武则天,并令有司施行。但高宗的病情又加重了。他想把皇位禅让给太子,却不知朝臣意见如何,便假意欲使武则天摄政,遭到了宰相的一致反对。这坚定了他禅位的心意。

武则天哪能答应。上元二年(675 年)四月,身体一直不好的太子弘暴死合璧宫,有传闻是武则天暗中使人用毒酒杀死的,但大多数人还是相信虎毒不食子。高宗心中非常哀痛,为了让儿子还能够享受生前未得到的地位,他这个做父亲的竟追赠李弘为孝敬皇帝,并下令简选品官子弟充任挽郎。这是中国古代第一例追赠儿子为皇帝的事情。前嶲州(今四川西昌)都督姚善意之子姚元崇便通过考试成了孝敬皇帝的一名挽郎。

姚元崇,字元之,武则天时以字行,玄宗时,避开元年号之讳,改称崇。陕州硖石(今河南三门峡南)人。他早年丧父,与母亲相依为命,小的时候不喜进学,好畋猎为乐。年逾弱冠,尚不知书。后来才折节向学,颇以文华著名。等他得以荫补为挽郎,已是26岁,不过这与他的志向相比就太微不足道了。仪凤二年(677年),他应制举下笔成章科,果然判入高等,授濮州(今山东鄄城东北)司仓参军事,后又迁为郢州(今湖北钟祥)佐吏。

元崇虽有文名,但更善于处理政事。历佐二州,颇见才华,遂入朝为司刑丞(即大理丞)。天授(690年~691年)之际,正是武则天正式称帝的关键时期,任用酷吏周兴、来俊臣等,屡兴大狱,罗织罪状,打击那些反对自己的人。元崇既为司刑丞,却执法平允,保全了很多人。后进官为夏官员外郎(即兵部员外郎),更迁为夏官郎中(即兵部郎中)。从仪凤中制举入仕以来,已是整整二十年了,元崇才由从七品上阶的濮州司仓迁为从五品上阶的夏官郎中,不过升了八级,可以说他没有把握住高宗武则天之际的风云际会,没有获得某些人那样的迅速升迁。他是一步一步干上来的,吏治才干得到了充分锻炼。对于元崇这样的人来说,不怕等待,只是怕没有机会。而机会也正在这个时候降临到元崇的头上。

万岁通天元年(696年)五月,契丹族的松漠都督李尽忠、归诚州刺史孙万荣率部众举兵反叛,连陷河北数州。战事一起,军书纷飞,元崇作为夏官郎中,却是指挥若定,剖析形势,受理文书,随意而决,无不切合事宜。这一下子被武则天注意到了。

武则天见其如此能干,就决定要提拔他。十月,元崇便升迁为夏官侍郎(即兵部侍郎)。改朝换代之际,武则天任用酷吏,诛杀无数,确实打击了唐室宗亲和反武力量,使得武则天顺利控制了政权。待形势稳定下来,周、来之辈仍循旧例,恣呈其意,罗织罪名,陷害大臣,逐渐与武则天安定局势的意旨不合,最终自罹其祸。其后,"谋反"之人锐减。神功元年(697年)九月,武则天与身边的大臣议论时事,问侍臣说:"以前周兴、来俊臣按狱,多牵连朝臣,称其谋反。国有常法,朕怎能不依法查问!中间朕也疑其不实,使近臣到监狱鞫问,都得到了他们自己写的供认状,朕也就不再疑心了。不过自从他二人死后,朕就再没听到报告说有人谋反,那以前处死之人难道就没有被冤枉滥杀的吗?"姚元崇回答说:"自垂拱(685年~688)以来,家破身亡之人,都是受酷刑自诬而死。周兴等人自以为功,天下之人却号为罗织,甚于汉代的党锢。陛下令近臣案问,近臣也自身不保,怎敢据实回奏。被问之人想要翻供,又怕再遭毒手,不如速死。赖上天降灵,圣情发寤,诛灭凶党,朝廷定安。今日以后,臣以微躯及一门百口为保:现在内外官员更无反逆之人。如果陛下得告发之状,乞愿但存之于内廷,不须推问。如果后有征验,反逆是实,臣请受知而不告之罪。"武则天大喜:"以前宰相皆以顺承其事,陷朕为滥用刑罚之君。闻卿所言,甚合朕心。"其日,遣中使赐元崇钱千缗。

圣历元年(698年)十月,元崇以夏官侍郎、同凤阁台平章事(即同中书门下平章事)。不到两年,就由郎官擢为宰相,开始了他三出三入的宰相生涯。大足元年(701年)三月,元崇自夏官侍郎拜为凤阁侍郎(即中书侍郎),依旧知政事。

时突厥频有动作,朝廷欲防备其入寇。四月,遣元崇往并州,检校并州以北诸州兵马。六月返回,又兼知夏官尚书事(即知兵部尚书事)。这一连串的改换职事,都因为元崇熟悉边事之故。

然而突厥恃其强盛,默啜可汗多次侵扰北边,久视元年(700年)十二月就袭击了陇右道牧监,夺去战马万余匹。大足元年八月,默啜又寇边,武则天命安北大都护相王李旦为天兵道元帅,统军抗击,未及行而突厥已退却。十月,武则天下令西巡,从神都洛阳至京师(长安),改大足元年为长安元年,其目的即是要加强关中力量,防止突厥入侵。不过,也正是突厥入侵之故,才使得元崇与相王,即后来的睿宗,连在一起,两人开始相识相知。十一月,元崇检校相王府长史,成为王府属僚。

长安二年(702年),突厥又连连入侵盐、夏、代、忻四州。九月,武则天又命相王为并州道元帅。元崇又以曾经检校缘边军州兵马,熟悉形势之故,充并州大都督府长史。既为王府僚佐,又兼为行政属官,两个人的关系又进一步拉近了。然而相王连连典兵,着实夺人眼目,不知什么原因,此次任命又不成行。十月,元崇仍以本官同凤阁鸾台平章事,当然他仍旧检校相王府长史。

长安三年(703年)六月,默啜可汗遣其臣莫贺干至长安,请求与唐和亲。边事渐趋安定。十月,武则天便返回了洛阳。然而在此期间,朝廷局势却是更加混乱。武则天已是80出头的老人了,她的精力、身体都大不如前。她所宠信的张易之、张昌宗兄弟欲图长久富贵之事,谋划要夺取朝政。九月间,他们诬称宰相魏元忠与太平公主所宠的司礼丞(即太常丞)高戬想要谋乱,拥立太子李显。结果,魏元忠贬为高要县(今广州高要区)县尉,高戬配流端州(今广东肇庆)。

自从武则天将儿子李显从房州(今湖北房县)召回,复为太子,已早定下传位之意。只要顺利完成过渡,二张必不得善终。但朝中如此混乱,任谁也不免头疼,尤其是位处台衡的宰相。长安四年六月,元崇上表,以母亲年老,请求武则天除其相职,以便侍养母亲。言辞非常地哀切,武则天难违其意,遂罢相,拜相王府长史。

王府长史本为从四品官,武则天特诏其秩位并同三品。她深感政事不便,是月,又使其兼知夏官尚书,同凤阁鸾台三品。元崇深知非常时刻,为相已是易于取祸,若再典兵,兼以自己王府官的背景,非但自己难保,连相王也会被牵连,于是上书:"臣已事相王,再知兵事非便。臣并非爱惜自己,而怕于相王不利,伤陛下母子亲情。"武则天深以为是,改命其兼知春官尚书(即礼部尚书),余官如故。时突厥部落首领名叫叱利元崇反叛,武则天不欲使大臣与之同名,于是令元崇以字行用,称元之。

宰相权臣

被逼退位　悲泣而哭

　　不久,元之便因得罪张易之而被贬官。易之在定州(今河北定州)私自建置寺院,想从京城调大德高僧十人去定州充使。所选诸僧都不愿意去定州,便至元之处申诉。唐制,僧尼簿籍之事,归礼部下属的祠部司管理。元崇作为春官尚书,正当负责属司事务,他在文书上批复:“此事宜停”,断了易之的念头。易之屡以为言,元之始终不听。易之恼羞成怒,进言于武则天,改命元之为司仆卿(即太仆卿),知政事如故。不久,改授灵武道行军大总管,知群牧使,兼摄右肃政台(即右御史台)御史大夫。是时,唐与突厥和亲之事已经结束,突厥也已归还了被囚的淮阳王武延秀。此时新命行军大总管兼知群牧使显得有些不合时宜,于是改命灵武道安抚大使,权充左肃政台大夫。孰不知,这正合元之心意,他根本不愿趟朝廷这股浑水,于是他向武则天推荐了张柬之堪为宰相后,便轻装赴任了。

　　然而,事情的发展超出所有人的意料。武则天的病情急转直下,深居寝殿之中,只有二张侍于其侧。两人深知朝中大臣对自己多有不满,意欲为乱,自秉大政。而以宰相张柬之为首的一批大臣也在积极谋划,控制禁军,以诛去二张,迎太子即位,拨乱反正。

　　神龙元年(公元705年)正月,姚元之也从灵武赶回洛阳,张柬之等人遂以谋告知元之,随后便发动禁军,如愿事成。中宗复位,元之以功晋封为梁县侯,赐实封二百户,并拜为太仆卿,同中书门下三品。然而元之见中宗忠厚有余,反而显得有些懦弱,在这个拨乱反正的时刻实有难堪其位之虞。皇后韦氏又过于不安分,才不过中人却有非分之想,这政局必当再乱。元之实在不愿意久留朝中,适逢武则天移居上阳宫,中宗率领宗室百官至上阳宫问太后起居。王公以下尽皆欣跃称庆,只有元之一人呜咽流涕不已。张柬之等说:“今日怎是涕泣之时! 恐公之祸由此始。”元之答道:“元之事武则天皇帝多年,突然离别,情发于衷,悲不能忍。昨预公等之谋,诛凶逆,是尽臣之道,怎敢自以为功? 今日辞违旧主,悲泣不已,也是尽臣子之节。如果因此获罪,实所甘心。”是日,元之便被贬出为亳州(今安徽亳州)刺史。远离政治中心的他,后来终于没有落得和其他参与政变之人一同被处死的命运。

　　接下来的几年,正是武则天下台后中枢政治的动荡时期,政变连续不断。而姚元之一直在地方任职,先后任亳、宋、越、常、许五州刺史,基本上是一年迁转一次。

　　至景云元年(710年)六月,睿宗一即位,便将他从许州刺史任上召还,拜兵部尚书,同中书门下三品,再次担任了宰相。两人果然是故交,睿宗知道他善于处理军政,而兵部事务这时也正需要姚元之这样的能吏才能应付。七月,元之又兼为中书令。至十一月,睿宗正授元之为中书令而兼检校兵部尚书。这个时期的中书令,开始掌握最高政务的裁决权,实际上处于首相的地位。与元之几乎同时召回的是洛州长史宋璟，睿宗用以为检校吏部尚书，同中书门下三品，与元之对掌文武大政。不仅如此，睿宗还令元之兼太子左庶子，而璟兼右庶子，分掌东宫启奏，多有驳正，亦与在东宫的李隆基（后来的玄宗）倾心接纳。

面对中宗以来的弊政，尤其是选官的混乱，姚、宋二人首先着手处理的是文武铨政。韦后擅政以来，安乐、长宁公主及皇后之妹郕国夫人等依势用事，请谒受赇，凡出钱至三十万，即可授官，出钱至三万即可给度牒，成为僧尼。韦后也企图用禄位收取人心，但又不愿经过中书、门下两省，往往另外以墨敕除官，斜封交给中书，宣付有司。官名则有员外、同正、试、摄、检校、判、知之名，人们则统称为"斜封官"，人数多至数千人，致使官员大为伪滥。而斜封官多有仗势与正官争权夺势，弄得政事迟滞。

景云元年八月，姚元之、宋璟与御史大夫毕构共同奏请将这几千斜封官一概停废罢免。旧制，三品以上官册授，五品以上制授，六品以下则由尚书省奏拟，文归吏部，武属兵部，尚书、侍郎分为三铨。然而中宗之末，铨政无伦，选举混淆，有些白身（无出身）的人也要到吏部、兵部冒称有出身人参加科目选，无复纲纪。至是，宋、姚二人为吏部、兵部尚书，赏罚尽公，请托不行，进忠贤，退不肖，纲纪修举。当时以为有贞观、永徽之风。

接着，两人试图处理太平公主与太子李隆基姑侄相争的问题。太平公主与太子共同策划平定武韦之乱，立有大功。公主聪明多智，又是皇帝亲妹。凡其所请，睿宗无有不应。朝廷中就形成了太子与太平公主两大派系。睿宗处在至亲之中，万般小心，求得平衡，以免激起大变。宰相若要奏事，他都要先问："与太平商议了没有？与三郎（即太子）商议了没有？"得到肯定答复之后，他才放心处理。

然而，太平公主经营多年，势力远大于太子，国家政务的裁决方面丝毫不让于太子，又以太子英武，一心想要更换一个暗弱可制之人代为储君。睿宗也很是无奈，只能暗中助儿子一臂之力。他用姚、宋为太子左右庶子，又用太子亲信张说、郭元振为相，都是此意。

景云二年（711年）初，太平公主邀宰相会于光范门内，微露出要易置储君之意，众相失色。宋璟抗声说道："东宫有功于天下，确为宗庙社稷之主。公主怎能说这种话！"公主之意既公开，为了安稳政局，姚元之与宋璟暗中建议睿宗："宋王是陛下长子，豳王是高宗长孙，而太平公主交构其间，致使东宫不安。请陛下出宋王、豳王为刺史，罢岐、薛二王所典掌禁军，使为左、右率以事太子。太平公主及其夫武攸暨请安置东都。"睿宗非常明白，这是必要的，但又不可操之过急，就先下了一道制书："诸王、驸马自今不得典禁军，见任者皆改转他官。"不久，他又采纳了张说的建议，令太子监国，定君臣之分。随后又下制，将先前暂停任的斜封官，一一量材叙用，以为太子监国之恩。

在所有准备工作安排稳妥之后，睿宗才以宋王李成器为同州（今陕西大荔）刺史，豳王李守礼为豳州（今陕西彬县）刺史，左羽林大将军岐王李隆范为左卫率，右羽林大将军薛王李隆业为右卫率,太平公主安置蒲州(今山西蒲州镇)。之所以将太平公主安置蒲州,也是睿宗考虑到兄妹之情才就近安置的。太平公主闻知,大怒,以姚、宋之谋责问太子。太子无奈只得上奏,称元之与璟离间姑、兄,请处以极刑。睿宗有些后悔,觉得时机还不成熟便急于处理,以至牵连辅相,但此二人又绝不能杀,只得将元之贬为申州(今河南信阳南)刺史,璟为楚州(今江苏淮安)刺史。

这次姚元之出刺外州,时间更短,前后不足两年,他又连转徐、潞、扬、同四州,调任如此频繁,说明睿宗、玄宗根本无意让他安于地方,只是在等待时机。很快,玄宗便将太平公主一党尽数平定,独掌朝政。完成了权力交接的睿宗便乐得安享清闲,到百福殿做他的太上皇去了。姚元之入相机会又出现了。

佐成开元　盛世名臣

在诛灭韦后、平定太平公主的过程中,玄宗身边积聚了一批有功大臣。这些人多没有门第背景,全靠个人才能和政绩在武则天时被逐步提拔上来。为了保持已有的地位,甚至更进一步,他们把帮助玄宗夺取和巩固皇位看作是一种巩固自己权位的手段。其中以张说和郭元振为代表。

张说在玄宗即位之初担任中书令的两个月里,除了将那些功臣拉进朝廷,没有什么大的建树。玄宗也很快意识到了这种包围,他不能忍受这种情况长久存在,因为他有着很大的抱负,怀着开创盛世的梦想。他迫不及待地将姚元之从扬州(今江苏扬州)调至同州(今陕西大荔),原本就准备着用为宰相,这下正好作为突破口。玄宗心意已定,张说几次阻挠都不成功。

开元二年(713年)十月,玄宗任命元之为兵部尚书同中书门下三品,以代郭元振。元之亦知玄宗心思,为相之初,便建议玄宗以法惩治近密佞幸之徒、冒犯宪纲之人,并请玄宗对亲信大臣也要持之以礼,矛头直指那批功臣。玄宗见他能如此,颇为高兴,十二月,又令元之兼紫微令(即中书令)。元之为避上月群臣为玄宗所上"开元神武"尊号,遂复旧名,单名一个崇字。玄宗又进封姚崇为梁国公,崇固辞实封。玄宗不得已,只得停其旧封,特赐新封一百户。

中宗时,公主外戚大量奏请度人为僧尼,也有人出私财建造寺庙。而富户强丁,为求躲避赋役,多削发为僧,大肆伪讹。姚崇前为春官尚书,即不允张易之所请,既为紫微令,开元二年(714年)正月,崇又上奏:"佛不在外,事之于心。佛图澄最贤,无益于保全石赵;鸠摩罗什多艺,不能救将亡之姚秦。何充、符坚皆遭败灭;齐襄、梁武不免灾殃。只要发心慈悲,行事利益,使苍生安乐,陛下即是佛身,何必妄度奸人,使坏国家正法?"玄宗便令有司沙汰天下僧尼,查处伪滥僧尼一万二千余人,并令还俗。二月,又敕,自今以后所在不得新建佛寺;旧寺颓坏需要修葺,地方需要上报,检视如实之后,听其修缮。

薛王李业之舅王仙童侵暴百姓,御史弹奏。李业向玄宗求情,玄宗敕令紫微、黄门省(即中书、门下省)覆按。姚崇、卢怀慎等奏称:"仙童罪状明白,御史所言无所枉,不可纵容。"玄宗从之,由是贵戚束手。为了帮助玄宗稳定皇位,姚崇复申前奏,将宋王、申王等出外为刺史,但又只让其负责大纲,具体政事都由本州上佐代劳。再加上之前张说等功臣也都被以各种借口贬放到了外地,这样他们就不可能结合起来,再生大乱,保证了政局的稳定,才有利于政事的开展。

整顿吏治,是开元初政的重中之重。姚崇执政之后,开元元年(713年)十二月,玄宗下敕:"都督、刺史、都护每将赴任,皆引见面辞之后,侧门取候进止。"二年正月又下制"选京官有才识者除都督、刺史,都督、刺史有政绩者,除京官,使出入常均,永为恒式"。这对纠正官员重内轻外和使在京百司官员具有地方工作的实际经验都有一定意义。五月,又以岁饥之故诏罢员外、试、检校官,除非确有战功及特别任命的,吏部、兵部不得注拟。而在此前,又复置十道按察使,整顿地方吏治。

经过姚崇一年大刀阔斧的整顿,开元气象为之一新,这也标志着一个时代的到来。

当时与姚崇同为宰相的是检校吏部尚书兼黄门监(即侍中)卢怀慎。怀慎虽清谨俭素,不营资产,但自以为才不及姚崇,每事推让,由姚崇决定,时人称他为"伴食宰相"。开元三年(715年)正月,姚崇因为儿子病故,请假十余天,政事委积,怀慎不能决断,惶恐不定,向玄宗谢罪。玄宗也不恼,只是说:"朕以天下事交由姚崇,只是让卿坐镇雅俗。"等姚崇回来,片刻工夫,裁决俱尽。

姚崇对自己的行政能力也颇为得意,对属下的紫微舍人(即中书舍人)齐澣说:"我为相,可比何人?"澣还在考虑之中,崇又问:"比之管仲、晏婴如何?"澣说:"管、晏之治虽不能尽行于后世,但犹能终身行用。公所为,应事而已,似有所不如。"崇又追问:"到底比之二人如何?"澣答道:"公可以称得上是救时宰相。"姚崇大笑而说:"救时宰相,也不易得。"

开元三年六月,山东之地蝗害为灾,百姓或于田边设祭,焚香膜拜而不敢捕杀。姚崇奏请遣御史分至诸州,督促州县地方官率百姓捕杀蝗虫。言事者以为蝗虫众多,不能尽除,玄宗亦以为然。

姚崇说:"今蝗虫满山东,大河南北,百姓流亡殆尽,怎能坐视蝗虫食苗而不救?即使不能除尽,也比养以成灾为好。"玄宗这才准奏。

卢怀慎担心杀蝗太多,恐伤和气,崇反驳说:"昔楚庄王吞蛭而疾愈,孙叔敖杀蛇而致福。怎能不忍杀蝗而忍心看着百姓活活饿死呢?如果杀蝗有祸,崇请以自身承担。"当年,田有收获,民不甚饥。

谁料到,开元四年,蝗虫复大起。姚崇又奏请玄宗遣御史分道督捕,只有汴州(今河南开封)刺史倪若水执奏说:"蝗虫是天灾,自宜修德以除之。刘聪时除既不得,为害更深。"仍拒御史,不肯应命。姚崇大怒,以牒责问若水:"刘聪伪主,德不胜妖;今日圣朝,妖不胜德。古之良守,蝗虫避境。若蝗虫修德可免,汴州必是无德致然！今坐看食苗，何忍不救，因以饥馑，将何自安？幸勿迟疑，自招悔咎。"若水不得已，只得捕杀蝗虫，得十四万石，投于汴河水中。时朝廷喧议，皆以为驱蝗不便，玄宗又问崇。崇说："庸儒执文，不识通变。凡事有违经而合道者，亦有反道而适权者。今山东蝗虫遍地，仍听其繁息，实在罕闻。河北、河南，无多贮积，倘不收获，必至流离。事系安危，不可膠柱。陛下好生恶杀，此事不劳陛下出敕，容臣出牒处分即可。若除不得，臣在身官爵，并请削除。"玄宗憬然，便听由姚崇以宰相的名义下文处置。由是，蝗虫渐渐止息，百姓不至大饥。

开元四年(716年)十一月，黄门监卢怀慎病故，玄宗任命尚书左丞源乾曜为黄门侍郎、同平紫微黄门章事（即门下侍郎、同中书门下平章事）。时姚崇也因疟疾告假，寓居舍冈极寺养病。玄宗遣使问其饮食起居，每天都有数十人。凡大政事并令源乾曜至寺问姚崇。乾曜奏事若称旨，玄宗辄说："此必姚崇之谋。"若不称旨，辄说："卿何不与姚崇商议。"源乾曜往往叩谢称是。乾曜遂移崇至四方馆（属中书省）养病，仍听其家人入馆侍疾，玄宗答应了。崇以四方馆有簿书，非病者所宜处，固辞。玄宗说："设四方馆，正为官吏所置；使卿居之实为社稷。恨不能让卿居于禁中，此何足辞！"

是时，玄宗务修德政，军国庶政，多访于姚崇。姚崇亦独挡重任，明于吏道，断割不滞。然其子光禄少卿姚彝、宗正少卿姚异，恃其父势，广接宾客，颇受馈遗，为时所讥。起初，他的二子分司东都，时宰相魏知古摄吏部尚书，知古曾受姚崇引荐，以至同为宰相。姚崇二子恃其父有恩于知古，肆意招权请托。知古回到长安，全部奏明玄宗。他日，玄宗问姚崇："卿子才性如何？现为何官？"崇揣知其意，具以实对。玄宗本以为他必为其子隐瞒，不想竟以实奏，大喜，赦其二子之罪。但二子不肖，犹效前法，不知悔改。崇亦放纵不管。

姚崇手下的胥吏中书主书赵诲，为崇所亲信，受胡人赂，事发后被捕下狱，崇多次为其上下营救。玄宗不悦其所为，正值曲赦京城，赦书上特意点了赵诲的名，杖之一百，流岭南。崇由是忧惧，几次请求让贤去位，推荐广州都督宋璟代替自己。闰十二月，姚崇罢为开府仪同三司，而宋璟拜为吏部尚书兼黄门监（门下省长官），与苏颋共执大政。

一个多月以后，开元五年(公元717年)正月，玄宗将至东都，而太庙受到了损坏。玄宗素服避正殿，召宋璟、苏颋查问缘故。宋、苏回奏说："陛下三年之制未毕（四年六月睿宗去世），诚不可行幸。凡有灾变发生，皆是上天所警示，以明教诫。陛下宜增崇大政，以答天意。请停幸东都。"

玄宗不乐，又召问姚崇。崇答道："太庙屋材，是前秦苻坚时之物，隋朝改建，仍用其材，岁久而坏，恰好与行期相撞，不足为异。且王者以四海为家，陛下以关中不稔而幸东都，百司供拟已备，不可失信于天下。只要迁太庙神主于太极殿，重修太庙即可。陛下自应如期而行。"玄宗大喜，赐其绢二百匹，遂命崇五日一朝，内殿朝参，仍入阁供奉，朝廷大事亦多问于崇。

右散骑常侍褚无量进谏说："隋文帝富有天下，迁都之日，怎会取符坚旧物建造太庙！这只不过是谀臣之言。愿陛下克诺天戒，纳忠谏，远谄谀。"玄宗不听。然而姚崇也毕竟年迈，已不能再对朝政有过多干预。宋璟代之，守法执正，并不逊于姚崇。开元八年(720年)，玄宗拜姚崇为太子少保，以疾不受。次年九月，姚崇病故于家，年72，赠扬州大都督，谥文献。十七年(729年)，又赠太子太保。

长乐之老　不倒之翁

——冯道

名人档案

冯道：字可道，自号"长乐老"。五代瀛洲景城（今中国中部河北交河东北）人。五代十国时期著名宰相，历经四朝十代君王，世称"十朝元老"。后唐（公元923年～公元934年）、后晋（公元936年～公元940年）时任宰相。契丹灭后晋，到契丹任太傅。后汉（公元947年～公元948年）时任太师。后周（公元951年～公元959年）时任太师、中书令。曾著《长乐老自叙》。

生卒时间：882年～954年。

性格特点：刻苦俭约，但无廉耻，善于观望形势、舍弱趋强、老谋深算。

历史功过：中国大规模官刻儒家经籍的创始人，无所建树的大官僚。

名家评点：冯道最受诟病的是他的政治道德，欧阳修自不必说，司马光也称他为"奸臣之尤"，就是对他持肯定态度的《旧五代史》，在盛赞"道之履行，郁然有古人之风；道之宇量，深得大臣之体"之后，也不得不对他的"忠"提出了疑问："然而事四朝，相六帝，可得为忠乎？夫一女二夫，人之不幸，况于再三者哉！"

范文澜："他（晋高祖石敬瑭）要冯道出使辽国行礼，表示对父皇帝的尊敬。冯道毫不犹豫，说：'陛下受北朝恩，臣受陛下恩，有何不可。'好个奴才的奴才！"《中国通史简编》。

吃苦耐劳　好事曾做

冯道（882年～954年），字可道，瀛洲景城（今河北沧州西）人。其祖先有时为农,有时为儒,没有恒业。冯道小时候诚实厚道,好学,能文,"不厌粗衣淡饭"。冯道生活在五代乱世之时,能在官场混迹五十年,并非偶然。他善于钻营,又能够吃苦,这也许就是他"成功"的主要原因。后唐庄宗李存勖未帝前,割据晋阳,从父亲李克用那里袭爵晋王,冯道在晋王府中担任掌书记。当时庄宗文书来往很频繁,都委托给冯道。

后梁末帝年间,李存勖出兵梁,两军在黄河对峙,史称"夹河之战"。这是五代史上的一场大战,打得十分激烈。晋与梁夹河而军,冯道居军中,"为一茅庵,不设床席,卧一束草而已"。冯道虽是李存勖的亲信,却能住草棚,睡干草,适应战争的艰苦环境。当时晋军粮饷匮乏,多几个将领陪李存勖吃饭,主管人员都办不了。大将郭崇韬向李存勖建议,减少陪食人员,为此,李存勖大为光火说:"我要为拼命的人供应食物都不自由,河北三镇,可由三军别选一人为帅,我请归太原以避进贤之路。"幸亏冯道出来打圆场,说"粮饷的确困难,郭崇韬的建议,完全出于对晋王您一片忠心。"这场冲突因冯道调解而缓和下来。

后唐庄宗同光年间,冯道因居父丧,步行回到景城,兵荒马乱,又遭灾年。冯道把余下俸禄都赈济乡里,他"退耕于野,躬自负薪",有荒其田而不耕者,以及力不能耕者,冯道往往夜间前往,偷偷地为人家代耕。人家后来感谢他,他却认为是应该的。

冯道从政,是从在幽州军阀刘守光处当幽州掾开始的。刘守光凶残狠毒,对下属十分凶恶,一言不合,立即诛杀。有时杀了还叫人割其肉而生啖之。一次,刘守光要发兵攻打易、定二州,冯道以利害关系规劝,叫他不要轻易出兵,刘守光大怒,把他投入狱中,过了不久,冯道逃离幽州,来到太原,投在晋大将张承业的门下。

张承业是个宦官,就委派他担任太原监军使府巡官的职务。张承业是晋王的托孤之臣,在李存勖集团中权力很大,张承业很看重他的文章和操行;由张承业推荐,冯道才成为李存勖的亲信,跟随李存勖南征北战,为后唐灭梁立下了功劳。

李存勖是员猛将,但不是个治国之才。当了皇帝后,重用前朝士族,轻视出身寒微的人;大约因为这一点,冯道在庄宗时代默默无闻。待庄宗被杀,明宗李嗣源即位,冯道才仕途亨达。明宗李嗣源是个武夫,即位时年已六十。但他从庄宗失败中吸取教训,认为单靠武功,巩固不了统治。即位后,他比较重视文人,封安重诲为侍中并中书令。安重诲是个粗通文字的人,而李嗣源是个武夫,不知书,四方奏章皆由安重诲读给他听。李嗣源对安重诲要求选文学之士与之共事。他问安重诲:"先帝时的冯道郎中现在哪里?"重诲回答说:"最近担任翰林学士。"明宗说:"此人我向来熟悉,是个好宰相。"于是,拜冯道为端明殿学士,迁兵部侍郎。一年后,拜中书侍郎、同中书门下平章事,当了宰相。

明宗在位八年,冯道当了七年宰相。

明宗当政期间,比较注意减轻人民的负担,使中原地区的生产有所恢复和发展,在五代乱世出现了一个短时期的安定局面。这个局面的出现,自然和冯道的辅佐分不开。

他拜相后，凡是贫苦的读书人，有才学有见识的，都加以引用；唐末士大夫趾高气扬，必降级使用。这比庄宗时代只看重士族门第，无疑是一个良好的做法。作为宰相，他经常向明宗进谏，要他居安思危，重视民间疾苦。

明宗统治时期，连年丰收，对此明宗十分得意。一天，他问冯道年景如何，本来想听到一些阿谀之辞，谁知冯道却给他讲了一个自己的故事：他当年在晋王奉命出使中山，经过井陉险要之地，井陉天险，发愁马或失蹄就格外留心。及至平地，不再小心留意，为马所颠扑，几乎跌伤。冯道接着就向明宗进谏道："我说的虽是小事，可以喻大，陛下不要以为天下太平，五谷丰登，纵情欢乐。要兢兢业业，这是臣希望于陛下的。"又一次，明宗问冯道："天下虽然丰收，百姓得益吗？"冯道又乘机对明宗进谏说："谷贱伤农，谷贵饿农，这是常理。我记得聂夷中的《伤田诗》云：'二月卖新丝，五月粜秋谷。医得眼前疮，剜却心间肉。我愿帝王心，化作光明烛。不照绮罗筵，偏照逃亡屋。'"明宗听了，立即让侍臣抄录这首诗，常常自己讽吟。

冯道和另一宰相李愚于长兴二年(931)，奏请明宗，要进行雕版刻印儒家经典《九经》，明宗同意。这次雕印是冯道主持，由国子监负责的。这套书从后唐始动工，经过晋、辽、后汉、后周四个朝代，历时二十二年，到后周广顺三年(953)才付梓。流传天下，后人读经得到很多方便。后唐明宗在长兴四年(933)十一月去世，儿子李从厚即位。

装傻装呆　卑躬屈膝

李从厚当了四个月皇帝，明宗的义子李从珂就兴兵夺取皇位。在这次政变中，作为宰相的冯道，先是躲到明宗女婿石敬瑭军中，及后早上上殿，不见皇帝。他知道李从珂兵变，他也不打听李从厚的下落，而是召集百官，商议如何迎接李从珂当新皇帝。中书舍人卢导说："哪有天子在外，大臣就劝别人当皇帝的道理。"另一宰相李愚也支持卢导说："舍人的话有道理。"冯道却说："现在别管那一大套了，还是面对现实吧！"当李从珂到了后唐京城洛阳附近的蒋桥时，冯道率百官列队欢迎，并上表劝进。

但李从珂即位以后，对冯道并不赏识，首先免去了他宰相的职位，不久又把他外放到同州(今陕西大荔)当节度使。以后，又召回洛阳，封了他个有虚名而无实权的司空。一年以后，李从珂又和石敬瑭大动干戈。尽管石敬瑭向李从珂献出了李从厚，但依然处处受到李从珂的嫉恨，于是爆发了李从珂和石敬瑭之间的战争。

石敬瑭为打败李从珂，派大臣桑维翰到契丹求兵，条件是称臣、称子、割地。这正中契丹主耶律德光的下怀，于是回信，答应中秋后倾国支援。就这样，石敬瑭借用了契丹的力量，消灭了李从珂，灭后唐，建立后晋，并将都城从洛阳迁到了汴梁。

石敬瑭夺取帝位时，打着明宗旗号，指责李从珂当皇帝不合法，因而，即位以后，立即恢复了冯道的宰相职务，并委以重任，让他出使契丹。石敬瑭是"儿皇帝"；从"儿皇帝"到"父皇帝"那里去当使臣，可是个卑躬屈膝、窝囊透顶的苦差事。石敬瑭怕冯道不愿此行，对冯道说："这次出使非卿不可。"谁知冯道满口答应，并说："陛下受北朝恩，臣受陛下恩，没有什么不可。"欣然而往契丹。冯道出使契丹，忍气吞声，在契丹被扣留两个多月。直到契丹耶律德光摸清了他确对契丹忠诚，才放他回晋。冯道怕是契丹王试探他，又三次上表乞留，以表示对契丹的留恋。

　　就这样，他还故意多住了一个多月。走在路上，又故意走走停停，两个月才出境。冯道一回后晋，石敬瑭即废枢密院，归并于中书省，枢密院由冯道掌管，事无巨细，都归冯道处理。不久，又加官晋爵，封为晋国公。后晋政权对外屈膝投靠，对内又残暴无比，冯道是难辞其咎的。

　　后晋开运三年(946)，耶律德光率三十万大军南下，占领汴梁，灭了后晋。在这种情况下，冯道却主动朝见耶律德光。冯道以为自己和耶律德光原本相识，耶律德光定会欢迎他主动投靠。不料耶律德光一见冯道，便责骂他反复无常。又问："何以来朝？"冯道答："无城无兵，安敢不来？"耶律德光又问："你这个老头子是何等样人？"冯道答："是个无德无才又痴又傻的呆老头儿。"说得耶律德光开怀大笑。耶律德光问冯道："天下百姓这样苦，如何可救？"冯道答道："此时百姓，佛再出世也救不得，只有您皇帝才救得！"这种吹捧得到了耶律德光的欢心。

　　后来，有人向耶律德光检举冯道，说他参与了反契丹的活动，但耶律德光并不相信。他斥责了检举者，说："这个老头我是了解的，不会惹是生非。"于是，冯道拜为契丹所建立的辽王朝的太傅。次年二月，后汉高祖刘知远即位，冯道自北来归，高祖拜为守太师。

　　后周灭汉，后周太祖郭威，再拜太师、中书令。后周显德元年(954)太祖死，世宗柴荣即位。柴荣武略出众，是个有作为的皇帝。当时，北汉主刘崇乘机大举入侵，世宗想亲自征讨，冯道以为不可。周世宗说："唐初，天下草寇蜂拥而起，都是太宗亲自平定的，我怎么能耽于享乐。"冯道说："陛下能比得上唐太宗吗？"世宗曰："以吾兵力之强，破刘崇如山压卵耳！"冯道说："不知陛下能为山否？"世宗怒，说："冯道为何看不起我？"留奉太祖山陵。四月十七日，死于家，时年七十三岁。

　　冯道历任五朝，事九君、八姓，三入中书，为相达二十余年，亡国丧君，毫不在意。北宋司马光曾这样评价他："朝为仇敌，暮为君臣，易面变辞，曾无愧作。"冯道津津乐道己之所为，曾作自传云："孝于家，忠于国，为子、为弟、为人臣、为师长、为天、为父，有子、有孙。时开一卷，时饮一杯，食味、别声、被色，老安于当代，老而自乐，何乐知之？"自号"长乐公"。

宁鸣而死　不默而生

——范仲淹

名人档案

范仲淹：字希文，原名朱说。北宋时期杰出的政治家、文学家。谥号"文正"。祖籍陕西彬州（今陕西省咸阳市彬县），生于苏州吴县（今江苏省苏州市）。真宗大中祥符八年（1015）进士，官至参知政事（副宰相）。

生卒时间：989年～1052年。

安葬之地：葬于河南省洛阳城东南15公里处伊川县彭婆乡许营村万安山南侧。

性格特点：勤奋正直，真诚不欺，为国为民，先忧后乐。

历史功过：西陲守土，边帅军功，庆历新政，改革图强。

名家评点：王安石在《祭范颍州文》中称范仲淹为"一世之师"。可是早在熙宁九年（1076年）五月，王安石在宋神宗面前批评范仲淹"好广名誉，结游士，以为党助，甚坏风俗"。

朱熹评说："范文正杰出之才。""本朝道学之盛……亦有其渐，自范文正以来已有好议论，如山东有孙明复，徂徕有石守道，湖州有胡安定，到后来遂有周子、程子、张子出。"

吕中说："先儒论宋朝人物，以范仲淹为第一。"

《宋元学案·序录》云："高平（范仲淹）一生粹然无疵，而导横渠以入圣人之室，尤为有功。"

王夫之对范仲淹有苛评："（范公）以天下为己任，其志也。任之力，则忧之亟。故人之贞邪，法之疏密，穷檐之疾苦，寒士之升沉，风俗之醇薄，一系于其心。……若其执国柄以总庶务，则好善恶恶之性，不能以纤芥容，而亟议更张；裁幸滥，核考课,抑辞赋,兴策问,替任子,综核名实,繁立科条,一皆以其心计之有余,乐用之而不倦。唯其长也,而亟用之,乃使百年安静之天下,人挟怀来以求试,熙、丰、绍圣之纷纭,皆自此而启,曾不如行边静镇之赖以安也。"

沉沦下潦　积极参政

范仲淹"先天下之忧而忧,后天下之乐而乐"的名言流传千古,然而仲淹本人的一生实在是忧患多于欢乐,正如他自己所说的:"人生忧多乐少,惟自适为好。"而仲淹的整个前半生,从婴儿到入仕,可以说一直都是生于忧患当中。

宋太宗端拱二年八月二十九日,仲淹生于真定府(河北正定)。这时候他的父亲范墉刚来这里做节度掌书记不久。宋人传有范仲淹生于徐州、死于徐州的说法。范墉卒于徐州节度掌书记任上,而他去世的时候,范仲淹才刚刚两岁,因此当时的人便想当然地以为范仲淹是生于徐州了。

范仲淹的四代祖范隋,唐末为躲避战乱,举家迁往苏州。其后数代便都是在钱氏吴越政权中做官。太平兴国三年(978年),吴越献土,范墉兄弟六人随钱氏入朝。作为割据政权的归顺之臣,尽管他们不乏才华,却也难得重用,一直是作为小官仕宦四方。

范仲淹两岁时,父亲病逝于徐州任上。母亲谢氏孤苦无依,便改嫁长山朱文翰。仲淹也就冒姓朱,取名朱说。此后仲淹便随朱文翰从宦于澧州安乡、淄州长山等地。

范仲淹的童蒙教育很早就开始了,此后的教育也一直没有荒废,这显然需要有朱文翰的支持。后来朱文翰在长山做官时,仲淹便自己和一刘姓同学一起在长白山的醴泉寺里刻苦读书。这段读书的日子还是比较艰苦的。他们两人每天煮一锅粟米粥,等到粥凉凝结以后,就用刀划分为四块,早晚各吃两块,菜就是半钵盂水加点盐和几段韭菜。这样的苦读生活,一过就是三年。后来仲淹有诗说自己是"长白一寒儒",指的就是这段在长白山断齑划粥的日子。

在长白山读书几年后,范仲淹离开了朱家,只身去了南京,到那里的应天府书院继续读书。之所以离开长山去南京,据说是范仲淹终于发现了自己的身世。因为朱氏兄弟花钱大手大脚,范仲淹多次加以劝告。朱氏兄弟终于忍不住了,就抢白道:"我自用朱家自己的钱,关你什么事?"范仲淹一听此话大惊,难道自己不是朱家的吗?这时候就有知情人告诉他说:"你是姑苏范氏之子,后来太夫人带着你改嫁朱氏。"知道了自己家世的范仲淹,感愤不已,决定自立门户,于是就毅然离开朱家,去南京读书。范仲淹这时已经23岁了,在这个时候才知道身世,说明朱长翰待仲淹母子应该还是不错,在此之前,朱文翰显然是将仲淹与朱家兄弟一视同仁,而朱氏兄弟也是在无意之间说出这种话。因此仲淹的这次出走游学倒不是对朱家不満,只是自伤身世,不愿再依傍他人,希望自己能够重振家风。

应天府书院是当时四大书院之一,读书条件也都相对好些,但仲淹的读书生活依然艰苦。仲淹在书院经常是衣不解带,昼夜讲诵,夜深倦怠了,就用冷水洗把脸,饭也是常常难得吃饱,有同学馈赠珍馐,但仲淹很要强,都谢绝了。仲淹一心读书,心无旁骛,很少出去游玩。有一次当时的真宗皇帝路过南京,大家都出去看热闹,一睹圣颜,只有仲淹不为所动,照常待在房间里读书。有人问仲淹为什么不出去看看,仲淹答道:"皇帝终归是要见的,以后再见不迟。"孟子曾有言:"天将降大任于斯人也,必先苦其心志,劳其筋骨,饿其体肤,所以动心忍性,增益其所不能。"怀抱着自强自立的心情,仲淹在逆境中奋进,困而学之,在书院又攻读了五年,不但身通六艺,也磨炼了坚强的意志。在书院里,仲淹写了一首《睢阳学舍书怀》:

白云无赖帝乡遥,汉苑谁人奏洞箫。多难未应歌凤鸟,薄才犹可赋鹪鹩。

瓢思颜子心还乐,琴遇懂君恨即销。但使斯文天未丧,涧松何必怨山苗。

仲淹没有对自己的不幸身世自怨自艾,对于艰苦的读书生活,仲淹以颜回为榜样,人虽不能堪,而自己乐在其中,仲淹也相信,斯文未丧,天生我材必有用。仲淹以后能够忧国忧民,宠辱不惊,不汲汲于富贵,可以说是与他早年的这种艰苦游学经历分不开的。不曾哭过长夜的人,不足以语人生,从这种艰难困苦的环境和心境中走出来的范仲淹"于富贵、贫贱、毁誉、欢戚不一动其心",这不就是孟子所说的"富贵不能淫,贫贱不能移,威武不能屈"的大丈夫吗?

然而在书院学成之后,自负王佐才的范仲淹仍然是志不得伸,他的逆境还远没有结束。

在应天府书院苦读了五年后,范仲淹参加了大中祥符八年的科举考试,进士及第,时年27岁。这一年共有197人考中进士。

及第后范仲淹被任命为广德军(今安徽广德)职司狱讼的小官。第三年又到了亳州,做了四年的幕职官。接着,范仲淹又到泰州做了一任官,监西溪盐仓。

到了亳州之后,范仲淹奉母命归宗复姓。在上表中范仲淹写道:"志在投秦,入境窃同于张禄。名非伯越,乘舟偶效于陶朱。"陶朱、张禄分别是春秋战国时期的范蠡和范雎,他们因为别有怀抱,于是改易姓氏,或投奔外国,或隐遁江湖。这一联不是仲淹的原创,而是五代时一个叫郑准的读书人写的。当时有一个军阀叫成汭,本姓郭,发迹后想复姓,郑准就代他写了这个复姓表。现在仲淹把它拿来用在自己身上,比原作更贴切多了。在淹留泰州这样东海寂寞之滨的时候,范仲淹看到了泰州前任副长官吕夷简的《西溪看牡丹》诗:"异香浓艳厌群葩,何事栽培近海涯,开向东风应有恨,凭谁移入五侯家。"仲淹对诗中所表达的失落感不以为然,和了一首诗:"阳和不择地,海角亦逢春。忆得上林色,相看如故人。"同样是在这里,仲淹还写了一首《西溪书事》:"卑栖曾未托椅梧,敢议雄心万里途。蒙叟自当齐黑白,子牟何必怨江湖。"表现出自己的豪迈情怀。仲淹的前半生忧多乐少,但仲淹并没有以自己"一心之戚,而忘天下之忧",在沉沦下僚的时候,仲淹也并没有因此消沉、怨尤,磨灭心中的大志向。

仲淹入仕之前在应天府书院攻读时,母亲天天在家烧香拜佛,因为仲淹久而不归,母亲常常暗自饮泣,眼睛也差点因此失明。仲淹任职广德的时候,就将母亲接了过来,侍养尽孝。然而仲淹一直宦途不顺,将母亲接到广德以后,依然过着贫俭的生活。范仲淹后来在给孩子的信中曾回忆当时的清苦生活,范仲淹的妻子自己做一切家务事,料理炊事,母亲也常常是粗茶淡饭。后来改官亳州时,因为没有盘缠,范仲淹只好卖掉家里唯一的一匹马筹资上任。天圣四年,仲淹38岁的时候,母亲去世。母亲清苦一生,而自己仕宦不显,未及荣亲,使母亲到了晚年都未能过上好一点的生活,范仲淹痛感自己未能报答母亲的养育之恩,一直到老都念念不忘。

天圣五年,晏殊来做应天府的长官,他推荐范仲淹执教应天府学,仲淹等于是回到了母校任教。仲淹在学校两年多,非常敬业。为了督导学生,仲淹经常住在学校。晚上晚自习的时候,仲淹经常会到学舍突击检查。有次看见有偷偷睡觉的,就揪起来责问,学生谎称:"刚才读书疲倦了,刚刚躺下。"仲淹问:"未睡的时候,在读什么书?"学生就胡乱说一本。于是仲淹就取书提问,回答不出就受罚。严师出高徒,四方从学者辐辏而至,好多日后的宋学名流都曾就读于此,如孙复、石介等。仲淹的初次教学,就出手不凡,显示出一个优秀教育家的潜力,这一段教学经历也为日后仲淹的积极兴办地方学校积累了丰富的经验。

在教学的同时,仲淹也积极关心政治,执教的第一年仲淹给朝廷上了万言书,提出了改革的主张,得到宰相王曾的赏识,于是晏殊便推荐仲淹到京城参加学士院考试,天圣六年(1028年)十二月,范仲淹守母丧期满,召为秘阁校理,跻身清流,开始立朝生涯。而这时候范仲淹已经40岁,从27岁中进士,如今已是沉沦下僚14年了。

宁鸣而死　不默而生

天圣时期是真宗皇后刘氏垂帘听政的时期。仁宗并非刘氏所生,但没有人敢告诉他真相,天性柔弱的仁宗对这位母亲也一直存在着深深的敬畏心理。天圣七年冬至,仁宗决定率领朝廷百官在会庆殿朝拜太后并为太后上寿。这等于以皇帝之尊行臣子之礼,有违礼制。满朝文武也对此不满,但没有人敢站出来反对。这种事情在两年前就发生过,当时也只有王曾委婉地提出过反对,也没有效果。现在旧事再演,大家自然也就见怪不怪了。这个时候,入朝为官不久的范仲淹却勇敢地站了出来。他上书仁宗和太后,指出天子自有事亲之道,有家人之礼,但无为臣之礼,不应该把自己降为同百官一样的地位,以南面之尊,北面行臣子之礼。仲淹还指出这样做有亏为君之道,也有损国威。长此下去,这样的事情自然会演为惯例,乃至成为制度,容易开母后干政之渐,不可以为后世开此先例。仲淹还提出了解决的办法，即仁宗率皇亲在内廷为太后祝寿，行家人礼。宰相率文武百官在朝堂向皇帝、太后同贺。

仲淹以一个小小的秘阁校理，入朝不足一年，竟然冒天下之大不韪，干涉皇帝家事，驳斥太后面子，这在当时因循已久的朝廷引起的震动可想而知。这也使得举荐范仲淹的晏殊大惊失色，因为举荐非人，是要受到牵连的。他把仲淹找来怒责了一番，他批评仲淹太轻率，出言无忌，有邀名之嫌，这样会给推荐者带来麻烦。仲淹刚分辩了几句，晏殊就不耐烦打断道："不要多说了，我可不敢去犯大臣之威！"仲淹回去后思虑再三，给晏殊写了一封长信，对自己的行为做了解释，仲淹说道："仲淹天性不以富贵屈其身，不以贫贱移其心。如果能得到进用，那么仲淹忠直敢言必有甚于今日，这样才算是对得起您的荐举。如果要找那种少言少过只知道明哲保身的人，那么天下滔滔，都是这样的人，您又何必推荐我呢！"其实晏殊比仲淹还小两岁，但成名非常早，他对范仲淹也确实非常赏识，对仲淹有知遇之恩，尽管立身之道有异，但仲淹对晏殊一直都是非常的感念，终生以门生之礼事之。

仲淹并不认可晏殊等人的批评，接下来又做了一件更为激进的事，就是上书请太后还政。仲淹认为仁宗已经20岁，太后垂帘听政也已7年，现在应该卷帘撤班，还政仁宗，自己到后宫颐养天年了。仲淹屡次触犯太后，终于被贬出朝廷，到河中府（今山西永济西）做了通判。第二年三月，改为通判陈州。两年后，明道二年（1033年）三月，刘太后在听政十年后去世，仁宗亲政，原来的一些因为触怒太后而被贬的官员都得到了提升，仲淹也被召回京城，担任了谏官。

刘太后死后，仁宗生母真相暴露，有很多官员开始上书指斥刘太后。这时候曾屡犯太后的范仲淹却为刘太后说了好话，他劝告仁宗："太后奉先帝遗命，保护陛下十多年。陛下应该忘其小过而念其大德。"仁宗这才醒悟。仲淹在刘太后活着的时候劝太后尽母道，在仁宗亲政后又劝仁宗尽子道，调护两宫，都是人所难能的事，不像很多人是看风使舵，见机行事。可见仲淹的犯颜直谏全是出于公心直道，而不是沽名钓誉。如果仅仅是为了自己的前程，又何必屡触龙鳞呢？这时候的范仲淹如果借着仁宗对自己的信任，谨言慎行，猎取高官厚禄自是不难。然而在所当言而循默不言又岂是仲淹的作风？仲淹刚回朝任职半年多，就再一次以言获罪。

仁宗的皇后郭氏是前朝名将之后，为人骄纵专横，仁宗并不喜欢她，但迫于刘太后压力，立为皇后。在刘太后在世的时候，她与仁宗还能够相安无事，太后死，郭后又多年无子，仁宗开始专宠尚氏、杨氏两位美人，这引起郭后的强烈不满。有一天，尚氏凭借仁宗的宠爱，当着仁宗的面讥讽郭后，郭后气急之下，朝着尚氏就是一耳光，仁宗急忙上前阻拦，结果结结实实地打在仁宗脖子上。仁宗大怒，有意废黜郭后。第二天上朝，仁宗指着脖子上的伤痕给执政大臣们看，很委屈的样子。宰相吕夷简本来就与郭后有矛盾，于是建议仁宗废后。消息传出，舆论大哗。仲淹上书极论不可，请仁宗绝此念头，以免引起混乱。仁宗在吕夷简的支持下绕过台谏下诏废后。被激怒的台谏官们在长官孔道辅和范仲淹的带领下全体出动，直奔皇宫，叩门大呼要见仁宗。仁宗便把这事推给了吕夷简，传旨去找宰相理论。吕夷简引东汉光武帝刘秀废后的典故作为仁宗废后的依据，仲淹责问道："那是光武帝失德，何足为法？其余废后的都是昏君，做宰相的怎么能劝圣上仿效昏君所为呢！"吕夷简被问得哑口无言，只好拱手道："这事明天请您自个对皇上说吧。"殊不知这是一个缓兵之计，孔、范等人刚刚到家，贬官的诏书就到了，天刚亮就被押出国门。

"重父必重母，正邦先正家。一心回主意，十口向天涯。"景祐元年（1034 年）正月，仲淹被贬往睦州，此时距离仲淹被召回京师仅仅八个月。在睦州，仲淹凭吊了东汉隐士严子陵钓台，重修了严光祠堂，写下了著名的《严先生祠堂记》，表彰严光"使贪夫廉，懦夫立，是有大功于名教"。廉贪立懦，又何尝不是仲淹的理想？"云山苍苍，江水泱泱，先生之风，山高水长"，称颂的是严光，又何尝不是 18 年后仲淹树立于人们心中的永远的墓志铭。

在知睦州几个月后，仲淹改知苏州，回到乡邦。仲淹在苏州的时间也不长，却做了一件传之久远的大事业，就是兴办苏州府学。仲淹在睦州的时候，就热心教育，将孔庙拓展，建置学校，调到苏州以后，仲淹除了治水救灾外，就是兴办教育。

据传仲淹在苏州南园买到一块地基，准备建房做以后定居的打算，有风水先生看过之后说道："此地当世出卿相。"仲淹听后道："果真如此的话，我不能据为己有。我家出贵人，怎比得上天下之士都能够受教于此，使代不乏贤！"于是将这块地捐献出来建了学校，这就是苏州府学。在建成之后，有人疑惑地问，这样是不是有点大？仲淹回答道："我倒是担心以后又会觉得小。"学校建成之后，仲淹又特地给当时著名大儒孙明复写信，请他到苏州讲学，"讲贯经籍，教育人才"。仲淹还作了一首《南园》诗："西施台下见名园，百草千花特地繁。欲问吴王当日事，后来桃李若为言。"表达自己对学校建成的欣喜和培育天下英才的期望。不愿自家世代踵贤，宁得天下贤才而育之，这样的博大胸怀，纵千百年间，又能几人？

仲淹在苏州待了也不到一年，景祐二年八月范仲淹又被召回京师做了侍从官。

仲淹被召回后，又积极言事，这使得宰相吕夷简很难堪，于是便提议任命仲淹做了开封府的长官，因为开封府向来公务繁忙，这样可以使仲淹忙于衙门事务而殆于言事。但仲淹将京师事务处理得井井有条，当时老百姓中有民谣流传："朝廷无事有范君，京师无事有希文。"不久，仲淹便再次与吕夷简发生来冲突。吕夷简做宰相，官员的进退多出其手，经常会有官员找吕夷简拉关系，走后门。于是仲淹就向仁宗上《百官图》，指明官员的进退，如何才是正常的、公平的，如何就是走了关系、破格的，希望仁宗不要把破格进退官员的大权全交给宰相。仲淹还指出吕夷简不是个称职的宰相，应当另外找人取而代之。吕夷简大怒，对仲淹说道："宰相的职责就是选拔人才，如果都是按部就班，那还要宰相做什么！"吕夷简认为仲淹迂阔，有名无实，并指控仲淹"越职言事，荐引朋党，离间君臣"，结果仁宗支持了吕夷简，仲淹被贬官饶州。

仲淹的三度被贬，震惊朝野。余靖、尹洙上书为仲淹鸣冤，结果同遭贬斥。欧阳修于是愤然致书谏官高若讷,强烈批评高若讷身为谏官而不能为仲淹说几句公道话,是不知羞耻。欧阳修还写道:"如果你还以为仲淹当贬,那我就是朋党之人,你把我的信交给朝廷来处理我好了。"高若讷真的就把信交给仁宗,于是欧阳修被贬为夷陵县令。范仲淹等四人被贬之后,大书法家蔡襄写了一首《四贤一不肖》诗,表彰范、余、尹、欧阳等四人,指高若讷为不肖。诗成之后,京师传诵,一时间洛阳纸贵,又通过契丹来的使者流传北国。

景祐三年五月,仲淹动身赴饶州。以前仲淹第一次因为言事被贬黜的时候,同僚在都门为仲淹饯行,称赞仲淹:"此行极光。"第二次贬官时,同僚又为仲淹饯行,道:"此行愈光!"这第三次贬出京城的时候,只有王质等几个好友在郊外为仲淹饯行,他们说道:"此行尤光!"仲淹也乐了,笑道:"仲淹已经前后三光了,要光到何时,才是了期啊。"这一次朝中绝大多数的官员由于害怕受到"朋党"的牵连,不敢相送,也曾有人劝说王质:"别人躲都躲不及,你有病,正好有理由不去相送,又何必自找麻烦呢?"王质回答道:"仲淹是天下贤者,我能成为他的党人,那是我的幸运。"后来这位王质成为了范仲淹的亲家。

这是仲淹短短数年间,第三次因为言事遭贬了。在很多同僚的眼里,仲淹当真是迂腐得可以了,不能珍惜自己的大好前程,总是与权要不合,结果屡屡遭贬。仲淹知道很多人都非议他,他自己也说道恐怕千载之下也难免迂阔之名,但他绝不后悔,"回头谏诤路,尚愿无壅遏",刚一到达饶州,仲淹就上《谢表》说道:"将来如果有机会再入朝,要更加直言极谏。"仲淹就是如此不恤流言,坚定不回。

在仲淹的第三次遭贬后,大诗人梅尧臣写了不少诗文表达了对仲淹等四贤的支持和赞美。在其中的一首《灵乌赋》中,诗人将范仲淹比喻为能够预卜吉凶的灵乌,它不顾自身安危将凶兆及时告诉人们,人们却把它当作凶鸟。接着尧臣又好意劝告道,以后应该结舌钳口,"勿噪啼兮勿睊睊,往来城头无尔累",少说话,少管闲事,自己逍遥就行了,这其实也是尧臣对仲淹的关切。仲淹读了后也做了一篇《灵乌赋》。仲淹借灵乌之口诉说道,灵乌预卜吉凶并告诉人们事先预防,却被当作凶鸟,恨不得折断它的双翅,置之于死地。灵乌当然可以自己远走高飞,而不必嘶哑了声音,冒着自身的危险告诉人们预防吉凶,可是为了保全自己而选择沉默,眼看着危险降临,那它还是灵乌吗?就像宝剑和美玉,"割而可卷,孰为神兵?焚而可变,孰为英琼?",既然身为灵乌,就无所退避,只能"宁鸣而死,不默而生!"

经略边疆　赋词言志

在贬官饶州的第三年,即景祐五年的正月,仲淹改官润州,十一月移知越州(今浙江绍兴)。就在这一年,已经平静数十年的西北边境突起风波,西北党项的首领元昊称帝建国,这不但深刻影响了北宋政治,也改变了范仲淹的人生轨迹。

党项人在唐代中期以后徙居庆州、夏州等地，同中原地区的联系日渐密切。到了唐僖宗的时候，其首领拓跋思恭由于协助平定黄巢有功，被赐姓李氏，封为"夏国公"，从此拓跋氏开始连续数世统有夏、绥、银、宥四州之地。宋太宗时期首领李继捧入朝，献出了银、夏等地，这引起了族内希望保持割据的贵族的不满，他们开始起兵反宋，经过李继迁和李德明的努力，不断尽复银、夏等地，还从宋朝手中夺取了灵州。真宗时双方讲和，德明称臣，宋则默认了他的实际割据的地位，双方保持了近三十年的和平局面，然而当仁宗天圣九年（1031年）德明去世，李元昊继任的时候，便不再满意于做"闭门天子"，图谋建国。1038年10月，元昊称帝，建立了大夏国，定都兴庆府（今宁夏银川），史称为"西夏"。康定元年（1040年）年正月，西夏进攻延州（今陕西西安），揭开大规模侵宋的序幕。

宋大将刘平从庆州出发入援，在延州西北的三川口陷入埋伏，全军覆没，大将刘平、石元孙被俘。西夏乘胜围攻延州，后由于天降大雪，夏军撤退。三川口的惨败，使北宋朝野猛醒，开始认真备战，并调整了陕西防务，另外寻找能够担当西事之人。

仲淹虽出身书生，但关心政事，也热衷军事，尤其是在北宋西、北两边强敌环伺的境况之下，抵御外侮，立功边陲也成为仲淹的一个心愿。仲淹在初举进士时，曾在一篇赋里写道："如令区别妍蚩，愿为金鉴。若使削平祸乱，谓就干将。"可见其当时的抱负。在仲淹入仕后的第二年，曾经去了一次河北。燕赵自古多慷慨悲歌之士，在这里，仲淹壮怀激烈，写下了《河朔吟》：

太平燕赵许闲游，三十从知壮士羞。敢话诗书为上将，犹怜仁义对诸侯。

子房帷幄方无事，李牧耕桑合有秋。民得袴襦兵得帅，御戎何必问严尤。

这一年范仲淹30岁。仲淹才兼文武，有安定边防的志向，不过当时刚刚踏上仕途的他怎么也不会想到以后自己真的会有到西北前线一展抱负、出将入相的机会。知延州范雍被降职他调后，韩琦大力推荐范仲淹可以担当重任，于是临危受命，从江南来到西北前线，与韩琦一起主持北部边境军事事务。这一年仲淹52岁。

范仲淹还在就任途中时，就上书举荐欧阳修、张方平等人才到自己的幕府来。除了欧阳修外，其他人都欣然接受了任命。欧阳修之所以不从仲淹，原因之一是他希望仲淹能够用他们共同的不得志的朋友梅尧臣。梅尧臣也是仲淹的朋友，他们很早就有过"京洛同逃酒"的经历，而且梅尧臣还注过《孙子兵法》，他自己也很想能够到前方去，但仲淹却没有用梅尧臣。仲淹曾经说道："幕府所辟须是可为己师者，否则，即使是朋友也不可。"仲淹大概是对梅尧臣的才能有所保留吧，然而两位朋友却从此交情破裂了。

到了延州以后，仲淹首先做的就是改变统兵方式。延州有守兵18000人，分属于三级将领，没有专人训练，也没有统一指挥，每逢敌人来犯，则官小的率领懦兵先出，位高者则率精兵逗留不进。范仲淹认为这是边兵不力的关键所在。于是将州兵分为六将，每将3000人，选六将分统，各自训练。遇到敌人来犯，再根据敌人数量多少，更出御敌。这种方式改变了以往"兵不知将，将不知兵"的弊端，后来王安石变法中的"将兵法"即滥觞于此。

在整兵的同时，范仲淹还严格了军纪，修复了堡寨，加强防御，不久又派兵深入夏境四十里，攻破白豹城。范仲淹在延州的措置改变了前任知州范雍在任时边境局势的被动局面，夏军再也不敢小觑延州的防守，相互告诫说道："无以延州为意，今小范老子腹中自有数万甲兵，不比大范老子可欺也。"

对于西夏问题，范仲淹是主张积极防御而不是进攻。他认为现在边防防卫之备不足，内地空虚，容易给夏军造成乘虚深入的机会，而国家承平日久，主动进兵征讨西夏的准备更是不充分，因此提出加强防守，坚壁清野，使敌人既不能大战，又不敢深入，日久自弱，这才是上策。为了加强延州的防守，仲淹派种世衡修筑了战略要地清涧城。种世衡率领蕃汉军民克服种种困难，深入地下一二百尺取地下水，终于修筑成功。清涧城的筑成加上其他几十座堡寨的修复或者重建，范仲淹所经营的边境防御体系渐有规模。

然而举荐了范仲淹的韩琦却是主张主动进讨的。韩琦给仁宗上书说道："以二十万重兵坐守边城，不敢与敌人角逐，令人痛心！"韩琦本来打算五路进兵，以袭西夏，仲淹不同意。韩琦派遣仲淹的朋友尹师鲁与仲淹商议进兵事宜，仲淹道："我师新败，士气不振，但当谨守，以观其变，不可轻兵深入！"师鲁叹道："您就是在这个方面不及韩公。韩公曾经说过，大凡用兵，应当先置胜负于度外。您为何要如此谨慎？"仲淹道："大军一动，万命所悬，怎么能够置之度外呢？"师鲁逗留了二十多天也没能说服仲淹，只好返回复命。

庆历元年二月，夏军逼近怀远，韩琦令大将任福、桑怿等率部出击，准备绕道敌后设伏。结果任福在击败小股夏军后开始轻敌冒进，在好水川陷入元昊十万精兵的包围，任福而下将佐死者五十余人，除千余人突围外，其他全部阵亡。当韩琦率人接回突围残部时，阵亡将士的家人数千人，手持故衣纸钱，号哭于韩琦马首，为逝者招魂："本来跟从招讨出征，今招讨归，而汝死矣，汝之魂魄，也能跟从招讨回来吗！"哀恸之声震天地。韩琦为之掩泣，驻马不前。仲淹听到后叹息道："这个时候，是难置胜负于度外的啊。"仲淹当然不是在冷眼看韩琦的笑话，实际上仲淹与韩琦还有尹师鲁都是非常好的朋友，仲淹从越州调到前线，也是韩琦用身家性命做的担保。但在这种国家大事上，仲淹认定自己是正确的，因此决不肯姑息，韩琦也没有因此而怨恨仲淹，这正是所谓君子和而不同的表现。

在好水川战役的前后，西夏派人到延州向范仲淹求和。仲淹给元昊写了回信晓以大义。不久，好水川之战失利，元昊的再次来书，态度转而强硬，信中多有傲慢不逊之语。仲淹觉得如果将这样的书信上报朝廷，有辱朝廷。于是就自作主张将信件烧毁，将一个做了删削的副本上进。仲淹认为自己这是从大局出发，顾全国体，孰不知"人臣无外交"，当时就有人提出按律当斩。宰相吕夷简和枢密副使杜衍都不同意重治，最后仲淹被降官知耀州（今陕西耀州区）。但仲淹这时候已经是名动列藩,是边防不可或缺的人物,因此仅仅两个月以后,仲淹就被重新起用,徙知庆州(今甘肃庆阳),委以方面。第二年四月,朝廷决定以文阶换武阶,任命范仲淹、韩琦等四位边帅为观察使,俸禄则从45贯提高到200贯。韩琦认为作为臣子,不当择官而就,接受了任命。仲淹认为自己不当贪此厚禄,又是文士,无力承担武帅之职,其他两人也上表力辞。

庆历二年秋,元昊再次发兵,进犯镇戎军。大将葛怀敏率军出击,元昊重施故伎,诱宋军深入,在定川砦将宋军包围,葛怀敏等16将力战而死,丧师近万人。范仲淹得知定川之败的消息,调兵六千,准备邀击夏军归路,不果而还。

十月,朝廷再次调整西北防务,在泾原设置陕西四路都部署司,由范仲淹与韩琦共同负责,统一指挥各路军事防务。同时又按照仲淹的请求,调文彦博知秦州,滕宗谅知庆州,张亢知渭州。除此之外,范仲淹还大力提拔、培养了一批军事人才,如"度量勇果、能识机变"的狄青,"足机略、善抚驭、得蕃汉人情"的种世衡、"忠勇敢战、身先士卒"的王信等等。他们中的许多人后来都成为边关名将,其中狄青后来还做到了枢密使。

在这个时期宋朝贯彻的对夏指导思想实际上就是仲淹提出的"以和好为权宜,以战守为实务"。一方面不绝和议之途,另一方面对于西夏的入侵则实行积极防御战略:"锐则避之,困则扰之,夜则惊之,去则蹑之。"具体作战战术则是:"彼寇其西,我图其东。彼寇其东,我图其西。"这不就是敌强我弱形势下的游击战略嘛。经过这样的调整布防和军事战略之后,宋军的防御确实有了很大的起色,西夏再也没有占到什么便宜。于是从三年正月起,宋夏开始和议,经过将近一年的谈判之后,庆历四年终于签订了合约。随着边疆局势的逐渐稳定,朝中的局势也发生了变化,范仲淹被调回朝中,投身于内政的改革当中。

仲淹前后在边关经理西事三年多的时间,身历边庭之劳苦,体验士卒异乡羁旅之边愁,写下了边塞词史上的开创之作《渔家傲》:

塞下秋来风景异,衡阳雁去无留意,四面边声连角起。千嶂里,长烟落日孤城闭。

浊酒一杯家万里,燕然未勒归无计,羌笛悠悠霜满地。人不寐,将军白发征夫泪。

独立寒秋,看衡阳雁去,听羌管悠悠,念功业未成,华发苍颜的将军如何能不忧愁幽思?据说欧阳修看到这首词后,很是看不上仲淹词中体现出来的这种悲苦,戏谑为"穷塞主之词"。后来他们的朋友王素也出守边关,欧阳修也作了一首《渔家傲》为之送行,其最后两句为"战胜归来飞捷奏,倾贺酒,玉阶遥献南山寿"。欧阳修满意地对王素说道:"这才是真元帅之事啊!"仲淹当初"敢话诗书为上将",何尝不是满怀豪情,立志收功边陲呢?若非身任边庭,亲历其中甘苦,又怎能体味词中苍凉的心境与悲苦?不在其位,不知其政之甘苦,仲淹刚刚身历边塞之苦,又在接下来的新政试验中饱尝为政之艰难。

推行新政　失败被贬

　　庆历三年四月,吕夷简罢相,章得象和晏殊继任宰相,杜衍为枢密使,范仲淹和贾昌朝为参知政事,韩琦、富弼任枢密副使。当韩琦、范仲淹两人应召进京之后,京城百姓都争相庆贺欢呼,大家相信,贤者进,天下安宁有望了。除了宰执之外,谏官调整也是极一时之选,欧阳修、蔡襄、余靖、王素等四人被任命为谏官,谏官有权对朝政不当之处发表意见,而欧阳修等四人都是年轻有为,敢于犯颜直谏之人,当时都以为选任得当,号称"四谏"。枢密使杜衍、范、韩、富等人都有着大致相同的政治主张,三年初的这个格局,标志着以仲淹为首的改革派的进入全盛时期。

　　当时宰相章得象年龄在 60 岁开外,他虽然位高,但夹在这个圈子里,他总是很明智地保持低调,经常在议事的时候闭着眼睛一言不发。另一位宰相晏殊是仲淹的老师,又是富弼的老丈人,而且晏殊为官圆滑,总是出来打圆场。韩琦、富弼两人都是三四十岁,加上四谏等一大批的追随者,在 55 岁的时候进入了宰执集团的范仲淹于是众望所归,成为领导政治改革的领袖,有了施展自己的抱负大展宏图的可能。然而在仲淹入京前发生的一件人事纠纷却为即将展开的新政投下了阴影。

　　宰执班子调整时,本来被任命为枢密使的是陕西的军政长官夏竦。但夏竦的任命遭到了台谏官的强烈反对,认为他在任边帅期间无所建树,且与宦官交结,于是仁宗收回成命,改任杜衍。时任国子监直讲的石介为此作了一篇《庆历圣德颂》,对范仲淹、富弼等人极尽赞美之词,对因遭弹劾而丢了枢密使的夏竦则极尽贬斥之词,称之为"大奸""妖怪"。《庆历圣德颂》爱憎分明,褒贬任情,无所顾忌,充满政治激情,具有很强的煽动作用。连远在四川当时只有八岁的苏轼都受到感染,为之神往。《庆历圣德颂》引起了夏竦一生的怨恨自不必说,连石介的老师、已经退隐泰山的孙复也非常不赞成石介的做法,他在读了《庆历圣德颂》后说道:"你的灾祸从此开始了。"正在途中的范仲淹读到后也是深为忧虑,对韩琦说道:"真是成事不足,败事有余啊,我们的大事就要坏在这班怪人的手上了。"仲淹是一个稳健的政治家,其论事一出于公,很少针对个人,不管对朋友还是政敌。石介的做法不仅不符合仲淹的性格,而且在仲淹看来如此偏激的言论对于实际的政治没有任何好处,反而激化了对立,授人以柄,为以后的改革增大了难度。

　　庆历年间,改革的呼声高涨,很多人都提出了自己的改革主张,在经过了几个月的观察和深思熟虑之后,九月份,范仲淹提出了包括十项内容的改革方案。这十项内容可以概括为三个方面,一是整顿吏治,有 7 项,一是发展经济,有 2 项,一是加强军备,有 1 项。显然,整顿吏治是这次改革的核心。其中"明黜陟""抑侥幸""择官长"三项与各级官员们的切身利益最为相关。

　　本来宋代官制,文武百官各以三年、五年为期,由中央考核政绩,没有大的过失,都可以例行迁转,年资几乎成为唯一标准,这就造成了很多的不求有功但求无过的尸位素餐者。"明黜陟"就是严格考核的办法,延长考核的年限,以政绩优否决定升迁。

"抑侥幸"则是针对官员的恩荫制度。官员子弟可以不经考试,以恩荫得官,逢皇帝登基、生日或者国家典礼,以及官员退休、去世,都可以为子弟甚至门客求官。每年考恩荫得官的人数远远超过了靠科举得官的人数,造成了冗官和冗费的问题。仲淹的新法对官员的任职年限、品级、可荫补子弟的年龄、数量等等都做了很多的限制,比如长子以外的子孙年满15,弟侄年满20,才具有荫补资格。更重要的是,所有靠荫补得官的子弟必须通过相应的考试才能够入仕为官。

"择官长"就是要严格地方官员的选任。仲淹认为州县的地方官员作为亲民官,得人与否,直接关系到老百姓的疾苦,主张将年老多病、贪浊不才等不称职的官员罢免。仲淹还建议朝廷派出能干的官员担任转运使、按察使等职,考察各路地方官员的政绩。对于转运使等路一级的官员仲淹亲自检查,遇到有不合格的就大笔一挥,一一勾除。对于仲淹的严厉,富弼感到有些不妥,就劝阻仲淹道:"一笔勾掉一个人容易,可是被勾掉的一家可都要为之痛苦了。"仲淹回答道:"一家哭总比让一路哭好吧!"

仲淹的这些改革自然触动了大批官员的切身利益,因此改革从一开始就遇到了来自各方面的阻力,为了达到攻击范仲淹的目的,有人再次提出了"朋党"问题,说仲淹拉帮结派。要知道,六年前仲淹就是被指为"朋党"而被第三次贬官的。这一次的发难者是夏竦。夏竦与宦官蓝元震交结,攻击蔡襄曾誉范仲淹、欧阳修、尹洙、余靖等四人为"四贤",现在四人得志,又提拔蔡襄,这是以国家爵禄为私人恩惠,是朋党胶固。仁宗是一个仁慈但缺乏决断力的人,听了流言不免疑惑。就问仲淹:"自古只有小人会结成朋党,难道君子也会结党吗?"仲淹回答道:"物以类聚,人以群分。自古以来,邪正没有不各为一党的。如果君子结党为善,这对国家有什么不好呢?"范仲淹的这个观点与欧阳修相同。欧阳修针对朋党问题写了一篇《朋党论》,针对"君子不党"的传统观点提出新见解,指出小人没有朋党,只有君子才有朋党。小人们只是为了追逐名利,才暂相结合,那是伪朋,而君子则是志同道合,只有君子才会有真正的朋党。范、欧的观点诚然新鲜,不过最打动仁宗的却是:你们果然是在结党。

夏竦的后续反击越发阴狠。夏竦让自己的女奴苦练石介的书法,然后将石介写给富弼的一封信中的"行伊、周之事"篡改为"行伊、霍之事"。做"伊、周"就是做像古代的伊尹、周公那样的辅佐天子的贤臣,行"伊、霍"之事,则是像西汉霍光那样搞废立,一字之异,含义全非。流言传出,仁宗尽管不能相信,而仲淹、富弼却是不能自安于朝,于是两人请求出朝巡边,四年八月,仲淹以参知政事身份宣抚河东,富弼以枢密副使宣抚河北。

仲淹在路经郑州的时候,特地去拜会了前任老宰相吕夷简。吕夷简问道:"参政这一次为什么要出使宣抚啊?"仲淹回答说是要去经营西北边防事务。吕夷简笑道:"你错了。经制西事不如在朝廷方便。"老练的吕夷简一下子就点出了问题的核心所在。尽管是带着参知政事的头衔出使,但人一去朝廷,则权力不免旁落,更经不住政敌的反击,只能是西事、新政两无成。

这一年的十一月,监进奏院苏舜钦吩咐把进奏院里积存的废纸卖掉,置办酒席与同僚们按照惯例迎接一年一度的赛神会。苏舜钦是宰相杜衍的女婿,也是范仲淹推荐的人才,参加宴会的王益柔、宋敏求等十几人也大都是范仲淹所引荐的。在宴会中王益柔所做的《傲歌》中有"醉卧北极遣帝扶,周公孔子驱为奴"的句子,御史中丞王拱辰得知后让手下御史弹劾苏舜钦、王益柔等挟妓饮酒,诽谤周、孔,大不敬,该处以极刑。仁宗派人连夜逮捕了与会者,令开封府审讯,结果受到仲淹推荐的苏舜钦等12人受到除名停职的处罚,贬出京师。王拱辰兴奋地说道:"这一下一网打尽了!"

王拱辰是欧阳修的同年进士,富有才华,在仲淹入朝前正是他率领谏官扳倒夏竦。可见王拱辰原本与新法派并无矛盾。但不久后被欧阳修批评他率领的御史台"多非其才",结果把王拱辰反而推向了反对者的行列。此后御史台多次弹劾改革派的官员,最后终于借苏舜钦事将仲淹之党一网打尽。

此事发生之后,在外的范仲淹越发心中不安,于是上奏朝廷请求罢去参知政事一职。仁宗本来准备顺势准奏,这时候仲淹的同僚章得象出主意道:"范仲淹素有虚名,如果刚一请辞就同意,恐怕别人会说朝廷轻黜贤臣,不如先赐诏不允。如果仲淹上谢表,那他的请辞就是挟诈要挟君上,这时候就可以罢去了。"素来忠直的范仲淹以为仁宗是真心挽留,于是就上了谢表。果然再遭暗算。同时,富弼也被指责为任用朋党,排斥异己。庆历五年正月,仲淹出知邠州,富弼出知郓州。20天后,支持范、富的杜衍罢相,二月,韩琦罢枢密副使,出知扬州。至此,庆历新政的主持者及其支持者几乎全部被驱逐出京。新政推行的措施也大多废罢。

政敌们以"朋党"来打击范仲淹等新政派,应该说下手确实很准。就像欧阳修指出的,小人要迫害良善,最好的办法就是指为朋党,要想攻击大臣,最好的办法就是诬蔑以专权,这都是历来君主所最忌讳的。

仲淹后来分析新政的困境时说道:"革姑息之风,则谋身者切齿。尚循默之体,则爱国者寒心。退辜上恩,进敛群怨。诚难处于要路,复请行于边鄙。"不管怎么做都会有人反对你,仲淹感到无可奈何,唯有去其位,不复谋其政了,只能怀着失意的心情再次踏上贬谪之路。

感叹斯人　吾谁与归

仲淹向来把仕宦之路看作是"宠辱场",他向来不否认自己是宠辱场中之人,不过他与别人最大的不同之处在于,虽人在场中,而能做到宠辱不惊。到了邠州以后,仲淹上谢表,其中写道:"不以毁誉累其心,不以宠辱更其守。"不久在诗中,仲淹又写道:"我亦宠辱流,所幸无愠喜。进者道之行,退者道之止。矧今领方面,岂称长城倚?来访卧云人,而请益诸已。"表明自己不以物喜、不以己悲、宠辱不惊的素志。

不过这一次邠州之行对仲淹的打击还是远远超过了以前的三次贬谪。自己一心为公,不为身谋,想不到却落得个结党营私的名声,更重要的是人去政息,一番刷新政治的努力也化为乌有。仲淹不禁自己安慰自己:"欲少祸时当止足,得无权处且安闲。"但这种情绪毕竟只是一时的托辞。

比仲淹更为感伤、愤懑的则是滕宗谅。滕宗谅富有才气,勇于任事,和仲淹一样,非常重视教育,在做地方官的时候,曾多次兴建学校,在宋人王辟之的笔记《渑水燕谈录》曾称庆历年间滕宗谅"治最为天下第一"。滕宗谅是仲淹的同年,也是至交好友,仲淹对他非常推重,称其为"吾人之英"。在同西夏作战的时候,滕宗谅是仲淹大力提拔和重用的人。但在庆历新政中,滕宗谅遭到了贪污公款的弹劾,有人控告他在庆州一次就花掉公款 16 万贯。仲淹和欧阳修都极力给滕宗谅辩护,后来也查明这些钱除了馈赠给羌族首领 3000 外,其他都是用于军队正常开支,但滕宗谅还是以枉费公钱而贬官,而且是数月之内,连贬两次,庆历四年初,贬往洞庭湖边的岳州。这对一向豪迈自负的滕宗谅不啻是一个沉重的打击。滕宗谅在岳州自伤怀才不遇,忧郁愤激,见于颜色。滕宗谅到了岳州不久,就重修岳阳楼。曾有人预祝岳阳楼的落成,宗谅回答道:"落甚成?只待凭栏大恸数场。"仲淹深知宗谅脾性,不禁为之担心。恰好滕宗谅为岳阳楼索文于仲淹。

庆历六年九月十五日,仲淹应好友滕宗谅之请,写下了名传千古的《岳阳楼记》:

不以物喜,不以己悲。居庙堂之高,则忧其民。处江湖之远,则忧其君。是进亦忧,退亦忧,然则何时而乐耶? 其必曰:先天下之忧而忧,后天下之乐而乐乎!

这是仲淹自抒胸臆,也是对好友的劝勉,他希望滕宗谅忧以天下,乐以天下,能够从自己的忧郁中走出来。然而仅仅半年之后,滕子京就因病去世。仲淹悲伤不已,在祭文中,仲淹写道:"我固当悲,同年之朋。忠孝相勖,悔吝相惩,闻其凋落,痛极填膺。生平意义,忽如弗曾。"仲淹还承担起了教养好友遗孤的责任:"独有令嗣,堂构可承。我其抚之,必教而称。子京勿恤,魂兮高升!"

仲淹的哀伤远没有结束。仅仅一个月之后,尹洙(师鲁)又去世了。尹洙也是仲淹曾经举荐过的人,两人情谊在师友之间。仲淹在景祐三年第三次遭贬时,尹洙曾愤然上书请求与仲淹同贬,是当时所谓"四贤"之一。在对西夏作战期间,尹洙则站在主张进攻的韩琦一边,韩琦派他劝仲淹出兵,却遭到了仲淹坚决地拒绝。但主张各异,并不影响双方的情谊。新政失败后,尹洙也遭贬。在贬所,地方官为了迎合朝廷权贵,对正在病中的尹洙极尽折磨。仲淹得知后,上书请求允许尹洙到自己所在的邓州治病。尹洙转到邓州后,仲淹亲自调护,然而尹洙最终还是病重不治。仲淹为尹洙料理了丧事,又分出自己的俸禄抚恤师鲁遗孤。去世后,仲淹还请了欧阳修为尹洙作墓志,韩琦为之作墓表,自己也做了祭文,并为尹师鲁的文集作了序言。仲淹对于师鲁,可谓完全尽到一个好友的责任。

仲淹是一个交游广阔的人,他的文集当中涉及交游唱和的诗作占了其全部诗作的一半,涉及人物87人,加上其他文章中所提到的人物,总数就超过一百了,其中既有像滕宗谅这样的同年至交,也有像欧阳修、韩琦这样的忘年好友。有吕夷简这样的化敌为友,也有像梅尧臣这样的半路朋友。仲淹交友的原则是"唯德是依,因心而友",一切出于真诚。实际上,真诚,不欺,也是仲淹的做人原则。

庆历六年元月,仲淹到达邓州。三月,本地人贾黯状元及第后来拜谒仲淹。仲淹对这位比自己年轻30多岁的后辈颇为推许,说道:"你不用担心功名之事,只有'不欺'二字,可终身行之。"贾黯后来果为名臣,他日后常常对人说道:"我得知于范文正者,平生用之不尽啊。"后人也为之感叹,"得文正公二字,足为一代名臣啊"。

仲淹在邓州的前后数年中,虽不乏贾黯这样的新知,但故交渐零落,先后有十数位好友去世。仲淹连续写着自己好友的墓志、碑铭和祭文,真是情何以堪!而仲淹自己的身体也是越来越糟糕,青年时期的清苦,中年以后的戎马生涯和宦海浮沉,都严重损害了仲淹的身体,"年高气衰,精神耗竭,事多遗忘,力不支持",仲淹感到自己的病体已到了"虽死难言"的地步。他给自己的异母兄仲温写了一封信,其中写道:"千古圣贤,不能免生死,不能管后事,一生从无中来,却归无中去。谁是亲疏?谁是主宰?既然无奈何,即放心逍遥,任委来往。"

皇祐四年(1052年)五月范仲淹病卒于徐州。

范仲淹"先天下之忧而陇,后天下之乐而乐"的名言在宋代就已经成为士大夫之间的座右铭。朱熹曾特别指出仲淹在振作士大夫名节上的开创之功,他说道:"范文正公自做秀才时便以天下为己任,无一事不理会过。"宋代士大夫的砥砺名节以及政治主体意识的高度自觉,无一不是始于仲淹。仲淹居庙堂之高,则忧国忧民,处江湖之远,则兴学教士,富贵、贫贱、毁誉、欢戚,不能移其素守,千载一人,岂虚言哉!

不过虽以仲淹之纯诚,在他的时代,却是不免迂阔之讥的。比如先有宰相吕夷简曾说仲淹是"迂阔,务名无实",后又有宰相章得象说仲淹是"素有虚名",连仲淹视为恩师的晏殊都曾经认为仲淹直言极谏是在邀名。仲淹自己也说过"岂独世所非,千载成迂阔",感到自己不仅在当时不能为大多数人所了解,恐怕以后也免不了迂阔的名声。因此我们知道,在那个承袭唐末五代忠义荡然的风气影响之下,仲淹的出现是显得多么的特立独行,仲淹的操守和士大夫的责任感,都要超出众人很多,孤标傲世,不免众人之毁,而要守其素志,又是多么的艰难。又有多少人能够真正了解仲淹不以一心之戚,而忘天下之忧的博大胸怀呢?正像仲淹在烈士暮年所喊出的:微斯人,吾谁与归?

　　仲淹去世的时候,在相隔不远的舒州,一个年轻人作了《祭范颍州文》,他称赞范仲淹:"呜呼我公,一世之师。由初讫终,名节无疵。"他为范仲淹的去世深感痛心:"硕人今亡,邦国之忧!"他感到自己可能会有负仲淹的期望:"刿鄙不肖,辱公知尤!"这个年轻人是王安石,时年32岁。仲淹去世15年后,有王安石变法。

铁面无私　惩恶除奸

——包拯

名人档案

包拯: 字希仁, 庐州合肥(今安徽合肥)人, 生于北宋真宗时期, 仕宦则全部在仁宗时期, 卒于开封, 谥号孝肃, 是仁宗时代的名臣。以清廉公正闻名于世。

生卒时间: 999 年~1062 年。

安葬之地: 葬于合肥市内包河南畔林区。

性格特点: 为人刚直, 既不两面三刀, 更不会搞阴谋, 从不趋炎附势看颜色行事, 更不说大话、假话。大公无私, 不谋私利, 他一生俭朴。

历史功过: 包拯做官以断狱英明刚直而著称于世。知庐州时, 执法不避亲党。在开封时, 开官府正门, 使讼者得以直至堂前自诉曲直, 杜绝奸吏。立朝刚毅, 贵戚、宦官为之敛手, 京师有"关节不到, 有阎罗包老"之语。

名家评点: 历史上的包拯, 不愧为值得肯定与歌颂的政治家、改革家与法律专家。他为民请命的一生, 将永远使人怀念。

廉洁奉公　宽民利国

包拯是庐州合肥人, 出身于一个并不富足的地主家庭。生于北宋咸平二年(999 年)。在他还是青少年的时候, 当时的翰林学士刘筠出任庐州知府。他工诗、善文,才华超众,尤其是满身正气,是人们所称颂的清官。他因为和当政的奸相丁谓不和,所以才要求外任的。刘筠非常重视人才,对包拯的才干特别赏识。而刘筠的言行,也为包拯起到了很好的榜样作用。包拯读书非常刻苦,他在北宋天圣五年(1027年)中了进士。按照宋朝的规定,考取进士之后,便可以为官。于是包拯就被朝廷派到建昌县(今江西水修)任职。可是包拯认为自己的父母亲年事已高,应该尽孝,奉养双亲,所以他向朝廷请求回到安徽,在和州(今安徽和县)做官。可是,父母亲仍旧希望儿子在自己身边,包拯于是辞职回家,在家孝敬父母,直到双亲相继去世。包拯守丧期满,仍然不想离开故土。他在亲朋好友的劝说下才出来为官,因为他极有孝道,所以深受家乡人称道。

到了宋景佑四年(1037年),包拯离开了家乡,来到了天长(安徽天长)县任知县,这时,包拯已是四十岁左右的中年人了。在此任职期间,颇有政绩。尤其是他能明断疑案,为当地人所称颂。有一天,这个县里发生了这样的一个奇怪的案件,有一个农民在夜里把耕牛拴在牛棚里,可在早上起来时,却发现牛躺倒在地上,嘴里还淌着血,他赶紧掰开牛嘴一看,原来牛的舌头竟然被人给割掉了。这个农民又是气又是心痛,于是就赶到县衙里面来告状,要求包拯为他追查这个割牛舌的人。这该如何去查呢?包拯想了一下,有了主意,他就对告状的农民说:"你先不要声张,你回去先把你家的牛宰了再说。"农民本来舍不得把耕牛宰了,依照当时的法律,耕牛是不得私自屠宰的。可是这样一来,被割掉了舌头的牛也会活不了多少天;再说县官叫他宰牛,也就用不到害怕犯法了。那农民回家之后,果真马上就把耕牛给杀掉了。到了第二天,天长县的衙门里就有人来告发那农民私宰耕牛。包拯问明了情况,当时脸就沉了下来,大喝一声,说:"你好大的胆子,竟然偷偷把人家的牛给割了舌头,反倒来告人私宰耕牛?"那个人一听就吓呆了,伏在地上一个劲儿地直磕头,并老老实实供认牛的舌头确实是他割的。原来,这个割牛舌的人和那个农民有冤仇,所以他先把牛的舌头给割了,然后又去告发牛主人宰牛。自从这件事之后,包拯审案的名声就逐渐地传开了。

在康定元年(1040年),包拯又来到端州任官。端州当时出产一种很有名的砚台,名叫端砚。这种端砚每年都要向朝廷进贡。因为当地官吏和豪绅等人的层层加码和克扣,虽然这种端砚的产量很多,可是却变成了当地百姓的一种沉重负担。在他之前的几任县令,都是肆意地加上几十倍的数目,从中获取大量民财。但包拯与他们完全不同,自从到任端州以来,明确下令豪强官吏,不得贪污,只能按照朝廷规定的数量,向朝廷进贡,绝不能给百姓加码。所以,直到他最后离开端州的时候,他的桌案上也没有一块当时全国闻名的"端砚"。当地的老百姓们知道后,便特意精制了一方来送给他,可最终还是被包公婉言谢绝了,包公的"不持一砚而归"就是由此得来的。

包拯一连做了几任地方官,他每到一个地方,都会把一些苛捐杂税给取消,而且还会清理了许多的冤案。因为包拯铁面无私、为人正直,所以他得到一些朝中大

肇庆包公祠

臣们的赏识。庆历三年(1043年),朝廷把包拯调到都城开封。这是他自进京考试之后,第二次来到京城。包拯当时被任命为监察御史。尽管监察御史没有多大的实权,可是对包拯来讲,却非常重要。因为这样一来,他就可以直接参与朝政,事实上,包拯在担任监察御史期间,确实对北宋的内政外交提出过许多的批评和改进办法,并且还出使过辽国,出色地完成朝廷交给的任务。包拯在出使辽国时,辽国曾经屡次对他加以刁难,可是包拯不卑不亢,义正词严地据理力争,有力地维护了国家尊严。他回国后,马上将在辽国的所见所闻写了总结,向朝廷做了报告。他说,辽国现正在山西的北部集结兵马,聚粮屯草,其意图可说是人人皆知,对此朝廷不可不防。他向朝廷提出建议,一定要加强山西宋辽边境的代州(代县)、应州(应县)雁门关一带的战事准备,在此之前,辽国之所以会蚕食宋国边境的领土,是因为当时守护边防的人胆小怕事,不敢对外敌进行抵抗,如今朝廷应该下令这些守边的大臣,要严加防守,不能再出现丢失寸土寸地的事情。另外,原来的守将,在军事及作战方面都是外行,为此朝廷应该派懂得军事的人去进行领导和指挥队伍。朝廷采纳了包拯的这些意见,由此加强了河北、山西一带宋辽边境的防卫。更难能可贵的是,包拯对宋代当时存在的冗兵之害有比较清醒的认识,并主张裁减"老病冗弱",由此加强了部队的战斗力。与此同时,他还提出要加强边境民间义勇的训练。在宋朝立国之初,为了防止武将专权,曾经使将士们调动频繁,结果造成了兵不知将、将不知兵的弊病。包拯认为朝廷的这种政策应加以改变,使得那些将官有职有权,不要轻易将他们进行调动。包拯在建议加强国防和军事力量的同时,并不给百姓增加负担。包公在奉命出使辽国的途中,发现那些负责迎送外交使者的三番官员经常借机在沿途勒索当地的百姓和地方的官员,边境的人民难堪重负,叫苦不迭。包公发现这种情况后,立即向皇帝上书,说明情况,请求大大地缩短三番官员在边境的停留时间,不准吃请送礼。仁宗采纳了包公的这个建议,很快下诏,加以实行,由此一来,边境百姓的负担便减轻了很多。当时中原地区,特别是河北、山西的农民,多受运送军粮之苦,包拯提出,在丰收之年,政府可以购买当地农民产的粮食,然后储备起来,作为今后的军粮,由此减少了运输上的困难。

　　庆历六年（1046年）的夏天，包拯被调任为三司户部判官。当时的三司是中央财政机构，户部掌管全国户口、两税等事务，户部判官协助三司使的工作。当包公担任三司户部副使时，他总是不辞辛劳，深入到下层去体察民情，救百姓于水火之中。有一次，江南地区发生了旱灾，当地的百姓们饥饿得难以为生，包拯了解到这种情况后，马上下令打开官仓放粮救济百姓，以解燃眉之急。可是开仓放粮是件大事情，按惯例是必须事先向朝廷请示的，等得到批准后才能打开粮仓救济百姓。可是当时的情况十分紧急，如果按程序走的话，将文书送到京城，再等皇上批示下来，那需要等上几个月的时间，如此一来不知道要饿死多少人。因此，包公在派人急奏朝廷的同时，很果断地命令开仓放粮，这一来，就使得很多百姓都免受了灾难之苦。还有一次，江淮一带受到天灾，当地的百姓已经出现了缺粮断炊的情况，可是地方的官吏们为了个人的前程，竟然隐瞒灾情，置百姓的生命而不顾，故意向朝廷虚报政绩，讨好自己的上级，好有利于自己的升迁。不但如此，他们还反过来逼迫百姓们交粮卖米。当包公了解到这种情况之后，马上就给皇帝写了一道《请救济江淮灾民疏》的奏章，请求纠正那些不法官员误国害民的恶劣行为，并根据事情的严重程度给予严惩。皇帝同意了他的建议。因此，包公就被江淮的百姓称为"再生父母"。后来，包拯还曾经先后担任京东、陕西、河北转运使，转运使负责一路（相当于省）的财政、监察等行政事务。在地方上，包拯特别重视体察民情，要求朝廷让老百姓休养生息，从而才能安居乐业。过了两年，包拯被召回到开封，提升为户部副使。在这期间，他曾前往河北解决军粮的问题，又曾到过陕西解决运城（今属山西）的盐业问题。在河北，他奏请朝廷把用来养马的田地都归还给地方和农民。在山西运城的时候，他改革盐法法令，以便利于商贩经营盐业。因为当时宋仁宗实行的食盐官营专卖制度，存在着很多的弊端。使得当地人只得背井离乡，因此，食盐供应成了一个难以解决的大问题，这直接影响到百姓的生计。为了解决这个难题，包拯专门到陕西的解州（今山西运城）考察当地的情况，回来之后，他马上向朝廷做了报告，请求废止这种官营专卖制度，让那些商贩们进行自由经营，如此一来，由原来的官方垄断，变成了允许商人买卖。国家不但增加了税收，而且解除了百姓为政府搬运官盐之苦，而且这样做同样有利于食盐的流通，大大地方便了百姓，真可谓是一举两得。仁宗采纳了包拯的建议。施行了新的食盐通商法之后，效果非常好，国家的收入非但没有减少，而且还相应地增加了很多，百姓们也不再为吃盐而犯愁了。稍后一些的北宋政治家、科学家沈括曾经称赞这一制度："行之几十年，至今以为利。"除此之外，包拯还主张朝廷丈量那些地主豪强的土地，以防止他们漏税逃役。他还鼓励民间采矿炼铁等等。

不畏权贵　铁面无私

　　包拯在皇祐二年（1050年）被擢升为天章阁待制、知谏院。天章阁是存放朝廷图书文献的地方,待制之衔,有名而无权。而知谏院即兼任谏官之职,却相当重要。谏官的任务是就向皇帝进谏朝政的弊端,它涉及朝政的各个方面。包拯在兼任谏官期间,不但对横行不法的权臣给予抨击,而且对时政的许多方面都提出了革新建议。为此,他说了好多皇帝不爱听的话,痛斥奸佞大臣,请求罢去皇帝赐给亲信官僚们的恩宠,一切改由主管机构以正常的秩序进行。他还把唐朝魏征给唐太宗的三道奏章写了出来,呈交给宋仁宗为座右铭,希望他时刻提高警惕,以国家大事为重。并请求仁宗能虚心纳谏,明辨是非,不要搞先入为主,偏听偏信,而要注意爱惜人才,去除那些苛刻严正的刑禁,禁止妖言邪说,不要随意的大兴土木……朝廷大多能够采纳施行。在用人等方面,更是提出了很多切合实效的看法和建议。对那些处事不当,行事不法的官僚,包拯都能给予严厉的弹劾。曾经出现过这样一件怪事,就是转运使王逵向皇帝递上了一个状子,告陈州地方官任中师对百姓进行盘剥,故意多收钱粮。可是任中师在当地百姓的心目中却是非常廉洁的。王逵为什么会告状呢?他是不是恶人先告状?朝廷要派人到陈州去做一番调查。朝中的官员都畏惧王逵的权势,无人愿意前往。包拯为了弄清事情的真相,为民除害,就毅然地来到陈州,经过详细调查,包拯掌握了大量的证据,回到京城后,包拯立即向皇帝做了报告,他说向百姓任意进行搜刮,引起百姓大为不满和无法生活的,正是转运使王逵。同时,包拯要求朝廷将王逵撤职查办,要他把多收的钱粮都归还给当地的百姓。

为了能够有力地惩治贪官,他在庆历四年(1044年)向仁宗上疏《乞不用赃吏》,主张用人要用忠直的君子,不能用奸邪的小人,而且建议提拔一心为国的有才能、公正廉明的人来做官。他曾七次弹劾"苛政暴敛"的转运使王逵,接下来他又不畏风险,极力将皇帝的那些能力平庸的亲戚罢去官职。包拯任职30多年,在他的弹劾下,被降职、罢官、法办的重要大臣,就不下30人。这个数字可说是相当惊人的,是亘古以来少见的!他有时为了惩办一个人,或为了一个案件,往往要奏上三本、五本、七本,甚至于接连奏上好多本,就如同连珠炮一般,不达目的决不罢休。而这些被弹劾者往往都权势显赫,有后台有靠山。有些人甚至比包拯的官职还要高。可是包公敢于据理力争,不畏他们的权势所压,这种大无畏的精神,深受人们敬叹。比如他曾经六次弹劾张尧佐,曾震动一时。张尧佐是张贵妃的伯父,原来在地方上担任推官、知县、知州等小官。自从张贵妃得势以后,他就被提拔到了京城,不久就当上了三司户部判官,户部副使。时间不长,他又被提升为天章阁待制、吏部流内铨(管理官员的任用),接下来又被晋升为兵部郎中、权知开封府。他刚加封龙图阁直学士,又被晋升为给事中、端明殿学士,直至正式担任了三司使。他一年之内就接连晋升四次,可以说是扶摇直上,这使得朝中的许多官员感到吃惊不已。

三司使是户部副使的顶头上司,当时包公正好担任户部副使,他亲眼看到张尧佐品行恶劣,才学平庸,实是不堪重用之人。当包拯被调入谏院之后,他便马上着手整顿朝纲朝纪，端正朝风，他和谏官陈旭、吴奎等人对张尧佐提出弹劾，展开了抨击，包拯指出，张尧佐实在是个不堪重用的庸才，建议仁宗皇帝把他调离三司的职位，降职使用，改授其他闲散的职务。过了一个多月的时间，张尧佐非但没有被降职，反而还被提升为比三司职务还要高的宣徽南院使，并同时兼任另外三项重要职务。显然，这次弹劾失败了，张尧佐的势力也由此变得更大了。其实事情很明显，仁宗皇帝是有意要挫一挫谏官们的锋芒。皇帝的任命一宣布，朝臣们就议论纷纷，大多人都有不平之态。包公在第三天的时候，就又上了第二个奏章，他更加尖锐地指出张尧佐是在窃据高位，真是不知羞愧！他的用词异常的尖锐。可是过了几天，仍然没有什么动静，包公于是干脆来个趁热打铁，发动了第三次弹劾，深刻地指出张尧佐一日而授四使，是前所未有的事，这会使得朝臣之心不安，不仅仅是破坏了祖宗的章法，损害了当今皇上在天下人心目中的威信，而且对国家社稷也是大大的不利。可是，仁宗皇帝仍然没听进这些意见。这时不但唐介、张择行、吴奎群起参加弹劾，而且平时很和气的御史中丞王举正也由此挺身而出，批评张尧佐所得恩宠过重，如此一来会使得那些忠臣齿冷，贤士心寒，如果不采纳建议，就请罢免我御史中丞之职。这次谏奏已经发展到大臣要掼乌纱帽了，可是仁宗仍然下不了决心。王举正此时不得已，便要求皇上进行廷辩，也就是和仁宗当着面进行净谏。

就是在这次廷辩中，包公当众作了长篇的发言，他措辞极其激烈，情绪也颇为激动，甚至都把唾沫溅到了仁宗的脸上。当时，满朝的文武大臣无不骇然失色。包公的话，把仁宗弄得非常尴尬，他最后只得灰头土脸地回宫去了。这次廷辩震动了朝野上下。后宫中的张贵妃也知道了，她聪明多智，想法从中进行疏通，接下来，张尧佐自动向朝廷请求辞退免去了一些职务。可是仁宗皇帝只是玩了一个缓兵之计，刚过去几个月，又把宣徽使的重职给了张尧佐。包公马上又和吴奎联名上了奏章，奏章中指出张尧佐这个人贪欲太大，不能让他的私欲得逞。过了四天，也不见回音，包拯又向皇上递了奏章，他提醒仁宗，皇上不可把大恩频频给人，否则就会降低了君王的威信；对于群臣的舆论，不可一意固执地进行违背，如果抵触过分了就会失去人心，造成朝政的动乱。他的这次劝谏，终于把仁宗给说动了。至此，张尧佐再也没有得到升迁。这六次弹劾张尧佐，是包拯一生许多重大经历中的一件。由此，我们可以看到他那刚正不阿、大奸必摧、敢当风险的气魄。

在包拯看来，对朝廷起不到建树作用的平庸之辈，不管他官职有多大，都必须下台。他建议改革选人、用人制度。主张官员年龄到了七十岁就必须离职。还进一步揭露了那些不愿离职的官员是只知为个人的子孙后代盘算，只为私利的人。他主张不能随便地对任何人封官许愿，即使是因父亲的功劳而袭职的子孙，也要通过考试。这些都有效解决了冗官问题。包拯并不反对范仲淹主持的庆历新政。当新政遭到失败后，许多官员因此受到处分，可是包拯却肯于出面为这些敢作敢为的官员鸣不平，主张起用他们。两年过后，包拯被改命为龙图阁直学士，这也是个虚衔(从此人们又称他为包龙图),并且又一次使他离开了京城,到河北、庐州、池州(今安徽贵池)、江宁(今江苏江宁)等地任地方官。后来,宋仁宗为了整顿一下开封的秩序,才把包拯调任到了开封府知府。

坐镇开封　惩恶除奸

　　嘉祐元年(1056年)年十二月,朝廷任命包拯任开封知府,他于次年的三月开始正式上任,到嘉祐三年六月离任,前后虽然只有一年多的时间。可就在这短短的时间内,他把号称难治的开封府给治理得井井有条。自从范仲淹施行新政失败以后,北宋的朝政就日益腐败,尤其是在京城开封府,权贵大臣贪污受贿的风气极为严重;那些皇亲国戚更是肆无忌惮,根本就不把国家的法度放在眼里。而开封府一向是皇亲国戚、豪门权贵最为集中的地方。在以前,无论哪个人来当这个差使,都免不了要跟权贵通关节,接受些贿赂。可是包拯自上任以来,就决心把这种腐败的风气彻底地整顿一下。

　　当时,依照宋朝的规矩,如果有人要到衙门告状,必须先得托人写状子,还要通过下属"门牌司"来进行转达,这使得许多的百姓在这个过程中受到刁难勒索,一些讼师恶棍也趁机进行敲诈勒索。包拯到了这里之后,马上把这条规矩给破了,撤去了"门牌司",老百姓要诉冤告状,可以直接到府衙门前击鼓。只要鼓声一响,府衙门就会打开正门,让百姓直接到公堂上来进行控告。如此一来,就使得衙门内的小吏想要做些手脚也都不敢了,杜绝了官府小吏们对百姓的盘剥。

　　开封城里有一条惠民河,在河的两岸上,既有平民,也有达官贵人的住宅。包拯任开封府尹时,有一次天下大雨,导致河水泛滥,淹没了城中的街道,使得许多人都无家可归。是什么原因造成河水泛滥成灾的呢? 经过包拯一番调查,发现原来是大官僚和贵族们在河上筑起了堤坝,将坝内的水面都据为己有,在里面种花养鱼,而且还同自己的住宅连在了一起,如此一来,就成了水上花园。要想疏通惠民河,只有将这些堤坝给挖掉,包拯马上下达命令,要这些园主把河道上的建筑全部给拆除掉,可是要挖掉堤坝,冲走花园,这些贵族能答应吗?虽然已经下达了命令,可还是有的权贵不肯拆除。开封府便派人去催,那人还强词夺理,并拿出来一张地契,硬说那块地是他家的产业。经包拯进行一番详细的检查,终于发现这张地契是那个权贵自己私自伪造的。包拯很是生气,勒令那人马上把花园拆掉,同时着手写了一份奏章,向宋仁宗揭发。那人眼看事情要闹大,如果仁宗真的追究起来,肯定没有自己的好处,他只得乖乖地把花园拆了。那些权贵听说包拯执法严明,都吓得不敢再为非作歹了。

　　包拯不仅不畏那些朝廷权势,就是对那些社会上的无赖、偷盗者也毫不留情,这些人虽然没有权势,可是同样危害人民。有一次,开封的一条小街上发生火灾。

有些无赖竟然戏弄起包拯来。他们来到包拯面前,问包拯:是用甜水巷的水救火,还是用苦水巷的水救火? 包拯一看,就知道这是些地痞流氓,是来破坏救火工作的,于是当时命人捉住他们,并下令把他们正法。

有一个权贵想要通关节,打算给包拯送些礼物,有人提醒他,不要白费这份心思,因为包拯的廉洁奉公是出了名的,还告诉他,包拯曾经在端州做过官。可是直到他离开端州的时候,都从没有私自要过一块端砚。那位权贵一听,知道没有空子可以钻,也只得作罢。其实,在宋仁宗时,朝野上下就弥漫着一股送礼之风,特别是在官场中,收受礼品不但不会遭到非议,反而还是一种待人交友的礼节。因此,这种送礼之风在当时极为盛行,许多人还乐此不疲,以收礼为荣,而且还是多多益善。可是包拯却对这股送礼收礼之风坚决反对,认为它会助长人们的一些恶习。所以他曾几次上疏皇帝,请求颁诏禁止官员之间的这种送礼收礼的现象,以开清明廉洁之风。这一年正好是包拯的 60 大寿,正是值得庆贺。可是包拯心想:当今送礼受礼情况日盛,肯定有人会借自己 60 寿辰之机来送礼。可是我老包一生清白,切不可在寿辰之际蒙上了受礼的恶名。于是他做出决定,凡是来人一概不见,所送来的寿礼一律拒收。就在他 60 寿辰的前几天,他让王朝、马汉等人站在衙门口特意拒礼。可哪曾料到,第一个来送寿礼的人就是当朝的皇帝,派来送礼的是六宫司礼太监。他到了门外,一定要见包拯的面,要他接皇上的圣旨接受礼物。这一下可难住了王朝等人,这是万岁送来的礼,如果不收,这不就等于是抗旨不遵吗? 可大人之命不敢违,无奈之下,只得把老太监送礼的缘由写到了一张红纸上,转呈给了包大人。这老太监当即也提笔在红纸上写下了一首诗:德高望重一品卿,日夜操劳似魏征。今日皇上把礼送,拒礼门外理不通。王朝把诗拿到内衙里交了包大人。过了不大一会儿,王朝就带回原红纸并交付给了老太监。只见在原诗下边又添了这样四句:铁面无私丹心忠,做官最怕叨念功。操劳为官分内事,拒礼为开廉洁风。老太监看完之后,也没办法了,只得带着礼物和那红纸回宫向皇上交差去了。

包拯为人刚直,既不会两面三刀,也不会搞什么阴谋。他从来不趋炎附势,看人的颜色行事,更不会说大话、假话。即使在皇帝面前,他也直言不讳,不怕触犯皇帝。为了立太子的事,包拯曾冒死直谏。有一次,仁宗皇帝突然生了一场大病,很长时间不能临朝。这时候,众大臣忽然想起:皇帝还没有定下谁是皇太子呢? 万一皇上有个意外,朝廷不就发生大乱了吗? 包拯来探病时,就向仁宗提了出来。仁宗说:"你说得极对,朕也知道你的忠心。可是朕现在还没有儿子,再等几年吧,不必如此着急。"仁宗心里在想:你们如此着急,岂不是咒我早死吗? 所以他对提议此事很不高兴。不料,一些大臣接二连三的上奏,由此使得仁宗极为反感。他想处分其中请求最有力的包拯,好用来警醒他人,就把包拯调离了开封府。包拯一走,其他的大臣果然不敢再吭声了。

后来,包拯再次被召到京城当御史中丞。他并没有吸取上次的教训,一天,他又向仁宗提出："太子乃是国家的根本，如果太子不立，也就是根本未立，这是个大祸害啊。"仁宗当时就有点气恼了，问："那你说应当立谁呢？"包拯答："我之所以请求陛下立太子，是为了大宋的江山社稷；陛下问我应当立谁，是怀疑臣有二心了。反正我已经老了，而且没有儿子，如果你认为我说得不对，也不要紧，反正我也不是为了升官发财。不过我总是觉得太子不立，确实是件危险的事，所以我是不敢不尽忠奏明啊！"仁宗听后马上转怒为喜，说："你对朝廷的忠心，我知道了。过不了多长时间我就要议立太子的，你慢慢等着吧。"后来仁宗就立了一个领养来的孩子为太子，名叫赵曙。仁宗死后，赵曙就接替了皇位，是为宋英宗。

包拯墓

当时，包拯还劝说皇帝，宫内的亲信宦官权力太大，待遇也过于优厚，应该精简宫中的人员和开支。如此一来，当然要得罪皇帝身边的亲信，这有可能给包拯招来不测之祸。还好，包拯遇到的是一位比较开明的宋仁宗。否则的话，恐怕也早就人头落地了。宋仁宗对包拯极为器重，嘉祐四年（1059年），包拯以枢密直学士、权三司使等官职，上升为当时朝廷重臣的地位。宋嘉祐六年（1061年），升任三司使和枢密副使，职位相当于副宰相。他虽然做了大官，可是家里的生活依旧非常俭朴，就跟普通百姓家一样。可是，年过六旬的包拯，这时已经是夕阳西下，有心而无力了。嘉祐七年（1062年）五月二十五日，包拯得重病死在开封。当时京师的那些官吏百姓知道消息后无不感伤，那些叹息之声，在大街小巷里随处都可以听得到。仁宗皇帝到包拯家中向包拯最后一别，他亲自率领百官吊唁，还派专使护送灵柩回到合肥，安葬在合肥城东五十里的大兴集，同时追认他为礼部尚书，赐谥"孝肃"，所以包拯死后又叫包孝肃。现在的包公祠有一副对联："理冤狱，关节不通，自是阎罗气象。赈灾黎，慈善无量，依然菩萨心肠。"可算是对包公无私爱民品格的一种总结。他给家人留下了这样一份遗嘱：后代子孙做官，如果犯了贪污罪，就不得回老家；即使死了之后，也不得葬在包家的坟地里。因为包拯一生做官十分清廉，不仅生前得到人们的赞扬，即使是在他死后，人们把他当作清官的典型，对他尊称为"包公"。

近千年来,包公在历代人民的心目中一直都是刚正不阿,为民请命的清官形象,民间流传着有许多包公铁面无私、打击权贵的故事,还编成了包公办案的戏曲和小说。尽管其中的大部分都是虚构的,可是这却反映了人们对清官的那种敬慕之情。

雄心难展　往事如烟

——王安石

名人档案

王安石：字介甫，号半山，封荆国公。汉族。临川人(今江西省抚州市区荆公路邓家巷人)，北宋杰出的政治家、思想家、文学家、改革家，唐宋八大家之一。有《王临川集》《临川集拾遗》等存世。

生卒时间：1021 年~1086 年。

性格特点：性格偏执，行为偏激，固执己见，自命不凡。

历史功过：其政治变法对北宋后期社会经济具有很深的影响，已具备近代变革的特点。王安石不仅是一位杰出的政治家和思想家，同时也是一位卓越的文学家，与"韩愈、柳宗元、欧阳修、苏洵、苏轼、苏辙、曾巩"，并称"唐宋八大家"。

名家评点：列宁誉之为"中国十一世纪伟大的改革家"。

为民请命　宦海沉浮

宋天禧五年(1021 年)十一月，在北宋临江军判官王益的官署的后院内，有一个小生命诞生了。当时，贺客盈门，人们都沉浸在添丁之喜的氛围中，没有谁会料到，就是这个男婴，在过了数十年后，会成为一位叱咤风云、左右着北宋朝政的显赫人物，这个刚刚出生的孩子，就是王安石。

临江的风景十分秀丽，气候宜人。王安石这位官宦子弟就是在这种环境中读书学习，开始接受儒家思想孔孟之道的熏陶。稍年长之后，他又博览诸子百家、医、农、艺、文等类的书籍，可是在他小小的心灵里，早已有了先入为主的修身、齐家、治国平天下的信念，这对他的影响是极其深远的，为他树立一种以天下为己任的投身实践的精神起到了极大作用。

天圣八年（1030年），王安石的父亲王益调任韶州，王安石也随父南下，由此使他进一步了解了各地的风土人情、民生状况，对社会问题的见识起到了重大影响。可是在岭南的居留也不过三年的时间，就又因为跟父亲守孝而重新回到了老家江西临川。在他16岁那年，王益被任命为江宁通判，于是他又随父亲来到了江宁，在江宁继续进学。

当时，王安石正在为自己的锦绣前程编织着金榜梦，父亲的官职在他眼里算不了什么。可是令王安石没有料到的是，人生道路上的第一次挫折已降临到他的面前，三年之后，父亲竟然病死在任上。而当时王安石才19岁。转眼间他由锦上添花的顺境转入到世态炎凉、人情冷暖的逆境。他把父亲葬在牛首山下，并结庐守孝，从此就以江宁为第二故乡。经历了三年布衣素食的困顿生活之后，他再也不能忍受了，于是他开始踏上往京师赶考的路程。

王安石塑像

仁宗庆历二年（1042年），王安石到了汴梁应试，本来他可以名列进士第一名的。可是枢密使晏殊之婿杨察的弟弟杨绘也来应试，为了照顾杨绘，王安石只能名列第四名进士，而杨绘取得了头名状元。王安石很不满身为朝廷重臣的晏殊的这种做法，可是他还是考虑到小不忍，则乱大谋，于是便隐忍了下来。可是这件事对于触发他改革科举重在选拔真才实学的志向产生了重大影响。

依照宋代的制度，凡中选的进士马上就被任命为官员，于是，王安石就走马上任到了扬州知州韩琦的官署去当金书判官事，也就是负责审理案件的职司。

庆历四年（1044年），也就是王安石居官的第三年，他回到家乡。1045年他又来到京师听候新的任命。此时的王安石在京城所看到的依然是弊政处处，并非如范仲淹在《岳阳楼记》中所写的政通人和，百废待兴的样子。于是王安石对时政感到很是失望，他不想按照官场惯例在京谋求翰林院等接近中枢、易受赏识的官职，从而能得到较快升迁的机会，而是立志到地方上去进行考察时弊，以寻求改革之道，由此能够充实他的治国良策。

庆历七年（1047 年），他再次离开了京师，风尘仆仆地来到东海之滨的鄞县充当知县。

王安石到了鄞县之后，正好遇到这里闹灾荒，而且情况还相当严重，百姓的生计十分困难。一种身为父母官的责任心驱使着他无暇休息，马上考察农田水利生产受到破坏的情况，并且向上级官员条陈东南百姓所受饥馑的状况，同时指出其原因就是官员豪绅平日里只知道鱼肉乡民，从来就不问民生疾苦，也不对生产问题加以关心造成的。由此，他想要改变这种县官脱离民生实际的弊病。为了实现自己的这一理想，他组织县吏并率先参加了生产和水利情况的考察队，经过十多天，他查访了万灵、育王山、东海滨、芦江、洪水湾、桃源、青道等十四乡，而后根据实际情况，着手兴修水利，大力改善交通状况，在这个过程中，他还动员百姓投入到水利工程的修治中，对川渠河港加以疏导，对堤坝坡堰加强修筑，蓄水泄洪都得以兼顾，以谋求能旱涝两利，从而大大地有利于农业生产的收益。如此一来，鄞县就被他治理得井井有条。每当遇到青黄不接的季节，穷人的口粮就接济不上，他就命令打开官仓，把粮食借给农民，到了秋收的时候，就要他们加上官定的利息进行偿还。这样一来，农民们就可以不再受大地主豪强的重利盘剥，日子明显比以前好过一些了。

在皇祐元年（1049 年），任期届满的王安石怀着依依惜别之情，离开了鄞县，再度来到了京师，准备迎接新的任务。次年夏天，他突然兴起"千里归来倦宦舟，欲求田宅预求邻。能将孝友传家业，乡邑如君有几人"的这种归耕退隐的情思，于是他解官回到了老家。到了皇祐三年（1051 年），王安石再次被任命为舒州通判。他能在 31 岁就获得与其父相媲美的职位，是因为他在鄞县政绩和朝中欧阳修、曾巩等人在皇上面前称道其贤的缘故。到了这年四月，两朝元老文彦博向朝廷举荐王安石，诏命其进京面试，以便能使之进入馆阁任职。这可是一次人生仕途跃进的有利机会。可是，王安石却以"祖母年老，先臣未葬，弟妹当嫁，家贫口重难住京师"等四个方面的理由而拒绝了应试。在皇祐六年（1054 年），他再次拒绝朝廷任命他为集贤校理，而回到老家临川。到了至和三年（1056 年）二月，朝廷再次下诏，任命王安石为开封群牧司判官。群牧司是全国马政的管理机构，可王安石对马政改革没多大兴趣，因此愿意签调外任。第二年，他被改任常州知州，到任之后，马上锐意改革。他亲自说服富绅出钱集资，为子孙万年计而开挖运河，兴修水利。当地富绅迫于太守督促，只好勉强掏出些钱，但在背后却向上级打报告，请求把王安石调走。所以，王安石在临被调走之际也不知内情，还在尽力督导水利。可是，王安石刚刚离开，水利工程马上就停了下来。

嘉祐三年（1058 年）三月，王安石自常州被调任典江东刑狱。这是个刑审、监察兼事劝农的职使，王安石主要的是关心民生经济。到了第二年，他上书皇帝"为民请命"，说茶叶专卖制度是和先王之法相违背的，对百姓的生计极为不利。指出那些以搜刮为能事的官员，会由一切细小的环节上来剥削百姓的钱财，而茶叶又是生活中的必需品。可是现在公家专卖的茶不能饮用，老百姓只得由私贩手中花高价买茶叶。就是因为这份奏章，茶叶专卖果然在东南被取消了。可是，在几年以后的熙宁变法中，王安石在制订均输、市易法的同时，却加强了对茶、盐的专卖制度，由此完全转到了替国家聚敛民财的立场上去了。

到了嘉祐四年（1059 年）四月，王安石被任命为直集贤院，这时的他已经 39 岁，距离他自 22 岁时起担任地方官直到现在，已经历了十八个年头，至此他开始了京官生涯。

忧国忧民　推行新法

1059 年，他改任三司度支判官，这是个掌管财政与决算收支的要缺。王安石自进士及第以来，已经历了二十年的宦海沉浮了。在此期间，他积累了极为丰富的政治经验和社会阅历，现在他正想用在京任职来实现自己的政治抱负，可是要推行变法，就必须先要打动仁宗皇帝。到了嘉祐五年（1060 年）五月，王安石便向仁宗皇帝递上了一份万言书，在书中他对北宋中期的内外形势、问题以及改革方向、任务做了一个总的论析，其主要内容是：（1）朝廷正面临着内忧外患，财力正日益穷困、社会风气日坏、法度已不合先前三代之政，说明变法是事势所需；（2）庆历年间范仲淹主持的改革之所以未能成功，是因为人才不足，而真正能让皇帝感到信赖的几乎一个没有，在这里王安石含有毛遂自荐之意；（3）当务之急就是对于人才的培养，选择好对象，而且要有一整套的教养之道对其加以考察和赏罚；（4）根据国家的需要来培养文武兼能、德才兼备的专业人才；（5）善于治理财政，主要是能应通其变，治财一定要有正确方法；（6）当前朝政极为严重的问题就是从中枢到地方都被奸吏充斥，狼狈为奸、官官相护，导致贤德之人受到法律束缚，而那些不肖者却逍遥法外，似这种情形必须加以改变，而关键就在于能否得到优秀人才并放手使用。

应该说，万言书中的论析是相当深刻的。在王安石当时看来，曾经支持过范仲淹改革的仁宗皇帝，极有可能因为赏识自己的才能见识而支持自己进行变法。可是，他估算错了。对于已到暮年的仁宗来说，他已没有能力支持一场新的变法运动了。可是，王安石并不甘心失去仁宗的支持，他深知如果仁宗不给予支持，他是很难施展改革抱负的。因此，又给仁宗上书，指出当务之急就在于"大明法度""众建贤才"，绝不能再因循苟安，对时局抱侥幸心理。王安石有这样的胆识和卓见，不愧是位忧国忧君的政治家。

王安石要求改革的呼声已引起士大夫的注目，并在社会上有所反响。他的名声也与日俱增，成为士大夫中要求改革的代表人物，大家也都把希望寄托在他身上。此时的王安石已经 41 岁了。

嘉祐八年（1063 年）三月，仁宗病逝，他的侄子赵曙继承了皇位，是为英宗。时间不长，朝臣中以是否拥护英宗尊其父为皇父的事情，而发生了所谓的"濮议之争",由此分成不同的派别,从而影响到了对熙宁变法的态度和王安石的处境。同年八月,王安石的母亲吴太夫人在京师病故,王安石于是辞官扶灵柩归葬于江宁。

到了治平四年(1067年)正月,英宗病逝,太子赵顼即位,这就是宋神宗。宋神宗即位的时候是个20岁的青年,他很想有一番作为。他看到国家的这种不景气情况,便决定进行一番改革,可是在他周围的人,都是仁宗时期的老臣,就连富弼这样支持过新政的人,也都变得暮气沉沉了。宋神宗心里在想,如果要改革现状,就必须找个得力的助手。在宋神宗即位之前,在他身边就有个名叫韩维的官员,时常在神宗面前谈一些比较好的见解。神宗对他给予称赞,他说:"这些意见都是我的好朋友王安石说的。"

尽管宋神宗没有见过王安石,可是已经对王安石有了一个好印象。如今他想找助手,自然而然地就想到了王安石,于是,马上下了一道命令,把正在江宁做官的王安石给调到了京城。王安石一到京城,就被宋神宗叫到宫里,跟他单独进行了一番谈话。神宗一见面就问他:"你看要对国家加以治理,应该从哪儿着手才有利呢?"王安石非常镇静地回答说:"应该先改革旧的法度,建立新的法制。"宋神宗点了点头,表示同意他的观点,随后要他回去写一份详细的改革意见。王安石回到家里以后,就在当天晚上写出了一份意见书,第二天就送给了神宗。宋神宗仔细地看了一遍,认为王安石提出的这些意见都非常合他的心意,因此对王安石就更加信任了。实际上,这是熙宁变法的总论纲和设计蓝图,对策是王安石要求神宗以尧、舜、文王、唐太宗为榜样,表示自己愿意像周公旦、魏征一样来辅助明君开创大业和励精图治。这一道于无声处听惊雷的札子,深深地震动了居安不知危的神宗的心灵,由此坚定了这位年轻皇帝进行改革图新的信念,奠定了熙宁变法的思想基础,也奠定了王安石和宋神宗的君臣精诚合作推行变法的政治基础。

实施变法　几多波折

公元1069年,王安石被宋神宗提升为副宰相兼新建立的制定与实施新法的制置三司条例司的副主事,这标志着熙宁变法的开始。那个时候,朝廷里名义上有四名宰相,但是病的病,老的老。尽管也有不病不老的,可是一听到改革马上就叫苦连天。王安石心里清楚,跟这批人在一起是办不成什么大事的,所以经过宋神宗的批准,他选用了一批年轻的官员,由此他把变法的权抓到手里了。接下来,他就放开手脚大胆地进行改革了。此时,王安石已经日益深刻地感受到这场改革的重大意义,所以,他不能再瞻前顾后,走走停停,他现在已如过河的卒子,只有凭借计谋与胆略拼命向前了。

王安石在熙宁二年到熙宁九年的八年间,围绕富国强兵这一目标,陆续实行新法。这些新法包括:

一、均输法。自宋初以来,为了能供应京城皇室、百官、军队的消费,在东南六路设置了发运使,负责督运各地的"上供"物质。发运司只是照章办事,各路丰年物多价贱时不得多办,歉年物少价贵时却必须办足。货物运到京城后往往因不合需要降价抛售,朝廷所需只得又另去搜刮。这些做法使得富商大贾操纵物价,控制了市场,为囤积居奇提供了方便。自熙宁二年七月,颁行淮、浙、江、湖六路均输法规定:总管东南六路赋入的发运使,掌握六路的财赋情况,斟酌六路每年应该上供和京城每年所需要物资的品种、数额以及库存的情况。这项新法本意是在省劳费、去重敛、宽农民,既要保证朝廷所需物资的供给,又得减少政府的财政支出和百姓的负担。

二、市易法。这项法律颁行于熙宁五年(1072年)三月。其主要内容就是在京城设市易务(后改为市易司),以100万贯钱作本,负责平价收购商人滞售的货物,然后赊货给商贩进行贩卖,也向商贩发放贷款。商贩在赊货物及借款时,需以财产作抵押,以5人以上为互保,每年纳息二分。市易法最初是在京师实行的,到了后来便逐步推行到其他较重要的商业城市了。

三、免行法。熙宁六年(1073年)七月正式颁布实行。开封各行商铺原来承担着供应官府所需物品的任务,经常被迫以高价收购货物供官。免行法中规定:各行商铺依据赢利的多寡应向市易务(司)交纳免行钱,不再轮流以实物或人力供应官府。在此以后,凡宫廷买卖物品,都需要通过杂卖场、杂买务,并设置市司负责估定物价。

四、青苗法。在熙宁二年九月颁行。在仁宗时,陕西转运使李参在当地百姓缺少粮钱时,让他们自己估计出当年的谷、麦产量,先向官府借些钱,等到谷熟了之后再还给官府。王安石据此经验,制定了青苗法。它规定把以往为备荒而设的常平仓、广惠仓的钱谷作为本钱。每年分为两期,即在需要播种和夏秋未熟的正月和五月,依照自愿的原则,由农民向官府借贷钱物,收成后加收利息。实行青苗法的目的,就在于使农民能在青黄不接的时候免受兼并势力的高利贷盘剥,由此使得官府获得一大笔"青苗息钱"的收入。

五、募役法。又称免役法。熙宁四年正月,此法先在开封府界试行,同年十月颁布,在全国范围内实施。此法规定:废除原来按户等轮流充当州、县差役的办法,改为由州县官府出钱雇人应役,各州县预计每年雇役所需经费,由民户按户等高下分摊。上三等户分八等交纳役钱,随着夏秋两税交纳,称为免役钱。原来不负担差役的官户、女户、寺观,要按同等户的半数交纳钱,称为助役钱。州县官府应依当地吏役事务的简繁,自行规定数额,以供当地费用;定额之外另加少量的钱缴纳,称为免役宽剩钱。由各地加以存留,以用来在荒年不征收役钱时雇役之用。此法的用意就是要使原来轮充职役的农村居民回乡务农,原来那些享有免役特权的人户只得交纳役钱,官府也由此增加了一宗收入。

六、方田均税法。熙宁五年八月司农寺制定《方田均税条约》和并颁行。此法分"方田"与"均税"两个部分。"方田"就是每年九月由县令负责对土地进行丈量，依照肥瘠分为五等，并登记在帐籍中。"均税"就是用"方田"的结果为依据均定税数。凡是有以诡名挟田，隐漏田税者，都要加以改正。这个法令主要是针对那些豪强隐漏田税、为增加政府的田赋收入而发布的。

七、农田水利法。此法于熙宁二年十一月颁布实行，该法奖励各地开垦荒田兴修水利，建立堤坝，修筑圩埠，由受益人户依照户等高下出资兴修。如果工程浩大，受利农户财力不足，可以向官府进行借贷"青苗钱"，按照借青苗钱的办法分为两次或者三次归还官府，与此同时，对那些兴修水利有成绩的官吏给予升官奖励。凡是能提出对水利建设有益意见的人，无论其社会地位高低，均按照功利的大小给予酬奖。

八、将兵法。作为强兵的一项措施，王安石一方面对军队进行精简，淘汰老弱，合并军营；另一方面自熙宁七年始，在北方陆续分设100多将，每将设置正副将各1人，选派有武艺及有战斗经验的军官进行担任，专门负责本单位军队的训练事务，凡是实行了将兵法的地方，州县都不得干预军政。将兵法的实行，使得兵知其将，将练其兵，大大提高了军队的战斗力。

九、保甲法。此法就是政府把农民按住户组织起来，每十家为一保，五十家为一大保，十大保为一都保。家里有两个以上成年男子的，就要抽出一个来当保丁，以住户中最有财力和才能的人来担任保长、大保长和都保长，同保人户之间互相监察。在农闲时进行练兵，夜间轮差巡查维持治安。到了战时就编入军队打仗。推行此法的目的主要就是为了防范和镇压农民的反抗，以及节省军费开支。

另外，还实行了改革科举制、整顿学校等措施。王安石变法以"富国强兵"为目标，自新法实施到新法为守旧派所废，其间共经历了将近十五年的光景。在这十五年当中，每项新法在推行过后，难免会产生或大或小的一些弊端，在这些弊端中，有的是由于变法派改变了自己的初衷，有的是因为执行新法过程中出现了偏差，可是基本上都收到了预期设想的效果，使得豪强兼并和高利贷者的活动受到了一定的限制，地主阶级的下层和自耕农民从事生产的条件获得了一定的保证。可是贫苦农民由新法中得到的好处还是很有限。尽管如此，王安石的变法总归是多少地缓和了当时的阶级矛盾。对宋王朝统治的巩固、增加国家的财政收入，都起了积极的作用。可是，与此同时，王安石变法也触犯了那些大地主的利益，有许多朝臣对此进行反对。

公元1074年，河北地区闹大旱灾，一连十个月没有下雨，农民由此断了粮食，便背井离乡，四处去逃荒。宋神宗正在为这事发愁，忽然有一个官员趁机把一幅"流民图"献给了宋神宗，说这旱灾完全是因为王安石变法所造成的，要求神宗把王安石撤职。宋神宗看了这幅流民图后，只是不时地长吁短叹，到了晚上也睡不着觉。神宗的祖母曹太后和母亲高太后也都在神宗面前哭哭啼啼，说这天下都是被王安石给搞乱的，逼迫神宗停止新法的施行。王安石也看出皇帝在施行新法上面不用心了,新法再也没法实行下去了,气愤之下,他便上交辞呈。宋神宗万般无奈,也只得让王安石离开东京一段时间,让他到江宁府去休养。转过年来,宋神宗又把王安石给召回了京城,官复宰相之职。

可是刚过了几个月的时间,又有一件事情发生了。有一天,空中出现了彗星。这本来是一种很正常的自然现象,可是被当时的一些人认为是不吉利的预兆。宋神宗一下子又慌了起来,问大臣们对朝政有什么意见。这时,一些保守派便又趁机对新法给予攻击。王安石竭力对新法进行辩护,可是宋神宗还是极为犹豫,显出心神不定的样子。王安石一看,自己的主张实在是没有办法再继续贯彻下去了。于是就在第三年(公元 1076 年)的春天,再度向皇上辞去宰相职位,仍旧回江宁府去了。

恩宠不断　往事如烟

王安石自归于江宁后,便在蒋山半坡修筑起了宅院,家居极其简陋,并自号曰"半山老人",经常骑着一头毛驴出游。归隐的岁月,真是很难消磨,他或是在松石之畔信步走动,或是到茅舍寻访耕樵之人,或是到寺院里去听禅于寺院。

王安石不仅精神上压抑,退休生涯中的离愁别恨还来烦扰着他。有一次,他收到二女儿的省亲诗:西风不入小窗纱,秋气应怜我忆家。极目扛南千里恨,依前和泪看黄花。按理说,女儿的恋亲之情,会使王安石的铁石心肠化作片片的思女之泪,设法让身在凄凉痛苦中的女儿回到娘家来叙一叙天伦之乐。可是,王安石劝她还是在黄卷青灯之中了却尘缘:秋灯一点映笼纱,好读楞严莫忆家。能了诸缘如梦事,世间唯有妙莲花。原来,自己女儿所嫁之人正是丞相吴充之子,而吴充也刚刚在前年罢相。两个罢相之家如此进行亲密的往来,很容易遭到神宗的怀疑。这就是为什么王安石要使青春年华的女儿服从政治避嫌而了却尘缘的真正原因所在,由此也可见王安石那恩宠岁月的实况。

晚年,使王安石最为快慰的一件事莫过于元丰七年(1084 年)七月,苏轼因到别处任官恰好路过江宁,便来看他。二人同游蒋山,诗酒往还,在民间留下了一段佳话。在关于变法的问题上,尽管苏轼是反对青苗、免役等诸法的。可那都已经是时过境迁了,而这两位文名冠盖当世的唐、宋八大文学家中的佼佼者,终于能够尽弃前嫌,握手言欢。苏轼在江宁流连了数日,留下了不少的佳作。这期间,王安石则作有"积李兮滴夜,崇桃兮炫昼"的警句,这是借李白《春夜

贝雕对吻(宋代)

宴桃李园》故事来抒发自己由宰相的高位,走到跟李白一样的坎坷道路上来的心情。通过这次交往,使王安石感到苏东坡的确是"不知更几百年,方有如此人物"的奇才。而这样的奇才偏偏在最讲"人才为先"的自己手里没能得到重用,此时自己已是下野之身,爱莫能助了。这种贻误人才的自省,使得他想到,在熙宁变法中的"台倾风久去,城踞虎争偏"的那种纷纭岁月,已如一股青烟般消逝了,而眼前的自己,无论有多少的遗憾,都已经到了真正彻底解脱的时候了。

在这一年的秋天,他两次向宗神请求,批准把自己筑于蒋山的半山居的园屋捐献给寺院,表面上是为了"永祝圣寿"。神宗皇帝答应了他的请求,御题为"报宁禅寺"。而"报宁"这个词的含意是十分微妙的,王安石是应报熙宁的知遇之恩呢?还是应报江宁百姓的哺育之恩呢? 所以,到了后来,就又改为了"太平兴国寺"。王安石自己就在江宁城中租屋子居住,而当年宰相府的显赫是一点也看不到了。

元丰八年(1085 年)三月,宋神宗逝世,王安石专门写挽词悼念他。后来,哲宗继位,由太后垂帘听政,以司马光为首的守旧派掌握了政权,此前的新法便在元祐初期全部被废除了。元祐元年(1086 年)三月,当王安石听到自己为上户谋、为富国谋的免役法也被废去的消息时,不由潸然泪下地说:"此法不可罢! 这是我和先帝花了两年的心血才定下来的呀,怎么也能罢了呢?"到了四月,这位曾风云一时,不可一世的改革家、文学家就怀着无限的忧哀和悲愤溘然长逝了,终年 66 岁。

史学大家　贵为宰相

——司马光

名人档案

司马光: 北宋陕州夏县涑水乡(今山西运城地区夏县)人,汉族。(但宋人袁说友著《成都文类》记,司马光是在他父亲司马池任光山知县时,生于县衙官舍的,该观点已为当今主流,多数专家学者认同),字君实,号迂夫,晚年号迂叟,世称涑水先生。赠太师、温国公、谥文正。北宋史学家、文学家。历仕仁宗、英宗、神宗、哲宗四朝。司马光自幼嗜学,尤喜《春秋左氏传》。

生卒时间: 1019年~1086年。

安葬之地: 葬于山西夏县城北15公里鸣冈。

性格特点: 温良谦恭、刚正不阿,老练稳健,少时聪明伶俐,思维活跃,知道变通,老来固执、僵硬。

历史功过: 司马光与多数贤良反对王安石新法的原因是新法被转变成为压榨百姓的工具,造成严重国内危机,实行新法不仅没有富国强兵,而且在连年战争中,遭受了严重的失利。要求废除新法是社会底层百姓和上层地主阶级中开明人士的共识。司马光反对发动战争,为此建议皇帝不卷入西夏的内部争端并拒绝担任枢密副使,他的政治操守高尚,因此受到百姓的敬重,依然尊称他为"真宰相",并且成为士大夫中的领袖。虽然司马光注重封建道德纲常,有唯心主义立场,但是依然是中国古代杰出的政治家、历史学家。司马光最大的贡献,莫过于主持编写《资治通鉴》。

名家评点: 顾栋高《司马温公年谱序》:"唯公忠厚质直,根于天性,学问所到,诚实金石。自少至老,沉密谨慎,因事合变,动无过差。故其文不事高奇,粥粥乎如菽粟之可以疗饥,参苓之可以已病。"

图文珍藏版

少年老成　思维活跃

司马光(1019年~1086年),字君实,号迂叟,陕州夏县(今山西夏县)涑水乡人,故世称涑水先生。卒后谥号文正,爵温国公,因此又称温公。

据说涑水司马氏家族的先世最早可以追溯到西晋的奠基人司马懿的弟弟司马孚。司马孚的孙子死葬陕州涑水乡,此后子孙便定居于此。降之晚唐五代,涑水司马氏早已经是仕宦陵夷,降在畎亩了。但司马氏家族累世聚居,靠农、畜致富,在当地属殷实之家,到了司马光的父亲司马池这一代,涑水司马氏已经是当地的名门望族了。

司马池(979年~1041年)景德二年进士及第,为人正派,以清直仁厚闻于天下,号称一时名臣。天禧三年(1019年)十月十八日,司马池喜获一子。此时司马池正在光州光山(今河南光山)知县任上,故他给这个儿子取名光。

司马光七岁的时候因为砸破了一口缸而名闻东西二京。在一次与一群小孩子在庭院中游戏时,一个小孩爬到一口盛满水的大瓮上,一不小心失足跌入瓮中,别的小孩见状都吓得逃走了。小司马光则镇定自若,他搬起一块大石头奋力砸向水缸,缸破水出,小孩得救了。司马光砸缸的故事被画成"小儿击瓮图",在首都东京和西都洛阳间流传。从这个故事里我们可以看到司马光小的时候聪明伶俐,思维活跃,知道变通,谁料到老来却变得那么的固执、僵硬。

司马光日后成为史学家的天赋也从小就显露出来。七岁时司马光听人讲《左传》,非常喜欢,回家后就为家人复述,并能讲明大义,而对经书却"虽诵之而不能知其义"。那时候司马光的记忆力也不比别人好,但他自知不足,因而非常勤奋,在别人熟读成诵出去游玩的时候,司马光就独自用功,或在屋内,或在马上,经常读书至深夜,一直到能够背诵才罢休,结果因用力深,很多东西都是终身不忘。司马光如此手不释书,不知饥渴寒暑地读书,到15岁时已经是读书广博,无所不通了。三十年后司马光在写给两个秀才和侄子的劝学诗中写道:"圣贤述事业,细大无不完。高出万古表,远穷四海端。于中苟得趣,自可忘寝餐。况今有道世,穀禄正可干。勖哉二三子,及时张羽翰。力学致显位,拖玉簪华冠。毋为玩博弈,趣取一笑欢。壮年不再来,急景如流丸。"正是司马光少年努力向学的写照。

在少年时期除了受到良好的教育外,司马光还受到父亲严格家教的熏陶。大约五六岁的时候,司马光有一次吃核桃,可是核桃皮剥不开。后来丫鬟用开水烫了一下,就很容易地剥开了。姐姐问是怎么剥开的,司马光便谎称是自己的主意。司马池知道后严厉地批评了司马光:"小孩子怎么能撒谎!"父亲的这一教训影响了司马光的一生。诚,成为司马光非常非常看重的一项品质,后来刘安世师从司马光学习,司马光教的第一件事就是要诚,不妄语。

司马光也承袭了父亲那里学来的俭朴的家风。司马池"客至未尝不置酒，或三行、五行，多不过七行。酒沽于市，果止于梨栗枣柿之类，殽止于脯醢菜羹，器用磁漆"。司马光将这些都记录在晚年写给儿子司马康的家训里，他告诫儿子："吾本寒家，世以清白相承。"并要司马康以寇准的豪奢为戒。

少年时期的司马光在性格上已经比较成熟，能自制，并有意识地培养自己刚正的个性。19岁时，司马光作了《铁界方铭》："质重精刚，端平直方，进退无私，法度攸资，燥湿不渝，寒暑不殊，立身践道，是则是效。"赞扬其"端平直方"，并将之作为自己立身践道的准则。又作《勇箴》，以为"致诚则正，蹈正则勇"，培养自己诚意和正气。司马光自觉的养我浩然之气，自我锻炼成才，很早就养成端平直方、诚正、勇决的性格，这在他以后的仕宦生涯中也得到充分的体现。

这个时期司马光还作有《剑铭》并序，其中写道："或曰：古者君子居常佩剑以备不虞，今也无之，仓卒何恃焉？应之曰：君子恃道不恃剑，道不在焉，虽剑不去体，不能救其死，故苟得其道，则剑存可也，亡可也。用得其道，利器可保。道之不明，器无足凭。恃力弃常，匹夫以亡。败德阻兵，国家以倾。逆不敌顺，暴不犯仁。上以守国，下以全身。"在《剑铭》中，司马光表达了武力不足恃的观点，认为只要守住道义，则可以全身守国。从中我们分明看到司马光在神宗和哲宗时期主张和好西夏反对动武的认识渊源。

在《逸箴》中司马光写道："百仞之木，生本秋毫。德隳于惰，名立于劳。宴安之娱，穷乎一昼。德著名成，亿年不朽。可贪非道，可爱非时。没世无称，君子耻之。"可以看到司马光立德立言成不朽名的志向。

总之，青少年时代的司马光已经是一个读书广博、意志坚定、有理想、有抱负的大好青年，从少年司马光的身上我们已经可以看到日后那个学行高洁、立朝刚正的司马温公的影子。正因如此，少年司马光也得到了两个重要人物的厚爱。一个是庞籍，司马池志同道合的朋友。他对司马光训诲有加，爱如子弟，是日后在仕途上扶持他的人。嘉祐八年，庞籍去世的时候，司马光曾在祭文中深情地写道："我能有今天，都是靠您提携啊。"另一个是张存，也是司马池的同僚和好友。张存以恪守家法知名，曾有名言曰："兄弟如手足，不可分离。妻妾乃外人，为何因外人而断手足。"张存对司马光一见钟情，当即决定将自己的第三女许配给司马光，虽然那时候他还没有跟司马光交谈一语。

嘉祐四友　变成政敌

按照宋朝的规定，司马光很早就有了通过荫补得官的机会，不过他把这样的机会让给了他的两个堂兄。到了十五岁那一年以任子入仕，补为郊社斋郎。但平流进取，坐得功名，实在非司马光所愿。宋仁宗宝元元年(1038年)，20岁的司马光一举成名,中进士甲科第六名,从此踏上自己近半个世纪的仕途生涯。

司马光在中进士后不久与张三小姐完婚。金榜题名时,洞房花烛夜,在人生最重要的婚、宦两件大事上,司马光都是一帆风顺。司马光还缺少什么呢? 就等着奉献自己的一腔忠诚了。据说在最初的华州任上,闲居时司马光在卧室里经常忽然站起,穿好官服,手持笏板,然后正襟危坐。没有人知道司马光为何要这样做。后来跟他一块修《通鉴》的范祖禹很好奇地问及此事,司马光回答道:"我当时忽然想起国家大事了。"可见司马光是一个具有强烈的使命感的读书人,从入仕之初,司马光就已经进入角色,要以天下为己任了。

司马光中第的宝元元年(1038)正是李元昊称帝的时候,宋对夏作战失利,在北方增添弓手,加强防守。距离前线较远的两浙也准备添置弓手。司马光代作为知杭州的父亲起草了《论两浙不宜添置弓手状》,立意在于不能扰民。清朝人顾栋高称赞说:"后日太平宰相规模,肇于此矣。"后来在英宗治平年间,司马光与宰相韩琦争刺陕西义勇之事,其主张实际上早已经萌发于此。

然而就在司马光在政坛初试锋芒的时候,他的母亲与父亲先后去世。庆历三年十一月服丧毕,司马光投奔延州庞籍,不久又任职滑州韦城。庆历五年,韦城连续数月无雨,司马光率领官民去龙王庙求雨,并亲自撰写了《祈雨文》。这件事情在司马光的历史记忆里印象深刻,25 年后司马光重过韦城,想起当时情景,慨然有感,写诗云:"二十五年南北走,遗爱寂然民记否? 昔日婴儿今壮夫,昔日壮夫今老叟。"虽然求雨对于一个地方官算不得什么大不了的事,但对于我们的主人公来讲,这却是不多的地方官经历之一。司马光是一个有历史感的人,他希望自己能被历史记住。

庆历年间也是司马光政治思想和历史观逐渐定型的时期。

在庆历三年作的《贾生论》中,司马光批评贾谊以诸侯太强、匈奴未服为当前急务是不知大体,是"悖本末之统,谬缓急之序"。司马光认为治理天下,没有什么比礼义更重要的了,"礼义不张,虽复四夷宾服,强场不耸,当如内忧何?"这充分体现了司马光"守内虚外"的思想。所以司马光认为贾谊虽然有才,但学问不纯正,"材高而道不正者,君子恶之"。在《十哲论》和《才德论》中,司马光提出,如果一个人才、德不能两全,那么宁舍才而取德。"国者,苗也;才,耒耜也;德,膏泽也。"

庆历五年,司马光作《廉颇论》,批评了蔺相如。他认为蔺相如的做法其实有可能惹恼秦国,是非常不明智的表现,只有国治兵强,敌有可亡之势的情况下才可能灭亡敌国,这表现出他的外事主张,实际上已经显示出他同王安石的不能相容,因为两人的思想本是对立的。同年作的《郇吉论》则表现出司马光对庙堂政治、君子小人进退的关注。

以上这几篇文章比较集中地体现了司马光的治国理念、外事主张和人才标准,从中我们可以窥见司马光反对王安石的新法和对政敌的不宽容。王安石的新法主张有悖于司马光一贯的政治理念,王安石所用的人才在司马光看来多是阴险小人,偶有有才者也是"道不正者"，君子恶之，难与并立。也正是如此，当司马光掌政的时候，也就无法做到"参用熙、丰旧臣，共变其法，以绝异时之祸"，因为在他看来君子、小人的对立是不可调和的。

庆历五年六月司马光奉调赴京，实任掌司法的大理评事。幕僚生活结束，"际日浮空涨海流，虫沙龙蜃各优游，津涯浩荡虽难测，不见惊澜曾覆舟"，司马光对到更广阔的天地施展自己的抱负，充满信心。

然而到任之后，司马光才发现事情并不如想象中那么美好。大理评事一职，事物繁杂。"朝讯狱中囚，暮省案前文。虽有八尺床，初无偃息痕。比归暂解带，日没轩窗昏。援枕未及就，扑面愁飞蚊。未能习律令，何暇窥皇坟"《和钱君倚藤床十二韵》。专业不熟练，事物又繁，日夜不得休息，"坐曹据案心目疲"，这岂是司马光想象中的生活？"勉强逾半岁，终非性所好"，"不知有青春，倏忽已改燧"，看到青春易逝，司马光不禁忧从中来，什么时候才能摆脱此职，像鸟脱樊笼，"适意高飞腾"呢？

不任繁剧，不乐吏事，喜欢议论朝政，谈论比较重大的事物，大约是当时很多初入仕的士人的特点，非独司马光如此。司马光的诗友梅尧臣深知司马光的想法，他写诗给司马光，劝司马光当忠于大理评事的职务，"愿言保兢慎，且勿厌此役"。

庆历八年庞籍升副宰相，推荐司马光召试馆职，通过后授予馆阁校勘一职。馆阁为"储才之地"，校勘级别虽低，却属于天子侍从，"一经此职，遂为名流"。对于司马光来说，这真是"倏去蓬蒿，颉颃霄汉。荣耀过分，不寒而栗"。他对举荐自己的庞籍感激涕零，认为这是对自己"爱加振拔，俾出泥涂"，"大恩固已无量矣"。

司马光在任馆职期间学业精进，声誉日广，不久又出外做了两任通判，政治经历和经验也更加丰富。嘉祐二年，司马光奉调回京，六年六月，由于韩琦的推荐，司马光升迁为同知谏院。在以后的五年谏院生涯中，司马光共上奏议170多道，年均34道，知无不言言无不尽，成为著名的诤臣。期间王安石在嘉祐四年进京为官，两人成为同僚。

嘉祐四年司马光判度支勾院，此前不久王安石从江东提刑入京为度支判官，两人互相仰慕，现在又成为同僚，因而很快便成为朋友。司马光在为自己的堂兄司马沂写的《行状》里称赞王安石是"今之德行文辞为人信者"，"四方士大夫素所推服"，自己仅"及安石一二"，对王安石的道德文章推重之极。

在此期间，作为诗友，两人在诗歌上还多有唱和。如《和王介甫巫山高》《和王介甫明妃曲》等。嘉祐四年王安石写成著名的《明妃曲》二首后，在东京的朋友司马光和欧阳修、梅尧臣等都相继写了和诗。司马光还写过一首《和王介甫烘虱》，戏谑了王安石的生性疏懒、不拘细行的坏习惯，最后说"但思努力自洁清，群虱皆当远迩播"，能够互相以对方的缺点开玩笑，不是很好的朋友是做不到的。

王安石对司马光也同样是非常推重。嘉祐五年九月司马光的堂兄司马沂的夫人去世，十一月合葬于司马沂之墓。司马光请了当时已名重天下的王安石写墓表。

司马沂早在景德三年就去世了，其人其家当然与王安石毫无关系。王安石写这个墓表完全是因为朋友的情分。他说道，司马沂夫妻的品行本来就是他所愿意表彰的，况且以司马光之贤而有所请求，而且两人还曾经是同僚。嘉祐六年七月始王安石任了一年多的知制诰。在此期间他曾写过四篇司马光加官的诏书。一篇是《起居舍人直秘阁同修起居注司马光知制诰制》，文中称司马光："操行修洁，博知经术，庶乎能以所学施于训辞。"一篇是《起居舍人直秘阁同修起居注司马光改天章阁待制制》，称司马光"文学行治，有称于时"。一篇是《天章阁待制司马光（加官）制》，赞扬司马光："政事艺文操行之美，有闻于世。"一篇是《待制司马光可礼部郎中制》，称司马光："行义信于朝廷，文学称于天下。"从这些诏书中我们可以看到王安石对司马光的道德、政事、文学、经术都给予了很高的评价。嘉祐八年，司马光同范镇、王安石共同考试到礼部应举的进士。王安石有一首诗《夜读试卷呈君实待制景仁内翰》，诗中写道："篝灯时见语惊人，更觉挥毫捷有神。学问比来多可喜，文章非特巧争新。蕉中得鹿初疑梦，牖下窥龙稍眩真。邂逅两贤时所服，坐令孤朽得相因。"王安石把司马光和范镇一起称为两贤。不过，王安石所推许的这两贤后来都成了反对自己最力的人。

在嘉祐年间，王、马二人可以说是意气相投，他们二人同吕公著、韩维同为近臣，"特相友善，暇日多会于僧坊，往往谈燕终日，他人罕得而预"，当时人称他们为"嘉祐四友"。一直到十几年后，司马光写信给王安石，还自称畏友，王安石在回信中也说"窃以为与君实游处相好之日久"。可见两人在嘉祐年间确实是交情匪浅。然而就是这样的一对朋友到了神宗行新法时，却成了"犹冰炭之不可共器，若寒暑之不可同时"（司马光语）的政敌。

反对新法　壮志难酬

治平四年（1067 年）正月，神宗即位。原先的嘉祐四友都得到神宗的重用。三月以龙图阁直学士知蔡州吕公著、龙图阁直学士兼侍讲司马光并为翰林学士。司马光连续上奏辞官。神宗问司马光："古之君子，或学而不文，或文而不学，惟董仲舒、扬雄兼之。卿有文学，为什么要推辞呢？"司马光回答道："我不会作四六文。"神宗反问道："卿能举进士高等而不能为四六，不会吧？"司马光给神宗问住了，赶紧退下，神宗遣内侍追上司马光，将任命诏书强塞在司马光怀中，司马光不得已接受了这个新任命。几天后神宗问身边的大臣王陶："我以吕公著及司马光为翰林学士，恰当吗？"王陶回答道："这两个人我都曾经推荐过。用人如此，天下何忧不治！"这个时候王安石则被起用为知江宁府，半年后入京为翰林学士。翰林学士同御史中丞、三司使、知开封府一起被称作"四人头"，是宋代宰执升任的最重要途径，由此我们可见志在有为的宋神宗对王、马等人的倚重。

然而司马光不久便同神宗闹了矛盾，也使神宗改变了对司马光的看法。六月份北部边防要塞青涧城的知城种谔招纳到西夏横山地区一位酋长归附。陕西转运副使薛向是对西夏的主战派，薛向支持种谔的行动并向神宗提出进一步招纳势力更大的嵬名山部的计划，得到神宗的支持。神宗绕过宰相亲自下手诏指挥薛向经理此事。结果此事不知道怎么被改任御史中丞的司马光知道了。九月份，司马光连续上三疏，反对招纳横山之众。司马光认为征伐不如怀柔，只要西夏不侵犯边境就可以了，不必以征服为快，不应当诱其叛臣以兴边事，而且此时西夏称臣奉贡，招纳其众是丧失信义。神宗矢口否认："此外人妄传耳。"神宗对于司马光的反对十分恼怒，他觉得司马光太"忿躁"。神宗搞不懂这件事如此秘密司马光是如何得知的，他怀疑是枢密使文彦博自己不想出面反对，于是故意透露给司马光，而司马光"淳儒少智，未必不为人阴使"，果然被文彦博当枪使，上疏极力反对。于是第二天神宗解除司马光御史中丞的职务，重新为翰林学士。吕公著反对此项任命。神宗对吕公著说道："司马光方正耿直，可是也有点太迂腐了吧！"吕公著解释道："大抵虑事深远，则近于迂。"但不管怎么说，通过此事，神宗对司马光的印象发生变化，觉得司马光人品虽正，学术亦高，可以备顾问，但却不足以助自己成大事。

　　对于神宗的开边，司马光、苏辙等都是一开始就不支持，所以从一开始就存在路线之争，以富国强兵为目的的变法日后遭到反对其实是不奇怪的。

　　而在司马光与王安石两度同朝为官后，原先亲密友好的朋友之间在政事上也开始屡屡出现分歧。主要的争端一是阿云案，二是理财之争。

　　熙宁元年（1068年）在登州发生年轻女子阿云谋杀未婚夫致残的命案。阿云在为母服丧期间被许配给韦阿大。阿云嫌阿大貌丑，竟然趁阿大在田中熟睡的时候，砍了阿大十多刀，造成阿大重伤。事发后阿云如实招供。知州许遵以阿云坦白，以谋杀减二等定罪。案件上报中央后，审刑院、大理寺、刑部等三法司定为编管。许遵不服，案件移交王安石和司马光两位翰林学士商议解决。结果王安石支持许遵，司马光则支持三法司的意见。争论的焦点在于此类案件是否可免去所因之罪。司马光认为如果可以免谋杀所因之罪，会导致坏人得志，好人受害。王安石则希望如此可开改恶从善之路，不致在犯罪的路上走得更远。最后神宗采纳了王安石的意见。

　　熙宁元年南郊祭祀后，根据惯例，配祀官员会得到若干赏赐。宰相曾公亮以今年河北水灾严重，请求裁此赐予。神宗将曾公亮的意见转达给翰林学士院，想听听学士们的意见。王安石认为赐予不多，免此赐予，不但无补于国家财政，而待大臣之礼过薄，却有损国体。司马光则认为赐予虽然不多，省掉这笔花费不足以救灾，也不足于富国，但希望能够以此为一个好的开端，减省掉以后不必要的开支，因而支持宰相辞免郊赐。几天后两人在殿上再次发生了争论。

　　司马光说："现在国用不足，节省冗费应当从近臣做起，应当接受宰执们辞去赐予。"

王安石："郊赐所费不多,如果不赐予,不足以富国,反而有伤大体。而且国用不足,是由于未有善于理财的人。"

司马光："所谓善于理财的人,不过是挖空心思敛取民财罢了。这样会导致百姓困苦,流离为盗,这对国家有什么好处呢!"

王安石："你说的那种人不是真正善于理财的人。真正善理财的人,可以不增加老百姓的赋税而国用富足。"

司马光："这是桑弘羊欺汉武帝的话。天地所生万物有定数,不在民间则在公家。使国用富足,不取之于民,又能取自何处呢? 武帝末年,民力疲惫,流为盗贼,桑弘羊的话怎能当真呢!"

王安石与司马光争论了很久,谁都不能说服对方。这时候,另一位翰林学士王珪以其惯有的圆滑出来打圆场道:"司马光认为省费当从近臣始,司马光说得对。王安石认为所费不多,省之有伤国体,王安石说得也对。请陛下裁决。"

王珪的调解其实是避重就轻了,并没有触及两人争论的焦点问题。司马光以其历史学家的敏锐,根据历史的经验认为自来理财都是对百姓的一次聚敛。而王安石根据其多年的地方官的实际经验,认为"欲富天下,则资之天地",完全可以做到"民不加赋而国用饶"。司马光的"天地所生万物有定数"的说法现在看来当然是不对的,但在当时,不是司马光太落后,而是王安石比同时人看得更远,理解不了王安石的不仅仅是司马光。司马光既然不能理解王安石,自然对于在此思想指导下的新法也就难以赞同了。

熙宁二年十一月,司马光又与新法派的主将吕惠卿展开了一场激烈的论战。那时候司马光与吕惠卿都是神宗的讲读官,司马光讲《资治通鉴》,吕惠卿讲《尚书》,很自然的,他们都要利用讲读的机会宣传自己的主张。

十七日,司马光在讲到萧规曹随的时候,神宗问:"如果汉常守萧何之法,久而不变,可以吗?"司马光回答道:"岂独是汉代,历代都是如此。祖宗之法,怎么可以废掉呢? 治理天下在于得人,不在于变法。"神宗道:"人与法互为表里,不可偏废。"司马光道:"如果任用得人,就不用担心法不够完善。如果任用非人,即使有善法,也不能很好地施行。应当急于求人,缓于立法。"

十九日,吕惠卿借着讲读的机会,进言道:"法不可不变。先王之法,有一年一变的,有五年一变的,有一世一变的。也有百世不能变的,如父慈、子孝、兄友、弟恭之类。司马光认为汉守萧何之法不变则治,变之则乱,全然不符合史实。法有了弊端就要变,怎么能坐视其弊而不变呢?"

这次争论涉及了祖宗之法的问题,双方的观点针锋相对。司马光认为条例司不当设,祖宗之法不必变,当务之急在于任人,而不是变法,鲜明地表明了自己反对新法的立场。

次年春,司马光借"三不足"之说再次向新法发难。这年的三月,翰林学士院对谋求馆职的李清臣等人进行考试。司马光拟定了一则试题:

三代嗣王，未有不遵禹汤文武之法而能为政者也……今之论者或曰："天地与人了不相关，薄食、震摇皆有常数，不足畏忌。祖宗之法未必尽善，可革则革，不足循守。庸人之情喜因循而惮改为，可与乐成，难与虑始，纷纭之议不足听采。"意者古今异宜，诗书陈迹不可尽信邪？将圣人之言深微高远，非常人所能知，先儒之解或未得其旨邪？愿闻所以辨之。

司马光这道试题先是提出了自己的祖宗之法不可变的观点，然后引用了"三不足"之说并让考生辨析，其用意至为明显，就是引导考生对"三不足"之说加以批判，有哪位考生敢逆考官之意呢？正因为这道试题的意图过于直露，神宗在审阅试题时便叫人用纸贴了起来，指示另出题目考试。司马光借考试之机攻击新法，倾动王安石的策略没有能够实现，而"三不足"之说却流行天下了。

在此之前的二月份，神宗任命司马光为枢密副使，据说士大夫都交口相庆，认为得人。但司马光却坚决不肯就任，前后九次请求辞免。在请辞的奏疏里，司马光批评王安石改变祖宗之法，借新法增设冗官，刻薄百姓，"恐怕十年之后，贫者既尽，富者亦贫，不幸国家有边警，到时候连军费都无从索取了"。并表示如果神宗能够"昭然觉悟，采用臣言"，尽罢新法，自己就是当个小老百姓也愿意。神宗派人告诉司马光，枢密院是掌管军政之地，这与变法是两回事，不必因为变法的原因辞官。但司马光固执不从。这时候三朝宰相韩琦也给司马光写信，认为既然君上如此看重，正好可以做些事，推行自己的主张，如果不行再退不迟，不须坚让。司马光仍然坚决不同意，认为这样做是坏了名节。这样过了几天之后，王安石复出执政，他对神宗说道："司马光好唱反调，但其才不足以危害新法。只是像司马光这样的人，会被别的新法反对者倚为靠山。如果擢任高位，就等于是为政见不同者树立旗帜。"反对任司马光为枢密副使。一个星期后，神宗下诏允许司马光辞去枢密副使的新命。然而这时候又有意想不到的事情发生了。按照规定，诏书应当经过通进银台司行下。当时的主管官员是司马光的好友范镇，他封还了诏书。于是神宗召见司马光亲自动员司马光接受任命。司马光道："陛下如果真的能听从我的话，任命不敢不受。如果不能，我必不敢接受。"神宗只得再次下达允许司马光辞职的诏书，结果又被范镇封还。神宗只好绕过通进银台司，将诏书直接付给司马光。于是范镇愤然辞职。司马光坚决不同意接受新职，范镇又坚决不同意神宗允许司马光辞职，但范镇又不直接开导司马光，而非要与神宗过不去。双方既都如此坚决，不留余地，则置神宗于何地？两派的冲突日渐激化，与这种决不通融的政治作风不是没有关系。

司马光看到既然无法扭转神宗意志，转而考虑从王安石身上突破。因为神宗"亲重介甫，中外群臣无能及者，动静取舍，唯介甫之为信"。如果能够说服安石，就可以借安石之力，打消神宗变法的决心。而且在司马光看来，这并非不可能的。尽管两人有冲突，但司马光对于王安石的学识人品并不曾怀疑过，他只是觉得安石太执拗，又信任非人，重用了奸邪的吕惠卿，如果晓之以理，动之以情，那么转变王

宰相权臣

安石的观念是有希望的,于是在熙宁三年的二月二十七日,司马光给王安石写了一封3000多字的长信。在这封《与王介甫书》里,司马光指出君子和而不同,小人同而不和,两人虽出处不同,但立身行道辅世养民的志向则是一样的。在指出了王安石在新法措施和政治作风上的错误之后,司马光最后表明自己之所以这样做,正是尽了益友的本分,而取舍与否则在于介甫了。

三月初,王安石写了一封简短的回信,没有一一分辩。三日,司马光又写了第二信。收到司马光的第二信后,王安石又复一短信,即著名的《答司马谏议书》。在这封信里,王安石对司马光所指出的"侵官、生事、征利、拒谏"等指责做了简短的答复。在信的最后王安石说道:"如君实责我以在位久,未能助上大有为以膏泽斯民,则某知罪矣。如日今日当一切不事事,守前所为而已,则非某之所敢知。"

正像王安石所说的"议事每不合,所操之术多异故也"。在这种情况下"虽欲强聒终必不蒙见察"。一句话,道不同不相为谋。然而分裂的不仅仅是道术,还有友情。在司马光的第一封信里,司马光引孔子益者三友损者三友之说,指出尽管两人政事议论不能相合,但毕竟十多年的同僚,相知甚深,仍不失为直友、谅友、益友。王安石在复信里也说自己"与君实游处相好之日久",互相视对方为朋友,但在司马光写下《与王介甫第三书》之后,双方彻底决裂。两人的信件往来显示双方之间的政治分歧实在是无法弥合。

七月,当司马光再次被提名为枢密副使时,王安石认为如果司马光做了枢密副使,等于使流俗有了宗主,这对新法的顺利推行显然不利,因此坚决反对。司马光无法撼动王安石,知道形势无可挽回,又不愿意与政敌并列朝廷,于是在八月份向神宗提出出外的申请,希望能到许州(今河南许昌)或者西京洛阳为官。

十月份司马光终于获准以端明殿学士知永兴军,十一月份司马光离开生活了十四年的东京,前往陕西。几个月后司马光又两度申请退为闲官。他对神宗说:"臣之不才最出群臣之下,先见不如吕诲,公直不如范纯仁、程颢,敢言不如苏轼、孔文仲,勇决不如范镇。诲于安石始知政事之时已知安石为奸邪,谓其必败乱天下。纯仁与颢与安石素厚,安石超处清要,及睹安石所为,不敢顾私恩废公议,极言其短。轼上书指陈其失,黜官获谴,无所顾忌。安石荧惑陛下,以佞为忠,以忠为佞,以是为非,以非为是,镇不胜愤懑,抗章极言,自乞致仕,甘受丑诋,杜门家居。"又批评神宗"惟安石之言是信,安石以为贤则贤,以为愚则愚,以为是则是,以为非则非"。

熙宁四年四月十八日,司马光西京留司御史台的请求获准。在行前司马光写了一首诗,其中有句云:"风光经目少,惠爱及民难。可惜终南色,临行仔细看。"在这个时候,司马光颇有壮志难酬之感,自己才53岁,距离退休的年龄还早,难道自己的政治生命就要如此终结?怀着这种落寞之感,司马光前往洛阳,自此绝口不复论新法。

四患未除　死不瞑目

　　司马光居洛十五年,自号"迂叟",隐居独乐园,"我以著书为职业","自放于丰草长林之间",似乎有终老之意。他还曾做过《放鹦鹉二首》,其中有"虽知主恩厚,何日肯重来"之句,好像再也无意于政治,一心做他的名山事业了。然而实际上司马光从来也无法忘怀世事。只不过是换了战场,以笔为剑,在写史、立传、做碑铭中表达自己对当政者的愤慨,抒发自己的政治态度和主张。

　　元丰五年(1082年),宋神宗一度准备重新起用司马光,由于新党的反对而失败。就在同一年司马光的妻子张氏又去世了。独乐园中的迂叟越发孤独,"桃李都无日,梧桐半死身。那堪衰病意,更作独游人"。秋天到了,司马光忽感语言艰涩,怀疑自己中风,将不久于人世。于是司马光写好《遗表》,从容安排了后事。但最后司马光还是安然度过一劫,而两年多以后,元丰八年三月,正当盛年的宋神宗却因病去世了。神宗去世,不到十岁的太子赵煦即位,是为哲宗。皇帝年幼,于是哲宗的奶奶、太皇太后高氏垂帘听政。司马光自己怎么也不会想到,在取得了学术上的巨大成功之后,自己竟然还有机会再登政坛,并主导了此后宋代政治的走向。

　　在洛阳得知了神宗去世的消息后,司马光想入京哭灵,因为没有得到诏书又有点犹豫。后来他听说同为闲官的观文殿学士孙固、资政殿学士韩维都去了,加上他的朋友程颢也劝他去,于是司马光就收拾了一下赶赴东京。

　　司马光一到了汴梁,受到了首都人民意想不到的欢迎。大家都争着迎接司马光,看到司马光的都感到很荣幸:"这就是司马相公啊!"老百姓簇拥着司马光,以至于司马光的坐骑都无法前行了。司马光去拜见宰相,很多老百姓就爬到了树上,骑在屋顶上看。相府的人出来阻止,有人就说道:"我们不是来看你们家的宰相,只是想一睹司马相公的风采罢了。"即使呵斥也不退下,结果竟然引起了骚乱,屋顶上的瓦给踩碎了,连树枝也给折断了。大家都不愿意司马光再回洛阳,他们拉着司马光的马缰绳喊道:"公无归洛,留相天子,活百姓!"司马光大概没有想到自己居洛十五年,天下人竟然还皆期之为宰相。看到这种阵势,司马光不免有些担忧了,要知道现时的宰辅集团还是变法派为主的,而自己只是一个被闲置了十五年的旧臣。于是在辞谢之后,司马光没有在汴梁住下就直接赶回洛阳去了。

　　但临朝听政的太皇太后并没有忘记这位被疏远已久的老臣,她先是派了使者向司马光咨询对时政的看法,不久就重新起用了司马光作陈州知州,还没有赴任就召回京城出任参知政事,主持大局。

　　从元丰八年五月复出,到元祐元年九月去世,司马光共主持政局15个月。在这生命的最后一年多的时间里,司马光做的最重要的事情就是在内"拨乱反正",废罢新法,对外改善同西夏的关系。

高氏本来就是新法的反对者，在垂帘听政以后，就已经开始部分地废罢新法。为了维护新法，新法派提出了"三年无改于父之道，可谓孝矣"的理论，认为神宗陵土未干，即变更新法，是为不孝。在标榜"以孝治天下"的年代，这自然是一个很严重的问题。如何突破"祖宗之法"的限制，成为摆在反变法派面前的一个无法回避的理论问题。在这个时候，司马光在四月二十七日给皇上，其实也就是给太皇太后上了《乞去新法之病民伤国者》，提出了自己的解决办法。

在奏疏里，司马光抒发了自己一腔孤忠不得施展于先帝的苦闷，感谢太皇太后、皇上特降中使，访以得失，"是臣积年之志一朝获伸，感激悲涕，不知所从"。他很策略地将神宗与新法派划清界限，盛赞神宗皇帝聪明睿智，励精求治，思用贤辅，以致太平，是不世出之英主，旷千载而难逢。不幸委任非人，轻改旧章，谓之新法。然后他批评了新法的诸项措施以及熙丰时期的开边进取的方针，指出新法"舍是取非，兴害除利，名为忧民，其实病民，名为益国，其实伤国"，并指出保甲、免役钱、将官三事有害无益，首先革除此三法是当今之急务。

针对"三年无改于父之道，可谓孝矣"的理论，司马光指出现在民有倒悬之急，国家危如累卵，明知新法有害，又怎能等到三年之后再改呢！而且，司马光胸有成竹地说道："现在的军国之事，是太皇太后说了算，这样就是以母改子之政，不是以子改父之道，有什么可担忧的而不去改作呢！"如果说以子改父为不孝，那高氏以母改子就不存在这个问题了。正是在"以母改子"的旗帜下，司马光执政以后，依靠太皇太后的支持全面废罢新法。

司马光的一些同道，有记载说是苏轼等人，曾密言于司马光："熙丰旧臣多是阴险狡诈的小人，他日如果他们中有人以父子之义离间圣上，就大祸临头了。"应该考虑到这样做的后患。这时候司马光起立，拱手仰视，厉声说道："天若祚宋，必无此事！"

我们现在当然想不出司马光的这个解释怎么会令人释然，他的解释跟他的废罢新法一样，付诸情感而不是理智。司马光"以母改子"的确造成后患无穷，它既含有对先帝的不忠，也是对小皇帝的漠视。很奇怪，司马光难道就没有想到小皇帝总要长大，太皇太后不可能比哲宗皇帝活得更长？

在敦促太皇太后高氏下定决心，对新法痛加厘革的同时，司马光时刻考虑的另一个问题就是清除朝廷中的新法派势力。尽管最高领导人高氏是反对新法的，但此时新法派的力量仍旧很大，神宗留下辅政的宰辅集团全是新法派人物。五月司马光和吕公著被任命为执政，但在八名宰执中，新党就占有六名，在高层中双方力量对比悬殊。这使得司马光寝食难安，正如他在一封信件中所表达的："如一黄叶在烈风中，几何其不危坠也。"在高层新党人物难以撼动的情况下，司马光充分利用了台谏。他推荐了以刘挚等为首的一大批反对新法的官员作为台谏官和侍从官。这些台谏官也果然不负所望，不久他们就接连上疏弹劾新党领袖、掌管军政事务的章惇，并将章惇连同宰相蔡确、韩缜称为"三奸"，开始了长达半年之久的驱逐"三奸"的不懈努力。在相持的状态下,司马光连上两章,请太皇太后不要顾虑,要作威作福,明白地表示自己的好恶。元祐元年春,高氏终于打消顾虑,改组了高层领导集团,章惇等三人被罢免,司马光被升为宰相,新法的反对者吕大防、文彦博等也都进入了宰执集团,从而彻底改变了双方的力量对比,为废罢新法铺平道路。

从元丰八年五月司马光复出到次年正月,半年多的时间里,司马光先后上了《乞去新法之病民伤国者》(元丰八年四月二十七日上)、《乞罢保甲状》(元丰八年四月上)、《请更张新法札子》(元丰八年五月二十八日上)、《乞罢保甲札子》(元丰八年七月三日上)、《乞罢免役钱状》(元丰八年上)、《乞罢将官状》(元丰八年上)、《请革弊札子》(元丰八年十二月四日上)、《乞罢免役钱依旧差役札子》(元祐元年正月二十二日上)等奏疏,主张彻底废新法。

但司马光的激进主张即使在反变法派内部也没能达成一致。四月提出的罢保甲,不但太皇太后未采纳,他的同道吕公著、范纯仁等也不同意。实际上,吕、范等人属于反变法派中的稳健派,他们主张对于新法不能一概而论,有弊端的应该废除,而有益于民者就应当保存。这就不免与坚决废除新法的司马光发生了矛盾。

除了保甲法外,对于免役法的废罢问题双方也发生了冲突。司马光上台之后急于推翻免役法而恢复差役旧法,但他对于这新旧二法的优劣利病却又不能明确举述出来。在他先后上的几个奏疏中甚至出现了自相矛盾的说法。比如在前一疏中司马光说免役法对上户不利,"上户以差役为便,以出免役钱为害"。而在十几天后的另一疏里,又说"免役钱虽于下户困苦,而上户优便"。前后矛盾若此,类似未得审实、率尔而言的地方还多,结果被章惇一一挑出,驳得哑口无言。其实司马光关于役法改革的思路与自己在嘉祐七年(1062年)上的《论财利疏》一致,而这已经距离现在23年了。20年间,实际情况早已发生大变,而司马光又远离政治15年,对于地方工作和财政工作又无多少实际经验,又怎么可能提出切合实际的改革主张呢?

在废罢新法的同时,司马光又着手改变神宗和变法派推行的战争政策,力主和戎。司马光是向来主张维护同辽、夏的和好局面,轻易不能考虑动武。而神宗推行征伐政策,结果两遭大败,损失惨重,同时更加重了百姓负担。司马光在元丰八年十二月上《请革弊札子》,将那些迎合神宗开边和为了支持战争而聚敛的官员们称作"边鄙武夫、白面书生、聚敛之臣",严厉批评了开边政策。不久司马光又上《论西夏札子》直接批评了神宗,认为战争期间夺取西夏米脂、浮图等六个堡寨是不讲道义的,而且夺此六寨于宋无益,反而激化宋夏矛盾,提出返其侵疆,归还六寨,才是"道大体正,万全无失"之策。他告诫其他大臣"不和西戎,中国终不得安枕"。

当初为了提高军队的战斗力,新法派还推行了将兵法,赋予将官较大的自主权。司马光因为在对外政策上反对开边,主张守内虚外,所以在主张对西夏和解的同时,也就坚决主张取消将兵法。他指出因为将官专制军权,导致州县无权,万一有了饥馑,盗贼群起,则"国家可忧!"

司马光归还六寨和废除将兵法的两项主张遭到了不少大臣的反对,在当时的环境下也确实难以实行,因而只是被有限度的接受。这成了司马光的一块心病。

元祐元年正月,在复出半年后,拖着羸弱之躯的司马光由于事必躬亲,终于病倒了,而青苗、免役、将官之法的废罢还在争论纷纭,同西夏和解也没有能够达成,司马光称之为"四患",他长叹道:"四患未除,我死不瞑目啊。"

他的同僚,也是好友吕公著为人比较谨慎,对于新法的态度远没有司马光那样激烈。司马光担心自己一病不起,就给吕公著写了一封信,在信中司马光说道:"我自从生病以来,以身付医,家事付(司马)康,只有国事未有所付,现在就要嘱托与晦叔(吕公著的字)您了!"然后他批评吕公著道:"晦叔品行端方忠厚,天下人都佩服。到老了才得以秉持国政,平生所学不施展于今日,又要等待何时呢?近来大家都议论您过于谨慎,如果在这个关键的时候不能挺身而出,立场坚定,则大势去矣。愿慎哉!慎哉!"而在此之前,司马光又特别请出了退休多年、已经八十多岁的老朽文彦博为平章军国重事,为的就是能够掌控权力,掌握住对朝政的领导权,保证废罢新法政策的连续性。

怀抱着四患未除的遗憾,元祐元年九月初一,司马光病卒。临终时,床上仍有《役书》一卷。

身后是非　备极哀荣

据说在司马光做宰相的这一段时间里,不但赢得了百姓的爱戴,也赢得了敌人的尊敬。辽人、夏人遣使入朝或者宋的使者入辽、夏,他们都会很关心地问起司马光的情况。辽政府还特地警告其边境官吏:"中国已经拥司马光做宰相了,一定不要惹是生非,再开边隙。"

司马光死后举国悲恸,开封的市民都自发罢市去吊唁他。司马光的画像也被刻版印售,家置一本,每当饮食必祷告一番。画像畅销京师,京师画工有因此而致富者。太皇太后和哲宗也都亲自临奠志哀,为之辍视朝,赠太师、温国公,谥曰文正。对于一个臣子来讲,这都是罕见的礼遇了。单是"文正"这个谥号,司马光之前也只有前朝名臣王曾、范仲淹两人获得过。为了给司马光办理丧事,朝廷赠其家银三千两、绢四千匹,并赐龙脑、水银以敛。又派户部侍郎赵瞻、内侍省押班冯宗道护丧归葬夏县。据记载当时从全国各地赶来会葬的有数万人,大家都痛哭流涕,就像自己的爹娘去世了一样。此外,朝廷还特别恩赐司马光亲族十人做官,第二年哲宗又为苏轼撰写的司马光神道碑亲自篆书题写了碑额"忠清粹德之碑"。

在司马光去世以后,旧法派又制造了一起文字狱,陷害了已经罢免的宰相蔡确,新法派的势力被彻底清除。然而就是这样的一个诸贤当道的"好人政府"却并没有将政治引上正轨,在清除了新法派之后,旧法派内部却又起党争。就这样争来夺去没有几年,随着太皇太后的去世,政局突变,新旧两党风云再起,而这一次却是较以前来得更加猛烈。

元祐八年(1093年)九月,反变法派的靠山太皇太后高氏病卒,已经长大成人的哲宗开始亲政。哲宗早已经厌恶了太后的垂帘,愤恨着元祐大臣的漠视。元祐大臣们在奏事的时候经常是只冲着高太后,而不把年轻的哲宗放在眼里。哲宗后来曾对大臣们说道:"我当时只看见他们的屁股!"现在哲宗终于可以一抒多年来的胸中积怨了。他重新起用了原新党领袖章惇,变法派重新上台,打着继承神宗遗志的旗帜对元祐大臣们展开了反攻倒算。

章惇在召回为宰相,道过山阳时,曾邀请了一个叫陈瓘的小官登舟,共载而行。章惇访陈瓘以当世之务:"计将安出?"陈瓘回答道:"就以乘舟为喻,如果有一头偏重,能够前行吗?或左或右,也都是偏,明白这个道理就知道该怎么办了。"章惇沉默不语。陈瓘反问道:"不知道您将来施政的次序如何?以何事为先,何事为后?何事当缓,何事当急?谁为君子,谁为小人?想必您早就有所考虑,愿闻其略。"章惇又沉思了一会后说道:"司马光奸邪,这时最应该首先辨明的,无急于此。"陈瓘大声道:"相公大误!这就好像是欲平舟势而移左以置右也。果真这样做,将有负天下之所望。"章惇注视着陈瓘,声色俱厉地说道:"司马光辅佐母后,独握政柄,不能继承先帝遗志,却肆意妄为,改作成宪,误国如此,不是奸邪又是什么?!"陈瓘道:"如果将司马光看作奸邪,大改其已行之政,那么就越发误国了。"于是陈瓘极力开导章惇,认为唯今之计,唯有杜绝臣僚们的个人恩怨,消除朋党,秉持中正之道,这样才可以挽救时弊。当时章惇也说了要"兼取元祐"的话,两人共饭而别。

但章惇到京上台之后,还是展开了大规模的报复。正像一个叫张商英的大臣所告诫的:"愿陛下无忘元祐时,章惇无忘汝州时,安焘无忘许昌时,李清臣、曾布无忘河阳时。"报复元祐大臣成了积憾已久的新法旧臣连同哲宗的共同心愿。结果元祐大臣相继被贬往南方远恶军州,后来有很多人就死在了那里。而元祐大臣的领袖司马光虽然已卒,仍难逃厄运。他所有国家给予的荣誉和增典包括哲宗亲书的碑额都被收回,碑文被磨去,碑身也被砸毁。得志便猖狂的部分新法党人甚至提出要掘墓暴尸!

到了绍圣末年,元祐学术受到压制,有人还提出要销毁《资治通鉴》的刻版。陈瓘借着考试的机会,特地引神宗所做的序文,《资治通鉴》才得以逃过一劫。

哲宗去世后,宋徽宗上台,重用了奸臣蔡京,蔡京假借恢复新法为名,党同伐异,大搞党禁,在全国各地树立起"元祐党籍碑",元祐党人再遭禁锢,遭到了变本加厉的迫害。在树党籍碑的时候,一名叫常安民的石匠拒绝刻碑:"天下人都认为司马光正直,现在怎么成了奸邪?我不忍镌刻。"后来受迫不过,安民又道:"非刻不可,请不要在碑上刻'安民'二字,恐后人指责!"靖康元年(1126年)金军兵临城下,在李纲的主持下终于为司马光恢复名誉,恢复赠典,解除了元祐党禁和学术之禁。度宗咸淳三年(1267年)司马光得以从祀孔庙,获得了与72贤等同的地位。

与王安石的身后冷落、骂名千载的遭遇相比，司马光卒后备极哀荣，虽遭党禁一时，但毕竟很快就得到平反，从祀孔庙，享誉千秋。从这一方面看，司马光比王安石幸运多了。然而如果从他们各自为了自己的信念而奋斗的事业来看，却没有人成功，是非成败到头来都是一场空。从好友到政敌，从党派纷争到国家倾覆，于王于马，这都是一个悲剧。

学术一流　政见有限

曾有人将熙宁时期以王安石和司马光为首的政争称作是最纯洁的党争。即使在两人最为对立的时候，也没有互相攻击过对方的道德、人品和学问。王安石去世的时候，司马光特地给吕公著写了一封信，信中写道："介甫文章节义，过人处甚多，但性不晓事而遂非，致忠直疏远，谗佞辐辏，败坏百度，以至于此。今方矫革其弊，不幸介甫谢世，反复之徒，必诋毁百端。"因此司马光建议朝廷特宜优加厚礼，以振起浮薄之风。没有人怀疑，王与马都是道德高尚的真君子，不管是支持还是反对新法，他们都怀抱着一个高尚的目的，而不是汲汲于个人私利。就像司马光给王安石的信中所说的，他们立身行道辅世养民的志向，此所谓君子和而不同。王安石希望通过变法国富民强，鞭挞四夷，司马光力主和戎，其出发点还不都是为了国家的长治久安？然而在他们身后仅仅四十年，国家即走向末路。有人攻击王安石变法是祸乱之源，有人攻击司马光是党争恶化的罪魁。王、马二人即使在地下恐怕也只有椎心泣血恸哭相向了。

从司马光的角度看，悲剧的造成有诸多的原因，熙宁之初不能只是怨神宗之不用，也不能只是怨恨王安石的排挤。元祐之初司马光的政治主张与政治作风也是所来有自。从司马光的个性特征以及司马光从青少年起就秉承的政治主张来看，这出悲剧的上演实在是无可阻止。宿命地讲，早已是命中注定。

司马光是一个天生的保守派，或者说是稳健派，他与新法派的无法调和从他最初的个性和政治主张中可见端倪。

司马光在20岁的时候进士及第，在闻喜宴上众新进士中唯有司马光不愿意戴花。有同年劝告说，这是皇帝所赐，君命不可违。司马光这才别上了一枝花。后人谈起司马光的这件轶事，总是充满崇敬，大概认为这是司马光不喜奢华的表现吧。其实进士簪花自唐已然，又有什么不可呢？恐怕更多的还是出于羞赧吧，是不是觉得戴花太扎眼呢？这一点我们在司马光的家训《训俭示康》里可以得到验证，司马光亲口说起过自己从很小的时候就不喜欢华丽的衣服，"长者加以金银华美之服，辄羞赧弃去之"。司马光是作为自己俭朴的示范说给儿子听的，但从这里我们大略可以看到司马光的性格是偏向内向，保守，对新鲜事物保持距离。

在司马光居洛的时候游过嵩山，曾题字云："登山有道：徐行而不困；措足于平稳之地则不跌。慎之哉!"同样是游山,如果将这个题字与王安石的《游褒禅山记》相比较,这完全反映的是绝对不同的理念。也是在此期间,司马光有一次问素来敬佩的邵康节:"我司马光是一个怎样的人?"邵雍回答道:"君实是脚踏实地的人",接着又说道:"君实是九分人。"司马光认为邵雍很了解自己,他对自己也有过一个评价:"光视地然后敢行,顿足然后敢立。"

司马光的谨慎在他的书法中也有所体现,他的字总是写得很方正,绝不潦草,即使长篇如《资治通鉴》中也是如此。南宋朱熹曾注意到这一点,并比较了王、马两人的书法不同和个性差异,深有感触。

从这些朋友以及自我的评价当中,司马光小心翼翼、保守、稳重的性格如在目前。同王安石的理想中的瑰奇之境不同,司马光更加注重眼前,不会为了略显遥远的目标而冒险。

司马光又是一个极其方正、诚实的人。他曾经说道:"吾无过人者,但平生所为,未尝有对人不可言者尔。"司马光有一次让老兵卖马,在行前特意叮嘱道:"马有肺病,卖时一定要向买主讲明。"苏轼在写司马光的神道碑的时候,总结了司马光的品德,就是突出了一个"诚"字。

司马光自号迂叟,实际生活中也确实有时候稍显迂腐。当初年轻的宋神宗在即位不久就给司马光下了一个评语:"司马光方正,奈迂阔何?"司马光通古礼,因而在洛阳的时候就按照古书的记载制作了一整套的深衣礼服,每次出去的时候,就穿着朝服,将深衣用皮匣装着带在身边,到了独乐园就换上深衣。一次司马光对邵雍说道:"先生也穿这种深衣吧。"邵雍谢绝道:"康节为现代人,当穿现代人的衣服。"算是对司马光的迂阔做了间接的批评。

司马光极端的方正、诚实到近乎迂阔,因此在好多时候又不免执拗。司马光的坚持己见、执意不回在变法之前就已经如此,但由于不当政,因而这一性格上的弱点对政治的影响不大,反而赢得了诤臣的名声。而司马光执政以后,这一特点就显得非常的突出了,这尤其表现在关于免役法改革的争论中。司马光废除免役法的主张遭到了章惇尖锐的抨击,同时也遭到了范纯仁、苏轼的反对。

苏轼并不赞成司马光全面废除免役法恢复差役。他认为免役法较之于差役法有很多优点,其弊端在于雇役实费之外多取民钱。如果能够量出为入,无多取民钱,则免役法对老百姓还是非常有利的。他觉得司马光知免役之害,而不知其利,因此就到相府找到司马光争论,结果搞得司马光很不高兴。苏轼就说道:"当年韩魏公(琦)要刺陕西义勇,公为谏官,争之甚力,魏公不乐,公亦不顾。这件事是您亲自告诉我的,为什么现在您做了宰相,就不许苏轼畅所欲言了呢?"司马光怒气未休,两人不欢而散。回家之后,苏轼也是余怒不消,气愤地喊道"司马牛!司马牛!"

范纯仁认为:"法令难免有不便之处,然也有不可尽革的地方,施政之道在于去其太甚者罢了。"于是就上言于司马光,请求暂缓全面废罢,先在一州搞试点,看看利弊所在,然后渐渐推行,这样就不至于骚扰百姓,法令也可以持久。但司马光听不进去。范纯仁叹息道："这又是一个王介甫啊。"他再次给司马光写信："此法如果缓行并深思熟虑则不至于扰民，如果急行且考虑不周就会扰民。现在您宁肯扰民，也要将考虑不周的法令让不负责任的官吏急速推行，那就越发扰民，其危害更在您意料之外。"

南宋时大儒朱熹对司马光推崇备至，但对于司马光在役法冲突中的表现却多有批评。他曾对自己的学生说道："温公忠直，而于事不甚通晓。如争役法，七八年间直是争此一事。他只说不合令民出钱，其实不知民自便之。此是有甚大事？却如何舍命争！"关于章惇与司马光争役法之事，朱熹评论道："章子厚与温公争役法，虽子厚悖慢无礼，诸公争排之，然据子厚说底却是。温公之说，前后自不相照应，被他一一捉住病痛，敲点出来。"

范纯仁、苏轼都是司马光最信得过的人，然而对于他们的批评意见司马光竟是丝毫听不进去，就像苏轼所说，"其意专欲变熙宁之法，不复校量利害，参用所长也"。其执拗、拒谏、师心自用的程度又岂在他们素所反对的王安石之下？而奸臣蔡京当时知开封府，迎合司马光的意思，在五日限令之内尽复旧法，得到司马光的高度评价："使人人如蔡京，何患法之不行。"当不久范纯仁对司马光废青苗法表示异议时，司马光竟然以"奸邪"目之，直把范纯仁吓得连退数步，不敢再言语。司马光此前曾屡屡强调用人以德，抨击王安石所用非人，而自己在晚年却不用忠信，信用蔡京，真是令人唏嘘不已。

苏轼称自己尊敬的司马光为"司马牛"，足见司马光之执拗，不过当时之人少有明言这一点的。再则，司马光的执拗通常是与见识不足相随。朱熹即认为"温公力行处甚笃，只是见得浅"。高太后的听政，司马光获得了同熙宁时期的王安石一样的地位和权力，也有了充分施展自己政治主张的机会。然而这实在是一个错误，因为司马光除了性格上的弱点之外，也缺乏政治家的素质，实不堪为相。这一点当时人就已经看得很透。

神宗去世，高太后初垂帘，几乎人人都认定司马光当出任宰相。程颢在汝州，韩宗师问程颢："朝廷之中的政治动向如何？"程颢回答道："司马君实、吕晦叔将要做宰相了。"韩宗师道："二公如果做了宰相，当如何施政？"程颢道："当与元丰大臣同，如果先分党羽，他日可忧。"韩宗师："有何忧？"程颢："元丰大臣皆嗜利者，若使自变其已甚害民之法则善矣，不然衣冠之祸未艾也。君实忠直，难与议；晦叔解事，恐力不足耳。"当时也有人问韩琦："司马光和吕公著都是身负天下众望的人，他日如果能够得到大用会怎么样？"韩琦的回答是："才偏规模小。"苏辙对司马光的评价则是："君实为人，忠信有余而才智不足。"

实际上司马光自己起初也不乏清醒的认识。他曾说过自己就像人参甘草，病还不很严重的时候尚可用，一旦病重，则非所能及了。然而一旦处于高位，则身不由己了。

朱熹对以司马光为首的元祐诸贤政治见识也有过尖锐的批评，他认为"元祐诸贤,多是闭着门说道理底"。他们"矫熙丰更张之失,而不知其堕于因循。既有个天下,兵须用练,弊须用革,事须用整顿。如何一切不为得!"

　　从这些批评我们可以看到,司马光本非救时宰相,徒以德高,富有人望而入相。司马光去世以后,有人曾对司马光的高足刘安世说道:"三代以下,宰相、学术,司马文正一人而已。"刘安世是怎么回答的呢? 他说道:"学术固然如此,宰相之才则不敢以为第一,因为元祐大臣大都是道德有余而才智不足。"他接着又说道:"司马公能格君心之非,如果用为御史大夫或者谏议大夫,执法殿中,或者作为帝师劝讲经幄,那是真的前无古人啊。"这真是非常有见识的评论。

　　司马光为人方正,道德高尚,学术文章皆属一流,然而却有他政治家的局限,在有些职位上,他可以做到完美,其过强的个性甚至可以助成他的完美,而一旦越过此种局限,他甚至不如常人,其个性反成弱点。1086年,北宋选择了司马光做宰相,就是在一个错误的时间用了一个错误的人。

南宋第一相 首屈一指功

——李纲

名人档案

李纲：北宋末、南宋初抗金名臣。字伯纪，号梁溪居士，祖籍福建邵武，祖父一代迁居江苏无锡。李纲能诗文，写有不少爱国篇章。亦能词，其咏史之作，形象鲜明生动，风格沉雄劲健。著有《梁溪先生文集》《靖康传信录》《梁溪词》。

生卒时间：1083 年~1140 年。

性格特点：刚正爱国。

历史功过：李纲是两宋之际的重要历史人物，在抵抗女真军事贵族入侵的过程中扮演了重要角色，在南宋高宗朝曾担任宰相，对于南宋朝廷的建立发挥了关键的作用。所谓"第一相"，不仅在于他是南宋的第一位宰相，更在于他的各项措置对于南宋政权的确立产生了深远的影响。李纲的远见卓识与阔大胸怀，在南宋的诸多宰相中都是首屈一指的。

名家评点：民族英雄。

南宋宰相 衰世英豪

李纲，字伯纪，号梁溪居士，邵武（今福建省邵武市）人。但他从其祖父就迁到无锡（今江苏无锡市）。徽宗政和二年（1112 年）进士及第，被任命为镇江府学教授。他出生在哲宗朝，他 18 岁时，徽宗即位，他进士及第时已经 29 岁。他正式登上政治舞台则是女真军队南下攻宋的关键时期，高宗建立南宋，拜他为宰相，只过了几十天，就被罢相，遭到贬谪，后来又被重新起用，担任了几任地方官。绍兴十年，高宗建立南宋政权已有十四年，他在家乡逝世，时年 58。因此，他活动的主要时期是徽宗、钦宗和高宗三朝，尤其是钦宗靖康年间和高宗初期。

哲宗朝的前后期党争激烈，朝局变动不定，政治渐趋紊乱。徽宗即位后，不但没有能及时导正政治上的斗争，消除分歧，反而重用蔡京、王黼、梁师成、童贯、朱勔等权臣和宦官，打击政敌，朝局更趋糜烂。徽宗本人骄奢淫逸，生活腐朽，蔡京等受其宠幸的大臣和宦官更在旁推波助澜，从中渔利。他们提出"丰、亨、豫、大"的口号，大肆扩建皇宫，在苏州和杭州设立专门机构，从事搜集江浙地区的奇花异石、织绣丝绸，雕刻一些象牙金玉器物。其中就有所谓的"花石纲"，即无偿征取民间的美花美石，然后用大量舟船运到京城，每十船组成一纲，前后相继。朱勔负责这些事务，他从朝廷的府库中支取了大批资金，来备办各类珍异之物，实际上大都强行征取，而大部分的资金都流入了他的腰包。

徽宗崇信道教，在京城和各个较大的城市兴建很多道观，并拨给很多土地，道观的很多道士们都有了正式的官阶，和政府的官吏同样领取俸禄。其中最受徽宗宠信的道士林灵素的门徒，任道官、领取厚俸的就将近两万人。蔡京等人增设了很多官位，借此来提拔自己的子弟亲戚和故旧做官，甚至公开卖官鬻爵，按照职位的高低大小来定价格。这使得本来就很冗杂的官僚队伍更加臃肿不堪。那些买官的人自然要贪污受贿，变本加厉地搜刮百姓。

正是因为上述奢侈腐朽的生活和冗官的增多，使得朝廷的财政很快就入不敷出，此前积累下的国库积蓄被挥霍得一干二净，每年正常的赋税所得只能应付七八个月的开支。为了应付这种局面，朝廷首先想到了铸造新钱，但这是治标的办法，结果更增加了币制的混乱和百姓的负担。其次，提高茶税的定额，将原来政府出钱征购的绢帛和谷物改为无偿的榨取。第三，政和元年（李纲进士及第的前一年），设置了"西城括田所"，由宦官掌管，名义上是没收一些无主或逃绝户的土地作为公田，实际上是专门强占肥沃土地，强迫原业主充作佃户，使其向官府交纳田租。同时，蔡京等权贵倚仗权势，乘机占夺大批田园宅第，奸赃狼藉。

这些政治上的腐朽和经济上的掠夺，都加深了当时百姓的苦难，社会矛盾日趋尖锐。在求生无路的情况下，越来越多的百姓走上了反抗的道路。徽宗即位的第八年，即大观二年（1108年），太行山东西就出现了以李勉为首的起义军。政和六年（1116年），淮南地区又出现了以刘五为首的数千人的起义军。宣和元年（1119年），刘花三领导一支起义军在广东、福建交界处活动，打击当地的豪绅地主。同年，以宋江等为首的起义军活跃在今天的河北、山东地区，他们虽然人数不多，却都勇敢善战，多次打败前来围剿的官军。规模最大的是方腊在浙江的起义。由于花石纲等对东南地区百姓的压榨、骚扰，宣和二年十月，方腊在浙江睦州的青溪县发动起义，提出诛杀朱勔的口号。很快就有十万人参加了起义军，其影响不断波及邻近地区，吸引了越来越多的百姓。起义军在三个月内就攻占了五十二座县城。第二年正月，朝廷派宦官童贯率领十五万的精锐禁军南下进行镇压。经过两个多月的顽强抵抗，起义军才被完全扑灭。虽然上述起义后来都被镇压下去，但却暴露了深刻的社会矛盾,和宋王朝统治越来越严重的危机。

这时,北方的辽朝在女真族的武装反抗下,其统治也处于风雨飘摇之中。1116年,女真军队攻占了辽朝的东京辽阳府(今辽宁省辽阳县),控制了辽东半岛,这里与宋朝的山东地区仅一水之隔。宋朝的最高统治者获悉这一信息,又幻想联合女真族夹攻辽朝,希望收复五代时割让给辽的燕云地区。从1118年开始,宋朝就不断派遣使臣泛海到金国,商谈夹攻辽朝的具体事宜。1120年秋,金朝已经攻占辽朝的首都,宋、金才达成"海上盟约",规定金朝攻占长城以北地区,宋朝攻取长城以南地区。但由于宋朝境内不断爆发了前述的起义,朝廷不得不将大部分兵力用来镇压这些起义军,无暇顾及北伐。直到1122年,宋朝才派童贯等率领军队北上攻辽,却被辽朝燕京的守军打得大败。同时,金军对辽的进攻却取得了节节胜利,这年的腊月,燕京守军投降了金军。后来,宋朝用重大的代价换取了被金军掳掠一空的燕京。为了占据燕京及其周围地区,宋朝花费了巨额的经费,作为军队和官僚的饷俸,加上远途运输,这些费用都被转嫁到全国百姓身上,尤其是山东、河北地区,很快出现了武装反抗。更为严重的是,金朝在上述过程中,观察到宋朝的官僚腐朽,军队不堪一击,马上开始筹划南下攻宋。

初入仕途　上书言事

崇宁三年(1104),李纲在国子学就读,成绩优异,至大观二年,因为亲丧,没有参加科举,以国子学贡士的资格被授以将仕郎的品阶,担任真州的司法参军。直到政和二年,他才参加科举,名列及第进士的第二档。在徽宗召见及第的进士时,对他再三顾问,遂特旨将他升到第一档,授以承务郎的品阶,被任命为相州的州学教授,后为了就近侍奉父母,请求改任镇江的府学教授。

政和四年,李纲被任命为国子学正,开始担任中央的官员。次年,他被任命为担当监察职能的御史。后来他由于敢言而不避权贵,上书冒犯了宦官、宰相,被罢免了御史之职。其后,他一直在京城任职。宣和元年,他被任命为省试的副考官。这一年,开封西面发生洪涝,漕运不通,京城周围受到严重威胁,但朝臣都不敢上书议论这次灾异。李纲上书认为这是阴气太盛所致,朝廷应该提防"盗贼外患"。后来他又屡次上书论事,触怒了当时的宰执,一再遭贬,最后被外放到南剑州沙县(今属福建)担任督收酒盐税的小官。

但是,他敢于上书言事,却为其赢得了很大的声誉,时人称之为"凤鸣朝阳之举"。他在赴沙县之任前,有《留别诸弟》诗,云:"久陪鸳鹭日朝天,却爱江湖作散仙。但有园林种松菊,便胜冠冕着貂蝉。"这表现了他豁达的心胸和对名利的淡泊。仕途上的挫折往往使士大夫们想起陶渊明的"采菊东篱下,悠然见南山"的生活。

南宋初有人说李纲是蔡京的儿子蔡攸的同党,虽然这可能是诬蔑之辞,但也值得注意。说它是诬蔑之辞，因为蔡京等到南宋初就成为过街的老鼠，徽宗是骂不得的，所以他们就成了罪魁祸首，北宋灭亡的罪责都由他们来承担，在政治斗争中，与他们的任何瓜葛都可能成为对手攻击的极好口实，李纲被纳入蔡攸的党羽，原因可能在此。另一方面，这又不一定完全是空穴来风之辞，仍可以反映李纲政治上的某些面相，他在某些方面仍不能完全摆脱当时的政治环境，他能在政坛上有所作为，也离不开有力的靠山。但这并没有影响他后来在抗金和建设南宋政权过程中的贡献及其意义。

书生治兵　功亏一篑

宣和七年(1125年)，李纲被任命为太常少卿，再次来到京城。这年冬天，金兵南下攻宋，京城告急。朝廷有人建议避敌，徽宗下诏各地勤王，并命皇太子担任开封府长官，并让高级文官上书献策。李纲上《御戎五策》，同时他还通过交好的给事中吴敏向徽宗建议传位给太子。他认为大敌当前，"非传以位号，不足以招徕天下豪杰"，而不只是让太子监国。他举出唐肃宗的例子，认为唐玄宗不能主动传位给肃宗，使其难以号召天下，所以肃宗后来在灵武自行称帝即位。所以对于"建号之议"不出于唐玄宗，后人都为之惋惜。如果徽宗能够传位给太子，将会使金人难以达到攻击的目的，而后悔发动战争，社稷也能获得保全。后来，徽宗召见李纲，他刺臂血书上奏说："皇太子监国，属于和平稳定时期的做法。现在大敌来攻，安危存亡在呼吸之间，怎么还固守平常的规矩呢？太子没有即位却只能监国，怎么能够号召天下，期待一点点成效呢？如果正式传位给太子，让他能够为天下保卫宗社，收拢将士之心，誓死抗金，那么天下就能得以保存。"他的上书显然对徽宗禅位给钦宗产生了很大影响。这也是李纲进入政治核心的一个契机。

钦宗即位后，李纲上书说："现在中国势弱，君子之道难行，毫无法度纪纲。陛下即位之初，应当顺应天心，满足民众的愿望。攘除外患，确立中国尊高的地位；诛锄内奸，使君子之道得以发扬光大。"显然他对于钦宗寄寓了厚望。对于割地求和，他更认为："这是祖宗留下的疆土，必须死守，一尺一寸也不能让步。"由于他在禅位过程中的重要作用，得到钦宗的重用，被任命为兵部侍郎。

钦宗虽然对于徽宗朝的权奸蔡京、童贯、王黼、梁师成、李彦、朱勔等加以诛罚，但面对金人的进攻却显得很懦弱，手足无措。靖康元年正月，金军主将斡离不率军渡过黄河，徽宗闻讯离开京城，逃往南部。宰执亦建议钦宗暂避敌锋。李纲坚决反对放弃京城的逃跑策略，认为："今日之计，应该整饬军马，固结民心，一起坚守，等待来勤王的军队。"同时他还认为宰相白时中等应当负起"抚将士以抗敌锋"的责任。白时中气急败坏，责问说："李纲难道敢带兵出战吗？"李纲则说："陛下不以臣庸懦，倘使治兵，愿以死报。"其敢于任责的态度跃于言表，而白时中等人的懦弱也暴露无遗。朝中无人像李纲那样敢于任责,所以他被任命为副宰相。李纲能够登上历史的大舞台,与宋金之间的战争冲突有直接关联,更与当时北宋朝廷苟安不振的氛围密切相关,可以说他是被历史推到了前台。

但当时的宰相和其他副宰相以主张避敌者占多数,钦宗亦颇动摇,时而准备亲征,遂命李纲为东京留守,李棁为副,时而欲弃京城而避敌。李纲上书力陈不可放弃京城,并且举唐玄宗在潼关失守后,仓皇出逃为例,以为不能蹈唐玄宗的覆辙。但钦宗听到中宫已经出发时,急忙说:"朕不能再逗留了。"李纲以死来求钦宗留下,钦宗对他说:"朕现在为你留下,治兵御敌的事务,由你来专门负责,不要有什么疏忽。"因此,李纲担负起守卫东京城的重责。

其后,钦宗又发生动摇,决意南逃,李纲闻讯入宫时,禁军都已经整装待发了。他首先制止了禁军,后又劝阻钦宗,并以钦宗的名义下令:"敢再有说避敌者斩!"这对于振作军心发挥了重要作用。钦宗遂命他为亲征行营使,可以便宜行事,专门负责保卫东京的战役。

由于李纲的积极备战,身先士卒,击退了金兵的进攻。加上金人知道徽宗已经禅位,只好退兵,并遣使议和。但李纲却被排斥在议和之外,钦宗派怯懦的李棁往金营议和。金人索要巨额的财物,要求尊其国主为伯父,要求派亲王、宰相作为人质,并割让太原、中山、河间三镇。这也反映此时金人并没有打算灭亡赵宋王朝,只是一种勒索和蚕食。李棁并没有及时掌握敌我态势,对这些勒索也没有据理力争,而是不置一词,无所作为,也许已经被金军的强大吓破了胆。李纲对于金人的三项勒索分析说:"金人所要索取的金币,即使竭尽全国之力也不够,况且现在只有京城一地。三镇,是国家北面的屏蔽,割让给金国,我们还能靠什么来维护国家的安危呢?至于派遣人质,宰相应该去,但亲王不应该去。"同时,他建议一方面派善辩之士出使金营,与其论辩,滞留其军,另一方面等待各地勤王之师的到达,使金人孤军不敢久留,再与之和议,这样可以使金人不敢轻视中国,和议的成果方可持久。但当时的宰相、副宰相却急于求和,对李纲的意见不屑一顾。最后,宋廷答应了金人的所有要求,在京城大肆搜刮金银,以满足金人的贪欲,同意割让三镇给金人,同时派康王赵构和副宰相张邦昌作为人质,出使金营。

正当宋廷在京城到处搜敛金银,以满足金人的贪欲时,各地的勤王军也逐渐向京城聚集,尤其是种师道、姚平仲率领陕西的军队。在此情形下,钦宗又试图用兵,李纲适时提出了反击金兵的建议。他认为金人贪婪凶暴,必须在军事上击败他们,而且金兵只有六万,宋朝到达京城的勤王之师已超过二十万,所以金兵处于孤军境地,因此他建议以计取胜,而不必力战,只要先派兵扼守黄河渡口,断绝金兵的供给,然后重兵围困金兵,用周亚夫围困七国之兵的方法,坚壁不战,则可以迫其议和,收复三镇,最后在金兵北返过河时,半渡而击之。

钦宗虽然接受了李纲的建议,但并没有授予他指挥实施上述作战策略的全权,整个宋军缺少主帅,也就形成不了合力。同时,姚平仲急于邀功,意图生擒斡离不,救回做人质的康王,提前率军发动进攻,夜袭敌营。姚平仲的进攻没有事前告知李纲,钦宗仓促间命李纲率军支援姚平仲。最后姚平仲的偷袭遭到失败,本人也逃跑避罪。宰相、副宰相和朝中谏官哄传宋军被金军全歼,局势骤然紧张。金人遣使责问,宰相李邦彦不得不以李纲做替罪羊,对使臣说:"用兵的是李纲、姚平仲,不是朝廷的意思。"因此,宋廷将李纲罢职,以蔡懋代其职。

李纲被罢职,却引起了京城舆论的大哗。太学生陈东等千余人向朝廷上书,为李纲声辩。东京城内的军民不期而集,达数十万,为李纲鸣不平,朝廷置之不理,遂有宦官被聚集的军民所杀伤。面对这种舆论,钦宗不得不召回李纲,复其官职,并且负责京城的保卫工作。

金人由于已经得到宋廷割让三镇的诏书和大量金银钱帛,加上孤军深入,遂退兵北返。李纲此时被任命为枢密院的长官,遂奏请派军护送金兵,暗中指示将领"可击则击之"。但宰相惧怕尽遣守军追击金兵,恐难以应付仓促事件,遂急忙召回追击的军队。这时,宋军已经追到河北境内,却得到回军的命令,功亏一篑。等到李纲上奏力争,再次派遣军队追击时,宋军已经无心再战了。

夹缝之间　接连遭贬

徽宗之禅位,乃是在金兵压境的局势下仓促间做出的权宜之计,马上又南逃。这时钦宗为了挽回舆论,下诏诛罚徽宗宠幸的权臣,包括扈从徽宗南逃的童贯、高俅等,这使得徽钦二帝之间出现相互猜疑的紧张关系。在金兵围攻京城期间,与东南地区的信息沟通被徽宗阻隔,勤王之师也被阻滞不得进,甚至有传言说童贯等要图谋叛变。

由于童贯、高俅等人随徽宗南下,为了执行钦宗诛罚他们的诏令,有人建议派聂山担任发运使直接负责,但这容易加剧徽、钦二帝之间的紧张关系。李纲指出:"如果聂山能够完成任务,就会惊动太上皇,困扰陛下。万一没有达到目的,这些奸臣就可能挟制太上皇,割据一方,到那时陛下如何来处理呢?不如不派聂山来执行诏令,而请太上皇自己来除掉他们。"钦宗听从了李纲的建议。

金军北返后,局势逐渐稳定,徽宗也回到了当时的南京(今属河南省),并来信询问钦宗改革的情形,同时召吴敏、李纲到南京。有朝臣对徽宗此举颇怀疑虑,徽宗与钦宗之间的矛盾也随之加剧。李纲却认为这只是徽宗想知道朝中之事罢了,并请求觐见徽宗。李纲见到徽宗后,向徽宗报告钦宗的孝思,谓钦宗"欲以天下养之",竭力弥缝徽、钦二帝之间的矛盾,并请求徽宗早还京师。

徽宗又询问东京保卫战的情形,气氛逐渐缓和。但他还是提及他在战争期间断绝和钦宗联络的敏感问题,实际上是进行试探。李纲遂回奏说:"当时情势紧急,皇上与您彼此隔绝,消息难通,朝廷要照顾行宫,难免有所疏漏,请您明察。"他又进一步解释说:"皇上仁孝,唯恐有令太上皇您不满意的地方,所以每当您加以诘问时,皇上总是忧惧难以进食。臣将其比喻为家长外出时强盗来了,担任家事的子弟不得不随机应变。家长一般是关心保护田产的大计,对其加以慰劳。如果要斤斤计较于细节问题,那么子弟怎么可能每件事都开脱他的责任呢?皇上刚刚即位,太上皇就南下巡幸,正当大敌入侵,为了保护宗社,许多事不能不有所更革。现在太上皇您将要回銮,臣以为应该慰劳、安抚皇上,而不宜纠缠于那些小事。"徽宗对李纲能调解他们父子之间的紧张关系表示赞赏,并赐给他玉带等物,对他说:"爱卿能够辅佐皇上,保卫宗社,立有大功,现在如果再能调解我们父子之间的关系,消除猜疑,就能名留青史了。"这反映了此时徽宗与钦宗之间的猜疑之深,而徽宗亦试图藉李纲来从中沟通、调解,缓和矛盾。

徽宗回到京城,金人北撤,宋廷上下一片恬然气氛,而不再把金人的进攻放在心上,像李纲这样的抗金领袖逐渐受到排挤。加上李纲上次被罢职,引起千余太学生伏阙上书和开封军民数十万众聚集请愿,迫使钦宗恢复李纲的职务,是当时臣僚极为忌讳的问题,极易遭到君主的猜忌,这也成为意图排挤李纲出朝廷的大臣的重要口实。在讨论迎接徽宗回京的仪式时,副宰相耿南仲建议先清除徽宗左右的亲信,这当与钦宗、徽宗之间的猜疑有关,或者得自于钦宗的授意。李纲反对说:"这样做就是向太上皇表示猜疑的态度。天下的道理只是坦诚与猜疑、光明与阴暗罢了。行事坦诚,光明磊落,就可以达到尧舜的境界;怀有阴暗的心理,行事猜疑,就会后患无穷。耿南仲不用达到尧舜的方式来辅佐陛下,其心理阴暗而多疑。"耿南仲恼羞成怒,就拿太学生伏阙上书和京城军民聚众请愿做文章,说:"谏官陈公辅曾经参与聚众为李纲请愿之事,请派御史加以审查。"李纲对此种不顾国事的行为甚为愤慨,但又不得不请求辞职。虽然钦宗下诏对李纲说:"当时强敌当前,太学生和百姓伏阙上书、请愿,是激于忠愤之情,怎么可能是有人操纵的呢?"让李纲不必介怀,同时还说,"大敌刚退,还需要爱卿协力渡过难关",没有接受李纲的辞职。但钦宗对于太学生和军民聚众请愿之事依然耿耿于怀,只不过还需要李纲来维持局面。

等到眼前的危机过去,钦宗和耿南仲之流就难以再容忍李纲的存在了。他们不但对李纲处处掣肘,最后还借口太原被围,派李纲担任河东、河北宣抚使,率领援军以解太原之围。李纲认为自己是文臣,指挥保卫开封城的战斗是形势所迫,不宜担任统帅,"恐误国事"。有谏官亦上书说李纲不可离开朝廷。这反而使钦宗对李纲更加猜疑,认为谏官是在为李纲游说。当时有人对李纲指出,钦宗之所以派他去太原,并不是为了边事紧急,而是想借机排挤李纲出朝廷,同时又可以堵住京城百姓之口,李纲拒绝任命,则进谗言者会借题发挥,钦宗的不满更加难以预测。在各方面的压力下,李纲不得不接受任命。此时,钦宗又假惺惺地对李纲加以表彰,手书《裴度传》赐给他,将他比作曾经平定方镇之乱的唐朝宰相裴度。这样,李纲最终被排挤出了朝廷。

李纲接受新的任命之后，又受到钦宗君臣进一步的打击。他所率领的援军只有一万二千人，而且仓促之间，准备很不充分，所以他请求宽限出发的日期。但钦宗恨不得他赶快离开京城，一再催促李纲出兵，甚至下诏责备他拖延时间、抗拒命令。李纲不得不再次提出辞职，钦宗遂安抚说："爱卿为朕巡视边境，马上就可以还朝。"由于太学生和军民请愿之事已经是前车之鉴，所以钦宗等始终不敢公开贬降他。李纲回答说："臣这次出师，没有再次还朝的希望了。现在我因为愚直不能容于朝廷，如果出师之后能够死于战斗，这是我的愿望。万一朝廷不能坚持抗击金军，我只能辞职，陛下应该体察我的忠心，以保全君臣之义。"临行之际，他还不忘请钦宗提防奸臣，以免误国。他率军经过河阳，遥拜宋帝陵，针对国势和外患，上书劝勉钦宗"尝胆思报、励精求治"，以图中兴。

李纲虽然时刻心系国事，却遭到不断的打击。首先是朝廷下诏解散各地的勤王军队。其次，他所率领的军队将领直接接受钦宗的指挥，李纲所担任的宣抚使空有其名。不久，朝廷又因为议和，下诏命令李纲所率领的援军停止前进。同时朝廷上的抗战力量也都遭到罢职、贬谪，重要的职位都为主和派所占据。紧接着朝廷命令种师道以枢密院副长官的身份替代李纲，接管宣抚司，诏李纲回京师，实际上是罢了他的职务。没等他回到京城，就又遭到贬降，出知扬州。李纲上书推辞任命。最后，他被弹劾对金作战丧师费财，遭到贬谪。而实际上，他从来没有真正全权指挥过宋军对金军的作战，丧师费财无从说起。

当李纲接连遭贬之际，金人再度南下，包围了开封城。此时，钦宗方又想起李纲，后悔和议，遂下诏召回李纲，任命为开封府长官，但为时已晚。李纲接到诏命时，正在贬谪途中，路经湖南长沙。他还来不及带领勤王军北上，开封城就已经被攻陷了，徽、钦二帝被金人俘虏，北宋灭亡。

宰相之职　大义分明

当开封城再次被围之际，钦宗不得不又下诏各地勤王，并命在外的康王赵构担任河北兵马大元帅，开大元帅府，负责统帅河北等地的义军和勤王军。赵构首先即以元帅府的名义恢复李纲的职位，并写信给他说："现在是天下生民危急存亡之际，如果没有不世之才，就不可能居中协调、完成这项艰巨的任务。阁下学究天人，忠心可贯金石，应当赶快回到朝廷，以副天下苍生之望。"赵构如此重视李纲，与他在抵抗金军过程中建立的功勋和声望有密切关联，不得不依赖他来号召天下、收揽人心。

徽、钦二帝被俘，北宋灭亡，康王赵构遂在当时的南京应天府（今河南商丘）即位，是为高宗，建立了南宋政权。高宗即位后的第一件事就是任命宰相，李纲成为他的首选。而在开封被攻陷后，金人扶植张邦昌建立了一个傀儡政权。后来，当张邦昌获悉赵构即位,被迫取消其傀儡政权。高宗害怕激怒女真贵族,并没有对张邦昌这种叛逆行为加以惩罚,反而封他为郡王。因此,当时有御史上书说:"张邦昌为金人所喜,虽然已经被封为三公、郡王,应该拜为宰相,以增重其礼遇;李纲则为金人所恶,虽然现在已经被任命为宰相,应该在他未到任之际,将其罢免。"高宗说:"朕的即位恐怕也不是金人高兴见到的。"这位御史顿时哑然了。但他仍然将他的上书寄给李纲,希望阻止他赴任。

李纲到应天府后,高宗赐宴接待。李纲奏对说:"金人无道,专门以欺诈奸谋取胜,中国没有看穿其面目,中其奸计。幸好天命未改,陛下率领军队在外,被天下臣民推戴。内修政事,外攘强敌,这是陛下和宰相的职责所在。臣自觉才能不足以承担陛下的重托,请收回成命。而且臣在途中看到御史寄给我的弹劾奏书,认为臣是金人所厌恶,不应当担任宰相。臣虽然愚蠢,却只知道有赵氏,不知道有金人,所以为金人所厌恶是很自然的事。说我才能不足以担任宰相没关系,但认为我是金人所恶就不能担任宰相就很奇怪,难以服人。"因此他拒绝担任宰相。高宗为此罢免上书的御史,并对李纲说:"朕早就知道爱卿的忠义和智略了,要让金人畏服,使四方安宁,非由你来担任宰相不可,爱卿就不要推辞了。"显然,高宗很清楚当时的形势离不开李纲这样的人物。李纲遂上奏《十议》,并声明只有高宗接受这十条建议,他方可出任宰相。

《十议》包括十个方面:一、议国是,即议定基本国策。他认为马上进攻则实力不足,和议也不可靠,只能靠自治,以防守为基本国策。和、战是南宋对金政策的两极,但有不少持重的大臣都主张自守。二、议巡幸,选择新的都城。他认为长安为上选,襄阳次之,建康(今南京)又次之。至于后来作为都城的临安则根本不在考虑之列。三、议赦令。他认为张邦昌所颁布的伪赦应当废除,而按照祖宗的惯例颁布新的大赦。四、议僭逆。他认为张邦昌为国家大臣,不能临难死节,而屈服金人的命令,易姓改号,应当明正典刑,垂戒万世。五、议伪命,即对接受张邦昌伪政权任命的士大夫加以惩罚定罪,以激励士风。六、议战。他认为要严格军纪,信赏必罚,以振作军队的士气。七、议守。他认为敌情不明,肯定会再度南下,应该沿黄河、淮河、长江布置防守,占据险要。八、议本政。他认为现在政出多门,需要集中权力到中书(宰相所负责的中枢机构),可以提升中央的权威。九、议久任。他认为钦宗时期大臣升降太快,不能久任,需要谨慎选择大臣加以久任,责其成功。十、议修德。他认为高宗刚刚接受天命,应该加强修炼孝悌恭俭的品德,以副四海之望,达到中兴的目的。

第二天,高宗将李纲的奏议在朝廷上公布,但其中的议僭逆、议伪命两条没有公开。这主要是因为高宗惧怕激怒金人,张邦昌建立伪政权是在金人的操纵下进行的,惩罚张邦昌及接受其任命的官员,无疑会刺激金人,而高宗一直在试图寻求和金人和解、妥协的途径。李纲从振作士大夫官僚的士气和民心的角度出发,坚持惩罚张邦昌及接受伪命的士大夫,认为高宗想要建立中兴的事业,却尊崇僭逆的臣子,四方闻知,必然人心涣散,更重要的是,如果对接受伪命的士大夫不加惩罚,那么如何来激励天下士大夫的节气呢? 李纲一再力争,甚至以辞职相要挟,誓与张邦昌等不同朝为官,高宗最后将张邦昌贬谪,并对接受伪命的士大夫亦加以贬谪。与此同时,李纲认为当时士大夫寡廉鲜耻,建议高宗对少数能够仗节死义的士大夫加以褒奖。高宗接受这项建议,并下诏让各地询访死节之士。

其后,李纲被任命为御营使,负责所有政务、军务。他于是进一步上奏说:"现在的国势远不如靖康时期,但陛下英明,臣僚团结一心,还有望改革靖康时期的弊端,造成中兴的局面。其中的关键在于要确立规模,按照事情的先后缓急来进行。"所谓"规模",他将其概括为如下内容:"外御强敌,在内平息盗贼,修军政,改变士风,充实财政,减轻百姓负担,改革弊法,省减冗官,坚决贯彻号令来感动人心,信赏必罚以振作士气,选择大臣来担任各地长官,选择监司(宋代路一级的长官)、知州来推行新政,等自身的政事得到完备,然后可以再向金人问罪,迎还二圣(指徽、钦二帝)。"

作为当时最紧切的工作,李纲认为是处理河北、河东(主要是今天的山西地区)的问题。因为河北、河东是当时南宋政权稳定的屏障,处理好这两个地域的问题,中原可保,东南也可安定。而当时河东、河北除了少数地区被金军占领外,大部分地区仍然没有投降,在南宋朝廷可以控制的范围之内。河北、河东两个地区的百姓组成民兵,推举各地的豪杰作为首领,多者数万人,少者也不下万人,他们大都愿意接受宋朝的领导。如果南宋朝廷不能及时与他们建立关系,派使臣好好地慰劳他们,分兵去支援他们的战斗,恐怕他们会缺乏粮食、筋疲力尽,受到金人的围困。虽然他们怀着忠义之心,而朝廷的援兵不能赶到,就会时刻处于危机之中,必然将对朝廷产生愤怒和怨恨的情绪,这时金人如果对其加以招抚,马上就成为其可用的精兵。因此,他建议朝廷在河北、河东设置指挥机构,选择有才略之人,宣谕天子的恩德和不放弃两河地区的决心,对能保卫一州、一县的人都授予官位,使其为朝廷守卫地方。这样不仅可以断绝他们投降金人之心,还可以凭借他们来防御金人的进攻,使朝廷永无北顾之忧。

高宗接受了李纲的建议,李纲遂推举张所、傅亮担任河北、河东地区的军事统帅,分别设置招抚司和经制司。张所曾经在北宋朝廷做过御史,靖康之乱中,他用蜡书在河北募兵,应募者有十七万人,因此他在河北的声望很高。傅亮曾经在河北等地带过兵,开封被金人包围时,他率领三万多勤王军,屡立战功。高宗遂任命张所担任河北的军事统帅,傅亮担任河东的军事统帅。当时皇子出生,按照惯例要大赦。李纲认为:"河北、河东两地为朝廷坚守地方,现在大赦的诏令如果不能到达,百姓就会以为朝廷放弃了他们,这样怎么能安抚那些忠臣义士的心呢? 勤王军在征战途中背负甲兵,冒犯霜露,没有功劳,也有苦劳,加上疾病死亡,如果不能受到朝廷的恩惠,以后有急难,怎么能够再依靠他们呢?"高宗再次接受了李纲的建议,在河北、河东两地颁布了大赦令,收揽了失散的人心,加强了两地人民抗金的决心,使围攻的金人知难而退,响应张所、傅亮两位统帅招募的人也很多。此外,他还推荐宗泽担任开封的长官。宗泽到任后,安抚军民,修治军事设施,多次出兵挫败金人的进攻,稳定了局势。

军事斗争是当时新政权面临的紧迫任务,也是李纲担任宰相后时刻在思考的问题。他改革当时的军队体制,以五人为"伍",由伍长来控制其他四人;二十五人组成"甲",由甲正来控制五个伍长;一百人组成"队",由队将来控制四个甲正;五百人组成"部",由部将来控制十个正副队将;两千五百人组成"军",由统制官来控制十个正副部将,整个军队按照上述层级,用木牌记录所属成员的姓名,军队的命令都按照木牌来发布、执行。他命令按照新的管理体制来招募新军,同时在中央设置赏功司,对于接受贿赂、敲诈勒索之人军法从事,对遇敌溃逃者处斩,逃兵做盗贼的,处死他们的家属。

当时防守黄河的将领名叫许高、许亢,临阵脱逃,被贬谪到岭南,在江西境内阴谋叛变,被当地的地方官处决。有人认为地方官擅自杀人,应该加以惩戒。李纲则认为:"许高、许亢受命防守黄河,敌人还没有到就逃跑了,沿途劫掠百姓,破坏比盗贼还严重。朝廷不能正军法,而地方官能够执行,真是能干的官员。如果受命抵御盗贼、外敌而想逃跑的人,知道地方官能够对他们加以处决,他们在逃跑前就不得不掂量掂量了。"高宗接受他的意见,提升了那个地方官。

但高宗并没有抗击金军、收复失土的坚决信心,一直在谋求与金人议和,妥协投降,而借口想迎回徽、钦二帝。在朝廷讨论派遣使臣到金朝时,李纲上书给高宗说:"尧舜之道,不外乎孝悌。尽了孝悌之情,就达到了神明的境界了。陛下因为徽、钦二圣被掳北上,食不甘味,寝不安席,想要迎还二帝,尽孝悌之情,这是尧舜的用心了。现在我们要做的,正是应该枕戈尝胆,内修外攘,使政务法律完备,中国强盛,那样的话,二帝就可以不迎而自回了。否则,即使再多派使者,卑辞厚礼,恐怕也无济于事。现在要派遣使臣,只需要通问二帝的近况就可以了,以表达思慕之意。"高宗就让他来写通问的"表"。

同时,他请高宗下表示哀痛的诏书,来感动天下百姓,使全国民众能够同心协力,相互扶持,达到中兴宋王朝的目的。他还建议裁省冗官,压缩经费开支。地方上出现的许多做强盗的溃兵,都被他派人一一加以讨平。他曾引靖康之难的教训来劝谏高宗能够虚心地接纳直言,节约开支以保证国家财政,断大事果断。他坚持定都于长安,襄阳次之,建康为下,认为即使不能在长安,也要在襄阳一带,向世人表示不忘故都,以此来维系民心,不然就会失去中原,还都无期了。

高宗对李纲的上述建议大都表示接受,他甚至也下诏书表示要还都开封。但他实际上却没有决心和胆量收复失土,还都开封,而是接受了黄潜善、汪伯彦等人的建议,准备南下到建康。这种出尔反尔的决定,使李纲极为愤慨,竭力加以劝阻。他建议高宗暂时驻跸于南阳(今河南南阳市)。南阳是东汉光武帝兴起之地,高山峻岭,便于防守,有宽大的城池和平坦的原野来屯驻大军,西面邻近关中、陕西,拥有广大的兵源,东面通江淮,可以运输粮食,南面与两湖、四川相接,可以有充足的物资供应,北面的东京、南京、西京等可以随时救援。他认为现在如果到东南避敌,虽然可以得一时之安,但这样一旦放弃中原,那么东南也不能保证其安全,到时候即使想退保一隅也不容易实现了。高宗虽然接受了李纲的建议,准备到南阳驻跸,但此时他已经接受了黄潜善、汪伯彦等人避敌东南的意见了。

李纲参加高宗的南宋新政权,在政治、军事、对金斗争和民心士气等诸多方面采取了及时有力的措施,振作了军心和士气,使在仓促间组成的新政权具备了一番规模。所以南宋的大儒朱熹称他"大义分明,极有才,做事有终始,本末昭然可晓",对于他的诸般措置,说他"纲领大,规模宏阔",是南宋其他宰相都比不上。自从他进入政府做宰相,"方略成个朝廷模样"。但由于他所坚持的抗金方针,与高宗等人的屈膝投降方针不可调和,所以在南宋政权的建设告一段落之后,高宗就难以再容下他了。他在听到外面盛传高宗将要南下避敌的消息时,说:"国家的存亡,就在此时,我将用去留来争取皇上。"但高宗此时不再对他言听计从了。

一代名相　心忧庙堂

高宗与黄潜善等人既无抗金和恢复故土的决心,一意要逃到江南,坚持抗金的李纲自然越来越成为他眼中的绊脚石。所以他们从各个方面来掣肘李纲所定下的策略,并逐步地将他排挤出朝廷。

首先是李纲经营河北、河东地区的策略。张所请求将招抚司的指挥所设在北京大名府(今河北大名),等布置妥当之后再渡河。这时大名府的地方长官张益谦是黄潜善的党羽,他上奏说张所的招抚司扰民,并说自从建立招抚司后,盗贼日益猖獗。李纲反驳说:"张所现在还在京城,张益谦怎么知道他扰民呢?河北的百姓没有人指挥,聚而为盗,怎么能说是由于设立招抚司才出现了盗贼呢?"其后又有命令让宗泽节制傅亮及经制司,催促其尽快渡河,傅亮认为还没有准备好就渡河,可能会贻误国事。李纲识破了黄潜善等人的伎俩,对高宗说:"招抚司和经制司这两个机构,是臣提议设立的;张所和傅亮两人,也是臣推荐运用的。现在黄潜善、汪伯彦阻挠张所和傅亮,就是阻挠臣。臣每次想到靖康年间朝廷大臣之间不和的前车之鉴,每件事都未曾不和黄潜善、汪伯彦商量就施行,但他们俩处心如此,愿陛下仔细觉察。"但这时高宗实际上站在了黄、汪二人一边,来共同对付李纲,所以李纲的抗议并没有产生任何效果。不久,有命令撤销河东的经制司,召回傅亮。李纲遂以退隐来抗议,上疏请求辞职。高宗说:"你所争的都是小事,何必呢?"李纲回答说:"这恐怕不是小事,因为现在所需要的人才以军事将领最为急切。先前讨论迁都问题,臣与黄、汪二人异议,他们早已怀恨在心了。但臣是东南人,难道不愿意陛下到东南求得安全吗?只是一旦离开中原,就可能后患无穷了。愿陛下心存社稷,保护天下生灵,时刻不忘迎还二圣,不要因为臣辞职而改变既定的方针。臣虽然离开陛下的左右,也不敢一日忘记陛下。"有人对他这番直言质疑说:"您断然地提出辞职,虽然顾全了大义,但会招来谗言,那该怎么办?"李纲回答说:"我知道事君的道义,如果不能成功,就要掌握进退的时机,该退的时候就退,至于有什么后患就不能顾及了。"

这时,李纲坚持将曾经在伪政权中效力的宋齐愈处死,御史张浚弹劾他因为私怨而处死皇帝的近臣,以及他招兵买马之罪。高宗遂借机将李纲罢相,被授予了一个闲差。这时距离他被任命为宰相才七十多天。其后,张所被加以罪状罢职,傅亮也以母亲生病辞职,招抚、经制司都被取消。少了李纲的牵绊,高宗等人终于能够下定决心南逃了。河北、河东地区也相继被金军攻陷,这也决定了南宋在宋金关系中的被动地位。李纲所提出的大部分措置都被废除。即使这样,南宋政权却因为他的一系列措置而得以稳定下来,成为对抗金人的一个核心。

李纲被罢相后,路经镇江府。当时有一批叛兵从秀州(今嘉兴市)出发,经过常州将要抵达镇江府。李纲的弟弟在无锡做官,和知县商议,用财物诱惑叛军,说服他们,使无锡免遭抢掠。因此朝廷有人弹劾李纲,说他派其弟迎接叛军,用自己的钱财来犒劳他们,所以朝廷下令削夺了他的官职,软禁在鄂州(今属湖北)。其实他当时听到叛军要到镇江,没有停留就雇船过江了,并没有和叛军有任何接触。其后,由于一再遭到弹劾,李纲逐步被贬到广东,一路颠沛流离,只好研究《易经》来自娱。不久,朝廷允许他回故乡,并逐渐恢复了他的部分官职。

绍兴二年(1132),他被任命为荆湖、广南地区(包括今两湖、两广)的军事长官,并兼任潭州(今湖南长沙)的地方长官。当时在两湖地区有很多流民、溃卒群聚为盗,多者有数万人,李纲将其全部剿平。他还上书说:"荆湖地区居于国家的上流,地方数千里,所以诸葛亮曾经称之为'用武之国'。现在朝廷保有东南,控制西北地区。像鼎州、澧州、岳州、鄂州和荆南军一带,都应该屯驻重兵,相互应援,这样可以保证对四川的控制,并可以和襄樊、汉水等地区成掎角之势,这正是恢复中原的途径。"但这些建议还没来得及付诸实施,由于朝中谏官的弹劾,李纲又再次被罢职,担任一份闲差,不得不回到福建。

绍兴三年,由于防守襄阳地区的宋军进攻朱仙镇的战斗失利,伪齐刘豫乘邓州、襄阳防务空虚之际,命李成率大军进驻。四年春,十万金军由陕西南下,意图夺取四川。伪齐和金朝的军队相互呼应,对南宋东南地区与四川地区的联络形成很大的威胁。虽然后来金军对四川的进攻遭到失败,但他们却可能转而与伪齐进攻两湖的军队会合。最后由于岳飞指挥驻扎在江西的南宋军队接连击败伪齐和金军的联合军队,收复了襄阳等地,情势才转危为安。其后,岳家军的驻扎地也移到了湖北的鄂州。这一番战斗都证明了李纲对于两湖地区军事部署的建议的正确性。后来蒙元灭亡南宋,其战斗的关键也是攻克襄樊。

这一年的秋天,金军和伪齐再次联合发动了对南宋的进攻。这次进攻绕开了岳家军防守的长江中游,而是渡过淮水向淮西地区进攻。这引起了朝廷的极度惊慌。高宗在情势的逼迫下,决定御驾亲征。在这种情形下,李纲上书提出上中下三策,认为不能退缩避敌,而要主动进攻,或者让上流的军队顺流而下,进行声援,那么敌人就不敢渡江。他进一步指出,这次金人的南下与往日不同,不在于掠夺一番就北返,由于伪齐军队作为向导,他们肯定会谋求长久的割据,如果奸猾之徒和溃卒与他们呼应,那么其声势就会扩大,一旦退缩,就无以为继了。他最后请求将他的奏疏发给大臣们讨论。高宗既然决定亲征,对李纲的奏疏表示了认同,并马上付诸实施。其后,韩世忠等将领在各个战场取得了一系列的胜利,岳飞也从湖北赴援淮西,并在庐州大败敌军,金朝和伪齐的联合军队只得收兵北返。从战斗的进程来看,也可以发现李纲的上述意见很有见地。

绍兴五年春,高宗下诏向前任的宰相、副宰相咨询攻战、守备、措置和绥怀的方略。李纲也应诏上书,首先陈述了先守后战的整体策略。显然,他仍然坚持在《十议》中的策略。他认为不能因为敌人的退却而冒进,而要先修守备,完善内政,为自固之计;同时又不能因为敌人的退却而苟安现状,而要时刻准备恢复中原,在防守既固、军政完备之后就可以讨论北伐。他再次声言和议不可恃,对金朝不能退避妥协。其次,他建议加强淮南和荆襄地区的防守,划分为三个军事区,屯驻重兵,使其成为南宋的屏障,同时定都建康,以图恢复。再次,他对高宗的用人提出批评,认为高宗即位以来,国家没有得到发展,而日渐局促,政事无法运转而日渐废坏,将领骄横难以控制,士兵懒惰而缺乏训练,财政匮乏,没有积余,百姓困穷而没有休养生息的机会,这都是由于有些大臣造成的,使得中兴无望。他认为当时没有几个人能够主动承担振兴天下的重任,大部分臣僚和平时但求无过,一有战斗,就惊慌得手足无措,他们在局势缓和时就以和议为得计,以治兵为失策,仓促之间就以退避为爱君,以出兵抵御为误国,这样的上下偷安,不是长久之计。最后,他向高宗提出了六项建议,一是信任辅弼,二是公平地选拔人才,三是变革士风,四是抓紧时间,五是尽人事以应天道,六是寅畏天威,时刻保持警惕,兢兢业业。他认为只要改变策略,则宋朝不乏人才,将士可用,财用也有余,可以造成中兴的局面。

李纲的上述建议得到高宗的重视,降诏褒奖。其后,任命他做江西路的最高长官,兼任洪州(今江西南昌)的地方长官,并下诏让他到临安奏事完了后再上任。第二年,他赶到临安,受到高宗的接见。当时宋朝正准备出兵攻击伪齐,由主战派的大臣张浚组成都督府,指挥各路宋军的进攻。张浚是志大才疏之人,好大喜功,却并不善于指挥作战。因此李纲在觐见时指出当时用兵所存在的失误和不完善的地方,并提出应该准备善后的事项。对于宋军与伪齐军队在两淮地区的对峙,他建议说:"两军相持,非出奇兵不足以取胜。请尽快派遣骁将从淮南出发,与岳飞的军队成掎角之势,夹击敌人,大功可成。"后来宋军取得了对伪齐作战巨大的胜利,高宗御驾也到达建康。李纲又提醒高宗说,不要因为快胜而懈怠,也不要因为取得暂时的安定就自安,还需要继续修政事,凡是可以造成中兴之治的措置都要付诸实施，凡是有害于中兴事业的弊端都要去除。

绍兴七年，他到洪州赴任。在任上，他赈济饥民，招还流亡的百姓，受到朝廷的嘉奖。这一年，南宋长江下流的军事统帅刘光世由于在上述战斗中畏怯避战，遭到朝野舆论的责备，遂主动提出交出兵权。他的部队数量多，这时其归属问题成为高宗和朝中大臣议论的焦点。开始高宗准备将刘光世的部队合并到岳飞的部队，这样显然可以提高岳家军的战斗力和规模，岳飞也正可以进一步扩大胜利。但这又会使得岳家军的势力更加壮大，有难以驾驭之嫌。同时，张浚等文臣也不愿意武将势力太大，在他们的暗中推动下，刘光世的部队归由张浚的都督府指挥。张浚派都督府的参谋官吕祉节制刘部。虽然吕祉平时好谈恢复，但他并不懂得军事。这时刘光世的部将郦琼等对都督府的处置不满，提出申诉，后又害怕朝廷的惩罚，部队的情绪很不稳定。吕祉虽然一面安抚郦琼诸将，一面建议朝廷将这支部队分拨给不同的将领，但由于他举止失当，不能和郦琼诸将积极沟通，消除其疑虑，反而对其猜疑，所以最后在朝廷下达分割这支部队，和吕祉揭发郦琼等罪状的密信被截获公布后，终于引起了哗变。郦琼等人劫持吕祉，率领四万人的部队叛投伪齐。张浚因此不得不引咎辞职，而朝中有不少人乘机建议杀掉张浚。李纲得知此讯，虽然对张浚等人措置失当导致郦琼的叛变极为痛心，并提出了朝廷引以为戒等十五条建议，但他从抗金的全局出发，认为张浚不能杀，否则从此智谋之士不敢谈兵，忠义之士扼腕痛心，将士解体，州郡望风而降，不再抵抗，建议宽宥张浚，使他戴罪立功。联系到此前张浚曾弹劾李纲，可以看到李纲心系国事，并没有记挂私怨。高宗认为李纲对郦琼叛变的分析很有见地，下诏褒奖。

在得知高宗的御驾打算从建康转移到平江(今苏州)时，李纲又上书劝阻。他本来就认为应该定都建康，而不是临安，现在高宗因为御驾亲征驻扎在建康，他认为不宜后退，实际上是想促成定都建康的事实。不久，他将在洪州的工作加以总结，上书辞职。十一月，他的辞职得到批准，被授予一份闲差，临行前将有关事务仔细交代给下一任。

绍兴八年，他回到故乡。当听到朝廷派往金朝的使臣回朝、宋金达成和议时，他马上又上书指出和议不可恃，金朝灭国之仇不可忘，金人所遣"诏谕江南"的使臣也难以接受。他进一步分析和议之后金人可能随之而来的讹诈。他认为南宋尚有半壁江山，臣民不忘戴宋之心，不能忘却祖宗的大业。李纲的上书显然对朝廷的和议不以为然，他并没有迎合高宗与主和派大臣。高宗也不以为忤，认为这才是大臣所当为。虽然这也许是高宗的掩饰之辞，但却反映了李纲心系天下的胸怀和对抗金的执着信念。结合前述内容可以看到，即使是被外放为地方官，甚至被罢官的情形下，李纲始终对朝廷的各项举措极为关注，时刻不忘为抗金斗争贡献自己的心智，出谋划策。他在建设政权、坚持抗金等问题上有着深刻的认识，其建议大多合情合理，分析敌我情势入木三分，不急躁，不气馁，始终具有宰相的气度、魄力和刚毅。

绍兴九年,朝廷打算再次让李纲担任潭州的地方长官和湖南的军事长官,他因为身体原因坚辞。他在上书中举出汉代季布拒绝汉文帝的任命时的话说:"陛下因为一个人的称誉就召用臣,又因为一个人的诬蔑就斥去臣,臣恐天下人借此来窥探陛下的深浅。"虽然这是传统社会臣僚为掩饰君主的缺失经常采用的言辞,但仍可以看出他当时对于高宗的任人有所微词。第二年的正月,李纲在故乡病逝,时年58 岁。

李纲是在两宋之际与金朝的斗争中涌现出来的重要历史人物,他在钦宗朝就因为抵抗金军、保卫东京开封的战斗获得了很高的声望。虽然他在高宗朝只担任了七十多天的宰相,但他在振作民心士气、创建南宋政权的过程中发挥了关键的作用,成了主战派的一面旗帜,对南宋的整个政治、外交产生了深远的影响。他具有刚毅的性格,坚持抗金,对宋金对峙的时局有着深刻的认识,气度恢宏,堪称南宋第一相。

浩然正气　丹心汗青

——文天祥

名人档案

文天祥：字宋瑞，又字履善，别号文山，吉州庐陵（今江西吉安）人。南宋末年政治家、文学家，抗元名臣，民族英雄。

生卒时间：1236年~1283年。

安葬之地：葬于江西吉安县富田乡鹜湖大坑之原。

性格特点：浩然正气和不屈的性格。

历史功过：文天祥以忠烈名传后世，受俘期间，元世祖以高官厚禄劝降，文天祥宁死不屈，从容赴义，生平事迹被后世称许，与陆秀夫、张世杰被称为"宋末三杰"。

名家评点：南宋后期杰出的民族英雄，军事家，爱国诗人和政治家。

年少高中　数度沉浮

　　文天祥，父文仪是一个未登仕途的文人，喜欢读书藏书。生有三男四女，文天祥是长子，下面有两个弟弟和四个妹妹。文天祥身材高大壮实，肤色洁白，眉清目秀，顾盼间炯炯有神。少时在孔庙看到乡先贤欧阳修、杨邦义、胡铨的塑像，都谥曰"忠"，十分仰慕说："我死后不配享于他们之中，非大丈夫。"

　　宝祐元年（1253），文天祥参加庐陵邑校"帝试"，结果名列榜首。两年后入学吉州著名的白鹭书院，同年选为吉州贡士，于岁末年初赴临安（今浙江杭州）应试，考试结果，二十岁的文天祥高中了进士第一名。他对策集英殿所做的《御试策》，针砭时弊，洋洋万言，没有起草，一挥而就，提出了"法天不息"的改革主张，被理宗认为是"切至之论",愿意亲自听一听文天祥详细谈一下自己的见解。但就在文天祥中魁后还没有任职的时候,他的父亲病发逝于临安。文天祥随即扶柩还乡,在家治丧守制。

开庆元年(1259),文天祥守丧期满,年初陪弟弟文璧进京应试。到临安以后,文天祥被朝廷任命为承事郎,签书宁海军节度制官厅公事,自此开始了他光明正大而又艰难坎坷的仕途生涯。

从公元1259年出仕到1275年起兵勤王,整整十五年,文天祥屡遭当朝权臣的打击排挤,因而数度沉浮。

多次被斥　只缘忠刚

开庆元年(1259年)九月,忽必烈率蒙古军队突破长江天险,包围了鄂州。南宋朝野大为震惊,当时在朝中掌权的宦官董宋臣等人不是考虑如何稳定人心、认真部署抵抗,反而提出迁都四明(今浙江宁波)的逃跑主张。相当多的官员也都认为这一提议是可耻的,但迫于权势不敢提出反对意见。时为宁海节度判官的文天祥,不计个人得失安危,写了《己未上皇帝书》冒死进谏。他在上书中请求皇帝"悔悟",并指出:如果听从董宋臣的提议,则"六师一动,变生无方",京畿便可能"为血为肉",因此必须"斩董宋臣以谢宗庙神灵"。奏疏中还提出了四个方面的改革建议,以求救亡图存。但文天祥的提议并没有被皇帝采纳。忧心忡忡的文天祥于景定元年(1260)坚辞了朝廷改授的签书镇南军(今江西南昌)节度制官厅公事的职务,请求担任主管道观香火的"祠禄",这是一种闲职。他的要求得到了批准,出任建昌军(今江西南城)仙都观主管。

景定二年(1261)十月,朝廷任命文天祥为秘书省正字兼太子府教授,这一职务按惯例是由前科状元担任,文天祥两次提出辞职都没有得到批准,次年又充任殿试考官,不久又转任著作佐郎兼权型部郎官。此时朝廷决定重新启用被罢免的奸宦董宋臣,文天祥对此决定大为反感,考虑再三,又呈了《癸亥上皇帝书》,劝皇帝以史为鉴,不要宠信宦官,竭力劝阻起用董宋臣这种奸佞人物,然而他的建议仍然没有被采纳,文天祥愤而辞职,决心不和坏人共事。后来在朋友的斡旋下出知瑞州(今江西高安),以后又任江西提刑。在江西提刑任上,他因仗义平反冤狱遭人诬陷,于咸淳元年(1265)四月被弹劾罢官。郁郁不得志的文天祥返回老家,决意遁迹山林,隐居在文山,其"文山"的别号也是由此而来。

咸淳三年(1267)九月,朝廷重新起用文天祥为吏部尚书左司郎官,他又提出辞职未获批准;继任军器监兼权直学士院、国史院编修、实录院检讨官。但文天祥上任仅一个多月就遭忌被参劾,罢职再回文山。

贾似道以称病乞请归老,要挟天子,有诏不准。文天祥值班起草诏书,用语多讽喻贾似道。照当时宫内规定诏书草稿都要送给贾似道阅看,文天祥不这样做,贾似道很不高兴,要台臣张志立弹劾,罢文天祥的官。

公元咸淳九年(1273)春,文天祥又复出任职湖南提刑。当年冬季文天祥以便于奉养祖母、母亲为名,要求调往江西,获准迁知赣州事。

<h1 style="text-align:center">万里奔波　一心抗元</h1>

忽必烈取得了汗位,稳定了蒙古内部,于公元 1271 年(宋咸淳七年,元至元八年)改国号为大元。公元 1274 年六月,忽必烈下诏要对南宋兴师"问罪",再次大举进军南宋。二十万元军分东西两路,沿汉水运河南攻长江;十二月,西路元军攻克鄂州,南宋军情紧急。当月二十日,南宋主政的太皇太后发出《哀痛诏》,号召各地迅速组织勤王之师抵抗蒙古军队的进攻。

德祐元年(1275)正月,文天祥接到了《哀痛诏》以及朝廷令他"疾速起发勤王义士"的专旨,文天祥捧诏涕泣,首倡勤王,为组建勤王军呕心沥血。接诏三天后,他发布文告,在江西全省征集义士粮饷。他把家中老母送往惠州交弟弟奉养,并捐出全部家产充作义军费用。在师友百姓的支持努力下,江西一带各路英雄豪杰,少数民族纷纷来归。到了四月,一万多名义师已经集中在吉安整装待发。当时有友人劝阻说:"如今元军分三路进攻,破京郊,夺取内地,你以乌合之众一万余人赶去,无异驱羊群与猛虎搏斗。"文天祥答道:"我也知道这样。但国家养育臣民三百余年,一旦有难,征召天下兵勤王,竟没有一人一骑而响应,我深以此为憾。所以不自量力,而以身许国,天下忠臣义士也许会闻风而动,如能做到这一点,则社稷还有保住的希望。"

由于种种原因,文天祥的勤王军很晚才遵旨从江西开拔,抵达临安时已经是八月下旬了。这时宋元两军对峙于常州一带,临安十分危急。文天祥到京后被任命为知平江府(今江苏苏州)。在向恭宗陛辞时,上奏疏说:"朝廷姑息牵制的用意多,奋发进取的主张少,乞斩吕师孟(当时的投降派人物)以振作将士之气。"还说:"宋朝鉴戒五代之乱,削藩镇,连郡县,一时虽足以矫正尾大掉之弊,但国势也故而衰弱不堪。所以一旦敌人进攻,到一州破一州,到一县破一县,中原陆沉,痛悔何及!"他建议天下分为四镇,这样做就能诸镇地域大,力量强,足以抵御敌人。约期进攻,有进无退,照这样下去,打败元兵并不困难。

文天祥率领军队到达平江时,元军已由建康兵分三路向前进攻临安。正当中路元军攻陷常州、平江危在旦夕之际,朝廷突然下命令让文天祥移师西线,保卫临安西北的独松关;而当文天祥的部队还在移军途中时,独松关、平江就都已相继失守。文天祥只得退回临安,元军也随即兵临城下。这时,以太皇太后为首的南宋皇室已决定投降。他们先后向元军提出称侄纳币、奉表称臣、乞存小国等投降方式,力图保存宋室宗庙。在对方的强硬态度下,最后只好奉送传国玉玺,派大员正式议降。

景炎元年(1276)正月二十日,文天祥受命怀着极其复杂的心情出使元营,他向元军统帅伯颜提出先撤军后议和的权宜之计。伯颜以死相威胁,逼文天祥代表南宋投降。文天祥毫不畏惧地说:"我身为大宋状元宰相,至今只欠一死以报国,我誓与大宋共存亡,即便刀锯在前,鼎镬在后,也绝不皱一眉头。"元军扣留了文天祥。

当月文天祥被元军沿运河押送前往元大都,路上在镇江停留时,文天祥一行人经过周密的策划,在当地百姓帮助下乘船从水路脱身,来到江北宋军治下的真州。文天祥本来打算在那里联络各方组织抗元斗争,但由于两淮制置使李庭误认为文天祥是来说降的,文天祥不得已又逃出真州。

文天祥到达永嘉时,广王已经抵达福安府(今福建福州),并被拥立为帝,即端宗。文天祥应召前往,被任命为同都督置府南剑州,他在那里招兵买马,再举义旗,计划以闽赣为基地恢复发展。不久,福安府行在命令文天祥移驻汀州。以后南剑州、福安府相继失陷,端宗皇帝在陆秀夫等人保护下随船入海。文天祥的督府军在闽赣又出师不利,军心动摇。文天祥处决了叛徒吴浚等,重新整顿军纪,稳定局势提高了督府军战斗力。第二年二月文天祥收复了梅州(今广东梅县);五月再次入赣,收复了赣南十县、吉州四县,军事形势为之一振,史称赣南大捷。文天祥的胜利引起了敌人的重视,元军调江西宣慰使李恒猛扑督府军。八月督府军在永丰县的空坑这个地方遭到元军的突袭,损失惨重。文天祥的家属也大都在此被俘,他本人在战友和百姓的掩护下再次脱险。

空坑兵败,宋军的元气大伤,但文天祥抗元的斗志与信心一如既往。他收拾残部,转战闽粤赣地区。景炎三年(1278),行朝封文天祥为少保信国公以示嘉奖,但对文天祥的军事计划并不十分赞同。

当年十二月,文天祥从俘虏的元军口中得知元军重兵将由闽南进攻粤东督府军;元水军将由秀州、明州南下,进攻南宋行朝。文天祥一面飞报行朝,一面率领都府军撤往南岭山脉。十二月二十日,元军在当地奸盗陈懿引导下,对正在海丰五坡岭吃饭的督府军进行了突袭。文天祥兵败被俘,他决心以身殉国,当场吞下了早已准备好的二两冰片,但因药力失效而没能成功。他随军的母亲、长子、三女、四女先后死于病乱之中。文天祥的军事失败,使元军最终摧毁了这支撑着南宋残局的东南一柱。

公元1279年正月初,元军水陆并举,扑向位于海岛的南宋行朝。文天祥随元舰被押前往。元军统帅张弘范令人给文天祥送去纸笔,要他修书劝降张世杰。文天祥心潮起伏,抄录了自己所做的《过零丁洋》诗以明其志:"辛苦遭逢起一经,干戈寥落四周星。山河破碎风飘絮,身世浮沉雨打萍。惶恐滩头说惶恐,零丁洋里叹零丁。人生自古谁无死,留取丹心照汗青。"

公元1279年二月六日,元军与行朝军队进行了决战。文天祥被押在元舰观战。他亲眼目睹了南宋行朝的覆灭，心中"痛苦酷罚，无以胜堪"。当日陆秀夫背负九岁的小皇帝赵昺跳海而死；几天后已经突围出去的杨太后、张世杰等闻讯也纷纷投海殉国；到此宋朝最终灭亡。

忠贞不屈　舍生取义

行朝灭亡以后，文天祥为表明心迹，写了《言志》诗一首："仁人志士所植立，横绝地维屹天柱；以生殉道不苟生，道在光明照千古。"

公元1279年四月，文天祥由广州被押送大都。途中他曾经八天不进饮食，求死未果。八月船过长江时，他深情地写下了"从今别却江南路，化作啼鹃带血归"，表达了他对家乡的留念和视死如归的英雄气概。

当年十月，文天祥抵达大都。元人最初把他安置在会同馆最好的房间，送上锦衣佳肴，以图感化文天祥。但文天祥不寐其床，不穿其衣，不食其粟。昼夜穿着宋朝的旧衣面南而坐，只吃友人送来的食物。以后元人又驱使南宋降相、废帝先后来说降，又曾示之骨肉亲人以图感化，最后又由元朝宰相亲自出马劝降，但文天祥的信念丝毫没有动摇。劝降不成，元人就给文天祥披带木枷链，迁入污秽不堪的牢房。那里的环境虽是"地狱何须问，人间见夜叉"，但文天祥反觉"朝夕淡薄神还爽，夜睡崎岖梦自安"。

文天祥忠贞不屈的精神使元统治者大为叹服。在如何处置文天祥的问题上他们犹豫不决：释放文天祥有放虎归山的危险；处死文天祥会大损自己名声；只有劝降并使其服务于元朝是上策。因此，至元十九年(1282)十二月八日，世祖忽必烈亲自出面劝降文天祥，刚一见面，文天祥就首先表明："宋朝已亡，我希望快些死去，不愿久生。"忽必烈示意要请他出任元朝宰相，文天祥正色道："天祥身受宋朝厚恩，担任宰相，怎能侍奉二姓，赐我一死于愿已足。"当忽必烈问文天祥有何心愿时，文天祥干脆地回答："但愿一死足矣。"他的言行使元朝统治者最终打消了劝降的念头，决定处死他。

公元1282年12月9日，四十七岁的文天祥被绑赴大都柴市处死。临刑前，他从容地对人说："我文天祥走完了该走的路。"朝南深情跪拜后英勇就义。死后，其妻欧阳氏收尸时，在其衣带中发现一篇早已写好的赞言："孔曰成仁，孟曰取义；唯其义尽，所以仁至。读圣贤书，所学何事？而今而后，庶几无愧。宋丞相文天祥绝笔。"第二年文天祥的灵柩归葬吉州庐陵。

文天祥还是一位伟大的爱国诗人。他的爱国诗篇被收入《指南录》《指南后录》《吟啸集》等集中；另有《集杜诗》传世。他所做的《过零丁洋》《正气歌》《衣带赞》等是人们世代传诵的佳作。

刚正清廉 一代诤臣

——海瑞

名人档案

海瑞：字汝贤，自号刚峰，广东琼山区(今海南省琼山区)人。海瑞三十六岁中举人，后来历任县学教谕、知县、巡抚、南京都察院右都御史等职。明朝著名清官。海瑞一生，经历了正德、嘉靖、隆庆、万历四朝。

生卒时间：1514年~1587年。

安葬之地：海南省海口市西郊滨涯村。

性格特点：刚正耿介，为人正直，为官清廉，蔑视权贵，从不谄媚逢迎。

历史功过：他抑制豪强不遗余力，对穷困百姓却关爱有加。他大失官心，被同僚们视为不识时务、不懂变通的迂腐之人，在官场上屡屡遭受排挤、打击。但他大得民心，被老百姓视为父母官，深得民众爱戴，其生平事迹在民间广泛流传。

名家评点：后人称其为"海青天，与宋代包拯齐名。"

明代著名的思想家李贽对海瑞的评价："先生如万年青草，可以傲霜雪而不可充栋梁"。

嘉靖帝评价海瑞"海瑞，乃大明之神剑，唯德者堪能用之"。

苦读从仕 明断疑案

明万历十五年(1587)十一月的一天，南京的天空灰蒙蒙的，显得异常压抑。阴冷的北风一阵猛似一阵地刮个不停,似乎要将还残留在树上的枯枝败叶统统刮下,来显示大自然的肃杀之气。在南京城内的一间寓所里,一位老人正躺在病榻上,不断地呻吟着。他已经走过了七十四个春秋,人世间的种种悲欢离合都刻在了他那饱经风霜的满脸皱纹里。此刻,他再也没有力气为他的朝廷效力了,因为他已经好些天没有从这病榻上爬起过。病魔的折腾、内心的苦闷,已经使得他消瘦得不像个人样了,眼睛也逐渐失去了往日的光泽,连喘气都变得十分困难了。在病榻旁服侍他的不是他的亲人,而只是一个佣人,因为他的几个儿女已夭折,夫人也先他而去了。他孤苦伶仃,无依无靠,是仅靠对朝廷的一片忠诚而熬到现在的。他感觉到自己将要离开这个痛苦的人世了,有些后事要向女佣交代。于是,老人吃力地向女佣示意,要她到自己跟前。女佣赶紧过去,跪倒在老人的病榻前头问道:"老爷有何吩咐?"老人先喘了一口气,顿了顿,然后用微弱的声音对女佣说道:"老夫,老夫就要走了,非常感谢你一直以来对我的照料。在老夫走之前,还有一件事要托付给你,你一定要帮我办好。""老爷怎么能这样说呢? 能侍候老爷是小女子天大的福分啊! 老爷您可别胡思乱想啊,您一定会好起来的,一定!"女佣赶紧安慰道。"老夫自己心中有数啊! 在书桌左边的抽屉里,有银两七钱。这是前几天兵部发给我柴银钱时算错了多给我的。你一定要把它送回去,跟他们说明白。老夫要交代的也就只有这件事情了。"老人说完后,松了一口气,两眼望着女佣。女佣连忙回答说:"请老爷放心,小女子一定会照您的吩咐去做的。"话音刚落,老人的头就往旁边一歪,嘴角挂着一丝微笑,走完了他充满悲剧性的一生,凄凉地离开了这个世界。当别人来整理老人的遗物时,发现除了十多两银子和几件破旧的衣袍之外,别无他物。

海瑞出生于海南岛的一个官僚家庭,可是童年时期的家境并不殷实,他还很小的时候父亲就去世了,母亲谢氏当时年仅28岁。母子二人相依为命,生活异常清苦。谢氏个性坚强,但又是和善的贤妻良母,能勤俭持家。在丈夫死后,谢氏就肩负起父亲的责任,教导海瑞读《孝经》《大学》《中庸》等书,为其选择老师也谨慎而严格。海瑞勤学苦读,学业出众。在海南岛,当地的汉族和黎族同时受到明朝政府的压迫,处境极为困苦。黎族曾多次起义进行反抗,都遭到政府军的血腥镇压。连年的战争,使得海南岛各族人民的生命财产受到了极大的损害。海瑞耳闻目睹这些现状,便写出了一篇很有见地的《治黎策》。在这篇策论中,他提出了一些解决海南岛黎族问题的建议,也就是因为这篇《治黎策》,使得他在嘉靖二十八年中了乡举。

海瑞在20多岁时中了举人,朝廷便任命他到福建南平县做学堂教谕,这是海瑞生平第一次出门做官。

海瑞来到了南平教谕官署的第二天,就在前任训导刘知礼的陪同下,前往县学视察学生的学业如何。刘知礼已在南平县学教书二十多个年头了,艰难的世事和腐败的官场使他显露出未老先衰的倦色,虽然年纪刚五十出头,可是头上却已经见到丝丝白发了。早年时候，刘知礼就是南平县学优秀的生员。他不但聪颖，而且刻苦攻读，所以学业超群，毕业时就考入了郡学。中举之后，刘知礼便被派到南平任县学训导。近几年来，衙门里面勾心斗角，官场上世风日下。县学教官和生员的情况一年不如一年。本来教官就为数不多，可是他们现在却都无心教书，反而一意钻营。生员更无心治学，所以考入府学郡学的寥寥无几。如今上司任命海瑞教谕来南平主持教务，刘知礼自然非常高兴。其实海瑞在京赶考时撰写的那篇《治黎策》一文，早在京城乃至天下各州府的文人学士中广为流传了，刘知礼也读过此文。他心里在想，如果新到任的海瑞和南平县学的同仁齐心施教，励精图治，那么这里疲惫涣散的风气将会得到改变。

刘知礼拿出几本册籍和案卷，向海瑞介绍教官们各自的情形。这些案卷里记载着往届教官的政绩，也记录着近几年来县学生员的学绩、操行等情况。海瑞翻阅着册籍和案卷，看了一会儿，这才明白县学问题的严重性，由此他也深知其中的原因。这些教官们平日里只顾在县衙的官场内巴结逢迎，弄得生员们考试弄虚作假，如此一来，县学的风气又怎么能好呢？

海瑞不禁暗下决心，一定要加强对教学的管理，在他的严厉督导之下，时间不长，就收到了明显的效果，学风开始有所改变，教官和学员对海瑞是又敬又畏，从此，每人都严以自律。海瑞在福建省南平县任了将近四年的县学教谕，尽管他屡次冒犯上司，可是因为他为人正直，业绩斐然，深得一些正派官员的钦佩。

嘉靖三十七年，海瑞终于得到京师吏部的垂青，被委任为浙江淳安知县，这一年，海瑞已经46岁了。过去，这里的知县在审理案件时大多受人贿赂，所以总是胡乱定案，深受当地人的厌恶。海瑞到了淳安之后，秉公持正，对案件的审理极是认真，因此深受当地人的尊敬和喜爱。

淳安县有个叫胡胜祖的人，跟邵时重因为争夺山地发生了纠纷，刚巧这个时候胡胜祖因病身亡。胡胜祖的两个儿子：胡胜荣和胡胜佑以及胡胜佑的外甥邵铺，都与邵时重有争山地或者争产业的宿怨，于是他们私下弄开胡胜祖的尸棺，用朱脂涂到了胡胜祖的尸体头部，以此假作伤痕，然后来到淳安县，状告邵时重打死了人。海瑞接到此案后，马上就叫汤县丞去主持验尸，自己则亲自进行检验，终于发现了死者的伤口是有人故意弄假，据此判定邵时重打死人是毫无根据的。海瑞确定了胡胜荣等人是诬告后，按律给予了处罚。因为判案明察秋毫，尤其是秉公执法，不徇私情，所以海瑞从没出现过冤枉错案，无论是什么样的疑难案件，只要到了海瑞手里，他都能想出办法来调查得水落石出，从没有出现冤枉好人的事件发生。所以深得民心，当地的百姓都称他是"青天"。

智惩恶少　冒死直谏

海瑞的顶头上司是总督胡宗宪，他跟严嵩是同党，仗着严嵩为后台，到处进行敲诈勒索,鱼肉百姓,要是有谁不顺他的心,他总会寻机加以报复和陷害。有一天,胡宗宪的儿子带着一大批随从路过淳安县时,便在县里的官驿里住了下来。如果换了别的县,那官吏见是总督大人的公子,都会来奉承。可是身为淳安县知县的海瑞却给手下人立下了这样一条规矩,不论多大的官,即使是皇亲国戚,到了这里也都一律按普通客人来招待。

胡宗宪的儿子平时骄横惯了,看到驿吏给端上来的饭菜很平常,于是他认为这是故意怠慢自己,当即就把饭桌给掀翻了,并喝令他的随从把驿吏捆绑了起来,并倒吊在梁上。驿里的差役赶紧跑去向海瑞做了报告。海瑞早就耳闻这胡公子胡作非为,对这种人感到厌烦,没想到他竟吊打起驿吏来了,海瑞当时就有些气恼,但他还是装作很镇静的样子说:"总督为官清廉。他早就有吩咐,凡各县招待过往官吏,都不得铺张浪费。如今来的这个品行恶劣的花花公子,态度骄横,蛮不讲理,肯定不会是胡大人的公子。一定是坏人在冒充公子,到本县来进行招摇撞骗的。"

说着,海瑞马上带了一大批差役赶到了驿馆,把胡宗宪的儿子跟他的那些手下都统统抓到县衙里面进行审讯。刚一开始,这个胡公子还倚仗着父亲的官势,一副不可一世的骄横的样子,在大堂之上,还暴跳如雷,大喊大叫,说自己是总督的儿子,可是海瑞却一口咬定他是冒充的,而且声色严厉地说,要把他严加法办。胡公子无可奈何,又没法证明。海瑞命人对他检查,结果从他的行装里,搜出来几千两的银票,海瑞宣布将银两收公,并对他严词教训了一番,然后把这些人轰出了县境。等胡公子带人回到杭州,准备向他的父亲一诉委屈的时候,海瑞的报告也早已送到了巡抚衙门,报告中说有人冒充公子,对驿吏进行非法吊打。胡宗宪一见,马上明白是怎么回事,他知道儿子此番是吃了大亏,可是海瑞信里并没牵连到他,如果把此事声张起来,反而会使自己脸上无光,于是他只得忍气吞声,打落门牙往肚子里咽了。

此事过了没多长时间,从京城里派来了一个名叫鄢懋卿的御史,他奉朝廷之命来到浙江视察。鄢懋卿是严嵩的干儿子,他敲诈勒索钱财的手段更是狠恶。凡是他到的那个地方,只要那个地方官不"孝敬"他一笔银子,他就绝不肯善罢甘休。所以各个地方的官吏都深知其名,一听到鄢懋卿要来视察的消息,无不犯愁。可是鄢懋卿却偏偏要装出一副奉公守法的样子,并且还派人通知各地,说他素来喜欢简朴,不喜欢人们奉迎。海瑞也接到了这样的通知,知道鄢懋卿过不了多长时间就要来到淳安了,他于是就派人给鄢懋卿送去了一封信,信里说:"我已经接到了通知,想要我从简招待。可是据我所知,您每到一个地方都是大摆筵席,花天酒地,极是奢侈。这真是叫我有些为难啊!如果要按您通知的这样去做,就怕怠慢了您;如果我要是像别的地方一样铺张,恐怕会违背了您的意思。请问我该如何是好呢?"鄢懋卿没想到这封信全然把他的底给揭开了,当时就恨得咬牙切齿。他对海瑞这个人早就有些耳闻,知道他是个铁面无私的硬汉,也知道胡宗宪的儿子曾经在淳安吃过一次大亏,所以心里还是感到有点害怕,于是他就临时改变了主意,没敢到淳安去，绕到别处去了。可是他为了此事，对海瑞一直怀恨在心，回到京城之后，马上指使他的同党在明世宗面前狠狠地告了海瑞一状。不久，海瑞就被撤去了淳安知县的职务。

以后直到严嵩倒了台，鄢懋卿也被充军到了外地之后，海瑞才被恢复官职，后来又被调到京城。可是朝中官员根本不关心社稷的安危，而且有人还热衷于跟随世宗求仙访道，每日里装神弄鬼，幻想着能够长生不老。有的官员对这种情况虽然也由心底感到不满，可是不敢出来讲话，害怕冒犯了圣上，丢掉自己的乌纱帽。再说，如果有谁胆敢对皇帝说三道四，一旦被锦衣卫听到了，不是坐牢就是杀头。海瑞对这样腐败的朝廷极是不满，他很想找个机会来发泄的。

海瑞计划寻找能够进谏的机会。他找到了好友王洪海，对他说："洪海兄，你我已是多年旧交，海瑞今日有事也不想瞒你。到了明天上朝之时，我准备在朝堂之上向圣上呈交一份针砭时弊的奏章，到时必然会触怒皇上。皇上如果判定我为死罪，希望洪海兄能助我料理家事。"王洪海急忙说："不行啊，皇上已经有言在先，明天早朝，只准大臣上表贺成仙成道之事，不得谈论政事，否则违者就要杀头。如果兄台定要执意触君，后果必定是凶多吉少啊。"海瑞说："洪海兄不必如此多虑，我早已置生死于度外了。只是我的老母不服京城水土，我已将老母安置在琼山老家。如果我身遭不测，只求洪海兄能够给予关照，料理后事，安慰我的老母！"似此如此耿直忠义之臣，王洪海也无话可说了。他只能提醒海瑞自己要小心谨慎，并答应鼎力相助，以尽朋友情谊。

当海瑞把这道奏章送上去以后，知道自己此番一定会触犯明世宗，有可能自己会因为此事保不住性命，所以他就为此做好了思想准备。在回家的路上，他还顺道买了一口棺材。回到家里，他的妻子和儿子看到这种情况，全都吓呆了。海瑞于是就把自己写奏章上书皇帝这件事告诉了家人，接下来又把自己死后的事情一件件的都做了交代，然后又把家里的仆人全部遣散。安排好了这些后事，只等到第二天上朝了。

第二天，海瑞和众大臣一起上了早朝。这时，世宗在太监、宫娥、道士的簇拥下来到了大殿，坐在宝座上面。群臣朝拜完毕，第一个出来上奏的是御史王大任。他那文辞华美，言不由衷的阿谀奉承之辞，尽管世宗连什么意思都没听懂，可是却已然乐得眉开眼笑了，当即命令吏部将王大任委以重任。海瑞因为官职太小，站在宝殿的一角，如果等到全朝文武官员贺完，那么他的奏折还不知道会在什么时候才能呈给皇上呢。海瑞终于忍不住了，他走出班位，朗声说道："万岁，臣海瑞有本要奏。"这声真如惊雷滚过大殿一般，立时就把那些阿谀之臣的声音给压了下去。

世宗睁开昏花的老眼，声音微弱地说："将奏章呈上来。"因刚才那一声惊雷般的大喊差点让世宗从御座上跌下来，所以他对这位陌生的海瑞有一种莫名其妙的反感。海瑞将这份沉甸甸地奏折一字一句地朗读出来，真是辞恳意切，朝中文武无不为之动容。开头的那几句听起来还有些顺耳，可是到了后来，世宗越听越觉得不对味了。世宗终于听不下去了,他叫海瑞止住,命他退下殿去,吩咐太监把那份奏折带到后宫,然后宣布退朝。奏章总算是递到皇上那里去了,海瑞虽然当时长舒了一口气,可是也已经预感到厄运正向自己一步一步地逼来。

回到后宫,明世宗看了上面的内容,不由得又气又恨,当即把奏章给扔在地上,并命令左右说:"你等快把写奏章的这个人给朕抓起来,千万不要让他跑了!"其中有个宦官早就听说海瑞的名声,他就跟明世宗说:"这个人早就是个出了名的书呆子,我听说他知道自己因为触犯了陛下怕活不成,所以都把后事给安排好了。我看他肯定不会逃走的。"虽然如此,明世宗还是派人把海瑞给抓了起来,关进了监狱,要追究主使之人。两个月后,世宗去世,而后明穆宗继位,海瑞才被释放出狱。

肃贪倡廉　刚直不阿

穆宗继位后,海瑞重又上朝任职,没过多长时间就改任兵部,提升为尚宝丞,调任大理。公元 1569 年,海瑞又被升任右金都御史、钦差总督粮道、巡抚应天十府,其中包括南京、苏州、常州等极为富庶的地方。可是海瑞到任以后却发现,当地的百姓在重赋和恶吏贪官的压迫下生活得极为困苦。如果赶上当年发生了涝灾,直到冬至的时候,还会有一半田地被淹在水里。而且粮价飞涨,百姓们都纷纷背井离乡,外出讨饭。海瑞决定将治水与救灾问题一起解决。经过深入调查,海瑞弄清了受灾的原因是因为连接太湖通海的吴淞江出现了淤塞,于是他就召集饥民,趁着冬闲季节开工,疏浚吴淞江及其支流。而后他又上书请求,将原本应该上交的粮食留下一些用来解决当地灾民的吃饭问题。如此一来,就调动了百姓们的积极性,工程在很短的时间内就完成了,当地的百姓无不感激海瑞。为了解决农民的贫苦问题,海瑞决定进一步对那些恶霸进行惩罚。于是他在当地展开了一场声势浩大的肃贪倡廉行动。在一个月的时间内,被送到南京刑部的贪官就多达 100 余人。其中有一个县从知县、县丞、主簿、典史等,竟然被抓了 10 多人,几乎把这个县衙门的官吏全都抓空了。

可与此同时,一个反对海瑞的乡官缙绅集团也悄然成立了。他们一方面唆使朝中的高官对海瑞加以弹劾,同时又各自使出浑身解数,联系吏部尚书等在京的高官重臣,交相向海瑞致函,进行软硬兼施,还有就是采取走海瑞母亲的路子,企图由此逼海瑞就范。在这江南高官云集的宦海当中,海瑞几乎没有一个支持者,可是海瑞面对众多的威逼利诱,不为所动,凭着顽强的毅力,终于完成了乡官退田还民的工作。

隆庆三年夏天,海瑞以右金都御史的身份巡抚应天十府。当时海瑞已经是七十二岁的高龄了,他东山复起,再举反贪污腐败的大旗。对罪大恶极的贪官实施剥皮的极刑,声震天下,受到贪官集团的合力反对。万历十五年,刚直不阿的海瑞终于在他七十四岁的时候闭上了眼睛。在他临死的时候,身边竟然一个亲人都没有。他死后,身边的人在清点他的遗物时,只有十几两俸银,几件破旧的衣物,还有就是几匹绫绸葛。这点家当,连当时的一个贫士都不如。就在送葬的这天,朝廷派人来宣读了皇上的赐谕,谥海瑞"忠介"之誉,赠"太子少保"之称。

救时宰相　业绩不朽

——于谦

名人档案

于谦：字廷益，号节庵，汉族，明代名臣，民族英雄。官至少保，世称于少保。祖籍考城(今民权县)，故里在今民权县程庄乡于庄村。于谦的曾祖于九思在元朝时离家到杭州做官，遂把家迁至钱塘太平里，故史载于谦为浙江钱塘人。与岳飞、张煌言并称"西湖三杰"。

生卒时间：1398年~1457年。

安葬之地：葬于杭州西湖三台山麓。

性格特点：清廉正直，不畏惧困难和风险。

历史功过：在危难之际挺身而出，力挽狂澜，保卫京城和大明的半壁江山，拯救了无数平民百姓的生命。在他几十年的官场生涯中没有贪过污、受过贿，虽然生活并不宽裕，却从未滥用手中的权力，在贫寒中始终坚持着自己的操守。

名家评点：于谦与岳飞、张煌言并称"西湖三杰"。

少年立志　初露才华

于谦生于明朝洪武三十一年(1398)。他的出生地离西湖不远，就在杭州钱塘县太平里。

于谦生来聪明颖异，六岁时被送到外塾去读书，他不仅勤奋好学，而且逐渐显露出机变的才能。

永乐十年(1412)，于谦已是一个十五岁的英俊少年了。由于他的才学，被录取为钱塘县儒学生员，生员也称诸生，就是平常所说的秀才。于谦并不是一个读死书的书生。他胸怀大志，关心天下大事。受祖父的影响，他从小就爱慕苏武、诸葛亮那样的优秀人物。他的家自从他祖父时起，便收藏有一幅南宋丞相文天祥的画像。他钦敬文天祥的气节品行，决心要做一个像文天祥一样以天下为己任的人。他在文天祥的画像上写了一篇赞词，称赞文天祥"殉国忘身，舍生取义，气吞寰宇，诚感天地"，以表自己的心志。于谦将这幅文天祥像悬挂在座位旁边，几十年如一日。

　　钱塘县所在的杭州是历史名城，对于谦的成长有很大影响。由于有不平凡的抱负，他"濡首下帷，足不出户"，勤奋读书，而且处事端敏，识大体。他喜欢读先秦两汉的典籍，喜欢苏东坡的文章，对古今天下何以兴，何以亡，何以治，何以乱尤为究心。

　　于谦锐意功名，却并不阿附权贵，时时显示出刚直端洁的品格。一次巡按御史到钱塘县学视察，指定要于谦讲书，以便有机会折服这个特立刚正的少年。于谦镇定自若，按照规定，向各位官员作揖行礼。然后，他要求各位官员一律跪在讲案面前。这一突如其来的要求，令官员们大为惊异。御史说："按礼仪规定，在讲案前不应行跪礼。"于谦说："今天所讲，是高皇帝的《大诰》三篇，我不敢不跪，各位官员也应该下跪。"高皇帝就是明朝开国皇帝朱元璋，《大诰》是朱元璋拟写的诰文，是神圣不可冒犯的。于谦要求各位官员在《大诰》面前下跪，他们也不得不敬畏地跪下了。于谦的讲解详明贴切，无懈可击。最后，连挑剔的御史们也不能不佩服于谦的学识和胆量。

　　永乐十五年(1417)，于谦二十岁。他以第一名的成绩考取为钱塘县的廪生。廪生由官府每月给每人廪米六斗，还要给予鱼肉，并且免除其家二丁的差役。成绩好的学生才能考中廪生。在这个人文荟萃之地，于谦能以第一名录取为廪生，可说是初步显露了他的才华。

　　永乐十六年(1418)，二十一岁的于谦成了婚。他的岳父是董镛，原在翰林院任职，是位刚直不阿之士，因直言得罪了权贵，被降为济南府学教授。董公的女儿是个贤德的女子。她熟读诗书，能做文辞，又习于女红。到于家后持家勤俭，谨事舅姑，是于谦的得力内助。

　　婚后第二年，于谦到山东拜省岳父董公。这是他第一次离开家乡远走异地。虽然济南府也是一大都会，但与杭州的繁华相比，毕竟冷落多了。于谦第一次踏上满目疮痍的土地，这位以天下为己任的青年不禁黯然神伤，他为百姓的贫穷而悲伤，为官府的无能而悲愤。他在路过滕县的时候，曾和许姓知县讨论过人民流离社会不安的问题。此行给他留下了深刻的记忆。

不避艰险　　初试锋芒

　　永乐十八年(1420)，正逢乡试大比之年。这一年于谦以第六名的成绩成为举人。第二年，于谦照例到北京去参加会试。

新年刚过,于谦乘船从京杭大运河离乡北上。与前次到山东不同,于谦更加成熟,而且已经是一位举人了。永乐十九年(1421)明朝已经正式迁都北京,正是万象维新之时。于谦置身这全国政治中心,更加意气昂扬。他感到自己即将肩负国家重任。

三场过去,于谦列榜第一名。于谦可以肯定成为进士了,但还必须经过廷试,由皇帝裁定最后的名次。这年廷试制策的题目是:"帝王之治天下,必有要道,粤自尧、舜,至于文、武,圣圣相传,曰执中,曰建中,曰建极。千万世,帝王莫不守此以为天下治。朕自莅祚以来,夙夜祗承,亦惟取法于唐虞三代,然而治效未臻其极者,何欤?"于谦认为这是受知于皇上,报效国家的极好机会,便倾其心胸,直言不讳。三月十九日,明成祖朱棣在奉天殿圈点试卷,殿内外传唱中试者的名次,声彻内外,响遏行云。但直到第三甲九十二名才唱到于谦。于谦只得到个赐同进士出身。于谦不明白为什么会有如此的结果,很久以后,才知道是由于他的试卷"策语伤时"所致。以于谦之饱学,他不会不知道当政者之所好,以于谦之年纪也不至于不懂得打顺风旗会有利于仕途。但是他的正直,他以天下为己任的壮志,都不容他不直言政见。虽然于谦没有得到好的名次,但他为自己敢于言所欲言而宽慰,同时,他也明白了等待他的道路并不平坦。

于谦被任命为山西监察御史。监察御史隶属于都察院,虽仅为正七品官,但权力很大,专职察纠百司,凡政事得失,军民利病,都有责任直言。御史外出可以代天子巡狩,大事奏裁,小事立断。

永乐末年,广西柳州府洛容、柳城、宜山、天河诸县少数民族曾发生叛乱。叛乱虽然平息,但南方和西南地区的民族问题一直为明廷所关注。永乐二十一年(1423),于谦奉朝命到湖广地方考察官军功过,并赴川贵等地安抚瑶民、壮民。为接近百姓,于谦脱去官服,到瑶民中去查访,了解一些官军滥杀无辜的情况。对于这位办事认真的朝中大员,驻守当地的军官们很是敬畏。于谦秉公办事,当面斥责了他们的为非作歹,而且向皇帝报告了湖广、川、贵官军贪功妄杀的罪行。朝廷下令各地官军不许邀功妄杀。瑶、壮民的情况因此多少有些改善。于谦的廉干,受到朝廷内外的一致称赞。

成祖死后,由太子朱高炽继承皇位,改元洪熙,是为明仁宗。不料仁宗朱高炽即位不到一年就死了,由皇太子朱瞻基继承皇位,改元宣德,是为明宣宗。

在宣德朝,于谦处事明敏,而且因才貌英伟而引人注目。在奏对时,他声音洪亮,条理清楚,受到宣宗皇帝的眷顾。

宣德二年(1427),于谦奉命巡按江西。于谦在江西,廉明公正,一丝不苟,军民上下,有口皆碑。于谦曾审理一桩久而未决的所谓叛党案。经过仔细调查分析,于谦发现这案子原是一桩冤案。他据理推翻了旧案,辨明了冤枉。于谦还曾处理一桩涉及数百人死刑的案件。经过他的审理,数百遭冤枉的人被释放。江西南昌是宁王府之所在,王府官员属吏,仗着亲王的势力横行无忌。他们常借"和买"的名义以搜刮民财,几近于抢劫,市肆商贾无不深受其害。于谦对为非作歹的王府官员给予严厉惩治。街市为之一清,南昌远近无不称快。

于谦在江西兴利除弊不畏豪强权贵,名播遐迩,江西人奉之若神,甚至将其木主安置在南昌府的名贤祠,岁时祭祀颂扬其德,求其庇护。

宣德四年(1429),于谦回到北京。在北京为官比地方更困难,这里各路豪门势要比江西的宁王作恶更甚。但于谦秉公执正,明断刚直,一如在江西。他偕同锦衣卫官校,到长芦一带运河上搜捕走私食盐的官船,面对权贵佞悻,毫不妥协,凡有违法,一律参治。于谦的行为深得同列的赞许。当时于谦的直接上司右都御史顾佐也称许于谦的才能,并说自己比不上于谦。于谦赢得了长官和僚属的敬重。可以说,在宣德年间的政坛上,于谦是春风得意的。

于谦顺利登上仕途,并且所向成功,更增添了他的锐气和豪情。他决心施展自己的抱负,不避艰险,一往无前。他借观赏《鲤鱼图》写下了一首诗,寄寓自己济世救民的志向:

峥嵘头角伸非难,变化飞腾顷刻间。

等闲吸尽四海水,化作商霖拯旱干。

他要像一条化龙腾飞的鲤鱼,吸尽四海之水,将其化作甘霖,拯救在干旱中挣扎的饥民。这时的于谦,是何等意气风发!

胸怀壮志　心系苍生

宣德五年(1430),河南、山西两省奏报发生灾荒。宣宗皇帝亲笔写了于谦的名字交给吏部,任命于谦为兵部右侍郎,巡抚河南、山西。这一年,于谦三十三岁,从此,开始了他在山西、河南长达十九年的巡抚生涯。

于谦巡抚山西、河南,是明朝正式设立巡抚之始。巡抚受天子钦命,地方的布政使司、按察使司、都指挥使司,也就是行政、司法、军事机关都归其辖制。于谦胸怀壮志,走马上任,以一首《咏煤炭》抒发情怀:

凿开混沌得乌金,藏蓄阳和意最深。

爝火燃回春浩浩,洪炉照破夜沉沉。

鼎彝元赖生成力,铁石犹存死后心。

但愿苍生俱饱暖,不辞辛苦出山林。

他把自己比作煤炭,浑身蕴藏着充沛的光和热,不惜燃烧自己,为的是给天下带来浩浩春温,为的是照破沉沉黑夜。他要让苍生俱得饱暖,天下太平安乐,不辞辛苦,死亦甘心。

仁、宣以来,虽号称治世,但社会问题仍然很多。于谦来到河南,见到的是一片凄凉景象。他认为百姓疾苦便是官员的失职,他抨击那些隐瞒灾情的官员,开仓赈济,蠲免受灾土地应缴纳的粮草,想方设法救济灾民。

明朝制度规定,百姓的户籍不得随意改变,军户世代为军。如果军人病故,要由其家庭的壮丁补替,如在卫所的军户死绝,则要由其家乡的亲属接替。有时卫所离原籍很远,为了减轻原籍百姓补替军丁的沉重负担,于谦奏请求皇帝停止征军和长途押解,使"被灾之民,庶得少宽,而新徙之兵,亦不失所"。于谦还亲赴遭受水灾的开封等七府州县实地勘察,上疏请求以钞布代替粮税,把粮食留给百姓。于谦还设立预备仓,以备灾荒。办法是,每年三月,州县将缺粮的贫困户上报给布、按二司,从预备仓支给粮食,大口每年三斗,小口一半,在五月蚕、麦收获之后停止支放,秋收后归还。年老残疾或特别贫困、无力偿还的,可以免予偿还,但预备仓储存原额要由官府补足。府州县官任期届满,如果界内预备仓粮储不足,不得升迁或调走。因此,山西、河南各有数百万石的存粮。于谦还多次捐出自己的薪俸救济灾民。

有一首民间歌谣记述了于谦的德政:

凶年饥岁贫无粟,处处人民皆桴腹。
儿女卖与富家翁,一男止换六斗谷。
春来只有四斗粮,夹秕夹糠煮薄粥。
夫妻共食一月余,面渐尪羸皮搭骨。
引领看看作饿莩,精液耗干无泪哭。
忽闻巡抚到此邦,开仓赈济饥与荒。
示民出粟自捐俸,谆谆复谕富贤良。
幸蒙尚义诸耆俊,贷资输谷到官仓。
大家小户皆得食,顷间面色生容光。
鳏寡孤独俱有养,医药调理救灾伤。
召文杜母今复见,天遣恩官拯二方。

在饥荒之年,山西、河南粮食不足,于谦还派人到湖广、四川等地去买粮。如果其他省发生饥荒,有流民到河南、山西就食,他就要各县做出妥善安排,帮助流民。

正统十年(1445),山东、山西、陕西的饥民大批涌入河南,到其年二月已达二十余万人。这对于谦的执政是个严峻的考验。于谦上书皇帝,请求将河南、怀庆二府官仓存粮八十余万石减价卖给饥民。于谦命令各地方官向涌入河南的流民发放田地、耕牛、种子,但暂时不收税。同时,他下令将流民编成里甲,单独管理,不与原住百姓混合。当时编入户籍的达七万余户。这次大规模安置流民的工作,使数万户的流民得以安生,稳定了北方社会。

于谦给河南的地方官建立了一条规矩,府州县官任期届满,必须对境内民户情况做一详细汇报,作为政绩考核的依据,因此地方官都不敢掉以轻心。在于谦的管理下,山西、河南的流民问题比较少。

于谦十分重视农业生产,希望百姓都能达到"衣食不亏租赋给"的小康局面。

黄河流经河南,治理黄河,防止洪水泛滥是保障民生的大事。为使黄河不为害,他下令百姓厚筑堤障,每五里设一亭,每亭设亭长,负责督率民众,及时修缮。由于他的治理,使黄河的每次水患都得以遏制。当时人们对洪水还没有科学认识,他们希望得到神灵的保佑。于谦带领军民治河之余,铸了一尊铁犀,作为镇河之物。铁犀背上的铭文,是于谦亲自撰写:

镇厥堤防,波涛永息。安若泰山,固如磐石。

雨顺风调,男耕女织。四时循序,百神效职。

亦尔有庸,传之无极。

明官府为了管理商业活动,增加财政收入,在各地设置了一系列税收机构。为了减少地方负担,防止舞弊,于谦上疏请求撤洮直省的税课司、税课局,由地方官直接管理,请求取消济宁、徐州及南京上新河的船料关钞。商民无不欣喜称便。

于谦在河南、山西还有许多善政,比如修整道路,在大道旁种植榆树柳树;路边相隔一段距离要开凿水井,供行人乘凉饮水,等等。

于谦在山西、河南巡抚任上先后十九年,终年栉风沐雨,驱驰于山川道路之上,为国为民费尽了心血。十几年间,于谦已经齿落发白。

于谦为国操劳,难有闲暇顾及家事。他把妻子和女儿在留在北京,把家务抛在一边。他的父母都在杭州老家,他以不能亲自奉养而自咎,便将儿子于冕送到老家。于谦要求于冕侍奉祖父母,还要努力研读经史,莫负青春。

于谦的妻子董氏,贤良知理,非常理解于谦的报国之心,勤俭操劳家务,为于谦分忧,二人常以忠孝互相勉怀。于谦《寄内》诗写道:

惟汝内助勤,何曾事温饱。

而我非不知,报主事非小。

忠孝世所珍,贤良国之宝。

尺书致殷勤,此意谅能表。

岁寒松柏心,彼此永相保。

由于操劳,董氏得了“气疾”的病,常常发作,每次发作都要十几天。正统九年(1444)秋天,其妻董氏写信告诉于谦病情加重。于谦认为此病常犯,而其妻又在盛年,便不以为意。不料第二年董氏竟遽尔逝去。于谦大为悲伤。这一年于谦年四十八岁,他从此不再娶妻,也不买妾,更加尽心于公务。

于谦笃于名节,鄙视富贵安逸。他平日不敢枉费公家的一个钱,甚至夜间办公也吝惜灯油。他的《昼夜长短》诗写道:

昼长宜官府,夜短省灯烛。

灯烛民膏脂,燃之非我欲。

于谦的德政恩泽遍于河南、山西,当他巡抚任满返京时,有人作诗相赠,称颂道:

遍野儿重知望重,满朝公卿让才优。

劲松晚节坚贞操，鸷鸟风高少匹休。

河南开封的民众，更在河堤旁建立了祠堂，立了于谦的塑像，把他与当地的神祇一同崇祀，以纪念他治河救灾之功。

有一个流传很远的故事，说的是，正统五年(1440)于谦因公务从河南前往山西。在太行山上有一伙强盗随后窥伺。他们要动手行抢，遭到于谦厉声斥责。当群盗知道他们面对的是巡抚于谦时，大惊散走，说："不知为我公也!"可以看出于谦的声威和受到的普遍尊敬。

乱象丛中　一展雄才

明朝宣德以来，政治上进入了一个稳定期。仁宗、宣宗父子相继执政，爱恤民力，慎于兴作，纠正了永乐年间好大喜功的作风，使负担沉重的百姓得到了喘息。

但是，朝廷上也逐渐形成一种无所作为，因循保守的作风。仁宗在位只一年，宣宗以幼冲即位。朝中之事，多赖先朝留下的老臣辅导处置，很多大臣任职时间都很长。老臣执政，虽然稳健，但多了几分暮气与保守，失去了进取之心。

英宗即位时年纪很轻，内阁大学士杨士奇等担心小皇帝过于劳累，规定皇帝每一早朝只许奏报八件事，前一日先把副封发到阁下，内阁把各事的处理方案送上。皇帝依照拟好的方案传旨而已。这与明太祖、明成祖四鼓以兴，接待群臣，秉烛至夜，勤政不息的情况相去甚远。当时杨士奇、杨荣、杨溥等号称"三杨"，都是四朝元老，太皇太后又有贤德，政务用不着皇帝过于操心。但正统七年(1442)太皇太后病逝，此前杨荣已经去世，杨士奇因他的儿子杨稷犯罪被处死也不再出政，杨溥年老有病无法理政，新进入内阁的马愉、曹鼐等分量不够，而一个经验不足的小皇帝必须有所依靠，这使得一个人走上了政治前台，他就是宦官王振。

王振是蔚州(今河北蔚县)人，本为儒士，充任教官，任职九年无功，即他的学生进学率没达到要求，按规定应当贬黜。这时皇帝下诏：无功的教官有子嗣者可以净身入宫服役。于是王振就给自己实施了宫刑，进宫在内书堂教授宦官读书。宣德年间，他被安排陪伴太子讲读，很得太子的欢心，太子对他也很尊敬。这位太子就是后来的英宗皇帝。英宗以少年做皇帝，王振被提拔掌管司礼监。司礼监是宫中最重要的宦官衙门，宦官二十四衙门以司礼监为首，它有机会影响皇帝的决策。英宗倾心于王振，甚至对王振称先生而不直呼姓名，多次赐给敕书予以褒奖。王振权力日重，公侯勋戚都要看他的脸色行事，有人甚至无耻地称他为"翁父"。

于谦对官场的腐败情况极为不满。他刚直不阿，疾恶如仇，在诗中写道："于今多少闲虎狼，无益于民却食羊。"他要削除民间的不平，也要铲除朝中的狼虎。

于谦不为流俗风气所动，他到京办事从不带礼物，有人对他说："你进京既然不携带金银，宁无一二土物，比如蘑菇与线香之类充交际耶?"于谦举起两袖，说"吾

唯有清风而已"。为此他写过一首诗:

> 手帕蘑菇与线香,本资民用反为殃。
>
> 清风两袖朝天去,免得闾阎话短长。

于谦在山西河南十余年,颂声遍野。于谦担心盈满招祸,就在入朝时提出请求,希望由参政孙原贞来代替自己的职务。这一下招致了大祸。于谦从不讨好王振,王振见到于谦的上书,便示意要加以惩治。通政使李锡摸到了王振的心思,上书弹劾于谦,罪名是于谦因长时间得不到升迁而心怀不满,擅自荐举人代替自己,不懂得做大臣的规矩。结果,于谦被投入了监狱。于谦在狱中关了三个月。正赶上每年一度的热审。这时王振的气已经消了,而于谦实在没有罪过,就自己找台阶下说:"我见一个御史名字和于谦差不多,很想整治他一下。看来并不是这位于谦。"于谦被释放,但还是被降了职,改任大理寺少卿。

山西、河南的百姓知道于谦获罪贬职,便纷纷来到京城给皇帝上书,前后有上千封。他们称颂于谦的政绩,请求将于谦留任山西、河南巡抚。山西的晋王、河南的周王,也说山西、河南不可以没有于谦,请求将他留下。朝廷不得已,下令于谦以大理少卿之职,仍旧巡抚山西、河南。

由于朝政因循,无所作为,不仅朝廷上下怨声四起,一些边远少数民族地区也不断发生反叛。正统年间,云南麓川(今瑞丽市)宣慰司的首领宣慰使名叫思任发。正统二年(1437),思任发发动叛乱,四出侵扰,附近腾冲、南甸、孟养等地无不饱受其害。

这时,在朝廷内就如何处理麓川问题引发了一场争论。大学士杨士奇等无意振作,不同意征讨,英国公张辅等力主派大臣专征。皇帝支持了张辅等人的意见,王振又一心要建立功业,想在荒蛮之地示威,于是决定征讨。经过长期征战,麓川之乱得以平定。朝廷先后共发兵五十余万,转饷半天下,付出了巨大代价。

东南地区人民的反抗也风起云涌。

正统十年(1445),浙江、福建、江西三省交界处仙霞岭一带的矿徒在浙江庆元县叶宗留带领下,揭竿而起。福建邓茂七自称"铲平王"带领民众反抗官府,与叶宗留遥相呼应。同时在广东则有黄萧养为首的"山海盗"。

就在到处动荡不已,朝廷疲于应付之时,西北地区蒙古瓦剌部逐步强大起来,成了对明朝的严重威胁。

这时于谦仍在山西、河南巡抚任上。正统十二年(1447),于谦接到他父亲的丧报,回乡料理丧事。按礼制,父亲死,儿子应守制三年,但国家多事,正在用人之际,于谦奉调为兵部右侍郎,进京效命,不得尽丧礼。第二年,于谦母亲也去世了。这时明朝与瓦剌之间的冲突随时可能爆发。于谦再次被急调回京,担任兵部左侍郎,佐理部事,再次不得终丧。

国家的危难需要有力挽狂澜的英雄。多事的时局为于谦提供了一个一展雄才的舞台。

土木之变　重振大明

　　明朝是在推翻元朝统治的基础上建立的。明太祖朱元璋为巩固新建的明朝，控制塞北，曾发动了一次又一次的北伐，同时还在缘边地区修筑边墙，严守关隘，并用官爵赏赐吸引故元军民的归附。明成祖在继续洪武时期的羁縻怀柔政策的同时，曾经五次带兵亲征，迫使蒙古各部臣服。当时，蒙古地区已分为三大部：鞑靼、瓦剌和兀良哈。

　　正统初年，瓦剌部强大起来，其首领太师脱欢实际控制了鞑靼、瓦剌两大部。正统四年（1439），脱欢死，也先嗣立。他以武力和联姻方式积极向西扩展，哈密、沙州、赤斤、肃州、罕东都成为他攫取的目标。对于关内，他也采取进攻态势，声言："纵不得大城池，使其田不得耕，民不得息，多所剽掠亦足以逞。"

　　由于明初以来对蒙古各部的优厚政策，有大批蒙古人来到内地居住。蒙古瓦剌等部一直以朝贡贸易的方式与内地进行交流，每年又有大批各部人涌入内地。他们以马匹"入贡"，朝廷对待这些"来使"给予优礼，赐宴，提供食宿、粮秣，还要给予大量赏赐、赠赍。

　　按制度规定，瓦剌贡使每年每次不超过五十人，但是他们贪图得到朝廷赏赐的官职和财物，每年贡使增加到二千余人。明英宗多次下令限制贡使人数，瓦剌都不愿奉行。而且，贡使往来沿途常常进行杀掠，他们又裹挟各部一同来，向朝廷邀索贵重难得的东西。稍不满足，就制造事端。明朝对瓦剌等部贡使的支出与日俱增，已经不堪重负，但如果强行限制，也可能使事态激化。

　　在内忧外患面前，必须拿出对策。举朝萎靡，期待振作。

　　这里有必要介绍一下明英宗正统皇帝。英宗于宣德十年（1435）即位，当时只有九岁。但是，英宗年纪虽小，志气并不小。他决心继承父祖的事业，有一番作为。他曾命兵部尚书王骥、侍郎邝埜议处边事，五日还没有得到回答，发怒说："藐朕冲人耶？"把王骥、邝埜关进了监狱。明人评论这件事说英宗这时已经有了"鞭笞四夷之气"了。

　　正统六年（1441）十一月，年轻的明英宗做出了一个重要的决定，再次确定北京为首都。自明成祖死后，北京作为首都的地位，出现了动摇，仁宗与其父政见不合，他宣布北京再次称为"行在"。英宗恢复北京的地位，表明他重振大明雄风的决心。

　　正统二年（1437），广西麓川地区发生叛乱；正统十二年（1447），浙江矿徒叶宗留起义；正统十三年（1448），福建农民邓茂七发动起义，都是在英宗主持下坚决出兵征讨。而其背后的支持者正是王振。

　　英宗的豪气，使当时朝廷因循疲软和不思进取的气氛为之一新。面对内外祸乱，所谓"辅政五臣"等元老，已经习惯了无所作为的状态。而振作进取是明朝的

国学经典文库

中华名人大传

图文珍藏版

出路。不幸的是，带领明朝这条船向前行驶的是小皇帝和宦官王振。作为司礼监太监的王振仅靠自己的专横和巧言令色是不能赢得人心的。谁能就当时形势提出有效对策，谁就把握了政治主导权。

正统十四年（1449）七月，也先借口明朝减少进贡马匹的价值，联络各部，向明朝发动大规模进攻。大同守军失利，塞外城堡所至陷没，边报日至。明英宗派遣驸马都尉井源等四将各率兵马万人出兵抵抗。太监王振力劝英宗效法祖宗带兵亲征。明英宗毅然决定统兵亲征。朝中大臣合章上奏表示反对：天子至尊，不可躬履险要。但英宗力排众议，决心不改，下诏说："虏贼逆天背恩，已犯边境，杀掠军民，边将累请兵救援。朕不得不亲率大军以剿之。"诏书下达二日以后，五十万大军（实为二十余万）就迅速集合上道了。

随同明英宗亲征的有英国公张辅、成国公朱勇、户部尚书王佐、兵部尚书邝埜、学士曹鼐、张益等。在北京由太监金英辅助明英宗的弟弟郕王朱祁钰居守，每天于皇宫阙左门坐东朝西接受群臣谒见。

此时，西宁侯宋瑛、武进伯朱冕带领的前军已在阳和全军覆没。死亡战士的尸体随路可见。随同亲征的将士的士气大受影响。镇守大同的中官郭敬秘密向王振进言：形势危机，绝对不可继续进兵。钦天监正彭德清也以"象纬示警"，劝阻说"不可复前"。学士曹鼐说："臣子固不足惜，主上系天下安危，岂可轻进？"英宗与王振被迫决定回军。

这时，瓦剌的军队已经绕过独石口，攻破永宁，进逼居庸关。大驾如果从紫荆关回京可以避开敌人锋芒，保证安全。大军从大同向紫荆关行进。但行军四十里，大军忽然改变方向，掉头向东，直奔宣府，改由居庸关进关。这一改变，使明军的危险大增。亲征大军八月初十日到达宣府，瓦剌军队已逼近明军。

十三日，由朱勇带领阻击瓦剌军的明军三万人在鹞儿岭惨败。瓦剌军队继续南进。这一天，明英宗车驾从宣府到达土木堡，大军在土木堡驻营。

土木堡距怀来城二十里路，是居庸关通往宣府道上的一个驿站，四面环山，无险可守，又高亢无水。在这样的地方驻军从来为兵家所忌。这时，瓦剌军也先从西北的鹞儿岭（在涿鹿西北四十里）乘胜追来，阿剌知院从东北方向前来拦截明军归路。明军处于被动之中。十四日黎明，瓦剌军包围了明英宗所在的狼山。

明军人马众多，也先不敢轻举妄动，他要求与朝廷和谈。明朝派人前去谈判。明军已经断水两天了，在谈判时瓦剌军暂时后退，王振下令移营就水。因为人多，军士急于饮水，行伍大乱，队伍失去了控制。不料，瓦剌军乘机从四面八方冲杀过来，明军指挥失灵，完全丧失了抵抗能力，士兵纷纷丢弃兵甲争相奔逃，被杀死和相互践踏而死的蔽野塞川。明英宗与亲兵乘马突围不成，下马盘膝而坐，被瓦剌军队捉去。英国公张辅、兵部尚书邝埜等大臣数百人死于此难，王振也死在乱军之中；骡马二十万余，连同衣甲、器械、辎重，尽为也先所得。

这就是土木之变。

当时的明朝正是全盛时期,皇帝竟然成了俘虏,真是惊天动地的大事。明英宗出征,本不是田猎游乐,只为效法祖宗,振作明朝,控制四夷。但是皇帝被俘直接影响了天下安危。

镇定自若 临危不乱

土木堡失败的消息传到北京,皇帝被俘,群龙无首,朝廷上下一片混乱。大街上到处是从前线跑回来的败兵。一些官僚富豪收拾细软纷纷准备逃跑。明朝的精锐部队大多在前方败没了。北京守军疲卒羸马不足十万,有盔甲的只占十分之一。负责居守的郕王一筹莫展,满朝文武手足无措,只是相聚痛哭。

八月十八日,皇太后孙氏召百官集于阙下,明确了郕王的监国身份。

如何应付这突来的变故?郕王与大臣商讨战守大计。侍讲徐珵说,根据星象的变化,应该迁都南京。于谦以兵部侍郎代理部事的身份上书坚决反对。他说:"京师为天下根本,宗庙、陵寝、百官、万姓、帑藏、仓储咸在,若一动则大势尽去。宋南渡之事可鉴也!""倡议南迁者当斩首!"他请求马上征召各地的军队,誓死坚守京师。于谦的建议得到了皇太后和郕王的同意。在抗战派官僚的支持下,于谦担任起保卫京师的重任。

于谦得到郕王的批准,把南北两京和河南的备操军士、山东和南直隶沿海的备倭军士、河北和北京诸府的运粮军士都调来守卫京师。当时,在距北京九十里的通州有大量存粮,足够京军吃用一年。但为避免这批粮食陷于敌手,有人建议马上将其焚毁。于谦接受了应天巡抚周忱的建议,命令在京文武官员和军士,预支数月俸禄和粮饷,自行到通州领取,同时征用顺天府大车五百辆,起运通州官粮,并发放脚银,组织百姓运输。于谦还赏给新入伍的官兵、守城匠人、伙夫和皇城四门内外官军银两布匹,以鼓舞斗志。经过这一番布置,使一时慌乱无主的人心稍稍得以安定。

二十一日,郕王任命于谦为兵部尚书。为安定民心,皇太后又下令立明英宗的长子朱见深为皇太子,以示皇统并无改变。

长期以来,朝中一些人就对宦官王振心怀不满了。这时,他们把土木战败、明英宗被俘的责任都推给了王振。二十三日,郕王在午门临朝,都御史陈镒等联名上奏,要求惩处王振家族,说:"王振倾危宗社,请灭族以安人心。若不奉诏,群臣死不敢退。"刚刚主持国政的郕王迟迟不能表态,百官痛哭,声彻内外。拿不出主意的郕王打算逃避,起身推门而退,宦官将要关门,众人也随着拥入。不得已,郕王只好下旨籍没王振的家产,派遣指挥马顺前往执行。众人说,马顺是王振的死党,应该派都御史陈镒前往。马顺至此还不知收敛,呵斥众官。给事中王竑挺身而起,抓住马顺的头发痛斥:"马顺往时助王振为恶,今日至此,尚不知惧!"百官一拥而上,捶击踩踏,把马顺当场打死。接着,众人又揪出王振的党羽毛、王两个宦官,也将其打死。三人尸首被拽到东安门外,军士们还争击不已。不久,王振的侄子锦衣卫指挥王山,也被捆绑跪于朝廷。众人争相唾骂,喧哗不已,行班杂乱,完全失去了朝仪。百官擅自打死马顺等人,也很害怕,心神不安。见到这个场面,铖王几次起身打算还宫。于谦看透了铖王的心思,挺身上前,拉住铖王的衣襟,说:"殿下止步。百官心为社稷,并无私念,也不会为乱。"铖王听了这话,心也定了下来,下令说,马顺有罪,应该处死,打死马顺等可以不追究。他还夸奖百官伸张正气,做得好,下令百官回到各自的衙门办事。众人心里的一块石头落了地,纷纷拜谢而出。最后王振的侄子王山被处斩,王振家族不分老少一律被处死。

这一天事起仓促,多赖于谦临危不乱。在纷乱中,于谦排开众人,保护铖王回宫,袍袖都撕裂了。众人离宫时,吏部尚书王直,一位忠厚的老臣,握着于谦的手感叹说:"朝廷正借公耳。今日虽百王直何能为?"于谦在突发事变面前镇定自若,处事得体,毅然以天下安危为己任,得到举朝的敬重和信赖。

社稷为重,君为轻

英宗在瓦剌营中,也先并不想加害他,相反,受到也先等人的优待和尊重。也先还派使者来说,要送英宗还京。但明朝方面怀疑也先的意图,担心也先以送驾为名大举入寇。于是,群臣联合向太后请求,赶快立一个新的皇帝。太后决定让铖王即皇帝位。铖王没有思想准备,吓了一跳,"惊让再三,避归铖邸"。于谦懂得铖王的心理,他劝说铖王:"臣等诚忧国家,非为私计。"这时,都指挥岳谦出使瓦剌还朝,传达英宗的口信说,铖王在诸王中年长而且有贤德,命令他继承皇统,即位登极。这样,铖王才答应下来。

九月初六,铖王即皇帝位,以明年为景泰元年,遥尊英宗为太上皇。

朱祁钰在危难中登上皇帝位,将要带领明朝渡过难关,于谦则是他的有力臂膀。

瓦剌军队在土木堡得胜,缴获了数十万盔甲、器械、牛马、辎重,气焰甚盛。他们围困宣府、大同,同时到处搜山,掳掠军民男妇,还以结亲为由探听明朝虚实,并勾结关内的蒙古人为内应。

明英宗成为他们手中的奇货。他们企图以送还明英宗为名,胁迫、诱使明朝守军开门迎敌。也先带着明英宗来到宣府城下,要求守将杨洪开门。巡抚罗亨信说:"奉命守城,不敢擅启。"罗亨信与总兵杨洪闭门坚守,使也先无计可施。

于谦请求朝廷褒奖杨洪,并积极安排战守。他起用了一批刚直善战的将领,充任各重镇的长官;任用在狱中的石雷为总兵官,率领京营兵马;推荐广东东莞县河泊所闸官罗通为兵部员外郎,把守居庸关;四川按察使曹泰、山东都指挥韩青把守紫荆关;任命大同副总兵郭登为总兵官,镇守大同;同时对失职无能的官员给予处罚。于谦还下令修筑龙门、独石、居庸关、紫荆关一带缘边大小关隘,催请工部赶造军械,号召人民献纳谷草,充实军备。贴出告示,告知军民职官百姓,杀敌报效者一律按功行赏;同时严防间谍密探潜入关内。经过一个多月的努力,京城内外及各边塞的防务形势大大改善了。

也先以明英宗为要挟手段,企图逼使明朝议和。但于谦说:"社稷为重,君为轻!"这句话出自孟子,经于谦说出铮铮有声。他传谕各边镇,无论明英宗到何处,守将都不可轻出。为了江山社稷,可以把国君阻挡在外。于谦能如此决断,可以看出他独力撑天,不惜粉身碎骨的高尚精神。九月六日,明朝立郕王为皇帝,也先以明英宗要挟手段就完全失效了。

明朝拒绝和谈,又不受诱惑,也先一时无计可施。但是,瓦剌在土木堡的轻易得胜助长了也先的野心。于是,也先决定对北京大举进攻。

夺取大都　保卫北京

十月初一日,也先、脱脱不花挟持明英宗掠过大同,攻破紫荆关,向北京进发,声称要夺取大都。另外,瓦剌军两万人从古北口、密云,三万人从宣府、洪州堡,攻破居庸关以西的白羊口,向北京进发。北京危急!

这时有人建议完全拆除北京城外的军民房屋,以便屯兵;有人建议在北京城外挑筑深壕;也有人提出全军退守城内,坚壁清野以避敌人锋芒。

于谦主张出城迎敌,主动打击敌人。他说:"奈何示弱,使敌益轻我!"于谦派遣各个将领,率师二十二万,列阵于北京九门之外:

陶谨列阵安定门外

刘安列阵东直门外

朱瑛列阵朝阳门外

刘聚列阵西直门外

顾兴祖列阵阜成门外

李端列阵正阳门外

刘得新列阵崇文门外

汤节列阵宣武门外

石亨、范广、武兴等列阵德胜门外

于谦身为兵部尚书,坚决要上第一线。他命令兵部侍郎吴宁代理兵部事务,亲自率军布阵于德胜门外,迎击瓦剌的主力。于谦躬擐甲胄,身先士卒,临阵督战。他下令将九门全部关闭,规定:"临阵将不顾军先退者,斩其将;军不顾将先退者,后队斩前队。"他面临三军,以忠义报国的道理晓谕将士,泪流满面,慷慨激昂。将士无不感奋,勇气百倍。守城部队军容整肃,决心与北京共存亡。

十一月十一日,瓦剌兵临北京城下。他们把明英宗放在德胜门外。于谦派副总兵高礼、毛福寿等在彰仪门(即广安门)土城之北迎击瓦剌军。高礼、毛福寿等一举打败了瓦剌军的先锋,斩首敌兵数百人。明军首战告捷,军威大振。

也先乘胜而来,又有明英宗在手中,十分骄横,本想在几天之内攻克北京。这时见到明军严阵相抗,没有取胜的把握,便提出与明朝讲和,要求派大臣迎接明英宗。明朝派右通政王复等到土城去见明英宗。也先嫌他们官小,不与接洽,要求于谦前去谈判,遭到坚决拒绝。

十三日瓦剌军队进攻德胜门。于谦命石亨等在城外民间空房内埋设伏兵,另派小队佯败诱敌。瓦剌派一万多人攻城。明军以火炮迎击。范广跃马冲入敌阵,石亨伏兵骤起,大败敌军于城下。也先的弟弟孛罗、平章卯那孩中炮而死。瓦剌军转攻西直门,又被打败。不得不退往郊外。

十四日,两军再战于彰仪门外。京师居民也配合官军阻击敌人。他们爬上屋顶,用砖石打击敌人,呐喊声震动天地。瓦剌军再次败退。

战斗持续了五天。瓦剌军受到坚决的抵抗,死伤很多,士气低落。这时瓦剌围攻居庸关的军队在与明军激战七天七夜后也遭到惨败。此时的也先,已无心战斗,又听说各地勤王的军队很快就要来到,他担心归路被截断,便于十五日夜拔营逃走了。明军奋起追击,以火炮袭击敌军,击毙敌军万余人。也先率军向良乡方向退去。十七日,也先拥明英宗出紫荆关,沿路烧杀抢掠。于谦派兵追击,再败敌军于固安、霸州,擒获敌将阿归等四十八人,夺回被掳掠人口一万多人,牲畜不计其数。瓦剌军所到之处,人民纷纷拿起武器,抗击敌人,使瓦剌军遭到沉重打击。

也先以武力攻破北京的企图被粉碎了。北京免于蹂躏,关内人民的和平生活得到了保护。

景泰元年(1450),瓦剌又连续两次发动对明朝的进攻,并且仍然企图利用明英宗打开关门。明朝边军接连打退了瓦剌的进攻,他们利用明英宗的伎俩也没能得逞。

以战逼和　不辱使命

在明朝另立皇帝,特别是在军事上节节胜利之后,明英宗便失去了利用的价值。开始瓦剌送还明英宗是一个阴谋,到后来,明英宗就成了他们的一个包袱,迫不及待要将其送还。

也先被迫向明朝请求讲和。景泰元年(1450)三月,大同参将许贵上奏说:"迤北有三人至镇,欲朝廷遣使讲和。"于谦说:"我与彼不共戴天,理固不可和。万一和,而彼肆无厌之求,从之则坐困,不从则速变,势亦不得和。(许)贵居边疆重地,恔怯若此,何以敌忾!"从此,关将没有人再敢提出议和。

明朝人在评论这段历史时说,敌方不能得胜,势必求和。敌方求和,自然会送还被扣留的明英宗。相反,如果由明朝提出讲和,那么只能听任敌方的要挟。景泰帝一心任用于谦,坚决抗战,是一步胜棋。与南宋的情况相比,当时徽、钦二帝被金人俘获,宋朝一意与金人讲和,所以徽、钦二帝最终不能返回。明朝当时被称为"全盛之天下",土木之变只是一时军事指挥失误造成的。瓦剌不能在军事上战胜明朝,在政治上也必然处于弱势。

但是,景泰帝并非真心想要迎还英宗。因为英宗一旦被送还,他自己的皇帝位子是不是保得住就成了问题。宋朝一味讲和,造成徽、钦二帝不能回还,如果景泰帝学宋高宗的做法,求和退让,放松了军事,英宗便永无送还之日。好在景泰帝心计不深,没有这么多盘算,一心任用于谦,坚决抗战。以战逼和,最终迫使也先将明英宗送还。

也先一再派遣使者来到朝廷求和,并表示要送还明英宗。吏部尚书王直率领群臣上书景泰帝,说:"也先求和于我,请还乘舆,此转祸为福之机。望陛下俯从其请。遣使往报,因察其诚伪而抚纳之。奉太上皇以归,少慰祖宗之心。"景泰帝说:"设彼假送驾为名,来犯京师,岂不为苍生患?"他的担心也不无道理。后来瓦剌阿拉知院又派使者来讲和,再次请求送还明英宗,景泰帝说:"朕念也先屡请送大驾回京,以故遣人赐书授赏。乃也先诡诈反复,今阿拉又使至,朕欲从尔,但闻也先仍聚众塞上,意在胁挟,义不可从。即阿拉必欲和好,待瓦剌诸部落北归,议和未晚。不然,朕不惜战也。"当时也先仍聚众塞上,而明朝讲和,就无异于城下之盟。景泰帝断然拒绝讲和,也是明智之举。但是,当也先在军事上失败,真心要送还明英宗的时候,景泰帝一味拖延,就未免是出于私心了。

景泰帝在文华门召见廷臣,表示要拒绝阿拉讲和的请求。王直等人进言说:"必遣使,无贻后悔。"景泰帝看大臣们如此坚持,就不高兴了,一下说出了心里话:"朕非贪天位!当时见推,实出卿等。"当初推我做皇帝的是你们,现在你们又要迎还太上皇,太上皇回来后我怎么办?

于谦看出其中关键,从容地向景泰帝进言,化解他心中的疑团,说:"天位已定,宁复有他!固理当速奉迎,万一彼果怀诈,我有词矣。"景泰帝听了于谦说"天位已定",也就是说皇位已命定在景泰帝,无可改变了,心中的一块石头落了地,马上改口说:"从汝,从汝。"他倚重于谦,信任于谦,当然要听从于谦。于是,明廷派出以礼部右侍郎李实为首的使团,出使瓦剌。李实刚走,瓦剌的使臣又到,在王直等的请求下,明朝又派右都御史杨善等出使瓦剌。礼部尚书胡濙说:"上皇在瓦剌久,御用服食,宜付善等随行。"胡濙请求给明英宗带一些衣服食品,但景泰帝却不予理睬。不久李实回朝,传达也先的话,也先说:"迎使夕来,大驾朝发。"于是,廷臣们开始讨论派遣迎还明英宗的专门使节。景泰帝却说:"杨善既去,不必更遣。但以奉迎意致也先,即令善迎归足矣。"这样,景泰帝虽然派了使者前往瓦剌,却没有一句提及迎还明英宗的话，更不同意派专使迎还。他内心还是不想迎还英宗。

七月二十七日，杨善到了瓦剌，第二天见到了也先，也先问："敕书何以无奉迎语？"杨善很机敏，说："此欲成太师令名，使自为之。若载之敕书，是太师迫于朝命，非太师诚心也。"杨善巧言善辩，既说得也先开心，又不辱使命。但史家评论说，杨善的辞令不过是明朝实力的外表而已。如果没有主战之君臣，努力杀敌的将领，敌方岂能被口舌所挫败？自古以来实力就是谈判基础。

杨善到瓦剌的第三天拜见了英宗，又过了两天，英宗就从瓦剌动身回还了。杨善手无迎还文书，只凭口说，就在短短四天使英宗成行，一时人们称赞杨善不辱使命，同时耻笑也先的前倨后恭。然而，无论如何，明英宗的迎还，都要归功于景泰帝和于谦的坚决抗战上。明朝政权转危为安于谦是第一功臣，所以被人称为"救时宰相"。这是对他最高的赞誉。

也先送还明英宗，是在景泰元年（1450）八月。也先同时要求恢复与明朝通贡、互市的关系。明朝抗击瓦剌的斗争取得了彻底的胜利，关内外的和平秩序得以维持，关内的正常生活得以保护。

改立太子　事变根源

景泰帝并不诚心迎还明英宗，所以用什么礼仪迎接明英宗，成了争论的问题。礼部尚书胡濙安排了一套礼仪，上报给景泰帝，但景泰帝指示：用一舆二马在居庸关迎接明英宗，到安定门再换法驾。给事中刘福说，这样的礼节太薄。景泰帝说："昨得上皇书，具言迎驾礼宜从简省。朕岂得违之？"景泰帝借明英宗的话来贬低迎接礼仪，众人就不敢再说话了。这时，一个小小的千户龚遂荣，写了一封信给大臣说："奉迎宜厚，主上当避位恳辞，而后受命，如唐肃宗迎上皇故事。"当年唐朝发生安禄山之变，唐玄宗退位，避难于蜀中，后来叛乱平定，唐肃宗迎还太上皇唐玄宗，不仅礼仪隆重，而且避位恳辞皇位，等唐玄宗正式确认，唐肃宗才又坐到了皇位。大臣们一听龚遂荣此言，无不惊喜，说这真是"礼失而求诸野"。但景泰帝心怀疑虑，万一避位恳辞真的被明英宗接受，岂不弄假成真了！景泰帝坚持己见："第从朕命，无事纷更！"而且把提建议的龚遂荣关进了监狱。

八月十五日，明英宗回到京师，从东安门入皇宫。景泰帝迎拜，英宗答拜，相抱哭泣，不过两人对于传授皇位，还是推让了一番。最终英宗被送到南宫，百官随之进入，举行朝见之礼。

但是后来，景泰帝不准群臣朝见明英宗，对于迎还上皇有功的杨善，也仅仅给以很少的赏赐。明英宗与外人的往来受到严格限制，明英宗居于南宫几等于囚徒。从此数年，远离了政治舞台。

景泰帝不仅自己不放弃皇帝的位子，而且想改变皇统，立自己的儿子为太子。

景泰三年(1452)五月初二,景泰帝将明英宗的儿子太子改封为沂王,立自己的儿子朱见济为太子。同一天,景泰帝下诏废皇后汪氏,立杭氏为皇后,因为汪氏不同意改立太子。而新太子朱见济是杭氏所生。这两件事,既不符合礼制,也违背道德,因而引起许多人的批评。

然而,第二年十一月,新立的太子病死了。太子之位再次成为问题。于是,百官纷纷上言,要求恢复明英宗长子的太子地位,而且请求恢复汪氏的皇后地位。

景泰帝没有超人的胸襟,对上言的官员痛加刑罚,并追查主使。他怀疑这些人的后台是关在南宫的明英宗,逼迫他们交代与明英宗勾结交通的情况。这使得关在南宫中的英宗十分难堪,激化了景泰帝与英宗之间的矛盾,也使得官僚队伍发生了分裂,成为以后的事变爆发的导火线。

英宗下诏　于谦惨死

太子的死,使得朝廷的政治前景不明,因为景泰帝没有别的儿子。而一旦英宗长子老太子沂王回到太子之位,就可能对支持废除太子的人实施报复,支持景泰帝的人将面临险境。所以,有人建议将沂王赶快安置到他的封地,断绝人们对他的期望。同时,另外选亲王之子,在宫中培养,将来立为太子。在这场太子废立的斗争中,没有明显的记载说明于谦参与了其事。于谦尊奉儒家"社稷为重君为轻"的信条。谁做皇帝在他看来都不重要,重要的是保护国家和百姓的利益。

景泰八年(1457)正月丙寅,这一天是元旦,但是例行的朝贺被取消。为什么呢? 因为从去年十二月二十八日景泰帝就病了。正月十二日,为行祭天礼,景泰帝带病住在南郊(今北京天坛)的斋宫。他把武清侯石亨召到榻前,命他代行祭天之礼。石亨看到景泰帝病得厉害,估计不会活得太久了。石亨退下后与都督张轨、左都御史杨善及太监曹吉祥商议,如果景泰帝死去,与其顺理成章地立太子或者恢复老太子让他来收拾我们,不如迎太上皇复辟,以建立"不世之功",我们都成了功臣,可以邀功请赏。他们去找在土木之变发生后主张南迁的侍讲徐珵商议。徐珵在国家危难时主张南迁,因而遭到群臣的鄙视,于是他就改了名字,叫徐有贞。徐有贞大喜,认为机会来了。他说,这件事一定要得到关在南宫的英宗的确切答复才可以。他们在设法通知太上皇并得到确切答复后,就加紧行动了。他们决定利用边境警报为借口,以防备万一为名,调兵进入大内,发动政变。十七日,石亨等人带兵打开南宫,迎接明英宗进入皇宫实现复辟。

对于宫里发生的事,景泰帝一点也不知情。天刚亮,景泰帝听到钟鼓声,大惊,问左右说:"是于谦吗?"过了一会儿,知道是太上皇复位了,已经无可奈何,连说:"好,好!"

明英宗复辟第二天,下诏逮捕少保于谦、王文,学士陈循、萧镃、商辂,尚书俞士悦、江渊,都督范广,太监王诚、舒良、王勤、张玉等人。他命副都御史徐有贞以兼任翰林院学士直内阁,典机务,不久又晋升为兵部尚书,兼职如故。将前礼部郎中章纶从狱中释放,提拔为礼部侍郎,因为章纶曾经上书建议恢复英宗长子的太子地位。徐有贞嗾使言官弹劾内阁大学士王文倡议迎立外藩,并且污蔑于谦。经过勘察取证,于谦、王文迎立外藩并无实据。但是徐有贞说:"虽无显迹,意有之。"司法官员萧维桢等阿附新贵石亨等人,竟以"意欲"二字给于谦、王文定案。

二十二日,明英宗下诏,杀害于谦、王文,籍没其家。罪名正是他们"意欲迎外藩,继承大统"。王文愤怒不满,目光如炬,争辩不已。于谦则显得很平静,他对王文笑一笑说:"辩就能活命了吗? 没有用! 他们不论事实有无,就是要置我们于死地而已。"案子已经确定,明英宗于心有所不忍,说:"于谦曾有功。"徐有贞一听,直奔到英宗面前,说:"不杀于谦,今日之事无名。"要复辟就要找个正当的理由,只有把于谦等人定罪,复辟才师出有名。英宗这才下了决心。王文、于谦与太监王诚、舒良、王勤、张玉等被处斩,妻子到边远地方充军。

于谦对于明朝有再造之功。于谦力主"社稷为重,君为轻",打破了也先的要挟,最终使英宗得以回还,但也就是这句"社稷为重,君为轻",为于谦种下了灾祸。

清白留世　千古传诵

于谦在兵部任职时,北有瓦剌也先,福建有邓茂七,浙江叶宗留,广东黄萧养,湖广、贵州、广西瑶、壮、苗、僚等各地的叛乱也接连不断。为平定这些叛乱,各种指挥征调,都靠于谦大力运作。于谦智虑明敏,遇事剖断如流,当日的公务绝不留到第二天。当时戎马倥偬,变在俄顷,于谦"目视指屈,口具章奏,悉合机宜"。同僚部下只是接受指令而已,大家无不骇服。于谦统军,号令严明,即使是勋臣宿将,有一点点不合纪律,于谦也要向皇帝请求下旨予以严厉批评。他的一纸命令下达,万里之外立刻执行,没有不严肃对待的。于谦的才略开敏,精神周至,一时无人可比。土木之变后,于谦担任兵部尚书,毅然以社稷安危为己任,戡平祸乱,部署有方,因而被称为"救时宰相"。

于谦至性过人,一心投入公务,忧国忘身。明英宗回归后,于谦从来不提自己的功劳。景泰帝也深知于谦,对于于谦提出的奏请没有不听从的。景泰帝曾派人到真定、河间采野菜,到直沽造干鱼,这虽然算不了什么大事,但于谦认为这会扰民,向景泰帝进言停止,景泰帝立刻改正。景泰帝要启用一人,一定私下征求于谦的意见。而于谦也必定会不避嫌怨,照实回答,毫无保留。于谦性格刚烈,遇事有不如意,就抚胸而叹,说:"此一腔热血竟洒何地!"武清侯石亨因为统军失律而被削职,于谦为他请求皇帝宽宥。后来石亨得到了重用。石亨功不如谦,而得以封侯,于心不安,就到皇帝面前为于谦的儿子于冕要官。于谦知道后,说:"臣于军功,力杜侥幸,绝不敢以子滥功。"石亨为此大为羞愧愤恨。于谦因为清正,得到皇帝的重用,却树了一些敌人。

于谦对自己很节俭,他的住所毫无修饰,仅蔽风雨而已。景帝曾赐给于谦一座大住宅。于谦叩首辞谢,说:"去病竖子,尚知此意。臣独何人,而敢饕此?"他说霍去病不过是一介武夫,尚且知道不居功。我于谦是什么人,敢随便贪图奖赏吗?景泰帝不同意。但于谦在新宅,始终不居住正堂,而是把景泰帝所赐的玺书、袍铠、弓箭、冠带等安放在正堂,加上封条,每到年节打开看一看。当时国家多事,于谦常常忙于公务,就睡在值房不回家。景泰帝任用于谦,也关爱于谦,于谦有痰病,疾病发作时,景泰帝就遣太监兴安、舒良轮番去探望。听说他使用的东西太俭省,就命令宫中为他准备。景泰帝甚至亲自到万岁山(今北京景山)砍竹子,榨汁赐给于谦治病。有人说皇帝宠于谦太过,太监兴安等说:"彼日夜分国忧,不问家产。即彼去,令朝廷何处更得此人?"于谦死后被抄家,家"无余资,萧然仅书籍耳"。抄家人看到正堂锁得甚严,一打开,发现都是景泰帝所赐的东西。

于谦走赴刑场的时候,阴霾翳天,路人无不嗟叹。太监曹吉祥部下有一个指挥叫名朵儿,敬佩于谦的忠贞,以酒洒地,祭奠于谦而恸哭。曹吉祥知道了对他连打带骂,将他扑倒在地,第二天他又去祭奠恸哭于谦。都督同知陈逵感佩于谦的忠义,冒着被治罪的危险,收其骸骨,为之安葬。一年后,于谦归葬杭州。

于谦有大功于国家,却被无辜处死,天下无不为他称冤。皇太后起初不知于谦被杀死,知道消息后,嗟叹哀悼了多日。英宗后来也为杀于谦而后悔。于谦死后,石亨的亲信陈汝言代为兵部尚书,不到一年,贪赃上万,英宗召大臣们来看,说:"于谦在景泰一朝得到信赖,但是死无余资。陈汝言的资财为什么这样多呀?"石亨俯首不能回答。遇到边境有事,大家更是怀念于谦。当时有人写诗"鹭鸶冰上走,何处寻于谦",表达了人们的痛惜之情。

明宪宗即位之初,于谦的儿子于冕被赦免还乡。他向朝廷上书讼冤,于谦因而得以恢复官职、赐予祭祀。皇帝的诰敕说:于谦"当国家之多难,保社稷以无虞。惟公道之独持,为权奸所并嫉。在先帝已知其枉,而朕心实怜其忠"。明孝宗弘治二年(1489)下诏,追授于谦为特进光禄大夫、柱国、太傅,谥肃愍,在墓旁赐建旌功祠,年节进行祭祀。万历年间,皇帝下诏,改谥于谦为忠肃。

在今天北京东单裱褙胡同有一座于忠肃祠,那里是于谦的旧居。于谦被平反后,这里成为纪念他的祠堂。

于谦墓在浙江杭州西湖畔的三台山麓。杭州和他曾任过职的河南、山西,都对于谦奉祀不绝。

千锤万击出深山,烈火焚烧若等闲。

粉骨碎身全不惜,要留清白在人间。

这首诗虽然并不是于谦所作,但它是于谦精神的真实写照。于谦的精神将千古传诵。

中兴名臣　千古完人

——曾国藩

名人档案

曾国藩：初名子城，字伯涵，号涤生，谥文正，汉族，湖南省长沙府湘乡市人。晚清重臣，湘军的创立者和统帅者。清朝军事家、理学家、政治家、书法家，文学家，晚清散文"湘乡派"创立人。官至两江总督、直隶总督、武英殿大学士，封一等毅勇侯。

生卒时间：1811 年~1872 年。

安葬之地：长沙城西南 15 公里处望城县平塘镇桐溪寺后伏龙山上。

性格特点：脾气倔、忍性重、吃得苦、不怕输、有蛮劲、好争胜。

历史功过：镇压太平天国，攻克天京。

名家评点：梁启超对曾氏倾心推崇，称"吾谓曾文正集，不可不日三复也。"梁在《曾文正公嘉言钞》序内指曾国藩"岂惟近代，盖有史以来不一二睹之大人也已；岂唯我国，抑全世界不一二睹之大人也已。然而文正固非有超群绝伦之天才，在并时诸贤杰中，称最钝拙；其所遭值事会，亦终生在指逆之中；然乃立德、立功、立言三不朽，所成就震古烁今而莫与京者，其一生得力在立志自拔于流俗，而困而知，而勉而行，历百千艰阻而不挫屈，不求近效，铢积寸累，受之以虚，将之以勤，植之以刚，贞之以恒，帅之以诚，勇猛精进，坚苦卓绝……"。

正如辛亥革命中的章炳麟对曾国藩的评价一样，近百年来仁者见仁，智者见智，对曾国藩褒扬者有之，斥骂者也不乏其人。早在曾国藩镇压太平天国时，即有人责其杀人过多，送其绰号"曾剃头"。到了 1870 年"天津教案"，不少人骂他是卖国贼，以致曾国藩也觉得"内咎神明，外咎清议"，甚至有四面楚歌之虑。辛亥革命后，一些革命党人说他"开就地正法之先河"，是遗臭万年的汉奸，建国后的史学界对他更是一骂到底，斥为封建地主阶级的卫道士、地主买办阶级的精偶。民国著名的清史学家萧一山在《清代通史》中将曾国藩与左宗棠对比："国藩以谨慎胜，宗棠以豪迈胜。"中国现代史上两位著名人物毛泽东和蒋介石都高度评价过曾国藩。毛泽东青年时期，潜心研究曾氏文集，得出了"愚于近人，独服曾文正"的结论。即使是在毛泽东晚年，他还曾说：曾国藩是地主阶级最厉害的人物。蒋介石对曾氏更是顶礼膜拜，认为曾国藩为人之道，"足为吾人之师资"。他把《曾胡治兵语录》当作教导高级将领的教科书，自己又将《曾文正公全集》常置案旁，终生拜读不辍。据说，他点名的方式，静坐养生的方法，都一板一眼模仿曾国藩。曾国藩的个人魅力，由此可见一斑。蔡锷将军对曾氏以爱兵来打造仁义之师的治兵思想推崇备至："带兵如带子弟一语，最为慈仁贴切。能以此存心，则古今带兵格言，千言万语皆付之一炬。"(《蔡松坡先生遗集》(二)，第5页)。左宗棠对曾国藩的挽联：知人之明，谋国之忠，自愧不如元辅；同心若金，功错若石，相期无负平生。

巧过御试　青云直上

曾国藩在28岁时就考中了进士，自此之后，他便踏上了仕途，并成为军机大臣穆彰阿的得力门生。正是有了这位老师的提携，才会有曾国藩的发迹。有一天，穆彰阿对他说："明天我要在朝上，向皇帝正式推荐你，所以你要做好充分准备，把你念过的那些书要多加背诵，我想，皇上一定要试一下你的才学。"曾国藩一听，简直是受宠若惊，忙躬身作揖说："多谢恩师对晚生的栽培，我自当珍惜这个难得的机遇，绝不会辜负恩师的众望。"第二天，穆彰阿就在朝堂之上向道光皇帝保奏曾国藩，请求皇上能给予重用。

道光皇帝听了，便开口问道："你说你的这个门生可堪当重用，朕却不知他有何超人才能。"这一下倒把穆彰阿给问住了，穆彰阿脑子转得快，他马上脱口而出："要说到曾国藩的超人才能，臣倒是知道他是善于留神，有着过目不忘之功。"道光皇帝当时也没说什么，穆彰阿便向皇上告退。穆彰阿回到家里，心里感到懊丧无比，他责怪自己只说了那么两句不痛不痒的话，完全没有把曾国藩所具有的那种真正才能给讲出来。心想，这样一个大好的机会就这样错过了。

可是道光皇帝却把穆彰阿的那句话当真了，他想，如果曾国藩真的像穆彰阿所说的那样，那此人还真可以重用。于是，道光皇帝便决定试试曾国藩是否真的有才华。过了两天，道光皇帝把穆彰阿叫了来，告诉他自己想见一下曾国藩，让曾国藩在初一卯时在中和殿候见。穆彰阿心中大喜，他忙派人把曾国藩叫到自己府中，向他说了这件事，并对他嘱咐了数遍，要他一定要做好准备，他无论如何都要把握好这次机会。曾国藩连连点头，信誓旦旦地表示决不会负恩师所望。就在初一这天，天还没有亮，曾国藩就沐浴完毕，穿戴整齐，来到了皇宫，马上有太监迎着，带着他来到了中和殿。到了殿里面，太监命他在这里等着，然后他关上殿门去向皇上禀报。

曾国藩在大殿里环视了一周,见殿内装饰的金碧辉煌,尤其是气氛,显得极为肃穆。他初到这样的地方,不敢就座,也不敢四处移动,就挺直着身子站在那里,两只耳朵仔细地谛听门外的动静。可是,等了很长的时间,也没见那个太监回来,他心里不由得惶恐起来,不知道此行是凶还是吉。

到了后来,他站得腰都酸了,于是就在大殿上来回踱步,这时他看到大殿的四壁上挂的都是些大清历代先皇的圣训。因为他心神不定,所以也没有心思细看。等过了些时,那个太监终于回来了,对他说:"皇上今天没有时间,命你明日再过来。"曾国藩这时心里有

曾国藩雕像

些不高兴,当他走出皇宫大门时,才发现已经快到晌午时分了。他急忙三步并做两步地来到军机大臣府,把自己上午的情况向恩师作了禀告。穆彰阿听了,觉得这事有些可疑之处,他沉思了一会儿,突然间他问了一句:"刚才你说大殿四壁上挂的都是历代先皇的圣训,你可记住了上面的内容?"曾国藩不知老师问这个是什么意思,于是他就摇了摇头说:"当时我心里挺紧张,看不到皇上过来,心里就更慌了,哪留意上面写的是什么字,我只注意殿外是否有什么动静了。"穆彰阿禁不住喊道:"这下可糟了,这肯定是皇上故意要试你是否有善于留神、过目不忘的才能,所以才做这样的安排。说不定皇上会马上叫人来再次召你去宫里,这可怎么办呢?"听了恩师这么一说,曾国藩可就有些胆怵了。他连忙跪倒在地,口中连称:"恩师一定要救我!"穆彰阿让他站起来,他在屋里来回走了几圈,极力想办法。可正当这个时候,守门的家丁进来禀报,说皇宫总管太监王公公来了,想要求见。穆彰阿此时是满脸地不高兴,他吩咐说:"你就对王公公说我今日谁也不想见,让他改日再来。"家丁转身刚要走,但突然又被主人给叫住了,告诉他让王公公在正厅里等着相见。然后就回过头来对曾国藩说:"真是天意啊,咱们的救星来了,你先回避一下。"穆彰阿热情地接待了王公公,请他坐了上座,这使得王公公受宠若惊。当主宾坐定之后,王公公有些不好意思地说:"我此次前来,是想询问大人一下,关于我那外甥做知县差使的事,是否有些眉目。"穆彰阿说:"这是一桩小事,怎么会劳王公公的大驾呢。你放心好了,这事我已办好,不出三日即可上任。"老太监神情极是感激,他说:"大人如果有要小人效劳的事,请尽管吩咐。"穆彰阿装作好像想起什么事的样子,说:"你这么一说,我倒是想了起来。这两天我正要撰写一份大清历代先皇功绩录,有

劳你能否将中和殿上所挂的历代先皇的圣训抄好给我送来,晚上我撰写时正好要用,这个你能办得到吗?"王公公马上笑着说:"要说别的事我还需考虑,至于这点小事,真是太容易不过了。"

果然,到了傍晚的时候,王公公再次登门,把大清历代先皇圣训抄录好送了过来。等王公公一走,穆彰阿就把曾国藩叫了出来,让他今天晚上务必把圣训全部背得滚瓜烂熟,并一再告诫他说:"你的前途如何,就在此一举了。"曾国藩一再拜谢不已。他接过抄录,回到住处,彻夜诵读,结果都记住了。

第二天一大早,就有太监来传圣旨,要曾国藩马上去面见圣上。这次,道光皇帝在保和殿已经等候了。曾国藩参拜完毕,道光皇帝接下来就问:"昨天你在中和殿上呆了那么长时间,想必是已经看到了壁上所挂的大清历代先皇的圣训,你是否留意壁上先皇的圣训都说了些什么?"曾国藩马上背了起来,真是倒背如流。这一下,使得道光皇帝惊喜异常,心说:"果真如穆彰阿所言,此人还真是个过目不忘的奇才啊,我倒真应当重用此人。"几天过后,曾国藩接到了圣旨,皇上任命他为吏部侍郎。自此之后,曾国藩踏上了青云直上的仕途。

1850年初,道光皇帝因病去世,咸丰皇帝登基。即位后,他就道光遗命四条中"无庸郊配,无庸庙祔"二条交大臣们详议。曾国藩上《遵议大礼疏》,颇得咸丰嘉许。咸丰元年(1851年),洪秀全在广西组织农民发动了起义,在桂平县冲破了清军的重围之后,实力日益壮大,大有一举席卷全国之势。满清的八旗、绿营军只要一和起义军交锋,马上就溃败下来。刚即位不久的咸丰帝马上下诏让朝中大臣们评议朝政得失,提出灭敌建议。这时的曾国藩就定了一份《应诏陈言疏》,他认为解决人才的问题是极其关键的。他说:自古以来,帝王治世不外是招贤能,安定百姓,正社会风气三件事。如果能够让那些有贤德的人来掌权,治理天下,那么人民也就会丰衣足食,人民丰衣足食了,社会也就随之安定了。咸丰帝当时的批语是:剀切明辨,切中事情。

创办湘军　屡败屡战

咸丰二年(1852年),朝廷派他往江西去主考乡试,曾国藩随即悄然南下。可是行至中途就听到母亲去世的消息,曾国藩于是星夜赶奔家乡,为母亲守孝。就在咸丰二年的年底,一个改变他命运的绝大机遇降临了,这就是太平军冲出了广西,正在向江南进军,横扫湖南湘江流域各县。这使得东南各省都陷入了战乱之中。因为这时正是太平天国势力发展的高峰期,所以曾国藩的家乡湖南也已经被太平军占据部分地方,并曾一度围困长沙。为了配合正规军的作战,清廷下令各地在籍的朝廷大员训练乡勇办团练,以图扼制太平军的进一步发展。曾国藩就是其中一位。所谓的团练,就是后来的民兵,结队编团定时进行训练,平日里无事就拿锄头干农活,一旦有战事发生就拿起刀枪参与战斗。这种组织在县城以下的各乡都有。各省的团练大臣都只是沿袭旧例,仅在县、乡一带办团练。曾国藩受命之后,立即向朝廷上奏,认为办团练已经无济于事,而当时的国家正规部队绿营兵也是不堪使用,所以他建议应当按照明朝抗倭名将戚继光的办法来组建新军。请求在省城内建一大团,把湘乡的1000人马全部调进省城,以家乡湘乡的练勇为基础,然后招募那些质朴的农民为士兵,使用当地的儒生担当军官之职,后来皇帝批准了他的要求。由此便编练成了一支军队,称其为湘勇。

湘军是曾国藩亲手创建的,它跟清政府的其他军队完全不同。清政府的八旗兵和绿营兵都是由政府进行编练。当遇到战事的时候,清朝廷便调遣将领,统兵出征,可是战事过后,就又会把军权给缴回。可是湘军则不是这样,士兵都是由各哨官亲自选募的,哨官则是由营官亲自选募的,而营官都是曾国藩的那些亲朋好友,包括同学、同乡、门生等。可见,这支湘军实际上是"兵为将有",从士兵到营官所有的人都是绝对服从于曾国藩一人的。这样一支具有浓烈的封建个人隶属关系的军队,包括清政府在内的任何别的团体或个人想要对他加以调遣,都是极为困难的,甚至可说是根本不可能的!

因为乡勇不属于国家正规军,所以,乡勇的军饷费用就要靠在当地自筹,其中的大部分要靠地方乡绅捐助而得,由此,曾国藩的湘军是靠"吃大户"而起家的。因为没有政府给予资金支持,所以曾国藩就得想法得到公众的支持。否则的话,他的湘军就无法支撑下去。他知道作为正规军的八旗军及绿营军战斗力差,纪律腐败,所以给公众的形象也极差。因此,曾国藩在组建湘军时,坚决不靠政府提供军饷,以避免受到官僚的控制,导致出跟绿营军同样的结果。他希望自己组建的这支部队拥有很强的战斗力,能获得民心的支持。基于此,曾国藩对湘军的军纪要求十分严明,以杜绝绿营军中经常出现的骚扰百姓的现象。而且从一开始就坚决要求湘军的各级将领跟正规军及地方政府划清界限。曾国藩的一位下属曾因与湖南巡抚走得太近,并接受了一万两的军饷而导致曾国藩断绝跟他的隶属关系。虽然湘军并非正规军,可是地方官吏的支持同样也必不可少。当初曾国藩忽略了这一点,导致他的团练计划屡受掣肘和排挤,湘军和地方统治阶层之间的大小摩擦也总是不断,所以湘军不得不于咸丰三年八月从长沙移师到了衡阳。到了衡阳之后,他才忽有所悟,知道自己不依靠地方官吏的支持是很难成事的,于是自此之后,他改变了态度,同意接受地方官吏给予的支持,而且还和他们主动加强联系,这样一来,他发展湘军练兵变得极为顺利起来。就在这时,他将团练扩大到了5000人,曾国藩认为,南方水多,要想战胜太平军,就必须要建立一支水师部队,经朝廷同意,他又建立了水师,和陆军一样,湘军的水师每营也是五百人,当时拥有长龙、舢板若干艘,每艘设有哨长。在湘潭集结湘军成立后,曾国藩觉得自己的军队已经练好了,可以出兵和太平军进行较量了。这时他力荐满族塔齐布为湘军大将,荐举多隆阿为湖北湘军的将领,他这样做就是想要争取满州贵族的信任。

　　咸丰四年(1854 年 2 月 12 日)，太平军西征军在湖北黄州大获全胜，烧毁清军兵营 11 座，湖广总督吴文熔投水而死。咸丰帝得报，急令曾国藩统带炮船兵勇，顺江而下，直达武汉。2 月 25 日，曾国藩率湘军水陆兵 17000 余人，浩浩荡荡，挥师北上。

　　1854 年 2 月 27 日，太平军占领岳州，连下湘阴、靖港、宁乡，形成长驱直入的形势，前锋距湖南省城长沙仅有六七十里，长沙城内一片慌乱。曾国藩立即派塔齐布、周凤山、杨载福分率水陆湘军沿湘江北上迎击。太平军见湘军来势汹汹，便退出岳州，撤往湖北。湘军占领岳州后，塔齐布、周凤山乘势进占湖北通城。湘军另一路由曾国藩率领，于 4 月 28 日攻打靖港。五营水兵尽遭歼灭。陆军见状也纷纷溃逃，曾国藩看到自己训练的湘军一败涂地，痛不欲生，便投水自杀，被他的左右及时救起，这也是他的第一次自杀。

　　接下来他重整旗鼓，此后他用兵更为谨慎。到了 10 月份，就攻取了武昌，被朝廷任命为湖北巡抚。湘军把武昌打下来之后，曾国藩接下来就向朝廷建议部队沿长江东下，分为南北中三路大军一并推进，除北路是湖北都督统率的绿营之外，南路和中路都是湘军，曾国藩本人是这三路人马的总指挥，朝廷对他的这个建议十分赞同，很快得到了批准。这样一来，曾国藩的湘军便成了太平军的头号对手，由此，一个省的团练便成了国家武装力量中的王牌部队。可是好景不长，清政府怕他势力过于强大无法驾驭，所以又解除了他的任命，只是长期给他以侍郎的虚衔带兵。到了咸丰五年初，他率水师进攻九江、湖口。太平军翼王石达开带领部队前来支援，用计将湘军水师的轻便快船引诱到了鄱阳湖里，然后封锁住了湖口，这样一来，就使得仍在长江中的湘军水师的笨重大船困住了，然后又施以火攻。结果湘军的水师大船有数十艘被毁，曾国藩率领他的残部只得狼狈退至九江以西的官牌夹，他的座船又遭太平军的围困。曾国藩这时又投水自杀，但马上被他的随从给捞起，接着武汉又被太平军给攻克。曾国藩只得退守南昌，身处太平军的包围之中，当时真是"呼救无人"，几乎惊魂欲断。

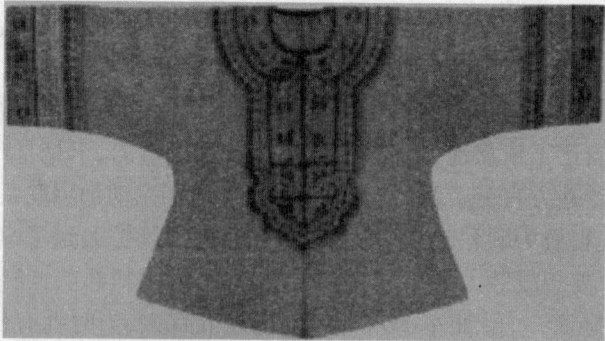

清朝时期的服饰

　　接下来，他被朝廷冷落了一年多，以至使他得了严重的神经官能症，一天到晚都吃不好睡不好。虽然还不到50岁,可是就连一寸大小的字都看不清了,面对这一切,曾国藩坚持了下来。当时他拿湖南乡间的一句俗话来安慰并激励自己:"好汉打脱牙齿和血一块儿吞。"由此也表现了他不示人以弱,不求人怜恤,一切痛苦都由自己来担当的自强品格。

咸丰八年,朝廷让他去办理浙江军务。这时,石达开的部队已经进入了福建,于是,清廷下达命令,让他增援福建;后来,石达开向湖南进兵,围攻宝庆,清廷怕四川会出什么问题,于是又命令他赶紧援助四川。可是曾国藩却一定坚持要先解决安徽,以去金陵屏障的战略,等他攻克了景德镇之后,才进军安徽,围攻安庆。

咸丰十年的春天,太平军跟湘军之间的战事出现了一个突变,朝廷驻扎在南京城外孝陵卫的江南大营被太平军给击溃,清军统帅逃的逃,自杀的自杀,两江总督何桂清则潜逃到了苏州,苏州巡抚闭城门不纳,他只得仓皇逃到了上海。江南面临着危机,朝廷此时手脚失措,士气极是低落,曾国藩此时冷静至极,他对全局的认识十分清醒,于是就给朝廷上了一道奏折,提出了两面制胜的谋略。清廷由此不得不依靠曾国藩来对付太平军了。为了能够尽快地将太平天国的起义镇压下去,在清朝正规军无能为力的情况下,清廷给他加封兵部尚书衔,授两江总督,下辖江苏、安徽、江西三省。由此,曾国藩取得了军政大权。

第二年,太平军为了解安庆之围,兵分两路向西挺进。英王陈玉成攻克黄州,向武昌进逼;忠王李秀成攻克了景德镇,自此断了曾国藩驻地祁门的粮道。曾国藩决定先进攻徽州,好解决军队的粮食问题。当部队来到休宁时,被李秀成给包围了,经过一番苦战,湘军的八个营被击溃。曾国藩这时写好了遗嘱让人送回到老家,而后又一次准备自杀,可是被左宗棠等人给救下,转危为安。就在同年的秋天,他督促他的弟弟曾国荃率军攻取安庆。11月,他被朝廷加太子少保衔,奉命统辖江苏、安徽、江西、浙江四省的军务。是他向朝廷举荐左宗棠督办浙江军务、李鸿章出任江苏巡抚。

1861年8月22日,咸丰帝病死于热河避暑山庄,其子载淳继位,即同治帝。同治元年(1862年),曾国藩以安庆为大本营,命令曾国荃率部队顺江东下,同时命左宗棠率部自江西出发攻取浙江,又命李鸿章率部由上海去攻取苏南,这样一来,就实现了对天京的战略包围。同治三年十月,湘军跟李秀成等部数十万太平军在天京城外激战,持续围困天京。终于攻破了天京城池。曾国藩在经过十几年的千辛万苦后,终于取得了对太平天国作战的决定性胜利。曾国藩也因此被朝廷封为一等毅勇侯,加太子太傅。朝廷在给予厚封的同时,又对他及其手下的十余万湘军给予了高度警惕。

居功不傲　知荣守辱

太平天国起义被镇压下去之后,对曾国藩来说已经功成名就了。可是。富有心计的曾国藩此时并未感到得意,也没有那种飘飘然的感觉。相反,他越来越惶恐,越来越谨慎了。当时和曾氏同处于一个战场的其他将帅,虽然表面上对曾国藩颂扬恭维,可是在暗中则竭力挑刺,恨不得一棒子将他打死,就在自己的九弟及其他人忙于抢掠财富,忙于争功的时候,曾国藩也在尽力地淡化自己头上的光环,缩小中箭的靶的。他在这个时候想的不是如何欣赏自己的成绩和名利,而是想起了那些在中国历史上曾身居权要的重臣因为不懂得功成身退而导致身败名裂的往事。担心自己会功高招忌,恐遭"狡兔死走狗烹"的厄运。

于是,他向朝廷上奏说这次能消灭太平军并非是他个人的功劳,而是把灭太平军的功劳归之于先帝、太后和朝廷,归之于协同作战的友军,认为自己做的事并不多。接下来他写信给他的弟弟曾国荃,劝他尽快抽身引退,方可"善始善终,免蹈大戾"。曾国藩叫他的弟弟认真回忆一下当湘军攻陷天京后是怎样渡过一次次政治危机的。原来,湘军进入了天京城以后,就大肆地洗劫抢掠,城内金银财宝,就数他的弟弟曾国荃抢的最多。左宗棠等大臣就这件事向朝廷上奏弹劾曾国藩兄弟吞没财宝罪,清朝廷当时就想追查此事,曾国藩极是知趣,进城之后,怕自己功高震主,树大招风,于是急办了三件事情:(1)盖贡院,当年就举行了分试,提拔江南人士;(2)建造南京旗兵营房,把北京的那些闲散旗兵请来驻防,并发给全饷;(3)裁撤湘军达4万人,以此来显示自己并非是在谋取权势。这三件事一办,马上使多方面的矛盾都缓和了下来,那些原来准备想要弹劾他的人也都住手,不再上奏弹劾了,清廷为此也只得不再给予追究。

曾国藩故居

同时,他又上奏折给清廷,说湘军成立和打仗的时间已经很长了,由此难免会沾染上一些旧军队的恶习,且已然没有了昔日的那种生气,所以他向朝廷奏请将自己一手编练的湘军给遣散。曾国藩想以此来向皇帝和朝廷证明,自己无意拥军,并非是什么谋私利的野心家,而是一位忠于清廷的卫士。曾国藩想得很周到,他在奏折里面尽管请求遣散湘军,可是对于他个人的去留问题却只字不提。因为他心里明白,如果自己在奏折里面说自己要求留在朝廷效力,必将使朝廷怀疑自己贪权恋钱;如果在奏折中明确地请求自己解职回归故里的话,那也会产生多方面的猜疑,会让清廷以为他不愿再继续为朝廷效力尽忠,同时还可能被许多湘军将领奉为领袖而招致清廷的猜忌。

其实,自太平天国被镇压之后,清廷就一直在思考如何解决曾国藩的问题。因为曾国藩拥有朝廷不能调动的一支强大军队,对清朝廷是一个潜在的大危险。清廷的大臣们可是不会放过这个问题的。如果依照清廷的办法去加以解决,不但湘军难以保住,曾国藩的地位肯定也不会保住。正在朝廷想着如何解决时,曾国藩此时的主动请求,正中朝廷的下怀,于是马上下令遣散了大部分的湘军。因为这个问题是曾国藩主动提出来的,所以在对待曾国藩个人时,清政府仍然让他担任两江总督之职。

同治四年,他奉朝廷之命督办直隶、山东、河南三省的军务,对捻军起义进行镇压。他把军队驻扎在徐州,采用了重点设防的方针,在临淮、山东济宁、河南周口和徐州驻扎重兵,这样一来,一个地方有难,三个地方都能进行援救。可是因为兵力单薄,而没有达到十分有效的效果。同治五年,他又采用了聚兵防河的办法,就是在北面的黄河、东面的运河、南面的淮河、西面的贾鲁河和沙河河岸筑深沟高墙,设置重兵进行防守,其意图就是想把捻军给困死,可是又失败了。转过年来的冬季,清廷改派李鸿章来接替,命他仍回两江总督本任,后来他又被调任直隶总督。1870年6月,天津发生了教案,他奉命前往查办,在处理这个案子的过程中,他屈从于法国势力,处决了官民数十人,由此受到社会舆论的谴责。到了9月,他又还任两江总督。

在镇压农民起义的过程中,他注重使用西洋枪炮。早年枪炮大多是由国外购进的。到了后来他就提出了"师夷智以造炮制船"的思想,1861年,设立了安庆内军械所,制造"洋枪洋炮",后又试制小火轮船。1863年,造成了"黄鹄"号轮船,并派人赴美国购买机器。1865年至1866年和李鸿章在上海创办了江南制造总局等军事工业。后为之积极地筹措经费,派遣学童到美国留学,成为清末兴办洋务事业的首创者。曾国藩毕生推崇程朱理学,主张兼取各家之长,认为义理、考据、经济、辞章四者不可缺一,可他始终都是将理学放在首要地位。在古文、诗词方面都有着很高的造诣,被当时人奉为桐城派的后期领袖。

曾国藩所处时期,正是清王朝由乾嘉盛世转而为没落、衰败的时期,当时内忧外患接踵而来,由于曾国藩等人的力挽狂澜,才一度出现了"同治中兴"的局面,而曾国藩本人也正是这一过渡时期的核心人物,他在政治、军事、文化、经济等各个方面都产生了令人注目的影响。这种影响不仅仅作用于当时,而且还一直延至今日。

从而使他成为中国近代史上最显赫和最有争议的历史人物。

同治十一年二月初四日(1872年3月12日)午后,曾国藩由长子曾纪泽陪同散步,忽感不适,被扶至书房,很快就去世了,终年61岁。清政府追赠太傅,谥文正,并在江宁、湖南、安徽、湖北等地建立专祠,在国史馆立传,6月25日,曾国藩灵枢运达长沙。7月19日出殡于长沙南门外金盆岭。1874年12月13日改葬于善化县(今望城区)平塘伏龙山。后世人将他的诗文、奏章、信函汇总成《曾文正公全集》出版。

奸党阉宦

导 语

九州华夏,漫漫长河,英雄人物,灿若星辰;高风亮节,正气凛然。然观历朝历代,亦不乏奸佞之徒:阿世媚主,奢侈无度,结党营私,祸国殃民,为世人所不齿。

纵观几千年来的历朝历代奸臣,多不得善终,也许这是给我们最好的历史教育。回眸历史,在这悠久的两千多年的文明流淌中,他们虽然很不协调,却也构成了历史中的某些弦音,观摩历史演绎,聆听其中给我们的谆谆教诲,以史为鉴。

翻开历史,诸多君主往往被奸臣所包围。说句难听话,中国的历史,除了盛产皇帝、名将以外,还盛产奸臣。无论多么英明的皇帝,身边总不乏奸臣。

历史上许多的奸臣却最初以勤于政务、忠于皇室的面貌出现,其办事能力之强又绝非等闲之辈。如何对之有一个相当全面的观照评价?

这里对历史上的奸党阉宦做了一个尝试性的收录,其选列主要包括以下几个类型:

其一,篡权自立,所作所为又丧尽民心,其结局大多喋血宫廷,这一类最具代表性的人物便是王莽。

其二,心怀问鼎,为私利起兵叛乱,使人民陷于兵战之中,其结果多是兵败被戮。其代表主要是安禄山、史思明。

其三,独揽朝纲,为了私利清除作对的骨鲠,骄横跋扈,其结局往往毙命于统治阶级的内部斗争,象东汉末年凉州军阀董卓便是如此。

其四,嫉贤妒能,口蜜腹剑,嗜权乱政,其结果大多是不得善终。例如唐代的李义府、李林甫等。

其五,祸国殃民,残害忠良,民怨鼎沸,其结局却能寿终正寝。其最具代表的便是宋朝的秦桧。

其六,贪婪成性,巧取豪夺,中饱私囊,其结局大多是"人为财死"。其最具代表的历史人物便是清朝乾隆权臣和珅。

其七,阉党擅权,酷刑峻法,冤狱遍地,待恶贯满盈后其结果是自尝其果。其最大代表便是魏忠贤。

当然,宦官中也有名垂青史的,比如明代的郑和。

翻开本卷,你便可以从一个特殊的视角来看待中国历史发展一隅,以正己之言行,同时也能更好地品评历史人物,给你一个更加宽阔的视野。

指鹿为马 断送大秦

——赵高

名人档案

赵高：嬴姓，赵氏。中国秦朝二世皇帝时丞相，著名宦官（一说并非宦官）。秦始皇死后与李斯合谋篡改诏书，立始皇幼子胡亥为帝，并逼死始皇长子扶苏。秦二世即位后设计陷害李斯，并成为丞相。后派人杀死秦二世，不久后被秦王子婴所杀。

生卒时间：？～前207年。

性格特点：奸诈有野心。

历史功过：赵高推着阴谋的车轮，沿着他酿成的血腥道路，走上了高位。他运用阴谋、机诈、权术和恐怖，给自己铺成了达到权势高位的台阶，同时也挖成了跌向粉身碎骨的深渊。机关算尽太聪明，反误了卿卿性命。自己把自己钉上了万劫不复的耻辱柱。

名家评点：陆贾叹曰："秦任刑法不变，卒灭赵氏（指秦朝灭亡）"《战国策》的编者刘向直言不讳："秦信同姓（即宗室，这里指赵高）以王，至其衰也，非易同姓也，而身死国亡。故王者之治天下在于行法，不在于信同姓。"

工于心计　谄媚邀宠

　　公元前 228 年，赵国被秦国的大将王翦消灭，赵王沦为了秦国的阶下囚。赵高的祖上赵氏属于赵国宗室的一个远支，勉强称得上是一个贵族。赵国被灭之后，赵氏宗族就以亡国臣民的身份被强迫迁徙到了秦都咸阳，赵高的父母也在其中。后来，赵高的父亲因为触犯了刑律而被判处宫刑，赵高的母亲也因此而受到了株连，被收入官府里做了奴婢。而赵母跟他人"野合"生下来的包括赵高在内的一群子女都承袭了赵姓。

　　因为父亲是罪犯，母亲又为人奴婢，因此就决定了赵高的社会地位和命运，年龄少长后，赵高兄弟数人也一律被处以宫刑，并被安排在秦国的王宫里做了内宫厮役，供人差使。从这里可以看出，赵高的童年是非常不幸的。也就是因为这样的凄惨的生活环境，使赵高的心中早早种下了仇恨的种子。

　　赵高虽然地位低下，可是却并不想使自己一生都处于卑微的地位。他的野心很大，总是梦想着有朝一日能改变自己悲惨的命运。在当时，也经常有阉宦之人因种种原因而跻身于执政者的行列。更何况赵高虽然被处以宫刑，可是他的身体并不孱弱，智力也不比常人差。恰恰相反，赵高生得身躯伟岸，膂力超人，再加上他工于心计，又很会察言观色，见风使舵，所以常常使自己左右逢源。他的那张嘴巴为他带来很大的好处，获得很多人的夸奖，秦始皇对此也有所耳闻。

　　秦始皇注重法治，赵高了解到了这些后，就想办法来投其所好，于是他开始努力钻研起当时的各种法律来。时间不长，他便对许多的案例都烂熟于胸，更加难能可贵的是他还练得一手好篆字，这样一来，就使得他在众多的宦者中脱颖而出。

　　秦始皇推崇法制，所以制定的秦律极为严格，在当时，事无大小，都决于法。所以，如果有赵高这样一个通晓法律，而且又身强力壮的宦官在身边使唤，那就再理想不过了。所以没过多长时间，秦始皇就任命他为负责皇室车辆的中车府令，这样一来，就使得赵高既可以接触到朝廷机密，又可借机赢得秦始皇的欢心，而且还由此咸鱼翻身，成了掌管皇室车辆，并能自由出入宫廷的秦朝官吏了。

　　秦始皇统一全国后，听从了李斯的建议，统一全国的文字，把那些繁琐且六国不能统一的大篆都改成小篆。于是他命令丞相李斯写下了《仓颉篇》、赵高写下了《爰历篇》、太史令胡毋敬写下了《博学篇》，然后以此作为小篆的范文，在全国范围内颁行使用。从这件事中我们可以发现，赵高在秦始皇心目中的地位已今非昔比。

　　秦始皇自登基以来，就希望自己的一统江山能够万代相传下去，所以他以严法治国，凡是和他持有不同政见以及反抗者，都一律用严厉的酷刑进行惩罚。这一切都让精明至极的赵高看在眼里。于是他在秦始皇面前始终装成很守规矩、效忠皇帝的姿态，同时又表现得精明强干，时常给秦始皇献计献策。这样一来，秦始皇对他就更加青睐了。可是赵高并不以此为满足，他盘算得更多，眼光也更长远。为了自己今后的地位，他已经开始考虑谁最有可能继承皇位了。他在暗中不断观察秦始皇和诸位儿子之间的关系，并进行了反复的权衡，可谓是费尽了心思。秦始皇的长子叫扶苏，为人品性耿直忠厚，最有可能成为皇位继承人的人选，可是他总是劝谏父皇要以宽政来待民，不主张用重刑酷法。这使得秦始皇对扶苏有些不大喜欢。尤其是在"焚书坑儒"事件过后，扶苏上疏，对他的父皇说："如今天下刚刚平定下来，四方各地人心都还没有归伏，读书人崇敬孔子，可您却用重法来惩治他们，这样一来，恐怕会人心不安，天下难以太平。"但是秦始皇刚愎自用，他听不进扶苏的意见，到后来就越来越烦他了，正在这时，正在北方边境镇守的蒙恬将军统领的30万大军里需要一个监军，秦始皇马上就把扶苏给派了过去，由他充当监军。扶苏走后，在秦始皇身边的这些儿子里最讨秦始皇喜欢的就是那位年仅十多岁的幼子胡亥了。胡亥从一出生起，就一直生活在深宫禁地，身边都是妇人或是宦官，所以他不谙世事人情，自己也没什么主见，每日里只知道声色犬马、吃喝玩乐，其他的就什么也不知道了。赵高对这一切都看在心里，认为今后胡亥可以被自己利用，于是自此之后，他就对胡亥用上了心思。因为他知道，自己只要把胡亥哄得开心了，就能更加取信于秦始皇。等到秦始皇百年之后，自己也才能有所依靠。

为了达到自己的目的，赵高挖空了心思，想方设法地笼络胡亥，为这个二世祖提供一切可以游乐的方便，果然，时间不长，他就把胡亥哄得欢喜无比。胡亥一见到他，就非要和他一起玩耍，有时赵高有事，胡亥也拉着他不肯放他走。秦始皇看到儿子如此喜欢赵高，于是就让赵高教胡亥学习书法、法律等知识。实际上赵高就成了胡亥的老师。赵高见自己的计谋已经开始见效，心里很是高兴。可是他的心不满足于此，他要进一步对其加以教唆，好使自己更好地利用和控制胡亥，奠定自己未来的基础。

秦始皇统一天下以来，自以为功高可与天齐，天下无人能及，为了向天下人展示自己的威德，同时也是为了进一步加强对全国各地的控制，他时常带领着朝臣、兵将巡视天下，到各地去进行游览。每次出巡，他都带大批的随行人员，赵高当然是不可缺少的人物之一，因为他是主管着皇帝车马乘舆的中车府令，并且兼行符玺令事。赵高行事非常谨慎，无论做什么事情，都能让秦始皇觉得满意。秦始皇为此感到很是高兴，他认为自己并没看错赵高这个人，的确是个忠于自己的人才，可是他又如何知道赵高的心思呢。

然而赵高再怎么聪明，也还是有失算的时候，有一次，他触犯了刑律，按照当时的秦律规定，是要判处死罪的。秦始皇把这桩案件交给了当时位列上卿的蒙毅查办。蒙毅是蒙恬的弟弟，因为没有猜透秦始皇的用意，所以他也不敢徇私枉法，于是就秉公办理，判处赵高死刑。来到刑场上，眼看着开斩的时刻就要到了，胡亥来了。原来他在秦始皇面前为赵高百般求情，让他放过赵高这一次，秦始皇考虑到平日里赵高办事得力，且又忠于主子的分上，最终改变了主意，于是免去了赵高的死刑，又使他官复原职。

秦始皇的权威至高无上，可以说随心所欲，为所欲为，至于这朝令夕改的事，对他来说也是司空见惯的了。然而他这次的改变却造成了极其严重的后果，因为赵高通过这件事已然同蒙氏兄弟结下了深仇大怨。这次事件使赵高认识到，秦始皇驾崩之后，如果是扶苏即位，那蒙氏兄弟很自然就会受到重用，这样一来，自己的结局也就可想而知了，所以他现在也没有什么好犹豫的了，他把自己全部的希望都押到了胡亥身上。也许秦始皇根本就不曾想到，他那欲使秦朝江山传承万代的梦想，会因为自己的一念之差而留下了无法消除的隐患。

从公元前210年年初开始，秦始皇开始了他一生中的最后一次出巡。这次出巡的队伍比以往任何一次都要庞大壮观。他的近臣左丞相李斯、中车府令赵高及上卿蒙毅等都跟随在身边，右丞相冯去疾则居守在咸阳，料理一些政务。这时他的小儿子胡亥也嚷着要跟去，秦始皇本不答应，经赵高在旁多方劝说，秦始皇最终才点头应允。就这样，这支浩浩荡荡的队伍从咸阳出发，途经武关、云梦泽，然后弃岸登舟，沿江东下，过了浙江，在会稽山祭祀了大禹之后，接着就往北行，经过一番长途跋涉后来到了琅邪（今山东胶南）。秦始皇已经到琅邪来过几次了，他相信离这里不远的海上，也就是民间传说中的蓬莱仙境，一定会有长生不老之药。作为手握天下生杀大权的秦始皇一直都在费尽心机获取长生不老药。这次来到这里，秦始皇再次向蓬莱仙境那个地方进行拜祭。

因为一路的劳累颠簸，秦始皇已然感到自己体力难支，再无意到其他地方去巡游了，于是他传下诏令，立即返回咸阳。当队伍来到平原津时，他越发觉得自己体力难支，他已经预感到死神正在向自己走来。虽然自己不甘心，可这也是无可奈何的事情。于是他便在途中选定好了皇位的继承人。他命人给大儿子扶苏写了一封诏书，让他见诏后马上回咸阳主持他的丧事，并接替自己的皇位。诏书写好之后交给了赵高，可是赵高并没马上交给使者，而是私自扣了下来。

沙丘之变　假造得势

秦始皇的病情日益恶化。到了七月，秦始皇终于在沙丘（现在的河北省广宗县）平台离开了人世，时年50岁。沙丘距离咸阳还有两千里之遥。秦始皇在临死前并没有公开谁是皇位的继承人，而且当时国内的形势非常混乱，秦始皇去世的消息一旦传了出去，很可能引起天下大乱，其后果难以想象。这时，丞相李斯是群臣中的最高决策者了，他当时就采取了最稳妥的做法，那就是秘不发丧，并命队伍火速往咸阳赶。这样一来，秦始皇的尸体被停放在车上，服侍秦始皇的太监也像平日一样坐在车上，传递和回复着百官的奏章，就如同秦始皇还活着那样。当时，秦始皇去世的事只有李斯、胡亥、赵高和几个近侍的太监知道,其他大臣全都被蒙在鼓里。

赵高处心积虑寻找的机会终于来到了,他开始了阴谋活动,把皇帝的遗诏私下里打开查阅,发现是让公子扶苏继任皇帝位,而且对蒙氏兄弟也都委以重任。赵高心怀不轨:扶苏是个有才干的人,又有蒙氏兄弟相助,如果他登上皇位,自己肯定会前途渺茫,再加上自己留给扶苏的印象不好,而且自己还同蒙氏兄弟有深仇大恨……所以万万不能让扶苏当上皇帝。为了要达到自己的目的,赵高便决定更改秦始皇留下的遗诏,在诏书中改立胡亥为帝。秦始皇的遗诏中对胡亥没做任何安排,也没有分封其他的皇子,这一点正好可以加以利用,煽动胡亥的私心。如此一来,既可以最大限度地讨好胡亥;又能掩人耳目,以胡亥给自己做挡箭牌,由此免去了自己篡权的嫌疑,同时还可争取到李斯的支持。

赵高拿定了主意,他怀揣着秦始皇的遗诏来见胡亥。他在胡亥面前装出一副痛心疾首的样子,说:"皇上驾崩时,没有给其他公子留下任何片言只语,只给长公子扶苏留下一封诏书。扶苏一到,就会继任为皇帝,可是您却没有一寸土地,您说这该如何是好?"胡亥年幼,且未经世事,不知赵高耍的什么阴谋诡计,加上他本来就不是太子,没有什么能力,且胸无大志,听了这话之后,并没有什么强烈的反应,只是叹了一声,说:"这就是命啊,没办法,父皇很了解我们,这样的结果,我没有什么可多说的。"赵高一见,就给他打气,说:"公子这样想可就不对了。眼下执掌天下人生死的大权,都在你、我和李斯的手里攥着,这样一个千载难逢的好机会你可不要错过了。你想一想,做别人的臣子和使别人臣服于自己,可是大不相同啊!商汤革命,周武伐纣,做臣下的最终都杀了他们的君主,可是天下人都称颂他们这是仁义之举;那卫国的君主也是因为杀了自己的父亲才得到君位的,可是卫国的臣民无不称颂他的恩德,即使是孔夫子,也都把这件给事记上了一笔,而并没有把这当成是一种大逆不道的事情。所以,要想成就大事,就不能拘泥于小节,有大德行的人不能在乎一些小过失。如果只考虑小节而忘了大利,将来一定会后患无穷。处事优柔寡断,行举犹豫不决,将来也必定会为此后悔不已。而那些行事果断的人,即使鬼神见了也都要敬让三分,所以这种人就一定会取得成功。你想做哪种人,可要三思啊。"经过赵高的这番蛊惑,胡亥的心果然被打动了,于是他就问赵高:"现在父亲去世的事情尚未对天下发布,丧礼也还没有举行,此时恐怕不宜和丞相商量此事吧?"赵高马上又对他进一步地劝诱,他说:"机会不会是时时都会有的,而且往往是稍纵即逝,错过了也就什么都来不及了。这事得不到丞相的支持也是不好成功的,这样吧,他那儿我马上去说,您就不用为此挂心了。"胡亥的欲望至此也就被完全给煽动起来了。

客观地说,秦始皇生前未明立太子可说是他一次极大的失策,这就给阴谋家赵高以可乘之机。如果丞相李斯能够对这次阴谋加以制止的话,赵高的阴谋也是极难得逞的,可丞相李斯偏偏又是名利欲很强的人,他不想让自己的权势受到任何的损失。

李斯原本是楚国的一位乡里小吏。他看到厕所里的老鼠吃着肮脏无比的东西,还经常因为受到人和狗的惊吓而慌乱地四处逃窜,可是,官家粮仓里的老鼠吃的却是上好的稻粟,悠然自得。于是他就认为人和老鼠一样,生活的富贵贫寒关键就在于他能否去努力争取。因此,他发誓要改变自己的处境。后来,他在荀况那里学得侍奉帝王之术,在秦国经过一番拼搏奋斗,终于达到了丞相这个位置后,最害怕的就是自己再重新回到那种卑微和贫困的生活中去。更何况,他为了保住秦始皇对自己的宠幸,还将对他的权势构成很大威胁的同学韩非也给毒死了。

赵高老谋深算,他早就看透了李斯的这个弱点。所以赵高找到李斯进行了一番密谈。赵高对争取李斯极有把握,一见到李斯就开门见山地说:"如今皇上已经驾崩,遗诏是要公子扶苏回咸阳主持丧葬仪式,并继承皇帝之位。如今这诏书还没发出,这件事别人都不知道。现在遗诏和玉玺都放在胡亥那儿,由谁来继任皇帝,这只要你我的一句话了。"很自然,李斯也成了赵高的同谋。

沙丘之变对于赵高来说不过是小试牛刀,他奸诈无比的伎俩还在后头。自从沙丘之变后,胡亥、赵高两个人做事都是紧密配合,一个想坐稳皇位,一个则为了扫除将来最有可能阻止篡位的一切障碍。尽管他们的最终目的不同,可是眼前的利益却是相同的。为了让人们不致引起对胡亥是否是皇位的继承人的怀疑,赵高怂恿胡亥为秦始皇举行了极为隆重的葬礼,他们按照秦始皇先前的遗愿,把他的遗体埋葬在役使70余万刑徒、经营数十年的骊山之下的墓穴里。

有一天,胡亥把赵高召来,然后心事重重地对他说:"人活在世上,就如同几匹烈马拉着车子穿过一条山洞那么快,真是太短暂了。如今,我既然贵为天下无人可及的皇帝,就应该趁此纵情享乐,随心所欲。"胡亥的话马上得到了赵高的赞成,他立即附会说:"这才是英明的君主所为呢,其实这件事我早就想到了,只不过因为一些别的原因,使我一直没敢向陛下提出来。"胡亥马上迫不及待地追问:"到底什么原因,你快些说出来,不论你说什么,我都会恕你无罪。"赵高那双不怀好意的眼珠子转了一圈,然后装出很神秘的样子对胡亥说:"我们的沙丘之谋,可能会引起诸公子及大臣的怀疑,这些你应该能想到。诸位公子无一不是您的兄长,可是眼下却屈居您之下,都向你跪拜称臣,你想他们会就此甘心吗?朝中的大臣都是先帝在时安置的,现在如果得不到提升和重用,那他们心里能乐意吗?还有蒙恬兄弟,现在虽然被囚禁,谁敢保证不会生变,有朝一日他们发动叛乱,可就很难收拾了。所以我一想到这些,就日夜不安,生怕有什么意外事情发生。如果这些障碍不被除去,陛下又如何能安安稳稳地尽情享受呢?"

恣意妄为　一手遮天

赵高的这一番话,句句说到了胡亥心里,他同意赵高分析的这些情况,他便问赵高应该怎么办才好。赵高显露出一丝阴冷的微笑,他其实早就有了主张。这时就毫不犹豫地倾囊而出说:"我认为对这些人一定不能手软,只有用严刑酷法,把这些人除掉,才能使得你安枕无忧。接下来,就采用'贫者富之,贱者贵之,亲信者近之'的办法,提拔上一批让我们信得过的人,把他们安置在重要岗位,这样一来隐患也就被消除了,所受到提拔的人就会对陛下感恩戴德,您从此也就可以在宫中高枕无忧,任意去做自己想做的事情了,到时也就无人出来加以阻拦了。"胡亥认为赵高的建议很正确,他连连称赞,并让赵高据此来主持制订一些具体的法规和实施办法。

赵高的第一个目标便是兵权在握的蒙恬、蒙毅兄弟,蒙氏素来就跟赵高有积怨。蒙氏的祖上为齐人。祖父蒙骜在秦昭王时,便由齐国来到了秦国,为秦昭王效命,官拜上卿,曾屡次率兵出征,为秦国攻城略地,东征西讨,立下了赫赫战功。蒙氏兄弟的父亲蒙武也是秦国的大将。蒙恬青少年时就才学出众,做过一些官职,因为他是将门之后,精通武略,所以被朝廷封为将军,而后他参与了灭六国、统一天下的战争,多次立下战功,官至"内史"之职,是当时咸阳及关中地区的最高行政长官。因中原无战事,他就被秦始皇派往北疆镇守边境,以拒匈奴,同时又督导修筑长城的事情,他戍守千里边防达十多年之久,可以说是饱尝艰辛。蒙恬之弟蒙毅在咸阳也深得秦始皇的信任。在秦始皇帝最后一次出巡的时候,蒙毅虽然也跟随前往,可是他因受命去祈祷山川神灵,以佑皇帝长寿,所以在秦始皇死时,没能及时赶回来,否则赵高等人的阴谋还未必能得逞。如果蒙氏兄弟不除,就会使赵高有芒刺在背的感觉,所以他一定要除之而后快。在发生沙丘之变时,虽然赵高等人伪造的诏书宣布蒙恬、扶苏被赐自尽,可是因为怀疑诏书有诈,蒙恬与蒙毅不肯自尽,因此兄弟俩便先后给囚禁起来了。此时,为了能除去两个人,赵高就向胡亥挑拨说:"其实先帝当初也想要立你为太子,因为蒙毅的反对,所以才没有实现。"

昏庸的胡亥一听,便认为赵高所说的是真的,于是恼羞成怒,立即下令将蒙毅处死,然后派人到了阳周,将蒙恬赐以死罪,这样一来,秦朝便失去了两位能臣。

秦二世胡亥庸碌无为,让人厌恶,丝毫没有承袭其父的那种文韬武略的大度气派,反而是染上了秦始皇那种好大喜功、专制酷法的恶习。他刚当上皇帝不久,便进行了一次极其奢侈的出巡,他沿着当年秦始皇走过的路,东至碣石海边,南到会稽山下,一路上浩浩荡荡,为此耗费了大量的钱财,使得百姓怨声载道。他知道有很多人对自己表示不满,于是就颁布了许多严酷的刑法来对反抗他的人进行惩罚,由此一来,就使得群臣人人自危,想要叛变的人越来越多。

民间名目繁多的各种苛捐杂税越来越多,越来越重,贫苦的农民再也忍受不下去了,终于引发了陈胜、吴广领导的农民起义,可是胡亥却仍不知悔改,当右丞相冯去疾、左丞相李斯等上疏规劝胡亥停止营造阿房宫,减省赋敛徭役时,却遭到胡亥一顿怒斥:"我才当了两年皇帝,天下就出现了如此多的盗贼反叛,都是你们这些人没有尽心尽力,现在反过来劝我,那我还要你们这些人有什么用呢!"当时就下令治他们的罪。冯去疾和将军冯劫因为难以忍受屈辱,都相继自杀。其他的朝臣也是被撤的撤、被杀的杀,剩下来的也就没几个了。

赵高就趁着这个时机,把自己的大批亲信都安置在了朝中的重要位置。他的兄弟赵成担任中车府令;他的干女婿阎乐担任了咸阳令;其他的朝中要职如御史、侍中、谒者等,都换成了赵高的人。他们之间相互勾结,沆瀣一气,朋比为奸,在朝中形成一个强大的权力集团,无人敢惹。紧接着,赵高又把屠刀对准了秦始皇的诸子。在他的阴谋毒计之下,秦始皇在咸阳的12个儿子被全部杀死了,而后赵高又在杜邮碾死了胡亥的10位姐妹。秦始皇的儿子将闾兄弟三人也被禁囚在了内宫里,胡亥还派人对将闾说:"你们兄弟几人根本不像臣的样子,罪当死。"将闾当时对来人说:"我作为先帝之子,从来没敢违背阙廷之礼、廊庙之位,我真不明白我为什么不像臣子的样子?我只想知道我犯的是什么罪,然后我才甘心去死。"使者说:"我不想跟你辩论什么,我是奉皇帝之命来行事的,别的就不用多说了,你还是好自为之吧。"将闾不由仰天大呼:"苍天啊!我到底是犯了什么罪啊?"说完,这兄弟三人含泪拔出剑来,自杀身亡。

此后,凡是朝臣进谏不合意,就以"诽谤罪"论处,尤其是走在大街上的百姓,即使脸上的颜色不好,只要被看到了,也要治罪。天下就完全被恐怖给笼罩了。面对赵高、胡亥这般无情的滥杀,公子高自知在劫难逃,于是他就上疏:"我受赏赐,被泽帝恩,永世不难。如今先帝已然去了,我愿随先帝而去,只是要求我死之后能够埋在父王的脚下。"胡亥听了,很是高兴,立即同意了公子高的请求,同时又赏赐给他十万钱,让他自行殉葬在骊山脚下。至此,赵高可说是以屠杀手段把秦始皇的后代们全部都给杀尽了。他把朝中的大臣和诸公子制服之后,担心群臣在朝堂上弹劾他,于是他阴谋再进一步架空胡亥,好使自己独专大权。有一天,他对胡亥说:"先帝统治天下有很长的时间了,所以那些臣子都不敢下犯上,胡作非为。可是如今陛下还年轻,而且即位的时间也不长,在朝堂上当场处理政务难免会出现错误,这样一来,群臣就知道你的弱点所在了。身为天子,应该是天下至尊,拥有至高无上的威望。所以只要能使那些朝臣下听到您的指示就行了,不用如此上朝来和大臣们见面,如此一来,天下的人就会无不称颂您为圣主了!"这对于只知道成日里耽于淫乐的胡亥来说正好是求之不得,自此之后,他便居于深宫,很少临朝听政,内外大事都交赵高来处置。而他在赵高的怂恿下,更加纵情淫乐,沉湎酒色,成日里不再理会朝廷政事,但渐渐地,宽阔豪华的宫殿也难以满足他无止境的欲望。于是他对赵高说:"先帝认为咸阳的朝廷宫殿太小,所以才想营建阿房宫。如今里面的殿堂还没有竣工,可是先帝就已经驾崩了,目前此项工程已处于停工状态。如今的骊山墓已经修建完毕,应该继续去修建阿房宫,先帝定下来的规划是不能半途而废的。"

于是在胡亥的命令之下,又从全国各地征调来了民役,继续阿房宫的修建。阿房宫当时可说是一项耗费巨大财力物力的浩大工程。平常用工达70万人,秦二世胡亥的再次营建,给天下的老百姓带来极为沉重的负担。因为如此大批的民役都聚集到了咸阳,就使得粮食供应变得十分紧张。于是赵高命令各郡县都往咸阳运粮,而且转运者还必须自带食粮,不得吃用咸阳周围三百里以内的粮食。如此沉重的赋敛和徭役,使得天下民力枯竭,人心不安,百姓为了生计,不得不举义来反抗秦二世的暴政。

面对天下出现的这种严重局势,深居于宫阙中的胡亥茫然不知。这时有使者自关东归来,向二世报告了蕲县大泽乡陈胜、吴广率众起义的事,胡亥得知消息后非常恼怒,当时就把汇报情况的官员因于狱中,并下令治以重罪。没过多长时间,又有一位使者自外归来,胡亥向他询问了有关情况,这位使者因为有了前次的教训,因此他不敢进行实报,所以就编了个谎言来欺骗他说:"如今关东有些地方不过是出现了一些盗贼,各个郡县的官员正在加紧捕捉,现在都已经捉拿归案,请陛下放心好了。"赵高为了愚弄胡亥,也曾经多次用谎言来欺骗胡亥,说他们只是几个散兵游卒,都是些鸡鸣狗盗之辈,成不了什么大气候,陛下尽可放心就是了。经过赵高的蒙哄,胡亥依然和从前一样耽于淫乐,从来都不问政事,对当时天下群雄并起反秦的形势一无所知。

此时的赵高已然大权在揽,实际上就等于是一位无冕皇帝了。公元前208年的冬天,处在风雨飘摇之中的秦都咸阳呈现出一片肃杀的气氛。因为在咸阳的刑场中央绑着一批即将被处决的人犯,这件事惊动了咸阳全城的人。围观者人山人海,都在窃窃地私语着。虽然人们此时的心思各不相同,但他们都注视着中间的那位满头银发、老泪纵横的死囚,这个老者就是咸阳城内无人不知、多年来一直权倾朝野的大人物——当朝丞相李斯。可谁能料到,他竟然会落得个腰斩于市、夷灭三族的下场。有的人为此叹息不已,有的则嗤之以鼻,显露出不无快意的神色,好像李斯能得到这样的下场似乎早在他们意料之中的。李斯怎么会有这样悲惨的结局呢?其实这也是赵高一手策划的。因为在逐一消灭了自己的各种潜在障碍后,赵高的野心越来越大。他已经不满足于眼前这个地位了。他想要篡夺秦朝的天下,而且条件也逐渐成熟,时至最后,剩下的最大一个障碍就是沙丘之变的同谋者李斯了。因为李斯知道沙丘之谋的全部内幕,如果不把他除去,将来有朝一日这一事件难免外泄。所以李斯的存在,是赵高走向权力顶峰的一块最大的绊脚石。除掉李斯,对于赵高来说是势在必行。为了能将李斯置于死地,他经过一番精心设计,终于使李斯落入了一个圈套。

有一天,赵高找到李斯,满脸哭丧地说:"丞相啊,如今天下造反的人是越来越多了,可是皇上却压根儿不把这事放在心上,还成日里忙于修筑阿房宫,也不理朝政,只知道在宫内玩乐,侍弄那些狗呀、马呀什么的。我想要对他进行劝谏,可是我职卑位贱,说出来的话他哪能听得进去啊。您作为先帝时的重臣,说出来的话有分量,所以你出来劝谏,肯定会管用。"李斯毕竟是个文人,心计不如赵高,再加上他本来也就是为了保住自己的相位,并没有赵高那样的篡逆之心,他还是希望秦王朝能够顺利延续下去的，所以听了赵高的话后，他就说："您说得没错，天下如此大乱，我身为秦朝的丞相，理应有这样的责任。可是，陛下常年居于深宫，不愿让人去见他，因此我很难找到进谏的机会。"赵高见李斯果然中了自己的圈套，于是就假意地说道："这样吧，如果丞相真想要劝谏的话，我就给您留意着，只要陛下闲下来时，我就马上过来禀报就是了。"

赵高深知胡亥讨厌别人在他玩儿兴正浓时来打扰他。可是奸诈的赵高偏就瞅准胡亥在后宫拥姬抱妾、寻欢行乐的时候来通知李斯，说皇帝现在有时间，可以去见他。李斯慌忙整好衣冠，来到了宫门口，要求见皇上。可此时胡亥玩得正兴起，他的贸然求见，使得胡亥极为扫兴。如此一连几次，这可把胡亥给激怒了，他张口骂道："李斯这东西，也太不知趣了，我没事时，不来奏事，我玩得正开心时，偏来奏事，一次又一次地扫我的兴，这不是见我年轻好欺负吗！"赵高乘机进谗说："总这样下去，对陛下可是个很大的危险啊！"然后，他又罗织了三条足以为李斯带来杀身之祸的罪名，他对胡亥说，李斯因为参与了沙丘之变，事后没能升官加爵，所以就心存不满，他一心想要割地称王呢。他又说李斯的儿子李由身为三川郡守，当吴广等盗贼西进路过三川时，没有对叛匪加以围剿，这是因为陈胜和丞相的老家相邻，这也算是"老乡惜老乡"吧，并说李由跟叛军有书信往来，只是现在还没拿到可靠的证据。第三条罪说李斯功高震主，权力甚至重于皇帝。当时正在气头上的胡亥便信以为真，马上就要治李斯的罪，并派人到三川查实李由通贼一事。

李斯知道这件事后，才如梦初醒，知道中了赵高的奸计。于是他急忙来见胡亥，想要澄清事实。可是这时胡亥躲在宫中只顾嬉戏，哪里肯见他啊。李斯无奈之下，只得上疏，揭露赵高搬弄是非，贪得无厌，有图谋不轨之心，是一个相当危险的人物。可是李斯的这种表现在胡亥眼中无疑更像是倒打一耙。他对赵高的信任已然超过了任何人了，于是他驳斥李斯说："尽管赵高是一个宦官，可是他并不因为自己处境的安逸而为所欲为，对我是忠心耿耿。而且他品行廉洁，能自我约束，所以才会取得今天这样的位置。他如此一个贤明的人，为什么你要对他进行攻击呢？我继帝位时还很年轻，见识少，又不懂如何治理天下，多亏赵高帮助我治理天下，应对朝中的事务。如果没有赵高，不知道我的天下会是什么样子，没有赵高，恐怕无人能担此重任。赵高精明强干，能体察民情，对我极是顺从，以后不准你再说他的坏话。"此事过后，胡亥便告诉了赵高。赵高因而更恨李斯了，他乘机又进谗说："李氏父子可能早就有谋叛之心，我担心我死之后，他也会像田常（田常于鲁哀公十四年杀了齐简公，使齐国大权落入田氏之手）那样杀死陛下，夺取你的皇位。"胡亥听到这，脸色大变，他马上下旨把李斯抓起来，并交由赵高来审理此案。

歹毒的赵高首先以李斯父子谋叛的罪名逮捕了李斯，投入大牢中，同时又将李斯家族以及他家中的那些门客统统地收捕归案。接下来，他就对李斯进行了严刑逼供。李斯禁不住赵高酷刑相逼，便招了个假供。李斯幻想着日后能够进行申诉，凭自己的功劳会得到胡亥的赦免。然而他的想法太天真了。宫廷内外，朝廷上下都布满了赵高的亲信,他写的那些申诉书,全都落到了赵高的手中。赵高把这些申诉状撕得粉碎,并说:"一个死囚犯怎么还可能给皇帝上疏呢?"赵高也知道李斯招的是假供,为了不让他有机会翻案,他就让自己的亲信扮成御史、侍中,轮番对他进行提审。李斯不知道这都是赵高布置好的。还以为真是朝廷让自己申冤的呢?他便如实相告。可是审判官便说李斯不老实,又对其施行惨绝人寰的拷打,直到李斯对假口供不再改口为止。到了后来,秦二世胡亥派人来对李斯的口供进行核实,李斯便认为又是跟前几次一样,只要说了真情就会遭到更厉害的刑罚。他就再也不敢改口供了,对自己的那些谋反罪名都一一承认了。

赵高把李斯的供词呈给胡亥,胡亥认为赵高查处叛贼有功,大加褒奖。此时,被胡亥派去调查李由通贼的使臣从三川回到了咸阳,原来李斯的儿子李由已经被起兵反秦的项梁给打死了。但赵高把真情都给隐去了,伪造了一份李由叛变的材料,谎说李由已被就地正法。在赵高一手遮天的精心策划下,李斯的罪名终于确定,他再也无法改变自己的命运了。

李斯的罪名根据秦朝律令应该处以极刑,于是胡亥下令处李斯以腰斩之刑,同时灭其三族。在行刑之前,李斯不由得仰望苍天,悔恨不已,他对身边的二儿子说:"我多么希望咱们父子俩能够再像你小时候那样,牵着黄狗,架着猎鹰一起到上蔡的东门去打兔子呀,可是如今看来,这一切都已经不可能了。"李斯这一席话生动地道出了他发迹后在夹缝中求生存,从而失去了常人乐趣的那种无奈。

指鹿为马　顺生逆亡

当李斯被赵高用奸计除掉后,赵高眼前已经是没有什么障碍了,他官拜中丞相,凡是朝事无论大小,都要由赵高来裁决。这时,大秦王朝的江山已经是风雨飘摇,朝不保夕了。赵高认为自己篡位的机会已经成熟了,于是他就在秦宫上演了一幕宫廷闹剧。有一天,赵高把一头鹿牵到宫里献给了胡亥,并说:"臣有一匹马想献给陛下。"胡亥当时一看,笑着说:"丞相你弄错了,这不是马啊,而是一头鹿啊。"说着,他就转身问两旁的人。许多人都来奉承赵高,说这是一匹马,有一些人并没作声,还有几个人据实说这是鹿。秦二世听了这话,还认为自己是生病了,所以才会误把马当成了鹿。于是他就把宫里面掌管占卜推算的太卜给找来了,让他给自己占一卦。

因为太卜早就受到了赵高的指使,所以他就按照赵高的意思对胡亥说:"陛下因为在春秋季节祭祀天地的时候,尊奉宗庙鬼神时斋戒不够认真,没有恪守禁忌,以至于今天连鹿、马都分不出来。如今,您必须再次施行斋戒之礼,而且一定要严肃认真。"胡亥听了太卜的一番胡话,信以为真,第二天他便去上林苑中进行斋戒之礼。胡亥刚一走,赵高就把那些说实话的人给杀了。自此之后,秦宫上下无不噤若寒蝉。赵高此时篡位就如探囊取物那样容易了。而胡亥在上林苑中，虽然是在施行斋戒，实际上却是打猎玩耍。他在追猎物的过程当中，竟一箭将误入苑中的路人给射死了。赵高听说这件事之后，他就让女婿阎乐去对胡亥说："不知道是谁杀了一个人，却将尸体给移到了上林苑里面。"胡亥听了这话后，连自己都觉得很不自在。

赵高这时又亲自出面了，他以特别关心的口吻对胡亥说："听说陛下在上林苑中射杀了一名无辜的人，这可是上天所不允许的，这样一来，鬼神都不会接受祭供的，上天也会降灾祸于陛下。"胡亥听了，不由地吓得脸色大变，他急忙问："那我应该怎么办才好呢？"赵高说："唯一的办法就是您离开皇宫，这样才能躲过灭顶之灾。"胡亥毫无疑义，立即撒手政事，在赵高的引领下，来到了城东南八里地之外的望夷宫中去避灾了。

胡亥愚蠢透顶，当然不知道赵高的狼子野心。而赵高费尽心机演出的这场指鹿为马的闹剧，实际上就是想要篡权夺位。他虽然铲除了蒙氏兄弟、秦始皇的诸公子以及李斯等朝中大臣，可是他只是在上层集团中清除了政敌，而中下层及宫内外还会有多少反对者存在呢？于是他就想出这样的方法来检视人心所向，以便于进一步铲除异己，为篡夺帝位扫清道路。还有一点就是赵高觉得自己在骗得胡亥的绝对信任和攫取了丞相要职之后，有些人并不服，所以他就用"指鹿为马"这个妙法，当着皇帝的面在群臣中显示出自己的突出地位和一言九鼎的影响力。甚至就是我"指鹿为马"，你皇帝也奈何不得的。由此，他也进一步检验胡亥被愚弄和信赖自己的程度。另外，他想早日设法将胡亥诱出秦宫加以谋害。

赵高的这一招可说是登峰造极。秦宫上下，朝中文武官员，无不人人自危，个个都看赵高的眼色行事。此时的赵高可以说是为所欲为，无人敢说半个不字了。而此时的秦天下，已经是烽火连天，农民领袖陈胜、吴广在刚开始起义的时候，只是率领着数百人揭竿而起，而在不到半年的时间里，他们就屡挫强敌，势力大增，义军横扫黄河南北，极大的摇撼了秦氏王朝的根基。后来陈胜、吴广虽然被剿灭了，可是农民起义的大潮已经无法遏制。在众多的农民义军当中，要数以项羽为首的反秦义军势力最强，所到之处攻无不克、战无不胜。尤其是巨鹿一战，使秦军实力大减，其精锐丧失殆尽。

胡亥闻知后，派出使者去斥责当时秦军的首领章邯，章邯害怕遭到惩处，他就派长史司马欣到咸阳来说情，结果他在宫外一直等了三天，也没有被宣入宫中觐见，赵高根本就不想让胡亥听到他们的解释。司马欣早就耳闻赵高之能事，他担心遭到赵高的暗算，就立即返回军中。可是他不敢自原路返回，就选择了另外一条道路。果真不出他所料，赵高迅速派出人顺着原道追赶，可是没能赶上。司马欣回来后对章邯说："如今是赵高把持了朝政，您若有功于秦桧被杀，无功于秦则也必死无疑。"章邯经过再三的考虑，终于率领着他的 20 万人马投降了项羽，这又给了摇摇欲坠的秦王朝一个沉重的打击。

倒行逆施 自取灭亡

之后不久，由刘邦所率的反秦义军杀到了武关。出于战术上的考虑，刘邦派人跟赵高取得了联系。赵高向刘邦提出灭秦之后与刘邦平分关中的要求，刘邦没有应允。赵高担心此事外泄，便先发制人，发动政变。他把弟弟赵成和女婿阎乐找来，经过一番密谋之后，赵成为内应，身居咸阳令的阎乐指示一部分人化装成义军，去攻打望夷宫，赵高则指挥全局。赵成先到望夷宫内散布谣言，说关东强盗已经打到了城中，这样一来，就使得宫中人心惶惶。与此同时，阎乐让手下人化装成的义军，把胡亥的母亲抓了起来，藏到赵高的府中，而阎乐则率领着一千多兵士，以追贼为名，直奔到胡亥住的望夷宫。到了宫门前，阎乐立即责问守殿的卫士首领，为什么强盗进了宫门也不加以阻止。卫士首领还想要分辩，阎乐上前一刀把他砍死，带领士兵冲进宫中开始行凶，宫内顿时血肉横飞。这时赵成也率兵来到，他一箭就把皇帝座后的帷帐射落，胡亥吓得魂飞魄散，瘫软在龙椅上。此时，那些侍从们早就不知道跑到哪里去了，只有一位宦官如木鸡似的呆立在他的身后。

阎乐冲了过来，他指着胡亥斥骂道："你这个暴君，残杀天下无辜百姓，耗费了无数民脂民膏，如今逼得天下人都起来反抗，现在你看该怎么办！"早就吓得面无人色的他向阎乐请求要见赵高一面，被阎乐断然拒绝。此时的胡亥还心存幻想，希望赵高能给自己一官半职，阎乐极不耐烦地说："我是奉丞相之命来处死你的，我劝你还是快点自尽吧！"胡亥这才明白，逼他自杀的正是自己无比信赖的丞相赵高。此时他虽然痛心疾首，但是后悔已经没用了。他最后看了一眼宫殿和面前怒目逼视自己的阎乐等人，终于拔剑自刎。之后赵高从胡亥身上摘下了玉玺，而后登上大殿，想要宣布登基。可是一连三次上殿，都没有朝臣来应。赵高这时才意识到，因为自己倒行逆施，群臣已经无人理会他了，无奈之下，他只得取消了称帝的打算，派人把子婴给请了出来。

此时，赵高实际上还梦想着自己日后能够割地为王。可是子婴对赵高的为人十分了解，也明白他的险恶用心。于是便把宦官韩谈和自己的两个儿子找了来，对他们说："赵高杀了皇帝，害怕群臣杀他，所以就假仁假义地立我为王。我听人说赵高和叛贼有联系，他还梦想着在灭秦后在关中称王，他一定早就把阴谋设计好了，等我在拜谒祖庙的时候把我给杀死。我打算以有病为由不去祖庙，等到他来催我的时候，你们就一起把他给杀死。"

赵高要子婴斋戒五日之后即正式登位。眼见日期已到，赵高就派人来请子婴受印登基。可是子婴却推说自己有病，不肯前来，如此一连几次。赵高无奈之下便亲自去请，进门就说："拜谒祖庙可是件大事，无论如何您也得去。"他哪知道子婴早就做好了杀他的准备，赵高话音刚落，子婴的两个儿子和亲信宦官等人就一拥而上,将赵高乱刀砍死。子婴当着文武百官的面宣布了赵高的罪状,诛其三族,其党羽也被尽灭。至此,耍了一辈子阴谋的赵高,最后终于落得如此下场。赵高死后,子婴立即派兵五万,去驻守峣关(今陕西省商县北),阻挡刘邦大军。刘邦用计绕过峣关正面,从东南侧杀入,歼灭守军,进驻灞上。子婴见大势已去,于公元前206年10月,率领群臣,手捧国玺、兵符、节仗,俯身在咸阳城门外,向刘邦投降。刘邦将子婴监管在咸阳城内。同年12月,项羽率大军进入咸阳,将子婴杀死。秦朝至此宣告灭亡。赵高乱臣贼子的形象遗臭万年,遭到千百代人的唾骂。

口蜜腹剑

——李林甫

名人档案

李林甫:小字哥奴,唐玄宗李隆基时的著名奸相。祖籍陇西,唐高祖李渊堂弟长平肃王李叔良曾孙,画家李思训之侄。李林甫出身于唐朝宗室郇王房,早年历任千牛直长、太子中允、太子谕德、国子司业、御史中丞、刑部侍郎、吏部侍郎、黄门侍郎,后以礼部尚书之职拜相,加授同三品。李林甫担任宰相十九年,是玄宗时期在位时间最长的宰相。他大权独握,蔽塞言路,排斥贤才,导致纲纪紊乱,还建议重用胡将,使得安禄山做大,被认为是使唐朝由盛转衰的关键人物之一。

生卒时间:683 年~753 年。

性格特点:善音律,无才学,会机变,善钻营。

历史功过:李林甫虽然是唐明皇身边的大奸臣,对于他的罪过已经听的很多了。但是,唐明皇既然能认清李白这个诗人没有政治才华,也一定能看出李林甫身上可取之处。他不至于一无是处,对于盛唐气象,李林甫确实不错,只有他才能控制各地的番将,这些番将包括安禄山。杨国忠则不然,能力一般而且贪财,是杨国忠把安禄山逼反的。当然,唐朝皇帝自己也有责任,没有识人和用人之能是封建社会任何皇帝的致命伤,不应该只是指责杨国忠或者安禄山。

出身宗室　梦中荣耀

李林甫,小字哥奴,与大唐皇帝一脉相承,是唐高祖李渊的祖父李虎的第五代孙。若论其辈分,李林甫还比唐玄宗李隆基高出一辈。但所有这一切没能成为李林甫的资本。他本人的发迹靠的是自己的阴谋诡计,善于排挤异己的伎俩。至于宗室血统带来的辉煌,则随着时间的逝去,逐渐成了茶余饭后的谈资,梦中的荣耀。

李林甫的曾祖父李叔良,在唐高祖武德初年被封为长平肃王,镇守泾州,以抵挡薛仁杲。身为守将的李叔良并不爱恤士卒,常常克扣军饷从中渔利,其下属官兵十分怨恨。薛仁杲很了解其为人,常利用其弱点进行突然袭击,李叔良每每丢盔撂甲,被打得大败。在一次战斗中,薛仁杲让其手下诈降,谎称军中无粮,李叔良深信不疑,派其手下骠骑将军刘感率军前往受降,结果中了伏击。刘感被薛仁杲俘虏而去。闻知此事,李叔良恐惧异常,唯恐朝廷降罪,不得不拿出所有家产抚慰部下,才得以鼓舞士气,扭转了屡战屡败的不利局面。后来,突厥入侵,朝廷派李叔良前往迎击,结果中了暗箭,死在半道。李叔良共生有两个儿子,长子李孝协,次子李孝斌,后者为李林甫的祖父。

李叔良死后,长子李孝协继承了其封号,封地改为范阳。很快,被降封为郇国公,领魏州刺史。李孝协不但继承了其父的封号,而且还把李叔良贪赃枉法的一套本领也承袭了下来。最终朝廷知晓,于高宗麟德年间将他处死。虽经陇西王李博义苦苦哀求,要求赦免死罪,唐高宗还是不原谅,李孝协无奈之下而自杀。

李林甫的祖父李孝斌官至原州都督府长史,生有两子,长子为李思训,李林甫的伯父;次子李思海,李林甫的父亲。李思训曾经做过江都令,在其为官期间,恰逢武则天当政之时。对于李唐宗室子孙,武则天动不动就予以杀戮,或流放。宗室子孙并没有因皇家血统而享受荣华富贵,闻到的只是同宗同族的血腥味。在血雨腥风之中,李思训考虑到自身的安全,弃官而去。武则天死后,宗室子孙才得以平安,李思训重新回到官僚的行列,被封为陇西郡公,官至宗正卿,后又担任益州都督府长史。唐玄宗开元初年,爵位进封至彭国公,封户四百,官至右武卫大将军。唐代的绘画艺术得以充分发展,在众多画家当中,有姓名可考的达四百多人,李思训便是其中之一。李思训善于画山水,当时人对他的画非常喜爱,以得到他的画为荣耀,并且把他的山水画称为“李将军山水”。李思训生前死后都荣耀非常,在他死后,赠秦州都督,并被恩准陪葬桥陵。

李林甫的父亲李思海远没有李思训那么荣耀,官仅当到扬州参军事,其事迹史籍也无多少记载,可见他在当时的地位甚是卑微。李思海娶妻姜氏,生李林甫。其舅父姜皎十分喜爱李林甫,养在自己家中。随着年龄的增长,李林甫不失时机地给其舅父戴了顶绿帽。姜皎善于见风使舵,唐玄宗李隆基为藩王之时,他似乎意识到了发迹的契机,即诚心结交。李隆基当上皇帝之后,姜皎被授宫殿中少监,从四品上,专门掌管天子服御之事。唐玄宗的恩宠,使得姜皎经常得以出入后宫卧内,陪皇帝宴饮,击球斗鸡,坐则与妃连榻。后宫宫殿之前种有一棵茂盛的果树,唐玄宗经常在其花朵盛开之时,与近臣前去玩赏。一日,春和日丽,玄宗又与近臣来到树前,姜皎上前,拱手说道:

“陛下,真乃嘉树也。”

玄宗听后,笑容满面,说道:“姜爱卿既爱此树,那就植入府中玩赏去吧!”

深得玄宗宠幸的姜皎,权倾一时,接受的赏赐有宫女、马匹、珍玩,前后不可胜数。生长在舅父家的李林甫,从小就看到权势的魅力,对权力充满了无限的憧憬。也从其舅父的官场交易中,受到了一些启蒙教育,为他以后的官场历险奠定了基础。

初出茅庐　崭露头角

大唐开元初年,年轻有为的唐玄宗整顿吏治,任用贤相,社会一片祥和,历史进入了"开元盛世"。大唐都城长安,生机勃勃,商贾云集,人来人往,熙熙攘攘,各色人等,神采飞扬。此时,李林甫已长大,长安城中的热闹场面并没吸引这位青年,每每办完公务,在回家途中,得意之中眉宇间不免显示出淡淡的愁意,来往的人们并没有注意到这个不起眼的青年人。他们为之注目的是那些达官贵人,皇室贵胄,每当这些人威风凛凛地招摇过市,路人无不停步,欣羡之情溢于言表。这种场面长安城中不知上演了多少幕,但人们还是不厌其烦地看着,看着……作为旁观者的李林甫也常常被人群拥来挤去,好像水中的浮萍在浪花中飘摇。当人们恢复了平安,忘却了一切之时,李林甫却没有放下其野心的活动。忽然,他心有所动。想当初,秦始皇巡游各地,人群山呼海涌,当中的两位观众——刘邦、项羽不也像他如今的境遇吗? 前者惊羡之余曰:"大丈夫当如此也!"后者不屑之余曰:"彼当取而代之!"

想到这里,李林甫的眉宇渐渐舒展开来,他绝不是和刘、项一样想到了皇位,他胆子还没有那么大。在其内心里却不止一次地说:以我李林甫之才,难道还不如那些酒囊饭袋? 终有朝一日,我李林甫也会八面威风,为人仰慕。随着飘忽的思绪,李林甫偷偷地笑了,步子也不觉轻快起来,不知不觉中回到家中。

这时的李林甫,已由当初的千牛直长,一个从七品上的小官,被擢升为正五品下的太子中允,在太子府任职。官虽然升了,但极强的权力欲并没有使他满足。李林甫深知,升官发财靠个人力量根本没用,必须有人提拔。这次被升迁为太子中允,不就是舅父姜皎的功劳吗? 于是,李林甫把眼睛放在了宰相源乾曜身上。

源乾曜,相州临漳人,进士及第,为相之前曾任殿中侍御史、谏议大夫、梁州都督等官。唐玄宗开元初年,邠王李守礼府中官吏犯法,玄宗以为是王府中缺乏有才干的长史所致,于是为邠王府寻找长史。李林甫的舅父姜皎向玄宗推荐源乾曜。等到见到玄宗,其才干十分受赏识,被任命为少府少监兼邠王府长史。不久就被拜为宰相,前后为相达十年之久。其人谨小慎微,所历之官以"清慎恪敏"为人称道。姜皎引荐源乾曜不是平白无故的,他们二人为儿女亲家。正由于这层关系,李林甫又做起升官发财的美梦。然而初出茅庐的李林甫万万没有想到,美梦半道而醒。

源乾曜有个儿子叫源絜,因姜皎与源乾曜的关系,从小和李林甫相识,李林甫考虑好一切之后,信心十足地来到宰相府。他非常聪颖,没有直接找宰相本人,而去拜访宰相公子。两个年轻人一见面,寒暄了一番,李林甫便道出了来意。

"源公子,在下闻知司门郎中一职时下空缺,恳请公子给令尊大人说说,能否让在下补缺?"

李林甫说罢,向前推了推提来的礼品。源絜有礼貌地说道:"李公子见外了,咱们一家人不说两家话,一定会为李公子效力。"

"源公子,在下感激不尽,日后若需要在下,定当效犬马之劳。"

"李公子过于客气了,区区小事,何足挂齿。"

李林甫见事情已妥,便不失时机地起身告辞。

"源公子,今日多有打扰,容在下以后再来拜谢!告辞,告辞。"

"李公子慢走,恕不远送,公子等着好消息便是。"

"源公子留步!公子留步!"

走出宰相府,李林甫喜出望外,按捺不住心中的喜悦,哼着小调回到家中,这在李林甫当时的生活中是不常见的事情。

身为宰相的源乾曜,深深地明白自己的职责,绝不能滥用手中的权力,去营私舞弊。对于李林甫,源乾曜深知其人,那是个不学无术的家伙。当他儿子说起李林甫寻求官职之事时,源乾曜勃然大怒。

"郎中之职需才德俱佳者为之,哥奴一无赖尔,岂能担当此任?"

其父指斥之下,源絜不再言语。李林甫在喜滋滋地盼呀盼,眼看着一天天过去了,自己托付给源公子的事如泥牛入海,毫无消息。当他得知司门郎中一职已经补缺,便彻底失望了。这对于野心勃勃的李林甫来说,无异于当头一棒。从此李林甫又恢复了以前的生活,只有在梦中升官,威风八面,招摇过市了。

李林甫所受的挫折并非偶然的,众所周知,唐玄宗的开元时期(713年~741年)是唐朝社会经济和国力发展的极盛时期。在开元初期,唐玄宗十分注意整顿吏治,裁减许多冗官,改变了滥封爵位的恶习,并且严禁宫廷中的奢靡风气。对官员的任用看重才识,在开元二年(714)还规定,选择京官中有才识的,到地方任都督、刺史;在地方任职的都督、刺史如有政绩,则调到京城任京官。改变了以前重京官、轻外任的恶习。公元716年,唐玄宗还在殿廷之上亲自对新任命的县令进行考试,对其中的四十五人当堂罢免,并把主持选官的两个使郎予以贬职。开元时期的宰相当中,不少是历史上著名的贤相,如姚崇、宋璟、张九龄等。就连李林甫企图借以进取的源乾曜,虽然算不上贤相,但也是严于职守的清廉之人。在这种历史背景下,李林甫能不遭受挫折吗?他只有静待时日。

李林甫受到打击,但没有停止他的钻营,几年之后,被提拔为国子司业,官品从四品下。后来,在御史中丞宇文融的提携之下,官至刑部侍郎,有了生杀大权。心存抑郁的青年李林甫从此在长安城的旁观者中消失。从此他成了演员,使出了浑身解数,演出了一幕幕世人为之切齿的闹剧。

勾结惠妃　初为宰相

武惠妃是恒安王武攸止的女儿,武则天的从侄孙女。她自幼入宫,唐玄宗即位之后,极为宠爱。中国古代的后宫是一个无声的战场,和其他战场不同的是,那里没有喊杀声,所有参战人员全为花枝招展的女性。这些女性的身上所具备的最具杀伤力的唯一武器——妒忌,战争的起因——君王的性爱。要取得胜利,美貌必不可少,但并不能够长久,常常色衰爱弛。最后的胜利往往属于另一种人——貌美与工于心计兼而有之者。武惠妃非止天生丽质,而且继承了武则天的一些血统,终于从容貌艳丽、能歌善舞的赵丽妃、王皇后身边拉走了唐玄宗,取得了专房之宠。她是一个实实在在的胜利者,需要证据吗?单靠文人墨客的华丽辞章是不足为凭的,几个枯燥乏味的数字便能够说明一切。武惠妃一生之中,先后六次怀孕,前三个孩子为二男一女,均夭折;后三个孩子分别为寿王瑁、盛王琦、咸宜公主。这个生育纪录,在后宫的嫔妃身上是很少见的,足以说明唐玄宗将所有的爱喷洒到了惠妃身上。正因为如此,武惠妃的权势才炙手可热,朝中哪位大臣若得到她的青睐,便会自然而然地飞黄腾达。朝堂之上的一些势利小人,无不暗中讨好惠妃,李林甫便是其中之一。

自从得到宇文融的提携,李林甫已官至刑部侍郎,接着升迁至吏部侍郎。吏部侍郎官品为正四品上,专门掌管官吏的任免,很有实权,是一个肥差。但这些并没有使李林甫的权力野心得到满足,他又有了下一个目标,那就是一人之下万人之上的宰相职位。从吏部侍郎到宰相,虽然仅有几步之遥,但李林甫深知,这段路程是十分不易的,或许要花费毕生精力。要达到目的,没有跳板是白费力气。李林甫想到了武惠妃,他知道这是一个最有弹力的跳板,不费吹灰之力便可跳到自己的目标上去。有了目标,选好了跳板,如何登上去呢?这对于李林甫来说并非一个难题。

武惠妃所生的儿女当中,以寿王瑁最得玄宗的喜爱。由于前三个儿女的不幸夭折,寿王瑁一出生,武惠妃便十分担心,唯恐重蹈覆辙。于是,便将寿王瑁寄养在玄宗的长兄宁王府中。宁王妃元氏用自己的乳汁亲自喂养寿王瑁,视如己出。武惠妃并非一个只求帝王恩宠的女人,寿王瑁的出生使她产生了另一种野心,企图让玄宗立寿王为太子。但不幸的是,赵丽妃的儿子李瑛已被立为太子,这就成了武惠妃的心病。武惠妃深知,废立太子之事需要朝中大臣的支持,自己单枪匹马绝对不行,极需培植心腹。

李林甫对于自己选好的跳板,无时不进行琢磨,就像一只纯种的德国警犬,在嗅嗅闻闻当中求取线索。终于,李林甫捕捉到了武惠妃的心思,他突然觉得自己眼前一片光明,仿佛自己已站在朝堂之上,位列群臣之首,权力向他微笑,荣华富贵向他招手,美女如云般向他飘来……当他从梦幻中清醒过来,便迫不及待地去寻找机会。深居后宫的武惠妃,李林甫作为一个吏部侍郎是无法与之通话的。要表白自己的心思,只有通过惠妃身边的亲信太监。李林甫终于把话传到了武惠妃那里,说自己愿为寿王瑁成为太子效力,这正中惠妃心意。历史给了两位野心勃勃者以契机!他们走到了一起。

唐玄宗开元二十一年(733)三月,作为宰相之一的裴光庭死去,大唐朝廷出现了权力空缺,这个缺口恰好是李林甫的晋身机会。武惠妃便不失时机地向高力士授意："高公公，裴光庭一死，其宰相之职吏部侍郎李林甫能够担任。"老谋深算的高力士在未知玄宗心思之前，绝不轻易地自作主张。但面对惠妃，他又只好答应下来："娘娘懿旨，老奴去办便是。"

后来，在朝堂之上，唐玄宗问众位大臣："诸位爱卿，光庭之后，谁可为相？"站在玄宗一旁的高力士默不作声。这时，兵部尚书萧嵩走出行列，向玄宗推荐宰相。

"启奏陛下，尚书右丞韩休有宰相之才，可以出任相位。"

玄宗听后，说道："准奏，任命韩休为黄门侍郎，同中书门下平章事。"

韩休被任命为宰相，李林甫的美梦如同肥皂泡一样破灭了。然而武惠妃并没有善罢甘休，她及时地调整策略。授意李林甫在中书省起草诏书之前，写一道推荐韩休为相的奏折，一来可以取悦韩休本人，以便日后得其提拔；二来可以得到朝廷的赞誉，有荐贤之功。可说是一箭双雕。得到惠妃点拨的李林甫，捞到了一棵救命稻草，在失望中似乎又有了进取的契机。后来的事实说明，这一道计策果然奏效。

韩休为人正直，敢于直言进谏，唐玄宗十分看重他的才能。一次，万年县尉李美玉犯了法，玄宗下诏将其流放岭南。韩休闻知之后，上奏玄宗："县尉官位低微，而且所犯之罪并非大恶，陛下也要将其流放岭南，可见陛下圣明。如今，朝廷之上有一个大奸臣，此人便是金吾大将军程献伯，他恃恩贪赃枉法，住宅车马皆僭越法度，陛下是否听说？臣休请陛下先治大奸，后及小恶。"玄宗有心偏袒程献伯，没有准奏，韩休据理力争。

"陛下，小罪尚且不容，大奸却宽宥不惩，此是何故？陛下如果惩治程献伯，臣不敢执行有污陛下的诏令。"

唐玄宗无法，不得不批准了韩休的奏折。宋璟闻知此事后也连连慨叹不已，夸赞韩休有"仁者之勇"。韩休的正直敢谏，自然得罪了一些朝中大臣，于是有人乘机向唐玄宗说坏话："陛下，自韩休为相以来，陛下无一天欢娱，何不乘机罢免韩休呢？"

英明的唐玄宗并没有被谗言蒙蔽，颇为感慨地说："自韩休为相以来，朕虽消瘦，但天下却肥矣。朕每次退朝思虑天下事，寝必安，因有韩休啊。朕用韩休是为天下社稷考虑，有此人为相，实在是天下幸事。诸爱卿勿多言。"

韩休的峭鲠，连推荐他的萧嵩也与之产生了矛盾，逐渐疏远起来。但韩休绝不是忘恩负义的小人，与萧嵩关系的疏远，诚如玄宗所言，"是为天下社稷考虑"，他甚至没有忘记另一位推荐自己的人——李林甫。但这一次，韩休铸成大错，他善良地进入了一个早已设计好的圈套，举起手中洁白的象牙笏板，向玄宗启奏：

"陛下，吏部侍郎李林甫为宗室之后，才德兼备，且有宰相之才！"

历史就这样开了一个不大不小的玩笑，使得"口有蜜，腹有剑"的李林甫实现了自己年轻时的梦想。深居后宫的武惠妃笑了，吏部侍郎李林甫也笑了。韩休的力举，武惠妃的枕边之风，使李林甫很快便被任命为黄门侍郎。黄门侍郎为正三品，主要掌管皇帝的大型祭祀活动，上奏天下出现祥瑞之事。李林甫终于得以跟在皇帝左右,耀武扬威了。

公元734年,即大唐开元二十二年五月,唐玄宗下诏,任命黄门侍郎李林甫为礼部尚书,同中书门下三品,与侍中裴耀卿、中书令张九龄并列宰相。自此,李林甫开始了他19年的宰相生涯。

九龄遭逐　陷害忠良

张九龄,字子寿,韶州曲江人。自小颖悟,7岁即能为文。张说被谪贬岭南之时,一见如故,十分赏识他的才能。后来九龄被擢为进士,步入仕途,成为唐玄宗开元时期有名的贤相之一。他敢于犯颜进谏,纠正朝廷的过失,玄宗也非常欣赏他的才能。张九龄为人儒雅,风度翩翩,不学无术的李林甫非常妒忌。每次上朝,张九龄、裴耀卿两位宰相对李林甫稍稍谦让,林甫即厚颜无耻的居于中间,眉宇之间露出得意之色,时人看到这种场面,惊呼“一雕挟两兔”,认为他们二人终究要遭李林甫的陷害。

正直的张九龄对初为宰相的李林甫有所牵制,其狼子野心只得严严地裹在华丽的服饰之下。但李林甫无时无刻不在寻找机会,除去张九龄这块绊脚石,以解自己的心头之恨。

当时,身为范阳节度使的张守珪,因讨伐突厥斩其可汗立下汗马功劳,捷报奏到朝廷,唐玄宗喜出望外,对众位大臣说:

“范阳节度使张守珪有功,朕欲以之为侍中,如何?”

张九龄听罢,感到不合适,立即上奏:“陛下,宰相之职乃代天治物,有适当的人选方可授之,万万不可用来赏功。”

唐玄宗见张九龄言之有理,但仍不想收回成命,又发下话来:“授其宰相名号,如何?”

张九龄答道:“宰相,国之名器,岂可假之？若再有边将立下大功,陛下又拿什么去对待他们呢?”

玄宗听罢,不再言语,然而心里已开始不满。这时,站在朝堂之上的李林甫一言不发,当他看到玄宗不悦的表情时,其内心泛起的是阵阵快意,悄悄地闪出一个狠毒的念头:张老儿,你跳吧,老子迟早一天要收拾你! 后来,李林甫为牛仙客之事狠狠地戏弄了一次张九龄。

牛仙客当时为凉州都督,因善于节省费用,使得仓库所积军粮巨万,所有兵器修缮得锋利无比。唐玄宗知晓此事,感到大喜。便下诏让刑部员外郎张利前往凉州查其真假,张利返回之后报告说:“牛仙客之事,千真万确!”于是,唐玄宗便露出欲以牛仙客为尚书的意图,还准备给其封户。

张九龄听说此事之后,与李林甫商议道:“封赏乃国之大事,只能给予名臣大功者。牛仙客,只是一边将,怎能委以如此重任并给其封户呢? 愿与李大人在朝廷争之!"李林甫说:"请张大人放心,愿助一臂之力!"

次日上朝,玄宗便说:"凉州都督牛仙客治边有功,朕欲授其尚书之职。如何?"

正直的张九龄又一次走出行列,启奏道:"陛下,尚书为古之纳言,有唐以来,多以旧相居之。牛仙客乃河、湟之上的一个边将,使其班列尚书之位,天下人将如何说呢?"玄宗听罢,心头不悦,但没有再争执之意,却又提起一件事情:

"不受其尚书之职,给其封户怎样?"

张九龄这时侧目看了看一旁的李林甫,但见其目光盯在别处,面无表情,似乎对昨夜商谈之事一无所知,没有丝毫助己之意。只得又据理力争:"陛下,边将积聚谷帛,修缮兵器,是其本分。陛下如要赏赐,予以金帛即可,万万不能裂地以封啊!"

玄宗听罢,大为生气:"张九龄,你是嫌牛仙客为一寒士吗? 如果是这样,难道你是天生的高贵之人?"

这一次,李林甫阴险地笑了,他得意地算计着:张老儿啊张老儿,你早就该下台了,今天你可碰到刀刃上了!

张九龄眼见玄宗大怒,连忙顿首不已,回答道:"陛下,臣出身卑贱,蒙陛下恩典,以文学见用。但牛仙客目不识丁,如果陛下必用其人,臣实在感到耻辱!"

玄宗在大怒之下,罢朝而去,正直的朝臣都为张九龄捏着一把汗。而阴险的李林甫与此同时却射出了一支毒箭。翌日上朝,李林甫已洞察了玄宗的心思,上奏说:"陛下,仙客有宰相之材,尚书之职乃大材小用,有什么不可以的? 九龄乃一文吏,过于囿于古义,有失大体;再者,天下者,陛下的天下,陛下用一官吏,有何不可?"玄宗见有大臣支持自己,大喜,并且夸赞李林甫为相而不专权,从此玄宗便有意与张九龄疏远了。玄宗的大怒,李林甫的陷害,使得张九龄感到十分失望。这时他拿出玄宗赏赐给他的一把白色羽扇,回忆当初玄宗的从谏如流,更想起玄宗的知遇之恩,面对自己目前的境况,不由得心绪起伏,于是洁白的羽扇之上便有了几句慷慨的诗赋:

纵秋气之移夺,终感恩于箧中。

苟效用之得所,虽杀身而何忌?

玄宗看罢,也不免感慨系之,但二十多年的承平天下,使得他逐渐地怠于政事,再也听不进任何逆耳的话语。这时候,他需要阿谀之词,但张九龄却对此非常吝啬,加之李林甫的善于迎合,唐玄宗再也不可能重用一位挑刺的大臣了。

李林甫在陷害张九龄的同时,并没有饶过另外一位宰相裴耀卿。开元二十四年(736),玄宗幸东都日久,欲还长安,但正好是农耕大忙季节,裴耀卿恐扰农耕,延误农时,乃上奏:

"陛下,农者,天下之根本,季节不待人。陛下起驾,恐扰农耕,欲还长安,须待冬闲之时方可。"

退朝之时,李林甫假作脚有病,走在最后。玄宗见状,问道:

"爱卿身体可有不适？"

李林甫答道："陛下，非也，臣有事要奏陛下，所以如此。"

玄宗说："爱卿有何事上奏？"

李林甫见有机可乘，便不失时机地说："陛下，东都洛阳，西京长安，好似天子的东西两宫，陛下车驾往来，有何不可？如果真的有扰于农，陛下可以减免所过之处的租赋，为什么要等到冬天呢？"

玄宗听后，点头称是。次日便起驾而西，回长安去了。从此，玄宗越来越信赖李林甫，也愈加疏远张九龄、裴耀卿。回到长安不久，于开元二十四年（736）十一月，便下诏书："裴耀卿罢为左丞相，张九龄罢为右丞相，不可参与政事。"罢朝之后，李林甫望着远去的二位老相，嬉笑说："左右丞相何在？"在旁的诸位大臣听见李林甫阴阳怪气的声音，不由得两股战栗，冷汗湿衣。接着，李林甫升官至中书令，终于成为群臣之首。这回，李林甫不用再在梦中寻寻觅觅那个一人之下万人之上的位置了。

"三庶"之祸　千古冤案

李瑛，为唐玄宗与赵丽妃所生。唐玄宗被封为临淄郡王时，担任过潞州别驾，此时的赵丽妃是当地的一个歌妓，由于能歌善舞而得到李隆基的宠爱。后来，赵丽妃为李隆基生下李瑛，但由于武惠妃的专宠，赵丽妃渐渐丧失了李隆基的宠爱。而李隆基对赵丽妃并没有绝情绝意，于开元三年（715）将李瑛立为太子。身为太子的李瑛，并没有给其母亲带来转机，他的父皇将所有的宠爱给了赵丽妃的"情敌"——武惠妃。

自从武惠妃生了寿王瑁之后，她本人不但更加受到李隆基的宠爱，她的儿子得到的父爱也大大胜于太子以及他的诸位王兄。为了自己的权力欲望，为了儿子的将来，武惠妃的眼睛盯上了太子，无时无刻不在谋划着如何废掉太子。

这时的太子李瑛，由于母亲的失宠，心里十分忧愤，时常表露出对武惠妃的怨恨。加之他的父皇对寿王格外宠爱，使太子李瑛的内心充满了恐惧，他时常借酒浇愁，眉宇间露出不快之色。武惠妃的专宠，不仅使太子李瑛的母亲失去了君王的宠爱，鄂王瑶的母亲皇甫德仪、光王琚的母亲刘才人也只能生活在夜夜惆怅之中。三位皇子对于自己母亲的不幸深感不满，这种不满情绪逐渐转化成对武惠妃的铭骨仇恨。境遇相同，使得太子李瑛、鄂王李瑶、光王李琚走到了一起，他们三人常在一起游乐，借酒私下议论武惠妃，言语之间无不对武惠妃充满仇恨。酒的力量让三位皇子的情绪变得激昂。

"太子殿下，即位之日当诛尽武氏，以解我们的心头之恨！"光王琚说道。

"想当初，则天皇后视我们李唐皇室子孙如草芥，想杀便杀，真是惨不忍闻。现在的武惠妃受父皇的宠爱,武氏一族又有发迹的局势,难道故事又要重演?"鄂王瑶说道。

"二位王弟,当今武惠妃倍受父皇恩宠,言听计从,万不可言语无遮盖,以防隔墙有耳。一旦父皇听信谗言,我们兄弟就会招致大祸,惨遭横死啊。"太子李瑛小心翼翼地提醒二位王弟。经太子这么一说,三位皇子从激昂中回到现实,又默默地喝起闷酒,各自都在担心着不幸事情地发生。

俗话说:没有不透风的墙。三位皇子的不满情绪慢慢传到武惠妃的耳朵,本来就对太子心存杀机的武惠妃,便开始谋划陷害太子。武惠妃的女儿咸宜公主,嫁给了驸马杨洄,此人善解妃意,对武惠妃的心思揣摩得一清二楚。他到处散布太子及二王企图谋反的谣言,武惠妃则在唐玄宗李隆基面前哭诉:

"陛下,太子李瑛及鄂王瑶、光王琚意欲谋害臣妾,陛下可要为臣妾做主啊!"

武惠妃跪在李隆基面前,泣不成声叙说光王、鄂王的话语,说到伤心之处,不由得泪流满面,本已十分妖媚的武惠妃,几滴咸咸的泪珠挂在面庞,更似带露的玫瑰。哽咽之间,惠妃胸前那对半袒的尤物,不住地颤动,不由得引起风流皇帝想起那芙蓉帐内的鱼水之欢……一阵痛哭流涕,把李隆基的思绪又拉回到现实。他听罢武惠妃的哭诉,勃然大怒,大声喝道:

"传中书令张九龄觐见!"

传令太监赶紧奔出宫外,直奔中书令张九龄的府第。张九龄此时正在书房之中品茶读书,听说皇帝有事召见,慌忙穿好朝服,随传令太监匆忙上路。

"公公,陛下见我何事?"

"太子祸事到了!惠妃娘娘在陛下面前哭诉,要陛下废掉太子!"

"啊!"中书令张九龄闻言大惊,赶紧加快了脚步。

传令太监走后,李隆基款款地搀扶起武惠妃,惠妃便趁势依偎在大唐皇帝的身上,施展媚人之术的同时,又乘机挑拨:

"陛下,太子与二王勾结,不利臣妾事小,不利于陛下事大!"说罢,惠妃将那对尤物向李隆基紧紧地贴了过去,李隆基不由自主地陷入沉迷之中,为了使惠妃得到安慰,便决心要废掉太子。正当此时,中书令张九龄走了进来,在李隆基面前跪了下去,口中说道:

"吾皇万岁!万万岁!"

"张爱卿平身!"

"谢陛下!"张九龄于起身的同时,明知故问唐玄宗:"陛下何事要见老臣?"

"太子身居东宫之位,与二王勾结,散布不满言辞。朕欲废之,爱卿以为如何?"

张九龄当即离座,据理力争:"陛下,太子者,天下储君,人望之所在,动之则摇人心。自太子居东宫以来,日受圣训,天下共庆,鄂、光二王好学上进,富有才能,实在是陛下的洪福。陛下享国日久,子孙如云,为什么要一日而弃三子呢?后妃之言,陛下要三思而后行!"

唐玄宗李隆基闻此问道："张爱卿，此话怎讲？"

"陛下，春秋战国之时，晋献公被妖姬的谗言迷惑，太子申生被害，晋国由此大乱；汉武帝听信江充等人的蛊惑之言，祸及太子，京师喋血；晋惠帝有贤子，贾后潜之，乃有'八王之乱'，最终至于丧之；隋文帝雄才大略，只因听从皇后之言，废太子勇而立杨广，遂失天下。今太子身居东宫，无闻有大过，鄂、光二王又贤，实乃幸事。再者，父子之道，天性也。子有过，为父者当为之掩饰才是，父子天性不可灭，这样有碍于陛下的慈父之道啊！臣请陛下圣裁。"

李隆基听了张九龄的谏言，为之默然，太子李瑛及鄂、光二王也保住了自己的地位，武惠妃的计划也随之破产。然而自从张九龄被贬出朝廷之后，太子李瑛及鄂、光二王失去了保护伞，完完全全地受制于武惠妃，终于被杀。

贤相张九龄被贬之后，武惠妃亲自导演了一场宫廷政变。她召集来太子李瑛、鄂王瑶、光王琚三位皇子，吩咐他们说："宫中有贼，请你们披甲进宫护卫！"

太子及二王信以为真，急忙率领数百名带甲武士，手执武器冲入宫中，前去捉拿贼人。他们哪里会想到，这是武惠妃设下的一个圈套。武惠妃见他们已经中计，便急忙派人通告正在宫中的唐玄宗李隆基。

"陛下，太子与二王谋反，披甲带兵而来！"

玄宗赶忙遣左右前去查看，派出去的人回来报告："陛下，太子与二王确实谋反，正率领数百甲兵手执武器冲进宫来！"

玄宗一听怒火中伤，命令御林军将其缴械，关押起来。太子及二王见状，大喊："冤枉啊！我们要见父皇，我们要见父皇！"本来，如果他们能见玄宗一面的话，是绝对可以揭穿惠妃的阴谋的，但太子及二王的喊声并没有引起玄宗的注意，盛怒之下的玄宗就这样错过时机，造成了杀掉三子的大错。这个时候，适值李林甫秉政，他善于揣度惠妃的意思，深得惠妃的信任。为太子及二王之事，玄宗迟疑不能断，便召来宰相李林甫商议。

"林甫啊，对于太子及二王之事，你有何意见？"奸诈的李林甫没有像张九龄那样切谏，只是轻描淡写地说："此乃陛下家事，臣等不宜介入。"

李林甫的话，促使唐玄宗做出了决定，更帮了武惠妃的大忙。不久，唐玄宗便将太子李瑛、鄂王瑶、光王琚废为庶人，然后便被赐死。天下人为之痛心，号之为"三庶"。这一事件发生不久，武惠妃因数见三庶人的冤魂作祟，忧怖成疾，于当年十二月在恐惧中死去。当时的有识之士都说这是报应！武惠妃的死，使得李林甫失去了靠山，自己在废太子李瑛事件上所立的大功也化为乌有。然而，李林甫的政治野心却日益膨胀。

华山生金　适之罢相

李适之，为恒山愍王之孙。唐玄宗开元年间，曾任通州刺史，由于为官清廉，很得民心。按察使韩朝宗将此事上奏朝廷,李适之被提升为秦州都督,深得唐玄宗看重。以后又历任陕州刺史、河南尹以及刑部侍郎。

天宝元年(742),李适之代牛仙客为左相。是年,恰逢诗仙李白来到长安。李适之性格豪放,嗜好饮酒,喜结宾客,常常夜饮达旦,白天处理政务不遗任何余辞。与李白、贺知章、汝阳王李琎、崔宗之、苏晋、张旭、焦遂等人友善,常在一起饮酒唱和,时人称之为"酒中八仙"。李适之自任宰相以后,在朝堂之上与李林甫经常针锋相对,遭到忌恨。但李适之的豪放性格使他没有对李林甫提防,李林甫却像一只等待猎物的狼,不动声色地等待着机会。而唐玄宗李隆基对李适之十分信任,这使李林甫一时无计可施。

相传在李林甫的府第中,有一处别致的小型庭院式建筑,平时无人居住,唯独李林甫一人在那里出出进进,而且其进出也很有规律,每到月明之夜便去那里独坐,于是便取名"月堂"。开始,谁也不知道李林甫在那里干什么,只见他去时皱着眉头,坐上很长时间才皮笑肉不笑地走出来。只要他每次笑着走出来,不出几天,朝中便有大臣或被罢官、或被抄家、或被杀头。日子久了,李林甫的家人便清楚了一切。李林甫在"月堂"里并非吃斋念佛,他在用自己肚子里的坏水酿造毒汁,然后向自己的政敌射出一支支毒箭。

李适之的干练,与李林甫的朝堂之争,使李林甫对之恨得咬牙切齿。李林甫的脑子里时刻都在谋划着,打算即刻除掉这个眼中钉,肉中刺。又是一个月明之夜,吃罢晚餐,李林甫又一次皱着眉头走进了"月堂",这一次李林甫是为了李适之而去的。最终,他面带微笑地走了出来。

翌日,李林甫向唐玄宗密奏:"陛下,李适之虽办事干练,但此人性格粗疏,嗜好饮酒。身为左相,常常欢饮达旦,京师之人多有议论,这样下去会误朝廷大事。臣请陛下圣裁。"

唐玄宗李隆基听罢李林甫的上奏,面露不悦之色,说道:"朕看重他的人才,委之以大任,怎可耽于杯盏,以负朕的本意!"

李林甫察言观色,接着说道:"陛下,依臣所见,李适之实在难称此职,不如……"

还没有等李林甫说完,唐玄宗打断道:"废立宰相之事,等改日上朝再议!"

李林甫连忙说道:"是,陛下。"便知趣地退了出去。

自此以后,唐玄宗便逐渐地对李适之疏远起来,把一切政务交由李林甫处理,李适之心中很是不安。李林甫为了彻底将李适之赶出朝廷,又一次打算陷害李适之。趁李适之感到失意之机,在一次罢朝之后,李林甫笑嘻嘻地走到李适之面前,对李适之说:

"李相公,我近来闻知一事,想上奏朝廷。"

李适之迷惑不解,便问道:"何事?"

"近来有人告诉我,华山之下,生有金矿,采之能够富国,朝廷还不知此事。"

李适之听后，见是利国利民的大好事，便急忙说："此乃利国之大事，李相公何不上奏，更待何时？"

李林甫见李适之上钩，便手捻胡须，慢条斯理地说道："非也！此事一旦上奏朝廷，皇上必定高兴，肯定会赏赐为臣，我不愿独享，这是其一；其二，我看皇上近来对大人有所不悦，实想拉大人一把，你就来把此事奏报朝廷，如何？"

李林甫说完自己的想法，便迫不及待地观察李适之的表情。李适之一听，先是一愣，继而点头，满怀感激之情地说道："李相公，承蒙提携，真是感激不尽。"

"不用！不用！你我二人乃皇上的左膀右臂，同为朝廷出力，何必言谢！"李林甫听了李适之的话，喜不自胜，不觉溢于言表。

"来日上朝，定当上奏，告辞！"

望着李适之远去的背影，李林甫自言自语："李适之，你等着看自己的好戏吧！"

翌日上朝，李适之兴致盎然地出列，一五一十地将华山生金之事奏告上去。唐玄宗听后，龙颜大悦，夸赞了李适之几句，便转过头问李林甫：

"林甫啊！此事你可曾听说？"

李林甫面无表情地说道："启奏陛下，华山生金之事，臣早已听说。为臣之所以未敢上奏陛下，是因为华山乃陛下的龙脉，王气之所在，非同小可。一旦采掘，虽可充实国库之用，但却断了龙脉，走了王气，所以为臣始终未敢把此事上奏陛下。"

站在一旁的李适之，听到李林甫的刺耳声音，不由得血气翻腾，脑中霎时一片空白，冷汗渐渐地淌了下来，面如土色。还没有等他回过神来，只听唐玄宗厉声喝道：

"大胆李适之，竟敢口出狂言，你可知罪？"

"臣知罪，臣罪该万死。"李适之大为惶恐，不住叩头请罪。此时的李林甫，也斜着眼睛，看着李适之的狼狈相，不觉为自己导演的这出戏暗自得意。

因为受李林甫的陷害，当了不到四年宰相的李适之终于在公元746年被罢去右相，当了个太子少保完事。但李林甫并没有就此罢手，他接二连三地陷害与李适之交好的韩朝宗、韦坚等人。由于受到牵连，李适之被赶出了朝廷，贬至袁州。不堪屈辱的李适之在走投无路的悲惨境遇下，服药自杀。与适之一同贬出朝廷的还有裴宽，裴宽本与适之无什么牵连，只因李林甫一夜做梦，梦见一人想谋害自己，其人之貌很像裴宽，便借此机会，把裴宽赶了出去。

对于李适之之死，时人都觉得可怜。每每谈论此事，便不由得吟诵李适之罢相之初所赋的一首诗：

> 避贤初罢相，乐圣且衔杯。
> 为问门前客，今朝几个来？

陷害太子　未能得逞

自从太子李瑛被杀之后,大唐的东宫便空缺起来,唐玄宗也为另立太子之事大费苦心。李林甫在武惠妃生前,与之里外勾结,屡言寿王瑁的才德,以讨玄宗欢心,巩固自己的地位。武惠妃死后,李林甫并未在另立太子这件事上有所改变。

就在武惠妃及太子瑛死后的第二年(开元二十六)五月,又一次上奏:

"陛下,自从庶人李瑛死后,东宫无主。今陛下诸子当中,寿王最为贤德,当主东宫。"

唐玄宗虽然爱屋及乌,对寿王瑁特别宠爱,但并没有被李林甫所左右。听了李林甫的上奏,唐玄宗说道:"太子者,君之副也。国乱之时贤能者为之;太平之时长者为之,古之制也。"然而,唐玄宗仍然犹豫不决。当时,诸位皇子当中,年龄最长者是杨贵嫔所生的忠王玙。他为人仁孝,谨慎好学,自幼很受王皇后的宠爱,各方面都在寿王之上。太子瑛死后,唐玄宗很想立忠王玙为太子,但迟迟难以决断,为立太子之事而闷闷不乐。

跟随唐玄宗左右的宦官高力士,对玄宗的心思体察入微,由于李林甫不断进言,高力士未敢贸然言及此事。一日,闷闷不乐的唐玄宗问高力士:

"力士啊!太子立谁好呢?"

高力士非常明白唐玄宗的心意,见皇帝问及此事,便不失时机地进言:"陛下,当立年长者。"

唐玄宗听后,大喜,连声说道:

"汝言极是,汝言极是!"

高力士的话,正中唐玄宗的下怀,促使玄宗下了决心。于开元二十六年(738)六月,唐玄宗下诏:"立忠王玙(后又改名绍、亨)为太子。"他就是后来的唐肃宗。李林甫的阴谋遭到了挫折,但他并没有偃旗息鼓,便开始陷害太子。要想危及深居宫内的太子,并不那么容易,李林甫便从太子身边较亲密的人着手。

韦坚,京兆万年县人,其妹为太子玙的妃子;其姊为薛王李隆业妃,薛王李隆业为唐玄宗之弟。由于姊妹的关系,韦坚很早就步入仕途,加上本人也极有才干,深得唐玄宗的赏识。韦坚在任江淮南租庸、转运、处置等使时,经常向朝廷贡奉一些奇珍异玩,唐玄宗很是高兴,日益得宠,并兼任了御史中丞,封爵韦城县男。韦坚见唐玄宗十分重用自己,也就使出全身本领向权力的巅峰爬去。

韦坚的妻子是李林甫舅父姜皎的女儿,在韦坚未被玄宗宠信之前,二人的关系甚为亲密,随着韦坚的日益见宠,李林甫害怕危及自己的宰相地位,对其非常厌恶。李林甫准备构陷太子,便拿韦坚开刀,作为实现自己阴谋的第一个步骤。

韦坚素与左相李适之交好,李林甫在打击李适之的同时,乘机剥夺了韦坚的诸使之职,授之以刑部尚书,使韦坚再也无法以奇珍异玩取悦皇帝。李林甫的所作所为,引起韦坚不满,二人互为仇敌。

这时,皇甫惟明为河西、陇右节度使,太子为忠王时与之非常友善,因太子妃的关系,韦坚与皇甫惟明成为好友。皇甫惟明掌握兵权,不畏李林甫,每次回京,都要在唐玄宗面前历数李林甫的劣迹,称赞韦坚的才干,此事李林甫素有所闻。在一个正月十五的夜晚,韦坚与回京的皇甫惟明召集宾客,举行宴会,此事被李林甫得知,他喜出望外地说:"真乃天助我也!"便急急忙忙向皇宫走去。

李林甫走进后宫,忙向玄宗进言:"启奏陛下,大事不好,外戚韦坚与边将皇甫惟明私下举行宴会,图谋不轨,打算谋立太子继承皇位。"

唐玄宗听后,勃然大怒,未加思索,便下诏将他们二人逮捕入狱。事后,唐玄宗也感到极为不解,便将二人贬出朝廷。韦坚的几个弟弟向唐玄宗上奏:

"陛下,兄长为奸人陷害,实在冤枉,望陛下明察。"

唐玄宗大怒,将他们赶了出去。韦坚被贬,太子十分恐惧,为避免遭李林甫的毒手,只好上表与太子妃断绝关系,将其幽禁宫中。

在这一回合的争斗中,李林甫虽然铲除了韦坚等人,但太子的不得已之举,使野心勃勃的李林甫一时受挫。李林甫一计不成,又生一计,使大唐太子整日里生活在恐惧之中。

太子良娣杜氏,其父杜有邻与另一个女儿的丈夫柳勣,产生了矛盾,积怨很深。柳勣为人浮浪阴险,他便利用李林甫来陷害岳父一家,这对于李林甫来说,实在是天赐良机。在李林甫的指使下,柳勣诬告杜有邻谋反。就这样,杜有邻被自己的女婿送上了断头台。

杜良娣听说父亲遇害,便在太子面前哭诉:"殿下,臣妾之父冤枉,这都是那禽兽不如的柳勣构陷的啊!"

身为东宫主人,太子玙无计可施,他深知一切都是为了对付他,是杀鸡儆猴。苦闷的太子,内心非常痛苦,一个是妻兄韦坚,一个岳丈杜有邻,先后都因他而遭人暗算。作为太子,连申辩都不敢,还要装腔作势幽禁自己的妃子,这是为什么? 为什么? 太子玙的心头在滴血。这一次,面对泪流满面的良娣还能说些什么呢? 自己已是泥菩萨过河——自身难保。苍天啊! 公道何在? 你睁开眼睛看看,奸人当道,朝廷不幸,何时得了?!

太子玙又面临一次生离死别,眼睁睁地把自己最为亲近的人推向深渊。杜良娣看着夫君痛苦的样子,完全绝望了,一个无辜的女子,就这样不得不去扮演替罪羊的角色。痛苦之余,太子玙上表朝廷,将杜良娣废为庶人,太子这才化险为夷。

李林甫接连两次被挫败,心里很不高兴,对太子玙更为憎恨。但他的奸诈狡猾,真是无与伦比,又去"月堂"思谋计策去了。在"月堂"之中,李林甫想到了一个人,他便是济阴别驾魏林,此人有依附李林甫之意,以他作为马前卒再适合不过了。

河西节度使王忠嗣对李林甫的专权极为不满,李林甫早有所闻。有一次,李林甫找好了枪手，自然也立好了靶子。他也十分聪明，不把直接目标对准太子，走迂回路线来实现目的。想好了计策，李林甫便差自己的心腹之人去见魏林，魏林受宠若惊，他日思夜想接近李林甫，自然尽心尽力为他效命。

在李林甫的授意之下，魏林写了一道秘密奏折：启奏陛下，河西节度使王忠嗣拥兵自重，飞扬跋扈，欲辅助太子承继大统，罪在不赦，恳请陛下早做打算，以防不测。

唐玄宗看完奏折，半信半疑，一时犹豫不决。但他从自己的江山社稷考虑，最终还是将王忠嗣废黜了事。

李林甫并不满足玄宗的决定，为达到自己的目的，亲自出马，赤膊上阵，向唐玄宗进言："陛下，依臣所见，此事并非那么简单，若无别人背后撑腰，一个节度使根本不会如此大胆。臣以为太子知其谋。"

唐玄宗对李林甫所言极为不解，认为难以置信，说道："吾儿深居宫内，怎么能与外人相谋，此妄言耳，不可信！"

李林甫默然，不敢再说什么。后来，虽然李林甫一直在唐玄宗面前构太子之短，但玄宗一直不为所动，太子玙在屡经磨难之后，保住了身家性命，"安史之乱"爆发以后终于登上了皇位。

任用蕃将　巩固相位

自唐玄宗登基以来，天下承平日久，玄宗逐渐不理政事。李林甫任宰相以后，将朝中贤能者一一挤出朝廷，天下人多有议论，唐玄宗却对李林甫极为信任。

天宝五年（746），已经35岁的杜甫来到长安参加科举考试，结果名落孙山，困顿在长安，饱尝世态炎凉。天宝六载（747）也即杜甫进京的次年，唐玄宗下诏："天下之士，凡有一技之长者，可以参加廷事，合格者任以官职。"

李林甫闻诏，内心极为害怕。自己的所作所为，天下人共知之，唯独深居宫中的唐玄宗未有所闻。如果让天下之士面见皇帝，必然会暴露无遗。自己的残忍奸险，连儿子李岫也非常担心。李岫任将作监时，见其父权势炙手可热，积下了许多仇家，便规劝道：

"父亲大人，您居相位日久，树立了许多冤家仇人，将来一旦有祸，儿生怕子孙们死无葬身之地，还望父亲大人三思！"

"大势所趋，为父亦无可奈何！"

唐玄宗的诏书使李林甫心寒胆战，为防止万一，李林甫只得硬着头皮向玄宗进言：

"陛下乃万乘之躯，选贤举能是臣子的事，何劳陛下亲自过问呢？何况，天下士人犹如茅草，不识礼度，只会狂言乱语，此等事情委托给尚书省长官就行了。"

唐玄宗李隆基一时没弄清李林甫的本意，还以为李林甫在为自己分担国事，心内大喜，便答应道：

"林甫啊，选贤之事由你去办，朕也就放心了。"

李林甫话一出口，心里突突直跳，生怕玄宗不允诺，这下他长长地舒了口气。退朝之后，李林甫召集来自己的亲信，进行嘱咐："此次选贤之事，诸位尽力去办，但不可录用一人！"

困顿中的杜甫，听说朝廷要选士人中有一技之长者，对他来说实在是久旱逢甘霖，便参加了这次应试。结果，杜甫和所有的应试者竟无一人考中，充满希望的杜甫彻底绝望了，气愤之余，将痛恨见之于笔端，写下了"纨绔不饿死，儒冠多误身"的诗句，尖刻地抨击了当时朝廷的昏暗。

李林甫却厚颜无耻地将此恶作剧作为捞取恩宠的资本，急不可待地上奏：

"启奏陛下，天下之士无一合格者，都是些卑贱错庸之人。自陛下登基以来，天下太平国力强盛，这都是陛下的洪福。此次无一士人合格，实在可喜可贺。"

众位大臣见李林甫出如此之言，莫名其妙，唐玄宗也颇为迷惑，便问道：

"林甫啊，喜从何来？"

李林甫见自己卖的关子吊住了众人胃口，心下得意，便不慌不忙地说："应试者无一合格，说明陛下用人有方，使得野无遗贤，这难道不是可喜可贺之事？"

唐玄宗听罢哈哈大笑，对李林甫的奉承媚谀之词一字不漏地听了进去，竟也感到大为自在。大臣中有良知者，虽知李林甫别有用心，却慑于他的权势，敢怒不敢言，只有在心里骂道：奸贼啊，奸贼！

为了进一步巩固自己的权势，李林甫实在是什么手段都用尽了。有敢于在朝廷言政事者，一律贬斥，有的甚至遭杀身之祸。这样一来，天子耳目不灵，对朝廷以外之事根本不晓。其他官员也成了持禄养贤之人，看李林甫的眼色行事。

一次，补阙杜琎不畏李林甫的权势，上书评议朝中大事，结果被李林甫贬为下卦令。李林甫为了防止再出现此类事情，便威胁其他大臣："今明主在上，你们听命于上就可以了，还有什么可议论的呢？君等难道不见厩中之马乎，终日无声，则有丰美的食物；一鸣，则黜之矣。"自此以后，朝中大臣不再敢有谏言者。

压制朝中大臣的同时，李林甫还施计堵塞外放官员的升迁之路。开元时期，像薛讷、郭元振、张嘉贞、王㕙、张说、萧嵩、杜暹、李适之等人，都因为在边地立下功劳，而后入宫相天子，均为难得的人才，这也是唐朝选相的一条重要原则。李林甫对于守边的儒臣，特别是其中功劳卓著者，极为嫉恨，唯恐他们出将入相，与自己共分一勺羹，便向玄宗上奏：

"以陛下之雄才大略，治国有方，国富民强。然夷狄未灭，一直是朝廷大患，而今守边之将皆文臣，这些人贪生怕死，不懂战事，遇敌不能身先士卒，于守边无益，不如用蕃将。蕃将生而勇武有力，自小养于马上，长于战事，这是他们的天性。陛下若欲灭夷狄，威加四海，委蕃将以重任，他们必然感恩戴德，为陛下卖命，夷狄则不足虑也。”

唐玄宗听了李林甫的上奏,感到很对,就高兴地答应了。实际上,这是李林甫专权用事的又一个奸计。在唐代,蕃将是没有资格任宰相的,这样,李林甫便能够安安稳稳地当他的宰相,再也不用害怕立功边陲的文臣了。

任用蕃将,不是李林甫的发明创造,唐太宗贞观年间已有先例,但和李林甫的别有用心,风马牛不相及。贞观时期,像阿史那社尔、契苾何力这样的蕃将,均战功赫赫,然而朝廷使用他们很费心机,常以大臣予以牵制,使朝廷不至于不利。李林甫的建议则是以蕃将为主帅,委任他们一方军政大权,容易养虎成患。唐玄宗李隆基在听了李林甫的上奏之后,便提拔安禄山、高仙芝、哥舒翰等人为大将。在众多蕃将之中,以安禄山最为飞扬跋扈,身兼三处节度使,十余年不迁徙,最终酿成“安史之乱”。

慑服安贼　情同手足

李林甫为人奸险,但却藏而不露。若与之初次接触,还觉得可敬可亲,天长日久,便会发觉他深不可测,人称“口有蜜,腹有剑”。李林甫每次上奏时,必先贿赂大臣,连宫中的婢女他也委以重金,作为耳目。如此,玄宗的一动一静,李林甫便了如指掌。与此同时,凡不附己的大臣,皆予以贬逐,或夷灭三族,连张九龄这样的贤相也不例外,朝中之臣见之无不胆战心寒。李林甫虽数兴冤狱,却恬不知耻地授意心腹进言惑帝。

大理寺卿徐峤为了讨好李林甫,按其旨意,向玄宗妄言:“启奏陛下,大理寺以往因杀气太盛,鸟雀不敢栖其上。李相公为相以来,刑部所断死罪者,岁才50多人。现在,大理寺有鸟鹊筑巢,此乃天降祥瑞,陛下洪福。”

唐玄宗大喜,论功行赏,封李林甫为晋国公。朝中大臣畏其权势,不敢有任何议论,生怕有失,为了避免嫌疑,朋友相见也只好装着不认识,不敢有所言语。

李适之为左相时,喜结宾客,其子李霅也继承了父亲的豪放性格。有一次,李霅吩咐家人预备好酒菜搞一次宴会,写了许多请柬,让家人分头去请。请柬送了出去,家人也次第回家。李霅便兴冲冲地坐在厅堂,等待客人的到来。

眼看日已偏西,还不见客人到来,李霅心里很不自在,便唤来家人,问道:“请柬可曾有误?”

“少主人放心,为仆的不可能出半点差错。”

“这就怪了,为何无一人前来?”

“容下人们前去查问。”

家人们分头到各自请的客人那里去查问,这才知晓:畏李林甫陷害。当时,左相李适之已与李林甫不和,二者经常发生争执,客人们生怕李林甫加罪于他们,所以不敢前去赴宴。

李适之被罢相之后,陈希烈代之为左相,逢皇帝不朝之时,朝中大小官员悉奔李府,府前车水马龙,犹如市集,台省为空。左相陈希烈则不然,他成天坐在府中,竟无一人前去拜见。

对于李林甫,不但朝中大臣畏之如虎,连安禄山这样的胡儿也不敢肆无忌惮。当时,唐玄宗十分宠爱安禄山,安禄山本人也飞扬跋扈,把谁也不放在眼里,不过这一切都被他的巧言令色所掩饰了。

有一次,唐玄宗让安禄山拜见太子,安禄山竟不下拜,太子的手下加以训斥:"休得无礼!"

安禄山却辩解道:"臣乃蕃人,不懂朝仪,不知太子是何官?"

唐玄宗说:"太子者,诸君也。朕百年之后,就传位于太子。"

安禄山说:"臣愚,只知有陛下,不知有太子。臣罪该万死。"

太子的左右令其下拜,无奈之下,安禄山才第一次拜了下去。安禄山真的不知道太子之事吗?不是的,他恃恩跋扈,处处以其杂胡身份进行遮盖。其实,安禄山根本没有把太子放在眼里。连太子都不放在眼里的人,为何会畏惧李林甫呢?

安禄山第一次拜谒宰相李林甫时,他故伎重演,恃恩骄横,没有对李林甫毕恭毕敬。李林甫打算给安禄山一个下马威,他授意王铣偕安禄山前往府第议事。

一天,王铣与安禄山来到李林甫的宰相府,此时王铣已受深爱,身兼二十余职,见了李林甫也只能卑词趋拜,满脸媚笑。安禄山见状,不觉瞪大了眼睛,心下大惊,赶紧随王铣一同打躬作揖。

李林甫凛然道:"二位大人光临,满屋生辉,请坐!"

这时,李林甫已胸有成竹,对安禄山说道:"安将军此次来京,深得皇上欢心,被收为贵妃养子,可喜可贺。将军身为范阳节度使、河北采访使、平卢节度使,务必好自为之,效命朝廷。皇上虽春秋已高,但宰相不老。"

安禄山听了李林甫的话,心中深惧。此次拜见以后,李林甫每次见到安禄山,都能猜透其心思,安禄山将李林甫奉若神明。只要李林甫开口说话,虽值盛寒之时,安禄山也不免冷汗淋漓。

李林甫见安禄山意屈,也不免暗自得意。慢慢地,二人关系亲密起来,安禄山亲切地称呼李林甫为"十郎"。他每逢派人向朝廷奏事,便叮咛问候李林甫,奏事之人返回之后,所问的第一句话不是别的,而是"十郎何如?"

安禄山曾对亲近之人说:"我安禄山出生入死,天不怕地不怕,当今天子我也不怕,只是害怕李相公。"

李杨相争　以败告终

天宝四载(745)八月,寿王妃杨玉环被唐玄宗占为己有,正式册封为贵妃,杨氏一族也跟着发迹。杨贵妃的亡父杨玄琰被追封为兵部尚书，叔父杨玄珪被任命为光禄卿，从兄杨铦封为鸿胪卿，杨锜为御史大夫，并把武惠妃的爱女太华公主许配给杨锜。杨贵妃的三个姐姐，也颇有姿色，唐玄宗称呼她们为"姨"，分别被封为韩国夫人、虢国夫人、秦国夫人。由于杨贵妃的关系，杨氏一族宠冠天下，正如《杨太真外传》中所写：

"生女勿悲酸，生男勿喜欢。"

"男不封侯女作妃，看女却为门上楣。"

白居易的《长恨歌》中则写道：

"遂令天下父母心，不重生男重生女。"

随着李氏家族的得势，作为杨贵妃从祖兄的杨国忠（本名钊，唐玄宗李隆基后将其改名为国忠），也被唐玄宗的恩泽滋润。杨国忠发迹之前嗜赌如命，多有劣行，因与贵妃中姊（即后来的虢国夫人）私通，为族人所不齿。杨玉环被册封为贵妃对，杨国忠正在赌场豪赌，当时的剑南节度使章仇兼琼闻知此事，连忙差人去召杨国忠，杨国忠不知何事，不免心生疑惧。

章仇兼琼以上宾之礼接待杨国忠，杨国忠受宠若惊，便问："大人召小人何事？"

章仇兼琼见杨国忠容貌英俊，又有口才，喜出望外，说道："传闻杨氏族中，有封为贵妃者，今表你为官，带上百万货资，速去长安，以后还望杨兄提携！"

杨国忠听节度使称自己为"兄"，一时不知所措，慌忙答应："那是！那是！"

杨国忠一到京师长安，即前往拜见诸位亲戚，给他们每人都准备了份十分贵重的礼物。特别是虢国夫人，杨国忠至长安时正遇其新寡，二人便又勾搭在一起，鸳梦重温。在温柔之中，杨国忠没有忘记章仇兼琼，通过杨氏姐妹在帝前吹风，很快，章仇兼琼被召回朝廷，任命为户部尚书兼御史大夫。杨国忠本人则被授以金吾兵曹参军，闲厩判官。

杨氏一族出入宫掖，如在自己家中一样自由。杨国忠也和杨氏姊妹一起，经常与唐玄宗饮酒作乐。由于杨国忠经常出入赌场，工于计算，常常锱铢不差，令唐玄宗刮目相看，每逢这种场面，唐玄宗便说："真乃度支郎之才也！"三国夫人也从中相助，杨国忠到长安不久，便被提拔为监察御史，并且日渐得到唐玄宗的宠信。

李林甫构陷太子玙时，杨国忠十分尽力，以讨李林甫的欢心。其实，李林甫对杨国忠这样的无赖之徒，是非常厌恶的，因杨贵妃的关系，才对他比较客气。但杨国忠陷害他人的本领，已是极为高明。凡是能够对太子构成威胁的事情，李林甫非常满意杨国忠总是抢在自己前头，二人狼狈为奸，仅韦坚一案，被他们诬陷诛杀者达百余族，惨不忍睹。当时，与杨国忠一起替李林甫卖命的还有王鉷，此人也非等闲之辈，一人身兼户部侍郎，御史大夫等二十余职，使朝中大臣望而生畏。但王鉷却死心塌地地为李林甫效命。李林甫便以之为爪牙，经常在玄宗面前推荐王鉷。朝廷之中，王鉷的权势仅次于李林甫，在杨国忠之上。一心向上爬的杨国忠，内心对王鉷充满了忌恨。在这种权力格局未形成之前，李林甫、王鉷三人沆瀣一气，残害大臣,杨慎矜之死便是他们三人的杰作。

杨慎矜,隋代皇室之后,因健而有才,曾为监察御史。天宝二年(742)杨慎矜被提升为御史中丞、京畿访使,因李林甫不高兴,杨慎矜坚辞不受,唐玄宗于是任用他为谏议大夫,兼侍御史。李林甫见杨慎矜屈己,便向玄宗进言,任命杨慎矜为御史中丞兼诸道铸钱使。在李林甫陷害韦坚之时,杨慎矜不甚卖力,引起李林甫不满,便有意排挤杨慎矜。正在这个节骨眼上,杨慎矜又被唐玄宗擢升,官至户部侍郎,仍兼御史中丞。这一件事更使李林甫火上浇油,认为杨慎矜得到唐玄宗的宠信,将要影响到自己的权势,就决定诬陷他。

当初,杨慎矜与王鉷的父辈十分友好,他们二人自小便以兄弟相称,关系非同一般。杨慎矜任侍御史时,向唐玄宗推荐王鉷,王鉷便与杨慎矜同为御史中丞。王鉷为官不久,便很快投靠了李林甫,与杨慎矜产生了矛盾,成为陷害杨慎矜的帮凶。

事也凑巧,不知何故,杨慎矜父亲的坟墓上发生了一件怪异的事情,坟冢上的草木突然皆呈血色。闻知此事,杨慎矜十分害怕,觉得那是不祥之兆,便急忙找自己的好友史敬忠询问。史敬忠是胡人,有异术,长于破解怪异之事。史敬忠听了杨慎矜的话,便说:

"此事可化解。你只需身带桎梏,裸体坐于林之中就行了。"

杨慎矜照着史敬忠所言行事,便放下心来。史敬忠又对杨慎矜建议道:"冢上草木呈血色,乃你父亲的在天之灵暗示,天下将乱也,你应该广置田地,为以后做准备。"

他们二人所为,实为厌胜之事,这在当时是要斩首的。尽管一切都在悄悄地进行,不料此事却被杨家的奴婢春草偶尔发现,杨慎矜恐怕事情泄露,欲杀人以灭口。史敬忠却说:

"不要杀!不要杀!卖掉她可以换十头牛,年耕田十顷。"

杨慎矜听从了史敬忠的建议,如此酿成了后来的灭族之罪。不偏不巧,春草被转卖至杨贵妃的姐姐虢国夫人家中为奴。由于春草能言善辩,很受其主子的喜爱,很快便成为贴身奴婢。后来春草随主子进宫,又被唐玄宗看中,便留在宫中侍奉天子。

一夜,唐玄宗与春草经过一番云耕雨播之后,玄宗问道:"你家原籍何处?"

春草偎依着玄宗,正回味着刚才的龙腾虎跃,欲死欲仙,见玄宗问话,喃喃说道:

"臣妾自幼成了孤儿,在杨侍郎家中为奴婢,后来被卖。"

"是杨慎矜家中缺钱花吗?"唐玄宗戏谑地问。

"不是,妾无意中知晓杨慎矜与史敬忠为厌胜之事,被他们察觉。杨慎矜要杀臣妾,史敬忠说臣妾可换十头牛。"

唐玄宗一听杨慎矜暗地里搞厌胜之事,顿时很生气,从此便厌恶杨慎矜。

次日,春草到虢国夫人家中把昨天晚上与玄宗所言之事,告诉了杨国忠。杨国忠当时与王鉷还算友善，闻知此事，赶紧去找王鉷。两人暗中商量了好长时间，越说越激动，认为为李林甫出力的时机到了，便到李林甫家中密商处置杨慎矜。

"不可轻动，你们二人先探探皇上的口风。"李林甫内心大喜，脸上却不动声色。

王鉷与杨国忠心领神会，便借上朝奏事之机投石问路。王鉷故意向唐玄宗上奏："陛下，自杨慎矜任户部侍郎以来，一切井井有条……"

尚未等王鉷把话讲完，唐玄宗已面露不悦，厌恶地说："王爱卿，毋与之往来！"

王鉷、李林甫闻言窃喜，杨慎矜将大祸临头。此后不久，李林甫与王鉷联名向玄宗上奏："启奏陛下，杨慎矜本隋室之后，蓄养妖人，为厌胜之事，诅咒陛下，妄想乘天下大乱之机恢复隋朝天下，罪在不赦。"

唐玄宗接到奏折之时，正在华清宫与杨贵妃沐浴，看完奏折大为震惊，寻欢作乐的心思抛到了九霄云外，立即让刑部拘押杨慎矜。李林甫趁机让自己的爪牙萧灵等人与杨国忠负责审讯，同时让自己的另一个心腹吉温在洛阳将杨慎矜的兄弟慎余、慎名捕获拷问。杨慎矜走投无路，叹息道："我死，命也！"杨慎矜最后被赐死，此案牵涉十余族，达数百人之多。

杨慎矜死后，所任官职暂时出现空缺。杨国忠心想这下可以升官发财了，他觉得自己替李林甫拔除了眼中钉，李林甫肯定感激不尽，定会提拔自己。可是杨国忠根本没有想到，李林甫用过之后，将他踢到一边，在玄宗面前称王鉷之才，杨慎矜的官职全部落到了王鉷身上。杨国忠气愤不已，感到自己受了李林甫的戏弄，但又无计可策，便将冤恨一股脑地洒在了王鉷身上，二人由此反目成仇。

王鉷在李林甫的提携之下，平步青云，很快便身兼二十余职，这使李林甫有耐也不免心生疑忌，但王鉷始终依附于李林甫，李林甫也就没有对王鉷进行排挤，二人关系比较亲密。

王鉷权倾朝廷内外之时，杨国忠在虢国夫人的帮助下，对唐玄宗的动静、喜好了如指掌，每每行事，必合玄宗心意，深得玄宗喜爱。在不到一年的功夫里，已身兼十五余职，成为朝廷之中仅次于李林甫、王鉷的宠臣。杨国忠的崛起，李林甫始料不及，等他觉察已太迟了，李林甫便与杨国忠开始了权力之争。

杨国忠身兼兵部侍郎之时，恰好南诏的人质阁罗凤逃出长安，奔南诏而去，玄宗非常生气，要征讨南诏，杨国忠乘机向玄宗推荐鲜于仲通为蜀郡长史，率兵前往讨伐。鲜于仲通是蜀中富豪，杨国忠落魄之时曾投靠于他，对其恩情杨国忠始终没齿不忘。鲜于仲通虽然经商有术，却带兵无方，结果在泸川一战中，便全军覆没，鲜于仲通只身逃回。杨国忠为逃避罪责，竟然向朝廷谎报："此次出征南诏，将士奋力，大获全胜。"唐玄宗未做任何核查，便下诏嘉奖三军，鲜于仲通领职如故。

云南之败，杨国忠虽然被遮掩过去，但杨国忠内心却不自安，生怕李林甫陷害自己。便上表请自领剑南节度使，却留在京师长安。与此同时，杨国忠便与吉温等人打算陷害王鉷。吉温，本与罗希奭同为李林甫的心腹，人称"罗钳吉网"，他见杨国忠日渐受皇上恩宠，奇货可居，便马上背叛李林甫，投靠了杨国忠，为之出谋划策。

王铣事母至孝，也非常喜爱弟弟王锜，但王锜为人奸险，对王铣的权势十分忌恨，发誓有朝一日要超过其兄。王锜与刑缙友善，因王锜的关系，王铣也与刑缙经常往来，以朋友相待。

天宝十一年（752）四月，野心勃勃的王锜与刑缙密谋，准备借助右龙武军万余人发动政变，哪知议事不周密，泄漏了出去，为朝廷所觉察，唐玄宗让御史大夫王铣处理此事。

王铣得知自己的弟弟被牵扯进去，便故意缓办此案，只令万年、咸宁两县县尉前去捕其余党。这时，刑缙正带领其余党与官兵展开厮杀，锐不可当。关键时刻，王铣、杨国忠二人一前一后相继赶到，刑缙见王铣到来，便高声喊道："御使王大夫！"王铣身兼御史大夫，所以呼之为王大夫。渐渐地，官兵处于下风，形势急转直下，危机之时，高力士率四百余名甲骑前来参战，叛党见势不妙，四散逃开。刑缙在混乱之中，被官兵斩杀，余党死伤无数，未死者也被捕获。

翌日上朝，王铣将捕杀叛贼之事奏明朝廷。王铣奏事刚刚完毕，杨国忠便进言："陛下，王锜参与谋反，请陛下圣裁！"

唐玄宗不相信这话。李林甫见状，赶忙帮王铣说话："王锜一向与其兄不睦，此事与王铣无关！"

唐玄宗虽然不信王锜参与谋反，但在退朝之后，却让杨国忠晓谕王铣亲自为其弟王锜请罪。王铣思量很久，告诉杨国忠说：

"小弟锜自小为母亲喜爱，我不忍心余弟谋自存，如此会伤母亲的心。"

杨国忠向玄宗回奏之时，添言加醋，唐玄宗甚为生气，命刑部会同御史台将王铣逮捕审问，杨国忠与侍御史裴冕一同参与此事。

杨国忠问锜："王铣参与谋反乎？"

侍御史裴冕与王铣友善，见状，觉得杨国忠这样审案很不合适，又不便反驳。乘王锜回答之前的一刹那间，骂道："反贼王锜，忘恩负义！皇上以王大夫之故，封你为五品之官，你为臣不忠，滋生二心；为弟不谊，没有廉耻，禽兽不如！王大夫怎么会与你等为此不忠不义之事！"

杨国忠闻言愕然，便换了一种口气问道："王大夫若参与谋反，你不得隐瞒，否则罪加一等；王大夫如果没有参与谋反，你不得胡言乱语，听见了没有？"

王锜经裴冕一顿臭骂，似有悔意，又见杨国忠没有再强迫自己，便说："兄长不知此事，都是我自己所为！"

审讯结束以后，王锜画了押，立即被杖杀，其兄王铣受到连累，也被赐死。王铣之死，所任之职全部落在了杨国忠身上，杨国忠一时权倾天下，正如杜甫在一首诗中写道：

杨花雪落覆白苹，青鸟飞去衔红巾。

炙手可热势绝伦，慎莫近前丞相嗔！

王铣之死，杨国忠并未善罢甘休，他借助机会穷追不舍，多次向玄宗密奏李林甫与王铣结党营私，唐玄宗便开始疏远李林甫，李林甫极为痛恨。后来，吉温又对杨国忠说："京兆尹萧炅、御史中丞宋浑，此二人皆为李林甫死党，不宜再在朝中议事，以断其左右臂。"在吉温的策划之下，萧炅、宋浑皆被借故逐出朝廷，李林甫竟无计可施。

天宝十一载（752），南诏侵犯唐王朝边境，当地的老百姓奏请剑南节度使杨国忠前去平定，李林甫认为这是天赐良机，可以借此机会把杨国忠外遣，使他不能够再跟随唐玄宗左右，以解自己的心头之恨。李林甫向唐玄宗上奏说："陛下，南诏扰边，杨国忠身为剑南节度使，当地百姓也有此意，此次出征非杨国忠莫属。"

这正是杨国忠所担心的事情，他生怕出征在外，李林甫留守京师之中进行诬陷，使他无回朝之机。杨国忠在退朝之后，跑到后宫，向玄宗推辞此事，连杨贵妃也亲自出面为杨国忠求情。杨国忠本以为有人求情，便能够推辞掉此事，出乎意料，唐玄宗反倒认为杨国忠出征更好，立下战功后可封其为宰相。杨国忠为之痛哭流涕，玄宗动感情切安慰杨国忠说："卿暂到蜀地处置军事，朕屈指待卿，还当入朝。"玄宗的话，给李林甫当头一棒，震惊之余，十分焦虑。

临行，杨国忠向玄宗泣诉："陛下，这是李林甫在中伤为臣，臣心非常不安。"

杨贵妃也在一旁帮腔，唐玄宗见状，觉得过意不去，也不免动了感情。当时，唐玄宗与杨贵妃行幸华清池，杨国忠无可奈何之下，告别玄宗与温泉水滑洗凝脂的贵妃，踏上征战的路途，一路上惴惴不安，郁郁寡欢。

事也凑巧，在杨国忠离开长安不久，忧急中的李林甫便一病不起。玄宗派御医前去诊治，并赏赐给李林甫许多美味佳肴。李林甫触景生情，不禁落下泪来，不知道自己今后还能不能再享此殊荣。随着李林甫的病情愈重，有一个巫医迎合李林甫的心理，说："如果相公能见天子，病情可以好转。"李林甫信以为真，便让人代己奏明朝廷，求见天子。

闻知李林甫病重，唐玄宗不免生怜惜之心，欲临幸李林甫宅第视疾，却被身边的大臣阻止，于是，诏李林甫廷中见之。

李林甫从病床之上强撑病体起来，这时，他已浑身乏力，不得不在下人的搀扶下来到降圣阁前，远远地望着，眼巴巴地盼望玄宗来到自己的面前。这时，唐玄宗登上降圣阁，举红巾向李林甫招手。李林甫眼中充满了泪水，模模糊糊地看着那摇来摇去的红巾，喃喃自语：

"陛下，臣看见了，恕臣不能再随陛下左右。"

唐玄宗在大臣的前呼后拥之下离去，那幅红巾也随风飘走，如一片落叶在风中荡了几个来回，掉落在地。李林甫还呆呆在站在那里。犹如一片挂在枝端枯黄的叶子，随时有被风吹去的危险。这时，已是天宝十一载（752）的深秋季节，寒风萧瑟。李林甫已弱不禁风，在秋风中瑟瑟发抖。望着离去的玄宗，连下拜叩谢的力气也没有了，只好请别人代替自己向唐玄宗拜谢。

就在李林甫倍受病情折磨的同时，杨国忠一路颠簸，到达了出征地。因为唐玄宗见李林甫病重，便派快马诏回杨国忠，杨国忠见诏大喜，立即掉转马头奔回长安，一路之上如坐春风，和出征时的心情迥然不同。杨国忠回到长安之后，拜见了唐玄宗，闻知李林甫病重，便去李府探听究竟。

李林甫闻知杨国忠前来，企图挣扎坐起，最终没有成功，只好躺在床上接见杨国忠。杨国忠生怕李林甫心有奸诈，直冒冷汗，不敢抬头正眼看他。只见李林甫有气无力地说：

"我是将死之人，我死之后公当入相，请公善待我的儿孙，身后之事就托付你了！"

说罢，李林甫潸然泪下，真是人之将死，其言也善。素知李林甫奸险的杨国忠迟迟不敢允诺，唯恐这又是李林甫的圈套，只得违心劝道："相公养病便是，病愈之后，国忠自当为相公效力。"实际上，杨国忠恨不得让李林甫即刻就死，李林甫又何尝不知呢？

天宝十一载十一月（753年1月），李林甫在痛苦中死去，在与杨国忠这一回合的争斗中，李林甫失败了，或许他死也不会瞑目吧！

更让李林甫没有想到的是，杨国忠任宰相以后，穷追李林甫的奸事，还暗示安禄山，让其指控李林甫。安禄山听说李林甫已死，也大喜，便让降将阿布思入朝弹劾李林甫。

阿布思上奏玄宗："陛下，李林甫曾与思约为父子，企图谋反。"

李林甫的女婿杨齐宣见杨国忠得势，唯恐牵连自己，急忙也向玄宗妄言："陛下，李林甫曾在府中为厌胜之事，诅咒陛下。"

唐玄宗闻之，甚为震怒，便立即下诏："李林甫淫祀厌胜，结叛虏，图危宗社，悉夺其官，断棺剔取含珠金紫；更以小椁，用庶人礼葬之；诸子司储郎中岫、太常少卿屿及岫等悉徙岭南、黔中，各给奴婢三人，籍其家；诸婿若张博济、郑平、杜位、元捴、属于复道、光，皆贬官。"

李林甫死了，子孙们却因其受难，这一切都是他的政敌杨国忠所为，李林甫倘若九泉之下有知，不知有何感想？悲乎？恨乎？悔乎？

200多年以后，宋朝的文学家欧阳修主修《新唐书》时，把李林甫列入《奸臣传》之中，并且如此评价道：

"木将坏，虫实生之；国将亡，妖实产之。故三宰啸凶牝夺辰，林甫将蕃黄屋奔，鬼质败谋兴元蘖，崔柳倒持李宗覆。呜呼，有国家者，不可戒哉！"

另一位史学家司马光在《资治通鉴》中这样写道："凡在相位一十九年，养成天下之乱，而上之不寤也。"

唐肃宗时，长于评品人物的房琯一针见血地说道："是子妒贤嫉能，举无比者。"

李林甫，这个口蜜腹剑的历史人物，已经死去1200余年，直到今天，他还引起我们太多的思考。

汉奸鼻祖　遗臭万年

——秦桧

名人档案

秦桧：字会之，宋朝江宁府（今江苏南京）人。中国历史上十大奸臣之一，因以"莫须有"的罪名处死岳飞而遗臭万年。宋徽宗政和五年（1115年）登第，补密州（今山东诸城）教授，曾任太学学正。北宋末年任御史中丞，与宋徽宗、钦宗一起被金人俘获。南归后，任礼部尚书，两任宰相，前后执政十九年。

生卒时间：1090年~1155年。

性格特点：拨弄是非，造谣离间，言语不多，却很毒，一意孤行，排除异己。

历史功过：摧毁国防，败坏军力。秦桧当国，把南宋之初在与金人的长期抗战锻炼出来的良将劲卒尽加杀害和驱逐。由于秦桧的卖官鬻爵，新上任的军官根本不会治军，只会捞钱，"为将帅者，不治兵而治财，刻剥之政行，而附摩之恩绝；市井之习成，而训练之法坏。二十年间，披坚执锐之士，化为行商坐贾者，不知其几。"（《系年要录》卷189）。这些人整天朝游暮宴、安富尊荣、醉生梦死，南宋初年军队的抗敌锐气，经秦桧主政二十年间，丧失殆尽。秦桧是宋体字的创始人，但由于人们厌恶他的人品德行，虽然应用他创立的字体，却改称宋体字。

名家评点：卖国求荣的秦桧，在中国几乎是家喻户晓、人人皆知的奸佞之臣。他在宋、金战争中，勾结宋高宗赵构，玩弄权术，丧权辱国，屈膝投降，坑害忠良。他干尽了坏事，不知给国家和百姓带来了多少深重灾难。他的罪恶罄竹难书，他的名字遗臭万年。他是中国历史上一个阴险狡诈，卖国求荣的奸佞之徒。

投机钻营　卖国求荣

　　秦桧（公元1090年~1155年），字会之，建康（今江苏南京）人。出身于仕宦之家，父亲名学敏，曾先后任湖州（今浙江湖州市）安吉县丞，信州（今江西上饶市）玉山县令等官职。秦学敏有四个儿子，秦桧排行第三。南京初年的奸相汪伯彦未发迹时，曾在当地开馆教学，秦桧和他的兄弟都拜他为师，在他的学馆读书。秦桧自小就天资狡险，秉性诡诈，此时，又受教于善于钻营的汪伯彦门下，从而学到了一套玩弄权术、投机钻营、欺世骗人等本领，即使在他念书的时候，对同学也阴一套，阳一套，拨弄是非，挑拨离间，同学们发觉他有这种两面派的劣迹后，都瞧不起他，很少有人和他为友，称他为"秦长脚"。

　　公元1115年，即北宋政和五年，秦桧中进士，任蜜州（今山东诸城市）州学教授，后又中宏词科，凭借他善于阿谀奉承，溜须拍马的一套手法，得到奸臣李邦彦的青睐，被荐入馆职，他便挤入宋朝官场。从此青云直上，官运亨通。

　　北宋宣和七年，金兵大举南下，长驱直入，所向拔靡，北宋王朝的官僚、地主统治集团，如惊弓之鸟，异常恐慌，纷纷往南逃离。靖康元年（公元1126）一月，金兵渡过黄河，包围了汴京（今河南开封）。宋钦宗几次派人到金营求和，由于金人的议和条件苛刻，再加之李刚等人的坚决反对，使议和搁浅，未能达成。

　　秦桧当时任太学政官职，他见有机可乘，便写了一封奏章，提出了几点议和建议，主张割地求和。因此，深得钦宗的赏识，被任命为职方员外郎，并奉诏为割地使，前往河中（今山西永济市）办理割地议和事宜。但由于主战派首领李刚率领汴京军民积极抗金，将士奋勇杀敌，而且各地支援的宋军不断地增加，金兵恐孤军深入，不敢久留，便乘机北撤。秦桧等人也只能到达河北，就又返回了汴京。

　　秦桧回京后，又和主和派翰林学士吴玕相互勾结，企图实现他卖国求荣的美梦，经吴玕的鼎力推荐，秦桧任殿中侍御史，后又升为左司谏。秦桧的官位越来越高，权力也越来越大，阴险狡诈的面目也就越来越暴露，于是他又主张再次向金人乞和，卖国求荣。

　　公元1126年（靖康元）十一月底，金军再次包围了汴京，不久攻破京城。金兵纵火烧杀抢掠，城内金银财宝洗劫一空。金人扣押了钦宗、徽宗及许多大臣，立宰相张邦昌为傀儡皇帝。众官不服，弃官、辞官者有数十人之多，他们坚决反对奸相张邦昌为帝。

　　秦桧这时官为御史中丞，他看见文武百官的反对态度，也听到监察御史马伸等人的慷慨陈词，自己作为御史台的长官，当然也不能不有所表示，他玩弄了惯用的两面派手法，一方面要在众官面前表明自己不是投降派，另一方面又要讨好金人，与之求和，所以就独自写了一纸状文送到金营。其状词的开头，首先表明，他写此状的目的，并不是完全为了尽忠于赵宋王朝，而是为金王朝着想，并帮助你们权衡利弊，采取较好的方法解决立帝的问题。秦桧在状文中还奴颜婢膝，卖国求荣的说，我要提醒金王朝注意的是，赵宋建国已有一百多年，统辖地区辽阔，子孙繁衍众多，号令统一，张邦昌是"附会权幸之奸臣，共为蠹国之政客"。老百姓对他恨之入骨，如果把他立为皇帝，天下的英雄豪杰，必然会起而诛之。最终还是不能成为金朝的屏障和藩属。金朝如果不顾一切，一定要立张邦昌为帝，那么就会出现"京师之民可服，而天下之民不可服；京师之宗室可灭，而天下之宗室不可灭"的局面。所以，他衷心地希望金王朝要深思熟虑，权衡利弊，最好还是恢复钦宗的皇位，这样，既能说服朝廷文武百官，又能继续统治朝野百姓，这对大金王朝就有万世之利。这就是秦桧后来在文武众臣面前一再吹嘘和夸耀的临危不惧，尽忠赵氏的事实真相。实际上秦桧在状文中也用了一些反对张邦昌为帝的词句，所以在当时也真迷惑了许多人，在一些人心目中，认为秦桧能尽忠宋朝，反抗金人，是一个难得的忠臣，永垂青史的贤良，后人还有诗赞叹："倘使当时身便死，一生真伪有谁知？"由此可见，秦桧当时玩弄的权术，施展的诡计，技术高超，遮人耳目，不露破绽，得到了一个贤良忠臣的美名。当时秦桧为金朝出谋划策，卖主求荣的建议，虽然没有得到金人粘罕的采纳，但粘罕对他能为金王朝的江山着想，绞尽脑汁，煞费苦心的献计献策，则已产生好感，称他为金朝的忠良。

　　金朝为要灭宋，于公元1127年（靖康二）三月，就扶立投降派的头目张邦昌为大楚皇帝，命他统治黄河以南的宋朝管辖区域，至此，统治了168年的北宋王朝全部覆灭，同年四月，金人北撤，掳走了徽、钦二帝，后妃、亲王、宗室、文武百官共三千多人，还运走了搜刮得来的大量金银珠宝、古器、图书，以及技师、僧道、医卜等人，满载北去。这就是历史上所谓的"靖康之祸"。

　　金朝立张邦昌为傀儡皇帝，也只是权宜之计。他们打算先巩固对黄河以北地区的统治后，再兴师南侵，所以在他们北撤时，还掳走了秦桧及太学生三十多人。应当指出的是，当时粘罕之所以特别指名要秦桧前往，表面上是说他"怀有疑虑，不归顺金朝，故取之"。但实际上是粘罕看了秦桧先次写的状文后，有了好感，至为赏识，"心嘉其"对金人之"忠"，所以"与之俱归"。将会对金朝的统治，定有很大用处。同时，使粘罕对秦桧产生好感的还有一件事，就是粘罕怕宋朝他日复兴，要来个斩草除根，但又顾虑到赵氏宗室太多，搜寻不尽，又该如何办时，投降派莫俦就向粘罕献计，要他到宗正寺，取回玉牒（皇族的家谱），玉牒上有名者，全都除根，这样才能做到斩草除根，不留后患。当时秦桧在旁，他便献媚说，莫俦这个计谋不好，因为有的人宗族繁多，大家虽有宗族之情，但情谊却很疏远，如有的虽然是同一姓氏，但他们的恩情还比不上异性亲密，他们平时都不共享富贵，一旦有了祸患，就想株连九族，斩草除根，恐难服众民。秦桧的确是老谋深算，奸诈诡谲，乍听起来，他不同意莫俦的意见，而其实他是婉转地指点粘罕，想单纯根除宗室的办法，是不可能防止赵氏复兴的。粘罕当然也听懂了他的意思，所以夸奖秦桧说："你说的话对极了。"从此粘罕对秦桧特别器重。

秦桧过去在表面上反对过立张邦昌为帝，但实际上这些都有他自己不可告人的目的，当他一旦成为俘虏，受到严峻考验的时候，也就脱掉伪装，原形毕露，他到了金国后，变为金朝的狗奴才，粘罕本来就看中了秦桧，秦桧这时更加奴颜婢膝，阿谀奉承，因而更加得到了粘罕的信任，秦桧受到了其他俘虏所不能得到的待遇，由于粘罕的推荐，金太宗对秦桧极为赏识，倍加关怀，在流放徽、钦二帝及其他大臣时，唯秦桧交上好运，不仅不与同往，并将他赐给金太祖的堂弟挞赖。秦桧得到这样的知遇，自然受宠若惊，感恩戴德，便卑躬屈膝地完全投靠了金朝，恭顺的为他们所用。金太祖的四太子兀术还专门宴请秦桧，而左右侍酒的人也都是金朝王宫的姬妾。秦桧变节后，和金朝统治者的关系打得十分火热，当上了一名受到特殊宠爱的降臣，他们主奴之间的一场可耻的政治交易就这样开始了。

自从金兵北撤以后，张邦昌的傀儡政权遭到了人民的唾弃，无法支持下去，未被金兵俘虏去的北宋臣僚，仍然希望重建一个赵氏政权，可是在汴京的宋朝皇帝都被俘走，只有徽宗的第九子康王赵构，此时还在济州（今山东巨野县），他是北宋皇朝中仅存的宗室，北宋臣僚们当然也就把他看成赵氏皇位的合法继承人，张邦昌在强大的舆论下，自行退位，于是仅存33天的傀儡政权，在一片唾骂声中垮台。公元1127年（靖康二）五月，赵构在南京应天府称帝，重建赵宋王朝，改号建炎，也就是后来继续了132年的南宋王朝的第一个皇帝，史称为宋高宗。

高宗即位的消息传到金朝，徽宗得知后，非常高兴。他在被俘北去的途中，就希望康王能重建赵宋王朝的政权，他还写了密信放在衣领中，交给金人曹勋，要他秘密地从小道去找康王，要康王能够登上帝位，来救父母于水火之中，现在他得知这一消息后，就企图以此为资本，再次向金朝统治者乞和，于是，他便乘机写信给金左副元帅粘罕，要与金人求和，徽宗的这封求和信，是由秦桧代笔书写的，秦桧后来也供认不讳。在这封求和信中，秦桧以历史上的契丹为例，说明契丹攻入汴京，灭掉后晋宗室北迁，这样做的结果，反而使契丹守不住中原地区，而得利益的倒是刘知远，使他建立了后汉。秦桧要金朝统治者，从这一历史事件中吸取经验教训。最好的办法还是派一名被俘的宋朝旧臣南归，带着徽宗的亲笔信，劝说宋高宗向金朝称臣纳贡，这样才是金朝对待赵宋王朝的万全之策。金朝统治者虽没有接受徽宗的求和，但对代笔人秦桧能这样竭智尽虑的出谋献策，却非常赞赏。所以粘罕大喜，赐钱万贯，绢万匹，重赏秦桧。这对一个降臣来说，不能不说是特别的宠爱，也是秦桧甘心投敌的铁证。

充当内奸　为金效命

南宋建炎三年(公元1129)十月,金朝又以兀术为统帅分兵数路,大举南侵,挞赖带兵攻取淮东。过去秦桧为御史中丞,对南宋的情况极为熟悉,挞赖就利用这条走狗,偕同前往,挞赖特地任命他为军事参谋兼随军转运使,秦桧不满足独身随军,还想带他的妻子王氏一同前去,但又摸不透金将挞赖的底细,夫妻俩便假装吵架,王氏故意大声嚷道"大金国任用了你,你就把我丢弃在这里吗?"因挞赖的住址与秦桧的住址相邻,挞赖的妻子听到后便过来相问,王氏把争吵的缘由告诉了她,挞赖的妻子安慰她,不用顾虑,并说金朝的制度,可允许家属随军,然后她把这一情况又告诉了挞赖,挞赖要利用秦桧,对他的态度当然不同于南宋的一般降将,也用不着扣留他的家属作为人质,因此就准许了王氏随军而行,所以秦桧和他的妻子就一并为挞赖侵宋卖力。

公元1130年(建炎四)八月,挞赖以重兵攻打楚州,兵锋甚锐,楚州形势,十分危急,但全城军民在宋将赵立的指挥下艰苦战斗,誓死保卫楚州,挞赖围城,久攻不下,也万分着急,奸贼秦桧则替他想办法。秦桧以自己贪生怕死之心,来度量楚州军民之腹,认为城中粮尽援绝,劝降必定可行,于是他为挞赖写了一道"檄文",妄想劝说楚州军民投降,但楚州军民誓死不降,他们决心战斗到底,与城池共存亡,继续血战到底。城中军民,一直坚持到九月底,终因寡不敌众,城被攻陷。楚州军民在抗金斗争中,宁死不屈的高贵品质,与秦桧卖身求荣的丑恶行径形成了鲜明的对照。

兀术这次起兵南侵,而南京军民的奋起抗金斗争的事实,又使他们认识到单凭军事力量,是不能征服南宋的。于是有人提出:只有派遣在金的宋臣先归,对南宋进行威吓,使之归顺,才是上策。大家觉得这个计谋很好。经过反复考虑,认为秦桧恭顺可靠,于是,粘罕竭力推荐秦桧充当南归的内奸。

秦桧自卖身投靠金朝后,的确不断用实际行动表明他是真心实意为其主子卖命的。在攻打楚州时,秦桧为挞赖劝降的目的虽未达到,但他的行为却表现了对金国主子的忠心。金朝统治者在经过多次对秦桧的考验后,认为秦桧忠实无欺,俯首帖耳,唯命是从,是豢养的一条好走狗。同时,他们还认为秦桧在靖康末年,给金朝上书请存赵氏业绩,在南宋朝廷里也留下了"忠义"的美名。有了这件美丽迷人的外衣,送秦桧回去,就容易掩盖其内奸的真相,能很快取信于南宋朝廷。所以,他们就把决定告知了秦桧,要他南归充当内奸,从内部破坏南宋的抗金事业。秦桧当然乐意接受,欣然奉命,结果金朝统治者就把他"纵之南归"了。

为了使秦桧能安全回宋,金朝统治者还做了一番筹划。首先把秦桧岳父王仲山在济南的一部分财产赐给秦桧,其次还替秦桧准备好船兵;让秦桧乘船只全家厚载而归。建炎四年十月，秦桧带着妻子王氏，小奴砚童，小婢兴儿以及一帮亲信等人，浩浩荡荡，乘船满载着丰厚的财宝，从楚州入涟水。恰好被南京的巡逻兵捉获，于是秦桧编了一套谎言，说他是杀了"金人监己者，夺舟而来"。把自己打扮成一个英雄好汉的架势。但当地有些宋将对他的南归非常怀疑；宋金两军对立，他怎么能带着全家和这么多的财物回来呢？认为他可能是金朝暗中派来的奸细，应予杀掉。另外，也有人认为，秦桧是钦宗时的御史中丞，如果杀了，朝廷归罪下来，是担当不起的，于是将他送交朝廷。

秦桧到南宋朝廷后，很多朝臣和百姓对秦桧归来，深有怀疑，但是大臣范宗尹和李回向来与秦桧要好，他们不但极力替他辩护，而且还竭力在高宗面前"奏其忠，荐其才"。高宗和其父兄一样，对金朝畏之如虎，一心只想乞和。此时，当听见被金朝俘虏了四年的秦桧回来了，肯定对他的乞降大有用处，于是不管群臣对秦桧存何怀疑，即亲自接见了他，秦桧对高宗给予他这样的破格礼遇，当然也就感激得五体投地了。为了实现他投降金朝的主张，他一见高宗，就露骨地说：要想天下太平无事，就必须"南自南，北自北"。也就是说，应当把北方领土让给金朝，取消抗金斗争，实行南北分治。同时，为了迎合高宗急于求和的心理状态，秦桧还当面呈上自己早已写好的给金将挞赖的求和书，并表明他自己和挞赖有着特殊的私人关系，可以担当沟通议和的角色。因此，高宗在接见秦桧后，就非常高兴地对大臣们说：秦桧比谁都"忠实"，朕见之"喜而不寐"。朕现在既知道了二帝和母后的消息，又得到了一位难得的"佳士"。此后，他对秦桧非常信任，马上就任命他为礼部尚书的官职，而且对他的生活待遇，也关怀备至，特赐银二百两，绢二百匹。同时，对于随从秦桧回来的人员，也一一地封官晋爵，连秦桧的儿子秦熺也封了一个不小的官职。

秦桧对于高宗的封官和赏赐，还假惺惺地加以推辞，说自己才疏学浅，又从敌方逃走回来，还没回到家乡，就来禀奏二帝的消息，现在承蒙皇上召见，我的志愿已毕，请求高宗准许他辞官回乡。高宗当然不准许他辞官，而且在诏书中还大肆夸奖秦桧，赞扬他为宋朝社稷竭尽全力，忠心报国，被俘北去，犹如汉使苏武在匈奴，保持了高尚的民族气节。正因为秦桧竭力把自己扮成一位尽心于赵宋王朝的大忠臣，得到高宗的极大信任，所以，到绍兴元年二月，也就是秦桧被任命为礼部尚书三个月之后，他又被高宗提升为参知政事（副宰相）了。

秦桧虽然做了参知政事，但实际上他还嫌权力太小，并不满足，于是又伺机谋取宰相的职位。当时的宰相是范宗尹，秦桧在表面上也很尊敬他，可是在暗地里又在想方设法排挤他，踹上一脚，自己爬上去。平时范宗尹找秦桧商量朝政大事，秦桧虽然看出有问题，但却不吭声，而在暗地里却告诉高宗，以致高宗对范宗尹产生了恶感，结果，不久范宗尹被罢相。这充分暴露了秦桧翻手为云、覆手为雨的两面派态度。

范宗尹被排挤下台后，在相位久虚的情况下，秦桧便实行了谋取相位的进一步计划。他制造舆论说,朝廷不可一日无相,否则国家大事无法处理。后来他干脆赤裸裸地对高宗说,若用我为相,就会把国家治理得很好,会干出耸动天下的大事,是什么"耸动天下的大事呢"? 秦桧提出了两项计策,"一则与南北士大夫通致家问,一则纠率山东、河北诸郡之人还之北方"。前者是指让南方士大夫在金朝那里当官的和北方士大夫在南方当官的互相书信往来,也即是默许了在北方当官的宋朝旧臣的投敌行为。后者是指把不堪金朝统治者的残酷压迫而渡江南来的坚持抗金斗争的北方官兵和忠义之士遣回原籍,重新接受金朝统治者的奴役。这两条毒计完全是按金朝统治者的旨意提出来的,目的是为了破坏抗金斗争,为金朝吞并南宋铺平道路。可是高宗听后很高兴,极力赞赏。于绍兴元年(公元1131)八月,任命秦桧为右仆射,同中书门下平章事兼枢密院事(即右相),并再次夸耀秦桧说:"巍巍真社稷之臣,奕奕盖庙堂之器。"从高宗任用秦桧为相以及对他的赞美之词,不仅可以看到高宗对秦桧的无限信任,把朝政大权都交给了他,而且还可以看到高宗也期望他能迅速地与金朝达成议和条件。这样,秦桧这个内奸终于爬上了仅次于高宗的高位。

结党营私　坑害忠良

秦桧为相后,便排斥异己,结党营私,培植私人势力,把其亲信安插在重要部门,又唆使其党羽向高宗建议,把左宰相吕颐浩排挤出京城,让其专事军旅。秦桧为相后的这种胡作非为,不仅使朝官群臣极为不满,而且,在宋金媾和的问题上,秦桧也没有能够像高宗原来所期望的那样,迅速地达成议和。因此,使高宗也大失所望,加剧了和高宗专制统治者的矛盾。南宋广大军民对他的两项计谋也纷纷反对,有鉴于此,在绍兴二年九月,高宗便罢去秦桧的相位,把他闲置于温州,表示"终不复用"。但是,当乞求的宋使首领到金营时,金将一再质问秦桧,为什么被罢相,挞赖还特意交代宋使说:"本朝事体秦桧皆知,若未信,且当问之。"这显然是对高宗施加压力,是要他重新起用秦桧。绍兴六年八月,高宗迫于形势,又任命秦桧为醴泉观使兼侍读、行宫留守、参决尚书省枢密院事,于是秦桧又得以参与朝政。不久,由于宰相张浚的推荐,秦桧被任命为枢密使。

秦桧任职后,便利用手中所掌握的权力,蒙上骗下,拨弄是非,施用种种阴谋诡计逼使张浚离开相位,此后,他又阿谀奉承新上任的宰相赵鼎。这实际上是为自己重新篡相夺权踢开绊脚石和铺平道路。果然,时隔不久,由于高宗为了急于和金朝求和,同时,也知道挞赖掌握着金朝的实权,而秦桧过去和挞赖又有特殊的关系,如今要和金朝求和,也就必须重用秦桧,因此,公元1138年(绍兴八)三月,高宗又把秦桧从枢密使提升为右相。

秦桧再居相位后,吸取了自己一度被罢黜的教训,一定要牢牢地控制住高宗,获得他的绝对信任，使他放手让自己办事。于是凭借他手中的权力，就更加有恃无恐，大搞投降活动。绍兴八年五月，金朝派使臣和南宋议和，但条件十分苛刻，文武百官议论纷纷，认为议和不可相信，高宗怒不可遏。秦桧见有机可乘，便倾轧和排挤左相赵鼎。有一次大臣朝见高宗毕，秦桧独自留下奏事说："臣僚畏首畏尾，复持己见，此不足以断大事。若陛下决欲讲和，乞专与臣商议，勿许群臣干预。"高宗答复道："朕独委卿。"秦桧早已掌握了高宗坚持议和的心理状态，但老奸巨猾的秦桧，对高宗如此爽快的回答并不放心，他为了尽快专持朝政大事，于数日后，秦桧又独身奏事，高宗再次表明了独委秦桧主持议和事项的决心。于是，秦桧更加肆无忌惮，便指使侍御史肖振上奏弹劾赵鼎，赵鼎迫于形势只得辞去相位，于是由秦桧独自专政。此时，朝中反对议和的浪潮很高，但秦桧便玩弄权术，施展阴谋，采用高压政策，终于在绍兴九年正月使议和正式达成，宋帝向金帝称臣，每年纳银二十五万两，绢二十五万匹。

这年秋天，金熙宗以谋反罪处死了挞赖，兀术等掌握了军事大权。绍兴十年五月，金人撕毁议和协议，分兵四路攻宋。金朝骑兵如暴风骤雨，很快占领了陕西、河南各州县。

自许"以诚待敌"、卖国求荣的秦桧，在屈膝求和的政策破产之后，受到南宋军民的纷纷指责，坐立不安。按照惯例，不引咎辞职是不行的。但是由于秦桧一贯的结党营私，秦桧的党羽此时已密布朝廷，对自下而上的弹劾，他是无须担心了。要不要被贬黜，关键是高宗的态度。经过一番密谋策划后，他让御史中丞王次翁首先向高宗进言："事有小变，则更用他相，后来者未必贤于前人。"并说："愿陛下以为至戒，无使小人异议乘间而入。"高宗深表赞许。秦桧还不放心，又派冯檝向高宗试探，假意建议高宗起用张浚，高宗怒气冲冲地回答："宁至覆国，不用此人！"于是秦桧便高枕无忧了。实际上，即使没有王次翁的进言，高宗也不会罢免秦桧，因为议和之策，并非秦桧一人所为，高宗自己向来也极力主和，是投降乞和的主谋。

在全军大举进犯的情势下，群情激愤，举国沸腾。秦桧也深谙"识时务者为俊杰"的格言，极力抢夺抗金的招牌。于是他文过饰非、摇身一变地说："德无常师，主善为师。"过去求和是善德，现在主战也是善德，把自己又乔装打扮成一个主战派，并大言不惭地说："愿先至江上，谕诸路帅同力招讨。"

兀术在乘胜挥师继续南侵的过程中，受到了岳飞率领的军队的坚决抵抗，他先后攻克了颖昌、蔡州、洛阳等地。接着他亲自率领五万轻骑驻在郾城。兀术带领金军最精锐的拐子马到郾城决战。岳飞指令将士手持刀斧，冲入敌阵，上砍敌人，下砍马足，大败金兵，取得了历史上有名的郾城大捷。兀术郾城失败后并不甘心，又率领二十万大军进迫临颖，岳飞随即亲自督军迎战，兵分左右两翼包抄杀敌，大败金兵。兀术再次狼狈而逃。与此同时，韩世忠的部将王胜也收复了海州，张俊的部将王德也收复了亳州；在敌人后方的忠义民兵也收复了不少城池，并相约以"岳"字旗为号，等待岳家军过河起兵。这些胜利，形成了对金军的大包围，切断了敌人的后路。

宋军的大胜,使军民振奋、信心满怀。但高宗和秦桧却惶惶不可终日。对于高宗来说,对战争前途心存两怕,一怕全胜,二怕大败。如果全胜,则武将权重,功高震主,会威胁皇权,后果不堪设想。倘若战争失败,则高宗可能成为阶下囚,南宋政权也会遭到灭顶之灾。但是现在,宋军既然取得了空前的胜利,已能保住偏安的政权,与金人重新议和也有了资本,要是再继续打下去,或者全胜,或者又败,都与他不利,所以他给岳飞的手诏中一再叮咛,要避免与兀术大军决战,"金军为上","以保万全"等阻止宋军进攻之词。

内奸秦桧的心理状态和高宗并不完全一样。一方面,他从来就是不断地在破坏南宋的抗金斗争,尤其是在金朝危难的现在时刻,更是要千方百计地破坏这次胜利在即的岳飞北伐,来为其主子效力。另一方面,他在南宋朝廷中,正因为有金朝主子作后台,与金人勾结起来,决心主张议和,才取得了高宗的宠信而久居高位。如果这次宋军抗金北伐取得了胜利,金朝政权势必垮台,这就使自己随之而失去一切,甚至连身家性命也难保。这种结局秦桧绝对不能让其发生,所以他就千方百计地破坏这次宋军的渡河北进。

为要达到这一目的,他当然也知道,首先,必须牢牢地掌握住权力,清除掉敢于和他抗衡的势力,因赵鼎此时虽然被罢相,但在金人败盟南侵时,有被复用的可能,这自然是秦桧的眼中钉、肉中刺,必须首先拔掉,于是指使其党羽御史中丞王次翁诬告赵鼎:"逼近行期,阴幸有警,规图复用,门下党羽,往来于临安,撰造事端,鼓惑众听,以摇人心。"因而赵鼎再次受到贬官降职。

其次,秦桧严密地控制朝野舆论,不许朝廷百官上书陈抗金之事。他一而再地逼害赵鼎,就在于要"先窜赵鼎,而人无敢言矣"。可是,当时的右承事郎监潭州南狱庙陈鼎又上书高宗,要高宗发兵攻打金朝,乘胜前进。秦桧知道后,大为恼怒,立即把他降官贬职,以图惩一警百。

第三,是要在军事上破坏抗金。首先他把在顺昌战役中屡立战功的陈规调离,后又把积极抗金的刘锜由北调到长江以南的太平洲。再而又把张俊所属全军撤回淮南。秦桧使用的这些调虎离山的手段非常毒辣,他完全知道当时能与兀术金军对峙的,只有中线战场的岳飞、刘锜和张俊三大将。现在先把刘、张的军队调走,势必造成岳飞孤军深入,这样就可以借刀杀人,假金兵之手,来消灭岳飞的军队。但他的这一罪恶阴谋,并未得逞。岳飞虽然孤军作战,但仍把金兵打得落花流水,四处逃窜,取得了几次战役的辉煌胜利。

秦桧一计不成,又生一计。他唆使台官向高宗奏请说:"现时兵微将少,民困国乏。岳某若深入,岂不危也?愿陛下降诏,且令班师。"高宗听了,正合心意,立即降旨要岳飞"措置班师"。岳飞一时摸不清高宗和秦桧的用意,还又极力陈奏说:现在正是功及垂成,"豪杰向风,士卒用命,时不再来,机难轻失",请求朝廷增兵添粮,以便一鼓作气,收复故土。高宗、秦桧不但置之不理,而且用十二道金牌传送诏旨,令岳飞班师。

宋代最快速的马递叫作"金字牌",这是一尺多长的朱漆木牌,上有金字:"御前文字,不得入铺。"用马匹接力传送,不得入递铺稍事停留。凡皇帝发下的急件,用金字牌传递,日行五百余里。岳飞正在朱仙镇,准备进攻金军,却在一天之内,接连收到十二道金牌的班师诏旨。这十二道诏旨全是措辞严峻、不容改变的急令:大军班师,岳飞本人去临安朝见皇帝。岳飞悲愤已极,不禁啜泣而言:"十年之力,废于一旦!"

岳家军一退,本已准备撤离汴京的金兀术大肆反攻,刚刚收复的颍昌、蔡州等地又相继被金军攻陷。秦桧为要替主子金朝效力,于是便积极地与他的党羽王次翁、范同等密谋。经过反复策划后,范同向秦桧献计:应把张俊、韩世忠、岳飞三大将都调入朝廷任枢密使和副使,明升其官职,实"罢其兵权"。秦桧采纳了他的建议,密奏高宗,以酬赏抗金之捷为名,召张俊、韩世忠、岳飞同赴行在,高宗完全同意。

张、韩、岳三人到达后,高宗立即下了一道诏令,任张俊、韩世忠同为枢密使,岳飞为枢密副使。高宗还假惺惺地说,他对三人无比信任,无比荣宠,不但给你们升了官,而且还把枢密府掌兵的大权都交给了你们。但实际上,是以此种名义,解除了他们的兵权。

在张、韩、岳三人中,张俊是个贪功嫉贤之辈,对岳飞非常嫉妒。高宗和秦桧利用这个矛盾,图谋陷害韩世忠,再加害岳飞。绍兴十一年五月,高宗、秦桧派张俊、岳飞去楚州检阅韩世忠原来率领的军队。临行前,秦桧要他们搜集韩世忠的过错,罗织罪状,却遭到岳飞的痛斥,而张俊却恭顺地服从。从此,秦桧认定,岳飞不仅是他从事议和的重大障碍,而且是他实施其他阴谋的绊脚石,非置他于死地不可。而高宗也因岳飞功高望重,对他的疑忌越来越深,故与秦桧一样决定除掉岳飞。

但是,要谋害岳飞还必须有借口。这时,张俊已与秦桧串通一气,他造了一个谣言,说岳飞提议高宗放弃楚州,退兵保守长江。秦桧马上以此为"罪状",指使他的同党右谏议大夫万俟卨和御史中丞何铸等上奏章弹劾岳飞。欲加之罪,何患无辞。高宗见了万俟卨的奏章,不做任何调查,就肯定了岳飞的"罪状"。秦桧乘机火上加油,也附和帮腔说:"飞对人之言乃至是,中外或未知也。"他的其他党羽也跟着上奏章弹劾岳飞。岳飞遭此不白之冤,有口难辩,遂上奏请求辞职。这正中高宗、秦桧的下怀,于同年八月,高宗革去了他的枢密副使官职。

在岳飞取得颍昌大捷后不久,金兀术就曾写信给秦桧,以杀害岳飞作为议和的条件。绍兴十一年九月,兀术又传话宋廷,表示可以重开和局。这样,谋害岳飞的事又提到高宗和秦桧的面前。要和金人议和,就得杀害岳飞,这是既定的策略。但是,要诛杀岳飞,单凭万俟卨等人所诬告的几条罪状还是远远不够的,只有再加罪名,才能杀戮。于是,秦桧又以极其恶毒的手段,捏造了岳飞"谋反"的罪名。秦桧与张俊秘密策划后,买通了岳飞部下的王贵、王俊等人,写了"首告状"告发岳飞。

由于谋害岳飞是高宗本意,因此他立即下旨捉拿岳飞归案。

负责审理这一案件是御史中丞何铸。何铸本是秦桧的亲信,这次谋害岳飞,开始时态度十分坚决,但后来,他认真地审阅了案件,觉得谋反证据不足,"察其冤"。于是,他就把自己的意见告诉了秦桧。秦桧见何铸反为岳飞鸣冤,非常恼怒,便改命万俟卨来审理。万俟卨一面令狱吏严刑拷打岳飞和同时被抓的岳飞之子岳云,逼使他们招供;一面进一步罗织岳飞"谋反"的罪名。但一连两个月,没有人愿意出来作证。韩世忠得悉后非常气愤,当面责问秦桧,要他拿出岳飞"谋反"的罪证来。秦桧恬不知耻地回答说,岳飞父子的案子"虽不明,其事件莫须有"。莫须有即也许有的意思。韩世忠听后更为愤慨地质问:"相公,莫须有三字何以服天下?"秦桧瞠目结舌、无言以对。十一月底,秦桧亲自将所定岳飞狱案上呈高宗,高宗赐岳飞死刑,为了斩草除根,并把原案所定岳云的徒刑改为按军法论斩。就这样一代抗金英雄被高宗、秦桧冤杀了。高宗是杀害岳飞父子的罪魁祸首,秦桧是残害忠良的最大帮凶。

千古罪人　死有余辜

岳飞被害后,高宗为了表彰秦桧,加封他为太师、魏国公。未久,又晋封为秦、魏两国公。高宗又应秦桧的要求,封其母为秦、魏两国夫人。后高宗又封秦桧的妻子王氏为韩、魏国夫人。秦桧的儿子秦熺也不断地得到升迁,几年之内被升为资政殿学士、提举万寿观兼侍读。连秦桧的三个孙子,也封官晋爵。高宗还亲自为秦桧父亲的坟墓写碑文,下诏为秦桧盖家庙等,高宗对秦桧的恩宠真是无以复加。

秦桧得到高宗如此宠信后,为了保住自己的权势,实行对金朝的投降政策,又大肆清除异己,消灭政敌。凡是与他持不同政见的,不是被罢官,就是被放逐,其中不少被迫害致死,株连九族,连他的亲信也不放过。赵鼎被秦桧挤出朝廷后,谪居潮州,秦桧又指使其党羽,迫赵鼎于死。故将辛永宗不肯屈从议和,也遭到秦桧的打击残害,悲愤交加,死在肇庆。张俊和他合谋杀害了岳飞,排挤了韩世忠,但因他掌握军权,秦桧对他也不放心,后来终于将他罢了官。万俟卨在帮助秦桧谋害岳飞的活动中立下了汗马功劳,但因他在高宗面前没有编造谎言来夸耀秦桧,因而触怒了秦桧,被罢去参知政事的官职。

秦桧干了这么多坏事,自知难以为后世所容。于是他利用权力,篡改历史。他以宰相身份监修国史,又命其子秦熺为秘书省少监撰修国史和编纂高宗在位以来的日历,还命其孙秦埙撰写实录。在史馆中参加修史的人,大都是秦桧的子弟和其党羽。为了掩盖其罪恶历史,他们便恣意地褒贬和篡改历史。他捏造和隐瞒了自己被俘变节、认敌作父、助金为奸的历史;极力给岳飞等主战派的战功抹黑;并无中生有地编造了许多颂扬自己功德、给自己贴金的历史。总之,在秦桧当政时期,由其父子把持史馆所修的日历、实录和国史等，多为失实之作。正如史家徐度所说："凡所记录，莫非其党奸谀谄佞之词，不足以传信天下后世。"秦桧既想欺世盗名，又做贼心虚，所以他在绍兴十四年奏请高宗严禁撰写野史，大兴文字狱，对写野史、笔记、诗文的人大肆迫害，使不少学者惨遭杀害。

秦桧还收买高宗侍医王继先，窥视高宗旨意，以便随机应变，献媚固宠，保持权势。他独相十八年，凡易副相二十八人，无一人不唯秦桧之命是从。他位至太师，王封国公，官高权重，开门受贿，富珍异宝，死犹及门。

秦桧在其相位期间，无恶不作，罪行累累。人们都极端痛恨这个卖国求荣的奸贼。连"天下之儿童妇女，不谋同辞，皆以为国之贼"。绍兴二十年（公元1160），殿前司后军有一个小武官施全，为了惩办这个国贼，手拿锄刀伏于暗处，待秦桧退朝回家时，他跳出来砍杀秦桧，但刀为轿子所隔，没有砍中，不幸被捕，被秦桧凌迟处死。

绍兴二十五年（公元1155），秦桧病重。他想让儿子秦熺接替相位，奏请高宗准许，未被答应。秦桧虽已病入膏肓，但还不死心，把其亲信党羽召至卧室，赠以黄金，托他们扶助秦熺为相。

同年十月二十二日，秦桧终于断了气。死讯传出后，"四方士民相欢庆"。群臣也拍手称快，纷纷上奏章揭露他的罪恶。高宗迫于形势，也恢复了一些受到秦桧迫害的大臣的官职，并罢免了他的党羽数十人。但高宗毕竟是宠信过秦桧的，和金朝的议和大计也是二人一起决定的，他不能忘了秦桧的"功劳"，因此追赠他为申王，谥号忠献。开禧二年（公元1206），宁宗下诏，追夺秦桧王爵，改道谬丑。

"一个坐皇帝 一个立皇帝"

——刘瑾

名人档案

刘瑾:陕西兴平人,原姓谈,六岁时被太监刘顺收养,后净身入宫当了太监,遂冒姓刘。他数次升迁,爬上司礼监掌印太监的宝座。一旦大权在握,便引诱武宗沉溺于骄奢淫逸中,自己趁机专擅朝政,时人称他为"立皇帝",武宗为"坐皇帝"。刘瑾被捕后,从其家中查出金银数百万两,并有伪玺、玉带等违禁物。1510年八月刘瑾被判以凌迟。

生卒时间:1451年~1510年。

性格特点:狡诈贪婪。

历史功过:刘瑾的专权使朝政混乱,他的索贿受贿也直接导致了地方矛盾的激化。官员们向他行贿后,必然要加重剥削百姓,逼得百姓走投无路,只好反抗。在刘瑾被处死后仅仅几个月,京城地区便发生了刘六刘七起义。

刘顺义子 历侍几代

刘瑾本姓谈,陕西兴平市人,世代以种田为生。六岁那年,被镇守太监刘顺收为义子,改姓刘。刘顺将他阉割,带入宫中服役。

刘瑾入宫呆了几十年,历侍几代皇帝,始终没有得宠。英宗宠信宦官,可那时刘瑾还小。宪宗时期，宦官干政，但用的是东宫旧侍。到了孝宗时，孝宗最讨厌宦官干政，让他掌管钟鼓司。钟鼓司是负责管理出朝钟鼓及内乐、传奇等杂戏，在明代宦官二十四衙门中，这个机构的地位是最低下的，而且内宫制度还规定，太监一人此司，"例不得他迁。"所以照理刘瑾本无腾达的可能。加上他性本凶残强悍，孝宗时又与人发生纠纷，将一市民殴打致死，结果被拿治罪，按律当处死刑。后经曹元活动，买通刑部主事，改为杖一百，才得以保全性命。但被赶出宫中，发配到茂陵司香。在茂陵他经过深刻反省，学会了韬光养晦，酌情敛性，从此变得乖巧起来。待人温顺谦卑，理事察言观色，阳奉阴违，左右逢迎。他先找靠山，用重金贿赂司礼太监李广。李广经常在孝宗面前夸刘瑾，他被调回宫中。

弘治五年（1492），孝宗立独子朱厚照为太子，见刘瑾能言会道，侍奉小心，竟派他去伺奉东宫太子。刘瑾心中有说不出的高兴，将全部心计都使到了年方两岁的太子身上。自此之后，他与太子共起居，寸步不离左右，处处依从他，不仅深得太子喜欢，而且东宫上下也无不称赞刘瑾尽责尽心。

弘治十八年，年仅三十六岁的孝宗突然病死，是年十五岁的太子朱厚照继位，是为武宗。按照朝中的传统，皇帝天不亮就得视朝，听取文武百官的奏事，批阅各式各样的奏章，还要亲自审理许多有关国家政治、经济、军事、司法、财政、教育等直接关系到国家治乱安危的问题。对于这个少年天子来说，不仅不熟悉、不习惯，简直受不了这种约束。在他看来，当上这个皇帝实在是大不幸，倒不如做东宫太子时逍遥自在。每次上朝如坐针毡，一心盼望能从这繁杂的国事中摆脱出来，重过那种嬉乐无度的生活。而刘瑾正是看准了这一点，竭力迎合武宗的嗜好，不时进献鹰犬、歌伎和百戏杂耍，专供武宗玩乐。甚至无视宫中禁律，诱使武宗化装易服，到宫外去游冶浪荡。这一招果然奏效，使武宗心花怒放，几个月内，刘瑾晋升为神机营二司内官监太监，总督团营，成为管京城治安的总头目。刘瑾开始显露头角，与东宫旧侍马永成、高凤、罗祥、魏彬、丘聚、谷大用、张永情投意合，且有一定的权力，人们称他们为"八虎"。这"八虎"昼夜围着武宗玩乐，什么江山社稷、百姓安危，他腻烦透了，干脆发出免朝的命令。

这可急坏了刘健、谢迁、李东阳这三位顾命大臣，他们看到这位少年天子被一群宵小所包围，"为长夜之饮，恣无厌之欲"，深感后果严重，于是屡次进谏，无奈武宗听不进去。托孤首辅刘健、大学士谢迁、李东阳认为，武宗所为，皆由刘瑾这帮奸阉所惑，为了使武宗以国事为重，必须除掉"八虎"，使其割绝私爱。为此，他们召开会议，商讨弹劾八虎之事。户部尚书韩文不顾个人安危，联合朝中九卿大臣，由户部郎中李梦阳执笔，草拟奏文，呈给武宗。疏文正义昭然，情词恳切，首先列举了刘瑾一伙近来引诱皇帝沉湎声色、废弃朝政的事实，追述了历史上阉宦误国的教训，最后请求皇上将他们"缚送法司、以清祸萌。"这篇疏文表达了朝中群臣对武宗的赤诚之心，又击中了"八虎"祸乱朝政的险恶用心。武宗看后，才真正感到了问题的严重性。回到宫中，呜呜痛哭，心乱如麻，不思饮食。他想起了父亲的临终嘱附,深知自己继位以来悖于父亲的告诫,把"八虎"留在身边,无法给群臣交代,无法平息朝中风波;可除掉"八虎",刘瑾等从小伺奉自己,情同手足,于心不忍。这个从不知愁的少年天子第一次尝到了失眠的滋味和左右为难的苦恼,经过反复思考、权衡,终于想出了一个自以为高明的两全之策,即让刘瑾等暂离北京,调往南京去。于是派司礼监王岳等与阁臣商议。但是,王岳遵旨一连去了三次,阁臣们都不同意这个折中方案。刘健、谢迁推案怒喝:"此罪不除,何以负先帝遗命?"韩文也说:"刘瑾等人祸乱朝廷,不杀,民愤难平!"司礼监太监王岳曾是东宫旧侍,侍奉过武宗,性刚直。他对刘瑾所为非常清楚,对大臣们冒死进谏,非常感动。他对武宗述说阁臣们的意见,八虎的罪行,为了大明江山,劝武宗立即诛杀八虎,以绝后患。武宗见事已至此,只好下令,第二天早朝降旨,诛杀八虎,大臣们高兴万分。唯有尚书许进谙知权力斗争的微妙,主张适可而止。他认为武宗将"八虎"调往南京,已经是违心之举了,非要他下旨处死"八虎",恐难办到。逼得太紧太急,事情可能向相反的方向转化,既得战果都可能丧失。然而,他的意见在群情激愤的情况下,未被采纳。他的忧虑不幸言中了。

明日早朝降旨处死"八虎"的消息,很快传到了吏部尚书焦芳的耳中,他是刘瑾的亲信,靠巴结刘瑾半年前当上吏部尚书。他听到这个消息,感到情况紧急,连夜去通风报信。此时,"八虎"没一点思想准备,闻报后吓得魂飞魄散,伏案号啕大哭。刘瑾急中生智,对同伙说:"大难临头,哭有何用?我们应赶快去找圣上。"说完,刘瑾带着他们赶到武宗面前,团团围着武宗跪下,号啕大哭,脑门把青砖磕得"咚咚"直响,刘瑾哀求说:"如果皇上不开恩,我等奴才就要被杀扔到犬场喂狗了。"武宗见自己一向宠爱的太监们涕泗横流,污血四溅,顿生怜悯之情,安慰道:"朕尚未降旨拿你们问斩,你们哭什么?"刘瑾见武宗态度和蔼,趁机进谗道:"奴婢为廷臣所遣,还不是因为奴婢效忠陛下,使陛上快活吗?陛下有江山万里,玩几只鹰犬又算得什么?怎么会损伤国事?王岳执掌司礼监,串通阁臣,想限制皇上,他怕奴婢从中作梗,想先除掉奴婢。近日朝臣,目无圣上,皆因司礼监王岳拨弄是非,否则,朝臣怎敢不敬皇上?奴婢死不足惜!陛下您呢?可就没人侍候您了,您就不能再玩了!就要天天听那些老朽们念经,听谏官们胡说八道了,那您的日子可怎么过啊!"

武宗本来就不想杀"八虎",只是顾忌元老旧臣的态度,才不得不做些让步,听了刘瑾的挑拨,马上发火了,不仅推翻了傍晚时的决定,而且反过来下旨逮捕王岳、范亭、徐智押送南京服役。同时,任命刘瑾为司礼监,丘聚掌管东厂,谷大用掌管西厂,升焦芳为文渊阁大学士,主持内阁事务。

次日早晨,文武百官兴致勃勃地等候武宗颁旨,万万没有想到,此刻昂首阔步走出来宣读圣旨的,正是他们要处决的刘瑾。诏书一展,竟是八虎擢升,众大臣悲愤而去。刘健、谢迁看到这种情形,表请辞职。武宗当即降旨,准予刘健、谢迁辞职还乡。

大权在握　大开杀戒

刘瑾眨眼间擢升为司礼监。司礼监是明代宦官二十四衙门中的最高职位，又是一个跃居于政府之上，超越于法律之外的特殊机构。司礼监太监仅次于皇帝，一人之下，万人之上，总理国家军政要务。大权在握，刘瑾毫不迟疑地大打出手，对政敌进行疯狂的报复，决不给他们留下喘息的机会。他首先向王岳开刀。此时，王岳、徐智正在流放途中，刘瑾派刺客暗随其前去，在半路僻静之处，将王岳、范亭刺死，徐智则被打断双臂逃生。接着，刘瑾派爪牙进驻户部，搜集整理韩文的黑材料。然而韩文一生清廉，苦于找不到借口。结果，以户部交纳给内府的银子有几两成色不足为借口，指控韩文失职，立即将其免官遣送回乡。随即暗中派人追踪行刺。韩文为人精明，发现有人跟踪，改道而行，只身乘骡，夜宿野店，方才脱险而归。刘瑾好生恼火，把韩文的两个儿子革职下狱。尔后，又派人将韩文从家乡押入京城，投入监狱，严刑拷打，折磨得奄奄一息，最后罚米两千石，并令他亲自送到边关，弄得他倾家荡产。

在刘健、谢迁辞职时，南京给事中戴铣等二十余名官员奏请挽留。刘瑾大怒，全部将其杖刑下狱。兵部主事王守仁见谏官们如此惨状，上疏为戴铣等辩冤，疏文落到刘瑾手里，根本不奏武宗，将王守仁抓来责打五十大板，然后将其贬到贵州龙场驿去做驿丞，勒令立即离京。王守仁带着杖伤上路，刘瑾又派爪牙途中行刺。王守仁行至钱塘，发现有人跟踪，急中生智，顺手摘下帽子，甩入江中。将鞋子脱下，放在江岸。写绝命诗一首，最后两句是："百年臣子悲何及，夜夜江涛泣子胥。"把这首诗塞入鞋子里，隐姓瞒名逃入武夷山中。锦衣卫校尉追到江边，见王守仁遗物，断其投江自杀，便回京复命。

刘瑾为了彻底肃清政敌，暗中拟定了一个"奸党"名单，将刘健、谢迁、韩文等五十三人列入榜上，并唆使武宗将其榜示朝堂，颁示各地。早朝完毕后，刘瑾命全体京官跪在金水桥南侧听人宣读。凡列入黑名单的，或诛杀下狱，或杖责革职。譬如，大学士刘健，两年前已被逼致仕还乡，此时又将其削籍为民，追夺诰命。大学士谢迁，被逼与刘健同时还乡，此时不仅被抄家，连前朝所赐的玉带服物及诰命等荣誉称号也被迫夺回。事实上受株连迫害的远不止这五十三人，例如，谢迁弟兵部主事谢迪、其子谢丕编修职务均被罢免，进而籍没其家产。御史王时中并不在榜上，由于他曾上疏支持弹劾八虎，所以被捕下狱，戴着沉重的枷锁，在露天中连站三天，几乎没命。仅这一次被刘瑾视为异己而遭清洗的官员就达一千多人。各级官吏的陟黜生杀，全凭刘瑾的一句话，一切朝纲都不存在了。例如，仅因为谢迁是余姚人，刘瑾公然宣布：今后京官一律不得由余姚人担任。

刘瑾排斥了异己，马上安插党羽亲信在朝廷各个要害部门。内阁是朝廷中枢，刘健、谢迁辞职后，原班子仅留李东阳一人，立即将焦芳、刘宇、曹元提拔为内阁大臣，从而把持了内阁大权。在控制内阁的同时，又将手伸向六部、大理寺和都察院。正德二年（1507），他假传圣旨，令吏部、兵部所有官员的任免都要和他商量，取得他的同意。两京都察院各道如有奏章，必须先呈他详阅。同时，委任亲信张彩为吏部尚书、王尚文为兵部尚书、刘玑为户部尚书、刘景为刑部尚书、毕亨为工部尚书。又派杨纶为都察院副都御史、张纶为大理寺卿。在完成了中央机构调整之后，又全面调整省级机构，委派心腹太监到各省及各个边镇担任镇守，控制地方的军政大权。仅正德元年，一次就提升官校一千五百六十余人，又授锦衣卫官数百人。

独揽朝政　作威作福

刘瑾真不愧是玩弄权术的高手，为了长期独揽朝政，他抓住武宗荒淫无度的特点，挖空心思，让少年天子日夜沉醉在温柔乡里。他大兴土木，建太素殿、天鹅房船坞供其玩乐。后来觉得在宫内玩乐不能尽兴，又在宫外建造了一个"豹房"。这豹房以几层高的宫殿为中心，两厢设有许多密室，室室相连，错落有致，如同迷宫。豹房既隔音又挡光，武宗一人此间，便不分昼夜纵情淫乐。刘瑾派人到全国各地搜寻美女，送进豹房，供武宗淫乐。武宗玩厌了中原女子，他就千方百计到西域等地觅寻姿色秀丽、能歌善舞的色目女子送入豹房，武宗大悦，昼夜宣淫。此外，他还令礼部在全国挑选优伶进京待召。一时，每天进京的优伶数以百计。看到武宗完全沉溺于酒色之中，刘瑾喜不自胜。

刘瑾还有一个绝招，就是选择武宗玩得兴致正浓的时候请他批阅奏章，武宗哪有心思去批答奏章，索性发一通脾气："朕要你们干什么？你看着办吧，以后别来烦我。"或则挥手示意，令其退下。这样几次之后，刘瑾遇事便不再来回奏，擅自决断，代替皇帝批答奏章。但刘瑾粗通文字，文化水平极低，有的奏折看不懂，竟将奏折带回家中，让其妹夫孙聪等代劳，然后交给焦芳加工润色。昏庸的武宗不仅不认为是刘瑾窃权，反而认为他很会处事，对他倍加宠爱。诡计多端的刘瑾，就这样轻而易举地窃取了国家的最高权力。

刘瑾权倾朝野，官员们都必须称他为刘太监，而不能直呼其名。一次，都察院来人向他递交奏章，奏章上出现"刘瑾传奉"字样。刘瑾看后，破口大骂，吓得都察院左都御史屠滽率所属十三道御史跪在刘宅台阶上"咚咚"磕着响头请罪。刘瑾骂累了，让他们快滚，他们这才起身。从此，凡府部官员有事奏请，都必须先在刘宅门口等候；科道与部属官员一律长跪。一些无耻大臣给刘瑾奏折，不写"拜上"，而写"顶上"。其党羽自称是"门下"，称他为"千岁"。还有的自称为"门下小厮"，以讨刘瑾欢心。

宦官干政与特务专政是相互联系的。明朝是特务横行的时代。明太祖为维护自己的统治,专门设置了特务机关"锦衣卫";明成祖时又设立了一个"东厂";宪宗时期又添了一个"西厂"。这些特务组织独立于政府各部门,直接受皇上指挥。它的任务就是侦察臣民言行,控制臣民活动。如今东厂、西厂、锦衣卫被八虎中人控制,刘瑾还不放心,他又设立了一个"内办事厂"。该"厂"直接由他领导,它不但监视臣民的言行,而且连锦衣卫、东厂、西厂也在其侦察之列。自此,特务遍及京师,渗透穷乡僻壤。茶楼酒肆见穿华丽衣裳的狂妄之人,便疑心是特务,民间百姓见生人操京城口音便纷纷躲避。举国上下,人人自危,惶惶不可终日。据《明史》记载,在刘瑾专政的日子里,仅被厂、卫杀害的官民就达数千人之多。

尽管刘瑾利用国家机器,控制舆论,只许人对他歌功颂德,不许说出半个不字。但是,他终究无法消除官民对他的不满情绪。正德三年,在北京就出现了揭发刘瑾罪行的匿名揭帖。刘瑾见后恼羞成怒,旋即令满朝文武官员一齐跪在奉天门前,逼他们交出写匿名单的人。当时正值盛夏,骄阳如火,酷暑难当。可怜这三百多名朝中大臣齐刷刷跪在发烫的石板地上,一个个汗流浃背,从午到晚,接二连三的中暑倒地,但谁也不敢稍动一动。刑部主事何代、顺天府推官周臣、进士陆伸竟中暑死去。太监李荣实在看不下去,见刘瑾一时不在,就让百官们坐下吃了点西瓜,刘瑾发现后马上将其解职。太监黄伟非常气愤,说:"好男子死即死,何不自己说出,却连累他人。"刘瑾认为内藏讥讽,当即将他革职流放。官员们就这样一直跪到晚上。这时刘瑾早已回家休息,看到实在没有结果,才传下话来,把这三百多名官员全部押进锦衣卫监狱。第二天,大学士李东阳冒死给武宗上书求救,刘瑾听到风声,匿名信系自己身边的太监所写,这才把三百多名无辜入狱的朝官释放。

刘瑾大权在握,拼命地聚敛财富,公开提倡行贿受贿,官吏升降全凭银子多少而定。刘宇原是个都御史,他给刘瑾送了一万两黄金,刘瑾立即将其晋升为兵部尚书、吏部尚书,后又升为内阁大臣。在南京任户部右侍郎的杨廷和,以蜀锦贿赂刘瑾,不久就由闲职补了实缺,升为户部尚书。杨廷和又给了刘瑾两千两黄金,刘瑾将其又升为文学阁大学士兼户部尚书。南京右都御史张泰,清正廉洁,政绩突出,本应擢升其职,因其家贫,仅以当地土葛送上,刘瑾看不在眼里,令其致仕。翰林学士吴俨,是个大户人家,刘瑾派人向其索贿,吴俨不从,便被罢官。御史涂桢,奉命巡查芦盐课,刘瑾要他将当前盐税交给他,涂桢不从,便将涂桢下狱拷打,并把他的儿子发配充军。神英原是一个右都督,年迈当致仕,重贿刘瑾以后,不仅未退休,反升为泾阳伯,岁禄八百万。相反,那些不肯屈从的,都惨遭陷害。平江伯陈熊,奉命总督漕运,刘瑾向他索贿,不给,被处以死刑,后经李东阳营救,才免一死,被削去爵位,谪戍南海卫。南京户部尚书雍泰,与刘瑾是陕西同乡。雍泰为人正直,耻与刘瑾交往,上任后不向刘瑾送礼,上任刚四天,即被令其致仕。

正德三年,刘瑾还公然下令,凡是进京述职的地方官员,都要纳银。每个布政使纳银两万两,否则,不得返回地方。各地方官无奈,只得向刘瑾行贿。所带银两不足,就向京城有钱人家借贷,这叫"京债"。如果拒交贿或贿赂稍慢,都会获罪。

不但如此,京城出巡的官员回来也得交钱。兵科给事中周钥奉诏巡视淮安,刘瑾派人向其索贿,胃口特大。周钥无奈向知府赵俊求助,赵俊开始答应借给一万两黄金,后怕周钥还不起,就未借给。周钥巡视完毕后,起程返京,行至桃园,深知无法向刘瑾交代,难以逃脱制裁,只好拔剑自刎。

刘瑾除了勒索朝官外,依仗权势,随意掠夺农民土地,扩充庄田,侵占官地五十多顷,毁民房三千九百余间,发掘百姓坟墓二千七百多座,加速了广大农民的破产流亡。此外,他还任意增加税收。正德五年初,他以清丈屯田为名,派人到宁夏随便改变亩制,以五十亩为一顷,增征税额,扰得戍将卫卒和当地百姓怨声载道。朱元璋的玄孙、安化王朱寘鐇利用军民的愤怒,联合附近守将趁机起兵,焚烧官府,散发传单,历数刘瑾十七大罪状。这次兵变,前后仅十八天,即被平定。朱寘鐇也被俘获。当朱寘鐇举事之时,陕西官员及时把有关的檄文、告示报给了朝廷。刘瑾见文告上揭露了自己的罪行,就把它隐藏起来,只向武宗报告了宁夏叛乱。武宗不知叛乱已被陕西驻军平定,决定起用前都御史杨一清,命他为总兵,派太监张永为监军,率兵讨伐。临行,武宗身穿军服,送他们出东华门。他们日夜兼程,到达宁夏时,由于叛乱被平定,便安抚当地军民,然后押着朱寘鐇父子班师回京。

零刀碎剐　身首异处

杨一清办事果断,善于计谋,前因得罪刘瑾,被其陷害入狱,差点被处死,幸亏李东阳营救,才获出狱。因此,他恨透了刘瑾。张永原是八虎之一,后因同刘瑾争权,被调往南京,并要立即动身,还在路上派了刺客。张永也是武宗的宠臣,立即找其诉说。武宗不知此事,找刘瑾寻问,二人对质。愤怒中,张永猛击刘瑾一拳,二人撕打起来。武宗将其劝住,摆酒宴为他们调停,二人这才罢休,可张永恨透了刘瑾。杨一清深知他们之间的矛盾,马上想起利用矛盾,借张永之手除掉刘瑾。回师途中,两人并辔而行,杨一清向张永说:"这次出师,旗开得胜,全赖公公威德。但是,叛乱易平,内患却不可预测啊!"张永问:"你所说的内患所指什么?"杨一清便在张永手上写个"瑾"字。张永心领神会,愤怒地说:"这家伙阴险狡诈,六亲不认,祸乱朝廷,朱寘鐇就是因他才叛乱的。"杨一清顺着话茬说:"是啊!这家伙六亲不认,张公您不先下手,后患无穷呀!"张永为难地说:"刘瑾日夜在皇上身边,皇上一日不见他就闷闷不乐。现在其党羽遍布,耳目众多,除之非易。"杨一清见他畏难,便鼓励道:"您也是皇上最信赖的大臣。这次讨逆,不将重任交付他人,而交付于您,皇上之意,不言自明。而且,叛平奏捷,皇上必问及宁夏之事。您可乘机将朱寘鐇发布的文告交给皇上,再向皇上述说刘瑾的罪行,皇上必然要除掉刘瑾。那时,您掌握大权,消除弊政,千秋功业,不可错过呀!"张永还不放心,又问道:"要是皇上不听怎么办?"杨一清说:"刘瑾的问题,由您去揭发,皇上必信无疑。万一皇上不信,您可跪在皇上面前,以请死表示自己的忠心,这定可感动皇上。只要皇上点头,就要立即动手,切不可片刻迟疑,否则,事机泄露,后果将不堪设想。"听杨一清说得非常在理,张永也就决计行事。

八月十五日,张永向武宗献俘,武宗十分高兴,亲自到东华门迎接。献俘仪式结束,武宗设宴为张永庆功。在谈笑中,武宗一再夸赞张永,说他精明强干,为朝廷立了大功。刘瑾在一旁听了很不高兴,便借故提前离席,群臣们逐渐退走,只剩张永一人。此时已到半夜,武宗已有醉意。张永拿出朱寘镭的讨刘檄文,交给了武宗,指出檄文所举的刘瑾罪行,件件属实。又奏刘瑾最近私藏军械,准备起事。武宗醉眼朦胧地问:"刘瑾到底想干什么?"张永回答:"他想取天下!"武宗并不在意地笑着说:"那就让他取吗?"张永跪在御前哭着说:"陛下,刘瑾取天下,做皇帝,那么,圣上您呢?"武宗虽然昏庸,听张永这么一说,惊出一身冷汗,酒也醒了,说道:"朕一直宽待他,现在他竟敢如此负义。"于是,传令捉拿刘瑾。张永带领禁兵,直扑刘宅。刘瑾已经睡熟,他还没弄清怎么回事,就被张永擒拿。随即,张永命士卒查封了刘瑾的内外住宅。

第二天早朝,武宗将刘瑾罪恶诏示群臣,事情突然,群臣震惊。但此时武宗仍无诛刘瑾之意,只准备将他降职为奉御,谪居凤阳。张永获此消息,大惊失色,连忙入宫,诉说刘瑾罪恶,一定要将他诛杀。这时,六科给事中和十三道御史联合起来上疏,列举刘瑾三十多条罪状,上报武宗。张永一个劲地撺掇武宗去抄刘瑾的家。武宗好玩,听说抄家,异常兴奋,他要亲自去看刘瑾家里到底藏着何物,于是亲带校尉赶到刘宅。在刘瑾家里,共计抄出黄金一千二百零五万七千八百两,白银二亿五千九百五十八万三千六百两,宝石二斗,黄金甲胄二副,金帐钩三千对,玉带四千一百六十二条。看得武宗目瞪口呆。此外还搜出私刻皇帝玉玺一方,穿宫牌五百个,绣龙衮袍八件,蟒袍四百七十套,盔甲三千,弓弩五千。而真正使武宗感到震惊的,是刘瑾平时入宫时经常拿着的两把貂毛大扇,装有机关,内藏两把锋利的匕首,只要手指一按扇柄,扇骨里就"突突"射出两把匕首。武宗这才勃然大怒,立即下诏,命法司、锦衣卫会同百官进行公审,他要坐在午门城楼上观看。

会审之日,刘瑾被押至午门外。刑部尚书刘璟坐在案后主审,文武百官站在两旁观审。审讯开始,刑部尚书刘璟直到此时还心有余悸,不敢作声,百官们也吓得不敢出声。刘瑾公然叫嚷:"满朝公卿,都是我起用的,你们谁敢来审我?"都给事中李震刚想说话,刘瑾投以轻蔑的眼光,嘲笑说:"难道你忘了,是我提拔了你,你也来揭发我?"李震一时语塞。驸马都尉蔡震忍不住了,一把推开刘璟,坐在主宰位子上厉声说道:"我是国戚,不出于你的私门。今天我就要审问你,你给我跪下!"刘瑾不肯跪,蔡震冲上前去狠狠打了十几个耳光,打得他顺嘴流血,"扑通"一声跪下来,没有了昔日的威风。接着,蔡震同会审官吏,出示刘瑾罪证,刘瑾无法抵赖,只有说:"俱有俱有。"遂即画招。审讯结束后,宣布对刘瑾处以极刑,"凌迟三日,挫尸枭首,画影图形,榜示天下"。

正德五年八月二十九日，午门刑场人山人海，水泄不通，鞭炮震天，欢声雷动。这一天是刘瑾行刑的日子，许许多多被害者及被害者家属，摆设香案，叩谢苍天有眼。依照刑律，凌迟即磔刑是最残酷的刑罚，要割3357刀，历时三日。头一天，先割357刀，还不能把人割死，以备第二天再割。凌迟从胸膛左右割起，每割十刀，一歇一停。每刀割下指甲片大小的肉。开始，每割一刀，血流如注，割到后来则无血可流了。有的为了出口恶气，不惜"以一钱易一脔"，即买他一小片肉来踩来啖或回家祭奠亡灵。头天刀数已够，刘瑾残体被拖进顺天府宛平县寄监。释缚后不久，他还喝了两碗小米粥。第二天再押至刑场，以麻核桃塞口，刚割数十刀，已经气绝，最后被当胸一斧，身首异处。

刘瑾被诛后，他的家属十五人及死党大学士焦芳、刘宇、曹元，吏部尚书张绦，户部尚书刘玑，兵部侍郎陈震，锦衣卫指挥杨玉等六十余人一律处斩。

奸佞已除，但国事依旧。张永接替刘瑾，掌司礼监。其他几虎依然把持朝政，武宗依然在豹房中行乐……

一人之下　万人之上

——魏忠贤

名人档案

魏忠贤：原名李进忠。明朝末期宦官。北直隶肃宁（今属河北）人。出身于市井无赖，后为赌债所逼遂自阉入宫做太监，赐名忠贤。熹宗即位，升为司礼秉笔太监兼提督。他密结大臣为援，以犬马声色取宠于熹宗帝。1623年掌管东厂。他排斥异己，广结党羽，势倾天下。

生卒时间：1568年~1627年。

安葬之地：崇祯在李自成攻进北京前夕，不知何故突然想起魏忠贤之功绩，遂在太监曹化淳建议下，收葬其遗骸于魏当年选定的墓地香山碧云寺。康熙年间御史张瑗巡视北京西城时发现魏忠贤墓依然"峻宇绵墙，覆压数里，郁葱绵亘，金碧辉煌"，据此进言称帝京周围不应"留此秽恶之迹"，于是到康熙四十年终被夷平。

性格特点：不甘寂寞，敢想敢干，本性憨直，待人热诚讲义气。

历史功过：魏忠贤与皇帝乳母客氏沆瀣一气，狼狈为奸，极受宠信，被封为"九千岁"，自己也在民间养了不少"义子"，如什么"五虎""五狗""十孩""四十孙"等。在其全盛时期，各地官吏阿谀奉承，纷纷为他设立生祠。1627年崇祯帝朱由检登位以后，遭到弹劾，被流放凤阳，在途中畏罪自杀。

混迹市井　自阉入宫

封建专制时代,属于皇帝专权、独揽朝政大权的时代。但是皇帝个人的精力总是有限,即使是再英明的皇帝,总也有疏忽的时候,更何况明朝中后期绝大多数皇帝都是平庸之辈。当皇帝大权独揽,却不能正常地行使职能时,皇帝身边的人就会擅用皇权作威作福,于是发生了外戚专政、宦官专权。朱元璋建立明王朝以后,虽然绞尽脑汁,采取了许多措施,但也没能阻止宦官专权的历史覆辙。明代中后期的宦官乱政,比历史上任何一个王朝都过之而无不及,魏忠贤就是这些乱政的太监中最著名的一个。他气焰最嚣张的时候,竟然被一些无耻的官员公开称呼为"九千岁",只比"万岁"少了"一千岁。"历代功臣宿旧加王晋爵,但从来没有在皇帝"万岁"面前敢于称呼"九千岁"的。魏忠贤无任何功绩于国家社稷,气焰却如此嚣张,可见当时宦官专权的程度之深。

魏忠贤是直隶河间府肃宁县人,原名魏进忠,小名魏四。他出身贫寒,家徒四壁。后来父亲犯了罪被发配到边疆地区服役,魏四的日子就更加难过了。由于缺乏大人的管教,他和一些市井无赖混在了一起,常常做一些偷鸡摸狗的事情。有一次,他去附近的一户人家偷鸡,半夜里被人发现,这户人家并没有把他送到官府。但魏忠贤见这户人家女儿生得漂亮,第二天竟然厚颜无耻地带着聘礼前来求婚。魏忠贤当然被拒之门外,但是他软硬兼施,白天带着礼品死磨硬泡,晚上就带着一帮狐朋狗友恐吓威胁。最后那户人家被迫把女儿嫁给了他,妻子给他生了一个女儿,可是后来因为他实在不成器,魏忠贤整天只顾吃喝玩乐,不事生产,妻子毅然携女儿离家出走。从此他孤家寡人更是无牵无挂逍遥自在了,也更为猖狂地为非作歹。

魏忠贤在终日胡混当中,却也练得了两件本事,一个是酒量大到千杯不醉的程度;另一个是善于骑射,弓马娴熟。这些成为后来他发家的资本。魏忠贤嗜赌如命,有一次,他和人赌博输了钱,血本无归,但他贼心不死,又借了许多银子想去翻本,不料又全输了进去,还欠了一屁股债。魏忠贤还不起债,被人满街追着跑,以至于走投无路。这时正好皇宫里招太监,魏忠贤就一咬牙举刀阉割了自己,当了太监。

"傻子"投机　逐渐发迹

在宫中,魏进忠给自己取了个新名字——魏忠贤。他每天的工作就是早起时倒前宫的马桶。这恰好正遂了他游手好闲的本性,剩下的时间他就在赌博喝酒中混日子。从此,他淹没在底层太监之中一连十几年,这段时期从哪个角度也看不出这个人日后会成为左右大明帝国的风云人物。在宫中飞黄腾达需要三个条件,一是识文断字;二是富有心机;三是有强烈的野心。而这三条魏忠贤无一具备:魏忠贤没上过学,进宫多年依然大字不识一个;说到心机,人们对他的评价是"憨",他待人热情,真诚,合群,敢作敢当,却独独与"心机"两字毫不沾边,在与太监们喝酒赌博的日子里,他也经常被那些奸猾的太监耍弄,时间一长竟得了一个"傻子"的外号;至于野心,他更是绝缘,他进宫的目的,不过是为了丰衣足食,最多是连带着一家人衣食不愁而已,何况当认清了自己在智力、能力上与别人的巨大差距后,他就更没有什么痴心妄想了。实际上,以他的能力,即使做到这一点也已经很不容易了。

但实际上,他并非没有一点心机,只不过没人发现这点罢了。经过长时间的观察,魏忠贤看出后宫中最有权势的是司礼秉笔太监王安。此人陪伴皇长子朱常洛在青宫苦熬多年,为人正直忠诚。魏忠贤自认为自己目前的地位不可能接近王安,便巴结王安手下的太监魏朝,并与他结为兄弟。在魏朝的推荐下,魏忠贤获取了王安对他的信任,得以从甲字库调为皇长孙母王才人的典膳。

光宗即位不久便一病不起,魏忠贤感觉到了这位多灾多难的皇帝后面的日子已屈指可数。他清楚地知道一旦光宗归天,皇长子朱由校便是理所当然的继承人。于是他开始把投机的目标转到皇长子的身上。经过观察,他发现朱由校对其乳母客氏格外依赖,言听计从。而这位客氏又恰恰是结拜兄弟魏朝的"对食"(指宫女与宦官相好),魏忠贤表面上仍与魏朝密切交往,暗地里却借机与客氏秋波暗渡。客氏也是水性杨花的女人,见魏忠贤比魏朝年轻貌伟,便马上投入了魏忠贤的怀抱。在客氏的引荐下,魏忠贤得入东宫跟随朱由校。为了讨朱由校的欢心,魏忠贤又别出心裁,制出各种奇珍异玩,供朱由校玩耍戏乐。朱由校亦视二人为心腹。

不出所料,光宗很快驾崩,熹宗朱由校继位。魏忠贤的政治投机果然奏效,熹宗登基不到一月,便封客氏为奉圣夫人,升魏忠贤为司礼秉笔太监。魏忠贤目不识丁,却入司礼监秉笔,全凭客氏在熹宗面前巧言美语。魏忠贤知道单凭皇帝的宠爱是不可能在风云变幻的政坛上站稳脚跟的,必须拥有实力,培植忠心于己的党羽,大权在手之后,才能保住荣华富贵。于是他便开始精心设计,一步步施展其争权阴谋,从此开始了他惑乱朝纲、祸国殃民的罪恶行径。

魏忠贤首先把注意力放在宫内。结拜兄弟魏朝,此时已失去了利用价值,并且还经常为客氏与魏忠贤争风吃醋。魏忠贤与客氏串通密谋,借熹宗之口逐走了魏朝,并矫旨将其害死在戍所。正直忠诚的王安,因不满客、魏相互勾结、为非作歹,奏请熹宗逐客氏出宫,并谴责魏忠贤。客、魏二人怀恨在心,谗言陷害王安,将其逼死,而以心狠毒辣的王体乾取代王安,还将王安的旧属全部除去,安插自己的爪牙李永贞等担任宫内要职。从此后宫中成了客、魏的天下,宫人无一敢得罪他们的。

情形还不仅仅如此,贵为皇族的妃嫔及其子女也都开始受制于客、魏而不能自保。光宗的遗妃赵选侍,平素与客氏不合,魏忠贤竟矫旨赐她自尽;熹宗裕妃张氏,因无意间言语触怒客氏,也被害死。此后妃嫔中只要有敢惹魏、客不高兴的,都会惨遭迫害。皇后张氏端庄严明,由于对魏、客二人专擅后宫十分愤恨,常常在熹宗面前陈明二人的罪恶。魏、客知道后以计使张后流产,又在宫中散布流言,说张后是罪人之女,罗织了张后父亲的诸多不法事,鼓动熹宗废后。熹宗认为皇后无过,废后一事最终没有答应。魏忠贤不顾祖宗成宪,令宫人演练"内操",一时间宫中炮声震天。史书说熹宗的长子未满月竟被惊死,连熹宗本人也差点被炸伤,搅得整个后宫乌烟瘴气,腐乱不堪。

魏忠贤势力不断增长,他已经不再满足于宫内发号施令,而欲总揽朝纲,左右朝政。当时外臣主要分为两大阵营,一是以东林党为主体的正直派朝官,他们为辅佐熹宗登基立下了汗马功劳,受到熹宗重视。赵南星、叶向高、杨涟、左光斗等东林名士都官居要职,一时间出现了"东林方盛""众正盈朝"的局面。他们从挽救统治危机的立场出发,主张整顿吏治,罢黜弊政。另一派是以浙、齐、楚、昆、宣诸党为主体的官吏。他们在与东林党的门户斗争中势力渐弱,正欲寻找机会向东林党人反扑。魏忠贤看准了这些官吏与东林党的矛盾,便开始有意给予扶持;而诸党势力也看中了魏忠贤是"可以依靠"的新主人,双方因此一拍即合。顾秉谦、魏广微等纷纷投靠魏忠贤,与东林党人展开了你死我活的斗争。

呼风唤雨　登峰造极

东林党很早便对魏忠贤的干政强烈反对,从熹宗登基开始,便写有很多奏疏要求逐客氏出宫,揭露魏忠贤结党营私、包藏祸心。熹宗不但不听,反而责罚劾奏者。天启三年(公元1623),魏忠贤得提督东厂,把顾秉谦和魏广微安插进了内阁。

有皇帝撑腰,魏忠贤更加肆无忌惮。为打击魏氏的嚣张气焰,天启四年(公元1624)六月,杨涟上奏弹劾魏忠贤二十四大罪,要求将魏忠贤"敕刑部严讯,以正国法"。不久又有上百余奏章弹劾魏忠贤,声援杨涟。魏忠贤大为恐惧,便内使客氏为其开脱,外令魏广微等阻塞众议,总算逃脱了惩罚。此后,魏氏与东林党更加势不两立。从下半年开始,魏忠贤便发起了对东林党人的疯狂迫害。他指使爪牙,罗织一些莫须有的罪名,杖死了万燝,逼走了内阁中首辅叶向高,罢黜赵南星、高攀龙、魏大中等,又将杨涟、左光斗削籍。不久,继任的内阁首辅韩炉、朱国桢也相继遭到魏氏集团的排挤。

在排挤正直朝臣的同时,魏忠贤开始在朝中遍植死党。继顾秉谦、魏广微之后,贾继春、于绍微、阮大铖、崔呈秀等奸佞之徒纷纷被魏忠贤安插进政府的主要部门,势成"内外大权一归忠贤"的局面。内有李朝钦、王朝辅等三十余人为其效命,外有文臣崔呈秀、田吉、吴淳夫、李夔龙、倪文焕等"五虎"为其谋划;又有武臣田尔耕、许显纯、孙云鹤、杨环、崔应元等"五彪"为其"主杀戮"。此外还有所谓"十狗""十孩儿""四十孙"等爪牙，"自内阁、六部至四方总督、巡抚，遍置死党"，一时权势熏天。为了协助魏忠贤有效地打击东林党，顾秉谦、魏广微编《缙绅便览》，崔呈秀进《同志录》，王绍徽进《点将录》，罗织东林党人的黑名单，以方便魏忠贤及时"按名黜汰"。

经过一番紧锣密鼓的准备，魏忠贤向东林党人发起了残暴的围剿。天启五年（公元1625）再次逮捕汪文言，捏造供词，株连杨涟、左光斗、魏大中、袁化中、周朝瑞等六人，将六人害死狱中，史称"六君子之狱"。次年二月，又逼迫苏杭织造太监李实上奏弹劾高攀龙、周宗建、缪昌期、李应昇、周顺昌、黄尊素、周起元等七人，这七人除高攀龙自杀外，其余均被下"诏狱"拷打死，史称"七君子之狱"。魏忠贤的残忍暴行激起了人民的极大愤慨，在苏州和常州，爆发了当地市民反对逮捕周顺昌和黄尊素的斗争。市民们纷纷自动组织起来，声援东林党，声讨"阉党"。尽管这些斗争最终都被镇压下去，但它宣告了魏忠贤乱政是有背民心的。

看到东林党在群众中的声望如此之高，魏忠贤感到仅从肉体上消灭东林党是远远不够的，还应该从精神上消灭他们。在他的授意下，内阁首辅顾秉谦亲自出马，组织力量编撰《三朝要典》，从"阉党"的立场出发，篡改"三案"的事实，借"三案"攻击东林党"污皇祖""负先帝""为罔上不道"等等"大逆不道"的行径，企图从"对君不忠"的思路败坏东林党的名声。

魏忠贤的残酷迫害，令东林党人遭受了前所未有的灾难。据统计，"毙诏狱者十余人，下狱谪戍者数十人，削夺者三百余人，被革职贬黜者不可胜计"，所有正直的官吏几乎都受到了打击。

正直的官吏纷纷被排挤出朝廷，魏忠贤的权势几乎达到了登峰造极的地步。天启五年（公元1625），他世荫都督同知；次年正月，又荫都督金事；不久，又进上公，加恩三等。魏忠贤肆意昌功滥赏，为自己亲属攫取高官厚禄。其侄魏良卿被晋封为"宁国公"，连尚在襁褓的从子魏良栋等也被封为东安侯、少师，其族人也得到了都督、金事等高官。为了巴结魏忠贤，那些寡廉鲜耻的"阉党"走狗也争着向魏忠贤献媚。顾秉谦在内阁，凡朝廷有喜事，一味地"拟旨归美忠贤，褒赞不已"，甚至还有人请以忠贤配孔子，各地的地方官争先恐后地在地方为魏忠贤建生祠，"穷极工巧，攘夺民田庐，斩伐墓木"，弄得民怨载道，却无人敢诉。甚至有的官吏还称魏忠贤为"九千岁""九千九百岁"，这就是中国历史上最黑暗的朝代——大明朝的特色，纵观中国历史，没有比明朝中后期更加荒唐的朝代。

魏忠贤采取了两种策略拯救自己，一种是继续大肆渲染美化自己，一种是培植特务组织，残忍地镇压反对者，以至于草木皆兵。明代的特务组织历史闻名，这是由于明朝皇帝大多具有病态的好奇心，喜欢窥视臣民们的隐私，明朝为此建立了一个庞大的特务组织，由东厂和锦衣卫组成，人数多达数十万。天启三年，魏忠贤出任提督东厂太监，在这个位置上，他真正发挥了自己的才干，把特务工作干得有声有色。由于意识到自己统治的不合法性和社会上巨大的反对力量，所以他把特务组织的力量发挥到了极致：一方面，为了在全社会制造一种普遍的恐怖气氛，让所有的人都畏惧；另一方面，则用无孔不入的卑劣侦察手段深挖潜在的政敌，防患于未然。

"道路以目"的故事广为人知：朋友四人在密室饮酒，其中一人喝多了，大骂魏忠贤。另三个人不敢附和，仅瞪目而已。这时，东厂的特务便如天兵天将般出现，他们破门而入，当即把四人抓到魏忠贤处。骂人者被活活剥皮，其他三人因为没有附和而得到了奖赏。这个故事突出了魏忠贤时代的社会恐怖气氛，真实情况相去无几。"道路以目"这个词用于描写当时的社会氛围已不是虚指。

天启六年，一苏州官员因事进京时，将入都途中及京城内外的见闻写成《北行日谱》一卷，极其生动地反映出当时社会恐怖的情状。他入京途中和在客店内都遭到了特务突如其来的检查，行李被翻了好几遍。进京后，他连续走了几家朋友，求住一宿，没有一个人敢答应他的。其中一人见他上门竟失声道："此乾坤何等时，兄奈何自投此地？"可见当时恐怖气氛深刻之至。

在全社会都战战兢兢的恐怖气氛中，有一个声音却越来越响，那就是对魏忠贤的颂扬。

大学士冯铨在为魏忠贤祝寿的诗中，竟然把他说成是"伟略高伊吕，雄才压管商"，简直是古往今来第一伟人。后来，国子监监生竟集体上书，要求魏忠贤与孔子并祀，并说他"复重光之圣学，其功不在孟子下"，文盲魏四恐怕做梦也想不到自己居然取得了与孔孟并尊的地位！对这类乖张的溢美之词，魏忠贤竟然全都欣然接受，而且对谀颂者大加奖赏。常言说：上有所好，下必甚焉。到后来，这场空前的崇拜运动发展到了这样的地步：全国各地纷纷为魏忠贤造起了生祠。各省为了讨好魏氏，造成的生祠之壮观，远过于什么岳庙关庙。河南省城开封为了建造生祠，强拆了民房两千多间，建成后前后九重，乃天子之数。延绥的"祝恩"祠，完全是皇帝专用的黄琉璃瓦为顶，祠内都是沉香木雕成的魏忠贤像，门口贴着这样的对联：至圣至神，中乾坤而立极；多福多寿，同日月以长明。各地总督巡抚还要到祠中三叩五拜，口呼九千岁。没有哪一个活着的皇帝能受到过这样的尊崇，更别说一个太监了。如此荒唐的闹剧，不完全是因为魏氏一人的头脑简单，还反映出了封建士大夫在精神层面上的进一步劣化。

悲惨结局　上吊而死

如此繁多的颂扬使魏忠贤对自己的身份地位处于一个五彩的幻境当中。他几乎没有意识到，自己的权力是建立在冰山之上的，如果没有皇帝的支持，他实际上什么也不是。他从来没有想到冰山融化之后，自己将会面临什么样的命运。他只是被本能和虚荣所支配，就像一个喝醉酒的车夫，胡乱驾驶着大明王朝这驾马车，向灭顶的深渊歪歪斜斜地奔去。

魏忠贤横霸朝政所依赖的，不过是熹宗皇帝的宠信。宦官专权不过是高度发达的君主专制制度下君主专权的另一种形式。他不可能彻底取代皇权，一旦失去皇权的支持，便会粉身碎骨。天启七年（公元1627）秋，熹宗因病驾崩，崇祯皇帝继位，从而宣告了魏氏集团政治后台的彻底崩塌，其末日已经来临。

但是，魏氏集团内的聪明之辈意识到了魏氏权力基础的致命缺陷：皇帝总有一天会死的，何况明代皇帝大多短命，一旦皇帝去世，魏氏王朝很可能土崩瓦解。因此，他们便向魏忠贤献策，劝其趁现在魏氏势力全盛之时，代君自立，只有如此才能确保魏氏集团的长远利益。然而再多的颂扬吹捧与明智提醒也改变不了魏忠贤目光短浅的现实。一听到这样的建议，魏忠贤立即惊得面如土色，他严厉警告谋士以后不要如此说话，他魏忠贤是大忠之人，怎么能存大逆不道之心？他在谕旨里夸自己"一腔忠诚""赤心为国"，这都是实际情况，像他这样的"伟人""忠臣"，怎么会做出这样不齿于人类的悖逆之事？就像当初魏忠贤轻而易举获得权力一样，命运停止在他身上的试验也是如此的突如其来。谁也没想到，天启七年，年仅23岁的皇帝突然得了重病。这年五月，他开始腰疼，发烧，后又浑身浮肿，大限将至的迹象已经呈现。从症状上判断，他得的大概是急性肾炎。

60岁的魏忠贤住进了懋勤殿，日夜侍候皇帝起居。他为了挽救皇帝的性命，想出了无数办法：请来巫师，给皇帝驱邪；在宫中发放金寿字大红贴裹，要用一片金色红色的喜庆气氛驱赶病魔。看到皇帝的病情日渐加重，他多次暗自垂泪。

一切都归徒劳无益，三个月后，天启皇帝去世，魏忠贤哭得昏天黑地。他对天启帝情近父子，皇帝的突然驾崩，对他的打击可谓无法想象。这个曾经精于心机之人，在政治上竟然迟钝到如此地步。

熹宗由于无子因病驾崩之后，故由其弟弟朱由检继承了帝位。新皇帝崇祯"心乐读书，十余龄即好静坐"，对政治有着强烈的兴趣，一心一意要挽大明于危难之中。对魏氏集团的胡作非为，他早已痛恨到了极点。起初，他对魏忠贤还敬畏有加，慑于魏氏的巨大权势，暂时没敢有任何动作。然而，经过一段时间的观察，他发现这个庞然大物其实根本不堪一击，即位两个月之后他就决定动手割除这颗毒瘤。他首先示意臣下弹劾魏忠贤，长期以来聚集的反魏能量一泄而出，弹劾魏氏的奏折铺天盖地。天启七年十一月初一，崇祯帝发布文告，宣告魏氏乃大恶之人，"本当寸磔，念梓宫在殡，姑置凤阳"。

然而皇帝的"姑置凤阳"只不过是句客气话，算是给先帝留个面子，他怎么会真正地养虎遗患？何况中国封建专制政治历来讲究斩草除根，在魏忠贤面前毫无疑问只剩下死路一条。十一月初六，得知皇帝要取他性命后，魏忠贤便在南行路上上吊而死。魏忠贤的尸体最初被草草埋葬在阜城，后来为了昭示国法，又被挖出来处以凌迟之刑，并在他的家乡枭首示众。魏氏的贤子魏良卿也被处死，其他家庭成员全部被发往南方烟瘴地区永远充军。

河北肃宁大魏庄的一些气势轩昂的层楼叠院刚刚建成几年,有的建筑还没有最后完工便被一一查抄没收、拆毁。显赫威扬多年的魏氏家族,顷刻土崩瓦解,不可一世的魏氏公侯们,一日之间成了被人踢来踏去的刑场上的尸首。

开国奸雄

——鳌拜

名人档案

鳌拜：中国清初权臣。出身瓜尔佳氏，满洲镶黄旗人，清朝三代元勋，康熙帝早年辅政大臣之一。以战功封公爵。鳌拜前半生军功赫赫，号称"满洲第一勇士"，后半生则操握权柄、结党营私，为影响清初政局的一个重要人物。

生卒时间：1610 年～1669 年。

性格特点：耿直倔强，敢于抗争，但过于蛮横自负。

历史功过：鳌拜早年南征北战，屡建奇功，忠于故主，始终不渝，是功臣也是忠臣；康熙初年辅政时期飞扬跋扈，把持朝政，颇多恶迹，最后败在少年康熙手中，虽然免于刑戮，但身死禁所，成为中国历史上强悍不逊的权臣。

名家评点：康熙五十二年（1713 年），皇帝念其旧劳，追赐一等阿思哈尼哈番，以其从孙苏赫袭。苏赫卒，仍以鳌拜孙达福袭。世宗立，赐祭葬，复一等公，予世袭，加封号曰超武。乾隆四十五年（1780 年），高宗宣谕群臣，追戮鳌拜功罪，命停袭公爵，仍袭一等男；并命当时为鳌拜诬害诸臣有褫夺世职者，各旗察奏，录其子孙。

戎马生涯 屡立战功

鳌拜，姓瓜尔佳氏，满州镶黄旗人，镶黄旗乃满洲八旗之一，属上三旗。

在满州人的历史上，当他们还生活在奴隶制阶段之时，在其氏族部落中出现了一种新的社会组织形式，称之为"牛录"。这种社会组织形式规定：凡遇出师狩猎之时，不论人数多寡，依氏族村寨而行。出猎开围之际，各氏族部落出箭一支，十人中立一总领，其余九人从行，各照方向，不准混乱，此总领称为"牛录（华言大箭）额真（华言主也）"。牛录既是狩猎生产的组织形式，也是对外作战的组织。当农业生产发展后，满洲人也以牛录的形式组织耕种。但是，牛录额真及九位成员，还只限于本氏族或本部落。努尔哈赤在兼并各部的过程中，将被征服的各部人统编入牛录，以三百男丁为一牛录。一牛录设额真一人，额真以下设代子一人、章京四人、村领催四人，其中四名章京分领三百男丁，编成塔旦，塔旦是共同行动的基层单位。到了公元1601年，努尔哈赤又将牛录组编为四个"固山"（旗）。固山不是基于血缘关系的部落组织，而是以牛录组成的军事行政单位。被编入固山的人丁包括被征服的各部满洲人，也还包括被征服的汉人在内的外族人。由于这个原因，固山不再依山河地理命名，而是以不同颜色旗帜相区别，组成黄、白、蓝、红四旗。固山，满语即"旗"的意思。

随着努尔哈赤兼并战争结果和军兵的不断扩大，到了公元1615年，努尔哈赤又将原来的四旗扩编为八旗。他在原来黄、白、蓝三种颜色旗帜的边上镶上红边，红旗边上镶上白边。这样，八旗制度形成了。

按规定，五牛录为一甲喇，首领为"甲喇额真"（参领）；五甲喇为一固山，首领为"固山额真"（都统）。这样一来，每旗有壮丁七千五百人，八旗共有六万人。

属于镶黄旗的鳌拜早年曾为护军校，在连年战争中，屡立战功。在皇太极天聪八年（1634），因功被授以世袭骑都尉，任甲喇额真之职，统兵一千五百人。此后，曾跟随皇太极征讨察哈尔。接着又与护军统领谭泰等人由上方堡入明边，因违界出略，皇太极下令没收了鳌拜的俘获。

公元1636年4月，皇太极受尊号"宽温仁圣皇帝"，同时建国号为"大清"，立年号为"崇德"，这一年即崇德元年。自皇太极称帝后，他便下诏进攻明朝，但仍以掳掠为目的。

崇德二年（1637），清军征讨明朝的皮岛（今鸭绿江口东部，朝鲜湾椴岛），武英郡王阿济格集诸将问进取之策，鳌拜与参领准塔表示愿意作前锋军。鳌拜对阿济格说："若不得此岛，勿复见王！"遂与准塔连舟渡海，向皮岛发起攻击，但守卫皮岛的明军将士英勇顽强，使鳌拜、准塔寸步难进。鳌拜急红了眼，拼命嘶喊着冒矢石上前搏击，明军在鳌拜的疯狂进攻之下，功亏一篑。鳌拜在皮岛一战，立下大功，受到皇太极的夸奖，并赐其"巴图鲁"号，晋升为三等男。

清军虽然屡次南犯，但山海关外的宁远（今辽宁兴城）和锦州（今辽宁锦州）仍由明军驻守，联成一道防线。皇太极为了撕破这道防线，于崇德三年（1638）秋天率兵占领义州（今辽宁义县），并以义州为基地，展开了围攻锦州的松锦之战。崇德四年（1639）初，明朝为了解除清军的威胁，调派洪承畴总督蓟辽战事，洪承畴率陕西兵与山海关守将马科、宁远守将吴三桂合兵一起，共同抗击清军。就在这一年，鳌拜也随皇太极围攻锦州，因其威猛善战，对明军作战中多有斩获。

崇德六年（1641），皇太极派郑亲王济尔哈朗再一次围攻锦州，鳌拜也随军前往。在锦州的外围，有松山、杏山、塔山三城，互为掎角，属于战略要地，自然是清军的进攻重点。早在崇德五年（1640）冬，清军就大举进攻塔山、杏山，洪承畴虽派兵出援，但均被击败。此次失败之后，洪承畴便于崇德六年（1641）春天急忙征集宣府（今河北宣化）、大同（今山西大同）、密云（今北京密云）等地八位总兵官，兵十三万，马四万匹，集结于宁远，以防清军再次攻击。果不出洪承畴所料，他刚布置完毕，济尔哈朗便于当年的三月率清军来攻。济尔哈朗首先让清军进攻锦州外城，并切断松山、杏山明援军的道路，使锦州变成一座孤城，吓得锦州守将祖大寿成了缩头乌龟，不敢出来应战。

崇德六年（1641）七月，洪承畴率十三万明军赴援，与辽东巡抚邱民仰驻军松山。在与清军的接触中，鳌拜率步兵屡败明军，得到皇太极的奖赏和提拔，被晋升为一等男。到了八月，皇太极亲率清军攻锦州，并环绕松山安营扎寨，将洪承畴包围。洪承畴与诸将商议，准备突围，但明军军心涣散，士气低迷，先是大同总兵王朴逃跑，接着是马科、吴三桂率兵逃窜，结果遭到清军截击，死伤达五万余人。洪承畴面对败局，只得与邱民仰入松山城固守，被清军包围得严严实实。到了九月，皇太极见清军必胜，便留下多铎攻城，自己返回盛京（今辽宁沈阳）。

多铎预料洪承畴必于夜晚突围，便命鳌拜移驻右翼，协力追剿。一天夜里，大约在一鼓时分，洪承畴指挥松山城的明军突围。守卫在右翼的鳌拜与统领阿济格尼堪等相继出击，将出城的明朝士兵斩杀过半，使洪承畴的突围计划落空。崇德七年（1642）二月，松山明军副将夏成德降清为内应，使清军迅速攻破松山城，洪承畴、邱民仰被俘。三月，锦州守将祖大寿出城降清。皇太极下诏命斩杀邱民仰，送洪承畴到盛京，并让范文程对其进行劝降。在范文程的劝说下，洪承畴投降了清军，皇太极闻听此事，大喜，说道："我今获一向导矣，安得不乐！"明朝丧失锦州，山海关外的防线一触即溃，清军得以入关掳掠。就在这一年，鳌拜因战功被提拔为护军统领。

崇德七年（1642）十月，皇太极再命阿巴泰率清军入明境掳掠。此次出征，鳌拜也在军中，他总是指挥自己的士兵作为先锋出阵，连战连胜。清军自黄崖口（今天津蓟州区北黄崖关）入长城以后，长驱直入，攻到蓟州（今天津蓟州区），阿巴泰指挥鳌拜奋力登城，将明军将领白腾蛟所部杀得丢盔弃甲。攻破蓟州之后，阿巴泰率清军接连攻破河间（今河北河间）、景州（今河北景县），逼近北京城，使明政府危在旦夕，但按皇太极的意图，清军并不急于进攻北京，正如皇太极所说："取北京如伐大树，须先从两旁斫削，则大树自仆于地。"

清军在河间、景州洗劫一空之后，转而攻向山东之地。在进攻山东之地时，鳌拜连续三次出战，三战皆捷，斩杀明军甚众。进攻兖州（今山东兖州）时，鳌拜率军奋力冲杀,将明鲁王朱以派杀死。兖州一战之后,清军更是坚不可摧,所到之处,明军闻风丧胆。阿巴泰乘机分军掠莱州(今山东莱州)、登州(今山东蓬莱)沂州(今山东临沂)等地,鳌拜则率部攻破临清(今山东临清)、汶上诸城,掳掠甚众。清军的四处掳掠,当地人民奋起反抗,于是在崇德八年(1643)四月,阿巴泰率清军自山东班师,途经明王朝京畿之地,鳌拜率部驻扎在密云(今北京密云)。明大学士周延儒督师通州(今北京通县),却不敢出击。当时,有三千明军出于义愤,向鳌拜驻扎的密云发起攻击,但由于力量薄弱,被鳌拜打败,一大半人战死。明总兵吴三桂、总督范志完也曾率部与鳌拜作战,但均未取得胜利。这样一来,再也无人敢向清军发起攻击了,任凭清军随意地运载着掳掠来的财物、人口,从明王朝的鼻子底下经过,明政府敢怒不敢言。

清军这次出征,攻破明朝三府十八州六十七县,掳掠人口三十六万九千人,牲畜三十二万一千头。清军沿途运载财物的车驼绵延三百里。崇德八年(1643)五月,清军在阿巴泰的率领下返回盛京。到十月份,对将领论功行赏,鳌拜因功被晋升为三等子,并被赏赐了大批的金帛。

在阿巴泰率清军班师盛京之后,皇太极便于崇德八年(1643)八月九日病死,满洲贵族为争夺皇位而发生了争执。大清入关以前,嗣君的继承不是由皇帝生前在皇子中指定,而是由议政王大臣商议决定。皇太极未死之前,诸王内部的矛盾已显露出来。皇太极一死,这一矛盾立即变得尖锐起来。当时,诸王之中有争皇位之心者为数不在少数,几个回合下来,最后形成了以皇太极长子肃亲王豪格和努尔哈赤第十四子睿亲王多尔衮为首的对立两派,势均力敌。原来由皇太极亲率的正黄、镶黄两旗,力主拥立肃亲王豪格,由于鳌拜是镶黄旗人,他也顺理成章地表示赞同。而由多尔衮及其同母弟多铎统率的正白、镶白两旗,则誓立多尔衮。双方之间关系十分紧张,大有兵戎相见的意思。在这种僵持不下的局面下,经过皇太极的孝庄皇后从中极力斡旋,才没有发生武力冲突。最后,睿亲王多尔衮提出立幼辅政的折中方案,他说:"当立帝第九子(即福临),其年岁幼稚,八固山军兵,吾与右真王(即济尔哈朗)分掌其半,左右辅政。待其年长之后,当即归政。"这样,睿亲王多尔衮派控制了政权,肃亲王豪格派也因皇太极之子继位,得到了部分利益,双方经过妥协之后结束了皇位之争,时年六岁的福临登上了大清皇位,他就是清王朝历史上的顺治皇帝。清王朝自顺治以后的历代皇帝,都只用一个年号,不再改元,习惯上以年号称呼某一位皇帝,而不用其庙号。福临就是顺治皇帝,是由于在他即位的第二年(1644)改元为顺治。

顺治元年(1644)即明崇祯十七年三月十九日,李自成领导的大顺农民军进占北京,远在山海关外的大清政权闻知这一消息,立即由多尔衮率大军南下,向大顺农民军发起攻击,在降将吴三桂的援助下,很快将李自成的大顺农民军击溃,于五月二日多尔衮率清军由北京东城门进入京城。鳌拜在大清与李自成的大顺农民军作战中,也立下了汗马功劳,于顺治二年(1654)考核群臣功绩之时,因战功卓著忠勤戮力，被晋升为一等子。

李自成领导的大顺农民军虽然败退出北京城，但余部势力仍很大，多尔衮抓住战机，兵分两路进行追击。其中一路由英亲王阿济格率领，随从有明朝降将吴三桂、尚可喜以及鳌拜等人，经大同（今山西大同）边外草地，向榆林（今陕西榆林）、延安（今陕西延安）进发；另一路则由豫亲王多铎率孔有德、耿仲明由怀庆（今河南沁阳）进攻潼关（今陕西潼关），两路清军对李自成的大顺农民军形成了钳形攻势，试图会师西安（今陕西西安），围歼大顺农民军于关中。

顺治元年（1644）十二月，豫亲王多铎由孟津（今河南孟津）渡过黄河，经过洛阳（今河南洛阳），二十二到达潼关城外，驻扎下来。李自成闻讯，亲自到潼关作战，依山列阵，在城外挖壕树栅，防备清军的攻击。第二年（1645）正月，李自成的部将刘芳亮领兵攻击清军大营，连连取胜。但就在此时，英亲王阿济格所率的一路清军，已从保德（今山西保德）结筏渡过黄河，突破大顺农民军的北部防线，击败李自成部将李锦部，经过绥德（今陕西绥德）、延安，进逼西安，使大顺农民军处于腹背受敌的劣势。在不得已的情况之下，李自成率大顺农民军由蓝田（今陕西蓝田）出武关（今陕西丹凤县东南），向湖广一带进发。英亲王阿济格攻占西安后，匆匆任命官吏便尾随大顺农民军南下。李自成率大顺农民军南下之后，先进驻襄阳（今湖北襄阳），大顺农民军节节败退，不得不撤出襄阳，进驻武昌城（今湖北武汉市武昌），聚集各路大军。英亲王阿济格率清军追来，大顺农民军又弃武昌城南下，行至安陆（今湖北安陆）时，被鳌拜所部击溃，士兵随从所剩无几。后来，李自成率轻骑二十余人，登上通山县（今湖北通山）九宫山察看地形时，遭到当地的地主武装突然袭击，遇害牺牲，年仅四十岁。

顺治三年（1646）正月，清王朝命肃亲王豪格为靖远大将军，领兵向四川进发，征讨张献忠在四川建立的大西政权，鳌拜也在其中。肃亲王豪格所率清军于当年的三月到达西安，五月便攻占汉中（今陕西汉中），使张献忠的大西政权受到严重的威胁。他为了改变这种状况，便于九月间命令四位将军各领兵十万人，自成都（今四川成都）北上迎敌。到了十一月，大西叛将刘进忠自汉中引清兵入四川，袭击大西军。张献忠的西充（今四川西充）凤凰山急忙应战，结果被鳌拜斩杀于阵前。关于张献忠之死，还有另一种说法，那就是刘进忠急于向清军表功，将张献忠指给清军，清军以箭射杀了张献忠。无论张献忠是否鳌拜所杀，鳌拜都是一位疯狂屠杀农民起义军的刽子手。在张献忠被杀之后，清军乘胜追击大西军，鳌拜所部一路斩俘农民起义军数不胜数，接连攻下遵义（今贵州遵义）、夔州（今四川奉节）、茂州（今四川茂汶），为清王朝平定四川立下了不少的功绩。

鳌拜在自己的戎马生涯中，初期是对明军作战，其性质是以掳掠为目的，是两个政权之间的战争，鳌拜的所作所为无可厚非。但大清王朝进驻北京之后，鳌拜的出征目的，都以斩杀大顺农民军、大西农民军为己任，且常常充当急先锋，成为一个彻彻底底的屠杀农民起义军的刽子手，双手沾满了农民起义军的鲜血。

违时运背　陷人漩涡

英亲王阿济格乃努尔哈赤第十二子,睿亲王多尔衮的同胞兄长。他虽然战功赫赫,劳苦功高,但他身上顽固地保留着奴隶制社会原始的作战作风。早在顺治元年(1644),清军入关占据明北京城后,阿济格就主张:"现在应乘着兵威,对北京大肆屠戮,留下诸王以镇守北京,其余军队全部回归盛京,或退保山海关一线,即可没有后患。"阿济格的意见遭到多尔衮严辞拒绝。

随着英亲王阿济格的战功日益显赫,他也逐渐变得骄横起来。在顺治元年(1644)四月,阿济格追击李自成之时,路过宣府(今河北宣化)。当地有个叫朱寿鐢的官员犯了贪污罪,被巡抚李鉴治罪,阿济格便为朱寿鐢向李鉴求情,遭到李鉴的拒绝。李鉴说:"朱寿鐢是朝廷重犯,若擅自释放,一旦被皇上知道,对你恐怕没有什么好处。"阿济格怒道:"你怎么不怕我阿济格,反而怕小小年龄的皇上呢?"并派人到李鉴处,强迫他放人。在阿济格的眼里,摄政的睿亲王多尔衮是自己的胞弟,顺治皇帝又是个年幼的孩子,他无所顾忌,无形之中将自己凌驾于皇帝和国法之上。

对于多尔衮的军令,阿济格也不认真执行。在率军追击李自成的大顺农民军时,阿济格擅自率部出边到土默特(今内蒙古东南)、鄂尔多斯(今内蒙古中部)逗留,索取当地马匹,后经多尔衮多次催促,才勉强动身,以至于险些贻误战机。后来,阿济格将李自成率领的大顺农民军打败后,便谎报李自成已死,又不等候多尔衮的命令来到便擅自班师回京。这事被朝廷得知后,多尔衮命令鳌拜、谭泰等人揭发阿济格的罪行,并要他们对全体将士解释清楚。但由于鳌拜乃镶黄旗人,对于多尔衮心存芥蒂,加之自己又随英亲王阿济格征战多时,有多年的战争情谊,于是鳌拜便伙同谭泰等人将多尔衮的命令匿而不发。这使得多尔衮大怒,他下令将鳌拜治罪。最后,鳌拜交付了罚金才算了结。这样一来,鳌拜就站在了多尔衮的对立面。但鳌拜仅仅是个不大起眼的武将,还起不了兴风作浪的作用,只能说他深深陷入了多尔衮与其他亲王之间政治斗争的漩涡中,不能自救,这一切都身不由己,却又理所当然。

顺治三年(1646)正月,曾经是多尔衮政敌的皇太极长子肃亲王豪格,被派往四川征讨大西政权的张献忠,鳌拜也在此行列中。在这次征战中,豪格平定了四川,取得了巨大的胜利,捷报传至清廷,顺治帝下旨嘉奖豪格。到了顺治五年(1648)二月,肃亲王豪格奉胜利而归,顺治帝在太和殿设宴慰劳自己的兄长豪格,豪格的心中自然十分得意。可是,豪格万万没有想到,此次得胜还朝,离自己的末日已不远了。

顺治五年(1648)三月,睿亲王多尔衮以摄政王的身份,开始报复、打击自己的政敌豪格。在征讨大西政权的过程中,豪格的随军参领希尔根贪冒军功,不幸暴露了,多尔衮借此大做文章。他先从随从豪格征战的鳌拜入手,说鳌拜办事不力,以至于发生希尔根冒功之事,革去鳌拜在世袭之职。接着,多尔衮又听信贝子屯济等人的讦告,说鳌拜于崇德八年(1643)与护军统领图赖等六人谋立肃亲王豪格,私结盟誓,图谋不轨。虽然很多年过去了,并且对立的两派已经瓜分了权利,多尔衮仍将鳌拜治以死罪,多亏其他大臣劝阻,鳌拜才得以用赎金赎回了一条命。多尔衮对鳌拜的惩罚,实际上是杀鸡给猴看,为治豪格之罪在进行铺垫,主要是由于鳌拜属于豪格派。

后来,有人说豪格在平定四川的过程中,曾企图提拔罪人扬善之弟吉赛为官。多尔衮便借肃亲王豪格部下希尔根冒功和吉赛之事,将豪格削爵,并幽禁牢中。按理,作为一个有功的亲王,所犯的这两项罪名,根本够不上削爵幽禁之罪,多尔衮之所以这样做,目的在于削弱政敌的势力,消除政治上的隐患,同时又借此发泄私愤。豪格身陷囹圄之后,精神极度悲伤苦闷,终于怏怏成病,不久在狱中死去,年仅三十九岁。豪格死后,多尔衮仍然没有放过他,竟将豪格的妻子强抢过来。按辈分,多尔衮是豪格的叔父,叔父强取侄妇,留下了极不光彩的一笔。对于豪格来说,生前蒙冤,死后添耻,可以说死不瞑目了。在多尔衮死后,顺治帝亲政,豪格才被追复王爵,立碑以纪其功。

对于权力争斗中的鳌拜来说,惩罚还没有结束,顺治五年(1648)四月,侍卫科普索讦告他擅自拨护军为遏必隆守门,这在当时可不是一条小罪状。多尔衮又借此对鳌拜处以死刑,多亏顺治帝的哀求,才被赦免。这一年的十一月,鳌拜被赶出京城,派往大同驻防。

当时,已降清的明总兵姜环据大同叛清,驻防大同的鳌拜率部攻大同城,虽然鳌拜勇猛,在一次战斗中以七骑败姜环所部三百余众,但并没有扭转局面。清廷闻讯,急忙命端重亲王博洛率师支援鳌拜,两人联合,向大同发起猛烈攻击。姜环也不甘心败阵,让其驻扎在城外的五千余名兵士,由大同北山来到阵前,与大同城内的姜环形成内外夹击之势,试图一举歼灭清军。鳌拜见情势不对,忙集精兵攻破大同城外姜环一营,并乘胜追击。姜环也乘机打开城门,率部出击,但最终没能击败鳌拜,反被鳌拜斩杀、俘虏了一大批人马。姜环万分紧急的情形之下,弃大同城逃往忻口(今山西忻口)。鳌拜率兵赶来,又一次将姜环击败。在平定姜环叛乱的过程中,鳌拜虽然又建新功,但由于他是多尔衮的对立派,所以没有得到任何封赏,就连在此之前被削去的世袭之职也没有恢复。

顺治七年(1650),睿亲王多尔衮病重,贝子锡翰等人请顺治帝驾幸睿亲王府探望,这使得多尔衮大怒,他认为贝子锡翰等人违令渎请,罪在不小。与此同时,多尔衮以鳌拜知道锡翰等人的请求而不将他们逮捕讯问为由,对鳌拜进行了又一次打击,将其爵位降为一等男,并让其交付赎金赎罪。

在睿亲王多尔衮摄政期间,作为镶黄旗人的鳌拜,在政治斗争的漩涡中受尽牵连,愈陷愈深,整天过着担惊受怕的日子,真可谓违时运背。鳌拜在冥冥之中乞求上苍的保佑,希望自己有朝一日重整旗鼓。

临朝摄政　辅佐幼主

顺治七年(1650)十二月,年仅三十九岁的睿亲王多尔衮病死,顺治帝福临以十四岁幼龄开始亲政。在顺治帝亲政期间,原来遭受睿亲王多尔衮打击的豪格派得势,郑亲王济尔哈朗成为朝中最显赫的贵族,开始对多尔衮派进行疯狂的报复。鳌拜本人也有重见天日之感,喜悦之情溢于言表。

郑亲王济尔哈朗首先让顺治帝恢复豪格的王爵,接着处死多尔衮同母兄长阿济格。并联合巽亲王满达海、端重亲王博洛、敬谨亲王尼堪等人上疏顺治帝,要求追议多尔衮之罪。他们说:"多尔衮摄政之时,独专威权,不令郑亲王预政,遂以其弟豫郡王多铎为辅政叔王,狂妄骄纵,妄自尊大。构陷威逼,使肃亲王豪格不得其死,且纳其妃。对官兵户口财产等项,不行归公,俱以肥己。凡一切政事,不奉上命,概称诏旨,擅威作福,任意黜陟。多尔衮显有悖逆之心,臣等从前俱畏其权势,不敢出言,是以此等情形未曾入告。今谨冒死奏闻,伏愿皇上速加乾断,列其罪状,宣示中外。"睿亲王多尔衮的旧部见郑亲王济尔哈朗得势,也不敢违抗,只得随声附和。

固山额真尚书谭泰也上奏说:"何洛会依附多尔衮,曾骂詈豪格诸子。"

在郑亲王济尔哈朗与诸王贵族的联合打击之下,顺治帝下诏追削多尔衮封爵,籍没其家产入宫,依附于多尔衮的何洛会及大学士刚林、祁充格等人都受到牵连,处以死刑。以郑亲王济尔哈朗为首的豪格派在打击多尔衮派的斗争中,取得了巨大的胜利。

由于巽亲王满达海、端重亲王博洛、敬谨亲王尼堪等人在多尔衮摄政时已开始干涉朝政,郑亲王济尔哈朗对他们极不放心,在多尔衮被议罪消爵不久,便借故将他们降爵,并停罢理政。受到刺激的满达海与博洛病死,尼堪则被派往湖南征战,结果战死在衡州(今湖南衡阳)。升任吏部尚书的谭泰也因所谓的擅自专权,受到郑亲王济尔哈朗的打击,被交付刑部议罪。这时,不甘寂寞的鳌拜乘机落井下石,他说:"谭泰曾对多尔衮起誓,要为多尔衮杀身以报。"结果,谭泰被处死,家产被抄没。

在郑亲王济尔哈朗打击多尔衮派的过程中,鳌拜因其屡受多尔衮贬抑,颇得郑亲王济尔哈朗喜爱。多尔衮一死,鳌拜即被晋爵三等侯。顺治八年(1651),鳌拜被任命为议政大臣,并晋爵一等侯兼一云骑尉。顺治九年(1652),鳌拜上奏顺治帝说:"臣以前屡忤多尔衮之意,以至于屈抑战功,今多尔衮已死,臣有翻身之感,请朝廷勘实臣之战功。"

顺治帝对鳌拜表示同情,令议之。最后,鳌拜因功又晋爵为二等公,并被赐世袭,免死两次。过了不久,鳌拜与索尼、遏必隆、苏克萨哈四人被授领侍卫内大臣,参与朝政。这样,以郑亲王济尔哈朗为首的贵族,掌握了朝中大权,鳌拜从此平步青云,成为朝中举足轻重的人物。

顺治十三年(1656),鳌拜上奏顺治帝说:"请陛下三年进行一次大阅兵,以讲武事。"鳌拜的奏请得到顺治帝的认可,顺治帝遂命大臣、侍卫等在御前较射,以鳌拜为令,统领其事。这一年的十一月,鳌拜在以前征战中所受的伤复发,卧床不起,顺治帝亲临其府第视疾,这使鳌拜觉着荣幸之至。顺治十四年(1657),深得顺治帝器重的鳌拜,被授以少保,并兼太子太保。很快,又升迁为少傅兼太子太傅,专门教习武进士。

鳌拜与索尼、遏必隆、苏克萨哈四人,对顺治帝忠心耿耿,深得顺治帝与孝庄皇太后的赏识与信任。他们被委任掌握宫廷宿卫的同时,又掌握上三旗实权。他们经常守卫在顺治帝和孝庄皇太后身边,参政议政。太后有事,即通过索尼、遏必隆、鳌拜、苏克萨哈传谕;太后有病,鳌拜、索尼、遏必隆、苏克萨哈四名近侍护卫,昼夜轮流护卫,食息不暇,从而受到顺治帝的嘉奖。

就在鳌拜等人精心服侍顺治帝与孝庄太后,深受宠信之时,顺治帝竟于顺治十八年(1661)正月初七日凌晨,不幸病死了。这位自清朝定都北京后的第一位皇帝,是以年仅二十四岁的青春岁月,撒手归西的。在他弥留之际,遗诏指定年仅八岁的三儿子爱新觉罗·玄烨为皇太子。于正月初九日,玄烨在其祖母孝庄皇太后亲自主持下,即皇帝位,改次年为康熙元年(1662)。

与此同时,顺治帝还亲自从直属于皇帝的上三旗中选了四名亲信大臣,令其辅佐幼帝。顺治帝在遗诏中说:"特命内大臣索尼(正黄旗)、苏克萨哈(正白旗)、遏必隆(镶黄旗)、鳌拜(镶黄旗)为辅臣。伊等皆勋旧重臣,朕以腹心寄托,其勉矢忠荩,保翊冲主,佐理政务,告示中外,咸使闻知。"顺治帝的临终遗言,是与其母亲孝庄皇太后经过认真斟酌、权衡的。按照祖制,皇帝年幼之时,朝中政事由宗室诸王共同处理。由顺治帝年幼时,政事即由睿亲王多尔衮与郑亲王济尔哈朗两位皇叔共同摄理。但是,宗室诸王摄政,容易造成权势过大,大权旁落的局面,而且皇帝也常被架空。有鉴于此,顺治帝死前决定改旧制,由上三旗元老重臣共同辅政,避免宗室诸王摄政带来的弊端。在顺治帝选任的三名两黄旗大臣索尼、鳌拜、遏必隆,他们原来都是清太宗皇太极的旧部,早年即跟随皇太极南征北战,建立丰功伟绩,从而备受信任。皇太极去世时,索尼、鳌拜二人曾联合两黄旗主张拥立皇子即位,最初欲立皇太极长子肃亲王豪格,后来便拥立年仅六岁的皇太极九子福临。在顺治初年,摄政的睿亲王多尔衮欲拉拢分化两黄旗大臣,见索尼、鳌拜等不服从自己,便将他们贬削爵位,进行打击。遏必隆亦因与多尔衮有隙,遭受贬官、籍没家产的惩罚。

在四名辅政大臣之中,苏克萨哈与索尼、鳌拜、遏必隆不同,他原来是睿亲王多尔衮属下的近侍。睿亲王多尔衮死后,苏克萨哈很识时务,倒向太后这一边,得到顺治帝及孝庄皇太后的信任,并被提升为镶白旗护军统领。当原来属于多尔衮的正白旗归属皇帝以后,苏克萨哈以功晋二等子,被授领侍卫内大臣,坚定地站在了顺治帝与孝庄皇太后一边,深受信赖和赏识。

由于顺治亲的遗诏改变了清朝传统旧制,四大臣索尼、苏克萨哈、遏必隆、鳌拜唯恐引起宗室诸王的抗议,从而造成混乱,便奏请孝庄皇太后要求将顺治帝遗诏广而告之,得到了孝庄皇太后的赞同。他们企图用这种方式对下五旗诸王、贝勒进行遏制。

索尼、苏克萨哈、遏必隆、鳌拜四大辅臣得到孝庄皇太后的支持,于是他们四人跪告下五旗诸王贝勒说:"今主上遗诏,命我等四人辅佐冲幼之主。从来国家政事皆由宗室诸王协理,我等四人皆异姓臣子,何能综理政事?今我等四人宜与诸王、贝勒等共任之。"

下五旗的诸王、贝勒哪敢有异议,只得附和说:"大行皇帝深知汝四大臣之心,故委汝等以国家重任,诏旨甚明,谁敢干预?四大臣,其勿让。"

索尼、苏克萨哈、遏必隆、鳌拜四大辅臣原本有意为之,见诸王、贝勒明确表示不敢干预,便奏明太后,并祭告于皇天上帝及顺治帝灵前,宣誓就职。他们在誓词中说:"兹者先皇帝不以索尼、苏克萨哈、遏必隆、鳌拜等为庸劣,遗诏寄托,保翊冲主,索尼等,誓协忠诚,共生死,辅佐政务,不私亲戚,不计怨仇,不听旁人及兄弟子侄教唆之言,不求无义之富贵,不私往来诸王、贝勒等府受其馈遗,不结党羽,不受贿赂,唯以忠心仰报先皇帝大恩。若复各为身谋,有违斯誓,上天殛罚,夺算凶诛。"

索尼、苏克萨哈、遏必隆、鳌拜四大辅臣起誓之后,安亲王岳乐、康亲王杰书以及大臣官员等,奉孝庄皇太后谕旨,齐集于西安门南侧之大光明殿,也分别向皇天上帝及先帝灵位起誓,誓词说:"冲主践阼,臣等若不竭忠效力,萌起逆心,胡作非为,互相结党,及乱政之人知而不举,私自隐匿,挟仇诬陷,徇庇亲族者,皇天明鉴,夺算加诛。"表示希望辅助四大辅臣,同心戮力,以辅佐幼主。这样,在顺治帝死后仅几天,便确立了一个新的政治集团,这个核心以孝庄皇太后为中心,以遗诏为依据,以异姓大臣担当大任,而以宗室诸王、贝勒监督朝政的方式。

四大臣辅政之初,还比较太平,出现了一种与孝庄皇太后、年幼的康熙帝集体统治的局面,凡事由四大辅臣共同商议,奏请太后决策,年幼的康熙帝与辅臣共同听政,因此,四大辅臣辅政时期的初期阶段,朝中政事的处理大多数是值得肯定的。但四大辅臣中,鳌拜是一个极不安静的因素,随时都有异变的可能。

圈换土地 专权乱政

在四大辅臣之中,居于首位的索尼,乃四朝元老,并深得孝庄皇太后的信任与赏识，鳌拜虽然居功自傲、狂妄自大，也不敢与之针锋相对。居于第三位的遏必隆，与鳌拜同属镶黄旗，遇事无什么主见，总是人云亦云，随声附和，鳌拜对其根本不放在心上。居于第二位的苏克萨哈，爵位较低，仅为一等男，但地位仅次于索尼。如果索尼死去，苏克萨哈即有替补其位的可能。这样，苏克萨哈虽与鳌拜为儿女亲家，但由于苏克萨哈的地位，使得鳌拜心存芥蒂，两人遇事总争吵不休，以至于成为仇敌。加之黄旗与白旗之间宿怨较深，鳌拜便利用黄、白旗之间的积怨，在正黄旗、镶黄旗、正白旗之间制造事端，借以打击苏克萨哈。

黄、白旗之间的矛盾由来已久，最早可追溯至清太宗皇太极之时，主要是由于皇太极改旗和圈地所致。皇太极于天命十一年（1626）九月初一日即汗位，不久便将自己掌握的正白旗、镶白旗改为正黄旗和镶黄旗，分别为左、右翼之首，使其地位日益高升。同时，皇太极又将努尔哈赤留给阿济格、多尔衮、多铎三个幼子的正黄旗、镶黄旗改为正白旗、镶白旗，使其居于左翼之中，地位每况愈下。从此，黄、白两旗之间便产生了矛盾。到了顺治初年，清王朝占领北京城的第二天，便下令北京城内的汉人居民一律迁到城外居住，内城由满洲八旗驻防。在顺治元年（1644）十二月，顺治帝下诏说："我朝建都燕京，期于久远。凡近京各州县民人（指汉人）无主荒田，及明朝国舅皇亲、驸马、公、侯、伯、太监等死于寇乱者，无主田地甚多。着户部概行清查，若本主尚存，或本主已死而子弟存者，量口给与，其余田地尽行分给东来诸王、勋臣、兵丁人等。此非利其地土，良以东来诸王、勋臣、兵丁人等无处安置，故不得不如此区划。然此等地土，若满汉错处，必争夺不止。可令各府州县乡村，满汉分居，各理疆界，以杜异日争端。今年从东来诸王各官兵丁及现在京各部院衙门官员，俱著先拨给田园。其后到者，再酌量照前与之。"这一上谕明确规定了分配田地的办法，近京各府州县由此全面展开了对民间田地的争夺，称之为"圈地"。

在圈地过程中，按照规定，依左、右翼次序分配。但摄政的睿亲王多尔衮凭借自己的便利条件，擅自将本应属于镶黄旗应得的永平府（今河北卢龙）之地给了自己的正白旗，而于保定府（今河北保定）、河间府（今河北河间）、涿州（今河北涿州市）等处别拨土地给镶黄旗。多尔衮的所作所为，虽然当时在黄旗中引起不满，但事隔二十余年，由分拨土地引起的矛盾已逐渐淡忘了。

鳌拜为了笼络黄旗大臣，孤立、打击苏克萨哈，又旧事重提，立即引起正黄、镶黄两旗大臣的共鸣。加之索尼一向与苏克萨哈不和，鳌拜遂于康熙五年（1666）正月，指使两黄旗旗民上诉，要求更换圈地，意图造成八旗纷纷要求重新更换圈地的形势，给孝庄皇太后和康熙帝带来极大困扰。孝庄皇太后把两黄旗旗民的上诉让户部处理。

户部尚书、正白旗大臣苏纳海认为不妥，他说："旗人安业已久，且康熙三年（1664）已下诏不许再行圈地，请罢议此事。"

苏纳海的阻止，使鳌拜大为不悦，他竟然假托圣旨让贝子温齐等人私自勘地，并于康熙五年（1666）三月声称孝庄皇太后和康熙帝支持镶黄旗圈换土地，移回左翼之首。鳌拜说:"今各族以地土不堪具控,据都统等踏堪回奏,镶黄旗不堪尤甚。如换给地亩,别旗分已立界截圈,不便更易,惟永平府周围地亩未经圈出,应令镶黄旗移住。且世祖章皇帝(即顺治帝)旨亦有云,凡事俱遵太祖太宗例行。今思庄田房屋应照翼给予,将镶黄旗移于左翼,仍从头挨次拨给。"鳌拜的行径都是偷偷进行的,其目的是为了造成已迁回左翼之首的事实。鳌拜为达目的,不择手段,将北京东北顺义、密云、怀柔、平谷四县之地立即圈拨给镶黄旗。照这样一来,户部复议苏纳海、鳌拜二人的建议时,所议的已不是镶黄旗是否应该迁回左翼之首,而是如何圈拨土地安置迁回的人口了。

户部议论之时,一种意见是:除近圈顺义等四县之地外,还应照以前规定,依次从头拨换,将正白旗所占的通州(今河北通州区)、永平府、丰润县(今河北丰润区)周围所留剩之地,拨给镶黄旗,另将滦州(今河北滦县)、乐亭等县之地圈拨给正白旗。第二种主张认为:除将顺义、密云、怀柔、平谷四县拨给镶黄旗之外,另将正白旗所占的蓟州(今河北蓟州区)、遵化州(今河北遵化)也拨给镶黄旗。鳌拜等人倾向于第一种主张,因为那样获利更丰,这样圈换土地之事商定下来,并等秋收之后,对正白旗所占之地进行丈量,取其实数,酌议分拨。

康熙五年(1666)秋天,户部尚书苏纳海、侍郎雷虎等人,依照第一种主张率人前往正白旗所占之地进行丈量,为圈换土地作铺垫。但已经在自己的土地上耕种二十余年的正白旗旗人坚决反对,怨声载道;镶黄旗旗人则坚持非换不可,这样一来双方相持不下,以至于土地荒芜。消息传至京城,年幼的康熙帝向祖母孝庄皇太后奏报了圈换土地造成良田荒芜之事,要求孝庄皇太后切责鳌拜等人,中止圈换土地。

就在这时,直隶总督朱昌祚、巡抚王登联交章上疏。朱昌祚在上疏中说:"臣等履亩圈丈将及一月,而两旗官丁较量肥瘠,相持不决。且旧拨房地垂二十年,今换给新地,未必尽胜于旧,口虽不言,实不无安土重迁之意。至被圈夹空民地,百姓环诉失业,尤有不忍见闻者。若果出自庙谟,臣何敢越职陈奏?但目睹旗民交困之状,不敢不据实上闻。仰祈断自宸衷,即谕停止。"

王登联上疏说:"旗民皆不愿圈地。自闻命后,旗地待换,民地待圈,皆抛弃不耕,荒凉极目,亟请停止。"

朱昌祚、王登联二人的奏疏,对鳌拜胆大妄为,随意圈换土地,给老百姓带来的灾难进行了如实奏报,并予以抵制,要求中止其事。同时,户部尚书苏纳海也认为:"屯地难于丈量,镶黄旗章京不肯受地,正白旗包衣佐领下人不肯指出地界,宜候明诏中止其事。"并决定撤回有关官员,停止大量换地。

鳌拜闻知直隶总督朱昌祚、巡抚王登联的奏疏,及苏纳海的决定,惊慌失措,他感到自己处心积虑筹划的圈换土地之事随时有被迫中断的可能,那时自己将会一败涂地。于是,鳌拜决心先下手为强,让他们明白谁敢反对他鳌拜,那是没有什么好下场的。但朱昌祚、王登联及苏纳海等人还不知道鳌拜已起了杀人之心,要置他们于死地。

鳌拜以直隶总督朱昌祚、巡抚王登联及户部尚书苏纳海办事不力、迟误圈换土地为由，将他们三人逮捕，交付刑部审理。他还以朱昌祚、王登联二人上疏之时，曾将奏疏让苏纳海看过为由，诬陷他们结党营私，违背祖制，以激怒孝庄皇太后，置三人于死地。同时，鳌拜还处罚了三名不肯受地的镶黄旗副都统，将他们撤职查办。

朱昌祚、王登联、苏纳海被交付刑部之后，刑部认为律无正条，只对他们鞭一百，籍没家产。年仅十三岁的康熙帝接到刑部的奏疏之后，知道朱昌祚、王登联、苏纳海三人本无罪过，只是因阻挠鳌拜进行圈换土地，将鳌拜惹怒而招致祸端。康熙帝觉着事体重大，便亲自出面，特召索尼、苏克萨哈、遏必隆、鳌拜四大辅臣，并赐座询问案情。鳌拜极言朱昌祚、王登联、苏纳海三人罪大恶极，要求康熙帝对他们处以重罪。索尼、遏必隆二人则随声附和，唯独苏克萨哈沉默不语。因为他明白，自己在四大辅臣中，只占少数，比分为 1 比 3，是难以取得胜利的，只好以缄默表示反抗。

康熙帝虽然年仅十三岁，但他却是非分明，并没有听信鳌拜等人的话，仍然以刑部所议对朱昌祚、王登联、苏纳海进行处罚，婉拒了鳌拜的请求。但鳌拜的权力欲已极度膨胀，他仰仗自己的权势，竟然矫旨将朱昌祚、王登联、苏纳海三人处以绞刑。并株连已故的苏纳海族人原户部尚书苏武尔代，将赠予苏武尔代的官职尽行削去，定罪处罚。鳌拜杀了朱昌祚、王登联、苏纳海三人之后，强行圈换土地。据拨地侍郎巴格统计，在鳌拜强行圈换土地过程中，镶黄旗迁移壮丁共四万六百名，圈换土地十二万三千垧；正白旗迁移壮丁二万二千三百六十一名，圈换土地十一万一千八百五垧。这次强行圈换土地，是顺治初年三次大规模圈占土地之后又一次大规模圈换活动，它使广大旗人及汉人叫苦不迭，失业者达数十万人。

鳌拜挑起的圈地争端，终于实现了他的图谋，表明四大辅臣协商一致的平衡原则已被打破，辅臣之中只要多数人同意，便可以随便决定重大问题，而不必取得一致同意。这样一来，便为个人结党营私、进行擅权乱政活动开了方便之门。这也是鳌拜本人为自己以后专权进行的一次测验，其影响是巨大的。

党同伐异　骄纵蛮横

鳌拜将自己在作战中的骁勇，变成了在辅政中的骄横，而且随着他权力欲望的膨胀，对于稍不顺己意的大臣不是贬官就是杀害。早在鳌拜辅政的初期，他与内大臣飞扬古不和，当时飞扬古的儿子倭赫任御前侍卫。和倭赫同为侍卫的还有西住、折克图、塞尔弼等人。鳌拜为了置飞扬古于死地，便从他的儿子倭赫下手。作为御前侍卫的倭赫等人，傲慢无礼，对于刚刚取得辅臣地位的鳌拜等人常常不怎么有礼貌，这使鳌拜心生怒火，顿起杀机。

有一天上朝,鳌拜说御前侍卫倭赫、西住、折克图等人,擅自乘骑御马并擅自取御用弓矢射鹿,当以死罪论之。鳌拜所说的罪名,对于倭赫等人来说,将要死无葬身之地,他们几人当即被处以死刑。飞扬古对自己的儿子倭赫之死,感到有些冤枉,对鳌拜满腔仇恨。鳌拜又借机说飞扬古心存怨望,于朝廷不利,亦自处死。手握大权的鳌拜在其他大臣的附和下,竟将飞扬古处死,并将其子尼侃、萨哈连也一同杀死,还将飞扬古的财产籍没,分给自己的弟弟穆里玛。鳌拜杀内大臣飞扬古,是他一生中擅杀大臣的起点。

圈换土地事件结束后,鳌拜的权力欲望极度膨胀,企图取得启奏权和批理奏疏大权,使自己超过遏必隆和苏克萨哈,成为仅次于索尼的二号人物,但鳌拜的胆大妄为引起了孝庄皇太后和年幼的康熙帝的高度警惕,对鳌拜开始产生戒备之心,处处小心谨慎。同时,孝庄皇太后和康熙帝也开始对鳌拜严加防范起来。

鳌拜为了实现自己的阴谋,私下培养了一大批党羽,形成了一个集团,随时准备把持朝政。在鳌拜的私党中,其弟穆里玛受命为靖西将军,因镇压农民起义军李来亨有功,被超授一等阿思哈尼哈番(世袭二品爵号),执掌兵权。除此而外,成为鳌拜私党的还有秘书院大学士班布尔善、吏部尚书阿思哈、侍郎泰必图、兵部尚书噶褚哈、工部尚书济世、内秘书院学士吴格塞及鳌拜的子侄等,涉及朝中的方方面面。由于这些私党的参与,鳌拜的党羽势力日见膨胀,在朝中起着举足轻重的作用。

康熙五年(1666),鳌拜授意自己的党羽吏部尚书阿思哈、侍郎泰必图二人,提议给每省派遣大臣二人,设衙门于总督、巡抚衙门之旁,以稽查、监视总督和巡抚。鳌拜的意图很明显,他不仅要控制朝中大权,还试图将自己的亲信之人派往地方,凌驾于总督、巡抚之上,从而操纵地方大政。鳌拜的用心引起其他大臣的不满,吏部侍冯溥反对说:"总督、巡抚乃国家重臣,派员监视他们是不信任的表现,应停止此议。"

侍郎泰必图见冯溥反对自己,便怒目而视,张拳向冯,试图对其动武。冯溥临危不惧,从从容容地说:"即是公议,何不容我再议乎?且议之可否,自有皇上裁决,你我岂敢专此事。"

冯溥以及阿思哈、泰必图的奏疏送上后,康熙已明白鳌拜居心不良,坚持支持冯溥的主张,使泰必图等人大为沮丧。后来,泰必图还竟然讨好于冯溥,真可谓厚颜无耻。

自从鳌拜挑起事端,重新圈换土地之后,朝内百官惴惴不安,对四大臣辅政产生了恐惧和不安的想法,要求康熙帝亲政的呼声越来越高。这样,围绕康熙帝亲政之事展开了一场激烈的斗争,鳌拜在这场斗争中充当了一个不光彩角色,将自己的丑恶面目显露了出来。

首先上奏要求康熙帝亲政的是刑科给事中张维赤,他在奏疏中说:"伏念世祖章皇帝(即顺治帝)于顺治八年(1651)亲政,年登一十四岁。今皇上即位六年,年龄与世祖章皇帝亲政年龄相符,臣乞择吉亲政。"张维赤的奏疏得到百官大臣的普遍响应。在百官大臣的支持下,辅臣索尼等也于康熙六年(1667)三月奏请康熙帝,要求他亲政。索尼在奏疏中说:"世祖章皇帝亦于十岁亲政,今主上年德相符,天下事务,总揽裕如,恳切奏请。"索尼上奏不久,于康熙六年(1667)六月死去。索尼的死,使鳌拜想入非非,他想乘机越过遏必隆和苏克萨哈,成为首席辅臣。

康熙帝见鳌拜更加目中无人,觉着辅政之制已不能发挥它原来的作用,反而对朝廷构成威胁。于是,在康熙六年(1667)七月初三,康熙帝以辅臣屡行陈奏为由,往奏其祖母孝庄皇太后,要求亲政,取得了孝庄皇太后的同意,定于七月初七日举行亲政大典。

鳌拜为了使自己的阴谋得逞,在同意康熙帝亲政的同时,他绞尽脑汁企图主持起草皇帝亲政大赦诏书,借以捞取政治资本。但康熙帝早已看清了鳌拜的用心,对其不置可否,而是让他人密拟赦诏,临期颁行。这使得鳌拜的欲想破灭了,但鳌拜一计未成,又生一计,他以商议启奏应行事宜为名,试图将苏克萨哈拉入自己的阵营,一起把握政权,并且耸人听闻地声称:"恐御前有奸恶之人暗害忠良,我等应将太祖、太宗所行事例敷陈。"苏克萨哈已诚心归政于康熙帝,对鳌拜的卑劣行径深恶痛绝,他斥责鳌拜说:"教导主子之处,谁有意见各行陈奏,保必共列姓名?"鳌拜见苏克萨哈不听从自己,对其怀恨在心,转而进行陷害。

在康熙帝亲政前夕,鳌拜等人随同康熙帝向孝庄皇太后奏请亲政事宜,鳌拜还假意要求谢政。孝庄皇太后客气地说:"帝尚幼冲,如尔等俱谢政,天下事何能独理?缓一二年再奏。"

鳌拜的本意只是试探而已,并非真要归政,见孝庄皇太后一客气,他便乘机说道:"主上躬亲万机,臣等仍行佐理事宜。"为自己继续拖延谢政时间、把持朝政找借口。

到了康熙六年(1667)七月初七,大清王朝为康熙帝举行亲政大典。这一天,年仅十四岁的康熙帝身着龙袍,头戴皇冠,御太和殿,躬亲大政,诸王以下文武百官,上表行庆贺之礼,宣诏天下。从此,康熙帝开始执掌政权,成为真正的君主。康熙帝在亲政前后,任用他人密拟赦诏,表明辅政大臣的权势已经今不如昔,但在朝班位次上辅政大臣仍然排在亲王之上,继续掌握批理章疏大权。特别是鳌拜拥有一大批身居高官的私党,就连敬谨亲王兰布、安郡王岳东、镇国公哈尔萨等人,也先后设法诏附鳌拜。尤其在上三旗中,鳌拜已居绝对优势,不仅镶黄旗完全听他指挥,而且使得正黄旗也随声附和,苏克萨哈为首的正白旗则遭受到严重的打击和削弱。这样,鳌拜更加嚣张。当时宫廷宿卫的任务完全由上三旗承担,侍卫以鳌拜势大,对其十分惧怕,甚至盲目崇拜,竟有人进奏时吹捧他为圣人。鳌拜为了扩张自己的势力,竟然在录用官员之时降低要求,笼络人心。鳌拜的专权跋扈,得到了遏必隆的依附。这不仅使康熙帝难以实际亲政,而且也对整个爱新觉罗氏皇族造成了威胁。

对鳌拜一向鄙视的正白旗辅政大臣苏克萨哈,不甘心与之同流合污,但又见其势大,自己势单力薄,便产生退隐之念,在皇帝亲政之后第六天便上奏说:"臣才庸识浅,蒙先皇帝眷遇,除授内大臣,夙夜悚惧,恐负大恩,值先皇帝上宾之时,唯愿身殉以尽愚悃,不意恭奉遗诏,臣名列辅臣之中。臣分不获死,以蒙昧余生,勉竭心力,冀图报称。不幸一二年来,身婴重疾,不能始终效力于皇上之前,此臣不可逭之罪也。兹遇皇上躬亲大政,伏祈睿鉴,令臣往守先皇帝陵寝,如线余生得以生全,则臣仰报皇上豢育之微忱,亦可以稍尽矣。"苏克萨哈在自己的奏疏中隐约道出鳌拜把持政局蛮横无理,自己只好隐退。同时,他又试图以自己隐退的行动迫使鳌拜、遏必隆也相应辞取辅政之职,交出权力。但康熙帝对苏克萨哈的困境及其一片苦心一无所知,见他奏请要去守陵,颇为疑惑,便派米斯翰等人前往查问。

鳌拜本来对苏克萨哈以怀怨恨,时常找机会进行陷害,他便借此对苏克萨哈大做文章,矫旨指责苏克萨哈说:"兹苏克萨哈奏请守陵,如线余生得以生全。不识有何逼迫之处,在此何以不得生,守陵何以得生? 朕所不解。著议政王贝勒大臣会议具奏。"

当时,国史院大学士巴泰极力抵制鳌拜专权。鳌拜为了将苏克萨哈处死,在议政王大臣会议议论苏克萨哈之事以前,把可能持异议的大学士巴泰等人拒之门外,自己完全控制了议政王大臣会议。在议论苏克萨哈的所谓罪行时,鳌拜的私党班布尔善不问青红皂白,给苏克萨哈编造了不欲归政等二十四项罪状,要求把奸诈欺饰,存蓄异心的苏克萨哈,以大逆罪论处,与其长子内大臣查克旦均处以磔刑,其余六个儿子、一个孙子、侄子二人皆处斩立决。并将苏克萨哈的家产籍没,妻孥皆交付内务府。正白旗旗人前锋统领白尔赫图、侍卫额尔德也处斩立决。

鳌拜将议政王大臣会议议论的结果上奏康熙帝之后,康熙帝这才醒悟,知道鳌拜挟怨构罪,不答应鳌拜的奏请。鳌拜骄纵蛮横,竟然在康熙帝面前攘臂上前,累日强行奏请。最后,康熙帝仅将苏克萨哈的磔刑改为绞刑,其他均按鳌拜的奏请执行。就这样,苏克萨哈这位忠贞为国的老臣在鳌拜的恣意陷害之下,和他的一家大小进了阴曹地府,成了政治斗争的牺牲品。

苏克萨哈一家大小冤死之后,四大辅臣之中仅剩下鳌拜和遏必隆两人,而遏必隆又是个老好人,遇事没有主见,处处依附鳌拜,这就使得鳌拜真正成为一个一人之下万人之上的权臣。康熙帝深感不除鳌拜,后悔莫及,于是年轻的康熙帝准备铲除鳌拜这个后患。

欺君擅权　身败名裂

鳌拜矫旨杀死苏克萨哈之后,更加放纵。凡起坐班行,自动列于遏必隆之前,以首辅自居。对于朝中政事必先于私家议定,然后上奏施行。常常把启奏官员带往私门酌商,如果有人自行启奏,事先不同鳌拜商讨,他便嗔怒不已。在康熙帝面前,凡事不按常理进奏,多以过去的疏稿呈上,逼其依允。更过分的是,鳌拜常常当着康熙帝的面,呵斥大臣,拦截章奏。在康熙帝的眼里,鳌拜的作威作福的卑劣行径已经达到了令人无法容忍的地步。

在康熙六年(1667)六月初一,内弘文院侍读熊赐履遵旨条奏四事给康熙帝。他在奏疏里说:"我国家章程法度,其间有积重难返者,不闻略加整顿,而急功喜事之人,又从而意为更变,但知趋目前尺寸之利以便其私,而不知无穷之弊已潜倚暗伏于其中。请将国家制度详慎会议,勒咸会典,颁示天下。"

鳌拜得知熊赐履的奏疏之后,大为恼怒道:"是劾我也!"于是,他入对时要求康熙帝以妄言治熊赐履的罪,并且请申禁言官,不许他们上书陈奏。

康熙拒绝道:"他自陈国家大事,与尔何干?"但在当时,康熙帝仍希望鳌拜重新改过,克保功名,特意命鳌拜于二等公外加一等公,并以其子那摩佛袭二等公爵位。到了康熙七年(1668),又加鳌拜太师,其子那摩佛为太子少师。康熙帝所希望的感恩悔罪的目的并没有达到预期的效果,鳌拜反而更加骄横,毫无悔过之意,甚至出现公然抗旨的事情。

鳌拜的私党玛尔赛死后,部臣请求赐予谥号,康熙帝不允许,并降旨说:"有何显功,不准行。"但鳌拜根本不把康熙帝的旨意当一回事,竟然擅自赐玛尔赛谥号。在鳌拜的怂恿下,其私党大学士班布尔善也敢怠慢康熙帝,奏事时,谕旨稍有不合意之处,便忿然而出。当时,参与议政的蒙古都统俄讷、喇哈达、宣理布等人不肯依附鳌拜,鳌拜便擅自裁止蒙古都统,不许他们再行议政。当喀尔喀蒙克毕什克图之子来归时,康熙帝准备封其为公,但鳌拜的私党班布尔善竟然以为过分,嘱令理蕃院,说以后蒙古不必照此例优封。

鳌拜及其私党的抗旨专断,使康熙帝彻底明白了他们结党乱政的丑恶面目,对鳌拜原有的一点幻想也破灭了,开始和鳌拜展开针尖对麦芒的斗争。有一次,康熙帝听政之时,得知有一位大臣援引恩诏误赦一人,便问大学士李霨如何处理此事,李霨说:"既已误赦,宜听之便。"康熙帝别有深意地说:"宥人可听其误,若杀人亦可听其误乎?"暗里表明自己对鳌拜抗旨冤杀苏克萨哈等人的事情,他是不会就此甘休的。

又有一次,康熙帝的朱批红本已发科抄,鳌拜觉着不满意,又重新批示了一回。给事中冯溥得知之后,立即对康熙帝说:"本章既批朱红,不便更改。"鳌拜闻知,要治冯溥的罪。康熙帝不但没有将冯溥治罪,反而进行嘉奖,并责令鳌拜等人:"此后当益加详慎批发。"

鳌拜对于康熙帝的警告根本不放在心上,每每听政之时,鳌拜总与他人闲谈,对内容故意不提,康熙帝便警告鳌拜说:"此内有关系民命之事,尤不可不慎,伊等皆经行间效力,不以杀人为意,朕必慎焉。"年轻的康熙帝对鳌拜的警告和不满,使朝中的正直大臣感到了希望所在。

　　康熙七年(1668)九月,已升迁为秘书院侍读学士的熊赐履又一次上奏说:"朝政积习未祛,国计隐忧可虑。"并引用宋代理学家程颐"天上治乱系宰相"一语,提醒康熙帝要使朝政有序,必须除掉鳌拜。康熙帝认为时机尚不成熟,为了不让鳌拜发觉,便斥责熊赐履妄行冒奏,以沽虚名。鳌拜便乘机以妄行冒奏之罪,拟将熊赐履降二级调用。康熙帝实际上并没有怪罪熊赐履的意思,其目的是为掩盖鳌拜的耳目,虽然康熙帝处处声称要处罚熊赐履,却始终没有采取行动。实际上,康熙帝已在悄悄部署各项工作,准备铲除鳌拜这个权奸。

　　康熙帝的除奸准备非常特别,他以自己的年轻作为掩护,特意精选了一些少年侍卫、拜唐阿(即执事人),平日里专为扑击之戏。所谓扑击,满语称为布库,亦可译为角力、撩跤,也有称为布库戏的。康熙帝之所以这样做,是因为他身边的侍卫受鳌拜的影响较大,非常不可信,他将自己特意精选的侍卫、拜唐阿另外组成一支更为亲信的卫队——善扑营。康熙帝这样做,果然迷惑了鳌拜的眼睛,使鳌拜以为皇帝年幼,喜欢游戏,而没有在意善扑营的真实用图。实际上善扑营的成立,并非康熙帝活泼好动,爱玩乐,而是他为自己铲除鳌拜在组织上做好了准备,一支真正属于康熙帝的人马团结在了他的周围。

　　最早奉命负责善扑营执行擒拿任务的是索额图,他是已故辅政大臣索尼次子、康熙帝皇后的叔父,原来任一等侍卫。康熙帝亲政以后,于康熙七年(1668)六月,改任吏部侍郎。第二年,索额图又自请解任,回到康熙帝身边复任一等侍卫,服侍护卫,准备助康熙帝除掉鳌拜。

　　随着康熙帝的准备工作准备就绪,剪除鳌拜的时机也就日益成熟起来。康熙帝为了确保除奸的顺利进行,在行动之前,先将鳌拜的私党以各种名义一一派出,以削弱鳌拜的势力。鳌拜的胞弟内大臣巴哈被派往察哈尔(今河北北部);鳌拜的亲侄子、侍卫苏尔马被派往科尔沁(今吉林西部);鳌拜的姻亲理蕃院左侍郎绰克托被派往苏尼特(今内蒙古苏尼特左旗东南)编定扎萨克事务;工部尚书济世被派往福建巡海。一切安排就绪之后,康熙帝于康熙八年(1669)五月十六日,亲往善扑营问道:"汝等皆朕股肱耆旧,然则畏朕欤,抑畏鳌拜也?"

　　众人齐声回答:"独畏皇上!"

　　于是,康熙帝历数鳌拜的罪状,让善扑营做好准备,在他召见鳌拜之时将其拿下。康熙帝将逮捕鳌拜的具体事务安排好之后,随即下诏召见鳌拜。

　　鳌拜受到康熙帝召见,是常有之事,所以鳌拜也就没有在意,依旧像往日一样大摇大摆地进了后宫。这一次可不同于以往了,鳌拜进宫门刚拜见过康熙帝,只听康熙帝大喝一声"拿下",善扑营训练有素的侍卫猛扑上来,将鳌拜捆了个结实。和鳌拜同时被捉拿的还有另一位辅政大臣遏必隆和一等侍卫阿南达等。

　　鳌拜被捕之后,康熙帝向议政王及诸大臣下谕旨揭露鳌拜的罪状。康熙帝在谕旨中说:"前工部尚书员缺,鳌拜以朕素不知济世其人,妄称其才而进补之,通结为党,以欺朕躬。又奏称户部尚书应授二员,将玛尔赛徇情补用。又鳌拜于朕前办事,不求当理,稍有拂意,即将部臣叱喝。引见之时,在朕前施威震众,科道官条奏,鳌拜屡请禁止,;恐身干物议,闭塞言路。凡用人行政,欺朕专权,恣意妄为。文武各官欲尽出伊门下,与穆里玛等结为同党。凡事在家议定,然后施行;且倚仗凶恶,弃毁国典,与伊相合者则荐拔之,不合者则陷害之。朕念鳌拜旧臣,望其改恶悔过,今乃贪聚贿赂,奸党日甚,上违君父重托,下则残害生民,种种恶迹,难以枚举。其严拿勘审!"

康亲王杰书等议政王支持康熙帝对鳌拜查处论罪,并遵旨勘审,列举鳌拜欺君擅权、结党乱政等罪状三十条,议将鳌拜革职立斩,其亲子、兄弟亦斩,妻并孙为奴,家产籍没。列举遏必隆藐视皇上、附和鳌拜等罪状十二条,议将其革职立绞,未分家之子并其妻为奴。鳌拜及遏必隆族人有官职及在护军者,均应革退,披甲当差。列举辅国公大学士班布尔善附和鳌拜、抗旨妄行等罪状二十一条,议将革职立斩,因其系宗室,改立绞,并将其亲生但未分家的子孙革去宗室,妻子为奴。鳌拜之侄塞本得,以其凡事首恶,罪情重大,议将其革职,即行凌迟处死。吏部尚书阿思哈、户部尚书玛尔赛、兵部尚书噶褚哈、吏部侍郎泰必图、鳌拜之弟都统穆里玛等,助恶结党,背负国恩,犯下重罪,均应革职立斩。玛尔赛已死,应抛尸。此外,鳌拜之子那摩佛、侄讷莫、佛伦,鳌拜私党希福、阿林、刘之源、刘光、插器、阿南达、布达礼、济世、迈音达、吴格塞、额尔德黑、郭尔浑等,均应立斩。鳌拜兄赵布太、婿赖虎等立绞。

康亲王杰书将所议结果上奏康熙帝,康熙帝倍加小心,并没有立即批准执行,因为这次事件牵扯人数之多,是前所未有的,不能操之过急。康熙帝在得知议论的结果后,亲次鞫问鳌拜等人。鳌拜在谒见康熙帝时,露出他搭救清太宗皇太极御驾时留在自己身上的伤疤。康熙帝看了鳌拜的伤疤之后,鉴于他自皇太极以来为清王朝开疆扩土立下汗马功劳,不忍心加诛,便赦免了鳌拜的死刑。康熙帝在赦免诏书中说:"鳌拜以勋旧大臣,受恩皇考,遗诏辅佐政务,理宜精白乃心,尽忠图报。不意结党专权,紊乱国政,纷更成宪,罔上行私。朕久已悉知,尚望其改行从善,克保功名,以全始终。乃近观其罪恶日多,命诸王大臣公同穷审,俱已得实。以所犯重大,拟以正法,本当依拟处分;但念鳌拜为本朝效力日久,且皇考曾经倚任,朕不忍加诛。姑从宽革职、籍没,仍行拘禁。那摩佛亦免死,革职拘禁。"就这样,鳌拜在康熙帝的宽宥之下,捡回了一条性命。对于鳌拜的私党,康熙帝也不计较,没有按议政诸王所议定的那样处分,也不加追究宽大处理。

康熙帝在其谕旨中说:"遏必隆无结党之事,免其重罪,削去太后及后加公爵,其原有一等公,仍准留与伊子。班布尔善、穆里玛、阿思哈、噶褚哈、泰必图、塞钠代、讷莫,或系部院大臣,或系左右侍卫,乃皆依附权势,结党营私,表里为奸,擅作威福,罪在不赦,皆已正法。其余皆系微末之人,一时苟图侥幸,朕不忍尽加诛戮,宽宥免死,从轻治罪。至于内外满汉文武官员,或有畏其权势而依附者,或有图幸进而依附者,本当查处,姑从宽免,自今以后,务须洗心涤虑,痛改前非,遵守法度,恪其职业,以副朕整饬纪纲爱养百姓至意。尔二部即传谕内外遵行,特谕。"

　　年轻的康熙帝在处理鳌拜案件中,表现出了极高的政治才能,他既从鳌拜手中完完全全地夺回了政权,又没有株连更多的人。虽然此案涉及的人事关系错综复杂,但康熙帝仅将九人处死,其余之人皆宽大处理,使朝廷秩序迅速稳定。此外,康熙帝对凡受鳌拜迫害致死、革职、降级者,均一一平反昭雪。已故的苏克萨哈、苏纳海、朱昌祚、王登联等人,他们的爵位、世袭之职,继续由后人承袭。此案的处理,使康熙帝大获人心,他不愧是中国历史上为数不多的圣明君主。

　　后来,鳌拜死于狱中。到了康熙五十二年(1713),康熙帝复念鳌拜战阵功多,特追赐一等男,以其弟巴哈之孙苏赫袭爵。苏赫死后,又以鳌拜之孙达福袭爵。在雍正帝之时,又复鳌拜的一等公爵位,并加其封号曰"超武"。

　　鳌拜在其一生中,曾为大清王朝入主中原,统一全国立下赫赫战功,正因为如此,才得到顺治帝的格外信任。顺治帝在其弥留之际,遗诏命其为四大辅臣之一。鳌拜在其辅政之初,仍然精诚报国,为清王朝做出了一定的贡献,但很快便野心勃勃试图专权,这是他私欲膨胀的必然结果。在他作为辅政大臣的八年零五个月里,如果不去争权夺利,专权乱政的话,那么像他这样一位开国元勋,必定会名垂千古的。由此观之,一个野心家是没有好归宿的,只有那些淡泊名利,为民请命的人才会使百姓无限的思念,成为名垂青史、人人效法的楷模。愿天下少一个鳌拜,多一个让人思念的贤臣。

第一贪官

——和珅

名人档案

和珅：原名善保，字致斋，钮祜禄氏，满洲正红旗二甲喇人。清朝中期权臣、商人。曾兼任多职，封一等忠襄公，任首席大学士、领班军机大臣，兼管吏部、户部、刑部、理藩院、户部三库，还兼任翰林院掌院学士、《四库全书》总裁官、领侍卫内大臣、步军统领等等要职，为皇上宠信之极，官阶之高，管事之广，兼职之多，权势之大，清朝罕有。他还是皇上的亲家翁，其子丰绅殷德被指定为皇上最宠爱的十公主之额驸。后被嘉庆皇帝赐死。

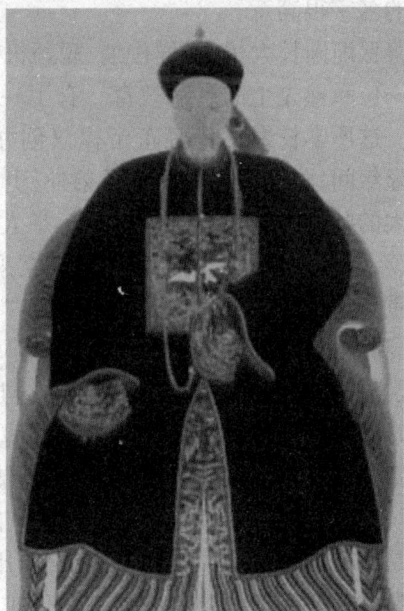

生卒时间：1750 年~1799 年。

安葬之地：历史之谜。

性格特点：擅长于揣摩帝意，迎合君旨，玩弄权术，贪婪爱财。

历史功过：

乾隆死了，巨贼和珅也罪有应得了，但政治腐败、积重难返的大清并没有因此而根本改观；尽管嘉庆帝后来费了九牛二虎之力，元气大伤的大清还是在动荡之中无可挽回地走向下坡路。和珅的危害真是太大了。

少年从学　青云直上

清乾隆十五年(1750)，在北京的一个普通的四合院里一个小男孩诞生了。孩子的父亲姓钮钴禄氏，名常保，满州正红旗人。他的祖先噶哈察鸾在清初就投降了努尔哈赤，以后，历代祖先都立过战功。常保的曾祖尼雅哈纳曾在一次围攻战中率先登上城楼，被赐予"巴图鲁"（满语："勇士"）的称号，并被授予三等轻车都尉世职。后来，他的先辈又以佐领的身份，参加过平定准噶尔的战争，到常保时追叙这一战功，加授了一等云骑尉的爵位。这样的家庭在旗人中司空见惯。常保虽在外做官，家境却并不宽裕，同那些权贵富豪相去甚远。

孩子出生了，常保对孩子寄予厚望。想到先祖们均未因战功博取高官厚禄，他觉得以"武"难以获取功名自己是武职官员，才疏学浅，处在倾轧的官场只是安分自保而已。孩子应该比自己有出息，将来不光能自保，还要善于自保。这就要让孩子勤学苦读，成为知书达理、聪明机智的人。想到这里，常保决定给孩子起名"善保"。孩子的字叫什么呢？应该有书香气。左思右想最后定了"致斋"二字。好了，"文"能上就上"文"，"文"不起来，将来世袭武职也不会是呆笨角儿。常保对自己起的名字很满意。

善保渐渐长大了，模样俊俏，聪颖机敏，人见人爱。在童年时代，他和弟弟在家接受一位私塾先生的启蒙教育。有了一定基础后，小兄弟俩又被送到咸安宫官学就读。这所学校最早是雍正帝提议创办的，原来主要是培养内务府的优秀子弟。到乾隆年间，除继续招收内务子弟外，更多的是招收八旗官员俊秀子弟入学。官学有强大的师资力量，教师都是进士、举人出身，学生的待遇也不错。要进这样的官学就读，常保生怕儿子的名字因没有文采而成为别人的笑柄，于是他请塾师给两个儿子重新起个好一点的官名。塾师说："两位公子天姿聪慧，实堪造就。我看就叫和珅、和琳吧！这'珅'和'琳'都是'玉'意，这'和'即有'和气，热情'之意，又暗用'和氏璧'之典，意思是说二位公子将会是国家难得的可造之才。"

常保听后连连称赞："先生学识渊博，老夫佩服。"

塾师出于对主人的礼貌，自然不无恭维之意，但他也对这两个学生表明了他的看法。"珅"意指一种玉。"琳"意指美玉。他对和珅是没什么把握的，但对和琳，他却是胸有成竹。和珅比和琳机敏，但比和琳浮躁好强，过于机敏，虽可长于应变，也容易欺瞒。和珅的浮躁好强心使他难安分守常，他的机敏又给他的取巧提供了条件，有了取巧之心，便难堵投机之路了。

常保希望儿子能改变门风，和珅也慨然任之，但他看不起父亲的循规蹈矩。他在天姿上是胜过父亲的，他能过目成诵，书中的许多经验告诉他实干不如巧干，所谓"一窍不得，少活几百。"他要走一条通往官场的捷径。在官学里有许多贵族子弟，把官场中的虚伪、倾轧及种种传闻，当作新闻来贩卖。和珅对官场的了解日益深刻，什么圣贤书，不过是官场里应酬的工具，有谁对它亦步亦趋，全是装门面罢了。不过谁的门面装得越好，谁就越有机会升官。看来这升官，还非得要用圣贤书这块敲门砖不可。聪明的和珅一旦觉悟，便用心读书，用圣贤之道，君子之礼规范自己的言行，咸安宫官学学习期间，他不仅背熟了《四书》《五经》，而且满汉文水平突飞猛进,另外他还掌握了蒙文和藏文。同时,他还拜吴省兰、吴省钦等名人为师,学会了作诗填词。这些准备,对他以后的发迹做好了准备。他的学业和"谦和",很赢得了一些人的赞许。当时的著名学者袁枚曾称赞和珅兄弟二人知书达礼,聪明机智。

和珅虽出身官僚家庭,但父亲长年在外做官,开销较大,加之母亲去世,继母对兄弟俩不好,生活很拮据。因此在学习期间,兄弟二人曾与家人刘全四处借钱,来支付在官学的花费。权势富豪人家的作威作福,"一文钱难倒英雄汉"的难堪,借钱时别人的眉高眼底,都使他耿耿于怀。好强的和珅暗暗发誓:"有朝一日时来运转,我和珅要让你们观老爷我的颜察我的色!凭聪明,凭才华,老爷不比你们差,我就不信混不到你们上面去!"

少年时代,和珅在官学苦读十年。乾隆三十四年(1769),和珅年方二十,风度翩翩,仪表堂堂,被身居高位的英廉看中了。和珅英俊的模样、"谦和"的态度以及聪敏机警的性格深得他的喜欢,他将自己的宝贝孙女冯氏嫁给了他。英廉是内务府镶黄旗人,雍正十年(1732)中举,当时任刑部尚书兼户部侍郎和正黄旗满州都统。这样的靠山使和珅如虎添翼。这一年,他承袭了父亲的爵位。

第二年(1770),和珅应举未中。不久,英廉一手策划,使他成为协同管理皇帝銮舆、仪仗的侍卫。这差使虽然地位不高,但能接近皇帝,一旦得到垂青,便可飞黄腾达。这个差使正符合他投机取巧的个性,他心满意足,他自信凭自己的才学和机敏一定会博得皇帝的好感。英廉也很满意,他坚信自己出类拔萃的孙女女婿在皇上跟前是会走好运的。事实也确实如此,銮仪卫侍卫成了和珅青云直上的起点。

善揣上意　得宠乾隆

和珅的得宠有一个戏剧性的开场。

有一次,和珅等随从乾隆皇帝出宫,起行之际,仓促间找不到御用的黄龙伞盖。乾隆很生气,借用《论语》上的一句话发问:"是谁之过欤?"在场者面面相觑,不知如何回答。

"典守者不得辞其责。"一个清亮的声音朗声答道。大家一看原来是和珅。

乾隆帝很吃惊。因为《四书》上对上句话的注解是:"岂非典守者之过邪?"这里,和珅变通的自然贴切。他回头看了看这位年轻人,只见他唇红齿白,相貌俊美,举止合体,看上去机敏灵活,心中不觉喜欢起来。

"你是什么出身?"乾隆和颜问道。

"文员。"和珅回答。

"你下过场吗?"

"庚寅曾赴举。"

"何题?"

"孟公绰一节。"

"能背你的文章吗?"

和珅飞快地背了下来。

乾隆帝说:"你的文章也可以中得了,这个差使未免委屈你了。"

乾隆帝便令他紧随左右,有问必答,句句称旨,引得龙心大开。随后就让他总管仪仗队,不久,又升为御前侍卫兼副都统,管理宫中的琐碎事务,如仪仗排列,护从派遣,车马准备及膳食等事宜。和珅每日形影不离地跟随在乾隆帝左右。

和珅凭着自己的机灵聪敏,留神观察,细心揣摩,对乾隆帝的脾气、心理、好恶等,了如指掌。据说有一次顺天府乡试,题目照例由皇帝"钦命"。和珅通过宫内太监,得知乾隆帝在命题时翻着《论语》,当第一本快翻完时,忽然似有所悟,立即提笔命题。和珅据此揣摩了一悉后说:"这次肯定要考《乞醢》这一章。"考题发下果然如此。原来这一年是乙酉年,"乞醢"两字中正好包含"乙酉"两字。由于和珅费尽心机地去把握迎合乾隆帝的心理,乾隆帝对他大加赞赏,嘉他勤勉忠心。

和珅还有一个善于诙谐的本领。一次,王公、大臣们在乾清宫演礼,其中有些涂脂抹粉的少年,和珅笑着说:"今天正如孙武子教演女儿兵矣。"又有一次,安南向清朝进贡金座狮象,和珅发现座底是空的就故作惊讶地说:"惜其中空虚,不然可得黄金无算也。"他讲的这些市井谑语,常常引得龙颜大悦。为已入老年的乾隆帝排遣了不少寂寞。

和珅的机敏能干、忠心诙谐深得乾隆帝的欢心,他想把这位青年人培养成一位自己倚重的得力大臣。

乾隆早年,培养了不少人才,他曾得意地说:"从前当大学士鄂尔泰在之时,朕培养陶成一讷亲;讷亲在之时,朕培养陶成一经略大学士傅恒,皆几经教导,几经历练,而后此,人才难得,固非一朝一夕所能造就。"乾隆虽在表白事必躬亲,但自己日理万机,国家大事毕竟要依靠军机大臣,尤其是满旗的军机大臣。鄂尔泰、讷亲、傅恒都是乾隆倚重的人物,他们文武兼备,出将入相,对乾隆盛世的形成功不可没。

乾隆三十五年(1770),傅恒病逝,乾隆开始重用军机大臣于敏中。于敏中是状元出身,也很能干,但他是汉人,把大权全部放给他有损满人的自尊。乾隆帝一直在物色一个满族人来帮助自己处理日常政务。和珅在此时头角崭露,令他欣喜不已。他决心有计划地培养和珅。

乾隆四十年(1776)和珅被提为御前侍卫,第二年正月又升为户部侍郎。这一年二月乾隆以平定两金川、告成阙里为由开始他的第四次东巡,新任侍郎和珅为开路先锋,监视一切奉供,所到之处的好坏全由和珅说了算,迎接官员都求和珅在皇上面前美言,私下馈送甚多。由于和珅深知上意,安排得周到细心,场面隆重热烈,乾隆摆足了盛世之主的威风,龙心大悦,以为和珅办事干练,三月,即升其为军机大臣。待四月份返京,又让和珅兼任总管内务府大臣;八月,调任镶黄旗副都统;十一月,授国史馆副总裁,戴一品朝冠;十二月,兼任总管内务府三旗官兵事务,赐紫禁城骑马。至此,这位普通的京城青年进入了乾隆的权力中心,成为乾隆的左膀右臂。和珅只有二十五岁多就当上军机大臣,一般官员钻营一辈子也不过如此,这在论资排辈的封建官场简直不可思议。

乾隆四十二年(1777),和珅又任吏部左侍郎兼署右侍郎,并兼步兵统领。

四十三年(1778)兼任崇文门税务监督,总理行营事务,补镶蓝旗满州都统;不久又授正白旗都统,领侍卫内大臣。

这样一来,这些位高权倾的职务都让他一个包了。即便如此,乾隆觉得对这位赤胆忠心肝脑涂地的知己臣子还不足以示恩宠,于是在乾隆四十四年(1779)又亲赐和珅长子名丰绅殷德,并赐嫁爱女固伦和孝公主。从此君臣关系更加亲密。和孝公主未嫁时,见到和珅就称他为"丈人"。有一天,和珅陪同乾隆及孝和公主在同乐园的买卖街游玩时,乾隆看见一买衣服处有大红夹衣一领,便对公主说:"向你丈人要去。"和珅花了二十八两银子买来送给了公主。君臣的亲密关系可见一斑。

乾隆四十五年(1780)云贵总督李侍尧贪污案发,和珅受命查办。他同李侍尧较量的胜利,使乾隆对他的办事能力深信不疑。

李侍尧是汉军镶黄旗人。他是远近闻名的清朝开国元勋二等伯李永芳的四世子孙。李永芳的妻子是世祖努尔哈赤的孙女。李侍尧的父亲李元亮当过户部尚书,李侍尧才恩敏捷短小精悍,能言善辩,智慧过人。凡是他读过的书或者批阅过的文件案宗,都终身不忘。他善于识人,寥寥数语,就能立即辨别出对方的才能。他经常高谈阔论治所的肥瘠利害,成僚属私下的一些勾当,好像亲眼看到的一样。因此,心中有鬼的人都害怕他那双眼睛。他的才干深得乾隆帝的赏识,曾被破格授满州副都统。二十年(1755),李侍尧署广州将军,以后历经两广总督,湖广总督等职。三十八年(1773),他已官至武英殿大学士。四十二年调任云贵总督。在二十来年的仕途生涯中,李侍尧政绩比较显著。乾隆对他有这样的评价:李侍尧由将军用至总督,历任各省二十余年,"其才具尚优,办事明干,在督抚中最为出色。"不少大臣赞扬他:"历任封疆,实心体国,认真办事,为督抚中罕见。"这样一位被朝野鹊誉的军国要臣竟是一个贪官,怎能不令乾隆帝痛愤交加。

李侍尧自恃位高权重,资历深厚,对很多大臣都傲慢无礼,对皇上近来宠信的后生小子和珅竟"儿畜"视之,极大地伤害了和珅的自尊。这次李侍尧案发,和珅大喜过望。他把李侍尧的情况添油加醋地渲染了一番,加之乾隆帝想借这个棘手的"能臣"检验一下他的才干,于是他就委派他去查办此案。

由于李侍尧特别精明,为了办案顺利,乾隆帝在南巡途中先发了这样一道引人注目的上谕:

"现派侍郎和珅、喀宁阿驰驿前往贵州省查办事件,沿途驿站尤应稽查严密,以防透漏消息之弊。李湖人尚结实,该省为贵州必由之路。着传谕李湖于该省往来经由首站,派委干员,严密稽查。如有私骑驿马由此往南者,即系透漏消息之人。

该抚即行截拿,审讯来历,一面据实具奏。将此由六百里加紧传谕知之。"

贵州全省官员满腹狐疑,不知谁犯下了滔天大罪。和珅到达贵州后,又一道上谕到来,传谕和珅立即同贵州巡抚舒常一道赴云南,查办云贵总督李侍尧。贵州文武官员这才如释重负。

李侍尧看不起和珅等,觉得他要同自己交锋还太嫩,因而思想麻痹。没想到这次竟栽在他的手里。

和珅也有过目成诵的本事,也非常机敏,他只一招"釜底抽薪",李侍尧就翻了船。和珅一行到云南后,首先审讯李侍尧的家人张永爱、连国雄等人,将李侍尧贪污情况基本弄清。待审问李侍尧时,由于证据确凿,李侍尧无法抵赖,不得不一一交代贪赃罪行。这位自视甚高的要员终于栽在了和珅手里。

根据和珅的审讯结果,李侍尧贪赃索贿银粗略统计就有三万多两,数目庞大,手段恶劣。和珅等人还报告乾隆,由于李侍尧勒索下属,贪赃狼藉,致使"云南通省吏治废坏,闻各州县多有亏空之处",影响极坏。

乾隆帝虽痛恨李侍尧的贪赃枉法,但念及他世祖对大清的功业,特别是他一生的"勤干有为""才能出众",因此有意从宽处置李侍尧。他以为李侍尧虽可恨,但人才难得,其人固然要惩戒,其才还是要用的。这和他早年对贪官惩治的严厉判若两人。进入暮年的乾隆大概因为精力不济,只想靠一些有"才干"的臣子维护统治,对所贪污的几万两白银已不那么看重了。

按照清朝法律规定,贪污一千两银即处死。但善于察言观色的和珅在对李侍尧定罪后,即提出判李侍尧斩监候。而大学士九卿复议改为斩决,前者为死缓,后者为立即死刑。《大清律例》中又有"八议"的规定,即议亲、议故、议功、议贤、议能、议勤、议贵、议宾。符合其中一项,即可减刑。乾隆从中找到了为侍尧减刑的根据,采纳了和珅的意见。一年以后李侍尧又被赦罪起用。

在查办和处理李侍尧的案件中,和珅表现出了他的精明干练,并且在案件的处理上,使乾隆对自己培养的这位以后要大加倚重的"人才"非常满意,更有一层只能心领神会的原因,满州"能臣"制服汉人"能臣",压汉人一头,满足了作为满人的乾隆帝的自尊心,这也是讨他欢心的原因之一。在和珅办案完毕回京的路上,乾隆即任命他为户部尚书兼议政大臣。回京后,和珅又向乾隆面陈了云南盐务、钱法、边防等方面的问题,并直抒己见,深得乾隆的赞赏,于是又任命他为御前大臣兼都统职务。不久又任和珅为《四库全书》馆正总裁,兼理蕃院尚书。两年之后,和珅又兼署兵部尚书,管理户部三库,加太子太保,充任经筵讲官。乾隆四十八年(1783)任国史馆正总裁。乾隆四十九年(1784)授一等男。乾隆五十一年(1786),三十六岁的和珅被乾隆任为文华殿大学士,官居一品。而另一深受乾隆信任、战功卓著的军机大臣阿桂在六十岁时才当上大学士。乾隆五十三年(1788)授和珅三等忠襄伯。乾隆五十五年(1790),和孝公主同和珅长子丰绅殷德结婚,乾隆御赐大量财物。据当时在北京的朝鲜使臣记载:"宠爱之隆,妆奁之侈,十倍于前驸马福隆安时。自过婚翌日，辇送器玩于主第者，粗略估计它的价值，大概超过了几百万两黄金。二十七日，皇女于归，特赐帑银三十万。大官之手奉如意珠贝，拜辞于皇女桥前者，无虑屡千百。虽以首阁老阿桂之年老位尊，亦复不免云"。君臣关系之亲密，恩遇之隆显而易见。

在乾隆晚年、嘉庆初年和珅任首席军机大臣兼领吏、户、刑三部；嘉庆三年（1798）封为一等公爵，成为军政财大权集于一身，总揽一切的权臣。和珅担任的职务还有文渊阁提举阁事、清字经馆总裁等职。

和珅得到乾隆的宠信，不仅因为他幽默诙谐，机敏过人和长相俊美，也由于他是乾隆最喜爱的皇十女固伦和孝公主的公公，同时他也确有才学、善揣上意，善于逢迎，并对皇上的起居生活关照有佳。乾隆帝是位聪明过人的英主，那些蠢笨的逢迎者是不会得到他的好感的。只有像和珅这样聪明机敏的逢迎者才会逢迎出水平，博得这位英主的欢心。乾隆帝喜欢吟诗作赋，和珅就经常奉和，和珅的集子《喜乐堂诗集》中就有不少应制奉和之作。清代诗歌评论家钱咏评他的诗格律妥切，频有佳句。和珅对书画也颇有研究。另外，他不仅精通满、汉文，而且通晓蒙、藏文，并能用蒙、藏文为皇帝拟诏书。当时的满汉大臣，像他这样通晓四种文字的凤毛麟角。如果和珅没有一定的才能，是很难胜任那么多的职务的。"德胜才为君子，才胜德为小人"。小人并非无才，只不过，有才的小人在欺骗和蒙蔽方面更加技高一筹罢了。

和珅青云直上的秘诀全在于他能恰到好处地讨好乾隆，唯皇上所欲是为。乾隆皇帝是位英主，但他不愿只做"有道明君"，他还要做"快活天子"。他私生活的风流是尽人皆知的。和珅在他南巡途中，作为近臣曾成就他的风流事。乾隆喜欢游乐，讲究享受，和珅都竭尽全力。他用长期主管户部和内务府掌管钱财之便，扩建圆明园和避暑山庄供乾隆享乐。扩建后的圆明园方圆三十里，拥有一百五十多所精美的楼殿，40个风景区，是乾隆十分满意的娱乐休闲之所。和珅成就了他做"快活天子"的愿望。和珅在生活上对乾隆更是无微不至。乾隆年岁较高，偶感风寒便咳嗽。朝鲜使臣曾看到，当上朝遇到乾隆咳嗽，身任宰臣的和珅便在金殿上亲手为皇帝捧唾盂。正因为这样，皇帝对和珅的宠信，甚至超过了对自己的四位皇子，以至于后来乾隆退位当太上皇，新登基的嘉庆也不得不让和珅三分。

对于和珅获宠的原因，野史里有另一种解释。说是乾隆为太子时，对其父雍正皇帝的一位妃子特别着迷，由于他戏耍该妃，被母后误解，该妃立被赐死。他想不出救活她的办法，就用手指在她脖子上印上红色的指痕，并且说："是我害了你，死后有灵，待二十年后，你能和我再相聚吗？"等到乾隆三十八年见到和珅时，他觉得似曾相识，一下子又想不起在哪里见过，但却久久难忘。回宫后，追忆少年到壮年时期的往事，才明白和珅与自己着迷的那位妃子有些貌似。于是密诏和珅进来，让他跪进御座，低头看他的脖子，果然有一个分明的红指痕，因而心里认定和珅是那位妃子转世，便倍加宠爱，对和珅后来的贪恣睁一眼闭一眼。乾隆将要退位时，对和珅说："我和你有宿缘,所以能像这样相处,后人将不会这样容忍你的。"

这种解释虽有迷信成分,但因貌似而移情是可能的,和珅的倍受恩遇不能排除他是乾隆的男宠这个原因。这仅仅是和珅始终受宠的原因之一。如果设想和珅仅仅因为相貌同乾隆着迷的那位妃子相似,而无其他"可取之处",我们是很难想象他到五十多岁乾隆帝还对他宠信不衰。

植党排异　乾纲独揽

奸人为人处世以自己为重,其所做所为都以满足自己的私欲为目的,因此目光短浅,心胸狭窄,奸诈狡猾,手辣心狠,对妨碍自己利益的人,必除之而后快,至于他人利益和国计民生则漠不关心,甚至置之脑后。与此相反,贤人为人处世则上不负天,下不负地,中不负人,凡事替他人着想,因而心地坦荡,胸怀开阔,正道直行,刚正不阿,他若是做臣子的肯定会忠心为国,每天心怀国家人民,所作所为只想利国利民,对那些害国害民的奸佞小人恨之入骨,亦必除之而后快。像和珅这样只求媚上邀宠、饱一己私欲、误国害民在所不顾之人,必然会遭到忠臣的反对,同时也会受到同他一样企图邀宠的佞臣的威胁。为了使皇上对他宠信不衰,必须千方百计保持自己"一枝独秀"的局面。而要达此目的,则一方面排除异己,使皇上听不到反对自己的声音,另一方面则培植亲信,树立私党,为己摇旗呐喊,大肆吹捧,这样便会使皇上对自己的宠信不断巩固、不断提高。奸诈狡猾的和珅自他得势之日起就在这方面锲而不舍。

据乾隆晚年住在北京的朝鲜使臣说:"阁老和珅,用事将二十年……内而公卿,外而藩阃,皆出其门。纳赂谄附者,多得请要。中立不倚者,如非抵罪,亦必潦倒。"

和珅的弟弟和琳同和珅一样是生员出身,沾和珅的光,才先后任过杭州织造、湖广道御史、吏科给事中、工部左侍郎、工部尚书等职。乾隆六十年(1795)贵州、湖南两省爆发苗民起义,和琳前往镇压,嘉庆元年(1796)病死于军中。死时任光禄大夫、兵部尚书兼都察院都御史、四川总督数职。

景安是和珅的族孙,凭借和珅的权势升任河南巡抚,在各省清军配合镇压白莲教起义时,率兵四千驻扎在南阳,表面上算是发兵,其实吃喝享乐,遇义军过时龟缩在城中,不敢迎战。手下的士兵,奸淫掳掠,扰害百姓,景安也不过问。景安之所以敢这么为所欲为,无非因为朝中有和珅这个靠山。

满州旗人苏凌阿是乾隆六年的举人,平庸无能,在官场上很不得意,晚年他成了和琳的亲家。和珅便对他特别提拔,先后任兵部、工部、户部侍郎,后又升为户部尚书、两江总督。在两江总督任上,苏凌阿公开索取贿赂,接见属员时珅明目张胆地说:"皇上厚恩,命我这老头子来捞点棺材本。"嘉庆二年(1797),已年愈八十、老态龙钟、连走路都要人扶的苏凌阿,竟然被和珅推举为东阁大学士。直到和珅东窗事发他才退休回家。

曾为和珅的老师的吴省兰,因依附和珅,被任命为学政,并担任乡试的主考官。嘉庆初年,他被和珅安排到皇帝身边录诗稿,充当和珅的密探,无资历又无学识的明保是和珅的舅舅,借和珅之力当上汉阳知府,气焰熏天,当地官员对他退避三舍。乾隆接见他时,对其庸碌无能满腹狐疑,当向和珅问起他的出身等情况时,和珅胡编了一套蒙混过去。

一些想保官升官的佞人见和珅受到乾隆宠信,便主动投靠他,与之狼狈为奸。就连家世十分显赫的福长安也难脱俗。他的父亲傅恒是乾隆的重臣、孝贤纯皇后之弟,任大学士及军机大臣长达二十三年。他的三位哥哥福灵安、福隆安、福康安在乾隆时都是身居要职、手握重权的大臣。他的妻子是皇族之女。由于他也长相俊秀,深得乾隆喜欢,由侍卫渐升至军机大臣。他是与和珅在军机处共事时间最长的大臣之一,但却没有发现他反对和珅的任何记录。他看到和珅得势,就趋炎附势任其摆布,和珅曾举荐他代理自己户部尚书的职务,两人狼狈为奸干了许多勾当。和珅事发,嘉庆帝知道他对和珅贪赃枉法的事情知道得最多,便启发他,希望他能将和珅平日的所作所为,和盘托出,但他却始终掩饰,佯作不知,甘充和珅的死党。由于福长安和和珅的这种特殊关系,连口齿不清的福长安的小舅子湛露,也被和珅安排了个知府。在一次考核官吏政绩时,和珅竟将其列为"保送一等"。

当时,趋附和珅的官员数不胜数。当和珅去公署时,京官们争先恐后地在路旁迎送,人们称之为"补子胡同"。有人写了首诗嘲讽这种奇景。

> 绣衣成巷接公衙,
> 曲曲弯弯路不差。
> 莫笑此间街道窄,
> 有门能达相公家。

外省的官员入京,都以能谒见和珅为荣,但不是所有的官员都能如愿以偿。据说山东历城县令到北京,想见和珅一面作为回去炫耀的资本,花了两千两银子给和珅的看门人。和珅回官邸时,历城县令恭敬地跪在门前,呈上自己的手版,和珅从轿中呵斥道:"县令是什么畜生,也来叩见!"一时间成为京城士人茶余饭后的谈资。

和珅为巩固自己的地位,在培植亲信、树立私党的同时,坚决打击那些不肯依附自己的正直大臣。

和珅为了达其专权的目的,在衙署私自设立办公场所,时任御史之职的钱沣上本弹劾道:

国家所以立衙署,盖欲诸大臣共集一堂,互相商榷,佞者既明目共视,难以挟私;贤者亦集思广益,以济其事。今和珅妄立私寓,不与诸大臣同堂办事,而命诸司员传语其间。即有私弊,诸臣不能共知;虽欲参议,无由而得,恐启揽权之渐,请皇上命珅拆毁其寓,遇事共同办理,无得私自处判。

乾隆正宠信和珅,觉得这也无关紧要,只命钱沣进入军机处监督,没让拆毁私设的寓所,和珅依然在里面办公。过了一年,这位在军机处监督和珅的钱御史竟突然暴病而亡,永远闭上了嘴巴。

乾隆三十九年(1774)王伦在山东临清发动起义被镇压,民间盛传王伦未死,已潜伏他乡。有一个叫董二的人上告说王伦藏匿在山西某县。和珅嘱山西巡抚罗长麟办理此事,说:"不管真假,务必定为逆党,我和你就能一同到皇帝那领赏了。"长麟回到山西一调查,原是董二与某家有仇,想以此陷害,于是便判董二为诬告罪。长麟因此得罪了和珅,和珅不久便借故将长麟"谪戍西域",予以报复。查访王伦的事并没有结束。和珅的仆役想讨好和珅,自告奋勇往山东查访王伦的踪迹,和珅便派其秘密前往。该仆役到山东博山县,仗势欺人,被博山县令武亿擒获。仆役亮出和珅属役的身份,武亿看签票上只有二位公役的名字,但结伙而行的却二十五人,于是责备该仆役,仆役蛮横无理,根本没把小小县令放在眼中,武亿因此大怒,命县役对该仆役一顿狠打。仆役回京将此事添油加醋,向和珅告状,和珅大怒:"县令疯了!竟敢打我的仆役?"便让山东巡抚找个借口将武亿罢官。

临察御使谢振定有一次带兵士巡视京城时,命士兵将坐在豪华马车中招摇过市、横冲直撞的和珅的妾弟从车中拖出,并痛加鞭打,并当场将马车烧毁,围观的市民拍手称快。和珅闻讯,几天之后便指使亲信捏造罪名参劾谢振定,罢免了他的职务。

在打击的所有异己中,对付曹锡宝的那一次要算是最具"威慑力"的一次。

乾隆五十一年(1786)六月,陕西道监察御史曹锡宝上疏乾隆:"和珅家人刘秃子,本系车夫,兼管家务,服用奢侈,器具精美。如果不是侵吞克扣了主人的财产,或借主人名目招摇撞骗,怎么能这样呢!"他请求查办刘秃子。

曹锡宝在上奏之前,曾和他的同乡侍郎吴省钦商议此事,不料吴省钦竟快马加鞭赶到避暑山庄,向正在陪同乾隆的和珅告了密。和珅忙令刘秃子拆毁那些与他的身份不相称的房屋,隐藏那些超分逾制的衣服、车马。

当乾隆询问和珅时,和珅从容答道:"刘秃子,名全儿,并无秃子之名,本系世仆,有旗档可查。因家人众多,宅内没那么多住所,所以命他在宅西附近兴化寺街居住。一直派在崇文门税务上照管一切。素昔尚为安分朴实,平时管束家人甚严,向来未闻其敢在外间招摇滋事。也许因为我外出的时间越来越多,无人管教,渐有生事之处,也说不定,请旨饬派严查重处。"

和珅这番巧妙地回答,使乾隆从感情上更加欣赏为皇上不辞劳苦却疏漏家事的宠臣,反使得职位不高职责有限的陕西道监察御史有吹毛求疵、不识大体之嫌。总之,乾隆对和珅的话深信不疑,而对曹锡宝则有些讨厌,甚至对曹锡宝的动机着实怀疑了一番。他认为,和珅的家人刘全既然长期在崇文门替和珅管理税务,有点积蓄也无可厚非;如果有招摇撞骗擅自加税额的事自应治罪,但曹锡宝应有真凭实据,不能凭空给人定罪。他进一步推测道:"或许是曹锡宝及亲友有应交税的事,刘全多索税银,或者刘全不肯将其免税放行,曹锡宝因此借机报复。"

在处理这个问题中,乾隆完全站在了这位"忠心体国,与己分忧"的宠臣的立场上。他断定曹锡宝弹劾和珅却又不敢明言,因此以家人为由,"隐约其词,旁敲侧击"。他还推测曹锡宝的弹劾肯定是受与和珅有私怨的人的指使。因此,他叫王大臣详细盘查曹锡宝,曹锡宝竟由原告变成被告。

　　当曹锡宝被盘问时,他说他与刘全素不相识,只是听人说刘全的住房服用非常华美,在路过其家时留心查看,房屋果然高大;他认为一个家奴若能住这样的豪宅,怕是有借主人的名义招摇撞骗的事,因此具奏。

　　针对曹锡宝的解释,乾隆说,刘全代和珅管理税务,有点积蓄,造数十间房屋,也是人之常情。并说,现在内外旗员大臣中,其管事家人的住房与刘全的住所不相上下的,谅也不少。他还说,扬州盐商都是平民,因其富有,他们的居屋园圃无不华丽崇焕,难道也要以其华侈富厚而治罪吗?他最后说:"朕任用大臣等办事,而大臣等亦不能无驱使之仆。"总而言之,只要能忠心办事,奢华一点不足为怪;他要保护和珅这位宠臣,也就要保护他的家人,不能死抓小节而让大臣伤心。

　　由于已从和珅那里知道刘全"确无侈华之举",为表示他能一视同仁,乾隆还是让绵恩带领步军统领衙门司官一员,与曹锡宝同往刘全家核查房屋的情况,若刘全家有"高楼广厦"即治其罪,若只是比平常百姓的稍强,也难以律定罪。他还让曹锡宝等人看完刘全家房屋之后,再去看阿桂等大臣的家人的房屋,如果阿桂等各家管事家人的住房有超过刘全的,就要问问曹锡宝为何对他们不予参劾。

　　其检查结果可想而知,曹锡宝这次去后看到的仅是与普通百姓一样的房屋,更不见什么华服车马,只得"自认冒昧"。乾隆据此认为曹锡宝因今年为乡试年,想借此奏获得他的赏识,以便能外放做考试官,说他的想法真卑鄙。吏部的意见要将曹锡宝降两级调用。曹锡宝既已"认罪",乾隆也不深究,并宽宏大量地说,曹锡宝身为监察官员,上书奏事本是他分内之事,这次没能查清虚实,姑且免其实降,改为革职留任。

　　曹锡宝不但被同乡出卖,一片忠君忧国之心又让乾隆误解为邀赏谋私,受此打击,心中郁愤难平,没几年就去世了。

　　乾隆皇帝在统治末年常将揭发和珅的材料交由和珅自己处理。陕西的一位读书人上书揭发和珅贪赃枉法,和珅得到材料后,竟让党羽将他的全家杀害。

　　曹锡宝和其他人弹劾的失败,给人们发出这样一种信息:在乾隆看来,他最可信赖的大臣和珅掌管多方面的权力,难免得罪了不少人;任何想参劾和珅的人,都很可能是挟私报复。加之和珅非常狡猾,许多正直之士鉴于曹锡宝的教训也只冷眼旁观,不敢上言了。一些不愿阿附和珅的重臣也不得不为"韬晦之计"。

　　乾隆对和珅的袒护,打击了正直之士,助长了小人们的趋炎附势之风,为和珅通向人臣权力的顶峰制造了条件,使他专权独断之心日益膨胀,越来越气焰嚣张,肆意妄为。

　　有一次,和珅建议将官厩里的马分给兵丁饲养,让八旗大僚讨论,大家都表示同意。而一位参领海秀却指出这种做法的种种弊端，表示反对。和珅沉着脸骂道："你是什么醌醍官，竟敢反对乃公意见？"其独断专行可见一斑。

大学士梁国治在军机处与和珅同僚时，和珅以其懦弱可欺，经常嘲弄他，甚至用佩刀割掉梁国治的头发来取笑，梁国治敢怒不敢言，只得脸露笑容让他割。乾隆年间担任内阁大学士职务较长，也较稳定的有阿桂、嵇璜、和珅、王杰。阿桂虽以元勋上公为枢府领袖，并兼军机大臣，但实际上大部分时间受命在外，真正在京的时间寥寥无几。因此，他虽鄙视和珅的为人，但也无可奈何，只是对他持严峻的态度，不同他同室办公，上朝也对他敬而远之，和珅过来同他说话，他漫不经心地应着，脚步连动也不动。嵇璜是以河督入相，在乾隆四十五年九月任文渊阁大学士。他对于治河业务很有一套，对朝廷大政则很不擅长，加上他并非军机大臣，没什么实权，为人老实，既不愿趋附和珅又不愿与之抗争，所以只好委曲相安。王杰于乾隆五十二年正月入阁，任东阁大学士，兼任军机大臣，有一定权力，为人也正派。当时和珅气焰嚣张，遇事专数，同僚隐忍不言，王杰对和珅所做的一些不应该做的事，敢于据理力争。由于乾隆非常了解王杰的为人，和珅虽很讨厌他但却拔不掉这个"肉中刺"。王杰讨论完政事，常默然独坐。有一天，和珅抓住他的手说："你的手保养的真好呀！"王杰正色道："王杰手虽好，但不能要钱耳！"和珅被说得面红耳赤。可见王杰还是敢于同和珅针锋相对的。但其资历比和珅浅，虽有抗争也无济于事，有时反受和珅压制。

乾隆毕竟算是一位英主，他虽宠信和珅，但并不认为和珅是个全才。譬如乾隆四十六年(1781)暴发撒哈拉族回民起义时，和珅作为钦差大臣先于指挥全局的阿桂赶到甘肃前线，急于立功。由于他不懂打仗，让清军急进，被起义军打得落花流水，所有将领拒听其指挥。阿桂到后向和珅询问失败的原因，和珅说将帅傲慢不听指挥。第二天，阿桂召集将领，让和珅坐在旁边观看，所有调拨，诸将领皆遵其命。布置完毕，阿桂问和珅："怎么没见谁傲慢呢？"把和珅弄得非常尴尬，随即打发他回京。这件事乾隆很清楚，和珅不是全才显而易见。同时他也清楚，维护统治是需要各种优秀人才的。因此，对于一些确有才能的大臣，乾隆也是保护的，并不是一味无条件地偏袒和珅，有时甚至斥责和珅对这些大臣的诋毁。但是随着像阿桂这样的老大臣的相继谢世，加上和珅对其他大臣的压制，整个朝堂之上，只显得和珅"资深望重，一枝独秀"。晚年的乾隆虽禅位嘉庆，但继续"乾纲独揽"，而他已衰老健忘，精力不济，在他看来和珅在满州大臣中是独一无二的，于是更加重用他，让他任首席军机大臣兼领吏、户、刑三部，集军政财大权于一身，几乎成了乾隆的全权代理。和珅终于登上了人臣权力的峰巅，在整个争夺权力、排除异己的过程中，他的成功似乎别无选择了。不过中国的哲人说过一句话："物极必反，盛极而衰。"这位不可一世的权臣最终也没能幸免。

枉法暴敛　私欲膨胀

　　和珅的青云直上直至大权独揽，一个最重要的秘诀就是他善于媚上邀宠。他不靠操劳国计民生，不靠战功和政绩，只凭一套讨好皇帝的逢迎本领，就轻而易举地功成名就。而那些忧国忧民的直臣却没有一个能像他这样幸运，有的一辈子都对他望尘莫及。自身的经验告诉他，要做官须会逢迎，国计民生并非当务之急。这种人做官只是相通过迎合皇帝的欲望来满足自己的私欲。他们立身不正，岂望行事能端？正因为如此，所以随着权力的膨胀，他的贪欲也日益膨胀。如果说身居高官可以满足他的虚荣心，使个人意志得到最大限度的自由，那么大量的财富则可以最大限度地满足他的物质享受。高官和财富对这种私欲浓烈的人来说，缺一不可，因此随着官位的步步高升，和珅摄取财富的手也越来越有力，当他位极人臣权力的峰巅时，中国有史以来最大的贪官也就诞生了。

　　和珅私欲的急剧膨胀是和乾隆密不可分的。乾隆早年励精图治，严惩贪官，通过几十年的努力，大清出现了乾隆盛世的新局面，国库积蓄甚丰。晚年的乾隆满足于已有的功业，企图通过一些大肆铺排的巡游，和前无古人的"壮举"来炫耀自己的功业，陶醉在一片歌舞升平之中。他不再像早年那样克己勤政，兢兢业业，而是宽缓纵贪，接受大臣的礼物，一味享乐，只求能维持这种"盛世"局面。如果早年的乾隆重在做一个"有道明君"，那么，晚年的乾隆则重在做一个"快活天子"。乾隆对个人生活享受的追求为和珅聚敛钱财提供了许多可乘之机；而他姑息纵贪，则无疑使和珅的贪欲受到鼓舞，并迅速膨胀。在和珅当权的二十年间，他用种种手段聚敛起数额惊人的财富。

　　以权谋私是和珅敛财的主要手段。和珅曾担任过户部侍郎、户部尚书、内务府大臣等职，又兼任过崇文门税务监督，并长期管理户部三库（银库、缎匹库、颜料库）。这些全都是肥缺。

　　内务府负责宫廷使用、食物、武装守备等方面的事务，内廷和皇帝的一切开销都由它负责。各地朝贡的礼品首先得经过和珅这一关。据野史之中的有关记载，乾隆末年，各省的贡品，和珅私吞了十之八九，只有十之一二进宫，以至于和珅家中拥有的珍宝多出内宫好几倍。他家所藏的一颗大珠比乾隆御用的冠顶还大。

　　有一次，和孝公主的异母兄弟七阿哥不慎打碎了一个碧玉盘，这个盘子直径一尺多，是乾隆帝的珍爱之物。七阿哥怕父皇怪罪，吓得不知所措。七阿哥的弟弟成亲王让他去找和珅想办法。和珅听完哥俩诉说，勉为其难地说道："此物世间稀有，我又有何办法？"七阿哥一听这话，竟害怕得痛哭流涕。后来和珅答应想想办法。第二天，和珅一见面就拿出一个盘子，比打碎的那个更大，色泽更精美。

　　凡是和珅所喜欢的宝物，他会想方设法得到它。有一次，两广总督孙士毅出使安南(今越南)回来,在宫门外候旨时撞见了和珅。

"你手中拿的是什么?"和珅问。

"是个鼻烟壶。"孙士毅回答。

和珅走过去拿来一看。原来这个鼻烟壶是用一个大如雀卵的明珠雕琢而成的。和珅看了爱不释手,便说:"你能否割爱……"

孙士毅面露难色:"可惜昨天已奏知皇上了,过会儿就要敬呈,怎么办呢?"

和珅有点扫兴,说:"开个玩笑,何必当真!"

没过几天,和珅又碰见孙士毅,得意地说:"昨天我也得了一个珠壶,看看怎样?"

孙士毅一看,正是自己进献的那个,就说:"陛下将我献的那个珠壶给大人了。"

和珅笑了笑。

过后,孙士毅经多方打听才知皇上根本没把珠壶赏给和珅,是和珅串通同党从宫内盗出来的。

崇文门税务是清政府一个重要的税源,同时,也是和珅的一个重要财源;至于户部,主管全国财务,更为和珅侵吞大开方便之门。和珅利用掌握财权的便利为乾隆的巡游、祝寿等各种活动大肆铺排,并扩建园林供乾隆享乐,以满足这位皇帝做"快活天子"的愿望。在划拨经费的同时他大肆侵吞。只要事事让皇帝满意,还可得到大量赏赐,至于花费的大小,已达"盛世之治"的乾隆不以为然,更不去过问他宠信的这位臣子。据记载,乾隆五十三年(1788)乾隆帝一次就亲自从张家口赋税收入中拨出三千万两白银由和珅自由支配。这些银两大都流入了和珅的私库。

和珅不仅利用职权,大肆贪污,而且索贿、纳贿。在清代中央政治机构中,内阁大学士声望最高,军机大臣权力最大,御前大臣和内务府总管大臣与皇帝最接近。这四项关键职务和珅都担任了,而且还兼任了吏部尚书和户部书,把持了用人权和财政权。他曾行文各省,要各省把给皇帝的奏折先向军机处交副本,这无形中剥夺了各地大员向皇帝直接奏事的权力,将他们直接控制在自己手里,使得他们不得不对他俯首帖耳,唯命是从。有敢违逆和珅意志的都会受到排挤或被除掉。这样一来,从朝廷到地方,内而公卿大臣,外而督抚藩臬,为了保住自己的官职,纷纷投到和珅门下,争相进贡,讨好和珅。即便例行公事,如不贿赂,他也会故意刁难;至于升官,则更需以钱铺路。在和珅那里大小官职都有定价,出多大价做多大官。盐政总督、河道总督当时是两个最大的肥缺,标价也最高,想得此职者必须以"巨万纳其府库"。

由于乾隆帝喜欢游山玩水、每次巡游都穷奢极欲,挥霍无度,再加上连年用兵、大兴土木,国库渐渐空虚,国家每年正常的财政收入已是入不敷出,对此,掌握财政大权的和珅想出了一个"计划外"开支的办法:议罪银。议罪银主要是为皇帝聚财的措施,又称罚银或自行议罪银,主要针对各省督抚、盐政、织造、税关监督等大员而设。他们一旦犯罪,就必须交出罚银,以免于查处。罚银的数额视罪状的轻重而定。这些罚银归皇帝私人支配。和珅作为议罪银的主要负责人，除使部分议罪银落入自己腰包外，还可以借此索贿受贿。许多官员担心自己被议罪而罚以巨款，便早早向和珅行贿，以防不测。这样，一旦获罪，和珅从中周旋，就会大事化小，小事化了。

乾隆五十五年，皇帝八十大寿，和珅负责筹办庆典，皇宫内外焕然一新。从京城到圆明园，楼台歌榭一律用金珠翡翠装点，假山上还设有木偶和尚，转动机关，便自行舞蹈。和珅又行文各省，令其进献宝物贺寿。乾隆陶醉于自己的文治武功，并不予阻止，他以为富商巨贾，奢侈程度比王公大臣毫不逊色，治成"盛世"富有一国的他享受一下也无可厚非。不料，庆寿刚完，内阁学士尹壮图上得一本奏疏，内称：现督抚犯法，处罚交银数万两，督抚借口缴纳罚银勒索州县官员，造成州县亏空，大大有损于廉政，请永停罚银之例；各省督抚声名狼藉，吏治败坏，商民皆蹙额兴叹，各省风气大抵皆然；请简派满州大臣，密往各省盘查亏空。一向比较自信的乾隆见有人如此诋毁他的"盛世之治"，反对为他的享受筹集资金的措施，一时勃然大怒，他简直对这样的忠言忍无可忍，下旨道：

朕自御极以来，迄今已五十五年，寿跻八秩，综览万机，自谓勤政爱民，可告无愧于天下，而天下万民亦断无泯良怨朕者。兹据归政之期，仅有数载，犹恐年耄倦勤，稍有弛懈。唯日孜孜，冀仰答昊苍鸿贶。每于召见内外大小臣工时，以朕办理庶务情形，时加谘访，佥称朕精神强国，办事日益勤励。若如尹壮图所奏，则大小臣二等皆虚词贡谀，面为欺罔。而朕五十年以来竟系被人蒙蔽，于外间一切情形全无明察，终于不知矣。著尹壮图将所奏直隶等省亏空者何处？商民兴叹究系何人？月选官议论某缺亏空若干又系闻何人传说？逐一指实复奏。若果查询得实，朕从不肯颟顸混过，自有办法。尹壮图不可徒以空言无实，自蹈欺罔之咎也。

总之，乾隆不相信他的"盛世之治"竟会招致民怨；不相信大小百官都谎言奉承，唯独他尹壮图是实言相告；他也决不相信自己五十年来是是非非不明，受人蒙蔽。因此，言语之间对尹壮图充满不信任，对尹壮图上疏的动机深表怀疑。由此可见，和珅把持朝政之黑暗和乾隆所受蒙蔽之深。晚年的乾隆不知道和珅已耗虚了国财，只给他维持着一个"盛世"的空架子。这一点和珅当然不能让尹壮图向乾隆捅破，也不能容忍他否定自己当政的"功绩"，因此，理所当然地要阻挠密查，保护那些同他狼狈为奸的贪官，以达到继续蒙蔽皇上的目的。

乾隆要尹壮图拿出真凭实据来，尹壮图说各省都有亏空，愿随钦差大臣一同盘查。和珅对乾隆说，皇上不能只相信尹壮图一面之词，而怀疑自己精心挑选的大臣。于是奏请派他的爪牙侍郎庆成为钦差大臣。乾隆准奏，就让庆成与尹壮图先往山西盘查亏空。为了发泄他对尹壮图的私愤，乾隆说，尹壮图是自请前往，不能算是公务，应自己负责旅费开销。庆成本来就是个贪官，到山西后，按和珅的授意，并不急于盘查，先暗中送信，玩乐宴饮以拖延时日，等地方官把府库亏空填补充足，才去开库检查。这样一来，所查之处皆无亏空，尹壮图不得不承认自己的奏疏"实为过当"，恳请"回京待罪"。但乾隆还不肯就此罢休，定要他同庆成再往直隶、山东、江南各省盘查。其结果自然是"所查皆无亏空"。乾隆又寄谕尹壮图，问他在途中是否看见"商民皆蹙额兴叹"。已知违背上意，处境极为难堪的尹壮图不愿再做无谓的挣扎以激怒乾隆，于是奏折中写道："所过淮、扬、常、镇以及苏州省会，正当新年庆贺之时，大街小巷擦肩摩踵，人们纷纷提鱼买酒，老少怡然自乐。"

在这次反贪斗争中刑部以"挟诈欺公妄生异议"的罪名判处尹壮图斩决。不过还是乾隆宽宏大量，只要尹壮图在"事实"面前服软，承认他的大清帝国还是盛世，乾隆就满足了，放心了，严厉地处置尹壮图并不是目的。况且尹壮图所言并非全无道理，只是不如他所说的一片漆黑，他所奏只是过当，可是并非没有根据。这样想着，乾隆便将尹壮图从轻发落，将死刑改为革职留任。

尹壮图反贪的失败同曹锡宝弹劾和珅家人的失败如出一辙，此次斗争使反贪人士心灰意冷，一直到乾隆去世，再也没人敢像尹壮图那样出来公然反对了。另一方面，以和珅为首的贪官却大获全胜。这次斗争和珅不仅通过他的爪牙在保护各地贪官的同时中饱私囊，而且更重要的是反贪人士的噤言使他以后的索贿、受贿更加有恃无恐。从此以后，和珅的索贿、受贿变得明目张胆，各地贪风日炽，政治更加腐败。

由于把持朝政大权的是贪官和珅，只要舍得花钱，不但官能做稳，而且不愁升迁，甚至犯罪后也可以得到这尊大神的周旋保护。因此，各级官吏更加肆无忌惮地搜刮和贪污，争先向和珅进贡。这样一来，和珅受贿的价码也水涨船高。两淮盐政征瑞一人，先后就贿赂和珅四十万两银子。有的官员则不惜高价购买奇珍异宝，投其所好。和珅每天早晨都服用一粒珍珠，以延年益寿，增强记忆。江苏苏州有个珍珠商得知这一情况后，突发奇想，他把每个珠子用赤金包裹成丸状，增加了珠子的价值，大粒2万金，次者万金，最便宜的也有八千金。尽管价格昂贵，但为了讨好和珅，官员们仍争相购买，生怕买不到。

向和珅行贿的官员不计其数，以至于出现行贿无门的情况。有一个山西巡抚派他的属下带二十万两银子专程到京城给和珅送礼，和府无人接待，这个人问明情况后，以五千两银子作"小费"求见，结果只出来了一个年轻仆人，张口就问"黄的（指黄金）还是白的（指银子）？"态度十分傲慢无礼。当听说是白的时，他便让手下人收入外库，然后给了送礼人一纸便条，说："拿这个回去为证吧。"随即返身入内。送礼人一打听，这个年轻奴仆原来只是个门子。送了二十万两银子竟连和珅的面也没见上，见个门子就花了五千两，他不由得长叹道："侯门深似海，和府财如山。"

为了能有大量财富向和珅行贿并供自己挥霍，各级官吏除向百姓搜刮外，还有恃无恐地大量动用国库，各省的亏空日益严重，吏治更加腐败。有的因后任不肯接受前任的亏空，上司要从中周旋；有的虽接受前任亏空，离任时照旧亏欠；有的本来没有亏空，离任时将库中银两席卷一空，名曰"做亏空"。这样一来，搞得处处亏空，且数字骇人听闻。由于这些官吏们将负担最后都转嫁到人民头上，使国计民生受到严重影响,从而激起民变,各地起义此起彼伏,社会动荡不安。大清帝国从此元气大伤,渐渐地衰落下去。

与国库亏空财政告急的情况迥然不同的是,和珅家的仓库虽然一个又一个地盖,仍然不够用;有时不得不"夹墙藏金""地窖藏银"。

和珅通过贪污受贿聚敛起大量的奇珍异宝,虽说他已有了个人大肆挥霍的物质生活基础,但难以自圆其说。因为仅凭俸禄和皇帝的赏赐是难以支撑那种挥霍无度的物质生活的。狡猾的和珅,用他库藏的赃银或其他手段大肆置办产业,不仅以此作为他巨额收入的冠冕堂皇的借口,还可由此再增加一些收入。

根据清代官方档案记载,和珅拥有的土地共计十二万六千六百亩,主要集中在直隶、热河及京津地区。这些田产有的是乘人之危低价买进的,有的干脆就是向有求于他的人直接索取的。另外,和珅还用相当一部分钱财去放债,并开有当铺、银号、钱庄,以赚取更多钱财。他的当铺有七十五座,银号、钱庄有四十二座,共计本银三千零四十万两。和珅还涉足工商业,他开有粮店、酒店、瓷器店、灰瓦店、旅店等。总之,凡是有利可图的行业,他都不放过。在经营中,他倚仗自己的权力排斥同行,垄断市场,从中牟取暴利。尽管这些产业的收入也相当可观,但比起他的贪污和受贿所得,那是小巫见大巫,不足为奇的。

总之,在当政的二十年里,和珅通过种种手段聚敛起无法统计的财富,他不仅爬上了人臣权力的顶峰,而且成为当时天下的首富。

身居高位　奢侈生活

小人终生营谋也不过为满足自己的私欲。身居高位的和珅,不以社稷安危为重,更不念黎民百姓之疾苦,每天以蒙骗阿谀为首要任务,维护着乾隆对自己的宠信,把持着朝政,他对下颐指气使,张扬个人意志,过足了"官"瘾,同时,又"靠官吃官",大量受贿,榨尽民脂民膏,聚起惊人财富,过着奢靡的腐朽生活。史书说他的生活食用"豪侈富丽,拟于皇室",这绝不是夸大其辞。

和珅曾为内务府大臣,各处进贡的山珍海味,稀有特产,无不经过他手,他从中大量侵吞,皇上桌上有的,他桌上自然也有。后来,他大权独揽,皇帝又宠信无比,各级官员对他的奉迎胜过对皇帝本人,因而和珅桌上所列珍味,皇帝老子的御膳未必能比得过。美味佳肴,勿需细述,单道一事,亦可想见和珅平日食用之一斑。和珅为增强记忆,益寿延年,每天要服用上好的新鲜珍珠一粒。而这些珍珠是各地达官贵人以每粒八千至两万两银子的不等价格买来进贡给他的。我们曾在前面提到过这件事。和珅每日所食,且不说珍味价值多少,即此一项,不知就需要耗费多少百姓一年的血汗钱。

饮食如此奢侈,衣着也华丽非凡。和珅当政时,人们只见和府男女轻裘锦绣,难知其详。后来和珅被诛，在清查他家产的账单上，单貂皮就有一千五百多张，狐皮一千多张，其他各种上等皮毛数不胜数，另外，他还有绸缎库两间，各种衣服五千三百多件。和珅的衣服质地考究，他有一件衣服的钮扣全部是精致绝伦的西洋小钟表做成。又据说和珅患有腿病，每逢夏秋换季就会发作。不知谁献了一方，建议和珅每天上朝前让家人杀一条狗，用剥下的热狗皮包在膝盖上，然后乘轿或肩舆入宫以减轻痛苦。有多少狗因和珅而丧命，无人统计。

随着和珅职位的升高，财富的剧增，和府规模日益宏大，修造也日益豪华。和珅的宅第在当时京城权贵中是首屈一指的。它北临前海(今什刹海)，南近北海，周围河渠纵横，风景秀丽。和府分左、中、右三路建筑。中路建筑的两侧是各有四五进院落的两路住房，两路建筑的最后一进院落连在一起，其中的五间正房号为"锡晋斋"，该房主要是用名贵的楠木建筑而成。三路建筑最后是后花园。园内有假山、亭阁、戏楼，还有仿长城的建筑物。整个宅第还有一处别具一格，就是它安有路灯数十对，陈设太平铜缸五十余个。这两样东西连同楠木建筑是只有皇宫才能享用的。

可供和珅玩乐的花园有三处，但豪华富丽的程度能与皇宫媲美的是淑春园。淑春园是乾隆帝赐给和珅的。这个园位于今北京西北效海淀一带，大约从乾隆初年开始修建。乾隆晚年，精力不济，对大权独揽的和珅尤其器重，为了酬劳他的这位宠臣和亲家，特将此园赐给和珅。和珅得此园后，将其改名为"十笏园"。这个园名，既可以表明皇上依任之重，宠遇之隆，也可以道出他政务之劳，辛苦之甚。同时，我们从中也不难看出他的炫耀，及他对此园"受之无愧"的巧妙说明。和珅拥有此园之后，不惜重金重新修整全园，内部的建筑完全仿照圆明园中的蓬岛、瑶台。新园遍种名花异草，房屋式样均仿照大内宁寿宫的建筑，富丽堂皇，华贵雍容。园内一共有房屋一千零三间，游廊楼亭三百五十七处；另有马圈一处，共有房四十五间。修园所花经费无法算清，光是园内的一尊太湖石，据说就花了数千金才运来。耗费之巨可想而知。除此之外，和珅在热河避暑山庄附近及其他地方还有不少住宅。一些王公大臣非常艳羡和珅的府第。庆僖亲王永璘，是乾隆的第十七个儿子，他对争取储位漠不关心，对和珅的府第却念念不忘，他曾说："天下至重，怎么敢存非分之想，只希望圣上他日能将和珅邸第赐我居住就心满意足了。"后来嘉庆亲政，没收了和珅住宅，随即赐给庆僖亲王一处，满足了他的愿望。

乾隆五十五年(1790)，和珅的儿子丰绅殷德同乾隆最喜爱的皇十女固伦和孝公主喜结良缘之后，和珅将丰绅殷德夫妇安排在淑春园的西半部分居住，和珅自己和他的妻妾们则住在东半部分。

和珅的妻子冯氏，在和珅受诛的前一年离开了人间。当时葬礼十分隆重，出殡时，王公大臣争相送殡，一时间车马为之拥阻，真是盛况空前。和珅除正妻之外，姬妾成群。里面有商人、下属送给他的美女，也有内廷中遣出的宫女，还有别人遗留下的侍妾。姬妾到底有多少，当时的人难以说清。这里只说一件事，大家可以去推想。据说有一次庆典,光给姬妾们买花和珅就用了数万钱。所有姬妾中,最受和珅宠爱的有两个,一个是被府中称为二夫人的长二姑,另一个是苏州女子吴卿怜。吴卿怜美丽端庄,秀外慧中,十五岁时被浙江巡抚王亶望纳妾。后来,王亶望因贪污罪受诛,吴卿怜为侍郎蒋锡棨所得,后又被蒋作为讨好的礼物送给了和珅。和珅十分迷恋吴卿怜,同她常在一起饮宴、吟诗。为讨她欢心,还特地给她建了一座小楼,取名"迷楼"。后来和珅被赐死,吴卿怜也自缢身亡,且留下一首悲凉的诗:

> 晚妆惊落玉搔头,
> 家在西湖十二楼。
> 魂定暗伤楼外景,
> 湖边无水不东流。

权倾朝野、位极人臣的和珅竟也落了个家破人亡的结局。几度适人的吴卿怜对未来彻底绝望了。自己会渐渐地人老珠黄,若再适人,此人再败,还能依靠何人?再说,所依之人未必如和珅那样宠爱她。人活百年,总须一死。与其委屈求全所适非人,凄惨度日,还不如一死,早为解脱。何况和珅不论怎么说对她有"知遇"之恩,她自己心中也不忍割舍。思想至此,心灰意冷的吴卿怜,在抄家的人进门时,悬帛自尽,一缕芳魂寻和珅去了。

为了服侍一家大小,和珅大量使用的家奴和婢女,并且还利用职权大量使用公役人员,步军统领巡捕营在和府供役的就有一千多人。这些奴才也仗势欺人,欺压良民,敛财挥霍。那些不知耻的达官贵人也巴结他们,进献财物,甚至与之联姻。和珅的大总管刘全拥有房宅一百多间,规模不亚于王公大臣的官邸,他的家产有二十余万。和府还有一个管家呼什图,时称"内刘",家资也有十余万,他为他的三个弟弟分别捐纳了知州、守备、州同等官衔。

和珅虽位极人臣、富甲天下,但他毕竟是人臣,这一切都是靠察言观色、阿谀逢迎得来的,并且还要靠这一手去维持,他的身心受到巨大的压抑,他的种种欲望也无疑受到种种限制。人的欲望是无限的,特别是和珅这种贪得无厌的人更是如此。他常常采用曲折的方式满足自己,打破种种限制的束缚。为了过"皇帝瘾",每至夜深,和珅就在灯下穿戴起皇帝的龙袍,把朝珠悬挂在脖子上,对着一面大镜子或走或停或说或笑,发号施令,颐指气使,品味身处人世权力顶峰的虚假的"快乐"。待过足了瘾,他才若有所失地取下朝珠、脱去龙袍。这一切和珅是偷偷摸摸去做的。

在人世,和珅所享受的荣华富贵达到了一个人臣所能达到的极限。在他看来,他的后代即使不去做官,偌大的家业,也够他们消受的了。对于子孙的未来,他基本是放心的。可恼的是人总有一死,他和珅也不例外,已进入老年的他不能不考虑这个问题。他太留恋人世的荣华富贵了,他舍不下这一切。在去地府之前,他要安排好自己的后世,他想把这人世的豪华奢侈带进地府去。假如他知道将转生何处,他也一定会妥为安排,以求生生世世永享此荣华富贵。可惜他只知道人死之后要进地府,其他则不得而知。和珅在蓟州选了一大块土地,预建地府宅第,即所谓生坟。该坟蔚为壮观,外围墙长二百丈,内围墙长一百三十丈;里面有石门楼一座,石门两扇,前面开凿了隧道;盖有正房五间,东西厢房各五间,正房称亭殿,厢房称配殿,大门称宫门。在坟的周围,还建有大批阳宅,计房屋二百一十九间,是十几户守坟家奴的位所。当地人称这座坟为"和陵"。坟的规模和建制超越了规定。亲王墓地的周长不过百丈,而和珅比亲王的还长了一倍多,简直是想同皇帝老子一比高下了。不幸的是和珅辛苦所营竟成徒劳,死后终未居身其中。

受诛嘉庆　荣耀无比

古人有言:玩火者必自焚,玩水者必自溺。权相和珅怙宠贪恣,滥施淫威,祸国殃民,埋下了大清帝国社会危机的祸根。晚年重在做"快活天子"的乾隆没有想到他留给子孙的已不是什么"盛世",而是满目疮痍,伤痕累累且已开始动荡的大清帝国,一个由此开始走向衰落的大清帝国。月圆则亏,封建社会虽说有其自身难以克服的矛盾,但人事方面的影响也至关重要,至少它对国家的治乱兴衰会起到一种延缓或加速作用。大清帝国落得这般田地,乾隆与和珅负有不可推卸的责任。然而,历史对他们的惩罚却迥然不同。以"十全老人"自命的乾隆,做着"功德圆满"的好梦安然崩逝。葬礼也很隆重。至于作恶多端、积怨太深的和珅,在扰乱了大清的同时,也毁掉了自己,落得一个亡身破家的结局。

乾隆在位时,和珅地位尊贵又极度受宠,有泰山之安,平日只顾哄这位老态龙钟的皇帝开心,从不担心像样他这样的宠臣和重臣会受到什么威胁。但在公元1795年,和珅的内心却被大大的震动。

这一年,乾隆八十五岁,在位已六十年。他决定正式公布密立的储君,并于明年禅位于新君。和珅从乾隆那里已猜测出这位储君为十五阿哥嘉亲王颙琰。乾隆的这一做法还是使和珅吃惊不小。春风得意、气焰嚣张、为所欲为的和珅一下子从对自己权势的陶醉中清醒过来:乾隆帝已是风烛残年的老人了,这个靠山如即将崩溃的冰山,很快就会付之东流。他无权阻止一位老皇帝建立储君,他将要面对一位自己并不十分了解,心中毫无把握的新君。这是一个不可否认的事实。明年老皇帝就要禅位,他还没做好接受新君的思想准备,新君如何待他,更是不得而知。他从来没有像现在这样切切实实地感到自身受到了一种严重的威胁。

乾隆决定的禅位时间,对于还未巴结好新君的和珅来说简直太仓促了。他巴不得老皇帝多在位些时间,虽说面对新君是迟早的事,但老皇帝在位一天,他能心安一天,至少可以赢得从容巴结新君的时间,为继续受宠于新君,保住自己既得的一切打好基础。想到这里,和珅向乾隆启奏道:"内禅的大礼,史书上虽然常有记载,也没有多少荣耀的地方。只有尧传舜、舜传禹算是旷古盛典。帝尧传位时,已在位了七十三年;帝舜六十一岁开始登上帝位,在位三十九年才传位于禹。当时,尧舜的年纪,都已到一百岁左右,皇上老当益壮,一定会比尧舜还要长寿,再在位一二十年,传给太子也不算迟。况且四海之内仰皇上若父母,皇上多在位一日,百姓也多感恩戴德一日,奴才等受尽皇上的恩惠,尤愿皇上永远庇护。连马还知道留恋他的主人,难道我等还不如马吗?"

从前,和珅伺乾隆喜怒,所言无不被采纳,不料这次却难以劝转,只听乾隆说道:"爱卿只知其一,不知其二。朕二十五岁即位,曾对天发誓,如果能在位六十年,就传位给太子,不敢超过皇祖在位六十一年之数。蒙上天保佑,甲子已周,初愿已实现,怎敢再生奢望? 皇十五子颙琰,克肖朕躬,所以朕将公开宣布他为皇太子,明年禅位。如果怕他刚登基时经验不足,出什么差错,这时朕躬尚在,自然会随时训政,不劳爱卿忧虑。"

和珅听后无言以对,但又不甘心,于是又暗中运动和硕礼亲王永恩等人联名上奏,请乾隆帝暂缓退位。乾隆帝仍不改初衷。和珅见事情不可挽回了,不得不另作打算。不过,乾隆虽说明年禅位,但也明确表示"随时训政",并未彻底放权,禅位只是个形式问题。这一点让和珅心里又有些底了。话又说回来,乾隆已是风烛之年,他必须抓紧老皇帝在世的时间,搞好同新君的关系,以便能继续受到宠信,一如乾隆在时。否则的话,怕将来乾隆驾崩,新君亲政,会给他和珅带来灭顶之灾。他现在觉得自己须立即行动起来,积极去消除自己所感到的威胁以及由此带来的不安。

基于自己得宠的经验,和珅为邀新君欢心,依然决定采用那套已炉火纯青的讨好逢迎的手段去达此目的。在乾隆帝于当年(1795)九月初三日宣布册立颙琰为皇太子的前一天,和珅为了表明自己对新君的"拥戴",手捧一柄表示吉祥、喜庆的如意,来到颙琰府上进献,暗示喜事就要来临,他先表祝贺。和珅想通过泄露机密取悦颙琰,为将来在他手下站稳脚跟做好铺垫。

嘉亲王颙琰聪敏好学,性格内敛,且以仁孝见称,他得以成为皇太子是和他这些自身条件息息相关的。和珅今天前来预先透露消息,对于大清的状况以及自身的处境十分清醒的颙琰的心情却是难于言表的。他知道父皇交给他的将是一个急待整顿的烂摊子,但在父皇的有生之年他却不能有所行动,否则,自身之位难保,整顿大清也将成为一句空话,他只能顺从父皇之意,等待这位老人归天之后再行整顿;再者大清这种日渐衰落局面的形成,奸佞和珅有无法推卸的责任,他真想早除此贼,但又不能,确切地说,父皇在世之日他不能有所动作,因为他知道父皇对和珅的信任无人能比,他得罪了和珅,同样会威胁到自身的位子,对于和珅,他目前也只能不露声色,且谨慎以待。见和珅以泄密来邀"拥戴"之功,颙琰既不表特别的感激,也不表特别的冷淡,不温不火,喜怒不形于色,让狡猾的和珅摸不着底细。以常理相推,知自己将为皇太子岂能不高兴? 知某人拥戴岂能不感激? 善于察言观色的和珅却从颙琰脸上看不出个究竟来,只得以为他就是这么个性格罢了。

　　乾隆六十年九月三日宣布册立颙琰为皇太子,第二年(1976)正月初一举行归政大典,乾隆将象征皇权的"皇帝之宝"亲授给皇太子,自己称太上皇,本年即称嘉庆元年。归政之后,乾隆继续执掌国家要务,用人行政,非他莫属。他才不愿做一个形同虚设的太上皇,使自己像历史上曾有的一些太上皇那样受制于人。嘉庆名义上是皇帝,但在乾隆心中,他始终也没有高出皇太子的地位。不过,岁月不饶人,乾隆的精力是越来越不尽人意了。始终不肯彻底放权给嘉庆的乾隆,只能依靠宠臣和珅替他处理政务,和珅得意非常,也狂妄非常。虽然如此,他丝毫不敢怠慢嘉庆,相反,对这个让人摸不透的嘉庆,他是警惕的。他不能让新皇帝培植私党,另起炉灶,和自己做对;他要让新皇帝任用他就像老皇帝一样,他要想尽一切办法控制这位新皇帝。

　　归政后,乾隆想把正在两广总督任上的朱珪召为大学士。这对和珅震动极大,因为朱珪不是别人,而是嘉庆帝的老师。朱珪和嘉庆帝感情非常好,嘉庆帝十分敬重他。这人若被召为大学士,他和珅的位子还能坐稳吗?善于保护自己、深谋远虑的和珅,在自己不知道谁将被密立为皇太子时,早就注意伺察过每位皇子的过失,作为将来控制他们的资本,正所谓"闲时备下,忙时用。"他这一具有"远见"的工作这时派上用场,不但排挤了朱珪,也使嘉庆帝险遭阴沟翻船。

　　原来乾隆五十五年,既是乾隆八旬大寿,又是朱珪花甲之年。颙琰情不自禁,竟毫不忌讳地在贺诗中把父皇与老师联在一起。诗中写道:

圣主八旬岁,鸿儒花甲年。

三天德凤著,五福寿为先。

律转浃辰纪,辛占二百前。

芝颜驻丹景,艮背贯渊泉。

鹤下瀛州树,花摇海岳烟。

千春桃结实,十丈藕成船。

论道心追洛,传家族茂燕。

吏铨资重任,台鼎待名贤。

文笔超韩柳,诗才贯道禅。

早锤爪胅盛,不使葛滕牵。

设醴诚难罄,尊师独敬尊。

期颐长颂祷,如阜更如川。

　　这首诗,和珅早就盯上了,不过,到现在它才派上了用场。和珅偷偷把这首贺诗给乾隆看,说嘉庆早就想"市恩于师傅"。乾隆大怒,准备治嘉庆的罪,多亏董诰劝谏才做罢;但对朱珪,不久就借故降为安徽巡抚,并谕令"不得内召"。

　　嘉庆帝经此一挫,对和珅更加小心,装出很器重和珅的样子。遇有需要上奏太上皇的事,就托和珅代言。一些近臣认为这样做不好,嘉庆说:"朕正依靠相公处理天下事务,你们这些人怎么可以轻视呢?"和珅还不放心,又推荐他的老师吴省兰给嘉庆抄录诗稿,以便监视嘉庆,嘉庆对和珅的用意心知肚明,吟咏中却一点也不露出对和珅的不满。这样,和珅才安了心。

此时的和珅任首席军机大臣,并兼管吏、刑、户三部事务,是精力日益不济的乾隆处理政务全力依靠的得力大臣。太上皇的过分宠信和倚任以及新皇帝的隐忍退让,使把持军政财大权、总揽一切的和珅自言:老皇帝一点也离不开他这个国家重臣,特别是现在,这个感觉是真实的;他又有一个感觉,即不如他的父亲、缺乏经验的稚嫩的新皇帝,也会倚重他这个老皇帝曾倚重二十年的能臣,这是一个错觉。对这个错觉,他有一套"合理"的解释:嘉庆以仁义孝顺晋称于世,他父亲倚重的,他难道能不倚重? 自己有"拥戴之功",嘉庆哪能不心存感激? 嘉庆无理政经验,岂能不需要他这个曾兼数职、熟悉国家事务的国家重臣为自己效力? 这样看来,他和珅真是为新老皇帝所共重的"国宝"了。

和珅春风得意之余,难免得意忘形。老皇帝在圆明园召见和珅,和珅竟然骑着马直进左门,过"正大光明"殿至寿山口,全然不顾君臣之礼,一派无父无君的气势。八十几岁的老皇帝身体不佳,批折里有些字笔画不清楚,和珅胆敢说:"不如撕掉,"并且另行拟旨。训政期间,乾隆的很多谕旨是由和珅传达出来的。和珅的专权比以前有过之而无不及,虽然人人侧目,却无可奈何。

嘉庆三年(1798)和珅被封为一等公爵,荣耀无比。但他怎么也没想到这是他人生历程的"回光返照"。不动声色的嘉庆郁积的怒火正在待机喷发,准备烧毁他这个祸害大清的恶魔。

嘉庆四年(1799)正月初三日上午,已经八十九岁的乾隆帝驾崩,嘉庆帝终于挣脱了束缚。他虽有丧亲之痛,但更多的是解脱之后的轻松和除奸之急切。他三年多的隐忍难道不正是为等这一天吗? 对父皇留下的内创累累、积重难返的残破局面,他必须迅速挽救;而要整饬内政、挽救危机,必须从铲除大奸和珅入手,这一点他早已成竹在胸了。

嘉庆帝现在对和珅简直是忍无可忍了。再说和珅手握重权,若有迟疑,可能会有不测之事。为先发制人,嘉庆帝不惜在大丧之日动起手来。乾隆帝驾崩的第二天,嘉庆就剥夺了和珅军机大臣、九门提督两职,责令他同其死党福长安昼夜守值殡殿,"不得任自出入"。这实际上是将两人软禁起来,让其无法作乱。当天,又发了一道上谕,明揭种种积习流弊,为顾全父皇的体面,尽力将各种责任下移,说"伊等之意,自以皇考高年,唯将吉祥之语入告"。将矛头直指和珅。

政治嗅觉比较灵敏的官员们从嘉庆帝的言行中看出了诛除和珅已迫在眉睫。乾隆帝的去世使和珅失去了政治上的靠山,正式亲政的嘉庆帝的所作所为使和珅始料不及,他非但不重用他这位"老臣",而且对他发起了咄咄逼人的攻势,使他方寸大乱,不得不任其摆布。和珅的"威势"已经倒了。早就想铲除和珅的正直的大臣和曾依附和珅的政治上的投机分子都明白时机已到,纷纷揭露和珅。

正月初八日,嘉庆帝命给事中王念孙、御史广兴等列款纠劾,宣布夺大学士和珅、户部尚书福长安职,下狱治罪。特命皇兄仪亲王永璇、成亲王永瑆前去传旨,由武备院卿、护军统领阿兰保监押执行。同时,嘉庆帝又当即令钦差查抄两人家产。所查和珅家产的清单如下:

赤金首饰共三千六百五十七件,东珠八百九十四粒,珍珠一百七十九挂,散珠五斛,红宝石顶子七十三个,祖母绿翎管十一个,翡翠翎管八百三十五个,奇楠香朝珠六百九十八挂,赤金大碗五十对,玉碗十对,金壶四对,金瓶两对,金匙四百八十个,金盆一对、金盂一对,水晶缸五对,珊瑚树二十四株,玉马一只,银杯四千八百个,珊瑚筷四千八百副,镶金象箸四千八百副,银壶八百个,翡翠西瓜一个,猞猁狲皮八十张,貂皮二百六十张,青狐皮三十八张,黑狐皮一百二十张,玄狐皮一百八十张,海虎皮三十张,海豹皮十六张,西藏獭皮五十张,绸缎四千七百三十卷,纱绫五千一百卷,绣蟒缎八十三卷,猩红洋呢三十疋,哔叽三十疋,各色布四十九捆,葛布三十捆,各色皮衣一千三百件,绵夹单纱绢衣三千二百件,御用纬帽二顶,织龙黄马褂二件,酱色缎四开襖袍二件,白玉玩器六十四件,西洋钟表七十八件,玻璃衣镜十架,小镜三十八架。铜锡等物七千三百余件,纹银一百零七万五千两,赤金八万三千七百两,钱六千吊,房屋一千五百三十间,花园一所,房地契文五箱,借票二箱,杂物不计。

清单共计一百零九号。除金银铜钱外,其中的二十六号,当时估价,已值白银两亿两千三百八十九万两。另外八十三号,还没有估价。如果按近人梁启超的说法,和珅的全部家产差不多能有八亿两。当时清政府全年的收入才七千万两白银,当权二十年的和珅的家产竟比清政府十年收入的总和还要多,难怪在正月十七宣布这些查抄清单后,全国震动,以至当时在民间流传起"和珅跌倒,嘉庆吃饱"的民谣。历史上曾有的巨富王崇、石恺根本不能和和珅同日而语,就是皇帝老子恐怕也没有过这种大家私。和珅作为中国有史以来的头号蠹国肥私的大贪污犯是当之无愧的。

正月十一嘉庆帝又发了一道上谕:

和珅受大行太上皇帝特恩,由侍卫拔擢至大学士。在军机处行走多年,叨沐殊施,无有其比。朕亲承付托之重,猝遭大故,苫块之中,每思三年无改之义,皇考简用重臣,断不肯轻为变易。今和珅情罪重大,并经科道诸臣列款参奏,实有难以刻贷者。是以朕于恭颁遗诏日,即将和珅革职拿问,胪列罪状,特谕众知,除交在京王公大臣会审定拟外,着通谕各督抚,将指出和珅各款,应如何议罪?并此外有何款迹?各据实复奏。

各省督抚多是指斥和珅一番后,请求将其处死。正月十五日嘉庆将和珅的二十大罪状公布于世:

朕于乾隆六十九年九月初三,蒙皇考册封为皇太子,尚未宣布谕旨,而和珅于初二即在朕前先递如意,漏泄机密,居然以拥戴为功。其大罪一。

上年正月,皇考在圆明园召见和珅,伊竟骑马直进左门,过正大光明殿,至寿山口,无父无君,莫此为甚。其大罪二。

又因腿疾,乘坐椅轿抬入大内,肩舆出入神武门,众目共见,毫无忌惮。其大罪三。

并将出宫女子娶为次妻,罔顾廉耻。其大罪四。

自剿办教匪以来,皇考盼望军书,刻萦宵旰。乃和珅于各路军营递到奏报,任意延搁,有心欺蔽,以致军务日久未竣。其大罪五。

皇考圣躬不豫时,和珅毫无忧戚,每进见后,出向外廷人员叙说,谈笑如常,丧心病狂。其大罪六。

昨冬皇考力疾披章,批谕字划间有未真之处,和珅胆敢口称不如撕去,竟另行拟旨。其大罪七。

前奉皇考谕旨,令伊管理吏部、刑部事务,嗣因军需销算,伊系熟手,是以又谕令兼理户部题奏报销事件。伊竟将户部事务一人把持,变更成例,不许部臣参议一字。其大罪八。

上年十二月内,奎舒奏报循化、贵德二厅,贼番取众千余,抢夺达赖喇嘛商人牛只,杀伤两命,在青海肆劫一案。和珅竟将原奏驳回,隐匿不办,全不以边务为事。其大罪九。

皇考升遐后,朕谕令蒙古王公未出痘者,不必来京。和珅不遵谕旨,令已未出痘者,俱不来京,全不顾国家抚绥外藩之意,其心实不可问。其大罪十。

大学士苏凌阿两耳重听,衰迈难堪,因系伊弟和琳姻亲,竟隐匿不奏。侍郎吴省兰、李璜、太仆寺卿李光云,皆曾在伊家教读,并保列卿阶,兼任学政。其大罪十一。

军机处记名人员,和珅任意撤去,种种专擅,不可枚举。其大罪十二。

昨将和珅家产查抄,所盖楠木房屋,潜侈逾制,其多宝阁及隔断式样,皆仿照宁寿宫制度,其园寓点缀,竟与圆明园蓬岛、瑶台无异,不知是何肺肠?其大罪十三。

蓟州坟茔,居然设立享殿,开置隧道。附近居民有和陵之称。其大罪十四。

家内所藏珍宝,内珍珠手串,竟有二百余串,较之大内多至数倍,并有大珠,较御用冠顶尤大。其大罪十五。

又宝石顶并非伊应戴之物,所藏真宝石顶有数十余个,而整块宝石不计其数,且有内府所无者。其大罪十六。

家内银两及衣服等件,数逾千万。其大罪十七。

且有夹墙藏金二万六千余两,私库藏金六千余两,地窖内并有埋藏银两百余万。其大罪十八。

附近通州、蓟州地方,均有当铺钱店,查计资本,又不下数十余万,以首辅大臣与小民争利。其大罪十九。

伊家人刘全,不过下贱家奴,而查抄资产,竟至二十余万,并有大珠及珍珠手串,若非纵令需索,何得如此丰饶?!其大罪二十。

其余贪纵狂妄之处,尚难悉数。

经刑部严刑审讯,和珅对上述指控大多供认不讳。大学士、九卿等文武人员及翰詹科道官员经过会议之后,请求皇上将巨贼和珅照大逆律凌迟处死,将福长安照朋党律斩首,并请立即正法。这时,便轮到嘉庆帝做最后的裁决了。

和珅亡身破家已成定局,皇妹和孝固伦公主无论怎样求情,也无法使皇兄饶恕他的公公犯下的罪孽。无可奈何之下,只求能保全和珅的家眷,以及和珅的肢体。为了顾全父皇及皇妹的体面,嘉庆帝作了一些非实质性的变通。正月十八他下达上谕:

和珅种种悖妄专擅,罪大恶极,于法实无丝毫可贷。因思圣祖仁皇帝之诛鳌拜,世宗宪皇帝之诛年羹尧,皇考之诛讷亲,此三人分位与和珅相等,而和珅之罪尤为过之。从前办理鳌拜、年羹尧皆蒙恩赐令自尽,讷亲则因贻误军机,于军前正法。今就和珅罪状而论,其压搁军报,有心欺隐。各路军营,听其意指,虚报首级,坐冒军粮,以至军务日久未竣,贻误军国,情罪尤为重大,即不照大逆律凌迟,亦应照讷亲之例,立正典刑。此事若于一二年后办理,断难宽其一线。惟现当皇考大事之时,即将和珅处决,在伊固为情真罪当,而朕心究有所不忍。且伊罪虽浮于讷亲,究未身在军营,与讷亲稍异。国家本有议亲议贵之条,以和珅之丧心昧良,不齿人类,原难援八议量从末减,姑念其曾任首辅大臣,于万无可贷之中,免其肆市。和珅著加恩赐令自尽。此朕为国体起见,非为和珅也,至福长安受皇考厚恩,即居和珅之次,且与和珅朝夕聚处,于和珅罪状,知之最悉,……乃始终并无一语,是其有心扶同徇隐,百喙难辞,……即照大学士等所请按例办理,实罪所应得。但科道中并未将福长安指款参劾,而所抄资产,究不及和珅十分之一二。和珅现已从宽赐令自尽,福长安亦著从宽改为应斩监候,秋后处决。并著监提福长安前往和珅监所,跪视和珅自尽后,再押回本狱监禁……

在这道上谕下达之前,因在刑部大狱中的和珅预感到大势已去,时日无多了。他触景生情,把自己对嘉庆的怨恨以及对往昔岁月的眷恋,写进了他的《狱中对月》诗:

夜色明如许,嗟余困不伸;
百年原是梦,廿载枉劳神。
室暗难挨晓,墙高不见春;
星辰环冷月,缧绁泣孤臣。
对景伤前事,怀才误此身;
余生料无几,空负九重仁。

在这种诗中没有和珅对自己罪行的反省,而更多的则是他对嘉庆的怨恨,这种怨恨在他临死前所写的绝命诗中,变成了一种隐晦的诅咒:"他时水泛含龙日,认取香烟是后身。"

正月十八日黄昏,执法官到监狱公布了嘉庆帝的圣旨,和珅领旨后,留下了文章开头提到的四句绝命诗。然后对儿子和福长安说："我们一起为先帝效命很久，本来应当一道同归。今皇上已有钟爱之臣，我们已经没有存在的必要了，我就先走了。"说完，挂好白练，将脖子套入，福长安等跪在一边眼睁睁地看着和珅气绝身亡。此时的和珅不但丢掉了他的阳宅，连在蓟州营建的阴宅也被全部拆除。他的儿子丰绅殷德只得在原墓地附近寻了一块地方将他草草掩埋。曾经气焰熏天的和珅，曾经富甲天下的和珅，终于同他的富贵荣华一起烟消云散了。

和珅死后，于嘉庆元年（1796）病死于"剿"苗军中的和琳，也被削夺所赐公爵，撤出太庙，拆毁所立专祠。丰绅殷德因皇妹和孝固伦公主的原因，仍留袭伯爵，但只能在家安住，不许出外滋事。丰绅殷德后来慕道，向方士们学习养生之道，结果得了喘痰，号咳了几十天后死掉了，死时还不到不惑之年。大学士苏凌阿系和琳姻亲，和珅引他入相，年愈八十，老态龙钟，强令退休回家。侍郎吴省兰、李璜、太仆寺卿李兴云等，统是和珅所引用，黜革有差。真是树倒猢狲散，恃人不久长。

半世心经　要想做人先做狗

——李莲英

名人档案

李莲英：原名李进喜，清王朝慈禧时期的总管太监。清咸丰五年净身为太监，翌年入宫。同治六年，受封二总管。慈禧太后赐名连英，俗作莲英。在宫中期间，深得慈禧太后器重，太后甚至打破"太监品级以四品为限"的皇家祖制，封为正二品总管太监，统领全宫所有宦官。陪伴慈禧太后近五十三年，是清末最有权势的宦官，亦是第一个叫慈禧太后为"老佛爷"的人。宣统元年61岁时，为慈禧守孝百日后隐退。宣统三年卒，享年63岁。

生卒时间：1848年~1911年。

性格特点：十分聪明乖巧，善于揣摩主子的脾气和爱好，千方百计地讨主子欢喜，还能时时处处谨慎小心。

历史功过：李莲英作为阉宦势力的代表人物，活跃在清末政治舞台上，长达半个多世纪。

名家评点：墓志铭中说他"事上以敬，事下以宽，如是有年，未尝稍懈。"

童年凄苦　甘入皇门

大清道光二十八年（1848）十月十七日，直隶河间府大城县李贾庄一贫苦的农家又添丁了。家境贫困的李老头为给孙子起个叫得响的名字，一大早起来，拎着20个鸡蛋、二斤桃酥，冒着风寒到三里地外私塾张先生那儿去请讨名子。张先生摸着雪白的胡须沉吟了良久，徐徐地对李老头说："当今天下大乱，内有奸臣当道，外有匪夷入寇，英雄含泪，百姓思治，就让他叫个'英泰'吧。"傍晌，李老头如同奉了圣旨，一溜小跑回了家，给老伴、儿子胡胡李（因会拉二胡，故名）和儿媳曹氏报信儿，于是，这个男孩就成了李家祖孙三代中第一位有名有姓的人了——大号"李英泰"，小名"灵杰"，取人杰地灵之意。

俗话说："3岁看大，7岁看老"。小灵杰3岁时发生过一件鸡毛蒜皮的小事，后来被人附会成为李莲英净身入宫做太监的本原。是否如此，姑且妄听之吧：

一天，母亲曹氏抱着小灵杰在院子里拉屎，刚好，一条小黄狗摇着尾巴跑过来，看见地上的一摊屎，晃悠晃悠地就过来吃了个干干净净，吃完了，那条小黄狗伸伸舌头舔舔嘴唇，仿佛还不过瘾。曹氏于是把小灵杰的屁股蛋凑上去让小狗舔。小黄狗正专心致志地舔着，这时刚巧李老太太从外面进来，一看这情景，就大惊失色地训斥曹氏说：

"哎呀！这可不行。你想让小灵杰去当老公呀！"

说着抄起一把扫帚朝小黄狗打去，小黄狗痛得"嗷嗷"叫着一瘸一拐地跑走了。李老太太意犹未尽，拿平常从未有过的语气对曹氏喋喋不休地进行训导：

"你们这些年轻人呀，就是粗枝大叶，摆弄孩子可不像干地里活，功夫到了自然能有好收成。小孩子的事可就难办多了。你没听说西庄那个狗咬老公吗？就是小时候他妈把他拉屎，叫小狗过来舔屎，让小狗把'小鸡巴'给咬去了，长大讨不着媳妇。只好去当老公，闹了个断子绝孙，断了张家那一支香火……记住，以后可千万不能这样了……"老公是这一带对太监的俗称，曹氏自然明白。打这以后，她再也不敢在孩子拉屎时把狗唤过来了。

这事按说没什么大不了的，但后来，小灵杰跟着父亲背井离乡来到北京城时，有一个算命先生给他算过一卦，一口就算出了小灵杰小时候的这件事，并说就是那条小黄狗坏了李莲英两腿之间的"风水宝地"，虽然日后也能安享荣华富贵，飞扬跋扈，但却只能去当太监了。算命先生是否有真才实学抑或是信口开河瞎猫碰了个死老鼠，我们也无法下断语，反正小灵杰最终是走上净身入宫之路，那就权当其跟此事有关吧。

秋去春回，寒来暑往。转眼几年过去了，小灵杰已经7岁了，虎头虎脑，机灵活泼，成了全家人的宝贝。这小灵杰一落地便在举手投足之间显示出那么一点特别，他在离开娘胎之后没像其他孩子那样手舞足蹈大哭不止，仅仅象征性地哭了一下，似乎是表示对母体的那种眷恋，然后便安详地躺着了。经过些世面的老太太当时就说，这小子不同常人，日后说不定会成大气候。

天有不测风云，人有旦夕祸福。活蹦乱跳的小灵杰不知什么时候膝盖旁长出了个疮，不几天就肿得像柿子那么大，疮口上有大小七个窟窿眼，有两个还向外沁着浓水。小灵杰躺在炕上，几天工夫就瘦得脱了相，脸也走了形，神志不清，痴痴呆呆地喃喃自语。小灵杰的父母如热锅上的蚂蚁，急得团团转。可家贫如洗，无钱求医，只得东跑西颠，到处寻土方找验药，可都不奏效。儿是娘的心头肉。曹氏看着儿子病成了这个样子，无计可施，坐在炕边暗自垂泪。

这天，忽听外面一江湖郎中吆喝，心想：江湖野医见多了，凡这号人，大多凭一张能将稻草说成金条的嘴，说得你晕头转向，然后装模作样地给你一味药。等你不见效再去找他时，他已经跑得无影无踪了。所以听着也没去理会。忽然，小灵杰睁开眼，气息微弱地冲着她说：

"妈，你去把这个先生请来吧，说不定能治好呢！"

听着儿子的恳求，曹氏也就动了心，反正是有病乱投医，保不准就碰巧能治好儿子的病。于是曹氏来到门外。定眼一看，是个道士，不自觉地产生了一种希望。她一面把道士往屋里让，一面讲述儿子的病情，道士只是颔首微笑，进屋看过伤口，道士面色一下子沉成潭水，叹气说："这孩子长的是'人面疮'啊！治倒是能治，可是疮怕有名，病怕无名，这疮可是难治得很……"曹氏以为道士在卖关子多要钱，急忙地说："道长，你开开恩救我儿一命，多少钱，我们做牛做马也凑给你！"道士连忙摆手："女施主误会了，出家人向不谈钱，耻于谈利，跳出三界，不在五行，女施主这么说分明是折杀贫道。"说着话，道士从布袋摸出一粒黄澄澄的丹药，让曹氏以无根之水在夜里天交子时给小灵杰服下，即可痊愈，并信口吟出二句偈语：

"若要逢凶化为吉，不入空门入皇门。"

又是几天过去了，小灵杰喝了由无根之水冲服的丸药，病情渐觉好转，而这在李家人的心里无疑又加重了那句"不入空门入皇门"的话的分量。

事也凑巧。小灵杰的疮病传到曹氏娘家，亲戚们也都很着急。她的一个表兄沈玉兰在宫中是个内监管家，侍候太后。这几天，正好探亲在家，听说后，就拿出了五两银子打发人送到了李家。

这五两银子对过惯凄苦日子的李家来说，简直就是天上掉一个金元宝，从来连想也未敢想过，全家人高兴得几乎昏了头。小灵杰听着大人的议论，眼里顿时有了神采，冲着他爹说：

"爹，当老公这么有钱呀？我想去当老公！"

小灵杰的话说得轻描淡写，可在父母听来，不啻是晴天霹雳，当头棒喝。

这时，小灵杰想的是什么呢？

他倒觉得当老公没啥子不好，相反，好处是大大的有，穷苦人家出身的孩子要想有个出息赚大钱，仔细想想也无别的出路。当老公吃皇粮虽然不敢确保一定能混的出人头地，可到底有一半的希望。俗话说，三十年风水轮转。历朝历代的皇上换了那么多代，没有哪一代的皇上不用老公。按理说老公也该算是三百六十行的一行，三百六十行，行行出状元，小灵杰认为不管在哪一行只要干出名堂，就能捞到实惠，只要捞到实惠，就能过得舒服，只要你过舒服，管别人看得起看不起呢？别人看得起你,难道你就能比谁多长一块肉?难道天上能凭空掉下个金元宝让你捡?该穷还是穷,该填不饱肚皮还是填不饱,看得起能顶个屁用!就说看不起,你走过去之后,大家伙纷纷对着你脊梁骨吐唾沫,背后骂你祖宗十八代,骂吐不都是白扯,淹不死你也骂不死你。这样的好事,何乐而不为之。对老爹老妈那套所谓对得起良心的论调,小灵杰越来越觉得不合心意。可到底怎样才能说服爹妈改变想法呢?

一天傍晚吃饭时,小灵杰突然刷一声从裤腰带上拔出一把匕首,用力往桌上一插,匕首还在不停地颤动,他就冲着爹妈说:

"爹妈,我再次说一遍,我一定要去做老公。我意已决,谁要再敢劝阻我半个字,我言出必践,就用这把刀把我自己捅死。你们可以防备我一时,可终究不能防我一世!"说完,饭也不吃,鞋也不脱,和衣上炕躺下睡觉去了。

一连几天,家中火药味很浓。小灵杰却一如往日,嘻嘻哈哈。他觉得这一回合爹妈是输家,他是赢家。因为,爹妈肯定不希望他去死,再说,当老公后若有发迹,他又不会忘记爹妈,会尽量让他们锦衣玉食,颐养天年。有了这一点心理支撑,他简直觉得爹妈现在就是受再大的苦都值得,因为总有一天他们会苦尽甘来!

果然不出所料,曹氏夫妇终于服了输。他们输的时候完全平静下来了,对小灵杰说:"你想咋办就咋办。"神情平淡自然。他们也不愿意让儿子这么跟自己苦熬一辈子。他们之所以不愿意给儿子灌输关于荣华富贵的理论,只是因为他们认为那些东西不属于他们,那个世界也不属于他们。他们自己生来就是苦命人,就得苦一辈子。他们这一辈子完了,并不希望儿子也像他们那样一辈子抬不起头来。有时他们也想帮助儿子脱离苦海,但他们没有这个本事。现在儿子执意要去当老公,也不一定就是坏到底的事。依眼下看来,要想出人头地也似乎只有当老公这一条路可行得通了,走别的大路,对他李家来说,都只是可望而不可即的。像他们这样穷苦的平民百姓,如何能让下一辈过得富足华贵,不是没想过。而且是经常地想,只是那时还有空门一个选择。现在儿子以死明志,帮他们走完了这个进退维谷的历程,使入皇门的种种长处又在与出家入空门的对比中放出了光彩。

下一步,该开始张罗着准备送小灵杰净身了。因为李家是头一次干这种事,具体有些什么环节、要求、必备品等都不晓得,向外人打听又不好意思,而且也说不明。所以胡胡李决意过年前去京城一趟,按沈玉兰留下的地址去找他详细询问。

一切准备停当。

咸丰六年二月十八日,胡胡李、曹氏和儿子小灵杰来到京城,住在了沈玉兰给安排的屋子里。

这一夜是最难熬的一夜。

他们三人聊了半夜。爹妈又重说了许多嘱咐的话,让儿子不要在名利场中丧失自我,不要一进皇门就忘了爹娘,忘了做人的道理,等等。胡胡李躺下后一个劲儿翻身。曹氏一夜未合眼,跪在香案前祈祷到天亮。小灵杰睡了一会儿,他觉得一切都顺理成章,无所谓害怕与恐惧。早上起来后,他发现老妈的眼泡红肿,他喊老妈,老妈根本不理他,甚至连头都懒得回,看都不看他一眼。

十九日,这是卜择的良辰吉日。胡胡李找了辆排子车,拉着儿子和应送的东西,在鸡叫头遍时就出了门,开始了本文开头的那一幕情景。

十年宫禁　一朝发迹

咸丰六年(1856)八月十三日,紫禁城。

仲秋气候最为宜人,太阳斜斜地滚动在紫禁城的面栋雕梁上。

在一个老太监的引导下,小灵杰等三十个大大小小的充作太监的人一律穿着宽大的蓝袍子进入皇宫,站成一排。

不一会,只听远处一阵珠落玉盘的欢笑渐渐逼近,正前方走来了一群旗装丽人,为首的正是懿贵妃叶赫那拉氏。是年22岁的懿贵妃于三月间生下了后来的同治帝载淳,倍受咸丰皇帝宠爱,对她的要求大都依从,这次就是她亲自向咸丰皇帝提出要来挑选童监的。

懿贵妃走近队前,翻着名册,轻声地喊道:"李英泰!"这时初进皇宫的小灵杰脑子一热,忘了老宦官教他的对答时应用"奴才在或扎",不自禁地答道:"嗯——哪"!这是河间府人晚辈对长辈教诲恭听时的谦词,可在此处是断然行不通的。只见懿贵妃把粉脸一寒,"哪儿来的小野种,给我掌嘴!"这时,冲出两个年轻的宦官,其中一个抓住他的脖子,另一个左右开弓。"噼哩叭啦"一顿耳光,足足有二十多下,才听见懿贵妃幽幽叹了气:"算了,乡下人不懂规矩,饶他一次吧!"两个太监一松手,又把他结结实实地扔到地上,摔得他头晕眼花,金星乱冒。此时又听到懿贵妃说:

"李英泰!"

"嗯——哪!"

"这个没教养的土包子,再给我掌嘴!"

两个年轻的宦官走上前如前法炮制,又是二十多个大耳光子。小灵杰觉得自己脸肿了,胀得难受,火辣辣的,嘴角似乎流了血,他不敢去擦,因为那两个宦官这次把他又掼到了懿贵妃脚下,他的鼻子尖离那双玲珑乖巧的小脚仅有一指长,他看到懿贵妃的鞋尖上镶着一颗硕大的珍珠。

"李英泰!"

"奴才在!"小灵杰终于找到了感觉。

"好!还不是榆木疙瘩!小安子,记下来这个小子我要了!"这个被称为"小安子"的,就是太监总管安德海。

小灵杰大喜过望,忙不迭地磕头谢恩,懿贵妃却再也不理他,又往下点了一串人名,一个也没相中。小灵杰趴在地上不停地磕头,懿贵妃临走前终于发现了这个

头磕得梆梆响的小人,她似乎感到有些好笑,后边有几个侍女已经吃吃地笑出声来,懿贵妃说:

"李英泰——这个名儿咋那么别扭,我给你改个名儿,以后你再别叫英泰了,叫莲英吧!"

小灵杰又是鸡啄米般一阵磕头,环珮叮当渐去渐远,他也全然不知,那个引他来的老太监把他从地上扯起来,小家伙抬头一看,懿贵妃早已没了人影,只有浓郁的香气挥之不去,仍丝丝沁人心脾。他呆了半晌,老太监摇了摇头,意味深长地对他说:

"懿贵妃看得起你,这是你的福分。慢慢混吧!前途无可限量啊!"

……

从此,小灵杰的大号成了李莲英。

是时,懿贵妃住在长春宫,李莲英工作地点也就在长春宫。因他年龄小,重活干不大动,再加上他又是资深老太监沈玉兰的同乡,故当班的宦官都给他派的是轻活,如洒扫庭院、擦拭摆设、浇花喂鸟、坐更值夜等。可让一个9岁的孩子,一天到晚把全部精力消耗在这重复繁杂的机械劳动中,那也并不是好忍受的,可对他来说,除了忍受是别无选择的。不久,沈玉兰又和李莲英做了一次长谈,因是老乡又加上沾亲带故,所以沈玉兰说的也是语重心长、推心置腹了。他说:"眼下,你就得当奴才,要想出人头地,首先得学会当奴才,首先得学会怎样讨主子欢心。这门学问很深,要有灵气才行,否则深宫禁地,奴才的命去一个还不如你在外面踩死一只蚂蚁值钱。今儿还好好的,明儿说不定就得受气毙。大清圣明皇上体恤咱们已挨过一刀,对太监没有制定挨刀的刑罚,只有气毙,就是用湿草纸蒙脸,让你没法出气憋死。

当小太监要往上爬,必须得眼明、手快、心灵。进宫后,得先认一个老太监为师傅,能当师傅的都是地位、年纪大的太监,在深宫锤炼了几十年,里里外外都是拿得起放得下的人。俗话说,一日为师,终身为父。徒弟跟师傅学习礼法,师傅就可以名正言顺用徒弟做自己的仆役。这是礼法,这时候你就得聪明些,尽量把师傅侍候好。

内庭之中到处都隐藏着刀光剑影,妃嫔争宠,数宫争端,不管因何而闹,也不管闹成啥样子,有一个结果是一样的,也就是谁败下来谁的太监就得做替罪羊而丢掉性命。所以,宫廷之中对任何人来说都是时时处处存在陷阱,你只能小心翼翼地往前试探着走,一步也不许出错,一步错了之后,你以后就再没错的机会了,就只有死路一条。自大清开国以来,有名有姓的太监能活着出宫的屈指可数。因而,这就存在一个择主而事的问题。如今大清的皇宫里,比较厉害,能弄权,有眼光,日后不难控制局势,可助你飞黄腾达的,恐怕就数懿贵妃了。安总管当初投靠懿贵妃时,懿贵妃还是一个小小的秀女,他们俩也算是同舟共济、同甘共苦了。安总管为人不管怎样,他能混到这一步天地绝对与他的深远眼光有关。你能被懿贵妃选上,说明你有了从天而降的大好时机,一定要好好抓住这个机会,多看、多想、少说话、多做实事,要善于从一件不起眼的小事中分析出一个天大的窟窿来。

要在宫内安身立命也不容易,你需把自己培养成一只笑面虎。笑是为了保护自己,不得罪人,让人对你放松警惕,让人觉得你不值一提或不会威胁他的利益。虎咬死别人,说到底,主动进攻去咬死别人的目的还是为了保护自己。在皇宫内,防人之心不可缺,害人之心也不可缺,仅仅学会防人远远不够,防御的最佳手段就是主动进攻,要想往上爬就得一步步清理掉绊脚石。先下手为强,后下手遭殃,成功和失败之间的差别有时往往就决定谁先动手的那短短的瞬间。要想治人,不能心慈手软,不留后患,斩草务必除根。

细微的事还很多,诸如称呼、犯讳、请安、说话、斟茶、倒水、摆膳、递物等都各有各的规矩,半点也马虎不得。

在皇宫里我混的年数也不少,总认为自己缺些什么,要是等有棍子敲到头上时才忽然明白,那就什么都晚了。

总之,人心隔肚皮,你想出人头地,就得有高人一筹的本事,你好生体会吧!”

两人一直坐到天快黑时才出屋。沈玉兰显然是动了感情,说得眼圈发红,声音呜咽。李莲英先是吓了一头汗,之后他又觉得大内皇宫整个成了阴风惨惨的白日鬼城,最后反思了一下自身,后悔自己许多言行,说不定以前的这段时间里已有不知多少次都踏上了死亡陷阱的边缘,幸亏没有掉进去。

……

光阴荏苒,日月如梭。

不知不觉中李莲英已在皇宫里呆了十个年头。这十年,他严守宫禁,小心谨慎地侍候师傅,尊敬长者,手脚勤快,一言一行都特别注意。又因为他诙谐幽默,能说会道,再加上善于见机行事,所以不但在师傅眼里红得发紫,就是周围一些本来很不以他为然的大小太监,也不得不对他刮目相看,认为这小子是个人才,以后有前程,因而大家都称呼他为“小李子”。小李子知道这些太监对他高看,但他仍旧兢兢业业,尊老助幼。于是大伙越来越对他另眼相看,连师傅也不得不常常向他讨些主意。因为他的主意不但多,而且妙。你能想出来的他不想,往往另辟蹊径,却又一矢中的,用来指导办事干净利索。他的主意往往出人意料,你听他说后会觉得自己就差一丁点儿也就想到了,可问题就差在这一丁点儿上,分出了高低。不服不行,小李子就是技高一筹。

俗话说:“跟着好人学好人,跟着巫婆学跳神。”聪明伶俐的李莲英也从阅历中很快就悟出了一个道理,要出人头地,首先必须讨得主子的欢心,受到主子的宠信。所以,他四方窥测,寻找一切可能的机会去接近有权有势的人。可尽管李莲英苦思冥想,机会却一直与他无缘。

正当李莲英一筹莫展、无计可施时,命运之神却主动向他垂青。

当时,长春宫的主人懿贵妃叶赫那拉氏,因生皇子载淳是咸丰帝的独子,母以子贵，所以懿贵妃在宫中地位越来越高。懿贵妃有一头长长的黑发，散下来如小瀑布一般，她对那头黑发特别珍爱。这一珍爱不打紧，专司负责给她梳头的太监就吃不消了。因每次梳头，她都找碴揍人，所以梳头房的太监个个都不愿去给懿贵妃梳头。

一直在宫中打杂的李莲英从师傅那里听到此事后，认为这是天赐良机，必须抓住不放。于是他向师傅请示说：

"让我去试试给主子梳头。您看行不？"

"小李子，这事可不是闹着玩的。主子的为人你又不是不晓得，万一有个差池……"没等师傅说完，李莲英似已胸有成竹地说：

"师傅，您栽培我多年，还不了解我？我想过了，世上无难事，只怕有心人。只要你能给我一个月的工夫到外面学一学，我定会让主子满意。"

看着李莲英那十分有把握的样子，师傅也就同意了。

俗话说："馋做买卖懒出家，想看媳妇卖绒花。"这话一点儿也不假。不过李莲英看的不是媳妇，而是烟花女子。他深知女人里面最会打扮的应该首推她们，因为这是职业的需要，于是，他出宫后，找个杂货店买了一个小竹篮，篮里装了些生发油、宫粉、胭脂、绒花、通草之类的闺秀梳妆之物，从此叫卖于八大胡同的花街柳巷，出没于妓院粉头之中。功夫不负有心人，二十几天下来，城内妓院里的各种梳头样式差不多都让他看了个遍，学了个遍，李莲英也很快掌握了梳发技巧。一个月后，李莲英请求师傅推荐自己为懿贵妃梳头。师傅知道懿贵妃性情阴诈，不好侍奉，万一推荐的不当意，主子首先要惩罚的是他，所以就劝李莲英还是不去为好。可李莲英心意已铁，非去不可。师傅无奈。在向懿贵妃请安时，乘机推荐了李莲英，懿贵妃正为梳头的事烦恼伤心，听到有人推荐新人，也就十分高兴地允诺了。于是李莲英入梳头房供事，负责给懿贵妃梳头。

李莲英入梳头房后，察言观色，处处更为谨慎。一次，他仿照先前在妓院观察到的新发型，小心翼翼地把懿贵妃的头发分成左、右两把，然后相交在头的前部，并让它高高突起，光泽明亮，既蓬松，又自然。后面两缕头发分开，垂于脑后，如同燕尾，前面两鬓，头发略微向前弯，犹如凤尾低垂。再加上懿贵妃的凤眼丹唇，越发显出秀中生媚。梳理完毕，懿贵妃对镜相照，只见一点一式恰到好处，既有青春浪漫之气，又不失雍容华贵之福态，懿贵妃左顾右盼，十分高兴。不久，李莲英就被升为梳头房小头目。从此，开始了他的发迹史。

割肉疗亲　桃僵李代

咸丰十年(1860)八月十三日。

英法联军攻陷大沽，天津失守，进逼北京，咸丰帝以巡幸为名出逃热河。那拉氏、李莲英等也随同前往。

咸丰到热河后，感到体力不支，经常痛泄呕血，而他本人又纵于声色，花天酒地，病情日渐加重。

咸丰十一年（1861）七月十六日，热河避暑山庄烟波致爽殿。

奄奄一息的咸丰帝把怡亲王载垣、郑亲王端华、协办大学士肃顺、御前大臣景寿、军机大臣兵部尚书穆荫、吏部左侍郎匡源、署礼部右侍郎杜翰、太仆寺少卿焦祐瀛等8人召致榻前，传授遗诏，立皇长子载淳为皇太子，任命载垣等8个为"赞襄政务王大臣"，辅佐载淳。次日，咸丰病死，年仅6岁的载淳即位，是为同治帝。皇后钮祜禄氏被尊为慈安皇太后，载淳生母那拉氏被尊为慈禧皇太后。

咸丰帝一死，原已露出端倪的权力之争立刻公开而全面地爆发出来了。载垣、肃顺等"顾命八大臣"以前曾和咸丰帝谋议废除懿贵妃，故慈禧对载垣、肃顺等人掌权十分不满和担心。因此，双方开始了一场你死我活的争夺最高权力的殊死大搏斗。在这场大搏斗中，两方都需要寻求并获得第三种力量的赞助和支持。在这关键时刻，慈禧想到了留守北京的奕䜣。恭亲王奕䜣是咸丰帝的异母兄弟，道光皇帝的第六子，时称"六爷。"在道光皇帝的遗诏中，除立奕詝为皇帝外，奕䜣是唯一被封为亲王的皇子。论能力才智，奕䜣是高于咸丰帝的，因此咸丰帝对他多有戒备和防范。又由于载垣、肃顺等人在咸丰帝面前屡进谗言，因此，奕䜣长期以来郁郁不得志。但奕䜣的势力是强大的，他掌握着清王朝的外交大权，得到外国列强的支持。在内阁和军队中，也有他的众多同党。慈禧正是看准了这一点，决定利用奕䜣与载垣、肃顺等人之间的矛盾，借助奕䜣的势力，以铲除自己的敌手。此时，奕䜣正在北京办理外交事宜，慈禧便让李莲英赶赴北京联络奕䜣。据说，为怕泄露消息，慈禧把密诏藏在李莲英的头发里，让他到京后亲自转交奕䜣。李莲英冒着砍头危险顺利地完成了任务。奕䜣看到密诏，正中下怀，在北京做好了政变的准备。

九月二十三日，小皇帝载淳恭奉咸丰帝梓宫回京。两太后与载淳间道先行，载垣、端华、景寿、穆荫等人随从，让肃顺跟随梓宫后行，并让慈禧的妹夫醇亲王奕譞与肃顺同路，以便监视。二十九日，慈禧先于咸丰皇帝的梓宫回到北京，立即同奕䜣进行了密谋，次日，载垣、端华等辅政大臣到宫中军机处办公时被伏兵逮捕；护送咸丰帝灵柩的肃顺也在回京途中的密云被抓获。十月初六，颁发上谕：载垣、端华被赐死，肃顺问斩，其余五位均被发配边疆充役，肃顺势力被慈禧彻底摧垮。慈禧、慈安两宫太后"垂帘听政"，改年号为"同治"，意为慈禧、慈安两宫共同治理国政。是年为农历辛酉年，故史称"辛酉政变"或"北京政变"。又因载淳即位时拟用"祺祥"为年号，故又称"祺祥政变"。

在这场争夺最高统治权力的殊死斗争中，李莲英为太后垂帘听政立下功劳，故倍受慈禧宠信。不久，就成为敬事房首领，御前近侍。李莲英自此也跻身于慈禧面前的红人之列。经过长期的观察揣摩，李莲英为自己确立了两条处事标准：凡是主子喜欢的，就尽力为之；凡是主子不喜欢的，要尽力戒备之。他要让慈禧看他顺眼，听他说话顺耳,用他办事顺心。而且,更重要的是,要让慈禧感到他李莲英是她时刻不可离开的人,否则,自己充其量也不过是一条无所作为的巴儿狗。

在李莲英看来,慈禧爱美,爱表现,爱虚荣,爱听好话,心胸狭窄,嫉妒刻薄而且爱报复别人。她有一句名言:"谁叫我别扭一阵子,我叫他别扭一辈子。"对此症下药,李莲英决定逆来顺受,巧为周旋,把准那两条原则不放,对她奉若信主,毫不懈怠,不着影子的马屁拍得山响。

慈禧感到李莲英这小子狡猾刁钻,工于心计,说瞎话不眨眼睛。她正是用人之际,牢牢抓住这个小李子用心培养,以后肯定会独当一面,比小安子(安德海)应该只有过之而无不及。

李莲英的逐渐走红,引起了大总管安德海的不满。安德海可是跟着慈禧打过天下的。当初慈禧还是兰贵人时,他就为兰贵人出谋划策,为虎作伥,不计生死,披肝沥胆,才有今天的地位。而李莲英这个乳臭未干的毛小子,竟然平步青云,看来似有取代他之势,安德海自然不服。李莲英深知自己有多大斤两,作为一个新贵他要暂避安德海的锋芒。等到有一天自己羽毛丰满,权柄到手,别说一个安德海,就是十个绑在一起,也仅是十个狗肚子装不下二斤油的料。李莲英自认为干倒他安德海是小菜一碟。所以他要忍耐,寻找时机。

可惜的是,安德海没有活到被李莲英干掉的那一天。

同治八年(1869),安德海公然违背"太监不得在外招摇生事"的祖制和禁令,在慈禧的默许下,到江浙一带织办龙衣。他耀武扬威地携带歌姬美女、童男童女多人,出京后,一路上招摇过市,敲诈勒索,鱼肉乡民,作威作福。结果,由于山东巡抚丁宝桢参奏,奕䜣、慈安与同治帝共同商议,背着慈禧密下谕旨,将安德海捕获于山东泰安境内,就地正法。慈禧太后闻知消息后,持诏书飞马去救,沿路跑死数匹快马,还是晚了一步。慈禧虽然心里难过,还找慈安他们几个大哭大闹了一场,安德海毕竟是活不过来了。再说,慈禧也日渐发现,安德海确实不是将才,鼠肚鸡肠,无容人之量,又鼠目寸光,现既死也就拉倒吧。但她需要一个助手心腹为其争权夺利,自然而然,李莲英成了首当其冲的人选。

"桃僵李代"早在同治四年(1865),慈禧就授意安德海举荐李莲英"行走谨慎,为人诚实",然后亲自批准李莲英晋升为首领太监,并赐予六品顶戴花翎。安德海死后不久,慈禧就对李莲英说:"小李子,以后咱娘们还得多长点心眼,耳朵放长点。他们既然敢杀安德海,不知什么时候会把刀放在你的脖子上,别等死了还不知是怎么回事。"又说:"你是我看着长大的,眼下你的本事也不比小安子差多少,以后还是咱娘们靠紧些,相依为命吧!我本想把你晋升为内廷大总管,可是,太后、亲王、大臣们动辄就搬出祖宗家法来。迟早有一天我要把祖宗家法全推翻。小李子,只好委屈你了,暂且当个内廷副总管吧!"这是公开的相互勾结,明目张胆地纵容李莲英干政。所以,就在安德海被捕杀后不久,李莲英便当上了太监副总管,官职也由六品晋升为四品。这样一来,李莲英不费吹灰之力,捞了个内廷二总管,大权在握,自诩龙骧虎步,高下在心,对慈禧更是忠心耿耿,愿为之赴汤蹈火,万死不辞。

1874年,冲龄即位的小皇帝同治因外出寻花问柳而沾染性病,医治无效而殡天。十二月初五,年仅4岁的载湉即位,是为光绪皇帝。光绪即位时也是个不懂事的小孩子,自然没法争权夺利。再说光绪是外人,不如自己的亲生儿子用起来得心应手,慈禧太后决定主动出击,消除障碍。同治帝死后,她先是逼死了正直善良的同治帝的皇后。然后,斗争的矛头便指向了东宫孝贞皇太后——慈安。慈安太后一向恬静隐忍,一味退让,故没有酿成大的冲突。可卧榻之侧,岂容他人安睡?尽管慈安是一个手无缚鸡之力而且心慈手软、菩萨心肠的懦弱女人,慈禧也坚决要把事实上的两宫太后主政变成自己大权独揽。然而,慈安一日不死,一日就是两宫太后主政。慈禧不需要有实无名,她要有名有实。当然,慈禧发动进攻赖以倚仗的左右臂便是内廷二总管李莲英。

光绪七年(1881)二月,虽说时已近春,而西北风依旧刮个不停。慈安太后偶感风寒,竟几日卧床不起。宣御医诊治,服药数剂,却不见起色。慈禧太后闻讯,一反常态,屡屡亲临探问,殷勤备至。这日探望慈安太后回来,刚进宫门,只见李莲英急冲冲地跑过来,趴在地上,神秘地说:"太后,奴才想到了个好法子。'东边'近日身子欠佳,太后难道忘了'割肉疗亲'的故事?"说着,李莲英诡秘地眨眨眼,站在慈禧太后耳边嘀咕了起来。慈禧太后边听边点头说:"这法子不错,你要亲自去办。"

不大工夫,只见李莲英端了碗"人参臂肉汤"直奔慈安太后住所钟粹宫而去……

不知是太医药的作用,还是慈禧太后送的那碗"人参臂肉汤"起的效果,慈安太后多日不愈的病居然大有好转。

这日清晨,慈安太后觉得浑身轻松,遂下得床来,准备梳洗再上朝听政,忽然宫监入报说慈禧太后来到。两太后落座,互相捧茶递烟,忽然慈禧太后左臂不慎碰到茶几上,只听她"哎哟"一声,立即双眉紧缩,倒吸了一口气。慈安太后闻听急忙上前握住她的胳膊,却见一条白布露于袖外,上面殷殷有些血迹,忙问:"这是怎么回事?"

"没什么,没什么。还是等姐姐身体痊愈了,妹妹再告诉您吧,免得姐姐您……"

"这究竟是怎么回事?今日我已无甚病了,妹妹快告诉我,不然我会闹出病来的!"

慈禧故意深吸了一口气说:

"自先帝驾崩二十余年,你我姐妹患难与共,情同手足。姐姐有病,我心急如焚。平日读史书常见割股疗亲之事,因此妹妹我就……就割臂肉一片,与参汤共煎。看到姐姐病已见轻,我也就放心了。"说着眼眶里流出几滴泪水。

慈安太后闻听,就要上前解那白布,慈禧太后怕露出马脚,于是急忙阻拦说:"姐姐不必看了,怪吓人的。而且太医说了不要让风吹着。其实这点事算得了什么,姐姐不必记在心上。好了,您好好歇着,妹妹上朝去了。"其实慈禧哪会舍得自割臂肉,那是李莲英令手下人逮的一条大蛇和着从御膳房取来的一只大王八合熬的汤。

望着慈禧渐渐消失的背影,忠厚善良的慈安太后被深深地感动了。她想:咸丰帝的顾虑真是可笑。既然这样,还留着遗诏干什么? 万一泄露出去……

事的起因正在于此。那又是怎么回事呢?

20年前。

慈安太后还是皇后身份,而慈禧太后的封号是懿贵妃。

"皇后,朕看来不久就要见祖宗去了。"面色枯黄、双颊显得异常清瘦的咸丰皇帝说:"临去前,朕要安排一件大事。"

听到这里,皇后眼里的泪水像断了线的珠子一样流下来,悲泣地说:"皇上不要说这样的话,只要静心安养,定会康复的。"

"你别拦我,这不仅仅是你个人的事,它是关系到我大清江山命运的大事。"咸丰帝用嘶哑的声音说:"懿贵妃越来越不成样子了! 这阵子我倒觉得肃顺的话不错,他曾不止一次劝我行钩弋夫人的故事……"

"什么是'钩弋夫人'呀?"皇后问道。

"她是汉武帝晚年的爱妃,曾为武帝生了个皇子叫刘弗陵。武帝晚年特别钟爱这个儿子,最后还把皇位传给了他,就是汉昭帝。"

"那他的母亲就是太后了?"皇后又问。

"不然。武帝在驾崩前就把她处死了。"

皇后大惊:"这是为什么呀?"

"自古以来,幼主在位,母后掌权,一定骄淫乱政。这就是所谓'女祸'。"咸丰说到这里,郑重地看着皇后说:"你应当明白朕的意思了。朕决不会杀她。不过不能不提防着点,这个你拿着,一定收拾好。"说着,咸丰帝从贴身的衣袋里掏出一个折子,上面写着:

咸丰十一年三月初五谕皇后:朕忧劳国事,致撄痼疾,自知大限将至,不得不弃天下臣民,幸而有子,皇祚不绝;虽冲龄继位,自有忠荩顾命大臣,尽心辅助,朕可无忧。所不能释然者,懿贵妃既生皇子,异日母以子贵,自不能不尊为太后;惟朕实不能深信其人,此后如能安分守法则已,否则著尔出示此诏,命廷臣除之。凡我臣子,奉此诏如奉朕面谕,凛尊无违。钦此。

……

后来,李莲英探知慈安太后手中有咸丰帝的遗旨,向慈禧做了汇报,搅得慈禧终日茶饭不香。不久,慈安太后患病,主奴两人合谋"割肉疗亲"之计。慈安太后一时动了感情,便当着慈禧的面,将咸丰帝这一遗旨拿出烧掉了。慈禧也终于解除了这块硕大的心病。

事隔不久,慈安太后刚睡过午觉起身,李莲英就使手下的太监小顺子提着一盒克食来到钟粹宫内,说:"奴才给太后请安,这盒子里的克食,是外臣呈进来的。我们太后说挺不错,让奴才送盒给太后您品尝。"慈安太后揭开盒盖,只见漆黑的大瓷盘中盛着十块鲜艳无比的玫瑰色蒸糕,松仁和枣泥的香味扑鼻而来。慈安太后忍不住就拈了一块放入口中,细细地咀嚼起来。不一会,慈安太后就觉得昏昏欲睡,内侍又把她扶到床上躺下,这时,只见慈安眼中的泪水和额上的汗水直流,面色惨白,口鼻之内涌流鲜血,不等太医赶到,便魂归瑶池。时在光绪七年三月初十。

这是李莲英为慈禧太后谋立的又一次"丰功"。

巡军藏锋　心思挖空

李莲英作为一个太监,竟作威作福近半个世纪而不倒,在这一点上,是他的任何先辈都弗与能比的。他集聪明伶俐、狡诈阴险于一身。善窥人意,处处迎合慈禧太后的心意,终由散役小太监历升为二品花翎顶戴,内廷大总管。举凡翰纲国政,无不参与。慈禧太后对其言听计从,从之必果,使得李莲英权势遮天,权倾朝野。

他之所以能够终生不失宠信,凌驾于诸王公大臣、文武官员之上,其手段莫过于迎合、谄媚慈禧太后的专横跋扈,揽权夺势,而投其所好罢了。李莲英常向其徒弟们传授这样一句"心经":要想做人,先学做狗。

光绪十二年(1886)四月,李鸿章筹建的北洋海军建成,奏请朝廷派钦差大臣校阅。慈禧太后命醇亲王奕谖前往巡视各海口。奕谖深知太后对他巡军不是那么放心,所以在面见太后时,他提出说:"总管李莲英为人谨慎,品质高尚,请求派他一同前往。"以此来减轻西太后的猜忌。太后听后,正中下怀,当即允许。

消息一传出,朝野无不为之震惊,派个太监去阅军,这岂不是唐监军之祸复见于今日吗?但众人都慑于慈禧太后的淫威,不敢多说什么。消息传到天津,李鸿章可真是又喜又忧。喜的是这次醇亲王奕谖亲自来检阅,经费问题可望有着落;忧的是不知道慈禧太后葫芦里卖的什么药,居然派李莲英随从检阅。李鸿章深知李莲英是慈禧太后的宠监,醇亲王阅兵,让他随行,这是祖宗之法所不允许的,慈禧太后之所以这样做,必定有什么重要事情,故而整日提心吊胆。醇亲王还好应付,可对李莲英他却不得不加倍小心提防。李莲英的厉害,他可是领教过的。

那还是光绪初年。李鸿章接旨进京议事,一路风尘仆仆,抵京后稍做整理便匆忙进宫。这时李鸿章乃直隶总督,权高位重。李莲英本想他一定会给自己备份厚礼,可谁知李鸿章两手空空,于是懒洋洋地说了句:"喔,李中堂大人呀,实在抱歉,太后这会正歇着,没法通报。"一连三天,李莲英依旧是那句话,李鸿章气得浑身哆嗦,顿足捶胸。第四天,慈禧正在养心殿与恭亲王议事,心生疑惑:怎么李鸿章迟迟不进京呢?奕䜣冷冷说了句:"恐怕没带盘缠吧,李中堂三日前就已进京了。"慈禧一听,心里就明白了怎么回事,一语未发,写了道懿旨,立传李鸿章进殿议事。李莲英本想再难为李鸿章,一看太后的这道懿旨,只好作罢。第二天,李鸿章议事完返回天津,心中怎么也平静不下来:我李鸿章为大清名臣,竟被个阉官如此捉弄,太窝囊了。不行,哪怕是丢掉这顶戴花翎,也要杀死这个狗奴才。当下,就提笔写了封信,约李莲英赴天津述情,以消京城误会。

李莲英接信,心花怒放,心想可趁此去外边风光风光,于是去向太后呈报。慈禧见信中语言诚恳,便对李莲英说:"小李子,你上次也太过分了,李鸿章毕竟是咱大清的功臣,既然他这么说了,你去趟,向他赔个不是。可要牢记,路上别给我再惹出事端来。"

当下李莲英便带着小太监出了京城。一出京城,李莲英便把慈禧的叮嘱抛到九霄云外,一路上吃喝玩乐,好不威风。当他正痛快之际,慈禧太后却派人快马加鞭赶来让他立刻回京。李莲英就是一百个不情愿,也不敢不听,只好返回。慈禧见李莲英垂头丧气的样子,说:"你呀,平日里那么机灵,怎么这会糊涂了!你也不想想,李鸿章是好惹的人吗?你莫非忘了小安子是怎么死的?"经慈禧这一指点,李莲英方恍然大悟,想起来真有点后怕,差点中了人家调虎离山之计!

再说李鸿章,他听说李莲英出了京城,内心不由一阵窃喜,心想这下可让你知道我李鸿章的厉害。两天后,方知李莲英被慈禧追回,吓得心惊肉跳,深知此计已被太后识破,不知下步如何对付? 急忙令人唤来儿子李经方商议。李经方还真不愧留过几年洋,脑子一转便想出了主意:李莲英不是贪财吗? 那就修书一封,叙叙交情,再送些银两了事。于是,李经方就替父李鸿章修书一封。大意是:京师拜见以后,本想邀津一晤,略述友情,迩闻朝中公务繁忙,不能脱身,甚感遗恨。今差人送上白银20万两,为数微微,请勿见怪。太后面前,还望总管多多关照,他日赴京,定登门拜访。

看了李鸿章之信,李莲英嘴角露出一丝微笑:堂堂的一品大员,却被我李莲英治了个服服帖帖。恐怕这也是李鸿章一生中,感到最耻辱的事情了。

有了这段苦衷,李鸿章能不加小心提防吗?

四月十三日早晨,李鸿章率北洋水师及天津地方官员亲赴河口迎接钦差大臣。中午时分,醇亲王、李莲英一行浩浩荡荡抵达天津。

夜幕降临,醇亲王一行登船出海,坐的是北洋舰队最大的一艘军舰"定远"号。醇亲王的卧室就是总兵衔补用副将、定远舰管带刘步蟾的专舱。其次一间,就是留给李莲英用的。李莲英在房里转了转说:"莫非船上舱房都如此宽敞明亮? 怎的这间与王爷的竟差不多呢?"陪同李莲英进房的天津海关周馥说:"船上最好的一间是王爷住的,再下来次点的就是李总管的这间了。"

"那李中堂呢,他在哪儿?"

"李中堂用的一间比你用的这间小些。"

"那怎么成",李莲英摇头说道:"李中堂是主人,乃高品大员,为咱大清驰骋疆场,名扬四海,咱家岂能与他相提并论? 你替我换个地方。"

"总管不必客气,这都是李中堂吩咐的。"

"李中堂是敬其主而尊其仆!咱家岂能没个轻重分寸?周大人,如没地方换,我看王爷舱边那间套房倒蛮不错,咱家就住在那得了。"

李莲英为啥这般客气?原来这次出京前,慈禧太后一再叮嘱他要格外小心谨慎,他也唯恐一着不慎,落个安德海一般的下场!

再说周馥听了李莲英的话,直想笑掉大牙。原来那个套间是个"洋茅房",李莲英不识白磁抽水的"洋马桶",竟要在那里下榻。当然,周馥没敢明说,否则李莲英的面子怎么丢得起呢?只好答应找李鸿章请示一下。李鸿章听后,不由得大笑起来,但旋即便止,但就这一点看,李莲英远非安德海能比。第二天早上,李莲英又忙开了,只见他又是端水,又是送饭,有条不紊,醇亲王内心佩服不已,便说:"莲英,歇着吧。你也是李中堂的客人,不必为我费神了。"

"老佛爷交代过的,让奴才侍候王爷。"李莲英笑着说:"即使老佛爷不交代,奴才也是应该这么做的。"

"行了。你也是奉太后旨意出来的,何必讲这些礼教!"

经醇亲王劝阻,李莲英方歇手,但依旧守着他的规矩,悄悄肃立在门口。见到李鸿章也照样请安,一点都没有往日作威作福的样子。醇亲王心中纳闷:莫非平日里对其传闻有假?

四月十五日,至奉天旅顺港,十八日驶抵山东威海卫,十九日抵烟台,二十二日又回到天津。五月一日,醇亲王奕譞奏报巡阅情形,复命交差完毕。因为李莲英随同巡阅,并有种种传闻,引起很多大臣的议论。御史朱一新上奏说:今夏巡阅海军,太监李莲英随行,道路哗传,士庶惊愕,阅军大典本是威严之举,而让一个太监入中,是破坏祖训,应按制严惩。

慈禧太后见到朱一新奏折后,极力为李莲英洗刷。奕譞也巴结李莲英说:"总管太监此行沿途小心侍应,与其他随从无异,绝对丝毫无干预外事。御史朱一新奏文纯属危言耸听。我朝廷优礼大臣,让宫廷太监赍送往来系常有之事,此次该亲王巡阅洋面,朝廷派太监及御史随行,是出于对大臣的关怀和体恤,于公事毫不相干,御史朱一新不了解内廷规则,才说出如此不负责任的话来。"因此事,朱一新被革职回籍。

慈禧太后此举无疑给李莲英干预朝政、玩弄权术开了方便之门。自此,李莲英更是鼻孔朝天了,朝中大员、外省督抚,为保其高官厚禄,无不仰其鼻息。

自"辛酉政变"后,慈禧太后便爬上了统治全国的宝座。同治、光绪年间,更是一直处于尊贵显赫的太上皇地位。这样高贵的地位,只有皇帝的父亲才能享用。所以,慈禧太后就用尽心机,让光绪皇帝对她以男子的称呼叫她"爸爸"。光绪本是醇亲王福晋所生,而醇亲王福晋叶赫那拉氏是慈禧太后的亲妹妹,因此,慈禧太后就厚着脸皮让光绪叫她"亲爸爸"。之所以加上一个"亲"字,就是为了排除亲生的嫌疑。

对慈禧太后的这一心思,李莲英岂能不晓?而如何能让主子更高兴,这才是李莲英之所思。

一年,正月十五日,宫内一片喜气洋洋景象。午后,王公大臣都接旨进宫到永和殿戏园听戏,点的是《长生殿》。可幕一拉开,却跳出两个搽脂抹粉、身穿五彩衣的小丑来。一帮王公大臣们呆了,心想怎么会出这种差错,这不存心惹太后发火吗?可转眼望去,慈禧这会却正喜笑颜开。因为她认出来了,台上那两人就是李莲英和他徒弟。只见他俩在台上跳跃翻腾轻松自如,忽的只见两人身子一错,分开时手里已多了个横幅,上书十个大字:"祝慈禧老佛爷万寿无疆"。看着那黄灿灿横幅上的大字,慈禧太后不由得心花怒放,激动得热泪盈眶。

你知道为什么?原来女真族早年游牧于白山黑水之间时,对首领称为"满注"。"满注"是佛号"曼殊"一词转化而来,汉语的意思是"佛爷""吉祥"。清王朝建立以后,将"满注"一词译成汉语"佛爷",从此便成了清代历朝皇帝的特称。前边又冠之个"老"字,岂不是"太上皇"之意了吗?

慈禧太后早就想让人称自己为"老佛爷"了,但却一直没人这么称呼,虽说她权势通天,可总不能厚着脸皮让别人称自己老佛爷呀。这会李莲英把自己多年积压的心思说了出来,能不高兴吗?自此,"老佛爷"遂成她的专称了。

李莲英的值班房离慈禧太后住所不远,慈禧高兴时也偶尔去李莲英房中坐一坐,每次坐的不一定是同一把椅子,这种事谁也不会留意,可李莲英"独具慧眼",发现这里面大有文章可做。因此,每次慈禧太后走后,他就用黄缎子把太后坐过的椅子包罩起来,不准他人再坐。李莲英房内有十把座椅,其中八把被包上黄缎,慈禧闻知后高兴得合不拢嘴,连声说:"好,好!"也难怪,如此细心的奴才,哪里再能找出第二个来?

光绪二十年(1894),是慈禧太后六旬大寿,在颐和园举行了隆重的祝寿活动。李莲英为讨好主子,是颇费了一番心机的。为了昭显太后的功德,举行了"放生"活动。在万寿山智慧海殿前摆好了许多鸟笼,有黄雀、画眉、百灵等各种小鸟一万只。慈禧轻移莲步,走上前示范性地放了几笼,余者由太监代劳。一时间满天叽叽喳喳,好不热闹。然而,这些鸟儿始终不曾飞远,在空中盘旋一阵后又回到笼中。慈禧还是头一次见到这么多鸟返归,认为很有趣,就问李莲英何故?李莲英脸有得意之色说:"回禀老佛爷,这些鸟儿一定是被老佛爷的皇恩大德所感动,它们感恩戴德,故不忍离去。老佛爷德及禽兽,才有这吉祥佳瑞之兆出现。恭贺老佛爷万寿无疆!"

慈禧太后并不是笨蛋,这会她怎能不晓得鸟是早已驯熟了的?她早年还是小家碧玉作"姑奶奶"的时候就见过这些玩意儿。当然,她晓得此乃李莲英讨好她的一番苦心。但在众目睽睽之下,倘若将这过于明显的恭奉之词笑纳,岂不被众人嘲笑?于是,故意沉下脸来训斥道:"大胆奴才,怎敢在光天化日之下愚弄于我?"跟随太后几十年的李莲英,对她的秉性能不了如指掌?只见他从容地跪在太后面前道:"奴才有几个脑袋敢愚弄老佛爷?这实实在在是老佛爷皇恩如海,恩泽山川,拳拳之心乃于禽兽,方使得天降吉祥。老佛爷不信,请在放鱼时再验证,有驯熟的鸟儿,总不会有驯熟的鱼儿吧?"

湖畔,一百桶大鲤鱼正待放生,但见金鳞红翅,鲜活蹦跳,惹人喜爱。慈禧太后走上前去,细细看了一遍,说了声:"放!"那一百桶鲤鱼一一倾倒在昆明湖中。

众人站在岸边,眼睁睁地盯着水中的鲤鱼,只见那一条条鲤鱼逃生之后,好不快活,尾巴一摇,疾疾游去。不一会那些金色大鲤鱼像听了什么命令一样,摇头摆尾,整整齐齐地排列在湖边的石阶下,不肯离去。岸畔的人都看惊了,慈禧更是喜不自禁。这时,李莲英满面春风,急步上前,跪倒在太后面前说:"老佛爷洪福齐天,放鸟鸟不远飞,放鱼鱼儿朝拜,这可是古今未有的祥瑞啊!"在场的其他太监、宫女也一齐跪下,高呼万岁。听着众人的恭维,慈禧太后喜得如醉如痴,当即摘下自己那挂108颗的翡翠朝珠,当众赏赐给了李莲英。

鱼儿朝拜又是怎么回事呢?原来李莲英为了讨好太后,事前将鲤鱼装在清水桶中饿了好几天,然后将鱼虫装在布袋中,固定在湖边的石阶下面,鱼虫可以从纱布袋内慢慢游出,当清水桶内的鱼倒进昆明湖时,被饿了几天的鲤鱼见到鱼虫就要美食一顿,当然不肯离去。为讨得慈禧欢心,李莲英可真是绞尽脑汁,无所不用其极了。

在慈禧太后祝寿活动中,李莲英乘机发了横财,许多人给太后送礼都是通过李莲英引荐的,当然是少不了李莲英的一份。大臣孙毓汶从洋人手中购得一台自鸣钟,这座钟走时准确,造型美观。打钟点时,上面就会出来一个小人,手中擎着一个条幅,上面写着"万寿无疆"四个字。报完时,小人自动退回。孙毓汶不知太后是否喜欢这样的座钟,事前找李莲英了解。李莲英看罢,认为其中条幅的"万寿无疆"四个字很合祝寿之礼,太后也一定会喜欢。但李莲英眼珠一转,又对孙毓汶说:"这钟倒是不错,可若万一机器失灵,只出现'万寿无'三个字,那岂不闯了大祸吗?"孙毓汶听后,连忙称是,感谢总管的指点,后又低价将钟卖出。李莲英暗中派人将钟买下,又将"万寿无疆"改为"寿寿寿寿"四个字,这样无论机器出什么故障,都不会影响祝寿之意。李莲英将改修后的钟又高价卖给了孙毓汶。孙毓汶明知上当,却也无可奈何,只能是哑巴吃黄连了。

做狗奉主　一生臭名

李莲英越发得到慈禧太后的宠爱,权势日重。慈禧太后最喜欢得到李莲英的侍候,而且也只有李莲英最知慈禧太后的脾气,对慈禧侍候得最好。

一年,慈禧传染上了恶性疟疾,一连四五天,忽冷忽热,吃不成饭睡不好觉,整个皇宫从光绪帝到侍女都急得团团转。李莲英日夜不离储秀宫,守候在慈禧左右,这个把脑袋系在主人裤腰带上的奴才,急得四下寻求良药。正当人们都束手无策时,庆亲王奕劻送来从德国公使馆里讨到一种专治疟疾的特效药芬泰克。慈禧拿着这个装着白色药片的极精致的琉璃小瓶，细细地端详。她没看出什么破绽，就对身边的御医说："你们下去找个人试试去吧！"慈禧吃药总让别人先尝一尝，一是检验药物是否掺进有毒性的东西，二是检验一下药物本身是不是有毒性。

"就让我来试吧。"困倦的两眼红肿的李莲英抢先说道："别人试也不一定能说出个真实的滋味来。"

"小李子，这怎么行？这几天你已很辛苦了，还是让别人来试吧。"

"莲英，这万使不得，你还要侍奉老佛爷呀！"庆亲王接着慈禧的话在旁说道。

"还是由我试吧，我主意已定。"李莲英想了一下又说："我是小事，老佛爷的身体是大事，国家离不了老佛爷啊！"

庆亲王在旁听了李莲英的话，不禁暗暗佩服起他来，也似乎悟出了一点李莲英为什么一直在慈禧太后面前得宠的原因了。

李莲英根据要求服了药，没有异常感觉。几天内，慈禧也不间断地进药，病情渐有好转。不多日子，身体慢慢地完全恢复了健康。慈禧觉得自己大难不死，全靠李莲英的百般侍候和不顾危险亲自尝药，因此，对李莲英更是千般信任，万般宠爱了。

李莲英受宠得意，趾高气扬。为了显赫权势，在自家大宅院门口挂了一块十分醒目的牌子，上书"总管李寓"。一次，慈禧到恭亲王奕䜣家，途经李莲英门口，看到"总管李寓"几个大字后眼睛一怔。这一微小的神态变化被李莲英看在眼里，心里就犯嘀咕了：老佛爷这样看着这个招牌，肯定有不合她心意的地方。不行，得赶快命人摘下。到了恭王府，李莲英便找机会向慈禧太后请了一会短假，心急如焚地赶回私邸，命人拿下牌子，又急匆匆地返回。

"奴才在宫中当差总不回家，家人又不懂规矩，擅自挂出总管字样的牌子，奴才刚才回家叫人把它拿掉了，并将挂牌的太监交内务府惩办。"李莲英气喘吁吁地向慈禧太后跪禀道。慈禧听后，说："你做得很好，别太招摇了，就像小安子似的，得不到好的下场。凡事都得小心点，别让人算计了自己。"这件事后，李莲英在慈禧太后面前也就更加小心谨慎了。

光绪十四年(1888)，17岁的光绪帝该册立皇后了。一天，慈禧在储秀宫谈议此事，说："皇帝大婚后就要亲政，我就得完全归政，不找一个亲近的人看着皇上我放心不下！"

"老佛爷说的是。奴才认为老舅公家的小女最合适。"

李莲英说的"老舅公"，指的是慈禧太后的弟弟、副都统袭承恩公桂祥。此人平庸而没出息，坐支廷里给的俸禄，一天到晚躲在东城方家园老家抽大烟，他的女儿就是慈禧太后嫡家的内侄女。

"这恐怕不行吧，她长得丑，怕过不了皇帝的眼。"

"这有什么关系。皇帝是听老佛爷的，只要老佛爷稍给一点暗示，皇帝还敢不听？"

"说的也是，也只有这么办了。"慈禧坚定地说。

光绪十五年(1889)正月，光绪帝大婚，册立叶赫那拉氏为隆裕皇后，同时立侍郎长叙的两个女儿为妃嫔,长女立为瑾妃,次女立为珍妃。光绪帝不喜欢皇后和瑾妃,只有珍妃伶俐活泼,又积极支持皇帝的主张,所以,深得皇上宠爱。

李莲英有个很貌美的妹妹,他很想让她成为光绪帝的妃嫔,这样,他就可以当国舅爷了。他把妹子接入宫中,陪伴慈禧,又让妹子向光绪暗送秋波,可光绪无动于衷,此事后来不了了之。这使李莲英十分懊丧,于是,他更加忌恨光绪帝了。

光绪帝不过是慈禧太后的傀儡,在整个光绪朝时期,李莲英仗势欺人,专横无忌,对光绪帝十分不敬。

光绪二十四年八月初六(公历1898年9月21日),天刚亮,慈禧太后带着李莲英赶回紫禁城,气冲冲地闯进光绪帝的寝宫,咬牙切齿地对光绪帝说:"好大胆子!你4岁入宫。我立你为帝,把你抚养成人,至今20年了。如今你翅膀硬了,变法变到我头上了。你忘恩负义,听信小人之言,妄图加害于我。你想想,对不对?"边说边抹眼角涌出的眼泪。光绪帝跪伏在地,又气又怕,不知说什么才好。慈禧长叹了一声说:"我想,你命薄,没有福气当皇帝。"说着转过身来朝李莲英说:"传我的旨意,就说皇上病了,今后不再理事。朝政仍由我处理。"

站在旁边的皇后、瑾妃听罢,都吓得脸色煞白,木然不知所措。唯有珍妃早已泪流满面,不忍皇上受气。她冒死上前跪下说:"母后息怒,皇上变法是为了大清社稷,若有过错,望太后饶他。"慈禧本就讨厌珍妃,认为光绪变法,有她教唆的一份。见她竟敢为光绪帝辩护,大怒,骂道:"不知害臊的东西,你也配跟我讲话吗!"珍妃干脆一不做二不休,放开胆子说:"皇帝为一国之主,太后怎能随意废立!"慈禧一听,气得话也说不出来,抢起胳膊,一个耳光打在珍妃的脸上。然后朝着李莲英一努嘴,上来两个太监把珍妃拖了下去。从此,被打入冷宫,不见天日。软弱的光绪帝被慈禧令李莲英带到瀛台幽禁起来。变法失败了。这就是历史上著名的"戊戌政变"。

光绪二十六年(1900),河北、山东和京津一带的义和团运动风起云涌,帝国主义惧怕引起殖民统治的动摇。五月初六,俄、美、英、法、日、意、德、奥八国组成联军,开始进犯大沽炮台。七月二十日(公历8月14日)攻破北京。慈禧连夜召见军机商议,决定离京逃走。她脱去旗装,叫李莲英把头发梳成汉族人模样,边梳边对李莲英说:"想不到我65岁了,竟有如此遭遇。"李莲英劝道:"老佛爷不必伤心,就权当是出外散散心嘛。"慈禧又吩咐李莲英,把光绪、皇后、瑾妃统统扮成村民、村妇模样。完了,又特别吩咐把珍妃带过来。珍妃拖着病躯由两个太监扶到慈禧面前跪下请安。慈禧说:"我本想也带你同去,但途中危险,你年龄轻轻,恐遭污辱。我看,你还是自裁为是。"珍妃听罢,双目流泪,恳求道:"皇上应该留在京城。"慈禧大怒道:"你死到临头,还废什么话!"光绪帝忙跪下为珍妃求情,慈禧哼了一声说:"不用你求情,让她去死吧!"说罢,向李莲英使了个眼色。李莲英一摆手,一个太监扯住珍妃离去。珍妃边哭边回头张望光绪皇上,惨不忍睹。不一会儿,太监回报:"禀老佛爷,奴才已将珍妃推入水井之中了。"光绪听罢,差点晕倒。慈禧命令:"扶皇上上车。"说毕,她和其他数人也登车坐好,端王载漪骑马跟随,从神武门一路而去。先逃到太原,后又逃至西安。由于《辛丑条约》的签订,光绪二十七年十一月二十八日,出京逃亡的慈禧太后、光绪等又返回了离别一年多的京城。李莲英此行更是名利双收：随驾出逃，出生入死，保护太后、皇上，到西安后又尽心给太后找乐趣，甚至让宫中妇人扮作牧猪奴的游戏来取乐。给太后出谋划策，对老佛爷的关心，那就更不用说了，所以深受太后的信任、夸奖，这是李莲英骄傲的资本；另一方面，从出逃到回銮，所到之处，官员无不给李大总管送礼、纳贡，所以，东西南北的奇珍异宝，李莲英可是应有尽有，这不是名利双收吗？

一天午后，慈禧正坐在太师椅子上衔水烟袋解闷，李莲英扑通跪在慈禧面前，拿出荣禄交给他的奏折，双手举过头顶呈上。慈禧看过奏折皱紧眉头，问："你从哪儿拿来的？"

"是荣中堂让奴才呈给老佛爷的。"李莲英回答道。

"这可是大事，可不能说废就废，说立就立。这些御前大臣们也不好好想想。"

"老佛爷，御前大臣们这样做，都是为您老人家想。这大阿哥已经十六七岁，在西安这一年性情顽劣，不服管教，您老人家也都看到了。尤其是他父亲端郡王现已被充军新疆，为人子者，岂能不记此仇？他日做了皇帝，惩处昔日惩处其父之人，岂不使朝纲大乱？最可怕的是，他是拳首之子，老佛爷以他为大阿哥，洋人对此肯定不瞒，若因此再惹起事端，那岂不是得不偿失？"李莲英见慈禧没有作声，静静地坐思，就又接着说："从前圣祖仁皇帝为了立储大事，改易至再，后来并没有什么异议。况大阿哥品行恶劣，老佛爷心如明镜。乘此废立，一来可想见慈明，二是可敦重友谊，真可谓一举两得了。"

就这样，载漪之子大阿哥溥儁被废了。慈禧、李莲英、荣禄等人，也都消除了后顾之忧。

光绪三十三年（1907），袁世凯50寿辰，清廷赏赐甚厚，文武百官、王公达贵都前往祝寿。寿宴之后，来客告辞。袁世凯独留下李莲英密谈，向李莲英打听慈禧太后的情况，并向李莲英叩谢敬钱。李莲英假惺惺地说："我李某是何人，竟敢受您的叩谢、赐银。"袁世凯回答说："老公您侍奉老佛爷左右，事事都知道圣心，见您就如同见到老佛爷。所以我要拜您。"李莲英听后也故作架势，慢条斯理地说："老佛爷对您十分信任，您会不断高升，望您好自为之。"袁世凯连忙称谢，并说全仗老公鼎力斡旋。两人密谈深夜尽欢而散。不久，袁世凯就内迁主持外交，复入军机处。

光绪三十四年（1908）十月二十一日，38岁的光绪皇帝在中南海瀛台涵元殿病逝。次日，慈禧太后也归天而去。树倒猢狲散。慈禧太后死后，李莲英的地位受到严重威胁，不久即被解除了太监大总管的职务，隆裕太后赐他南花园，李莲英从此离开了他生活了53年的清宫大内。

宣统三年（1911）二月，李莲英死于家中。

阉宦干政之事，在清朝曾绝迹了200年之久，何以到安、李时又死灰复燃？

明代阉官作乱，殷鉴未远。清初统治者制订了一系列旨在限制宦官势力滋长的制度，对宫中的太监进行了严格管理。一方面抄录顺治帝所铸"铁碑"上的敕谕，广为张挂，警戒太监不得忘乎所以。上谕曰："皇帝敕谕，中官之设虽自古不废，然任使失宜遂贻祸乱，近如明朝王振、汪直、曹吉祥、刘瑾、魏忠贤等，专擅威权，干预朝政，开厂缉事，枉杀无辜，出镇典兵，流毒边境，甚至谋为不轨，陷害忠良，煽动党类,称功颂德,以致国事日非覆败,相寻足为鉴戒。朕今裁定内官御门及员数,职掌法制甚明。以后但有犯法干政,窃权纳贿、嘱托内外衙、交结满汉官员、越分擅奏外事,上言官吏贤否者,即行凌迟处死,定不姑贷。特立铁碑,世世遵守。"一方面又针对太监中发现的问题,颁布了一系列的《治罪条例》。诸如《太监犯赌治罪条例》《逃走太监分别治罪条例》《太监私藏军器治罪条例》《太监偷窃宫物治罪条例》《随园太监讹诈治罪条例》《太监轻生将首领分别治罪条例》《逃走太监越省远扬治罪条例》等。以后,又综合上述各项治罪条例,制定了《宫中现行则例》并在《则例》中的"处分"条下,制订了详细的处分细则。所以,在清朝前期的150年间,虽仍然使用阉宦,其人数也有增长,但宦官势力的发展却受到了严厉地压抑和遏制,因而基本上制止了宦官干政的途径。

乾隆以后,随着清王朝政治上的日趋没落与腐败,清朝统治者对宦官的态度也开始起了变化。

嘉庆初年,仍能秉承乾隆旧制,注意对宦官的势力发展进行遏制。如吴天成、常永贵等宦官,都因内外交结,骄纵无度,滥保罪犯等受到严厉的制裁。嘉庆十八年(1813),林清在京畿一带利用天理教组织民众,准备武力进攻紫禁城。他发展的教徒中,就有宫中太监刘德财、刘金等人。后起义失败,清廷不仅处死了参与起义的宫内太监,同时也加强了对太监的约束和管理,特别是对入宫的太监,进行严格审查把关。嘉庆帝规定:今后凡入宫太监,除须内务府大臣负责验看外,还须地方官行文,查明"实因家道贫寒,在籍并无为匪不法情事"者方准入选进宫。

此后,由于两方面的原因,使防范与抑制宦官的政策有所松动:一是由于各地方官不愿为太监出具证明印结,对太监入宫,采取消极抵制的态度,加之宫内太监因处罚严厉多有逃亡,结果造成太监大量缺额,因此,嘉庆廿一年(1816)十二月颁布谕旨:"嗣后凡招募太监,由内务府验看后即行交进,不必具取该太监原籍地方印结。"二是嘉庆帝晚年对太监的管束主观上也有所放松,对太监的违制寻衅等事,或不加惩处,或从轻发落。这样,就为尔后宦官势力的滋长与骄纵开了方便之门。

道光、咸丰两朝,不仅内忧外患频仍,而且在宫廷生活方面,道光昏昧于前,咸丰则糜烂于后。道光年间,宫中太监凡仪表俊伟、眉清目秀者,无不受到道光帝的爱宠,甚至为他们娶妻成家,将太监及其妻室豢养于宫内南府中。受道光帝宠爱的太监,骄横无度,每每要挟道光帝同意他们的非分要求,道光帝则"悉涵容之"。按定例,太监官位不得超过四品,而南府太监却坚持要求道光帝为其加秩晋爵,并赐予相应的服饰顶戴,"宣宗既以情不可却,又不敢擅更祖制,乃特创一种白玉顶戴,凡幸御各监,均得用之。"(徐珂《清稗类钞》第一册)消息传至宫外,一时舆论哗然。道、咸两朝,封建帝王独断朝纲,权不他移。阉宦势力的发展滋长只在暗中进行,处于隐蔽状态,不敢公开干预政治。咸丰帝殡天于热河,同治帝冲龄即位,急于夺权篡政的母后派和顾命大臣相互斗争倾轧,清廷内部的最高权力斗争顿时激烈化、尖锐化了。这一时势,终于使羽翼渐趋丰满的阉宦势力得到了一个公开进行干政的绝好机会。李莲英就是在这样一个大背景下,作为阉宦势力的代表人物,活跃在清末政治舞台上,长达半个多世纪。

将帅兵圣

导　语

　　有人曾说:"和平的女神,若无战争的陪伴,就会寸步难行。"古今中外的大量事实,都做了充分的证明。天下虽安,忘战必危;备战应战,国固民安。一个国家,若无适当的军备国防,就谈不上自己的独立、自由与和平。

　　在人类漫长的历史上,究竟发生了多少次战争? 人们已经很难说得清楚。据外国学者统计,从公元前 3200 年到公元 1964 年这五千一百余年间,世界上共发生了一万四千余次战争,只有三百二十九年是和平的。可见,人类社会就是在这种频繁众多、连年不断的大大小小的战争中,不断地生活着、发展着。

　　我们说,军事思想理论,是人们认识战争规律、总结战争经验的智慧结晶;军事思想史,是人类认识战争规律、总结战争经验发展史的理论学说。

　　我们必须承认,在人类文明的发展史上,只有伟大的中华民族能维系数千年的历史文明,使之源远流长、光辉灿烂,为人类文明做出了巨大的历史贡献。

　　当我们窥古探幽时,不仅看到先民们生活的艰难困苦,而且看到他们所创造的古代文化,"实皆为战斗文化"。所以才有"国之大事,在祀与戎"和"兵者,国之大事,死生之地,存亡之道,不可不察也"的精辟论断。我们从中国古代诸家皆察兵、重兵、论战、行战中,看到中国古代兵论、兵略的高超智谋。这也同时告诉我们,研究中国军事思想发展史,吸取中国古代兵家智慧谋略,总结中国历史名将战争经验,必须与中华民族发展史、中国文化演变史紧密结合,融为一体。

　　在我们中华民族数千年的历史上,不仅涌现出许许多多伟大的哲学家、思想家、政治家、教育家、文学家、艺术家和科学家,而且产生了许许多多的军事家、军事理论家和杰出将领。其人物之众多,智谋之高超,战略之精妙,战策之神奇,战绩之辉煌等,都是世界战争史中所独见的。

　　他们都从不同角度、不同方面,在不同的历史时期,取得了不同的战绩,做出了不同的贡献。对于如此众多,几千年的不同时代的著名将帅兵圣,要想做全面而周详的描述,是一项极为艰难而复杂的重大事业,对于我们来说,几乎是不大可能的。然而,这确实是一项非常有意义的科学事业。我们只能根据历史文献所记载的各个历史时代的名将功业,经过个人的潜心研究、缜密思索,同时参照、吸取他人的研究成果,经过精心选择,而确定《将帅兵圣》卷中的各位传主,分别加以分析描述。这种选择确定,只是我们的理解,乃一家之言而已。我们也期望有更好的见解,从而充分地展现中国历代名将的智略和业绩,供我们今人效法。

兵家鼻祖　惠泽万世

——孙武

国学经典文库

将帅兵圣

图文珍藏版

名人档案

孙武:字长卿,中国春秋时期齐国乐安(今山东省北部)人,是吴国将领。著名军事家、政治家。曾率领吴国军队大破楚国军队,占领了楚的国都郢城,几乎灭亡楚国。其著有巨作《孙子兵法》十三篇,置于《武经七书》之首,被译为英文、法文、德文、日文,成为国际间最著名的兵学典范之书。今日在山东、江苏苏州等地,尚有祀奉孙武的庙宇,多谓之兵圣庙。

生卒时间:约前545年~前470年。

性格特点:聪慧睿智,机敏过人,勤奋好学,善于思考,富有创见,特别尚武。

历史功过:其所著的《孙子》一书,被尊为"世界第一兵书""兵学圣典",被定为武学的教范。自先秦以来,中国历代的君主帝王、文臣武将、学者隐士等,都研读、注疏《孙子》,从中吸取思想营养、谋略智慧,至今仍兴盛不衰。《孙子兵法》传世,不仅对中华民族,甚至对世界文明都产生了深远的影响。

名家评点:孙武被尊为"百世兵家之师""东方兵学鼻祖"。

苦读兵书　痴迷战史

孙武所处的时代,大致与孔丘(前551年~前479年)同时,其生卒年月不详,主要活动在吴王阖闾(前514年~前496年在位)时期和吴王夫差(前495年~前473年在位)的前期。

孙氏家族的祖先,是陈国的公族,本姓妫。

公元前 705 年,陈厉公有了个儿子,取名叫完。公子完出生的时候,正逢周天子的太史因事路过陈国。陈厉公得了儿子,有了后嗣,心中甚是高兴,就请这位"善知天命"的太史,给自己的儿子占卜,看看这孩子将来的命运如何。太史见陈厉公正在兴头上,扫兴的话当然不能讲,好听的话也不宜说过了头,便模棱两可地解释卦辞说:"恭喜陈侯,此卦大吉。贵公子将来是要做国君的,不在陈国,就在别国;不是他本人,就是他的子孙。"陈厉公听了太史的一番恭维,居然十分高兴,除盛宴招待太史外,还厚赐其金帛。这位被周太史预言为前途远大的公子完,就是孙武的直系远祖。

后来,陈完长大以后,为了回避宫廷斗争,便举家来到了齐国,并在那里定居下来,并改姓田,这样他又被称为田完。100 多年以后,田氏家族不断发展,地位也越来越显赫。田完的后代不少人身居要职,田氏成了齐国后起的一大家族。

田完的四世孙田无宇,英勇无比,深得齐庄公(前 553 年~前 548 年在位)的信任。齐景公(前 547 年~前 490 年在位)时,田无宇的一个儿子田书,做了大夫。他懂军事,因为领兵伐莒有功,齐景公在乐安(今山东惠民)封给他一块采邑,并赐姓孙氏。因此,田书又被称为孙书。孙书的儿子孙冯,做了齐卿。这个齐卿孙冯,就是本书主人公孙武的父亲。

孙武生活在齐国的时候,正值齐国内部矛盾交错,危机四伏。齐景公初年,左相庆封灭掉了右相崔杼。接着,田、鲍、栾、高等四大家族又联合起来,赶走了庆封。后来,内乱日甚一日,齐国公室同四大家族的矛盾,四大家族相互之间争权夺利的斗争,错综复杂。当四大家族勾心斗角,争权夺利愈演愈烈之时,田氏的支属孙氏,担心田氏宗族一旦失势,会殃及自身,便离开齐国,投奔吴国去了。

吴国占有今天江苏大部和安徽、浙江的一部分。它东临大海,南同越国接壤,西与强楚为邻,北与齐、晋各国相望。在东周列国中,它立国很早,但十分落后,直到公元前 584 年,晋国为了牵制楚国,在楚国后院点火,才派大夫巫臣出使吴国,教吴乘车,教吴战阵,教吴叛楚。这样,吴国才开始同中原各国有了交往。

春秋之际,封国林立,一些失意或是落难的士大夫,往往因故出走,离开自己的侯国,到他国去谋职。孙武来到吴国的前后,还有两个楚国人,一个叫伍子胥,一个叫伯嚭,因为祖父无辜被楚王杀害,都相继逃到吴国,想凭借吴国的力量,替父辈雪耻。

伍子胥经过千辛万苦,来到吴国以后,很快便投在公子光的门下做了宾客。公子光是吴王僚的叔伯兄弟。他雄心勃勃,不愿久居人下,便六招贤士,等待时机,取吴王僚而代之。伍子胥发现公子光居心叵测,不愿卷入吴国内部的斗争,便寻个借口,到边邑去务农去了。为了给自己留条后路,伍子胥物色了一位名叫专诸的勇士,推荐给公子光。

这时候,孙武也在边邑过着隐居的生活,他一面灌园种地,一面苦读兵书,写作兵法。孙武生活在一个战争频繁兼并激烈的时代,身处有着悠久历史的军事传统的齐国。他的父祖既是卿大夫,又是有名的将领,这些都是他能够写出兵法的有利条件。孙武是一个痴迷战史的人。早在少年时代,每当遇见老一辈的人,他总是要打听昔日的战争情形。如果遇到曾经亲历过战争的人,一定请他讲一些实战的经验。久而久之,他渐渐认识到打胜仗有打胜仗的理由,打败仗也有打败仗的原因,并非像人们传说的那样,一切都是命中注定,个人无能为力。

孙武常常把自己的心得体会写在笔记簿上。此时离纸张的发明尚有600多年。所谓笔记簿就是在竹片或木片上以小刀刻字或者用漆书写,然后串在一起。至于作战地图,他则绘在大张的帛布上,注明军队或车船的配置及移动情况,标出战争的原因、经过和结果,有时还要加上自己的论断。潜心研究的结果,渐渐形成了他独特的军事思想。

经过长时间的资料搜集,脑子里有了初步概念之后,他又前往战场实地考察。这项工作在交通条件相当落后的当时,是极为辛苦而麻烦的。然而他却乐此不疲,前后竟持续了20年之久。

孙武研究战争、战略和战术,目的不是去游说诸侯从而获取高官厚禄。他没有名利之欲,完全出于个人的兴趣。他只希望自己能够平平安安地度过一生。然而,许多事情并不像预料的那样一帆风顺,命运偏偏和孙武开了一个玩笑。早先来到吴国的伍子胥对孙武的才干和学说十分欣赏,他认定孙武是个人才,迟早有一天会脱颖而出,干出一番轰轰烈烈的大事来的。正所谓:"大鹏一日冲天起,扶摇直上九万里。"因此,他拜访孙武,共同探讨一些军事问题,如此一来二往,时间一长,两人竟成了莫逆之交。

旷世奇才　生而逢时

周敬王四年(前 516 年),楚平王去世,年幼的楚昭王继位。第二年春天,吴王僚看准楚国国君幼小又忙于治办丧事的机会,任命胞弟公子盖馀、公子烛庸为将,统领大军,兴兵伐楚。二公子求胜心切,领兵贸然深入,结果被楚军切断了后路。

公子光见大军被困在外,国内兵力不足,便把专诸找来计议说:"机不可失,时不再来,不举大事,君位难得!"于是,由公子光谋划,让专诸在酒席上刺杀了吴王僚。公子光夺得了王位,称为吴王阖闾。阖闾是一位奋发图强励精图治的君主,他决心要使落后的吴国赶上中原各国,摆脱长期以来遭受楚国压迫的屈辱地位。为此,他"食不二味,居不重席,室不崇坛,器不彤缕",不迷恋安逸,不贪图享受,不追求玩好,立志要振兴吴国。因此,吴王迫切希望聚集人才,以佐自己成就富国强兵的伟业。

阖闾即位之初,既怕国人不服,又担心诸侯不相信自己。为了保住王位,他一面施恩行惠,笼络人心,一面礼贤下士,网罗人才。阖闾首先选中了伍子胥,任命他做了行人。

行人本是掌管朝觐聘问的官,伍子胥这个行人却不同一般。吴王器重他的内政外交才干,经常同他探讨军国大事。有一次,吴王问道:"我国地处偏远,蜗居东南;地势低湿,江海为害;国无城防守御,民无衣食之藏。这种贫弱状况,如何改变?"

伍子胥沉默片刻,回答说:"凡是想图霸称强的君主,必须修城郭,设守备,练士卒,广积蓄。"

吴王很赞同伍子胥的意见,并委托他去依次处理。国都在姑苏(江苏苏州)建成以后,吴王还特意把西向的"阊阖门"称为"破楚门",以示自己伐楚的决心。

吴、楚两国势不两立,是世代的仇家。吴王有心派伍子胥、伯嚭率军伐楚,又对他俩放心不下,怕他们到时只顾公报私仇、滥杀无辜,误了自己的大事。一天,吴王站在宫苑中的高台上,望着远方,慨然长叹。群臣都不解其意,唯有伍子胥心中明白,这是吴王在为选将而忧虑。于是他趁机向吴王推荐孙武,并向吴王介绍了孙武的家世、人品和才干,认为孙武是个文可安邦,武能定国的旷世奇才。可是,孙武自从来到吴国后,一直忙于勘察战史,隐居著书,吴王从未听说过孙武,甚至认为一个农夫不会有多大的本事。伍子胥奏道:"此人精通韬略,有鬼神不测之机,天地包藏之妙。诚得此人为军师,虽天下莫敌!何况楚国?"尽管伍子胥极力举荐,吴王仍然无动于衷,反而转变话头,同伍子胥谈论起军旅之事。伍子胥一边应对,一边找机会举荐孙武。整整一个上午,伍子胥借论兵之机,前后七次向吴王推荐孙武。到后来,吴王不耐烦了,便嗔怪说:"我看你是以举荐人才为名,实际上是想呼朋引类,结党营私,以加强自己的势力和地位!"伍子胥见口说无凭打动不了吴王,便将孙武写的兵法拿来,呈给吴王看。

吴王将孙武的竹简兵书放在几案上,逐简翻阅。每看一简,吴王便情不自禁地叫好。他越看越爱看,兴致盎然。从《始计篇》《作战篇》《谋攻篇》《军形篇》《兵势篇》《虚实篇》《军争篇》《九变篇》《行军篇》《地形篇》《就地篇》《火攻篇》,一直看到《用间篇》,一字不漏,看到一些名言警句时,还击节赞叹。吴王看了兵法之后,感到非常满意,便急不可待地要见其本人。伍子胥奏道:"孙武此人不轻易进仕,非寻常可比,必须以礼聘请,方肯来见。"吴王答应,命取黄金十镒,白璧一双,使伍子胥驾车前往,接孙武前来一见。

孙武杀姬　先斩后奏

伍子胥乘车来到孙武住处,寒暄之后,恭恭敬敬地做了长揖,带着亲切的微笑问候他的起居饮食,然后取出礼物送给孙武。见孙武十分高兴,伍子胥又转达了吴王准备聘请他为将军的意思,激励他说:"先生饱学,满腹韬略,弃之乡野,岂不太可惜了吗?"

孙武非常冷静:"我研究兵法只是一种爱好,并非想借此荣登官场,享受荣华富贵。而且就我个人而言，我是一个拙于辞令的人，怎能担当大王的重任呢？"他婉拒了伍子胥的好意。

不料伍子胥完全掌握了他的心态，并不急于求成，以更温和的口气说："先生的清廉我向来钦敬，您不愿出仕为官也在我的意料之中。不过吴王求贤若渴，一心礼聘先生，如果我将先生的话转达吴王，他也未必相信，反会认为我办事不力。还是先生辛苦一趟，如果您要拒绝，请当大王之面禀告。希望先生体谅我的苦衷。"

孙武无言以对，遂和伍子胥一起前往吴都。

一日早晨，孙武正在客馆等候召见，没料到吴王亲自来登门拜访。

见面以后，吴王对他十分赞赏说："先生的兵法，寡人已经逐篇拜读，实是耳目一新，受益匪浅。"

孙武谦谢道："草野之民，学疏才浅。承蒙大王错爱，实不敢当。"

吴王说："先生不必过谦，你的兵法确是前所未见，博大精深，但不知实行起来如何，可否为孤王小规模地实验一番，让我们见识见识？"

"可以。"孙武回答。

"先生打算用什么样的人去演练？"吴王问。

"随君王的意愿，用什么样的人都可以。不管是高贵的还是低贱的，也不论是男的还是女的，都行。"孙武对此充满信心。

吴王想给孙武出个难题。便问道："用宫女可以吗？"

"可以。"孙武坚定地回答。

吴王大笑道："先生是在和寡人开玩笑吧？天下岂有妇人女子，可使其操戈习战的？太可笑了！"

孙武激动起来，站起来斩钉截铁地说道："大王如果信得过臣，请将后宫的宫女交给臣，如果不能使其操戈习战，臣愿受欺君之罪！"

吴王即将后宫美女180人组织起来，把王宫变成了训练场，自己和群臣兴致勃勃地坐在望云台上观看。

孙武征得吴王同意后，将吴王的两个宠姬左姬和右姬充作队长，然后要求说："军旅之事，必须号令严明，赏罚分明。虽然是训练，也是应该有的。请立一人为执法官，二人为军吏，负责传达命令；二人负责击鼓；力士数人，充作牙将，拿上各种兵器，列于坛上，以壮军威！"吴王下达命令在王宫卫队中选用。孙武更换戎装，头戴兜鍪，将宫女分为两队，右姬统领右队，左姬统领左队，全部换上戎装，右手操剑，左手握盾，表面看来也还算整齐。

准备完毕，孙武宣布命令："一不许混乱队伍；二不许笑语喧哗；三不许故意违反军令。"然后亲临场地画好绳墨，布成阵势。命令传令官授予二队长每人一面黄旗，执之为队伍前导，众宫女跟随队长之后，五人为一伍，十人为一总，步伐要整齐，距离有标准。听从军鼓来决定进退，左转右转，寸步不乱。孙武把命令讲完之后，问众宫女："听明白没有？"众宫女们嘻嘻哈哈，参差不齐地回答："明白了。"

接下来,孙武下令说:"听到第一遍鼓时,两队要一齐前进;听到第二遍鼓时,左队要右转,右队要左转;听到第三遍鼓时,所有将士都要挺剑持盾做出争战之势;听到锣声,左队和右队即回复原地。"宫女们觉得新鲜而又好玩,皆掩口嬉笑。

鼓吏禀报:"鸣鼓一通。"

宫女或起或坐,参差不齐。

孙武站起来严肃地说:"约束不明,法令不严,这是将领之过,是我的不是。"遂命令军吏再一次地宣布军法、军令,强调说,如果再有不听从命令的,就要斩首示众。

鼓吏再次击鼓。

宫女们倒是都站起来了,但东倒西歪,嘻嘻哈哈。

孙武亲自拿起鼓槌,再次重申军法和军令,并用力击鼓。

左姬、右姬和宫女们看见孙武那副认真的样子,觉得甚是好玩,倚仗吴王对自己的宠爱,更加放肆,甚而索性趴在地上不动。

孙武见此情景,心想,如果再不来真的。眼下的局面将难以收拾,我也将被天下耻笑。于是两目圆张,大怒道:"执法官安在?"

执法官立刻走上前来,跪下听候命令。

孙武厉声说道:"约束不明,军之大忌,既已再三约束,士兵不听从命令,那就是士兵的过错了。军法上是怎样规定的?"

"当斩!"执法官回答说。

孙武说:"士兵难以尽诛,可将二位队长斩首示众。"

执法官见孙武严肃认真,不敢违令,便将左、右二姬绑上,准备行刑。两位宠妃见孙武要杀她们,霎时间魂飞天外,号啕大哭,众美女全都大惊失色,惊恐万分。

哭声惊动了吴王阖闾,他见孙武真的要斩自己的两位宠妃,忙派人急驰校场,命令孙武道:"寡人已经相信将军用兵的能力了,但左右二姬甚合寡人之意,如果二姬有所不测,寡人将食不甘味,请将军手下留情!"

孙武坚定地回答说:"军中无戏言。臣已授命为将,将在外,君命有所不受。如果我徇私而释放有罪者,何以服众?"命令左右:"速斩二姬!"然后将二姬之首示众。

孙武另选二位宫女担任队长,继续鸣鼓操练。宫女们个个打起精神,再不像刚才那样嘻嘻哈哈,嬉笑打闹。全场肃穆异常,一鼓起立,二鼓转侧,三鼓合战,鸣金收兵。左右进退,回旋往来,中规中矩,毫发不差,自始至终,井然有序,寂然无声。

孙武派遣一位军吏,向望云台上的吴王报告说:"训练已经完毕,请大王亲临检阅,这群女兵已可以听命于大王,赴汤蹈火也在所不辞!"

由于宠妃被杀,吴王非常不高兴,但又不便发作,只好强忍怨气,对军士说:"你去告诉孙武,他很辛苦,回去休息吧,我也不想去检阅了。"

坐在一旁的伍子胥连忙躬身说道:"臣曾听说过,军中最重要的是军律,军律不严明,兵法就无法执行。戏而起兵,没有不失败的。希望大王前去检阅,成大业的人不能偏执于儿女私情,请大王明察。"

吴王听了伍子胥的一番谏诤后,恍然大悟,于是率领群臣前去检阅。宫女们娇艳的面庞,此时却变得十分严肃,君王驾临,仍然目不斜视,聚精会神地听着孙武的号令,动作协调一致,丝毫不敢苟且,真的变成了一群军纪严明,赴汤蹈火也在所不辞的勇士了。

检阅完毕后,吴王带着孙武和伍子胥来到王宫,连声夸赞道:"孙先生,今天看到您优异的表现,真是大开眼界,不愧为难得的将才啊!"

孙武先是向吴王谢罪,接着便申述杀姬的理由。他说:"令行禁止,赏罚分明,这是兵家取胜之本,为将治军之通则。用众以威,责吏从严,只有三军遵纪守法,听从号令,才能克敌制胜。"听了孙武的一番解释,吴王不再恼怒,便丢掉杀姬之恨,拜孙武为将军。在孙武的严格教导下,吴国很快便成为一支纪律严明,训练有素的部队。

君臣应对　富国强兵

在伍子胥、孙武的精心治理下,吴国的内政和军事都大有起色。吴王极为依重二人,把他们视同自己的左右臂、股肱之臣,经常在一起商讨经国治军的大计,议论古来帝王治国平天下的经验教训,分析当时各国政事的利弊与得失。

吴王也挺喜欢军事,对如何治军,饶有兴趣。他从《孙子兵法》上看到治军有道,便想做进一步的了解。

有一天,吴王同孙武讲论起治军之道,孙武说:"远古的时候,黄帝坐镇中央,四方首领为非作歹。黄帝先是与民休息,广积粮谷,赦免罪犯,取得了天时、地利、人和三方面的有利条件之后,才南伐赤帝,东伐青帝,北伐黑帝,西伐白帝,四战四胜,天下平定。后来,商汤王(商朝开国君王)伐灭夏桀(夏朝末代君王,荒淫残暴),据有九州;周武王铲除商纣,一统天下。这一帝二王,都是因为据有天时、地利,顺应民心,才得以一统天下。"

又有一天,吴王同孙武议论起晋国的政事。吴王问道:"晋国的大权掌握在范氏、中行氏、智氏和韩、魏、赵广家世卿手中,他们各自掌管晋国的一块地方,相互争权夺利。依将军看来,长此下去,六卿之中谁先灭亡,哪个家族能够强大起来?"

孙武沉思片刻,说道:"依臣浅见,六卿之中,范氏、中行氏两家会最先败亡。"

"将军凭什么做出如此判断?"吴王问:

"臣下是凭借他们亩制的大小、收取租赋的多少以及士卒的众寡、官吏的贪廉做出判断的。以范氏、中行氏来说,他们以一百六十平方步为一亩。六卿之中,这两家的田制最小,收取的租税最重,高达五分抽一。公家赋税沉重,人民累死沟壑;官吏众多而又骄奢,军队庞大而又屡屡兴兵。长此下去,必然众叛亲离,土崩瓦解!"孙武回答。

吴王见孙武的分析切中两家的要害,十分中肯,就又接着问道:"范氏、中行氏败亡之后,又该轮到哪家呢?"

"根据同样的道理推论,范氏、中行氏灭亡之后,就要轮到智氏了。智氏家族中的亩制,只比范氏、中行氏的亩制稍大一点,以一百八十平方步为一亩,租税却一样严苛,也是五分抽一。智氏与范氏、中行氏的病根几乎完全一样:亩小,税重,公家富有,人民穷困,吏众兵多,主骄臣奢,又好大喜功,结果只能是步范氏、中行氏的后尘。"孙武回答。

吴王继续追问:"智氏家族灭亡之后,又该轮到谁了呢?"

"那就该轮到韩魏两家了。韩、魏两家以二百平方步为一亩,税率还是五分抽一。他们两家仍是亩小,税重,公家聚敛,人民生活艰难,吏兵众多,急切好战。只是因为其亩制稍大,人民负担相对较轻,所以能多维持几天,亡在三家之后。"孙武回答。

孙武不等吴王再问,接着说:"至于赵氏家族的情况,和上述五家不大一样。六卿之中,赵氏的亩制最大,以二百四十平方步为一亩。而且,赵氏收取的租赋向来较轻。亩大,税轻,公家取民有度,吏兵寡少,在上者不致过分奢侈,在下者尚可温饱,苛政丧民,宽政得人。赵氏必然兴旺发达,晋国的政权最终会被赵氏篡取。"

孙武论述晋国六卿兴亡的一番话,就像是给吴王上了一堂治国平天下的课。吴王听了之后,深受启发,高兴地说道:"将军论说得很好,寡人明白了。君王治国的正道,就是要爱惜民力,爱民如子。"

又过不久,吴王认为伐楚的时机业已成熟,召集君臣商讨伐楚大计。伍子胥欣喜万分,盛赞吴军为精锐之师,士气如虹,定能扫荡荆楚,称雄中原。群臣亦都激奋不已,认为定能大获全胜,大功告成,吴王见孙武沉默不语,便征询他的意见。

孙武站起来说道:"伍卿和诸位所谈固然不错,吴国现在兵强马壮,士气昂扬。但战争必须知己知彼,方有胜利的把握。以我看,楚国诛杀了奸臣费无忌,大获民心,愤怨之情已经消失,附庸之国尚未与它离心离德,国势也未衰微到不堪一击的程度。再说,"他看了伍子胥和最近由楚逃到吴国的伯嚭一眼,顿了一下,接着说道。"伍卿和伯卿皆为楚之亡命客,楚吴两国可能会有人认为这是出自两卿报宿怨之心,这样只会激起楚人仇恨,其斗志也会更加旺盛,吴兵也未必肯于卖命,这对我们是十分不利的。兵乃凶事,不可轻举妄动。我认为,必须在交战前就有胜利的把握,不打无准备之仗,不打无把握之仗。"

孙武侃侃而谈,对敌我双方实事求是的分析,入木三分,条理分明,吴王和群臣听了无不信服,最后他说:"目前我们应该做的,一是加强我国的国势,训练好士卒;二是离间楚与其附庸国之关系,使其归附于我,为我所用;三是想办法使楚国上层发生内乱,特别是对骄横的令尹囊瓦,应尽力纵其气焰,令其内乱,待其后院起火,我们再乘虚而入,可一举成功。"

吴王及群臣听了孙武一番精辟的分析，无不为之折服。于是便按孙武的意见，对内励精图治，富国强兵，对外行动活跃，离间楚国上层及楚与其附庸国之间的关系，为下一步灭楚奠定基础。

兴师伐楚　制造事端

吴王是个有见识、有雄心的君主，又有伍子胥、孙武两员重臣，真是如鱼得水，如虎添翼，不上几年功夫，吴国便由一个贫弱的小邦，一变成为府库充实、兵强马壮的国家。吴王凭借不断增长的政治、经济和军事实力，开始同强楚争夺东南之地。

阖闾即位时，领兵在外的公子盖馀和公子烛庸，分别逃到徐国（在今安徽泗县）和钟吾国（在今江苏宿迁东北）避难去了。公元前512年（吴王阖闾三年）夏，吴国派出使臣，责令徐国和钟吾国交出二公子。二国依仗有强大的楚国作后盾，抗命不从，私自放走了二公子，让他们去投奔楚国。楚国十分得意，立即派出大员隆重迎接二公子，楚昭王下令，请二公子在养地（在今河南沈丘县）暂住。接着，又命令荡尹然、左司马沈尹戌重修养城，把养城东北边的城父、东南边的胡田两块地方封给二公子，企图利用二公子为害吴国。

徐国和钟吾国的放肆行为，楚国的挑衅行动，大大激怒了吴国君臣，给吴国出兵提供了口实。这年冬天，吴王派孙武、伍子胥兴师伐讨。钟吾国国小民贫，一触即溃，很快灭亡。吴王即以得胜之师，回兵伐徐。徐国君臣一面固守城池，一面火速派人向楚国求援。楚国当即派沈尹戌率兵救徐。孙武主张兵贵神速，他见强攻一时难以取胜，怕日久天长，楚兵来援，于己不利，便下令士卒日夜修筑堤防，堵截山水，灌淹徐国。楚国救兵还未赶到，徐国城池已被大水冲泡，徐国军队迅速灭亡，国君章禹领着夫人和近臣向吴军投降。

孙武旗开得胜，马到成功，连灭二国。大军回国之后，吴王向伍子胥征求伐楚的策略，伍子胥献计说："楚国政出多门，意见分歧，难以统一，谁也不愿承担责任。假如把我军分成三支，轮番去骚扰它，彼出我归，彼归我出，楚军必然疲于应付。待楚军疲惫之后，我们通过外交、间谍等途径影响他们的决策，造成他们的失误。然后再大举伐楚，定会大获全胜。"吴王采纳了伍子胥"疲楚误楚"的计谋，并责成伍子胥、孙武去具体实行。

吴王阖闾四年（前511）秋，吴军用一支人马围攻楚国六（今安徽六安市北）、潜（今安徽霍山县南）二城。楚国闻讯，马上派沈尹戌率大军救援。伍子胥、孙武估计楚国救兵快赶到了，便主动撤兵。楚军扑了空，白跑一趟，将潜城人迁到南岗（今安徽霍山县北）以后，只好回军。

楚军人未解甲，马未下辕，吴军的第二支人马又包围了弦城（在今河南息县南）。楚昭王大怒，命令左司马戌、右司马稽两员大将领兵出征。楚军连夜奔赴前线，才赶到豫章地区，离弦城还有一段路程，吴军就已自动撤走，楚军再一次赴空，士兵怨气很大。

吴军两次袭扰楚国，都曾请求越国助战。越国一向与楚国交好，根本不予理会。吴王打算伐越国，又担心一支人马兵力单薄难以取胜。正在吴王踌躇的时候，孙武对吴王说："兵在精而不在多。依臣愚见，一支人马就足够了。越军虽众，我们可以用计谋使之分散，他们兵力再多也于事无补。"在孙武的策划下，公元前510年（吴王阖闾五年）夏，吴王又取得了伐越的胜利。

公元前508年（吴王阖闾七年）夏，桐国（在今安徽桐城市北）背叛了楚国。桐国的北面，原来有个小国叫舒鸠（在今安徽舒城县），很早以前就被楚国吞并了，因此，舒鸠人对楚一直怀恨在心。于是，吴国派出间谍，唆使舒鸠人说："如果你们想办法诳骗楚军来攻打我国，我军便佯装惧怕楚军，假意代楚伐桐，使楚国对我不存戒心，这样就可以寻找机会消灭它。"

舒鸠人为了报复楚国，便听从了吴国的误楚之计。他们故意散播假消息，去蒙骗楚国。楚国君臣利令智昏，竟然听信了舒鸠人的谎言，在这年秋天，派令尹（楚国的最高官职，掌握军政大权）囊瓦（字子常）率大军伐吴。囊瓦得报吴军战船摆满桐国以南的江面，便误以为吴军胆虚，想用伐桐来讨好自己，于是把大军屯驻在豫章地区，坐等时机。这时吴军却在巢城（在今安徽淮南市南）附近暗中集结，等待时机。楚军从秋天一直驻扎到冬天，日子一长，士气便日益低沉，防备也松懈下来。孙武抓住时机，指挥吴军发起突然袭击，在豫章地区大败楚军。吴军胜利而归，又顺手牵羊攻其不备，楚国守卫巢城的大夫公子芈胜也只好束手就擒。

班师回吴后，吴王阖闾说："这次虽然挫败楚军，但未拿下楚都，功劳不足挂齿。"

伍子胥说道："这次虽未大败楚军，但臣等做梦都想拿下楚都。只是楚乃天下劲旅，不可轻敌。令尹囊瓦虽丧失了民心，但其他大臣尚很贤良，尚未引起诸侯的痛恶。听说囊瓦贪得无厌，日久必招致众叛亲离，诸侯反目成仇，届时再乘机西进，楚都可下。"遂使孙武在长江下游演练水军，同时派人终日打探楚军消息。

吴楚大战　顺应时机

楚昭王即位以后，楚国江河日下。内部奸人专权，忠良被害。外则兵祸连年，东困于吴。楚的附庸时有叛离，各国诸侯也纷纷打楚的主意。

公元前506年（吴王阖闾九年）夏，晋国支持蔡国吞并楚的附庸沈国（在今河南汝南东南）。这年秋天，楚国发兵围攻蔡国，为洗雪国耻。

蔡国同吴国交好，吴王打算借此机会大举伐楚，便去征询伍子胥、孙武的意见。

吴王问道："当年寡人主张伐楚，二位认为时机未到。经过这五六年的准备，现在出兵,二位认为怎样?"

伍子胥、孙武回答道:"楚将囊瓦贪婪无道,得罪了不少诸侯,唐、蔡二君对他深恶痛绝,君王如果想大举攻楚,要得到唐、蔡二国的帮助才行。"

吴王赞同他们的意见,便派伍子胥去联合唐、蔡。唐成公、蔡昭侯一口答应,一致表示要鼎力相助。原来唐、蔡二国都是楚的属国,岁岁朝贡,按时觐见。有一年,蔡昭侯带着一双晶莹的玉珮和两件华贵的皮袄去朝楚。蔡昭侯将一件皮袄和一块玉珮奉献给楚昭王,令尹子常见物眼开,向蔡昭侯索要剩下的玉珮和皮袄。蔡昭侯对子常的贪得无厌,十分愤恨,不肯答应,结果被软禁起来。不久,唐成公骑了两匹名贵的宝马,也去朝楚。子常又贪婪地向唐成公索要名马,偏偏唐成公也是个倔性子,不吸取蔡昭侯的教训,硬是不给,结果也被囚禁起来。但是毕竟不是对手,三年后,还是二君服软,交出了名马宝物,才被释放。归国途中,蔡昭侯指着淮河发誓说:"寡人不报此仇,誓不为人!"

蔡侯归国之后,曾经联晋、宋、齐、鲁、卫、陈等国,以晋国为首,共同伐楚。其间因路遇大雨,连绵不断,晋国首先班师归国。晋国一走,其他国家亦无心恋战,也纷纷归国,伐楚计划了不了之。蔡侯失望之际,想到吴国,遂约会唐国,共同投靠吴国,希冀三国并力,共同破楚,以雪昔日之耻。

这一年的冬天,吴王阖闾亲自出马,拜孙武为将军,伍子胥、伯嚭为副将,胞弟夫概为先锋,征集全国兵力,并联合唐、蔡二国,总计数百辆战车,3万多兵马,数万随军民夫,浩浩荡荡出师伐楚。

孙武采取"攻其所必救"的战略方针,大军北上,溯淮河西进,有意给楚军造成吴军救蔡的假象。吴军越过了蔡国,孙武传令:"军士登陆,徒步前进,将战船尽留于淮水弯道。"伍子胥问其故,孙武道:"兵贵神速,战船逆流而上,速度太慢。这样会给楚军充分的时间,让其得到准备,如此,则楚不可破矣!"伍子胥觉得很对。于是吴军舍舟登陆,人衔枚,马摘铃,昼夜兼程,向楚国东北边境急速前进。

楚国得知吴军大军来犯,马上召集大臣举行紧急军事会议,商议选将御敌。有的主张任命公子结为将,有的认为令尹子常合适,双方争论不休,没料到,这一绝密军情被吴国的间谍获知,吴军大营立即做出反应。伍子胥在楚多年,深知二人的情况,于是放出风声说:"如果让公子结为将,我们就等着取他的人头,让令尹子常率兵,我们只好退避三舍。"楚国得知后,果然中计,拜贪婪无能的令尹子常为将,而不用有勇有谋的公子结。

子常统辖沈尹戍、部将史皇、武城黑等战将,指挥20万大军,星夜赶赴前线。楚军刚刚在汉水南岸驻扎下来,哨探即来报告说,吴军已经在汉水以北出没。

孙武见楚军已经作了应战部署,不敢贸然渡水强攻,便略施小计,调动楚军。他特地卖个破绽,下令全军在豫章地区安营扎寨,休整待命。

楚将子常原来断定:吴军千里远征,军资接济十分困难,最利速战速决,最忌持久恋战,没料到,吴军却按兵不动,跟自己隔河相持。子常一时摸不清吴军的作战意图,不知吴军葫芦里卖的什么药,只得命令部队暂时扎营,处处设防,严加戒备。

正在子常犹豫之际,左司马沈尹戍前来献策说:"兵法上说,千里馈粮,士有饥色。吴国远征,重在速战速决。现在孙武按兵不动,正是犯了兵家之大忌。孙武这一失策,乃是上天保佑楚国。将军在此暂拖住吴军,使他们不敢冒险渡河。末将率领本部兵马,绕道吴军后方,征调方城以外民众,烧毁他们的战船,然后我即扼守大隧(今鄂豫交界之九里关)、直辕(今鄂豫交界之武胜关)、冥阸(今鄂豫交界之平靖关)三关。等吴军疲惫不堪之时,将军再迎头痛击,末将从后掩袭,使其首尾不能相顾。这样,吴军进退两难,插翅难飞,我军必大获全胜。"

二人计议妥当,左司马沈尹戍立刻分兵行动。孙武故意显露自己的"失误",本来就是为了引诱楚军中计,促使楚方分散兵力,造成军力对比上有利于己的变化,然后再趁机发起进攻。

左司马沈尹戍领兵走后,武城黑进见子常说:"吴军战车纯用木料做成,久经风雨。我军战车外包皮革,用胶固定,遇到阴雨天,胶化筋脱容易损坏。相持不下,对我军不利,不如速战。"

武城黑刚走,部将史皇又悄悄来到帐中,悄悄对子常说:"国人憎恶将军,爱戴左司马。假使左司马此去毁舟成功,那就等于是他独自战胜吴军。将军定要赶在左司马行动之前行动,不然的话,难免出师不利。"

令尹子常听了二位部将的话,觉得有道理,遂不顾与左司马沈尹戍之约定,倚仗自己兵多势众,下令立即强渡汉水,在大小别山一带,连营数十里,摆出一副大战的架势。哪知一着不慎,全盘皆输。

楚军的错误行动,正是孙武梦寐以求的。吴军早就秣马厉兵,准备厮杀。孙武乘楚军立足未稳,先声夺人,击鼓进兵。吴方前有大军堵截,后有包抄的军队,正是陷于"死地",所以个个奋勇冲杀,无不以一当十。楚方背水作战,也想死里求生。双方在大小别山地区,大战三次。楚军人数虽多,然而素质却低,指挥无方;吴军虽少,但却训练有素,指挥得当。故而吴胜楚败。主将子常见首战败北,心无斗志,无心恋战,想要临阵脱逃,被部将史皇劝止。

楚军且战且退,向西退到柏举(在今湖北麻城以东)。子常在柏举重新集结兵力,企图孤注一掷,同吴军决一死战。两军相持数日,先锋夫概向吴王请战说:"楚将子常不得人心,他的部下皆无斗志。如果我军先声夺人,发起进攻,楚军必乱,而后我军再大举进攻,必能取胜。"吴王阖闾认为,楚军虽败,实力尚存,不同意夫概的意见。

夫概回到自己的营帐,对部下说:"君王既然任命我做先锋,我就有权调动本部军士。军事以利为上,我趋利而动,随机应变,见机行事,君令有所不受!"于是,夫概亲自率领自己的5000劲卒,乘楚军尚未开饭之机,发起突然袭击。楚军早已成了惊弓之鸟,见吴军突然杀来措手不及,被杀得不辨东西。孙武见夫概突击得手,当即指挥大军掩杀过去。吴军以排山倒海之势,呐喊着冲进楚营。鼓声震天,人喊马嘶,车毂交错,刀光剑影,血肉横飞,两军在柏举展开了一场轰轰烈烈的鏖战。吴军攻势凶猛,楚军抵敌不住,纷纷奔逃。子常见败局已定,也乘乱逃命。楚军失去主帅,成为一盘散沙,结果一败涂地,部将史皇死于乱军之中。

吴军乘胜追击,在柏举西南的清发水(今湖北安陆西的涢水)追上了楚军。大败而逃的楚军,正在抢舟夺船,争相渡河逃命。吴王正要下令发起攻击,夫概说:"困兽犹斗,何况人呢。楚军见我急攻,知道只有死路一条。必然死里求生,与我拼死一战,我军未必能胜。如果给那些先渡河的楚军一条生路,没有渡河的楚军便士气低迷,只顾逃命。我军乘其半渡发起攻击,定会大胜。"吴王听从了夫概的建议,乘楚军半渡之际发起猛攻,在清发水又大败楚军。楚军死伤很多,溺水者不计其数,河水为之变赤。

侥幸过河的楚军,饥饿无比,慌忙埋锅造饭。饭刚造好,吴军又已追赶而至。楚军只得丢下做好的饭食,忍饥逃命。吴军饱食一顿,继续跟踪追杀。

楚军残部一直向西南败退到雍澨(在今湖北京山县西南)。这时,前有波涛汹涌的汉水,后有吴国大军的威胁,楚军饥肠辘辘,疲惫不堪,眼看就要全军覆没,成为吴军的俘虏。正在这千钧一发之际左司马沈尹戌领兵赶到,见楚军败得如此凄惨,便不顾长途跋涉的疲劳,鼓起勇气,奋力击退了吴军的先头部队,救出了大批人马和车辆。

原来,左司马沈尹戌领兵潜行到息城(在今河南息县西南)时,忽然得报子常战败。他不敢怠慢,立刻回师增援,一路上马不停蹄,连夜赶路,正好赶到雍澨救急。他杀退吴军先头部队后,又赶忙收集子常残部,准备迎战吴军主力。等孙武大军赶到后,双方在雍澨又三次交战。楚军终因军心涣散,士无斗志,人困马乏,又被吴军打败。左司马戌见大势已去,心如死灰,乃自杀身亡。

至此,楚军全线崩溃,兵败如山倒,溃兵如潮般涌向郢都(在今湖北江陵北)。汉水天堑失守,郢都亦没有依靠的天险,完全暴露在吴军面前。

孙武指挥吴军不给楚军一点休息的机会,迅速抢渡汉水,直捣郢都。郢都的左右各有一个属城,即表城和纪南城,三城互为犄角。孙武率兵攻打纪南城。

孙武引兵过了虎牙山,转入当阳阪。这时孙武望见漳河之水滔滔而过,水势汹涌。纪南城地势低下,距离纪南城不远的郢都地势亦低下。孙武看在眼里,记在心里,命令吴兵在高处驻扎,然后准备畚锸等工具,限一夜之间,掘开深壕一道,直逼纪南城。天明时深壕已经掘好,孙武下令凿开漳江河堤,江水进入壕沟,一泻千里,泻到纪南城中。守城将领还以为江水暴涨,遂命城中百姓向郢都逃命。不料江水浩大,连郢都城下都是一片汪洋。

孙武命人在山上砍竹造筏,吴军乘筏,以势如破竹之势杀到郢都城下。

郢都人心惶恐不安,十分恐惧,各自逃生。楚昭王知郢都难守,只带爱妹乘舟从西门逃走,向西北方向狼狈逃去。孙武派人堵住漳江决口,又使人掘开水坝,放水归江,重兵把守郢都四郊。这时伍子胥已经攻下麦城的捷报传来,吴将簇拥着阖闾进入郢都。

妙计击越　归隐田园

　　阖闾大会群臣,论破楚之功,首推孙武,并要加官晋爵,光耀门第。然而孙武却坚辞不就,并且提出了辞官还乡的请求,"臣本一介平庸之士,承蒙大王厚爱,一定要臣出仕,在无法推辞的情况下,只好勉强从命。十几年来,臣竭尽绵薄为大王效力,如今大王的霸业已成,声名显赫,各国诸侯,无不慑服,这都是大王无与伦比的威德所致,臣亦与有荣焉。无奈臣体弱多病,年事已高,处理政事,感觉力不从心,为此日夜焦虑,诚惶诚恐,恳求大王准臣辞官还乡,以终老天年。"

　　阖闾非常惊讶,马上派伍子胥亲往孙府,劝他打消这个念头。孙武不改初衷,说:"您不知道,当初出仕并非我的本意,完全是大王恩宠和您的友情所致。弹指一挥间已经做了10多年官,有这么长的时间让我有研究、实习兵法的机会,我已经很满足了。这是我的兴趣所在,功劳是不敢当的。如今,我的健康和能力已经一天不如一天,我恳托您,替我在大王面前说明原委,完成我的夙愿,我将感激不尽。"

　　孙武去意已定,已经没有回旋调和的余地,伍子胥无奈,只得如实向阖闾汇报。阖闾也不好再勉强,同意了他的请求,为了酬答他在奠定吴国基础和伐楚争霸大业中所建立的功勋,把邻近越国的一个叫作富春的地方赠送给他,作为他世居的领地。

　　孙武终于如愿以偿,归隐田园。对于兵法的研究渐渐地淡下来了,大部分时间用来务农和处理家务。当年出仕的时候,他只有几根白发,为官十几年,虽然也只有50多岁,却已满头银丝了。他对世俗的功名利禄之所以如此淡泊,是因为他对官场生涯有着清醒而深刻的认识。尔虞我诈、阿谀逢迎,嫉妒和憎恨、阴谋与权变,如履薄冰、战战兢兢,稍有不慎就可能身败名裂,实在是太险恶了。特别是阖闾登基为王和伐楚胜利后那种残忍、骄横、奢侈的做法,使他不寒而栗。急流勇退是最佳的选择,否则前景不可预料。

　　孙武的妻子死去后,孙武听说越王允常去世,他儿子勾践即王位,阖闾趁越国丧的时机,准备发兵伐越。孙武皱起了眉头,喃喃地自言自语:"乘人之危乃不仁之至,上天绝不会助佑的,子胥为什么不谏诤呢?"他真想去找伍子胥,让他说服阖闾息兵,让老百姓休养生息。但转念一想,自己已经退出政界,还是不要再去参与了。

　　吴国终于召集了数万大军,向南开拔,勾践亲自带兵迎敌,在醉李双方交锋,展开了一场大战。阖闾被越国大将灵姑浮砍断脚趾,不久死去。因太子波已死,阖闾死前把王位传给了夫差。夫差是个轻浮、傲慢而薄情的人。孙武为子胥的命运担心忧虑。

　　三年后,伍子胥专门到富春来拜会孙武。寒暄过后,子胥说出了来意。夫差俟大孝三年期满,准备大举伐越,以报醉李之仇。夫差和伍子胥等人多次商议,拟请孙武再次出山，借他的智力和才华击败越国。

"孙先生，"子胥真诚地说，"想当初，我们一同辅弼前王，把吴国建设到了今天这样的成就，如果前功尽弃，不但百姓涂炭，您就忍心吗？大王夫差及其宠臣一心急于报仇雪恨，却又没有一个切实可行的作战计划，一旦失利，后果不堪设想啊！"

孙武感叹于子胥这样一个聪明人，却又终日摆脱不了名利权势之争，于是委婉地说："我是个过时的人物了，好比四季所穿的衣服，春有春装，夏有夏装，如果夏天却穿皮裘，不是太荒谬了吗？我只希望把世事忘得一干二净，也希望世人把我忘得一干二净。聪明的人不但要合乎时宜，还要尽量把个人和世界接触的范围缩小。"孙武所说的是真心话，同时也在暗示子胥，要他隐退林泉，终享天年。然而子胥一门心思要动员孙武出山，并不理会他的这些话，只是一个劲劝说他为国效力。

孙武已经看出子胥态度的坚决了，强行拒绝似乎于公于私都不太好，于是建议说："再度出仕可能性不大了。不过，既然您专程来到富春，我就贡献一点伐越的战策吧，好吗？"

子胥无奈，只得答应。

孙武想了想，慢慢地说："夫差为了征越而锐意练兵，越王勾践肯定会有所防备。勾践年少气盛，又在三年前击败了吴军，一定心骄气傲，不以为意，不过越国的大夫文种、将军范蠡却都是聪明绝顶的人物，他们又一定会阻止勾践轻举妄动而以固守为其策略。问题的关键是要千方百计地激怒勾践，使文种、范蠡的约束失败。我有一个办可以达到这一目的。"

他沉默了片刻，然后继续说："我们可以派出一支轻骑兵，人数不要很多，五六千名即可，先从太湖渡船南下，在越的西北方登岸，不断地向越军挑衅，转战南北，灵活机动，意在惹恼勾践，即使文种、范蠡谏止，他也会出击的。只要勾践离开越都会稽，我军主力则由东直驱南面，轻取会稽。不管勾践是否回师往救越都，我军那支轻骑队伍都要不断地扰乱他们，当双方主力接触的时候，骑兵队可在敌人后方鼓噪呐喊，使他们惊慌失措，并不断地突击，这样，越军首尾受敌，加上吴军本来就比较强大，胜利是有把握的。注意不要堵住越兵的退路，不要把他们逼到绝路做困兽之斗，而是让他大败而逃，然后趁机追赶，务必全歼敌军，以绝后患。"

孙武喝了一口水，最后强调说："这次战役有三个要点，其一为首先以骑兵队为诱饵，其二为不塞住敌军退路，其三为穷追不舍。我的这些策略，只是纸上谈兵，仅供吴王和您参考吧。"

夫差获得大胜，凯旋回国后，派伍子胥前往富春酬谢孙武，然而孙武已不知去向。空留一座缥缈的山庄，静静地矗立在青山绿水之间。

对于孙武的一生，西汉大史学家司马迁在《史记》中曾经写过这样的话：吴王阖闾深知孙武能用兵，终于任命他为大将。在孙武的指挥下，吴军西向击败强楚，五战克郢，北向威震齐、晋两大中原强国，使吴国称霸于列国诸侯。这一切都同孙武的功劳有直接的联系！吴国任用孙武为将，申明军法，严格赏罚，军力强大，终于称霸诸侯。

常胜将军 毁誉参半

——白起

名人档案

白起: 郿(今陕西眉县)人。也叫公孙起,号称"人屠",战国四将之一(其他三人分别是王翦、廉颇、李牧)。战国时期杰出的军事家、"兵家"代表人物。熟知兵法,善于用兵,为秦国统一六国做出了巨大的贡献,受封为武安君。功高震主,得罪应侯,接连贬官。秦昭襄王五十年(前257年),赐死于杜邮。

生卒时间: ? ~公元前257年。

性格特点: 为人精明强悍,很有智略,善于用兵,却不理权谋,配不上"枭雄"二字。

历史功过: 白起为秦国攻取六国七十余座城池,为秦国称雄天下立下赫赫战功。但常胜将军白起每战都杀人过多,尤其是秦赵长平之战,诱骗坑杀赵军四十万人之众,留下恶名。白起拒绝领兵再次围赵,其被秦王赐死的悲惨结局可谓是对其杀人如麻的一种报应吧。

名家评点: 中国历史上战功最辉煌的将军,战国时期最为显赫的大将,征战沙场三十余载,六国军队只要听说是他带兵来战吓得望风而栗。《史记·范睢蔡泽列传》上记载:所有的国家都不敢与秦战,后面加了一个注释,就是因为秦人有此将军!一个将领到了这样的一种地步,这在战争史上是很少见的。他为秦国的统一大业立下了不世之功。他的战绩创造了中国兵法的最高实战典范——战神——武安君白起!

进攻韩国　初创奇功

　　白起生活在战国末期,当时社会剧烈动荡,群雄争霸不休,那些驰骋沙场,能征善战的将领脱颖而出。白起的父亲曾经随秦军四处征战,建立过不少战功。自从有了儿子,他便给儿子起名为"起",希望儿子将来能够像战国名将吴起那样所向披靡,屡立战功。小时候,白起就经常听他父亲讲述历史上的英雄人物的故事,尤其爱讲司马穰苴、孙武、吴起、孙膑的故事。当白起长大以后,父亲就把他送进军营,使他从小就受到军旅的熏陶。白起不负父望,从小就酷爱军事,加上他有军事天分,喜欢研究各家兵法,又长期生活在军旅之中,积累了丰富的实践经验,久而久之,便逐渐精通了军事这门艺术,成了一位用兵如神的杰出将领。

　　公元前294年,秦昭王任命白起为左庶长,统率秦军进攻韩国。白起在这次战役中初步展示自己军事才华,精心策划,突出奇兵,以迅雷不及掩耳之势一举攻占了新城(今河南伊川西南),使魏国大惊。捷报传回秦国,秦昭王大喜,下令嘉奖白起。此后不久,经丞相魏冉推荐,昭王又命白起为将,带兵与韩、魏联军大战于伊阙(今河南洛阳南)山下。

　　当时,韩魏联军将多兵广,而秦军还不及他们一半。但韩魏联军表面上联合,实际上各怀心思,都想把对方推到前面迎战秦军,而自己退居后面隔岸观火,坐收渔利。白起抓住敌军的心理,先设疑兵麻痹韩军,然后派精兵猛攻魏军,魏军大败,韩军自然也不战自溃。白起乘胜追击,杀敌24万,死尸遍野,还俘虏了魏将公孙喜,攻陷五个城池。白起打了一个漂亮的大胜仗。战斗结束,白起因功官至国尉。伊阙之战,是韩魏两国遭到最大损失的一次战役。

　　韩、魏地靠秦国,按照秦国远交近攻的策略,二国是秦国"蚕食"的首要目标。所以,在秦昭王十五年(前292),秦国又向韩、魏发动了进攻。这次秦昭王仍派白起为将,攻下了魏的垣(今山西垣曲县东南)。由于白起多次立功,被秦昭王提升为大良造(战国时秦的最高官职,掌握军政大权,也是尊贵的爵位)。第二年,白起率军攻占了中原重镇韩国的宛(今河南南阳),同时宛还是重要的产铁基地,又是冶铁业中心。与此同时,秦昭王派马错占领了韩国另一炼铁基地邓(今河南孟州市西)。宛、邓的被夺取,对秦国有重要的经济、军事价值,大大增强了秦国的国力,尤其增强了秦国的兵器制造工业,为秦最后统一天下打下了物质基础。

　　秦昭王十七年(前290),韩、魏两国在秦国大军连续不断的打击下,畏于秦的强大攻势,遂被迫向秦割让土地以求苟安。在多方筹商后,韩国割让武遂(今山西垣曲东南黄河以北地区)200里地给秦,魏割让河东400里地给秦。韩、魏割地求和,更加刺激了秦国的雄心,加速了秦国向外扩张。

　　秦昭王十八年(前289),白起再次率领大军浩浩荡荡杀向魏国,一路势如破竹,连下蒲阪(今山西永济市蒲州镇)等61城,使魏国再次遭到沉重的打击。

至此,秦国认为韩、魏已不堪一击,对秦国已不构成威胁。决定改变策略,把主攻方向改向北方的赵国和南方的楚国。

在加兵赵国、楚国之前,秦国于公元前284年,曾联合韩、赵、魏、燕五国军队大败齐军。在白起统帅下战必胜,攻必克,震撼邻国,东方的齐国在齐湣王统治下也大力发展,国力强盛,打败了南方的楚国,杀死楚国将领唐昧,在西边于观津(今山东观城)摧毁了三晋的官兵,之后又与三晋联合攻击秦国,帮助赵国灭了中山国。公元前286年,齐湣王又挑起战端,攻破宋国,宋偃王逃奔到魏国,死在温城(今河南孟州市)。

这时的齐湣王,在屡屡胜利下,雄心大增,攻楚、击三晋之后,目标直接指向已分裂为二的周王朝,扬言要把周天子赶下台,由他来做天子。大臣孤姐因指责他而被绑到街市上斩首。陈举规劝他,齐湣王又把他绑到临淄(齐国都城)东门处决。齐湣王的倒行逆施,使齐国民怨沸腾。

燕昭王得知齐国臣民对齐王的怨恨,认为机会来了,日夜加强战备,准备伐齐。燕昭王向乐毅咨询伐齐的事。乐毅说:"齐国是霸王的后代,地广人多,以我们燕国的兵力,单独攻击,不容易成功。要想成功,就必须与赵国、楚国、魏国联合起来,共同出兵。"于是,燕昭王就派乐毅前往赵国联络赵惠文王,再派其他使节分别出使楚国、魏国,又请赵国去联络秦国,向秦申明伐齐的理由,承诺事成之后分给秦国一定的利益。秦昭王心想,如能借此机会击败齐国,秦国不是可以坐收渔翁之利吗。这对今后秦国争霸,并进而吞灭六国,统一天下也就更容易,于是便很痛快地同意了使者的请求。其他各国因受齐国侵略,早已对齐湣王的蛮横自大恨之入骨,早想联合起来讨伐齐国。他们听说强大的秦国也加入了讨齐的行列,更是欢欣鼓舞,跃跃欲试。

公元前284年,燕国派出全国的兵力,跟秦、赵、魏、韩军队会合,乐毅兼任五国联军总指挥官,以泰山压顶之势向齐国发动进攻。齐湣王急忙调兵遣将,在济西(今山东阳信)与联军会战。齐将触子见联军势大,不知如何是好,一战就下令退兵,只身逃走,齐军大败。部将达子统率余部,继续与联军作战,于秦周(临淄雍门)又战败,达子战死。至此,齐军败局已无可挽回,乐毅见胜利在望,遂请秦军、韩军先行班师,请魏军前往占领原来宋国的领土,请赵军前往夺取河间(今山东高堂、堂邑)。乐毅亲自率领燕国远征军,深入齐国国土,迅速占领了齐国首都。

破齐成功,秦国将进攻的矛头改变。秦军班师不久,即把进攻的矛头指向楚国。在进攻楚国的战斗中,白起一马当先,所向无敌,为秦国立下了汗马功劳。

为给进攻楚国创造有利的外部环境,消除后顾之忧,公元前279年,秦昭王与赵惠文王在河南渑池相会,两国修好停战,秦国的北面得到了稳定。外部工作做好之后,秦国便集中优势兵力,着力对抗楚国。

攻下鄢城　迫楚迁都

秦军兵分两路,一路由白起率领主力部队,由汉北地区南下,先夺鄢之后再夺楚都郢;另一路由蜀守张若率领侧翼部队,由四川出发,进攻巫、筜、黔中一带,然后沿长江东下,配合主力部队,牵制楚国兵力,使楚军顾此失彼,首尾无法接应,同时夺取楚国西部地区。

白起率领秦兵包围鄢城后,遭到楚国军民的奋力抵抗,使战斗一时无法向纵深发展。鄢是楚的别都,距离楚国都城郢很近。鄢是郢的西大门,鄢城失守,郢将不保,楚国竭尽全力守卫鄢城。楚王为了保卫京师,派精兵良将,加强守卫。白起深知鄢城战略地位的重要,他决心攻下鄢城,以打开进军楚都的通道。

身经百战,具有丰富作战经验的白起仔细思量,寻找破城方略,他详细审查了鄢城附近的地理形势后,断然决定实行水攻的策略。

原来鄢城西有一条鄢水,发源于荆山与康隈山之间,向东南注入汉江。白起就命士兵在鄢城以西修筑堤堰,拦截鄢水,积水为湖。待水升到一定高度时,他就下令决堤放水。滔滔洪水,一泻而下,一下子就吞没了鄢城。大水从城西灌入,从城东北角溃出。楚国军民猝不及防,一时阵脚大乱。被大水淹死的达数十万。尸体流入河中,时值夏日,尸体腐烂,臭气冲天,人们把那里称为臭池。

白起以水淹之计击溃楚军,顺利地占领了鄢城。又乘胜疾进,攻下安陆(今湖北安陆)。接着乘胜迅速占领了楚都郢。楚军狼狈溃逃,秦军穷追不舍,一直追到洞庭湖边,并占领沿湖地区。秦兵过西陵(今湖北宜昌市)时,将楚先王之墓夷陵烧毁。楚王在秦军的重创之后,把国都迁往陈(今河南淮阳)地。公元前278年,秦设置了南郡,治所郢,管辖新占领的地区。白起因这次攻楚立了大功,被秦昭王封为武安君。

白起拔郢胜利,楚国已成日落西山之势,楚国从此失去了强国的地位,已不再作为秦国的强劲对手而存在了。白起为秦国最后统一天下奠定了又一基础,其功劳是很大的。

秦国打败楚国之后,进攻目标指向赵国和魏国。赵国是秦国进行兼并战争中所剩下的唯一强敌。秦昭王三十四年(前273),白起率军长途奔袭,一路急行军,与赵、魏联军大战于华阳(今河南郑州南)。秦军不顾长途行军的疲劳,以迅雷不及掩耳之势猛攻敌阵。赵、魏联军听说与之对阵的是料敌如神、百战百胜的武安君白起,先已怯了三分,在秦军的迅猛攻击下,落荒而逃。秦军乘胜追击,俘虏魏军三名将领,斩首13万,乘势占领华阳,随后,白起指挥军队进攻贾偃率领的赵军。赵军失去魏军的支持,顿失信心,毫无斗志,与秦军交战不久,即大败而逃。秦军穷追不舍,结果使2万赵军溺毙水中。

长平之战　克敌制胜

秦昭王四十一年（前266），秦相魏冉命白起为将，率军远征齐之刚、寿，扩充地盘。恰在这时，魏国人范雎来到秦国，针对秦相魏冉舍近求远、劳师远征、得不偿失的做法，他对秦王说道："穰侯（魏冉封号）命武安君为将，越韩国、魏国而攻齐之刚、寿，其计差矣。齐地离秦甚远，中间夹有韩、魏二国。出兵太少，则不足以害齐，若出师太多，则对秦不利。昔日魏越赵而伐中山国，既克其地，旋即为赵占有。为什么呢？因为中山国与赵相连而远离魏国也。如今伐齐若不克，则为秦师之大辱；若伐齐而克，秦军班师，则所克之地就会被韩、魏所占，如赵之占中山也，于秦有何好处？"接着，范雎向秦王建议道："于今之计，莫如远交而近攻。远交以离人之欢，近攻以广我之地，自近而远，如蚕食叶，渐渐地，天下不难归秦矣。"

秦王听了范雎的巧言相对，龙颜大悦，乃细问如何施行远交近攻之策略。

范雎答道："远交莫如齐、楚，近攻莫如韩、魏。既得韩、魏，齐、楚能独存乎？齐、楚已下，则燕国唾手可得，天下归一矣。"

秦王更是拍案叫绝，即拜范雎为客卿，号为张卿。不久又拜范雎为丞相，以代魏冉之职，号为应侯。听从范雎的建议，决定东伐韩、魏，命白起伐齐之师回朝。

在范雎"远交近攻"总原则指导下，公元前264年，秦昭王命白起率军攻韩，斩首5万，攻占了韩国重镇陉城（今山西曲沃）等5座城池，一路又占领了晋南大部地区。在接二连三的克敌制胜的情况下，白起再接再厉，把他的军事指挥艺术发挥到了顶点，指挥了他一生中最重要的一次大战，也是我国古代军事史上的辉煌一笔——长平大战。

秦赵长平之战，是战国史上最大也是最著名的一次战争。这次大战的第一仗，是上党之战。

公元前262年，白起攻韩，势如破竹，迅速攻占了野王城（今河南沁阳），切断了韩上党郡（今山西东南部）与韩国都城（今河南新郑）的联系通道，使驻守上党的韩军成为孤军，引起了韩国上下的恐慌。

上党守臣冯亭见大势已去，急中生智想出一条"嫁祸"之计，企图把秦国大军引向他国，自己坐收渔翁之利。他对上党军民说道："秦军占据野王，则上党非韩所有。与其降秦，不如降赵。一旦上党归赵，秦怒赵得地，必移兵于赵。赵受秦兵，必与韩结好，韩、赵同盟，共抗强秦，或许可以取胜。届时再见机行事，上党也许能再回到韩国手里。"这条建议得到了军民的支持。

于是冯亭便派遣使者持书并上党地图，献于赵孝成王。

一日，赵孝成王做了一个奇怪的梦，梦见自己身穿一件左右异色的新衣，正好有一条飞龙自天而降，来到自己身前，赵王乘之，龙就向天上飞去。正飞之际，自己突然从龙身掉了下来。落地之后,原以为必死,不料一点事都没有,睁开眼睛一看,见两旁有金玉两座大山,光彩夺目,闪着耀人的光辉。赵王正得意之际,不料梦醒,即召大夫赵禹,把异梦告诉了他。赵禹听后,对赵王说:"左右异色者,合穿也。乘龙上天,有升腾之象。坠地者,象征得地也。金玉成山者,象征货财充足也。大王眼下必有扩地增财之喜,此梦大吉。"

赵王听后非常高兴,但又不敢完全确定,又召专管卜筮的官吏敢来解梦。敢对赵王说:"异衣者,残也,乘龙上天,不至而坠者,事多中变,有名无实也。金玉成山,可观而不可用也。此梦不吉,请大王谨慎从事。"

赵王因崇信赵禹之言,对筮吏之言并没放在心上。三日之后,上党太守冯亭派使者携书至赵。使者说明出使的意图,将书信呈给赵王,赵王打开书一看,书中略曰:"秦攻韩急,上党将入于秦矣。其吏民不愿附秦,而愿附赵。臣不敢违吏民之愿,谨将所辖十七城,再拜献之于大王。惟望大王辱收之!"

赵王看完后,非常高兴,说:"赵禹所言广地增财之喜,今日验证矣!"

平阳君赵豹谏阻道:"臣闻不劳而获,无故受利,必遭祸殃,请大王三思,接受韩国之礼一定要谨慎。"

赵王随声道:"上党之人惧怕强秦而心向赵国,故而来归,怎么能说无故受利?"

赵豹对道:"秦蚕食韩国土地,攻占野王城。断绝上党与其国都之道,遂使联系中断。秦眼下自视上党为掌中之物,唾手可得。一旦上党为赵所有,秦干戈苦心经营数年,岂容他人坐收渔利,一定要对赵发动进攻。此臣所谓'无故受利'也。且冯亭所以不纳地于秦,而纳于赵者,企图嫁祸于赵,以解韩之困也。惟大王详察。"

赵王再召平原君赵胜商量,赵胜乃战国四大公子之一,平生最喜结交贤士、广收门客,门客最多时有数千人,他对他们始终待之以宾客,深受门客的欢迎。然而在这件事上他却十分疏忽,使赵国招致灭顶之灾。

他对赵王说道:"以前我们率领大军,浩浩荡荡,去攻打他国,经岁历年,甚至得不到一城一地。如今我们不费一兵一卒,不战而得十七城,这样的好事,千载难逢,此时不得,更待何时?"

赵王道:"君之言,正合寡人之意。"

乃使平原君赵胜率兵5万,前往上党领取土地,封冯亭以三万户,号华陵君,仍为上党太守。其县令17人,各封以三千户,皆世袭称侯。

平原君来到冯亭府前,稍做停顿,让人通报冯亭。不料冯亭闭门而泣,拒见平原君。平原君不明其中缘由,坚决要求相见,冯亭让人传话道:"吾有三不义,不可以见使者。为主人守地未死即降,一不义也;卖主人之地而得富贵,二不义也;未得主人命令,擅自做主,将地献给赵国,三不义也。"平原君叹道:"冯亭真忠臣也!"遂在其府前等候三日,不肯离开。

平原君的诚意感动了冯亭,乃出来与之相见。见面时,犹垂泪不止。平原君对之抚慰一番,劝其保重身体,莫太内疚。冯亭表示感谢,并提出交出土地,辞去官平原君竭力挽留道:"君之心事,胜已知之,胜深钦佩君之为人。除君之外,无人能孚上党吏民之望。故请君莫再推辞,仍为上党之守。"

冯亭见无法推辞,只得再领太守之印,但辞去了华陵君封号。

过了数日,交割手续了结,平原君将要离开回国。临别之际,冯亭对平原君说道:"上党所以能投降赵国,是因为上党韩军力量太小,抵挡不住秦军的进攻。公子回国,还望奏闻赵王,速发大军,急遣名将,方为上策。"

平原君道:"请太守放心,我回到邯郸后,马上便向赵王奏请,请求发兵来上党。"

平原君回报赵王,赵王高兴万分,遂大摆筵席,一为平原君接风洗尘,二为赵国兵不血刃,不战而得韩国之地庆贺。他哪里料到,大祸即将降临到赵国头上了。

秦王得知冯亭投奔赵国,大怒,即命王龁率军进兵上党,下令一定要拿下上党,生擒冯亭。冯亭率上党军民,与秦军激战两个月,期待赵军前来增援。然赵军迟迟未至。最后,韩军最后支持不住,冯亭遂率残部向赵国方向退去。上党遂为秦军占领。

这时,赵王才拜廉颇为上将,率兵20万来援上党。行至长平关(今山西高平市境),遇见冯亭,才知上党被攻破,秦兵已紧紧追来。廉颇乃命在山下列营扎寨,东西各数十个,如列星之状。又分兵1万,使冯亭守光狼城(在高平市南25里)。再分兵2万,派都尉盖负、盖同分,守东西二鄣城,又使裨将赵茄探听秦军消息。

赵茄领军5000,出长平关向西20里,正遇秦军先锋司马梗,同时到达。赵茄见司马梗兵少,便催马上前与之搏斗。双方激战之际,秦军第二哨探张唐率兵赶到。赵茄见秦兵又至,一时心慌手慢,不知怎样为好,被司马梗一刀斩于马下。秦兵见主将得胜,士气大增,奋勇向前,乱杀赵兵。赵军四散溃逃。

廉颇闻报,知秦兵眼下正因胜利,锐不可当,不可与之争锋,遂传令各营:"用心把守,勿与秦战!"同时命士卒在营中掘上很深的土坑,并注满水,军中将领都不明白这是什么意图。

王龁大军赶到,距赵营所在金门山10里下寨。王龁先分军攻二鄣城,赵军盖负、盖同分别出战,接连失利,守东西鄣城之赵军全部投降。王龁乘胜攻光狼城,司马梗一马当先,大军随后掩杀。冯亭出兵与战,没有多久,即败下阵来,只得率残部奔金门山赵营而来,投到廉颇营中。

未几,探马来报,秦兵又来攻垒,廉颇传令:"出战者,虽胜亦斩!"王龁久攻不入,便把秦军大营向前推进,距赵营,仅5里左右。王龁又派秦兵前往赵营挑战,并百般在赵营前辱骂。但任凭秦兵如何,赵兵不为所动。正所谓:你有你的千条计,我有我的老主意。秦兵按捺不住,图血气之勇想一举冲破赵营,还没靠近营寨,即被营内赵军弓弩手射杀一大片,只得退回,王龁见此,叹道:"廉颇老将,久经沙场,其行军持重,无隙可乘,未可破也!"

偏将王陵建议道:"金门山下有条小河,名曰杨谷,秦赵两军都从此河中取水饮用。赵、秦两营分在河之南、西水势自西而流向东南。若能断绝此水,使水不东流,断绝赵军水源,用不了几日,其军心必乱。届时乘乱击之,可破赵军。"

王龁听后,非常赞同,遂命军士将河水阻绝,改流他方。谁知廉颇事先预掘深坑,早已储蓄了足够的用水。王龁绝断河水,静等赵军缺水自乱。不料等了四个月,赵营依然如故,秩序井然。后来得知廉颇预掘深坑,有储积的水,乃大骂王陵,钦佩廉颇老谋深算,有先见之明。没办法,只得派人将情况入告秦王。

秦王接到报告,急忙召范雎商议对策。范雎道:"廉颇乃赵国良将,老谋深算。他知道秦军眼下士气正旺,不敢与之争锋,所以暂且避之。他以为秦军跨国远征,深入异地,不得地利,又失人和,粮饷、武器、兵源供应不上,故最利速战速决,最忌双方僵持。只要深沟高垒,待秦师力穷气竭,便可徐图之。依臣之见,此人不去,赵军难破矣!"

秦王道:"卿有何计,可以去廉颇?"

范雎悄声对秦王说:"要去廉颇,须用反间计,如此恁般,非费千金不可。"

秦王大喜,派人取千金交付范雎。范雎乃派其腹门客,从间道入邯郸,先买通了赵王左右,让其到处传言,曰:"赵将惟马服君(赵奢)最善统兵打仗,闻其子赵括勇过其父,若使赵括为将,定能打败秦军。廉颇年老胆怯,屡战屡败,失亡赵卒三四万,今为秦兵所逼,不久将要投降秦国。"

赵王先闻赵茄等被秦兵斩杀,连失三城,使人往长平督促廉颇出战。廉颇坚决主张以守反攻,不肯出战,赵王被流言所惑又怀疑廉颇胆怯。遂召赵括问道:"卿能为我分忧,击败秦军乎?"

赵括似胸有成竹地说道:"秦若使武安君为将,尚费臣筹划,如王龁乳臭未干,不足道矣。"

王赵道:"为何?"

赵括道:"武安君白起为秦军名将,先败韩、魏于伊阙,斩首24万。再攻魏,取大小61城,又南攻楚,拔鄢、郢,定巫黔。又复攻魏,走芒卯,斩首13万。又攻韩,拔5城,斩首5万。又斩赵将贾偃,沉其卒2万人于河。战无不胜,其威名远播,军士畏其英名。臣若与对垒,胜负居半,故尚费筹划。如王龁新为秦将,乘廉颇胆怯,故敢于深入。若是臣,如秋叶之遇狂风,吾当速破秦兵!"

赵王听后,非常欣赏赵括,即刻拜赵括为上将,赐黄金彩帛,派赵括代替廉颇。同时再拨20万兵卒给赵括,命其率军前往长平。

赵括受封之后,归见其母。其母说道:"你父亲临终嘱咐,告诫你切勿为将,你难道忘了? 还不快去向赵王辞之?"

赵括说道:"不是我不愿辞将,无奈朝中无人能胜任!"

赵母见劝不了儿子,乃上书谏曰:"我儿赵括徒能读其父之书,但缺乏变通。绝非将才,愿大王不要重用他。"

赵王召见其母，问其根由。其母对道："括父奢为将，所得赏赐，尽赐予军吏。受命之日，即从于军，从不问及家事，与士卒同甘苦。每事必咨询大家，不敢独断专行。今赵括为将，所赐金帛悉归私家，为将岂能如此？其父临终曾告诫我曰：'括若为将，必败赵兵！'我未敢忘其遗言，愿大王别选良将，切不可用括！"

赵王道："寡人意决，请勿复言。"

赵括母道："大王既不听我言，倘将来兵败，请免我一家连坐之罪。"

赵王答应赵母的要求。赵括遂引大军出邯郸，直向长平而去。

范雎所派门客，早已在邯郸打探消息，得知赵括向赵王所说之语，赵王已拜其为大将，择日起程，日夜兼程奔回咸阳报信。秦王与范雎商量道："秦赵僵持长平，非武安君不能了结此事！"于是秦王委任白起为上将，王龁为副将，传令军中秘密其事，严令："有敢泄漏武安君为将者，立斩不饶！"

再说赵括率军来至长平，廉颇看到代替符节后，即将军籍交付赵括，领亲兵百余人，回邯郸去了。赵括接掌帅印，尽改廉颇的做法，军垒合并成大营。时冯亭在军中，固谏不听。不仅如此，赵括又以自己所带将士，易去旧将。严令秦兵若来，一定要争先出战，如果得胜，便行追逐，务使秦军一骑不返！

白起来到军中，听说赵括更改廉颇之令，先派3000秦兵出营挑战。赵括马上派出大军来迎战，秦兵大败而回。白起登高远望赵军，对王龁说："我知道如何胜赵军了！"

赵括胜了一阵，不禁心中大喜，忘乎所以，使人至秦营下战书。白起使王龁批："来日决战！"于是命退军10里，把大营扎在王龁旧屯之处。赵括哪知秦军退后是计，相反，笑道："秦军害怕我矣！乃命杀牛置酒，犒赏军中将士。同时传令：来日决战，定要生擒王龁，让白起为人耻笑。"

为了进一步迷惑敌人，滋长赵括的轻敌思想，白起向诸将发令：先命王贲、王陵率万人列阵，与赵括轮番交战，假装敌不过赵括，引得赵兵来攻秦营，便算一功；命大将司马错、司马梗二人，各引兵一万五千，从间道绕到赵军之后，绝其粮道；命大将胡伤引兵2万，伏于间道，只等赵军开营追击秦军，便立即杀出，务将赵军截为二段；命大将蒙骜、王翦，各率轻骑5000，接应前军。白起与王龁坚守老营。部署完毕，白起脸上露出一丝常人不易觉察的微笑，他要设计擒赵括。

再说赵括吩咐军中，四鼓造饭，五鼓收拾行装，平明列阵前进。行不到5里，便遇见秦兵，两军对垒。赵括派先锋傅豹出马，秦将王贲接战。大战约30余合，王贲假装不敌败走，傅豹不觉中计，纵马追之。赵括再命王容率军帮助，又遇秦将王陵。王陵略战数合，即败走。赵括见赵军连胜，乃亲率大军来追，企图一举击败秦军。上党守冯亭固谏道："秦人多诈，恐怕是计。请元帅勿急于追赶！"赵括不听，急追10余里，直至秦军大营。

王贲、王陵绕营而走，秦营不开。赵括传令，一齐攻打，定要攻破秦营。连打数日，无奈秦营坚固，秦军亦顽强坚守，赵军死伤累累，秦营竟丝毫未损，稳如泰山。

赵括急派人调后军,移营齐进。正在此时,只见赵将苏射飞骑来报:"后营被秦将胡伤引兵杀出阻断,不得前来!"

赵括不禁怒火中烧道:"胡伤如此无礼,吾当亲往讨之!"

赵括派人再探听秦军行动,回报道"秦军西路军马甚多,东路无人。"赵括遂命令大军向东进攻。

行不上二三里,大将蒙骜率军从斜刺里杀出,大叫:"赵括小儿,你中了我武安君之计,还不下马投降!"

赵括大怒,挺戟欲战蒙骜,偏将王容说道:"无须劳驾元帅,让我前往建功!"王容便接住蒙骜厮杀。

正在双方击战之际,王翦大军又至,与蒙骜合兵一处,共杀赵兵,赵兵尸横遍野。

赵括见秦军勇猛,无力应敌,乃鸣金收军,就近择水草处安营。冯亭又谏道:"我军虽一时失利,但元气尚存。倘与秦军力战,或许还能冲出重围,回到大营。若在此扎营,腹背受敌,后果不堪设想,请元帅三思!"赵括固执己见,命士兵筑起高垒,坚壁自守,一面派人飞奏赵王求援,一面催取后队粮饷。但粮道已被司马梗引兵截断。白起大军遮其前,胡伤、蒙骜等大军截其后,秦军每日传武安君将令,招赵括投降。赵括此时方知白起真在军中,吓得魂不附体。

武安君捷报传到秦王那里,知赵军数十万人马被围在长平,乃亲自来到河内(今河南沁阳一带),命令当地凡年满15以上的男丁,皆须从军,以补充秦军之不足。同时让各路人马,配合主力行动,断绝赵军粮道,使赵军后继无援。

赵军被秦军围困了46日,军中粮草断绝,士兵自相残杀以食,赵括屡禁不止。赵括见援军不继,再这样下去,无须秦军动手,自己就会消耗殆尽。与其坐以待毙,何如拼死突围,或许有一线希望。赵括乃把军队分为四队:傅豹一队向东,苏射一队向西,冯亭一队向南,王容一队向北。吩咐四队一齐鸣鼓,夺路杀出。如一路打通,赵括便招引其他三路随后跟走。哪知,白起早到料到赵括有此计,吩咐四面八方预埋弓箭手,凡见赵营中冲出来者,一律射杀。故而四队兵马冲突三四次,都毫无结果。赵括无奈,只好下令停止突围。这样又熬过了一个月,一月之内,赵军士卒残杀相食者不计其数。赵括不胜其愤,乃精选身强力壮者5000人,号称敢死队,皆穿重型铠甲,乘坐骏马。赵括握戟一马当先,傅豹、王容紧随其后,企图孤注一掷,冒死突围。王翦、蒙骜二将见状,率军前往迎战。大战30余合,赵括力不从心,忙虚晃一戟,掉转马头,向赵营奔去。不料马失前蹄,自己亦从马背上摔了下来,秦兵见状,一齐射箭,赵括霎时乱箭穿身,一代"纸上名将",就这样丧命在太行山下。

赵军群龙无首,傅豹、王容亦相继战死,赵军大乱。苏射引冯亭共走,冯亭道:"我数谏赵括而不从,今至于此,天意亡我。又何逃乎?"乃自刎而死。只有苏射,乘混乱之时,硬是杀开一杀血路,向北投靠胡地去了。

白起见赵军已无力抵抗,乃在高地上竖起一面招降旗,赵军见旗,弃甲丢兵,跪拜三呼"万岁!"白起招降了赵兵,乃使人割下赵括之首,往赵营招抚。此时赵营中士卒尚有20余万,见主帅被杀,纷纷投降,一时间,甲胄器械堆积如山,营中辎重悉为秦有。白起与王龁计议道:"前不久我军拔野王,上党在我掌握中,此地军民不愿降秦,而愿归赵。今赵卒先后投降者,总计将近40余万,倘一旦哗变,准何处之?"白起乃下令将降卒分为10营,使10将分别看管,配以秦军20万。同时向赵降卒赐以牛酒,声言:"明日武安君将筛选赵军,凡上等精锐能战者,给以器械,带回秦国,听从征用;其老弱不堪或力怯者,俱遣回赵国。"赵军大喜。是夜,武安君密传一令于10将:"起更时分,但是秦兵,都要用白布一片裹首。凡首无白布者,即为赵卒,当尽杀之。"

秦兵奉令,杀首无白巾者,降卒既没器械又没准备,只好束手受戮。有逃出来的,又有蒙骜、王翦等引军巡逻,见了就砍。40万赵军,一夜俱尽。血流成河,杨谷(当地的一条河)之水皆变为丹色,改名为丹水。武安君命收取赵卒头颅,聚于秦营之前,谓之头颅山。通计长平之战,连同王龁先前投降士卒,前后斩赵卒约45万人,只存年少者240人未杀,放归邯郸,使宣扬秦国之威。

赵王初闻赵括捷报,心中大喜。再后闻赵军困于长平,还没有来得及派军救援,赵括已战死,40万赵军全部降秦,被白起一夜坑杀,只放240人还赵。赵王大惊失色。群臣哀叹异常。一时间,邯郸城里一片哭声几天几夜不绝。惟赵括之母不哭,自言:"自托为将时,我已知道他必败无疑,难以生还了。"赵王因括母有言在先,没有受到牵连,反赐粮食绸缎以安慰她。又派人到老将廉颇家致歉感谢,表示悔不当初。

赵国还沉浸在悲伤惊恐之中时,边吏又报:"秦王攻下上党,17城尽皆降秦。今武安君亲率大军前来,声言直逼邯郸。"赵王急召集群臣,问道:"谁能为寡人退秦兵?"群臣面面相觑,无以应对。

平原君回家,遍问门客,门客也无人能应,恰好苏代此时亦在平原君门下为舍人,闻知此事,乃对平原君说道:"代若至咸阳,必能止秦兵不攻赵。"平原询问对策,苏代乃将自己的详细计划相告,平原君赞同苏代的计划,便告知赵王,赵王也认为可以,于是厚赐金币于苏代,让他前往秦国活动。

苏代连夜兼程,迅速到达咸阳。往见范雎,范雎揖之上坐,问道:"先生为何而来?"

"为君而来。"苏代回道。

范雎心里非常纳闷,不知对方何出此言。既然对方千里迢迢而来,定有其根由,我不妨问他个究竟,乃问道:

"苏先生何以教我?"

"武安君已杀马服子乎?"苏代问道。

"是的。"范雎道。

"今日欲围邯郸乎?"苏代又问。

"是的。"范雎回答。

"武安君用兵如神,身为秦将,攻夺 70 余城,斩首近百万,虽伊尹、吕望之功。也不过如此。现在又乘胜围攻邯郸,邯郸必破,赵必亡矣!赵亡,则秦成帝业,秦成帝业,则武安君为头等功臣,如伊尹之于汤,吕望之于周。君虽然权势很高,但只能甘于其下。"苏代抓住范雎的心理,说道。

范雎一听,不觉一怔,乃倾身向前问道:"以先生之意,我该如何是好?"

苏代不急不忙,继续回答道:"君不如允许韩、赵割地以求和于秦。韩、赵割地,则为君之功劳,又解除武安君之兵权,如此一来,在秦国,谁也不能跟你相比,你的地位,稳如泰山了。"

范雎心中大喜,盛宴款待苏代。到了第二天,即对秦王说道:"秦兵在外征战已久,兵疲力尽,宜休养一段时间。现在不如使人晓谕韩、赵,命其割地以求和。"

秦王道:"既如此,那就劳烦相国办理此事。"

范雎于是赠给苏代大量金帛,使往说韩、赵。韩、赵二王惧秦,巴不得割地求和,所以苏代此行非常成功。韩许割垣雍一城(在今河南原阳境内),赵许割六城,并各遣使求和于秦。秦王初嫌韩只一城太少,韩使者说:"上党 17 县,都是韩国的土地,如今都归秦有。"秦王当然非常高兴地接纳了。同时下诏将白起召回。

功高糟忌　赐剑自刎

正当白起连战皆捷,乘长平胜利之势,挺进邯郸,欲扫平赵国,为秦国再立新功之时,忽闻班师之诏。初还不信,待接到诏书,方知是真。白起初怨秦王不知时势,不想退师,但君命难违,白起不得不班师回国。待后来得知班师乃是范雎的馊主意,便怒不可遏,说道:"赵自长平大败,人心已摇,邯郸城中一夜十惊,如惊弓之鸟,惶惶不可终日。若一鼓作气,长驱直入,最多不过一个月,邯郸城指日可破。可惜应侯(范雎)不知时势,主张班师,机会丧失,真不知他是怎么想的!"

此话传到秦王耳中,秦王懊丧不已道:"白起既知邯郸可拔,何不早奏?乃再次任命白起为将,欲使其重新伐赵。白起此时因病在身,一时难以痊愈,故不能承命。秦王无奈,便命大将王陵率 10 万秦军伐赵,往攻邯郸城。"

赵王自长平大战惨败后,敲响了警钟。他吸取往日的教训,再次启用老将廉颇,使廉颇为将,负责邯郸城的守卫工作,抵御秦军。廉颇从各地迅速招募新兵,严加训练,又以全部家财训练了一批敢死队员。这些敢死队员常常乘夜下城偷袭秦营,秦军疲于应付,屡吃败仗。

情况传到咸阳,秦王见王陵难以迅速攻占邯郸城,想让白起往代王陵。虽然白起病已经好,但不主张现在攻城,奏道:"邯郸此时实不易攻也。前者赵军长平大败之后,百姓震恐不宁,如再接再厉,乘胜往攻,让赵国攻也不是,守也不是,用不了多久,即可拿下邯郸。今二岁有余,其已有了充分的准备,双兼老将廉颇,老谋深算,非赵括可比。再者,诸侯见秦刚刚许赵割地求和,今又复攻之,会认为秦不可信,必将合纵,而来救赵,我看秦取胜恐怕是很难的。"

秦王不听,强令其行,白起坚辞不受。秦王复使范雎往请,武安君因恨范雎前阻其功,拒见范雎。范雎吃了个闭门羹。

范雎回来复命,秦王问范雎:"武安君真的病了吗?"

范雎道:"是否病了不知道,然武安君不肯前往攻打,其志已坚。"

秦王听了,命范雎斥责白起说:"以前楚国地方千里,兵士百万,你率领数万秦军入楚,攻破鄢、郢、迫楚迁都,东至,东徙而不敢西向,那是何等的英勇啊。秦和韩魏在伊阙交战,你所将之兵不及韩魏的一半,却大破二国之军,流血漂橹,斩首 24 万,使韩魏至今都称藩臣服,你功不可没。如今赵国之军在长平之战中已死了十之七八,国内空虚,而我军人数几倍于赵,你过去能以少击众,取胜如神,何况现在以强击弱,以众击寡呢?"

白起说:"那时楚国恃其国大,政治不理,而群臣又互相妒忌,内部矛盾重重,良臣受斥,小人受用,百姓离心,城池不修。在既无良臣,又无守备的情况下,我才能引兵深入,大胜建功。伊阙之战时,韩魏面合心离,都想避兵锋保实力,所以我得以设疑兵,以待韩军,集中兵力对付魏军。韩魏相继败溃,乘胜逐北,因此建功。这些功勋的建立,皆是天时、地利、人和的因素所造成,自然而然,何神之有?秦破赵军于长平后,没有乘胜消灭赵国,却让赵国有了休养生息的时间,更何况现在赵国已经君臣一心,上下同力,众志成城。今若伐赵,赵必固守;挑战其军,必不肯出;围其国都,必不可克;攻其列城,未必可拔;掠其郊野,必无所得。兵出无功,诸侯生心,外救必至。与其动用国家财力、物力,打一场毫无把握的战争,何如就此休兵罢战,等待下一次机会,再作打算。

秦昭王怎么劝说,白起就是不肯受命。

秦王见白起如此抗拒王命,很不高兴,说道:"白起居功自傲,目中无人,他自以为秦国别无良将,非他莫属。昔长平之胜,初用兵者王龁也,王龁难道不如他吗?寡人之所以这样三番五次请他,是看在他曾有国于功。他既然不愿出征,我们也不必再请他,就让王龁去好了。"

于是秦王又增兵 10 万,命王龁往代王陵。王陵归国,秦军免其官。

王龁率军围攻邯郸,5 个月不能拔之。武安君白起闻之,对客人说:"我早就预言邯郸不易攻下,秦王不听我言,现在又怎么样呢?"

有人将白起的话泄漏给范雎,范雎又报告秦王。秦王听后,非常恼怒。亲自面见白起,强行要白起挂帅出征,并强调:"如君不行,寡人恨君,后果不堪设想。"

性格耿直的白起见秦王动怒,依然坚持己见,不愿出征。他对秦王说:"我知道这次出征,无功也不会受罪,如果不出征,无罪也要受诛。但我宁肯伏罪受诛,也不愿为辱军之将。"

秦王无奈，只得另作他计。

秦王将白起免职革官，并命令其迁居阴密（今宁夏固原），因为生病，暂时未行。

秦王既贬白起，复发精兵 5 万，令范雎的恩人郑安平为将，往助王龁，下决心攻下邯郸。赵王听说秦国又增加兵力来攻邯郸，心存畏惧，乃遣使分路求救于诸侯。平原君赵胜说："魏国是我的亲家，平素与赵国亲善，魏国肯定会来相救。楚国大而距离远，除非用'合纵'游说之，否则楚救兵难来，我当亲往游说。"

于是，平原君在其门下食客中，想找文武兼备者 20 人同往，不料三千门客中，选来选去，只得 19 人，不足 20 之数。平原君叹道："我养门客数十年，竟然选不出 20 位文武兼备之士？"话刚落地，但见门客中有一人站出，自荐道："像我这样的人，不知可以充数乎？"平原君问其姓名，对道："臣姓毛名遂，大梁人，在君门下当食客三年矣。"

平原君笑道："贤士处世，犹如锥之处于囊中，其颖立露。今先生在胜门下三年，胜未有所闻，难道是先生文武一无所长乎？"

毛遂道："以前没机会展示，今日臣请处于囊中。假使早处囊中，臣将尽脱而出，岂特露颖而已。"

平原君见毛遂言辞非凡，便让他凑足 20 人之数。当天率众贤士离开赵国，往陈都（时楚都于陈）进发。

来到陈，先拜见于春申君黄歇。黄歇平素与平原君交厚，便替平原君向楚考烈王求情。平原君黎明入朝，相见礼毕，楚王与平原君坐于殿上，毛遂与 19 人等均立于阶下。平原君陈述联合退秦的策略。

楚怀王道："'合纵'之事，最先发起者是赵国，后来因受张仪游说，'合纵'之事渐渐淡弱。起初楚王为'纵约长'，攻秦未成功；后齐湣王复为'纵约长'，因齐湣王想做霸主，诸侯遂背叛了他。由于上述原因，至今列国忌谈'合纵'，此事说来话长，三言三语难以说清。"

平原君说："自苏秦倡议'合纵'，六国约为兄弟，在洹水会盟，共抗强秦，将秦兵遏止在函谷关以西 15 年，其后齐、魏受犀首（公孙衍）之欺，与秦国结好共同伐赵，怀王受张仪之欺，与秦共同伐齐，故而'纵'约渐解。假使齐、魏、楚三国坚守洹水之誓，不受秦欺，秦国又能将六国怎样呢？齐湣王名为'合纵'，实欲兼并他国，争做霸主，是以诸侯背之，这难道是'合纵'之错吗？"

楚王道："今日之势，秦强而列国俱强，各扫门前雪，安能有所作为？"

平原君说："秦国虽弱，分制六国则不足；六国虽弱，团结起来，合制秦则有余。若各图自保，不思相救，一强一弱，秦国就可各个击破，全皆不保！"

楚王又道："秦兵一出而拔上党 17 城，坑赵卒 40 余万，合韩、赵二国之力，却战胜不了一个白起。今又进逼邯郸，楚国僻远，即便出兵，能解决问题吗？"

平原君道："赵王任用赵括，致有长平之败。今王陵、王龁 20 余万之众，屯于邯郸城下，三年有余，却不能损赵之分毫。若救兵一集，必大挫秦军，从而换来数年之安也。"

楚王道："秦新通好于楚，我要发兵救赵，秦必迁怒于楚，是代赵而受怨也。"

平原君说："秦之通好于楚者，是欲专心解决三晋问题。三晋既亡，楚国能免除秦国的进攻吗？"

楚王因有畏秦之心，虽然觉得平原君讲得在理，但也没做最后打算。毛遂在阶下顾视日暑，见已当午，乃按剑沿阶而上，谓平原君道："'合纵'之利害，两言可决。今自日出入朝，到现在还没有决定下来，这是为何？"

楚王怒问道："他是何人？"

平原君道："此臣之门客毛遂。"

楚王道："寡人与平原君议事，你为何在此插言？"当下将毛遂赶走。

毛遂向前，按剑而言道："'合纵'乃天下大事，天下人皆得议之！平原君在此，不用你呵斥！"

楚王态度稍缓，问道："你有何言，请讲出来。"

毛遂道："楚地五千余里，自武、文称王，发展到现在，号为盟主。一旦秦人崛起，数败楚兵，怀王囚死。白起竖子，接连攻占鄢、郢，被逼迁都。此百世之怨，三尺童子犹以为羞，大王难道忘记了吗？今日'合纵'之议，是为楚而不是为赵国也，大王难道不想趁此以雪前耻吗？"

楚王道："有道理。"

毛遂道："大王之意已决乎？"

楚王道："寡人意已决。"

于是歃血为盟，推楚王为纵约长。

楚王既许"合纵"，即命春申君黄歇率8万人救赵。平原君归国，叹道："毛先生三寸之舌，强于百万之师！胜鉴别人才多年，今失之于毛先生，自今之后胜不再鉴别天下人才矣。"

自此平原君以毛遂为上宾，凡事都向毛遂征询意见。

说话间魏王遣大将晋鄙率兵10万救赵。秦王闻诸侯救兵将至，亲至邯郸督战。使人谓魏王道："秦攻邯郸，指日可下。诸侯有敢救之者，秦国就先进攻他！"

魏王摄于秦国力量强大，遣使者追上晋鄙军，让暂停救赵，就地待命。晋鄙乃屯军于邺下。春申君见魏军不进，亦屯兵于武关，观望不进。

这时，邯郸城士兵翘首企盼诸侯救兵。眼看秦兵猛烈进攻，城中军民精疲力竭，许多人提出了投降。赵王心急如焚。这时，有个叫李同的舍人对平原君说："邯郸百姓日夜守城，而您却在家里安享富贵，长此下去，没人愿守此城。您若能令夫人以下所有之人，编于行伍之中，为守城尽绵帛之力，再将家中所有财帛，发给将士，将士在危困艰苦之际，易于感恩，重赏之下，拒秦必竭尽全力。"

平原君从其计，拿出自家财产，募得敢死队员3000人，由李同带领出城，乘夜袭营，杀秦兵千余人。王龁大惊，不得不退兵30里下寨。城中人心稍定。李同因伤而亡,平原君恸哭不已,命厚葬李同。

再说信陵君无忌见魏王惧秦,不会发令救赵,乃令人窃得虎符,连夜来到邺下,见过晋鄙,说道:"大王因将军长期在外,体恤将军之苦,特遣无忌前来代劳。"说罢,使随从朱亥捧虎符交与晋鄙验证。

晋鄙接符在手,不禁产生怀疑,想道:"魏王以 10 万之众托我,我虽愚陋,但没有打败仗。今魏王无尺寸之书,而公子只是手捧虎符前来,代将此事,岂可轻信?"乃对信陵君说道:"公子暂请消停几日,待某把军伍造成册籍,明白交付,如何?"

信陵君道:"邯郸形势垂危,应立即赴救,岂能耽搁时刻?"

晋鄙道:"实不相瞒,此军机大事,我不敢私作主张,还需再次请示,方敢交军。"

说犹未毕,朱亥大声呵斥道:"元帅不奉王命,便是反叛了!"晋鄙刚回问道:"你是何人?"只见朱亥袖中出铁锤,重 40 斤,向晋鄙当头一击,晋鄙一命呜呼。

信陵君握符,命令各将领道:"魏王有命,使我代晋鄙将军救赵,晋鄙违抗命令,今已诛死。三军安心听命,不得妄动!"营中肃然。

等到卫庆到达时,信陵君已杀晋鄙,统帅魏军了。卫庆见信陵君救赵之志已决,便想辞去。信陵君道:"君已至此,看我破秦之后,请回报魏王也。"卫庆无奈,就先设法密报魏王,自己遂留在军中。

信陵君首先赏赐三军,下令:"父子俱在军中者,父归;兄弟俱在军中者,兄归;独子无兄弟者,归养父母;有疾病者,留下就医。"裁汰了十分之二的军队,得精兵 8 万人,整齐队伍,申明军法。一切准备完成之后,信陵君乃亲率宾客,身先士卒,猛攻秦营。

王龁面对突然而至的魏兵,仓促应战。魏兵奋勇向前,平原君亦开城接应,里应外合,一场厮杀。王龁折兵一半,向汾水大营奔去。秦王见败局已定,乃下令秦军解围而去。郑安平以 2 万人扎营于邯郸东门,为魏兵所阻,不能撤回。无奈之下,他想起自己原是魏人,遂投降魏军。春申君所率之楚军,见邯郸之围已解,秦师已退,率军返回楚国。韩王见秦师已退,也乘机收取上党之地。

秦军丧师失地,损兵折将,秦王心中郁闷,乃迁怒于白起。遂命白起马上出发,不得留在咸阳城中。白起接到王命,叹道:"范蠡有言:'狡兔死,走狗烹'。我为秦攻下 70 余城,故当烹矣!"于是带病出城,至于杜邮这个地方,暂歇以待行李。

范雎对秦王说道:"白起此行,肯定心存积怨。其托病非真,一旦被他国任命,肯定是秦的祸患。"秦王一惊,马上派人赐利剑一把,命白起自裁。

白起伏剑自刎时说:"我何罪于天而至此哉?"良久,又说:"我固当死。长平之战,赵卒降者数十万人,我诈而尽坑之,是足以死。"(《史记·白起王翦列传》)于是自杀。白起死时,是秦昭王五十年(公元前 257 年)十一月。白起死非其罪,秦人很怜惜他,乡邑地方都祭祀他。

善始者未必善终,白起功高遭忌,最终死在了自己人的手里,俗话说:"飞鸟尽,良弓藏,狡兔死,走狗烹",白起如此,伍子胥、李牧皆是如此。

一代兵仙　战无不胜

——韩信

名人档案

韩信:汉族,淮阴(今江苏省淮安市淮阴区码头镇)人,楚王、上大将军。今淮安镇淮楼东侧建有韩侯祠。西汉开国功臣,初属项羽,后归刘邦。中国历史上伟大军事家、战略家、统帅和军事理论家。中国军事思想"谋战"派代表人物。被后人奉为兵仙。"王侯将相"韩信一人全任。

生卒时间:前228年~前196年。

安葬之地:在西安和山西灵石各有一个韩信墓。

性格特点:忍辱负重,性格放纵,不拘礼节。

历史功过:韩信熟谙兵法,自言用兵"多多益善",为后世留下了大量的军事典故:明修栈道、暗度陈仓、临晋设疑、夏阳偷渡,木罂渡军,背水为营,拔帜易帜,传檄而定,沉沙决水,半渡而击,四面楚歌,十面埋伏等。其用兵之道,为历代兵家所推崇。作为军事家,韩信是继孙武、白起之后,最为卓越的将领,其最大的特点就是灵活用兵,是中国战争史上最善于灵活用兵的将领,其指挥的井陉之战、潍水之战都是战争史上的杰作;作为战略家,他在拜将时的言论,成为楚汉战争胜利的根本方略;作为统帅,他一人之下,万人之上,率军出陈仓、定三秦、擒魏、破代、灭赵、降燕、伐齐,直至垓下全歼楚军,无一败绩,天下莫敢与之相争;作为军事理论家,他与张良整兵书,并著有兵法三篇。

名家评点:(宋)司马光:"世或以韩信首建大策,与高祖起汉中,定三秦,遂分兵以北,擒魏,取代,破赵,胁燕,东击齐而有之,南灭楚垓下,汉之所以得天下者,大抵皆信之功也。"《资治通鉴》卷十二《汉纪》四

(宋)苏轼:"(韩信)抱王霸之大略,蓄英雄之壮图,志吞六合,气盖万夫。"

（明）唐顺之："孔明之初见昭烈论三国，亦不能过。予故曰：淮阴者非特将略也。"

（明）王世贞："淮阴之初说高帝也，高密（邓禹）之初说光武也，武乡（诸葛亮）之初说昭烈也，若悬券而责之，又若合券焉！噫，可谓才也已矣！"

（元）杨维桢："韩信登坛之日，毕陈平生之画略，论楚之所以失，汉之所以得，此三秦还定之谋所以卒定韩信之手也。"

（明）董份："观信智略如此，真有掀揭天下之心，不但兵谋而已也，所以谓之'人杰'。"

（明）李贽："信与沛公初见，凡说项羽处，字字拿着沛公，沛公卒受其益。"

（清）王鸣盛："观信引兵法以自证其用兵之妙，且又著书三篇，序次诸家为三十五家，可见信平日学问本原。寄食受辱时，揣摩已久，其连百万之众，战必胜，攻必取，皆本于平日学问，非以危事尝试者。信书虽不传，就本传所载战事考之，可见其纯用权谋，所谓出奇设伏，变诈之兵也"。

（明）茅坤："太史公传淮阴，不详其兵法所授，此失着处。"

（清）王志湉："气盖世力拔山，见公束手，歌大风思猛士，为之伤怀。"

（清）徐经："史公为淮阴惜，实不仅为淮阴惜。"

（明）茅坤："予览观古兵家流，当以韩信为最，破魏以木罂，破赵以立汉赤帜，破齐以囊沙，彼皆从天而下，而未尝与敌人血战者。予放曰：古今来，太史公，文仙也；李白，诗仙也；屈原，辞赋仙也；刘阮，酒仙也；而韩信，兵仙也！然哉！"

胯下之辱　忍辱负重

秦始皇嬴政年代，在江苏淮阴区韩家村，有位少年姓韩名信。幼年时家中虽贫寒，但父亲是个勤劳明理之人，节衣缩食也要供韩信读书识字。韩信聪明好学，他不辜负父亲期望，对所学知识都牢记于心。他的勤奋好学深得老师的器重。一次，老师对其学生言道："我一生所教的学生中，唯有韩信日后能成大器，有所作为。"可惜韩信12岁时，其父因劳成疾，不幸早逝。韩母身染重病，家中渐渐一贫如洗。韩信15岁时母亲病故，他不得已而辍学。从此他孤苦无依，孤苦伶仃，靠在河边钓鱼谋生。他生性喜爱武功，便向村里一位武师学了点拳脚剑法，师父看他是个可塑之材，便将自己的佩剑赠送于他，他非常感激，便常常佩戴在身上。

韩信16岁时，秦皇暴政、民不聊生。又因淮阴天旱无雨，河水下降，水中鱼少。他常因钓不到鱼、而没钱买饭吃。一日，他头顶烈日在河边钓鱼，由于既饿又热不觉倒在河边，昏了过去。在下游不远处，一位面目清秀的中年妇人带着她14岁的女儿紫娟在河边为人洗衣，当洗完最后一件衣服时，紫娟姑娘站起理了理秀发，忽然发现饿昏在岸边的韩信。

中年妇人是靠洗衣为生,大家都叫她漂母,她顺着女儿手指的方向望去,见河边倒着一位少年,急忙和女儿跑到韩信身边,紫娟姑娘连声呼喊:"这位大哥你醒醒。"韩信仍昏迷不醒。紫娟又对娘说:"娘,看这位大哥咋了?"

漂母扶起韩信看看脸色道:"想必是饿昏了,没关系,灌点粥就会好的。快将他搀扶到我们家中。"漂母与紫娟将韩信搀扶到自己家中。韩信躺在床榻上,漂母一勺一勺地给韩信灌进米粥。韩信渐渐苏醒,睁开双眼,见眼前一位面目慈祥的妇人和一位年轻姑娘,便问道:"我这是在哪儿?"紫娟见韩信苏醒,十分高兴。韩信非常感激地说:"好些了,多谢伯母、小姐的救命之恩!""不必客气。你姓啥,家住何处,因何饿成这样?"漂母问道。韩信惭愧地讲述了自己的身世。漂母起了怜悯之心,又见韩信英俊年少,质朴淳厚,便收留了韩信。

韩信见这茅屋虽然简陋,但屋内收拾得非常整洁,又见漂母善良热情,便点了点头说:"多谢伯母厚意,信若日后得志,滴水之恩当涌泉相报。"

从此,韩信就寄食在漂母家中,帮助漂母干些体力活。漂母待韩信如亲儿子一般。

有一年冬天,他打完一担柴禾准备回家,忽然抬头见一老翁鹤发童颜,正在忘我地练习武功,他不由自主放下柴担走到老翁跟前观看,老翁剑术已登峰造极,利剑上下飞舞,分不清是雪还是剑影。韩信情不自禁地喝彩:"好剑法!"老翁闻声立即收剑,抬头见是一少年后生,便转身要走。韩信慌忙上前跪拜在老翁脚下:"请求老翁收我为徒!"

老翁上下打量着韩信,见他眉清目秀,眉宇间透着一股英气,心中已有几分喜欢,沉思片刻问道:"你喜爱武功?"韩信见老翁发问,急忙答道:"我自幼喜文爱武,但家中贫寒,因此习武造诣不深。今日有幸巧遇高人,请师父收我为徒,不然我就跪到天黑。"老翁微微一笑:"嗬!你真有诚意,那你习武是为了什么?"韩信沉思片刻:"为了将来报效国家,除暴安良!"老翁诧异地望望韩信,心中思量:"他年龄不大,志向却不小,竟有如此雄心,日后必是国家栋梁之材。"便答应收他为徒。老翁又道:"你先起来,今日先挑柴回家,等三日后来此等候。"言罢转身而去。韩信望着老翁的背影消失后,才起身挑起柴担下山。途中,见好友南亭慌慌张张跑来,韩信急忙问道:"南亭兄,何事如此惊慌?"

南亭与漂母是邻居,和韩信结为好友,因他长韩信9岁,韩信称之为兄。他告知韩信,秦皇选美,紫娟、文娟已被抢去,漂母被踢成重伤。

"啊!"韩信大吃一惊,放下柴担与南亭飞奔下山……

官兵掠走姊妹俩后,南亭夫妇急忙跑进漂母家中将漂母扶在榻上,南亭飞奔上山去找韩信。韩信急忙赶回,见漂母已昏迷不醒。

南亭妻在一旁催促道:"信弟,伯母伤势不轻,得赶快请医生来治啊!"韩信赶忙跑出门请来一位山村郎中,郎中给漂母包扎好伤口,又给漂母诊脉,并不时摇头叹气。开好药方交给韩信,韩信送走郎中再伸手一摸,怀中竟无分文了,他毫不犹豫地从墙上摘下宝剑对南亭夫妇说道："烦兄嫂在此照料,我去去就来。"

韩信匆匆来到淮阴街头,因无钱抓药,只好手捧宝剑在街头插草卖剑。日迫西山仍无人问津。韩信心急如焚便满街叫卖,他来到小河桥头,一班浪汉恶棍竟挡住他的去路,其中县令恶少快步上前趁韩信不备,强行夺去韩信怀里抱着的宝剑。又交于另一浪汉,并且双手叉腰喊道:"你这穷汉,在哪偷的宝剑在此叫卖,你若缺钱老子给你,不过,你得从我胯下钻过,如若不然你这剑嘛,休想拿回,我拉去见我爹,告你个偷盗之罪,你看怎样?"

这班浪汉望着韩信哈哈嗤笑,韩信大怒,紧握双拳欲想动手痛打恶少,但为了给重伤在床的漂母治病,他只好强忍怒火,沉思片刻说道:"好! 拿钱来,这把剑就算卖你。"

恶少从怀中取出一锭银子,却提出一个过分要求:"剑算我买了,不过得从我胯下钻过。"说着双腿一叉,嘻嘻地望着韩信,韩信忍辱伏身在地从恶少胯下钻过,然后站起来取过恶少手中银子,匆匆去街上药铺抓药。他抓好药飞奔到家,将药煎好倒在小碗里,吹凉端到漂母床前,南亭夫妇搀扶起漂母,韩信轻声喊道:"伯母,请喝药!"

漂母微睁双眸,强打精神说道:"我怕不行了,信儿……你与紫娟是天生一对,你……你一定设法救出她啊! 并……并一定要找到文娟,我……我把她俩托付……你了!"漂母嘱完不幸身亡。

"啪",韩信手中药碗落地,他扑在漂母身上失声痛哭:"伯母,您死得好惨,信一定替您老人家报仇雪恨,不忘您的嘱托。"南亭夫妇也十分伤心,并帮助韩信安葬了漂母。

第三日韩信来到漂母坟前,摆好酒肉焚香祭拜,祭奠完毕,韩信来到南亭家中,向南亭夫妇告别,然后含着悲痛进山跟着师父学习文韬武略。

几年以后,韩信已是满腹经纶的青年,他踌躇满志告别师父下山。就在韩信学艺几年里,秦王朝却发生了翻天覆地的变化。公元前209年,秦始皇在巡游途中于沙邱驾崩,少子胡亥与奸人赵高狼狈为奸,取得帝位,称为二世皇帝。胡亥是个昏庸无能之辈,朝中之事全委托赵高处理,结果导致天下大乱,百姓苦不堪言。陈胜吴广无法忍受二世苛法,在大泽乡揭竿而起,点燃了反秦烈火。随后楚将后裔项梁项羽叔侄在会稽起兵反秦,刘邦在沛县起兵反秦。两支队伍在反秦浪朝中很快崛起,秦王朝危在旦夕。

韩信下山后,闻听项梁大将军率军渡淮,怀着满腔热忱与南亭一起仗剑从戎,楚军有战将百员,项梁鄙视韩信,只是给了个"薄秩"之职,(薄秩是押粮运草帮助记账的士卒)。一次韩信随项梁攻打定陶时,他见楚军连连取胜,已有傲气,又洞察到秦军连日增兵,志在定陶决战,当晚便进账斗胆向项梁献计,让项梁提防秦军章邯夜晚偷袭。然而未得到项梁重视,结果遭秦军夜袭,项梁阵亡。项羽继承叔父项梁之职,依然没有重用韩信,只是升了个持戟郎中(就是给项羽抬戟的卫士)。项羽统兵百万在巨鹿大败秦军主力,迫使大将章邯投降,歼灭秦军主力。刘邦不久也率军攻占咸阳,秦王朝覆没。然而刘邦人马只有10万,寡不敌众,便封府库,闭宫室,与民约法三章,退守咸阳城郊灞上,以待楚军项羽到来。项羽率雄兵百万到了咸阳,屯兵鸿门,号令天下,自封为西楚霸王,然后又大封诸侯。刘邦被项羽封为汉王,然而刘邦雄心勃勃,对此非常不满,因此楚汉相争开始。

切磋武功　投奔汉王

关中平原的鸿门镇,连日来楚军大营大摆筵宴,三军将士开怀畅饮,庆贺胜利,韩信心绪烦乱,走出帐外,站立在夕阳下,凝视着远处咸阳城中火光闪闪,他心情显得沉重,按剑伫立,凝目苍穹。

阿房宫,金碧辉煌,雕梁画栋,奇山异石,百花争艳。自从楚军进入咸阳城后,连日来成千上万的楚兵烧杀抢掠。韩信与偏将南亭入宫见到如此情景,大为不满,紧锁双眉退出阿房宫,来到宫外,见项庄又押着一批批宫女及一车车财物运回楚营,此时项羽在项伯、钟离眜等众将佐簇拥下来到广场之上,项羽身后跟着十几名高举火把的士卒,项羽望了望金碧辉煌的阿房宫,傲慢地把手一挥:"烧!"韩信见此情况顾不得许多,上前"扑通"一声跪在项羽面前:"大王这不能烧啊!"项羽一怔:"嗯!为何不能烧?"韩信眼含热泪:"它是人民智慧和血汗的结晶!""大胆!一个小小持戟郎中也敢在大王面前多言!"项伯大声呵斥。项羽见是韩信阻拦不由大怒,抬起一脚将韩信踢倒:"滚开,这阿房宫乃是犬地狼窝,将它焚尽方解吾恨!"韩信爬起又跪前几步:"大王,这万不能烧啊!纣王罪满天下,武王灭商也不曾火烧纣宫;吴王恶遍越国,越王勾践也不曾尽焚吴台。是人犯下的罪恶,而不是物!"项羽轻蔑地望了一眼韩信,然后把手一挥:"给我烧!烧!"举着火把的楚兵立即涌进阿房宫、上林苑、万人厅。片刻后烈焰冲天,火光四起。项羽望着这冲天大火,得意忘形,并高声说道:"秦始皇你万没想到吧,你强暴一世,兵踏六国,享尽了人间荣华富贵,你儿孙们却拜倒在孤王脚下,今日孤王烧了你的宫,还要掘你的陵,这样方能平六国百姓之怨,解孤王心头之恨。"韩信望着熊熊烈火心里掠过一丝悲哀。项羽率领众将离去,南亭走来劝慰道:"贤弟你这是何苦来!""唉!"韩信长叹一声思绪万千。自从从戎以来随楚军东征西杀,终于推倒暴秦,没想到项羽竟骄横跋扈,倒行逆施,一把火把阿房宫烧个精光,真乃以暴易暴也,如此下去会失掉民心;而汉王刘邦先入咸阳却封府库、闭宫室、与民约法三章,比项王技高一筹啊。

韩信正在沉思,楚将钟离眜走来。这钟离眜与韩信同乡,比信早入楚军,现已被项羽擢升为将军,他带着几分醉意踉踉跄跄来到韩信跟前,拍了拍韩信肩头:"贤弟为何不在帐中饮酒,而在此发愣?"韩信转身见是钟离眜,苦笑道:"噢!原来是钟离将军,信给你施礼了。""别、别这样,贤弟见外了,你我同乡,又都在楚营多年,何必拘礼！贤弟看你好像有心事？""唉！你我虽是同乡，可你已是大王驾前上将军，而我从军多年，至今还是无名小卒，言无人听，计无人用，可叹我韩信报国无门。"钟离眜微微一笑："贤弟胸中抱负眜怎能不知。贤弟虽职微卑小，可文韬武略何人能比。"韩信伤感地说："唉！那有什么用！""贤弟日后凡事万不可太直。走，听说大王近日情绪高昂，常在黄昏时在底邸庭院中习武，你我今日不妨前去观看一下。""这万万使不得，大王庭院习武韩信岂敢前往。""嗬！大王虽然遇事有些暴躁，但平日里常能与士卒同乐，也不计较君臣礼节，因此百万将士都愿随他东征西战。近日大王心情舒畅，士卒们常去庭院探望，大王从未怪罪。贤弟不必多虑，随我前往就是。"韩信无奈，只好跟随钟离眜来到项羽府邸。二人进入庭院见项羽舞动大戟上下挥舞，戟在空中发出呼呼风声。庭院旁美貌温柔的虞姬腰挎佩剑坐在几案旁观赏，几名侍女相陪，左右站立着范增、项伯。庭院四周围满将士个个看得发呆了。韩信被钟离眜带进人堆。见一把沉重的大戟在项羽手中挥洒自如，钟离眜忍不住高喊一声："好！"

项羽听见喊声一怔，顿时收敛，钟离眜知道自己太冒失了，失声叫了出来，慌忙上前跪拜赔礼："末将冒昧，请大王恕罪！""哦，是钟离眜，你何罪之有，快快请起。"项羽放下大戟乐呵呵说道。"谢大王。"钟离眜起身吞吞吐吐说道："大王，末将常听众将议论说您在会稽常单手举起千斤顶，可惜从来没有显露出来过，今日能否……？""哦！"项羽哈哈大笑："好，孤王今日就让尔等开开眼界。"言罢项羽看见庭院石阶旁一对大石狮子，每个足有千斤。项羽走到右侧石狮旁，用右手抓住石狮一条腿，单手一交力大喝一声："给吾起。"石狮被项羽举过头顶，又在庭院中走了三圈然后轻轻放下，仍然不动声色，顿时众人目瞪口呆。片刻，才一阵掌声、一阵喝彩声："大王神力，大王神力也！"

韩信与钟离眜心中十分佩服，项羽走到虞姬身旁，虞姬起身深情地献上一条绵帕，项羽接帕揾了揾脸。侍女献茶奉上，项羽接茶呷了一口，然后转身对钟离眜说道："钟离眜，孤王今日高兴，你来与孤王比试比试如何？""这万万不行，为臣哪敢与大王比武！""钟离眜，看把你吓的，孤王刚才已说过，孤王今日高兴，咱们是切磋武功，让众将士们娱乐娱乐！"钟离眜无奈只好拱手："末将遵命。"两人便在庭院之中对打比武，十几个回合下来，钟离眜已累得没有招架之力了。正在此时，项羽一脚扫来，钟离眜躲闪不及，"扑通"一声被项羽踢倒在地，众人一阵掌声，项羽十分快慰，项羽环顾四周对众将士问道："何人愿与孤王一比高下？"众人都不敢答应。突然，钟离眜施礼："大王，持戟郎中武功不错，让他与大王一比。"

项羽此时才注意到韩信，乐呵呵地说："哦！原来是孤王的持戟朗中，好吧！请过来与孤王决一高低。"韩信连连摆手："不行，不行，韩信职位卑贱，怎敢与大王交手，这岂不罪该万死吗？""持戟郎，今日与孤王切磋武功，不论职位卑贱，孤赐你无罪。"钟离眜将韩信推到庭院之中，项羽开始与韩信比起武来。项羽拳脚快如闪电，还带有呼呼风声，韩信身体敏捷，翻转腾挪如狸猫一般，项羽虽武艺超群，但始终打不着韩信，韩信也无法靠近项羽。二人，一个如猛虎下山，一个如出水蛟龙，两人越比越激烈，越比越勇猛，众人早已看得眼花缭乱。

丞相范增一旁暗暗吃惊："听人讲韩信才能卓著，并有远见卓识，没想到武功还十分了得，凭武艺他略逊项羽，凭智慧项羽不及韩信，此人不能小觑，等待时机，我一定举荐此人。"范增正在着想，两个比武之人已战几十回合，同时二人额角汗下，韩信已显出力量不及项羽。韩信决意退出，他倒退几步后跳出圈外，向项羽一抱拳："小人韩信败输，大王不愧为天下无敌大将军。"项羽高兴地哈哈大笑："嗯，没想到孤王的持戟郎中都有两下，更不用说孤王的众位武将了。"项羽见天色已黑，便对众人说道："好了，今日就到此吧！"众人便纷纷散去。范增趁项羽高兴，便对项羽说道："听人说韩信有勇有谋，今日又见他武功非凡，大王何不重用此人。"项羽听罢细细思虑，一旁项伯却插话说道："我常听人讲，这韩信少时寄食漂母，受辱胯下，却是个十足的懦夫，他有何谋略。"项庄一旁也插话道："是啊大王，像韩信这样的懦夫，如得到重用，岂不让三军将士耻笑！"范增不以为然，语重心长地说道："用人岂能看出身贵贱，用贤方才是立国之本！"项伯见范增有讥讽之意心里很不痛快，他反唇相讥："一个懦夫就因与大王比试几下武功就得以重用，那这百万之众都与大王切磋几下武功，那都得擢升吗？""这……"范增被项伯抢白了一番。"好了，不必争持，孤王自有主张。"项羽阻止道。范增想了想："既然大王不愿重用此人，那依我之见，不如将他杀掉免得落入他人之手。"项羽点点头："好吧，等机会杀掉就是！"

韩信自从与项羽切磋武功后，军中将士无不称赞，可韩信心事重重，南亭见状，便拉韩信到鸿门镇饮酒消闷。

韩信与南亭饮罢酒回到大营，韩信思绪万千便独自一人到了楚军临时大殿。韩信来到大殿帷幕处静听，众文武大臣已各抒己见争论不休，项羽最后说道："常言道，富贵不归乡，诚如穷浪荡，孤王还是以大多数众臣意见，还是返回故乡，定都彭城吧！""大王英明。"多数文臣武将异口同声地回答。韩信在帷幕后犹豫再三，还是冒险掀帘进殿单腿一跪："大王，韩信不才愿敬一言。"项伯见是韩信厉声喝道："大胆！一个小小持戟郎中竟敢谈论军国大事，来人！"两名武士走上前来。"拉下去砍了。"项伯命令道。"慢！"范增一摆手向项羽施礼："大王，韩信虽职位卑小，今日他斗胆进言，必有见解，不妨让他讲出。"项羽表示同意，说："讲！"韩信站起从容不迫道："大王，关中依山傍水，四塞险阻，土地肥沃，乃长治久安之地，若就此建都，便好建功立业。""哼！"霸王心中十分不快，用鼻子哼了一声。韩信全然不理继续说道："秦地定都进可以八方出兵，称雄天下，守可以四面挡敌，牵制诸侯。秦始皇久居此地，其中自有道理。""呸！"项羽十分气恼，将几案一拍："什么始皇，建都咸阳二世已亡，难道汝辈想让孤和他一样吗？来人！"两名武士走上大殿，项羽厉声喝道："推下去重责20军棍。"两名武士押着韩信出殿。

韩信被责回到帐中，南亭知晓便找一农舍让韩信疗伤。由于南亭精心照料，没过几日韩信伤已基本痊愈。

一日，韩信与南亭在街上闲逛，邂逅张良，张良也早听说韩信之才，寒暄数语，张良对韩信说道："良禽择木而栖，良臣择主而事，足下一腔热血，满腹经纶，为何要屈就于项羽手下？"韩信道："古人云：贤臣不事二主，信既事项王，怎么能改变呢！"张良微微一笑："足下所言差唉！臣若所事为暴君，岂不是助纣为虐吗？项羽的残暴不亚于二世，他虽骁勇号令天下，而终必灭；汉王刘邦忠厚豁达，礼贤下士，足下若投身汉王，定能受其重用，成就一番事业。"韩信低头不语，张良接着道："吴起在鲁不为鲁用，弃鲁投魏而被魏封为大将，足下虽有雄才伟略，而项羽弃之不用，这岂不埋没可惜吗？"韩信想了一下："这……我将如何去投奔汉王？"张良从袖中取出写好的信绢一条递与韩信："这里有信绢一条，将军可带上去汉中面见汉王，汉王见此信绢，一定委以重任。"韩信接过信绢，放入怀中，张良起身告辞。

伯乐识马　赦免死刑

夜深，月明。韩信骑着马风驰电掣般在关中平原上疾驰，后面喊声震天，楚军十几名将士穷追不舍，荡起满道黄尘。

晨光初照，薄雾缭绕，巍峨的秦岭，山峦重叠，含翠欲滴，韩信一个人骑马越过山梁、峡谷、河沟，后面追兵被已抛去很远，在一岔道口韩信跳下马，将马拉到右道口狠抽几鞭，那马飞奔而去，韩信从左道而走。后面追兵来到岔道口犹豫不决，一将佐在右道口见有马蹄印，用手一指："给我向这边追！"追兵向右道追去。韩信躲过追踪，翻山越岭，终于来到汉中。

来到汉中以后，韩信受到刘邦手下大将夏侯婴的热情款待，经夏侯婴举荐，韩信在汉军中任连敖之职，管理军中粮草。

自从韩信在汉营任连敖之职后，顶风冒雨、日夜守卫粮库。一日樊哙与郦食其带着几名挑筐的内侍，进了大门直奔粮库，韩信率领几名士卒正在持刀守卫。他见樊哙统军走来便客气地拱手施礼："樊将军，今日来此有何公干？""哦！是韩连敖，郦大人讲，后宫曹妃娘娘要摆筵宴，需要些粮食酿酒，你给他发15石粮食。"樊哙吩咐道："郦大人，樊将军，这军粮乃是军旅之本，怎能拿去酿酒。"郦食其不耐烦地："你吃粮不多，管事倒不少，你管他什么粮，后宫要用粮酿酒，你得快些取，少在这儿啰唆。"韩信不畏权势，坚定地拒绝道："不行，没有大王及丞相手谕，小人不敢擅自做主，乱发军粮。"樊哙不耐烦地说："我是统军，这些军粮属我管辖，不需什么手谕，你快些开门就是。如果出事由我担待。""樊将军，你让我们做下属的为难呀，大王有旨，萧丞相有令，没有他们的手谕，任何人不得擅动军粮。"韩信耐心解释道。樊哙恼怒道："怎么，老子今日非取不可，看哪个敢拦，来人！把这库门给我打开。""不行！"韩信把刀一举也大喊一声："来人！"十几名守粮士卒应声而到，握着长戈在粮库门前站成一排。"大胆!"樊哙又气又恼:"你……你们竟敢与我对抗!"说完眼看双方就要打起来,就在这时韩信急忙从腰间取出一块银牌,举到樊哙面前厉声说道:"丞相有令在此,敢私自动用军粮者,斩!"郦食其与樊哙瞥了那银牌一眼,嚣张气焰逐渐落了下来,樊哙咽下一口气:"好!咱们以后走着瞧!"郦食其把手一挥:"咱们走!"转身带领众人狼狈不堪地离去。

韩信拒粮一事很快在军内传开,夏侯婴也禀报了丞相萧何,萧何十分赞赏,于是就与夏侯婴步行前往韩信住处探望他。他们推门一看,韩信不在屋内,可不远处却传来阵阵操练声。萧何、夏侯婴便向操练声走去,站在一高处举目一望,只见一草坪上,韩信带着他管辖的几十名士卒在操练。韩信在前做示范,士卒跟他动作练习,韩信还不时走入队列认真检查指导,直到士卒记熟时,才满意地点点头。萧何、夏侯婴对望一眼,满意地笑了,萧何说道:"百闻不如一见,韩信果真有奇才!"夏侯婴赞同道:"我汉军将士如由他来操练,一定能战无不胜的了。""看来,这个儿正是我要寻找的人,真是上天帮助汉,我一定要在大王面前保举他,走,下去和他见上一面。"萧何和夏侯婴来到韩信等人身旁,夏侯婴彼此介绍一番,萧何将韩信双手紧紧握住。

萧何自从见到韩信操练士卒后,心里十分高兴,他想等有机会一定在大王面前推荐这个人。突然夏侯婴慌慌张张跑进府来禀告,说韩信等一十二人被樊哙和郦食其扣押,言称韩信聚众谋反,大王已经批准在武门外断头台将他们砍头处死。萧何立刻大吃一惊,问其原因,夏侯婴讲道:"韩信与一帮士卒晚上在屋内谈论兵法,一名士卒因对樊哙不满,发了几句牢骚,恰巧被樊哙及郦大人听见,他们记恨上次拒粮之仇,便污蔑韩信等人是图谋不轨,聚众谋反,便将韩信等人关入大牢,由于大王面前又有曹妃娘娘进谗言,大王便立即降旨要斩韩信等人。"萧何听完,急忙上马与夏侯婴飞奔武门外。

武门外,断头台汉军戒备森严,郦食其、樊哙高坐监斩台,韩信等人被五花大绑跪在断头台上,刽子手怀抱大刀站在一旁,围观的群众议论纷纷。郦食其走下监斩台,来到韩信身旁,不冷不热道:"韩连敖,死到临头还有何话可说?""请问,我等身犯何罪?""聚众谋反!""证据何在?""这还需要什么证据!我与樊统军亲耳听到,亲眼目睹,你们聚众藐视大王,污蔑樊将军,樊将军与大王是襟裼,大王妹夫,你们污蔑樊将军,就是污蔑大王。"被绑的士卒道:"这都是我一人所说,与连敖无关,你把他们都放了,要杀要剐由我一人承担。"郦食其冷冷一笑:"说得轻巧,你们聚众谋反,一个也不能饶恕。""哈哈哈!"韩信藐视地大笑道:"看来汉王的疆土也就是这汉中区区弹丸之地了!""狂妄,狂妄!"郦食其边走边喊,走回监斩台坐下。"时间已到,行刑!"樊哙一声令下。"唉!"韩信仰天长叹一声:"我韩信不辞辛苦千里迢迢离开楚国,投奔汉国,未能死在楚军,今日却死于汉军之手!子房,这就是你讲的弃暗投明,辅佐英明的君主吗?"正在此时,几声马嘶,只见两匹快马飞奔而来,萧何、夏侯婴飞马来到,并高声喊道:"刀下留人!"两名刽子手刚举起大刀,抬头见是丞相萧何与统军、太仆夏侯婴,忙放下大刀退于一旁。郦食其见萧何来到,气得把脚一跺:"唉,他怎么来了。"樊哙见状迎上前道:"丞相,末将是奉大王谕旨行刑,请勿干涉。"萧何冷冷一笑:"夏侯婴你在此看着,不许任何人行刑,待我去面见大王,讨回赦令。"

萧何上马飞奔汉王宫,他见着汉王刘邦直言不讳:"汉王朝刚刚建立,不能乱杀无辜的人,天下人都听说大王以礼待贤士,求贤若渴。韩信刚千里迢迢弃楚投汉,今日斩了韩信等人,岂不叫天下有志投汉之士寒心?大王日后靠谁来完成统一大业?郦食其与樊哙私动军粮,被韩信拒绝,他们怀恨在心,昨天晚上韩信是聚集士卒一起谈论兵法战策,并非聚众谋反,请大王明察!"刘邦疑惑地望望萧何:"真是这样吗?"萧何点点头:"臣以项上人头担保。"刘邦沉思片刻:"好吧,既然如此,传孤谕旨,赦免韩信等人死刑,韩信恢复连敖之职。"萧何摇摇头:"大王,不可!""萧卿!这是何意?""大王,据臣所观察,韩信有胆有识,熟习兵法,连敖之职实在浪费了人才。"刘邦沉思片刻:"既然丞相保举,他管理粮草有功,那就提升他为治粟都尉吧。""大王,这怕不妥当吧?""萧卿就不必多言了。"萧何只好答应:"臣遵旨!"接旨后转身离宫,上马直奔武门。

筑坛拜将　统管三军

韩信等人虽得萧何力保获赦,又经萧何推荐升为治粟都尉,但这治粟都尉还是管粮草的小官,韩信雄才大略根本不能发挥出来。时隔多月,汉军中却悄悄发生变故,汉营中大多数是山东人,他们都思念家乡,不愿久居汉中,因此近月来将士三三两两地逃跑无数。这一下可急坏了汉王刘邦,他想发兵东进,可自己势力比较单薄,军中又没有才能的大将统领,万一起兵东向被楚霸王项羽知晓,必发大兵拦截,那时岂不自取灭亡。因此近日显得闷闷不乐。丞相萧何更是心急如焚,他思虑多日,认为韩信可胜任大将率领大军向东进发,因此与汉王刘邦发生了意见分歧。他认为汉军要想东征,必须启用韩信统军东征,否则必是徒劳无疑,因此决意再次推荐韩信。时逢八月十五夜晚,汉军将士望月皆歌,思念故乡,汉军已人心涣散。萧何再也不能沉默下去,便入宫求见刘邦,再次推荐韩信。汉王因近日心情不爽,曹妃娘娘特意在八月十五夜备了歌舞让刘邦赏月观舞,以解心中烦闷。汉王在后宫亭院中正与曹妃、郦食其、周荷二文臣赏月,闻萧何求见,便令请进。萧何进宫后,向汉王参拜,又与郦食其、周荷互相问安。刘邦摆手示意他坐下。萧何扫视四周景色,又抬头望望皓月若有所思地:"啊!中秋之夜,月色真迷人!""哦!"刘邦不解其意:"萧卿为何不与夫人在府邸赏月?""臣哪有心赏月啊!"萧何淡淡一句。旁边的郦食其慢条斯理问道:"立国数月,国泰民安,丞相有何忧虑之事?"萧何端起茶水淡淡一笑:"人无远虑,必有近忧。""哦!"刘邦一怔:"萧卿何出此言?""大王可知将士聚集一起望月而歌,盼望东归吗?""朕已知晓!""大王何不趁众将士盼望东归的急切心情,发兵向东进军,与楚争夺天下!""唉!"刘邦长叹一声:"朕何尝不想发兵向东进军,与楚争夺天下。但楚强汉弱,项羽有雄兵百万,良将千员,项羽又有万夫不挡之勇,何人是他的对手,朕军中如果有孙膑、吴起之类的人那就太好了。"萧何微微一笑:"孙膑、吴起之类的将才我军已经有了,就怕大王不肯重用。"刘邦大笑:"汉室之地哪有像卿说的孙、吴之类的将才!"郦食其阿谀逢迎道:"大王一向求贤若渴,知人善任,如有孙、吴之人,大王怕早已重用,让他统领三军了。"萧何微微一笑摇摇头:"非也! 郦大人,世上不缺金马良驹,缺的是伯乐啊!"刘邦惊奇地望着萧何:"萧卿,哪里有如孙、吴之人?""就在汉营之中!"萧何答道。刘邦一怔:"噢! 是哪一位! 萧卿快讲!"萧何这个人不慌不忙道:"淮阴人,有雄才大略,好似孙、吴,却至今仍屈居小小治粟都尉。"刘邦离座哈哈大笑,倒背双手眼望皓月:"朕当萧卿所谈何人,原来却是指韩信。"萧何上前几步力争道:"据臣详细考察,又亲自与他交谈,韩信确是当今英雄豪杰,文足智多谋,武勇冠三军,有安邦定国之才,万望大王早日重用,令韩信率军东征。"刘邦沉默不语,郦食其却插话道:"听说韩信年少之时寄食漂母,受辱胯下,这样一个懦弱之辈,能有何作为!""哦! 此话当真?"刘邦疑惑地追问道。"现在三军上下谁不知晓,韩信少时缺衣少食,游手好闲寄食漂母,投奔楚营也只不过是扛戟的郎中,有何大才!"郦食其补充道。"萧卿,如此一个懦夫担任我汉军大将,岂不荒唐!"刘邦很不高兴地说道。"大王,自古寒门出英豪,从来纨绔少伟男,说起来,大王与众臣也都是出身寒门!"萧何力争道。郦食其冷言冷语道:"大王! 这与楚争雄之大事并非儿戏哟!"刘邦听罢郦食其所言心里主意已定:"萧卿,朕看在你面上,已饶恕韩信等人死刑,又加封为治粟都尉,一些将士至今仍有些不服,今日怎么能够再加封于他,更何况三军主帅,一个胯下懦夫有何大才。"萧何诚恳地说:"身为贤明的君主,广泛招揽贤才是第一重要的事,大王千万不要仅凭一时一事来看一个人,否则将误汉统一大业。"

刘邦拂袖怒斥道:"荒唐!"周苛见状上前来到刘邦身旁低语道:"大王,丞相所说有一定的道理,依臣之见,不妨暂任韩信为帅,先试一试,也不负丞相一片苦心。""不! 不!"刘邦连连摇头:"丰沛将士随孤王多年,身经百战,立下汗马功劳,一个受辱胯下的懦夫,岂能封他为帅,众功臣老将岂肯服顺,三军将士岂不说朕赏罚不明吗?"萧何此时心情激动,激昂道:"三军将士,功臣老将,虽有战功,但无一人能比得上韩信的才能,韩信乃人中之杰,臣了解并深信韩信才屡劝大王重用。大王如愿长居汉中称王,那就无须用韩信,如欲东向一统天下,非用韩信不可,切望大王三思!"刘邦沉默不语,踱步思索,又连连摇头道:"不! 不行! 不行!"萧何痛切地说:"怎么不懂得千军万马很容易得到,而一名良将却是很难得到的道理呢?"周苛劝解道:"大王,丞相乃是肺腑之言,不可不听。"刘邦仍然沉默不语。郦食其向萧何拱手道:"丞相! 下官有一事不明,丞相为何不断地推荐韩信? 下官听说韩信常入相府,众臣在背后对此可是议论纷纷啊!"萧何冷冷一笑:"郦大人,为人臣者,贵在光明磊落，背后非议他人恐怕不是君子的所作所为吧！"郦食其尴尬地不知所措："这……这。"继而又含笑道："丞相何必多心，下官也是听他人所言嘛！""哼哼！"萧何冷笑两声，转向刘邦说道："大王既然听取意见却不采纳，为臣告辞了！"刘邦也生气地拂袖道："回宫！"内侍高喊："大王起驾回宫！"刘邦愤然而走，众人纷纷紧随。周苛上前关切地对萧何说："萧何兄怎么如此直言，唉……"又紧追刘邦而去。萧何紧锁双眉，忧心忡忡，缓步走出后宫……。

　　萧何与刘邦的争论在朝野上下掀起轩然大波，众文臣武将议论纷纷，樊哙闻知更是恼怒，心想为了这个韩信，使君臣不和，樊哙决心找韩信较量一番。一日黄昏，韩信正在一块空地上独自练拳，他练完一路拳脚刚收起架势，早已躲在树后的樊哙走了出来，他嘿嘿冷笑几声："都尉拳法不错嘛！"韩信抬头见是樊哙忙答道："在下露丑了，让樊将军笑话。"樊哙把双眼一瞪，挑衅道："听说丞相在大王驾前保举你做三军主帅，不知你有何本事，今日想领教领教！"韩信谦让道："在下不敢！""那你还想升官。"樊哙冷冷一笑，"今日你若胜我，算你真有本领，你若让我打倒，就快点给我滚开，当你的粮官去吧，别不识相让丞相为你说情，让汉室君臣不和。""怎么丞相为我与大王发生了争持！"韩信惊讶地问道。"你别装蒜！"韩信心里一阵内疚，他深深感到对不起丞相萧何，他想立刻去找萧何，劝他不要为了他而使他们君臣不和，可樊哙以为韩信害怕他，又进一步挑衅道："怎么害怕了，想走哪有这么便宜的事！"他将外衣一脱，捋起内衣袖子，朝韩信当胸一拳。韩信蹭蹭倒退几步，并不还手，转身想走。樊哙却得寸进尺，把双腿一叉讥讽道："想当年你不是从别人胯下爬过去吗，今日你既不敢交手，就也从我裤裆下爬过，今日本将爷便饶恕于你。""樊哙！"韩信勃然大怒："你也欺人太甚，我是不愿与你相斗，并非害怕你！""嗬！"樊哙冷冷地一笑："你小子也如此狂妄，胯下小儿看招吧！"他说着便劈头盖脸地朝韩信打去，韩信不慌不忙闪身让过，樊哙见他未被打着，便连连发招，韩信实在忍无可忍，接招还击。两人打了10来个照面，樊哙已招架不住，汗流浃背。韩信左手进一虚招，樊哙躲过，韩信右手又迅速打来，樊哙慌忙一闪，韩信下路一脚踢来，樊哙再无法躲过，"扑通"一声被韩信踢了个仰面朝天，韩信轻蔑地一笑，掸了掸脚上的尘土，大踏步走开。

　　夜幕降临，韩信回到住地，有几十名士卒悄悄来到他房间向他告别，说不愿长久地停留在汉军，要弃甲归田，问他是否一同走，韩信思虑片刻，对众人说道："你们先走一步，我还有一事要办，待我办完此事，便离开汉营，弃甲归田永不从军。"众人也不好再说什么，又怕奸人告密，便会一个也走不掉还会丢了性命，因此趁着天黑便悄悄三三两两离去。韩信决心向丞相辞别，免得为了他而使丞相在中间为难，汉王已把自己当成平庸小卒，我何需留在汉营，不如弃甲归田算也！他从怀中取出张良信绢，泪水夺眶而出，"嘿嘿嘿"他一阵冷笑："子房你骗我也！萧丞相多次举荐，汉王都不肯采纳，更何况你的一条信绢！看来我韩信命中注定不能实现胸中抱负！要它有什么用呢！"韩信想到这将信绢在灯上点燃，信绢在火中慢慢化为灰烬。他起身大踏步向萧何府邸走去。

萧何书斋，皎洁的月光从窗口射入，满屋晶莹。窗外竹影摇曳，秋花掩映，萧何正无限忧郁地坐在琴旁弹琴，琴声清韵，旋律起伏，侍女秋菊端茶进入书房；静听一会儿，便把茶奉上："相爷，请用茶。"萧何停止弹琴转身说道："秋菊，天色已晚，告诉夫人让她早点安歇！""相爷近日茶饭不思，夫人十分忧虑，已在厨下亲自给相爷做了点可口膳食。""告诉夫人，让她不要忙碌，今晚我不想用膳。""饭菜已做好，夫人正等着相爷共进晚膳呢！""唉！"萧何长叹一声："天下未定，国事未安，多少黎民百姓颠沛流离，诸侯豪强暴虐无道，我身为汉室丞相不能辅佐大王一统天下为民谋福，心感惭愧呵！""从相爷弹奏的旋律中，小女已从琴音中听出相爷那忧国忧民之情！""哦！你懂音律！""相爷忘了我是从秦宫投奔汉营。""哦，我差点忘了，你能否弹奏一曲？"秋菊点点头坐到琴旁，抬腕轻拨，弦下滑出一脉清韵，娓娓如诉往事万千，萧何屏息倾听，秋菊边弹边吟唱：

以暴易暴楚吞秦，豪强割据乱纷纷，

何日挥戈兴大汉，扫除无道济苍生。

萧何听罢歌声激动地问道："你……你是哪里人氏，如何……?"秋菊停奏回答道："小女原名李文娟，家住淮阴城外，10年前秦宫挑选美女，将我姐妹抢进秦宫，那时我刚刚8岁，被送入后宫练歌习舞、弹奏音乐，受尽了虐待，汉军兵马攻入咸阳，我才与几个姐妹逃出秦宫，投奔汉王军营，又随军人汉中，被安排到相爷府中照料夫人。"萧何听完感慨万分："不除暴政，天下割据，百姓怎能安居乐业，我一定全力辅佐大王完成一统大业，可叹大王听不进我肺腑之言，真叫老夫忧心。"萧何正在沉思，秋菊催促道："相爷，不可忧虑过度，现夫人已将膳食准备好，请相爷到厅堂用膳。"萧何点点头走入厅堂。秋菊走到琴旁坐下，抬腕刚欲弹奏，家童领着韩信来到书房，家童问道："秋菊姐！相爷哪去了?""相爷今日茶饭未进，适才刚去厅堂用膳，不知你找相爷有什么事?""韩都尉求见！"秋菊起身抬头见韩信走来，她不觉又惊又喜："哦！原来是救命恩人，上次竟忘记问你姓名，原来你就是韩都尉，请坐！我去给都尉沏茶。"韩信落座，秋菊端茶递与韩信："都尉请用茶。"韩信接茶时瞧见秋菊右手腕上的一只玉镯不觉一怔："请问，秋菊姑娘家住哪里，家中还有些什么人?""小女家居淮阴县，家中有一位老母和一个姐姐。""你姐姐叫什么名字?""李紫娟！"韩信一听又惊又喜忙接着问："你还有什么名字吗?""我原名叫李文娟。8岁那年被抢入秦宫，起名秋菊。"韩信激动地说："文妹，我可找到你了！"秋菊惊讶地："你是……?""我是韩信，你韩大哥呀，你8岁时我还教你识文断字，你怎么忘了?"秋菊泪水盈眶一下子扑到韩信怀中，热泪顺颊而下哽咽道："大哥，我娘她还好吗?""唉！"韩信心酸地长叹一声："自你姐妹被抢走以后不久，她老人家就离开了人世！"文娟听到这失声痛哭，又问："大哥，秦王朝已灭，你可曾见到我紫娟姐?"韩信从怀中取出一只玉镯交给文娟，痛苦地说："她……她为了我，死于楚将项庄的箭下。"说完，韩信也潸然泪下。秋菊双手颤抖地接过玉镯，泣不成声："娘！姐姐！

你们死得好惨啊！韩大哥,你文武全才,可一定要为我娘和姐姐报仇啊!"韩信扶着文娟:"文妹不必太伤心,我正是为了替天下百姓申冤,为你娘和姐报仇,才投军从戎,推翻暴政的秦王朝,又千里迢迢弃楚投汉,本想投汉有所作为,唉! 谁料大王无意东归,我又被小人陷害,险些丢掉性命,若不是丞相全力相救,恐怕我早已作了刀下之鬼。"秋菊擦擦脸上泪水,说道:"相爷多次提到韩都尉很有才华,据我所知,他多次在大王面前举荐于你。"韩信感慨地:"人生在世,遇一知己足矣! 相爷为了我生了不少气,真让我于心不忍。""是啊!"秋菊叹气道:"相爷整日长吁短叹,茶饭不思,他还为举荐大哥多次与大王发生争执!"韩信倒背双手紧皱双眉陷入沉思:现文娟妹已找到了,我心愿已了,她在萧丞相府中我也就放心了。秋菊见韩信沉默不语,忙说:"韩大哥,你想什么呀,相爷刚去用膳,待我去禀报一声。"韩信急忙阻拦:"文妹不必了,既然相爷正在用膳就不打搅相爷了,我走了!"韩信转身离去,秋菊恋恋不舍地说:"大哥你常来呀!"韩信走到门外又反身对秋菊嘱托道:"丞相为国为民呕心沥血你要好好照顾他。""嗯!"秋菊眼含热泪点点头。

韩信已离开多时,秋菊仍站在门口呆呆地发愣,萧何与夫人用罢晚膳轻步走来,夫人见秋菊问道:"菊儿为何站在这儿发愣?"秋菊猛然清醒,转身忙施礼:"相爷,夫人!"慌忙摆椅让座。萧何爱抚地问道:"菊儿怎么眼含泪水?"秋菊擦了擦两眼热泪慌忙答道:"没……没什么,刚才我韩信大哥来过,不知找相爷有什么事?""怎么韩信是你大哥?"萧何又惊又喜。"他少年时在我家居住,我娘如亲人一样对待他,他时常教我识字,待我如同亲妹。"萧何若有所悟道:"噢! 我明白了,别人说他寄食漂母,就是住在你家中喽?""当时我娘靠洗衣为生,人称漂母,韩大哥住在我家,帮我们做了不少重活,怎么能说他寄食我家,一些流言蜚语就是可恨!"萧何理解地点了点头又对屋外喊道:"童儿,掌灯与我到韩都尉营中。"家童应声:"是!"夫人急忙阻拦道:"慢,相爷,此时已深夜,有事明日再讲不迟。"萧何沉思片刻:"也罢! 明日我要与他好好谈谈,韩信实在是难得的人才,汉室要一统天下,非用韩信不可。明日早朝我再尽力保举,大王若再固执己见,我就交出相印。""你呀,什么时候才能改掉那牛脾气。"夫人微笑地说道。秋菊对萧何道:"相爷、夫人时候不早了,还是早点安歇吧。"夫人点点头,挽着萧何姗姗走入寝室。

夜深人静,约四更时分,萧何与夫人睡得正香,忽然窗外一阵急促喊声:"相爷! 相爷!"萧何被惊醒,掀被坐起问道:"谁呀,何事这样惊慌!"家童在窗外说道:"禀报相爷,刚才守城军校来报,说昨晚韩都尉骑马出了北门,至今未归。""啊!"萧何吃惊地急忙更衣又连声问道:"为何此时才报?"家童说:"军校讲,昨晚一更时分韩都尉要出北门,军校问他,他说去城外巡哨粮仓。但至今不见回城,近来离营逃走的将士不少,怀疑韩都尉也是外逃,因此特来禀报相爷。"萧何慌忙起身走出寝室,向家童说道:"童儿快去备马!"家童迟疑地说:"相爷,现在还是深夜要上哪去?""去追韩信,追韩信!"萧何心急如焚地喊道。"相爷,我也和你一同前往!"萧何点头答应:"嗯! 快!"萧何出了相府大门,家童已从马厩牵出了两匹好马,萧何与家童翻身上马，打马扬鞭直奔北门，守城军校听说丞相要出城门，哪敢怠慢，立即开了城门，一名将佐随口问道："丞相要去哪里？"此时萧何心急如焚，哪有时间理会便狠抽马股，两匹快马飞奔出了城门。

秦岭山麓，留坝境地的寒溪河畔，一轮明月徐徐而起，月光给整个山麓披上一层银辉。韩信骑马已奔走一天一夜，感到人困马乏，当行到寒溪河边，见河水猛涨，水深浪急。韩信已知上游暴雨发洪，很难蹚水过去，便下马停步，他捧河水勉强喝了几口，坐在一块大石上吃干粮歇息，一位樵夫走过，他急忙上前探问道路，樵夫告诉他河水猛涨，只有等到水位下降才能蹚水过河，北上翻越秦岭，他无可无奈只好叹气在此歇息。樵夫走远，韩信陷入深思，偌大天地怎容不下我韩信一人，我堂堂七尺男儿，空读圣书，又习武艺，徒有雄心壮志，现报国无门，他想到这，起身向汉都南郑城方向单腿一跪，自言自语道："丞相承蒙你多方关照，信实难留于汉地，辜负了你一片苦心，韩信在此遥向拜辞，望恩相多多保重！"言罢，韩信起身牵马沿河而上，他刚走两步，忽然听见几声马嘶，一阵阵马蹄哒哒声由远及近，只听马上之人高声喊道："前面之人请留步！"韩信吃惊地回头一望，只见两匹快马飞奔而来，来人渐渐清楚，竟是萧何丞相！萧何在马上看见韩信，顿时喜出望外，放声高喊："都尉留步！"韩信闻声止步，萧何污衣垢面来到韩信跟前，下马气喘吁吁拉住韩信双手："都尉……！""丞相……！"韩信泪水夺眶而出。家童也下得马来说道："我们相爷闻知都尉离汉营而去，急忙起身连夜追赶，还好总算在此地追上，一天一夜可把相爷累坏了。"韩信内疚地说："丞相！让你受累了！"萧何爱抚地说："你我一见如故，要走，也得告诉我一声嘛！"韩信"扑通"一声跪下痛哭道："丞相，请恕罪！""都尉请起，请起！"萧何扶起韩信："男儿有泪不轻弹！横枪跃马洒热血，方才是英雄本色。"韩信抹去眼泪："我本想在汉军中干一番大事业，辅佐汉王统一天下，可是汉王偏信谗言，视我如草芥，虽丞相几次犯颜保举，但大王充耳不进，我又恐再连累丞相，故决心离汉，弃甲归田永不从军！"萧何微微一笑："都尉所言差矣！都尉满腹经纶，武艺不凡，何不建功立业，做番大事流芳百世，怎能想出这样不好的策略，私离军营，更何况还要弃甲归田！"韩信沉默不语，萧何又说道："都尉年轻，万不可荒废岁月，虚度年华，空怀一身才能而不用呵！当今天下，能做成大事者，只有汉王刘邦，凡是总有个前因后果，都尉若轻易弃而远走，将来会遗恨千古呵！"韩信迟疑不决道："这……汉王嫌我出身贫贱，留下来又有什么益处呢！""大王十分器重人才，只是还不了解你，老夫可做担保。""唉！"韩信长叹一声："丞相多次为我，可结果大王他……？"萧何含笑道："伍子胥七荐孙武，孙武方被吴王所用，我也不过才三荐都尉啊！"见韩信犹豫不决，萧何又说道："都尉不必再犹豫，跟我速回军营，这次大王若再固执己见，一意孤行，不重用都尉，本相愿随你一道弃甲归田，不知都尉意下如何？"韩信心被说动，他激动地拔剑向天盟誓："生我者父母，知我者丞相，我韩信如若不能全力辅佐汉王统一天下，誓不为人！""好！"萧何称赞道："你我同心协力辅佐大王共建大业。"家童心里也十分高兴，将马牵到萧何、韩信身旁，他们翻身上马扬鞭催马向汉营飞奔而去。

韩信随萧何回到汉营，萧何进宫再荐韩信，由于萧何再三陈述，刘邦终于想亲自试试韩信才能，韩信讲了时局和楚汉的优劣，如若汉王起兵东向顺应民心，先夺关中，关中被夺下，汉便以秦为根据地，然后再图天下，统一大业便可成功。刘邦得到韩信一番陈述，顿时茅塞顿开，但又一想通往关中的栈道已被烧毁，他愁容满面地又问如何能先夺三秦。韩信来到刘邦身旁只悄悄低语几句，刘邦开怀大笑："妙妙妙！"他赞不绝口："真是与张良所献火烧栈道计策珠联璧合！"他拉着韩信手惭愧地说道："都尉果是奇才，只恨以前自己糊涂。"刘邦立即封韩信为大将，萧何急忙阻止，言道千军易得，一将难求，汉室封大将军，应该筑坛拜将才。刘邦采纳了萧何建议，便立即筑坛，于汉远年八月的秋天，乙未时刻拜韩信为东征大将军，统管三军人马。

平定三秦　班师回朝

汉王刘邦自拜韩信为大将后，三军经韩信操练一月有余，兵马已基本操练精熟，士气高昂，刘邦非常高兴，与韩信、萧何商量后，决定选择时日向东进发。

在大将韩信府内大厅，今日聚集着汉室各文臣武将。汉王刘邦坐于上首之位，左萧何、右韩信两旁相陪，韩信精神焕发，身穿金甲玄衣英气勃勃，下首各文武大臣伫立两旁。刘邦春风满面地高声说道："我汉室将于明日起兵东征，韩元帅早已策划好进兵方略，望众卿细听！"众人都鸦雀无声默默细听，韩信望了众人一眼，见个别武将还怀有轻蔑的眼光，他只是微微一笑对众人说道："近一个月来已将人马操练一番，我又遣三千将士修筑栈道。众人定会疑问，这秦岭山中栈道已经烧毁，这三千将士修复得需要多少年月，明日如何起兵东征。这遣兵修筑栈道只不过是掩人耳目麻痹章邯而已。我离开楚军投奔汉王时经老猎人指点出一条捷径，此道虽然难行，但只要稍加修铺可以直捣陈仓。这叫明修栈道，暗度陈仓，奇袭章邯。"众人听罢这才放下心来，人人显出敬佩之情。并齐声回答："谨遵帅命！"

在雍王宫后殿，饮酒赏舞一夜的雍王章邯，太阳升起老高才慢腾腾晃悠悠地从寝室内走入后殿，他刚坐下，一名侍女端来人参银耳汤奉上。章邯接汤刚喝一口，一内侍慌慌张张跑来禀报："启禀大王，大事不好！""哦！"章邯吃惊地问："何事如此惊慌失措？""探马来报，汉王刘邦已准备东征，数日前派千名士卒修复秦岭山中栈道。"章邯听罢满不在乎说道："区区小事也值得如此惊慌，山中栈道那么多，他何年何月才能修好，还不给我退下。""是！"内侍默默退下。章平又慌张进殿禀报道："大哥！据探马来报，刘邦已拜韩信为大将，号称15万大军，要夺我秦地。"章邯冷冷一笑："刘邦真是痴心妄想。哦！韩信是什么样的人物！""禀大哥，韩信就是楚军霸王麾下的持戟郎中。"章邯听罢哈哈大笑："嗯，却原来是一个胯下受辱，毫无志气的懦夫。刘邦如此糊涂，怪不得他行为乖张荒谬，前烧栈道已是失策，今又修复栈道，只派遣千名士卒，看他何时能修通，不必理睬。"章平劝慰道："大哥，还是防备为好！"

章邯略一思索："好吧，贤弟就带上 5 万人马，在陈仓道上把守，孤王再令其他将佐率领人马在秦岭道口修筑堡垒，料他插翅也难到我废邱都城！"章平很是称赞："大哥，不愧久经沙场，布防有理，妙！妙！"

秦岭山中褒斜道上，汉军将士汗流浃背地铺设栈道。有两匹快马飞奔而来，一名将佐下马来到统军周勃、灌婴身旁高声喊道："韩元帅有令，周勃、灌婴监督修筑栈道不力，革去监工之职，带回汉都听候发落！"说罢，冲他们挤了挤眼。周勃心里明白此意就假意发着牢骚："他娘的，干了这苦差事难道还要伏罪不成！"另一名将佐拿出韩信令箭："将他二人拿下，带回营中，此处由我二人监工，继续加紧修复栈道。"

夜晚，韩信带领一支大军悄悄离开南郑，向北挺进并留下标记。后边大队人马随后紧随在韩信留下的标记也向北进发。天刚拂晓，陈仓道上雍军章平的营寨隐约可见，韩信率领着 3 万人马翻山越岭，披荆斩棘经过几天的行军，终于顺利走出秦岭，来到章平营寨之前，韩信一声令下，汉军人马以排山倒海之势攻入敌营。一片喊杀声，惊醒了还在睡梦中的章平，他慌忙从寝室内跑出中军大帐，见到处都是汉军人马，吓得魂不附体，他盔甲未穿就慌忙从后账中牵出战马，慌不择路匆匆而逃。经过激战，雍军死伤无数，溃不成军，纷纷投降。汉军人马大获全胜。韩信从一士卒怀中取出 3 只白鸽，拴上信绢，放于空中，3 只鸽子在蔚蓝的天空盘旋一圈，然后向汉中方向飞去。韩信命周勃、樊哙速带 2 万人马乘胜向废邱雍都进发，围困雍宫，歼灭章邯。

汉都南郑城内，一只鸽子落入汉王府庭院内，一内侍见着捉住鸽子，从鸽子腿上解下小竹筒，急忙进宫献于汉王面前，汉王刘邦从竹筒内取出丝绢展开一看顿时心花怒放，他立即对内侍下旨："快，速传孤王旨令，宫内准备向秦地进发！"丞相府一只白鸽落入文娟手中，文娟从鸽腿上解下信绢，急忙向丞相萧何献上，萧何一看满意一笑命令道："准备起程！"军中夏侯婴也从一只鸽子腿上取下信绢，哈哈大笑道："元帅果然奇才，来人，立即拔营起寨，三军向秦地进发。"第二天清晨汉王刘邦率领着汉军人马及后宫、辎重、粮草缓缓向秦中而去。

废邱城，雍王宫主殿，龙灯凤烛香烟袅袅，章邯左右依坐着红裙舞女，翠袖歌姬，在悠扬的乐声中饮酒观舞。一将佐进殿禀报："启禀大王，汉军修复栈道又增加不少兵士百姓，已修好一处。"章邯冷冷一笑："几百里栈道才修好一处，他何年何月尚能修好，看来韩信真是一个无能之辈！不必理会，陈仓道已有章平把守，汉军就是插翅也难飞到我废邱城！"就在这时忽然殿外一阵凌乱的脚步声，章平垢面污衣与几名逃回的将佐跌跌撞撞冲进大殿，跪伏于地，失声痛哭。章邯大吃一惊，他一挥手令众舞女退下，乐声也戛然而止。章平战战兢兢说道："大王，陈……陈仓……!""陈仓怎么啦!"章邯追问道。"陈仓……失守!""啊!"章邯差点惊晕过去,他怒掷酒杯:"你……你如何把守,又是如何被何人夺去?"章平哭泣道:"是韩信所率汉军人马!""啊!难道汉军兵马是天兵下界不成?栈道尚未修好,汉军从何处而来,难道他们真能插翅高飞吗?"一将佐道:"大王,汉军并没有走栈道,是抄一条小径暗度陈仓,现汉军已直奔废邱城而来。"章邯此时心急如焚,又一军吏慌张进殿禀报:"启禀大王,汉军兵分三路已杀到城下,将城池团团围困。"章邯急忙登城察看。

雍城外。韩信率领几万将士猛攻雍城,号角阵阵,杀声连天,雍兵抵抗不住,纷纷败退城内。

章邯在大殿内心急如焚,他令一名军校抬刀备马,决心与汉军决一死战。他刚出大殿,一将佐慌慌张张跑来禀报:"大王,大事不好,不知从城外哪里涌进大水,已淹死我兵马无数,汉军已驾起船舟攻进城内。"章邯大惊失色,断定是韩信先堵截了河水,后又放水淹了城池。

汉军杀进城内,双方将士展开激烈的格斗,雍军又死伤无数。章邯、章平带领着百名士卒向城北仓皇出逃。他们刚出北门,一队人马拦住去路,为首一员大将金盔铁甲,手持长枪在阳光下更显得英气夺人。左有周勃、曹参,右有樊哙、灌婴。章邯一见,吓得魂魄俱散。韩信在马上高喊道:"章邯,本帅在此等候多时了,快快下马投降吧!""胯下小儿,孤王久经沙场,不想今日败在小儿你的手里,今日孤王与你拼了!""哼哼!"韩信冷冷一笑:"章邯你恶贯满盈,今日便是你魂归地狱,休想逃,看枪!"说罢,横枪跃马直奔章邯而来。章邯见势不妙,与韩信两个回合,便虚晃一枪拨马向城内逃去。百名雍军士卒被汉军杀死杀伤,不少人跪地投降,章平被樊哙生擒。章邯逃回城内躲进宫中,韩信随后率领人马杀到,章邯又逃入大殿,韩信持剑追入大殿,后面曹参、周勃、樊哙、灌婴等将佐齐拥进殿内。韩信怒斥道:"章邯匹夫,看你还想往哪里逃!"章邯见无路可走,前后左右均被汉军将士团团包围,遂拔出利剑自刎而亡。此时夏侯婴也赶到,他向韩信禀报道:"启禀元帅,我汉军已分扎雍地各处,汉王及丞相和后队人马明日就可到达。"韩信大喜:"好!我军大获全胜,夏侯将军,速禀告大王,雍地全部平定。"随后,韩信又部署军马,兵分两路夺取塞地栎阳城和翟地高奴城,全部占领秦地。

一个月后,汉王刘邦率军进入废邱城。这时韩信已扫平塞地、翟地,司马欣、董翳二王也相继投降,三秦全部平定,韩信班师回朝。

韩信率兵　东拒北征

公元前206年底(汉一年),韩信夺取三秦后,刘邦在秦地栎阳城建都,开放秦林苑,奖励耕种,减轻赋税,大赦罪犯,改秦社稷为汉社稷,关中得到治理,出现了一片清明景象,汉王朝从此崛起。同时谋臣汉军师张良在老母病故后,从韩国返回汉室。项羽听说三秦丢失,决心发起大军讨伐,无奈三齐田荣举旗谋反,首先背叛楚国,于是项羽先率大军攻打齐都,正在他与齐军打得不可开交之时,张良又用一计,写书一封送与项羽,陈述时局利弊,信中写道:"霸主项羽陛下,张良我只是一个小小的草民,虽跟随刘邦,但能深明事理。汉王虽然失职,但只收复三秦,按照以前的约定不再兴兵占领他地,在三秦称王就很满足了,不再向东进发。只有三齐背叛楚国,妄想灭楚称霸天下,故寄书阐明汉王之意,请霸主见谅!"范增知道这是张良施计,便请项羽暂且放下齐都不攻,先举兵攻打刘邦。无奈项羽固执地认为不灭三齐,不杀死田荣,气难咽下。刘邦虽夺三秦,并没举旗反楚,因此先平定三齐后伐刘邦。谁知,这样一来,便使刘邦在关中站稳了脚跟。使汉室有了喘息之时机,刘邦采纳韩信的策略,迅速在三秦大地招兵买马扩大实力。三秦得到大规模的治理,百姓安居乐业,只等夏收后起兵东征。刘邦此时思念家乡丰沛居住的父亲、妻子和儿女,便想派一支大军迎娶。韩信已料范增必然派楚军监视汉王眷属,若汉遣兵接人,只怕人没有被接来,太公、吕雉和一双儿女命会丢了!刘邦心急如焚,韩信建议派两名熟悉丰沛地理的心腹乔装成商人去丰乡悄悄地接太公和吕雉。张良也赞同这个计谋。刘邦无奈,只好派薛欧、王吸二位偏将去丰乡接取家眷。

关中平原今年夏粮遇上了大丰收。汉室粮仓均已堆满,三秦百姓丰衣足食,人人笑逐颜开。汉王宫主殿内这几日讨论事情非常激烈,经过韩信、张良多方争执和议论,刘邦才决心东征。但汉王刘邦决意亲自统领大军前往,关中大地交于长子刘盈据守。上次太公及吕雉因楚军监视很严未能接到关中,只把长子刘盈偷偷接走。长子刘盈年幼,让曹妃娘娘辅佐他,丞相萧何辅佐据守栎阳城。

此时楚军项羽正讨伐三齐相持不下,汉军才乘此机会东征,汉军从临晋渡黄河入河南,殷王司马卬率军阻拦,韩信略施小计破了殷军,活擒司马卬,汉军浩浩荡荡直捣洛阳。此时楚军项羽遣都尉陈平率军援助殷军,在途中获知殷军大败,司马卬被活擒,陈平恐怕被项羽治罪,便独自一人丢弃金甲到洛阳城投汉。刘邦见陈平面如冠玉,相貌非凡,委派他担当重任。陈平降汉后献上一计,让汉军乘项羽忙于尚在千里之外攻打三齐,何不乘隙攻下楚都彭城。刘邦非常高兴,便决意亲统大军前往,让韩信据守洛阳。韩信多次谏阻,刘邦不听,他怕韩信再夺彭城立功,功高震主,故让韩信据守洛阳。汉军一路所向披靡攻下楚都彭城。此时项羽已攻下齐都,杀了田荣,立田假为齐王。当项羽听说刘邦偷袭了彭城,立即率领大军杀回彭城。刘邦做梦也没想到项羽会率大军悄悄杀回,汉军大败,死伤无数,汉王刘邦还差点丢了性命,多亏太仆夏侯婴拼死保驾才得以逃回。韩信听说汉王刘邦大败,便亲统人马前往荥阳救驾。刘邦被救回,可汉军元气大伤,多亏韩信在荥阳多次击败楚军追兵,汉军才得到喘息的机会,否则项羽会一鼓作气直追杀到三秦栎阳城中。在关中栎阳城中,丞相萧何闻知汉军大败,便征来新兵数万和筹来粮草数十万,让长子萧平与文娟亲押荥阳城中,汉军及时得到补充,军威才开始大振。

荥阳城。韩信巡城刚回到府邸，进书房御下金甲，一名侍卫献茶放到案上，韩信端茶刚呷一口，忽然听见一女子喊声。韩信不由自主地转身一看，见门口站立一人，心中一怔，然后喜出望外："小妹！你何时来的，快进来坐。"文娟进房内假意生气道："我前日与萧平就到了荥阳城，今日又到府门等候多时，难道大哥有意躲着小妹。"韩信歉意道："哪里，大哥近日十分忙碌，昨日听说小妹已到荥阳，却没空去看望，望小妹多多原谅！大哥在这里给你赔礼了！"文娟"扑哧"一声笑出声来："谁让你赔礼！你为汉室江山日夜操劳，鞍马劳顿，小妹怎么能不知道！"韩信上前一步握住文娟双手："你们将人马粮草送来得太及时了，真不知怎么感谢。小妹，当你回到关中时请代我向丞相及夫人问好！"文娟含情脉脉地望着韩信那饱经风霜的脸颊，不由一阵心酸："小妹真想变成一株株小草，随大哥战马驰骋，任大哥双脚踩过，就是碾成灰，也能落到大哥身边。小妹这次早就想好，不回栎阳，永远侍奉大哥。""傻妹子，你说哪去了，想我韩信自幼孤身一人，幸好遇上小妹一家好人，我才有今日，我何曾不想有个贤妻做伴，呼儿唤女？然国不宁，心难以平静，兵荒马乱，天下不一统，纵有娇妻爱子，也难享天伦之乐。况且丞相与夫人身边需要你去照料。小妹还是回到栎阳去吧，大哥怎么有忍心让小妹流血沙场……"文娟被感动，深情地点了点头。此时一名侍卫进来："启禀大将军，大王驾到。""哦！"韩信一怔："大王今日亲自来上门拜访，肯定有大事，传令！府门列队迎驾！"侍卫离去，文娟也起身告辞。韩信急忙整衣出府门迎驾。

此时刘邦在张良、郦食其、周苛等人簇拥下慢步而来。韩信率众武士列队相迎。刘邦在众臣簇拥下来到厅堂上首落座。众臣分别站立两旁，二侍卫急忙上前奉茶。刘邦呷了一口茶水，然后歉意地对韩信说："彭城进兵，朕没听韩卿良言，至今悔恨莫及。现各地诸侯趁势倒向楚而反对汉，汉被孤立，现又兵力不足，朕的宏伟大业恐难实现。不知韩卿有何高见？"韩信微笑说道："大王可曾记得昔日在汉中起兵东征之时，你我君臣商议的大策？"刘邦淡淡一笑："这孤王怎能忘记。但是现在形势已发生变化，我汉军已遭挫败，如何能与这强楚争雄？""大王，楚国虽然强盛，但不是不可以击破。争夺天下不能凭一时强弱而定。汉军虽弱，只要分兵两路，采取东拒北征方略一定能够夺取天下！"刘邦一听，顿时兴奋地从座位上站起："何为东拒北征？"韩信说道："大王可差遣一部人马，从荥阳起兵，向北挺进，先夺取魏，再入赵夺燕，然后从燕入齐平定北方，扫除楚的两翼。等北方平定，都归属汉之时，然后北、东二路南下会师，合击楚军。"刘邦满意地点点头："嗯！那东拒……？""就是坐镇荥阳牵制楚军西进，防备楚夺我关中，与楚在荥阳周旋，使楚无力照顾到北方。等北方平定，两路夹击，何愁不击破楚军？""嗯，这个策略不错！"刘邦转念一想："可是北征谈何容易……？"郦食其也插话说道："北征兵马太少，另外路途遥远，山路崎岖不平，给养供应非常困难，任重道远，何人能率军平定北方？"韩信思考了一会儿："大王！臣愿率一部分人马平定北方。""这……！"刘邦有些犹豫不决。张良急忙提醒："大王！北征非大将军莫属！"刘邦猛然醒悟："哦，对！

对！北征非韩卿莫属，朕封你北征大元帅职位，即日就起征。"韩信急忙起身施礼："谢大王！为了汉室一统大业，臣就是赴汤蹈火，也在所不辞！""好！"刘邦高兴地说，"朕等候韩卿好消息，朕亲统一部分人马东拒楚军。"此策就这样定下了。刘邦率众臣回到行宫，韩信分了一部人马待命出发。

荣阳城外。校军场上，旌旗飘飘，北征兵马个个精神抖擞，威武雄壮。一面帅字旗在队列前迎风飘扬。将佐曹参、灌婴骑马立于队前，韩信在两名侍卫跟随下身穿金甲玄衣向队列方向走来。曹参急忙下马来到韩信面前施礼："启禀元帅，北征兵马准备完毕，待命出发。"韩信点点头，然后拔剑向空中一举，号令三军："北征将士，同盟一心，不负众望，扫平北方！"众将士齐声振臂高呼，呼声震天。刘邦在众臣簇拥下慢步而来。韩信迎上前去。刘邦拉着韩信手来到队前，望了望汉军阵容，满意地笑道："韩卿不愧具有孙膑、吴起之将才，朕有韩卿，何愁天下不统一！"韩信向刘邦道："臣以为，北征虽说不易，东拒更不可小看。荣阳城中三军人马全靠敖山粮仓，千万不能丢失这个粮仓。请大王切记！"刘邦淡然一笑："韩卿放心，敖仓有周勃将军据守，不会有失。卿即起程，勿负朕望。"

于是，韩信率兵马踏上了北征的路程。

背水列阵　燕地归汉

韩信率军北征，大军到了临晋渡口，望见对岸全是魏兵，不敢轻易渡河，选择地势安营扎寨，赶办船只，与魏兵隔河相望，暗中却派士卒探察上游形势，不多时探马来报，上游的夏阳地方魏兵把守非常少。韩信听后，便已想出一击破敌人的策略，他令曹参带领人马入山，砍伐木料，不论大小运到军中。曹参领令走后，韩信又令灌婴带领将士分别前往市中，购买瓦罂，并且每瓦罂须容纳二石，购买千数，灌婴领令去办。几日之后，曹参、灌婴统统回来缴令，分别将木料瓦罂一律办齐。二将心中纳闷，便直言问韩信："元帅，用木料及瓦罂做什么呢？"韩信微微一笑从怀中取出两条信绢："你们二人分别拿出一条信绢来，看后自然明白！"二将接信绢在手，出了大帐，展开一看，原来元帅是让他二人制造木罂。这木罂造法，都画在信绢上，原来是用木料夹住罂底，四周缚成方格，把千罂分做数十排。韩信让二将制好以后再行请令。灌婴对曹参道："元帅葫芦里卖的什么药，渡河船只已经备齐，造这木罂有何用？"曹参微微一笑："想元帅定有妙计，我们大家只依法制做罢了！"二将日夜赶造，不到数日，已将木罂制齐，前来缴令，韩信满意地点点头："待至黄昏，灌婴你带领数千名士兵，只准摇旗呐喊擂鼓助威，并守住船只，不得擅自命令渡河，违令者斩！""是！"灌婴领令出帐。韩信又对曹参道："曹参与本帅率军搬运木罂，连夜运到夏阳，就将木罂放入河中，每罂内装载兵卒两三人渡河，不得有误！"曹参领令出账后，立即行动。曹参率军将木罂运到夏阳。韩信与曹参一同率军乘坐木罂划到对岸。那魏将柏直只是死死把守临晋津。不让汉军渡河即可，哪里能想到韩信用木罂渡军。夏阳平日守军非常少，见河面没有船只，只是放心睡觉。天色已亮，汉军人马全部渡过。曹参挥刀拍马直杀向魏营，魏兵尚在梦中毫无抵抗，纷纷投降，魏将柏直被杀。汉军直杀到魏都平阳，魏王豹闻听惊慌失措，不得以亲自率军出城迎敌，他既无韬略，又无本领，未战几回合，被韩信曹参将帅活擒，魏兵见魏王豹活擒纷纷弃甲投戈跪降。魏地很快被平定。韩信令人把魏王豹及家眷囚入槛车运往荥阳听候汉王发落。

再说项羽自从在彭城大败汉军之后，心里十分高兴。本可乘胜追击直捣关中，无奈被韩信率军在荥阳拦阻，只好班师回朝。这一日早朝，项庄启奏："启奏陛下，据探马来报，汉大将韩信率军北征，已夺取魏地，活擒魏王豹。"项羽大惊，问众臣道："汉军上次在彭城被我军打败，死伤无数，已经元气大伤，他怎会有兵力北征？这韩信胯夫真不简单，当初悔不该没有采纳丞相良言，使胯夫小儿弃楚投汉。"丞相范增急忙出班启奏："陛下不必忧虑，汉军此次能北征说明兵援已补上，但汉军不会有多少兵力，韩信北征，荥阳城内肯定兵力不足，何不将计就计来个马踏荥阳城，乘势活擒刘邦，灭了汉军，看他韩信又能如何？"项羽点头称赞："丞相所言正合我的心意。"项羽立即下令，发倾国之兵马踏荥阳。

再说汉王刘邦闻知韩信取胜，魏地已平，又见魏王豹及眷属押到，心里十分高兴。他见豹妾薄姬颇有几分姿色，想纳她为妃，又恐怕大臣们有异议，他只好把近臣郦食其召入后宫商议，郦食其已摸透刘邦心意，便说道："大王既然看中还怕他人闲言碎语，纳入后宫便是，至于魏王豹等人愿意投降的就让他们在营中作为奴仆，不愿降者杀掉就是。"汉王刘邦满意地点点头。郦食其手将胡须进谗言道："常言道：害人之心不可有，防人之心不可无，韩信北征率精兵远去，难道大王就没忧虑？将在外，君命有所不受哟！"刘邦微微一笑："朕赐两名心腹侍女，卿不懂朕的用心？""臣虽猜出一二，可是大王据守荥阳，万一项羽发大军围困荥阳……？"刘邦淡淡一笑："朕已考虑过兵来将挡，水来土围，朕坚守荥阳，项羽奈何不了！""如果项羽先夺取敖仓，断我军粮草岂不……？"郦食其又说道："周勃几万人马能否抵挡楚军大兵压境。""这个……"刘邦有些张口结舌。"依卿之见何如？""速调曹参、灌婴二将精兵协同周勃据守敖仓，如果不这样的话荥阳将会……！"郦食其不再向下说。刘邦心里明白，立即传旨。速调曹参、灌婴两支精兵回兵据守敖仓。

且说韩信以平阳为根据地，正筹备讨伐赵国，此时汉王使命到，韩信立即接旨，原来是调曹参、灌婴两支精兵班兵回师荥阳，据守敖仓。韩信遵旨，只好让曹参、灌婴率军离去。曹参、灌婴二将本是韩信左右臂，这一离去兵力减去大半，使韩信显得沉闷压抑和无奈，他独自一人在书房内来回踱步，此时来到窗前推开窗户，眼望那乌云翻滚的天空，不由长叹一声，陷入沉思。从他那布满血丝的双眼中，可以看出他那难以言状的痛苦和焦灼。此时两名偏将靳歙、陈豨走进轻声道："元帅！"韩信慢慢转过身来："二将请坐。"靳歙眼含泪水："元帅，大王对咱们也太……！""别说了!"韩信苦笑道,"大王定有他的难处,虽然调走曹参、灌婴两支精兵,但也是为了荥阳安危,万一敖仓失守,后果将不堪设想,这关系到大王及众臣的安危!""那我们北征继续进军吗?"陈豨不满地说道。"才刚刚夺取魏地,就将人马抽走一半,这伐赵还伐不伐?""要伐!不但要伐,还要取胜!"韩信坚定地说道。"这人马粮草从何而来,如今咱们北征军只剩下1万多人,这……"陈豨又忿忿不平地说道。"不是本帅让你们抓紧四处募兵吗?""刚招募的新兵,又能如何征战!"韩信坚定地微微一笑:"只要我等抓紧操练,指挥有方,新募兵丁仍可以驰骋疆场,奋勇杀敌,最后取得胜利。"韩信接着又说:"此时此刻要以大局为重,咱们将帅要团结一心,努力北征胜利,走,咱们到募兵处看看!"陈豨与靳歙点点头跟随韩信来到募兵处。远远就见募兵处三五成群的青壮汉子踊跃报名参加汉军,一个个穿戴汉军服装笑逐颜开。又走到另一处,见四方百姓肩担、背扛着粮草纷纷交售给汉军,将士一一付清银两。韩信望着一切与靳歙、陈豨互相对视一会儿地笑了,靳歙高兴地问道:"元帅,何时起兵伐赵?"韩信果断地答道:"再过几天,粮草筹齐,新兵操练精熟,择日起兵直驱赵都。"

且说赵王歇闻知韩信伐赵,慌忙令赵相陈余率军在险要处固守,阻住汉军。赵有一谋士广武李军左车,向陈余建议道:"韩信乘胜远来,锋不可当,我听说他新近招募兵士,粮草又匮乏,他敢远道至此,一定想速战速决。好在赵国门户,有井陉口为险阻,车不能通行,马不成列队,他若从此处进兵,势难兼运粮草,所有辎重定在后面,请丞相给为臣3万人马,由悄悄埋伏在中途,突然袭击他,截取汉粮,丞相深沟高垒,不要与他交战,韩信前不得战,后退不得还,荒野中得不到粮草,汉军不出十日,必然自乱,那时微臣便将韩信首级交于麾下!否则,虽有险阻,不足长远对峙,恐反被韩信所擒。"陈余本是书生出身,没有什么好的见识,又不崇尚计谋,他怎能采纳李左车之计,立即喝退左车,使之离去。

再说韩信率领大军行至井陉口,天色微明。他吩咐靳歙、陈豨如此这般授以密计,令他们分头去办,二将领令而去。韩信令裨将分给干粮,叫全军暂时果腹,传谕将士道:"今日便好破赵,待成功后,再吃饭也不迟。"将士都很惊疑,但又不敢细问,只好按令行事。韩信又挑选精兵万人。令其渡过泜水,背着河岸,列阵等待。赵军望见汉军背水列阵,禁不住偷偷地取笑,就是汉军将佐也惊讶疑惑。但都知元帅平日善于兵谋,往往令人不测,所以依令照行,不敢违抗。韩信率军渡河到了对岸,见赵兵据险立营不肯出战,便令将士扬旗示众,击鼓助威,并大模大样率军闯入井陉口。

此时早有赵军士卒禀报陈余,陈余大开营门,麾兵出战。赵兵仗着人多势众,蜂拥而来要包围韩信,韩信传令撤兵,并令将士抛下帅旗,掷下战鼓,一齐返身回奔,驰还泜河营寨。陈余部众一时得胜,更加不顾一切奋力追击,还有居守营内的赵兵,也想乘势邀功,赵王歇也拥了出来,掠取汉军旗鼓。韩信率军撤退到泜河边,陈余率赵兵追了上来。泜河岸边本有汉军列阵等待,见韩元帅回寨,立即出兵拒陈余兵马，韩信立即下令全军将士与赵军决一死战，退却者斩。元帅令下，个个奋勇，人人争先，一场激战就此展开，赵兵死伤无数。陈余见时已中午，将士人人都已饥肠辘辘，不能再战，便令撤兵。不料辙退途中，望见赵营寨中旗帜已变颜色，仔细辨认，才看清是汉军旗帜，不由得魂不附体，闻风丧胆，心惊肉跳。正在慌张之时，突然斜刺里杀出一军，乃是汉左骑将靳歙、傅宽引兵杀来，陈余急忙率部对阵。突然又有一路汉军人马杀来，当头拦住，为首者陈豨、张苍。吓得陈余不知所措。三路人马合击，赵军大败，陈余被杀，赵军将士纷纷跪地投降。汉军大获全胜。韩信升坐大帐，靳歙押一个俘虏推入帐中禀报："启禀元帅，汉军大获全胜。末将已活擒赵王歇，前来交令。"韩信大喜，令人推出帐外枭首示众。赵王歇被斩，赵地扫平。汉军进入代郡城歇息休整。

韩信率军驻扎代郡城后，他又在帅府内伏案查看燕、齐地形图，侍女翠珠献茶置案，靳歙、陈豨、傅宽等将佐抬着一坛酒，带领十几名偏将径直走进帅府门，来到屋内喜气洋洋跪拜朝贺："恭喜元帅，贺喜元帅，祝元帅身体安康！"韩信抬头一笑："众位！这是为何，快快请来！"众将起身，靳歙倒满一杯酒呈上："我军讨伐赵国大获全胜，今日我等特备薄酒一坛，以表我三军将士敬佩之心，请元帅先干三杯！"韩信无奈只好盛情地接杯连干三杯。众将齐声称道："好！"陈豨高兴地上前几步施礼道："元帅，众将士至今不明白，特来请教元帅！""哦！"韩信惊喜地问，"众将有什么事不明白？"陈豨很敬重地问道："元帅大战赵军20余万，背水列阵，乃是兵家大忌，竟然大获全胜，这是何原因？"韩信望望众人微微一笑："你等虽阅读兵书，却未得其中的奥妙，所以生疑。兵法云：置之死地而后生，就是讲的这个意思。请想，我军新旧夹杂，本帅又无分身之术，促使将士奋勇杀敌，只有身陷绝境，才能使众将士投身奋力而战。然后才勇气百倍，无人可挡。这又如兵法所言，驱市人为战，不能不用此术也！"众将听罢无不佩服。此时一士卒进来禀告："启禀元帅，赵谋士李左车捉拿到，等候元帅发落！""哦！"韩信又惊又喜："上次井陉口大战，让他走脱，此人非同一般，将他带进来！"李左车五花大绑地被两名士卒押了进来。他立而不跪，韩信一拍几案："李左车，你因何见本帅不跪。""哼！"李左车心里不服，"可惜赵王、陈余昏庸君臣，不采纳我良言，要不怎能丢失赵地，成你阶下之囚。"韩信微微一笑：本帅知你很有智谋，可惜你错保了昏庸无能的赵王歇。常言道："良禽择术而栖，良臣择主而事。你竟然不懂这个道理，所以成为阶下之囚。""唉！"李左车长叹一声："李某空有满腹经纶，竟落了个国破家亡，做个刀下之鬼。今已被擒要杀要剐，悉听尊便，给个痛快就行。"韩信离案来到李左车身旁上前亲自为他松绑："汝是条好汉，本帅赦你无罪，请坐！"李左车感激涕零："谢元帅不斩之恩，在下早已敬仰元帅的雄才大略，如若元帅不嫌弃，在下甘愿在元帅帐下听令！"韩信大喜，立即令人备酒给李左车压惊，众人见元帅收服李左车，人人都敬佩离去。翠珠献茶置案。李左车落座问道："不知元帅平赵后如何计议？"韩信一笑："本帅考虑向北攻打燕国，然后向东讨伐齐国，不知李将军以为如何？"李左车思虑片刻："元帅名扬天下，威震四海,无人不敬佩。可是汉军经久征战,将士兵卒俱已劳疲,元帅不如令汉军歇息休整,镇守并安抚赵地百姓,再选一名善辩说客前往燕都向燕王讲明利害关系,劝他投降,燕王惧元帅声威,不敢不降。待燕已降,齐处于孤立处境,元帅再起兵东向伐齐。""这个计策很好也!"韩信十分称赞。"不过遣谁去燕说降合适?"李左车自告奋勇道:"元帅,在下不才,愿去燕都劝降!"韩信大喜,立即委派李左车前往燕都。李左车到了燕都,阐明利弊,果然燕王愿意投降于汉。燕地全部属汉。

四面楚歌　楚国灭亡

　　韩信率军一路所向披靡,涉西河,虏魏王,擒夏说,诛成安,毙赵王,名扬天下,威震四海,燕王投降,韩信便挥师向东讨伐齐国,不出三个月便灭了三齐,收城池70余座,齐地土地辽阔,韩信驻军三齐安抚百姓,可韩信手下有一谋士蒯彻能言善辩,他蛊惑将士上表韩信,让韩信请命汉王加封韩信为假齐王,以便更好地镇守三齐大地。韩信在众将恳求下违心地写了奏表送于汉王。与此同时汉王刘邦被楚军困在荥阳城中,敖仓失守粮草困顿。张良、陈平用离间计,使项羽怀疑丞相范增、钟离昧等忠臣良将,项羽果然中计。撤了钟离昧将军之职,范增见项羽不信任自己,便提出要告老还乡,项羽恩准,范增离楚后一路忧郁成疾,终于在回彭城的途中患病身亡。后来项羽醒悟过来,便恢复了钟离昧等人的将军之职,派人去接丞相范增,未料到范增途中已死,项羽十分悲伤,便令人厚葬了范增,再次围困荥阳。汉军被困荥阳粮绝,无计可施只好打开城门,假意投降,汉偏将纪信假扮汉王刘邦乘坐龙凤辇,在汉御史大夫周苛陪同下,开了东门趁着天黑假降,汉王刘邦与张良、陈平等臣假扮妇人混在妇女之中,开了北门趁天黑而逃。项羽在东门见了龙凤辇非常高兴,以为刘邦真降,令将士将刘邦托引车来,没想到竟然是纪信假扮,大怒之下烧死纪信与周苛,攻进荥阳城中,汉军大败死伤无数。汉王逃出荥阳来到成皋,与英布兵合一处,项羽闻知刘邦逃到成皋便挥师来攻成皋。汉王料知成皋难守,又带夏侯婴等众臣北向修武来找韩信,此时韩信率军刚平定赵地,说降燕王,准备讨伐齐,正在此时刘邦驾到,急忙出帐迎接。汉王刘邦到了韩信大帐才长长喘了口气,他令韩信部将兵马分出一半给他,他率人马驻扎修武打算图谋收复荥阳,另一半令韩信率领东向伐齐。韩信伐齐大捷。汉王刘邦率军在彭越、英布两军协助下又攻下荥阳。项羽因害怕彭越偷袭彭城,故与彭越、英布大战,荥阳城内兵将较少,被汉王巧妙夺取。项羽又杀回荥阳来围困汉王。此时韩信差的吏弁送奏表到。汉王本因爱臣郦食其贪功前往齐都去劝说齐王降汉。可韩信没有接到汉王不准攻打齐国的旨令,便发大军攻齐,齐王大怒,立即将汉王派的使臣郦食其烹入油锅。刘邦对郦食其死而十分悲痛,已怨恨韩信不该贸然进兵攻齐,此时接到奏表,展阅后顿时拍案大怒:"韩信小儿胆敢想做假齐王,说什么这是为了镇守三齐,实在可恨!"一旁张良急忙低声劝阻："大王，如今汉方处于不利境地，怎能禁止韩信为王，如果韩信叛变，汉统一大业则毁于一旦！"刘邦甚也聪明，立即停住骂声便令人刻好王印，使张良亲赴齐地加封韩信为真齐王。韩信封王后正准备择日起兵伐楚。此时，项羽在谋臣献策下，也派遣楚国说客侯武涉前来离间韩信，给韩信王印，黄金万两，让韩信自立为王，楚、汉、韩信三足鼎立。如果韩信帮助汉，则汉将取胜；如果韩信帮助楚，则楚将取胜。若汉胜，日后必危及元帅性命，楚胜必不致威胁到元帅性命，请韩信三思。韩信驳斥了武涉所言并说道："我韩信从前侍奉项王，只不过做了个执戟郎中，项王不听我言，不采纳我计谋，所以才弃楚归汉。汉王授我大将军印，托付我数十万将士，解下衣服给我穿，送来食品给我食，我背负汉王仁德，天理不容，我誓死从汉，决不自立。请汝复告项羽休想做美梦。"武涉无奈只好收起王印、黄金叹气而去。武涉回到楚营，回禀了项羽，项羽无奈只好依谋士所言派遣两名刺客趁天黑来刺杀韩信。是夜韩信熟睡，房上两条黑影轻轻落下，他们身穿夜行黑衣，蒙着面，手执钢刀轻步来到韩信寝室窗口。轻拨窗栓，掀窗翻身跳入室内。同时另有一个黑影人也从房顶落下跃身自窗口而入。两个蒙面人借着窗口微光，蹑手蹑脚来到榻前，一人掀开帷帐，另一人刚把刀举起，突然屋内有人高喊："有刺客！"这一声刺破夜空，犹如晴空一声霹雳，二刺客大吃一惊，话音未落，只见一黑影人窜上猛刺一剑将举刀人的刀架住，脚下一个扫蹚腿，将举刀人踢倒，另一蒙面人举刀便向黑影人砍来，黑影人一架，二人厮杀在一起。

　　此时韩信惊醒翻身跃起，从墙上拔出利剑便来战那个被踢倒的蒙面人。二贼见势不妙，一前一后从窗口窜出，黑影人随后紧追。同时门口守卫士卒也被惊醒，大声喊叫抓刺客，随着喊声十几名侍卫举着火把，拿着兵刃纷纷向庭院赶来，两个蒙面人窜到庭院，脚跟未稳，后面黑影人紧跟着举剑便刺，三人厮杀起来，韩信也追到庭院与二贼厮杀，一蒙面人虚晃一刀，翻身窜上房顶而逃，另一蒙面人刚想逃窜，被黑影人一剑刺伤大腿，蒙面人大叫一声扑通栽倒在地，过来几名侍卫将刺客捆绑起来。韩信向黑影人深施一礼："多谢壮士救命之恩！"黑影人摘下头顶黑纱轻声细语道："元帅不必客气！"这燕语银声使韩信一愣，借着火光定睛一看，韩信又惊又喜："瑞娘，原来是你！""让元帅受惊了。"田瑞娘淡淡一笑。韩信高兴地问道："自从那年清明紫娟坟上一别，已有数载，不知姑娘因何也来到齐都临淄城中，又怎么知道刺客要行刺于我，便深夜相救。"瑞娘嫣然一笑："自从与将军一别，我便随师父浪迹天涯，做些行侠仗义之事，近来与师父来到临淄，见汉军已夺取三齐，又见元帅将临淄治理得井井有条，心中十分敬佩。我与师父投宿在客栈中，见这二贼行踪诡秘，便起了疑心，跟踪探听方知是两名刺客，今晚又见一个楚国使臣与这二人在屋内窃窃私语，我便窥视细听方知是来刺杀元帅，因此便尾随二贼到此。……"韩信深情地挽留道："姑娘是女中豪杰，我军中正是用人的时候，姑娘能否留在军营，为国效力？"瑞娘再三推辞，说从不过问政事，况且师父尚在客栈等候。韩信只好让瑞娘到房中歇息饮杯水酒，小叙一场，并差人将她师父一同接来饮酒致谢！不多时差人回来带一书信,说瑞娘师父已走,留一书信让交于瑞娘。瑞娘展开一阅便潸然泪下,原来师父让她留在帅府,为国出力做一番事业。瑞娘无奈只好留在了军营。

再说楚霸王项羽派刺客杀韩信没有成功,便发倾国之兵三困荥阳,并将丰乡掠虏的刘邦父及妻女押到荥阳城下,架起油锅要挟刘邦开城投降。刘邦却反唇相讥:"项羽汝辈,你我同侍义帝,结盟约兄弟,我翁便是汝翁,汝欲烹汝翁,还请分我一杯羹!"项羽气得哇哇直叫,搭弓捻箭向刘邦射去,刘邦中箭受伤。楚汉在荥阳又僵持数月,刘邦无计可施,只好派使臣去楚营议和,从此化干戈为玉帛,愿划荥阳城外一条鸿沟为界,沟东属楚,沟西属汉,从此罢兵互不侵犯。项羽心想,帐中缺粮,如果再僵持下去,楚军难免吃亏,便答应了刘邦请求。楚汉双方各遣使臣签订了停战合约。项羽便撤军返回彭城。此时汉谋士劝说刘邦,请刘邦下令速调韩信兵马半路拦截楚军,执行韩信北征时献的大计,北、东二路南下会师合击楚军。刘邦醒悟便立即传旨,又亲率大军追击。楚军以为议和后不再起争端,将士们个个兴高采烈偃旗息鼓,慢悠悠向彭城撤退,刚行至灵璧垓下,突闻韩信率汉军拦住去路,又闻刘邦率军随后追击。项羽气得暴跳如雷,他立即传令在垓下安营扎寨,仗着楚军还有十几万人马,自己勇力过人,还惧怕韩信娃娃?便立即准备迎战。

此时刘邦在军师张良劝说下,再次委任韩信为三军大元帅,调度诸军,有违令者斩!汉军各路人马都由韩信统一指挥后,声威大振。韩信平素了解到项羽骁勇,无人能敌,便将各军分作10队,各遣将率领,分头埋伏,回环接应,再请汉王刘邦守住大营,韩信亲率3万人马出营挑战。项羽单靠勇力,不擅长兵中谋略,一听说韩信率军逼营挑战,立即拍马舞戟来战韩信。韩信率军且战且退,引诱项羽率军深入连环圈套,项羽果然中计猛追汉军,约莫追了几里。韩信见楚军已进入埋伏之中,便鸣放号炮,唤起伏兵,先有两路杀出,与项羽交战。项羽毫不退怯,鏖战多时,杀开一条血路又追韩信。韩信一举令旗,第二声炮响,又有两路伏兵杀出,截住项羽,再加厮杀。项羽杀得性起,仍然有进无退勇猛无比,接连又是几声炮响,伏兵迭起。项羽杀开一重又是一重,杀到七八重时,部将已经七零八落,楚军死伤无数。项羽也自觉疲乏,渐渐想退却下来。哪知韩信又举令旗,十面埋伏一齐发出,都向项羽马前围裹而来。所有楚兵,好似鸡犬一样纷纷四窜,只靠项羽一杆画戟,怎挡百般兵器。项羽此时悔恨莫及,只得令钟离眛、项庄、季布等人断后,自己当先杀开一条血路逃回垓下大营。

自从项羽起兵以来,从未经过这般挫折和侮辱。韩信用十面埋伏之计杀败项羽,把楚军十多万精兵击毙三四万,投降三四万,剩下三四万败逃回营中。汉军大获全胜,韩信黄昏升坐大帐,张良、陈平左右相陪,各武将下首伫立,韩信扫视众将一眼,严肃地说道:"本帅用十面埋伏之计击败楚军,今晚定将楚军一举歼灭,曹参、周勃听令!""末将在!"二将出班。韩信从案中取出两枝令箭:"令你二人带上两万人马,埋伏在乌江口岸,当项羽逃到此地之时,你二人按照上面所写的计策行事,不是有误！""遵令！"二将接令退下。韩信又抽出第二枝令箭："其他众将严阵以待，今晚二更点燃篝火一齐高唱楚歌，再请些民间女子围坐篝火一同吟唱楚歌。楚歌由子房、陈平下去教你等唱，然后各级领教会士卒，不得有误！"樊哙犹豫再三还是出班不满地问道："元帅，这是哪一种兵法，末将还从未听说唱歌能把敌军唱败！""嗯！"韩信把脸一沉。"樊哙休得无礼，违令者，斩！"众将都默默无声，樊哙只好退下。

项羽疲惫而沮丧地回到大帐中，爱妃虞姬秀丽聪慧，急忙迎上劝慰："胜败乃兵家常事，愿大王不必过分忧虑！"项羽摇摇头："你等妇人不知道今日战事利害，我项羽从未遇此恶战！"虞姬急忙令人盛上酒肴给项羽解闷，项羽与虞姬落座对饮，由于项羽身心疲惫，未饮几杯便睡眼蒙眬，虞姬将项羽搀扶到榻上，项羽和衣入睡。虞姬守候榻旁，感觉非常不安。二更时分，忽然隐隐约约从帐外传来阵阵歌声，男女声夹杂，如怨如慕，如泣如诉，仿佛鹤啼鸿哀。虞姬忍不住潸然泪下，回头看着项羽却是鼾声如雷，不由自主走出帐外，一阵阵凄婉、深沉的歌声传来：

战云千重兮田园荒，妻儿在野兮母在堂。

鸿雁传出兮飞不度，征人何日兮返故乡……

项羽突然也被阵阵歌声惊醒，翻身坐起大声喊道："虞姬！虞姬！"虞姬闻声急忙进账，项羽惊疑地问道："为何四面八方都传来楚歌声？"虞姬潸然泪下："陛下，这歌像从汉营传来！""汉营中哪有这么多楚人，难道朕军中已经哗变？或者楚地已被汉军占领？"项羽正在惊疑，钟离昧慌慌张张跑进大帐："陛下，大事不好，军中将士都四处逃散，现只剩下八千江东子弟！"项羽跳下床榻一把抓住钟离昧衣领："你……你说什么？那项庄、项伯等众将何在？"钟离昧吞吞吐吐回答："都已逃走，听一士卒讲项庄在逃离时被汉军擒住被斩首示众，现首级已挂在桅杆之上。项伯听说已投降汉营。""无耻之辈！"项羽十分恼怒地急忙走出大帐，环顾四周，只见楚军大营的账包东倒西歪，项羽进入几顶营帐内查看，都已经空空荡荡，心中掠过一丝悲凉，再出帐远眺，见汉军大营篝火通明，身着楚军服的士卒三五成群都凄楚地唱着楚歌，项羽又回到大帐，见虞姬已哭成泪人，自己也落下几滴悲伤的眼泪，便抓起酒壶"咕咚咚"一气喝下。此时钟离昧出帐牵来项羽坐骑乌雏马，项羽瞧见顿时挥泪唱道："力拔山兮气盖世，时不利兮雏不逝。雏不逝兮可奈何，虞姬虞姬奈若何？"虞姬听罢项羽悲歌，心如刀绞，泪如泉涌，也随声和唱："汉兵已略地，四面楚歌声。大王意气尽，贱妾何聊生！"虞姬拔出佩剑向脖颈抹去，顿时鲜血飞溅。项羽急忙拦阻已是不及，遂抱尸痛哭："虞姬，是朕害了你呀！"钟离昧与几名士卒牵来乌雏，扛着大戟挥泪走进大帐："陛下，乘着天色未明，还不快带领八千子弟冲出重围！"项羽强忍悲痛拔出佩剑，挖土与钟离昧等人掩埋好虞姬尸体，然后跨上乌雏，手持大戟，带领八千亲兵，冲向汉营地，经过一场艰苦的血战终于杀出重围。

时过中午，项羽率领着残兵败将疲惫不堪行到乌江口岸，突然一阵锣响，顿时杀出两路汉军人马，为首曹参、周勃各领一队人马拦住楚军去路，楚军吓得魂飞魄

将帅兵圣

图文珍藏版

散,乱作一团。汉军霎时杀到,双方展开一场短兵鏖战。楚军又死伤无数。项羽拼命厮杀,冲出一条血路奔向乌江口岸。他回头一望跟随他到江边的只剩钟离昧徒步一人,他望着滔滔江水失声仰天长叹:"苍天哪,苍天!难道楚国注定要灭亡吗?我什么时候触犯苍天?"此时江面一叶扁舟驶来,钟离昧瞧见大声喊道:"船家快来救霸王。"小舟驰到岸边,船公自我介绍道:"我是乌江的亭长,是陛下臣民,如今听说陛下在垓下被打败,特驾舟到江边巡视接应。"项羽闻听又悲又喜。船公催促道:"在这江面上只有我这一舟,快请陛下上舟,过了此江不远便是江东会稽!"项羽听到会稽二字,顿时感到一阵天旋地转,差点跌倒,钟离昧眼疾手快急忙搀扶:"陛下,您怎么啦?"项羽长吁一口气:"天已经灭了我,我何必过江,我和江东子弟八千余人,渡江西行,今独我一人生还,我还有何面目去见江东父老兄弟。钟离昧你牵上我的乌骓上舟去吧!"此时汉军已杀声震天,蜂拥至江边,钟离昧泪如雨下:"陛下,我怎能苟且偷生,抛下陛下独自一人乘舟,生死我都要与陛下在一起!"项羽大怒,把脚一跺:"钟离昧你还不快走!"他将钟离昧推到舟上,把乌骓拉上小舟,然后转身拔出佩剑,复入敌群。汉军将士知项羽骁勇无比,人人吓得连连后退。此时船公长叹一声驾舟离岸,驶向江心。那乌骓望着项羽一声悲鸣,"扑通"跳入江中而死。项羽瞧见,心如刀绞,他大吼一声挥剑连砍几十名汉军,汉军无人敢靠近他半步,项羽望着面前汉军一员将佐面熟,便哈哈一笑说道:"你不是朕的同乡吕马童吗?汝主刘邦悬赏万金,封万户侯要朕人头,朕就送汝辈一个人情,拿吾头去领赏去吧!"说完,把利剑向脖颈一抹自刎而亡,终年32岁,自此楚国灭亡。

衣锦还乡　诱捕回京

公元前202年初,长达5年的楚汉相争,终于以楚亡汉兴而告终。同年二月刘邦登基,尊为高皇帝,史称汉高祖,暂时定都洛阳,国号汉,华夏九州再次统一。

洛阳南宫大殿,刘邦黄袍玉冠,气势威严地在四名宫女、四名内侍簇拥下,步履迟缓地进殿上首高坐。君臣一齐叩拜:"吾皇万岁,万岁万万岁!""众卿平身!"刘邦扫视群臣微微一笑。群臣起身分立两旁。刘邦开始大封群臣:"韩信听封!"韩信急忙出班跪下:"微臣在!"刘邦扫视韩信一眼微笑道:"韩卿为汉室立下十大功劳,劳苦而功高,朕赐你有特赦大权,见天、见地、见兵器三不死。"韩信感激得热泪盈眶:"谢陛下隆恩!群臣望着韩信羡慕和敬佩不已。"刘邦又说道:"如今天下已经平定,四方太平,不再兴师四处征战,应该休养生息,故请韩卿交还军符、帅印。""这……"韩信心中不快,但只好勉强应声道:"微臣遵旨!""韩卿出生、成长于楚地,熟悉楚风土民情,因此改封为楚王,镇守淮北,荣归故里,衣锦还乡。定都下邳,择日起程上任。""臣遵旨!"韩信起身回班。刘邦又一一加封了彭越、英布、张良、萧何、曹参等等文臣武将,并尊太公为太上皇,封吕雉为皇后,刘盈为太子,大赦天下罪臣,颁旨以告示天下。

第二天黄昏,韩信闷闷不乐来到洛阳城外小河旁散步,此时张良散步迎面走来拱手施礼道:"恭贺贤弟封为楚王,不日就要启程还乡,光耀祖宗。""子房兄,真会取笑人。"韩信苦笑一声。"帅印、军符都已经交还上去,你说我这做大将的心里……唉!子房兄,你为何只肯请封个留侯?"张良眼望夕阳余晖:"金钱、功名地位,乃是身外虚有之物也,不可以贪念这些也!辅汉成功,吾愿已经实现了,有块留邑之地,足以颐养天年了。"韩信心中一惊,若有所悟:"子房兄视功名如粪土,我惭愧不如你呀!"张良一阵大笑:"知足者常乐也!"韩信也开怀大笑。二人择一草坪席地而坐,韩信说道:"记得当年我在楚国时,苦苦劝谏楚王项羽,让他定都关中,项羽不采纳良言,结果事败垂成。关中依山傍水,土地肥沃,左有崤函,右有陇蜀,三面据险,一面临河,河能运漕,真乃帝王之都。洛阳虽然居险而立,但中区狭窄不广阔,不过百里平原,楚汉相争数年,满目疮痍,土地荒芜,田地瘠薄。吾不日就要离京,请子房兄转告陛下请他迁都关中。""贤弟真是栋梁之材也!"张良敬慕地说道。"前日也有一位西戎卒名叫娄敬,千里赶来求见陛下,也是劝说陛下迁都关中。""那陛下的意愿呢?""还没决定,并且朝臣们都不乐意西移!""那子房兄之意……?""你我所见略同,不过常言道水到渠成,凡事不可强求,若陛下问起移都之事,我会直言上谏的,你就放心吧!"韩信信任地点了点头。

几个月之后韩信回到了楚地定都下邳,他将楚地治理得井然有序,百姓安居乐业、丰衣足食。一日他心里怀念故乡,便带领属下李佐车、田瑞娘一班侍卫前往淮阴旧地重游。街上百姓听说楚王韩信要回故里,都争先恐后观看,人人赞叹不已。韩信等人来到早年他胯下受辱的小桥街头。韩信触景生情,便对李佐车、瑞娘讲诉了当年他为给漂母抓药卖剑,胯下之受辱的经过。李佐车抬头碰巧瞧见小桥桥头柱上刻着"胯下桥"三字大怒道:"来人,将那小桥柱上三字给我铲掉,改为将军桥。"韩信阻止道:"佐车没有必要,让那'胯下桥'留着醒世后人吧!"一侍卫来到李佐车面前低语几句,李佐车厉声呵道:"将那恶少带上来!"四名武士押着昔日县衙恶少来到韩信面前,恶少早就吓得瑟瑟发抖,跪着叩头连连求饶:"楚王爷饶命!小人有眼无珠,以前冒犯楚王,求楚王爷饶命!""你这条昔日县衙恶棍,不知欺压过多少黎民百姓,今日我为百姓除害!"田瑞娘说完拔剑就要刺杀过去。韩信急忙阻拦:"瑞娘且慢!"瑞娘一怔收剑:"楚王你……!"韩信环顾四周,见围观的百姓像潮水一样涌来,思虑片刻:"得饶人处且饶人,他昔日虽仗势欺人,羞辱过我,但如今只要他能悔过自新,知错必改也就算了!""楚王你这是何意?"瑞娘生气地说道:"昔日胯下之耻,你蒙受多年,如今正是报仇之时,你却变得心慈手软。"韩信微笑着对众人说:"他虽然有许多过失错误,但是没有犯过死罪的错误,将他放了!"两名武士给恶少松绑,恶少感激涕零,伏地连连磕头,声泪俱下:"小人该死,你杀了我吧……"韩信转身背对恶少:"汝辈起来,今饶你不死,回去好好悔过自新,争取重新做人。""谢楚王!"恶少谢恩起身。韩信对属下一挥手:"咱们回府邸歇息吧!"众人随韩信离开了淮阴街。

不久，韩信与瑞娘便喜结良缘。

这日，楚王府门前张灯结彩，洋溢着一片喜气，四名家丁守卫两旁，一位布衣素士，头戴斗笠腰佩宝剑，短衣破衫来到门前施礼："请问这是楚王韩信府上吗？"家丁不屑一顾道："是啊，你这要饭的，楚王新婚三日，已赏出不少银两，现还剩几两，赏赐给你，拿去快走吧！"说着就将碎银抛地。布衣素士并未拾银说道："承蒙仁兄向楚王通报一声，就说同乡好友求见！"家丁上下打量了他一番，见他虽衣衫破旧却气度不凡，便应声道："好吧！"转身走进府内。

新婚宴尔才三天的韩信夫妇身着新装，正在厅堂饮茶，叙家常，家丁走进禀报："启禀楚王、夫人，在府门外有一衣素士，自称是楚王旧友、同乡求见！"瑞娘温柔贤淑、深明大义知书达理，她轻声细语道："楚王多次告诫你们，凡是楚王同乡、旧友求见、不必通禀，直接请他们进来就是！""是！"家丁转身离开厅堂，不大一会领着那位布衣素士进来，瑞娘起身走入里屋。布衣素士进厅堂施礼道："楚王一向可好，仁兄有礼了！"韩信听着声音耳熟，凝视片刻疑惑地问："你是……？"布衣素士回顾左右，韩信明白其中必有隐情，急忙呵退左右："你等都先下去吧！"众人退下。布衣素士摘下头上斗笠："钟离昧叩见楚王！"韩信急忙起身搀扶着钟离昧："真是钟离兄。"他又惊又喜，将钟离昧拉到案前落座。但又皱起了双眉："你……如何到流落到此地？如今万岁传下谕旨，四处张贴你的画像缉拿于你，你来府中万一让陛下知道，吾可吃罪不起！""看把贤弟吓成这样。"钟离昧冷冷一笑。"堂堂一个楚王，竟然如此胆小如鼠？""唉！你哪知我的苦衷。"韩信苦笑道："陛下耳目很多，你还是投案自首或躲到别的地方去吧！"钟离昧哈哈一笑："楚王，算我钟离昧有眼无珠，错看你了，我不需要去投案自首，只要你一声令下将我推出府门砍了就是，我何需死在他人之手？""这……"韩信有些为难。他沉思片刻苦笑道："好吧！知恩不报非君子，昔日受人滴水之恩，今日应当涌泉相报，你就留在府中住下吧，千万别四处乱跑，免得惹出祸端。"钟离昧深施一礼："谢楚王！"

阳春三月，风和日丽，杨花絮柳，百花盛开。高祖刘邦在张良、萧何劝说下已经把都城迁到关中，萧何奉刘邦旨令，在秦的兴乐宫基础上重新筑建起规模宏大的汉都长安城。一日刘邦在吕后、审食其、曹妃陪同下来到后宫御花园散步赏花。几只小鸟在一树枝上叽叽喳喳叫个不停，吕后听着鸟声有些心烦于是皱起了眉头，审食其立刻心领神会，在地上拾起小石子向小鸟投去，顿时群鸟四散飞蹿，乐得高祖刘邦哈哈大笑，吕后也淡然一笑道："这群小鸟，好似楚兵，垓下一战便四处溃散。"刘邦一怔，猛然想起往事道："项羽手下均已分别擒获或投案自首，唯独朕最憎恨的钟离昧，为什么到现在还没有捉拿住他呢？"吕后也气愤地说道："这个十恶不赦的钟离昧，他率军掳掠我与太上皇去楚营，使我们受尽凌辱，吾终身不忘此辱，即使将他碎尸万段也难解我心头之恨！"吕后望着身边的审食其："辟阳侯，让你查访钟离昧下落查得怎么样了？"这审食其是吕后家中的奴仆，只因吕后被楚掳入楚宫，他也一同掳去。他对吕后殷勤照顾,吕后念其功劳,便劝说高祖封他为辟阳侯,他为人奸诈毒辣,又平素与吕后私通,只可惜高祖不知内情。他见吕后问他急忙奴颜婢膝地回答道:"回禀娘娘,臣已查到一二,不过……微臣不敢讲。"刘邦一怔:"有何不敢讲,有朕做主。但讲无妨!"审食其诡秘一笑,奴颜媚骨地上前一步:"陛下忘记赐给韩信身旁的两名侍女吗?""怎么此事与她二人有关?"审食其淡淡地一笑:"据翠莲差人密报,钟离眛正躲避在韩信的府邸中!"刘邦大吃一惊。"真有此事?""臣绝无半点谎言。"刘邦疑惑道:"他难道真敢违抗朕令,私藏朝廷通缉要犯,而不顾虑王法?"审食其一翻老鼠眼夸大其词道:"陛下,据密探禀报,楚王威仪冠绝天下,下邳城下,淮阴街头,百姓纷纷蜂拥观望,众将鹄立两旁,军乐鼓砍旌旗翻飞;楚王身着黄金甲,肩披黑斗篷,跨着大白马顾盼风生,'踏踏'而行,身后紧随楚府将佐谋臣,铁骑千匹,'嗬,啊呀呀。'众人纷纷赞叹,比当年秦始皇在南方巡游时的气势还要大……!""住嘴!"刘邦气得咬牙切齿大声吼道:"来人! 宣张良、陈平来后殿见朕。"然后拂袖回到后殿。内侍进殿禀报:"启禀陛下,张良说身体患疾不能前来侍驾,陈平立即就到。"刘邦生气地猛拍几案:"自朕登基称帝以来,张良屡屡推疾不来上朝议事,与朕不再同心同德,他不来算了,宣陈平!"陈平进殿后,刘邦说道,"韩信身为楚王,竟敢违抗圣旨不遵法度,私藏朝廷重犯钟离眛在府中,蓄谋反叛,朕想立即举兵讨伐,以解吾心头之恨!"陈平心中明白,韩信决不会谋反,定是奸人在陛下面前进谗言,他急忙阻止:"陛下万万不可举兵讨伐,此事只能慢慢计议,不可操之过急。""此事岂能从缓?"刘邦动怒道:"韩信与钟离眛若率先起兵反叛,那后果不堪设想,钟离眛一天不捉拿到,朕一天心里得不到安宁。"陈平思虑片刻:"若韩信未反,陛下举兵讨伐,岂不是逼迫韩信举兵谋反,况且朝中上下何将能敌韩信? 所以臣以为此举不可!"刘邦听罢紧皱眉头气恼道:"这……难道就没有别的好计策了吗? 你平日里能说会道,朕总认为你足智多谋,可用你之时却想不出半个良策,朕要你何用?"陈平十分尴尬,脸色通红,犹豫良久道:"古时天子巡狩,必大会诸侯,臣闻南方有一云梦泽,陛下何不出游云梦,遍召诸王,云梦与楚相连,韩信闻知陛下出游云梦,定然前来谒拜,陛下趁韩信前来参拜之时,只需一声令下便可将韩信擒拿。"刘邦大喜,立即传令去南方巡游。

再说韩信听说高祖率领群臣云游梦泽,心中忐忑不安,宣来谋士佐车在书房商议,李佐车叹气道:"唉! 楚王你不该收留钟离眛这个祸根,陛下本来对你就有猜忌,钟离眛是朝廷重犯,你私藏府中,哪有不透风的墙。陛下名义上是来游云梦,实际上是冲楚王而来。"韩信听罢更是惶惶不安:"那怎么办呢?"李佐车沉思片刻想出一策,让韩信立斩钟离眛去云梦泽献眛首级谢罪,陛下念你斩眛有功肯定不会怪罪于你,这样方保平安。韩信感念钟离眛对他有恩,不肯如此行事,李佐车无奈只好自己将眛带到厅堂晓以利害,言道:"因你而牵连了楚王。"钟离眛知事已败露,汉高祖云游梦泽肯定是因他而来,便蛊惑韩信与他联手谋反,并说道:"高祖所以不发兵攻楚,还恐眛与楚王联手同心抗拒,若斩眛献首级,今眛死,楚王明日也必定死。"韩信只摇头不肯反汉,并说;"韩信决不做那不忠不孝,不仁不义之事。"钟离昧见事情已到这一地步,怕再连累韩信,便拔出利剑自刎厅堂,韩信大叫一声:"昧兄,信对不起你呀!"扑倒在钟离昧尸体上失声痛哭。李佐车割下钟离昧首级,与韩信驱车前往云梦向汉王谢罪。

刘邦在云梦泽行宫歇息许多天,诸王都已前来谒拜过,只有韩信还没有前来谒拜他。正在思量,突闻韩信与谋士李佐车捧钟离昧首级前来谢罪。刘邦令韩信一人进后宫参拜,韩信捧着首级刚入宫门,刘邦一声令下,韩信束手被擒。韩信长叹一声:"果如人言,狡兔死,走狗烹,飞鸟尽,良弓藏,敌国破,谋臣亡。天下已定,我固当烹。"宫门外樊哙带领众武士将李佐车一班人等全部缉拿处死。刘邦看见诱捕韩信成功,非常高兴,立即命将韩信打入囚车押回京都。

一代名将　惨遭陷害

京城牢狱中,一盏油灯在风中闪烁不定,昏暗的灯光下,韩信衣衫单薄,发髻凌乱,披枷戴铐,背对狱门,凝视窗外。就在这时牢门"哐当"一声被打开,一位老狱吏领着一位姑娘提着食盒走进来。"楚王,有人看你来了!"老狱吏喊道。韩信慢慢转过身来,姑娘扑了上去:"大哥!"刚喊完泪水便夺眶而出。韩信睁大双眸激动地说:"文娟小妹!"一股热泪像断了线的珍珠滚落下来。文娟把韩信搀扶着在床榻上坐下:"大哥究竟犯了什么罪,他们把你……?""唉!"韩信叹气道:"我自弃楚投汉以来,六年戎马倥偬,随陛下征战南北,而今天下已定,我已是个多余的人了。他们要杀我,竟然诬蔑我们反叛朝廷。"文娟惊诧地说:"反叛朝廷? 天塌地陷、江河倒流,小妹我都能相信,可我绝不相信大哥会反叛朝廷,大哥肯定是被奸人谗言所陷害,明日我定找丞相,为大哥辩驳洗刷罪名。"韩信摇摇头:"大哥不愿连累丞相,小妹,大哥这一去,希望你经常去家里看看你瑞娘嫂,让她别悲伤……!"文娟点点头。韩信又说道:"小妹,你能原谅大哥吗?"文娟抱住韩信失声大哭:"韩信哥你就别说了。"韩信抚摩着文娟秀发:"大哥是为你好,所以才与你嫂子完婚。小妹,你看萧平如何?"文娟羞涩地脸一红低头轻声道:"大哥用意小妹了解,请大哥放心。"韩信满意地一笑:"只可惜大哥喝不上你们的喜酒了。""不会的。小妹明日再去求留侯张良,让他设法搭救大哥。"韩信微微点了点头。

韩信被擒入狱后朝中上下议论纷纷,评议不断。早朝高祖刘邦环顾群臣:"有本启奏,无本散朝。"陈平赶忙出班启奏:"启奏陛下,北疆匈奴国现已崛起他们十分凶悍,气焰嚣张,屡屡侵犯我边关。"高祖惊诧地问:"哦! 匈奴紧连代地,代相陈豨在边关据守,为什么没有看见奏表告急。周勃速抓紧操练兵马。增援北疆边关。"周勃出班:"臣遵旨!"刘邦扫视众臣问道:"众卿还有何本奏?"张良出班:"陛下,臣承蒙皇恩,封为留侯,微臣请陛下恩准辞去朝堂,前往封地留邑居住。"高祖脸色阴沉显得非常不高兴的样子："自朕称帝以来，你屡次推辞身体欠佳，不来早朝议事，今日上朝，却要告辞，朕也不强迫你，随你自便！""谢主隆恩！"张良跪拜谢恩，然后起身又启奏道："陛下，恕臣直言，韩信念起旧情，虽收留钟离昧有错，但能知错必改，杀死钟离昧并割下人头向陛下谢罪，如果韩信有谋反的意思，一定会违法放走钟离昧，让他逃之夭夭，只恐昧至今不能被擒获，韩信虽有招摇过市之错，但毕竟没有显露出反状，韩信为汉室立下十大功劳，臣恳请陛下饶恕他这次过失！"萧何、夏侯婴、周勃等一班忠臣也一起跪下为韩信求情，高祖沉思片刻，起了怜悯之心："好吧！既然众卿均已讲情，朕就赦免他这次，不过要革去他楚王的爵位，降封淮阴侯，留在京城随朕伴驾。"众臣谢恩起身。

　　韩信出狱被降封淮阴侯后，家眷均已接到京城，他很少出府门，心情显得比过去更加压抑沉闷。一日早朝完毕，忽然匈奴使臣上殿奏表，要求高祖将长女鲁元公主下嫁给匈奴王，匈汉和亲永结世好。高祖勃然大怒，将匈奴使臣轰出殿外。朝臣们对此事争议不绝，有的主张派兵攻打匈奴，有的赞成通婚和亲。韩信出班直言不讳说道："陛下，天下刚刚平定，将士兵卒劳累太久了，若两国兵戎相见，汉必兴师远征，这不是一件轻易的事，这匈奴国以游牧为生，习性刁野，非一时半载武力所能征服，不如和亲，使他子孙臣服。若公主嫁给匈奴王，将来生子，必立太子，匈奴王就是陛下女婿，死后子为王，是陛下外孙，天下岂有做了外孙，敢与外爷抗礼，这样就使他子子孙孙畏服，不来侵犯我大汉边关，这岂不更好吗？"高祖听后顿时怒气暂消，点头同意和亲之策。各大臣也都赞同。没想到早朝散后，高祖回到后宫，吕后娘娘知道这件事之后，大骂韩信出的坏主意，哭闹几日执意不肯把自己长女远远嫁给匈奴人，她立即做主将长女鲁元公主与张傲完婚。因答应了匈奴使臣和亲，这下使高祖很为难，在万般无奈下，只好在后宫找了一位嫔妃所生女子假称她为长女鲁元公主而下嫁匈奴王。并传旨让代相陈豨速来京城迎嫁长女鲁元公主。陈豨此人远在边关早就有野心，因而他趁机到京城后主要想探个虚实，想日后谋反起事。陈豨原是韩信属下，对韩信非常佩服，他想拉韩信入伙，与他一起谋反，便约韩信到渭水河边一叙。韩信不知陈豨险恶用心，便按时赴约，二人相见寒暄几句后，韩信生气地说道："陈将军这就见外了，既然专程为护送鲁元公主远嫁匈奴，到京城已经有半个多月了，如何不到我府中一叙，却约我来这河边？"陈豨奸诈地一笑："元帅请别生气，一是因为我公务繁忙，二是因为见陛下喜猜忌下臣，又见吕娘娘结党营私，擅权行事，万一我这边关守将去你府上拜见，让陛下知道了会猜忌于你，岂不连累元帅吗？元帅为汉室立下汗马功劳，却屡屡遭贬，还被囚禁，甚至还差一点儿丧失性命，日后我陈豨下场还不知怎样？"韩信一怔惊诧地说："将军为何如此悲观失望？"陈豨诡秘一笑："我不是悲观失望，我实为元帅叫不平。""你这话是什么意思呢？"韩信疑惑不解道。"凭着元帅文武全才，因何要寄人篱下，为何不独竖一帜，称雄天下呢？我陈豨甘愿鞍前马后为元帅效劳。""陈将军不可胡言乱语。"韩信很不高兴道。"我陈豨并非胡言乱语，只要你我联手，我在边关起事，你在京城振臂一呼,咱们里应外合,一定会夺得天下?"韩信摇头道:"我韩信若有异心,早在楚汉相争之时就独竖一帜了。""元帅因何如此死心塌地,甘愿受他人摆布,天下又不是一个人的天下,谁都可以据之!""陛下对我有恩,我岂能干这反叛朝廷之事,就是日后我遭小人诬陷,陛下治罪,丞相等众臣也会替我韩信辩白,评个是非曲直!"陈豨仰天大笑:"元帅如此愚昧,据我多年观察,萧何这个人办事奸诈圆滑,日后元帅若真遇不测,他会考虑自身利益,未必肯挺身站出替你辩白说情……!""陈豨!"韩信大怒。"不许你胡言乱语诬蔑丞相,今日吾看在你跟随我征战多年的分上,要不早就拿你上朝问罪,治你蓄谋反叛。""元帅恕我直言。"陈豨轻蔑一笑。"你如今不是当年的三军主帅,不能随便拿人治罪的,而今我陈豨已是守边大将,护送公主远嫁重臣,你以为陛下能听信你吗?"韩信顿时感到天旋地转,差点跌倒,他用颤抖的手指着他忿然而说:"你……你我从此情意两断,告辞!"言罢韩信愤然离去。陈豨尴尬地望着韩信背影冷笑一声:"真是个愚昧地效忠他人之悲,死到临头不知悔悟!我陈豨不做个轰轰烈烈的英雄豪杰,便当个朝廷的叛臣,决不做个碌碌无为之辈。"韩信走上河岸,突然抬头见岸边树林中有个人影一晃,转眼不见了,韩信一怔,心中暗想:"好像府中家丁栾说,他来这个地方干什么?难道监视我吗?"又否定地摇头:"不!定是我眼睛看花了。"韩信来到林中解开马缰,牵马出林,无精打采回到府中。

却说陈豨自从护送公主远嫁匈奴后,仗着自己有功劳,就暗中勾结各爪牙,广养食客,联合韩王信、燕王卢绾准备二年起兵谋反,已夺汉城20余座。高祖闻报,勃然大怒,立即传旨发大兵讨伐。韩信自降封淮阴侯后,心灰意冷,郁郁寡欢,经常称病告假,不来上朝议事。陈豨谋反,高祖本想令韩信前往征讨,见信不问朝事,便亲自统领大军前往平叛,将大权交于吕后。临行之时高祖在后宫中对吕后说道:"娘娘,朕明日便要率军平叛,这朝中大事,就请娘娘费心,好好辅佐太子掌管好朝政。"吕后妩媚一笑:"谢陛下信任,太子虽然生性懦弱无多大主见,不过做母后的怎能不辅佐他管好朝纲?"刘邦沉思片刻捋了捋须髯:"娘娘,朕离京后你要多加留心,京城中朝野上下,朕最不放心的只有一人!""你是说淮阴侯韩信?"吕后猜着道。刘邦点点头,"此人文武双全,朝中无人能与之相比,三军上下多系他的属下,他如果有什么动静,这京城恐怕难以保住,因此望娘娘多加提防,万不可掉以轻心。"吕后频频点头,又微微一笑:"陛下请放心,妾早已收买了一名他府中舍人栾说,而且还有陛下设的隐线翠莲,他若稍微有点风吹草动,妾即刻就会知道!"刘邦满意地一笑:"上次钟离昧之事还多亏翠莲姑娘秘密上奏,只可惜翠珠姑娘却死于暴病,不能为朕效力。"刘邦显得有几分惋惜。吕后愤然道:"翠珠死丫头是她不听我的旨令而导致这样的下场。"刘邦听罢沉默不语。吕后望望刘邦安慰道:"陛下只管放心征讨,谁若存有异心,妾只要抓到一点蛛丝马迹,定会严惩不贷!"刘邦心里一颤:"未想到娘娘城府如此之深,朕自愧不如呵!"吕后嫣然一笑:"谢陛下夸奖!"

自高祖率军平叛离京多月,朝中平安无事,却淮阴侯府发生一事。这一日黄昏时分淮阴府内后花园,假山石背角处,家丁栾说与侍女翠莲坐在条石之上亲亲搂搂调情骂俏。

　　瑞娘因近日心情不痛快,独自一人向假山上散步。当她走到假山处听到假山后有窸窸窣窣声音,不禁暗暗吃了一惊。瑞娘顿时警觉起来立即拔出佩剑,厉声呵道:"什么人在那里,快些出来?"二人听见瑞娘声音,吓得哆哆嗦嗦衣裤不整地爬出。"啊!"瑞娘一见大吃一惊。"原来是你这两个狗男女,在此做那苟且之事,辱我侯府门风。"二人哆哆嗦嗦地站起,来到瑞娘跟前"扑通"一声跪下连连讨饶:"夫人饶命!"然后二人又抬手打自己脸颊:"我们不是人。"忽然珍珠与翡翠从翠莲怀中掉出。瑞娘一见顿时大怒:"好你这两个不知羞耻的狗男女,不仅在此做那辱没门风的苟且之事,竟然还偷了我的两件珍物,我怎么能饶你,来人!"几名侍卫、家丁闻声跑来,二人吓得伏地不断地磕头求饶,瑞娘怒声呵道:"将这对狗男女推到后院乱刀砍了!"几名侍卫应声上前将栾说、翠莲捆绑起来朝后院推去,两人浑身颤抖高喊求饶:"夫人饶命! 夫人饶命!""夫人这里出了什么事?"此时韩信也闻声赶了过来。二人见着韩信"扑通"跪在韩信面前磕头高呼:"侯爷救命! 侯爷救命!"韩信摆摆手,侍卫松手,韩信望了望瑞娘:"夫人这是怎么回事?"瑞娘生气地说其中的因由。韩信望着这对狗男女气愤地说:"栾说、翠莲你二人在我府中多年,竟然干出这些肮脏之事,按理应当问斩……!""侯爷饶命,小人再也不敢,请侯爷饶恕我们,我俩世世不忘侯爷大恩大德。"二人像鸡捣米似的不断地磕头求饶。韩信见二人泪流满面,心中起了悲悯之心说道:"念你二人年轻无知,就宽恕你二人这次,不过死罪饶恕,活罪不能免除,重责20 轰出府门,永不留用。""侯爷! 这不是太便宜这对狗男女,按汉朝王法这二人犯的是死罪呀!"一侍卫愤愤不平道。"唉!"韩信长叹一声。"夫人你看……?"家丁拾起珍珠项链和翡翠交于瑞娘。瑞娘沉思片刻:"既然侯爷不忍心处死他二人,那又何必要责打他们。算了! 让他们滚吧,永远不许再踏进府门半步。"侍卫上前解开二人绳索,栾说、翠莲急忙伏地连连叩头:"谢侯爷! 谢夫人不杀之恩!"然后从地上爬起,一溜烟狼狈不堪地跑出府门。

　　吕后这数月心里总有些忐忑不安,自高祖率军平叛走后,一直没有胜负消息,今日早晨栾说、翠莲慌慌张张地跑进宫密报,说韩信与叛贼陈豨曾在渭水河边密谋过,还说日后陈豨起兵,韩信在京城做内应。吕后听完栾说编造的谎言后,便信以为真,恐京城有变,立即传旨,招来亲信审食其、妹夫樊哙、兄长吕泽、妹妹吕媭在后宫秘密商议。吕后阴沉着脸,无不忧虑紧张地说:"陛下率军胜负尚无一点消息,京城又很空虚,有人告发韩信与陈豨原本是一党,想里应外合夺取汉室基业。现趁韩信还没有动手之前,请各卿速想良策除掉韩信。"吕媭微微一笑满不在乎地说道:"姐姐,除掉韩信这个背叛逆贼有什么难的? 只要姐姐降道谕旨,令宫中御林军重重包围淮阴府,杀掉淮阴侯明日再布告天下。"吕泽摇摇头:"不可! 韩信不是一般人物,且在朝王威望甚高,那是军中大帅,三军将士均是他的属下。他要闻讯,振臂一呼;宫中御林军还没有到他府中,你我就先做了他刀下之鬼。"樊哙不高兴道:"我就不信他韩信有那么大的威力,我愿带御林军围剿淮阴府。"吕后摇摇头:"妹夫不可鲁莽行事,兄长说得很有道理,淮阴府侍卫家丁非常多,这宫中御林军那是他们的对手,这岂不是以卵击石嘛? 还是想个万全之策才是。"吕泽在宫内踱步沉思片刻:"有了,要想除掉韩信不难,只能用巧计擒拿,不可死力硬拼,臣倒想好一策。""兄长快讲!"吕后急不可待地说。吕泽慢条斯理说道:"娘娘只要派遣十几名心腹侍卫,假扮陛下平叛军校,晚上趁天黑悄悄出城去北方绕上一圈,再风尘仆仆大张声势地复入长安,只说由陛下遣来传递好消息,陛下已将陈豨叛贼诛灭,朝臣不知有诈,便来宫中祝贺,宫廷中埋下刀斧手,只要韩信来宫中祝贺,踏进宫门一步,娘娘一声令下便立即将他拿下,推到宫外立即斩首。""嗯! 还是兄长足智多谋,不过万一韩信他不来朝贺,岂不功亏一篑吗?"吕后又无不担心地说道。吕泽微微一笑:"请问! 韩信在朝中最信赖何人?""当然是丞相萧何。"审食其抢先答道。"这就对了! 萧何曾对韩信有知遇之恩,若让萧何登府去请,并一同入宫祝贺,岂不……"吕泽狡猾地一笑。"如若萧何不去请韩信前来那怎么办呢?"吕后疑虑地说。"那就看娘娘您了!"吕泽望着吕后狡黠地一笑。吕后沉思片刻:"嗯! 有了,我亲登丞相府门,诱使萧何去请韩信。"审食其拍手称赞:"嗯! 娘娘不愧为当今女中英杰,这样韩信一生,成也萧何,败也萧何。"

顿时从后宫内传来一阵阵奸笑。

萧何年已六旬有余,年迈体弱,陛下平叛离京,萧何日夜操劳地忙于处理政务,并且已经积劳成疾。今日刚有好转,在府上闻听陛下平叛告捷,心中十分高兴,忽又闻吕娘娘亲踏府门前来拜望,萧何受宠若惊,慌忙更衣领夫人及家丁前往府门迎驾。吕后在十几名内侍宫女簇拥下乘坐龙凤辇缓缓而来。到了相府门前见萧何及夫人一班人相迎,吕后下了龙凤辇在宫女搀扶下来到相府厅堂落座。厅内早已备好水果茶点,君臣互相问候以后萧何在下首落座。吕后假意关心地说道:"丞相年事已高,身体要多多保重,不可过多操劳,陛下平叛告捷,明日宫中恭喜庆典,丞相如有不便可准予你不必前往了吧。""这哪成!"萧何感动地说,"平叛告捷乃是朝中庆典大事,我这一朝之相,岂能不去庆贺。"吕后微笑着点点头:"嗯! 难得丞相一片忠心! 明日庆贺这满朝大臣都去,这淮阴侯怕有好几个月没来上朝吧? 我还真有些惦念他。""淮阴侯是多月没去上朝,不过他有病告假可是陛下恩准的。"萧何解释道。"是吗? 不过病虽有点,但主要怕是心情不畅吧! 我看他对陛下误解太深,这样下去怕不太好吧?"吕后端起茶呷了一口,望望萧何。萧何也叹了口气:"唉! 都是钟离眛一案,把他牵连进去,不过他对汉室还是忠心耿耿的。"吕后心里很不痛快,心中暗骂萧何老糊涂虫,但表面仍装出微笑:"明日宫中庆贺平叛告捷,他若能来那该有多好,就是陛下回朝,闻知此事定能与韩信解除些隔阂。"萧何心里明白,这是娘娘让他邀韩信明日一同前往,萧何立即表明:"请娘娘放心,明日庆贺大典,臣邀韩信随我一同前往就是!""那真是太好了!"吕后高兴地说。"你们将相同乐,我做娘娘的也感到高兴,待陛下回京,我一定让他们君臣消除隔阂团结一心,共创太平盛世。"萧何高兴地也频频点头。吕后见事已至此,又闲谈一会便起身告辞回宫。

萧何送走娘娘,回到厅堂,夫人望着萧何说道:"相爷,你不觉得吕娘娘今日前来有些异样?"萧何不以为然地说:"这……这有何奇怪,她亲踏府门探望为臣,这是娘娘对微臣的关心。""我看不是这样。"夫人淡淡一笑。"娘娘一贯心胸狭窄,心黑手辣,做事专横,她让相爷请韩信入宫一同参加庆贺,这有没有别的意思?"萧何激动得热泪盈眶,深情地说:"夫人大有长进啊!吾何曾不知娘娘此人,可是这圣命难违呀!陛下已将大权交于她在掌管,吾怎敢不从命。""依我看明日你就不要去请淮阴侯。"夫人担心地说道。"妾以为娘娘想借相爷之手,实现这些奸佞之徒的阴谋。""唉!"萧何长叹一声:"夫人,娘娘专权你又不是不知,我若抗命不遵,萧府将有灭门之灾,做臣的只能宁可君负臣,不能臣负君。""那明日你一定要邀韩信一同前往,去宫庆贺不可了?"夫人担心地问道。萧何点点头:"如果娘娘并没有恶意,的确是为陛下平叛告捷,宴请群臣进宫庆贺,而韩信没去庆贺,一来老夫违抗了圣命,二来使娘娘与韩信之间又加深一层怨恨和猜忌,日后陛下回京知道此事,势必对韩信不利,我作为一国丞相,怎能不为君臣和睦着想。"夫人忧虑地说:"嗯!去请不好,不请也不好,还真让人为难!"萧何倒背双手,在厅内踱步沉思片刻:"依老夫之见,臣不能背负君,明日还得相邀韩信一同进宫,即便娘娘是真的出计谋害韩信,可韩信为汉室立下十大功劳,而且自从钟离眜之事以后,韩信深居简出,并没有犯什么错误。当年陛下曾亲口赐赏他三不死,有陛下金口玉牙许诺,娘娘她也不能把韩信怎么样!况且满朝文武大臣在场,她敢违抗陛下诺言行事?"夫人听罢放心地点点头。

第二天清晨萧何穿着一新,亲去韩信府邸邀请。再说韩信很长时间没去上朝,也没多问朝中大事,昨日突收宫中一份请柬,说陛下平叛告捷,明日在宫中大殿宴请群臣,共庆大捷,请大将韩信前来恭贺。韩信内心十分高兴,庆幸陛下终于平了叛贼,从此天下太平,他本想今日前往,可转念一想自己多月不去上朝,陛下和娘娘与他都有隔阂,万一娘娘设下圈套,自己不慎再顶撞娘娘,岂不冒犯娘娘而犯下大罪。因此他又不想前往,正在踌躇之时恰巧萧何满面春风地前来邀请,他碍于情面,不好推辞,便与妻子瑞娘告别前往宫中。瑞娘见韩信多年都闷闷不乐,今日高兴要随丞相去宫中,她也没好阻拦。另外加上有恩相陪伴,韩信决不会再闯祸端。因此,她放心地给丈夫换了新衣,夫妇二人微笑告别不想这将是他们诀别。

未央宫前,张灯结彩,锣鼓喧天,一班内侍伫立两旁,一班宫女在乐声中载歌载舞,朝臣们都陆续进入未央宫大殿。一派喜庆气氛。

在宫门前大道上,萧何与韩信并肩而行,俩人谈笑风生。韩信手里拿着贺词,萧何满面春风地说道:"贤弟可曾记得当年登坛拜将时的情景?"韩信感慨道:"何止记得,历历在目,恍若昨日之事。想起往事感到时光如梭,眨眼汉已立国10年有余,你我都显老了。""贤弟正年富力强,怎么说老了? 这汉室繁荣昌盛今后还靠你们,我已年迈体衰该退居临下了。"萧何若有所思道。"这汉室江山,少我韩信可以,但没有丞相是万万不行!"萧何被说得乐呵呵地:"贤弟一席勉励之言,好似我萧何年轻许多。"二人都乐得哈哈大笑,谈笑风生携手走入大殿。

大殿内,刚满15岁的少年太子刘盈与母后吕雉高坐在龙椅上,朝臣陆续进殿伫立两旁。萧何、韩信兴高采烈地跨入大殿。就在这时两扇宫门突然关闭,群臣一片哗然。吕后一拍龙案厉声呵道:"来人! 将叛贼韩信拿下!"埋伏在两旁的刀斧手蜂拥而上,韩信猝不及防,被这班人擒住并捆绑起来。此时韩信才如梦方醒怒声问道:"娘娘,臣身犯何罪?"吕后冷笑一声:"狂徒淮阴侯,自称天下枭雄,竟敢与陈豨合谋反叛,今被人告,汝有何话可说? 带证人!"栾说、翠莲这对狗男女猥猥琐琐从后殿走出。萧何还在那疑惑不解地问:"娘娘,不是韩将军与本相奉旨前来贺喜大捷的吗? 怎么……?""萧丞相你先站一旁。"吕后严肃地说道。萧何只好畏惧地退在一旁。栾说、翠莲跪下施礼:"叩见娘娘和太子殿下。"吕后严厉说道:"你们俩当着众臣之面,讲清楚韩信如何勾结陈豨密谋反背叛朝廷?""是!"栾说翻着老鼠眼望了望韩信,又扫视了众臣一眼,昧着良心说道:"回禀娘娘,陈豨来京城时与韩信在渭水河边密谋了许久,这是我亲眼看见的。他们曾有密约,陈豨从边疆起兵反汉,韩信在京可做内应。当时我就想禀报娘娘,可又一想并没抓到他们真凭实据,因此没有前来禀报。这次陈豨果真起兵谋反,我这才想起那日之事,我若不禀报娘娘,只怕韩信在京城起兵,那咱们汉室江山岂不完了吗! 因此才来禀报娘娘。"吕后大喝一声:"韩信你还有什么话可说?""无耻!"韩信冷冷一笑。"这分明是栽赃陷害!"翠莲一旁假惺惺劝慰道:"侯爷你就承认了吧,娘娘已经全知道了!""呸!"韩信愤怒地说道:"你这两个狗男女,前几天做的好事被捉住,我怎么就不宰了你们!"吕后一拍龙案:"大胆! 你这个反贼,陛下已将陈豨捉拿,陈豨已经供认不讳,汝还想抵赖?"吕后将假书信举起晃了晃:"陛下书信在此,汝还有何说。"韩信仰天哈哈大笑,这笑声在大殿中久久回荡,大殿中显得阴森恐怖。韩信收住苦笑怒吼道:"我这才明白,什么平叛告捷,全是阴谋,阴谋,……"吕后在恐慌中清醒:"来人! 快,快给我把反贼韩信推出宫门外砍了。"

4名武士来推韩信,韩信愤怒地说:"慢着! 我韩信为汉室立下十大功劳,陛下赐我三不死,见天不死,见地不死,见兵器不死,你有什么权力来杀我?""好!"吕后冷笑一声。"今日就不违背圣上许诺。来人! 将韩信推入殿旁钟室,门窗遮掩,不让他见到天日,地上铺上地毯,不让他踏着地,不要拿兵器,用菜刀将他斩首。"萧何大吃一惊上前扑倒在地,泪如雨下,乞求道:"娘娘……!"栾说从怀中取出一把早已准备好的锋利菜刀,4名武士来推韩信,韩信长叹一声:"唉! 我昔日不听人言,今果遭人暗算,中刁妇诈计。"韩信昂然地被推进钟室。刚被推进钟室栾说趁其不备举起菜刀猛力向韩信脖颈砍去,顿时韩信血溅钟室,倒地身亡。栾说、翠莲割下韩信人头用盘托出,走出钟室来到大殿:"回禀娘娘,韩信已被斩首。"太子瞧见顿时被吓得用袍袖掩面。萧何大叫一声,昏倒在地。众臣一见也是凄然泪下。吕后得意地一笑:"审食其,樊哙!""微臣在!"二人出班。吕后严厉地说:"令你们率宫中御林军前往淮阴府,灭韩信三族,不要留下任何一个活口!""臣遵旨!"二人神气十足地接旨走出大殿。

审食其、樊哙,率领御林军包围了淮阴府,并杀气腾腾破府门而入。此时瑞娘正在书房看书,听到院内杂乱脚步声,她起身跨出书房同时深感不测,但还是猝不及防被御林军包围捆绑。审食其提剑在手冷笑一声:"韩夫人,久违了。"说着一剑将瑞娘刺死。府内顿时大乱,哭声一片,审食其、樊哙率御林军在府内任意砍杀,尸体成堆,血流成河,淮阴府内100多口无一人生还。府门被查封。一代名将,就这样屈死在吕后等奸诈小人的阴谋之下。历史又重演了一幕悲剧。

龙城飞将　家喻户晓

——李广

名人档案

李广：陇西成纪（今甘肃静宁西南）人，中国西汉名将。汉文帝十四年（前166）从军击匈奴因功为中郎。景帝时，先后任北部边域七郡太守。武帝即位，召为中央宫卫尉。元光六年（前129），任骁骑将军，领万余骑出雁门（今山西右玉南）击匈奴，因众寡悬殊负伤被俘。匈奴兵将其置卧于两马间，李广佯死，于途中趁隙跃起，奔马返回。后任右北平郡（治平刚县，今内蒙古宁城西南）太守。匈奴畏服，称之为"飞将军"，数年不敢来犯。元狩四年，漠北之战中，李广任前将军，因迷失道路，未能参战，愤愧自杀。

生卒时间：？～前119年。

安葬之地：葬于天水市城南石马坪。

性格特点：据《史记·李将军列传》记载，李广身高过人，猿臂善射，爱惜士卒，深得士兵的爱戴。李广为人廉洁，《史记》记载"得赏赐辄分其麾下，饮食与士共之。终广之身，为二千石四十余年，家无余财"。李广关外狩猎时射石虎的故事家喻户晓，使得李广成了后世神射手的代名词之一，但李广一生都没有被封过侯。汉文帝曾说李广："如令子当高帝时，万户侯岂足道哉！"意思是说他的胆略才能出众，如果是在汉高祖战事频繁的时期，当上万户侯又算什么。

历史功过：一生与匈奴交战四十余年，大小七十余战，匈奴人畏其英勇，称之为"飞将军"。

名家评点：司马迁在《史记》中对李广评价很高，曾用"桃李不言，下自成蹊"两句话来赞美李广。卢纶在《塞下曲》中则描写了一个传奇故事："林暗草惊风，将军夜引弓。平明寻白羽，没在石棱中。"

明代黄淳耀评论:"李广非大将才也,行无部伍,人人自便,此以逐利乘便可也,遇大敌则覆矣。太史公叙广得意处,在为上郡以百骑御匈奴数千骑,射杀其将,解鞍纵卧,此固神将之器也。若夫堂堂固阵,正正之旗,进如风雨,退如山岳,广岂足以乎此哉?淮南王谋反,只惮卫青与汲黯,而不闻及广。太史公以孤愤之故,叙广不啻出口,而传卫青若不值一钱,然随文读之,广与青之优劣终不掩。"评价李广虽为名将,却非良将。陈仁锡则说:"子长(司马迁)作传,必有一主宰。如《李广传》以'不遇时'三字为主,《卫青传》以'天幸'二字为主。"认为司马迁光仅从李广豪情飞扬的个人魅力方面着眼,过度抬高了李广,并且淡化了出身低贱、谦逊低调但真正有功于社稷的卫青。明代大儒王夫之则更是评论李广"获誉于士大夫之口,感动于流俗之心"。李广终生不能封侯,以至于被后人评为"数奇"(运气不好),其实和他治军不严、缺乏战略眼光导致军功不够是脱不了联系的。

匈奴扰边　作战立功

李广出生的时间大约是在公元前 184 年前后,卒于公元前 119 年,他是西汉陇西郡成纪县(今甘肃静宁西南)人。陇西地处边塞,靠近西戎,民风强悍尚武,秦汉时期有"关东出相,关西出将"的说法。陇西出了不少优秀的将领,可以说是名将的故乡。李广的先祖叫李信,是秦始皇手下著名的大将。说起李信,还有一段故事。李信作战勇敢,有出色的指挥才能,曾率秦军消灭燕国,追获燕太子丹,但是在秦对楚的战争中碰了壁。秦王嬴政在进攻楚国之前,问老将王翦需要多少兵将,王翦说要六十万人,再问李信,李信夸口说二十万足够。嬴政就派李信带二十万人出征,结果遇上了楚国名将项燕的抵抗,秦军损失惨重。李信害怕嬴政追究责任,便偷偷逃跑,躲到齐国。不久,嬴政统一了天下,李信又成了通缉犯,被迫隐姓埋名,惨淡地度过一生。

有了李信这样的先祖,李广家族都有着从军为将的传统,并且拥有家传绝技射箭。李广一生,别无喜好,只好射箭,并且是百发百中,这是他戎马一生的看家本领。青年李广走上军旅生涯,是从抵抗匈奴开始的,从那时起,他一生都在与匈奴作战。

匈奴是我国历史上一个古老而又悠久的民族,与汉族一样,也是中华民族的一员。据司马迁撰写的《史记·匈奴列传》记载,匈奴人的祖先与汉人的祖先一样,都是建立中国历史上第一个王朝——夏朝的那个氏族——夏后氏的后代,名字叫淳维。夏朝灭亡后,他们这一支退居到北方的草原,从事狩猎和畜牧业,随水草而迁徙。他们善于骑马射箭,行动异常迅速。从西周时开始,就常常南下进行抢掠。在春秋以前,他们有过鬼方、昆夷、戎、狄等称号,战国以后称为匈奴。

到秦始皇时,曾有方士预言:"亡秦者胡也",这引起了秦始皇的警惕,他派了大将蒙恬领兵三十万去扫荡匈奴。匈奴人敌不过秦国的大军，加上匈奴内部正在为争夺单于的继承权展开一场厮杀，更是无暇抗衡秦朝，只好退到黄河北边的大漠里。蒙恬赶走匈奴后，一方面从内地大量移民到河套地区，开垦荒地，设置边郡，另一方面修筑长城，把旧时燕、赵、秦三国修筑的长城连成一片，东起辽东，西至临洮，以防止匈奴人再度卷土重来。

秦始皇死后，中原陷入战乱。此时匈奴王位已定于冒顿单于，各部落也归于统一，经过休整，重又恢复元气，养得兵精马壮。乘着中原农民起义、楚汉逐鹿，匈奴人卷土重来，一时间，昔日蒙恬所开拓的边疆尽落胡人之手。当时，在长城之外，东边的阴山，西边的祁连山，成了匈奴人的生息老巢。单于王廷设在阴山西麓，他的两位辅王中右贤王占祁连山，左贤王占阴山东，由东到西，对汉朝构成威胁。

汉王朝建立之初，事实上的疆域已不是以长城为界同匈奴相分，当时的辽东、燕代（即今之冀晋鲁豫）早已成为匈奴兵马经常出入的地方；在陕北一带，也有匈奴楼烦、白羊部落的游牧，直接威胁关中。唯有汉王朝中心长安的关中之地和江淮一带是汉朝势力。汉高祖虽然在燕、代、韩、赵等地分封诸王，但那些封王大多只求自保，对时常光顾的匈奴兵马不敢抵抗，所以这一带的状况实际上是汉胡杂处。

汉高祖六年（公元前201年）秋天，匈奴冒顿单于指挥骑兵攻入马邑（今山西朔县），并向南越过勾注山（今山西原平北），进而围攻晋阳（今太原市）。第二年，汉高祖刘邦亲自率领三十二万大军迎战。匈奴先把精锐骑兵隐蔽起来，然后冒顿单于率兵边战边退，引诱汉军向北进至平城（今山西大同东），冒顿单于突然回兵，杀了个回马枪，预先埋伏下的四十万骑兵把汉高祖团团包围。当时汉军大部分是步兵，行动缓慢，一部分军队还在后面，没有跟上来，汉高祖只得把汉军集合到平城东面的白登山上。汉军被围困了七天七夜，粮尽援绝，形势十分危急，于是一面派使臣向冒顿单于赠送礼品，交涉讲和，用计缓和匈奴兵的攻势；一面挑选精兵，配备着架上双箭的强弩，在一个大雾弥漫的早晨，逃出了重围。当汉高祖从白登山回到平城时，汉朝的后续部队这才陆续赶到，可是匈奴骑兵已经迅速撤退了。平城之败成了汉高祖刘邦的一个奇耻大辱。

白登解围后，匈奴还是常常来骚扰，汉朝军事力量还不足以对匈奴实行大规模的反击，从汉高祖九年（公元前198年）起，只好采取了"和亲政策"，以忍让来换取边境的暂时安宁。高祖派大臣刘敬护送一位公主，嫁给冒顿单于，同时赠送大量金银、彩绸、米、丝绵、酒食等礼物，与匈奴结为兄弟，以缓和匈奴的侵扰。此后七八十年间，汉对匈奴都采取了和亲政策。

这以后，匈奴虽暂时退回关外，但左贤王对辽东、上谷、代郡，单于对雁门、云中、上郡，右贤王对北地、陇西等地的边关，还依然不时进行骚扰，掠夺牲畜、人口，霸占关市。并且，匈奴趁着汉势低落，又镇服了西域诸国，从西面对汉朝造成威胁。

汉朝自高祖定下和亲政策以后，吕后、文帝和景帝三朝都基本遵守。无奈匈奴毫无诚信，经常入关掳掠。汉文帝三年（公元前177年）五月，匈奴右贤王入居河南地,进犯汉朝的上郡(在今陕西北部),杀掠人民。汉文帝不得不令丞相灌婴发兵十一万余人,前往高奴(在今陕西延安东北),抵御匈奴。文帝自己也亲临太原。文帝曾派使臣前往匈奴,质问他们为什么不遵守约言,破坏和亲。单于蛮横无理地致信汉朝,威胁说:"啊哈,你们这些住在土屋子里的人,只会种庄稼,打仗却一点办法也没有。请不要再向我喋喋不休地讲什么礼义吧,还是乖乖地把最上等的绸帛、丝绵、米、酒等物品送来,不然的话,秋天一到,我们马上派骑兵把你们的庄稼统统踏得稀烂!"单于的话充分反映了匈奴对汉朝军事力量极端的蔑视,也说明了汉朝如果在军事上无力抗御匈奴,仅仅是屈辱地赠送财物,解决不了匈奴对汉朝的威胁。

文帝和众臣看过单于的信后反复商议,觉得不战虽委屈,可战又未必能胜;胜固然好,不胜则怕从此汉朝永无宁日。更何况,汉朝内部的藩王矛盾也很激烈,一旦与匈奴开战,就怕藩王乘机作乱,危及统治。所以,文帝想来想去,别无良策,只好同匈奴重约和亲。不久,冒顿病死,他儿子老上单于继位。文帝便把一个宗室的女儿嫁给他,以巩固和约。谁知,护送公主远嫁的一个宦官,名叫中行说,他对文帝派他远行怀恨在心,一到匈奴,便将汉朝内部的种种情况告诉单于,并劝单于不要满足于汉朝的"岁币"。单于听信了中行说的劝诱,对汉边进行了更加频繁的骚扰。

公元前166年冬,匈奴骑兵十四万人从朝那(现甘肃平原市西北)、萧关(现甘肃环县西北)一带侵入,杀人放火,掠去大批的人口和牲畜,北地那(现甘肃庆阳西北)的军事长官也被匈奴杀死。匈奴的军队很快打到了彭阳(现甘肃镇原东),派兵烧毁了汉朝皇帝的行宫,前锋一直挺进到了雍(现陕西凤翔)和甘泉(现陕西淳化)。长安的汉朝政府面临着严重的威胁,急忙调兵遣将,派出战车千辆,骑兵十万,保卫长安;并下令征集兵士,抵御匈奴。

强敌压境,国难当头,正是壮士报国的好时机。按照汉朝的制度,当兵的有两种人:一种是充军的囚犯,这种人当时叫作"谪戍",当兵是一种处罚的性质;另一种便是"良家子"。"良家子"就是一般人家的子弟,他们可以当兵,也可以做皇帝的卫士。李广就以良家子的身份,踊跃应征,从军入伍。在这次抗击匈奴的战斗中,李广冲锋陷阵,表现英勇,引起了朝廷的注意。战斗结束后,汉文帝论功行赏,委任李广做中郎(皇宫中的卫士),不久又提升为武骑常侍(皇帝的侍从官)。

作为皇帝的侍从官,李广得以常常伴随文帝外出射猎,由于他精于骑射,身手敏捷,深得文帝的赏识。文帝曾叹息说:"可惜啊!你没遇到时机,如果让你正赶上高祖打天下的时代,封个万户侯那还在话下吗?"

孤胆退敌　美名远扬

文帝死后,景帝即位。李广任陇西都尉,不久又改任骑郎将。

西汉初年,刘邦在消灭异姓王国的同时,又分封了一些同姓王国。随着他们势力的壮大,这些王国同汉中央政府之间的矛盾日益尖锐。汉朝建国五十年以后,各王国对中央的威胁一天比一天严重,景帝便采用大臣晁错的建议,削减封国的土地。这样一来,中央与封国的矛盾就更加尖锐,终于发展到武力冲突的地步。

吴王刘濞是汉景帝的叔叔,他在各封王中辈分最高,力量也最强。见削减封国的措施加到自己的头上,就下定决心以武力来对抗。公元前154年(景帝三年),刘濞联合楚、赵等七个王国,打着"诛晁错,清君侧"的旗号,起兵反抗中央,史称"七国之乱"。刘濞一方面把吴国十四岁以上、六十二岁以下的男子二十多万人编成军队,亲自率领向京城长安进发;另一方面,又命令赵王联合匈奴,从北方边境进攻,企图互相呼应,对汉朝形成夹击之势。

景帝命大将周亚夫率兵平叛,李广以骁骑都尉身份随从周亚夫出征。在昌邑一战中,李广勇猛善战,一马当先,在城下夺取了敌人的军旗,从此名声大噪。一举成名本是好事,可是一不留神卷入了政治漩涡。景帝的弟弟梁王为了拉拢李广,私自把将军印授给李广。景帝和梁王是同胞兄弟,关系非常微妙。梁王桀骜不驯,景帝对他一直很警惕,但碍于母亲窦太后对梁王的宠爱,所以对这位弟弟一时也无可奈何。梁王把将军授予李广,对朝廷来说是很犯忌的。战争结束后,李广回朝果然遭到冷遇,朝廷封赏了很多有功之人,却唯独没有赏他。

七国之乱平息后,李广调任上谷太守。上谷郡与匈奴交界,匈奴骑兵经常前来挑衅,这对喜好战事的李广来说,真是英雄有了用武之地。他经常率兵与匈奴作战,在战争中找到了无比的乐趣。他的好战脾性令一些人非常担忧。典属国公孙昆邪跑到景帝面前哭着说:"李广的本事,天下无双,但他太逞能,太爱表现自己,像他这样总是和敌人作战,恐怕要坏大事。"景帝也怕李广找麻烦,于是把他调到上郡任太守。以后李广转任边境各郡,曾任陇西、北地、雁门、代郡、云中等太守,每到一地,仍旧不改本性,整天骑射作战,名气很快传遍边境各郡。

在上郡任太守时,李广曾凭着胆量和智慧,成功地阻止了匈奴的一次大举来犯。

当时李广军中有一名皇上派来的宦官,随军学习军事。一天,这位宦官带领几十名骑兵,纵马驰骋,忽然遇到三个匈奴人,随即开始了一场战斗。不想那三个匈奴人虽然人少,但沉着镇定,骁勇善战,一通放箭,不但射伤了宦官,而且几乎杀光了他的骑兵。宦官见势不好,急忙飞马逃回,向李广求援。李广一听,立刻判断说:"你们遇到的一定是匈奴射雕高手。"他迅速带上一百多名骑兵,急驰前去追赶,很快追上了三个匈奴人。原来那三个人没有骑马,而是徒步前行。李广命令他的骑兵左右散开,两路包抄。他亲自挽弓搭箭,射死了两个,活捉了一个,一问,果然是匈奴的射雕手。

李广命部下将俘虏捆绑上马,准备撤兵。就在这时,忽然远方隐隐出现了浩浩荡荡的大队人马,仔细一看,竟然是几千名匈奴骑兵!一看这突如其来的阵势,李广的百名骑兵大为惊恐,有的赶紧就想回马逃跑。

李广却十分镇定,他告诫部下说:"我们离开大本营几十里,照现在这样的情况,我们只要一跑,匈奴就必然追击射杀,那样的话我们会立刻被杀光。如果我们停留不走,匈奴一定以为我们是一股诱敌部队,不远处埋伏着大军,疑惑之中他们必定不敢攻击我们。"

果然不出李广之所料。匈奴大军看到眼前这股只有百十号人的汉军,也猛地吃了一惊:莫非进攻计划被汉军识破?莫非这一百多的骑兵是敌人的诱兵?疑惑之中,匈奴大军停止了前进,远远地摆出了阵势。

千钧一发之时,李广向骑兵下令:"前进!"百名骑兵依令齐刷刷地向前进发,到了距离匈奴阵地还有大约二里的地方,李广又下令说:"全体下马,解下马鞍!"

手下有人说:"敌人那么多,并且又离得近,如果有了紧急情况,怎么办?"

李广说:"那些敌人原以为我们会逃跑,现在我们都解下马鞍,表示不逃,这样就能使他们更坚定地相信我们是诱敌之兵。"

看到汉军大摇大摆地在眼皮下行动,匈奴大军真的被弄迷糊了,终于不敢发动攻击。这时,李广看到匈奴军阵中出现一名骑白马的将领,正在指挥部队。李广飞身上马,疾驰出阵,一箭射出,那位匈奴白马将领应声倒下。射罢,李广策马从容回到自己的骑兵队里,解下马鞍,并让士兵们都放开马,随便躺卧。

夜色逐渐降临,匈奴大军越来越觉得奇怪,越来越认为汉朝大军埋伏在附近,想趁夜偷袭他们。匈奴军终于顶不住了,在对峙中松懈下来,趁着夜色悄然撤兵。天亮后,李广率队安然回到军营。

从此,李广的大名伴随着一种传奇,传遍边塞。匈奴人对他十分敬畏,每次犯边,都尽量避开李广。

李广治军有自己的风格特点。他对士兵宽厚和蔼,治军用兵不拘小节。部队行军驻扎并无定规,遇到水草丰美之地便就近安营扎寨。夜间宿营,也不设置岗哨,不命人击刁斗,只让士兵人人自卫。至于幕府文书,更是能省就省。这种治军方法看上去似乎显得随意,但是外松内紧,敌人就是钻不了空子。当时和李广齐名的还有一位将领叫程不识,他的带兵之道与李广正好形成对照。程不识为人谨慎,治军用兵崇尚严格,有规有矩,无论走到哪里,必是三令五申,严明纪律,安营扎寨从来都是岗哨周密,不敢有半点疏忽,幕府文书也是条理清楚。敌人见程不识治军严整持重,也不敢轻易冒犯。相比之下,士兵们更喜欢李广,愿意跟他打仗。一来是李广神勇无敌,跟着他有安全感,二来是李广带兵宽和简易,跟着他不累,所以大家都乐意追随李广,而不愿跟随程不识。程不识的部下有时不免对自己的主将发发牢骚,程不识不得不对大家解释说:"李将军带兵太宽松了,跟着他是轻松,可是假如敌人突然来犯,只怕仓促之际难以应战。咱们宁可严点儿,虽说麻烦点儿,累点儿,但敌人不敢轻易来犯,可保大家不会出事。"李广和程不识,两人各有千秋,都是享誉一时的名将。

兵败被擒　虎口脱身

文景时期,虽然对匈奴采取了和亲政策,但为了抵御匈奴的侵扰,也做了一些防备工作。文帝曾采纳晁错的建议,改革了边防军轮换的制度,用免税、赐爵、赎罪等办法移民实边,增强了边防力量。汉高祖当年在白登山被围七天七夜,很重要一个教训就是汉军步兵多、骑兵少,军马的战斗力不如匈奴。文帝时期,便大力提倡养马,在西北及北部边境设立三十个牧马所,用官府的奴婢三万人从事牧养。景帝时仍然执行这一政策,并且在上林苑大量养马,扩大骑兵。

汉武帝即位后,形势与西汉初年相比已经发生了很大变化。随着诸侯势力被打垮,中央集权大大加强,已无内顾之忧;多年的发展已使国家的经济实力空前雄厚,反击匈奴的客观条件已经完全成熟了。

武帝元光二年(公元前133年),雁门马邑县有一个叫聂壹的人,上书向武帝建议:趁着匈奴正与汉朝和亲,对我不加防备,可设计以利诱之,埋伏重兵对其一举歼灭。武帝就聂壹的上书询问大臣们的意见,御史大夫韩安国认为,从前高祖被围于平城七天七夜,以高祖手下战将的英勇善战,当时尚且不能对付匈奴,现在如果轻举冒进,无异于向虎口投食。不如仍然奉行和亲政策,维持现状。大行(负责内附民族事务的外交官)王恢不赞成韩安国的意见。他认为,战国初期,代国虽小,匈奴还不敢轻易侵犯它;现在全国统一了,反而边境不稳,军民死伤,这是十分令人痛心的事!王恢不但赞同对匈奴反击,而且提出了诱敌深入进行伏击的具体作战方案。汉武帝经过考虑,决定采纳王恢的建议。

这一年的六月,汉政府先派聂壹去引诱军臣单于。聂壹向匈奴单于说,他愿意出其不意斩杀马邑令丞,将整个城池以及马邑的财物全部献给匈奴。军臣单于听了十分高兴,决定按照与聂壹的约定行事。紧接着,汉武帝调集了战车、骑兵和材官(步兵)三十余万,由护国将军韩安国为总指挥,分两路设伏:以李广、公孙贺率领的主力部队埋伏在马邑的山谷中,准备等匈奴兵进入埋伏圈后予以歼灭;以王恢、李息率领的三万人马出代郡,插入匈奴后方,袭击匈奴辎重,断其退路。军臣单于率精兵十万如期进入武州塞(今山西左云县),行至距马邑百余里处,见到原野上到处是成群的牛羊,却无人管理,于是产生了怀疑。接着,匈奴兵又捉到了一个汉朝巡边的尉史(汉朝在边塞设置的下级武官),这个尉史泄漏了汉军诱击匈奴的军事秘密,军臣单于大惊,慌忙掉头退去。汉军兴师动众,却无功而还。这就是历史上有名的"马邑之谋"。这次伏击虽因被匈奴单于发觉而流产,但从此揭开了汉朝向匈奴发动大规模军事行动的序幕。

马邑伏击中,李广参加了行动,但当时是受护军将军韩安国的节制,四年以后,李广有了独当一面的机会。汉武帝派四路人马攻击匈奴,李广被任命为骁骑将军,作为四路大军中的一路,率军出雁门。匈奴的军臣单于探明了汉兵的情况,知道四路汉军中最难对付的是李广,就把大部分兵力集中在雁门,沿路布置好埋伏。开战前,单于放下话来,命令部下务必活捉李广。双方一接战,李广便纵骑赴敌,轻兵直进,匈奴人先是佯装败退,引诱李广部队进入设伏之地,然后突然四面杀出,将汉军困住。李广虽然神勇善战,手下将士同仇敌忾,奋勇杀敌,可终究寡不敌众,万骑汉军挡不住十余万匈奴大军的轮番冲击,终于被匈奴军冲散,李广势穷力竭,竟被匈奴兵生擒。

看到曾经威名远扬、让匈奴人闻风丧胆的李广竟然兵败被擒,匈奴人欢喜若狂,三军欢呼,以示庆贺。因为单于早有严令,捉得李广之后,一定要完好无损地送到单于帐下,所以匈奴士兵生怕碰坏李广一丝毫毛,看到李广受了重伤,于是连捆都没敢捆,而是找来一张网,用两匹好马拉开,再把李广放在网上,就这样向单于大营进发。

为了麻痹匈奴人,李广索性闭上眼睛装死,一路上不停地思量脱身之计。押送李广的匈奴兵开始还保持着警惕,不敢疏忽大意。后见李广双目紧闭,半晌都没动过,估计李广晕死过去,短时间内醒不过来,也就松懈下来。不知不觉走了十多里,李广斜眼看到他旁边的一个匈奴少年骑着一匹好马,他知道机会有了,蓦然间,李广从网子上腾身而起,纵身跳上匈奴少年的马,趁势把少年推下去,夺了他的弓,打马向南急驰而去。这一切都发生在顷刻之间,匈奴人简直不敢相信自己的眼睛,一个个惊得目瞪口呆。待李广跑出好远,他们才回过神来,放马去追。李广边骑边取下刚刚夺下的弓箭,回身射杀。每箭射去,追在最前面的人立刻人仰马翻,引得后面的人一阵混乱。匈奴人素畏李广神箭,不敢全力向前。追出几十里,匈奴人便不敢再追,只得收兵回去。李广单骑南逃,渐渐遇到溃散的汉军,沿途收集,清点人数,一万大军已是所剩无几。只好回去请罪。

回到京城,朝廷把李广交给执法官吏。执法官判决李广损失伤亡太多,他自己又被敌人活捉,应该斩首,武帝觉得杀之可惜,特准李广可以出钱赎罪,免于一死。李广用钱物赎了死罪,削职为民。

重被起用　弯弓射石

李广赋闲在家,过了一段逍遥的日子。他与前颍阴侯灌婴的孙子灌强一道隐居蓝田,终日饮酒骑射,很是快活。一次,李广带一名从骑入山巡游,遇到一处山户人家,山民淳朴好客,邀李广到家里饮酒,李广感其盛情,欣然前往。在山民家喝得高兴,不知不觉夜色已深。回归的路上,经过霸陵亭,正碰上霸陵亭尉也喝醉了酒。亭尉仗着酒兴,大声呵斥李广,教他站住。跟随李广的从骑连忙上前对亭尉说:"这是过去的骁骑将军,不得无礼!"亭尉一听,更火了:"什么过去的将军! 就是现任将军也不得夜行。都给我扣下!"硬把李广扣了一夜。这件事对李广刺激很大,想不到曾经令敌人闻风丧胆的将军,一旦失去了兵权,竟然要被一个亭尉来欺负!

不久,边疆战事吃紧,皇上又想起了李广。

李广赋闲在家期间,匈奴大举进犯渔阳,武帝以卫尉韩安国为材官将军,屯戍渔阳。韩安国率大军抵达之后,捕得匈奴俘虏,说匈奴人已经远去,韩安国便上书武帝,说匈奴既已远去,现在正值农忙时节,没必要屯留这么多人马,请裁撤大部士卒,以免误了农时。武帝依准。哪知韩安国裁撤大部汉军才一个月,匈奴人便卷土重来,进犯上谷、渔阳。此时,韩安国营寨之中只有七百余名汉兵,见匈奴来犯,只有勉力整队出战。七百余人哪里是匈奴大军的对手,连韩安国本人也身负重伤,只得收拾残兵,退保营寨。匈奴人围住韩安国营寨,然后纵兵四处掳掠,抢走两千余名百姓及牲畜财物无数。汉军还探悉,匈奴人将大举进犯东方。武帝闻报,下诏谴责韩安国前番撤军之议,并调韩安国前往更东边的右北平镇守,意在让他戴罪立功。韩安国本是武帝即位之初格外倚重的大臣,为人通达,老成谋国,历任御史大夫、护军将军、行丞相事。此番失误,他深感惭愧,心中抑郁,排遣不开,竟然吐血而死。边塞有警,朝廷又痛失重臣贤将,武帝伤悼之余,想起了免职在家的李广。

武帝立即启用李广为右北平太守,让他去镇守东方。李广此时正在家为受霸陵亭尉的气而愤恨不已,不想时来运转,他又可以带兵打仗了。李广受命之后,马上提出一个要求,请皇上批准让霸陵亭尉随他从军。霸陵亭尉刚一到军中报到,李广即令军吏将他绑出杀了,以雪当日亭下之辱,然后上书自陈谢罪。武帝此时一心只想着让李广率兵靖边,哪里还顾得上一个小小的亭尉。所以不但没治李广的罪,反而赐书慰勉说:所谓将军者,那是国家的爪牙。将军就是要统率三军之心,协同战士之力,一怒则千里惊惧,威震则万物归顺,就是要有威风,让敌人害怕。报仇除害正是我期望于将军的,您若叩头请罪,这岂是我所指望的!武帝这样一说,不但不是责备,倒分明是欣赏李广的做法。李广不但出了气,还得到了皇帝的鼓励,高兴异常,痛快率兵奔赴边疆。不过这件事从一个侧面也反映出李广的心胸狭窄。

李广的大名早已为匈奴人熟悉,特别是他飞马逃脱,箭法神奇,给匈奴人留下了深刻的印象,他们送李广一个美称——"汉之飞将军"。本来匈奴人听说李广被撤职,所以放心地来侵扰掳掠,这回却听说李广出任右北平太守,顿时一片惊慌,知道李广不好惹,纷纷避开右北平,好几年不敢来侵扰。所以李广在右北平任职期间,当地狼烟不起,风尘无警。

无仗可打,李广也不愿待在屋里。闲来无事,他常常到野外打猎。李广镇守右北平期间,不但匈奴不敢来犯,而且老虎也吓得无影无踪。原来,李广曾历任沿边诸郡太守,所到之处,只要听说有虎伤人,便亲自去捕杀。右北平地近东北,常有虎出没,伤害人畜。既然无仗可打,那就打老虎。李广成日拎着一张弓,遍射境内之虎,彻底为老百姓解除了虎患。有一次,李广外出打猎回来得很晚,带着几个随从乘着月色往回赶,忽然发现前方草丛中有一庞然大物,半蹲半卧着拦住了道路。李广透过夜色一瞧,只见风吹草动,影影绰绰,分明是一只猛虎!李广心中暗惊,他赶忙拉开弓箭,运足平生力气,照着老虎就是一箭。射完后,并无动静,再找老虎已是无影无踪。李广觉着蹊跷,第二天天亮之后,又来到原地,仔细寻找,发现草丛中有一块巨石,酷似卧虎,巨石的身上,插着的正是李广昨晚射出的那支箭。李广上前去拔那支箭,但箭已深深地陷入巨石,怎么也拔不出来。李广后退几步,照着巨石继续射了几箭,结果却是再也射不进去了。这段李广射石的故事,流传千古,为后人津津乐道,人们把李广射箭入石这件事,说成是"精诚所至,金石为开"。唐代诗人卢纶为此专门写了一首五言绝句《塞下曲》:

> 林暗草惊风,
> 将军夜引弓。
> 平明寻白羽,
> 没在石棱中。

英雄难封　冤屈自刎

　　李广戎马一生,一辈子在军营度过。他为人慷慨豪爽,平日同部下同吃同喝,打成一片,非常融洽。每当遇有朝廷的赏赐,他都毫不吝啬,统统分给部下。由于花钱大手大脚,不加节制,所以当了四十多年的将军,平均俸禄每年有两千石,但是最后还是身无余财。他带兵没有太多的繁琐方法,突出特点是关爱部下,每到一处宿营,部下没有水喝,他自己就不会先喝,部下没有东西吃,他自己就不会先吃。所以李广深得手下将士爱戴,大家都愿意为他赴汤蹈火。李广不爱说话,有时很长时间听不到他说上一句话,平时最主要的娱乐方式,就是和部下比赛射箭,输了就罚酒。他生得长身猿臂,生来就是射箭的好材料,别人都不是他的对手。在李广的训练下,他的部下全都成了射箭高手。在与匈奴的作战中,李广和将士们往往是持弓而待,等到匈奴骑兵冲到眼前几十步,然后才松手放箭,敌人应弦而倒。靠着这样过硬的军事本领和心理素质,李广的部队常常以少胜多。

　　但是命运之神似乎并不垂青李广。虽然他带兵和匈奴打了一辈子仗,令匈奴人闻风丧胆,但总是没有机会打大仗、立大功。公元前123年,李广被任为后将军,跟随大将军卫青的军队从定襄出塞,征伐匈奴。这本是一次难得的机会,但是不知怎么了,许多将领因斩杀敌人首级数符合规定数额,以战功被封侯,而李广部队却无功而返。又过了两年,李广以郎中令的职位率领四千骑兵出右北平作战,曾经出使西域、当时已是博望侯的张骞,率一万多骑兵协同配合。结果张骞部队走错了道,使李广部队孤军深入。匈奴左贤王见到李广军深入自己腹地已经数百里,又没有其他部队协同,就亲自率领四万多匈奴骑兵围歼李广。李广部队陷入一场恶战。士兵们一看匈奴人多势众,不免军心恐慌。匈奴军箭如雨下,李广部队顿时损失过半。关键时刻，李广派自己的儿子李敢率领数十人向匈奴军拼死攻击。李敢率几十名骑兵，飞奔直穿匈奴骑兵阵，又从其左右两翼突出，回来向李广报告说："匈奴兵没什么可怕的！"士兵们这才安心。随着两军相持，李广部队的箭矢很快就要用光了，李广布成圆形兵阵，面向外，下令所有人都拉弓搭箭，但是不准射击。李广亲自出手，操起大黄弩，百发百中，连杀几名匈奴副将，匈奴兵吓得不敢上前。坚持到晚上，几乎所有的人都觉得在劫难逃，但是李广依旧精神抖擞，不停地鼓励部队。坚持到第二天，张骞的一万军队终于赶来，匈奴见占不到便宜，只好悻悻撤兵。此战汉军虽然没有全军覆没，但是损失惨重。班师之后，张骞因贻误军机被判死罪，他出钱赎买免死，被废为庶人。皇帝念及李广父子拼死力战，来了个功过相抵，既不罚也没有赏，李广又错过一次立功的机会。

　　李广的堂弟李蔡，和李广同时从军，资历相当。到景帝时，李蔡因功做到了年俸二千石的官位。武帝时，做到代国的国相。后随大将军卫青攻打匈奴有功，被封为乐安侯。李蔡的才干、声名，比李广差得很远，然而李广得不到封爵和封地，官位没超过九卿，李蔡却被封为列侯，官位达到三公。看到和自己同辈的，比自己年轻的，包括许多曾经是自己部下的人都封了侯，李广心中颇为伤感。有一次，他找到一位懂得星象的叫王朔的人，说："自从汉朝攻打匈奴以来，我没有一次不参加。可是许多才能一般的人，都因为军功而被封侯。我李广不比别人差，却总是不能立功受封，这是什么原因呢？难道是我的命不好，天生就不该封侯吗？"王朔提醒说："将军自己回想一下，是不是做过什么值得悔恨的事？"李广想了想说："我在当陇西太守期间，羌人有一次反叛，我诱骗他们投降，投降的有八百多人，我用欺诈手段在同一天把他们都杀了。这件事直到今天想来都悔恨。"王朔说："这就是了。还有什么能比杀降的错更大！这也就是将军不能封侯的原因所在。"

　　李广的年纪慢慢大了，后起之秀卫青和霍去病声名日渐辉煌，汉武帝刘彻逐渐对他失去了兴趣，很少派李广领兵出战。卫青、霍去病是汉武帝时期的名将，两人与李广相比，资历上固然相差很远，但在因功封侯这一点上，李广却是望尘莫及。由于卫、霍两将与武帝有着特殊的情分上的关系，都是一战建功，立即封侯，加之以后的数度出征，武帝都把李广置于卫青的属下，对此，李广心怀不平，但也是敢怒而不敢言，军令如此，只得执行。卫青对此心里当然明白，但对李广也无可奈何，只是在安排任务时，给李广制造些障碍。要么让李广作后军，替大军接受战俘或护运辎重；要么让李广去打牵制，掩护别人立功。为此，老将李广和这位权贵将军的关系日益恶化，两家家人也相互敌视。卫青曾经兵出朔方，一举击溃右贤王，收复河南之地。返朝后受武帝加封，并连同卫青三个尚在襁褓之中的孩子也一起封侯。为此，群臣踏破卫府的门槛而争相祝贺。唯独李广对之嗤之以鼻，并嘱咐家人过卫府也不许进去祝贺。后来此话传到卫青耳里，自然又加深了一层敌视。

　　在卫青、霍去病的连续打击下，匈奴元气大伤，汉朝得以收复河南、河西之地，武帝十分兴奋，决心痛快彻底地荡涤匈奴势力。公元前119年，西汉朝廷制订计划,把进攻目标直接对准匈奴单于的王廷,发动漠北战役。

匈奴因其右贤王连遭汉军打击,损失殆尽,所以,一面加紧对汉朝北平、定襄一带的袭击,一面听从汉朝降将赵信的劝告,将王廷迁到漠北。漠南只剩左贤王的人马驻扎在龙城。

汉武帝的漠北战役,计划兵出两路:由冠军侯霍去病率精锐汉骑五万出代郡进攻左贤王,由大将军卫青率精骑五万出定襄击单于本部。

但是此次出征名单上没有李广。战场和军队是李广的生命,李广不甘心就此退出沙场。他几次向皇上请求随行。武帝嫌弃他已年老,不愿答应,后来经不住李广的反复请求,终于准许他前去,让他任前将军。但是,汉武帝私下授意卫青:李广运气不好,不能让他担纲打主力。

李广很珍视来之不易的机会,高兴地随大将军卫青出征。军出边塞以后,捕到了匈奴军的士兵,经过审讯得知匈奴单于所在的位置,卫青遂决定亲率精兵直捣单于老巢,并命令李广和右将军的队伍合并,从东路出击。东路有些迂回绕远,而且水草稀少,不利两路大军行进。加上李广已意识到,此次作战可能是自己军旅生涯的最后一次机会了,所以他向卫青请求说:"我的职务是前将军,如今大将军却命令我改从东路出兵,况且我从少年时就与匈奴作战,到今天终于得到一次与单于对阵的机会,我愿做前锋,先和单于决一死战。"由于出征前大将军卫青曾暗中受到皇上的警告,知道皇上嫌弃李广运气不好,担心一旦让他当主力打头阵,恐怕不能实现俘获单于的愿望。加之,当时军中有个叫公孙敖的中将军,是卫青的朋友,刚刚丢掉了侯爵,卫青想给他创造机会立功,以恢复爵位,所以故意把前将军李广调开,让公孙敖跟自己一起正面与单于对敌。李广也知道这其中的隐情,但他实在不甘心让出这最后的机会,所以再三要求卫青收回命令。卫青拒绝了李广的请求,他命人拟好文书,以命令的口吻对李广说:"赶快到右将军部队中去,照文书上写的办!"看到卫青盛气凌人的样子,李广气得一转身拂袖而去。但是军令如山,他不能不服从卫青的调遣,只好率领本部兵马,与右将军赵食其合兵,从东路出发。东路果然难走,由于没有向导,部队经常迷路,结果落在前锋部队之后。卫青率前锋部队与匈奴单于交上火,展开了一场空前大战,单于战败而逃。卫青在凯旋回兵途中,才遇到了姗姗来迟的李广和赵食其的部队。李广也觉得十分尴尬,他前往大将军幕中拜谒之后,闷闷不乐地回到自己军中。大将军卫青要向皇上报告详细的军情,便派长史来到李广军中,询问部队迷路的情况。为了缓和气氛,卫青特意让长史带了些干粮和酒送给李广。李广本来不爱说话,加上心中有气,长史再怎么问他,就是一言不发。长史回来向卫青禀报,卫青命长史责成李广幕府的人员前去受审对质。李广终于说话了:"校尉们没有罪,是我自己迷失了道路,我亲自到大将军幕府去受审对质。"

此时李广已是万念俱灰,想到自己一生所受的不公,他决心以死抗争。李广对部下说:"我从少年起与匈奴打过大小七十多仗,如今有幸跟随大将军出征与匈奴单于军队交战,可是大将军又调我的部队去走迂回绕远的路,偏偏又迷失方向,这一切莫非都是天意!我已是六十多岁的人了,不能再去受那些刀笔吏的侮辱。"说罢,转身回帐,拔刀自刎,一代名将没有战死沙场,竟这样死于命运的不公,消息传开,军中所有将士都为之痛哭。百姓听到这个消息,不论老少,不论认识的或不认识的,也纷纷为李广落泪。

李广有三个儿子,分别是李当户、李椒和李敢,都曾做过朝廷的郎官。长子李当户和李椒都早死于李广。小儿子李敢作战很勇敢,与匈奴作战中曾勇夺匈奴左贤王的旗鼓,斩首众多,被封为关内侯,接替父亲为郎中令。李敢认为父亲的死是卫青造成的,对卫青心怀怨恨,后来两人相遇,李敢将卫青痛打了一顿。卫青本人也觉得李广死得冤屈,所以对被打一事也没有声张,但外甥骠骑将军霍去病得知此事后不肯善罢甘休。在一次随武帝到甘泉宫进行射猎的活动中,霍去病背后放箭,射死了李敢。当时霍去病正受汉武帝宠幸,汉武帝为了袒护霍去病,就谎称李敢是被野鹿顶死的,不予追究,只是厚葬了李敢,把此事掩盖过去。

在李广的孙子辈中,李陵是一个在历史上大有争议的名人。李陵颇有乃祖遗风,个子高大,仪表堂堂,有文才,能作诗,更善于骑射,带兵打仗时也很爱护士卒。汉武帝认为李氏世代为将,就封他为骑都尉,让他带领五千精锐之士,在酒泉、张掖一带练习骑射,同时防备匈奴。公元前99年,贰师将军李广利奉命率三万骑兵出酒泉(今甘肃酒泉市)攻击匈奴右贤王,汉武帝本想让李陵给李广利押运辎重,可李陵不干,他要求以自己的五千步兵独当一面。汉武帝认为李陵勇气可嘉,便同意了他的请求。李陵率兵深入匈奴大本营,与匈奴十余万大军大战十多天,重创敌军,但终因寡不敌众而全军覆没。李陵力战至最后,被迫向匈奴投降。一开始,李陵并不真心投降,而是想等待时机,东山再起。岂料汉武帝得知李陵投降匈奴后,一怒之下将李陵的母亲和妻子儿女满门抄斩。汉朝满朝文武大臣中,只有司马迁为李陵说了几句公道话,结果惹恼了汉武帝,司马迁因此受到宫刑。武帝的残酷无情彻底堵住了李陵的后路,他走投无路,只得死心塌地留在匈奴。匈奴右贤王早就听说过李陵是"飞将军"李广的后人,又见李陵一表人才,武艺过人,为了笼络李陵,便把公主嫁给了他,封他为右校王,并且赐姓拓跋氏。于是李陵生活在匈奴人中的后人,以后都不再用汉姓李氏,改用拓跋氏,而且一直与匈奴等少数民族通婚。

"君不见,沙场征战苦,至今犹忆李将军"。李广一生都在为国戍边、奋战疆场。他历经西汉文帝、景帝、武帝三朝,与匈奴大小七十余战,骁勇善射,令敌胆寒。他治军宽缓不苛,与士卒同甘共苦,深受士兵的爱戴。然而,这位战功卓著、备受士卒爱戴的名将,却一生坎坷,尝尽命运的不公。"冯唐易老,李广难封",唐朝著名诗人王勃《滕王阁序》中的这句话,道出了后人对这位名将的深深同情。司马迁在《史记》中评价李广时用了八个字:桃李不言,下自成蹊。李广虽然在他那个时代遭到了统治者的排挤和命运的不公正对待,但是千百年来,作为一代名将,李广走进了历史,永久地活在后人的心中。

伏波将军　马革裹尸

——马援

名人档案

马援：汉族。字文渊,扶风茂陵(今陕西兴平东北)人,东汉著名的军事家。字文渊,东汉开国功臣之一。新朝末年,马援投靠陇右军阀隗嚣麾下,甚得其器重。后归顺光武帝刘秀,为刘秀统一天下立下了赫赫战功。统一之后,马援虽已年迈,但仍请缨东征西讨,西破陇羌,南征交趾,北击乌桓,官至伏波将军,封新息侯,世称"马伏波"。建武二十五年(49年),马援在讨伐五溪蛮时身染重病,不幸逝世。死后遭人构陷,被刘秀收回新息侯印绶,直到汉章帝时才获得平反,追谥"忠成"。唐德宗时,成为武成王庙六十四将之一。宋徽宗时被加封为忠显佑顺王,位列武庙七十二将。清圣祖时从祀历代帝王庙。

生卒时间：前14年~前49年。

安葬之地：陕西省扶风县城西3.5公里的伏波村旁,是一座圆形夯土堆墓,高约10米,直径约10米,墓前有"汉伏波将军马公墓"和"始祖伏波将军马公援墓""陕西省重点文物保护单位——马援墓"石碑各一通,精美石雕一块。

性格特点：为人仗义,才明勇略。

历史功过："大丈夫立志,穷当益坚,老当益壮","男儿当死于边野,以马革裹尸还",这些激动人心的豪言壮语,千百年来,激励着一代又一代英雄志士舍生忘死、为国捐躯。这些话就是东汉初年的伏波将军马援说的。在东汉开国将领中,马援别具一格,充满传奇色彩。他的大半生都在安定边疆的战事中度过,为了国家的统一和边境的安宁,他西定陇右,南平交趾,北御匈奴,最后死在疆场,马革裹尸而还,践行了自己的人生誓言。

名家评点：马援与其他开国功臣不同,马援大半生都在"安边"战事中度过。马援为国尽忠,殒命疆场,实现了马革裹尸、不死床箦的志愿。不可否认,马援所从事的战争,一般都发生在封建王朝和周边少数民族之间,马援本人思想上也有不可避免的时代局限,但他忠勤国事,马革裹尸,仍然令人钦佩。马援进身朝廷,没有一

将帅兵圣

图文珍藏版

三六七

个人推举荐拔，全靠自己公忠为国。后来居于高位，也不结势树党。于是，他生前受到权贵的排挤压抑，死后又遭到了严重的诬陷迫害。

良禽择木　胸怀大志

马援（前14年~49年），字文渊，扶风茂陵（今陕西兴平东北）人，东汉著名的军事家。因军功被封为伏波将军，新息侯。马援的祖先是战国时期赵国的名将赵奢。赵奢曾在阏与之战中大败秦军，功勋卓著，被赵惠文王赐号为"马服君"，于是赵奢的后人便以马为姓。汉武帝时，马家从邯郸迁移至茂陵。马援的曾祖父马通，汉武帝时因功被封为重合侯，但因为他的兄长马何罗谋反，马通受到牵累而被杀，所以到了马援的祖父、父亲这两代，已是家道中衰，盛况不再。马援有三个哥哥，分别是马况、马余、马员，俱是才华出众，在王莽时期都做到了二千石的高官。

少年时期的马援胸有大志，在几个兄弟中显得与众不同。因父母去世得早，马援在兄长的安排下，到河南跟着老师学习《诗经》。但因为马援志不在此，所以心思总是不能集中在诗句辞章上，成绩自然不理想。同学中有个叫朱勃的人，十二岁就能口诵《诗》《书》。马援对照自己，感到差距太大，加上他的家境不富裕，就索性向他的哥哥马况提出请求，不读书了，想到边疆去放牧。马况了解自己的弟弟，鼓励他说："像朱勃这样的人，是小器速成。你的才能很大，属于大器晚成。有本事的人总是要找机会展示才是。既然愿意出去，我也不阻拦你，尊重你的抉择。"但是没等马援起身，马况就去世了，马援只好留在家中，为哥哥守孝一年。一年中，他没有离开过马况的墓地，对守寡的嫂嫂非常敬重，不整肃衣冠，从来不踏进家门。

马援在王莽统治的时候，做过扶风郡（今陕西兴平东南）的督邮。有一次，郡太守派他押送犯人到长安。半路上，他看犯人哭得挺伤心，就自作主张，把他们全部放走了，结果自己也只好丢官不做，逃亡到北地郡躲起来。适逢天下大赦，马援就在北地郡畜养起牛羊来。不想畜牧事业做得越来越大，不断有人从四面八方赶来依附他，后来发展到手下有了几百户人家，供他指挥役使。马援就带着这些人，游牧于陇汉之间（今甘肃、宁夏、陕西一带）。整天在蓝天白云之间与牛羊为伍，马援依然豪气不减，他常常对手下人说："大丈夫立志，穷当益坚，老当益壮。"

马援种田放牧很有一套，没过多久就获得了丰厚的家产，共有马、牛、羊几千头，谷物数万斛。马援对这些财产看得很超脱，曾说："有了钱，贵在能把它施舍出去，救济穷人，否则不过是个守财奴而已。"所以，他把所有的财产尽数拿出，分给兄弟朋友，自己则只穿着羊裘皮裤，过着清简的生活。

王莽末年，天下纷争。王莽的堂弟王林任卫将军，他广招天下豪杰，把马援推荐给了王莽。王莽任命马援为新城大尹（王莽时期改太守为大尹）。王莽失败后，马援和哥哥马况一起逃离了各自的任所，跑到凉州避难。

当时控制整个陇右地区的是军阀隗嚣。

隗嚣，字季孟，天水成纪（今甘肃秦安）人。出身陇右大族，青年时在州郡为官，以知书通经而闻名陇上。王莽的国师刘歆闻听他的贤名，将他举荐为国士。刘歆死后，隗嚣回到家乡。不久天下大乱，隗嚣趁机起兵，杀了王莽的镇戎郡（今甘肃天水一带）大尹。因他在当地十分有名，所以被众人推为上将军。

隗嚣形成割据势力后，听从军师方望的主张，以"承天顺民，辅汉而起"为宗旨，号召人民讨伐王莽，并修建高祖庙，盟誓效忠汉室。公元23年夏，隗嚣率诸将领向各州牧、部监、郡国发布檄文，列举王莽罪状，共同谋伐。不久王莽败亡。隗嚣趁势攻占了陇西、武都、金城（今甘肃兰州）、武威、张掖、酒泉、敦煌等郡县，不久归顺洛阳的更始政权刘玄，被封为御史大夫。

东汉光武帝刘秀即位后，隗嚣劝刘玄东归刘秀，刘玄未同意。隗嚣与诸将密谋挟持刘玄东归刘秀，事情败露，他从洛阳逃回天水，在家乡重新招兵买马，自称西州大将军。由于隗嚣谦和爱兵，尤其是不论贫贱，他都能广泛结交，一时间许多人纷纷慕名投靠，马援就是在这一时期投奔而来的。

马援投到隗嚣军中，深得隗嚣的器重，很快被任命为绥德将军，并得以参与隗嚣的军事机密，商定机要，协助决策。此时，公孙述已在四川称帝，隗嚣交给马援一项任务，去公孙述那里打探虚实。

马援跟公孙述本是老乡，而且过去交情很好。马援来到四川，本以为老朋友见面，场面一定会很热烈。没想到公孙述做了皇帝，见面程序复杂而繁琐。他先把卫兵摆满宫廷，做足架势，然后才请马援进宫；待刚见过礼，又马上让马援出宫，住进宾馆；接着命人给马援制作衣冠。然后才在宗庙中聚集百官，设宴招待。公孙述来赴宴，途中摆列仪仗，前呼后拥。宴席十分丰盛，完全按君臣礼节招待百官。遭遇这一套阵势，马援非常不自在，也非常失望。天下纷争未定，公孙述却如此沉醉于小朝廷带来的满足，可见其器宇心志之狭小。席间，公孙述表示要封马援为侯爵，并授予他大将军的官位。马援的随从宾客挺高兴，以为受到了礼遇，都愿意留下来。马援告诫随从不要被表面现象所迷惑，他说："现在天下纷争，鹿死谁手尚未确定。公孙述不学习周公吐哺礼贤下士，反而尽搞这些华而不实的形式，把人搞得像个木偶人一样，这种人怎么能拢住天下人才，又怎么能最终成就大业呢？"

回到天水后，马援对隗嚣说："公孙述不过是妄自尊大的井底之蛙罢了，不用太在意他，不如把注意力放在东部。"

所谓东部，就是指已经占据洛阳的东汉光武帝刘秀。

刘秀，字文叔，南阳蔡阳（今湖北枣阳西南）人，东汉的开国皇帝，谥光武帝。刘秀出身于南阳豪族地主集团，政治资本雄厚，个人又具有敏锐的政治才能和丰富的军事韬略。绿林、赤眉大起义爆发后，刘秀和他的兄长刘縯一起，打着"复高祖之业"的政治旗号，在春陵（今湖北枣阳东）起兵，加入起义大军。在推翻王莽统治的战斗中，刘秀多有贡献，尤其在昆阳大战中，刘秀的杰出指挥对起义军赢得决战胜利起到了关键的作用。后来，起义军内部发生内讧，其兄刘縯被杀，在危急关头，刘秀韬光养晦，忍辱负重，重新取得更始帝刘玄等人的信任，得到前赴河北（黄河以北）独当一面的机遇。这是一个重大的转折，刘秀从此一步步走上逐鹿中原、并吞天下之路。

刘秀抵达黄河以北地区后，以复兴汉室为号召，不断壮大自身的势力，先后镇压了铜马、高潮、重连、尤来、大枪、五幡等部农民起义军，并将农民军中的精壮收编入自己的队伍，实力由此大增。羽翼丰满后，刘秀公开与更始政权决裂，公元25年六月，刘秀在鄗南（今河北柏乡）即皇帝位（光武帝），沿用汉的国号，不久定都洛阳，史称东汉。

东汉政权建立后，开始了统一全国、消灭各地割据政权的战争。

刘秀定都洛阳后，虽然基本控制了中原（今河南、河北大部和山西南部）要地，但是仍处于各种武装势力的包围之中。东有青州的张步，东海的董宪，睢阳的刘永，沪江的李宪；南有南郡的秦丰，夷陵的田戎；西有成都的公孙述，天水的隗嚣，河西的窦融，九原的卢芳；北有渔阳的彭宠。此外尚有赤眉等农民军活动于河水（黄河）南北。刘秀根据形势，采取了先取关东，后夺陇蜀，先集中力量消灭对中原威胁最大的关东武装势力，再挥师西向的战略决策，并针对割据势力众多而分散的特点，采取由近及远、各个击破的战略方针。

公元26年春，刘秀命大将盖延率军五万进击直接威胁洛阳的刘永集团，大破刘永。公元29年，汉军全歼刘永余部，从而消灭了关东地区的最大割据势力，解除了对京师洛阳的最大威胁。

公元26年二月，赤眉军落入刘秀预先设置的包围圈中，在次年的崤底之战中，刘秀亲自率军迫降了赤眉军。

公元27年三月，刘秀大将岑彭迫降董䜣，击杀邓奉。尔后汉军消灭南阳刘玄余部，进击秦丰。秦丰坚守黎丘（今湖北宜城西北），被困两年后投降。

公元29年二月，渔阳的彭宠在耿弇、朱祐的进攻面前节节败退，最后被部将所杀，汉军遂占领渔阳，统一了燕蓟地区。同年六月，刘秀亲征东海郡（今山东郯城）董宪。接着，汉军又在舒（今安徽庐江西南）消灭独据一方自立为天子的李宪。

至此，光武帝刘秀在短短的四年中，将关东地区各个割据势力全部铲除。关东地区的统一，有力地巩固了东汉政权。这样一来，击灭隗嚣、公孙述，夺占陇、蜀，赢得统一战争的最后胜利，只是时间问题了。

隗嚣和刘秀政权之间一度关系还不错。光武帝的大将邓禹镇压赤眉军时，曾有一部分部队叛逃到天水，被隗嚣出兵阻击，邓禹将隗嚣这一友好的举动向光武帝做了报告。为了笼络隗嚣，光武帝封他为西州大将军。四川的公孙述也曾多次派使者拉拢隗嚣归附蜀国，均遭隗嚣拒绝。但是隗嚣又不愿意完全归顺刘秀。他有自己的算盘,要独霸西州,拥兵自大,希望看到形势变化带来新的机会。所以当光武帝要他讨伐公孙述时,他以兵力不足,蜀道难行为借口,拒绝出兵。

马援就是在这种形势下,被隗嚣派遣去洛阳探听虚实的。作为马援本人,也把这趟出使洛阳看作是一次重要的机会。他是个洞察时势的人,希望通过观察比较,为自己的将来找一个牢固的依靠。

马援来到洛阳,遇到的情况与在四川公孙述那里迥然不同。刘秀很快召见了他,戴着头巾满面春风地迎了出来,完全没有那一套繁琐的礼节。一见面就同马援开玩笑说:"先生您可是游走在两个皇帝之间的人啊!"

马援机智地解释说:"当今之世,不单单是君主选择大臣,大臣也要选择君主啊!"

接着马援谈了自己的观感:"臣与公孙述是同县的老乡,从小关系又好。可是上次臣去他那里,他把卫兵摆满了宫殿,然后才让我进宫。而这次臣来陛下您这里,陛下就没有像公孙述那样,又是仪式又是卫兵什么的,您怎么知道我就不是刺客奸人,为什么如此信得过我?"

刘秀听后笑道:"您不是刺客,是说客。"

马援说:"如今天下纷乱,徒有虚名的人不可胜数。今天见到陛下,我感到您恢宏大度,很像汉高祖,我终于见识了本色率真的帝王风度。"

两人初次见面,谈话非常投机。刘秀对马援的胆量见识也很佩服,认为他与众不同。

马援在洛阳住了一段时间,这期间他和光武帝之间无话不谈,关系日渐亲密。光武帝到南方巡视,还让马援与他同行。经过实地观察,马援更加看清了天下形势,知道刘秀早晚要完成统一大业,心中萌发了投靠刘秀的念头。南巡归来,刘秀任命马援为待诏,在宫廷随时以备顾问。但马援毕竟是隗嚣派来的,还要回去复命,遂向光武帝告辞。马援离开洛阳时,光武帝特派太中大夫来歙持节相送。

马援回到西州后,隗嚣非常高兴,他急于了解东汉方面的情况,一连多少天与马援同卧同起,反复询问。马援有心劝隗嚣归附光武,向他详细介绍了自己在洛阳的所见所闻,特别是与刘秀交往的体会。

马援说:"光武帝英勇聪慧,很有韬略,无人可以与之匹敌。而且他与人交往开诚布公,坦诚相见,性格豁达,不拘小节,与当年的汉高祖差不多。至于博览群书,精通政事,更是前世无人可比。"

隗嚣酸溜溜地问:"您说他比汉高祖何如?"

马援回答:"刘秀还是不如汉高祖。汉高祖大气豪放,对小事不过分计较。而光武帝热衷于处理行政事务,一举一动很讲章法,又不像高祖那样喜欢饮酒。"

隗嚣心里老大不高兴,说:"照你这么一说,刘秀岂不是比高祖更强?"

话虽如此说,隗嚣到底还是被马援说服,同意归汉。为了表示诚意,他派长子隗恂到洛阳去做使节性的人质,并让马援带着一些随从陪同前往。

洛阳为质的日子，清闲而无聊。马援是个闲不住的人，总想找点事做。住了几个月后，他发现上林苑土地肥沃，原野宽广，而自己带来的宾客又不少，于是上书光武帝，请求率领宾客去上林苑屯田，光武帝答应了他的请求。

这边马援在洛阳种田，那边西州隗嚣与巴蜀的公孙述拉拉扯扯，暗中来往。光武帝知道隗嚣最终是靠不住的，还是要凭军事实力说话。他试探性地再次命令隗嚣讨伐公孙述，果然遭到隗嚣拒绝。东汉与隗嚣之间战争的密云越来越浓。

马援发现形势紧张后，非常焦急，他深知隗嚣的实力不是东汉的对手，多次写信规劝隗嚣不要反叛。隗嚣见信后愈发恼火，觉得马援吃里爬外，背叛了自己。

隗嚣对东汉的抗拒态度，给身在洛阳的马援造成了被动。但他看清了天下统一的大趋势，决心已定，要彻底脱离隗嚣集团。于是，马援立即上书光武帝，表明自己拥护东汉的立场，并在信里陈述了平定隗嚣的策略。这标志着马援正式投入刘秀阵营。刘秀读到信后，马上召见马援。听了马援的详细计划后，光武帝便派他率领五千突骑来往于陇陕之间，游说羌族的豪长和隗嚣手下的将领高峻、任禹等人，向他们陈说祸福利害，做分化工作。马援还致书隗嚣的将领杨广，信中言辞恳切，让他向隗嚣晓以利害，劝他回心转意。

公元32年，光武帝亲自统军，讨伐隗嚣。走到半道，不少将领认为战事难料，胜负难卜，纷纷劝阻刘秀不要贸然深入险地，刘秀一时犹豫起来。关键时刻，马援从外地赶来，刘秀大喜，连夜召见，把将领们的意见告诉马援，征询他的看法。马援力主进攻。他来自隗嚣阵营，对隗嚣方面的情况非常了解，认为隗嚣的将领离心离德，已有分崩离析之势，如果乘机进攻，定可大获全胜。说着，马援使人在刘秀面前做了个大沙盘，用米堆成山谷沟壑等形状，并标示各路部队进退往来的道路，然后指点山川形势，向刘秀详细讲解。沙盘形象逼真，马援对战局的分析也透彻明白。刘秀听罢特别高兴，说："敌人好像尽在我的视野之中了。"于是下决心继续进军。第二天，刘秀挥军直进，时任凉州牧的窦融率河西五郡（敦煌、酒泉、张掖、武威、金城）太守及羌、小月氏等步骑数万、辎重车五千辆与刘秀会合，分数路攻陇。隗嚣主力很快被汉军消灭，十三名大将及部卒十万余人不战而降，隗嚣本人逃至西城（今甘肃天水西南），从此一蹶不振。

平定隗嚣一战，特别是"堆米为山"的演示，使刘秀对马援的军事才干有了深刻印象。作为从隗嚣阵营反水过来的马援，虽然加入刘秀阵营比较晚，但他很快以自己的才干赢得了东汉其他将领的好评，大家对他都很尊重，一有什么疑问都喜欢跑来请教他。对隗嚣的战争结束后，马援很快被任命为太中大夫，作为大将来歙的副手，统领军队驻守长安。

西定陇右　全面治理

与东汉其他开国勋将有所不同的是，马援的军功，很多是在安定边疆的战争中取得的,他为东汉政权的开疆拓土立下了丰功伟绩。

东汉时期,青海湖一带居住的是先零羌人,他们在隗嚣时代就常常威胁和袭扰陇右。隗嚣覆灭后,羌人问题凸现在东汉政权面前。刘秀的大将来歙认为,马援年轻时就在西北从事游牧,对西北的民俗风情了如指掌,安定西北局面非马援不可。在来歙的大力举荐下,马援被刘秀任命为陇西太守。

马援上任不久,数万先零羌人奔袭而来,掠抢临洮。马援闻讯,迅速率领三千轻骑,兼程奔袭,一举击溃羌兵。羌人退守关隘,马援也不强攻,转而绕近道向羌人的物资辎重所在地允吾谷发动奇袭。当羌人慌忙回救时,马援采取正面出击、奇兵绕后袭扰的战术,一举大破羌人。在战斗中,马援身先士卒,腿肚子被飞箭射穿。光武帝得知后,立即派人前往慰问,并赐给他牛羊数千头。

此役过后,马援率军又同羌人有过几次交手,羌人没有占到任何便宜,也彻底领教了马援的厉害,对他十分惧怕。

文武之道,一张一弛,马援很有政治头脑,见武的一手已见成效,随即使用怀柔手段,目标是争取羌人归附,使其与汉民一道共同开发陇西。具体办法是,先使一部分羌人归附,使他们安居乐业,然后再令已安居的羌人头目去招揽其他羌人部落。马援曾派羌族豪强杨封去说服塞外羌人。另外,对背叛公孙述前来归附的氐人,马援也以礼相待,奏明朝廷,恢复他们的侯王君长之位,赐给他们印绶。

当时,金城破羌(今青海乐都东)以西,道途遥远,常生变乱,不好治理。朝廷大臣商议,要把该地区舍弃。马援坚决反对,他提出了三条理由:第一,破羌以西的城堡都还完整牢固,适于固守;第二,那地方土地肥沃,灌溉便利;第三,假如舍弃不管,任羌人占据湟中,那么,以后将有无穷的祸患。光武帝觉得马援言之有理,依从了他的意见。马援为金城破羌部落安排官吏,修治城郭,开导水利。同时,马援还引入内地的先进农耕技术,引水种稻。

马援在陇西太守任上一共六年。由于他恩威并施,使陇西兵戈渐止,各部落羌人与汉民和睦相处,逐渐过上了和平安定的生活。马援的施政很有特点,他宽厚诚信,体贴下情,注重抓大事,举重若轻。他要求官吏恪尽职守,自己从不过多干预。平日里,家里总是宾客盈门,旧交满座。他与宾客谈笑风生,颇为潇洒。遇到手下的官吏来汇报具体事务,如果不是非管不可,他就说:"别总是拿这些鸡毛蒜皮的小事来麻烦我,这都属于下面官员的事。有劳你们还是可怜可怜我吧,给我点自由逍遥。不过,如果有豪强欺压百姓,有羌人想作乱,你们就要速来禀报,这才是我这个太守该管的大事。"

有一次民间发生了械斗事件,有汉羌民众卷入。人们以讹传讹,哄传羌人又反了!顿时民间一片惊恐,有人要求马援赶快发兵平乱。马援正在与朋友饮酒,他镇定自若,谈笑如常,胸有成竹地告诉大家,羌人不会反,请大家各安其位。从一场平常的械斗事件,羌人感受到了马援对他们的宽容和信任,从此对马援更加敬服。汉羌和睦相处,农耕兴旺,商贾发达,陇右得以大治。直到三国时期,马援的后人马腾、马超等还一直得到羌人的尊敬。

马援的才能不只在政治军事,他对经济问题也颇为在行。早年从事农耕游牧,他发展到万贯家产;镇守陇西,在经济上也颇有建树。在陇西,马援发现市场上币制混乱,使用不便。他为此上书朝廷,提出应该像过去一样铸造五铢钱。刘秀把他的建议提交政府有关部门审议。审议结果,否定了马援的建议。这事被搁置了起来。但马援始终认为币制问题重大,应该予以解决,心中始终挂记此事。后来,他从陇西被调入朝廷任虎贲中郎将。回朝后,他马上就去找回了自己的奏章,一看,奏章上批有十几条有关部门的非难意见。马援根据自己在陇西执政的实际情况,一条一条地加以解释和批驳,重新写成奏章上呈。光武帝见他言之有理,终于采纳了他的意见。五铢钱颁行天下,对当时经济发展起到了积极作用。

马援回到朝廷后,常常被光武帝接见。马援外表出众,长得须发明丽,眉目如画。加上他口才极好,爱讲故事,尤其善于叙述前代故事。他讲起历史故事来,情节生动,人物活灵活现,常常把皇太子、诸王听得如醉如痴,从不感到厌倦。马援对军事问题非常有研究,常常和光武帝讨论。光武帝曾对人说:"马援谈论军事,很多观点与我不谋而合。"所以,光武帝对马援信任有加,凡是马援提的建议,他基本都予以采纳。据说有一次,马援奉命到山林中平定土匪。他根据作战中遇到的情况,写了封奏章给光武帝,其中说:"剿灭土匪必须端掉他的老窝,所谓端掉老窝,就是要砍掉山上的树木丛林,使土匪无处可藏。好比是小孩头上生了虱子,如果剃一个光头,虱子也就无所依附了。"光武帝读到奏章,认为马援的办法好、比喻妙,赞叹之余,来了个当场运用,下令把宫中小黄门头上有虱子的,一律剃成了光头。这个故事倒不是说马援的计策多么高明,但是可以看出光武帝对马援是非常喜欢的。

南征交趾　竖柱为界

雒越是百越中的一支,大约是在公元前4世纪,即春秋战国时期占据了红河流域。到了东汉时期,雒越已经有了发达的炼铜术,开始向阶级社会发展。最初是组成了雒越部落联盟,后来,其中一个蜀部落在蜀王子泮率领下取得了部落联盟的领导地位,建立起第一个王朝,史称安阳王。秦始皇统一中国,也征服了百越之地。秦派往百越之地的地方官叫赵佗。渐渐地,赵佗乘中原内乱,也摆脱了中央控制,搞起割据,建立了南越国。汉武帝时国势强盛,出兵消灭了赵氏割据势力,将南越国分置九郡,后来又改成七郡。这七郡统称为交趾,长官称交趾刺史。

光武帝时期,开始是锡光做交趾郡太守,后来是苏定做太守。苏定没能处理好民族矛盾,只知一味压制。雒越一名部落首领叫诗索,因为跟苏定有矛盾,被苏定所杀,这件事成为交趾起兵反汉的一个导火索。

诗索的妻子名叫征侧,见丈夫被杀,愤而率领部落起兵反汉,她的妹妹叫征贰,也起兵响应。征侧、征贰都是交趾贵族中颇有影响的人物，所以很快得到了交趾各部的响应。不久，征侧、征贰就占据了交趾、九真的大部分地区，日南、合浦地区也起兵响应，岭外六十余城失陷，征贰自立为王。

消息传到洛阳，光武帝刘秀决定派兵征伐。征讨交趾，虽然敌人并不十分强大，但是交趾的热带雨林及险山恶水构成了巨大障碍，山中瘴毒肆虐，猛兽恶虫出没。以往内地军队长途跋涉，跨海远征，往往死于疾病瘴毒者十之三四，所以朝中众将都觉得棘手。

光武帝任命马援为伏波将军，此后，世人皆称马援为马伏波。以扶乐侯刘隆为副将，率领楼船将军段志等南征交趾。部队到合浦时，段志去世，皇帝下诏书命马援兼领其军。马援统领大军，分水陆两路，南驱千余里。公元42年春，大军到达浪泊，与敌大战。马援指挥将士奋勇当先，很快攻破叛军，斩首数千，降敌万余名。马援乘胜进击，在禁溪一带数败征侧，叛军已是溃不成军。第二年正月，马援大军诛杀了征侧、征贰，传首洛阳。光武帝大喜，为了表彰马援的军功，封马援为新息侯，食邑三千户。

马援封侯，已是五十七岁。他在军中杀牛摆酒，犒赏将士。饮酒中间，他回首平生，十分感慨，对身边将士说了一段很感人的话：

我弟弟过去常常不理解我为什么总是慷慨激昂，胸有大志。弟弟曾对我说，人生一世，只要能够吃饱穿暖，出门有车乘，有马骑，在郡中当个文书官吏，安贫乐道，平和生活，被乡里四邻称作是个好人，这样一辈子不就蛮好嘛！何苦那么四处奔忙，孜孜以求，把自己搞得又苦又累。这次率兵南征，想起弟弟当年的话，真是感慨良多！当叛军还没有被剿灭的时候，我们行军驻扎在浪泊等地，上面是雾塞满天，下面是湿气熏蒸，还要为战事殚精竭虑。我躺在帐篷里，想到弟弟所讲的那种恬淡生活，已经是遥不可及了！如今，靠着将士们的齐心协力，叛军得以剿灭，我也有幸得蒙朝廷大恩，比各位先一步配上了金紫绶带，真是悲喜交集，感激涕零啊！

将士们听了马援一番发自肺腑的言论，也都敬佩不已，一起向北伏地，山呼万岁。

接着，马援率大小楼船两千多艘，战士两万多人，继续进击征侧的余党。从无功一直打到巨风，斩俘五千多人，彻底平定了交趾地区。马援在交趾郡竖立了两个铜柱作为汉朝的边界，从此"伏波铜柱"就成了建功立业的代名词，后人有诗赞叹铜柱："一柱高标险塞垣，南蛮不敢犯中原"。

平定交趾后，马援还是像当年在陇西一样，不单纯解决军事问题，而是政治、经济、文化多管齐下。军事行动一结束，他就果断采取了民族和解政策。他以当地原有的制度为基础，参照汉代法律，对越律进行了整理，修正了越律与汉律相互矛盾的地方，并向当地人申明，以便约束。此后当地始终遵行马援所申法律。随后，马援将交趾大小雒帅三百余人内迁至零陵安置，从而彻底消除了交趾、雒越动乱之源。马援见西于县辖地辽阔，有三万二千多户，边远地方离治所一千多里，管理不便,就上书给皇帝,请求将西于分成封溪、望海二县,得到了皇帝批准。马援每到一处,总是把内地先进农耕技术传给雒越百姓,帮助他们修渠引水,灌溉种稻,使雒越社会进入了一个新的发展阶段。马援也因此受到当地人民的尊敬和热爱。直到现在,越南各地的"伏波庙"香火依然很盛,几乎每家都供着"本头公"即马援的神位。

马革裹尸　践行豪言

平定交趾为马援带来了辉煌的声望。名也有了,侯也封了,一般人在功成名就之后,往往见好就收,去享受名声带来的巨大利益,但是马援并不这样,他的过人之处在于并不把功名利禄看作是人生的全部,他总是担心自己的才德不能与名声地位相匹配,所以他总是期盼下一个机会,尽可能多地为国家建功立业。

马援从交趾回来后,他的老朋友孟冀前来向他祝贺。马援诚恳地表示,自己功劳微薄,可朝廷封赏厚重,实在受之有愧。他向孟冀表明了自己的心迹:"如今北方边疆并不安宁,匈奴、乌桓常常侵扰。我决心已定,准备向朝廷申请北上戍边。为国效死在边疆战场,以马鞍之革包裹尸体,是大丈夫的本分和光荣,我不能默默无闻地躺在家里,去享受儿女温情。"

马革裹尸,是马援留给后人的一句名言,也是马援一生践行的豪迈誓言。

马援回到京城才一个多月,正逢匈奴、乌桓进犯扶风,马援遂主动请缨率兵出征,得到了批准。老将军马不卸鞍,征衣未解,又要踏上北上的征程,光武帝被马援勤勉为国的精神所感动,命令百官都去送行,以示荣宠。

马援率领三千骑兵迅速出高柳,先后巡行雁门、代郡、上谷等地。乌桓部队发现汉军到来,纷纷撤离。这次出兵,并未遇上大的战事。马援修整边墙,加筑堡寨之后,收兵回师。

公元47年,南方的武溪蛮暴动,武威将军刘尚前去征剿,由于不明敌情,冒进深入,导致全军覆没。次年,朝廷又派谒者李嵩、中山太守马成前去征讨,仍未奏效。这时马援已经六十二岁,正卧病在家,闻听南方军情吃紧,他从床上一跃而起,立即向朝廷要求率兵出征。光武帝考虑他年事已高,而出征在外,亲冒矢石,军务繁剧,恐怕他身体不支,没有答应他的请求。马援当面向光武帝请战,为了证明自己不老,马援说:"臣还能被甲上马。"光武帝让他试试,马援披上盔甲,手持兵器,飞身上马。只见他手扶马鞍,四方顾盼,一时须发飘飘,神采飞扬,真可谓烈士暮年,老当益壮。光武帝见马援豪气未减,雄心不已,很受感染,笑着夸道:"这个老头! 真是精神啊!"于是派马援率领中郎将马武、耿舒、刘匡、孙永等人率四万人远征武陵。

虽然如愿以偿,但是这一次马援并不感到轻松。他的副手马武、耿舒,一个是开国大将,一个是名将耿弇的弟弟,都是在朝中很有影响的权贵之人,马援对能不能调遣他们心中无底,并且隐隐感受到了一股掣肘的力量。出征之前,马援向前来送行的朋友表露了自己的忧虑,后来事态的发展也证实了马援的想法。

公元49年春,马援率部到达临乡(今湖南常德古城山),蛮兵来攻,马援迎击,大败蛮兵,斩俘两千余人,蛮兵逃入竹林中。当部队前进到下隽时,马援和耿舒在行军路线上发生了分歧。当时部队面临两条路可选择,一是经壶头山,一是经充县。走壶头山路近,但山高水险。走充县路远,粮运不便,但道途平坦。耿舒主张从充县出发,而马援则认为,走充县耗日费粮,不如直进壶头,扼其咽喉,充县的蛮兵定会不攻自破。两人意见难以调和,便上表请皇帝裁决。皇帝虽然同意了马援的意见,但作为主将,马援深深感到了挫折。

战事进展并不顺利。蛮兵据高凭险,紧守关隘。南方水势湍急,汉军船只难以前进。加上天气酷热难当,许多士兵染瘟疫而死;马援年迈,也不幸染上瘟疫,但他强忍病体,坚持指挥,将士深为感动,不少人流下热泪。

就在马援兵困于崎岖水道中时,他的副将耿舒写信给朝中的哥哥好畤侯耿弇,极力抨击马援的军事决策,认为大军陷于瘟疫险阻之地而徒劳无功,都是马援的责任。耿弇收到此信,当即奏知皇帝。光武帝于是派虎贲中郎将梁松前去责问马援,并命他代监马援的部队。

梁松是光武帝的女婿,一向骄横自大。梁松的父亲原来是马援的朋友。马援看不惯梁松那股骄横劲儿,曾经批评过他。有一次马援生病,梁松去看望,在床边向马援行礼,马援没有回礼。梁松走后,马援的儿子说:"梁松是朝廷权贵,许多大官对他都很畏惧,您怎么不向他还礼呢?"马援说:"我和梁松的父亲是朋友,是他的叔伯辈。他再是权贵,也有个辈分顺序。"梁松对此事一直记恨。

还有一件事令梁松对马援痛恨不已,就是他曾因为马援的一封家信受到牵累,被皇上斥责。那还是马援南征交趾的时候。马援在前线听说侄儿马严、马敦到处乱发议论,讥讽别人,而且跟一些轻狂不羁的人物结交往来,便写信劝诫他们。信中告诫侄儿说:"我希望你们听到别人背后议论某某的是非长短,就要像听到自己父母的名字一样,这是要避讳的,耳朵可以听,但一定不能跟着说。背后议论别人的长短,是我最厌恶的,宁死不愿我的子孙有这种恶行。"谈到如何结交朋友,马援在信中评点了两位当朝的人物:龙伯高和杜季良。结合具体实例教育侄儿,他写道:"龙伯高这个人,朴实厚道,言语谨慎,谦约节俭,廉洁正派有威信,我敬重这种人,希望你们能向他学习。杜季良这个人,豪侠讲义气,什么朋友都交,把朋友的忧乐当成自己的忧乐,他父亲去世,前来吊孝的宾客众多,惊动了好几个郡。这种人我也很敬重,可是我不愿你们学他。为什么呢?学龙伯高学得即便不像,也能学到他的出口谨慎,好比是雕刻鹄鸟不成,雕成了鹜鸟,好赖也是鸟。而学杜季良如果学得不好,就可能沦为轻薄之人,好比是画虎不成反画成了狗。"

杜季良当时正任越骑司马,他的政敌以马援此信为凭据,上奏章控告他,说他行为轻薄,不然伏波将军怎么会万里之外,还寄信告诫侄子不要学他。奏章并且牵扯出了权贵梁松、窦固，说他们与杜季良相互勾结，为非作歹。光武帝皇帝览此奏章，把梁松、窦固召来严加责备，并且把奏章和马援的信给他们看。二人叩头流血，才免去罪过。结果杜季良被罢官，龙伯高则被升任零陵太守。一封信竟然牵出这么大的是非，这是马援始料未及的。新仇旧恨，使梁松对马援积怨更深。

当梁松赶到南征军中时，马援因病已死。梁松旧恨难消，乘机罗织罪名，诬陷马援。他向光武帝告了一状，说马援不但此次指挥作战犯了错误，而且上次南征交趾的时候，私下里搜刮了大批珍珠。曾跟马援一起出征交趾的马武也跟着附和，说亲眼看到马援回家时确实装了整整一车珍珠。

事情的真相是，当初南征交趾时，马援常吃一种叫薏苡的植物果实。据说薏苡能治疗筋骨风湿，避除邪风瘴气。由于当地的薏苡果实硕大，马援班师回京时，就拉了满满一车，准备用来做种子。当时有人见马援拉了一车东西，以为肯定是南方出产的珍贵稀有之物。于是权贵们都希望能分一点，分不到便纷纷议论，说马援的坏话。但马援那时正受光武帝宠信，所以没人敢跟皇帝说。

梁松、马武一诬告，许多人对马援群起而攻之，都说马援确曾运回过一车珍稀之物。光武帝不明真相，勃然大怒，追收了马援新息侯印绶。马援的家人不知皇帝为何如此震怒，也不知马援究竟身犯何罪，惶惧不安。马援的尸体运回，家人也不敢埋在原来的坟地，只买了城郊几亩地，胡乱地埋葬。马援的宾朋故旧，也不敢前来吊唁。一代名将，没想到死后景况如此凄凉！

葬完马援后，马援的侄儿马严和马援的妻子蔺夫人带儿女们到朝廷请罪，光武帝拿出梁松的奏章给他们看，马援的家人方才知道蒙受了天大的冤枉。蔺夫人知道事情原委后，先后六次向皇帝上书，申诉冤情，言辞凄切，光武帝这才命令安葬马援。

马援有三个女儿，其中三女儿最为聪明灵秀。他在世时，曾将三女儿许婚窦家。但马援死后，窦家也参与陷害马援，于是马援的夫人坚决与窦家解除婚约。公元49年秋，蔺夫人把她的三个女儿全部送进皇宫，因为三女儿最出众，就被送入太子宫中。不仅皇后阴丽华对她印象很好，太子刘庄也很宠爱她。光武帝死后，刘庄即位，是为明帝，册封马贵人为皇后。马皇后没有生子，明帝立贾贵人生的儿子刘炟为皇太子，由马皇后抚养，马皇后悉心抚育刘炟，母子关系甚厚。马皇后吸取了父亲遭人排挤的教训，即使身为后宫之主，仍平易近人，生活俭朴，常常穿粗布衣裙。她德才貌俱全，很喜欢读书，虽不干预朝政，但对世事却明断有理，明帝对她十分佩服。

马援死后多年，公元60年，也就是东汉明帝永平三年，汉明帝刘庄怀念创立东汉的中兴大业的功臣，于是命人在南宫云台画上邓禹、马成、吴汉、王梁等二十八位将领的肖像，史称"云台二十八将"，马援并不在此列。事后，东平王刘苍问明帝："为什么不画伏波将军的像？"明帝笑而不答。原来，当时的皇后就是马援的女儿，明帝一是避讳，二是避嫌。但是桃李不言，下自成蹊，千百年来，很多人只知道"云台二十八将"这个名词，很少有人能记全其中每一个人的姓名，可是人们记住了马援，记住了那个烈士暮年、壮心不已的老将军，记住了他马革裹尸、开疆拓土的英雄壮举！

忠义英武 骁勇之将

——关羽

名人档案

关羽：字云长，本字长生，河东解良人（今山西运城市）。三国时期蜀汉著名将领，前将军，汉寿亭侯，军事家。死后受民间推崇，又经历代朝廷褒封，被人奉为关圣帝君，佛教称为伽蓝菩萨，尊称为"关公"。此外，关羽还被台湾同胞视为恩主神。

生卒时间：160年~220年。

安葬之地：尸首在洛阳，尸身在当阳。

性格特点：勇猛忠厚，过于自负。

历史功过：东汉末年刘备麾下著名将领，与刘备、张飞桃园结义。曾任蜀汉政权前将军，爵至汉寿亭侯。谥曰"壮缪侯"。在《三国演义》中被描述为蜀汉五虎上将之首，死后受民间推崇，又经历代朝廷褒封，被人奉为"关圣帝君"，佛教称为"伽蓝菩萨"，尊称为"关公"。被后来的统治者崇为"武圣"，与"文圣"孔子齐名。最后被封为"盖天古佛"。《三国演义》中，有"千里走单骑""单刀赴宴""温酒斩华雄"等佳话。

名家评点：三国志作者陈寿评曰："关羽、张飞皆称万人之敌，为世虎臣。羽报效曹公，飞义释严颜，并有国士之风。然羽刚而自矜，飞暴而无恩，以短取败，理数之常也。"

温恢："关羽骁锐。"

吕蒙："斯人长而好学，读左传略皆上口，梗亮有雄气，然性颇自负，好凌人。"、"今东西虽为一家，而关羽实熊虎也，计安可不豫定？"

诸葛亮书与关羽："孟起兼资文武，雄烈过人，一世之杰，黥、彭之徒，当与益德并驱争先，犹未及髯之绝伦逸群。"

郭嘉、程昱称关羽、张飞："万人敌"

刘晔称关羽、张飞："勇冠三军"

周瑜称关羽、张飞："熊虎之将"

傅干称关羽、张飞："勇而有义,皆万人之敌,而为之将。"

杨戏的《季汉辅臣赞》中赞关云长、张翼德："关、张赳赳,出身匡世,扶翼携上,雄壮虎烈。藩屏左右,翻飞电发,济于艰难,赞主洪业,伴迹韩、耿,齐声双德。交代无礼,并致奸愿,悼惟轻虑,殒身匡国。"

晋书刘遐传:"晋刘遐每击贼,陷坚摧锋,冀方比之关羽、张飞。"

魏书崔延伯传:"崔公,古之关张也。"

流落涿郡　桃园结义

关羽少年时勇武有力,疾恶如仇。当地民间传说,关羽为打铁的,也有说是卖豆腐的,反正是出身于下层社会。还有传说关羽最早并不姓关,因他杀了人才更名改姓。那年关羽刚19岁,他从下冯村来到解州城,想求见郡守,陈述自己的报国之志。可是,郡守因他是无名之辈,拒不接见。当晚,他住在县城旅馆里,听到隔壁有人哭,一问才知这个哭的人叫韩守义,他的女儿被城里恶霸吕熊强占蹂躏。吕熊是个员外,勾结官宦,欺男霸女。当时,解州城由于靠近盐池,地下水是咸的,不能食用,只有几口甜水井散落在城里各处。吕熊叫手下人将城里的甜水井都填了,只剩下他家院里的一口甜水井。还规定了一条,凡是来挑水的人,只准年轻貌美的女人来,否则不许进。进来的年轻女人,不是被他调戏,就是被他奸污。大家气恨,但因吕熊财大气粗,谁也奈何不得。韩守义的女儿让吕熊霸占后,气得老人叫天不应,呼地不灵,只好独自悲泣。关羽听罢,怒火中烧,提着宝剑闯进吕家,杀了吕熊和他一家,解救了姓韩的姑娘和其他良家妇女。之后,他连夜逃往他乡。途中路过潼关时遭到守关军官盘问,情急之中他手指关口说自己姓"关",以后就再未改变。

关羽流落到涿郡(今河北涿州市)后,正遇上东汉政府动员各地豪强地主组织武装,共同镇压黄巾起义。他在这里结识了当地正在聚众起兵的刘备和张飞,三人志同道合,一见倾心,友爱异常,亲如兄弟。后世传说,刘、关、张三人曾在桃园结义。《三国演义》则"演义"出他们的誓词:"虽然异姓,既结为兄弟,则同心协力,救困扶危;上报国家,下安黎庶,不求同年同月同日生,只愿同年同月同日死。"这虽是小说家言,但由于符合了动乱频仍的时代中下层百姓的心态,所以影响巨大。后世好多农民起义,都效法结义的形式,来巩固队伍,加强团结。三人组织了一支武装力量,参与了进攻农民起义军的行列。关羽也就从此开始了他的戎马生涯。从中平元年(184年)一直到死,关羽始终忠心耿耿地追随刘备。

刘备起兵,参与镇压黄巾起义,关羽、张飞担当他的护卫,是他得力的左右手。中平元年(184年),刘、关、张带着刚刚组织起来的兵马,首先投奔涿郡的校尉邹靖。黄巾军打到涿郡，他们配合官兵出动抵抗，首战告捷，立了大功。接着，他们离开涿郡，前去投奔正在广宗（在河北省威县东）围攻黄巾首领张角的中郎将卢植。到广宗后，因卢植遭诬陷被押回京师，他们便决定返回涿郡。归途中，遇到黄巾军天公将军张角正在追击接替了卢植职务的董卓。关羽和张飞带领一支人马，突如其来地向黄巾军横杀过去，救了董卓。刘备后来投奔幽州军阀公孙瓒，因屡立战功长任平原相，关羽和张飞担任了别部司马，分统部曲。他们三人照样"寝则同床，恩若兄弟"，关羽和张飞终日侍立刘备左右，保护刘备。

立功报曹　投奔刘备

　　建安元年（196年），曹操奉迎汉献帝迁都许昌（今河南许昌东）后，独掌军政大权，总揽朝政，皇帝成为傀儡。建安三年（公元198年），刘备被吕布打败，投靠了曹操。曹操表举他为左将军，拜关羽为中郎将（次于将军的武官）。时车骑将军董承接受皇帝衣带诏，与刘备及长水校尉种辑、将军吴子兰、王服等，密谋除掉曹操。

　　建安四年（199年），刘备恐曹操猜忌，欲伺机脱离曹操控制，趁右将军袁术溃败，主动请求跟大将朱灵前去截击。曹操谋士程昱、郭嘉、董昭等认为，不该放走心怀叵测的刘备，曹操立即派人去追，但已不及。袁术南逃寿春（今安徽寿县），朱灵班师回朝，十二月，刘备杀死徐州刺史车胄，以关羽代理下邳（今江苏睢宁西北）太守，自屯兵小沛，招兵买马，扩充实力，与朝中反曹势力遥相呼应。东海（今江苏郯城）变民首领昌稀等，及周围郡县纷纷归附刘备，刘备部队很快发展至数万人，又派使者与袁绍媾结联盟，形成对曹操的严重威胁。并击败了前来讨伐的司马长史刘岱和中郎将王忠，暂且取得徐州、下邳地区，作为休养和发展的基地。

　　建安五年（200年）正月，车骑将军董承等企图刺杀曹操的计划泄露，董承、王服、种辑皆被屠灭三族，唯参与密谋的刘备侥幸逃脱，且势力越来越大。曹操亲自征讨刘备，刘备惊悉曹操军将至，亲率数十骑出城观察，果然望见曹军旌旗，只得仓促应战，被曹军击溃，刘备妻子被俘。曹操接着攻陷下邳，迫降了关羽。刘备则逃到邺城（今河北临漳西南）投奔了袁绍。

　　曹操赞赏关羽为人，拜其为偏将军，礼遇甚厚。不久却觉察关羽心神不定，无久留之意，便对与关羽关系甚好的张辽说："卿试以情问之"。张辽去问关羽，关羽叹息道："吾极知曹公待我厚，然我受刘将军厚恩，誓以共死，不可背之。吾终不留，吾要当立效以报曹公乃去"。张辽将关羽的这番话转告曹操，曹操闻后，不但没有怨恨关羽，反而认为他有仁有义，更加器重他。

　　建安五年（200年），官渡之战爆发，二月，冀州牧袁绍调动十多万人马进军黎阳（今河南滑县东北），征伐曹操并派大将颜良进围白马，攻东郡太守刘延，以保障主力渡河南进。刘延告急请援。四月，曹操为解除侧翼威胁，北救刘延。谋士荀攸建议："今兵少不敌,分其势乃可。公到延津,若将渡兵向其后者,绍必西应之,然后轻兵袭白马,掩其不备,颜良可擒也",曹操依行其计。袁绍闻曹兵渡河,果然分兵向西,挺进延津。曹操趁机引兵向白马疾进,及距白马10余里时,颜良大为震惊,仓促迎战。曹操派张辽、关羽为先锋,率部进击。关羽跃马阵前,远远望见颜良麾盖(大将所乘戎车,设幢麾、张盖),直冲过去,在万众之中刺死颜良,斩其首级而归,袁绍诸将"莫能当者"。曹操挥令大军冲杀,袁军大败溃散,遂解白马之围。

曹操备赞关羽的勇武,对他重加赏赐,封他为汉寿亭侯(汉寿,地名;亭侯,侯爵名)。关羽斩杀颜良后,曹操知其必去,遂重加赏赐。关羽把曹操屡次给他的赏赐都封存妥当,把汉寿亭侯的印绶挂在堂上,给曹操写了封告辞信,保护着刘备的家小,离开曹营,到袁绍军中寻找刘备。曹操将士闻后,要去追赶,曹操劝阻说:"彼各为其主,勿追也"。

襄阳太守　镇守荆州

袁绍兴师南进,派刘备南下汝、颍,攻掠曹操后方,被曹操部将曹仁击溃。刘备逃回袁绍军中,受到猜忌,暗中打算脱离袁绍,于是建议袁绍跟荆州牧刘表结盟,以使曹操腹背受敌。袁绍信以为真,派刘备率领本部人马,再度南下汝南与黄巾军首领龚都等会合,兵力扩充到数千人,对曹操后方又构成威胁。是年七月,曹操为稳定后方,派大将蔡阳率兵讨伐刘备。刘备做了充分准备和部署,率部迎战蔡阳。两军激战,曹军大败,蔡阳被杀。建安六年(201年)秋,曹操统军进击刘备于汝南。九月,关羽随刘备投靠荆州牧刘表,龚都等部皆散。至此,刘备脱离袁绍,获得发展自己势力的机遇。刘表对刘备以礼相待,此后,刘备便在荆州屯兵。

从建安六年到十三年(201年~208年),刘备在这八年中致力于礼聘人才,扩大军事力量。特别是在建安十二年(207年),他"三顾茅庐",请来了诸葛亮。关羽和张飞看到刘备和诸葛亮关系日益密切,心中不悦。刘备察觉以后,就严厉批评他和张飞说:"孤之有孔明,犹鱼之有水也。愿诸君勿复言"。关羽和张飞就再也不表示反对了。

建安十三年(208年),曹操亲率大军南征刘表。刘表死,继任荆州牧的刘琮投降曹操。刘备为避开曹军锋芒,便撤离樊城,向江陵(今湖北江陵)退去,并派关羽率领一万多水军,从水路往江陵会合。刘备军撤退到当阳长阪(今湖北当阳东北)时,被兼程追来的曹操骑兵打得大败,去江陵的道路被曹军截断,刘备只好斜趋汉津。关羽率水军前去接应,保护刘备退到了夏口。

据《蜀记》记载,当年刘备在许昌,与曹操一起打猎。关羽曾劝刘备乘人散混乱之际,杀掉曹操,以绝后患。可能由于形势不允许,刘备没有答应。这回在汉津会面,飘泊无依,关羽愤愤不平,说:"当年在猎场上,如果听了我的话,就没有今日的困厄之灾了。"刘备解释说:"当时,也是为国家着想,爱惜曹操是难得的人才。

再说,如果天意辅助正人,又焉知今日的飘泊不是咱们的福分呢?"

曹操占领江陵后,气势更盛,大有吞没"无立锥之地"的刘备和消灭江东孙权之势。这就发生了孙权、刘备联军大败曹操的著名的赤壁之战。十一月,孙刘联军在赤壁(今蒲圻县西北)大破曹操。关羽所率的一万精锐水军是刘备的主力,在这场战役中起了重要作用。

赤壁之战后,刘备乘机攻占了武陵、长沙、桂阳、零陵四郡(都在今湖南境内),刘备得了四郡,加上孙权借给他的南郡,终于在荆州站住了脚。然后刘备封拜元勋。关羽被任命为襄阳太守、荡寇将军,镇守荆州。

建安十六年(211年)十二月,刘备带兵入巴蜀,取益州,关羽留守荆州。益州既平,关羽得赐金五百斤、银千斤、钱五千万、锦千匹。

荆州包括南阳、南郡、江夏、武陵、长沙、桂阳、零陵七个郡,是曹操、刘备、孙权三方必争的战略要地。赤壁之战后,曹操还占据着南阳郡和南郡的北部,孙权占据着江夏郡和南郡的南部。所谓"借荆州",就是孙权将自己占据的南郡南部借给刘备。刘备取得益州的第二年(215年),孙权便派诸葛瑾为使去跟刘备商量,要求把荆州南部的几个郡归还东吴。刘备托辞拒绝,孙权就派去一批官吏,接收长沙、零陵、桂阳三个郡。关羽坚决不让,将孙权派来的官吏全部轰了回去。孙权一怒,马上派吕蒙率领两万兵马用武力接收这三个郡。吕蒙夺得了长沙、桂阳两郡后,刘备急忙亲率五万大军下公安,派关羽带领三万兵马到益阳去夺回那两个郡。孙权也亲自到陆口,派鲁肃带领一万兵马扎在益阳,与关羽相拒。东吴的军队和关羽的军队都在益阳扎营下寨,彼此对峙。

鲁肃不愿意孙刘两家失和,就邀请关羽相见,双方各退兵马几百步,中间搭个供会谈用的帐篷。赴会的将军只准许带防身的单刀,不准带士兵。关羽接到邀请,带着随身的卫士周仓毅然赴会。这就是有名的"单刀赴会"。会谈一开始,鲁肃就责问关羽为什么不把长沙、零陵、桂阳三个郡还给东吴。关羽说:"乌林之役(即赤壁之战,乌林在赤壁对岸,故有此说),左将军(指刘备)亲自作战,与东吴共同破敌,难道说他夺下来的土地连一块也不应该得到吗?您怎么能说要把这些地方归还给东吴?"鲁肃说:"东吴国土很小,只是体念刘豫州(指刘备,当时为豫州牧)兵马很少,又被曹军打败,才让给他一个安身之地。赤壁之战以后,又把南郡借给他。现在刘豫州已经得到了益州,就该把荆州还给东吴。我们并不要求全部荆州,也不要求退还南郡,我们只要求长沙、零陵、桂阳三个郡。要是连这一点也不答应,那就太说不过去了。"这时,周仓在一旁瞪着眼睛大声说:"天下的土地,有德的人都可以住,怎么能永远归一家呢?"关羽手按在刀把上,给周仓使了个眼色,故意责备他说:"这是国家大事,你懂得什么!快给我出去!"周仓会意,立即出去准备兵马接关羽。关羽也向鲁肃告别说:"您的话,我一定转告左将军,再作商议。"鲁肃也就很有礼貌地把关羽送了出去。关羽回来后,派人向刘备汇报了这次单刀赴会的经过。刘备这时因为得知曹操正率大军进攻汉中,担心前后受敌,丢失益州,就主动向孙权请和,双方商定以湘水为界,平分荆州,湘水以东的江夏、长沙、桂阳归孙权;湘水以西的南郡、零陵、武陵归刘备。

赤壁之战后,据守荆州的关羽名为"襄阳太守",而荆州的襄阳、樊城等重镇还控制在曹操手中。为了实现诸葛亮和刘备在《隆中对》中所筹划的跨据荆、益二州,待时机成熟时荆州军队直下宛(今河南南阳)、洛,益州军队西出秦州(今陕西南部),完成统一大业的计策,关羽一直虎视襄、樊。

建安二十四年(219年),刘备在汉中大败曹兵,曹操不得不退出汉中。于是,在手下文武官员的拥戴下,刘备自立为汉中王。任命关羽为前将军,并赐他节、钺。

水淹七军　威震华夏

是年六月,刘备继取汉中后,派孟达、刘封攻占汉中郡东部的房陵、上庸等地,势力有所扩展。七月,孙权欲攻合肥,魏军大部调动淮南防备吴军。镇守荆州的关羽,抓住战机,留南郡(治江陵,今湖北江陵)太守糜芳守江陵,将军傅士仁守公安(今湖北公安西北),自率主力北攻荆襄。

襄阳、樊城隔汉水相对,互成犄角,是曹军抗拒南军北上的战备要地。时魏镇南将军曹仁驻守樊城(今湖北襄樊),将军吕常驻襄阳。他从汉中撤军到长安后,又派平寇将军徐晃率军支援曹仁,屯于宛城(今河南南阳)。樊城之战开始后,曹操又派左将军于禁、立义将军庞德前往助守,屯驻于樊城以北。

于禁不熟悉南方的气候地理。曹仁让他和庞德屯兵于樊城以北,和城中相互呼应,他竟未考虑该处地形低下的因素,便把所率领的七支人马都带到那里驻扎。八月,连降大雨,汉水暴涨,平地水深数丈。于禁七军均被水淹,只得率少数将士避到高阜之处。关羽乘战船猛攻,于禁欲退无路,被迫投降。庞德率的一部继续顽抗,誓死奋战,从早晨一直战到中午,箭尽矢竭,就短兵相接。将士有的战死,有的投降。关羽加强了攻势,同时,水势上涨更猛,土堤淹没,曹操部队都投降了。庞德想乘船撤回曹仁大营,但水势太大,船只倾覆,被擒,不屈而死。

关羽乘胜围攻樊城,并以一部兵力包围襄阳。樊城守军仅数千人,城墙因水淹多处崩塌,曹仁曾考虑放弃樊城,被辅助曹仁的汝南太守满宠所劝止。满宠认为:"山水速疾,冀其不久。闻羽遣别将已在郏(今河南郏县)下,自许以南,百姓扰扰,羽所以不敢遂进者,恐吾军掎其后耳。今若遁去,洪河以南,非复国家有也。君宜待之。"曹仁乃以必死决心,激励将士齐心协力奋勇抵御。

关羽军虽乘船猛攻,一时仍不能下。此际,魏荆州刺史胡修、南乡太守傅方,均降于关羽,陆浑(今河南嵩县东北)人孙狼等,亦杀官起兵,响应关羽,关羽声势一时"威震华夏"。

腹背受敌　败走麦城

曹操感到威胁,一度准备迁都,被丞相司马懿及蒋济谏止。他们认为:"禁等为水所没,非战守之所失,于国家大计未有所损,而便迁都,既示敌以弱,又淮沔之人大不安矣。孙权、刘备,外亲内疏,羽之得意,权所不愿也。可喻权所,令掎其后,则樊围自解。"

曹操采纳了这一利用矛盾破坏孙、刘联盟,以坐收渔翁之利的策略,派使者去见孙权。同时指令徐晃率军援救曹仁。徐晃进至阳陵陂(樊城北),曹操派将军徐商、吕建传令:必须待后续援军会齐后方可进击。时关羽前部屯郾城(樊城北约五里),徐晃佯筑长堑,示以将切断蜀军后路。蜀军惧被围,烧营撤走,徐晃军进据郾城,渐向围城蜀军逼近。

当初,诸葛亮在《隆中对》中说:"若跨有荆益,保其岩阻,西和诸戎,南抚彝越,外结孙权,内修政理。待天下有变,则命一上将荆州之兵以向宛洛。将军(刘备)身率益州之众以出秦川,百姓有不箪食壶浆以迎将军者乎?"意思是刘备在取得荆、益二州建立基业之后,一定要外结孙权,形成巩固的联盟,然后才能北定中原。可见,孙刘结盟是刘备北定中原的基础。然而,这联盟却因为几个原因,出现了明显的裂痕:

一是在荆州的所有权问题上。荆州位于长江中游,北据汉沔,历经南海,东连吴会,西通巴蜀,对孙、刘、曹三家均有重要的战略意义。曹操曾想占据荆州,统一天下,但赤壁一战使他美梦成空;孙氏集团一向认为荆州是必争之地。因为荆州据上游之重,只要操在别人手里,自己则处于被动地位。赤壁之战结束,为了继续联刘抗曹,不得已,只好暂借荆州给刘备。可刘备取得益州后,却无归还荆州之意。

二是关羽缺乏对孙刘联盟的正确认识。他自恃勇武,对孙氏集团始终倨傲不敬。鲁肃与他单刀相会,讨要荆州,他尽管理亏,但仍然不肯从两家联合的角度着眼来妥善解决问题。孙权派使者为自己的儿子向关羽的女儿求婚,关羽不但不应许亲事,反而辱骂使者,双方关系越来越僵。

三是东吴臣子中,从大局出发,认为应与刘备集团修好、共拒曹操的鲁肃已经去世,而其他臣子,如代替鲁肃统兵的吕蒙,就认为关羽平素骁勇善战,且有兼并吴国的雄心,所以,要求出兵对付关羽。他说:"且羽君臣,矜其诈力,所在反复,不可以腹心待也。"所以孙权得到曹操的信后,欣然允诺。他召吕蒙回建业,共商夺取南郡的计划。关羽也知孙刘联盟不巩固,这时既要夺取樊城,又得防备孙权偷袭荆州。他看到东吴大将吕蒙屯兵陆口,就再三嘱咐糜芳和傅士仁小心镇守荆州,并将大部分军队留在南郡,还沿江设防,二三十里设一个岗楼,建起烽火台。吕蒙探知关羽防守严密,无懈可击,就佯称病重,上书给孙权,要求回去疗养。孙权公开发布命令,调吕蒙回建业养病。吕蒙推荐陆逊代替自己。当时,陆逊年少多才却无名望,正任定威校尉。孙权便任命他为偏将军、右部督,接替吕蒙。陆逊到任后,派使者给关羽送去了礼物和一封信,信上恭维关羽水淹七军,功过晋文公的城濮之战和韩信的背水破赵,还勉励关羽发挥威力,夺取彻底胜利。关羽看到陆逊是个无名晚辈,对自己又如此恭敬、诚恳,就大胆放心,把荆州大部分军队陆续调到了樊城,打算趁徐晃的兵马还未赶到,大水又未完全退去,先攻下樊城。他亲自督战,加紧攻城,而曹仁依旧坚守。陆逊把关羽人马的调动情况详细地报告给孙权,且说明了自己的看法,认为关羽可一战而擒。

关羽在襄樊的兵马越来越多,加上新得于禁降军数万人,粮食匮乏。他责备南郡太守糜芳和傅士仁的粮草运送跟不上,大怒说:"还当治之",二人于是存有叛心。后关羽为解燃眉之急,竟擅自强占东吴贮藏在湘关的粮食。孙权得知此事,觉时机成熟,便命吕蒙为大都督,发兵袭击关羽的后方。

是年十一月,吕蒙率军隐蔽前出,进至寻阳(今湖北广济东北),把精锐士卒埋伏在伪装的商船中,令将士身穿白衣,化装成商人,募百姓摇橹划桨,昼夜兼程,溯江急驶,直向江陵进袭,一切都进行得十分隐蔽和诡秘。驻守江防的蜀军士兵被伪装的吴军所骗,猝不及防,全部被俘虏,江陵城内空虚,陷入混乱。吕蒙先让原骑都尉虞翻写信诱降驻守公安(今湖北公安北)的蜀将傅士仁,又使傅士仁引吴军迫降守江陵的蜀南郡太守糜芳。二人平时就因为关羽对他们傲慢而心怀不满,这次又听说关羽回来要惩治他们,更是内心恐惧,于是在东吴大军兵临城下的情况下,献城出迎。吕蒙遂率大军进据江陵,从而,一举夺回蜀长期占据的荆州。吕蒙进占江陵后,尽得关羽及其将领的家属。他对他们加以优待和抚慰,并下令军中不得侵扰百姓,还对全城百姓表示关心,给有病的送医药,给饥寒者赐衣粮,使城内秩序迅速恢复。而骄傲轻敌的关羽,对吕蒙的袭击行动竟一无所觉。

曹操使者返回洛阳,带来孙权密信,说即派兵西上袭击关羽,但请保密,以防关羽得知有备。曹操部属多数认为应代孙权保密。谋士董昭独持异议,认为应佯允保密而暗予泄漏。关羽知孙权来攻,如撤兵回防,则樊城之围自解。关羽南返与孙权交战,两敌相斗,正好坐收渔利。若为其保密,使孙权得势,对我并不有利。再者,被围将士久不见救,担心缺粮产生恐慌,一旦发生意外,局面将难以收拾。故应以泄密为好。曹操采纳董昭意见,令徐晃用箭将孙权密信内容,分别射入樊城及关羽营中。被围魏军得信后,士气倍增,防守更坚;关羽得信后,则既恐腹背受敌,又不愿前功尽弃,同时判断江陵、公安城防坚固,吴军若真来攻,一时不可能攻克,因而处于徘徊犹豫、进退两难的境地。此时,曹操已率主力由洛阳进抵摩陂(今河南郏县东南),并已先后派殷署、朱盖等12营兵进至郾城,归徐晃指挥。关羽军主力屯围头,一部屯四冢。徐晃以声东击西战术,扬言欲攻围头,却出其不意突袭四冢。关羽恐四冢有失,自率步骑5000出战,被徐晃击败,当其退走营寨时,徐晃率军穷追不舍,紧随其后冲入营内。当时关羽营寨,外围深壕及鹿角十重,障碍设施极为严密,若从营外强攻极为困难。现乘其军陷于混乱之机,由内突袭,一举大破之,杀降蜀之胡修、傅方。时关羽惊悉江陵失守,遂撤围退走,樊城围解。曹仁部将多欲乘胜追击,参军赵俨认为,应保留关羽一定实力与孙权作战,不宜追击。曹仁同意赵俨看法,未部署追击。曹操得知关羽撤退消息后,果然派人传达命令,不许追击关羽。

当关羽撤军而回时,孙权已先到达江陵,派陆逊攻占夷陵(今湖北宜昌)、秭归(今湖北秭归),切断关羽入川退路。在回军途中,关羽多次派人到江陵探问消息。每次,吕蒙都礼待来使,并让使者周游城中。使者回到关羽军中,将士们知道家门无恙,斗志尽失,多数都半途而逃。关羽自知势孤,派人向驻扎上庸的蜀将刘封、孟达求援,二人以上庸新定为由,拒绝支援。关羽陷于进退失据,腹背受敌的困境,遂西走麦城(今湖北当阳东南)。这时,陆逊乘胜西进,夺取了宜都。关羽看到麦城东、西、南三面全是敌人,而援兵又迟迟不到,决定突围回西川。

吕蒙知关羽兵少,料到他要逃走必然走麦城北边的通西川的小道,就事先派兵埋伏。十二月,孙权派使者到麦城劝关羽投降。关羽提出叫吴军退兵十里,然后在南门相见。吕蒙果然退兵十里,等候关羽投降。关羽及其子关平趁机带着十几个骑兵,偷偷地出北门向西逃去,被吴将潘璋部司马马忠擒获,与其子关兴一起被杀,死时年约五十八岁。刘备追谥关羽为壮缪侯,其子关兴嗣。

将帅兵圣

经纬将才　英姿勃发

——周瑜

名人档案

周瑜：字公瑾，庐江舒县（今安徽庐江西南）人。东汉末年东吴集团将领，杰出的军事家。汉族。美姿容，精音律，长壮有姿貌，多谋善断。人称周郎。公元208年赤壁之战中大败曹军，奠定三分天下基础。后图进中原，不幸早逝。

生卒时间：175年~210年。

安葬之地：安徽庐江县城东1公里处。墓为圆顶，高2米，封以灰色麻布纹大汉砖，墓门朝东，墓周松竹环绕，墓前有明刻"吴名将周公瑾之墓"石碑一块。为明正统七年（1442年）立。墓前有清代立《汉偏将军领南郡太守周瑜铭》。

性格特点：有强烈的进取精神和横行天下的抱负，性度恢廓，大率得人。

历史功过：公元208年赤壁之战中大败曹军，奠定三分天下基础。后图进中原，不幸早逝。

名家评点：孙权曰：公瑾雄烈，胆略兼人，遂破孟德，开拓荆州，邈焉难继，君今继之。……子明……学问开益，筹略奇至，可以次于公瑾，但言议英发不及之耳。

刘备曰："公瑾文武筹略，万人之英，顾其器量广大，恐不久为人臣耳。"

谋无不成，规无不细。——三国·王朗

建独断之明，出众人之表，实奇才也。——西晋·陈寿

饬法修师，则威德翕赫。宾礼名贤，而张公为之雄；交御豪俊，而周瑜为之杰。彼二君子皆弘敏而多奇，雅达而聪哲，故同方者以类附，等契者以气集，江东盖多士矣。——西晋·陆机

公瑾卓尔，逸志不群。总角料主，则素契于伯符；晚节曜奇，则参分于赤壁。惜其龄促，志未可量。

公瑾英达，朗心独见。披草求君，定交一面。桓桓魏武，外托霸迹。志掩衡霍，

恃战忘敌。卓卓若人，曜奇赤壁。三光参分，宇宙暂隔。——东晋·袁宏《三国名臣赞序》

周瑜是个"青年团员"，当东吴的统帅，程普等老将不服，后来说服了，还是由了他，结果打了胜仗。——毛泽东《青年团的工作要照顾青年的特点》

生逢乱世　胸怀大志

周瑜，字公瑾，庐江舒县（今安徽庐江县西南）人，汉灵帝熹平四年（175 年），出生在一个士族家庭。其曾祖周荣先后在东汉章帝、和帝两朝担任过尚书令的职务。堂祖周景、周景的儿子也就是堂伯周忠，皆当过综合管理军政事务的太尉，位列三公之首，掌握大权。周瑜的父亲周异也曾做过洛阳县（今河南洛阳市白马寺东）令。东汉末年万户以上的县的行政长官称为令，万户以下县称为长，周异的官在当时也算不小了，相当于一个实权派。

周瑜生逢乱世，东汉政权的统治正面临严重危机，政治腐败，经济凋敝，各种社会矛盾空前激化。在镇压黄巾起义过程中，统治阶级内部的各派势力乘机扩充军事实力。他们之间的争夺十分激烈，冲突日益升级。周瑜家族历来以廉洁奉公和学识渊博而著称，对子女的要求也非常严格，周瑜因此接受了较好的教育。面对暗淡的世道，家境富足的周瑜虽然仍可凭借祖上的荫庇升任官职，但他并没有和当时大多数官宦子弟一样走上游手好闲、斗鸡走狗等不务正业的道路。青少年时代的周瑜，英俊潇洒，姿质风流，但也没打算凭借俊逸的仪表去寻花问柳，占有女色。他自少年时代就勤奋好学，熟读各类经书，尤其喜读兵法，日常还爱练习武功。周瑜从小就精通音律，懂得曲谱，即使在酒酣之时，他也能察觉演奏者的错误，一经发现，他即回眸注视演奏者，所以当时有一句谣谚说："曲有误，周郎顾。"但是在东汉末年天下大乱的动荡年代里，年幼的周瑜就已经认识到社会更需要的是有作为的政治家、军事家，因此他没有走上音乐的创作研究道路，而是一面攻读经史和兵书，练习武艺，一面注视着当时全国形势的变化，期望着有朝一日，能够用自己的政治和军事才能，辅佐一位贤明的人物，结束天下纷乱的割据局面，实现全国的统一和安定。

一见如故　佐定江东

周瑜在少年时期就与孙吴政权的核心人物结交。中平六年（189 年）汉灵帝死，外戚何进辅佐十四岁的刘辩即位。当时宦官的权力非常大，不但把持朝政，而且经常对其他势力打击陷害。为了对付宦官势力,何进召在陇西(今甘肃临洮)的土豪董卓进京。而董卓是一个很有野心的人,乘机拥兵进入洛阳,另立刘协为汉献帝,自任相国,夺取了军政大权。董卓的专权引起地方军阀的不满。第二年,关东(一般泛指函谷关或潼关以东的地区)的一些郡州牧守联兵讨伐董卓。当时的长沙太守孙坚也出兵参加讨伐董卓的战争。孙坚是汉末江东豪族,勇猛刚毅,讨破黄巾军的时候所向披靡,后来又参加了镇压长沙义军区星,封为乌程侯。这时他参加了扬州的袁术集团。孙坚在动身赴洛阳作战之前,把家眷安置在庐江舒城。此时,周瑜正值少年,长得高大健壮,容貌出众,且为人豁达,慷慨大方,特别喜爱结交朋友。他早就对孙坚的英雄事迹有所了解,也十分敬仰孙坚的为人,听说孙坚把家安在了舒城就前去拜访孙坚的长子孙策。孙策也喜好交友,而且也在政治上有一番长远的抱负。周瑜恰与孙策同岁,两人一见如故谈得十分投机,周瑜即将一座路南的大宅院送给孙策。孙策将母亲搬来居住后,周瑜还去专门拜见了孙母以示尊重。周瑜与孙策为邻,共通有无,情同手足,结成莫逆之交,为他今后加入孙吴政权打下了基础。

讨伐董卓之后,各路豪强兴起,谁有兵有权,谁就能割据一方争夺天下。在这种乱世之中,社会经济萧条,人民生活更加困苦,但这种情况的确也为有才干、有抱负的人提供了展示自己的舞台。周瑜这时也开始思考自己的未来,如何才能实现自己当初的政治抱负。周瑜家族曾有两人做全国最高军事长官的荣耀,自己也具备很强的号召力,但父亲早逝,难以自成气候。在当时的社会背景下,周瑜只得投奔叔父丹阳(今安徽宣城)太守周尚。周尚有些部队,周瑜也就在这里开始了最初的带兵生涯。也就在这一时期,孙坚被袁术派往荆州征讨刘表,被刘表的将军黄祖射死。孙坚死后,长子孙策继承了父业,仍然带兵继续依附扬州军阀袁术。袁术是一个反复无常、不会用人的军阀,一会许愿封孙策为九江太守,过段时间又许愿要封孙策为庐江太守,但都食言。这使想有一番作为的孙策十分失望。兴平二年(195年),袁术派孙策率兵攻取江东。长江在流经九江以后改向东南,因此习惯上把长江下游江南一带称为江东,这里气候适宜,物产丰富,人民生活较为安康,拥有江东可为成立事业打下根据地。孙策因袁术不重用自己,决定利用这个机会召纳其父旧部,脱离袁术,称霸江东。渡江之前,他进兵历阳(今安徽和县),写信告诉周瑜,周瑜立即带领叔父周尚的一部分军队和大批舟船粮秣,从丹阳前去迎接。对于周瑜应邀而至,孙策大喜过望。见到周瑜,孙策高兴地说:"有你的帮助,事情就有成功的希望了!"周瑜于是跟随孙策率兵渡过长江。孙策进击江东的军事行动,进展得十分顺利。在周瑜及江东名士程普、张昭等人的协助下,孙策攻打扬州刺史刘繇,占领牛渚营屯(在今安徽当涂西北),夺取了刘繇的全部粮草、兵器。接着,又攻下秣陵(今江苏南京,又称金陵、建业),占领刘繇大本营曲阿(今江苏丹阳),逐走刘繇,此时孙策的部众已扩展到几万人,他对周瑜说:"我用这些部属攻取吴会(东汉时分会稽郡为吴、会稽二郡,合称吴会)、平定山越(古越人的后裔)已足足够用,请你回去镇守丹阳。"周瑜这才渡江北返,回到丹阳周尚的驻地。第二年,孙策攻占会稽(郡治在今浙江绍兴),自称会稽太守,也成为割据一方的军事势力。

投奔孙吴　忠于孙策

　　在当时军阀混战、风云变幻的形势下,选择贤明的主子,是想有所作为的人非常重视的问题。周瑜牢记东汉名将马援的话:"当今之世,非但君择臣,臣亦择君。"这次跟随孙策渡江攻取江东,使他对孙策有了更进一步的了解。他看到孙策为人豁达大度,善于用人,士民皆乐于为其效力,而且治军有方,纪律严明,所到之处,秋毫无犯,深得百姓的拥护。而且孙策本人英气勃勃,志向远大,是江东当地吴郡豪族,已经割据江东,又是少年密友,因此暗中下定了投奔孙策的决心。当时,周尚所依靠的袁术,是全国势力最大的两个军阀之一。周瑜回到丹阳不久,袁术以堂弟袁胤取代他叔父周尚为丹阳太守,周瑜无力对抗,被迫遵从袁术的命令,和叔叔一起离开丹阳,来到袁术的驻地寿春(今安徽寿县)。袁术见他与孙策攻取江东时颇能用兵,想任他为将,但他觉得袁术统治残暴,搜刮狠毒,而且目光短浅,骄横无知,认为他成不了大事,便婉辞谢绝,要求改任居巢县(今安徽巢县)的行政长官。居巢离长江很近,周瑜的目的是从居巢顺流而下直奔江东。袁术不知周瑜假途东归的用意,竟满足了周瑜的要求,任命他为居巢行政长官。在居巢,周瑜结识了临淮东城(今安徽定远)的豪族鲁肃。在他的劝说之下,鲁肃也决定放弃东城长的官职,背叛袁术,欲与周瑜结伴东渡。建安二年(197年),袁术不顾部下反对,擅称帝号,成为众矢之的,这种愚蠢的作茧自缚,更引起了周瑜的厌恶。而孙策却已陆续削平江南各郡的割据势力,夺占吴郡、会稽等地,既而又与袁术决裂,设置官府,委任长史,在江东初步建立了孙氏政权。建安三年(198年),周瑜便从居巢率众南下,渡江前往江东,投奔了孙策。孙策亲自迎接,授予建威中郎将,把两千名将士、五十匹战马交给他指挥,又给鼓乐队(这是当时一种很高的荣誉),整修了新的住所,命他出镇牛渚。孙策给予周瑜的赏赐之厚,是没有人能比得上的,孙策还在所发布的命令中说,今天的赏赐不足回报周瑜在关键时刻给予自己的支持。此时周瑜的年纪才二十四岁,仪容俊美,风流倜傥,功成名就,江东人都亲切地称他为"周郎"。

　　孙策以他为牛渚镇守,不久又改派为春谷长。牛渚、春谷与庐江郡一水之隔,两处都是扼守江东的咽喉要地。孙策考虑舒县周氏是庐江的名门望族,派周瑜为督,可以充分利用他所在家族的社会影响,以招募人马,延揽人才,扩大力量。建安四年(199年),孙策准备夺取刘表控制的荆州,他任命周瑜为中护军,兼任江夏太守,驻守巴丘(今江西崇仁境内)。接着,为报杀父之仇,周瑜即与孙策率兵前去攻打刘表的江夏(郡治在今湖北新洲)太守黄祖。正在这时,袁术死去,他的部下杨弘、张勋等拟率其众投奔孙策,却遭到庐江太守刘勋的截击,袁术的部众尽为其所夺。孙策害怕刘勋成为第二个袁术,决定设计消灭他。孙策先是劝刘勋攻取储积丰富的上缭(今江西建昌县城内),说自己愿出兵以为外援,并送给刘勋许多珠宝和葛布。刘勋果然中计,领兵攻打上缭。消息传来,孙策与周瑜正引兵西击黄祖,行至石城(今江西建昌境内),他们当即带领两万军队偷袭刘勋统辖的皖城(今安徽潜山县),俘获袁术、刘勋的妻子及部众三万余人。刘勋听说皖城失守,回师援救,在半路被孙策的堂兄孙贲、孙辅击败,求救于黄祖,黄祖派五千人助战,又被孙策、周瑜打败,最后刘勋北上投靠了曹操。打败刘勋后,周瑜又随孙策继续领兵西击黄祖,经过几次大仗,孙策俘获对方士兵三万余人,战船七千余艘,实力大增。通过这次向西用兵,豫章(今江西南昌)、庐陵(今江西吉水西北)一带也尽归江东所有。战争结束后,周瑜以中护军、领江夏太守的职务(孙策授予周瑜这一职务是在取皖城之前)镇守巴丘(今湖南岳阳),防范占据荆州(今湖南、湖北)的刘表东侵。孙策在江东声势大振,东汉丞相曹操以汉献帝刘协的名义,任命他为讨逆将军,封他为吴侯。

曹操历来爱才,听说了周瑜的事迹后,非常欣赏,以为也可以通过游说诱惑拉拢周瑜来瓦解东吴政权,便秘密下令到扬州(今安徽寿县),派遣九江郡(同扬州治)最有口才、又是周瑜少年时的老同学蒋干为说客,去见周瑜。于是蒋干身穿布衣,头戴葛巾,以私访的名义去见周瑜。蒋干见到周瑜后,周瑜一眼就识破了蒋干的用心,宴请完了之后,便以有机密之事要处理为由,先让蒋干在旅馆坐了三天冷板凳。三天过后,周瑜领蒋干遍观军营,巡视仓库、军资、器仗,又设宴饮酒,展示自己的侍从、服饰和珍玩。不但如此,周瑜还直接告诉蒋干说:"大丈夫立于世间,能遇上知己为主公实为人生一大幸事,我和孙氏外表看有着君臣之义,内里却又有骨肉亲情。主公对我是言听计从,祸福与共。就算是古时最著名的说客苏秦、张仪(战国时著名的策士,周游各国,向统治者陈说形势,提出政治、军事、外交主张,以求高官厚禄)再世,郦食其(楚汉战争时刘邦的谋士,常为说客,曾劝说齐王田广归汉,而韩信乘机袭齐,田广认为被他出卖,将他烹死)复生,我尚能拍着他们的后背而斥责他们,何况足下比起他们来是晚辈后生,哪能劝说我改变志向呢?"蒋干论才气,论口才,独步江淮之间,但在周瑜面前却连一次插嘴的机会也没有,只得不停地苦笑。蒋干回去复命,称赞周瑜有着高尚的品质,宽宏的度量,一心效忠孙策,用任何功名利禄来诱惑他都是枉费心机,也不是靠言辞就能离间周瑜和孙氏的,曹操只得作罢。在这天下大势变幻莫测、英雄豪强纵横捭阖的重要关头,周瑜坚定不移地站在孙策集团一边,对孙氏的事业忠贞不贰,为孙氏政权稳固人心、打牢基础起到了重要的作用,也赢得了天下人的赞誉。

周瑜不但在政治上全力拥戴孙氏,在生活上也跟孙家结成姻亲,两家人亲如一家。攻入皖城后,孙策与周瑜听说城中乔公有两个女儿天生丽质,容貌过人,派人前去求亲。乔公慨然应允,将大女儿大乔嫁给孙策,小女儿小乔嫁给周瑜。后来,周瑜又跟孙权结成儿女亲家。他的女儿嫁给孙权的儿子太子孙登,他的大儿子周循娶了孙权的女儿为妻,小儿子又娶孙氏宗室女儿为妻。周瑜到江东后,不仅受到孙策的重用,就连孙策的母亲太夫人对他也很器重。太夫人特地叮嘱他的儿子孙权,周瑜只比孙策小一个月,要孙权像对待自己的亲兄长那样对待周瑜。孙权是孙策的弟弟,此时已经位居将军。

　　周瑜还十分注重团结其他将领。孙策的老部将程普,曾随孙坚征战,讨黄巾、破董卓,"攻城野战,身被创痍",见周瑜年纪轻轻,就得到如此特殊的礼遇,很不服气,便依着年长资深几次侮辱周瑜。但周瑜胸怀开阔,宽容大度,忍屈受辱,从不同他计较。后来程普被这种宽容的气度所感动,对周瑜十分敬重,逢人就说:"同周公瑾结交,就像喝美酒一样,不知不觉地就被他陶醉了。"

辅佐孙权　所向无敌

　　建安五年(200年),孙策趁曹操与袁绍相峙官渡时,准备偷袭许昌,迎汉献帝,不幸被故吴郡太守许贡的门客杀死于丹徒(今江苏镇江),临死时指定弟弟孙权为继承人。这时孙权年仅十八岁。当时江东的孙氏政权只是初具规模,并不巩固。不但外有强敌曹操、刘表,境内的一些纵深之地还有很多小股的割据势力,统治营垒中不少人左瞻右顾,"以安危去就为意,未有君臣之固",形势紧迫,人心惶惶。这种局面直到周瑜率领大军从巴丘赶至吴(今江苏苏州)赴丧才有改观。周瑜强兵在握,但率先毕恭毕敬,用君臣的礼节对待孙权,其他人也就不敢再有什么异议。孙权把周瑜留下,与长史张昭共同掌管军事和行政事务。周瑜和张昭把一些琐碎的行政事物分管起来,全力支持和辅佐孙权,迅速安定了江东的局势。周瑜亲自出面挽留准备北行的鲁肃,把这位一直没有得到孙策重用的政治人才推荐给孙权。后来,鲁肃成了江东政治舞台上极为活跃的政治家。同时,周瑜与张昭团结程普、黄盖、吕蒙等将领,四出征讨,并网罗人才,发展生产,努力巩固东吴的统治。

　　就在孙策去世的那一年,曹操与袁绍在官渡(今河南中牟东北)展开一场决战,消灭了袁军主力。建安七年(202年),袁绍死去,其子袁尚、袁谭互相火并,曹操又乘机出击,基本上统一了北方地区。在这之前,他已把汉献帝挟持在手中,迁都于许(今河南许昌)。这时,曹操乘消灭袁绍、兵威大盛、势力大张之机,为试探江东的虚实下书江东,要求孙权派子弟去许都做人质。孙权召集群臣讨论对策,张昭、秦松等人见曹操兵威日盛,犹豫不决。周瑜坚决反对派送人质,孙权带他去见太夫人(孙权的母亲),他慷慨激昂地对太夫人陈辞:"往昔的楚国,开始受封于荆山之侧,不满百里之地,但后代贤能,广开疆土,立基于郢(楚都郢,即江陵),遂据荆、扬(占荆州、扬州,指今长江中下游一带),达到南海,传业延祚,九百余年。现在将军(指孙权)继承父兄基业,兼有六郡之众,兵精粮多,将士用命,铸山为铜,煮海为盐，境内富饶，人心安定，泛舟举帆，朝发夕到，士气高涨，所向无敌，为什么要送子于人呢？一送人质，就不得不听命于曹操，他一下命令，我们就不得不服从，那就要受制于人。听命于曹操，最多不过是授给一颗侯印，仆从十余人，车几乘，马数匹，这能与南面称王相比吗？不如不派人质，看看天下如何变化再说。如果曹操能以道义治天下，将军再去投奔也不晚，如果曹操暴虐天下，那就将自取灭亡。将军韬勇抗威，以待天命，哪有给他送人质的道理！"吴太夫人听后连连点头，高兴地说："公瑾说得太对了！公瑾与伯符（孙策字伯符）同岁，只小他一个月，我把他当成亲儿子看待，你（指孙权）要像对自己的亲哥哥一样对待他，多听他的意见。"于是孙权决定不给曹操送人质。当时曹操因忙于扫荡袁绍的残余势力，和袁尚、袁谭在黎阳作战，无暇再与孙权周旋，派送人质的事情也就不了了之。

建安十一年（206年），周瑜奉命督孙瑜等攻麻、保二屯（在陆口以东，陆口在今湖北嘉鱼西南）的山贼。这次战争十分残酷，周瑜将俘获的部落首领一律枭首示众，同时还把一万多人强徙到江东政权的腹地。不久，刘表江夏太守黄祖派部将邓龙引兵数千人，进攻柴桑（今江西九江西南），周瑜率东吴兵迎击，生俘邓龙而归。在周瑜与张昭的辅佐下，经过几年的努力，孙权的实力逐渐得到加强，江东的局势也日趋稳定了。

合力抗曹　鏖战赤壁

留吴期间，周瑜曾多次奉命进攻刘表。孙权与刘表势不两立，一是因刘表占据的荆州（治所今湖北襄阳）与扬州毗邻，属于江东政权向西开拓的对象；二是因孙权的父亲孙坚死在刘表的部将黄祖手里，双方有世仇。孙权继承孙策的政策，不断地西进，其主帅常由周瑜担任。

建安十三年（208年）初，周瑜向孙权举荐刘表的降将甘宁。孙权接受甘宁的建议，亲自统兵进攻屯军夏口（今湖北汉口）的黄祖。周瑜被委派为前部大部督。孙权的意图是夺取荆州以确保江东，然后向辽南发展，再相机以夺取天下，统一全国。江夏太守黄祖派都督陈就领水军出战，两军进行了一场激烈的水战后，被孙权部将吕蒙所败，吴军乘胜追击。黄祖弃城出逃，被吴军追及擒杀，江夏遂由东吴所有。消灭黄祖，为孙权夺取荆州扫清了道路。

就在这一年，北方的曹操已经彻底消灭了袁氏的残余力量，并打败了三郡（辽东、辽西、右北平）的乌桓（东胡族的一支，又名乌丸、赤山）。他把被乌桓俘获的汉人十余万户和幽州、并州的乌桓三万余户迁入塞内，基本统一了北方。曹操自任丞相，"挟天子以令诸侯"，准备进一步统一全国。七月，他亲率步骑二十万，号称百万，南下荆州，准备一举吞并刘表，然后顺流东下，消灭孙权。曹军尚未到达荆州，刘表已先病逝，其子刘琮继任荆州牧。九月，曹军到达新野（今河南南阳市南），刘琮奉表迎降,其水军数十万尽为曹操所得。依附于刘表的刘备,在樊城得到消息,率部向江陵(今湖北江陵)退却,在当阳(今湖北荆门南)的长坂(当阳东北)为曹军追击,惨遭大败,逃往鄂县(今湖北鄂城)之樊口。曹操占据江陵,准备顺流而下,进兵江东,他写信威胁孙权说:"今治水军八十万,方与将军会猎于东吴。"

曹军南下荆州,给江东政权造成严重威胁。特别是曹操得到荆州的大批水师战船,又据有粮食武器储备丰足的江陵(今湖北江陵),更使江东朝廷上下十分不安。九月,孙权亲临荆州前线。鲁肃力主联合刘备,共同抗拒曹操。他在得到刘表死讯时,自请以为刘表吊丧为名,前去荆州联络刘备。孙权采纳了他的主张,派遣鲁肃到长坂去见刘备,向刘备表明孙权与之结盟抗曹的意图。刘备正有此意,随即派诸葛亮随鲁肃去东吴,与孙权具体商议结盟之事。十月,鲁肃与诸葛亮返抵柴桑(今江西九江西南)拜谒孙权,此时曹操的威胁信正好送到,事态严重,江东上下十分惊恐,孙权正召集群臣商议对策。没想到,张昭、秦松等文武大臣皆为曹操气势汹汹的兵威所吓倒,他们认为,曹军力量强大,并以汉相的名义,打着皇帝的旗号征讨四方。抗击曹军,在名义上便很被动。况且江东的优势在于凭借长江天堑,曹操得到荆州,收降刘表的水军,获取大量的战船,天险成为双方共有的东西,实力悬殊,江东只有迎降曹操才是出路。孙权见他的重要辅臣如此主张,感到很为难。鲁肃再次劝说孙权抵抗曹操,并建议他把派往鄱阳(今江西鄱阳)练兵的周瑜召回,共商大计。

周瑜接到孙权的调令,立即赶回柴桑,他完全支持鲁肃的意见,坚决反对张昭的主张。在大臣会议上,他对孙权分析敌我双方的形势说:"曹操虽然托名为汉朝丞相,其实不过是汉朝的奸贼。将军您以神武雄才,加以仰仗父兄之威望,占据江东,辖地数千里,兵精足用,士吏同心,当横行天下,为汉室清除奸贼;况且曹操这次是自来送死,怎么能去迎降呢?现在请让我进一步分析一下对方的兵力:如今曹操北方尚未巩固,马超、韩遂尚在关西,对他的后方,构成威胁;他又舍长就短,放弃骑兵,来同吴军进行水上较量;加以现在正值寒冬,马无饲料,北方部队,远来江南,不习水土,必生疾病。这些都是用兵之患,曹操却置之不顾而贸然进犯,此乃取败之道。我请求拨给我五万精兵,进驻夏口(今湖北武汉),保证为将军打败曹操。"孙权听后坚定了抗曹的决心,说:"曹操这个老贼想废汉自立,为时已久,他就是担心袁绍、袁术、吕布、刘表和我。现在数雄已灭,唯我尚存,我与老贼势不两立。你说应当起兵抗拒,正合我意,多谢上天把贤卿赐予我也。"接着,孙权拔出佩刀,狠狠地砍掉书案的一角,说:"诸位文武大臣,敢有再说向曹操迎降的,就和这张书案一样!"

开完大臣会议的当天晚上,周瑜又请求进见孙权,对他进一步分析曹操的实力,说:"各位大臣只看到曹操的信上说他拥有水军八十万,就被吓坏了,没有想想这种说法是否符合实际。今天我核实了一下,他所率领的北方军队,不过十五六万,并且长期作战,十分疲惫;收降刘琮的军队,最多不过七八万人,而且对曹操心怀疑忌。因此曹军数量虽多，并不足畏，只要有五万精兵，就可以击破它，希望将军不必忧虑。"孙权拍着周瑜的肩膀，再次对他表示："公瑾所言，甚合我心。子布(张昭，字子布)、文表(秦松，字文表)等人，各顾妻儿子女，为自己打算，深失所望，只有卿与子敬(鲁肃，字子敬)与我同心，此上天以卿两人助我也。"由于一下子难以调集到五万士兵，于是孙权选拔水军三万人，并筹集了船粮兵器，任命周瑜、程普为左右督，鲁肃为参军校尉，前往荆州与刘备会师，共同抗击曹军。在确定迎击曹军之后，周瑜便积极进行部署，一是与刘备联合破营，二是利用曹兵骄傲麻痹的弱点，实施进攻，将曹兵击败。

周瑜率军沿江西上，在樊口的刘备派诸葛亮出使吴国未还，听说曹军南下，惶恐不安，每天派巡逻的吏卒探视江面，等候吴军的到来。有一天，一个巡逻的小吏看到周瑜率领的船队向附近的江面驶来，赶紧报告刘备。刘备问他："你怎么知道不是曹操的军队?"小吏回答说："从船只可以判断不是曹操的军队，而是周瑜的军队。"刘备急忙派部将麋竺携带酒肉前去慰劳，周瑜说："我有重任在身，不得脱身，如果你家主公能屈尊相见，我就太高兴了。"麋竺回去一说，刘备对关羽、张飞说："既然他想见我，而我又想联吴抗曹，不去见他，就失去结盟的诚意了。"刘备立即乘着小舟去见周瑜。两人见面，刘备对周瑜说："现今联合抵抗曹公，实在是个好计策。不知将军带来多少将士?"周瑜说："有三万人。"刘备说："可惜少了些。"周瑜笑着回答说："这已经足够了，请豫州(刘备曾被曹操任命为豫州牧)等着看我攻破曹军吧。"周瑜统率水军船队，与刘备的两万军队会合后，继续溯江前进，在赤壁(今湖北蒲圻西北)与曹操的先头部队相遇。这时，周瑜的推测已成为事实，曹操的陆军不但不习水战，而且疫疾已在军中流行，生病的人很多，战斗力大受影响;曹操收降的刘琮水军久未作战，平时又缺乏训练，基本上也没什么战斗力。两军一交战，曹军就吃了败仗，撤回北岸，屯兵乌林(今湖北洪湖市东北，长江北岸邬林矶)。孙、刘联军屯驻赤壁，与曹军隔江对峙。

曹操初战失利后，一方面派蔡瑁、张允加紧操练水军，一方面为了解决北军不习水战的缺点，下令将战船用铁链和铁钉连锁在一起，首尾相接，以减少风浪的颠簸，避免士卒晕船。周瑜的部将黄盖见到这一情况，提出建议说："现在敌众我寡，难以持久。但是看曹军在舰船首尾连接在一起，可以用火攻的办法来攻破他们。"周瑜决定采纳这一建议，叫黄盖写信向曹操诈降，并事先约定投降的时间。然后命令水军挑选几十艘战船，装满干草，浇注油脂，再用红色的布幕遮挡严实，插上旌旗，每艘战船后面再系上一条快船，以备放火后撤退之用。曹操接到黄盖派人送去的诈降信，打开一看，只见信中写道："盖受孙氏厚恩，尝为将帅，待遇不薄。但是看天下大势，用江东六郡山越之人，以当北方百万之众，众寡不敌，这是海内人所共见的。东吴将吏，虽然没有愚智，但都知道无法抵抗百万大军的进攻，唯有周瑜、鲁肃浅薄鲁莽，看不到这点。归顺朝廷，这才是计之上策。周瑜人马不多，容易攻破，交战之日，我为前锋，当见机行事，为公效命。"曹操收到降书后，详细询问送信人，又经过反复研究,表示接受黄盖投降,并约定时间和信号,让黄盖驾船前来。建安十三年(208年)十一月十三日傍晚,到了约定的诈降日期,正好刮起东南风,午夜时风势稍急。黄盖率领十艘战船,其余船只随后,驶离南岸北上,行至江中,悬帆急进。在距曹营二里许,黄盖点燃火把给各船的将校发出信号,他们便让士兵齐声呼喊:"投降啰!"曹操的将士都跑出营寨,站到江边引颈观望,丝毫不加戒备。黄盖率领的战船靠近曹军,各舰兵士同时点燃船上的干草,然后跳到后面的快船,解开连结快船和战船的缆绳。战船顺风飞驶,火烈风猛,船飞如箭,很快就靠上停在北岸的曹军船只。曹军战船首尾相连,分散不开,行动不便,顿时都着火燃烧起来。烈火迅速蔓延到岸上的营寨,浓烟滚滚,赤焰腾空,曹军乱作一团,四出逃命,烧死、溺死者不计其数。周瑜和其他将领率领孙、刘联军的舰队乘势擂鼓前进,杀过长江,冲入曹营,大败曹军。曹操猝不及防,无心迎敌,索性命人把未被点燃的战船和不便带走的军需付之一炬,带着残部向北败逃走。同时,刘备也自蜀山向乌林进攻。曹操带领残兵败将向华容(今湖北监利北)小道逃去,行至云梦(今洪湖一带)的大沼泽地,道路泥泞,坎坷难行。当时大雾漫天,迷失道路,曹军好不容易转出云梦,又遇上狂风急雨,辎重军械鞍马尽失,士卒饥寒,病疲不能支持的多死于途中。不得已,曹操只好命令体弱的士兵背草垫路,才使骑兵得以通过。经过长途奔波,再加人马自相践踏,曹军死伤无数,只剩下三分之一左右的人马。刘备这时安排早已埋伏好的赵云、张飞、关羽各率军驾小船自州陵(今湖北沔阳)方面截击曹军,曹兵不能作战者多被俘虏。

周瑜、刘备水陆并进,向南郡(郡治在今湖北江陵)方向追击。曹军通过华容道后,在张辽、许褚等将的接应下,到达江陵。这时部队已伤亡散失大半。曹操不愿在荆州久留,遂派曹仁、徐晃戍守江陵,乐进戍守襄阳,自率余部返回邺城(今河北临漳西南)。

周瑜与程普带领几万军队追击曹军,至江陵,与曹仁隔江对峙。江陵城内粮草充足,加之曹仁防守严备,周瑜一直未能取胜。这时,刘备对周瑜建议说:"曹仁守江陵城,城中粮多,不易攻取,我派张飞带一千人马随你进击,你分二千人马给我,同我一道从夏水(古水名,故道由湖北沙市东南分江水东出,流经今监利县北,折东北至沔阳县治附近入汉水)截击曹仁的后路,曹仁听到消息,必然弃城而走。"周瑜便分兵二千给了刘备,并派甘宁领兵数百袭据江陵上游的夷陵(今湖北宜昌)。曹仁认为夷陵是战略要地,如果落入东吴手中,将威胁到江陵的安全,即分兵围攻夷陵。夷陵形势危急,甘宁派人向周瑜求援。周瑜的部将认为兵力太少,无法分兵,吕蒙对周瑜、程普提出:"可留下凌公绩(凌统,字公绩)守卫大营,我同你们二位一道前去救援夷陵,解围救急,估计时间不会太长,我保公绩在十天之内可以守住大营的。"他还建议周瑜,分派三百名士卒用木头阻断曹军退走的险要地段。周瑜采纳他的建议,与程普、吕蒙一道出兵驰援夷陵。周瑜行至中途,发现江陵到夷陵之间有一处险要的必经之道。周瑜再次接受吕蒙的建议,派出三百余人,用砍伐的树木将险道阻塞。周瑜赶到夷陵,当日即与曹仁在城下激战起来,围城的曹军被消灭一半以上。曹仁抵挡不住周瑜的攻势,又担心江陵有失,连夜撤往江陵。曹军行至险道,发觉陷入困境:前面有树木拦路,后面是周瑜穷追不舍。为了逃命,他们只好丢掉马匹,越过路障,步行遁逃。这一夜,周瑜截获曹军战马三百余匹。不久,周瑜在长江北岸建起营垒,准备长期围攻曹仁,集中力量攻打江陵。

刘备本来同周瑜约好带兵抄袭曹仁的后路,但他没有实现这一诺言,却引兵南下,乘机夺取长沙、武陵、零陵、桂阳四郡,从而减少了曹仁后方的压力,使曹仁得以在江陵固守。但周瑜不断发动攻击,仍然使曹仁遭到很大的损失。此后两军在江陵对峙了一年多的时间,双方进行过多次较量,彼此各有胜负。为彻底解决江陵问题,周瑜决定发动一次强攻,拔掉曹军在荆州的这个据点。建安十四年(209年)十二月,周瑜亲自跨马布阵,准备指挥军队出击,不料一支流矢飞来,射中他的右肋,他只好回营治伤。后来,曹仁听说周瑜伤势很重,卧床不起,挥师进逼,想乘机消灭周瑜的军队。在这紧急关头,周瑜咬紧牙关,忍住剧痛,提枪上马,巡视军营,激励将士,很快就布好战阵,准备反击曹军的进攻。曹仁一见周瑜出阵指挥,心中暗自吃惊,慌忙下令退兵。周瑜命令将士出击,乘势攻占了江陵。曹仁因屡战失利,损失甚大,加之江陵距北方甚远,而又孤立突出,很难长期固守,便撤军北返。

周瑜在赤壁之战中,亲临前线指挥,他针对敌众我寡的严峻形势,采取积极迎战、先机制敌、速战速决的方针,并利用曹军的弱点和吴军的长处,采用火攻战术,终于同刘备的军队一起,取得了以少胜多、以弱胜强的胜利。赤壁之战后,曹操丢掉了已经到手的荆州战略要地,孙、刘乘机发展势力,从此便形成了三国鼎立的局面。孙权下令拜周瑜为偏将军,兼南郡太守,以汉昌、刘阳、州陵等地为奉邑,以表彰他的这一大功。

运筹帷幄　英年早逝

赤壁之战后,周瑜以偏将军兼南郡太守的身份屯据江陵。此时,曹操集中力量,整顿内部,恢复力量,准备攻取关陇和巴蜀,暂时无暇南顾。孙权和刘备都想乘机扩张势力,双方又发生了矛盾。

孙权打败曹操后,夺取了荆州的南郡和江夏的南部,他想乘机夺取益州(州治在今四川成都),南取交州(州治在今广州)。但刘备另有打算,他除了占有荆州的四个郡外,还想继续扩大地盘,进而巩固他在荆州的统治,以此为基地图取益州。因此,他在建安十四年(209年)十二月,就建议汉献帝封孙权为徐州(州治在今山东郯城)牧,暗示孙权的发展方向应该是东方而不是西方。孙权为了维护孙、刘联盟,以防止曹操再度南下,也向汉献帝推荐刘备为荆州牧,并命令周瑜把长江南岸的零陵、桂阳、武陵、长沙四郡分给刘备。这四个郡其实已被刘备占有,孙权的命令等于承认了既成的事实。孙权还准备把自己的妹妹嫁给刘备,对他进行笼络。周瑜对孙权的这些做法很不赞成,认为这是养虎遗患,但因为是孙权的主意,他只好服从。

刘备在赤壁之战后,收集刘表的旧部,人马扩张了许多。他占据武陵、长沙、桂阳、零陵四郡,自号左将军、领荆州牧,设大营于油江口,易其名为公安。刘备为巩固同江东的联盟,于建安十五年(210年)十二月,亲自冒险东去京口(今江苏镇江)迎娶孙权的妹妹。见到孙权后,刘备又以周瑜所给的土地太少,不足以安置他的部众为理由,要求让他都督荆州,即要孙权把荆州的其他几郡也让给他。在借与不借南郡的问题上,江东政权的内部存在分歧。孙权和鲁肃等认为,增强刘备的实力有助于形成三国鼎立的局势,三者相互制约可保东吴的平安。而周瑜则认为应当与曹操形成南北两极对立,这样有助于今后统一中国。听到刘备来京口的消息后,周瑜即上书孙权,表示反对。周瑜认为刘备寄寓荆州,犹似养虎,将来必定成为东吴的主要威胁,不但不同意出让土地,而且主张把刘备软禁起来,吞并刘备所占地区。他在上书中说:"刘备是天下枭雄,又拥有像关羽、张飞这样的熊虎之将,必定不能久居人下,我认为应当把刘备徙置在东吴,给他修建豪华的宫室,多准备一些美女和珍玩,让他好好享受,再把关羽和张飞分开,各置一方,这样就可挟制刘备。现在割让土地去资助他,还让他们三个人聚在一起打仗,我担心那样一来,刘备就会像蛟龙得到云雨一样,不再是池中之物了。"彭泽太守吕范同意周瑜的意见,也劝孙权把刘备扣留下来。孙权觉得当前大敌主要是北方的曹操,应该多争取盟友,同时又担心把刘备扣留在东吴,将来难以控制,所以没有采纳周瑜的建议,把刘备放了回去。刘备听说此事,心有余悸地说,我险些死在周瑜的手里。

赤壁之战让周瑜举世闻名,但也成为对手的眼中钉、肉中刺。刘备将回荆州之时,孙权和张昭、秦松、鲁肃等十多人,举办盛大的宴会为刘备送行。刘备利用机会私下对孙权说:"周公瑾文才武略,是万里挑一的英雄,看他的度量如此之大,恐怕不会永远做别人的臣子。"而曹操在回到北方以后,也写信给孙权说:"我败走,并不感到耻辱。赤壁之战的时候,我正好患病,是我自己烧了船退走,却让周瑜虚得了胜利的名声。"刘备、曹操都是当世的豪杰,以他们的身份却都想以谗言诋毁周瑜,让孙权对周瑜不放心,足可见周瑜在当时的英名和作用。

周瑜在软禁刘备的意见未被接受后,又考虑对付刘备的新对策。建安十五年(210年)十二月,周瑜去京口(今江苏镇江)面见孙权,提出夺取益州的计划。益州在荆州的上游,相当于今四川省地区。这里形势险要,易守难攻,沃野千里,稻香鱼肥,素有天府之国的称号。周瑜认为割据益州的刘璋懦弱无能,内部矛盾重重,占据汉中一带的张鲁又屡次与刘璋发生战争,而曹操受到重大挫折后尚未复原,又有心腹之患,不敢轻易举兵南下,益州局势不稳,正好乘隙而攻。而刘备此时也在意图夺取益州。东吴应当抢先占据益州,后进而消灭张鲁,再与反曹的马超结盟,这样就形成了反曹的包围圈。而且东吴占有益州后,就可以把巴蜀与吴楚连成一片,不仅可以从两面对曹操形成包围之势，为将来与曹操争雄北方创造有利条件，而且也将使刘备局促于荆州一隅之地，使他难以发展势力，对东吴构成严重的威胁。周瑜对孙权辨明利害关系后说："现在曹操刚刚战败，内心十分忧虑，未能再发兵南下，与将军征战。请准许我与奋威将军(孙瑜)一起带兵攻取巴蜀地，兼并张鲁，然后留奋威将军在那里驻守，与凉州的马超结援，我再还守襄阳，与将军共同对付曹操，夺取北方。"周瑜还答应夺取益州后，他还镇襄阳(今湖北襄樊)对抗曹操。他甚至乐观地估计，如果这个计划能够实现，消灭曹操，统一北方都是可以办到的。孙权同意了周瑜的这个建议，命他回江陵做好出征的准备。

周瑜回江陵的途中走到巴丘(今湖南岳阳县)，因箭伤复发而病倒。周瑜病危时，给孙权写了一封信，信中说："人生有死，我生就短命，诚不足惜，只恨志愿未遂，不能继续为您效命了。当今曹操在北，故事未息，刘备寄寓荆州，有似养虎，天下形势到底如何发展，还不知道。这正是文武大臣废寝忘食，主公日夜焦虑的关键时刻。鲁肃忠贞可靠，办事认真，可以替代我的职务。人之将死，其言也善，这些话如有可取之处，我就死而不朽了。"因医治无效，周瑜终于死在巴丘，年仅三十六岁。孙权听到消息，悲痛异常，流着眼泪说："公瑾有王佐之才，今忽短命，以后我依靠谁呢？"他亲自为周瑜素服节哀，使左右大为感动。因为周瑜的葬礼要回到吴郡举行，孙权又亲至芜湖(今安徽芜湖)迎接周瑜的灵柩，丧葬所需费用，全部由国家供给。程普死后，孙权又下令免除周瑜、程普所有田客今后的赋税和徭役。

周瑜短短的一生，以他敏锐的政治眼光和杰出的军事才能，为辅佐孙策、孙权建立和巩固东吴政权，做出了重大贡献。孙权有一次在与陆逊谈论周瑜时，说"公瑾雄烈，胆略兼人。"后来孙权称帝后，曾对公卿们说："要是没有公瑾，我就当不了皇帝。"《三国志》的作者陈寿也称周瑜与鲁肃"建独断之明，出众人之表，实奇才也。"这些评论，不为过分。

周瑜有两男一女。女儿被孙权聘为太子孙登之妃。长子周循娶公主，官任骑都督掌统羽林骑兵。他很有周瑜的品格风范，但早年就死了。次子周胤最初被授予兴业都尉，娶宗室的女儿为妻，率领军队一千人驻扎在公安。黄龙元年(229年)，被封为都乡侯，后来因犯罪被流放到庐陵郡。赤乌二年(239年)，诸葛瑾、步骘联名给孙权上书说："已故将军周瑜的儿子周胤，过去曾受到表扬奖励，被封为统兵之将，他不能好自为之，思念报效国家，再立功劳，反而自纵情欲，招来罪罚。我们认为当年周瑜在世之时，备受信任，入朝是陛下的心腹，出朝为骁勇的战将。奉命出征时，虽身中流箭，仍然恪守臣节，为国效力，视死如归，所以才能在乌林打败曹操，在郢都败走曹仁，弘扬国家的声威和德政，使中华大地都为之震动。蠢尔蛮荆(此典出自《诗经·小雅·采芑》，有'蠢尔蛮荆，大邦为仇。方叔元老，克壮其犹。'咏方叔征蛮荆事。蛮荆，居住在荆地的民族。方叔，周宣王时的卿士，曾受命南征北战，战功卓著)，没有不顺服的。即使是周朝的方叔，汉朝的韩信、英布，也比不上他。凡是抗击敌人，保卫国家的功臣，自古以来的帝王没有不重视、爱护他们的。所以汉高祖刘邦在封授爵位时作誓说，'使河如带，泰山若厉，国以永存，爱及苗裔'（黄河何时变为衣带，泰山何时变为磨石，只要国家永存，功臣的苗裔就会穷无尽地延续下去。后以带厉，比喻永久），还给功臣颁赐传世免罪的丹书（用朱砂书写的文书），杀白马歃血作为盟誓，丹书收藏在家族的宗庙之中，代代相传，希望让功臣的后代能世世将爵位继承下去，以便报答他们的贡献，光显他们的功绩。同时勉励和告诫后人，让听命效力的人，虽死无憾。如今周瑜死后不久，他的儿子周胤就被降为平民，实在令人伤感。敬请陛下查考古代兴灭国、继绝世的古道，让周胤回来，乞求赦免他的罪责。还复他的爵位和职务，使失掉清晨的公鸡，能够再次鸣叫，让有罪在身的人，能够效力立功。"孙权回答道："周瑜是我的心腹旧臣，功勋卓著，这是我不能忘记的。当年周胤年龄尚小，没有点滴功劳，就给了他精锐的军队，授予了侯爵和职务，就是因为追念报答周瑜的功勋而使恩惠施予到周胤身上。但周胤却有恃无恐，酗酒淫乱，恣意妄为，我多次告诫，他从不悔改。我和周瑜同你们和周瑜的情义一样，希望周胤能够建功立业，我怎么能不思念周瑜呢？由于周胤的罪过太大，现在让他回来还不合适，暂且使他受点苦、令他知道悔改。今二位先生殷勤恳切地援引刘邦的'河山之誓'，我因此而为他惭愧。虽然周胤不是善良的人，但我的心情和你们也差不多，事情既然如此，所以我没有听从你们的建议。由于周胤是周瑜的儿子，况且现在二位先生又在中间斡旋，假如能够使他悔改，就没有什么可顾虑了！"诸葛瑾、步骘要求赦免周胤的表章屡次呈上，朱然、全琮也都为他求情，孙权这才同意了。不巧周胤这时病死。

周瑜哥哥的儿子周峻，也因为周瑜的功勋被授予偏将军的职务，统领属吏士兵一千人。周峻死后，全琮上表章要孙权任命周峻的儿子周护做将军。孙权说："当年打败曹操，开拓荆州，都是周瑜的功劳，我对此念念不忘。我刚听说周峻的死讯时，也打算任用周护，后来听说他的行为不轨，任用他等于种下祸根，所以放弃了这一想法。我怎么能不怀念周瑜呢？"

四朝宿将 功高千古

——郭子仪

名人档案

郭子仪:华州郑县(今陕西华县)人,祖籍山西汾阳。唐代政治家、军事家。郭子仪早年以武举高第入仕从军,积功至九原太守,一直未受重用。郭子仪被再度启用,任关内副元帅,再次收复长安。公元765年,吐蕃、回纥再度联兵内侵,郭子仪在泾阳单骑说退回纥,并击溃吐蕃,稳住关中。大历十四年(779年),郭子仪被尊为"尚父",进位太尉、中书令。建中二年(781年),郭子仪去世,追赠太师,谥号忠武。

生卒时间:697年~781年。

性格特点:忠勇爱国,宽厚待人。

历史功过:在其六十多年的军事生涯里,他历经唐玄宗、唐肃宗、唐代宗、唐德宗四朝。安史之乱时任朔方节度使,在河北打败史思明。后连回纥收复洛阳、长安两京,功居平乱之首,晋为中书令,封汾阳郡王。代宗时,叛将仆固怀恩勾引吐蕃、回纥进犯关中地区,郭子仪正确地采取了结盟回纥,打击吐蕃的策略,保卫了国家的安宁。郭子仪戎马一生,屡建奇功,以84岁的高龄才告别沙场。天下因有他而获得安宁达20多年。他"权倾天下而朝不忌,功盖一代而主不疑",举国上下,享有崇高的威望和声誉。

名家评点:德宗皇帝赞誉他是"四朝柱石,功高千古",史称"四朝宿将""护国老臣"。

生而逢时　立志卫国

郭子仪从小就喜欢读兵书、练武功，并严格要求自己在读书或习武时，全神贯注常常废寝忘食，练得一丝不苟。他非常欣赏孟子的一句话："天将降大任于斯人也，必先苦其心志，劳其筋骨……"

据说，郭子仪20岁时，在河东（今山西太原）当兵，曾触犯刑罚，按军律应该斩首。当他被捆着双手押赴刑场时，竟然昂首阔步，大步向前，毫不慌乱。正巧，在途中遇上当时著名的诗人李白。李白本来和他并不相识，见他年轻英俊，相貌非凡，临刑不惧，又听说他颇有才能，意志坚强，便赞叹地说："这样的人，将来一定能为国家做出一番大事业，杀了多可惜啊！"李白为郭子仪感到惋惜，便立即到当地官员那里说情，最后以自己的官职做担保，把郭子仪救了出来。这样，李白和郭子仪成了莫逆之交。后来，李白参加永王李璘幕府，因受牵连下狱，郭子仪曾经请求替他赎罪，报答他当年的救命之恩。

郭子仪的青年时代是生活在国富民殷、繁荣昌盛的唐代中前期里，即所谓"开元之治"。这时期，以唐玄宗李隆基为首的唐朝政府，励精图治，扫除积弊，任人唯贤，政治清明，使得社会经济稳步发展，国力强盛。伟大的爱国诗人杜甫在他的《忆昔》一诗中写道：

忆昔开元全盛日，小邑犹藏万家室。

稻米流脂粟米白，公私仓廪俱丰实。

意思是：回想当年开元盛世的日子里，就连一个小县城也有万户人家。大米喷香，小米洁白，公私仓库里的粮食物资都装得满满的。

郭子仪的成长背景就是这样，他年轻时就立志要做一个保家卫国、统兵作战的将帅。

郭子仪最初做左卫长史（皇帝禁军幕府中的幕僚长）。因屡立战功，平步青云。749年（天宝八年）做到天德军使（驻地在今内蒙古乌拉特前旗西），兼九原（今内蒙古乌拉特前旗北）太守。这时，唐朝廷对外还没有大的战事，几十年间相对太平。在这样的环境里，由于外部环境轻松，没有危机，天长日久，人们开始安于逸乐，贪图物质享受，整日只知吃喝玩乐，唐朝政府更是有过之而无不及。唐玄宗李隆基整日花天酒地，把大权交于奸臣李林甫、杨国忠之手，自己则与宠妃杨玉环夜夜笙歌，不理朝政，全不见了昔日励精图治，重整山河的雄心。只有郭子仪等少数人尚能居安思危，经常为战事做准备。他一面操练兵马，一面守卫祖国的疆土。

当时边疆各地居住着我国各族人民。他们勤劳勇敢，为祖国的统一和发展做出了巨大的贡献。

在我国北部色楞河一带，生活着维吾尔族的祖先回纥人。744年，回纥首领骨力裴罗统一了回纥各部，就派使臣来唐朝，请求唐朝在回纥人的势力范围内设置都督府。唐朝答应了，便把回纥分为六府七州，并封骨力裴罗为怀仁可汗，接受唐中央的领导。从此，唐朝同回纥在经济和文化上的交往更加频繁。唐朝以金银器皿、锦绸布匹交换回纥的马匹、白毡等物。后来肃宗还把自己的女儿嫁给回纥可汗，表示唐中央政府对回纥的友好。

在青藏高原一带，生活着藏族的祖先吐蕃人。他们有的过着游牧生活，饲养牦牛、马、猪等；有的过着定居的农耕生活，种植青稞、小麦、荞麦等。公元641年，唐太宗派人护送文成公主入吐蕃，同吐蕃的赞普（王的称呼）松赞干布成亲。文成公主入藏时，把蔬菜的种子、手工业品、医药、书籍等带到吐蕃。汉、藏两族的关系，因此更加密切了。

唐朝同边疆各族虽然也发生过战争，但友好相处和经济文化交流却是主流。

自高宗以来，唐朝在边疆上一直有重兵驻守。玄宗时，为了加强防御，在重要地区设立了10个军镇，每个军镇都设置一个节度使。节度使起初只负责几个州或一个道的军事，后来兼管行政和财政，权力日益增大，成了独行一方的土皇帝。当时唐中央的禁军不过20万人，而边疆的10个节度使共拥兵49万，形成外重内轻的局面。

那时唐朝重用安禄山，任命他做平卢（今辽宁朝阳）、范阳（今北京）、河东（今太原市西南）三镇节度使。安禄山的父亲是西域人，母亲是突厥旗人。安禄山作为节度使，总揽三镇军政大权，又招募北方很多牧民补充兵力，势力便逐渐壮大起来了。

安禄山常到长安去，对唐朝内部情况了如指掌。他见唐政府日益腐败，便萌生了取而代之的念头。他招兵买马，积累钱财，收集朝廷情报，观察朝廷动向，伺机行动，准备反唐。可是沉溺于乐的玄宗皇帝却闷在葫芦里，对安禄山的所作所为一点不提防，反而听信他的花言巧语，竟然让他认杨贵妃为干妈，对之信任有加。

唐玄宗统治后期，政治弊端日益增大，自杨贵妃入宫后，玄宗便过着"春宵苦短日高起，从此君王不早朝"的安逸生活，终日沉湎于歌舞声色之中。宰相李林甫同杨贵妃的哥哥杨国忠先后当权，飞扬跋扈，任用亲信，干了不少坏事，各种社会矛盾愈来愈尖锐。

唐朝内地多年来没有战事，军事力量薄弱，士无斗志，军备空虚。但统治集团却认为国泰民安，不需要军队了。官府里的刀枪盔甲，因长期不使用都生了锈，很多名城要塞，都不加设防。唐政府还不准老百姓私藏武器，凡私藏者，皆判以刑罚。在这种情况下，居心叵测的安禄山认为篡夺大唐江山的机会到了。755年（天宝十四年）十一月九日，他以"清君侧""讨杨国忠"为名，从范阳发动15万大军，号称20万，长驱南下。由于唐政府没有防备，致使叛军一路上势如破竹，所向披靡。地方官吏听说叛军来了，有的弃城逃跑，有的屈膝投降。就这样，安禄山的叛军一路上几乎没有遇到什么阻碍，很快就渡过了黄河，不到三个月，就占领了东都洛阳。安禄山自称大燕皇帝。又过了几个月,叛军击溃了唐朝的潼关守军20万人,继续西进。这消息传到长安,玄宗吓得魂飞魄散,满朝文武官员急得像热锅上的蚂蚁。在这生死存亡的紧要关头,唐朝政府临时招募了8万人,由大将哥舒翰率领去抗击叛军。这些人多是城里的无业游民,既没有严明的军事纪律,又缺乏基本的作战技能,军事素质很差,在与叛军的大战中,溃不成军,就连大将哥舒翰,也战败被俘。

唐政府为了阻击叛军的继续西犯,又从西北边防上抽调大批兵力。但是边防的将领整天喝酒、赌博、玩乐,士兵连饭都吃不饱,谈何战斗力?756年夏天,叛军距离长安只几十里了,长安顿时紧张起来,玄宗带领皇族亲贵和左右臣僚(自然也少不得贵妃玉环),仓皇出逃。长安遂陷入叛军手中。玄宗一行逃到马嵬驿,将士鼓噪不前,愤怒地杀死了奸臣的杨国忠,并要求处死杨贵妃。群情激愤,玄宗无可奈何,只好忍痛割爱,派人缢死了杨贵妃。这时马嵬驿的人民请求皇帝留下来同他们共同作战,唐玄宗哪肯答应,只把他的儿子李亨留下,他自己逃往四川避难去了。

安禄山从起兵到占领长安,前后只用了几个月的时间。他进兵如此迅速,充分暴露了唐政府的腐败无能和不顾国家人民安危的面目。

同仇敌忾　享誉四方

安禄山每到一处,烧杀抢掠,凌辱妇女,强拉壮丁,强迫壮年男子服劳役,使得广大劳动人民家破人亡,流离失所,田园荒芜,生产力遭到严重破坏,很多地方都成了"人烟断绝,千里萧条"的荒原。叛军进入长安后,滥杀无辜,抢夺财物,烧毁房屋,把一座古老的文化名城糟蹋得不像样子。叛军的残暴罪行,激起人民无比愤恨,各地人民纷纷起来抵抗。河北一带的人民自动组织起来,坚决打击叛军。有些地方的官员和人民一起,共同抵抗,留下了许多动人的故事。如常山(今河北正定)太守颜杲卿,最先在河北起兵,一连收复17个县城,牵制了叛军很大兵力。

安禄山听说颜杲卿反对他,非常生气,立即派部将史思明夺取常山。颜杲卿被围困六七天,终因粮饷断绝,援军未到,失败了。史思明抓住颜杲卿,把他押送到洛阳去见安禄山。颜杲卿痛斥安禄山"你这个叛贼,我恨不得将你碎尸万段!"残暴的安禄山喝令把他捆到柱子上,割掉他的舌头,凌迟处死。颜杲卿满嘴是血,还是骂不绝口,就这样壮烈地牺牲了。

人民的反抗和一些地方官吏的抵御,这就给唐军收复失地创造了有利条件。

玄宗逃往四川以后,肃宗(李亨)在灵武(今宁夏灵武)即位。肃宗为了收复长安,化险为夷,转危为安,决定任郭子仪为朔方(今宁夏一带)节度使,并把朔方军作为反攻的主力军。为了加强朔方军的实力,肃宗又指定李光弼协同郭子仪作战。

郭子仪和李光弼原来都在安思顺手下做部将,两人的才能不分伯仲,职位也相同。当郭子仪受命代替安思顺做朔方节度使时,李光弼不服,决定马上离去。忽然接到皇帝的手谕,要他同郭子仪同心协力平定叛军,李光弼只好遵奉王命,留了下来。郭子仪把朔方的兵马分给李光弼一半。郭、李二人共同表示:一定要同心协力,英勇抗敌,收复失地,报效唐王朝。

史思明占领常山后,原来被颜杲卿所收复的州县,又全部陷入叛军手中,河北一带的叛军又恢复了元气。为了挫伤叛军的气焰,郭子仪一面派李光弼迅速向常山进军,一面亲率大军从背后袭击叛军。

李光弼一连收复了7个县城,又把常山城包围得水泄不通。史思明陷入重围,他带领两万精兵,企图突围逃命。李光弼分兵四路,从四门杀进常山城去。只听战鼓雷鸣,人喊马嘶,打得叛军四处逃窜,互相践踏。史思明惊慌失措,带领败军退守恒阳(今河北灵寿)。李光弼乘胜追击,两军在恒阳相持40昼夜。后来叛军撤离恒阳,李光弼的军队进入恒阳城内。叛军就回军把李光弼的兵马困在城中。李光弼被围困后,请郭子仪火速援助。郭子仪便率领轻骑1万多人,星夜赶来。郭李大军内外夹击,史思明被打得落花流水,片甲不留,元气大伤,只好收拾残兵败将逃往范阳。

安禄山听说史思明大败而归,恼羞成怒,扬言不消灭唐军,决不罢休。当即选拔最精锐的骑兵两万人来迎战,又命令部将牛廷玠出兵援助。叛军仗着人多势众,来势汹汹,不可一世。为了打击叛军的气焰,郭子仪召集大小将领商量对策,他指出:叛军作战专靠增加兵力;叛军千里迢迢,远道而来,疲于奔命;叛军骄傲轻敌,斗志松懈,两军交战,胜利一定属于唐军。根据以上分析,郭子仪决定采取固守阵地的战术,等到叛军疲倦不堪时,再以优势兵力,一举歼灭它。

两军开始接触,打了十几个回合,不分胜负。唐军杀掉一名怯场懦弱的将领,士气大振,个个奋勇,人人争先,打得叛军只有招架之功,没有还手之力。叛军节节后退。郭子仪、李光弼一路追击,一直追到博陵(今河北定县)。博陵不但有高大的寨墙和深广的壕沟,而且地形险要,易于防守。叛军在这里扎营下寨。郭、李屡攻不下,便领兵退驻恒阳。史思明又从范阳赶来。郭子仪一面挖沟筑垒,据险坚守,各级做好准备,一面采取"敌来则守,敌去则追;昼则耀兵,夜袭其营"的作战方针,不给敌人任何机会。几天以后,叛军果然士气沮丧,疲劳不堪。但唐军却得到了充分休息,兵强马壮,求战心切。郭子仪认为消灭叛军的时机到了,马上分左右两翼向叛军冲杀。这两翼大军像两把锋利的尖刀,刺向敌人的两肋,叛军一触即溃,四散溃逃。唐军大获全胜,计杀死叛军4万人,活捉5000人,缴获战马5000匹。在混战中,史思明丢盔弃甲,仓皇逃命。突然,一只飞箭射中了他,从马上跌了下来,鲜血进流。他散发跣足,狼狈地又逃回博陵,再也不敢出来挑战了。这时,河北几十个州县纷纷杀死叛军守将,迎接唐军。从此,郭子仪的名字享誉四方。

频传捷报　收复两京

唐朝称长安为西京,洛阳为东京,首都设在长安。长安是唐朝的政治、经济和文化的中心,是一个非常繁华的都市,工商业发达,交通方便。天宝初年,居民有30多万人。长安分东西两市,有很多达官贵人的住宅区,以及万商云集的商业区。洛阳是陪都,在政治和军事上的地位也举足轻重。安禄山的叛军占领长安和洛阳后,使整个局势急转直下,唐王朝摇摇欲坠。人民受尽蹂躏和剥削,生活异常艰难,洛阳附近竟发生了人吃人的惨剧,人民渴望唐军早日打回来,从当时情况看,收复两京对挽救危局具有决定性的意义。

肃宗派郭子仪、李光弼收复河北失地的同时,又命房琯去收复长安。房琯不脚踏实地,好高谈阔论,是个"纸上谈兵"的将军。出战前,他向肃宗夸下海口:"我这次出兵,定能水到渠成,马到成功。如果食言,决不来见陛下!"房琯本想在这次战斗中立一大功,但他不分析具体情况,生搬硬套古人的"车战法"。他用两千辆牛车排成长蛇阵,牛车的一边是骑兵,另一边是步兵,列队蜂拥前进。战斗一开始,叛军就顺风擂鼓,摇旗呐喊,又燃起大火。火借风势,风助火威,顿时,只见烟光冲天,烟尘滚滚,牛马惊骇,四处乱窜,片刻之间,军粮、马匹、营寨、树栅全被烧毁。房琯的兵马首尾不能相顾,四处逃散,一片混乱,人马杂踏,踩死的、杀死的、烧死的共4万多人,房琯本人也几乎送了命。

叛军获胜,气焰又复嚣张起来。

肃宗深知要消灭叛军,收复两京,只有郭子仪可以胜任。757年九月,便传令召见郭子仪。郭子仪来到灵武拜见肃宗,表示为国尽忠的决心,在国家大难临头的时刻,慨然接受了收复两京的历史使命。郭子仪从房琯的失败教训中得到启发,认为要收复两京,必须先夺取潼关,攻入陕州(今河南陕县),击溃潼、陕之间的叛军,截断叛军的后路,然后才能直取长安。由于郭子仪的分析正确,肃宗十分赞赏,决定让唐军按照郭子仪的军事部署进行。郭子仪出战不久,果然夺回潼关,给了叛军当头一棒。唐军斗志昂扬。为了鼓励士兵奋勇作战,早日收复两京,皇帝下令犒赏三军,还恳切地对郭子仪说:"京城能不能收复,在此一举,愿你全力以赴。"郭子仪斩钉截铁地说:"这次作战,要破釜沉舟,就是剩下一兵一卒,也要坚持不懈,不消灭叛军,就以死来谢罪!"

肃宗命令郭子仪率领中军,李嗣业率领前军,王思礼率领后军,并指定郭子仪为统兵元帅,共领兵15万人。又向回纥借来骑兵5000。军分三路昼夜兼程急进,军容整肃,军纪严明,浩浩荡荡开到长安西香积寺附近,连营为阵,横亘30多里。叛军10万人在北面,同唐军南北对峙。叛军守将李归仁、安守思据险设防,他们自恃兵多将广,出城挑战。一次,唐军奋勇迎敌,快逼近敌营时,叛军擂动战鼓,一齐冲杀上来,唐军惊慌失措,败走。叛军乘胜追击。李嗣业扬鞭策马,飞奔阵前,拼命刺杀,他挥动战刀高喊:"叛军已将我们包围,若不奋勇厮杀,只有死路一条!"说罢,他光着膀子,举起闪闪发光的大刀,指挥战斗。刀光过处,叛军人头落地。唐军军心稍定,在这紧急关头,郭子仪率领大军及时赶来,同李嗣业合力猛击叛军。擂鼓声,响彻云霄,喊杀声,震天动地。顷刻间,叛军阵营大乱。唐军把叛军重重包围起来,使他无法杀出重围。激烈的白刃战开始了,两军从中午一直厮杀到傍晚,叛军被杀6万多人,余众弃甲曳兵,逃回长安城中。

这一年,叛军内部发生了矛盾,安禄山被他的儿子安庆绪杀死。郭子仪探得这消息后,便调集大军向长安进攻。唐军与叛军一交锋,叛军就像惊弓之鸟,丢盔曳甲,抱头鼠窜。唐军凯旋而归进入长安城。老百姓听说唐军回来,都喜出望外,夹道欢呼。有的杀鸡宰羊,有的抬出酒热烈迎接唐军。

长安收复以后,不久,肃宗便由灵武迁回长安。唐军乘胜向洛阳进军。当时,安庆绪驻扎洛阳,听说郭子仪来打洛阳,便派严庄、张通儒带领15万大军迎战。叛军气焰嚣张,杀气腾腾,在新店(今陕西峡县西)与唐军相遇。叛军依山扎营,准备战斗。新店地势险峻,山高壁陡,峰回路转,叛军居高临下,这对唐军十分不利。郭子仪为了化劣势为优势,变被动为主动,趁叛军还未来得及休息,便选拔装备精良的骑兵两千人,向敌营冲杀,又派1000多名弓箭手埋伏山下。再命回纥军从叛军背后登山偷袭,他亲率主力军与敌人展开正面战斗。一切部署妥当,立即擂鼓出战。叛军像饿狼一般从山上猛冲下来。郭子仪故意往后撤兵,边战边走。叛军大喜,倾巢出动,奋力追击。战斗到黄昏,夜色降临,叛军已被歼灭数万人,余者也精疲力竭,寸步难行。这时,突然杀声如雷,山鸣谷应,唐军埋伏的弓箭手突然从地下钻了出来,只见万箭齐发,像雨点似的射向敌兵。唐军的骑兵更是勇猛,往来驰骋,左右冲杀。叛军前后被围,左右遭打,进退两难。正在这时,又听到四处高呼:"回纥兵来了,赶快放下武器投降吧!"叛军听了,简直是风声鹤唳,草木皆兵。唐军在回纥兵的配合下,叛军被打得七零八落,狼狈逃散。严庄拼死命才逃回洛阳,连忙向安庆绪建议:"三十六计,走为上计。"安庆绪走投无路,只好收拾残部,放弃洛河,渡过黄河,退守相州(今河北成安、广平、魏具一带)。郭子仪便收复了洛阳。

洛阳收复后,郭子仪返朝,肃宗非常欣喜,亲自带领仪仗队到灞上(今陕西西安市东)迎接。皇帝见了郭子仪,激动地说:"我有了你,如鱼得水,大唐的天下,所以能保住,全靠你的英勇奋战啊!"郭子仪表示不敢承当。

两京收复后,肃宗把玄宗从成都迎回,玄宗做了太上皇。

在收复两京的战斗中,郭子仪多次立大功,这对安定唐室起了很大的作用,他的功绩很快传遍各地,声誉鹊起。

痛别将士　德高望重

两京虽已收复,但李氏王朝仍然没有解除威胁。

肃宗回到长安,先后重用宦官(后来宦官称太监)李辅国和鱼朝恩,把军权交给李辅国掌管。李辅国的权势很大,他可处理国家大事,别人不敢反对。肃宗让鱼朝恩监督神策军(一支军队的名称)驻守陕州,防御潼关。肃宗听信李、鱼的诬言,怀疑忠君爱国的贤臣。而叛军的势力还相当强大。安庆绪在邺郡(今河南安阳)还霸占7个县,史思明在范阳盘踞17个县,他的党羽高秀岩在河东的兵马也有数万,这对唐朝是很大的威胁。不久,安庆绪、史思明又开始向南进犯,东西两京又危机重重。

758年九月,唐政府命令九个节度使:朔方郭子仪、河东李光弼、关内王思礼、北庭李嗣业、襄邓鲁炅、荆南季广琛、河南崔光远、滑濮许叔冀及平卢董泰等,一起出兵平叛安庆绪。九个节度使的地位相同,职权相等,互不统属。肃宗怕将帅的权力太大,因此,元帅是空职,特派鱼朝恩为观军容使(监督出征将帅的最高官职)监督各个将领。鱼朝恩名义上虽不是主帅,实际却控制九个节度使的兵权。他根本不懂兵法,更不知如何用兵,让这样的人监督作战,怎能不吃败仗呢?

当安庆绪从洛阳逃往相州时,士兵伤亡惨重,只剩下步兵1000多人,骑兵300多人。正巧,路上又碰到河东节度使李光弼的大军。李光弼有1万多人,安庆绪明知寡不敌众。已被唐军困于死地,但还要负隅顽抗。他对部下说:"我们的处境万分危急。打,也难于逃生;不打,只能束手就擒。不如杀出重围,就有可能保全生命。"说罢,他把兵分成八路,让他们从四面八方向李光弼的军队,一面呼叫,"我们胜利啦!唐军失败了!"李光弼的军队一听,就军心大乱,安庆绪就用此计打退了李光弼。几天后。安庆绪又聚集了数万人,死守相州,并把相州改为安成府。

九个节度使的兵马共60万,全部出动,围攻相州城。安庆绪好似兽困樊笼,鱼儿落网,既不能战,又不能退,处在绝境之中。

郭子仪为了把叛军一举歼灭,便下令:高筑堡垒,坚守阵地,引水灌入相州城。全城成了一片汪洋。叛军有的爬上房顶,有的吊在树上,数十日以后,粮食全部吃完了,先吃战马,吃完战马,再用马皮充饥。最后,什么都吃光了,为了活命,只好吃老鼠。当时,一只老鼠竟价值4000文。城里的叛军想投降,又因城高水深,不能出来。相州城眼看就要被攻破,正在危急关头,史思明率领5万精兵前来援救安庆绪了。

九个节度使的兵力雄厚,本来可以一举消灭叛军,可惜群龙无首,诸将各自为战,互不所属。可是史思明的军队,养精蓄锐已很久,士气旺盛。史思明是个极其狡猾的家伙,他知道唐军数量远远超过他的军队,必须抓住唐军士气低落的弱点,用精兵突击,才能克敌制胜。他来到相州城外,先按兵不动。过了10多天,突然同唐军展开激战。两军正交战时,遇到一阵狂风,顷刻之间,天昏地暗,尘土飞扬,对面不见人。唐军望见城下来回奔跑的人马,误认为叛军追来,纷纷逃散。郭子仪见情况不妙,只得收集残余部队,领着人马向洛阳退走。

这次战斗,唐军受到重大损失,战马万匹,只剩3000,刀枪10万,几乎全部扔掉。九个节度使中的八个各回原来驻地,郭子仪留守洛阳。

这次战斗失利,应问罪鱼朝恩,但昏庸的肃宗,不但不斥责鱼朝恩,反而给他封官加爵,宠爱有加。鱼朝恩得到皇帝的宠爱,越发盛气凌人。他一向嫉妒郭子仪。怕他功高盖主,对自己不利,因此常在肃宗面前诽谤郭子仪。为了陷害郭子仪,鱼朝恩硬把相州一仗失败的责任,完全推到郭子仪一人身上。糊涂的昏君,受骗上当,竟然夺了郭子仪的兵权交给李光弼,让他回长安。

郭子仪接到皇帝的命令,日夜兼程回京,将士们听说郭子仪要离开他们,都来告别。有的哭哭啼啼,依依不舍;有的要跟他一同去长安。郭子仪也不忍和他们分离,但又不敢违抗皇帝命令,他安慰将士们说:"我是去送京城派遣来的使臣,哪里是离开你们,你们唯令是从!"说罢,挥泪跃马离去。

平时,郭子仪视兵如子,不打骂,不训斥,如同对待亲人一般,因此受到官兵的拥护与爱戴。

郭子仪走后,李光弼来到朔方军队,他怕朔方的将士反对他,因此待到夜里才进入洛阳城。郭子仪的部将张用济屯兵河阳(今河南孟州市),果然不听李光弼的指挥,他希望郭将军再来。有人对张用济说:"你这样做,不是给朝廷找借口来迫害郭将军吗?"张用济认为很对,只好硬着头皮迎接李光弼。

史思明在相州替安庆绪解除了威胁,打退了唐军,自认为立了大功,要和安庆绪平分兵权,安庆绪拒绝了他,史思明就把他杀了,吞并了他的军队,回到范阳,自称大燕皇帝。

史思明听说郭子仪被免除官职,夺去兵权,窃喜,认为机会来了。759年五月,史思明便带领大军向洛阳进犯。唐政府十分恐惧,不知采取怎样的对策才好。有人向朝廷建议:"郭子仪为唐朝立下汗马功劳,又善于用兵,为什么放着良将不用,让叛军逞凶呢?"肃宗认为很对,决定起用郭子仪为兵马都管使(警备守卫京城的长官),诏令刚传下,就被鱼朝恩拦住了。鱼朝恩把郭子仪看成眼中钉,常想算计他。一次,郭子仪立功回朝,鱼朝恩邀请他游章敬寺,有人暗地告诉他说:"鱼朝恩想加害于你,千万别上他的当。"郭子仪不听,将士们请求随身护卫,他拒绝了,并且说:"我是国家的大臣,没有皇帝的命令,鱼朝恩不敢杀我。"说着,只带着家童数人去见鱼朝恩。鱼朝恩一见,大吃一惊。郭子仪把事情的经过告诉他,鱼朝恩听了,羞愧难当。

史思明打到洛阳,驻守洛阳的李光弼,接连吃了败仗,李光弼放弃洛阳,带兵退守河阳。当时,鱼朝恩也带领一支人马,还没看到叛军的影子,就吓得退到了陕州,不敢应战。

史思明占领洛阳不久,就被他的儿子史朝义杀死了。

肃宗虽不信任郭子仪,但为了维护自己的统治地位,又不能重用他。762年二月,河东(治所在太原)一带的驻军,听说洛阳失守,都骚动起来了,朝廷怕他们和叛军连成一气,想出兵镇压,但苦于没有合适的统兵将领。想来想去,只得任命德高望重的郭子仪为河北诸州的副元帅,派他出镇绛州(治所在今山西新绛)。郭子仪忠勇爱国,不计较个人得失,他接到作战的诏令,马上就起程了。这时,忽然传来肃宗病危的消息。郭子仪去拜见肃宗。肃宗语重心长地说:"我死后,河东一切军政大权,完全由你掌握。"郭子仪出兵不几天,肃宗就咽气了。肃宗死后,由代宗即位做皇帝。

代宗时,国库空虚,民穷财尽,人民难以度日,生活极其困难,可是官府的盐、铁、茶、酒等税,名目竟有200多种,这些苛捐杂税,自然都要落到人民身上。代宗重用宦官程元振,让他参与机密,操纵政权。宦官在肃宗时就开始专权,如宦官李辅国曾对肃宗说:"大家(宫中对皇帝的称呼)但居禁中,外事听老奴(指李自己)处分。"专权的宦官根本不把皇帝当回事儿,朝廷的赏罚,宰相的任免,甚至皇帝的废立,都由他们决定。程元振飞扬跋扈,为非作歹,把皇帝束缚得像个木偶。事无大小,只要程元振出口,代宗便百依百顺。程元振痛恨功臣名将,特别憎恨郭子仪。程元振在皇帝面前诬陷诽谤他,总想免除他的副元帅职务,让他做肃宗山陵使(皇陵的督工),但未能得逞。郭子仪明知皇帝受程元振控制,误了国家大事,便向皇帝上书道:"我为唐朝的强盛披星戴月,南征北战,请陛下相信我对唐朝的忠心。陛下要亲近贤人,远离奸臣。不然,唐朝危在旦夕!"郭子仪的劝告,并不能打动皇帝的心。朝内宦官专权,朝外藩镇割据,唐朝仍然一片混乱。

安庆绪、史思明虽死,但史朝义还盘踞在洛阳。朝廷任命雍王李适(即后来的德宗)为统兵元帅,郭子仪为副元帅,让他们出兵镇压史朝义。鱼朝恩、程元振坚决反对郭子仪为副元帅,但这一次朝廷坚持自己的意见。雍王和郭子仪认为单靠唐军的力量,无法消灭叛军,便向回纥借来10万大军,唐军和回纥兵一起打进洛阳。史朝义带领败军逃往莫州(今河北任丘北)。763年正月,史朝义的部下田承嗣、李怀仙等,眼看已无回天之力,纷纷向唐朝投降。史朝义看到众叛亲离,走投无路,便自杀了。这场战乱,这时才算结束了,前后延续了7年零3个月,历史上叫作"安史之乱"。

"安史之乱"是统治阶级内部的斗争,但对人民来说,却是一场大灾难。"安史之乱"给人们带来了深重的灾难,在战乱中,人民流离失所,不仅州县成了废墟;农业生产受到极大破坏。这次战争,是唐朝由强盛转向衰落的转折点,唐朝一天一天走下坡路了。

"安史之乱"虽然平定了,但安史的部将仍然在河北一带作节度使。他们既拥有强大的军队,掌握地方财政大权,又割据一方。他们死后,都由他们的子孙继续承做节度使,这样便形成藩镇割据的局面,人民仍然生活在水深火热之中,在这种情形下,西南的吐蕃统治集团便乘机向唐朝进扰。

平定吐蕃　收复长安

"安史之乱"以后,社会内部矛盾错综复杂,国力虚弱,原驻在西边的军队,大部分被调到北方去讨伐叛军。这时,吐蕃统治集团乘机长驱而入,把凤翔西、邠州(今陕西彬县)北等十几州的土地都占领了。763年十月,又占了奉天(今陕西乾县),朝廷大为恐慌,急令郭子仪带兵抵挡。郭子仪带领1万多人,可是吐蕃兵却有10万多人。郭子仪多次请程元振拨兵增援,可他视若无睹。吐蕃兵很快打到了长安城下,吓得代宗逃往陕州。郭子仪从咸阳赶来,进了长安,皇帝、兵马都不见踪影,十分焦急。这时守城的将领王献忠怂恿郭子仪说:"皇上早已逃跑,现在国家无主,你身为大元帅,只要下道命令,就可以把皇帝废除,国家大权不就落到你手里了吗?"郭子仪把他训斥了一通。不几天,吐蕃兵占领了长安。

当代宗逃往陕州时,唐军多往商州(今陕西商县)逃散,郭子仪派部将王延昌赶到商州把他们汇合起来。逃兵听说郭子仪来了,都欢呼不止,愿听吩咐。不过数日,便招集到4000多人。

郭子仪分析了形势,决定采取声东击西的战略方针。他先派段秀实去劝说邠宁(今陕西彬县和甘肃环江一带)节度使白孝德,请他出兵援助;再派左羽林(皇帝的亲军,侍卫皇宫)大将军长孙全绪带200轻骑,到蓝田(今陕西蓝田县)城北面,白天擂鼓呐喊,夜晚燃起火把,牵制吐蕃兵力。军事部署完毕,郭子仪故意散布消息说向蓝田城东进军,但却率领主力军奔向蓝田城西。吐蕃兵果然中了郭子仪的计,直向蓝田城东冲杀,扑了个空。郭子仪急速集中兵力,奋勇攻击,打得吐蕃兵措手不及。吐蕃兵发觉已中了计,惊恐万分,忽听四处高呼:"郭令公(指郭子仪)率领大军来啦!"喊声震天,吐蕃兵不战而逃,唐军顺利地进入长安。

长安收复后,代宗本应早日返回京城,可是程元振见郭子仪多次立了大功,威信越来越高,生怕代宗重用他,所以劝代宗在洛阳建都。为了国家的利益和社会的安定,郭子仪上书给皇帝:"长安地势险要,前有终南山作屏障,后有泾、渭二水,右连陇蜀(今甘肃、四川),左接崤函(崤山,函谷关,在今河南灵宝东北),可以雄视四方,进可以攻,退可以守。大有一夫当关,万夫莫开之势。长安经过几朝的恢复,宫殿华丽,市场繁荣,工商业发达,土地肥沃,物产丰饶,经济满足。长安是创立帝业的不可多得的好地方。秦汉两朝占领长安而称帝,隋炀帝弃长安而灭亡。再看洛阳,地贫民饥,人烟稀少,野草丛生,一片荒芜,宫殿多被烧毁,残垣断壁,不易防守,请陛下慎重考虑。"代宗看完奏章,深以为然,便对左右官员说:"郭子仪所考虑的,都是从国家的安危和利益出发呀!"764年十一月,代宗便从陕州回到长安。

击退回纥　京师保全

　　唐朝和回纥的关系,一直保持友好关系。在平定安史之乱的战斗中。陇右(今甘肃东南)节度使仆固怀恩认为自己立了大功,应受重赏,可是代宗并没给他赏赐,仆固怀恩很不满意,企图兴兵作乱。他母亲知道后,非常气愤,严厉责骂道:"唐朝哪点亏待你,为什么要叛变呢?"骂着,举起刀向他砍去,幸亏他跑得快,才没被砍着。

　　不久,仆固怀恩便带领轻骑300多人逃往灵州(今宁夏灵武西南)。他发誓与唐朝势不两立。为了推翻唐朝政权,仆固怀恩便撒谎说,向吐蕃、回纥借来10万大军,从灵州向长安进攻。仆固怀恩的大军来到奉天。长安受到威胁,朝内文武百官,一筹莫展,又是一场混乱。皇帝惴惴不安,忙向大臣们问计。郭子仪说:"仆固怀恩曾做过我的部将,我了解他。他虽是一员猛将,但他不爱惜士兵。士兵所以跟着他,都想乘机重返家园。"皇帝立即任命郭子仪为关内河东副元帅,让他率领10万大军去讨伐仆固怀恩。

　　郭子仪率兵来到奉天城外的阵地上,立即下令:固守阵地,不准猛冲猛打。有些将领急于要求出战,郭子仪耐心地说服他们,指出:仆固怀恩的军队,千里迢迢赶来,士气旺盛,利于速战速决。我们要尽量地躲开叛军的锋锐,不要打硬仗,要严加防范。我们要出其不意,攻其不备,集中力量打他个措手不及,大获全胜。如果匆忙出战,万一失利,全军就有覆没的危险。谁再敢提"出战",立刻推出斩首!

　　仆固怀恩率领10万大军(包括吐蕃、回纥兵),横冲直撞,旁若无人,这正好中了郭子仪诱敌深入之计。他们刚要摆开阵势,只听战鼓咚咚,杀声震天,奉天城外,唐军摆成一字阵势,非常严整,当中竖着一面帅旗,随风飘扬,旗上写一个"郭"字。仆固怀恩的将士一听说郭令公的大名,都吓得丢盔卸甲,四散逃跑。仆固怀恩只得带领残兵败将,又回到灵州。唐军不战而胜。

　　仆固怀恩不死心,765年,他又勾结吐蕃、回纥、吐谷浑(鲜卑族的一支,唐时居今甘肃、青海间)共10万多人,再次进犯长安。他们气势汹汹,杀气腾腾。为了拦阻叛军各路的进犯,郭子仪传令各地驻军,必须坚守要塞,抵制敌兵,不让敌兵前进一步。当时,淮西(治所在今河南汝南)节度使李忠臣部下的官兵喜欢玩球戏,当接到出战的命令,都埋怨地说:"我们玩球戏正玩得高兴,作战也要挑个好日子!"李忠臣责问他们:"如果你们的父母得了急病,也要找个吉利的日子治病吗?"大家都沉默不语,只好待命出发。

　　仆固怀恩率领大军直奔盩屋(今改名周至),在行军途中,他得了暴病,不治而亡。仆固怀恩的部将张韶率领吐蕃、回纥大军,继续进军,包围了长安北面的泾阳(今陕西泾阳县)。镇守泾阳的郭子仪,仅有两万多人,但强于防范,他命令部将坚守阵地,不准应战。就在这时,吐蕃、回纥听到唆使他们入侵的仆固怀恩已暴死,于是,便开始分营扎寨,争权夺势,闹不团结。郭子仪闻知,暗自窃喜。他详细地分析敌我双方的军事力量。唐军守孤城,抗雄兵,将寡兵少,力量薄弱;吐蕃、回纥兵比唐军人数多五倍,又骁勇善战。回纥王甚至不可一世地自称:"威负凛冽气昂昂,塞外称雄无人言;鼓角声高催战马,诸藩部将我为强。"在这种不利的情况下,郭子仪深知战必失败,退则被歼,只能"智取",不能"力敌"。他积极奋战,争取主动。

郭子仪召集大小将领共同商讨退敌策略。任命部将白孝德为副元帅,让他死守泾阳,等待援军;派牙将李光瓒去见回纥王,表示愿和回纥王联合平定吐蕃。回纥王听说郭子仪还健在,十分惊奇,半信半疑。他对李光瓒说:"郭令公真在人间,你不是欺骗我吧? 如果他还活着,能让我看看他吗?"

李光瓒把这番话告诉郭子仪。郭子仪是个足智多谋的将领,为了劝退回纥兵,他决定一个人去见回纥王。他对将士们说:"敌强我弱,实力相差悬殊,很难用武力战胜。过去唐朝和回纥的关系密切,曾订过互不侵扰盟约。为今之计,我不如亲自去说服他们。兵不血刃,退走回纥兵。"郭子仪要冒着生命危险,单枪匹马去回纥军营中谈判,将士们担心他的安全,准备选拔500名精锐的骑兵随身保护他。郭子仪坚决拒绝,他说:"这样做,不但没有好处,反而会把事情弄糟。"

郭子仪就要动身,他的儿子郭晞前来阻拦,说:"回纥兵像虎狼那样凶暴,父亲是国家的元帅,怎么能轻易冒着生命危险,去回纥军营谈判呢?"郭子仪坚决地说:"如果唐军和回纥兵打起来,不但咱们父子生命难保,就连国家的命运也很危险。如果国家保不住,个人还有存身的地方吗? 与其坐着等死,不如去同回纥王谈判,以理服人。万一不成功,我就捐躯报国,来实现我平生的大志。"说着扬起鞭子,打了他儿子的手,喝令他:"走开!"便和几个骑兵闯出了军营。

郭子仪出了军营,叫人连声高喊:"郭令公来了,郭令公来了!"回纥兵闻者丧胆,情不自禁地都放下了武器。回纥兵的统帅药葛罗(回纥王的弟弟)立即拿起弓箭,准备应战。郭子仪来到回纥军营门前,不慌不忙地翻身下马,摘掉头盔,脱去铁甲,放下刀枪,勇敢沉着地向回纥营中走去。回纥兵都很吃惊,大眼瞪小眼,不约而同地说:"果真是郭令公呀!"药葛罗也放下弓箭,忙走来迎接。郭子仪握着药葛罗的手,非常严肃地说:"你们回纥替唐朝立过大功,唐朝万分感激,为什么违背盟约,向唐朝进攻? 你们丢掉过去的功劳,帮助叛臣仆固怀恩作乱,同唐朝结怨仇,是不明智的选择啊! 仆固怀恩叛唐弃母,被人唾骂,像他这样寡廉鲜耻的人,能替你们做出什么好事呢? 今天我独自一人来到这里,早就把生死置之度外,如果你们真心同唐朝和好,应该马上撤兵。不然,我将传令三军,一气杀来,管叫你们片甲不留。如果你们敢把我杀死,唐军一定不会答应。"药葛罗早已吓得惊慌失措,连连说:"我们受了仆固怀恩的欺骗,他说皇帝已死,说你早已在阵前丧命,朝内一片混乱,没有主人,因此我们才敢跟仆固怀恩来进犯。现在皇帝仍然坐镇京城,又亲眼看到你,我们哪里敢同唐军对抗呢!"

郭子仪见事已成，非常高兴。为了粉碎回纥与吐蕃的联盟，他抓紧机会，又劝药葛罗说："吐蕃王不讲道义，反复无常，趁着唐朝内乱，便抢占土地，烧毁城市，破坏乡村，还掠去大批财物，假如你们肯协助我们退吐蕃，继续保持同唐朝的友好关系，唐朝就把吐蕃抢去的东西，全部送给你们，莫失良机啊！"药葛罗又感激，又惭愧地说："令公的话，开导了我，我愿帮助唐军打退吐蕃兵，以便立功赎罪。不过，请你不要把仆固怀恩的儿子杀掉，因为他是我们王后的兄弟（仆固怀恩的女儿嫁给回纥王）。"郭子仪答应了他的要求。

这时，在旁观望的回纥兵，稍稍转向前来，郭子仪的随从人员也紧紧跟上几步，显示加强戒备。郭子仪毫不惊慌，挥手叫他们退回。药葛罗一面喝退士兵，一面叫人摆出酒席，同郭子仪同饮共欢。药葛罗要试一下郭子仪是否有诚意，请他举起酒杯发誓，郭子仪面对众多将士说："大唐天子万岁！回纥可汗万岁！谁若违背誓言，就叫他死在阵前！"药葛罗也照样发了誓。立了盟约后，郭子仪便领着几个轻骑，胜利而归。

吐蕃王听到这个消息，慌忙逃走了。郭子仪于是派精兵同回纥兵一道追击，在灵台（今甘肃灵台）西大败吐蕃。这样，郭子仪不用一兵一卒，不费一刀一枪，就解除了回纥与吐蕃的联盟，并胁迫回纥兵也撤退了。京师之围遂解。

闰十月，郭子仪回京，然后回镇河中。河中地处两京之间，自广德二年（764）仆固怀恩叛乱，郭子仪再任朔方节度使，河中就成为朔方军的基地。为了解决军粮问题，郭子仪组织士卒种地自给自足。他说："养兵千日，用兵一时。要打胜仗，必须把兵练好，要练好兵，就要有充足的军粮。"当时，由于连年发生战争，农村经济破产，人民十分困苦，筹措军粮确实不易。为了减轻人民对军费开支的负担，郭子仪不顾年迈力衰，亲自耕种了100亩地。将校也各自耕种一定数量的土地。在将帅的带领下，士卒耕种的积极性提高了不少，河中地区的荒地全都得到开发，生产的粮食不仅足供军饷开支之用，还有剩余。

此后两年，每到秋季，吐蕃就率兵进入关中为非作歹，但均被郭子仪率军击退。大历三年（768），宰相元载认为，郭子仪率朔方兵镇守河中，深居腹内无事之地，而吐蕃连年侵犯唐朝边境，由于防守兵力太少，无能为力，建议将郭子仪的朔方兵移镇邠州（今陕西彬县）。代宗皇帝接受了他的建议。次年，郭子仪便奉命率朔方军驻兵邠州。此后，吐蕃虽年年秋季入犯，但再也不敢进入关中进行骚扰了。

大历八年（773），郭子仪已是77岁高龄。吐蕃10万骑兵入掠邠州等地，郭子仪部将浑瑊抵御失败。郭子仪对诸将说："败军之罪在我，不在诸将。"然后与诸将商议制敌计划，重新调整部署，终于击败了吐蕃。

郭子仪镇守邠州长达10余年之久，此时的朔方兵人数已不及天宝时的十分之一。全军的将士也不及吐蕃的四分之一，战马不及吐蕃的百分之二。但是，吐蕃每年秋季入寇关中，均被郭子仪击败。关中大多数地区因此免遭侵犯，京师也得以保全。

虽然如此，但唐朝廷内忧外患的情况仍然没有改观。由于统治集团的腐败。宦唐代宗死后,由他的儿子德宗继位。德宗为了维护自己的统治地位,协调人民与统治者的矛盾,便下令废除租庸调(唐代与均田制相连的赋役法。租指田赋,调指依乡土所产而缴纳绢、绵或布、麻,庸指以绢或布代替力役),实行两税制(按土地和财产的多少,每年分夏、秋两季两次收税)。两税制虽比租庸调法有利于当时的情况,但人民仍然困苦不堪,在死亡线上挣扎。郭子仪虽极力挽救李唐王朝的颓势,但他已心有余而力不足了。

位极人臣威望日隆

郭子仪到了晚年,被封为汾阳郡王,并进位太尉(全国军事首脑)。他位极人臣。在朝廷中的威望极高。

郭子仪治军宽厚,深得士兵爱戴,朔方军将士都以父母事之,愿拼死为之效力。这是郭子仪在历次战争中所以能打赢许多硬仗,屡次转危为安的重要条件。郭子仪功勋盖世,威震四方,敌人都很害怕他,吐蕃、回纥称他为神人,一听说他率领大军出战,皆望风而逃。节度使田承嗣对朝廷图谋不轨,骄纵蛮横,但是见到郭子仪派去的使者,即西向而拜,并指着自己的膝盖说:"我这膝盖不向人下跪已经多年了,现在要为郭公下跪。"李灵曜盘踞在汴州(今河南开封),不管公私财物,只要经过汴州,一律扣押。只有郭子仪的粮饷、武器,不但不敢抢掠,还派人护送过境。郭子仪还为朝廷培养了一大批军事、政治人才,随他征战的先后有 60 余名部将,后来都位至将相。

郭子仪德高望重,但他从不居功自傲。安史之乱后,许多节度使手握兵权,为非作歹,对朝廷貌合神离,拒不听命。郭子仪虽权重势大,深得人心,但他却从不以此为资本,要挟朝廷,谋取私利。祖反,他始终忠诚为国,别无二心,有诏即赴命,绝无一句怨言。

当时宦官专权,嫉妒功臣。为了避免招来麻烦,郭子仪有时还谢绝朝廷的高官厚禄。唐代宗时,曾下令以郭子仪为尚书令。但他认为唐初太宗为秦王时做尚书令,唐太宗即位后,这个职位经常空缺,如果接受这项任命,一会破坏国家的法度;二会招致他人忌妒;再者安史之乱以来,以官赏功臣,已使国家法度遭到破坏,现今安史之乱已被平定,就应按照国家的制度来任免官员。因此,他坚决拒绝。

有时,为了顾全大局,减少矛盾,他甚至不惜牺牲个人利益,不计个人得失。大历二年(767),他父亲陵墓被盗,人们怀疑是鱼朝恩指使手下人干的,但官府没有捕获盗贼,口说无凭。祖坟被盗,在古代社会是没有比这更为严重的事情了,因此事情发生后不久,郭子仪自奉天入朝,朝廷内外气氛便十分紧张,担心他不会就此了结,甚至可能发动政变。但当唐代宗对他提起此事,他却流着泪说:"我长期带兵,对士卒管束不严,有时就发生部众盗掘坟墓的事。如今我父亲的墓被盗,这是应得的报应,与谁都无关。"盗墓之事才不了了之,朝廷内外惶恐不安的气氛也消除了。因此,尽管鱼朝恩、程元振对郭子仪屡进谗言,横加诽谤。但由于他为人坦荡,居功不傲,忠心耿耿,没有什么把柄可抓,每次都化险为夷,得以常保功名,长寿而终。

史称郭子仪"功盖天下而主不疑,位极人臣而众不嫉"。郭子仪的确堪称是一代军人楷模。

郭子仪做了国家的功臣,有权有势,可是他不徇私情,不讲情面。代宗皇帝死了,将要下葬,按照惯例,严禁杀生。郭子仪的本家依赖郭子仪的权势,偷偷地杀了一只羊。左金吾(唐左右金吾掌管宫中及京城警卫)将军斐谞把这件事报告给德宗皇帝。有人规劝斐谞说:"郭令公已70多岁,他是国家的大功臣,怎么不看他的情面呢?"斐谞说:"我这样做,正是维护郭令公的声誉,让人们都知道他可敬而又可畏。"郭子仪知道了,当即大义灭亲,并向斐谞表示感谢。

又一次,郭子仪妻子的奶妈的儿子犯了军法,被郭子仪手下的一个军官按军法杀了。郭子仪的几个儿子都到父亲面前告状,说这个军官连他们母亲的面子都不给,根本不把郭家的人放在眼里。父亲打了一辈子仗,为朝廷屡立战功,应该与众不同。郭子仪听了,把儿子们痛斥一番,教训他们说:"你们只知道包庇自己家里的人,却不尊重将士,不维护军队的纪律。如果像你们说的那样,凡有功于国家之人,就可以与众不同,高高在上,凌驾于国法之上,那天下岂不大乱?"儿子们听了,觉得父亲深明大义,都不再吭声了。

郭子仪有八子七婿,他们都在朝内做官,家族兴旺,子孙数十人,有时孙子向他请安,他都无法分辨。郭子仪对家人要求很严格。郭子仪七十大寿时,全家上下都来祝贺,只有郭暖的妻子升平公主没有来,郭暖气不过,便动手打了升平公主,气愤地说:"你父亲是皇帝,你依仗皇帝的权势,不来祝贺。我父亲还不愿做皇帝呢!"升平公主挨了打,她不依不饶,大闹大叫。事情被郭子仪知道了,他不容儿子郭暖分辨,让人用绳子捆住郭暖,带着儿子向代宗皇帝请罪。代宗对郭子仪说:"不痴不聋,不做姑翁,儿女闺房琐事,何必计较。"郭子仪谢过皇帝,回家后,把儿子痛打一顿了事。

郭子仪的一生,基本上是在戎马征战之中度过的。自天宝十四年(755)安禄山于范阳起兵,郭子仪即以朔方节度使的身份参与平叛战争,屡战屡胜。唐肃宗时,收复两京。主要是依靠郭子仪所率朔方军的力量。安史之乱被平定后,郭子仪以朔方节度使先后出镇河中、邠州,防御回纥、吐蕃,捍卫京师,虽兵弱将寡,仍屡败敌兵,使京师安全无虞,关中百姓免遭涂炭。所以,史书上说:"天下以其身为安危殆30年,"是一点也没有夸张。

郭子仪是我国历史上一位著名的军事家,他通晓兵书,但不机械地搬用古代兵法。郭子仪有勇有谋,根据不同情况,有时声东击西,有时迂回堵截,有时先发制人,猛冲猛打,还有时不用一兵一卒,竟能计退敌兵。兵多将广,固然能打胜仗;即使不这样,在不利的情况下,也能取得胜利。胜不骄,败不馁。正因为如此,他才能成为一代名将。

　　郭子仪重视团结国内各民族,对吐蕃、回纥、吐谷浑等能做到友好往来,平等相待。所以他在吐蕃和回纥等少数民族人心中也很有威望。

　　大历十四年(779),唐代宗病死,遗诏命令郭子仪在三天的治丧期间代理朝政,郭子仪奉命入朝。唐德宗即位后,尊郭子仪为尚父,加太尉,兼中书令,其余富职全部免去。从此,他告别了戎马生涯,在朝廷担任宰相。过了两年,即建中二年(781),郭子仪病死,享年85岁。死后被追封为太师,陪葬建陵(唐肃宗陵)。按唐代制度,郭子仪坟高当为一丈八尺,葬时破格增加一丈,为二丈八尺,作为朝廷对他的表彰。

精忠报国　壮怀激烈

——岳飞

名人档案

　　岳飞：字鹏举,宋相州汤阴县永和乡孝悌里(今河南安阳市汤阴县程岗村)人,中国历史上著名的军事家、战略家、民族英雄,位列南宋中兴四将之首。岳飞是南宋最杰出的统帅,他重视人民抗金力量,缔造了"连结河朔"之谋,主张黄河以北的抗金义军和宋军互相配合,夹击金军,以收复失地。岳飞的文学才华也是将帅中少有的,他的不朽词作《满江红》,是千古传诵的爱国名篇。。

　　生卒时间：1103年~1142年。

　　安葬之地：岳飞遇害后,狱卒隗顺冒着生命危险,背负岳飞遗体,越过城墙,草草地葬于杭州九曲丛祠旁。21年后宋孝宗下令给岳飞昭雪,并以五百贯高价悬赏求索岳飞遗体,用隆重的仪式迁葬于栖霞岭下。

　　性格特点：廉洁奉公,严以律子,厚以待人,事母至孝,文才横溢,儒将风范,身先士卒,行若明镜。

　　历史功过：21岁时,他在宗泽部下当差,因屡立战功,而被提升为清远节度使,后来又晋封为武昌郡开国侯。曾经无数次打败过金兵,因而名声大噪。公元1140年春,岳家军北伐,一举攻占朱仙镇,攻取金国首府汴京指日可待。岳飞首先提出"文官不爱钱,武官不惜死,不患天下不太平",堪称封建社会官吏的行为典范。

　　名家评点：《宋史》评价:

　　善以少击众。欲有所举,尽召诸统制与谋,谋定而后战,故有胜无败。猝遇敌不动,故敌为之语曰:"撼山易,撼岳家军难。"张俊尝问用兵之术,曰:"仁、智、信、勇、严,阙一不可。"调军食,必蹙额曰:"东南民力,耗敝极矣。"荆湖平,募民营田,又为屯田,岁省漕运之半。帝手书曹操、诸葛亮、羊祜三事赐之。飞跋其后,独指操

为奸贼而鄙之,尤桧所恶也。

西汉而下,若韩、彭、绛、灌之为将,代不乏人,求其文武全器、仁智并施如宋岳飞者,一代岂多见哉。史称关云长通《春秋左氏》学,然未尝见其文章。飞北伐,军至汴梁之朱仙镇,有诏班师,飞自为表答诏,忠义之言,流出肺腑,真有诸葛孔明之风,而卒死于秦桧之手。盖飞与桧势不两立,使飞得志,则金雠可复,宋耻可雪;桧得志,则飞有死而已。昔刘宋杀檀道济,道济下狱,瞋目曰:"自坏汝万里长城!"高宗忍自弃其中原,故忍杀飞,呜呼冤哉! 呜呼冤哉!

岳母刺字　精忠报国

岳飞于1103年出生在相州汤阴(今河南汤阴)的一个农民家庭。岳飞降生的时候,有一只像大雁一样的鸟在他家上空鸣叫着飞过,所以父亲为他起名叫鹏举。岳飞还没满月时,黄河决口,他的家乡发大水,是母亲姚氏抱着他坐到一个大沙瓮里,才幸免于难。岳飞小的时候,因为家里穷,没有钱送他上学堂。母亲便含辛茹苦的亲自教他读书识字。买不起纸和笔,他就用一根树枝当笔,以沙地为纸,在地上反复练习写字。当时他不爱说话,但在学习上却十分用功,尤其喜欢读《左氏春秋》《孙吴兵法》等书,特别崇拜像诸葛亮那样的济世名臣。岳飞不仅用功读书,学习兵法,而且刻苦练习武艺。在他12岁那年,听说外地有一位武艺高强的人,他在征得父母同意的情况下,便投到了那位外号"搬不动"的高人门下。谁知老师并不教他武艺,只是让他每天手拿镐锹、肩挑扁担,到山脚下挖坑担水栽树。两个多月的时间,山坡上栽了许许多多的树。可老师依然不提教习武艺的事情。岳飞心中不由有些失望:我为了报效国家,前来求师学武,怎么光栽树,不教我练武呀。老师虽然看出了岳飞的心事,但只是笑笑说:"功夫志中来,志在耐中磨。"一晃又过去了三个多月,所有的树都栽完了。他就帮着师傅干各种杂活,到此时,师傅还是没有教岳飞习武。出门的时间一长,岳飞挂念起家中的老母,就向老师提出想回去看望老母。老师却说:"要想学好武艺,必须下功夫刻苦练习;要想保卫国家,必须先舍弃小家,哪有学不到武艺,就中途退却的道理?"从此以后,岳飞再也不提回家的事了。快要过春节的时候,老师"搬不动"把岳飞叫过来说:"你到我这后,一共栽了三千六百棵树,从明天开始,你每天都去把这些小树挨个儿摇一摇,记住不准折断树枝,也不准少摇一棵,而且在太阳没出来之前,就得摇完。"从第二天开始,岳飞半夜就起床,打水扫地之后便去摇树。刚开始的时候,到太阳出来时,他才能刚刚摇完,并累得腰酸腿疼。坚持了一段时间之后,岳飞在日出前一个时辰就能摇完,而且腿不疼,气不喘。

有一天,老师在他摇完树后来到岳飞跟前,抚摸着岳飞的头说:"鹏举呀,你跟了我一年,我的功夫你学得差不多了,明天就回你母亲那里去吧。"岳飞觉得很奇怪，便问道："师傅，你还没教我武艺呢！怎么就叫我回家?"师傅摇摇头说："我不教拼杀的武艺，我只是教了你一点武艺之外的功夫，那就是办事有耐心，能够持之以恒，有了这点根基，你以后学什么都不困难。"岳飞听懂之后，便告别了老师回家了。后来他听说同乡有位老人叫周同，武艺高强，岳飞又去拜周同做老师，学得一手好箭法，经过勤学苦练，没过几年，他已经能左右开弓，而且百发百中；随后，岳飞又投到枪手陈广门下，细心学习枪法，到了后来，武艺学成，并被当地人称为"一县无敌"。当时的宋朝，内忧外患，民不聊生。国难当头，匹夫有责，练有一身好武艺的岳飞决心从军保家卫国。

宣和四年（1022 年），20 岁的岳飞应召入伍，在他临出发前，母亲用衣针在他背上刺下了"精忠报国"四个大字。随后岳飞就投奔到真定（今河北正定）安抚使麾下。岳飞从军没多久，他的父亲过世，岳飞只好回乡守孝。两年之后，他又投奔到了河东路平定军。1126 年，金国的大队人马进攻到了汴京，朝廷处在了灭亡的边缘，宋钦宗的弟弟——赵构以"天下兵马大元帅"名义开始招募义勇民兵，岳飞便转投到他的帐下，在与金军的交战中，岳飞以一当十，奋勇杀敌，他立下战功，因此当上了一名小军官。

有一年，岳飞正率领一百多名骑兵在黄河边训练，忽然发现远处来了许多金兵。下面的士兵们都吓呆了，岳飞却没有丝毫的胆怯，他不慌不忙地说："敌人虽然很多，但是他们不知道我们的底细。我们可以趁他们没有防备的时候突然袭击，定能击败他们。"说着，自己就带头向敌军冲去，并杀了一名金军将领。那些士兵们受到岳飞的鼓励，纷纷冲上去，金军不知底细，果然被杀得七零八落，这一战中金军士兵被杀死上千人。岳飞英勇杀敌的名声也因此传开了。在随后的交战中，他又多次立功，并被宗泽提升为秉义郎。宗泽很器重他，曾对他说："像你这样智勇双全，即使古代的名将也不过如此。但是两军交战，光靠冲锋陷阵，毕竟不是常胜的办法。"于是他交给岳飞一份排兵布阵的图籍，说："你将这本阵图拿回去好好研究一下，对你会有很大帮助。"岳飞接过阵图，连连向宗泽道谢，并接着说："按照阵图排兵作战，这是兵法的常规。至于如何灵活运用，随机应变，还需要当将领的善于用心。"宗泽听了，不由连连点头，夸赞岳飞的见解。

岳飞跟宗泽一样，把抵抗金军当作自己的职责。1127 年 4 月，金军攻占了汴京，抓获了徽、钦二帝及后宫妃子、大臣等数千人，并将城中的财宝洗劫一空，然后向北撤退。康王赵构趁机在南京应天府（今河南商丘）登位，后来迁都临安，建立南宋。他便是宋高宗。宋高宗即位之后，听信奸臣黄潜善等人的劝说，反对抗击金兵，并向金国赔偿了大量的金银和布匹。岳飞得知后，便写了一份奏章，希望高宗能亲自率领宋军北伐，以此激励军队的士气，夺回被侵占的国土。在奏章中他还批评了黄潜善、汪伯彦等一伙投降派。奏章呈上去后，宋高宗非但不听，反而说岳飞小小军官多管闲事，以"越职"的罪名，免去了岳飞的军职。无奈之下，岳飞就投奔到东京留守杜充的麾下。没想到当金兵大举进攻时，杜充不战而逃，退到了建康；金将兀术率兵随后追击，又来到建康,此时的杜充却可耻地向金军投降了。这样一来,杜充手下的众多将士都散了伙,只有岳飞率领的一部分人马仍旧坚持在建康附近战斗。

有一天,岳飞率领军队赶到建康城南的牛头山上埋伏起来。半夜的时候,金军都呼呼入睡了,岳飞派出一百名战士出发了。他们都穿着黑衣服,趁天黑混进金营之后,就喊了起来:"宋军来了!宋军来了!"金军从梦中惊醒,以为宋军真的来了千军万马,慌乱中拿起武器就冲杀出来,而一百名宋军战士早已撤离了。金军一阵自相残杀,死伤无数。金军上当以后,整天提心吊胆。兀术自知在建康城待不下去,就决定撤回北方。岳飞趁金军北撤的时候,配合韩世忠、刘光世等军队,再一次将金兵杀得大败。这时候,岳飞已经成为智勇双全的大将,他率领的军队也被人们称为"岳家军"。

誓死抗金　收复失地

金兵撤走之后,宋高宗从温州回到临安。此时的金朝也在中原地区立了一个傀儡皇帝——刘豫,国号为大齐,这成了金朝的帮凶,不断骚扰南宋边界。1134年,岳飞率军从江州出征,先后收复了伪齐占领的襄阳等地。在随州(今湖北随县)的时候,岳飞的长子、当时只有十六岁的岳云,手中握着各重八十斤的铁锤杀敌无数,夺得头功。在攻打襄阳城(在现在湖北省)的时候,大齐的守将李成把兵马全部调集在汉水江边,并将骑兵布在狭窄的岸边,步兵却排在平地上,以此迎战"岳家军"。岳飞来到阵前看到这种阵形,就笑着对部将们说:"李成真是太愚蠢了,我军不费吹灰之力就能打败他!"接着,他命令手下大将王贵带领步兵,手持长枪去攻打敌人的骑兵。命牛皋带领骑兵去攻敌人的步兵。二人领命同时去进攻敌军。岳家军的步兵用长枪专刺敌军的战马,战马受伤便狂奔起来,导致内部互相践踏,许多敌军都被挤到江里去了;岳家军的骑兵在敌人的步兵阵里来回冲杀,敌人根本无法还手,宋军的两队人马大获全胜。岳家军乘胜追击,在和齐军的交战中获得多次胜利,收复了许多失地。岳家军获胜的消息传到临安,朝廷上下一片欢腾。宋高宗便加封岳飞为节度使,这一年,岳飞三十二岁。他决心继续率军北上,彻底收复失地。但高宗却下令不得越界追敌以免扩大事态,岳飞只得率军回鄂州(今湖北武昌)驻防,期盼着"何日请缨提劲旅,一鞭直渡清河洛"。

当年年底,金、齐的军队出兵攻打庐州(今安徽合肥),岳飞奉命率军前去增援。岳飞先派牛皋等人率领少数骑兵先行,在敌军的远处展开"岳"字旗,使敌人军心动摇,随后援军赶到,经过一番厮杀,将敌军打败,岳家军从后追杀了三十余里,以至于在百里之外的金兵大营也跟着向北逃窜。

1135年夏天,岳飞率军平定了洞庭湖地区的杨么起义,朝廷追封他为开国公。岳家军在收编起义军后人数猛增。第二年,岳家军北上进攻金国,并一举收复洛阳西南方面的险要地段,烧毁敌人的粮草,大队人马来到了黄河附近,只是由于粮草供应不上,才最终导致这次出征功败垂成。就在这个时期,岳飞写下了传诵千古的词《满江红》:

"怒发冲冠,凭栏处,潇潇雨歇。

抬望眼,仰天长啸,壮怀激烈。

三十功名尘与土,八千里路云和月。

莫等闲、白了少年头,空悲切。

靖康耻,犹未雪;

臣子恨,何时灭?

驾长车,踏破贺兰山阙。

壮志饥餐胡虏肉,笑谈渴饮匈奴血。

待从头、收拾旧山河,朝天阙。"

公元1137年(南宋绍兴七年),高宗派岳飞领兵攻打金兵。当时,岳飞一直在想:"刘豫卖国求荣,投降金国,被立为大齐皇帝,这对宋朝的威胁太大!一定要想办法将他除去。"

有一天,他坐在中军帐中察看最新的情报,当他看到一行文字时,两眼便定在上面:"金将中有许多人都不喜欢刘豫,特别是兀术和刘豫之间有矛盾!"岳飞看着看着,心中不由一动:为什么不利用敌军内部的矛盾,挑起它们之间的争斗,以此来削弱敌人的力量呢?没用多长时间,军中就俘虏了金兀术派来的奸细,并送到中军帐中,岳飞瞅着俘虏灵机一动:我应借用他的一张嘴巴。于是,他支退帐中的士兵,冲着眼前这从未见过的奸细说:"张斌,我前几天派你带信给齐王刘豫,你怎么一去不回来了,幸好我又派别人到刘豫那里,商量好如何诱骗金兀术,否则,岂不是耽误了我的大事。我问你,这段时间你为什么不到齐王刘豫那里去,你为何要背叛我?还不照实回答!"那奸细被岳飞问得莫名其妙,心说:"难道我长得像岳飞手下的张斌吗?现在自己落在岳飞手里,这条小命快要玩完啦,如果承认了,还有活的希望!"

想到这儿,他跪在地上,边磕头边如此这般地撒了一个谎,最后说道:"小的该死,望元帅恕罪!"岳飞似乎在很认真地思考奸细的话,过了一会儿,岳飞说道:"死罪可免,但罚你再给刘豫送封信,这次一定要保密,而且要早去早回,并要让你受点皮肉之苦。"说完坐到书案前,"刷刷刷刷"迅速写好一封信,装在蜡丸里。然后喊来守卫的兵丁,命其在奸细的大腿上割了个口子,又将蜡信塞进去藏妥。奸细挨了一刀,虽然很疼,但是这条命总算保住了,而且还拿到了密信,不由欣喜若狂,也顾不得腿上的伤痛,就赶快跑回金军大营,将密信交给金兀术。金兀术看信中写道:今年冬天你以宋军打过长江为名,把四太子诱到清河,我在那里设伏消灭他。金兀术看到这里,不由将牙齿咬得咯咯直响:"刘豫居然和岳飞合谋一起诱杀我。真是吃里爬外!"于是他马上赶到金朝皇帝那儿,把这件事情一五一十地讲了一遍。在随后的交战中,金军接连战败,刘豫也因此被金主给撤掉了。这次出征之后,两国都没有再互相进攻。

岳飞一心想恢复中原,他对自己要求十分严格。曾经推辞了宋高宗为他造的一座住宅,并说:"在敌人还没有消灭之前,我怎能顾得上家呢?如果天下的文官不贪财,武将不怕死,我很快就可以有家了。"在对将士的训练上,他也十分注意,他和将士们一样穿上铁甲冲山坡,跳壕沟,就像打仗时一样。在一次训练中,岳云骑马向山坡上冲,由于战马失蹄,把他摔到了地上。岳飞知道后,将岳云狠狠地责打了一顿。其他的将士们看到主将对自己的儿子都这样严格,也就格外认真操练了。在岳家军里,军队的纪律特别严。有一次,一个士兵违反纪律,拿了百姓的一束麻来缚柴草,岳飞知道这件事情后,立刻按军法将那个士兵严办了。岳家军中有一个口号,叫作:"冻死不拆屋,饿死不掳掠。"岳飞虽然对将士们要求严格,但又非常关心爱护他们。如果有士兵生病,他就会亲自替他们调药;将领出征的时候,他就叫自己的妻子慰问他们的家属;如果有人在战争中阵亡,他就抚育将士的子女;上级赏给他的财物,他也全部分给大家。岳飞这样训练和照顾手下,将士哪有不出力的,因此军队士气旺盛,作战勇猛。而且岳飞在作战前,总是先召集众位将领,共同商量作战方案。交战时,将士们各司其职,所以每次交战都能打胜仗。

南宋有像岳飞、韩世忠这样的一批名将,再加上各地义军的配合,要打退金兵本来并不是很困难的事情。但是宋高宗却听信主和派的话,一味地向金朝求和,在公元1139年,南宋与金朝议和后,每年向金国进贡白银二十五万两,绢二十五万匹;金朝同意把陕西、河南一带土地还给南宋。公元1140年十月,金朝再次撕毁和约,调动全国的精锐部队,由金兀术率领,兵分四路,开始向宋朝大举进攻。没用一个月,原本还给南宋的土地又全被金军夺去,而且南宋还面临着覆灭的危险。宋高宗在无奈的情况下,才下诏书,命各路宋军进行抵抗。岳飞接到圣旨后,立刻派部将王贵、牛皋、杨再兴等人领兵出发,随后还派人到河北跟义军首领梁兴联络,希望他率领义军在河东、河北包抄敌人后方。岳飞坐镇郾城负责指挥。没多长时间,各路人马纷纷告捷,并相继收复了颍昌(今河南许昌东)、陈州(今河南淮阳)和郑州。金军统帅金兀术见连吃败仗,不由分外恐慌,急忙召集手下将领商量对策。大家议论了半天,都认为要想进攻南宋,必须先除掉岳家军。既然现在两军已经相遇,那就只好集中金军的全部主力,跟岳家军硬拼。于是金兀术就和龙虎大王、盖天大王共同带领大军向郾城进攻。金国大军来到郾城,与宋军双方都列好战阵。岳飞便先派岳云领着一支骑兵打先锋,出发前他对岳云说:"你这次出战,只能打胜仗;如果战败,回来我就先砍你的脑袋!"岳云领命,率军冲上阵去,在他的带领下,宋军奋勇拼杀,金兵留下了遍野的尸体后退了回去。兀术见头一阵就败了,就对手下说:"我要调集'铁浮图'(铁塔兵)和拐子马上阵,一定要将岳飞碎尸万段,好消我心头之恨!"铁塔兵是兀术的亲随卫队,都是从军营里挑选出来的彪形大汉,他们经过专门训练,技艺纯熟之后才被组成一支骑兵。而且这些士兵全都头戴铁盔,身穿铁甲,脚穿铁靴;骑的马身上也披着铁马甲,只留出四条腿方便跑路。这支队伍以三个骑兵为一组,向对方的阵中间冲锋;那拐子马配合铁塔兵从左右两翼向前包抄。"铁浮图"加上拐子马,就好像一柄大铁锥,又加上了两个帮手,实在是厉害极了。金兀术亲自率领一万五千精锐骑兵发动第二次进攻。这次交战,宋军损失了一部分人马,只好暂时收兵。金兀术得意扬扬,准备一举将岳飞等消灭掉。但岳飞却看出了铁塔兵的弱点,他将手下的各位头领集中起来,讲述了他的战术:"铁塔兵虽然高大威猛,铁甲也很坚固,但马匹的四只脚却露在外面,这正好可以发挥我们盾牌军的作用;只要砍断马匹的一只脚,那兵丁就毫无用武之地了。我军只要将铁塔兵打败,那个拐子马就跟普通骑兵差不多啦!"第二天,两军再次开战,兀术又派出了"铁浮图"、拐子马,而岳飞却命将士带着长把的廉刀上阵,当敌人冲过来时,岳家军的士兵两人一组,在用盾牌护住身子的同时,一人弯着身子用长把的廉刀对准敌人的马脚砍过去,马匹受伤后,将"铁塔兵"掀到地上,另一名宋军迅速冲过去,将敌军杀死,岳飞趁"铁塔兵"发生混乱的时候,立即率领大队骑兵冲入战场,"铁塔兵"见状纷纷后退,此时金兵的拐子马也无法发挥原有的威力,被岳家军杀得落花流水。兀术看到自己派出的精锐部队落得这样的结果,不由伤心地哭着说:"自从出兵以来,我军的'铁浮图'、拐子马从未失败过,这下全完了。"兀术带领着残兵败将退了回去。郾城大战的胜利,使宋军处于非常有利的地位。梁兴率领的义军也按计划截断了敌人的粮道。金兵被岳家军打怕了,都在私下里说:"撼山易,撼岳家军难呐!"

被冤身死　留名千古

　　金军在郾城失败后,兀术依然不死心,他又率军开始攻打颍昌。岳飞得到消息后,马上派岳云带兵支援颍昌。当岳云带领的数百骑兵冲入敌阵时,金兵竟然没有人能够抵挡。在宋军步兵和义军的左右夹击下,金兵再次战败。随后,各地的义军纷纷打出岳家军的旗帜,到处袭击金军,多次截断金军的运粮线路。此后,大队人马开始乘胜追击。公元1140年春,岳家军终于占领了距离东京只有四十五里的朱仙镇。各路义军听到岳家军攻占了朱仙镇,都欢欣鼓舞,纷纷来岳家军会合,军队的士气非常高涨,都以"直抵黄龙府"来互相激励。当地的百姓也都拿出自家的粮食慰劳岳家军。岳飞看到这种形势,增强了乘胜渡河收复河北的决心,他异常兴奋的鼓励部下说:"大家努力杀敌,等我们夺取黄龙府之后,我跟各路弟兄痛痛快快地喝酒庆祝胜利!"随后,岳飞再次上书,要求继续进军,收复失地,以报亡国的耻辱。而宋高宗却怕岳家军北伐取胜,到时若真将"徽、钦"二帝迎回来,自己的天子地位就有可能不保。于是便与主和派秦桧商量,秦桧向宋高宗献计,下诏书令岳家军火速回朝,岳飞看完诏书之后,立即写了奏章,恳求道:"我军屡次获胜,士气高涨,而金军锐气已经丧尽,这正是我军收复失地的大好机会。千万不能撤退呀!"谁知,这份奏章还没送出,他就在一天之内又接连收到了十二道金牌,都是催岳飞撤兵。这种金牌是特急的标志。岳飞接到金牌之后,知道想要收复失地的愿望已经很难实现,不由绝望地长叹一声说:"十年之功,毁于一旦! 所得州郡,一朝全休! 社稷江山,难以中兴! 乾坤世界,无由再复!"万般无奈之下,只好下令撤军。岳飞班师回朝没多久,即被解除兵权,任枢密副使。金兵趁机攻占了郑州、顾昌、陈州、蔡州等地。绍兴十一年七月,高宗和秦桧派人向金国求和,金国回应:"要想议和,必须先杀掉岳飞"。秦桧就唆使监察御史万俟卨向朝廷上书,指责岳飞骄傲自大,还捏造岳飞拥兵自重,在金兵进攻淮西的时候没有救援;多次放弃阵地等许多"罪名",随即又有多人上书弹劾岳飞。因此,岳飞于当年八月辞去了枢密副使的职务。

　　为了除掉岳飞,秦桧利用张俊对岳飞的不满,勾结张俊收买了岳飞的部将王俊、王贵,让他们诬告岳云受岳飞指使曾经写信给张宪,令其发动兵变,帮助岳飞夺回兵权。在秦桧的一手安排下,根据王贵二人的诬告,张宪被抓进了大理寺大狱,受到严刑拷打,但张宪宁死不招。秦桧就伪造了假口供,奏请高宗下令逮捕岳飞、岳云。岳飞被捕时曾笑着对使者说:"天地会证明我是无罪的。"

　　岳飞父子被逮捕到大理寺的时候,见到已被拷打得遍体鳞伤的张宪,岳飞心里既难过又气愤。审问岳飞的官员拿出王贵、王俊的诬告信,放在岳飞面前,问道:"朝廷哪里亏待过你们,为什么想要谋反?"

　　岳飞说:"我清清白白,从未想过要谋反,你们可不能诬陷我啊!"但陪审的其他官员却都附和着说岳飞想谋反。岳飞知道申辩也没有用,就长叹一声,不再言语。当御史中丞何铸再次审问时,岳飞没有申辩,只是扯开上衣,露出后背让何铸看,何铸看到岳飞背上清清楚楚地刺着"精忠报国"四个大字,不由为之震动,知道岳飞不可能造反,于是没敢再继续审问,就把岳飞押回了监狱,回去向秦桧如实汇报。秦桧认为何铸同情岳飞,就不再信任他,改派万俟卨给岳飞定罪。万俟卨一口咬定岳飞指使自己的儿子给张宪写信,命其造反。他们对岳飞等人严刑拷打,但什么也没有问出来。

　　有一天,当万俟卨再次逼着岳飞写供词时,岳飞拿起笔来在纸上写下八个大字:"天日昭昭,天日昭昭。"这个案件拖了很长时间,也没有什么结果。朝廷中的许多官员都出面担保岳飞,但高宗没同意。大将韩世忠实在忍不住了,就亲自去质问秦桧,凭什么说岳飞谋反,是否有证据。秦桧理直气壮地说:"虽然没有找到岳飞写给张宪的信,但是这件事莫须有(也许有)……"韩世忠气愤地说:"难道仅凭'莫须有'三个字,就能叫天下人心服吗?"虽然韩世忠和朝中众位大臣反复力争,可是都没有结果,韩世忠一怒之下,便上奏章辞去了官职。

　　有一天,秦桧回到家中,坐到桌前,心神不定地用手指甲在一只柑子上乱划,他的夫人王氏心肠比秦桧还狠毒,她猜出了秦桧的心事,知道他对是否杀岳飞还在犹豫,就冷笑着说:"你这人,怎么还没有决断,要知道捉虎容易放虎难啊!"王氏的话令秦桧下定了决心,他到高宗面前极力地游说,终于令赵构在当年十二月下旨:"岳飞特赐死,张宪、岳云依军法施行。"绍兴十一年(1141 年)的除夕之夜,一生出入疆场,英勇抵抗侵掠的岳飞,在大理寺风波亭遇害身亡,当时年仅 39 岁。岳云、张宪同时被害。

岳飞被害之后,一个狱卒隗顺偷偷地将他的遗骨埋葬起来。绍兴三十二年(1153 年),宋孝宗即位后,他立即下诏为岳飞平反,恢复他的元帅官衔,谥武穆,忠武,将岳飞的遗骨改葬在西湖栖霞岭上,即杭州西湖畔"宋岳鄂王墓",后来又修建了岳庙。现在,在岳庙的大殿里,端坐着全身戎装的岳飞塑像,上方悬挂的匾额上,刻着"还我河山"四个大字。在岳飞墓门的对面,还放着用生铁浇铸的秦桧、王氏、万俟卨和张俊四个反剪双手的跪像,反映了人民对岳飞爱国主义精神的景仰和对卖国贼的憎恨。

戎马一生　抗倭名将

——戚继光

名人档案

戚继光：字元敬，号南塘、孟诸，山东登州（今山东蓬莱市）人，祖籍濠州定远（今安徽定远县）。明朝抗倭名将，杰出的军事家、书法家、诗人。戚继光风流倜傥，爱好读书，世袭登州卫指挥佥事，联合俞大猷等抗击倭寇十余年，扫平为祸多年的倭患，确保了沿海人民的生命财产安全。万历十三年（1585年），受到弹劾的戚继光，被罢免回乡。万历十六年，病死于家中，时年六十一，谥号武毅。

生卒时间：1528年~1588年。

性格特点：思想先进，智勇兼备。

历史功过：他17岁时即袭父职任登州卫指挥佥事。25岁那年被提升为署都指挥佥事，负责山东全省沿海防御倭寇，在此期间，功效显著。嘉靖三十四年（1555年），戚继光被调到了倭患最严重的浙江省，任都司佥书，不久被提升为参将，镇守宁波、绍兴、台州三府。嘉靖三十五年（1556年）9月。倭寇800余人侵入龙山所，他率军迎击，明军怯战欲退。

危急时刻，戚继光以三箭射杀了3个倭寇头目，倭寇撤逃。嘉靖三十八年（1559年），戚继光从浙江义乌群山之中招募农民和矿夫，采用营、官、哨、队四级编制方法编成了新型军队。创出了一种战斗队形能分能合的"鸳鸯阵"，大大提高了战斗效率。由此人们称这支抗倭劲旅为"戚家军"。嘉靖四十年（1561年），戚家军打败了倭寇对台州的大举侵犯，而后又是九战九捷，取得了举世闻名的台州大捷。倭寇们为此无不心惊胆战，给戚继光取了个绰号名叫"戚老虎"。次年夏，戚继光率军南下福建，荡平倭寇长期占据的横屿、牛田、林墩三大巢穴。嘉靖四十二年（1563年），和福建总兵俞大猷、广东总兵刘显等人共同取得了平海卫大捷。转过年来，升总兵官，镇守福建全省及浙江金华、温州两府。同年11月，2万倭寇围攻仙游，戚继光"用寡击众，一呼而辄解重围；以正为奇，三战而收全捷。"自此，戚家军扬振海疆,倭患终被荡平。隆庆二年(1568年)五月,戚继光被调到北部边关镇守,总理蓟州、昌平、保定三镇军务。他到任后,创建了步兵营、骑兵营、车营和辎重营能协同作战的合成军。与此同时,加固旧长城,并在长城沿线创建了可攻可守的空心敌台,由此建成了一道牢不可破的坚强防线。他在北方御边十六年,"边备修饬,蓟门安然"。万历十一年(1583年),因受到朝中权贵的排斥,戚继光被调到广东任镇守,他郁郁不得志,三年后辞官,回到了老家山东蓬莱。

名家评点:在戚继光四十多年的戎马生涯中,他"一年三百六十日,多是横戈马上行",东南沿海灭倭,北方练兵御边,可称得上一代爱国名将。他智勇兼备,练兵有方。指挥戚家军"飚发电举,屡摧大寇",他还有过歼敌上千,而"戚家军"竟无一人阵亡的例子。因此被人誉为"自古以来少有的一位常胜将军"。他不但骁勇善战,战功卓著,而且在军事理论上也颇多建树,为后人留下了兵家所推崇的《纪效新书》《练兵实纪》两部兵书。

袭承父职　从军卫国

　　戚继光是山东蓬莱人,出生于明朝嘉靖七年(1582年),一个将门之家。父戚景通精通文武,品学兼优,曾在山东、大宁、京师等地历任军职,官至神机营副将。戚继光自小就立志驰骋疆场,保国卫民。戚景通曾在北京城当神机营(明时使用火器的部队)的副将。到了晚年告老还乡,在家里埋头著书,把他一生的作战经验写成书,戚景通还有一件从不忽视的事情,就是教育自己的儿子。尽管他在58岁的那年才有了长子戚继光,可是他并不因为晚年得子就对戚继光过分地溺爱。相反,他对儿子要求还极为严格,对他一点儿也不骄纵宠惯,因为他希望儿子长大后能成为国家的栋梁之材。在戚继光12岁那年,他家叫了工匠来修缮房屋。戚景通只是让工匠在厅堂的两根立柱间安装四扇镂花门。可是工匠们觉得这不够大户人家的气派,这时他们看到了年幼的戚继光,于是就把他叫到了一边,私下对他说:"公子家世代都是将门,理应安设十二扇门,这样才能显示出豪门贵族的气派啊!"戚继光觉得有道理,于是他就跑到父亲那里,说:"父亲,咱家世代都为官,雕花的门为什么不多安几扇呢?"父亲一听,连连摇头,说:"你将来长大成人,能保住咱戚家这份家业,我就心满意足了。你年纪这么小就知道贪慕虚荣,那将来恐怕连这点产业也不会保住的。"戚继光极为聪明,他琢磨了一下父亲所说的话,马上就明白了父亲话中的意思。

　　戚继光13岁那年,因为民间兴早订婚,所以戚家人也给继光定了亲。戚继光的姥姥听说了这事,于是就让人给他送来了一双做工讲究、面料华贵的丝鞋作为对自己外孙定亲的贺礼。戚家过日子一向节俭,戚继光还从来没有穿过这样华丽的衣服和鞋子。他见到了这双丝鞋，真是喜出望外，拿在手里越看越喜欢。母亲看见儿子如此喜爱，于是说："瞧你喜欢的那个样子，干脆你就拿去穿了吧！"戚继光高兴得不得了，他穿着丝鞋便走动个不停，一边走一边眼瞅着脚下穿的鞋子，真是打心眼里喜欢，不知不觉，戚继光走进了前厅里，可巧父亲正坐在那里读书，他一转眼就看见戚继光穿着的那双华丽的丝鞋了，马上就把脸沉了下来，说："小孩子家为什么要穿这么漂亮的丝鞋？现在你就知贪图虚荣享受，有了丝鞋，就还会想着要穿锦绣，吃那些山珍海味……"停了一下，脸色显得越发沉重起来，他说："咱戚家世代都清白做人，不可能会有那么多钱来满足你的奢望。将来有朝一日，你成了领兵的将领，就很难保证你不会侵占士兵的粮饷啊！照如此下去，我戚家的门风岂不要被你给败坏了，你怎么还能够接替我的事业呢！"戚景通马上命人把丝鞋给烧了，不准许儿子再穿。就这样，戚继光在父亲的严格教育下，养成了一种良好的品德，他下定决心，将来一定要做一个正直的、文武全才的军人。

到他15岁的时候，戚继光就在家乡一带小有名气了。父亲看着儿子一天一天地长大起来，而且也越来越有出息，心中感到无限地欣慰。戚景通到了晚年，只知道埋头著兵书，没有心思置办田产，过问家里的一些事务，所以家境是一年不如一年，这难免会引得一些浅薄的人在背后对他进行冷嘲热讽："当了一辈子的官，到老了还不能给后人留些东西，他还自得其乐，这样的人真是傻瓜！"乡人们的这些闲言碎语不胫而走，很快传到了戚景通的耳朵里。有一天，他把戚继光叫到自己的身边，说："儿子，父亲这辈子没能给你留下什么钱财，你是不是感到有些遗憾？"戚继光摇了摇头，十分诚恳地说："孩儿并不感到遗憾，孩儿从您那里得到了最宝贵的东西，您传给我知识和武艺，教我如何做一个正直、自强自立的人，我会把父亲的恩德永远牢记在心里。"

戚景通高兴地点了点头，他指着在书案上堆积着的文稿说："这些兵法书稿都凝聚着我的心血，相信你会好好加以利用，为民为国做出贡献的！"戚继光听了极受感动，当即就跪在地上，涕泪横流地对父亲说："您教授给孩儿的品德是用任何钱财也买不到的。凭着它，我将没有什么可担忧惧怕的。父亲，您就放心好了！"

戚景通72岁那年，不幸身染重病，眼见不久就要离开人世了。他想趁着自己还未离开人世之前，把身后的事料理一下，尤其是要安排好儿子的前程，于是他决定让戚继光到北京办理承继自己职务的手续。在临行之际，老人在病榻前把写好的文稿放在戚继光的手中，语音颤抖地叮嘱说："现在我就把它交给你。这是用将士们的鲜血和生命换来的！你可要好自为之啊！"戚继光听到这里，早已经泣不成声，他发誓说："儿子今后无论遇到什么样的千难万险，也不会把父亲这一生心血而成的书稿丢掉，孩儿一定要好好加以利用，用它来报效国家。"说完，他就拜别双亲，离开了家乡，赶往都城去了。过了一个多月，戚景通便离开了人世。

戚继光依照朝廷当时的惯例，接替了父亲的职位，由此开始了金戈铁马的军旅生涯。这一年他才17岁，因袭承了父职，所以他就来到了山东登州，任卫指挥金事。当时,明朝的海防空虚,兵纪不整,军风败坏,而且守卫山东沿海的那些士兵多半是些老弱残兵,纪律极为涣散。戚继光到了任上后,看到这种情况,就下决心整顿军纪。

练兵抗倭　台州大捷

在我国的古代,人们把日本称为倭奴国,因此就把这些海盗也叫作"倭寇"。他们自从元代开始,就经常在我国沿海地区登陆抢劫,杀人放火,无恶不作。到了明朝,浙江、福建一带的倭寇更加猖獗。那时,明军在宁波一带驻守有八万多人。可是,尽管明军人数众多,可是缺乏统一而又有力的指挥,而且军纪涣散,所以多次被倭寇打败。嘉靖三十四年(1555年),朝廷便把戚继光从山东调到倭患严重的浙江任都司金书,第二年,又提升他为参将,让他负责镇守宁波、绍兴、台州三府。戚继光到任后不久,便招募义乌的矿工和农民,对他们进行训练,教授阵法,由此建立起了一支纪律严明、武艺精强的军队,这支新军队伍很快成为军事劲旅,人称"戚家军"。

嘉靖三十五年(1556年)九月,有一股八百多人的倭寇又窜到宁波的附近进行劫掠。戚继光得知消息后,立即率军对其进行围剿。他正带兵前进,远远地就看到那些倭寇正分成三路,向自己这边冲杀过来,口中还狂呼乱喊。以前,官军因为打过多次败仗,一见他们就不由地心生胆怯,看见倭寇高举着倭刀气势汹汹地冲杀了过来,马上便有些阵脚不稳了。戚继光一见,立即指挥官军迎击,可是没有几个回合,那些怕死的军官就往四下里寻找退路。戚继光看到此种情形,心中非常生气。危急时刻,他往四周看了一下,然后飞身跃到了一块巨石上,立在上面,然后挽弓搭箭,稍一瞄准,便发出去一支,只听得"嗖"的一声,领头的一个倭寇头目便应声倒地。接下来,戚继光又发出了第二箭,又一个倭寇的头目还没来得及吭一声就断气了。然后戚继光的第三箭又射死了第三路的倭寇头目。那些倭寇看见自己的头领眨眼之间丧命身绝,阵势马上大乱起来,就像一群无头的苍蝇一般,往四下里奔逃。官兵们看见自己的统帅仅用三箭就射死了三名倭寇头目,顿时士气大振,随着戚继光的一声令下,都举刀挥枪,争先恐后地奋勇杀过去。倭寇见状,仓皇撤逃。这一次同倭寇打仗,戚继光率领的官军大获全胜,从此坚定了沿海军民战胜倭寇的信心。

嘉靖三十八年(1559年),戚继光在浙江义乌群山之中招募勇敢的农民和剽悍的矿夫共3000余人,采用营、官、哨、队四级编制方法编成了新型军队。队是基本的战斗单位,队员按照年龄、体格的不同分别配备不同的兵器,在作战的时候,全队队员都各用其所长,相互配合作战,做到攻守兼备,能够灵活进退。因为这种战斗队形能分能合,所以人称"鸳鸯阵"。嘉靖四十年(1561年),有一次,大股倭寇自浙江台州沿海登陆,向内陆进犯。戚继光得到消息后,立即率领军队分成三路迎敌。当队伍行进到离台州还有二里远的花街时,正和迎面而来的倭寇相遭遇。双方人马立即摆开了阵势,其中有一名倭寇小头目,左手持矛,右手握刀,由倭军中跳了出来,他口中大叫,向戚继光的军士们叫战。戚继光看见敌人来势凶猛,眼前的这个倭寇一副不可一世的样子,就有意趁此机杀杀敌人的威风,激励一下自己的将士。于是他在阵前把自己身上的银铠甲脱掉了,向手下将士大声宣布:"有谁能杀败这个倭将,我就将这身银铠甲送给他!"他的话音刚落,出来一名小校,他跳到阵前,手中挥舞着长枪,跃跃欲试。戚继光向他点了点头,这名小校立即冲了过去,两个人来回只战了几个回合,小校就把那个倭将给挑翻在地。倭寇看见死了一员大将,恼羞成怒,为首的一声令下,全部倭寇立即向戚家军冲了过来。戚继光神情镇定,屹立在阵前,从容地进行指挥。他挥动令旗,两旁是鼓角声声,显得极是威武。没用半个时辰,那些倭寇便招架不住,纷纷往下溃败,戚家军则趁势由后面掩杀过去。倭寇一见这种情形,只得舍财救命,于是使出惯用伎俩,把那些抢来的金银珠宝漫天抛撒,企图用这些财物来诱惑戚家军,从而停止对他们的追击。可是倭寇哪里知道,戚家军向来军令森严,和以往的明军不一样。他们根本不看满地的金银财宝,只一门心思地奋勇追杀。倭寇见此情景,不由绝望地哀叫:"这回完了!"

这一仗,倭寇损失惨重,大部分的倭寇非死即伤,只剩下一小部分逃回了海上。自从这次取得举世闻名的台州大捷之后,经过七年的时间,倭寇在哪里骚扰,戚继光的军队就打到哪里。那些乱七八糟的海盗队伍,哪是戚家军的对手,戚继光率领戚家军又九战九捷,倭寇见在陆地上呆不住了,于是被迫逃到了海船上,戚继光又用大炮给予轰击。倭寇的船起了火,大批的倭兵不是被烧死就是掉到海里给淹死,留在岸上的也只得乖乖投降。倭寇见浙江防守严密,再也不敢来浙江沿海地区骚扰了。倭寇们一听戚继光的名字就心惊胆战,于是给戚继光取了个绰号叫"戚老虎"。自此以后,浙江一带的倭患就基本上被解除了。戚继光也因为战功卓越,被升为都指挥使。

两度入闽　消除倭患

1562年,戚继光又被调到福建平倭。这一年的农历七月,他率领着六千戚家军,自温州的平阳出发,一路上披荆斩棘,穿越了三百里的偏僻小路,进入到福建境内。当时侵扰福建的那些倭寇,主要以横屿、牛田和林墩为据点。其中的横屿是倭寇的大本营,但是倭寇的头目们却都在林墩扎营。戚继光了解了一下实际情况后,就决定先破横屿,然后再乘胜攻破牛田,最后一战捣毁林墩的寇巢。横屿是一个小岛,离陆地有十里之遥,四面都是水,地形险隘,尤其是岛上建有木城,在其周围构筑了许多坚固的防御工事,大概有一千多名倭寇在这里结营,凭借着险要长期盘踞在此,四处掳掠。在此之前,明军也曾几次攻打横屿,可是都以失败而告终。在附近的宁德、福清地区还有一万多名倭寇,跟他们互相应援,所以很难对付。

戚继光针对具体情况,采用"消枝弱干"的办法,先是发兵进攻横屿对岸的张湾,取下张湾之后,马上张贴告示实行招抚,由此迫使一千多名倭寇的胁从分子纷纷缴械投降。然后,戚继光又率军东进,直攻横屿。从海岸到横屿之间有一处浅滩,海水涨潮的时候,滩就没在水中,成为一片汪洋,可是海水落潮的时候,滩就露了出来,出现的就是一片泥泞,极难通行。八月初的一个早晨,戚继光悄悄地率军来到横屿岛对面的海滩上。戚继光用手指着横屿岛,对手下的将士们说:"对面岛上就是倭寇,眼下正是落潮,等我们赶到岛上时正是涨潮时分。我们上岛之后,只有全歼倭寇,才有生路,否则打了败仗,也是无路可退的。哪个觉得自己胆量不够,可以不去,我不忍心让你们过去白白送死!"戚继光这话,意在激励全军将士。将士们一听,纷纷表态说:"我们跟随将军来到这里,图的就是能杀敌报国,怎可向倭寇示弱!""谁不敢去谁就不是男子汉!"戚继光点了点头,他也很受感动,一声令下,戚家军全体赤裸着上身,每个人手里都提着早已备好的一捆稻草出发了。他们把稻草铺在退潮后露出的泥滩上面,然后匍匐前进。戚继光站在一块礁石上,亲自擂鼓,为众将士助威。随着咚咚的鼓声,戚家军迅速地向横屿岛接近。

戚家军一到岛上,就对敌人发起了进攻,喊杀声震天,从岛上一直传到岸边。这横屿是倭寇经营多年的老窝,在这里存有大批的粮食和辎重,他们当然不肯轻易放弃。官兵们同岛上的倭寇展开了肉搏战。双方杀得难解难分。戚继光随后也带领着将士们冲杀了过来。倭寇见戚家军源源不断地来到岛上,军心便开始涣散。到了将近中午,终于再难支撑,开始往四下里奔逃。这场决战用了三个时辰,共消灭了倭寇两千六百多人,被倭寇抢去的大量财物也被夺了回来。戚家军凯旋而归。

接着戚继光又率军南下福清,攻取牛田。牛田距离福清县城有三十里。离海边很近。它跟周围的杞店、上薛、西林、木岭、新塘等倭寇据点连成一气,其势力可达三十多里,势若长蛇。戚继光早就想好了计策,为了麻痹敌人,他故意当着众官兵的面说:"我军自远道而来,需要休整,养精蓄锐,过一段时间,然后再待机而动,况且倭寇并非朝夕之间就能扫除的。"倭寇派出来的探子得知这个消息,向首领做了报告,倭寇果然不做什么戒备。可是就在转过天来的晚上,天色漆黑,没有月亮,这时,戚家军毫无声息地自锦屏山出发,奔袭了杞店,将那尚在睡梦中的倭寇顷刻间给斩杀殆尽。然后,戚家军又回师锦屏山,发现有一队倭寇前来袭营,戚继光一声令下,官兵奋勇冲杀,立即把来袭营的敌人全部给消灭了。接下来,戚家军又乘胜进击,攻击牛田、上薛等地的倭巢,这场战役下来,斩杀、俘虏了大批的倭寇。剩余的倭寇都纷纷逃窜到了兴化。

戚家军在福清稍做了一下休整,到了九月中旬,马上又开到了兴化府城,准备攻取城东二十里的林墩。进到城里之后,戚继光表面上不谈战事,从容的会客、赴宴,可是在暗地里则教士兵们抓紧时间休息,准备随时对倭寇发动攻击。到了半夜,他立即摇响铜铃,发出行军命令,军队很快就集合在了一起,悄悄地打开了城门,准备对林墩发动一次夜袭。可谁料到,那个向导竟然是个通敌分子,故意把他们引到了一条溪水纵横,泥泞遍地的小路上。等到军队逼近林墩的时候,东方天色已经发白,这样一来,他们的行动马上被倭寇给发觉了。倭寇当时就进入了防御工事,布置防守,并派出了部分人马迂回到戚家军的背后,进行两面夹击。这样一来,戚家军就腹背受敌,一时间阵脚大乱,士兵们便纷纷往后退缩,处境极其险恶。在这危难之际,戚继光毫不变色,他站在路口,沉着镇定,向军队发出了进攻号令,与此同时,还把十四名退缩的部下当众斩杀了,以此来严肃军纪。将士们见状,重又鼓起百倍的勇气,奋力向前冲杀,与倭敌进行血战。如此一来,倭寇们渐渐的难以支持,往四下里溃逃。戚家军乘胜对敌人实行猛攻,结果连克敌营六十余座,斩杀倭寇九百多人,并活捉倭寇大小头目十三人,还有千余名倭寇在溃逃时落入海里给淹死。

到了天大亮时,兴化府城的居民们早得知此事,纷纷扶老携幼,杀猪宰羊,备好了酒肉,出城十多里,夹道欢迎得胜归来的戚家军。戚继光由此胜利完成了他既定的战略计划,率领军队返回浙江休整待命。当路过福州的时候,当地的乡亲们在于山的平远台特设了酒宴,为戚家军庆功饯行。百姓们敲锣打鼓,一片欢天喜地的气氛,戚继光率部下将领,穿过了夹道欢迎的人群,登上了平远台。他接过当地长官献上的酒,把头一仰,一饮而尽,然后拱手作揖,感谢福建百姓对戚家军的支持和援助。当地长官令人抬上来一块纪功碑,立在了平远台上。

戚家军返回浙江之后,那些倭寇收集了残兵败卒,很快又攻占了兴化府,占据平海卫,福建的老百姓再次深受其害。嘉靖四十二年(1563 年),戚继光再次率领戚家军进入福建,和福建总兵俞大猷、广东总兵刘显等人共抗倭寇,取得辉煌的战绩。尤其是海门卫一战,令戚继光声名远震。那时,戚继光率领着一队人马昼夜兼程赶往海门卫,准备会合另一位抗倭将领谭纶,一同扫平这一带的倭寇。可是,在他到达海门的当天晚上,戚继光便接到探子的报告,说是有三千名倭寇正在向海门这个方向进犯。得到消息后,他马上命令海上的驻军严密监视倭寇的动向,准备在第二天同倭寇决一死战。可是没料到,海门卫军队平日里松懈惯了,虽然接到了命令,可仍然麻痹大意。海门紧靠着大海,卫城离大海也仅有一里之遥。就在半夜,数百名倭寇悄悄地来到城下,并快速地向城上爬去。等到守城官兵发现倭寇时,已经有数十个倭寇爬上了城头。戚继光听到了报告,也来不及整顿队伍,立即飞身上马,手持双剑,打马扬鞭地驰向城门。

当时夜正深,可是城头上已传出了厮杀声,武器的碰撞声响成了一片,火光把城头照得通明。戚继光此时已然手舞双剑,飞马冲上了城头。"戚将军冲上去了!"那些将官看到戚继光身先士卒,亲自上阵,也都手持兵器,争先恐后地跟着冲上城头。紧接着,谭纶将军也带兵赶到,率领手下将士,呐喊着同倭寇混战在一起,敌人终于被击败了,在城下的大队倭寇见势不妙,也顾不得城头上的那些残兵败将，纷纷往回逃窜。戚继光见时机很好，立即命人打开城门，在后面乘胜追击。在几天的时间内，明军在沿海四处追杀那些逃散的倭寇，共消灭了一千多人，烧毁敌船达三十多艘。

那些穷途末路的倭寇决定做最后的一拼。他们把兵分为五处，分别占据海岸边上的一些山丘，准备据险死守力战。这期间他们还抢来了几十只船，一旦失守，就准备由海上逃走。戚继光早就料知他们的意图，所以他也下定决心，要彻底消灭这股敌人，于是他命令一队人马沿海快速迂回到山背后，悄悄地接近敌人，把他们逃往海上的退路斩断。与此同时，又在海口处留下一条道路，将精兵埋伏在道路两旁，如此一来，就形成一个口袋阵，只等着敌人往里钻。戚继光亲自率领着队伍自正面向倭寇发动猛攻。决战刚开始时，有两个倭寇头目手摇着军令旗，指挥那些倭寇往山下射箭、扔石头。明军一连冲了好几次都没能成功。戚继光看到这种情形，知道硬攻是不行的，于是他就把弟弟戚继美叫过来，低声对他说了几句，兄弟俩匍匐着身子爬到了阵前，隐蔽在大石头的后面，暗中用弓箭瞄准了那两个摇旗的倭寇头目，同时发箭，两个倭寇身子摇晃了几下，然后扑通倒在地上，那旗子也扔出去好远。倭寇见无人指挥，顿时乱了阵脚，眼见着明军呐喊着冲了上来，倭寇们纷纷躲避，乘这时，戚继光命令全面出击歼敌。就在这时候，包抄后路的明军也赶了过来，形成了前后夹击之势，倭寇只能夺路而逃。这样一来，他们就乖乖地钻进了戚继光早已布置好的口袋阵里。那些埋伏好的明军此时是金鼓齐鸣，杀了过来。倭寇见再也无路可逃，都往大海里跳，一时间又淹死了不少。那些来不及跳海的，干脆就跪在地上磕头求饶，就连这支倭寇的总头目也趴在地上，磕头如捣蒜般地举手投降了。海门卫大捷极大地振奋了明军士气。自此后，倭寇一败再败，抗倭斗争取得了一个又一个的胜利。转过年来，戚继光升任为总兵官，镇守福建全省及浙江金华、温州两府。同年 11 月，又有倭寇 2 万人来围攻仙游，戚继光"用寡击众，一呼而辄解重围；以正为奇，三战而收全捷。"戚家军在当地民众的密切配合下，把福建的倭寇给彻底剿灭了。自此，戚家军威震中国海疆，倭寇是望风而逃，长时间危害中国沿海的倭患终于被荡平了。

镇守北疆　防御有方

沿海的倭寇被荡平之后，北方的鞑靼骑兵又来进犯北方边境，在隆庆二年（1568 年）五月，戚继光被朝廷任命为都督同知，总理蓟州、昌平、保定三镇军务，担任了护卫京师的重职。于是，戚继光又领兵来到北部边关镇守。他到任之后，就根据蒙古骑兵的作战特点，创建了以火绳枪炮为主的步兵营、骑兵营、车营和辎重营，并使各营成为能在统一指挥下进行协同作战的合成军。因为鞑靼骑兵万马疾驰，来去不定。蓟州防区十分辽阔，兵力又极为薄弱。所以戚继光根据这个特点，决定采取以守为主的策略。他终日奔走在前线，对原旧长城进行了加高加厚，在重要地段修筑了重城重墙，还沿长城创建了可攻可守的空心敌台，从而真正形成了一道牢不可破的坚强防线。鞑靼骑兵见到戚继光在此防守，十几年竟然不敢在蓟州越边犯境。在戚继光御边的 16 年内，"边备修饬，蓟门安然"。

戚继光为了保家卫国，可说是费尽了心血。可是，在支持他的首辅大臣张居正死后，那些原来反对张居正改革的人立即串通起来，对张居正进行攻击，而且还把戚继光说成是张居正的同党。这样一来，戚继光就被调离了蓟州重地，派往广州驻屯。当戚继光离开蓟州那天，百姓们闻知此事，扶老携幼来到街头，拦住将军的轿子大哭，有的人则跟在轿子后面，久久不愿离去。戚继光怀着痛苦和悲愤的心情，踏上了南行之路。

戚继光来到广东之后，整日里无事可做，实际上等于被闲弃在一边。时间不长，他向朝廷提出回山东老家养老，朝廷恩准了。到此，多年驰骋战场，叱咤风云，名震一世的戚继光，就这样进入了凄凉的晚境。回到老家之后，他不但心情不好，而且还身患重病，这时候，让很多人难以想象的是，他竟然没钱请医生治病。因为多年的征战和晚年所受到的冷遇，戚继光虽然还不到 60 岁，却成了一个体弱多病的老人。万历十五年，即公元 1588 年，60 岁的抗倭名将戚继光与世长辞。

戚继光，不但战功显赫，而且文武兼备，才华卓著。他在抗倭、镇北之余，还进行大量写作，主要的军事著作有《纪效新书》《纪兵实纪》《练兵实纪杂集》。另外，戚继光还写了为数不少的诗文，他自己将其编为《止止堂集》，共计五卷。明朝末年，陈子龙等还将戚继光的奏疏议论编成《戚少保文集》五卷。除此之外，戚继光还创制了许多攻守兵器，如狼筅、刚柔牌、赛贡铳、艟舫、自犯钢轮火等。这位威震中外的英雄，把他的英名和智慧留给了后来人，他的光辉形象名垂青史。

收复台湾　名垂青史

——郑成功

名人档案

郑成功：福建南安人，初名森，字大木。郑芝龙子。唐王赐姓朱，改名成功，号"国姓爷"。南明隆武二年，阻父降清无效，移师南澳，继续抗清。永历帝立，封为延平郡王，招讨大将军。十三年与张煌言合兵，大举入长江，直抵南京，东南大震，旋为清兵所败，退还厦门。十五年（清顺治十八年）进兵台湾，驱逐荷兰侵略军，次年收复全台。不久病卒。

生卒时间：1624年~1662年。

安葬之地：南安市沿着福厦公路的水头镇附近的康店村复船山。

性格特点：效忠君国，慷慨义士。

历史功过：清兵入闽，其父郑芝龙迎降，他哭谏不听，起兵抗清。后与张煌言联师北伐，震动东南。康熙元年（1662年）率将士数万人，自厦门出发，于台湾禾寮港登陆，击败荷兰殖民者，收复台湾，更使他彪炳千古，青史留名。

名家评点：中国把郑成功看作从荷兰人手上收复台湾的民族英雄，日本则把郑成功看成第一个日裔子孙经营台湾的例子，而台独分子则把郑成功看成汉人脱离中国统治，移民台湾，建立新天地的典范。

弃笔从戎　反清复明

郑成功在7岁之前跟随母亲住在平户，父亲郑芝龙为明福建总兵，明崇祯三年（1630年），郑成功跟随叔父回国，住在了晋江安平郑府。郑芝龙给儿子聘请当地有名的老师来授课，1638年，郑成功入南安县学为廪生，1644年，郑成功离别家乡，来到了南京,进入国子监太学,并拜礼部尚书钱谦益为老师。当时的明王朝正处于内忧外患、风雨飘摇的时候,就在当年的3月中旬,由李自成领导的农民起义大军攻入了北京城,明崇祯王朝由此灭亡。很快,吴三桂引清兵入关,李自成战败,退出北京,到了9月中旬,清王朝便把北京定为都城。清军把李自成的农民军给消灭后,于次年的6月又把南京城攻克下来,这样一来,南明的弘光政权也就此覆灭了,郑成功只得返回福建。

就在清军攻克南京的当月,郑成功的父亲郑芝龙等人拥立唐王朱聿键在福州称帝,并建国号为隆武。到了南明隆武元年,也就是当时的清顺治二年,郑成功受到隆武帝朱聿键的召见。朱聿键对他十分倚重,尤其是看到郑成功忠勇可嘉,于是就赐他姓朱,由此改名为成功,封为忠孝伯,任御营中军都督,深得隆武帝的赞赏。

1646年,清朝的军队攻克了福建,隆武皇帝被清军生擒,不久即遇害身亡。当时郑成功的父亲郑芝龙手中掌握着隆武朝廷的军权,清朝的大学士洪承畴出面对其加以招抚,以言相劝,陈述利害,郑成功的父亲认为明朝的气数已尽,没有可挽回的余地了,便不顾郑成功的反对,只身北上投降了大清朝廷。此时的清军攻入城中,掠劫了郑家,郑成功的母亲田川氏为了免于受到清兵的污辱,便上吊身亡。隆武政权失败以后,年仅21岁的郑成功奋起反抗清王朝的民族压迫政策,他在南安县学焚毁了儒服,由此弃笔从戎。

郑成功见自己反对父亲降清无效,于是就亲自率领部下,到广东南沃岛起兵,1645年,郑成功在烈屿(小金门)起兵,拥戴南明的永历政权。1647年8月,郑成功与叔父郑鸿逵曾率兵攻打泉州,屯兵桃花山。继而又向厦门鼓浪屿挺进,1650年中秋,郑成功用计袭夺厦门,建立了稳固的抗清根据地,军事力量进一步壮大。此后数年,郑成功在福建、广东、浙江沿海一带反复同清军交战,并利用控制台湾海峡制海权的优势,发展海上贸易,以商养战,建立起一支强大的军事力量。鼎盛时期拥有水陆精兵20余万,大小船舰5千多艘,对清王朝在东南沿海的统治产生了巨大的威胁。

由于郑成功在福建沿海地区多次击败清军的攻击,在当时成为反清的一股不可忽视的力量。为了达到统一全国的目的,清朝廷其父郑芝龙招降郑成功以便,达到平定东南海域的目的。其实,早在清顺治九年,就有人提出了招抚郑成功的建议。在这位大臣的密奏稿内,说当今湖南、四川、广东到处都在用兵,实在难以应付。而且在湖南、江西、广东等地的叛乱都有可能和郑成功进行勾结,到了那时,祸乱可就更大了。现在不如采取招抚的政策,先把郑成功给安抚住,这样一来,朝廷就可以对其加以控制了。到了那时,只要他稍有反意,那也很容易地就能把他剪除。如果让他来京,想必他不会同意,不如先让人对郑芝龙说明皇上此意。如果郑成功真心投降的话,那就公布于天下。如果他无心归顺,这样也无损于大清的威严。

顺治皇帝对这项建议表示赞成。首先,他把投降了清朝而处于软禁状态的郑芝龙恢复了名誉,并对他降清的功绩大加赞赏,对郑芝龙进行好言安抚。并应郑芝龙的请求,把他由所在的正黄旗拨到了镶黄旗,同时授予郑芝龙在京的第二个儿子郑世忠为二等侍卫,并命人把郑芝龙在福建的部分亲属护送到了京城团聚。

假意受降　借机备战

清朝廷给浙闽总督刘清泰发去了旨意,对招抚郑成功一事做出了明确的指示:如果郑成功得到他父亲的信后还不投降,你就派兵进剿。如果郑芝龙的家人有投诚之意,那么就将此事尽快报告朝廷,并派得力的官员查看他是否真心投诚,如果是真的,就可以免去他的罪过,并授予官职,而且仍旧让他在原地驻扎,不必到京城。将浙、闽、广东一带的海寇,都交给他加以防御。凡是自海外来的商船,都由他进行管理,稽查奸宄,输纳税课,如果他能捕获其他叛贼,一定给予奖赏。这是朝廷对归诚的大臣所表达的意思,你必须对其坦诚以示,方能使得他心悦诚服,在这件事上你一定要深思熟虑,不可中了成功的计策。

为了能体现出朝廷对郑成功招抚的诚意,清廷还马上下令追查在当年清兵入厦门时掠夺郑成功家产一事。于顺治十年三月把肇事人福建巡抚张学圣、总兵马得功、兴泉道黄澍、巡按王应元都给予革职查办,交付三法司进行审理。其实这一案件的另一幕后原因是因张学圣、马得功、黄澍把从厦门掠得的大批金银财宝进行隐匿私分,由此引起了朝廷和有关官员的嫉恨。如浙闽总督刘清泰就曾秘奏,说是几人因为贪图郑家的财富,趁郑成功不在之机搜括郑家的家财,达数日之久。对于这件事,请朝廷一定要严加追究,这样才有利于对郑成功的招安。但在会审时,张学圣、马得功、黄澍一口咬定“城内没有财物”,由此把掠夺郑家财产一事给抵赖得干干净净。结果审问下来,也不了了之。其实朝廷逮捕巡抚、总兵、道员这一举动,无非是用来对郑成功表示一种和解的姿态。

此时,清朝廷便让郑芝龙给郑成功写信,动之以父子之情;同时也让浙闽总督刘清泰派人向郑成功转达朝廷欲对其加以招抚的密旨,那意思就是只要郑成功肯于剃发归顺,就还能保持原有的军队,仍旧在福建沿海驻守,不必到京,以此来解除郑成功担心重蹈父亲覆辙的顾虑。郑成功接到信后,本心并无降清之意,但考虑到父亲的安全,所以就想将计就计,趁机扩展兵力和势力范围。

郑成功对父亲派家人李德送来的劝降书信马上做了答复,清、郑各自怀着自己的打算,开始了“和谈”。清廷浙闽总督刘清泰依据朝廷的交代,写了一封书信,派人送到郑成功的祖母黄氏那里,托她转交给郑成功。这封文书宣称当今皇上是个仁德之君,是个可值得信赖的帝王,同时又陈述郑氏父子不应绝情。这封信实际上就是以忠孝两全来引诱郑成功弃明归清。没过多长时间,清朝便正式颁发了敕书,封郑成功为海澄公,郑芝龙为同安侯,郑鸿逵为奉化伯,郑芝豹为左都督,并将泉州一府的地方供郑成功来安插和供养军队。敕书中首先肯定了郑芝龙当年归顺大清是识时务之举,接下来指责多尔衮“不体朕心,仅从薄叙,猜疑不释,防范过严”之过。至于抢掠郑家财产之事,其人已经给予追究。希望郑能从诚。随后,郑成功、郑鸿逵很快收到李德送来的郑芝龙的家书,意思和朝廷所言差不多。除了封爵授官之外,朝廷特意派遣郑芝龙的表弟黄征明作为使者来传达谕旨,用以解除郑成功对朝廷的疑畏。

为了表达清朝的诚意,敕书中说明满洲大军马上撤回。郑成功看到信后,心想:我正好将计就计,趁此向其借些粮饷,用以充足士兵的口食。他给郑芝龙写了一封信,其实这封给父亲的信就是对清廷的答复。在信中他表明自己不相信清廷的诚意,因为已有郑芝龙的前车之鉴。可是,他又不愿就此把和谈的大门给关死,信中暗示只要清朝如果能将1646年诱引郑芝龙时所许下的三省即浙江、福建、广东交给自己来管辖,那么就能进行谈判。可是,当时的形势跟以前相比已经大不相同了。福建、浙江两省除了某些濒海的少数地区之外,都已经归清朝所管辖了,广东省是平南、靖南两藩的驻地。其实郑成功知道自己开出来的价码,不管对于清廷还是闽、浙、粤地方当局来说都是难以接受的。因此,他对身负清廷联络使命的李德进行谈话时,口气和缓很多,诉说自己眼前是兵多地少,难于以一个地方安插下这多人。如果裁减兵员的话,一旦有战事出征,又因无兵会难以制胜。要求朝廷再给三府用来屯兵,并辖三省沿海地方。而后还指出清廷既然已经封自己为海澄公,相当于总兵官,职位尚在提督之下。并说清廷既在招抚,为什么还派金砺率兵进驻福建,这令人怀疑是骗局。最后表示清廷应该"用人莫疑,疑人莫用",只要将沿海之事全部托付给自己,那还可以让人考虑考虑。

清王朝通过李德带回的信息,判定郑成功确有归降之意,决定再做出一番让步,答应给郑成功漳州、潮州、惠州并泉州四府用来驻兵,特命郑成功"挂靖海将军印",并下令撤回了金砺的军队。金砺得到旨意后,即于六月从泉州启程,八月内撤入了浙江境内。

而郑成功并没有打算投清,他趁此和谈的机会,派兵到福建、广东沿海地区招兵买马、征取粮饷。自这年的八月起,郑成功就陆续派出部将官员,领兵到福建漳州、泉州、龙岩、惠安、仙游等府、县去征粮征饷,"大县十万,小县五万",如此一来,就使得清朝的地方当局处于十分被动的状态。1654年正月十三日,清廷派使把海澄公的敕印送达福州。二十日,郑成功在安海设香几案拜接受敕印,清使要郑成功先剃发然后再开读诏书;郑成功则以日后自己向朝廷报告为托辞而拒绝剃头。就此双方相持不下,诏书也无法开读。到了二十五日,清使离开安海回至福州。由此一来,和谈便陷入僵局,清朝所在的福建地方官既无权宣布招抚决裂,可是对于郑军的征粮征饷行为又难以应付。

郑成功的此举早被清廷的许多官员看了出来,认为他并没有投清的诚意,就连原来主张招抚并充当"保人"的浙闽总督刘清泰也要求对郑成功不可不防,请清廷派兵驻守福建、浙江一带。朝中大臣无不就此事发出回应。力主应当"厉兵秣马以应变"。这对身居虎穴的郑芝龙来说可慌了神,最后他建议清廷准许派他的儿子郑世忠同钦使一道赴福建,清廷答应了他的请求,同意做最后一次努力。

顺治十一年(1654年)八月十三日,清廷派遣的内院学士叶成格、理事官阿山和郑成功二弟郑世忠以及郑氏家族亲旧黄征明、李德、周继武等人携带敕书到达福州,派郑世忠、黄征明(成功表叔)前往厦门晓以利害。可是郑成功不为所动,表面上仍旧敷衍拖延。他让郑世忠回泉州约请叶成格、阿山到安平镇见面。可就在那天,郑成功调集甘辉、王秀奇、陈尧策等二十余名部将,统领着水陆各镇列营数十里,只见得旗帜飞扬,将士们是盔甲鲜明,把个安平镇布置得如同铁桶一般,叶成格、阿山到了安平,一看郑军阵势,便感到气氛不对,也没敢住郑成功给安排的迎宾馆舍,宁可住在临时搭建的帐篷里,双方都处于极度的戒备状态。虽然郑成功大设供帐,以厚礼馈送,表现出来的举止极为友好,可是郑成功却提出自己不受部、抚节制;因为他怕剃发引起姜襄、金声桓等人的激变,况且还没和部将议妥此事。可是叶成格、阿山此来只是奉旨监视其剃发受敕,并没有进行谈判的权力,对郑成功提出的条件无法答复,所以他们很快就知道自己难以完成此次使命了,于是就以"不接诏,不剃发"为由,拒绝郑成功对他们的隆重礼遇,返回泉州。并限二十五日为郑成功最后的答复时间。到了二十四日晚上,郑世忠、周继武、李德、黄征明等都前来见成功,进行哀告,要求他剃发,郑成功的回答是:"我不剃发还可能保全父亲的性命,如果一旦剃发,则父亲的性命休矣。"郑世忠想再劝哥哥,郑成功却喝道:"是否剃发乃是身份大事,我自会定夺,尔等勿再相劝。"到二十六日这一天,郑成功又派人想请清使来谈,可是叶成格、阿山认为已经没有什么好谈的了。二十九日,叶、阿二人叫人去催促郑世忠、李德、周继武、黄征明回京城复命。就在当天,清廷官员即离开泉州,谈判和局即由此完全破裂。

就当离别之际,应黄征明的请求,郑成功给父亲郑芝龙写了一封回信,郑成功在信中说明了整个事件经过,并表明自己的态度。主要内容就是说自己之所以不愿剃发,是怕三军有什么激变,更怕出现什么大的祸乱。清廷不理解自己的一片苦心良意。他在给郑世忠的信中把自己的志向说得更是清楚:"兄弟隔别已数载,可是刚聚几日,却又忽然被挟而去,这是天命也。"郑成功在和谈中表现出的态度给人诡异狡诈的感觉,可是在给他父亲的信中却引用了清帝敕谕指责他"词语多乖,征求无厌"的话语,由此也证明尽管这份敕谕没有正式开读,可是他已完全清楚清廷的用心了。既然没有什么谈判的余地,那郑成功为什么还要一再挽留清使,做出一些无益的举动呢? 其实这也说明郑成功的本意是不愿归降清朝,可是又考虑到父亲的安全,虽说他能置之度外,可是毕竟还是有所顾忌。所以在行动上就未免显得进退失据,措辞更是难以得体了。

尽管清廷招抚郑成功因双方各持己见最终不得不以失败而告终。可是,清、郑双方各有所得。郑成功利用和谈的这个机会,在福建、广东地区招兵买马,扩充军饷,从而增强了自身的实力。清廷方面呢,通过此番招降,也牵制了郑成功,使他失去了两次出兵广东配合李定国作战的时机。尽管郑成功并不想同李定国会师,可是就全局而言,清廷之所得远远要大于所失。

和谈既然已失败，清廷只得改而采取用兵了。1654 年 11 月，清朝廷在议政王、贝勒、大臣参与的会议上，一致决定对郑成功实行围剿。12 月 26 日，清廷派郑亲王济尔哈朗的世子济度为定远大将军，连同多罗贝勒巴尔处浑、固山额真噶达浑等领兵自北京奔赴福建。郑芝龙对清廷失去了利用的价值，没多久，即以通敌罪流徙于宁古塔。

郑成功就在清廷劝降的时期内，加紧整军备战。在金门的后埔演练精兵，并颁行营盘法，把厦门的澳仔作为演武亭，制定了各镇合操法和水师水操法。他对军士操练要求极为严格，由于军纪严明，造就了一支能征善战的水陆队伍。

1659 年郑成功率领水陆大军共 10 万、战船 290 艘北征，在北伐的过程中，郑成功一路上破乐清，取温州，与南明兵部侍郎张煌言会师，到了羊山时，因为遇到飓风，导致损伤惨重，郑成功不得不退至舟山进行休整。清顺治十六年五月，郑成功再度率师经崇明入长江，破清军克瓜洲，取镇江，进围南京。另外还派张煌言攻占了芜湖，夺取了徽州、宁国、太平、池州等 4 府、3 州、24 县。后因为不听张煌言、甘辉等将领急攻南京的建议，屯师城下达 20 余日，想静待清军能献城投降，却没料到遭到清军的突然反击，折了 14 员大将，损兵数万，败退厦门。转过年来，在福建海门港歼灭清将达素所率水师 4 万多人。由此军威复振。

在他起义后的 16 年间，郑成功占据在小金门和厦门一带的小岛，由此完全控制了制海权，以和外国人做生意收集资金，筹备军资粮饷，并且在内陆广设商业据点，从而收集到了许多有关清廷的情报。

攻取台湾　自立为王

1661 年，康熙皇帝刚登位，这时候，原郑氏降将黄梧向朝廷献上了灭贼五策，其中包括长达 20 年之久的迁界令，就是自山东至广东沿海二十里内，沿海的所有船只都一律毁掉，就是连寸板都不许下水，断绝了郑成功在经济上的支援；与此同时，把郑成功的父亲郑芝龙于宁古塔流徙处斩首；还派人把郑氏的祖坟给挖了，并移驻了投诚的官兵，分垦荒地。正是因为清政府这些新策略，使得郑成功跟他的军队断绝了经济上的来源，由此面临着严重的财政危机。郑成功召集部下，商议对策，经过一致表决，决定放弃东南沿海，转而把目标移向了荷兰人所占据的台湾，并计划把这里作为新的基地。1661 年正月，李定国联明抗清以失败而告终，由此一来，大陆各省基本上都已被清军给占领了。郑成功愈发感到形势的紧迫，眼前只有收复台湾这条路了，只有收复了台湾，使之连接金门、厦门，才能做到进退无忧。为了能顺利收复台湾，郑成功进行了充分准备，他派出密探侦察台湾的情况，秘密搜集有关方面的情报，还勘测好了航路，了解到荷军兵力布防等情况。同时修造战船，筹备粮饷，扩充军队，并加紧军兵的训练。当这些战前准备工作都做好了之后，郑成功马上从厦门移师到了金门，命他的儿子郑经留守厦门、金门，以防止清军乘虚攻袭;自己则率大军向台湾进军。

进攻台湾的舰队分为两个梯队,郑成功亲率的第一梯队先期出发,共有将士2万人。郑成功根据敌情和地形,决定先收复澎湖,以此为基地,通过鹿耳门港,实施登陆。荷兰殖民者闻讯也早已做好了战争准备,不断增加兵力,同时修筑工事,其中的台湾城和赤嵌楼是防守重地。禁止任何中国人进入赤嵌楼要塞,禁止渔民出海捕鱼,不准商船同大陆进行贸易往来,以此来防止走漏消息。同时又重新调整兵力部署,台湾城及其附近的小岛和海面由荷军头目揆一亲率;赤嵌楼由描难实叮率领;至于其他港口和城堡,约有四五百人进行守卫。而且鹿耳门港已经用沉船堵塞了航道。此港水浅礁多,极不易通行,故此没有派兵防守。

郑成功的第一梯队自金门料罗湾出发,次日抵达澎湖,因为荷军兵力薄弱,得以迅速占领。三日后,进军柑橘屿海面时,因遭风雨所阻,被迫折了回来。三十日,郑成功派人驻守澎湖,自率舰队,冒暴风雨横渡海峡,于四月初一日抵达鹿耳门港外。由鹿耳门外海进港有两条航路:南航道,口宽水深,但台湾城置重炮瞰制航道,不易通过。北航道阔仅里许,水中且有沙石淤积,舰船极易有触礁的危险,而且荷兰人事先用破船堵塞了航道,只有当海水涨潮时才能通过。于是郑成功命军队趁海潮大涨之际由北航道顺利通过了鹿耳门,进入内海,将大小舰船分布在台江之中。台湾城上的荷军没想到郑成功能从鹿耳门开进台江,避开自己设置的火力。所以荷兰军来不及调整大炮,只好仓促出战,郑军冲过荷军防线,在赤嵌楼以北的禾寮港进行登陆,接着在鹿耳门方向登陆成功。当地的台湾人民见到郑军到达,纷纷前来接应,郑军马上站稳了脚跟。

郑军很快把荷兰侵略者的要塞赤嵌楼、台湾城及仅有的几艘战舰给分隔包围了。荷兰人借船坚炮利和城堡坚固,自水陆分兵,趁着郑成功的军队尚未立稳之际,突然向郑军发动了攻击。荷兰用四艘舰船阻击郑军,郑成功则用60艘战船把荷舰给层层包围了起来,双方立即展开了一场激烈的炮战。尽管郑成功的军用战舰装备不如荷军,可是兵将们作战都十分英勇。在激战中,他们击沉了敌人的一艘主力舰,炸毁一艘甲板船,其余船舰见势不妙,急急如漏网之鱼,赶紧逃走了。在陆地上,荷兰舰长贝德尔则率领着240名士兵向郑成功的军队发动反击。郑的大将陈泽率领4000将士,让大部分的兵力正面给以迎击,自己则率七八百人迂回到了敌军侧后,由此一来,就形成了前后夹击之势。在这一场战斗中,贝德尔毙命,歼灭荷军达180多人,其余的少数人逃回了台湾城。

荷军经过海陆两战的失败之后,企图固守赤嵌楼和台湾城。郑成功的军队围住了两座城池,同时又派兵把荷军的水陆交通给切断了。然后命令军队对赤嵌楼发动了进攻。这时的台湾人民也纷纷自发地组织起来,帮助郑军来攻打荷兰侵略者。因为赤嵌楼的水源被切断了,荷军的生活出现了困难,在坚守了一段时间以后,终于在四月初四这天被迫率部投降了。郑成功留下一部分兵力扫清其他地方的残敌,自己则督师围攻台湾城。台湾城城高墙厚,守备的兵器极为完善,在城四隅还安置了 20 尊大炮,南北方各 10 尊。荷军的火炮密集,射程又远,把周围的每条道路都给封锁住了。不论从哪一方面接近,都会受到堡上炮火的轰击。

郑成功一见不给敌人点厉害,他是不会屈从的。于是马上调集了 28 门大炮,一齐向台湾城发火猛轰,猛烈的炮火把台湾城大部分的城墙给摧毁了,有许多荷军受伤了。揆一见状,便想拼命,他不顾一切地命令城上所有的炮火,集中力量进行轰击,这样一来,郑军只得后撤。郑成功考虑台湾城池十分坚固,如果一味强攻,恐怕一时之间也难见成效,尤其是会增加人员的伤亡。于是他想了一下,决定采取长围久困、且耕且战的战略。

就在这年的五月初二,郑成功的第二梯队抵达了台湾,由台湾城南面向该城城堡逼近。由于郑成功的军队兵力得到了加强,而且供给都得到了及时的补充,于是从五月初五这天开始,郑成功就叫士兵在所有通向城堡的街道上都筑起防栅,并在城池的周围挖了一条特别宽的壕沟,打算对荷军进行长期的对峙。与此同时,还准备好了攻城器械和炮具。

荷兰当局得知自己的军队在台湾战败的消息,马上调集 700 名士兵,10 艘战舰,赶到台湾进行增援,并于七月初五这一天到达了台湾海域。郑成功的军探得知这一消息,马上告知郑成功,郑成功立即召集将官开会,部署进行围城和打援的计划。为此,荷兰军派出两艘战船迂回到市区后海面,想要摧毁郑军的炮位,同时出动了三四百名步兵向市区进攻,另外派 20 艘舰艇袭击郑军的战船。就在七月二十三日,双方在海面上展开了激战,郑成功身先士卒,亲自指挥战舰对敌人进行迎击,把敌人的军舰包围起来,经过一个小时的激烈战斗,结果荷舰两艘受损,同时又俘获敌军三艘小艇,击毙敌人达 100 多名。其余荷舰无奈,只得逃往远海,不敢靠近台湾半步。

郑成功的军队却在此时进行大力休整,不断巩固工事,并增设巨炮,准备继续对荷军进行攻击,台湾的百姓们也都给予郑军大力的支援。

郑成功见一切准备都很充分,于是命令军队再次向台湾城发起总攻,这时,他们已经围困台湾城 8 个多月了,到了十二月初六这一天,军队最先把城外的重要据点乌特利支堡给攻克,然后居高临下,向台湾城内进行猛烈地炮击。城内的荷军早无斗志,身心早已疲惫不堪,殖民总督揆一知道再打下去,也不会有成功的可能了。于是就在 1662 年 2 月 1 日,派代表跟郑成功进行谈判,并在投降书上签字,然后灰溜溜地撤离了台湾。沦陷在外敌手中达 38 年之久的台湾又重新归复中国。

收复台湾后,郑成功便祭告山川,颁屯垦令,自立东宁王国。郑成功在台湾期间,极力加强政治经济建设,设置府县,鼓励百姓务农垦荒,废止了苛捐杂税,兴办学校,改善和当地人民的关系,安抚台湾的那些土著,颁布了各种法令和条例,使得台湾在他的治理之下,显现出了以往少有的繁荣气象。因为台湾刚刚收复,百废待兴,郑成功因此焦心积虑,更加上多年来戎马倥偬,终于积劳成疾,同年五月初八离世,享年 39 岁。

目　录

中华名人大传

国学经典文库 图文珍藏版

线装書局

董飞◎主编

国学经典文库

中华名人大传

图文珍藏版

二

目　录

国学

国学经典文库

目录

图文珍藏版

一

厚黑枭雄

导　语

枭雄有两种解释,第一种:在治世是治国安邦之臣,意思就是在太平盛世,那么就是一个能干的大臣;第二种:如果是在国家战乱之年,就是一个独霸一方的枭雄。

英雄和枭雄是差不多的,都说乱世出英雄,其实乱世所出的枭雄更多,而名垂千古的是英雄,得天下的往往却是枭雄。枭雄是英雄中特殊的一种,枭雄做事比传统意义的英雄有效率,他做事往往不择手段,他视自己所要达到的目的大小,可以理性地牺牲自己的声望、财富、权利,甚至于家庭、朋友等一生中极其重要的东西,唯独不像英雄那样会轻易牺牲自己的性命。

道一个承诺,背负一世枷锁,以悲歌落幕,这是英雄。

扯一个弥天大谎,让整个世界随之起舞,而自己却冷眼旁观,这就是枭雄。

枭雄完事后往往得不到世人的认可,如曹操,如司马懿,但他们从不计较这些,他们知道自己得付出这代价。

以前的小说主角大多是英雄,而现在则大多是枭雄。做枭雄自然要厚黑,可是许多读者对厚黑的理解实在是让人哭笑不得。

他们认为,既然是厚黑就是只占便宜不吃亏,见到好东西要抢光,看不顺眼的要杀光。天上地下,唯我独尊,横行无忌,任意妄为! 殊不知做英雄难,做枭雄更难。厚黑也是人生的一种学问,一种境界!

枭雄也许是厚黑残忍,但他在别人眼中,却总是热血仗义之辈!

枭雄比英雄更要讲策略,宁教我负天下人,那是万万不能说出口的;与尔等同生死共富贵,这才是枭雄平时的口头禅!

枭雄也是人,人就有人性。厚黑本无错,错的是那些没给主角赋予人性的作者!

为了充分展示"枭雄本色"——或挖掘其生命中的闪光点,或揭露鞭挞其龌龊卑鄙嘴脸,尽显其神秘内心世界,我们精心挑选了在中国历史上产生过重大影响的历史人物,将其置于全新的视角之下,并单人立传,详述其生平事迹,诡诈权谋。

在这个世界上,人有两种身份,一是看客,二是被看者。无论是通过被别人看来摆脱平淡无奇的生活,还是透过看别人来总结经验教训,历史人物的存亡与荣辱,总是能给我们一些借鉴,或许通过他们,我们能摆脱被别人看或被别人笑的命运,不得而知,只能由各位读者自悟。

一代枭雄　卧薪尝胆

——勾践

名人档案

　　勾践:又名鸠浅、菼执,夏禹后裔,越王允常之子,春秋末越国国君(前497年~前465年)在位。姓姒(因为是大禹的后代,所以姓姒),曾败于吴,屈服求和。后卧薪尝胆,发愤图强,终成强国。公元前473年灭吴。

　　生卒时间:前520年~前465年

　　性格特点:忍辱负重,刻苦自励,发愤图强。

　　历史功过:周敬王二十四年(前496年),越王允常死,他的儿子勾践继承了越国的王位,这就是春秋末期做了最后一个霸主的越王勾践。吴越交锋,越王失国,但他矢志不渝,卧薪尝胆,终于复国。

吴越交战　赦免勾践

　　越王勾践即位时,邻国吴国(今江苏省和浙江北部一部分)的国王是阖闾。因为越王允常不肯帮助吴王去打楚国,反而派兵帮助他的儿子夫差造反,由此阖闾与允常结下怨仇。

　　越王勾践元年(前496年),吴王阖闾听说允常已死,趁越国有丧事的机会,兴兵讨伐越国,他叫伍子胥留守本国(都城在姑苏,即今江苏省苏州市),自己带着伯嚭、王孙骆和专毅三个将军,起兵三万去攻打越国。越王勾践也亲自带领大将诸稽郢、灵姑浮发精兵前去抵抗。

　　吴越两国的兵马交战于醉李(今浙江省嘉兴市)。越王勾践派敢死队挑战,冲入吴军阵地,呼号前进,奋力拼杀,打败了吴军,并射伤了吴王阖闾。这次战争,吴军损伤了一半,在退回姑苏的途中,受重伤的吴王阖闾就死了。临死前,阖闾对守在他身边的儿子夫差说:"你一定不要忘了越国杀父之仇。"

阖闾死了以后,夫差即位为国王,拜伍子胥为相国。夫差牢记父亲的临终遗言,决心报杀父之仇。为此,他叫他手下人每天清早起来时,就对他喊:"夫差,你忘了越王杀了你父亲吗?"夫差总是流着眼泪说:"夫差不敢忘!"吃饭的时候,临睡的时候,都要这样问答一遍。他命令相国伍子胥和伯嚭在太湖操练水兵,自己在陆上操练兵车,日夜准备伐越报杀父之仇。

越王勾践三年(前494年),勾践听说吴王夫差日夜操练兵马,要报杀父之仇,准备先发兵伐吴。大夫范蠡劝告说:"不能这么办,我听说兵器是不吉利的东西,战争是违背道德的,争斗是各种事情中最末等的事。违背道德,好用凶器,干末等之事,老天爷也是禁止的,所以出兵是不利的。"勾践不听他的劝告,说:"我的决心已经下了。"于是就起兵攻吴。与此同时,吴王夫差拜伍子胥为大将,伯嚭为副将,亲自率领大队水陆军队,从太湖出发,去攻打越国。吴越两国会战于夫椒(今江苏省苏州),在水兵的战斗中,越国大将灵姑浮阵亡,越国的水兵几乎全军覆没。越王勾践带领残兵五千余人逃回,到会稽山上躲起来了。吴军紧追不舍,一路上杀百姓、烧庄稼,追到会稽,把越王勾践围困在山上。

到这时,勾践悔之莫及,对范蠡说:"因为没有听你的劝告,造成今天的惨败,现在可怎么办呢?"范蠡说:"事到如今,只好给吴国送厚礼,低声下气地向他们求和。如果他们还不答应,那就只好委屈大王自己到吴王那里去伺候吴王了。"勾践没有办法,只好同意了范蠡的意见。于是派大夫文种去向吴王求和。文种到了吴军兵营,跪着向前对吴王夫差磕头,说:"亡国之君勾践派臣子文种来请示大王:勾践请求为大王之臣,他的妻子为妾。"吴王夫差见文种可怜哀求的样子,将要答应他的请求。伍子胥赶忙阻止,对夫差说:"现在是上天把越国赐给吴国,请大王千万不要答应文种的请求。"吴王夫差也就没有话说了。文种就回来报告越王勾践。勾践看到求和没有希望了,就准备杀掉妻子,烧掉宝器,然后同吴军拼命,一死了之。文种对勾践说:"只要大王立志报仇,什么委屈都暂时忍受一下,事情还没有到绝望的地步。我了解到,吴国的副将伯嚭向来同伍子胥面和心不和,他怕伍子胥功劳太大,会超过自己。再说,伯嚭又是一个贪财好色的小人,我们可以用贿赂的办法拉拢他,他就会帮助我们说话的。"于是勾践又派文种带着珠宝玉器和美女去见伯嚭。伯嚭接受了贿赂,就连夜单独到吴王夫差面前,替勾践说好话。夫差听了伯嚭的话,就决定同意文种的请求了。

第二天,伯嚭带着文种去见吴王夫差。文种跪在夫差面前,再次说明勾践求和和称臣之意,并说:"请大王赦免勾践之罪,越国将把宝器统统奉献给大王。如果大王不肯赦免,勾践就会杀掉他的妻子,放火烧毁宝器,然后带领五千人同吴军拼命,吴国就什么也得不到,说不定还会有损伤。这是没有什么好处的。"伯嚭也帮着说好话,对吴王夫差说:"越王勾践愿意服从大王称臣,如果把他赦免,对我们吴国也是有利的。"夫差就答应了文种的请求。这时,伍子胥又出来劝阻,他说:"大王今天不灭越国,以后懊悔就来不及了。勾践也算是个贤君,还有范蠡、文种这样的良臣辅佐,将来对吴国的威胁是很大的。"可是,这时夫差的主意已定,伍子胥再劝也没有用了。夫差很客气地对伍子胥说:"相国先上后边歇息歇息去吧!"伍子胥没有办法,只好唉声叹气地退了出来。

伍子胥出来后碰到了大夫王孙雄,就对他说:"越国十年生聚,十年教训,二十年后就能把吴国灭了!"

吴王夫差不听伍子胥的劝告,就赦免了越王勾践,撤兵回国去了。

亡国之痛　石室养马

文种回到会稽,向越王勾践报告了求和的经过。勾践夫妇将要到吴国去做吴王夫差的臣下并伺候夫差,就召集大臣们商议国家大事。君臣们痛苦之心,自不必说,但大家都劝越王只管放心到吴国去,他们留下来的人一定要把越国治理好,将来再报仇。勾践就把国家大事托付给文种等大臣,自己带着夫人和范蠡到吴国去做人质。一路之上,他们听到的是送行的百姓们的一片哭声。

勾践夫妇和范蠡到了姑苏,吴王夫差就让他们住在阖闾坟墓旁边的一间石头屋子里,为吴王养马。夫差把勾践留在这里,是为了考验他是否真心臣服于自己。夫差每次坐车出去,也总是让勾践给他拉马。勾践在吴国所受屈辱,那是可想而知的。

勾践夫妇在吴国过了三年。在这三年中,勾践总是很小心地伺候夫差,做到百依百顺,显得比夫差的其他仆人还要驯服。与此同时,文种还经常派人给伯嚭送礼,伯嚭也老在夫差跟前替勾践说情。

有一次,勾践听说夫差病了,就托伯嚭给夫差带话,说是要去看望大王。夫差听说勾践这样惦记自己,就答应他进见。伯嚭带着勾践进了夫差的卧房,夫差的人上前来搀扶他。夫差叫勾践出去,勾践说:"父亲有病,做儿子的应当服侍;大王有病,做臣下的也应当服侍。再说我还有点小经验,看看大王拉的屎,就能知道大王的病是重是轻。"这样一说,夫差心里很高兴,就不再拒绝了。夫差拉完屎,觉得舒服多了。勾践扶着夫差上床躺好,又去掀开马桶盖看了看,嗅嗅气味,然后向夫差磕头,高兴地说:"恭喜大王! 大王的病已经没有什么危险了,再过几天,就会完全好了!"夫差问他:"你怎么知道的?"勾践说:"刚才我看了大王的屎,知道肚里的毒气已经散发出来了,病还不快好了吗?"夫差看到勾践服侍自己这样周到,倒有些过意不去了,就对勾践说:"你待我不错。等我病好了,就放你回去。"

由于勾践处处小心服侍夫差,再加上伯嚭不断向他报告越国内十分平静,一点也没有反叛吴王的迹象,夫差就以为越王勾践真的完全臣服自己,越国对吴国已经没有什么威胁了,于是,就放勾践回国去。公元前491年,夫差亲自送勾践夫妇上车。勾践夫妇拜谢了吴王,上了车,由范蠡驾着车,离开了姑苏,回越国去了。

卧薪尝胆　献美人计

勾践回到了越国,君臣相见,又是高兴,又是伤心。他们一起商量的是一定要记住亡国之痛,石室养马的耻辱,为了报仇雪耻要上下一心,发愤图强。

勾践原来打算把国政交给大夫范蠡治理,范蠡说:"操练兵马,行军打仗,文种不如我范蠡;治理国家,安抚百姓,我范蠡不如文种。"于是勾践就把国家政事交给文种管理,而让范蠡负责操练兵马。

勾践为了能使自己时刻牢记亡国的耻辱,不让舒适的生活消磨了自己的意志,就把自己卧室里的锦绣被褥撤了下去,而铺上了柴草当作褥子,休息时就躺在上面;他还在房间里挂了苦胆,每当坐卧起来,或吃饭之前,都要尝一尝胆的苦味。这就叫作"卧薪尝胆"。他常常心中默念:苦胆再苦,也没有亡国、做奴仆苦。他平时亲自到地里耕作,夫人也亲自养蚕、织布;吃饭不吃肉,穿衣不要绸缎;经常放下国王的架子访问贤人,虚心听取意见,以礼接待宾客;对老百姓中贫穷的就想办法救济他们,死了的就帮助安葬,时时关心百姓的疾苦,同百姓一样劳作。

在当时,越国刚刚遭到战乱亡国之祸,百姓大批被杀害,人口减少,田地荒芜,生产受到很大破坏。为了恢复国家的元气,越国君臣们制订出一些措施。如上了年纪的人不准娶年轻姑娘为妻;男子到了二十岁,女子到了十七岁,还不结婚的,父母要受到处罚;妇女快要临产,一定要报官,好派医官去照顾;生一个男孩子,国王赏一壶酒,一条狗;生一个女孩子,国王赏一壶酒,一口猪;有两个儿子的,官府给养活一个;有三个儿子的,官府给养活两个。国家还奖励耕种、养蚕、织布。与此同时,全国上下都节衣缩食,为的是年年、月月给吴王夫差进贡。夫差经常收到勾践的贡品,非常满意。

越王勾践听说吴王夫差打算造姑苏台,就趁机给吴国准备了几根又长又大的木料,派文种送去。夫差收到木料,非常高兴,为了不使大材小用,就把建造姑苏台的设计加高加大,这就使得吴国更加劳民伤财。

吴王夫差建造了姑苏台,又要越国进贡美女。勾践下令在国内选美女。这时,范蠡在苎罗山上(今浙江省诸暨市境内)找到了一个名叫西施的美女,她情愿舍出自己的身子,到吴国去,帮助越王报仇。勾践就派范蠡把西施和其他美女送到吴国去。吴王夫差见到西施的美貌,马上就被迷住了,对她非常宠爱。从此,夫差就日夜在姑苏台同西施作乐,西施也经常向夫差说越国的好话,这样,夫差对越国就一点戒备也没有了。

越王袭吴　伯嚭被杀

　　吴王夫差七年(前489年),吴王夫差听说齐景公已死,继位的晏孺子年少无权,大臣争权夺利,国内混乱,就打算兴兵伐齐,其目的是为了争夺霸主地位。但是,伍子胥反对。他对夫差警告说:"越王勾践不吃好饭菜,不穿好衣裳,老百姓死了去凭吊、病了去慰问,收买人心,是要让老百姓们为他效力。这个人不除掉,必定是吴国的祸患。现在大王不先除掉腹心之患,反而去伐齐,不是把事情给弄颠倒了吗?"夫差嫌他多嘴,不听他的劝告,下定决心要伐齐。

　　吴王夫差十一年(前485年),吴军在齐国艾陵这个地方打败了齐军,俘虏了齐国大臣国惠子、高昭子,胜利而归。夫差为此而洋洋得意,并指责伍子胥。伍子胥说:"大王不要高兴得太早了!"夫差听了大怒,伍子胥就要自杀,被夫差阻止了。

　　消息传到越国,大夫文种对勾践说:"我看吴王已经骄傲了,请大王让我到吴国去借粮,试探一下吴王对我们越国的态度。"于是文种就到吴国去,向夫差提出借粮,夫差准备答应,伍子胥又反对,但夫差还是把粮食借给了越国。越国君臣知道吴王夫差已经对越国没有什么戒心了,都暗暗高兴。

　　吴王夫差多次伐齐,取得了一些胜利,越王勾践又是派人朝贺,又是献上厚礼。夫差非常高兴,只有伍子胥越来越担心。他说:"越国这样做,是在豢养吴国啊!"他再次劝告吴王说:"越国是心腹之患,大王不防备。现在攻打齐国,只是得到了一点小便宜,好比是在石板上耕种,是得不到什么好处的。"吴王根本就听不进去。伍子胥又警告说:"大王不听我的劝告,再过三年,吴国就要变成一片废墟了!"伯嚭又经常在吴王面前同伍子胥争执,为越国说好话,还在背后向吴王夫差说伍子胥的坏话:"伍员这个人,表面上看去很忠于大王,其实他自己另有打算。大王前次准备伐齐,伍员反对,结果得到胜利,他反而怨恨大王。大王如果不防备,伍员一定会反叛作乱。"夫差听了,将信将疑。后来派伍子胥出使齐国,听说伍子胥把儿子托付给齐国的大夫鲍氏,于是夫差大怒,说:"伍员果然背叛寡人!"等伍子胥从齐国回来,夫差就派使者给伍子胥送去一把属镂宝剑,让伍子胥自杀。伍子胥拿着宝剑,大笑说:"我帮助你的父亲(指阖闾)称霸,我又立你为王,当初你要把吴国的一半分给我,我不接受;现在你反而听信谗言要杀我。"接着他对使者说:"我死之后,你去告诉吴王,把我的眼睛挖出来,挂在姑苏城东门,我要看着越兵攻进来!"说完就拔剑自杀了。伍子胥死后,夫差就把吴国的政事交给了太宰伯嚭来管理。

　　越王勾践召范蠡去,问道:"吴王已经杀了伍子胥,周围尽是阿谀奉承的人,现在可以发兵攻打吴国了吧?"范蠡说:"不行,还要等待时机。"

公元前482年,吴王夫差亲自率领吴军主力伐齐,打败了齐军。夫差在卫国的黄池(今河南省封丘县西南),召集各路诸侯来开大会。晋、卫、鲁等大国慑于吴国的武力,就订立了盟约,承认吴王夫差为霸主。

吴王夫差率主力北上时,留下了老弱兵卒和太子守卫。消息传来,勾践再问范蠡可不可以发兵攻吴,范蠡说:"可以了。"于是,越国发流放罪人经过军事训练的士卒两千人,作为敢死队,发经过长期训练的军队四万人作为主力,此外还有王者亲兵六千人,有官位职事的一千人,总共近五万人,去攻打吴国,吴国留守的老兵弱卒碰到了越国的精锐部队,当然不堪一击,就被越军杀得大败,吴国太子也被杀了。吴国国内赶紧向吴王夫差告急,夫差正在黄池与诸侯会盟,不敢声张,为了保密,把知情的七个人杀掉。会盟已毕,吴王夫差匆匆忙忙带着吴军回来,但由于长途跋涉,十分劳累,战斗力很弱,被越军打败。夫差只好派伯嚭带着厚礼向越军求和。范蠡对勾践说:"吴国现在还有实力,不是一下子就能灭得了的。"于是勾践就答应同吴国讲和,然后就退兵回国了。

黄池大会之后,吴王夫差虽然得到了一个霸主的空名,但吴国军队因为在争霸战争中损失惨重,国力越来越弱。而越国经过十年生聚、十年教训,人口增加,生产发展,军队训练有素,国力越来越强。到吴王夫差十八年(前478年),越王勾践带着范蠡、文种亲自率领大军再次进攻吴国,在笠泽这个地方交战,大败吴军。然后,越军继续进军,节节胜利。到周元王元年(前475年),越军攻到姑苏城下,围困吴军三年。到周元王三年(前473年),吴军被越军彻底打败,吴王夫差躲在姑苏的山上。当年越王勾践被吴王夫差围在会稽山的历史又重演了,当然,是在相反的情况下重演的。

吴王夫差又派大夫公孙雄到越军求和。公孙雄裸衣跪行到越王勾践面前,恳求说:"孤臣夫差,当年曾在会稽得罪大王,当时夫差不敢违背天命,使大王得以复国。如今大王大驾来讨伐孤臣,孤臣唯命是听,大王能像当年在会稽那样,赦免孤臣之罪吗?"勾践看着公孙雄那副可怜的样子,准备答应他的请求,范蠡急忙阻止,说:"当年在会稽的事情,是上天把越国赐给吴国,吴国不肯接受;现在上天把吴国赐给越国,大王难道可以违背天意吗?大王早晚操劳,不是为了向吴国报仇吗?按照预定的计谋辛辛苦苦努力了二十二年,现在马上就要成功了,难道可以前功尽弃吗?上天给予的东西,大王不接受,将来反过来要受害的。大王难道忘了会稽被围困的教训了吗?"勾践说:"你说得很对,我本想照你的话做,但是,我看吴国使者这样可怜,有点不忍心。"范蠡就传令击鼓进兵,并对勾践说:"大王已把军事交给我来执掌,使者快回去,一切由我来负责。"吴国使者公孙雄哭着走了。越王勾践派人对吴王夫差说:"我把你送到甬东(东海的岛上)安置,你可带百家人一起居住。"吴王夫差听了,叹了口气说:"我老了,不能伺候君王了。我悔不该不听伍子胥的话,才落到了如此地步!"于是就拔剑自杀了。临死时说:"我没有面目在地下见伍子胥啊!"

于是,越王勾践就攻进姑苏,灭了吴国。勾践坐在吴王夫差的朝堂上,文武百官都来朝贺。吴国太宰伯嚭也站在那里,等待受封。勾践说:"你是吴国的太宰,我哪敢收你做臣下?你怎么不跟你的国君去呀?"伯嚭无地自容,退了出去。勾践马上派人把他杀了。

诛杀功臣　鸟尽弓藏

越王勾践灭吴以后,率领得胜之师,北渡淮河,在徐州(今山东省滕县),大会齐、晋等诸侯,派人向周天子送去贡礼。周元王也派使臣给勾践送去祭肉。从此,越国的兵马横行于江淮一带,诸侯都来朝贺,承认越王勾践的霸主地位。这样,勾践就成了春秋时期最后一个霸主。

勾践带领军队回国。这时,勾践已经灭了吴,报了仇,雪了耻,而且称霸于诸侯,作为一个国君,他的事业已经到头了。而辅佐勾践完成霸业的大夫文种和范蠡,他们治国治军的才能,这时对勾践已经没有什么用处了。作为上将军的范蠡,在回国之后,感到大名之下,难以久留。于是,他给越王勾践上书说:"我听说主忧臣劳,主辱臣死。当年君王受辱于会稽,为臣下的应当死。臣下之所以没有死,就是因为要帮助君主报仇雪耻,完成霸业。现在报仇雪耻的目的已经达到了,臣下请求君王根据会稽受辱的事,给臣下降罪处死。"勾践看了范蠡的上书后说:"我正要奖赏你的功劳,把国土的一部分给你,怎么反而会降罪将你处死呢?"话虽这么说,范蠡根据多年的交往,深知勾践的为人,当然是不会相信的。于是,他就秘密地把珠宝玉器装上船,带着自己的亲信随从乘船到了海上,同勾践不辞而别,再也不回来了。后来,他到齐国做了大商人。

范蠡秘密出走时,没有忘了他的老朋友文种。他给文种留了一封信,对文种说:"飞鸟打光了,再好的弓箭也该收藏起来了;兔子打完了,就轮到把猎狗煮了吃了。越王这个人,只可以和他共患难,不可以和他共享安乐。你还是快些走吧!"文种看了范蠡的信,将信将疑。他不像范蠡早已有准备,现在他要走,恐怕也来不及了,况且他对越王勾践还抱有幻想。为了自身安全着想,他就称病不朝。

但是,果然不出范蠡所料,悲剧终于发生了,越王勾践向文种开刀了。有人向勾践进谗言,诬告文种要作乱。这当然是根本不可能的事,但这正好被勾践找到了一个借口。于是,勾践就派人给文种送去了一把宝剑,并传话给文种说:"当年你教我伐吴,有七条计策,我用了三条,就把吴国灭了。还有四条计策,还在你的脑子里,你准备干什么用呢?你还是带着你的计策,替我到地下跟随先王去使用吧!"文种接过宝剑一看,正是当年吴王夫差叫伍子胥自杀的那把属镂宝剑。文种这才完全相信范蠡的话一点也没有错,可是后悔已经来不及了。这个忠心耿耿辅佐越王勾践复国、报仇、称霸的文种,就这样含冤饮剑而死了。

"敌国灭,谋臣亡",这个历史典故,就是这样留下来的。在君主专制制度下,君主杀功臣的事数不胜数,文种式的悲剧一次又一次地重演着。在这件事情上,越王勾践可以说为后代君主做出了榜样。这从一个侧面反映了君臣关系的实质,不是单纯从勾践个人的性格所能解释得了的。对于那些智谋出众、立不赏之功的能臣宿将来说,他们的功劳本身就是"罪",就是置自己于死地的原因。因此,在勾践之类的君主那里,功与罪的关系是颠倒的。这类事情不断重复地出现,常常使得那些功高震主的大臣们惶恐不安。但是,事实上,像范蠡那样功成引退因而保全自身的人毕竟是少数,而像文种这样不幸被杀的人是多数。

诛杀功臣无疑是越王勾践一生中最不光彩的一面。但是,我们也不可因此而抹杀他在会稽失败后,忍辱负重,卧薪尝胆,发愤图强的坚强毅力。凭着这种精神力量,他能较好地采纳臣下的建议,得到百姓的同情和支持,终于复兴国家,报仇雪耻,最后完成霸业的目的。这同那个狂妄自大、刚愎自用的吴王夫差形成了鲜明的对比。当然,大国争霸的战争,都是劳民伤财,造成的破坏极大,越王勾践也不例外,这是不值得赞颂的。我们要肯定的是越国君臣以及百姓们的发愤图强的精神,这种精神对后世有着深远的影响。特别是当国家和民族遭受危难和耻辱时,这种精神常常激励人们的斗志,因而艰苦奋斗,自强不息。因此,这种发愤图强的精神,是我们中华民族的可贵的精神财富。

血腥毒蛇　明谋夺位

——王莽

名人档案

王莽：字巨君，新都哀侯王曼次子，西汉孝元皇后王政君之侄，王永之弟。中国历史上新朝的建立者，即新太祖，也称建兴帝或新帝，公元8年~23年在位。

生卒时间：前45年~23年。

性格特点：礼贤下士，清廉俭朴，沉稳深厚，富有野心。

历史功过：西汉哀帝自元寿二年六月（公元前1年）去世后，九岁的汉平帝即位，元后临朝称制，以王莽为大司马。王莽自元寿二年再次成为大司马至于身故，掌握政权达24年之久。

名家评点：王莽，一个地地道道的野心家、阴谋家、伪君子、刽子手。表面上大善大伪，将自己装扮成一个谦谦君子，仿佛毕生致力于仁义道德，实际上，为了达到其目的，不惜屠戮亲子、陷害至亲，血流成河。因而，有时候"高尚"得出奇的人，很可能比一般的肮脏小人还要肮脏可怕。

加官晋爵　登上龙庭

故事的发生是这样的：

话说长安城里有个烧饼王，名叫王盛，为人老实懦弱。凭着自己的手艺和早起晚归，勉强糊口度日。这天，烧饼王运气不佳，将近中午了，还有几十个烧饼未卖掉。旁边有两个小摊，一个卖菜，一个卖狗肉。大家都没生意，欺王盛老实，逗他开心。卖菜李说:"王盛,你没找到天书吗?"王盛不懂,问:"什么天书地书啊?"卖菜李讥笑道:"天书就是老天爷写给摄皇帝要他做真皇帝的符,许多人都找到了,送上去就可以做官! 你也不用卖烧饼了,到河里摸摸,说不定摸上一个,往后可以天天吃肉,用不着挨老婆的骂!"狗肉张也凑上来:"摄皇帝姓王,你也姓王,说不定是同一个祖宗! 等摄皇帝做真皇帝,姓王的都去做官! 老兄,往后我的狗肉全包你了!"王盛给他们调侃,只是嘿嘿地笑。

不一会,烧饼王只好哀声叹声地拎着烧饼篮回家,心想又少不得挨老婆一顿臭骂。则一走到巷口,只见自己门前围了一大群人,有当官的、当兵的,吓了他一大跳。一旁早有人叫起来:"来了,来了!"王盛眼看自己跑不掉,便提心吊胆地走上前,正准备给当官的磕头,没想到那当官的先下跪了。吓得他将半篮烧饼打翻在地。当官的说什么,一句也没听清,糊里糊涂地连同全家被人带上车,就往皇城那边驶去。

不久,便被带到一座好大气派的官邸,王盛莫名其妙。当官的说:"老爷,这就是您的官邸,天书上有您的名字,让您辅佐新天子治理天下哩!"王盛惊得目瞪口呆,真是做梦也没想到的事。

话还得从头讲起有个书生,一天跑到皇祖皇帝的神庙,说是有神人命他送一个铜盒子,铜盒子里有一幅"天帝行玺金匮图"以及一封信"赤帝行玺刘希传予皇帝金策书。"说是刘希的神灵传命给王莽,说他是真龙天子,要他元旦登基,改朝为"新"。图上还有辅佐大臣的名字,其中有两个叫王兴、王盛,谁也不知道指的是谁,只知道二人的名字合起来就是王氏兴盛的意思。于是,王莽赶快命人去找,王兴是一个看门的小吏,但"王盛"却糟糕,全京城只两个,一个是瞎老头,一个是烧饼王,因而,烧饼王便撞上了好运气,加官晋爵辅佐天子。

逝者如斯夫,转眼就是元旦,顺应天命,禅让仪式如期举行,大殿上下,装饰一新,文武百官列侯两旁,新天子身着龙袍,高声宣读给小皇帝的策命。小皇帝只有四、五岁,不知道发生了什么事,看看众人,吓得"哇哇"地哭了起来。新皇帝泪流满面,拉着小孩助手说:"古时周公代成王摄政,最终使成王归位,如今我为天命所迫,不能按自己的心意行事,着实可哀。"说着说着,哽咽起来。群臣深受感动,不少人也流起泪来。烧饼王一看该哭,硬挤了半天,也无眼泪,只得作罢。

这天便是新朝元年,王莽登上龙庭。

入选皇宫　声名渐隆

这一场戏,从根本上说起,非常偶然。公元前52年,太子刘爽的爱妃病故,临终时告诉太子,说她得病是由"宫中姬妾诅咒而致。"太子信以为真,从此便不理睬宫中任何一个女子。这下可急坏了宣帝,太子不近女色,就难以生子,不生子皇家岂不要断后? 须赶快采取紧急措施。

这天,母后请太子进宫,礼毕落座。这时,从屏风后走出五个宫女,个个美若天仙,太监一一介绍,让太子挑选,但太子只想着死去的爱妃,对任何一个都毫无反应。太子刚要出门,太监便追上前来,问太子喜欢哪一个? 太子为了不使母后伤心,便随口搪塞一句:"其中有一人不错。"说完转身已走。

这下可急坏了太监,五名宫女站在一旁,皇后询问:"太子喜欢哪一个?"太监急中生智,指着一名红衣宫女说:"就是她。"皇后大喜,赶快将宫女送入太子宫中,供太子使用。这宫女名叫王政君,就是王莽的姑母。

这天在宫房里,太子无意撞见一个女子,羞羞答答,娇嫩无比。太子一时情致勃发,当下牵入内室,迅速剥个精光,雪白的胸脯,更是难以自制,一时花蕊芳香,洒下一片恩泽,事毕,余味无穷。说来也巧,太子后宫姬妾成群,其中使用已久的,不下七、八年,但无一人怀孕。这王政君一经御幸,立竿见影,次年便生一子,名"骜"。

不几年,宣帝和太子先后过世,刘骜即位。王政君便成了皇太后。西汉皇帝喜欢重用外戚,于是,刘骜便封他的舅舅王凤做了大司马大将军领尚书事。接着,王氏外戚集团的势力急剧膨胀起来,先后有十人被封侯,姻亲爪牙遍布朝野,成为西汉历史上历时最久、势力最大的外戚集团。

王莽的父亲是皇太后的异母兄,早亡,因而他较其他人家就冷落多了。当时的王氏家族一个个富贵尊荣,飞扬跋扈,家家姬妾成群,奴仆上千。但王莽并没有追求这些,他摈弃声色,孜孜不倦攻读经书,并拜名儒为师。在家中,他恭谨地侍奉早寡的母亲和嫂嫂,教育亡兄留下的侄儿。在社会上,他广泛结交名士。同时更小心翼翼地侍奉执掌朝廷大权的伯父和叔父。公元前22年,王凤生病,王莽在侧侍候,不离左右,"亲尝药,乱首垢面,不解衣带连月"。王莽的殷勤博得了王凤的好感,所以王凤在临死时还托元后和汉成帝授王莽重职。这一年,王莽做了黄门郎,不久升为射声校尉。其时年仅二十四岁。

王莽外交儒生、名士,内事诸父的行动,使他在官途上稳步前进、这时,叔父王商提出要将自己封邑的一半给王莽,让封他为侯,朝中的王家党徒也纷纷上书,推荐王莽"才大可用",在野的儒学名士也一齐鼓噪,吹捧王莽的德行为"世之楷模"。于是王莽便被封为新都侯是为光禄大夫。此时,王莽刚过而立,但他的声望远远超过他的兄弟辈,甚至使他们的诸父们也相形见绌。

在声誉渐隆的情况下,王莽更时常做出一些名沽钓誉的"激发之行"。王莽的哥哥早死,遗下一子王光。王莽让王光拜一位儒学博士为师,登门求学,他也亲自跑到这位博士家里,送上酒肉,连王光的同学也一同招待。这自然使那些学生和家长产生由衷的敬畏和感激。王光的年纪小于王莽的长子王宇,王莽故使其二人同日完婚。在宾客盈门、觥筹交错的筵席上,有侍者告诉王莽:他母亲服药的时间到了,于是王莽数次离席到后堂探视,服侍其母用药。借宾客之口,王莽大孝的美名不胫而走。在此前后,王莽曾偷偷买过一个漂亮的侍婢,这在当时的达官贵人圈里,是件很平常的小事。但因王莽一贯以正人君子自居,所以他的群弟知道后便窃窃私议起来。王莽了解这一情况后,当机立断,煞有介事地对他的兄弟们说:我听说后将军朱子元无子,这户人家的女儿都擅长生儿子,我是特地为朱将军买的。说罢,立即差人将这个侍婢送给朱子元。这一招果然奏效,一举两得,诸兄弟不仅停止了对他的窃窃私语,而且又使王莽关心朋友胜过自己的美名传遍遐迩。王莽的匿情求名,做得如此干净利落,不露形迹。

王莽的声誉与日俱增,大司马将军的高位一天天向他走来。

陷害兄弟　首遭挫折

公元前8年,大司马大将军王根病危。他数次上书要求卸职。许久以来就对大司马大将军这个高位垂涎三尺的王莽,此时却显得愈发寝食不安。王莽环顾左右,王氏宗族中能够得此高位的只有自己。而那些饱食终日的群弟无法与自己竞争,只有淳于长挡在了自己的面前,要想达到自己的目的,先必须击败淳于长。

淳于长,何许人也?

这位淳于长是王莽的姑表兄弟,元启王政君姐姐的儿子。他机敏能干,口齿伶俐,而且同王莽一样工于心计,是与王莽同一条路子上攀龙附凤的人物,因而深得成帝宠爱,官位在王莽之上。当年王凤病重时,他与王莽一起在旁侍病,"晨夜扶丞左右,甚有甥舅之恩。"王凤临死时,将他与王莽一样推荐给成帝要求重用。但是淳于长贪赃枉法,恃宠骄横,无所不为,因而王莽就派人四处寻访淳于长的劣迹,准备伺机将淳置于死地。

当时,汉成帝要立他的爱妃赵飞燕为皇后,元后因赵氏出身卑微没有答应。淳于长认为有机可乘,于是便在元后面前反复为赵飞燕说项。一年后,元后终于答应了立赵飞燕为皇后。汉成帝对淳于长在其中的斡旋之功甚为感激,立即加封晋爵,此时,淳于长与寡居的一位侯爵夫人许孊私通,并娶为小妻,许孊的妹妹原来是皇后,因为和赵飞燕争宠,用巫术诅咒,泄露后被废。她一心想重新得到成帝的宠爱,便通过其姐贿赂淳于长,求他在成帝面前说项。本来宫中皇后的废立,外臣不好随便插嘴,况且赵飞燕正得宠,许氏岂不是白日做梦,但淳于长贪财,先后接受许后千余万贿赂,哄骗许后,答应想法让他立为左皇后,而且色胆包天,多次致信许后,用下流话调戏她,许后为了重做皇后,对淳隐忍不发。淳于长更是洋洋自得,肆无忌惮,他沟通书记,上下齐手,接受四面八方的贿赂。淳于长的上述阴私,王莽一一秘记,伺机而发。

不久,王根因病告退,大司马之位眼看就要落到淳于长的头上。这时,在王根左右殷勤侍疾的王莽,认为时机已到。于是便对王根说:淳于长见大将军病了这久,很是高兴。他自己认为必定要取代您,甚至将自己上台后的人事都已做了安排。接着,王莽又添油加醋地把淳于长的上述丑行大讲一番。王根听后非常生气,他斥责王莽说:既然如此,你为什么不早告诉我?并要他立即将此事报告元后。王莽又大肆渲染一番,元后听罢大发雷霆,要他将此事上奏成帝。王莽这一招果然厉害,淳于长立即被免职。淳于长不甘心,就贿赂其舅红阳侯,央求他向成帝说情,不料这一活动又被成帝发觉。于是便以大逆不道之罪将淳于长杀于狱中,王莽则由此得到忠直的美誉。不久,王根在请求免职的奏章中,保荐王莽替代自己执政。公元前8年(绥和元年),王莽三十八岁,登上了大司马大将军的宝座。

但是,王莽对此并不满足,他觊觎的难道仅仅如此吗?他的当务之急,是使自己已经远播朝野的声名再高再大。因而,他并不因官高位尊而盛气凌人,暴戾恣睢,而是更加谦恭无比,广泛网罗人才,千方百计收买人心,扩大政治影响,积累实力。于是便不时搞出一些"激发之行",沽名钓誉。他母亲生病时,满朝文武都派其夫人前往探视。王莽让他的妻子短衣布裙恭敬迎候。以致这些贵夫人却将王莽之妻当作奴婢。待得知她就是大司马大将军的夫人时,在惊叹之余如何为王莽传播美名就可想而知了。

正当王莽以大司马大将军在逼近皇帝宝座的征途上踌躇满志地稳步前进时,却由于一年后成帝的去世,几乎前功尽弃。这是因为成帝无子,由定陶王刘欣继位,是为哀帝。王政君这时升了一级,称为太皇太后,依然很尊贵。但哀帝有自己的亲祖母和亲娘,也都跟进宫来,他们自有一个新的外戚体系,急着要掌权。王莽拼命挣扎,竭力贬低哀帝的祖母傅太后,排斥哀帝的母亲丁太后,说他们只是藩王的姬妾,不能与太皇太后相提并论,哀帝既是入继大统,就应该尊奉成帝的母亲,不应以个人的骨血之亲破坏国家大义,想借此来阻止另一个外戚集团的膨胀。然而,哀帝已成年,根本不听他那一套,先让王莽在京师闲居,二年后又借故遣他到南阳的封地闭门过日子。接着又大肆打击王氏外戚集团,于是王莽只好忍气吞声,含恨而去,开始了为时六年的南阳蛰居时期。

东山再起　铲尽路障

王莽尽管遭到了挫折,但他岂肯甘心?他想:哀帝及其左右可以利用皇权使他罢官就图,也可以铲尽王氏外戚势力,但无法在短时期扫除王氏集团的影响,无法消除他多年来处心积虑造成的声名,更无法毁掉王氏集团在朝野的社会基础。于是他冷眼旁观朝中变化，养精蓄锐，伺机东山再起。

王莽刚回南阳不久，南阳太守为了结交他，特地选了儒学名士孔休做王莽的新都相。王莽摆出一副礼贤下士的样子，对孔休毕恭毕敬。有一次，在王莽生病的时候，孔休前去探视。王莽立刻拿出名贵的玉具剑赠给孔休。孔休不便接受，谦让了一番。王莽说，我看到您面上有瘢痕，就想到美玉可以消去它。这剑的剑鼻是美玉做的，正好可给您消去瘢痕。说着解下剑鼻，硬要孔休收下，孔休仍然不要。王莽慨然说，难道您嫌它贵重吗？说完，毅然将玉剑鼻椎碎，亲自包好，送给了孔休。在此前后，王莽的次子王获杀死了一个奴婢，这在当时算不了什么事。但王莽却很"认真"，他把儿子找来，严厉指责一通，最后说："我多年来克己奉公的名声，岂能为你这不孝子毁于一旦？你自作了结吧！"王获面如土灰，慌忙跪倒在地，泪流满面，苦苦哀求说："您就是将儿送入官府，依法治罪，也不至于死啊！您难道是要杀子求名吗？"王莽默不作声，拔剑扔在地上，面无表情。王获见状，心冷已极，拾剑在手，恨恨地说："儿成全大人！"遂自刎身亡。这种"大义灭亲、严于律己"的行为，令世人大为震惊，使王莽更加赢得了忠于朋友、爱惜奴婢的声名。在京师闲休、南阳蛰居六年中，王氏党羽为王莽上讼冤者达百余起。朝廷内外，从中央到地方，本不乏王氏党羽，他们不断为王莽喊冤叫屈，为他的重返庙堂大造舆论。不久，历史的机遇又一次降临到王莽面前。

公元前2年，王莽党徒、贤良周护、宋崇借日蚀政策，向哀帝上书为莽大唱赞歌。哀帝鉴于舆论的压力，只好以"侍候元后"的名义让王莽重返京师。次年六月，哀帝寿终正寝。哀帝无子，傅、丁两后又在此以前先后死去，而王政君却一直健康，于是收拾局面的重任又落到她身上了。元后即日驾临未央宫，收起了皇帝御玺，派人急召王莽进宫，拜为大司马，总领朝政。

王莽执掌朝政后的第一件大事，就是以太后治令的名义罢免哀帝的宠臣董贤，董即与其妻自杀。同时指使其党羽奏议，罢免董贤引进推荐的全部官吏。又没收董贤家财，将其亲族统统流放。王莽办的第二件大事，是立年仅九岁的中山王刘衎为平帝，元后临朝称政，王莽以大司马的名义独揽大权。第三件事，是以赵氏害皇子、傅氏骄奢的罪名，迫令孝成赵飞燕皇后、孝哀傅皇后自杀，并把丁、傅两家外戚及其家族一律赶出京师。这样就铲除了他通向权力顶峰的障碍人物。接着是选丞相。王莽选了孔光。此人系孔子后代，已做了三朝丞相，可称是德高望重。而尤其令王莽满意的，是此人最善于阿谀奉承、见风使舵，凡事无主见且不固执，是一件得心应手的工具。此外，凡朝中大臣不为王莽所用者，皆捏造罪名"傅致其罪"，或杀或罢，悉加扫除。前将军何武，后将军公孙禄，就是因为在元后诏举大司马时没有推荐王莽，也被罢免了。还有一个麻烦人物，就是王莽的叔父王立，他是王政君诸兄弟中仅存的一个，王立与王莽并无怨仇，但他资格老，王莽感到王立可能构成对自己专权的障碍，于是指使丞相孔光上奏，重提王立以前犯过的错误，要求将他遣回封地。太后起初不允,王莽劝告她说:"汉家几代皇帝没有后嗣,呈露衰败之象,太后代幼主统政,理当以公正示天下,才可服民心。如今以私情违逆众大臣的建议。恐怕要引起动乱!何不暂且遣送叔父出京,日后随便找个机会回来,公私两顾,岂不更好?"元后最后也只好听从了他的建议。哀帝死后,王莽的几个中心点一抓,使他权力基础非常稳固,反对派几乎被翦除净尽了,环顾宇内,谁可与他试比高?

东山再起后的王莽,翅膀比以前更加坚硬。朝廷上下,无不为之震慑,他感到自己为所欲为的时代已经到来了。相传古代的圣人周公代幼主成王执政时,以道德教化海内,天下大治,连远方的蛮族都倾慕不已,纷纷歌颂周公的光辉。有一个叫越赏氏的部落,还特地献来一只代表吉祥的白色野鸡。于是王莽指使人找到一只白野鸡,又叫了一帮少数民族的男女老少,打扮得花花绿绿,前来长安献瑞。这边也早有准备,一群大臣联名上书,歌颂王莽的功能,与圣人周公同样伟大,否则不会致成周白雉之瑞。既然有如此伟大的功德,就应该有崇高的称号。周公以"周"为美称,王莽则应称为"安汉公",这样才能"上应古制,下准行事,以应天心"。正在元后与大臣们商办此事时,王莽则抢先上书元后,大大谦让了一番,表示无功不受赏。当元后在其党徒们的讽示下加封王莽时,王莽又来了个"称病不肯人"。元后再次君封,王莽也再加拒绝。如此推来推去,可真把元后搞没了主意,不知道王莽的葫芦里究竟卖的什么药。元后左右的谋臣们赶紧召开了扩大会议,认为王莽的表现很像出于至诚,就建议元后:为了不使王莽为难,只封王莽推荐加封的孔光四人。但封赏之后,王莽还是说"大病在身",依然不肯出来任事。这更使元后进退两难,不知所措,只有王莽的心腹们知道他的谦让是沽名钓誉的"激发之行"。因而他们向元后上言,说谦让是王莽个人的事,封赏是朝廷的事。只有对王莽论功行赏,才能表明朝廷赏罚分明,器重功臣,大臣和百姓才不致失望。元后经过此番折腾后,才渐渐有所悟,于是急忙下诏,隆重加封王莽为"安汉公",并进位为"太傅",邑户二万八千。至此,王莽认为自己的辞让戏已经唱到火候,于是"药到病除",霍然而起,"惶惑受策",接受了"安汉公"的封号。其实,他要的是安汉的形式,追求的是篡汉的内容。因为只要有了"安汉公"的名号,才可以得心应手地实现自己的所谓"理想",因而,王莽内心急不可耐,表面却仿佛只是求名而已。但是他还留了一手;只接受封号,不接受封邑。并且还假惺惺地发誓,只有全国百姓都丰衣足食了,他才考虑接受封邑,其志真是伟大!

为了进一步取得"官心""民心",他又建议:自高祖以来,功臣及诸侯王的后代,凡以各种原因失过爵位的,都加以恢复,官吏年老退休后,发给原俸禄的三分之一;鳏寡孤独,由政府给以救济,真是阳光普照,恩泽薄施,什么皇帝、元后,统统见鬼去吧,人民"爱戴"的是"王太傅"。

自王莽结发入世,二十年来,"夙兴夜寐",在朝野的声望"倾其诸父"。你看,他日夜孜孜,励精图治,建策"安汉",辅佐九岁的刘衎做皇帝,这是他的"忠",侍疾母侧,用药先尝,周旋王凤王根病榻旁,蓬头垢面,衣不解带,这是他的"孝";对兄子百般爱护,视同己出,招名儒为师,与兄子同时完婚,不分轩轾,这是他的"慈";大义灭亲,切责杀奴的儿子,令其偿命,这是他的"义";拜名儒为师,"被服如儒生",亲临师门,恭奉美酒,这是他的"尊师重道",买婢女送朱子元,椎玉鼻而赠孔休,这是他的"礼贤下士";数辞封爵,几让户邑,敬财赈民,救济鳏寡,这是他的"谦让"和"爱民"。像他这样盖世无双的君子,真是"钻之弥深,仰之弥高",前无古人,后无来者,他殚精竭虑,不择手段,猎取美名,攫取权力,朝野上下非他莫属。目前,又加封"安汉公"更是锦上添花,真是"金挥手离天三尺三",位距皇帝宝座只三尺之遥了。

接着,他更进一步不厌其烦地用歌功颂德的办法讨元后欢心,同时,又以保护元后健康为名,悄悄承袭元后的权力。他首先指使爪牙上奏元后,说太后至尊至贵,不宜操劳过度,不必事事躬临,老太太也乐得清闲,下诏说,以后除了封爵一类的事,都由安汉公会同大臣解决。一道诏旨,王莽就掌握了朝廷的人事大权,于是乎,王莽更加肆无忌惮,结党营私,网罗爪牙,排斥异己。

接着,为了讨元后欢心,王莽便千方百计让元后猎取"爱民"和"节俭"的美名。他先让元后下一个"衣缯衣,颇损膳,以亲天下"的诏令,然后又第一个带头响应,捐钱、赠钱给贫民。之后,再率群臣向元后上书:陛下您年事已高,但却穿这样粗劣的衣服,减损饮食,恐不是治国的妙法,您应该保重啊!这里,元后的诏书,王莽的上奏,实不过伪作而已,但王莽通过导演这幕丑剧,即使元后得到了"节俭爱民"的美名,又使自己的"忠孝美名"倾动朝野,真可谓一箭双雕。这幕剧后,王莽意犹未尽,决定再来一幕独角喜剧助兴,他示意爪牙上奏太后,"每遇水旱,莽辄素食",使元后大加赞赏。他究竟是否勤政爱民,只要看看他做皇帝后的荒淫无度,临死时还守着六十万斤黄金不放,就能找出答案。此外,王莽知道老太太爱热闹,便找出理由经常让她出宫游玩。老太太坐着舒适的马车,一路游山玩水,看见平民百姓,随手赏赐,让人给她磕头,以呼万岁,心中窃喜。她有一个弄儿,专供陪她说笑话、做怪腔,供她取乐,她非常喜欢。一次这弄儿生病了,住在宫外。王莽竟不顾自己的高贵身份,亲自去探视,安排人服侍,好让他给太皇太后解闷。老太太见侄儿如此孝敬,对他当然深信不疑了!

这样,各方面都向预料的方面进展。但王莽鉴于哀帝登基后所受的挫折,生怕平帝外戚随之入朝会对他的专权造成障碍,于是他就上书元后,将平帝的祖母冯氏、母亲卫氏统统阻留在中山王国。王莽牢记教训,朝臣中有人说平帝年幼,不应使他和生母分离,都被王莽找借口赶了出去。就连他的长子王宇,因为不知乃父目光高远,也在担心,恐怕王莽硬不许卫氏入宫,拆散皇帝母子,待小皇帝长大后,必然嫉恨王家,而带来灾祸。他觉得应设法劝阻父亲,不想到劝酿成了一场血腥一天晚上，王莽府邸的门吏看到有人在门前鬼鬼祟祟，便捉拿起来，原来是王宇夫人的哥哥吕宽。门吏心中疑惑，赶忙四下察看，发现门上被洒了一大滩猪血，吓了一跳，于是赶紧报告，王莽大怒，连夜审问。

原来，王宇想劝父亲迎平帝之母卫后入宫，但知父亲生性刚愎，不易说动，因而找来其师吴章、妻兄吕宽商议。吴章说："你父迷信鬼神，不如叫人乘黑夜在门上洒上猪狗血，令他生疑，他必来问我事出何因，我便乘机解说，劝他迎卫后入宫。"王宇大喜，决定让吕宽去办。谁知吕宽办事不密，被守门者发觉。

王莽知悉全部情况，暴跳如雷，下令将王宇及其妻、其师统统抓起来。更有甚者，第二天就有人送了王莽给王宇的一封信，令他立即自杀。早几年，王莽杀子王获以求名，毕竟王获确实犯了罪，且当时王莽的处境不佳，有可能因王获杀奴一事遭人攻击，但现在是为什么？王宇不仅没有犯罪，而且是他的长子，令王宇百思不得其解，但父命不可违，只好喝下毒酒。接着又将王宇妻、其师吴章并皆诛杀，唯有吕宽暂系狱中。

而后，王莽上奏太后，说王宇受吕宽诱惑交接平帝外家，妄发议论，蛊惑人心，已被处死。太后又一次被王莽这种"大义灭亲"的精神所动，马上下诏，夸赞王莽不徇私情，勉励他继续为国除害。既然王莽连儿子都杀了，当然他是无私的，既然他是无私的，就可以放手干，放手干就有理由杀其他人，多严密的逻辑！

这时吕宽的用处就显示出来了。经过审讯，他的供词越来越多，牵连的人也就不断扩大。结果是：有很多人相互勾结，企图拥戴帝舅卫宝、卫玄等人篡位，谋害王莽，危害国家。其中包括元帝的妹妹、梁王、王莽的叔父王立、王位、堂弟王仁及其他文武大臣，共数百人！总之，凡是对他篡政不利的人，统统被除掉，这招可谓精明！这场冤案史称"吕宽之狱"。全国上下为之震惊。

本来王莽踌躇满志，满以为经过自己多年的苦心孤诣，已经是权倾朝野，爪牙密布，取汉自立岂不是易如反掌。但殊不知竟连自己的亲生儿子都出来反对他，那其他人则如何呢？于是，在进行了大规模的诛杀之后，王莽面对着王宇留下来的尚在襁褓中的孙儿，作书八篇以训诫子孙，同时还规定，从中央到地方的各级官吏，只要能背诵这八书，就可优先提升。真是天大的笑话！

荼毒女婿　黄袍加身

王莽不断地通过种种伎俩扩大和巩固自己的权势，因而他的任何活动都离不开这个中心点。他成长于外戚专权的氛围，受过哀帝当国时期的挫折，他深知自己的权力同元后的关系。因此,对于平帝选后之事,他就不可掉以轻心。公元二年(元始二年),王莽决定让自己的女儿做十一岁的汉平帝的皇后,以进一步巩固自己的权力。为此,他向元后上了一篇堂而皇之地奏章,说是以前国家的灾难,大都是因为皇帝没有继嗣,而配娶的皇后都没有天下母的品德和威信。因而应制定一定的标准,在名门之后中进行选择。元后首肯后,当负责官员将备选女子送交王莽审查时,他看到王氏宗族的许多女子都列于其上,深知与其女竞争,即上书元后,说王氏女"身亡德,子材下,不宜与众女并采"。元后没有猜透他的用心,便下诏一道:"王氏女,朕之外家,其勿采"。王莽不好明言反对,就复使爪牙向元后上书。公卿大夫们都看到,这是讨好王莽的天机,便有一千多人众口一词:"明诏圣德巍巍如被,安汉公盛德堂堂若此。今当立后,独奈何废公女?天下安所归命?愿得公女为天下母"。不要认为这些人把国脉民命系于一个小女孩身上而感滑稽,难道不知这小女孩的父亲有至高无上的权力吗?于是雪片般的奏章飞向元后,元后方才明白王莽的用心所在。这样,王莽的女儿便被定为了皇后,他自己便成了国丈。这时,汉宗室中有一个叫刘终的信乡侯,感到不能放弃逢迎王莽的这一良机,便炮制了一个奏章,要求给王莽"邑封百里。"真是喜从天降,王莽的本意只一件,没想到又来了个副产品。但王莽还是决定辞掉封赏,让朝野再一次知道他是怎样一个"谦谦君子"!

不要奇怪当今世界为什么有那么多马屁专家,有人喜欢,就有人愿意成全,姜太公钓鱼,皆大欢喜。王莽既是一个热衷于追求虚假名誉的伪君子,当然便不乏阿谀奉承的爪牙。后来王莽许多事的顺利,便和这帮爪牙的鼓噪和吹捧一脉相承。

接着,王莽觉得"安汉公"已做得很久,真有点腻味。于是,又有一批爪牙为他鼓噪,拟了一个新官名叫"宰衡"。因商朝的名相伊尹做过"阿衡",周朝的周公做过"太宰","宰衡"将二者合起来,意思是王莽的功德已经超过了历史上最伟大的圣贤。伴随着这个新官号,又是扩大封邑,以皇后聘金的名义赐一亿钱,为其生母加尊号"功显君",封其三子为侯。很自然,王莽又是诚恳地再三推让,眼含热泪辞谢圣恩。但这一次,终于接受了。只是从一亿聘金中拿出一千万,交给管理元后生活的太监。以表"孝心"。紧接着,又有九百多名官员联名上书,依据《周官》《礼记》等经典,提议给王莽加九锡——九神特殊仪仗,以表彰他的丰功伟绩。后代权臣准备以"禅让"形式改朝换代,都要经过这九道手续,始于王莽。这还不算,又有人上书元后说,普天之下的老百姓听到安汉公不接受"千乘之土",辞去"万金之币",施舍钱财达千万,没有一个不受到感化的。蜀郡的路建等人听到安汉公如此地谦让,立即停止诉讼,怀着惭愧的心情返回家乡。这是可与文王却虞芮相比美的盛事,应该报告天下,广泛宣传。总之,古代圣人能做到的,王莽有过之而无不及;古代圣人做不到的,王莽却干得很漂亮。只有他才是空前绝后的伟人。

自平帝即位,王莽执政以来的几年中,由于王莽的苦心孤诣,无耻之徒纷纷扶摇直上,刚直之士无以容身,政治日益腐败,再加上天灾,社会危机越来越严重。王莽除了遇到大灾害难以蒙蔽时,便吃几顿素食表示节俭和与民同甘共苦,并无多少实际措施。相反,他却处处爪牙干一些欺世盗民的花样,来为己歌功颂德。元始四年,王莽派人分行全国,观察民风,结果带回来总数三万多字的伪造民谣,赞扬王莽的统治。

对于剥削阶级来说,在权力的独木桥上是不可能容许两人并行的。不管这个人与自己是什么关系,即使是父母、子女也毫不相让。几年后,平帝渐大,已十四岁。这少年皇帝的母亲,被王莽禁止入宫,他的舅舅们,则多被王莽杀死,小皇帝懂事后,难免对王莽加以报复,王莽早有准备,岂能让他平安长大,接过政权?这年,他的女婿孝平帝病重。回想起血淋淋的往事,王莽"冥思苦想",为了顺利冲向终点,他以无法顾及被自己拥为皇后的女儿,最后决定对平帝下毒手了。为了做得不露形迹,籍朝野之口,王莽一面对病中的平帝故作殷勤,装出痛心疾首的样子,还模仿古人,指天发誓愿以身代。他祷告完毕,将祷文装在一个金盒子里,放在平帝皇宫的前殿,还特意谕示各主要大臣:这事切不可张扬!大臣哪里会误解他的意思?于是到处传扬,说王莽真是和周公一模一样,皇帝病重,他忧心如焚,特意向天帝祷告,恳请以身代死,这种忠心,真是少有!他又一面于十二月八日这一天,以进椒酒为名,置毒于酒中。

到底,毒药比祷文有用,大皇帝喝了他岳父送来的寿酒后,苦撑了几天便呜呼哀哉。王莽假惺惺地捶胸顿足,呼天唤地地对着女儿和群臣号啕大哭。二年前,王莽为了把自己的女儿立为皇后,搞了多少阴谋诡计!目的是为了巩固既得的权势,二年后,他又阴毒地杀死无辜的孝平皇帝,让十六岁的女儿守寡。而现在当女儿和自己利益发生冲突的时候,他女儿便成了可悲的牺牲品。用封建道德装饰起来的人伦关系上的温情纱幕,在现实斗争中,就会被卑劣的贪欲和权势欲撕得粉碎!

接着,又要立新皇帝了。王莽选来挑去,选了宣帝的玄孙刘婴,年仅两岁!

此时,有人向王莽报告,说武功县的孟通在掏粪时,挖到一块白石头,上书"应天承命","告安汉公莽为皇帝"。这就是烧饼王等人所说的天书。王莽立即命其党徒向元后报告。年迈的元后从王莽执政以来,虽然也感到他诡计多端、专横跋扈、事事专权,但王莽毕竟是他的亲侄子,她怎么也想不到他会篡权。由于元后一直深居宫中,朝中事无巨细一任王莽处决。尽管王莽的篡汉密谋一直在她身边悄悄进行着,她却视而不见,完全被蒙在鼓里。及至看到这个所谓符命,她才如梦初醒。一则以怒,一则以惊:她最信任的骨肉,原来却是一个忘恩负义的背叛者。元后生气地对王莽的一群爪牙们说,这是欺骗天下,我万万不能答应!太保王舜劝元后:"事到如今,已经无可奈何,您也无力阻止了。再说王莽也并不想真做皇帝,只是要摄行皇帝之事,以加重其威权罢了。"老太太没招,只好勉强答应。于是下令明年(公元6年)改元为"居摄",王莽称"摄皇帝",刘婴为皇太子,暂不即位,号为"孺子"。

从此,符命接二连三地在各地出现,都是希望王莽做真皇帝,造符命成了一帮无赖升官发财的捷源。本文开头提到的那个书生,在长安读书,怎么也读不好,灵机一动,想出造金匮书的好主意。他的胆子大,将自己的名字直接列在天书上,列为新朝的辅政大臣之一,居然一步登天。因为光写一个无人知晓的"哀章"太显眼,便又捏造了"王兴、王盛"两个讨王莽喜欢的名字。这样一来,莫名其妙地把一个看城门的、一个卖饼的带上青云,真是吉人自有天相!

于是,王莽采用滴水穿石的办法,使用了纵横捭阖、汲谲云诡的权术,逐步由"假皇帝"向真皇帝过渡。王莽即位前,派王舜到太后那里要御玺。元后这时才大梦初醒,大骂王舜说:"你们父子宗族蒙受汉恩,累世富贵,已经无法报答,岂敢乘人之危,夺取汉家天下!你们这对兄弟,真是猪狗不如!况且既然是受天命改立新朝,就该自造新玺,又何必讨这不祥的亡国之物!我是汉家老寡妇,要带着这颗玉玺一同下棺材,决不会给你们!"王舜见姑妈如此发怒,便连声哀求,元后无奈,取出御玺,用力扔在地上。幸好她年老力衰,只摔坏了一只角。王舜将传国玺奉上王莽,王莽欣喜若狂。不久便上演了本文开头那幕丑剧。

问题种种　起义纷纷

王莽终于做了皇帝,而且进行了改制,但却也中途夭折,十五年后,便被绿林军攻入长安杀死。

王莽代汉立新之所以能顺利获得成功,最重要的原因是当时封建社会的腐败的特殊历史条件造成了地主阶级对改朝换代的向往,而当时王莽执掌汉权后一系列沽名钓誉的行为及裙带关系,在一定程度上笼络了人心。尽管王莽事事专权,但却不像傅、丁外戚集团那么昏庸,加之铲除异己、收买同党,恩威并施,故而有非常雄厚的基础。

后代诗文中,对王莽一生的感慨甚多。不少人以他为例,说明人心难测。白居易《放言说》:"周公恐惧流言日,王莽谦恭未篡时,向使当初身便死,一生真伪复谁知?"中国的封建道德,具有否定正常人心的倾向,所以越是在道德上表现得超乎常人,令人仰望不及的人,就越是背离正常的人性,因其内心中越有可能隐伏着不可告人的东西。这就是伪君子。你看王莽,不仅虚伪阴险,而且狡猾奸诈,特别善于玩弄权术,正是他这种大善大伪在特定的历史条件下发挥出了重要作用。你看他,为了篡汉,准备的时间多么长,每一步却经过"深思熟虑",文饰得几乎不露形迹。他采用渗透法,一步步向龙座靠近,而且走走停停、瞻前顾后,每走一步,总要观察周围的反应,然后再走,真是进退有据,左右逢源。哀帝死后,他第二次秉政,大权在握,但他并没有马上行动,而是忍耐,等换了几个小皇帝后,实力大增,他的方针是,多一些条件、再多一些条件,宁肯晚一些,也要准备得充分一些。你看他,每夺得一次权力都能说得冠冕堂皇、光明正大,既合古训又符今情,既承天之意又顺民之心,真是老练之极!他的政治魔术箱中,不断地飞出一个又一个"法宝",使人眼花缭乱,应接不暇。大司马的位子到手了,他要"安汉公"的封号,"安汉公"的封号如愿以偿了,他要"宰衡"的印章,"宰衡"的印章放到府上了,他又要"居摄皇帝"的权力和名号;"居摄"的名号"奏可"了,他又要"假皇帝"的御冠,这还不过瘾,最后干脆来了黄袍加身。王莽娴熟地运用着阴一套、阳一套,当面一套、背后一套的技巧战术,运元后和幼帝与孤掌之上,欺上瞒下为所欲为,把那种尔虞我诈的品性发挥到极点,加之遇到了历史的机遇,终于扮演了"英雄"的角色。冤哉枉也!历史又一次欺骗了人们!

王莽依裙带关系,靠欺骗手段,篡夺了王位,他究竟能将皇帝宝座占据多久,却不取决于他的手段,而是取决于他解决社会问题的措施。他实施了所谓"王莽"改制,但问题种种,以至于天下大乱,起义纷纷,最后淹没在农民起义的汪洋大海之中,成为千年笑柄!

历史最终还是公正的!

治世能臣　乱世枭雄

——曹操

名人档案

曹操：字孟德，一名吉利，小字阿瞒，沛国谯县（今安徽亳州）人，汉族。东汉末年杰出的政治家、军事家、文学家、书法家。三国中曹魏政权的缔造者，其子曹丕称帝后，追尊为武皇帝，庙号太祖。

生卒时间：155年～220年。

安葬之地：河南省安阳县安丰乡西高穴村南。

性格特点：聪明机警，遇事审慎，临危不乱，胸襟博大，乐观宏达，有胆识，但生性多疑。

历史功过：政治军事方面，曹操消灭了众多割据势力，统一了中国北方大部分区域，并实行一系列政策恢复经济生产和社会秩序，奠定了曹魏立国的基础。文学方面，在曹操父子的推动下形成了以三曹（曹操、曹丕、曹植）为代表的建安文学，史称建安风骨，在文学史上留下了光辉的一笔。

名家评点：许邵称他为"治世之能臣，乱世之奸雄"。

陈寿评价曹操为"汉末，天下大乱，雄豪并起，而袁绍虎视四州，强盛莫敌。太祖运筹演谋，鞭挞宇内，揽申、商之法术，该韩、白之奇策，官方授材，各因其器，矫情任算，不念旧恶，终能总御皇机，克成洪业者，唯其明略最优也。抑可谓非常之人，超世之杰矣。"

孙权评价曹操："其惟杀伐小为过差，离间人骨肉以为酷耳，御将自古少有。"

王沈：太祖御军三十余年，手不舍书。书则讲武策，夜则思经传。登高必赋，及造新诗，被之管弦，皆成乐章。——《魏书》

钟嵘：曹公古直，甚有悲凉之句。——《诗品》

裴松之评价曹操:"历观古今书籍所载,贪残虐烈无道之臣,于操为甚。"——《三国志(注)》

　　唐太宗说曹操:"临危制变,料敌设奇,一将之智有余,万乘之才不足。"

　　元稹评价曹操:"曹瞒篡乱从此始。"——《董逃行》

　　刘知几评价曹操:"罪百田常,祸于王莽。"——《史通·探赜》

　　鲁迅说:"曹操至少是一个英雄。"

少怀壮志　以屈求伸

　　曹操出身在一官宦家庭。他的祖父曹腾早年就进宫当了宦官,历事安帝、顺帝、冲帝、质帝和桓帝5位帝王,时间长达30余年。安帝时为黄门从官。桓帝即位后,曹腾因参与定策有功,被封为费亭侯,迁大长秋,加位"特进"。

　　曹腾生活在一个宦官可以娶妻养子,并可用养子袭爵傅封的时代,因此,他收了一个养子,名曹嵩,字巨高,这就是曹操的父亲。由于有曹腾这么一个大宦官的养父,曹嵩仕途一帆风顺,很容易就做到了司隶校尉的官职。灵帝时,又转为大司农、大鸿胪。适逢灵帝开西园卖官,曹嵩又通过贿赂当权的宦官,并出钱1亿,在中平四年,公元187年,买到了太尉的要职。曹腾死后,又袭费亭侯。曹操起兵后,曹嵩不肯相随,放弃京官回谯县闲居,初平四年,公元193年,为避董卓之乱,在琅琊被徐州刺史陶谦的部属杀害。

　　曹操出身于这样一个家庭,对他一生所走的道路,对他执政后所采取的方针政策产生了复杂而微妙的影响。祖父是个大宦官,为此父亲沾了光,他也沾了光,不然他是不大可能顺利踏上仕途,在20岁时即出任京城洛阳北部尉的要职的。但宦官不过是供帝王役使的家奴,大都出身微贱,与名门世族不同,往往被人瞧不起,因此曹操不免有些自卑之感。而曹腾虽为大宦官,却又与那些一味专横跋扈,逞暴肆虐,与名士势不两立的宦官有所不同,大约他也看不惯有些宦官的胡作非为,因而能够反其道而行之,倾心推引,结交一些名士,这对曹操后来对豪强、对宦官、对名士所采取的立场和态度,无疑也产生了潜移默化的影响。

　　由于曹操出生在一个虽然有钱有势、但却并非名儒名仕的家庭,因此从小所接受的传统儒家教育,相对来说是比较薄弱的。他后来在《善哉行》诗中追忆说:

　　自惜身薄祜,夙残雁孤苦。

　　既无三徙教,不闻过庭语。

　　这样的家庭教育,使曹操小时候很少受到礼法观念的束缚,养成了颖悟机警、善于出谋划策、随机应变的个性。平时行为放荡不羁,喜欢恶作剧,但也常常路见不平,拔刀相助。

曹操从小就立下"雄心壮志",将来要成就一番大业。总的说来,曹操少年时代即已显示出诡谲奸诈的性格,同时也显示果决不怕死的精神。因此不少人评论说,曹操将来不是"治世的能臣",就是"乱世的奸雄"。曹操所以引起人们的广泛关注并不是偶然的。在东汉末年的动乱年代,他的观察力和随机应变的能力,他的机智和谋略,他的干练和果敢精神都是超群的。

对于读书学习,他也和一般人不同。他不是不读书,而是不读那些于事无补的书,特别是不愿走成千上万的汉儒曾经走过的那条皓首穷经的道路,他不是不读儒家的书,而是不专读儒家的书,诸子百家的书他都要浏览一番,把有用的东西加以吸取。曹操特别喜欢兵法,当时在军事科学方面,他发表了不少独到的见解。

曹操虽然出身于宦官之家,但他清醒地认识到,宦官集团遭到广大士人的反对,是不可能有远大前程的,他不能顽固地站在宦官集团的立场上,同这股腐朽势力同流合污,同归于尽。他力图改变自己的形象和社会地位,打进在统治集团中一时还未占优势,但潜力却很大的士大夫集团中去,千方百计同名士交往,竭力争取他们的理解和支持,这对他跻身士林、步入仕途起了很大的作用。

经过一番积极的准备和活动,曹操在灵帝熹平三年,公元174年,亦即他20岁的那一年,被乡里推举为孝廉。不久,曹操即被朝廷任命为郎。接着,经尚书右丞司马防推荐,出任洛阳北部尉,开始走上仕途。尉是县令的副手,负责查禁盗贼,维持治安。曹操是憋足了劲踏上这仕途的第一站的。他申明禁令,严厉治法,打击邪恶,从此,京都治安情况大为好转。

曹操在洛阳北部尉任上所表现出来的才干、勇气和秉公执法,不避权贵,雷厉风行的作风,在政治上掀起了一股冲击波。曹操出任顿丘令不久,即被朝廷任为议郎。议郎是郎官的一种,属光禄勋,一般由"贤良方正、敦朴有道"的人充任。中平元年,公元184年,黄巾起义爆发,曹操也在这个时候得到重用,由600石的议郎升任为2000石的骑都尉,同皇甫嵩、朱俊一起带兵前往颍川镇压黄巾军。颍川地近洛阳,这一路起义军对东汉朝廷威胁最大,结果先被镇压,对全局影响很大。

由于镇压黄巾起义有功,曹操被提升为济南国相。曹操非常渴望得到郡太守的职位,以便以振兴政治和教化的实绩来竖起个人的声誉。他在洛阳北部尉、顿丘令以及议郎任上之所以力图有所作为,这种心理不能说没有起相当作用。如今,他真正得到了相当郡太守的职位,于是便大刀阔斧地干了起来,以便实现心中的夙愿。

济南国相下辖10个县,不少县令对上结交朝廷贵戚或宦官,对下勾结地方豪强,依仗权势,狼狈为奸,贪赃枉法,鱼肉百姓,弄得声名狼藉,而历任国相都不敢加以干涉。曹操上任不久,经过调查核实,即上报朝廷,一鼓作气罢免了其中的8个。这样一来,上下无不为之震恐,犯法作乱的人纷纷逃往外郡,辖区内一时间变得异常平静,社会治安大为好转。

但是,曹操的行动却得罪了朝中当权的宦官,地方豪强也对他恨之入骨。曹操一方面不愿意违背自己的志向去迎合权贵,一方面又考虑到已经多次触犯权贵,再这样干下去,担心使全家受到连累。为了避免发生不测之祸,曹操便在当年辞去了济南国相的职务,托病辞官,回到家乡谯县去了。

东汉末年,"岩穴隐居"在名士中是十分盛行的风尚。由于隐居被人们认为是有才能而又清高的人才干的事情,因此,隐居可以抬高身价,成为当政者注目和礼聘的对象,不失为一条做官的途径。曹操这种以屈求伸的策略果然有效,在谯县赋闲没有多久,就因形势的需要,而被征召出山了。

中平元年,公元184年,黄巾军主力被镇压后不久,金城人边章、韩遂起兵反叛,曹操便在这时被召为都尉,成为东汉皇室核心武装的将领,使他在仕途上又迈出了重要的一步,在一定程度上也可以说是以屈求伸策略的胜利。曹操个人的欲望也随之膨胀起来,当初只打算做一个郡太守,现在却想凭借手中兵权,为国家"讨贼立功",以便获得封侯做征西将军。志向的升级,预示着曹操在政治舞台上将会有更为出色的表演。

讨伐董卓　平定兖州

公元189年,中平六年四月,汉灵帝死,以上军校尉蹇硕为代表的宦官集团,同以大将军何进为代表的外戚集团之间的矛盾陡然尖锐起来。灵帝生前,几个皇子先后夭折,留下何皇后所生皇子辩,王贵人所生皇子协。灵帝认为刘辩轻佻无威仪,不能充任人主,有意立刘协为太子。但因何皇后有宠,何皇后兄何进自中平元年起就一直任大将军之职,手中握有重权,所以一直决定不下来。直到中平六年,灵帝病重,才将刘协托付给蹇硕。

蹇硕既受遗诏,加之一向轻视忌恨何进,因此灵帝一死,便想杀掉何进后再立刘协。不料,阴谋泄露,计划失败。何进立其外甥刘辩为帝(少帝),时年17岁,何太后临朝,何进控制朝政。何进深恨蹇硕阴谋图己,又知道官僚士大夫无不对宦官心怀不满,因此执掌朝政后,便依靠袁绍、袁术等人,共同谋诛宦官。蹇硕疑虑不安,写信给宦官赵忠,建议赶快动手,将何进等人捕杀,不料阴谋泄露,何进先发制人,立即将蹇硕捕杀。袁绍劝何进乘机把宦官全部杀掉,并建议多招四方猛将,特别是招并州牧董卓领兵入京,以胁迫太后,何进接受了这一建议。

董卓,字仲颖,陕西临洮人。其人粗猛有谋,在镇压黄巾起义中,屡立战功,先后被提升为并州刺史和中郎将。随着实力的增强和地位的提高,董卓的政治野心越来越大。当得知何进要他带兵进京时,他认为时机已到,二话没说,立即上路,并上书请求惩治宦官张让等人。

　　董卓还未到达洛阳,何进想要尽杀宦官的图谋泄露,宦官惧而思变。八月,宦官张让、段珪等乘何进入宫见何太后的机会,埋伏在宫门外,当何进出宫时,突然袭击,将其杀害。何进部将吴匡、张璋等闻讯,领兵攻打宫门,放火焚烧东西两宫。张让、段珪等连忙劫持太后、少帝及陈留王刘协等逃往北宫。袁绍等引兵将北宫门关闭,搜捕宦官,不论老少,一律杀死,一共杀死宦官2000多人。

　　这时,董卓已经抵近洛阳,遥见洛阳火起,引兵急进,迎上了被劫持出城的少帝和陈留王,一同回到洛阳。董卓凭借兵威,自任司空,专断朝政,废少帝刘辩为弘农王,立陈留王刘协为帝,史称献帝,并在永安宫将何太后毒杀。接着,董卓自任太尉、相国,进一步控制了朝政。

　　董卓是个非常残暴的军阀。掌权后,采取高压政策,以严刑服众,稍不遂意就开杀戒,弄得朝中人人自危。曹操料定董卓虽然得势一时,但必然很快归于失败。因此,不肯同董卓同流合污,于是毅然举兵讨伐,走上了同董卓公开决裂的道路。曹操秘密离开京城后,就积极准备起兵。经过几个月的努力,曹操共招募到士兵5000多人,这是他建立自己武装力量的开始。中平六年十二月,曹操决意联合各地州牧郡守共同伐卓。当时曹操虽然兵少,但没有消极地保存自己的力量,而且毅然首举义兵,为天下倡,表现了非凡的胆识、气魄和勇气,这对迅速掀起反董斗争的高潮起了十分关键的作用。

　　当时,关东反卓联军分驻各地,驻扎酸枣的诸军,设坛盟誓,由张超手下的功曹臧洪登坛宣读誓词。臧洪声讨董卓暴行,辞气慷慨,涕泪交流,在场的将士无不深受感动。由于袁绍是"四世三公"之后,在消灭宦官的行动中又出过大力,同董卓闹翻后,又先逃到冀州反对董卓,因此在盟会上大家遥推袁绍为盟主。袁绍得知消息,欣然接受,自号车骑将军,领司隶校尉。当时,被推为破虏将军的鲍信对曹操说:"谋略在世上找不到第二个,能统率大家拨乱反正的,只有您一个人,不是那个人(暗指袁绍)。即使一时强大,最后也是要失败的。"

　　董卓针对讨卓联军所采取的第一个行动,是把弘农王刘辩毒死。接着,为了摆脱关东诸军从东到南摆开的夹攻态势对洛阳造成的威胁,董卓动议迁都长安,并将坚决反对迁都的伍琼、周珌杀死。此外,还杀害了袁绍在洛阳的家属,自太傅袁隗以下共50余人。挟持献帝西迁。

　　董卓还将洛阳的富豪一一逮捕,随意安上个罪名杀掉,然后将其财物没收。并把洛阳的宫殿、官府和二百里的房屋全部烧毁,洗劫一空,鸡犬不留。又强迫洛阳周围数百万人口西迁,一路上在军队的驱赶践踏和抢掠之下,死伤不计其数,还有不少人因缺粮而饿死,尸体铺满西行的道路。

　　董卓还派他的部将吕布挖掘皇帝及公卿百官的陵墓,盗取墓中的珍宝。董卓的暴行给广大人民带来了深重的灾难,使洛阳地区的社会经济和文化遗产遭受到严重的破坏,对于这场灾难,曹操特地写了《薤露行》一诗加以反映:

惟汉廿二世，所任诚不良。

沐猴而冠带，知小而谋彊。

犹豫不敢断，因狩执君王。

白虹为贯日，己亦先受殃。

贼臣持国柄，杀主灭宇京。

荡覆帝基业，宗庙以燔丧。

播越西迁移，号泣而且行。

瞻彼洛城郭，微子为哀伤。

曹操诗中所谓的"廿二世"，是指从汉高祖刘邦到灵帝刘宏共 22 代。"所任诚不良"是指外戚何进智虑短浅，像猕猴一样。曹操既反对横行不法的宦官，也厌恶干涉朝政的外戚。对"贼臣"董卓特别反感。他以"微子"自比，感叹故都洛阳的残破，表达了对于董卓及招致董卓之乱的何进的痛恨之情。

曹操率领部属从酸枣出发，准备攻占成皋。但从实战中曹操深深感到，要想达到讨伐董卓的目的，光指望别人是不行的。还得依靠自己独立的武装力量。但汴水失利后，自己兵员减少，不敷调遣，于是便决定同曹洪、夏侯惇等人到扬州募兵。扬州刺史陈温、丹阳太守周昕给了曹操很大的支持，曹操一共招募新兵 5000 多人，经过训练，作战实力有了很大提高。但就在这时，关东讨卓联军，内部关系很难协调，很快发生了矛盾。这些割据势力，为了不断扩大自己的地盘，相互间展开了旷日持久的兼并战争，造成了社会经济严重破坏和人民的大量死亡。

关东讨卓诸将散伙后，曹操独力难支，孤掌难鸣，想要西讨董卓已经不可能了，决定向黄河以南发展，以等待形势的变化。这一时期，曹操对地方势力采用受降改编的办法，武装力量有了很大发展，不少谋臣、武将投奔到了他的麾下，其中著名的有荀彧、满宠、毛玠、程昱等人。东汉名士荀彧听说曹操有雄才大略，便在初平二年，公元 191 年，离开袁绍投奔了曹操。曹操与之接谈，发现荀彧很有才能，非常高兴，说："您就是我的张子房啊！"立即任命荀彧为司马，参与军机大事。这时荀彧才 29 岁。这样，曹操手下不仅有了亲信的家兵，还有了精锐的"青州兵"，谋臣战将也与日俱增，武装力量日益壮大，成为他在兖州建立根据地的重要凭借。

初平四年春，曹操驻兵鄄城。鄄城是当时黄河边上的一个军事重镇，曹操任兖州牧后，将治所从昌邑迁到这里。接着，曹操发动了攻击徐州牧陶谦的战役。初平四年秋，曹操第一次大规模进攻陶谦，一鼓作气攻下了 10 多座城市，进抵彭城。陶谦带兵前来会战，被曹操打得大败，有上万士兵被杀。与此同时，曹操派遣曹仁进攻费县、华县、开阳等地，陶谦派出部将援救各县，都被曹仁击败。

接着，曹操率军讨伐董卓的部将吕布。吕布，字奉先，五原郡九原人。原为并州刺史丁原的部将，后投靠董卓，初任骑都尉，后来升任中郎将，后又做了董卓的干儿子，成为董卓的保镖。二人发誓以父子关系相处。但董卓性情暴戾怪僻，一次为了一点小事,竟用戟掷吕布,吕布从此对董卓心怀不满,并乘董不防备,将其杀害。董卓死后,吕布又投靠王允,被任命为奋威将军。

曹操率领大军从徐州前线日夜兼程赶回兖州,随后一面派李乾到各县慰问,安抚人心,一面准备围攻吕布占据的濮阳。曹操决定巧妙地利用地形,出奇兵打败吕布。曹军大营的西面有一座大堤,大堤南面有一片树林,林深树密,幽深莫测,吕布怀疑林中有曹操的伏兵,告诫部下说:"曹操多诈,千万不要闯到他的埋伏圈中去。"于是小心翼翼地在大树林以南 10 多里的地方安下营寨。第二天吕布前来攻城,曹操利用大堤做文章,把一半兵力隐藏在大堤里面,另一半暴露在大堤外面,吕布见堤外兵力不多,率兵前进,两军刚一交手,埋伏在堤内的士兵突然一拥而出,步兵、骑兵齐头并进,将吕布打得大败,一直追到吕布的大营才停了下来。

吕布吃了败仗,不敢久留,连夜撤军,逃向定陶。曹操率军追赶,经过激战,将定陶攻下。吕布见大势已去,带着残兵败将向徐州逃去。曹操分兵收复了兖州的郡县。是年八月,曹操进围雍丘。十月,朝廷见曹操实际上已完全控制了兖州,正式任命曹操为兖州牧。经过一年多的艰苦搏战,曹操终于有了一块进可攻、退可守的名副其实的根据地,这为他以后不断向周边发展,奠定了一个良好的基础。

挟天子以令诸侯

东汉献帝刘协,从他登基即位的那一天起,就是一个被人玩弄的木偶,他虽有皇帝之名,但无皇帝之实。但是,献帝毕竟又是国家最高权力的象征,谁有机会充当他的保护人,谁就有在政治上发号施令的主动权。为了挟天子以令诸侯,军阀和豪强展开了一系列的冲突,曹操也参与了这一场争夺战,凭借他的智谋和实力,最终取得了胜利。

公元 190 年 2 月,董卓胁迫献帝西迁长安,安置在未央宫中。董卓自己则在长安城东修筑了一座堡垒居住,取名郿坞。郿坞城墙高、厚各达 7 丈,高度与长安城墙相等,称为"万岁坞"。董卓将从洛阳等地掠夺的大量金银和粮食藏在坞中,单粮食可供 30 年食用。董卓还以吕尚自居,自为太师,号曰"尚父"。宗族内外,并列朝廷,声势煊赫。

董卓死后,司徒王允执掌大权,献帝仍是一个傀儡。王允刚愎自用,不讲策略,曾经依附董卓的公卿大臣被他处死不少。献帝在这样的环境中,度日如年,很想东归洛阳。关东州牧郡守怀着各种各样的目的,也都想让献帝东归。曹操更是不放过任何一个同献帝拉关系的机会。公元 192 年,献帝近臣太傅马日䃅、太仆赵岐奉诏抚慰关东,曹操和袁绍听说后,亲自带兵到数百里以外去迎接,临别时还相约在洛阳会合,共同将献帝迎接回来。

不久，兖州治中从事毛玠向曹操建议说："现在国家分崩离析，皇帝被迫西迁长安，百姓不能从事生产，忍饥挨饿，四处流亡。国家没有一年的粮食储备，老百姓没有安居固守的思想，这样的局面是难以长期维持下去的。现在袁绍、刘表虽然拥有众多的人口，看起来强大，但却没有长远的考虑，没有树立根本、打好基础的打算。打仗要正义的军队才能获胜，巩固政权则须凭借财力，让老百姓过安定日子。我们应当奉天子，以令不臣，修耕植以蓄军资，这样霸业与王道才能取得成功。"

公元195年，兴平二年二月，凉州军将发生火并。李傕先杀死右将军樊稠，接着又同郭汜互相攻杀。郭汜想把献帝从宫中转移到自己兵营中来，李傕得知消息后，抢先动手，劫走献帝，烧毁宫殿。双方在长安城内外，混战了好几个月，造成上万人死亡，混战中有时乱箭直飞到献帝面前。

献帝获释后，冲破重重阻力，几经周折，于公元196年7月回到故都洛阳。献帝回到洛阳后，曹操即打算将献帝迎来许昌，一些人对此有疑虑，认为关东尚未平定，四周群雄豪强难以制服，唯都内臣荀彧坚决支持曹操的想法，鼓励曹操说："从前晋文公接纳了周襄王，因而诸侯纷纷前来追随；汉高祖为义帝穿上白衣服发丧，因而天下的人都来归附。现在皇帝流徙不定，东都洛阳又那样残破，忠义之士都有怀恋王室的心意，老百姓都有感旧的哀痛。如果能够利用这个机会迎奉皇帝，是符合大家的愿望的。用忠于帝室的行动，来镇服各据一方的豪杰，这是一个重要的策略。如不及时做出决策，其他豪杰必然会产生非分之想，那时再来考虑这个问题，就来不及了。"

曹操于是立即采取行动，派曹洪带兵西迎献帝。由于卫将军董承和袁术部将苌奴凭险抗拒，曹洪无法前进，计划一时未能实现。曹操为此感到十分愁苦，曾作《善哉行》一诗抒发自己当时的心境：

我愿于天穷，琅玡倾侧左。

虽欲竭忠诚，欣公归其楚。

快人由为叹，抱情不得叙。

显行天教人，谁知莫不绪。

我愿何时遂？此叹亦难处。

今我将何照于光曜？释衔不如雨。

从这首诗字里行间不难看出，曹操虽然已经在事业上取得了很大的成就，但还是怀着壮志难酬的深沉感慨，以致为此感到苦闷和忧惧。正是这种不满足感和危机感，驱使着曹操去为生存和发展不懈奋斗。

当时，在献帝周围的将领，主要有韩暹、杨奉、董承和张杨等人。杨奉虽然兵力较强，但孤立少援。加之献帝到洛阳后，宫室早被董卓烧尽，百官只能找些柴草，靠着断壁残垣搭帐篷居住；粮食更是紧张，州郡各拥强兵，不肯接济，群臣饥乏，尚书郎以下官员都得自己出去挖野菜充饥，有的就饿死在墙垣之间，有的则被士兵杀死,情况已到十分严重的地步。因此,曹操表示愿与杨奉合作,并拿出粮食来,自然使杨奉喜出望外。

为了感谢曹操的大力支持,杨奉即与诸将一同上表,请献帝任命曹操为建德将军,不久又升迁为镇东将军,袭父爵为费亭侯。曹操得到这样的机会,自然十分高兴,于是立即亲率部队赶到洛阳,朝见献帝。曹操由于担负起了保卫京都和献帝的重任,献帝特授给曹操节钺,录尚书事,任司隶校尉。这样一来,军政大权都集中到了曹操一人身上。这说明曹操在事业上往前迈出了一大步,他亲近献帝的策略及为此所做的努力结出了硕果。在与其他割据势力的角逐中,曹操已占了比较明显的优势。

曹操总揽朝政后,即以献帝名义,杀掉了侍中台崇、尚书冯硕等人,而封卫将军董承、辅国将军伏完等13人为列侯。但真正做到"挟天子以令诸侯",还有许多事情要做。

一次,曹操请董昭坐到他的身边问道:"现在我来到洛阳了,你看下一步怎么办?"

董昭回答说:"将军起义兵以除暴乱,现在来到朝中辅佐天子,这是相当于春秋五霸所建立的功业。但朝中将领各怀异心,未必都能顺心服从,留在洛阳匡扶朝政,必有许多不便。最好的办法,是将天子迁到许昌去。但朝廷已经多次迁徙,现在刚刚迁回洛阳,远近的人们都希望能够安定下来,再迁徙恐怕会出现麻烦,希望将军权衡利弊,采取合适的对策。"

曹操觉得董昭的主意很好,立即派遣使臣带着厚礼去看望杨奉,感谢他的帮助和支持,并对他说:"洛阳没有粮食,想暂时把献帝迁到鲁阳去,那里离许昌很近,运输粮食就比较容易了。"杨奉果然信以为真,就这样曹操就顺利地将献帝转移到了许昌。从此,就将这里定为都城,直到建安25年,公元220年,曹操去世,曹丕取代献帝建魏,将都城迁到洛阳为止,共在这里建都25年。

献帝来到许昌后,又封曹操为大将军,武平侯。大将军是将军的最高称号,为中央政府的执政者,自汉武帝以来,只有少数皇帝最为信用、最有权势的大臣才有资格充任,权位常在三公以上。与此同时,曹操左右的部属也得到了封赏。荀彧被晋升为侍中,代理尚书令。尚书令为尚书台的长官。尚书台本是皇帝私府中掌管收发文书的部门,自武帝以后地位日渐重要,成为朝廷行政事务的总管,颇有实权。从此,曹操外出征伐时,朝廷中枢的大政就交由荀彧来调度处理。献帝从这时起,就成为曹操手中的傀儡了。

历史证明,将窘困流徙中的献帝迁到许都,由自己充当献帝的保护人,是曹操政治生涯中的得意之作。曹操这样做,不仅使自己获取了高于所有文臣武将的地位,而且把献帝变成了曹操进行统一战争的工具,从此无论是征伐异己,还是任命人事,都可利用献帝的名义,挟天子以令诸侯,而给自己创造了极大的政治优势。

另一方面，这样做在客观上对国家、对人民也有好处。当时群雄割据，谁都想吞灭对方，独霸天下。曹操迎帝到许昌，将献帝置于自己有力的保护之下，虽然使献帝变成了一个傀儡，但却也使献帝在局势极为混乱的时期免除了被废黜、被杀害的危险，保留了这样一个国家最高权力的象征，从而在一定程度上维护了中央集权，对控制割据、分裂局面的恶性发展，加快国家统一的进程发挥了一定作用。

曹操总揽朝政后，力图通过兴利除弊使朝政出现一个新的面貌。长期的连年战争，使人民的生产和生活遭到严重的摧残和破坏，中原地区所遭受的破坏尤为严重，原来经济繁荣的河南和关中地区变得万象凋零，残破不堪。在这场劫难中，首当其冲的自然是农业，而农业是当时社会经济的支柱，农业遭受严重破坏，工商业也随之凋敝下来。

为了恢复发展生产，安定人民生活，曹操提出"修耕植以蓄军资"，并颁布了《置屯田令》：

"夫定国之术，在于强兵足食。秦人以急农兼天下，孝武以屯田定西域，此先代之良式也。"

历史证明，发展生产，繁荣经济，是利国利民最重要的措施。秦孝公时，用商鞅变法，厉行耕战，加紧发展农业生产，实现了强兵足食，最后终于统一天下。汉武帝时，为了巩固西北边防，抗击匈奴侵扰，曾在东起朔方，西至令居大片地区设置屯田，对平定西域发挥了重要作用。曹操认为这些做法都很值得借鉴，这样做可以使兵力强盛，粮食充足，达到安定天下的目的。

就这样，经过一番紧锣密鼓的准备之后，屯田制度正式推行，广漠荒凉的原野上，出现了一处处农耕的人群，在兵荒马乱的岁月中，掀起了一个农业生产的热潮。对于曹操来说，把长期战乱中弄得凋敝的农业经济重新恢复起来，这不能不说是一个很大的功劳。

南征北战　克定天下

兴平二年，公元 195 年，曹操在兖州将吕布打败后，吕布东逃投靠了徐州牧刘备。这样，在曹操周围的异己势力，北面是冀州牧袁绍，东面是吕布，西面是马腾、韩遂，南面是荆州牧刘表，对曹操形成了一种四面包围的态势。在曹操同刘表之间，还横亘着一个同刘表联合的张绣。

张绣，武威祖厉人，骠骑将军张济的侄子。张绣跟随张济转战，由于作战英勇，这时已被提为建忠将军，封宣威侯，于是接替张济统领部队。建安二年正月，曹操亲率大军直扑宛城。曹军来势汹汹，双方力量悬殊，张绣自料难以抗敌，便在曹军进抵离宛城不远的淯水时，率众向曹操投降。

曹操兵不血刃，就取得了南征的胜利，这意外的成功使他志得意满起来，对俘虏肆意侮辱，张绣对此很不高兴，决心予以报复。张绣依计而行，率领全副武装的士兵进入曹营，一声令下，突然动手。曹操措手不及，一时竟无法抵敌，靠着少数随从的保护，仓皇逃走，并身负箭伤。曹操这次败得很惨，完全是由于骄傲自大、麻痹轻敌造成的。

建安三年三月，曹操准备再次征伐张绣。曹操冥思苦想，终于想出了摆脱困境、克敌制胜的办法。他给内臣荀彧写信说："贱来追吾，虽日行数里，吾策之，到安众，破绣必矣。"

到安众后，张绣和刘表的军队合在一起，据守险要。曹操前进受阻，于是按照事先制定好的作战方案，连夜在险要处开凿地下通道，将军械粮草等辎重全部送过去，并布下奇兵。天明后，敌军以为曹操逃跑了，全军来追。张绣临出发前，贾翊劝他说："不要去追，去追一定会吃败仗。"张绣不听，仍发兵追击，曹操突出奇兵与步骑夹攻，把张绣打得大败，完全实现了预定的作战计划。

曹操荡平徐淮后，袁术在淮南的日子也就更加难以维持，由于北方的袁绍需要花大力气对付，而袁术已是日落西北，气息奄奄，因此曹操对袁术采取了保持威压，静观其变的策略。袁术其人，既无美德懿行，也无雄才大略，只因仗着是"四世三公"之后，骄纵放肆，野心膨胀，只知满足一己的私欲，不管百姓疾苦死活。尽管如此，他的哥哥袁绍还是产生了将袁术接来冀州的想法。不料，待其逃到离寿春八十里的江亭时，终于一病不起，吐血而亡。

当曹操在黄河以南地区忙于镇压黄巾军时，袁绍也在黄河以北地区忙于镇压以黑山军为首的农民起义军，同公孙瓒等人争夺地盘。当他们在一个个局部地区不断取得胜利、扫平了身边的一个个障碍之后，他们之间的矛盾也逐渐激化和公开化，最后终于发展到兵戎相见。

建安三年，公元198年，袁绍亲率大军进攻公孙瓒。至此，袁绍占据了冀、青、幽、并四州，自己以大将军兼冀州牧，坐镇邺城。四州地广民众，有军队数十万人，粮食也比较充足，这使袁绍成为北方实力最强大的割据者。

袁绍消灭公孙瓒、除掉后顾之忧后，曹操在他心目中的地位突然变得重要起来。袁绍已经占领了黄河以北地区，下一步势必要向黄河以南地区发展，袁绍决定立即将矛头转向曹操。在相当长的一个时期中，曹操同袁绍保持着一种若即若离的关系。为了保存和发展自己，为了对付身边更直接的敌对势力的威胁，曹操对袁绍采取稳而不打的策略，有时甚至还对袁绍做出一点儿让步，但两人的矛盾不绝如缕，有时甚至发展到相当尖锐的程度。

建安四年春，袁绍选精兵10万，战马万匹，准备大举南攻曹操，消息传到京都许昌，引起一股强烈的冲击波。不少将领认为无法抵抗，心怀恐惧，但曹操这时已是成竹在胸，信心十足。他开导诸将说："我了解袁绍这个人，志向很大，但才智短浅,外表严厉而内心胆怯,妒忌刻薄而缺乏威信。士兵虽多,但调度、部署却不得当,将领骄傲而政令不能统一。因此,他土地虽广,粮食虽多,却都只能是为我准备的!"

曹操作为一军之主,他这番冷静客观而又充满自信的话,对于稳定军心、鼓舞士气无疑会产生十分重要的作用。

建安五年,曹操和袁绍一场规模巨大的争夺战终于在官渡展开了。谋士荀攸向曹操献计说:

"现在我们兵力不多,如果同袁绍正面交战,恐怕占不到什么便宜,应当设法分散袁绍的兵力才行。您可带领一支队伍扑向延津,摆出一副就要北渡黄河袭击袁绍后方的样子,袁绍必然分兵向西阻截。这样,我们就可乘机突袭白马,攻其不备。"

曹操非常赞同这一声东击西的作战方案,立即依计而行。果然,袁绍听说曹军要北渡黄河,连忙分兵前往阻截。曹操见袁绍中计,立即掉头东向,督率一支轻骑日夜兼程,直趋延津、白马。

白马、延津两次战斗,是官渡决战的前战。曹、袁双方虽都不过是小试牛刀,但彼此优劣成败的征兆,却都得到了比较充分的展示。曹操机智果断,出奇制胜,先声夺人,从而大大鼓舞了己方的士气,而使敌方的士气大受影响。特别是颜良、文丑都是袁绍的名将,结果才不过打了两次小仗就都被杀死,这在袁军中引起了强烈的震撼。

曹操取得白马、延津两次战斗的胜利后,考虑到敌强我弱的形势并未从根本上得到改变,决定诱敌深入,撤退到官渡一线设防,相机打击敌人。当时曹操处在强敌的进攻面前,若不退让一步仓促进行决战,就有全军覆灭的危险,因此采取这一步骤是适宜的。

袁绍连败两仗,连损两员大将之后,急火攻心,迫不及待地要奔上前去同曹操决一雌雄。这年七月,袁绍把主力推进到官渡北面的阳武。当时的情况是,从曹操这一方来讲,一方面应避免立即决战,这样做有可能危及全军的生存;另一方面又不宜拖得太久,因为军中粮草不足,速战速决对自己是有利的。而从袁绍这一方来讲,由于兵多粮足,加之新败,士气受挫,则应采取持久战的方针,慢慢拖垮对手。但这年8月,袁绍采取前后结营、步步推进的方法,将主力逼近官渡。袁军背靠沙堆,安营扎寨,营寨东西相连,长达数十里。曹操分兵防守,双方形成对峙局面。

到了10月间,曹操终于抓住了一次主动出击、从而使整个战局发生根本变化的机会。袁绍部将韩猛督运的数千辆粮车被徐晃、史涣截获烧毁后,袁绍重新从河北装运了万余车粮食,派淳于琼等5个将领率兵万余人护送,然后把这些粮食集中囤聚在袁绍官渡大营北面40里的故市和乌巢两个地方。

曹操获悉这一情况后,遂命偷袭部队全部打上袁军的旗号,士兵每人背上一捆干柴,为了避免发出声响,口中还横含一根小棍,即所谓"衔枚",马嘴也都用绳子拴上,趁着天黑抄偏僻小路向乌巢进发。

路上遇到袁军盘问,曹军就答:"袁将军怕曹操绕到侧后袭击我军粮囤,特派我们到乌巢去加强防守。"

听的人信以为真,也就不再盘问。天色微明时,曹军到达乌巢,立即散开围住粮囤放火。袁军见四处起火,顿时大惊失色,一片混乱。天明后,曹操命令展开猛攻,终于在短时间内把袁军打败。袁绍的1万多车粮草被烧个精光,督将眭元进、骑督韩莒子等人被杀死,并被割下首级。士兵被杀1000多人,都被割下鼻子。袁军将士看了,无不惊恐失色,纷纷溃散而去。

这样一来,袁军上下更加惊恐,更加混乱。曹操乘势发动全面进攻,袁军不战自溃,四处奔逃,不少人跪在地上缴械投降。袁绍和他的儿子袁谭丢下部队,往北狂奔,只带了800骑兵渡过黄河。曹操追之不及,将袁绍遗弃的大量辎重、地图和珍宝等物尽数缴获。官渡这一仗,曹操前后共杀死、活埋袁军将士7万余人。

官渡之战是曹操统一北方的关键一战。这一战不仅消灭了袁绍主力,使袁绍从此一蹶不振,而且使整个北方受到震动,冀州各郡在袁绍战败后纷纷倒戈,献城投降曹操。曹操对袁绍的劣势转化成了优势,接下来便是如何进一步消灭袁氏残余势力,实现北方统一的问题了。

官渡之战后,曹操又兴兵收复河北,克平四州,远征乌桓,特别是平定三郡乌桓,不仅消灭了袁氏残余势力,又不战而使辽东归附,表明他在中原地区进行的兼并战争已经取得最后胜利,除关陇地区外,北方已处于他的直接控制之下。

自董卓动乱以来,中原地区人民饱受战乱之苦,社会生产力遭到严重破坏,曹操统一中原,结束了长期纷争混战的局面,使人民重新过上了较为安定的生活,这对于社会经济的恢复和发展,无疑是有重大意义的。北方经济的恢复和发展,对支援曹操后来所进行的统一战争,也发挥了重要作用。

曹操从柳城班师回朝途中,诗兴大发,写下了《龟虽寿》《观沧海》等壮丽的诗篇。

他在《龟虽寿》中写道:

神龟虽寿,犹有竟时;

腾蛇乘雾,终为土灰。

老骥伏枥,志在千里;

烈士暮年,壮心不已。

盈缩之期,不但在天;

养怡之福,可得永年。

幸甚至哉,歌以咏志。

曹操这年53岁,已经进入了"暮年"。他虽然在统一北方的战争中已取得了巨大的胜利,但他清醒地认识到,大业未竟,任重道远,应当乘胜前进,不断进取。正是在这种思想的支配下,他写出了《龟虽寿》这首诗,抒发了自己老当益壮的情怀,表达了不信天命、重视人力的积极见解,从而在如何对待人生问题上,奏出了一曲高亢激越的乐章。

曹操在《观沧海》中写道:

东临碣石,以观沧海。

水何澹澹,山岛竦峙。

树木丛生,百草丰茂。

秋风萧瑟,洪波涌起。

日月之行,若出其中;

星汉灿烂,若出其里。

幸甚至哉,歌以咏志。

曹操在诗中所说的"碣石",实指碣石山,在今河北昌黎县北 15 里,秦皇岛市区西南 45 公里,东距渤海仅约 15 公里。主峰仙台顶海拔 695 米,登上主峰犹如身临霄汉,举目环顾,海光山色,尽收眼底,为古今观海胜地。秦始皇于公元前 215 年,汉武帝于公元前 110 年,先后东巡,均曾在此登临。"东海",古代所指不一,这里即指渤海。

这首诗是曹操的得意之作。他在诗中展示了诗人热爱壮阔河山的情怀。"日月之行"四句,通过丰富的想象,抒写了大海吞吐日月,含孕群星的壮阔气势,寄寓了诗人的胸襟、抱负和豪情。

1954 年夏,毛泽东在他所写的《浪淘沙·北戴河》中,曾提到曹操这首诗。诗中写道:

大雨落幽燕,白浪滔天,秦皇岛外打鱼船。

一片汪洋都不见,知向谁边?

往事越千年,魏武挥鞭,东临碣石有遗篇。

萧瑟秋风今又是,换了人间。

从这一首诗中可以看出,毛泽东对曹操远征乌桓、完成统一北方的大业,是给予了历史的肯定的。但曹操毕竟是封建地主阶级的代表人物,他的文治武功不能同今天无产阶级所创造的伟大功绩相比,时代毕竟不同了,所以说"换了人间"。

且说曹操平定北方之后,又集结大军(号称 80 万)征伐江南,最后被刘备、孙权联合击败,史称"赤壁之战"。从此奠定了魏蜀吴三强鼎立的基础。在这之后,曹操继续养精蓄锐,又取得了"平定关陇""争夺汉中"和"激战襄樊"等重大胜利。

综观曹操的一生,他的军事生涯、政治生涯是非常辉煌的。在魏蜀吴三国中,他的版图面积最大,人口最多,实力最强,因此在"三国时代",是统一中国的最有希望的一支力量。

唯才是举 善于用人

曹操自起兵讨伐董卓以来,东征西讨,南北转战,最后终于完成了统一北方的大业。曹操能够统一北方,绝不是偶然的,而是由于他具备了成功的一些条件,如建立较为巩固的根据地,"挟天子以令诸侯",大兴屯田,大量罗致人才,以及在长期的斗争实践中积累了丰富的统治经验,锻炼出非凡的指挥才能。

众所周知,善于用人是曹操的一大长处,对他事业的成功发挥了重要作用。曹操所罗致的人才,不仅济济可观,而且源源不断,不仅袁绍、袁术、刘表等人不能望其项背,即使比之孙权、刘备,曹操也占有明显优势,这成为他事业成功的一个关键。

据史籍所载,曹操能够大量罗致人才,首先在于他对人才的重要性有着清醒的认识。早在同袁绍一起会盟讨伐董卓时,曹操就表达了自己对于人才的卓越识见。

一次,袁绍问曹操:"如果讨伐董卓不能取得成功,您打算到什么地方去占据地盘呢?"

曹操引而不发,先反问一句:"您认为应当怎么办才好呢?"

袁绍气势如虹地回答:"我南面据守黄河,北面依恃燕、代,再将西北乌桓、鲜卑、南匈奴等少数民族的势力吞并,然后向南争夺天下,这样,大业总可成功了吧?"

曹操听了,不置可否,却沉稳地谈了自己的打算:"我任用天下的谋臣和将士,用合情合理的手段驾驭他们,让他们充分发挥自己的作用,就可以无往而不胜。"

稍停片刻,曹操又补充说:"商汤起兵于亳,周武王起兵于岐周,难道他们的地盘相同吗? 如果将险固的地盘作为资本,就不能随着形势的变化而变化了!"

曹操能有这种见识,一方面由于他清醒地看到了现实的需要,一方面由于他认真总结了历史的经验教训。他在《善哉行》一诗中曾这样写道:

齐桓之霸,赖得仲父。

后任竖刁,虫流出户。

春秋时齐桓公因得管仲(即仲父)为相,成为五霸之首。后因不听管仲遗言,任用他所宠信的宦官竖刁等坏人,弄得朝政日益腐败。桓公死后,其五子争位相攻,以致其尸体无人收殓。腐烂后蛆虫都爬到了门外。得人与失人差别如此之大,曹操怎能不从中吸取教训以自警呢?

从这里可以看出,曹操对求贤的重要性是有着清醒的认识的。因此,曹操从他起兵的时候起,就十分注意罗致人才,在攻城略地的同时,注意不断为自己开辟新的人才来源,每攻占一个地方,每打败一个敌人,就总会得到一批新的人才,以至形成了帐下人才济济一堂、源源不断的局面。有时得到一个人才,甚至比新得到一块地盘更为高兴。

综观曹操的人才，其来源大致可分为以下三个部分：

一是跟随曹操一起起兵的亳县子弟。如夏侯惇、夏侯渊、曹仁、曹洪、曹纯等人，或为宗教子弟，或为同乡故旧，是曹操所倚重的基本力量和心腹将领。其他亲朋故旧，曹操也给予关照。

二是从敌方营垒中投奔、投降或俘虏过来的人。由于曹操在统一北方的过程中消灭了一个又一个敌手，因此这部分人所占的比重相当大。如被陈寿评为"时之良将，五子为先"的张辽、乐进、于禁、张郃和徐晃，其中张辽原为吕布部将，张郃原为袁绍部将，徐晃原为杨奉部将。谋臣荀彧、郭嘉原在袁绍部下，贾诩原在张绣手下，等等。曹操对敌方营垒中的人才，态度甚为宽容，不论对方原来如何卖力地反对过自己，只要此人确实有才，曹操都尽力加以罗致，主动投归者更是来者不拒。对旧主越是忠心耿耿，矢志不渝的人，曹操既爱其才，又悯其忠，就越是想把这样的人弄到手里。

三是四方前来投奔的人。这些人中既有在汉末大乱中流散四方的士人，也有不少地方豪强，还有其他一些形形色色的人。曹操十分注意罗致士人和地方豪强。士人是地主阶级中比较有知识、有智慧、有眼力的一群人，在汉末反对宦官的斗争中，士人形成了一股政治势力，产生了很大的社会影响。一些出身名门的士人，更拥有相当的号召力。如果不能有效地争取到士人的支持，政治上是很难有所成就的。

地方豪强多是黄巾起义后，在各地形成的一些地方割据势力，他们拥有武装、屯坞自守，据有相当的实力。如李典有宗族数千家，部曲3000余家，13000多人，任峻、李通等人也拥有一定数量的家兵部曲。他们纷纷投到曹操麾下，对壮大曹操的军事实力起了重要作用。

曹操罗致人才的方式，除主动前来投奔和在战斗中俘获的以外，一般为征召。曹操"挟天子以令诸侯"，拥有以朝廷名义征召天下的便利。他不仅可以名正言顺地征召自己辖区内的人，还可以名正言顺地征召敌人辖区甚至敌方营垒中的人。如华歆、王朗、虞翻等人都是以献帝名义加以征召。这些人大多以超脱世俗，清高孤洁自许，曹操把他们招聘到手，不仅增强了自己的实力，还可利用他们的影响，争取到更多的士人。

从部属中发现人才，培养人才，也是曹操获得人才的一个重要途径。于禁原是鲍信手下的一名士兵，乐进原是曹操帐下的一名小吏，由于具有才能，曹操又敢于放手在实践中使用他们，锻炼他们，后来都成为曹操的重要将领。毛玠原是县吏，满宠原是郡督邮，蒋济原为郡计吏，后来都成了曹操的重要僚属。或出身微贱，或身为布衣，而被曹操发现、使用、提拔，最终登上牧守将校高位的，可以说是举不胜数。既大量从外部罗致人才，又大量在内部培养人才，终于形成了人才源源不绝的态势。

曹操对于人才的渴求,越到后来越加迫切。特别是赤壁战败后,面对孙权、刘备日益强大,三分天下逐渐形成的形势,曹操深切感受到了事业的艰难。他认识到,要完成统一天下的大业,必须罗致更多的人才,以最大限度地充实自己的力量。为此,他专门先后三次下令,要求部属不拘一格地举荐和录用人才。

综观三道求贤令,内容一次比一次具体、深刻,问题提得一次比一次尖锐,心情也一次比一次迫切。其原因在于曹操的年纪越来越大,而吴、蜀的力量越来越强,主观上想尽快完成统一大业,客观上完成统一大业的难度却空前加大了。因此,对人才的需求也就更加迫切了。

从另一方面看,经过魏、蜀、吴三方的多方搜求,由于战争的摧残,人才的发现和罗致反不如逐鹿中原时那么容易了。这就迫使曹操不得不采用一再下令的办法,来敦促人事主管部门,乃至所有部属尽力发现人才,举荐人才,特别是发现、举荐那些以前因为这样那样的毛病而被弃置不用或仍然隐身民间未被发现的人才。其目的在于最大限度地开辟人才资源,以满足对于人才不断扩大的需求。

曹操"唯才是举"的方针,在实践中得到了贯彻执行。对于一些闻名已久的人才,曹操总是真诚地渴慕,希望有朝一日能罗致到手。人才一旦投奔,曹操总是真诚地欢迎,常有相见恨晚之感。官渡之战中许攸弃袁绍来投奔,曹操来不及穿鞋,光着脚匆忙出迎,就是一个突出的例子。重要的人才来投奔,曹操都要尽快亲自接见,询问方略,听取建议,表达对对方的礼敬之忱。对于那些反对过自己而有才华的人,只要转变态度,曹操往往也能宽大为怀,不念旧恶,而委以重任。

《短歌行》真实反映了曹操对于人才的真诚态度的。他在诗中写道:

对酒当歌,人生几何!

譬如朝露,去日苦多。

慨当以慷,忧思难忘。

何以解忧?唯有杜康。

青青子衿,悠悠我心,

但为君故,沉吟至今。

呦呦鹿鸣,食野之苹。

我有嘉宾,鼓瑟吹笙。

明明如月,何时可掇?

忧从中来,不可断绝。

越陌度阡,枉用相存;

契阔谈宴,心念旧恩。

月明星稀,乌鹊南飞,

绕树三匝,何枝可依?

山不厌高,海不厌深,

周公吐哺,天下归心。

曹操作为政治家和诗人,他从感叹时光易逝发端,接着抒写功业未成、求贤若渴的心情,最后以周公自比,表达了安定天下的雄心壮志。诗中所说的"杜康",相传是我国最早发明酿酒的人,这里用作酒的代称。

诗中"青青"两句,是《诗经·郑风·子衿》中的成句,"衿"是衣领,"子"是经中女子对她所思念的情人的称呼,这里借用来表示对人才的思慕。"呦呦"四句是《诗经·小雅·鹿鸣》中的成句,原是宴饮宾客的乐歌,说我有嘉宾,要以鼓瑟吹笙来相待,这里借用来表示自己渴望礼遇贤才。

诗中"明明"四句,以明亮的月亮拾取不到为喻,表达了自己求贤未得的忧虑。"越陌"四句,则刻画了故人远道来访后宴饮谈心,重温旧谊的欢快情景。"月明"四句,用鸟雀选择枝头栖息,比喻乱世中的人才选择合适的地方投奔、依附。最后四句,表示自己要以吐哺折节的精神,将尽量多的人才延揽到手,帮助完成祖国统一的大业。

曹操以坦诚的态度渴慕人才,接纳人才,使用人才,收到了很好的效果。曹操一生能够罗致大批人才,这些人能够忠诚于曹操的事业,充分贡献自己的聪明才智,为曹操战胜对手、统一北方做出自己的贡献,绝不是偶然的。

烈士暮年　壮心不已

公元207年5月,曹操率军北征乌桓,时年53岁,在归途中写的《龟虽寿》中有这样的诗句:"老骥伏枥,志在千里;烈士暮年,壮心不已。"这时曹操清醒地认识到:自己已经进入了"暮年",是一匹"老骥"了。此时曹操已经取得消灭袁氏集团主力的巨大胜利,又平定了乌桓并彻底肃清了袁氏残余势力,因此诗中洋溢着一股昂扬奋进的精神。

在这之后,曹操遭受了赤壁兵败的严重挫折,后来多次对孙权、刘备用兵也都没有取得大的成功,从而形成了一时难以逆转的三国鼎立的局面。一方面统一大业遇到了前所未有的困难,另一方面随着时光的流逝,老境渐渐降临,这就形成了一个深刻的矛盾,如何延长寿命来完成未竟的事业,这不能不成为曹操经常为之思考的问题。暮年将至,壮志难酬的苦闷,也不时在其情绪中表现出来。

在这种情况下,"烈士暮年,壮心不已"的积极进取精神又得到了高扬。公元215年,建安二十年三月,61岁的曹操亲率大军西征张鲁,经过大散关的时候,在一首《秋胡行》诗中写道:

天地何长久! 人道居之短。

天地何长久！人道居之短。

世言伯阳，殊不知老；

赤松王乔，亦云得道。

得之未闻，庶以寿考。

歌以言志，天地何长久。

曹操在对待人生的问题上，没有搞绝对化。他否定了神仙长生之说，但也不认为人的生命只能完全听任自然规律的摆布。如能保养身心，使之健康愉快，也是可以达到延年益寿的目的。延长了寿命，也就赢得了干事业的时间，这正是曹操所追求的。为了达到这一目的，曹操除了加强身体的锻炼外，尽力排除对于生死的苦闷感伤情绪，代之以"戚戚欲何念！欢笑意所之"的达观态度。

曹操这样做的结果，对延年益寿应当说是起到了一定的作用。他虽说只活了66岁，现在看来这个岁数并不高，但在战祸、灾害和瘟疫不断，绝大多数人寿命都很短促的年代（他的儿子曹丕只活了40岁，曹植只活了41岁），却算是比较高寿的了。

更重要的是，曹操有越到老年越不能忘怀统一大业的胸襟和为之奋斗不已的精神，直到临死前不久他还奔波在西征汉中、南讨关羽的途中，没有坚定不移的人生理想，没有顽强的意志，没有一个较好的身体，都是不可能做到这一点的。曹操虽然至死也未能完成其梦寐以求的统一大业，但他是充分发挥了自己的主观能动作用，充分实现了自己人生的价值。

曹操的一生是努力奋进的一生，在东汉末年群雄割据的战乱年代，是寻求祖国统一的一生。曹操作为一个政治家，其政治思想是丰富的、复杂的，有时甚至是互相矛盾的。曹操的政治思想总的来说是要"富国强兵，用贤任能"，"富国"是目的，"强兵"和"用贤任能"则是达到"富国"目的的手段。在东汉积贫积弱的基础上，提出要建立一个"富国"，使国家富强起来，使人民富裕起来，无疑是有积极意义的。这种"富国"的理想，以及达到"富国"的手段，在曹操的诗文和讲话中屡屡有所反映。

曹操主张建立统一君主国家的目的，是为了"牧民"，也就是要统治老百姓。为此，必须"为之轨则"，也就是要按统治阶级需要，制定必要的制度和法律，让官吏严格遵守执行。还必须设立刑狱，废除奴隶买卖制度，让人民安居乐业，努力发展生产。

曹操还要求君王经常出巡天下，在四方边远的地方都留下车辙马迹。要考核官吏的政绩，提拔贤能的官员，把那些昏庸无能的官吏撤职，使人民得到休养生息。此外，国君应当节俭，认为奢侈是最大的罪恶，节俭是公认的美德。并以历史的教训为例，说明君王节俭就能得到人民的拥护，君王奢侈会招致人民的反叛。曹操要求君主节俭，目的是为了避免"劳民为君，役赋其力"的现象出现，也就是不要让君王为了满足一人的贪欲而无休止地对人民进行横征暴敛。这种思想无论在当时还是以后都是具有积极意义的。

曹操提出"井田",也同样是基于这样的考虑。其《抑兼并令》说:"有国有家者,不患寡而患不均,不患贫而患不安。袁氏之治也,使豪强擅恣,亲戚兼并,下民贫弱,代出租赋,炫鬻家财,不足应命。"曹操提出"井田"的目的,是为了设法对付豪强的兼并,在一定的程度上维护了"下民"的利益。曹操提出"封建五爵"也是为了对那些"田亩连于方国""荣乐过于封君"的豪强势力有所抑制。

出于对人民的同情,曹操深感施行仁政的必要,自己也就在政治、经济等方面施行了一些比较进步、开明的措施。他对当时最残暴最反动的豪强地主势力进行打击,限制他们对广大人民的掠夺和奴役,对租税作了统一规定,从而使随心所欲的强征暴敛得以刹车,减轻了百姓的负担,就是其"仁政"思想的一种反映。他收定河北后,下令免收一年租税,对重灾区人民的租税实行减免,对死亡将士家属实行优抚,也是这种思想的反映。

在淳化社会风俗方面,曹操也做了一些工作。《为徐宣陈矫下令》禁止诽谤,《修学令》命各郡县兴办教育,《整齐风俗令》命令整顿以诽谤为主的不良社会风气,《礼让令》提倡礼让,《明罚令》禁止有损人民健康的"寒食",都是在这方面所采取的措施。禁止淫祀,提倡节俭,反对厚葬,也是在这方面所做的工作。

整顿的范围涉及政治风气、生活作风、处世为人乃至民间习俗各个方面,整顿手段除正面提倡外,还采用了行政命令硬性规定革除的办法。这些不良社会风气有些是早就存在的,其中不少还是统治阶级的专利,如淫靡奢侈、结党营私、造谣诽谤等。随着战乱的纷起,道德沦丧,世风日下,出现的问题也就越来越多、越来越严重。不良社会风气扰乱社会秩序,不利于安定局面的恢复,不利于维系人心的稳定,不利于正在进行的统一战争。曹操严令加以革除,虽然在某些方面怀有个人的动机,但总的来说是十分必要的。

曹操的一生,绝大部分时间是在军旅中度过的。长期的战争实践使他积累了极为丰富的战争经验,同时他又十分注意向以孙武、吴起为代表的先秦军事家学习,从而成为一个具有卓越军事才能的统帅,形成了丰富的军事思想,在我国古代军事思想史上处于执牛耳的地位。

曹操一生,非常勤奋,博览群书,尤其喜爱兵法,研读了大量兵家著作,在此基础上,结合个人体会,写出了十余万言的军事著作,对后人研究古代军事思想提供了非常有益的帮助。

曹操的哲学思想,呈现出多元化的特色,既有儒家思想,也有法家思想,但在各家思想中以儒、法、兵家思想居于主导地位,曹操现存诗文也以表现这三家思想的为最多。其中,又以法家、兵家思想运用得最为广泛。曹操强调"夫治定之化,以礼为首;拨乱之政,以刑为先",当时他身处乱世,经常带兵打仗,自然要将法治放在首位,充分发挥兵家思想的作用,而儒家思想在许多情况下是处于抑制状态的。墨家思想是他"以礼为首"的"治定之化"手段的一种补充。道家思想所受影响甚微,当时他要拨乱反正,激流勇进,崇敬自然的道家思想自然不符合他的需要。这就是曹操的哲学思想所表现出来的主要脉络。

不过总的来说,曹操思想中有不少值得称道的进步的因素,他的朴素唯物论和辩证法思想,对唯心主义的"天命"说和谶纬之学是一个有力的冲击,从而对当时冲破传统束缚的思想解放运动产生了极大的推动作用,对后世也产生了深远的影响。

曹操的性格作风同他的思想一样,呈现出多元、复杂甚至互相矛盾的特色。既有坦诚的一面,又有权诈的一面;既有宽厚的一面,又有多疑猜忌、刻薄寡恩、阴狠残酷的一面。这种性格,在他早年就有表现,在他的事业已经有了相当的基础和规模,自己的统治地位已经稳固的晚年,表现得更为突出。

曹操一生比较勤奋,喜爱读书学习,到了晚年,不仅经常著文写诗,而且还注意总结自己治国理政的经验。在中国古代的政治家和军事家中,曹操是一个少有的多才多艺的人物,而其对文学的造诣和建树尤深尤大。曹操不仅以一代雄主的身份奖掖文学,自身也有赫然可观的创作成绩,从而开辟出了一个文学新时代,在封建社会中堪称独步。如果说秦皇汉武、唐宗宋祖比起曹操来"略输文采""稍逊风骚",那是并不过分的。

曹操之所以能够具有多方面的技能,拥有广博的知识,取得多方面的成就,是同他丰富的社会实践和刻苦学习的精神分不开的。曹操少时游荡无度,喜欢飞鹰走狗,爱恶作剧,不太留心学业,因此看来他的发奋和成功主要是在成年以后。一方面他通过多方面的社会实践不断积累着各种知识;另一方面能够在处理繁重的政务军务之暇坚持孜孜不倦地看书学习,注意摄取各种各样的知识,兼收并容,为我所用,这种观念的转变,显然也在其中起了不可忽视的作用。

千秋功罪　任人评说

曹操在中国历史上几乎是一个家喻户晓的人物,同时又是一个富有争议的人物。东汉末年,许劭说了那句流传千古的话:曹操"子治世能臣,乱世奸雄"。(《三国志·魏书》)由于曹操一生实际上是在乱世中度过的,因此他没有得到过做"治世能臣"的机会,而只是一个"乱世奸雄"了。奸雄并非没有才能,只是为人可鄙,德不足称,许劭可以说是从品质为人的角度论定了曹操的一生,而为后世无数贬损曹操的人们提供了准绳。

曹操踏上政治舞台后,随着其方方面面淋漓尽致的表演,各种各样的毁誉褒贬也纷至沓来。曹操阵营内部对曹操大体上是一派颂扬之声,这自不待言。大体上处于中间观望的势力,对曹操固不乏贬抑之言,但也有褒扬之声。如曹操与袁绍在官渡决战前的对峙时间,凉州官员杨阜在许昌考察之后,对关中诸将说:"袁公宽而不断,好谋而少决;不断而无威,少决则失后事,今虽强,终不能成大业。曹公有雄才远略,决机无疑,法一而兵精,能用度外之人,所任各尽其力,必能济大事者也。"

最早对曹操做了比较全面评价的是《三国志》的作者陈寿。他把曹操放在特定的历史背景之中加以观察。曹操在统一北方的过程中遇到了一个又一个的对手,这些对手中袁绍最为强大,而统一北方击败袁绍是关键。曹操最终运用谋略,用武力打败袁绍,完成了统一北方的大业。陈寿认为,实践证明,曹操的智慧谋略是最为卓越的,为此最后下了一个"非常之人,超世之杰"的断语。

陈寿之后,又一个对曹操做了较为全面评价的,是曾任西晋尚书郎的陆机。他说,曹操在国家政治多乱的时刻挺身而出,施行德政,广播声威,闪电般地摧灭了群雄,整治已经废缺了的制度,横扫群凶,而使天下清平,结束割据而使四海归一,在九州之内成就了伟大功业,所以得到了所有人的推崇感佩。(见《吊魏武帝文》)

到了唐代,唐太宗李世民在《祭魏太祖文》中,也对曹操做了比较全面的评论。文中说:"帝以雄武之姿,当艰难之运,栋梁之任同乎曩时,匡正之功异乎往代。"认为曹操在艰难的时刻担当起了栋梁之任,建立了匡正之功。但接下来唐太宗对曹操也有很厉害的贬抑:"观沉溺而不拯,视颠覆而不持,乖徇国之情,有无君之迹。"说他对东汉王朝的沉溺、颠覆不拯救不维持,没有为国献身的感情,却有无视君上的表现。总的来看,唐太宗对曹操的评价不算高,这可能影响了唐代对曹操的评价。

到了宋代,司马光在《资治通鉴》中尊魏为正统,综引《三国志·魏书·武帝纪》的话说,曹操"知人善任,难眩以伪,识拔奇才,不拘微贱;随能任便,皆获其用。与敌对阵,意思安闲,如不欲战然,及至决机乘胜,气势盈溢。勋劳宜赏,不吝千金;无功望施,分毫不与。用法峻急,有犯必戮,或对之流涕,然终无所赦。雅性节俭,不好华丽。故能芟刈群雄,几平海内。"又说:"汉末大乱,群生涂炭,自非高世之才不能济也。然则荀彧舍魏武将谁事哉!"

但是,司马光同唐太宗一样,并不赞成曹操的"无君之心",在《资治通鉴》中说:"以魏武之暴戾强伉,加有大功于天下,其蓄无君之心久矣,乃至没身不敢废汉而自立,岂其志之不欲哉?犹畏名义而自抑也。"一面认为曹操"有大功于天下",一面又认为曹操"暴戾强伉",有"无君之心",可见司马光在评价曹操时也是"一分为二"的。

今天我们看待前人对曹操的评论,要进行实事求是的分析,尤其不要受所谓"忠奸篡逆"、正统与否之类立场的影响。翦伯赞先生说得好:"当曹操出现在历史舞台上的时候,起义的农民军已经粉碎了东汉王朝的天下,在这残破的疆土上,出现了大大小小的地主武装的营垒。当时的汉献帝除了保有一件褴褛的皇袍之外，什么也没有了，像这样一个皇帝还能从他手中'篡'到什么？曹操的天下是自己打出来的，不是从姓刘的手里接收过来的。假如曹操痛痛快快披上皇袍，谁能说他不是太祖高皇帝，就因为他把皇袍当作衬衣穿在里面，反而被人抹上了一脸白粉。"至所谓正统，不过在特定的历史时期，统治阶级为维护自己的统治而制造的一种观念。由此给曹操评论蒙上的迷雾应予以廓清。

进入现代以后，评论曹操仍是人们关注的一个热点。早在1917年，胡适和钱玄同就在《新青年》上以书信形式讨论了对于曹操的评价问题。胡适认为："《三国演义》在世界历史小说上为有数的名著。其书谬处在于过推蜀汉君臣而过抑曹孟德。然其书能使今之妇人女子皆痛恨曹孟德，亦可见其魔力之大。"一方面认为《三国演义》对于曹操形象的塑造是成功的，因而产生了巨大的艺术魅力，一方面又认为《三国演义》的作者对曹操采取"过抑"的做法是不对的，实际上表达了《三国演义》对曹操所做的艺术评价不能看作是对曹操所做的历史评价的观点。

章太炎是近代著名的民主革命家、思想家和学者，他也曾对曹操做过比较全面的评价。在《魏武帝颂》中不仅高度肯定了曹操扫平群雄、统一北方、发展生产、安定民众的业绩，还肯定了曹操崇尚节俭、严明法令、选用贤能等举措。"信智计之绝人，故虽谲而近正"，从而正面解释了曹操谲诈的性格特征，认为这是同曹操高度的智谋和智慧联系在一起的。

1927年7月，鲁迅在广州夏期学术演讲会上做了一篇题为《魏风度及文章与药及酒的关系》的演讲。在这篇演讲中，鲁迅对曹操的功绩及其在思想文化方面的特点也做了比较全面中肯的评价。鲁迅首先点明了曹操出现的时代背景：曹操是在农民起义、军阀混战和统治内部一次有名的政治斗争——党锢纠纷之后登上历史舞台的，时代对于曹操的陶冶和推动（所谓时势造英雄），曹操对历史的变革和推动，这些问题放在这一特定的历史环境中来加以考察，就变得比较清楚了。

鲁迅接着把话锋一转："不过我们讲到曹操，很容易就联想起《三国演义》，更而想起戏台上那一位花面的奸臣，但这不是观察曹操的真正方法。""其实，曹操是一个很有本事的人，至少是一个英雄，我虽不是曹操一党，但无论如何，总是非常佩服他。"

1949年以后，曹操评论不仅仍是人们关注的一个热点，而且还掀起前所未有的热潮。第一次热潮发生在1959年前后，1959年1月25日，郭沫若在《光明日报》上发表了《谈蔡文姬的<胡笳十八拍>》一文，给予了曹操很高的评价。此后，又接连发表了《替曹操翻案》《中国农民起义的历史发展过程》等文。同年二月，翦伯赞也发表了《应该替曹操恢复名誉》一文，与郭沫若的倡议相呼应。郭沫若和翦伯赞的文章在史学界、文学界和戏剧界引起了强烈的反响，一时间掀起了一个争鸣的高潮，据不完全统计，从一月下旬到六月底，在不到半年的时间内，见诸报刊的文章、报道即达140篇以上。

经过争鸣和讨论，大家认为评价曹操必须坚持辩证唯物主义和历史唯物主义。从这一立场出发，曹操至少在以下几个方面的作为是值得加以肯定的。

首先值得肯定的是曹操统一了北方。董卓之乱后，中原陷入军阀混战的局面，人民流离失所，社会经济遭到严重破坏，国家陷于四分五裂，如不加以阻遏，任其发展下去，后果是难以想象的。曹操凭借其卓越的政治才能和军事才能，逐一扫平群雄，终于在不太长的时间内使北方重新归于统一，这个历史功绩是巨大的。

曹操在统一北方的过程中所采取的一些政治、经济措施也是值得肯定的。比如曹操抑制豪强兼并，在当时是一件很有意义的事情。东汉以来，豪强地主操纵政治，兼并土地，鱼肉人民，不仅普通百姓不敢得罪他们，就是一般官僚，乃至皇帝也是奈何他们不得。曹操敢于抑制豪强，这对于廓清政治、清除北方的障碍，减轻人民负担都是起了积极作用的。又比如曹操实施屯田，在当时情况下对于恢复农业生产、解决人民流离失所、解决强兵足食的问题，也都具有积极意义。

在文学方面，曹操是建安文坛的开山人物和领袖。两汉文学为经学思想所束缚，内容上强调宗经，形式上辞赋独盛，表现上重视模拟，文学家自身的地位也受到轻视。曹操大力网罗文学人才，提高文学家的地位，尊重他们的创造才能和创造个性，注意保护他们创作的积极性。在创作上，注意革除两汉文学形式主义的痼弊，使文学重新回到现实主义的轨道。

总之，曹操不愧是中国历史上一位杰出的政治家、军事家和文学家，他所创建的业绩是不朽的、光辉的。当然，曹操也绝不是一个完人，他一生犯过不少错误，甚至有不可饶恕的罪过。其最大的罪过是参与镇压黄巾起义，杀人过多，充分暴露了曹操的地主阶级立场。但是，我们不能割断历史，凡是在过去时代做过符合人民愿望的事情，对推动历史发展做出过一定贡献的，我们都不应当忘记。曹操作为一个经历丰富、性格鲜明而多样、富于传奇色彩的历史人物，将在后世人们的心目中留下永远不可磨灭的印象。

曹操所建树的功绩，也将在历史上留下辉煌的一页，赢得后人的缅怀和称颂！

深藏爪牙 含而不露

—— 司马懿

名人档案

司马懿:字仲达,河内郡温县孝敬里(今河南省焦作市温县)人。三国时期魏国政治家、军事谋略家,魏国权臣,西晋王朝的奠基人。

生卒时间:179 年~251 年。

性格特点:聪明多谋略,深藏爪牙,含而不露。

历史功过:是辅佐了魏国三代的托孤辅政之重臣,后期成为全权掌控魏国朝政的权臣。平生最显著的功绩是多次亲率大军成功对抗诸葛亮的北伐。除军事方面外,司马懿在经济上也为魏国做出了重大贡献。使曹魏政权为了恢复北方经济,解决军粮问题,曾经推行包括民屯、军屯两类的屯田制度。

名家评点:房玄龄:①少有奇节,聪明多大略,博学洽闻,伏膺儒教。汉末大乱,常慨然有忧天下心。②帝内忌而外宽,猜忌多权变。③有符于狼顾也。

孙权:司马公善用兵,变化若神,所向无前。

曹操:司马懿非人臣也,必预汝家事。

杨俊:此非常之人也。

文钦:故相国懿,匡辅魏室,历事忠贞,故烈祖明皇帝授以寄托之任。懿戮力尽节,以宁华夏。

崔琰:聪亮明允,刚断英特。

坚卧待刺客　妙计安曹心

老子曰，人要像容器，只有永远保持虚空壮志，才能不断接受。此乃中国哲学中莫之能御的哲学。司马懿以此教导儿子，要善于忍耐，以退为进，然后寻找时机，反戈一击。

对于司马懿来说，开始的运气似乎并不太佳。他生于东汉末年群雄纷争、天下大乱的时期，年幼时聪明多谋略，博学广闻，常慨然有忧天下之心，同郡人名士杨俊见到少年司马懿后便对人说："此儿长大，定为非常之器。"尚书崔琰与司马懿之兄司马朗相友善，对他说："你弟弟聪明无比，这是你比不上的。"可是他出身迟了一些，又恰好遇上曹操、刘备之前辈，但仍然掩盖不了他的"光芒"。

公元 201 年（东汉建安六年），司马懿被郡政府举为上计掾。此时，司马懿二十刚出头，血气方刚，正像早晨八、九点钟的太阳，初生的牛犊，朝气蓬勃。而这时曹操已击败了北方最强大的敌手袁绍，统一了中国北部，挟天子而令诸侯。曹操对司马懿早有所闻，决定辟请为官。但司马懿见汉朝衰微，曹氏专权，不愿屈节事之，推辞说身患瘫疾，不能起身，加以拒绝。曹操生来机警多疑，马上意识到这个青年必是借故推托，而辞不应辟正是对他的大不敬，自然十分恼怒。于是马上派人扮作刺客，去验证司马懿是否有瘫疾之病。刺客于夜深人静之时，穿墙越屋来到司马懿的寝室，手挥寒光闪闪的利剑，刺向司马懿。警觉的司马懿觉知刺客到来，立即悟到这是曹操之意，于是将计就计，装着瘫疾在床的样子，毅然放弃了一切逃祸求生、反抗和自卫的努力，里卧不动，任刺客所为。刺客见状认定真是瘫疾无疑，收起利剑，扬长而去。尽管曹氏诡诈无比，但还是被这位青年所蒙混过去。这一着使他不仅逃避了辟征，而且逃避了不受辟将受到的迫害。这一着，需要有在变生仓促间的对刺客来意的准确判断和当机立断的决策，又需要临危不惧、置生死于度外的果敢，真是惊险无比，乃常人难以所为。

司马懿躲过这场浩劫后，非常谨慎而有节制地行事，但最终还是被奸诈而多疑的曹操察觉了，又辟请他为文学掾，还厉声交代使者说："司马懿若仍迟疑不从，就抓起来。"善于审时度势的司马懿判定，若再拒绝，定遭杀身之祸，只能就职。况且此时曹氏专权已成定局，逐鹿中原已稳操胜券。

从此，司马懿便在曹操手下听差。曹操对他的才干很赏识，因而命其与其子曹丕游处。于是，连升三级，很快被提升为主簿。但对他"内忌而外宽，猜忌多权变"的特点亦十分清楚。他听说司马懿有"狼顾相"，为了验证，便不露声色地与其前行，又出其不意地命他向后看，司马懿"面正向后而身不动"，被验证果然有"狼顾相"，据说狼惧怕被袭击，走动时不时回头，人若反顾有异相，若狼的举动，谓之为

"狼顾"。司马懿的"狼顾相"可能是他为人机警而多疑养成的习惯,曹操对此非常厌恶。他又感觉到司马懿富于智谋、雄豪豁达、野心很强,加之又梦到"三马共食一槽",槽与曹同音,预示着司马氏将篡夺曹氏权柄。于是令曹操非常忌妒,非常发怵,因而他忧心忡忡地对儿子曹丕说:"司马懿不是一个甘为臣下的人,将来必定要坏你的事!"意欲除掉他,免得子孙对付不了。但曹丕与司马懿私交甚好,不仅不听父亲劝告,还多方面加以袒护,才使他免于一死。

司马懿敏锐地感觉到曹操对他的猜忌,于是马上采取对策。即表现对权势地位无所用心,麻木不仁。而"勤于吏职夜以忘寝,至于刍牧之间,悉皆临履。"完全一副胸无大志、目光短浅、孜孜于琐碎事务和眼前利益的样子。曹操这才安下心来,取消了对他的怀疑和警惕。以至于被这位年轻人放的烟幕所迷惑,再一次上当。司马懿此计甚为巧妙。

司马懿生于弱肉强食的时代,立身于相互倾轧的朝廷,因而使他的警觉和疑忌发展到如狼之顾的奇特程度。在曹操死后他的显赫地位巩固之后,仍无丝毫松懈。当他征辽东灭公孙渊凯旋回朝时,有兵不胜寒冷,乞求襦衣,他不答应。有人说:"襦衣多得很,赏赐几件不值什么。"但他却一本正经地说:"襦衣是国家的,我做臣子的,不能赏与别人,换取感激。"他十分注意避嫌,以至于宁愿士兵受冻也不自作主张发冬衣。他到晚年,功望日盛恭谦愈甚,对同乡长者,太常常林,每见必释。他经常告诫子弟:"道家忌盛满,四时有推移。我家有如此权势,只有损之又损之也许可以免祸"。这种谦卑的言行,正是他"狼顾"般警觉的又一体现。但在这一谦卑言词的掩盖下,一旦时机成熟,他的全盘阴谋与雄心大志皆在血腥屠杀中得以实现。平定公孙渊后,杀戮十五岁以上的男子七千多人。诛曹爽后,大杀曹氏宗室。在谦卑言词的掩护下,他悄悄将曹氏政权抢夺过去,到他的孙子司马炎"竞迁魏鼎"建立了晋朝。

灼见令曹惊　变化若有神

公元213年(建安十八年)曹操称魏公,建安二十一年为魏王,次年十月立曹丕为太子。司马懿迁官太子中庶子,每参与重大谋划,辄有奇策,甚为曹丕信任。这时,他向曹操提出实行"军屯"的重要建议。

东汉末年,政治黑暗,战乱不已,经济凋敝,人民流离失所,社会动荡不安。此种情况下解决粮食和救民问题,是稳定社会,克敌制胜的关键。屯田分为军屯和民屯两种,曹操先实行民屯,军屯是后来在司马懿的建议下实行的。他说:"昔翼子陈谋,以毂为首。今天下不耕者盖二十余万,非经国远筹也。虽戍甲未卷,自宜且耕且守。魏武纳之,于是务农积毂,国用丰赡。"在这个问题上,他和曹操是英雄所见略同。此后司马懿还不断地强调劝农积谷的重要性，并具体领导了发展军屯的事宜。

公元219年，刘备派关羽围攻曹仁与樊城。曹操派于禁助曹仁击关羽，时罢秋季，霖雨不止，汉水汛溢，淹没于禁所督士军，步骑三万尽为关羽所虏，送江陵。于禁投降。关羽又斩将军庞德。一时"威震华夏，曹公议定许都以避其锐"。

当时，形势很紧迫，使曹操也惊恐起来，以至打算迁都。司马懿却十分沉着，谏阻曹操说："于禁是被水淹才失败的。关羽并不是战场上真刀实战取得胜利。国家的军事实力并未受到很大损失。而匆忙迁都，既是向敌人示弱，助长了关羽的凶焰，又会引起淮沔一带居民的骚动和不安。"他认为关羽军威虽盛，以计破之并不难。他提出了巧借孙吴之力解决樊城之围的建议："孙权、刘备，外亲内疏，羽之得意，(孙)权所不愿也。可喻权所令犄其后，则樊围自解。"大敌当前，司马懿沉稳运筹，毫不惊慌。当时情势，在敌(关羽)我之外，还有个第三者孙权。别人都着眼于敌我双方，但忽视了第三者。司马懿的巧妙之处，在于利用外力钳制关羽，以解樊城之围，不能不说是高招。曹操闻计，十分高兴。恰巧这时孙权自己找上门来要求从后路进攻关羽，以讨好曹操。与司马懿的谋划完全吻合。(孙)权内惮羽，外羽以为己功。武与曹公，乞以讨羽自效。曹公且欲使羽与权相持以斗之，驿传权书，使曹仁以弩射示羽。关羽得知孙权乘机抄他的后路，心中不免惊慌，欲撤兵回撤，而围樊之战功亏一篑，又十分可惜。故而"犹豫不能去"。这时孙权先派吕蒙率兵袭击公安，刘备的南郡太守糜芳向吕蒙投降。吕蒙占据了江陵。东吴另一大将陆逊攻取宜都等。关羽无奈，慌忙放弃樊城之围匆忙还当阳，走麦城。十二月，被吴将所俘，斩于临沮。孙权送羽首与曹公。借吴解樊围，借刀杀关羽之计，获得了圆满的成功。这也是在司马懿的谋划下曹操进行的最后一次军事活动。不久，曹操遂于建安二十五年(公元220年)病死于洛阳。

曹操死后，曹丕嗣位为丞相、魏王，封司马懿为河津亭侯，转丞相长史。

这时有军事情报说孙权率大军向西进发，曹丕与大臣们都认为东吴兴兵，意欲攻取樊城、襄阳。而两城积储的粮食甚少，难以打持久战，因此，诸大臣认为应弃城还宛。只有司马懿力劝勿弃二城。他认为，孙权老谋深算，不会使自己落到腹背受敌的不利地位。既杀关羽，取恨刘备。必欲结好魏王以自重，使文各不敢贸然兴兵。在此种情况下，孙吴决不会袭取襄、樊二城。二城在战略上非常重要，千万不能放弃。但曹丕等不以为然，没有采纳他的意见，遂命曹仁焚弃二城。但孙权并未侵扰，曹丕等人后悔不迭。

神速擒孟达　持重抗诸葛

公元227年六月，魏明帝下诏命令司马懿驻军于宛。十二月，新城太守孟达谋反。

孟达原系刘备部将，因未救关羽，关羽走麦城后，刘备对他心怀怨恨，孟达惧怕被治罪，加之他又与刘备养子刘封不和，便率部将四千余众叛蜀降魏，曹丕大喜。后来，诸葛亮多次与孟达通信，秘密来往频繁，结果因泄露消息而被司马懿获悉。于是司马懿要孟达入朝，孟达惧怕不敢前往。于是决定反魏降蜀。

司马懿断定孟达必反，当机立断，采取两项措施。一是破坏孟达与蜀汉的关系，挑拨离间，拉拢安抚，稳定其心，拖延时间。二是火速出兵，前往讨击。司马懿恐其速发，以书喻之曰："将军昔弃刘备，托身国家。国家委将军以疆场之任，任将军以图蜀之事，可谓心贯白日。蜀人愚智，莫不切齿于将军。诸葛亮欲相破，惟苦无路耳。摸之所言，非小事也，亮岂轻之而令宣露，此殆易知耳"。此计果然奏效。孟达得书大喜，认为司马懿对他并不怀疑，因而犹豫不决，放慢了叛魏降蜀的速度。这便给司马懿争取了调兵遣将的必要时间。

孟达未曾预料司马懿率军神速到来，而且非常乐观。不料，司马懿神兵天降，打了孟达个措手不及，孟达兵败被斩。

公元 230 年，朝廷加封司马懿为大都督，命他带兵伐蜀，直取汉中。

诸葛亮是蜀国丞相，志在复兴汉室。经过充分的准备后，率十万大军出斜谷，扎营于渭水南原，司马懿获旨，获二万军队相抵，与蜀军对峙。

诸葛亮率大军远来，后方悬远。"蜀道之难，难于上青天"，十万大军的军需补给十分困难。蜀国小，经济力、人力有限。虽倾其力进行伐魏战争，但打不了持久战，故意在速战速决。而曹魏是大国，人力物力雄厚。战争又在离渭水平原不远的地方进行，物资供应补给方便，以逸待劳，不必冒险求胜，最有把握的战略是拖垮敌人。于是，曹魏朝廷三令五申，要司马懿持重对敌，以候其变。司马懿老谋深算，对"持重"战略的重要性，认识得更加清楚。虽然诸葛亮一再挑战，他却严令部属，不许应战。诸葛亮无可奈何，就派人给司马懿送去巾帼妇人的衣饰，把他喻为妇人，以嘲讽其胆小。用这种难堪的污辱和强烈的刺激，去激怒他，使其出战。魏军将士知主帅受辱，义愤填膺，纷纷要求出战。有的将领甚至批评司马懿："公畏蜀如虎，奈天下笑何！"司马懿深知孔明的用心，决不轻率上当。他没有发怒，仍旧高悬免战牌，反而心平气和地问蜀军使者："诸葛公近来起居如何？一天吃多少饭？"使者坦然道："仅吃三四升米。"丝毫没有警惕，轻易泄露了重大机密。他又询问诸葛公日常处理政事的情况，使者怀着崇敬钦佩的心情回答丞相为国事操劳事必躬亲的美德。这却给司马懿提供了重要情报。他对手下说："进食不多而事繁不息，人岂能堪。诸葛亮岂能久在人世！不久将死。"他心中暗喜。忍受屈辱，把诸葛亮送来的妇女衣服收下，很客气地将蜀军使者送走。但在激愤的将士面前，堂堂的魏军主帅岂可受辱！于是，摆出被诸葛亮激怒的样子，上表朝廷，请求决战，朝廷自然不许。此后，蜀军挑战，司马懿又装模作样地要应战，但终未出战。蜀军大将姜维忧心忡仲,恐魏军不出战。诸葛亮说:"司马懿本来就无心出战,所以一再请求出战,是在众将面前显示威武,做样子给人看的。将在军,君命有所不受。如能战胜我军,他哪里会千里请战,贻误战机?"

司马懿对自己的战术,十分自信,信心十足。其弟来信询问进展情况,他复信说:"诸葛亮虽率军十万,但已落入我的圈套。大破蜀军,指日可待。"他与蜀军对峙三月后,诸葛亮果然病死。蜀将杨仪等整军而退,百姓奔告司马懿,司马懿沉思许久,恐死讯不实,不敢贸然追击。等消息确实后,司马懿下令急追,但蜀军在道上布有很多蒺藜,难以通过。司马懿想出一条妙策,他命两千士兵穿着软材平底木屐走在前面,蒺藜尽被木屐沾去,后面的骑兵方才顺利通过,一直追到赤岸。

远征平公孙　韬晦诛曹爽

公元 237 年,魏国辽东太守公孙渊发兵叛魏,并自称燕王。

238 年正月,司马懿受诏率师伐辽。临行前,魏明帝问他对公孙渊作何估计,司马懿答道:"弃城而逃,是其上计,据辽水以拒大军,是其中计,坐守襄平,彼将被擒,是其下计。"明帝又问:"三计中,他将采用何计?"答曰:"公孙渊定认为朝廷悬军远征,不能持久。必先拒辽水而后死守,此乃中下计。"接着司马懿率兵四万,自京城出发。出师前,他慨然作歌道:"天地开阔,日月重光。遭遇际空,毕力遐方。将扫群秽,还过故乡。肃清万里,总齐八荒。告成归老,待罪舞阳。"

公孙渊闻讯,惊恐万分,不出司马懿所料,果派步骑数万,屯阻于辽宁。司马懿大军到来后,命多列旗帜,虚张声势,出敌之南,将敌军精锐吸引过来。而魏军主力却悄悄地泛舟潜渡出其北。敌军果然上当,慌忙派兵来战魏军,司马懿纵兵逆击,三战皆捷。公孙渊无奈,只好退守襄平。司马懿大军齐到,将襄平城团团围定。

此时正值伏暑,阴雨连绵,辽水暴涨,平地起水数尺。围城魏军将士纷纷要求移营防洪,司马懿漠然置之,命令按兵不动。尽管魏军围城有空隙,但公孙渊以为天公作美,神灵保佑,无可担忧,即使是城内严重缺粮,亦不作他计,死守襄平。此时,魏军许多将士焦急问司马懿为何不动,司马懿答道:"现在敌众我寡,敌饥我饱,阴雨连绵,攻之无益。何不安缓待时!我军不远万里前来平叛,不怕敌人来攻,唯恐敌人逃窜。使战争旷久,以成后患。现敌人粮食将尽,我军如抢掠其牛马,断绝其打柴运粮之道,贪取眼前小利而惊吓敌人。就会驱赶敌人远遁,兵书上一再说:兵者诡道,应善因事变。现在我们的行动,旨在造成对守城之敌无能为力的假象。以迷惑公孙渊,使其安居襄平,待雨过天晴,擒他如捉瓮中之鳖,不费吹灰之力"。司马懿一席话,使众将佩服不已。

果然不出司马懿所料,天晴后,魏军很快就拿下襄平,斩了公孙渊。

接着司马懿班师回朝。正在途中,三日内,连接五封诏书。等司马懿赶回京城,魏明帝已气息奄奄了,魏明帝拉着司马懿的手,将年仅八岁的太子曹芳托付于他。司马懿痛哭流涕,受遗命与大将军曹爽共同辅政,即日明帝故去。

曹爽是曹魏宗室,外露骄横,内含怯懦,而且华而不实,这就给司马懿造成了机会。

两位辅政大臣,司马懿德高望重,曹爽则年轻浮躁。辅政过程中,二人不断发生矛盾,使曹爽对司马懿非常嫉恨。为了加强自己的实力,曹爽多次提拔自己的亲信担任京城重要官职,而这些人大多是京城名流,外表风度翩翩,但不具实际政治才能。向来政治家引纳名流,主要是提高自己的声誉,而不是让他们真正参政。曹爽却不懂此道,结果只是加快了自己的灭亡。

这些人意识到司马懿的才干和资历远非他们可比,便想尽方法排挤他,于是由曹爽奏告小皇帝,说司马懿德高望重,官位却在自己之下,甚感不安,应将他升迁为大司马。朝臣聚议以为前几位大司马都死在任上,不太吉利,最后定为太傅。然后借口太傅位高,命尚书省凡事须先奏告自己,大权遂为其专。

在正始初的几年中,曹爽急于安插亲信掌握京城兵权,司马懿则率兵同东吴打了几仗,名声大噪。

曹爽一天天骄横自大,像一只急速膨胀的气球,司马懿却深自抑制,始终保持谦恭。他平时经常教导自己的儿子,凡事都要谦虚退让,就像容器一样,只有永远保持虚空的状态,才能不断接受。从表面上看,曹爽的势力是在扩张,其实内中却潜伏着很深的危机。

到了正始八年(公元 247 年),曹爽已经基本控制了朝政,京城的禁军,基本上掌握在他的手中。于是朝中的大事,曹爽就很少再同司马懿商量,偶尔司马懿发表些意见,他也根本不听。对此,司马懿似乎并不计较,依然是谦恭的态度。此后不久,他的风瘫病复发了,便回家静养,不再管事。这一病差不多就是一年。

当时,司马懿已经近七十岁,在旁人看来,早已是风中之烛。所以曹爽他们对他的卧病并没有多少疑心,反而觉得这个原以为厉害的对手,到底也没有什么了不起。不过,曹爽总算细心,当正始九年春他的心腹李胜出任荆州刺史时,他还特地让李胜去向司马懿辞行,观察一下司马懿的病到底怎么样了。

李胜来到司马懿府上,被引入内室。司马懿见他进来,叫两个婢女在两旁扶着,才站得起身来,表示礼貌,一边接过一个婢女拿来的外衣,不料手抖抖颤颤,衣服又掉在地上。随后坐下,用手指了指嘴,表示要喝水,婢女就端来一杯稀粥汤。他接过粥汤送到嘴边,慢慢地喝,只见滴滴答答的汤水往下落,弄得胸口斑斑点点。李胜看得心里难过,不觉流下眼泪。司马懿朝他看看,他忙禀告说:"胜素无功劳,不意忽蒙特恩,任为本州(李胜是荆州人)刺史,故来拜辞。今主上尚幼,天下事全赖太傅主持,不意太傅尊体欠安如此!"司马懿刚才起了起身,一直气喘不止,好一会才缓过来,吃力地说:"年老了,病越发重,恐怕死在旦夕。你去并州(今山西北部),并州这地方与胡人相接,望好自为之!"李胜纠正他:"是回本州,不是并州。"司马懿仍然未听清,只顾自己说:"你去并州……"李胜再次告诉他:"是去荆州。"司马懿这才好像听懂了,断断续续地说:"我年老了,精神恍惚,听不清你的话。你回本州为刺史,正是建立功勋的机会。今天与你相别,日后再无相见之日,我那两个儿子,还请你日后多加照看……"

李胜回到曹爽那里,将司马懿的情形一一禀告,最后说:"司马公没有多少日子可活了,不足为虑!"这一来,曹爽算是彻底放心了,从此再也不加防备。

嘉平元年(公元249年)正月,皇帝曹芳出城祭高平陵(明帝陵墓),曹爽兄弟也跟随前往,只带了少量的卫兵。他们出城不久,在曹爽府中留守的部将严世忽听得街上有大队人马急速奔走的声音,心中惊疑,立即登楼观望,只见司马懿坐在马上,带着一支军队向皇宫奔去,虽是白髯飘飘,却是精神矍铄,哪有半点病态!严世知道事情不妙,拿起弓箭对准了司马懿就要射出。边上一人拉住他的手,劝阻道:"还不知是怎么回事,切莫胡来!"这样反复三次,司马懿已经去远。

军队开到皇宫前,列成阵势,司马懿匆匆入宫,谒见皇太后郭氏,奏告曹爽有不臣之心,将危害国家,请太后下诏废黜曹氏兄弟。魏建国以后,曹丕鉴于东汉的教训,定下规矩,令后宫不得干涉朝政,郭太后对国家大事素无所知,又处在司马懿的威逼下,只好按他的意思,叫人写了一道诏书。在此同时,司马懿的儿子司马师、司马昭兄弟带领军队和平时暗中蓄养的敢死之士,已经占领了京城中各处要害,关起了城门。城中的禁卫军,虽说一向归曹爽兄弟指挥,数量也大得多,但群龙无首,再加上司马懿的地位和声望,谁敢动一动?司马懿包围皇宫,取得诏书之后,又马上分派两名大臣持节(代表皇家权威的信物)赶往原属曹爽、曹羲指挥的禁卫军中,夺过了兵权。曹爽多年经营的结果,不过片刻工夫,便化为乌有。

城中忠于曹爽的大臣,大多不敢动弹,只有几个人分头闯出城门,其中有一位叫作桓范。桓范原是曹真的属下,此时官任大司农,富有智谋。司马懿发动兵变,立即派人去召他要他站在自己一边。而桓范与曹家的关系较深,又考虑皇帝与曹爽在一起,从形势的发展来看,曹爽一方更为有利,所以不听司马懿冒称皇帝诏书召他,闯出城门。司马懿的亲信、太尉蒋济听说十分着急,对司马懿说:"智囊出走,恐怕要坏事!"司马懿却很镇定,说:"曹爽对桓范外敬而内疏,如肯听他的话,早就听了。劣马只看到眼前之食,桓范的计策,他是不会用的!"

待城中布置停当,司马懿与蒋济率领军队,守住由高平陵入城的必经之路——洛水上的浮桥,一面派人送奏章给皇帝曹芳。奏章中指责曹爽背弃明帝的嘱托,破坏国家典章,任用亲信,擅权专制,有灭君之心。并说已请得太后的诏令,罢免曹爽兄弟的兵权,命其以侯爵身份还居本府。——这些话,其实都是说给曹爽听的。

再说桓范到了曹爽那里,告知城中情况,劝他立即护送皇帝车驾去许昌,招集各地兵马护驾，再以叛逆罪名讨伐司马懿。这是一个非常聪明的计划。从曹魏的国家制度来说，太后不得干政，所以司马懿假借太后的名义并没有很大的号召力。而曹爽和皇帝在一起，用皇帝名义指挥地方军队要名正言顺得多。虽说司马懿善于作战，但最终的成败，也还是未有一定。谁料曹氏兄弟听了，却默默无语，不敢决断。这可把桓范急坏了，大声叫起来："到了今日光景，诸位就是想要做穷百姓，难道还有指望吗？况且就是匹夫劫持了一个人质，都想凭此求活，如今你们与天子相随，号令天下，谁敢不听？"曹爽兄弟仍然不肯下决心。

当晚，曹爽派了两个平日与自己关系不很密切的大臣去司马懿军营，试探司马懿的真实意图。司马懿再三保证，绝无伤害曹家兄弟之意，言辞恳切之至。次日，司马懿又派了留在京城的曹爽亲信尹大目去曹爽处劝说。送尹大目走时，司马懿指着洛水起誓："我若违背前言，全家不得善终！"曹爽听了尹大目的转告，心就动了。桓范一看事情弄到如此境地，又气又急又怕，拉住曹爽千说万说，举出古代不知多少例子，证明向司马懿低头绝无好下场。直说到天亮，桓范年纪大，早已筋疲力尽。而曹爽则已拿定了主意，把腰中剑往地上一扔，对众人说："我猜度太傅的意思，不过是要夺我的权罢了。我能以侯还府，不失为富家翁！"桓范听了这话，脸变作煞白，大骂道："曹子丹（曹真的字）竟生了这样的儿子！老子如今为你所累，免不得要灭族了！"

曹爽也不管桓范说什么，就去见小皇帝，请他下诏免去自己官职，而后派人将诏书送到司马懿营中，这时桓范想要逃走，曹爽却一定要他跟着进京，好证明自己有谢罪的诚心。一行人垂头丧气，来到洛水边。渡过浮桥，曹爽下了车，向司马懿磕头乞怜，司马懿好言劝慰了几句，转脸笑望着桓范，讥讽道："桓大夫怎么这般模样？"桓范苦笑几声，自认倒霉，默默跟着进了城。

司马懿的兵变，看起来似乎只是抓住一个并没有多大成功把握的偶然机会，其实是经过长期准备的致命一击。他在曹芳即位后的好几年中，不跟曹爽争权，却多次率军出征，保持了自己在朝廷的威望，一旦事变发生，就足以威慑群臣众将，使之不敢轻易倒向曹爽。所以才能在仓促之间，以不多的军队控制了整个京城。另一方面，他的长期的谦恭退让，则助长了曹爽的骄傲自大，使之放松戒备；而直到最后，曹爽肯俯首归降，也是因为司马懿的为人，看起来不那么咄咄逼人，不会违背誓约，置人于死地。至于司马懿的装病，不但造成了可乘之机，而且很重要的一点，是保存了司马师所统领的一支军队。有如上几个条件，那种看起来纯属偶然的机会，实际是必然要到来的。不过，最令人奇怪的是号称"智囊"的桓范。他在事变发生后，只知道分析形势，却不想一想形势也需要人去把握。或许，他归根结底还是上了曹真的当，想不到曹真会生这等无能的儿子！

这场兵变过去后，第一个被逮捕的果然是桓范。至于对曹爽兄弟，司马懿确实没有违背誓言，让他们保存侯位，闲居在家。不过，司马懿好像猫逮住老鼠后盘弄消遣一样,命洛阳官吏派了八百个老百姓,守着曹爽府第的四角,每个角上搭一座木楼,叫他们轮流守在楼上观望。曹爽幽居无聊,有时到花园去走走,木楼的老百姓就高唱起来:"故大将军东南行!""故大将军西北行!"把往日煊赫无比、骄横不可一世的大将军,像只癫皮狗般折辱。曹爽这时理应自杀了,而且这也是司马懿的目的。但他又犯了一个严重错误:他总以为自己是皇家宗室、功臣后代,司马懿身为曹魏的臣子,总不能对自己太过分。因为皇帝曹芳已渐渐长大,不久就要亲政了,如果对自己做得太过分,将来司马家也不会有好下场。然而,曹操曾经做出的司马懿非甘为人臣者的判断,到底是早已被人们忘记了,还是因为司马懿长年的谦恭退让,使人们难以相信这一点?

既然曹爽不甘心自作了结,司马懿只好把他送上西天。什么指洛水为誓,本来不过是权宜之计,骗人的一套,哪里靠得住呢?再说,大权在手,重新罗织罪名,还不是轻而易举?过了没有多少日子,就有官员出面奏劾宦官张当,说他过去为曹爽监视皇帝,通报宫中消息,居心叵测。审讯下来,揭露出曹爽勾结同党何晏、邓飏、毕轨、李胜、桓范等多人密谋造反的大逆案。曹爽兄弟及其同党一律处死,他们的家族,无论男女老少,包括已出嫁多年的女子,全部连坐被杀。忍耐、谦让,一旦得手,决不迟疑,斩草除根,不留后患,这才是真正的司马懿。当时被杀的有许多著名文人,所以世人有"天下名士减半"之叹。

对司马懿来说,除去曹爽,不过是第一步。他一开杀戒,便流血成河,令天下为之震撼。从此,司马家牢牢掌握了政权。司马懿在四年后死去,其子司马师、司马昭相继执政。他们同父亲一样,谦虚恭谨,心狠手辣,先后废黜并杀死曹家三个皇帝——曹芳、曹髦、曹奂,杀了一批又一批反对派。到司马昭之子司马炎(晋武帝)手里,就完成了朝代的更换。汉末乱世,产生了许多不甘沉没的英雄人物,司马懿虽然出生较晚,但他终究没有辜负自己的时代。

玩弄权术 窃国大盗

——袁世凯

名人档案

袁世凯:字慰亭(又作慰廷),号容庵、洗心亭主人,汉族,河南项城人,故人称"袁项城"。中国近代史上著名的政治家、军事家,北洋军阀领袖。

生卒时间:1859年~1916年。

安葬之地:安阳市北郊洹水北岸的临府庄北地。

性格特点:投机分子,有野心,善搞阴谋。

历史功过:曾是北洋军阀的领导人,在辛亥革命,成为中华民国首任大总统,在位期间积极发展实业,统一币制,创立近代化司法和教育制度。但后来在杨度等立宪人士的鼓惑下复辟称帝被推翻。这是他晚年的最大的不足和留下来的最大历史遗憾。

名家评点:杨度挽袁世凯联、共和误民国,民国抑误共和,百世而后再平此狱;君宪负明公,明公实负君宪,九泉之下三复斯言。黎元洪挽袁世凯联、华夏日重光,回思缔造艰难,亿兆生灵应感泣;勋名天不朽,太息受终危急,万几擘画失师赍。冯国璋挽袁世凯联为天下痛,更哭其私,一柱存亡关气运;如四时行,成功者退,千秋华夏仰威灵。

纨绔子弟 小站练兵

袁世凯,字慰庭,别号容菴。1859年9月16日(清咸丰九年八月二十日)出生在河南省陈州府项城县一个"臣族"官僚地主家庭。他的祖父袁树三,廪贡生,候选训导,曾署陈留县训导兼摄教谕事。叔祖父袁甲三系进士出身,因镇压捻军"有功",受到清政府的重用,历官礼部主事、军机章京、监察御史、兵科给事中。与曾国藩交往甚密。袁世凯的名字和其叔祖父袁甲三有着密切的联系，因他出生时正好是袁甲三"剿捻"得胜，凯旋班师，于是取名世凯，字慰亭，表示祷祝袁甲三凯旋归来，以告慰朝廷。袁世凯的父亲叫袁保中，没有外出做官，是"袁寨"地主武装的首领，专和捻军为敌，他的叔叔袁保庆，是举人，长期跟着袁甲三在安徽、河南一带镇压捻军。袁氏一家就是在镇压人民起义中起家的，他们用起义农民的鲜血染红了自己的顶戴花翎，踏着起义农民的尸骨爬上了统治阶级的宝座。袁世凯正是生在这样一个反动的大家庭中。

袁世凯的叔父袁保庆没有儿子，袁世凯从小就过继给他的叔父，并跟着袁保庆在山东、扬州、南京等地任职，过着娇生惯养、寄生安逸的生活。像当时地主官僚一样，袁保庆同样希望袁世凯好好读书，以便通过科举考试，取得功名利禄、光宗耀祖。可是，袁世凯从小就养成了"游惰冶荡"的纨绔子弟的习性，不肯好好读书，"虽终年延师，而以读书为故事"，经常逃学，伙同纨绔子弟或单独骑马到处游逛，喝酒胡闹。对袁保庆的嘱咐申斥，他阳奉阴违，从不认真听从。老师见他不听教诲，就教他练拳，可他又害怕艰苦。所以，他的学习和武功都没有多少长进。1873年（同治十二年）7月袁保庆病死在南京，他只好同养母牛氏回到项城老家。次年，袁甲三的儿子袁保恒回到家乡，见袁世凯无师授读，恐其学业荒废，越学越坏，就把他带到北京读书。虽为他请了教作诗、教写字、教八股文的三位老师，但袁世凯"资分并不高，而浮动非常"，恶习不改，不思上进，经常跑到八大胡同的秦楼楚馆鬼混，故学了很久，文章尚不入门。1876年秋天乡试时，袁保恒叫他回河南去应考举人，结果落榜而归。这年10月，他在家乡结了婚，娶妻于氏。第二年春天仍回到北京。12月，袁保恒被派往河南帮办赈务，袁世凯也跟着到了开封。袁世凯读书做文章不行，办实际事务却很有心眼，讨得了袁保恒的喜欢，袁保恒凡有机要的事，都跟他商量，叫他去办理。袁世凯在这里学到了官场上的虚伪、奸诈、阴险、腐化及进退应对法度，培养了他的反革命的才能。1878年袁保恒因患传染病，突然病逝。从此，袁世凯无人管教，生活更加放荡不羁，并且假冒斯文，发起组织了"丽泽山房"和"勿山房"文社，邀请文人加入。由于他"捐资供给食用"，因而结交了一批酒肉朋友。也就是在这期间，他结交了后来在北洋军阀时期任大总统的徐世昌。1879年秋，袁世凯再次参加乡试，同社的人中有两人考中，而他再次落榜。于是他赌气烧了自己写过的一些诗文，说："大丈夫当效命疆场，安内攘外，乌能龌龊久困笔砚间，自误光阴耶！"表明袁世凯决心另外找一条升官发财的道路。

1880年（光绪三年）袁保庆生前的好友吴长庆在山东登州办海防，把闲居无事的袁世凯招去，委为营务处帮办（军队中地位很低的文职官员）。并命其跟当时具有"才子"之称的张謇学习诗文。据张謇回忆："謇曾命题，课以八股，则文字芜秽，不能成篇，謇既无从删改，而世凯亦颇以为苦。"但"偶令其办理寻常事务，井井有条，似颇干练"，袁世凯善于奔走钻营，在上级和幕僚面前，总是"谦抑自下"，极表恭顺,又时常伪装忧国忧时。"作激昂慷慨之谈",因而很快取得了吴长庆的好感。自此之后,袁世凯开始了反革命生涯。

1882 年,朝鲜发生了"壬午事变"。日本得到消息后决定以此为契机派兵,用武力来推行"大陆政策",妄图攻占朝鲜,进攻中国,称霸东亚。日本的侵略野心,自然引起了与朝鲜有"宗藩关系"的清政府的不安,加之朝鲜官员金允植等的请求,于是清政府派兵进行干预。这一年,袁世凯跟着吴长庆来到朝鲜。袁世凯认为出人头地的大好时机到了,就极力表现自己,杀起义者数十人,在清军的干预下起义被镇压下去了。袁世凯在镇压中的大显身手,不仅得到了朝鲜王的看重,吴长庆也对他的表现给予了很高的评价,说他"治军严肃,调度有方,争先攻剿,尤为奋勇"。李鸿章也称他"治军严肃,剿抚应机",并拟请求以同知补用,赏戴花翎,很快得到清政府的批准。

1884 年,在朝鲜发生的"甲申政变"中,袁世凯在没有得到清政府命令的情况下,旗帜鲜明的支持保守派,绞杀进步力量,巩固了清政府的"宗主国"地位。李鸿章对他大为欣赏,称他"才识开展,明敏忠亮","非唯知兵,且谙外交,诚大才也。"并向清政府保荐他为"驻扎朝鲜总理交涉通商事宜"。袁世凯受宠若惊,竭力去巴结李鸿章,称李鸿章为老师,把自己称为"小门生",并忠实推行李鸿章制定的政策。临走之时,李鸿章告诉袁说:"临事要忠诚,勿任权术,接物要谦和,勿露高兴,庶几可寡尤侮。"到任之初,他故意显示其特殊地位,拒绝与各国公使同席会议,且遇事直入王宫,骄横专断,盛气凌人,处处以"上国"办事大臣自居。比较重要的事情,没有得到他的允许,朝鲜国王很难实行,俨然成了太上皇。这深深地刺激了朝鲜人民的民族感情,引起朝鲜人民的严重不满。就是朝鲜统治者,对他的骄横也忍受不了。所以在 1888 年,朝鲜王曾向李鸿章提出撤换袁世凯,李鸿章以为袁世凯"心态忠实,办事勤慎"为由不同意撤换。由于得到了李鸿章的支持,他就更加骄横了。

19 世纪末的朝鲜,正是阶级矛盾和民族矛盾十分尖锐的时期。为了反抗外国侵略和国内封建压迫,朝鲜人民不断掀起武装斗争,到 1894 年终于汇合成声势浩大的东学道起义。袁世凯极力主张朝鲜政府派兵镇压,并献计献策说:"乱党人多食少,宜先绝其粮道,自然解散。"朝鲜政府听从了这个意见,起义暂时被镇压下去了。可是,不久由于全罗道古阜郡郡守的贪污和压迫引起了人民的不满,起义再度爆发。袁世凯这次除主张派专人镇压外,还把曾国藩、李鸿章及袁甲三广泛组织地主武装的反革命经验在朝鲜加以推广,同时调北洋军舰平远号和汉阳号轮船替朝鲜王运输军队和武器。但是起义军由于得到广大人民的拥护和支援,不但没有被镇压下去,反而越战越强,直接威胁着朝鲜统治者,于是他们请求袁世凯派兵助剿。袁世凯马上报告李鸿章说:"韩归华保护,其内乱不能自了,求华代戡,自为上国体面,未便固却,""如不允,他国人必有乐为之者,将置华于何地!自为必不可却之举"，并认为日本不会出兵干涉,请李鸿章答应出兵。清统治者为了维护自己的面子和保护朝鲜统治阶级政权使它不为农民起义推翻,1894 元 6 月派叶志超和聂士成率兵赴朝,镇压起义。然而明治维新后迅速发展起来的日本,在清军出兵的同时,也以保护使馆和日本侨民为借口派军队进入朝鲜。起义虽被镇压下去了,但中、日两军的形势一天紧似一天,袁世凯深知中国军队绝非日军对手,自己留在朝鲜凶多吉少。便急于脱离危境,请求回国,在短短的 8 天之内,他就向李鸿章打了 6 个电报,说自己有"发烧症"又"久痢气虚""凯病如此,唯有死,然死何益于国事",等等。并且,扬言要"经自赴津"。在其苦苦哀求下,清政府才同意把他调回。袁世凯接电报后不顾发烧病重,改装易服,于 7 月 19 日逃到仁川,乘平远舰于 22 日到天津。7 月 25 日日本军队突然向清军发动进攻,中日战争正式爆发。

中日甲午战争的失败,使清政府旧式军队的腐败无能完全暴露出来了。一时间国内大谈改革军制。决定按资本主义国家军队的样子,建立一支新式陆军。那么,由谁来承担训练新军的任务呢？经李鸿章的推荐及满族贵族荣禄的赞同。袁世凯取得了督新军的职权,前往小站镇练兵。第二年,因其练兵有功,被提升为直隶按察使,仍专管练兵。"小站练兵"就成了他以后进行政治投机的资本,袁世凯认为,善为政者,必暗为舆论之主,要表面自居舆论之少,若要如此,必须网罗人才,因而,小站练兵又使他网罗了大批文武干才,实力大增。

出卖维新　染红顶戴

中日甲午战争以后,帝国主义各国在中国展开了瓜分中国领土,掠夺中国资源的狂潮,使中国面临严重的民族危机。在这种情况下,一些先进的知识分子,想用学习西方资本主义国家的办法对中国的腐败政治、经济、教育、军事等方面实行一些改良,以便使中国富强起来。袁也日有所思,但他所考虑的不是怎样改变腐败的社会,而是如何利用这个社会的腐败,爬到最上层去。洋务派兴盛时,他多谈洋务,维新到时了,他又附和维新,但从来没有真心实意干过。

维新运动的领袖是康有为、梁启超、谭嗣同等人。1895 年康有为在北京发动参加会试的一千多名举人,联名上书皇帝(即"公车上书"),反对签订《马关条约》,提出"拒和、迁都、变法"的主张,并组织了强学会,得到了皇帝的支持,变法维新成为一时的风气。清朝中的许多达官显宦为提高自己的声望也都捐款参加,就连李鸿章也表示愿意捐献 2000 两,申请入会,但被强学会拒绝。袁世凯看到维新运动日益高涨。觉得有机可乘,便主动找康、梁拉关系,参加了强学会。1898 年 6 月 11 日光绪皇帝颁发《明定国是》上谕,宣布实行改革,到 9 月 21 日西太后发动政变,维新派通过光绪皇帝发布了一百多道实行新政的命令,撤换了一批顽固派官僚。这次维新运动,是资产阶级改革运动,在当时来说是进步的。

维新运动是一场严肃的斗争,遇到守旧势力的重重阻挠。掌握实权的西太后和荣禄等一班顽固派想永远保持封建专制统治,决不容许有一点改变,他们甚至说,宁肯亡国,也不变法,积极策划反攻,寻找机会扑灭维新运动。

1898 年 9 月初,机会来了。慈禧太后,决定到天津阅兵时,发动政变,用武力胁迫光绪逊位,另立新皇帝。维新派得知这一消息后,十分惊慌。他们由于平时脱离人民群众,手中又没有实权,现在想找武力依靠。找谁呢? 袁世凯。他们决定用光绪皇帝名义召袁世凯到北京来。9 月 16 日,光绪召见了他,表扬了他练兵的功绩,越级擢拔他为候补侍郎,专门办理练兵事务。袁世凯对光绪给予的"特恩"并不感到是什么"殊恩",相反他认为光绪是个无权皇帝,没有实力,身边只不过是几个空谈的书生,而慈禧手握实权,到处都有她的亲信,加之听到的许多消息,证明光绪危在旦夕,因此他认为这不是福,而是祸。因而被吓得"汗流浃背,立意疏辞",他接到擢令后,就赶快去找顽固派表白,自己无意受光绪的恩赐,尽管如此,他仍然"此心怦怦,殊不自安"。但表面上,他仍以维新派的面目,继续与康有为等周旋,以便探听到确切的情报去出卖,可维新派确把一切希望都寄托在袁世凯身上,但是又有些不放心,在 9 月 18 日夜里谭嗣同去见袁世凯。问袁世凯"您认为皇上是怎样一个人呢?"袁世凯答到"皇上是自古以来少有的圣明君主。"谭又问,"这次天津阅兵的阴谋,您可知道",袁世凯说:"是的,早就听说了",接着谭嗣同就直截了当地向袁世凯说:"现在能救皇上的只有您了,您要愿意救皇上,就请您设法救他脱危,如果不愿意,就请您到颐和园去告发我,把我杀掉,您就可以得到富贵。"听到此,袁世凯正言厉色地说"你把我袁某看成什么人呀! 你我都是为皇上办事,皇上对于你我都很重用,救皇上不独是你的责任,也是我的责任,你有什么好主意,请告诉我好了。"谭嗣同见袁世凯如此慷慨,可以信赖,于是就把请他在阅兵的时候,保护皇帝,杀掉荣禄除旧党的计划告诉了他。谭嗣同知道袁世凯狡猾,怕靠不住就用话刺激他说:"荣禄对您一向很好。你不想报答他? 况且,荣禄有曹操、王莽之才,为绝事之雄,对付他怕也不容易吧?"袁世凯一听,瞪着眼大声说:"要是皇上到天津阅兵的时候到我们营里,传令杀奸贼,杀荣禄就像杀死一条狗一样。"

就是这个视杀荣禄如杀死一条狗的袁世凯,第二天就跑到天津把维新派的全部计划,告诉了荣禄,以示孝忠。由于事情紧急,当晚荣禄就赶到北京,把这个消息报告了慈禧太后。9 月 21 日清晨,慈禧从颐和园赶回故宫,一面把光绪囚禁于南海瀛台;一面以光绪的名义发表"上谕",宣布慈禧重新垂帘听政,下令搜捕维新派人士。袁世凯对追捕维新人士十分卖力,派人到处捉拿康有为、梁启超,但他们先后逃到日本,谭嗣同、刘光第、杨锐、林旭、杨深秀、康广仁先后被捕,惨遭杀害。光绪所颁布的改革"上谕",全部撤除。到此,维新运动彻底失败。

袁世凯的告密给反动政权立了一大功,深得慈禧的赏识,戊戌变法刚结束,就召见了他,准许他在西苑门内骑马,赏银4000两,提升为左侍郎。袁世凯用维新派的鲜血,染红了自己的顶子,正如当时的一首三字歌谣里唱的,"六君子、头颅送,袁项城,顶子红,卖同党,邀奇功……"

镇压民团　找到新主

中日甲午战争后,中华民族被瓜分的危机日益严重,广大人民不堪帝国主义的压迫,组织了各种拳会,后来汇合在一起,成为义和拳,掀起了反帝爱国斗争。1898年10月,山东冠县赵三多领导的义和拳首先举起了义旗。清政府为了讨好帝国主义,赶紧派有"屠夫"之称的毓贤来山东进行镇压,可是义和拳的声势也越来越大,他也顾此失彼无计可施。但又不愿意向清政府求援,便企图把义和拳改为官办的团练。加以控制和利用,结果山东成了反帝斗争的中心。帝国主义对毓贤的这一做法十分不满。要求清政府撤换毓贤,另派一个他们满意的人来做山东巡抚。1899年12月6日清政府依照帝国主义的要求派袁世凯出任山东巡抚。袁世凯到任后不久,山东肥城县发生了一起英国牧师被杀事件。他为了向帝国主义献媚,不问牧师行凶作恶,被杀死的真像,就杀了两个中国人抵命,3人被判处徒刑。并且,还罚当地百姓出钱为这个帝国主义分子建立纪念碑,赔教堂白银9000两。接着,他又颁布《严禁拳匪暂行章程》,规定凡是义和团成员不分首从,也不必审讯,一经抓获就地正法。在清军内部他也规定"若匪至不痛击,则将领以下即正法。"鼓励士兵屠杀义和团。他还提倡告密,如有人告发义和团,被告发人不论真假立刻杀头,并把被杀者的家产分一半给告发人。在屠杀的过程中他觉得自己的军队不够用,就又联合驻青岛的德国军队和教堂的反动武装共同屠杀义和团。袁世凯勾结帝国主义,灭绝人性的大屠杀,激起了人民的愤慨。当时民间流传着一首歌谣唱到,"杀了袁鼋蛋,我们好吃饭",有人甚至在袁世凯的巡抚衙门的照壁上画了一只大乌龟,头戴红顶花翎帽子,跪伏为洋人屁股后面,大乌龟自然是指袁世凯。表达了人民对他的愤恨。

袁世凯对义和团的野蛮屠杀,不但没有把义和团镇压下去,义和团反而掀起了更大规模的反帝斗争,并且控制了北京,形成了反帝斗争的新高潮。

1900年5月,英、法、德、意、日、俄、美、奥等八国联军进逼北京时,西太后曾多次命令袁世凯带兵增援,可是狡猾的袁世凯有自己的打算,他想中日甲午战争时李鸿章经营多年的海陆军都打不过小小的日军,如今面临的是八国联军,西太后这次是输定了,自己如果率兵北上,必然得罪洋人,军队也没了,那么官也做不成了,要是一口拒绝增援,将来这个罪过也不轻。他思前虑后,最后法定一面电告慈禧说要派精兵北上增援,一面以"山东防务紧",自己"暂不北上"。直到北京沦陷后,他也未派一兵离山东。慈禧逃往太原、后转赴西安,并赶紧命令李鸿章为全权大臣,向侵略者求和,又下命令屠杀义和团。袁世凯对此极为赞同,说:"人家洋人出兵,主要是因为拳匪的挑衅,他们不过是'自卫',根本没有什么侵略,你义和团公然'围攻使馆','戕害使臣',犯下了不可饶恕的大罪。如今只有彻底剿办义和团,才能抹去前案,与各国交涉。"袁世凯这番替帝国主义血腥罪行洗刷话,自然得到帝国主义的欢心。同时还不断派人把银子、绸缎以及食物贡献给慈禧,好像关心慈禧的只有他一人。因而又进一步得到了慈禧的"嘉许"。

1901 年 9 月 7 日李鸿章代表清政府与帝国主义各国签订了丧权辱国的《辛丑条约》。对于执行辛丑条约,袁世凯也表现得十分积极。"按条约规定,第一期赔款 1600 万两,山东分摊 90 万两,袁世凯极力搜刮,筹款 120 万两,提前超额完成任务。并用大炮和步枪屠杀义和团,把整个山东几乎纳于血海之中,他还觉得不过瘾,又要求李鸿章准许他派人马越境到直隶去屠杀。对德军在山东屠杀义和团,他也大加称赞。所以外国侵略军称袁世凯是他们的第一好友。"

义和团运动在中外反动派联合残酷镇压下虽然失败了。但也使英帝国主义强盗们感到中国人民并不是好欺侮的。要想保住他们在华利益,只有在中国统治阶级内另外物色一个既忠实可靠,又强有力的奴才,在帝国主义眼里,袁世凯是最佳人选。

这样,袁世凯通过镇压义和团,不但博得了帝国主义的欢心,找到了新的靠山,保存了自己的实力,而且取得了慈禧的信任。所以在 1901 年李鸿章死后他就担任了直隶总督兼北洋大臣一职。他千方百计扩大自己的实力,扶植亲信,为以后爬得更高打下基础。1908 年,光绪皇帝和西太后先后死去,皇位由醇亲王载沣 3 岁的儿子溥仪继承。具有实权的载沣,对袁世凯出卖光绪是深切痛恨。满洲贵族统治者也感到袁世凯的权力太大,恐以后对其统治不利,于是就以袁世凯"患足疾"为由,命他"回籍养疴",可是袁世凯并没有回项城,而是去了他用搜刮来的钱财修建的彰德"养寿园",表示对这一命令的不满。他表面上还装出无所谓的样子,每天喝酒、钓鱼,尽情享乐。可是实际上他在等待时机,施展更大的阴谋。袁在一首诗中写道:"百年心事总悠悠,壮志当时苦未酬。野老胸中负兵甲,钓翁眼底小王侯。思量天下无磐石,叹息神州持缺瓯。散发天涯从此去,烟蓑雨笠一渔舟。"充分道出了他伺时而动,东山再起的心机。

皇帝美梦　八十三天

袁世凯就任临时大总统后,第一任内阁总理是唐绍仪。革命党对唐出任总理也是拥护的,因为他是同盟会会员,想通过他来限制袁世凯的专制独裁。在袁世凯看来总理就是他的幕僚长,只能听他摆布,不能自作主张。可唐绍仪坚决实行责任内阁制。于是袁世凯就处处排挤他,使他不能执行总理的职权。各帝国主义的在华报纸也发表社论攻击唐绍仪,为袁打气,结果唐绍仪只好辞职不干。以后由袁世凯扶植起来的陆征祥内阁、赵秉钧内阁,实际上都成了他的玩物。一切都按他的眼色行事,内阁成了他集中权力的工具。

袁世凯为了缓和由唐绍仪内阁造成的紧张气氛,麻痹革命党人和欺骗人民,他以消除分歧,商讨国家大事为名,邀请孙中山、黄兴等革命党人到京。1912 年 8 月 24 日,孙中山到达北京,袁世凯以总统的礼节接待。在京期间,孙中山与袁世凯共会谈 13 次,每次会谈袁世凯总是装出十分虔诚的样子,对孙中山发表的见解,随口应和,连声赞叹,表示赞同。使孙中山觉得袁世凯在"国防外交,所见略同"。于是在 9 月 2 日宣布:"现在政治之事,已有袁大总统及一般国务员担任,鄙人从此即不厕身政界,专求在社会上作成一种事业",即建筑铁路,以实现他的"民生主义",把政权让给了袁世凯。据说有一天,孙中山在与袁世凯的交谈中表示愿意在 10 年之内修铁路 20 万里,请袁在同一时期训练精兵一百万。袁世凯根本没有料到孙中山会提出如此正中自己下怀的提议,高兴得站起来大呼"孙中山先生万岁"。孙中山也回报了一声"大总统万岁"。9 月 9 日,袁世凯以总统命令发表"特授孙文以筹划全国铁路全权"。袁世凯还装模作样的在 25 日发布了所谓"八大政纲",说了些什么国家统一,加强国防,培养人才等等好听话。实际上他是通过政纲的第六条规定:军事、外交、财政、司法、交通皆取中央集权主义。这里的中央集权主义就是集权于袁世凯。

1912 年底选举国会,结果大出袁世凯意想之外,国民党占了优势。当时,曾有人问袁世凯,为什么不入国民党,袁狡黠地说:"入甲党,则乙党为敌,入乙党则丙党为敌,实不敢以一己之便安,而起国中之纷扰,昔英国有女王终身不嫁,人问之则曰:吾以英国为夫。鄙人今亦曰:以中华民国为党,四海之内,皆吾兄弟,三人同行,厥有吾师。"在热衷于"议会政治""多党制"的宋教仁看来,似乎国民党只要在议会中取得多数,就可以组织责任内阁,中华民国即可成为真正的"民主国家"而得到长治久安,袁世凯的大总统就只剩下一个元首的空名了。

面对国民党咄咄逼人的攻势,袁世凯早就布置好了,首先在 1913 年 3 月 20 日派凶手武士英在上海火车站刺杀了国民党领袖宋教仁。其次是以中国的财政为代价,向英、法、德、日、俄五国银行团签订了 2500 万镑的《善后借款合同》以充军费,积极准备内战。1913 年 7 月爆发的"二次革命",与其说是讨袁战争,毋宁说它是在袁世凯先发制人的局面下,国民党被迫起来反抗袁世凯的战争。"二次革命"在不到两个月,就被打败。孙中山、黄兴被迫逃亡日本。

在"二次革命"后由于没有了政敌,袁世凯就迫不及待地要当正式大总统了。可是,照国会选举法与组织法规定,正式大总统须先由国会制定宪法,然后根据宪法产生。狡猾的袁世凯,指使他的亲信梁士诒,制造了一个所谓的"公民党",在北京到处散播"先选总统,后定宪法"。同时又示意全国19个省区的军政长官联名发表通电,主张先选总统后制宪法。在袁世凯的一手操纵下,9月5日国会通过了先选举总统案。10月6日正式选举。这一天,袁世凯为确保大选的成功,不但派出大量荷枪实弹的军队,同时在会场周围还派出了由便衣、兵痞、流氓等几千组成的"公民团",把国会围得水泄不通。叫嚷着"今天不选出公民中意的总统,选举人休想出场一步。"

选举从早上8点开始,第一次选举完毕时因袁世凯票数未达到法定数额,而必须重选,可时至中午,有的议员想出会场吃饭,但立刻遭到"公民团"的反对,他们唯恐人走了不回来,使选举不足法定人数而流产,所以只许进,不许出。议员们饥肠辘辘,饥饿难耐,尤其是那些抽大烟的议员,更是丑态百出,只好接着进行第二次投票,但仍未达到法定票数。第三次只好采用由得票较多的袁世凯和黎元洪两人中决选的办法,才算把袁世凯选出来。此时已是晚上10点。10月10日袁世凯就任正式大总统。

当袁世凯的政治目的达到后,国会非但失去了存在的价值,而且成为他建立独裁统治的障碍。为了达到解散国会的目的,11月4日他下达了解散国民党,取消国民党议员资格的命令,使国会不足法定人数,而无法开会,而名存实亡。到1914年1月10日他又下令干脆把国会解散了。5月1日,又宣布废除《临时约法》。至此,作为资产阶级民主共和象征的国会和《临时约法》被破坏殆尽。

1914年7月,在欧洲爆发了第一次世界大战,西方的帝国主义因忙于大战,一时无暇东顾。这时日本帝国主义乘机出兵占领了我国的山东,1915年1月向袁世凯提出了二十一条。并暗示,如果接受这个亡国的卖身契,日本支持他当皇帝。可见袁世凯的皇帝梦是司马昭之心,路人皆知了。袁世凯的政治顾问美国人古德诺,发表了一篇《共和与君主论》的文章,大谈中国不宜共和制而适于君主制度。接着日本的贺长雄也写出了《共和宪法持久策》一书,也说中国人不适于共和政体,必须集大权于袁世凯一人身上,才不致分裂。

有了帝国主义的支持,袁世凯在国内进一步加紧制造舆论。在他出资授意下,出现了由杨度、孙毓筠、严复、胡瑛、李燮和刘师培组成的"筹安会"。以古德诺的"言世界国体,君主实较民主为优,而中国则尤不能不用君主国体"为理论依据,大谈君主制的优越性。共和制不适合中国国情。并以各省在京人士的名义分别组成各省公民请愿团,发给由他们统一起草的请愿书,在参政院开会时,递上去,为袁世凯恢复帝制效劳。梁士诒等也组织了请愿联合会。接着,在袁世凯的收买雇佣下,全国出现了由无耻官僚、反动政客以至乞丐、妓女等组成的五花八门的请愿团。一切都布置好了,他却假惺惺地说,"国民"请愿改变国体是"不合时宜的"。但又说一切都取决于多数"国民"之意。就是说,你们硬要"推举"我做皇帝,我也只好服从了。在请愿联合会积极活动下,10 月 25 日又演出了一幕"国体投票"的把戏。结果一致"选举"袁世凯为中华帝国皇帝。12 月 13 日,袁世凯按着封建的礼节,在居仁堂接受文武百官的朝贺。把总统府也改为新华宫。12 月 31 日,他又下命改民国 5 年为"洪宪"元年。

但是,中国历史的发展却和他的主观愿望相反,当他只待择吉日嘉冕"登极"之时,也正是反帝制的战火燃遍全国之时。1915 年 12 月 25 日,云南护国军首先发动了讨袁战争。很快就有许多地方响应,宣布独立,反对袁世凯。就连许多过去忠实于他的军阀,如冯国璋、段祺瑞、陈宦等也起来反对他,要求他取消帝制。其实,还在洪宪帝制没有公开的时候,有一次,冯国璋由南京来谒见袁世凯,顺便问一问外传称帝这件事的究竟,袁从冯的口气中得知冯对帝制持反对态度,便说"我的身体不好,几个儿子又不成器,哪里有这种心事呢!"冯信以为真。帝制公开后,冯感到自己上当受了骗,对袁非常愤怒,因而很早就要求取消帝制。至此,袁世凯彻底孤立,成了"孤家寡人"。袁世凯还想求帝国主义帮忙,可是帝国主义正忙着扶植新的走狗,对他的求援不予理睬。1916 年 3 月 22 日袁世凯被迫取消帝制。1916 年 6 月 6 日,在全国人民的反对和唾骂声中,结束了他丑恶的一生。正如毛泽东同志在《新民主主义的宪政》一文中所指出的"袁世凯想打老百姓的脚,结果打了他自己,做了几个月的皇帝就死了。"

袁世凯复辟帝制的倒行逆施可谓是冒天下之大不韪,深为广大人民所切齿痛恨。当时,有一则流传甚广的故事,讽刺和挖苦袁世凯。

这还要从"西山十戾"的民间神话讲起:北京西山有十个修炼成精的妖怪,投胎人世,做了清朝以来的重要当权人物。此十个妖怪是:熊、獾、鸮、狼、驴、猪、蟒蛇、猴子、玉面狐、癞蛤蟆。它们托生的人身是:多尔衮、洪承畴、吴三桂、和坤、海兰察、年羹尧、曾国藩、张之洞、慈禧、袁世凯。用癞蛤蟆来影射袁世凯,一则是因为袁世凯的体态特征:"粗颈短腿,走起路来双腿八字外撇,如同一只癞蛤蟆臃躯爬行;二则是隐喻有'癞蛤蟆想吃天鹅肉'的意思,我们所要讲的故事就是由此意而产生出来的。"

袁世凯有睡午觉的习惯,每次要睡上一两个小时。醒来时要喝上一口茶以回神醒脑。每次喝茶都是用一只雕刻精致的玉杯,并由贴身书童盛茶献上。一天,书童进房献茶。走近袁的寝榻时,忽然两眼一花,竟看见一只极大的癞蛤蟆趴卧在床上,双眼微合,双唇歙动,似在熟睡。书童着实吃了一惊,腿一软,手一松,那只玉杯滑落地上砸碎了。幸而袁世凯仍然鼾睡未醒,书童便蹑走蹑脚地退出屋来,慌慌张张地去找一个老家人,替自己出主意挽救这场临头大祸。那个老家人听了书童述说原委,动脑筋想了一会,就教给他一套话来应付。

袁世凯醒来唤书童上茶时,看不见那只常用的玉杯,便问:"玉杯子哪里去了?"书童老老实实地说:"砸碎了。"袁厉声喝问:"什么,砸碎了吗?!"书童点点头,不慌不忙地说:"大总统,小的在这里发现了一件奇怪的事情。"袁世凯失了心爱的玉杯,满脸怒容,眼睛也瞪得溜圆。听了书童的话,不耐烦地说:"什么奇怪的事情?你说,快给我说!"那个伶俐的书童并不拿正眼来望怒气冲冲的袁世凯,微低着头,若有其事,指手画脚地说道:"我正端茶进来的时候,一眼看见床上躺着的不是大总统。"袁一听觉得话不对味儿,更加生气,怒喝道:"是什么?混账东西!"书童故作害怕地说:"我不敢往下说。""你不说,看我打断你的狗腿!""是……是一条五爪大金龙。""胡说!"袁世凯厉吼一声,打断书童的话,书童并不害怕,只是偷眼一看,果然袁世凯脸上的怒容消散殆尽,一双原先充满怒气的眼睛竟流露出隐隐笑意。袁世凯沉吟片刻,将书童叫到身边,从抽屉里拿出一百元钞票赏给他,并再三叮嘱不要在外面张扬胡说。

　　这个传说可能是有人特意编造出来的,用以说明袁世凯是丑恶的癞蛤蟆托生,并不是什么真龙转世。表达了广大人民对袁世凯这个窃国大盗的憎恶。此传说盛行一时,在北洋派中也颇为流传。具有浓重迷信思想的北洋派将领和文人竟几乎没有一个相信袁世凯是真龙转世,对袁推行帝制认为是癞蛤蟆想吃天鹅肉,成不了帝王之业。所以很少有人从心底里表示赞同和拥护。因此,这则传说为在社会上制造反袁称帝的舆论起到了不小的作用。

东北之王　骨气可嘉

——张作霖

名人档案

张作霖：字雨亭，汉族，奉天省海城县驾掌寺乡马家房村西小洼屯（今辽宁省海城市）人。奉系军阀首领。著名爱国将领张学良的父亲。张作霖乳名老疙瘩，他喜欢别人叫他"张大帅"。

生卒时间：1875年～1928年。

安葬之地：锦州市石山镇南驿马坊村西头的果树林中。

性格特点：善使小聪明，玩弄阴谋诡计。

历史功过：张作霖后成为北洋军奉系首领，是"北洋政府"最后一个掌权者，号称"东北王"。1928年6月4日发生皇姑屯事件，张作霖乘火车被日本关东军预埋的炸药炸成重伤，当日送回沈阳官邸后即死去。

名家评点：最有骨气的大军阀。

无赖生涯　放荡成性

张作霖父张有财，一直便"不事生产，不务正业、游手好闲、赌博成性"。

1875年，张有财生第三子，名作霖。张一出生，便受到其母王氏的偏爱，从小就娇生惯养。他很机灵，喜欢玩，不爱读书，颇擅打野鸡和下河摸鱼。孩提时代，在小伙伴中常以"大王"自居，发号施令，不甘于人下。若有不服者，则以拳脚相加。邻里孩童都惧他三分，常以白眼对之，他从小就被人视为无赖。

张有财赌博成性，他经营的小杂货铺，本来只能勉强糊口，他则一赌就光，不几年,便倾家荡产。于是,张有财便外出他乡,但仍恶习不改,放赌抽红,赢了则大吃大喝,输了就耍无赖,对妻子更是未放在心上,动辄杳无音信。张有财的所作所为,给年幼的张作霖心里留下了很深的印象,很小的张作霖便开始了他的赌博生涯,常常与其父结伴同行于赌场,真是有其父必有其子。其母见幼子越学越坏,很是着急,用尽方法,全都无效。后来,随着年龄渐大,张勉强上了几天学,终因不守学堂规矩,被撵出了私塾。

人有旦夕祸福。张作霖14岁那年,其父因赌博纠纷,被人害死。张作霖对其父的不幸之死无动于衷,吃喝玩乐依然如故,后来因为生计原因,举家迁往张的外公家栖身。是年张15岁,虽然食于外祖父家,但仍不事农活,整天无所事事。不久,其母将其送入木匠铺作学徒,但亦因放荡成性被赶出作坊。

张作霖一家6口,孤儿寡母,其母迫于生计,让他学做小买卖以养家糊口。不料,由于他与其父同是天涯赌博人,亦往往是入不敷出。他从小就善使小聪明,玩弄阴谋诡计,但一到大赌场上,就难以和老赌徒们相匹敌。然而,他和老太太玩纸牌却有拿手好戏,他欺老太太耳聋眼花、反应迟钝,常常玩弄小花招。一天他和几个老太太玩纸牌,忽然狂风四起。他见状大喜,乘风将窗子吹开之际,把身子压在牒桌上,一手把住自己的钱,另一手将3个老太太的钱,统统拢到自己手里,他一边搂钱,一边喊着:"这风太大了! 将钱都吹跑了!"等三个老太太明白过来时说:"你搂钱跑了不要紧,我扣你的篮子!"张作霖便说:"没关系,篮子是空的。"老太太着实无奈。

他常在赌场中混,往往输得精光,以至于生计维艰,而且欠邻居的债,越积越多。债主们常来索取,弄得其母非常难堪。于是,总免不了要责骂他,他却"胸有成竹"地告诉母亲:"欠债不要紧,会还清的。"第二天天刚蒙蒙亮,他便在外面大喊:"谁家的小猪落水了!"邻居们闻讯赶来,只见他跳进水中,迅速将落水的小猪打捞上来,并交给了猪的主人。猪的主人原来是他的债主,债主感谢张家小子救了他的小猪,于是索性将其欠的债务统统免了。可债主哪里知道,是张家小子故意将他的小猪扔于池塘之中。

后来,他便和土匪们鬼混在一起,以至于被关进狱中,出狱后,仍恶习难改,纠集一帮地痞,打家劫舍。一次,由于输钱后偷盗,被人当场抓获,于是名声一落千丈。他感觉到无地自容,于是决定远走他乡。

加入匪帮　声名渐振

清朝末年,政府腐败,东北土匪横行,人民生活在水深火热之中。

1896年,21岁的张作霖,离开家乡,"毅然"投奔当年结识的匪首冯麟阁。冯并未将他留下,而是将他推举给另一匪帮董大虎手下当土匪。张作霖加入匪帮后,充当"揽把子"专门负责"看肉票"。他在董手下干了几年，结交了不少窜匪、赌徒、无赖、恶棍，干了不少伤天害理的事。几年的土匪生涯，使他渐渐"成熟"起来，比以前更加狡猾、奸诈、诡计多端。随之，他的野心逐渐也在增大。

1900年，沙俄侵略我国东北，各地混乱，于是匪势大炽。在黑心集一带，又出现了一支拥有四五百人的大匪帮。张作霖率领"弟兄"慕名来访，并和匪首一见如故，于是他将自己心爱的手枪赠送该匪首作为见面礼，遂成挚友。不久，他从一个马贩子手中抢了10余匹马，啸众30余人，另立门户，而且声势渐大。

当时，辽河两岸土匪活动猖獗，许多村镇中的地主乡绅，为了"保境安民"，常常采用"以匪治匪"的办法，纷纷勾结土匪组织所谓"保险队"，于是张作霖趁机扩展自己的势力。尤其是在日俄战争期间，他的行径受到日本人的欣赏，不时得到日本人的军火援助，因而，他的势力日益扩大。当时，日俄战争爆发，张作霖严守中立政策，受到清廷和日俄的好感。但他暗中收到日俄军的金钱和枪械的贿赂，有时为俄军筹集粮草，收集情报；同时又为日军效劳。他在日俄火拼中从中渔利，以壮大自己的力量。1904年12月间，日本特务头子黑泽兼次郎，了解到张对俄有好感，当下想干掉他，后被司令部一参谋制止。同时，日军又赠银币1000元让张为其效力。此后，张死心塌地跟随日军，表示对日俄持观望态度，但暗中常常偷袭俄军。据日本一特务的日记记载：一个名叫张作霖的中国人对日军抱有非常好感，愿誓死为日军效力。

另据日本"黑龙会"出版的"东亚先觉志士"记载：张最早当过俄军间谍，被日军逮捕呈请井户以判处死刑，并认为张可以加以利用，一再设法请示日军总司部儿玉参谋次长，同时请参谋长福岛和田中一义从中斡旋，张表示"愿为日本效命"，并在誓约上签字画押。实质上，当时张不仅堕落为叛徒，而且成为日本特务。

1901年2月，张作霖被另一匪帮包围，差点送命。张突围出来，逃到了八角台，并和当地土匪张景惠合并。接着，借助大匪汤玉麟的势力消灭了另一匪帮，于是声名大振，不久，又和张作霖匪帮，汤玉麟匪帮合并，成立了八角台"保险队"声名渐大。此期间，由于他有日本人的支援，加之他重视结交"名士"，组织自己的"智囊团"，很快使遐迩闻名。

发迹生涯　攫取高位

中日甲午战争结束后，东北各地满目疮痍、民不聊生，加之1900年沙俄的入侵，东北处于一片混乱之中。

1902年，清政府开始整顿奉天地方，为了补充官军之不足，加强地方的统治，决定收编各地"保险队"，并成立"招抚局"。

张作霖闻讯后，便向"智囊"们讨计，于是"智囊"们便建议说："帮抢已成强弩之末,现在十室九空,商旅不行,将到抢无可抢,绑无可绑之势,不如趁早改变方法……你可受到招抚,岂不为着。"张作霖听后,认为"言之有理",于是认为"有机可投",并高声叫嚷识时务者为俊杰,还大言不惭地对张景惠等人说:"现在中外和约已成,俄国退兵,朝廷不会再让我们胡闹下去,招抚令已下,我们不如就此归顺,为国出力,洗涮以前不白之名。"众匪徒问他如何是好?

张作霖接着压低声音说:"只要大家同意,我自有办法,希望大家严守秘密。"于是,他便把蓄谋已久的如何劫驾奉天将军增祺夫人的计划告诉给众匪,并要求他们依计而行。

果然,不久增祺的老婆在一条荒僻的小路上被劫持,连人带物被押解到附近村庄。匪徒们将劫来的人及车子都安顿停当,还单给增祺的老婆及贴身者安置到一间很好的屋中,并用最好的鸦片烟款待增的老婆及随行人员。这些人看到土匪们个个非常"和蔼可亲",心中甚感奇怪。张作霖又亲身招待随行的几个重要人员躺在床上吸鸦片烟,还表现出唉声叹气的样子,并说:唉,现在我们国家是如此的软弱,毫无国际地位,受尽外国人的欺凌,国内人民生活竟达到这般境地,真使我非常痛心呵!我们之所以当土匪,还不是被逼上梁山吗!增祺老婆的随行人员感到张如此谈吐文雅和牢骚满腹,很有些受感动,于是其中有一个稍有地位的人便上前来搭话:"我很同情你们的处境,我想我们将军来到奉天一定会有办法的,你们一定会有出头露面的日子。"然后又说:"请问您尊姓大名?"张回答:"我便是张作霖。"这几个人一听是张作霖,不觉倒吸一口凉气。他们曾对张早有耳闻,说张是奉天著名巨匪,膀大腰圆,面貌凶恶,无恶不作,今日一见,张却是如此的温文尔雅,英俊的二十多岁的青年人,心中甚是惊愕。张于是趁机将自己的身世和当土匪的经过坦率地说了一遍,而且加了许多细节,让人听后顿生怜悯之情。言下还流露出一股愤懑不平之意,对奉天将军增祺故意表示非常怨恨,说增到的伊始,不分青红皂白,就要严拿清办,使我们有口难辩,不过干我们这个买卖,个人生命早已置之度外了!那个随员接着说:"依我之愚见,长此与政府作对,没有什么前途,还不如弃暗投明,归顺朝廷,才是正道。"随后问张:"倘若有这样机会,尊意如何呢?"张回答:"我们走上这条路是万不得已,倘若有朝一日能为国家效力,我等当万死不辞。但听说增将军本性固执,恐他一时难以改变态度。"张然后问道:"你们究竟是哪一个山头的,那位太太又是何许人也?请放心,张某决不会加重于你们"。那个随员思索片刻说:"待我回禀太太,取得她的吩咐再同你谈。"于是,随员立即禀告增祺老婆,并将发生的事情一五一十做了报告。增祺老婆当时想,一来为了解除眼前的急难,二来应替增棋去一地方治安的大患,论公论私都应见张一面。决定后,她让随员告诉张她的身份,并愿意与张一见。张入室行了大礼参拜,低首站立说:"张作霖冒犯夫人,愿受惩罚。"增祺老婆见张对自己如此毕恭毕敬,亦很受感动,然后说:"我原在省城时,就听说绿林各帮与增将军为难,特别是你的声名很大。现在路上巧逢,想不到你如此厚待我们,深表谢意。适才听了下属报告关于你的过去和你的愿望,我很同情你,我想你是一个很有作为的年轻人,而且又有实力,倘能迅速改邪归正,弃暗投明,前途无量。我想你也一定会这样做,只要你能保证我们一行平安到达奉天,我一向增将军建议收编你们为奉天地方效力,既有利于朝廷,也有利于你的出路,何乐而不为呢? 不知你意下如何?"张赶忙道谢,并显得非常诚恳地说:"倘有一天不才能投到增将军麾下,为国效命,有生之年,绝不忘太太大恩。"随即辞出,立即命令匪众将所劫东西全部查点清楚,寸草未动。增太太和部下大受感动,拿出5锭纹银赏赐张的部下。张婉言谢绝说:"只要能有出头露面之日,那就令人终生难忘了。"于是增太太等人平安回到了奉天。

增祺老婆回奉后,将中途发生的事情及自己的对张的许诺详细说给了增祺,并对张大加赞许,说张文质彬彬,并非一般鲁莽强悍之辈。增听后亦很受感动,于是,向清廷禀明张的情况,并征得了清廷的同意。不久,他便命新民府将张作霖收编。

张作霖被收编后,实现了梦寐以求的愿望,也达到了他的"要当官,先当胡子后招安"的目的。他为了讨好于新民府,拼命为清政府效劳。

当时,为了表示他效忠朝廷,张不断消灭和火拼其他匪帮,而且"卓有成效"。增祺得到张的"剿匪"事迹后,为了抚慰他,特令其到省城晋见。狡猾的张作霖恐其中有诈,遂让其"把兄弟"张景惠冒名顶替,不料被增祺识破。增祺和颜悦色地说:"只要你们真能为朝廷效命,我就一定准许你们戴罪立功,咎往不究,决不会欺骗你们的。"

于是,张作霖高举所谓"为民除害""为清廷效忠"的大旗,大肆"围剿"其他匪帮。一两年的时间,便使匪帮所剩无几了。

为了他个人升官发财,早已将他的"哥们义气""侠肝义胆"抛之九霄云外,加之又是"名正言顺",不管是"拜把子"还是"义父",谁妨碍他的仕途,他就向谁开刀。

杜立三,是辽西一带的著名巨匪,力量雄厚,加之他的匪徒个个精骑善射,在辽阳一带声名大噪。张在收编以前,曾和杜发生过矛盾,被杜打得大败而逃,后经人调停,结为"金兰之好"。杜虽为绿林胡匪,横行地方,但对帝国主义的侵略行径却恨之入骨,经常率匪众出没,时常打击俄军,但同时对地方人民亦"烧杀抢掠,无恶不作",以至于"当地人物赴省控诉者,案积盈尺。"奉天府几经围剿,均无济于事。1907年(光绪三十三年),徐世昌任东三省总督,命张作霖对这支悍匪严加缉拿法办。张深知杜立三是非凡人物,硬拼难以取胜,只能智取。他与同伙多次密谋,请杜到新民府赴宴,乘机诱杀,但都被老奸巨猾的杜立三识破。

张作霖一计未成,又生一计。经过"深思熟虑",便决定请杜的同宗叔父杜浮林出面"劝驾"。杜浮林是黑山县人,秀才出身,曾向新民府保荐过张,张对他感恩戴德,释为"义父"。于是杜常出入在张的身边为张出谋划策。杜很讲江湖义气,把杜立三看成是自己的亲侄子,经常用《水浒》中的侠义英雄来教诲杜立三,深得杜立三的信任。张得知杜立三对杜浮林言听计从,便在杜浮林身上打主意,于是,他亲自到杜府拜见"义父",表示说:"以立三的才干和力量何愁不青云直上呢!可是立三始终不肯回头,前几天因徐总督带兵到省,觉得他再这样干下去太危险了,特设酒席宴请他,再以最后忠告,可惜他反而误会了,不但不来,并且说些闲话。这次请老人家来,就是为了此事,仍想请他前来共商进取。现在徐总督带重兵来奉天,决心要消除地方匪患。不像从前自家朋友,彼此可以相安无事,心照不宣了。立三不能再继续干下去了,趁徐总督还没有动手的时候,我和沈知府力主招安,他要归顺是有把握的。老人家如果同意,拟请亲自出面邀请他前来,以免再发生误会。"但很怕杜浮林信不过,便亲自带杜浮林见了殷鸿寿委员。杜听了这番花言巧语,对张的话深信不疑,决定立即给杜立三写信,告之省派人来招安事属实,并在信中说:"游侠非终身之事,梁山岂久居之区;一经招安,不仅出人头地,亦且耀祖荣家",希望他接信后速来新民府晤面,并一同随殷委员进省。

杜立三接到杜浮林的信后,感到堂叔的规劝是有道理的,决定不放过这次招安的机会,前往新民府。尽管他非常警惕,但毕竟寡不敌众,终于被擒,并于当晚被枪决。

杜浮林得到杜立三被骗杀的消息后,大为恼火,大骂张作霖不讲义气。张诡辩说:"杜立三凶狠残暴,恶贯满盈,我奉总督之命为地方除害,这正是大仁大义。事前所以不同老人家说,因怕事机不密,就要大动干戈,这样一来所全者大,所杀者小。老人家为了侄儿,情因有所堪,如以大义灭亲的道理看去,也就可以心安理得了。这次兵不血刃,而地方除一巨患,完全是你老人家的力量,我张作霖决不贪天之功为己功,一定要报请徐总督以优奖叙。"一番话,讲得杜浮林笑哭不得。足见张作霖对厚黑学研究之深。最后老先生无可奈何地对张说:"死者不可复生,还有什么话可说呢!只希望你对他的身后,加以照顾,对于其他部众有所安抚。你赶紧向总督报功去吧!前途远大,好自为之!"言下老泪纵横。张显得非常痛快,当面答应对杜立三的家属一定尽到朋友之情。

其实,卖友求荣的张作霖并未实现他的诺言,在捕杀杜的同时,早已派人去包围杜家,杜家老小早有准备。于是,他将杜家的财物纷纷掠去,据为己有。张这种"铁面无私""大义灭亲"的精神,使得总督深受感动。张终于达到了自己的目的,不久便得到提升,而且官运随之大昌。

张一边"剿匪",一边趁机发展自己的势力,很快将自己的5营兵力扩充为7营,增兵达到3500人以上。但张在剿匪的过程中,土匪本性并未改变,烧杀抢掠,无恶不作,给东北人民带来严重灾难。

1909年以后,张作霖一方面为了得到日本帝国主义的支持,加紧与其勾结,不断在军火上得到接济,扩充武力,另一方面为了继续高升,在寻找新的"立功"时机。真是天赐良机,他从镇压奉天反帝反封建斗争的革命人民的血泊中,终于攫取了更大更多的权势。

辛亥革命前夕,东北的革命浪潮亦是风起云涌。武昌起义后,东北的革命党人欣喜若狂,奔走相告,当时,清政府的东三省总督赵尔巽闻讯后,赶忙召开紧急会议,最后决定与革命党人血战到底。当时,有人建议赵,为了确保总督府的安全,应调张作霖来。

老奸巨猾的赵尔巽深知张的为人,不敢赖依重任,于是决定密调驻防通辽的吴俊升率部开往奉天,以防万一。但这一消息被张的"把兄弟"张景惠探知,并报告了张作霖。张认为良机不可错过,于是未经赵允许,擅自调动所部,立即赶到奉天。赵见张进城来见,颇觉奇怪。张对他说:"由于时局紧迫,唯恐总督身边危险,乃迫不及待,先行率兵保驾,若总督认为未奉军令,擅自行动,甘愿接受严惩"。见事已至此,迫于形势紧急,只好默许。而后由赵补发一张调令了事,待吴俊升接到调令时,尚在云雾中,等他弄明情况时,已是时过境迁了。

张作霖进驻奉天后,赵尔巽给他讲了奉天的形势和自己的苦衷,张当即表示,坚决为大帅效犬马之劳。赵任命张为"剿匪"司令和奉天城防司令,统率14营,5000多人。张进城后首先对新军首领蓝天蔚和革命党人张榕等进行了血腥镇压,以此作为他的"进荐礼"。

张的这一举动,深得赵的信任。于是,张又乘机招兵买马,他的部下不仅都得到晋升,而且遍布奉天各地。当时,张疯狂镇压革命,赵一再向袁世凯夸赞张的"功绩"。同时,袁世凯为了积极筹措称帝,也有意拉拢张,充当其反动鹰犬。1912年(民国元年)改编军制时,张被任命为二十七师师长,使他掌握奉天的军权。至此,张作霖终于踏着革命党人的血泊,攫取了高位,组成了奉系军阀军团,唱完了他发迹的第一台戏。

独树一帜　称霸东北

随着张作霖势力的日益扩大,张的个人野心亦日益膨胀,为了达到其称霸东北的目的,于是大肆搜罗文武干才,组织其所谓的"奉系班底"。

他深知光靠原班人马,不能成其"大业"。当上奉天督军后,就以当年刘邦的经验对其亲信说:"吾此位得自马上,就不可马上治之,地方俊贤,如不我弃,当不辞卑辞厚币以招之。"从那时起,他改变了主意,不仅团结文人参加其班底,而且也别开生面地吸收受过洋军堂军事教养的战备人才来充实班底,随着反动的奉系军阀集团和奉系班底的形成,张作霖的羽翼渐丰,终于展开了一场吞并东北的大角逐。

民国初年,窃取辛亥革命果实的袁世凯,为了控制边陲,派他的亲信上将张锡銮为奉天督军。此人昏败无能,全仗袁的势力维系其统治,张作霖并未将这位上将军放在眼里,但为了夺取奉天地方大权表面上对他毕恭毕敬,甚至不惜屈身下释张锡銮为"义父",以讨其欢心,希冀他能在袁面前为他大加美言,但暗中却结交其部下,把这个"义父"驾空起来。事无大小,都必须先报告他,然后才能到上将军公署报告张锡銮。如1913年，日本承认中华民国，首先为交涉使于冲汉所惠，他先报告张作霖，然后才报告张锡銮。张锡銮自知老朽，无力制服张作霖，只好忍气吞声，强作无力与张作霖搞好关系，有时还压驾造访张作霖。张作霖也通过张锡銮讨好北京政府，尤其是袁大总统。

1913年2月某日，袁世凯为了笼络地方势力，以"筹商边疆要政"为由，召见了张作霖，当面夸奖他镇压革命有功，并授予他"一等勋章"。事后，袁对张仍不放心，于1914年秋，封张为"护军使"，借以将他调往内蒙古。不料被张识破，张大为恼火地说："中央欲以护军使等职相待，此等牢笼手段，施之他人则可，施之作霖则不可"。袁无奈，只得另寻他法。当时，张急于当奉天督军，极力排挤总督张锡銮，迫使其自动向袁辞职。为此，他行贿袁世凯的亲信湖北督都段芝贵，恳请段再次引见袁世凯。袁召见他时，他佯装呆头呆脑，给袁世凯以"老粗无大志印象"。袁于是对他稍解除戒心。1915年8月，袁果然接受了张锡銮的辞请，但张与湖北都督段芝贵对调，并叫段节制吉黑两省，使张大失所望，但却无可奈何。于是，他只好巴结段，与段结为"兄弟"，表示很亲热，给段请客送礼，借段来讨好袁世凯。当时，袁正鼓吹帝制，于是见有机可乘，便首先致电袁表示拥护帝制，足见他的用心。

但袁登基后，他却只得一个二等子爵，他大为恼火，悄悄地说："吾何能为人作子?"便决定"递呈请假"以示反抗。

当时，袁世凯称帝，立即遭到全国人民的反对。1915年12月25日，云南宣布"独立"，蔡锷组织了"护国军"北上讨袁，全国各地纷纷响应。善于投机钻营的张作霖，目睹全国反袁形势，认为攫取奉天将军大权的时机已到，于是马上提出了"奉人治奉"的口号，国驱逐段芝贵，取而代之。

他自知，单靠自己的力量是难于实现的，便与二十八师师长冯德麟策划驱段，此事正中冯的下怀，他久有驱段之意。冯说："上将军段芝贵是清末官吏败类，秽吏劣迹人所共知，今为东三省帝制祸首，仍然居奉天人士之上，我辈决不甘心，应该驱逐他，由奉天人来干一干。雨亭以为如何?"张故意请教驱逐的办法，冯说："这个不难，以我们二十八师演黑脸，和他做正面冲突，由二十七师演白脸，用'吓'字决逼他畏罪逃走，这样演一幕不费一兵一文的滑稽剧，岂不妙哉!"张点了点头。张于是到将军署对段说："冯德麟把兵开来了，经进军'派出所'，以维持社会秩序。"一日，王永江逮捕一名无赖军人，正好是汤的部下，于是汤大为恼火，纠集一批人控告王永江，汤说："天下是军人枪杆子换来的，王永江凭什么功劳高高在上，来管辖军人"。于是，他多次向张进谗言，都遭拒绝。这次，汤鼓动一批高级军官，电呈张"共同要求撤职王永江，"张将电文撕个粉碎，破口大骂。汤"愤然而归"，调所部欲致兵谏，王永江闻风而走。冯以为干掉张的时机已到，便与汤联合派特使到北京，要求北京政府罢免张，要求由冯任省长，汤任二十八师师长，北京政府以"张督军和日本关系融洽"为由予以拒绝，并派人予以调停。冯感觉到形势对己不利，便逐渐软化，退居广宁"以待时机"。汤于是陷入孤立，只好听任张的摆布。汤企图再次联冯抗张,但都遭拒绝。汤于是纠集一帮土匪,为非作歹,张于是下令免黜汤的五十三旅旅长职务,并派五十四旅予以讨伐,汤至此一蹶不振。

1917年,张勋复辟。冯、汤积极参与。张得知后,非常高兴,正中下怀。正如他的谋士袁金铠说得那样:"冯德麟因大帅升任奉天将军,时有不平之色,久恐生变,须早为计。莫若令其入京暗中参加复辟,事成大帅不失戴翌之功,不成则以冯当之,这不仅是卧榻免去他人酣睡,亦调虎离山之计也。"张于是特电冯,委托为奉天全权代表,支持参与张勋复辟。

冯在张勋复辟的活动中,异常卖力,梦想"事成之日踢开张作霖,自当奉天将军。"为此,他积极奔走呼号,命令自己所辖二十八师进京效忠。当时,蛰居天津的段祺瑞,一见张勋复辟不得人心,于7月8日,在天津起兵反对复辟。此时,善于看风使舵的张作霖也发表宣言,反对复辟。复辟丑剧在短短的12天后便宣告结束。

7月10日,冯德麟企图率部沿京奉路返回奉天,在天津站被曹锟部逮捕。7月15日,北京政府下令以"背叛共和"的罪名革职。消息传到奉天后,张故作不知,等到冯妻哭述求救时,他才以"友情为重"出来为冯说情。最后,北京以"参与复辟证据不足,因吸鸦片罪罚金800元。"冯被释后又同汤返回奉天,往日的职权,被褫与殆尽。于是张掌握了奉天实权,为统一黑吉打下坚实的基础。

张的野心逐步得到实现,于是他开始了他吞并东北的第一个目标——黑龙江省。当时,袁所调朱庆谰督理江省军务。这时,黑省的实权人物是陆军第一师师长许兰州。朱继任不久,便被许排挤离职。

1914年5月,由前任都督毕桂芳再任黑省总督。但因毕系外交官出身,在军队中无自己的心腹,军事上指挥不动,督军之名亦只不过形同虚设,因而,很快被许兰州挤走,于是许便掌握了黑省实权,张作霖为了插手江省事务,对许更是大力支持,因而江省军民对许无不震慑。

许在策动夺取毕桂芳督军兼省长的活动中,曾与英顺、巴英两个旅密谋,并以"师长位置相许"。但事成之后,许失诺言。英、巴二人对此大为不满,于是决定起而抗之,而许兰州则决定罢免英、巴,于是一方以许为核心,一方以毕桂芳和巴、英的两个旅为代表,拔箭弓弩,使黑省局势异常紧张。北京政府忙于内争,无暇顾及江省事务。

张作霖见此形势,非常高兴,决定乘机夺权。于是,在7月上旬,派孙烈臣奔赴江省,以调停"英、巴与许的争端为借口,暗中调查各方动静,"借机各处奔走拉拢一些人投靠张作霖。为此,孙先与英顺会面,英表示拥张。然后,孙再去见许,许本来与张素有勾结,这次孙代张来访,使许简直"受宠若惊",自然"唯雨帅之命是从。"张作霖于是致电段祺瑞,保荐自己的至亲鲍贵卿继任江省督军,段接受了张的保荐。8月13日,鲍就职。此时,张又与段祺瑞合谋,将许兰州所部调任去奉天为东路剿匪总司令。当许离开江省到奉天之际,张热烈欢送,开口便说:"我对不起大哥,未能帮大哥的忙,因为我的队伍看着二十八师,腾不下手来,请你原谅。"就这样,很体面地将许兰州部并做了自己的部属。接着,张作霖又紧接调兵,支援鲍,张为了掩盖其调军北上攫取黑省大权的野心,一以调停"英、巴"叛乱为名,一以"剿灭蒙匪"为名,堂堂正正地发兵北上。这时英、巴不服调停继续反抗,段祺瑞政府为了讨好张作霖,罢免了英巴二人的军职。就此,张作霖掌握了黑省的军政大权。

张在攫取黑省大权后,立即开始插手吉林。就吉省的形势与黑省大不相同,吉省督军孟恩远,统治吉省十余年,拉帮结伙,地方大小官吏唯他命是从。孟恩远,行伍出身,野心勃勃,与张吞并东北的想法不谋而合,矛盾就此开始。1916年,张攫取省黑省大权后,联络东三省的众议员及吉省的众议员数人,搞起了一场驱孟运动。孟在张勋复辟活动中很卖劲,而且被清廷任命为吉林巡抚。于是,张在这一点上大肆渲染,请国务院罢免孟的职位。

北京段政府的罢免令发下后,受到孟的党羽和亲信的极力抵抗,一些军官联名致电北京政府,并于1917年10月22日宣告吉省独立。1917年10月18日,北京政府派段祺瑞的亲信田中玉由察哈尔都统升任吉林督军。这与张的想法又相矛盾,于是,他采取了两面手法,暗里支持孟的部下抵制田中玉,表面又劝告孟接受政府的罢免令。当他遭到孟的拒绝后,便借口以武力调停,组织吉林讨伐军,想借此插手吉林。

新任督军田中玉在未动身赴任前,便接到了吉林各团体联名打来的电报:"由于吉林治安关系,暂请延期来任。"田分析情况后,生怕自己卷入这场内乱,于是赶快向北京政府致电,婉言谢绝吉省总监之职。

1918年8、9月间,为了对抗苏俄对东北的影响,北京任命张作霖为东三省巡阅使,这给他向东三省夺权创造了更有利的条件。

1919年夏,张作霖唆使吉林公民何宋仁等分别向国务院及东三省巡阅使署控孟纵兵殃民八大款,并分别派代表赴京赴奉,确认孟恩远在吉林失职,于7月份,免去了孟的职务,任他"惠威将军",是个虚衔。而孟的部下却誓死抵抗,张见吉林军队顽抗,乘机派兵镇压,于是使吉林省的形势非常紧张。这时,日本方面为了支持张作霖,制造了"宽城子事件"。当时,吉林军和日本军队发生了冲突,而且互有伤亡。于是,日军向北京政府提出抗议,亲日派段祺瑞下令将孟等免职,一切军务交张作霖处理。张在雄群角逐中,技高一筹,终于独树一帜,吞并了东北,成了名副其实的奉系军阀头子,唱完了他发迹的最后一场戏,并获得了成功。

商界巨擘

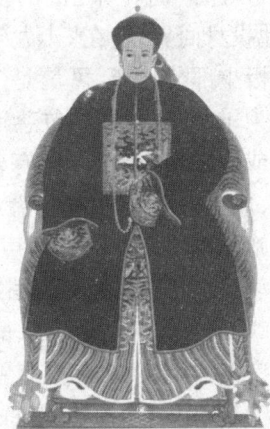

导　语

中国人经商的历史源远流长,其商业文化博大精深,在漫长的商业活动中逐渐培育中国商人的经营谋略。商界巨擘丰富的社会实践、大量的读书人"士"参与其中,他们所创造的"治生之学"("治家人生业"),是中国经济管理思想史上一份珍贵的遗产。

陶朱公"十九年之中,三致千金",天下"言富者皆称陶朱公",其经商之术称"计然之策"。司马迁把陶朱的经营之道归结为善于"择人而任时"。"故善治生者,能择人而任时","任时"和"趋时"都要由人来实现。"择人"比"任时"对商业经营的成败具有更重要的意义。

白圭提出了商人素质的四个要求"智、勇、仁、强"。

"智"就是要求商人具备善于分析形势,及时采取正确的经营策略的智慧。

"勇"就是要求商人行动果敢,勇于决策。因此,如果勇不足以决断,在商业活动中畏首畏尾,肯定失败。

"仁"就是用优质商品和服务对待顾客,而不要像一些奸商那样;对待下属、供应商和其他一些对我们有恩惠的人要舍得施与。

"强"就是能有所守,要求商人具有坚强的意志和毅力。

被尊为"商界鼻祖"的范蠡,就是一位慈善巨子。在辅佐越王勾践打败吴国后,他投身商界,曾在"十九年之中三致千金",然后又"散于贫交疏昆弟",仅传给子孙极少部分财产,可谓是"富好行其德"。在范蠡的表率下,后世商人多以济世助人为乐,涌现了一位位慈善明星,谱写了一段段慈善佳话。

或许果真应验了"善有善报",许多商人在施善的同时,也取得事业上的巨大成功,成为兼具商业家与慈善家双重身份的社会名流,如胡雪岩、盛宣怀、林瑞岗等。施善也使许多商家名声大振,如著名老字号"同仁堂",从创办伊始就开展慈善活动,时常免费施医、施粥、施馆,影响力遍及全国。施善更使许多商帮发展壮大,称雄商场,如江浙商帮、徽州商帮、晋商商帮,均曾设立大型慈善机构,或参与大规模赈灾,以善声著称。慈善似乎成了商人幸运星,照耀之处,商机旺盛。

本卷图书汇集了中国商界颇具传奇色彩的商业领袖的故事,从职业发展的角度,深入分析了他们鲜为人知的心路历程与成长经历。当你翻阅这本书的时候,你会被他们从平凡,甚至困境和贫穷中脱颖而出的经历所触动,被他们为了梦想而孜孜不倦的追求精神所激励。

商界鼻祖 荣名留世

——范蠡

名人档案

范蠡:字少伯,楚国宛(今河南南阳)人。春秋末期的政治家、军事家、经济学家和道家学者。曾献策扶助越王勾践复国,后隐去。著作有《计然篇》《陶朱公生意经》等,今佚。。享年高龄,几近百岁,被称为中国商人圣祖。

生卒时间:前536年~前448年。

安葬之地:1、湖南华容。2、湖北石首。范蠡墓之谜,有待后人破译。

性格特点:足智多谋,善于理财,知进知退,善于自保。

历史功过:公元前四九六年前后入越,辅助勾践廿余年,终于使勾践于公元前四七三年灭吴。范蠡以为大名之下,难以久居,遂乘舟泛海而去。后至齐,父子勤力耕作,致产数十万。齐人闻其贤,使为相。范蠡辞去相职,定居于陶(今山东定陶)经商积资巨万,称"陶朱公"。

名家评点:范蠡既能治国用兵,又能齐家保身,是先秦时期罕见的智士,史书概括其平生"与时逐而不责于人"。史学家司马迁称:"范蠡三迁皆有荣名。";史书中有语概括其平生:"与时逐而不责于人";世人誉之:"忠以为国;智以保身;商以致富,成名天下"。

顺应"天时" 忠且不愚

范蠡,先秦著名的政治家、军事家、思想家、谋略家、大商人。范蠡生卒年不可考。关于他的身世,《史记》语焉不详。在东汉袁康、吴平辑录《越绝书》和东晋虞预《会稽典录》这两本地方文献中,都有关于范蠡出身的记载。

根据《越绝书》和《会稽典录》的记载,范蠡字少伯,系楚国宛县三户人(宛,今河南南阳;三户,在今河南淅川县西北),范蠡自以为家世衰落,地位低贱,就披头散发,假装疯子,举动豪爽,不同凡俗。当时文种担任宛令(令,一县之长),听说范蠡有驭世之才,曾经派小吏去察访,小吏回来报告说:"范蠡是本国狂人,生来就有疯病。"文种却笑着说:"我听说,一个贤俊饱学的能人,肯定会被俗人讥笑为狂人。因为他对世事有独到的见解,智慧超人,非寻常人所能及,所以才被毁谤,这是你们一般人所不懂的。"于是就驾车去寻找范蠡。范蠡不知文种有否诚意,故一再回避。后来,经文种再三拜访,范蠡看到文种不见到他绝不罢休,为这种求贤若渴的诚心所动,便对他的兄嫂说:"近日有客人来,请借我一套衣服、帽子,我准备见客。"两人一见如故,侃侃而谈治国之术及霸王之道。谈论终日,志同道合,成了莫逆之交。当时楚王无道,他们感到在楚国没有发展前途,认为东南有条件建立霸王之业,范蠡就请文种弃官与他一起往东南行。他们先到吴国,因有伍子胥在,发挥不了作用。范蠡认为"吴越二邦,同气共俗,地户之位,非吴则越",要施展霸王之道,"何邦不可乎"?于是两人就离吴至越。在越国受到勾践的礼遇,被封为大夫,勾践常常整天与他们谈论国事。

勾践三年(前494),越王勾践听说吴国在国君夫差带领下,昼夜操练军队,虎视眈眈,随时可能大举进犯越国,焦急不安。勾践觉得与其坐等吴人来打,莫如先发制人,趁吴国准备得不够充分,胜负之数也许未定。于是召集群臣,商议北上破吴之计。

大夫范蠡深知勾践心情急躁,对吴军的实力缺乏清醒的认识,越国同吴国开战,时机与条件均不成熟,不具备取胜的希望,于是劝勾践切勿冒险犯难。《国语》中描述范蠡的规诫是用极富哲理的语言表述的:

持盈者与天,定倾者与人,节事者与地。……天道盈而不溢,盛而不骄,劳而不矜其功。夫圣人随时以行,是谓守时。天时不作,弗为人客。人事不起,弗为之始。今君王未盈而溢,未盛而骄,不劳而矜其功,天时不作而先为人客,人事不起而创为之始,此逆于天而不和于人。王若行之,将妨于国家,靡王躬身。

然而,此时的勾践已被自己幻化的胜利前景陶醉得忘乎所以,对范蠡的逆耳之言怎么也听不进去,一意孤行,实施征吴计划。范蠡眼看勾践即将给越国招来一场灾难,于是毫不犹豫地再次进谏:

不可,臣闻兵者凶器也,战者逆德也,争者事之末也。阴谋逆德,好用凶器,试身于所末,上帝禁之,行者不利。

然而勾践还是不听。越王曰:"吾已决之矣。"于是调动全国精兵三万人,北上攻吴,与吴兵战于夫椒(太湖中山名)。结果,勾践大败,仅剩五千残兵,退守会稽山(今浙江中部,主峰在嵊州市西北),又被吴军团团围住。勾践身陷绝境,眼望败鳞残甲,亡国之忧,萦绕于怀。他凄然对范蠡说:"我不听先生之言,故有此患。眼下如何收拾危局?"范蠡是一位有远见的政治家,在这国破军残的紧急关头临危不乱,从容机敏,表现出清醒的政治家的气魄和胆识。他说:"君王其忘之乎? 持盈者与天,定倾者与人,节事者与地。"当前国家处于危亡之际,就要用"人道"来稳定国势、转危为安。怎么样才能实现这一点呢? 他说:"卑辞尊礼,玩好女乐,尊之以名。如此不已,又身与之市。"范蠡认为在吴大军入境,越仅剩五千残兵退栖于会稽之上、国破军残的情况下,要保存越国,唯一的办法是与吴讲和。用谦卑的言辞对吴王赔不是,对他十分尊敬有礼;把古玩珍宝和能歌善舞的美女贡献给吴王,用极尊贵的君名来称呼吴王;如果吴王还不肯罢休,那越王就以身往事吴王。一句话,千方百计,议和存越。

勾践听从了范蠡的计谋,派大夫文种前往吴军大营请求议和,前提条件是"勾践请为臣,妻为妾。"就在吴王想要答应的时候,受到吴王夫差的骨鲠大臣伍子胥的极力阻挠,结果是徒劳一场。勾践闻报,痛不欲生,心想杀妻毁室,然后与吴王决一死战。范蠡、文种劝阻了他。二位大臣认为硬拼不是办法,他们通过冷静分析,认为吴王夫差好美色,权臣太宰嚭贪财,这是可钻之隙。于是,越国先用美女、宝器买通太宰嚭,使之转献吴王夫差,然后再派文种前去乞和。

文种见到吴王,说道:"大王如能赦免勾践,越国情愿尽献珍宝,举国上下降为臣民。倘若不许,勾践将尽杀妻子,毁尽宝器。然后率领五千名士兵和大王决一死战。真的厮杀起来难免使大王蒙受损失。杀掉一个勾践,怎能比得上获得整个越国呢? 望大王三思。"文种的话分析了利害,软中带硬。谗臣太宰嚭在一旁帮腔说:"越国已经降服为臣民,若能赦免越王,的确对吴国有大利。"吴王夫差心有所动,便要许和。这时,大臣伍子胥谏阻说:"今不灭越,后必悔之。勾践贤君,种、蠡良臣,若反国,将为乱。"可是吴王根本听不进去,最终赦免了越王,撤军回国。

伴君入吴　患难与共

越王勾践自从会稽解围后,返回越都,原想让范蠡主持国政,自己亲自去吴国屈事夫差。范蠡说:

对于兵甲之事,文种不如臣;至于镇抚国家,亲附百姓,臣又不如文种。臣愿随大王同赴异国。

范蠡表示:

辅危主,存亡国。不耻屈厄之难,安守被辱之地,往而必反,与君复仇者,臣之事也。

但当时勾践对前往吴国为质的前途是十分悲观的,认为此行必死于吴国:"今寡人冀得免于军旅之忧,而复反系获敌人之手,身为佣隶,妻为仆妾,往而不返,客死敌国。若魂魄有(知),愧于前君;其无知,体骨弃捐。"但范蠡认为在此存亡之际必须坚定信念,方能转危为安:

闻古人曰:"居不幽,志不广;形不愁,思不远。"圣王贤主,皆遇困厄之难,蒙不赦之耻,身拘而名尊,躯辱而声荣,处卑而不以为恶,居危而不以为薄。……君王之危,天道之数,何必自伤哉? 夫吉者凶之门,福者祸之根。今大王虽在危困之际,孰知其非畅达之兆哉?

范蠡认为在政治斗争中,荣辱、祸福、吉凶、安危都是可以转化的。当事者应处卑而不以为恶、居危而不以为薄,虽处穷厄之地,不移复国之志。勾践依议,委托文种暂理国政,然后收拾库藏宝物,装成车辆,送往吴都;同时在国内选出三百三十名美女,三百人送给夫差,另三十人暗送太宰嚭。勾践携带妻子和大臣范蠡等前往吴国。

大约在勾践四年(前493),越王君臣数人到达吴都见到夫差,当即进献美女宝物,并低声下气地极力奉承献媚;再经太宰嚭一旁帮腔,勉强取得夫差的谅解。夫差派人在阖闾墓侧筑一石室,把勾践夫妇、君臣驱入室中,脱去所穿衣冠换上罪衣罪裙,使其蓬头垢面地从事养马等贱役。每当夫差乘车出游,勾践都要手执马鞭徒步跟在马车左右。路过通行闹市时,吴人指着说:"那个就是打了败仗的越王,快来看呀!"讥讽嘲弄之声不绝于耳。勾践低头急走,把羞辱和仇恨深深地埋在心底。

勾践居于石室,出入于马厩,范蠡侍奉于左右,寸步不离,并随时开导、出谋划策。一天,夫差召见勾践,范蠡侍于身后。夫差觉得范蠡是个人才,就对范蠡说:"寡人闻贞妇不嫁破亡之家,仁贤不官绝灭之国。今越王无道,国已将亡,社稷坏崩,身死世绝,为天下笑。而子及主俱为奴仆,来归于吴,岂不鄙乎!吾欲赦子之罪,子能改心自新,弃越归吴乎?"

但范蠡矢志不移,婉言回绝了吴王:

臣闻亡国之臣不敢语政,败军之将不敢语勇。臣在越不忠不信,今越王不奉大王命号,用兵与大王相持,至今获罪,君臣俱降。蒙大王鸿恩,得君臣相保,愿得入备扫除,出给趋走,臣之愿也。

于是吴王夫差并不相强,仍使勾践、范蠡回到石室,并派人暗暗探察君臣、夫妇所作所为。但见他们竭力养马、洒扫,昼无怨恨之语,夜无嗟叹之声。夫差满以为他们诚心降服,无心还乡复国,便放松了对他们的警惕。也正是范蠡处危不惊、矢志不移、含垢忍辱、患难与共的精神感召了越王勾践,使勾践得以忍受了一个君主几乎无法忍受的屈辱和痛苦。"越王服犊鼻,着樵头。夫人衣无缘之裳,施左关之襦。夫斫剉养马,妻给水、除粪、洒扫。三年不愠怒,面无恨色。"

有一天,吴王夫差登姑苏台游嬉,远见勾践夫妇端坐在马粪堆边歇息,范蠡恭敬地守候在一旁。夫差说:"勾践不过小国之君,范蠡无非一介之士,身处危厄之地,不失君臣之礼,也觉可敬可怜。"太宰嚭在一旁讲情说:"愿大王以圣人之心,哀穷孤之士。"从此,夫差便有释放勾践回国之心。

一次,夫差染病。范蠡知道是寻常疾病,不久即愈,便与勾践商定一个计策,让他去尝粪卜疾,取悦于夫差。勾践求见吴王,探视他的病情。勾践伸手蘸起夫差的一滴大便,放在口里哑了哑,大声祝贺说:"大王之疾,近期即可痊愈。"夫差询问缘故,勾践依照范蠡所嘱,说:"臣曾跟人学过医术,只要亲尝一下病人粪便,可知生死寿夭,大王粪便味酸而苦,与谷味相同,由此知道大王之病不必忧。"

夫差听其言、见其行,心里十分高兴,立即决定:勾践夫妇搬出石室,可住附近民房,仍然养马。不久,夫差病愈。正如范蠡预料的那样,吴王决定释放勾践回国。并命人在文台置办酒席,隆重地欢送勾践还越。伍子胥大怒,对夫差说:"勾践尝大王粪便,是吃大王之心。"夫差不听,吴王曰:"越王迷惑,弃守边之事,亲将其臣民,来归寡人,是其义也。躬亲为虏,妻亲为妾,不愠寡人;寡人有疾,亲尝寡人之溲,是其慈也。虚其府库,尽其宝币,不念旧故,是其忠信也。"遂赦越王归国。范蠡含垢忍辱、以求伸的谋略,对于像越国那样的兵败国弱、根本无力组织还击的情况下,无疑是正确的。正如韩非所说:"勾践入宦于吴,身执干戈,为吴干洗马,故能杀夫差于姑苏。……故曰:守柔曰强。"孟子认为勾践的入吴侍奉吴王是"以小事大",赞许其策略为"智"。荀子认为由于策略得当,导致最后勾践取胜而能与齐桓、晋文、楚庄、吴阖闾相比,成为春秋五霸之一。

振兴越国　蓄势待发

约勾践七年(前490)，勾践在吴拘役三年后回到越国。当时越国国土非常狭小，据《吴越春秋》卷八记载："吴封地百里于越，东至炭渎，西至周宗，南造于山，北薄于海。"炭渎在今绍兴市东六十里，周宗地不详，可能在今萧山境，南含会稽山地，北界当在钱塘江，真可谓小国寡民。而且由于战争破坏，又是满目疮痍。越国的恢复和发展，首先必须制定正确的国策。勾践由于与范蠡有患难与共的经历，所以他更倚重于范蠡。勾践说："不谷之国家，蠡之国家也，蠡其图之。"就是说，我的国家，就是你范蠡的国家，希望你好好谋划它。勾践真诚地愿将整个越国托付给范蠡，要他全盘秉持国政，率意而行。但是，范蠡认为在行政理民方面文种比他更内行，建议由文种主内，由他专注对外事务，即根据形势的变化决定战守与和平。他颇有点自负地说：

四封之外，敌国之制，立断之事，因阴阳之恒，顺天地之常，柔而不屈，强而不刚，德虐之行，因以为常；死生因天地之形，天因人，圣人因天；人自生之，天地形之，圣人因而成之。是故战胜而不报，取地而不反，兵胜于外，福生于内，用力甚少而名声章明，种亦不如蠡也。

范蠡提出了一整套振兴越国的有效措施：

首先，充分利用自然条件，努力恢复发展社会经济。范蠡说：

节事者与地。唯地能包万物以为一，其事不失。生万物，容畜禽兽，然后受其名而兼其利。美恶皆成，以养其生。

他认为，采取有效的政治措施就应效法"地道"。只有大地能包容万物成为一体，使各种事情都不失其时。生育万物，长养禽兽，然后受其功名而兼有其利。万物不论美恶，大地都一视同仁，使他们成长，人类则依赖它们养生。他认为恢复发展经济，确保人们能得以生存，这是振兴国家的先决条件。

其次，稳定社会，抚民保教，等待时机。范蠡说：

时不至不可强生，事不究不可强成。自若以处，以度天下，待其来者而正之，因时之所宜而定之；同男女之功，除民之害，以避天殃；田野开辟，府仓实，民众殷；无旷其众，以为乱梯。时将有反，事将有间，必有以知天地之恒制，乃可以有天下之成利；事无间，时无反，则抚民保教以须之。

他认为，要振兴越国，必须保持国家的稳定。一切都要等待时机，不可以硬来，更不要轻举妄动。应当顺乎自然地处于当世，正确估计、推测天下的时势。等到机会到来的时候,把不利于自己的局面扭转过来,并根据当时对自己最适宜的情况,把扭转的局势予以巩固。他认为当务之急是要使男女都努力从事耕织,除去危害人民的东西,避开天灾带来的灾祸,使田野开辟,府库充实,民众生活日趋殷实;要努力稳定社会,不要使民众旷时废世,否则民众会因贫困而产生怨心,就会成为导致叛乱的阶梯。他认为天时是会循环往复的,人事是会有隙可乘的,一定要掌握事物发展的规律,才能获得天下的成利;如果人事还不是有隙可乘,天时还没有回复,那就抚恤人民,保护人民,教育人民,以等待时机的到来。

再次,"左道右术,去末取实",富国强兵。越王勾践曾向范蠡询问"古之贤主圣王之治"的谋略,范蠡告之以"圣主之治,左道右术,去末取实"。勾践又问:"何谓道? 何谓术? 何谓末? 何谓实?"范蠡说:"道者,天地发生不知老,曲成万物不名巧,故谓之道。道生气,气生阴,阴生阳,阳生天地。天地立,然后有寒暑、燥湿、日月、星辰、四时,而万物备。""术者,天意也。盛夏之时,万物遂长。圣人缘天心,助天喜,乐万物之长。""末者,名也。故名过实,则百姓不附亲,贤士不为用。""实者,谷也,得人心,任贤士也。"范蠡认为圣贤之王治理国家只能顺天意,根据自然法则办事,而且要名实相符,那样,人心安定,贤明之士也会来归附,国家就兴旺发达了。范蠡说:"知保人之身者,可以王天下;不知保人之身,失天下者也。"越王问他:"何谓保人之身?"他说:"人得谷即不死,谷能生人,能杀人,故谓人身。""天地之间,人最为贵。物之生,谷为贵。""且夫广天下尊万乘之主,使百姓安其居,乐其业者,唯兵。兵之要在于人,人之要在于谷。故民众,则主安;谷多,则兵强。王而备此二者,然后可以图之也。"范蠡认为,在敌强我弱、天下纷争、战事频繁的情况下,要转弱为强、以报吴仇,必须发展农业,增殖人口,富国强兵,即所谓"民众则主安,谷多则兵强",二者具备,然后可以图霸天下。这是范蠡为越国制定的基本国策。

在范蠡的政治谋略中,体现了朴素辩证法和自发唯物主义的思想。范蠡认为政治斗争是有一定规律可循的,人们要想在斗争中取得胜利,就必须按客观规律办事。范蠡说:"上帝不考,时反时守,强索者不祥;得时不成,反受其殃。失德灭名,流走死亡。有夺,有予,有不予。"他认为上帝是靠不住的,唯一可靠的是当时的客观条件,关键是要掌握时机。如果违背了客观条件的许可,上帝是不会帮助你的;客观条件不具备,你硬是要求成功,必然会倒霉。但是如果有了有利的客观条件,你不当机立断去争取成功,那也是会遭殃的。上天对于国家是:有的它起初很强大,后被别国征服消灭(有夺);有的给予好的命运,使它日益富强(有予);有的上天抛弃它,使它灭亡(有不予)。所以,范蠡说:"圣人随时以行,是谓守时。"所谓"时",就是指某一时候的客观条件,也即有利时机。"圣人"应该按照当时的客观条件,决定自己的行动,这叫作"守时"。也就是说,凡事要按照客观规律办事。范蠡又认为在政治斗争中双方力量的强弱不是一成不变的,而是可以互相转化的。范蠡说:"阳至而阴,阴至而阳;日困而还,月盈而匡。"阳到了极限,就会转为阴;阴到了极限,也会转为阳。太阳走到西天的尽头,第二天又从东方的天际升起;月亮到盈满的时候,就开始一天天地亏缺。由于阴阳二气的互相对立和互相转化,天地、日月以至万事万物都是互相对立、互相转化而不断发展变化的。范蠡据此观察当时吴越两国的斗争,认为"赢缩转化,天节固然",就是说,事物时多时少,国家时强时弱,这种盈虚消长、互相转化是客观存在的,好比四季的变换交替一样。认为"时将有反,事将有间",就是说,客观形势将会走向它的反面,事情将会发生变化,人们在发展变化的过程中可以找到有利于自己的机会。也正是基于对这一辩证观点的认识,范蠡在吴强越弱的形势下,致力于促使强弱转化的实现。范蠡认为在政治斗争中要根据客观形势发挥主观能动作用。范蠡说:"天因人,圣人因天;人自生之,天地形之,圣人因而成之。"他认为客观形势的造成及其发展有赖于人,"天地"只为人们提供一个客观条件,而人们主观努力与否、主观能动作用发挥的大小,直接关系到成功与否、成功的大小。所以"圣人"应该既能善于利用天地提供的客观条件,又能充分发挥主观能动性,去争取事业的成功。形势是客观存在的,而人们对它的认识及据此所采取的措施,却是主观的东西。如果分析正确、举措得当,就会在斗争中取得胜利;反之,必败无疑。范蠡说:"天时不作,弗为人客;人事不起,弗为人始。"在客观形势不利于我们的时候,应该只取守势,不要进攻。"得时无怠,时不再来。"在客观形势于我们有利的时候,就要利用这种形势,抓住时机,立即行动。"天予不取,反为之灾。"因为客观形势是在不断发展变化的,如果由于主观上的错误,没有及时利用时机去夺取胜利,就会反而遭受损害。而对抓住时机、充分发挥主观能动作用,范蠡更有形象的比喻:"从时者,犹救火、追亡人也;蹶而趋之,唯恐弗及。"机遇,对人们来说可能稍纵即逝。所以,善于抓住时机的人,就像救火、追捕逃犯,应当快步奔跑,唯恐不及。

阴谋卑词　出兵灭吴

勾践回国后,苦身劳心,发愤图强,不用床褥,积薪而卧。又悬苦胆在坐卧之处,饮食起居,必先取而尝之。夜里常常暗自流泪,恨恨地喃喃自语:"你忘了会稽之耻吗?"同时,他尊贤礼士,敬老恤贫,以求得百姓拥护。他还奖励生育,积聚财物,演练士卒,修甲厉兵,始终不敢懈怠。对吴国表面仍极尽奴颜婢膝之事。范蠡亲到民间选了美女西施、郑旦,遣香车送给吴王。同时引诱吴王大兴土木,建造楼台馆所,沉湎于酒色犬马之中。另一方面,暗中亲楚,结齐,附晋,最大限度地孤立吴国。

公元前486年,勾践归越四年了。这时越国国库充实,土地垦辟,人民乐为所用。于是勾践便要报复吴国,一雪会稽之耻。范蠡告诉他天时未到,不可轻举妄动,谏阻说:"上帝不考,时反是守,强索者不祥。得时不成,反受其殃,失德不名,流走死亡。有夺,有予,有不予,区无蚕图。"下一年,勾践见吴王奢淫无度,"乱民功,逆天时,信谗喜优,憎辅远弼",认为伐吴的时机已到,再次征求范蠡的意见,范蠡仍以"天时未至"作答。

过了一年,吴王夫差准备发兵攻打齐国。越王正希望吴国劳师费饷,便推波助澜,亲率官员前去朝贺,赠送大批礼物。吴国君臣享此荣耀,颐指气使,人人自喜。唯独老臣伍子胥闷闷不乐,劝谏曰:"未可,臣闻勾践食不重味,与百姓同苦乐。此人不死,必为国患。吴有越,腹心之疾,齐与吴,疥也。愿王释齐先越。"极力奉劝吴王应放弃攻齐,早日击越。可是吴王不听,发兵伐齐,败齐于艾陵,俘虏了齐国的高氏、国氏两大老牌贵族回吴。吴王责备子胥,子胥说:"您不要太高兴!"吴王很生气,子胥想自杀,吴王听到制止了他。越国大夫种说:"我观察吴王当政太骄横了,请您允许我试探一下,向他借粮,来揣度一下吴王对越国的态度。"种向吴王请求借粮。吴王想借予,子胥建议不借,吴王还是借给越了,越王暗中十分喜悦。子胥说:"君王不听我的劝谏,再过三年吴国将成为一片废墟!"太宰嚭听到这话后,就多次与子胥争论对付越国的计策,借机诽谤子胥说:"伍员表面忠厚,实际很残忍,他连自己的父兄都不顾惜,怎么能顾惜君王呢? 君王上次想攻打齐国,伍员强烈地进谏,后来您作战有功,他反而因此怨恨您。您不防备他,他一定作乱。"嚭还和逢共同谋划,在吴王面前再三再四地诽谤子胥。吴王开始也不听信谗言,于是就派子胥出使齐国,听说子胥把儿子委托给鲍氏,大怒,说:"伍员果真欺骗我!"子胥出使齐回国后,吴王就派人赐给子胥一把"属镂"剑让他自杀。子胥大笑道:"我辅佐你的父亲称霸,又拥立你为王,你当初想与我平分吴国,我没接受,事隔不久,今天你反而因谗言杀害我。唉,唉,你一个人绝对不能独自立国!"子胥告诉使者说:"必取吾眼置吴东门,以观越兵入也!"

伍子胥死后,吴王宠信太宰嚭,朝政更加腐败昏暗。这时,勾践认为伐吴的时机成熟,向范蠡征询意见,问道:"吴王已杀伍子胥,阿谀之徒日众,可否伐吴?"范蠡再次以"天地未形"对之,不同意立即发动征吴战争。越王勾践十四年(前483),吴国蟹食稻,农业歉收,百姓饥贫,勾践认为天时人事均对越国有利,于是再次征询伐吴的意见,范蠡仍不同意,理由是"天应至矣,人事未尽"。这次,勾践被深深地激怒了,他怀疑范蠡故意拖延伐吴的时日,气愤地质问说:"道固然乎?妄其欺不谷邪?吾与子言人事,子应我以天时;今天应至矣,子应我以人事,何也?"范蠡平心静气地劝慰勾践,此时伐吴时机之所以尚未成熟原因是天时、地利、人事三者还未相参。因而不仅仍须耐心等待,而且自己还应制造荒淫奢侈的假象,以麻痹吴国君臣,使之放松警惕,诱导他们向最荒唐的方向发展,以便造成伐吴的最佳条件:

夫人事必将与天地相参,然后乃可以成功。今其祸新民恐,其君臣上下,皆知其资财之不足以支长久也,彼将同其力,致其死,犹尚殆。王其且驰骋弋猎,无至禽荒;宫中之乐,无至酒荒;肆与大夫殷饮,无忘国常。彼其上将薄其德,民将尽其力,又使之望而不得食,乃可以致天地之殛。

据文献记载,这年正值越国获得丰收,勾践采用了文种的一条毒计,奉还吴国一万石蒸熟了的粮种。吴国见子粒肥大,认为是良种,留做种子,结果颗粒不收,酿成大灾。

公元前476年,伐吴的条件终于成熟了:一方面,越国经过近二十年的精心准备,国力强大,君臣同心,民气昂扬;另一方面,夫差倾全国之力,北上中原争霸,使国力严重消耗,后方空虚,"吴王北会诸侯于黄池,吴国精兵从王,唯独老弱与太子留守",且国内君臣、军民之间矛盾重重,不能组织有效的抵抗。于是范蠡建议勾践立即兴兵伐吴。越国"乃发习流二千人,教士四万人,君子六千人,诸御千人",发动突然的奇袭,吴国仓促应战,太子被杀。夫差在黄池闻此噩耗后,不敢张扬,暗派使臣,一如越国当年兵败椒山一样,卑词厚礼,请求勾践赦免吴国。范蠡对勾践说:"现在还难以使吴国灭亡,大王且准和,待机再给予毁灭性打击。"于是勾践赦吴,班师回国。

四年后,越王勾践再次北进伐吴。吴军慌忙应战,惨败于笠泽(今太湖附近)。越军继续挥师,将吴都姑苏团团围住。范蠡审时度势,主张对吴军采取长期围困的策略,他对勾践说:

臣闻古之善用兵者,赢缩以为常,四时以为纪,无过天极,究数而止。天道皇皇,日月以为常,明者以为法,微者则是行。阳至而阴,阴至而阳;日困而还,月盈而匡。古之善用兵者,因天地之常,与之俱行。后则用阴,先则用阳;近则用柔,远则用刚。后无阴蔽,先无阳察,用人无艺,往从其所。刚强以御,阳节不尽,不死其野。彼来从我,固守勿与,若将与之,必因天地之灾,又观其民之饥饱劳逸以参之。尽其阳节,盈吾阴节而夺之。宜为人客,刚强而力疾,阳节不尽,轻而不可取。宜为人主,安徐而重固,阴节不尽,柔而不可迫。凡陈之道,设右以为逢年北,益左以为牡,蚤晏无失,必须天道,周旋无穷。今其来也,刚强而力疾,王姑待之。

上面一席话,突出表现了范蠡深厚的军事素养和高超的智谋韬略。他深谙吴国的国势军力，知道它已是强弩之末，经不起持久对峙的消耗。只要不理会其挑战，对吴军采取围而不战的策略，必然不断增强其心理压力，就会导致最后的崩溃，达到"不战而屈人之兵"的目的。勾践采纳了范蠡的意见，依据双方形势，以我为主，打打停停，围而不歼，竟达三年之久。公元前473年，吴军全线崩溃，首都没有经过大的战斗即被越军攻克。吴王夫差带领他的嫔妃、大臣，携带大量珍宝，在一支敢死队的保护下，逃到姑苏台上固守，同时派出使者向勾践乞和，祈望勾践也能像十年前自己对他那样宽容，允许保留吴国社稷，而自己也会像当年的勾践一样倒过来为之服役。越王勾践一度犹豫不决。但此时的范蠡却丝毫不为所动，力劝勾践拒绝吴国的求和之请：

臣闻之，圣人之功，时为之庸。得时不成，天有还形。天节不远，五年复反，小凶则近，大凶则远。先人有言曰："伐柯者其则不远。"今君王不断，其忘会稽之事乎？

一席话虽然使勾践坚定了灭吴的初衷，但是，以后由于吴国求和的使者"往而复来，辞愈卑，礼愈尊"，就使勾践又陷入犹豫之中。范蠡为了使勾践不再动摇，只得再一次进谏，以激烈的言辞刺激他：

孰使我蚤朝而晏罢者，非吴乎？与我争三江、五湖之利者，非吴邪？夫十年谋之，一朝而弃之，其可乎？

勾践认为范蠡的道理讲得特别充分，就把对付吴王及其残余势力的事宜交给他全权处理。范蠡于是"左提鼓，右援枹"，以胜利者的雄姿出现在吴国使者面前，义正词严地宣告：

昔日上天降祸于越，委制于吴，而吴不受。今将反此义以报此祸，吾王敢无听天之命，而听君王之命乎？

于是"击鼓兴师以随使者，至于姑苏之宫，不伤越民，遂灭吴"。

灭掉吴国后，勾践玩弄假仁假义的权术，封夫差于甬东（会稽以东的海中小岛）一隅之地，使其君临百家，为衣食之费。夫差蒙受此辱，悔恨交加。他深悔当初不听伍子胥之言，才有今日之耻。夫差无脸在黄泉下再见忠良，于是以麻布蒙面，拔剑自杀。随后，勾践诛杀佞臣太宰嚭，吴国也蒙受一番洗劫。

勾践平定了吴国后，在范蠡的谋划下，"北渡兵于淮以临齐、晋，号令中国，以尊周室"。周元王派人赏赐祭祀肉给勾践，称他为"伯"。勾践离开徐州，渡过淮河南下，把淮河流域送给楚国，把吴国侵占宋国的土地归还给宋国。把泗水以东方圆百里的土地给了鲁国。当时，越军在长江、淮河以东畅行无阻，诸侯们都来庆贺，越王号称霸王。

商界巨擘

功成身退　商界鼻祖

　　范蠡也因谋划有功,官封上将军,位极人臣,其政治生涯达到顶峰。依人之常情,此后的范蠡就应该心安理得地享受他应得的荣华富贵了。然而,就在这个节骨眼上,范蠡却采取了一个似乎有悖于常理的惊世骇俗的行动,功成身退,对于到手的官位、权力、财富和荣誉弃之如敝屣。"范蠡以为大名之下,难以久居,且勾践为人,可与同患,难与处安",于是上书勾践,决定辞官去职:"臣闻主忧臣劳,主辱臣死。昔者君王辱于会稽,所以不死,为此事也。今既以雪耻,臣请从会稽之诛。"话虽说得委婉含蓄,但去意明确。勾践览奏,出乎意料,震惊之余,威胁说:"孤将与子分国而有之,不然,将加诛于子。"勾践的态度早在范蠡的意料之中,但他决心已定,对勾践的威胁以掷地有声的六个字做了回答:"君行令,臣行意。""乃装其轻宝珠玉,自与其私徒属乘舟浮海以行。"当勾践知悉其出走的消息时,范蠡已经乘风破浪,航行在万顷波涛之上。勾践知道范蠡已经与自己决绝,但自己对他的功劳应有所表示,于是下令以环会稽三百里作为范蠡的奉邑。此举自然只有象征意义,是做给其他臣子看的。

　　范蠡跳出是非之地,没有忘记风雨同舟、共同患难的同僚文种曾有知遇之恩,遂投书一封,劝说道:

　　"狡兔死,走狗烹;敌国破,谋臣亡。"越王为人,长颈鸟喙,忍辱妒功。可与共患难,不可与共安乐。子今不去,祸必不免!

　　文种接书后,半信半疑。他一方面认为自己功劳显赫,在臣民中有崇高的威望,勾践不见得忍心杀他;另一方而也不愿抛弃刚刚享受到的荣华富贵,因而没有当机立断,尽快离开越国,只是对勾践采取消极态度,"称病不朝"。这时有人向勾践进谗言,诬陷说文种图谋作乱,于是勾践赐剑一把,并告诉文种说:"子教寡人伐吴七术,寡人用其三而败吴,其四在子,子为我从先王试之。"令其引颈自杀。据《越绝书·内经九术》的记载,文种为勾践供献的是"灭吴九术"而非七术,其内容是:

　　一曰尊天地,事鬼神;二曰重财币,以遗其君;三曰贵粜槁,以空其邦;四曰遗之好美,以为劳其志;五曰遗之巧匠,使起宫室高台,尽其财,疲其力;六曰遗其谀臣,使之易伐;七曰强其谏臣,使之自杀;八曰邦家富而备器;九曰坚厉甲兵,以承其弊。

　　勾践在灭吴的全过程中,的确是充分运用了文种的"九术",配以范蠡的军事和外交谋略,才取得了最后胜利。这个九术,显示了文种过人的才智和老谋深算。

然而,文种却同当时一般追逐富贵利禄的文武之士一样,陷入了"当局者迷"的误区。他只知道自己凭才干与功劳可以从君主那里市得富贵利禄,并把它作为自己最重要的人生追求,却忽视了重要的一点:君主既有权给予臣子富贵利禄,同时也有权随时收回富贵利禄,还可以牺牲那些功高震主的臣子的生命以维护自己君位的安全,正因为如此,历史上才一再上演兔死狗烹的悲剧。后来,唐朝大诗人李白曾有《越中览古》诗云:"越王勾践破吴归,义士还家尽锦衣。宫女如花满春殿,只今唯有鹧鸪飞。"

范蠡在政治上,在为人处世上对后世留下了深远的影响。他对振兴越国的功绩,受到后人一致的肯定。他的思想,受到了广泛的重视。如任继愈主编的《中国哲学发展史》对范蠡的思想做了很好的论述,肯定了"范蠡的天道思想在认识自然之天的本来面貌上起了很大的推进作用"。侯外庐主编的《中国思想史纲》指出范蠡的思想值得重视,他也讲"天道",但他是从自然规律来理解的,"在他看来,所谓'圣人'善于把握人与天(自然)交互作用的规律,并且能正确地利用事物发展转化的时机"。他把这一原理应用到军事思想中,特别强调"时"的概念,即在战争中及时掌握时机的重要性。冯友兰著《中国哲学史新编》认为在范蠡的政治策略中,"体现了朴素辩证法和自发唯物主义的思想"。又认为范蠡成为当时有名的大商人,"这是他利用他所有的对于客观世界的规律的认识,经营商业取得的成果"。

范蠡乘船漂洋过海到了齐国,更名改姓,自称"鸱夷子皮",即盛酒的皮袋子,在海边住下来,自食其力,耕于海畔,苦身戮力,父子治产,没多久,致产数十万,可以想见他经营有方。齐国贵族知悉范蠡的真实身份以后,钦佩他的才能,聘请他做了齐国相。根据各种情势推断,他在齐国为相的时间不长,也没有留下显著的政绩,就又辞官了。他辞官的理由很简单,用他自己的话说:"居家则致千金,居官则为卿相,此布衣之极也。久受尊名,不祥。"于是交出相印,"尽散其财,以分与知友乡党",然后悄然远行,来到陶(今山东定陶),"以为此天下之中,交易有无之路通,为生可以致富矣"。他自号陶朱公,父子家人宾客,各司其职,利用陶为天下之中的优越的地理位置,进行大规模的商贸活动。"逐什一之利,居无何,则致赀累巨万","十九年之中,三致千金",成为闻名天下的富商大贾,活了七十多岁,得以终其天年。在今日山东的定陶、枣庄、滕州和肥城,都有陶朱公的坟墓。由于范蠡后半生主要从事商贸活动,不少地方留下了他的足迹,因而一些地方附会其古迹并不奇怪。根据唐人《括地志》记载,范蠡真实的坟墓位于今日山东肥城的陶山,墓址选在松柏覆盖的向阳的山坡上,当年,它背靠半环形的险峻的山岭,面对波涛浩渺的湖水,林壑幽深,人迹罕至,比较符合范蠡不慕荣华,漠然处世的品格。

范蠡之所以成为中国人公认的商人之鼻祖,一是因为他经商致富,三致千金,

"子孙修业而息之，遂至巨万"，是一个成功的富商大贾；二是因为他总结出一套经济理论，是不亚于管仲的大经济学家。范蠡的经济思想比较丰富。他当时已经朦胧地意识到，包括经商在内的人的活动，必须顺应不以人的意志为转移的客观规律才能成功。他对急于伐吴、盲动冒险的勾践说，"人事必将与天人地相参，然后乃可以成功"，如果"逆于天而不和于人"，任意妄为，则必然失败。

《史记·货殖列传》所引的"计然之术"比较集中地反映了范蠡的经济理论：

知斗则修备，时用则知物，二者形则万货之情可得而观已。故岁在金，穰；水，毁；木，饥；火，旱。旱则资舟，水则资车，物之理也。六岁穰，六岁旱，十二岁一大饥。夫粜，二十病农，九十病末。末病则财不出，农病则草不辟矣。上不过八十，下不减三十，则农末俱利，平粜齐物，关市不乏，治国之道也。积着之理，务完物，无息币。以物相贸易，腐败而食之货勿留，无敢居贵。论其有余不足，则知贵贱。贵上极则反贱，贱下极则反贵。贵出如粪土，贱取如珠玉，财币欲其行如流水。

范蠡强调农末俱利是其经济理论的一大特点。他要求既不谷贱伤农，也不要谷贵伤工商，因为经济的发展，社会的稳定，需要调动农与工商双方的积极性。他认为谷价在三十至八十之间波动是正常的，超出这一范围，国家就应以平粜的政策进行干预。农末俱利的观点是范蠡首次提出来的，其平粜政策为战国时李悝和后世不少封建王朝所继承。成为一项利国利民影响深远的政策。只是后世的传统经济思想过于强调"重本抑末"，丢掉了范蠡"农末俱利"的理论精华。

范蠡商品经济的理论丰富而深邃。如他认为商品"贵上极则反贱，贱下极则反贵"，不仅是对商品运行规律的认识，而且包含着对价值规律的朦胧猜测。正常的商品价格只能围绕价值上下波动，太贵与太贱都背离价值。范蠡还认为，商业活动尽管充满风险，有其捉摸不定的一面，但毕竟有规律可循，因为商情在很大程度上是可以预测的。他主张在准确预测商情的基础上，运用"积蓄"原理，在商品流通中通过贱买贵卖的不等价交换，获取最大利润。为此，要贮物以"待乏"，"旱则资舟，水则资车"，但又不能囤积居奇，物价看涨时不能惜售，必须加快货物与资金的周转，并以高质量的货物去赢得市场，"务完物，无息币"。物价涨到一定水平即有利可图时要毫不犹豫地抛出；相反，物价跌至一定程度时则大力收购。这就是"贵出如粪土，贱取如珠玉，则币欲其行如流水"。范蠡这些对商品运行规律的认识十分难能可贵，可惜在中国封建社会里，由于"重本抑末"的传统经济思想占据主导地位，范蠡的商品经济意识未能发扬光大。

朱公住在陶地，生了小儿子。小儿子成人时，朱公的二儿子杀了人，被楚国拘捕。朱公说："杀人者抵命，这是常理。可是我听说家有千金的儿子不会被杀在闹市中。"于是告诫小儿子探望二儿子。便打点好一千镒黄金，装在褐色器具中，用一辆牛车载运。将要派小儿子出发办事时，朱公的长子坚决请求去，朱公不同意。长子说："家里的长子叫家督，现在弟弟犯了罪，父亲不派长子去，却派小弟去，这说明我是不肖之子。"长子说完想自杀。他的母亲又替他说："现在派小儿子去，未必能救二儿子命，却先丧失了大儿子，怎么办？"朱公不得已就派了长子，写了一封信要大儿子送给旧日的好友庄生，并对长子说："到楚国后，要把千金送到庄生家，一切听从他去办理，千万不要与他发生争执。"长子走时，也私自携带了几百镒黄金。

长子到达楚国，看见庄生家靠近楚都外城，披开野草才能到达庄生家门，庄生居住条件十分贫穷。可是长子还是打开信，向庄生进献了千金，完全照父亲所嘱做的。庄生说："你可以赶快离去了，千万不要留在此地！等弟弟释放后，不要问原因。"长子已经离去，不再探望庄生，但私自留在了楚国，把自己携带的黄金送给了楚国主事的达官贵人。

庄生虽然住在穷乡陋巷，可是由于廉洁正直在楚国很闻名，从楚王以下无不尊奉他为老师。朱公献上黄金，他并非有心收下，只是想事成之后再归还给朱公以示讲信用。所以黄金送来后，他对妻子说："这是朱公的钱财，以后再如数归还他，但哪一天归还却不得而知，这就如同自己哪一天生病也不能事先告知别人一样，千万不要动用。"但朱公长子不知庄生的意思，以为财产送给庄生不会起什么作用。

庄生乘便入宫会见楚王，说："某星宿移到某处，这将对楚国有危害。"楚王平时十分信任庄生，就问："现在怎么办？"庄生说："只有实行仁义道德才可以免除灾害。"楚王说："您不用多说了，我将照办。"楚王就派使者查封贮藏三钱的仓库。楚国达官贵人吃惊地告诉朱公长子说："楚王将要实行大赦。"长子问："怎么见得呢？"贵人说："每当楚王大赦时，常常先查封贮藏三钱的仓库。昨晚楚王已派使者查封了。"朱公长子认为既然大赦，弟弟自然可以释放了，一千镒黄金等于虚掷庄生处，没有发挥作用，于是又去见庄生。庄生惊奇地问："你没离开吗？"长子说："始终没离开。当初我为弟弟一事来，今天楚国正商议大赦，弟弟自然得到释放，所以我特意来向您告辞。"庄生知道他的意思是想拿回黄金，说："你自己到房间里去取黄金吧！"大儿子便入室取走黄金离开庄生，私自庆幸黄金失而复得。

庄生被小儿辈出卖深感羞耻，就又入宫会见楚王说："我上次所说的某星宿的事，您说想用做好事来回报它。现在，我在外面听路人都说陶地富翁朱公的儿子杀人后被楚囚禁，他家派人拿出很多金钱贿赂楚王左右的人，所以君王并非体恤楚国人而实行大赦，却是因为朱公儿子才大赦的。"楚王大怒道："我虽然无德，怎么会因为朱公的儿子布施恩惠呢！"就下令先杀掉朱公儿子，第二天才下达赦免的诏令。朱公长子竟然携带弟弟尸体回家了。

回到家后，母亲和乡邻们都十分悲痛，只有朱公笑着说："我本来就知道长子一定救不了弟弟！他不是不爱自己的弟弟，只是有所不能忍心放弃的。他年幼就与我生活在一起，经受过各种辛苦，知道为生的艰难，所以把钱财看得很重，不敢轻易花钱。至于小弟弟呢，一生下来就看到我十分富有，乘坐上等车，驱驾千里马，到郊外去打猎，哪里知道钱财从何处来，所以把钱财看得极轻，弃之也毫不吝惜。原来我打算让小儿子去，本来因为他舍得弃财，但长子不能弃财。所以终于害了自己的弟弟，这很合乎事理，不值得悲痛。我本来日日夜夜盼的就是二儿子的尸首送回来。"

范蠡曾经三次搬家，驰名天下，他不是随意离开某处，他住在哪儿就在哪儿成名。最后老死在陶地，所以世人相传叫他陶朱公。

红顶商人 悲剧命运

——胡雪岩

名人档案

　　胡雪岩：名光墉，号雪岩，安徽绩溪人，生于 1823 年，有独特的经商之道，他在杭州创办的胡庆余堂国药号，睥睨一时，资金最高达白银三千万两以上，田地万亩。清光绪元年（1875 年）胡雪岩助左宗棠督办新疆军务有功，被慈禧太后论功赏胡黄马褂、晋一品红顶戴、封布政使衔，从而有了"红顶商人"的雅号。

　　生卒时间：1823 年~1885 年。

　　安葬之地：杭州西郊。

　　性格特点："仁""义"二字作为经商的核心，善于随机应变，而决不投机取巧。善于用人，以长取人，不求完人。

　　历史功过：他富而不忘本，深谙钱财的真正价值，大行义举，在赢得美名的同时，也得到了心灵的满足；他经商不忘忧国，协助左宗棠西征，维护了祖国领土的完整；在救亡图强的洋务运动中，他也贡献了自己的一分力量，建立了卓越的功勋。当然，他也未能摆脱商人以利益为第一位的俗套，且在生活方面极尽奢靡，但毕竟人无完人、瑕不掩瑜，胡雪岩这位了不起的商人身上有许多值得今人学习的东西。

　　名家评点："胡雪岩是悲剧时代的悲剧人物，当时太平天国运动正在进行，列强对中国进行着文化侵略和经济侵略，李鸿章和左宗棠推行洋务运动，各方面关系非常复杂。他这样一个绝顶聪明的人，在这样的历史背景下产生和发展，并且张扬自己，并且最终消亡下去。他这个人好接近又难惹，讲义气又圆滑，既不过分又不短分寸，他把孔子的中庸之道在为人处世上用到了极致。"——二月河

店倌生涯　敢作敢为

费行简《近代名人小传》在谈到胡雪岩成功的原因时指出："然光墉特幸逢时会,非真有奇计雄略。"我认为,说胡雪岩没有韬略不尽符合史实,而说他"幸逢时会"却是客观之论。

起自钱庄杂役的胡雪岩之所以能够成为晚清呼风唤雨的头号"官商",是有着特殊的历史背景的。

胡雪岩生于1823年(道光三年),卒于1885年(光绪十一年),历经清代道光、咸丰、同治、光绪四朝,适逢一个新旧嬗变、纷纭复杂的大变动时代。

首先,内忧外患交相煎迫,国库极度虚乏,时势需要商人扶危纾难。

近代以前,华夏民族虽与周边异族几经逐鹿,但整个国家的生存、发展并不因此受到威胁,相反,在与异族的冲突中不断维护和扩大了大一统的局面。这使封建统治者滋长了文化优越感,故步自封。近世前期二三百年间,明清专制政权实行闭关和抑商政策,中国错过了从传统社会向资本主义社会过渡的有利时机。到18世纪末、19世纪初,进入"悲风骤至,日之将夕"(龚自珍语)的封建末世,与经过资产阶级革命和工业革命而国力大增的欧美资本主义国家相比,整整落伍了一个时代。

胡雪岩18岁那年,即1840年(道光二十年),鸦片战争爆发。大不列颠军队挟坚船利炮打败了中国装备落后的八旗、绿营,于1842年8月29日(道光二十二年七月二十四日)逼迫清政府签订中国近代第一个不平等条约——中英《南京条约》。第二年,又订立中英《五口通商章程》和《五口通商附粘善后条款》(又称《虎门条约》)。通过这些条约、章程和条款,英国侵略者强占香港;勒索2100万元赔款(不包括600万元广州"赎城费");逼迫中国开放广州、福州、厦门、宁波、上海五口为商埠;规定"值百抽五"的低税率;还攫取了领事裁判权(又称治外法权,即外国人在华犯罪由本国处理,不受中国法律制裁)和片面最惠国待遇。继英国之后,美、法两国分别胁迫清政府签订中美《望厦条约》和中法《黄埔条约》,扩大领事裁判权的范围,并获得在通商口岸自由传教的特权。"墙倒众人推",中国遭遇国难时,西方其他一些国家,如葡萄牙、比利时、瑞典、挪威、荷兰、西班牙、普鲁士、丹麦等,也乘虚而入与英、法、美"共同分享"侵略特权。

战后10年间,本来就深受封建统治之苦的百姓又加上了帝国主义压迫这一重负,生活境况更加恶化,纷纷铤而走险,仅《清实录》道光、咸丰两朝所载,1842年~1850年(道光二十二~三十年),全国武装起义就有92起。1851年1月11日(道光三十年十二月初十日），广东花都区人洪秀全（1814年~1864年）在广西桂平市发动中国历史上最大的一次农民起义——太平天国革命。在不到3年的时间内，太平军势如破竹，先在永安建国，继而迅速挺进两湖，奠都南京，接着又溯江西征，挥师北伐，在相当长时间内，占有大片地盘，与清廷分庭抗礼。在此期间，上海与福建的小刀会，两广天地会红巾军、北方捻军、贵州苗民、云南彝民和回民、陕甘回民、山东白莲教、浙江天地会也纷纷举行反清起义。

中国内战使列强有隙可乘，他们趁火打劫。1856年~1860年（咸丰六~十年），由英、法两国出面，美、俄幕后支持，发动了第二次鸦片战争，迫使清政府签订《天津条约》和《北京条约》，规定：公使驻京；开放牛庄（实行时改营口）、登州（改烟台）、台湾（选台南）、潮州（改汕头）、淡水、琼州、汉口、九江、南京、镇江、天津11处为通商口岸；承认鸦片贸易合法；洋货运内地只抽2.5%的子口税；各海关邀外国人帮办税务；洋人可自由进入内地传教、通商、游历，其商船和军舰可驶入长江各口；割九龙司地方的一区给英国；赔偿英、法军费各800万两。经此变故，外来势力从沿海扩大到长江流域，从华南伸展到东北，中国的领海和内河主权、海关和贸易主权、司法主权受到侵害，特别是公使驻京一条，意味着官派入京的洋人再不是康乾盛世时行面君之礼的"贡使"，而是以条约为护符、侍武力为后盾的公使，这对以"万邦来朝"的"天朝大国"自居的清王朝不能不说是个致命的打击。

道光以后内战外祸的结果使社会生产遭受严重破坏。素称"鱼米之乡"的东南地区兵燹之后，死亡枕藉、流离皆是。以浙江为例，各地册报的荒地多达112366顷又74亩，省会杭州这座繁华的历史文化名城到1864年（同治三年）太平天国被镇压下去时，已呈现"断瓦颓垣，蒿蓬没路，湖山佳胜，遍地腥膻"的残破景象，城乡人口也从道光末年的81万锐减至几万。

与此同时，旱、涝、蝗、饥、疫等自然灾害也相当频繁，如1871（同治十年），杭州、余杭遭受大雹，房屋塌损；湖州龙卷风蔓延百里，卷走数村；诸暨、萧山大雷雨，有的地方村无完屋。1872年（同治十一年），孝丰、嘉兴、嘉善、桐乡、石门、海盐、慈溪、镇海等地地震。1873年（同治十二年）夏、秋，杭、嘉、湖、绍大旱歉收。1874年（同治十三年），武义宣平山洪爆发、平地水深数尺；镇海、慈溪大疫，死者甚众。1875年（光绪元年），杭州府各县水旱相继，飞蝗蔽天。以上仅是1871年~1875年（同治十年~光绪元年）浙江自然灾害中的荦荦大端，至于全国各地的灾情那就更加不胜枚举了。

鸦片走私、战争赔款、内战军费加上各省局卡官夷贪污中饱，所有这些因素使得清政府财政状况不断恶化，1864年（同治三年），户部库储从1850年（道光三十年）的800万两降低到结存"实银"仅6万余两，按咸丰年间任刑部员外郎、1876年

（光绪二年）任驻英副使的广东番禺人刘锡鸿的说法，到同治、光绪年间，京外各库存款较之道光末年十不及一二。

国库磬悬必使百业受困。19世纪中、下叶正是举办洋务、筹边固防之时，常有请款之奏，而清政府财政捉襟见肘。任何一个政权都需要物质基础作统治基础，晚清财政的窘态为拥有殷实资本的商人介入国事提供了客观前提。

其次，商品经济发展和欧潮澎湃东来冲击传统的农商本末观，为商人施展抱负创造了较前宽松的氛围。

中国封建社会大一统的专制政权是建立在小农经济基础之上的，这一本质决定了封建政府对极易引起人口流动、破坏小农经济稳定性的商品经济采取苛刻的态度，奉行以农稼为本、以工商为末的政策。秦始皇（公元前246～公元前210年在位）在著名的"琅玡刻石"上刻有"上农除末，黔首是富"八个字，意思是提倡农耕、反对经商才是富民之策，此为抑商政策的滥觞。刘邦（公元前202年～公元前195年在位）建汉后，"乃令贾人不得衣丝乘车，重租税以困辱之"，并发布市井子孙"不得仕宦为吏"的规定，将抑商政策加以系统化。而汉武帝（公元前140年～公元前87年在位）更把抑商政策付诸行动，他在公元前119年颁布"算缗令"，向大商人、高利贷者征收财产税，规定每2000钱抽税一算，他还鼓励知情者揭发，叫作"告缗"，这样一来，中等以上商贾大多破产，而汉政府发了一笔横财。

自汉有轻商之律，历朝统治者奉行不变。明太祖朱元璋（1368年～1398年在位）甚至规定：允许农民穿细纱绢布，而商贾只许穿布；农民之家只要有一人经商，也不许穿细纱。这种在服饰上严别农、商等级的做法甚至延至清代前期，欧阳兆熊、金安情《水窗春呓》记载："下人服饰不准用天青，即商贾亦然。"

传统中国崇农抑商的政策和儒家"不患寡而患不均"的教化导向使"商为末业""商人为四民之殿"的观念深入人心，无论政府立国施政还是民间世俗生活一直被"末修则民愨，本修则民怨"的原则所左右。

然而，商品作为一种特定的社会经济载体，起着沟通人与人之间、地区之间联系的纽带作用，社会发展需要商品经济，谁也无法回避这个客观事实。加上封建政权租赋仰给农田，往往竭泽而渔，导致种田勤苦而利薄，经商安逸而利厚，受实际功利的驱使，总有那么一批人会不顾政府的贬黜去闯荡商海，所以商品经济在封建高压下依然有缓慢的发展，到明朝中、后期，已在磨难中出现资本主义萌芽，中国封建社会母体内的变革因素已悄悄萌动。进入晚清，偏离传统轨道的进程因为鸦片战争的爆发而呈现跳跃式的轨迹。战后，由于门户洞开，各国大量输销工业品、掠夺农副产品和工业原料，中国被迫卷入世界市场，男耕女织的自然经济结构首先在东南沿海和长江流域受到冲击。第二次鸦片战争以后，列强通过控制海关、航运、财政、金融等经济枢纽,把经济活动拓展到中国广大腹地,并深入穷乡僻壤,从而进一步加速了中国封建经济的解体。加上19世纪60年代以后,中国举办洋务新政,开办一批近代军事、民用工业,这就促使传统的以手工劳动为基础的自然经济向以大机器生产为基础的社会化商品经济过渡,社会出现力田稀、服贾繁的局面。

另一方面,晚清以降,西方物质文明、生活习俗、自然科学和社会科学知识通过洋货输入、传教布道、租界展示、出洋考察和大众传播等各种渠道传入中国,这至少从以下两方面对中国产生潜移默化的影响:

其一,欧潮东渐与商品经济联合冲击传统社会安贫守道、默奢尚俭的固有观念,致使去朴从艳、斗富竞奢成为愈演愈烈的社会时尚。薛福成(1838年~1894年,江苏无锡人)《庸盦笔记》记载道光年间南河河道总督、道员、厅讯诸官饮食衣服车马玩好恶极奢侈,他们吃的猪肉就有50余种做法,其中一法:把猪关在室内,雇人手执竹竿追打,待猪叫号奔绕至死,菁华集于脊背,宰工迅捷划取其背肉一片,这样烹调出来的猪肉甘脆无比,但一桌宴席就约需10头猪,其余猪肉全被扔到沟渠。有客人眼见此景,不免惋惜,屠夫司空见惯,笑说:"何处来此穷措大,眼光如豆。我到才数月,手抚数千豚,委之如蝼蚁,岂惜此区区者乎?"另有鹅掌,做法是:在地上笼铁,用炭火加热,驱鹅环奔,鹅跑不了几圈活活烫死,厨工只取集中菁华的两掌,其余鹅肉就丢弃了,每席所需不下数十百只鹅。

捞得一官半职做资本、挥霍国帑民财的官员固然骄奢淫逸,而下层暴发户丝毫也不比他们逊色。孙静安《栖霞阁野乘》记述有个助饷百万、赐二品头衔的洪姓盐商起居服食甚至超过王侯。1868年(同治七年)仲夏,洪某在家宴客消暑,客人只见楼阁峥嵘,洞虚缥渺,丘壑连环,亭台雅丽,四壁紫檀雕镂,苑圃水池微澜,"筵上榴、荔、梨、枣、苹婆果、哈密瓜之属,半非时物。……馔则客各一器,常供之雪燕、永参以外,驼峰、鹿脔、熊蹯、象白、珍错毕陈。"酒酣人热,主人即命布雨,一时,池面龙首四出、甘霖滂沛,烦暑顿消。原来是洪府仆人坐在用西洋皮革制成的龙的背上鼓水而上。

晚清斗富竞奢之风使商业利润具有更大的诱惑力。对荣华富贵的向往导致世风不古,人心躁动,人们开始挣脱传统社会片面强调"重义轻利"的怪圈,不再以言利为耻,洋务运动时期上海书局编的《记闻类编》中有一篇《运会说》,内中讲到:"古则教以人伦,今则课以文艺。古以师儒为重,今以财货为先。故古之士以致君泽民为己任,今之士以饱欲肥家为要务矣。"寥寥数语真切地反映出晚清社会义利、本末观的变化。

其二,西学,即西方资产阶级民主主义文化,包括那时的社会科学和自然科学,广泛传入中国,伴随着民族危机日益加深,人们通过考察中西政教,探究强弱之本,越来越感到学习西方的必要,其中有一条即是借鉴西方国家以商立国的经验。早在第一次鸦片战争以后,林则徐(1785年~1850年,福建侯官〈今福州〉人)、魏源(1794年~1875年,湖南邵阳人)就提出"利商"主张,到19世纪70年代中后期,涌现出以王韬(1828年~1897年,江苏长洲〈今苏州〉人)、马建忠(1844年~1900年,江苏丹徒〈今镇江〉人)、薛福成、郑观应(1842年~1922年,广东香山〈今中山〉人)、汤寿潜(1857年~1917年,浙江山阴〈故里今属萧山〉人)等人为代表的早期改良派,他们亲历了洋务运动,又广泛阅读了新式报刊和译著,既了解西方国情,又熟知本国积弊,他们欣赏西方各国"平时谋国精神专在藏富于商",认为:中国只有振启痼弊、尽快发展资本主义才能跟上世界大势;一个国家只有先富起来才会强大,而要致富,必须大力发展工商业。为此,他们除了建议设议院君民共主、制洋器、来西学、兴教育才之外,还呼吁"工商立国"。早期改良派反复强调商业在整个国民经济中的地位,用薛福成的话说:"握四民之纲者,商也。"郑观应甚至提出:"欲制西人以自强,莫如振兴商务。"基于对商业的推崇,早期改良派主张把工商业者的社会地位由"四民之殿"提高到"四民之首",理由是:"士有商则行其所学而学益精,农有商则通其所植而植益盛,工有商则售其所作而作益勤。"

早期改良派在强调振兴工商的重要性的同时,还就如何发展工商业提出自己的主张,包括废除厘金制度、改革海关税率、引进外资、延聘洋匠、派人出洋学习先进技艺、限制经济运行中的官权干预行为、推广商办,等等。早期改良派的重商主张反映了新生的民族资本主义的发展要求。

马克思、恩格斯指出:"人创造环境,同样环境也创造人。"如上所述,胡雪岩所处的时代既有内忧外患频仍交袭的创痛,又有心潮激荡、网罗打破的感奋。这是一个忧患与希望并存、机遇与挑战同在的时代,而他正是在这大变动的环境中把握机遇,成为朝野注目的一代巨贾。

关于胡雪岩的籍贯,比较流行的说法是安徽绩溪,上海辞书出版社1982年出版的陈旭麓、方诗铭、魏建猷主编的《中国近代史词典》和1989年版的《辞海》均持此说,杭州胡庆余堂博物馆展览厅的胡雪岩生平简介也赫然写着胡雪岩是安徽绩溪人。

然而,1993年第5期《近代史研究》刊登安徽师范大学历史系欧阳跃峰先生题为《胡光墉籍贯考辨》的文章,对上述说法提出质疑。

据欧阳先生考证,说胡雪岩是安徽绩溪人的史料有两条:其一是沙沤的《一叶轩漫笔》,但他对胡生平事迹最早仅溯至助左宗棠西征,而且述事十分简略,对西征前的活动丝毫没有涉及,更谈不上对胡雪岩幼时情形作一交代,近代掌故学家徐一士(字相甫,浙江嘉兴人)编纂的《一士类稿》(初版于1944年),广泛搜罗有关胡雪岩的史料，撰有长达 1.4 万余字的"谈胡雪岩"专条，可谓极尽探赜索隐之功，文中对《一叶轩漫笔》关于胡雪岩籍贯的说法就表示怀疑，指出："胡为杭人，盖无异词，此独曰绩溪，或其祖籍耶?"其二是 1948 年 8 月上海《春秋》杂志上刊登的东方慧的《胡庆余堂创办人：豪门鼻祖胡雪岩》，然而此文主要是针对国统区运用官僚、豪门资本发国难财的奸商而发，着眼政治意义，从学术上看却颇多舛误，比如文中说胡雪岩"本年发财本年破产"，实际上胡雪岩在 1872 年（同治十一年）资产就达 2000 万两以上，而破产则是 1883 年（光绪九年）的事。仅此一端就可知作者仓促成文，连基本史实都没加推敲，更不会花费时间对胡雪岩的籍贯寻根问源了。

欧阳跃峰先生在文中列举许多说胡雪岩是浙江杭州人的史料，如：秦缃业、陈钟英、《平浙纪略》说胡雪岩是"杭州绅士"，陈云笙（代卿）《慎节斋文存》说胡是"浙江钱塘人，"王安定《湘军记》说他是"浙绅"，李慈铭《越缦堂日记》说他是"杭人"，这些人与胡雪岩同时代，其中秦缃业、陈钟英还与胡雪岩一样亲身经历了 1860（咸丰十年）、1861 年（咸丰十一年）太平军两次围攻杭州的事情，他们的记载是较为可信的。

欧阳跃峰先生还列举稍晚一些的记载，如李宝嘉《南亭笔记》说胡是"浙江巨商"，汪康斗《庄谐选录》说胡是"杭人"，刘体智《异辞录》说胡是"杭之仁和人"，易宗夔《新世说》说他是"浙之仁和人"，费行简《近代名人小传》说他是"浙人"，蔡冠洛《清代七百名人传》说他是"浙江人"。这些人大多是清末民初文坛著名人士，其中汪康年是杭州人，生于 1860 年（咸丰十年），胡死时他已 26 岁，刘体智是胡雪岩破产时担任查抄事务的浙江巡抚刘秉璋的四公子，这些人几乎众口一词地说胡雪岩是杭州人。特殊的经历和关系使他们对胡雪岩的了解比别人要直接些，详细些。尤为重要的是，1862 年（同治元年）左宗棠奏请以胡雪岩办理粮台和 1871 年（同治十年）李鸿章为胡雪岩请赏时，都说胡"籍隶浙江"，1873 年（同治十二年）左宗棠为胡雪岩母亲请赏御匾时说胡是"浙江绅士"。胡曾被授布政使衔，为候补道员，按照惯例，他事先需向朝廷呈报履历、写明籍贯。晚清"中兴三大臣"中的两个重臣左宗棠和李鸿章都在呈览皇帝的奏折中正儿八经地说胡是浙江人，很有可能就是以胡本人的填报为依据的。此外，宣统年间（距胡雪岩去世仅 20 余年）撰修的《杭州府志》也说他是"仁和人"，由此，欧阳跃峰提出：在没有找到足以证实胡雪岩为安徽绩溪人的确实史料之前，完全有理由将其籍贯改写为浙江杭州。

平心而论，欧阳跃峰先生这篇考辨文章搜罗史料很广，逻辑推理也下了苦功。笔者也曾接触到一些记载胡雪岩是浙人的史料，在此聊作补充，如：许瑶光所著、记载太平天国围攻杭州史事的《菁目集》说胡是"杭绅"。浙江图书馆古籍部所藏《雪岩外传》，发行于 1903 年（光绪二十九年），距胡雪岩去世不足 20 年，正文前附有

"西湖冷眼叟"谨表的《读〈雪岩外传〉价值》，称文中所记"即除去公案，事事纪实"。而该书扉页"浙东市隐"作的序就说胡雪岩"世居浙江"。另有民国《杭州府志》，该志本之1879年~1886年(与胡雪岩生命历程的最后几年相始终)重修的光绪《杭州府志》，钱塘人吴庆坻提学总裁其事，当时任浙江督军的卢永祥称吴"长于乙部，兼综掌故，抱遗订坠"杨复后序说此志"考订不厌求精，……芟繁芜，正伪夺，专校勘"，这样一部考证严谨的志书上也记载着胡是"仁和人"。

看来，说胡雪岩是杭人，并非无稽之谈，问题是我们是否就可据此断言"胡雪岩是安徽绩溪人"这一说法是空穴来风呢？我曾走访筹建杭州胡庆余堂中药博物馆时去绩溪挖掘史料的赵玉城先生，据赵先生说，他是1984年去绩溪的，在那里没有胡雪岩的谱牒资料及遗迹，但县志办的人说胡是绩溪人是无疑的，而且他说，胡雪岩创办胡庆余堂后不久，叫人编写的《膏丹丸散集》中，也写着胡雪岩是绩溪人。

胡雪岩籍贯问题因胡雪岩家谱没有存世，胡氏后人有的过世，有的散居，无法取得联系而成为暂时解不开的谜团。但至少有两点是值得我们深思的：

一是从地缘关系上看，祖籍是祖先迁徙前居住过的地方，籍贯是指一个人的祖居或出生地，也指登记入户籍的地方。很多家族经几世迁徙，在当地居住时间长了，祖辈的寄籍往往就成了孙辈的原籍，例如：我们提起近代民主革命家、国学大师章太炎，会毫不迟疑地说他是浙江余杭人，遍阅与他同时代或稍后的证载也众口一词。其实章家从明朝鼎盛时期从浙江分水迁往余杭东乡，到章太炎这一代时已居余杭四五百年，时间一长，就没人说他是分水县人了。前举胡雪岩同时代及稍后的人记载胡是杭州人，估计也属类似情形。

二是康熙中叶到嘉庆、道光之际的一百数十年，徽商兴盛，实力超过明代，徽州的休、歙、祁门、婺源、黟、绩溪等县从商如流，移徙四方，足迹遍及全国。杭州地处贯通南北商运路线的大运河的南端，本是东南名城、丝织业中心，木材集散地，又是两浙盐业的营销点，这就吸引徽州的丝绸商、木材商、盐商来此淘金。徽人几乎把持了两浙盐业；在木材贸易上，他们把皖南、闽、浙山区木材运集于此，然后转运北方。由于徽商在杭州人多势众，以至于杭州的某些地名也打上徽人的烙印，如：钱塘江畔的"徽州塘"就是徽人弃舟登岸的地方，"徽州弄"即徽州盐商居处，"小江村"是歙县江村人聚居地。我们难保来杭经商的徽商中没有胡雪岩的先世。

鉴于上述原因，我认为，徐一士先生提出的胡雪岩的祖籍可能是绩溪的设想还是有一定道理的。《浙江文史资料选辑》第32辑(1986年)刊载的黄萍荪原作、王遂今补充的《"红顶商人"胡光墉(雪岩)兴衰史》干脆明确指出："胡光墉，原籍安徽绩溪，寄籍浙江杭州。"在我看来，在没有发现可以否定这个说法的确切史料之前，这样的提法是审慎的。

1823年(道光三年),胡雪岩呱呱坠地,父母为他取小名叫"顺官"。他的父亲名鹿泉,号芝田,自幼喜欢读书,成年后有高士之风,隐居不仕,母亲金氏,生育四个儿子,胡雪岩最大,下有月桥、秋槎、鹤年三个弟弟。胡雪岩发迹时,其父早已故世多年,他对母亲侍奉至孝,金氏晚年患病,他祈天祷神,亲自抓药端水。胡雪岩对兄弟也很友善,各选购良田美宅相赠。

30年代《上海半月》杂志曾刊登胡雪岩曾孙胡亚光所写的、记述其曾祖父生平的《安定遗闻》,内中讲到胡鹿泉曾召集家人说:"欲兴吾家,其惟顺儿乎。吾私蓄二千五百余金,今悉以赐顺儿,使顺儿将来有十而百、百而千倍之利益,则吾亦瞑目矣"。从中可见,胡鹿泉颇有点商业头脑,对长子胡雪岩寄予发财致富、光大门楣的厚望,这一方面固然与胡鹿泉有识人眼光有关,另一方面也从侧面反映出幼时的胡雪岩已表现种种聪颖过人的素质。

胡鹿泉去世时,胡雪岩年纪尚小,家中虽有一点私蓄,但养生送死,坐吃山空。困于经济条件,胡雪岩无钱延师入塾,全靠自学,才粗通文墨。为了养家糊口,作为长子的胡雪岩经亲戚推荐,进当地一家小钱庄当学徒。

钱庄也叫钱铺、钱店,是中国封建社会金融业的主要组成部分。鸦片战争以前,适应商品经济发展的需要,全国各地就有了钱庄。鸦片战争以后,随着开埠通商,钱庄扩大了经营活动,通过调拨资金,起着促进商品流通的作用。钱庄内部大体分工有内场、外场、信房、库房,等级森严,职员视上一级职司有无缺而定升迁。胡雪岩进钱庄学生意,从扫地、倒尿壶等杂役干起,由于他诚恳、勤快、活络,所以三年师满,就立柜台,成了这家钱庄正式的伙计(营业员),后来,又获得东家和"大伙"(相当于经理)的器重,分管"外场"。"外场"俗称"跑街",主要从事联络客户、放款和兜揽存款的业务。

在封建社会,"万般皆下品,唯有读书高",只有读书人才有机会蟾宫折桂、升官发财,所谓"书中自有黄金屋,书中自有万钟粟,书中自有颜如玉"。然而,胡雪岩的家世和店缩的社会地位决定了他不能沿科举正途去跻身仕林,倒使他在仰人鼻息的生活体验中看透世态炎凉,这对他日后的生活和脾性起着潜移默化的影响。胡虽不擅文墨,却洞悉世故,练达人情。

因为胡雪岩日后飞黄腾达的缘故,人们在追溯他的店倌生涯时,平添了几分传奇色彩。汪康年《庄谐选录》卷十二就记载这么一个传说:一天晚上,身为钱庄伙计的胡雪岩睡在柜台上,半夜时分,忽听人声,急忙叫醒众人起来,果然抓住一个小偷。

这人叩头言道:我穷困潦倒,难以过活,才越墙进店行窃。不料刚进门,就见一金面神卧于桌上,因此惊骇欲绝。众店伙闻言,私下都认为胡是奇人。

说胡雪岩天生是个财神,未免过于穿凿附会。但胡雪岩在任钱庄店伙时,通过改变他人命运而使自己的前途发生重大转折,倒是实情。

胡雪岩在钱庄当差之际,正当清廷遭受太平天国起义冲击之时,军费开支剧增,而财政入不敷出,为筹钱粮,政府开捐,公开卖官鬻爵。那时,杭州城里,捐班、候补人员也多得很。他们花了钱,纳了粟,就巴望发放出去当个知县、知府或道台,以便利用职权、搜刮民脂民膏,捞回买官本钱后发笔横财。但这些人当中,有的在候补期间已身无财物,有的虽然谋到了差使,上任之前却也少不了上、下打点,所以,他们往往要到钱庄先借上一笔,作为官场"投资"。胡雪岩作为钱庄跑街,主要就是跑这些人的放贷生意。

陈代卿(字云笙,四川人,同治、光绪年间曾在山东做官)《慎节斋文存》记载了胡雪岩接济王有龄的事。

王有龄(? ~1861 年),字雪轩,福建侯官人,幼年时跟随父亲来到浙江。后来,他父亲死于任上,眷属滞留浙江,难归故里。王有龄虽在道光中叶就捐了浙江盐大使,但没钱进京。据陈代卿记载:有一天,钱庄跑街胡雪岩碰到王有龄,他见王生相不凡,却穷困潦倒,便说道:"看你不是平庸之辈,为啥落魄到这般地步?"王有龄把自己的处境告诉了胡雪岩,胡问他需多少钱,王说需 500 两银子。胡约王第二天到茶肆边品茗边闲谈,胡雪岩自称刚好为东家收了一笔 500 两银子的款子,叫王有龄拿去快快赴京图个官职。王有龄不肯接收,说:"此非君金,而为我用去,主者其能置君耶? 吾不能以此相累。"胡雪岩年纪虽轻,却沉稳得很,他对王有龄分析:自己只有一条命,东家索夫,反而收不回 500 两银子,所以犯不着这样做。他叫王有龄只管放心地把这些银子拿去,只是希望王有龄得志后快快回返,不要忘了他。王有龄携了银子北上,在天津遇到故交何桂清侍郎(字丛山,1816 年~1862 年)。

这何桂清是云南昆明人,当年王有龄的父亲任浙江观察使时,何桂清的父亲是官署的看门人,幼时的何桂清聪明伶俐,王有龄的父亲非常喜欢他,叫他入塾与王有龄共读。何桂清长大后,娴熟于文章,道光年间进士及第,历任编修、内阁学士、兵部侍郎、江苏学政、礼部与吏部侍郎等职。1854 年(咸丰四年),任浙江巡抚,1857 年(咸丰七年)升任两江总督。1860 年 5 月初(咸丰十年润三月上旬),对付太平天国的清军江南大营全线崩溃,何桂清逃出常州,临行还击毙跪留绅民 10 多人。6 月,何被革职拿回。1862 年(同治元年)底,被清政府处死。

不过,那是后话。此时,邂逅王有龄的何桂清身为赴南省查办事件的星使(皇帝的使者),神气着呢。他劝王有龄不必进京,写信介绍王去拜谒与他有私谊的浙江巡抚某公。

王有龄持了信函去见浙抚,果得器重,被委任粮台总办。王得了官,立刻去告诉他的患难知交胡雪岩,把从前所借500两银子加上利息还给他,并感谢再三,还叫胡雪岩辞去原来的东家,支持他自开钱庄,号为"阜康"。后来,王有龄因粮台积功保举知府,1855年(咸丰五年),授杭州知府,后升道员,1860年(咸丰十年)升浙江巡抚。随着王有龄的官越做越大,胡雪岩也水涨船高,接管粮台,除开钱庄外,还开起好多的店铺,成为杭城一富。

黄萍荪原作、王遂今补充的《"红顶商人"胡光墉(雪岩)兴衰史》指出:王有龄于1841年(道光二十一年)就来浙江,历任新昌、慈溪、仁和县知县,父死,回闽守丧,不久又很快回浙,1855年任杭州知府,算得上一帆风顺,未必有向胡雪岩借钱这样的事情,所以作者认为《慎节斋文存》的关于王有龄"落拓"之说的记载未必可信。

我认为这一说法理由不充分。《清史稿》列传182"王有龄"条说王"道光中捐纳浙江盐大使",道光帝爱新觉罗·旻宁(即位后改名绵宁)1820年~1850年在位,道光中期当在1830年~1840年(道光十年~二十年)之间,1830年(道光十年),胡雪岩还不到10岁,即使到1835年,他也才虚龄13岁,按照常规情理,钱庄不可能会让一个13岁的孩子充任担有收款、放贷重任的"跑街"。由此,我们可以把王有龄邂逅胡雪岩的时段压缩到1835年~1840年(道光十五年~二十年)之间,王有龄是1841年以后才当上浙江地方县官的,那么在没有找到确切的史料之前,谁能肯定他在1835年~1840年间没有向胡雪岩告贷的可能呢?

蔡冠洛《清代七百名人传》记载了发生于胡雪岩钱庄店倌生涯中的另一件大事:胡雪岩在钱庄干了几年后,有一天,忽然来了一个身穿戎装的人,自称湘军营官,因军中断粮,想借2000元,鼓鼓士气。那天碰巧店中主事的人都外出了,胡雪岩自作主张借给了他。老板回来后大怒,将胡赶出店门,不久,营官来还钱,问"以前慨然借钱的少年怎么不在?"老板谎称病了。实际上,胡雪岩被斥退后,穷无所归。有一次踽踽独行湖边,正好被营官撞见,营官惊问:你为什么这样憔悴?胡雪岩说:"为借钱给你,我被赶了出来,失业已好久了。"那位营官怅叹自己连累了胡雪岩,于是,他把胡雪岩请到军营里去,换衣进餐,并把在作战中"暴得"的10万资财借给胡雪岩,叫他自开钱店。

以上两书对胡雪岩发迹的原因说法不一。而胡雪岩的曾孙胡亚光在《安定遗闻》中则另有一说:胡雪岩学生意的阜康钱肆主人姓于,没有儿子,他很欣赏胡雪岩勤敏、有胆略,病重时,把胡雪岩召到榻前,吩咐道:"你的才识比我高百倍,我的店虽小,但好好经营,不怕没有用武之地。"随即以全肆相赠,数额不过5000两银子。但胡雪岩经营有方,把这小钱肆发展成银号。

以上各种说法虽有不同,但大致反映出店倌时期的胡雪岩就能急人所难,敢作敢为,这是他日后取得成功的一个重要原因。中国有句古话:"己欲立先立人,己欲达先达人"。

会逢时机　西征借款

与胡雪岩同时代并有来往的安徽宿松人段光清(1798年~1878年,号镜湖,1859年<咸丰九年>任浙江按察使,翌年太平军攻克杭州时因潜逃被革职)在《镜湖自撰年谱》1860年(咸丰十年)条目中说:"有起于钱铺小信姓胡,名镛,字雪岩者,骗人资本,此时已自开钱店,与官场人往来。"文中虽没具体交代胡雪岩是怎样"骗人资本"的,却使我们获知,胡雪岩至迟在1860年已自开钱店。

钱店是开张了,不过,若是没有以后轰轰烈烈地扩大业务,胡雪岩充其量也只不过是个中产阶级中知名度不高的一员。心高志大的胡雪岩当然是不会安于现状的。

波平浪静,练不出精悍的水手;动荡的环境,才能产生弄潮的风流人物。胡雪岩这个自开钱店的小老板正是在乱世的摔打中成功地生财,太平天国运动、洋务新政、西征等重大历史事件成了他走向事业巅峰的契机。

洪秀全领导的太平天国农民军在1853年(咸丰三年)攻克南京后建都,改名天京,随即分兵东征、北伐和西征。

在太平天国起义影响下,久受封建压迫和剥削之苦的浙江人民也纷纷举事。1851年~1855年(咸丰元年~五年),鄞县、奉化、于潜(今属临安)、太平(今温岭)、嘉善、临海、宣平等地发生多起民变和会党暴动,特别是1855年2月瞿振汉领导的乐清虹军(红巾军)起义,曾经建军建政,瞿振汉自称"浙东除暴安良虹军统帅",设局办事、布告安民,这是响应太平天国的有计划、有准备的一次武装起义。浙江境内的起义打击了清政府在浙江的封建统治,也为太平军入浙奠定了良好的基础。

太平天国农民军在东荡西扫的征战中,分别于1855年(咸丰五年)、1858年(咸丰八年)、1860年(咸丰十年)、1861年(咸丰十一年)四次进入浙江。其间,省城杭州在1860年和1861年两度被太平军攻占,因1860年(咸丰十年)是农历庚申年,1861年(咸丰十一年)是农历辛酉年,当时的人就把太平军第三、四次入浙称为"庚辛之变"。

庚辛之变是胡雪岩大发展的起点。

让我们先谈庚申年的事。1860年初,清朝湘军迫攻安庆,张国樑(1823年~1860年,广东高要<今肇庆>人)所部占据江浦与九洑州,天京形势危急。鉴于清军江南大营每年靠浙江济饷72万两，太平天国领导人制定了进攻其饷源要地湖州、杭州以吸引清廷江南大营兵力、解除天京之围的"围魏救赵"之计。

担任杭州一路任务的是1859年（咸丰九年）被洪秀全提拔为忠王的李秀成（1823年~1864年，广西藤县人）。1860年2月10日（咸丰十年正月十九日），他率军从安徽芜湖出师，于2月下旬占领广德，在那里留驻大队人马后，以轻骑6000人打着官兵旗号、穿戴官兵衣帽作伪装，于3月初走莫干山间道日夜疾驰，在余抗击败浙江按察使段光清部，于11日上午到达杭州武林门外。随即攻打武林、钱塘、涌金、清波等城门，接着又扎营万松岭等处，在城外各山结壁垒、插战旗，还在清波门外西竺庵一带挖地道、埋地雷。3月19日（二月二十七日），清波门地道猝发，轰塌城墙10多丈，太平军先锋、附近居民和部分反正的兵勇联合作战，杀死督战的署盐运使缪梓，第一次占领杭州。浙江巡抚罗遵殿以及署布政使、杭嘉湖道、宁绍道台、署杭州知府等一大批文武官员被杀的被杀，自尽的自尽。

太平军进攻杭城时，富商豪绅纷纷外逃，钱江舟楫为之一空。而"此时已自开钱店"的胡雪岩却处变不惊，始终以实际行动为清廷效劳，他向按察使段光清建议"自练一军以作亲兵"，并推荐"精于教练"的陈县丞招勇训练。段光清依议，在胡雪岩的钱庄里存银千两作为募兵经费。虽然陈县丞最终仅募得数十名兵勇，花费银子200余两，但余银仍存胡雪岩店中。由此可见，胡雪岩的钱庄已与军界搭上了钩。

太平军袭取杭州后，江南大营统帅和春果然中计，调兵遣将分批援浙，其中就有胡雪岩当钱在跑街时接济过的落难朋友王有龄，他从江苏带兵马驰援。

李秀成见调虎离山计已奏效，于3月24日（三月初三日）在杭州城厢遍插旗帜设为疑兵，然后出涌金门，日夜兼程北返，于5月上旬与陈玉成（1837年~1862年，广西藤县人）率军10余万，一举捣毁江南大营，终于解除天京之危。

李秀成所部主动撤离浙境，那王有龄现成当了浙江巡抚，倾心倚重胡雪岩，既"委办粮械"，又让他"综理漕运"，王还以浙江巡抚的名义通令全省："凡解饷者必由胡某汇兑，否则不纳"。这样，胡雪岩几乎掌握了浙江大半的战时财经，成为抚署签约房上宾。他利用这一特权和战时江浙遍处不安、交通阻滞的客观因素，于"其间操奇赢，使银价旦夕轻重，遂以致富。"不过，在赚钱的同时，胡雪岩也想积点"阴德"。杭城经庚申战乱，死者枕藉，在太平军撤离后，胡雪岩捐资买椟（一种小棺材）或两人一棺，雇人埋尸于湖上。

以上是胡雪岩在庚申渐变中的表现，下面让我们再看看他在辛酉渐变中的情况。

1861年4月底、5月初（咸丰十一年三月底），太平天国侍王李世贤（1834年~

1865年,广西藤县人)率部由江西玉山进入浙境,这是太平军四入浙江中规模最大的一次。5月,李世贤率军进克金华府城,此后倚此为重要据点,建立侍王府。接着,攻克武义、兰溪、永康。八九月间,太平军陆容部攻占东阳、黄呈忠部进驻诸暨牌头。在此期间,驻嘉兴的陈炳文部攻占石门、海盐、平湖一带,稳定嘉兴外围。9月下旬,李秀成也率部由赣入浙。此后,太平军兵分几路出击浙江全境:李世贤一支攻温州,其右路连克遂昌、松阳、处州、青田,左路经缙云克仙居、台州、黄岩、太平(今温岭)、乐清;李秀成部将陆顺德一支经桐庐、富阳攻占萧山、绍兴;李世贤部将黄呈忠、范汝增率领的军队攻下诸暨、嵊县后,一路经上虞、余姚、慈溪,一路经新昌、奉化,两路围抄,于12月9日(十一月初八日)进占宁波。李秀成所率的一路经桐庐、临安攻克余杭,进逼杭州,并用箭射谕劝降。

此时的杭城"西只存一被围之湖城,东只存一弹丸之海宁,各路诸将(指清军)纷纷退保杭州,……以数万众群聚于区区一顷之西湖,即使贼(统治者对农民军的诬称)不攻,城不陷,而饷绝兵哗,内患亦作矣。"真可谓四面楚歌!

11月上旬,太平军攻破城外馒头山及望江门、候潮门、凤山门外的清军营地。接着,在凤凰山、清波门一带挖地道,又在海潮寺至凤凰山顶沿线架木城,围攻杭州。

经过数十天的长围久攻,杭州城内到11月初就粮尽,一升米价值一两银,还唯恐无处买。满街饥民哀号不绝,饿莩遍地,凡草根、树皮、水草、浮萍、旧牛皮箱等物,无不取食,饿极了的人们甚至将人尸分割煮食。

杭城被围缺粮之际,胡雪岩和湖州豪绅赵炳麟受王有龄委派,微服冒险赴上海采运粮米和军火。可是没等他返城接济,大局已不可支。12月29日(十一月二十八日)上午,李秀成督令谭绍光、邓光明、陈炳文、童容海等部,从望江、凤山、候潮、清波四个城门扒城而入,第二次克复杭州。两天后,又攻破不听劝降、负隅顽抗的旗营。浙江巡抚王有龄、杭州将军瑞昌失城自杀,署布政使麟趾、按察使宁增纶、学政张锡庚、盐运使庄焕文、粮道暹福、浙江提督饶廷选、总兵文瑞等高、中级将官几十人均死。

再说胡雪岩从上海采办军需军粮后,押着货船,联帆20余艘,驶入钱塘江来。然而,他最终没有进城,个中原委,有三种说法:

一是胡亚光《安定遗闻》,说胡雪岩的船行至江上,杭州城破已二日,他思忖事已至此,不如将粮械报效别路清军。

二是许谣光《蒿目集》中的说法,许在书中有"闻杭州告陷书感"一诗:"沪渎收洋米,钱江阻飓风。绅耆胡与赵,空自效公忠。"按此说法,胡雪岩、赵炳麟是遭飓风扑舟而没能入城。

三是张荫榘、吴淦《杭城辛酉纪事诗》的说法："海角云帆剡日催,香粳万斛载将来。只愁饷道重围隔,连日官军打不开。"据作者在诗后的按语,杭州将围时,城内官绅曾建议王有龄筑傅城,土垒直接江干,以备粮道被切断,但王有龄没有采纳。所以,胡雪岩"由海道运粮至江干,……粮至,不能冲围而入"。这一说法与民国《杭州府志》中"光墉航海运粮兼备子药力图援应,由海道入钱塘江,为重围所困,不得达遂"的记载完全一致。

那么,胡雪岩究竟到哪里去了呢?

原来,他利用太平军水师不足、不能全部控制江面这个空隙,装扮客商模样,分散货船,溯江而上,投奔引师东进的新任浙江巡抚左宗棠去了。

左宗棠(1812年~1885年),字季高,湖南湘阴人。道光十二年(1832年)壬辰科举人,后连续三次参加会试落第而归,遂弃科举事业而专治经世之学。太平军起义爆发后,左在家乡办团练,久居湖南巡抚张亮基幕府,主持用兵筹饷,后来,张调抚山东,左才辞归,赞湘抚骆秉璋幕。左宗棠喜以诸葛亮自况,有"左师爷"之称。在太平军连克苏、湖、杭地区之后,左宗棠被清廷特旨擢为四品京堂,襄办曾国藩(1811年~1872年,湖南湘乡人)军务,他从湘勇、郴勇、桂勇中招募5000人,号称"楚军"。

1861年(咸丰十一年)太平军第四次入浙并席卷浙江全境时,左宗棠率军从皖南婺源移屯赣东广信(今上饶),受命"督办浙江军务"。1862年1月23日(咸丰十一年十二月二十四日),经统辖苏、皖、赣、浙四省军务的两江总督、协办大学士曾国藩保荐,左宗棠继失城自缢的王有龄而成为浙江巡抚。

在安徽婺源时,左宗棠所部"饷项已欠近五个月",饿疲致病及战死者很多,"士卒病者愈半,物故者亦近千人。"此番进兵浙江,更是缺粮短饷、困难重重。对此,左宗棠感到非常苦恼。正当他愁眉频蹙之时,胡雪岩会逢其适,前来拜谒。这可从1862年1月29日(咸丰十一年十二月三十日)左宗棠所上《官军入浙应设粮台转运接济片》中得到印证:

"臣军业已入浙,所有饷需一切,自应设粮台转运,以资接济。……现拟暂于江西广德府设立粮合,为收支军饷子药总汇,再于玉山设立转运局,随时转运,以利师行。……闻籍贯浙江之江西候补道胡光墉,急公慕义,勤干有为,现已行抵江西,堪以委办台局各务。……以浙江之绅办浙江之事,情形既熟,呼应较灵。"

先前,胡雪岩仗着王有龄的宠信发财致富,没少被人议论,那么,他这个商人是怎样得到湘军头目左宗棠的信任的呢?对此,陈代卿《慎节斋文存》有段记载,说是左宗棠听到别人对胡雪岩的议论后,为考察其行端,试探着命胡在10天之内筹米10万石,这本来就够困难的了,而胡雪岩显得比左宗棠还焦急,他说:"大军待饷十日,奈枵腹何?"左问:"能更早乎?"胡说:"此事筹之已久,若待公言,已无及矣。现虽无款,某熟诸米商,公如急需,十万石三日可至。"要在三天内筹齐 10 万石粮,在战争环境下简直有点异想天开。然而,胡雪岩办到了,而且干得很出色,这不是他能变戏法,估计这批粮就是前此从上海运来而未能入杭后隐匿别处的。胡雪岩在左宗棠面前成功地展示了一番自己的能量,左在喜出望外之余,命胡"总办粮台如故,而益加委任。"

另据欧阳昱《见闻琐录》,杭州被围时,有候补道王某曾托胡雪岩为其存放 10 万两白银。胡眼看干戈满地,想到怀此重资,弄得不好会招致杀身之祸。他探知衢州府谷价低贱,就用这笔银款买谷 20 万石,各存其地。1862 年(同治元年)春,左宗棠率军由江西跃入浙西,进攻开化、遂安、江山后,大举进攻衢州,准备以此为基地,夺取全浙。但是由于缺粮,士兵想要哗变。胡雪岩闻讯,"罄所买谷以献",左宗棠赞叹胡为"一时豪杰",予以重用。

胡雪岩获得左宗棠的信任后,经常以亦官亦商的身份往来于上海、宁波等洋人麇集的通商口岸。他除了经办粮台转运、接济军需物资之外,还利用与洋人打交道的机会,为左宗棠勾结法籍宁波海关税务司日意格、法国驻宁波的军官德克碑和法国驻宁波舰队司令勒佰勒东,要他们募集士兵约千人,由法国军官训练,用洋枪洋炮装备,组成"常捷军",这支中法混合的雇佣军人数最多时达 3000 人,曾与清军联合进攻宁波、余姚、奉化、上虞、绍兴、富阳等地。

1863 年(同治二年)3 月,左宗棠已授闽浙总督,因新任浙江巡抚曾国奎(1824 年~1890 年,湖南湘乡人)尚未到任,左仍兼浙抚,负责浙、闽军务。9 月下旬至 12 月中旬近三个月时间内,他指挥清军和"常捷军"与太平军在余杭——杭州一线多次作战。

1863 年 12 月 17 日~1864 年 2 月 15 日(同治二年十一月初七日至同治三年正月初八日),随着太平军在长江下游的重要城市苏州失守,毗邻江苏的嘉兴府所属的平湖、乍浦、海盐、澉浦、嘉善、海宁和桐乡等地的太平军守将纷纷投敌,杭州因周围防线逐步瓦解而成为一座孤城。

1864 年 4 月 1 日(同治三年二月二十五日)清晨,左宗棠军队在德克碑"常捷军"的洋枪洋炮掩护下,攻破了杭州城。7 日,左进驻杭州。清廷因左军攻下杭州,特加左宗棠以太子少保衔,并赏穿黄马褂。为左宗棠综理粮台的胡雪岩也衣锦还乡了。

连年战争使浙江满目疮痍,左宗棠 1863 年(同治二年)在《沥陈浙省残黎困敝情形片中》就指出:"在浙江此次之变,人物彫耗,田土荒芜,弥望白骨黄茅,炊烟断绝。……残黎喘息仅属者,昼则缘优荒畦废圃之间,撷野菜为一食,夜则偎枕颓垣

国学经典文库

中华名人大传

图文珍藏版

一一二

残壁之下，就土坎以眠。音时温饱之家，大半均成饿莩。忧愁至极，并其乐生哀死之念而亦无之。有骨肉死亡在侧，相视漠然不动其心者。"那情景真够惨的。

为收拾残局，左宗棠在入驻杭州后，选派员绅"设立赈抚局，收养难民，掩埋尸骼，并招商开市"。胡雪岩是左宗棠处理善后所借重的人物，他经理赈抚局务，设立粥厂、难民局、善堂、义塾、医局，修复名胜寺院，整治崎岖不平的道路，立掩埋局，收敛城乡暴骸数十万具，分葬于岳王庙左里许及净慈寺右数十大冢。

胡雪岩还恢复因战乱而一度中止的"牛车"。牛车是因水沙而设的一种交通工具。从前，钱塘江水深沙少，船只几乎可以直达萧山西兴。后来，东岸江水涨漫，形成数里水沙，每当潮至，沙土没水，潮退后却又阻於泥。贫家妇女没钱雇轿，只好艰难地迈着小步在泥沙中跟跄而行，时常还有陷踝没顶之患。此时，胡雪岩恢复并捐设牛车，迎送旅客于潮沼之中，大大便利了百姓。

为了缓解战后财政危机，胡雪岩向官绅大户"劝捐"，如，他曾向段光清劝捐 10 万两，段推三阻四，结果只捐一万。段光清的《镜湖自撰年谱》还举了绍兴富户张广川的例子，说胡雪岩指使在太平军攻陷绍兴时死去的署绍兴知府廖子成的侄子在湖南递禀，告发廖子成之死是因为张广川集乱民戕害所致。结果，京城来了谕旨，着浙江巡抚查问。行文传到在上海做生意的张广川处，吓得他挽人求情，宁愿捐洋 10 万元，这才获免。段光清在文后叹道："胡光墉之遇事倾人，真可畏哉！"

张广川被罚捐是否冤枉，因旁无佐证而无从考释，然而当时为富不仁的富商豪绅确也不少。还在 1862 年（同治元年），左宗棠在一次上疏中就指责浙江富绅杨坊、俞斌、毛象贤等十数人"身拥厚赀，坐视邦族奇荒，并无拯卹之意，且有乘机贱置产业以自肥者。"胡雪岩罚捐，锋芒毕露，少不得要得罪这样一批人，幸得左宗棠明白其中难处，1864 年（同治三年），胡雪岩具禀杭嘉湖捐务情形后，左宗棠对捐务有起色殊感欣慰，并在批札中写道："罚捐二字，亦须斟酌，如果情罪重大实无可原者，虽黄金十万，安能赎其一命乎！"这对不法富商无疑是当头棒喝，相信他们听了这样的话自个儿心中也会掂量，与其坐罪犯法，不如多捐钱财，大事化小、小事化了了。

除了上述事务，入城后的胡雪岩仍代理藩库，各地解省银两非胡经手，省局不收。高阳先生就此事在《红顶商人》一书中这样写道：

"胡雪岩放低了声音说：'我为什么要代理藩库？为的是要做牌子。阜康是金字招牌，固然不错；可是只有老杭州才晓得。现在我要吸收一批新的存户，非要另外想个号召的办法不可。代理藩库，就是最好的号召，浙江全省的公款，都信托得过我，还有啥靠不住的？'"

——以胡雪岩之口，剖析其乐于代理藩库的原委，虽是文学语言，却也基本符合史实，而且入木三分。

牌子做出来了,生意自然源源而来。清军攻取浙江后,大小军官将掠得的财物,从数十到十数万两不等,存入胡雪岩的钱庄,胡借此从事贸易,设商号于各市镇,每年获利数倍,不过几年,家资已逾千万。

中国是四大文明古国之一,在相当长时期内走在世界文明的前列,加上自然经济使中国"无所不有,原不藉外夷货物以通有无",这使封建统治者养成妄自尊大的心理,把外国贬称为"夷",称外国人为"夷人"。

然而,跨入19世纪以后,中西方文化差距越来越大。西方资本主义国家经过工业革命国势日强,而中国处于封建末世,可悲的是统治者仍昧于时势,沉湎于"天朝上国"的迷梦。只是经过两次鸦片战争的创痛,面对数千年来未曾有过的变局,才开始明白傲慢不足拒坚船,清议不能抗利炮。林则徐"最早睁眼看世界",魏源提出"师夷之长技以制夷",第二次鸦片战争后,李鸿章(1823年~1901年,安徽合肥人)等识时务实的大吏率先用"洋"代替"夷",预示着中国人对世界大势的认识正发生根本变化,传统的"夷夏"之辩为对等的华洋之称所取代。伴随着民族危机的加深和振邦兴国运动的展开,效法欧美东瀛以振启痼弊、救亡图存日渐成为近代中国历史的主题。

19世纪60年代~90年代,清统治者中一部分中央和地方的官僚倡导学习和引进西方先进科技、文化,从军事、政治、经济、文教乃至外交各个领域开启中国的近代化进程,旧时称这段史事为"同光新政",后被历史学家命名为"洋务运动"。

与胡雪岩关系密切的左宗棠在道光末年就读过魏源所著,介绍世界历史、地理、政治、宗教和科技的《海国图志》,对魏源"师夷之长技以制夷"的主张推崇备至。在以后的仕宦生涯中,他了解到泰西弃虚务实、制作精妙,就更加迫切地希望把魏源的主张付诸实践,他曾呼吁:"中土智慧岂逊西人,如果留心仿造,自然愈推愈精。……意十年以后,彼人所恃以傲我者,我亦有以应之矣。"透露出学习西方、自强御侮的热望。

早在率所部与"常捷军"在浙江配合镇压太平军的过程中,左宗棠就已深深体会到"轮舟为海战利器",1864年(同治三年),他引法国将领德克碑、日意格考求西方机器制造,仿造小火轮,在西湖试行,这是他办洋务的前奏。然而,他正式办洋务是在担任闽浙总督以后以及陕甘总督任内。虽然,那时的左宗棠为了对付太平军余部和捻军、解除西北边患,还是横戈立马、忙于征战,受客观条件限制,其洋务事业的影响没有李鸿章那么大,但因为有着自己的特色,还是具有代表性。

办洋务在当时的中国是非常之举,急需谙通华洋事务的人才,左宗棠少不得又要借重以帮助他镇压太平军起家、与洋人有来往而又办事精干的胡雪岩了。

胡雪岩襄助左宗棠创办的洋务事业,主要有以下几端:

1.福州船政局

1864年11月(同治三年十月),左宗棠从闽浙总督离浙赴闽。到了福建,见军政、吏治、民生因循粉饰、凋敝已久,就于第二年正月上了一个奏章,说:"今欲修明政事,必先求治事之才",要求把在浙江的胡雪岩(当时已有"福建候补道"头衔)与新授浙江督粮道周开锡、记名道吴大廷、刑部员外郎张树蒸4人调入福建,以资差委,获得同治皇帝(即爱新觉罗·载淳,1856年~1875年)的谕允。

1866年(同治五年),在胡雪岩的献议下,左宗棠上奏朝廷,要求在福州创办一个船政局,他说:"欲防海之害而收其利,非整理水师不可;欲整理水师,非设局监造大轮船不可。"并提出造船的五年计划,预算300万两。他指出:虽然创办之初可能会出现花费多、成船少的现象,但从长远看,"轮船成,则漕政兴,军政举,商民之困纾,海关之税旺,一时之费,数世之利也。"而且,还可通过造船实践摸索出经验,由钝而巧,由粗而精,提高中国的制造能力。

左宗棠的建议获得清政府的批准。这年8月,他亲至福州海口罗星塔购买马尾山下200多亩农田作为厂址,由于选址马尾,福州船政局又叫马尾船政局。左以胡雪岩"为不可多得之员",派他与法国人德克碑、日意格共同商定《船政事宜十条》,制定了最初的规章制度,"凡局务及出入款项,责胡光墉一手经理"。

正当筹办工作紧锣密鼓地进行之时,清廷调左宗棠任陕甘总督,出关西征(镇压回、捻起义,平定阿古柏政权)。为了不使处于草创阶段的福州船政局半途而废,左宗棠荐举林则徐的女婿、原江西巡抚沈葆桢(1820年~1879年,福建候官<今闽侯>人)继任福建船政大臣,同时奏明清廷,称胡雪岩"才大心细","为船局断不可少之人,且为洋人所素信之人",表示可赋此人以重任。一切安排妥当之后,左宗棠于1866年底离闽赴陕。

左宗棠身虽西行,心犹东注,他与沈葆桢、胡雪岩等人保持密切联系,对福州船政局的建设仍倾注热情。而留在福建的胡雪岩深知自己肩上的担子不轻,自然也不敢辜负左文襄的嘱托,他辅佐沈葆桢,承担了筹措工料、聘请匠师、雇工、开艺局(技术学校)等具体而又重要的事务性工作。在他的辛勤奔走和筹划下,船局聘请了法国人日意格、德克碑为正、副监督,向国外订购了机器、大铁船槽,引进外国(主要是法国)工程技术人员,还设立了"求是堂艺局",招10余岁的聪俊少年,延聘洋师讲授外语、图书、算学,培养督造、管驾等方面的技能。随着转锯厂、大机器厂、水缸厂、木模厂、铸铁厂、钟表厂、铜厂及储材厂的相继建成,1868年1月18日(同治六年十二月二十四日),福州船政局正式开工。第二年6月10日(同治八年五月初一日),该局建造的第一艘木壳轮船"万年青"号(排水量1450吨)下水。到1874年(同治十三年),这个局共造出15艘船,而且已遣散外国师匠,自行制造。

福州船政局比 1867 年(同治六年)李鸿章在上海办的江南造船所还早一年,是中国第一家新式造船企业,也是当时中国最大的船舶修造厂。虽然,与外国相比,在造船技术上还存在很大的距离,但它具有开风气之先的意义。

2.甘肃织呢总局

还在筹建福州船政局时,左宗棠就开始考虑发展民用工业。他在 1866 年 6 月 25 日(同治五年五月十三日)的奏折中指出:要以制造轮船为起点,"由此更添机器,触类旁通。凡制造枪炮炸弹,铸钱,治水,有适民生日用者,均可次第为之。"做了陕甘总督以后,左宗棠在西北地区除了先后办过西安机器局、兰州制造局、兰州火药局等军工企业外,还把创办民用企业的决心付诸行动,创办了与福州船政局齐名的甘肃织呢总局。

1877 年(光绪三年)冬天,被秦翰才先生(1896 年~1968 年,原上海文史馆馆员)称为左宗棠身边的"机械化的总兵"、掌握了近代科技知识的甘肃制造局委员赖长(字云亭,广东人)用自造的机器把当地所产的羊毛织成一段呢片呈送左宗棠验看。左宗棠将它与本地所织的"褐子"和外国输入的洋绒相比,觉得赖长所织的呢片与洋绒级相似,质薄而细,牢固耐穿,而且比褐子美观多了,有心想推广织造。可赖长说自制的水轮机不敢自信得用,若是购得外国机器更省工力,就可大规模兴办起来。

第二年,左宗棠把赖长画的图样随信附上,寄给在上海的采运局委员胡雪岩,嘱咐胡雪岩购置全套织呢、织布火机,"到兰仿制,为边防开此一例。"

胡雪岩在获得清廷批准后,就按左宗棠的指示,在上海与德商泰来洋行接洽购机事宜,托泰来洋行经理哆喱叱(R.Telge)代为在德国购置机器和招聘技术人员。后来,由胡雪岩经手,向德方定购了全套小型的毛织机器,包括每架 360 锭的纺机 3 架、织机 20 架,洗毛机 3 架,其余有和毛、烘毛、刮毛、修毛、染色和磨光等机多架,还配有 24 匹和 30 匹的蒸汽发动机各一台。胡雪岩雇请德国技师去安装机器和传授技艺。

1879 年(光绪五年)春,机器开始运往兰州。当时,大小机器共有 4000 箱之多,先由德国运抵上海,再用招商局轮船拖运到汉口,用民船运送上岸后,动用千百人力、兽力和大车,抬的抬,驮的驮,载的载。由于机器笨重,交通工具落后,加上山道崎岖,很多路段是边开山劈路边运输的,最后一批机器直到 1880 年(光绪六年)5月才运抵兰州。这年 9 月 16 日(八月十二日),工厂正式开工,其时只开一半织机(10 架),每天成布 8 匹,每匹长 50 尺,宽 5 尺。

甘肃织呢总局比李鸿章的上海机器织布局还要早,是我国第一个机制国货工厂,也是洋务运动中最早的一家官办轻工企业。

3.开凿泾河

西北地区缺雨干旱,蔬菜、棉花等庄稼专赖渠水,地亩收成多寡取决于渠水多少。所以,左宗棠到了西北,在水利上着实花了一番功夫。

泾河在西北是令人伤脑筋的一条河,长期以来,只有郑、百、利民三渠引泾灌田,左宗棠不以此为满足。平凉西北数十里为泾水发源处,平南数十里为汭水发源处,两水到泾州合流,水势才渐渐变大。左宗棠认为:若在上源引渠,就可得数百万顷膏腴之壤,节节作闸蓄水,还可通水筏,这样方能为关陇创万世之利。

1877年(光绪三年),西北大旱,左宗棠用以工代赈的办法开挖泾河。他先前听人说起外国有开河机器,就叫上海采办转运委员胡雪岩去访求。胡雪岩向德国购买了一套,并雇了几位德国技师。1880年(光绪六年)的秋天,机器连人都到达泾源工地,先开了一条长200里的正渠。由于渠底布满坚石,人力施工有很大难度。为了把渠加得宽些、挖得深些,也为了使工程进展更迅速,德国技师建议再买开石机器。胡雪岩又受左宗棠的委托,添购开石机。尽管机器办来以后的工程情况因无记载而不得知,但距此20多年后的1908年(光绪三十四年),宁夏知府赵惟熙(江西南丰人)招商承办甘肃宁夏垦牧公司时,这些机器还在。赵惟熙派洋工程师前往察看、增修,以备应用。胡雪岩帮助左宗棠引进机器,在古朴荒凉的西北高原用西洋新式机器开河凿渠,可算是个创举。

此外,左宗棠还曾聘用德国技师未海厘在距肃州城不远的文殊山尝试开采金矿,采金的一副小机器就是胡雪岩捐购的,于1879年(光绪五年)附在掘井机器一起批解鄂台转运到此;左宗棠在新疆引进蚕桑,发展农业生产,胡雪岩在浙江代募熟悉养蚕、种桑的人以及种田能手,送往新疆,向当地百姓传授生产技艺。

左宗棠曾残酷镇压太平军、捻军和回民起义,应予谴责,但他办洋务时,太平天国农民起义已被镇压,而东南海疆、西北边塞的民族危机显得十分尖锐,所以,其所办的洋务事业在抵抗外国侵略者、开发大西北方面发挥了积极的作用,如:1874年(同治十三年)夏,日本利用琉球渔民被害事件为借口入侵台湾,沈葆桢亲赴台湾布防,当时调用的军舰和商船都是福州船政局制造的。在10年以后的中法战争中,海战主力福建水师就是用福州船政局生产的船舰装备起来的。船政局还培养了一批中国近代早期的用新式军事、科技知识武装起来的海军军官、造船专家和技术人员。船政学堂人才辈出,群星灿烂,第一届毕业生中就有甲午海战中以身殉国的民族英雄邓世昌(1849年~1894年,广东番禺人)、近代启蒙思想家严复(1854年~1921年,福建侯官<今闽侯>人)。至于甘肃织呢总局,虽然不到3年就因交通不便影响销路、锅炉炸裂等原因而停工,但作为我国第一个机织毛纺企业,它在经济落后的西北地区树立了学习西方先进技术、自强求富的典范,并为西北近代工业左宗棠的洋务事业中都有胡雪岩的一份功劳。左在给胡雪岩的一封信中谈到船政局事宜时就称赞胡"阁下创议之功伟矣。"由于在举办洋务新政上态度一致,两人还鸿雁频传,交流思想,如左宗棠在给胡雪岩的一封信中说过:"中国枪炮日新月异,泰西诸邦断难挟其长以傲我耳。"

作为一个商人,胡雪岩在办公事的时候,自然不会忘了角逐营利。1866年(同治五年),左宗棠在奏设福州船政局时就曾说过:引进外国机器,开办造船厂,是破天荒的事,机器好坏也难以辨识,所以托人购觅时,要"宽给其值,但求其良"。这个"宽给其值"就给经手采办的人留下价格上的"虚头"。胡雪岩在经办洋务中到底得了多少"回扣",虽然无从推算,但他公私兼营,使自己的私囊在这个时候急剧膨胀起来却是事实。不过,他协助左宗棠举办洋务还是值得肯定的。

19世纪60、70年代的西北边陲很不平静:太平军和捻军进入陕、甘活动,陕、甘、宁地区的回民普遍举行反清暴动;新疆各地发生排满、反汉、杀异教徒的仇杀变乱,封建割据政权林立;俄、英外来势力浑水摸鱼,挑起边衅。清廷曾调刘蓉(字霞仙,湖南湘乡人)、杨岳斌(字厚庵,湖南善化人)两位湘军首领支撑陕、甘危局,无奈他们束手无策。新疆伊犁地区甚至有两个满族将军(常清和明绪)死于变乱。收拾西北糜烂局势这副千斤重担最后落在了左宗棠的肩上。

1866年9月(同治五年八月),55岁的左宗棠由闽浙总督调任陕甘总督之后,就出关西征。西征包括"攻捻""攻回"和收复新疆等军事行动。当时担任上海采运局务的胡雪岩购军火、借洋款,对左宗棠的西征予以积极的支持。

1.镇压捻军和陕、甘回军

1862年(同治元年),太平军扶王陈得才(? ~1864年,广西浔州<今桂平>人)率部攻武关、越秦岭,入陕"往联回众"。渭南、同州、华州等地的回民纷纷起义,反抗清政府民族压迫政策,接着,咸阳、长安、蓝田、鄠县等地也起来响应太平军。以后反清斗争不断扩大到北至高陵、富平、蒲城、泾阳、三原、耀州、同官(今铜川市北),西至兴平、乾州、邠州(今彬县)、醴泉(今礼泉县)的一大片土地。受陕西回民起义的鼓舞,甘肃回民也迅速起义,形成以河州(今临夏)、狄道州(今临洮)为中心的马彦龙、马占鳌部,以灵州(今灵武)、金积堡为中心的马化龙部,以肃州(今酒泉)为中心的马文禄部等几支规模较大的回民武装。

1864年(同治三年)底,西北地区太平军与捻军(太平天国时期由捻党转化而来的北方重要农民起义军)共推遵王赖文光(1827年~1868年,广西人)为首领,联合组成新捻军。新捻军"易步代骑","以走致敌"(采用马上运动战术拖垮敌人)。1866年(同治五年)秋,分为东、西两支。西捻军由梁王张宗禹统率,从河南入陕,于这年底逼近西安,1867年(同治六年)初在灞桥附近歼灭湘军30多营。

这样,"捻自南而北,千有余里;回自西而东,亦千有余里","捻回合势",西北局势,风雨飘忽。

1867年(同治六年),清廷任左宗棠为钦差大臣,督办陕甘军务,率军镇压捻军和回民起义。

左宗棠在浙江镇压太平军时,在宁波、绍兴一带与法国帮凶军有过合作,深知洋枪洋炮的威力,况且此番要对付的捻、回军不是旧时操鸟铳、持刀矛的乌合之众,譬如,据有金积堡的马化龙就拥有洋枪近3000枝,而且堡垒坚固。所以,左宗棠到陕甘用兵也充分利用西洋军火。作为他后勤干将的胡雪岩常驻上海,就经办此事。

胡雪岩主要向德国购买军火,种类有七响后膛枪、七响后膛炮、飞轮开花炮、义目炮(音译)。这些武器后来在清军作战中发挥了作用,如1869年(同治八年)农历五月,西征军兵分三路向马化龙的据点金积堡发起进攻,因该堡墙高4丈,厚3丈许,周围9里多,外围有570余所堡寨,固若诚关,久攻不下,结果动用了从普鲁士进口的后膛来复线大炮等新式武器强攻。又如,马文禄盘踞的肃州自古以来就是西北重镇,城高3.6丈,厚3丈多,外环阔8.3丈、深2丈的壕沟,1873年(同治十二年)左宗棠攻打肃州时,动用了后膛大炮,有18磅,也有24磅的,在那个时候,已经算很厉害的重炮了。

对胡雪岩广购洋器,使清军"实资其用"的劳绩,左宗棠心中有一本明明白白的账,他在1873年5月(同治十二年四月)的一件奏折中说:"上海为洋商汇集之所,泰西各国洋炮武器,泛海来售,竟以新式相耀。臣于闽浙总督任内,饬胡光墉挑选精良。……嗣调督陕甘,委办上海转运局务,兼照料福建轮船事宜,胡光墉于外洋各器械到场,随时详细禀知,备陈良楛利钝之情形,伺其价值平减,广为收购,运解军前,臣军实资其用。其购到普洛斯(即普鲁士)后膛螺丝开花大炮及后膛七响洋枪,精巧绝伦,攻坚致远,尤为利器。"

胡雪岩为左宗棠用兵陕甘所办的第二件事是筹饷。

西北地区自古以来就贫瘠寒苦,甘肃和新疆两地的财政费用即使在太平盛世也靠江苏、浙江和四川等富裕省份接济。然而,经过太平天国和第二次鸦片战争连年的战火,这些省份民生凋敝,自顾不暇。此外,经过几年兵事,交通落后的陕甘地区物价飞涨比其他地区更严重,兵勇每人每天吃2斤细粮就需银一钱多,即使按月颁给实银,也只管填肚子,没有余饷。当时,陕西每年缺饷140万两,甘肃每年缺饷300余万两,合计两省缺饷总在400万两以上,难怪左宗棠忧叹:"筹饷难于筹兵。"

西征经费来源靠各省协饷,清朝中央政府偶尔也会从海关洋税和别省盐务中点拨一些,但为数不多,而各地协饷不能按时拨解、拖欠几月都是常有的事。出兵征战总须士饱马腾,所谓"兵马未动,粮草先行",所以每当青黄不接时,左宗棠只好奏请借洋款救急。

在左宗棠之前,1853年(咸丰三年)上海小刀会起义时,原"十三行"同顺行行商、上海苏松太道吴健彰为防守上海,曾向洋商借了12.7728409万两,这是中国历史上第一笔具有地方政府性质的对外借款,左宗棠在1867年(同治六年)上奏"请援江苏沪防例",即是援引此例举借外债的。

具体经办借洋款事务的是胡雪岩,他所借用于镇压陕甘捻军和回民起义的外债有两笔:

第一次在1867年(同治六年),借规元120万两,月息一分三厘,期限半年(1867年7至12月)。债权人混称洋商,估计不外乎英商汇丰银行和怡和银行等两三家。指定闽、粤海关各代借24万两,浙海关代借42万两,江汉关代借12万两,江海关代借18万两。本息除江海关部分以该关应解甘肃协饷抵付外,其余都由各该省布政使把应解甘肃协饷拨关代付。

第二次在1868年(同治七年),借规银100万两,利率与第一次相同,期限也只半年(1868年3月连闰到11月),指定江海关代借15万两,浙海关代借35万两,闽、粤海关各代借20万两,江汉关代借10万两。

除了购军火、借洋款之外,胡雪岩还捐冬衣支前,1872年(同治十一年),甘肃大寒,而兵燹之后百货昂贵,加上当地居民对种棉织布之利没有足够的认识,边地冰雪严寒,将士受冻倒毙者很多,左宗棠忧叹:"无衣之患,甚于无食",幸得胡雪岩未雨绸缪,预先动用为七旬老母做寿的钱捐制加厚加长棉衣2万件,并亲率亲属逐件按验,有制作不善者立令更换,另外还劝捐棉衣裤8000件,这些冬服均于1872年8月运交西征军后路粮台,使左军"所全甚多"。

有了胡雪岩鼎力相助,左宗棠专意进剿,于1868年8月上旬,(同治七年六月底)将西捻军击灭于山东海滨后,迅速率军返回西北,继续对付回民军,于1873年(同治十二年)最终扑灭回民起义。在此期间,左宗棠晋太子太保衔,授协办大学士。

毋庸讳言,胡雪岩协助左宗棠残酷镇压太平军、捻军和陕甘回族下层群众的反清斗争,是他人生中的污点,应予谴责,但他协助左宗棠裁定回军集团则又另当别论。陕甘回民起义军形成的回军集团的领导人大多为当地封建主,如马化龙掠夺了大量财富,富甲一方,还纳资捐官;回军头领对朝廷的态度也反复无常,与广大回族劳动群众有根本区别;特别是当时英、俄窥伺我西北,边疆已出现危机,而回族割据集团中的某些封建主为了自己的私利,竟然认贼作父,如盘踞肃州的马文禄与新疆割据势力勾结,接受了乌鲁木齐"清真王"妥得璘(一译妥明)的封号,当沙俄侵占伊犁、威胁乌鲁木齐时,他居然阻挠清军入疆,陕甘回军首领之一的白彦虎后来还投入沙俄怀抱,成为民族败类,综览当时国内外复杂的形势,我们不能简单地全盘否定胡雪岩协助左宗棠平定陕、甘的行动。

2.收复新疆

新疆自古以来就是中国领土,从西汉起,中国文献上记载的"西域"指的就是新疆和其他与之有联系的地方。清朝前期,新疆属伊犁将军管辖,各个要地驻有由旗人担任的都统、参赞、办事和领队,县级或县级以下的政权大多由当地的宗教、民族头人担任。新疆境内有10多个民族杂居,人数最多的是维吾尔族,约占总人口的75%。

1864年(同治三年),受陕甘地区回民起义的影响,天山南北的回族、维吾尔族人民奋起抗清,先后占领库车、乌鲁木齐、哈密、玛纳斯和喀什噶尔旧城,并于1866年(同治五年)初攻占伊犁大城(今伊宁)。可是,少数封建主趁机窃取了反清武装的领导权,建立封建神权割据政权,主要有库车为中心的黄和卓政权、以乌鲁木齐为中心的妥得璘政权、以叶尔羌为中心的阿布都拉门政权、以和阗为中心的马福迪政权、以喀什噶尔为中心的金相印和思的克政权。它们互相攻战,使新疆遭受割据混战的灾难。

金相印为扩大势力,向中亚细亚安集延人的伊斯兰浩罕汗国乞师,早就居心巨测的浩罕摄政王乘机派其帕夏(将军)阿古柏于1865年(同治四年)率军侵入南疆,在攻占喀什噶尔后,继续攻掠周围地区。两年后,阿古柏悍然成立"哲德沙尔"国(七城之国),自称"毕条勒特汗"(有福之王)。1870年(同治九年),阿古柏又侵占了北疆吐鲁番和乌鲁木齐等地区。在阿古柏的军事恐怖统治和残酷掳掠下,新疆社会生产力遭到严重破坏,人民生活于水深火热之中,甚至出现买卖奴隶的倒退现象。

新疆地区的复杂形势使外国列强有机会染指。

新疆境内有号称"世界屋脊"的帕米尔高原、高耸入云的天山和阿尔泰山,这些构成中国的西北屏障,沙俄早就觊觎这片土地,1864年(同治三年),它就通过《中俄勘分西北界约记》割去中国西北边疆44万多平方公里的领土。19世纪60、70年代,又大举进攻中亚细亚的希凡、布哈拉、浩罕三个汗国,建立起"俄属土尔克斯坦",并狂妄地称新疆为"东土尔克斯坦"。1817年(同治十年),沙俄以帮助清政府"安定边疆秩序"为名,强占中国伊犁地区,设官屯殖。阿古柏侵占新疆后,沙俄悉心笼络,于1872年(同治十一年)和1874年(同治十三年)两次订约,以承认阿古柏伪政权为"合法的独立国"、阿古柏为"艾米尔"(统治者)作为交换条件,趁机扩大了在新疆的贸易特权。

与此同时,征服印度后就对喀喇昆仑山北面的中国南疆领土垂涎三尺的英国侵略者不甘心眼睁睁看着沙俄独霸新疆,1873年(同治十二年)秋,英国全权使节福锡斯率300人的使团携英国女王维多利亚致阿古柏的亲笔信和英印总督送给阿古柏的几千支步枪,来到喀什噶尔,于1874年(同治十三年)正式与阿古柏签约,以承认阿古柏"艾米尔"地位、提供大批枪支弹药的条件,取得在"哲德沙尔"国所辖范围内驻使、设领事、通商、货物入口仅纳低税或免税等特权。

俄、英插手新疆,使新疆问题更加复杂化。

在新疆岌岌可危的同时,日、美侵犯台湾,东南海疆警报频传;英国在中缅边境制造事端,侵略我国西南边疆。

面对极其严重的"边疆危机",京师内围绕"海防"与"塞防"何者为重这个议题展开了激烈的争论。曾国藩提出全力肃清甘肃回民起义,把玉门关以外暂时放一放再说,身为文华殿大学士兼直隶总督的李鸿章马上赞为"老成谋国"之见,说"新疆不复,于肢体之元气无伤;海疆不防,则腹心之大患愈棘。"主张撤出塞之军、停西征之饷,匀作海防。李鸿章一定调,相当一部分廷臣和地方督抚鼓噪附和,如刑部尚书崇实、山西巡抚鲍源深提出:花费大笔费用出兵西北,即使获胜,收复新疆这块万里穷荒之地,也是得不偿失。山东巡抚丁宝桢、江苏巡抚吴元炳、漕运总督文彬、湖南巡抚王文韶等有远见的官员则认为:沙俄的威胁最大,应全力注重西征。当时,手握重兵、处于西北边陲前哨的陕甘总督左宗棠认为:塞防与海防二者并重,但由于日本侵入台湾事件已经了结,相比之下,西北边疆强敌压境、失去大片土地,事态更为严重,所以"停兵节饷,于海防未必有益,于边塞则大有所妨。"他还指出:国家领土应该寸土必保,何况北自乌鲁木齐以西、南自阿克苏以西的新疆有"富八城",并非反对派所说的那样是一片蛮荒,他反复强调"重新疆者,所以保蒙古;保蒙古者,所以卫京师;若新疆不守,蒙古不安,匪特陕、甘、山西各省之边域时虞侵掠,防不胜防,即直北关山,亦将无安眠之日!"

左宗棠收复新疆的主张代表了维护国家领土主权完整的民族利益,得到朝野上下有识之士的支持。清廷权衡利弊得失,于1875年5月3日(光绪元年三月二十八日)发出"六百里加紧"逾旨,任命左宗棠为钦差大臣督办新疆军务。1876年(光绪二年)春,左亲率220营大军第二次出关西征。

要收复沦陷十多年的新疆,困难是很多的:既要以南方人深入沙漠作战,又要面对政敌散布失败主义论调、冒政治风险;既要对付有英、俄、土耳其帮衬、实力非同小可的阿古柏政权,又要在国库空虚的情况下筹措巨额军费,在路途艰险的条件下辗转运输军用物资。1874年(同治十三年),左宗棠在写给沈葆桢的一封信中提道:"西事筹兵非难,惟采买、转运艰阻万状。"这个时候,办理左军上海采运局务多年的胡雪岩少不得又要大显身手,效力后勤了。他除了在上海搜集中外各报的消息,为左宗棠提供情报,把新近开办的胡庆余堂药号所制的诸葛行军散、胡氏群瘟丹等药品运往前线之外,最主要的还是从购买军火和筹措借款两方面支援西征。

左宗棠在用兵陕甘镇压回军的过程中就利用了洋枪洋炮的威力,而此番出兵新疆,要讨伐的阿古柏以及回民叛徒白彦虎等人有英、俄两国提供的新式武器装备军队,比陕甘回军更加强悍,要不是多办一些质量好的新式枪炮,这仗是很难打的。聪明的胡雪岩深感这次肩上的担子比前次更重,他在上海详细察看外洋兵器的利钝好坏,等到价格稳定或降低时,广为收购,一有新式武器,随时购解西北,源源接济左军大营。

左宗棠在尚未接到"钦差大臣督办新疆军务"的任命之前,就根据清廷的旨意部署部队入疆备战,配给大量西洋军火。1874 年(同治十三年)正月,记名提督张曜和总兵桂锡桢出关时,左宗棠曾配给连架劈山炮 10 尊、布鲁士二号螺丝后膛炮一尊、七响后膛枪 30 枝、布鲁士后膛开花大炮一尊。同年农历三月,原乌里雅苏台将军金顺(后任乌鲁木齐都统)出关时,配给开花大炮一尊;1875 年(光绪元年)左宗棠受命钦差大臣督办新疆军务后,调遣继刘松山接统老湘军的湖南湘乡人刘锦棠(1844 年~1894 年)率湘军 25 营(包括董福祥等人的甘军)作为主力部队,配备了最精良的武器,除随带原有武器外,另配开花后膛大炮 2 尊、车架开花后膛小炮 4 尊、后膛七响枪 300 枝、快响枪 80 枝,后又拨给大洋火 100 万颗、标响枪子 2.8 万颗,大号、三号开花后膛炮 2 尊,各配炮弹 500 余枚,七响后膛洋马炮 300 枝,每枝配子弹 80 排,每排 7 发,来福前膛马洋炮 500 枝,每枝配子弹 300 发,合膛大号洋尖子 15 万颗,还拨过田鸡炮,配弹 500 枝,这是当时最新式的炮,射程有好几里路。担任刘锦棠后援的侯名贵炮队出关时,配带大炮 2 尊、车轮小炮 4 尊、七响马枪 340 枝,每枝配子弹 80 排,每排 7 发。这些枪炮大多是德国制造、由胡雪岩采运来的。新疆之役,双方都动用了新式武器,略具近代战争的规模,不过,由于胡雪岩买的德制枪炮质量靠硬,使官兵在武器装备上胜过阿古柏军。1877 年(光绪三年)攻打达坂城时,用胡雪岩购来的枪炮测准连轰,打得阿古柏军震惧无措,畏之如神。

对胡雪岩购运军火帮助收复新疆的功绩,左宗棠曾予高度评价。1878 年 5 月 15 日(光绪四年四月十四日),他在《道员胡光墉请破格奖叙片》的奏折中说:"胡光墉自奏派办理臣军上海采运局务,已历十余载,转运输将,毫无失误。……关陇新疆速定,虽曰兵精,亦由器利。则胡光墉之功,实有不可没者。"他在给胡雪岩的一封信中这样说道:"安集延(指阿古柏部)亦有洋制枪炮,亦有开花子,然不如尊处所购之精,足见足下讲求切实,非近今自命知洋务者所能及也。"从中我们可以知道,胡雪岩所购西洋军火主要用于平定阿古柏政权、捍卫祖国领土主权,而且,他与那些自我标榜熟谙洋务而又不懂行、盲目引进外国机器的人不一样,办事讲求实标,具有很强的责任心,他精心选购洋枪洋炮又及时运抵前线,能做到"毫无失误",是很不容易的。

胡雪岩支持左宗棠收复新疆所做的第二件大事是代借洋款。

左宗棠拉了一支大军深入西北去作战,怎能没有足够的军饷?然而,由于当时中央政府"部藏无余",各省"库储告匮",加上沿途穷苦,缺乏生财之道,要依靠别省协济,而协饷数目最大、厘金收入较高的东南沿海省份自己面临海防吃紧的现实问题,往往先己后人,拖解或少解饷银,这就使左宗棠西征大军陷入困境。左宗棠出兵新疆时,原来请拨年饷400万,其中划60万给陕西,其余作为西征军饷,后来户部又议拨各省关厘金接济,这样一来,名义上每年可统收800余万,但实际上由于各省短交,到位的不足500万两。当时,左军军需、军粮、军火、军装、转运、赈抚、津贴、招募所需款项没有另立项目,全靠挪移饷项应急,加上随着战局的推进,需要撤遣冗兵、招抚土匪、安插回民,给甘肃旧有各军发盐菜、粮食、寒衣、转运费、一月满饷,这些都离不开银子,预算全军年需810万两,与实收数500万两相比,短缺300余万两。饷事令左宗棠伤透脑筋,每到冬尽腊初,他总是急得绕帐彷徨,不知所措。

在万般无奈的情况下,左宗棠动了借洋款的念头,可是洋人信不过左大帅,要胡雪岩作保才依允,这样,左宗棠又借重胡雪岩举借洋债。

1875年(光绪元年)春天,胡雪岩以粤海关、江海关、浙海关名义分别向英商怡和洋行借100万两、英商丽如洋行借200万两,年利率10.5%,期限3年,每半年还本付息一次。

1877年(光绪三年),胡雪岩以浙、粤、江、江汉四个海关的名义向英商汇丰洋行借贷500万两,期限7年,每年还本付息一次。这次,汇丰银行只允借金镑,月息一分,胡雪岩按左宗棠的意思表示先令和规元比价常有升跌,只要借规元,结果,由德商泰来洋行认包英镑和银圆的比价,中方不管外汇盈亏,只要多出2.5厘的利息。

1878年(光绪四年),胡雪岩向华商乾泰公司和英商汇丰洋行各借175万两,年息15%,从1879年(光绪五年)始,6年为期,每半年还本息一次,由广东、浙江、江苏、福建、湖北五省各在应解甘肃协饷项目下每年20用万两,交各省海关代付。

此外,1881年(光绪七年),左宗棠虽已离开西北奉召在京,但因政府拨给甘肃、新疆的款项尚无着落,应继任的杨昌濬(? ~1897年,湖南湘乡人)和刘锦棠的要求,又叫胡雪岩代借400万两外债,年息9.75%,6年为期,前两年每半年付息一次,第三年起每半年还本付息一次,由陕甘藩库收入担保。

胡雪岩所借的上述洋债连同 1867 年(同治六年)、1868 年(同治七年)所借用于陕甘用兵经费的两次借款,都要付很高的利息。1867 年~1879 年(同治六年至光绪五年)的五笔外债总计 1195 万两,到 1880 年(光绪六年)在左宗棠西征经费报销案中,已付出利息 428.18 万两(其中包括别的短期零星的贷款利息),而 1877 年(光绪三年)的借款还有 3 年息金要付,1879 年(光绪五年)的借款还有 4 年息金要付,如此算来,贴赔的利息至少要占借款总数的一半。这的确是惊人的高利贷! 因此,西征借款当时很受人非议,上海《申报》发表题为《贷国债说》的评论文章,指出:以海关收入为抵押,举借这样数额大、利息高的洋债,“此为中国古今未有之创举,然失利亦无有甚于此者。夫泰西诸国之贷债也,其息大率每年百两之五、六两耳,今中国乃竟倍其数而付之,且必责关票以为凭,暂解燃眉之急,顿忘剜肉之悲,重利让之他邦,贫名播于邻国”,简直是“饮鸩止渴”。汪康年《庄谐选录》也揭露:“左文襄西征时,苦军饷无所出,乃令胡为贷于某银行,以七厘行息。……其实此款即由银行印刷股票,贷诸华人,以四厘行息,三厘则银行与胡各分其半也。”书中还讲到某年外国银行办事人员回国,香港各界洋人为他们饯行,正坐间,忽然有一人站起来发问:“诸君今日饯某,为公事乎? 为私情乎?”众答:“自然是为公事。”那人不紧不慢地言道:“那胡雪岩为左大人经办借款,曾告诉我四厘行息,我昨获见其合同底稿,乃是七厘行息,却是为何?”办事人员都神情懊恼,哑口无语,众人失色退席。1879 年(光绪五年),正在出使欧洲英、法、俄等国的曾国藩的长子曾纪泽(1839 年~1890 年)11 月 15 日(十月初二日)阅读从上海寄到驻地的《申报》和函牍,英国人葛德立来访,两人交谈多时,讲到胡雪岩代借洋款,洋人得利息八厘,而胡雪岩开报公顷则一分五厘,曾纪泽在当日的日记中写道:“奸商明目张胆以牟公私之利如此其厚也,垄断而登,病民蠹国,虽籍没其资财,而科以汉奸之罪,殆不为枉。今则声势日隆,方见委任。左相,大臣也,而瞻徇挟私如此,良可慨已。”这是把左宗棠和胡雪岩一块儿责骂了。

　　高利息借洋债,算算经济账当然是划不来的,问题是如果没有这些贷款,何以秣马厉兵? 在各省协饷积欠成巨、频催罔茫的情况下,左宗棠为免悬军待饷,争取速赴戎机,不得不吞下被政敌攻讦为“仰鼻息于外人”的苦果,息借外债,虽然代价大了一点,但终究保证了新疆仍在中国版图之内,总的来讲,是值得的。

　　左宗棠委托胡雪岩借洋款时,曾有“息银听阁下随时酌定”的表态,后来在实际操作中,利息上确有“虚头”,宓汝成先生曾根据徐义生《中国近代外债史统计资料:1853 年~1927 年》。

　　由此可见,胡雪岩利用清政府所付利息率和实支贷者的利息率之间的差额,吃了“回扣”。图利是商人的本性,胡雪岩也难免其俗。不过,在西征大军嗷嗷待哺、

国学经典文库

商界巨擘

图文珍藏版

各方互相推诿的困难时刻,胡雪岩于万里之外四处奔走筹借洋款,协助左宗棠西征保住新疆,应该说,还是有一点爱国心的。

值得一提的是,由于内受时任两江总督的沈葆桢和李鸿章等人的奏驳,外有英国公使威妥玛(Thomas Francis Wade,1818年~1895年)等人的作梗,加上各洋行由于多次受金融恐慌影响,流动资金短缺,借洋款并不是一件轻松的差使。1876年9月29日(光绪二年八月十二日),左宗棠在致部将刘典的信中就提道:"闻今年海口缺银,出息三分尚无借者,不知明年又将何如,已致信胡雪岩,问其如何设法。"出三分高息也无从借款,看来这市面真够紧张的。结果,胡雪岩却以低于这个标准的利率(几次借款最高利率是月息一分三厘),办到了左宗棠忧心而无力办到的事,真是不负所望。也正因如此,左宗棠倚之愈重,1877年(光绪三年)底,胡雪岩从杭州回上海途中在余杭塘栖遭遇沉船事故,旧病增剧。左宗棠在1878年4月12日(光绪四年三月初十日)写给陕西巡抚谭钟麟(1822年~1905年,湖南茶陵人)的信中表示对胡雪岩"殊为悬系"。

西征军由于得到军火、军饷接济,士气倍增,于1876年8月~11月(光绪二年六至九月),夺回乌鲁木齐及其附近地区,收复北疆大部。1877年(光绪三年)春,光复吐鲁番、托克逊等南疆八城。5月,阿古柏死,结束了在新疆10多年的野蛮统治。新疆终于平定。

对胡雪岩为西征借款,左宗棠曾给予高度评价,1878年3月27日(光绪四年二月二十四日),他在给谭钟麟的信中写道:"弟饷事全赖东南协解,论采运转输之劳,雪岩、若农之功伟矣。至无中生有,绝处逢生,则雪岩之功,实一时无两。"认为胡雪岩筹饷、筹运的劳绩实与前线擎旗杀敌者无异。同年4月22日(三月二十日)左宗棠在致谭钟麟的信中又讲到:"然就筹饷而言,弟不能得于各省方面者,仅得之于雪岩。平心而论,设无此君,则前敌诸公亦将何所措手?"

这样的评价应是左宗棠有感于胡雪岩与他万里同心而发出的由衷赞语。

红顶商人　夹缝求生

从太平天国时期到1880年(光绪六年)前后,在二十来年中胡雪岩经过苦心经营和冒险奋斗,从一介钱庄店伙成为头戴珊瑚红顶帽、身穿黄马褂的朝野注目的头号官商;从家无长物到拥有银号、钱庄、当铺、药号、丝行,最阔时"积资三千万有奇",这个数字几乎相当于1880年前后国家一年财政收入的半数。费行简《近代名人小传》说"同治间,足以操纵江浙商业,为外人所信服者,光墉一人而已"。其实,其影响所及何止江浙一隅！由于胡身份特殊，资金雄厚，经营网络遍布全国大埠，所以"一切商贾，莫不仰其鼻息，尊之曰财神，以其能左右市面也"。其影响也不限商业一域，连国家财政都赖其调拨，《异辞录》载："国库支绌有时，常通有无，颇恃以为缓急之计。"

当时谈胡雪岩，谁不信其建万世不朽之基，立永久不败之地。然而，富贵无常势，荣华如浮云，"福兮祸之所伏"，胡雪岩的事业发展到顶峰，危如累卵的局面也出现了。

作为左文襄公手下的红人，胡雪岩自然不讨左的政敌李鸿章派系的欢心，而胡在息借外债时多有"虚头"，也留人话柄，于是，诸事频受掣肘。萧瑟的秋意开始笼罩繁荣商厦，终使一代巨贾胡雪岩家破人亡。

据民国《杭州府志》记载：胡在"光绪九年以业丝为西商所持，大折阅，所营商业皆败，人争惜之。"胡雪岩在给子嗣的亲笔遗嘱中也指出自己"做丝生意亏本，累及公款，又累私款。"可见，经营生丝与外商竞争失败是胡雪岩破产的直接原因。

让我们追溯一下事情的来龙去脉。

18世纪60年代～80年代，英国格拉斯哥大学的机械修理工詹姆士·瓦特（James Watt，1736年～1819年）把原始蒸汽机改造成可用于大工业的发动机，第一次把热能转化为真正有用的机械运动。到19世纪20年代，欧洲各国的丝织业相继采用蒸汽机进行生产。由于蒸汽机比不稳定的风力、费用贵而又不听使唤的畜力、要求有足够的落差而又受季节限制的水力要优越得多，不但节省了费用，而且大大提高生产效率，因此，英法等国的丝织业迅速发展，对蚕茧和生丝的需求量急剧增长。地大物博而又积弱不振的中国成了它们觊觎的对象。鸦片战争以后，列强就以上海为基地，设立茧行、丝行、开办丝厂，加紧掠夺中国的蚕茧丝业，倾销洋货，在丝绸业中营建半殖民地的经济网络。由于有不平等条约作护身符，到70年代～80年代，洋商日益掌握丝价的主动权，通过抑价收购榨取中国蚕农的血汗、打击经营丝业的华商。

胡雪岩在1875年（光绪元年）前后开始做丝生意。"鸟争一口食，人争一口气"，他不满洋商操纵中国利权、华商无能与竞的现状，利用资金雄厚的优势，派人遍买丝茧，试图通过控制货源垄断居奇，与洋商做一番较量。结果，有一段时间确实出现了"市值涨落，国外不能操纵，农民咸利赖之"的令人鼓舞的局面。应该说，胡雪岩挽回利权、保护本国丝商和蚕农利益的愿望是可贵的。然而，他因此招致各国丝商的忌恨。洋商不甘心被胡所挟、在交易中处被动地位，于是联合抵制，加上时局动荡，情况很快发生变化。

1881年～1882年（光绪七至八年）间，胡雪岩陆续收购生丝8000包，超过当年上海生丝总量(1.1万包)的2/3。1883年(光绪九年)新丝出场,胡雪岩进一步收购,到这年的5月份,他已囤丝1.4万包,投入资金高达2000万两。不料,这年意大利生丝丰收,消息灵通的部分洋商转往意国贩运,可胡雪岩对国际生丝市场的行情缺乏可靠情报,还乐观地认为浙江当年气候不好影响蚕桑,生丝供应相对减少,他正好利用这个时机为华商争气谋利,所以他坚持待高价再沽。恰在这时,上海市场因交易低落而银根吃紧,加上中法两国纠纷升级,进入战争状态,法国兵船游弋吴淞口,截查进出口的船只,弄得人心惶惶,加剧了金融市场的恐慌。各国丝商趁机相约不收购生丝,市场丝价直线下跌,1883年9月初(光绪九年八月),上等四号辑里丝每包价格是427.5~428.5两,到11月15日(十月十六日)下降到375~376两。11月下旬开始,胡雪岩既苦于资金周转不灵,又担心堆积如山的丝货存贮久了变质,只好忍痛牺牲血本,低价(最低时每包362.5两)分三次向洋商抛售生丝共1.5万包。

虽然,胡雪岩与洋行关系密切,但他敢于尝试打破洋商把持中国丝业的局面,华而实在《胡雪岩、渠本翘比较观》一文中指出胡不愧是"财大心胸大的商界健将","如果不以成败论英雄,胡雪岩挑起的这场丝茧大战,很有点苍凉悲劲的史诗气息。"

关于胡雪岩营丝亏本的经过,欧阳昱《见闻琐录》记之甚详:"其年新丝将出,遣人遍天下收买,无一漏脱者,约本银二千万两,夷人欲买一斤一两而莫得。无可奈何,向胡说愿加利一千万买转此丝,胡谓非一千二百万不可。夷人不肯,相持数月,复托人申前说,胡言仍不二。……至次年新丝出,胡邀人集资同买,谓再收尽,则夷人必降服,必获厚利。……然无一人应者,于是新丝尽为夷买,不复向旧丝也矣。胡急甚,反托人向夷人说:愿依初议卖,夷人笑而不应。再言仅求归本银,仍笑而不应。复婉转言之,夷人曰:'必欲卖,非损本银八百万不可。'胡知其答价无改移,念丝存至二三年,便变坏无用,不得已卖之。初欲居奇,不料操之太过,折利银一千万,折本银八百万,折一年息银不算,二千万两出,一千二百万两归家,资去其丰矣。"

按上述说法,胡雪岩斥资2000万两收囤生丝,亏折了800万两,可是《慎节斋文存》说他"折耗至六百余万金",蔡冠洛《清代七百名人传》记载:胡雪岩"始以屯丝三百万,待价违时,色尽变,十不获一。"如果说,亏空数记载误差200万两还不算太大的话,那么,关于囤丝资金数额300万与2000万两之说实在悬殊得离谱了。《"红顶商人"胡光墉(雪岩)兴衰史》记载:《浙江丝绸史》(浙江人民出版社1985年版)作者之一求良儒先生根据以下两条理由,认为胡雪岩囤丝值2000两之说难以置信:

其一,据 1922 年(民国十一年)黄炎培等编的《最近四十五年来中国对外贸易统计》中所列《历年蚕丝输出数量价值比较表》,1883 年(光绪九年)全国生丝出口量是 96,139 担,价值 19,258,469 两,内中自应包括经丝、野蚕丝、乱丝头、同空丝在内,说囤上品丝——湖丝的胡雪岩囤丝价值 2000 万两,竟超出当年全国输出总值,显然违背常理。

其二,杭州市商会的档案中保存着一份"胡雪岩与埃特姆生生丝成交合同",内记:

湖丝柒仟零柒拾包

四号辑里　价格叁佰陆拾贰两伍钱(每包)

款交　汇丰银行

光绪九年十月三十日

经手　徐棣山

执笔　章辰谷

照此合同计算,成交总值为 2,562,870 两。除此之外,虽还有削价脱售的,但估计胡收购数值没有 2000 万两之巨,亏损也不会有 800 万两之多。

虽然,胡雪岩做丝生意亏空的数额有不同的说法,但不管怎样,拥资二三千万的他按理不至于因此破产。无奈"人怕出名猪怕壮",胡大官人的盛名使胡雪岩成为社会公众人物,一举一动受人瞩目,况且他的亏空额虽不至于让他掏空积蓄,但毕竟是一笔了不得的巨款,如此这般,市面上便传言四起,说他"头寸失灵","头寸"也作"头衬",是商业用语,意为款项。钱庄付出款大于收入款(缺头寸)时需四出张罗款项,就叫"调头寸"。胡头寸摆不平的传言搅得人心惶惶,人们纷纷前往提款,这样一来,胡雪岩的钱庄、银号穷于应付,拆东墙补西墙,顿现斗大的窟窿。

为了调集资金,也为了扳回丝业造成的损失,胡雪岩到上海做银钱投机生意。当时沪上流行一种"买空"赌局,即买银价、钱价、英洋价的涨跌,或者买英洋。据欧阳昱《见闻琐录》记载:"价涨买时,定曹平银六钱八分(按:即 0.68 两),换英洋一元。如涨至六钱八分一二厘以上,则我赢。落至六钱七分九八厘以下,则我输。买落反算,银钱价可类推。"富户申买由钱肆作保,只凭口说,不必提交实银,买卖均在局中进行,输赢由钱肆结算,局里以每 100 元提 5 元的标准抽取手续费。由于此间价格暴涨暴跌,顷刻可赢输银子成百上千两,市民明知是陷阱,还是按捺不住心中的贪欲和好奇,争买若狂。胡雪岩有一天把市井中的钱全买了,限三日卖,吩咐三天之内钱肆不得放出一钱,三天以后他适时卖出,果然捞了一票,赢银 200 万两。尝到甜头后,他又去买空,结果输了 400 万两。

这个时候,胡雪岩偏偏又后院起火,上海阜康钱庄的档手(经理人)私下将各省陆续汇来应付兑款的协银弥补了自己的亏空。分驻各省的钱庄、当铺号友中有些人沉湎声色酒马,久而久之,开销巨大,不免私自侵吞存款,也成尾大不掉之势。

眼见大局不支,胡雪岩急赴金陵(南京),谒见时任两江总督的左宗棠,细述原委经过,并说:"即今早计,除完公项外,私债尚可按折扣还。再迟,则公私两负矣。"左宗棠同意胡宣告"倒债"(指借钱打折减还,甚至不还),即日电发各省号同时关闭。

到1883年12月5日(光绪九年十一月初六日),胡雪岩在上海、北京、镇江、杭州、宁波及湖北、湖南的所有阜康银号、钱庄都上了排门。

危急时刻,与胡雪岩有直接利害关系的左宗棠当然竭力为他弥补善后。1882年~1884年(光绪八~十年),身为两江总督的左宗棠曾三次从金陵来到上海,每次都找胡雪岩晤谈,据《申报》记载,第一次是1882年6月10日(光绪八年四月二十五日),"侯相(指左宗棠)答拜诸西官后,又至陕甘粮台(指上海采运局)与胡雪岩观察略谈片刻;"第二次是1883年10月22日(光绪九年九月二十二日)晨九点钟时,"胡雪岩方伯(布政使的别称)诸侯相座船禀见,叙谈良久,礼意有加。侯相即于十点钟登岸拜客,……于粮台局拜访胡雪岩方伯聚谈片刻。"第三次是1884年2月26日(光绪十年正月三十日):"侯相在制造局用午膳毕,……至粮台局。因胡雪岩观察往金陵,即经李秋坪太守恭迎侯相入内稍坐。"可见,左宗棠、胡雪岩在阜康破产前后活动频繁,尤其是第二次,即破产前一个多月,左刚到上海,胡即往船上谒见,胡走后才一个多小时,左又回访,当有急事相商。第三次在破产后一个多月,左来上海而胡已去金陵,虽不相晤,却说明事情紧迫。按照情理推断,他们所商恐怕即是那时的破产清账事宜。另据《北华捷报》记载:左宗棠也曾试图力挽阜康颓势,"左督下令阜康复业,他并为此拨付30万元"。可是,挡不住京、沪等地大官僚竞相提款,原本可以应付过去的局面终于支撑不住。

阜康的巨额存户大多是官吏,胡雪岩宣布"倒债",他们岂肯善罢甘休?如:刑部尚书、协办大学士文煜在粤海关监督、福州将军肥缺内贪污赃款甚巨,此时因给事中邓承修弹劾,经顺天府兼尹毕道远、府尹周家楣查复,文煜在阜康有存款70万两。狐狸尾巴既然已露,文煜索性疏请捐出10万两报效公帑,先把皇帝嘴巴封住,其余请求追还。各地官僚也纷纷效尤。朝廷凭空可得一笔"外快",当然也起了查抄的劲头,终于下达逾旨,谓:"现在阜康商号闭歇,亏欠公款及各处存款,该商号江西候补道胡光墉着先革职,即着左宗棠饬提该员严行追究,勒令将各地亏欠公私款项赶紧逐一清理,倘敢延缓不交,即行从重治罪。"

当时,户部飞咨各省扣抵着追,其中命令两江总督核追胡雪岩侵取西征借款的行用补水银两(指交际应酬、保险、装运、水脚等费)10.6万余两。实际上,当年左宗棠知这笔款项只能以公了公,由胡雪岩具报,经陕甘督院部堂咨会,户部早已核销,是有案可稽的,但此时户部却以"滥支"为借口,重算旧账。

两江总督一职在1884年(光绪十年)底因左宗棠到福建养病而由曾国藩的弟弟曾国荃代理。他在复户部的公函中指出:"前值收还伊犁,俄人多方狡展,和战未定,而关内外防营须饷孔殷。"在这种情况下,左宗棠"深恐因饷哗噪",才举三笔西征借款,共1595万两,"虽其所费较多,而其所全甚大。"并说胡雪岩"若仅委员之虚名,而其平时交接酬酢,丝丝入扣,一旦缓急相依,即竭力以图。……奉公非不谨饬。""此番案属因公支用,非等侵吞";该款"早经报销","而纪纲所在,或不得不慎重出之。"朝廷不应"失信";而且,"迭当各省歉荒,强邻逼处,亦幸得借款之可恃",看在胡雪岩借款接济的份上,要放他一马。所以,曾国荃要求户部从中斡旋,向皇帝奏请免追胡雪岩于西征款中扣存的水脚行用补水银两,并表明"嗣后不得援以为例。"

曾国荃总算为胡雪岩说了几句公道话,但在当时的一片查抄声中,这无疑是孤掌难鸣。经过两年的追查清理,各省开报胡雪岩亏欠公款数目由浙江着追者达161.39余万两,亏欠江海、江汉以及两江采办军火、电线等经费78.68多万两(这个数字还不包括由各省关自行着追的款项),亏欠绅民私款难以估算。

胡雪岩所亏公私款项目纷繁,数量巨大,断断续续扣抵,拖延三年,到1885(光绪十一年),由浙江着追的公款尚有49.81余万两,由两江着追的公款尚有20.81万两。屋漏偏遭连夜雨,这一年9月5日(七月二十七日),74岁的左宗棠在福州病逝,胡雪岩更失去了靠山。当时,正好遇着户部尚书阎敬铭办事雷厉风行,盯住胡雪岩不放。阎是道光年间进士,1859年(咸丰九年)到湖北总管过粮台营务,后来先后当过湖北按察使、署布政使、署山东巡抚,镇压过宋景诗起义军和捻军,他既有在地方为官的阅历,又善于理财,1882年(光绪八年)新任户部尚书,第二年充军机大臣,"新官上任三把火",他走马上任后就碰到胡雪岩侵吞公帑私款的大案。

阜康倒闭时,阎敬铭以户部名义飞咨各直省扣抵着追。此时,他见胡雪岩拖延三年尚未完缴,认为胡"居心狡诈",若任其亏空,不予严惩,年复一年,公款必致无着。何况当时京外各约大多仍由商号汇兑,"非惩一儆百,流弊无所底止。"晚清刑部有个《诈欺官私取财条例》规定:对京城内开钱铺侵蚀兑换现银票存钱文、闭门逃走的人,可以立即拘拿送刑部监禁,同时查封其寓所资财及原籍家产,并羁押在京家属,限令两个月内将侵匿银钱全数完缴,逾期不执行者,连管事人及铺伙所侵吞的,也要计入藏匿数之内,数目在一万两以上者,可定绞监侯(绞刑、缓期执行)。对照这一条例,阎敬铭认为:胡雪岩通过银号侵取官私银两,比钱铺侵蚀兑存票钱还要严重,胡在各省的银号钱店同时关闭,官民受害不独京城一处;胡期满三年尚

商界巨擘

图文珍藏版

未清还,已大大超过《刑部诈欺官私取财条例》所定的两个月期限。仅从上述三条来看,胡已罪不可逭,何况《大清律》另有规定:起运官将长押官及解物人若有侵欺者,计赃以监守自盗论。胡雪岩曾以江西候补道主管上海采运局,月支薪水银50两,通过与各省的公文往来,承领公款,又一手包办、管领起运的具体事务,所以亏空公款,实属监守自盗,罪更难容。鉴于上述种种理由,阎敬铭于1885年12月17日(光绪十一年十一月十二日)奏请"一面速将已革道员胡光墉家属押追着落,扫数完缴,"同时请求"饬下步军统领衙门、顺天府五城、浙江巡抚暨各直省督抚,将胡光墉原籍财产及各省寄顿财产,查封报部,变价备抵。"阎敬铭的奏折得朝廷批准。

可是,阎敬铭上奏之前,胡雪岩早于12月6日(十一月初一日)忧惧而死。

要把胡雪岩逮捕入狱的圣旨12月30日(十一月二十五日)到达浙江。当时的浙江巡抚就是《异辞录》的作者刘体智的父亲刘秉璋,他是安徽庐江人,1860年(咸丰十年)进士及第,选翰林院庶吉士,曾领兵转战江、浙、鲁、豫,1883年(光绪九年),新任浙抚,就遇阜康倒债,于是设局清理,令候补州县几十人监收胡氏各典。此番接旨后,刘秉璋当即密札杭州知府吴世荣督同仁和、钱塘两县令前去胡家查看,只见灵柩停放在堂,仅有桌椅箱橱等木器,并无银钱细软贵重之物,连所住之屋,也是租自朱姓。据该家属胡乃钧供称:"所有家产,前已变抵公私各款,现今人亡财尽,无产可封。"

按照厘捐总局所列胡雪岩应缴公款完欠清单,北京、上海、汉口、杭州、宁波、福州等地的阜康银号、钱庄以及胡雪岩在江浙和两湖开设的26家典当铺所有货本器具屋基都被抵债。此外,价值数百万的胡庆余堂和价值数十万两的元宝街胡家花园住宅(这座名园巨宅穷极奢华的状况将在下面一章叙述)落到了最大债权人文煜手中。

文煜巧取豪夺了胡庆余堂,但又想打扮得冠冕堂皇,于是他把胡庆余堂全部厂、店、房地产作价20万,采用树德堂和记文煜与丰义堂恒记陈淦生合作经营的形式。胡庆余堂药铺由陈淦生用恒记股名以14万两出面顶受(实际上还有树德堂和记、世真堂原记及宝善堂顺记入股)。上述两方面的受盘,文家占了绝大部分(180股)。1884年(光绪十年),在获得左宗棠批准后正式订立买卖契约,写明卖价共18万两,分胡庆余堂药铺杜绝卖契,大井巷、小井巷和涌金门的厂店房屋基地生财卖契以及贴绝契、截贴契四种。

胡庆余堂换了主人后,经营方针照旧不动,生意仍做得很好。到1899年(光绪二十五年),文、胡两家又订了一张契约,全文如下:

"立合同议据胡庆余堂药号,今议得本堂于光绪二年开设杭省大井巷地方,原系胡雪岩先生建造房屋,创立胡庆余堂雪记药业,生意兴旺,四远驰名,成为上等不朽之基。嗣因文氏与胡氏有存款交涉,而胡氏于光绪九年间业丝大亏,一时周转不及,凭中即将胡庆余堂雪记药业连同房屋生财全数替与文府和记为业,以清款项。当文氏接项时,仍以胡庆余堂雪记开张,胡雪记三字连在牌字之上,声名远著,虽穷乡僻壤,无人不知,有关生意出入。经当时公同酌议,于庆余堂红股一百八十股之内提出八股分润胡氏昔年创业之劳。以故文氏接开至今,日增月盈。今固胡氏邀同原中,将雪岩先生前戤元宝街老屋全所,另立杜绝卖契,归文府管业,以抵前项。三面议定,又加胡氏红股十股,连前八股,共计十八股,并立支折一扣,每年预交余利洋二千四百元,以资胡氏家用,余俟三年分红,再按股均涨。所有胡氏前立戤据红票等件,眼同掣销外,尚少红票,倘日后检出作为废纸,从此各款全清,毫无纠葛。是系两相允洽,各无异言。以后不增不减,永为定例,相与庆余堂历垂不朽。恐后无凭,立此合同议单一式二纸,永远存照。

    允议:志静轩　胡缄

       胡品三

    见议:张筱浦　许奎圃

       范毓峰　王文联　陈松溪

    代字:邵春圃

  光绪二十五年正月

  再批:阜康原欠文氏红票银五十六万两,又红票抵银二万两,又潘伟如账抵银二万两,现在元宝街房屋绝卖找价银十万两,尚有红票四万两,俟后检出,作为废纸。并照。"

这张契约把胡雪岩生前拥有元宝街宅第及红票斥为"戤"(旧指冒牌图利),首先就盛气凌人地置胡家于不利地位,胡家把胡庆余堂抵给文煜还不够,还被迫将元宝街住宅也送给文煜,虽然文书上有 10 万两房屋绝卖找价,但事实上胡家分文未到手,仍作为还给文家的债款。从上述契约可知,胡家仅靠文煜给的 18 股招牌股维生,而这并非是文家特别开恩,而是胡雪岩开药店行"仁术"的善报,也是胡雪岩经营有道的结果。

1911 年(宣统三年)辛亥革命以后,浙江军政府没收了满族官僚文煜在浙江的产业——胡庆余堂,登报标卖,此是后话。

胡雪岩一生苦心经营的事业就这样付诸东流,胡败时已 20 多岁的同里人汪康年有这样一段评说:

"综胡之一生言之,抑亦一时无两人也。当其受知湘阴相国(指左宗棠),主持善后诸事,始则设粥厂,设难民局,设义烈遗阡,继而设善堂,设义塾,设医局,修复名胜寺院,凡养生送死赈财恤穷之政,无不备举,朝廷有大军旅,各行省有大灾荒,皆捐输巨万金不少吝,以是屡拜乐善好施之嘉奖,由布政使衔候选道被一品之封典,且赠及三代如其官,外人之商于华者,亦信为巨富,中朝向之假贷,苟得胡署名纸尾,则事必成,至于委巷小民,白屋寒士,待胡而举火者,咸颂胡祷胡不置。呜呼,何其盛也!及其败也,此方以侵蚀官库被县官闭告,彼即以伙友无良挟赀运遁告,身败名裂,莫为援手,宾客绝迹,姬妾云散,其后判若两人。呜呼,何其衰也!岂生平所获皆不义之财,故悖入者亦悖出欤?抑务广而荒,受逾于器,人满则天概之,故及身而败欤?梁武帝有言曰:'自我得之,自我失之,亦复何憾。'其斯人之定论也夫。"

胡雪岩的破产并没给清政府造成太大的损失,截至1886年3月(光绪十二年二月),所欠公款基本完缴,但以下三个方面的影响却是需要做一番交代的:

首先,胡雪岩破产引发经济恐慌,导致市场主动权旁落。

胡雪岩鼎盛时期,拥资巨万,操纵银行达到旦夕轻重的程度,所以他的银号、钱庄搁浅后,市面马上受到震动。在杭州,胡雪岩的阜康、德馨两个大钱庄一亏倒,绸庄、皮货庄交易锐减,各丝行"停秤不收","城中各业无处不紧张",所有交易都凭现钱成交,"日日如除夕光景"。《庄谐选录》记载:"江浙诸省,于胡败后,商务大为减色,论者谓不下于庚申之劫(指1860年太平军攻浙)"。其实,波动所及,何止江浙。在北京,原有恒兴、恒和、恒利、恒源四大钱庄,人称"货殖之总会""钱庄之冠",可是,阜康北京分号一倒,市井哗然,人心不定,"人咸以收执银钞不若收存现银为妥","持票向四恒取银者,不绝于途,街衢几为之塞。"结果造成银价上涨,街市萧条等连锁反应,生于1894年(光绪二十年)的江苏吴江人、掌故学家范烟桥称此事也算得"都市之变"。

作为19世纪下半叶中国商界的健将,胡雪岩鼎盛时期一度甚至掌握通商口岸市场的主动权,如《异辞录》所言:"江浙丝茧,向为出口大宗,夷商把持,无能与竞。光墉以一人之力,垄断居奇,市值涨落,国外不能操纵。"在与洋商的竞争中,胡的民族意识相当强烈,而且作风泼辣,结果"夷商畏胡金多,遇大小交易,恐为所阻持,尚不敢过于狠毒。"然而,胡雪岩一破产,洋商见华商无人与之抗衡,欲控制中国市场。《见闻琐录》作者欧阳昱正是在这个意义上,发出"胡虽不足道,实系中国商贾盛衰之大局也"的感叹。胡雪岩的破产造成中国商界相当一段时间内呈现万马齐喑的局面。1903年(光绪二十九年)春,"渐东市隐"在海上寓庐为《雪岩外传》作的序,对此有客观的表述:

"自君一败,而中国商业社会上之响绝音沉者几二十年。……纵偶有一二海上经商、略涉商学以问欧洲之津,然胆脆量狭、枝枝节节而为之,欲如君向之冒险直任，即集当今诸商董而问之，亦金自谓勿如也。……独至商会之无力，有足令人抚髀长叹者，中国梦梦，吴山沉沉，安得雪岩再生？"

其次，胡雪岩破产使平民储户遭受最惨重的损失。

当时索债以归还官款和贵族大吏的存款为先，各善堂、行号、铺户，有力者尚能勒取其居室的器具、古玩作为抵偿，"是时贾商贩竖挟胡氏物出售者，其类不可胜数，……至于清亡而未已。"而一般平民百姓，特别是懦弱的家庭妇女，熬吃俭用，好不容易置下的一点积蓄，所偿只有十分之二三，大多数还无可追索，只好饮恨吞声。本书第三章第三节曾提到有个和尚携资 500 元存放胡雪岩在杭城的典肆，当时店伙拒纳，和尚在门外敲了三天三夜木鱼，经胡雪岩亲自过问才得如愿。可是一年后，胡雪岩倒债了，和尚前去取款不得，又不停地敲木鱼，店伙对他说："和尚，汝昔以三日三夜之力而敲入，今欲以三日三夜之力敲出，不可得也。"结果，该典肆以女人衣裤折价相抵。那个和尚手持女人衣裤，哭着说："僧携此以往，诚不知死所矣。"

虽然，胡雪岩倒债确系迫不得已，但此事客观上败坏了风俗。当时有些奸商趁机效尤，浑水摸鱼，借"倒债"之名有意侵吞他人财产。《见闻琐录》记载苏州某县有个人曾代理福建按察使，富称百万，开了数十家当典、钱铺，大家以为此人可靠，官绅商贾寄存动辄成千上万，连孤寡妇女也存几十两在其铺内生息。可是，有一天，此公尽闭诸铺，扬言"资本大亏"。他欠债 180 万，所留货物产业仅 20 余万，大多数储户无法取偿，"号哭欲死而已"，小业主遭此亏折，做生意缺了本钱，"苏垣因之闭市数月。"事实上，此人并非真的亏空，而是眼见存款聚积益多，"阴萌恶心，诈言亏折"，事先派两个儿子把财产运寄到安徽等地了。此类事件在 1883 年（光绪九年）胡雪岩倒债后的二、三年间时有发生，户部尚书阎敬铭认为之所以出现这些"从来罕有之事"，是因为奸商见胡雪岩亏空后并没得到严惩而无所忌惮，结果导致"京外屡为骚动，市井益为萧条"。所以，阎敬铭在 1885 年（光绪十一年）奏请法办胡雪岩时，毫不客气地指出："败坏风气，为今厉阶，则自己割道员胡光墉始"。应该说是有一定道理的。

再次，胡雪岩破产使胡家昔日的体面、财势烟消云散。

胡雪岩意识到大事不好后就遣散姬妾，允他们回房检点金银细软，出外自觅生路。最早离去的人所得不亚于中等人家的财产；后来风声更紧，将行籍没家产之举，遣散者所携大不如前，但还是珠翠满头、绮罗披身；到胡雪岩病重垂死之际，所遣之妾已是两手空空走出胡家。这些女子在胡雪岩风光时是他的玩偶，此时"树倒猢狲散"。据裘毓麐《清代轶闻》记载：胡雪岩有个小妾挟金离开胡家，来到上海，居住枇杷门巷为妓，自称"金红仙"，不久改嫁一陶姓男子，因不容于正妻而被赶出陶家，只得重操旧业，改名黛云。她初操杭州话，时间一长，始习吴侬口音，人皆知金黛云是南朝齐时钱塘名妓苏小小的同乡,加上她颇有姿色,一时艳声四播,而金黛云不愿长堕风尘,希望择人从良。她中意昆陵人中山君,积下千余金,交给他代储于银行。不料中山君别娶一人,黛云郁郁寡欢,后嫁一个做药业生意的宁波人,生了两个女儿,又因故离异。黛云拖带二女,只得复出接客,终因岁月无情,色衰爱弛,比不得从前车马如云,终至负债累累,被迫典押二女。几年以后,中山君顾念旧情,解囊相助,金黛云才赎回已是少女的长女,但为了维持生活,黛云长女以金秀兰之名操起母亲干过的行当。离开胡家时多少携带一点资财的金黛云运途尚且如此颠沛,胡雪岩那些空手出门的下堂妾境遇如何可想而知。

胡雪岩的母亲金氏在胡雪岩事业如日中天时,因母以子贵,又兼本人对慈善事业多有参与,而受朝廷赐匾。当年胡雪岩曾在西湖云林寺为母亲做寿,从山门直到方丈所住的屋子都挂满寿文,几无空隙,官绅亲戚登门祝寿者络绎不绝。胡雪岩破产身亡不久,80多岁的胡金氏也随之一命呜呼,但胡家已倒运,亲友避匿唯恐不及,前去悼念的人寥寥无几。而且胡家已受查抄之令,恐人议论,丧仪一切从简。假使胡母早三年而逝,谅必备极哀荣,这个老妇人真可谓以寿为戚。

杭州风俗,每年中元节(七月十二日)那天有盂兰盆会,即由绅商为首,出缘簿募化,在庙内设经坛,用冥钱拯济孤魂。胡雪岩死后的第二年中元节,有轻薄子故意在胡家门前设一醮坛,在墙上高挂蟒袍、补服、大帽、皂靴、烟具、赌具,旁悬一把团扇,上题"雪岩仁兄大人法正",可谓刻薄之至,胡氏家人精神上所蒙受的痛苦由此可见一斑。而且他们的日常生活也受到冲击,胡庆余堂和元宝街老宅被文煜家占去,他们只得向朱姓租屋,后来,依胡庆余堂的18股招牌股(年得分利洋2400元,其余三年分红时再按股均派)为生。

胡雪岩大起大落的命运令人兴感,1902年(光绪二十八年)"秦淮词客"在抱山堂题词,开首即道:"紫气盈盈满浙东,逼人富贵欲朦胧。五城十二楼皆幻,荣辱升沉一笑空。"范烟桥在其所著《茶烟歇》中也慨叹:"其盛也勃如,其衰也倏焉,有如南柯之梦。"

据说,当年胡雪岩富甲天下、仆从云拥的时候,观者啧啧称羡,视为"神仙中人",而某公独讲:"雪岩义近冰山,恐勿能久耳"。不久果然被言中。可是,把胡雪岩倒运归咎于意指冰山的"雪岩"两字,显然谬不堪击。那么,究竟是什么原因导致风光烜赫的"红顶商人"一夜之间破产的呢?

业丝失利固然是胡倒运的直接原因,但我认为那只是一根导火线,在这起偶然事件背后隐藏着个人素质、社会背景等内在的、必然的因素,浮躁骄奢便是其中一个方面,具体表现在以下两点:

1.浮夸自矜,坐井观天。

《孙子兵法》有句名言："知彼知己，百战不殆"，它作为一种谋略也适用于商界：经营者要获得成功，除了需要充分估计自身的实力，组织企业内部的生产、经营，还必须掌握竞争对手的各种信息，熟悉与竞争相关的有关国家和地区的政治、经济、市场等情况。

近代中国由于国门洞开、华洋互市、整个经济形势呈现出与传统社会迥然不同的势态：商品与货币运动纷繁复杂、商业网络扩大，中国被动地进入世界市场，华洋矛盾日趋激化、控制与反控制斗争尖锐，所有这一切要求经营者不仅要有管理和组织生产的实际经营才能，而且要具备适应近代商品经济发展的丰富的人文科学知识和自然科学知识。运用人文科学知识观察社会和人际关系的变化，运用自然科学知识及时发现、利用新的发明。

胡雪岩年少时为了生计，被迫早早辍学，本已先天不足，而白手起家致富的经历使他自信得近乎自傲，有大官援助更使他带上旧式暴发户常有的骄矜，这在李宝嘉《南亭笔记》记述的一件事中就有反映：胡雪岩雅好古董，府第门庭若市，但他没有能力也没有时间辨识真伪，只是拣价格昂贵的买下。一天，有个古董客人出售铜鼎，开价800两银子，并说："此系实价，并不赚钱也。"胡雪岩听了反而很不高兴，他说："尔于我处不赚钱，更待何时耶？"结果，如数给了古董商银子，挥之使去。浮夸自矜的性格导致胡雪岩在国际交通、欧潮东来的形势下故步自封，做了井底之蛙，这就使他在知识结构上"后天失调。"结果，他在经营上，基本承袭传统的诚贾良商的规范，缺乏近代化生产的开拓意识，而且对于国际行情缺乏足够的了解，造成其经营活动的主观性和盲目性，这在"丝茧大战"中有突出反映。1882年9月底（光绪八年八月中旬），每包上等丝在英国伦敦售价为16先令3便士，但在上海，由于人为操纵，折合英镑竟达17先令4便士，而胡雪岩不知行情还大量收购，到1883年5月（光绪九年四月），所囤生丝多达1.4万包，而且当年意大利生丝丰收，消息不灵的胡雪岩只看到那年浙江气候欠佳影响丝茧收入，还等着卖高价呢！结果，这一跤跌得够惨，祸及一生事业。

陈栩在《雪岩外传》第一回中借袁姓老者（书中仙人化身）对尹芝（被胡雪岩聘来改造花园的湖北名士）讲的话，揭示出不明商学是胡雪岩失败的一大原因："此老立于商战之世，素来不明商学，全靠这些天生的宿根，动要与外人争衡，窃恐骄奢事小，顽固祸大，逃不过盛极必衰的道理，冰消瓦解，便在指顾之间。"该书序三"西湖冷眼叟"的《读胡雪岩外传价值》告诫人们：希望胡雪岩的生平"能使不明商学之人，幡然变计。见如胡大先生之魄力，左宫太保（即左宗棠）之靠山，而处此物竞天择优胜劣败之商战剧台，尚不能以顽固使气用事，况等而下之者，可不急开商智，求合群以自保险耶？"应该说，胡雪岩浮躁虚狂、忽视知识装备造成的损失是惨重的，而留给人们的思考也是相当深刻的。

2.土木声色、挥霍无度。

胡雪岩暴富后，就在上海和杭州等地营建豪华宅第。其中尤以杭州元宝街园宅最为富丽。该宅第从1864年(同治三年)开始建造，胡从四川、云南、贵州、广西等地购运大批名贵木材，从太湖等地选运有"皱、瘦、透、丑"特点的假山石，从山东菏泽等地移栽"魏紫""姚黄"等各种牡丹。花费大量人工物力屡毁屡造，务求既有皇家花园的规模，又有西洋建筑的风格，《雪岩外传》第二回描述元宝街胡宅外观：

"只见四拐角上，真有一只石元宝横嵌在地下；那街道可有四匹马可以并行，中心凸起，西边低下，也像元宝心的形势；街地上全是青石海漫，两面墙脚石，砌有一人多高；一片黑墙，打磨得和镜子一般，人在那里走都有影子；仰面看那瓦脊，竟要落帽，可有五、六丈高。"

外观气势巍峨壮观，内部布局和陈设当然也是顶呱呱的，宅内有五开间正厅五进，还有楠木厅、四面厅、十二楼阁。舒目窗外，可见"四百"，即百竿竹、百章梅、百株桃、百本桂。另辟园林，包括曲廊、小桥、荷花池、牡丹台。鬼斧神工的假山、水池，精雕细琢的飞楼画阁，隐约于花哨树杪之间。盖顶碧瓦、五色玻璃、外国水法塔灯无不炫耀着主人的财势。据《雪岩外传》描述，胡雪岩正室夫人所住的百狮楼，用了一百只紫檀木磨成、以黄金作眼睛的狮子做栏杆。又如影怜院，西边云石砌墙，嵌了西洋金边大镜，窗臼都是用云铜铸成半个香炉状，用大螺丝镟在上面，那窗楹踢脚用整块紫檀板。还有滴翠洞，四面峭壁嵌满碑迹，一根铜管一头插入一口围着石栏、做成水池模样的方井，一头直盘山壁，仿过山龙的样子，从垒垒下坠的石乳间润下滴滴有声的泉水，在四周绿得发醉的草木影映下，滴泉显得格外葱翠。

元宝街胡宅在落入文家之手后，屡次被拆卖，到民国时期，废园充作浙江兴业银行财产，该行内部结构大多是楠木厅的旧料。《"红顶商人"胡光墉(雪岩)兴衰史》的原作者黄萍荪先生在1933年去元宝街胡氏故宅时，还看到一座三间双层的别院，占地不足一亩，但屋檐的落水管全是赤铜的，已经干涸见底的荷花池底用锡浇铸，朱漆栏杆都用楠木作料，厅内四壁贴面的五色碗沙虽因经历岁月沧桑而斑斑驳驳，但稍加拂拭，依然光彩夺目。而陈栩的《雪岩外传》出版时，离胡雪岩去世不到20年，比黄先生访胡氏整整早20年，何况这个少时就爱好小说诗词的胡雪岩的同里人，为写作《雪岩外传》，极有可能去实地采风，到胡宅走马观花。此外，更有书前"西湖冷眼叟"的《读胡雪岩外传价值》为证："是传即除去公案，事事纪实。""近欲亲游胡大先生住宅者"(说明当时确有访游胡宅的人)，如果困于游费不资，可看此传，因为"传中乃记载分明，何工所造，何人所监，有原有委，次叙井井。得此一部，可省无数埠力游资，而滴翠诸洞，宛然如在目前矣。"根据以上材料分析，《雪岩外传》对胡宅的描绘并非夸大其词。

总而言之,元宝街穷极奢华,据《申报》报道,有个外国官员到杭州,不住官方的迎宾馆而宁愿下榻胡府。

胡雪岩除了营建豪宅,还沉溺声色。有一次看戏,正好碰上名伶周凤林初次登台,胡与另一富翁李长寿遥遥相对,争着给重赏。胡雪岩命人用筐盛银千两,顾之如雨,即使数十年以后,也没人像他这样出手阔绰。

胡雪岩的日常起居十分讲究,每天早晨起床,由仆佣端着翡翠盘,盘内放着青、黄、赤、白、黑各色宝石若干枚,胡凝神注视,"养目"一个钟点后,才起来盥洗。

胡雪岩酷爱女色,又喜欢微服冶游,经过街市,若看到姿色秀美的女子,他往往会派门客登门说合,身价再高也不在话下,而且还给其家人安排美差。

在风流的私生活中,胡雪岩也处处显露出暴发户趾高气扬的神气,《南亭笔记》记载:有一次,胡雪岩穿着旧不拉几的衣服到一妓家,那妓女久混风月场,见惯了多少千金买笑的达官贵人,见他这副穷酸相,便懒得理会,只有一老妇人殷勤招待。第二天,胡派人送老妇两个蒲包,打开一看,尽是亮灿灿的金叶。妓女大悔,就遣老妇人跟踪上门,请胡老爷命驾。胡果然再度光临,然而他只是捻须微笑,不发一语。又有一次,胡雪岩经过一家裁缝铺,有个苗条女子倚门而立,胡便注目于她,女子察觉后,惊羞之下,关门入内。胡雪岩非常生气,派人向其父亲提媒,欲纳为妾,女子的父亲开始不同意,胡许以七千元后才答应下来。胡雪岩择日设宴请客,宴散入洞房后,胡开樽独饮,醉后命女子裸体卧于床上,又命仆人在旁高举巨烛,他回环审视,高掀鬟髯,放声大笑,说:"汝前日不使我看,今竟何如?"说完匆匆出门,宿于别房。第二天,派老妇传话:"房中所有悉将去,可改嫁他人,此间固无从位置也。"就这样,胡雪岩仗着有财有势,侮辱了良家女子又将她休弃出门。此女是因冒犯胡雪岩而被休的,也有人因胡喜新厌旧遭抛弃,胡强买美女,通常过三五夜或一两个月,就给银数百两,任其改嫁,《见闻琐录》上说"凡买而旋遣者,殆数百人。"

被胡雪岩看中的美女有贪图钱财不顾名节的,但也有性刚气烈至死不从的,据传胡雪岩寻花问柳也曾闹出人命来。《见闻琐录》记载,有个穷秀才,家有姿色过人的妻子,偶然被胡雪岩撞上。胡叫人拿了500两银子利诱秀才卖妻给他做妾,秀才坚决不从,但胡的手下人把银子扔在地上,命轿夫来抬秀才娘子。秀才惊慌失措,其妻却拿定主意:"不去,大祸必至。妾有以报君,断不失身"。她怀藏小刀,到胡府门口下轿时,骤然用刀刺喉而死。秀才闻讯,悲愤欲绝,告到衙门。无奈胡雪岩与官府关系密切,至交颇多,他们压下状纸不予受理。冤气满胸的秀才不肯罢休,他听说知巡河到姑苏的彭刚直为人正派,肯为百姓办事,于是奔到他的舟前投状。不料,彭不愿卷入地方争讼中,不予受理,秀才泣道:"彭公亦复如是,已矣!冤莫伸矣"。他把状纸放在怀中,投水自尽。彭见其确有冤情,命人救起,但已气绝。彭看罢状纸,直接到杭州提审胡雪岩。胡自恃背后有靠山,不把小小的彭刚直放在眼里,他轻描淡写地算说此系小事一桩,只需厚礼祭葬死者就可。彭勃然大怒,说:"强取妇女,丧人两命,尚云小事乎?"他命人捆绑胡雪岩,准备请示刑部后杀了他。全城官员听到消息,都来求情,彭一概不听。还是浙江巡抚棋高一着,他说:"全省公项,俱胡经手,猝杀之,无从查核。请拘系十日,清理公项,再杀何如?"稳住了彭以后,巡抚命发八百里加紧驿马,讨救信送到陕西左宗棠处。左亲写书札,代为缓颊:"姑念其助饷大功,此次乞宽宥,再不悛,即置重典。"彭刚直向来敬重左宗棠,至此,只得在严词申饬胡不得再犯以后放了他。

以上细节,采诸野史・笔记,难保无渲染处,聊备参考。不过胡雪岩广置姬妾却是事实。《雪岩外传》说他连妻带妾有 12 个,号称"十二金钗",《异辞录》说胡有妾 10 余人,《慎节斋文存》说有 24 人,《南亭笔记》说有 36 人。这些粉妆玉琢、黛绿脂红、珠翠争辉、锦绣耀眼的妻妾分处胡府内几条长巷的楼屋中,犹如皇宫的永巷。她们与胡雪岩一起过着酒池肉林、欢歌笑宴的奢侈生活。每天晚上,侍婢用银盘盛好写有各楼姬妾的牙牌,胡雪岩随手抽取一枚,侍婢即按照牌上所镌姓名,呼入侍寝。花晨月夕,诸妾遵命穿着五颜六色的衣服连翩而坐,胡雪岩左顾右盼,以此为乐。有时诸妾穿上写着"车""马""炮"字样的红、蓝色比甲,登上画为方罫,也可读(拐),指棋盘上的方格子的盈丈高台,遥遥对峙,胡雪岩与夫人在栏杆上用竹竿指挥她们,号称"下活棋"。

胡雪岩由于纵欲过度,精力不继,有人投其所好,献"京都狗皮膏"。当时市面上通行的春药都是煎剂或者丸药,虽奏效一时,但时间一长容易引发其他疾病,而狗皮膏只消贴于涌泉穴,事后即揭去,其药性不深入脏腑,所以比其他春药好得多。不过,北京城内所售假货居多,即使是真的,如不到火候也没有效果,只有一家独得秘传,擅名于时,但为了牟取暴利有时也以旧充新。为此,胡雪岩每年派人携资数万特地入京监制,以供一年之用。

奢俭既是伦理学概念,也属经济学范畴,自先秦以来就为众多的思想家所关注。儒家提倡"温、良、恭、俭、让",这其中的"俭"就是要求人们节欲安贫、勤俭立身;墨家反对"繁饰礼乐以淫人",倡导节用;韩非断言"侈而惰者贫"……凡此种种,无不包含鲜明的伦理道德上的褒贬,给人们的价值取向和伦理原则带来很大的影响,战国时期的白圭弃官从事珠宝生意,并贩运农产品和手工业品,由于采取"人弃我取,人取我与"的辩证经营策略,生意越做越旺,司马迁《史记・货殖列传》说他成为富可敌国的大富翁以后,依然薄饮食、节衣服。明清时期的晋商虽饶有资财,但安于俭素。应该说,历史上自奉俭约的良贾代不乏人。然而,也有相当多的商人由于拂不去郁结心头的"商为四民之殿"的传统观念的阴影而由自卑产生自矜的逆向心理,试图以一掷千金来体现自身的价值,另一方面他们也有互相攀比的心理,还有应酬场面、张扬名气的实际需要,所以他们致富以后,往往挥金如土,如:清代康乾时期的扬州盐商所得利润一半用于肥家润身,他们纳妾、宿妓、赌博、建造豪华宅第,阔婚厚葬。《清稗类钞》记述有个盐商想一次花掉万金,竟然吩咐门客买了许多金箔,置于镇江金山寺塔上,顺风扬去,顷刻散落草树间,不可收拾。还有一人用三千金买了苏州不倒翁,倒入水中,河道为之堵塞。这种远远超出社会发展实际水平的高消费虽然一定程度上促进了商品经济的发展,但严重损耗资本积累,不利于扩大再生产,而且助长奢侈浪费的歪风邪气,烜赫一时的徽商到清后期日趋没落,固然起自嘉庆时盐务改制以及道光时食盐纲法改为票法,然而,斗富竞奢导致财力消乏亦是个不可忽视的原因。

唐朝诗人李商隐,(约 813 年~858 年,怀州河内<今河南沁阳>人),在《咏史》中有"历览前贤国与家,成由勤俭破由奢"之句,遗憾的是胡雪岩对奢可败业这个道理的认识远不如早他一千年的李商隐来得清醒。捐资得官的他虽然转化为集工商、金融于一体的新型资本家,但依旧带有深深的封建烙印。他的勃勃雄心在依红偎翠中日渐消磨,他的相当一部分的资金在土木声色中如水逝去。纸醉金迷、骄奢淫逸的生活使盛极一时的徽州商帮走向没落,当然更能毁了单枪匹马的胡雪岩的事业和前程,正如裴毓麟《清代轶闻》中所讲:"……俭为商人美德,苟穷奢极侈,虽雄才大略,如胡雪岩,尚不免于失败。"

可叹胡雪岩枉自聪明一世,重蹈了旧式商人浮躁骄奢的覆辙。其由盛而衰的一生再次证明:创业难,守业更难;治家之道,犹在节俭。

在沧海桑田的历史运动中,人类既是剧作者,也是剧中人,其活动必然受社会历史这个大舞台的制约,正如马克思所言:"人们自己创造自己的历史,但是他们并不是随心所欲地创造,并不是在他们自己选定的条件下创造,而是在直接碰到的、既定的、从过去承继下来的条件下创造。"斯大林在 1934 年 7 月 23 日对英国作家赫·乔·威尔斯讲的一句话进一步把这个道理通俗化,他说:"但是一个最有才华的统帅,如果环境对他不利,他就不能达到你所说的那种目的"。

联系到胡雪岩,我们不难明白,如果把其破产仅仅归咎于虚骄自大、不谙商学、大兴土木、沉湎酒色、出手豪奢等个人素质上的问题,那只是皮相之谈,还须从社会历史原因作深层的分析。

可以想见,太平之世加上重商、恤商的氛围是任何一个经营者所企盼的最佳投资格局。然而,胡雪岩不幸身处中国沦为半殖民地半封建社会的大气候之下,其经营活动身不由己地笼罩着忧患时代的阴影。

其一，外国资本主义攫取中国利权倾轧华商。

胡雪岩一生遭遇了鸦片战争、第二次鸦片战争、边疆危机和中法战争的劫难，烽火连年，哀鸿遍野破坏了正常的经商环境，尤为严重的是列强逼订《南京条约》《虎门条约》《望厦条约》《黄埔条约》《天津条约》《北京条约》《烟台条约》等一系列不平等条约。勒索巨额赔款，割占领土，开辟中国沿海和长江流域20座城市为通商口岸（除了本书第一章提到的两次鸦片战争后开放的16处之外，1876年9月13日<光绪二年七月二十六日>签订的《烟台条约》又增加宜昌、芜湖、温州、北海四处），攫取领事裁判权、最惠国待遇以及公使驻京、口岸租地造屋、自由传教等特权。并从以下四个方面对中国经济构成直接威胁：

一是降低税率。1842年（道光二十年）签订的《南京条约》规定英国商人"应纳进出口货税、饷费、均宜秉公议定则例"，开了协定关税恶例，剥夺了中国的关税自主权。

1843年10月8日（道光二十三年八月十五日）签订的《虎门条约》附粘《海关税则》，所定61种出口货物和48种进口货物的税率都比鸦片战争以前大为降低，还规定未列入该税则的进出口货物一审"值百抽五"。第二次鸦片战争期间，英国为首的资本主义列强通过1858年（咸丰八年）的《天津条约》和《通商章程善后条约》，进一步降低38种进口货、22种出口货的税率，取消常关税（水陆交通要道或商品集散地所在机关区收的通过税），规定外货入内地只征2.5%的子口税（相对于海关所在口岸<母口>的内地常关、厘卡所在地<子口>征收的各种捐税）。1876年（光绪二年）中英《烟台条约》进一步规定租界内洋税免收厘金，洋货运入内地全免各项内地税而只交子口税。这些规定使中国在长达半个世纪的时间里，成了世界上进口税率最低的一个国家。

二是把持海关。早在1854年（咸丰四年），英、法、美驻上海的领事趁内战之机，攫得当地海关的管理权。第二次鸦片战争期间签订《通商章程善后条约》，进一步明确规定中国海关由英国人"帮办税务"。1861年（咸丰十一年），总理衙门任命原上海税务司的英国人李泰国（Horati D Nelson Lay，1832年~1898年）为总税务司，他把上海半殖民地化的海关管理制度逐步推广到广州、汕头等商埠。两年后，英国人赫德（Robert Hart，1835年~1911年）继李泰国为总税务司，任期长达48年。赫德制定并推行了由外国人管理的中国海关制度，根据这个制度，在1864年（同治三年）委派英、法、美及其他外国人担任包括台湾在内的中国沿海12个商埠和长江沿岸的九江、汉口的海关的税务司，税务司以下的高级职员也是清一色的外国人，以后新增海关照此办理。列强通过把持海关，控制中国的财政收入，干涉中国的内政、外交，扩大自己的势力。

三是控制航行权。1844年(道光二十四年)中美《望厦条约》规定美国兵船可以到中国沿海各港口"巡查贸易",列强各国在"利益均沾"的名义下纷纷援引,攫取了在中国的沿海航行权。1858年(咸丰八年)《天津条约》规定外国商船可在长江各口往来,这又使列强拥有了内河航行权。1862年(同治元年)美国商人在上海成立旗昌轮船公司,也名上海轮船公司(Shanghai Steam Navigation Company),经营沪粤、长江两大航线,1867年~1872年(同治六年~十一年)间垄断了长江航运。1867年,英商太古洋行组织中国航业公司,先开沪港航线,1875年(光绪元年)增辟长江航线,后来,陆续扩展中国沿海以及中国到海外的航线,在南京、上海、宁波、广州、九江、汉口、香港等地设码头和堆栈。此外,英商怡和公司在上海、香港等地也经营航运。太古公司和怡和公司后来居上,在相当长时期内,简直成了旧中国航运业的主宰。

　　四是在中国设立银行。1845年(道光二十五年),鸦片战争结束才三年,英国丽如银行就在香港设立分号,这是出现在中国土地上的第一家外国银行,1848年(道光二十八年)它在上海设立分行。进入50年代,上海、广州、香港等通商口岸出现英国的汇隆、呵加剌、有利、麦加利和法国的法兰西银行。1864年(同治三年)英商汇丰银行设总部于香港,第二年开始营业,并在上海设立分行,这是第一家将总行设在中国境内的外国银行。以后,随着外国资本的侵入,外商银行日渐增多。这些银行为洋行洋商提供汇兑、进出口押汇、打包放款、信用透支等财务上的便利;通过向清政府高利贷款,控制中国政治和财政收入;通过向华商放高利贷,控制贸易、赚取高息。

　　拥有上述侵略特权的洋商与仍带有封建残余的近代华商在商场竞争,谁居上风是可以想见的。经历过那个时代的欧阳昱在《见闻琐录》中就已一针见血地指出:"自各口通商后,利之操纵尽归外洋。……华商遂如鸟在笼中,闭放由人,不能自主矣。"

　　欧阳昱在福建时,就亲眼目睹了业茶华商受洋商挤兑的情形:某年初春茶到,众华商商议公立契约,限期7天,非按所定的统一价格不卖。洋商恐怕以后被华商所制,相约不买。双方对峙两三个月,竟无人问津。于是,华商中投资多的人深恐茶叶久存霉烂、亏损巨大,本钱小的人担心卖不出去,连微薄的一点资金也会赔进去,借钱作本的人更加担心时间拖长,付不起重息。渐渐地,他们把事先的约定抛到脑后,私下向洋商求售。洋商窥破其中的隐情,更加刁难,非得压价四、五倍才收购。结果价值100万的初春福茶卖后统计仅五、六十万。"足迹半天下"的欧阳昱"见二十年来,以业茶破家者,十之八九,商贾日失志,市肆日减色。问其故,皆曰:'利柄操于夷人,华商不能与争所致。'"实际上,在半殖民地半封建的近代中国,何止茶商如此,民族工业者普遍遭受厄运。

其二,封建政府对本国工商业者不但无力保护,而且多方滋扰。

鸦片战争以后,中国的领土完整和主权独立受到严重破坏,政府丧失了保护本国工商业的能力,如:在外国税率高达60%的烟、酒,却以食物的名义输入中国,1869年~1870年(同治八~九年),镇江海关曾建议对洋酒、洋烟征收重税,遭到赫德的反对,这样合理的事清政府也不敢力争。又如:1880年(光绪六年)农历十月,轮船招商局和众轮船运货到美国,该国海关不援值百抽五之约,而抽取10%的关税,这违反"利益均沾"的原则,结果,清政府不敢出面交涉,商民亏折难以数计。

封建政府对外软弱妥协,对内却变本加厉。早期改良派郑观应曾揭露:"官不能护商而反能病商,……封雇商船、强令承役。只图自利,罔恤民生。"清政府之所以没有惠工恤商,是因为它把重农抑商作为安身立命的国策。虽然在鸦片战争以后,清廷被迫开埠通商,但还是有相当一部分顽固分子认为商品经济"荡心志,败风俗,糜钱刀,甚至交通蛮夷,输致琛诡,射利取赢,是率天下而离南亩者也"。顽固派拒绝开办新式工业,如1868年(同治七年)有个何姓盐商在江苏句容买下一座山,准备采煤,被地方士绅视为异端而遭驱逐。1882年(光绪八年),商人何崑山在广州议设自来水公司,因地方士绅以"破坏风水"为由拼命反对而没有建成。60年代开始,清统治集团中虽分化出一批主张开办新式工业的洋务派,但他们在拓展近代实业时附带着为自己牟取私利、扩大势力的私心杂念,凭借政治特权,以官督商办、官商合办等方式,垄断近代实业。如1880年(光绪六年)李鸿章在上海办机器织布局时就声明:10年之内,华商要投资织布业只许附股搭办,不准另行设局。在这种情况下,风气虽有一定程度的开化,但民办工商业还是受到抑制,即使办起来,也受到政府苛捐杂税的剥削和大大小小的官吏敲诈勒索,其中危害最大的是厘金。这种税于1853年(咸丰三年)由刑部侍郎帮办江北大营军务雷以诚(1801或1806年~1884年,湖北咸宁人)在扬州仙女庙(今江都)等处首先设卡开征,1857年(咸丰七年)开始通行全国。这种清政府为筹集镇压太平天国的军费而征收的货物通过税,在太平天国被镇压下去以后,并没撤销,前后举办了五六十年之久。厘卡日增加上卡丁差吏额外需索,加重了工商业者的负担。

综上,中国近代工商业者身处外国资本主义和本国封建势力双重压迫的逆境。为了在夹缝中求生存,他们常常左依右附,巴结外国资本主义、本国封建主义势力,表现出妥协、软弱的一面。

胡雪岩较早与洋人打交道,由于财大气粗,被洋人推为"中国第一人",西征借款,洋人不听被清廷倚为肱股之一的左宗棠的话,而宁愿相信胡雪岩这个商贾一诺,规定借款合同必须由胡某人画押才行,双方关系的密切程度由此可见一斑。然而，交情归交情，生意归生意，洋人与胡的关系是建立在利益原则之上的，一旦利尽，必然谊散。作为中国近代工商业资本家中的一员，胡雪岩同样受着因为风气未开、交通落后加上列强控制海关、金融、航运等主动权而造成的恶劣的投资环境的制约。予胡雪岩致命一击的丝茧大战就是受攫取侵略特权的外商联合排挤的结果，刘体智《异辞录》对此看得相当清楚："光墉虽多智，在同光时代，海陆运输权久失，彼能来，我不能往，财货山积，一有朽腐，丧其本货。于是不得已而贱售，西语谓之'拍卖'，遂露窘状。"丝业失利牵累银号、钱庄生意，正当胡雪岩需要大量资金周转的紧要关头，"外国在华银行拒绝办理它们多年来习惯于举办的短期信用贷款"，使已出现的上海金融恐慌，更趋严重，这场因外国银行拒绝斥资而加剧的金融市场的紊乱风波，终于使胡雪岩等一大批华商陷于灭顶之灾。

胡雪岩是一个与封建势力有着密切关系的"红顶商人"，他一辈子都在费心思巴结权贵，不失时机地为朝廷效犬马之劳，以求托庇官场。然而，这种官商勾结、互相利用的关系在瞬息万变的商业竞争和人事浮沉面前显得是那样的苍白、脆弱。胡雪岩拥资二三千万，生丝亏损不到一千万，按理不至于败如山倒。但是危急时刻，清朝官府既不敢对洋人稍加抑制，也没有为胡雪岩提供帮助，相反，他们乘胡之危投井下石。

当时，上海关有一笔由胡雪岩作保向外商借的款项到期，可上海道邵小村观察听说胡雪岩做丝生意亏本，竟然赖着不付本息，结果外商向担保人胡雪岩索债，风声四播，胡雪岩的信誉受到极大损害，各地的大官僚竞相到阜康提款，又人为加剧资金周转的困难。不多时，胡雪岩开在各地的银号、钱庄终于闭歇。据1883年12月9日（光绪九年十一月十日）《申报》报道，上海的阜康号一倒闭，上海道立即派了刺史谢湛卿去封闭胡雪岩开在浙江的4个当典行。

朝廷下了查抄逾旨，有人甚至要把好几年前征得左宗棠同意、已经报销在案的西征借款行用补水银款也要翻出来重查，幸得署两江总督曾国荃代为援颊，才免予追究（详见本章第一节）。追查公款风声很紧，作为储蓄大户的达官贵人为了追回私款更是不遗余力，侍郎孙子授是负责查封胡雪岩在杭资产的浙江巡抚刘秉璋的同年（咸丰庚申科<1860>同榜登科为进士），在阜康存有万金，他托"清流派"人物、署都察院左副都御史张佩纶（1848年~1903年，直隶丰润<今属河北>人）致信刘秉璋代为说项，说什么："子授得失，尚觉坦然，而家人皇遽，虑无以为生计，乞为援手。"据《异辞录》记载：当时，"京朝外省追债之书，积之可以丈尺计"。

胡雪岩有个叫德馨的官场朋友，差不多在这时升任浙江布政使。《南亭笔记》记载：阜康骤然倒闭后，德馨曾密遣心腹到藩库提取2万两银子赴阜康，代为偿付不足千两的储户的存款。有人对此疑惑不解，说"是库银也，焉得如是？"德馨却胸有成竹地说："无妨也,吾尚欠伊银二万两,以此相抵可也"。他还派心腹告诉胡雪岩,夜半三更后将亲自去胡府。到约定的时辰,德馨果然微服来访,与胡雪岩彻夜长谈。第二天,将胡雪岩所有的契据合同满贮四大箧抬回署内,叫幕友"代为勾稽"。韦庆远先生的《论清代的典当业与官僚资本》(载 1989 年中国社会科学出版社出版的《明清史辨析》一文就引此材料),断言德馨"出大力为之弥缝善后,这说明他们之间具有密切的共同利害关系"。陈德中《胡雪岩商政谋略》一书(改革出版社 1996 年出版)也据此认为德馨是胡雪岩"落难时的官场朋友",并说:"能在落难中得如此一位朋友做此帮助,也算是对胡雪岩平日广种福田的回报了"。可是,我根据史料分析,认为上述说法不符实际。因为胡雪岩死后,浙江巡抚刘秉璋在给朝廷的奏章中清清楚楚地写着:由于胡雪岩被律以官法,还要面对雪片般飞来的追债文书,刘巡抚担心"事急生变,奇顿隐匿",也就是说怕打草惊蛇,胡雪岩狗急跳墙藏匿财产,"因密商升任藩司(明清时代布政使别称)德馨",然后才有了德馨"亲至其家,婉辞开导,令其将所领公款数目及各典资本全行开送。"经核计,"尚足相抵"。即使前述《南亭笔记》那条记述德馨夜访胡府的材料,紧接其下也明明白白地记着:"后所还公款,皆出于是(指从胡府抬回藩署的四大箧契据)。人始服德之用心。后德谓人曰:'余岂不知向胡追迫,倘胡情急自尽,则二百余万之巨款将何所取偿乎? 我非祖胡,实为大局起见也。'"由此可见,"与胡素相得"的德馨在胡危难之时,非但没有拉他一把,反而通过拿出 2 万银子替胡还债(其实事后也可追充返回)诱出了四大箧的契据合同。德馨不久被保举为江西巡抚,恐怕与他卖力为朝廷查封胡家财产有关。

在清偿债务时,清朝官员又趁机巧取豪夺,如文煜以 70 万的存款获取胡庆余堂和元宝街胡宅。

胡雪岩的惨败与清统治集团内部的派系斗争也有一定关系。胡是左宗棠手下倚为财政臂膀的红人,而左宗棠与李鸿章各为湘、淮军首领,本来就互分畛域,加上清廷为了防止汉族地主势力过分膨胀,故意利用湘、淮军之间的矛盾,让他们互相牵制,这使双方关系更加微妙。70 年代,围绕边疆危机,双方展开"海防""塞防"之争,这虽然是在抵御外国侵略上的政见分歧,却也包含着湘系和淮系集团之间的利害冲突。在左宗棠率军西征时,李鸿章又散布流言蜚语,说什么:"左倡率一班书生腐官,大言高论,不顾国家之安危。即其西路调度,不过尔尔"。虽然左宗棠最后收复了新疆,但左、李却已交恶。对于左宗棠的洋务事业和西征活动均深资其力的胡雪岩,李鸿章断然不会有多少好感。那个欠账不还、坏了胡雪岩信誉的上海道邵小村就是李鸿章的下属亲信。他之所以敢对胡雪岩卡脖子,恐怕是因为他深知:李伯相不愿把视为自家地盘的上海变成接济左侯相的饷源。

综上所述,胡雪岩的破产有个人素质上的原因,更是受帝国主义、封建主义势力联合打击的结果。早在 1903 年(光绪二十九年)"浙东市隐"为《雪岩外传》作的序中对此就已有深刻认识,文中指出:"夫以君之冒险进取,能见其大,使更加以学问,而又得国家保护之力,以从事于商战最剧之舞台,我中国若茶若丝若金银镑元,商业之进步,必大有可观,岂必一蹶不振,竟至于是乎?"

悲剧的历史导致"红顶商人"的悲剧命运!

头名状元　产业救国

——张謇

名人档案

张謇:字季直,号啬庵,江苏海门人,祖籍常熟,生于海门市长乐镇(即今常乐镇)。1869年考中秀才,1885年顺天府乡试考中举人,1894年(光绪二十年)慈禧太后六十大寿辰设恩科会试,考中状元,授翰林院修撰。1904年,清政府授予他三品官衔。1911年任中央教育会长,江苏议会临时议会长,江苏两淮盐总理。1912年南京政府成立,任实业总长,1912年任北洋政府农商总长兼全国水利总长,后因目睹列强入侵,国事日非,毅然弃官,走上实业教育救国之路。

生卒时间:1853年~1926年。

安葬之地:南通市南郊狼山。

性格特点:乐观热情,果敢决断,爱国之心可鉴。

历史功过:中国近代著名的实业家、教育家,主张"实业救国"。他一生创办了20多个企业,370多所学校,为我国近代民族工业的兴起,为教育事业的发展做出了宝贵贡献,被称为"状元实业家"。

名家评点:毛泽东同志在谈到中国民族工业时曾说:"轻工业不能忘记海门的张謇"。

唐闸选地办厂

　　唐闸原叫唐家闸,更早叫唐家坝,本是个名不见经传的小地方,如果不是状元张謇在 1896 年选中这块地方办厂,唐闸也许不会进入历史。南通盛产棉花,通州棉和海门、崇明的棉花都很有名。唐闸离南通城 6 公里,周围一马平川,到处是棉田,周边农家世世代代有纺纱织布的传统,通扬运河在此缓缓流过,港闸河直通长江边的天生港码头,舟楫往来,水路十分便利。张謇买地时,唐闸还很荒凉,地价很低,他在唐闸的陶朱坝一带买下 1.7 万步地(约 68 亩),只花了 1 250 两。以后先后 6 次,又买下 3.4 万多步(约 140 多亩)。

　　相隔 20 多年后,1918 年,当一个叫作上冢司的日本人来到唐闸时,看到的已是一个繁华的工业城镇:

　　眺望掩映在几个烟囱之间的直冲云霄的大生纱厂的时钟台时,我们仿佛现在才为宏伟的四周的光景而感到震惊。沿河的一条街,车水马龙,络绎不绝,人来人往,摩肩接踵,异常热闹,河边停泊着的数百艘民船装卸着货物。所见这般光景,一切的一切都是在活动着的,又是现代化的。……即使说这些都是通过张謇表现出来的,也是无妨的。工厂中最壮观的是大生纱厂、复新面粉厂和广生油厂这三个工厂……

　　《南通县图志》记载,1920 年,唐闸人口近万户,已接近 5 万人。通扬运河沿岸工厂林立,商业繁荣。有人看到过当年国外发行的世界地图,中国许多大城市都没有标出,却在南通方位赫然印着"唐家闸"三个字。一个弹丸小镇进入世界视野,这不仅在当时的中国是唯一的,世界上也只有美国的黄石公园。

　　张謇是 1894 年中的状元,这一年他已 42 岁。自从 1868 年中秀才以来,他在这条路上跌跌撞撞走了 26 个年头,进出科场 20 多次,光是直接耗费在考场上的时间合计就有 120 天,其中的痛苦只有他自己内心最清楚。所以中状元的这一天,他的心情非常复杂,并没有特别兴奋,这在他当天的日记中可以看得很清楚。喜讯传到家乡海门常乐不久,他父亲就撒手人寰。他从天津乘海轮南下奔丧。按清朝规矩,他要在家守制三年。

　　1895 年夏天,他闲居在家,在替两江总督张之洞起草的《条陈立国自强疏》中提出了"富民强国之本实在于工"。张之洞在调任湖广总督前,授意张謇在南通筹办一个纱厂。"状元办厂"当时是个新鲜事,除了他,只有苏州状元陆润庠在1897年办了苏纶纱厂、丝厂。此时,离甲午战败已有一年,《马关条约》也签订了,条约规定外国人可以在中国设厂,对中国人是个大大的刺激。尽管在这之前外国资本在华投资的企业已有不少。

一开始,张謇内心有过犹豫,办厂毕竟是个完全陌生的领域,他起自农家,苦读成名,有过10年不得志的游牧生涯,到过朝鲜,终究只是一介寒士,一个没有从商经验的书生。不过,早在1886年左右,他就产生过"中国须振兴实业,其责任须在士大夫"的想法,并在家乡提倡过蚕桑,还试制过高粱烧(颐生酒厂的前奏)。甲午战争之后,他开始形成实业和教育报国的念头。思前想后,他还是答应了,其中说服自己的一个理由,就是替书生争气,世人都说书生只会空谈,只会负气,他要做出个样子给人看看,于是下决心"舍身喂虎"。

当年12月,张之洞正式委任张謇"总理通海一带商务"。他在上海、南通、海门奔走几个月,包括老朋友沈敬夫在内,有6个关庄布商、花布商和买办愿意和他一起集股办厂,分别叫"沪董"和"通董"。在唐闸选定厂址之后,他取了"大生"两字作为厂名,"大生"二字源自《易经》"天地之大德曰生"这一句。很多年后,他对大生二厂经理刘厚生说过"大生"的含义。

最初,张謇和"通、沪六董"商定办一个2万锭的纱丝厂(后来确定叫纱厂),"沪董"筹集40万两,"通董"筹集20万两。最早的一份《通海大生纱丝厂集股章程》就是六董联名公布的,他们分析了在南通办厂的利人利己之处,公开向社会集股60万两,分6000股,每股100两,预计每股每年可以获利22两,以2个月为期,在上海、南通、海门三处认购,结果招股很不理想,应者寥寥。

这样一来,所谓的"官招商办"这一步走不通了。1896年12月6日,江宁商务局与通州大生纱厂签订《官商合办条约》,第一条规定将南洋纺织局现有纱机4.7万多锭连同全副锅炉引擎,折价官股50万两规银投资大生,沈敬夫等六董都在合同上签了字。说是"官商合办",官方提供的只是一批积压已久的机器,并没有现金,大生要另外筹集商股50万两来建厂房、收原料及作为营运资本。1897年,大生重订集股章程,向社会招股50万两,分5000股,还是进展不顺,上海方面只收到2万两,南通也不足6万两,离目标实在太远。

在新任两江总督、南洋大臣刘坤一的过问下,1897年8月11日,张謇和官商盛宣怀达成《通沪纱厂合办约款》,4万多锭官机对分,张謇领的一半作价25万两作为大生的官股(盛领的一半在上海浦东另办一家纱厂),大生的股本25万两也由神通广大的盛氏帮助筹集,这一条款白纸黑字写在合同上,签名的除了他们两人,还有见证人郑孝胥、何眉生。8月16日,江宁商务局和张、盛三方签署合同,张、盛分别在通、沪设厂。合同迄今还保存在大生档案中。可以说,到这一年,大生纱厂的筹办才进入实质性阶段。9月26日,"大生机器纺纱厂股票"开始发行,署名是"经理通州纱厂张季直",因为盛宣怀承诺帮助筹资,所以票面上还印有他的姓氏头衔。当年10月17日,2万多锭官机由军舰运到南通,这批英国造的机器已在上海码头搁置5年之久,日晒雨淋,连包装木箱都破了,机器零件锈坏的占了十之三四;光是搬运和擦锈就花去6 000两。前来安装的英国工程师说,从来没看见过损坏成这样的机器。

然而盛宣怀承诺的资金一直没有到位,张謇写了无数告急书,几乎字字有泪,到最后一分也没有兑现。张謇大为恼火,一直不能原谅盛的言而无信。

在筹办大生纱厂的过程中,最初的"通、沪六董"中,有人退出,也有人因集股不力被撤,中途又吸收了几个人进来,最后参与建厂的4个通董比较得力,除了关庄布商沈敬夫,还包括木材商高清、典当商蒋锡坤等,在唐闸买下厂基之后,他们垫出部分股金做建筑费,着手建厂。那个时代,人们对办新式企业没有认识,有了余钱或者买地,或者投入传统的典当、钱庄等熟悉可靠的行业。办新式企业集股困难重重,他们连当地慈善团体、道观有限的一点资金也吸收了,有时凑不了一股(100两),连半股也收,最小的一笔仅37两,半股都不够,只能算作存款。集股之难,可以想见。当时对大生集股帮助最大的是在外地为官的股东恽莘耘。

1907年召开的第一次大生股东会上,有股东质问,为什么股东恽莘耘跟办事人一样分红? 张謇回答,股东分红当然不合章程,但是大生筹办的5年间万分困难,恽先后帮助集股6万多两,1900年后大生渐渐稳定,恽又帮助集股6万多两,合计占了全部商股的1/5,仅恽家两兄弟的投资就有3万多两,在个人股东中最多。张謇说,恽莘耘对大生并无特别的义务,对他本人却有赞助的感情。大生自1900年起有了余利,有股东提议应该给恽分红,他和各董事商议,有人觉得股东分红和厂章不合,他就提出把自己的总理红奖分出一半。沈敬夫说:"独苦总理不可,可分总理红五厘,董事四人合分一成酬之。"所以,恽的所得实际上是几个办事人个人给的,和厂章并无抵触。

大生纱厂开机

大生直到开机时,招股一直不顺,实收资本不足20万两,买地、建厂房,加上支付官利等其他开支,已用去19万多两,资金耗尽,每天仅收棉花一项就要1万多两,只有靠借债一条路,可就是借债也难乎其难,无奈只有"尽花纺纱,卖纱收花,更续自转"。（因为没有流动资金，张謇一度想按50万两股本、年息8厘把厂租给朱幼鸿、严信厚，只是两人贪心太重、一再压价，没有谈成。）

大生开机前后，张謇几乎天天在过"年三十夜"。他在外地，每次接到沈敬夫的告急信而一筹莫展，不时在日记中感叹"通厂筹款，垂成而败""通厂筹款迄不谐"。他当时多数时间在南京主持文正书院，靠这份薪水养家，筹办的四年多时间里，未曾用过大生的一分钱，其他几个董事也是。他在上海奔走，最艰难的时候，旅费无着，"常常跑到黄浦滩对天长叹，看江也是长叹，眼睛里泪同潮水一样涌出来。有时候旅费不够，也卖过好几回的字，厂款分文不去动用。"

1897年，张謇接连接到翰林院催他回京的三封函电，他曾写信对好友沈曾植说："愿成一分一毫有用之事，不愿居八命九命可耻之官。"1898年他到北京销假，正值"百日维新"，赶上恩师翁同龢被罢官，张謇心知官场险恶难测，想起甲午年在大雨中跪迎慈禧太后那一幕，更是心寒。那一回，慈禧太后从颐和园进宫，恰逢暴雨，路面积水一二尺，文武百官都出城迎驾，个个匍匐路旁，衣帽尽湿，两膝泡在水里，顶戴上的红缨流下鲜红的水，其中有七八十岁的老臣。慈禧乘轿子经过时，视若无物。这件事给他很大的震撼，身居庙堂，难道就是做叩头虫吗？此次北京之行，他决心远离官场，"三十年科举之幻梦，于此了结。"张謇决定走实业的路，无论多难，也要咬牙坚持下来。十多年后，他在1909年冬天对刘厚生说："我早已想到假如我到北京做官，当然一无所成。"

1897年冬天，张謇为大生起草的《厂约》开篇说："通州之设纱厂，为通州民生计，亦即为中国利源计。"在他心目中，办厂就是有用之事，他为自己找到了读书人的报国之地，他兴奋难已，一口气给大生拟定多副对联：

"生财有道，大利不言。"

"通商惠工，江海之大；长财饬力，土地所生。"

"秋毫太行，因所大而大；乐工兴事，厚其生谓生。"

1899年5月19日，离大生开机只有4天，他派人过长江，到常熟请恩师、前户部尚书翁同龢写了一副对联，一直挂在大生的公事厅，现在仍由大生一厂保存：

"枢机之发动乎天地；衣被所及遍我东南。"

1899年5月23日，经过44个月漫长的筹备，大生终于正式开机，2万纱锭只开足了9 000锭，之后又到国外买了机器零部件，5个月后才开到1.44万锭。

大生开机，47岁的张謇内心自然很激动。要知道，这是中国人最早的自办纱厂之一，在大生筹办之初，全国商办的机器纱厂不过寥寥几家，到大生开机时也只有七八家，集中在上海、杭州、宁波、苏州一带。

没有想到，大生纱厂开机第一年就赢利了，在支付了官股、商股的4万多两官利后,还有 7.8 万多两余利。1900 年虽然有"八国联军"进京,棉纱市场也受到影响。但天助张謇,大生熬过了严寒的冬天。原来收不起来的商股收齐了,当初写信给两江总督刘坤一诬告"张謇乱要钱,大帅勿为所蒙,厂在哪里,哪有此事"的浙江候补道朱幼鸿主动入股 1 万两。从此以后,大生几乎年年赢利。1903 年外纱倾销,上海各纱厂都受挫,大生不仅获利,而且继续扩大规模,添了 2 万多纱锭,光是 1905 年这一年就"赚回了半个厂",这一年虽发生了日俄战争,但南通销往东北的关庄布在 600 万匹以上。大生开足马力,日夜出纱,以满足当地织户的需要。

大生成功的原因有很多。第一,南通一带的气候、土壤都适合棉花生长,向来有"种棉卖钱,胜过种稻贩盐"的说法。因为靠近原料产地,大生可以用优惠价格在本地收到最优质的棉花。很多年后,无锡公益工商中学学生参观上海华商纱布交易所时看到,棉花交易是以通州棉花为标准。大生利用地利,自己设门庄、分庄,还委托抄庄、下庄代收棉花,布下一张天罗地网。张謇和几个董事都出生农家,从小熟悉棉花的生长规律、年成丰歉,每当白露前后,外地"客庄"到来之前,他们就已派人到棉田去估计当年棉花产量等情况,做出相应的收花政策,或先发制人,或后发制人,或人舍我取,对本地棉花行情有很强的驾驭能力。1901 年的《海关十年报告》中说,在苏州、杭州、宁波、南通的纱厂中,收益最好的是南通的大生,因为大生地理位置优越,靠近棉花产地,1901 年已能发放 7 厘股息。到了 1911 年,大生已有 4 万枚纱锭,《海关十年报告》做出这样的论断,事实证明,靠近原料产地对大生极有好处,当其他一些工厂无利可图时,大生还能给股东支付股息。

第二,南通当地不缺熟练工人,寻常农家的女孩十一二岁就会纺纱,唐闸一带妇女多是天足,能长久站立,"上工能远行,做工能久立"。只是大生招工时,当地妇女对进厂做工心存疑虑,因为有谣言说"工厂要用童男童女祭烟囱,女工要被洋鬼子割乳房",因此开工前只好到上海招了一批熟练女工。张謇对于招聘上海工人不大乐意,担心带来商业化社会的一些不良风气,认为不如招无锡人。他给沈敬夫写信说:"无锡工人甚好,毕竟锡厂习气少,可用。""雇上海来人,本厂即须留心察看。"

不过,当地招不到工人的情况很快改变,通海一带劳动力绰绰有余,有工钱赚,不怕没人。大生最初招了 1 000 多人,以后纱锭增加,全厂工人日夜班 3000 多人,冷落的唐闸变得热闹起来。

第三,南通的工资比上海等地要低得多,成人熟手每天工资最多 1 角(全国工人平均日工资要 1.5~2 角),固定工人两周发一次工资,学徒、职员一个月发一次。这样的廉价劳动力可遇而不可求。1904 年 3 月 20 日,上海《中外日报》报道:内地人工较贱,原料方便,本轻利厚,当地穷人也可赖以为生,可谓一举两得。1903 年上海各纱厂无不亏本,只有南通的大生纱厂赢利,这就是明证。从1907年到1912年的6年里,工人工资在净产值中的比例,由16.4%下降到了6.4%。

第四,南通地处长江北岸,在长江口和大海之间,三面环水,形似半岛,地理位置独特,战争一般不太会波及这里。产品可以就地消化,不用外销,南通以关庄布(也叫通州大布)驰名,这种手工织布结实、耐穿、御寒,深受东北人欢迎,但织这种布需要大量比手纺纱合用的机纱。何况机器纺纱,一个工人可以抵得上五六十个巧妇。纺织专家李升伯说:"我发现南通的棉花是世界上最清洁干净的棉花,南通最著名的用12支粗纱织制的土布,是世界上最坚韧结实而且光滑滋润的布匹。"大生的机纱受本地市场青睐是可想而知的。1899年农历八月,大生工料总账房给沪账房的报单说:"此月纱未纺出已被卖客定去560箱。"在水陆交通都很方便的三圩镇等处,张謇安排开设了大生的零销点,直接出售小包棉纱,价格优惠,不按上海市场价。大生初创时的几个董事如沈敬夫、刘桂馨等本身就是关庄布巨头,都有传统商业经营的经验,重视经营,所以大生产品几乎不用考虑对外开拓市场,满足本地市场就已够它忙的。这是地利,在很长时间内都支撑着大生的兴旺。当然,利同时也是弊,它使大生一直没有能建立起一个外部市场,进入竞争状态,本地市场一旦出现问题,就会引发危机。这一点我们在后面将看到。

第五,大生在企业管理上形成了制度化,早在开机前,张謇执笔的《厂约》就对自己和几个董事做了分工,各人职责明确,奖罚措施、利润分配方式等都有具体规定,每天下午2点各部门主管举行例会,有什么问题及时在这个会上讨论解决。有研究表明,张謇那时就有成本控制思想,认为不减轻成本,就不能和外国进口产品竞争。

有意思的是,《厂约》细到对招待客人几个小菜都有规定,平常饭菜二荤二素,休息天加四碟,二斤酒,另外每月犒劳两次。逢节日或招待来客,"八碟""五簋""四小碗""一点",不得超过这个标准。

除《厂约》之外还有25个章程,规矩多达195条,在当时,这恐怕已是中国人自办企业能达到的最高水准。

长期研究大生档案的肖正德说,大生企业有老职员回忆,他们发信、写便函、记账,对用笔、用纸、用墨和书写格式都有严格规定。保留至今的大生会计档案,百年后仍字迹清晰。

另一个不能遗漏的因素就是张謇个人的影响。张謇事实上已和大生合为一体,不可分割。作为股份制企业的大生纱厂,虽有官股,但官股只拿官利、分红,并不干涉厂务。所以,张謇不认为这是"官商合办",他自己叫作"绅领商办"(或"绅督商办"),身为总理,他个人虽也是股东之一,但股金不过区区2000两(在全部资本中只占 0.4%），而且当时只交出了 1 300 两，另外 700 两还是沈敬夫帮他垫付的。他在大生的权威从来都不是靠资本、靠股份，而是靠他的状元头衔、人脉资源，他以士绅身份，居官商之间，负责全权办厂，这是他独有的不可替代的优势，官替代不了他，单纯的商也不可能替代他。张謇与周学熙曾被合称为"南张北周"，其实他和周不一样，《剑桥晚清中国史》中有一句话："在周学熙恋栈官位时，张謇已辞去了一切公职。这个决定不是轻易做出的。"

大生初创主要依靠沈敬夫、高清、蒋锡坤几位董事，尤其沈敬夫对于大生开创有特殊功勋，张謇直言，他由书生初入实业，一开始不能得到当时社会的信任，在筹款等方面都须仰仗沈敬夫等人的信用。大生筹办 4 年，张謇奔走于南通、上海、南京，多数时间在文正书院，1898 年还一度进京销假三四个月。在第一线直接做事、硬干的一直是沈敬夫，他们之间通信频繁，张謇在外地，会不断接到沈敬夫来信。开机之初，没有资金，全靠卖棉花和沈家的花布支撑，沈敬夫"四面腾挪应急"，宁可自己的布庄关门，也不让大生停秤收花。大生开机当天，张謇在日记中写下"敬夫始终忠勇可敬"，终生对此感念不已。

沈敬夫担任大生最重要的进出货董，但他离开大生很早，当他借口足疾提出辞职时，张謇正想要叫三哥张詧回来主持厂务，于是马上就批准了。实际情况是大生纱厂办成后，张謇与沈敬夫之间出现了一些分歧。开机前资金枯竭，张謇要造 10 间机工宿舍，沈敬夫觉得 7 间就够了。1900 年张謇要在厂里建一个公事厅，沈敬夫认为不必要。另一种说法是，大生开工，沈敬夫借来 3 万两买棉花，张謇要拿出一半造公事厅，他不同意。在用人上，他们也有分歧，沈敬夫在通海帮和客帮之间有成见，觉得外地人不如本地人朴实。沈和其他同事比如高清之间也有一些矛盾，他提出辞职的直接起因就是和高清大吵了一场。他辞职之后，贱卖了全部大生股票，还写信给张謇与之绝交。

张謇认为沈敬夫憨直、忠实可信，只是度量不够。大生账上有一笔"退隐费"2000 元就是给他的酬劳，送了三次他都不接受，最后张謇亲自送到他家，他才勉强收下，但转送给了次女茂筠，说"仍旧还给张家。"沈茂筠是张詧的儿媳妇。1911 年4 月，沈敬夫 71 岁去世时，大生董事会开会商议给他的退隐费送到 1912 年 12 月止。10 年后修《南通县图志》，张謇亲自写的《沈敬夫传》中说，当年与自己共忧患、多次濒临危阻而气不馁、志不折、谋不贰的，只有沈敬夫一人而已。1925 年，沈敬夫的孙子沈燕谋收集张謇和他爷爷的通信 12 封，张謇看了无比感慨，写下一篇跋文，特别回忆起 1900 年前的 5 年间，他们之间几乎没有十天半月不通信的。

自张詧 1902 年进入大生，日常事务就由他掌管，张詧是花布商出身，精于盘算，又做过官，有相当强的行政能力。张詧进来后，创厂元老银钱账目董蒋锡坤、杂务董徐翔林相继辞职。1904 年,银钱账目董蒋锡坤谢世,张謇痛不可言,亲写墓表。考工董高清是木材商人出身,负责大生厂房等所有建筑的监工。高清离开大生后,1912 年 11 月的一次大生董事会上商议酬劳,高清和驻沪事务所所长林兰荪,决议明年起仍照薪水致送三年。1913 年高清去世,沈敬夫、蒋锡坤、林世鑫等大生开厂元勋都已凋零,张謇在为高清写的墓志铭中发出感叹:“后之来者,其能艰苦忠实如诸君当日之助我与否?”

张詧做了大生的协理兼银钱账目董、进出货董以及杂务董,除考工董之外,几乎所有厂务一把抓。大生从此形成张詧主内、张謇主外的格局,二十几年没有变动。兄弟两个非常合拍,张詧在兄弟中排行第三,人称“三先生”或“张三先生”,“干练不免有些专断”。张謇的眼光要看得更远一些,他说:“世界今日之竞争,农工商业之竞争也;农工商业之竞争,学问之竞争,实践、责任、合群、阅历、能力之竞争也。”这样的见识是张詧所不具备的。

张謇在兄弟中排行老四,在海门、南通和大生纱厂,人们都喜欢称他为“四先生”“张四先生”“张状元”或“四大人”。有位女工 93 岁高龄时回忆,“四大人是大个子,四方脸,白白的。他不常到车间里来,可是每次来之前,都会先有通知,工头就急忙叫我们快快揩车子,扫地。”一些女工有小孩,家里没人带,就把伢儿带到厂里,坐在放纱的柳条筐里,厂里专门安排人照看,“四大人”见了虽觉得不像话,眉头一皱也就走了。

从张謇日记可知,因为忙于其他事务,他到唐闸的时间不多,并不直接主持厂务,但他对大生的同事非常关心。杜瓛周 60 岁生日时,他亲写寿联,杜去世后在大生公事厅成殓,他亲临主祭,深表哀痛,让大生员工甚为感动。有个创厂时的老人张同寿,追随张謇几十年,办事很忠实,记忆力很强,经手的账目井井有条,更令人敬佩的是其洁身自好,到老还是个穷人,张謇对他极为信任。1920 年南通一带发生时疫,张謇为了爱惜工人生命,忍痛决定大生停机一个星期。

第一次大生股东会

自 1899 年大生纱厂开机以来,其他企业陆续在唐闸开办,广生油厂、大兴(复新)面粉厂、资生冶(铁)厂、阜生蚕桑染织公司、泽生水利公司、大达内河轮船公司、大生轮船公司等都出现了……办广生油厂是要利用轧花下来的棉籽;办大隆皂厂是利用广生的下脚油脂;办大昌纸厂最初是想把大生的下脚飞花利用起来,为大生生产包装纸和翰墨林的印刷用纸;办大兴是因为大生有富余的动力而且每天浆纱织布需要大量面粉;办轮船公司最初是为了大生的运输需要;办懋生房地产公司是因为唐闸外来人口渐多需要住房;办通海垦牧公司的原因之一是为了给大生提供棉花;办铁厂是想为大生各厂仿造一些机器设备,为垦牧公司造一些农具,织布机、轧花车等都造过……这么多企业集中在小小的唐闸,所以有人称之为"小汉阳",不同的是唐闸靠的不是国家投资,纯为民间投资。英国人控制的海关(镇江口)在1905年的报告中说:"推张殿撰之意,凡由外洋运来各种货物,均应由中国自行创办。"

很多年后,范旭东还感慨不已地说:"南方的张季直先生,在科举施毒那种环境之下,他举办的工业,居然顾虑到原料与制造的调和,运输、推销,兼筹并重,确是特色。"

在所有这些企业中,大生纱厂是起点,是轴心,也是母体,是资本的源泉。其他企业并没有带来多少利润,有的甚至长期亏损。

到1907年大生举行第一次股东会时,大生对其他企业的投资和往来达到了40万两,这些投资并未经过股东同意,加上这些企业多数不赢利,所以会上议论不少。会议的记录较为完整地保存在大生档案中。清廷于1904年颁布《公司律》,此前大生的地位可以说是"无限制、无法律之地位",郑孝胥提议"改为有限制、有法律完全之公司",取名为"大生股份有限公司",全体赞成。至于另外投资的企业,则建议成立一家"通海实业公司"来管理,不与大生发生直接关系,在原有40万两以外加拨20万两,共60万两,算是大生拨给通海的股本,分12万股,每股5两,股票分发给大生股东。

会上有股东提议确立股权,1～100股,每股一权;101股以上到500股的每20股加一权;501股以上到无限股,每40股加一权。另有股东说,这样设计,大股太吃亏,特别是官股。股东张澹如说,官股股数之多,不是商股所能敌,股数多的,权数递减,为保护小股,不能不这样。股东陆叔同质疑,为什么官股一定不能保护小股?官股代表郑孝胥说,《公司律》不分官、商,凡是入股的都称股东,股有大、小之别,无官、商之别,会场上不可提"官股""商股"字眼。王绍延说,商股没有500股以上的股东,所定500股以上每40股加一权,明明是为官股而发。刘厚生说,浙江铁路公司权数用递加法,江苏铁路公司权数至多不得超过25权,两公司都没有官股,但对大股都有限制,可见这是公例,不是专为官股而定。王绍延说,既如此,应将501股以上,每40股加一权删去。1～100股,每股一权,101股以上至无限股,每20股加一权,多数股东赞成通过。事实上,官股不参与经营管理,对大生的影响并不大。

这一天,离筹办大生已有12年,离开机也有8年了。张謇在会上提出辞去总理之职,全体股东一致挽留,他回答:义务也有尽期,自己已经55岁,精力日减,也当少自爱惜,希望以 60 岁为限。

新成立的通海实业公司仍选张謇兼任总理,张詧兼坐办。实际上,通海只是大生和各企业之间的往来账房。不过,通海成立后,可以明显感觉到,张謇以大生投资办厂的势头减缓了。1907 年以后,大生有多年没有投资办过新企业。

1908 年 9 月 14 日,在通海实业公司股东会上,会议主持人一开始就说:各实业和大生有直接关系的,有间接关系的,有获利的,有亏本的。有两个方式,一是扶助,一是消灭,请各股东解决。一位股东报告大兴面厂的账目后,张謇发言,各实业中大兴亏损最严重,纠葛最多,直截了当,只有按照商律破产。当时,大生为大兴担保的户部银行借款就有 2 万两,股东对是否破产进行了讨论,最后决定按权数进行表决,主破产的有 2 255 权,主不破产的有 192 权,会议通过大兴破产。

此时,通海实业公司欠大生的往来款有 21.33 万多两,股东会决议不付利息,分 5 年偿还本金。1911 年,在大生正、分厂的董事联合会上议决:这次会议后,通海实业公司不得再向大生筹借分文。亏损的资生铁厂立时停办,让出厂屋包括锅炉、引擎来筹办布厂。

江北“小上海”

现在我们去唐闸,还能看到张謇办过公的公事厅,能看到经受了百年风雨仍在使用的大生仓库,以及在厂区缓缓流过的护厂河(虽然因为污染而变得浑浊),按原样修复的钟楼和大生码头,门前的通扬运河还在不息地流动,尽管船只不再有当年的繁忙,老照片上桅杆林立的场面不复重现。但我们依稀还能想象 100 多年前大生创业时的艰难,以及大生的黄金岁月。

我第一次去大生一厂,看到钟楼和码头,内心激动,虽然已不是可以见证历史的原物。大生码头的牌坊一面本来是“利用厚生”四字,另一面才是“大生码头”,现在仿造的两面都是“大生码头”四字,笔迹还是张謇体。“码头”过去可以写作“马头”,这个“马”字下面却只有三个点,南通因此留下了两个版本的传说。一种说法是,大生开机后,翁同龢的侄子从常熟来祝贺,张謇带他参观码头的牌楼,他看到“马”字只有三点,问为什么? 张謇长叹说:“厂机虽已转动,唯以资金困乏,周转欠灵,一似此马之仅有三足。欲超轶绝尘,良难,良难。”翁得到这个信息,曾帮助筹措资金,支持大生。当然,这只是一个传说,汉碑中“马”字三点乃是常见,并非张謇新创。

另一个传说,张謇每次到厂,总要在公事厅的写字间写上几张毛笔字。一天,他给新造的码头牌楼题写"大生码头"四个字，身边的人发现"马"字下面只有三个点，小心地提问，他回答："造个码头，拢船停车堆栈卸货，主要图个'稳'，'马'有四只脚栓拦不住，岂不是要跑的吗？我这个'马'字三个连点，像三根穿了铁链子的桩子，又好比船上的三脚铁锚儿，稳扎牢靠得很呐！何况，近看是三连点，远看就成一条线，到码头来装卸货物的车主、船老大是不会在意的，也不会和我们为马字少一点而来斤斤计较的。"他接着又说："写字，贵在立意、言志；办事，要求稳扎、牢靠。""码头三只脚，才稳"从此成了流传南通的老话。

两个传说为"大生码头"平添了几分沧桑感和吸引力。我第一次去唐闸，因为来去匆匆，只看了钟楼、码头和公事厅，第二次到南通，才知唐闸还有许多保存完好的老工房，不少已有上百年的历史。沿通扬运河的那条街几经变迁，已很难看出旧时格局，但也有一些老建筑在，比如大达内河轮船公司等，当地一些学者也有意推动唐闸申报世界文化遗产。对唐闸非常熟悉的姚谦老先生陪我看了许多老房子，使我对唐闸有了较完整的印象。工房分东工房、西工房和老工房等，有单间的平房，有小院，也有二层小楼。最早的东工房是大生开机前给建筑工人住的，还留有200间。像这样成片保存、仍在使用的老工房，在全国恐怕很难找出第二个地方了。

姚先生告诉我，北川桥头可以说是唐闸的枢纽，由此向西到高岸街，是港闸公路的起点，通往长江边天生港码头，全长六公里，是江苏最早的一条公路。（以后唐闸与南通城之间又修了一条通闸公路。）由此向北，过去是如皋、海安来往南通的必经之道，曾经店铺林立，商贾云集，繁华一时，江北"小上海"就是指这一片。

以运河为界，河对岸有仓库、学校，还有一个唐闸公园，以及大生开厂之后逐渐聚集起来的居住区。高家小红楼是一座欧式风格的建筑，有三个红色的尖顶小阁楼，现在虽已破败，远远看去还很醒目。昔日的唐闸公园已无，现在的公园是易地重修的。只有一家中学、一家小学还在原来的位置。大生鼎盛时期，唐闸不光有工人夜校、识字班，从幼稚园、小学、中学到大学（南通纺织专门学校）一应俱全。唐闸工人子弟小学处处都有张謇的痕迹，从名为"张謇楼"的旧建筑到新教学楼上随处可见的张謇语录，站在楼上可以看到大生当年的原棉仓库。校门口还有一块很大的铜碑，记录着这个校史，最初的校名很特别"唐闸实业公立艺徒预教学校"，1905年筹办，1906年正式开校，上面有张謇的浮雕，他给这个学校定的宗旨是：增知识，强精神。

大生二、三和副厂

大生成功后,曾经想把大生租下的朱幼鸿后悔不已,几次计划在崇明、海门自办纱厂,都被张謇呈文给商部阻止。张謇等人办大生分厂的念头,最早就是为防止外人渗透而萌生的。从 1904 年 6 月起,张謇兄弟、沪账房的林兰荪等人就开始向社会集股,并在崇明的久隆镇买下 165 亩地。因为有了唐闸的基础,此时的天时、人和都与唐闸办厂时不可同日而语,到 1906 年春,不到两年就集新股 60 多万两,加上大生商股余利中的近 19 万两,合计 80 万两,33 个月就建厂成功。

1907 年 4 月 17 日,也就是大生第一次开股东会前不久,有 2.6 万纱锭的大生分厂开机,原先唐闸的纱厂就叫作正厂。随后成立大生纺织股份有限公司,统一管理正厂、分厂,张謇在呈请商部注册时大生获准专利 20 年,百里内不准别家办纱厂,在南通一带取得名正言顺的垄断地位。

与大生正厂不一样,分厂完全是商股,没有官股。当年 9 月 8 日,在大生分厂第一次股东会上,张謇被推为总理,实际事务还是和正厂一样交哥哥张詧负责(两年后干脆由张詧接任总理)。张謇在这次会上说,从前正厂开办时,一切周转的款项都要他设法筹措,那时他实际上负有无限责任,现在有了股东会,一切都应按有限公司的规则行事,公司既有限,办事人的责任也应该有限。遇到营运资本不足,不能不向股东筹商,以免办事人为难。

后来,正厂改称一厂,分厂也就叫作二厂。2007 年 5 月,我曾到启东久隆镇寻找大生二厂的遗迹。大生二厂在抗战中被日本飞机炸毁,老照片上的城堡式厂房、高入天空的烟囱早已无存,在旧厂址上建起的工厂也已衰败多时,只有几个高大结实的仓库,以及厂外不远小河上的老桥,还能让人怀想大生二厂盛时的景况。

就地理位置来说,二厂不如一厂,距离内河外江在三四十里外,附近一带所产棉花,核大而丝短,周边没有熟练女工可招,男、女工都是生手。不过,等到二厂开机时,一厂开机已有 8 年,二厂的一切规章制度,都可参照一厂并予以改进,能马上进入轨道。二厂的规模、建筑等也都胜过一厂,外墙类似城堡,坚固结实。资金上又有一厂做后盾(开机前就借了 20 万两做流动资本)。加上大生二厂一半以上是英国的新式纱机,出纱多,而且质量好,色白条匀,所以一开车就赢利,特别是 1917 年后。从 1907 年到 1921 年的 15 年里大生二厂盈余的纯利就在 500 万两以上(一厂在开车后的 23 年里纯利超过 1 161 万两)。

大生二厂的成功,让张謇雄心勃勃,想在通海一带再建 7 个纱厂,其中在海门办三厂,其他四、五、六、七、八几个厂分别设在天生港、东台、如皋等地,并且在吴淞办大生淞厂。最后只办成了三厂和八厂。实际上,大生赢利的也就一、二两厂,等三厂、八厂开机时,纺织业已经走下坡,没赶上好时光。

大生三厂在张謇的家乡海门常乐南湾,川洪河环绕,离青龙港不远,1913年就选定了厂址,当年5月的《远东时报》报道说:

中国人对于生产事业的注意日益显著,著名人物张謇的家乡南通州的人民,在这方面特别活跃,许多年前便开办了若干工厂和纱厂,听说经营都很顺利。

最大的公司之一为大生纱厂,其规模与重要性与年俱增。该厂已经在崇明建立了一家分厂……

董事会曾讨论海门作为一个商埠的重要性的问题,决定在该处设一分厂。

张謇俩兄弟在三厂的个人投资共有10万两左右。1915年,他们向英国订购了3万多纱锭,时值中国纺织业的大好时机。但是,因为第一次世界大战的耽搁,纱锭直到1921年才陆续运来。

大生向来在技术上仰仗外国人,聘外国技术人员不仅要出高额的报酬,而且他们一般每月只到厂三四天,上海、南通之间的往来还要另外付外汇。合同甚至规定,只要机器能转动,机匠可以几个月不到厂而照拿工资,厂里建有专门的小洋楼,作为他们的宿舍(现在大生一厂公事厅旁边仍保存了一座这样的小楼)。厂里还要请西餐厨师,供应他们西餐洋酒。1921年,大生三厂安装机器时,本来也请了英国的机匠,因为专门的洋房没有完工,先安排他住到张謇在常乐的家中,没想到他以招待不周撂了摊子。最后由南通纺校自己培养的学生马季谟等6人,与铁厂技工、纱厂机工一起完成全部安装,为此张謇兄弟都很高兴。张謇说"纺织学生居然替我省了钱,又争了气,岂非天助"。此前,纺校学生仅在1918年协助上海厚生纱厂安装过新机。

1921年1月10日,大生三厂正式开机,因厂成镇,现在的地名就叫三厂镇,当时,那里压根儿就没有什么集镇,处在一大片棉田的包围中,"每当白露节后,远望整个工厂,就像淹没在一片银海之中。"当年厂门外的那条河如今成了车水马龙的马路,只有高高的钟楼见证着80年来的沧桑变迁,现厂里保存的旧建筑还有公事厅和仓库。

张謇兄弟对三厂的投资很大方,股银实收就在223万两以上。为了货物进出方便,甚至从青龙港修了13华里的轻便铁路,1919年开工,1921年完工,工字钢做铁轨,硬杂木做枕木,火车配有两个车头,三厂一个,青龙港一个,车厢10节,其中有8节是运货的,年运货量可以达到3万吨。这大概是苏北沿江一带独一无二的一条"迷你小铁路"。

三厂到开机前夕,仅官利就付出了近20万两,开机之时就赶上坏年成,所以一直没能赢利。

大生八厂在南通城南的江家桥,后并入一厂,改叫副厂。八厂最早在1919年发起建立,等到1921年厂房建成,美国的新机器到货时,却无款提货,连提单都押在了银行。1922年5月13日,在张謇的城南别业举行股东大会,主要议题就是八厂归并一厂,理由是八厂离一厂不过十余里,如不归并,进货、出货相互竞争,对双方不利,经董事会决议归并。同时,需要追加投资150万两,按股摊认,每股加60两。张謇在会上解释,"诸君注意加股,归并八厂非独为营业便利起见,一厂纱锭都是三千年前之物,多半陈朽,所出之纱与二厂三厂相较,已见优劣。得八厂新机纱锭,为之替换,将来出货必良,可无劣败之虞。"加股的事分甲、乙两案表决,(甲)按股摊加60两,即得150万两;(乙)将本届余利44万两、上届余利36万两,共约80万两,完全入股,不足另招。会上先表决甲案,赞成的起立,结果没有通过。再表决乙案,多数起立赞成。此后,大生八厂就成为大生一厂的副厂。

从大生开办之时,张謇就有强烈的商标意识,大生一厂用的棉纱商标是"魁星",分"红魁""蓝魁""绿魁"三种,后来副厂用"金魁",三厂则用"彩魁"。以"魁星"为商标,人们自然而然联想到张謇的状元身份。商标的图案是"魁星点斗,独占鳌头",据说最初设计时,画师不知道"魁星"的模样,只好按打鬼的钟馗形象来画,做了一点小的变化,变成一手执笔,一手持斗。二厂用的主要商标是"寿星",图案是张謇老友赵凤昌收藏的一幅画,被他偶然看中,念念不忘,几次写信到上海,最后连描摹的纸都寄去,央请老友临摹下来。三厂的商标还有"三星""老人桃"。大生几个厂出产的布也各有自己的商标,一厂有"财神""孔雀"等,二厂有"寿星""龙凤""一支桃"等,三厂有"双龙""团龙""云龙"等。

为商标的事,大生二厂和三厂之间后来曾发生冲突,要张氏兄弟来裁决。1926年6月8日,二厂给他们写信称:二厂用于平布的两个商标"蓝龙""龙凤",此前因为三厂说"蓝龙"形似他们厂出的"云龙"布牌,要求取消,二厂已经停用。最近,三厂又要二厂取消"龙凤"商标,原因是三厂认为他们销往东北、山东等地的布都称"龙布",而"龙凤"牌也有一个"龙"字,担心二厂货品不齐,损害"龙"牌名誉。二厂对此不满,觉得商标同用一字,先例很多,近如"魁星""寿星""三星",都有一个"星"字,"金魁星"牙口"魁星"还有两个字相同。三厂的"老人桃"纱牌,实际上也和二厂的"寿星"形似,二厂也并没有提出质问。张謇批示:"龙凤既为二厂所独有,有何抵触?"他说,工厂使用商标,本来是各家有各家的标志,使购买者容易辨别。三厂定布牌为"龙",取所在的地名青龙港之意。二厂所在地九隆镇,"隆"与"龙"谐音,也是以地为名。张謇希望两厂不要再争了。

通海垦牧公司

"营志重于营利",是张謇的宗旨,大生一厂在唐闸开机还不到两年,1901年,他就把目光投向了茫茫海滩。高天大海之间,长江新冲积出来、无人开垦的大片荒滩,极目远望,只有苍天白云,海潮往来,海鸟起伏。他想把这些荒滩开垦出来,种上棉花,作为大生纱厂的原料基地。在通海垦牧公司最初的20多万两股本中,大生的正式投资虽然只有2万两,不到10%,但垦牧公司开办后,每当经费上遇到困难总是仰仗大生的接济。

垦殖比办厂还难,光是解决那些荒地、盐碱滩的产权就花了整整8年时间。在这漫长的8年中,张謇一边安排人筑堤、开河,一边与各方谈判产权问题。

通海垦牧公司早年,修路、筑堤、开河,所有人住茅屋、吃淡饭,夜以继日,艰苦卓绝。荒滩上行走困难,盐碱土上长不出蔬菜,连沟里的水也不能喝,生活可想而知。每天早上一出门,面对的就是一片茫茫海滩,终日不见一人,中饭无从着落,尤其冬天,张謇吩咐每人切几片年糕,烘熟了,用纸包着,放在棉衣口袋里,用人的体温给年糕保温,饿了拿出来吃。他自己来这里,也是如此。到了春节,张謇会派人从常乐的家里送馒头、包子、年糕来。

以副经理主持垦牧公司的张謇门生江导岷(字知源),具有坚定而朴实的性格,工作负责,不分严寒酷暑、风雨霜雪,规划水利、招徕佃农。张謇早年来时,乘独轮小车往来垦区,他会赤足相随。(他们师生情笃,张謇故后,在"慕畴堂"开追悼会,江导岷声泪俱下,失声痛哭。)在1902年、1905年的几次大风潮中,他都在现场主持,在狂风暴雨面前守卫危堤,无论遇到什么困难,都没有退缩。

1902年的那次特大风潮,工人在危堤上有点儿退缩,关键时刻,张謇亲临现场,不断呼喊:"堤不可破,我们要以所有血汗与大风潮做殊死搏斗,抢护到底!"他彻夜未眠,衣履尽湿,最后大堤保住了。他在海边建了一个龙王庙,那一带,至今仍有一片残存的水泥墩,是当年修筑的海堤,名为"挡浪墙"。2007年5月我在朋友的帮助下,好不容易才找到这片很特别的海堤,大约还有一里长。

通海垦牧公司的资本来源,除了股东投资,还有佃农"写田"(为承种土地订立契约)的"顶首"(押金),1907年"写"出5 900多亩土地,收入"顶首"1.78万多两(至1927年,"顶首"收入共有39.4万多两),也有佃农出不起"顶首",以劳力投资。海门地少人多,垦殖招募的多为海门人,他们有一股子劲儿,吃得起苦,经得起风吹雨打。

初围出来的盐碱地上只能长芦苇、茅草，还有紫红的盐蒿，要蓄淡洗盐、种青之后，土壤才会渐渐变淡。芦、草烂在地里，土地才会肥沃起来，可以种棉花和其他作物，一开始连蔬菜种出来都很小，后来慢慢就好了。一开始，张謇就知道，开垦这片荒滩，没有一二十年不会见效，所以才提出垦牧互补，从长计议，就是想在围荡后先种草放牧（主要是放羊），一方面有收入，另一方面可利用牧场的肥料改良土质。他自称"东海牧夫长"，很喜欢画家给他画的那幅《东海牧夫长五十小像》。

张謇曾说过，办垦牧只做三件事，筑堤、开河、修路。等到生地变成熟地，荒滩变成棉田，公司与棉农分享每年的收成。这些地，股东有底权，佃农只有面权，所以佃农死后不能在自己承佃的土地下葬，为此他又专门划出200多亩地作为公墓，取名"久长圩"。

十年后，通海垦牧公司有了起色，1910年开始有收益，以后不仅每年有棉花供应大生，而且能在资金上帮助大生，特别是大生走下坡后，1924年还以棉花抵现金借给风雨飘摇中的大生二厂。

海复镇的兴起，就是因为通海垦牧公司。这个地名也是张謇起的，这是公司的所在地，有一条中心河，四周被新围垦的田地包围，道路、河渠、水沟、堤坝，切割得整齐有序。春天，蚕豆熟了，秋天，棉花熟了，一眼望去，田野上一片成熟、收获的风景，令人心喜。相隔近一个世纪，我到海复镇那次，正值蚕豆、小麦熟时，满眼都是丰收景象，这就是张謇留下的恩泽。当地有一句老话：范公筑堤，张謇种棉。一般张謇到海复镇都会住下来，然后乘独轮小车，从一堤到七堤沿途视察。通海垦牧公司的办公大厅里，挂着一块张謇手书大匾"慕畴堂"，每次他来，都会在这里集合职工讲话，少年时代随父辈听过他讲话的中学教师秦延福，多年后仍清楚地记得，他那次讲的是"桃花源"和田畴的故事。张謇仰慕东汉末年的奇人田畴（字子泰），神往于其手创的"桃花源"，想在黄海边的荒滩上建起一个新世界的雏形。他给公司定下细致的规则，而且得到了有效的执行，连折了一根树枝都要罚款。当地老百姓始终记得张謇的好，没有见到他做坏事。（张詧在垦区的印象就不如他。）

早在1901年张謇公布的招佃章程中，有一条就是劝佃户多种树。垦区的路边田头都种上了树，从柏树、槐树、冬青到银杏等。他说楝、椿、柏、桐都是海滨相宜的树，其次是桑、柳、榆、槐。每次他来，房屋、田地，总要到处走走看看，看到公司墙壁不整、砖地损坏，他会马上吩咐修补。连沿途的树木品种、棵数、种树时间，他都记得清清楚楚，嘱咐职员要从小处着眼，一一记录在册。他来时，经理们都盼着天上下雨，这样既可以避免他视察时不断提问，而且可以请他写字。

1909年，刘厚生应张謇之约出任大生二厂经理，当年秋天，张謇到二厂小住三天，然后一同到20里外的垦牧公司巡视，前后三日，有时步行，有时乘独轮小车。

江南出生的刘厚生第一次来到垦区，见到一派空旷的黄海之滨，简直就是一个阔大无比的围棋盘，只是长方形的格子和棋盘上的正方形有所不同。走近看，他发现每个长方形外边都四面环绕着小小的沟渠，沟渠外是纵横交错的道路。陪同他们的江导岷说：初办垦牧，产权确定后，第一步就是筑堤防海潮，然后将里面的田地划为7个大区，每个区的四周都疏通河道，河以内按面积大小划成"井"字或"十"字形，分为若干垾，垾有垾河，每垾再分给若干墪，墪为长方形，一墪有25亩，墪也有墪河，互相衔接。

此时离开垦已近10年，熟田还不足3万亩。张謇告诉刘厚生，每个长方形里面的地由一户佃户承种，长方形里各种不同颜色的花朵，就是棉花最初开的花，花瓣落地，就成了有核之棉，农家叫作籽棉或籽花。每亩出产的籽棉不等，佃户和公司协议分成，一般是六四分。

一路上，刘厚生听了张謇与江导岷的对话，特别是他们商量垦牧公司的未来计划。他禁不住说了一句："四先生，你不愧为真正的书呆子，你竟把童年时代八股所引用井田学说的陈腐烂调，一件一件地实行起来了。"这句话让张謇兴奋不已，他张开大嘴说："厚生，厚生，你方是我真正的知己，别人都不了解我也。"

回到大生二厂，他对刘厚生说，自己童年过的全是海门农家生活。海门虽与南通接壤，但民众的性格气质都很不相同，通州人安土重迁，很少往别处营生，种田之外，大都以纺纱织布为业。他办大生后常去上海，发现拉洋车、推小车的，90%以上是海门或崇明人，他们的生活都很困苦。他们之所以要外出谋生就是无田可种。所以，他想到范公堤外的海滩，南北绵延600里，可垦的荒田就有上千万亩。既然朝廷没有做这个事，他就想自己着手，先办一个公司作为试验。张謇的设想是，在沿海五县开垦棉田100万~200万亩，可供50万~100万人的生活。"这种事业，我如不做，恐怕没有第二个人肯负此责任也。"

张謇接着说："我们儒家，有一句扼要而不可动摇的名言'天地之大德曰生'；这句话的解释就是说一切政治及学问最低的期望是使得大多数的老百姓都得到最低水平线上的生活……这就是号称儒者应尽的本分，我知道我们政府，绝无希望，只有我自己在可能范围内，得尺得寸，尽可能的心而已。"

《剑桥中国晚清史》注意到了这一点，评论说张謇通过办纱厂成为一个卓有成就的企业家后，再去办垦荒、教育、水利等，原因就在于他是一位儒者，忠于儒家的教诲。张謇手书的《垦牧乡歌》最后一句"谁其辟者南通张"，其中透露着他内心的喜悦和得意。

辛亥前夕，公司成立了10年才开第一次股东大会，"慕畴堂"里容不下那么多人，改在公司的大栈房召开，张謇临时写了一个横幅，上书"大利在农"四个大字。

这次会上，每个股东都分到一把折扇，扇子的一面是公司的地图，另一面是张謇手书的公司创业史，其中有"缕缕心血，贯以十年……有此沧海之田"这些话。他在演讲中回顾 10 年的艰辛，极力肯定弟子江导岷等人的劳绩，无比感慨地说："今各股东所见各堤之内，栖人有屋，待客有堂，储物有仓，种蔬有圃，佃有庐舍，商有廛市，行有涂梁，若成一小世界矣；而十年以前，地或并草不生，人亦鸡栖蜷息，种种艰苦之状，未之见也。"演讲中他再次向股东表达了自己建设一个"新新世界雏形"的志愿。

就是在这次股东会上，张謇提议把原来的 3 000 多股按 4 000 股分派，多出的近千股作为红股份，给南通师范学校 450 股，公司职员 460 股，原来没有股本的职员都分到了。多数职员是从练习生和学生中选拔的，初进公司，20 岁以上的称练习生，20 岁以下的称学生，都算是张謇和江导岷的学生，张謇来垦牧公司总是穿竹布大褂，布袜布鞋，职员也都是布衣布鞋，没人穿绸衣服。他说："盐垦是农村工作，农民都是布衣布衫，公司办事员穿得好，失去本色。"他要学生注意节约，还要他们天天记日记，可以使自己有长进。学生日记写得好的，江导岷会交给他看。公司还印发了他的《通海垦牧公司十年之历史》《张謇垦牧手牒》等，供职员学习。对公司事务，张謇要求学生样样都学，不仅要学会计，还要学种田、种菜，学管理，学草务、牛务、杂务，"你不懂田务，如何管理公司？议租时若有佃农虚报，你如何懂呢？"尤其要他们注意海滩的涨塌情况，特别是注意每年涨了多少。

有职员回忆，张謇跟人说话并不颐指气使，而是很有礼貌，脸上总是带着笑容，他常对职员说："对佃户要客气。佃户好比两只手，而你们好比两只脚，没有手种田，衣、食、住就无来源了。"他吃菜以素为主，很简单。吃饭时还要让公司职员、学生上座，自己作为主人居末座。

要在荒芜的海滩上建设"新新世界雏形"，张謇说："佃农的子弟没有文化，就不能建设、改良农业，因此要上学。"每一堤都建了一所垦牧小学，最有代表性的就是垦牧乡高等小学，现在海复镇外的东南中学校园里仍保存着当年的老校舍，近百年后还在使用。"新世界，垦牧乡。新少年，小学生。"他写的《垦牧乡小学校歌》透着理想和朝气。

另有一个三余镇，是后来随大有晋公司而兴起的，那里的水利工程做得特别到位，明沟、横河、竖河，都与大河、大海贯通，很有层次，为了防止海水倒灌，还造了四个大闸。当地百姓都说张謇是办了些好事，没有人讲他的坏话。农民喊他"张四老爷"，他说："现在民国了，不称'老爷'，叫我'张四先生'好了。"

"父教育"和"母实业"

张謇有个很有名的说法:父教育,母实业。他对教育的热情比办实业还高,他觉得要普及教育就要多办小学,小学是教育之母,但是办小学需要师资,所以他第一步选择办师范。1902 年,大生开机不到三年,他就开始筹办"通州师范学校"。那时一般都叫"学堂",张謇称"学校"还是超前的,10 年后,新生的民国教育部才通令全国的学堂一律改称学校。

张謇青衣小帽、独轮小车,在南通城内外寻找合适校址,最后选中南门外半废的千佛寺,这是明代万历年间建的一座大寺院,鼎盛时期有 200 多和尚,七进殿堂,千尊佛像,1901 年发生一次火灾,正殿被毁,留下了几十间年久失修的房屋,濠河三面环绕,周围空旷,是个比较理想的地址,他还看中了寺庙内的几棵百年老银杏树。加上千佛寺没有田产,只有一个和尚,安置起来容易。

等到破土动工,工人讲迷信,怕得罪神灵,不敢下手,张謇说时不从古,亲自动手拉绳索,首先拉倒一尊佛像,工人才敢跟着动手。改寺院办学在当地曾引起舆论非议,免不了有反对声,好在朝廷颁行过改天下寺院为学堂的诏令。迄今南通仍流传着一句歇后语——"千佛寺改学堂——时不从古。"

测量、设计绘图,都是张謇自己动手,接着,雇工挑土填河、拓地,光是淤泥就挖了 1.4 万船。然后,或改建,或新造,大雄宝殿改成礼堂,文昌阁改成教员室,到1903 年共建成平房 104 间,楼房 172 间,廊庑 116 间。

1903 年 2 月 14 日,张謇开始住在通州师范校园,他在南通办事时,几乎都住在这里,直到 1909 年博物苑的花竹平安馆建成。当月,通州师范对外招生,分为本科和讲习科。4 月 23 日,本科生复试的试题是他亲自拟的,经义兼国文的题目是"先知先觉释义",历史题为"三代学制大概",地理题为"中国生业物产大概",还有两道算术题。其中大约可以看出他的怀抱、用意。考试那天,大雨滂沱,从早上一直下到中午,学生都是撑着油纸伞来的,监考的教习中就有以后鼎鼎大名的王国维。

4 月 26 日,通州师范开学前夜,总理张謇和庶务宋龙渊检查学生宿舍,宋龙渊举蜡烛,他拿锤子,在每个房间门口钉名牌,把钉子敲牢,直到后半夜。厕所、厨房也是他亲自布置的,他说:"办学堂,要注意这二处的清洁;看学堂,先要看这二处是不是能清洁。"

第二天举行开学典礼,他穿了翰林院修撰的整齐冠服到场,地方官绅都来向他道贺,在第一届学生、后来留校的教育家顾怡生记忆中,"寿松堂上,一时翎顶辉煌,张先生与之周旋言笑,手持二尺余长之淡色巴菰烟筒,且吸且谈。"那一天,张謇内心的喜悦可想而知,通州师范开学比大生开机还要令他激动。不过他那天嗓子不好,没有讲话,书面的演讲词当晚在礼堂西廊张贴,"坚苦自立,忠实不欺"的校训就出自其中,他希望这八字成就南通学风。第二年他又亲自写了校歌,请上海的音乐家沈心工谱曲,并专门到外地请人来教唱。当中"民智兮国牢"一句,连续重复三遍,令当年通州师范学生终生难忘,视为座右铭。

张謇不可能直接管理学校事务,主要靠他早年的得意门生江谦(字易园)。他先后请的老师有王国维、陈师曾等,还有8位日本籍教师。王国维当时学术上还没有建树,他教的伦理学,讲义是从日本翻译过来的,他年仅26岁,比许多学生年龄还小,在那些拥有秀才、贡生、监生等功名的学生眼里,他没有受到多少尊重,只教了半年就离开了南通。陈师曾是陈三立的公子、陈寅恪的哥哥,后来成了名画家,1909年~1913年他任教通州师范,教的却是博物学科而不是图画。

通州师范开学不久,张謇到日本考察了70天,"虚着心,快着眼,勤着笔",处处留心,向走在中国前面的日本学习,写了一册《东游日记》。参观学校时,他不光对建筑、课业内容等了解得很细,连师范、小学、幼稚园的课桌、椅子长短、高矮,他都一一量过尺寸,详细记下,对儿童玩的火车游戏的积木玩具也看得出神,连厕所都看得很仔细。到农校,他还和学生共餐,了解学生的伙食。《大阪朝日新闻》多次报道他的行程,称他是知识精英兼实行勇士,不是一般的走马观花者。

开办通州师范的经费大部分来自大生纱厂,在张謇主持的董事会上做出决议,原来按13份分派的余利,匀出一份,按14份分,一份作为通州师范的经费。此举得到占官股大多数的南洋大臣的同意,商股中许多股东也表示同意。从1903年到1907年,南通师范耗费的18多万两,有2/3就来自这笔钱。另外1/3经费则是他和张詧、沈敬夫等人从自己的分红中捐出来的,他说过一句话:"家可毁,师范不可毁。"

1907年在大生纱厂第一次股东会上,张謇报告大生12年来的历史,一口气说了一个半小时,他说自己从德国俾斯麦那里得到启示,想从教育着手救国,要办教育,不能赤手空拳,所以,只有先办实业。对于大生给通州师范拨款,他解释说:实业和教育应该相互灌输、相辅相成,大生纱厂之所以获利优于其他厂,地利是不可忽略的因素,地是南通之地。其他地方的开办费他不知,苏纶纱厂开机前就耗费了10多万两。大生未开机前44个月,实际开办费仅9 300多两,绅董都没有支一分公费。绅董都是南通之人。因为这两个原因,通州师范可以享有大生纱厂的回报。

股东郑孝胥提出,拨助师范经费是总理张謇个人的道德,和公司无关。现在既然按法律办理,应该另议分红章程。股东张右企提出,总理定的旧章,余利、花红按

14 成分派，非常妥当，似可照办。但公司既然不承认协助通州师范的经费，那就应多定总理的花红，将通州师范经费这 1 成包括在总理的花红内。郑孝胥说：总理花红至少须得 14 成内的 1 成半，所有补助校费及酬报赞助的股东，都由总理自己斟酌。股东张澹如认为，如果只定 1 成半给总理，总理自己肯定不会多拿，中间又包括通州师范的经费 1 成，那么给总理的酬报就太少了，主张定为 2 成。张右企发言，经股东挽留，总理答应再担任 5 年到 60 岁为止，如果以后选出的总理不这么办，那通州师范学校的经费就没有着落了，应该如何保全，也应公议。郑孝胥说，等到另选总理时，再由董事局公议办法不晚。多数股东表示赞成，最后决议花红还是按 14 成分派，办法为：股东 10 成，总理 2 成，五所所长及机匠 1 成，各执事 1 成。原来通州师范经费的 1 成包含在张謇的花红中。

1911 年，经张謇提议，通州师范得到通海垦牧公司的 450 股作为校产，以保证办学经费。通海发放的股票，每股按 100 两计，折合规银 4.5 万两。在 1926 年 7 月发的股票上有通海垦牧公司总理张謇、协理江导岷的署名和印鉴，明确 450 股可以分地 9 900 亩。

张謇有一次看到通州师范上课用的生物挂图，觉得教学效果不好，有意在学校边上建一个植物园。当时他建立京师博物馆的提议没有得到回应，想在南通自建一个，1905 年开始动工，种了大量不同品类的植物。第二年再建博物馆，后来还有动物园，合称为"南通博物苑"（花费约 4.9 万两）。

"设为庠序学校以教；多识鸟兽草木之名。"

在这副流传很广的对联中，我们不难体会张謇的用心。"博物苑"共有中、南、北三馆，1906 年建的南馆是博物楼，是个二层的西式小楼，楼上半圆形阳台的两边挂着他手书的这副对联，至今仍在。同年建的中馆很小，最初是"测候所"，作为天气预报的机构，尖顶小楼是后来加的。北馆是一幢朴素的两层中式风格小楼。

张謇在细微处都很用心，有他的大量手札（纸条）为证：

"天晴博物苑工赶做，木材今日到校，一切种子须下地……博物馆砖墙用条砖，勒脚用三副，勿用洋砖。木材即行配全。"

"移大柏树千万勿伤根，栽时千万须人督察。"

与博物苑相邻的南通图书馆，由他筹款 2.6 万两建立，每年的年费就要 1.5 万两。

在通州师范之后，1905 年他创办了女子师范学校，南通大学的前身农校、纺校、医校等专门学校也相继诞生，医学专门学校由张家两兄弟私资捐办，纺织专门学校是为大生几个厂提供人才的，办学经费由大生三个厂各负担 1/3。

在家乡海门常乐，张謇在 1904 年私人捐资办了第一所小学，校舍施工时他就要求"30年不要动斧头凿子"。一次遇到台风，边上的房屋都倒塌了，只有这个校舍抗住了。校训"平实"是他定的，校歌"大家爱国先爱乡"是他写的词。他在常乐还办有多所小学，包括女子学校。2007年春天，我到常乐寻访张謇遗迹，已经一所学校也找不到。他自称办教育的出发点就是要养成健全公民，从他亲自为学校定的那么多校训可知，这些学校虽各有目标，共通的就是艰苦耐劳。

1920年，他邀请美国的杜威先生到南通演讲，这位世界级的教育家、哲学家对南通教育的肯定和赞誉并非出于客套。到1922年，张謇70岁时，南通有60多所高小、350多所初小，还有7所初中，大体上做到了普及小学教育。

从立宪到共和

庚子之变以后，清廷担心东南出现一个新的得到中外认同的政治重心，开始重视拉拢南方的社会精英，1904年，上谕给张謇加三品衔、头等顾问官（原来他的翰林院修撰只是六品），这虽然是对他办实业的奖励，也未尝不含有拉拢的意思。

从1900年推动"东南互保"到后来收回路权运动，张謇和东南精英人物赵凤昌、汤寿潜、郑孝胥等人结交，这个圈子在晚清立宪运动和辛亥革命中有着举足轻重的影响力，在相当程度上决定了中国的走向与命运。1906年，预备立宪诏书的下达与他们多年来的奔走分不开。同年11月，预备立宪公会在上海成立，张謇当选为副会长（后为会长），入会者都是一时精英，东南工商界、出版界、教育界、报界的重要人物几乎囊括其中，比如高梦旦、张元济、狄平子、孟昭常、孟森等，有一半会员都曾投资办企业，包括荣氏兄弟、李平书、虞洽卿、朱葆三、周金箴、王一亭、王清穆等。留日归来、年轻而有活力的雷奋、杨廷栋成为他的得力干将。我在南通档案馆看到过当年预备立宪公会交纳会费的一张收据，印制漂亮，绿色边框，红色印章，百多年后仍光鲜如初。张謇认定："立宪大本在政府，人民则宜各任实业教育为自治基础；与其多言，不如人人实行，得尺则尺，得寸则寸。"得寸则寸的思想在他心目中扎根已久。1901年，他起草《变法平议》，提出42条非常温和的改革意见，没有被朝廷接受，他失望之余，即决心从实业、教育入手，在民间层面做努力。凭借自己办实业、教育的基础，以及多年来奔走立宪，他和汤寿潜不仅望重江南，而且成为全国立宪派的领袖人物。

1906年秋天，为了在家乡普及宪政知识，推动地方自治，张謇特意在通州师范开设法政课，请留学日本的杨廷栋前来主讲，同时为地方"法政讲习会"讲课。

早在通州师范开办不久，因为编印教材、讲义的需要，大生也要印账册、商标等,1903年,以大生纱厂为主集股办了一家翰墨林书局,《日本宪法义解》《日本议会史》《英国议会史》等译作都在这里出版。以日本地方议会制为蓝本的《地方自治纲要》也是1907年由翰墨林书局印制的。张謇将这些书送给官、商、学各界友人,包括铁良这样的朝廷重臣。有一次,慈禧太后看了《日本宪法义解》,对王公大臣说了一句"日本有宪法,于国家甚好",没有读过此书的显贵们当时瞠目结舌,赶紧派人到上海去买书。

1909年,全国各省谘议局成立,张謇毫无悬念地高票当选为江苏谘议局议长。处处以日本为师的他,不仅给通州师范请了许多日本教师,在南京建谘议局大楼前,他还派孙支厦去东京考察日本国会,不只是了解议事规则,还要把日本国会的建筑图纸画回来,现在南通档案馆仍保存着孙支厦当年画的多份草图。

从1909年到1911年,张謇等代表的立宪派以谘议局为依托,先后发起三波全国性的国会请愿浪潮,他联络江南的督抚,与各省谘议局代表磋商,参与起草或修改请愿书。于右任主办的上海《民吁日报》对他大为赞赏,在1909年10月30日的报纸上称他为"伟大人物"。1910年1月21日,请愿代表谒见朝廷王公大臣,《申报》报道,权重一时的庆亲王对代表说:"诸君由国民公举来京,足见我国民之可爱可敬,我亦国民一分子,岂不关心国事?况现时各国均行宪政,我国断无不实行宪政之理。此次请愿,我有一分力量定为诸君献一份力。"随后问及汤寿潜、张謇两君对此事的意见如何。各代表回答,汤、张都极力主张。庆亲王又问张謇为何不来?代表回答:张是议长,未能前来。请愿书要求朝廷立即颁布议院法和选举法,一年之内召集国会,但措辞很有分寸。居中堂之位的那桐问代表:"请愿书前日已经见过,词意都极为得体,出于何人手笔?"代表回答:张謇的主张为主。

庆亲王等权贵重视张謇的态度是可以理解的,因为办大生成功,他成了工商界领袖,因为办教育有成,他先在1906年创立的江苏教育总会上被选为会长,后被选为中国教育会会长,在江苏谘议局他又被推为议长。在朝廷外面,他的一言一行无不引人注目。

1911年5月,张謇受上海、天津、湖北、广东等地商会公推北上时,第三次国会请愿运动已经落幕,立宪派一而再、再而三的热情呼号,换来的只是清廷提前三年(到1913年)召开国会的承诺,并不许代表再次请愿。张謇此次进京离他上次戊戌年南下已跨越了14年,14年来,他以南通为基地,大办实业、教育,推动地方自治,开创风气,在东南乃至全国都是众望所归。朝廷对他表现出了意外的倚重,视他为长城。他虽低调进京,不想惊动各方,然而,王公大臣、满汉显贵的宴请、迎送还是让他应接不暇,行程排得满满当当的。重头戏当然是摄政王的召见,他当天的日记记得很详细,年轻的摄政王不仅赐座,而且称许他在外办事辛苦,名誉甚好,朝廷深为嘉慰。他回答,自1894年、1895年以来就注意实业、教育,后来国家推行新政,又办地方自治,自己虽然没有做官,但未曾一日不做事。当时,清廷已风雨飘摇,处境维艰,张謇是状元,又是新型的实业家、教育家,对已故的光绪帝怀有感恩之心,确有在朝廷和民间之间做桥梁的意图,希望朝廷早日立宪、变革求新。他暮年回首,自己的一生最重要的事不是实业,不是教育,也不是南通的自治,而是立宪的成败。

但是历史的脚步等不及了,就在张謇南归之际,武昌起义的火光映红了滔滔长江。他在长江轮船上目睹革命的爆发,最初还想挽救他多年来寄予希望的王朝。当他发现,被腐败的达官贵人们蛀空的清廷已无可救药,只有接受共和才是结束动荡、重建秩序的最佳出路时,他迅速做出了自己的抉择。1911年11月27日,他写信给许鼎霖,不为爱新觉罗争万世一系的皇统,除共和之外没有另外的路可走。他亲自写下《建立共和政体之理由书》,并再三敦促北上途中密谈过的故交袁世凯转向共和。

中国有力的实业家

张謇的转变,在某种意义上说,加速了清廷的崩溃,因为他代表的正是那个时代对朝廷怀有感情的民间实力派。

辛亥革命的发生在他的意料之外,他和革命派在观念上有差异,这都是事实。但是他也资助过1907年在上海创刊的革命派报纸《神州日报》,亲笔题写了报眉。1908年,他曾出面致电两江总督端方,保住了革命党人陈陶遗的命。他和青年黄炎培有私交,虽然他不知黄炎培秘密加入了同盟会。他从立宪转向共和并不突兀。1910年,在南京举办南洋劝业会时,张謇就对清廷感到失望。当年,美国工商代表团来访,《大赍访华日记》中提到,不会英语的张謇在南京、上海接待他们时,通过翻译,他们就立宪等问题进行过兴致勃勃的讨论。这位美国人在与张謇等人的接触中不无意外地发现,"商人与官吏之间存在对立情绪,我清楚地察觉他们之间的裂痕业已扩大。"英国《泰晤士报》驻北京记者莫理循(G.E.Morrison)和张謇共餐时说,中国各方面言论不一致,国会召开后可能要发生严重的意见冲突。张謇却认为,意见不一,是因为缺乏能协调和集中各方面意见的政党,隐约透露了组党的意愿。

孙支厦的回忆还提供了这样的细节,当时南京谘议局大楼没有完全竣工,接待美国代表团的临时餐厅就安排在这里,张謇对这次国民外交看得很重,布置极为华美,四周都用天鹅绒幕,内有乐队,地面全部铺上地毯。大餐是特别请上海理查饭店和卡尔顿包办的,甚至特制了一种白色矩形瓷砖,上面有交叉的龙旗和美国星条旗,以中、英文说明这是中国江苏谘议局赠给参观团的纪念品。这个代表团回美国后,在报纸上大大地赞美张謇,有人翻译给他听,他很高兴。1911年春末他北上的使命,就是要朝廷同意他们和美国在工商业方面开展合作。

这次北上途中,随行的雷奋认为清廷断无不倒之理,爱好和平的各省谘议局议员如果不肯出头,局势将不可收拾,为此恳切地忠告张謇:"切勿因为自己是清朝状元,要确守君臣大义,而躲避现实。须知皇帝与国家比较,则国家重于皇帝。"当时在场的刘厚生证实,张謇以十分欣悦的态度完全接受这个建议。这一切都为张謇转向共和做了铺垫。

孙中山主持的南京临时政府成立前后,如果没有张謇帮助筹集的经费,几乎不可想象。因此,有人说张謇是中华民国实际上的"助产士",孙中山最初想请他出任财政总长,他坚决不接受,这才改为实业总长。他以大生一厂名义为南京临时政府借款70万两,其中第二次是1912年2月2日,由他出面向日本三井洋行抵借40万两,定期6个月,以大生全部地基、房屋、机器和其他财产做抵押,借款合同共十条,其中的一条是:"该厂嗣后应用之煤炭、木料、机器及一切附属品,有需购买之时,倘三井承办之价与别家不相上下,总须先尽三井商订承办。"

南京临时政府面对的头等大事就是筹款,张謇已经尽了力。

辛亥革命前夕,南通学生剪辫子已成为一种风气,张謇担心风声传到外地,北行进京前夕专门到通州师范,将70多个已剪辫子的师生召集到理化教室讲话,他说:用功读书才是学生的本分,要朝廷立宪,要国家富强,不关辫子的事。你们这样盲动,和我的关系很大,我此番进京,不能不防备被人传出。吩咐他们赶快装一条假辫子,以后不可再有越轨的行为。当时在场的学生徐海萍回忆,他讲话时声泪俱下。

不料相隔不到半年,旧历当年十月廿四日,他自己也在上海剪下了辫子,还寄回南通给张詧,日记中称这是他一生的纪念日。

日本驻上海领事馆曾给日本外交部递交一份《成立共和后的中国新旧人物调查》,包括孙中山、黄兴、张謇等95人。在记录年已60岁的张謇在政界和实业界的活动后,有这样一段评语:"他尽毕生精力搞起来的通州工业今日之发达,足以证明他是中国有力的实业家,再加上他的才学和声望,他今后将会活跃在中国的政界或实业界的。"

张謇在实业总长任上为时极短,两个月就辞职了。此后,他在袁世凯的北京政府担任农商总长,也不过两年多,值得肯定的是在他任上颁布了一系列保护民营企业、推动工商业发展的法律、法规。

1912年1月3日（辛亥年十一月十五日），张謇以实业总长身份与孙中山谈政策，这也是他们的第一次交谈，他在当天日记中对孙中山的评价只有四个字："不知崖畔"，这简直就是"孙大炮"的另一版本。1922年，他的独子张孝若去上海看望孙中山，孙中山题签送了一张照片给张謇，还签名送了一本英文实业建设计划给孝若，据说孙中山当时说过一句话："我是空忙，你父亲在南通取得了实际的成绩。"

名副其实"张南通"

近代史上有许多人物生前便和他故乡的地名连在一起，成为全国通行的名词，比如康南海、梁新会、袁项城、李合肥等等，张謇也被称为"张南通"或"南通张謇"，但没有一个人像他那样大半生致力于故乡建设，开创了迄今仍惠及后人的事业。

初在唐闸办大生时，他虽有状元头衔，毕竟海门农家出身，地方官员、士绅并不买他的账，为了办厂集股的事还发生过300多名秀才和他大闹的事。等到筹办通州师范，大生赢利，他已拥有一定实力，地位上升，但最初也只能靠自己筹资，几个好友赞助，不足部分只有负债，不敢牵动当地政府和士绅，可见他在南通办事并没有一呼百应。当地还有人误把"张謇"读作"张骞"。他在南通的地位是一步步确立起来的。

"地方自治"这个名词从日本译过来，张謇最早使用这个说法大约在1905年，他自己更习惯的说法还是"村落主义"。1912年，在华40年的英国传教士李提摩太（Timothy Richard）对他说，中国如不能普及教育、大兴实业，推广慈善和公共卫生，必定不能实行共和，也不能发达。这四件事要比练陆海军更重要，究竟有几个省能试行？张謇猝然难以应对。但这一席话对他启发很大、影响至深，他马上写了一篇《感言之设计》。早在1901年，当那份温和的《变法平议》得到两江总督刘坤一的大致赞成，却未能被朝廷接受时，他对晚清新政就已灰心。他在写给汪康年（中国近代著名报人、政论家）的信中说："新政殆无大指望，欲合三数同志从学堂下手，以海滨为基础，我侪所能为者止于此。"这就是地方自治念头的萌生。1908年，清廷颁布《城镇乡地方自治章程》后，他可以在南通名正言顺地推行自治。听到李提摩太这番话，他事实上已经实践了十年。1915年，张謇在政治上不能施展他的抱负，回到他的"村落主义"，希望脚踏实地把南通建成一个"新新世界"、一个"新世界的雏形"。此时南通的实业、教育都有了相当基础，成为他推动地方自治的两个有力翅膀。

他说："一个人办一县事，要有一省的眼光，办一省事，要有一国之眼光，办一国事,要有世界的眼光。"南通原本是个偏处一隅的小城,"十字街放个爆竹,全城听得见"。在他1895年筹办大生之前,城内人口不过4万,没有任何工业,只有零星的手工业,人们按农业社会的节奏过着传统的生活方式。至今已有1 500年历史的濠河,是南通的灵气所在,这座被濠河四面环绕的小城很特别,没有北门,"狼山无狼,长桥不长,南通无北门",我夜游濠河,船夫告诉我这个顺口溜。南通历来流传,"富西门,穷东门,叫花子南门",张謇的目光恰恰就放在了南门外,濠河以南的荒地,他那些新规划的事业大都在这里。

原来南通城中心是围绕州衙门形成的,自清末开始尤其是进入民国后,中心逐渐转到了濠河南岸一带,成为南通的新城。这是张謇建立的新中心,模范城的中心,南门外新整修的马路就叫"模范路"。旧城民房矮小密集,街道狭窄,宽不过两间,只能通人力车,新城道路宽广,可通汽车,沿着濠河和模范路,从通州师范、图书馆、博物苑到更俗剧场、南通俱乐部、有斐旅馆、桃之花旅馆,他的"濠南别业"和张詧的"城南别业"隔河相望,他的"濠阳小筑"、女工传习所、通海实业银行、绣织局,大致上也都沿着南濠河两岸,在这里,南通向外界展示自己最近代的一面。

濠河半是天然,半是人工,宽阔处如湖,回环曲折,依依环绕着南通城,而且和长江、运河相通,真正是"水包城,城包水"。那时的濠河水要比现在清得多,城南一带,水深且阔,随潮水涨落,鲢鱼、草鱼、青鱼、鲫鱼都有。当时的不成文规矩,张家以外,任何人都不得垂钓网捕,那一带濠河简直成了张家的私家鱼塘。

大生纱厂的出现打破了南通的千年沉寂,新企业、新事业不断出现。1910年,这个小城第一次有了夜间照明的汽灯,到1917年张謇兄弟开办通明电厂,又有了电灯。南通在张謇的手里迅速变成全国瞩目的模范城,一个繁荣富庶、令人向往的地方,可以和江南无锡相媲美。用张謇自己的说法是,"南通以个人之力致是……无锡则人自为战"。确实,南通与无锡不一样,它在近代的变化几乎完全是因为张謇和他手创的大生。

从张謇选定唐闸办厂之时起,南通自然形成了"一城三镇"的格局,新老城区是政治、商业和文化教育中心,唐闸是工业中心,狼山是风景区,天生港是港口和动力中心。1922年,日本作家、评论家鹤见祐辅来南通时发现,"从码头到市内几十里间都是铺设碎石式的完善的道路,仅从这件小事,也可以窥见张氏经营管理城市的非凡本领。"那年,中国科学社在南通举行年会,梁启超等到会,称之为"中国最进步的城市"。日本人内山完造称南通是一个"理想的文化城市",当代城建学家吴良镛惊叹为"近代中国第一城"。

这是一位访问者当年看到的南通:"在登岸以前,我们就已感受到她的现代气息了。大道旁柳树成行,满载面粉、棉花以及旅客的卡车、汽车在奔驰,高耸林立的烟囱在冒着烟,工厂的机器轰鸣声在回响——一个欢快劳动的日子又宣布开始了。在江岸边建有现代化的码头和仓储设施,通过现代化的公路和运河,运输线四通八达。

……

登上(狼山)山顶,一幅动人的壮丽图画展开在我们眼前。在南面奔腾着雄伟的长江,它的水上运输繁忙。在西面静卧着南通城,屋顶、烟囱、城门楼依稀可见。到处都显示着满足、快乐和繁华。我们看到每一寸土地都得到了耕种,并由田间小路分割成几何形状……在居住区内有大量精心种植的树木,这也是这里的一个特征,在中国其他地区没有类似的情况。"

万里长江到此奔流入海,江面开阔,长江以北,千里平原,一望无际,天地相接,唯独五座小山像五指一样突然擎起,虽然山都不高,古时渡海进入长江口的人却视它们为中国的象征,看到狼山等五山,就是中国到了。《南通乡土志》记载,明代以前五山还在江心,到清初"沙滩渐涨乃环立于陆"。五山成为张謇晚年流连的地方。

张謇一向对公园极为看重,1913年就建了唐闸公园,南通城里围绕着濠河,他一连修了五个公园,分别以东、西、南、北、中命名,其中与东公园隔河相望的北公园为最,就是现在劳动人民文化宫一带。当地1938年印的《二十年来之南通》这样说:"每当春佳日,夕阳西下,红男绿女,联翩结队,步柳荫,听流水,人山人海,汇集北公园,久恋而不散。"对城外五六公里的狼山、军山、剑山等五山,他同样投入了很大热情,晚年修了"林溪精舍""西山村庐""梅垞""东奥山庄"等多处闲居的住所,当然最有价值的是军山顶上的气象台。每年正月十五,南通乡下农家有一种由来已久的祝贺丰年的习俗,叫作"放烧火"或"田火",把田间或河边的野草放火烧了。这天晚上,农家的老少男女,手舞足蹈地高唱山歌。城里人会结队成群,爬到狼山上去"看烧"。他也常会约了好友,登楼"看烧",欣赏作诗。

一花一谢皆关心

张孝若说,父亲生平有两个嗜好,一是建筑,一是种树。

张謇从小就对建筑很有兴趣,40岁以后办实业、教育,几乎无一年无新建筑,大到区域选择、具体的地点和位置,小到门窗配置是否合乎光线,地基如何防潮湿等,他都很在行。

他在南通培养的建筑设计师孙支厦回忆,大生一厂的厂房一开始就请英国人设计,用砖木结构,完全英国式,从保存下来现在仍在使用的车间和仓库,我们可以看出其优越，此后南通的建筑开始效仿西式，也为其他后起的厂房树立了一个榜样。

他主持建造的所有建筑，都极力避免奢华，只求坚实合用。由孙支厦设计的濠南别业、更俗剧场、南通商会大厦和招待外地嘉宾用的南通俱乐部，这些标志性建筑属于例外。

建通州师范时，张謇把四棵老银杏树都保护下来了。在军山上建气象台时，山顶有棵高大的老银杏树，他吩咐设计师，宁愿改址，也不可砍去这棵树，此树至今犹在。张謇计划利用东岳庙道观办农校，道士听到风声，要把一棵400多年的银杏树砍了卖钱，正巧被他知道，花70银圆买下，并立碑保护，他写诗说："买从道士手，知有老夫心"。

有人称张謇"百年树人，一往情深"。通州师范南边大门两侧各有一株伞形的龙爪槐，从老照片上可以看出，校门口都被绿色密匝匝地覆盖，校园里，一路种了乌桕，加上门前一棵古老的乌桕树，每当秋天，红叶满树，就是一道独特的风景。

张謇在通海垦牧公司也特别注意种树。对于种树，他很有见地，对时令、分行、培养都很在行。1910年他安排通州师范学生在军山、剑山开辟学校林，每年春天，三年级学生都要在两山种树，树苗由五山的苗圃提供，冬天还要去施肥。狼山等五山，他至少安排种了十几万棵树，他生前就已成林。1920年，他沿着长江岸边30里种上桃、桑各2 700株，三五年就可结果，有华有实，他对此举很是得意，专门写信给梅兰芳，希望梅能写一首诗。

1915年，他的"濠南别业"建成后，特地从军山移来一对老罗汉松，还有一对今天依然花繁叶茂的紫藤。他的"濠阳小筑"种有罗汉松、大海棠树、木瓜树等许多花木，有些至今犹存。他一生见到各处的好树，都禁不住要写诗，留下了很多咏树或植树的诗。就是看到空心的老柳，或是已死的榆根，他也十分爱惜。这种爱是发自内心的，如他的诗中说："生平手植众草木，一花一谢皆关心。"正是在他农商总长任上，确立了中国第一个植树节，颁布了《森林法》。

从天生港码头到南通城一路都种了白杨（一开始是为了办火柴厂需要原材料），多次来南通考察的日本人驹井德三，对南通道路两旁都种有行道树，印象很深。濠河两岸杨柳成荫，德国槐和白杨处处可见，清风徐来，鸟声不绝，有人把南通称为"水和树和鸟的城"，也有人称为"绿杨城"。在南通长大的赵丹在回忆录《地狱之门》中，对张謇在家乡办的事，包括马路、电灯、学校、公园等都念念不忘，濠河边仿效西湖白堤、苏堤的桃红夹绿柳更是永远留在他少年的记忆里。

其实，张謇还有一个嗜好就是写字，他的书法融会众家，自成一体。在他身边的黄杏桥回忆，70岁后他还在"濠阳小筑"（即现在的张謇纪念馆和张謇研究中心）

写过千字文小字帖,在一本方格簿子上,照着千字文本的内容,一格一字,写得很认真,写得好的就留着,写得不够好的,就用笔钩掉。为了写好一个字,有时候要圈掉四五遍,一直到自己满意为止。

张謇筹办大生纱厂千难万难,几次在上海没有旅费,断了接济,都是靠卖字。以后,他办慈善没钱也常想到卖字,年逾古稀还曾几次登报卖字,对联、条幅、扇面、斗方各有价码。状元卖字,当然求之者不少,有时一卖就是两个月。他为此专门刻了一个鬻字的印章,而不用平常的图章,有买字者希望不要用这个印章,他坚持不肯,说不能自欺欺人。

有访问者见到 70 岁的张謇:"半秃的头顶使他突出的前额更为明显,显示出他坚强的意志。当他开始讨论一个问题时,他的眼光透出乐观、热情、智慧,偶尔也带着一点梦想。那留着胡须的坚定的下巴显现出他的果敢决断。"

鹤见佑辅也特别提到张謇的眼睛和下巴:"下巴大,显现出一种坚强的意志。""谈话的时候,最能吸引自己注意的是先生的眼睛……自己在中国见到的所有人当中,没有哪一位能比得上张謇先生所具有的那种'威力'。"给这位日本作家深刻印象的还有,张謇的意见都很彻底、很具体,"特别是在自己所会见的许多中国人中,只有张謇一人利用数字来立说……他回答自己的提问是经过深思熟虑的,而且将自己确信的事言简意赅地说出来。"

张孝若说,他父亲办事做书,尤其主张着重数目字和精密的统计,不赞成笼统含糊的理论。"更俗剧场"里的座位都编了号码,连他笔录沈寿口述的绣谱时,里面提及的桌子和凳子都有图样和尺寸。

在南濠河边上,与"濠阳小筑"相邻,有一处院落,就是张謇在南通办的女红传习所,1914 年他请到有"神针"之誉的沈寿做所长,教出了一批女生。沈寿的刺绣作品曾几次获得国际大奖。由沈寿口述、张謇执笔的《雪宧绣谱》也已成为工艺史上的传世经典。

由于沈寿丈夫余觉的指控,有关他们之间的绯闻当时曾被传得沸沸扬扬,至今仍笼罩着一层朦胧而神秘的面纱;其实,无论内情如何,都不会有损于张謇的名誉。张孝若的《南通张季直先生传记》虽然回避了父辈情感的争议,但在书中写到沈寿时,一处说,因为沈寿不仅人品、绣艺、才能好,而且工作最能负责忠实,他父亲"很加以敬爱"。一处说他父亲"爱才如命,不管什么性别的同不同"。两个"爱",一是"敬爱",一是"爱才如命",都不是男女之"爱"。而余觉指出的证据,包括张謇写给沈寿的一些诗,确有缠绵的情致:

> 杨枝丝短柳丝长,
> 旋开旋合亦可伤。

要合一池烟水气，

长长短短护鸳鸯。

1921年，一代奇才沈寿之死，令69岁的张謇痛不堪言，写下了许多感人的悼亡诗。沈寿墓至今还静静地留在长江边的黄泥山脚下，墓地是张謇私人赠送的。

全力经营南通

1901年以前，张謇办实业之初就引起了外国人的关注，英国人控制的海关每十年要写一个总结报告，涉及中国经济、社会变化的很多方面，在1892年~1901年的十年报告中有一节："在此期间，南通人张謇于1894年获得状元称号。"这十年间中状元的岂止张謇一人，写上这一笔，绝不是因为他的状元身份。1912年~1921年，正是张謇的黄金十年，海关千年报告有专章讲"通州"：

"现在上海附属口岸的通州，早在1899年就开始了建设……除了街道比较窄外，一切都像上海的公共租界。市内有各种商店，西式楼房到处可见。张謇是使通州发展成为一座中国模范城市的主要人物。"

"通州是一个不靠外国人帮助，全靠中国人自力更生建设的城市，这是耐人寻味的典型。所有愿对中国人民和他们的将来作公正、准确估计的外国人，理应到那里去参观游览一下。"

张謇是传统科举中人，但他的事业取法西方文明的地方很多，他也愿意与外国人交往，但他不愿住在租界，也不愿在租界购置产业。对他来说，托庇于外国人势力，是极为可耻的事情。他把大部分精力都放在家乡南通方圆百里之内。

南通各县县长、镇守使等地方军政官员到任后，第一件事就是拜访张謇，警察局办案也常向他请示。将南通称为"中国大地上的天堂"的上海英文报《密勒氏评论报》主笔J.B.鲍威尔，1920年访问南通后，曾说过这样的话："张謇以及他的兄长张詧、他的儿子张孝若简直可以用'君临天下'一词来形容，除了童话故事中对待臣民就像对待子女一样的慈善君主外，可能无人可与之匹敌，而在南通州这却是事实。"

辛亥革命，南通光复，张詧做了司令长，民国以后，张家在南通的地位更为显赫而稳固。1912年3月7日的上海《天铎报》发表文章指控张詧"搜刮经营，储蓄产业"，当地有个叫沙淦的人编了一本四十回的小说《土皇帝》，影射、攻击张詧（1913年沙淦在南通以乱党罪名被处死）。当时也有人说张謇是"南通土皇帝"。曾在通州师范做日语翻译、辛亥革命后做过海门县议会会长的季新益回忆，在民间集会宴客时,竟把南通纸牌中最大的那张王牌(俗名"千生"),确确实实指定为"张謇"的代名词。1918年和1919年之交专程前来考察的日本人上冢司说,旅行者一出上海向北行,都会听到张謇的名字,"一踏入他的故乡南通,就看到所有的事物都是以他为中心运动着的。"

与"濠阳小筑"只有一个穿布衣的花发老农看门不同,张迮的"城南别业"大门前,门警荷枪巡逻,闲人绝迹,不时有乡人头顶纸头,口呼申冤。当地有学者研究指出,南通的地方自治能持续多年,很大程度上离不开"张三衙门"的支撑,这个衙门是从张謇控制的"通崇海三属总商会"演变来的。

进入民国,南通被称为全国的"模范县"。袁世凯曾准许南通在泰州一带自己觅地15万亩,作为自治费,免交地价。有人感叹,南通简直成了"模范的独立邦"。1914年,熊希龄做内阁总理时,曾想推广"南通模式",希望张謇编一本南通自治成绩的书,分发全国,起示范作用。为此,张謇命江谦主持编印了一本《南通地方自治十九年之成绩》。不过,还投等到书编成,熊内阁就垮台了。

1918年以后,各地来南通参观的人不断,从上海到南通,轮船穿过长江口,在天生港码头登岸大约要8至10个小时。外国人发现,南通街头没有乞丐、醉鬼、流浪者,张謇的企业、各项事业几乎吸收了所有的劳动力,剩下的老弱病残幼也被送进了他办的慈善公益机关,包括南通育婴堂、养老院、残废院、济良所、栖留所、贫民工场,以及狼山盲哑学校等。到张謇晚年,南通及其周边的公路已有500里,这在当时领先于全国。

简单地说,"南通模式"就是从办企业入手,带动经济、教育、文化、社会全面发展,其吸引力经久不衰,直接影响和启迪了无锡荣氏兄弟、上海穆藕初、四川卢作孚、湖南范旭东等实业家。许多人到南通都感受很深。

1909年~1910年担任大生二厂经理的刘厚生,深受张謇赏识,经常在一起谈天。刘厚生曾直言不讳地指出张謇专心地方事业,对国事全不注意,讥笑他的"村落主义","假如整个国家没有办法,南通不能单独繁荣"。以"常州张季直"自许的武进商界领袖钱以振,1920年到南通参观时发现:"各种事业兼程并进,唯境外交通置之后图……全国无论如何鼎沸而南通自养其兵,自教育其子弟而发挥其实业。"

大生股东私下对张謇经营南通普遍不满,包括与他关系亲密的股东刘厚生也是,一旦大生出现问题,股东就会纷起指责。南通因一个人而存在的地方自治带有一定封闭性,是非常态,而不是常态。当举国称南通为"模范县",张謇内心虽不无得意,但他还是清醒的:"南通事业不过做到地方自治的最初基础。"何况,这个自治只是围绕他一个人的,基本上是因人而治,与真正的自治还有很大差距,这一点他儿子看出来了，留美归来，即对父亲说："南通事业，我家只能处于领导开创地位，要让它发展和永久，还是要使地方上人明白这些事业不是一人一家的，要大家起来一同努力"，所以说服父亲搞了一个"南通自治会"。

在天下扰攘不安的年代，南通一隅单独实现自治当然是不可能的。将这样的"自治"称为地方建设可能更为合适。张謇对民国初年的政治深为失望，所以全力经营南通，实行他的"村落主义"。1925年，他谢世前一年，段祺瑞的首席幕僚徐树铮突发奇想，要联合各派军阀推张謇做总统，还拉了孙传芳一同到南通来，年过古稀的张謇热情接待了他们，亲到西门外的候亭迎接，还把这一天南通的报纸印成红色，增发号外，更俗剧场特别排戏目，戏单印上欢迎的字样，连菜单也是如此，西餐中有一个汤特地以"华盛顿汤"为名，但张謇婉拒了徐树铮的提议。

黄金时代的消逝

在清代几百年间状元共有114人，仅江苏就有49人，然而真正脚踏实地、做出如此大事业造福于社会的只有张謇一人。他生平最喜欢"自强不息"四字，有时简写为"自强"二字。他儿子说他——"时时刻刻，抱着用世之心和创造事业的大志。他做事，嘴里不说空话，只管做实事，笔下写出来的，也是可以做得到的事。碰到棘手困难的事，只是不声不响，一不求人，二不气馁，终日终夜，想应付解决的方法。有时越碰钉子，越提他的勇气，越经困难，越振作他的精神。他的成功，没有一件不是从劳苦困难中得到。"他曾对下属说过："一个人到了危难的境遇，还是要抱定牙齿打落在嘴里和血吞，连手都用不着去摸肚子。"大生初创时，通海垦牧公司初创时，靠的都是他的这股子劲。有人说，这是通海尤其是海门乡土文化在他身上的体现，海门是移民之地，苦寒的环境，养成了海门人吃苦耐劳、重做轻说、低调务实、稳扎稳打同时又开放包容的性格。

张謇常说自己一生办事做人，只有"独来独往、直起直落"八个字，"我要去做东家，难有伙计，要做伙计，难有东家。"话虽如此，南通的庞大事业，靠他一个人是绝对忙不过来的，1905年，他在写给农工商大臣载振的信里说，自己办厂、开垦、兴学，靠的是一友、一兄、两弟子，一友是沈敬夫，一兄是张坨，两弟子是江导岷、江谦。大生初创主要靠沈敬夫等几个元老，后来靠张坨，通州师范靠弟子江谦，通海垦牧靠弟子江导岷，博物苑用的是通州师范学生孙钺，此外在设计建筑上用南通自己培养出来的孙支厦，水利方面用宋希尚，晚年他对沈敬夫的孙子沈燕谋也很重视。他在南通的事业靠的就是这些人的支持。

西方各国忙于第一次世界大战,给中国纺织市场留出了一个巨大空间。这是一个天赐良机,1913年以后,和其他地方的纺织企业一样,大生一厂、二厂连年赢利,兴旺一时,仅1919年两厂赢利就高达380多万两,创下最高纪录。总计从1914年到1921年的8年间,大生两个厂的利润有1 000多万两。1920年~1921年,上海报纸天天刊登大生的股票行情,是当时市场上最抢手的股票之一。

此时,大生已拥有纱锭13.7万多枚,进入了自己的黄金时代,不过,张謇作为掌舵人即便在盛极之时也不是没有警觉,他曾发出过这样的通告:"营业之道,先求稳固,能稳固,即不致失败,即失败亦有边际,企业者不可不知也。大凡失败必在轰轰烈烈之时;今吾通实业正在此时机。唯望吾实业诸君居安思危,持盈保泰;更须坚定守分,此鄙人所希望于诸君者,在长久之道也。"

大生驻沪事务所的前身是大生沪账房,早在1897年冬天大生还在筹办时就已设立,最初设在沪董之一潘鹤琴供职的广丰洋行里,只管采办物料、购运原料、安排往来人员食宿等,是张謇在上海的落脚点、联络处。以后,几乎成了整个大生系统的神经中枢、金融调剂中心。能干的林兰荪先是叫坐号(或叫坐办),后来叫所长,在他过世后,由他外甥吴寄尘继任。1918年,大生驻沪事务所在上海九江路买地,1920年花18万两建起一幢四层的西式建筑,名叫"南通大厦"。当大生鼎盛之时,上海等地的银行、钱庄争相给大生上海事务所提供贷款,加上宁绍帮和镇扬帮竞争激烈,他们不怕大生借,只怕大生不来借。那时,大生在银钱业眼里,简直就是香饽饽、摇钱树。除了有名的"南四行""北四行",送来空白往来摺的钱庄最多时就有105家,任由大生透支,不立透支契约、不限透支数额、不用银钱业支票,只用自己划条。大生掌握的现金最多时有两三千万,能透支的款项在五六百万之间。大生曾一次借款给英商汇丰银行一千万两,借给日商正金银行五百万两。有熟悉当年金融行情的人说,"中国人不以存款方式,而以贷款方式借钱与外商银行的,只有大生一家。"

陈光甫在1915年创办上海商业储蓄银行时,曾得到大生的帮助,张謇也是董事之一,关系一直很密切。浙江兴业银行也和张謇交好,经常放款给大生,每逢张詧或张謇告急求援,"几乎没有回绝过"。到1920年,大生系统自己在南通办了一家淮海实业银行(此前张家兄弟在1918年自办过大同钱庄),还获得了纸币发行权,印了1元、5元两种小面额钞票,上面印有张孝若的头像,结果纸币未及发出,就陷入了困境。(1912年,张謇发行过大生纱厂银圆券,上面有他的头像,面额1元,想用来发工资、收原料,在当地市面流通,但没有大量发行,时间也只有一年。)

1921年,大生对外负债已经400万两,危机开始出现。张謇本来想在来年举办地方自治第25年报告会,全面展示南通地方自治的成绩,不料一场突如其来的暴风雨,将他常引为骄傲、赖以保障南通的许多水利工程摧毁,只好作罢。1922 年,在北京、上海报纸举办的成功人物民意测验中,投票选举"最景仰之人物",张謇得票数最高,他走到了一生的顶峰。这一年正好是他七十大寿,整个南通仿佛都像过节似的,各地显要、名流、名伶云集南通。六七年后,儿子张孝若回忆:"在生日的前几天,宾客四至,车水马龙,公园区域、马路两边柳树行中,扎起彩色牌坊,并悬挂了各种式样的彩色灯笼,到了夜里,一齐放电,成千整万的灯光,倒映在水里,真是火树银龙,光芒四射,照得很远,景象煞是好看。剧场中伶生排了新戏,外边更加聘了几个角色,热闹了两三天……城内乡间,方圆几十里的人,都来看灯会,凑热闹。好像这不是我父个人生日的庆祝,乃是地方大家事业成功的庆祝,个个欢天喜地,因为我父能够忧百姓的忧,所以百姓都能乐我父的乐,那几年实业发展,地方繁盛,蓬蓬勃勃,治具毕张,真是南通的黄金时代,现在追想起来,很有'好景不长盛会难再'的惘怅。"

确实是好景不长,这一年,持续走红的市场突然走黑,棉贵纱贱,向来赢利的大生一厂亏损 39 万多两,二厂亏损 31 万多两。1922 年成为大生由盛转衰的转折点。黄金时代戛然而止,而且一去不返。

无奈之下,张謇寻求国外资金的支持,找了日本大实业家涩泽荣一。驹井德三就是这个时候到南通做的调查,并写下一份详细的《张謇关系事业调查报告书》,张謇当时的事业规模之大、涉及之广,令这位见多识广的日本人深为感叹。实际上只要有资金注入,张謇的大多数企业都还能正常运转。

一直等到 1924 年,日本的资金始终没有盼来,张謇向美国资本家借款也不成。大生一厂先于 1922 年 10 月 25 日以全部固定资产 500 万两做抵押向中南、盐业、金城、大陆银行联合营业事务所借款 70 万两,条件极为苛刻,张垱在写给吴寄尘的信里抱怨:"苛虐束缚,孰甚于此"。1923 年,又以大生副厂全部地产、房屋、机器等财产为抵押,向上海商业储蓄银行借款 40 万两,以后两年又借了 5 笔近 100 万两(分别是 22.96 万两、21 万多两、13.6561 万两、21 万两、22 万两),加上其他钱庄、银行的借款,大生此时已债台高筑。

从 1922 年起,大生档案里,各银行、钱庄催款的电、函猛增。眼看着历尽艰辛创立起来、苦心经营了 30 年的大生无可挽回地走向衰落,对张謇晚年无疑是个沉重打击。纺织专家李升伯回忆,他于辛亥革命前在上海民立中学读书,随老师到南京参观劝业博览会,听了张謇的开幕演讲,深受其实业救国思想的影响,回校后写作文"不甘心中国是一个落后国家",鞭策自己。出于对张謇的景仰,他在 1925 年受银团之托出任大生经理。

大生失败原因

1923 年 6 月 14 日,大生纺织公司查账起草委员会成立后,开会频繁,在 9 月 12 日召开的第二十次会议上,张謇对金融界表示不满:"大生所以处于困难者,固由时局所涉,亦为天时所致。盐垦上影响是一问题,但亦因中国金融机关未臻完备,从来实业借款须有农商银行为之补助,为十年、八年之长期借款。今实业界以短期之借款谋永久之企图,必困之道也。银行家以投机之眼光充实业之活动,临时之作用也,所以银行与实业不能得携手之利益,然亦无法。"

这种不满当然有相当的理由。但是,大生自身的问题也是显而易见的,比如机器设备的更新没有跟上,从未将折旧计入成本,也没有用于机器更新,只是把折旧和公积金一起入账,进入周转资金中。大生系统的有些企业如广生油厂、资生铁厂等,或一直没有保险和折旧提存,或开办多年都没有这方面的提存。

再如,大生投资扩张过多,用张謇自己的话说就是"本小事大""急进务广",到他去世前,大生一厂仅为企业和公益事业的垫款就有 70 多万两,对其他企业的借款超过 112 万两,以往来名义被其他企业占用的(不包括正常往来的应收款)也接近这个数字,三项合计超过了全部营运资本的 45%。加上企业办社会的负担,严重拖累了大生。

大生二厂、三厂、八厂都是在资本根基不稳固的情况下匆忙上马的。大生内部一些人看到通海垦牧公司在 1910 年后有了厚利,1914 年后纷纷组建盐垦公司,其中和张謇有点关系、有大生投资或在大生欠款的至少就有 15 家,投资额在 2 000 万元以上。这些公司都是张坷在过问,张坷用人不当,急于求成,这些盐垦公司几乎都是失败的。各盐垦公司为什么失败?大生为什么被累如此之巨?刘厚生说,简单言之,有两个原因,一是张謇经办的各实业组织都不健全,没有基层负责的规定,事无巨细,表面上都要向他或张坷请示,他们对于下面的实情并不完全了解,弊端很多。二是人才极端缺乏,尤其管理各盐垦公司的人,除了通海垦牧公司的江导岷可以独当一面,其他几乎没有第二人可以信用。

还有一个不能忽略的因素就是大生一向获利全分,首先是官利,约定是 8 厘,即使在筹办期间,集股面临搁浅,仍年年动用股本来支付官利,万分困难时也没有少付分毫。开机之初靠卖原棉维持生产仍是如此。以后每年盈亏结算,都是先提了官利再算。

这是早期中国企业的通病,因为筹资难,不得已的选择。盛宣怀办轮船招商局,官利达 10 厘,1875 年～1876 年赢利不足以支付 10%的高额官利,也只能从流动资金中拿出来支付。和张謇同时代的人早在 1910 年就指出官利是许多企业不断倒闭、不断化为泡影的原因:"中国一向缺少资本,放款利率极高,因此,投资人与此相比,要求很大的利息,但是,企业的收益决不能那样巨大。尽管如此,不支付较高的股息,便难募到资本,因此不得不按高利率派息。实际上,这等于说,股东们在侵蚀自己的资金;他们所投资的企业一旦倒闭,受害的首先是自己。"

张謇对此也很不满,希望能像外国一样,以每年营业情况为准,赢利多少,就派利多少,提奖多少,无所谓官利,也就无所谓余利。但实际上做不到。

官利之外,在大生的利润中花红、余利占的比重也很大,公积金、折旧等却很低,长期以来,赢利的大生一、二两厂公积金累计不过 120 多万两,只相当于官利的 1/3 和花红余利的 1/9(其中 60 万两还以张謇名义借出去办慈善公益事业),大生二厂到 1913 年也就是开始营运的第七年才开始提公积金,最少的一年只提 5 000 两。大生一厂虽然从 1900 年起就每年提公积金,但最少的一年只提了区区 2000 两。第一次世界大战期间,大生和全国其他纱厂一样大大获利,有一年年终结账,大生付给股东的息金竟然高达 50%,当时已离开南通的刘厚生在报纸上看到这个消息,觉得"骇人听闻",写了一封很长的信忠告张謇:"欧美各国家资本所给之股息,最多不过 3%,而上海与无锡各纱厂之股息,没有超过 10%者,此实在是正当办法。你们通州人,一定以多付股息为光荣,而不知其违反经济学说之原则,必须预防其危险性。"张謇回信时并未引起十分注意。果然不到四年,大生就被债权人组成的银团接管。

到 1923 年,大生许多股东对公司的情况很不满,认为已到了生死存亡的关头,在一份《大生纱厂股东意见书》中,不点名地指责张謇兄弟,"当第一次世界大战,纱业骤然兴旺时,缺乏冷静,以为大生是无尽宝藏,用一、二厂的公积金开办第三厂。办厂无可厚非,可是购地必 500 亩,建厂房必 90 万,并附设自治机关,俨然建一小城。加上利息和其他开支,每个纱锭的费用竟高达 100 多两。这样还能营业图利、与同业竞争吗? 此后,各盐垦公司相继成立,主持者贪多骛远,资金不足就向大生伸手。不料连年灾荒,盐垦失败,而大生被卷进漩涡。债权人只知道有大生,不知道什么盐垦公司。大生由此陷入困境。如果说种棉花还可以说与纱厂有关系,那么绣织公司与纱厂有何相干? 挪用的 20 万两巨款,至今存货纽约,封存未售,使我股东受到重大负累。"矛头已直指张謇。这份意见书提出,大生一、二、三厂的欠款,除了分别缓急,还要分别是公司欠款还是私人欠款,如果是公司欠款,以什么做抵押,押款时是否经过规定手续? 如果是私人欠款,有什么黑幕? 应如何限期? 或严追或以法律解决,更应问及保证人、经手人,如查出有枉法徇私之处,就算已经辞职的,也不能逃避责任。

对于股东的责难,古稀之年的张謇同样有一肚子怨言,他在 1923 年 6 月 12 日大生第三纺织公司第二届股东会议上的讲话,就是一种回应。他说,大生盛时,人人都说南通好,本人在二十五六年前办这个纱厂,其志固不仅在纱厂,如教育、慈善、公益,都在考虑之中,并全力以赴,深感力与愿违,那时人人说好,本人觉得百端待理,不敢懈怠。等到这两年不发利息,则谣言纷起,说南通没有一个好人,我不敢说南通没有坏人,但盛极必衰,当旺盛之时,本人就想到要预防不测,目前遇到一点不顺,就变得人言啧啧,只知人利而不顾天时如何、时势如何,轻下判断,这是众口铄金。

大生即将搁浅时,他在给股东的宣言书中表示,大生一、二两厂的股本只有369 万两,而纱锭的市值在 900 万两以上。27 年来大生仅官利就付出了 1 348 万多两,股东所得已数倍于投资。即使大生彻底失败,他也无愧于大生,无愧于股东。如果不是为地方自治,不是为教育、慈善、公益,对专制朝廷的高官厚禄尚且不动心,哪里会低声下气为人牛马? 自己 70 多岁了,为人牛马 30 年,也可以结束了。他欠大生的债务,可以从股息和退隐费中分年偿还。股东对此不满,股东会不欢而散。(但当张坍说自己年老力衰,要求辞去大生三厂董事长一职时,却仍被股东公决挽留。)

对于张謇和大生的成功和失败,当时有人概括了"二好二多"与"二无二差": "二好",一是舆论好,他以状元办实业,致力地方事业,主张关税自主,《申报》《时报》和英文《字林西报》《大陆报》《密勒氏评论报》等媒体经常报道他的消息,称誉他"执东南牛耳";二是机会好,遇到了第一次世界大战。"二多",一是存款多,大生以高利息、不论期限和凭折付息、手续简便等优厚条件,加上信用可靠,吸引了许多遗老、名士、富商的存款;二是往来多,与多数银行、钱庄关系密切。

"二无",一是无计划,张謇办实业没有全面统筹的计划,一度要在南通办 9 个纱厂;二是无制度,大生早年有制度,成功之后,特别到他晚年,制度形同虚设,用人、行政都交给了能干而有私心的张詧。张氏兄弟一张纸条就可以让某企业、某盐垦公司到大生驻上海事务所欠几十万,包括伶工学社、绣织局都可以开户透支,以张謇个人名义的透支有 100 多万两(按张謇说是八九十万两)。"二差",一是舆论差,从人心向张到了人心反张,张孝若年纪轻轻就要出来选江苏省议长,以及他与军阀的关系都受到非议;二是团结差,内部出现问题,张氏兄弟与股东不和,张坍和侄子张孝若不和,大生其他元老与张孝若不和等。

张謇对哥哥张坍始终保持了尊敬,中年分家时,他在《析产书》上动情地说: "退庵无弟,则创之势薄;啬庵无兄,则助之力单。"1907 年通州师范运动会闭幕,安排了一个他们兄弟竞走的节目，他们各拿一个盘子，里面各有一只鸡蛋，先到达终点而鸡蛋不破的为胜。他一开始就让哥哥先走一步，然后一心照顾着盘里的鸡蛋，从容而行，结果自然是张詧获胜。他晚年急于让年轻的独子继承事业，而张坷与侄子时起冲突，兄弟之间微妙的矛盾渐渐表面化，但每次争执之后他都会亲到"城南别业"磕头赔礼，这当中有很多不足为外人道的隐情。

即此粗完一生事

张謇一生事业建立在大生的基础上，大生衰落，离他生命的终点已近，他在面朝狼山的地方选了一块墓地，并自拟了一副对联：即此粗完一生事，会须身伴五山灵。按他生前安排，墓上不铭不志，只在墓门的横石上简单地刻着"南通张先生之墓阙"几个字，没有头衔，没有装饰。

这个名叫"啬园"的墓园如今是一个公园。张謇坚决反对"奢"，认为办实业的人"俭"尤为重要，宁以"啬"自居，"啬庵"是他在 50 岁以后的自号，晚年自号"啬翁"。他 69 岁生日时，人们要祝贺他，他建议大家造一片纪念林，当年"啬园"里种下的树苗，已长成了大树。他 60 岁、70 岁两次生日，人们为他祝贺，他叫大家帮助造了两个养老院。张坷 70 岁生日时，他在南通的公园里修了一座"千龄观"。他的几个夫人分别办了一所小学、一所幼稚园，媳妇也受他的影响捐资办小学。

张謇平常总是告诫人不要赌钱，他自己向来不赌博，连麻将牌的名目、张数，都完全不懂，也从来没想过去学。他不会喝酒，平时餐桌上从来无酒，但他在故乡办的颐生酒厂存有 20 年的陈酒，每逢佳节看花泛舟，他喜欢看别人喝酒，叫大家一杯一杯的比量，他在边上监督劝进，谈笑取乐。

他平常每餐不过一荤一素一汤，没有特别客人，向来不杀鸡鸭，吃饭时吃到米里的稻子头，他并不吐掉，而是把稻壳剥了放在桌上，把米粒吃下去。对于农家出生的他来说，"粒粒皆辛苦"绝不只是一句诗。替他管理狼山脚下"林溪精舍"的人回忆，他吃饭很简单，中午吃得好点，也不过两荤两素，而且和仆人一起吃。

他看到别人穿好衣服，甚至会皱眉头不满（到晚年才有所改变）。在他儿子的记忆里，"他穿的衣衫，有几件差不多穿了三四十年之久，平常穿的大概都有七年八年；如果袜子、袄子破了，总是加补丁，要补到无可再补，方才换一件新的……写信用的信封，都是拿人家来信翻了过来，再将平日人家寄来的红纸请帖裁了下来，加贴一条在中间，日常都用这翻过来的信封。有时候包药的纸，或者废纸，拿过来起稿子或者写便条用。拿了口利沙的空酒瓶，做了一个塞子，寒天当汤婆子（暖足瓶），告诉别人适用得很。有时饭后抽一支小雪茄烟，漏气了就粘一纸条再抽，绝不丢去。"孙女张柔武回忆，她们小时候，平时都是穿布衣、布鞋，逢年过节或喜庆日子，才换上新绸衣、新皮鞋，过完这一天，又换上平日的衣鞋。吃饭也不能剩饭剩菜。

他常说一句话："该用者，为大众用者，虽千万不足惜；自用者，消耗者，一文钱也须考虑，也需节省。"平时走路，他看到一枚钉、一块小木片都会捡起来，放在一起。在五山修"东奥山庄"，他捡起三寸以上的木头废料说，可以做痰盂、粪勺、泥桶，看到有工人用木头零料当柴烧，他很心疼，关照下次不能再用木头烧火。

他早年认定中国要振兴实业，责任首先在士大夫。1903 年，他应日本博览会之邀去日本考察，买的是"博爱丸"轮船最便宜的三等舱客票，据说，船上有人不理解他为什么这样节俭，感到惊讶，他的回答是："三等舱位有我中国工、农、商界有志之士。他们与中日双方各界接触甚广，知识丰富，一路与他们叙谈振兴实业之大事，乃极好良机，求之不得。"

他往来于南通、海门常乐和垦牧公司之间，通常乘独轮车，带一个捎帽子的布褡裤袋，里面放着锅巴做路粮。有一次他和张坤从常乐到海复镇，当天要返回，每辆独轮车有两个车夫，一拉一推，路上交换，57 公里，单趟只走了 7 个小时，中午 12 点就赶到了，垦牧公司为他们接风，他却关照先把车夫照顾好，说他们跑得又累又饿。当夜，返回常乐家中。（车夫体力都较好，江导岷有一次从海复镇赶到唐闸开会，早上四五点从海复出发，晚上八九点就到了。）

张孝若记得，他父亲往来各处，不是步行，就是乘独轮小车，不喜欢坐轿子，如果是二三十里路以内，就以步行的时候居多。他年纪大了，喜欢跟人说说话。当然，有时他也坐小轿，以后有一辆黄包车，还装上了类似轿子的外装置。在北京做总长时，同僚甚至下属都是坐汽车，但他一直是旧马车。1921 年前后，他在南通才有一辆黑福特牌小汽车。他去上海，有大达轮船公司的特定舱位，内河则有小轮备拖船。到晚年，他想开了，不仅修了几处休闲别墅，还买了几只游船、小汽艇，取名"苏来舫""沤舟""星河艇"，有时和朋友、家人泛舟濠河，清闲一番，其实他也是"借此解愁"。大生滑坡，他内心的痛苦旁人无法理解。张孝若回忆："夏天傍晚的时候，夕阳欲下未下，反照湖中，映得红光一片，等到月上，夜色模糊，微风吹动，月光水汽，上下一片，也分不出来，我父晚饭浴罢，又邀了伴侣，坐上苏来舫，或者星河艇，带了一班伶工学生，笙箫词谱，式式都全，等船放到中流，大家歌唱起来，我父按拍，客中能歌者，也和上一曲，纳凉的人，整千成百的立上桥头，连着柳岸，静听的也有，遥和的也有，清茶便餐，消磨到月倦向西，人倦欲睡，才各自散归……"

大生系统资产最多时达到 2483 万两，然而，张謇没有为自己积累多少私产。

他每年的收入，除了家用，大半都用在了不能生利的公共事业上面。他有个说法："人单单寻钱聚财不算本事，要会用钱散钱。"1925 年，他在《大生纱厂股东会建议书》中说，20 多年来，他把自己的工资、分红几乎都用在了教育、慈善等地方公益事业上面，可记的就有 150 多万两，加上他哥哥张詧捐献的超过了 200 万两，他单独负债还有近百万，此时离他谢世只剩一年。（他自己的另一个说法是，三十多年捐出了二百五十七八万两，负债六十多万两，且不包括张詧捐出的八九十万两。）

在他儿子看来，父亲事业成功的要素，包括劳苦忠实，有始有终，没有私心也是重要的一点。他除了把自己所得都花出去，还拿自己和朋友送他的古董器物，送给南通博物苑陈列，自己的所有藏书分出 2/3 送给南通图书馆，作为基础。他总想着把自己的收藏献给社会，而不是传给子孙。

一位大生董事告诉多年追随张謇的刘厚生，张謇个人对于大生公司的款项往来，界限极清。他从开办公司起，直到去世，无论个人生活如何困难，从未在大生账上挂欠一文，对于其他公司也是这样。当然，他以个人名义办的公益慈善事业，如育婴堂、养老堂等机关，除大生公司额定捐款外，有时也向大生通融，等到年底结账时，积欠多少，他会在上海、南通登报卖字，偿还大生。（到最后他力不从心，欠下大生近百万的账就是因为办公益事业。）但是，在大生系统内部各公司之间，界限则没有分得那么清楚，所以大生最后大受牵累。

南通的事业耗尽了张謇后半生 30 年光阴，他的事业太大，范围太广了，他曾对人说过："现在一风一雨，一冷一暖，都与我事业有关，都在我的心上。而且有时候，垦地农产要雨，内河行轮要旱，开辟道路忌雨，建筑运料要水，同时都不能两全了。"

1922 年后，以大生为中心发展起来的事业实际上成了一座"倒金字塔"，投资总额达到 3 300 万元的大生集团出现危机，大生的基础已不足以支撑。到 1925 年，光是大生一厂的债务就已高达 906.9 万两，资不抵债，被债权人银行和钱庄组成的银团接管，他成了名义上的董事长。他感叹自己"不幸而生中国，不幸而生今之时代"。

他去世前十几天，仍抱病和日本工程师到长江堤上勘测，商议"防江"大计。他对日本人驹井德三说过，自己为事业生，当为事业死。从他病倒不起直至最后闭上眼睛，没有提及一件家事、说过一句私话，耿耿在念的只是天生港电厂还没建成等。家人给他入殓时，按他生前意愿，里面所穿衣服就是用大生纱厂织的布做的。

1966 年 8 月 24 日凌晨 4 点，"啬园"的张謇墓被红卫兵砸开时，他孙女张柔武亲眼目睹，爷爷的陪葬品只是一顶礼帽、一副眼镜、一把折扇，还有一对金属的小盒子，分别装着一只尽根牙，一束胎发。

一生传奇　富过四代

——荣德生

名人档案

荣德生：名宗铨，字德生，号乐农居士。江苏无锡人，我国著名的民族工商业家。新中国成立后，历任全国政协委员、华东军政委员会委员和苏南行政公署副主任等职。1952年7月病逝于无锡。

生卒时间：1875年~1952年。

安葬之地：梅园茶果场西的孔山南麓。

性格特点：爱国有正义感。

历史功过：早年经营钱庄，后在无锡、上海、汉口等地开设茂新、福新面粉公司和振新、申新纺织公司等企业。至民国11年(1922年)已拥有12家面粉厂和4家纱厂(后申新纱厂增至9家)。

名家评点：有"面粉大王"和"棉纱大王"之称，是中国最大的民族资本家之一。

荣德生

荣氏企业　申新搁浅

1934年7月4日，是荣氏企业史上最暗淡的一个日子，申新搁浅了。

这一年荣德生的四子荣毅仁只有18岁，20多年后，他仍清晰地记得那天上海报纸上的大字标题："申新搁浅"。他当时在上海圣约翰大学读书，看到报纸，一下子呆住了。他心中有个大大的问号："申新是一个有关民生的事业，怎么会搁浅呢？"

荣氏申新纺织企业从1915年的1个厂、1.29万枚纱锭起步，前后不到20年时间,已拥有 9 个厂,纱锭总数超过 55 万,还有 6 万多线锭、5000 多台布机,占有全国纱锭总数的 20.6%。申新的发展之快、事业之大,完全当得起"突飞猛进"四个字。按其生产能力,每日夜可出纱一千件,出布一万四五千匹,消耗棉花三千二百担,是中国最大的纺织企业。直接在申新工作的职工至少有三四万人,加上家属和运输、营业等间接靠申新生活的大约在十几万人以上,每天交税万元以上,仅三年半就已超过一千万元。研究荣氏企业的陈文源算过一笔账,1932 年荣家 9 个纺织厂织出来的布有 1.0236 亿米,可以绕地球赤道 2.55 圈。

其实申新并不是 1934 年一夜之间突然搁浅的,此前四年连续都有巨额亏损,主要原因当然是市面不好,自 1921 年以来整个花纱市价起落极大,16 支"人钟"牌标准纱也不例外,上下落差如同波峰谷底。据上海商业储蓄银行调查,以 1933 年 4 月申新出产的 20 支"人钟"纱为例,每件成本 218.33 元,市场价却只有 204 元,每生产一件就要亏本 14.33 元。荣宗敬沮丧地感叹:板贵棺材贱。不大动笔的他写下《纺织与金融界》一文说:"无日不在愁城惨雾之中,花贵纱贱,不敷成本;织纱成布,布价亦仅及纱价;销路不动,存货山积。昔日市况不振之际,稍肯牺牲,犹可活动,今则纱布愈贱,愈无销路,乃至于无可牺牲……盖自办纱厂以来,未有如今年之痛苦者也。"经济学家马寅初对"花贵纱贱"如此解释:花贵是因为国产棉花不足,纱贱是因为日本棉纱倾销。

申新搁浅的另一原因是税赋太重,1928 年,南京政府开征特税,实行一物一税,荣宗敬曾一度兴奋过。但他没想到特税不但没有减轻负担,反而大大加重了民营企业的负担,便利了在华的外国厂家。申新被抽去的特税达到 1 500 多万元。他写信给银行家陈光甫等人说,我国实业尚在萌芽时代,受时局影响,纺织业更是岌岌可危,希望他们能呼吁政府减税或免税,如果再不体恤商艰,多方剥削,只有停机歇业,坐以待毙。然而,荣德生大女婿、主持汉口申四福五(即申新四厂、福新五厂)的李国伟记得,当上海、武汉的纱厂向财政部长孔祥熙提出新税加重企业困难时,他开口就骂纱厂捣蛋:"有困难,你们为什么不想法子克服? 成本高了,你们为什么不让它降低?"

特税规定每袋面粉征统税一角,而未实行特税的地方,每袋只征 6~7 分。特税开征后,各地仍巧立名目,加税、加捐的情况不断发生。面粉已征了统税,面粉袋还要另外征税,1931 年 2 月 12 日,荣宗敬以福新面粉公司名义写信给宋子文说,面粉袋用的都是华商机织布匹,这种布袋印上彩色商标以后就是废物,袋皮只是面粉的附属物,希望能够免税,这样既合乎一物一税的原则,也合乎提倡国货的宗旨。为要求小麦免税单全国划一,面粉特税全国一律平等,他多次给麦粉特税局写信,呼吁对本国民营面粉业不要重征,对进口面粉无论如何要重征。但都没有得到任何回应。

此外，还有一个不能忽略的因素是，身为荣氏企业掌舵人的荣宗敬和几个儿子投机失败，光是他们投机洋麦、洋花之类的亏损就达 1 200 多万元，总公司这一项利息支出就在 500 万元以上，申新撑不住了。荣毅仁后来找到的答案也没有回避投机失败这个因素——"在前几年美国开始的国际性的不景气，影响到了中国；日本侵占了东北，日本纱厂又利用它雄厚的资本，在我国各地展开剧烈的倾销竞争，排挤了我们的市场；国内连年内战，交通破坏，苛捐杂税，农村破产，民不聊生；再加上申新本身的盲目经营，出品质量不好，利用交易所进行的投机失败。"

不过，有一个原因荣毅仁没有讲到，他姐夫李国伟说，由于过分追求发展，荣氏企业一贯通过借债来扩大规模，所以经常陷入高利贷的债务拖累，经济基础并不稳固，一旦遇到金融变动，或市场不景气，便会捉襟见肘，周转为难。

自 1933 年起，荣宗敬不断给国民政府有关人物写信，希望他们能体恤和支持这家民营企业，几乎空荡荡没有回音。

银行、钱庄要债的都来了，同仁储蓄部传言荣家要倒了，赶紧提取存款。荣家这次经济危机比刘鸿生企业略早一点，他们的企业扩张也差不多，都是发展得太大、太快了，不同的是荣家主要集中在两个行业，不像刘鸿生在许多不同行业都有投资。

到 1934 年 3 月，申新在上海的厂几乎已全部抵押出去，中国银行、上海商业储蓄银行等几家关系密切的大银行不肯再放款，只有靠 16 家与荣家熟悉的往来钱庄暂时维持。此时申新负债累计达 6 375.9 万元，全部资产总值不过 6 898 万元。到这年 6 月底，到期的 500 万应付款，没有头寸可以应付，申新没有什么可以给银行抵押，钱庄到这时也不肯放款。荣宗敬常常挂嘴边的那句"债多不愁，虱多不痒，债愈多愈风凉"再也说不出来了。在逼得最厉害的时候，宋汉章、陈光甫两个银行家在荣家陪他一个通宵，就是怕他倒下去。申新一倒，中国银行、上海商业储蓄银行都会受到很大影响。光是上海商业储蓄银行一家贷款就有 1 200 多万元，主要是厂基、机器和货物的抵押款。

申新搁浅前几天，陈光甫总要在申新总公司等到深夜一二点。15 年后他不无后悔地说："荣宗敬的申新企业是全国纺织企业中最大的，为了增加银行存款，巩固我们的地位，我们乐意与他合作；而他当时急需资金来更新扩大，自然也希望与我们合作。结果，没有充分调查他的实际需要和个人性格，我们就提供了大笔贷款给他，导致我们资金周转困难，甚至影响了活期存款的运行。"

申新系统之外，茂新面粉有 4 个厂，福新面粉有 8 个厂，一辈子要强的荣宗敬提出退职，由福新元老之一王禹卿接替总经理，王禹卿时任福新七厂经理兼总公司面粉营业部主任，王尧臣（王禹卿之弟）为福新一厂、三厂经理、六厂副经理、七厂厂务经理。自从申新不断扩大，福新面粉系统的业务除了订购外麦、每月财务结算月报,实际上都由王禹卿掌握,虽然福新8个厂除了一厂、三厂,荣家都有控股权。1927年以后面粉业的扩张步伐缓了下来,但在稳健的王氏兄弟手里,面粉这一块常有盈余。金融业的债主都希望荣家能以面粉厂来补贴纱厂的亏空,在他们眼里王禹卿有信用,申新如要再借款非王禹卿出面担保不可。但荣宗敬、王禹卿之间有矛盾,荣宗敬认为茂新、福新、申新都是自己创下的子孙万世之业,王禹卿则认为他纵子投机,损害股东利益。但这个时候,荣宗敬不得不向王禹卿求援,尽管他内心不愿放手。荣宗敬、王禹卿会谈几次,都没谈成,两人经常大声争吵,一次会上甚至发生激烈冲突。因此,荣宗敬又想找纺织专家李升伯出来代理。

一天凌晨4点,在申新九厂俱乐部楼上睡觉的厂长吴昆生,睡梦中忽然听到下面礼堂有人在哭,起来一看,原来是荣总经理。荣宗敬对他说:"我弄勿落了(我做不下去了),欠政府的统税付不出,政府却要来没收我几千万财产,这没有道理!我现在一点办法都没有,你去通知各厂厂长和工程师来。"

等各厂厂长、工程师陆续到齐,天已亮了,大约6点左右,荣宗敬只讲了一句:"我现在已没有办法,希望你们去请李升伯出来做代总经理,你们要向他提出保证,绝对服从他。"李升伯不仅是棉纺专家,还是申新债主之一荣丰钱庄老板的儿子。8点多钟,他们一行到达李家,李升伯问什么事?他们说:"申新不能倒,靠它生活的有10万根'烟囱',无论如何要请你出来做代总经理,把申新维持下去,荣宗敬没有办法干了。"李升伯回答:"我没有考虑过,荣宗敬已同我谈过几次,譬如打仗,要靠正规军,杂牌军队是打不好的。"说完,即径自上楼去了。听了他们回来的汇报,荣宗敬说:"那么还是叫王禹卿出来代理吧。"

当时,申新9个厂只有无锡的申新三厂情况还好,无锡还有茂新面粉厂有点力量,到最紧急时,荣宗敬不断打长途电话向弟弟荣德生求援,但荣德生感到以无锡的几个厂去支援上海,力量不够,没敢答应。6月底的到期款有五百万元之巨,没有二三百万现款是没法解决的。6月28日,荣德生长子荣伟仁被他伯伯派去和父亲面商,到无锡已是晚上,他要父亲带上全部有价证券到上海救急,话说得很坚决,"否则有今日无明日,事业若倒,身家亦去"。荣德生当时正在喝茶,执壶在手,他想如果茶壶裂了,即使有半个壶在手,又有何用?回首往事,荣家创业之艰难——浮现眼前,1934年并非他们第一次遇险,此前1908年、1912年、1922年曾三次遇险,1922年冬,他们的债务达300万元以上,遇到上海"信交"风潮,许多交易所倒闭,各行庄纷纷紧缩银根,向荣家催还欠款,他们陷入创业以来的第三次危机,被迫向日本东亚兴业会社借款350万日元(折合220多万两规银),条件非常苛刻,年利息1分1厘半,比一般高出近4倍,以申新一、二、四厂全部财产为抵押品,以转移三个厂所有权作为设定抵押的手续。后来荣德生自述:"借款成功,签字,人人安心，喜形于色。"然而，没有一次危机能和眼前这次相比，考虑再三，他决定到上海挽救大局。（1939年荣伟仁早逝，荣德生痛苦地说上次挽救荣氏企业是荣伟仁的功劳。）荣德生彻夜未眠，给上海打了11个长途电话，托宋汉章与张公权商量，得到回话是："有物可商量"。他带上家中所有的有价证券，赶凌晨4点的火车去上海，到上海只有7点多。9点多，他将证券带到中国银行点交，立约签字，先向中国银行、上海商业储蓄银行两家银行押解500万元。

16家往来钱庄的老司务或学生，一夜没有离开上海江西路申新总公司的大门口，知道荣家有了办法，才各自散去。人们当时普遍认为申新资负倒挂，荣宗敬经手债务太多，无力清偿，再加之信用不足，说话已不能算数，过去举债扩厂，全力发展，靠的是信用，信用一失，一切都完了。荣德生魄力虽不及乃兄，但脚踏实地，说话可以算数。

王禹卿只干了几天，就感到申新这个摊子难以维持。他当时个人资产大约一二百万，担心连累自己，不愿继续做下去。为此，他和荣宗敬在总公司吵了起来，荣宗敬认为王禹卿既然答应了怎么能说不干就不干。吵到后来，愤怒的荣宗敬手击桌子，击碎了玻璃台板。正好上海商业储蓄银行副经理李芸侯过来，连忙把他们劝开。

对于申新开出来的支票，银行方面一定要有王禹卿签字才肯认账，然而，中国银行、上海商业储蓄银行两家银行只付到280万元，王禹卿就拒绝签发支票，其他贷款就此止付，申新开的支票都吃了退票，这一天就是1934年7月4日，申新搁浅。

7月13日，《新闻报》正式发表《荣宗敬启事》，年过60的他自称年迈多病、精力不继，从7月1日起请王禹卿为总经理，李升伯主持纺织部，陆辅臣主持面粉部，深恐外界不明真相，特此启事。

这个启事虽然见报，但王禹卿和李升伯还是不愿干。无奈之下，荣宗敬只有复职，7月20日，他给各钱庄去信，表示自己不得已复职："从事整理工作，对于前欠款项不论抵押、信用，自当一律偿还。"

荣家与《申报》老板史量才有交情，《茂福申新总公司卅周纪念册》首篇序言就是史量才写的，对荣家事业评价很高。申新总公司会计部有个职员陈述昆，经常与史量才一起看戏，算是戏友，荣宗敬就让他找史量才，想通过史量才向金城银行等"北五行"借款。史量才当即打电话和金城银行经理商量。过几天，他约荣宗敬去家里谈，提出资金由他和中国银行、上海商业储蓄银行及"北五行"协商解决，但申新得在组织上彻底改组，废除总经理，改设董事会，荣宗敬为董事长，上述银行及各钱庄各推一个常务董事，共同处理日常重要事务，其他一般董事由申新股东及各债权行庄推选。厂务方面物色一个总工程师来统一领导，做到统一品质、降低成本。他还劝说荣宗敬让两个儿子出国深造。史量才说："企业如果不能公私分明，破除面情，困难就难以彻底解决。"

事后，史量才对陈述昆说："荣宗敬的家族观念很深，没有革除旧一套的决心，所以要求北五行支援资金也没有成为事实。"荣宗敬把企业看作是自家王国，他所津津乐道的无限公司组织形式，其实就是家族统治。史量才的意见，他当然不会接受。（以后银团接管申新，荣宗敬本来只处于监察地位，但他认为体面攸关。当年12月18日，上海商业储蓄银行棉业研究会开会得出结论，荣宗敬家族观念太深，他的子侄辈分掌各厂实权，难以交出。）

对于荣氏企业为什么不能改组为有限责任公司，荣伟仁告诉代表中国银行参加申新银团的姚崧龄，申新之所以有今天，全靠荣氏兄弟声誉，才有号召力量，如果改组为有限公司，荣氏不能整个负责，申新对外信用，不免减色。

可怜大王　艰难创业

从1934年6月以来，荣宗敬不断向南京政府有关部门求助，给实业部、财政部、棉业统制会等部门都写过信。薛明剑奔走宁、沪，与汪精卫、陈公博折冲，遍访各界要人，请他们支持维护民营工业，并得到吴稚晖、史量才等人的帮助。荣家希望能发行公司债券来渡过难关，荣德生到南京当面向行政院长汪精卫提出这一要求。汪精卫答复是交给实业部办，实业部则说派人到上海调查之后再说。

当年7月，实业部提出《申新纺织公司调查报告书》，这份由李升伯执笔的报告书对荣家很不利，甚至可以说是致命的。报告书认定申新已资不抵债，负债总额达6 376万元，全部资产约5 903万元（其中固定资产3 723万元全部作了抵押借款的保证品），过去都是以借债还债、利上滚利的手段应付债权，近年借债困难，则靠签发远期本票和预约栈单来周转，生产成本越来越高，困难越来越大。报告书严厉批评申新无组织、无管理，经营毫无系统，结论是："该公司资力、人力，俱不足以经营此大规模之工业，以致累及方面甚多。长此以往，为害更烈。"

报告书提出两条应对方针：一是由政府责成该公司速行清理，以6个月为限，如果清理不成，由政府派员清理；二是由政府召集债权人，组织临时管理委员会经营各厂，以6个月为限。6个月后，依据公司法成立新公司，在临时管理委员会经营期内，政府应借给申新300万元作为营运资本。

实际上是实业部长陈公博想乘人之危，盘算由财政部拨款300万元接管申新，变成国营企业,其理由很冠冕堂皇,维持荣氏是一事,维持申新事业又为一事。申新如今已资不抵债,荣宗敬信用已失,如果仍以他为中心,无法维持。

荣宗敬对实业部不说"救济"而说"整理"大为不满,得知这一消息,更是气愤难忍,"实业部想拿三百万元来夺取我八九千万元的基业,我拼死也要同他们弄个明白。"他给孔祥熙、蒋介石写信,发出"民商何罪,申新何辜"的呼号,在写给蒋介石的信中还有一句硬话:"在民商毕生致力于此,为不忍坐视事业之崩溃,鞠躬尽瘁,又何敢辞?"

对于这个报告书,荣宗敬当然不服,1934 年 8 月 6 日,他在给汪精卫的信中说:"平心论之,组织不健全,管理不妥善,无可讳言;岂有无组织、无管理,而可创办二十一厂,奋斗三四十年者?"

同一天,他给薛明剑写信说:"创业易,守业难,三十余年如何过去,不可专家一评而前功尽弃。我做事专家尚未入学,可笑,可笑。"

要强的荣宗敬面临一生中最严峻的一次存亡危急关头,叫天不应,呼地不灵,同情他的实业部商业司司长张翼后说:"可怜大王几被一班小鬼扛到麦田里去。"

此时,无锡籍的国民党元老吴稚晖再次拔刀相助,亲自给汪精卫、陈公博、孔祥熙等人写信,而且直接写信给蒋介石。1934 年 7 月 18 日,正在牯岭避暑的蒋介石复电,对于维持荣氏兄弟实业事,已告知孔部长,孔祥熙已回复:"荣宗敬事极表同情,自当设法维持。"财政部确实派人到上海调查,并且与实业部意见不同。7 月 27 日,吴稚晖给汪精卫的信中有这样一段话:"弟以成败论英雄,觉营业之开展有如荣宗敬、陈嘉庚诸君,其才必非寻常,维持其业,并当维持其人。棉业而有荣先生,为值得维持之一人。"

对于实业部想借"整理"之名将申新收归国有,无锡纺织厂联合会致电南京政府行政院表示反对,且对实业部的估价也表示异议,认为其低估了申新资产。无锡申新三厂、天津市纱厂业同业公会、河北省各纱厂都公开表示,人民毕生惨淡经营的实业,如果政府乘人之危收归国有,于法于理都令人心寒,以后还有什么人再敢投资实业?

如果不是财政部、实业部之间出现分歧,孔祥熙不愿陈公博得到申新这块大肥肉,不给实业部拨款,这些反对或许统统都会归于无效。此事,实业部最终没有在行政院会议上正式提出讨论,汪精卫只是口头说:"由荣氏本人大加整理。"

申新侥幸逃过了被国有吞没的一劫,但巨额债务还是没有办法解决,银行要组织银团来管理申新一、二、五、八这 4 个厂,消息传到荣宗敬耳朵里,他非常气愤,把一本账簿往桌上一甩,说:"就让他们来管好了!"不过,他心里不服也没有办法,债欠下了,8 月 15 日银团与上述 4 厂签订"补充应运借款合同",除了监督资金使用,银团从人、财、物三方面进行全面控制,连经营管理包括买棉花这样的事都抓在手里。荣宗敬当然很不高兴,每天到总公司来上班,自己创立的4个厂却不能做主了,他情绪很坏,常发脾气,一次看到送来印有银团字样的栈单,他竟把栈单撕掉,愤愤地说:"我没有办法管了,一切让你们管好了!"8月31日,他在写给陈光甫的信中抱怨说:"眼光手段,各人不同,以支配一二万纱锭之眼光手段支配二三十万纱锭,其不能游刃有余者情也,亦势也。"

参加过银团的姚崧龄回忆,中国银行派花纱业出身的朱树吾专管购买原棉,上海商业储蓄银行派留日学纺织工业出身的童侣青管理棉纱推销,"总公司最初并不十分合作。"所谓"总公司"就是指荣宗敬。

申新六、七、九这几个厂,虽然也由银团垫款营运,但银团只处于监督地位,不直接参与经营管理,情况有所不同。

创业不易,守业也难。1934年8月1日申新内部组成"申新改进委员会"。8月4日,荣宗敬在写给吴稚晖的信里黯然说:"以后唯有埋头苦干,死里求生,一身做事一身当,不敢再作种种幻想。"申新的制度确实存在许多问题,上海当时最有名的会计学家、创办立信会计事务所的潘序伦受托,花两年时间给申新总公司和各厂查账,从会计专业角度出具过一份《改良申新纺织公司会计制度意见书》,提出四条具体办法:一是组织改良会计委员会,二是实行成本计算,三是划一记账方法,四是设立主计处,申新既无严格的成本核算,记账方法也新旧混杂,没有财务审计制度。

但面对金融枯竭,即使有新组织、新管理,也是巧妇难为无米之炊,荣宗敬认为只要有300万元,自己就可以舒展自如,于是,他不停地想办法,通过史量才找"北五行"的路没有走通,他又安排薛明剑通过黄炎培找交通银行董事长钱新之,钱表示为难,客气地拒绝。他又试图向外商银行借款,也不成。他想通过叶琢堂向蒋介石求助,连回音都没有,他不死心,1934年8月16日直接给蒋介石写信,另外也给汪精卫、孔祥熙等写信,在给汪精卫的信中他提出具体要求,希望统税能准予记账,发行公司债券或由政府担保向银钱业借500万或300万元。结果,统税催逼如故,公司债券毫无眉目。从此荣家对政府不再存有幻想。而各方要债不断,他只有到处请求宽限。1934年12月17日,"申新改进委员会"主任荣伟仁给华栋臣写信诉说实情:"弟自七月间来总公司,空拳赤手,应付八方,此中苦况,绝非局外人所知。现在虽到山穷水尽地步,然不得不竭力挣扎,冀打开一条出路。"

到1935年1月下旬,按合同,银团对申新一、二、五、八4个厂的垫款营运期满,如果要继续,银团要作为主体管理工厂,忍耐了半年的荣宗敬不肯答应,认为银团只能监督财务,不能过问生产,最后妥协,按原合同维持申新一、八两厂,二、五两厂暂时停工,4 000多工人一下子失业。这是荣氏企业最艰难的日子,此时离他们兄弟筹办第一家工厂已有35年。

生产面粉　石磨起家

荣氏兄弟为什么会走上实业之路？荣宗敬说自己年轻时崇拜张謇,认为只有多办工厂,发展工业,才能"杜侵略""抵外货"。《茂福申新卅周纪念册》中有一篇《总经理自述》说到他的创业动机,主要是受到洋粉、洋纱倾销中国的刺激,认为衣、食是人生基本需要,解决这个问题最好就是多办面粉厂、纺织厂。

荣氏兄弟十四五岁到上海钱庄做学徒,待遇都是压岁钱2元,月规钱200文。1896年,他们父子三人和他人合资,在上海开了一家小小的广生钱庄,股本只有3 000两,其中荣家占一半。这年哥哥宗敬24岁,弟弟德生22岁。1898年,3个合伙人因为3年无利而退股,广生钱庄从此成为荣家独资,他们兄弟以后把这一年作为纪念荣氏企业周年的起点。荣德生希望四子毅仁能成为他衣钵的继承者,管教很严,荣毅仁童年时,晚上常陪着父亲乘凉或烤火,父亲把创业的经过讲给他听。

他们为什么会首先选择面粉？

荣德生做了几年钱庄学徒,之后到广东的税务机关当差(在厘金局做帮账),来往于广东、香港,看到办新事业有大利可图,于是萌生出自办的念头。经过留心观察,他确定,红——火柴,黑——煤,白——面粉和纱,都是人民生活必需品,其中做面粉最好,因为他发现在204种商品过境税中,只有面粉进口可以免税,处处受到特别照顾,说是供应外侨的"洋人食品"。而且,面粉免征营业税。

往来香港对他的影响不可小看,初到香港如同到了外国,满山灯火、马路、上山的吊车、夜不拾遗的社会风气都在他年轻的心中刻下了深深的印痕。1900年8月"八国联军"进京,北方大乱,他正好回乡,在香港等船很久,每天去问船期,埠头都是一片雪白,是装卸面粉时落下的一地粉屑,他一步步走在粉地上,想到每年洋粉进口不下千万包,不如自己来办。

与此同时,在上海经营广生钱庄的荣宗敬发现,在上海和江南各地的汇兑业务中,绝大多数是买卖棉、麦的汇款,其中上海英商增裕面粉厂和华商阜丰面粉厂办麦的汇款又占大半。"八国联军"进京,上海市面萧条,只有北运的小麦、面粉畅销无阻。长期在荣宗敬身边工作的荣得其问过他,为什么不办别的厂,而要办面粉厂和纱厂？他回答:第一,民以食为天,每个人都离不开;第二,周转快,原料今天进厂,明天就有成品出来。人家问他,那么你为什么不做米生意呢？他说:我从前做过米生意,曾贩米到天津,蚀去 2 000 元。因为米不同于面粉,没有加工过,所以不容易赚钱。

荣氏兄弟从不同角度得到一个共识,就是办新事业"吃、着两门最妥",面粉业可为。

在开办面粉厂前夕,荣德生偶遇一个和尚,给他看相:"你不宜读书做官,气色已露,不是官,不是商,地位高于道府,但是无印。廿五至卅五露头角,四十五大佳,名利双收,以后一路顺风。"其实,真正使荣家事业发展的"不是气色或祖坟,而是战争"。庚子之战、第一次世界大战甚至抗战、内战,都带来市场景气,成全了他们的发展。

庚子年(即公元 1900 年)的"八国联军"事件,成为荣家办实业的起点。这一年广生钱庄盈余有 4900 两。有一天,荣宗敬偶然路过无锡西门外的太保墩,看到荒地 20 多亩,一水潆洄,交通便利,是个较为理想的厂址,商得弟弟同意,着手购地集股。1928 年,他回望创业起点时感叹,如今到无锡西郊,见有烟囱干云、机声轧轧,谁不知茂新一厂,可是,有谁能想到 30 年前这里还是荒烟蔓草、人迹罕至的太保墩?追忆前尘,不禁有沧桑之感。

做过广东税务局总办的朱仲甫是荣家世交,正好卸任闲居,也想做点事,他们商定集股 3 万两,各认一半。以 3 000 两为一股,兄弟各以 3 000 两入股,另外再集 9 000 两。实际招到了 13 股,取厂名为保兴面粉厂。当时全国面粉厂只有区区四五家,他们去参观取经,连主要的轧粉车间都不让进。到 1902 年保兴正式投产时,全国开工的面粉厂也只有 12 家,其中属于民族资本的 8 家,保兴是规模比较小的一家,只有 4 部石磨、3 道麦筛、2 道粉筛,但是以法国石磨配英国机器,价格比较便宜,可以互补不足,而且有 60 匹马力的引擎当时也是较为先进的。办厂之初,荣德生在这方面就显示出过人天赋。1921 年~1931 年的《海关十年报告》称荣氏是中国面粉工业的创始人。

无锡有 2 000 多年的历史,有山有水,山有锡山、惠山、龙山、灵山……水有太湖、京杭大运河,西南面紧挨烟波浩渺的太湖,大运河穿城而过,其他各种河道交错(现在有许多河被填了修路,成了死水),水道畅通,加上地处苏南,是长江三角洲最好的位置之一,交通便捷,无锡自古繁华。1905 年,荣氏兄弟办企业不久,沪宁铁路沪锡段通车,一下子缩短了两地的距离。无锡成为近代民族工商业的发祥地之一不仅有地理原因,无锡人性格中喜欢独立、创造、爱好自由的精神,也自然地变成企业精神,加上无锡有长久的商业传统,容易形成风气。吴稚晖有个说法,无锡人富于"两发主义",第一是"发痴",第二是"发财"。要成一番事业,如没有发痴的坚决毅力,必致中途失败;任何事业不抱有"发财"希望,即无百折不回的意志。这就不难理解，南通只有一个张謇，而无锡不止荣氏一家，至少还有杨家、唐家、薛家、周家等企业家族，它赢得"小上海"之誉并不偶然。

但是当荣氏兄弟在1900年创业时，无锡风气未开，先是地方士绅告他们擅自将公田、民地圈入，官府查对并无此事。这些人又告保兴面粉厂的烟囱妨碍文风，还有谣言说烟囱要用童男童女祭造，才竖得起。官司从无锡打到常州，又从常州一路打到南京，靠了合伙人朱仲甫的官场人脉，最后两江总督批示："士为四民之首，立论尤当持平，烟囱既隔城垣，何谓文风有碍？"保兴面粉厂不仅获得10年专利，听说无锡知县还为此被摘了顶戴。

1902年2月，保兴面粉厂正式生产，一个日夜可出面粉300包。当时无锡土粉行很多，本地面粉需求只有一二百包，但浙江、上海一带酱园业需要的面粉都到无锡装船，外销面粉量很大。因为市井传言机器粉颜色很白，里面掺和有毒的洋药，所以，他们还要加上土粉才能销出去。1903年，面粉厂没有大的起色，合伙人朱氏见无利可图，提出退股。荣氏兄弟表示荣姓股份绝不出让，反而增股到2.4万两，占了近半数，成为最大的股东。此时股本扩大到了5万两，又添了新机，改名为茂新面粉厂。到1905年，每天有500两的盈余。弟为经理，在无锡管厂。兄为批发经理，常驻上海，主要管广生钱庄。荣德生每天只睡6个小时，早起晚归，心情却很愉快。

荣氏兄弟的事业从4部石磨开始，等到石磨改成钢磨，大如圆桌的石磨才宣告退休。1910年拆下后，先放在厂里，梅园建成，就被移了过去。4部石磨，一共8爿，设在豁然洞旁的小广场，正好是8张茶桌。1964年，其中4爿分别为南京和北京的博物馆收藏，留在梅园的4爿"文革"中被砸毁。2007年2月初，我在梅园"乐农别墅"前看到的三张石桌，就是幸存下来的十四片碎片按原样用铁箍箍成的三爿石磨。它们不仅是荣家事业的见证，也成了中国企业史上的重要文物。

茂新最早的厂房已被日军炸毁，现存建筑是1946年重建的，包括麦仓、制粉车间、粉库和灰色的三层办公楼。车间外，我们今天还能看到两台圆筒状的扬麦机（除尘器），以及两条依墙而立、高达9米的螺旋形转梯，这是当年从英国进口的原装设备，面粉打包后就是通过转梯从五楼滑到一楼，然后用小推车推走。厂区紧挨码头，遥想当年，闻名遐迩的绿"兵船"面粉就在这里装船，运往全国甚至世界各地。茂新面粉厂旧址，作为民族工业的发祥地，现在已成为"无锡民族工商业博物馆"，河水依然静静地流淌着，只是已变得浑浊不堪。

面粉大王　异军突起

从 1906 年到 1908 年,茂新连续三年巨额亏损,主要原因是国内麦收不佳,美国面粉倾销,麦贵粉贱,无利可图。1908 年,荣家面临第一次经济危机,荣宗敬因卷入投机风潮,亏本 5 万两,牵动钱庄资本,广生钱庄摇摇欲坠。摆在他们兄弟面前只有两条路,一是求助朋友,帮助苦渡难关,但这条路很难,债主纷至沓来,往来行庄都不信任他们,荣德生自称这是入市以来最困难棘手的一次。二是将钱庄歇业,集中力量办工厂,兄弟两个商量,决定保茂新、振新(1907 年他们与别人合伙在无锡开办的纱厂),不保广生。他们从此发愤用力,专心办厂。做出这个选择毕竟是痛苦的,钱庄是与父亲一起创办的,是他们创业的起点。

1909 年,茂新虽然还能开机,但有些股东不相信这个厂还有转机,就将票面价 100 两的股票以 10 多两出售,荣宗敬只用 200 两就买下 14 股。

到 1910 年,茂新因为机器新,面粉品质好,营业出现转机,开始使用"兵船"商标,还在这一年于南京举办的南洋劝业会上得了三等奖牌,荣宗敬深感荣幸。(直到 1923 年 5 月,"兵船"商标才在商标局正式注册。)

1912 年,茂新再次因资金周转困难、原料跟不上,陷入困境。荣德生自述这是创业以来的第二次风险。正在危急之时,听说无锡到了大批川麦,各厂因市面不好,不敢放手进货,货主急于回川,愿意赊欠,等面粉卖出再付款。靠这批麦子,他们顺利度过了这次危机。这一年,面粉业兴旺,茂新扩大生产,又添新机,又建厂房。"兵船"牌开始走俏,成为面粉市场的名牌,价格超过阜丰出产的名牌"老车"。当人人为茂新面粉叫好时,往往只想到是美式机器好,而不知荣氏的奥秘是在选麦子上,他们把熟、坏麦都剔去了。一年下来,茂新大大赢利,还清历年所有欠债,还盈余数万两,荣氏在面粉业的蹿升由此开始。茂新面粉在开机生产 10 年后异军突起,从此信用大著,销路大增。

在上海创办的福新面粉厂,继续沿用"兵船"商标。荣家之所以把面粉企业从无锡开到上海,起因是 1912 年的面粉旺市,茂新负责办麦的浦文汀、负责销粉的王禹卿两个人,一个办麦很有经验,在麦号中有信用,一个销粉很有办法,他们都是荣氏面粉厂的得力干将,不愿长期做伙计,私下合计另外办厂,但资金不足,和各自兄弟(王尧臣、浦文渭)一起只凑起 2 万两,在上海看好一块地,光是厂房建筑费就要 4 万多两,还要买机器和流动资金。事为荣宗敬所知,他没有责备浦之汀、王禹卿,只对他们说自己愿意合伙投资,和他们一起办新厂。以后,荣氏企业集团的"三姓六兄弟"之说由此而来。荣氏兄弟共同出2万两,一共4万两,还是不够,荣宗敬出面向熟悉的茂生洋行订购机器,分期付款。福新就这样在上海办了起来,1913年开机,品牌借用"兵船",牌子硬,货没出来,就已被订购出去,货款预付,周转金不用愁。办麦也和茂新搭在一起,信用、关系一切现成,购进麦子,付的是上海7天期的商业汇票,小麦当天装船运到上海厂里只要一个晚上,再有一天就变成了面粉,此时批发部已收到预付的货款,兑现汇票在时间上还绰绰有余。所以,福新一开厂就很顺利,几个月就赚了4万多。荣、浦、王三姓六兄弟合伙的福新系统在上海滩迅速扩张,福新二厂、三厂、四厂接连出现,1916年开始筹办福新五厂,伸展到了汉口,在上海则一直开到八厂为止。

源出太湖、穿越整个上海市区的母亲河苏州河沿岸,荣氏企业的烟囱一个又一个地冒烟,福新各厂商标沿用"兵船"为主,加了一些其他品牌,比如福新五厂的"牡丹",福新七厂的"天竹""渔翁",福新二厂的"寿"等。荣德生以后在1917年的记事中不无得意地说,昔日老友此时都当上了经理。这是第一次世界大战给他们带来的空前机会。荣氏兄弟嗅觉敏锐,荣德生到70岁时回想起来内心还很满足。大战一起来,他在1916年就认定可以放手做纱、粉,原因很简单,都是必需品。也正是世界大战给中国面粉提供了出口机会,国外向茂新订购"兵船"面粉,一次就是几万包甚至几十万包,"兵船"走向英、法、澳大利亚和南洋各国,"兵船"面粉成了中国出口的标准粉。因为供不应求,价格大大上涨。1926年,"兵船"面粉在美国费城的万国博览会上获得奖状,上海面粉交易所规定以"兵船"为标准粉。

荣氏兄弟遇上了一个天赐良机,在他们创业之初,中国面粉企业只有寥寥几家,到1915年之前也只有73家,而从这一年到1921年的7年间一下子出现了81家。中国从一个面粉输入国变成了输出国。1914年~1918年,茂新、福新面粉系统以租办、收买、扩建等方法,不断扩大生产规模,之后,这个势头才慢慢缓下来。

1913年,茂新拥有美机钢磨24座,日产5 500包,1918年又添了12座,日产达到8 000包。因为生产不过来,他们还租用了无锡惠元面粉厂,称为茂新二厂,1919年又自己办了茂新三厂,另外还租过泰隆和宝新2家面粉厂。整个无锡一共才5家面粉厂,有4家是荣家的,占资本额的80%。山东济南靠近原料产地,他们又新开茂新四厂,仍以"兵船"为商标,只是加上黄、绿、红、蓝、白等不同颜色。为了拓展市场,他们在每个环节都动足了脑子,比如提高代销佣金,比如在面粉袋里放铜圆,作为"彩头"。就是他们用的粉袋也要比其他厂的大而且布质好。

到了1921年,荣氏兄弟已有茂新、福新共计12个面粉厂,从最早的4部粉磨增加到301部,每日夜可出面粉7.6万多袋,占全国面粉产量的23.4%、全国民族面粉业资本的31.4%,生产能力扩大了250多倍,发展速度之快,放在整个中国企业史上都是空前的。(到 1936 年,茂新、福新 12 个厂每日夜可出面粉 9.65 万袋,占全国(关内)的 32.7%。)

1916 年,荣德生自印《理财刍议》,主张多办工厂与世界经济竞争,国人已经把他们看作大实业家。进入 1919 年,茂新、福新成为中国面粉业的龙头,"面粉大王"("麦粉王")的名声就是这时传开的,但荣氏兄弟丝毫也不敢懈怠,荣德生还是和以前一样低调,毫不自夸,而且勤俭不改,事必躬亲,了解他的人都很推崇他。他常说自己并无大资本,更没有依赖他人,完全靠兄弟同心合力,靠勤劳耐苦,专心事业,力谋扩充,造福人群,才有今天。他说办企业是为社会造福,不是为自己享福。他本人与同事、工人同甘苦,大家无不敬服。

他们在本国的竞争中已处于绝对优势,每年冰冻封港前,北方粉庄向上海大量抢购面粉,一次就要一二十万包,小厂根本没这个能力,即使阜丰这样的大厂有时也应付不了,加上"老车"牌在北方不如"兵船"牌吃得开,所以北方的大订单常常是他们的。上海靠海,水路运费比陆运便宜得多,面粉北销从上海装船到天津,再转华北、东北各地,反而比靠近天津的济南运费更低。本国麦子不够,要从国外进口洋麦,他们要的量大,整船运来,成本也便宜得多,出口面粉时整船运出,同样水脚便宜得多。荣氏企业之所以一路扩大规模,有他们的精心考虑。

纺织大王　当之无愧

荣氏兄弟在面粉业大展身手的同时,在纺织业也得到起飞的机会。早在 1905 年,他们就和同族荣瑞馨等人合伙,在无锡办了振新纱厂,1907 年 2 月开机,所产"球鹤"纱曾经风行无锡、常州等地,可以与日纱名牌"蓝鱼牌"相匹敌。荣德生担任振新经理,有意扩大振新,甚至想办 4 个纱厂,从无锡发展到上海、南京、郑州,将 3 万纱锭扩大到 30 万。1914 年秋天,他到原料产地郑州选好了厂址,但他没有决策权,董事会上听了他的想法,其他股东惊慌地说,照这样赚钱,股东永无希望拿到现钱。他回答:"要拿大钱,所以要生产,照 3 万锭能赚几何?"而当时的纱厂还没有一家超过 3 万锭的,所以在大多数股东眼里已经很大。此事堪称企业史上"燕雀安知鸿鹄之志"的故事。就在此时,大股东荣瑞馨指控他账目不清,甚至打起了官司,虽然荣德生打赢了,但合作很难继续下去,最后荣氏兄弟选择退出振新。

申新就是在这种情况下诞生的,全称是"申新纺织无限公司",资本以他们兄弟为主,共投资 30 万元。1915 年,他们买下苏州河边周家桥 24 亩地,一个废油厂的旧址,四周一片荒地,没有街市,连马路也没有。等到申新出现,附近才陆续有了店铺，土路也变成了柏油路，周边的繁华从老照片上可以感觉到，厂门前两旁的行道树虽然新种，店面楼房却很气派。

1916年，申新开机时只有12 960枚纱锭，规模不如振新，但是，正如申新大门口的"业精于勤"横额所说，荣氏兄弟有信心。他们采取无限公司形式，就是吸收振新的教训，痛感有限公司股东的束缚太大，一旦意见分歧，没办法发展。无限公司没有董事会，股东会没有大权，总经理掌握全权，也就是权力集中于荣宗敬一个人。无限公司股东的股份只能转让给内部的股东，章程规定"股东非经其他股东全体允许，不得以自己股份之全数或若干转让于其他人。"而且企业可以随便改组，有利于他们兼并其他股东，特别是小股东，运作完全以荣家为中心。

申新开办，赶上了中国纺织业乃至整个工商业的黄金时代，开机就赢利。1917年，他们买下日商"恒昌源"，改名申新二厂。中国自有纱厂以来，华资企业被外资买下的屡见不鲜，外资纱厂被中国人买下，荣家几乎是唯一的，这也是中国棉纺工业史上华商纱厂购并日商纱厂的唯一一例，成为当时华商纺织界的荣耀。1919年，他们集资150万在老家无锡筹办3万锭的申新三厂，因为荣瑞馨不希望振新纱厂的卧榻之旁有他人酣睡，从中作梗，费了一番周折，靠了张謇的帮助，江苏督军齐燮元关照无锡当地县长，好不容易才办成。却因为世界大战，他们订购的机器姗姗来迟，到1922年1月31日才正式开机出纱。申新三厂横跨无锡的梁清溪河两岸，东岸是纱厂、布厂，西岸是公事房、职员宿舍，及发电、轧花、修机等部，有桥相通，南通太湖，北邻运河，离铁路线很近，位置很好，设备精良，鼎盛时有工人6000、职员120多人，许多管理制度的创新、劳工自治区等都由此试验。

有人说，面粉和棉纺对于荣家，如同车的两轮、鸟的两翼，相辅相成，相得益彰。1903年保兴改为茂新时，资本不过5万，到1922年已拥资1 043万，19年中增长207.6倍，其中荣氏兄弟俩占全部资本的70%以上，面粉厂从一个发展到12个，有员工2 025人。截至1921年，荣家的纺织厂也从1个发展到了4个，有10 850名员工，19万枚纱锭，日出纱500件，布6 000匹。与1918年相比，1922年全国棉纺业的纱锭数增加了1.1倍，申新是9.4倍，全国织布机台数增加了1倍，申新是1.7倍，占有全国民族资本纱锭的20%，布机的28%，成为中国纺织业当之无愧的首席代表。

1919年，荣宗敬在上海江西路58号买下2.8亩地，1921年造起一座英国城堡式的办公大楼，称为"三新大厦"。建筑耗费35万巨款，由各厂分派。此前，茂新批发处先是附于南市的广生钱庄，后迁到三洋径桥临江里，没想到20年后，茂新、福新、申新总公司有如此气派的办公楼，这在当时还是少有的，大概只有大生集团在上海建的南通大厦可以相比。2008年1月的一个黄昏，我在江西路上找到这幢见证了荣氏企业盛衰的三层办公楼,即使今天看来规模仍不小,因为顶上插公司旗的小塔楼消失了,我一时心存疑虑,仔细对比了老照片才敢确定。

《茂福申新卅周纪念册》上说,总公司的地位如同人体的头脑,各厂是"五官百骸",总公司对各厂一视同仁,希望它们平均发达。他们的关系比唇齿还要密切。总公司下面主要有两个账房,一个外账房,办理进货、出货的手续单据,并向各厂汇报,另一个银账房则专管银钱出纳和资金周转。茂新、福新、申新各厂分别经营,会计独立,各有股本,照股分红,厂长总揽厂务,分别负责,但各厂的采购和销售成品,都要通过总公司,总公司简直就是申新的花纱布市场和福新的麦粉市场。那时的电话号码很杂,无锡茂新一厂、三厂是两位数,二厂是三位数,济南茂新四厂是四位数,福新、申新各厂的电话有三位数,也有四位数。茂新面粉、福新面粉、申新纺织总公司的电报挂号是5399,总经理室电话1053,总办事室和储蓄部2538,五金部6293,银账房4584,规模和做派上俨然都已是一家现代型企业。苏州河畔,荣氏企业星罗棋布,市场遍及全国,远到海外。

每天中午,上海的各厂长一定都要到总公司向总经理请示,总公司说到底就是荣宗敬个人集权的体现和他威望的化身。48岁的荣宗敬第一次在可容纳上百人的会议厅开会时,难以抑制内心的兴奋。国内舆论界把荣氏兄弟誉为实业界的"骑士",日本的小学课本中有专文介绍荣宗敬自强不息的创业故事,他豪气万丈地说:"从衣食上讲,我拥有半个中国。"一贯低调谦虚的弟弟也不无骄傲地说:"事业几满半天下。"

1921年以后,中国的纺织业开始走下坡路,从这一年到1931年的10年间,华商纱厂改组、出租、停工、出售、归债权人接管的共有52家,荣家却不断收购或添资扩厂,从1925年到1931年的6年里,申新从4个厂扩展为9个厂,我称之为中国企业史上独具魅力的"荣宗敬速度"。1925年4月,穆藕初创办的德大纱厂归了他们,改为申新五厂。1929年1月,他们购进英商东方纱厂,改为申新七厂。同年,他们在申新一厂旁边新建申新八厂。1931年初,他们又买进有6.9万枚纱锭的三新纱厂,改为申新九厂。同年10月,买进上海厚生纱厂,补了申新六厂的缺,原来的六厂是在常州租用的。申新9个厂纱锭达到52.15万枚,布机5000多台,雄居全国纱业首席。这一年荣宗敬59岁,离他50岁50万锭、60岁60万锭的宏愿已不远。几十年后,黄裳到无锡采访荣德生,还在访问记里感叹:"申新已经有了九厂,振新却还是振新,寂寞地留在了无锡。"

申新不断扩大的原因之一,是荣家"面粉大王"地位已确立,老牌的"阜丰"等都被甩在了后面,加上原料小麦不足,国产小麦只能满足半年生产,洋麦供应也只能维持两三个月,本国的面粉厂生产力已经过剩,这一块不再发展。福新曾计划办第九厂,在上海买了100多亩地,靠近铁路,水陆交通发达,厂房图纸也出来了,但计算下来,还是原料供应不上,最后放弃。纱厂方面则还有发展空间,而且竞争激烈,外国人特别是日本人在中国开了许多纱厂,外资纱厂的纱锭远多于本国资本,喧宾夺主,雄心勃勃的荣氏兄弟有意顶上去,不断扩大申新规模,增强跟外商的竞争力。

申新的"人钟"牌棉纱成为上海华商纱布交易所的标准样纱,人钟纱、人钟布、人钟线一度风行,申新的自办刊物就叫《人钟》。无锡公益工商中学学生参观交易所时,目睹以"人钟"牌纱为标准。"人钟"牌受到欢迎,市场上出现了假冒,申新曾发表启事抨击鱼目混珠、以伪乱真的恶劣行为。申新厂多,有的好货色不愿用各厂公用的"人钟"商标,纷纷自创品牌,"宝塔""铁锚""龙船""仙女""美人""四平莲""好做""特别好做"等相继出现。申新三厂的"好做"牌,用花、拼花、用料,都是荣德生亲自配准,其拉力、颜色上乘,受到各布厂欢迎,价格高,不与纱布交易所出入。到1924年,因为"人钟"牌质量下滑,纱布交易所决定改以统一纱厂的"金鸡"牌为标准纱。

借鸡生蛋　以蛋孵鸡

李国伟回忆,荣宗敬常对他们说:"茂新、福新、申新各厂得力于:造厂力求其快,设备力求其新,开工力求其足,扩展力求其多,因之无月不添新机,无时不在运转;人弃我取,将旧变新,以一文钱做三文钱的事,薄利多做,竞胜于市场,庶几其能成功。"李国伟将自己主持的汉口申新四厂,清花、粗纱、精纺、摇纱四部门日夜两班,分别以"和衷共济,力求进步"这八字作为班名,以之支持荣宗敬的经营作风。

荣德生自述多年用功研究西方经济学说,调度经营超过一般工商界人,能预见市场的变化,稳妥地对付各种情况。辛亥革命前后,荣氏兄弟北上南下,考察湖州、杭州、蚌埠、济南以及苏北、河南、湖北等许多地方,每到一处,对小麦、棉花的生产,面粉、纱布的销售都进行仔细调查。荣德生经常自诩,自己经营的事业得力于选择原料,在选择麦子、棉花上都很讲究。

茂新面粉的质量就是从原麦抓起,凡是受潮、可能起霉变的小麦全部不要,在比较了全国小麦之后,他觉得四川麦子质地最好,所以主要选用川麦做原料。选麦子的秘诀他是偶然发现的。1911年各地水灾,他有一天在无锡惠山喝茶回来,偶尔看到夕阳返照,墙上水痕有三四尺高,马上想到堆栈里有些麦子可能变坏了,取样一看,果然如此。从此,荣家麦庄和粉厂不收、不用潮坏麦,就是掺杂石砂的麦子,也要雇人逐粒剔出,绝不苟且。

从1903年在江苏产麦区姜堰设立第一个麦庄起,荣氏企业先后在安徽蚌埠、山东济宁、江苏泰州、东台、扬州、常熟、镇江等地设立麦庄。面粉规模扩大后,一旦新麦登场,就会大量收购,规模小的企业只能随购随做,等到市场上没有麦子,就只能停产,而茂新、福新不会有这个问题,可以长期生产。

国内小麦的市价行情也要看他们的出价,如果小厂先开价,等他们开价更低,小厂就吃亏了。如果他们开价低,各地粮行不肯卖,行情定不下来,他们可以指示不收货,迫使降价,因为内地粮行大都资金不多,不能大批存货,长期兜行情,小麦又源源而来,每天大量吃进,必须放出,否则会把资金搁死,周转不动。所以,他们最多观望几天就会屈服。茂新面粉厂早就联合上海、无锡的7家面粉厂,组织了"办麦公会",1908年他们集体确定"办麦规条",一直保持共同进退,控制麦价和粉麦换价。

每当新麦登场时节,他们就有意抛售面粉,来压低粉价和麦价,上海的粉价一跌,各地粉价、麦价随之下跌,他们就可以买到廉价的原料。这是当年福新一厂厂长浦松泉透露的生意经。福新在各地设有自己的麦庄,但什么时候开始收麦,价格、数量都要等上海总公司麦务部的电报,麦务部对各地麦庄的指示则根据上海面粉市场的起落,有利时就指示收,不利就指示停。收麦一般通过当地粮行,佣金不过1%~1.5%,粮行则通过乡行,也不直接从农民手中收。因为需要量大,他们对乡行、农民又不够了解。

申新公司收棉花也是如此,在江苏太仓、常熟等产地都设有收花处。荣宗敬的一个过人之处是他能看出别人的弱点,抓住对自己有利的时机。市面银根紧时,他大量抛棉花,月底交割时逼对方收现货。如果手中没有现货,他便调大量车辆到申新各厂的仓库运存棉来交付。上海市场棉价一跌,全国行情跟着下滑。这时,他命令各地分庄大量收花。上海抛出一万担,各地收进几万乃至十万担。到1929年以前,荣氏企业办麦处、办花处和批发处遍布无锡、苏州、常州、镇江、南京、太仓、杭州、平湖、常熟、扬州、高邮、姜堰、泰州、济南、九江、汉口等地。

"建厂要力求其快"就是前面提到的"荣宗敬速度"。"设备力求其新",就是时时重视更新机器,这一点即使实业部在1934年7月以贬为主的调查报告书中也承认,荣家无论是自办厂还是收买的厂,起初都规模不大,设备简陋,这是时代的原因,他们却能随时代的进化,逐渐更换。恒源昌、东方纱厂本来设备老旧,多年后再来看由它们改造而成的申新二、七两厂就大不一样了。荣宗敬本人虽不懂新设备、新技术,但他相信外国机器,早年他曾为振新纱厂买了先进的发电机,装的马达在当时内地工厂中是第一家,安装后效能非常好。追随他多年的荣鄂生说:"宗先生脑筋新,真是了不起。"在荣氏兄弟心目中,原料好,机器新,就能赚钱。

荣宗敬经常以分期付款的方式向洋行订购机器。由于早年订购机器能严格按合同规定的期限分期付清,绝不拖欠,建立起了良好信用。以后,他们就用这个办法大量买机器,不断更新设备、扩大规模。1916 年,荣家派荣月泉到欧美实地考察面粉、纺织工业,在美国订购了最新式的面粉机器。荣德生说哥哥"添机成癖",其实两人在这一点上想法一致,他也喜欢新机器,他们都觉得与其留着现钱,不如多添机。他女儿荣漱仁回忆:"我父亲和伯父都具有兴办工业的信心和决心,所办各厂大多由小而大,从租地、租屋、欠机、添机入手。平日财无私蓄,一切资金除拨出一部分作为地方公益和建设之用外,全部放在企业的营运上面,一有盈余就力图扩大再生产,从没有其他置产、谋利和奢侈享用的思想。他们两位老人家都时时刻刻不忘记添机建厂,更新设备,使用新式机器,同时又常常注意机械的维修保养。事实教训了他们,机器新、管理好、成本低,才能赚钱,否则就要亏本。就是使用外国机器,也要悉心研究体会,懂得它的性能,才能发挥机械的全部能力。"

在引进外国设备上,荣氏兄弟动足了脑子,重大项目一定派技术员前去考察,再三比较设备优劣,价格高低。和哥哥相比,荣德生求稳健,不赞成全部用外国的,认为都到外国买新机器那是买不起的。为了节约,一般成套设备只引进外国的主机,配套的辅助设备力求自造。甚至按实际情况改进外国进口的机器设备,往往比原来效果还好。比如使用美国产的面粉机产量、质量都上不去,荣德生组织工程师研究,发现设备是针对美国小麦杂质少、清麦设备要求不高的特点设计的,而中国麦杂质泥灰多。于是他们自己进行改进,加添 5 号直立打麦机和风箱等装置,同时加添自行仿造的圆筛,增置荞麦机。面粉日产量从 2400 包提高到 3 400~3 500 包,质量也提高了。1937 年 4 月,荣宗敬在无锡申新三厂股东会上提议添机,荣德生知道财力不足,又不便当面违背兄意,就说预备自造。他在无锡自办了一家公益机器厂。

"扩展力求其多",是指荣氏企业滚雪球一样壮大,并无雄厚的大资本作后盾,而是靠一文钱做三文钱的事,靠他们在金融界的信用。1914 年荣宗敬 42 岁生日时,弟弟到上海祝贺。荣宗敬说办厂就和滚雪球一样,只能往前滚,不能停,这样,别人还在犹豫,自己已发展壮大。他的愿望是自己 50 岁时拥有 50 万纱锭,60 岁时有 60 万锭,70 岁时有 70 万锭,80 岁时有 80 万锭。弟弟也认为"要拿大钱,所以要大量生产"。

办钱庄出身的荣宗敬,不断向行庄借款来扩大企业。他曾对金融界的人说:"你有银子,我有锭子,我的锭子不怕你的银子。"他至少以个人名义在 7 个钱庄、2 家银行、1 家保险公司有投资,以公司名义在 3 家银行有投资,多的几千股,少则几十股,包括上海正大银行、中国国货银行等。他在上海商业储蓄银行开始投资20万,后来增加到45万,成为大股东。他也是中国银行的董事。对他喜欢在银行、钱庄搭一点儿股份,他弟弟和其他人都不太理解。他对身边的人说:"他们要懂得这个道理还早呢,我搭上一万股子,就可以用上他们十万、二十万的资金。"

有一事可以说明,1928年2月23日,因为荣宗敬对上海商业储蓄银行总经理陈光甫有一些误会,但两人毕竟交情不是泛泛,陈写信给济南分行经理、后来做了福五、申四副经理兼营业部主任的华栋臣说,当初约荣宗敬入股上海商业储蓄银行,银行与实业家的这种结合完全是纯洁的,不存在其他念头,更不是交易,事实上,自己多年来对荣氏企业的越权帮忙太多了,七八年中的放款已超过本行资本一半就是证明。按银行章程,以本行股票在本行用款是大忌。如在国外,一查出,就要受法律处分。

除了寻求银行、钱庄的支持,荣宗敬解决资金的另一个秘诀,就是"肉烂在锅里"。有人问过他,为什么人家关厂,而你却一片片多起来?他回答:"我是有钱就要开厂,人则有钱就分掉。"这其中道出了荣氏企业发展的奥秘之一。申新总公司会计部的荣得其证实,申新除了股息,一般不发红利给股东,盈余不断滚下去,用来扩大再生产,就像烧肉,老汁水永远不倒出来。别的厂就不同,红利都分掉,所以积累不起来。

1913年福新一厂开办时就议定:三年不提取红利,用来扩充企业,股利也存在厂里生息,以扩大资本。福新系统其他厂以后也按这个规则办。扩充企业基本上没有添什么新投资,就是靠滚雪球的办法。

申新一厂最初只有30万元股本,到1918年为止,把全部盈余红利30万元都加入股本,只是给股东发了个收条;1919年的盈余红利有80万元,分掉了30万元,另50万元入了股本;1920年盈余红利有97.5万元,只提出7.5万元的零头分派,其他90万元都加了股本;1921年盈余60万元全部添了股本。

这与申新的无限公司形式有很大关系,荣氏兄弟对有限公司的弊端有切肤之痛,荣德生到老都主张无限公司,坚决反对有限公司。有限公司一旦股东有分歧,就不能发展,而企业经营要迅速抓住时机,容不得半点迟疑和拖沓。荣氏企业后来都采取无限公司形式,荣氏企业能不断扩大和这个组织形式密切相关,重大决策荣宗敬一个人在沙发床上就能决定,有限公司的集权不可能做到这样的高度集中。

1927年,荣氏企业发出《劝告同仁储蓄宣言》,筹集100万银圆作为基金,自办"同仁储蓄部",吸收职工和外界存款,充分运用生息资本。储蓄部采取定期储蓄、定期复利储蓄、定期取息储蓄、零存定期储蓄、零存整取,以及通知储蓄存款、活期储蓄存款、礼券储蓄存款、活期流通存券等存款形式。到1928年,在南京、汉口、无锡、济南等地共设立了 37 个分部。

1921 年后,棉纺业的黄金时代迅速消逝,棉贵纱贱,许多企业包括穆藕初的德大、张謇的大生等纷纷衰落,被银团接管甚至倒闭、拍卖。面粉业一度也出现了滑坡,1922 年茂新、福新各厂都有亏损(约 50 万),1923 年茂新各厂继续亏损。从 1922 年到 1924 年,申新亏损累计已有 130 多万。在纺织业不景气的时代,荣家反其道而行,申新继续扩大,到 1931 年达到顶点。市面不好,为什么他还要买别人办不下去的厂?不少人想不明白,荣宗敬却自有想法:第一,收买旧厂比新建厂便宜;第二,对申新来说,添了一家厂,总公司只要添一本账即可,人手也不用添,工程师、职员都只要从各厂抽调,负担反而可以减轻(买下老厂,旧职员归原主资遣),小职员提升几个,薪水又不必马上提高;第三,对总公司来说,只要添一本账簿,也不要另设一个经营管理机构;第四,减少一家纱厂也可减少竞争对手,申新并进一家厂,力量更大,竞争更有利。因为产额越多,进料、销货越便宜,管理、营业的费用也越节省。

另有一点,他没有说出来,规模越大,就越不可能倒掉,因为牵动社会越深。

1931 年 11 月 1 日,厚生纱厂正式移交,当月 23 日就能开工,这就是申新厂多的优势,从其他厂分一些职员、技术人员过来,物料甚至连报表之类都可以随时挪移。何况,在收买或租用老厂时,荣氏企业实际上没有付出多少现钱,主要是通过债务转移过户的办法,在银行、钱庄账上转一个户头而已。被租办和收买的企业往往都经济困难,可以杀价。1929 年买东方纱厂向汇丰银行贷款 200 万;1931 年买三新纱厂,对方开价 40 万两,可以欠款,但要先付 5 万两佣金,荣宗敬手头没钱,就找开钱庄的亲家孙直斋贷款,孙直斋说,多没有,只有 5 万两,他说正好就要 5 万两。同年买厚生纱厂,厚生急于出手,出价很低,他手头没钱,同样向原债主几家钱庄押款,实际上没有付款,只是转了个账户。钱庄老板为什么相信荣家,不相信厚生?因为荣家企业多,这个厂不好,还有别的厂,而厚生老板只有一个厂。

荣宗敬在买下三新纱厂后,常说:"厂子不管好坏,只要肯卖,我就要买。我虽然没有钱,人家肯欠,我就要借。""多买一只锭子,就像多得一支枪。"这句话早就成了他的一句名言。在负债扩大这一点上,兄弟俩有共识,荣德生早年就提出"欠入赚下还钱"的想法,这和荣宗敬说的"先借后赚再还"是一致的。1931 年底总公司负债超过了 4 000 万,荣德生将负债扩张称为"借鸡生蛋,以蛋孵鸡"。许多人不理解荣氏兄弟拼命扩厂,他的解释冠冕堂皇:"对外竞争,非扩大不能立足。况吾国人口众多,而工业生产落后,产品不敷供应,仰求外洋。近年失业者增多,无法找到工作。如此一想,非扩大不可。在别人看来,贪心不足,力小图大,风险堪虞,实皆不明余志也!"

1932年申新的营业报告书说,自1929年以来,艰难困苦中仍添了25万枚纱锭,2 400台布机。还有一个深层次的原因,不知荣宗敬有没有意识到,或者意识到了没有说破,申新规模越大,银钱业就不得不给它放款。有人说,对于银行、钱庄,申新"真是食之无味,弃之可惜"。申新困难时,有一家银行借给它40万元,还不敢对外人讲。上海商业储蓄银行借给茂新的款非但不收回,还继续借钱给它发工钱。即使1934年的那次大危机,银行其实也没有按借款合同严格执行,只是想维持申新不倒。申新债务官司最多时,法院给申新贴了很多封条,贴多了,也就没人当一回事。法院为什么不敢把申新关门?因为申新厂多人多,一旦倒下,那么多工人失业,这已经不是荣家的问题,而是一个严重的社会问题,会牵动整个上海。

但是拼命扩厂,负债经营,有利也有弊。申新到1931年负债已达4000多万,其中原因,荣宗敬在4月18日中国工商管理协会的聚餐会上说得很清楚,纺织业和面粉业近年来和日、英等国竞争日见剧烈,艰难备尝,加上税项负担过重,交通不便,运输成本过高。原料品质不佳,工厂管理不科学,还有金融方面利率太高等因素,企业的处境越来越困难。其实,荣氏企业的自身因素也不能忽略,申新短短十几年从一个厂扩大到九个厂,不是有充足的资本,而是靠借债,一旦金融不再输血就会出现重大风险。这是造成申新1934年搁浅的根本原因之一。

申新搁浅　拍卖风波

1934年申新搁浅令荣宗敬元气大伤。此后,他的生命只剩下4年。这要比7年前遭蒋介石通缉的那一次严重得多。

1927年5月,国民党势力抵达长江流域,摊派"二五"库券,要求上海华商纱厂认购50万元。作为上海纱厂联合会主席,荣宗敬不愿接受,表示"各厂营业不振,经济困难,实无力担负"。他们在5月4日的紧急会议上议决,决定勉强认购12.5万元,由他和吴麟书出面向钱庄暂借,各厂按纱锭数分摊。他还想以10万元了事。结果蒋介石恼怒,以荣宗敬"甘心依附孙传芳","平日拥资作恶、劣迹甚多"等借口,密令无锡县政府立即查封他在无锡的产业、荣巷的家产,通令军警缉拿。

5月15日下午到晚上,荣家在无锡的企业,车间、磨坊、打包间、账房、栈房,连煤堆都贴上了封条,在荣巷回字形的建筑里,一家十六七口人被赶到天井。好歹最后荣德生这一边没有被封,封条一直到晚上11点才贴完。刚从上海回来的荣德生又急着赶往上海,劝说倔强的哥哥:"权当火灾,烧了一家工厂,50万相比之下不算多。"

荣宗敬住在上海租界,还可以安然无恙,天天到江西路的总公司上班,租界工部局派出巡捕保护。1925年12月16日,他在自己家招待孙传芳吃饭是事实,那时孙传芳居有最繁华的长三角,如日中天,号称"五省联军总司令",他以纱联会名义在家设宴招待孙传芳一行,史量才等作陪。当夜,孙传芳就登轮去了南通,仅此而已。此事,当时的《纺织时报》有过报道。此前3月29日,作为上海29个工商界代表之一,蒋介石曾和荣宗敬握手言欢,承诺要保商惠工,蒋介石只不过找个借口,给点颜色看罢了。

5月17日,上海总商会第二次临时会议讨论了荣宗敬家产被封并遭通缉一事,决议进行援救,推穆藕初、王一亭为代表前往南京。国民党元老吴稚晖、蔡元培都出面为他说话。5月21日的《申报》报道,吴稚晖以无锡老乡身份致电蒋介石说,未曾听说荣宗敬依附孙传芳,也无为富不仁之事,何况他首倡实业救国,兴办工厂,历尽艰辛,无锡人的许多优点集于一身。蔡元培在蒋介石面前剖白:"元锡荣氏身为商界巨擘,非为个人谋财致富,而致力社会公益,尤其是兴办教育,称誉海内,堪称张謇第二。荣氏是关心国事、热心社会的实业家,政府理应大力保护,方能安定商界局面。"据说,张静江也为他说了好话。

最后,"库券"如数买了,6月4日,蒋介石下令对无锡荣家启封,并撤销通缉令。一天阴云随风而散。荣氏兄弟以后几乎不再提起此事。

到1935年4月,申新的负债总额达到6 527.3万元,全部资产只有6 219.6万元。债、税交逼,荣宗敬穷于应付,四出告贷,焦头烂额。各厂每月按例交纳的贴费也常拖欠或不交,总公司连日常开支都没有着落,陷入了困境。荣宗敬几次想以面粉厂盈余来支持申新,受到王家兄弟抵制,王禹卿几次写信给中国银行、上海商业储蓄银行,不为申新和荣宗敬担保债务,荣宗敬给吴昆生写信,抱怨自己管不了福新面粉系统。

此后,债务讼案不断,荣宗敬采用律师的意见,不断上诉,实际上就是以支付诉讼费来拖延时日,等待转机。他呈请行政院,要求密令司法部转达上海各法院,遇到这类诉讼,设法缓和,不要让他为债主所迫宣告破产。申新企业毕竟牵连10万根烟囱,一旦破产,大批工人失业,会造成社会不稳,这一点南京政府自然明白,1935年7月4日行政院真的给司法部下达了这样一个密令。

就在此时,又发生申新七厂拍卖风波。申新七厂是1928年买下的英商东方纱厂,当时以全部厂基、房屋、机器等价值500万的产业向汇丰银行抵押借款200万银圆,1934年底到期,申新还不出本利,请求转期,愿意交全部利息和押款的一部分,汇丰不答应,不顾第二债权人(中国银行和上海商业储蓄银行及13家钱庄组成的银团,这个厂也抵押给他们了)以及上海第一特区地方法院假扣押的布告,不按中国法律程序向法院申请拍卖,径自以 225 万的低价拍卖,据说买主有日商背景。汇丰的理由是按合同到期不赎取,它就有权不经过中国的法律手续任意处置。申新法律顾问过守一认为,按中国的民法,拍卖要向法院申请。按国际法原则,汇丰在中国境内,应受所在国的法律约束,所以拍卖是非法的。法院在汇丰的封条上,再加了封条。

申新七厂共有 5.6 万纱锭、7 100 线锭,有 2 300 多工人赖此为生。荣宗敬说,我们兄弟不能坐以待毙,唯有奋力抗争,才能力挽狂澜。荣德生的看法是,官也可,商也可,内外要分清,就是不能落入外人手中。荣宗敬对记者说,中国实业到此地步,前途实不堪设想,自己一个人的损失事小,对于工人和整个实业界前途的影响事大。他甚至痛心地表示:"不如将各厂一齐停闭,金钱、精神,反少损失。"

拍卖事件发生时,荣家向金融界巨头、国民党当局求助,希望中央银行垫款 200 多万元赎出。荣宗敬后来感叹:政府漠视,银界旁观。其实,中央银行、上海商业储蓄银行也讨论过此事,就是赎出之后改为国营。上海的报纸就政府是否应该拨款资助荣家展开公开争论,唐有壬公开批评荣宗敬缺乏现代管理,吴稚晖和陈公博之间另有一番针锋相对。薛明剑等奔走各处,申新各厂职员联合会、中华国产厂商联合会、上海华商纱厂联合会纷纷出来说话。申新七厂工人在 1935 年 2 月 28 日的《申报》发表宣言,誓死反对,并集会表示不惜任何牺牲,要与工厂共存亡。上海各报社论一致谴责汇丰,社会舆论普遍激愤,黄炎培等知识分子发表文章,从法律、经济、社会等方面讨论申新七厂的问题。在这种情况下,南京政府派人到上海和汇丰银行磋商,事情就拖了下来。买主本想把厂址改建码头,不料激起众怒,退缩了,汇丰银行最后妥协,拍卖没有成交,与申新重签合同转期到 1940 年还清,年利息从 8 厘降为 7 厘。

逃过劫难　扭亏为盈

到了 1936 年初,市场上仍是花贵纱贱,漫漫黑夜,看不到头,多出一件纱不过多亏一些本,不出纱,停工又不行。荣宗敬常到中国银行诉苦,要求帮助。有一天,宋子文对他说:"申新这样困难,你不要管了,你家里每月 2 000 元的开销,由我负担。"原来宋子文早已计划好了,想趁机吃掉申新,改组成有限公司,增加资本,然后发行公司债,旧债以债券来还,这是 1935 年 5 月就谋划过的。宋子文想把债务分成五等,第一等是营运借款,第二等是不动产抵押借款,第三等是行庄无抵押借款,第四等是个人储蓄存款,第五等是荣家和其他股东的存款,按等依次偿还,所有银行利息减为 5 厘。连申新总经理的人选都选好了,即中国银行总稽核霍宝树。

荣宗敬不敢当面拒绝,到上海商业储蓄银行去,说自己不能接受宋子文的要求。该行副经理李芸侯看到他非常痛苦,像要哭的样子。这是 1934 年申新搁浅以来遭遇的最大危机。1936 年 2 月 11 日,荣伟仁量给李国伟的信中很担心:"政商合办之事,在中国从未做好,且商人无政治能力策应,必至前功尽弃。事关股东血本,生死问题,非努力理争不可。"同一天,荣宗敬给宋子文写信,不敢直言以免得罪,只是说:"弟于一、三、四、八等厂,因系股份公司,未经适当手续,似难一时独断。其余各厂系弟个人事业,并无股东关系,自宜酌听尊裁,不敢多持成见。"并把荣德生的来信转交,曲折表示自己不同意。另一方面,荣德生恳请吴稚晖出面,婉转向宋子文拒绝。

宋子文找陈光甫谈了一次,陈光甫当面不好反对,回去和李芸侯商量,李芸侯说:"我们行里负担客户存款为年息八厘,借给申新一千几百万元,利息是年息一分,如果减为五厘,则我行非亏本不可,计每年要亏五十万到六十万元,这是不能接受的。"陈光甫说:"我没有办法反对宋子文,你负业务上的责任。明天宋子文在他家开会,你代我出席应付,他问起我,说我有病好了。"

次日下午 2 点,在宋家开会,与会共五人,宋子文、代表浙江兴业银行的徐新六、代表上海商业储蓄银行的李芸侯、另有中国银行的霍宝树等两人。桌上摆了个大蛋糕。宋叫霍宝树把打印好的整理申新的英文文件逐段念,念一段,问大家有没有意见。最后,李芸侯发言:"这个办法,敝行不能同意。"宋子文惊问:"光甫已同意了!"李芸侯说:"这笔款子是我放的,所以归我负责。照这办法,我行肯定要亏本,还望宋部长大力帮助我们渡过难关。"宋子文说:"那么如何办呢? 中国银行也是同意的。"李芸侯说:"或者把上海商业储蓄银行借给申新的款项转给中国银行,中国银行是发行银行,问题不大,我们行就承担不了。"众人听了,脸色骤变,宋子文说:"这样就不能再谈下去了。"会不欢而散,桌上的蛋糕也没有人碰过。

荣家再次逃过一劫。

情况一直到 1936 年秋天开始发生变化,棉花丰收,价格下跌,纱、布价格上扬,市场转好,申新各厂由亏转盈,停工的申新二、五两厂也开工了,虽然还在银团控制下,但荣氏兄弟很开心,信心十足,抓住机遇"做生活"。洋行避开银团,暗中来兜售纱锭、机器,一心扩大规模的荣宗敬力主添机,公司门庭若市。讲究节约的弟弟则专心在无锡公益铁工厂自造机器,从美国留学回来的儿子荣一心也力主仿造,预计每月可造纱锭 5 000,每天可造新式织布机 8 台,性能比日本、英国的同类机器还好,价格却便宜一半。1936 年是荣氏企业转机的一年,申新陆续添新机,各厂的规模比 1932 年扩大,尽管大笔的债务没有还去。

可惜,不足一年,"七七事变"的枪声响了。

工业先觉　梦想断灭

荣家创业时代,企业管理都以工头制为主,工厂管理系统一般分文场、武场,武场负责一切技术责任,包括试验、装机、修机、加油、保全等,管技术和生产,以总工头为首。文场负责行政工作,包括人事、工资、领料、记工账、记录产品数量等,管行政、后勤,以总管为首。文场从总管到领班都是不懂技术之人,身穿长袍大褂、文气十足地来往于各个车间,武场懂技术,看不起文场,工人中流行"文场是饭桶,老的是老饭桶,小的是小饭桶"的说法。文场的权限只管得了女工和小工的进出,权力都掌握在武场手里,工头如同厂王,这种管理方式弊端很大。申新三厂总工头沈阿富在厂里权势煊赫,进车间,一般职员和女工头都要起立。另外,一切五金材料、煤炭的购进、老师傅的进出,都要经过管电气间的工头,连老板也不能过问。全厂一共两部包车,一部是荣德生的,还有一部就是电气间工头屠阿兴的。

1924年,荣宗敬化装参观几家日商纱厂后,心有所动,想在申新三厂推行学生制(技术人员)来代替工头制,有意辞退总工头和几个工头。从上海到无锡,快下火车时,他又改变了主意,对工业学校毕业的申新三厂领班楼震旦说:"你们最好能互相合作,理论和经验结合起来,各用所长,就更好了。我们总公司的账务,就是这样用两班人的。"钱庄学徒出身的荣宗敬习惯的还是旧式账簿,即使采用新式簿记,也是新旧并用,新的为表,旧的为里,互相抄转,他常说:"从来旧学为体,新学为用,最合时宜。我不采用银行的纯新式,我们是旧账新表,中外咸宜。"他所津津乐道的新旧并用,其实在1934年上海商业储蓄银行的调查报告看来,申新各厂会计制度各自为政,没有统一记账方法,总公司财务科用旧式簿记,会计科用新式账册,工作重复,这样的财务制度很不健全。"厂里去一工人,马路上多一游民。"荣德生担心出事,荣氏兄弟决定采取折中方案,新、老两派分头管理,比较利弊得失,由新派管理生产效率低的老式美式纱机,由工头掌管新的、出货好的英式纱机。结果,不到一年,新派系统面目一新,通过管理等方面的革新,生产效率赶上并超过了老派。于是荣氏兄弟决定取消文场与武场的管理组织形式,工头发生恐慌,煽动工人打职员,引发流血工潮,荣宗敬亲自到无锡解决,态度坚决:"你们不要学生子办不到,否则我情愿关厂,你们不干算了。"荣德生主张走中庸之道,在人事上不排斥新派,也不立即取消工头制,而是逐步淘汰,先冷一冷。由新派主持在技术方面进行改革,根据泰罗制原则,仿照日本纱厂操作法制定出一套清花——钢丝——粗纱——细纱——洛摇全过程的"标准化工作法",总工程师汪孚礼自编小册子,授课讲解,指导工人具体操作。1932年2月,汪孚礼在《人报》月刊发表文章称,三厂工潮解决后,"虽无多大的成绩可言,而环境却已改良不少。总经理昆仲睹此气象,颇觉可喜。"短短几年,改革成效显著,1934年得到上海商业储蓄银行独立调查报告的肯定。以后,申新四厂、一厂、二厂都有程度不同的改革。

荣德生认为,工厂办得好不好主要靠工人,工人的生活安定与否,文化水平的高低,直接影响生产。他自许"恩威并用",如果说推行严格的《工务规则》是"威",那么惠工政策、劳工自治区无疑就是"恩"。1923年,他在申新三厂开始推行职工福利措施,1926年倡办"劳工自治区",到1933年正式推行,与中华职业教育社合作,在劳工教育和改善福利两方面下手。教育方面,相继开办了不收费的职工子弟小学和工人晨、夜校,有一千六七百人参加过识字班。此外还办过多期工人养成所,分女工养成班、机工养成班,以及艺徒训练班。从1928年秋天到1932年,办过三期申新总公司职员养成所,从1929年3月正式开办,由留学英、日归来的纺织专家沈泮元主持,半天上课,半天实习。

惠工政策包括发生活补贴,上班期间工人免费在厂就餐;垫支服装费用,统一为工人制作服装、被褥,分期扣款;除花柳病外一律免费医疗(一直实行到1936年);增加假期,每人每月例假3天,假内放电影、演戏等;还有带薪年假制度,只要职工服务满一年,经主管同意就可以休息两星期。服务满十年,就可以休息三星期,休息期间照发工资。妇女产假、职工生老病死、因公致残等都有规定。因公致死发抚恤费、安葬费50元,一般死亡发丧葬费6元。有人说,申新三厂的制度文化富有人情味,但它也有严格的一面,比如规章规定职员要戒鸦片、戒赌博、戒酗酒、戒斗殴、戒调戏妇女,一旦违反立即解雇。

劳工自治区分为单身女工、男工以及工人、职员家属四个宿舍区,其中单身女工区可容上千人,房租则由副业生产、膳食下脚、工会补贴等收入拨付。分区、村、室三级,工人自己推选各级负责人进行管理,室有室长,村有村长,区有区长。被褥、铁床、枕头、席子、衣箱等都由工厂供应。在单身男女工人区,每室都选举知识较高的工人作为小导师,休息时间教大家粗浅文字。自治区辟有园圃,有鱼塘、鸡场、鸽场,工人业余可以种花果蔬菜,养鸡鸽兔鱼。河北高阳两个实业家苏秉璋、李福田详细参观了劳工自治区、食堂、浴室、菜场、运动场、公园、戏院、代笔处、职业介绍所、民众茶园、合作社、职工医院、劳工图书馆、公墓,以及劳工储蓄、劳工保险……让他们目不暇接。自治区还设有"自治法庭",由工人推出5个裁判委员,解决相互之间的纠纷。隔壁有个"尊贤堂",供奉关羽、岳飞、戚继光等人,遇到有人不讲理,就叫他去这里宣誓。另有一个"功德祠",因公受伤殒命或在申新三厂服务十年以上而有功绩于工厂的,可以入祠,接受全厂公祭。

社会各界和新闻界纷纷到无锡来参观,国内外报刊报道很多。国际劳工总局特派员伊士曼赞叹不已,称之为"工业界先觉"。1935年7月6日上海《新闻报》发表记者陆诒的报道,称之为"劳动界仅见之成就":"离开隆隆机声的所在,踏进环境新鲜的自治区,触入眼帘的,是整齐的树木,清洁的道路,娇丽的花草。我们置身其间,好像在达官巨商的园庭中,绝不会想象到这原来是工人的居住区域。"苏秉璋他们在参观日记中说:"劳工自治区,称得起组织周详,管理得法,俨然是超出现社会的一个优良小社会。所以该厂职工,都能安其居,乐其业。"抱着取经、学习心态前来的他们感慨"无论哪一种企业的成功,必须先从加惠工人着手。因为工人是工厂的基本势力,也就是工厂的生命线,要使他们的精神有寄托,能安居乐业,事业方面自然随之改进。反之未有不失败者。"

申新三厂总管薛明剑提供了一个数据,1936年生产的每件纱、每匹布,与1933年劳工自治区开办之初相比,成本大大下降、产量却增加了。

李国伟在汉口申新四厂也做了一些改革,比如引入懂技术的学生,申新四厂、福新五厂给工人提供福利保障也比较早,包括补贴膳食,暂垫衣服费用,办消费合作社、储蓄所,每月放假三天,放电影、演戏,在医疗卫生和抚恤方面也学申新三厂。

1936年,申新三厂的劳工自治区初告完成,荣德生很高兴。从1937年起,荣德生在申新三厂推行成本核算法,天天结账,他不无得意地说自己发明了"日结""周结"和"月结"制度,盈亏一览无遗。此外,划一记账方法,会计科目绝对划一,损益计算方式乃至传票格式和付款单据的保存也都划一。荣德生有个打算,到1939年,他们兄弟创业50周年时,要在无锡开一个盛大的纪念会,将所办工厂、学校和自治慈善事业的历史、各种纪念实物一一陈列,请人参观,在太湖山水之间建博物馆、大会堂,地皮都陆续在买了,路基也动工了,树已在种秧苗。对于企业的发展,他有很多打算,想由面粉而扩大到各主要食品,由纱布扩大到印染、丝绸、麻葛等,机器从翻砂、铁工扩大到重工业,能自造各种母机,办学从小学到大学,筑路则环太湖接通。他要使无锡不仅成为工业中心,而且成为市政建设的模范。对无锡的城市化,他早就有过构想,1912年写的《无锡之将来》,1915年8月发表的《无锡宜拆城以改良地方说》中,建议无锡向太湖边拓辰,把锡山、惠山都涵盖到城中。1927年,他提出"太湖实业港"建设计划,疏浚运河,将濒临长江的江阴、濒临太湖的宜兴、长兴、吴兴、吴县(今苏州)、吴江等地连成一体,变成繁盛的大商埠。

这些计划不幸被残酷的战争打断,但他始终没有放弃梦想,1946年,荣德生又起草了《今后之无锡》,这个小册子至今还没找到,但大致内容可以从同年4月14日他接受《人报》记者采访的《谈建设大无锡》中可以看出,他的主要意见是把江苏、无锡、常州打成一片,成为一个人口数百万、雄视京沪的大都会;修建由江阴港直达无锡的主干路,作为大动脉,开辟新工商区和住宅区,修建舒适的旅馆;由社会和政府共同努力,计划在五年内实现这个目标。他的“大无锡”之梦再次被内战打断。

经济先驱　功在华夏

1928 年 1 月,荣宗敬自述从事实业 30 年,不敢说对国家社会有多少贡献,但他斩钉截铁地说,只要自己做得到的,任何艰难困苦在所不辞,也是尽国民一分子之义务而已。

1934 年 8 月 4 日,他在申新搁浅危机中写信给吴稚晖,自称是一个纯粹商人,绝无政治意味,然爱国之心,未敢后人。早在晚清立宪运动中,荣氏办的企业尚无大起色,但已进入江南新兴实业家行列,在“预备立宪公会”的会员名单上可以看到他们兄弟的名字。

每次抵制外货,他们总是很积极。1919 年“五四”运动中,上海罢市响应,6 月中旬,荣宗敬宴请上海的欧美商家,有个书面讲话,谴责日本违反世界公理,政府不良分子措置不良,不顾民心,所以才引发各界一致抗议,他称之为中国几千年来“第一之奇特”,连微不足道的贩夫走卒都表现出爱国诚意,罢课、罢市、罢工十多天仍安静如常,没有一丝暴动。他认为,这是由于受到世界文明国家的感化的缘故。

1925 年“五卅”惨案发生,荣宗敬当即以总经理名义在三新系统各厂、各部门发出布告,呼吁所有荣氏企业同仁使用国货,自 6 月 1 日起一律不买舶来品,以此来纪念“五卅”惨案。他在上海总商会的《罢市宣言》上签字,给罢工的工人照发工资。当然,在商言商,他不能忍受长期的罢市,所以他向纱联会提出结束罢市办法,即由商会推举的代表协助外交当局,参照穆藕初提出的条件,和各国领事、工部局据理力争,如果对方接受了条件,应该劝说商家开市。

1929 年陕西发生大旱,荣宗敬和穆藕初等人发起,上海纺织界捐赠大量应急棉种。

“灯泡大王”胡西园的回忆录说,有一次他从南京回到上海参加“中华工业总联合会”,报告和财政部交涉工业税的情况,说几经折冲,终于迫使财政部让步。会后漫谈,荣宗敬指着他说:“我们工业界是要有这样一个年富力强而有头脑的人来干事,这样工业界才可以少受不必要的牺牲。”

1931 年“九·一八”事变后,荣宗敬多次呼吁抵制日货,草拟计划书递交南京政府。当年 10 月 20 日，他写给李济深的信里说，爱国为国民分内之事。12 月 13 日，荣德生等 103 人在无锡发起"国难自救会"，相约三条，其中第二条是："促进民主政治之实现。对于一切有碍社会利益、危害民权之势力，共抗争之。"

1932 年"一二八"事变发生，上海停市 3 个月，申新在上海的 7 个厂先后停工，其中申新九厂停工 759 小时，损失惨重。无锡申新三厂给前线将士送去香烟 5 万支、面包 600 只，茂新面粉 400 包。当年 4 月，上海各界名流给洛阳国难会议接连发了两份电报，提出革新政治、抵抗外侮的要求，荣宗敬、刘鸿生、穆藕初这些实业界头面人物都列名其中。

1937 年"七七事变"后，荣氏兄弟把茂新四厂库存的几万包面粉和数千担小麦，以记账方式给第三集团军做军粮。"八一三"事件后，他们第一批捐出 5 万袋面粉及大量慰劳品。无锡各界组织抗敌后援会，荣德生以"乐农氏"之名首先捐助面粉 1 万包，后来又捐出 2 万包，其中 1 万包用来救济难民。

卢作孚受迁厂委员会主任翁文灏之托，赶到无锡面见荣德生，希望荣家将工厂迁到大后方，最后只迁出了一家公益铁工厂。10 月 9 日起，日机不断空袭无锡，堆栈被炸，工厂停工，看着苦心经营多年的事业毁于一旦，以节俭守成著称的荣德生流下了痛苦的泪水，他不断写信给上海的哥哥报告无锡方面的损失。

上海没有迁出一台粉磨、一枚纱锭，这是荣宗敬的决定。申新八厂号称"五新"，新厂房、新机器、新人才、新出数、新产品，拥有 126 台最新式的英国精纺机，日商最为嫉恨，日军轰炸机投下了 18 枚炸弹，当场炸死 70 多人，伤 350 多人。无锡、上海两地企业设备被毁纱锭 187484 锭、布机 2 726 台、粉磨 36 部，分别占了 32.9%、51.4%、10.4%，2/3 的荣氏企业没了。12 月，茂新一厂、申新三厂被炸，荣家的发祥地茂新变成一片瓦砾。

在孙子荣智权的记忆里，爷爷荣宗敬是一个"拿得起，放得下"的人，"虽然很忙，事很多，但是他睡觉的时候，很快就能睡着。不像有些人有很多烦恼的事，就容易睡眠不好。"但真正大难临头，他也未必能安睡。在废墟和灰烬中，他悲愤交加，有一天读着弟弟从无锡寄来的信，他突然脑溢血倒下，挡车工人出身的三太太处理得当，侥幸脱险。一醒过来，他就马上派人到日占区查看厂房、机器设备的受损情况。

12 月 29 日，上海租界沦为"孤岛"之后，出现一个宣称完全慈善性质的"上海市民协会"，荣宗敬是发起人之一，他申明自己不属于任何党派，纯系一商人，这个新组织没有政治性质，只是想自救，并帮助租界难民回到家园，重操旧业。正是这种迫切愿望使他走了这步险棋，当时，有朋友担心这个协会是否有"维持会"性质，劝他莫坏了一世清白。他认为只要宗旨纯正，不问结果。"我的事业这样多，而且大部分在战区,我不出来维持叫谁来维持?"第二天,"协会"中最活跃的南市电气公司总经理陆伯鸿遭暗杀,"米大王"顾馨一受到威胁。随后,荣宗敬也收到一封署名"一个不愿做亡国奴者"的来信,这实际上是警告,他的住宅周围也被监视起来。儿子荣鸿三成天陪着他,朋友、弟弟都劝他不宜再留在上海。

1938年1月4日夜,65岁的荣宗敬悄然出走香港。

荣氏兄弟都喜欢吃汤圆,而且喜欢荣家风味的,哥哥喜欢小汤圆,弟弟喜欢大汤圆。荣宗敬去世时离元宵节只有五天,他还没来得及吃一碗他最喜欢的小汤圆。病倒的那天,他微觉头晕,四肢无力,流泪哭了,身边的人写信到上海向荣家亲人汇报。没想到他竟一病不起,1938年2月10日(正月初九),他在香港不情愿地合上了双眼。

一星期后,国民政府在重庆发布褒扬令:"荣宗敬兴办实业,历数十年,功效昭著,民生利赖。是次日军侵入淞沪,复能不受诱迫,避地远引,志节凛然,尤堪嘉尚……"

3月8日,他的灵柩运回上海,直到1943年9月才下葬无锡。2007年初春,我在梅园一带辗转打听,终于在太湖大道边上找到了他的墓地。站在荣宗敬的安息地,太湖就在眼底,湖中的小岛、岛上的塔尖都清晰可见。一位村民告诉我,"文革"时红卫兵把墓掘开,还要砸独木棺,守墓人拼死保护,才得以保全,她小时候曾亲眼目睹这一场景。荣宗敬之墓在面向太湖的半山上,1982年在原地修复,1994年再次整修过,占地很大,沿着高高的台阶上去,墓前有联:"民族经济先驱,创业精神楷模。"横批是"功在华夏"。

烟波水月　知己梅花

荣德生在汉口得知哥哥噩耗,放声痛哭,一连昏厥两次。哥哥的死对他打击太大,他常常通宵失眠。他们兄弟一直相处得很好,从未对金钱斤斤计较,甚至连一些新开工厂的股权都没有明确划分。

噩耗传至上海,金融界纷纷前来索债,16家钱庄同时起诉,法院批准传人,荣氏企业岌岌可危,远在汉口的荣德生,采取的应对之方是逐件和解,承诺分期归还。由于寝食难安,忧虑过度,他在汉口病了一场,1938年5月24日才来到上海租界,次日他到总公司办公,想起哥哥在日的一切,不觉黯然神伤。他与银团达成共识,将申新每月盈余分为三成,一成还银团,一成还诉讼和解的各钱庄欠款,一成还无抵押的零星欠款及维持总公司开支。

但是,他回上海后没有顺理成章地接任总经理,是他自己不愿,还是大房的侄子们不想由叔叔继位?其中原因十分复杂,他本人只隐约透露过一点,"侄辈都能自立,须防小人离间。"而且他寻思当时的环境,纵有经济长才也难展抱负,决定不问公司事务,并暂时不问世事,一切都等待战争结束。

抗战进入第三年,日本人威胁利诱,要申新三厂与他们合作开工,他始终不答应,说:"宁可毁灭搬空,绝不合作。"1943 年,日军要强行收购申新一厂八厂的产权,他严词拒绝,说:"我是中国人,绝不把中国的产业卖给外国人。"并写下一副自勉的对联:"心正思无邪,意诚言必中。"

1939 年,荣德生在租界高安路的一个弄堂里建了一幢三层小别墅,主体建筑都是黄色粉刷,装饰线条和柱式为白色,转角都是圆形,外观简洁而柔和,朴素而大方,远没有他哥哥的别墅那么奢华和气势,如同他们不同的性格。别墅现在为徐汇少年宫使用,门前有一块文物保护的牌子。庭院里有几棵少见的百年雪松,其中一棵大雪松,松针繁茂。

他在这里深居简出,或面壁静坐,锻炼养生,或一丝不苟地写毛笔字。他开始收购古董字画,不仅是欣赏消遣,更不是附庸风雅,他说经过兵火蹂躏,中国古代文物一定大量散失毁坏,如果不收集保存,日后恐怕就来不及了。他甚至想在太湖边建一个博物馆,保存这些收藏。

他说自己从小做钱庄学徒,以办厂、事业为重,但他未尝忘农,别字就叫"乐农"。他在"梅园"修的别墅取名"乐农别墅",那是一幢简朴的半中半西的二层小楼,三间二进,外表毫不起眼,里面也不奢华,遮掩在一片梅花和绿树之中。豁然洞读书处的学生、江南大学的教授曾先后把这里当宿舍。

梅花是他的最爱,1912 年,他在离太湖边不远的山坡上买下一处旧时的私家花园,并陆续在周边买地扩大,几年间种下梅花 3 000 株,加上其他花木,到 1914 年粗成规模,他自称"一生低首拜梅花",亲手题写"梅园"二字。近百年后,梅园初建时他在大门口手植的紫藤仍在,梅花依旧年年盛开。张謇有诗"梅花早说梅园好",荣德生没有把梅园据为私有,关起门来独自享受,而是免费对外开放,梅园从此成为无锡重要一景。小商小贩在梅园穿梭来去,荣德生不但没有将他们挡在外面,反而为梅园能给他们带来生计而高兴。当年有人甚至称他为"梅园孔圣人"。多年后,作家郁达夫来梅园,曾在里面的太湖饭店(1926 年建)小住,他在《感伤的行旅》中说:"我在此地要感谢荣氏竟能把我的空想去实现而造成这一个梅园,我更要感谢他既造之后而能把它开放,而又能在梅园里割出一席地来租给人家,去开设一个接待来游者的公共膳宿之场。"

梅园有一副对联:"万顷烟波宜水月,一生知己是梅花。"1949 年梅花开时,荣德生看见游客满园，有人折花，他心中忧虑，这种公德心何时才能普遍改进？1955年9月，荣毅仁根据父亲遗愿，将梅园送给当地政府，只保留乐农别墅一部分作为父亲纪念处。

1929年，荣宗敬用茂新的分红11万元，也在紧靠太湖的小箕山建了一个"锦园"，一切由荣德生设计安排，和梅园一样不收门票，终年开放，不加任何限制，锦园平时不如梅园热闹，只有每年夏天荷花开时，游客才会多一些。

1943年初，69岁的荣德生听说无锡的先人墓木被偷砍，抗战后第一次返回故乡，荣巷家中已6年无人住，门窗残缺，屋内布满蛛网和灰尘，连一个落座的地方都没有。只有门前的河水还是那么清澈。梅园门口的一对大梓树不见了，园内建筑门窗都无，匾、对皆空，只有老梅开花分外精神，暗香浮动，疏影横斜，比起往日更胜，6年不见，久别重逢，梅花仿佛在含笑迎接他。登临山顶，环顾太湖的湖光山色，依旧美好。他在梅花和细雨中凝望徘徊，不知不觉布衫已湿。

荣德生又悄悄去了荣家的发祥地茂新面粉一厂，眼前只有一圈围墙，以及幸存的水箱、烟囱，现场一片狼藉。他还悄悄去看了受到日本人大肆破坏、当时仍被占着的申新三厂，自治区房子已拆去一座，其余七座还在，门窗皆无。车间，机器虽有损失，但日本人还能开出一万锭生产。这里的车间、工场、货栈、电气间，都是他熟悉得不能再熟悉的，他一遍看下来，就已清清楚楚，什么机器少了几台，什么设备被毁了，什么还在。同年8月，日军将申新三厂交还荣家自管，事实上还不可能去整理生产。

荣德生只读过五六年的私塾，但中国文化的教养不浅，有传统道德修养的根基，他自己广泛印刷送人的《人道须知》可以为证。1942年他完成《乐农自订行年纪事》，回顾了前60年的人生历程，创业的欣喜和艰辛（以后续编写到70岁为止），无锡籍学者钱基厚在序言中称之为一部中国实业史。这一年，儿女们要为他庆祝70岁生日，他力拒，认为国难家忧哪里谈得上庆。四子荣毅仁出资刊印《乐农自订行年纪事》，为他祝贺生日。不过，到生日那天还是很热闹，昆曲名家俞振飞等来唱堂会。这也是他和丁夫人的金婚纪念，已有孙男孙女25人、外孙男女37人。回想当年，他致力事业，家务全由妻子主持，流光匆匆，忽已50年，20岁结婚时的爆竹声还在他的耳畔回响，当时他在广东三水河口的厘金总局当差，同事送了有名的佛山鞭炮"一万响"两串，长有二丈，值银12两，燃放时要搭一个毛竹架，花轿抵门，劈劈啪啪响了足有一个小时，无锡人当时还没见过这样的鞭炮。他后来虽娶了一个家道中落的小姐为二房，但与丁夫人的夫妻情分很深。1945年日本投降后的第一个"双十节"，他和老妻走上喧腾的上海街头，一起感受胜利的气氛。

老成持守　力主从俭

荣宗敬少时得过一场伤寒，头发尽落，后来长出一些头发，扎一把小辫子，被邻居叫作"小辫子"。荣德生幼时迟钝，4岁才开口说话，8岁还没上学，被叫作"二木头"。

兄弟俩性格不同，经营作风上也有许多不同。

荣毅仁说："我伯伯和父亲的经营思想作风各有特点。我伯伯重业务，主张做交易所，我父亲反对交易所，重视生产成本。伯伯重洋，喜欢请外国人，重视科学知识；父亲重土，比较保守些。他办茂新时，就相信工头，对外国人有敌对心理，他相信自己厂里培养出来的人。如对待汪孚礼和薛先生（小学教师出身的薛明剑，申新三厂总管）就有所不同。薛先生的意见，言听计从；汪孚礼的建议，就要肚里算笔账了。伯伯着重上海，开工厂集中于上海，认为上海是交通、金融中心，经济调度便利，电力没有问题；父亲着重内地，他计划向南京、徐州、连云港、郑州发展，买了一批地皮，认为内地这一带出产原料，工人工钱便宜。"

这与薛明剑的回忆基本一致，他说，荣宗敬相信外国人，重视新设备、新发明、新技术；荣德生重乡谊，重土器，相信土工程师、匠人、工头，不赞成子女全都出国留学，相信延请专家传授技能，更相信自己培养出来的学生、同乡和亲属，而且常说，"我们只好向外国人借钱来用，切不可把我们的钱存在外国人手里。借钱或借机器来供我经营事业，可以赚出来还他。如果把有用的钱存在外国人手里，无异自杀"。所以他始终只愿借外汇，从未存过外汇。

当然，荣德生不是排斥完全外国的新生事物，对新设备、新技术、新思想和新的行为方式，他还是能接受的。民国元年以来，他一再呼吁政府派学生出国，他自己也送多个儿女出国留学，回来参与企业管理。

荣宗敬个子不高，比弟弟矮了几乎半个头，但眉毛特别浓。因为他魄力大，做事大刀阔斧，一往无前，富有冒险精神，有人称他为"无锡拿破仑"。1934年7月27日，想吞掉申新的实业部长陈公博给吴稚晖回信说，自己和荣宗敬不熟，只是交谈过几次，认为他主观稍强，不大听人劝谏，但他的冒险精神颇有过人之处。其观察是准确的。

但他的冒险并非蛮干，他办事灵活，善于开拓，遇到大事，就是处于困境都能做到内心镇定、沉稳应付。经济学家方显廷的英文回忆录中说，他常常躺在沙发床上一边品茶、一边深思熟虑，然后做出他生意上的重大决定。

他生前就有一种批评声音，认为他虽然是有头脑、有毅力的企业家，只是囿于时代环境，有时难免急功近利，不够稳健。他对交易所冒险大有兴趣，他深知弟弟办事稳健，不肯冒险，认为其不懂市场。他的生意经是，交易所变化万千，无非多头、空头。做空头，就是等行情下跌吃进来，但他买了棉花并不在交易所重复抛出，而是运往各地批发处推销，上海市场老是不饱和，届时就逼空头交现货，他们只能从市场收购补进，纱价因此上扬，他就赚了。按他的经验，无论做空头、做多头，都要有资本，银根吃紧他就大量抛棉花，等多头们吃不住了，就让各地收花处大量买进。他的经验别人无法复制，因为他有 32 个收购站，16 个批发处，分布各地，网络遍及全国，而且他是无限公司，资金、原料、成品都归总公司，大权集中，办事便捷。他常做的是稳扎稳打的花纱套做，只见他手拿算盘，口中念念有词，花价多少，多少斤制成一件纱，合原料成本多少，再加工资多少、利息多少，再以纱价比较，有厚利，他就大批进棉花，同时抛出相应数目的棉纱。算盘和毛笔是他一生最熟悉的东西。

有一个时期，他也买过房地产，但房屋出租常常收不到房租，他就说："算了吧，还是卖掉的好。"后来就把这批房产卖了，即使房产走势一度很好，他未再涉足。

弟弟佩服哥哥的魄力和果敢，承认"事业之大，实由兄主持，才有此成就也"，但认为哥哥不够稳重，办事冒险，大举借债扩厂，企业受银行、钱庄控制，他心里常有过虑，担心资金周转上出现问题。他一贯不主张买破烂的老厂。对哥哥的投机，他也不满，认为风险太大，一旦失利会牵累整个事业。他认为这两点是哥哥的不足。在他看来，人才可以自己培养，机器可以自己制造，然后放手大做，否则就不容易办好。薛明剑记得他还说过，事业不宜集中在上海，上海叫"上海滩"，总有一天要坍，办厂要分散到全国，有一天能出国，到南洋去，那才是真正的事业。

在荣氏企业内部，人们称哥哥"宗先生"，称弟弟"德先生"。下属曹启东说，"德先生稳健，宗先生冒险。人家不能发展，而宗先生能发展，这是带冒险性的。记得当时收买三新纱厂前，我曾陪他去参观。我说：'人家都说买三新不大好。'宗先生说：'你要知道，凡事不进则退。'"三新纱厂前身是李鸿章 1888 年创建的上海机器织布局，是中国第一家机器纺织厂，产权几经变迁，五易其名。1931 年，荣家以 40 万两买下，改名申新九厂，后来是赢利的一家。

兄弟俩一个冒险，一个稳健。不过，他们发展事业的进取心是一样的，即使极其困难时，荣德生也主张扩充，他说："人家看见我们还在不断开厂扩展，欠给我们的钱也就放心了。"这是办企业的一种策略。

稳健自有好处，荣宗敬毕竟有看走眼的时候。1917 年他在上海看中恒昌源纱厂，是个老而破旧的厂，想买下来，弟弟认为旧机器不好，不应该买，不如在无锡新办一家，哥哥说"地好"，紧靠苏州河，水陆交通都极为便利。弟弟认为，仅地好无益,不如地偏而机新。他劝不动哥哥,最后以40万两买下,就是申新二厂,结果连年投入了六七百万两银子,弄得焦头烂额,吃了不少苦头,一直没有赢利。

申新七厂也一直没能上轨道,荣德生到71岁时还在感叹,自己当年劝哥哥"地段好无用,还须人事好"这句话应验了。东方纱厂在杨树浦路上,前临马路,后通黄浦江,大小船舶可以直靠栈房码头,交通极为便利。这是个老厂,原名瑞记纱厂,德商办的,一战后归英国人,改称东方纱厂。荣宗敬要买这个厂时,正好江浙军阀之间发生"齐卢战争",荣德生和长子伟仁、四子毅仁等都在荣宗敬家里避居,叶琢堂跑来兜售东方纱厂,哥哥认为沿浦地好,要买,叫侄儿伟仁陪同去看厂。弟弟不赞成,认为外国人都搞不好,买下来不会有好处,所以不许伟仁陪去,弄得伟仁左右为难,只能偷偷陪伯伯去。

当年申新九厂工程师龚树标80岁时对记者说:"荣德生也不是说不要发展企业,他主张稳扎稳打,赚了一块钱,搞一块钱的事业,再赚了两块钱,再搞两块钱的事业。哥哥就不是这样,他有一块钱,要做十块钱的事。所以他们两个兄弟的特点正好是相辅相成,哥哥是雄才创业,弟弟是老成持守。"还有人评价:"荣德生的守业敬业精神与荣宗敬宏观上的高度指挥,心心相印密切配合;荣宗敬的敢于创新冒险,荣德生的善于守业稳妥,取长补短相辅相成,终成一代伟业。"

荣毅仁也说,父亲不是不赞成扩厂,主要是认为经济困难,应该先把已有的几片厂办好,然后再发展。他伯伯则认为,多一片厂,就多一个赢利机会,也就多一个还债机会。他一天不看见锭子,心里就不舒服,常常轻松地说:"债多勿愁,虱多不痒,债愈多愈风凉。"

兄弟俩个性、风格不同,想法也时有不同,甚至有争论,感情却始终很好,父亲故后更有相依为命之感。有重要事情,荣宗敬会从上海赶回无锡,与弟弟商量,谈得很热烈。荣毅仁当时年纪小,却清楚地记得。大体上,创业之初,从茂新、振新到申新一厂时期,以荣德生的意见为主,到福新、申新大发展时,以荣宗敬主张为主,他的冒险精神开始全面显露出来。大多数时候,弟弟总是服从哥哥的决定。所以,荣德生在申新二厂有占4成股份,在申新七厂,兄弟俩各占3成股份。只是在1921年集股30万在汉口办申新四厂时,他不同意,认为"财才两缺",不应该举债办厂,最初没有入股,直到1933年火灾后重建才入股,这是唯一的例外。

在祝贺兄嫂60岁的文章里,荣德生说,家兄一生营业靠的不是充实的资本,而是充实的精神,精神才是立业之本。他解释,这个"精神",就是《易经》里说的"天行健,君子以自强不息"。

幼时被叫作"二木头"的荣德生,为人稳重、踏实,考虑问题精密细致,一步一个脚印,相信种瓜得瓜。外界对他的印象是乐善好施、为人宽厚,做事谨慎诚实,说话算数。下属眼里，他做事稳健，对人和顺，和蔼可亲。荣毅仁说，他经常和职工交谈，不论职位高低一视同仁，在厂里午餐，他和一般职员同桌就餐，除非有客，从不另外加菜。他从不无端发火，也不动辄训人，但下属犯了错误，有渎职行为，他会不分亲疏一律严处，就算至亲也照章办理，乃至辞退。

他办企业成功，本来口袋里从不装钱，后来因为遇到没饭吃的人需要救济，所以总往口袋里装些钱。（当然无锡的荣氏族人对他有不满，认为他抠门，不如他哥哥的印象好。）他说自己的事业是日积月累而成，不能只用于个人吃、穿、游戏，而于社会生产无补。办工厂解决社会就业，就是最积极的慈善，要胜于一般善行。所以，他倡导世人有余力要多办厂。

在荣毅仁眼里，父亲节俭自奉，生活俭朴，平日一袭长衫，布衣布鞋，一顶普通的瓜皮帽，饭食简单，只是夏天喜欢吃西瓜，熟悉《诗经》的荣德生会想起"七月食瓜"等诗句。他不吸烟、不喝酒，不喜欢宴会，晚年完全素食。他连一张白纸都不舍得浪费，练字时，他常在一张纸上先写小楷，再写中楷，然后写大楷，最后把纸积成捆给仆人去换烟。他甚至用香烟壳写便笺。

一发现子女有挥霍现象，他就会严词苛责。对儿子的要求尤其严格，要他们从基层做起。次子荣尔仁19岁进申新三厂实习，在车间和工人一样日夜翻班，做了三年多工务员，然后派到日本考察学习，回国做申新三厂助理，跟总工程师汪孚礼学习，24岁以后到上海申新系统做厂长。四子荣毅仁是学面粉的，从15岁起，一到寒暑假，他父亲就会安排他到茂新面粉二厂去实习体验，和职员一起食宿，经常打电话询问他是否在厂，有时还会顺便到厂里来查看。1956年4月荣毅仁在《人民画报》发表《申新纺织厂的命运》一文说："父亲希望我能成为他的衣钵的继承者，管教很严。"

1947年，这位怀抱实业救国、衣食救国理想的实业家对《江苏民报》记者说，自己还不够称"大王"，生平致力面粉、纺织事业，不敢稍有懈怠，如今已年迈，好在已把下一代分配得"势均力敌"，7个儿子，除过世的长子外，老二、老三、老五专力纺织，老四、老六、老七悉心面粉。记者感叹，一个事业家自有其成功之处。

荣宗敬一心都在企业上，他弟弟在怀念文章中说："先兄气魄宽广、大度磅礴，遇事勇往直前，自奉俭约，除生活必需外，全部资财放在扩充事业上，不足则借款为之。余时加力阻，主稳扎稳打，兄辄不顾，力图扩大。因此，一遇逆风，即难收拾。"

即使全盛时期，荣宗敬仍会直接抓企业管理，连生产环节都要过问，三太太就是他在纺纱车间遇到的，每次看到总经理来，她总是紧张得手忙脚乱，还会断头，但他并不训斥，而是动手帮她接断头。后来她就做了他的三太太，两人相处甚笃。1924年夏天，他化装成工人，到上海的日商丰田纱厂现场考察，看日本人怎样管理,后来同意申新三厂改革工头制的念头,最初就是这样萌芽的。

筹办申新三厂在无锡买地时,荣德生常常不肯放盘,对方如果出价高,宁愿不买。荣宗敬则认为,只要地好,贵一点甚至高一倍两倍都要,一再叮嘱薛明剑,遇到这种情况,就将涨高的价钱瞒了他弟弟,付在他个人账户上,让他弟弟知道仍旧是老价钱即可。申新三厂办劳工自治区,荣德生主张因陋就简,只求实用、不求形式。荣宗敬每到无锡,见到办事人总是说:"很好,很好,快些大力扩充为第一。"接下去一句:"我弟不肯用的钱,付在我私人账户内好了。"

和弟弟不大一样,荣宗敬认为"排场是公司经济实力的外场表现",他用的车是 1918 式林肯牌黑色轿车,1921 年他在江西路建造气派的办公大楼,他弟弟心里就有不满,觉得用人既多,耗费日增,而且从此多事。有下属回忆:"宗先生买西摩路住宅,也是欠钱买的,但不是为了享受。因为当时一般银钱业都讲究场面,有没有自己的住宅,关系到信用问题。还有如订购洋麦、洋花,请人家到家里来吃饭,他们看到有这样好的住宅,就会产生好的印象。"

他买下英国人的一幢三层花园大洋房,门楣、窗沿都有美轮美奂的雕花,窗户全是当年进口的彩色拼花玻璃,高大的立柱、整齐的石级,钟塔般的楼角在绿荫中隐现,其中有个大餐厅,可以招待上百亲友、下属,壁上有一幅硕大的上海地图,沿着苏州河和黄浦江,用红圈标注总公司和所属各厂的位置,他指点自如,意气风发。"荣公馆"靠近繁华的南京西路,现在是陕西北路 186 号,繁茂的樟树枝伸出了高大的石砌围墙。这和高安路 18 弄荣德生旧居的反差一目了然。

荣宗敬讲究排场,但个人日常生活仍比较俭朴,荣公馆的大餐厅据说是维多利亚风格装饰,英式高靠背椅,够奢华的,荣家吃饭的人多,经常要开五桌,八人一桌,每桌不过两荤两素一个汤,许多时候也不过是咸菜肉丝汤。他自己每天的早餐,是他喜欢的白汤面疙瘩,加一小碟白糖,他吃得有滋有味。

1932 年,荣宗敬夫妇 60 岁双庆,他担任着 21 个企业的总经理,正处于人生巅峰。1932 年 9 月 1 日下午,穆藕初、刘鸿生、陈光甫、张公权、杜月笙、张啸林、王晓籁等四百多人,从上海乘专列到无锡祝寿,曾为《茂福申新卅周纪念册》写序的穆藕初送他一首诗,前两句是:"商场事业孰如君,果敢精神矫不群。"发表在 9 月 4 日的《大晚报》上。荣巷、梅园、锦园,三处寿堂,盛况空前,无锡城中万人空巷。当时物价便宜,一席菜不过 10 元,但酒席也花费了 5.04 万大洋。

两年后荣德生 60 岁生日,就没有这样做,他说灾祸频仍,哀鸿遍地,不愿铺张浪费,力主从俭,只想和亲友故旧小叙一日,所发请柬数额有限,结果上海、无锡等地仍有一二千人来祝贺。寿堂设在荣宅承德堂,早晨吃寿面,中午设宴。他自己则到梅园避寿,终席不见。有记者在"三乐堂"前见到荣宗敬,见他精神很健,扬着浓

商界巨擘

眉说:"这次诸事都办得简单的,前年他们替我浪费了六七万元,太无意思。现在我们递减费用,至多不过四千元。将来环湖马路动工建筑,几座大桥梁,就预备由个人捐助的。"

兄弟脾性不同,荣德生的座右铭是:"发上等愿,结中等缘,享下等福;择高处立,就平处坐,向宽处行",沈兆霖 1852 年写的这副隶书对联现在挂在梅园的"诵幽堂"大厅,听说他晚年起居室挂的即是此联。他常说粗茶淡饭、布衣长衫足矣。他把 60 岁生日收到的亲友寿银大约 6 万全数捐出,建造沟通蠡湖和太湖的大桥——宝界桥,汽车可以对驶,正好有 60 个桥洞,被称为"江南第一大桥"。1948 年春天,无锡籍著名学者钱穆应邀到江南大学任教,住在荣巷楼上,每到周六下午,荣德生夫妇都会从城里来,住在楼下,周日下午离开,晚饭后,他们必定会在楼上或楼下畅谈两小时左右。

钱穆问荣德生,毕生获得如此硕果,有何感想?他回答,人生必有死,两手空空而去。钱财有何意义,传之子孙,也没有听说可以几代不败的。这番话可以看作一代实业家的财富观。他说一生唯一可以留作身后纪念的就是这座大桥,回报乡里的只有此桥,将来无锡人知道有个荣德生,大概只有靠这座桥。其实又哪里只是此桥,不说别的,抗战胜利,荣氏企业陆续复工,无锡人中就传出:"德生先生又回来了,他的大烟囱冒烟了,我们的小烟囱也可以冒烟了。"

有一次,荣德生对钱穆谈起自己兄弟俩年轻时和同乡友人游杭州,在西湖楼外楼晚餐,席散下楼,被乞丐包围,不胜感慨。无锡城外各酒家也有这样的现象,乞丐都是壮年失业。他们办厂的最初动机之一就是救助社会失业,为百姓解决就业问题。

钱穆观察他的个人生活,饮食、衣着、居住都很节俭,住宅虽然比较宽敞,但也质朴无华,佣人不多,不像是富豪气派。而且,他的日常谈吐也是诚恳忠实,没有丝毫沾染交际场合那种应酬套路,更不像文人作假斯文态,俨然是一个不识字、不读书的人,每句话都是直抒胸臆、如见肺腑。钱穆说他的人生观和实践一致,在他身上可以体会到中国传统文化中优良的一面。

总揽全局　扩大企业

荣氏兄弟一个主外,一个主内。一个长住上海,一个留在无锡。一个擅长决策,有开拓冒险的能力;一个善于守成,有很强的管理能力。一个性格上有几分霸气,是拿主意拍板的角色;一个性格谦恭,甘当配角,处处维护兄长权威。哥哥大权独揽,办厂添机成癖,举债扩厂是常事,弟弟处处让兄,哥哥殁后,荣德生说过:"回想先兄在日,余无一不推兄为先,由兄总揽全局,企业得有今日之扩大。"

荣德生平生厌恶为富不仁、专为私利的人。对于办企业成功,他自认为,无非遇到了有利机会,集腋成裘,以致有成。在他看来,企业家不同于资本家,资本家有可能累积黄金至二千八九百条而不做任何事,真正的企业家应该是事业迷。他深感从事企业的人大都仅以企业作为发财的过渡,一旦发了财,就不想再谋企业的发展。无锡除了他们兄弟是"事业迷",唐家、薛家等创业者也都是。他说哥哥是"大迷",自己是"二迷"。

他们兄弟的经营作风有许多不同,但在企业管理方面仍有不少共同之处,荣鄂生这样概括:

"第一,他们两位先生,是老板,也是工作人员,事无大小,都要直接过问。与其他大企业主有一种大老板作风,凡事不亲自过问,是不同的。两位先生来自民间,生活方式始终不变,德先生为尤然,他不赞成住洋房,甚至不赞成用抽水马桶。第二,两位先生对人一片至诚,银钱业相信他们这种诚心,知道他们不是靠欺骗度日的。故从光绪三十四年以后,经历了三四次极大的风波,都能挺过去,还是由于得到银钱业的帮助。第三,用人、行政方面,对厂经理完全信任,厂里用人,行政归厂经理负责,不来掣肘。"

自创办申新三厂以来,荣德生的主要心思就放在这个厂,他自认缺乏纺织知识,所以终日观察、力、事,不敢疏忽,每天早出晚归,除了到申新三厂和茂新办公,还常去批发所向客户了解情况,没有特殊情况,从不间断。长期追随他的薛明剑说,荣氏兄弟创业时,非午夜不睡,早晨6点就起身,终年如此。事忙时,往往只买粗点充饥,绝不稍自宽假,数十年如一日。自律严,对下宽,有过失,也每多原谅,但对子侄辈要求则很严格。荣德生最推崇"仁",把"仁"当作立身之本,七子二女的名字中都带一个"仁"字。一次申新三厂失火,附近职工纷纷赶来救火,他交代门房把这些人的姓名一一记下,却不让进厂。他说:"这些人都是厂里的忠臣。厂烧了,保险公司会赔偿,可以再造。忠臣烧死了,就不好找了。"这些人以后都受到提拔、重用。

他们兄弟的用人,旁人往往不大看得懂,总公司会计主任许叔娱投机失败,亏蚀了公司七八十万,荣家竟没有对他采取什么特别严厉的措施。申新的技工跳槽到别的厂做工程师、技师,从不阻拦,如要回来也可以。薛明剑最难忘的一件事是,在筹建申新三厂时,荣德生对栈房的司镑人员说:"到年底结账,如果栈房比账上多了东西,我是要停你生意的'。司镑一定要公平,是多少镑多少,不能少镑多进。少镑多进,这是偷窃行为。你能偷人家的,也就能偷我的。"

只有初中学历的小学教师薛明剑有真才实学、品德高尚,1919 年 9 月筹办申新三厂时,荣德生一再邀请这个比自己小 20 岁的年轻人出山,委以总管重任(后来叫总管理处处长),主持日常厂务,长达 18 年信任不减。薛氏果然不负所托,对申新三厂贡献卓著,劳工自治区等都是他经手完成的。1933 年以后,荣宗敬多次要薛明剑去上海任申新二厂经理等职,荣德生认为薛明剑是自己的左右手,坚持不肯。

兄弟俩再忙,每天也要看几种报纸,对世界大势很留意,有所心得就会转陈政府,前后不下数十次。1912 年民国初兴,荣宗敬不无激动地写下《振兴实业发展经济以惠民生计划书》,提出纱布为民生必需品,不能仰仗他人,中国四万万人口,只有二百多万枚纱锭,不能满足国人需要,发展工业是当务之急。同年 9 月,全国第一次临时工商会议在北京举行,荣德生作为无锡商会代表与会,提出扩充纺织业、兴办制造机器母厂、选派留学生学习实业工艺等三项议案,北京各报全文转载,工商总长刘揆一很重视这一提案,国务院秘书长约见他,商谈具体实施办法。与会的各省代表 100 多人,提交议案 80 多件,他的 3 个议案全获通过。

1922 年 12 月,荣宗敬以华商纱厂联合会名义写信给北洋政府,请求暂行禁止棉花出口,并免征花纱布税厘;1924 年,荣德生再次到北京参加全国实业会议,提交保障纱厂营业和规范交易所买卖两个提案,虽获通过,但因时局关系未能实施;1925 年 9 月关税会议之际,荣宗敬联合同业向北洋政府提出两个提案:第一,洋货进口一律征税,外侨食品不得除外;第二,洋粉进口,如需运往内地,一律征收落地税。

荣德生喜欢读书、写字,他自订的行年记事多次提到“每日闭门看书”“每晚必看书至十时后”。1900 年,26 岁的他在广东常到书店找书,惊喜地发现了《事业》杂志、《美十大富豪传》等书,年过古稀时他对记者说:“自念平生,颇得力于美国十大富豪之传记。此十人之传记,计有八种传记,至今尚能背诵无讹。”

1934 年 4 月 1 日,他在梅园“豁然洞读书处同学会”成立会上说,读书不仅是学校时的专业,应该养成一种习惯,做到老,学到老。历史,尤其是元、明、清的历史离得近,不可不读。

72 岁那年他脱险归来,对记者说:“本人每日从不空闲度过,埋头做事,暇时读书写字。人家以为我是工业中人,其实本人半生即消磨于文字之中。人生观效学美国,分内所入薪金、分红、官利,全部消耗用去。家中不藏金子,仓库别人管理。对于钱的观念,认为随地可取,随地可用,已感知足,金条吃下,梗塞喉咙,数十年如一日。”记者说:“荣氏谈话,语多哲理,且富有朝气。谈话时,先坐后立,自称立时气顺,坐则气促。唯语音低微,娓娓若与家常叙旧。”

1949 年,黄裳到无锡采访荣德生,访问记发表在 10 月 17 日、18 日的《文汇报》

上，黄裳看到他"上身穿着白粗布的小褂，下面是灰土林布裤子，扎着裤脚管，一双布鞋，精神很好。"他的房间里，"从地上堆得高高的一包包用报纸包着的旧书"。那年他已 75 岁。

荣德生信佛，也信方士、巫术，既敬和尚，又尊"仙人"。他早年想以堪舆为业。每次遇到大事，他都要到寺庙进香。每逢大兴土木，他要请"仙人"宣示动土时间、方位等。他属于过渡时代的人物，"他相信中国旧的一切。在他的自述中，可以看到很多有关风水、相面、梦示、扶乩的记载"，一次他生病，如果用西医打针的方法，马上就会好，但他却坚持用中医治病，结果挣扎了 3 个月才起床。

风水、扶乩是他特殊的喜好，他还会夜观天象。钱庄学徒满师后，他最想做官，父亲荣熙泰认为他走不了这条路，总共只读过几年书，考是考不取的，捐又捐不起。做大官必须科举出身，做小官对上要奉承，对下要搜刮，很不好，于是一再告诫他"小官不可做，大官无此才具，安心商业，亦能发达"。他见到有位马医门庭若市，很是羡慕，一度大读医书，但他父亲认为学医不容易，未必能成，即使有成也要等到中年，不如开店容易发展。他对风水堪舆大有兴趣，想当风水先生，开钱庄后一有空都看这类书，自称读过的书不下数百种，见过的有名地图不下数千，而且受过名师指点。对风水地舆之道他有几十年经验，办企业后四方奔走，对风水仍处处留心。50 岁后，每当春秋佳日，他有空时，常会约上同好数人，外出寻地，足迹几乎遍及江南名山。父母的墓地是他选定的，许多厂址也是。他在选厂址时要反复查验古籍，根据《杨公堪舆记》的一句诗"吴淞九曲出明堂"，他找到远在上海市区外的周家桥，买下当时荒芜一片、周边到处是坟墓的废油厂，在这里建起了有名的申新一厂。

不遗余力　贡献社会

荣氏兄弟常对子侄辈讲"有力量要贡献社会"，这里面既有父亲荣熙泰对他们的影响，父亲临终前嘱咐他们：如有余力，要尽力于社会，从一家到一族一乡推至一县一府。更有张謇这个榜样对他们兄弟的影响，荣德生平生推崇并处处仿效张四先生。1914 年，他在北京初见张謇，谈及中国商人多不研究法律，所以和外商订立契约往往吃亏，遇到交涉，自己的立场也都站不住，商会以后应注意倡导研究法律。30 年后，他仍清楚地记着这次谈话的内容。

张謇以大生纱厂为起点，建设家乡南通，荣家同样以实业为基础，开发无锡也是靠近荣巷的开原乡一带。梁启超说起中国的地方自治，常以无锡与南通并举。

商界巨擘

1943年，荣德生70岁时，钱厚基将无锡与南通、荣氏兄弟与张謇兄弟相提并论。张謇在1919年谦虚地表示，南通不如无锡。1928年3月，虞洽卿为《茂福申新卅周纪念册》写序，开首就是："吾国之所以实业名家者，南通张氏外，端推无锡荣氏。"

1920年，荣宗敬与张謇等合组左海实业公司，有过宏大规划，想在上海新开商埠、建立工厂、经营航运，最后都没有成功。

1921年张謇已68岁，荣德生到南通参观各种社会事业，心有所感。他说，南通成为模范县，就是因为有一个张謇，如果全国各地都有张謇这样的人，则不愁国家不兴，自己不过一介平民，不敢谋国，所以，只能从家乡做起，逐步推广。1928年，他与人合作组织垦殖公司，在江阴、常熟的长江沿线修堤坝，垦殖沙田，计划种棉花等（到1937年已开垦上万亩）。1931年，他在连云港种了很多白杨，计划开火柴厂，还想开发连云港。

1946年9月，荣德生七子荣鸿仁、九女墨珍和孙子智明出国留学，临行前，他再三叮咛："在外不必以学位为目标，只要在事业上学会实用本领，一生受惠矣。"他留意观察过回国的留学生，大凡致力于办事业的往往有成就，走入仕途的多学非所用，不但对国家社会无益，而且自误，至为可惜，还不如做农工有益于生产。

荣德生个人生活虽然俭朴，但他对公益事业比较慷慨，特别是办学。1912年他就有意在无锡办图书馆，1913年开始大量收书，1915年在荣巷建房，1916年"双十节"正式开馆，取名大公图书馆，免费向社会开放。这是整个苏南第一家由私人开办的公共图书馆。在他看来学问是天下公器，不分阶级，所有读者都是朋友。藏书从最初的9万多卷，到抗战前增加到18万卷，其中有大量古籍乃至珍本、孤本、绝版书。（1920年，南洋大学建图书馆，他们兄弟曾捐款万元。）抗战胜利后，他回到无锡，大公图书馆损失惨重，目睹一片狼藉的书柜，他痛心疾首："毁去有用之书，等于摧毁人才，即置之重典，亦不为过。此种文化上之损失，实较企业上之损失更严重也。"（现在无锡图书馆的"荣氏文库"还保存着大公和他私人藏书幸存的10多万册图书，经史子集以外，乡贤著作和地方志、医书尤多。）

1920年，他资助李石曾、郭秉文周游各国，呼吁退还"庚子赔款"。

1926年，重修始建于北宋的无锡南禅寺妙光塔，荣氏兄弟捐款5 000大洋。1933年，荣德生将梅园附近浒山脚下20亩地赠给开原寺，并捐资建寺。1947年修复著名的历史遗迹东林书院时，他一次就捐了50万元，现在还能在石碑上看到记载。

造桥修路、兴学育才更是他一生耿耿在念的。从1916年起，他们兄弟发起资助修建荣巷直达梅园、全长9公里的开原马路，1918年出资修了无锡火车站到锡山、惠山的通惠路，长3.8公里，1922年他们兄弟因造桥修路受到过北洋政府内务部褒奖。此外还有环湖马路、城乡各支路包括申新路、德溪路等，到1929年合计已有80多里。1922年他参与组建江锡长途汽车公司，最早的"开原公共汽车公司"也是他们在1928年发起的，到这一年，他们在造桥修路方面的捐资已在20万元以上。

1929年，荣德生独资发起"千桥建筑会"（简称"千桥会"，又称"百桥公司"），在无锡、常州、丹阳、宜兴等地城乡，捐资建造的大大小小的桥至少有上百座，现在找到的有102座，其中保存完好或基本完好的就有42座，最有名的是1934年造的宝界桥。同年，荣毅仁在上海圣约翰大学读书，校区横跨苏州河，没有桥，往来靠木船很不便，他父亲捐款5 000美元建造了一座人行木桥，取名"学堂桥"。

这种追求本身已不是传统的善举、回报社会那么简单，两位无锡学者张铁民、陈明生提出了很好的见解，这是以工业化推动城市化的一个典型案例，是工业化时代企业家带动社会转型的体现。

他们知道人才是事业的基础，人才的盛衰关系到国运的隆替，而中国人才不多的根本原因就是教育不普及。1906年，荣氏兄弟在无锡梁溪河畔的荣巷创办第一家公益小学时，创业未久，并无大钱。荣德生认为立身处世，30岁是负责任的开始，当时正好提倡新学的风气起来，他就把荣家私塾改为小学。两年后，又办了第一所竞化女子小学。从1906年到1915年的不足10年间，他们在荣巷、梅园等处，共办了8所男女小学。最初还有其他人的捐助，后来他们兄弟独立承担常年经费。公益第一小学规章开首明确：本校由荣宗敬、德生昆仲独资创办，故定名为荣氏私立公益第一小学校，贫寒子弟可以免费。他们的办学成绩受到社会肯定，曾获得教育部的一等金质褒章，1915年3月13日，《新无锡》报上刊登消息《荣德生捐资兴学得奖志闻》。1918年，教育总长亲自给荣氏兄弟题匾。1921年8月26日，陶行知陪同美国教育家孟禄博士来参观。"安得如君千万辈，全华儿女作干城。"康有为以这两句诗赞美荣氏办学。

1926年春天，公益、竞化联合举行20周年纪念会，近千人参与。合影中可以看出学生校服齐整。他们在游艺会上表演京剧、舞蹈、歌唱，有英文会话，还有歌剧《葡萄仙子》，以生动的形式演绎雪、雨、太阳、风、露和植物的关系，展现植物发芽、长叶、开花、结果、果子成熟的过程，以及几种鸟、兽、虫对于植物的需要。我曾到过拥有上百年历史的公益小学，现在叫无锡市荣巷中心小学，风雨操场依稀还能想见当年的情形，其中有一块特别的石头，刻着"天降山海"四个字，见证了荣家祖先迁居无锡梁溪河边600多年的历史。水池仍是当年，只是浮满了青苔，已经不是活水。"山清水碧古荣巷……独开风气为众望"，校歌中回望百年，荣氏办学之功绵远不灭。

1919 年，荣氏兄弟在无锡创办公益工商中学，前后用去 25 万元。两兄弟每年捐赠都在上万元，这部分钱主要是茂新面粉厂的利润。开校时，钱基厚在祝词中称他们兄弟不尚空谈，以实业家办教育，可与南通张謇相比。学校重实践，荣德生手书"和平耐劳"四个字作为校训，勉励学生"求实学为实用"。为了给工科学生提供实习制造机械的工场，荣德生开办了公益机器厂，还有给商科学生实习的商店、银行。第二届毕业生到上海参观华商纱布交易所、面粉交易所、商品陈列所、总商会、商业图书馆，以及大名鼎鼎的南洋兄弟烟草公司、商务印书馆总厂、上海商业储蓄银行、交通大学、商科大学。当然也看了申新、福新各厂。一位叫安文奎的学生在《参观及旅行笔记》中逐日记下行程，喜忧交加地说，商品陈列所的光怪陆离，商务、南洋兄弟的规模宏大，华商纱布、面粉两交易所的营业昌盛，申新、福新、上海商业储蓄银行当事者的眼光魄力，永安、先施两大公司的五光十色，这一切都让他欣喜，然而沪上繁华几乎全在租界，又令他忧虑。

看看当年商科学生的论文题目，可能今天的大学生、研究生都会惭愧、惊讶，宏观如：《解决今日中国实业问题》《关税自由权》《进货出货概论》《论中国实业不振之原因及救济之方策》《银行与实业之关系》《我国货币制度亟须改革议》《生产论》等，微观如《旧式簿记与新式簿记之比较》《商标浅说》《广告论》《推广商品销路之方法》《无锡兴办商埠论》《宜兴之陶业》《银行实习谈》。当然也有与商业本无直接关系的论文《天下兴亡匹夫有责论》、《自由平等真解》等。

这些论文出自中学生之手，荣德生大概不会失望。科学家钱伟长、经济学家孙冶方都是公益工商中学的学生。公益校友活跃于无锡工商、新闻、教育、劳工各界，无形中形成了当地很有影响的"公益派"。

而梅园的"豁然洞读书处"则有旧时书院性质，始自 1927 年，终于 1937 年，办了 10 年，分甲乙两班，各两年，分别相当于初中和高中，除了荣氏子弟，还有外姓子弟，前后毕业的学生近百名。豁然洞在梅园高旷之处，山下梅花千树，远处太湖在望，荣毅仁的作文《豁然洞记》中说，泛舟五里湖，远望浒山苍郁，如同炮台，在百千梅花丛中，豁然洞就在炮台的腋下，夏可避暑，冬可保暖。1929 年在豁然洞边上的"经畬堂"建成，读书处移到那里上课。读书处注重人格训练与陶冶，课程设置以国文为主，尤其重视作文，加上英文、算术、国术、修身等，都请名师执教。

我在"经畬堂"看到过陈列的《梅园豁然洞读书处文存》复印件，从 1929 年到 1935 年，共印过 4 集，收入 41 个学生的几百篇作文，还有不少诗词、对联，其中有荣伊仁、荣毅仁等的作文，都是手稿复印的。荣德生在序言中说，自己不是科学家、文学家，但由经商阅历而知，为人常识不可不充足，文字不可不通顺。梅园里的读书声曾是一道独有的风景，吴稚晖等每次游园，都要来豁然洞听课听读，地质学家丁文江在太湖饭店养病半年，每天都来听读书声，他对人说，读书声医好了他的神经衰弱症。多年后，荣德生回顾自己的办学生涯，最自豪的就是公益工商中学和豁然洞读书处，认为后者毕业生多精研学理，品德优良。

1936 年冬天到 1937 年春天，吴稚晖等人建议将复旦大学迁到无锡扩建，荣德生得到这个消息很高兴，太湖边风景宜人的大力嘴，几乎胜过有名的鼋头渚，只是尚未开发，他买下上千亩山地，捐赠给复旦大学作校址。1937 年 3 月 28 日，吴稚晖、钱新之和复旦校长李登辉、教务长章益等再次到大力嘴勘察，荣德生在梅园设宴款待。三个多月后抗战爆发，复旦迁锡之事成了泡影，但他并没死心，1945 年 11 月到 1946 年 3 月，他又为此事奔走，积极准备校舍，迎接正准备从重庆东迁的复旦来无锡上课。不久内战爆发，此事最终未成。1938 年、1940 年，抗战烽火中，荣家仍在上海办了中国纺织印染工程补习学校，以及三年制的中国纺织染工业专科学校（1946 年变成四年制的中国纺织染工程学院）。

自办一所综合性大学，荣德生早有这个心愿，他觉得子孙留学费用太大，如果国内大学好，就不必出去。在太湖边办私立大学成了他多年的心结，1947 年 10 月 27 日，江南大学开学典礼在荣巷临时校址举行，他致辞说，远在 1916 年到 1917 年间，他和吴稚晖同游太湖，吴稚晖认为在湖滨兴学最理想，他很赞同，过了 20 年，这个理想才得以实现。校址选在湖滨的后湾山，处于梅园、锦园之间，春有梅花，夏有荷花，湖山之胜可以与杭州的之江大学相媲美。这是荣家独资创办，完全私立性质，是无锡第一所现代意义的大学，分文学、理工、农学三个学院，有农艺、食品、电机、机械、数理等系，次年 8 月新校舍落成，专门增设了全国首创的三年制面粉专修科（以后办了第一本面粉专业刊物《面粉通讯》），1949 年还增设了超前的工业管理系。

为办好江南大学，荣家重金聘请教授，上海、南京不少教授到这里兼课，每周风尘仆仆地赶来。专职的如钱穆（文学院长）、金善宝、牟宗三、韩雁门、唐君毅（教务长）、朱东润等教授，他们待遇优厚，授课钟点费比一般大学高出两倍，还有小车接送，荣家把荣巷、梅园的宅子给教授住。邹秉文、金善宝是有名的农业科学家，自1920 年起，上海面粉公会和荣德生每年资助 5 000 元，给东南大学农科研究所 106 亩地，让其开辟小麦试验场，作小麦品种的研究。金善宝在这个试验场工作近 6 年，到过江苏不少地方，收集各种小麦种子，做科学试验，选出"姜堰黄皮""武进无芒"等优良品种，深受农民欢迎。荣家的茂新、福新面粉企业在姜堰、武进这些地方也都有自己的麦庄。

江南大学采用学分制、学（课）程制、学时（期）制三结合的"三学"制度，强调启发式教学和坚实的基础课、专业课并重，其办学特色就是一个"实"字，荣德生给学生讲话,希望他们学以致用,不必好高骛远,力戒好大喜功,要脚踏实地,从头做起。事实上,"实"并不是简单地叫学生追求狭隘的实用,江南大学的人文气息就非常浓厚,从1948年3月8日开始,在学术讲演周会上,学生有幸聆听钱穆演讲的《文化及人生》《中国文化之精神》,还有唐君毅、牟宗三等教授讲文化、哲学和人生,先后办了12次。许多理工学院和农学院学生选修了钱穆的《中国通史》《秦汉史》,唐君毅的《哲学概论》、牟宗三的《逻辑学》等。哲学家许思园教授夫妇一直住在梅园著书立说,每月领500元薪俸(一般教授只拿三四百元),他们从来没有上过课。江南大学里清寒学生可申请全免或半免学费,学校还提倡他们勤工助学。记者在开学当天看到,学生的伙食每人一盘菜,半碟青菜,半碟茭白炒蛋,与当时飞涨的物价相比所收的伙食费着实便宜。

当年学生回忆,1948年春天,校董主持进行全校性的统考,不分院系专业,统一题目,统一考试,只考英文、语文,考卷由校外教授命题,不难不偏,但数量多、涉及知识面广。统考成绩优异有奖,不及格的,这门课就要重读。每天晚饭后,江南大学附近,太湖畔、田埂小路上、鱼塘边,学生三五成群,散步谈心,爱唱歌的有骆驼歌咏团,爱京剧的有江社,爱运动的有一个个球队,还有读书会、诗社等,《春潮》《原上草》《世纪风》等壁报也很活跃。左翼的思潮也影响了这个校园。但太湖边不是世外桃源,时局动荡,物价飞涨,一天一个价,急风暴雨迫近江南,荣德生虽也不无担忧地说过"唯费用过大,不易维持",但在最艰难的情况下,他仍表示"江南大学理工、文、农三院照开"。

1952年10月29日,存在了5年的私立江南大学在院系调整中消失,此时离荣德生生命的终点已近。

三足鼎立　矛盾凸显

1936年底,荣氏企业共欠债8000万元,从1938年到1940年,上海租界的"孤岛"经济有过一个畸形的黄金时代,申新二厂、九厂出产的"金双马"大大获利,福新面粉二、七、八厂也连年赢利。申新九厂成了当时最大的华商纱厂,"双马"棉纱成为市场标准纱,"双马"栈单成为投机市场的交易筹码。从1939年到1940年,申新、福新几个厂已还出6000万元债务。

太平洋战争爆发,"孤岛"沦陷,申新二厂、九厂的花纱仓库被日军封闭,1942年启封时遇到物价暴涨,币值下跌,汪精卫政府以1:2回收法币,2000万元只作1000万元,申新乘机还清所有债务。1942年7月2日,银团在《新闻报》刊登公告,宣布全部退出，申新完全回到荣家手里。

荣德生大为喜悦，"陈年积欠，至此全扫，可谓无债一身轻矣。"

然而，自荣宗敬逝世后，笼罩在债务危机、战争阴云下的荣氏企业内部，渐渐出现了裂痕，大房、二房之间矛盾浮现。1940年，大房和二房因为申新九厂股权发生冲突，本来申新九厂的股权证一直存放在英商麦加利银行保管箱里，要打开保管箱需要大房鸿元和二房伟仁两人的印鉴。据说，原来两房的股权相差不多，但发放股息和红利时，二房少得多，荣德生对此不满。大房的人在荣伟仁1939年死后曾向其妻子要过图章去开保险箱，二房因此怀疑大房修改了原有股权比例。开过保险箱一事，银行口头承认，却不愿意出具书面证明。

荣德生毕竟还能顾全大局，当申新四厂订购的1.9万纱锭运到上海，却没有办法运往武汉时，他决定按原价给申新九厂，不愿意让纱锭躺着。女婿李国伟等人不太愿意，他函电交加，说服他们。对此持有异议的华栋臣也承认他有"远谋计划"，是出于对荣氏企业的公心。

失去荣宗敬这位主心骨之后，荣氏企业的瓦解是早晚的事。实际上，在1934年的申新大危机之后，荣宗敬在公司的绝对权威也发生了微妙变化，王禹卿主持的福新面粉系统不受他的领导，连荣德生也有过上海、无锡分立的想法，吴昆生掌握的申新九厂，荣宗敬女婿王云程（王尧臣的儿子、王禹卿的侄子）掌握的申新一厂，荣德生女婿李国伟主持的申新四厂、福新五厂都开始有了离心倾向。

抗战将终时，二房荣尔仁提倡"大申新主义"，拟订一统荣氏企业的"大申新"计划，但在荣家的内部会议上就通不过，大房荣鸿元当场反对："我喜欢捐着瓜子做买卖，高兴时去卖，不高兴时自家吃吃。"就是荣德生也不支持儿子的"大申新"计划，他自己想通过定股权数的办法统一申新的思路，也未能推行。1944年10月16日，在美国留学的弟弟荣研仁写信给荣尔仁，反对他的"大申新"计划，认为应该"加强"而不是"扩展"。因为资金缺乏，要集中力量积累流动资金，何况荣家经验只限于面粉、纺织，就算有了资本，也缺人才和经验。加上荣家经营企业的方法大多过时，总公司已有名无实。

股东中有人提出申新是无限公司，无限公司的总经理没有世袭的，是不是改为有限公司？对此内部也有分歧，王禹卿赞成，荣德生坚决反对，儿子荣尔仁和他不统一，在代他出席福新股东会时表示赞成。他在无锡得知，来信否定自己委托过荣尔仁，令他儿子十分难堪，几乎要脱离父子关系。荣鸿元应其他股东之请，把申新一厂改成有限公司，他坚决不同意，拒绝拿津贴。

战后，荣氏企业自然形成了三足鼎立局面。大房第二代以荣鸿元为代表，名义上掌握申新一、六、七、九及福新一、二、三、四、六、七、八厂，称为"申新总公司"。

国学经典文库

商界巨擘

图文珍藏版

二三七

其实,大房荣鸿元能控制的只有申新六、七厂,福新系统在上海的几个厂都是王禹卿主持,申新九厂经理吴昆生是开厂元勋,又是荣宗敬老友,鸿元兄弟都得执子侄礼,实际上是半独立状态,申新一厂是王云程主持,独自发展。二房以荣德生为代表管着申新二、三、五和茂新四个厂,以及新创的天元等厂,称"申新二、三、五厂总管理处",一共 12 个厂。抗战胜利后,他在废墟中重建无锡茂新一厂,那是荣家发迹的企业。二房因为父亲在,大体上统一,只是各兄弟分别有自己主持的企业。李国伟的"申四福五"系统,成立了"申四、福五、建成、宏文、渝新五公司总管理处"。抗战时西迁的这一支,迁川之前,全部上海股东、部分汉口股东都极力反对,甚至说"宁弃之江中,不愿迁之于川"。这个系统后来在重庆、宝鸡发展壮大,纺织、面粉以外又发展出机器、造纸、煤矿等,尤其在荒僻之地的宝鸡创造出了一片新工业区——秦宝工业区,各界名流、要人、将军、外国代表团纷纷前来参观,惊叹一片荒凉中创造出的战时奇迹。林语堂从美国归国参观,申新厂方请他给全体职员演讲,他赞许他们生产的纺织品质量好,由此做的中式衣服保暖、舒适、简便,以后外国人也许不穿西服改穿中式服装了。林语堂在美国出版的英文著作《枕戈待旦》,特别介绍这里的窑洞工场,称这是他见到的中国抗战期间最伟大的奇迹之一。

抗战时期,国民党政府对企业的摊派严重,仅 1942 年,就连续三次向申新四厂、福新五厂摊派军粮、公债,收走面粉 1 430 包,公债 50 万元。1944 年,向宝鸡的申新四厂摊派不下百余次,特别是地方军政机关,经常强借强要或面粉或棉纱。但企业仍有厚利,李国伟掌握的"申四福五"系统急剧膨胀,发展到 11 个企业,抗战胜利时仅美元就积存了 300 多万元。李国伟改变"申四福五"的分红制度,原来荣氏企业分红一直按 13 成分派,10 成归股东,3 成归总经理、经理及其他职员。自 1939 年内迁后,李国伟改为 14 成分派,10 成归股东,4 成归职员。这个办法直到 1941 年才获荣家勉强同意。他还鼓励高级职员入股,老丈人不赞成增加新股,担心冲淡老股,认为无限公司只能股东升股或股东间让股。老股东中怨声四起:"你招了许多新股东进来,将我们的汤冲淡了。""一只橘子八瓤,从前是八个人吃,现在橘子仍旧是八瓤,要十六个人吃了。"荣家与李国伟的矛盾凸显,到 1941 年翁婿几乎要翻脸上法庭,协调的结果是,由荣家保持申新四厂、福新五厂 60% 以上股权,其中大房占 31%、二房占 29%。

在对外交涉、购买原料、出售产品等方面,荣家大房、二房还能配合,一个拳头出击,毕竟是"肥水不流外人田"。但是,当 1948 年标购汉口的"军政部纺织厂"时,大房、二房达成了一致,李国伟志在必得,并不买账,不肯放过近水楼台。

1947 年,荣氏企业纱锭占全国 15%,占民营的 22.9%;粉磨生产能力占全国 25%,都未恢复到战前的规模。国民政府接收所有日伪纱厂,组成庞大的国营"中国纺织建设公司"。荣德生对此很有意见,认为民营纱厂以后的日子不好过了。对于国营企业的与民争利,和国民党一味取财于民的沉重税赋(累进所得税高达85%),他斥之为杀鸡取卵、竭泽而渔,充满愤慨地责问:"国何能裕?民何以安?"他说,一个政权只要让人民安居乐业,民生优裕,收税即可。如果能充分发挥民力,不必国营,国用自足。如果不能使用民力,即使一切官办,也没有用,只是徒增浪费而已。当然,他一贯认为,赋税不合理,只能力争,不可私偷或逃漏,一切都要循序渐进,不能求速效。

1947 年 4 月,荣鸿元等 4 个民营纱厂代表联名辞去"纺织事业管理委员会"委员:"既不能为政府贯彻政策,又不能为同业图谋生存。"此时包括荣氏企业在内的民营企业逐渐陷入了四面楚歌之中,这种困境局外人并不清楚。这年 5 月 10 日《大公报》报道,傅斯年在参政会上质询行政院长张群,申新纱厂每年赢利可观,为何政府又贷款 200 亿? 荣鸿元给傅斯年发去专函,澄清两点,一是申新从未得到政府贷款,平时周转都靠商业行庄,利息很高;二是申新纱锭战前 60 万,只有一半开工,加上市场困难,处境并无优越。此信同时在 15 日的《商报》上刊登。

绑架事件　死里逃生

1946 年 4 月 24 日上午,荣德生突然在上海被绑架,先被劫到小车上,几经转折到了一条小船,他只能蜷伏在里面,大小便都不能自由。第一天只给了他一块硬饼干,知道他牙齿不能咀嚼,第二天给了他三块软饼干、一块蛋糕,夜里转到一个石库门楼上,没有窗户的小黑屋,硬木铺板,白天也没有光线,不准点灯或蜡烛(只有写信等必需时才点)。在黑屋的伙食还比较优待,早上给他两个鸡蛋,中午和晚上一碗饭、一碗粥,菜是豆腐、咸菜、黄豆、鲫鱼、鲥鱼、炒蛋,周而复始。

他回忆,在这一个多月里,"除了我有痔疮毛病,每天不能换布和睡硬木床不舒服外,其他一切还可以"。最让他感到痛苦的是,绝对不许咳嗽吐痰,绑匪说"痰咽到肚里去,可以收到润肠的效果"。这一招果然见效,他后来对记者笑着说:"我原来患着便秘毛病,在那里天天一堆恭,痰能润肠,这倒是我在匪窟里生活得到的教训和收获。"

他身上带的东西都被细细检查,5 个图章的用途被再三盘问,他逐一解释,一个是应酬文字用的,一个刻着"往生是寿"是喜庆文书用的,一个刚铸了不久,有年月可证。他们问得最细的是一个小银章,他回答:"这印章是重要的,但并不能单独领钱用,厂里要向银行支钱,协理、经理盖了章,还要我盖了这个章才发生效力,但单有我的图章,根本是领不到钱的。"

案发后,1946 年 8 月 4 日的《大公报》、9 月 7 日的《文汇报》、9 月 10 日的《新闻报》都曾公开报道。荣德生在黑暗世界中 34 天,不能看书,也没有纸笔,终日无事,吉凶未卜,思潮翻滚,从世界、国家、社会到事业、家庭,一一想过,念平生经验,如万一不幸,未能传至后人,至为可惜。时值蒋介石 60 岁,他在黑暗中,生死关头还拟了一副寿联:"战绩空前廿四史,胜利联盟五大洲。"他想自己如果能脱险,要刻两个印章,一是"曾入地狱",一是"再生之德"。午夜睡不着,他说自己多次看见白光,所以他心里很安定,觉得有神护,不至无救。匪徒住在隔壁,只隔一层薄板,他骗他们自己耳朵不好,重听,其实都听得清清楚楚。大约第 19 天,警察、宪兵检查,已敲开大门,绑匪也子弹上膛,预备警察一上楼,就采取最后手段,结果化险为夷。因为绑匪组织严密,有女人,有小孩,警察敲门,女人在小孩屁股上一拧,小孩就哇地哭了,女人装着叫骂,开门的装得泰然,对警察说:我们是住家,将警察哄了回去。第 24 天,有人敲开门,高声问:"三厂袁世凯在里面吗?"结果也被开门的应付过去了。("三厂"就是申新三厂,"袁世凯"是指荣氏。)

他在小黑屋给家人共写了 5 封信,家人只收到 2 封,字句都经过绑匪逐一研究,连最后"灯下"两个字都被涂了。

绑匪最初开价勒索百万美金,他回答:"我是一个事业家,不是一个资本家,我所有的钱全在事业上面,经常要养活数十万人,如果事业一日停止,数十万人的生活就要发生影响。所谓资本家,是将金钱放在家里,绝对不想做事业……诸位这次把我弄来,实在是找错了人,不信你们去调查。"

绑匪的调查结果和他说的大致吻合,他身上带的一个手折也可证明,他家庭和个人收支都记录在上面,绑匪详细核算过,每月支出 600 多万,收入 400 多万,虽然表面上富可敌国,实际上当时每月入不敷出。经过反复的讨价还价,最后赎金降到 50 万美金。他作了最坏打算,向绑匪要来纸笔立下遗嘱,要求他们无论如何送到荣家,内容共四点:一是叙述兄弟创业的艰难经过;二是绑匪要 50 万美金,这笔钱照他的事业而论,本来无所谓,但企业流动资金不多,如果拿了这笔钱将影响整个生产,使大批工人失业,所以他宁可牺牲个人保全事业;三是告诫子弟要绝对重视先人所创事业;四是嘱咐家庭琐事。这个遗嘱对绑匪震撼很大,简直就是"原子弹",有一个看守竟在最后关头知难而退,借故脱逃。这是他本人脱险后的自述。

他以为,这次绑架是有黑心商人起意,利用匪徒,本意想将他灭口,因为匪徒爱钱,他才能生还。警备司令部破案后,说是荣家派人把款秘密交给绑匪,荣德生才获释,这完全是谎言。此案扑朔迷离,从各种迹象看,无疑有着更深的背景,后面有军警特,是一次警匪勾结的绑票案。绑匪出示的逮捕证,赫然是"第三方面军司令部"的,绑架用的汽车是向淞沪警备司令部副官处借的,而且司机直接参与,破案后缉获的罪犯就有第三方面军第二处处长毛森手下。交款地点就选在警备司令部隔壁,5月25日,荣家派人送钱时被警备司令部拦截,随即发还,27日,又是警备司令部标记的车把两大皮箱美金取走,车上只有一个司机。第二天晚上,荣德生被系住双眼,由绑匪雇车(先三轮车、再汽车、再人力车),送到其女婿唐能源家。

荣德生发现,绑架他时,撑篙的"船工"一天看完《宪法草案》《政治协商会议记录》,看守他的人眉清目秀,写一手好字,两天看完《青城十九侠》,不同于一般绑匪,估计有初中以上程度。警备司令部稽查处的知情人回忆,是毛森下令逮捕荣德生,时值毛人凤新任国防部保密局局长,授意毛森和稽查处处长陶一珊一起破案,向社会宣传,又将敲诈的巨款做赏金。毛森和陶一珊除了自己拿奖金,还送了毛人凤和司令宣铁吾各一份,替宣铁吾买了一辆豪华的美国轿车。被缉捕的都是从犯,共15人,处决了8人。

荣德生归来后发还的十二三万美元赃款,先给警备司令部送去破案赏金两笔共8万。剩下的钱又被警备司令部索要走了,还不够,荣家只好到市上收了10多万美元,前后总共付出了60多万美元,由申新各厂按纱锭数分摊。

鬓发全白的荣德生死里逃生,骨瘦如柴,腿软不便行走,在家休养。令他意想不到的是,慈善机构、学校、社会团体要他捐款、借款的函电雪片般飞来,光上海就有50多个团体,外地的更多,有许多都是各路军政要人出面,得罪不起的(包括江苏省主席、无锡县长、国民党江苏省党部书记长),还有自称"失业军警人员"的,带有恐吓勒索性质的有数十起。有人多次找上门来,起因就是他脱离险境后对记者说的那句话,领回勒索余款捐给慈善机构。威震商界数十年的荣德生几乎成了惊弓之鸟,他在1947年2月的私信里感叹说,即使得到金窟也难办。

在此之前,1940年夏,时为申新二厂经理的荣尔仁曾被驻扎浦东的伪军头目丁锡三组织匪徒绑架,关了58天,花了50万法币(约合当时3万美元),是大房荣鸿元设法筹的款。1941年7月27日,申新九厂经理吴昆生和儿子吴中一双双被日伪绑架关押1个多月,付出了几千件"双马"牌棉纱。

抱负未抒　无锡谢世

荣宗敬故后,大房第二代和第一代毕竟不同,熟悉内情的人回忆,1949年前,大房荣鸿元一家从华贵的大轿车到旅行轿车、吉普车、货车,应有尽有,去中外富人常去的虹桥俱乐部玩乐不过瘾,在虹桥路自建了大花园,几乎每天下午和周末都要到花园别墅去,常在那里请客,请客的杯盘、菜肴都是在市里准备好了派专用汽车送去的。上海商业储蓄银行副经理李芸侯目睹荣鸿元、鸿三兄弟当时的奢靡生活,荣公馆里整天都是赌钱、跳舞,大开酒筵。研究上海老房子的宋路霞说,现在淮海路上的美国总领事、日本总领事官邸分别是荣鸿元、荣鸿三的住宅。

1948年9月4日,荣鸿元以"私套外汇、囤积居奇"的罪名被捕,在提篮桥的特种刑事法庭上当庭放声大哭。当时国民党发行金圆券,实行外汇管制,申新六厂要买印度棉花需外汇甚急,因此犯规。当时蒋经国在上海整顿经济秩序,案发之后,荣家风声鹤唳,申新各厂都不敢存外币、金银,荣家上下私房钱藏的金银外币也都换了金圆券,最喜欢玩钞票和金银币的荣鸿三,收集世界各国的纸币、金银币,吓得把所有收藏拿出来换成几乎是废纸的金圆券。在荣鸿元被拘前,中国水泥公司常务董事、大通纱厂经理胡国梁,美丰证券公司总经理韦伯祥、永安纱厂副总经理郭棣活等相继被捕,花费巨额美金才得获释,金城银行部经理周作民也曾被传讯。

荣家虽然请了章士钊等三位名律师,但关键还是靠行贿。因为通货膨胀,对方要的不是纸币,基本上都是棉布、棉纱、面粉栈单,还有房子,大约折合50万美元,荣鸿元关押77天,幕后交易就进行了70多个晚上。到11月18日开庭,荣鸿元被判刑6个月,缓期2年。荣鸿元元气大伤,出来不久就去了香港。经此打击,大房掌握的企业、资金1948年后几乎都迁出了大陆。现在他家在上海唯一的纺织企业——中美合资上海申南纺织有限公司,还只有十几年历史,厂门前挂着美国星条旗,大门内有董事长荣鸿庆手书的厂训,今日的申南已不复申新当年的气派。

宋子文做行政院长时,荣毅仁主持的茂新面粉厂曾代粮食部收购小麦加工成面粉。宋子文于1947年下台。1949年5月,荣毅仁突然以"军粉霉烂案"被上海地方法院起诉,罪名很多,包括"侵占公有则物""盗卖公有财物便利入私"等等,甚至说东北的国民党军队吃了他的霉烂面粉才打败仗。原定5月25日开庭,也就是上海"变色"那天,结果没有开成,但还是在收监威胁之下,被敲去10根金条、5 000美元。

直到古稀之年,荣德生还有雄心勃勃的"天元计划",要重新开创一个新的"天元实业公司"系统。他说自己不是资本家,而是事业家。1942年他替国家拟订"大农计划",主张在甘肃、青海等西部地方首先推广,工、农、牧、学并举。午夜梦回,他常常含泪:"计划未成,抱负未抒,深觉痛心。"

对于成功,他有自己的理解,1934年,他在"豁然洞读书处同学会"成立会上说,百工百业都可以成功,并非只有挤在政治一条路上,成了达官显贵才算成功。他在1946年绑架脱险后说,国人说他是大实业家,他说自己不敢当,如果能再尽力10年,将理想一一实现,或许可以言大。大多数国人没有远大目光,以为他饱暖坐食,终生都已足够,何必再赚钱,而不知他的抱负,就是要办大规模的事业。所以,他一辈子都不骄矜,诚惶诚恐,如履薄冰。

1949年春天,以画梅闻名的画家周怀民送他一幅《梅园主人赏梅图》,他手书"妙笔天然"一幅回赠,如今匾额还挂在梅园"诵幽堂"。周怀民在梅园对他说:"德老,你何不自己也大笔一挥,把你所久练的画梅,画一枝起来,供大家欣赏呢?"他回答:"谈何容易,书画一事,非有真实的功夫,聪明的天资,决不可为。所谓七分功夫,三分天资。不要说我对书画不够资格,并且也没有资格做商人。"大家听了都笑起来,他说:"这不是虚言,也不是自谦,现在做生意,真不比战前了。"他的感慨是沉重的,也是严肃的。其实,不光是抗战后,多数时候,他都保持着这种心态。

荣德生坚决不离开故土,荣毅仁则坦言自己当时曾左右徘徊,举棋不定,"听了谣言,对共产党也是害怕,怕留在国内生活自由没有保障,但跑到国外去做白华要受尽白眼,而且事业又都在国内,感到前途茫茫。再三思量:我是一个中国人,我爱我的国家……我想我还是留在祖国的土地上,等着瞧吧!"

"生平未尝为非作恶,焉用逃往国外。"况且荣德生认为自己一直服务工商界,从未参加过政治。1948年下半年,申新三厂部分机器正准备拆迁台湾,他一听说,就亲自赶往码头,把机器搬回来。1949年2月,他秘密派人到苏北解放区考察。无锡易手前后,他每天乘包车在街上露面,表示自己还在无锡。儿子荣毅仁说他不走的原因很多,一是从未出国,创业以来与外国资本竞争,对外国没有好感;二是他不愿抛开手创的事业;三是绑票的伤痕尤在;四是他对国民党政府战后的一些措施不满。抗战胜利后,国民政府以200:1回收伪币,他积存的370多万教育基金、50多万慈善基金一夜之间被贬值。1947年,他曾愤然写下"课税横征猛于虎"的诗句,1948年12月8日的私信中,他表示对国民党的"抽税之狠,不知人困"深恶痛绝。所以他说:"我不相信共产党会比国民党还坏。"

1952年,荣德生在无锡谢世,墓地是热衷风水的他亲自选的,背靠孔山,面向梅园,周围种了他喜爱的梅花,随葬品是一套线装的地舆学书、一只他随身多年的镀金壳钢机芯打簧怀表。比起他哥哥的墓地,显得有点寒碜,占地、气派都不可同日而语"文革"期间荣德生之墓被毁,遗骸无存,两件陪葬品下落不明,1984年按原样重修的只是个衣冠冢,墓碑上是画家刘海粟题的:"中华实业家梅园主人荣宗铨先生之墓",里面放着一件荣德生穿过的衣服,一册他手书的《乐农自订行年纪事》。

耿介书生的事业

——范旭东

名人档案

　　范旭东：又名锐，字行，湖南湘阴县人，民国时期化工实业家。1910 年在京都帝国大学理科化学系毕业。1911 年回国，后在北洋政府北京铸币厂负责化验分析，不久，被派赴西欧考察英、法、德、比等国的制盐及制碱工业，回国后，1914 年在天津塘沽创办久大精盐公司。在此基础上，范旭东为实现实业救国和发展化学工业的愿望，又着手制碱工业，1917 年开始创建永利碱厂。1926 年生产出优质纯碱。为了进一步发展盐业，又先后在青岛开办永裕盐业公司，在汉口开办信孚盐业运销公司。1937 年生产出中国第一批硫酸铵产品。抗战期间，范旭东继续在大后方创办实业。1943 年研究开发成功了联合制碱新工艺。1945 年 10 月 4 日因病去世。

　　生卒时间：1883 年~1945 年。

　　性格特点：发愤图强、艰苦奋斗。

　　历史功过：杰出的化工实业家，我国重化学工业的奠基人。20 年代初，他创办了亚洲第一座纯碱工厂——永利化学公司碱厂，突破了外国公司的垄断，与侯德榜等成功地解决了制碱过程一系列化学工艺与工程技术问题。30 年代，他创办了我国第一座生产合成氨的联合企业——永利化学公司铔厂。抗战期间，他在大后方先后创办了久大川厂和永利川厂，推进了大西南建设，支援了抗战。他为我国民族工业的发展做出了重大贡献。

　　名家评点：银行家陈光甫说自己一生最佩服四位实业家，张謇、卢作孚、范旭东和刘国钧。卢作孚 1934 年 8 月到天津参观黄海化学社和永利碱厂后，感慨地说："中国的真正人才，范旭东先生要算一个"。

　　1945 年 11 月，在重庆范旭东的追悼会上，一个女工送来挽词："你死了，我们工人永远不会忘记你。"蒋介石亲书的挽幛高悬灵堂正中,上面是"力行致用"四个字。"深痛中国失先生"是周恩来、王若飞署名送的挽联。郭沫若的挽联是:"老有所终,壮有所用,幼有所长;天不能死,地不能埋,世不能语"。

胡厥文的挽联是:"建国方新,忍看工业有心人溘然长逝;隐忧未已,何图生产实行者弗竟全功"。

久大精盐公司

范旭东是范仲淹的后裔,自幼丧父。1900年,17岁的他随哥哥源濂(字静生)东渡日本,自己改名为锐,字旭东。他在日本留学主要靠哥哥照顾,哥哥是梁启超在长沙时务学堂的得意弟子之一,梁启超也曾以稿费接济过他。1908年,他考入京都帝国大学攻读应用化学,立下"科学救国""工业救国"之志。在老同学何熙曾印象中,他体弱而意志坚强,加入骑马会就是一例。

辛亥革命激荡了青年人的感情,当时已留校做助教、过上安适生活的范旭东再也安适不下去了,他趁寒假回国,先是到财政部下属的天津造币厂任总稽核,负责化验银圆成色。仅仅两个月,他就受不了官场的腐朽味,萌生退意。正好财政部要派人去欧洲调查盐专卖法、盐厂的制盐设备,需要一个懂工程的人,于是他得到了这个机会,他真正的目的是想到德国留学。之后国内有意办新式盐厂,电召他回来。等他回来,政局却起了变化。当时农商总长张謇热衷于盐政改革,在北京组织讨论会,创办《盐政杂志》,主编景本白笔锋犀利,正在批评旧盐制。范旭东主张取消盐专卖,改良盐质,奖励工业用盐,免税等意见引起了他们的注意。黑煤、白盐牵引着学化学出身的他,官办盐厂的计划泡了汤,他决定走自己的路,干脆辞职,离开政治中心。他到天津海边一带看过几次后,坚定了办厂的决心。

盐在日常生活中不可缺少,但中国人长期以来吃的都是粗盐,被外国人笑为"吃土"。1914年初,一个北方极冷的冬天,而立之年的范旭东在凛冽的西北风中第一次来到塘沽海边,满目疮痍,行人绝迹,好不容易找到一个拐脚的小孩张汝谦,叫来带路(以后招到盐厂做艺徒)。他后来回忆:"……大沽口,不是今天的样子。每一块荒地上到处是盐,不长树木,也无花草,只有几个破落的渔村,终年都有大风,绝少行人,一片凄凉景状,叫你害怕。那时候,离开庚子国难不过十几年,房舍大都被外兵捣毁,砖瓦埋在土里,地面上再也看不见街道和房屋,荒凉得和未开辟的荒地一样。"

就在如此荒凉的塘沽,他买下曾被俄国占领过的一块盐滩,准备办一家民营的精盐公司,从改良盐质做起。当时,绝没有人能想到,塘沽将在他手里成为中国化学工业的"耶路撒冷"。

1914年7月,久大精盐股份有限公司向北京政府呈请立案(以后改称久大盐业股份有限公司),获盐务署批准立案,为期20年,百里之内不准他人另办盐厂。11月29日久大第一次筹备会议决定募集5万股本,分500股,每股100元,他负责一半,景本白等人负责一半。

同年12月,久大在塘沽买下13.5亩地。

到1915年4月18日开第一次股东会时,久大实收股本4.11万元,多半是好友凑集的,最初入股人包括梁启超、汤觉顿、蔡锷、周作民、徐佛苏、景本白等,最少的几百元,最多的6千元。梁启超当时已辞职住在天津租界,每次见面都会问他招了多少股,还会拿起笔来列数计算。此情此景,30年后仍历历在目。

1915年4月的第二届股东大会上,景本白被推选为董事长,范旭东为总经理。6月,久大破土动工。这年12月的股份底册上,共446股,实收44 600元,还有杨度、刘揆一等人的名字。

塘沽是北京出海最近的门户,沿河临海,河是海河,海是渤海、黄海,水陆交通都很便利,与燃料资源丰富的唐山也很近,是兴办盐碱工业的理想之所。当时的塘沽,地是白花花的盐碱地,寸草不生,没有青山,没有可耕地,一片裸露的荒凉,但浓厚的海水在强烈的日光下,最适宜晒盐,有取之不尽的咸、腥两味。他就想利用这个"咸"字大做文章,在"盐糊涂"掀起近代工业的浪花。

学化学出身的范旭东心中有个蓝图,先以平锅制精盐,等到盐税减免、盐价降低,再以盐为原料办其他化学工业。1916年4月6日,久大西厂正式点火开工,9月11日,第一批久大精盐开始在天津上市,商标是五角形的"海王",取自《管子》,海王星循环运行,寓意自强不息、造福于民,也含有海水宝藏丰富、前途如同海洋这层意思。他在30年后说,自己的"书生之见"要比"发财之念"浓厚得多,"久大由这班书生一时兴会所至,凑合而成,不论世相如何变化,传统的书卷气,总归不能完全脱掉,遇事显得十分迟钝,不合时宜。"但他又说:"艰苦尝试,我辈书生,负在肩头。"

一开始的困难,他在《久大二十周年纪念述怀》一文说得很清楚:"20年前的中国食盐界,是多么宁静的,盈千累万的寄生虫,衣之食之,惬意到万分;久大精盐忽然凭空创造出来,那班世袭吃盐饭的朋友们,着实受惊不小!他们的口调,虽然很强硬地说,'只怕你不久不大',可是内心似乎很不自在。"

久大初创,根基未固,厂房最早不过是一个不起眼儿的小四合院,一对烟囱。1917年陈调甫初到塘沽,看到久大一对小烟囱,高不过10米,如蜡烛一般,便问范旭东:"为什么不做大烟囱?"他回答:"因为急于出货,而且塘沽土壤载重力低,怕有问题。"久大初创,他既是经理,也是唯一的技师,他的办公桌是特制的,比普通书桌要长,右边抽屉下另有一个二尺宽的橱可以放铺盖,一物三用,白天在这里办公,做化学实验,夜间搬走文件和仪器,铺开铺盖就是床。一二年后,境况好转,这张三用桌的功能才弱化了。这是 1948 年李烛尘在南京铔厂对职工演讲时所描述的。

中国盐的销售权历来为少数世袭盐商把持,实际上是官商合伙垄断,分引岸、岗商、票商、包商、指定商等,各有专卖权,据有一方,要冲破这一层很难。旧盐商诅咒久大"不久不大"。久大的法律顾问刘崇佑律师与旧盐商在法律上进行了长时间的博弈。另一方面,景本白通过股东杨度,给袁世凯送去两瓶精盐,袁世凯尝了,觉得好,一高兴,就给了久大 5 个口岸的销售权,从此久大精盐在长江流域 4 省(湘、赣、皖、鄂)打开了局面,这几乎是中国盐政史上空前的大事。

1916 年久大股东会上增资到 10 万元,此后多次增资,1924 年增资到 210 万(增资以后,老股红利 5 万按 6 万结算),106 个股东中增加了黎元洪、曹锟、冯玉祥、李思浩、李穆等人。大约开业两年,久大股东除了股息,还分得相当于股金两成的红利。从一开始久大就形成风气,从股东到全体同事,都看重事业,不大计较一己得失。那个时代因为集资不易,募股往往用借债方式,股款要计官息,张謇办大生就是如此。但范旭东认为,这样的办法,经商或许可以,办工业就很不妥,因为不管办什么厂,都需要时间才能出产品,而且新产品初上市,未必有利。如果从收股之日起付息,光是这一笔债,就令人气短。为打破这个旧习,久大章程规定不发官息,有纯利的年度照章分红利,分多少也要看纯利多少,而不是把利润完全分掉。久大红利最多时只到过两成,破例升股一次,每股加了半股。这些安排在久大内部并无非议,使范旭东深感万幸。这是一个很健康的制度设计,从久大到永利,能有积累,与这个制度安排有很大关系。"永久黄"团体从创业起步阶段就有一个良性的起点。

久大创业之初,来自梁启超、范源濂等人的支持不可小看,这个期间,梁启超先后做过司法总长、财政总长,兼任过盐务署督办,怀抱教育救国梦的范源濂几次出任教育总长。假如没有这个背景,范旭东从零开始、白手起家是很难想象的。

1918 年 4 月,久大接收德国人在塘沽的铁路支线,这样就和车站、码头直接连在了一起。久大又花了 10 万元买下三幅面积在 2 000 亩以上的盐滩,年产粗盐十多万担。久大精盐进入两湖时,范旭东亲自赶到南京沿江大饭店的楼顶放鞭炮,迎接从塘沽开来装载着精盐的轮船。久大从最初日产 5 吨,年利五六十万,到 1919 年扩建东厂,年产达到 6.25 万吨,收获更丰。他感慨不已地说,久大同仁自始至终是来久大做事,看事做事,毫无牵挂,如同开辟山洞,有了方向,一面挖泥,一面防水,一面打退蛇兽,遇到顽石或用炸药炸开,排除障碍,向前一寸一尺地进展,日积月累,当然不会毫无所得。这就是局外人所称道的"久大精神"。这个本来普普通通以营利为目的的工业机关因此有了自己的魂。

1922 年华盛顿会议后,日本归还在青岛的全部盐厂,久大以 80 万元中标,和青岛盐商集资 300 万元成立"永裕盐业公司"。

1923 年,久大公司在天津市区法租界造了一幢砖混结构的三层西式建筑,平面呈 v 字形布局,正门是三开间的爱奥尼克巨柱式门廊,四根圆柱,加上一个三角形装饰,很是气派。这是当年久大公司驻津办事处,叫作"久大精盐公司大楼"。(现在被一家婚纱影楼租用,门外的装饰有点儿煞风景。)

到 1925 年,久大从一个厂发展到 6 个厂,年产精盐从最初的 3 万担增加到 50 万担,约 3 万吨,资本从最初的 5 万元增到 250 万元。1931 年"九·一八"事变后,久大在江苏大浦办了精盐分厂,1936 年公司改名为久大盐业公司,总店也从天津迁到上海。这是范旭东未雨绸缪,为中日战争预做安排。此时,久大年产上百万担盐,加上永利、永裕,三家经手的盐合计每年有 400 多万担,拥有盐田 10 万亩以上,如果按全国 4 亿人口计,每人可以分到"永久黄"团体 1 斤多盐。曾被预言"不久不大"的久大做到了"又久又大"。

军阀绑票勒索

久大和同业组织"精盐公会",与旧盐商的"淮商公所"抗衡,争取"人民吃盐的自由",竭尽所能要将食盐从"商专卖"中解放出来。范旭东认为这完全是站在公民立场,说国家公话,与推广久大的买卖无关。用了三年时间,久大终于冲破旧盐商的围攻,在盐业中占有了一席之地。

自久大创办以来,来自军阀、官府的各类麻烦一直层出不穷。比如,盐场的任何设施必须遵从盐务当局的指令,盐仓顶上的招牌字写大了不行,说是"有碍观瞻",要挖去,缩得小小的,重新漆过;盐滩上用的扫把规定是扫盐池的,如果把"池"字不小心写成了"地",又要大受申斥。这些都还是鸡毛蒜皮的小事。

湖南是范旭东的故乡,1919 年,军阀张敬尧的军队进入长沙,几乎要将久大支店吞了下去,怎么疏通、讲情都不管用。不久,态度又来了个突变,不仅握手言好,而且帮久大在湖南打开局面。30 年后他都不明白为什么会如此。他曾开玩笑说,如果要论功行赏,要给军阀铸铜像,张某当之无愧。

1921 年,江西督军方本仁禁止精盐在他的地盘销售。

1924 年第二次"直奉之战"，塘沽成了军事要地，神鬼不安，盐运使张廷谔在天津，借直系军阀吴佩孚的势力，替吴佩孚"借"钱。正在久大无计可施时，街上发出"号外"，大叫冯玉祥军从古北口班师倒戈，吴佩孚失败了。

　　1926 年初，江西又禁止精盐，还逼借巨款。湖北每担加特税三元，寓禁于征。安徽也马上跟上。久大精盐在长江一带的销路几乎全被堵塞。同年 5 月，在天津精盐产地，军阀在直隶另立盐税机关，与北京稽核总所争利，结果久大盐场被封，停止装载，原料断绝，存货坐困，50 天才解决纠纷。11 月 19 日，军阀又向久大摊派善后短期公债 9.36 万元，久大只有告饶，希望用上一年勒索的 8 万元来抵，也就是1925 年范旭东被绑架的那次。

　　当时，奉系李景林担任直隶军务督办，驻扎天津，带来了所有山海关外的"马贼"作风，财政厅长赫鹏等更是助纣为虐。为便于处理非法收入，他们专门成立了一个"直隶兵灾善后清理处"。这年 6 月，清理处给久大公司来函，称有人告发久大"各祸首股份甚多"，要予以查抄。所谓"祸首"就是刚刚在第二次"奉直之战"中下台的大总统曹锟、其弟曹锐、总理高凌霄等 8 人。6 月 16 日，他们派人查了久大公司股册，却没查到这 8 个人的股份，因为他们用的都是堂号，不是实名。

　　8 月 8 日上午 9 时许，范旭东在家里去公司的路上被持枪巡警数人带走，直到下午 4 点，晾了他 7 个小时后，由兵灾善后清理处派军队用汽车押走。公司得到一点消息，当晚 9 点前往探询、送行李，都被拒绝，家人担忧了一夜。第二天，住在天津租界的久大股东、前总统黎元洪得知消息，亲往查问，向来以好脾气著名的"黎菩萨"大发雷霆，顿着拐杖，当场把这些喽啰狗血喷头地教训了一顿。30 年后，范旭东对那一幕还记忆犹新，写下"真够味"三个字。但是，军阀就是不放人，"黎菩萨"没办法，从北京请来范源濂也无奈。

　　8 月 9 日，范旭东写信给公司，要他们速将久大、永利两公司股东总册及开办以来股票存根、股款红利出入账和其他现金账，送到清理处总办室，他对同仁轻松地说："在此起居颇适，是亦办实业新辟之经径，领略一番，久后或可成其大也。一笑。"

　　结果，曹锟等堂号名下的股份被确认没收。8 月 10 日，久大以公司名义送去担保函，军阀当局称范旭东可以自由，送担保函的营业部长周雪亭要扣留。当晚，周雪亭将总经理换出来。11 日下午，久大送去现金 5 万元作保，晚上 7 点周雪亭获释。此事还没有完，18 日，兵灾善后清理处又派人送来第 17 号训令，称久大公司有"祸首"股份 6.55 万多元，先是隐匿不报，后是延宕不缴，藐视功令，罚款大洋 20 万元。面对巨额勒索，据说范旭东的回答是："本人不是财神，不能应命。"

　　8 月 20 日，久大公司表示："总之公司以经营商业为目的，不关政治作用，既无事为人隐匿,更何敢存藐视功令之心。"除了补填 131 张股据(注明每张可换股票 500 元)交出,在已交的 5 万大洋作为兵灾善后用之外,再送去金城银行支票 3 万。军阀不满意,还想多敲一点,因范旭东态度强硬才作罢,8 月 26 日兵灾善后清理处送来的 139 号指令称,少缴的 12 万大洋,"姑准从宽免缴"。

后得知这次绑架是久大、永利股东张弧策划,其子张同礼(担任直隶兵灾善后清理处会办、直隶盐款清理处处长,后任省署秘书长兼代省长,兼长芦盐运使)直接参与。久大公司派人去接范旭东,他一上车就双手蒙头失声痛哭,在场的人无不泪下。范源濂事后对永利同仁说:"我的弟弟是很坚强的,一般情况下,他是不会落泪的,他太伤心了,在中国办工业多么艰难啊!"

1924 年 7 月,湖南省政府一次就向久大"借"10 万元,按照旧例以精盐附加的军事特捐等项抵还。1928 年,奉系军阀褚玉璞统治天津时,手下的盐运使突然指令久大运销外地的每担精盐征收饷银 2 元,是盐务总署规定的 2 角的 10 倍。久大根据盐务总署和财政部的原有命令据理力争,最后因为时局变化,国民党北伐成功,才自然消解,但厂中停工、停止运盐 8 个多月,损失惨重。长期以来,只有一位桂系军阀的盐运使没有伸手讨过钱,生病时馈赠礼物也被婉言谢绝,真是凤毛麟角,绝无仅有。

精盐所到之处,从北到南,各地摊派公债或强借强征等,真是家常便饭。回首国民党北伐成功前的往事,范旭东感叹:"十年之间,无年不内战,内战一起,一定向盐商要钱,盐商一定拿久大搪塞,成了惯例。限制精盐销路,不许人民自由购食,年年重演一遍。久大不听他们,第一加税,其次是勒索,等而下之,公然绑票。"

北伐之后,从 1928 年到 1929 年南方一度禁止久大精盐行销,1930 年中原大战,阎锡山等北方军阀又勒交产地盐税,每担五角,7 个月后才撤销,久大几乎陷入绝境。1933 年久大不得已两次投保兵险,国民党当局要限期交纳所谓验票费每担一元。1934 年,国民党当局突令卖盐按新秤,收税则仍是旧率,一来一去盐税加重到了 27%。

久大几乎没有一天不在和险恶的环境斗争。所以,范旭东说,"永久黄"事业是在千锤百炼中成长起来的。

重开永利碱厂

范旭东回忆:"当我初到塘沽勘选久大厂址时,看到一望无涯的长芦盐滩,洁白的盐粒在阳光下闪闪发光;又见到石灰石岩遍地皆是,感到资源丰富,可以就地取材,实为创设碱厂的适当地点。"塘沽有原盐,离唐山的石灰石、燃料煤的产地也都很近。等到久大规模初具,精盐产销都有了起色,看着海河对岸池子里的一片莹白,日夜不息,从渐变到突变,一层层结晶,面对货弃于地的天产之物,范旭东发愁乃至着急。

大约 1917 年,北洋政府财政部长陈锦涛奔走于各国银行,到处借款,英国汇丰银行要求授予英商"以盐制碱"的特权,以此作为借款条件,陈锦涛谎称中国已有人创办,不能再将这个特权许给外人。英国人追问是何人所办,陈锦涛说记忆不及,查清再告。第二天,他对教育总长范源濂说,你弟弟办久大精盐厂,何不以盐制碱,久大申请,我当即批准,只是申请日期需倒填年月,可以杜绝外人要求。

就在这年秋天,中国培养的第一个化学硕士陈调甫和电学专家王小徐都有志制碱,加上在苏州办厂的商人吴次伯,他们在南通游说张謇未成,北上塘沽游说范旭东办碱厂,一拍即合。范旭东多年后回顾:"后来南北同志,都愿意把久大当作中心来办永利,中国碱业这粒种子,这时就在塘沽种下了。"当年冬天,他们几人在天津日租界太和里范旭东家中试验制碱成功,坚定了办碱厂的决心。一天,他和陈调甫在久大厂外散步,看到一堆堆的盐坨,席盖泥封,形如小山,数之不尽,他感叹:"一个化学家,看见这样的丰富资源而不起雄心者,非丈夫也。我死后还愿意葬在这个地方。"这一年范旭东 35 岁。

决定办碱厂后,吴次伯主动要求南下上海募股,结果却一去不返,募股重担落在了范旭东一个人肩上。1918 年 11 月,永利制碱公司(1934 年 3 月更名为永利化学工业公司)在天津举行成立会,决定集资 40 万元银洋,到 1920 年 5 月 9 日开第一届股东会时实收 34.6 万元,发起人包括范旭东、陈调甫、王小徐、聂云台,还有财政部盐务署长张弧、长芦盐运使李穆、久大董事长景本白等 7 人,经济上主要靠久大公司和金城银行,会上推金城银行总经理周作民为董事长。周作民和范旭东是日本留学同学,久大创业时,从资金筹集到申请批准立项等也都得到周作民的帮助。金城从为永利集资,到以后增资扩股,都全力相助,除了直接投资,还动员其他人认股。1919 年永利破土动工,李烛尘负责经营管理,陈调甫是制造部长,在侯德榜没来之前负责建筑、安装、技术,厂内习惯叫他厂长。以后侯德榜、李烛尘轮流当永利厂长,每人一年。

在当时的中国,制碱属于技术含量很高的高难度工业,在永利之前,四川、山西、山东、上海嘉定都有人尝试过制碱,先后失败。等到永利的 11 层高楼建成,高耸入云的烟囱竖起,却始终没能冒烟。有人冷言冷语说,永利最好改成冷饮店,在高楼上招待客人吃冰淇淋,一定凉爽。1924 年 8 月 13 日,筹备 6 年多,耗资 160 万元,永利终于试工生产,然而生产出来的碱红、黑间杂,俗称"红碱",不是洁白的碱。许多股东乃至发起人觉得投资打了水漂,抱怨、不满、唾骂声一片,矛头直指范旭东、侯德榜等人。永利最初的这些年一直不利。

英国最大的碱厂卜内门化学工业公司已有半个多世纪的历史,早在1900年就在中国设有分公司,占有大部分洋碱市场,正好伦敦总行首脑尼可逊来华,多次约范旭东商谈。1925年春天,他带了侯德榜和精干的营业部长余啸秋前往大连,卜内门公司表示愿意以资金、技术与永利合作,被范旭东谢绝了,理由是公司章程有规定,"我股东只限于具有中华民国国籍之人,无可变通。否则,牵动政府许我其他特权,不独未能助我,反而害我。"在去大连会谈前,他和李烛尘等就已商定:"永利今日担任着我国民营化工的任务,是成是败,全在于我等本身力量和奋斗结果,在任何情况下,我等主权和制造上是万不能允许外国人参加的。"搞技术的侯德榜想法则和他不太一样,侯觉得如果能与卜内门公司合作,得到一些技术支持,也不是完全不可以。此前,1922年夏天,范旭东在庐山遇到卜内门公司中国分公司的经理李德立(E.S.Liffie),这位传教士出身、汉语流利的中国通嘲笑他,中国人办碱厂早了30年。他回敬:"恨不早办30年。事在人为,今日奋起直追,还不算晚。"此后,卜内门公司再次派人暗示,愿意高出永利投入建厂一倍的资金收购,范旭东的答复是:"我搞不成碱,宁可自杀,也不会出卖自己的灵魂。"英国人在背后嘲笑他:"永利想出纯碱,除非日头从西方出。"

其实,范旭东也不是没有想过放弃,在永利最困难的时候,他一度曾有过把没有建成的工厂卖给外商的念头,不料对方落井下石,给出破铜烂铁的价钱,他气愤至极,决心背水一战,死里求生。

1921年来到塘沽碱厂工作的美国人G.T.李,因为善于改良制碱需要的石灰窑,外号"石灰窑"。他总是一身蓝色工作服,和工人一起奋斗在生产第一线,常常浑身灰土。他说自己是实际工作者,不是戴白领的绅士。试工时期最大的事故发生在1925年3月,烧碱用的主要设备4口干燥锅烧坏了,这样一来,就连劣质的红碱也生产不了。范旭东采纳G.T.李的建议,设计了一座旋转型的干燥锅,全部电焊,不用铆钉,但是要到美国去定制,为此永利要停工半年以上。此时永利已耗费300万,再次陷入生死存亡的境地。侯德榜带了G.T.李和其他技术人员,登上赴美的轮船。

因为没有掌握碱性对钢材的腐蚀作用,永利最初采用钢管做传送碱液的管道,结果钢管因为碱化损坏,影响了正常生产。范旭东下决心将价值10多万的钢管拆卸,改用耐腐蚀的生铁铸管。为吸取教训,他将拆卸下来的几条钢管,请工人做了一张桌子,放在自己办公室,以便经常警醒自己因无知而造成的损失。

范旭东是久大、永利的总经理,名义上是两个公司,其实大家都默认为一个团体,久大拨出盐滩给永利建厂,给永利调资金,调大批人员为永利服务。永利向银行借款都是久大担保的,永利通过久大向金城银行的透支金额竟超过了久大、永利两个公司注册资本的半数,这在金融市场上非常罕有。时间长了,股东渐渐失去耐心和信心,不肯继续投资,他采取非常手段向久大挪借,到永利出产品时,历年积欠已是一笔巨款,后来干脆将借款改为久大向永利的投资。

一次永利需要 1 万元,陈调甫拿着范旭东的亲笔条子,到久大会计处领款,会计科长周雪亭把账簿给他看,说:"久大资本只有 40 万元,现在借给永利的已有 20 万了,以后怎么办?"两人相对嘘唏,陈调甫说自己惶恐得无地自容。这样的事很多。景本白对此大为不满,在久大董事会上质问范旭东,因为其他大股东,包括支持久大、永利的金城银行都站在范旭东这边,景本白气得要辞去久大董事长之职。1924 年 4 月 20 日的久大股东会上,范旭东被选为董事长,当年久大增股的 40 万元,几乎全都接济了永利。久大的账面一度千疮百孔,永利的经常支出、临时支出、特别支出还是不能不仰仗老大哥。总计垫款在 150 万元以上。这一切都记在永利的密件中。(1929 年后,永利生产顺利,也时常从经济上帮助久大。)

所有这些挫折、失败反而都成了范旭东奋斗的动力,他对侯德榜等人说:"化学工业要形成我们民族的长城,这岂是不出几把汗、不咬紧牙关,一代二代干下去,建设得成功的。""我们没有退路,摆脱绝境的唯一办法,就是破釜沉舟,背水一战。"

1944 年久大 30 周年,他写下一篇情文并茂的文字,回顾永利创业的艰难:"就是最初十年八年,它们的生活费,必得代筹。否则活不下去,这笔生活费数目很大,而且异常复杂,每每逼到山穷水尽时光,就指着久大挹注。一再而三,年复一年,非同小可。团体中称久大做'老大哥'。我时常加上一个注脚,提醒大家,我说,'这位老大哥真是中国式的'! 如果它不深受中国文化陶冶决不能实践躬行,以底于成,它自己节衣缩食,但是不惜罄其所有培植后起……今日事实证明,久大和它一群弱弟,的确做到了兄兄弟弟,相得益彰。"

1926 年 6 月 29 日,对永利是个关键的日子,这一天永利重新开工,而且产出了雪白的碱。以侯德榜为核心的技术团队经过千百次试验和失败,前后 8 年,永利至少三次濒临绝境,几乎把久大拖垮,终于制碱成功。比利时化学家苏尔维首创的苏尔维制碱法,长期被卜内门等公司垄断,这是第一次在亚洲摘下神秘的面纱。范旭东激动地对永利同仁说:"诸位,今天我们总算制出合格的中国碱……用苏尔维法制碱,在世界上我们永利是第 31 家,而在远东、在亚洲我们则是第一家。"在学化学的范旭东、李烛尘、侯德榜、陈调甫心目中,纯碱乃是工业之母,为了有别于土制的"口碱"和进口的"洋碱",他提议取名"纯碱",同仁报以热烈的掌声。

此后不到两个月,1926 年 8 月,在美国费城为庆祝建国 150 周年举办的万国博览会上，"红三角"牌纯碱获得最高荣誉金质奖，被称为"中国近代工业进步的象征"。消息传到塘沽，永利沸腾了，十来年的苦撑、苦干终于迎来了这一天。

庆祝宴会上，范旭东的眼眶含着热泪，从不喝酒的他举起陌生的酒杯，向周作民敬酒："金融方面有周先生，技术方面有侯先生，永利事业可谓稳如泰山。"难得穿上白领礼服的侯德榜向同样难得穿白领的 G.T.李敬酒："你帮助了永利，也帮助了我们中华民族，我们向你致敬，不忘你真挚的友谊！我送你一个中国名字叫李佐华。"从此，G.T.李有了一个具有特殊意义的中文名字，现场淹没在一片掌声中。

1920 年 9 月，"红三角"商标在商标局注册，证号是 16510，商标图案是黑圈套红三角，中间有一个一个坩埚，外圈有中英文永利公司名称。"红三角"象征纯碱生产过程，有气体、液体和固体同时反应。

"红三角"纯碱最初日产只有 30 多吨，南北各埠争相购用，而且输出日本，供不应求。建厂 10 年之际永利股东第一次分到了红利，1927 年，久大的年度业务报告中对此深感欣慰。在纪念永利建厂 10 周年时，范旭东兴奋得亲自爬到永利最高的楼顶，一边亲手点燃一串鞭炮，一边喊着"真痛快！真痛快！""中国基本化工的第一只翅膀伸出来了，物质上的收获不大，但加强了中国人在技术上的自信心……"久大、永利的成功，使塘沽这个历经兵火的破落渔村，变成了华北繁华的工业重镇，中国化学工业的"耶路撒冷"。永利成功了，壮年的同事头顶上，都洒了一层薄薄的拂不去的碱霜，"这就是酬报我们的战利品。"他动情地对同事说。

纯碱价格之战

盐本价贱，盐税却是盐成本的几十倍，永利创办时就呈文北洋政府，请求准许工业用盐免税，控制盐务稽核总所的英国人丁恩（Sir Richard Dane）本来一直以各种借口阻挠，梁启超在辞去财政总长前，指示起草"农工业用盐免税条例"草案，丁恩得到消息抢先批准永利的申请。因为内阁人事更迭，梁启超下野，"农工业用盐免税条例"不了了之，丁恩后悔不已。1920 年 9 月，农商部正式批准永利制碱公司，特许工业用盐免税 30 年，百里内他人不得再设碱厂，股东以中国国籍为限。9 月 20 日，商标局核准"红三角"商标。随后，内阁会议通过永利工业用盐免税的申请，还获得纯碱行销一律免纳关税厘金的优惠，由大总统令特准，政府公报公布。

1924 年 8 月，永利开工生产的消息震动英国卜内门公司，他们通过英国政府的力量，由盐务稽核总所新任会办韦礼敦，以盐务署名义强行出台《工业用盐征税条例》，规定工业用盐每百斤纳税 2 角。制碱一担需要原料盐两担，就要纳税 4 角。

这明显是冲着永利来的,有了破除旧盐商"引岸"经验的范旭东们不怕,他们委托律师刘崇佑拿着农商部"用盐免税"文件和政府公报,向平政院控告财政部盐务署违法,几经曲折,终于胜诉。但盐务署约束不了英国人,一再协商,韦礼敦只同意《工业用盐征税条例》暂停执行一年,永利上下大为不满,致函痛斥。如果不是次年发生"五卅运动",此事可能还要费一番周折,借助澎湃的民族浪潮,景本白写了《请看英人摧残国货毒辣手段》一文,在上海的英文《大陆报》发表,得到社会舆论支持,韦礼敦被迫收回《工业用盐征税条例》。

永利"红三角"纯碱上市,卜内门化学公司很紧张,为了挤垮永利,卜内门在永利有市场的上海、汉口、长沙等地,将碱价大幅度降低销售,只留下天津不动。从1926年到1927年,他们一路降价,降到原先的40%为止。当时,永利在天津的销售未受影响,但范旭东果断地做出一个决定,宁愿亏本,也要与对手打一场价格大战,永利的"红三角"牌每担成本约在六元五六角,而英碱"峨嵋"牌每担售价降到了四元二角。这是一场殊死的决战,以后可以成为MBA教材的一个经典案例。

当时许多人对此不理解,认为只要保证天津市场就足以维持永利,无须去做其他市场。范旭东解释:"如果我们把销售集中在天津一地,外地销路没有打开,市场基础不巩固,有朝一日,卜内门再回过来收拾我们,我们将完全处于被动,束手无策,结果很可能彻底失败。"为此永利亏损最高达140多万元。范旭东和他的团队,在五个方面做文章,挺过了这段惊心动魄的日子:一是在舆论上扩大国货"红三角"纯碱的影响;二是在经营上尽可能到卜内门不到之处开设代销店,避免正面交锋;三是在价格上,无论对方怎么降价,永利一定保持低三角出售;四是激发爱国心理,和代销商合作,用调包制来对付卜内门;五是充分利用日本市场,"红三角"委托自己没有碱厂的三井公司代销,以最低价格出售,卜内门当时在日本的市场份额比永利要大10倍,如果一样降价就会损失惨重。还有一个因素,永利上下一心,员工中有主动要求减薪的,有多年未拿股息的股东支持,有久大和金城在资金上源源不断的接济。在这场价格战中,营业部长余啸秋起了很重要的作用。

在中、日两个市场受到新崛起的永利狙击,腹背受敌的卜内门即使财大气粗,也坐不住了,因为他们销量大,损失超过永利的8倍多。1928年,他们主动派人到永利,要求调整碱价,最后达成合理定价、不搞恶性竞销的共识。当年6月21日起,卜内门为永利纯碱在日本市场做了9年代销,每隔3年续约一次,预交的30万元押金一直放在银行的账户上,直到抗战全面爆发而自然中止。

为这场价格大战,卜内门公司的中国通经理李德立被解职。

1929年,为了扩大资本,永利曾和卜内门谈判组织永利占52%、卜内门占48%的中英合资企业,南京政府工商部没有批准。但在1929年到1930年,南京政府批准永利用盐30年免税,产品免税厘30年,在永利总公司和分厂50里内不得设同类工厂。在中南、金城、盐业和浙江兴业等南北银行的支持下,永利还得到发行200万公司债的机会。1930年,"红三角"纯碱在比利时工商博览会上再获金奖。

不过,到1932年范旭东还是在向邹秉文诉苦,除了办碱厂时的种种困苦遭遇,即使出碱以后,也是困难不断。1932年7月,邹秉文在上海华安大厦,见到他一个人在房间里发闷,原来永利为了添置机器设备,要向上海一家银行借30万元,对方条件苛刻、利息很高,因此气闷。后来上海商业储蓄银行、浙江兴业银行合借30万元,条件删改,利息降低,他才松了口气。

民国初年,范旭东到英、法、比等国考察盐政时,去碱厂多次碰壁,没能进入工厂车间,只在英国卜内门公司参观过锅炉房。这对他是一个莫大的刺激。

1933年春天,卜内门公司伦敦总部的董事柏烈上校(Col.Pollitt)到天津,要求参观永利碱厂,范旭东避而不见,南下前吩咐同事,可以陪同柏烈进厂看看锅炉房(或者让对方看兴建中的烧碱厂和碱厂包装厂),但谢绝参观主要车间。事后他对人说,20多年前他到英国参观碱厂,人家也只让看了锅炉房,我们也只能如此,这是"礼尚往来"。柏烈只好到上海来和他会面,两人谈了两小时,没有什么结果。

1937年5月22日,经过多次讨价还价,卜内门公司基本接受永利提出的纯碱市场销售额分配方案,在中国市场销售的碱,永利占55%,卜内门45%,定期三年。按永利当时的产量,还不及市场需要的1/3。为了这一天,他们足足苦斗了20年。可惜,这个协议只执行了55天,抗战就全面爆发。1945年10月,范旭东去世的消息传到英国,卜内门公司发来唁电,并派该公司驻重庆机构负责人到他灵前献花致敬。

永利是高明的灯塔

永利碱厂、南开大学、《大公报》,合称"天津三宝",分别代表了那一时代工业、大学和新闻业的成就和水准。永利碱厂的主体厂房南北高楼耸入云天,碳化厂房高32米,共有8层,蒸吸厂房高47米,达11层,据说是当年华北第一高楼,是塘沽乃至整个天津的标志性建筑,被称为"东亚第一高楼"。1928年,《海王》第二期发表《永利是高明的灯塔》一文说:

永利的事业是中国唯一的新事业,永利的高楼成了海河轮船进口唯一的目标。一个外国人特意到永利公司,希望他们在楼顶上装一个大电灯,晚上望见光明的"永利"二字,也可以出口,但是进口的船看不到楼顶,也看不着光明的"永利"二字,极为不便。当家的李烛尘无条件答应了。有人问他为什么替航海的装引灯不要钱？他回答："造桥修路,引瞎子过桥,都是做好事,这造灯塔也同造桥修路一般,并且还可以替永利做广告。"

可惜,南北高楼已在1976年的唐山大地震中毁损无存,天津碱厂内,唯一幸存的老房子是"科学厅",与树丛中的范旭东铜像相对无言。

毕业于国立北平大学应用化学系、在永利工作了50年的郭炳瑜说："在南北楼上早班时,清晨可以看到渤海日出景象,广阔的海面,在日光照衬下,许多渔船点缀其间。夜班比较安静,在生产平稳的情况下,有时值班技术员凑在一起聊天,现场有助手们根据分析气液数据,予以控制调节。各值班人员间有电话可通,并还有简易的铁管通话器,敲打铁管,闻声即可交谈。"

每天上班前10分钟,永利的锅炉房会汽笛长鸣。现在人们习惯的8小时工作制就是从永利开始的。1927年起,永利日夜二班改为三班,每班8小时,如果是加班则6小时就算一工。因为经济困难,永利曾一度改为12小时一班,不久又恢复为8小时制。陈调甫说："在20世纪20年代的中国,实行8小时工作制的工厂,我所知只有永利一家。"

1930年7月21日,天津《大公报》发表青年记者徐铸成的《久大、永利两厂参观记》：

此外更可大书特书者,即该两厂早实行三八制,且早于宝成纱厂一年。工人待遇极优,工资最低限度为10元,普通在15元左右。工人宿舍分两部分,普通六七人住一室,亦尚清洁；其携有家眷者,则别有工人寄宿舍,每座砖屋三间及一大院,租价仅一元,电灯亦由厂供给。此外医院、浴室、理发处,应有尽有。另有一大烤面包房,取价极廉,日用品有消费合作社,工人均出股2元,职员4元,另由工厂出资千元,共3 000元开办,商品极充足,俨然一小规模之百货公司矣。工人生活丰富,工余有旧剧社等等之组织……工人与职员之生活丰富而有秩序,绝无其他工厂劳资生活悬殊之恶习。

铁路支线直接延伸到永利碱厂内,火车进来的是煤石等燃料、原料,出去的是纯碱、烧碱、洁碱,广泛用于民食以及医药、造纸、染色、玻璃、肥皂、人造纤维等工业上。

久大、永利在经济困难时,也没有忽略工人的福利。1920年久大就为单身工人造宿舍,叫工人室,最初可以住200人,以后逐年扩充,最多可以住七八百人。同年开设永久医院,职工可以免费看病。理发、洗澡都是免费,食堂的人工、煤、水由公司供应,伙食费也是按米、面、菜、肉进价收费。久大的福利从工人开始,再及职员。员工分配房子,只按人口多少,不分阶级高下。工人家属分配住房,为了公允起见,以抽签决定。20 世纪 30 年代完工的永利新村是给技术人员提供的,独门小院,房租便宜,水电自由,每月房租水电一般只收 8 元(最多 10 来元),家具都是厂里借的。职工家中用煤都由厂方免费供应,煤快烧完时,只要给事务部打个电话,当天一定送到,不会影响生活。工人给家中汇款,公司可以代办,代出汇费。

负责管理的李烛尘认定,经营生产事业,利他的成分越多,则自利的成分越大。许多技师包括他本人住的还是租来的土房时,工人就已住进砖木结构的宿舍。有一次股东黎元洪来参观,称许:"工人吃的馒头,面很白,同我吃的一样。"1926 年、1927 年,永利、久大先后建起工友住宅南院、联合村,1928 年久大从俄国人手里买下塘沽新街、俄国庄一带 750 间房屋。1934 年永利建起了职员住宅新村,1936 年又建了新村花园。

1925 年,自办的塘沽私立明星小学,员工子女一律不收学费,教室有十多间,大礼堂有 800 个固定位置。

1921 年 3 月,永利、久大联合办起工人读书班,有 4 间教室,3 位专职教师,240 名学员,直到 1948 年解散。1924 年 8 月开始分设普通班、特别班,各分三个年级,扫除工人中的文盲,强迫工人读书识字。但到 1930 年,工人中文盲仍占 95%。办南京铔厂后,范旭东常去南京,有时一住个把月,却无时不牵挂塘沽,他在《旅京杂感》中说:"塘沽的信,报告蒸铔塔发生了大故障,给我们一些惆怅,听见近来工人教育颇有进步,又觉得高兴,尤其是听见工友们大家知道要读书,对于师尊知道服从和亲近,对于秩序的训导也诚心领受,安慰不少。"他说:"工友们!大家要明白,公司支出教育经费完全是为大家谋幸福,是发于同胞爱的至情。"1932 年工厂还办了妇女补习班、儿童补习班、外语补习班、艺徒班、成人义务教育学校和幼稚园。特别值得一提的是,永利 1934 年 8 月办的特种艺徒班,招收 32 人,到 1937 年 6 月有 23 人结业,全部升为技术员,这完全是永利自己培养的技术力量。

永利鼎盛时有工人上千人,包工 300 多人,职员 100 多人,各种助手 60 多人。永利待遇之高在天津很有名,到 1949 年以后,塘沽还流传着这样的择婿顺口溜:"先永利,后久大,机关干部别搭话"。永利章程规定,每年所得纯利,除应交税款和公积金外,其余以 1/4 作为员工奖金。一个月不请假的,加薪两天,一年不请假的,年终加发一个月薪水,请假一天扣一天,超过 31 天的还要扣本薪,全年未请病假的加薪 5 天。假日因工作需要上班的,除发原工资之外,再加发两天工资。先进工作者年终还可得高额年终奖。技术人员工作三年还可享受三个月的带薪假,公费去外地旅游。

1931 年进永利的郭炳瑜回忆,一般工人工资 8~10 元,工业专科毕业的技术员初进厂 30 元,大学毕业生 44 元,技术工人最高工资 98 元,职员最高工资 400 元。

1934 年 8 月永利开设特种艺徒班,艺徒每月有 6 元津贴。那时塘沽生活便宜,每 1 元可换铜币 100 枚,每枚铜币可换小黄铜币 10 文,市面上都是洋货,购物又方便。每天有火车与小火轮,以及挂有三节车厢的"汽油车",往返于天津市区,载客运货。

在永利工作,职工的工余假日是愉悦的,他们郊游常去海河口,登上旧炮台,眺望渤海,在落潮时捡贝壳、藻类,或者到铁道北打靶场玩摔跤游戏,或者在厂内俱乐部用收音机欣赏音乐,打台球、看报纸杂志等,春天到了,还可以到西敞村(现在的人民公园)看桃花。"永久黄"团体从 1925 年起就有表演话剧的游艺团,1928 年成立了京剧团、秦腔团、武术团等业余团体,黄海社边上有 2 个网球场、1 个篮球场、1 个足球场,1928 年拓宽的新开街上有娱乐室,以后还修了游泳池、工人俱乐部、职员俱乐部、滑冰场、灯光球场、新村儿童俱乐部等。

1935 年,无锡申新三厂总管薛明剑北上参观"永久黄",写了窑作,职工的工余假日是愉悦的,他们郊游常去海河口,登上旧炮台,眺望渤海,在落潮时捡贝壳、藻类,或者到铁道北打靶场玩摔跤游戏,或者在厂内俱乐部用收音机欣赏音乐,打台球、看报纸杂志等,春天到了,还可以到西敞村(现在的人民公园)看桃花。"永久黄"团体从 1925 年起就有表演话剧的游艺团,1928 年成立了京剧团、秦腔团、武术团等业余团体,黄海社边上有 2 个网球场、1 个篮球场、1 个足球场,1928 年拓宽的新开街上有娱乐室,以后还修了游泳池、工人俱乐部、职员俱乐部、滑冰场、灯光球场、新村儿童俱乐部等。

1935 年,无锡申新三厂总管薛明剑北上参观"永久黄",写了一篇《塘沽参观记》,看到久大最初的账册还是旧式的毛边纸条簿;看到 1916 年制造的盐块很像糖块,用栗壳色纸包裹,每包 50 块,将近 20 年后仍洁白干燥;看到久大盐场用抽水机代替风车型布帆(也就是以电力取代风力)来灌水。他参观了黄海社极尽富丽堂皇的钢骨水泥建筑,职工居住的新村,光线充足、建筑很像戏院的会堂兼食堂,特别是设备完全、统计精密、医师都很和蔼可亲的医院,这一切都给他留下很好的印象,并处处与申新三厂的劳工自治区做比较。

决心办黄海

"黄海"的前身是久大附设的化学试验室,1920 年,范旭东决定在久大附近买几亩地,花十多万银圆建一个能供 100 个化学师研究用的新型化工研究室,包括定量分析室、定性分析室、化学实验室、动力室等,并从久大独立出来,1922 年春天正式定名为"黄海化学工业研究社",并请到孙学悟博士主持。当年 8 月,"黄海"正式成立,独立于久大和永利,属于平行的化工学术研究机构。当时永利还在困境中,永久团体经济拮据,要维持黄海,就得多一份开支,许多人笑范旭东有些"傻气"。他自己的看法却完全相反,他在黄海社成立20周年时说,20年来常常听到冷言批评,责备学术研究工作的不顾眼前利益,"说某社某人不顾民生疾苦,这个时候还在实验室里搞洋八股。这种论调实在是错的,他们硬把学理和应用分作两起,认定要先应用而后搞学理。凡是研究学理的就被误认为纸上谈兵、不切实用,这又是一个实在的错误。"学化学出身的范旭东深知"现代化的企业都是在研究室里成胎的",近代工业的成长建立在三百多年科学研究的基础上,学术是工业的基础,瓦特、巴斯德等例子无不证明研究走在工业的前面。因此,他坚定地说,"当了裤子也要办黄海"。

他把久大给他的创办人酬劳金(每年纯利的1/10)捐献给黄海作科研经费。1924年,在塘沽举行的永利股东大会上,全体创办人表态:"因念科学研究不容稍缓,愿将永利公司章程内所规定之创办人全体所得报酬金,悉数永远捐作黄海社研究学术之用,如有不足,再由永利、久大资助。"有人当场写下"云天高谊"四个大字,高悬会场,掌声雷动,场面感人。

当然,仅靠范旭东和几个创办人的无私捐献无法长期维持黄海的研究经费,主要还得靠久大、永利两公司在研究费中特别支付。孙学悟回忆,永利头一个10年自身难保,每天过着朝不保夕、九死一生的日子,黄海经费也一直拮据。从1932年到1937年中华教育文化基金董事会每年补助1万元,1939年起又得到中英庚款董事会赞助。

这是中国民营企业中第一家化工学术研究机构,6年后,上海天厨味精厂的吴蕴初办了"中华化学工业研究所",他们被誉为"南吴北范"。1935年新亚化学制药厂也办了"化学药物研究所"。黄海的章程规定董事会由9人组成,其中范旭东、黄海社长、久大永利的总工程师为当然董事,除他们之外,其他人都以在职期间为任期。1933年落成的黄海图书馆,拥有2万册中外图书,其中专业书籍不下5 000种。

范旭东在五通桥为黄海社20周年写的纪念词中感慨地说:"中国如没有一班人,肯沉下心来:不趁热,不惮烦,不为当世功名富贵所惑,至心皈命为中国创造新的学术技艺,中国决产不出新的生命来。"而他的选择就是邀集这样一班志同道合的人,关起门来,静悄悄地自己去干,绝不气馁。这是他创立黄海的初衷。他对人说:中国今日若不知注重科学,中国工业有何希望?1936年,中国科学社、中国数学会、中国化学会、中国物理学会、中国动物学会、中国植物学会、中国地理学会等7个科学团体开联合年会,他在祝词中表示,学术研究是近代工业的基础工作,世人往往急功近利,不知道本不立则道不生。

黄海社徽为圆形,外圈为齿轮,代表工业的动力,内圈是互相含蓄的三个部分,分别代表致知、穷理、应用,表示三者是不可分割的整体。黄海的研究主要包括菌学、肥料、轻金属以及水溶性盐类等方面。作为研究的副产品,带有盐分的明星牌牙膏在抗战前后曾风行一时。黄海不光从事实验室里的研究,而且重视实地调查,从 1932 年起,《黄海研究报告》出了 56 期,现存的 39 期中,涉及对高粱酒、汾酒、山西醋、绿豆粉条等的调查,还有对盐、明矾、铝等的调查。我手头有一本魏文德的《国产海藻之成分》,标明是第二十四号,1942 年 8 月在五通桥印的,虽只有薄薄 4 页,但研究结果却很充实。从 1939 年起发行《黄海发酵与菌学》双月刊,到 1951 年共出了 12 卷 70 册。此外还出过《黄海化工汇报》盐专号、铝专号等。《海王》旬刊中也刊登过许多黄海的科学论文。

范旭东说,研究室的工作和前线打仗一样,非勇敢拼命必要败退,要极有抱负的天才作它的台柱,才有生命,这岂是容易得来的。确实,穷年累月在研究室里和毒气、毒菌打交道,就算大功告成也不过三行、两行短短的方程式,外行人毫无兴趣。如果没有一种牺牲精神,很难全始全终。

长期主持国民政府资源委员会的钱昌照对这位"化工大王"赞誉有加,说他在办久大、永利的同时,还办了这个研究社,抗战期间全部研究人员迁移入川,研究并没有中断,"这足以证明范旭东是具有远见卓识的新型企业家,有科学头脑。当时政府的研究机关除中央研究院外,私人企业举办颇有规模的研究机关,实为少见。"在"永久黄"团体中,范旭东本人兴趣最浓的就是"黄",他对"黄海"寄托最深,常常称"黄海"是整个事业的神经中枢。"黄海"20 周年时,他恳切地说:"20 年的辛勤,真够黄海同仁忍受!换来的,也只是诸君各人头上的白发和内心的慰安,求仁得仁,我真替诸君高兴,而且衷心替诸君祝福!"

亚洲第一大厂

范旭东最早想办硫酸铔厂还是 1929 年 1 月,他在当时就提议工商部办国立酸、碱厂,内刊《海王》当年披露过这个消息。此时离他们制碱成功仅仅两年半。他希望南京政府拿出 2000 万,600 万办碱厂、800 万办硝酸厂、600 万办硫酸厂。然而,3 个月后到达的批复公文几乎句句空话,他对南京政府的指望完全落空。

永利案卷中,迄今保存着 1931 年 6 月 30 日他写给美国一家氮气公司工程师白斯脱的信,他们曾在天津见面,并保持通信,白斯脱以后受聘于南京铔厂,帮助安装机器等。在南京政府实业部聘请他为硫酸铵委员会筹备委员前,他就托邹秉文带过信给孔祥熙,其中附了黄海社拟定的《创办氮气工业意见书》。

1937 年 2 月南京铔厂投产后,他写过《溯源》一文,回忆 1931 年 9 月 18 日收到实业部硫酸铵委员会筹备委员聘书一事,和他同时被聘的有吴蕴初、刘鸿生、史量才、张公权、陈光甫等实业家和金融家。"记得通知书送到公司,恰好是'九一八'那天,大家的情绪极不自然,无意中都想到氮气工业和国难的因果关系,更叫人兴奋。试思 1915 年的德国,不遭敌军包围、国亡无日的危机,这门工业或者到今日还是空中楼阁。中国在这个当口要办氮气工业,我们绝不要忽略这段史实。……"

当得知南京政府与英商、德商有关合办硫酸铵厂谈判不成时,他就提出:"与其受洋人挟制,还不如干脆自己干。"实业部批准由永利集股自办硫酸铔厂的呈文后,他在永利公司的会上说,就国家全局来说这当然有重大意义,而对永利来说,"简直可说是自讨苦吃"。

金城银行总经理周作民和范旭东彼此了解,彼此信任。1948 年,周作民在纽约的永利同仁欢迎晚会上回忆,"40 年前,我和范先生同在日本读书,当时都想为国家做点事。我们当时有一个共同的目标,那就是我们是为国家办事业,不是为个人作打算。"

金城银行对"永久黄"团体有过许多帮助,久大股本不足 5 万元,金城竟允许透支 10 万元,永利最初集股 40 万元,在金城的透支竟有百万元。金城对"永久黄"团体用款几乎有求必应,为了这事,周作民颇受本行内部责难。永利成功后,范旭东在 1933 年感激地说:"我们在世界秘密中寻出一条道路。受尽工业技术的折磨和世界托拉斯的压迫与利诱,我们没有屈服,更深谢金城银行周先生(作民)的巨大支持。现在每年进口的洋碱已由 108 万担减至 45 万担了,民族工业终至舒出一口闷气。"直到办南京铔厂,范旭东在资金上才走出"北四行"(中国近代北方盐业、金城、大陆、中南四家银行的通称)的局限,与上海金融界发生密切关系。

办铔厂需要巨额资本,1933 年,范旭东和上海的几家重要银行商量,由永利自筹 300 万元,再由各银行成立一个银团,承购永利发行的公司债 550 万元,不作为公司股本的贷款方式。以发行公司债方式来筹集股本,这在国内还是一个创举,但必须经过南京政府批准,并要用永利全部固定资产担保,按期清偿本息。宋子文暗示,只要自己来当永利董事长,他私人拥有的中国建设银行就可以承担全部投资,不必其他银行组织财团来承购公司债。范旭东没有答应。孔祥熙提出官商合办,他也婉言谢绝。他曾说:"美其名官商合办,实则商股根本无权,而官场中种种腐化习惯传染进去,对企业遂成为一种不治之症。"他多次对同仁说:"只要投资一个铜板,我就关门。"到 1937 年"七七事变"前,包括中南、金城、浙江兴业、交通、中国、上海储蓄等南北各大银行给永利的透支已达到970多万元(永利从1943年到1948年才陆续还清)。

陈光甫的上海商业储蓄银行对企业投资向来谨慎、稳健,一贯风险分散,1934年这一年共投资71家企业,超过5万元的只有10家,其中永利一家就有97.5万元,其他的都在5万元到20万元之间,可见对范旭东和永利的信任。

1933年11月21日,范旭东在南京给"永久黄"(包括永裕)同仁发电报说,既然下决心自办,哪怕前途荆棘,"切盼吾同仁本以前创办三公司之刻苦精神,为中国再奋斗一番。虎口余生,值得努力,谅具同感。"次日,他正式呈请实业部备案,承办硫酸铔厂。当年的行政院第136次会议通过决议,特许永利承办,限令两年半内建成。

他最初想把厂址选在湖南湘潭或株洲或安徽马鞍山,金融界的投资者不同意,他们主张在上海租界靠近杨树浦电力厂一带,但那里地价太高,一万市平方的地皮就要70万元,而且没有扩展余地。他感叹:"这些财团、股东一定要把这出戏放在他们大门口唱才放心,真是没办法!"从1931年9月30日第一次去湘潭等地考察算起,到1934年3月,范旭东前后5次出行,历时27个月,他和侯德榜才最终选定厂址,在江苏六合县卸甲甸,据说是项羽的卸甲休息处,紧靠长江,水深可自建停靠万吨轮船的码头,而且水源充足。卸甲甸与南京隔江相望,对岸就是下关电厂,不缺电力。与津浦铁路的起点浦口也近在咫尺,陆路交通不愁。加上土地平旷,而且多数不是良田,价格便宜,容易征购。腹地宽广,可以发展。周边都是农民,方便解决劳动力。地近上海,也利于拓展市场。

同年7月24日,他们以不到10万元的地价和迁移费买下1 277多亩地。为了从远洋巨轮上卸下百吨重的合成塔,1935年9月,他们在长江边兴建了一个能容万吨级船舶、全长76米、可以3个仓口同时装卸的码头,还安装了一座自行设计、能吊装百余吨的起重吊车。这是中国当时起重吨位最大的工业码头。1935年10月1日曾到工地参观的章执中,亲眼目睹那台起重机一次就将重达百吨的合成塔由货轮直接吊装上岸,晚年仍记忆犹新。

1936年12月,铁工厂、翻砂厂、焦气厂、锅炉房、硝酸厂、硫酸铵厂、冷水塔、厂房、宿舍还有许多高高低低、错落有致的大型设备,包括2座贮气柜、7座液氨罐、2座硫酸贮罐……陆续在卸甲甸沿江一字排开,绵延数千米,气象森严,蔚为壮观,新修的马路向远处伸展……一个日产硫酸200吨、硝酸20吨、年产硫酸铵5万吨的大型化工企业,前后只用了26个月就已建成。曾经到苏联、日本和欧洲许多国家建设过同类工厂的美国工程师白斯脱感慨:"就我在世界各地参加过的同类型工程相比,在工程进展速度和质量两个方面,中国稳居第一。"

永利南京厂不仅填补了中国化学工业的一项空白,据说还是当年亚洲第一大厂,因厂成镇,地因厂名,以前就叫大厂镇,现在叫南京市大厂区,"卸甲甸"这个老地名反而湮没无闻了。现在当地住户有很多也和这个厂有关,他们无不以"大厂"而骄傲。2007年5月底,我在南京好友范泓夫妇陪同下到这里寻找遗迹,打听"卸甲甸"。经路人指点,找到的却是一个公交车站点。在街头树荫下,我们见到一群下棋、聊天的老人,向他们打听,他们异口同声都说自己是"大厂"退休工人,言下为之自豪。可惜今天的厂区支离破碎,已失去当日的雄姿,只有范旭东广场上的新铜像默默地注视着长江边来来去去的车流,没有多少人会想起往昔的如烟岁月。

当时永利股本已有550万元,"在一贫如洗的中国,这绝不是笔小数,并且这些资本不是出自少数富豪,十之八九是相信我们人格和技术而来的,他们把资本交给永利,是想替他们生息,同时也是想替国家大众谋点生路,所以我们的责任是异常之重大,大家须要万分慎重!"赤手空拳创下这份基业的范旭东,自然深知"在中国筹资本,真有上天之难",他又不肯轻易接受外资合办。办南京铔厂投资太大,许多永利股东最初并不支持,李烛尘说:"有碱无酸,我们的化学是不完全的化学工业。南京铔厂一定要办,而且一办就要办个好、办个大的。"经他俩多方说服,这个计划才付诸实施。

为了节约,永利从未进口过成套设备,办南京铔厂也是,受命出国采购的侯德榜定下原则是"优质、快速、廉价",快速是指交货日期,临行前范旭东加了一条"爱国",日本的产品再好也不买。合成塔、冰机、鼓风机是美国的,高压机、循环机、泵和铜洗设备是德国的,锅炉是英国的,制硝酸的不锈钢设备是瑞典的。设备的选择,完全根据生产效率和经济效果决定,再进行合理设计、组装配套。侯德榜事必躬亲,为买设备发出的信件就有两万多封,外国人笑话说:"侯博士买的都是便宜货。"

1934年6月2日,侯德榜信上说,欧洲各家公司开的设计价都很高,最后与美国一家氮气公司签订合约,设计费从最初的19万美元减到15万美元,最后以10.2万美元成交。化学博士简直成了"砍价博士"。范旭东给实业部呈文说:"……美国氮气公司所绘全厂设计图样有700余种,该公司为设计分别发出询价及工作说明信件不下三万封,事之繁复可想而知……"

到了1937年1月26日和31日,硫酸、液氨先后投产,2月5日,硫酸铵(也就是肥田粉)也在这里生产,从此中国有了自己的化肥工业。"红三角"牌肥田粉完全可以与英国的"狮马"牌相媲美,而价格更便宜。英、德对中国化肥市场的垄断结束了。赶来剪彩的范旭东拉着特邀嘉宾邹秉文和李国钦,登上南京铔厂的最高处,看着滚滚东去的长江,兴奋地说:"我国先有纯碱、烧碱,这只能说有了一只脚;

现在又有硫酸、硝酸,才算有了另一只脚。有了两只脚,我国化学工业就可以阔步前进了。"

当然,即便此时,他仍能保持足够的清醒,他对团体主干人员说:"我们已取得的成就,只能算掌握了初步的生产知识,若拿国际标准来衡量,差得还很远,焉敢自得自满?至于管理,别说同英、美先进国家比,就是国内一些单位都要比我们高明百倍。"

南京铔厂是当时亚洲第一流的大厂,各地参观者接连不断,连美国驻华大使也在当年4月27日前来参观。范旭东从天津写信吩咐黄汉瑞,不要只让人看高温高压的新型机器设备,尽管那是国际上最先进的东西,也不要只介绍永利的奋斗过程,以及基本化工对国计民生的影响,而要突出强调海洋对化工、对国家前途的关系。"我们团体在塘沽起家,利用海水晒盐,才开步走。我们过去、现在和将来,都离不开海洋作后台。不只我们一个小小的'海王团体'是如此!要知道海洋是浩瀚无边的,深不可测,宽不可及,而宝藏更是无穷无尽。"

"永久黄"团体的事业至此已海陆空齐全,海——盐,陆——碱,空——氮。一位年轻员工在上海见到范旭东时激动地说:"用盐制碱,用煤炼焦,已迈进了'海陆'二途,完成氮气工业又奠定了利用空气资源的始基,真是足迹涉及'海陆空'。范先生,我们的事业很好啊!"他却回答:"你还年轻,对复杂的局势缺乏了解",并黯然地吟出李商隐的名句"夕阳无限好"。

战争的阴云此刻已笼罩在塘沽、南京的上空。

塘沽永利碱厂

1927年永利的纯碱年产不过13 404吨,1936年达到了55 410吨,10年里翻了不止三番,是建厂以来的最高纪录,"红三角"牌纯碱远销日本、印度、东南亚一带。另外从1931年起出产的烧碱,年产量达到4 446吨。这一年,永利已拥有4台发电机,专门的电工房,不仅给本厂提供用电,而且供应整个塘沽地区的照明。1937年,正是"永久黄"事业蒸蒸日上之时,当时永利工人上千,许多技术员都有20年的制碱经验。然而,"七七事变"爆发了。7月19日,范旭东满怀悲愤,暂别生活、奋斗了二十多年的塘沽,乘火车南下,去参加"庐山谈话会",他想不到此去竟是永别。

上海"八一三"事变发生后,开工不久的南京铔厂赶造炸药,所属的铁工厂赶造军用铁锹、地雷壳、飞机尾翼等,源源不断地送往前线。日军逼近南京前夕,有意将这个亚洲第一流的大厂完整保存下来,为他们所用,通过各种不同渠道,逼范旭东就范,只要他愿意合作,就可保证工厂的安全。他断然拒绝,指示南、北两厂主持人:"宁举丧,不受奠仪。"

8月21日、9月7日、10月21日,日机三次轰炸,南京铔厂共中87弹,开工才8个多月的新厂被迫停产,倾注了全部心血的侯德榜心痛难言。直到12月5日,离南京沦陷只有一个星期,他仍恋恋不舍地在车间里转悠,摸摸这,摸摸那,像疯了似的。大家都知道他心碎了,不敢劝他。催人的汽笛响了又响,他最后一个登上撤离南京的最后一班船含泪离开,那天下着雨,他身上全湿而浑然不觉。

这样一个先进的大型化工厂落入敌手,他们很不甘心,范旭东下令凡是带得走的机器材料、图样、模型都抢运西迁,搬不走的设备也要将仪表拆走,哪怕是搬不走的主要设备或埋起来,或尽可能拆下扔进长江,以免为强寇所用。直到12月13日,厂区已被日军占领,范旭东还派出9名技术人员前去抢拆重要机件,只能无功返回武汉。他在武汉召集"永久黄"主要人物开会,主张团体不能散了,"就是大家在一个桶里掏稀粥喝,也不能散。"他说,我们不能散,但也决不坐吃山空,"尤其是我们平素对国事还有相当抱负,更不能起一丝一毫颓废的杂念,行为要更加纯洁、勇敢自不待说,必当尽心竭力,从种种角度创造新的环境,救国兼以自救。"就是在这里,他们决定到西南再建一个化学工业中心。

"永久黄"团体迁川以后处境艰难,范旭东说:"由于内地条件差,办工业样样都要从头做起,没有原料要自己动手打井取盐,没有煤炭要自己开矿取煤,真是件件都得自己办。"

好在李烛尘1919年就对四川有过一次深入考察,在《盐政杂志》发表过《四川自流井钾盐调查报告》,知道自贡、五通桥适合久大、永利的生存。在乐山五通桥老龙坝,他们选定了永利川厂的地址。五通桥也是产盐区,处处可见盐井,但开发时间不久,地下蕴藏丰厚。老龙坝一个旧名"道士观"的地方,地势开阔,岷江水三面环绕,长年可以行船,顺江而下,可直抵重庆,离乐山不过20多公里,公路直通成都、重庆,水陆交通都很方便。更重要的是这附近有盐、有煤、有石灰石、有磺铁,有耐火土料等资源,化工原料几乎齐备。地质学家调查发现,甚至还可能有煤气、石油。但是,当时的老龙坝四周一片荒凉,到处都是起伏的山丘,要削平才可建厂,雇了5 000多工人日夜苦干。年过半百的范旭东对孙学悟开玩笑说:"今天又恢复了塘沽最初的光景,也有趣,不过老范还来得。"

1939年春天,范旭东把原有的地名"道士观"改为"新塘沽",三个有力的汉字刻在当初厂门前左侧的巨石上,不仅是为了纪念中国基本化工的摇篮,他还想在这里再创一个中国化工业的"耶路撒冷"。

他们先在自贡张家坝建立"久大自贡模范食盐厂",当地盐户先是要求入股、合资经营,再是要求久大将产品交他们的场商联合办事处统售,未获允许,于是群起反对,借口久大侵占他们的权益,危害盐民生计,发传单、打通电,联名请愿,函电纷驰,满城风雨,一直闹到蒋介石那里。自贡的墙上刷着大标语:"井不出租,地不出佃,坚壁清野"。他们还放话:"川汉铁路我们都反掉了,还怕你们这个小小厂子!"这比当年旧盐商抵制久大精盐更加激烈,有的久大同仁主张撤退,范旭东却主张坚持到底。

中国的盐商各有各的专销引岸,限制人民只准某地吃某商的专盐。川盐更特别,产盐区是那些盐户的世袭采邑,不许他人插足,他们手里持有清廷颁发的"龙票",进入民国这一特权继续被承认。久大进自贡办精盐厂侵犯了盐场主的利益。纠缠半年,盐务局经调查,认为久大进来大量生产,对人民生计更为有利,重庆行营派人调解,纠纷才得以解决。

1938年9月18日,久大自贡模范食盐厂举行开工仪式,很快就出了盐。此后,黄海同仁发明出利用自然蒸发浓缩盐卤的"枝条架法",就是用杉木搭上高几十米的大架子,架上铺着细竹枝,层层叠叠,像茅草屋顶,所以叫"枝条架",先将卤水引到架顶,喷洒下来,落在层层竹枝上,慢慢滴落到下面池里,很快就结晶成盐。这样可以将12度的原卤浓缩到20度,结晶成盐粒后再用干坩煎煮,可以节约2/3燃料,而且产量大大提高。他们没有将这个新法据为己有,而是无私地在西南推广。

2007年春天,我到五通桥寻找范旭东当年留下的遗迹,好不容易在当地政协管文史资料的朋友帮助下,才在一家国有企业的厂区内找到了刻着"新塘沽"三个大字的巨石。新的厂门外面一点也看不出来,进了两道大门,里面别有天地,保存了许多当年的厂房、办公房,有些现在仍在使用,厂房都是高大结实的石头建筑,窗户开得高,每个建筑上都刻有年份。

老厂区紧挨着岷江,只是眼前的江水已失去往日的清亮,也不能再行走上百吨的船只。当年因为在山脚凿石取土,形成一块长200米、宽50米的凹地,面积有上百亩,雨季积水成湖,被永利人亲切地叫作"百亩湖",湖里养鱼,湖边种树,成为"新塘沽"一景。百亩湖至今犹在厂门外,只是人工湖水浑浊如同泥塘,听说当年水清得不光生产可用,甚至可以饮用。只有那时修建的沿湖马路,而今被拓宽了。

不久,"黄海社"也搬到五通桥,在岷江边上安家。1944年,中国化工学会专门成立五通桥分会。

在重庆久大、永利联合办事处办公室的墙上,范旭东挂了一张塘沽永利碱厂的照片,亲自写了"燕云在望,以志不忘"八个字。他常常伫立照片前,对同事说:"我们一定要打回去的。"

谁人肯向死前休

　　1941年12月太平洋战争爆发前夕,范旭东刚好从美国抵达香港,重庆国民政府驻港人员奉命通知他,可以安排他直飞重庆,他拒绝特殊照顾,结果身陷香港,避难在金城银行的地下室,夫妇俩自己动手在一个打气炉子上煮稀饭。幸好日军没有发现这个50多岁、看上去干瘪的老头竟是中国化工界的领军人物。他在危境中仍保持着从容与镇定,日军威逼徐铸成恢复港版《大公报》,徐铸成问计于范旭东,他说:"我想,你先要有自信,一定能战胜困难。日本派到香港来的这些文武官员至多不过是他们三四流的人物。而我们,都是中国第一流的人才,相信我们的聪明才智一定能斗过他们。其次,你要把握主动……你应该多想想,想出几个他们没法解决的问题,你就变被动为主动了。争取了时间,再设法离开香港……"临别时他还乐观地说:"三个月后,我们在重庆再见。"

　　1942年3月2日,范旭东终于辗转回到重庆,一路小船、汽车、火车、飞机,在珊瑚坝机场迎接他的孙学悟喊着奔向他。他在两天后的永利庆祝会上说:"我马上开始工作,希望各位同仁各守各的岗位,少谈方法,多做实事,向前努力,把我们的事业做成一颗民族复兴的种子。"

　　范旭东要赤手空拳在大后方再造一个中国化工的"耶路撒冷",无论多少挫折都不在乎。他到处奔走,时而后方、时而缅越、时而欧美,即使在四川,也在重庆、五通桥、自流井各地巡视,常常马不停蹄。中越、中缅公路运输中断前,他以60岁高龄,亲临运输前线押车,历尽艰辛,短期内为永利抢运了大批重要器材。在云南、缅甸边境抢运时,他几次面临危险。日寇进犯长沙、衡阳,他在湖南耒阳,几乎无法脱险。重庆遭遇大轰炸时,他和"永久黄"同仁都避往乡村办公,一路都是难民、尸体和哭声,他悲愤地说:"只要我在一天,就为本团体的事业努力一天,除死方休。"1942年,他从香港脱险不久,去仰光遇到大热天,还在《海王》的"家常琐事"写文章开玩笑:"幸亏是瘦子,根本热不出油来——托福不小。"

　　范旭东和下属同艰苦,共患难,历险阻,不避危,不顾身体健康,令同仁、部属深为感动,留日老同学何熙曾为此写下了"谁人肯向死前休"的诗句。

　　从1939年到1942年9月,耗时两年多,永利终于打出深达3 500尺的深井,傅冰芝、郭炳瑜等同仁为此付出大量心血。深井钻探工程的成功,证明五通桥一带拥有浓厚的盐卤,天府之地蕴藏丰富,建设华西化工中心有望。这是抗战8年间几乎可以与"侯氏碱法"相提并论的一件大事。重庆《大公报》10月15日发表新闻,范旭东亲自以"劳人"的笔名在《海王》发表《永利深井卒至成功了》,为此欢呼。

即使在抗战的困难环境下,他们还是成立了海王剧团、新塘沽评剧(京剧)社、新塘沽话歌咏团、龙虎剧社等社团。1942 年武汉大学化学系(设在乐山)毕业的方成,进黄海化学工业研究社工作(期间在永利川厂做技术员半年),经常往老龙坝跑,去练唱歌。1946 年他离开黄海,以后成了有名的漫画家,一想到黄海那个"家",他就感到无限亲切,他给"永久黄"团体许多人都画了漫画,我在塘沽黄海化学工业社旧址的小二楼看到过这些漫画。

范旭东在 1943 年就已拟订十厂计划,希望在战后建设 10 个化工基地,除恢复战前三厂,他还想新建侯氏碱法厂、塑料厂、炼焦厂、玻璃厂、水泥厂、威斯康辛法硝酸厂、硫酸铵厂、合成氨厂等,把自己的化工基地从塘沽、南京、四川拓展到青岛、株洲等地。1944 年 9 月,范旭东和陈光甫、卢作孚等人,以中国工商界代表身份赴美国出席战后工商国际开发会议。美国进出口银行同意和他签订 1 600 万美元贷款,他想要引进一系列技术设备,包括年产 5 万吨的合成氨厂,年产 50 万吨的水泥厂,日产 50 吨的民用平板玻璃厂,以及塑料厂等整套设备和一个日产 500—1 000 吨的煤矿机械设备,全部货款约需 3 600 万美元。

但对外借款需要国民政府批准,由中国银行纽约分行副署签字担保。1945 年 2 月 29 日,范旭东在纽约写信给阎幼甫(阎王):"借款案此间已是车齐马就,只等重庆认可即可签字,在小百姓看,可算破天荒的举动,大人先生如何判断,只好听之,尽其在我而已。"

1945 年,他从美国回来,和侯德榜亲访孔祥熙、宋子文,以副院长一职主持行政院工作的孔祥熙希望投资永利,被范旭东婉言拒绝。中国银行董事长宋子文再次向他示意,如果由自己做永利董事长,这一对外借款合同可立即指令纽约分行签署担保。十多年前,办南京铔厂时,宋子文也曾暗示要做永利董事长。此后范旭东多次催促,国民党当局都以正在"积极进行"搪塞、拖延,他只能忍气等着。8 月 8 日他写信给阎王:"老天! 中国人真命苦啊!"

抗战胜利的消息传来,他向本团体同仁报告美国贷款的进展情况,痛苦地说:"自从呈请政府核准,至今已两个多月了,团体的老同志也分别走了不少门路,找到行政院长,也是拖延时日,不予批复。时至今日仍是石沉大海。看来,对待永利事业,宋、孔是穿一条裤子的。""若不是为了国富民强,我才不受他们的挟持、欺压呢! 要是为了吃饭、享福,把永利、久大收拾收拾,够我享受几辈子的。而今天为了十大厂计划的实现,我们不得不去当孙子,去向那些老爷求情。我们一定要争取在不丧失永利权利的前提下,让他们在保证书上签字。"

他千呼万唤等来的行政院批示是——"未予批准"。社会上还传出流言,说他当年"当毁不毁（天津厂），当迁不迁（南京厂），当建不建（四川厂）"。

1945 年 10 月 2 日，范旭东黄疸病和脑血管病同时并发，两天后离开人世，终年62 岁。和他接近的人说他生活极有规律，虽然年纪大了，一向没什么病，体力甚健。不久前，他还在《海王》发表文章《顾念大局，忘记小我》，耿耿告诫"永久黄"团体同仁："中国迄少这样工业，本团体责任重大。"舆论都说他是忧愤成疾，活活被气死的。10 月 21 日的黄炎培日记中说，有一天卢作孚请客，范旭东放下正在陪餐的客人，赶过来陪自己，"纵谈时事，忧乐交并，见于辞色。"没想到不足一个月，他就撒手而去。学者杨人梗愤然写下《工业发展与现实政治》（后来发表在《海王》）：

据笔者闻，范先生的死，是当时的政治红人对企业家的麻痹所间接促成的，这种不见血的对工业家之政治扼杀，到今天仍使我们无法缄默，当我们看到今日遍地偏枯贫血的工业惨况，就会追念到范先生的苦干精神。对不合理的政治现状不能不表示悲愤。

对这个说法，他的长女范果恒不同意，她说："以前一直说我父亲是被×××气死的，其实根本不是这样，他就是太玩命，积劳成疾，累死的。"

到 1946 年 5 月，在永利同仁一再努力和舆论压力之下，行政院指令财政部和经济部向美国银行担保那笔借款，1948 年 6 月签订合同，11 月开始动用，不到两个月天津易手，政权更迭，这笔借款只用了 140 万美元，连 1/10 都不到。

自我约束原则

久大初创，范旭东就为自己定下三条原则：一是不利用公司的钱财来谋私人利益，二是不利用公司的地位来图私人利益，三是不利用公司的时间来办私人事务。

1928 年 12 月 6 日他在股东常务会上对股东说过一句话："兄弟相信事业的成败，十有八九在自己，不在别人。"他出身清寒，一生都是寒士，一直过着简单的生活，他把久大给他的创始人酬劳捐给了黄海。他担任过金城银行董事、四行储蓄会监察、中华书局董事、中央研究院评议员、中国化学会会长、华北工业协会会长、南开大学校董、中国科学社理事、国民政府财政委员会委员、国防设计委员会委员等一连串机构和社会团体的职务，但所有这些兼职几乎都是纯尽义务，不拿酬劳的。

他故世后，侯德榜在重庆的追悼会上饮泣失声："先生当公司总经理三十余年，出门不置汽车，家居不营大厦，一生全部精神集中于其事业，艰苦卓绝……"范旭东身为公司元首，每月只拿 50 元生活费维持家用，直到去世前不久才开始拿公司每月 400 元的薪金。"永久黄"团体其他几个主要负责人最高月薪不过 360 元，但

1934 年请何熙曾担任南京铔厂工程师兼原料部负责人,月薪就定了 500 元(何熙曾在周作民下面办厂矿月薪是 600 元)。

范旭东去世后,相伴 35 年的夫人许馥寄住在上海华亭路,是金城银行租的一幢二楼二底的小洋房。许馥(馨若)是长沙人,1905 年随母到日本求学,就读于秋瑾读过书的那个青山实践女校,1910 年他们在日本结婚。范旭东把全部心思都放在事业上,家事完全交给夫人。在范果恒的女儿林红记忆里,"外婆总是把头发剪得比我还短,然后全部往后梳起来,看起来干干净净的。她的脚也是缠过不久就放掉的。"在她印象里,外婆也是一个严厉的人,从来没有见外婆掉过泪。

长女范果恒回忆,父亲是个公私分明的人,公司有一辆小汽车,专门用来接路程远的员工,父亲自己平时不坐,也不许她们坐。公司为丰富员工的业余生活建了一个网球场,她表弟想去打网球,父亲对他说,公司的网球场是员工使用的,你不能用,要打我给你钱到外面打去。

每次出差,许夫人都会把钱一包包包好,一一写上什么用途,私事绝不动用公款,公私界线俨然。他和妻子感情很深,而且许家对他办事业帮助巨大,他女儿果恒回忆,他晚年曾对朋友说:"事业成功,有夫人一半功劳。"侯德榜也说范夫人是贤内助,范先生的成功得她之助不鲜。但当范旭东得知内侄、永利碱厂会计许杏村挪用公款,在天津包养妓女、生活糜烂,他断然解雇,不讲情面。他对孙学悟说过:"我个人由于职位关系,不免经常站在我们团体视线的集中点,因而一举一动偶有疏略,就易被众目察看出来,为了事业的发展,首先我要做个样子。"

林红从母亲和外婆那里听说,外公是个很严肃的人,家里的书房和实验室都是不准孩子进去的,吃饭的时候也不准讲话。但在范果恒的记忆里,父亲是个和蔼的人,小时候常骑在父亲的头上玩,他总是笑呵呵的,从不发火。因为父亲太忙,在家的时间很少,每天有办不完的事,她们都不忍心去打扰他。其实,他也不是一个不懂得忙里偷闲的人,侯德榜说他喜欢种花木,家居有闲以园圃自娱(现在保留下来一张他在自家院里种菜的照片)。他除了每天喜欢喝老母鸡汤和牛奶,日常生活非常简单。范果恒记得,即使在她父亲企业顺手时,在天津,家里生活也比较拘谨。那时家里日常食用的大米都从父亲老家湖南乡下运来,因为这样比在北京、天津购粮要便宜得多。两个女儿出生以后,父亲的收入经常不够养家,就靠母亲的一些陪嫁首饰贴补家用。

在天津的大部分时间,范家住的都是租来的房子,早年他住在天津太和里日租界,永利最初的试验室就在他家,家具都是老式的。2007 年 12 月,天津的朋友带我在那里转悠了许久,也没找到他当年的住处。但那里的住房格局都相似,二层小楼,不大的小院。1930 年前后,范旭东在英租界的住房也是租的。

我在南京莫干路上找到过他抗战前住过的小楼,一楼一底,楼下是客厅、书房和厨房,楼上是几间卧室。卢作孚曾借住在那里。在重庆沙坪坝,我见到过他借住的南开中学的房子。1943年的一个上午,在僻静的"南园"一角,一排简朴的平房里,年轻的寿充一第一次见到范旭东,会客室不大,除座椅外几乎没有别的陈设。他很健谈,加上两人以前通过信,他们很快海阔天空地聊了起来,吃完中饭后又谈了一个多小时。他深感眼前名满全国的实业家,是一位平易又热情的长者,更是一位学识渊博、别具卓见的学者。临别时,范旭东一再嘱咐寿充一常去谈谈。以后在这间简陋的会客室里,寿充一常常碰到来访的学者名流,如植物学家胡驌、化学家任鸿隽等人。

下属王逸农夫妇有一次到这里看他,清净安详地谈了许多事情,他说自己一直关注如何顾及各位同仁家庭的安定和子女的教育,中间还谈到那几天他正忙于整理旧信件和公司历年的日记。王逸农看着敬重的总经理病后没有完全复原的面色,禁不住感慨和担心。

他在天津、上海出门很少坐汽车,在重庆住沙坪坝,来往市中心比较远,才乘公司的汽车。他常说:"人生两条腿,不走还行?"陈调甫说他办事勤奋,立身端正,自奉俭朴,没有任何嗜好。久大添新股时,有几位素不相识的人登门投资,说:"我看见你出入不坐汽车,步行时居多,同别的公司经理不一样,所以我们拿辛苦积来的一些钱来投资入股,你办的事业一定会发达的。"1940年赴美前夕,他整理行装,到洋服店去改旧衣服,店主看了发愣:"这个样子,我从来没有见过,莫改罢,改了也穿不出来。"原来他的宝贝衣服还是民国元年在巴黎做的,他问了店主的年龄,不过30多岁,说:"这难怪,我做这衣服时,你还在妈妈怀窝吃奶。"

其实,范旭东也不是一个舍不得钱的人。前面说他把久大创办人每年的酬金献出给黄海社。1928年12月,范静生去世后,他将北京的房产捐赠给为纪念他哥哥而设立的静生生物调查所,以后还曾捐款多次。母亲去世后,他捐出1万元金城银行股票,设立范太夫人奖励基金。他还捐款给南开大学化学系和经济研究所设立奖学金。范旭东深知在中国办企业,不论事大事小,仅筹募资本就有登天之难。他自己的事业死里求生,在千辛万苦中建立起来,所以他想帮助有志之士。1935年他在南京创设"中国工业服务社",自任社长,宗旨即是"协助有志于兴办工业的团体或私人"。抗战时,化学家张洪沅做重庆大学校长,偶尔和他说起,"学校中拟置化学实验设备,唯以苦于经费,不易进行。"他当即询问详情,要给予资助。张洪沅感慨地说:"当时永利经济处境极端困难,且仍在借贷中维持,但仍不忘扶助科学教育事业的发展,实觉其信仰科学之坚,眼光之远大,好义之风,非一般人所可比拟!"翻开当时中国的化学、化工杂志,经常可以看到因为得到他和永利资助而刊登的致谢启事。

1939年，寿充一在兰州办《新西北月刊》，经费十分拮据，胡政之到兰州得知这个情况，回重庆和范先生随口说起西北情况。提到这个刊物，范旭东很兴奋地说："西北是中华民族的发祥地，研究西北是炎黄子孙的神圣责任，这件事、这个人，我们要支援。"最后永利出2万元、《大公报》出1万元，由胡政之一起电汇过去。寿充一给他写信、寄杂志致谢，诉说在西北的办刊处境"唱的是空城计，演的是独角戏，做的是十八扯"，他则回信以自己30年来办"永久黄"的经历相勉励，当初创办久大，自己如何在盐滩蹲点，幕天席地；为了攻克制碱工艺，侯德榜如何死拼，废寝忘食；孙学悟为了黄海，如何守寡，如何安贫乐道……办任何事业没有不经过艰难曲折的，贵在坚持，只要耕耘，必有收获。

范旭东身后没有留下任何遗产，外孙女林红称之为"赤脚光地皮"，两个女儿范果恒、范果纯在美国留学的学费难以筹措，连夫人的生计都没有着落。1947年6月，陈调甫在久大股东会上书面提出"请以资产增值所加股本1/11中的5%的股票赠予范故总经理遗族案"，全体股东一致赞成通过。6月28日，久大董事会上通过，公司增值后，提让股本3/21作下列分配：第一，1/3为公司直接赠予范氏遗族；第二，1/3作为同仁捐赠纪念范公奖金；第三，其他1/3为创办人景本白先生酬劳金。就是这次会上通过范夫人按范先生生前的标准领月薪，直到身故为止。

范旭东不嗜烟酒，不赌博，不纳妾畜婢，在私德上无可挑剔，有人请他托某个以严格著名的朋友办某事，他回答："劝某某变节，犹劝范某娶小老婆也。"他只有两个女儿范果恒、范果纯，没有儿子，对有些人而言，这是一个冠冕堂皇的纳妾理由，何况那个时代富人纳妾成风，但他不为。他没有男尊女卑思想，林红对记者说："我外祖父一生没有儿子，也没有说很遗憾的话。"1939年，21岁的范果恒和妹妹都被送到美国留学，从此再也没有见到父亲。她们在美国学的专业都和他的事业无关，比如范果恒学的是音乐，他一点也不反对。

范旭东对人对事态度平和，对同事素来宽厚，和职工交谈很随意，很少疾言厉色。无论对高级还是低级职员，有技术或者无技术的工人，都能一视同仁，身为"永久黄"团体的领袖，无论老小，他称人总是兄或弟。侯德榜说，他熏陶同仁的方法，就是邀请同仁外出散步，随意谈话，交换意见，用讨论方式，达到训诲目的。特别令下属感动的是"遇事则功归于人，过归于己"。职工个人或家中有什么困难，他都会帮助，即使私人出钱，也从不提起，连夫人都不知道。抗战时期，他偶然得知刘嘉树父子离散，苦于没有路费，第二天他就让财务科送去支票，让刘嘉树感激不已。但也有下属因为他要求严格，在背后骂他是"希特勒"的。一位同仁感慨地说："殊不知，在那堕落的社会，人们都习惯于随俗浮沉，得过且过，迁延复迁延的作风，如果没有敢于这样负责的人,可能长此光阴虚度,卒至一事无成。"

有范旭东的身体力行,"永久黄"团体形成了当时受到全社会称道的风气,同仁的特性都是老老实实、平平淡淡。他故后,老搭档李烛尘指出:"本团体之成功,创业人毅力、器识固为主要因素,而本团体有其优良之作风,亦为成功另一条件。作风之最显著者,厥为本团体无阶级观念。范先生平日与同仁相处,向无总经理派头,其他同仁之间亦如此,故同仁间精神融洽,相处极和易,为外界不可多得者。"

当时"永久黄"的劳资问题得到了较好的解决,因为经理和管理人员都不是公司的资本家,各人只是以聪明才力,按照"在事业上积极发展实业"的信条,慎用社会资金,对劳资一视同仁,从多数着眼,甚至更看重劳力,各员工虽然职务不同,人格上一律平等。

当然"永久黄"也不是没出过事,1929年,工人因为待遇问题发生波动,范旭东亲自和工会代表谈话,8月20日公司给职工发了一封公开信,陈述困难:"我们公司事业的性质,是立于时代第一线的,披荆斩棘,从来没有畅快安静的一天,即如目前久大的盐,政府忽然禁止内地民众购买,多年的成案,毫无顾虑,一旦推翻,你想!我们在塘沽费许多的劳力资本时间制好了盐,盐税又早早借给政府了,等我们的盐运到销地,忽然不许人家来买,公司还有路走吗? 现在虽向政府力争,还没有解决办法出来。永利每天制出来的碱,确是有人要;但是受洋货的压迫,货价大跌,公司天天和它挣扎,也没有结果!"1931年,因为国民党驻厂党务特派员从中挑动,永利发生罢工风潮,他一面向中央党部交涉,一面由侯德榜出面直接与工人中的两派谈判,很快得到平息。

范旭东每天早晨6点就起来办事,"永久黄"章程、重要的公文和往来函电,几乎都出自他的手笔,从无秘书或抄写员代笔帮忙。

"塘沽的事业,自民国三年,久大呱呱坠地以来,譬如一个小孩,还是位冲龄的高等小学生,幸亏他拼命地干,不仅他自己有了建树,同时他那永利、黄海、永裕三个小弱弟,也靠他提携保护,都渐渐地成立起来了……从前局促在塘沽一个村落里的兄弟,早已跑上国家舞台;近来他们更进一步,直奔到国际的路上去了……"

他长于写作,笔下常带感情。这是他1928年9月为《海王》旬刊起草的发刊词。《海王》刊头右上角每期都印着"创办人范旭东"几个字,后来还加上了"本团体信条"。他喜欢"海王"二字,久大精盐以此为商标,内部刊物以此为刊名,有时他把"永久黄"团体也叫作"海王"团体。在他心中,久大和永利是生产事业,"黄海"是神经中枢,《海王》则是整个"永久黄"团体的喉舌。(在《海王》之前,从1921年5月到12月,久大出过18期《久大》旬刊。)

《海王》一开始是小报式的单张,出了40期后,从1932年第五期起改为8开,每期 8 页,从 1934 年起增加到 16 页,有时也有超过 30 页的。《海王》刊登科学论文、调查报告、旅行日记、管理经验,也刊登时论、杂文、诗歌,从工业、农业、菌学到哲学、文学,包罗甚广,甚至有主编阎幼甫偏好的文字学,最受欢迎的是最后一个栏目"家常琐事",都是刊登"永久黄"团体各分支及员工的动态,有闻必录,生动活泼,范旭东说可以看得人"眉飞色舞"。

1935 年访问塘沽时,薛明剑得到全套《海王》赠刊,他评价说:"虽系团体内之消闲刊物,然内容颇属可观。"《海王》不仅发表同仁文章,各方面的名家也曾在这里出现,1936 年的《海王》作者中就有经济学家何廉、马寅初、报人王芸生,农业家董时进、植物学家胡先骕、动物学家秉志等人。在"永久黄"团体内,《海王》被亲切地称为"海姑",创刊 20 周年时,以全体同仁名义送的横幅上书"学海明灯"四字,上海建业银行有人送来了一幅齐白石、徐悲鸿合画的《合作遇机图》。

即使抗战烽火中六易其地,《海王》的出版也几乎没有中断(1937 年 8 月的第 9 年第 33 期没能发出,1938 年 7 月复刊),前后坚持 21 年,出了 700 多期,印数最多的一期达到 6000 多份,一直到 1949 年 9 月停刊。

范旭东亲自给《海王》写的短评、杂文、游记就有近百篇,他希望读者"去信仰文莫去信仰名",所以经常换笔名,先后用过"常青""阿三""劳人"等。1943 年,他写下《海王万岁》一文:"《海王》是团体的重要分子,是团结这个团体的胶着力,我们有了错处,受它的潜移默化,自然改悔;误入了迷途,它像暗夜的灯塔般指点方向。"

从天津到重庆,他曾为《大公报》前后写过十多篇"星期论文",主要关心中国的实业振兴。迄今没有出版过一本《范旭东文集》,未免是一个遗憾。

社会中流砥柱

从 1933 年到 1934 年,美国汽车大王福特为拓展汽车市场,计划在中国开办一家汽车装配总厂,有意和范旭东合作,只要他投入少量资金,就请他出任这家合资企业的总经理。范旭东以自己忙于本身业务为由婉言谢绝,实际上是他不肯背弃自己的一贯主张。"九一八"事变后,他写信给京都帝国大学的一位老教授,对日本入侵表示强烈抗议和谴责,表示自己不能再和老师保持友谊与通信联系。

1933 年 5 月,"塘沽协定"本来要在黄海化学研究社新落成的图书馆签字,被他严词拒绝。1934 年春天,范旭东去上海,住在南京路的华安大厦,一个熟悉的日本商人(常驻青岛永裕盐业公司代表)正好住在这里,过来看他,说什么"满洲国成立了，'九一八'事件是'地方事件'，现在无碍中日两国邦交"。他愤怒地用日语驳斥："你欺人太甚！你侮辱我的国家民族，你我势不两立，快给我滚出去！"当时亲晤这一幕的下属，深为感动。

天津沦陷，英国卜内门公司派人向他提出合办永利的建议，挂英国旗来应付日本人，他们愿意拿他们在日本代销"红三角"纯碱的 30 万银圆押金抵充，一面想保全自己的押金，一面趁机对永利投资。他洞察对方用意，坚决拒绝，表示无法考虑。日本人对他表示："只要愿意合作，工厂的安全就可以保证。"他几次严词驳斥，拒绝合作建议，甚至为此和永利最大的债权人大吵特吵，他声色俱厉地说，没有国家民族，还有什么个人事业。在香港，日本人要求收买永利，他回答："我的工厂不卖，你们若能拿走，就拿走好了。"

永利老职员潘履安回忆，范旭东曾到南京面见蒋介石，主张积极抗日。没想到，在他心目中"胆大心细"的蒋介石对此冷淡，让他深为失望，他给李烛尘发电报说："全体职工，拆除设备，退出工厂，留津待命。"

日军占领塘沽，中国化学工业的"耶路撒冷"陷落。接着，天津、青岛、南京等地相继沦陷。这位个子不高、身躯并不壮实、看上去温文尔雅的书生，内心却无比坚定，断然做出了西迁入湘、入川的决定。

1937 年底，天津沦陷后，蒋介石召见范旭东、张伯苓、胡政之等人，对他们事业的损失表示慰问，并许诺拨款协助他们在大后方重建他们的事业。范旭东代表久大、永利申请补助金 300 万元，以作为在四川建厂的部分资金。孰料经济部训令："关于永利在四川建厂，经行政院决议可以一次拨足 300 万元作为官股，但必须缩短完成年限，由财政、经济两部与公司协商办理。"意思是要把 300 万元补助款改为官股，将永利变为国营。他当然不同意，回复经济部，事关变更公司章程，要召集股东大会通过才能实行，这在当时战争局势下不可能做到。他在国民参政会上回应："我们的脚跟还没有站稳"，"我们谈不到讨论国营与民营的争论"。好在 300 万元补助金还是陆续到位了，1938 年 4 月，他在汉口中国银行领到第一笔补助金 100 万元，6 月领到 100 万元，1939 年 3 月领到 100 万元。

大约在 1930 年，国民政府工商部曾决定给永利加入官股 300 万，都已下文，最后财政部不拨款，只批准发行 200 万元公司债来应付。对于官营工业，范东旭一直有自己的看法，抗战期间发表的《为今后中国工业建设进一言》中说："因为官营这个风气太盛，于民心向背，不无影响，施政当局或者不容易感觉到。况官营工业，历来没有好成绩，不一定是当事人不道德，总有一个使它失败的理由，也必得反省。我是民业中人，一向深受国家社会扶持，在个人丝毫没有不平，也并不受官业影响。但是从建国大局着想，总觉得不安，希望政府对于这个政策，迟早能改过来，至少也要明定界限,择办一两件,譬如钢铁厂之类,可倾全力为之。"他曾向翁文灏、钱昌照建议,资源委员会不必自办所谓的国营企业,应该多做调查勘探,为开发保护国家重要资源做准备。他说,如果把他创办的企业交由国民党接办,或"官商合办",他是信不过的。但是如果中国政治真正走上民主轨道,政府廉明公正,那么他所经营的企业可以随时交给国家,用它来为人类造福。他还认为"宋子文是官僚,不懂搞实业"。他从不请客送礼,常说"我是无事不登三宝殿"。对达官贵人的腐败,他深恶痛绝,1941 年初,他从美国写信给阎幼甫,里面夹了一朵梅花:"1 月 26 日……华侨的学童,冒着大雪,在纽约街头卖花,捐助伤兵。我深深地受感动。这花,我送给你作纪念。抗战以来,许多要人由香港而菲律宾,再而飞渡太平洋。在大纽约城做寓公的,不下三百人。他们对国事是掩耳不闻的。但是他们一丝一毫的供养,都是出自小百姓血汗。这从何说起,人类是如此不同然的。"

抗战胜利,他几次对孙学悟说:"近因胜利,看见我们许多高官厚爵的老友,伸长两臂向空中乱抓,实在不过意,但若辈乐此不疲,民族休矣!"

范旭东从 30 多岁自办企业起,就立志不做官。1935 年、1942 年,蒋介石两次邀他出任实业部长、经济部长,他都拒绝了,最多只愿担任国防设计委员会和资源委员会的委员、国民参政员。1943 年,他在参政会提案,建议设置经济参谋部,制定战后建设计划纲领,其中包含了他几十年办工业的经验和理想,有很多独到的见解。他在重庆沙坪坝借住新南村,和翁文灏是邻居,1943 年晚辈寿充一来访时问起翁,他脱口而出:"他现在'做官'了。"

1945 年毛泽东与范旭东见面时表示,请他实现和平后去解放区办工厂,还希望他出任联合政府的经济部长,他却举荐了李烛尘,说李烛尘不但是技术家、实业家,还是经济及管理专家,适合担任经济部长。他说自己只能办实业,搞不了经济,做不了官。

也是这一年,南开校长张伯苓对永利职员黄汉瑞说:"现在国家坏了,就是好人不管事,你去动员范先生让他出来管管事。"他听了淡淡一笑,说:"张大哥懂得什么,我们出去也不过是给人家捧捧臭脚。"此前 1939 年,他就在《海王》发表文章说:"中国真正的需求是在增加社会的中流砥柱,决不缺少政客的轿夫和跟班的。"他本人正是这样的中流砥柱。

他对共产党毫不了解。1943 年,他与化名龚再僧的中共地下党人龚饮冰(1923 年入党)认识,共同筹办私营建业银行时,并不清楚对方的政治背景。1944年 6 月,建业银行正式开业,注册资本为 1 000 万法郎,久大、永利占 23%,龚再僧代表的中共资本占 17%(第一次增资,后者占了 44%,永久仍占 23%;第二次增资,永久占了 44%,后者占 23%),范旭东毕业于华盛顿大学的堂弟、永利财务协理范鸿畴与龚再僧先后任总经理。"永久黄"团体当时经济困难,与多家商业银行开户往来,最多时有20多家,范旭东很想拥有一家自己的银行。开业之前,他亲自给职工讲话说,国家强盛必须振兴实业,而实业发展有赖于金融界扶持;同时金融界又要以工商业为基础始能发扬光大。他希望把建业银行办成为一个以扶持正当工商业,发展生产为宗旨的银行。他还介绍了"永久黄"的历史和四大信条,供他们参考。

塘沽海滨是范旭东事业的发祥地,他热爱大海,曾说过,"海,是民族生存的生命线,凡是能够制驭海的民族,没有不富而强的。"他办化工研究机构取名"黄海",就是相信中国生命线在海洋。1944年,久大30周年时他设立海洋研究室,亲自起草的缘起中说:"久大事业,志在海洋,煮海为盐,倚为生命。"病倒前十几天,他在重庆南园和周恩来长谈过一次,除了他的十厂计划,就是谈海洋,"更可贵的是从辽东到岭南,我们有绵延几千里的海岸线,这无边的海洋,才是真正的宝库。"此后几天他精神特别好,每天晚饭后都要独自在南开中学的操场上散步。

对海洋的热情,并不减少他对大陆的深情。受惠于他的寿充一说:人们都知道他常念叨中国的生命线在海洋。这是不错的,但就我的感受说,范先生并没有忘记大陆,忘情西北与西南。抗战时期,他在四川创立了"新塘沽",如果条件许可,也未尝没有在西北创立"新塘沽"的可能。他对于煤的液化,从煤里面提取各种化工产品也很关心,曾托寿充一了解本国煤炭资源的资料,看到一份详细的煤炭资源分布图,他兴奋异常,感到中国煤炭资源丰富,大有可为。

左翼经济学家许涤新说范旭东30年的奋斗,是中国民族工业的缩影。追随他数十年的侯德榜称他为"工业斗士""建设斗士",不仅是公司领导,更是民族英雄。临终之时,他还给"永久黄"同仁留下遗言:"齐心合德,努力前进!"

三位一体老太爷

1935年元旦出版的《海王》旬刊不无骄傲地说:"塘沽事业自创始以来,起初规模较小,而从事此中工作者,率皆志同道合,各本个人为国家社会开辟一新事业之愿念,处处以道德为根据,发扬光大,已成为新时代化学基本工业之大本营。"

范旭东的一生事业可以概括为三个"三位一体",一是永、久、黄的"三位一体";二是盐、碱、酸的"三位一体",先办精盐厂,然后以盐制碱,制酸,奠定中国化学工业的基础;三是在人事上,钱昌照曾说过,范旭东和侯德榜、李烛尘是"三位一体"。

范旭东说自己的短处是不会摆布,一个人死干还可以,叫人家帮忙,就不知如何说才好。其实他很能感召人、吸引人。黄汉瑞近距离观察过,包括侯德榜、李烛尘、孙学悟等人都和范旭东非亲非故,素昧平生,仅仅因为志同道合凝聚起来,形成了"永久黄"团体的核心力量。在20世纪前半叶的中国企业史上,"永久黄"团体是最具有凝聚力的一个团队。

1934年,"永久黄"在《海王》上征求同仁意见,经过反复讨论,最后确立了"永久黄"团体的信条,共四条:

一、我们在原则上绝对地相信科学。

二、我们在事业上积极地发展实业。

三、我们在行动上宁愿牺牲个人,顾全团体。

四、我们在精神上以能服务社会为最大光荣。

四大信条成为久大精神和永利精神的核心,这四条看来平淡无奇,却简单明了,就是以实业为本,纠合同志、提倡科学、发展化工、服务社会。"永久黄"事业的性质虽各有不同,但经营的旨趣和目的都包含在这四个信条中,所以能在数十年中同气连枝,创造出奇迹。李烛尘在1948年解释,本团体一切事业社会化,就是事业为大众谋福利,为大众所共有。

生在湖南永顺的李烛尘只比范旭东大一岁,1918年毕业于东京工业大学电气化学专业,因为两人气味相投,相见恨晚,李烛尘拒绝美孚石油公司之聘,当年8月进入久大。他初进久大,正是永利最艰难时,他除了大力推销"海王星"精盐,还利用盐生产副产品牙粉、牙膏、漱口水,打开新产品销路。在筹建酸碱工业时,他试销外国的烧碱和化肥,预设全国代销商号的点和线。"工商并举,科研并进,分文必争,分秒必争"是他的经营方针。李烛尘儿子文采回忆说,范旭东长于决策筹划,有很强的毅力,是开拓事业的好手,但不善于经营管理。李烛尘到塘沽后,做了三件事,一是厉行节约,自己处处做表率,先从租金高的房子里搬出;二是建立管理制度,在这之前,比如领料,厂长、技师谁下条子都可,很杂乱,比如产品到处堆放,流失严重,他建立领料审批制度,建立仓库,几个月就扭转损失;三是扩展工厂,在他主持下新建了十多个小厂。

在"永久黄"团体中,范旭东敬李烛尘为兄,叫他"烛哥",两人无话不谈。稍小点的叫他"烛老",多数年轻的同事称他"老太爷"。他会冒着风雪,逐一把奖金送到员工手里,受到上下普遍敬重。漫画家方成说,很少听见有人叫他"李总"或"李经理",听得都的是"李老太爷""老太爷",叫得很亲热。这位李老太爷喜欢滑冰,还会和青年人抢网球拍,一抢一个着,毫不含糊,碰到对手一定要大战三百回合。

范旭东长住天津,负责筹集资金和销售产品,他把塘沽的生产体系都交给了李烛尘。工人食堂、宿舍、医院、俱乐部、子弟小学等都是李烛尘经手完成的。陈调甫回忆，同辈中李烛尘的年龄较长，社会经验较深，性情长厚温和，办事持重而不急躁，厂中管理工作，得他助力最多。永利制碱成功之前的十来年，债台高筑，四面八方受到嘲笑、漫骂、攻击、阻碍。危难之时，全仗他从容应付，起了不少屏障作用。他在 1919 年深入四川等内地省份考察盐碱资源，"动魄惊心念九日，青天难上蜀难游。""严冬北出居庸关，风雪迷蒙不胜寒。"都是他当时的诗，没想到为 20 年后埋下了伏笔。（1942 年，他再次赴西北考察盐碱资源，以通信形式写了一系列内容充实、有价值的文章，发表在《海王》。）

日本人对久大、永利垂涎已久。1935 年，日军常借口清查抗日分子，经常进厂，全仗李烛尘不卑不亢，应对得体，才能维持正常的生产、生活秩序。1937 年"七七事变"次日起，李烛尘一次次拒绝日本人的纠缠、威迫、利诱，他说："我们是民营企业，公司章程明文规定，必须是华籍人士才能入股。"当年 12 月中旬，日本人干脆带着武装军人，拿着拟好的合同，找他签字。他回答："尔等此种行为，系抢劫中国人财产，即是土匪，世间当有土匪劫人财物，还要物主签字之理，尔等未免太无勇气，尔等要拿即拿去好了。不过尔等要记住，今日尔等系完整地拿去，异日须完完整整地交回。"次日，日本宪兵送来一纸命令，强行接管永利。8 年后，范旭东已逝，李烛尘北上天津接收。1945 年冬天，他怀着快慰的心情重返塘沽，发现久大西厂——公司的发祥地一片瓦砾，两个百尺高的大烟囱被拆毁一个，只剩下一个凄然颓立。黄海化学工业社的图书设备荡然无存。永利毁坏的情形更严重，原有的七座锅炉被毁了五座，发电机四台毁三，碳酸机四台毁二，冷风机三座几乎全毁，石灰窑二座毁一……所有工厂房屋八年未加修盖，处处雨打风吹，而黄海化学工业社则成为日军运输司令部，工人新村干脆变成了养马棚，明星小学成了特务机关……他此刻的悲愤可想而知。就是这样的情形下，行政院下达了处理永久公司"敌伪投资股份"的命令，他起草长篇陈词，痛说公司当年为保全民族正气，不与敌人苟且合作，忍痛牺牲，赤手入川，靠信誉在后方重新创业，已经油尽灯枯，现在收回的残破企业，已足以令人沮丧。股东当中是否有人附逆，无从稽查，但公司在战前绝对民营，没有官股，作为依法登记的法人，增股本或变更组织都要经过股东会议，绝非一二人所能主持。1947 年 6 月 22 日永利在上海召开第四届股东大会，否决了国民政府将 300 万元战时补助款改为官股一案。

李烛尘平生最佩服的两个人是范旭东和侯德榜，他对身边的人说："范旭东是个了不起的人物，是我国化工事业的奠基人……他有坚忍不拔、百折不挠的精神，全靠他带领我们走出了一条'实业救国'的路。"1948 年，范旭东谢世已有数年，他在南京对同仁演讲："综观在目前中国环境中，吾人能建立如此一大事业，实非易事,范先生筚路蓝缕、摩顶放踵以赴,历尽崎岖,其间万种艰辛,实难尽述。最苦时甚至债不能偿、薪不能发,本人当时亦曾劝范先生将永利暂时搁置,范先生终不肯中道而废,谓天下绝无不可成之事,以最大毅力,继续奋斗,卒抵于成。"他说"我们都愿意跟随范先生"。

有人说,"范旭东、李烛尘这些人都很正派,自己是公司的大老板,却靠工资吃饭,在旧社会过了那么长的时间,没有一个人讨了姨太太"。李烛尘没有私蓄、私产,早年在久大、永利没有股份,不能参加董事会,1924 年范旭东建议董事会送他 5 000 元股票。他在天津市区的三个住处没有一处是私宅。我都去看过,一处是个尖顶的小房子,离太和里不远,一处是久大天津办事处的宿舍,还有一处在马场道 102 号,木结构的四层公寓楼,外表不起眼,只因毛泽东曾到那里看他而出名。

1948 年 9 月,李烛尘在"农业中国,工业日本"座谈会上批评政府观念错误,总不肯让民间工业有发展的机会。"其实,中国今天许多事情都是中了八股的毒,所以拘泥字面,一切的经济改革方案都是在做文章。像国营、民营等也全是以辞害义,才弄成今天这样的局面。"(李烛尘在政治上靠近共产党,1949 年后曾出任轻工业部长、政协副主席,1968 年谢世。)

呕心沥血　费尽苦心

1890 年生于福建闽侯的侯德榜面色黝黑,身子结实,性格沉稳,美国哥伦比亚大学博士,1922 年正式进入永利,负责技术。

永利早期几度面临倒闭,有股东认为侯德榜是学制革的,要聘外国工程师来替代他,对于陈调甫的引荐也有非议。范旭东力排众议说:"三四年来为了创办制碱事业,为了解决一个一个技术上的问题,侯德榜和工程师们呕心沥血,整天忙碌在塔林网管之中,费尽苦心。为了掌握技术上的第一手资料,侯博士赴汤蹈火在所不辞。我们永利能有今天的进展,侯博士是有功的。他的功劳不仅是为我们解决了很多技术上的问题,更重要的是为永利培养了一种实干、苦干的工作作风。对这样难得的人才,我希望大家要像支持我一样,支持他的工作,不要挫减他的锐气,与技术无关的事一概不要和他谈及,免得他分心。"侯德榜为此感激地说:"范先生遇到的困难远胜我十倍,但他总是一意为我解脱,至诚相待。这种相濡以沫的精神,是我一辈子也不敢忘怀的。今日只有一意死拼,谋求技术问题的解决,以报范公之诚。"

侯德榜总是穿一身褪了色的蓝布工作服,头上旧礼帽,脚下一双破皮鞋或胶鞋,和工人一起在第一线,人称"蓝领总工程师"。他会戴着防毒面具,在吊篮里下灰窑,他会不顾高温、碱粉进入出现问题、刚打开不久的煅烧炉里检查……有时饭菜送到工地,他顾不得洗涮就吃起来。永利工程师郭炳瑜回忆,他身为总工程师,常于夜深一两点钟,由新村家中到厂查阅值班报告,询问情况。范旭东送了他一个"寡妇"的绰号,李烛尘解释说:"他哪里也不去,一辈子都愿守在'永久黄团体'这个大家庭里。'寡妇'这个称号就是这样来的。"

侯德榜在永利三四年都没顾上接家眷,范旭东为此不安,一面安排住房,一面屡次催促他,1925 年他终于在塘沽安家。20 世纪 30 年代初,北洋大学请他讲课,范旭东知道了不仅没有责怪,而且吩咐:"凡侯德榜去天津讲课一定用专车接送,以节省他珍贵的时间。"1944 年在美国,范旭东见他衣服太破旧了,托人买一套新的送给他。他由衷地佩服范旭东,对陈调甫说过一句话:"像范旭东这样的人,是值得我们拥护帮助的。"

范、侯之交是企业家和科学家合作的一个经典范例,两人个性迥异,侯德榜内向,不太爱说话,一到工厂马上就换工作服,像个老工人。1936 年前为了办南京厂,他在美国奔走两年,家被盗、父病故,都没能顾上。1936 年 3 月 24 日,他回到南京卸甲甸,同仁准备了 10 万响的浏阳鞭炮、巨幅的欢迎标语,《海王》预告"必有一番空前盛况",夹道欢迎的人流,热烈的锣鼓声中,却不见了他的人影,等到人们发现时,他已换上工作服消失在工地中。范旭东直率,脾气大,而且有点火暴,能交朋友,也能得罪人,范果恒回忆,有朋友到家里来,如果抽烟,她父亲会径直站起来把窗户打开,不管客人做何感想。范旭东除了事业,很少有什么兴趣爱好,侯德榜喜欢听听音乐。范旭东衣冠楚楚,每天早上出门时还要喷一点进口香水,侯德榜没有这样讲究的生活习惯,他送给范旭东的礼物是自己在海外科学杂志上发表的论文。范果恒回忆,抗战西迁路上,在武汉码头上船时,父亲不小心将装着日记、资料的两只皮箱掉到江中,第一反应就要跳进江中打捞,侯德榜死命拉住了他。1939 年,姐妹俩赴美留学,就是侯德榜一路护送的。

1945 年 10 月 4 日范旭东去世,侯德榜"悲恸三日,足不出户",把自己关在屋子里放声大哭,谁叫他也不应。追悼会上他概括范旭东之所以能成就这样的事业,有五个因素,一是创造能力,二是笃信科学,三是远大眼光,四是艰苦精神,五是私人道德。在他心目中"先生"一词是专属于比他年长 7 岁的范旭东的,他不仅从不以"先生"自居,甚至不愿别人称自己为"先生"。

1938 年永利在四川重建碱厂,川盐与海盐不同,用原来的苏维尔制碱法制碱,成本太高。他组织永利技术人员反复研究、试验,革新苏维尔工艺,终于创造出新的制碱法,他自称"联碱法",1941 年 3 月 15 日,范旭东在"新塘沽"永利川厂厂务会议上宣布将之命名为"侯氏制碱法"。范旭东领衔许多同仁签名给远在美国的他写了一封祝贺信："积二十年深邃学理之研究与献身苦干之结果,设计适合华西环境之新法制碱,为世界制碱技术辟一新纪元。"此前,南京铔厂建成,范旭东就将实验大楼取名为"致本楼","致本"是侯德榜的字。

1940年,他们和美国一家化工机械公司签订购买设备的合约,范旭东提出参观该公司,对方只知道侯德榜是中国最有名的化学工程师,担心秘密被看去,以为范旭东不过是一个企业家,同意他去,但不同意侯德榜陪同。侯德榜衣着简朴,到美国后从未在公开场合露过面。他装作范旭东的跟班,一同参观,口袋里装了小本子和铅笔头,回到旅馆再把草图、数据整理出来。

1943年10月,在国际学术界深受重视的英国化工学会授予侯德榜名誉会员,世界上得到这一殊荣的共有12个科学家,亚洲只有2人。12月28日,"永久黄"同仁从各地赶到五通桥,庆祝、分享这一荣耀。会后分柑橘,一人一枚,共分出2828枚。60岁的范旭东西装严整地上台致辞:"侯博士得到世界荣誉,我们都异常高兴。这在中国化工史上应该是最杰出的一个节目……永利在化工界有些许成就,中国化工能够跻上世界舞台,侯先生的贡献,实是首屈一指。"侯德榜的清华老同学孙学悟说:"今年在这里是我生平最快乐的一回。"认为侯德榜成功的奥秘就是"天行健,君子以自强不息"。此时,侯德榜本人还远在大洋彼岸,人们在欢呼声中把他的大儿子举起来。

侯德榜常说:"忙,不会忙死人。"1944年到1945年他和范旭东同在美国,穿梭于华盛顿、芝加哥、纽约等地,《海王》1945年1月10日的报道说"他们极为看重时间,一刻不敢放松,各地会谈都事先约定时间、地点,谈话扼要简单,生怕断送时间和机会……而他们的身体则更见健适了,尤其是范先生,他比在国内还要健谈健步,赛得过壮年、青年朋友们。侯先生则在百忙之中,每晚还养成不间断上夜校听讲的习惯"。

1945年初春,巴西政府请侯德榜前往帮助选碱厂厂址。2月24日范旭东在纽约写信给阎幼甫:"我们是越走越远了,世界上竟有我们民族翱翔的余地","我们居然显神通给世界人看,差强人意。"

1946年印度要建碱厂,请侯德榜做总工业顾问。他把5次到印度所得的报酬8万美元,以及永利出售侯氏法碱厂设计图纸所得共10万美元,全部赠予黄海化学工业研究社,在北京东城芳嘉园买了一个新社址。他当年的秘书对《中国企业家》记者说,他在上海工作时,午餐常常是一碗阳春面。他在纽约订购设备,为了给公司节省,有时连公共汽车都不坐,每天步行,回国时,所有票据清清楚楚。

1948年8月他获得"范旭东先生纪念奖",奖金值200吨硫酸铔,他全部转赠给了中华化学工业会图书馆。

1949年5月，刘少奇到塘沽参观永利时说过一句话："范旭东先生之作风，令人备极仰佩，侯德榜先生亦令人十分敬重。"

感召力不可替代

在"永久黄"团体中，1920年获哈佛大学博士学位的孙学悟（字颖川）与侯德榜以两博士并称。他本来在开滦煤矿做总化学师，到黄海工业研究社收入减少了一半。宋子文和他在上海圣约翰和美国哈佛两度同学，几次邀他到南京做官，他都不为所动，婉言谢绝。一次宋子文电召他去南京，要为他在中央研究院设立一个化学研究所，还用英文对他说："来吧！来为国家工作吧！"他也谢绝了。1942年，黄海社非常困难的日子，翁文灏来信请他去重庆工作，他仍无动于衷。抗战期间，国民党当局派人劝说他领导"黄海社"同仁集体入党，他坚决拒绝："研究学术的人没工夫兼问政治。"

范旭东说他在黄海"守寡"，就是指他不图升官发财，一心一意搞研究，为科学"守寡"。1947年，范旭东在北平下葬后，孙学悟含泪写下《追念旭兄》，认为范旭东一生的信念、动力、基础就是"知耻"，知耻近乎勇，"世人只见范先生平生致力化工建设，却少有人知其目的何在……旭东先生的生命源头处究竟安在？为何他可以自强不息，发动偌大作用，那闲话之间，动辄以国家民族为前提。其气魄之雄伟，风骨之高亢，可说与其体力恰成反比例。"

在同事眼里，孙学悟总是那么彬彬有礼，说话细声细气，从无疾言厉色，赢得了整个团体的敬重，赢得了"西圣"的尊称。1952年侯德榜在他的追悼会上说："'西圣'到死一直是一位无名英雄。"

被尊为"东圣"的是傅冰芝，他曾主持永利川厂，后来是南京铔厂厂长，他先后留学日本东京帝国大学和美国哈佛大学，专攻造船工业，是美国最大的航空母舰设计者之一。回国后他不当教育厅长、大学校长，宁愿到永利做一个机修车间主任。范旭东说他"一肚子学问，不为名利，埋头苦干"。

陈调甫说自己最大的嗜好就是读书，熟悉的人有叫他"书呆子"的。永利碱厂初建，范旭东希望他能负责技术，他说自己能力薄弱，担负如此重大责任，"等于要孩子当家"。范旭东说："谁都是孩子，只要有决心，就能成功。""我辈皆穷书生，因国内环境特殊，非苦斗即无出路，为了这件大事业，虽粉身碎骨，我亦要硬干出来。"他曾经到美国参观一家碱厂而不得，还受到嘲讽："听说你们中国人是不穿袜子的，你们连袜子的事情都没有解决,还要做什么碱呢?"在茫茫大雪中,他绕着这个碱厂一圈又一圈,决心反而更坚定了。

陈调甫在美国发现并引荐了侯德榜,范旭东对他说:"我觉得侯德榜为人很好,你荐贤应受上赏。"陈调甫说:"我不要赏,我希望能充催化剂,发生化学作用,对于事业有利,就是我的成功。"他主动让出厂长,由侯德榜和李烛尘轮流担任,自任制造部长,可工人还是习惯称他厂长。1924 年,在永利试生产庆祝会上,范旭东说了一句:"中国的化工工业史册上,应该记上陈调甫的一页。"

1927 年 2 月,永利实行 8 小时工作制,最早提议废除工头制和 12～14 小时工作制的就是陈调甫,主张招聘大学生来负责生产技术的也是他,他在《永利碱厂奋斗回忆录》中说:"这是我生平最愉快的一件事。"

陈调甫感到,制碱是无机化学,中国的有机化学很薄弱,1929 年,他决定自办永明油漆厂,以后成了天津有名的"油漆大王"。他始终把自己当成"永久黄"团体的人,创建南京铔厂时,选址、基建、安装,他都不辞劳苦。1934 年,他的妻子潘瑛如去世,他在讣告上写着"如送奠仪一律只收现金",一开始大家很惊讶,后来发现他将亲友奠仪和个人私蓄,加上永利送的红利股票 2 000 元,办起了"怀瑛堂"幼稚园,1935 年 8 月正式开学,"永久黄"的子弟都可免费入园。

余啸秋是湖南长沙人,1919 年毕业于美国芝加哥大学,学习会计和国际贸易,本来在美国华侨企业家李国钦的公司服务,1923 年进入永利,成为范旭东的得力助手,他是谈判高手,以能干著名,1941 年起出任永利协理兼会计部长。

"阎王"阎幼甫也是范旭东的湖南老乡,老同盟会员,做过湖南军务部长、浙江省民政厅长,初为永利人事处长,《海王》创刊由他兼主编,1932 年 6 月,久大、永利、黄海在塘沽成立联合办事处,也以他为处长。除了人事、福利,他还要应付当地复杂环境。在员工的眼里,他身材高大、秃顶、粗眉、留着牙刷式的小胡,有一双有神的眼睛,使人"望而生畏",外号"阎王"。实际上他为人亲切,是一个嘻嘻哈哈的人,有时还会和下属聊处世哲学。他爱做事,不怕兼职多,一向劳而不怨。范旭东和他私交很深,先后给他写过三百多封信,这些信无所不谈,有对人、对事、对团体的看法,也有对国家命运的忧虑。

在"永久黄"团体中,范旭东的个人感召力是不可替代的。做到"每早 7 点开始工作,晚 10 点前后还能继续工作"的任可毅说:"旭东先生以诚待我,我也以诚答他,'投我以木瓜,报之以琼瑶'。"

瓷杯盛着塘沽沙

　　1933 年 12 月 20 日出版的《海王》发表文章说,"我们在今日去倡办实业,其目的并不在发财,如欲发财,亦不必费这些力量。我们是在革命——革列强经济压迫的命。"中国此时办实业的人如果还怀着发大财、享巨富的思想,不要说不成功,就是侥幸成功,也不是中国所需要的。"我们办实业的人,要具有世界的眼光和为人类服务的精神,我们为救国家的危亡而办实业,在环境许可之下,不问事业的大小,努力地往前干去。"

　　这大致上代表了范旭东他们实业报国的思想。

　　范旭东是湖南人,自称不喜欢《曾国藩家书》,晚年,他在写给阎王的一封信里说,年轻时目空一切,认为曾国藩做得到的,自己也做得到,何况字纸篓里寻不出中国的出路。这一次偶尔看了太太在看的三本《曾国藩家书》,他有一个深刻的感想,就是"中国事难做",但"事怕有心人",觉得曾国藩的忍受工夫和那股呆劲,对于湖南人风气的形成影响不少。他的身上就有曾国藩的影子,有一股子扎硬寨,打硬仗的呆劲,而且他超越了传统农业社会的局限。

　　"范先生生当清季,以他那三湘人士独特刚毅的个性,时代环境给予的智慧和刺激,使得他愤然而起,在重工业以树立国家民族的基本信念下,硬干,实干……他做了本团体的创业者,同时也做了本团体的大家长。现在本团体的先进老辈们,当初都和范先生同患难,共甘苦,彼此间志趣相符,情谊相合;甚至于彼此间个性的长短,都是极端的熟稔,也能极端的容让。于是范先生能以他那'皮包政策',措置咸宜,指挥裕如。大家在这位大家长的庇荫下,也自有一番心安理得之处。"

　　在范旭东生前,对公司用人行政问题,信奉"老者安之,朋友信之,少者怀之"的原则,实行他的"皮包政策",他走到哪里,总管理处就跟到哪里,一切大政方针,都在他的皮包里头,"永久黄(永)"四大机构,各自的和有关的问题,都可由他一言决定,并且不偏不倚、面面俱到。特别明显的是抗战时,他四处奔走,往返于自流井、五通桥、重庆等地,"人事的更张、组织的变迁、技术的解决,都是一一透过他的脑筋。"他没来时各种问题存在着,他来了,问题好像解决了。等他走了,问题又渐渐露出来。

　　但是在他身后,情形就不同了,"皮包政策"行不通了,应当树立永利总管理处的威信。1948 年,"永久黄"一位员工王逸农在《海王》发表《本团体发展的必然道路:从"人治"到"法治"》一文,提出法治的建言。

国学经典文库

中华名人大传

图文珍藏版

其实，范旭东生前对制度化问题也不是没有做过思考和实践，他写信给同仁唐汉三说："做首领的人，不着重运用头脑，促进全局，而运用手脚，料理日常公事，效能必不会提高，必须注意'劳于用人，逸于治事'。吾等91司为人必须做到：着一分力，有一分效，否则'我志未酬人亦苦'，未免公私两失。"在写给"阎王"的一封信中，他谈到总经理兼人事部长时说："我想，首脑身兼百职，恐怕只有军政权在握的人才能胜任，我们买卖人，不能忘记'和气生财'这句格言。"末了又补说一句："工厂有崭新的工程设计，必当有崭新的人事配合"。

　　1934年11月26日，范旭东在永利化学工业公司高层会上做过一次关于"励行新组织"的讲话："公司的人事方面，向来侧重同仁的道德实践，不多在条文上用功夫，我们艰难的大业，居然由几个贫弱书生手创出来，不能说没有伟大的效果，不过以后事业范围愈大，同事分散各处，各人都有专责，用人一多，创业的精神，不免一天天稀薄而难以团聚……所以忧心公司事业前途的人，无不主张把从前的组织，因时制宜地切实改变，不论厂店以及附设机关，都归在统一章程之下管理，使同仁行动有轨道可循，免得进退赏罚，因人而异；庶几中国'人亡政息'的传统痼疾，不致在永利发生，这个是工业经营必循的大道，我们当然不能例外。因此，近一年来，总经理处就着手把创立以来的组织，和历年发布的规则，并参酌旧来的习惯，以及国内各项工业的成规，编成了永利化学工业公司业务机关管理章程。并且把公司职员信条都用文字列举出来，作事业进行的基本，全公司自总经理以至雇员，都应受这信条的支配和章程的管理，我希望它将来可以做永利事业的'宪法'，条文的修改，自然可以因时制宜，而立法的精神，设若能够始终一贯，那么，永利的事业，就决不虑还有任何挫折了。"

　　章程草稿编成后，他寄给美国的侯德榜时，说了一句："这个恐怕是我对于永利最末尾的服务。"他的意思不是自己要辞职，而是他觉得有了这个章程，大家都把公司的信条放在心上，行动都不出章程所订的范围，那么事业自然就日有进益，实在就没有他的必要了。

　　1949年，天津南开出身的周恩来对侯德榜说："永利是个技术篓子，荟萃了很多人才，这些人才在新中国的建设中是极可贵的。"回望10多年前，仪器、书籍在西迁路上损失大半，只有全部技术人员安然无恙。抗战8年，永利经济拮据，靠借贷挨过来，但范旭东深知人才聚集不易，盖了大批简易宿舍（草棚），坚持不让技术人员散伙，没有辞退一人。物价飞涨时，公司采取米贴制度，每人每月发白米三斗、一点零用钱（三口人一块银圆）。他还帮助职工组织生产消费合作社，1940年1月，在新塘沽办了明星完全小学，此前在自流井办了自流井明星小学。最困难的时候，他被迫将侯德榜极为重视的日产水泥500桶的全套设备卖了，所得40万元用来补发工资。所以，永利在战后能保持相当完整的技术力量复员，成了中国化工人才储备库。在生死存亡之际，没有他的坚持不放弃，这个技术"篓子"早就散架了。

范旭东深信事业的基础在于人，在于人才。战前一般工人进永利都要经过考试，南京铔厂车间操作工都是各城市招考来的高中生。北方人初到南方，吃不惯大米饭，厂里专门安排一个北方厨师，办小灶。氮肥厂合成氨车间主任居益贤回忆："在永利铔厂绝对是赏罚分明的，只要好好干工作，就会得到奖励，所以工作努力的人就会有安全感。"

从1931年到1949年，永利派到国外学习的至少有25人，艺徒出身的张荣善只是其中之一。20世纪80年代初，美国普渡大学工科硕士、时为鲁姆斯公司技术顾问的张荣善回国，在北京、成都、武汉、上海、广州等地讲学，一路发现许多与化工有关的部门、企业，几乎都有"永久黄"团体出身的工程技术人员。

1946年10月，永利南京铔厂创办职工子女小学，取名私立旭东小学，以纪念他们的创办人，外墙上刷着他的临终遗言："齐心合德，努力前进。"

侄女范果明回忆，叔叔的灵柩一直寄放在重庆一个防空洞里，到1947年夏天，才搭民生公司的"民本"轮顺长江东下，范果纯的丈夫陈炳森护送，经南京、塘沽转火车到北平，一路上江水呜咽，海潮无语，同仁垂泪。在南京公祭时，侯德榜、李烛尘等泪流满面，发表沉痛致辞，《海王》以《永别了，领袖》为题发表报道。他最后下葬在香山的一个公墓，与母亲为邻。

1952年6月，资产共计7 878亿元的天津久大、永利及青岛永裕、南京铔厂等企业全部完成公私合营。这年6月15日，孙学悟在京病故，黄海化学工业研究社在迎来30周岁时一分为二，分别并入中国科学院和重工业部综合工业研究所。"永久黄"团体在一片欢天喜地的锣鼓声中悄悄消亡，这一天离范旭东去世不到7年，离他的灵柩在香山入土不足5年，身后发生的一切他都不可能知道了。

范果明说，香山的公墓在"文革"中被铲平，叔叔范旭东的遗骸已无法寻找。好在范夫人去世前安排好了，在自己的墓旁留着一个给丈夫的位置，里面埋着一个搪瓷杯，杯中盛着天津塘沽海边的沙子。因为范旭东生前曾说过，"塘沽的沙滩真美呀，死后就把我埋在那里吧。"

科技巨匠

图文珍藏版

导　语

　　中国是世界文明发达最早的国家之一，中国人民以高度的智慧和创造力，创造了光辉灿烂的中国古代文化，使之成为世界上罕见的长达数千年不曾中断过的文化系统。以科技文化而言，不仅涌现出许多杰出的科学家和发明家，为发展我国的科学技术文化做出了重大的贡献，而且由于中国古代科技文化与中国古代哲学——政治文化关联的紧密性，致使中国古代科技文化呈现出自己独有的特质。

　　中国古代在科学上取得了许多辉煌的成就，主要表现在天文学、数学、医学和农学等方面，并形成了较完整的独特的实用科学体系。

　　中国古代不仅科学成就突出，而且技术成就亦相当辉煌，许多领域都曾在世界上长期保持领先地位，其中不少曾经产生过世界性的影响，为世界文明做出了重大贡献。特别是火药、指南针、造纸术和印刷术，这四大发明是中华民族奉献给人类文明，并改变了整个世界历史进程的伟大的技术成就。

　　火药在武器上的应用，是武器史上的一大革命；指南针是把人类无力感知的地磁信息转换为视觉可见的空间形式的一项伟大的发明，指南针的改进给航海带来了划时代的影响；磁针罗盘的使用，为远洋航行创造了有利条件；造纸术的发明是古代技术的一项重大成就，也是人类文字载体的一次革命，它为人类的文化传播、思想交流和科学发展，提供了至今也不可缺少的信息存储和传递手段；而印刷术的发明开创了书籍的历史新纪元。中国的四大发明一向以其深远的意义而在世界科技史上享受着殊荣。

　　人类在地球上出现，曾经历过几百万年的漫漫长夜，直到近两三千年，特别是近二三百年，才用自己的智慧点燃了科学和技术的明灯，照亮了人类前进的道路。在这条道路上，有科学和技术的座座丰碑、幢幢大厦；科学殿堂的建造中，既有栋梁之材，也有粒沙片瓦，他们都是不可或缺的。

　　徜徉在中国历史的长河之中，大师和巨匠们的光环，闪耀着智慧和科学精神的耀眼光芒，也以其对人类和自己国家的责任感和爱国心昭示后人。他们凭借其超人的智慧为人类文明的进步而开拓创新。伟大的哲学家、物理学家亚里士多德曾说过："给我一个支点，我就能撬动整个地球。"我们也应该相信，站在这些巨人的肩膀之上，我们也会推动着人类从一个文明走向另一个文明。

享誉中外的造纸祖师

——蔡伦

名人档案

蔡伦:字敬仲,东汉桂阳郡耒阳(今湖南耒阳市)人,东汉宦官,明帝时入宫,章帝时为小黄门,和帝时转中常侍。为人尽心敦慎,多次犯颜直谏。永元九年(97年)掌管监制御用器物。我国四大发明之一的造纸术的发明者。

生卒时间:63 年~121 年。

安葬之地:陕西省洋县城东 8 公里的龙亭镇龙亭村。

性格特点:敦厚谨慎,关心国家利益,勤奋好学,办事专心尽力。

历史功过:永元四年(92),蔡伦任尚方令后,利用供职之便,常到乡间作坊察看,见蚕妇缫丝漂絮后,竹篾上尚留下一层短毛丝絮,揭下似缣帛,可以用来书写,从而得到启发,便收集树皮、废麻、破布、旧渔网等原料,在宫廷作坊施以锉、煮、浸、捣、抄等法,试用植物纤维造纸,终于造出植物纤维纸。元兴元年(105),他将造纸过程、方法写成奏章,连同造出来的植物纤维纸,呈报汉和帝,和帝大加赞赏,蔡伦造纸术很快传开。蔡伦这一研究成果,使我国纸的制造和应用,比西方要早一千多年。纸的生产和广泛应用,不仅为我国古代文化的发展和保存创造了条件,由于它向世界各地传播,也有利于世界文化的发展。由此可见,蔡伦对人类历史是有很大贡献的。

名家评点:美国人麦克·哈特在《影响人类历史进程的 100 名人排行榜》中,将蔡伦排在第七位。2008 年北京奥运会开幕式,特别展示了蔡伦发明的造纸术。

纸的演变 历史需要

造纸、火药、指南针和印刷术,是我国古代科学技术上的重大成就,通常都把它说成是我国历史上的四大发明,这些发明成就,直至今天,仍然是我们中华民族引以为自豪的。这些发明,造纸术是其中重要的一项。这不仅表现了我国古代劳动人民的智慧,也显示了我国古代科学家如蔡伦等的钻研精神,放射出我国古代文明的光辉。

为什么在世界历史上,我国是最早发明纸的国家,这是和我国是世界上文明古国的历史分不开的。传说在五六千年以前的神农时代,人们就知道"结绳记事"。到了黄帝时,史臣仓颉"初造书契"。这些传说,虽不可尽信,但是说明在我国历史上很早就有了文字,就有了书写文字的需要。半坡文化、大汶口文化、良渚文化的陶器上都有原始文字。有了文字,客观上就要求有记录文字的工具。商周时代,人们把文字刻在龟甲和羊牛的骨头上,或者刻在青铜器上,也有刻在石头上的,今天考古出土的甲骨文,青铜器的铭文,就是用龟甲兽骨和青铜器作为书写文字的材料保存下来的。甲骨和金石,数量是有限的,不易多得,况且使用时又笨重,书写既不方便又费工,很难普及成为书写的材料。所以到了春秋战国和秦汉以后,随着纺织业的发展,人们便用缣帛、竹简、木简作为书写材料了。缣帛、竹简、木简,书写文字比起甲骨、金石方便多了。我国古代史籍中,有许多关于用竹简、木简书写文字的记载。《汉书·艺文志》中记载,汉武帝末年,在孔子宅的墙壁里发现战国的竹简。《竹书纪年》《穆天子传》等古书,最早的本子就是写在竹简上的简策,是在晋朝太康三年(公元二八一年)在河南汲郡的古墓中发现的。以后历代都有古代竹简、木简的发现。最多的是一九三〇年在居延地区发现汉代木简一万多枚,就是通常说的《居延汉简》。新中国成立以后,战国至汉代的竹简、木简、帛书出土的更多了。一九五七年在河南信阳长台关古墓中发现战国竹简二百二十九枚。一九五九年甘肃武威磨嘴子六号汉墓出土竹木简四百九十枚,至于几枚、几十枚出土的地方就更多了。最能说明战国至秦汉时书写材料是用竹木帛书的,就是山东银雀山、湖北江陵凤凰山、湖南长沙马王堆、湖北云梦睡虎地等地出土的竹木简和帛书。一九七二年,在山东临沂银雀山汉墓出土竹简四千九百四十多枚,有《孙子兵法》《孙膑兵法》《六韬》《尉缭子》等古代兵书,也有《管子》《晏子春秋》等著作。一九七三年,在湖南长沙马王堆三号汉墓出土竹简、木牍六百多枚,帛书十余种,其中帛书内容为《易经》《老子》《战国策》《战国纵横家书》和天文、历法、五行、杂占、数术等方面的书籍,还有两幅地图。一九七二至一九七四年,在甘肃居延出土汉简近二万余枚。一九七五年,在湖北云梦睡虎地秦墓中发现竹简一千一百五十五枚,内有《编年记》《语书》《秦律》《秦律杂抄》《法律答问》《为吏之道》等。这些出土的大量竹简、木牍和帛书，充分说明在纸发明以前，人们是用竹、木、缣、帛作为书写材料的。所谓的简，就是经过削制的狭长竹片或木片。简是通称，具体地说，竹片称简，木片称札或牍。人们为了保存和使用，把很多简编缀在一起，称为策。"策"字就是把竹片束起来。"策"和"册"通用，"册"字就是把竹简或木牍用绳联结在一起的形状。古代把用竹简或木简记事著书，成编的叫作册或策，如《如国策》，就是记录战国时事的书。杜预在《春秋经传集解序》中说："大事书之于策，小事简牍而已。"可见当时是一般记事就是写在简牍上，对于一些重要文告或著作，就要编缀成册。我们今天把一本书叫作一册，也是由这演变来的。战国至秦汉时期，人们除了用竹木做书写材料外，同时也用缣帛。缣帛是用丝绵织成的织物，把文字写在缣帛上，然后卷起来保存，后来称它为帛书。当时把写成的帛书卷在一起的，称为卷，今天把一本书称为一卷，就是从这发展来的。

　　作为书写文字材料的竹木和缣帛，比起甲骨金石来说，是进了一大步，但是这种材料，都各有它的局限性。竹简木牍原料多，容易得，价格低廉，但是简牍的面积小，写不了多少字。从记载和出土的竹简木牍看，汉代简册的长度大致是写诏书律令的长三尺（约六十七点五厘米），书籍是长二尺四寸（约五六厘米），一般民间书简长一尺（约二三厘米）。成册的简牍，体积很大，存放起来要堆成很大一堆，携带和阅读都太繁重。据《史记·滑稽列传》记载，汉武帝时，有齐人东方朔，好古传书，到长安去，至公车司马处上书，有三千奏牍。公车令只好派两个人抬举着他上的奏牍，让皇帝在上面看，读了两个月才读完。这个故事听起来好像很离奇，当时简牍的繁重确是这样不便。传说当时学者出去游学，都要把他写在简牍上的著作用车装着，到处去讲。《庄子》中记载，战国时学者惠施，学识渊博，著有五车书，所以后来有"学富五车"的说法，实际上这都是写在简牍上的书，反映出没有纸时，用竹木作书写文字的材料的繁重情况。在当时的书写文字材料中，缣帛比起竹木制的简牍要好很多，缣帛轻软平滑，运笔和舒卷都很方便，不仅可以写字，也可用来绘画，所以当简牍被淘汰以后，仍然长期被用来作书画的材料。但是，缣帛受生产的限制，不可多得，价格昂贵，无法在民间普及。据说在汉代，一匹缣值六百余钱，一匹白素值八百余钱，一匹缣等于六石米的价格。这只能供少数上层人士享用，一般读书人和人民根本用不起，所以有"贫不及素"一语。

　　战国以后，社会经济的发展，社会生活也日益丰富，作为文化交流和沟通信息的文字职能也一天比一天扩大，用来书写文字材料的竹简和木牍的缺点越来越显著，远远赶不上时代的要求。尤其是秦朝统一后，封建国家的机构有了很大的发展，国家政务和社会生活日趋复杂。在封建专制主义中央集权的统治上，行使国家权力和传达政令等各方面，虽然有统一文字这个方便条件，但是书写文字的材料的竹简、木牍和客观需要的矛盾却一天天突出了。据史书记载，秦始皇是一个有雄才大略的帝王，他废除了许多旧制度，把全国分成郡县，建立一套中央集权制度，开创了一个新的统治局面。为了加强集权统治，他躬理政务，每天要亲自批阅公文一百二十斤,这繁重的公文,都是写在竹木上的简牍。一个帝王,每天要亲自翻弄竹简、木牍,是十分劳苦的。这件事充分反映出用一种新的书写文字的材料代替繁重的竹简木牍,是时代的迫切要求。随着历史的发展,造纸技术也就适应这种需要逐渐地出现了。

纸最早并不是书写文字材料的名称,作为纸这种东西,原来也不叫纸,是一种缫丝时漂絮留在席子上薄的絮片。东汉许慎著的《说文解字》中说:"纸,絮一笘也。"这本书在解释"笘"字时又说:"笘,潎絮箦也。"许慎这两句话的意思是说纸是漂絮时留在席子上的一种薄絮片。我国是世界上最早发明蚕丝的国家,很早就会缫丝作絮,所以这种薄絮片很早就有了。《庄子》书中说宋国有世代漂絮为业的人。《史记》中说韩信曾乞食于漂母,这种称为"漂母"的人也是以漂絮为业的人。这些故事,说明后来叫作纸的薄絮片,这种东西是和有缫丝作絮的同时就有了,不过当时并不叫作纸,也不是用来写字的。这种絮片叫作纸,用它来作书写文字的材料,还是汉代以后的事。从古书记载看,在这种薄的絮片叫纸以前名叫"笘",或写成"笘",就是絮的薄片。汉代以后,逐渐叫它为"絮纸"。服虔在他写的《通俗文》中解释说:"方絮曰纸",说明已把这种薄絮片叫作纸了。东汉许慎在《说文解字》中说纸字"从系氏声",可知这种东西有了纸的名字了,但这种纸是丝做的,不是后来用来写字的真正的纸。因为这种丝制的絮纸,平滑如砥,便于在上面写字,以后便和用缣帛一样用来写字。传说汉初有一种叫幡纸的,可以代替简来写字。汉成帝时曾用一种叫赫蹏的东西写诏书,这种幡纸、赫蹏都是丝质的絮纸,而不是后来使用的真正的纸,汉代以后,既然把丝絮做的絮纸叫作纸,以后也就把书写文字用的缣帛叫作纸了,时间一长,纸就成为用于书写材料的专用名称了。

汉代虽有缣帛和絮纸这种书写材料,但是这种东西原料有限,产量很少,价格又昂贵,很难普及,只有上层和有钱的人才用得起,很难在民间使用。当时人们书写上仍是使用竹简和木牍。不过缣帛和絮纸都是用纤维交织而成的,这样便启发人们用数量多、价格低廉的植物纤维去造纸。在民间很多人都用大麻的纤维捣碎来做纸,于是在西汉宣帝以后,便有了麻纸。

一九三三年在新疆罗布淖尔、一九五七年在陕西省西安附近灞桥、一九七四年在甘肃居延、一九七八年在陕西扶风中颜村等地,都发现西汉的麻纸,可知西汉时期,人们已经知道植物纤维造纸了。不过西汉的麻纸,纸质太粗糙了,纸面上还有未经粉碎的麻筋、绳头等纤维,纤维交织很不紧,松散不匀而有大小不同的透眼,纸面也不平滑,颜色黄白不纯。这种麻纸只能说是最早的纸,根本不能用它写字,只可以做包装之用,所以也代替不了竹简木牍,更不能和缣帛相比。到了东汉时,蔡伦研究了麻纸制作方法,改进了生产技术,纸才真正成为书写文字的材料。

麻纸制法　创意革新

　　蔡伦,字敬仲,东汉崔阳郡耒阳县(今湖南省耒阳县)人。大约生于东汉光武帝中元末或永平初年。蔡伦家乡耒阳县城东和南皆傍耒水,北有肥水,在二水间有郡故城,南有溪水,出于侯计山,其水清澈,冬暖夏凉,在肥川北有芦塘,有八顷多,水甚深,适合鱼类繁殖,每年春夏,大鱼奋跃,小鱼群集,波涌于岸。在肥川西北,有蔡洲,蔡伦家就住在洲西。从幼年就生活在水乡渔村的蔡伦,对于社会生产和生活发生很大兴趣,这种兴趣促使他对造纸术的改革得到启示。在两汉时,人们使用的纸,大都是用麻等制成的麻纸,纸质粗糙,只能作为包装之用,不能用作书写的纸。当时虽然有用来写字的絮纸,如汉武帝时卫太事用以"蔽其鼻"的纸,汉成帝时妃子赵飞燕用以裹药的赫蹄书,和光武帝刘秀和章帝时用来写书的纸,都是用丝绵制成的,产量少,成本高,只能供统治者上层使用,还不能成为社会上广泛使用的书写工具。这种絮纸,是从漂絮中得来的。古代养蚕抽丝,好的蚕茧,用来抽丝,次茧用作丝绵,在制作时,要在水中漂洗,漂洗完把丝绵拿走以后,遗留在曝晒的篾席上的丝绒,便形成一层薄薄的丝膜,晒干后就成为絮纸,当时用以写字的絮纸,就是缫丝生产的一种副产品。在水乡生活的蔡伦,每年桑蚕成熟季节,他观察了妇女们在溪水在中漂絮的情况,便产生了改进造纸技术,采取利用废旧物资做原料,扩大原料来源,降低造纸成本,使纸张普及的想法。用什么纤维来代替丝絮呢?蔡伦每天都在思考这个问题。蔡伦家临湖塘,周围的人,都剡麻结网捕鱼,绳头、麻屑和破渔网到处都是,他便想到如何把这些东西捣成细微的纤维作为造纸的纤维。一方面可以把这些废旧物变成有用的东西,另一方面又可扩大造纸原料,降低纸的成本,使纸张得到普及。于是蔡伦便在他家宅的西面,用大石凿一石臼,把收集来的麻头、破鱼网等,加工捣碎,然后用缸盛上水,把捣碎的麻头等放在水中浸泡,除去泥垢杂物,反复的冲洗,捣制,做成纸浆,开始造纸实验。经过反复的实验,在纤维凝聚和纸面平滑等方面,总是不如丝絮光滑洁白,于是蔡伦又联想到只用麻头纤维,还是粗糙,便又采用旧布缕、树皮等东西,混杂一起,进行加工试验,在不断摸索中逐渐研究出制纸的方法来。蔡伦虽然研究出造纸法,还不能广泛的推广,也未能大批的进行生产,没有成为社会广为采用的造纸技术。

应召入宫　一心王事

　　蔡伦的青年时期,正值东汉初年,经过西汉末年社会动荡以后,社会走向安定。到汉明帝时,承袭光武帝刘秀的各项改革政策,经济开始繁荣。朝廷中,沿袭光武帝加强集权的制度,内廷事务日趋繁多。明帝永平中期,为了充实内廷,增置内朝官吏,曾增置中常侍四人,小黄门十人。至明帝永平末年,蔡伦被召入宫,给事宫掖。蔡伦有才能,为人敦厚,在宫中非常尽心竭力。当时,外戚势众,内外官僚很少有机会接近皇帝,皇帝为了亲揽朝政,不使权力旁落,凡事皆委诸阉宦,重视内廷官吏的委用。章帝即位后,蔡伦被用为小黄门,侍从皇帝左右,受尚书事,朝廷中外事务,多委其办理。宫中公主、太妃等生活事宜,也由他掌管。蔡伦在宫中供事二十多年,上至皇帝,下至后妃,颇受信任,与中常侍郑众等,一心王事,得到朝中大臣们的信赖,成为当时有才能的内官。

章帝章和二年(公元八十八年)的正月,年仅三十三岁的章帝死了,皇太子刘肇便于这年的二月,登上了皇帝的宝座,就是汉和帝。和帝当时仅有十岁,不能亲理朝政,便尊窦皇后为皇太后,一切政务皆由窦太后临朝处理。窦太后掌政以后,外戚窦宪兄弟便依靠太后权势,扩大自己的势力,朝廷大臣都对他有所畏惧,这样,也使皇帝很难与朝中大臣商议政事。在朝廷内外臣僚无法接近皇帝的情况下,皇帝为了保持自己的势力,只有依靠常在身边的宦官,对他们日益信任,一切事务,都让宦官给他办理,这样宦官的人数也增加了。蔡伦也由小黄门升为中常侍。他侍从皇帝左右,出入宫廷,掌管宫内事务,有时在内廷参议朝廷事务。蔡伦是一个有才学、为人诚实的人,他作了中常侍以后,凡事都非常谨慎,为事认真负责,勤勤恳恳,因而深得和帝信任。他看到皇帝有什么错误决定,从来不怕触犯皇帝的尊严,极力劝阻和进谏,曾经有几次触犯皇帝,劝止了皇帝的错误行事。蔡伦虽然做了中常侍,但他不以自己的权势自居,不与有权势的臣僚往来。每当他给假休息时,便关起门来,谢绝宾客,在家休息,做些喜好的事。他常常到园地里去莳花种菜,以为消遣。

和帝即位后,在窦太后的荫庇下,外戚窦宪权势日增。窦宪依靠他妹妹窦后的权势,从郎官累进为黄门侍郎、车骑将军,以至大将军,屡受封赐,显赫一时。当时朝廷中的王公、大臣、公主、驸马等外戚,都对他很惧怕,不敢触犯他。他依靠权势,专横跋扈,曾夺取沁水公主家的园田,公主不敢与他争执。这样他便由富贵显赫,进一步滋长了弑主夺权的政治野心。永元四年(公元九二年),窦宪便和其弟窦笃、女婿郭举、婿父郭璜、邓叠与其弟邓磊等密谋,入宫杀害和帝。这个阴谋为和帝发觉,和帝遂与中常侍郑众等密商诛杀窦宪的对策,由于郑众等近臣的尽力,逮捕了邓叠兄弟和郭璜父子,下狱处死。免去窦宪大将军及其弟的官职,使回封国迫使自杀。这一事件以后,和帝对内廷宦官,更为信任,内官势力于是日渐发展,形成手握王爵,口含天宪之势。

蔡侯纸问世

蔡伦做了中常侍以后,颇得和帝的欢心。汉和帝见蔡伦有才能,留心工艺器械,于是让他在中常侍职务外,兼领尚方令,负责掌管宫中御用刀剑器物的制作。从永元九年(公元九七年)开始,便从事监督各种器物的手工作业,他注意选用技术熟练的工匠,考究制造工艺,监制刀剑和所用器物,造出的御用秘剑和各种器具,工艺精致,样式美观,得到皇帝和宫中人们的称赞。由他监制的兵器和器物,都非常坚固耐用,其技术工艺和样式,都成为以后工艺制造上的模范。蔡伦在制造器械的同时,便想起如何利用宫廷的设备和尚方令所属作坊的充足人力和物力,进一步改进造纸技术,扩大纸张生产,改变用简牍和缣帛书写的情况。于是便在西汉制造麻纸经验的基础上,进行造纸的实验。他一方面建立造纸作坊,安装各种造纸设备,他亲自到作坊中进行指导;另一方面,翻阅各种资料,对以前造纸经验,工艺流程,都做了认真细致的研究。他研究的结果,认为东汉以前生产的麻纸,纸面不平滑,色泽不白,纸质粗糙不细和脆硬的原因,就是由于造纸过程中对原料的纤维的分散度和腐蚀度处理得不好。不能大量生产,是因为单纯使用麻纤维造纸,原料来源不足。如果改变这种情况,必须扩大原料来源,改进生产工艺流程,增加舂捣、腐蚀、漂洗等化学处理等加工工序。蔡伦在阅读资料中,看到《诗经陈风》中有"东门之池,可以沤麻"的记载,以及他在青年时代,在家乡耒阳县农村对人们用池塘水沤麻情况的观察,使他懂得借生物的生物化学作用,可以使纤维脱胶的道理,因而在造纸加工过程中,采用了浸泡、灰水腐蚀、蒸煮、舂捣等方法,产生了造纸原料纤维分散技术。此外,怎样使纤维柔软,用什么方法增加纸的白度等,他都认真的研究和仔细观察,使造纸技术,比西汉的麻纸有了很大的改进。今天虽然从文献记载中,无法了解蔡伦当时造纸的具体情况,但是从今天考古发现东汉时麻纸的结构,以及东汉以后史书中记载的造纸技术等方面去分析,对蔡伦当时造纸的过程,大体上可以做出推测。

蔡伦造纸,首先是扩大了原料的来源。东汉以前,除了缫丝的副产品絮纸外,作为纸张使用的麻纸,主要是用麻的纤维生产的麻纸,这种纸质地粗糙,不能用于书写文字,而是用于包装。蔡伦为了降低造纸成本,扩大造纸原料,利用废旧物,采用破旧渔网、树皮、麻头、旧麻绳、破布之类来加工成造纸原料,进行造纸,这不仅增加造纸的数量,也使造纸成本降低,使纸价低廉,可以广泛应用。

从今天发现的东汉纸,精于西汉麻纸,其制造技术,最低生产流程要有以下的工序:

(一)浸湿原料。首先要把备好的原料,无论是破旧渔网,还是麻头、旧麻绳、树皮和破布之类,都要放在盛满水的木桶或缸之类的容器里浸泡,至完全浸湿以后,再取出进行第二个工序。

(二)切碎原料。当原料完全浸透以后,用刀剪切碎,尤其是渔网、绳头、树皮等,必须切断,使成纤维,才可进行进一步加工。

(三)浸灰水。为了使纸富有柔软性,加工时使纤维分散细小,必须采用带有碱性的石灰水浸泡,使原料腐蚀成碎小纤维。

（四）蒸煮。当原料经过腐蚀以后，一些粗硬的大块原料有了松解以后，再放入锅中，加热蒸煮。尤其是以渔网做原料，比破布、绳头更难处理，因为渔网都结有小结，坚硬不易粉碎，须以碱性水浸泡后加热才可使其结松软。再有，渔网都涂有桐油、猪血之类的东西，颜色较深，不进行蒸煮，不易脱去油脂和脱掉颜色，处理不好，便影响纸的色泽，所以这是一个重要的工序。

（五）洗涤。原料蒸煮后，从锅中取出，放在充满清水的木槽或缸中，进行清洗，使原料中混杂的泥垢清洗掉，同时也可去掉由于用灰水浸泡原料中含有的碱性，经过反复洗涤，使原料色泽变白为止。

（六）舂捣。洗涤后的原料，质地开始松软。然后取出，放入石臼中进行舂捣。从东汉大量生产纸张和麻纸纤维的细节来看，舂捣用的石臼和木杵，可能装置了用脚踏的设备，减少用手舂捣力小易疲劳的情况。

（七）再次洗涤。为了更好清除原料中的泥污，舂捣以后，纤维更为松散，再放入水槽中或缸中进行反复洗涤，这样便可使由于纤维不松散残留的泥污被清洗掉，使原料的色泽变为白色。

（八）打槽。经反复清洗，原料净化后，经过分解的纤维，就可凝聚在一起，这样就成为纸浆。放在大木槽里，准备进行抄纸。

（九）抄纸。抄纸是先做好木框，框中敷有用细竹编织的竹帘，然后把纸浆泼在帘上，使帘上纸浆中纤维分布和交结平匀，漏去水分。

（十）晒干。当纸浆泼在帘上，漏去水分以后，然后把木框放在日光下进行曝晒，使水分蒸发。

（十一）揭纸。纸晒干后，从框上揭下来，便成为纸。然后再用石压平研光，使其平滑，便于书写。

蔡伦在入宫前，就曾从事造纸的实验，入宫后，在尚方令监造各种器物的过程中，他继续研究造纸技术，他除了总结西汉以来的造纸经验外，阅读了大量资料，研究了当时麻纸的缺点，改造了造纸技术，最后终于试验成功。经过蔡伦改进造纸技术后，生产的纸，比西汉以来的麻纸，明显地增加了白度，纤维交结和分布情况比西汉纸精细。这种平整光滑的纸，已经成为书写的工具，完全可以代替简牍和缣帛。

蔡伦试验成功以后，于元兴元年（公元一〇五年）便上书奏于和帝，汉和帝对蔡伦的才能和钻研精神十分赞赏，便下令推广这种造纸技术，让社会上广泛地进行生产，不久便在全国各地广泛使用了。纸普及以后，公文、书籍都用纸张抄写，改变了原来使用缣帛和简牍的情况，使缣帛和简牍逐渐被淘汰。也方便了人们的生活，人们可以用来写书信，密切了联系。东汉延笃给张奂写信说，"惠书四纸"，人们用纸写信了。朝廷少府守宫令的库藏中，保存大量纸张，作为各种书写用纸。在社会上，纸的生产也大量发展起来，造纸已从纺织业中分离出来，成为一个独立的生产部门。蔡伦改进造纸技术，给人民生活带来许多方便，在民间人民都称赞他，把当时生产的纸，称为蔡侯纸，这是因为在汉安帝时，他被封为龙亭侯。

一九七四年,在甘肃省武威县旱滩修水利工程时,发现东汉墓,其中出土有木俑、牛车、木盒等物,在木车模型上粘附有带字的古纸,这可能是蔡伦改造技术后生产的纸,墓的年代和蔡伦生活年代完全相符。墓的主人不是上层社会的人,而是一般平民,可见纸在当时已广泛普及到民间。

　　蔡伦改进造纸技术,对东汉纸张生产起了推动作用。到东汉末年,在蔡伦造纸技术的基础上,不断改进,已能生产出优质名纸。有一个叫左伯的人,他生产的左伯纸,在东汉末年和张芝造的笔、韦诞造的墨,成为文坛名品。东汉末年,曹操派人到蔡文姬处请他写字,蔡文姬要求送来纸墨,可见在纸的使用上,是普遍到各个领域。纸的普及,对东汉学术和文化的发展,直接起了推进作用,尤其是对古代文献典籍的保存,提供了方便条件,也对文化的传播有很大影响。这种造纸技术以后传到中亚、西欧、东方各地,对世界文明发展也起了推动作用。

监修经典　　校勘整理

　　延平元年(公元一〇六年),安帝刘祐即位,邓太后摄政,因安帝仅十三岁,一切政务由邓太后裁定,蔡伦继续得到邓太后的信任,元初元年(公元一一四年),蔡伦便以在宫中长期宿卫,侍卫有功,封为龙亭侯,封地在汉中郡龙亭县(在今陕西省洋县东),食邑三百户。封侯以后,蔡伦更是尽心竭力。这时宦官权势日盛,许多宦者都连续升官,蔡伦不久也升为长乐太仆,即长乐宫的卫尉仆,地位很高,在少府之上,秩为二千石。长乐宫为太后所居之处,蔡伦做了太仆以后,可以直接承接太后旨意,朝廷一些政务,很多经他处理,因此蔡伦的声势也随之显赫起来。

　　邓太后从幼年时,即读诗书,留心经史,入宫以后,曾就曹大家(即班昭)学习经书和天文算数,白天协助皇帝处理政务,夜晚便诵史读经,学习每至深夜。从西汉以来,儒家经典,多系儒生整理加以传记,这些儒生,大都是各依家法和师说进行诠释,结果造成经传中文字上有许多脱漏和谬误。邓太后发现后,认为这种谬误会影响国家典章制度,必须加以校正,便把这种想法告知安帝。永初四年(公元一一七年),安帝便下令谒者仆射刘珍偕同校书刘骐验、马融以及五经博士、议郎、四府掾史等儒生五十多人,齐集洛阳南宫的东观,对五经诸子传记百家艺术等典籍,进行校勘整理,对经传中文字上的错误作了整理,其中谬误有乖典章之处,加以改正。蔡伦自幼读书,对于经史多所通晓,加上他做事认真负责,因此派他负责监修经典。蔡伦奉旨后,天天亲至东观主持校雠事宜,经过一段时间的工作,全部经史校雠完毕。安帝对这项工作很为称赞,对蔡伦及校勘诸儒,分别赏赐葛布若干,以作奖励。

　　经传校勘完了以后,皇帝又下诏让中宫和近臣都到东观去,传授和阅读经传,然后由中宫讲授给宫人,使宫中上下都能粗晓经史。蔡伦也参加这一工作。自此以后,宫中大小官吏和嫔妃宫女,都朝夕阅读,形成一种风气。

正直敦厚　服毒自杀

　　蔡伦自永平末年入宫侍卫，历经明帝、章帝、和帝、殇帝、安帝等五代皇帝，三十多年间，忠诚于职守，得到历代皇帝的信任。从小黄门至中常侍、长乐太仆。在这期间，他改进造纸技术，推广造纸术，使纸成为书写材料，又监修经传，完成了经典的整齐工作，所以在东汉的朝野上下，颇受人们的称赞。

　　永宁二年（公元一二一年），邓太后死去，安帝亲理政务，追封安帝生父清河孝王庆时，对安帝祖母宋贵人被诬陷致死事进行追查，使蔡伦受到株连。

　　在蔡伦作小黄门时，正是章帝在位，皇后窦氏无子，而宋贵人生子庆，立为太子，梁贵人生子刘肇，因而对宋、梁两个贵人非常嫉妒，常在章帝面前讲谗言，使章帝对宋、梁两个贵人逐渐疏远。窦后害怕太子庆以后做了皇帝，宋贵人得势，对自己不利，就想尽办法去诬陷宋贵人。一方面在宫外让其兄弟访求宋贵人过错，在宫内便使身边的侍从人员寻找诬陷宋贵人的机会。一天在宫门搜得宋贵人给家写的信，信中说因有病，想找到药草菟丝，让家中给寻求。窦后便抓住这件事，诬陷宋贵人说用菟丝作巫蛊之术，日夜向章帝进谗，皇帝听信窦后之言，对宋贵人母子更为疏远。以后窦后知道太子刘庆出居承禄观，便让掖庭令乘机奏明章帝，对宋贵人和太子加以诬陷。皇帝在窦后怂恿下，便废太子刘庆，立梁贵人之子刘肇为太子，封刘庆为清河王。废除太子庆以后，便逐出宋贵人，让蔡伦小黄门审查，窦后下令必须诬陷宋贵人承认这件事，蔡伦对皇后的旨意不敢违抗，只好按皇后意旨去办，为了逼迫宋贵人姊妹认罪，把二人送到宫中妇女患病所居的暴室，在窦后的威逼下，宋贵人姊妹服毒药自杀而死。当时刘庆年幼，害怕招来祸患，被废后居于宫中，和太子刘肇在一起，不敢谈及这件事。后太子刘肇即位是为和帝，和帝对清河王庆经常谈论私事，对清河王庆优遇胜于他王。

　　和帝死后，太子隆即位，仅二岁，不到一年便死去，谥为殇帝。殇帝死后，在邓太后主持下，便立清河王之子刘祐为帝，是为安帝，安帝年幼，即位时仅十三岁，因而由邓太后掌政，宋贵人之死因而也未追查。邓太后死后，安帝为了追查这件事，下令让廷尉审理这个案件，要求蔡伦到廷尉申诉。蔡伦是在窦太后的威势之下，被迫去考查审理宋贵人姊妹，而造成宋贵人之死。宋贵人是安帝祖母，因受迫害致死，对于这件事，蔡伦深深认识到自己应负重要责任。蔡伦是一个正直敦厚之人，感到自己所做的这件事，是一种耻辱，无颜到廷尉处受审，在十分内疚的心情下，沐浴后整理好衣冠，便在家中服毒自杀了。这样，一个对人民具有很大贡献的发明家，终因参与宫廷斗争的罪责结束了自己的一生。但是由他改进的造纸技术却永远被人民所称颂，并且对祖国文化和世界文化的发展产生了重要的作用。

通晓天地　成就卓著

——张衡

名人档案

张衡:字平子,南阳西鄂(今河南南阳市石桥镇)人,汉族。他是我国东汉时期伟大的天文学家、数学家、发明家、地理学家、制图学家、诗人、汉朝官员。在汉朝官至尚书,为我国天文学、机械技术、地震学的发展作出了不可磨灭的贡献。由于他的贡献突出,联合国天文组织曾将太阳系中的 1802 号小行星命名为"张衡星"。

生卒时间:78 年~139 年。

安葬之地:河南南阳市北 25 公里石桥镇南小石桥村西 20 米处。

性格特点:才高于世,无骄尚之情,从容淡静,不好交接俗人。

历史功过:张衡观测记录了两千五百颗恒星,创制了世界上第一架能比较准确地表演天象的漏水转浑天仪,第一架测试地震的仪器——候风地动仪,还制造出了指南车、自动记里鼓车、飞行数里的木鸟等等。张衡共著有科学、哲学和文学著作三十二篇,其中天文著作有《灵宪》和《灵宪图》等。为我国天文学、机械技术、地震学的发展做出了不可磨灭的贡献。

名家评点:《后汉书·张衡传》称:

衡少善属文,游于三辅,因入京师,观太学,遂通五经,贯六艺,虽才高于世,而无骄尚之情,常从容淡静,不好交接俗人。

由于他的贡献突出,联合国天文组织曾将太阳系中的 1802 号小行星命名为"张衡星"。20 世纪中国著名文学家、历史学家郭沫若对张衡的评价是:"如此全面发展之人物,在世界史中亦所罕见,万祀千龄,令人景仰。"

道德漫流 文章云浮

张衡,字平子,南阳郡西鄂县(今河南南阳)人。东汉建初三年(公元78年)生,永和四年(公元139年)卒,终年62岁。

据史书记载,张衡出身于名门望族。其祖父张堪做过蜀郡和渔阳的太守,而父亲名不见经传。祖父为官清廉,有民谣歌颂他说:"张君为政,乐不可支。"他任蜀郡太守,"去职之日,乘折辕车,布被囊而已"。由于不积家私,死后家道中衰,甚至荒年衣食不保。

南阳一带,山明水秀,风景优美,自古以来就是我国经济和文化很发达的地区,有"南都"之称。张衡生长在这样的环境中,加上贫苦的生活激发他刻苦学习的决心,青少年时代就为后来从事文学和科学事业打下了良好的基础。

张衡在少年时天资聪明,青年时有朝气,有抱负,好学深思,不满足于接受经史书本上的知识,走出书斋,远游三辅(今陕西西安一带),主要是游览西汉故都长安。然后东出潼关,游学洛阳,观太学,访名师,结益友。长安、洛阳之行,他登山临水,考察物产民俗、世态人情,尤其是对长安城郊的宫阙规模、市井制度、远近商贾货财的聚散、豪富游侠王侯的故事,都有较深切的认识。壮丽的山河和宏伟的秦汉古都遗址,给他提供了丰富的文学创作素材,为他文学上的成名奠定了生活基础。

和帝永元十二年(公元100年),23岁的张衡为了谋生,接受南阳郡太守鲍德的邀请,任郡主簿,掌管文书工作。张衡自幼就对文学有特殊的爱好和研究,因此他在办理政务之余,潜心于文学创作。他以游学长安和洛阳的见闻作为素材,"精思博会,十年乃成",于安帝永初元年(公元107年)写成著名的文学著作《东京赋》和《西京赋》,总称为《二京赋》。8年后鲍德调任京师,张衡即辞官居家。掌握朝政的皇亲邓骘为了笼络士人,增强自己这一派的势力,屡次派人邀请张衡做他的幕僚。张衡一方面厌恶外戚专权,一方面想专心钻研学问,拒绝了他们的邀请。在家期间,张衡专心进修学业,他的研究兴趣逐渐转向哲学和自然科学方面。他很喜爱西汉大学者扬雄(公元前53年~公元18年)的哲学著作《太玄经》。这是一部深奥难懂的哲学著作,问世以后没人去认真研究,一般趋利禄的学者更不去读它。张衡对《太玄经》潜心钻研后,曾特别写信对他的好友崔瑗说:"披读《太玄经》,知子云(扬雄)特极阴阳之数也,……非特传记之属,乃实与五经拟。……竭已精思,以揆其义,更使人难论阴阳之事。"由于钻研《太玄经》,张衡在思想上受了扬雄很深的影响。《太玄经》涉及不少天文、历法、数学一类的知识,如"日月往来,一寒一暑""日动而东,天动而西,天日错行,阴阳更巡"等等,这些都引起了张衡的兴趣,并对天象进行实际观察和测量,写出了《太玄经注》,绘制了《太玄图》。张衡壮年书斋的学习,为他尔后成为天文学家打下了知识基础。

国学经典文库

中华名人大传

图文珍藏版

一二二〇

汉安帝(刘祜,公元 107 年~125 年在位)"雅闻衡善数学",便于 111 年召张衡至京都洛阳,拜为"郎中"。在京城,张衡继续进修学业,博访多问,充实知识。元初元年(公元 114 年),张衡迁尚书郎。次年,迁太史令。担任了太史令,张衡对天文、历算的研究更加方便。其后,他对于天文学的理论,尤其在天文学的实践(观测)上,都达到了当时最高的成就。

汉安帝建光元年(公元 121 年),张衡被调任公车司马令。汉顺帝永建元年(公元 126 年),复为太史令,总计前后任此职达 14 年之久,张衡许多重大的科学研究工作都是在这一阶段里完成的。

汉顺帝阳嘉二年(公元 133 年),张衡升任侍中,皇帝把他留在身边,"赞导众事"。但不久受到宦官排挤中伤,于永和元年(公元 136 年)调到京外,任河间王刘政的相。刘政是个骄横奢侈、不守中央法典的人,地方许多豪强与他共为不法。张衡在到任以前就详细地调查了河间豪强奸党的姓名,到任后立即擒拿惩办了一批横行不法的恶霸土豪,清理了许多冤狱。他严整法纪,使得上下肃然,河间地方"诸豪侠游客,悉惶懼逃出境"。三年后,他向顺帝上表请求退休,但朝廷却征拜他为尚书,任职不到一年(永和四年,即公元 139 年),他即告生病逝世。

张衡一生,多才多艺,所写著作甚多。根据《后汉书·张衡传》载:"所著诗赋铭七言、《灵宪》《应闲》《七辩》《巡诰》《悬图》凡三十二篇。"《隋书·经籍志》著录《灵宪》一卷,又"后汉河间相张衡集十一卷"。张衡原有诗文集十四卷,现已佚。张溥《汉魏六朝百三名家集》中有辑本。严可均《全后汉文》辑录了张衡的一些著作。

术穷天地　制侔造化

张衡是一位具有多方面才能的科学家。他的科学成就涉及天文学、地震学、机械技术、数学乃至文学艺术等许多领域。

1.在天文学上的贡献

我国是世界上天文学发展最早的国家之一。在汉代,天文学特别发达,这是与农业生产的发达相适应的。因为只有更精确的天文学,才能正确地推算出与农业有关的季节来。我们的祖先经过对天象的长期观测和研究,到汉朝,已经先后出现了三种关于天体运动和宇宙结构的学说,这就是"宣夜说""盖天说"和"浑天说"。"宣夜说"渊源于战国时期,是一种朴素的无限宇宙学说,它认为天无形质,离远无极,日月星辰皆飘浮其中。但"宣夜说"后来并未得到发展。"盖天说"约产生于 1 世纪,主要是哲学家提出的,最初认为"天圆如张盖,地方如棋局",后又发展为"天象盖笠,地法覆槃"(即天像斗笠,地像倒扣的盘子),向球形大地的概念前进了一步。这是一种对宇宙的简单直观的认识。"浑天说"约产生于 2 世纪,是天文学家提出的,它以实际观测为基础,认为众天体附着在绕极轴旋转的天球上,大地居于中心。这是中国古代的"地心说"。张衡根据自己对天体运行规律的认识和实际观察,认真研究了这三种学说,认为"浑天说"比较符合观测的实际。他继承和发展了前人的浑天理论,创制了一个能够精确地表演浑天思想的"浑天仪",并且写出了《灵宪》《灵宪图》《浑天仪图注》等天文学著作,成为东汉中期浑天学说的代表人物之一。

张衡在天文学方面的贡献,主要表现在以下几个方面。

第一,张衡在《灵宪》中,系统地阐述了他的宇宙论。

关于世界的起源,他说:

太素之前,幽清玄静,寂寞冥默,不可为象,厥中惟虚,厥外惟无。如是者永久焉,斯谓溟涬,盖乃道之根也。道根既建,自无生有,太素始萌;萌而未兆,并气同色,浑沌不分。故《道志》之言云:"有物浑成,先天地生。"其气体固未可得而形,其迟速固未可得而纪也。如是者又永久焉,斯谓庞鸿,盖乃道之干也。道干既育,万物成体,于是元气剖判,刚柔始分,清浊异位,天成于外,地定于内。天体于阳,故圆以动;地体于阴,故平以静。动以行施,静以合化,埴郁构精,时育庶类。斯谓太元,盖乃道之实也。

这里,张衡把天地的起源分为三个阶段:最初阶段叫"溟涬",指"不可为象"的未分化的元气;"溟涬"亦即"虚无",它是"道之根"。第二阶段叫"庞鸿",指广大统一的元气或"浑沌不分"的"有",也叫"太素",它是"道之干"。第三阶段叫"太元",指元气剖分为天地,天地合气,阴阳构精,便生育出万物。所以,"太元"是自然界的原始,它是"道之实"。《灵宪》把宇宙演化三阶段,称之为道根、道干、道实。在解释有浑沌不分的太素气时引用了老子《道德经》里的话:"有物混成,先天地生。"这些都说明了《灵宪》的宇宙起源思想,其渊源是老子的道家哲学。《灵宪》的宇宙起源学说和《淮南子·天文训》的思想十分相像,不过《淮南子》认为在气分清浊之后,"清阳者薄靡而为天,重浊者凝滞而为地"。天上地下,这是"盖天说"。而《灵宪》主张清气所成的天在外,浊气所成的地在内,这是"浑天说"。此外,张衡不像《淮南子》那样讲"天人感应",他受扬雄影响,称世界第一原理为"玄",著有《玄图》。

张衡在宇宙结构学说上主张"浑天说"。他说:

浑天如鸡子,天体圆如弹丸,地如鸡中黄,孤居于内,天大而地小。天表里有水,天之包地。犹壳之裹黄。天地各乘气而立,载水而浮。

张衡以为这一"浑天如鸡子,地如鸡中黄"的天体结构,"有象可效,有形可度",是人们可以用象与数来把握的领域。他在《灵宪》和《浑天仪》中所说的种种天象和数据,反映了汉代天文学的水平。浑天说是中国以地球为中心的宇宙理论,它与几乎同时的古希腊学者托勒密(Ptolemg,Claudius,90~168)的"地球中心学说"遥相辉映,在当时的条件下,不愧为东西方的两颗明珠。

张衡还认识到了宇宙的无限性。战国时代的《尸子》定义说，"上下四方曰宇，往古来今曰宙"。宇就是空间，宙就是时间。《庄子》一书中就有宇宙在空间和时间上都是无限的说法。而西汉末年的扬雄却认为"阖天为宇，辟宇为宙"，在空间上是有限的，在时间上是有起点的。张衡虽然长期研究扬雄的《太玄经》，并受到扬雄较深的影响，但在宇宙的无限性上却不愿遵循扬雄。张衡的"浑天说"认为，天地是有限的。天球、黄道、天地之间的距离等都是可以度量的。既然天地的形成分阶段，那么世界在时间上就必然有个开始。这个有开始、可度量的世界也就是科学家所知的世界。但张衡认为，在这个有限的天地之外还有一个无限的宇宙。张衡不同意《淮南子》"虚廓生宇宙"的说法，指出：

过此（指天地——引者注）而往者，未之或知也。未之或知者，宇宙之谓也。宇之表无极，宙之端无穷。

就是说，物质世界在时间、空间上是无限的，而人们所观测到的天地是有限的。这个见解是十分可贵的。

第二，张衡在《灵宪》中认识到月亮本身并不会发光，月光是反射的太阳光。他指出：

夫月端其形而洁其质，向日禀光。月光生于日之所照，魄生于日之所蔽；当日则光盈，就日则光尽也。

这就是说：月光的产生是由于太阳照射的结果；月魄（月亮亏缺的阴影部分）的产生是由于太阳光被遮住了的缘故；月亮转到太阳和地球中间，月亮被照射的一面地球上看不见，所以"光尽"；地球转到太阳与月亮中间，月亮被照射的一面，正好对着地球，所以"光盈"。张衡还进一步解释了月食的原因。他说：

当日之冲，光常不合者，蔽于地也，是谓暗虚。在星则星微，遇月则食。

这就是说："望月"的时候，应该能看到满月，但是有时看不到，这是因为日光被地球遮住的缘故，这就是所谓"暗虚"，月亮转到"暗虚"里就发生月食。

从天文学史来看，张衡提出的这样一种月相理论，在《周髀算经》中已有大概："日兆月，月光乃生，故成明月。"西汉京房说得更为明确："先师以为日似弹丸，月似镜体；或以为月亦似弹丸，日照处则明，不照处则暗。"张衡的月相理论和他们没有本质的差别，突出的是张衡强调了月相与日、月相对位置的关系。由此可见，张衡继承和发展了我国古代的天文学传统，他为中国古典的天文学奠定了宇宙论的基础。

第三，张衡在天文学上的另一个贡献，就是记述了恒星的数字。张衡时代，流传于世的星官体系有以《史记·天官书》为代表的体系，有石氏、甘氏、黄帝以及"海人之占"等等的体系。对这些各有特色的体系，张衡做了一番比较、整理和汇总的工作，发展出一整套收罗恒星最多的新体系。据《灵宪》记载：

中外之官常明者百有二十四，可名者三百二十，为星二千五百，而海人之占未存焉。

这就是说:在中原地方所能看见的星共有 2500 个,在海外所看见的没有计算在内,这和近代天文学家观察的结果是相近的。

张衡的这一星官体系整理工作比(三国吴)天文学家陈卓总结甘、石、巫咸三家星官的时代要早 100 多年,而且所包括的星官、星数比陈卓要多得多(陈卓所总结的有 283 官 1464 星),成就当然要比陈卓大。可惜张衡星官体系已经失传,这是我国恒星观测史上的重大损失。

第四,张衡在天文学上另一个重要贡献就是:他不仅是"浑天说"的完成者,而且还根据此种理论创制了新型的浑天仪。这是因为,汉代的天文学家,不但敢于提出科学的假说,而且不断地用简单的仪器进行天文的测量,企图证验他们的假说。据《汉书》所载,武帝太初元年,曾立晷仪下漏刻,以追求二十八宿的地位。武帝时,落下闳又创制一种天文仪器,名曰浑天。宣帝时,耿寿星更铸铜为象,以测天文。和帝永元十四年,霍融改进漏刻。十五年,贾逵创制太史黄道铜仪,定黄道宿度。张衡继承了汉代天文学家的优良传统,他经过了无数次的研究、观察、测验,于公元 117 年制成了世界上最早利用水力转动的"浑天仪",曾使朝野轰动。

所谓"浑天仪",就是一种演示天球星象运动用的表演仪器。据研究,这架浑天仪在《晋书·天文志》中有三处记载。

一处是在"天体"节中,其中引用晋代科学家葛洪的话说:

张平子既作铜浑天仪,于密室中以漏水转之,令伺之者闭户而唱之。其伺之者以告灵台之观天者曰:璇玑所加,某星始见,某星已中,某星今没,皆如合符也。

在"仪象"一节中又有一段更具体的细节描写:

张衡又制浑象。具内外规,南北极,黄赤道。列二十四气,二十八宿,中外星官及日、月、五纬。以漏水转之于殿上室内。星中、出、没与天相应。因其关戾,又转瑞轮蓂荚于阶下,随月盈虚,依历开落。

第三处则在"仪象"体之末,说到张衡浑天仪的大小:

古旧浑象以二分为一度,凡周七尺三寸半分也。张衡更制,以四分为一度,凡周一丈四尺六寸一分。

从这三段记载可知,张衡的浑天仪,其主体与现今的天球仪相仿。这台观察天象的天文仪器是用青铜铸成的,主体是一个球体模型,代表天球。球体可以绕天轴转动。天轴和球面有两个交点即南极和北极。在球的表面上遍列有二十八宿和其他恒星。球面上有赤道圈和黄道圈,二者成 24° 夹角,分列有二十四节气。从冬至点起(古代以冬至作为一年的开始),把圆周分做 $365\frac{1}{4}°$。每度又细分成四个小格。

为了使浑天仪能够自行运动,张衡又设计了一组漏壶,并采用齿轮系把浑天仪和计时用的漏壶联系起来;利用漏壶流水的力量发动齿轮,带动浑天仪运转。通过恰当地选择齿轮的个数和齿数,巧妙地使浑天仪一昼夜转动一周,把天象变化形象地演示了出来。可惜,这一套复杂的转动系统的具体情况没有流传下来。此外,张衡还创制一种机械日历,叫作"瑞轮蓂荚"。所谓蓂荚是一种神话中的植物。据传长在尧帝的居室阶下。随着新月的出现,一天长1个荚,到满月时长到15个荚。过了月圆之后,就一天掉1个荚。这样,数一数蓂荚的荚数就可以知道今天是在一个朔望月中的哪一天和这天的月相了。这个神话曲折地反映了尧帝时天文历法的进步。张衡的机械装置就是在这个神话的启发下发明的。"瑞轮蓂荚"也是用漏水转动的,和浑天仪联动,就可以表示出月亮圆缺的增减情况,也就是按照阴历上的朔日、上弦、望日、下弦、晦日等顺序,一次又一次地循环旋转开合着。所谓"随月盈虚,依历开落",其作用就相当于现今钟表中的日期显示。关于"瑞轮蓂荚"的详细构造,可惜史书上没有记载,我们也无法知道了。

2.在地震学上的贡献

我国是一个多地震的国家。早在3800多年前,我国就已经有了关于地震的记载。对于地震的原因也进行了探讨。东汉时期,地震比较频繁。据《后汉书·五行志》记载,自和帝永元四年(公元92年)到安帝延光四年(公元125年)的三十多年间,共发生了26次比较大的地震。地震区有时大到几十郡,引起地裂山崩、江河泛滥、房倒屋塌,给人民生命财产造成很大损失。张衡对于地震有不少亲自体验,因为太史令职务的职责之一就是掌管地震记录。为了掌握全国各地的地震动态,张衡经过长年研究,终于在阳嘉元年(公元132年)发明了震古烁今的候风地动仪。

据《后汉书·张衡传》记载,地动仪"以精铜铸成,圆径八尺","形似酒樽",顶部有突起的圆盖,表面饰有篆文以及山、龟、鸟、兽等图案。樽的周围镶着8条龙,按照东、西、南、北、东北、东南、西北、西南8个方向排列着。龙嘴衔一铜球,地面上有8只昂首张口的蟾蜍,准备承接龙口中落下来的铜球。樽中有一根高而细的铜柱,称之为"都柱",柱旁有8条通道。道中安有"牙机"(发动机关)。一旦发生地震,地动仪内部的"都柱"就发生倾斜,触动"牙机",使发生地震方向的龙头张开嘴,吐出铜球,跌入蟾蜍口中,哨的一声,人们闻声捡球,就可知道该方向发生了地震。

张衡发明的地动仪的性能很好,据当时记载:"验之以事,合契若神。"138年,陇西(今甘肃省东南部)发生地震,陇西离洛阳1000多里,但张衡安置在洛阳的地动仪龙嘴吐球,测出西方发生过地震。当时在京城的人们却丝毫没有感觉到地震的现象,于是一些人议论纷纷,责怪地动仪不灵验。过了几天,陇西有人飞马来报,证实了张衡的观测,于是,"皆服其妙"。

张衡地动仪的内部结构,史书记载简略,不能详知。后来,南北朝科学家信都芳曾在所著《器准》一书中绘图描述过地动仪的原理和制作方法,隋初临孝恭也写过一部《地动铜仪经》,对这个仪器的机械原理,做了一些说明,但是都失传了。近代中外科学家做了不少研究工作,提出了一些复原方案。1936年,王天木曾发表过《汉张衡候风地动仪造法之推测》的一篇论文;1959年,中国历史博物馆展出了王振铎复原的张衡地动仪模型,终于科学地解决了候风地动仪从外形到结构的全部复原问题。

3.在其他领域的贡献

除天文学、地震学上的成就之外,张衡的科学才能还表现在很多方面。

张衡精通木制机械,曾制造过指南车、记里鼓车(记录行程)、飞行木雕,但都已失传。

在数学上,张衡写过《算罔论》。到唐代此书已经失传。张衡还研究过球的外切立方体积和内接立方体积,研究过球的体积,他对圆周率的研究打破了《周髀算经》关于"径一周三"的说法,定圆周率 π 值为 $\sqrt{10}$,虽不很精确,但却是我国第一个从理论上求得 π 值的人。

张衡还研究过地理学,曾绘制了一幅地形图,流传了几百年。

张衡对史学也有许多研究。他曾对《史记》《汉书》提出过批评,并上书朝廷,请求修订。他还对东汉皇朝的历史档案做过研究,曾上表请求专门从事档案整理工作,补缀汉皇朝的史书。但这些上书均无下文。

他还研究文字训诂的学问,著有《周官训诂》一书,本打算继续完成孔子《易》、说《彖》《象》的残缺部分,但未竟。

在哲学方面,"虽才高于世而无骄尚之情"的张衡,特上疏明义,坚决反对当时流行的"图谶之学"。图谶原是牵强附会、非常荒唐的东西,但由于东汉光武帝自己为了把皇权神秘化而竭力提倡,竟成为当时社会政治思想的重要内容。"图谶之学"的兴起是在西汉时期。许多学者为迎合统治者的需要都违心地争说图谶,以"博贯五经,兼明图谶"为时髦。当时不准反对"图谶之学",否则以"诽谤圣人,目无王法"论处,大学者桓谭就因此送了命。张衡坚持真理,冒险写了《请禁绝图谶疏》,主张把图谶收藏起来。"一律绝之"。他指出图谶并非"圣人之言",而是"虚伪之徒"欺世罔俗的产物。他说学者们不去研究有实际用处的学问而去争说图谶,这就好比画家不画犬马而喜画鬼怪,因为犬马有形难以画得相像,鬼怪无形可以胡乱涂抹。这是至为深刻的揭露,同时也表现了张衡同唯心主义做斗争的勇敢精神和坚持实事求是的原则。

作为科学家的张衡同时又是东汉的一位重要作家,长于诗赋,有独创性。汉代文学主要是赋,它兼有散文和韵文的性质,其主要特点是铺陈写物,不歌而诵。赋的形成和发展经历了很长的时间,它产生于战国后期,接受了纵横家游说之辞及楚辞的巨大影响,到汉代达到鼎盛阶段。赋至东汉戏为末流,形式主义倾向严重,一味模拟,少有新意。张衡则不同,他的《二京赋》曾花了 10 年的创作功夫。他虽然也模拟班固的《两都赋》,但有新鲜内容,特别是对统治者的穷奢极欲进行了讽刺,他警告统治者不要结怨于民,以免乐极生悲,记住"水所以载舟,水所以覆舟"的危险性。他在河间相任期内创作的《四愁诗》,寄托了他高远的志向和略带忧郁的遐思,热情而又委婉,富有感人的力量。诗分四章,写他的"所思"在"泰山""桂林""汉阳""雁门"等远道,但都有所障碍,而不能致。请看:

一思曰：我所思兮在泰山，欲往从之梁父艰，侧身东望涕沾翰。美人赠我金错刀，何以报之英琼瑶。路远莫致倚逍遥，何为怀忧心烦劳？

二思曰：我所思兮在桂林，欲往从之湘水深……

三思曰：我所思兮在汉阳，欲往从之陇阪长……

四思曰：我所思兮在雁门，欲往从之雪纷纷，侧身北望涕沾巾。美人赠我锦绣段，何以报之青玉案。路远莫致倚增叹，何为怀忧心烦惋。

张衡的《四愁诗》吸收了古典文学和民歌的优美技巧，在思想上追随伟大诗人屈原《楚辞》的传统，在内容上含有爱国主义成分。另外，他的《思玄赋》中有大段文字描述自己升上了天空，遨游于众星之间，可说是一篇优美的科学幻想诗。除了上述诸文外，遗留至今的还有《温泉赋》《归田赋》等20多篇，都是辞义俱佳的力作。

万祀千龄　为人敬仰

张衡之所以能够在科学上做出杰出成就，成为伟大的科学家，既有其外在条件，又有其内在的因素。

一方面，张衡的科学成就与汉代科学的发展尤其与当时数学的发展密切相关。东汉初年问世的《九章算术》，反映了那时数学的成就。这是继公元前1世纪的《周髀算经》之后，又一部重要的数学著作，它标志着中国古代实用数学体系的形成，在后来1000多年中一直被用作教材。在医学方面，东汉时期出现了一些药物学、内科学的重要著作，总结了当时的医学成就。如《神农本草经》，记述365种药物的性能和疗效，是我国本草学的重要文献。张机所著《伤寒杂病论》，是内科学的重要著作。华佗是东汉末年的名医，他在外科、内科、针灸方面，都有精湛的医术。他使用"麻沸散"对人体进行麻醉，开创了世界医学史上全麻手术成功的先例。他又创造了以健身为目的的"五禽戏"，也为后人称道。东汉前期科学技术的成就，都对张衡从事科学事业有着重要的影响。

另一方面，张衡好学不倦，"如川之逝，不舍昼夜"，他虚怀若谷，抱定"约己博艺，无坚不钻"的决心，脚踏实地地进行工作，不为外界的冷嘲热讽所动摇。他曾在《应问》一文中表明了自己的志向。文中说到，有的人劝他不要去钻研那些难而无用的技术，应该"卑体屈己，美言"以求多福。他回答说："君子不患位之不尊，而患德之不崇；不耻禄之不伙，而耻知之不博。"他讲，有些人认为技术无用，我却唯恐高明的人不教我。这里充分表达出张衡作为一个科学家渴求知识、敢于和鄙弃知识的社会愚昧思想做斗争的崇高精神。他非常谦虚谨慎，勤学不倦，表现了强烈的事业心和勇敢进取的研究风格。他曾说过："捷径邪至，我不忍以投步"，表明了他实事求是的科学态度。所有这些，都是张衡在学术上取得辉煌成就的重要原因。

张衡一生为我国科学文化做出了卓越贡献，是我国古代一位伟大的科学家。他曾两度担任管理国家典籍、天文历法的太史令，精通天文历算，对中国天文学的发展，有过巨大的影响。张衡是古代"浑天说"的集大成者，他的《灵宪》和浑天仪都是我国古代天文学方面极其重要的科学成就。它一方面总结了古代天文学的珍贵成果和丰富经验，另一方面展示了运用科学仪器的卓越典范。尤其是浑天仪，这种精密的科学仪器提供了极其优秀的观测天象的方法，对以后天文学的研究发生了很大的启发作用。如南朝宋文帝元嘉十三年（公元436年），太史令钱乐之曾铸造浑仪和小浑天，大体和张衡的浑天仪相同。唐朝初年，李淳风、梁令瓒等更重新改制浑天仪，基本上和张衡的方法相同。北宋苏颂、元代郭守敬，对浑天仪的制法也都有更多的改进。总之，浑天仪在世界天文仪器发展史上堪称一绝。张衡还创制了世界上第一架测定地震方向的地动仪。1000多年以后，古波斯马哈拉天文台才出现类似的地震仪，欧洲则是在1700多年以后才有水银流溢地震仪。这些表明，张衡在科学研究上能结合实际，善于综合学习前人的科学经验，更能创新改进，有所发明。他的朋友崔瑗在为他写的墓碑中赞道："数术穷天地，制作侔造化。"前一句是称道他数学、天文学知识之渊博，后一句则赞颂他制造的各种器物之神奇。张衡在机械制造方面是非常高明的。《太平御览·五艺部九》引晋代葛洪《抱朴子》曰："木圣：张衡、马钧是也。"现在的中国科技史家都公认马钧是我国三国时代的一位杰出的机械发明家，而在葛洪看来，张衡、马钧都是一代木圣。

张衡一生多才多艺。他擅长绘画，唐朝张彦远在《历代名画记》中称张衡是东汉的四大名画家之一。在文学上，他的《二京赋》是汉代大赋的代表作，其特点是在描写时注意实际的地理形势及物产民俗等内容，有较强的思想性。他的《四愁诗》寄意深刻、情韵缠绵、格调新颖，不仅表现得生动真切，清新自然，而且艺术性很高。这种抒情诗在两汉作品中并不多见，对后世的影响甚大，鲁迅还模拟过它。我国文学史家郑振铎先生曾给予高度评价，他说："张衡《四愁诗》之不朽，在于它的格调是独创的，音节是新鲜的，情感是真挚的，杂于冗长浮夸的无情感的诸赋中，自然是不易得见的杰作。"

张衡不仅在自然科学、文学艺术上获得了卓越的成就，而且在学术思想和政治理论上也同样保持清醒的头脑。在学术上，他跳出了经学上古文学派或今文学派的圈子，不肯做个学究式的"传经博士"，突破了学术上迷信欺罔的气氛，公开冒犯当时的朝章国典，明确地提出反对图谶的主张；在政治上，他虽然淡泊名利，却不是一味清高，不问政治，不讲原则的人。他的政治抱负就是八个字："佐国理民，立德立功。"他曾向顺帝上书，讽示近世宦官为祸，要皇帝"惟所以稽古率旧，勿令刑德八柄不由天子"，要求皇帝"恩从上下，事依礼制"。这表明张衡在政治实践上也曾参加积极而进步的活动。

南朝杰出数学家

——祖冲之

名人档案

祖冲之：杰出的数学家,科学家。南北朝时期人,汉族,字文远。生于宋文帝元嘉六年,卒于齐昏侯永元二年。祖籍范阳郡道县(今河北涞水县)。为避战乱,祖冲之的祖父祖昌由河北迁至江南。祖昌曾任刘宋的"大匠卿",掌管土木工程;祖冲之的父亲也在朝中做官。祖冲之从小接受家传的科学知识。青年时进入华林学省,从事学术活动。一生先后任过南徐州(今镇江市)从事史、公府参军、娄县(今昆山市东北)令、谒者仆射、长水校尉等官职。其主要贡献在数学、天文历法和机械三方面。

生卒时间:429 年~500 年。

历史功过:祖冲之通过艰苦的努力,他在世界数学史上第一次将圆周率(π)值计算到小数点后七位,即 3.1415926 到 3.1415927 之间。他提出约率22/7 和密率 355/113,这一密率值是世界上最早提出的,比欧洲早一千多年,所以有人主张叫它"祖率",也就是圆周率的祖先。

名家评点:为纪念这位伟大的古代科学家,人们将月球背面的一座环形山命名为"祖冲之环形山",把小行星1888 命名为"祖冲之小行星"。

博访前故　远稽昔典

在古代,我国的科学技术成就在当时的世界上一直是遥遥领先的,并且涌现出大量优秀的科学家、发明家,祖冲之就是他们中间的一位杰出代表。他在我国乃至世界科技史上都有着重要的地位。

祖冲之,字文远,祖籍范阳蓟县(今河北省涞水县北),公元429年(刘宋元嘉六年)生。五世纪初,在我国历史上形成了南北朝对峙的政治局面。祖冲之生活在南朝的宋(公元420年~479年)、齐(公元479年~502年)两个朝代。宋、齐地处长江中下游,都城建康(今江苏省南京市)。西汉以前,这片地区经济比较落后。东汉、三国以来,由于北方战乱不断,大量人口南迁,带来了较为先进的农业和手工业技术,使得南方经济不断发展。到了西晋末年,北方连年战乱,黄河流域人民大量南迁。祖冲之的先辈就是在这个时期迁居南方的。据史书记载,他的曾祖父曾经在东晋为官,其祖父和父亲都在刘宋时候做过官。

刘宋是宋武帝刘裕建立的(为了区别于后来赵匡胤所创宋朝,故将刘裕所创宋朝称为刘宋)。祖冲之虽然生长在官宦人家,但并无纨绔子弟习气,自幼发愤学习,孜孜不倦,注意探索真理,善于思考问题、研究问题,因而他在青少年时代就以学问广博、知古通今、勤思善考著称于当时。由于有了博学多才的名声,二十五岁时,他就被朝廷召进了华林学省。华林学省是专为有才能的人设立的研究学习机构,进这个机构的人被称为华林学士。祖冲之在这里读了许多书,积累了更多、更丰富的知识。几年后,他又先后到南徐州(今江苏镇江)、娄县(今江苏昆山)等地担任官职。直到刘宋末年他快五十岁时,才回到京都建康任职。在这期间,他深入研究了天文历法和数学,并且取得了开创性的科学成就。回到建康之后,他在机械制造方面又做出了杰出的贡献。宋亡后,祖冲之又出仕南齐。在六十多岁的时候,他被提升为守卫京都的禁卫军首领——长水校尉。公元500年,这位杰出的大科学家与世长辞,享年七十二岁。

祖冲之一生虽然在宋、齐两个朝代为官,但他不同于一般的封建文人,没有因为做官而放弃学问,把自己的学问当成求官的手段;也不同于一般的封建官吏,做官之后只知吃喝享乐、作威作福,只想到自己的功名利禄。他在为官期间,除了处理繁杂的政事,仍然坚持钻研学问;同时对国计民生也十分关心,希望能兴利除弊、造福百姓,但是由于各种原因,他的政治抱负没有能够实现。但是祖冲之在学术上的光辉成就却是光照千古,不仅成为中华民族的骄傲,也为全人类做出了巨大的贡献。他的学识广博精深,其学术上的成就是多方面的;他是一位伟大的科学家,对于天文历法、数学、机械制造等各门科学无不精通,留下了许多不朽的科学著作和创造发明;他擅长哲理、文学、经学和音乐理论;他对我国古代思想家的思想有过深刻的研究,写了一些研究《周易》《老子》《庄子》《孝经》《论语》等古代思想哲学著作的文章;并著有小说《述异记》十卷,可惜均已失传。历史上像他这样精力充沛、学识广博而精深的学者,是非常罕见的。

为什么祖冲之会在科学上取得如此非凡的成就呢?这里当然有他自身的天赋条件和努力研究的原因;同时与他所处时代的封建经济文化的发展也有着相当密

切的关系。可以说是时代造就英才。

　　祖冲之生活在南朝的宋、齐时代。而南朝时代是我国南方封建社会经济文化迅速发展的历史时期。自从西晋末年，我国出现了长期的南北分裂局面，先后形成东晋与十六国、南朝和北朝的长期对峙的局势。自古以来北方地区就是我国经济文化中心，但战乱也是以北方为中心的，经过西晋末年和十六国时期的长期动荡不安，社会生产遭到极为严重的破坏。与此同时，原来比较落后的南方经济文化由于北方居民的南迁带来了大量先进技术及政局的相对稳定而有了很大的发展。据史书记载，北方南迁有户籍的人口，占到了刘宋时期南方全部人口的六分之一以上。他们的到来，增加了大量的劳动力，带来了北方地区的先进的生产工具和生产技术，使南方广大地区的垦田面积有了大幅度增加，生产技术有了显著的进步。祖冲之生活的南朝前期，南方地区的农业生产较之过去有了明显的发展。这时，南方各地已经普遍使用牛来耕田；北方的辕犁、蔚犁等先进生产工具也都先后传入南方；粪肥的使用逐渐推广；水利灌溉工程在原有的基础上又有了进一步的发展。以上诸方面因素使得南方广大地区由过去的粗放耕作方法逐渐为精耕细作所代替，粮食的产量有大幅度增长，而且过去一些地广人稀的地区逐渐被开发出来。

　　在农业发展的过程中，手工业也有很大的发展。例如丝织业：三国时代，丝织业以益州（今四川成都地区）为中心，江南的丝织业虽有所发展，但无论从技术上或数量上都无法同益州的“蜀锦”相比。到了东晋南朝时期，南方各地的丝织业有了很大发展，养蚕技术提高很快，永嘉郡（今浙江温州一带）有了“八辈蚕”，一年能够收茧八次。因此，江南地区的织丝制帛工业发展迅猛。到了刘宋时代，江南地区的丝绢布帛等产品闻名全国，在各地都很受欢迎。此时，还有不少的江南织工、缝工随来访的日本使者东渡传授技术，这对日本丝织技术与缝纫技术的提高，起到了很大的促进作用。在此时，江南地区的其他各项手工业，如金属冶炼业、造纸业、陶瓷制造业、造船业等各行业，都较前代有了长足的发展。

　　科学技术是随着社会经济发展的需要而向前发展并为之服务的。东晋南朝时期，社会经济的不断发展推动了科学技术的蓬勃发展，因此这段历史时期科技以及其他方面人才辈出，并且造就了像祖冲之这样一位闻名世界的杰出科学家。

　　祖冲之是一位富于开拓精神的伟大科学家。他在继承前辈科学家优秀成果的基础上深入研究、推陈出新，创造出令人注目的成就。他是一位全才的科学家，无论在数学、天文历法、机械制造等各门学科上，他都取得了非凡的成果。

专功数术　搜炼古今

　　祖冲之是世界上第一位将圆周率准确地推算到小数点后七位数值的科学家，并将这一纪录在世界上保持了一千年之久。

在祖冲之以前，我国在数学方面已经达到世界先进水平，涌现出许多杰出的数学家和优秀的数学著作。早在原始社会末期，"龙山文化"的陶器上已经出现了各种几何图案。商朝时期，已经开始在数学运算中采用十进位制，这是世界上最早的进位制，它的采用大大方便了数学计算。春秋时代成书的《周易》，是世界上第一本研究排列组合的书。到了战国时代，百家争鸣，数学有了进一步的发展，出现了运用至今的"九九"乘法口诀；在几何学方面，已普遍地运用尺规作图，从而促进了几何学的发展。同时，在诸子百家的著作中，也提出了许多有价值的数学理论。例如：墨家学派的经典《墨子》中，有不少地方涉及几何学上的一些基本问题，对此它都准确地定义，其准确程度与古代西方流行的欧几里德的《几何原本》不相上下。道家学派所著的《庄子》中，提出了极限理论，其中的著名例证，"有一根一尺长的棍子，每天截其一半，那永远也截不完"，至今仍被讲解数列极限所经常引用。

到了秦汉魏晋之际，随着封建经济的巨大发展，与之密切相关的数学也有了长足的进步，涌现了一大批的数学著作和知名的数学家。其中最主要的著作有《周髀算经》《九章算术》和《海岛算经》。《周髀算经》成书的年代不晚于公元前一世纪，作者已经不知道了，东汉著名数学家赵君卿为之做过注，其主要成就在于提出了著名的"勾股定理"及采取了较为复杂的分数运算等方面。《九章算术》的成书年代同《周髀算经》大约同时，最初的作者是谁也已不知道了，许多数学家都对此书进行过增订删补，如西汉数学家张苍、耿寿昌、许商、杜忠等，三国时期著名数学家刘徽为之作了注。这部著作集先秦、秦汉时期数学优秀成果之大成，对以后中国古代数学产生了非常深刻的影响。全书分为方田（主要是计算田亩的方法）、少广（主要是开平方和开立方的方法）、商功（主要是计算各种体积，解决筑城、兴修水利等建筑工程中的实际问题）、粟米（主要是计算各种粮食间的换算方法）、差分（主要是等级式的计算方法）、均输（主要是计算征收和运输粮食的方法）、盈虚（主要是统计有关生产收入的问题）、勾股（主要是勾股定理的实际运用方法）等九章，共二百四十六个问题及每个问题的解法。这部书从数学成就上看，首先应该提到的是：其中记载了当时世界上最先进的分数四则运算和比例算法。另外，书中记载的开平方和开立方的方法，实际上就是求解一元二次方程；而为解方程而联立方程组的解法，比欧洲同类算法早出一千五百多年。书中还在世界数学史上第一次提出了负数概念和正负数的加减法运算法则。《九章算术》不仅在中国数学史上占有重要地位，它的影响还远及国外，朝鲜、日本都曾把《九章算术》作为教科书，其中的某些计算方法，还传到了印度、阿拉伯和欧洲。

《海岛算经》的作者是三国时期的刘徽。在这部书中，他主要讲述了利用标杆进行两次、三次及至四次测量来解决各种测量数学的问题，其在此方面的造诣之深，远远超越了当时的西方数学家。而这种测量数学，正是地图学的数学基础。

除了以上三部著作外，较为重要的数学著作还有《孙子算经》《五曹算经》《夏侯阳算经》等。

祖冲之经过刻苦钻研,继承和发展了前辈科学家的优秀成果。他对于圆周率的研究,就是他对于我国乃至世界的一个突出贡献。祖冲之对圆周率数值的精确推算值,用他的名字被命名为"祖冲之圆周率",简称"祖率"。

　　什么是圆周率呢? 圆有它的圆周和圆心,从圆周任意一点到圆心的距离称为半径,半径加倍就是直径。直径是一条经过圆心的线段,圆周是一条弧线,弧线是直线的多少倍,在数学上叫作圆周率。简单说,圆周率就是圆的周长与它直径之间的比,它是一个常数,用希腊字母"π"来表示。在天文历法方面和生产实践当中,凡是牵涉到圆的一切问题,都要使用圆周率来推算。

　　如何正确地推求圆周率的数值,是世界数学史上的一个重要课题。我国古代数学家们对这个问题十分重视,研究也很早。在《周髀算经》和《九章算术》中就提出径一周三的古率,定圆周率为三,即圆周长是直径长的三倍。此后,经过历代数学家的相继探索,推算出的圆周率数值日益精确。西汉末年刘歆在为王莽设计制作圆形铜斛(一种量器)的过程中,发现直径为一、圆周为三的古率过于粗略,经过进一步的推算,求得圆周率的数值为 3.1547。东汉著名科学家张衡推算出的圆周率值为 3.162。三国时,数学家王蕃推算出的圆周率数值为 3.155。魏晋之际的著名数学家刘徽在为《九章算术》作注时创立了新的推算圆周率的方法——割圆术。他设圆的半径为 1,把圆周六等分,作圆的内接正六边形,用勾股定理求出这个内接正六边形的周长;然后依次作内接十二边形,二十四边形……,至圆内接一百九十二边形时,得出它的边长和为 6.282048,而圆内接正多边形的边数越多,它的边长就越接近圆的实际周长,所以此时圆周率的值为边长除以 2,其近似值为 3.14;并且说明这个数值比圆周率实际数值要小一些。在割圆术中,刘徽已经认识到了现代数学中的极限概念。他所创立的割圆术,是探求圆周率数值的过程中的重大突破。后人为纪念刘徽的这一功绩,把他求得的圆周率数值称为"徽率"或称"徽术"。

　　刘徽以后,探求圆周率有成就的学者,先后有南朝时代的何承天、皮延宗等人。何承天求得的圆周率数值为 3.1428;皮延宗求出的圆周率值为 $\frac{22}{7} \approx 3.14$。以上的科学家都为圆周率的研究推算做出了很大贡献,可是和祖冲之的圆周率比较起来,就逊色多了。

　　祖冲之认为自秦汉以至魏晋的数百年中研究圆周率成绩最大的学者是刘徽,但并未达到精确的程度,于是他进一步精益钻研,去探求更精确的数值。它研究和计算的结果,证明圆周率应该在 3.1415926 和 3.1415927 之间;为了社会上的使用便利起见,他又用 $\frac{22}{7}$(约等于 3.14)作为"约率"(比较简单的数)和 $\frac{355}{133}$(约等于 3.1415927)称为"密率"(比较精密的数)来表示。他成为世界上第一个把圆周率的准确数值计算到小数点以后七位数字的人。直到一千年后,这个记录才被阿拉伯数学家阿尔·卡西和法国数学家维叶特所打破。祖冲之提出的"密率",也是直到一千年以后,才由德国的奥托和荷兰的安托尼兹所重新得到。但是在西方数学史上,却把 $\pi \approx \frac{355}{113}$ 称之为"安托尼兹率",还有别有用心的人说祖冲之圆周率是在明朝末年西方数学传入中国后伪造的。这是有意的捏造。记载祖冲之对圆周率研究情况的古籍是成书于唐代的史书《隋书》,而现传的《隋书》有元朝大德丙午年(公元 1306 年)的刊本,其中就有和其他现传版本一样的关于祖冲之圆周率的记载,事在明朝末年前三百余年。而且还有不少明朝之前的数学家在自己的著作中引用过祖冲之的圆周率,这些事实都证明了祖冲之在圆周率研究方面卓越的成就。

那么,祖冲之是如何取得这样重大的科学成就呢? 可以肯定,他的成就是建立在前人研究的基础之上的。从当时的数学水平来看,祖冲之很可能是继承了刘徽所创立和首先使用的割圆术,并且加以发展,因此获得了超越前人的巨大成就。在前面,我们提到割圆术时已经知道了这样的结论:圆内接正 n 边形的边数越多,各边长的总和就越接近圆周的实际长度。但因为它是内接的,又不可能把边数增加到无限多,所以边长总和永远小于圆周。

祖冲之按照刘徽的割圆术之法,设了一个直径为一丈的圆,在圆内切割计算。当他切割到圆的内接一百九十二边形时,得到了"徽率"的数值。但他没有满足,继续切割,作了三百八十四边形、七百六十八边形……一直切割到二万四千五百七十六边形,依次求出每个内接正多边形的边长。最后求得直径为一丈的圆,它的圆周长度在三丈一尺四寸一分五厘九毫二秒七忽到三丈一尺四寸一分五厘九毫二秒六忽之间,上面的那些长度单位我们现在已不再通用,但换句话说:如果圆的直径为 1,那么圆周小于 3.1415927、大于 3.1415926,圆周率的实际数值就在其中。祖冲之提出的"约率" $\frac{22}{7}$ 和"密率" $\frac{355}{133}$ 虽然均比圆周率的实际数值为大,但前者约大千分之四,后者大不到千万分之一,它们的提出,大大方便了计算和实际应用。

要做出这样精密的计算,是一项极为细致而艰巨的脑力劳动。我们知道,在祖冲之那个时代,算盘还未出现,人们普遍使用的计算工具叫算筹,它是一根根几寸长的方形或扁形的小棍子,有竹、木、铁、玉等各种材料制成。通过对算筹的不同摆法,来表示各种数目,叫作筹算法。如果计算数字的位数越多,所需要摆放的面积就越大。用算筹来计算不像用笔,笔算可以留在纸上,而筹算每计算完一次就得重新摆动以进行新的计算;只能用笔记下计算结果,而无法得到较为直观的图形与算式。因此只要一有差错,比如算筹被碰偏了或者计算中出现了错误,就只能从头开始。要求得祖冲之圆周率的数值,就需要对九位有效数字的小数进行加、减、乘、除和开方运算等十多个步骤的计算,而每个步骤都要反复进行十几次,开方运算有50 次,最后计算出的数字达到小数点后十六、七位。今天,即使用算盘和纸笔来完成这些计算,也不是一件轻而易举的事。让我们想一想,在一千五百多年前的南朝时代，一位中年人在昏暗的油灯下，手中不停地算呀、记呀，还要经常地重新摆放数以万计的算筹，这是一件多么艰辛的事情，而且还需要日复一日地重复这种状态，一个人要是没有极大的毅力，是绝对完不成这项工作的。

"祖率"——$\pi=\dfrac{355}{113}$，让我们记住这个数字，它是祖冲之在数学方面的杰出贡献。这一光辉成就，也充分反映了我国古代数学高度发展的水平。祖冲之，不仅受到中国人民的敬仰，同时也受到世界各国科学界人士的推崇。1960年，苏联科学家们在研究了月球背面的照片以后，用世界上一些最有贡献的科学家的名字，来命名那上面的山谷，其中有一座环形山被命名为"祖冲之环形山"。

祖冲之在圆周率方面的研究，有着积极的现实意义，适应了当时生产实践的需要。他亲自研究过度量衡，并用最新的圆周率成果修正古代的量器容积的计算。

古代有一种量器叫作"釜"，一般的是一尺深，外形呈圆柱状，那这种量器的容积有多大呢？要想求出这个数值，就要用到圆周率。祖冲之利用他的研究，求出了精确的数值。他还重新计算了汉朝刘歆所造的"律嘉量"（另一种量器，与上面提到的釜都是类似于现在我们所用的"升"等量器，但它们都是圆柱体。），由于刘歆所用的计算方法和圆周率数值都不够准确，所以他所得到的容积值与实际数值有出入。祖冲之找到他的错误所在，利用"祖率"校正了数值。

以后，人们制造量器时就采用了祖冲之的"祖率"数值。

祖冲之在数学研究方面，除了圆周率外，还有其他成就，并著有《缀术》一书。《隋书》评论认为《缀术》理论十分深奥，计算相当精密，学问很高的学者也不易理解它的内容，在当时是数学理论书籍中最难的一本。

在《缀术》中，祖冲之提出了"开差幂"和"开差立"的问题。"差幂"一词在刘徽为《九章算术》所做的注中就有了，指的是面积之差。"开差幂"即是已知长方形的面积和长宽的差，用开平方的方法求它的长和宽，它的具体解法已经是用二次代数方程求解正根的问题。而"开差立"就是已知长方体的体积和长、宽、高的差，用开立方的办法来求它的边长；同时也包括已知圆柱体、球体的体积来求它们的直径的问题。所用到的计算方法已是用三次方程求解正根的问题了，三次方程的解法以前没有过，祖冲之的解法是一项创举，这是他在数学上的又一重要成就。

《缀术》六卷，是我国历史上非常有价值的科学著作之一。隋唐时期对《缀术》相当重视，都把这本书列为官家学校数学科的主要教科书。在唐代，专学数学的人分成两组：第一组所用的教科书是历代相传的《周髀算经》《九章算术》及《海岛算经》第八部数学专著，学习六年毕业；第二组所使用的教科书则是更深奥的《缉古算经》和《缀术》，共学习七年后毕业。其中《九章算术》与《海岛算经》两部书规定共学习三年；《缉古算经》是很深奥难懂的专著，规定学习三年；可是《缀术》规定要学习四年，学时最长。考试时也按这样分成两组，每组各考十道试题，而第二组中，《缀术》题要占六道。从以上的学制和考试制度来看，《缀术》所占的地位要超过其它的各种算书,因此《缀术》的科学价值和程度的玄奥高深也是可想而知的。

随着隋唐时期中国文化的四处传播,我国的数学也随之传到了东方的日本。当时的日本在各方面都尽量仿效我国,多次派"遣隋使""遣唐使"来我国学习先进的科学文化与各项礼仪制度。在数学学科方面,也建立了同唐朝一样的学制和考试制度,《缀术》同时受到了高度的重视。但是,到了唐朝末年,各地藩镇割据、战乱纷纷,国家办的数学教育无法维持下去,数学书籍多有散失。到了赵匡胤统一全国建立起来朝时,就仅有少数传本留传下来。《缀术》一书,不久也就在北宋天圣、元丰年间(公元 1023 年~1078 年)失传了。流传到日本以及朝鲜的《缀术》一书也都先后散佚,没有保留下来。这是我国古代科学文化上的巨大损失,是非常可惜的。今天,我们所能了解到《缀术》中的部分内容,是其他史书及数学类书所转记的。如唐代史学家在修《隋书》时,在这部史书的《律历志》里保存了关于祖冲之推算圆周率的记载并转引了几句应该是《缀术》内容中的话,文字虽少,价值却十分巨大。

日本有一本记载数学史的书,叫作《见在书目》,书中记载了有个叫祖仲的人注解过《九章算术》《海岛算经》等书,我们知道祖冲之曾为《九章算术》做过注,祖仲应是祖冲之的笔误,并且从这里也可以知道他可能还注解过《海岛算经》。由此可见,祖冲之的著作和理论,不仅在隋唐的数学教育中占有相当的地位,而且对日本也有过很大的影响。这足以说明祖冲之在数学上的造诣之深和贡献之大,不愧是我国古代科技界的杰出代表。祖冲之的数学成果,正如同我国许多的优秀文化、科技成果一样,远在一千多年前,就已经在同其他国家、民族的文化交流中,做出了它的贡献。

天文历法在我国历来是受到非常重视的一门科学。在祖冲之以前,这门科学在我国已经有了长期发展的悠久历史,取得了许多项在当时世界上遥遥领先的研究成果。

早在公元前二十一世纪到公元八世纪的夏、商、西周时代,随着农业生产的不断发展,人们越来越注意天象气候的变化,从长期的观察中,总结出不少的天文知识,制定出历法。相传在远古时代已经制定出我国历史上最早的一部历法,即《黄帝历》。到了夏代,又制定出以阴历正月为岁首的《夏历》,这是现代阴历的起源。到了商、周时代,为适应农业生产发展的需要,开始使用阴阳合历,分别以阴历十二月与阳历十一月为岁首。由于一个阴历年只有 354 天,与一个阳历年差 11 天多,为了调整阴阳历参差,开始设置了闰月。同时商、周时代对天象的观测也有了不少的成果。如商代已经发现了日月食现象,甲骨文中已有关于日月食的记录。西周时,人们已经注意到天体运行和星座位置的变化,对一些星座开始命名,并发明了岁星(即木星)纪年法、二十八宿观测法、土圭测目法等改进历法的依据。进入春秋战国时代,随着生产的迅速发展,天文历法也有不少的进步。春秋时期,在观测恒星、彗星和日月食方面出现了不少的新成就,例如记载下了世界上最早的有关哈雷彗星的记录，当时对夏至和冬至时间的观测也较为准确了，而且基本上区分了二十四节气。到了战国时代，开始出现一些专门研究星象运行的学者，其中最著名的是齐人甘德和魏人石申，他们各写了一部天文学著作，被后人合称为《甘石星经》，在这本书中记录了金、木、水、火、土五大行星出没的规律；还详细地记录了黄道附近恒星的位置及其距离北极点的度数，这是世界上最早的恒星表。

到了秦汉时代，随着封建经济的进一步发展，科学文化事业更加繁荣昌盛，其中与农业生产有着密切联系的天文历法更为突出。西汉司马迁著的《史记》和东汉班固的《汉书》两部著名史书中，就有专门记录星象和历法的《天官书》与《天文志》《律历志》。杰出的天文学家张衡发明了浑天仪和地动仪，并著有天文学专著《灵宪》一书。至于历法，秦始皇统一六国后，发现春秋战国时期历法混乱，各诸侯国采用的历法不一，为统一历法，他令人另造新历，以阴历十月为岁首，称为《颛顼》。汉初延续了秦制，也是使用《颛顼历》。到了汉武帝元封年间（公元前110年~前105年），大夫公孙卿、壶遂、太史令司马迁等上书汉武帝，认为秦历不够精确，与实际天象不一致，在历法上不应出现月亮的时候，月亮却高挂在天空，而应当看见月亮的时候却反而瞧不见。武帝就令他们几人及其他一些人另造新历。新历以正月为岁首，于武帝太初元年（公元前104年）宣布实行，在全国范围内使用，这就是《太初历》。《太初历》沿用了188年，到东汉章帝元和二年（公元85年）时，由于《太初历》与天象相差越来越明显，章帝下诏令李梵等人加以修改，修改后的新历称为《四分历》。到了三国时期，魏文帝黄初年间（公元220年~226年），魏文帝采纳太史令韩翊的建议，改《四分历》为《黄初历》。魏明帝景初元年（公元237年），采纳尚书郎杨伟的建议，再次修改历法，定为认农历正月为岁首，此历即为《景初历》。晋武帝时，改《景初历》之名为《泰始历》。所以实际上从曹魏中期到南朝刘宋初年的二百年间，历法皆用《景初历》。

到了宋文帝元嘉年间（公元424年~453年），著名天文学家何承天通过多年的天象观测与实际研究，发现《泰始历》不够精确，已经不符合当时天象了，比如：当时冬至的实际日期已经和历法所载日期差了三天。于是他上报朝廷，受命制造新历。元嘉二十二年（公元445年），新历经政府下令颁行，命名为《元嘉历》。

以上就是祖冲之以前我国古代天文历法的发展概况，这体现了我国广大劳动人民和科学家对于天文历法的观测研究不断深入、精确。正是他们持之以恒的研究，为祖冲之及后人再对天文历法进行深入研究奠定了坚实的基础。

通过对前人的优秀成果的研究，开拓了祖冲之的眼界，提高了他的认识。但是，祖冲之明白，只是依靠前人留下的东西进行研究是远远不够的，于是他非常重视科研实践，走到大自然中，在实践中获取经验，从实践中检验所学的天文历法理论的正确与否。

古代天文观测，特别是为了制订历法所进行的天文观测的中心课题是测量日影的长度。测量日影所用的仪器叫作表，是用铜制的标杆，垂直立于地面上，记录铜表在正午时的日影。这是一项细致而繁琐的工作,需要很大的耐心。祖冲之的观测记录持续十年,从而对铜表这种仪器有了深刻的认识,他说:"我测量日影长度经历十年多了,亲自辨别日影长短,铜表很坚硬,日晒雨淋从不变形,而且表影分明,在进行观测时,它的影子长度能够辨别得很清楚。"

祖冲之用这种方法成年累月地测量日影,例如刘宋大明五年(公元461年)冬,为确定冬至时间,他一连四十多天,不畏寒冷的天气连续观测,用八尺高的铜表测量,再经过计算,确定该年的冬至在阴历十一月三日。就用这种连续测量的办法,祖冲之顶酷暑、冒严寒,最终测定了一年中二十四节气的正午日影长度。

祖冲之为了准确地认识天体运动规律和测定时间,需要测得准确方位,方位不准就会影响到其他测量的准确性。他采用的方法是用五个铜表立于地面,先立南表,在正午太阳照射的表影末端立中表;第三立北表于中表之北,令中表、北表末端都与天空北极星的方向对直。在春分或秋分时候立第四表与第五表。第四表在春秋二分太阳刚露出地平线一半时,立在中表的东边,叫作东表,并使中表、东表和太阳的位置处在一条直线上。第五表在春秋二分日太阳隐入地平线时立在中表的西边,称之为西表,并使中表、西表与此时的太阳位置处于一条直线上。五表全部立完之后,还要进行校正。最后,连接南、中、北三表的直线就是指向南北方向;连接东、中、西三表的直线指向的就是东西方向。这时把中表所在的位置称为"地中"。祖冲之就这样长期进行天文观测,积累了丰富的第一手资料,为他以后的历法研究打下了坚实的基础。

经过长期反复的研究和实际观测,祖冲之发现古代十一家历法(《黄帝历》《夏历》《商历》《周历》《鲁历》《颛顼历》《太初历》《三统历》《四分历》《乾象历》《景初历》)都有不少的错误,推算不够精密。而当时,刘宋政府采用的历法是何承天所制的《元嘉历》。祖冲之认为此历比以前的历法有了相当的改进和提高,可以说是一部较好的历法,同时他也发现《元嘉历》存在不少的缺点和错误。他指出由于《元嘉历》在推算日月等五个天体所在的位置上有差错,因而由此推算出来的节气和所设的闰月也都不够精确。于是,祖冲之下决心改革以往的历法,制定一部更好的、更符合自然实际的新的历法。他根据自己多年的天文观测实践,参考了历代的历法,于宋孝武帝大明六年(公元462年)编成一部新的历书,命名为《大明历》。这时祖冲之才三十四岁。

《大明历》是一部阴阳历合璧的新历法。包括推朔术、推二十四节气术、推日所在度数、推月所在度数、推入阴阳历数、推五星(金、木、水、火、土)位置术等几个部分。它的内容收录在梁朝的一位学者沈约所著的一部历史著作——《宋书》当中,流传至今。

《大明历》中有不少重大改革和天文历法上的先进成果。下面所要介绍的是其中最重要的几项。

什么是岁差呢? 岁差是指春分点在黄道上的西移。由于日、月、行星的吸引,地球自转轴的方向会发生缓慢而微小的变化,因此从这一年的春分到下一年的春分,从地球上看,太阳并没有回到原来的位置,而是逐渐向西移,因此春分点也在移动,随着春分点的移动,全部二十四个节气的位置也在动。但是,在公元四世纪以前,我国还没有发现岁差现象,天文观测者和历法制定者都认为太阳(实际是地球)从头一年的冬至日到下一年冬至运行一周天,正好是一周年。也就是说,那时人们认为每年的冬至,太阳又回到原来出发的位置上了。直到东晋的时候,有一位天文学家虞喜,一生不愿做官求禄,献身天文学,长期坚持天文观测。当他把自己的观测记录和古代记录下来的日月星辰的位置,尤其是冬至日的位置进行了仔细的比较,结果发现了古今的不同。太阳从前一年的冬至到下一年的冬至,并没有回到原来的位置上。岁差被发现了,这是我国天文学史上的一项重要发现。虞喜通过观测和详细计算,求出岁差的值每五十年向西移动一度,这个结果虽然比实际大了一些(现代计算出来的岁差值为每年50.3秒,近72年移动一度),但这是我国天文学史上的第一个岁差值。

岁差的发现对于历法的改革有巨大意义,可是在发现后的一百多年里研究历法的人都没有注意和重视,何承天制定《元嘉历》时也未引入这项成果,因而在改革历法上未能取得大的成效。祖冲之是把岁差引入历法的第一人。他根据自己的实际测验和计算的结果,证实了岁差现象的存在。在编制《大明历》时,他把岁差引进到历法中去。这是我国历法最早对岁差的应用,在我国历法史上有划时代的意义。

由于历法中考虑了岁差,回归年和恒星年才有了区别。回归年是太阳连续两次经过春分点所需要的时间,又叫太阳年,也就是我们在日常生活中所说的"年"。恒星年是太阳连续两次经过某一恒星位置时所需要的时间,也就是地球绕太阳公转的一个真正周期。现代计算表明,回归年要比恒星年短二十分二十三秒,祖冲之也注意到了回归年和恒星年的区别,经过实测和计算,他求出了这两种"年"的日数,并且非常精确地测出一回归年的日数是365.24281481日。现代天文学所测一回归年为365.24219879日,祖冲之的计算结果和这个数字只差50秒,一年之中仅有六十万分之一的误差。这个结果是多么的精确啊!

另外,由于引入了岁差,《大明历》在推算闰年率等方面要比古代历法和《元嘉历》精确。下面,我们就来看看祖冲之在《大明历》中是如何修改闰法的。

远古时代的人们,由于畜牧业和农业生产的需要,经过长期观察,总结经验,发现了日月运行的某些基本规律。我国人民早在四千年前就根据这种规律和月相的变化而制定了阴历和阳历两种历法。阴历是观察月的盈亏变化规律得到的,古人把由上一次月圆(或月缺)到下一次月圆(或月缺)的一段时间规定为一个月,每个月二十九天或三十天,十二个月为一年,共计有354天。阳历是把地球绕太阳运行一周所需要的时间算作一年,阳历一年也是十二个月,日数为365°当时人们还不知道地球绕太阳运行这一事实,而从现象上误以为是太阳绕地球运行,但根据实际观测和计算所得结果和地球绕日运行情况相符合。阴历年和阳历年的日数不同,前者比后者每年要少大约十一天,阳历年符合季节的变化,每年情况都差不多;阴历和节气之间却没什么规律可言,变化很大。因此就有必要调整阴历年的日数,使之和阳历年的日数一致。

我国古代劳动人民在长期实践中找到了解决这个问题的办法,发现了闰法,隔两三个阴历年,多加一个阴历月,叫作"闰月"。加了闰月的阴历就可以补上和阳历的差距,这种历法是阴阳全历,一般称之为"阴阳历"。现在我们所说的农历,实际上就是阴阳历。当时所使用的闰法是十九年七闰,即十九个阴历年中加七个闰月,并把这十九个阴历年叫作一"章岁"。这种闰法在当时是一种创造。

但十九年七闰法并不够精确和完善,经过二百年就会多出一天,将会影响到历法中的其他数据。于是有人提出了改革,破除章岁。东晋义熙八年(公元412年),北朝北凉的赵𪩘作《元始历》,第一次改革了旧闰法,在六百年中加入二百二十一个闰月,但是没能被人们接受。二十一年后,何承天编制的《元嘉历》仍然用的是十九年七闰的旧闰法。

过了整整半个世纪,祖冲之不畏旧章法的束缚,彻底打破了十九年七闰的沿用了近千年的旧闰法。他根据自己的长期实际观测,再加上赵𪩘改革闰法的启发,在《大明历》中将闰法改为三百九十一年中设一百四十四个闰月,以解决旧章法闰数过多的问题。祖冲之改革闰法、破除章岁的行动,在科学界产生了很大的影响。后来研究历法的人总要讨论闰法问题,改革闰法也就成为以后改革历法的主要内容之一。祖冲之以后,十九年七闰的旧闰法被彻底废弃。这是祖冲之在历法改革中的一项重要的贡献。

祖冲之在制定《大明历》时,不仅做了上述两项重大改革,在其他方面也取得了出色的成就。比如在历法计算中第一次引入了交点月的概念。所谓交点月,是月亮沿白道(月亮在天球上运行的路线)运行的时候,过一个黄白交点(黄道是太阳在天球上运行的路线,黄白交点就是黄道和白道的交点)环行一周的时间。他推算出一交点月是27.21223日,和现代数据相差不到一秒钟。由于日食和月食都发生在黄白交点附近,所以准确求得交点月,就能精确的预测日月食。例如用《大明历》推算从元嘉十三年到大明三年(公元436年~459年)这二十三年中所发生的四次月食和月亮在天空的位置与时间,都和实际情况完全符合。

祖冲之是我国天文学史上第一个提出交点月的天文学家,并且也是求出交点月数值的第一人。这是祖冲之在天文学上的另一项重大贡献。由于发现了交点月,使我国历法上关于月的概念才算完备了,"月"一共有五种概念,即祖冲之的交点月概念和"近点月""经天月""恒星月""朔望月"等四种概念。"近点月"即月球在自己轨道上由上一次近地点到下一次近地点的运行周期;"经天月"就是在一章岁中月长的平均值;"朔望月"是月相由朔(月亮开始看不见之时)到朔或由望(月亮满月之时)到望的周期;"恒星月"是月亮在天空运行一周的时间。

在现代，我们知道太阳系有九大行星：水星、金星、火星、木星、土星、天王星、海王星、冥王星以及我们人类生存的地球。按照距太阳远近的次序，地球在第三位，处于金星和火星之间。而在古代，由于观测水平的限制，只发现了距地球最近的五颗行星，即水星、金星、火星、木星、土星。又因古代天文观测是以地球为宇宙中心的错误宇宙观，所以认为这五颗行星都是围绕地球转的。在古代所说的"五星""五律""五珠"等等就是指的水、金、火、木、土这五颗肉眼能看到的行星。

我国古代人民很早就对五大行星进行了观测研究，并给它们起了专门的名称，比如把金星叫"太白"（这样我们也就知道了神话传说中为什么管那个天上的白胡子老神仙叫作"太白金星"了吧），土星叫作"镇星"，木星叫"岁星"等等，此外还发现了它的出没规律。我国古代从西周开始使用岁星纪年法。由于当时发现木星运行一周天所需时间为十二年，于是把它的轨道分为相等的十二段，每一段称为一"辰"，也就是一年。由于重要星座大都位于黄道附近，所以将黄道也分为十二段，与木星运行的轨道相对应，这样就便于天文观测和记年（岁），故木星又名"岁星"。

但实际上木星的公转周期并非恰好是十二年。西汉时期，汉武帝从民间调了一批天文学家到朝廷研究历法，在公元前 104 年编出著名的《太初历》，其中对木星运行周期为十二年的古法进行了更正。《太初历》认为每一百四十四年木星就要超辰一次，即木星实际上多走了一辰。辰的时间比年短一些。这个结果虽不精确，但却是重要发现，被称为"超辰法"。祖冲之在制定《大明历》时，发现《太初历》"超辰法"的计算结果不够精密，因此他又重新进行了测定和研究。他计算的结果是只要八十四年，木星就超辰一次，即八十四年间应有八十五辰。按照这个数值推算，木星公转时间应该是 11.859 年，这同现在测定的数值相比较已经是很接近了。祖冲之同时也对另外四颗行星的公转周期进行了研究。他所测得的水星公转周期是 115.83 日，这与现代所测的结果完全一样。金星的公转周期为 583.93 日，较现代所测仅差 0.01 日。以上的计算结果的精确度较前人都有了很大提高。

总之，祖冲之在天文历法方面做出了很大贡献，《大明历》是他长期从事科学实践和辛勤劳动的研究成果。但我们也应该看到他的《大明历》也存在着缺点，例如火星、土星的公转周期就不够精密；历法计算中，繁琐的上元积年计算也没有废除。虽然这样，《大明历》是一部好历法是毋庸置疑的。

《大明历》编成以后，祖冲之上表给刘宋孝武帝，请求准予颁行。祖冲之在天文历法方面所取得的成就之大，在古代天文学史上是少有的，说明他的改革历法是卓有成效的，本来应该受到朝廷的支持，新历法也应得到采用。然而事与愿违，新历法上奏朝廷后却遭到以戴法兴为首的顽固守旧派的竭力反对。戴法兴原是孝武帝当藩王时的宠臣，孝武帝继位后，对戴法兴言听计从，戴法兴也是独断专权，权势显赫。他阅读过一些天文历法著作，但研究不深，而且思想守旧，一味地推崇古历，反对关于历法的任何改革。

当祖冲之以所制《大明历》上奏朝廷，请求施行时，孝武帝令群臣展开讨论，大部分官吏无异议,唯有戴法兴坚决反对。他攻击祖冲之才疏学浅,没有能力改革历法;并认为古历、特别是三代历法和《鲁历》是先圣先贤制定的,所以永远不应更改,因而戴法兴主张恢复以往的古历,反对任何改革,这是十分保守、消极的主张。他还给祖冲之扣上"背离经典、有辱上天"的罪名,就连在历法方面颇有创举的何承天及《元嘉历》也受到了攻击。戴法兴是朝中权势显赫的权臣,朝中文武百官惧怕他的权势,大多附和他。而祖冲之当时只是一个地方官员,支持他的只有一个名叫巢尚之的人。但祖冲之根据他渊博的学识和丰富的实践经验、对手戴法兴的攻击论点逐一加以驳斥,写出了一篇非常有名的驳议《辨戴法兴难新历》。在这篇驳议中,祖冲之引用前人的经验与自己的观测结果,证明《大明历》对以往的历法进行改革是有科学根据的,戴法兴的非难是毫无道理的。这样就展开了我国历法史上一场著名的大辩论,这场辩论的实质是革新和守旧、科学与迷信的尖锐斗争。

戴法兴攻击的矛头主要指向祖冲之对历法的两项重大改革——引进岁差和改革闰法。戴法兴坚持"太阳有自己固定的变化规律,星座的相对位置也不会有什么变化,自古以来的冬至日每次都发生在同一天,绝不会有变化"的陈旧观点,认为古代圣贤制定的历法决不会错,应该流传万古,是不能更改的。祖冲之则针锋相对地回答说:"人不应该迷信古人而对今人的成就妄自菲薄。"他以有力的论据表明了过去的历法因测量不准确或推算不精而存在这样或那样的错误,而他用《大明历》推算从元嘉十三年到大明三年(436 年~159 年)这二十三年间发生的四次月食的时间以及月亮在天空中的位置,结果完全符合实际。而把古代历法捧得高高的戴法兴,他的推算结果时间不符,位置比实际相差了十度。在辩论中,祖冲之指出:历法的准确与否,关系到国计民生,是一件非常重要的事,决不能掉以轻心。而古历错误颇多,沿用时间越久,偏差就越大。以闰月为例,如用旧历法每三百年就与实际相差一天,所以历法需要经常改进,不应抱着古人的观点不放。

在事实面前,戴法兴理屈词穷,但是仍然蛮横地宣称:古历就是有错误,也决不能有什么改革。对此,祖冲之予以有力的驳斥并且指出:日月五星的运行有其一定的规律,与什么神仙鬼怪无关,通过观测与研究,是可以推算出来的,而且推算结果会越来越精确。要是明知古代历法有误差,还要永远使用下去,真就没什么道理可言了。祖冲之还要求戴法兴拿出事实来证明自己的论点,但戴法兴拿不出任何事实来,只好罗列出许多儒家经典上的名词,根本抓不住问题的本题。祖冲之指出戴法兴的话中有许多自相矛盾的东西,没什么可取的地方。如果只是强词夺理、仗势压人,那他是绝不会屈服的。就这样,祖冲之以大无畏的斗争精神,驳倒了戴法兴。宋孝武帝听了双方的辩论,也知道了《大明历》的诸多优点,准备加以采用。到了大明八年(公元 464 年),他决定在第二年换年号的时候采用新历。然而就在这一年,孝武帝死去,刘宋统治集团内部忙于争夺权位的斗争,根本无暇过问历法的改革问题。

过了不久,刘宋也就灭亡了,代之而起的是齐。齐武帝之子文惠太子萧长懋看到了祖冲之的《大明历》的底稿,认为是一部好历法,建议武帝在齐施行。未及施行,文惠太子逝世,改历之事又被束之高阁。直至梁武帝天监年间(公元502年~519年),祖冲之之子祖暅继承父业,重修《大明历》,使其进一步完善,随后积极向梁武帝推荐,建议施行。梁武帝令人进行天文实测检验,确认《大明历》优于古历及《元嘉历》,然后批准予以采用,在梁施行《大明历》,废除《元嘉历》。这时距祖冲之去世已经十多年了。《大明历》一直沿用了八十年。

除了上述在数学和天文学方面的巨大成就外,祖冲之还可以称得上是一位天才的机械发明家。他在机械制造与发明方面的成就是很多的,以下分成四个方面加以介绍。

公元464年,刘宋孝武帝去世,前废帝即位,统治集团内部斗争十分激烈,和祖冲之有关系的皇族刘子鸾被杀,祖冲之也被调到娄县担任县令。到刘宋末年,他才被召回到都城建康,任谒者仆射这一职务,这是掌管朝廷宴会、皇帝接见大臣的朝见以及办理重大受封典礼的礼节官员。在此期间,他的研究方向,几乎完全转到机械制造方面。此时他在机械方面最早的一项工作是他重造了指南车。

指南车是一种双轮独辕车,它的作用类似于指南针,是用来指示方向的。车上立一个木人伸臂南指,只要一开始行车的时候,使木人的手臂指向南,那么此后不管车子向何处拐弯,木人的手臂就始终指向南方。

指南车是何人在何时发明的,现在已无法探究了。传说在上古黄帝时期,黄帝部落和南方的蚩尤部落作战,遇上大雾,无法辨清方向,于是黄帝就制造了指南车,认明了方向,打败了蚩尤部落。当然这已经无法证实了。根据史书记载,东汉杰出的科学家张衡总结了以前的机械制造经验,制造过指南车,并且获得了人们的好评。三国时卓越的机械巨匠马钧也制造过指南车。但是他们关于指南车的制造方法很快失传了,制造原理也没有留下什么记载。

到东晋时,北方的后赵、后秦统治者都令人给他们制造过指南车,这当然不是为了指引方向,而是在出巡时讲排场罢了。东晋义熙十三年(公元417年),大将刘裕率晋军北上攻占后秦首都长安(今陕西西安市),灭掉后秦。刘裕在长安获得了指南车,将它运回江南。可是这时,这辆指南车只剩下一个空架子,内部机械已经完全散失。因此每当行走的时候,只好让人藏在车内来转动木人,使它指向南方。后来刘裕和他的子孙做了皇帝,都是用这部旧指南车做做样子而已。

刘宋末年,萧道成当了禁军首领,他打算有一辆真正的指南车。这时祖冲之正任谒者仆射,平时又有博学之名,于是萧道成找到祖冲之,希望他能够重造指南车,祖冲之答应了。以前所造几辆指南车,其内部机械可能是木制的。祖冲之经过详细研究,把内部机械部件改用铜制,灵敏度自然比木制的要高,这是一项成功的改进。指南车造成后,萧道成让两个手下大臣去试验车的性能。试验的结果证明,这辆车构造精巧,运转灵活,不论朝什么方向转变,木头人的手始终指向南方。在场的人纷纷称赞祖冲之的才能。

就在这时,北朝有个叫索驭骥的人来到了建康,声称也能制造指南车。萧道成便让他再制造一辆。制成后,萧道成下令让这一辆和祖冲之的那辆在乐游苑(皇家花园)里进行比赛。结果,索驭骥的那辆指南车比不上祖冲之的灵活,运行中时常指不准方向,索驭骥非常羞愧,只好把自己的车给毁掉了。而祖冲之制造的指南车不久也毁于战火,指南车的制造方法再次失传。

到北宋时代,有两位能工巧匠燕肃和吴德仁分别于公元 1027 年和公元 1107 年各自造出了指南车。这两辆指南车虽然也早已失传,但制造原理却得益于《宋史》的记载而保存下来了。指南车的主要部分是一组五个齿轮所组成的差动齿轮机;在车厢中间安装一个大平轮,上面竖一长轴,轴上有一木人;左右各装一小平轮;外侧各装一立齿轮,起转动作用,能够跟随左右的行走轮转动。车行之前先将木人之手指向正南。当指南车一直向前行驶的时候,左右水平轮和中心大平轮是分离的,不相接触,因此两边行走轮的转动不影响中心大平轮。如果车向左转弯,右边的行走轮就会带动立齿轮、牵动小平轮,小平轮又使大平轮向相反方向转动。因此中心大平轮受右边车轮的影响而向右转动,恰好能抵消车辆向左转变的影响,使木人手臂仍旧指向南方。车子向右转变也是同样的道理。

祖冲之重造的指南车,其具体结构不一定是和燕肃、吴德仁的一样。但无疑也是用差动齿轮原理制造的。因为在祖冲之以前很久我国劳动人民就发明了齿轮,而且指南车只有通过齿轮的作用,才能很好地解决传动、变速、变向等问题。所以祖冲之采用这种原理是必然的。

刘宋的统治由于不断的内争而日益削弱,朝中大权就落到了禁军首领萧道成手中。他趁刘宋衰落之机,于公元 479 年夺取了政权,在建康做了皇帝,改国号为齐(历史上称南齐)。随后的十几年中,南齐境内没有大的战乱以及内争,国家出现了暂时的稳定局面,农业生产有所发展。

由于祖冲之曾经长期做过地方官,比较了解劳动人民的生活疾苦和生产实际状况。所以在这段时期他关心生产,用很大精力研究农具的提高与改进的问题。他把前人的发明创造加以改进,取得了新的成就。水碓磨的创造就是其中最重要的一项。他在做地方官时,就注意到农民舂米、磨粉很费力,就想利用机械来代替人力,提高工作效率以便减轻农民的劳动强度。现在,他利用在朝做官比较清闲的机会研究出了粮食加工机械,称为水碓磨。水碓磨造成后,进行了公开试验,运行效果很好,齐武帝也亲往观看。

水碓磨是利用水流冲击的力量进行工作的水利机械。碓和磨是我国过去粮食加工的主要工具,为了把谷物的皮壳去掉,人们在很早以前就知道用杵舂米的方法,不过效率很低。到了汉代,人们就开始利用水力舂米的水碓。在战国时期,南方已经采用水力代替畜力进行磨粉,发明了水磨。水碓和水磨的发明,提高了一定的劳动效率。西晋的杜预发明了连机碓,利用水力同时驱动几个石杵舂米;同时他还创造了水转连磨,在水力充足的地方,能带动八个磨同时进行磨粉。连机碓和水转连磨的发明，无疑提高了粮食加工的效率。但是它们是分开的，碓和磨不能同时使用，仍有不方便之处。祖冲之的水碓磨就是根据连机碓和水转连磨的结构而改进的，他把水碓和水磨结合起来，能同时舂米和磨粉。由于这种机械直接服务于农业劳动，因此得以推广，流传至今，虽然有所改进，但仍是在祖冲之的基础上进行的。

水碓磨的创制是祖冲之在机械制造方面的重要贡献。

作为天文历法科学家的祖冲之，由于研究的范围很广，所以也对计时器进行了研究改革。他制造过计时器——漏壶。

祖冲之从青年时代开始就用大量时间从事天文观测。他观测所使用的仪器，除前面提到的铜表之外，还有计时器——漏壶。只有时间比较准确，观测所得到的结果才更可靠。因此，祖冲之对传统的计时器漏壶进行了研究，并有所改革。

漏壶计时是这样的：上面有一个底部有小孔的斗，里面盛水；下面有一个桶，其中立一个很轻的浮标，上面有刻度。古时把一昼夜分为一百刻，故浮标上的刻度也就有一百个。用一根很细的管将斗底部的小孔与桶连接，使斗里的水一滴一滴地流到桶中。由于桶中的水不断增加，水面增高、浮标随之上升，根据浮标上的刻度就能知道时间。

浮标上的一百刻又按十二个时辰划分成几段，用段的分界点代表一些特殊时间。对于特殊时间的安排，历代漏刻有所不同。祖冲之对此做了重新安排，使之更符合人们的作息规律，便于对时间的安排。

祖冲之还制作过敧器。"敧"，是倾斜的意思，"敧器"，是指自由状态下放置时呈倾斜状态的器皿。早在五千年以前，陶器已普遍使用，在出土文物中有一种尖底陶罐。它底尖、口小、中间大肚，腹部有两耳。不盛水时成倾斜状；水不太满时就直立；水满了就自动倾斜，将水倒出一些，继续保持直立状态。这是根据重心原理制造的。用它去提水，当水快满的时候，水罐就自动直立，便于人们提水。到了春秋时期，根据尖底陶罐的原理，有人制造了敧器。孔子用它来教育自己的学生要谦逊，把"谦受益、满招损"的寓意赋予给了敧器。然而敧器的制造方法到东汉却失传了。

祖冲之时，齐武帝的儿子竟陵王萧子良十分喜好古玩，但找不到敧器的实物。祖冲之就造了一件敧器送给他，并希望他能记住敧器所具有的特殊含意。而在祖冲之前二百多年间，从没有人制出过成功的敧器。

交通和运输工具随着社会的不断发展，逐渐地提高自身的速度及运载量。内外贸易、人员的流动、战争等方面的因素，都需要更方便迅速的交通工具。南朝大部分地处水乡，长江、珠江等水系有很大面积都在南朝境内，此外还有很多的湖泊水泽以及漫长的海岸线。因此水上交通对于南朝非常重要。当时南朝的海外贸易也有所发展，造船技术不断地改进和提高。

在这种客观条件下，为了适应经济发展的实际需要，发展航运事业，祖冲之注意研究水上交通工具。经过反复调查、设计和试验,他制造了一种千里船。这种船不用帆和桨,靠转轮激水前进。千里船制成后在建康南面的新亭江中试航,一天能航行一百多里,速度高于一般的船只,有些类似于近代的轮船,只是它的动力依然要靠人力来提供。后来在唐、宋时代,也出现过这类船只。

对于陆上交通工具,祖冲之也有研究和发明。为了改进陆上运输交通工具,他从各方面搜集资料,进行试制。他从《三国志》上看到诸葛亮发明"木牛流马"来运输粮草的记载,受到启发,经过长期研究,创制了一种陆上运输工具。这种工具的构造很巧妙。据古书记载,这种运输工具不用借助风力和水力,不用人来操作,发动一个机关就能自己运行。可惜这种运输工具没能流传下来。

坚持真理　至死不渝

祖冲之的晚年,正值南齐后期,统治阶级内部矛盾尖锐,政治黑暗,社会动荡不安。

在这种情况下,祖冲之的研究方向有了很大的变化。他着重研究文学和社会科学,同时也比较关心政治。

祖冲之曾为《易经》《老子》《庄子》《论语》《孝经》等古代哲学、文学书籍做过注。此外还著有小说《述异记》十卷。但这些著作都像《缀术》一样失传了。

此外,祖冲之对于音乐理论也很有研究,达到当时的最高水平。我国古代音乐音阶的各个音称为"律",最初只有五个,叫"五音"或"五律",以后发展为七律、十二律。每个律有专门称呼,如"五律"的名称分别是:宫、商、角、徵、羽。音律是指选择构成音阶的各个音间的规律。如何来辨别这些音律呢? 这里有一定的标准。古时有一种叫作"黄钟律管"的专门工具,可以按照它的长短对音律进行校正。另外,黄钟律管还具有校正度量衡的作用。祖冲之研究过晋初的铜尺和黄钟律管。

在我国古代,数学理论和音乐理论有许多相通之处,有着密切的联系,精通数学的祖冲之,精通音乐理论是很自然的事。

公元 493 年,齐武帝萧赜刚去世,继承皇位的齐明帝为了稳固皇位大杀皇族,又引起统治集团内乱。随后,北朝的北魏趁机出兵进攻南齐,战争从 494 年持续到了 500 年,齐的军事重镇寿阳(今安徽寿县)也被北魏占领。南齐很快地衰亡了。

在齐明帝时,祖冲之除了继续担任原有的职务外,又被任命兼任军职——长水校尉。长水校尉的具体职务是管理国内的少数民族部队,其中大部分是南齐和北魏作战时招降和俘虏的北朝士兵。南齐把年近七十的祖冲之从文职调任军职,说明南朝统治者已经无力维持局面,同时也说明了祖冲之本人有一定的军事才能,并且也愿意在军事方面为国家贡献自己的力量。

祖冲之在其晚年,不仅担任军职,而且还提出了"富国强兵"的政治主张。他作了《安边论》这一政治军事论文上报朝廷,希望政府在北部边防线附近进行屯田和移民,以增加国家的经济实力和军事实力。可惜这篇文章也没能流传下来,我们只能从其他书上的一些零星记载中猜想《安边论》的内容了。祖冲之不仅提出了《安边论》,而且还积极创造各方面的条件,准备实施他的设想。所以他到各地进行视察,并兴办了一些建设事业。可是,当时南齐的统治已经无法再维持下去。国家政权摇摇欲坠,再加上南北朝之间的连年战争,祖冲之良好的政治主张无法在国家内部施行,更无法实现了。

祖冲之一生从事科学研究和政治活动,在做出了杰出的贡献之后,于公元500年(齐永元二年)与世长辞,终年七十二岁。但他开创的科学事业并未因他的去世而停步不前,他的儿子祖暅、孙子祖皓都精通科学,在祖冲之的身后做出了自己的贡献。

我国历史上出现过不少父子相继的世家。象文学世家(如曹操、曹丕、曹植;苏洵、苏轼、苏辙)、史学世家(如班彪、班固、班昭)、书法世家(王羲之、王献之);同时也出现过一些科学世家,祖冲之与其子祖暅、其孙祖皓就是三世相传的科学世家。

祖暅,字景烁,主要生活在南齐和以后的梁朝。他自幼继承父业,在父亲的精心教育下,认真钻研科学,他思维敏捷又学习刻苦,所以进步迅速。在很年轻的时候,就对天文历法和数学有了深入的研究,为他后来的科学工作打下了良好的基础。当他钻研学术入神的时候,连雷震的霹雳声也听不见。据说有一次,他走在路上,边走边思考问题,不知不觉地撞到迎面而来之人的身上还没什么感觉,直到那人叫他,他才明白过来。由此可见祖暅的勤学与刻苦钻研的精神,别人都认为他的治学态度不亚于其父。因此,祖暅在学术上取得了不少的成就。尤其是天文历法和数学。

祖暅从小就研究家学,所以对其父的《大明历》更是了如指掌。祖冲之终其一生,没能看到自己的《大明历》被采纳使用。在他去世后,祖暅为了完成父亲的未竟之业,继续研究《大明历》,进行天文实测,并且先后三次向梁政府进行推荐,终被采纳。

天文学研究在重实地测量,这是我国古代优良天文工作优良传统,是一种正确的研究方法。在梁朝初年,为了更清楚地观测天体及其运动情况,祖暅不畏困难与危险,选择了天文观测条件良好的嵩山作为临时观测站。当时南朝和北朝大体上以黄河为界,黄河以南地区属梁,以北为北魏。嵩山也就是五岳之一的"中岳",位于今河南登封市北,向北不远处就是黄河,离两朝统治区分界线不远,所以常有战乱冲突。在这里进行古文观测,存在一定的危险性。

祖暅在嵩山建立了临时观测站后,不分昼夜地进行观测。他在观测站直立了一根八尺高的铜表,下面与一个石圭垂直。在石圭面上开出一个小沟,沟内注入清水,用以定平,起水准器的作用。这个设备虽然很简单却对后世的天文测量有很大影响。

祖暅用这种仪器来继承他父亲的天文观测工作，一个是日影长度观测，他的做法就像其父所做的那样。而"测地中"，祖暅的方法也是先立一表叫"南表"，等到正午时刻在表影之末再立一表称为"中表"。如果时间准确无误，那么南表与中表连线所指示的方向就是南北方向，为了核对南北方向。他在夜间登上嵩山去观测历来用于定位的北极星。嵩山在中原地区拔地而起，附近又少烟尘，在天晴的夜晚，北极星看得很清楚，所以他希望通过北极星来校正南北方向。夜间，他通过中表来望北极星，并于中表之北立一"北表"，使中表、北表的连线与北极星的位置处于同一直线上。到第二天正午再根据三表的日影是否在同一直线上来判断南表和中表连线的方向是否正好指向南北，结果是否定的。经过多次的反复观测和研究，所得结果都是否定的。所以祖暅得出了北极星与北天极并不相同而是有所偏离的结论。

这是一个很重要的天文发现，从此它打破了北极星就是天球北极这个相传已久的错误看法。是祖暅的一项重要成就。

为了研究天文的需要，祖暅也研究过漏壶计时器。在天监六年（公元507年），由于梁政府所用的漏壶不准确，所以梁武帝曾令他重新制造一个。同时他著有关于计时器的专著——《漏刻经》，但早已失传。

祖冲之对于圆周率的精确推算使他留芳青史，祖暅对于球体积计算公式的求得，亦使他被后人所纪念。

祖暅和他父亲一样，年青时代就成为当时的著名数学家。北齐学者颜之推曾对祖暅的数学才能给予了高度评价。而祖暅在数学方面所取得的最大成就是最终求得了球体积的计算公式。

在《九章算术》中，就有已知球的体积反求其直径的问题。由此，可推出当时的球体积公式为：

$$V = \frac{3}{2}\pi r^3 （V代表球积，r为半径）$$

这个公式与我们现在使用的正确公式 $V = \frac{3}{2}\pi r^3$ 相比较，大了1/6。这个不够准确的公式首先被东汉张衡发现它与实际不符，张衡进行了研究，但没能解决问题。三国时的刘徽也发现的这个问题，经过反复实验研究，他由正方形与其内切圆的面积之比为4∶π，推得正方体与其内切球体体积之比也是4∶π。由此，他先做了一个球的外切正方体，再用两个直径等于球径的圆柱体从立方体内互相垂直贯穿，这时球就被包在两相交圆柱的公共部分，而且和圆柱相切。刘徽只保留两圆柱的公共部分，因为它的外表像两把上下对称的正方形伞，于是把它取名叫"牟合方盖"。古时称伞为"盖"；"牟"是相等的意思。这时当球与"牟合方盖"同时被水平截面所截，两截面积之比就是π∶4；它们的体积之比也应是π∶4，即

$$V_球∶V_{牟台方盖}=\pi∶4,$$

由此得

$$V_{球} = \frac{\pi}{4} V_{牟合方盖}。$$

　　如果牟合方盖的体积能够求得，那么球的体积也就得到了解决。但刘徽最终没能求出牟合方盖的体积，只好留下了的遗愿，希望后人能解决这个问题。

　　刘徽的遗愿，在他逝世二百年后终于得到实现，祖冲之父子完成了这项事业。祖氏父子也是依据刘徽的思路，把牟合方盖作为解决问题的钥匙，经过反复研究，他们发现了著名的原理："缘幂势既同，则积不容异。"这句话中"势"指高，"幂"指面积，意思也就是：介于两个平行平面之间的两个立体，如果它们的高相等，当两者被任意一平行面所截，而截面相等时，则两立体的体积也必相等。根据这个原理，考虑到球的外切立方体去掉牟合方盖的剩余部分与牟合方盖体积对比关系，最终求得了牟合方盖的体积公式为

$$V_{牟合方盖} = \frac{2}{3}(2r)^3。$$

　　代入刘徽的结果 $V_{球} = \frac{\pi}{4} V_{牟合方盖}$，经整理得到

$$V_{球} = \frac{4}{3}\pi r^3。$$

　　这就是球体积的正确公式。当时祖氏父子以 $\pi = \frac{22}{7}$ 代入，公式就变形为

$$V_{球} = \frac{11}{21}(2r)^3。$$

　　就这样，球体体积计算得到了最后解决，这是我国数学史以及世界数学史上一件重要事情。而前面所提到祖氏父子发现的原理在祖暅时被最终确定，所以也被称为"祖暅定理"。"祖暅定理"与球体积公式的提出，是可以与圆周率的精确推算相媲美的伟大贡献。在国外，直到十七世纪才由意大利数学家卡瓦雷利重新提出，晚于祖氏父子一千一百多年。

　　根据唐朝王孝通的记载，知道祖暅也作有《缀术》一书，是对祖冲之《缀术》的补充，并且记载了祖暅与其父推求球体积公式的过程，以及棱台、楔形体等几何方面的内容。这本书在当时得到人们的一致好评，被赞为"精妙之作"。可惜也早已失传。

　　此外，祖暅对于建筑和土木工程设计也有研究，担任过梁朝掌管官府中的工匠和建筑工程的材官将军。天监十三年（公元 514 年），梁武帝下令征发军民共二十万人，修筑浮山堰（今安徽凤阳东北），企图阻塞淮河，水灌被北魏占领的寿阳城（今安徽寿阳县）。祖暅等有关人员奉命勘测地质情况，他们发现堰址松软，不宜筑堰，上报梁武帝。梁武帝不听，坚持在原址筑堰。一年半以后，在付出了无数人的生命和大量物资的情况下，浮山堰筑成了。寿阳城虽然被冲毁了，但附近百姓也

流离失所,只好住在山岗和高地上。接着,在天监十五年(公元516年)秋,此地连降大雨,引起洪水泛滥,浮山堰被冲溃,大水瞬时汹涌而出,吞没了淮河沿岸的村镇,十多万人被夺去了生命,还有更多的人无家可归,到处是一片凄凉的景象。这个悲惨事件的祸首应该是刚愎自用的梁武帝,但他却迁罪于浮山堰的施工负责人员,祖暅因此被判刑入狱。

刑满出狱后,祖暅失去了科研的信心,很少从事科学活动了。后来他把更多的时间转向了研究术数(占卜问卦),著有《天文录》和《天文录经要诀》等有关术数方面的书;此外,他还著有《权衡记》一书,是讲度量衡制度的。但这些书也都早已失传。

读到这里,我们会发现:为什么祖氏父子的著作都失传了呢?究其原因,既有天灾,又有人祸。我国是一个有着五千年文明历史的国家。随着社会的进步,文化的发展,书籍的品种与数量也在不断增长;但在增长的同时,图书散失,消亡的现象也十分严重。对于这一现象,隋朝的牛弘做出了历史总结,首先提出了"五厄"之说,把图书在较短时间内遭到大规模毁坏称为一厄。按照这一思路,中国古代和近代我国的图书典籍大致遭受了十二厄。

1.周室衰微

春秋初年,周王室衰微,诸侯势力膨胀。他们认为周王朝的典章制度严重妨碍了自己的政治野心,于是便从记载着这些典章制度的周王室藏书入手,进行大肆破坏。使得图书损失严重,如《仪礼》最初有三千篇,至二百多年后的孔子时,经搜集整理仅存十七篇。

2.始皇焚书

秦始皇统一中国后,为了控制人民思想,下令焚烧除秦史、医药、卜筮、种树以外的一切书籍。这次焚书给我国古代文化典籍带来了无法估量的损失,先秦的典籍,在系统上被无可挽回地破坏了。

3.项羽入关

秦朝灭亡后,公元前207年,项羽率军进入秦都咸阳,大肆烧杀掠夺。秦始皇焚书时,曾允许自己的博士官收藏部分诸子百家书籍。但至此,博士官收藏的这些书也被付之一炬。先秦的许多书籍也就因而失传。

4.更始战乱

公元二十五年,农民起义军"赤眉军"在樊崇带领下攻入国都长安。杀死更始帝刘玄,并将长安的宫殿、街市、民房全部烧毁。西汉二百年间所搜集、整理的三万多卷皇家藏书也随之被焚。

5.元帝焚书

南朝梁元帝萧绎酷爱藏书、读书。公元554年,北朝西魏至攻破梁都江陵。梁元帝认为自己读了那么多书,还落得个国破家亡的下场,因此将亡国之恨全发泄到图书之上,将十四余万卷图书全部焚毁,南朝二百余年间收藏的图书至此消亡殆尽。

6.炀帝焚纬

隋炀帝杨广即位后,派使者搜求天下书籍。但同时又将搜集到的与占卜谶纬有关的图书全部焚毁。占卜谶纬类图书虽然宣扬迷信,但其中也有不少有用的资料,特别是一些早期的科技知识也因此失传。焚纬后剩下的隋政府藏书中的三十七万卷被炀帝带到江都,这部分图书在隋末战乱中,全部散佚。

7.安史之乱

公元755年,唐将安禄山、史思明发动叛乱,不久即攻陷了洛阳、长安,唐王朝在这两处收藏的八万余卷图书被焚毁殆尽。

8.广明之乱

唐僖宗广明元年(公元880年),黄巢率农民起义军攻入国都长安,把长安的宫殿、官署等政府机构全部焚毁。唐政府在安史之乱后所搜集的十二大库五万多卷图书也随之荡然无存。

9.绍定之灾

南宋理宗绍定四年(公元1231年),都城临安发生火灾。大火将收藏图书的秘书省、玉牒所等处全部烧毁。南宋历朝搜集的图书六万余卷在这次火灾中损失大半。

10.绛云楼灾

绛云楼是明末清初著名学者钱谦益的藏书楼。钱氏藏书名满天下,收藏之书有七十多大柜,藏书的数量、质量都与当时皇朝内府的藏书所差无几,更有大量的孤本。1670年,绛云楼不幸遭到火灾,藏书大部分被焚毁。

11.乾隆禁书

1772年,清乾隆帝下诏征求天下书籍,为编修《四库全书》做准备。在征书的同时,又把不利于清朝统治的书籍、书版全部禁毁,十年间就销毁了十余万卷图书,给文出典籍带来了一场巨大浩劫。

12.八国联军劫难

1900年,八国联军攻入北京,劫掠财物、屠杀人民,大量的文物典籍或遭焚毁,或被抢劫。历经磨难的我国最大的类书《永乐大典》,经八国联军焚毁、抢掠,散亡殆尽。

在这十二次书厄之外,还有着无数次规模较小的图书被焚毁及散失现象,它们加起来的总量也是相当惊人的,这都给我国的文化事业造成了无法弥补的巨大损失。

可以看出,图书这十二厄大多是由朝代变更、战争频繁或自然灾害引起的,它们给图书造成的损失是有形的,可以被人们看到。

图书在有形消亡的同时,还存在着无形的消亡,它是由人的主观因素所造成的,有以下两个原因:

一是因人们的好恶而造成的。比如人们都喜欢的文辞优美的图书流传就广,保存下来的可能性也大。

二是古今价值取舍观的差异造成的。古人重经史、轻科技,把科技称为旁支末道,因而古代科技书散失的现象就比较严重。

由此可以发现,祖氏父子的著作除了在天灾人祸方面难逃厄运外,受轻视也是一个重要原因。所以很可惜,我们无法,从两人的著作中进一步去研究,认识他们了。

祖暅之子祖皓受到家传,也精通数学和天文,继承了父祖的科学事业。梁武帝末年,他任广陵郡(今江苏扬州)太守。不久,发生了北朝降将侯景的叛乱,忧国爱民的祖皓起义声讨侯景,结果兵败被害。三世相继的科学世家到此也就绝后了。

祖冲之是我国南北朝时期的一位胸怀大志、有理想、有抱负的伟大科学家。他以自己卓越的科学成就,为我国优秀的历史遗产和浩瀚的文化典籍,增添了夺目的光彩。他是一位杰出的天文学家。是他,打破了近千年的已不符实的旧闰法;是他,第一次把"岁差"引入了历法,使得天文观测更加准确;是他,提出了交点月的概念,使天文学有关月的概念更加完善。他是一位卓越的数学家,早在一千五百年前,当时大部分欧洲人还没有摆脱原始愚昧的状态,祖冲之就已经把圆周率值推算到小数点以后七位,比欧洲早了一千年;他又与其子祖暅共同发现了"幂势既同,则积不容异"的原理,比欧洲要早一千一百年。他是一位优秀的机械工程师,创制了水碓磨、制成了千里船、重造了指南车。他还是一位思想家,为诸子百家之书和其他经书做过注,进行过深入研究。这些成就,有许多在世界科学史上占有重要的地位,从一个侧面证明了我国是世界文明发达最早的国家之一。

祖冲之在科学上之所以能够取得辉煌的成就并非偶然,既不是仅凭自己的天赋,更不是依靠运气。而在于他一生中孜孜不倦地刻苦钻研,不怕烦琐,勇于实践,不畏权贵而锐意进取。

在科学研究中,祖冲之能够虚心学习前代科学家,深入钻研他们的优秀成果。他并不墨守成规,受前人研究思想的束缚,而是在汲取前辈科学家们的优秀成果的过程当中,积极通过亲身的科学实验与观测去验证前人的成果,以达到去伪存真,发扬其精华、剔除其糟粕的目的,以便推陈出新,创造出新的成就。而当某种新的成果出来之后,往往会遇到守旧势力的攻击。为了捍卫新的科学成果,坚持真理,祖冲之敢于和阻挠科学进步的旧势力作坚决的斗争。正是这种勇于创新、锐意进取的精神,使祖冲之创造了科学上一个又一个的奇迹,把那些阻挠他前进的人扫到了历史的角落里。

祖冲之具有广博精深的学识和解决实际问题的能力。这种能力的获得,固然在一定程度上依靠天赋,但更多的是以刻苦的钻研与亲身投入科学实践中才能得到的。祖冲之为了掌握前代科学家们的优秀成果,不辞辛苦,广泛地攻读古代文献典籍,深入钻研前代科学家的研究成果。以研究古代历法为例,据史书记载,他纵览了从远古到魏晋南北朝的一切所能找到的天文历法书籍,这些书籍的浩繁与深奥,自是不言而喻。为此,他耗费了大量的精力,付出了辛勤的劳动。《大明历》在他的身后能得以推广就是明证。

在古代,一个好的天文学家同时也是一位好的数学家。因为要推算天文历法所需数值,就要有相当的数学计算能力。祖冲之就是一位代表。为了检验古代天文历算理论的正确与否以及他的计算成果是否准确无误,他都要亲自使用天文仪器观测天象,运用数学进行反复推算。如前所述,在青年时代祖冲之就曾经十年如一日地进行日影长度的测量。而圆周率值从"周三径一"的古率到精确到小数点后七位的"祖率",又是祖冲之在度过了无数日日夜夜呕心沥血的劳动后对于科学的巨大贡献。没有非常大的毅力与耐心,是无法取得这样的成就的。

祖冲之的学风,不仅造就了他自己,同时在潜移默化中影响了他的后代。祖氏父子共同研究,求得球体的体积公式,更是科学史上的一段佳话。

祖冲之的科学活动与当时社会生产力的发展是有密切关系的。他的不少科学成果,如水碓磨等在当时和以后的工农业生产方面起到了良好的作用。从他所著的《安边论》中可见他十分关心国计民生,想多做一些对百姓有利的事情。作为一个封建官吏来说,他也是一个为官一时就造福一方的好官。

祖冲之是我国历史上的一位伟大人物。在科学方面,他取得了卓越的成就,赢得了无数人的敬仰和怀念。在月球上有"祖冲之环形山";小行星中有"祖冲之星";我国于1955年发行的"纪念中国古代科学家"邮票当中,有一枚就是祖冲之的肖像。祖冲之具有一位科学家所应具备的一切优秀素质,他勤于里考、深入钻研、勇于进取;他重视实践、毅力过人。他的优秀品质和严谨的治学态度,永远受到后人的仰慕和学习。

北魏杰出农学家

——贾思勰

名人档案

贾思勰:北魏人,汉族,益都(今属今山东省寿光市西南)人,生活于我国北魏末期和东魏(公元六世纪),曾经做过高阳郡(今山东临淄)太守。是中国古代杰出的农学家。著成综合性农书《齐民要术》。

生卒时间:不详。

历史功过:作为高阳郡的太守,历史上没有写下他的为官政绩。但贾思勰所撰著的《齐民要术》,以其精湛的内容和承前启后的伟力,把他推到农学家的位置,在中国农学史以至世界农学史上都具有重要地位。

中国古代杰出农学家

贾思勰,北魏末期人,他的老家在现在的山东。他出身于地主家庭,后来做过高阳郡(郡治在今河北高阳)太守。

贾思勰虽然是地主家庭出身,但他与当时一般地主子弟和读书人不同。这些人轻视劳动,并且喜欢作毫无实用的空谈,而贾思勰则十分注重生产事业,有着发展生产和富民强国的热切愿望。因此他十分重视农业生产。他认为对发展生产事业有贡献的人才是最值得尊敬的。他很推崇西汉时候(前206年~23年)的龚遂、召信臣,东汉时候(25年~220年)的王景和三国时候(220年~265年)的皇甫隆等人,向别人介绍他们的事迹,希望大家,特别是做官的人,向他们学习。

他说,龚遂在他作渤海(郡治在今河北沧州)太守的时候,奖励人民努力耕田养蚕,发展生产。他要那里的人民每人种一棵榆树、五十棵葱、一百棵薤[谢]、一畦韭菜;每家养两只大母猪,五只母鸡。有带着刀、剑之类东西的,他就叫卖了去买牛。在春季和夏季,大家必须到田里去劳动;秋冬里要评比收获积蓄的成绩,并让大家收集各种果实。由于龚遂奖励生产,当时原是生产比较落后的河北东部一带,便逐渐富裕起来,人民生活有一定程度的改善。

召信臣也是西汉时候一个注意发展生产事业的官员。他在当南阳(郡治在今河南南阳)太守的时候,常亲自下乡劝勉大家努力耕种。他又十分重视水利事业,到处考察水道和水源,领导南阳人民开辟了大大小小的渠道,造起了几十处拦水门和活动水闸,使农田有水可以灌溉。南阳的农业因而得到发展,人民生活因而也获得改善。

东汉时候治理黄河出名的王景,尤其受到贾思勰的崇敬。王景领导农民在黄河下游筑堤防水,使得当时黄河两岸居民不受水灾的痛苦。这不用说是一件有利于发展生产的巨大事业。但最使贾思勰佩服的,还是王景在当庐江(郡所在今安徽庐江)太守的时候,他把北方用铁制造的农具介绍到南方去,并在那里推广了用牛耕地的方法。这就大大增强了当地人民对自然斗争的力量,许多荒地开垦起来了,已耕的土地也比以前耕作得精细了。

贾思勰也很佩服三国时候在敦煌当过太守的皇甫隆。皇甫隆初到敦煌的时候,那里的人民还不知道用犁和耧之类的农具,因此费力大而收获少。皇甫隆向当地的农民介绍了犁、耧等等农具,改进了农业生产技术,提高了农业生产。

在封建社会里,绝大多数的官吏都贪污腐化,他们只知道搜刮民脂民膏,根本不顾人民的死活,像龚遂、召信臣、王景、皇甫隆等那样注意发展生产事业,关心人民生活的人是不多的。我国农业生产事业的发达,以及先进生产技术由中原推广到边疆,由黄河流域推广到长江流域和更南的地带,这当然是广大农民的伟大智慧和辛勤劳动的结果,同时也是与这些人努力总结经验,推广进步的耕作技术分不开的。贾思勰深受他们的影响,把他们看成是自己的榜样。

贾思勰非常重视劳动生产,而鄙视不参加劳动生产和不懂得劳动生产的人。他在《齐民要术》的序文里引经据典地说:一个农民不耕种,可以使一些人饥饿;一个妇女不纺织,可以使一些人挨寒受冻。又说:人生要勤恳劳动,勤恳地劳动就可以不至于穷困。当然,由于时代和阶级的限制,贾思勰在当时不可能看出人民的饥饿和贫困是由于封建地主阶级的剥削,但是他主张勤劳生产这一点是很对的。对于像孔子那样在封建社会被尊为圣人的人,他也指出不懂得生产劳动是孔子的一个缺憾。他说:当孔子的学生樊迟向孔子请求学习耕田的时候,孔子因为没有亲身经验,便回答说:我知道的不如老农。这就是说,像孔子那样有智慧和聪明的人,学问也有不到家的地方,也有一些事情是不会做的。因此,他要求人们要善于学习生产实践方面的知识。贾思勰特别强调生产实践的重要意义。他说,哪怕你有禹和汤那样聪明,但是还不如老老实实地参加实际生产的人高明。他讥笑那些只有书本知识,没有实际生产知识的人说:四肢不勤,五谷不分,那不能算是有学问的。他从年轻的时候起,就养成了注重实践、谦逊谨慎和踏踏实实的作风,他的治学态度是非常严谨的。

贾思勰既然是具有这样的品德的人,他做高阳太守的时候,自然和骑在人民头上作威作福的贪官污吏完全不同。他关心人民的生活,注意发展生产事业,同情人民的痛苦。他下定决心一定要做一个"好官"。他说,圣人不以自己的名位不高为可耻,只是忧虑人民的贫困,奖励生产就可以使人民摆脱穷困。他除了奖励生产以外,还亲身参加劳动。当时,黄河流域的人民,常常把养羊作为副业,贾思勰也在家里养了一些羊。他以自己的实际经验来帮助农民改善养羊的方法。《齐民要术》里介绍的怎样使羊吃得又饱又好,怎样使羊不受冻,怎样使羊长得肥壮,和剪取羊毛等等方法,大部分都是贾思勰由亲身体验中得来的。贾思勰为了提醒养羊的人注意贮藏饲料,还用自己在养羊中的一段失败的教训来作为说服材料。有一年他养了二百头羊,因为没有注意贮藏足够的饲料,结果许多羊在冬天饿死了;熬过了冬天的羊,也因为没有吃饱吃好,大都半死不活,并且满身长了癣疮。

贾思勰很接近农民群众,常跟他们谈论生产上的事情。他虚心地向农民请教,尤其是注意向老农学习生产上的经验和知识。那时候,在黄河流域居住着汉人、氐人、羌人、羯人、鲜卑人和匈奴人。各族人民在生产中相互学习,相互交流生产经验。经过他们长期的辛勤劳动,北方遭受战争严重破坏的经济逐渐恢复和发展起来,各族人民的耕种、畜牧、种植树木方面都积累了非常丰富的经验。贾思勰很看重这些经验,把它看作是保证人民生活的重要方法,他下决心要把这些经验总结起来,传播出去,以发展祖国的农业生产,这样,他就下定决心,写成了这本《齐民要术》。

农学史著　《齐民要术》

贾思勰为什么把自己写成的这一部书叫作《齐民要术》呢?"齐民"这个词儿,用现代语言翻译出来,就是"平民"或"人民"的意思,"要术"就是谋生的主要方法。"齐民要术"四字合起来的意思,就是"人民群众谋生的主要方法"。

《齐民要术》的材料,是从各方面得来的。贾思勰大量引用了古书上有关农业方面的材料。他引用《诗经》上的材料就有三十条,其中有些记载着公元前十世纪到六世纪的生产经验。有的古书早就散失了,幸亏《齐民要术》大量引用,才保存了一些下来。上面提到的农学家氾胜之的《氾胜之书》就是这样。现在我国科学家研究这部杰作,就把《齐民要术》中所引用的文字,作为很重要的参考材料。《齐民要术》引用的古书,多到一百五六十种,可见贾思勰对古代的农学遗产的继承是花费了很大的劳动的。

　　贾思勰除了引用古书上记载的农学知识,加以消化,并且融会贯通以外,还花费了很大的功夫和力气,来整理和总结前代书籍上没有记载过的宝贵生产经验。这主要就是他很注意采集民间的歌谣和谚语,从这里面寻求有用的农业知识。例如在种麻方面,《齐民要术》里有着"夏至后,不没狗"这样一句谣谚。这句谣谚的意思就是说,过了夏至种的麻,连狗那样高也长不到,所以种麻一定要在夏至以前。用非常简单的语言,道出了农民的宝贵经验。贾思勰注意搜集民间谣谚,正是由于他懂得有关于农业的谣谚是农民宝贵生产经验的结晶。

　　贾思勰知道,要总结和整理农业知识和技术,单靠搜集古书上的材料和民间谣谚还不够。因此,他还访问了许多有经验的老农,向他们请教,吸取了许许多多的实际生产知识。不但如此,贾思勰还用自己亲身的实际观察和生产实践,来检验古书上记载的和当时农民的生产经验。

　　由此可见,《齐民要术》中的话,每字每句都不是随便写下来的,而是有来历、有根据,经过实践检验过的。这就是《齐民要术》所以成为我国农业科学发展史上不朽著作的原因。贾思勰的这种总结前人和当时农民的生产经验、注意生产实践、虚心求教的实事求是的态度,是后代学者们的模范,是值得发扬的。

　　《齐民要术》这本书篇幅虽然不很多,内容却十分丰富。全书九十二篇,分成十卷。第一卷和第二卷记载着农作物的耕种和谷类粮食作物、纤维作物和油料作物的栽培方法,第三卷是关于蔬菜的栽培方法,第四卷和第五卷是叙述木本植物、果树、林木和染料作物的种植方法,第六卷里是讲畜牧和养鱼的技术,第七、八、九卷是关于食品的加工制造和保存的方法,以及家庭手工业等,第十卷是关于北朝统治地区以外出产的农作物。有人说《齐民要术》这部书集我们祖先从西周到北魏的生产知识的大成,这种说法一点也不过分。

　　《齐民要术》这本书说明,早在一千四五百年前,我国农业生产技术已经达到了当时世界的最先进的水平。

　　《齐民要术》不仅总结了当时以及以前汉族人民的生产知识和技术,也记录下了各兄弟民族宝贵的生产经验,以及各族人民间生产经验互相交流的情况。例如有关养马、喂羊和制造乳酪的方法,就是兄弟民族的宝贵经验,而作物栽培的知识和技术,则是由汉族人民传给各兄弟民族的。这说明祖国大家庭里各族人民是如何融合在一起的,也说明了各族人民在祖国生产事业的发展中,都发挥了很大的作用。

　　(一)不误农时,因地种植

　　贾思勰在《齐民要术》里总结了我们祖先哪些重要的生产经验呢?

　　首先,贾思勰指出:农作物的栽培和管理,必须按照不同的季节、气候和不同的土壤特点来进行;也就是要不误农时,因地种植。这是贯穿在《齐民要术》中的一条根本原则。他说：顺随天时，估量地利，可以少用人力而得到较大的成功，要是根据人的主观办事，违反自然法则，只会多花费劳力而很少收获。换句话说，就是既要根据客观条件和法则，又要善于利用客观条件和法则。

贾思勰指出各种农作物的栽培都有一定的时候，他把最适宜的季节叫作"上时"，其次的叫作"中时"，不适宜的季节叫作"下时"，并且告诉大家不要错过适宜的栽培季节"上时"。他又指出，种植各种作物的土壤条件，也各不相同。在《齐民要术》里，贾思勰还根据实际经验说明，同一种作物不仅在不同的土壤上使用种子的分量不能相同，并且同一农作物在上时、中时、下时下种，用种子的分量也有差别。这些原则，都是合乎科学的。

关于土壤条件对农作物的影响，贾思勰在《齐民要术》里有许多很有意义的记载。他说：并州(治所在今山西太原西南)没有大蒜，都得向朝歌(治所在今河南淇县)去取蒜种；但是种了一年以后，原来的大蒜变成了百子蒜(即蒜瓣很小很小的蒜)。并州芜菁的根，像碗口那么大，就是从别的地方取来种子，种下一年，也会变大。在并州，蒜瓣变小，芜菁的根变大，是土壤条件造成的结果。这说明栽种农作物必须注意自然条件。

贾思勰用农民的生产经验和他自己亲身的实践证明，农作物的"本性"并不是不能改变的。他拿四川的花椒移植到山东的情况做例子，说明花椒本性不耐寒，生在向阳地方的，冬天要用草包裹起来，不然就会冻死；但生在比较向阴地方的，因为从小就经受寒冷，获得了耐寒冷的习性，冬天就可以不必包裹。这就是说，植物的本性在不同的环境下是可以改变的。从这里，可见我们祖先早就从生产实践中知道了植物遗传和环境的关系，也知道除了要重视自然条件以外，还可以"驯化"农作物。

(二)精耕细作和保墒、抢墒

在耕作方面，贾思勰很注重精耕细作。上面提到的西汉农学家氾胜之就主张地要耕得深、锄得细，下种后要注意浇水施肥，要锄去杂草等等。贾思勰接受了氾胜之的思想，并且总结了当时农民的实际经验，加以发展，更明确更详细地说明应该如何进行精耕细作。

贾思勰在《齐民要术》里说：地一定要耕得早，耕得早，一遍抵得上三遍，耕迟了，五遍抵不上一遍。他又说：耕地要深，行道要窄。也许有人要问，耕得太窄不是就会耕得慢吗？是的，行道窄，自然要慢一些。但是，如果行道耕得太宽了，就会耕得不均匀，深一处，浅一处；而且耕牛因为用力太多，也容易疲乏。

贾思勰为什么这样重视深耕呢？原来农民的经验告诉他，植物和人一样，人要长得健壮，就得吃好吃饱，营养丰富，耕得深，庄稼的根就能扎到很深的地里去，吸取较多的养料和水分。这样庄稼就不怕干旱，能长得又肥又壮。

贾思勰又根据农民的经验指出：耕完地以后，就要立即把土锄细和耙平，经过几次锄、耙，才好开始播种，当绿油油的谷苗长出田垄以后，还要反复地锄地。这不是为了把地里的杂草锄去，而是要使土壤松匀，土壤锄得越疏松均匀，农作物就越容易吸取土壤中的养分。所以，《齐民要术》里说：切不要看到地里没有了杂草就停止锄地，要反复不停地把土壤锄松锄细，锄的遍数越多，结出来的籽粒就越是饱满肥大，等谷苗长到约一尺高以后，还要用一种名叫锋的古农具去松土。可见我们祖先很早就十分注意深耕细作了。

一千四五百年前，我们的祖先已经很注意水的供给来增加农业生产。黄河流域在当时是干旱地区，因此，怎样防旱、保墒实在是一个十分重要的问题。我们祖先在保泽保墒方面也积累了丰富的经验。远在西汉时候，我们祖先已经很注意水利灌溉，用河水或井水来灌溉田地，使农作物得到充足的水分。到了南北朝（420年～589年）的时候，我们祖先更加积累了许多保泽保墒的经验，这也在《齐民要术》里记载了下来。上面提到耕完地以后，就立即要把地耙平，为的就是保持地里的水分，这就是保墒。

《齐民要术》里也记载了我们祖先的"冬灌"的经验。这就是把雪紧紧地耙在地里，或把雪积成大堆，推到栽下种子的坑里去。这是为了防止大风把雪刮走，使地里有充足的水分。这样，春天长出来的庄稼就会特别旺盛。

《齐民要术》里还要大家注意抢墒。农谚说："早种一日，就能早收十天。"这就说明抢墒的重要。黄河流域在春末夏初播种的季节里，雨量很少，经验告诉我们的祖先，必须趁雨播种。《齐民要术》总结当时的经验说，谷物的播种，最好是在下雨之后。雨小，如果不趁地湿下种，苗便得不到充足的水分，就不容易长得健壮。但是，遇到雨大就不能这样做，因为雨太大，地太湿，杂草就会很快地长起来。同时，谷物也不适宜在过湿的土地上生长。这就要在地发白后再下种。从这些地方可以看出我们的祖先是很善于和自然做斗争的，他们并不是机械地搬用经验。这样保墒保泽的经验，即使在今天来说，也是很宝贵的。

（三）选种和浸种催芽

只要参加过农业生产的人，都知道选择优良品种的重要意义。远在西汉的时候，我们祖先就很注意选种和保藏种子，并且积累了宝贵的选种、藏种的经验。谷物成熟的时候，要把粒大穗大的摘下留作种子。摘下来的种子要挂在干燥通风的地方，吹得很干很干，然后藏在竹器或瓦罐里面。最好和上一些干艾，防止种子生虫。到南北朝的时候，选种和藏种的经验更加丰富了。《齐民要术》里告诉我们：如果不选种，不但庄稼长不好，种子还容易混杂。种子混杂了，就会给生产带来很多麻烦，不但出苗会迟早不齐，谷物成熟的时期也不一样。在春碾粮食时，有的还没有熟，有的春碾过度，不但难得均匀，回收率也会减少，煮起来也会夹生不熟，很不好吃。

关于选种的方法，《齐民要术》里说，不论是粟、黍、秫、粱，都要把长得好的、颜色十分纯洁的割下来,挂在通风干燥的地方。到第二年的春天打下来,单独种在留种地里,准备作下一年的种子用。留种地要耕作得特别精细,要多加肥料,要常常锄地,锄的遍数越多,结的籽粒就越结实,才不会有空壳。种子收回来后,要先整理,并且要埋藏在地窖里,这才可以防止种子混杂的麻烦。

在收取瓜种方面,《齐民要术》记载了一个非常宝贵的经验。它说:瓜种要拣取"本母子"瓜里的种子。所谓"本母子"瓜,就是最早结出来的瓜,它里边的种子,出苗早,结瓜也早。但并不是"本母子"瓜里的全部瓜子都是好种子。《齐民要术》里说,要截去瓜的两头,拣取中间部分的种子。因为中间部分的瓜子要比两头的大,在它的子叶里贮藏的营养料比其他瓜子多。因此,这种瓜子长的瓜秧比较旺盛,结的瓜也好。现在,我国农民留瓜种,一般是留取早辈瓜子,在北方某些地区,拣取瓜种有时仍参考《齐民要术》里所记载的办法。

《齐民要术》里也记载着浸种催芽的方法。当时虽然还不懂得用盐水浸种,但已经知道用水浸种了。《齐民要术》里说,在播种前二十天,就应该用水淘洗种子,去掉浮在上面的粃子,晒干后再下种。也有让水稻浸到芽长二分,早稻浸种到芽刚刚吐出时,再播种的。

(四)施肥和轮作、套作

我们的祖先从长期的生产实践中懂得,要想获得好的收成,除了深耕细作、保墒、选种以外,还得注意施肥和轮作,使农作物有充足的养料。氾胜之是很注意肥料的作用的,他在《氾胜之书》里介绍了一种丰产的经验,叫作"区田法"。他说,区田法可以使庄稼获得足够的肥料,不一定好地才能获得高产。在南北朝时,我们的祖先不仅重视使用粪肥,而且积累了使用绿肥的经验。《齐民要术》里说,秋天的时候,要是耕种长着茅草的土地,最好让牛羊先去践踏,然后进行深翻。这样,草被踏死了,深翻后埋在地里可以作肥料。在没有茅草的地里,秋耕时也要把地里的杂草埋到地里去,第二年的春天草再长出来时,要再把它埋到地里去。这样,经过耕埋青草的土地,就像施了粪肥的土地一样肥沃,长出的庄稼就会又肥又壮。

《齐民要术》里还记载着我们祖先栽培豆科作物作为绿肥的经验。书里说,用过豆科作物做绿肥的地里,如果种上谷子,每亩可以收获很大的产量。《齐民要术》里也提到用围墙和城墙的土做肥料的办法。直到现在,这些办法对我国农村的积肥造肥,也还是很有用处的。

早在西汉时候,我们的祖先就提出过用休耕和代田法来恢复土壤的肥力。代田法是用犁在田里犁出一条一条宽一尺深一尺的畎,犁出来的土堆和两畎的中间,成了一条一条高起的垅,垅也是一尺宽。谷物的种子撒在畎里,在谷苗生长的过程里,逐渐把垅上的土和草培在苗根上,等到夏天,垅上的土培完了,谷物的根就扎得很深,既耐风又耐旱。到庄稼收获以后,再把原来是垅的地方犁成畎。第二年就在新犁的畎里种东西。这种耕作方法可以使一部分土地得到休闲。地方容易恢复,产量因而也高。到了北魏的时候,我们祖先又进一步创造了轮作的方法。他们懂得土壤里含有各种各样的养分,而每种作物都各有几种特别需要的养分,因此,如果只种一种作物,就会使土壤中的养分供给发生缺陷的现象。实行轮作,种植的农作物常常更换,就可以避免这种现象,因而也就提高了土地的利用率。《齐民要术》里详细地讨论了轮作的方法。它说:有的农作物连栽不如轮作,麻连栽就容易发生病害,降低麻的品质。接着又讨论了哪一种作物的"底"最好是什么。什么是"底"呢? 就是我们所说的"上茬"。书里说:谷物的"底"最好是豆类,大豆的"底"最好是谷物,小豆的"底"最好是麦子,瓜的"底"最好是小豆,葱的"底"最好是绿豆。可见我们祖先当时对轮作已有比较深刻的认识。这种用轮作发挥地力和培养地力的方法,现在仍旧是值得我们重视的。

贾思勰还在《齐民要术》里总结了我们祖先实行套作制的经验,认为这对于提高土地利用率大有好处。他说,葱里可以套种胡荽[虽],麻里可以套种芜菁等等。这个套种法是我们祖先在耕种技术上的创造。

(五) 果树栽培

《齐民要术》也总结了我们祖先在栽培果树方面的宝贵经验。

贾思勰说,果树的种类很多,有的耐寒,有的喜欢润湿,有的在冬天结实,有的要在风和日暖的时候才开花结果。各种果树的特点既然各不相同,栽培的方法也不能一样,不能以适合一种果树的方法死搬硬套地应用到别的果树上去。例如李树、林檎树用播种移栽的方法,最好是扦插;梨树则用嫁接的方法最为适宜等等。

在果树的蕃植方面,《齐民要术》里列举了培育实生苗、扦插和嫁接三种方法。

贾思勰根据农民的经验,指出培育实生苗首先要注意留下味最好的和最肥大的果实作为种子。他认为这是一个根本原则。

在这以外,他还提出了几种极有意义的方法。关于桃树,他说:桃子熟的时候,连果肉一起埋到粪地里,到第二年春天再把它移到种植的地上去,这样桃树的成熟早,三年便可以结果,因此不必用插条来扦插。要是不把种子放在粪地里,植株不会茂盛;如果就让桃树留在粪地里生长,果实不会大而且味苦。

关于栗树,他说:栗子刚成熟,剥出壳以后,立即埋在屋内的湿土里面,并且一定要埋得深,不要让它受冻;剥出来留了二天以上,见过风和太阳的,就不会发芽。

《齐民要术》也很重视用扦插的方法来蕃植果树,认为这个方法可以使果树提前结实。他说:李树性坚,长得慢,要五年才结实,所以要用扦插。扦插的李树,三年便可结李子。

扦插可以使果树提早结实是很有道理的。因为用来扦插的树枝,一般是由靠近地面的老枝上剪下来的,它已经有一定的年龄了。如果已有二岁的年龄,那么扦插以后再过三年,便是五岁,正好是开始结实的时候了。

贾思勰在《齐民要术》里很细致地总结了嫁接果树的方法。以梨树为例,他说,嫁接法可以使梨树结实早,而且梨肉细密。嫁接梨树最好用棠树或杜树作砧[真]木。砧木要拣粗壮一些的,嫁接最好在梨树刚刚发芽的当儿,至迟不能迟到快要开花的时候。

嫁接时首先要注意防止砧木发生破裂,所以最好在树桩上先缠十几道麻绳,再用锯子在离地五六寸的地方截去它的上部。为了避免受大风的吹刮,桩不能太高;但高一些也并不是没有好处,因为桩高,梨树就可以长得快一些。所以桩留得高的。最好四周用土或别的东西围起来,以免因大风而发生破裂。

其次,嫁接的树枝要注意在向阳的一面剪取,因为向阳一面的树枝能够结较多的果实。

再次,插枝的时候要让梨树斜面的木质部和砧木的木质部接上,皮和砧木的皮连在一起。嫁接了以后要用丝棉把树桩裹严,并且在上面封上熟泥。最好再用土掩盖起来,只让梨枝刚露出一点尖。此外,还必须经常浇水,使土地经常保持润湿。

《齐民要术》里讲到扦插和嫁接可以使果树提前结实,这就说明我们祖先在一千四五百年前,在生产实践中,对果树发育阶段的理论,已经有了认识。

贾思勰也很注意防止果树遭受霜冻的损害。他总结当时的实际经验,认为雨后初晴的秋夜,常常会出现霜冻。这时候就要在果树园里堆起杂草,点起火来熏,要使全园都有烟气。这个防止霜冻的方法是合乎科学道理的。

(六)牲畜饲养

在畜牧业方面,贾思勰也总结了许多有很高科学价值的经验。我国很早就开始饲养马、牛、羊等牲畜,但古书里关于饲养方面的经验的记载却不多。这主要是因为黄河和长江流域的人民,很早便以耕种为主,因而偏重于总结农耕方面的经验。到南北朝的时候,北方的兄弟民族把他们丰富的牧马、牧羊等经验,带到了中原地区来了,这就大大丰富了中原人民在这方面的知识。

贾思勰根据当时人们的实际经验,在《齐民要术》里指出,畜养动物首先应该重视选种,要选择最好的母畜来做种畜,不能随随便便让不好的母畜繁殖后代。这说明我们的祖先很早就注意牲畜的遗传性。

除此以外,《齐民要术》还很重视牲畜怀胎的环境,以及小牲畜出生后的环境对它们的影响。他说:最好把腊月和正月里的羊羔留作种畜,十一月和二月的便次了一等。不是这几个月里生的羊羔,毛不润泽顺直,骨架也小。因为八、九、十月里生的羊羔,母羊在生它们的时候虽然很肥,但到冬天便没有奶了,这时候青草已经没有,小羊如何能够养育得好呢?三、四月里生的羊羔,这时候虽然有青草,但小羊还不会吃,并且气候转热,母羊的奶也比较热,他们只能吃母羊的热奶,所以不好。五、六、七月份,羊羔热,母羊也热,热上加热,所以更坏。十一月至二月里生的羊羔,因为母羊早已长肥了,有足够的奶可以供给小羊,到母羊奶完的时候,青草已经生出,所以很好。

其次，贾思勰告诉我们要注意对肉用牲畜的阉割和揸尾。在一千四五百年前，我们祖先虽然还不知道为什么截去尾尖，猪就会长得特别肥大的道理，但当时已经发现了这个奇妙而有趣的方法了。《齐民要术》里说，肉用的小猪，生下来第三天就要揸去尾尖，满六十天再犍（阉割）；并且说，犍猪如果不揸去尾巴尖，不但容易得破伤风，而且会长得前大后小，只有揸去尾尖的猪，才会长得骨细肉多。现在已证明这是十分科学的。这又一次有力地说明，劳动人民在生产实践中所积累下来的经验是最宝贵的。

在牲畜的饲养法方面，贾思勰在《齐民要术》里总结了很多丰富的经验。关于养马，贾思勰指出：马饿时可以喂给比较坏的饲料，饱时再给好的，这样马可以吃得多，因而也可以肥壮。饲料要铡得细，粗了马吃了不会肥壮。给马喂水也有一定的规则。俗话说："早起骑谷，日中间骑水。"就是说早上马饮水要少，中午可以让马多饮一点；到了晚上，因为要过夜，要让它尽量饮水。每次饮水之后，要让马小跑一阵，出汗消水。

《齐民要术》里也记载了几十个医治马病的方法。如发现马"中谷"（消化不良），就用麦芽三升和在马草里喂马。如果发现马"中水"（鼻脓症），就把食盐放进马鼻里去。这都是我们祖先由实践中得出来的很有效的方法。

关于放牧羊群，《齐民要术》里有许多有趣的记载，而特别着重于冬天藏草喂羊的方法。它说，冬天喂羊的方法最好是在地势高爽的地方，用树棒竖插起圆形的栅栏。在栅栏里堆积干草，任羊在栅栏外走动，不断地抽草吃。这样，羊到来年春天，就长得又肥又壮。否则，就是把一千车草扔给十只羊吃，结果是大部分草被踩在地上给糟蹋掉了，羊还是吃不饱。

大家知道，牧羊除了肉食以外，更重要的是剪取羊毛。《齐民要术》里总结了剪取羊毛的经验说，从三月到八月间，剪完羊毛后，要把羊好好洗刷干净。这才可以使以后长出来的羊毛又白又洁。但是，八月半以后剪毛，就千万别再给羊洗澡了。因为这时节气已经过了白露，早晨和晚上的寒气容易把羊冻坏。剪毛在什么时候妥当，要根据各个地方不同的条件来决定。在黄河流域，八月间必须剪一次羊毛。如果不剪，毛长得粘连起来，这种羊毛就不能织毡子，就会造成很大的损失。长城以外或沙漠地区的羊，因为八月以后天气渐渐冷起来了，就不宜剪毛，免得冻死。

随着畜牧业的发展，中原一带也就普遍制造乳酪［涝］，贾思勰在《齐民要术》里介绍了"作酪""作干酪""作漉酪""作马酪酵"和打酥油等方法。这些方法西晋以前在中原地区并不普遍，由于后来和北方各族人民的大融合，这些方法才传到中原地区来。

（七）农村副业

我们祖先不仅在农业、林业和畜牧业方面取得很大的成就，而且在农村副业方面也积累了丰富的经验。我们知道,我国是世界上养蚕最早的国家。相传在四、五千年前,我们的祖先就发明了养蚕缫丝和织帛的方法。栽桑养蚕后来就成为黄河流域农民们的主要副业,他们积累了丰富的养蚕经验。到公元五世纪的时候,我们祖先更发现了用低温可以延迟蚕卵孵化的窍门。具体的方法是把蚕卵低放在长颈的瓦坛里,盖好坛口,再把它放在冷水里面,这样可以延迟蚕卵孵化的时期达二十天左右。在当时生产设备和科学技术很差的情况下,我国劳动人民竟能够发现这样巧妙可行的方法,这充分说明了我国劳动人民勇于创造和具有高度的智慧。到北魏时候,我们祖先的养蚕缫丝的经验更加丰富了。《齐民要术》总结当时的经验指出,养蚕的屋子里要温度适宜。太冷蚕长得慢,太热就枯焦干燥。因此,养蚕的房屋,冬天四角都得生火炉,屋子的冷热这样才会均匀。在喂蚕的时候要把窗户打开,蚕见到阳光吃桑叶就多,也就长得快。这时候用柘树叶养蚕也开始了,我们祖先也知道了柘丝质量很好,拿来作胡琴等乐器的弦,比一般的丝还强,发出来的声音非常响亮。在《齐民要术》里记载的柘蚕取丝的方法,可能是我国关于这方面的最早的文字记载。

我们的祖先也很注意用植物性染料把衣料染成各种颜色。例如《齐民要术》里就记载了提取红蓝花中所含的色素作染料的方法。在采集来的鲜花里加上从蒉藜或草灰里取得的碱汁,揉捣以后,滤出浓汁来,再往里面放些酸石榴汁或酸饭浆水调匀,就成了鲜红的染料。《齐民要术》里还说到保存这种染料的方法:把花汁倒入一个小布袋里,滤去里面的清水,趁里面留的染料半干半湿的时候,捻成一片一片的小块,再在阳光里晒干。这样,非但保存方便,就是放的时间长一些也不会败坏。

这种制造染料的办法看来似乎很简单,但我们如果想到当时因为没有化学工业,没有强酸浓碱,我们祖先竟能想出了用酸饭浆来代替强有机酸,用草灰水来代替碱质的办法,要是没有很高的才智和丰富的实际经验是不可能的。

在《齐民要术》里,我们也可以知道北魏时候,我们祖先已经有了非常丰富的使用"皂素"的经验。在没有肥皂以前,人们是用草灰、蒉藜灰的汁水,或是用豆科植物种子,如皂荚等来洗衣服的。书里说,白绸的衣服用灰汁洗过几次就坏了,不但颜色会变黄,而且衣服的质地也会变脆。最好是用小豆粉来洗白绸衣服,小豆粉不但可以把衣服洗得非常洁白,洗过的衣服还非常柔软。《齐民要术》中的这个记载,是人类利用"皂素"最早的记载之一。

我们的祖先在酿造方面也取得很大的成就。贾思勰在《齐民要术》里记载了酿酒、造醋、作酱、制豆豉[齿]、作鲊[眨]等等方法。

活字印刷术的发明者

——毕昇

名人档案

毕昇：又作毕晟，北宋发明家，发明活字版印刷术。北宋淮南路蕲州蕲水县直河乡（今湖北省黄冈市英山县草盘地镇五桂墩村）人。1989 年在湖北英山县发现毕昇墓碑。宋初为书肆刻工。宋庆历年间（1041～1048），他根据实践经验，发明胶泥活字印刷技术。他的字印为沈括家人收藏，其事迹见《梦溪笔谈》卷十八。

生卒时间：约 972 年～1051 年。

安葬之地：湖北省英山县草盘地镇五桂墩村睡狮山麓。

历史功过：活字印刷术的发明，是印刷史上的一次伟大革命，是我国古代四大发明之一，它为我国文化经济的发展开辟了广阔的道路，为推动世界文明的发展做出了重大贡献。

国人的骄傲

在中国历史上出现了一位活字印刷术的伟大发明家毕昇，这是中国人的骄傲。活字印刷术的发明，是中国印刷工业史上一次大的飞跃。这一伟大的创举，将中国古代印刷术推向了一个新的高峰，它开拓了世界活字印刷术的新纪元。欧美国家的学者，过去一般都认为活字印刷术是十五世纪欧洲人的发明，因而讴歌欧洲人对于世界文化的贡献。然而，历史真实告诉我们，活字印刷术和雕版印刷术一样，是中国人发明的，毕昇就是世界上发明活字印刷术的第一人。并且我们也有理由深信，欧洲的活字印刷术同雕版印刷术一样，都是接受了中国的影响而产生的。素称

"文明之母"的印刷术,它的产生给祖国带来了文明与进步。凡是十三、四世纪来过中国的西洋人,对当时中国物资的丰富和文化的发达,莫不惊异、爱慕,并为之倾倒。马克思对中国印刷术、火药和指南针的发明,曾高度评价为:"预先资产阶级社会到来的三大发明。"并形象地比喻说:"火药把骑士阶层炸得粉碎,指南针打开了世界市场并建立了殖民地,而印刷术却变成新教的工具,总的来说变成科学复兴一的手段,变成对精神发展创造必要前提的最强大的杠杆。"马克思在这里,充分地肯定了中国印刷术的发明对世界进步的贡献。毛泽东也指出了在中华民族的开化史上,"一千三百年前,已经发明了刻版印刷。在八百年前,更发明了活字印刷"。"中国是世界文明发达最早的国家之一,中国已有了将近四千年的有文字可考的历史。"就是到了近代,日本学者实藤惠秀还在其著作的《中国人留学日本史》一书中,赞誉说:"活字印刷术的发明是中国一项名耀于世的贡献。"可见,中国活字印刷术的发明家毕昇,至今已铭记在世界人们心目之中。

中国有着悠久的文明历史,中国印刷史也源远流长。

生于布衣间

毕昇是北宋庆历年间(公元一〇四一年——一〇四八年)人。他的生平和活动,史书上记载甚少,只有宋代科学家沈括在其所著《梦溪笔谈》一书中概略提道:"庆历中,有布衣毕昇,又为活版"。"布衣"就是没有做过官的普通劳动人民,"活版"即指活字印刷。从这句引文中,我们可以知道,毕昇出身劳动人民,生活在封建经济文化高度发展的北宋时期。当时社会矿冶、丝织、制瓷、造纸和雕版印刷等手工业部门的发展都十分显著。经济的发展又促进了科学文化日益发展,雕版印刷已适应不了社会文化发展的要求,就在这种情况下,毕昇继承和发展前人印刷术的成果,开始了在印刷技术上的革新,终于创造出活字印刷术。

回顾印刷史

我们的祖先最古时代传播文化、交流思想是用刀刻、锥画成书,把简单文字刻在兽骨和龟甲上,史称"甲骨文"。从公元前十三、十四世纪起,他们又把字刻在或铸在青铜器上,史称"铭文"。大概从商朝开始,有了竹木的书,用竹做的书,古人称做简策;用木做的书,称作版牍。这些古简都是用毛笔和黑墨书写的。在竹木书盛行的春秋战国时期,也开始把字写在缣帛(古代一种质地细薄的丝织品)上,韩非子说过:"先王寄理于竹帛。"墨子也说过:"书之竹帛,传遗后世子孙。"自从我国发明造纸之后,把字又进而写在纸上,细细的一卷纸可以代替过去整车的竹木简,价钱十分便宜。比起简版、缣帛不知要方便多少倍。不过,靠手抄写书籍是非常麻烦的,要想取得一部书,要一个字一个字地从头至尾抄写,一部书就要抄写很长的时间,倘若一部卷帙浩繁的书籍,往往就要抄写几个月,多达几年。况且相互抄写,容易抄错抄漏。一旦遇到天灾人祸,使仅有抄本毁掉,实为痛惜。随着社会的发展,要求读书的人越来越多,只靠手抄书难于满足人们对文化的需求。这样,客观现实要求人们去改变以手抄书的现状。当时社会上印章和石刻的长期使用,特别是拓石方法应用的出现,给改变以手抄书,雕版印刷的产生提供了可能的条件。远在春秋战国时期印章就已使用,这是一种反刻的文字取得正写文字的方法。公元前七百多年的春秋时代,秦国就有了石刻文字。东汉灵帝熹平四年(公元一七五年),将重要的儒家经典刻在四十六块高大的石牌上,作为古代读书人的范本,称《熹平石经》。后来有人发明了用纸在石碑上墨拓的方法。石碑上的文字是用阴文正写的,先将浸湿了的纸覆在石碑上面,用手轻轻拍打,使纸透入石碑罅隙处,待纸干后,刷墨于纸上,然后把纸揭下来,取得了正写文字的复制效果,这种方法称拓石。拓石技术的存在是雕版印刷术产生的另一个渊源。所谓雕版印刷术就是印章和拓石两种方法的综合。雕版最好选用质地坚硬的枣木、梨木等,在其板面上刻上阳文反写的文字,然后加墨覆纸印刷,字就留在纸上了。中国雕版印刷术就这样向世界宣告产生了。至于什么时间产生的雕版印刷,中外史学界历来众说纷纭。只有唐朝一说,被多数学者所承认。雕版印刷术要比用手抄写书不知要方便多少倍,对祖国文化传播起了重大作用。一九〇〇年于甘肃敦煌千佛洞里发现一部我国唐代咸通九年(公元八六八年)木刻《金刚经》。这是由七个印张粘接而成的全长十六尺卷子,举世闻名的现存世界上第一部印本书。中国这部珍贵文物,一九〇七年被帝国主义分子斯坦因盗到伦敦,现藏英国博物馆里。九世纪初,我国雕版印刷已相当普遍了,从民间的历日到文人的著作及佛教的经典,均有了刻本。印刷业已遍及今四川、江苏、安徽和洛阳一带。

五代十国时期,雕版印刷又有一次较大的发展。后唐宰相冯道奏请雕印九经,国家雕版印刷儒经就从这时开始。宋朝初期,雕版印刷发展到全盛时期,宋太祖开宝四年(公元九七一年)张徒信在成都雕版印刷全部《大藏经》费工十二年,雕版达十三万块之多,计有一千零七十六部,五千零四十八卷,是我国印刷史上较早的最大一部书。由于宋朝印刷术的发展,各种书籍多数均有了印本。今天保存下来的也比较多,因为书本较古,刊印技术又较讲究,所以被后代视为珍宝。

雕版印刷也有着难以克服的弊病,印一页书要雕一块版,如印一部书特别是大部头的书,不知要雕多少块版。这些雕版虽然比手抄写方便,但与得要花费几年时间,耗费精力太大,而且刻出大批雕版也不便存放,如《大藏经》一部书就有十三万块版面,就要占用很多房屋存放。一旦在雕刻的版面上发现了错别字,不能有丝毫的串版和更字余地,不是毁版重雕,就是错误印刷,给文化传播带来了损失。

活字印刷术

毕昇发明的活字印刷术就改进了雕版印刷术的缺欠。据沈括所著《梦溪笔谈》记载可知,活字印刷术即活字印书法。实行排版印刷,随意装拆,每个字都能利用许多次,只要有一套活字,什么书都可以印,既方便又经济。这是中国人民一项伟大的发明,完成了印刷工业史上的一项重大革命。关于毕昇这一发明,因为有当时著名科学家沈括在《梦溪笔谈》一书中的真实记载为佐证,应当说是无可非议的。早于德国谷腾堡的发明四百年这也是事实。虽然截至目前我们对毕昇的身世知道的还不够多,但根据《梦溪笔谈》卷十八中的一段记述,完全可以确信无疑。

毕昇发明的活字印刷术分制字、排版、印刷和回收活字四道工序。根据沈括《梦溪笔谈》的记载,毕昇是用胶泥造的活字,胶泥就是粘土,用粘土刻字,字迹凸出来的厚度薄如铜钱。每字作为一印,用火烧硬。预先备好一块铁板,上面覆盖混合的松脂、蜡和纸灰等。要印的时候,先在铁板四周放个铁框,(叫作铁范),在框里把字排进去,摆满一铁框就是一版,然后把版送到火上烘烤,等腊熔化,用一平板把字压平。于是取下冷却,泥字就固凝在版上,即成版型,就可以在版上涂墨印刷了。这种方法虽很原始简单,但也现代铅字排版、印刷基本原理是一样的。沈括评论毕昇发明的活字法说:"若止一、二本,未为简易,若印数十百千本,则极为神速。"经常做两块铁板,一版在印刷,一版在排字,第一版印刷完,第二块版又准备好,更互用之,瞬息可就。每一字皆有数印,如"之""也"等字,每字有二十余印,以备一版内有重复者。不用时,放在木格子里,按韵分类,贴上纸写的标签。少见字,事先未备好,临时刻制,以草火烧,转眼可成。

毕昇对木活字也做过多次试验,效果并不理想。沈括在这方面也记载说,所以不用木料做字模是因为木料的纹理有疏有密,沾水后高低不平,并且与药相粘连不容易取下来。不如烧土字印,用过后再上火烤,药溶后用手一扫,字印全部脱落,一点不沾污。

毕昇发明的活字印刷,制版迅速,印版中有错误随时可以更改,印刷质量好,速度快,提高了印刷效率,对加速科学文化的传播,促进人类文化的昌盛,做出了不朽的贡献。但是在封建社会里,封建统治阶级对科学的发明是不重视的。对毕昇这样一位伟大的发明家,他所发明的活字印刷术生前得不到支持,直至死后,仍未得推广。他的字印最后归于沈括的侄子辈,当作文物加以保存。推其另一原因,当时社会上读书是少数人的事,一部书在一定的时间内,需求量还不够多,难得有大量的发行,书的流通是缓慢的。若采用活字印书,一次印数太少很不经济,印得太多又要积压,出版商是不上算的,因此,不如靠雕版印刷来维持。这样一来,历史上留下来的毕昇活字印刷品就很难发掘,给史学界对毕昇的研究也带来了一定的困难。

有人认为,"火烧胶泥作字,似不合情理"。"泥不能印刷",对毕昇能否发明泥活字印书提出了怀疑。实际上,这种说法已被历史事实所否定。清康熙间泰安徐志定所创磁刊,以为"坚致胜木",称"泰山磁板"。道光年间,安徽省泾县一位教书先生瞿金生费尽了三十年心血,制造泥活字十万多,用这些泥活字印刷了《瞿氏宗谱》和《泥版试印初编》等,字迹均匀,清楚美观。

也有人认为,在毕昇之前中国就已有了活字印刷术。其根据,泰瓦当载秦始皇二十六年(公元前二二一年)诏书四十字,四字为一范,合十范而成文。又见秦公敦每字为一范"益知活版术东周时已有之"。武断地把活字的发明提早到二、三千年前。那时纸还没有发明,即使是简单的知道了活字版的原理,也无条件应用到印刷术上。又说,后晋天福年间(公元九三六年~九四三年)发明了铜活字版。但是,以这样铜活字印刷的书,从未有人见过,史书上又无记载,论据不足,也难以置信。

对于毕昇的历史,一向无考,只知道他是一位十一世纪中期民间活字印刷术的发明家。一位国外学者把毕昇说成"铁匠",于是"铁匠"一说,在国外照抄照传。近代我国史学家才在沈括的《梦溪笔谈》卷二十里查到了出处。原来文中提到的"老锻工"毕昇,是宋真宗大中祥符中(公元一〇〇八——〇一六年)人,与活字印刷术发明家毕昇并非一人,毕昇与毕昇,音同字不同,而且两者时代相去三、四十年。毕昇发明活字印刷年代是公元一〇四一年——〇四八年,而这时的老锻工毕昇已是一位高寿的老人,再去研究发明印刷术,显然是不可能的事。

毕昇发明的活字印刷术,虽然不被官府所重视,不及雕版印刷流行广泛,但是也没有中断,一直被人们使用着,发展着。到了元代才有了较大的发展。元仁宗延祐元年(公元一三一四年)前后,山东人王祯,在毕昇发明的活字印刷原理启发下,创造了木活字印刷术。明孝宗弘治元年(公元一四八八年),无锡人华珵,开始使用铜活字印刷。使毕昇发明活字印刷术得到了改进和推广,促进了我国印刷工业进入了一个新的振兴和发展阶段。

印刷术的发展

元代农学家王祯发明了木制活字,其方法在他的著作《农书》后面,有较详细的记载。首先把字样糊在板上雕刻,字与字之间稍微有一定的间隔,雕成之后,用细齿小锯分字锯下,成为四方形,再拿小刀修理四面,使得每个活字都按其标准大小高低相同,然后排字成行,用竹片作为界行,将字夹紧。字排满后,再以木楔楔好,使字平稳,然后便可加墨印刷了。元贞元年(公元一二九五年)王祯任安徽旌德县尹,写了一部农书,因字数过多而请工匠造木活字,约三万余字,两年刻完。本意用来印刷所写的农书,但因各种原因没有实现。其后于大德二年(公元一二九八年),开始试印自己纂修的《大德旌德县志》,全书共有六万多字,不到一个月的时间,印成了一百部。

王祯不仅以木活字代替了毕昇的泥字和元初人的锡字,而且还创造了转轮排字盘和"以字就人"的拣字法,提高了拣字排版效率。更珍贵的是王祯把制造木活字的方法和印刷术系统地记录下来,编写了一部《造活字印书法》。王祯把毕昇活字印刷术发扬光大,是继毕昇之后在我国印刷工业史上有过重大贡献的人物之一。在王祯以后二十多年里,木活字印书在安徽、浙江一带广为流行。

延祐六年(公元一三一九年)十月,有个广平人马称德,字致远,做奉化知州时,在任三年,曾镂活书版至十万,至治二年(公元一三二二年)用活字书版印成《大学衍义》四十三卷二十册。在敦煌千佛洞中曾发现元代维吾尔文的木活字,这说明元代的木活字印刷术,已传播到新疆维吾尔兄弟民族中间。

到了明、清两朝,木活字更为流行,明崇祯十一年(公元一六三八年)起,已用木活字出版北京发行的《邸报》。江南各地,多用来排印族谱和家谱等。清乾隆年间,曾刻成大小枣木字二十五万三千五百个,先后印成《武英殿聚珍版丛书》一百三十八种,二千三百多卷。清代私人和书坊也多采用木活字印书,如《红楼梦》一书,在乾隆五十六年及第二年以木活字两次印刷,称"程甲本"和"程乙本"。

金属活字印刷在我国印刷工业史上也占有一定位置。大约在元初,早于木活字,就有人铸造锡活字。王祯所著《造活字印书法》一书中提到"近世又铸锡作字,以铁条贯之,作行嵌于盔内,界行印书;但上项字样,难于使墨,率多印坏,所以不能久行"。因此,多半途而废,不能流传下来。不过,应看到毕昇泥活字的发明不仅影响到木活字的应用,也影响到金属活字应用的试验。锡活字的试验,说明了中国在世界上最早产生了金属活字。

宋、金、元朝多用铜版印抄。明孝宗弘治元年(公元一四八八年),出现了用字模浇铸的铜活字,开始使用铜活字印刷,在江苏一带比较流行,其中无锡华家和安家,他们以铜活字版印书为最多。到了清代用铜活字印刷了著名百科全书《古今图书集成》,康熙末年也有人以铜活字印自己的文集。

毕昇活字印刷术的发明,对中外历史的文明产生了巨大影响,促进了我国文化的传播和迅速发展,从宋朝至清末九百多年的时间,书籍生产量大量增加,可谓"汗牛充栋"。

随着中外各国人民友好往来和科学文化的交流,中国的印刷术先后传入邻邦朝鲜、日本、越南、琉球、菲律宾、伊朗,并影响了欧洲及非洲的埃及等。毕昇发明的活字印刷术,首先传到了朝鲜。朝鲜人民根据其原理,制成了陶活字。据说,日本藏的《性理喻林》《玉纂》《古今历代撮要》等书,均是陶活字印刷而成。朝鲜以木活字印刷的历史也很悠久,只晚于中国王祯木活字印刷七、八十年。明洪武九年(公元一三七六年)印成了《通鉴纲目》。朝鲜印刷史上最大的成就,是在世界上首先大量铸造金属活字。十五世纪初,开始由政府主持大规模铸造铜活字,于明成祖永乐元年(公元一四〇三年)二月设立"铸字所",几个月的时间就铸铜活字数十万,并开始印书籍。朝鲜印刷业发展是同中国的影响分不开,朝鲜史书上曾记载说:"活版之法,始于沈括,而盛于杨惟中。"这里所指的沈括,实际上就是中国的毕昇。朝鲜铜活字的产生,要早于欧洲四十年,中国铜活字的产生很可能也是受到了朝鲜影响的结果。

活字印刷术又从朝鲜传到了日本。日本丰臣秀吉侵略朝鲜时,把朝鲜宝物图书及活字掠去,才开始有了活字印刷。日本称活字版为"一字版"或称"植字版",或仿中国称"聚珍版"。据说文禄二年(公元一五九三年)就开始用活字印《古文孝经》,最大的印刷工程是利用木活字,刊印全部《大藏经》共六千三百二十三卷。

活字印刷术还传到了西方。元代木活字传入新疆,出现了世界上最早拼音文字的活字。其后从新疆经由波斯、埃及再传入欧洲。也有人如莱麦撒认为中国人所发明之航海罗盘针、火药、钞币、纸牌、算盘等皆由蒙古输入欧洲,活字版印刷术同时也由远东输入欧洲。还有人认为来中国的欧洲旅行家、商人、教士与俘虏等风闻到了活字印书法,回国后把活版印刷介绍给国人。总之,欧洲活字印刷术是受中国影响而产生的,这一点是肯定的。

明英宗景泰七年(公元一四五六年)德国人谷腾堡,首先在梅因兹地方使用活字印书。他初步制成了铅、锡、锑合金的欧洲拼音的活字,并用来印刷《谷腾堡圣经》。这种欧洲印刷术反过来又传给了中国。陆费逵在《六十年来中国之出版业与印刷业》一书中,把西欧印刷术传入中国之事比喻为"外孙回外婆家"。以后相继传到意大利、希腊、法国、捷克、西班牙、葡萄牙、英国等。十六世纪俄国莫斯科、印度的果阿也均设立了印刷所。十七世纪,传入美国,十八世纪传入加拿大,十九世纪,传入澳洲。至此,活字印刷术传遍了世界各地,推动世界各国科学文化的发展。

毕昇这位伟大的活字印刷术的发明家,他的名字同祖国荣誉一起载入世界史册,永被世界人民所怀念。

天文大师　世界扬名

——郭守敬

名人档案

郭守敬：字若思，汉族，顺德邢台（今河北邢台）人。元朝的天文学家、数学家、水利专家和仪器制造专家。早年师从刘秉忠、张文谦，官至太史令、昭文馆大学士、知太史院事，世称"郭太史"。著有《推步》《立成》等十四种天文历法著作。

生卒时间：1231 年～1316 年。

历史功过：他毕生从事科学技术事业60 余年，具有多种才能，不仅在天文学和水利工程方面成绩卓著，而且在地形测量、机械构造、仪器制作和数学等方面也做出了重要贡献。在我国科学技术史上，郭守敬的贡献是巨大的，在世界天文学史上也占有一定的地位。

名家评点：1981 年，为纪念郭守敬诞辰750 周年，国际天文学会以他的名字为月球上的一座环形山命名。

雏燕展翅　初露头角

河北邢台，历史悠久。相传殷王祖乙曾迁都于此。周代的邢侯，在这里建立了邢国。经汉、唐的发展，到宋代设邢台县，属顺德府。邢台依山傍水，有开矿铸铁、灌溉农田之利，而且位居南北交通要道，社会经济比较富裕，文化也比较发达。

邢台又有鸳水之称，以该县有达活、野狐二泉并流成一条鸳水而得名。12 世纪金朝统治下的邢台，鸳水边住着一户郭姓人家，自号"鸳水翁"的郭荣，是一位通晓五经、对数学和水利都很有研究的知识分子。1231 年，郭荣的孙儿郭守敬出生

国学经典文库

中华名人大传

图文珍藏版

了。当时邢台已被蒙古汗国占领,南宋政权在临安(今杭州)维持小朝廷偏安的局面。郭守敬自幼在祖父郭荣的教养下长大,从小就不爱和别的孩童一道玩耍嬉戏,而是每天用心念书,常常热衷于观察周围自然界发生的各种现象,喜欢学习天文学、数学和其他自然科学知识。

七百多年前的一个夜晚,晴朗的夜空中闪烁着点点的繁星,一个十五六岁的少年正在土台上摆弄着一个用层叠交叉的竹圈扎成的球形架子。他一会儿仰头凝视星空,一会儿转动竹球中的一根小竹筒对准天上的北斗七星和其他星座,猫着身子眯着一只眼睛观测着,一会儿又俯身土台借着星光在纸上写着、画着什么……。只见他挂满汗珠的脸上,一副专注的神情。这个少年,就是日后成长为大科学家的郭守敬。

原来郭守敬读到一部解释《尚书》的古书,他在书中曾经见过一张"璇玑图"。璇玑是中国古代的一种天文观测仪器,又叫浑仪,历代都用青铜铸造。他看着这张图,心想一定要把它做成实物,看看怎样用它来观测星象。于是他找来一些竹片,用小刀把它们剖成竹丝,按照图样扎制了起来。手指划破了,他咬咬牙,用布包上。竹片折断了,他动脑筋、想办法,把竹片在火上烤一烤,便容易弯曲、不易折断了。扎呀扎,总算扎好了一个竹球,他看看有些地方不圆滑,心里觉得不满意,又拆开来重新扎。一次又一次,最后总算扎成了一个圆滑精致的竹浑仪,对照璇玑图一看,倒真有几分像哩!再仔细瞧瞧,不对!书上的璇玑图中还有一根细直的铜管,叫作窥管,是观测星空的关键部件。他想,这么一根中空的直管,用什么东西可以替代呢?想呵想,……对了!爷爷不是常教导说要学习竹子的品格"虚心而有节"吗?"虚心"的竹子是中空的!他赶紧跑到竹林里,选呵选,选了一根又细又直的小竹枝,把两头的竹节削去,便成了一根竹窥管,拿来照图安装在竹圈内,一个漂亮的竹浑仪就做成功了!小小年纪的郭守敬高兴得不禁手舞足蹈起来。

古代的浑仪按照传统都是置放在一个土台上,于是郭守敬也从地里挖来了一些黄土,把它们劳积成一个土台,用鹅卵石把台面磨得光滑平亮,极为慎重地把他的竹浑仪放在上面,那股高兴劲就甭提有多美了。郭守敬恐怕不会知道,这大概是世界上第一个也是唯一的一个竹制浑仪!更为重要的是,这具竹浑仪的制作开了他日后发明大量天文仪器的先河。

还是在十五六岁的时候,郭守敬得到了一幅拓印的"莲花漏图"。莲花漏是北宋科学家燕肃在古代漏壶的基础上加以改进而创制的一种计时仪器,它由一套水箱(上下匮)、水壶、吸水管(渴乌)、带刻度的箭牌等一系列部件组成。由于水壶的若干部分以及刻箭都仿照了莲花、莲蓬和莲叶的形状,因此叫作莲花漏。

莲花漏的关键在于分水壶的发明。渴乌把下匮的水吸往箭壶里,使下端有浮子的刻箭逐渐上升,箭上的刻度就可以显示出时间的流逝。要使刻箭均匀上升,必须使经过渴乌流入箭壶的水流是均匀的;要使水流量均匀,必须使下匮的水面高度保持不变。为此就须设置上匮,以便向下匮供水,补充下匮因流向箭壶而失去的水。但随着上匮水量的减少,将会影响下匮的水面高度,从而影响报时的准确性。针对这个问题,燕肃发明了平水壶的结构。在下匮的侧面开有一小孔,接有一根水管,把超过小孔口水面的水输出匮外,使匮内水面始终不超过小孔高度。只要使由上匮来的水略大于下匮输出的水量,就可以使下匮水面保持在小孔高度上,从而使下匮的出水流量保持稳定。

我们已经知道,四季水温不同,水的粘滞性有所变化,这会影响到水的流速和流量。另外,地球绕太阳公转时,地轴是倾斜的,地球在轨道上的运行一年中有快慢,因此每天日子的长度不一样。(最多可以差到50秒钟。现在每天用24小时来计时,是取个平均数,叫作平太阳日。)为了调整这些差异,莲花漏壶中使用上漆的桐木箭,全套共有48支,白天和黑夜分别依其时间长度各用一支,并随24个节气变化而更换使用。古代的计时,把一天分成100刻,一刻又分成60分,每分合现代约14.4秒,所以具有较高的准确性。

这样一种构造并不简单的计时仪器,郭守敬单凭一张纸面的示意图,认真琢磨,仔细研究,很快就弄懂了它的原理和制造方法,并且能够对别人讲得头头是道,解释得一清二楚。郭守敬就是这样,从小专心致志于学习,肯动脑筋钻研事物的道理和内在规律,并亲自动手从事科学实验和实践。

郭荣为了让孙儿郭守敬开阔眼界,得到深造,把他送到邢州西南百余里的磁州(今河北省磁县)紫金山自己的同乡好友刘秉忠门下去学习。

刘秉忠博学多能,精通天文、数学、地理、音律,乃至三式(术数)、相术。青年时代由于不得志,出家当了和尚。后因当时一位高僧海云禅师的引荐,认识了蒙古汗国王子忽必烈,受到器重,成为忽必烈的谋士。在忽必烈争夺帝位、统一中国的征战中,刘秉忠出谋划策,推行文治,荐举人才,功勋卓著。大约在1250年前后,刘秉忠因丧父回故乡守孝三年。金末元初,北方民间讲学之风盛行。虽然处于战乱年代,各地却常有一些志同道合之士,聚在一起探讨学问。守孝期间的刘秉忠,也不甘寂寞,他同老朋友张文谦、张易等人,聚会在紫金山一起读书,还带了一个名叫王恂(1235年~1281年)的少年跟着他研习学问。王恂自幼天资聪颖,三岁即能识字,六岁就读私塾,十三岁学习算学,也是一个从小就习尚志于学而笃于行的好少年。

郭守敬和王恂年龄相差不大,又志趣相投,遂结为好友。他们一面师从刘秉忠,一面相互切磋学问,在天文学和数学方面的造诣与日俱增,奠定了他们日后合作编制《授时历》的基础。

金、元之际,由于长期的战乱,元朝统治的北方地区,大片农田废弃,生产急剧下降。邢州在金代本来人口繁盛,经济殷实,有8万多户人家;但到1236年时,已剧减至14000户;再过10年之后,竟剩下不到1000户了。

忽必烈为了巩固元朝贵族对生产力先进的汉族地区的缔治,特别重视对地居南北交通要冲的邢州的治理。他设立邢州安抚司,采取一些安抚措施,招集流散的百姓,进行恢复生产的工作。

当时邢州城北的三条河流上,原有三座石桥。经过30年的战乱,河渠水道无人管理,河水破堤而出,漫溢遍地;泥沙淤积,阻塞了河道,淹没了石桥;大片低洼地成了沼泽,连冬天也不见干涸,人们行经那里时,不得不涉水而过,给农业生产和交通运输带来了很大的不便。州官张耕和刘肃决定要进行水道的整治工作。

那时郭守敬才20岁出头,刚刚从紫金山学习回来,他决心以自己学到的知识,为家乡的水利建设出一把力。他在州官的派遣下,亲临城北现场,相度地形地貌,考察水流的来踪去迹,请教当地的乡亲父老。经过实地查勘,按照水位、流量和灌溉需要等条件,进行了治理设计的工作。他划定了河道的位置,确定了堤岸的尺寸,核算了需耗的工时。规划就绪,工程开始,对堤堰上的决口进行填补,对淤塞的河道进行疏通,把三条河水导向下游。

在施工的过程中,郭守敬总是和民工们在一起,同甘共苦。遇到技术上的问题,大家商量着解决。人们都很喜欢郭守敬这个既有本事又不摆架子的好青年。

疏通了河道,还得要架桥。达活泉上那座古石桥早已被泥沙淤没,找不到踪影了。看来,恐怕需要重建新桥。

为此,郭守敬仔细测量了达活泉河道及其周围的地势地形,因地制宜地确定了建桥的位置。

建桥工程开始了。民工们按照郭守敬划定的地点开始打桥基,先是深挖淤泥和沙土。挖着挖着,挖到了硬梆梆的东西,竟然挖出了淤没多年的那座古石桥,桥的基础石还很完整哩。人们都不禁欢呼了起来,齐声夸奖郭守敬真有眼力,所选建桥地点正是最佳位置。那古石桥的基石还能利用,这样修桥的工程既省力又省料,很快就完成了。从此,邢州北上去燕京,又有了一条与往昔一样的通衢大道,过往行人再也不用艰难地跋涉于泥淖之中了。

郭守敬在家乡规划的这一项河道工程,只征调了四百多人干了四十天,就顺利地完工了。从此以后,河水畅流,交通便利,农田得到灌溉,生产得以恢复,解决了多年来的老难题,给人民生活带来许多好处。事迹很快在邢州周围传播开去,人们借用唐代李商隐的诗句,夸奖郭守敬是"雏凤清于老凤声"。

当时有一位著名的文学家元好问,原是金朝的进士,到元朝时隐居不仕。他写过一篇文章,叫作《邢州新石桥记》,生动地记述了达活泉上新石桥建造的经过。其中特别提到"里人郭生立准计工"的功绩,加以表彰。"郭生"就是指的后生郭守敬。

黄河探源　重开金口

郭守敬在家乡邢州修桥治水,初露头角之后,并不满足已取得的成绩,他知道自己还年轻,而学问无止境,所以潜心读书,勤学好问,积累知识,为今后的科研工作打好扎实的基础。

这时,当年同郭守敬在紫金山相为师友的一班人,如刘秉忠、张文谦、王恂等,都相继追随忽必烈进入仕途。1260年,忽必烈称汗,任命张文谦为"左丞"(中央政府机关的最高负责官员),后又兼任大名路与彰德路(今河北大名地区西部至河南安阳地区东部)宣抚司的宣抚使(地方政府机构负责人),从京都转到地方。古时外放的京官,总要带上几个自己信得过的随从,以便行事得心应手,他立即想到了家乡的王恂、郭守敬。于是,郭守敬打点起行装,辞别了家人,应邀随张文谦上任去了。

郭守敬到了大名、彰德地区,认真察看那儿的地势地形,了解当地河流水渠的分布情况。经过实地考察,增加了感性认识,同时在他的头脑中酝酿了一整套治理水利的地区规划设想。

公务之余,郭守敬还不忘他所擅长的天文仪器方面的研制工作。他小时候对莲花漏很感兴趣,本已弄懂了这种计时器的原理,只是苦于没有力量正式仿制。现在,他有张文谦的支持,得到了人力物力的保证,于是带领匠人,开炉熔铜,按照他自己的设计图样,浇铸了一套正规的铜漏壶,取名"宝山漏",构造精巧,计时准确,他把它们留在地方上使用。

"三十而立"的郭守敬,此时踌躇满志,跃跃欲试,等待着大展宏图的机会。

1262年春,张文谦向忽必烈推荐郭守敬,说他"习知水利,巧思绝人"。那时,忽必烈为了巩固北方的统治,安定人民的生活,以便增加军队的给养,保证向南方进军的胜利,完成统一中国的大业,正在采取一些鼓励农桑、发展经济的政策和挖渠修河、整治水利的措施,亟须广为网罗各种专门的技术人才,于是很快便把郭守敬召到上都开平府(今内蒙古多伦附近),要亲自面试。

郭守敬感到实现抱负的机会来到了,心里非常激动。他作了充分的准备。在开平府便殿被召见的那天,他从容不迫,娓娓而谈,向忽必烈面呈了六项治理华北水利工程的建议:

一、中都(今北京,金代和元初称中都,后改称大都)东面原有一条运送粮米的漕运河直通通州(今北京通县),但因水浅淤塞已不能行船;若引玉泉山(今北京西北部)下的泉水入旧漕河,使之通航,一年可省车运费用6万缗(一缗为一千文钱);如果再从通州南面拉直开凿一条运河到杨村(今天津西北武清),可以避免浅滩、风浪和行舟远绕的困难。

二、将邢州城北的达活泉水引入城中,分为三渠,流出城东,可以灌溉邢州东部一带的农田。

三、邢州的澧河(今沙河)原东流至任城(今河北任县东)的一段已不走它原来的旧道,淹没了农田1300多顷,如果重新修复河道,这些农田可以重新耕种,而且便利水运交通。

四、在磁州(今河北磁县)东北滏水与漳水会合之处,开引一条河道经由滏阳、邯郸、洺州、永年,再过鸡泽,使其流入澧河,可以灌溉这一路的3000多顷田地。

五、怀孟(今河南沁阳)的沁河流量大,若开渠引水东流到武陟县北,注入御河(今卫河),可以多灌溉农田2000多顷。

六、在孟州(今河南孟州市)西面黄河北岸,修渠引水经由新旧孟州中间,再沿黄河旧岸(左岸)东下到温县南边重新流入黄河,亦可灌溉农田2000多顷。

以上六项建议,都同华北平原和燕京地区的水利灌溉、运河通航有关,有利于增加农业生产和发展经济。忽必烈对郭守敬的建议称赞不已,每当郭守敬说完一项,他总是频频点头。郭守敬的建议讲完之后,他便不无感慨地对左右的官员说:"任事者如此,人不为素餐矣!"意思是说,担任职务办事的人,像郭守敬这样的,才不是白吃饭的呵!并立即任命郭守敬为提举诸路河渠,即管理地方河道水利事宜的官员,着手实施这些建议。

1262年秋,郭守敬正式提出"开玉泉以通漕运"的具体方案,得到了忽必烈的批准。于是派宁玉"充河道官,疏浚玉泉河渠"。宁玉是元初负责漕运并很有成绩的官员,在此前后也曾多次治理过漕河。这次他来到燕京,按照郭守敬的规划,开凿玉泉山水,把它引入旧漕河。但因毕竟只有一泉之水,流量有限,对于恢复大规模的航运,似乎仍然无济于事。

尽管如此,引来的玉泉水增加了当时中都城内湖池川流的水量,便利了人民的生活;其后又为大都至通州北线运河的开凿奠定了基础。因此,开玉泉水通旧漕河是郭守敬兴修北京水利所建的第一功,也是历史上大规模开发玉泉水源的最早记录。其后几百年间,直至20世纪50年代,玉泉水还一直作为北京城市最重要的水源。郭守敬这一历史功绩是不能磨灭的。

1264年初夏,郭守敬以副河渠使(掌管全国河渠事务的副高级官员)的身份,同河渠使唆脱颜一道奉命到西夏(今甘肃、宁夏一带)视察河渠水道。元朝政府规定,官员的正职都派蒙古人充任,汉人只任副职。虽然如此,唆脱颜和郭守敬来到西夏后,实际上是副职郭守敬担负了主要的考察工作。

西夏黄河两岸,早在汉唐各代就开凿了许多河渠,引黄灌溉农田。大大小小的干渠和支渠总共有80条之多。最长的唐来渠,长达400里;其次是汉延渠,也有250里;还有10条干渠,各长200里。这些渠道在河套西部,构成了一片水利网,灌溉着9万多顷良田。但由于连年战乱,渠道失修,河床淤浅,坝闸倾废,以至土地荒芜,收成日减,人民纷纷外出逃荒。

郭守敬经过实地考察,提出"因旧谋新",在古渠故道基础上疏理修整;"更立闸堰",设置和修复水坝水闸的治渠方针。他设计了河渠入口附近的滚水坝和两三个退水闸。水小时闭闸,水大时则酌量开闸,以调节水量。过了退水闸,才是渠道的正闸。这种设计具有很高的技术水平和实用价值。

经过修复,西夏的几十条古河渠都畅通无阻,不仅有利于航运,还扩大了灌溉面积。这儿又恢复成为西北的重要产粮基地，逃荒的农民也纷纷返回家乡。西夏人民感激他，为他在渠上建立了一座生祠，纪念他的功绩。33 岁的郭守敬，得到老百姓如此的爱戴和敬仰，这是一种多么崇高的荣誉呵！

郭守敬在西夏修复河渠古道期间，日日面对滚滚西来的黄河洪流，不禁产生了一个疑问：黄河的源头在哪里？古人曰："黄河出自昆仑"，"黄河之水天上来"。但这种未经实地勘查的传说和诗句，都不能解决郭守敬的疑问。他决心亲自探溯河源。他从孟门（今河南孟津）往西，沿黄河旧道，逆流上溯数百里，终因风涛险恶，只得中途折回。郭守敬虽然没能探到河源，但毕竟是以科学考察为目的，有意识地探寻黄河其源这一壮举的第一人。

后来到了 1280 年，又有一位后继者都实奉忽必烈之命专程前去考察黄河河源。这次探索的经过记录在一部《河源记》的专著里，虽然没有确切的结果，但也得到不少颇有价值的资料。毫无疑问，作为先驱者的郭守敬的考察，对于都实是有相当影响的。

郭守敬和都实当时未能解决的疑问，在六七百年后的新中国得到了圆满的答案。1952 年 8 月，黄河水利委员会等单位组织了黄河河源查勘队，经过 4 个多月的考察，行程万里，终于查勘出黄河发源于青海雅合拉达合泽以东的约古宗列。如果郭守敬在天之灵有知，亦当欢欣鼓舞的。

1265 年，郭守敬从西夏回中都。为了调查考察各地的航运灌溉情况，他特地率领随从人员从中兴州（即西夏都城兴庆府，在今宁夏银川东南）乘船沿着河套迂回地顺黄河而下，船行四昼夜，到了大同府所属的东胜（今内蒙古托克托），证明了这一段水路完全可以通航。这时，忽必烈派往调查黄河水程航运的官员也刚好到达东胜，听到这个消息，立即派专人飞马驰奔中都，向忽必烈报告喜讯。从此，由富饶的粮仓河套地区运送粮食到中都，不必再全靠陆上运输，有长长一大段的路程也能用船漕运了。

考察途中，郭守敬还发现东胜西边的查泊兀郎海（今内蒙古乌梁素海）附近古渠甚多，经过疏浚，亦可用于灌溉。他回到中都向忽必烈做了汇报，忽必烈非常高兴，当即表示赞同，并升任郭守敬为都水少监，也就是掌管全国河渠、堤防、水利桥梁、闸堰等事务的副长官。

郭守敬西夏之行归来，除提出关于河套北端的水利建设外，又提出了关于增辟中都水源这个老问题。

金代曾在京西的麻峪村（今北京石景山西北），开引卢沟河（今永定河，元代称浑河）水穿西山东出，称为金口。金口以东的金口河曾经灌溉了京口至中都两岸的许多良田，促进了京西郊农业生产的发展。但是，永定河是一条典型的暴涨暴落的多泥沙恶河，每到冬春少雨的时候，容易沉积泥沙，而到夏秋洪水季节，水势汹涌，常常泛滥成灾，所以自古以来，人们都称它为"无定河"。由于引水与防洪的矛盾和永定河的高含沙量带来的淤积难以解决，金代开凿金口河后只过了 15 年，就因山洪决堤,不得已又把金口填塞了。

1265年,郭守敬本着"上可致西山之利,下可广京畿之漕"的目的,提出重开金口,实现引永定河水为漕运服务的规划。为了既能引进所需水量,又避免将洪水"引狼入室",确保城市安全,郭守敬认真分析了前人失败的原因和应吸取的经验教训,提出在"金口以西预开减水口,西南还大河,令其深广,以防洪水突入之患"。即在通往城区的金口上游增设一条尺寸足够宽大高深的溢洪道,当自东入渠的洪水过多时,可以自然溢流回西南边的主河道,同时保证足够量的河水入渠。这一规划设计在我国古代水利建设中虽然是经常使用的方法,但能够如此大胆而稳妥地应用于永定河这样凶猛的大河上还是首次。

忽必烈采纳了这一方案,于第二年年底实现了"凿金口,导芦沟水,以漕西山木石"的计划。也就是说,这段修复了的金口河,对船只航运的益处虽然未见记载,但对西郊农田灌溉和顺流漂送从西山开采的木材至城内,起了相当的作用。郭守敬这一成就在古代永定河引水史上是空前的。

1271年,忽必烈采纳刘秉忠的建议,仿前朝正式建立国号,取《易经》"大哉乾元"义,名曰"大元",称元世祖,并将中都改名为大都。这年,郭守敬擢升为都水监,掌管全国的河渠水利经营治理工作。第二年,忽必烈下诏全国,指令各地都要兴办水利工程。

1274年,忽必烈派兵大举南下伐宋。为了保证华北平原对前方的军需供应,提高通信和交通效能,元朝政府决定在原有陆路驿站之外,增设水路驿站。1275年,郭守敬奉命考察今河北、山东、江苏等地的水道交通情况,确定水路交通的路线。他经过实测,确定了中原地区这样五条河渠干线:

一是自陵州(今山东陵县)至大名(今河北大名东南),有马颊河和卫河通运河。

二是自济州(今山东济宁)至沛县(今江苏沛县),又南至吕梁(今江苏徐州以东),有山阳湖(今昭阳湖)在运河旁并和微山湖相接。

三是自东平(今山东东平)至纲城。

四是自东平至西北面的清河,向北越过黄河故道,接到御河。

五是自卫州(今河南辉县)通御河至东平,又自东平西南面的梁山泊再回道到御河。

郭守敬把大都南方华北平原中心,济州、大名、东平一带汶水、泗水同御河及大运河相通的形势和连接的水道交通网,绘制成图,上报元朝廷。忽必烈据此决定西起卫州,中以东平为枢纽,东连鲁中、南,南迄徐州、吕梁的黄河下游,北接运河直到杨村,建立了水驿交通站,备船供官员来往和传递文书,加强了中央政府对南方攻来军队的指挥联系和军事给养的运输力量。

1276年,元政府把都水监会并入工部,郭守敬被任命为工部郎中,仍旧负责河工水利方面的工作。

郭守敬在都水监和工部任内，上奏解决的水利事宜有20多件，经他勘察治理过的河渠泊堰不下数百余处。他在水利工程实践中积累了丰富的经验，同时也有不少理论上的总结和创新，标高概念就是突出的一例。

近代水平测量需以一定的海平面作为零点，用它为标准来测定各地的水平高度，称为标高，亦叫海拔。这在西方，是19世纪20年代才有的概念。郭守敬在13世纪中叶，就曾以大都（今北京）东边的海平面为基准，将大都的水平高度同海平面做比较；进而将大都至汴梁（今开封）一线上逐段的水平高度，分别与海平面做比较，得到了这一千多里长的路途上许多地方超出海平面的高度，即标高。于是他得出结论说：汴梁离海远，标高大，因此水流湍急；大都离海近，标高小，所以水流缓慢。郭守敬首创用标高表达地形高低的办法，在地理学与测量学上具有重要的科学意义，在世界上比西方要早五六百年。

简仪高表　巧思绝伦

中国长期处于封建社会之中，经济活动以农为本，农业生产依赖于准确的历法。而中国历代的封建帝王，自认为是"天子"，王朝的兴衰，被认为是与天地日月运转的数理有关，这种运转之理，叫作天道，也称为历数。因此，各朝皇帝都特别重视历法的制定，改朝换代要重颁新历，把颁历视为皇权的象征，看成是受命于天的标志。

元朝统治者来自中国北方游牧部落的蒙古族，虽已逐步演变进入了封建社会，但并没有自己完整的一套历法。从13世纪初成吉思汗勃兴以来，一直袭用金朝的大明历。年长日久，斗转星移，这部历法已推算不准，经常出现差错。成吉思汗西征时，人们在初一晚上会看见本应在初三才能出现的一弯新月，日月食也不在预报的时刻发生，连农事活动所遵循的24个节气的日期也不准确，严重地影响了农业生产和人民生活。当时，耶律楚材曾拟订"西征庚午元历"，但未施行。后来，波斯人札马鲁丁用回回历法制成"万年历"，献给忽必烈，因也不精确，只用了很短的时间就被废弃了。

1276年，元军攻入江南。消灭南宋、统一中国已成定局，编制新历的工作提上了议事日程。忽必烈决定设立修历的专门机构太史局，任命张文谦、张易总管其事，而授权王恂负责具体的组织工作。

这时，郭守敬本任工部郎中，主管水利部门。由于他精通天文历算，忽必烈将他抽调出来，到太史局同王恂一起主办改历事宜。

郭守敬和王恂是早年在紫金山的同学，二三十年后，他们又一同在太史局共事，郭守敬擅长仪器制造和天文观测，王恂精于数学计算和历法编排，他们彼此配合默契，相得益彰。

为了编制出准确的历法,他们广招人才,首先推荐通晓历理的著名学者许衡到太史局工作;又从大都司天台和上都北司天台原有人员中,抽调了娴于计算、精通测验的 30 名;还把原在江南宋室从事天文历法工作的官员以及民间通晓天文历算的人士,集中调来太史局,一起修订新历。同时,他们还搜集了历代各种不同历法材料 40 余种,对它们逐一进行详细的分析,去粗取精,去伪存真,以探索编制新历的方法。

治历工作伊始,郭守敬就指出:"历之本在于测验,而测验之器莫失仪表。"就是说,治历的根本在于实际的天文观测,观测要有工具,得先准备好适用的仪器仪表。

郭守敬亲自到大都南城外金朝时期的司天台,检查了过去金朝从北宋开封掳掠来的铸造于 300 年前的大浑仪。这台浑仪经远道转运,受了损伤;加上长期弃置,更是环圈锈蚀,转动失灵。而且,这座浑仪原是在开封使用的,大都的地理纬度比开封高,仪器上指向天球南北极方向的轴的位置需要精确地加以调整。郭守敬通过夜晚的观测来检验这座浑仪,发现其南北极轴的方向,与实际位置相差了大约 4 度,这样测得的天文数据自然不会准确。台上的圭表,也因年久失修,倾斜残缺,不成样子。郭守敬对这些旧的仪表,一一做了仔细的检查、校正和修复。这样,必要的天文观测工作,总算可以进行了。

浑仪是我国传统的观测天体的赤道式装置仪器,它发明于 2000 多年前。原始的浑仪可能由两个环圈组成,一个是固定不动的赤道环,一个是可以绕着极轴旋转的赤经环(也叫四游环),在四游环上附设有观测用的窥管(又叫望筒),窥管可以绕着四游环的中心旋转。利用浑仪可以测量天体的赤道坐标(中国古代用入宿度和去极度表示,经过某种换算即相当于现今的赤经和赤纬)。

利用赤道坐标系统量度恒星的位置十分方便,因为恒星的周日视运动平行于赤道平面。但是,由于太阳在恒星背景上的视运动轨道——黄道,同赤道有个 23 度多的夹角,所以用赤道坐标系统量度太阳的位置就不太方便了。东汉的贾逵,在浑仪上添加了黄道环,以便观测太阳的位置;而张衡,又在浑仪上增设了地平环和子午环,使浑仪的功能更为完备。

唐初天文学家李淳风在前人的基础上制造了一架更为完善和精密的浑仪。整个仪器分内、中、外三层。外面一层固定不动,叫六合仪,包括地平圈、子午圈和赤道圈。里面一层是可以旋转的四游环连同窥管,叫作四游仪。中间一层是李淳风新加的,由三个相交的圆环——黄道环、白道环和赤道环构成,叫三辰仪,用以观测日、月、星三辰。中层三辰仪可以绕着极轴在外层六合仪中旋转,内层四游仪又可在中层三辰仪内旋转。现存于南京紫金山天文台的明制浑仪,基本上就是这种结构,只是取消了三辰仪中的白道环,而增添了通过春分、秋分两点和冬至、夏至两点的赤经圈——二分环和二至环。白道环是宋代沈括取消的,二分环和二至环是宋代苏颂制造水运仪象台时加上的。

　　浑仪自发明一千余年以来,其构造逐步由简至繁,功效虽然增多,但也产生了环圈互相交错、遮掩很大天区的缺点。郭守敬在观测天体的实践中,经常发现通过窥管要想瞄准的天体往往被某道宽一两寸的铜环挡住,无法确定其准确的位置,结果坐失良机。于是,他仔细分析了浑仪上每一道环圈的作用,比较其利弊,最后决定不但取消白道环,还取消黄道环和那些不必要的及作为支架用的环圈。只保存了其中两组最基本的环圈系统,并把它们从层层套圈中分离出来,各自独立设置。

　　他保留下来的第一组环圈,是原浑仪中的四游、赤道、百刻三个环,组成一个赤道装置——赤道经纬仪,可以测定天体的去极度和入宿度,还可以测定地方真太阳时,这样虽然省略了黄道圈,仍可很方便地归算出黄道坐标来。

　　他保留下来的第二组环圈,是由一个固定的地平环(也叫阴纬环)和一个直立的可旋转的立运环所组成的立运仪,这是一个地平装置,可以测定天体的地平方位和地平高度。

　　郭守敬把这两组装置设计在同一座仪器的上、下两个部位,它们相互独立,可由两人同时操作,合称为简仪。简仪的创制,是我国仪器制造史上的一次大飞跃,是当时最先进的天文观测仪器。郭守敬的简仪制成于1279年,而西方最早制成和使用类似简仪的赤道装置,是1598年的丹麦天文学家第谷,比郭守敬晚了三个世纪。至于近代工程测量、地形测量以及实用天文测量用的经纬仪,航空导航用的天文罗盘,其结构与简仪中的立运仪实际上属于同一类型。因此,简仪也可算是所有这些近代仪器的鼻祖。

　　简仪是郭守敬为元大都太史院内司天台所设计的主要天文观测设备,它容纳了郭守敬为改历临时赶制的五种仪器(候极仪、立运仪、四游仪、星晷定时仪和正方案)于一体,可配套使用,也能各部分独立观测,表现了郭守敬在观测实践中精思巧制的精神。

　　简仪继承了道家术士云游各地时所携带的简便观测设备的历史传统,也受由西士(主要是阿拉伯一带)传来的各种单项观测设备或观测方法的启发,再加上郭守敬多年从事水利、天文测量实践所积累的经验、教训,终于促成前无古人的一代创制并长远影响后世。

　　郭守敬创制的简仪,是世界上第一台赤道仪。欧洲古代都用黄道装置。赤道装置曾被认为是欧洲文艺复兴时期天文学方面的主要进步之一。郭守敬则是它的首创者。1940年,英国的约翰逊在国际科学史杂志《ISIS》32号上撰文说:“(中国)元代仪器所表现的简单性,并不是出于原始粗糙,而是由于他们已达到了省事省力的熟练技巧。这比希腊和伊斯兰地区的每一种坐标靠一种仪器测量的做法优越得多——无论是亚历山大城或马腊格天文台,都没有一件仪器能像郭守敬的简仪那样完善、有效而又简单。实际上我们今天的赤道装置并没有什么本质上的改进。”

　　中国古代用于历法计算所必须的天文观测仪器,除了测量日、月、五星和恒星位置的浑仪以外,还有一件是测量正午太阳影子长度的圭表。

所谓"表"，是指一根垂直于地面竖立起的标竿，最早是石柱，后来用过木竿，再后来是铜制。所谓"圭"，是从表脚向正北方向延伸的一条长石板，上面有刻度。每天正午，当太阳升到天空正南方时，表的影子刚好落在圭面上。一年中，日影最长的那天是冬至，日影最短的那天是夏至。我国历代的天文学家，每年都要仔细测量冬至和夏至前后若干天日影长度的变化，借以推算出冬至和夏至的准确时刻。而连续测量若干年的冬至时刻，就可以推算出一个回归年长度。回归年就是太阳从天上的冬至点运行到下一年冬至点所需的时间。回归年长度确定了，一年四季和用于农业生产的二十四节气的准确时刻才能够得出。

中国古代使用的圭表，一般表高为八尺，这个标准高度大概从周代开始就形成了。除了八尺高表外，历史上曾有过九尺高表，十尺高表，但这些表都为数极少。郭守敬之前的圭表，几乎都是高八尺。郭守敬为了提高观测精度，对圭表的高度大胆地作了革新。他把直立的铜制表身增高到四丈。由于表身大大增高了，太阳的影子就大大加长，影子终端的相对误差就减少，这就使观测的精度大大地提高了。

表身增高后，表端的影子容易虚淡模糊，为了使投影的边界清晰，郭守敬在表端设一横梁；又利用针孔成像的原理，创制了景符。景符是一片薄铜叶，中有小孔。在观测时，把景符在圭面上来回移动，当景符上的圆孔、横梁和太阳在一直线上时，在圭面上太阳的椭圆形象中可以看到一条很细的梁影；梁影平分日象时，量出的便是日面中心的影长。

为了使圭表能够观测亮光比较微弱的恒星和月亮，郭守敬还创制了窥几。窥几是一个长六尺、宽二尺、高四尺的长方桌，桌面上开有一条长四尺、宽二寸的南北方向的长缝。把窥几放在圭面上，人在窥几下可以直接观测星月。

郭守敬在大都创制的铜高表，元亡以后，已下落不明。但他在河南受封县告成镇设计建造的砖砌观星台，却把这高表的一座模式保存下来了。

登封观星台建于1279年，现存的建筑物是明代于1528年重修过的。其台身的建筑面积有280平方米，台高9.46米。台上附设二室，一室放置漏壶，一室放置浑仪。连同小室，通高12.62米。台底正中沿正北方向延伸一条长长的石圭，用三十六方石块拼接而成，全长31.19米，这就是量度日影长度的"量天尺"。观星台的高度用元代尺制核算，相当于四十尺高表的长度，所以观星台本身就代替了铜制高表的功用。

这座观星台在1944年曾受到过侵华日军炮轰枪击的毁损。新中国成立后修复，列为第一批全国重点文物保护单位。这座屹立了七百多年的我国古代天文台建筑，亦是世界上最重要的古天文遗迹之一。

郭守敬从1276至1279年这短短的三年中，不仅创制了简仪和高表、景符、窥几，还制作了候极仪、浑天象、玲珑仪、仰仪、立运仪、证理仪、日月食仪、星晷、定时仪、正方案、丸表、悬正仪和座正仪等十多种大大小小的天文仪器，绘制了仰规复矩图、异方浑盖图和日出入永短图等一批天文图，辅助仪器的使用，并使操作人员得以用来与实测相印证和参考。

仰仪同简仪一样，因其构造简单实用，被认为是郭守敬的代表作。它是一座像大锅一样的铜制半球仪器，直径一丈二尺，深六尺。锅沿刻水沟，以校正仪器水平。锅内刻有赤道坐标网，同地平以上的半个天球呈球心对应。锅的南面有一个十字架。横竿架在锅沿上的东南和西南两点上。直竿从南点伸向球心，端都有块用小框架套住的小板，可以在框架内南北旋转，而框架则可带着小板东西旋转。小板中心正对球心有个小孔。转动框架和小板，可以使小板板面正对太阳，与日光垂直，这时锅内面上就形成有一小小的太阳针孔倒像，从而在坐标网上直接读出太阳的位置，其功用同观测太阳方位时刻的日晷一样，所以仰仪可以当成一具球面日晷。而当发生日食时，仰仪面上的太阳像也会发生相应的亏缺。因此，用仰仪可以直接测出日食发生（初亏）的时刻和方位，亏缺最大（食甚）的时刻和方位以及亏缺程度（食分），日食结束（复圆）的时刻和方位，使之成为一种日食观测仪器。

仰仪曾东传到朝鲜和日本。20 世纪 60 年代，北京发现一件传世古旧牙雕便携式微型仰釜日晷，经天文学史家伊世同先生考证，系国内首次发现的朝鲜制品，制作年代为 1762 年。朝鲜仰釜日晷在原理和结构上都是受到郭守敬仰仪的影响而制成的。

浑天象，又叫浑象，即现今天球仪的祖先。那是一个表面缀刻着周天星宿的铜球，能围绕着南北极的枢轴转动，象征一个包在大地外面的天球，可用以表演日月星辰的东升西落以及各种天象。郭守敬制造的浑天象，刻有赤道、黄道、南北极，以及去极度和二十八宿宿度线，好比现代地球仪上的经纬度一般。它既能表达满天星星的准确位置，又能很容易地显示出日月五星运行在天上的方位，使人们不受时间的限制，随时了解当时的天象。白天可以看到当时在天空中看不到的星星和月亮，阴天和晚上则也能看到太阳所在的位置。浑圆的天球，盛放在一个方柜内，使球露出一半在方柜的上边。方柜象征大地，露出的半球代表我们头上的天穹。转动浑天象，可以使球面上的星星与天空中呈现的星象相合，也可以预示几小时或几个月之后的星空。夏天白天长、冬天白天短的道理也可以在浑天象上得到形象生动的说明。它对观测天象和帮助人们直观地理解日月星辰的运行规律，都具有很大的实用价值。

郭守敬还有几种仪器，因资料欠缺，已难以确定它们的构造。最近，天文学史家薄树人先生等认为，丸表很可能是一具新型的天球仪式的日晷，在一个天球上刻着时角—赤纬坐标网，天球赤道上安设一条赤道环，赤道环上安一根可以沿环移动的晷针，则当晷针移动到使日影最短或和晷针所在的时角线相重时，晷针所在就是地方真太阳时。作为一种天球仪式的日晷，它的极轴的倾斜度可以按不同观测地的纬度随意调节，因此，可以携往任何地点去观测时间。这种天球式日晷可以不必很大，以便携带。直径几寸，乃至更小都行。这个球，就是"丸"，而那根晷针，则是表。这样来解释"丸表"，看来比较确当。

国学经典文库

中华名人大传

图文珍藏版

至于玲珑仪，则很可能是一种特殊的天球仪——假天仪。郭守敬制作的玲珑仪，比北宋苏颂、韩公廉造的假天仪气派更大，例如，郭守敬把经纬度圈用凿孔来显示，或用半透明的材料来制作天球，以至于玲珑剔透地"镂星象于其体，就腹中以观之"。

郭守敬设计和制造的天文仪器，是为了实际观测的需要。对于观测者来说，各种仪器要到处搬动，在重新安置时都必须校正其水平位置和铅直位置是否准确。座正仪和悬正仪，顾名思义，就是一种校正仪器底座水平的仪器和一座校正仪器铅直位置的仪器。

在北宋著作《武经总要》《营造法式》等书中记有我国古代的水平仪。这是一条有一定厚度的直尺。尺的两端和中腰较粗大的三个方结中各挖了一个槽，三槽之间有沟相通。灌上水以后，三槽就连成一个水平面。在三个水槽中各放上一块质料、大小相同的木楔，其尖棱中央各开一个大小一样的口子，则成了一条水平线。用这条水平仪可以测量地面的地形起伏。郭守敬的座正仪则可能是把水平仪加以改革而成的。倘若水平仪的底面和尺面是平行的，则把水平仪放置于水平位置时，可在木楔的一边刻出和尺面齐平的线。当把水平仪贴放在待测水平的仪器部位上时，如果齐尺面正好看到木楔上的刻度，则说明该部位正好处于水平位置。否则，必有一端的木楔刻线倾入尺面以下，另一端则高出尺面以上，中央的木楔刻线则和尺面成一夹角。由此可知该部位的水平倾斜方向和大致的倾斜度。看来，座正仪应是我国古代水平仪的一种变型，原则上和近代气泡水准器的观测法相近。

至于悬正仪的结构，当然至少要有一个重锤和一条悬绳。

郭守敬在天文仪器上的众多创造，主要是在我国传统科学技术基础上的发展与提高。同时，他也善于学习、借鉴和吸收外来的先进技术。当时，阿拉伯天文学知识已传入我国。西域人札马鲁丁曾在1267年制造了七件阿拉伯天文仪器，在元代上都设立回回司天台。1274年回回司天台与汉儿司天台合并。1276年郭守敬同王恂等人受命改历后接管了司天台，对阿拉伯天文仪器做了认真的观察和研究，把一些有益的东西运用到了自己的创造发明中去。

郭守敬简仪的百刻环上，每刻分作36分。这样的分划法是前所未有的，我国古代从未实行过分1刻为36分的量制。这是他引进了阿拉伯仪器上的366°分划技术的结果。

另外，郭守敬在简仪上把窥管省减成窥衡，也是受了阿拉伯天文仪器星盘的影响。我国古代观测仪器浑仪中，都使用窥管作照准器。窥管是根正方柱形细管，窥衡则省掉了窥管的三个柱面，而只剩下贴着赤经四游环的一面。这种一条长尺、两端立窥耳的器件，在阿拉伯天文仪器星盘上可以看到它的异型。郭守敬用窥衡代替窥管，把照准器从四游双环的夹层中解脱出来，贴到了双环的外面，以和环面刻度直接联系，大大提高了观测的精度。

至于郭守敬创制的星晷定时仪，据天文学史家薄树人先生的估计，则可能就是对"定昼夜时刻之器"的阿拉伯星盘的创造性的引进,而非单纯的仿制。

郭守敬创制的天文仪器图表等物,类型众多,构思灵巧,质量精细,独具特色。当年太史局将这些仪表式样送呈忽必烈审阅时,郭守敬当面向他一件件陈述原理,说明用途,讲解十分详尽,忽必烈从清晨一直听到傍晚,一点也不觉得厌倦。明末西方传教士汤若望到中国,看到郭守敬创制的仪表,十分惊异,尊称郭守敬为"中国的第谷"。第谷是16世纪世界著名的丹麦天文学家,他曾自制过许多天文仪器,被西方视为"天文仪器之父",其成就和贡献虽可同郭守敬媲美,但却晚于郭守敬三个世纪。因此,正确的说法应该是:第谷是欧洲的郭守敬。

开浚运河　惠及后人

1281年,授时历颁行后第二年,太史令王恂病逝。郭守敬继续完成授时历《推步》《立成》等著作,于1286年就任太史令职,相当于现在的国家天文台台长。

元朝于1234年灭金,1279年灭宋,从而统一中国之后,北京作为封建大帝国的首都(当时称为"大都"),全国的政治和军事中心就从过去的临安(今杭州)和汴京(今开封)等地移到了这里。但南方江浙一带仍是中国经济的重心,向中央政府纳粮课税占有相当大的比重。要把大量的南方的粮食和物资运到北京,以满足大都城内的消费和促进北方地区经济的发展,交通运输则成了一个重大的问题。本来从金朝起,在华北平原上利用天然水道和隋唐以来修建的运河建立了一个水路运输系统,使元代的漕运可从杭州直达通州。但因通州、大都之间几十里并无较大的天然河道,而且大都的地势高出于通州,这一段路只好采用陆地运输。随着大都经济的繁荣,人口的增加,粮食等物资的需用量与日俱增,到了1288年,甚至分设两个漕运司机构,从河上、海上两方面运粮到通州。1290年,大都的粮食需用量已由过去每年几十万石激增到159万余石。这么多的粮食,一到通州集中后,就得起岸装车从旱路运入大都城内。这就需要配备大量的车辆、牲畜和役夫。一到雨季,道路泥泞难行,往往车陷泥中,驴马倒毙,役夫病亡,如此费时劳工,费钱费力,粮食还是难于及时送进京城。于是,解决通州到大都这几十里的运输问题成了当务之急。

此时,年届花甲并已转而从事天文历法工作十数年的郭守敬,又回到城市建设的水利工程上来,以他青壮年时期邢州治水、西夏修渠的智慧和经验,领导了通州大都间运河的开浚工作,并取得了成功。

这次开浚通州和大都之间运河工程的契机,倒是为了上都开平府(今内蒙古多伦附近)的供粮问题而引起的。上都是忽必烈的老根据地,它"北控沙漠,南屏燕蓟",既是北部政治、经济、文化的中心,又是内地通往位处大漠的岭北行省的交通枢纽。元世祖忽必烈每年都要到上都避暑,常常是"四月行幸,九月始还"。从大都转运米粮百货到上都,当时有人分别提出了两个不同的办法。一是想利用水平

(今河北卢龙)至开平的滦河河段,拉纤挽舟,溯流而上。一是想利用麻峪村(今石景山西北)至荨麻林(上都附近)的卢沟河河段,沿河道迂回曲折,辗转北上。

为此,忽必烈委派正在太史令任上的郭守敬和上都路总管姚演去实地勘探,决定可否。1291年,郭守敬等人沿两河新旧水道,乘船试行,发现河道狭窄,砂石成滩,即使投入大量人力挖深河道,也会因该地降雨量少,缺乏水源,而难以通行船只。郭守敬到上都向忽必烈报告了勘察结果,避免了一次劳民伤财的大浪费。同时,他向忽必烈陈述了水利十一事,其中第一事就是重复他在30年前(1262年)也是在上都向忽必烈陈述水利六事中的第一事——打通通州至大都的运河工程。

1262年,忽必烈曾接受郭守敬当时所提出的引玉泉山下的泉水入旧漕河开通通州至大都间运河的建议,并付诸实施。但因引来增加水源的毕竟只有一泉之水,流量有限,对于恢复航运并无多大帮助。

1276年,郭守敬关于开辟水源的另一个方案得以实施,那就是利用过去金人在京西麻峪村所开的旧运河(引浑河,即今永定河水出西山,过燕京城下向东直注入通州城东的白河,但因洪水泛滥、泥沙淤积,危及京城而被填塞),在其上段开一道分水河,引回浑河中去,当河水暴涨而危及运河时,就开放分水河的闸口,以减少进入运河下游的水量,解除对京城的威胁。但因这段运河河道陡峻,水流湍急,粮船难以逆流而上;如果在运河上建立闸坝,控制水流,又会产生泥沙淤积的问题。结果这段运河对大都运粮,仍然无济于事。

吃一堑,长一智,失败乃成功之母。郭守敬吸取了这两次失败的经验教训,反复实地勘测,再三调查研究,终于在大都西北六七十里的昌平州(今昌平区)发现其东南神山(今凤凰山)山麓有白浮泉,水流量大,可以引来作为水源。于是他在1291年向忽必烈提出具体计划:自昌平神山白浮泉修白浮堰,引白浮泉水西折南转,合双塔、榆河、一亩、马眼、玉泉等西山山麓的其他泉水,绕出瓮山后,汇为七里渠,东入西水门,贯通积水潭,东南出文明门,东到通州高丽庄,入旧漕河。忽必烈十分赞赏这个计划,兴奋地说“当速行之”,于是下令指派郭守敬主持这项工程,尽快动工。

1292年春,郭守敬被重新任命为都水监(他曾于21年前的1271年首任都水监),开始施工组织设计和准备工作。当年汛后八月丙午(十八日),忽必烈批准开始施工。十一天后的丁巳吉日(二十九日),举行了隆重的开工典礼。忽必烈命丞相以下官员都来到施工现场,“亲操畚锸”(草编的盛物工具和铁锹),参加劳动,以示重视和倡导之意。

从神山引白浮泉水等经六七十里地到大都城西瓮山泊,是这一工程的关键。因为白浮泉等水源本来都是顺着天然地势由高往低向东南方流入白河,不经过大都,无法归入运河。于是郭守敬设计筑堰,向西开凿河渠,使白浮泉水先背离东南方向的大都而往西去,直通西山山麓,然后顺着平行山麓的路线,引往南来,其间又拦截了西山东流的众多泉水,浩浩荡荡一齐汇入大都城西的瓮山泊。

从白浮泉至瓮山泊的引水渠道在当时被称为"白浮瓮山河",明代以后常用其起点工程"白浮堰"称之。它大致可分为白浮泉至横桥村北段、横桥村至冷泉中段和冷泉至瓮山泊南段这三段,其间总长度据文献记载,推算下来大约为32公里。有些地段,偏东一点,则要穿越清河和沙河的河谷,从高程上分析,无法引水至瓮山泊;如果再向西移,则会增加渠道长度和开挖工程量。从这取舍之间,可以看出郭守敬对地形测量和施工实践的深厚功力。

解决了通州至大都间运河的水源问题,剩下的问题便是要克服这段运河河床倾斜坡度给航运造成的困难。由于水源都是清泉,泥沙很少,不易淤积,郭守敬决定用筑坝设闸来控制水位水量,以便粮船平稳上驶。

郭守敬设计自瓮山泊以下至通州高丽庄,每十里左右设闸一处,每处置相距一里左右的上下二闸,有两处还根据地形条件和行船要求,增建了中闸,总共设闸11处,计闸24座。当提起上一段河水处的闸时,便关闭下一段河水处的闸,这样水就被储积控制起来,流不下去。在保持一定的水量后,大船也能逆水而上,通行无阻了。这是郭守敬创造性的设计。

通州原称潞县,金代取"漕运通济"之意,改称通州,是北运河的终点码头。

郭守敬在浚通大都至通州的金运河故道时,在通州西水关附近与北运河衔接处,改变了原北运河旧河道,另辟新河道,向东南方穿过通州城内,流经高丽庄以东,至李二寺入白河,这样比原河道缩短了三分之一的里程,节省了航运的时间和费用。

通州至大都的运河工程,自1292年8月底开工,历时不到一年,至1293年7月竣工,工程规模浩大,施工速度惊人。其间,郭守敬以年逾花甲之龄,负责总体规划、设计和施工,凡遇重大技术问题,均需郭守敬亲自"指授而行事",相当于当今的工程总指挥和总工程师的职务。

据记载,参加工程施工的人员有军队19129人,工匠542人,水手319人,没官囚隶172人,总计用工285万个,费银152万锭,粮食38700石,石、木163800章,铜、铁20万斤,白灰、桐油、木柴不计其数。其规划和组织的严谨,令人赞叹。

1293年秋,忽必烈从上都回到大都,看到运河工程的终点码头——大都城内的积水潭中,"舳舻(舳:船尾;舻:船头。舳舻:指首尾衔接的船只。)蔽水",停泊着自南方海运、河运两路北上的运粮大船,盛况空前,心中有说不尽的欢喜,于是亲自给它取名叫"通惠河",并赐郭守敬12500缗钱钞,任命他仍以太史令原职兼"提调通惠河漕运事"。

通惠河开成后,古代沟通中国南北的大动脉——大运河全部完成,南方运送物资的大船可以从杭州直达大都,促进了南北经济交流和社会生产的发展。通惠河从昌平神山白浮泉经大都城到通州高丽庄,全长80多公里。今天,北京市供水工程用的京密引水渠,自昌平经昆明湖到紫竹院西北一段,基本上还是沿着郭守敬当初的路线。通惠河的名称,也一直沿用至今。

大运河是我国历史上最伟大的水利工程之一，也是世界上开凿最早而工程规模最大的一条运河。它从公元前485年春秋时代吴国开凿的邗沟（淮阴至瓜洲）算起，经历代的不断增凿，到元代郭守敬1293年开成通惠河，迄至1327年通惠河上的24座石闸的基本改建完成，前后历时1800余年，全长1700多公里。大运河贯通海河、黄河、淮河、长江和钱塘江五大河流，穿过河北、山东、江苏和浙江四省，北起北京，流经天津、德州、济宁、淮阴、扬州、镇江、无锡、苏州等大城市而直达杭州。根据水的流向，大运河可分为五段：

1.京津段，长约160公里。其中从北京到通州区的一段，即郭守敬开凿的通惠河。从通州区到天津的一段，称为北运河。

2.津黄段，长约560公里。其中从天津到临清的一段，称为河北南运河，即隋代开凿的永济渠。从临清到黄河北岸的一段，称为山东北运河，即元代开凿的会通渠。

3.黄淮段，长约460公里。其中从黄河南岸到韩庄的一段，称为山东南运河。山东南运河中有一段为元代开凿的济州河。从韩庄到淮阴的一段，称为中运河。

4.淮江段，长约180公里。其中从淮阴到瓜州一段的邗沟，隋代又修浚成为山阳渎，现称为里运河。

5.镇杭段，长约340公里，即隋代开凿的从镇江至杭州的江南河，现称为江南运河。

大运河的开通是我国水利史上的伟大成就，是千百万劳动人民千百年来顽强地战胜自然的标志。虽然历代封建王朝的统治者征调劳动人民开凿大运河的目的在于沟通漕运，加紧剥削南方的财富，来维持他们的统治地位，从而使大批壮丁受苦受难、挨冻挨饿、胼手胝足、流血流汗，付出了沉痛的代价。但是，今天中国人民掌握了自己的命运，大运河的畅通运输，真正发挥了为人民谋福利的作用，历代劳动人民的辛勤努力真正收到了不可磨灭的功效。

学究天人　名垂星汉

1294年，郭守敬完成通惠河开浚工程的次年，由于他在水利工程和天文历法方面的重大贡献，升任昭文馆大学士兼知太史院事。昭文馆大学士是元代授予汉族文职官员的一个级别颇高，但无实权的荣誉性虚衔；知太史院事是太史院的最高长官，职位在太史今之上。这时，郭守敬虽然已年逾花甲，他的晚年在学术上仍然有所建树。

郭守敬同王恂等人编制的《授时历》于1281年颁行后，王恂不幸于次年（1282年）病逝。这时，还有一部分有关的历书尚未最后定稿。此后几年间，郭守敬编排整理完成了授时历《推步》七卷、《立成》二卷、《历议拟稿》三卷、《转神选择》二卷、

《上中下三历注式》十二卷等著作,于1286年他继任太史令时将这些书稿上呈元朝政府。此外还有《时候笺注》二卷、《修改源流》一卷。后来他转而从事开浚通惠河的水利工程,天文历法研究和著述工作只好暂时搁在一边。1294年他回到太史院后,又继续整理和撰写了《仪象法式》二卷、《二至晷景考》二十卷、《五星细行考》五十卷、《古今交食考》一卷、《新测二十八宿杂座诸星入宿去极》一卷、《新测无名诸星》一卷和《月离考》一卷,都藏于太史院内。他在天文历法方面的著作,前后共计14种,105卷,在我国古代天文学家中,是著述最丰的一位。这些著作,在元朝灭亡时曾被元朝统治者携往漠北,后陆续散失,其中只有一部分内容载在《元史·历志》中。

郭守敬还有一些天文历法著作,在后人的一些记载中被保存了下来。如清初梅文鼎《勿庵历算书目》载《郭太史历草补注》一卷,《堑堵测量》中最后一节"郭太史本法"则介绍了郭守敬《授时历草》的"弧矢割圆图""侧视之图"和"平视之图"。其中,后两图可作为郭守敬应用二视图的旁证,这比西方的二视图早了至少两个世纪,在世界画法几何前史中具有重大意义。

老年的郭守敬不仅勤于著书,而且仍勤于动手,亲自制作各种奇巧的仪器。

他创制过一种自动报时的七宝灯漏,采用水力推动,使之运转。灯漏里有手执报时牌的神像12个,和手执钟、鼓、钲、铙的报刻神像4个,每到正时、正刻,他们都出来敲钟打鼓,报告时辰。元朝政府在朝会时,常把七宝灯漏挂在大明殿上,故史载又称大明殿灯漏。

大明殿灯漏是一架报时器,它由上下两部分构成。上部附件是用来测量仪器水平用的,但不采用以水平槽解决水平问题的传统方法,而是采用重力下垂原理,类似西汉"被中香炉",在曲梁两端,装饰上"龙首","张吻转目,可以审平水之缓急";在中梁之上,"有戏珠龙二,随珠俯仰","可察准水之均调",以保证仪器的安装处于水平状态。郭守敬的设计是中国仪器制造史上关于水平装置的一次变革。下部主体则分为四层,第一、三层旋转,三、四层不转。"其机发隐于柜中,以水激之",即以水力为动力。

1298年,郭守敬还设计制造了一种灵台水浑象,这是一架用水力推动的天球仪,它可以表现天空中日月星辰的运动情况,也是一座天文钟。我们知道,东汉张衡创制了水运浑天仪,但制造方法失传了;唐一行和梁令瓒苦心钻研,制成了水运浑天铜仪;北宋苏颂和韩公廉又制造了水运仪象台。郭守敬的灵台水浑象,以25个木制的机轮代替金属机轮,刻度精细准确,功效一点也不比金属的机轮差。

垂暮之年的郭守敬,极感兴趣于计时漏壶的改进。他为成宗铁木真制作了一种柜香漏,为皇室祭祀天地或祖先的大典上使用而做过一种屏风香漏,为皇帝出行时携带方便而制造过一种行漏。

此时郭守敬虽然不再担任水利工程方面的职责,但元朝政府在这方面有了重大问题,仍然征询他的意见。1298年,元成宗铁木真(元世祖忽必烈的孙子)想在上都西北郊的铁幡竿岭脚下,开出一条河渠南通滦河,宣泄山洪。于是诏郭守敬到上都商议规划。

68 岁的郭守敬应诏北上,他不顾年近古稀的高龄,亲自前往铁幡竿岭山区实地察勘,根据该地区多年来降雨情况和山洪暴发的历史资料,认为渠堰必须有 50 步至 70 步(约合 75—105 米)宽,才能承受山洪暴发时的大水。但因平时这一带水势尚平缓,主管其事的官员目光短浅,加上元朝政府吝惜工费,结果施工时的实际宽度比郭守敬设计的缩减了三分之一。没想到第二年就遇上连日暴雨,山洪直泻如注,溢出渠岸,泛滥成灾,冲没了人畜帐幕,还差点淹及了铁木真在城北较高处龙岗下的行宫,使他不得不在第二天马上向北部更高的山岗上迁移,以避大水。铁木真想起了郭守敬的预言,禁不住对周围官员们说:"郭太史神人也,惜其言不用耳!"(郭太史真是神人呵,可惜没有听他的话!)

1303 年,元成宗下诏说,年龄到了 70 岁的内外官员,可以还禄位于君,辞官退休,即所谓"告老还乡""解甲归田"。这时郭守敬已经超龄,也提出了退休的请求。但鉴于他是天文历算和水利工程方面的专家,今后还得依靠他,所以朝廷唯独不批准他的申请,让他一直留任。从此开了一个先例,后来规定翰林院、太史院掌管天文的官员一律不予退休。

耄耋之年郭守敬仍然关心着天文和水利事业。例如,通惠河初建闸坝时,务求速成,所以都用木闸。过了一些年头,有些木闸开始腐朽,郭守敬建议把已经腐烂和没有腐烂的木闸全部依次改建成石闸。为此,他要求闸户学习石工、木土、铁工和炼石灰的技术,以便不再征发民工,而把改建石闸的工程直接交付闸户主办。通惠河上 24 座闸的改建工程从 1311 年开始,到 1327 年才基本完成。其间,郭守敬已于 1316 年 85 岁时去世了。

综观郭守敬的一生,为中国的天文和水利事业孜孜不倦地辛勤奋斗了 60 多年,真是如春蚕吐丝,至死方尽。

中国古代科学技术在世界上曾经长期处于领先地位,宋元时期是中国古代科学技术发展的高峰,郭守敬是元代在科学(天文学、数学)和技术(水利工程、仪器制造)两个方面都有卓越贡献和高度成就的科学家,在世界科学史上也是一个出类拔萃的人物。如果只列举中国历史上最杰出的几个科学家的名字,其中一定会有郭守敬。1962 年,我国邮电部发行了两枚绘有郭守敬半身像和他所创制的简仪的纪念邮票。1981 年,我国科技界隆重集会,纪念郭守敬诞辰 750 周年和他所制定的授时历颁行 700 周年。不仅如此,郭守敬在国际上也享有崇高的声誉。

皎洁的月亮在黑暗的夜空中放射着柔和的银光,把光亮洒向人间,引起人们美好的遐想。月亮上的阴影,产生了嫦娥、吴刚、玉兔和桂花树的优美神话。现代天文学知识告诉我们,月亮是一个围绕着地球旋转的球状星体,它自转和公转的周期同步,所以月球始终以相同的一面向着地球,月球的背面对人类而言从来就是秘密。1959 年 10 月,人类第一次拍摄到了月球背面的照片,发现月球背面有很多具有辐射纹的环形山。为了纪念世界各国著名的科学家,表彰他们在探索宇宙奥秘、造福人类的创造性科学研究工作中的巨大贡献,国际天文学会决定用他们的名字来命名它们。

1970 年,国际天文学会将月球背面位于 134°W、8°N 的环形山定名为"郭守敬",这是中华民族的光荣,我们每个炎黄子孙都感到无比的荣耀和自豪!

月球是地球的唯一天然卫星,而绕太阳公转的除已知的九大行星外,还有许多已知的和未知的小行星。从 1801 年皮亚齐发现第一颗小行星以来,到 1928 年我国现代天文学家张钰哲发现的小行星,已经编号到第 1125。小行星的命名权属于发现者,张钰哲发现的第 1125 号小行星就被命名为"中华"。

中国科学院紫金山天文台子,1977 年把他们多年来发现的小行星中被国际天文学会确认并已编号的四颗分别命名为张衡、祖冲之、一行和郭守敬,以纪念我国古代杰出的天文学家。其中,于 1964 年发现的国际小行星永久性编号为 2012 号的"小行星(2012)1964TE$_2$"便被正式命名为"郭守敬",并于 1978 年公布。

所以,著名科学家茅以升 1984 年 10 月 14 日在河北省邢台市郭守敬纪念馆奠基仪式上讲话说:"郭守敬不仅在地上闻名,而且还在天上闻名。因为月球上边有一个山就叫郭守敬,另外太空里面有一个星也叫郭守敬。"

郭守敬名垂宇宙,与星月同辉。

卓越的医药学家

——李时珍

名人档案

李时珍:字东璧,晚年自号濒湖山人,湖北蕲州(今湖北省黄冈市蕲春县蕲州镇)人,汉族,中国古代伟大的医学家、药物学家。

生卒时间:1518年~1593年。

安葬之地:湖北省蕲春县蕲州镇竹林湖村。

性格特点:富有实践精神。

历史功过:李时珍曾参考历代有关医药及其学术书籍八百余种,结合自身经验和调查研究,历时二十七年编成《本草纲目》一书,是我国明朝时代药物学的总结性巨著。在国内外均有很高的评价,已有几种文字的译本或节译本,另著有《濒湖脉学》。

名家评点:被世人称为"药王神医"。

一心从医 寻师求教

尽管李时珍在医药方面,具备非常有利的发展条件,但他的父亲却并不愿意他步自己的后尘。因为在那个年代里,医生的社会地位并不高,所谓"医卜星相",医生和那些占卜看相算命测字的人摆在一起,被当作"下九流"对待。

当时,蕲州有四大乡绅,都是官宦人家,他们拥有大量的土地,保持着优越的社会地位。其中的顾家,做过福建参政,住在东门外的全胜坊,与李时珍家相隔不远,有一所很大的园子。顾家在乡里标榜风雅,收容了一些贫苦的知识分子和三教九流人物作为"养士"或"门客",点缀他的门面。李时珍的父亲李言闻与顾家常有往来,好多年以后,李时珍才知道父亲原来也是顾家的门客。

正是由于父亲常与顾家交往,深知社会上各种人的尊卑贵贱,所以他就不愿意儿子再走自己的老路。他只同意大儿子李果珍继承自己的职业,但也是出于无奈。对二儿子李时珍,就决心供他读书,让他参加科举考试,在仕途方面去发展,如果将来能攻取一官半职,也好光宗耀祖,改换李家的门庭。

李时珍小时候读书,原本很刻苦,成绩也很优异,14岁时就考中秀才。李言闻很高兴,认为儿子将来会很有出息,所以不断鼓励他,继续攻读,准备进一步去参加"乡试"。乡试是明、清科举考试中省一级的考试,由朝廷派主考官主持考试,考中了称"举人"。李时珍的父亲希望儿子能中举。可是乡试要做"八股了"。做这种八股文,是非常呆板乏味的事,不论什么题目,都必须按严格的格式去写,由破题、承题、起讲、入手、起股、中股、后股、束股八个部分组成,而后面的四个部分,又必须按严格规定,写出两股相互排比的文字……总之,形式死板,束缚人的思想。李时珍是个喜欢独立思考的人,他写文章不愿意受这些限制,总爱有一些与众不同的表现。这怎么能符合主考官的判卷标准!

李时珍一连参加三次乡试,都没有被录取。他对参加这种八股文科举考试,越来越没兴趣。于是决心放弃科举考试,一心一意去攻研他所喜爱的医药专业。

李时珍学医,除了医生世家这个好条件之外,还有他自小具有独特的天赋,特别是他内心中有一种强烈的愿望。

李时珍的同乡近邻多半过着穷苦的日子,平日就衣食艰难,如果有了疾病,就更备受缺医少药之苦。家乡人都因为有李时珍的祖父和父亲而感到庆幸。他常常听见穷乡亲们念叨他的父亲,言谈话语之间,流露出深切的感激之情和真挚的敬意。因此,他并不感到医生的社会地位低下,反而以父亲的职业为荣。从很小的时候起,他就在心里深深埋下了"从医"的愿望。后来跟随父亲在玄妙观学习诊病时,他更直接感受到了患者以及患者家属与医生之间的那种非同寻常的感情交流,这也加深了他对医生这个行业发自内心的尊重和爱戴。

在李时珍20岁那年,他得了一场重病,开始是感冒咳嗽,后来转成"蒸骨病"。这种病除发热外,还往往有肺痨病的主要症状:盗汗,烦躁,口渴,皮肤火烧火燎,多痰,不能吃饭,不能安睡,这很像现在所说的肺结核。开始,李时珍试着给自己治病,服用柴胡、天门冬等清热化痰的药物。可是,一个月后,病不仅没好,反而重了。大家都没了办法,认为他必死无疑了。

在这关键时刻,还是父亲李言闻的高明医术救了他。李言闻不愧为一方名医,他是个知识分子,平时注意研究医理和总结经验,在相当程度上做到了博古通今。这时,他想起了金代一位医学家的经验,决定给儿子服用一味能清肺热的药"黄芩"。

李时珍按照父亲的处方服药以后,药到病除,热也退了,痰也止了。这事使李时珍联想很多,感慨极深。他想,治病用药,非要"对症"不可,而要想做到"对症",就必须学识渊博,经验丰富,深深懂得并充分掌握医药学中的无限奥妙。这次患病和治愈的切身感受,给他留下了难忘的印象。也正是从这一件事起,他更加坚定了自己终生从医的伟大志向。

在玄妙观帮助父亲行医的过程中,李时珍不仅自己细心认真,勤学苦练,还不厌其烦地悉心向父亲求教。他注意到每次父亲在给自己解释疑难的时候,总是先引用古代医书,找出理论上的依据,然后再联系给病人施诊的实际情况,进行分析、论证。李时珍在父亲的口传心授中,不仅解决了自己的种种疑难,还受到了很多启发。从此,他不光尽心尽力地为病人诊断治疗,还特别注意研读医书文献,每天都做笔记总结经验和教训。这样,一天一天,日积月累,他在人们心目当中,就逐渐成为一位名副其实的医生了。

曾经有那么一回。

父亲李言闻给一位女病人治黄恒,换用了好几个处方,病情一直没有好转。这天,他又给病人号脉问诊,一切完备,该开药方了。可是,李言闻却握着笔,凝思好久,没有落笔写一个字。很明显,老医生有些犹豫。这时,李时珍走近父亲,他壮着胆子放低了声音说:"试用一下'矾石方'如何?"

李言闻眉目忽然开朗,他吃惊地望着儿子,心里明白儿子已经熟读了不少医书。他非但没有责怪儿子"多嘴多舌",反而满意地点头称是:"有道理!"说着,挥笔很快开出了新的处方。

李言闻越来越理解儿子对医药之道的热爱和至诚。他不再勉强儿子去应试科举以改变门庭,决心顺应儿子的意愿和选择,尽自己所能,给他切实的帮助。在以后父子共同行医当中,李言闻精心指导李时珍去进行临床诊断和对古籍的研习。在他的帮助下,李时珍进一步钻研了《内经》《神农本草经》《伤寒论》《金匮要略》……除了医学著作,还指导他阅读《尔雅》《说文解字》《唐韵》等古代字典辞书,帮助儿子了解和使用各种工具书。在研习这些书籍时,李时珍也表现出了他对医药学的独特的天赋,他对《尔雅》中的《释草》《释木》《释鸟》《释兽》等内容,具有无比浓厚的兴趣;在这些方面的探索和研究中,也表现了极强的专注和理解能力。他经常根据书中的引导,到田间、山野、大自然中去求索和识辨各种虫鱼鸟兽、花草树木。通过书本与实践相结合的学习研究方法,他获得了医药学方面的许多真知,为将来的发展和攀登,打下了坚实深厚的基础。

这一年过完春节,李时珍想到家里有哥哥李果珍帮助父亲坐堂诊病,就对父亲提出想离开家到外面见识一下,一边行医,一边寻师问道。父亲欣然同意。他还特别郑重地嘱咐李时珍,要多交些医道的朋友,虚心向人家求教,增长知识见闻,丰富自己的经验。

李时珍先沿长江西下,到了江西湖口。

由于他碰巧搭上了湖口县官的船,又为县官小儿子治好了肠道蛔虫的病,所以到湖口不久,就已传出了名声,人们纷纷来找他寻医问药。但李时珍自知医道尚浅,需要不断进修,向精深方面提高,所以他很注意寻师访友求教。

在湖口行医期间,李时珍遇上了一个熟人。这是一位商人,他不幸患了消渴病(糖尿病),曾经找李时珍看过。当时李时珍认为他病情严重,难以久活,给他开了药方,配好药,劝他带药回家调治。临行,李时珍还嘱咐他把药带在身边,不断嗅闻,不然随时会出问题;同时还嘱咐他多买些梨煮水喝。可是,现在见到这位病人,他竟然身体健康,气色俱佳,李时珍惊奇地追问他的病是怎样治好的。

这位商人说,他当时也自认为活不长久,就把药带在身边,到处游玩,消磨时光。后来遇上了一位名气很大的王老医生。他抱着死马当活马医的态度,前去求治。王老医生的诊断与李时珍的诊断一样,所开的药方也相同,只不过他嘱咐病人,那药不必嗅闻,而要改为泡茶喝;梨子煮水,要放开肚皮吃,能吃多少就吃多少,多多益善。他按照王老医生的嘱咐去办,果然治好了病,又恢复了健康。

李时珍听了以后,认为这位老医生是一位十分高明的老前辈,就立刻恳请那位商人告诉王老医生的住址,连夜离开湖口,搭船寻访他去了。

李时珍终于找到了王老医生,他改名换姓,央告老医生准许他跟随老人家打工学医。王老医生见他很诚恳,想到自己也正需要一个帮手,就答应了。

自此以后,李时珍早起晚睡,帮助老医生扫地擦桌,烧火做饭,端茶送水,里里外外全都做得让老人舒心满意。干完活,一有空,他就来到诊室侍候老人,同时注意观看老人如何给病人问诊把脉,开方配药,并且把所看到的一切,默默记在心里,认真理解揣摩。老人上了岁数,需要早睡。李时珍就在老人就寝以后,认真研读他的医药藏书,同时做好笔记。

天长日久,老医生见李时珍既能吃苦耐劳,又勤奋好学,越来越喜欢他,越来越信任他。遇上自己忙不过来的时候,就让他来记录自己口授的处方,有时也让他试着给病人应诊。

一天,有一个患鼓胀病(血吸虫病)的病人来求医。这病人面色如土,肚子鼓胀,身上已瘦得皮包骨了。李时珍仔细注意老医生如何诊治这样严重的病人。当他为老医生记录口授的药方时,他很高兴老医生开的药方也是自己所设想的"齐大红"。但是,让他大吃一惊的是:老医生竟然把这样一种毒性十分强烈的药材,剂量开得那么大,比他所设想的要多十倍。开好药方,老医生请病人留下来,让李时珍负责照料服药。李时珍亲眼看见病人把那样大剂量的毒性很强的药服了下去,大泻一通,身体一歪,不省人事了。但当老医生给病人把过脉,用银针给病人扎了一些穴位以后,病人终于苏醒过来,转危为安。老医生又嘱咐李时珍给病人熬红枣糯米粥喝,调理脾胃。后来,这位病人竟奇迹般地康复了。

就是这样,通过一件件类似的病例,李时珍了解了老医生"对症下药,把握药量"的精湛医术。日后,他又把这一医术运用到自己的医学生涯中去。

由于李时珍虚心好学,勤恳认真,老医生允许他一起坐堂行医。他像老人那样精心地甄别病情,精确地对症下药,并精细地把握用量,竟然也和老医生一样,治一个好一个,让老医生感到十分欣慰。同时,李时珍也为自己赢得了好名声。

李时珍在外乡行医的好名声,被广为传颂,自然也传回到家乡故里蕲州。

1541年(明嘉靖二十年),父亲李言闻在玄妙观正式为儿子挂出了一个木牌,上面写着:世医李时珍应诊

从此,李时珍正式挂牌行医了。

医术高明　优良家风

李时珍正式挂牌行医以后,并没有放松钻研进修。他对自己要求十分严格。每治好一个病人,都要总结经验;治不好,也要找出问题和教训,然后详细记录下来。这样日复一日,年复一年,不断地积累,他终于使自己的理论和经验越来越丰富,医术也越来越精湛。

李时珍给人治病,总是根据病情,因人而异,讲究辩证施治。他从不固守一种方法,也不拘泥信守什么死的框框。不论是古人传习的"经方",当前流行的"时方",民间特有的"单方"或"验方",也不论是内服、外用或内外结合……只要能把病治好,他就果断使用,毫无顾虑。

李时珍在行医施诊当中,"药到病除""妙手回春"的事例太多了。

有个年轻人患眼病,半个脸肿胀,几经治疗,都不见效。一个月后,请李时珍接诊。李时珍用"解内热,缓肝火"的办法,给他开了夏枯草、香附、甘草等药,只服了四五剂就好了。

一位老人腹脐虚冷,大便溏泻,到处求治无效。李时珍叫他寻些熟艾(经过加工的陈艾叶)用布袋包起来,把整个腹脐部兜住。因为艾叶味辛温,能驱寒止痛,老人的病很快就治愈了。李时珍对这个简便易行的方法十分满意,说它"妙不可言"。

一位妇女流鼻血,一天一夜不止,情况非常紧急,李时珍立刻采用了他从民间收集来的"奇方",叫病人家属把大蒜切片,贴敷患者的脚心,导热下行,立刻就止住了血。

一位50多岁的老人,长期患痢疾,腹部剧痛,生命垂危,家里已经在安排后事,连棺材也准备好了。但他仍然抱一线希望,来向李时珍求治。李时珍看了病人,想起《雷公炮炙论》书中的一句话"心痛欲死,速觅延胡"。延胡索是行气止痛、活血化瘀的良药。李时珍就让那老人用米汤调服延胡索。老人服药后,果然止住了腹痛,转危为安,调养几天以后,竟完全恢复了健康。

李时珍用简便的办法治好了被顽固便秘痛苦折磨了30多年的病人。他也用简便的办法治好了上百个长期腹痛腹泻的患者。他还治愈了不少像半身不遂之类以及许多连病名也没有的疑难病症。

李时珍逐渐成了大家崇拜的名医,人们普遍都信赖他。

但是,也有不信的。传说蕲州有个富家子弟,他就不信李时珍,还扬言一定要让李时珍当众出一次丑。有一天,他到酒馆里叫了许多饭菜水酒,独自海吃海喝,饱餐了一顿。他挺着鼓胀的肚皮,开始寻衅闹事。他打发人把李时珍找来。李时珍还以为是有人请他出诊,从容地走来。那个阔少一见李时珍来了,猛然连蹦带跳,蹿到后面的一间房子里躲了起来。人们找不到阔少,都觉得奇怪。后来好不容易发现他藏在后面的屋里。可是当大家把他找出来之后,他却一下子趴倒在地,不停地"哼""哟"叫痛,连站也站不起来了。众人越发莫名其妙,还以为他是装病给李时珍看,耍花招戏弄李时珍呢。李时珍对这一切并没有理会,他走近看那年轻人,只见那位少爷脸色白里泛青,呈现出一种死灰色。李时珍暗暗吃惊,又认真仔细地把脉问诊,然后把他一个家人拉到房外,悄悄地对他说:"你家少爷已经无可救药了,赶快跟他准备后事吧。"那个家人说:"少爷是跟您开玩笑的。"李时珍说:"我可不是开玩笑。他没有多少时间了!"李时珍所说的话,那位阔少也听见了。他突然跳起来,恶狠狠地冲向李时珍,要大打出手。李时珍向一旁躲开。只见那个阔少扑了个空,突然因急剧的腹痛所制,哀嚎了几声,倒翻在地,口吐白沫,很快就断了气。

大家惊问李时珍:"刚才还欢蹦乱跳,怎么立刻就死了,这是怎么回事?"李时珍镇静地说,他这是得了"饱食断肠"的绝症,眼下是没法治的。到这时,大家如梦方醒,惊服李时珍既能把死人医活,又能立刻断明绝症。

李时珍不仅医术高明,医德也十分高尚。这跟他的优良家风是分不开的。

祖父是走乡串村的民间草医,从来就是与贫苦人民同呼吸共命运的。父亲虽然坐堂应诊,但也是在农村乡间,病人多是穷苦的农民。不少病人穷得没钱付诊费,他常常免费施诊,有时还要白搭上药材。对这些付不起诊费的穷苦人家,李言闻是从不计较的。他很体谅他们的难处,甚至越是穷人,他越要精心治疗,千方百计尽快治好,早些解除他们的痛苦。有的农民多次看病,掏不出钱来,实在过意不去,只好拿出自家织的一点土布,或是一些自家种的瓜菜,或是到水沟里去摸上些小鱼,送给医生表达举家感激之情。每逢这时候,李言闻总是婉言谢绝,实在推托不掉,也就高高兴兴收下,免得伤害对方的感情。

由于父亲医德好,乡亲邻里们都十分敬重他。大家爱屋及乌,十分善待李家的孩子。李时珍小时候在外面玩耍,不小心踩坏了人家园子里的小苗儿。人家不仅不责怪他,还关心地问他受伤了没有。所以,李时珍从小时候起,心灵里就接受了父亲美好品德以及邻里街坊美好感情的熏陶濡染。及至后来他自己也成了医生之后,他就完全再现出优良的家风,仿效父亲,真心地善待病人。不论坐堂应诊,还是送医送药上门,只要病人有所求,就有求必应,随叫随到。白天如此,夜晚也如此。晴天如此,刮风下雨也如此。路近如此,路远也如此。他"一心赴救,托医行善",遇到家境贫苦、付不起诊费的病人,就免收诊费,或者让病人提供一个单方代替诊费。

在李时珍挂牌行医后不久,蕲州曾发生过严重水灾。江水倒灌,蕲河溢流,农田被淹,粮食歉收。水退后,疾病流行,许多人被饥饿、疾病折磨而死,一时间到处都是悲惨的景象。这时候,李家父子就义不容辞地投入了抢救,应诊施药,分文不收。

后来,李时珍一生都坚持这种优良的家风和高尚的医德。因此,他在身后留下了难得的美名,人们称颂他"千里就药于门,立活不取值"。就是说他医德高尚,医术高明,不仅在行医施诊方面疗效好,活愈率高,而且又不辞辛苦,不避风险,不讲价钱,不计报酬。

这样好的医生自然会有口皆碑、名扬天下的。

李时珍的好名声,并不仅仅在乡村山野一般老百姓中间广为流传,很快也引起了上层社会、达官贵族们对他的关注。

当时,在湖北武昌,皇帝所封的楚王叫朱英㷩。楚王有个小王子,这年才7岁,他得了一种怪病,专爱吃灯花,一见灯花就抢着去吃。灯花吃得多了,小王子越发面黄肌瘦,后来病征越来越多,发烧,说胡话,有时甚至昏迷不醒。

楚王府里有些府医,再加上从外面聘请的一个个"名"医,轮番给小王子看病,但这府里府外的医生,谁也没有治好小王子的病。小王子不但不见好,病情越来越重。

实在没办法了。王府又请来一批道士,到王府来打醮。打醮就是设坛祭祀鬼神。于是,一时间,王府的殿堂里扎彩搭台,设了法坛。在神案上摆满了香炉、食盒、供果;点燃起香、烛、神灯。大殿两旁列好乐队,敲鼓鸣锣,响铃击磬,丝琴笙笛一齐演奏。整个大殿灯火通明,香烟缭绕,鼓乐喧天。更有身穿道袍手执法器的道士,一面大声诵念着什么经咒,一面用柳枝条蘸着水,向四方挥洒。所有这一切做法,都是为了给小王子涤除秽气,消灾免难。

可是,经过这样几次三番的喧闹折腾,小王子的病依然不见起色。

正在这时,居住蕲州的荆穆王(地位低于楚王)向楚王推荐了李时珍。因为前不久李时珍给他的王妃治好了久治不愈的疑难病症,他对李时珍的医术高明深信不疑,相信李时珍也一定能把楚王小王子的病治好。

李时珍被召进楚王府。他在众目睽睽之下为小王子开始诊断。只见小王子面目已经枯槁,他问过病情,把过脉,确认是肚里虫子所致。他查阅了以前医生们开过的药方,发现那些医生都施用了一些补药。他明确地否定了这些药方,说小王子越吃补药,那些虫子就养得越壮,越能在肚子里兴妖作乱。他大胆地使用了一般医生不敢用的能"催吐"和"攻下"的一些药物。

小王子按李时珍的药方吃了第一副药,果然剧烈地呕吐起来。不过,他的病情并没有马上减轻,反而发高烧,说胡话,像是又加重了。于是,楚王府的人都对李时珍这位名医大加怀疑。楚王还把李时珍传唤来,严厉地进行责问。

李时珍听说小王子服药后呕吐过,心里就有了数。他走到床前,再给小王子号脉,看过舌苔,更有了信心。李时珍给楚王回话时说:"恭喜王爷,小王子病快好了。"

楚王疑惑地望着他。李时珍进一步解释说:"小王子肚里有虫子作怪。我用的是驱虫的药,虫子遇到这种药,必然要挣扎,这自然会使王子呕吐,发烧,说胡话。这不足为怪。相反,这恰好说明虫子快要死了,王子快要好了。不过,王子还要继续再服两副药,才能痊愈。"

楚王答应让李时珍继续给小王子诊治,但心里还在盘算,如果小王子有个三长两短,就让李时珍抵命。

小王子又按李时珍的嘱咐,在睡觉前服用了一副药。服药以后,他果然安安稳稳地睡了一夜。

第二天,小王子醒来以后,李时珍又亲自给他服用了另一个药方的药,等他再次安睡以后,李时珍才放心地走开。

奇迹终于出现了。

等小王子再次睡醒以后,他果然就张口要吃东西了。

李时珍治好小王子的消息,使得楚王府上上下下都喜出望外,对李时珍赞叹不已。

楚王原想找一个高明的医生给自己当侍医(私人保健医生),现在看到李时珍果然与众不同,就决定把他留在王府,并且还给他一个官职,做王府里的"奉祠正"(掌管祭祀礼节的官员),后来又让他负责王府内的医疗机构"良医所"。

当时,李时珍并不愿意在王府里任什么官职。他知道,给达官贵族治病,要担很大的风险。治好了病还好说,治不好却可能招来横祸。但是,王府既然决定留下你,再要断然拒绝,日后可能会遭到算计。

这时,李时珍想到了心中酝酿已久的一个宏大的志愿,才把无可奈何地服从变成为顺水推舟,他欣然接受了王府的聘请,留在王府里任职了。

李时珍内心深处的那个宏大志愿是什么呢?就是要整理、增补和修订历史上已有的各种《本草》著作。简单地说,就是他要自己动手写一部新的大部头书——《本草纲目》。

李时珍自幼就爱读书。后来,他养成了一种习惯,不论白天多忙,到了夜晚,总要在油灯下再读一些书。自然,他所读的主要是医药书。

李时珍抓紧一切机会读书。在家里,读父亲的藏书;出门拜师,读师傅的藏书。他自己也陆续收藏了不少医药方面的著作。除了一般地读,他还与自己的实践结合起来,特别是遇到疑难病症的时候,他就更加精心地研读。其中,他最感兴趣、最用心读的,就是那些专讲医药学的各种"本草"书。

"本草",这是古代人们对中医药物的总称。中医所采用的药物,内容十分丰富,像花草果木的根、茎、叶、花、果,鸟兽鱼虫的骨、肉、皮、毛、角、壳、鳞、甲和各种内脏器官,以及各种矿石金属……都可以选用入药。既然能入药的包括了动物、植物、矿石金属等等,为什么单单要叫"本草"呢? 这是因为在能入药的各类物质当中,植物的草类居多,所以就把一切药物统称为"本草"了。

我国最早的"本草"学著作,是汉代的一部,因为这里面记载了"神农尝百草"的故事传说,所以被称为《神农本草经》。这部书总结了我国秦汉以前药物学方面的成果,记载了 365 种药物。

到南北朝齐梁时代,医药学家陶弘景又撰写了《本草经集注》,这部书除了纠正《神农本草经》的一些错误外,又增补了新药 365 种,新旧合计已有 730 种药物。

到唐代,苏敬等人奉皇帝的命令,集体编写过一部《新修本草》,这是世界上最早的国家公布的药典,其中收入药物 850 种。

北宋时代,先后有好几种《本草》出版。其中有刘翰、马志等人集体编写的《开宝本草》,新增药物 133 种,共收入药物 983 种;掌禹锡、林亿等人修成的《嘉祐本草》,共收药物 1082 种;此外,还有《本草图经》《本草衍义》许多种。而最被人看重、最具有权威性的是唐慎微著《经史证类急备本草》,简称为《证类本草》。

《证类本草》共 31 卷,60 多万字,收入药物 1588 种,比以往的任何一部本草著作的内容都丰富。这部书还附录了 3000 多个药方,大部分都是从民间搜集来的。《证类本草》一问世,就受到人们的重视,经过南宋、金、元各个朝代,一直广为流传。

李时珍也很重视《证类本草》,他特别仔细认真地研究过它。不过,李时珍认为,从《证类本草》出现,到他阅读的时候为止,已经跨越了三个朝代,经历 400 多年;而这 400 年当中,世上的医药学又有了很大的发展。他认为,在他反复研读过的各种"本草"著作当中,不论哪一部,即使是最受人推崇的《证类本草》,都已经不能满足和适应新的需要了。

以自己的切身经历为例,他患"蒸骨病"后,自己按照老的"本草"书中指引的药物,用柴胡、天门冬等给自己服用,结果不仅治不好,反而越治越重。后来请教父亲,父亲改用黄芩,才对了症,于是药到病除。像自己亲身经历的这样的病例,在过去的"本草"书中从来没有过类似的记载。至于历经宋、元、明三个朝代的 400 年间世上无数名医提出的新创见,积累的新经验、良方和绝招,他们对医药学的发展做出的贡献……凡此种种,在老的"本草"著作里,统统没有反映。

类似的例子,他随手可以拈来,比如,紫河车(人的胎盘)已经被人用作很有效的补养强壮药;曼防罗已经被用来配制麻醉剂等等,在过去的"本草"书里,从来都没有涉及过。

除了"增补",还有"修订"。

李时珍发现,老的"本草"书里都有错,就连大家都十分看重的《证类本草》中,也有不少错误。比如,有一种叫"萎蕤"的药,可以治虚劳寒热,也可以作补药;另有一种叫"女萎"的药,具有解毒、排脓、消肿的作用,这是截然不同的两种药,可是在《证类本草》里竟把它们混成同一种药。

李时珍还眼见生活中经常不断发生一些医药事故。比如，有一段时间，蕲州接连发生了好几起因用药错乱而死人的事，一起是：把草乌头当作川乌头，吃死了人；另一起是把狠毒（毒性很强）当作防葵（补药）给病人吃，使病人送了命。特别是有一起事故，竟然把他自己也牵连进去了。原来是一家病人按照一个走方医生开的药方，到药局里抓药，结果吃下去就中了毒，差点儿被毒死。人们找到李时珍请他给判断一下。李时珍先查对药方，认为药方没有问题；再看熬过的药渣，发现是抓错了药，原来药方写的是黄精，药局却把有毒的"钩吻"当作黄精给了病人。那个走方的医生摆脱了责任，非常感谢李时珍。但药局却对李时珍大为不满，并且严厉地责难他。药局是官办的。他们认为把"钩吻"当"黄精"，无可指责，因为他们有"根据"。"根据"就是老的"本草"书上就是这么说的，黄精即钩吻。

李时珍从这些事件里痛切地感到：不能再这样下去了。老的"本草"不仅要大加增补，而且要大加修订，要把其中已经发现的错误，全部改过来。

李时珍想，经过增补修订的"本草"应该比一切"本草"书（也包括唐慎微的《证类本草》）更可信，更有权威性；它应该纲目清楚，条理分明，准确可靠，让人们在行医用药时，能把它作为可靠的依据，并且查阅起来迅速方便。这部新的医药大书，叫个什么名字好呢？他想来想去，认为还是叫《本草纲目》好。

于是，李时珍就先在自己的内心深处，一笔一画刻写下了四个大字：《本草纲目》

从此，争取完成《本草纲目》，就成了李时珍心里时刻不忘的一个宏大的志愿。

采访四方　搜罗百氏

为了逐步实现自己心中酝酿已久的宏大志愿，李时珍在楚王府安心呆了下来。李时珍不习惯王府里养尊处优的环境氛围，但他却非常羡慕这里极好的藏书条件。说实在的，他从没有看见过这么丰富的藏书。就拿"本草"一类的书来说，除了历代官府修撰的，还有地方编的。除了"本草"，也还有许多医药书籍并没有冠上"本草"的字样，像陶弘景的《名医别录》、孙思邈的《千金要方》等等。其中还有不少是宋、元以来罕见的珍贵版本。

李时珍充分利用了这个良好条件，他把前人修撰"本草"所引证经史百家的材料，都一一找到出处，直接查阅并研读原著，以便准确地把握原意。他还注意去读那些前人没有涉及、被他们忽略了的书籍文献，从古代学术的宝藏里，进行更多的发掘。这样一来，无论经史巨著，或是诗文专集，他都有了许多新的涉猎和收获。

他从医药以外的书籍中，的确得到不少启发。他发现一些古代的诗人，对事物的描绘和形容，很形象也很准确。王维的一首诗帮助他知道了蔗浆性寒，可以用来泻除中热。苏轼的诗，帮助他知道了栗子的吃法，后来他在临床治疗中加以应用，还收到了疗效。

为了考证和辨别各种药物，李时珍读了好几百种像《泊宅编》《西山墨谈》一类的笔记，也读了《芍药谱》《海棠谱》《菊谱》《竹谱》《香谱》《纸谱》种种谱录性的作品。他还研读了《南海草木状》《桂海虞衡志》《凉州异物志》一类的书，通过这些书去掌握很难得到的边远地区药物生长的情况。

明朝永乐、宣德年间，郑和七下南洋，跟随他的人有不少回来以后都写了书，记叙沿途所见的风物、习俗等等，李时珍也不失时机地抓紧研读了他们所提供的文献资料，了解了海外异地的医药状况。

李时珍充分利用并把握了各种机会（其中也包括他后来在太医院的一段时间），尽最大努力，阅读和研究前人在纸上留下的宝贵财富。他在阅读和积累过程中所付出的大量艰辛劳动，这一切都充分反映在他死后才出版的那部恢宏巨著《本草纲目》之中了。

李时珍在家里曾向父亲提出过关于编写一部新《本草》的愿望。对这件事，父亲并不反对，甚至还称赞了他的想法不错。但是，父亲也郑重地告诉过他：编写一部新《本草》非同小可，需要充足的人力和财力才行。这种事历来都是朝廷办的，如果朝廷不过问，一般老百姓要想把它办成，谈何容易。

李时珍是因为他的名声而被推荐进了楚王府，而进楚王府，又进一步提高了他的名声。在他进楚王府以后又过了几年，嘉靖皇帝下诏，叫各地选送医术精深的名医，到朝廷经管的"太医院"任职。楚王虽然钟爱李时珍，但对皇帝的诏示绝不敢怠慢，他赶紧遵照圣命，及时把李时珍推荐到太医院去了。

太医院是明朝皇室的中央医疗机构，有御药库、寿药房，拥有大量的药物和标本，自然也有大量极为珍贵、在外面很难看到的图书和文献资料。太医院里还有一座药王庙，在这里供养着一座能显示人身经络和腧穴位置的铜人模型。以前，李时珍曾读过《铜人腧穴针灸图经》和《铜人针灸经》，但只有此刻，进了太医院，才亲眼看到了这个和人体相仿佛的铜人模型。铜人模型帮助李时珍仔细透彻地辨认人体的经络和穴位，并且进行了深入的研究。这对他后来著述《奇经八脉考》，起了很大的作用。

在御药库的寿药房里，除了一般药材，还有四面八方进贡来的以及从外国进口的各种珍奇药材。这使李时珍大开了眼界。他结合实物，对各种药物进行了细致的辨认、鉴别和研究。比如人参，他曾经读过父亲的著作《人参传》，对它有一定的了解。但现在，他面对着不同品种的实物，对人参的认识就更加丰富和真切了。原来人参品种是很繁多的，诸如潞州的党参、朝鲜的紫参、辽东的红参以及其他品种白条参、西黄参等等；除了人参，还有不少类似人参的东西，如荠苨、桔梗等等。李时珍出入御药库、寿药房、药王庙等处，不断地深入查考、探讨和吸取自己所需要的知识。

当然，在太医院还有一个对李时珍更具有吸引力的去处，那就是书库。这里四壁书架林立,层层叠叠,藏书量极丰,各类图书,应有尽有。李时珍在这浩瀚的书山书海当中,尽情采撷其精华。他几乎每天必来。有时坐在那里静静地阅读。有时埋首疾书,赶做大量的笔记。他专心致志,旁若无人,常常忘了时辰,直到管理人员提醒,方才合上书卷,匆匆离去。管理书库的人因此感叹说:"在太医院里,找不出第二个像李时珍这样认真读书的人!"

李时珍虽然被选进了太医院,但并没有被委以重任。这是因为,当时皇帝正醉心于追求长生不老之药,在太医院里,许多人正秉承圣命,为"炼丹"而忙碌。李时珍只被安排做了一名普通的医官。

不过,这对李时珍也并没有坏处。他因此有了充分的时间,可以在御药库、寿药房、药王庙以及书库里,尽情遨游,或浏览,或深钻细研,取其所需。当然,他在学习钻研之余,也不忘记寻觅和等待机会,设法让皇帝了解自己的想法,出面支持《本草纲目》的编撰工作。

他一直在寻觅和等待着这样的机会。

这个机会果然来了。但是,李时珍的希望最终又破灭了。

有一天,李时珍正伏案读书作札记,忽然被传唤进皇宫去治病。李时珍被引进宫内的诊室,但却见不到病人。原来按皇宫规定,医生不能直接面对"病人",也不能直接把握病人的手腕。诊脉时,只能隔在高高悬挂的黄色帐幔之外,拉住一根从帐幔下面伸出来的丝线,丝线一端缚在病人的腕上,医生把自己的这一端拉直绷紧,用手指按在丝线上来号脉。这叫作"丝线诊脉"。医生全凭从丝线上传来的病人脉跳,做出诊断。

李时珍已经熟悉了这一套,过去已经这样诊断过多少次,也相当准确。所以他像往常一样沉着地开始诊断。

可是,今天的情况却一反往常。李时珍的手指按在丝线上,足足用了一炷香的时间,却仍然弄不清是怎么一回事。他感到那脉搏与一般的脉搏很不相同。随着时间的消逝,他不免有些焦急。又过了一段时间,他对一旁侍应的太监说:"这脉清幽离奇,恕我直说,不像是通常的病人,非仙即怪……"李时珍话还没说完,早把太监吓了个半死。太监知道,在帐幔后面应诊的,确实不是通常的病人,但也绝不是仙、怪,而是当今的皇帝爷朱厚熜啊!怎么可以说是"非仙即怪"呢?太监为李时珍捏了一把冷汗,如此犯上,必死无疑了!

正在这时,从帐幔后面,"蹭"的一下,蹿出一只小花猫来,在它的腿上拖着一根细细的丝线。紧接着,身穿龙袍的皇帝朱厚熜也走到了幕前。太监一见,咕咚拜倒在地,连连叩头谢罪。李时珍一见,也跪下去,不卑不亢地行过参见礼,说:"小臣冒犯,请陛下恕罪!"

谁想到皇帝爷不仅没有发怒,还哈哈大笑说:"你就是李时珍吧!不错!不错!你说的很对,非仙即怪。你的诊断不错!刚才那是小花猫的脉啊。"

原来,皇帝爷无聊,想出用这样一个办法来测试太医的本事。他对李时珍表示满意,随即与李时珍探讨起长生不老药和炼仙丹的问题。

李时珍长时间以来,全部心思都放在了编写《本草纲目》上面,他对"术药""炼丹"的事一点也不感兴趣。他还认为,从秦皇汉武以来,不少皇帝到处求长生不老之药,聚集方家术士用硫黄、水银、砒霜、铅、锡之类的矿物,冶炼"仙丹",是十分荒谬可笑的。而嘉靖皇帝却正好与李时珍相反,他现在整个心思都用在"求药""炼丹"上面了。因此,这两个人在一起,话不投机,越谈越拧,没有多少时间,就不欢而散了。对李时珍提出撰编《本草纲目》的事,朱厚熜一推六二五,使李时珍盼皇帝给予支持的希望全部落空了。

李时珍想让朝廷支持自己编撰《本草纲目》的希望落空了。他想,既然朝廷不支持,就只能依靠自己的力量。于是,他推托有病,辞去大医院的职务,南下回家集中精力去编《本草纲目》。

从京城返回蕲州的途中,路经河南的一个驿站附近,李时珍看见一个车队,马车上都装着一篮篮的植物。这种植物开着粉红色的喇叭花。几个车把式围着一口大锅,抽烟聊天,锅里不知煮的是什么,热气腾腾的。李时珍凑过去搭讪,问那锅里煮的是什么。车把式们热情地给李时珍让座。

一位年长的人告诉他,"锅里煮的是鼓子花,也叫旋花,"说着用手指向装在车上的那一篮篮的植物,"就是这些东西。"

李时珍好奇地问:"煮这做什么用?"

老车把式告诉他:"我们这些人,成天赶车走路,一天下来,腰酸背痛,筋疲力尽。用这些旋花根熬汤,喝下去可以止痛、解乏,消除疲劳,增加力气啊!"

李时珍听了车把式的介绍,不住地点头称好。他郑重地感谢老人给他的讲解。回到旅店里,他立刻用笔记录下来:鼓子花,又名旋花,根煮汤,可补劳损,益精气,续筋骨……

李时珍记下这次见闻,心里自言自语:"处处留心皆学问啊!"

他顺手翻阅以前记的一些笔记。这些笔记使他回忆起在太医院期间,除了出入大医院、药房、书库……他曾多次到京城郊外访问。他向菜农请教了许多作物栽培、越冬、贮存方面的问题。菜农热情地给他一一解答。他随后都做了笔记。

关于韭菜,他写着:

"北人至冬移根于土窖中,培以马屎,暖则即长,高可尺许……其叶黄嫩,谓之韭黄。"

关于大白菜,他写着:

"燕京圃人又以马粪入窖壅培,不见风日,长出苗叶皆嫩黄色,肥美无滓,谓之黄芽菜。"

关于腌咸菜,他也有记录:

"今燕人以瓶腌藏,谓之闭瓮菜。"

……

他一页一页地翻阅自己的笔记,脑子里就一幕一幕地重现出他在京郊农民中间采访的见闻。他想,在老百姓中间蕴藏有多少有用的实际知识啊!他合上笔记,浮想联翩,想到过去一段时间在太医院,虽读了不少书,增加了不少知识,有不少收获,可是,这些毕竟只是前人的定论。世上还有多少鲜活的知识,老百姓当中还有多少被掩藏的、从未被发掘的知识和经验。绝不可忽略这些!要去"搜罗百氏,采访四方",才能使自己要编撰的《本草纲目》真正完备起来。

李时珍闭目重温他放弃科举、一心从医以后的种种经历,他庆幸自己并没有浪费时间,一直在自觉或不自觉地按照"搜罗百氏,采访四方"的道路努力实践着。

在家乡,他经常背负药囊,手持刀剪锄镐,亲自上山采药,把家乡蕲州的山地丘陵几乎踏遍了。他也到过蕲州以外的许多地方,长途跋涉,采集药物。

最难忘的是他写《蕲蛇传》的经历。

他读过父亲在研究了蕲州特产药材"蕲艾"以后所写的专著《蕲艾传》。他想仿效父亲,专门研究一下蕲州特产药材"蕲蛇",然后也写一本专著《蕲蛇传》。

李时珍把自己的想法告诉父亲。父亲认为这个想法不错。不过,要研究蕲蛇,先得去捕捉蕲蛇,面对真正的蕲蛇,才能实地观察研究,不然就是空谈。于是李时珍决定先去捕捉蕲蛇。

父亲告诫他:蕲蛇"其走如飞,牙利而毒",如果没有懂行的师傅指导,是不可贸然从事的。

李时珍想起了在他治愈的病人当中,有一位家住龙峰山,既会捉龟又会捕蛇、人们称他为"乌王"的人。当时,李时珍为他治愈了腿、脚上的溃疡脓疮,乌王要付诊费,李时珍见他是贫苦的山里人,就按家传的习惯免收诊费,只要他随便提供一个治病的单方就行了。乌王感谢不尽,献出一个治蛇咬的急救单方:及时采集一把"半边莲",捣烂,挤出鲜汁喝下去,把渣子敷在蛇咬处,很有效。

李时珍给乌王治好病,乌王给李时珍提供了一个单方,就这样,两人结下了友谊。

李时珍一想起这位教他用"半边莲"做治疗蛇咬急救单方的山里人,立刻就决定到山里去拜访他,请他帮助自己捕捉蕲蛇。

在龙峰山,李时珍果然找到了乌王。乌王与李时珍重逢十分高兴。他慨然答应说:"你找对地方了。真正的蕲蛇,就是出在我们龙峰山,不过,现在这种蛇已不多见了,要想捉到一条很不容易。"因为蕲蛇是珍稀药材,地方官要向皇帝进贡,逼山民去捉蛇,捉不到受罚。山民中还流传着一首倾诉他们苦情的民谣:

> 白花蛇,
> 谁叫尔能辟风邪!
> 上司索尔急如火,
> 州中大夫只逼我,
> 一时不得皮肉破。

李时珍不知道蕲蛇原来跟老百姓的疾苦有这样密切的关系。他越发珍视这次龙峰山捕蛇之行了。

乌王准备好铁叉等工具，领着李时珍向山里进发。龙峰山有个猿猊洞，洞周围怪石嶙峋，灌木丛生，生长着许多药草，其中最多的是石南藤。这石南藤缠绕在灌木上，藤身紫红色，长着绿色的小圆叶。石南藤的气味又酸又臭，但蕲蛇却最爱吃它的小圆叶。所以，到了石南藤丛生的猿猊洞，也就到了蕲蛇经常出没的地方。

他们等候了大半天，终于捉到一条蕲蛇。

乌王捉着蛇告诉李时珍，虽然有的蛇也和蕲蛇一样是黑底白花，但这蕲蛇却与一般蛇不同，它鼻子向上，龙头，虎口，有四颗毒牙。在它的肋下，有24个斜方格子花纹。市场上出卖的假蕲蛇，虽然也有斜方格花纹，但比较起来，假蕲蛇身体长而大，真蕲蛇短而小。蕲蛇的尾巴上生有像指甲似的硬片，它被人捕捉以后，会趁人不备进行自杀，用尾部指甲似的硬片划破自己的肚皮，蜷曲而死……

乌王还给李时珍讲解怎样干制蕲蛇。他用一把利刃剖开蛇腹，取出内脏，洗涤干净，截去头尾，弯曲盘起，绑扎好，再烘干。烘干以后，乌王还说："一般的蛇死后闭起眼睛，唯有这蕲蛇，却睁着眼，可它一离开蕲州地界，就一只眼睁着，一只眼闭起了……"乌王越说越神。"真的吗？"李时珍听得高兴，不由地放声大笑起来。

李时珍很难忘怀这次经历。他这一次专程登龙峰山拜访乌王，获得了关于蕲蛇的许多宝贵知识，这对他后来向世人系统地介绍蕲蛇，写成专门著作《蕲蛇传》，有很大帮助。

李时珍从在驿站听赶车人介绍能"补劳损，益精气，续筋骨"的旋花，引起对京师郊区所见，以及故乡山中寻找蕲蛇奇遇的回忆，真是思绪万千。他定下神来想，撰写《本草纲目》是一件旷日持久的巨大工程，有很多的事情要做，还要继续不断地去搜罗百氏，采访四方啊！

涉猎文学　硕人之荭

李时珍匆匆地返回了故乡蕲州。可是因为他在家乡的名声太大，所以返乡以后身不由己，并不能按照自己的意愿，静悄悄地集中精力编书。回家不久，他又被楚王召唤去掌管王府里的"良医所"。

李时珍既不能违拗楚王，又不肯放弃计划。就在王府一边工作，一边继续搜集和整理资料。虽然编书进行缓慢，但还算是按部就班，从未停顿。

为了使书的内容臻于完善，他还常走出王府，争取多与人接触，继续采撷精英。武昌蛇山有个观音阁，观音阁的老和尚跟李时珍有很深的友谊。李时珍经常到观音阁去与老和尚谈心。同时，他也顺便在那里给人看病，患者都是那些难以踏进王府大门的黎民百姓。他在这里看病是免费义诊。李时珍在观音阁义诊的消息传开后,四面八方的人闻风而来,其中甚至有从太和山(即武当山)来的山民。一时间,观音阁又成为武昌的一个"热点"。

在武昌期间,李时珍有时也到处走走,游览风景,访问名胜。有时,他坐在蛇山观音阁,遥望长江对岸汉阳的一片绿洲。每逢这时,他心旷神怡,悠然自得,不由得即兴赋诗。

李时珍对文学的爱好,从小开始了。他长时间受屈原、司马迁、杜甫、白居易、王安石、苏轼等历代文学家的影响,能背诵出他们的许多名篇、名句。他写的东西,包括他后来在《本草纲目》中对医药问题的阐述,语言丰富、生动,有较浓郁的文学色彩。

不过,李时珍并没有想在文学方面有什么发展和建树。他只是借助阅读文学作品,从中拓宽自己在医药学方面的眼界;并从许多文学著作特有的细节描写当中,去检验自己在医药方面的知识和见解是否正确。

他研究一种叫"蜾蠃"的昆虫,就查阅了不少医药学以外的著作,其中包括《诗经》《尔雅》《庄子》《列子》等等。他发现一些著作对蜾蠃的说法并不一致。经过对不同说法的对比、考证和鉴别,他才得出自己的结论。

《诗经》里的《小宛》篇里说,"螟蛉有子,蜾蠃负之。教诲尔子,式谷似之。"意思为:小青虫螟蛉生了儿子,蜾蠃把螟蛉的儿子背到自己的窝里来,把它抚养大,让它成长为像蜾蠃一样的后嗣。

《列子》和《庄子》里也说蜾蠃有雄的,没雌的,不会产子,只好把小青虫背到窝里,然后振动着翅膀,唱着歌儿:"像我,像我",过几天,小青虫就变成了蜾蠃。

以后又有一些人附会这种说法,时间久了,这种说法就成了一个典故,人们把"养子"又叫作"螟蛉之子"了。

其实,这种说法并不符合实际。早在李时珍之前,梁代陶弘景就通过亲自观察,在他的著作《本草经集注》里说,蜾蠃"生子如粟米大",并且说蜾蠃把青虫背到窝里,实际上是给自己的孩子当食物。陶弘景的观察是对的。但后来又有人反对他,仍然支持《诗经》的说法。

李时珍引述了各种意见,然后发表自己的看法。他根据自己对蜾蠃的直接观察,"视验其卵"以及"蜂之双双往来"……断定蜾蠃有雌有雄,完全能够自己产子,不必去抱人家的。这样。他就以亲身的观察结束了这场持久的争论。这结论,与现代生物学研究的科学结论是一致的。

李时珍对蜾蠃的研究,说明他对一些问题的观察与研究有多么深入;也说明他对文学以及各类图书的涉猎范围有多么广。

大约在 1561 年(明嘉靖四十年),早已过了不惑之年的李时珍,最终离开楚王府,从武昌回到家乡蕲州。

他在雨湖北岸的红花园定居。在这里,他给自己的住宅起了一个很富诗意的名字：苤所馆。

"苤所馆"的"苤"字，意思是巢，来源于《诗经》的《考槃》篇。在《考槃》篇里的第二段，原诗句为：

> 考槃在阿，
>
> 硕人之薖。
>
> 独寐寤歌，
>
> 永失弗过。

直译出来，大意是：在山坡架起木屋，这是贤人的住处。独自睡觉、起床、唱歌，从此再不与人应酬。

李时珍借这些诗句，反映自己向往的生活。他现在终于远离官府，完全顺遂自己的意愿，专心致志，从事《本草纲目》的编著。住在山乡自己的家里，房屋虽不豪华，却是贤达人士的福地。在这里，困了就睡，睡够就起来做自己想做的事情，兴致来了还可吟诗、唱歌；在这里，无须再跟官场世俗之人敷衍应酬；在这里，独善其身，悠然自得，岂不就是《诗经》里所歌颂的"硕人之薖"吗？

正是这个"苤所馆"，伴随着李时珍的后半生，使他在这里最终完成了那部传世的巨著。

在苤所馆，他一边著述，一边更深入地研究医药。他在家里开辟了一块地作为药圃，亲手试种了许多药材，如麦冬、萱草、薄荷、益母草、金银花、旋覆花、忍冬花、薏苡仁……以及从山中采集来的石斛等等，一年四季花开不绝。因为亲自动手栽培，所以他在《本草纲目》里介绍这些药草时，非常生动详尽。

萱草。李时珍先解释萱草的一些别名，如鹿葱、宜男、忘忧等等。原来每一个名称，都有一个有趣的传说。有的地方，女人怀孕以后盼望生男，就给自己佩带上萱草花，所以就把萱草叫作"宜男"。鹿在吃食当中不小心中了毒，它会给自己寻觅解毒的草，鹿所选择的解毒草共有九种，其中之一就是萱草。又因为萱草有葱味，所以叫"鹿葱"。

不过，李时珍在书中关于萱草的叙述，更重要的是他从事栽培的经验之谈。他在这里写道："萱草宜下湿地，冬月丛生……四时青翠。五月抽茎开花，六出四垂，朝开暮蔫，至秋深乃尽，其花有红黄紫三色。结实三角，内有子大如梧子，黑而光泽。其根与天门冬相似，最易繁衍。"又说，萱草喜肥土，"肥土所生，则花厚色深，有斑纹，起重台，开有数月；瘠土所生，则花薄而色淡，开亦不久"。

有趣的是，他在"集解"的最后，还"抖"开一个"包袱"，说"今东人采其花跗干而货之，名为黄花菜"。原来，市上卖的"黄花菜"，就是用萱草花加工成的干货，它不但可以入药，把花焙干上市出售，还是人们餐桌上的美味菜肴呢。

萝卜。萝卜就是莱菔。李时珍对萝卜，也有详实有趣的记载：

"六月下种，秋采苗，冬掘根，春末抽高苔，开小花紫碧色，夏初结角。其子大如大麻子，圆长不等，黄赤色。五月亦可再种。其叶有大者如芜菁，细者如花芥，皆有细柔毛。其根有红、白二色,其状有长、圆二类。大抵生沙壤者脆而甘,生瘠地者坚而辣。"

对萝卜,李时珍好像情有独钟,他十分热情地大加赞扬,说萝卜的根和叶都可以吃。可以生吃,也可以熟吃。可以腌咸菜,也可以酱起来。可以与豆豉一起炒,也可以用醋烹。可以糖制,也可以腊干。可以当菜,也可以当饭。实在是"蔬中之最有利益者"。他认为古人对萝卜重视不够,研究不够,没有详尽地介绍它的功用和价值。他不理解古人为什么这样忽视它:是因为萝卜平常多见、不太值钱而忽视了它;还是对它的作用与好处,根本就没有弄清楚呢?为此,他用了很多篇幅来详尽地介绍萝卜,不仅一般地介绍它的特性和主治功效,还额外记叙了一些生动的故事。

一个故事说,齐州有个人病得神情失常,说他梦见一个穿红衣裳的女子,把他引进了一所宫殿。宫中一位仙姑叫他唱歌,于是他每天都唱同一首歌。歌词一共四句,后面两句是"惆怅闷怀言不尽,一丸萝卜火吾宫"。一个道士解说他的梦:病人是犯了面毒。梦中的红衣少女是"心神",那位叫唱歌的仙姑是"脾神"。唱词中的"萝卜火吾宫"就是说,萝卜可以焚毁他梦中所见的宫殿。这就应了《医经》里所说的:萝卜能解面毒。家人听了道士的解说,连忙找来萝卜,让病人连萝卜带药一齐服下,结果就治好了他的病。

如果说这个故事有点玄妙,另外一个故事却是很生活化的。

有个人好吃豆腐,吃得太多,豆腐中的卤使他中了毒。怎么也治不好。有一天,他忽然听见卖豆腐的人说,他老婆不小心把煮萝卜的水倒进了盛豆腐的锅里,结果一锅豆腐都解了,再也凝不成块了。这个人悟性不错,他立刻联想到自己的病,心想喝些萝卜汤,也许能解了自己的毒。于是他就回去煮萝卜场。一喝,果然把病治好了。李时珍写完这个故事,对其中的化学作用不了解,于是他不由地感叹:"物理之妙如此!"接着,他又叙述了他从一本书中读到的故事,一个叫李师的人,逃难进入一个石窟,追击他的贼人用烟熏他,差点把他熏死。幸亏他随身带了一把萝卜,他把萝卜嚼碎咽下去,竟然在昏厥以后又苏醒过来。李时珍对此深信不疑,于是他写下八个字告诉读者:"此法备急,不可不知。"

李时珍还在[附方]中列了很多用萝卜作药的"绝妙"或有"神效"的单方、偏方。

绿豆。李时珍认定绿豆这种作物,既是大家喜爱的普通食物,又是清热解暑并能解毒的良好药物。他对绿豆也特别重视,不光亲自种植栽培,而且每当外出到各地去,也很注意观察对比研究。他对绿豆的品种和生长过程,讲得也十分清楚:

"绿豆处处种之,三四月下种,苗高尺许,叶小而有毛,至秋开小花,荚如赤豆荚。"绿豆的品种很多,"粒粗而鲜者为官绿;皮薄而粉多、粒小而色深者为油绿;皮厚而粉少早种者,呼为摘绿,可频摘也;迟种呼为拔绿,一拔而已。"如果他不是直接栽培并仔细观察比较,不可能区分得这样细致入微。他举北方老百姓如何食用绿豆为例，说道"用之甚广"，可以做豆粥、豆饭、豆酒、炒食……磨而为面，澄粉作糕，生豆芽"又为菜中佳品"。因此，他也像夸萝卜那样，夸赞绿豆"真济世之良谷也"。至于绿豆作为药用的功效，除了清热解暑之外，他特别强调了能够"解毒"，"压热解毒之力"比赤豆强，而且能"益气，厚肠胃，道经脉"，并"无久服枯人之忌"。

除外，他还对绿豆的豆荚、豆叶、豆皮、豆花、豆粉、豆芽等等的药用功效，一一做了介绍。

在荙所馆里，李时珍就是这样，将他亲自经营药圃所获得的成果，联系采访四方的经验，并吸取已有书本中被证明是正确的知识，款款道来，娓娓动听地写他的《本草纲目》中去。

濒湖名药　曼陀罗花

李时珍在他的荙所馆里，还亲自进行药物的炮制。他想通过跟老药工一起制药的实践，深入地了解并验证药物的特性和作用，试验改进了一些药物的炮制制作。

巴戟天的炮制，按照古法，要先用枸杞子汤泡一宿；泡软了捞了出来，再用酒泡半天；再捞出来，加上菊花一起熬，使巴戟天成了菊黄色；去掉菊花，把巴戟天晾干，再用于临床。李时珍认为，这么繁琐的工序，不一定是必需的。经过试验，他把繁杂的过程简化为只用酒泡一液就入药，效果完全相同。后来，他为一个患者治病，手上没有经过炮炙的成药，匆急之中，他把生巴戟天用温水泡软，去掉心子，给病人服用，结果疗效也不错。通过实践他认识到，古法并不一定要固守，有些是应当改进的。

黄连的炮制，古法不分什么病，都是一种炮炙方法，先用浆水浸泡，后用柳木水焙干。李时珍经过自己反复实践，发现古法对黄连的炮制倒是有点简单化了。他认为应当针对不同的治疗需要，采用不同的炮制方法：有的病可以生用，有的病要分别用猪胆汁、醋、酒、姜汁、盐水或朴硝去浸炒。只有这样采取不同的方法，才能收到好的疗效。

除了对草药的炮制之外，李时珍对矿物的炼制，也做了不少研究。李时珍是对事物讲究科学态度的人。他认为方士们热衷于追求长生不老之药，迷于冶炼"仙丹"，是没有道理的，他反对他们的异端邪说。不过，他并不一概否定"炼丹术"，认为这是古人创造的一种制药方法，同时还肯定了用这种方法制成的一些药，具有消毒和防腐的作用。比如他说过："水银但不可服食尔，而其治病之功，不可掩也。"意思就是说，水银，只不过不能内服罢了，它的治病功能是不能抹杀的。

李时珍还亲自进行了不少用矿物炼制成药的试验。他用铅炼成了一些铅化物，如：胡粉、黄丹、密陀僧、铅白霜等。他还试用这些铅化物分别治过几种病，曾经用密陀僧治好了一个因被蛇咬伤、惊吓致病的人。

李时珍在给人治病的同时,也向人推荐一些成药。其中也包括他家配制成的"濒湖白花蛇酒",这种药酒专治中风伤湿、半身不遂、口目㖞斜、骨节疼痛等病症。

"濒湖白花蛇酒"以蕲州特产的白花蛇为主要原料,配上羌活、当归、天麻、秦艽、五加皮、防风等药材,把药物装入绢袋,悬挂在金华酒坛里面,加糯米酒浸泡,密封坛口以后,把酒坛放入大锅内煮一天,再取出酒坛埋在背阴地里,七日以后即可服用。这种药酒,冠上李时珍的号"濒湖",理所当然成为既有特色又受人信赖的名药了。

李时珍在医药学的研究当中,得益最多的,一是读书,二是实地实物考察。他从年轻到老,一直不懈地在这两个方面进行努力。

喜爱实地实物考察,这可以说他的一种天性。他从小就热爱自然,喜欢在乡间原野的大自然当中活动。蕲州家乡的山谷,远的丫头山,近的缺齿山,大的紫云洞,小的朱家洞……都留下了他的许多足迹,有的地方更是无数次地踏访。他从小就对家乡山野中的甘菊、苦参、紫苏、苍耳、土蜂、蟾蜍、竹鸡、野猪……怀有浓厚的兴趣。长大成人以后,他对家乡的各种花草树木、虫鱼鸟鲁有了更多的了解,同时也更激发了他向更深更广的知识领域去进行探索。

一天,他在家乡的一个山坡上,偶然遇见一只穿山甲,它正在觅食。李时珍兴致勃勃地躲到灌木丛中仔细观察。只见那穿山甲爬到一个蚂蚁窝前,张开嘴巴,伸出舌头,让舌尖贴在地上,一动不动。附近的蚂蚁很快就发现了这一块鲜美的肉,互相传告,都爬到上面来。没多久,就在穿山甲的舌面上,密密麻麻地爬满了蚂蚁。这时,穿山甲忽然收缩起舌头,把蚂蚁全部吞食下去。吃完一处,又挪到另一处去吃,吃得称心如意。李时珍捉住那只穿山甲马上进行解剖,发现穿山甲的胃真不小,里面竟然装了一升多蚂蚁。这个故事说明,李时珍多么喜欢实物考察,并且随时随地都在进行。

大约在李时珍35岁时,他曾收过一个徒弟叫庞宪。这位庞宪虽然性格怪僻,但对老师很佩服。他在医药学方面也很有钻研精神,后来也成了一位名医。庞宪在李时珍编著《本草纲目》的巨大工程中,是个很得力的助手,起了不少作用。李时珍在"莳所馆"安定下来以后,还有过几次远足旅行,一方面采集药材,一方面实地考察,每次行动,庞宪都陪伴着。他们走遍了大江南北。

李时珍每到一处,都拜访当地的名医、农民、山人、皮匠、猎户……从他们那里,知道了许多呆在家里或从书本上难以知道的东西。

"芸苔"。书上的说"乃人间所啖菜也",有的说"芸苔不甚香,经冬根不死……"说来说去,弄不明白芸苔是什么。经老农一指点,原来芸苔就是春天遍地黄花、芳香袭人,招引来许多蜜蜂的油菜。只因它容易起苔,掐去主干,四周又生出许多蒜苔来,所以叫芸苔。

"五倍子"。原来只知道它是"敛肺止咳,涩肠止泻"的一种常用药,但究竟是什么东西呢？书上都没有交代清楚过，而且以讹传讹越说越糊涂。李时珍到山里以后，请教山民，才终于弄清楚，原来在初夏有一种像蚂蚁似的蚜虫，喜欢吸食盐肤木汁，完了就在盐肤木叶间产子，并结成小球，起初很小，渐渐聚大，还变得坚硬起来，小如菱，大如拳，形状有长有圆，颜色由青绿色变黄，就像盐肤木上生长出的东西。因此，五倍子实际就是虫子巢。山里人在霜降以前采回以后立刻蒸煮，不然虫子就把巢咬破跑掉了。

"山楂"。书上的记载比较简单。李时珍到山区向山民请教，才弄清：有一种小的叫茅楂或猴楂（现在叫南山楂，也叫野山楂），长于深山，三月开白花，果实有红、黄两色，九月成熟，"山人呼为棠杋子"。还有一种大的，"山人呼为羊杋子"（现在叫北山楂，也叫山里红），树有一丈多高，花、叶都和小山楂相同，但果实比较大。当时，只有小的才入药，大的"采药者不收"。后来，李时珍确认两种山楂都有消食导积，化瘀散结的功效，才扩大了药源。

"栎实（橡子）"。李时珍在山区考察后才知道，橡子虽然可以作药材，但山里老百姓用它当药的不多，而是"俭岁采以为饭"，"丰年可以肥猪"，把它当作救急的粮食来用。

此外，他还从实地实物考察当中弄清了许许多多不太明了或似是而非的东西。像"蕲""莼""荇"这些水生植物的区别；"细辛"与"杜衡"有什么不同；"乌头"与"附子"的差异；"远志"和"狗脊"究竟是什么样子；"甘草""人参"等都有哪些品种，产地在哪里，哪一种最佳；还有虎、熊一类的大动物，以及小昆虫各种生动的生活习性、身体各部分的药用功能等等。

在李时珍的许多次外出考察当中，有一次比较大的行动，是太和山之行。这一次，也是由庞宪陪他一起进行的。

太和山，就是我们今天所说的武当山。

这里山高林密，当时还是一座没有经过樵采、相当原始的深山老林。这里草木葳蕤，古树参天，是一座封闭的天然大药材库。因此，尽管旅程极度艰辛，但看到那深不可测、取之不尽、庞大丰盛的药材资源，李时珍他们兴奋得难以克制自己，忍不住要放声呼喊，完全忘记了一路上的疲惫劳困。

在这里，他们见到了不少从未见过的药物，九仙子、朱砂根、防山消、榔梅……也有许多一时还呼唤不出名称的奇花异草、珍稀动物。

太和山五龙宫北的一座山头上，生长一种榔梅。它的树干看上去像榔榆木，但果实像梅子。五龙宫的道士，每年都要采摘一些榔梅，用蜜汁腌好，作为贡品，献给朝廷，孝敬皇帝。关于榔梅，道士们还有一个神话，说这是"仙果"，是真武神仙在这里修炼的时候，把梅枝接在榔榆树上，生成了这种榔梅；吃了榔梅，就能"长生不老"。正因为榔梅是贡品，又有一套神话，所以当地官府就下了禁令，不许任何人去随便采摘。

李时珍不相信神话，又想弄清榔梅的真实功能和价值，他不顾道士的阻拦，不怕官府的禁令,冒着负伤甚至生命的危险,跟庞宪一起,越岭攀岩,去采集榔梅的果实。他们终于采到了榔梅。经过亲口品尝,仔细观察研究,最后终于判定,这种果子如梅似杏,果核像桃核一样的榔梅,气味平和,甜酸无毒,不过是一般能"生津止渴"的小水果而已,并没有什么神奇。

李时珍在太和山还有一个重要的收获。

他读元代危亦林著的一本书《世医得效方》,其中有关于"曼陀罗"的叙述;他还听说早在东汉时期,华佗使用的全身麻醉剂"麻沸散"中就已使用了曼陀罗,所以他想弄清楚曼陀罗究竟是怎样一种药物。

来到太和山,他很注意寻找曼陀罗。他终于采集到了。

"曼陀罗"这个名字,来源于佛教的《诘华经》。经文说,当佛讲经的时候,天上像降雨一样撒落下来曼陀罗花。不过,太和山里的人因为见它的叶子长得像茄子叶,就把它叫"风茄儿",又叫"山茄子"。曼陀罗春生夏长,一根独茎,直直地朝上长,高四五尺,不生旁枝,茎叶碧绿,八月开花,九月结实。花是白色,六个花瓣,有点像牵牛花,早上开放,夜里闭合。李时珍听说用曼陀罗酿酒,喝了以后能使人不由自主地发笑、跳舞,就想亲自试验一下。他找来曼陀罗酒,喝到半醉的时候,叫别人逗他笑,引他跳舞。一试,果然灵验。人家一逗,他就跟着人家笑;别人跳舞,他也跟着跳了起来。通过自己亲身尝试,李时珍肯定了曼陀罗的麻醉效用。他在《本草纲目》里写下:"热酒调服三钱,少顷昏昏如醉",此时"割疮灸火"就会"不觉苦"了。现代医疗已经证明李时珍的结论是正确的。

李时珍从太和山回来以后,因为儿子李建中在河南光山县任职,所以他经湖北麻城,越过大别山脉,去光山旅行了一次。大别山横亘在湖北、河南之间,千姿百态,别有一番景致。但李时珍每次出行心思,都不专注在游山玩景上。他始终不忘记为充实《本草纲目》,广泛地进行搜罗采集的工作。

唐慎微很注重药方特别是民间单方的收集,他的著作《证类本草》在"本草"书中,是收集药方最多的。李时珍也很注重药方的收集,并把自己收集的药归拢起来,叫作《濒湖集简方》。在他的《本草纲目》中,"附方"这一栏占了很大的篇幅。

李时珍从民间收集的药方里,有许多是简便易行而疗效都奇好的方子。有一个"陈氏经验方",名字很通俗,叫"一抹膏",是治"烂弦风眼"的妙方。名为"一抹膏",其实就是麻油泡蚕屎:蚕沙(就是蚕屎)用麻油泡两三宿,研细了,涂抹在患处,"隔宿即愈"。李时珍的表哥患了这种眼病,他就用这个验方,一治就好了。还有一位农村大嫂,患这种病10多年了,来到李家帮工,李时珍也用这个方子给她治疗,两三次就好了。李时珍就把这一类验方,郑重其事地记入《本草纲目》中去。

李时珍除了大量搜集民间药方外,还从历代文献中发掘整理了许多方子,一一记录下来,使许多泯灭在故纸堆里的古代医药学遗产,重现活力。

他曾从宋代张杲写的《医说》一书中读到,宋代大文学家欧阳修得了痢疾,"暴下不止",已经极度虚弱,奄奄一息,连"国医"也"不能治"了。后来欧阳修的夫人,焦急之中跑到街上,向一个草医买了一包药,让欧阳修服下去,痢疾很快就止住了。人们感到惊奇,还以为草医用的是什么神丹妙药呢,一再求问他的方子,最后才知道,不过是用一味"车前子"研成末,米汤送服罢了。

李时珍从古代文献中摘录的,还有一个方子,说岭南有一种大蚂蚁,它们的巢就像棉絮袋子一样,当地老百姓把这种大蚂蚁整窝整窝地收藏起来,卖给种柑橘的果农,果农用这些蚂蚁去治他们果树上的蠹虫。这是唐代刘恂所著的《岭表录异》中记载的。虽然这不是医治久病的方子,但李时珍把它记录下来,也有很重大的意义。这说明,现代人倡导用生物防治虫害的办法,中国古代早就在实际中运用,并且已经有了成功的经验。

在李时珍从古代文献中摘录收集的药方当中,还包含了一些有趣的历史故事。他读过一本《独异志》,里面记叙了唐太宗喝牛奶治病的故事。故事说,唐太宗患了"气痢"症,所有医生用尽了本事、都治不好他的病。于是就下了诏书,广泛征求医方。终于有个叫张宝藏的人,献上了一个药方。这是他自己患病(与唐太宗患同样病)经过治疗验明有效的方子。其实药方很简单,就是"牛乳半斤,荜茇三钱,同煎减半,空腹顿服"。唐太宗按照这个方子,"服之立愈"。皇帝一高兴,就叫宰相魏徵赏给献方人一个五品官。但是魏徵觉得让一个普通人一下子就升为五品官,有点不可思议,过了一个月还拖着没办。谁想到唐太宗的旧病又复发了,又按照那个"乳煎荜茇"的药方服了药,又一次痊愈了。唐太宗病一好,又想起了那个献方人。经过查问,才知道他叫给献方人授五品官的事还没有落实。皇帝追究责任,魏徵害怕了,赶紧编了一个谎话搪塞过去。唐太宗发了一顿脾气,一激动,又下了一道新的诏令,干脆给献方人再升两级,任命他当了主管祭祀礼仪的三品"鸿胪寺卿"。

这说明李时珍很善于从古代文献中所包含的医药宝库中,进行发掘。其中有不少方子,用现代医药学的眼光看,也是很有价值的。

他摘录了高仲武的《痘疹管见》和另一本《谈野翁方》中,有关用牛虱防治天花(牛痘)的记载。这种记载表明我国早就注意了天花的防治,并且早就运用了牛痘免疫法。

此外,李时珍还从古代文献中发现:"大蒜"可以杀菌解毒,"青蒿"能治"疟疾寒热","慈石"(磁石)能治疗内外许多种病症,而且有神奇的功效。李时珍关于"磁石"的记录表明:中国古代的医药实践,早就开了当代医药学中"磁疗"的先声。

这一段时间,李时珍除了旅行考察,就是坐下来写书,他必须全力以赴。

他每天的工作都很繁重。长期紧张劳累,使他的身体十分清瘦。李时珍越来越感到,只靠一个人拼命不行,他需要帮助。所以,到后来他几乎动员了家里所有的力量。李时珍有四个儿子,除了李建中在外地任职以外,其余三个儿子都热情地支持和帮助他。二儿子李建元后来也成了名医,还被选为太医院的医生,他帮助父亲绘制了1000多幅插图。除了儿子,李时珍还有五个孙子,他们也都帮助祖父抄抄写写,尽了自己的力量。

李时珍的徒弟庞宪,经常跟随在李时珍身边,这时自然要继续担任他的亲密助手。有病人来向李时珍求医,他和李建元都可以代替李时珍去应诊,分担了师傅不少工作。

还有李时珍的老伴儿,她更是全心全意地帮助丈夫,成为他最强有力的后勤支援。

这样集中力量奋斗了几年,到1578年(明万历六年),也就是李时珍61岁的时候,他终于完成了这部医药学巨著。

《本草纲目》共52卷,分16个"部":水、火、土、金石、草、谷、菜、果、木、服器、虫、鳞、介、禽、兽和人体附着物。每一部又分成若干类,像草部分为山草、芳草、湿草等9类;木部分为香木、乔木、灌木等6类。16个部共分60类。每一种药,都用几个固定的栏目介绍,"释名"一栏,确定药物的名称和别名;"集解"一栏说明药物的产地、形态和采取方法;"修治"一栏讲药物的炮炙和制作方法;"气味""主治""发明"各栏分析药物的特性和功能;最后还有"附方"一栏,把他收集的一万多个方子统统附在书内。

李时珍在《本草纲目》中收集1800多种药物,比以前收入药物最多的《证类本草》还多300多种。他从年轻的时候起就立下宏大的志愿,要对各类《本草》书做一次审校总结,修正错误,弥补不足,尽自己最大努力和可能,重新编写出一部内容更加广博新颖,编排更加系统周密,解释更加清楚准确的"本草"著作,如今,他的这一愿望终于实现了。

李时珍写《本草纲目》一共用了多少时间? 如果从1552年(35岁)动笔算起,已有27年。但实际上,这部著作凝聚了李时珍的全部心血。如果把写书前的准备工作,连同他在成书后继续反复修改增删的时间都加在一起,那就远不止27年了。

为了让这部书更加完善,更加充实,李时珍曾经做过三次重大的修改,每次修改,都几乎是推翻旧稿,重新写过。他的书屋里所堆积的笔记、摘抄、随想记录等原始材料,总共有上千万字。他从这些原始材料中,经过筛选、编辑,又经过反复推敲、增删,最后整理成定稿,只留下了190万字。但即使到这时候,他的修改工作也没有完全终止。实际上,他为写作这部书稿整整花费了40年的时间。

李时珍为了这部巨著,每天早起晚睡,废寝忘食。有时半夜想起了什么,就披衣下床,掌灯书写;有时出现了疑问,又跑到药圃或山里林间,再去反复验看实物;在应接求诊的病人时,细心诊治之余,还不忘记与病人交流情况,一有新的收获,就再补充到书稿里去。

他自始至终,从没有间断过阅读图书文献,因而也不断地有新的补充记述。

他在"兽类第51卷""鼠"这一项里,介绍了各种各样的鼠之后,又从《唐书》中发现了一种"食蛇鼠"。这真奇怪! 自古以来,只听说蛇吃老鼠,从没有听说过老鼠吃蛇的。虽然觉得奇怪,又无法证明,但他认为还是把它记载下来好,让后人去查考研究吧。现在看来,这里所记的"食蛇鼠",也许就是印度等地的那种能吃眼镜王蛇的獴哥吧。

他在"草部第13卷"里记述"独活"时,非常郑重地补充了一段"近时江淮山中出一种土当归……用充独活……不可不辞"。李时珍用他新近发现的用土当归冒充独活的卖假药现象,及时告诫人们谨防上当,生动地表现了一位伟大医药学家爱护人民的美好心灵。

他还记录了不少当时流行起来的新药,比如"山漆",就是"三七",又叫"金不换"。李时珍在《本草纲目》中说"此药近时始出",因为止血特有效,很贵重,所以叫"金不换"。

当时,有不少商人出过洋,郑和下西洋也带回了不少外国花木,李时珍由此了解到许多外国药物知识,他把这些知识作为"补遗"。——补充到《本草纲目》中去。

就这样,他不断地增补修改,直到他临终,从未搁笔。他要使自己的著作尽善尽美。

在反复删改修订的同时,李时珍抓紧联系《本草纲目》的出版事宜。

大约在1579年(明万历七年),李时珍背上《本草纲目》书稿,风尘仆仆,先到黄州、武昌,后又到南京、太仓一带,做了一次艰苦的旅行。这次旅行的目的,一是征求专家、学者的意见,一是解决《本草纲目》的出版问题。

当时的生产发展水平不高,要出版一部近200万字的学术巨著,比起编写来并不容易。那么多字,要一个字一个字刻出来,再一页一页地排版,光木板也要几千块。没有人出钱支持,没有书坊和书商合作,是很难实现出书愿望的。他这次旅行,历尽艰辛,吃了许多苦头,最终也没有解决出书的问题。

书虽没有刻成,收获还是有不少。他在南京会见了当时的著名文学家王世贞。王世贞曾经任过湖广按察史,许多年前,他们在武昌有过一面之交,后来王世贞回南京故居养老。李时珍请王世贞读了《本草纲目》书稿。王世贞读后拍案叫绝,称李时珍是"北斗以南第一人"。他很高兴地答应为书写序。

王世贞在后来(1590年,也就是明万历十八年)写成的《本草纲目序》中说,读了这部书稿,就像进入"金谷园","博而不繁,详而有要";通过全书可以看出一切事物的深奥道理,反映出万物变化的规律;这不仅是一部医药学著作,而且是一部"通典"。

可惜,李时珍没有亲自见到这部巨著的出版,他在出书前三年就与世长辞了。

李时珍的这部心血结晶,不仅是中国人民的宝贵文化财富,同时也是全世界人民共同的文化珍宝。它的真正价值,在他逝世以后才逐渐被人们发现。

因为这部书直接关系着人民的生命和健康,所以书写成以后,大家就争相传颂,争相传抄。这当然会引起一些书商和重要人士的注意,于是终于能够刻印问世,并且陆续有了种种翻刻版本。最早的版本,是1556在南京刻印的,叫作"金陵版";1603 年有了"江西版";1606 年又有了"湖北版";1640 年有了"杭州版";1684 年有了"苏州版"。这些后来的版本都是依照"金陵版"刊刻的。

到了 1885 年(清光绪十一年),安徽合肥张绍棠重新出版,叫"味古斋本",但他擅自对原文、图做了一些修改。

到 1949 年以前,《本草纲目》已经被翻印了 70 多版次。1949 年新中国成立以后,根据不同版本,经过校勘修订,多次出版再印,空前地扩大了印刷和发行量。

随着国际间的文化交流,这部巨著也引起了外国人的注意,先后被译成日文、拉丁文、法文、俄文、德文、英文等多种文字,介绍到世界各地去。

《本草纲目》传到日本比较早,大约在 1606 年。当时就引起了热烈的反应。在日本,这部书也曾多次翻印,有 1714 年、1783 年、1929 年等不同的版本。

以后又传入朝鲜。

因为《本草纲目》中对植物的分类纲目,清楚合理,称得上是世界上最先进的分类法之一,对奠定生物学研究的基础做出了贡献,对各国有关的专家学者都有参考应用价值,所以引起了欧洲学术界很大关注。波兰人卜弥格在 1647 年就专程来中国,把《本草纲目》译成拉丁文,书名改称《中国植物志》。这本书 1659 年在维也纳出版,促进了欧洲植物学的发展。

1735 年,法国出版了都哈尔德的法文节译本。

1928 年,德国出版了达利士译的德文本。

1929 年以后,又陆续出版了 10 多种版本的英文译本。

《本草纲目》在世界各国流传开以后,许多人高度赞扬它。有的把它称为"东方医学的巨典"。倡导进化论的著名生物学家达尔文,认真研读了《本草纲目》,说它是"中国古代的百科全书"。他在自己的著作中,还引用了《本草纲目》的内容。当代的科学家李约瑟博士,称赞《本草纲目》是中国明代科学成就"登峰造极的著作",并说"李时珍作为科学家,达到了同伽利略、维萨里的科学活动隔绝的人所能达到的最高水平"。

当然,李时珍毕竟是生活在 16 世纪的中国封建社会里,他不能不受到一些历史的局限。在他著述的 190 多万字当中,不可能没有一些不够科学、不够精确、甚至荒诞不经的记载。但这丝毫无损于这部巨著的辉煌。

如今,在蕲州不仅修建了李时珍的陵园,盖了李时珍纪念塔和纪念亭,还树立起李时珍的塑像,以及由郭沫若题词的李时珍纪念碑。全国各地很多人专程到这里来参观访问。

李时珍已被尊崇为中华民族开化史上的一位伟大的科学家。郭沫若曾称誉他为"医中之圣"。但他的声誉已超越了医药的范围,他早已被推崇为世界文化名人。而他的心血结晶《本草纲目》,也超越了医药的范围,已经被列进"影响中国的 100 本书"中的一本。他本人也被誉为"影响中国的 100 个人物"中的一个。

经世致用　会通中西

——徐光启

名人档案

徐光启: 字子先,号玄扈,谥文定,上海人,万历进士,官至崇祯朝礼部尚书兼文渊阁大学士、内阁次辅。中国明代农艺师、天文学家、数学家。1603年,入天主教,教名保禄。较早师从利玛窦学习西方的天文、历法、数学、测量和水利等科学技术,毕生致力于科学技术的研究,勤奋著述,是介绍和吸收欧洲科学技术的积极推动者,为17世纪中西文化交流作出了重要贡献。

生卒时间: 1562年~1633年。

安葬之地: 上海徐家汇光启公园。

性格特点: 聪敏好学,活泼矫健,善于思考,清正廉洁。

历史功过: 在天文学上的成就主要是主持历法的修订和《崇祯历书》的编译。徐光启在数学方面的成就,概括地说,有三个方面,即(1)论述了中国数学在明代落后的原因;(2)论述了数学应用的广泛性;(3)与意大利传教士利玛窦一起翻译并出版了《几何原本》。徐光启一生关于农学方面的著作甚多,计有《农政全书》(大约完成于1525年~1528年间,死后经陈子龙改编出版于1639年)、《甘薯疏》(1608)、《农遗杂疏》(1612,现传本已残)、《农书草稿》(又名《北耕录》)、《泰西水法》(与熊三拔共译,1612)等等。徐光启对农书的著述与他对天文历法的著述相比,从卷帙来看,数量虽不那样多,但花费时间之长、用功之勤,实皆有过之而无不及。万历四十八年(1620)二月开始,徐光启受命在通州、昌平等地督练新军。在此期间他撰写了《选练百字诀》《选练条格》《练艺条格》《束伍条格》《形名条格》(列阵方法)、《火攻要略》(火炮要略)、《制火药法》等等。这些"条格",实际上乃是徐光启撰写的各种条令和法典,也是我国近代较早的一批条令和法典。徐光启可以称得上是中国军事技术史上提出火炮在战争中应用理论的第一个人。

生于忧患　科场磨难

　　430 年前,上海还是个小县城。它东临大海,位处万里长江之尾。平原万顷,江河纵横,是个富饶的鱼米之乡。自从黄道婆把先进的纺织技术带来之后,上海的纺织业高度发达,并带动了商业和其他手工业的发展。当时全县人口有十来万户,住在县城的就有三四万户。其中专门从事纺织业的有 2000 多人,大街小巷,到处都有纺织作坊,纺车的嗡嗡声,织机的咔咔声,从早到晚,不绝于耳。虽然和今日的大上海相比,它小得可怜,但在当时,已是长江三角洲上一颗璀璨的明珠了。

　　在城南太卿坊(今上海市黄浦区乔家路)的一条巷子里,住着一户处徐的人家,一家四口,男主人叫徐思诚,29 岁;妻子钱氏,26 岁;有个女儿十来岁;老母尹氏,58 岁。徐思诚不当家,不主事。这个人很有意思,从小上学,书没念好,却娇惯了身子。经商,他没兴趣,也没那个脑子;种地,身体弱巴,也吃不了那份苦;读四书五经,参加科举,求取功名吧,他本来就学习不好,也讨厌那些所谓"圣贤"的说道。所以,他虽然年近"而立"之年,却一事无成。有事没事,爱看闲书。算卦呀,相面呀,佛经呀,道书呀,他都喜欢。虽然没扛过枪,也从没想过将来要当将军,可他偏好兵书,不仅读兵书上瘾,还好摆领兵打仗的龙门阵。一谈起八九年前抗倭战争,他就像瘾君子吸了鸦片烟立刻来了精神,又像赵子龙大战长坂坡一样,露脸得很,也得意得很。这样一个人,名义上是一家之主,实际上是吃凉不管酸,油瓶倒了也不扶一下的。真正操心生计、操劳家务、里外应酬、顶门立户的是他的母亲尹氏。

　　这位老太太是个不寻常的妇女。她精明、坚毅、刚强,有眼光,有魄力,富有组织才能,为人又心地善良、有情有义。假如她是个男人,又有文化,出将入相不敢说,当个一府一县的地方官满有富余;如果去经商,成就个百万富翁也很有可能。正因为她太能了,独生子才被娇惯得那样。老太太常常叹息,碰上不顺心的时候,也免不了数落儿子几句:"你呀,你呀,都怪我,把你宠坏了!"也难怪,儿子 6 岁丈夫就去世了,年轻寡居,守着这根独苗苗,娇宠是很自然的。苦辣酸甜她一人品尝,千斤重担她一人肩扛,有泪往肚里流,哪忍心让儿子受一点点委屈呢。

　　自从她来到徐家,徐家的家业已经是三起三落了。徐家不是名门大户,连个家谱都没有。她的祖公据说是个秀才,从苏州迁来上海,大概是个小地主吧,生活还过得去。他的公公徐珣时,由于官府的苛捐杂税、徭役、兵役,被折腾得穷了,只好亲自耕种,务农为生。她过门以后,由于繁重的赋役和连年天灾,连剩下的几十亩地也卖光了。她的丈夫徐绪很能干,在她这个贤内助的协助下,弃农经商,家业渐渐恢复,从此富裕起来。不过好景不长,她的丈夫不到 40 岁就病故了。她当时 30 多岁,女儿十六七,儿子才 6 岁,孤儿寡母怎能支撑那个商业家庭的门户? 一个年轻的寡妇,在那个封建礼教特别森严的时代,怎好出头露面去和南来北往的客商会谈生意?徐家是外来户,本来就没有近亲,再加上不堪忍受官府的税赋徭役,一些远亲远友也逃往他乡,又能依靠谁呢?难啊!她想念丈夫,她怜爱儿女,她哭,她愁,甚至产生过寻短见的念头。但她是个坚强的女性,终于从悲痛和愁苦中挣脱出来,面对现实。她考虑再三,终于决定,请来她娘家的侄子尹某主持商业;为长女择婿俞氏,招赘入门,管理家政。她本人总揽全局,大事上出主意想办法,家庭财产的进进出出,买卖上的来来往往,一切具体的账目,从不过问,真正做到用而不疑,疑而不用。两位依托的人,也是重情分、守信义、忠心耿耿的汉子,从不见利忘义,搞自己的私房钱。上下同心,里外配合,徐家的境况竟得继续上升。后来,尹、俞两家的孩子也长大了,她为他们请来名师教孩子读书。

有这样一位好母亲,徐思诚虽然幼年丧父,生活上还是很幸运的,不需要他管理家政,也不必操心生意上的事,可以专心读书。常言说,有一利必有一弊,生活上的优裕,反而使他从小不谙世事。大约在他十七八岁时,母亲为他操办了婚事。妻子钱氏,是个读书人家的女儿,很贤惠,通情达理。不久就生了个女儿。屋里有了小孩的哭声和逗人的牙牙学语,更增添了家庭的欢乐。老太太唯一不开心的,就是日夜盼望有个又白又胖的孙子,可是儿媳自从生了那个女孩,多年不见怀孕。

生活是平静的,家业一天比一天发达兴旺。就在这时,倭寇侵扰上海,使徐家的经济地位起了不小的变化,生活遭到很大的困难。

还在十四五世纪,日本的浪人和武士就组成海盗集团,和中国的流氓、海盗相勾结,武装寇掠中国沿海地区。这批坏蛋,被中国人民称为倭寇。到了16世纪,明朝嘉靖年间,倭寇的侵扰已成为我国东南沿海最严重的边患。1553年,倭寇又来大举侵犯,对上海地区的骚扰连续达4年之久。

当时的上海还没有修筑城墙,地方军队也很少,不能保护城里的居民。倭寇一来,居民四处逃亡,徐家老寡母也带领全家到外地避难4年。在逃难的途中,徐思诚的妻子,一手搀扶着年迈的婆婆,一手拉着女儿,草行露宿,流离他乡。累了就找个杂草丛生的地方歇歇脚,而且尽可能找个水深流急的处所,万一被倭寇发现,就投水自尽,以免受辱。

1554年,上海的地方官和乡绅们为了防备倭患,决定乘战争间隙筹建地方武装并修筑城墙。发动大户人家捐款。徐思诚也被推举为大财主,留在城里,参加了保卫家乡、抵御倭寇的斗争。那些老奸巨猾的绅士和大财主都鬼得很,他们把一个不足20岁、不谙世事而且爱国心热的徐思诚捧为大户,给他“戴高帽”,为了抗倭,他给军费、支官差,出入公府,要什么给什么,要多少给多少。战乱期间,贸易无法进行,商店关了门。四年间,有出无进。倭患渐平,徐家从乡间回到上海,房屋店铺、财货家当已被抢的抢、烧的烧,差不多净光了。徐思诚收拾余烬,仅能糊口,无法与往昔相比。战前借出的款子和别人的欠账收不回来,借钱的亲友又接踵而来。他们一家秉性慷慨,凡有告贷,人家开了口,从不驳面,所以出多入少。还是靠了老夫人的谋划,也多赖徐思诚的表兄和姐夫仗义相助,几年过后,家业又大大恢复了。这时,徐思诚已经二十五六了,尹、俞两家的孩子也都婚娶。老夫人考虑三家的孩子都已成家立业,亲兄弟还有过不到一块儿的,何况是三姓人的小辈们呢!她当机立断,把恢复后的产业分成三等份,一份给尹家,一份给俞家,一份留给自己的儿子。

也是该着,黄鼠狼专咬病鸭子,徐思诚最不懂得营生,偏偏分家以后,徐家的一份却被盗窃,以致家庭生活又陷入困境。老寡母生性耿直,不向任何亲友伸手。享得福也受得穷,精神上安然自得。将近 10 年,儿媳又怀了孕,这使老太太十分高兴。

1562 年 4 月 24 日(农历三月二十一日)这一天,老太太又高兴又忙活,一大早,随着旭日东升,满天朝霞,一个男婴降生在徐家,这就是日后成为杰出科学家的徐光启。在重男轻女的封建时代,徐光启的诞生,给这个二世单传、家境破败的"大户"人家,带来新的喜悦和希望。徐思诚 29 岁得子,自然高兴,妻子钱氏给徐家生了个儿子不但高兴而且露出自豪的笑容;乐得合不上嘴的还是老祖母。自从她来到徐家,家境几起几落,眼看儿子、儿媳"中年食贫"她于心不甘。而徐思诚文不成武不就,无一技之长。这个新生儿相貌不凡,仿佛哭声都比别的孩子哭得响,哭得悦耳。俗话说:"老儿子,大孙子,老太太的命根子"。年近 60 岁的老奶奶对孙子能不特别钟爱吗?一家子仔细研究、反复推敲,最后老祖母一锤定音,给孩子起名"光启",期望他长大后是个人物,能为徐家光大门庭。

童年时代的徐光启,天赋聪颖,身体健壮,也很淘气,甚至尬得出圈。7 岁那年,尽管家中生活艰难,还是千方百计设法送他去上学。在黄浦江西边有个龙华村,村里有个龙华寺,挨着寺院有所村学,徐光启就在这里念书。兴许他比别的孩子脑子好,或许他比别的孩子更贪玩,老师一错眼珠,他就会蹿出教室去。偶尔老师有事外出,他就会闯出大祸来,气得老师吹胡子瞪眼睛,害得班里的同学屁股上挨板子。比方说吧,龙华寺有座古塔,塔上有些鸽子窝,鸽子飞来飞去。有一次,他在学校院里玩,一滴鸽屎正落在他的脑门上。他很生气,总想抓住它,给它一个报复,正好这天老师不在,他就爬上塔去,一把抓住一只鸽子,也不管是不是拉屎的那个。正要教训教训这个不懂礼貌的小东西,鸽子一打扑棱,他一走神,一只脚踩空跌落下来。观看的同学大惊失色,有的吓得闭上了眼睛,他却若无其事,还向大家招手呢。幸亏挂在树枝上,脸上身上挂破了皮,流了血,却没有摔伤。一个屁股蹾儿坐在地上,还教训那鸽子呢:"你还想飞到塔顶去吗?为捉你,我费了好几天工夫了!"还有一次,他爬到塔顶的铁盘里,坐在顶盘中,向空中飞翔的鹤雀招手,不时向塔下围观的小伙伴们做鬼脸。冬天大雪,他爬到新筑的城墙上去玩耍,在雉堞上跳跃、奔跑,像一只撒欢的雪兔,玩得开心。

徐光启降生以后,家庭的经济状况还在继续恶化。老祖母年事已高,父亲又不务生计,一家五口,再不能坐吃山空了。老祖母为穷困所迫,也为孙子的前途着想,虽然60多岁了,居然和儿媳一起一人一辆纺车,起早贪黑地纺纱、织布。无论是滴水成冰的严冬,还是挥汗如雨的酷暑,没有一天休息过。徐光启的父亲虽然娇养惯了,这时也不得不勉为其难地在田间劳作。为了糊口,为了供徐光启上学,一家人含辛茹苦,日夜操劳。当徐光启年龄渐大,有了些思想和知识以后,顽皮虽然依旧,却比富人家的孩子早懂事得多,由于受到家庭的激励和影响,学习也就更加奋发向上了。

常常在晚饭后,点上只油灯,徐光启读书,奶奶和妈妈纺纱,纺车的轮转声伴随着读书声,是那么和谐悦耳,仿佛谱写着一曲深沉的骨肉亲情,那韵调里既有艰辛、苦涩,又有希望和慰藉。灯光下,奶奶和妈妈辛酸而甜蜜的笑影和着这亲切而优美的声音,化作一股暖流,浇灌着徐光启幼小的心田,使他天赋的智慧种子,早早发芽生根。

功课做完了,还没一点睡意,就常听奶奶和妈妈讲故事。倭寇侵掠暴行的传闻,自家和邻里逃难时的经历,常常是这些故事的中心话题。父亲有时也插进来,讲抗倭英雄的故事,不但叙述战争的经过,还评论主事官员的成败得失,谈出一些独到的见解。在战乱中,他常出入危城,时局使他能够接触和认识一些抗倭名将,学到一些战守方略的专门知识,他自己又好读兵书。劳动之余,或晚上一家人闲聊时,他每每回忆这段往事,津津乐道,慷慨陈说。小男孩大都爱听打仗的故事,徐光启对这些故事更听得入迷。他受父亲的影响,幼时也喜爱读兵书。妈妈认为"兵者不祥之物",她可不希望自己的独根苗习武,家中所有"兵刃图像"的书,她都藏起来。不过,徐光启还是偷偷地读了不少家藏的兵书,日后还和军事结了缘。若干年后,他在"言兵事"的第一次上疏中曾说:"臣生长海滨,习闻倭警,中怀愤激,时览兵传。"倭寇骚扰留下的创伤,通过这些故事深深地印在他的心坎。家庭给予他的熏陶,培养了他对军事科学的兴趣和对祖国命运的关心。

徐光启的父亲中年才开始"课农学圃",身体既不行,对种田又一窍不通,生计所迫,勉强担上粪桶、扛上锄头下地种田。劳作之余,或肩肿腰酸时,喜欢到老农家串门聊天,请教种田知识;心情好时,会带着儿子一起去。在瓜藤架下,篱笆两旁或农家小院,看鸡雏争食,鹅鸭戏水,听老农诉说水旱蝗灾,忍饥挨饿的惨状;也听老农对父亲讲解耕耘、播种、施肥等方面的经验。他年纪虽小,有时也多少参加一些辅助性的农业劳动,在不知不觉中培养了他对农业生产的兴趣。徐光启一生比较接近并同情劳动人民,具有较丰富的社会经验,无疑同童年时代的生活经历和勤劳家庭的环境有密切的关系。贫困而又多彩的童年生活,养成和锻炼了他勇敢、好奇和坚毅不拔的性格,淬励了他的求实精神;激发了他对科学研究的兴趣,为他后来一生的成就打下了良好的基础。

15岁以前,他一直在龙华寺村学读书,16岁他已不满足村塾先生教的课程,就去学问很好的黄体仁老师那里去学习。他"敏而好学",成绩优秀。黄老师非常钟爱他,并寄予厚望。

1581年，他正好20岁，到金山卫去参加县学考试。为了这次赶考，父亲买了布，给他缝制了新长衫；母亲替他准备了干粮；临行时年迈的奶奶扶着拐杖，送出大门口，为他拽拽衣襟，摁摁纽扣，颤颤巍巍从怀里掏出一个红包，包里装着些零钱，递在他的手中，千叮咛，万嘱咐，希望他榜上有名。赶考的童生中，有的坐轿，有的骑马，还有书僮挑着行李；徐光启自己挑着行李，步行前往考场。

皇天不负苦读人，徐光启一举考中秀才，取得了最低等的功名和科举的资格。明代的秀才，就是县学的生员，有一定的社会地位，在经济上也能得到官府的一点津贴，享受部分免粮免役的待遇。就实惠而言，可以多少减轻一些家庭的负担，更重要的是给了祖母和双亲以精神上的莫大安慰。

徐光启考上秀才的同年结了婚，第二年生了儿子徐骥，可谓双喜临门，使这个勤劳而贫穷的家庭很是高兴了一阵子。

妻子吴氏是读书人家的女儿，又贤惠又能干。"操家有方，节俭自持"，麻衣布裙，生活俭朴；又是心灵手巧的纺织能手，一个人纺的纱能超过三个人。徐光启的祖母和母亲本来就善于纺织，如今又来了这么一位能干的媳妇，使徐家的经济显著改善。这三位勤劳的婆媳，夜以继日的纺织，清晨到市场去，卖掉棉纱，买回棉花，第二天一早又去卖纱买棉，日复一日，以自己辛勤的劳动换来一家人的衣食。吴氏不仅能干，而且通情理，识大体，过门第二年，小姑出嫁，公婆无钱置办嫁妆，愁眉苦脸，沉闷无语。吴氏看出公婆的心事，就主动把自己的陪嫁拿出来送给小姑。这样贤惠的媳妇，颇得公婆的欢心，更是徐光启事业上的贤内助。若干年后，徐光启以无限感激的心情说："椎髻挽鹿车，政赖鸿妻。"可以说，徐光启在事业上的成就，也熔铸着他妻子的巨大贡献和牺牲。

寒窗穷经，进士及第，这是封建时代绝大多数出身寒门的知识分子梦寐以求的理想。徐光启唯一的出路，也只有在科场上求取功名。他20岁中秀才，可谓少年得志，比起那些考白了头仍然榜上无名的老童生来，他是个幸运儿。然而，从中秀才到中举人，经历了16年，再中进士又熬了7年，前后23年。在人生的旅程上这是一段漫长的岁月，也是人生的黄金时代，他本来应该把宝贵的时间和精力主要用在读书和科学研究上。但由于家境的贫困，不得不在读书和研究的同时，用相当多的时间去教书或参加田间劳动。要战胜贫困，使自己能有更充裕的时间和条件去治学，他必须突破科举这一关。为此耗费了大好的年华，在这一条"烂路"上，艰苦跋涉，备受磨难，他的确是很不幸的。然而不幸之中又有大幸，他因此有充分的时间和条件广泛地阅历社会，博览群书，探索大自然的奥秘，在与命运奋争的拼搏中，他积累了丰富的实践经验和理性知识，锻炼了思想和品格。这一时期的生活和斗争，对于他一生的事业具有决定性的作用。

科举的第一阶段是"乡试"，每三年在省城举行一次，每逢子、卯、午、酉年举办。称为"大比"，又因乡试在秋天举行，所以又称"秋闱"。被录取的称为举人。徐光启经历了1582年（壬午）、1585年（乙酉）、1588年（戊子）、1591年（辛卯）、

1594 年(甲午)、1597 年(丁酉)六次考试。

1584 年老祖母去世,父母年过半百,渐渐不能参加很多劳动了,儿子才 4 岁,一家人吃饭的多,干活的少,加之繁重的徭役和苛捐杂税,几乎濒临破产的边缘。后来徐光启回忆往事谈到这一时期的家庭境况时,总用"贫甚"这两个字来形容,这是确实的。

第一次乡试落榜,对他的打击还不大,因为头一年刚中秀才,年纪尚轻,来日方长。第二次乡试失利,归来时不免懊丧,总是打不起精神来。母亲见他垂头丧气的样子,就百般安慰他,"塞翁失马,焉知非福"?这时他表兄俞显卿被罢官在家闲居,他母亲就举表兄的例子开导他。俞显卿是徐光启姑妈的儿子,比徐光启大 20多岁,1582 年中进士,任刑部主事。1584 年劾奏礼部主事屠隆生活"淫纵",事涉西宁侯宋世恩、礼部尚书陈经邦等显贵。检举虽为事实,证据确凿,被告被罢官;而检举者俞显卿也于这年 11 月 13 日同时罢官。得罪了权贵,就得吃苦果子,哪儿说理去!俞显卿寒窗苦读 20 年,只做了 8 个月的官。母亲常指着他表兄说:"你和你表兄一个样,都是直性子,眼里容不下半点歪的邪的,你如果当了官,也会像你表兄似的去桶老虎屁股。我看不当官更好,当个老百姓平平安安。咱家虽穷,你没考中,我不恨你,你也用不着遗憾!"这虽然是宽慰的话,却也是母亲的心里话,因为她深知自己的儿子为人正直,不会官场上阿谀逢迎那一套。

1588 年,徐光启到太平府(今当涂)去参加第三次乡试。头年 6 月至 8 月,台风席卷上海,阴雨连绵,庄稼无收,物价一下涨了三倍。这年春天,家乡大旱,瘟疫蔓延,夏天大水,秋天大风,灾情严重,颗粒无收,逃荒者接连不断,饿死的人不计其数。徐光启教的村学,学生们不能再来上学,谁还给老师工钱?这时,徐光启"家境窘甚"。为了筹措应试的盘费,母亲东家作揖,西家磕头,到处借钱,东拼西凑,竭尽所有。徐光启走后,家里没了粮食,有一天从早到晚,母亲颗粒未进,他的妻子就更不用说了。日落黄昏,好不容易才在院子篱笆上找到一个小小的瓠瓜,煮了充饥。

这次去应乡试,结伴同行的有后来成了著名书画家的董其昌,有烧毁儒生衣冠去当隐士、书画诗文名重一时的陈继儒,还有他的好友张鼐。上海到太平府的路程约七八百里,徐光启一行雇了一条小船,沿吴淞江向西进入南运河,经苏州、无锡转入长江西上。船到句容,徐光启为节省路费,便舍舟登陆,独自一人,担上行李,沿着江边,踏着鹅卵石小道前行。秋风瑟瑟,愁雨绵绵,白天黑得如同夜晚,夜里更是漆黑一片,咫尺莫辨。右边是滚滚滔滔的大江,左边是浩渺无涯的湖荡,他深一脚浅一脚,磕磕绊绊,昼夜兼程,行走在羊肠小道上。稍有不慎,一失足跌进江中或湖里,就有生命危险。此时此刻,他油然而生"淡然功名之志",不想再去应试。转念"家贫亲老",何以养家糊口,何以温慰双亲和九泉之下的祖母对自己的期望?横下一条心,不顾脚上磨起的血泡,不顾肩肿腰酸,顶风冒雨,挑着被雨淋湿越来越重的行李,在泥泞的小路上,滑倒爬起来,再滑倒再爬起来,终于在考前赶到考场。董其昌等几位朋友,看到他那一副狼狈不堪的样子,觉得他又可笑又可怜。

发榜时,董其昌、张鼐都中了,徐光启再次名落孙山。想想大灾之年,白发苍苍的母亲为他赶考,忍饥挨饿,他难过极了,背着同伴,暗地里痛哭了一场。1591年乡试,再度败下阵来。母亲仍然微笑着安慰他,鼓励他。第二年5月8日母亲去世了,这位慈祥仁厚的母亲啊,数十年如一日地坐在纺车旁,摇啊,摇啊,纺车的轮子摇走了她的青春,摇走了她的健康,摇白了她的双鬓,摇皱了她的额头……老人家终年56岁,她去得太早了,而且终于没有看到儿子金榜题名,她的心里或者不无遗憾,但她始终微笑着安慰儿子,直到弥留之际,怕的是儿子经受不住这一而再,再而三的科场磨难。

自从母亲死后,贫困依然压得徐光启喘不过气来。他在家乡教书差不多10年了,屡应乡试不中,内心的苦闷可想而知。在学生和家长面前,面子上也难为情得很。然而,对于一个穷秀才,养家糊口,没有别的门路可供他选择。在文化发达的苏淞地区,像他这样的穷秀才多如牛毛,就是找一个家馆也难得很。正在他苦闷彷徨的时候,他原来曾经教过家馆的赵家,老爷赵凤宇要到广西浔州去任知府,打算把他儿子公益带到任上去读书,请徐光启同去教家馆。徐光启考虑再三,终于答应了。赵家父子先行,徐光启把家事安排妥当随后动身。

1596年,徐光启到达浔州。两广之行,山高路远,备受艰辛。尽管路费有东家担负,在当时的历史条件下,一个穷秀才离家远行,很不容易。途中,徐光启穿的犊鼻裈(短裤)已破烂不堪。他没钱购置新衣,也舍不得花钱。晚上,在客栈昏暗的油灯下,拿着针线缝补。旅途之艰辛,可见一斑。此行虽然辛苦,却使徐光启大开眼界,从长江三角洲到林木丛生的大庾岭,再由粤入桂,各省的农业、水利和风俗民情,为他提供了学习、研究的大课堂。后来他回忆说:"余生财赋之地,感慨人穷,且少小游学,经行万里,随事咨询,颇有本末"。足见此行对他的影响很大。

徐光启在浔州教书的时间不长,1597年就陪同他的学生赵公益一起北上参加顺天府的乡试去了。

自从唐宋以来,南方的经济和文化教育的发展已经超过北方,明代以来,江浙一带的文化远比华北地区发达。但是北京的乡试名额却比外省多得多,而且不论籍贯,凡是国子监(中央办的学校)的学生都可应试。因为名额多,考中的可能性大,因此,凡是大官僚的子弟,常由皇帝赐给入国子监的资格。一般的官僚地主也千方百计花钱为子弟捐个监生。赵凤宇可以为儿子捐个监生,徐光启一家连饭都吃不上,哪里还有钱捐监? 但不取得监生的身份,就没资格应顺天乡试,而徐光启的确参加了顺天乡试,他儿子徐骥在给他写的传记里也说他应试之前"得入籍成均",也就是取得了国子监的学籍。那么,这笔"捐监"的钱哪里来的呢? 徐光启本人是万难筹措的,很可能是他的东家赵凤宇替他出了这笔捐资。

总之,他参加了1597年顺天府的乡试,并且一举夺魁。这已经是他第六次参加乡试了。18年来,艰苦奋斗,多次考试失败,最后终于一鸣惊人,这要感谢这次乡试的主考官焦竑先生了。

　　按规定,试卷先由房宫(分考场的阅卷官员)初审,房官认为优秀的,在卷子上加批加签,推荐给主考官,这叫"荐卷";被淘汰的,就叫"落卷"。徐光启的试卷,最初也被打人"落卷"。主考官焦竑是万历十七年的状元,颇有文名,而且的确是学问渊博而又重实学的老先生。他反复审阅各房送上来的"荐卷",直到发榜前两天,仍然挑不出一份卷子是值得取作第一名的,这使他大为失望。于是他要求各房阅卷官从"落卷"中再挑选出一些好的卷子拿给他看。徐光启那个考场的房官是张五典先生,他从落卷中物色到徐光启的试卷,送给主考官焦竑。

　　那时的考试科目分三场,初场考八股文,二场考应用文,三场考对时事发表意见的论说文。一般考官都以第一场的试卷作为评分的主要依据,对第二、第三场的试卷不大重视,甚至有的根本不看。焦竑一看到徐光启的第一场和第二场的考卷,就"击节叹赏",看完第三场的时务策,忍不住拍案叫绝:"此名士大儒无疑也!"焦竑慧眼识英才,把徐光启从落卷中一下子提到第一名。顺天府的所在地是北京,全国政治、文化的中心,夺得头名举人,使徐光启名噪南北。由于焦竑的推荐,徐光启的试卷被编入《读墨简练百篇》,就像现在的《高考优秀作文选》那样,一直被秀才们当作范文诵读。

　　徐光启有幸遇到了焦竑,得以脱颖而出,避免了再次名落孙山的命运,成为历史上的一段佳话。那时对主考官称为"座师",对房官称为房师,徐光启对座师焦竑、房师张五典一直抱有知遇之恩,师生之间,情深谊重,交往密切。徐光启在科举的坎坷艰险的道路上,总算成功地登上了第一个高峰,虽然距离更高的峰巅还有很大距离,可是他的恩师焦竑却因充任这次顺天乡试的主考官,不幸丢了乌纱帽。那原因,我们在下一章再说吧。

结识教士　首倡译书

　　1597年顺天府乡试,对于焦竑和徐光启的命运来说,发生了戏剧性的变化。徐光启因焦竑的赏识,中了头名举人,预示着蹉跎岁月即将结束,幸运之神已经光临。可是焦竑却因主持这次乡试触了霉头。乡试后,有人上疏弹劾他录取的举人中有九人的试卷"多险诞语",要求追究这位主考官的责任。这就给那些早就想整他的权臣们以口实。焦竑,字弱侯,号澹园,南京人。他是万历十七年的状元,为人方正耿直,光明磊落,遇上看不惯的事就直言不讳,毫无顾忌,因此得罪了不少权贵。其中执政的大学士张位尤其恨他,讨厌他,早就想给他点颜色看看了,只是苦于没有机会。当他们看到给事中项应祥弹劾焦竑的奏章后,喜出望外,借此机会大做文章,把焦竑贬为福宁州同知,一年后官员考核,又遭到处分。焦竑是个性情刚烈的人,哪里受得了这种窝囊气,索性辞官不做,回南京老家隐居去了。

　　徐光启自从和恩师分别后,已将近两年没见面了,思念之情,与日俱增。1600

年(万历二十八年)春天,他专程去南京拜访日夜思念的老师焦竑。意外地见到了天主教耶稣会传教士利玛窦。

数年前,一个偶然的机会,徐光启见到了利玛窦绘制的世界地图。这张地图是1584年利玛窦在肇庆为岭西按察司副使王泮绘制的,后由王泮刊印,馈赠达官贵人。原名《山海舆地图》,后更名《舆地山海全图》。这张地图标明地球是圆的,图中刻有经纬度、赤道、五带、世界五大洲的轮廓。地名都用汉字译音标出,还附有人文、物产等方面的说明。

这张地图带给当时的中国人一个全新的观念。地球是球形的,悬在空中,上下四方都有人。而中国人仍然坚信"天圆地方"这个古老的传统观念,并且夜郎自大地认为,中国是"天朝大国"位于中央。徐光启还听说,利玛窦能用各种仪器,证明地球是圆的,解说得头头是道,令人信服。这张地图给求知欲极强的徐光启留下很深的印象,他多么想结识一下地图的绘制者利玛窦啊!

1595年,徐光启应浔州知府赵凤宇之请前往广西浔州去当家庭教师,途经广东韶州,稍事逗留。旅舍寂寞,出城散步,不知不觉,来到城西。远远望见一座尖顶建筑物,规模不大,却很别致。问问过路行人,说那是洋人的教堂,住着两个神父,一个叫利玛窦,一个叫郭居静,两个黄头发、蓝眼珠的洋人都有一个中国名字。徐光启一愣,心想,利玛窦莫非就是绘制《山海舆地图》的那位先生吗?此前,他从未进过教堂,也没见过洋人。他犹豫了一会儿,好奇心和求知欲驱使他终于走进这座教堂。

他猜想得不错,这里的利玛窦正是他想结识的那个人。不凑巧得很,利玛窦已于4月18日离开韶州去江西南昌传教去了。郭居静神父接待了他。当时的韶州,虽然有少数人把灶王爷和老佛爷等偶像投进火炉,脖子上戴上了十字架,但大多数中国人都非常敌视洋教士。神父们的传教活动很不顺利,他们巴不得有人主动送上门来,因此郭居静对这位陌生的外乡人,给以非常热情、谦虚的接待,给徐光启留下很好的印象。这次他虽然没有见到利玛窦,不无遗憾地上了移馆浔州的路。四年后,意外地在南京见了面,真是喜出望外。

利玛窦原名泰奥·利奇,意大利人,出身贵族。16岁到罗马神学院学习法律,跟从当时著名的天主教神父、学者克拉维斯学习数学、地理学和天文学,自然科学知识非常丰富。1571年,不顾家庭的极力反对加入耶稣会,26岁远渡重洋到印度传教,31岁来到中国澳门。从此到死20余年,一直在中国传教。起初,他剃光头、穿袈裟,自称是从印度来的和尚。后来,他脱下僧袍,换上儒服,和中国的士大夫一样打扮。他不但学会中国话,还能用汉字写文章。他研究中国的传统文化,特别是儒家学说,并以儒学的某些说法附会天主教教义。比如说,天主就是儒家所说的天,天主教所奉行的神,在中国儒家经典中早已有记载。他以这种魔术师的伎俩,偷梁换柱,写下著名的《天主实义》。由于他给天主教披上了儒家的外衣,改变了为西方殖民主义者服务的形象,颇能迷惑中国的士大夫。

他的成功之处还在于，他凭借自己渊博的自然科学知识，利用近代实验科学的一些成就为传教服务。他把他从欧洲带来的钟表、三棱镜、天文仪器、西洋乐器和城市建筑的图画等等，经常在他的住处陈列展览，以此吸引好奇的来访者。他深信，求知心切的中国士大夫一旦接受了欧洲近代科学知识，也将比较容易接受西方的宗教。利玛窦的想法不错，他不愧是中国通。果然，这些科学仪器，尤其是西方近代自然科学知识，征服了一些开明的中国士大夫的好奇心和求知欲，并由此引发了对天主教的兴趣和信仰。至少徐光启就是这样一个人。

话说当徐光启来南京看望恩师焦竑时，利玛窦正在南京热火朝天地布道。明朝开国元勋徐达的后裔魏国公徐弘基，在官邸瞻园热情地款待他。南京城最高的军事长官丰城侯李环、太监总管冯保都成了他的朋友，六部尚书、公侯王爷和他常来常往，在这些权贵的大红伞庇护下，传教士的安全有了保障，传教活动得到开展。

焦竑和进步思想家李贽，也成了利玛窦的朋友。从传教的目的出发，利玛窦更重视与焦竑和李贽的交往，因为这两个人是社会名流，在士大夫中间影响很大。所以在《利玛窦中国札记》一书的《南京的领袖人物们交结利玛窦神父》一章中，特有如下记载："当时，在南京城里住着一名显贵的公民，他原来得过学位中的最高级别（指状元）。中国人认为这本身就是很高的荣誉。后来，他被罢官免职，闲居在家，养尊处优，但人们还是非常尊敬他"。"他家里还住着一位有名的和尚，此人放弃官职，削发为僧，由一名儒生变成一名拜偶像的僧侣，这在中国有教养的人中间，是很不寻常的事情。他70岁了，熟悉中国的事情，并且是一位著名的学者。"这里所说的"显贵公民"，指的是焦竑；和尚，就是李贽。李贽是激烈反对封建礼教的思想家，与焦竑有莫逆之交，1598年焦竑辞官南下，李贽同船而行，一直住在焦竑家里。

徐光启得悉利玛窦正在南京，并由焦竑和李贽介绍，前去教堂拜访利玛窦。当时，南京还没有新建的教堂，而是把户部官廨加以改建，临时设堂传教。利玛窦室内琳琅满目的摆设，各种奇形怪状的科学仪器，都是徐光启闻所未闻，见所未见的，一下子就把他吸引住了。宾主从天文到地理，从数学到测绘学，谈得十分投机。两人一见如故，互相倾慕。利玛窦比徐光启大10岁，却从此成了忘年交。利玛窦三句话不离本行，自然不知不觉中就把谈话引人传教的正题。而徐光启是为了寻求科学知识去拜访利玛窦的，对宗教的话题自然没有热烈的反响。用利玛窦的话说，这次谈话，徐光启可能只是皮毛地获得"基督徒所信仰的上帝乃是万物的根本"的道理。

在人生的旅途上，风云变幻莫测。人的心境也往往随着各种境遇变换着色彩，这色彩又往往幻化成各种各样的梦境。徐光启曾做过这样一个梦：在一座庙里，他看见三间教堂。在第一间里，他看见一个人，有人称他圣父。在第二间，他看见另一个人，戴着皇冠，人称圣子，还听见有个声音叫他向这个人礼拜。在第三间，一无所见。神父是不相信梦境的，但为了迎合中国人对梦的迷信，利玛窦解释说："这是圣三位一体的神异以某种方式在梦中呈现给他。"

这次见面后的第四年,即1603年秋,徐光启专程去南京拜访利玛窦,而此时利玛窦已去北京。留在南京的神父是郭居静、罗如望两人。郭居静正在生病,罗如望接待了他,向他宣讲了天主教教义。这一天,他一直静静地沉思着天主教信仰的主要条文,很晚才离开教堂,并且带走了利玛窦撰写的《天主实义》,通宵阅读,有的段落还能背诵。第二天又去教堂,请罗如望神父尽可能详细地解释某些段落的大义,因为他在南京逗留的时间不多,想在临行前接受洗礼。神父为了考验他是否虔诚,要求他每周一天来接受教诲。他却回答说:"不止一次,我要每周两天,每天两次。"他确实这样做了,而且准时到达。罗如望为他做了洗礼,还给他取了个教名,叫保禄。后来,在他的影响下,他年迈的父亲、妻子和儿子也信奉了天主教,全家都成了虔诚的基督徒,徐光启被传教士们称为教堂的"一盏明灯"。

1604年春节过后不久,徐光启便动身北上,去北京参加会试。这一年共录取311名进士,徐光启名列第88名。会试发榜在万历三十二年三月十五日。十天后,举行殿试,徐光启名列三甲第52名。按照明代科举制度的规定:二甲和三甲的进士,还要通过一次考试,优秀的授翰林院庶吉士,又称"点翰林"。其余的,或授主事、给事中,或被派到地方上去当知县。从政治角度上看,最有发展前途的还是进翰林院。因为翰林院是中央最高学术机构,也是朝廷储备人才之所。"非进士不入翰林,非翰林不入内阁。"翰林院是攀登仕途最高峰的必由之路。

其初,徐光启的任命是去都察院"观政",类似检察院的见习生。入翰林院已无希望。说来也巧,真像俗话说的"时来运转,吉星高照",他的授业老师黄体仁时年63岁,和他成了同科进士。当时黄体仁在礼部左侍郎李廷机家教馆,李廷机动员他参加翰林院的考试。按规定,70岁退休,称为"致仕"。黄体仁想,如果再读三年庶吉士,离退休也就不远了。更何况年过花甲的白头翁,和年轻的庶吉士们通在一起,去恭听馆师们的教诲,也不是滋味。于是,他以年老"不足以辱馆选"为由,推荐他的学生徐光启代替自己进翰林院。

这时,利玛窦已在北京站住了脚。他是1601年1月来到北京的,通过太监的门路向万历皇帝时献了很多贡品。万历皇帝见了这些稀奇古怪的玩意很高兴,尤其是那座自鸣钟被他视为天下奇物。随着滴哒滴哒有节奏的声响,表盘上的时针和分针各自按着自己的脚步移动,每到半个时辰就准时的叮当叮当地鸣报,比起宫中蠢笨的漏壶来,简直是奇妙的小精灵,令皇帝看得目瞪口呆。他下令将它安置在殿内,还派了两名太监日夜看守着。太监们不懂得按时上发条,走了几天以后,时钟停摆,以为是坏了。他们怕自鸣钟出了毛病不会修,皇帝发起怒来,招致杀身之祸,就千方百计要留住利玛窦。礼部的官员因利玛窦自称是"大西洋国人",他们查了《会典》,没有这个国名,怀疑他来路不明,怕留在京城惹出乱子,坚决要求驱逐他。毕竟是太监们神通广大,终于使皇帝同意了他们的意见。皇帝还下令,每月供给利玛窦一定的俸钱,并批准他在京长期居住。开始,利玛窦住在四夷馆,皇帝赐宅后,移居宣武门内,不久又在他的住宅旁修建了教堂。

1604 年春，徐光启一到北京，还未参加礼部的会试，就先可拜访了利玛窦，并参加了行忏悔礼以及领圣餐等宗教仪式。据说，徐光启对天主是"如此虔诚，以致在领圣餐时意忍不住流下泪来，就连站在圣坛栏杆旁的人们看了也一样流泪不止。"教徒们都仿效地，钦佩他，神父更把他看作是"一个罕有的虔诚和生活圣洁的典范"。

　　徐光启的时代，是我国古典科学成就的总结时期。明朝后期出现了一批卓越的科学家，如李时珍、徐霞客、宋应星、焦勗……如同灿烂的群星，彼此争辉。随着资本主义的萌芽，社会经济的发展，历史期待着更为先进的科学技术。徐光启是一个睁开眼睛看世界的科学家，他如饥似渴地学习西方先进的近代科学技术，以期改变中国发展缓慢的现状，使祖国能尽快地富强起来。那时，还不可能出国留学，为他架起通向西方先进科学技术桥梁的正是利玛窦等传教士。在以后的篇章里，我们还要比较详细地介绍徐光启向传教士们学习、研究、翻译西方科学的具体情节。徐光启自始至终看重传教士们的是，他们都"有种种有用之学"。

　　徐光启进了翰林院，开始了三年庶吉士的学习生活。庶吉士像现代的研究生一样，每月能领到一定的官费，供个人衣食之用满有富余，用来养家糊口就不够了。进了翰林院的第二年，他把老父亲和全家接到北京来住，只留下儿子儿媳在家照料家务。这样，他在北京的生活愈加拮据，常常不得不借米吃。尽管如此，和早年贫困的生活条件相比，还是大大改善了。从此，他可以不必再为养家糊口去教书，也不必再为应付科举而徒费时日地去学作八股文了。他可以摒弃一切没有实用价值的杂学，专心致志地去学习研究他所酷爱的自然科学了。

　　这时，宣武门内的天主教堂建起来了。1605 年 8 月 27 日，神父们迁入新居。有皇上"赐宅"的圣旨，教士们便有恃无恐地在京城自由地传起教。

　　1607 年 1 月 28 日，是万历三十五年的大年初一。在噼噼啪啪的爆竹声中，徐光启从梦中醒来。夫人早已在堂屋里燃起了香烛，父亲的房间里也亮起了灯，老人家正在咳喘个不停。徐光启慌忙起床，要去给父亲请安。忙乱中，有只袜带怎么也找不着，他没有唤他的夫人，随便找了个布条就系上了。

　　大约过了一个多月，粗心的夫人才发现，她的先生一条腿上系着青色的袜带，一条腿上扎着一条蓝色布条，禁不住扑哧一笑，说："翰林官儿穷，谁都知道，难道穷得连双裤带也买不起吗？堂堂翰林，扎个布条，外人看见，该不会认为你故意装穷吧！"徐光启却严肃地对夫人说："任何事，不论大小，有缺憾的地方，才不会被造物主所忌呀！"徐光启的话很有道理，人生总有缺憾，活一辈子，不可能事事如意，对于不如意，就看你如何对待了。

　　庶常馆散馆前的最后一场考试，在正月初六日就结束了。分配方案上报后，万历皇帝迟迟没有批复。直到 4 月 10 日（农历三月十四日）徐光启才被任命为翰林院检讨。

　　一年多以前，徐光启把他年迈的父亲徐思诚接来北京，想让老人家开开眼界，享几年清福。然而,74岁高龄的老人,体弱多病,对北方干燥而寒冷的气候很不适应,一入冬就气喘吁吁,到了三九天更是上气不接下气。况且,老人虽足不出户,但是从儿子和朋友们的交谈中,也不时听到很多官场腐败秽恶的事情,这也使他气闷。老人久欲南归,徐光启也原打算工作分配停当,在夏秋之际送父亲回乡。岂料天有不测风云,人有旦夕祸福,还未来得及做好南归的准备,老人家便于5月23日(农历四月二十八日)在北京病故了。亲眼看见自己的独生子成了翰林,终于从贫困和磨难的蹉跎岁月中熬出了头,他能不高兴吗?然而,老人心头却有一片阴云。临终时,没有一句话谈及家庭私事,只留下一句格言式的遗嘱:"开花时思结果,急流中宜勇退。"若干年后,每当老人临终时眉宇间的隐忧浮现在徐光启的眼前时,他便反复品味这句话的深切含义。徐光启为父亲买了一口贵重的楠木棺材,并且以天主教的仪式在北京举行了隆重的葬礼。神父们在教堂里搭了个灵台,上面覆盖着黑绸。中国人的传统习俗,丧事用白色,但徐光启一家都是天主教徒,就同意按照欧洲教会的习惯办事。灵台四周点燃蜡烛,信徒们肃穆地列队前来念诵死者生前的善行,并祝愿他的在天之灵受到圣父圣子的关照。徐光启穿着粗棉布的长袍站在灵台旁,默默地回念着父亲艰辛而洁白的一生。虽然按着天主教的说法,他的父亲是被仁慈的上帝召唤去了,但他仍然忍不住悲怆,热泪滚滚而下。这样的丧礼仪式,在中国还是破天荒第一回,教徒们从来没有见过这种丧礼。徐光启父亲的丧礼无疑为传教士们的尽情表演提供了一个绝好的机会,做了一次影响很大的义务宣传。丧礼结束后,徐光启护送灵柩南归,开始了他三年守制的生活。

守制期间,徐光启摒绝一切交往,埋头致力于科学研究。他运用《几何原本》的原理和方法,深入系统地研究了中国古代的数学,写成《测量法义》《测量异同》和《勾股义》三部著作。这项工作在中国是史无前例的,他把中国的数学科学向前推进了一大步。

《测量法义》一书,1608年定稿。关于这部书,后人多以为是利玛窦口译,徐光启笔受,这就低估了徐光启对这部书所做的贡献,与实际情况也不相符。事实上,在翻译《几何原本》以前十多年,利玛窦就翻译过这本书。当时只是一些关于测量方法的片段,既没有理论的说明,也不成系统。1607年《几何原本》出版以后,徐光启就以几何学的原理为基础来研究测量并着手整理利玛窦这批草稿。他进行整理的方法是选择草稿中的若干条,找出《几何原本》中相应的公理、公式,结合我国的《周髀算经》《九章算术》中的勾股测量诸条,把中西测量法会通起来,并说明这些测量方法的数学原理,从而发挥"金针度去从君用"的作用。他在《题测量法义》中说:"法而系之义也,自岁丁未(1607)始也。曷待乎?于时《几何原本》之六卷始卒业矣,至是而后能传其义也。"又说:"是法也,与《周髀》《九章》之勾股测望,异乎?不异也。不异,何贵焉?亦贵其义也。"徐光启说的"义",就是科学原理的意思。中国古代的测量法,只说明如何如何测量的具体方法,未说明这些具体方法所根据的普遍原理,使人知其然,不知其所以然。徐光启的贡献,在于他不仅是"笔受",

而是结合中西测量法做比较研究，并且力图用《几何原本》的理论体系去说明这些方法的原理。

《测量异同》是《测量法义》的补充和继续。徐光启把《九章算术·勾股篇》中我国旧有的测量法与《测量法义》中的西法进行比较，"推求异同"，并对中国"旧篇所有今译所无者"，即中国古代有的测量法而欧洲则没有的测量法，补充进去。徐光启倾心于当时西方的科学技术，目的是要使我们祖国超过外国；要想超过人家，就要结合自己的实际情况来学习。徐光启把他的这种思想归纳为八个字："欲求超胜，必先会通。"《测量异同》这部著作，正是他这一光辉思想的第一次实践。

《勾股义》又是《测量异同》的继续。勾股测量法是我国古代算学中的伟大成就之一，最早见于《周髀算经》和《九章算术》的《勾股篇》。徐光启继承了历代数学家的科研成果，同时也指出他们的缺点是"第（只）能言其法，不能言其义"，也就是说，他们只说出结论，却不能说出其中的道理。因而在《勾股义》中，徐光启运用《几何原本》和《测量法义》中的基本定理来解释并补充我国传统测量法的"义"，从而把应用科学提高到系统理论的高度。当时从欧洲传入我国的西方数学中，还没有《勾股容圆》的科学命题，这说明我国古代数学的发达水平并不逊于西方。该题在刘徽的《九章算术注》中已有两个证明方法，而徐光启又创造出另外一种新的证明方法。这是徐光启对我国数学的又一贡献，也是我国数学史上的创举之一。

徐光启认为，我国古代原是一个数学发达的国家。相传黄帝、伏羲造历，大禹治水，哪一样也离不开数学，数千年来，有成就的数学家对农田水利、天文历法、工商运算，都起过不少作用。徐光启的功绩就在于重新把数学置于实事求是的基础上，从而发挥它作为"斧斤寻尺"的工具作用。他研究数学的目的是和他开发农田水利，富国强兵的努力分不开的。他强调指出"西北治河，东南治水利"，都离不开测量，而勾股法则是治河治水的法宝。这表明，他不仅注意吸取西方数学理论和知识，以弥补中国数学的不足，更关心的是数学为发展农业生产服务。

与此同时，徐光启还研究过《周髀算经》中有关测天的学说。他指出："古法测出北极出地 36 度，这是以中州（我国中原地区）为立足点测出的数据。唐朝人说南北距离每 351 里 80 步就差 1 度，宋朝人说自交南至子岳台 6000 里差 15 度，之所以产生这样的差度，是因为地球是椭圆形的；否则，如果大地是平面的，即使南北相距亿万里，北极出地的度数总是 36 度，绝不会变的。"他还指出地球经纬度在天体测量中的重要意义，他说："上天下地各有经度纬度，测天则经度易，纬度难；测地则经度难，纬度易。"在徐光启以前，还没有人把地球的经纬度应用到测天方面来；就是在他以后很长一个历史时期，有许多人仍然不相信大地是球形的，也不懂得经纬度对日月蚀测验的应用，因而那些钦天监官员在对日月蚀的测验中往往出现误差。徐光启对《周髀算经》关于测天的错误加以纠正，标志着我国天文学上的一大进步。

科技巨匠

农业试验　著书立说

徐光启回乡守丧的第二年六月,江南连日大雨,江潮泛滥,原野一片汪洋。常州、苏州、上海和杭州、嘉兴、湖州等府县,灾情尤重。农田淹没,稻谷无收;房倒屋塌,没有安身之处。据说这是 200 多年来少有的大水灾。水灾过后,紧跟着就是饥荒、瘟疫、粮价上涨,死的死,亡的亡,活着的无衣无食,卖儿卖女,四处逃荒。上海县城的大街小巷,也挤满了沿街乞讨的难民。

徐光启回到上海,闭门谢客,足不出户,整天坐在书斋里写书。这天,儿子徐骥从外边回来,说街上到处都是从四乡逃荒来的难民。听了儿子的描述,这位忧国忧民的科学家再也坐不住了。他让夫人看看自家的米筐里还有多少粮,让儿子在巷口支起一口锅,赶快煮粥,施舍给那些奄奄待毙的难民。交代完了,便匆匆地出门了。

说来奇怪,与徐光启有过矛盾且仇恨在心的魏广微,这时却出人意外地策划起用徐光启。奏请任命徐光启为礼部右侍郎(相当于第二副部长)兼翰林院侍读学士、协理詹事府事、纂修神宗实录副总裁。这些头衔都是令人感到十分荣耀的。假如徐光启是个毫无政治操守的人,还不感激涕零,受宠若惊? 可是,他一身正气,爱憎分明,毫不为阉党的拉拢动心。他目睹阉党横行不法,耻与为伍,拒不接受拉拢。

阉党一催再催,要他回京赴任。他却一再推托,不肯就范。这使阉党恼羞成怒,他们指使御史智铤上疏弹劾徐光启。一方面说他"依墙靠壁",是东林党的残滓余孽;一方面诬控他通州练兵是"误国欺君","骗官盗饷"。1625 年 6 月 27 日,给以革职处分,免去了他的礼部右侍郎的职务。徐光启虽然把国家的命运和人民的疾苦时时挂在心头,然而阉党当道,报国无门。生无媚人之骨,不愿同流合污,只好在家闲住了。

政治上的失意,却使他有几年空闲的时间,利用在学术上,将数十年来对于农业科学的研究心得加以整理,写成煌煌巨著《农政全书》。

《农政全书》,原名《农书》或《种艺书》。全书 60 卷,50 余万字,分 12 个门类,即《农本》3 卷,《田制》2 卷,《农事》6 卷,《水利》9 卷,《农器》4 卷,《树艺》6 卷,《蚕桑》4 卷,《蚕桑广类》2 卷,《种植》4 卷,《牧养》1 卷,《制造》(食品加工)1 卷,《荒政》18 卷。

《农政全书》具有 3 大特点:

1.把个人的研究成果和前人的经验融为一体。"杂采众家,兼出独见",是本书最大的特点之一。"杂采众家",包括两个方面:一方面是"农师耕夫"之言。徐光启从 20 几岁开始,就对农学发生了浓厚的兴趣,从南到北,行程万里,每到一处,就访问"老农""老圃",学习他们的生产经验和生产技术,并随手记录下来。年长日久，积累了丰富的资料。一方面是阅读和辑录古往今来的有关农学的书面资料。据统计，《农政全书》共引用225种文献。至于未注明征引来源的还不包括在内。可以说，它是当时中国农业科学遗产的总汇，集中了中国古代农书的全部精华。许多早已失传的文献，赖以保存留传。所谓"兼出独见"，就是徐光启在北京、天津和上海从事农业科学研究和试验所取得的新成果。他用夹注、补充或评论的方式，加在古文献中不足或有缺点的地方，即使三言两语，却足以丰富古文献，把他们提到新的科学高度上来。凡是古文献中仍有现实意义的部分，都被保留下来以供人们采摘；凡是已经显得不足或有错误的地方，经过徐光启的修订和补充又重放异彩。所以《农政全书》虽然主要是一部古代文献的汇编，但每一条资料都融进了徐光启的试验和科研成果。

2.《农政全书》与以往农书一个最重要的区别在于，它是从国家政策的高度对农业生产的发展进行全面的考察和研究。它要解决"富国化民"的根本问题，寻求使国家富强的救世良方。着眼点是在"农政"，寄希望于通过行政力量，发展农业，提高产量，改善人民生活，增加朝廷的财政收入，实现富国强兵的目标。徐光启以前的各种农书，在农业生产的措施和方法上，虽然总结过不少宝贵经验，在经营管理方面却都只停留在个别农家和庄园的规模上，很少有人从国家政策的高度，从全国或某个大的区域范围内，去研究垦殖、水利、农田管理和抗御天灾之法。徐光启继承了我国传统的重农思想，但他并不反对发展商业，甚至要求发展对外贸易。这和古代政治家们"重农抑末"的思想也是有很大区别的。

关于农业综合治理的具体政策措施，主要包括开垦、水利与荒政三个内容。国家的财赋和粮食供应，越来越大的依赖江南，南北经济的发展越来越不平衡，要使北方农业生产迅速地发展起来，徐光启认为根本的办法是在我国的西部和北部，尤其是在黄河中下游和京津地区屯田垦荒。要在北方开荒种田，增加生产，就要特别重视兴修水利。"水利者，农之本也。无水则无田矣。"在农业生产技术方面，徐光启致力于谋取高产优质的农作物，特别是水稻、棉花和甘薯的推广，以解决粮食和衣着的供应。他念念不忘备荒救荒，他列举了在荒年可以充饥的野生植物414种，凡是他亲口尝过的，都注明"尝过"。神农氏尝百草，那不过是荒古渺茫的传说；徐光启尝百草则是确有的事实。他心里装着亿万农民的饥寒，出于科学家的献身精神，亲口品尝过各种野草、野菜、野果的滋味。徐光启对于荒政的基本论点是：浚河筑堤，兴修水利，发展生产，"宽民力，祛民害"，保护农业劳动者的利益，解放生产力，这是上策。提倡积蓄、反对浪费，是中策。开仓救济是下策。他主张的救荒政策是积极的，着眼点是推行休养生息的政策，减轻农民的负担，鼓励农民的生产积极性。开垦、水利和荒政等政策性的措施与农业的关系，在以前的农书中很少有人论及，徐光启则集中而系统地提了出来，这是不同于前人并且超过前人的地方，也是《农政全书》的又一重要特色。

3.徐光启力求用科学的方法，在详细占有资料的基础上，用实验的方法和统计的方法进行研究,力求找出自然规律,认识发展趋势,预告将来的变化。比如他对蝗灾的研究,他搜集了史书上从春秋时代至明代万历以前所有关于蝗灾的记载,用历史统计法,进行整理分析,获知蝗灾发生的时间多在农历四、五、六月,从而得出蝗灾最盛于春夏之间的规律。又通过对受灾地区的统计,提出蝗虫发源并生长于沼泽地带的论断。在方法论上也大大超过前人。

《农政全书》是徐光启长期实践和调查研究的结晶。他几乎倾注毕生精力钻研农业科学。数十年如一日,广咨博询,考古证今,在上海的双园和天津的农庄,"躬执末耜之器,亲尝草木之味",通过试验来验证书本上的知识和老农介绍的经验,再加深入地研究,寻找规律,得出结论。实践出真知,《农政全书》既不是道听途说,也不是只抄古书,它是徐光启切切实实的科研成果,是我国古典农业科学史最完备、最杰出的一部总结性的代表作。

由于某种原因,这部科学巨著在徐光启生前未能出版。在他逝世6年后,由陈子龙等人整理校刻问世,并题名《农政全书》。陈子龙等对本书的贡献,功不可没。我们有必要在这里补叙几句。陈子龙,松江华亭人,是徐光启的同乡,又是当时著名的经世致用学者和作家。清兵入关南下时,他曾高举义旗,率领民众,与清军顽强斗争。后在苏州被捕,投水自杀,表现了高度的民族气节。徐光启生前,此书尚未完全定稿,有一些内容重复而未及删定,有些略而未详未及增补。陈子龙等在整理过程中,删去了十分之三,增加了十分之二。使这部书更臻完美。

保卫京城　督修立法

1628年8月22日(崇祯元年七月二十三日),年轻的崇祯皇帝在勤政殿接见一位年近七旬的老人。老人身材消瘦,容颜憔悴,黝黑的面额上尚留着长途跋涉的仆仆风尘。看上去,身体虽然疲惫不堪,眼神却格外明亮。这位老人便是刚从上海回到北京的徐光启。

1627年10月20日(天启七年九月三十日),天启皇帝朱由校去世,死后无嗣,其弟朱由检即位,次年农历正月初一改元崇祯。20多岁的朱由检却不像他那昏庸荒唐的哥哥,他是一位很想重振朝纲的年轻皇帝。即位不久,就当机立断,惩治祸国乱政的魏忠贤阉党集团。通告全国,揭露魏忠贤逞私、殖党、篡权乱政、陷害忠良的罪行。魏忠贤畏罪自杀,投靠魏忠贤的阉党分子该杀的杀,该关的关。崇祯皇帝此举,真是大快人心。在清除阉党集团的同时,崇祯皇帝起用受阉党迫害的大臣,很多当年遭魏忠贤集团迫害的官员相继被召回京。徐光启也恢复了礼部右侍郎的职务。他接到圣旨后,立即由上海抱病赴京。朝野上下,都对崇祯皇帝寄予莫大的希望:期待他重振朝纲,使奄奄待毙的大明王朝起死回生。徐光启对崇祯皇帝也抱有同样的希望,所以他兴奋激动,对于皇帝的提问,侃侃而谈。

皇帝问道:"国家选用人才为什么非得是进士出身,难道举人中就没有杰出的人才吗?"

徐光启答:"皇上圣明,果真不拘一格选拔人才,那将是国家和人民的福事啊!"

年轻的新皇帝与博学的老臣这一次谈话,留下了很好的印象。一周后,便任命徐光启为日讲官,9月又任命他为经筵讲官,也就是陪着皇帝讲论经史。这样,徐光启实际上充当了皇帝的老师。由于对徐光启的侍讲比较满意,崇祯皇帝给了他一个"太子宾客"的荣誉头衔,又任命他为纂修《熹宗实录》的副总裁,负责组织编写天启年间的编年史。应该说,这位新皇帝对徐光启颇为器重。但是,这些任命,社会地位虽高,对政局的发展,却是无关宏旨的。而徐光启念念不忘的则是练兵。

1629年1月,徐光启上了《再沥血诚,辨明冤诬疏》。为当年魏忠贤党羽智铤诬劾他"练兵失职"一事进行申辩。1625年他曾写过《疏辩》,因当时阉党势焰正盛,自知辩之无益,搁置未上。这次旧事重提,并非出于个人恩怨,因为随着阉党集团的覆灭和他的不断高升,这段公案早已有了结论。这次上疏的目的是要辨明是非,肃清影响,为宣传他的军事主张制造舆论。果然,到了2月,他就向崇祯皇帝正式提出了练兵计划。认为当务之急,是先抓练兵。只有训练出一支精兵,才能"战必胜,守必固"。可惜崇祯皇帝并未把他的练兵计划放在心上,也没有委任他去管军事,而是升任他为礼部左侍郎(相当于第一副部长),回部管事。

人无远虑,必有近忧。1627年8月,主持辽东前线军事的大将袁崇焕,利用火器的优势大败努尔哈赤之子皇太极,取得宁远大捷。使后金暂时未能发动攻势,明王朝获得了暂时的喘息。崇祯皇帝和他的决策大臣,也许被这一胜利冲昏了头脑,小瞧了后金对明王朝的威胁。正在这时,皇太极亲督数万骑兵,出其不意,以蒙古人为向导,绕过明军重兵驻守的山海关,突破大安口、分入龙井口、马兰谷,长驱直入,进围离北京不到一百公里的蓟州。1629年12月19日,又攻陷遵化,连陷抚宁,不到半个月,后金兵攻至北京城下的德胜门。

12月18日,崇祯皇帝在平台(故宫保和殿后右门)召集内阁兵部等大臣商议对策。兵临城下,危如累卵,是坚持守城待援,还是出城扎营与敌决战?文武百官,各抒己见;崇祯皇帝,心慌意乱,莫衷一是。徐光启引用袁应泰辽阳之战城外扎营惨遭失败而袁崇焕坚守宁远用大炮歼敌万余获得大捷的事实,说明在敌强我弱的形势下,坚持守城的重要性。他认为,古时没有大炮,非出战不能守城。现在有了大炮,敌人还未靠近城门,就可发炮杀敌,坐而取胜。如果在城外决战,胜负没有把握,不如守城稳妥。崇祯皇帝虽然刚愎自用,但毕竟不是昏庸之辈,他采纳了徐光启的意见,否决了城外扎营与敌决战的冒险策略。

徐光启还建议不杀俘虏,从政治上瓦解敌军。他分析,满洲兵劳师远袭,来自本部的八旗兵士不多,而大多数则是被俘去的汉人。他们虽然已被迫剃发,其中盼望逃脱归来的人定然不少。假如不分青红皂白,一律杀之以报功,是"绝其归正之路,坚其从贼之心",把他们推向敌人一方,壮大敌人的势力。他建议崇祯皇帝进行招抚。崇祯皇帝也采纳了他的意见，并责成他起草招降的文告。他在文告中说："你们原先大都是我大明朝的士兵，因为军队中的贪官污吏，克扣粮饷，中饱私囊，使你们缺衣少食，被迫哗变，也是不得已才投降了敌人。有的是战败被俘，被迫在敌军中服役。但是你们都生长中华，难道不想念你们的父母、妻子、亲戚、朋友？不眷恋生你养你的故乡热土吗？现在敌人利用你们，将来用不着你们的时候，就会一个个杀掉你们。历史上兔死狗烹的故事，你们大概也听说过吧。现在你们能弃恶从善，弃敌来归，不但赦免你们以前犯的过错，而且计功加赏，变灭族之祸为传世之荣，何去何从，就看你们的了。"果然，文告一出，辗转相传，弃敌来归者络绎不绝。

徐光启还建议，不仅要训练士兵进攻，还要训练防守。现在守城全靠大炮，不经过训练，很难胜任。他草拟了《城守条议》，就京师城守工作及注意事项，做出具体规划。提议设立总指挥部，在城垣上严密布置兵士和火器，并悬以赏格。主张广泛发动城内民众参加北京的保卫战。

"平台召对"后，12 月 30 日（十一月十六日），崇祯皇帝下达了由徐光启负责指挥训练守城士兵的命令。第 3 天，徐光启以 69 岁高龄，担负起训练战守的重任。第 5 天，皇太极率兵包围了北京城。京师岌岌可危！徐光启受命于危难之时，不顾年高多病，一面抓守城士兵的选练，一面抓大炮和火药的生产和分配。昼夜巡逻在城头上，教练士兵操作。饥渴俱忘，风雪不避。

正当后金兵在北京城外扎营列阵的时候，从澳门购买的西洋大铳（炮），已由传教士陆若汉、商人公沙的西劳等运抵涿州。他们还带来一批制造大炮的工匠以及使用大炮的军事技术人员。他们到达涿州，听说京城已被后金军包围未敢贸然前行。当时敌警紧急，人心惶惶，涿州城的居民也正准备南逃。知州陆燧等当机立断，一力担当，作主将这些大铳分布在涿州城上，日夜演习，火光冲天，炮声震地。后金兵听到那震耳欲聋的炮声，闻风丧胆，在攻下良乡、固定以后，不敢贸然南下涿州。

在守卫京城的时候，也有些大臣主张出城决战。1 月 29 日军事会议决定，战时设立文武两个经略，由梁廷栋、满桂分别担任。崇祯皇帝要求满桂出城与敌军决战。满桂认为敌劲援寡，不宜过早出战，无奈上面催逼甚急，不得已率兵出城，致使全军覆灭。

有鉴于此，徐光启再次紧急上疏，指出后金兵这次大举来犯，去京师不攻，环视涿州不攻，都是因为害怕大炮。他说："东事以来，克敌制胜，独有神威大炮。一见于宁远之歼，再见于京都之守，三见于涿州之守。"徐光启建议尽快仿造西洋大炮，崇祯皇帝批准了他的要求，下令：澳门洋商留京制造、教演火炮，由徐光启"总提协"。徐光启特别强调，制造西洋大炮，要严格保守技术机密，否则为敌人所窃，就把自己的优势变成了敌方的优势。

1630 年上半年，由于徐光启一再上疏，崇祯皇帝又很支持，在京师制造了一批火炮。这在中国兵器史上是一件大事。它标志着中国兵器发展的一个新的里程碑。

　　皇太极饱尝了西洋火炮的厉害,不久退兵,北京解围,局势稍有缓和。

　　吃一堑,长一智,聪明的皇太极退兵关外以后,经过一段时间的筹备,从 1631 年初开始,也制造"红衣大炮"。同年 10 月,皇太极兵分两路围攻大凌河,城外百余座城台逐一为"红衣大炮"击溃。他深知先进武器装备的益处,于是与明王朝开始了生产火炮的竞赛。为了制胜对方,徐光启提出建设一支用西方火炮、火枪武装起来的精锐火器营的设想。建议以登莱兵备道孙元化的部队为精锐火器营的基本力量。为对付后金兵的入侵,须在北京、关内、关外三地,集中训练精兵 2 万,由孙元化负责统一指挥。

　　徐光启为什么选中孙元化?孙元化是嘉定人,又是徐光启儿子徐骥的儿女亲家。徐光启的为人,绝不会是任人唯亲,而是因为孙元化以善于使用西洋火炮著称。因此,他也就"内举不避亲"了。

　　徐光启不曾料到,在他上疏不到两个月,一件突然发生的事,使他建立一支新式军队的计划成了泡影。1632 年 1 月 19 日,一部分登州部队奉命调往辽东前线,途经吴桥,狂风大雪,士兵粮尽衣单,在参将孔有德带领下发动兵变,回师登州,诡称投降。孙元化上当,准备招抚。结果孙元化和王徵等人都成了叛军的俘虏。一时误传孙元化本人叛变,崇祯皇帝下令把孙元化一家老小都抓起来了。在真相不明,消息中断的情况下,徐光启挺身而出,为孙元化辩护,认为他决不会叛变,并以自己的身家性命作担保。孙元化自刎未成,后与王徵等一起被叛军放回。3 月下旬回京请罪。皇帝虽然仍把孙元化处死,但也不得不承认徐光启的知人之明。

　　孔有德的叛乱,使徐光启经营多年的精锐武器装备尽为皇太极的后金兵所有,从而使双方军事力量的对比,发生了很大的变化。这对徐光启精神上的打击是巨大的。从此,他不再谈兵事,专心致力于修改历法的工作中去了。

　　1629 年 6 月 21 日(崇祯二年五月一日),又发生了一次日食。钦天监根据《大统历》的推算,初亏在巳正三刻,实际始于午初一刻,早了半个小时;原推复圆在午正三刻,实际在午正一刻,又迟了半个小时。徐光启本人用西洋历法推算的结果,则与日食发生与结束的时间首尾相合。钦天监是官方的天文历算机构,上报皇帝和发布预报当然是以钦天监的预测为准。

　　封建时代,日月食被看作有关国家兴衰治乱的大事,受到朝廷的高度重视。钦天监对这次日食推算的失误,使崇祯皇帝非常恼火。五月三日下了一道圣谕,痛责钦天监的失职:"钦天监推算日食前后刻数俱不对。天文重事,这等错误,卿等传与他,姑怒一次,以后还要细心推算。如再有误,重治不饶。"钦天监的官员有几个脑袋?龙颜震怒,个个慌恐。而且,据推算崇祯三年还有一次日食,崇祯四年不但有日食,还有两次月食。到那时,推算肯定还会不准,皇上问罪,如何是好?忧心如焚,寝食难安。钦天监归礼部管辖,徐光启时任礼部左侍郎,又精通西洋历法,大家觉得只有向他求援,才是唯一的出路。

徐光启深知钦天监是冤枉的。他们推算有错误,并非玩忽职守,而是因为他们据以推算的《大统历》年久失修。修改历法,势在必行。这使他想起了18年前那次日食的情景。

1610年12月15日(万历三十八年十一月初一日),他守丧期满,回京复职,要去翰林院报到。坐在轿里,忽听街道两旁一片喧哗,既纷乱又热闹。他掀开轿帘望去,只见家家户户,老人孩子,有的敲锣击鼓,有的举着铜盆铁锅敲敲打打,惊慌失措地望着天空。天空也似乎比刚才昏暗了。前边是一座寺院,从山门望进去,只见和尚们都匍匐在地,手里敲着铙钹,走近了还听得他们念念有词。一个小孩惊叫着:"无狗吃日头了!"徐光启知道发生日食了,市民和和尚们是在用他们手中的"武器"虚张声势,吓唬天狗呢。他招呼轿夫停步,下了轿,站在道旁,观望日食。不知是天狗的嗓子眼太细,吞不下偌大一个火球;还是被地上的中国人一吓唬,胆怯起来,总之,它终于又把日头慢慢吐了出来。阳光依旧灿烂,虽然脸色有点苍白。北京市民却个个喜笑颜开,像得胜的将军收拾起"打败"天狗的武器,心满意足地回屋去了。严冬的北京,大街小巷又安静了,依然是太平无事的样子。敢吞食太阳的天狗,胆子可谓大矣!然而被中国人这么一吓唬,却害起怕来,胆子仿佛又小得很。怎么这么矛盾呢?谁说得清楚!这就是当时中国人的心态和无法说得明白的道理。徐光启叹口气,摇摇头,哑然失笑了。

他到翰林院向上司销了假。这个高层知识人士成堆的机构,人们也正在议论纷纷,甚至有人不顾身份,用粗话攻击钦天监对这次日食预测的失误。他们骂钦天监的官员是白吃饱,一而再,再而三,预测失误。也有为钦天监辩护的,说这不能怪钦天监。一则观象仪器都老掉牙了,年久失修,怎么能验算得准!二则洪武年间的《大统历》用了快300年了,天象变,历法不变,怎能不出误差!公说公有理,婆说婆有理,争论不休。有的翰林知道徐光启对于历法素有研究,也知道他曾向利玛窦学习过西洋历法,就怂恿他谈谈自己的看法。徐光启对于科学技术上的问题,从来不隐瞒自己的观点,也不故作谦虚。他认为自己知道的故意不说出来,以表示自己是谦谦君子,违背"进不隐贤"的古训。于是他便侃侃而谈,说据他所知,在京的传教士庞迪我用西法预测这次日食,分秒圆缺,准确无误。

他从翰林院出来,没有回家,径直奔宣武门内的教堂去了。这时,他奉为良师益友的利玛窦已于这年的5月11日病逝了。讣告传到上海,他非常悲痛。回忆篝灯呵冻共译《几何原本》的日日夜夜,想起利玛窦为他讲解西洋历法时的音容笑貌,他忍不住热泪盈眶。他回京后,正赶上参加利玛窦的安葬仪式,勉强减少了一些心头的遗憾。也正是在利玛窦的葬礼上,他见到了传教士庞迪我和熊三拔,听他们讲述对这次日食的预测。他现在去教堂,正是要和庞迪我等人讨论修历的问题。

修改历法的呼声日益高涨。兵部职方员外郎范守已批评钦天监测算有误,主管钦天监的礼部无法掩饰。迫于压力,礼部请求广泛访求精通历法的学者与钦天监官员一起修改历法。赞成西洋历法的钦天监官员周子愚上疏,推荐传教士庞迪我、熊三拔等人。认为他们精通天文历法,同时认为西方的历书,有不少是中国典籍所没有的,建议将这些历书全部译出,以补中国典籍之缺。礼部采纳了周子愚的意见,向皇帝建议:把精通历法的邢云路、范守已等人"改授京卿,共理历事"。翰林院检讨徐光启和南京工部员外郎李之藻精通西洋历法,他二人可与教士庞迪我、熊三拔合作,翻译西洋历书,供邢云路等人参考。同时指出,要修改历法,就必先观测天象;要观察测算,就要先制作各种天文仪器仪表。

对要求改历的事情,徐光启开始抱有极大的热情和期望。为了推动修历,1611年秋在熊三拔的协助下,他先后写了《平浑图说》《日晷图说》《夜晷图说》。同时,把熊三拔为他讲解天文测量仪器简平仪的内容记录下来。整理成《简平仪说》。在序言中,他以欣喜的笔调,热情地赞扬了礼部对修历的支持,期望这次修历能达到"历理大明,历法至当"的效果。对翻译西洋科技书籍的意义也做了阐述,认为西方三千年来积累的科学成果,借助翻译,一年半载就可坐享其成,为我所用。他这样说,显然是有意助长当时要求修历的声势,但他明确指出利用西方现有的科学成果来促进中国的科学进步,不失为具有高度科学眼光的见解。

不久,他又与熊三拔合作,制造了天盘、地盘、定时衡尺等修历所必需的仪器,以便万历皇帝一批准,便可立即动手。一年来,徐光启一门心思投入天文历法的研究,专心致志,如醉如痴。忘记吃饭,忘记洗漱,是常有的事。亲友来信,堆案盈几,顾不上回信;诗呀文呀,所有应酬文墨,无暇一字。他单枪匹马,孤军作战,既无同道共研,又无助手相助,致使"百端俱废"。除了"历算",他是什么也顾不上了,他也十分清楚,修改历法是一件大事,靠一人之力、一代之功是不行的,需要同志同业的数辈人共同努力。然而,事虽渺茫,困难重重,却决不能消极等待。凡是目前能做的,就先动手做起来。全力耕耘,是自己的本分,至于收获丰硕的成果,寄希望于后人。尽管如此,他还是迫不及待地希望早开历局,并为此积极筹划。他在给儿子的信中说:"现在最急需的是懂得《大统历》和《回回历》的人才,所以盼望周若虚早日来京。假如开设历局修改历法的事实现,需要制作多种天文仪器,也就需要很多能工巧匠,因此,就是葆赤来也用得着。"从这封家书可以看出,徐光启为准备修历,已经在物色人才,筹组班子了。

但是,昏庸的万历皇帝已经30年不上朝理政了。礼部的报告送上去,如石沉大海,没有批复。1613年,李之藻改任南京太仆寺少卿,奏言两方历法,力荐庞迪我、熊三拔,建议礼部正式开局修历,翻译西方历书。李之藻呼吁于南,徐光启应和于北。然而没有皇帝点头,修历的事只好不了了之。

现在崇祯皇帝励精图治,对徐光启又非常重用,实现设局修历的夙愿,正是大好机会。于是他草拟了《礼部为日食刻数不对请敕部修改疏》,于崇祯二年五月十日送上去。

在这份奏疏中,徐光启首先为钦天监开脱。他说,天文历算在我国已有4000多年的历史,源远流长,成就辉煌。汉唐以来,有两日一日之差,后来有一时二时之差,至元代郭守敬制定的《授时历》只有一刻二刻不合,他把中国的历法提高到一个空前精密的新高度。历法"从粗入细,从疏入密",不断修改,不断提高,日臻完善精密。但是,就在郭守敬还在世时,按照他的《授时历》推算,也有不准的时候。这是因为限于当时科学技术的发展水平,"一时心思技术,已尽于此,不能复有进步矣。"明朝初年颁行的《大统历》,直接沿用元代的《授时历》,260年来,"一毫未尝增损"。制定《授时历》的郭守敬本人尚且有时推算失误,更何况斤斤墨守此种历法的钦天监呢?钦天监对日月食的推算不验,也就是必然的了。尺子不准,量的有误,这能怪量长短的人吗?紧接着徐光启分析修改历法的必要性。他说:"创始难工,增修易善"。历朝历代,总是开设历局,招聘专家,制造仪器仪表,根据对天象的实际观察和测验的数据,不断地进行修改。汉代修历5次,魏至隋修历13次,唐至五代修历16次,宋朝修历18次,金代和元代修历3次。唯独明朝260年来对历法没修改过一次。因循苟且,墨守旧法,怎能无差!要想推算准确,高度精密,就必须开设历局,修改历法。

崇祯皇帝虽是亡国之君,又生性多疑,刚愎自用,多遭后人唾骂。但公允地说,明朝的灭亡,是大势所趋,历史的必然,和他个人的品质并无必然的联系。在一些具体问题的处理上,他虽然说不上英明,却并不昏庸。徐光启关于修历的建议,很快得到他的批准,并且自始至终都得到他的支持。这年七月十四日,徐光启奉命全权负责,督修历法。徐光启接到任命的第二天,便着手选用知晓历法的人员,组织工匠制造天文仪器仪表,并在宣武门内空闲不用的首善书院设立了历局。

关于修历的计划和指导思想,徐光启早就胸有成竹,又广泛地征求了各方面的意见,因此,不但目标远大,而且切实可行。

他领导历局的方针是:用人必须是能够实干的,制器必求能够实用,经费决不虚报冒领,时间决不旷日持久。修历的目标是:"上推远古,下验将来,必期一一无爽。日月交食,五星凌犯,必期事事密合。又须穷源极本,著为明白简易之说,使一览了然。"

他的指导思想是:通过修历提倡新科学新技术,为发展中国的科学事业打下一个坚实的基础。在这个基础上,逐步开展各种应用科学的研究。他希望通过修历,广泛促进农业、手工业以及与民生日用有关的一切科学技术的发展。

当时,他面临的最大难题,是真正通晓天文历算的人太少了。万历四十年礼部推荐的五个人,三人已故,现在除了他本人,活着的只有李之藻了。这时南京太仆寺少卿李之藻在家守丧已届期满,根据他的推荐,皇帝批准任命李之藻充当他的助手。没有人才是难成事业的,他建议博访广求,选拔人才。但那时法律明文规定:私习天文是犯法的,谁敢来应选!于是他引经据典,说明天文和历法"异科",通晓历法和借"天文占候""妄言祸福"的人是有区别的。这样就为通晓历法的人争得了合法的权利。又怕有人滥竽充数混进来,他提出各省都可推荐,但必须先交该人有关历法的著作,或制造仪器的样品,提出申请以便考核。

徐光后又建议借鉴西历,聘用精通西历的外国传教士,如龙华民、邓玉涵、汤若望、罗雅谷等,和我国的专家合作,翻译西洋历书,依西历的方法"测验推步,以正讹廖,以补缺略",这样会收到事半功倍的效果。

欧洲各国原来都使用儒略历,到十三、四世纪时,已出现严重误差。1582 年,罗马教皇格利哥里十三世组织人员修订并公布新历法,废除了儒略历。这个新历,就是现行的公历,也称作格利哥里历,其精密度大大超过了中国的《大统历》。利玛窦的老师克拉维斯参加过那次修历工作。利玛窦等来华传教士也大都精通格利哥里历,并且带来很多西洋历法的书籍。徐光启曾向利玛窦等人学习过西洋历法,按照西历的方法,推算日月交食,时刻分秒,无不应验。所以在选拔人才的问题上,他极力推荐传教士。

崇祯皇帝亲笔批准了徐光启的修历计划。要求他广集众长,虚心采听。西洋历法不妨兼收,各家看法务求综合,用人必求其当,制器必求其精。

崇祯二年七月二十四日,徐光启领到了修改历法的敕书(委任状)和关防(官印),修历工作很快走上正轨。

经过三个月的筹备,历局工作稍有头绪,正在这时,皇太极亲督数万骑逼近北京。徐光启参加了保卫京师的战斗。先是奉命负责训练守城士兵,继而督领制造大炮。即使在战争最紧急的时刻,他领导的历局也未中断工作。

1630 年秋,京师解围,徐光启又把主要精力用于修历。不幸的是两名最得力的助手先后去世。其一是传教士邓玉涵,他是著名科学家伽利略的同学,精通力学、机械学和天文学,是制造天文仪器非常出色的工程技术人才。1609 年,伽利略创造了天文望远镜。20 年后的 1629 年,邓玉涵在北京制成三架天文望远镜。精密的天象观察资料,是推算准确的历法基础。天象的观察,必须借助于各种精密的仪器。天文望远镜的制造成功,是中国天文观察的一大进步。当时称天文望远镜为"窥筒眼镜"。崇祯四年十月一日中午日食,徐光启督领历局和钦天监的官员,利用各种仪器实地观察,尤其是用天文望远镜观察,日食的盈亏得到了比推算更为准确的时间。崇祯三年四月初二日,邓玉涵病故,徐光启十分悲痛。徐光启依为左右手的李之藻,从原籍杭州来京途中病倒,延医治疗,病情好转,崇祯三年五月初六日到京,徐光启欣喜至极,岂料到历局不到两月便病逝了。两人的去世,对修历工作是莫大的损失。徐光启虽年近古稀,须发皆白,腿脚不灵,老眼昏花,不得已,只能事必躬亲,登台观测天象。

1630 年 12 月 31 日(崇祯三年十一月二十八日)冬至,关于冬至的时刻,徐光启和历局的同仁用新法推算,钦天监仍用旧法推算,两家推算的结果,分歧很大。为了验证谁是谁非,也为了找出一个简便准确的方法,就在冬至这一天,徐光启亲往观象台观测,不慎失足跌落台下,摔伤了腰部和膝盖。他担心长期卧病不起,影响修历工作,连续两次上疏,请求选拔精通历法的人来。如果自己的伤很快痊愈,可以加快修历的进度;假如一病不起,也能后继有人。徐光启申诉说,自李之藻病故以后,历局内誊写、计算的人员虽为数不少,但能"释义演文,讲究润色,校勘试验"的,只有他自己了。如此繁重的工作,即使是身强力壮、精力充沛的年轻人,尚且忙不过来,何况他垂垂暮年,又兼卧病在床!千军易得,一将难求。抄抄算算的人好找,真正通晓历法的人可就不多了。找不到好助手,这位老科学家只好抱病工作,肩负千斤重担了。

徐光启清楚地看到,西历在精密程度上远远超过了《大统历》。因此,他主张"熔彼方之材质,入《大统》之型模"。使西历与中历"会通归一"。他说"欲求超胜,必须会通;会通之前,必须翻译。"把西洋历法有关的重要文献先翻译过来,然后与中国旧有的历法对照比较,取西历之长,补中历之短,以期编出既比《大统历》优越,又超过西历的新历法来。他的这一思想和主张,在中外文化交流史上,为后人树立了一个光辉榜样,就是从现在的视角加以审视,他的主张也是正确的。

徐光启晚年主要精力,几乎完全用在主编《崇祯历书》上,其内容分为五个方面:①法原,即天文学基础理论。②法数,即观察计算得来的天文表。③法算,即天文计算中用到的数学知识。④法器,即各种天文仪器的制造和使用说明书。⑤会通,即旧法与西法度量单位换算表。徐光启特别重视天文学的基础知识,强调"穷源极本",因此"法原"部分分量特重,共四十余卷,几乎占全书的三分之一。

徐光启领导的历局,工作效率十分高,短短五年间共编译历书136卷。这部煌煌巨著,在中国天文学史上具有划时代的意义,引进了许多先进的科学技术,成了清代《时宪历》的基础。

他还亲自主持了五次月食和一次日食的观测和预报工作。事实证明,他用新法预测的结果,远比《大统历》精确得多。当时,在北京地区,钦天监用《大统历》的旧法推算,修历局用新法推算,各自都在日月食之前发布预报。每次日月食发生时,同登观象台观测,其结果,钦天监的推算误差总在数刻以上,而修历局的误差则是几分或十几分,这在当时的中国以及世界,都是最高精密度了。

1633年11月8日(崇祯六年十月初七日),科学王国的夜空中,一颗璀璨的明星陨落了。一代杰出的科学家——徐光启,与世长辞,享年72岁。

这年春天,徐光启胃病发作,来势很猛,一连数天不能进食,喝口水都会呕吐。他浑身疼痛,有时痛得昏迷不醒。1628年8月,他奉诏来京复职,没带家眷。数年来,身边只有一位老佣人服侍他。4月初,病情稍有好转,9月11日,胃病再次复发,他请求病休,皇帝一再"慰留"。72岁高龄的老人,虽然心力劳瘁,病体不支,仍然抱病工作。他自知苍天留给他的时间已经不多了,他必须在与病魔搏斗的同时,争分夺秒地工作,把该做的和应该交代清楚的事,一一做完。从9月11日病倒至11月8日长眠,在不到两个月的时间里,他以惊人的毅力和顽强的精神完成了令人难以想象的工作。

10月31日,他上疏预报了次年3月14日(崇祯七年二月十五日)将出现月食的时间和起复方位。同一天,他又详细地汇报了历书编写和进展情况。推荐原任山东布政司参政李天经接替自己在历局的工作。

身倚病榻，伏枕执笔，继续修改和审阅尚未进呈的60余卷历书。

将入阁以来撰写的有关国家大事的奏疏稿辑成《纶扉奏草》；将有关观象、修历的疏稿辑成《清台奏草》。

11月7日，上《治历已有成模恳祈恩叙疏》，保举修历有功人员，推荐正在学习的钦天监实习生，并对他们寄予厚望。

11月8日上午，几度昏迷之后，终于写成《进缴敕印开报钱粮疏》，将他在历局任期内的一切开支，明列细表，一一做了交代。所有单据，封存在库，以备验收，并派钦天监博士朱光显将委任状和印章送交内阁。下午，病危，呼吸渐渐微弱，但头脑仍很清醒。前几天，他自觉"病势危迫"，伏在枕边，给儿子徐骥写了一封亲笔信，要他速来北京。他用力睁开眼睛，看看守在床前的只有来京应试的孙子尔爵和在历局工作的外甥陈于阶。此时，不知独生子是否已经接到他的信？生前还能否再见一面？自己贵为内阁辅臣，礼部尚书，儿子却一直在家务农，而且数年来，自己矢忠报效国家，忙于公务，未能和家人团聚，对儿子关心不够，不免有些歉意，两颗泪珠从老人干涸的眼帘里滚落下来。

孙子尔爵见此情景，忙跪下来拭去老人面颊上的热泪，自己却再也忍不住呜咽起来。老人一阵急促的喘息之后，又复平静了，脸上隐然可见一丝微笑；他的手轻轻地动了一下，好像要想抚摸一下孙子的额头，却再也无力抬起来了。他喃喃地对孙子说："我的病很重了，如果能得到皇上的批准，告老还乡，一定要继续向家乡人民宣传农业知识。"双目微合，休息了一会儿，又继续嘱咐说："你要抓紧时间，尽快把《农政全书》抄写出来。进呈皇上。"

11月的北京，天气已经很冷了，冷风从门窗的缝隙里吹进来，床头书案上的残烛忽闪忽闪地摇曳着。屋里还没生炉火，尔爵给老人掖掖被角，外甥于阶把暖脚的汤壶换了热水。徐光启安详地闭上双目。东北风卷着昏黄的尘沙，在窗外怒吼着，仿佛千军万马正在拼杀。摇曳的烛光幻化出炮火连天的战场，浮现在徐光启的眼前，"辽……辽东……"尔爵明白，老人是在询问辽东前线的战况，还没等得解释，老人便停止呼吸了。

徐光启临终时，念念不忘他用毕生精力撰写的《农政全书》的出版，念念不忘他晚年全力以赴的《崇祯历书》的定稿，念念不忘辽东前线的战况，深深以国家大事为念，以国家的前途命运为忧，没有一句话涉及自己的家庭私事，"鞠躬尽瘁，死而后已"，徐光启把他的一生献给了祖国的科学事业。他把他的爱全部奉献给了自己的国家和人民。

明末复社领袖、著名文学家张溥是徐光启崇祯四年录取的进士，他曾和同学徐天麟一起前往徐光启的住所去向老师请教。只见老师端坐斗室，正在奋笔疾书，把仔细推算出来的天文数据，用蝇头小楷，端端正正地记录下来。一丈见方的卧室内，铺了一床粗棉布的被子，连帐子都没挂。张溥非常吃惊，这哪里像朝廷大臣的住处啊！居住条件之简陋，与贫寒的知识分子还有什么区别呢？后来接触多了，才知老师勤奋好学，生活俭朴，早已养成习惯。冬天不烤火炉，夏天不用扇子，每天工作到半夜，"目不停览，手不停笔"，专心治学。

徐光启去世后，人们整理他的遗物时，发现在简陋的住屋里，仅有一只陈旧的木箱。打开箱子一看，里面是几件旧衣服和一两白银。此外只有大量的著作手稿和书籍了。翻开床上的褥子，已经破旧不堪。因为他生前多年使用的暖足的汤壶微有渗漏，日复日，年复年，足部的褥子已经烂成一个很大的破洞。

这就是一代杰出的科学家、当朝一品大员徐光启的物质生活和全部家私。"盖棺之日，囊无余资"，一贫如洗的情境，和那些"巧立名目"，"妄取民财"，堆金积银，拥妻抱妾的贪官污吏相比，徐光启的廉洁奉公、清贫自持的品质更令人肃然起敬。难怪讣告一出，朝野上下，闻之者都失声痛哭，就连崇祯皇帝，也深表悲痛，闻丧后辍朝一天，以示哀悼。

1634 年（崇祯七年）年初，徐骥扶柩南归，暂厝于上海县城南门外双园别墅。1641 年（崇祯十四年），安葬于上海县城西门外十余里的土山湾西北，即现在徐家汇的徐光启墓地。1903 年（光绪二十九年）重加修葺，1957 年上海市人民政府又拨款进行整修，1978 年辟为南丹公园，1983 年改名光启公园。墓前石坊上镌刻着一副对联：

治历明农百世师，经天纬地；

出将入相一个臣，奋武揆文。

这副对联，对徐光启一生事业做了恰如其分的概括。

"盖棺之日，囊无余资"，他没有留给他的子孙后代丰厚的物质财富，却给我们的中华民族留下了珍贵而巨大的文化财富。

1993 年 11 月 8 日，是徐光启逝世 360 周年纪念日。这样一位在中国历史上曾起过重大进步作用的爱国科学家，人们将永远崇敬和纪念他。今天，在中国共产党的领导下，全国人民为建设有中国特色的社会主义，正在信心百倍地努力奋斗。改革开放的大潮势不可挡。如何学习外国的先进经验，尽快提高人民的生活水平和综合国力，使我们可爱的祖国更加富强起来。在这样的形势下，学习徐光启，纪念徐光启，更具有现实意义。

中国铁路的先驱

——詹天佑

名人档案

詹天佑：汉族,字眷诚,号达朝。祖籍徽州婺源,生于广东省广州府南海县(现广州市荔湾区恩宁路十二甫西街芽菜巷42号),12岁留学美国,1878年考入耶鲁大学土木工程系,主修铁路工程。他是中国近代铁路工程专家,被誉为中国首位铁路总工程师。

生卒时间：1861年~1919年。

安葬之地：京张铁路关沟段的青龙桥车站,八达岭古长城脚下。

性格特点：富有爱国心和民族责任心。

历史功过：他是中国首位杰出的爱国铁路工程师,负责修建了京张铁路(北京——张家口)等铁路工程。

名家评点：有"中国铁路之父""中国近代工程之父"之称。

家世童年　留学之举

清朝咸丰十一年三月十七日(公元一八六一年四月二十六日),在广东省南海县一户祖籍为安徽省徽州府婺(音务)源县的农家出生了主人的第一个儿子,他就是近代著名的爱国铁路工程师詹天佑,字眷诚。

他出生不久,据说就表现了对于器物的特殊感情——他抓起洋玩意,能抓得很紧很紧,久久不放。而这个家庭虽不是什么人们瞩目的簪缨世家,却是曾经富过的商人之后,颇有些玩物。

从他的曾祖说起吧,曾祖詹万榜(字文贤),做过乾隆年间的太学生,倒是读书人,不过,后来他就放弃举业,经销茶叶常来广东。到了祖父詹世鸾那一辈,就在广东定居下来,并依靠着当时专营对外贸易的垄断组织十三行,搞起大宗茶叶贸易,生意相当兴隆。

詹世鸾为人见义勇为,好善乐施。诸如建筑同乡会馆,购置祀田,创办文社,修缮学校等,他都慷慨捐助。有些外地茶商因受窘而无法返归乡里时,向他借贷,他解囊相助不下万金。这种热心公益事业,关心他人的精神,当然会给后人一定的影响。

到了詹天佑的父亲詹兴洪(字作屏)这一代,赶上了鸦片战争。鸦片战争以后,中国社会经济生活发生剧烈的变化,对外贸易的中心转移到了上海,广州失去了往日的特殊地位。这样,集中于广州一带经营外贸丝茶的商人们便纷纷停业了。詹兴洪看到在广州城内度日艰难,便举家迁往南海县乡下,过起半耕半读的田园生活了。

詹兴洪一共生有四子三女,其中三子和四子都不幸早亡。詹兴洪有一定的文化素养,劳作之余,教教诗书;逢年过节,写些春联出售,顺便也向孩子们讲讲对子是怎么个对法。但是,在这个家庭里,詹天佑经常看到和摸到的还是各样洋货儿。

七、八岁的詹天佑被他父亲送进了私塾,去读四书、五经,学做八股文章。

詹天佑对这些呆板的陈旧的教学内容一点也不感兴趣。他像所有孩子一样对新鲜事儿充满了好奇和热爱。而他的父亲却不像当时一般做父亲的人那样板着面孔地压抑孩子的好奇心,甚至可以说,他助长了詹天佑的探索精神。

詹天佑上学的路上有洋厂,厂里有单轮飞转的洋机器。詹天佑走到这里,总会伫立一时,看看那机器是怎样运转的,工件是怎样制成的。詹天佑的衣袋里,常常装着他收集的机器零件或小齿轮,他把这些东西视为珍宝。有时,他用泥巴仿制出小小机器的模型,却也十分逼真,父亲看到了,常常拿在手中,一边端详,一边给予指点。这就等于是在鼓励他。

有一次,詹天佑竟然大胆地把自家的一口挂钟从墙上摘下来,偷偷地琢磨起来,那“喀,喀,喀”的不休止的声音是从哪里发出的?清脆悦耳的报时声是怎样产生的?接连着指针的那些齿轮和发条都是什么形状?看后,他努力按着原样,把钟装好。结果却有两个小零件怎么也打不到原来的位置了。这钟,自然也就无法走动了。詹兴洪从外面回来,发现天佑闯了这么大的祸,只是瞪了儿子一眼。第二天,他领着天佑一起进城,找钟表匠修理,让儿子在一旁看那两个零件到底安放在什么地方。

在詹天佑的成长过程中,另一个关键人物是谭伯邨。他是詹兴洪经商时的好友,后来,詹兴洪移居南海乡下,他却往来于香港与广州间,生意维持得还不错。由于经商的便利,他经常来到詹家。看到詹天佑如此好动脑、好动手,谭伯邨多次预言说,这孩子将来一定有出息!嘱咐詹兴洪要好好培养。

同治十年(公元一八七一年)年底,詹天佑十一岁,读完私塾。今后,让天佑去种田?还是去学徒?詹兴洪举棋不定。

就在这时,谭伯邨特地从香港来到南海。他告诉詹兴洪夫妇:“朝廷要派一批幼童去美国留学,在上海没有招够,那些世家大族的子弟没有一个报名的,他们还没看到这步好棋呢!给天佑报个名吧,十五年后回来,可就是洋翰林了……。”

詹兴洪夫妇没同意。他们说:他们大家子弟舍不得往外国送,我们就舍得吗?再说,这留洋外国究竟是福是祸,谁拿得准呀!

"自然是好事了!"谭伯邨急了:"我看准了,一定要给天佑报上名……。"

停了停,他又说:"我实话跟你们说吧,我相中天佑了,要他给我家四妮作婿,我决不会给孩子亏吃的。"

自己素所敬佩的好友把话说到这地步,詹兴洪还能说什么呢?答应了。

当下,詹兴洪与谭伯邨带领詹天佑到香港应考,报考"技艺"一门。考试合格,詹兴洪填写了出洋具结书,上写:

"兹有子天佑情愿送赴宪局带往花旗国肄业,学习机艺回来之日,听从中国差遣,不得在外国逗留生理,倘有疾病生死,各安天命,此结是实。"

同治十一年(公元一八七二年)三月十五日,詹天佑与其他学生一起由主持留学的容闳带赴上海。

留学国外　九年归国

三月二十八日,詹天佑等粤童来到上海,进入出洋预备学校学习。

这项留学之举,是由中国第一位美国耶路大学毕业生容闳建议,洋务派的首脑人物曾国藩和李鸿章等主持的。容闳还在大学学习期间,就立下了志愿,要"以西方之学术,灌输于中国,使中国日趋于文明富强之境。"同治九年(公元一八七〇年),他正式建议由清朝政府挑选十二至十六岁的幼童一百二十名,分四批派往美国留学。

曾国藩、李鸿章,以及在中央主持总理各国事务衙门的恭亲王奕訢也都认为,派人到西方直接学习科学技术,乃"中华未有之创举",学成之后,必将有助于"自强"大业。于是决定按容闳的计划,召选"志趣远大,品质朴实"的幼童。

詹天佑等幼童在这所出洋预备学校里主要学习英语,也学习中文,进行出国前的各种训练。

七月八日,詹天佑等三十名幼童在留学生监督陈兰彬带领下,自上海出洋,经日本横滨换乘美国轮船,然后在美国旧金山登上大洋彼岸,乘火车到达美国东部的康纳的格省的省会赫德福特(即哈佛)。他们是中国近代史上第一批官费留学生。

容闳这时已先行来到美国,与康省教育署长及耶路大学校长商议中国留学生的就学及居住事宜。他们决定,为了使留学生尽快熟悉美国生活方式并掌握英语听说读写的能力,实行分散居住的办法。

接待他们食宿的是一些有文化教养的美国教师、医生或牧师家庭。这些人家对分配给他们的三两个中国幼童均能热心照料。渐渐,中国幼童便放下了思乡之念,他们与美国小朋友一起游戏,一起做功课。在互相稔熟之中,中国幼童留学生的英语进步神速。

同治十二年(公元一八七三年)末,詹天佑进威士士哈芬(又译为西海文)小学读书。这是一所私立学校,其任务之一是为中国和南美洲各国的留学生补习英语,并使之进一步了解美国风俗和社会知识。詹天佑的学习很顺利、很轻松。课余,按着排定的班次,定期到设于赫德福特城里克林街的中国留学事务所去学习中文传统课程。

两年以后,他考取了纽海芬中学(又译为纽海文)。在这里,幼年时对西洋机器的迷恋,燃成了炽热的追求之火,他酷爱与制造机器有关的数理化课程,声、光、化、电都是他喜欢钻研的学问。在一次数学考试中,他的成绩名列前茅。一个中国学生,通过英语进行学习,成绩居然超过他同班的美国同学,这件事,引起了老师的震惊和赞誉。

詹天佑又是个体育运动爱好者,打球、赛跑、游泳、滑冰,无所不好,尤好棒球。他锻炼得膀阔腰圆。多年以后,他所参加的中国留学生棒球队路过旧金山的时候,与当地的一个半职业球队屋克兰队进行了一场比赛,以他们的精湛技艺赢得了观众喝彩。

光绪四年(公元一八七八年),詹天佑考入耶路大学工学院土木工程系,学习铁路工程专业。

这时国内已经有一些见识远大的人主张修造铁路以图富强了。詹天佑置身美国,目睹美洲中央大铁路使东西物资交流畅通,人们来往方便,他更深信修造铁路是使国富民强的重要产业了。他努力学习,准备回国后为祖国效力。

他连续获得数学优异奖,毕业考试中,又获得数学第一名。

当时,耶路大学是三年制。为了准备毕业论文,他从光绪六年(公元一八八〇年)开始,就大量收集资料,进行实地调查,撰成《码头起重机的研究》一文。这是一篇很有价值的论文。以此,于该年五月毕业并获土木工科学士学位。

本来,詹天佑是有条件继续深造的。容闳打算把他和其他优秀学生送往美国陆海军院校学习,却遭到了美国国务院的拒绝。在此前后,清政府内部的官员们也大肆攻击留学生们,说他们"沾染洋习","适异忘本"。最后,清政府将全体留美学生撤回国。在这些留学生中,只有詹天佑及其同批同学欧阳赓两个人大学毕业并取得学士学位,另有约六十人还在大学学习,而其余人尚且没有进入大学。

光绪七年(公元一八八一年)七月,詹天佑等留学生分三批乘轮返回祖国。

英雄无用武之地

回到了阔别九年的祖国,祖国在清政府的封建制度统治下,依然是落后和愚昧。除极少数人外,大多数人对于西方科学技术仍是深闭固拒的排斥态度。

同治四年(公元一八六五年),英国人杜兰德在北京宣武门外铺造一条长约一公里的小铁路,用小型机车牵引。一个不用牲畜拖拉的钢铁怪物,能够喷出烟气,飞快地奔跑,北京官民大为诧异。负责北京城治安的军统领衙门赶快出面,勒令拆除。十一年后,英商怡和洋行在上海擅建淞沪铁路,当地士绅又认为破坏风水,后来官府出面干预,以该路压死一名中国士兵为口实,几经交涉,终将该路由中国出价收回,全部拆毁。光绪五年(公元一八七九年),开平矿务局奏请修唐山至胥各庄矿山铁路,为运煤之用,清政府在批准之后却又收回成命。次年,经李鸿章再次声明是用骡车牵引车厢,而绝不使用蒸汽机车去震动山灵,才准许开工修筑,此路只有九公里左右。

詹天佑系统地留学了铁道科学专业,而且以优异成绩毕业。但是,中国人自己修筑铁路的时代尚未到来。英雄尚无用武之地。

光绪七年(公元一八八一年)十月,詹天佑与其他十五名学生由上海海关道刘瑞芬分配到福州船政学堂,作为第八届海军驾驶班学生,从头学习海上驾驶技术。

在这里,詹天佑仍然是高才生,他在学好驾驶课程前提下,还有余力研读有关铁路工程方面的专业书籍。第二年六月,他以第一名的优秀成绩毕业,船政大臣黎兆棠给他"宣力经年,技艺素优"的评语,赏予五品顶戴。十一月,詹天佑被派上"扬武"号轻巡洋舰担任驾驶官。

光绪十年(公元一八八四年),中法之间爆发了马尾海战。在海战之前,中国福建水师曾奉令不得首先开炮,各舰战备极差。詹天佑目睹这种情形,爱国心切,不顾驾驶官不得过问作战计划与舰队行动的军法,向"扬武"舰管带建议早做战斗准备。战斗开始不久,福建水师的舰只就相继被击伤击沉,"扬武"号因是这支水师的旗舰,更招致五艘法舰的围攻。詹天佑在敌众我寡的不利局面下,沉着勇敢地与留美同学黄季良、吴其藻等人发炮击敌。最后,"扬武"舰被击中着火,管带下令离船,他跃入水中,又救起落水官兵多人。对于詹天佑的突出表现,上海英商《字林西报》是这样报道的:"这次中法的海战,约经五小时三刻钟。西方人士料不到中国人这样勇敢力战,'扬武'号兵舰上的学生五人中以詹天佑的表现最为动人。他临大战而毫无畏惧,并且在生死存亡的紧要关头上,还能镇定如常,鼓其余勇,由水中救起多人。"

一场毫无准备的海战毁灭了中国的福建水师。战后,詹天佑只好到船政学堂去教授英文和驾驶课程。

这时,洋务派的后起之秀张之洞督粤,他雄心勃勃,想要干一番洋务事业。第一步,是成立了广州博学馆,培养新式人才。这就需要延揽人才。他听说詹天佑精通西语西学,而且素有抱负,立即聘请。詹天佑便于光绪九年(公元一八八六年)九月回到广州,担任博学馆英文教习。后来,张之洞交给他一项重要任务,——测绘广东沿海形势图。

中国有四支海上舰队,其中的福建水师已经覆灭,如果再不努力加强粤洋水师的建设,就不能防御帝国主义从南海进行的侵略。想到这些,詹天佑感到这次测绘意义深远,绝不能等闲视之。他迎着风浪,使用西方科学方法精心测绘。

一年以后,他制出了一套详尽周密的广东《沿海险要图》。张之洞很满意。

张之洞的第二步是把博学馆改为广东水陆师学堂,水师学堂学英文,分管轮船与驾驶两科;陆师学堂则学德语,分马步、枪炮、营造三科。詹天佑完成测绘海图的任务后,继续到水师学堂去任英文教师,有两年之久。

这期间,他与谭伯邨的四女谭菊珍结婚,建立了美满的小家庭。但是他的精神常感到空虚。在水陆师学堂任教,在张之洞来说,是重视;但对于他这样有专长而不得专用的人来说,是痛苦的。教读之余,他常常抚摸那些专业书籍。毕业七年了,他的专长没有得到施展。他也曾惆怅过。然而,他为中国修造铁路的志愿,历久而弥坚。

修造铁路　海内所重

机遇终于来临了。光绪十四年(公元一八八八年),他在开平矿务局任职的留美同学邝孙谋(字景阳)函约他北上担任铁路工程师。事情是这样的:唐胥铁路初建时是运煤的轻便小铁路,属于开平煤矿所有。后来建这条铁路的英国工程师金达建议展筑这条铁路。李鸿章采纳其议,组成绅商集股的开平铁路公司,派伍廷芳为总理,唐廷枢为经理,定议把铁路展筑至芦台。光绪十三年(公元一八八七年),清政府海军衙门呈请朝廷加速铁路建设以巩固国防,于是李鸿章奉命又将开平铁路公司改组为中国铁路公司,经营方式为"官督商办",铁路线路则芦台向塘沽天津方向展筑。这时,主持筑路的外国工程师为英籍工程师金达和德籍工程师鲍尔,二人争权,相持不下。因此,金达想把留美回国后管了八年库房的邝孙谋提拔出来加强自己的力量。而邝孙谋很自知和知人之明,他说,要修铁路,还是自己的同学詹天佑更为适合。铁路公司总理伍廷芳听说詹天佑是美国耶路大学铁路工程专业毕业生,当下就决定聘用詹天佑。从此,詹天佑正式投身铁路建设事业。

詹天佑进入中国铁路公司后,第一个职衔是帮工程师,即助理工程师。他深入现场,脚踏实地,八十天就完成了塘沽到天津间的铺轨工程。

光绪十四年(公元一八八八年)九月初五日,李鸿章亲自验看全线工程,最后说,线路"平稳坚实,桥梁车栈均属合法",提升金达为总工程师,而詹天佑的成绩却被埋没了。邝孙谋对金达隐吞詹天佑的工作忿忿然,想要找李鸿章说个清楚。詹天佑反来安慰邝孙谋说:"算了,广东有个陈宜禧工程师,为地方上做了很多事业,也不为人知,我们为中国铁路,也应该争取多修路,不必争功。"

后来,中国铁路公司着手勘测天津至通州的线路。但总工程师金达不让詹天佑参与勘测,而指令他留在天津局内。其他留在局内的技术人员不是夸夸其谈,就是牢骚满腹;詹天佑却说,这段时间正好可以钻研和提高技术。他不但自己这样做,还热心地指导青年人钻研技术,中国第一个火车司机张美就是在他的指教下,后来成长为工程师的。

清政府最高统治集团原曾竭力反对将铁路展筑至关外,怕破坏了"龙兴之地"的风水。到光绪十六年(公元一八九〇年),又看到沙俄帝国主义势力不断伸向东北,日甚一日,才不得不从巩固其在东北的统治出发,决定把关内铁路展筑至沈阳和吉林。这样,原来官督商办的中国铁路公司就被改作北洋官办铁路局,承筑这项工程。这时,詹天佑负责督修古冶至滦州间的线路工程,职务由分段工程师晋升为总段工程师。

光绪十八年（公元一八九二年），铺路工程接近滦河，但滦河大桥却还没有打成一个桩。负责建桥的外国工程师在水流湍急的滦河面前，相继宣告无计可施。而交工的期限却一天天地迫近。无奈，总工程师金达将这个工程交给詹天佑，但也不是信任，是让他试试。

詹天佑认真研究了外国工程师失败的原因：英国工程师喀克斯钻探太草率；日本工程师同样盲目打桩，没有一根站住脚的；德国工程师使用空气打桩法也不切实际，他们都没有深入研究滦河的河床的水文地质情况。詹天佑汲取他们的教训，进行了大量的调查，反复测试，改变了桥址，然后雇用当地精通水性的"水鬼"潜入水下，实行压气沉箱法配合机器打桩，终于奠定了坚固的桥基。

滦河大桥如期竣工。全长六百六十米的钢铁大桥雄踞于滚滚滦河之上。其中钢梁，以英尺计，为二百英尺梁五孔，一百英尺梁十孔，三十英尺梁两孔。建墩所用的压气沉箱打桩法，在我国为首次采用。

滦河大桥的建成，使外国同行对詹天佑也刮目相看了。光绪二十年（公元一八九四年），在国际上颇具权威的英国工程师研究会正式选举詹天佑为会员，高度肯定他的创造性的工作。

甲午战争爆发前，关外铁道已修至奉天省（今辽宁省）绥中县中复所车站。西起落岱，东到营口，北至高山子，都留下了詹天佑的足迹和汗水。

战后，因存于旅顺的八千吨钢轨已被日军掠劫一空，关外铁路一时不能兴筑，他只好改任天津至卢沟桥段工程师，把铁路修向京师。光绪二十三年（公元一八九七年）八月，他又把铁路由卢沟桥接至北京永定门。

光绪二十四年（公元一八九八年），他就任关内外铁路总局锦州铁路工程师，将铁路由山海关修至沟帮子，并由沟帮子与牛庄两头相对而修营口支线。

八国联军之役中断了中国北部的各项重要工程，包括铁路。他便南下，应聘为萍（乡）醴（陵）铁路工程师。他想在该路采用公制的国际标准轨距，受到美国工程师的阻挠。

光绪二十八年（公元一九〇二年）至光绪三十年（公元一九〇四年），詹天佑奉调回北方，参与向英俄两国交涉收回被占领的关内外铁路，同时，指挥铁路复原工程。

自从投身铁路事业以来，十六个年头过去了。他有过欢悦，这欢悦在滦河大桥的建成时，在每一段新铁路的竣工时；但更多的是气愤：帝国主义侵略战争的破坏，外债洋款对工程的扼制，洋工程师的武断和把持……。

他虽然修了很多铁路，但是他始终没有取得独立地主持一项全部工程的权利。洋气和洋罪，他受得太多了。

"什么时候我们完全自己干就好了"！这个念头越来越强烈地在他心里鼓荡。

光绪二十八年（公元一九〇二年）秋，掌握清政府最高统治权力的慈禧太后谕令，定于次年春季往谒西陵，准备向列祖列宗们告慰，清室在经历一番劫难之后终于取得了八个帝国主义国家的谅解而得以苟延残喘了。这时在清政府内举足轻重的袁世凯想乘机让慈禧太后体会一下新式交通工具的便捷,以便有利于推行新政。慈禧太后也有意要体会一下乘火车是什么滋味,而过去,她是一听见说扑通扑通地冒着蒸汽的火车头能拉起一长列的车厢奔跑就觉得心惊胆颤的。

他们决定,为了谒陵大典,特修一条铁路,拨官款六十万两,限期六个月,由直隶(河北)省新城县高碑店经易县修至梁格庄,称为新易线铁路,又称西陵铁路。

最初,清政府仍准备聘请洋工程师主持。但由于英国与法国之间争夺不可开交,最后,袁世凯决定任命詹天佑为新易线总工程师,全路完全由中国人自办。这时,工期只剩下四个月的时间了。

詹天佑接受委任后,立即由京汉线上的高碑站向西勘测选择线路,备料开工。

第一个问题是材料。动工之时,恰值冬季,河水冻结,给施工和运输都造成很大困难。詹天佑果断决定:钢轨不够,就从京奉路借用旧轨,板直校正,以旧代新;枕木不够,就将现有枕木实行稀疏式排列。

此外,工期也不够用。詹天佑大胆地打破外国工程师行之多年的老规则。根据他的经验,他认为在中国的华北,所谓新路基必须风干一年以上才能钉道的外国经验是不适用的。他一面严格要求筑路质量,一面指挥边筑路边铺轨。建设永久性桥梁的时间不够,他指示赶修木架便桥。

在这四个月的时间内,他每天要工作十五六个小时。终于如期完成了任务。

次年,当慈禧太后坐上火车去祭陵时,据说故意命人在车厢内放置了一满杯水,以检验路轨是否铺得平稳。火车跑完全程,没有晃出水来,她大为满意,把车厢内的珍贵摆设儿都赏给詹天佑。詹天佑又分赠给别人了。

新易铁路能够在极短时间内、用极省的费用筑成,证明中国人完全有能力自建铁路。

新易铁路胜利竣工后,詹天佑始为海内所重。这年,其父詹兴洪老人家病殁,詹天佑返粤奔丧。适逢广东侨商张某兴办潮州至汕头铁路,特邀詹天佑为顾问,代为全盘策划;詹天佑返北途经上海时,又被沪宁铁路邀为顾问工程师。回至北方后,又奉派赴河南查勘道(口)清(化)铁路账目及工程情况。事毕,仍回关外铁路,将沟帮子至新民一段筑成通车。清政府为表彰其劳绩,赏予道员衔职称。

京张铁路　胜利竣工

京张一线,在北京的西北,是连结首都与塞北蒙古各部的重要交通孔道,具有极大的政治、经济甚至军事意义。二十世纪初叶,中国出现收回路权,抗议帝国主义国家掠夺中国铁路修建权的运动。因此,自光绪二十九年(公元一九〇三年)起,就不断有绅商申请以商股承修京张铁路,均被清政府以无可靠股本为由驳回。在这种情况下,袁世凯作为督办铁路大臣提议官修京张铁路,经费从关内外铁路(即今京沈路)的余利中提拔。

这时,帝国主义很想涉足。首先是英国以关内外铁路筑路费借有英款,坚持如移款筑京张路,须用英人为总工程师,尔后是俄国以从前曾订有"长城以北的铁路不能由第三国承建"的条约为根据,要求由俄国承包。双方争持不下,最后只好决定都不参与,由中国自己派员修筑。

在他们看来,这就等于给中国出了难题,中国自己不能筑时,自然还得求助于他们。

袁世凯顺水推舟,当即宣布:京张路由中国自筑,与他国无干。此时,袁世凯早已成竹在胸了,他认为詹天佑能够顺利建成新易铁路就有足够的经验和能力担负这项艰巨工程。于是,詹天佑遂受命踏勘。

光绪三十一年(公元一九〇五年)四月,袁世凯会同胡奏准清政府正式成立京张铁路总局,派陈昭常为总办,詹天佑为会办兼总工程师。同时成立工程局和材料厂,工程局由詹天佑亲自负责,材料厂由其兼管。

勘测线路工作从丰台以东京奉路柳村第六十号桥起,经西直门奔西北的南口。

詹天佑共勘测了三条线路。第一条是关沟线。从南口入山,经东园、居庸关、四桥、三堡、青龙桥、八达岭等山地,其中尤以八达岭为最高峰;又要通过老龙背、蛇腰湾、鹞儿梁、石磬子等崖险石峭的大陡坡。修这条路,工程量大,难度高,修成后,通过能力低,运输量受限制,但是路线距离短。

第二条路是热河线。由北京沿热河大道过明十三陵、黄土梁,小张家口、延庆州、怀来县至张家口。这条路的优点是可以绕开关沟地段。但缺点是路远、坡大,总工程量不比第一条小。

第三条路是永定河线。自北京出西直门,绕石景山,经三家店,沿永定河畔,走青石口、猪河口出山到张家口。这条路的缺点是大量线路都要修在永定河畔的峭壁上,工程难度大于关沟线。但优点是筑成后,通过能力高,运输量大于关沟线数倍。

在此三线中,第三条线是较佳路线。不过由于清政府所批款项和筑路期限皆不足,只好割爱。最后,詹天佑决定采用第一路线施工。

京张铁路要走关沟线,成了一条爆炸性的新闻,立即传开了。那些目空一切的外国工程师们纷纷断言:中国的工程师绝不可能完成这样艰巨的工程。有的人甚至说:中国会修关沟段铁路的工程师还没有诞生呢!

詹天佑对这些冷嘲热讽不予理睬,他要用事实来回敬这些人。他带领工程队,在选定的关沟线上进行细致的复勘。在复测过程中,他是高明的工程师,是诲人不倦的教师,又是一个普通的测工。他对测量工作一贯坚持高标准要求,反复地对青年技术人员讲:我们虽然已经定了基本的路线,但是具体的路线还是要精密勘察,如果选线不好,不仅延长里程,提高造价,而且会贻笑外国人,挫伤中国人自筑铁路的信心。

为了选择好的路线,他有时亲自掌握经纬仪,攀崖定点,有时骑上小毛驴在崎岖的山路上走访樵者、牧人。

他看到风沙大,不易操作的时候,有的测绘人员工作有些草率,就严肃地告诫说:"技术第一要求精密,不能有一点含糊和轻率。'大概'、'差不多'这类说法,不应出自工程人员之口。"

有时候，测量人员就要向新目标转移了，他又去再次复测一遍已经测过的地方。这样做，难免会多用了些时间。有一次，一个青年人不耐烦地说："您既然信不过我们，还让我们测量干什么？"他亲切地对他讲："不是我不信任你们，科学工作，多一个人检查，会少出点错误。我们肩上的责任重大呀！"测量队的全体人员都为他的高度责任心所感动，精益求精地对待自己的工作了。

光绪三十一年（公元一九〇五年）十二月十二日，京张铁路自丰台正式铺轨。詹天佑在群众欢呼声中，有力地举起道钉锤，打下第一根道钉。

京张路是在九月初四日正式动工的。这是我国自己设计自己建筑的第一条铁路。它的成败关系到今后中国能不能争回筑权。詹天佑把家属迁到工地，发誓不修好京张铁路就不回北京。他把全部心力都用到筑路上了。

当时，中国铁路工程人才很少，北洋、南洋及唐山几个院校尚没有铁路工程毕业生。詹天佑创设工程练习生和工程毕业生制度，各为六级。以没有学过工科的青年路工派为工程练习生，在施工中给以基本工程教育，六年后毕业。然后再按品行资历授以帮工程师、副工程师等职称。工程毕业生也按六级晋升。他评人和用人的标准是先品行而后学问。他所培养的很多学生后来都成了其他各路的工程负责人。

鉴于此路最大坡度将为三十升一，最湾线半径将为一八二点八八米，这是很高难度的线路，他认为在选用工程材料时，要从严从优考虑。因此确定：正线用八十五磅钢轨，岔道用六十五磅钢轨；枕木选用标准尺寸的榆木、柞木、黑楸、白楸或美松等木材；在陡坡和急弯地段另加护轨和轨撑，以保证行车安全；桥梁的负荷力以古柏氏 E·三十五计算；在南口和康庄之间的特大坡路上，于列车之后加用推动机车一辆。而最重要的是铁路轨距，使用一点四三五米标准轨距。关于最后一点，他曾对人说："铁路犹如人之血管，要能周流全身，则需畅通无阻"，所以，"中国的真正统一要从铁路轨距划一开始。"

京张路第一期工程于光绪三十二年八月十三日（一九〇六年九月三十日）竣工通车，既以此路售票盈利，同时以之运送第二期工程用料。

在第一期工程进行期间，詹天佑带人对原勘定路线进行了复测改线，总的原则是要省工省经费。经复测后决定在居庸关前的关东筑巨桥傍山直上，在居庸关下凿开山洞；出洞后为避免再凿六千尺的长洞，将原线改作沿青龙桥的东沟作"之"字形盘山路奔向八达岭长城之下；出八达岭后，在鹞儿梁一带为了避去一段难工，绕至辛庄子以西的西山嘴；路出宣化后，再绕至沙岭子，以回避石峡子的难工。这样，只需开凿居庸关、五桂头、五佛寺、八达岭四个隧道就可以了。隧道实际总长一六四五米，比原勘线路的隧道工程量大大减少了。

实际工程仍是浩大的。工程队开凿的第一条隧道——居庸关隧道就选择在这架山的最狭处，然而仍很长。如果从一头凿进，一定会延误工期；如果打竖井，山势又过高，岩层很厚，不易施工。于是采用两端对凿法。对凿法对施工的精密度要求很高。古语说："差之毫厘，谬以千里"，只要稍有差错，山洞就不能在中点贯通。

詹天佑先绘制一幅隧道剖面图。然后,命人在山岭高处立一天点标杆,在岭两侧各立一地点标杆,这三点构成一个垂直面。然后,在两侧地点内侧再立一人点标杆,这样,地点与人点的延长线就指示所凿隧道的中线。施工队每掘进几米,就立一新的中橛,并不断地向洞外的地点校正看齐,以保证掘进方向不偏。

在詹天佑和他的工程队面前,可以说困难如山,除了没有先进的测量仪器外,更没有先进的隧道掘进设备。

没有开山机,他们便用人凿肩抬。山洞两端各置六十名工人,其中凿工四十,运输工二十。凿工两人为组,一人拿钢钎,另一人拿铁锤,轮流在岩石上凿出两米深的炮眼,然后用火药爆破掘进。詹天佑亲自教会工人掌握凿眼方位、大小深浅、装放炸药的分量及引爆等技术。在中国,把炸药用于矿山和掘进工程,是詹天佑首创的。

帝国主义分子对于中国人独立地修筑铁路总是不甘心的。正当居庸关下炮声隆隆,顺利掘进的时候,日本包工商雨宫敬次郎上书袁世凯,要求用日本钻机,并派日本技师和钻工承揽全部隧道工程,内称:"中国工程技术人员及工人对开凿山洞都无经验,如只靠人工,必难完成"。詹天佑一口回绝,他心里想:"开山机(钻机)固然好,但你们想以此来掠夺筑路权,办不到;我们要靠中国人自己的双手打通山洞,让你们看看。"

英国人金达也常常带领一些其他外国工程师来到居庸关内外。他们带着猎枪,拿着食品,在附近转来转去。有一个时期,他们看见詹天佑从洞里走出来,穿着工作服,挑着泥水桶,很奇怪。原来工程已进展至居庸关城墙的正下方,这里土石松脆,又正逢雨季,雨水和泉水不住地从石缝中渗进来,洞内滴水嗒嗒。詹天佑带头挑桶进行排水,同时命工人边掘进边砌成水泥边墙环拱和排水沟。金达他们示意詹天佑购买外国抽水机。詹天佑表示,没有抽水机我们照样能干!

一个奥地利驻天津的领事前来兜售他们的车辆产品。詹天佑郑重地告诉他:"如果中国唐山厂不能替京张路制造车辆(这一点正是他兜售的理由),我们将到天津各厂家去买。……我们绝不会去找你,也不会找其他的厂家,唯一的办法是去我们自己的工厂去买。"

光绪三十四年(公元一九〇八年)四月十四日,居庸关山洞凿通。

最长的隧道是八达岭隧道,长一千一百四十五米,为居庸前隧道的三倍。

八达岭,在居庸关北,号称"北门锁钥",古书记载:"居庸之险,不在关城,而在此岭"。在这里施工,其难度又非居庸关隧道可比。

鉴于洞身过长,詹天佑指挥采用中距离凿井法,然后分六个作业面同时掘进。这种方法说起来容易,施工却很难。其办法是,在洞两端相对向中点凿进的同时,再于洞身中部的山上,开二口大竖井,挖至预定中线和水平线后,分别向两端掘进。没有升降机,就在井口设辘轳,运送工人、土石、积水和作业器材。

他经常深入现场,常常十天半月地和工人们一起吃住,一起劳动,以便随时处理施工中出现的新问题。

有一次他在井下跟工人一起作业,忽然感到胸闷气喘,看看旁边随身携带的小瓦斯灯,火苗也越来越弱了。他意识到这是井下缺氧,二氧化碳过多了,立即指挥工人们撤到井上。

这件事触发了他的灵感。第一,为了解决井下缺氧问题,要安设通风机。但在没有通风机的情况下,可在井口安设大风箱,用人力鼓风,用铁管把新鲜空气送到井下,保障井下作业人员的健康。第二,隧道通车后,洞内也需要通风,于是要加造山洞通风楼。第三,为养护工人在隧道里工作,并能躲避来车,在山洞内每隔几十米凿一个待避洞。

光绪三十四年(公元一九〇八年)四月二十三日,八达岭山洞全部打通。五月初六日,詹天佑特地邀请那些经常"关心"这项工程的外国工程师深入山洞逐细考察。他们对于这项工程设计的合理、设施的完备、施工的精细给予很高评价;当他们测见这座分段开凿的山洞"南北直线及水平高低竟不差分毫"的时候,就更加心悦诚服了。

英国工程师金达在参观结束后,又特地另致专函表示称赞:"你已经很经济地完成了十分完善的工作,这要归功于你和你的部属。"

居庸关、五桂头、五佛寺及八达岭等四座山洞竣工,全部京张路困难工程已解决大半。詹天佑指挥筑路人员按计划赶修青龙桥人字形盘山道,怀来河大铁桥,以及羊河一带嵌入山岩的通道,这些工程在凿通八达岭的英雄工程队面前,就不能称难了。

在进行第二期工程的时候,詹天佑就布置另一些人伕骡车将钢材、石渣、枕木等运往第三期工程施工沿线,做好备料工作,建好沿路各车站。第二期工程一结束,第三期工程立即就动工了,进行得十分顺利。

宣统元年(公元一九〇九年)五月十七日,钉轨工程到达张家口;八月六日,主管全国铁路交通的邮传部尚书徐世昌,侍郎沈云沛和汪大燮乘车行抵张家口,宣布全面验收;八月十一日,京张铁路全线通车。

邮传部批准自八月十日至月底,丰台至张家口之间,往来客商无论从何处上车,一概免收车费,货物亦免收运费,以为中国自行筑路之大纪念。

人们奔走相告:自古以来横亘在塞内外的迢迢关山,如今有了通途;蒙古高原上的羊皮驼绒,内地的茶叶丝瓷和工业制品从此交流无阻;京师与边地的政事军情,即日可以谋面办理;国家的统一和各民族的团结,有了新的纽带;沙俄南侵和英国北侵的野心,受到了遏制。

火车上,人们挤到车窗前眺望。看见青龙桥的人字形轨道,赞佩这工程巧夺天工;钻进八达岭隧道,深感这工程的伟大。人们沉浸在幸福和自豪的气氛里,不论相识的,还是不相识的,都在热烈地谈论,中心话题是:"咱中国也能修这么难的铁路啊!""可给咱中国人争气啦!"

八月十九日,在南口举行盛大的通车典礼。上午八时三十分,接送参加典礼的中外来宾的专车从西直门车站开出,九点四十五分到达南口。

通车典礼在南口站前隆重举行,到会各界人士一万多人;高搭彩棚,锣鼓齐鸣。

彩棚里的几个外国工程师在此之前已将全路逐细察看,无可挑剔。此时唯有频频挥帽致敬。

　　工程界各位专家们认为，京张路不仅成为中国人自筑的第一条干路，而且它为中国各工程界树立了省工、省钱、坚固的楷模。省工，仅青龙桥采用人字形路线就比使用传统欧美方式节省六千尺隧道工程；另在鹞儿梁、九里寨等处也避免了洞工。连欧美工程师都承认在这些地段"省去洞工，实为绝技"。省工也就省了时间，全部工程原计划六年完成，实际只用四年便告竣工，提前了两年。省钱，京张路建筑工款原预算为七百二十九万一千八百六十两，实际收到七百二十二万三千九百八十四两，实际支用六百九十三万五千零八十六两，尚结余二十八万八千八百九十六两。包括机车车辆和行车设备，平均每公里约为三万五千两白银，合银圆四万八千六百元，其工程难度大，材料标准高，而成本如此之低，实为难得。主要原因是直接管理，杜绝了贪污中饱。至于坚固，詹天佑向来不片面追求省钱，他是把坚固与省费综合考虑的，并非一概排斥国外材料，例如，全路的钢轨，都是购用美国的，因为工程难度大，要求安全系数高，而国内钢轨达不到要求，他决不勉强替代。但是，建桥工程中，他又善于因地制宜地利用当地工料和我国自造水泥来造成旋桥，这就比全用钢桥大大降低了造价，而且保证了坚固耐用。又如为了防止河水暴涨和山洪暴发，冲塌路基，他不避繁难，采用水泥砖防护措施。总之，全部工程坚固壮观，与起伏于崇山峻岭的万里长城相辉映，益发表现了中国民族的伟大创造才能。

　　下午一时许，大会正式开始。先是邮传尚书徐世昌演讲京张路竣工的重大意义。

　　接着是詹天佑讲话。詹天佑是不擅长演说的，这样一项伟大的工程，他只略略数语就讲完了。他讲话的内容主要是讲解京张路在工程技术方面的特点，说明居庸关和八达岭两处隧道的独创性设计。

　　最后，广东省群众代表朱淇的演说，从政治影响，建立中国人的自信力方面引起全体与会中国人的共鸣。朱淇说道：

　　"……过去，每筑一铁路，开一座矿山，建一个炮台，造一架机器，人们都说，此非外国人不能办。而外国人也轻视我们中国，说，这类工程技术不是中国人所能办的。京张铁路兴筑之初，外国人曾在报纸上著论，说中国能造这条铁路的工程师还没诞生呢！现在詹君独运匠心，筑成了此路，而没有用外国人一分一毫的力量，一切筑路工程与管理工作完全使用本国人来从事，这可真是让中国人扬眉吐气啦！"

　　詹天佑虽不善于辞令，但在胜利的时候也极具幽默。这天散会后，他见到了一久别的友人。詹天佑说：

　　"我今年四十九岁了，你可知我平生最感困难的事是什么？"

　　"是开八达岭隧道吗！"

　　"不是。"

　　"是造怀来河大铁桥？"

　　"也不是。"

　　"那！还能有什么比这两件更难的事了？"

　　"今天在会场上的演说，真比开八达岭和造大桥更困难万倍啊！"詹天佑幸福地笑起来。

"可是你今天讲得很好。"

"是吗？你这句鼓励，比任何恭维和赞扬都更可贵。"

辛苦奔波　名满天下

京张铁路胜利筑成，詹天佑名满天下。各种荣誉称号，接踵而至：宣统元年（公元一九〇九年），清政府不经考试特赏十二名留学归国十年以上做出优异成绩的人为留学进士，其中第一人就是詹天佑；同年十一月，美国工程师会选他为正式会员，中国工程师被选入该会的，以他为第一人；一九一六年，香港大学授予他荣誉法学博士称号，成为中国人取得该校这项学位的第一人；同年是他在美国耶路大学毕业三十五周年，该校决定授予他荣誉硕士，要求他前往接受学位，顺便给他重游美国的机会，他拒绝了，说：

"我不能为个人的学位跑出去，中国需要我做的事情还有很多"。

的确，对于这样一位留学外国多年而不崇洋；执着地爱国而不排斥现代科学并努力使之在中国大地上开花结果的人，中国是太需要了。

京张铁路还没筑完，邮传部就委派詹天佑筹划家（家口）绥（远）铁路。于是，他先派人初测了三条路线，然后经他审定一条综合路线。一九一五年该路修筑至大同。

洛（阳）潼（关）铁路聘他为顾问工程师，着重解决张茅硖石一带入陕山道的选线问题，经他悉心研究，避难就易，新选线比原预算大大节省经费。

商办的粤汉铁路推举他为总理兼总工程师；民国初年，交通部又委他为粤汉路会办。一九一三年，粤汉路由广州通车至英德，计一百四十一公里。

不久，他的职权范围就扩大为会办汉粤川铁路。汉粤川是包括两湖、广东和四川在内的所有铁路干线。其筑路款主要是依靠四国银行团提供的，这就不得不聘用外籍总工程师和工程师。因此，詹天佑就需要在正常工作的同时，分出很多精力去与帝国主义分子进行必要的斗争。

首先他指令湘粤铁路接轨地点要在湖南境内的宜章，而不能伸入至商办的粤路以内。这用意明显的是在于防止四国银行团势力的扩张。

其次他又坚决批驳了德籍总工程师雷纳关于在川干路以外加修支线的要求。他指出：这不过是为了德国的商业利益；如果要修，以后我们自己修。

宜夔（音魁）铁路局德籍总工程师伦多富勘测的成渝路线要向南折经泸州，他给予的批复是"糜款费时，殊不合算"，他所提出的成渝路的走线为新中国成立后人民中国的成渝路所采用。

在华洋工程人员共事过程中，外国工程技术人员有意无意地对中国技术人员有所排斥。每逢此时，他一定出面主持公道：湘鄂段英籍总工程师格林森制定工程师职务等级时，以华洋为标准，有些职务只能由洋工程师担任。詹天佑指示他要

"但论学问,不分华洋",格林森只好"欣然领命"。一次,德籍总工程师雷纳来函,说中国工程师水平不够,要求雇用若干名德籍工程师以代之,詹天佑虑及此例一开,其他借款之路将争相效尤。于是把雷纳找来,先问他:

"贵函之内,可有没有文误?"

雷纳再次看了看,说没有。

詹天佑便追问他:"贵函所说中国工程师能力不够,究竟指谁?"

雷纳只好具体说出若干人。

于是詹天佑把雷纳的信函当面退还,告诉他:笼统地批评中国工程师能力不够,实属侮辱中国工程界。今后如查出某个中国技术人员不称职,可以换人,直至满意为止,但是中国人员的位置必须由中国人员补充。此外,聘用外籍人员只能以高级职称为限,中下级技术职称不得为外国人所夺占,以便中国人员有锻炼的机会。

喀克斯,这个当年在詹天佑刚刚投身于中国铁路事业之时曾经以上司的资格压制詹天佑的人,现在成了粤汉路上武(昌)长(沙)段的总工程师,变成了詹天佑的下属,内心很是不甘,他有意拖延工程,詹天佑还必须不断地驳斥他的延误理由,推着他赶修这条南北大动脉。

他还要帮助本国技术人员提高工作的科学性。他审查广(水)宜(昌)路的测线报告后,发现测量报告以普通测勘作为定线标准,便严肃指出:必须再进行特别测勘,才能作为施工标准,二者是不可偏废的。

他改正了汉(口)宜(昌)段的铁路路线,较原路线缩短里程三分之一。

他坚持宜(昌)夔(州)路应走沿江路线,这比内陆路线几乎要缩短一半里程。

真是日理万机。但他却忙得很高兴,在繁忙的工作之外,他还抽出时间来关心工程界的人才开发问题。

一九一二年,广东成立中华工程师会,推举他为会长。后来与上海的中华工学会、中华铁路路工同人共济会合并,会名仍为中华工程师会,一九一三年改名为中华工程师学会。这个学会后来由他捐资迁至北京,建立永久会所,并出版会刊。为了鼓励青年工程学家致力于科学研究,他手订征文条例,并每年捐助银圆若干,制作"詹氏征文奖牌"。

他主编了《京张铁路工程纪略》《京张铁路标准图》《华英工学字汇》等图书。

他满怀热情地给青年工学家们作演说,告诫他们不要沽名钓誉,不要去做官,而要为国家的富强脚踏实地地学习和工作。他发表文章劝勉青年们,"精研学术以资发明,崇尚道德而高人格,循序以进,毋越范围,筹划须详,临事以慎"。

他出任会长的全国铁路技术委员会汇集了全国工程和机务方面的专家,拟订了中华国有铁路标准及规范书,解决了我国铁路由于早年借外债聘外籍工程师筑路所造成的建筑规程及行车设备标准均不统一的问题。

他对铁道科学的研究颇致力。曾做过独轨铁路研究,做过独轨行驶的脚踏式火车的公开演讲,可惜没有完成。

铁路先驱　因病而逝

从留学时期起就注意锻炼身体的詹天佑，身体本是健壮的，这成就了他的伟大事业。但是伟大的事业又终于压垮了他的身体。到一九一八年，他已经重病在身了。

一九一九年，他被北洋政府派往协约国西伯利亚铁路监管会，任技术部中方代表。

这个铁路监管会本来是各帝国主义国家干涉十月革命的总措施的一部分，但由于它所管辖的中东路涉及中国主权，所以中国应该有代表出席。詹天佑健康状况不佳，本不想就任，但鉴于办理国际交涉，各国都派技术专家前往，中国如不派有声望的专家前往，恐于交涉不利。

詹天佑当时任交通部技监、汉粤川铁路局总办兼总工程师，在国际上又有素著声望。只有他去最合适。

三月五日，七国监管会在海参崴成立，同时成立技术部。这一个月内，会议十多次，詹天佑与各帝国主义国家代表拼力折冲，力争中东路归还中国管理。以后又被推选考查车务。在严寒的冬季，奔波于海参崴与哈尔滨之间，极度劳累，加以饮食不调，使他复犯阿米巴性痢疾。四月十五日，不得不离开哈尔滨了；二十日回到汉口，面对欢迎他的人，他只有气无力地说了句："我身体支持不住了。"

一九一九四月二十四日午后三时三十分，詹天佑溘然长逝，享年五十九岁。医生说，他死于心力衰竭和体力衰竭。

他逝世之前，口述遗嘱三条，大意是：一、中华工程师学会对于振兴中华实业。关系极大，富国利民实基于此，望进一步发展壮大；二、所遗监管会技术部代表一职，请政府另派最有能力的人出席，以期有效地与列强折冲，捍卫中国权益；三、川粤汉铁路应争取工款，速定计划，早日从长沙延修至广州。

遗言三条，言不及私。人们感佩他的崇高品德，追念他的伟业。国内的唁电唁函多不胜数。政府颁令将他的生平事迹宣付国史馆立传。武汉市各界举行盛大公祭。出殡时，许多观众自动走进送葬行列。

一九二二年，中华工程师学会和京绥铁路同人会在青龙桥车站，铸成詹天佑铜像。

自铜像而后，步上四十七级台阶，是一九八二年六月，党和国家将他的遗骨火化后移葬于此，并修砌了花岗岩汉白玉的半圆形墓冢。

中华民族将永远不会忘记这位爱国的伟大科学先驱。

国学经典文库

中华名人大传

图文珍藏版

国学经典文库 图文珍藏版

中华名人大传

董飞·主编

线装书局

目　录

圣哲高僧

图文珍藏版

导　语

　　中华文明，数千年一脉传承。中国悠久灿烂的历史文化，如果说使国人骄傲，但近代以来，不如说常使人陷入困惑。历史是人的历史，传统是人的传统。所谓历史与传统的辉煌说到底是人的辉煌，而所谓对历史的继承也说到底是人对人的继承，或者说是后人对前人的继承，或者更确切些说是后学对前贤的继承。今天我们说弘扬优秀民族传统文化，不仅要心平气和地认识历史，也要实事求是地认识先贤先哲。

　　遥想古代先哲，老聃、孔丘、孟轲、庄周、荀况、韩非，哪一个是以艰深繁琐的方式表达思想？他们的学说朴素而至深，表述上相当简单，却引人入胜，发人深省，因此深深影响着当时的中国社会。随着岁月流逝，在当时背景下通俗易懂的智慧，渐渐成为少数人的学问，带上一层层去人以远的神圣光环。有人说，孔子是一盏灯，用自己生命的全部力量，照亮了后人求索的道路。不仅仅是孔子，孟子、玄奘（高僧）、朱熹、魏源等这些先哲们，也都是一盏盏明灯。灯总是会燃尽的，但他们不会，因为他们早已将那光明播撒到了每一个世人的心间。进而薪尽火传。

　　每个时代，总有他那个时代的圣哲。圣哲是时代的代言人，是时代智者中的精英。人类社会需要圣者，人类社会需要哲人。如今，先哲们早已走进了历史，而我们，迟早也会走进历史。现在的我们还太年轻，对于我们来说，他们是很古老的存在。但如果将整个社会的历史看作一个人的一生，那么先哲们所在的那些阶段比我们年轻，我们似乎成了相对苍老的存在。年轻也好，苍老也罢，先哲和我们同是人类生命的传递者和创造者，同在历史的长河中行走着、汲取着、探索着、发现着……

　　中华文明是一条承载着三千年智慧的浩瀚长河，自"五四"学潮上溯，经清明元宋，过唐隋，跨南北朝和晋魏，越两汉与先秦，直至周商，你会感受到深深的震撼。这不是一条自窄渐宽的自然河流，而是一种从始至终都波澜壮阔的传承。周朝封建背景下的"百家争鸣"不让于"五四"前后的西式民主，魏晋动荡岁月的歌赋不逊于明朝乱世中的诗词，唐宋帝制年代的哲思水准不一定低于清末激扬的启蒙。这是一条终始宽广如初的大河，只要将心浸进去，一定会感受无力饱览的沮丧。

　　有感于此，本卷策划者从先秦百家入手，遴选圣哲高僧精华人物以为传，让大众读者窥一斑而知全貌，含英咀华，一点点体会中华文明的魅力，碰撞圣哲思想的火花。

太子老君 道家鼻祖

——老子

名人档案

老子：姓李，名耳，字聃，因而人称老聃，楚国苦县（今河南鹿邑县）厉乡曲仁里人，一说为今安徽涡阳人。曾做过周王室管理藏书的史官，后隐居石化。我国古代著名的哲学家、思想家和道家学派的创始人，与庄子并称"老庄"。后被道教尊为始祖，称"太上老君"。曾被列为世界文化名人，世界百位历史名人之一。

生卒时间：约前571年~前471年之后。

历史功过：老子生活在春秋时期，曾在周国都洛邑任藏室史（相当于国家图书馆馆长）。他博学多才，孔子周游列国时曾到洛邑向老子问礼。老子晚年乘青牛西去，在函谷关（位于今河南灵宝）写成了五千言的《道德经》（又称《道德真经》，或直称《老子》、或《老子五千文》）。在道教中，老子是太上老君的第十八个化身。

名家评点：被唐皇武后封为太上老君，世界文化名人，世界百位历史名人之一。在道教中老子被尊为道祖。秦佚颂悼文道："老聃大圣，替天行道，游神大同，千古流芳。"

老子出世 聪明好学

传说中在商朝第十八代王阳甲继位的第7年，民间有一妇人，夜宿山中，做了一梦。梦见自己独自夜行，忽见一颗斗大的明星自东向西移动，顷刻之间，已到头顶。她生怕大星落下砸着自己，急忙躲避，只听一声巨响，那大星落下正压在她身上。这一来将她吓醒了，方知是一场大梦。从此以后，她就怀孕了。怀孕本是常事,可她却与众不同。别人怀孕,10个月生产,可她却1年没生,2年没产,直过了10来年,依然毫无音信,如此一年年过去了,幸而她寿命较长,能一直持续下去,否则胎儿没生下来,母亲要先去世了!自阳甲之世,直到武丁王朝,足足怀了81年。有一天妇人正坐在一株李树下休息,忽听腹内有人说话:"母亲啊!孩儿今天要出来了,请你用锋利的石棱剖开左腹,我就可以出来与你相见了。"她听了非常奇怪,但实在因怀孕太久,就决定试一试。她找到了一块锋利的石片,将左腹剖开,只听謇然一声,钻出一个人来,迎风而长,仔细一看,却是一个白发盈头的老头。他指着李树说:"就以此为我的姓吧!"这时妇人的腹部已经合上了,她替他起名叫李耳。因怀孕到老而生,故又名老子。

当然这只是个神话传说。除此外,在老子的家乡鹿邑一带,还流传着李耳是母亲吃了李子后怀孕而生下的,所以取姓李的传说。老氏是殷代的贵族,在殷人中传说他们的祖先契是简狄吞了燕卵后生下来的,因为出生得与众不同,所以后来才出息得很,成了殷人的开宗祖先。老子后来也成为有学问的圣人,大概也是来历不凡,人们很自然地仿照简狄吞燕卵的传说,编造了李母吞食李子的传说。

由于真正的事实已难于考证,我们只能说其中某一种说法还比较可信。

春秋末期,楚国苦县厉乡曲仁里有一个李员外,名叫李乾。在洛阳附近当过几个月的小乡官,因感当差不自在,便带妻子李氏弃官归里。夫妻二人乐善好施,很得乡民爱戴。后来李氏怀孕了,可李乾却因走远亲,酒醉后连夜回归而迷失无踪。胎儿一天天长大,但到了十个月却未生产,李氏十分忧虑,天天盼望着孩子早点生下来。到了十一个月,还是不生,李氏不住地念叨:"儿啊,你快快出生吧,娘巴望你出生已经巴望到怀你的第十一个月了。唉,谁知是今儿也巴望,明儿也巴望,巴到十一不出家!"后来"巴到十一不出家"这句忧虑的话被传成了怀孕怀了"八十一年"。话说到了周灵王元年(公元前571年)2月15日的早晨,李氏感到阵阵腹痛,她忍不住大声呻吟,在床上栽倒。邻家妇女替她请来一位接生婆金大娘。金大娘看过李氏后,确定是稀有的难产,因为胎儿在娘肚里发育得过于长大,加上过月过得时间太长,李氏又是第一次生产,十有八九母子都不保。金大娘十分着急,李氏脸色苍白,毫无血色,一阵疼痛使李氏昏了过去,把李氏唤醒时,她的目光落在了案板上的一把菜刀上,她对金大娘说:"快给我把肚子割开!"金大娘慌乱的不知所措,颤抖着将菜刀拿起来,又放下:"不行!这一刀下去……我,我害怕,不忍心下手。"李氏忍着痛苦,用极微弱的声音说:"为给李家留下这条根,我,情愿……,我死后,你告诉孩子,做个对苍生有益的好人……,快,快!"金大娘又一次举起刀,又放下了,就在这时,李氏突然以惊人的力量抽身坐起,从金大娘手中夺过菜刀,照着自己的腹部切了一刀!血立即从被划破的腹部流出,浴血的婴孩,也呱呱坠地。金大娘在惊骇中慌乱地将婴儿抱起。可英勇的母亲却因流血过多,无法挽救,嘴角留着一丝不寻常的微笑,与世长辞。她以献身的精神,用异常的惊世之举,为人间奉献出一个伟大的生命。

金大娘再看看这个婴儿，是个男婴。除比一般刚出生的婴儿惊人的长大之外，还出落着一副俊美而怪异的相貌。他像已经生下来几个月的孩子一样，脑门宽阔圆饱，略长的大脸，丰满俊秀，淡眉长目、高鼻梁、笑嘴角，安详和善，慈意满面生，两只垂着福相的耳朵大得出奇。最使人感到怪异的事是：他头发是黑的，但是除眉毛有点发白之外，上嘴唇上还显出一道淡淡的白胡。

由于孩子的父亲走失了，母亲又去世了，他被送给了村里的老莱夫妇。老莱，50 出头的年纪，是一个心地纯真，宽厚和悦的老人。夫妇俩一生无子，刚生了一个女孩又突然死去了，这时得了一个男孩，真是喜从天降。由于孩子长着一双大而好看的耳朵，就给他起名叫李耳。由于养父姓老，再加上他生下来就有白胡，所以后人也称他为"老子"。"子"是古代对有学问有德行的男子的尊称。

小李耳是聪慧的，而且从小就表现出了天性中的仁爱之心。他生下来不到俩月，就已经开始牙牙学语，一般孩子牙牙学语时，他已会清清楚楚地说话。有一天李耳的养母抱他去玩，养父老莱故意逗他，拿个小木棒去打妻子，小李耳伸出白嫩的小手，用力抓着木棒，不让他打；养母感到奇怪又好笑，就故意夺过木棒扔到地上，又扬起胳膊用拳头去打老莱，李耳又伸出小手，用力扒着她的胳膊，不让打。李耳这么小就知道仁爱，实在是天性的缘故了。在李耳的幼小生活中，这种同情弱者，帮助弱者的事绝不止一件，在曲仁里还流传着这样一个故事。

在李耳 11 岁那年冬天，一场大雪刚刚化尽，一个讨饭的小孩走进了他家的院子。他上身穿一件烂得开了花的小袄，下身穿一条烂得只剩下大半截的夹裤。他定定地站在那里，一副十分饥饿的样子，眼巴巴往屋里看着。这时李耳的养母去抱柴禾了，正赶上老莱身体不舒服从外面回来，他看了看厨房，又看看小乞丐，随口说了句："饭还没做好，没啥给你，先到别处要去吧。"小乞丐见老莱脸色不好，扭头就走了。实际上，老莱不知道，因为有客，李耳的养母早就蒸好了馍，放在了馍筐里，上面用馏布盖着。

李耳很可怜这个讨饭的孩子，便从厨房里拿了四个馍追了出去。没想到，当他急急慌慌追到村头，那小乞丐已走远了。李耳心里有点踌躇："他走了，馍还给不给他呢？"一手拨拉着头上那黑发扎成的"小牛角"，一时不知如何是好了。心想：我偷拿了馍，大（养父）会生气的，若再不给那小乞丐，岂不让人笑话。不行，我一定要追上他！非把我下决心给他的馍送到他手里不可！想到这，就拿着馍又追了下去。"别走哩——！别走哩——！"他一边小跑，一边喊着。可不知是那个小乞丐没听见还是咋的，他依然一路走了下去。一直追了二里路，那乞丐进了一个村庄不见了。李耳喘着气走到村庄西头，见一个老头向他走来，他问老头："老伯伯，见一个小讨饭的没有？"老头说："见了，鼻涕两筒，穿得很烂，脸抹得像个小灰鬼。上庄东头去了。"李耳道了谢，拿着四个馍又奔了庄东头。可到庄东一问，又说他向正南去了。李耳又急又气，又向南追了下去，终于又看见那个小乞丐了。他拼命向前追赶，嘴里还喊着："我给你送馍来了，站住！！"不想脚下被石头绊了一下，重重地摔了一跤。李耳简直就要哭了,他忍着疼,爬了起来,又向前追,终于追上了。当李耳把四个蒸馍放到那孩子手里时,那孩子被感动得哭了,说着:"你!……你是好人!"

有人说:天底下没见过这样给乞丐送吃的,李耳真是个稀罕人。这样的事对别人来说也许稀罕,可在李耳却是件平凡的事。

少年李耳不但聪明,还十分好学。在曲仁里一带流传着这样一句俗语"半夜走亲戚——意在求学"。这话是怎么来的呢?

有一天,李耳的养父叫他到姨家走亲戚。李耳的姨家离曲仁里20多里,需要坐车前往。他坐着小拉车往姨家走,准备回来时请他姨坐车来住几天。为了利用一切时间学习,临行时,他在车上放了几大捆竹简,这竹简就是古代的书。李耳坐在小拉车上,一面让马自己顺着路往前走,一面专心致志地看书。走哇,走哇,因他看书入了迷,竟把周围的一切都忘了,当然也忘了走亲戚的事。等他偶然抬起头来一看,马车把他拉到一座野山脚下的清溪旁边了,他向四周看了看,不认识是哪里。"这可咋办?得赶紧问路,到姨家去。"李耳心中想着。又一想:"《河图》《洛书》这没看完,到姨家七拐八弯,处处问路,到了那儿不定要耽误多少时间,反正到姨家也没啥急事,干脆把这些竹简读完再说。"想到这,他把马拴到树上,让它就地吃草。一个人坐在小溪旁边,如饥似渴地读起了书。这一下他是更加心无旁骛,卷上《河图》《洛书》,又展《八索》《九丘》,真是流连忘返,一读而不可收拾,一直到日落西山,天全黑下来了,他才想起还要去姨家。可这时天黑路又不熟,他是怎么也找不到姨家了,他急得出了一身冷汗。无奈,只好听天由命,把命运交给了那匹马,让它自己走。走哇,走哇,终于他看到了前面有一点灯火,急忙催马往前赶,到了近前一看,是个村庄,而且正是曲仁里,马自己走回了家。自此,李耳有了一个"书疯子"的绰号。

在李耳的学业生涯中,还有一件事显示出了少年李耳的不平凡。在李耳上学的学馆里,学业成绩最好的是一个叫杜杰的孩子,可是有一天老师来了个突然袭击,展开一卷卷竹简,用他讲过的一些精彩段落考问他的弟子们。弟子们对教师的提问,不是目瞪口呆,就是答非所问,连杜杰也只回答了试题的一半。可出人意料的是,李耳语惊四座,对老师所提全部问题,一个个都做了圆满的答复。老师喜出望外,表扬李耳是"第一聪明弟子"。可这却惹恼了一个人,他就是杜杰,他恨李耳夺走了他的"第一聪明弟子"的名号。两人较上劲要见个高低,打赌比赛背《周易》,可对于赌什么,二人争持不下,于是决定请老师做裁判。老师听了他们的说明,十分认真地说:"你们比背《周易》,很好,我看这样吧,赢了的,我拿我的束脩(学生们交的学费),以一盘银子作奖;输了的,我要严厉地惩罚,我说话算话!咱们三比两胜,你们看怎么样?"李、杜二人都同意了。李耳并不了解,这位老师平时虽然宽容大度,对学生十分放纵,可一旦认起真来,却是说话算数,十分严厉的。

于是比赛开始了,第一次两人都先背27片竹简,老师讲一遍,再领他们读三遍,然后回家去背,第二天来比,杜杰精神紧张地回到家里,他平时被称为"第一聪明弟子"一直生活在一片赞扬声中,再加上爹娘的娇惯,使他养成了一种自傲的性格,平时不允许任何同学有半点超过自己的地方。这次当众丢了"第一聪明弟子"的称号,他不能容忍,否则会活活地难受出一场病来。他要征服李耳,拿回"第一聪明弟子"的荣誉!他通宵达旦苦学,一夜灯火通明。

曲仁里,李耳也是一夜未眠。

第二天,第一轮比赛正式开始。首先是杜杰背,他从"乾;元亨利贞"开始,每背几段,故意歇一下,一直背了几十段。背着背着忽然停住了,想不起来下一句该是什么。待了一会儿,想起来了,又背下去。就这样他一直背了20片,再也想不起了,才宣布终止。杜杰带着一脸的满足和得意站到了一边。心想,一般人最多只能背十七八片,我只差了一片,任你李耳再聪明也比不过我。接下来,是李耳背。他既抑扬顿挫,又长驱直进,一口气背了29片才停下,宣布终止。在场的老师和同学们都热烈地鼓起掌来。站在李耳身边的杜杰,见出现这种异常情况,不由得心中一阵害怕。虚荣、嫉妒和强烈的自尊心受到了极大的刺激和伤害。他脸色蜡黄,嘴唇青白,没有半点血色。他感到站在这里,如芒刺背,站也不是,走也不是,样子十分狼狈。那种自我当面出丑的感觉,使他出了一身的冷汗。这些,李耳一一看在眼里,记在心上。

第二轮比赛方法同上次一样,只是要背36片。杜杰回到家里,越想越难受,简直是气得要死。他下了决心:下次比赛,不赢李耳,誓不为人!他把愤怒化成了读书上的惊人力量,不吃饭,不睡觉,拼命地背。

李耳回到家中,读书的劲头更大,一直读到后半夜,连养母半夜给他送饭也丝毫不知,即将天明,有两个同乡同学来找李耳上学,他们看着竹简,让李耳再背了一遍,真是滚瓜烂熟,一字不差,共背了39片。

第二天,学馆比赛还是杜杰先背。这一次他十分紧张,背起来小心翼翼,他直背了35片才停止,然后站在一边紧张地看看李耳。李耳背的流利自然,一字不错,非常熟练。但是万万没想到,当他背到34片和杜杰只差一片时,突然停住,再也背不下去了。帮他看书的两个同学感到很不理解。第二轮比赛李耳输了。

第三轮比赛背《易》45片。杜杰第二次获得胜利,心情异常振奋,但也依然害怕,因为三比两胜,各胜一次,鹿死谁手,还未可知。他向好友发下宏誓:第三次若不胜李耳,决不头朝上活一天,不悬梁自尽,也要投河而死!

李耳回到家,也以超过前两次的劲头,苦读苦背。第二天黎明,他的两个同学又来找李耳。他们第二次看着竹简,让李耳背,这一次李耳背了56片,比老师留的多了十一片。那两个同学问李耳:"上一次,你事先背得烂熟,而到临头却为啥比不上杜杰?"李耳不说。两个同学再三追问,李耳才说:"你们保证,决不能说出去。"两个孩子答应了。

第三次比赛开始了。又是杜杰先背,这一次他竟一鼓作气,背了46片,直到他确实无法再往下背时,才宣布终止。接着又是李耳,他背得还像每一次那样,一字不错,流利自然,可是他只背了 45 片,就停止了。看来他是故意不超过杜杰的,但老师对这一点毫无觉察,因为他根本就没想起往这一点上注意。

三轮比赛,杜杰胜利了。老师激动地用喜爱的目光看着杜杰,连声夸赞:"好,好! 我要当场奖你!"说着端出早已准备好的一盘银子,亲自用双手捧到杜杰面前,杜杰接过银子,脸上又有了十分自信的得意神色。

老师把目光转向李耳,严肃地说:"李耳,你也太不争气了,你第一次背的很好,可却骄傲自大,后两次接连失败。我说过败要严惩的,不给你点厉害,你以后会更加傲气。伸出左手来!"说着,伸手从书桌上拿起了一个 2 寸来宽,2 尺来长的桑木戒尺,李耳无奈,只得顺从地伸出左手。老师抢起戒尺,狠狠地打了下去,李耳咬着牙,蹙着眉忍受着,两个同乡同学心中不忍,感到十分难受,张张嘴,想说什么又没说。老师一连打了 20 下,才放下戒尺。可依然怒气未消,大声说:"跪外边去!"李耳看了看肿起的左手,感到火辣辣地疼,他凝着眸,想了一下什么,用力咬着哆嗦的嘴唇,眼里微微涌出一层泪水,但他什么也没说,顺从地走到门外,跪在了地下,那样子十分可怜。

他的两个同乡再也忍受不住了,他们噙着同情的眼泪,说:"老师,李耳不该受罚,他没有输!"老师诧异地盯着两个孩子,问他们是怎么回事。两个孩子说:"李耳第二次背书实际上背了 39 片,比杜杰还多五片;第三次实际背了 56 片,比杜杰多 10 片。他背的好得很! 他说他看见杜杰第一次背了时难为情的样,不忍心再叫他输。杜杰对人家说:他要是比输了就不活了;李耳怕他万一死了,更不忍心叫他输啦。李耳说,他比赛背书只是想催杜杰好好学习,催自己好好学习,也催同学们学习,他并不想赢老师的银子。"

听了这令人吃惊的话,老师的眼睛也模糊了,他一把拉起了李耳,嘴里说着:"好孩子! 快起来,你不该受罚! 你输的高尚,是老师错了!"在座的学生都哭了,手里捧着银子的杜杰傻了一般,盘子掉到了地上,他也哭了!

少年李耳不但是一个善良好学的孩子,而且他从小就善于思考,对生活中遇到的事物总是细心观察,并认真思考其中的道理。

有一次,李耳和小朋友在山上玩,突然两人看到了一棵有字的树,于是两个人争吵起来。李耳在这一面看到树上写有一个"楝"字,就说是楝树;那位小朋友看到树的另一面写有一个"槐"字,便说是槐树,两人争论不休,你一言,我一语,都说自己的对。最后还是大人告诉他们这是一棵合欢树,既不是楝树,也不是槐树。从此李耳认识到看事物要从反看到正,从外看到里,从左看到右,从上看到下,从东看到西,不能只凭一面来断定事物,天下的事情很多很多,天下的道理也很多,很深,很宽,不能只是一面之观,一己之见。要想避免一面之观,一己之见,就要多长见识,多学知识。这就是李耳最初对辩证法的认识。随着年龄的增长,他思考的东西越来越多,越来越深。

在李耳的家乡,春天,河水汩汩(流水的样子)地流进了地里,滋润着种子,滋润着万物,一到秋天,往往是干旱的季节,人们渴望着水,他们祭神求雨,一旦下雨,人们又狂喜欢呼,手舞足蹈。李耳年年看到人们求雨的场面,看到下雨后的狂欢。他便开始观察水。劳累了一天的牛,贪婪地喝着水,甜美地舔着鼻子;种地回来的人喝上一碗热水,满心舒畅,涡河里的水每天载着上百只船从远方来了,又走了,但涡河一旦发起怒来,舟覆船翻,毫不留情。涡河岸边的坚硬堤岸,在河水的冲刷下不断坍塌,屋檐下的青石板被从屋檐滴下的水凿了一个个的小窝窝。这使李耳认识到水是那样伟大,没有水就没有万物,没有生命。水,万物和人都离不开它。但涡河的水默默地流淌着,日复一日,无须自我表现,无须人们的表扬。水从不争强好胜,它能忍让一切,石头挡住了去路,它绕开走,无声无息地奔流。水又是那样谦虚,总是往低处流去,尽管低洼的地方有许多污秽的东西,但水从不嫌弃,愈是低处的水,愈能容纳涓涓细流,从而汇成湖泊。水是那样有力,它载着无数船只,把他们送到想去的地方。水看起来是那样柔弱,却又具有无坚不摧的力量。做人就该像水一样,具有水的伟大品格。

春天来了,万物复苏。李耳家村头的老槐树重又冠盖如荫,像一把硕大无比的伞,几个孩子手牵着手围在老槐树下玩耍。在孩子们的眼中,这大槐树是最强大的靠山了,是任何力量也摧不垮的。大树根边,几棵小草正艰难地拱出地面,那么细弱,在微风中摇摆不定。忽然狂风大作,乌云翻滚,狂风把小草吹得几乎贴伏到了地面上,而大槐树在风中得意地晃着身躯,似乎在说:"看!我多强大,什么也不怕!"一阵刺眼的闪电,震耳欲聋的雷鸣,随着是一声巨响,大槐树断了。孩子们吓得躲在一旁说不出话来。雨过天晴,李耳来到倒下的大槐树旁边,却看到了小草正迎着阳光挺立着,叶子上还带着闪光的水珠。孩子们七嘴八舌讲着刚才的经过,李耳又一次陷入了沉思。

涡河边上的人们的住房是用土坯垒起来的,平时农闲时,人们就制作许多土坯垒在一起,等盖房子时取用,李耳和小朋友们做游戏时常绕着这些土坯玩耍,有时想躲进去,但土坯是实的,不能躲。李耳想:"啊,空的才有躲藏的地方。"吃饭时,李耳瞅着饭碗又想:"这碗要是实的,就没办法盛饭盛汤啦。"过了几天,李耳到烧碗罐的窑上去,大人们推着独轮车,李耳在后边看着不断转动的车轮感到非常新鲜,车轮为什么会转呢?大人告诉他,车毂是中空的,插一个轴进去,人推车,靠车轴在车毂中转动。渐渐地,李耳悟出了一个道理:无,什么也没有,但没有无,许多事物就没用处。房屋是空的人才能住,碗是空的人才能用,车毂中是空的车才能转动,无的作用很大啊!

自然,生活,启迪了李耳的智慧,他从中得到了许多知识,包括做人的道理,李耳之所以成为一个大思想家,与小时候的这些思想启蒙是分不开的。

光阴像一只巨大无比的神鸟,忽闪着一双翅膀轻无声息地往前飞进,随着这只神鸟翅膀的忽闪,我们的小李耳不知不觉地从少年时代进入了青年时期。

入周为官　尽职尽责

在李耳的青年时代,有这样一件事影响了他的一生。

老子的家乡鹿邑是著名的牡丹之乡。有一天村里来了一个卖牡丹根的。那人说他卖的这个品种是在深山谷中所得的一株红牡丹,它比一般牡丹红艳,红得耀眼,艳得使人想起天上的彩虹,叫人禁不住为它心动;而且它比一般牡丹朵大,开出的花朵,大如碗口;它比一般牡丹棵大,大得像一株小树;它的叶子也和一般牡丹不同,油绿的叶子,看起来有点和橘树的叶子相仿佛。所以他的牡丹,价钱也比一般高,要 20 两银子一株。

李耳看着牡丹非常感兴趣,那卖牡丹的便对李耳说:"看来这位兄弟要买一根。我观这位兄弟,文质彬彬,阔绰泰然,风清月静,相貌不凡,定是一位有学问的高人雅士。我这牡丹,非高人雅士舍不得买它,也不愿意,因为他们没有那份美情妙致,你买到之后,用土埋在盆里,勤浇水,过一段时间,即可发芽长成一株小牡丹树;然后特别肥美的花朵,怒放盛开,又香又好看。或陪你于书斋,或伴你于窗前,赏心悦目,清志静神,可以说是其乐无穷!我这还有别人写的一段百字颂词,是夸赞我这牡丹的,小兄弟请看!"说着从怀中掏出一卷白绢递给李耳,李耳接过白绢一看,上面写着清楚的小字,他说念不好,就又递给了那卖牡丹的。

"好,我来献丑。"卖牡丹的说着展开白绢,抑扬顿挫地朗声念了起来:"一树春色!满院溢香!朵艳,瓣丽,栽彩虹于天庭;枝绿,花红,若旭日上扶桑。居茅舍而不卑,植污土而不脏,辟恶气以美人情,清烦恼以宁心房。伴君于书斋窗外,陪君于床头案旁。富增志趣兮!学业上进;贵宽胸襟兮!心情豁朗。未出屋——能触朝霞,不喧赫——可掬荣光!"

卖牡丹的读到这里,李耳心想,这人确实有些意思,他的牡丹一定不寻常,便掏出 20 两银子,买了一株牡丹根,然后珍爱地捧着它,回家了。

李耳将牡丹根埋在了一个盛满肥沃的湿土的盆里,小心地照料着它。白天把盆放在阴凉、通风的影壁墙里边的砖台上,这里还有反射过来的柔和的阳光;晚上又把它抬进小西屋,放在和它朝夕相伴的小书桌旁,李耳对这盆花倾注了他许多的爱,他多么盼望那牡丹根快快长成一棵浓香四溢的牡丹花呀!

十天之后,牡丹根发出了黄绿色的嫩芽;春去夏来,嫩芽长成了一棵手指粗细的牡丹树,青青的干,嫩绿的枝,浅绿的叶。李耳好喜欢!他盼着那小树快快开花,但不知怎么,它就是不开花。枝和叶的绿色都变重了,它不开;枝条上的扁棘针一般的东西也变硬了,还是没开,直到整棵树的枝枝叶叶,都变得丑陋了,还是没见一个花骨朵。李耳急了,请来村里见识广的老人给看一看,原来根本不是牡丹,是一棵狗屎蒺子树!这种树当时还很少见,学名叫作"枳"。

李耳气愤万分,他白花了银子,费了心血和功夫,却是什么"狗屎蓏子树",这对他一片美好的感情是多么大的侮辱啊!他不禁慨叹道:"这世道,真是人心险恶呀!这些人看起来像人,为啥偏偏不做人事呢?难道上天造物时就故意造出这物种吗?尘世的人如果都这样,天下还成什么样?"他越想越气,恨透了那个可恶的假字,他下决心自己一定在这个尘世中做个真人!这种信念可以说贯穿了他的一生。

李耳青年时曾经跟一位精通殷商礼乐的商容(司殷商礼乐之官的官名)学习礼仪知识。有一次商容病了,李耳去探病,闲谈中商容问李耳:"经过故乡的时候要下车,对于这个礼节你知道吗?"

李耳答道:"是表示不忘故旧根本的意思吧?"商容高兴地说:"对!对!那么从高大的树旁经过时要弯腰伛背,赶快走过,又是什么意思呢?"

李耳回答:"是表示尊敬老一辈的意思。"

商容对李耳的回答十分高兴,他知道李耳不但聪明,而且好学深思,就进一步启发李耳认识守柔的道理。他张开嘴让李耳看,问道:"我的舌头存在吗?"李耳回答:"是的。"商容又问:"我的牙齿还在吗?"李耳说:"没有了!"商容又问:"你知道我问你这一问题的含义吗?"李耳立即答道:"您老年寿已高,舌之所以存在,是因为它柔软,牙齿所以落尽,是因为它太刚强。"商容说:"是啊,你理解得很对,正是这个道理。不仅舌齿如此,天下万事万物都是如此啊,这是最根本的道理。"

李耳听着商容的教诲,脑海里不时呈现出屋檐下那块被水凿出小洞的青石板和那棵被风吹倒的大槐树,树根边柔弱的小草的形象。李耳不断地琢磨着舌存齿亡以及做人的道理,他很快认识到,守礼最重要的是谦下,决不自我炫耀。一个人如果自以为是,盛气凌人,表现出一种刚强不可一世的逼人态势,只会使人畏而不服,甚至树敌太多,导致失败。一个人虽然很强大,很有才华,但如果能处处谦卑居下,就不会与人为敌,他的事业很快会取得成功。

李耳因为懂得礼仪知识,有人家死了人,常常邀请他去助葬,他看到死者亲人在为死者穿老衣时十分困难,因为死者的四肢都僵硬了。他想到邻居的新生婴儿,那小胳膊和小腿是多么柔软,看起来是那样弱小,却一天天长大起来。涡河岸边,麦苗在寒风中抖动,尽管显得很柔弱,狂风却吹不倒它;夏天时,麦子黄了,麦秆笔直,却枯槁了。自然界的生物不都是如此吗?李耳悟出了这个道理,便告诉人们:"人之生也柔弱,其死也坚强;草木之生也柔脆,其死也枯槁。故坚强者死之徒,柔弱者生之徒。"他所悟出的这个道理,得到了许多人的赞同。

李耳的人品、思想和学识渐渐地为人们所知,也越传越远,李耳20多岁的时候,做了周朝的史官。

大约公元前551年,李耳当上了周朝的柱下史。这是一个掌管殿堂记事的官员。过了一段时间,周景王又任命李耳为周王室守藏室之史,也就是今天的国家图书馆管理员。这时候李耳多被人尊称老聃,又因为他仰慕西周末年史官伯阳甫的为人和学问,自号伯阳,所以也称为李伯阳。

周王室的藏书十分繁杂,天下的典册绝大部分都收藏在这里。有竹简的、木简的,大多数是绢帛的,还有极少是麻布的。书的内容也是五花八门。老聃的任务就是整理、修补、保管这些藏书,并征集新的藏书。

担任周王朝的图书管理员,给了老聃极好的学习机会,他是如鱼得水。他贪婪地读着各种书以充实自己。有历代文诰、档案资料、诗,还有《军志》《建言》《易》以及管仲所写的有关篇章等等。这一时间他学习与研究的中心问题仍然是从商容处继承下来的课题,也就是关于做人的道理、人的行为规范以及治理国家的原则,这两个方面是构成周礼的主要内容,经过多年的研究,他已是一位精通周礼的理论与制度的学者,在这儿对他影响最大的一本书就是《尚书》,这里记载了从尧到周初历代最高统治者的讲话、文告,其中渗透着那个时代的精神和许多精深的道理。对《尚书》的研究真正奠定了他在《道德经》一书里提出的"无为而治"和"小国寡民"思想的基础。

《尚书·舜典》里记载了这样一个故事。据说尧为了考验舜,将舜放到了大麓这个地方。一天,狂风大作,电闪雷鸣,大雨倾盆,而舜镇定自若,对狂风暴雨似乎视而未见。老子读到这里,不禁合上书沉思起来:舜之所以在恶劣的环境中不动声色,是因为他忘却了危险,忘却了生死,一个生死不入于心的人是强大的,他真正懂得生命的意义,不管走到哪里,即使遇到犀牛和猛虎,也像没遇到一样,那犀牛角就失去了它的锋利,猛虎的利爪也就失去了它的作用;一个士兵上阵打仗,对敌方兵器视而不见,那么他就会如入无人之境,勇敢异常。这就是"无"的威力。老子认为,无和空是有用的。对待事情,无为正是有所作为,也就是"无为而无不为"。如果人人按照无为的准则去过日子、去做人,国家按照无为的准则去治理,这样一切事情就能办理好了。

《尚书》还有一点对老子的启发非常大,这就是"人心惟危,道心惟微,唯精唯一,允执厥中。"这意思是说:人心容易自私是危险的,道心是很微妙而难被人们了解的,人们只有精诚专一,恪守中正之道,才能够认识大道,转危为安,处理好人生和治理好社会。过去老子一直在思考一个问题:宇宙间的一切事物都是有无相生,正反相倚的,都有两个方面,它们也都在不停地变化转换之中,人们怎么能把握它们呢?认识了这一点,往往忽略了另一点,把握了今天,往往放过了昨天和明天,人们的认识跳不出某个圈子,总是不明白大道;讲的道理再多也仅仅是在某一点上有体会,而又恰丢失了另外一些,这不就是道心难明吗?现在办法有了,就是执中。把握中正之道,就可以破除偏执、片面,就可以认识无穷的宇宙了。这使老子在道的研究上前进了一大步,他把这个原则用八个字表述出来,就是"多言数穷,不如守中"。

作为王室的图书管理员,老聃除了进行学术上的研究,更重要的还是图书管理工作。他对自己的工作极为认真负责,有这样一件事,就真实地反映了老子的工作态度。

图书馆需要不断地添置新书，就要东奔西走，去找去看，确定买的，再付银购回，有些从地下出土的年代久远的古书，说是某朝某代某人的某某书籍，但不知是真是假，还需要阅读大量的书籍，分析、考究，才能证实。有的出土古籍，缺页掉字，需要按本来面目补缺还原，这种工作一点也马虎不得，是极为细致、艰苦的考究对证工作。

有一天，老聃听说城西北20里外的一个山村，有个叫春长的中年汉子，在刨地时，掘出来一个小瓮，瓮里有一卷书，是舜写的《箫韶》，而且是舜的手笔真迹。《箫韶》是舜写的一篇谈音乐的著作，人们只知道舜作韶乐，但是从来也没谁见过他的真笔手迹。对于守藏史来说，真是一件天大的喜事。老聃决定去看一看，这《箫韶》到底是不是舜的真笔手迹。

虽说是离城20里，但都是山路，不能坐车，只能步行，老聃翻过一座丘陵，又走过一段长着乱草的洼地，继续往前走。天阴着，还刮着小风，中午的时候，他在一片斜坡上吃了点带的干粮，又开始爬岭，翻过一道岭，走下一道幽谷。真是天不作美，天空竟下起了小雨。这一下山路打滑，更难走了，老聃也不敢停留，结果是一步一滑，还摔了一跤，弄得满身泥水，好不容易来到了春长住的村子。

这是一个幽偏的小村，乱树丛生，土地贫瘠，树后一片斜坡底下，有一所破旧的草舍，正是春长的屋子，老聃向春长说明了来意，春长看了看他，脸上出现了同情的神色，他拿出了一个小瓮，放了老聃面前。

这是一个土褐色的小瓮，瓮口盖一块样式古老的方砖，春长拿下方砖，从瓮里掏出一小捆木简递给老聃。老聃接过木简，小心地展开，只见那用破麻绳编起来的破旧木板上刻满了密密麻麻的古体文字。这些文字老聃似能认识又不能认识，他所能清楚地认识的就是作为题目的两个较大的字，这两个字也是弯弯拐拐，十分复杂，非常难写，翻译成现在的字体，就是"箫韶"。老聃又细细地把全文看了一遍，因为那些文字似懂非懂，所以文章的意思也是似懂非懂。看起来好像是舜在以自己的口吻论述以箫来奏韶乐的一些技法和道理。但是究竟说的是什么，还是不得而知。

这篇《箫韶》是否真是舜亲笔刻在木简之上，还是后人的假托，老聃一时无法确认。看那纬绳，像是麻绳，也像是其他野生植物纤维。那时候是不是已经有麻？木简之纬是应该用麻，还是该用皮子做的皮绳？再说，那时写字，是应该写在木板上，还是应该写在竹板上，还是应该写在骨片上？这些也暂时无法确定。这些问题还仅仅是问题的一方面。更主要的是看文章的语言文字和所讲的内容。首先那时的文章是否有题目这需要考虑，最关键的是正文里到底讲的是什么呢？这还需要拿回去研究。

老聃问春长："你这木简卖不卖？"春长没说话，好像在考虑。老聃说："这所谓舜之真迹的《箫韶》，不知到底是真是假，我想带回守藏室进行考察核实。这样吧，我付给你三镒(古重量单位，合二十两)黄金，先把《箫韶》带走，等核实之后，若是真的,你要多少我再付给你;若是假的,我们作为一种《箫韶》的假托收存在守藏室,或者你退回我已付的黄金,再把这《箫韶》还给你,不知你意下如何?"春长犹豫了一下,老聃接着说:"你不要怕,我老聃说话算话,说付给你一定付给你。"春长一听说眼前的人竟然是老聃,马上说:"可以,可以。你拿走吧,我不要银。"老聃硬是把他来时带在身上的黄金拿三镒,放到春长的屋子里,然后拿起《箫韶》告辞了。

老聃因为得到《箫韶》而十分高兴,当他翻山越岭回到守藏室的时候,已经是夜深人静了。可他却怎么也睡不着,他急于知道那《箫韶》是真是假。于是他索性穿衣起床,把拿回来的"舜作"放在书案上,高点明灯,连夜研究起这本古书。他把一捆一捆的有关资料从书架上拿下来,放在临窗的书案上,面对众多资料,卷卷展现,一一过目,悉心阅读。要查清这本《箫韶》是真迹;还是假托,不但要用许多古籍中所认识的古字体去推测,理解那本书中的字,还要对照周代的《箫韶》去逐字逐句逐段地推敲。展阅,对照,核实,再展阅,再对照,再核实。一进入那个古体字的王国,老聃再也出不来了,直到东方发白,雄鸡报晓,他的战斗还没有结束,太阳出来了,他的灯还在亮着,他根本没注意到周围世界的变化。

终于,老聃先生抬起了头,他望望周围,天已大亮,吹熄了眼前的灯,他异常兴奋,终于有了个结果,他初步判定这篇《箫韶》是后人假托之作。晃了晃头,他感到头昏脑涨,脑门发烫。他感冒了,昨天淋了雨,又熬了一个通宵,一做完工作,他感到了全身的不适。

老聃先生对待工作,总是不怕苦,不怕累,认真负责;对待守藏室的藏书,他像宝贝一样珍爱。

免去史官　授礼孔丘

春秋末年,天下纷争,各诸侯国逐渐强大,周王室衰微。但是各诸侯国外迫于少数民族的侵扰,内拘于周礼的传统威力,纷纷高举尊王攘夷的旗号,表面上听命于周天子,实则是形成了齐桓公、晋文公、秦穆公、宋襄公、楚庄王等"春秋五霸",由他们把持着天下。

在周王室内部,把握政权的诸公卿士,也是结党营私,争夺王朝权力。不幸的是老聃也被卷入了这场政治漩涡中。周王室甘氏一族,由甘简公掌政,与族人甘成公、甘景公不和,老聃不知为什么得罪了甘简公,被免去了史官之职。

老聃离开了周王朝,他想自己该往哪里去呢? 忽然他又想起了自己的一个夙愿。鲁昭公二年(公元前540年)晋国韩宣子访问鲁国,在鲁国大史氏那儿看到了《易》《象》及《鲁春秋》。韩宣子十分羡慕地赞叹道:"周礼在鲁国啊! 我现在才知道周公的品德与周之所以能称王天下的原因了。"后来,这番话传到王都,作为精于周礼的史官,老聃一直盼望着能到鲁国去看一看。现在终于有机会了,于是老聃决定去鲁国看一看,要见识一下鲁国的周礼。

在鲁国,老聃第一次遇见了 17 岁的孔丘,也就是著名的孔子。

鲁昭公七年(公元前 535 年),老聃的一位住在巷党的友人去世了。人们知道老聃精通周礼,自然请他去帮助安排丧事。出葬那一天,年仅 17 岁的孔丘也去了。少年孔丘十分好学,特别爱钻研周礼,儿童时代就常常和小朋友们一起模仿大人们的祭祀活动。每逢太庙里有祭祀活动,孔丘总要赶去学习,不懂的就问。16 岁时,孔丘的母亲去世了,孔丘就挑起了生活的重担。他有时担任丧祝,即助丧的相礼工作。这一次孔丘也被邀请来助丧。老聃比孔丘大约大 20 岁,所以无论从年龄还是对周礼的研究上,孔丘都只能算是后生晚辈。

这一天,送葬的队伍正行进时,突然遇到日蚀。老聃叫送葬的队伍停止前进,靠右站立,停止哭泣,等日蚀过后再走。正在前面引导灵柩的孔丘很不理解,但面对老聃这样的周礼研究的权威人物,他只能照吩咐的去做。

送葬归来,孔丘向老聃表示了自己的不同看法。孔丘认为中途止柩是不合周礼,而且日蚀究竟要多长时间过去,并不知道,如果等得太久,会使死者不安,还是继续进行为好。老聃便向孔丘解释道:"诸侯去王都朝见天子,都是日出上路,日落前就休息并祭奠车上的先祖牌位。大夫出国访问也是见日出才赶路,日落就休息。送葬也一样,不在日出前出殡,不在日落天黑后止宿。夜晚看到星星出来赶路的,只有罪犯以及回家奔父母之丧的人。日蚀的时候,天是黑的,如同夜晚,你怎么知道天空不出星星呢? 对于懂礼仪的君子来说,是不应该把别人刚去世的亲人置于这样的一种星夜出奔的不吉利的境地之中的。所以出葬时如果遇到日蚀,应该停下来,等日蚀过后再走。"

老聃的这番话,精深而且合乎情理,给少年孔丘留下了很深刻的印象。

鲁昭公十二年(公元前 530 年),老聃被召回周王朝的守藏室。这是因为甘简公没有儿子,所以他死后他的弟弟甘过继承了他的爵位,也就是甘悼公。甘悼公同样是想除去甘成公和甘景公。但是,甘成公和甘景公贿赂了周王朝的重臣刘献公,设法杀掉了甘悼公,让甘成公的孙子甘鳅继承了甘简公的一切,这就是甘平公。于是这场明争暗斗终于以甘成公和甘景公的胜利而告终。因为老聃是得罪了甘简公而罢官的,所以甘成公和甘景公认为他是甘简公的敌对派,便把他又召回了守藏室。经历了这一场政治变故,经过了几年的颠沛辗转的周游,老聃的见识更多了,思想也更成熟更深沉了。

几年以后,孔丘已 20 多岁,不仅学识大为长进,懂礼守礼,而且风度翩翩,鲁国已有不少少年来拜他为师。特别是大夫孟僖子,知道孔丘知书达礼,又是宋贵族之后,在重病中还特别嘱咐儿子一定要拜孔丘为师。孔丘觉得自己年纪轻轻,平时虽然注意学习周礼,但毕竟所学还是不够系统,不够深入。这样教育别人的子弟,会误人子弟。他想起自己曾经跟随其一起助葬的老聃,那次短暂的关于葬礼的问答留给孔丘的印象至今历历在目。遗憾的是当时自己只有 17 岁,没有能够多多请教。老聃现在已回到周王城,洛邑中有宗庙,还有丰富的典籍,正是学习与实践周礼的理想地方。他决定到周都洛邑去学习周礼,他的弟子南宫敬叔也请示和他一起去。鲁昭公听说了这件事,对他们这种求知精神十分赞赏,考虑到他们的经济情况都很窘迫,就赏给他们一辆车子,两匹马和一名小童仆,算是对他们求学的帮助。

公元前526年前后,孔子和南宫敬叔来到周王都。他们参观了祭天地的天坛和地坛,考察了周王朝统治者祭祖先、举行朝会商议国家大事以及发布政令的地方,观看了各种文物,他还看到一尊"三缄其口"的金人,读了金人背后的铭文,觉得很有收获,但也还有一些问题不清楚,于是孔子带着这些问题去向老子请教周礼。

老聃听说孔丘来访,也立即想起了几年前在鲁国巷党助葬时向自己提问的那个诚恳好学的少年形象,便十分高兴地接待了孔丘。二人客套了几句,话题便转到了礼这个方面。

孔丘问:"在什么情况下,各宗庙的神主需要请出呢?"

老聃回答说:"有三种情况。天子或诸侯去世时,由太祝把宗庙的神主请到太祖庙里,这是周礼规定的。等到安葬好,哭罢,丧事办完之后,再把各宗庙的神主请回各自的庙里。另外君王出国就由太宰请出各宗庙的神主随君主同行,这样做,也是礼规定的。还有就是在举行合祭的时候,由太祝请出二昭二穆的神主到太祖庙里合食。"老聃特别强调说:"凡迎接神主出庙或回庙,都要有仪仗队,不准闲人窜动。"

孔丘又问:"大夫家中8~11岁的孩子死了,能用衣棺吗?"

老聃答道:"从前八至十一岁的小孩死了,葬于园,不葬于墓,也不用衣棺。从史佚开始,情况就不同了。史佚有一个爱子,年幼而亡,如果葬于园,史佚觉得孩子像是被家族遗弃了,于心不忍;如果葬于家族墓地,由于距离远,不入棺用车载,又很费力。正在进退两难时,召公来了,召公问:'为什么不用衣棺?'史侯回答说:'礼有规定,我不敢违反,'召公把情况向周公说了,请求改变一下这个规定。周公不同意,说:'岂!不可。'但召公转告史佚时,把'岂!不可'说成了'岂不可!',史佚理解成了如何不可,就给死去的孩子用了衣棺。所以后来对死去的人到11岁的孩子就用衣棺了。"

孔丘听到这里,说:"原来如此。"停了一下,他又问:"作为人子,在孝敬父母上都有哪些礼节,我想请先生重点说说。"

老聃回答说:"周礼的内容很多,其中主要的是尊尊、亲亲、宽厚、仁慈、爱民、和乐、勤谨。孝敬父母,既是尊尊,又是亲亲。作为人子,孝敬的礼节很多,我只能选择重要的说一下。子女对父母应该做到'冬温而夏清,昏定而晨省'(严冬温暖被褥,酷暑清凉床席,晚上铺整床被,早晨起来问安)。'见父之执不谓之进,不敢进;不为之退,不敢退;不问不敢对'(见父亲的朋友,父亲不叫近前,不能近前;父亲不叫退出,不能退出;问话,就答,不问,不要出声)。'出必面,反必告,所游必有常,所习必有业'(外出必须向父母告辞,回来要向父母告回,出门远游,要让父母知道去的地点,学习一样东西,必须专心专意,学出成绩,做出结果)。'居不主奥,坐不中席,行不中道,立不中门'(与父母同住,别占尊贵的主房;与父母同坐,不占正中的尊位;与父母同行,不占正中的道路;与父母同站,不站门口正中)。'父母存,不许友以死,不有私财'(父母在,子女孝意未尽,不许随便为朋友去死,不该有自己的私财)。'孝子之有深爱者,必有和气,有和气者,必有悦色,有悦色者,必有婉容','一举足而不敢忘父母,一出言而不敢忘父母','恶言不出于口,忿言不反于身'(有孝心的儿女应该对父母有深爱,有深爱之心的儿女,在父母面前必然和和气气,满面悦色,不给父母看难看的脸色。行动之中不忘父母,言语之中不忘父母。不以恶言对待父母,不因自己的骂人的言语激怒别人而使父母挨骂)。'孝子之事亲也,有三道焉。生则养,没则丧,丧毕则祭。养则观其顺也,丧则观其哀也,祭则观其敬而时也,尽此三道者,孝子之行也'(孝顺的子女,对待父母最重要的有三大方面:父母在时,要养护,父母死时办丧事,丧事过后不忘祭念。养护父母,可以见他的孝顺;办丧事时,可以看他是否悲哀,对父母有没有真正的爱心;祭念时,可以见他对父母有没有敬意。做到这三大方面,是孝子的标准行为)。"

老聃说到这儿,停了下来,看孔子连连点头,一副如饥似渴的表情。老聃先生话题一转,接着说:"有人会说,周礼上关于如何尽孝规定的那样具体;关于父母如何疼爱儿女为啥写的那样少呢? 这是因为,天下除了极为特殊的情况外,父母几乎没有一个不疼爱自己的儿女的。他们比子女早到尘世一步,当然知道怎样疼爱子女。父母疼儿女,是天性使然,天叫他那样,必然是那样,不由人的;儿女孝敬父母,是回报性的。如若将礼彻底废去,完全任意去做,父母一样会疼爱自己的亲生骨肉,何况他们将来还要靠子女养活;至于儿女则不尽然,因属事过之后回报,有品格的,有真情的,则是知恩必报;无品格的、无真情的,则是一省了之,有的甚至虐待自己的父母。疼爱最真父母真,疼爱最深父母深,父母对子女的疼爱是天然的,是伟大的,子女对父母的孝敬,也可以说是天然的,从某种意义上说,比天然更进一步,是更加伟大的。孝是立身之本,是可以衡量一个人是否真正伟大的标准,这和'爱黎民者伟大,爱黎民而不爱黎民中的自己的父母者不是真伟大'的意思是一致的。孝不仅是立身之本,而且是和安家、安国、安天下紧紧连在一起的。周礼上说:'亲亲故尊祖,尊祖故敬宗,敬宗故收族,收族故宗庙严,宗庙严故重社稷,重社稷故爱百姓,爱百姓故刑罚中,刑罚中故庶民安,庶民安故财用足,财用足故百志达,百志达故礼俗成,礼俗成则然后乐',就是这个意思啊。"

"好啊,好! 太精彩了!"孔丘听得简直要入迷了。接下去,他又就周礼提出许多问题,向老聃请教,如祭祀礼、朝拜礼、婚丧嫁娶礼、燕礼、冠礼、射礼、亲友来往礼、男女授受礼,甚至于经商买卖礼、街巷处众礼等。老聃都一一做了准确明白的回答,孔丘是心满意足,如愿以偿。

老子一向主张为人应该谦逊、守柔、无欲,而且他也很明白"强梁者不得其死,好胜者必遇其敌"这句话的含义:过于逞强好胜的人必然会遇到挫折,付出惨重的代价。看着眼前这位 20 多岁的孔丘如饥似渴地学习关于周礼的知识,从他的眼神、举止动作和气质上看,都隐约有一种骄矜之意和急于从政的劲头。老聃觉得应该适当给他敲一敲警钟。当孔丘满意地向他告辞时,他一边送一边诚恳地对孔丘说:"我听说富贵的人送人以钱财,而仁者送人以良言。我没有钱财,只是勉强被人加了一个'仁者'的称号,我想送你几句忠言。"

老子问孔丘:"你在庙堂前看到一尊'三缄其中'的金人了吗?""是的,看到了。""那么那背后的铭文你记下来了吗?"孔丘回答说:"丘已经全部背下来了。其中有几句话我正在琢磨。""是哪几句话?"老聃问。孔丘说:"例如,无多言,多言多败;无多事,多事多患。又比如,执雌下之,莫能与之争。"

老聃听了,微微一笑说:"这正是我要送给你的良言,它是一个人做人的道理,一个人自以为聪明,喜欢议论别人的长短,以为自己的认识深刻,这个人就接近于死亡了。真正聪明的人是不多言不善辩的,因为他懂得多言多败的道理。一个人自以为知识渊博,懂得一切,总是喜欢揭露别人的隐私或错事,这个人就身处危险境地了。真正聪明的人无知无识得好像愚笨无比,因为他懂得多事多患的道理,一个有经验的商人,他的一些货物是藏而不露的,一个有大德和大学问的人,是深沉稳重,貌似愚鲁的。要防止有人认为您骄傲,不要使他们感到您志气太大、太刺激。这些对您是有好处的。无论是作为父母的儿子,还是国君的臣子,都要做到忘己。即使自己明明是强大的雄者,也要以一种雌者的姿态出现,金人背后的铭文就是这样告诫人们的。"

出了老聃的家,南宫敬叔问孔丘:"老师,您说这老聃是个什么样的人呢?"

孔丘想了想说:"鸟,我知道它善飞;鱼,我知道它善游;野兽,我知道它善于奔走。对于善于奔走的野兽,我们可以用网或兽夹来捕获;对于善游的鱼,我们可以用钓钩来钓它;对于善飞的鸟,我们可以用弓箭射它。可对于龙,合起来成一体;散开来成'云彩',乘驾云气而翱翔于阴阳之间,我们根本无法了解。"

老聃的教诲,使孔丘深受其益,在他后来的人生道路上,他总是那样谦虚谨慎,"三人行,必有我师焉"就表明了孔子的认识。回到鲁国以后,闻风而来投师的人更多了。

无为而治　贬低仁义

老聃生活的时代,正是春秋末期的乱世,他的一生经历了许多次动荡。周王室甘氏家族的内讧中,老聃就饱受颠沛流离之苦,现在他又面临着一次更大的政变。

公元前 520 年秋天,老聃已经 52 岁。这一年,周朝景王天子去世。于是一场争夺王权的斗争开始了。

周景王生前所立的太子是王子猛,但他临终前又有了改立长庶子朝的想法。王子朝受到了大夫宾孟和上将南宫极的拥戴。而刘献公之子刘卷和单穆公单旗则维护太子猛的地位。两派展开了明争暗斗。在这当中老聃也曾试图以礼劝说兄弟二人和好,但并没有成功。老聃感到在这场王权的争夺战中,礼是那么无足轻重,兄弟谁也没有把它放在心上。

首先是王子猛一派先行动了,刘卷和单旗突然活捉了宾孟并将他杀掉,立猛为周悼王。而王子朝利用当时因失职而暴动的百工的力量从王宫中赶走了悼王和刘卷、单旗。单旗不甘失败,又带兵杀回王宫,血洗了王宫。当然王子朝也不会善罢甘休,就这样两派展开了拉锯战。

时过不久,悼王猛因病而死。刘卷、单旗又立猛的弟弟匄为敬王,继续与王子朝对抗。这时王子朝也自立为王,敬王无法进入王城,只得暂居泽地。两派之间的军事较量,一直持续了5年。到公元前515年,敬王匄终于在晋国军队的帮助下,彻底打败了王子朝。王子朝带着尹固、毛得、召悼、南宫极及大批周王室的典籍逃往楚国。

周敬王掌权后,老聃因被王子朝一党用武力掠走了大批典籍,而蒙受了失职之罪,因而失去了守藏史的官职,回到了家乡曲仁里。

在回故乡的路上,老聃看到的是一派战后的破败景象:田园荒芜,荆棘满地,断壁残垣,焦木枯骨;百姓破衣烂衫,面黄肌瘦,盗匪猖獗,乞丐遍地,一路上,老聃不时听到凄凉的歌声:

登上那草木青青的山上啊,登高要把爹来望啊。爹说:咳! 我儿当兵啊出门远行,早沾露水晚披星。多保重啊多保重,树叶儿归根记在心!

登上那光秃秃的山顶啊,想娘要望娘的影啊,娘说:咳! 小子当差啊奔走他乡,朝朝夜夜不挨床。多保重啊多保重,千万别丢了你的娘!

登上那高高的山冈啊,要望我哥在哪方啊! 哥说:咳! 我弟当兵啊东奔西走,日日夜夜不能休,多保重啊多保重,别落得他乡埋骨头!

尽管这是一首古魏国的青年士兵思念故乡亲人的歌曲,此刻老百姓却用他们来表达自己对战争的仇恨。这歌声沉重地敲打着老聃的心,老聃也在内心诅咒着这场战争。

看着眼前的一切,老聃想起了在王都洛邑,那些贵族们"穿着锦绣的衣服,佩戴着锋利的宝剑,饱餐精美的饮食,占有大量的财货,这简直就是一伙强盗"。而百姓们在残酷的剥削下,却过着缺衣少食,忍冻挨饿的日子,在死亡线上挣扎,这真是"天下无道,戎马生于郊啊"!

在故乡的乡邻中间,在劳动生活的最底层,老聃深切地了解到人民的穷困。一边是不分日夜地劳作,却吃不饱,穿不暖;另一边却是不劳而获,坐享其成,多么鲜明的对比,老聃被震惊了。战争的掠夺,无休止的劳役和赋税,这是怎样的世道啊!人道和天道真是截然不同,天道是"损有余而补不足"(减少富余的用来供给不足的），可人道却正相反，"损不足以奉有余"（剥夺不足的用以供奉有余的人）。老聃开始对他所信奉的周礼发生了根本的动摇。

礼究竟是什么？礼维护着使老百姓受苦受难的社会制度，奉行着损不足以奉有余的原则，多少青年被礼驱使去为少数人的私利去争战厮杀？在这次周王室之乱中，王子朝口口声声维护先王的制度，说什么"王不立爱，公卿无私"，要求诸侯"将顺天法，无助狡猾"，处处合礼，但事实上却是为了自己能登王位。闵子父批评王子朝企图"以专其志，无礼甚矣"。可他的话又有哪些不合礼呢？大家都以"礼"为武器，互相攻击，结果是百姓遭殃，人民受难。看涡河边上的乡民，没有满口的仁义礼信，可他们却凭着本能的忠厚信任相处得很好。礼究竟是什么？他是"忠信不足的产物，是祸乱的开端"啊！

老聃想到郑国强盗很多，执政子产制定了许多刑法来对付那些铤而走险的百姓，甚至于还铸了刑书，可是却收效甚微，而且对人民压迫得越厉害，人民越是设法反抗；有些法令被统治者利用，给人民造成更大的苦难，所谓"盗贼"也越来越多。子产死后，郑国的盗贼更多。所以事情往往是向相反方向发展的，提倡礼正是因为社会上的非礼行为太多的缘故，实行法制是因为法令制度维持不下去了。人民的要求得不到适当的满足，老百姓活不下去，他们就不怕死了，那就永远有斗争。如果国家是这样该多好：领土不大，人民稀少。即使有许多器具，也不使用。使人民不用冒生命的危险，不向远方迁徙，即使有船和车，没有必要乘坐它，即使有武器装备，也用不着。老百姓用古代结绳记事的办法。让人民吃的香甜，穿的舒服，住的安适，满足于质朴的风俗和生活习惯。邻近的国家互相望得见，鸡鸣狗叫互相听得见，而人民直到老死，不相往来。这样的小国寡民的社会用'无为而治的办法统治'该多么理想！

孔丘自从洛邑访学问礼于老聃后，学识大进，气质更为醇和，作风更加朴实。他不满足于教育上取得的成就，不断到各地访问学习。一晃就是10年，这10年中，鲁昭公被逐，客死异国。鲁国贵族内部的斗争关系很复杂，但无论哪一派，都没有重用孔丘。孔丘无法实现自己的政治抱负，只得倾注全力于培养学生和研究古代文化事业。他搜集、整理了很多书册。当他听说王子朝将大批周王室的文化典籍劫往楚国时，除了忧虑外，想到要把自己搜集和整理的书册送到周守藏室去。他是一个极为尊重周天子的人，希望天下统一，诸侯听从周天子的命令，所以他也想用自己的行为去维护周天子的地位和威信。但在当时，一个人的藏书如果能被周守藏室收藏，那是一种莫大的荣誉，因此必须有相当身份的人介绍，才可能实现。子路听说了老师的想法后，便向孔丘建议道："我听说周王室的守藏史老聃被免职了。老师要藏书于周王室，不妨试试借助于他。"

于是孔丘带着子路等学生及要藏于周王室的书册来到了老聃的家乡，他们见到老聃，说明来意，请老聃推荐。出乎孔丘的意料，老聃拒绝了。老聃之所以拒绝推荐，不仅因为东周王室藏书已名存实亡，王室内乱，藏书在王室等于是飞蛾投火，而且更是因为他有了新的价值观念,对于孔丘热心搜求整理的图书已经不再重视了。可是孔丘并不了解这一点,他依然把老聃当作是熟悉并信仰周礼的学者。所以他引述六经,想用六经中的理论及六经的价值来说服老聃。

老聃听着孔丘的论述,只是微微笑着。他问孔丘:"六经的根本是什么?"孔丘回答说:"六经的根本在于仁义,我就是以仁义为标准来衡量一切的。"

老聃接着问道:"仁义是人的本性吗?"

孔丘答道:"是的!君子不仁便不成其为君子,不义便不能生存。仁义,确是人的本性。这还有什么疑问?"

老聃说:"那么,什么叫仁义呢?"

孔丘回答:"心思中正而无邪,原物和乐而无怨,泛爱众人而不偏,利用万民而无私,这就是仁义的大概。"

老聃摇摇头缓慢地说:"唉,你后面的这些话很危险哪!现在讲泛爱众,太迂阔了。无论是历史经验还是实际生活,都明白地证实了所有讲无私的人,恰恰是为了实现偏私。我这样说并不是要大家去宣扬仇恨和自私,而是想使你明白,利人才能爱人,己利人,人才能利己,爱人与利己其实是一致的,无私才能成其私。但是现在的人们只是为了利己的目的,爱人只是虚假的谎言,而且还极力掩饰这一点,这不是很迂阔吗?"

老聃停顿了一下,似乎是陷入了沉思。过了一会他向孔丘说:"我的意思总的是说,人的一切行为应当自然无为。你看天地的运行有一定的规律,日月本身是光明的,星辰有秩序地罗列着,禽兽成群和谐地生活,树木在生长,这一切都不是神造的,也不是什么人有意安排的,它们都是按自然本性生长、存在、发展的。天地并无仁爱之心,任凭万物自生自灭。人的本性应当是自然的,不是某些人所提倡的仁爱。所以圣人也是不提倡仁爱的,任凭百姓自作自息,你想让天下之人不失去他们的生养之道,就一定要顺着人们的自然本性去做,也就是顺其自然。何必去急于人为地标榜什么仁义呢?就好比一个孩子逃离了家庭,他的家长一边敲鼓一边高喊孩子的名字,叫他回来。那么结果如何呢?孩子听到鼓声,听到喊声,逃得越远。你提倡仁义,目的是求人的本性,实际效果却是扰乱了人的本性。唉,你的学说实在是扰乱人的本性啊!"

已近不惑之年的孔丘对老聃一味贬低仁义的说法感到不能接受,但一时又反驳不了。他想:眼下正是无道的乱世,老聃也同意这一点。而要改变这种状况,要救世,除了仁义没有其他办法。救世与仁义是统一不可分的,讲救世而不讲仁义,岂不如同把一块白石中的白色属性与坚硬属性分开一样吗?老聃把无私说成有私,混淆了有无、是非,不也是同样的错误吗?想到这儿,孔丘觉得已经抓住了老聃理论中的致命弱点。他对老聃说:"有人学道,可是立论总是相矛盾。不可以的说成可以,不是的说成是。又像善辩之士一样,硬把石中之白与石之坚硬分离开。这样的人可以称为圣人吗?"孔丘这话的弦外之音是:你老聃把仁者无私说成有私,岂不是把非说成是,把不可以说成可以吗?

老聃回答说:"这样的人只不过像小胥吏治事一样玩弄小技巧,劳形伤神,自以为得意而已。狗善于捕捉狸但总被人牵着,猿猴因为灵敏才被人从山林里捉来戏于街头。这些玩弄小智者的辩者不是如同猎狗一样丧失了自然本性吗,怎能称作圣人!"老聃停了一下,他对孔丘的问话用心了如指掌,他接着说:"仲尼先生,让我来告诉你那些你不能听到和说出的大道吧。凡是具体的人,无知无闻的多,有形的人和无形无状的道共同存在,是绝对没有的。起居、生死、穷达,这是自然而不知其所以然的,人事有治迹,不执滞于物,不执滞于自然,这便叫作不执滞于自己。不执滞于自己的人,称为与天融合为一。"老聃见孔丘仍是一脸的迷惘,就又接着说:"就具体事物而论,说得白无坚,得坚无白;说生死齐一,无是无非,都是荒谬的。但是我讲的是大道,是物的根本,只区分坚与白,就是毫无意义的;但说生死齐一,无是无非,那倒是符合大道的。因为常道是深不可识的,是不能用一般的是非去评判它的。大道废才有仁义,才有是非之非。仁义毒害人心,再没有比这更大的祸乱了。你要救天下,就要使天下不失其本性,应该顺化而行。白鹤不必天天洗才白,乌鸦不必天天染才黑。它们的黑白是本性,不用辩论,它本来就存在。"

孔丘的这次访问没有达到预期的目的。他和老聃对世界、对社会的看法有着根本的分歧,谁也说服不了谁。虽然如此无为思想还是对孔丘有一定的影响,当他的治世主张得不到实现时,也时而流露出一种无为的思想,甚至在解《易》时,还说出了"无思无为,寂然不动"的话。

鲁国人崔瞿了解到孔丘思想上的这种变化,感到老聃一定是个了不起的人,于是也来向老聃求教。但是他错误地理解了老聃无为的含义,一见面他就问:"不治理天下,怎样引导人心向善?"

老聃知道他来自鲁国,一定受了孔丘等人的影响,便回答说:"你要小心,别扰乱了人心!"

"引导人心向善,怎么会是扰乱人心呢?"崔瞿疑惑不解地问。

老聃说:"你要知道人心是很危险的啊!当它受到压抑时,就会消沉;当它受到推进时,就会昂扬。无论是消沉还是昂扬,都是对人性的囚杀,是自苦自累。一个人当他饱受折磨时,心境便时而急躁如火,时而忧恐如冰,其中变化的速度,就像顷刻间往来于四海之外。人心安稳时深沉而寂静,跃动时悬腾而高飞,可见强傲不可羁制的就是人心哪!"

"可人性是安静朴实的。"老聃接着说:"人本来无知无欲,一切顺其自然。无知,也就不知道诈巧;无欲,就没有追求。无诈无求就没有贪欲与罪恶。反过来,只有守静,无知无欲,人的朴实本性才能实现。这也就是我说过的,要见素抱朴,少私寡欲,绝学无忧。治理国家和天下也是一样的道理,只有无为才能无所不为,治理天下的人,要以不骚扰人民为治国之本。古人言:我无为,人民就自然顺化;我好静,人民就自然纯正;我不扰民,人民就自然富足;我无奢欲,人民就自然淳朴。历史上黄帝以仁义之说扰乱了人心,以致尧为仁义而奔波,挖空心思去施行仁义,煞费苦心去规定法度,然而还是不能改变人心。甚至将讙兜放逐到崇山,将三苗投置在三危,将共工流配到幽州,依然无法治理好天下。由此可见大道废才有仁义。提倡仁义,无非是一种推进人心昂扬的办法。但有昂扬,就必然有沉落,人们就会以仁义相标榜去讥刺攻讦对方,就会相争,人们淳德含和的本性就会丧失。所谓以仁义引导人心向善,实在是扰乱人心! 所以我说:君王无为,天下自治。"

入秦过函　老死扶风

老聃在回到家乡后,先后有孔子、叔山无趾、崔瞿、士成绮来求学。这以后由于战乱的影响,老聃在弟子和家人的劝说下来到沛泽隐居。

在沛泽隐居期间,老聃把对现行社会制度的批判以及救世方略的思考升华为对宇宙生成及万物本源问题的探讨。他统一了从商末以来就已经存在的五行本源说与阴阳混沌一气构成天地万物这两大系统,并以阴阳说为基础,吸取了五行说,尤其是水本源说的合理因素,在阴阳五行之上提出了更普遍更一般的范畴——道。老聃从与周礼决裂开始,走向探索新的治世方法,再进而探索宇宙本源,形成道法自然,以无为本,有无统一的天道观。

与此同时,他决定撰写一部上至天,下至地,中至人,包括万事万物及其规律的,益天、益地、益人的篇幅最长、容量最大的长篇大书。这部书包括很多部,总括地说,只有宇宙述论部和人尘述论部两大部分。

这部书,老聃勾勒的框架十分庞大,而且内容复杂,笔法也复杂,要有铺叙,有描写,特别是要有独具一格的无法驳倒的论证。他要描写得栩栩如生,使形象逼真如见真物;他要叙述得条条是道,清楚明白;他要把其中的大小理论证论得深入浅出,玄而易见,精辟透彻,能禁得起推敲和考究;要使语言文雅而且准确鲜明、易懂、生动。这是一项十分艰巨的工作。他边想边写,写写停停。有时候还要对他的论点进行一番考证。

就这样时间一天天,一月月,一年年地过去了,从公元前 498 年到公元前 489 年整整 10 年,老聃先生埋头著书,终于完成了大书的上半部—宇宙述论部。但在而后的 6 年间,80 多岁的老聃先生因病暂时搁下了他的写作,他却一边养病一边搜集着资料。这期间还曾有杨朱、柏矩、庚桑楚来向老聃先生问学。

公元前 484 年,老聃先生又开始了他人尘述论部的写作。老聃先生写啊,写啊,真是心无旁骛。可此时,外边正是天下大乱的时节。春秋之战,大大小小何止百次。什么齐桓公伐楚之战、齐鲁长勺之战、晋楚城濮之战争、秦晋围郑之战、吴越之战等等真是数不胜数。到了公元前 478 年,越王勾践再次攻吴,大破吴师于笠泽,并且杀死了吴国太子。也是在这一年,楚灭陈的战争烽火在陈国地面熊熊燃起。

这次战争引起的原因是:楚国出现白公之乱。陈国乘楚国内乱,兴兵伐楚,引起了楚惠王对陈国的愤怒。待白公之乱平息后,惠王就派楚令尹子西的儿子宁嗣领兵伐陈。楚军怀着大发泄,大复仇的心情在陈地烧杀抢掠,无所不为。他们所到之处,鸡飞狗跳,一片火海。陈都宛丘燃起了大火;苦县(即老子的家乡,以前是陈国领地,这次战争后成为楚国属地)县城烧起了大火;曲仁里以及附近的一些村庄也都燃起了大火。陈国君闵公被杀了,苦县县正也被杀了。对于这一切,老聃先生一无所知。他正沉浸于他的大书之中,大书即将完工,老聃先生正抓紧赶写。

这天下午,夕阳将要落山时,老聃先生出去散步。就在这时,三个楚兵来到了老聃先生的房前,一通搜掠,三个人掠走了老聃先生的使女,又放火点着了房子,然后扬长而去。当老聃先生看到烟火回到房前时,已是什么都没有了,老聃先生蹲在地上,想起数十年心血写成的书稿,毁之一炬! 他的心彻底碎了……

公元前478年,老聃遭劫难,大书被毁,便暂住在涡北一个朋友家里。每每想到大书被毁,他心中就一阵阵难受,他决定要离开家乡去秦讲学,他要把被毁了的大书中道理用口舌讲出来。

这一年,老聃先生已经93岁了,他带着一个小书僮,骑着青牛向西出发了,他的弟子庚桑楚送他们出了已成为楚国的陈国国境。一路上,老聃先生一边走一边向人讲善,讲他的天道。

在西去的路上,曾经有一位文子向老聃先生问道。老聃收他为弟子,对他说:"天地间一切都由气构成生命,一切具有形态的事物,都是不长久的。自然造物开始之时,只有阴阳混沌一气,一切造化都是阴阳所变,生是阴阳之变,死也是阴阳之变。阴阳变化有一定的秩序,其中存在一定之数,如果能够穷尽这一定数,就可以通达阴阳之变。但是造物是十分巧妙的,其造化之功很深,人们是很难穷尽的。"这位文子是位有心人,他继承和发展了老子的唯物主义思想,又吸收了其他各家的理论长处,开创了战国黄老学的先河。

老聃先生一路向西,向着函谷关走来。函谷关当时是周朝和秦国的交界处,要去秦,必走此关。此时,镇守函谷关的关令名叫尹喜。这尹喜学富才高,特别喜欢钻研天文星象,并以此来探究人间福祸,推测世道变异。他是周朝的大夫,年轻时曾向老聃先生请教,对他的学识和品德十分佩服。近来他听说老聃先生要西出函谷关,心里十分高兴,想着一定要借此机会好好请教一下这位老先生。于是他开始等,等啊等,一直等了好几天,这一天老聃先生终于走到了函谷关。尹喜异常兴奋,亲自把老聃先生请到了自己的宅第。

老聃先生在此做客期间,尹喜对他异乎寻常的热情,天天陪着老聃先生讲话,讲老聃在周都洛阳的为官生涯,讲天道人德。这尹喜热情挽留老聃,主要有两个目的:一是他对老聃先生十分敬慕,想多留他几天,好好亲热亲热,多请教请教;二是想请老聃先生给他写一卷书,留作历史性的纪念,一代代传下去,使自己和后代从老聃先生的文章中取得丰富的知识和教益。

一听说要写书，老聃先生的心里不禁一震，想起大书被毁，心里顿时难受起来。他向尹喜表示不愿再写书了，还是让他走吧。可尹喜并不知道大书被焚的事，因为老聃先生是隐居著书的。他一再诚恳地请求老聃先生写点东西，老聃先生想起尹喜热情接待，又如此恳求，一片真情，只好答应了。

可拿起笔，老聃先生却犯愁了，写什么呢，自己这几十年的思想变迁，政治观、人生观的重大转变？可大书花费了自己 20 年的时间和心血呀，眼下是不可能再写的，他想啊想，终于，他决定把大书的意思浓缩一下，用极少的话将它概括下来，这样也不枉自己辛苦 20 年了。

他提起笔来，在竹简上写下了这样的话："道可道，非常道。名可名，非常名……"这一开头，老聃先生就搁不下笔了，他不停地写着"古之善为道者，微妙玄通，深不可识。夫唯不可识，故强为之容……

……

天下之至柔，驰骋天下之至坚。无有入无间，吾是以知无为之有益。

不言之教，无为之益，天下希及之。

……"

经过几个月的努力，老聃先生终于写到了"信言不美，美言不信。善者不辩，辩者不善。知者不博，博者不知。圣人不积，既以为人己愈有，既以与人己愈多。天之道，利而不害；人之道，为而不争。"八十一章的奇文完成了，这部书虽然只有五千字，但内容所涉，大到无限，小到希微，广度极大，深度极深。因其上篇以"道可道，非常道"开头，被后人称为"道篇"；下篇以"上德不德，是以有德"开始，被后人称为"德篇"，故合称《道德经》。

尹喜得到此书，如获至宝。马上叫儿子及钱粮师爷及所有会写字的人再誊抄几份。这部五千言的《道德经》后来就由尹喜和他的后代保存。

老聃先生终于还是要走了，尹喜再也留不住。老聃先生带着深情出了函谷关向西而去。

冬天的时候，老聃先生来到了槐里（今陕西兴平市东南 40 公里处），他进了村，还是要传道。

在当时，槐里是个非常穷苦的村子。村上人大多过着糠菜半年粮，忍饥挨饿的生活。有几家更是穷苦得一年四季锅底朝天，连糠菜都难吃上，其中有个叫大黑的男人，一个人带着三个孩子，他自己又长期病着，那日子实在是有一顿，没一顿的。村上只有一个富户赵弼襄，他家粮多地广，而且此人还很有学问，就是为富不仁，从不周济别人。

因为讲道在当时是个新鲜事，所以村里的人这一天都来听了，连赵弼襄也来了。老聃先生用通俗的语言讲了他认为确实存在着的宇宙的本体——道，讲了在道的作用下，万物的创生，讲了应道之特性所产生的人德以及道的几种规律：有无互生律、有无互用律、相对存在律、道之变动不变律、反律;讲了道和德的上合天理、下合人情以及它的永恒性,说明这"道德"二字是万古不磨的,万万古也不会磨灭的。在场的人听了无不心悦诚服,连赵弼襄也觉得这是个大有学问的人,被他的学问折服了。接着老聃先生又对《道德经》上的一些语句进行摘论,运用实例,进行了生动形象、活泼有趣的讲述。他的讲述深深打动了赵弼襄,他受到了很大的震动,感到自己活了50多年,到今天才算是悟透人间哲理。

晚上赵弼襄把老聃先生请到家里,以丰美的饭菜招待了他,并说要拜他为师,向他学道。老聃先生连连推辞,只是说互相学习。赵弼襄又请老聃先生住到他家里,老聃先生说:"我们带有钱粮,本来打算在这住下不走了,在这自己做吃,好好观观山景,明年春暖花开再走,没想到给你添了这么多麻烦。这样吧,请你给我们找个闲屋,让我们在这自己做着吃吧。"就这样老聃主仆在槐里村住下了。

慢慢地老聃先生知道了村上的一些人家的穷苦情况,他便常拿出自己讲学,收徒得来的钱帮助他们,尤其是经常做出大黑一家四口人的饭给送去。老聃先生的举动感动了村里人,也感动了为富不仁的赵弼襄,他说:"您真是以有余以奉天下的道者,这真是圣人不积,既以为人己愈有,既以与人己愈多啊。"从此以后他竟开仓放粮,还拿出钱财周济村里的穷苦人。

老聃先生来的时候,只是说姓老,并没有说真名实姓。后来村里人终于知道他就是周朝的柱下史、守藏史老聃先生,对他更是爱戴。

第二年春天,老聃先生提出要辞别槐里,到别处去讲学。村里人听说先生要走,都是难舍难离,一再挽留。老聃先生安慰他们:"我还会回来的,放心吧,这地方我也实在喜欢,一定会回来的。"

就这样老聃先生辞别了村里人,骑着青牛,带着书僮又出发了。后来老聃先生到咸阳讲过道,再后来,主仆二人离开咸阳,竟不知上哪了。后人有人猜测是西北走流沙,到了新疆;也有人说是出了中国到印度去了,各种说法,各说不一。直到公元前471年,他们又出现在扶风,从此他又在这一带隐居。

老聃高寿,活到160多岁,老死于扶风。老聃先生作为长者,平素待人慈祥,他那与天地一体的阔大胸怀,他那守柔处静忍辱含垢的性格,得到乡邻老少的敬爱。他死后人们络绎不绝地前来吊唁,痛哭失声。扶风人和槐里人为他赶制了孝衣,两村人商量先生的殡葬事宜,都要求把老聃先生葬在自己的村里。槐里人说:"先生离开槐里的时候,还说过要回槐里的,请让我们把他葬到槐里吧,请你们尊重先生生前的愿望吧,请你们答应吧!"扶风的百姓想到老聃先生平素教给他们的不争的待人原则,就流着泪答应了,他们协同槐里的百姓一起将老聃先生安葬在了槐里的西山。

庄子在写完老聃之死一段文字后,写下了一句含义十分深刻的话:"蜡烛和柴薪的燃烧是有穷尽的,火却传承下来,永远没有穷尽的时候。"

至圣先师 万世师表

——孔子

名人档案

孔子：名丘，字仲尼，鲁国陬邑（今山东曲阜东南）人，春秋末期思想家、政治家、教育家，儒家学派的创始人。官至司寇。后罢职，带领弟子周游列国。归国后闭门治学，潜心研究礼仪。其思想对中国和世界都有深远的影响，其人被列为"世界十大文化名人"之首。

生卒时间：前551年~前479年。

安葬之地：曲阜城北泗水之上，即今日孔林所在地。

性格特点：发愤忘食，乐以忘忧，安贫乐道，学而不厌，诲人不倦，直道而行。

历史功过：整理过《诗》《书》等古籍，后将其称为"六经"，抑或"六艺"。现存《论语》一书，记有孔子的谈话以及孔子与门人弟子的问答，是研究孔子学说的主要资料集中体现了孔子的政治主张、伦理思想、道德观念及教育原则等。与《大学》《中庸》《孟子》并称"四书"。通行本《论语》共二十篇。《论语》的语言简洁精炼，含义深刻，其中有许多言论至今仍被世人视为至理。

名家评点：孔子是我国古代伟大的思想家和教育家，儒家学派创始人，世界最著名的文化名人之一。后世并尊称他为"至圣"（圣人之中的圣人）、"万世师表"。

三十而立 招收弟子

孔子，名丘，字仲尼，春秋时代的鲁国（今山东曲阜）人。生于鲁襄公二十二年、周灵王二十一年（前551年）夏历八月二十七日，卒于鲁哀公十六年、周敬王四十一年(前479年)夏历二月十一日,享年七十三岁。

今曲阜城东南有一座昌平山,山下即古昌平乡,昌平乡东有一座不太高的小山,原名尼丘山,因避孔子讳,省去"丘"字,改名为尼山。这里山明水秀,林壑幽美,海拔340余米,五峰莲峙,其中环抱的即为尼山,远望尼山五峰好像五位老人,故又名"五老峰"。相传两千五百年前,我国的文化伟人孔子便诞生在尼山脚下东侧的坤灵洞(又名夫子洞)中。

孔子的祖先本系春秋时宋国的贵族。宋国贵族原是殷商子姓王族的后裔。

正考父以谦恭俭朴和熟悉古文献见称,是辅佐过戴、武、宣三公的三朝元老,据传《诗经》中的《商颂》就是经他整理的。其子孔父嘉已沦为大夫,因参与宋国贵族华氏内争被杀,孔父嘉生木金父,木金父生祈父,祈父生防叔。至防叔时,遇上国家战乱,逃到鲁国。防叔生伯夏,伯复生叔梁纥,叔梁纥即孔子之父。由于当时一般取五代祖先的字为"族名",因此,孔父嘉的"孔"成了孔子的"族名"。

家道传至孔子的父亲叔梁纥已经没落了,他已成为一个失去世袭贵族地位的官位不大的武士。叔梁纥曾娶过鲁国人施氏为妻,生了九个女儿,没生儿子,又娶妾生了一个儿子,但是个有残疾的跛子,取名孟皮。叔梁纥感到孟皮不能继承他的家业,又向颜家求婚,颜家是鲁都的大姓,有三个女儿,只有未满二十的小女颜徵在愿意嫁给叔梁纥。此时,叔梁纥已是六十六岁的老人了。老夫少妻,年龄相差太大,古人认为这种婚姻不合礼仪,司马迁在《史记·孔子世家》中以"野合"一词来描述这门婚事。

"野"字古时有两种解释,一说指野外,一说指不合礼仪。有的学者以此而认为孔子是私生子,这种说法比较武断。

传说叔梁纥与颜徵在婚后,很想早日生个儿子继嗣,为此多次上尼山向天神祈祷生个男孩。在鲁襄公二十二年(前551年,周灵王二十一年)夏历八月二十七日,当他们同去尼山祈祷后下山时,生孔子于山下东侧的一个山洞里。古书上关于孔子诞生的神话很多,如《祖庭广记》上说,孔母祷于尼山时,当她走进山谷时,连脚下草木的叶片都下垂,当她走出山谷时,草木的叶片又都抬起头来。后世传说尼山的荆棘朝下,是为了避免刺伤孔母与孔子,可见降生圣人时连尼山的草木也为之感动。由于孔子生于尼山脚下的山洞中,后人为了纪念颜徵在母子,名此洞为"坤灵洞",又名为"夫子洞"。

孔子出生后,其父母给他取名叫"丘",这是因为孔子刚生下来时,头的形状有点像圩顶,所谓圩顶,通常是人们形容山的周围高而中间平的形状,这种头形很像这种山,因此取名为"丘"。又别名"仲尼","仲"是老二的意思,因为孔子还有一个同父异母的哥哥,就是前面提到的跛足的"孟皮"。

尽管孔子降生尼山的故事是那么神圣而不平凡,然而幼年的孔子在人世间的道路则是十分不幸而艰难的。孔子三岁时,他的父亲叔梁纥含着眼泪、怀着对三岁的儿子的一片爱心与期望,离开了人世。母子俩孤苦伶仃,相依为命。迁往鲁都的娘家。当时的鲁都曲阜是鲁国的政治、文化的中心,典籍丰富,名师众多,孔母希望自己的儿子能够在这种良好的文化环境中完成学业。因此,孔子自幼就生活在曲阜的传统文化气氛中,接触到保存得比较完整的周王朝的典章文献、礼仪制度。孔母为了让自己的儿子将来能够光宗耀祖,继承先圣商汤的伟绩,长大后成为有出息的人,教他学习通晓周王朝的《诗》《书》《礼》《乐》。在孔母的严格教育下,尽管生活清贫,但仍以一个贵族子弟的身份认真学习贵族的礼仪,《论语》上记载孔子的自述:"吾十有五而志于学。"这是说孔子在十五岁时,就立志求学,又两次记孔子"入太庙,每事问"。

孔子十七岁那年母亲去世。孔母死时才三十多岁,这对孔子又是一次痛苦的打击。

说起孔子,人们的脑海中会浮现出孔庙里孔子的形象。但孔子的形象到底如何呢?从有关典籍中可以看出,十八九岁的孔子身材魁梧。《荀子·非相》上记载:"仲尼长,子弓短。"《史记·孔子世家》上说:"孔子长九尺有六寸,人皆谓之长人而异之。"这一尺度当属周制,周制一尺合今 19.91 厘米,折算下来,等于今天的191 厘米。《庄子·外物》上记载孔子体型:"修上而趋下",即上身长,胳膊长,下身短。其"肩背伛偻"。孔子体格十分强壮,筋骨劲健,力大过人。《列子》与《淮南子》上也有类似记载。王充《论衡·效力篇》上说:"孔子,周世多力之人也。"这与孔子从小习武,精通射、御之术有关。《吕氏春秋·慎大》上说:"孔子之劲,举国门之关,而不肯以力闻。"据此可知孔子绝非文弱的书生。孔子的头部更有特点,头形中凹而四周高起,古书上称为"圩顶"。孔子又有两颗像兔子的大门牙,露在外头,古书上称孔子的门牙是"骈齿"。关于孔子的外貌特征,《孝经·钩命诀》上说:"仲尼斗唇,舌理七重","龟脊、辅喉、骈齿,面如蒙供。"古书上载帝喾、周武王、南唐后主李煜都生有骈齿。于是,骈齿非但不是不雅观,反而成为圣人的一大特征相貌。孔子是否有骈齿,可以另当别论。不过,今天不少有关孔子的图像、雕像中,确有不少作品里的孔子是有骈齿的。关于孔子的服装,《孔子家语》中有一段记载,谓孔子见鲁哀公时,公曰:"夫子之服,其儒服与?"孔子对曰:"丘少居鲁,衣逢掖之农。长居宋,冠章甫之冠。丘闻之,君子之学也,博其服以乡,丘未知其为儒服也。"从这段记载,可知孔子所穿的衣服,所戴的帽子,都是乡服,亦即为鲁人所穿的服装,为宋人所戴的帽子,并不是代表儒者身份的制服。因为孔子是一位不耻恶衣恶食的平民身份的知识分子,以他的身份是不会穿那些华贵精美的服装的。

十九岁那年,孔子与鲁国的一位青年女子亓官氏结婚。传说亓官氏也是殷人之后,婚后第二年,亓官氏生下一个男孩,孔子很高兴。

当鲁昭公获悉孔子得子时,也专门派人向孔子道喜,还送去了一条大鲤鱼。为了纪念这件很荣耀的事,孔子给自己的儿子取名为"鲤",又取字为伯鱼。大概这时,鲁国国君已将孔子视为叔梁纥的继承人,至此亡父的家族也都承认孔子的合法地位。孔子二十岁左右时曾做过两次小吏。一次是做乘田,乘田的职务是管理牛羊。另一次是做委吏。委吏的职务是管理仓库,孔子在青少年时,干过很多的低贱的工作,人家死了人,他就去给人送葬,当吹鼓手;孔子很熟悉葬丧之礼,并为人办丧事。《论语》中记孔子说:"乡人傩,孔子朝服而立于阼阶。"傩是一种赶鬼的仪式,孔子也参加。经过刻苦学习,孔子逐渐成为一位博学多能的人。

孔子从记事的时候起,就体验到人生的艰辛,由于其父亲在孔子幼年即去世,因此实际上孔子的生活已由贵族下降为平民,及至他后来被门人弟子尊为师表、誉为圣人时,他的西家邻人仍称呼孔子为"东家丘"。就这一点看,孔子自幼平易近人,即在他名声大扬时,仍不失他的平民知识分子的本色。

孔子自幼好学,"敏而好学","不耻下问",学无常师。鲁国东南方有一个鲁国的附庸小国郯国的国君郯子来鲁国朝见昭公,郯子自称是少昊氏子孙,在鲁昭公举行的宴会上,鲁国的大夫叔孙昭子向郯子问起少昊氏"以鸟名官"的情况,郯子滔滔不绝地讲述了古代官名的由来。孔子听到郯子来到鲁国,便抓紧时机拜见郯子,向他仔细打听少昊氏时代的职官制度的历史情况,郯子向孔子介绍了古代东海岸有关鸟图腾的传说。孔子终于弄明白殷商文化与东海岸鸟的神话传说的关系。郯子的讲话给他留下了深刻的印象,他在向郯子求教后感叹地说:"天子失官,学在四夷。"在"官失其守",文献典籍四散,西周王室的巫、史、祝、宗和礼乐之士流散民间的时代里,孔子不得不以其强烈的求知欲,四处求学。这就是历史上著名的孔子向郯子学习的故事。

公元前 523 年,孔子二十九岁。相传孔子这一年从山东跑到山西,向晋国著名音乐家师襄子学鼓琴。

鲁昭公二十年(前 522 年),孔子三十岁。这一年,郑国的大夫子产逝世。子产是一个政治上十分开明的人,当时的老百姓议论政治,在乡校里批评执政,有人建议子产捣毁乡校,但子产反对这种专制野蛮的做法,给乡校中的士人以批评执政者的权利,可见他有着政治家的胸怀与风度。孔子对郑国这位政治家、思想家十分敬佩,他从青年时代起,就受到子产的很大影响。当孔子惊悉子产去世的消息时,他悲痛地哭了,孔子评价子产是"古代留下来的最后一位仁人君子"。孔子后来成为圣人,多少与子产的影响是有关的。

孔子在晚年回顾自己一生的修养与治学的历程,他说自己是"三十而立",在十五岁时开始立志于学,到三十岁,就打下了坚实的根底,不仅精通了一般贵族子弟在进入上层社会、从事政治活动之前所要掌握的"六艺"(礼、乐、射、御、书、数),而且精通了古代大学中所掌握的高级的"六艺",即汉代之后被尊为《六经》的《诗》《书》《礼》《乐》《易》《春秋》。孔子已有很高深的造诣,他的学识与声望已相当的高,基本上确定了他的"一以贯之"的思想原则,并为他后来治学、施教、参政打下了坚实的基础。

所谓孔子自述"三十而立",除了他已熟悉、精通《六经》等古代的大量文献外,还有另一层意思,即孔子面对周室衰微、礼崩乐坏、诸侯纷争和政治动乱的社会现状，他已立下了救世的宏愿，形成了他的以西周礼乐文明为典范的立身处世的思想法则，确定了他的以"仁"为核心、以"礼"为形式、以"中庸"为原则比较完整的伦理观、政治观、社会观。他开始在民间创办私学，"始教於阙里"，并以小型学术团体的形式，开始了儒家学派早期的学术活动。这时他已是一个为鲁国人所周知的品德高尚、学问精深的知名人物，求教他的学生自远方接踵而至。从此时起，一直到他仕鲁之前，在将近二十年的时间里，他的主要精力放在研究学问与从事教学方面。

大约在三十岁左右时，孔子开始招收第一批弟子，这中间有颜渊的父亲颜路，曾参的父亲曾点。孔子的另一位著名弟子子路，也属于这第一批弟子之列。子路比孔子小九岁，他拜孔子为师时大约二十一二岁。子路出身贫贱，为人性格豪爽、耿直，起初他对孔子很不尊重，还欺凌过孔子，但孔子以德折服了他。子路后来成为孔子最忠实、最可靠的学生。在孔子招收的第一批弟子中，还有伯牛、冉有、子贡、颜渊、闵损等人，而孔子晚年招收的子游、子夏、曾参等人，则属于后一辈的弟子。所谓门徒三千，当然有点夸张，就是"七十二贤"，也不是同时共学的。他们在孔子那里主要学习《诗》《书》《礼》《乐》，但重点是培养德行，陶冶性情，准备担负起闻道救世的重任。孔子在鲁都杏坛（曲阜城北的学舍）向他们讲学，但弟子们也跟着孔子四处出访，在实际的社会活动中，随时问难，这大概是中国古代最早的开门办学。孔子之前，"学在官府"，只有贵族子弟有机会接受教育，一般平民是无资格得到求学机会的。自从孔子创办私学后，才打破"学在官府"的局面。这在当时是一件破天荒的大事，在鲁国引起很大震动。由于招收一大批学生，进行了认真的教育培养，造成了很大的社会影响，孔子逐渐成为一个著名的教育家。

孔子办学成名，与当时民间流传的"圣人降生"预言有关。那就是孔子是殷人之后，早在孔子之前，当周初灭殷之际，就在殷人的遗民中流传着将有"圣人出世"的预言。这位圣人是谁呢？人们纷纷猜测。这就是所谓殷商灭亡后，"五百年必有王者兴"的预言。《孟子》最后一章就专门提到这件事说："由尧舜至于汤，五百有余岁。……由汤至于文王，五百有余岁。……由文王至于孔子，五百有余岁。"孔子生于鲁襄公二十二年，上距殷商武庚灭亡，约有五百多年。这个"五百年必有王者兴"的传说，曾经勾起宋襄公复兴殷商的野心。但宋襄公是一个失败的仁君。然而这个"预言"仍在殷民中流传着，到孔子出世的时代，这个将有圣人复起的预言已有五百多年了。这时候，在殷宋公孙的一个嫡系里忽然出来了一个天资聪明的贫贱少年，传说中又有那么多"圣人降生"的神话，于是在鲁国的贵族中间与民众的目光中，孔子成了伟大的圣人。（参见《胡适论学近著》第一集《说儒》）。

早在孔子十七岁时，鲁国有位孟僖子，他是"三桓"之一，政治地位仅次于季平子，是鲁国第三号人物。这一年是鲁昭公七年（前535年），孟僖子陪同鲁昭公出访楚国，途经郑国抵楚，在引导鲁昭公参加对方欢迎仪式时，因为不懂礼节而出丑，孟僖子为此惭愧之极，归国后便到处向人求教，曾向青年孔子问礼，孟僖子从此十分鲁昭公二十四年(前518年),孔子三十四岁。孟僖子在临终前,将他的两个儿子叫到床前,长子仲孙何忌快三十岁了,次子南宫适也已十几岁了。孟僖子向他们讲述礼的重要,讲述自己不知礼所得到的教训,又讲述了孔子的家世。他说:"听说我们鲁国出了个通达明礼、学问渊博的人,他就是孔丘。我告诉你们,他是圣人商汤的后代,他的祖先弗父何有功于宋国,弗父何的曾孙正考父曾辅佐过宋戴公、武公、宣公三个国君。他们虽然地位很高,但谦虚谨慎,可见孔丘的祖先有谦恭的美德。当年我们鲁国臧孙纥说过:'祖先有美德,其后世必定出现聪明通达的人。'现在孔丘年纪才三十多就已经知道许多学问,懂得许多礼节,他就是今天的圣人吧!我死后,你们要拜他为师,向他学礼。"

孟僖子的这一番话对于研究孔子生平很有价值。首先这段话证明孔子作为"圣人之后"已经得到当时鲁国贵族的普遍承认,同时也可看出孔子在三十四岁后,他所创办的私学在鲁国已有很大的名声,连鲁国的贵族也将自己的子弟交给孔子教育。另一方面,孔子之所以办学成名,也是因为他看到鲁国贵族在当时需要自己出来重新恢复礼乐文明。从此,孟僖子的两个儿子孟懿子和南宫敬叔都做了孔子的弟子。孟氏是鲁国掌权的贵族,自从孔子吸收了孟氏兄弟入学后,孔子办学的经费得到了国家的补给,私学的规模越来越大。

孔子的教学活动的一个很大的特点,就是结合社会实际进行教学。为了收集古代的文献典籍,为了弄清三代文化的演变,孔子早有去洛邑的打算,他对南宫适说:"我听说京都洛邑(今河南洛阳)当守藏史的老聃博古通今,通晓礼乐文明的源头,明白道德学问的归宿。我们还得向这位智者求教哩!"南宫适将孔子的这一赴周都采访的愿望报告给鲁昭公,"请与孔子适周",鲁昭公还派出车马仆役,支持孔子师生这一次长途出国访问活动。

洛邑(今河南洛阳)原是周王营建的控制东方的政治、文化中心,自从公元前770年平王东迁后,便成为东周王朝的统治中心。这里又有大量的古代的文物典籍,当时负责保管这些文献的是周王朝的守藏史老聃,也就是大家熟悉的博学多闻的老子。老子听说孔子来访,还专程坐车至郊外迎接孔子。今山东省嘉祥武氏墓群的石刻中有一块孔子见老子的汉代画像石,上面刻画了老子与孔子相见的情景:头戴高冠、身着长袍的孔子,手捧一只雁,作为拜见老子的见面礼。老子也是高冠长袍,手拄曲杖,拱手相应。其后一人手捧简册,交孔子翻阅。这即是"孔子问礼于老聃"的故事。

认真考察周礼,是孔子这次赴洛邑的目的。孔子问礼于老子,老子对他说:"你所讲的多半是古人的东西,这些人连骨头早就朽烂了,只不过留下了一些言论而已。君子遭遇明世就出来做官,不然,就隐居而自行其是。我听说一句古语:会做买卖的人深藏若虚,不把所有货物都拿出来;君子道德高尚,而容貌谦退,就像一个愚人。你应该去掉身上的骄气与多欲,不可抱有过大的志愿,这才有益于你的身心。"老子的这一连串讲话与孔子的人生处世的想法有着明显的区别,但老子作为周王室史官,还是将周代的具体礼制,尤其是丧礼,向孔子做了详尽的讲解。

孔子在洛邑参观了明堂,明堂是古代天子宣明政教的地方,最早的明堂可能是建造于神农时代。它是祭祀的场所,也是教育的场所,古代所有朝会、庆赏、选士、教学等大典,都在这里进行。明堂四面的大门上,画着尧、舜、禹和桀纣的画像。还有周公相成王图也画在墙壁上。孔子在这里徘徊观望并且感叹地说:"此周公之所兴盛也。夫明镜所以察形,往古者所以知今。人君从这里可以看到一兴一亡的历史教训了。"孔子又来到太祖后稷之庙,只见庙堂右阶之前,有一金人,口上贴有三道封条,背上有一行铭文,上写:"古之慎言人也。"相传这是周公的口嘱,劝人出言慎重,处世小心。多言多事,多事多灾,多灾多悔。孔子读完铭文,对其弟子说:"小子记住,这些教训合于一般人情,中于一般事理。《诗经》上说:'战战兢兢,如临深渊,如履薄冰',如此立身处世,就不会闯祸了。"

当孔子辞别老子时,老子又以言相赠,向他讲了一番明哲保身的道理。孔子回鲁后,时时想起老子的教诲,时时在他的弟子们面前称颂老子,孔子说:"我知道鸟能飞,鱼能游,兽能走,但又时常见到鸟被人射下,鱼被人钓上,兽被人捕杀。可见飞、游、走不是真本领。至于龙,我不知它如何乘风云而上天,但它能自由自在地乘风上天,使人无法捉摸,我今见老子,他就像龙那样的飘逸玄妙啊!"

孔子这次赴周室考察,开阔了他的眼界,看到了周代的许多文物、典籍,从而使他对周代的文明更加神往。孔子从老子那里学到了周礼,内心十分敬重老子,但并没有接受老子那种消极避世、与世无争的人生哲学。老子比孔子年纪大,社会经验、人生阅历也丰富得多,因此这一次会见,对孔子一生极有益,这时的孔子三十四岁,血气方刚,在求知与修身方面,积极热情,但不免急躁,在这方面五十多岁的老子是他的老师,给孔子很多启发。而在老子方面,他又似乎缺少孔子的那种入世的积极热情。因此,孔老这两人的会见,在中国文化史上是极有意义的。孔子入世,老子出世;孔子积极,老子消极;孔子重人事,老子重天命。总之,他们在许多方面是互补的,由此构成了华夏文化的整体。

五十从政　辞官去鲁

孔子是一个有政治抱负的人,他渴望取得某一位贤明君主的信用,出仕从政,以实现自己的"仁政德治",做到"博施于民而能济众","拯民于水火之中",他等待这一机会的到来。然而生当春秋乱世中的孔子,要得到这一个机会又是多么的难得。当孔子偕南宫敬叔从周都洛阳返回鲁国时,鲁国正酝酿着一场内乱。

春秋末年,政治权力下移,先是周天子已无力号令诸侯,礼乐征伐自诸侯出,而各诸侯国内的大夫的力量也越来越大,出现了"政在大夫"的局面。这种大夫专权的现象在鲁国尤其明显,鲁国的大权落在"三桓"的手中。所谓"三桓"就是鲁桓公的三个儿子庆父、叔牙、季友的后代孟孙氏、叔孙氏、季孙氏三家贵族。这三家贵族在鲁国世代相传、历任卿相,出现"三分公室"的局面。到了春秋末年,季氏的势力越见膨胀,鲁国的军政大事,皆由季平子专权。到了鲁昭公二十五年(前517年)季氏与郈氏的"斗鸡风波",将鲁国上层的政治权力的斗争推向顶点。

斗鸡是当时鲁国贵族的一种娱乐和赌博活动。赌博的双方各放出一只勇猛好斗的公鸡,在场地上互相残酷厮杀,获得胜利一方的公鸡,其主人可以赢钱,这种娱乐在鲁都曲阜城内很是流行。恰好季平子在鲁都曲阜的寓所与鲁国另一家贵族郈氏为邻,这两家常以斗鸡为乐。季氏放出的公鸡,在鸡翅膀上偷偷撒上了芥子粉,郈家的公鸡无论多么雄壮、凶猛总是被弄瞎眼睛,连连失败。后来郈家发现李氏斗鸡取胜的秘密,便也在鸡爪上装上锋利的小铜钩,于是反过来季家的鸡又总被抓瞎了眼睛,而以失败告终。这件事又被季家发现,于是矛盾扩大,双方彼此指责攻击起来。

季平子在鲁专权已久,他要郈伯让步,郈伯不肯退让,季平子怒而侵郈氏,一举占领了郈伯的封地。另外季平子与臧昭伯也有矛盾,还将臧氏的家臣囚禁了起来。因此,郈氏与臧氏一起诉冤于鲁昭公。鲁昭公对季氏专权早已不满,一直想搞倒季氏,以恢复公室的权力,于是鲁昭公支持郈氏、臧氏,出兵包围了季平子。季平子看看四周是军队,已无法逃命,表示愿意搬出曲阜,归还从郈氏抢来的封地。鲁昭公不允许,季平子又表示愿意赔偿财产,囚禁自己,以示惩罚。鲁昭公仍不允许,郈、臧二家一定要杀掉季平子。在这场斗争中,叔孙氏和孟孙氏感到季孙氏一倒,他们也会先后垮台,于是一起去救季平子,并将鲁昭公派来联络他们的郈昭伯杀死。反抗三桓的这场斗争就在一天之内失败了。鲁昭公逃亡到齐国。当孔子得知鲁昭公逃到齐国的消息后,孔子也追随昭公赶到齐国。

齐国在齐桓公时,曾经称霸中原,做过各国盟主。这个国家的手工业、商业都很发达,首都临淄在中原算得上是第一流的大城市。孔子初到齐国,对于这里的繁华景象十分惊奇,使他的眼界为之一开。

孔子在齐国大约住了二年,自昭公二十五年来齐,到昭公二十七年返鲁。在这二年中,孔子在齐"为高昭子家臣,欲以通乎景公"(《史记·孔子世家》)。不久,孔子通过高昭子见到了齐景公。据说齐景公在五年前(前522年)到鲁国时见过孔子,齐景公知道孔子是当今的圣人,向他请教为政治国的道理,问孔子:"从前秦穆公国家很小,地方又偏僻,可是为什么能称霸一方呢?"孔子说:"秦国虽小,但志气很大,地虽偏僻,但行为正当。秦穆公又会用人,看中了养牛的百里奚,和他谈了三天话,便信任他,叫他执政。像秦穆公这样任人唯贤的做法,就是治理全中国也行,称霸一方算是最起码的。"齐景公又问孔子如何治理国家,孔子就提出了他的政治主张:"只有做到国君像个国君,臣子才会像个臣子;父亲像个父亲,儿子才会像个儿子。"孔子认为一个国家上下的名分是不能乱的。这一政治主张也反映出孔子对当时鲁国君臣名分大乱的感慨。齐景公听了孔子这一番话,赞成地说:"是啊,如果国君不像国君,臣子不像臣子,父亲不像父亲,儿子不像儿子,就是有饭吃,我也不能安心地吃啊!"齐景公进一步向孔子请教治国之道,孔子针对齐国临淄人的生活豪华、奢侈浪费、讲究排场的弊病,向他提出了"政在节财"的治国原则。

　　齐景公十分满意孔子的看法,并准备将尼谿这块地方封给孔子,让他做一个有采邑的齐国大夫。根据《墨子》上的记载,正当齐景公打算任用孔子时,却遭到齐国的大臣特别是晏婴的反对。晏婴在齐景公面前批评孔子说:"这些鲁国的儒者,办事不依法制,只会说些漂亮话,他们对活着的人不能关心,却重视死后的事,治丧主张铺张浪费,埋葬死人又不惜倾家荡产,此风实不可长。他们到处游说,乞求高官厚禄。孔丘所提倡的礼仪,繁杂琐碎,令人一辈子也学不完,实在无益于治国。"经晏婴这么一说,齐景公打消了重用孔子的念头。此后齐景公对孔子开始疏远,见面时只是客气地说:"我们齐国有自己的习俗,要我像鲁昭公对待季孙氏那样,对您付以重任,恐不可能,我也不会像鲁君那样对待下卿孟孙氏那样对待您,我还是待您在季孙与孟孙之间吧。"不久,齐景公又对孔子说:"我已经老了,不能用您来改革齐政了。"这时的齐景公五十六岁,已是一个垂老之人,失去了改革齐国的信心。此外,齐国的一些贵族,怕孔子当政,实行改革损害他们的利益,又散布一些恐吓孔子的话,于是孔子匆匆地打点行李,离齐返鲁。

　　孔子在齐二年,在政治上毫无收获。闲暇时便时常去找齐国主管音乐的大师,探讨音乐。他从齐太师那里得知,齐还保存有禹舜的古乐曲《韶》,他要求大师让人演奏这首古乐。听着古乐,孔子大受感染,沉浸在古乐中,竟然有三个月不知道肉的滋味,并说:"想不到这首乐曲使我陶醉到这种境界!"又称赞《韶》乐,说这首曲子"尽善尽美矣"。

　　孔子回到鲁国后,仍然讲学杏坛,整理古代文献,但也时时静观着鲁国的政治形势,面对着鲁国大夫乱政的局面,忧心忡忡。

　　鲁昭公三十二年(前510年),流亡在外的鲁昭公死于晋国的乾侯,昭公的弟弟鲁定公继承了君位。这一年,孔子四十二岁。鲁定公五年(前505年)六月,赶走鲁昭公的季平子也死了。季平子的儿子季孙斯嗣位,他就是季桓子。这时不但鲁国的国君之权为"三桓"削弱,连"三桓"的家臣的势力也在扩展,并且形成对"三桓"的威胁。当时,季桓子掌握鲁国的大权,但他的家臣仲梁怀、阳货和公山不狃闹得鲁国国无宁日。季平子在鲁昭公出走后,在鲁国当政七年,他颈上挂着一块叫"玙璠"的宝玉,表示自己是国君的代理人。在大殓季平子时,阳货主张将这块"玙璠"放进棺材里去,却遭到仲梁怀的反对。阳货大怒,将仲梁怀囚禁,季桓子出来干涉,阳货又将季桓子囚禁,把仲梁怀驱逐出去,并杀死季氏族人公何藐,还把季桓子一家大小都捆绑起来,监禁在南门外的乡里,直到季桓子认输,才放了他。阳货在鲁国独断独行最终做了"太上皇"。阳货自知虽有权势,如果得不到鲁国最有名望的孔子支持,是很难站住脚跟的。因此,他极力去争取孔子,以求利用孔子的名望来抬高自己。有一天,阳货派人送给孔子一头蒸熟的乳猪,作为礼品。按照鲁国的礼俗,身份高的人下赠礼物,受者要亲自登门致谢。孔子知其用心,是要逼他出来做官,故孔子选择阳货不在家时,前去回拜,没想到在回家的路上遇见阳货。阳货劝孔子勿将自己的本领藏而不用,应该出来做官,孔子只好口头上答应下来。但事后孔子仍坚持自己的信念,决不在阳货当权的时期出来做官。

三年后,即鲁定公九年(前501年),这时阳货自以为自己势力更大了,他勾结了对季桓子不满的人,想把"三桓"(季桓子、孟懿子、叔孙武叔)一起除去,由自己取而代之。这年十月,阳货邀请李桓子到蒲园赴宴,打算在这次宴会上杀死他。季桓子获悉此事,在去蒲园的路上跑到孟孙氏家。阳货公开叛乱,劫持鲁定公、叔孙武叔,攻打孟孙氏。鲁国贵族再也忍不住了,于是群起而攻之,一同声讨、反击,阳货战败逃到齐国,又投奔晋狙国,受到赵简子的任用。在这次阳货发动的叛乱中,李氏家臣公山不狃配合阳货,起兵占据费城,他知道孔子讨厌季氏的专权,就派人请孔子去费城,想以此为根据地反抗季桓子。孔子也有去公山不狃处的打算。鲁国政局如此之乱,他主张"强公室、抑私门",加强鲁定公的君权,改革鲁国的政治,然而他的抱负得不到实现。他想到古代的周文王、周武王曾以西北的一块小地方丰镐作为根据地,最后统一了北中国,他自己是不是也可以以费城为根据地、有一番作为呢?但是孔子想去公山不狃处的念头,因子路的劝阻而被取消了。孔子在阳货之乱时期,努力办学,不肯出来做官,他在教育上取得很大成绩,四方来求学的学生越来越多了。

孔子从政的机会来得很晚,一直到鲁定公九年(前501年)他五十一岁时才被鲁定公任命为中都宰(中都,在今山东汶上县西),相当于中都县的县长(根据清人江永考证,孔子仕鲁之年,在定公九年)。

中都在今山东汶上县之南、鲁国都西北约五十公里的地方。孔子治中都,将教育与政治结合起来,一改当时衰颓风气,做了一系列整饬社会的工作,选拔了一批出身平民、学过礼仪、品格正直的人担任他手下的官员,取代了某些为所欲为、横行霸道的贵族子弟。同时,还采取了安定民生、维护社会秩序的措施,围绕着爱民、养民、富民、利民、教民、安民的原则,对老百姓实施"养生送死"的礼制。诸如"长幼异食,强弱异任,男妇别深,路无拾遗,器不雕伪。为四寸之棺,五寸之椁,因丘陵而坟,不封不树"等。即按人的年龄大小供给不同饮食,按体力强弱给以一定的工作。路上别人遗失的财物不随便拾为己有,自然更不会偷窃他人财物。街上做小买卖的出售的器具不是外华内粗,不搞弄虚作假。"男女别深"是为了整顿社会秩序。有关棺椁、坟陵的规定,是为了反对僭越,按不同身份办好丧事。一年以后,中都邑在孔子治理下,发生很大的变化。百姓安居乐业,丰衣足食,社会秩序井然,令行禁止,孔子的政绩不胫而走,各地都效法中都的做法。不久,孔子由中都宰提升为"司空"。

司空是掌握全国土地、工程建设的官员。孔子上任后,立即带领人马走遍鲁国各地,勘察土地,测量山林、河流。孔子在司空任上,"别五土之性,而物各得其所生之宜,咸得厥所"(《孔子家语·相鲁》)。所谓"五土"包括山林、川泽、丘陵、坟衍(高原)、厚阁(平地),"别五土"以便针对不同的地势,因地制宜,发展经济,富强国家。不久,鲁国地尽其利,人尽其才,国家财政收入增多,百姓生活改善,孔子的名声也越来越大,于是鲁定公又任命孔子为"大司寇",这时,他已五十二岁。

　　司寇是负责司法的长官,同时兼理外交事务。孔子现在是真正登上政治舞台了。孔子在仕鲁的时间中,做司寇为时最长,这期间他除了致力整顿国家法治外,还参与了鲁国的外交、军事活动,并显示出其卓越的政治才干。孔子虽然身为高官,但他仍保持着谦虚谨慎的作风,在朝廷上议事从容不迫,在上级面前,公正不阿,在同僚之间,平易近人。他司法听讼,不搞专断,而是从众议,并且提出了"无讼"的政治主张。在政治上,不惜屈己退让,搞好与三家贵族的关系。在经济上,主张发展生产,"使民以时",重视劳动者的人格,关心百姓的物质生活。他反对采用暴力手段,迫使百姓就范,而是采取"德政""仁政"来感化教育百姓。他说:"为政以德,譬如北辰,居其所而众星拱之。"又说:"道之以政,齐之以刑,民免而无耻。道之以德,齐之以礼,有耻且格。"在处理君臣关系时,他向鲁定公提出了"君事臣以礼,臣使君以忠"的原则。大约也是在这时,定公向孔子问起"一言而可以兴邦""一言而可以丧邦"的问题。孔子说,如果国君知道"为君难",臣下知道"为臣不易",那就可以"一言兴邦"了。孔子又说:"如果说,国君的好处就是谁也不能在他面前说一个不字,一切都由国君一个人说了算,言莫予违,就是说错了,也不允许臣下来纠正,那就难免导致亡国的灾祸!"

　　由于孔子为司寇,实行了一系列政治措施,鲁国的社会秩序好转起来。《淮南子·泰族训》上说:"孔子为司寇,道不拾,市贾不豫贾,田渔皆让长,而斑白不负载,非法之所能致也。"有的古书上记载孔子当政仅三个月,社会上便出现了新气象。做买卖的不再以次充好,乱开物价了。男女有别,在路上有秩序地走路。连在路上丢失的物品,也没有人去拾了。据说鲁国有位卖羊的沈犹氏,以前每天早上牵着羊饮水,再拿到市上去卖。有位公慎氏,老婆淫荡,但无法治她。慎溃氏生活奢侈,时时违反鲁国的法令。但自孔子当政后,沈犹氏不再给羊饮水,公慎氏将他的老婆休去,而慎溃氏越境逃去。

　　鲁国向来拥晋而不附齐,如今孔子从政于鲁,国力日盛,齐国警觉地感到,恐不利于自己。就在孔子任大司寇的这年夏天,齐景公根据大夫黎钼的建议,派使者到鲁国,约定时间,两国君主在齐鲁边境的峡谷相会,重修和好。齐景公打算在这次外交会议上,以武力胁迫鲁国屈服,改变对齐的态度。鲁定公接受齐国举行和会的建议,决定参加这次会见。孔子为司寇又兼办外交事务,在齐鲁会盟前夕,他将作为这次会盟的随行大臣,协助鲁君参加会谈。临行前,孔子向鲁定公建议:"我听说在外交活动中,须有军事准备,而在战场上,也须辅之以外交手段,这样可以文武交相为用。"根据孔子建议,鲁定公决定加派负责军事的左右司马带兵同去夹谷,以备

　　届时，鲁定公与齐景公都到了夹谷。夹谷山在今山东淄川县西南十五公里地方，一名祝其，其地处于泰山山脉中段，地理学上称为鲁山，海拔千余公尺，状颇雄伟。夹谷是一岭道，即齐鲁两国交通要道。会盟的坛设在有三级台阶的土台上，两国国君依照礼节互相揖让、献酒。礼毕，会议未正式开始，忽然齐国的管事官员走上前来宣布："请奏四方之乐。"齐景公不等鲁定公表态，就回答："好。"于是齐国的土著莱人高举旗帜，拿着盾牌，挥舞着长矛、短剑、大戟，大声怪叫着拥上台阶，试图威胁恫吓鲁定公。孔子见势急迫，感到来者不怀好意，一个箭步跨上三级盟台，扬起长袖，义正辞严地喝道："两国国君相见，这是一种庄严隆重的会盟，岂可在此时用夷狄的乐舞，请司法官员依法处置！"与会官员一起将眼色投向齐景公，景公顿时面有愧色，不得已地挥手令莱人退下。齐国的管事也只好示意歌舞的莱人退下。过了一会儿，齐国的管事官员又上前说道："请奏宫廷音乐。"又有一队人上台，这是一群丑角和侏儒，边舞边嬉而上，演得不是庄严的宫乐。孔子大步跨上土台，又一次厉声宣称："匹夫营惑，戏弄诸侯，罪当断首！"由于孔子勇敢机智、大义凛然，加上鲁国在军事上已做好准备，使齐景公始终未能在夹谷会上劫持要挟鲁定公，齐国只得对自己的失礼之举表示道歉。会后，齐景公埋怨他的大臣们说："孔子是按古人的礼仪来引导他的国君的，可是你们却叫我采用夷狄的野蛮办法，耍小手腕。这是干什么呢？"盟会最后在缔订盟约时，齐人在盟约中提出齐人出征时，鲁人必须出三百兵车相从，否则是破坏盟约。如果这样，鲁国就降为齐国的附庸国。孔子当机立断，针锋相对提出，如果齐国不把他们侵占的汶阳之田归还鲁国，不将郓、灌、龟阴三地还给鲁国，而单方面要鲁国出兵车，也是破坏盟约。于是齐景公只得退还了以前所侵占的鲁国城池郓、灌和龟阴。这次夹谷会盟，由于孔子的据理力争，使鲁国在外交上取得了胜利。

　　《论语·李氏》上记载孔子论述春秋时代政治形势的一段话说："天下太平，制礼作乐以及出兵的决定都由天子出；天下昏乱，制礼作乐以及出兵的决定便由诸侯出。由诸侯出，大概传到十代，很少还能继续的；若是大夫的家臣把持国家政权，传到三代很少还能继续的。天下太平，国家的最高政治权力不会在大夫之手。天下太平，老百姓就不会议论国政。"孔子目睹春秋时代天下大乱、礼崩乐坏的局面十分忧心，他希望中国早日出现一个统一的、安定的政治局面。孔子在鲁国担任司寇后，就下决心从鲁国做起，实行他的"强公室、抑私门"的政策。而当时的鲁国正值"三分公室"的局面，鲁君大权旁落到孟孙、叔孙、季孙三家。这三家家臣，各据一些城头。成邑是孟孙氏领地的城堡，郈邑是叔孙氏领地的城堡，费邑是季孙氏领地的城堡。他们各自有自己的军队，势力又在不断扩大，大有压倒鲁国国君的势头。为了使鲁国强大起来，首先要加强鲁国的君权，取消各地的割据势力，于是孔子提出了"堕三都"的计划。孔子向鲁定公进言说："依照历来的制度，为臣下不该收藏兵器，大夫不该拥有百雉之城。"（指城墙周长三百丈，高一丈的城邑）这显然是针对孟孙、叔孙、季孙氏的都、邱、费三城而言的。鲁定公自然支持孔子的这一主张。三家中,季孙氏也支持孔子,因为季氏的费城被公山不狃占据着,李氏希望借助孔子,消灭公山不狃。孔子于是大刀阔斧地进行削城活动,他们弟子仲由(子路)直接担任执政季氏的家臣,执行"堕三都"的大事。这是发生在定公十二年(前498年)的事,这一年孔子五十四岁。

三家中,叔孙氏力量最弱,他的邱城最先被拆除,但费城的公山不狃联合了叔孙辄起兵反抗,他们率领费城的军队,一直打到鲁国城边。鲁定公吓得跑进季氏宫中,登上季武子台,躲了起来。孔子马上命申句须、乐颀带领军队反攻,打败了公山不狃。公山不狃与叔孙辄败逃齐国,费城也被拆除了。但孟孙氏的封邑郕,由于孟孙氏家臣公敛处父违抗拒拆,鲁定公派兵围攻不克,以致孔子的"堕三都"的任务未能全部完成。但不管怎么说,三家贵族主力有两家的力量是被削弱了,孔子在内政方面也取得了一定的胜利。

"堕三都"未能全部完成,而孔子和季桓子之间的矛盾则公开化了。这在《论语》中也透露了出来:"公伯寮愬子路于季孙。子服景伯以告(孔子)曰:'夫子固有惑志于公伯寮,吾力犹能肆诸市朝。'子曰:'道之将行也与,命也;道之将废也与,命也。公伯寮其如命何?'"(《论语·宪问》)公伯寮是孔子弟子,他在季孙氏面前告发子路,就等于说孔子的坏话。公伯寮是孔子弟子,如今为了向季桓子献媚取宠,成了孔子的叛徒。子服景伯要替孔子惩办叛徒,而子服景伯,是孟献子重孙,李桓子对子路有"惑志",其实与孔子和孟懿子有关系,孔子派自己的弟子子羔(高柴)为费宰,实质上是强公室,弱私家,自然使季桓子感到不满。因此,在"堕三都"这一件事上,孔子是为了加强鲁君的地位,这就必然与三桓的矛盾公开化。

孔子的政治主张是部分废弃"宗法封建"关系,实行不彻底的中央集权官僚制度。孔子的许多弟子当时在鲁国,闵子骞为费宰,子游为武城宰,子羔为资宰,仲弓为季氏宰,子夏为莒父宰,子皋将为成宰。春秋时期鲁国的邑县长官称宰。孔子的弟子担任的是李氏的家宰或邑宰。家宰是家族的总管,邑宰是县邑的长官。这些邑宰只受谷禄而无封土,实质上是中国古代最早的官僚性质的官吏。与当时鲁国有封土武装的贵族家臣是不同的。然而孔子的"强公室、抑私门"的主张在春秋末年的鲁国很难实行,因为当时鲁国的贵族经济和政治还相当巩固,又"周礼"在鲁国保存得最完备,"三桓"的势力很强,他们掌握了土地、人民和武力,而鲁君又无实力,孔子实行改革是靠着季孙氏的信用,季孙氏本身也是旧贵族,因此这一政治改革不可能取得最后的胜利。随着孔子与季氏矛盾的公开化,孔子很难在鲁国呆下去了。

季孙氏不满于孔子"堕三都"支持鲁君、打击大夫的势力,而齐国的一些大臣又不希望看到他们的邻国鲁国渐渐强大起来,构成对自己的威胁。齐景公虽然有些后悔当年不重用孔子,但现在看到孔子治鲁取得成就,心中十分害怕,便召集群臣商议对付鲁的策略。还是那位在夹谷之会中出坏主意的黎钼又想出了新的花

圣哲高僧

图文珍藏版

招。他说："鲁国现在强盛是因为鲁定公信用孔子的结果，只要设法离间孔子与鲁定公以及当权的季桓子的关系，不就釜底抽薪，把孔子搞下台了吗？这样，对付鲁国也就有办法了。"孔子治鲁，十分强调统治者自身的品德修养，他要求鲁定公亲君子，远小人，反对他们的骄奢淫逸、腐败享乐的生活。他一方面恪守周礼，反对大夫僭越等级，另一方面通过限制君权，约束臣下，克己复礼，以求励精图治。齐国的大臣知道鲁定公和季桓子爱好享乐游玩。为此，他们选了八十名身材苗条、容貌艳丽、能歌善舞的女子，又弄来了三十辆缕金雕玉的马车，每辆车上配上四匹披着彩服的骏马，将这些美女与文马送给鲁君，企图使鲁国君臣玩物丧志。女乐和马车一送到鲁国的雉门外，许多人都去围观。季桓子经不起这种诱惑，化了装前去偷看。鲁定公极想收下这一批齐国送来的礼物，却又不便马上公开说收下来，也假装到城外巡视，惊羡不已，对着这一批美女，看了又看。孔子得知此事，极力劝阻，向鲁定公晓以大义，但鲁君十分贪婪好色，而季氏又从中怂恿，最终还是收下。这使孔子十分失望。从此，鲁君及其大夫沉湎在女色之中，再也不处理日常的朝政，也不与孔子商议国事了。子路气愤地对孔子说："老师，我们可以离开这里了。"孔子不忍心离开鲁国，便对子路说："再等一等吧！你知道鲁国就要举行祭天仪式了，如果他们也像往年一样，祭完天后，分给我们一份祭肉，我们还是不能走的啊！"

根据古代的礼规，国君举行祭祀后，要把供神用的胙肉分赐给辅佐其祭祀的大夫等官员。结果，这一次没有按规定分送胙肉给孔子，这说明鲁君连对待孔子这一点礼仪也不讲了。于是孔子只得出走了。百余年后的孟子对孔子当时分不到祭肉时的心情是颇为理解的。他说："不知者以为肉也，其知者以为无礼也。乃孔子则欲以微罪行，不欲为不苟去。君子之所为，众人固不识也。"不了解孔子的人还以为孔子是为了几块祭肉才走的，了解孔子的人就知道孔子是由于鲁国君主的无礼才出走的。孔子为不至显露君主的过错，因而想使自己带点小小的罪名而离开鲁国，并不是随随便便地出走的。这位孔圣人的所作所为，是一般人难以理解的。孔子终于辞去了大司寇的官位，带着他的弟子们，乘着马车，缓缓而闷闷不乐地离开鲁国。这一年正是鲁定公十三年（前497年），他已五十五岁。

当孔子离开鲁国时，在一个叫屯的地方住了下来，鲁国的乐师师已追上孔子，在送行时说："先生是没有过错的。"孔子听后长叹一声，吟出一首《去鲁歌》："彼妇之口，可以出走。彼妇之谒，可以死败。盖优哉游哉，聊以卒岁！"大意是："美人的一张嘴啊，可以将国君依靠的大臣赶走；亲近那些妖艳的女人，会造成国破身亡的恶果。悠闲啊悠闲，我只有这样来度岁月了。"又《琴操》上记孔子离鲁时，作《龟山操》："予欲望鲁兮，龟山蔽之。子无斧柯，奈龟山何？"龟山是鲁国北面不远的小山，孔子离鲁出走时，不时回首眺望，当走到龟山背面，再回头望时，已经看不见鲁国了。他心中顿生无限惆怅。自恨手中无有劈山之斧，不能将龟山砍倒。孔子是将龟山遮目比作季氏惑政，这里也流露出孔子怀恋故土的赤子之心。还是这位孟子，在谈到孔子离鲁时的心情时说："孔子去鲁，曰'迟迟吾行也，去父母国之道也。'"(《孟子·滕文公下》)待师已返国,季桓子问:"孔子临走时说了些什么话?"师已如实告诉桓子。桓子深深叹了一口气说:"孔夫子在怪我啊,大概是我接受了那一群婢女吧?"

传道救世　周游列国

离鲁出走。孔子当然不会去齐国,夹谷之会时,已经触犯了齐景公,"齐赠女乐"的事也激怒了孔子。在这样的背景下,孔子东向去齐已不可能了。因此,只有西向卫国。

鲁、卫本是兄弟之邦,而且这时的卫国政治比较安定,经济也比较富足。鲁、卫两国又有很多相同点。鲁国遵从周公和周礼,卫国也是如此。鲁、卫在历史上又都是殷民集中的地方,两国的风俗习惯相同,道德观念也比较接近,这又为孔子居卫提供了不少方便。孔子和他的弟子们周游列国的目的,是为了讲学布道,推行他们的政治主张,而为了达到这一目标,就得"求仕"担任官职,施展抱负。孔子及其弟子们大都出身清寒,在鲁国由于鲁君与三桓厚同姓、薄异姓,又是一个主张实行"世卿世禄"的国家,很难找到进身之阶。而卫国自卫文公改革后,实行"任贤任能"的政策,不分同姓、异姓,也不分平民、贵族,只要有功绩,就可以升官,这对孔子具有一定吸引力。此外,"卫多君子",根据《论语》记载,受到孔子称赞的卫国君子就有八位。孔子称赞仲叔圉善治宾客,祝鲍善治宗庙,王孙贾善治军旅。公叔文子能举贤才(见《宪问》),蘧伯玉有"直"的美德(《卫灵公》),公子荆"善居室"(《子路》)。还赞美孔文子(仲叔圉)是"敏而好学,不耻下问"(《公冶长》),称赞宁武子"邦有道则知,邦无道则愚"(《公冶长》)。卫国的众多君子,也是孔子十分向往与接交的。还有孔子的学生子路与卫国的宠臣弥子瑕是连襟,孔子去卫,也可能是子路的建议,故孔子初到卫,就住在子路的妻兄颜浊邹家中(李启谦《孔子居卫之谜》,1989年第四期《孔子研究》)。

当孔子带着弟子们进入卫境时,马车的行进渐渐放慢了速度。孔子在马车上一路观光,当他看到卫国人口稠密街市繁华时,就说:"这里的人真多啊!"冉有边驾车边问:"怎样治理这么多人口的国家呢?"孔子说:"首先让老百姓在经济上富起来。"冉有又问:"富了以后,该怎么办呢?"孔子说:"要进行教育,使老百姓学习礼仪,成为有道德的人。"孔子不是一个撇开物质生活专讲精神生活的人,也不是一个撇开物质生活与精神生活专讲政治教条的人,他的"先富后教"的治国方针,对于古今中外的政治家是一条不可违背的金科玉律。卫灵公听说孔子一行来到卫国,十分高兴,他知道孔子是当今之圣人,因此很礼貌地接待了孔子。鲁定公十三年(前497年),孔子在卫国的都城帝丘(今河南濮阳县)见到了卫灵公。但卫灵公只是借孔子作为一块招牌,以炫耀他的"尊贤"之名。卫灵公问孔子在鲁国享受什么待遇,并以与鲁国一样的待遇供给孔子及其弟子每年俸禄六万,相当于领取实物薪水粮食二千石。孔子固然要吃饭,但他来卫的目的是"谋道"和"行道",实现他的"仁政德治"的政治主张。但事实告诉孔子,灵公虽然敬重他,却未能采纳他的意见来革新国政。眼前的这位卫灵公远远不如当年的卫文公。孔子在卫所享受的待遇,还引起卫国一些大臣的非议,有人向卫灵公进谗言,不久,卫灵公便对孔子起疑心,派公孙余假监视孔子。孔子考虑自己的处境,觉得有可能被诬,住了十个月便带着弟子们离开卫国。这时大约是鲁定公十三年冬(前497年)。随后孔子去匡过蒲,又返卫。

孔子于当年十月间离卫向南去陈,在路上遇到了麻烦。鲁定公十四年(前496年)初,孔子一行途经匡邑(今河南睢县西)时,忽然受到匡人的包围。原来孔子的相貌很像阳货,正巧当孔子一行来到匡城时,给他驾车的弟子颜刻一边赶车,一边举鞭指着匡城的缺口说:"我过去和阳货是从这里打进城的。"匡城人误将孔子当阳货,将他们师生团团包围。当时兵荒马乱,弟子们惊慌失措,孔子却十分镇定,还安慰大家说:"我身负继承周文王的文化传统的神圣使命,如果上天要毁灭传承周文化的我,后代就得不到这个文化;如果上天不让这个文化被毁灭掉,那匡人又能把我怎么样!"在被围的五天中,孔子依然弦歌奏乐,安详自若。孔子这时已是"五十知天命"的岁数,他是以三代文化的精神领袖自居的。同时,孔子又派弟子求助于卫大夫宁武子,向卫称臣,由此得到宁武子的救援,这才使孔子一行突破匡人的包围。突围后,弟子们都分散了,颜回最后才赶到,孔子焦急地等着,怕他有三长两短,一见到颜回生还,激动地说:"回啊,我以为你不在了!"颜回说:"夫子在,颜回岂敢不在!"

但当孔子一行来到蒲乡时,恰遇卫国贵族公叔戌在这里发动反叛。孔子一行又被蒲人围住。孔子有位弟子叫公良孺,他"以私车五乘从孔子",在危难中挺身而出,说:"吾昔从夫子遇难于匡,今又遇难于此,命也已。吾与夫子再罹难,宁斗而死!"他带头冲杀,奋勇抵抗围兵达数日之久。最后,公叔戌出来与孔子谈判,提出只要孔子不去卫国,就可以放行。孔子答应了公叔戌的条件,但一离开蒲乡,从东门出去,孔子就命车子绕向南方向卫都行去。子贡不理解地问孔子:"既然订了盟约,怎么可以违背呢?"孔子回答说:"在刀剑威逼下的盟约,是不必信守的,就是神灵也不会责怪我们。"

孔子因为遭到匡蒲之围,没有走成,又回到卫国。卫灵公十分高兴,还亲自赶到郊外去迎接孔子一行。卫灵公问孔子:"蒲乡可以攻打吗?"孔子说:"可以。"灵公说:"我的大臣以为不可以打,现在蒲乡是防御晋、楚的屏障,用我们卫国的兵力去攻打,恐怕不可以吧?"孔子说:"蒲乡那里的男子皆有誓死战斗的勇气,妇女皆有守卫自己家乡的决心,都不愿意跟着叛乱。我们所讨伐的只不过是四五个叛乱头目而已。"卫灵公并未采用孔子的发兵意见。这次孔子返卫后,便住在已经退休而仍德望俱隆的蘧伯玉家中。

孔子曾经走到黄河的边上，面对着滔滔的黄河水，也曾想到去晋国。他希望与晋国的实权派赵简子合作，以实现自己的政治主张。当孔子一行正欲渡河去晋时，忽然传来赵简子杀了两位贤人窦鸣犊和舜华，孔子怅然站在黄河边叹道："浩浩黄河水，多么盛大壮观啊！我不能过黄河了，这大概是天命的安排吧！"子贡走上前去问道："夫子，这是什么意思？"孔子沉默良久，然后说："窦鸣犊是晋国的贤大夫，赵简子不得志的时候，需要这两个人的帮助然后才能掌权，等到他得志后，竟然将他们杀了。我听说，剖腹取胎，杀死幼兽，麒麟就不会来到郊外；放干水池捉鱼，蛟龙也就不来调和阴阳，兴云致雨；毁坏鸟巢，打破鸟卵，凤凰就不会往这里飞翔了。这是为什么呢？君子忌讳杀害他的同类，那些鸟兽对于不义行为尚且知道躲避，更何况我呢？"孔子因而停了下来，作了一曲《陬操》，以表哀悼之情。孔子再也不肯去晋国了。

大约也正是在这时，晋国国内发生战争，赵简子和晋国另外两个贵族范氏、中行氏互相攻打，赵简子的家臣佛肸占据了中牟（今河南汤阴县境内）并宣布独立，佛肸还派人来请孔子。孔子便动过去中牟的念头，却遇到子路的反对。子路说："我听老师说，如果一个人本身的行为不正当，好人是不会与他合作的，佛肸反叛赵简子，难道也是应当的吗？"孔子回答："我是说过这话的，但我不是也说过，真正坚强的，磨也磨不成薄片；真正洁白的，染也染不成黑色？我不是苦瓜，怎能挂在半空中不吃东西呢？"孔子的意思是十分明显的，他认为只有不怕磨削，不怕染黑，才是真正的坚硬、真正的洁白。他认定只要自己有坚定的意志和清白的品行，就是去佛肸那里，他也会积极阻挠他们继续做出违背礼义的行为的。孔子将自己比为悬着的苦瓜，他将为实现自己的理想，在东方推行周朝的大道，不管境遇多么险恶，他依然充满信心。然而子路的劝阻最终还是发生了作用，使孔子打消去晋国中牟投靠佛肸的念头。

卫国有一位风流女人，名叫南子，是卫灵公的宠姬。此人原系宋人，据说与孔子还是远房亲戚。她听说孔子来卫，很想见见孔子，派人向孔子说："各国的君子和我国国君交往时，都跟夫人见见面，夫人希望与您相识。"又说如果想得到卫君重用，还得由她来做主。按照当时的礼节，孔子不愿见这位艳名远扬的女人。孔子起初婉言拒绝，但南子却再三相邀，孔子只得勉强答应。南子在细葛市的帷帐中接见孔子。孔子入门，北面稽首，恭敬地叩头。南子在帐中回拜答礼，她身上佩带的玉环首饰发出了碰击的声音，见面时行的是君臣相见礼。孔子回来后说："我不想见她，既然她一定坚持，我也只能以礼答谢了。"子路为此很不愉快，认为孔子与这位风流王后见面太失身份了。孔子急得赌咒发誓说："我如果有半点不光明坦白的地方，让上天来惩罚我！"

不久，孔子又遇到一件不愉快的事。卫灵公和南子邀请孔子同出一游。南子自从见了孔子后，对这位圣人油然而生敬意，并且很想在卫人中公开炫耀她与孔子的亲戚关系。这天，卫灵公与南子一同坐车出门，让孔子坐在第二辆车上，而且又叫宦官雍渠坐在第三辆车上，车队在卫都的街上招摇而过。这种事很使孔子感到耻辱。事后，他气愤地批评卫灵公说："我从来没有见过像卫灵公这种好色胜过好德的人。"

有一次，孔子被卫灵公召进宫中谈话，灵公向孔子请教如何打仗的事，还详细地问起作战的阵法。孔子说："我只是听过、学过礼义俎豆之事，至于军队中的阵法，我不曾学过。"

又有一次，卫灵公与孔子交谈，孔子在谈话时，灵公看着天上飞雁，根本不注意孔子的交谈内容，孔子看出卫灵公已不是一个可以共事的君主。他年老昏庸，又听信夫人南子之言，由此在君位继承上酿成动乱。后来，卫灵公的世子蒯聩因为不满意他母亲南子的淫乱行为，想杀死她而未成功，于是出奔晋国，投靠赵简子。

鲁哀公二年（前493年），卫灵公死，孔子已五十九岁，离开了卫国。卫国立蒯聩的儿子辄登上君位，即卫出公。这时，晋赵简子帮助蒯聩回国与他的儿子蒯辄争夺君位，赵简子的军队到了晋卫边境戚地驻扎下来，齐国又助辄将戚地的晋军包围起来。卫国的内争又进一步扩大到齐、晋两大国的武装干涉。因此，有的学者认为，孔子说的"鲁、卫兄弟之国"，不独指历史上鲁的祖先周公与卫的祖先康叔是亲兄弟，也指现时鲁、卫两国的内乱不已，真要算是难兄难弟了。

离开卫国，孔子带着一行弟子，一路经过曹国，但曹国没有接待他，于是又转到宋国。宋国本是孔子的祖国，这里有颜回的好友罕任大夫。孔子一行在宋受到他的热情款待，并通过他的引荐，见到了宋国国君。

宋国掌权的是大司马桓魋，他是宋桓公的后代，此人极受宋君信用，又专横跋扈。不久前他曾为自己造了一口石头的棺材套，花了三年的时间还没造好。孔子知道这件事时曾经批评说："这样的浪费，还不如死了以后很快腐烂了好！"（见《礼记·檀弓上》）这话后来传到桓魋耳里，因此很是记恨孔子。当孔子来宋国，他生怕宋君赏识孔子，抓住一切机会在宋君面前讲孔子坏话，还对孔子进行威胁，并派人将孔子在宋讲学的场地上的一棵参天大树拦腰砍断，向孔子示威。弟子们担心桓魋要加害孔子，急着要尽快离开，孔子却毫无惧色地说："上天赋予我神圣的使命，桓魋能把我怎么样？"但在弟子们的再三劝说之下，一天夜里，孔子换了一套服装在月光下急步离开宋国向郑国赶路，这就是《孟子·万章上》所记载的"微服过宋"的典故。

抵达郑国时，天色已经大亮，弟子们在一夜的急行军中，不少人已走散。孔子独自一人在郑国东门焦急地等候失散的学生。子贡最先发现孔子走失，招呼大家分头寻找。一位郑国人告诉子贡："东门有一个人，两腮像古帝唐尧，脖子像尧时有名的法官皋陶，肩膀像郑国的子产，腰以下像人禹，相貌长得不凡，但那慌慌张张、疲惫不堪的样子，就像一条丧家之狗。"子贡一听，心想莫非就是夫子，赶紧奔到城东，果然看见是孔子伫立在东门下。子贡就将郑人的话告诉孔子。孔子凄然一笑自我解嘲地说："他说我的相貌像古代的圣贤，实在不敢当。但说我像一条丧家狗，倒是很妙很妙啊！"

　　过了几天，孔子又离开郑国，带领弟子向陈国进发。鲁哀公三年（前492年）孔子六十岁。孔子一行人到达陈国，他们住在陈国大夫司城贞子家里。陈国在宋国南面，国都建在宛丘（今河南淮阳县），国君是陈湣公。由于贞子的推荐，孔子很快被陈湣公请进王宫。陈湣公很尊敬孔子，又很佩服孔子的学识，但由于陈湣公本人不是一个有所作为的人，这也就决定了孔子在陈也难以做出什么成绩。孔子只有在陈设坛讲学，陈国的很多年轻的官员也来听孔子讲课。有一天，一只被箭射下的鸳鸟从空中落到陈侯庭院里而死，箭仍留在鸳鸟的身上，箭头是石制的，箭杆长一尺八寸，陈湣公派人向孔子求教。孔子接过鸟和木石制的镞箭，仔细一看说："这只鸳鸟是从很远的地方飞来的。这支箭是来自北方长白山肃慎氏。从前周武王平定天下、灭亡殷商之后，打通了九夷、南蛮之地，让各方官吏交纳本地特产，使他们不忘进贡的本职，当时各国都向周天子献上贡物。肃慎国就向周贡献这种箭。周天子为使其政令及功德传播全国，并让人永远牢记，于是在箭杆上刻下肃慎氏贡矢的字样。后来，武王将此箭赐给大姬，并将她嫁给虞胡公，分封到陈国。古时候，将珍宝送给同姓是表示重视，将远方贡物赠送给异姓，是要他不忘侍奉天子。"孔子又对来者说："这种箭，可能还保留在陈国的府库里，若派人去府库查一查，肯定会发现这种箭。"陈湣公派人一查，果然如孔子所说，从此陈湣公更加敬重这位孔圣人了。

　　孔子虽身在陈国，却时时惦记着鲁国。这一年的夏天，鲁国发生火灾，起火的地方是一个小宫殿，但大火蔓延烧毁了鲁哀公的正殿，连鲁哀公的八代祖桓公、六代祖僖公的庙也烧了。桓公、僖公庙的存在说明季氏在鲁很有势力。按照周礼规定祖庙只保存四代，鲁桓公是当时上推的九代祖，僖公是六代祖，为什么还保存呢？因为桓公是"三桓"的直接祖先，也是季氏的直系祖先，僖公则是给予李氏封地的鲁君。鲁国所以保存桓、僖二公的庙，与季氏当权有关，李氏为了纪念他们，才违背周礼，保留他们的庙。如今大火烧了这两座庙。孔子心想，这正是上天对违礼的季氏进行惩罚。到了这年秋天（前492年），季桓子病重，当他乘车出巡，目睹鲁都城墙时，又勾起了他对"堕三都"的孔子的思念，季桓子坐在车上叹气说："我们这个国家本来是可以兴旺的，因为我没有重用孔子，又将他赶走，才落到今天这地步！"他回头对他的继承人季康子说："我活不多久了，我死后，你一定要辅佐鲁君，召回孔夫子啊！"没几天，季桓子去世，季康子继位，将其父安葬后，就遵照其父遗嘱请孔子回鲁。这时公之鱼反对说："鲁定公在世时，曾用孔子，但不能有始有终，被诸侯耻笑，现在您再用孔子，能保证始终如一吗？"季康子问："那么怎么办呢？"公之鱼说："不如先请孔子的弟子冉有回来。请冉有，不就是请孔子吗？如果再有什么改变，也不伤面子。"季康子以为这办法很好。但未能立即去办。公元前488年，吴国迫使鲁国在鄫城（今山东枣庄市峰城南）会盟，吴国要鲁国拿出百牢（牛、羊、猪各一百头）作为贡品，吴执政大宰嚭又叫季康子去见他，季康子不得已前往，并召回子贡与他同去。由于子贡的出使，才没受辱于吴。于是季康子决定将冉求召回鲁国。

孔子说:"这次鲁国召请冉求,不是小用,而是大用他。"

孔子在陈共住了三年,由于陈国夹在楚、吴两个强国之间,随时有亡国的危险。孔子原先选它为栖身之地,也是想像子产那样拯救这个小国,但是陈湣公不给他施政的机会。不久,陈国突然变成吴、楚争霸的战场,于是孔子只好离开陈国向蔡国进发。路途中遇到长沮、桀溺两位隐者。孔子叫子路前去问路,打听渡口。这两位隐者对子路说:"你们是孔丘的门徒吧?"子路说:"正是。"隐者以教训的口气说:"天下大乱,洪水滔滔,谁能改变呢? 你们跟着孔丘只知躲避坏人,不如跟着我们躲避这个世界好啊!"子路将隐者的话转告孔子。孔子低头沉思,良久不语,接着感叹地说:"如果天下太平,我也就不同你们投入这一救世的政治活动中去了。"一路上,有一次子路落在后面,遇到一位拄着拐杖、背着柳条筐的老人,子路向他打听说:"您看见我的老师吗?"老人说:"四体不勤,五谷不分,是什么老师?"说着放下拐杖,继续锄草。子路好容易赶上孔子,将此事告诉孔子。孔子说:"这是一位隐者吧?"再叫子路去寻找这位老人,但那人已经走远了。

公元前489年(鲁哀公六年),孔子六十三岁。这一年的年初,吴国攻打陈国,楚国为了反对吴国,出兵救陈。楚军与吴军在城父(今安徽亳县东南)对垒。据史书记载,楚昭王听说孔子一行人正在陈、蔡之间,便派人聘请孔子。这一消息很快为陈、蔡两国大夫得知,并报告了他们的国君,于是两国都派兵将孔子一行围困在陈蔡之野。从陈国到楚国中间须经过一些吴、楚两国争夺的小国,其中之一是蔡国。蔡国的国都原在河南东南新蔡县内,在吴楚争战中,蔡倾向吴国而迁都到州来(今安徽凤台县),这时另一部分蔡国百姓又被楚国迁到负函(今河南信阳市),孔子从陈国到楚国去,必经负函。负函在名义上属蔡国。从陈都宛丘到负函,这一路上兵荒马乱,正是吴楚交战地。由于吴兵攻打陈国,孔子被陈、蔡派来的军队围住,粮食吃光了,几乎有七天断炊,随行的人不少已经饿倒生病。但是孔子面对这种危险的形势,仍然诵诗,弹琴,唱歌,坚持向学生们讲课。

子路看到不少人病倒爬不起来了,内心很不平静地问孔子:"难道君子也有穷困潦倒的时候吗?"孔子温和地说:"君子当然也有穷困的时候,但他能够坚持自己的信念,不因穷困而改变自己的人生原则,小人一穷困就会变节而无所不为了!"孔子又向子路提问:《诗》上说:'不是犀牛也不是老虎,何以在旷野上徘徊?'我的政治主张既然是正确的,为什么会落到这种地步呢?"子路说:"恐怕是我们的仁德修行得不够,人家才不相信我们吧? 或者是我们智慧不行,人家才不让我们实现自己的抱负吧?"孔子摇摇头说:"有这样的事吗? 由啊,假如仁者都能见信于世,伯夷、叔齐怎么会饿死在首阳山上呢? 假如智者必能用行于世,比干又怎么会被人剜去心呢?"孔子不满意子路的回答又问子贡。子贡说:"老师,您的哲理太高了,所以天下没有人能容纳老师,我看,老师是否可将自己的哲理降低些呢?"孔子叹了一口气说:"遇,还是不遇,都要看机会,君子博学深谋而怀才不遇,多得很哩。一个好的农夫能勤勤恳恳地耕作,不一定保证得到丰收;一个技术高明的工匠能制造出巧妙的器物,不一定合乎某些人的需要;有才能有道德的君子可以提出自己的政治理想和主张,能按照一定的办法治理国家,然而不一定会被执政者所容纳。现在你不坚信自己的理想,而是只求被人容纳。赐啊,你的志向太不远大了。"于是孔子又问颜回:"《诗》上说'不是犀牛也不是老虎,何以在旷野上徘徊?'我的政治主张既然是正确的,我们为什么会困在这个地方呢?"颜回说:"老师的政治主张实在是太高了,所以天下没有人能容纳您,然而老师百折不挠地推而行之,天下不容有什么关系,正好表现出一个仁人君子的气度,越不被人容纳,越能考验出老师的道德高超,非一般人可比,要是提不出治理国家的办法,这才是我们的耻辱。要是我们提出完备的治国方案,却不受重用,这是那些当国者的耻辱。不能被容纳有什么关系,不能被容纳然后才看出仁人君子的非凡气度!"孔子听了颜回的这一番议论宽慰地笑着说:"是这样啊,颜家小子,如果那天你有钱的话,我来为你做管家吧!"于是孔子派子贡到楚国联络,在楚军的保护下,他们才得以脱身,到达了楚国的负函(今河南信阳)。

楚国的大将沈诸梁正驻军在负函,他又是这地方的执政者,因为他曾经当过叶(河南叶县南)的长官,故又称为叶公。叶公对孔子十分尊重,并向孔子求教为政的方法。孔子说:"近者悦,远者来。"意思是说治国之道,要使远方的人能对你羡慕向往并由国外赶回来归附你,首先就得使你本国人民能够安居乐业而心悦诚服。又有一次,叶公问子路:"你的老师孔夫子是怎样的人?"子路一时无法以三言两语做出回答。后来,孔子知道此事便对子路笑着说:"仲由啊,你可以这样回答,孔丘的为人就是不知疲倦地学习,不知疲倦地教人,发愤用功时,连吃饭也会忘记。他是一个乐观的人,别人以为他已经老了,但他自己始终有一股年轻人的朝气。"

当时楚国与吴国正处在交战状态,楚昭王正在前线指挥军队。孔子知道他是一位能知大道的开明的君主,对他抱有很大的希望,打算借楚国的力量实现自己的理想。据《史记·孔子世家》上说,孔子到了楚国,楚昭王"将以书社地七百里封孔子",楚国的令尹子西知道此事后,心里很不高兴,担心孔子一旦受到重用,自己可能失势,因此极力反对,并在楚昭王面前进谗言说:"楚国的外交使臣才能不如子贡,统帅三军的将帅不如子路,辅佐君王的令尹不如颜回,办理政事的官尹不如宰予。如今大王欲封孔子七百里书社,实在是很危险的,想当初我楚国先君受封时,地盘仅数十里,经过多少代人的努力,才有今天的疆域。当初周文王在丰,武王在镐,地仅百里,然而最终消灭了殷纣。如今孔子名闻天下,又述三王之法,明周召之业,他的弟子中人才济济,文武兼备,一旦封地给他,若照他的主张来治楚国,恐怕对楚国不是一件好事吧?"这段记载是传说,还是事实,还得不到其他材料证明。但据《春秋》,楚昭王死于鲁哀公六年秋七月;据《左传》,死于陈国的城父,而且从这年春天便率军"救陈师于城父",没见到有关楚昭王死前回楚的材料,《史记·楚世家》也明言楚昭王军城父后,死于军中。因此关于楚兴师迎绝粮中的孔子一说似不可信,欲封孔子一说也不可信。

但是，孔子去负函确是在等待着与楚昭王相见的机会。孔子在陈都滞留时就是为了谒见昭王，他在那里几乎等了三年，此后为避陈国内乱，又去负函，也还是为了与昭王取得联系，大概楚昭王已经考虑接纳子路、子贡、颜回这三位孔子弟子，孔子期望着与楚昭王见面的时刻早日到来，以便将他们这三位优秀弟子介绍给昭王，使他们登上楚国的政治舞台，为楚国的政治改革与统一中原做出贡献。但孔子没有想到一代有为之君楚昭王竟突然在城父的军中病逝了。当孔子及其弟子目送着楚昭王的灵柩前往郢都时，孔子感到自己的希望破灭了。他极度悲伤，险些倒在地上，弟子们搀扶着这位老人，他曾耐心地等着谒见昭王，而眼前看到的则是昭王的灵柩，真是"道之将行，天命也；道之不行，亦在天命"。尤其在中国古代的政治舞台上，"其人存则政举，其人亡则政息"，如今昭王一死，孔子一行人在楚国难以出仕了。

一天，楚国的一个名叫接舆的隐者，疯疯癫癫从孔子车前走过，唱了一首歌："凤鸟啊，凤鸟，你为何这般的狼狈！往事由它逝去，未来还可努力，如此而已，如此而已。现在从事政治的人，是处境很危险的哩！"孔子听完这支歌，很受触动，赶忙下车，想与这位隐者交谈，但歌者已经远远地离去了。

在楚国，孔子遇到很多隐者。有人唱"沧浪的水清可以洗洗我的帽缨，沧浪的水若浊可以洗洗我的脚"的歌曲来劝他，也有人讽嘲他徒然在滔滔的浊流中挣扎，实在无济于事，还不如弃世隐遁。孔子听了这些话万分感慨。但孔子"知其不可为而为之"，为了救世，他终究还是选择了奔赴苦难的道路。然而他确实走到了路的尽头。孔子感到他在楚国已经住不下去了。不久，就决定离开负函，再次回到卫国。

鲁哀公七年（前488年），孔子六十四岁，回到卫国，在卫又住了五年，直到鲁哀公十一年（前484年），时年六十八岁，才归鲁国。

卫国经过近几年的内乱，君位终于仍由卫灵公的孙子辄继承，是卫出公，亦称卫孝公。辄父蒯聩在晋的庇护下流亡在卫晋之边境，一时无力夺回王位，因此卫出公的政权暂趋稳固。由于孔子的弟子多人在卫做官，卫出公也有意请孔子来卫担任重要职务。

孔子一回到卫国，子路见老师在卫有做官的可能，就去问他："如果卫君请您协助他主持政务，您首先打算做什么事？"孔子说："首先要做的是端正名份，使人的职位和名义相称，名称与实际相符。"子路直率地表示了自己的不同看法："老师未免有点不切实际、近乎迂腐了吧？在这个时代，要想正名份，实在行不通啊！"孔子笑着说："你啊，怎么这么粗鲁。君子对于他所不懂的事，大都采取保留态度，怎么可以乱说呢？名分不正，说起话来就不能顺理成章，说话不顺理，事情就办不成；办事不成，国家的礼乐制度也就兴不起来；礼乐制度兴不起来，刑罚就不会得当；刑罚不当，老百姓就惶惶不安，手足无措。所以，君子办事必须符合名分，说话必须符合实际，切实可行。君子对于他说的话，没有一点马虎的地方。"（《论语·子路》）孔子这次回到卫国是准备接受卫出公的邀请出来做官的,他向子路发表的这一番言论,可以说是在卫从政的总纲领。孔子认为卫国政治上的动乱,归根结底是因为"君臣"与"父子"的名分已乱了。卫灵公死后,理应由蒯聩接君位,但蒯聩不满其母的淫乱,谋杀未成,流亡在外,于是卫就立蒯辄为君,辄是卫灵公的孙子,也是世子蒯聩的儿子,所以孔子认为出公的王位是合乎名分的。虽然蒯聩是父,辄是其子,但辄既已继承了君位,则"父子"关系应从属于"君臣"关系。孔子既表示愿意"仕卫",也说明他是承认卫出公的王位是合乎名分的。但是后来孔子发现卫国上层仍然潜伏着动乱的因素,他不愿意卷入这种内争,又打消了"仕卫"的念头。当孔文子为了和国内的太叔争斗并向孔子请教对策时,孔子终于决定归鲁了。

公元前 484 年的春天,齐国的军队逼近鲁国。季康子任命冉有主管军事,带领鲁军在鲁国的郎邑与齐军交战,取得了胜利。季康子问冉有:"先生对于军事,是学到的呢? 还是有天才呢?"冉有说:"是跟孔夫子学来的。"季康子问:"孔子是什么样的人呢?"冉有乘机向季康子介绍孔子的才能。于是季康子便派公华、公宾、公林三人,带着礼物来卫国迎接孔子。尽管卫出公一再挽留,但孔子早有归心,况且,去年鲁人来报他的妻子亓官氏已去世,他的内心是十分悲痛的,又特别思念留在鲁国的儿子孔鲤。经过周游列国十四年的漂泊生涯,对于仕途他已变得十分淡漠了。当他回到鲁国时,他已是六十八岁的老人了。

天下先师　删述《六经》

公元前 484 年,孔子经过十四年漂泊异国他乡之后,又回到了鲁国,这时他已是六十八岁的老人了。回到鲁国,虽不当官,但他仍然十分关心国事。由于冉求任季氏宰臣,孔门弟子在鲁做官的很多。早在孔子返鲁之前,子贡就曾为鲁国办外交,樊迟曾任左师副将,有若在季康子处做顺问。孔子回鲁后,子路任过蒲宰,不久又去卫任官。冉雍为季氏宰,宓子贱为单父宰,言偃为武城宰,子夏为莒父宰,公西华出使过齐国,季康子在闵子骞为费宰,但遭拒绝。《韩非子·外储说左下》记载:"季孙氏养孔子之徒,所朝服与坐者以十数。"也正因为如此,所以孔子在鲁国以"国老"的身份,关心着鲁国的国事。鲁哀公和执政的季康子将他看成鲁国的元老并时时向他求教治国之道。鲁哀公曾向他请教为政的原则,孔子说:"政在选臣。"又问孔子:"何为而民服?"孔子说:"任用正直的人,斥退奸诈的人,人民就服从;任用奸诈的人,斥退正直的人,人民是不会服从的。"(《论语·为政》)。

通过十四年周游列国,孔子对春秋时代各国状况作了实地考察,他清楚地看到当时社会不断发生动乱的根源在于各国执政者本身的骄奢淫逸和贪婪残暴。当季康子问孔子什么是政治时,孔子说:"政者,正也。子帅以正,孰敢不正?"他劝导季康子要努力改善自身的政治品质,借此调节君臣、君民、臣民之间的关系。有一次季康子苦于盗贼太多,向孔子请教治理的办法,孔子回答说:"假若您自己不贪财货,就是悬令赏民行窃,他们也不会干。"季康子又问孔子:"如杀无道,以就有道如何?"孔子指出:"子为政,焉用杀?子欲善而民善矣。"孔子坚决反对用杀人的办法来治理国家,认为执政者只要以身作则,做到清正廉洁,不贪财货,不谋私利,老百姓自然会向善的。季康子问孔子曰:"使民敬,忠以劝,如之何?"孔子说:"临之以庄则敬,孝慈则忠,举善而教不能则劝。"当他的弟子子张向他问政时,他说:"能行五者于天下,为仁矣。""五者"即"恭、宽、信、敏、惠",孔子认为这是执政者应具的美德,他说:"恭则不侮,宽则得众,信则人任焉,敏则有功,惠则足以使人。"他向执政者提出了"为政以德"的政治伦理原则。《荀子》《大戴礼记》中均有鲁哀公向孔子问政的专篇,孔子仍想帮助鲁哀公树立鲁国公室的权威,甚至向他讲述了"水则载舟,水则覆舟"的道理。

我们从孔子晚年对季康子一系列的批评中,也可以看出他是坚持反对季氏专权的。当孔子一回到鲁国,他的弟子冉求奉季康子之命向他征求实行"田赋"的意见。所谓"田赋"是按每年的田亩数征收军赋。孔子对此很不赞成,当冉求一再询问时,他说:"君子做事,应以周礼为准则,倘不以周礼为准则,贪得无厌,即使采用了田赋,也不能得到满足。现在有周公之典放在那儿,何必问我呢?"但季氏并没有接受孔子的劝告,于鲁哀公十二年春,实行田赋。孔子对此十分生气,《论语》上记载:"季氏富于周公,而求也为之聚敛而附益之。子曰:'非吾徒也,小子鸣鼓而攻之,可也!'"孔子提出周礼的原则,并不意味着孔子真想倒退到周公那个时代去,孔子不是迂夫子,他只是以"周礼"的名义来限制贵族们的贪财好利、剥削百姓的行为。孔子主张的是一种"裕民"政策,他主张对百姓"施取其厚""敛从其薄"。

孔子在经济政策上,提出:"不患贫而患不均,不患寡而患不安。"主张先让老百姓富起来,认为只有老百姓富裕了,自然人心稳定,政权巩固。有一次,鲁哀公问孔子弟子有若:"年成不好,收入不够,怎么办?"有若说:"收十分之一的税就是了。"鲁哀公说:"收十分之二的税,还不够公室的开支,十分之一怎么行呢?"有若便说:"只要老百姓够吃,您还担心什么呢?要是老百姓不够吃,您又向谁要粮食呢?"有若的这一观点与孔子的"裕民"政策是完全一致的。

孔子是反对战争的,他希望鲁国能有一个和平的环境。鲁国有一个很小的附庸国,叫颛臾(今山东费县西北),是鲁国唯一还未被三桓瓜分的公土。季康子打算出兵攻打这个小国,子路和冉有都在季氏那里做官,便将此事通报孔子。孔子说:"求(冉有)啊,这恐怕是你出的主意吧!颛臾这个小国,一向是鲁国的附庸,为什么要对它用兵呢?"冉有声明:"这是季康子的主意,我们并不想这样干。"孔子说:"你们难道就没有责任?笼中的老虎跑了,匣子里的美玉碎了,能不怪看守老虎和保管匣子的人吗?"冉有又说:"颛臾的城堡很坚固,又靠近费城,现在不攻下,怕有后患。"孔子生气地说:"我最讨厌那种口是心非,又制造借口的人,我听说一个国家不怕人口少,只怕贫富不均;不怕穷,只怕不安定。你与仲由辅助季氏多年,却不能使境内的老百姓安居乐业，又不能令四方的人向往鲁国，反而在国内动起干戈。我恐怕季康子的忧患不在外而在内呢!"（《论语·季氏》）。

孔子晚年返鲁后，虽已退居"国老"，但是他仍然十分关心国事。不过他越来越感到治国化民之道，非从教育入手不可。事实上，施教是贯串孔子一生的主旋律。根据《史记》记载，他的教育活动最初是开始于三十岁即他赴周都游学前后，第一批学生如鲁国的贵族弟子孟懿子和南宫敬叔也是在这时候拜他为师的，这段时间可以说是孔子创办私学、始教阙里的第一阶段。

从三十七岁到五十岁，即从鲁昭公二十七年，自齐返鲁之后到仕鲁之前，由于当时鲁国政治是"政在大夫""陪臣执国命"，孔子不愿与这些权臣合作，坚持"卷而怀之""邦无道则隐"。《史记·孔子世家》说："退而修《诗》《书》《礼》《乐》，弟子弥众，至自远方，莫不受业焉。"这时期孔子的弟子中，不仅有来自齐、鲁的学生，还有来自楚、晋、秦、陈、吴各国的弟子，孔子弟子几乎遍及当时各诸侯国。这段时间可以算是第二期。

后来，孔子离开鲁国，在周游列国时期，也带着他的弟子们四处奔走，并以社会为课堂，在游说求仕的过程中，在与各国统治者的交际中，在社会的政治的实际活动中，进一步培养和教育自己的学生，即使在极为困难与危险的环境中，仍然讲学不辍。这段时间可以说是孔子扩大办学的第三时期。

孔子六十八岁返鲁之后，直到他七十三岁逝世之前，这中间共有五年时间。这五年中，孔子跨越了他一生中"六十而耳顺""七十从心所欲不逾矩"的两种思想境界。在这个时期，他的思想、学问、品德修养已是炉火纯青，达到了"文圣"的最高境界。此时，孔子出于他对文教事业的真挚热爱和对于中华文化的承前启后的强烈责任感，决定不再"求仕"，而将主要精力致力于教育办学和整理古代经典文献这两方面。这段时间可以说是孔子讲学洙泗的第四阶段。

考查孔子几十年的办学实践，可归纳他主要有以下几方面的教育思想：

教育目的

首先，孔子办学是为了培养一大批能够参加春秋后期政治改革活动的志士仁人。孔子所处的时代是一个"礼崩乐坏"、政治动荡的时代，孔子对此怀着极大的忧虑，不断深思造成这种动乱的根源。孔子认为造成社会危机日趋严重的主要根源，应该从人自身的内在精神世界方面去寻找。孔子的整个学说有一个最主要的特点，就是认为人的内心的道德水平决定人的行为的高低，强调人的内在思想是可以塑造与改变的。他强调只有拯救人心，才能拯救世界。因此，孔子认为教育的主要目的是培养人良好的道德品质，并将教育内容分为四科：德行；言语；政事；文学。而置德行于诸科之上。孔子认为要变"天下无道"为"天下有道"，不得不依靠"志士仁人"的不懈努力，为要造就一大批"志士仁人"，就必须在办学中坚持将道德培养放在首位。只有那些自身道德品质高尚的人，才是实现仁政德治的优秀人才。

孔子曾告诫子夏说："汝为君子儒，毋为小人儒。"在孔子看来，这些"君子儒"

应按照自己的政治理想投身到当时诸侯各国的政治改革中去。孔子办学也确实达到了这一目的。

他一生除了有四五年的从事政治、为官治国外,几乎都用在教育事业上。孔子在政治上未能达到自己的目的,但孔子的教育目的是达到了。传说他一生培养了三千多名学生,其中"受业身通六艺者七十有七人",也有说七十二人。即所谓"三千徒弟子,七十二贤人"。孔子创立了我国古代最早、也是影响最大的儒家学派。而且孔门教学又有四科,按学生不同的品行与才性施以教育,培养出参政与从教的不同人才,如德行以颜渊、闵子骞、冉伯牛、仲弓修养最高;政事以冉有、季路最出色;言语有宰我、子贡;文学有子游、子夏。其中像冉求、子路、宰我、子游、子贱,曾为列国大夫或邑宰,子贡常相鲁、卫,在施政上很有政绩。至于没有从事政治活动而专门致力于学术教育的则有曾参、子夏、澹台灭明、商瞿等。曾参设教于武城,孟轲称其弟子有七十人(《孟子·离娄下》)。子夏居西河教授,为魏文侯师。李悝、田子方、段干木均是他的弟子。子夏在孔门中是传经之儒,汉代学者称儒家经学均由他所传授。澹台灭明南游至江,从弟子三百人,设取予去就,名施诸侯。此外,还有商瞿传《易》。澹台灭明和子夏的教育事业,又进一步将孔子的思想传播到黄河、长江两大流域。

教育对象

孔子之前的古代教育制度是由国家办学,就是所谓五官之学,这种教育制度的特点是官师合一、政教合一。这种官办的学校,教育大权由贵族垄断,只有社会上层的贵族子弟才有资格接受教育,而平民子弟是没有接受教育的权利的。但是到了春秋时代,社会发生剧变,王室衰微,官学已经荒废停办,垄断在王宫手中的文化典籍也散失四方,不少过去在官府教书的王官、巫祝、礼乐之士,也都流落到平民中间去了。因此,兴办私学已具备一定的条件,而且私学的产生又适应了当时文化下移、平民知识分子兴起的需要。孔子目睹春秋以来"礼崩乐坏""官失其守""学在四夷"的局面,他以"存亡继绝"的历史使命感,抢救并整理了有濒临散失危险的上古文化典籍,同时以此为教本,创办私学,教授弟子,其规模之大,影响之深,在古今中外的历史上是罕见的。

"有教无类"是孔子提出的口号,也是他创办私学的最大特点。造成古代贵族政治与阶级政治的主要因素除了出身以外,另一个就是知识的鸿沟。孔子提出"有教无类"的方针,其目的正在于填平这一鸿沟,这对于当时的贵族政治是一个很大的挑战。孔子办学之后,出现了许多民间的学术团体,许多著名学者带领门徒四处讲学,于是百家争鸣蔚然成风,形成了春秋战国的众多学派,出现了一种思想自由、学术繁荣的新风气。

所谓"有教无类",历来有不同解释。或指出身、贫富不分类,或指族种、地域不分类。孔子说:"自行束脩以上,吾未尝无诲焉。"(《论语·述而》)这是说不管是什么人,只要送来十条干牛肉,都收他做学生。大体上说,"有教无类"的重大意义,在于打破贵族和平民的出身限制,一律施教。这种不分富贵贫贱一律教育的作法,在中国教育史上是自孔子创始的。由于孔子教学是来者不拒,多多益善,相传他门下的学生竟达三千人之多,其办学规模可谓空前。由此可见,孔子办学极大地扩大了教育对象。他认为人的天赋素质并没有什么大的差别。《论语·阳货》上记载孔子说:"性相近也,习相远也。"他明确宣布,人之成为各种不同的人,主要是后天的影响造成的。这可以说是中国古代最早的天赋平等的人性论(张瑞璠《中国教育史研究·先秦分卷》)。孔子的整个教育思想都是基于这种天赋平等的人性论,从而将教育对象扩大到平民,甚至贱人奴隶的范围,这的确是中国古代教育史上的重大突破。孔子之所以成为文化伟人和万世师表而为世人所崇敬,这是一个很重要的原因。他扩大了教育的社会基础和人才的来源,从而为世界文化发展史增添了宝贵的财富。他的"有教无类"的办学方针是一个划时代的伟大进步。

教育内容

孔子以前,"学在官府",夏、商、周贵族学校的教育内容是十分简单的,谈不上有多少理论性、知识性的教材,这是与当时的文化尚处于较低水平有关的。《周礼·地官司徒·保氏》上说:"保氏掌谏王恶,而养国子以道,乃教之六艺:一曰五礼,二曰六乐,三曰五射,四曰五驭,五曰六书,六曰九数。"这里的礼、乐、射、驭(同御)、书、数等六艺,指的是保氏对国子(贵族子弟)施教的内容,其中射、御是属于军事性质的技能,这种军事技能以及和技能相配合的礼、乐活动,是当时贵族从事政治、军事、外交活动所必备的素养。此外,礼是指待人接物的礼仪,乐是指音乐、舞蹈方面的艺术教育,还得掌握一些书写和计算的知识技能。这就是孔子之前贵族子弟的学习内容。孔子在办学中对教育内容做了重要改革,他研究整理了我国古代的大量文献,从中选出了《诗》《书》《礼》《乐》《易》《春秋》这六部经典,作为教科书。这六部经书后来被称为《六经》或"六艺"。在孔子之前就已经有这六部书,也曾被列为贵族子弟的教育内容,但那时还是未加工整理的、十分庞杂零乱的,并且充满着"怪、力、乱、神"荒诞迷信的内容,只是到了孔子手里,才排除了重巫、重祭的宗教鬼神文化的成分,注入了春秋时代人文主义的新精神,终于编订成世界教育史上最早的文化知识课本。经过孔子整理的"六艺"或《六经》的这一套教本,在中国古代的学校中,一直被使用了两千多年。

《礼记·经解》上记载了孔子对"六艺"或《六经》的解释:"其为人也,温柔敦厚,《诗》教也;疏通知远,《书》教也;广博易良,《乐》教也;洁静精微,《易》教也;恭俭庄敬,《礼》教也;属辞比事,《春秋》教也。"司马迁说:"自天子王侯中国言'六艺'者,折中于夫子。"又说:"孔子以《诗》《书》《礼》《乐》教弟子,身通'六艺'者七十二人。"又《庄子·天下篇》对于鲁国孔子的教育内容做介绍:"其在于《诗》《书》《乐》者,邹鲁之上搢绅先生多能明之。《诗》以道志,《书》以道事,《礼》以道行,《乐》以道和,《易》以道阴阳,《春秋》以道名分。"总之,孔子六十八岁倦游返国,赞《易》,作《春秋》,直至获麟绝笔,正寄托了他晚年的社会、哲学、政治理论,并形成了他的"同人""大一统""天下为公"等大同思想。因此,孔子的教育内容,固然包括《诗》《书》《礼》《乐》,但更为重要的则是《易》与《春秋》。

孔子的教育内容基本上是以《六经》文献为主,这也是孔子的教育内容与孔子之前的教育内容根本不同的地方,孔子办学将文化教育放在第一位,孔子之被尊为"文圣",也正是出于这个原因。

教育方法

首先是因材施教。这是孔子的一个重要的教育原则,也是中国教育史上一个非常宝贵的传统。孔子认为人的智力是有高低的,因此在教育上应有所区别。他说:"中人以上,可以语上也;中人以下,不可以语上也。"(《论语·雍也》)这是说,对于中等以上水平的人,可以向他谈论高深的学问;对于中等以下水平的人,不可以和他谈论高深的学问。为了贯彻"因材施教"的原则,孔子对他的弟子们有比较深入的了解,几乎掌握每个学生的特点和个性。孔子说:"柴也愚(愚直),参也鲁(鲁钝),师也辟(偏僻),由也喭(刚猛)。"又说:"回也其庶乎,屡空,赐不受命,而货殖焉,亿则屡中。"(《论语·先进》)他只用一两个字就刻画出高柴、曾参、子张、子路、颜回、子贡的个性特点,甚至连颜回、子贡二人的经济条件也十分清楚;并且对他的学生的优缺点也能给以恰如其分的评价。如子贡问孔子:"师(子张)与商(子夏)谁更好些?"孔子说:"子张办事过火,子夏办事不及。"子贡说:"那应该是子张胜过子夏了吧?"孔子说:"办事过火与办事不及都一样不够好啊!"

又如子夏、子路、仲弓、子张都向孔子问政,对同一个问题,孔子根据他们对政治理解的不同倾向做出了不同的答复。于夏问政于孔子,孔子说:"无欲速,无见小利,欲速则不达,见小利则大事不成。"子路问政,他说:"先之、劳之。"仲弓问政,他说:"先有司,赦小过,举贤才。"子张问政,他说:"居之无倦,行之以忠。"

由于孔子对他的学生很了解,因此对他们进行了不同的培养,并且知道他们的专长和适宜于什么工作。孔子说:"由也,千乘之国,可使治其赋也"。"求也,千室之邑,百乘之家,可使为之宰也。""赤也,束带立于朝,可使与宾客言也。"(《论语·公冶长》)

总之,孔子是我国教育史上第一位实践"因材施教"的教育家,他的三千弟子中能出现七十二贤人,也与孔子能了解自己的教育对象,因材施教是分不开的。

其次,启发诱导。孔子是我国古代启发教学的首倡者,也是世界教育史上启发教学的创始人。远在古希腊苏格拉底(前470—前399年)提出启发法之前,孔子就已积累了丰富的启发教学经验。孔子认为,学习知识是学生独立思考的过程。他又是注入式教学最早的反对者。他说:"不愤不启,不悱不发。举一隅不以三隅反,则不复也。"(《论语·述而》)朱熹在《论语集注》中解释:"愤者,心求通而未得,愤则已用力于思,故可启以开其意。悱者,口欲言而未能,既已得其意而未能发表,故可发以达其辞。"《论语·为政篇》记孟懿子同孔子什么叫作孝,孔子只是答以"无违"(不要违背礼节),孟懿子没有再往下问,孔子也就不往下讲了。学生提问到什么地方.孔子也就回答到什么地方,并且也是按照学生当时的理解程度和如何积极程度而定的。孔子又将此事告诉樊迟说:"孟懿子问孝于我,我对曰无违。"樊迟又进一步问"无违"是什么意思,孔子这才进一步回答:"生事之以礼,死葬之以礼,祭之以礼。"孔子是在学生自身有了强烈的求知欲时,才给以教导的。颜回曾经说:"夫子循循然善诱人,博我以文,约我以礼,欲罢不能。既竭吾才,如有所立卓尔。"(《论语·子罕》)颜回感到孔子善于有步骤地诱导他求学,既梦地学习古代的文献,又要求他以礼来规范自己的行为。使他既有日,又能行,使他的知识成为有用的知识,激起强烈的求知欲,就是想停止学习也停不下来。

孔子教学中又运用"叩竭法"。这也是一种启发性的教学法。《论语·子罕》上按孔子的话说:"吾有知乎哉? 无知也。有鄙夫问于我,空空如也,我叩其两端而竭焉。"这是说,当有人向孔子提问题时,他并不是马上将答案告诉提问者,而是从问者的疑难处出发,从正反两面展开反诘,弄清问题的性质与内容,然后使提问者通过积极的独立思考自己找到合理的答案。

再次,教学相长。孔子办学主张教学相长,提倡师生之间相互切磋,共同讨论。一部《论语》就记载了大量师生之间互相讨论问答的情况。《论语·学而》上记载子贡请教孔子说:"穷人能不谄媚人,富人能不骄,如何?"孔子说:"这也算不错了。但不如穷而能乐道,富而知好礼,这就更好了。"子贡于是说:"《诗经》上说:'如切如磋,如琢如磨'不就是这个意思嘛?"孔子说;"赐呀! 像这样,才可与你谈《诗》了。"由此可见,孔子与他的弟子们在教学上是互相取长补短的。又如《论语·八佾》记载,子夏向孔子问《诗》:"'巧笑倩兮,美目盼兮,素以为绚兮',何谓也?"孔子回答他说:"绘事后素。"子夏由此而悟道:"礼后乎?"孔子十分高兴子夏的回答,并赞扬他说:"起予者商也,始可与言《诗》已矣。"他感到子夏在学《诗》的过程中,所发表的看法,对自己也有启发,因此,与子夏在一起才可言《诗》了。孔子认为只有师生之间互相启发,才是最好的教学方法。反过来,颜回在孔子面前从来不提相反的意见,孔子就批评说:"回也,非助我者也,于吾言无所不说。"他希望颜回对他的教学多提意见,以便使师生之间互相促进提高。

最后,师生平等、教学民主。孔子和他的弟子们亲如一家,孔子对学生平易近人,坦率真诚,学生对孔子敬爱尊重。他提倡"当仁不让于师"(《论语·卫灵公》)。有一次,孔子的学生陈亢向孔子的儿子孔鲤打听,问他从父亲那儿学些什么,孔鲤告诉陈亢除了教他学《诗》、学《礼》,再也没有其他功课了。陈亢知道了孔子将学生和自己的儿子一样看待。

孔子对于学生的缺点及时进行批评教育。宰予昼寝,孔子批评他是"朽木""粪土之墙",要他振作精神,不断上进。冉有为季氏宰,他搜刮民财以肥季氏,孔子见他损害老百姓,十分气愤地说:"这个人已经不是我的门徒了,你们都可打起鼓去声讨他!"(《论语·先进》)但孔子身为老师对自己也严格要求。孔子在卫国不得已去见南子,回来后,子路对他表示不满,孔子感到子路不理解并错怪了他,他就在子路面前激动地对天发誓,求得子路明白他的心志。(《论语·雍也》)子游为武城宰,孔子入武城"闻弦歌之声"而笑子游"割鸡何必要用牛刀",子游不服气地反驳孔子说:"往日我曾听先生说过,君子学于道,便懂得爱人,小人学于道,便易于使命。"孔子觉得他讲得有理,就公开在学生面前承认自己讲错话,并说:"学生们听着,子游说得对,我前面所说是和他开玩笑的。"(《论语·阳货》)孔子曾坦诚地向学生们表示:"我有什么事隐瞒大家吗?我的一切行为都是向大家公开的,这就是我的为人!"孟子曾经说:"以德服人者,中心悦而诚服也,如七十子之服孔子也。"(《孟子·公孙丑上》)正因为孔子在师生关系上主张民主、平等,有一种较为开放的心态,他是一位"圣之时者",又是一位有热情、有感情、有爱心的文化圣人,因此弟子们对孔子十分敬爱,即使在最困难的情况下,师生之间也团结精诚,能够患难与共,相濡以沫。这可以说是孔子办学的伟大与成功之处。故《孟子·公孙丑上》说:"昔者子贡问于孔子曰:'夫子圣矣乎?'孔子曰:'圣则吾不能,我学不厌而教不倦也。'子贡曰:'学不厌,智也;教不倦,仁也。仁且智,夫子既圣矣'!"

我国古代的文献典籍保存得较为完备,尤其是代表我国二千余年前古文明的文献典籍《六经》,直到今天还被保存并流传下来,这不能不归功于我国古代第一位伟大的文献整理家孔子。孔子被后世尊为"文圣",除了他首创私学的伟大功绩外,另一个伟大的功绩就是他对《六经》的整理工作。

"六经"之名,最早见于《庄子·天下》篇。作为我国古代的文化遗产的这六部古典文献,在最初形成时期,并非儒家的专利品,也正因为如此,历来对于六经的成书及其与孔子的关系,始终存在争议。

古文经学家认为《六经》原是周公的旧典,是先王的典章制度和历史文献。孔子只是"述而不作",章学诚、章太炎均持此一看法。如章学诚倡"六经皆史"之说,认为"古人未尝离事而言理"。章太炎则认为,孔子传播固有文化之功,不在尧舜之下,但也只将孔子当作历史学家看待,认为孔子是一位古代文献的保存者。总之,古文经学家认为孔子所描述的尧舜时期的文化是真实的历史,《周礼》只是周公治国平天下所实行或理想的政治蓝图。在他们看来,中华民族之所以历数千年而不致灭亡,实是因为我们的祖先有自己的详备而不绝的国史的缘故。因此,孔子是华夏文化"继往开来"的"集大成"者。章太炎先生说:"孔子不布《春秋》,前人往往不能语后人,后人亦无以识前人,乍被侵略,则相安于舆台之分。"(《国故论衡·原经》)这就是古文经学家对孔子与《六经》关系的看法。

今文经学家则不然,他们认为《六经》系孔子所作。《易》与《春秋》尤其是孔子明道经世之作。经书虽然是前代史料,但重要的是在其中已寄予"微言大义"。皮锡瑞认为,孔子之所以被后世看成是"万世师表",是因为他手订了"万世教科书",而康有为则认为《六经》是孔子"托古创制"之说。孔子与《六经》的渊源,直到近代之前,只有这两种说法。(参见苏渊雷《孔学四论》)

到了近代,又有人认为六经既不是周公之作,也不是孔子的"托古之作",并认为《六经》即无信史、也无哲理和政治的价值(参见《古史辨》第一册,钱玄同答顾颉刚先生书)。也有人认为,《六经》只是周代通行的几部书,《论语》上见不到一句关于孔子删述六经的记载。只是到孟子才说他作《春秋》;到了《史记》才说他赞《易》,序《书》,删《诗》;到《尚书纬》才说他删《书》;到清代的今文家,才说他作《易经》,作《仪礼》。(《古史辨》第一册,顾颉刚与钱玄同论孔子删述《六经》书)因此认为孔子与《六经》无关系,孔子非但未曾制作《六经》,就是删述《六经》之事也不可能。此说为钱玄同首倡,附和者亦不乏其人。

我们认为,《六经》的来源问题与孔子的文化历史地位有密切关系。否定孔子与《六经》之关系,也就是否定孔子在中国历史上"文圣"的地位。事实上,所谓"述而不作"正是说明孔子讲学有所依据。同样,孟子、司马迁以来相传孔子"删《诗》《书》,订《礼》《乐》,赞《易》,作《春秋》"不是没有根据的。孔子时代的文化典籍是相当多的,也是十分分散的,孔子为此做了搜集与取舍的大量工作。孟子说:"孔子,圣之时者也。孔子之谓集大成。集大成也者,金声而玉振之也。金声也者,始条理也;玉振也者,终条理也。"(《孟子·万章下》)孔子的删述《六经》,正是对夏、商、周三代的文化典籍做了一番"始条理""终条理"的整理研究工作。这在我国古代文化史上是一项极为浩大的文化整理工作。

孔子之前,我国古代的文献典籍极为丰富。根据《史记·太史公自序》中司马迁所说:"古者六艺经传以千万数",早在殷代,就已有"典册"。《尚书·多士》上说:"惟殷先人,有典有册。"殷代的"典册"是串联在一起的甲骨,还是用竹片串成的简册,至今尚不得而知。迄今为止,出土的简册,最早的是战国时期的,大量的则是秦简和汉简,至今尚未发现殷代的简册,也很难考证这些简册是什么样的文献资料。殷代的卜人、史官、巫祝记录在甲骨上的卜辞,以及在铜器上的金文,是作为档案资料被保存在王宫那里供少数贵族与统治者使用的。但这些原始文献并未得到有目的的加工、整理。根据已有的文献可考,《国语·鲁语下》上说:"昔正考父校商之名《颂》十二篇于周太师。以《那》为首。"可见孔子的七世祖正考父曾对《诗》做过整理工作,他在西周末曾为宋国大夫,宋是殷旧贵族微子的封地,因此保存了殷商的乐章乐谱。正考父搜集了《商颂》十二篇,"恐其舛缪,故就太师校之也"(孔颖达《毛诗正义》)。经过周太师的指教,才编定以《那》篇为首的次序。但正考父是怎样校正编定《商颂》的,我们至今不得而知。只是正考父的后裔孔子整理《六经》,确有依据。

殷政权垮台之时,根据《吕氏春秋·先识》上说:"商内史向挚,载其图法奔周。"这位奔周的商史官向挚,携带的典册要以车载,可见其数量之多。及至周室东迁,典册文献流散的情况也就更为严重。到了春秋时代,在社会的动荡与巨变中,大部分旧王朝的史官、礼官、乐官、卜官流散民间。史称墨子南游,载书甚多(《墨子·贵义》)。《左传·昭公十二年》载楚国的左史倚相"能读《三坟》《五典》《八索》《九丘》,"这些文献,现在已不可能见到,但孔子当时是可能接触到的。又《孟子·离娄下》提到晋之《乘》,楚之《梼杌》,鲁之《春秋》,都是当时各国的史书。《管子·山权数》上也提道:"管子曰:《诗》者,所以记物也;《时》者,所以记成败也;《行》者,道民之利害也;《易》者,所以守凶吉成败也;《卜》者,所以卜凶吉利害也。"《国语·楚语上》又列举了当时所见的《春秋》《世》《诗》《礼》《乐》《令》《语》《故志》《训典》等九种文献典籍。可见在孔子时,他听见的文献是很多的。这就为孔子整理六经提供了充分有利的条件。

春秋时代,鲁国是一个弱小的国家,先后受制于齐国、吴国、越国。可是鲁国是周公之后,虽是政治上的弱国,但却是文化上的大国。当西周首都丰镐(今西安近郊)经犬戎之乱的摧毁,而东周首都成周(今洛阳)又迭经内乱的破坏,鲁国的文化,便成为周文化的代表。鲁襄公二十九年(前544年),吴公子季札来聘,观乐于鲁。鲁昭公二年(前540年),晋国的韩宣子来聘,看到鲁太史所藏的典籍,曾言:"周礼尽在鲁矣!"这些都充分证明鲁国文化就是周文化的代表。

《诗》《书》《礼》《乐》《易》《春秋》,在孔子之前或可称之谓"古六艺",也就是所谓"旧法世传之史",在周代的贵族官学里已被用为贵族子弟所学的教材,但这些教材十分凌乱,不成系统。到了春秋时代,由于天下大乱、王官失守,大量古六艺已经遭到严重破坏。而只有当时的鲁国才是保存古典文献最为完备的国家。于是整理古代文献的历史使命便落到孔子的户上。

孔子自幼就好学不倦,他研读了大量三代的文献典册,及至青壮年时期包括他讲学杏坛、周游列国期间,一生始终注意考察、收集古代历史文化的传说、实物和文献。到了晚年更喜欢研究《易》。《礼运》上记载孔子的话说:"我欲观夏道,是故之杞,而不足征也,吾得《夏时》焉。我欲观殷道,是故之宋,而不足征,吾得《坤乾》焉。《坤乾》之义,《夏时》之等,吾以是观之。"可见孔子不仅研究了《周易》,还研究了殷《易》。这就使孔子成为大学问家。因此,也只有他才具备整理古典文献的必要文化条件。加上孔子一生在政治上又极不得志,这就更促使他集中毕生精力,从事文化教育事业,通过整理文献,向他的学生们讲学传道。孔子认为他的删述《六经》、从事教育这两件毕生为之奋斗的大事,也能在政治上发生长远的影响,等于为后世百王立法垂教。这就是他整理古代文献的内在驱动力。

鲁哀公十一年,孔子返回阔别十四年的鲁国时,已六十八岁。在周游列国期间,为实现他的政治理想,他到处奔波,大声疾呼,备尝斥、逐、困、厄,但始终未能得到各国执政者的理解与重用。当他返回鲁国之后,已不再热衷仕途之上。"鲁终不能用孔子,孔子亦不求仕",而集中精力整理古代的文献典籍。他从周、鲁、杞、宋的历史文献中,整理出古代中国的史系和学系,删《诗》《书》,订《礼》《乐》,赞《易》,作《春秋》,为我国古代民族文化的存亡继绝做出了伟大贡献。

孔子编写整理《六经》,在我国古代的文化史上是首创的、具有划时代意义的大规模的文化典籍整理事业。孔子在"究观古今之篇籍"(《汉书·儒林传》)之后,认为历史文化是前后相继的,不可割断的,但随着社会的发展,古代的文化制度和礼乐文明又是可以改革的。孔子说："殷因于夏礼，所损益可知也；周因于殷礼，所损益可知也；其或继周者，虽百世可知也。"（《论语·为政》）孔子在整理古代文献中，对于三代的礼乐典章进行了损益与扬弃，并加以新的解释。

首先，孔子整理古代文献是以"仁"为内容，以"礼"为形式的。在整理阐释《六经》的过程中，孔子将仁的观念作为一种哲学观、社会观、人生观、伦理观注入《六经》中，通过对《六经》的阐释，创立了儒家的思想文化学说。由此将三代的文化典籍改造成为适应社会变革长远需要的儒家理论学说。

其次，"不语怪、力、乱、神"。上古三代的文献，原本由王官巫史掌握，作为"古六艺"的《诗》《书》《礼》《乐》《易》《春秋》这六部典籍在其最初的起源上，与巫史祝卜的宗教巫术活动关系密切，因此含有大量的神怪荒诞的内容。但是，留传至今的，我们现在所看到的《六经》等典籍，却很少有涉及鬼神巫术的内容。其实这与孔子整理《六经》有很大关系；或者很可能是孔子删削的结果。孔祥骅《"六艺"出自巫史考》，1992年第4期《学术月刊》孔子在比较研究了夏、商、周三代文化后曾说：殷人尊神率民以事神，先鬼而后礼，……周人尊礼尚施，事鬼敬神而远之，近人而忠焉。（《礼记·表记》）孔子在这里谈到殷周之间的文化差异，其实这也是我国古代观念上的重大转变，即以神为本位的宗教文化转变为以人为本位的礼教文明，由此也就完成了由巫官文化向史官文化的过渡。孔子在整理《六经》时，排除了上古流传下来的鬼神机祥之事，而注重于实践的、理性的思考，致力于建设人伦日用的政教体系，强调人自身的德性与修养。本着春秋时代人文主义的新精神，对上古巫史文化加以改造、扬弃，这就是孔子在整理《六经》方面所做的巨大贡献。

再次，"述而有作"。孔子整理《六经》，其目的是将《六经》作为教本。他所依据的材料，毕竟是古代的文献，尽管他进行了删节，但他的态度是"信而好古"，基本保持原有的文字，包括原来的史事内容和表达风格。因此，这《六经》至今仍是十分有价值的史料。但另一方面，孔子在整理六经时，又是寓作于述，或以述为作的。在整理与传授《六经》的过程中，孔子又做了引申与阐发，其中贯穿了孔子的正名、重民、仁爱等儒学精神，又寄托了他的志在改革春秋社会的政治意识，以及"贬天子，退诸侯，讨大夫"的批判精神。同时，孔子又描绘了他的"同人""大一统""天下为公""大同世界"等政治理想。这也正如孟子在评价《春秋》一书时所说的那样："其事则齐桓晋文，其文则史。孔子曰：'其义则丘窃取之矣。'"（《孟子·离娄不》）不仅整理编修《春秋》是如此，其余绪经的整理、阐释、诠解都是本着这种精神的。因此我们认为，孔子在编订《六经》时，还是有所创作的，并根据春秋时代人文主义的新精神赋予《六经》以新的内涵的。因此，经过孔子整理的《六经》既可看作是中国古代文化的重要史料，也可看作代表孔子的思想体系及其儒家学派的理论著作。

孔子言行十分谨严，删述必以文献足征，始为撰述，故《书》由尧舜记起，计时约有一千七百余年。孔子自认为是"述而不作，信而好古"者，他对此一时期的文化遗产加以整理，存菁去芜，为后世享用。有人说："有孔子乃有中国文化。"并非过誉之词。总之,孔子所整理的《六经》,在中国文化史上具有一种开创的人文精神,并由此而奠定了中华民族文化的基本格局,确定了儒学在中国文化中的正统地位。现将孔子对于《六经》的整理与删述,分别介绍如下:

《诗》的整理

《诗》原是歌谣。上古之时,没有文学,只有口唱的歌谣,没有写的歌谣,一个人高兴或悲哀的时候,就将自己的心情以歌声唱出来,聚在一处酬神作乐,一边歌舞,一边奏着乐曲。等到最早的文字出现,才有人将这些歌谣记录下来,这便是最初的诗。《诗》中的诗歌,最早的可以追溯到殷商时期。如《商颂》这一组诗。有人认为是殷朝所作,有人则认为是周代宋国的颂歌。到了周代,统治者为了丰富自己的宫廷生活,才出现了太师与乐工,他们又四处征集、编写和整理乐歌,不但搜集本国的乐歌,还要搜集别国的乐歌;不但搜集乐词,还得搜集乐谱。这些歌辞经过长时间的修改、删削,就成为《诗》。

孔子自幼用功于礼乐,早年以此为谋生手段,又曾从盲乐师处学弹琴唱歌,他一生办学又以《诗》为教授弟子的主要课程。为了整理《诗》,孔子几乎搜集了当时各国流行的全部诗的不同集子,并对此加以选择。到了晚年,他游历列国,回到鲁国后,对《诗》又加以修订,他说:"吾自卫返鲁,然后乐正,雅、颂各得其所。"《论语·子罕》由于当时各国的口语差距很大,在转相传授口耳流传中,内容多有不同,正如皮锡瑞说:"东迁以后,礼坏乐崩,诗或有句而不成章,有章而不成篇者,无与于弦歌之用。"(《经学通论·诗经》)孔子在教学中,参照了各种传本,进行了校勘整理。《史记·孔子世家》上说:"古者《诗》三千余篇,及至孔子去其重,取其可施于礼仪,上采契、后稷,中述殷、周之盛,至幽、厉之缺:三百五篇,孔子皆弦歌之,以求合韶武雅颂之音。"

孔子删《诗》的总原则是"取其可施于礼仪",其态度是有褒有贬,既赞扬"殷周之盛",又指责"幽厉之缺"。王充在《论衡·正统》上说:"《诗经》旧时亦数千篇,孔子删去复重,正而存三百篇。"又根据乐曲的正确音调,孔子对《诗》在篇章上进行调整,"雅"归于《雅》,"颂"归于《颂》,使之各得其所。经孔子整理的《诗》是古代中国留传下来的最完整、最可信的古籍,其历史价值可与希腊的《荷马史诗》媲美。

孔子根据诗的内容和形式分为风、雅、颂和赋、比、兴之类,此即所谓"诗之六义"。这样可以说是中国诗歌分类整理体义的滥觞,并成为历代诗人批评的一定准则。孔子谙熟音乐,对《诗》三百篇,还做了认真的"乐正"工作,他校订的乐调,"皆弦歌之"(《史记·孔子世家》),以求三百篇合乎风、雅、颂的乐调。《墨子·公孟》上说:"儒者诵《诗》三百,弦《诗》三百,歌《诗》三百,舞《诗》三百。"这种配上音乐,既可歌,又可舞,有一定的旋律、节奏的《诗》《乐》,是孔子的一种创造。又孔子对于《诗》三百除了与乐、舞结合外,又进行了文字、语音方面的校正,改正了方言的语音,使之合乎当时的通用语言,即合乎周代的普通话——雅言。故《论语·述而》上说:"子所雅言,诗、书,执礼,皆雅言也。"

鲁哀公十四年春天，鲁国发生一件"西狩获麟"的奇闻。叔孙氏手下的一位赶车人，叫鉏商，他在鲁国西郊巨野打猎，打死了一只不知名的怪兽，送到孔子那里去辨识。孔子看后惊呼："这是麒麟啊！"传说麒麟是一种仁慈的兽，这种异兽的出现是一种祥瑞的象征，意味着圣君当道，天下太平。然而这样的仁兽在鲁国的郊外竟被打死了。孔子感到这是极不好的兆头，他长叹一声说："麒麟是仁兽啊！它含仁怀义，叫出的声音像音乐，走路旋转合规矩，游必择上，翔必有处，脚不踩虫子，身不折青草，不群不旅，不入陷阱，不入罗网，身上有美丽的花纹。其出必明王在位，以示祥瑞于世。帝尧时此仁兽游于郊外，万民知其为祥，不忍伤其生；周将兴，凤鸣于岐山，万姓以为瑞，争留其形，麒麟也曾现于野。自尧至今，麒麟两现于世，今次出现，无明王在位，非其时也，所以折足而死于奴隶之手，我怎么不感伤呢？"孔子说着就掩面大哭，涕泪沾襟地说："吾道穷矣。"相传孔子这时正在编写《春秋》，当他获悉这一令人震惊的消息时，就不再将此书写下去了。三天之后，孔子将在曲阜的众弟子召集起来，向他们说："麟因出非其时而被害，吾道穷矣！好在所修的几部书均已完成，只有《春秋》一书，自平王东迁记起，直到现在，二百多年的大事都记载下来了，我将以获麟为《春秋》绝笔之日，今后的责任全靠你们了。"这就是孔子修《春秋》，"绝笔于获麟"的著名故事。

不久，大概也是公元前481年，孔子最心爱的弟子颜回也死了。孔子非常器重颜回，颜回的一生一直很贫困，但他并不因为物质上的贫困而放弃自己求学的志向。孔子曾经称赞说："颜回一箪食，一瓢饮，吃的是粗茶淡饭，喝的是清水。住在窄小简陋的巷子里，要是别人早就愁死了，但颜回安贫乐道，以艰苦学习为乐，他才是我最好的学生啊！"在孔门弟子中，不但子贡等高足感到比不上颜回，连孔子本人有时也说自己赶不上他。孔子是一个政治上有热情、志在救世的人，但并不迷恋功名富贵，颜回也是这样，他虽有宰相之才，也不急于做官，他对于孔子的道德与学问研习得最好。如今颜回一死，这对孔子是极大的打击与损失。孔子痛哭地呼喊着："老天要了我的命，老天要了我的命！"（《论语·先进》："天丧予！天丧予！"）颜回的父亲颜路想给颜回买一副套棺，但买不起，就要求孔子将他的车子卖了，换一套棺，孔子认为这是不符合礼制的，才不同意颜路的要求，但是孔门弟子仍然厚葬了颜渊，孔子只得说："颜回待我像父亲，可我没能待他像儿子，我也做不了主了。"

公元前481年夏天，齐国的陈垣（又叫田成子或田常）发动了政变，将齐国国君齐简公杀死，拥立齐平公，政权尽归陈氏。孔子的弟子宰予这时任临菑大夫，在政变中被陈恒所杀。齐国的这次政变是韩、赵、魏三家分晋的先声，在某种意义上说，齐国这次的政变可以说是揭开了战国时代的序幕。

孔子知道齐景公、齐简公都很平庸，无所作为，更谈不上是圣君明王。而陈恒治齐很得民心，齐国的王公大臣、平民百姓都很赞扬他，至少陈恒善于收拢人心，如他曾为群臣向国君请求爵禄，又曾用大斗斛施于百姓，用小斗斛收回。齐国流传着这样的民歌："妪乎采芑，归乎田成子。"但在孔子看来，君臣各有名分，臣杀其君是大逆不道。为此，孔子十分气愤，急忙沐浴、更衣、整冠，斋戒后朝见鲁哀公说："陈恒弑其君，请出兵伐齐，声讨陈恒之罪！"鲁哀公怕事，而当时鲁国的兵权皆在"三桓"，于是只得对孔子说："夫子，您还是去找'三桓'吧！"孔子说："因为我曾做过鲁国的大夫，所以不敢不来向您报告啊！"于是孔子又去报告三家贵族，但孟、仲、叔孙三家在鲁国的地位与齐国的陈氏差不多，季康子自己也是目无鲁君的权臣，也有取代鲁哀公的野心，只是还不具备陈恒的条件罢了，而且季康子与陈恒交往甚密，岂肯出兵讨伐。于是搪塞孔子说："陈恒虽杀其君，但仍立旧君之弟嗣位，情尚可恕。此乃齐国内乱，不必由鲁出面干涉。"孔子的要求遭到拒绝，他一面退出冢宰府，一面自言自语地说："因为我曾做过鲁国的大夫，所以不敢不来向您报告啊！"

　　第二年，鲁哀公十五年(前480年)，孔子七十二岁，他的弟子六十三岁的子路又死于卫国的内乱。这一年，卫出公的父亲蒯聩在卫出公主政十二年之后，回到卫国，从其子蒯辄(卫出公)手中夺取王位。这时，子路在卫国的一位贵族孔悝处做官。孔悝是蒯聩的外甥，但孔悝并不支持蒯聩回国夺王权。孔悝的母亲，即蒯聩的姐姐，却欢迎蒯聩，因为在孔悝父亲死后，她钟情上一个叫浑良夫的仆人。蒯聩支持这件事，又买通了他们充当内应。当蒯聩潜回卫国，就住在孔悝的菜园里，孔悝之母就帮着蒯聩逼迫孔悝也参加政变，并胁迫孔悝登上签订盟约的土台子:孔悝的家臣奕宁这时正在烤肉，没等肉烤熟，就赶快通知子路发生政变的事，自己找了一辆车，护送卫出公逃往鲁国。子路知道孔悝遇险，情况紧急，马上跑进城去营救孔悝，恰巧孔子的另一位在卫国做官的弟子高柴从城里逃了出来，高柴气急地劝阻子路说："城门关了，情况危急，赶快离卫回鲁。"子路说："食其食者不避其难。自己受孔悝之禄，现在孔悝处于危难之中，岂有不救之理?"于是子路冲进城内找到蒯聩，要他释放孔悝。蒯聩不放，子路就在土台下放火，以为蒯聩见火后，会放了孔悝。蒯聩派出两名武士与子路格斗。子路受了重伤，连冠缨也被击断。子路倒在血泊中说："君子临死时，也要将自己头上的帽子戴正的。"他爬起坐在地上将帽缨结好的时候，就被杀害了，身体被剁成了肉泥。蒯聩赶走了卫出公，取得了卫国的王位，这就是卫庄公。孔子一听说卫国发生政变，就顿时感到不安，他悲伤地预言:"高架是可以安全生还的，仲由怕是回不来了。"果然不出所料，事后噩耗传来，孔子站在院子里仰天大哭。当有人告诉孔子"子路被剁成肉泥"，死得很惨时，孔子伤心地叫人把厨房里的肉酱扔掉。

　　子路虽为人粗放，但他跟随孔子的时间最长，对孔子也最忠诚，是一个能按照孔子的教诲而躬行实践的好学生，为人诚笃忠信，办事认真，他的勇力和社会关系又是孔子安全的保障。他一生保卫孔子唯恐不周，不愿孔子遭人非议，以至于在孔子处理同南子、佛肸、公山弗扰等人的关系上，都敢于向孔子提出不同意见，使孔子避免了不少过失。当孔子晚年有时感到文化的振兴以及社会风气的挽回实在难以实现，他的文教与道德感化的路很难走通时，他甚至想到乘木筏浮海到中国以外的地方去另谋传道的善地。他说:"在中国大道难以推行，我将打算漂洋过海去寻找新的陆地,到到那时候,大概只有子路一个人会跟我走吧?"(《论语·公冶长》)在孔门中,子路可以说是一位儒侠式的人物,他一生最忠诚于孔子的事业,一直到他在卫难中以身殉职时,在生命垂危的最后一刻,他仍履行孔子关于"君子死而冠不免"的教诲。子路之死,对于晚年已陷于困境中的孔子无疑是又一次沉重的打击。

从六十七岁到七十二岁,在短短的不到五年的时间里,先后失去了自己的夫人、儿子,又失去了自己最心爱的、最可靠的弟子颜回、子路,这使孔子的灵魂变得更孤独,晚景变得更凄凉。孔子的最后两年,一直是在病中度过的。这位一生中时时梦见周公的人,已经好久不再梦见周公了,他感到这是自己衰退的征兆并哀叹道:"甚矣吾衰也! 久矣吾不复梦见周公!"(《论语·述而》)他天天叨念着的凤鸟竟然还不来,天天巴望的河图竟然仍不出现,他预感到自己将不久人世痛苦地说:"凤鸟不至,河不出图,吾已矣夫!"(《论语·子罕》)有一天夜里,孔子做了一场噩梦,清早起来后,他颤抖着拄着手杖在门口呆呆地站着,只见子贡来探望他,就说:"赐啊,你怎么来得这么晚啊!"接着孔子唱出了他最后的歌声:

泰山快要倒了吧?

梁柱就要断了吧?

一代的哲人圣贤啊,

也将如草木一样枯萎了。

子贡赶上前去,扶着孔子走进了屋里。孔子对他说:"夏代人死后的棺木是停放在东阶上的,周代人死后的棺木是停放在西阶上的,殷代人死后的棺木是停放在厅堂的两柱中间的。我昨天夜里梦见自己坐在两柱之间,受人祭奠。我的祖先原是殷人,我大概活不长了,死后望弟子们依古礼将我的棺木停放在两柱之间。"

从这天起,孔子病得更重了。七天后,他的那颗伟大的仁爱之心终于停止了跳动,安详而平静地离开了面前的这个动荡不宁的春秋末世,终年七十三年岁。这一年是鲁哀公十六年(前479年),时在周历夏四月己丑,当夏历春二月十一日。

这位文化巨人生前经尽苦难,但死后却得到了无比的荣耀,丧礼的隆重程度,超过了任何一个诸侯。鲁哀公亲自为孔子作了祭文:"上天不仁啊,连这位国老也不给我留下,如今只使我一人在位,孤零零地担着罪过。唉! 尼父啊,我今后还去向谁求教呢?"

孔子虽系殷贵族的后裔,但已很疏远,由于家道中落,他自青少年时代一直过着贫贱的生活。三岁丧父,十七岁丧母,不得不独立谋生,因此他的社会生活很接近平民,是一个平民知识分子。司马迁说:

孔子布衣,传十余世,学者宗之。自天子王侯,中国言"六艺"者折中于夫子,可谓至圣矣。(《史记·孔子世家》)

由于他是一个布衣知识分子,又十分了解人民的疾苦,所以他一生的政治主张和教育宗旨在于重视教化人民,对老百姓要实行仁政德治,省刑罚、薄赋税。孔子的大量言论都说明他是一个时时看到人民,想到人民,处处关心人民疾苦、并与百姓站在一起的政治家,他一生努力步入政坛,希望通过出仕,拯民于水火之中。

孔子说过一句很重要的活:"中庸之为德也,其至矣乎!民鲜久矣。"(《论语·雍也》)这里,孔子提出了一个新的观念,即"中庸"的观念。关于这一点,毛泽东也有过论述,他说:"孔子的中庸观念是孔子的一大发现,一大功绩,是哲学的重要范畴,值得很好地解释一番。"(《毛泽东书信选集》第147页)。春秋战国时期,出现了儒、墨、道三大文化学派,道家和法家的所谓黄老刑名之学只看到对立面,强调斗争性,主张对人民实行绝对的统治。墨家的学说则只看到统一面,放弃了斗争性,专讲同一性,力主兼爱尚同。而孔子所创立的儒家学说则较为贴近对立统一的哲学法则,主张用礼来节制统治者对人民的剥削,借此和缓社会矛盾,主张仁民爱物,尚德缓刑,以求得统治者与被统治者的这一对矛盾同处于一个共同体中。由于孔子的中庸思想较为接近社会实际,因此具有长久的生命力。孔子的思想与学说二千多年来一直取得正统的地位,是有其深刻的哲学基础与广泛的社会基础的。这在很大的程度上,与孔子的中庸思想有关。

中国古代的大众文化,多少带有民主性和革命性的言论与事迹,很大一部分也是与孔子的学说有关的。孔子是主张忠君尊王的,但他的尊君是有条件的,他忠的是明君贤王,他反对暴君污吏,念念不忘实现他的"博施于民而能济众"(《论语·雍也》)的小康社会。他的"学而优则仕","有教无类",平民可以求学,布衣知识分子可以议政、参政的思想,他的"仁者爱人",以仁为核心的人本主义、民本主义的思想,他的对老百姓主张"先富后教"的思想,长期以来,使孔子在民间、在历史上获得了极大的声望与美誉,获得无比尊崇。

此外,孔子的学说是极重伦理道德的学说。孔子提倡学悌忠信、礼义廉耻,提倡恭、宽、信、敏、惠,由孔子所创立的一系列伦理道德的观念成为一种准则,孔子的学说与中国的历史文化、民族心理已经血肉相连,密不可分,构成为整个中华民族的文化生命。因此,孔子被称为"文圣",主要是历代对他的肯定与尊崇,最初并不是由帝王或统治者提倡起来的。具体来说,主要是由孔子的弟子、再传弟子以及先秦诸子的尊崇,后来又被历代文化伟人所尊崇而获得文圣的地位的。(参见《唐全毅先生全集》卷十九,《中国哲学原论》)

孔子在世时,已有人称孔子为"圣人",但孔子本人并不接受"圣人"的称号,他说:"圣人,吞不得而见之矣,得见君子老,斯可。"又说"若圣与仁,则吾岂敢。"(《论语·述而》)有若则说:"麒麟之于走兽,凤凰之于飞鸟,……类也,圣人之于民也。亦类也。"孔子死后,孔门弟子发生了分化,据《韩非子·显学篇》上说:儒家在孔子死后分为八派,"有子张之儒,有子思之儒,有颜氏之儒,有孟氏之儒,有漆雕氏之儒,有仲良氏之儒,有孙氏之儒,有乐正氏之儒。"但他们都尊崇孔子,认为自己一派是孔子的正宗。到了孟、荀时代,他们奉孔子为圣人。孟子称孔子"大而化之谓之圣"(《孟子·尽心下》),又引孔子弟子有若的话说:"出乎其类,拔乎其卒,自生民以来,未有盛于孔子也。"并称孔子为"圣之时者"。荀子则称孔子是足以与三王和周公比德齐名的"圣人"。至于此后的道家、墨家和法家，也无不尊孔子为圣人。《庄子》是道家的著作，其外篇中的《盗跖》《渔父》等虽有贬抑孔子之语，然此数篇已被证明非庄子所作，而外篇中的《秋水》《寓言》《达生》《田子方》都有尊崇孔子的话。《庄子》内篇中，如《人世间》《德充符》《大宗师》诸篇，对孔子与其弟子颜渊等之人格、德行，也十分称颂。墨子非儒，也只是反对儒家的礼乐。《淮南子·要略》上称墨子最初也是"学儒者之业，受孔子之术"，称《诗》《书》，尚仁义，可见他也是上承孔子之教而来的。即使是儒家的反对派韩非，也称孔子为"圣人"，并说："仲尼，天下圣人也。"据此可知，不只是孔门弟子与再传弟子尊孔子为圣人，就是先秦诸子也同样尊孔子为圣人。这说明孔子的思想学说对诸子的影响很大，也说明先秦诸子出于百家争鸣的需要，抬出孔子是为提高自己这一学派的地位。

孔子被尊为"文圣"这一现象，在中国古代宗教、史学、哲学、文学等领域均有反映。

佛教、道教均认同孔子为圣人。在中国的宗教史上，外来的佛教与基督教，传入中国后，为了争取中国民众的信服，也都先后自附于中国的儒教，尊孔子为第二圣人。佛、道、基督三教之间互相排斥，彼此视为异端邪说，而只有孔子在任何宗教中，皆居为第二位。中国的佛教徒、道教徒与后来的基督教徒，各于其教主之外，皆推尊孔子，尊之为"孔圣人"。

孔子在史学上的圣人地位则始于西汉司马迁的推崇。司马迁认为孔子所修的《春秋》是最成功的历史著述，是孔子垂之万代的不朽功绩，又自述他发愤著《史记》是志在继承孔子著《春秋》的大业。他在《史记》中又作《孔子世家》，集中论列孔子修订《六经》的功业，并尊奉孔子既是垂教后世的圣人，又是中国古代文化的开创者与传播者。司马迁之《史记》，为后世史书之祖，但他自称是继承了孔子作《春秋》之精神的，后之班固则更进一步尊崇孔子，并以孔子之言，论定历史上人物功过而著《汉书》。自此之后，历代史家在其史学著述中，无不以孔圣之言为是非标准。

孔子在中国哲学、经学、玄学、理学诸领域中被推尊为圣人则始于西汉。

在西汉，由于汉武帝提倡《春秋公羊》学，采用了董仲舒之贤良对策，"罢黜百家，独尊儒术"，由此而确定了孔子在经学史上的圣人地位。自魏晋至南北朝隋唐，其经史之学，又承两汉之绪，这一时期的魏晋玄学家如何晏、王弼、郭象虽讲老庄之学，但同时以孔子为圣人。尽管魏晋玄学家心目中的孔圣人不同于西汉经学家心目中的孔圣人，但他们谈义理多本老庄，而谈圣人境界，仍以孔子为标准。唐代的韩愈是新儒学的先驱，他提出了儒家的道统说，并开创了道统与治统合一的先河，从而将对孔子的圣人崇拜揉入了"道统说"中去。宋、明儒者心目中的孔子，已非汉人之"素王"（即有帝王之道而无帝王之禄位），也不是何晏、王弼、郭象心目中的"体无"之圣人，更不是佛教徒心中的菩萨化身。这时，孔子已经成为一位真正从事教育的"至圣先师"。以后明清之际，帝王也就不再以"文宣王"封孔子，而只以"至圣先师"封孔子。

宋明诸儒虽尊孔子,但认为孔子之圣德可学而致之。如周濂溪说:"士希贤,贤希圣,圣希天。"二程亦深信"圣人可学而至"。孔子这时之所谓圣,对学者而言,只是师。学者之学可与师相等。在宋明儒者看来,一切人与孔子是人同此心,心同此理,这一思想到了王阳明那里则成了"个个人心有仲尼",亦即人人心中,都有个圣人。于是将孔子的圣火地位,安置在每个中国人的心中。从此,不必以为孔子是天生的圣人,或者是古代的圣人,而是认为孔子这位圣人就活在人们的心中。到了清代,孔子在文化中的地位,又与宋、明不同,鉴于宋、明之儒的空谈心性,清代重经史之考证,倾向汉代经师之法,于是孔子又变为一建制立法者、托古改制者、革命排满者。

魏晋南北朝、隋唐时期,中国文化发生了巨大变化,在此时期,中国古代的文学家、文学批评家又进一步将孔子的文化精神灌输到文学艺术方面去。继司马迁在史学上继承孔子后,刘勰又在文学理论方面,继承孔子学说,其所著《文心雕龙》之书首就有《原道》《征圣》《宗圣》三篇,该书最后一篇《序志》,与全书的主要内容,都可看出他在文学批评上,继承孔子的诗教与乐教。而这一时期的文学家推崇孔子的,有陶渊明、陈子昂、李白、杜甫、韩愈。陶渊明在诗中尊孔子为"先师",自称"野外罕人事,游好在六经"。李白则有诗云:"我志在删述,垂辉映千春。希圣如有立,绝笔于获麟。"至于陈子昂,据姚铉《唐文粹》上说:"唐三百年用文治天下,陈子昂起于庸蜀,始振《风》《雅》。"其《感通诗》三十八首,乃言志之作,而最后一首,则始于"仲尼探元化,幽鸿顺阳和"之句,可见其志之所归。杜甫向被公认为"诗圣"。杜甫教人学诗"法自儒家有""应须饱经术"。他志在孔子,"致君尧舜上,再使风俗醇"。他的"穷年忧黎元,叹息肠内热"的千古名句,实来自孔子的爱民思想。又"文起八代之衰"的韩愈,其所著《原道》,辟佛老而发扬孔子之道。韩愈之所以被公认为古文运动的创始人,其成功的原因首先是发扬孔子之道。

至于历代帝王之尊崇孔子之种种政治措施,实是为了顺乎人心之所向。春秋时代任何一国统治者并没有信用孔子,也没有将孔子的政治主张作为他们的治国之方针。而孔子死后,历代的统治者为了巩固自己的统治,为了抬高自己的尊严,为了争取自己统治的合法性,他们往往借尊孔来维护自己的统治利益,以求在汉族人民的心目中获得正统地位。当然,历代封建王朝中,也不乏某些明君贤相,他们尊孔,并且多少还按照孔子思想治理国家,使得历史上的若干时期出现了国泰民安、经济富裕、文化繁荣的盛世。但是,我们还应该看到孔子的另一方面,即孔子之所以被历代君王尊崇,包括受到入主中原的少数民族的统治者的尊崇,还因为孔子的学说中又有"忠君尊王"的一面,并为统治者长治久安设计了很多的政治方案,于是人民心目中的"布衣孔子",又成了为统治者献策的"王者之师"。

孔子逝世后的第二年,鲁哀公就在曲阜阙里,以孔子之故居,立以为庙,置卒看守,藏孔子之衣冠、琴、书,并命"岁时奉祀",谥号孔子为"至圣先师"。

历史上第一位光顾孔庙的皇帝是汉高祖刘邦。刘邦本是丰沛酒徒,向来不喜欢儒生,在楚汉相争、戎马倥偬的战争岁月,他曾向儒冠撒尿。可是夺取政权后,他看到宫廷荒嬉，群臣酗歌狂饮，乃至拔剑击柱，感到十分恼火。其后，叔孙通依据儒家周礼，制订了汉的礼仪，群臣峨冠傅带，井然有序地上朝廷，这才使刘邦感到儒家的礼乐制度的文治功用。于是，在高祖十二年十二月（前195年）过鲁，"以太牢祀孔子"（《汉书·高帝纪》），此为历代帝王以太牢祭祀孔子之始。

汉武帝建元元年（前140年）武帝即位，崇尚儒术，以举贤良，采董仲舒建议，"罢黜百家，独尊儒术"，董仲舒提出："诸不在六艺之科、孔子之术者，皆绝其道，勿使共进。"此后，《五经》立于学官，当时有人称孔子为"素王"，意即有帝王之德而不居帝王之位的人。

总之，历代帝王尊孔祭孔，以孔子为"至圣先师""万世师表"，这一切都是在汉代奠定格局的。

魏晋南北朝时期，政治变动频仍，玄学兴起，佛道盛行，儒学地位下降，但孔子的地位未曾动摇。如魏文帝曹丕赞扬孔子"屈己以存道，贬身以救世"，"俟千载之后，莫不宗其文以述作，仰其圣以成谋咨。可谓命世之大圣，亿载之师表者也"。由于统治者重视孔子，这时期的孔庙仍不断得到整修。

隋唐时期，为巩固统一的中央集权制度，封建统治者在崇奉释者的同时，更加尊崇孔子，提倡儒学。

隋开皇元年（581年）隋文帝杨坚尊孔子为"先师尼父"。

唐高祖李渊于武德二年（619年）诏赞孔子"道济生民"。

唐太宗尤提倡儒学，即位之初诏赞孔子"以大圣之道，天纵多能，王道借以裁成，人伦资共教义"。贞观二年（628年）升孔子为"先圣"，以颜回配，至此始定孔子为"先圣"，颜回为"先师"。贞观四年（630年），又令州县学皆建孔子庙，此为州县立孔子庙之始。公元618年，创立唐朝的李世民曾向人保证，中国人之得孔子，如鱼之得水。李世民治国颇得力于孔子之教训，在他治理国家时，全国监狱，只有罪犯五十人，被处死刑的只有四人，这就是历史上著名的"贞观之治"。

北宋立国的当年，宋太祖赵匡胤即拜谒国子监孔子庙，三年诏孔子庙用一品礼，门列十六戟。他此后又多次去国子监主持盛大祭礼仪式，表彰孝悌，亲自主持进士考试。

宋大中祥符元年（1008年），宋真宗赵恒过曲阜，加封孔子为"玄圣文宣王"，大中祥符五年（1012年）又改称"至圣文宣王"。"玄圣"是指有治天之德而不居其位的人，《后汉书》首先以此称孔子，"至圣"是指道德最高尚的人，司马迁首先以此称孔子，《史记·孔子世家·赞》说："……自天子王侯，中国言六艺者折中于夫子，可谓至圣矣！"

我们还可以注意到，在中国古代，凡属少数民族入主中原所建立的政权，其尊孔、祭孔的活动之规模、修建孔庙的工程，甚至远远超过前代汉民族所建立的政权。如西晋末年，孔庙荒残，南渡的司马氏无暇顾及，但到了东魏孝静帝兴和元年（539年）则大修孔庙，还"雕塑圣容，旁立十子"，从此孔庙的供奉已不是一个木制的神位，而是面目清晰的孔子像。至于"十子"的陪侍，更突出了孔圣的中心地位。再如北部中国的金，修建孔庙凡四次，金熙宗皇统元年（1141年），上亲祭孔子庙，北面再拜。他赞扬孔子儒学"使万世景仰"，皇统四年命盖大成殿。金章宗幼习《尚书》《孟子》等经书，认为是"圣贤纯全之道"，即位当年，就对孔庙进行大修，并在孔庙门前设置了下马碑。

建立横跨欧亚两洲的元朝，修建孔庙凡六次，元成宗（铁木真）即位时诏示天下，"孔子之道，垂宪万世，有国有家者所当崇奉"。大德十一年（1307年），武宗即位，加封孔子为"大成至圣文宣王"。"大成"原是古代奏乐的用语，古乐一变为一成，九变而乐终，至九成完毕，称为大成，后来引申称集中前人的主张、学说等形式的完整的体系。孟子是最早用大成赞颂孔子的，他说："孔子之谓集大成，集大成也者，金声而玉振之也。"（《孟子·万章下》）

明、清两代，由于帝王权力的提高，孔子的王位也就保不住了，从王位降到师位。

明太祖洪武元年（1368年），布衣出身的朱元璋登上明太祖帝位，翌年二月丁未下诏以太牢礼先师孔子于孔庙。三年（1370年）下诏革诸神封号，惟孔子封爵仍旧，四年（1371年）礼部更定释奠孔子祭器礼物。六年定祀孔子乐章。洪武十四年（1381年），命全国各地毁孔子像，代之以木制牌位，称孔子为"先师"。洪武二十年（1387年）正月，朱元璋下诏修阙里孔子庙时道："春秋之世，人纪废坏，孔子以至圣之贤删述六经，使先正之道，晦而复明，万世永赖，功莫大焉。……孔子之功，与天地并立，故朕命天下通祈，以致崇报之意。"并于该年罢武庙独尊孔子。二十六年（1393年）颁大成乐于天下。郡县祀孔子于是始用乐。到了清朝，这个由松辽地区闯入山海关内入主中原的少数民族建立的帝国，其修建孔庙，祭祀孔子的活动，在整个中国封建社会中，可谓达到了很高的程度。清朝的统治者深感孔子这位大圣人在中国人民心目中的地位与威望，发现只靠军事力量是无法统治这样大的国家的，为此，他们只有对于汉文化采取认代同的态度，通过尊崇孔子来笼络人心。

清顺治二年（1645年），世祖福临加封孔子为"大成至圣文宣先师"，取消谥号、封号。一应礼仪还照明朝旧制。世祖视学，释奠先师，王公百官斋戒陪祭。十四年（1657年）又改称"至圣先师"。

圣祖康熙二十三年（1684年）十一月，上次曲阜，诣先师庙，入大成殿，行九叩礼，亲题"万世师表"匾悬殿中，此为大成殿中悬匾额之始。从此，"万世师表"四字悬之于各地文庙。

世宗雍正四年（1726年）八月，雍正亲诣视学，初春秋一祀，无亲祭制，至是始定牺牲笾豆，视丁祭行礼，二跪六拜，莫帛献爵，改立为跪，明年定八月二十七日为先师诞辰，官民军士致斋一日。清高宗乾隆则有九次到曲阜，以表示对孔子这位大圣人的崇敬与景仰。

总之，正如鲁迅先生所说：

孔夫子到死了以后，我以为可以说运气较好一点，因为他不会啰唆了。种种的

权势者便用种种的白粉给他来化妆，一直一抬到吓人的高度。(《鲁迅全集》第6卷,第251页)

孔子之所以会在汉代之后,被捧为"圣人",并且这"圣人"的脸谱又随时在变换,这都是历代尊孔者自身的需要,他们尊重孔子,只是为他们自身的利益。同是一个孔圣人,汉代的孔圣人,不同于宋代的孔圣人。在汉代,孔子是个形体怪异、未卜先知的半神半人的通天教主;到了宋代,则变成了修身养性、道貌岸然的纲常礼教的化身。到了清末民初,随着政治形势的变幻,孔子的圣人形象也随之不断变换。改良派搞维新运动,孔子成了托古改制的鼻祖,洋务派办洋务,孔子又变成了将目光投向"四夷"的人物。革命党行共和新政,则又搬出了孔子的"礼运大同"学说,保皇党闹复辟,孔教会于是应运而生。即使那些用炮舰轰开中国大门的侵略者,为了想征服中国人的心,也将这位孔圣人请出来为他们的行为进行辩护。他们都先后利用孔圣人作为他们的"敲门砖",于是孔圣人变成了一位"摩登圣人"。

在朝鲜,早在公元前三世纪箕氏朝鲜时代,孔子思想几乎与汉字同时传入这个国家。公元初年朝鲜半岛南部有个小国辰韩,"其耆老传世,自言古之亡人避秦役来适韩,马韩割其东界与之"(《三国志·魏书·东夷传》)。当时华人所到之处,儒家学说也随之传入。公元372年(小兽林王二年)朝鲜始"立太学教育子弟",当时的高句丽国的最高学府,就传授儒家的"五经"。百济也很早受孔学影响,公元285年,百济王派遣王仁渡海向日本王子献上《论语》《千字文》,由此可见在这之前,《论语》已传入百济,这是德经传入朝鲜半岛最早的记载。当中国南北朝时,公元541年,梁武帝就派遣《毛诗》博士和《礼》博士去百济讲学。百济的王公大臣深受儒学熏陶,义慈王"事亲以孝,兄弟以友"而被誉为"海东曾子"。公元675年,新罗统一朝鲜,公元717年就在其首都设立国学,孔子及其弟子的画像开始在太学供奉,由于儒学在新罗的传播,该国名儒辈出。公元935年,高丽王朝一面尊佛,一面推行儒家教育,在文宣王庙扩充国学。

至于民间,由于孔子第五十四代孙孔昭于高丽恭愍王时以元朝的翰林学士陪鲁卫公女大长公主下嫁,也携妻室至高丽,居于宣源,建阙里庙,供奉孔子像,从此,在高丽也开始在民间进行祀孔仪式。至今在海外的孔裔以韩国最具代表性,约有五万八千多孔子后裔,恰为曲阜孔姓之半数,他们有自己的组织——孔氏大宗会,有自己的族谱。孔教在韩国几乎成了"国教"。

公元1392年(明洪武25年),李氏王朝取代高丽,进入封建社会后期,至此李朝改变了高丽王朝儒、佛并重的文化政策,以儒教为唯一正统思想,不过当时是以朱子学为正宗,为了满足儒学教育,李朝大力翻刻儒家经典。孔子思想在维护李朝长达五百年的统治中起了巨大作用。孔子被称为"素王",儒教无异于国教。公元1466年,李世祖规定世子冠礼为戴儒冠。入太庙行谒圣礼,称孔子为"素王"。自此谒圣成为定制。

孔子思想传入日本是在日本应神天皇十六年(285年,西晋武帝太康六年)。

这一年百济使者阿直歧荐博士王仁献《论语》十卷《千字文》一卷至日本,日本始学汉字。一般学者将王仁到达日本作为孔子思想传入日本的开端。孔子思想传入日本后为日本朝野所接受,并很快深入人心,结合日本国情不断向前发展,与日本国固有文化融为一体。

隋唐时期,日本多次派遣留学生来中国学习儒学,日本又成功地进行了大化改新,并由此开始过渡到封建社会。这次改新的幕后指导者就是在中国留学达二三十年的大儒家高向玄理和僧晏。大化改新和大宝令都是学习隋唐文化的结果,其中不少内容来自儒家经典。大宝令规定日本的大学和国家在每年春秋的两季都得举行两次丁祭祀孔,这种祀孔仪式一直在日本延续下来,并称孔子为"先圣孔宣父"。公元768年,日本也依唐开元之制尊孔子为"文宣王"。此后,祀孔不限于学校,政府官员也得参加。当时奈良王朝的执政者藤原基经更是"敦崇儒术,释奠之日,率公卿拜先圣,使明经博士讲《周易》"。自奈良至平安时期,儒学在日本继续传播。日本在镰仓幕府时期提倡"武士道"精神,这时孔子思想又被武士道理论家所利用,忠、勇、信、礼、义、廉、耻均被吸收作为论证武士道精神的根据。到了江户时代,孔子思想在日本空前兴盛。德川幕府奉儒学为圣教,大力提倡尊孔读经,历代德川将军都是儒学的热烈拥护者,德川纲吉在本乡建立大成殿,置孔子与十哲像,按时举行释奠之礼。

二十世纪以来,特别是近三十年来,日本是海外儒学研究最发达的国家。1983年11月,日本首相中曾根说:"日本要把民主主义、自由主义的想法和孔子的教导调和起来。"从明治初期的企业家、被称为日本工业之父的涩泽荣一到今天的垄断资本家,均以儒家思想相标榜,说孔子的儒学是"和魂"的基础。日本民众的精神素质形成确与中国孔子精神有密切关系,日本至今仍有二百四十七座孔庙分布全国各地,一年四季香火不断,祭乐长鸣。刚去世的井上靖所写的《孔子》一书,是1990年日本最畅销书。如果问起亚太地区发展的原因以及日本国发展的原因时,日本人大都认为他们国家经济的发展是因为受到中国儒学的影响。

孔子学说传人欧洲,主要与西方来华的传教士译作、著述和宣传有关,如利玛窦在意大利被称为"沟通中西文化的第一人",他在儒学的研究和译著方面的成绩,使他获得"博学西儒"的雅号。他身为传教士,却又尊敬孔子,尊重儒学,并以儒学附会天主教义,将基督精神与中国儒家思想结合起来,因而又被称为"基督教的孔子"。1687年由利玛窦等翻译的拉丁文的《四书》《五经》在巴黎出版。这是孔子学说正式传入西方的一年。当时由殷铎泽等合编的《中国之哲人孔子》一书,对欧洲文化界影响很大。书中有《孔子传》和孔子画像,像上还题着:"国学仲尼,天下先师。"此书为最初全部翻译《四书》及详细作《孔子传》之始,从此欧洲学者始尊孔子为天下先师。欧洲人的心目中从此将中国、孔子、政治道德三者合而为一。意大利学者利奥纳格·兰乔蒂说:"当1687年出现了《中国的儒家哲学》后,欧洲对孔子及其学说的颂扬达到了最高峰。"

东方亚圣　影响巨大

——孟子

名人档案

孟子：战国时期鲁国人。名轲，字子舆（待考，一说字子车或子居），邹国（今山东邹城东南）人。战国时期哲学家、思想家、教育家，是孔子之后、荀子之前的儒家学派的代表人物，与孔子并称"孔孟"，后世尊称"亚圣"。

生卒时间：前372年~前289年。

安葬之地：山东省邹城市东北12.5公里的四基山西南麓。

历史功过：《孟子》一书是孟子的言论汇编，由孟子及其弟子共同编写而成，记录了孟子的语言、政治观点（仁政、王霸之辨、民本、格君心之非）和政治行动的儒家经典著作。孟子曾仿效孔子，带领门徒游说各国。但不被当时各国所接受，退隐与弟子一起著书。《孟子》有七篇传世：《梁惠王》上下；《公孙丑》上下；《滕文公》上下；《离娄》上下；《万章》上下；《告子》上下；《尽心》上下。其学说出发点为性善论，提出"仁政""王道"，主张德治。南宋时朱熹将《孟子》与《论语》《大学》《中庸》合在一起称"四书"。从此直到清末，"四书"一直是科举必考内容。孟子的文章说理畅达，气势充沛并长于论辩。孟子在人性问题上提出性善论。

名家评点：中国古代著名思想家，教育家，战国时期儒家代表人物。仅次于孔子的一代儒家宗师，有"亚圣"之称，与孔子合称为"孔孟"。

母教一人　三迁而居

孟子的母亲出身于名门，是一位知书达礼，聪明贤淑的女人。她非常重视对孟子的教育。

孟子出生的时候，由于穷困，一家人住在郊外较为偏僻的地方。离他家不远，有一大片墓地—平时经常有人抬棺材来埋葬，一路上吹吹打打、哭哭啼啼，每逢扫墓期间，前来祭奠的人更是络绎不绝，显得极为热闹。

孩子总是好奇的，看到什么就想模仿什么。孟子住在这种环境里，经常看到一些送丧行列，以及提了祭品、烧纸磕头的扫墓人，他也经常和其他小伙伴一起玩起埋葬死人的游戏来了。

孟母看到孟子在这种环境里成长，心里感到忧虑。孟氏也是贵族之后，但目前已经败落了。孟母对孟子期望甚高，希望他努力上进，将来有一天能恢复家庭往日的荣耀。可是在现在这样一个偏僻的地方，孩子们所接触的都是葬礼和扫墓的人，这样会对孩子的成长带来不好的影响。

于是，孟母决定搬家。她在城里找到一个住处住下来。那里紧挨着集市，人来人往，店铺云集，非常热闹。

才搬去不久，孟母又感到不妥。集市里的小商贩们整天扯着嗓子高声叫卖，使孩子们觉得新鲜好玩。孟子在集市里耳濡目染，也模仿着商贩们吆喝起来。孟母感到这种环境只能造就斤斤计较的小商贩，决定必须再度搬家。

最后，孟母终于在一所学校附近找到了一个住处，立即带着孟子搬了过去。

学校里进进出出的，全是循规蹈矩的读书人。古代的读书人，非常注重礼节、谈吐，他们的言行，在社会上深受尊敬。

孟家在这里定居下来以后，孟子在学校气氛的熏陶下，开始学习学校里那些学者的行为、礼仪。孟母终于找到了一个教育孩子的良好环境。心里非常高兴。

孟母经常教育孟子做人要诚实。她注意在日常小事上培养孟子诚实的品德，而且她深深知道身教重于言教。

有一天，孟子看到附近有一户人家在杀猪，他跑回家问母亲说："妈妈，那家人为什么杀猪？"

母亲正在忙着干活，就笑着随口说道："是给你吃啊。"

孟子听到有肉可吃，小脸上马上绽开了笑容。因为家里。已经好久没有吃到肉了。

孟母说完就后悔了。心想明明不是为自己孩子杀的猪，我为什么要欺骗他呢？这不是教孩子说谎吗？

为了弥补自己的过失，尽管家里非常穷，孟母还是拿出一些钱，到杀猪的人家买了一些肉，带回家里做了给孟子吃。

孟母就这样，通过日常生活中的小事，来教育孟子养成诚实的品格。

孟子的父亲早逝，一家的生计以及教导孩子的责任，全落在孟母一个人身上。她靠织布维生，尽量省吃俭用，把剩余的钱，留作孟子上学之用。

有一天，孟子从学塾放学回家，母亲问他最近学习的情形。孟子很不在意地应道"马马虎虎,跟以往差不多。"

母亲一听,脸色陡变,随即取来一把剪刀,将织机砍断,泪流不止。孟子吓坏了,他低声地问母亲为何要把织机砍断。

孟母含着泪说:"儿啊,你知道,我辛辛苦苦为的是什么?"

"为了我们的生活。"孟子诚惶诚恐地回道。

"还有呢?"

孟子想了一会儿,说道:"为了让孩儿读书。"

孟母乘机教训他说:"你既然知道我们这么苦,仍然让你去读书,你怎么可以不求进取? 如果你读书读到一半中途而废,这跟织布织到一半砍断织机有什么两样呢? 我的辛苦,岂不是白费了吗?"

孟子看到母亲因自己不能专心读书而伤心,而且砍断了织机,小小的心灵受到了极大的震动。他趴在母亲的膝上,痛哭流涕。他向妈妈发誓今后要努力学习,再也不贪懒,惹妈妈生气了。

有这样的母亲,才能有日后成为一代大学者的孟子。这就是后来广为流传的"断机教子"的故事。

游学鲁国　增长见识

孟子年岁稍长,如果继续待在故乡的话,对于自己的学业不能再有所进展,所以他准备外出游学,访求名师,增加见识。

当时的游学风气很盛。例如孔子时代,前来受教的,南及江淮,西至山、陕,全国各地的人都有。

孔子死后不到一百年,由春秋时代转变为战国时代,周朝皇室更为衰微,各国竞相改革图强,纷纷讲求富国强兵之策,于是养士之风大盛。

影响所及,从好的方面来说,言论开放,百家争鸣,专家学者等人才辈出。但是,坏的一面,却造成了许多投机分子,凭口才及溜须拍马以求功名富贵,形成一股不良风气。

孟子处在这样一个大变革的时代,更需要外出邀游,看一看故乡以外的广阔天地。

孟子一直是学习孔门学说的,他怀着年轻人的一股热情,年向儒家的发祥地——鲁国国都。那儿有着浓厚的文化传统,他理想中的圣人形象——孔子,早就深深地铭刻于心了。

到鲁国国都以后,孟子师从孔子的孙子——子思的门人,专心攻读孔子的学说。

踏上仕途　施展抱负

孟子学成后，虽然热切地期待着继承孔子的理想，以求拨乱反正，解救众生，但时局混乱不堪，没有施展抱负的机会。在这段时间，孟子把全副精力放在教书育人上。他先后培养出了公孙丑、公都子、万章、陈臻、屋卢子、充虞等杰出弟子。

孟子眼看时局混乱，自己的抱负和理想难以实现，心中非常苦闷。他曾把自己比作伊尹，来抒发心中的抱负。

有一次，万章问孟子说："传说伊尹曾经以宰割烹调的手艺得以见到了汤，并要求汤任用他，不知有没有这回事。"

孟子认为这是无稽之谈，他告诉万章说："伊尹在有莘（古代国名）的乡间耕作时，就喜欢唐尧、虞舜之道，倘若不合尧舜之道，即使把天下的禄位都给他，他也不肯接受的，即使给他几千匹马，他也不会正眼瞧一下的。商汤曾派人备了重礼去聘请他，他却说道：'我要汤的这些礼物有什么用？如果我去做官，那里能够像现在这样住在田野间、这样自由自在地思考尧舜之道吗？'

后来，商汤第三次派人去聘请他，他才略微改变了原来的心意，他说："与其独自住在田野，研究尧舜之道，何不使国君们都成为像尧舜那样的君主呢？何不使人民都成为象尧舜时代那样好的人民呢？我何不亲身去看看尧舜时代的复现呢？

上天生下这些人民，是让先知道事理的人，去觉醒那些后知道事理的人。我就是人民当中的先知，我应该去让普通人民都知道真理，我若不去觉醒他们，还有谁呢？"

伊尹的意思是，他认为天下的人民，不论男女，若有一个不能蒙受尧舜的恩泽，就如同自己把他们推入沟中一样。他把天下的重担自己一人担起来，所以他一到商汤那里，就劝商汤立即讨伐夏桀，以拯救人民。我没听说过自身不正而能匡正别人的，更何况要匡正天下呢？圣人的行为，虽然与众不同，或是远走隐遁，或是亲近国君，或是不愿为官，或是固守本职，但总之要保持自身的正直。

我只听说伊尹是以尧舜的道理，要求商汤实行，却没有听说是以烹调的手艺去求商汤任用他。

从这段对话中可以看出孟子那拯救众生的远大抱负。

孟子学成后，很想回到老家邹国，报效祖国。邹国国君穆人，早已听到孟子的名声，于是派人请孟子回国从政。

当时邹鲁之间，曾发生冲突，相互交兵。穆公告诉孟子说："我方官员战死的有33人，而士兵却没有一个肯为他们而丧命。他们眼睁睁地看着长官战死而不肯去救，这该怎么办啊？"

孟子说："在兵荒马乱的年代，年老体弱的都免不了一死，被抛弃在田沟山涧里。年轻力壮的都四处逃亡,总数有数千人。可是您的粮仓里却堆满了粮食,国库里的钱财也很充足。而那些地方官却不把民间的疾苦向您禀告。这就是当政者不关心政事,从而害苦了平民百姓。"

"曾子说过:'要小心,你做过的恶事,一定会给你带来报应。那些老百姓平时受当官的欺压,无处发泄,现在得到机会报复,您怎能怪他们呢?今后只要王爷您施行仁政,百姓自然拥戴他们的长官,一旦有事,也就会为长官拼命了。"

穆公对于孟子的建议,未能完全领悟,表面虽然尊敬他,却并不重用他。于是孟子准备采取孔子当年的办法,到各国去游说诸侯,以实现自己的政治理想。

周游列国　弘扬学术

公元前 322 年,孟子 51 岁,他开始了巡游列国的旅程。他第一个对象是位于鲁国北方的齐国。

当他还在邹国的时候,任国的当权者季任曾送礼物给孟子,孟子接受了,却没去拜谢。后来在齐国平陆的时候,齐国的宰相储子也送礼物给孟子,孟子也接受了而不去拜谢。

孟子从邹国到任国时,立即去见季任。到了齐国后,却没有去看储子。

屋卢子(孟子弟子)问孟子:"夫子您一到任国,就会见季任,到了齐国,却不去见储子,是不是宰相不及国君尊贵的缘故?"

孟子说:"不是,《书经》上说:奉献礼物要以礼仪为重,假如礼仪不周,就等于没有奉献,因为他不是以真心来奉献。我不去见储子,就是因为他礼仪不周的缘故。"

屋卢子明白了,季任有守国的重任在肩,当然不能到邹国去见孟子。而储子是齐国的宰相,本可以亲自带了礼物到齐国的平陆去见孟子。

储子曾在齐威王面前推荐孟子,威王将信将疑不想一下子重用孟子,并派人去暗中加以观察。孟子则坚持不主动靠近威王的策略,使威王对他产生由衷的尊敬,于是派人去正式邀请,孟子这才率领众弟子进入齐都。

齐国威王以尊重学者而闻名于天下。在齐国临淄专设了"稷下馆"。就是为了召集天下杰出学者而特建的大住宅。凡是前来投奔的杰出人物,都在那儿受到优厚的礼遇。这些被称为"稷下学士"的人们,都由国家供养,他们可以整日思考、研究、谈论。

公元前 322 年,孟子率领弟子们到达齐国的临淄,希望在齐国能够实现他的政治理想。

在这期间,苏秦主张"合纵"之说,顺带六国相印。张仪则出任案相,主张"连横"。公元前 318 年,燕、赵、韩、魏、楚等五国联合攻仄,兵抵函谷关时,秦国开关迎敌,五国联军却畏而不前,终于败逃。而宋国的宋偃宣布称王,建立宋朝。当时的世局,真是混乱如麻。

齐威王听到孟子来到齐都,立即欣然接见,并拜他为卿。齐威王首先问到齐桓公和晋文公的称霸事迹。

齐威王对这两位霸主的彪炳功绩,深为景仰,也希望步他的后尘,因此,才提出这个问题来。

孟子对这个问题,表现得很冷漠,他只淡淡地表示,孔子的门徒,并没有讲到桓公、文王两位霸主的事迹,因此,没有流传到后世,所以他也不清楚。

孟子不谈则已,每当论及为政之道,必举尧舜为例。

公孙丑问孟子说:"假如夫子当了齐国的宰相,能够推行大道,虽然可以使齐国称霸于诸侯,甚至于称王天下,也不足为奇。果真有这样的机会,夫子会不会动心呢?"

孟子说:"不会,我四十岁时就不动心了。"

孟子对齐威王的称霸野心并不赞成,因此威王虽然对他非常尊敬,却并未授以实权。

有一次,齐王派孟子到滕国去吊丧,同时另外派了盖邑大夫王驩作为副使。

王驩这个人是个善于逢迎谄媚的人物,深受齐王的宠爱,他名义上是被派作为副使,实际上却非常专横。

孟子和王驩往返于齐、滕之间,却始终未曾谈及出使的事。公孙丑(孟子弟子)看在眼里,觉得很奇怪。于是找了一个机会问孟子:"齐国的卿位,不能算不高;齐国到滕国的路途,也不能说不远,可是在路上一往一返,夫子却不曾和王驩谈起过出使的事,这是为了什么?"

孟子说:"这件事既然有人办了,我还有什么话可说呢?"

孟子的意思是王驩名义上是副使,但他仗着齐王的恩宠而独断专行,并没有把孟子放在眼里。孟子对于这种阿谀奉承之辈,深为不齿,当然不愿意与他说话了。

齐国另一个大夫公行子,某次他办理儿子的丧事,一般的卿大夫都奉了国君之命去吊丧,王驩也去了。因为他是国君宠信的人,大家都想巴结他,纷纷走向前去和他寒暄打招呼,也有离开自己的座次特地赶到他旁边和他交谈的,只有孟子视若无睹,不前去打招呼。王驩心里感到很不痛快,他对别人说:"诸位都来和我说话,只有孟子独独不和我说话,这明明是把我王驩不放在眼里啊!"

这话传到孟子那里,他说:"依照礼法,这种场合的礼节是和朝廷所行的是一样的,各人有一定的座位,不能擅自离开去和别人说话,也不准越过自己所在的行列去和人作揖。我遵守礼法,王驩却认为我轻慢了他,这不是很奇怪吗?"

又有一次,孟子一个弟子名叫乐正子跟随出使到鲁国的王驩来到齐国,来见孟子。孟子说:"你还会来见我吗?"

乐正子说:"夫子为什么说这话呢? 我当然要来啊。"

孟子说:"你来到齐国几天了。"

乐正子说:"昨天到的。因为旅舍还没有安顿好,所以没有立即赶来拜望。"

孟子说:"你听谁说过,一定要把旅舍安顿好了,才能来见长者的?"

乐正子赶快赔罪说:"我知道错了。"

孟子说:"你跟王驩这种人到齐国来,只是为了吃喝罢了。我想不到你学古人的道理,却是用来博取吃喝啊。"

孟子不齿王驩的为人,所以才责备乐正子不应跟随他。

齐国有位大夫名叫蚔龙,他辞去灵丘的县官职务,改任狱官。

有一天,孟子对他说:"你辞去灵丘县官之职,改任狱官,似乎很有道理,因为狱官可以经常接近国君,便于向国君进谏。如今你已经出任狱官好几个月了,难道还没有到进言的时机吗?"

经孟子这么一提,蚔龙就去见齐王,请他修改刑罚,可是齐王却不予采纳。蚔龙因此辞官而去。

齐国人在背后议论孟子说:"孟子替蚔龙出的主意倒是不错,至于他对自己有什么打算,我们就不知道了。"

他们的意思是,孟子既不进谏,也不离开,不知他究竟作何打算?公子都把这些流言告诉了老师。

孟子说:"我听说过,有官位职守的人,如果无法尽其职责,就该离去;有进言责任的人,如果进言不被采纳,也该离去,我既没有固定的官位职守,也没有进言的责任,那么我的行动或进或退,岂不是有很大自由吗?"

话虽这么说,孟子在决心离开齐国以前,遇有机会,仍会尽力进言,决不袖手旁观。

有一次,孟子到边远的平陆县去巡视,对县官孔距心说:"假如你手下的士兵,一天之内有三次走错行列,你是否开除他?"

孔距心说:"不必等到三次。"

孟子说:"既然如此,那你自己失职,就和士兵走错队列一样,已经很多次了。在这兵荒马乱的年代,你管理下的百姓,年老体弱的抛尸露骨在田野里,年轻力壮地则纷纷逃走。"

孔距心辩解说:"我的力量有限,这种事,我也是力不从心啊。"

孟子说:"譬如现在有个人,他接受了主人的牛羊,去替他放牧,那就一定要找到牧场和水草。如果找不到的话,他岂能眼睁睁地看着牛羊饿死呢?"

孔距心听了这话,痛感自己的失职,非常惭悔。

过了几天,孟子去见齐王说:"国王您派去治理都邑的人,我一共认识五个,但是能够知道自己罪过的,就只有孔距心一人。"

齐威王听了,心里不悦,就敷衍孟子说:"这都是我的过错啊。"

孟子看到威王宠信谀媚之徒,而对自己的政见不予以采纳,渐生去意。于是向齐威王提出辞呈。齐王表面上仍然要挽留一番,但孟子去意已定。齐王勉强答应了孟子的辞呈,并派人送去两千两黄金,但孟子婉拒了。

孟子整顿行装,准备率众弟子启程回家。这时,齐王亲自登门来看他。

齐王深表遗憾地说:"以前我想见夫子,却不能如愿,现在能够经常在夫子身旁领教,和夫子在同朝研商国事,感到无比的高兴。如今夫子却又要抛弃寡人而去,不知道以后是否还有机会再见?"

孟子说:"我心里一直盼望将来能够与您再见,只不过不敢提出请求罢了。"

一天后,齐王对大王时子说:"我想在国内选择一处适中的地点,替孟子盖一所房子,每年给他1万钟的俸禄,以便供养他的弟子,使得各位大夫和全国的百姓有一种敬慕的模范,你何不替我去向孟子谈谈。"

时子把这番话透过陈臻(孟子的弟子)去告诉孟子。

孟子说:"时子怎么不知道我是留不住的啊!假如我想发财的话,辞掉10万钟的客卿地位,却去接受1万钟的教书职业,这算是发财吗? 从前鲁国大夫季孙氏曾经说过:'子叔疑这个人真是奇怪,自己想做官,国君不肯用他,那也就罢了,却又四处设法,要使弟子们去做官。'谁不想富贵? 但如果像子叔疑那样一味追求,将会遭到世人唾弃。"

就这样,孟子离开了齐国。

孟子原来准备打算回乡,听说宋王偃有心实行仁政,孟子很想趁此机会去看看。于是,浩浩荡荡地来到宋国,宋国君臣及全体人民,都极为兴奋,列国间也都知道宋国将实行仁政了。

孟子的弟子万章曾忧心忡忡地对孟子说:"宋只是一个小小的国家,如果想实行仁政,必定会遭到齐、楚等大国的嫉妒,如果他们要出来征伐,将如何应付呢?"

孟子答道:"从前商汤在亳邑,与葛国为邻,葛伯放纵无道,不祭祀祖先,汤便派人去问他,为何不实行祭祠? 葛伯说,没有牲畜可供祭祀。汤就派人去送牛羊,葛伯把牛羊宰杀吃掉,仍不举行祭祀。汤又派人去问,为什么不祭祀? 葛伯又推说没有粮食可供祭祀。汤又叫亳邑的壮年人去替他们耕种,老弱的送饭菜给耕种的人吃。葛伯却率领手下人在路上拦截送饭菜的人,把酒和饭菜抢夺下来,抵抗的就杀掉。汤知道这件事后,就起兵去讨伐。大家都说,汤这次讨伐的动机,并不是想把天下的财富占为己有,而是要为天下的平民报仇。从葛国开始,汤前后一共出兵征伐11次,所向无敌。当他向东征伐时,西边的夷人就抱怨;向南征伐时,北边的狄人也埋怨,都说,为什么忘了我们呢? 人民仰望他,就像旱天盼望雨水一样。商汤军队所到之处,商场照样交易,农村照样耕作。杀了有罪的国君,安慰受苦的百姓,好像是及时雨,百姓们欢呼雀跃。

如此看来,宋国不施行仁政便罢,如真能施行仁政,四海之内的人民,都会抬起头来仰望他,要奉他做君王。齐、楚两国虽然强大,又有什么可怕?"

这便是孟子"仁者无敌"的政治理想。

戴不胜是宋国的一位大夫。孟子对他说："你想使你们的国王成为一位贤君吗？我明白地告诉你：比方说，有一位楚国的大夫，想使他的儿子学说齐国话，那么，请齐国人来教他呢？还是请楚国人来教他？"

戴不胜不假思索地说："当然请齐国人来教啊。"

孟子微笑着说："一个齐国人在教他说齐国话，而许多的楚国人却用楚国话来喧扰他，即使天天鞭打他，要他把齐国话学好，也是无济于事的。如果让他在齐国繁华的首都住上几年，即使天天鞭打他，让他仍旧说楚国话，也是不可能的。

你说，薛居州是个好人，所以举荐他随侍在宋王左右，以便时时劝谏宋王施行善政。试想，在宋王的左右，无论是年纪大的小的，官位低的高的，都能像薛居州一样正直，有才干，那么谁会鼓动宋王做坏事呢？反之，如果宋王左右的人，都不是像薛居州那样正直、有才干，那么谁会鼓动宋王去行善政呢？单靠薛居州一人是没用的。"

孟子来到宋国，当然也要一尽心意，期望能协助宋王实行正道政治。某次，他和宋国的大臣们谈论到税收的问题。孟子的意思是，原则上应该减税，田赋是按十取一，并须免除关卡及商品的捐税，唯有如此，天下的商贾才会闻风而至，不需多久，宋国便能富强。

宋国大夫戴盈之对于孟子的这套办法，不便当面反对，但却认为难以实行，他藉词推托说道。"夫子建议我们征收田赋时，采取古代井田制，征收十分之一租税，并免除关卡及商品的捐税，现在可能还做不到。只好请宋王把旧税减轻一些，等到明年才完全废止。"

孟子说："现在有个人，每天偷邻家的鸡，有人警告他，这不是君子的行为。偷鸡的人说，好吧，那就每个月偷一只，到明年就不干了。试想，这话说得通吗？如果知道一件事不合理，那就赶快罢手，何必一定要等到明年呢？"

孟子又进一步说："古时的赋税，分为春天征收的布税，秋季征收的谷税以及冬季的劳役。有道的国君，每季只征用一种。假如一季中同时征用两种赋税，人民中就会有饿死的。假如三种一齐征，人民就要父子离散了。"

孟子在宋国的这段时间，曾经会晤了滕文公。当时滕文公还是滕国的太子，有一次要到楚国去。听说孟子在宋国，特地经过那里，目的是去见孟子。

孟子见他虚心地前来请教，也就诚恳地把人性本善的道理向他讲解，并列举出尧舜的言行来予以证实。

过了几天，太子从楚国回来，又来到宋国来看孟子。

孟子说："太子怀疑我的话吗？做人的道理，在于人性本善。从前齐国的勇士成闲向齐景公说：'他是个男子汉，我也是个男子汉，我为什么要怕他？'颜渊也说：'舜是什么样的人？我是什么样的人？只要有志去做，也可以像他一样。'现在的滕国虽小，但截长补短，差不多也有五十万里的土地，还是可以成为一个完善的国家。希望太子了解人性本善，人人可以按尧舜之道做人，不要自暴自弃，认为尧舜的道理高不可攀,不肯下决心用它来振兴滕国。"

孟子看出宋国的权臣们缺乏推行仁政的热忱。凡事只想因循守旧,得过且过,纵然宋王有心实行仁政,但没有多少人响应,看来很难有所作为。于是,公元前321年,孟子启程回乡,这时孟子已52岁。

孟子在宋国的期间,滕文公以滕国太子的身份去拜访过孟子,领受不少教益。后来,滕文公父亲定公逝世,文公特地派他的老师然友到邹国来向孟子请教有关办理丧礼的细节并邀请孟子到滕国去。

然友奉命来到邹国,见到了孟子。孟子说:"太子派你来问丧礼的事,也是一件好事啊。办理父母的丧礼,本是做子女的应尽的义务。"孟子说:"父母在世时,服侍父母要依礼节;父母去世时,安葬要依礼节、祭祀也要依礼节,这样就可算是一个孝子了。至于诸侯的丧礼,我却没有学过。虽然如此,我曾听人说,父母死后,子女行三年的丧礼,穿的是粗布孝服,吃的是稀粥,上自天子下至平民,夏、商、周三代都是如此。"

然友回国去向太子复命,于是滕文公决定行三年的丧礼。可是宗族长辈以及朝中百官都不赞成。他们一致表示说:"我们的宗主国鲁国的先王们都没有这么做,滕国的先王也都没这么做,到了您的身上,却要违反前代的规矩,这是不行的。古书说,丧礼的礼节,应依照前代祖宗立下的规矩。怎么可以任意变更呢?"

太子再告诉然友说:"我平日没有研读学问,只喜欢骑马舞剑,现在宗族长辈和朝中百官都对我不满,恐怕无法把葬礼的事办好,请您再去替我问问孟子。"

然友奉命,再度来到邹国。

孟子告诉他说:"是啊,我就料到他们不会同意的,这种事原本不能找别人做主的啊。孔子曾说过,国君死了,一切政事听任宰相去处理,继任的新王只是竭尽哀思,每次只喝一点稀粥,脸色黛黑,站在灵位前哭泣,朝中百官和所有的办事人员,就没有不敢不哀痛,这是因为新王的诚心和孝心感动了他们的缘故。本来,在上面的人,如果做出一件善事,那么在下的人就会做得加倍的好。在上的君子,好比是风,在下的小人好比是草,草被一阵风吹过,就会随着起伏。由此可见,关于丧礼这件事,全在于太子自己了。"

然友回复太子,太子恍然大悟,"不错,这事确实是在于我自己。"

太子作了决定后,便在中门外的偏屋里守丧五个月,在这期间没有颁布过任何命令。朝中百官以及宗族长辈们,都夸赞太子知礼,到了安葬的日子,四方的人都来观礼,看到太子神色的悲戚、哭泣的哀痛,使那些前来吊唁的人赞叹不已。

孟子听到这件事以后,十分高兴。心想,滕国虽小,但这位新君看来颇有作为。于是又兴起游历的念头,准备前往滕国了。

快近滕国国境时,就听说滕国国君一心想施行仁政,所以楚国农学家许行、宋国的陈良之徒陈相和他的弟弟都纷纷前来。可见滕文公已经颇有贤名了。

孟子一行人到达滕国后,立即被安排在宾馆安顿下来。第二天就被邀入宫,滕文公对孟子极为尊敬,首先请问滕国如何在齐、楚两强之间的夹缝中立足。

孟子说:"这些大国之中,谁更靠得住,到底应该依靠谁,这个问题我无法回答。但有一个一劳永逸的办法,那就是,把护城河挖深,城墙筑高一点,然后施行仁政,和人民齐心防守,使人民都愿拼死保卫,决不弃城而逃。这倒是可以做得到的。"

当时,齐国的孟尝君在他自己的封邑——薛,正准备修筑城池,对滕国是一大威胁。滕文公为此忧惧不已,他请教孟子说:"齐国人将要在靠近我国边境的薛地筑城,使我国深受威胁,我心里十分恐慌,不知道该怎么办才好?"

孟子说:"以前周太王住在邠地,狄人侵犯他,太王就离开那儿,逃到歧山脚下去居住。并非是太王选中这块地方,实在是不得已啊。君王只要仿效太王施行仁政,后代的子孙,一定可以称王于天下的。有道德的君子创造基业,就是要后代的子孙能继续不断下去。至于能否成功,那就要靠天命了。现在,君王对齐国又能怎样呢? 只有努力施行仁政,使后人继续努力罢了。"

滕文公一直对此耿耿于怀。有一次,他又提起这个问题。

他说:"我们是个小国,虽然尽力侍奉大国,仍免不了被侵犯,该如何应付?"

孟子说:"从前周文王立国于邠地,狄人来侵犯,太王就拿皮货和钱财去奉献,却还免不了遭受侵犯。太王召集邠地的父老们,告诉他们说:'狄人所要的,分明是我们的土地。我曾听说过,君子不因争夺土地而为害人民,你们大家不必忧郁没有好的君主,我准备离开这里了。'于是,太王就离开邠地,越过梁山,在岐山脚下建造一个城邑,居住了下来。当时邠地的百姓都认为太王是一个仁君,所以大家都争先恐后地跟着太王走,没有一个人离开。"

孟子认为滕国若想依仗外力而自保,那是绝对不可能的事。因为任何列强都有扩增领土、吞并弱小国家的野心。为今之计,唯一的途径,先求内部的团结,换句话说,要先得人心。如何深得人心呢? 唯有施行仁政,这才是根本之道。

果真能施行仁政,即使自己这一代,不能目睹成功,但继承者定会享受到成果,历史正以小小的领土,终能称王于天下的例子,不是没有,像商汤,周文王、周武王就是最好的明证。

一国的君王,不怕外来势力,只要自问是否勤政爱民。如果能尽职尽责,广行仁政,成功就只是一个时间问题了。

孟子又进一步说:"天时不如地利,地利不如人和。譬如周围只有三里宽阔的城墙,七里宽的外城,围攻它,却不能攻下,这就是天时不如地利的缘故。"

"但也有这种情况,城墙不能说不高、护城河也不能说不深,兵器盔甲不能说不坚固锋利,粮食也不能说不充足,结果却弃城而逃;这说明地势险要,但失去人心还是会失败,即地利不如人和。"

"所以,统治人民,不能靠封锁边界;巩固国防,不能靠高山深涧的险要;征服天下,不是靠兵器的锋利。"

"凡是靠推行正道治理国家的,就必定有人帮助;失去正道的,就很少有人帮助;得道的君王最终能够收服天下臣民,而失道的君王则会众叛亲离。这样得正道的国家必定能在战争中战无不胜。"此所谓"得道多助,失道寡助。"

有一次,滕文公询问治国之道。

孟子说:"农民的耕作绝对不能耽误。《诗经》上说,白天去割茅草,晚上赶快把绳索搓好。趁农事空闲的时候,赶紧把屋子修好,因为一到春天就要开始播种了。因为普通老百姓,必须有属于自己的财产,才有积极性。如果没有财产,人民就失去积极性,从而施荡妄为。等到他们犯了罪,才用刑罚来惩罚他们,这岂不等于是预设了机关来算计人民吗? 所以,自古以来的贤君,都是恭敬节俭,以礼法对待下面的臣民。向人民征税,也有一定的限制。从前阳虎曾说,假如要发财,就不能行仁道;要行仁道,就不能发财了。"

"夏朝的制度,每个成年人给他50亩田,只收他五亩的田租,这种税法叫作贡。

殷朝的制度,每个成年人给他70亩田,其中7亩是公田,要他帮助公家耕种,这种税法叫作助。

到了周朝,每个成年人给他100亩田,征收10亩田的产物作为赋税,这被称为彻。其实这些都是1/10的税率。

古时候的贤人龙子说:'征收田税的办法,没有比助更好的了,没有比贡更坏的了。'"

"一国的国君,号称人民的父母,却使人民终年辛劳,仍不足以奉养父母,还得借债去上税,年老的和年幼的饥寒而死,露尸荒野,这样怎能算是人民的父母呢?

减少税收,使人民有了自己的财产。还要再设立教育机关来教化他们。要设立各种各样的学校,来教导人民,使他们知书达礼,并学会武艺。假如滕国的官员们都明白做人的道理,那么普通百姓们自然能够团结一致。

诗经上说,周虽然是古老的国家,但却充满了新气象。这是赞美文王的诗句,希望君王也能励精图治,努力去做,必能使贵国气象一新。"

滕文公接着又派毕战去向孟子请教有关井田制的问题。

孟子对他说:"你们的国君想施行仁政,在众臣里而特地选出你,你一定要好好努力。

讲到施行仁政,必须先从画正田亩的界限开始,如果田界不正确,井田就不平均,征收的米谷也就不能公平。所以暴虐的国君和贪污的官吏,一定要使田界混乱,才好从中渔利。如果田界已经划分正确,然后分配田亩,制定俸禄,就可毫不费事地办妥了。

滕国土地虽小,可是也有享受俸禄的官吏和在乡村中耕种纳税的农民。没有官吏,就没有人管理百姓;没有耕种的农民,也就没有人供养官吏。

现在可以把乡村的土地,按照井田制,在九区里划出一区公田。在城市中则采取另一种税法,使人民自行纳税。

官吏自卿以下一直到大夫、士人,一定要有专供祭祀用的田地,每人分给50

亩。一个家庭里,如果还有未成家的成年子弟,叫作余夫。每一余夫给他 25 亩。这样,无论是死者安葬或有人迁居,都要受固定的产业所限,不会越出本乡的范围了。

人民在同一个井字形的乡村里生活,出去耕作和回家休息,都是很多人在一起。保卫城池和防御盗贼,都互相帮助,有了疾病,也都互相照顾,那么,人民自然亲如一家了。

说到井田制,就是将方圆一里的地方划成一个井字形,把它分成 9 区,叫作一井。每井占地九百亩,中央部分是国家的公田,其余分给八家,各有私田 100 亩。

公田部分由八家共同耕种,必须把公田里的活干完,才可以照料自己的私田。这种先公后私的规定,是下等社会的人对统治阶级应尽的义务。也就是说,各尽本职,各享权利。这便是井田制的大概情形,至于实行时如需增减,酌情变通,那就全在国君和你自己了。"

滕文公确实是位贤君,他有心施行仁政,属下的臣民也都能尽职尽责,全力辅佐君王。无奈国土狭小,又介于列强之间,左右为难,不胜其苦。在这种情势之下,毕竟难有大的作为。孟子认为,若想实现其政治理想,以拯救人民,仍应由大国着手,较容易收到成效。于是,孟子决定离开滕国。

魏国是"晋国三分"后的一个国家,开国之主是魏文侯,他以重视学者而闻名于列国。传到他的孙子惠王,更是一位雄心勃勃的野心家,在中原诸国中首先称王的就是他。

魏惠王,因为受不了西方秦国的威胁而迁都于大梁(河南开封),所以又称"梁"。

由于军事上的连遭失败,曾先后败于齐、秦,这位野心勃勃的惠王,希望发奋图强、重振雄风。于是,向外发生求贤的呼吁。

孟子听到了消息,认为时机已经成熟,就毅然决然地率领弟子们,启程前往大梁。

这一年是公元前 320 年,孟子已经 53 岁。

孟子这一行人走到一个名叫石丘的地方,遇到宋国人名叫宋钘的,他是一位反战者,孟子很尊敬这位前辈,于是很恭敬地问他说:"不知道先生将往哪里去?"

宋钘说:"听说秦、楚两国准备出兵交战,我准备到楚国晋见楚王,劝他罢兵。如果楚王不高兴听,我就再去见秦王,劝他罢兵。我想,这两个国王中间,总有一个肯听我的劝告的。"

孟子说:"我不想请问详细的情形,只希望听一个大概的情形,您究竟将怎样去劝说呢?"

宋钘说:"我将告诉他们交战所带来的恶果。"

孟子说:"先生的志愿诚然伟大,可是,先生所呼吁的理由却行不通。先生是准备用'利'这个字去劝说秦、楚两国的国君,如果他们都贪于利而停止出动三军,三军将士也就贪于利而乐于罢兵了。于是,做臣子的,怀着'利'的念头去侍奉他的君王;做儿子的,以'利'为标准去侍奉他的父亲;做弟弟的,怀着'利'的念头去侍奉他的哥哥。这么一来,使得君臣、父子、兄弟之间,到了最后,完全抛弃了仁义,大家都怀着利心互相交往。到了这个地步,要想不亡国,那是不可能的了。

如果先生拿仁义去劝说秦、楚两国的国君,秦楚两国的国王都喜爱仁义而停止出动三军,三军将士也就为了仁义而乐于停战罢兵,做臣子的,怀着仁义的思想去侍奉他的君王;做儿子的,怀着仁义的思想去侍奉他的父亲;做弟弟的怀着仁义的思想去侍奉他的哥哥。这么一来,君臣、父子、兄弟之间,统统抛弃'利'的私念而怀着仁义之心,那样的话,何愁不能统治天下呢?又何必一定要说一个'利'字呢?"

当孟子一行抵达大梁时,梁惠王兴奋异常,待之以上宾之礼,他俩初次见面时,梁惠王劈头就问道:"您老人家不远千里而来,可有什么妙计有利于我国吧。"

孟子回答说:"君王何必说到这个'利'字呢?除了利,还有仁、义二字呢。假如一国的国君说,怎么可以使我国有利;大夫们说,怎样可以使我家有利;一般的读书人和老百姓也都说,怎么可以使我身有利,像这样上上下下都交相夺利,那么,这个国家便危险万分了。

凡是拥有兵车万辆的国家,弑天子的,必定是天子属下有采邑、分掌兵车千辆的公卿。拥有兵车千辆的诸侯小国,弑杀君王的,必定是享有采邑、分掌兵车百辆的大夫。从万辆兵车里取得千辆,从千辆兵车里取得百辆,不能算少了。假如臣民不讲仁义,只以私利为前提,当然不篡夺君位便不能满足。

可是,从来没听说过讲仁爱的人却抛弃了自己的父母。也从来没有讲义理的人反把君王抛于脑后的。

还是请君王谈谈仁义吧,何必谈利呢?"

孟子这一番话,听在惠王的耳朵里,当然不是滋味。

其实,当时的社会,盛行实利主义,已经成为一种风气,这也是时势所造成的。因为战国时代诸侯间彼此攻伐,无有宁日,不论大国小国,无不力求富国强兵之策,在内政上,在外交上,都争于希望迅速有效地见到实际成果。换言之,就是急需得到"实利"。

无怪乎宋钘要以'利'去劝说秦、楚两国罢兵言和,而梁惠王一见到孟子就以利相询。

可是,孟子认为宋钘只求达到罢兵的目的,而不择手段,这是不对的。因为这么一来,它所带来的危害,较当前利益更大。

至于梁惠王的求利思想,使世局更为混乱,因此,他才直言指摘说,一国上下如果都追求私利,那么这个国家就很危险了。

孟子认为若想在纷乱的世局中,建立起一个新秩序,就得从根本上着手,也就是说,要把仁义思想深植于人心,使人们从内心里发出主动的自觉,才能使社会安定、和谐。

孟子是一位执着的学者,他对于自己的这一政治理想,从不改变或妥协。

一心发奋图强的梁惠王,第一次和孟子见面时,就受了他一顿教训。当时虽然满心不悦,事后想想,孟子是一代贤人,又是一位学者,他的那一套,纵然不合时宜,显得迂腐,但从道理上讲,仍是无可辩驳的。因此,对他仍然极为礼遇,经常请他进宫,谈论一些为政之道。

有一次,孟子去见梁惠王的时候,惠王正好站在园圃的池塘边,欣赏着他们豢养的一些鸿雁麋鹿。

他问孟子说:"讲仁义的国君,也喜欢玩赏这些鸟兽吗?"孟子回答说:"正因为是贤君,才能享受这些乐趣,至于那些不贤的国君,纵使有了这些东西,也不能尽情享受而感到快乐的。《诗经》上称赞文王说:'文王开始准备建造灵台,正在计划着如何布置,如何营建时,百姓们知道了以后,就一起来动手建造,没有几天很快地就完成了。文王的本意,本不想急着完工,可是,众多的百姓们,却好像儿子为父亲做事一样,大家赶来帮忙,所以一下子就建造完成了。文正在灵台游玩,看到那母鹿安静地伏着不动,全都是肥满油亮;白色的鸟儿,羽毛都是洁白干净。文王又走到灵沼旁,看到满池子鱼儿,在活泼地跳跃着。

文王使用人民的劳力修筑高台和深地,人民反而欢喜快乐。这就是因为古时的贤君能够与民同乐,所以他自己也能充分地享受快乐。

《书经》上记载人民怨恨夏桀的情形:'他们暗地指着桀说,这个天天在我们头顶上像烈日似的暴君,什么时候才会灭亡呢?我们愿意和你一同灭亡。'

人民怨恨到这种地步,即使有台池鸟兽,他能独自享乐吗?"

梁惠王听了,觉得很有道理,不由得频频点头赞许。

接着,他俩相偕回到宫内,梁惠王感慨地说道:"我对于国政,可以说是把全部心力都用上去了。譬如说,如果河内的地方发生饥荒,我就把河南少壮的劳力迁到河东去,再把河东的粮食运送到河内去,以赈济留在那儿的老弱妇孺。如果河东发生了饥荒,也是同样的办法。

可是,观察邻国的行政,从没有像寡人这样用心爱民的。

偏偏邻国的人并不见得减少,而我国人民也未见有增多,这是什么缘故呢?"

孟子回道,"君王您是喜欢谈论战争的,就以战争来做比喻吧。当敲响战鼓,挥军前进时,兵器一经接触,就弃了盔甲拖着兵器败下阵来,有的逃跑了100步后,就站立下,来,有的只逃了50步停住,那些只逃了50步的人,居然讥笑那些逃了100步的人胆子太小,您说说看,可以不可以?"

梁惠王说:"当然不可以,逃100步跟逃50步。同样是逃阿。"

孟子说:"君王如果知道这个道理,那就不必希望人民的数目多于邻国了,反正都是一样啊。只要不耽误农家耕作的时令,五谷就吃不完;不把细密的渔网放到低洼的池子里,鱼虾也就吃不完;在适当的时令,到山林里去砍伐,木材就用不完。"

五谷和鱼虾都吃不完,木材也取之不尽,这就能使人民在养生送死方面都没有缺憾,能做到这样,便是推行王道的开始了。

再进一步,使每户农家在所受王亩的住宅墙边,种上一些桑树,以便养蚕,那么50岁的人,就可以穿绸缎衣服了。此外,饲养一些鸡、狗及猪,那么,70岁的老人,日常就可以吃到肉了。

每家配给100亩田,不要因其他的差役而耽误农时,那么几口人的家庭就不会挨饿了。

然后,重视大举兴办学校,教育人民孝顺父母,恭敬兄长的道理,那么白头的老者就不用亲自干活了。

老人可以穿绸吃肉,年轻人不愁挨饿、受冻,像这样还不能称王于天下,那是不可能的。

看看如今的国君,五谷丰登、粮食过剩却不知道节省,就连猪、狗也喂以人吃的粮食,从不设法收购余粮,以防饥荒。万一遇上了荒年,就不能打开仓库,拿存粮来救济饥民了。

人民被饿死,却推卸责任说:"这不是我的责任,是荒年啊!这和拿刀杀人,却说不是我所杀而是刀子杀死的,有什么两样呢?"

只要君王自己负起责任,不把它推卸到天灾上去,那么,天下人都会来归服了。梁惠王谦恭地说:"寡人愿意安心承受教诲。"

孟子又反问说:"用木棍杀人和用刀子杀人,有什么不同呢?"

"没有。"

"用刀杀人和用暴政杀人。有什么不同吗?"

"也没有。"

孟子接着说:"如今的国君,厨下有肥肉,马房里有肥马,而人民的脸上却显出饥饿的样子,田野里有饿死的尸体,像这样豢养禽兽,却饿死了人民,这简直和率领禽兽去吃人是一样啊。这怎么能算是人民父母呢?"

孟子并非是为了求取个人的高官厚禄,而是想劝说居高位的人,除去暴政,重视人民的福利,因而为民请命。而梁惠王不知反省,却还为自己辩护说,他为国家已经尽心尽力。孟子不客气地指出,他所施行的小恩小惠,和别的国君比起来,只不过是50步与100步而已。

孟子进一步告诉惠王,要怎样爱护百姓,怎样不失农时,怎样教育人民,才能使天下归服,实行王道统治。

孟子提出这种行王道,施仁政的政治理想,希望能说服满脑子功利思想的梁惠王,注定是要失败的。不过,他仍不气馁,仍要尽力而为。

又有一次,梁惠王请孟子入宫,问他报仇雪耻之道。他说:"晋国的强大,普天之下是无可匹敌的(晋国后来分为魏、赵、韩三国)。这是您所知道的。可是到了我的手上,在东方被齐国打败,我的长子就是在那次战役平被俘而死。在西方又割让了700里的土地给秦国。在南方则饱受楚国的侮辱,这些事,使寡人感到无比的羞耻,真想振作一下,以便替那些战死者报仇雪恨,可是,要怎样才能达到目的呢?"

孟子回答说:"即使只有100里土地的小国,也可以称王于天下,何况梁还是个大国呢。君王如果能够施行仁政,减轻刑罚,薄收赋税,教人民辛勤耕作,努力生产,使年轻人在闲时学习忠孝之道。如果能做到这点,那么即使他们拿着木棍一类的武器,也可以痛击秦、楚两国装备精良的军队。

至于那些敌国的国君,夺去了人民耕作的时间,使他们不能耕田锄草,没有收获拿来供养父母,以致他们的父母挨饿受冻,兄弟妻子离散到四方各自谋生。敌国的国君把人民推进苦海,人民自然心生仇恨。

君王如果在这个时候去讨伐,还有哪一个可以与君王为敌呢?古人说,仁君无敌于天下,这话讲得很对,请君王不必怀疑。"

试想,野心勃勃,充满功利思想的梁惠王,对孟子的这番说教,怎能听得进去?在他看来,孟子的主张是"迂腐而脱离实际",这种理想主义,根本不切合当时的需要。

孟子知道自己的政治理想,在梁国是不能被采用了。他曾向弟子们感慨地说:"对不讲仁义的人,怎能和他说仁义的道理呢?私欲遮蔽了他的心,颠倒而错乱,明明是危险,他却当作安全。明明灾祸将临,他却看成有利。只喜欢做那些荒淫暴虐的亡国行为。如果对于不讲仁德的人还可以和他讲仁道的活,他又怎会弄到国亡家败的地步呢?"

孟子接着又说:"夏桀和商纣失去天下,是因为失去了民心。要想得到民心,就要给予人民所需求的,而废弃人民所厌恶的。

人民归服仁君,就如同水往低处流,野兽向往旷野一样。如果现在有一个喜爱施行仁政的国君出现,那么各国的暴君,就将替他驱赶自己的人民去归服。即使他不想称王,也一定会称王于天下。

所以说,现在那些想称王于天下的人,如果不立志施行仁政,那么,他的一生徒然生活在忧愁和耻辱之中,最后必将自陷身死国亡的绝境。"

孟子在梁国的第二年,惠王因病去世,他的儿子赫继位,称为襄王。

这时候,孟子把自己的理想,寄托于梁襄王的身上。他认为,这么一位年轻君王,也许较有朝气和干劲。同此,梁襄王即位不久,孟子即去求见。

襄王开始就问道:"怎样才能安定天下?"

孟子回答说:"天下归于统一,就会安定。"

"谁能统一天下?"

"不好杀人的国君,就能统一天下。"

"谁将归服不好杀人的国君呢?"

"天下没有不归服他的。君王可知道那禾苗吗?若是七、八月间久不下雨,禾苗就会枯萎,假如出现一片乌云,随即带来一阵滂沱大雨,那即将枯萎的禾苗就立刻蓬勃地复苏了。国君如果能像及时雨那样解救民困,谁还能阻止人民来归附呢?

如今天下的国君,没有一个不喜欢杀人。假如有一个不喜欢杀人的国君,那么天下的人民,都会伸长脖子盼望他。要是真能这样,人民归附他,就像水往低处流一样,无人能阻止。"

孟子对襄王说了这番道理,但内心里对襄王很失望,他事后对别人说:"梁襄王这个人,远看毫无风度,不像是个国君;近看觉得他丝毫没有威严,不足以使人敬畏。"

孟子不能见用于梁惠王,而继任的襄王,在孟子的眼里,也是一个无所作为的人。于是孟子打算离开大梁,再到齐国去。

孟子和弟子们乘坐数十辆豪华的马车在路上奔驰,这和孔子当年的情况,简直不可同日而语。弟子彭更唯恐太过招摇而遭非议,他小心翼翼地询问说:"后面跟随的车子有好几十辆,随从的人有好几百人,到处接受诸侯们的饮食供应,是不是有点过分?"

孟子断然告诉他说:"如果不合道理,即使一小竹篮的饭也不能接受,如果合理的话,哪怕是舜接受了尧的天下,也不算过分。照你的意思,舜接受尧的天下,是过分吗?"

彭更恭敬地回答说:"当然不算过分。我是说,士人一点事不做,白白受人供养,是不应该的。"

孟子说:"你如果不和别人交换产品,分工合作,把自己多余的去补别人的不足,那么,种田的农夫就有剩余的米谷,织布的女子就有多余的布匹。你若是和别人交换,虽然是木匠或车工,也都可以把自己的劳动成果换成生活必需品。假如有一个人,在家能孝顺父母,出外能尊敬亲友长辈,遵守古代圣王的道理,并传授给后起的学者,他却不能获得一切生活所需。照这样看来,岂不是忽视了那仁者,而单单看重木匠或者车工吗?"

彭更仍不能完全领会,他继续问道:"那木匠、车工,他们的目的,本来只是为了要吃饭。君子修仁行义,难道也是为了找饭吃吗?"

孟子纠正说:"为什么一定要强调目的两个字呢? 只要他有功于你,可以供应他生活就供应他便是了,我且问你,你供给别人饮食,是由于他的目的呢? 还是因为他的功劳?"

彭更说:"是基于对方的目的。"

孟子说:"譬如有个人,他毁坏了你屋上的瓦片,割破你车篷的顶盖,他的目的是要找饭吃,你也会给他饭吃吗?"

彭更说:"不给。"

孟子说:"这不就很明显吗? 你不是因为别人的目的而给他饭吃,而是要看他的功劳才给他饭吃啊。"

公元前318年,是齐宣王宣布继位的第二年,孟子经过范邑到齐国都城的途中,远远看到齐王的儿子,不禁慨叹着说:"地位和环境可以改变一个人的气度,享受可以改变一个人的体态,地位和环境的影响力真大啊!他不也是人家的儿子吗?王子所住的房子,乘坐的马车使他有如此的改变啊。何况那处于天下最高地位的人呢?从前鲁君到宋国去,怒呵着命人去叫守城的人开城,守门人说:'这不是我们的国君,可为什么他的声音很像我们的国君呢?'这没有别的原因,就是因为地位相似的缘故啊。"

齐宣王听到孟子再度来到临淄,赶快派人殷勤接待。第二天,就亲自接见,并和威王时代一样,任命孟子为客卿。

齐宣王和威王一样首先提出他先祖的事情,他说:"齐桓公、晋文公这两位霸主的事业,可以讲讲我听听吗?"

孟子回答说:"孔子的门徒,并没有讲过齐桓、晋文那种偏狭的霸业,因此没有流传下来,我也没有听过。假使君王一定要我说的话,就谈谈以仁政治天下的道理吧。"

齐宣王说:"要怎样的德行,才能实行王道政治而称王于天下呢?"

孟子回答:"施行保护人民的仁政而统一天下,就没有人能阻挠了。"

宣王说:"像寡人这样,能保护人民吗?"

孟子说:"可以。"

宣王追问说:"您怎么知道我可以保护人民呢?"

孟子说:"我曾听到君王的臣子胡龁说:'有一天,君王坐在堂上,有个人牵着一头牛从堂下走过,君王看见了,就问把牛牵到哪儿去?那人报告说,是牵去杀了取血,用来涂抹新铸的钟。君王就告诉他说,放了它吧,我不忍看到它恐惧发抖的样子,就好像把没有罪的人拉去处死一样。牵牛的请示说,是否要废止取血涂钟的仪式?君王说,这怎么可以废止,就用羊来替代吧。'不知道有没有这回事?"

宣王说:"确实有这回事。"

孟子说:"具有这样的仁心,如果扩展开来,就可以实行王道政治了。可是,却有一些没知识的百姓,还以为君王小气,是吝啬一头牛呢!我早就知道君王是不忍心眼睁睁地看着这头牛去死啊。"

宣王说:"是啊,真有这种无知的百姓。齐国的疆土虽然狭小,我又何至于吝啬一头牛呢?实在是因为不忍心看到它那种恐惧颤抖的样子,所以才叫他们用羊去替换啊。"

孟子说:"君王对于老百姓认为君王吝啬这件事,倒也不必责怪他们,他们只看到用一头小羊去换一头大牛,怎能了解君王的用心呢?君王如果真的不忍心,那么牛和羊又有什么区别呢?"

宣王笑着说:"真不知道他们存的是什么心?我并不是吝啬价值高的牛而换上价值低的羊啊。从表面上看,也难怪他们会以为我吝啬呢。"

孟子说:"这没有关系,这正是仁术啊。因为君王只看到那头牛恐惧发抖的样子,却没有看到羊啊。有道德的君子对于禽兽,看到他们活得好好的,就不忍看到他们的死。听到他们被宰割前的哀鸣,就不忍心吃他们的肉,所以,君子总是没法远离厨房的。"

宣王听孟子这么一解释,心里感到非常的高兴,他说:"《诗经》上说,别人有什么心思,我能猜出来。这就像说的是夫子啊。我做了这件事,如今回想起来,竟想不出当时的心理状态。现在经过夫子的说明,正合我意,使我颇为感动。不过,这种心意就能合于王道吗?"

孟子说:"假如有人跑来告诉君王说,他的力气可以举起3000斤的东西,却拿不起一根羽毛。他的眼力可以看清楚秋天鸟类换毛后的细毛末端,却看不见装满一车的柴薪。请问,君王肯相信他的话吗?"

宣王说:"当然不能相信。"

孟子于是进一步说:"君王的恩惠能够及于禽兽,却不能将功德施于百姓身上,这是什么缘故呢?这就像刚才的比喻,拿不起一根羽毛,是因为他不肯用力去拿;看不到一车柴薪,是因为他不肯用心去看。百姓没有受到保护,是因为君王没有施用恩惠。所以,君王没有实行王道政治,不是力量不及,而是不肯做而已。"

宣王似乎有点装傻,他反问孟子说:"不肯做和不能做,怎么能区分开来呢?"

孟子说:"假如让一个人挟了泰山而跃过北海,他说,力量不够,这的确是做不到。又譬如叫人去替长辈折一根小树枝,他说做不到,这是他不肯做,而不是真的做不到。

所以,君王的不实行王道政治,不是一手挟了泰山而跃过北海的那种,君王之所以不实行王道政治,乃是属于不肯攀折树枝的那一类。

实行王道政治并不难,可以先从我做起,推己及人。先敬重自己的父母、长辈,由此推广开去,同样敬重别人的父母、长辈;先爱护自己的子弟,再推而广之,同样爱护别人的子弟。这样的话,天下就可以握于您的掌心了。

《诗经》上说,文王能够修身以作为妻子的榜样,再推及兄弟宗族,更进而推广到所有的家族和邦国,从而使天下大治。这几句话的意思,就是说拿这个仁心,推广到别人身上而已。

能够推广恩惠、保护百姓,就足以保有天下。不能推广恩惠、保护百姓,就连妻子也没法保全。古代的贤王,之所以能远胜别人,就是因为能够推己及人。

现在君王的恩惠能够及于禽兽,可是,君王的功德却不能推广到百姓身上,这又是什么缘故呢?譬如一样东西,必须用秤去量,才知道它的轻重;用尺量过,才知道它的长短。任何物品都是一样,人心更是如此。

请君王仔细斟酌,称度一下自己的本心吧!也许君王正想动员军队,使将士臣民冒战争的危险,和列国诸侯结下仇怨,然后才觉得心里痛快吧。"

宣王赶快否认说:"不,我怎么会由此而感到痛快呢?我只不过是想实现我最大的心愿而已。"

孟子一时好奇，便迫不及待地追问："君王的最大心愿，可以说出来听听吗？"

齐宣王笑而不答，因为他说不出口。

孟子猜度着说："是为了肥美甘芳的食物，不够口腹享受吗？轻暖的衣服，不够穿着吗？或是绚丽的色彩，满足不了视觉吗？美好的音乐，满足不了听觉吗？再不然，是随侍左右奉承旨意的人，不够使唤吗？"

"据我看，这些事，君王的许多臣下都能充分地供应，君王难道真是为了这些事吗？"

宣王连声否认说："不，不，我不为这些。"

孟子也就直言不讳地点破说："那么，君王的最大心愿，也就可想而知了。要想开疆拓土，使秦、楚都来朝贡，不但威临中国，而且征服四方的蛮夷。以君王现在的作为，要想实现这样他心愿，就好像爬到树上去找鱼一样，怎么可能呢？"

宣王说："有这么严重吗？"

孟子说："事实上，比这还严重呢！爬到树上去找鱼，虽然找不到鱼，却也没有什么灾祸。但是，君王现在的作为，要想实现君王的心愿，假使耗尽心力去做，到后来一定有灾祸降临。"

"可以说给我听吗？"宣王很有兴趣地追问着。

孟子说："假如邹国人和楚国人打仗，君王认为哪一方可以获胜？"

"当然是楚国胜啊。"宣王不假思索地回答。

孟子说："照这么说，小国不能抵挡大国，兵少的不敌兵多将广的，弱小的打不过强大的。如今，四海之内，方圆9000里的有9份，齐国四方兼并的结果，只占了9份中的一份。想以这一份的力量去征服另外的8份，这和邹、楚作战有什么区别呢？

君王实在应该回头反思根本之计了。现在，如要君王决心改革政治，施行仁德，使天下的士大夫都想到齐国来做官；农人都想到齐国来种地；商人都想到齐国来做生意；过往的旅客，都想到齐国来看看；天下怨恨自己国君的人，都愿意赶来向君王诉苦。四方的人民像这样自动地来归附，谁还能阻止他们呢？"

宣王说："现在，我的头脑非常混乱，对您的理想，难有进一层的体会，恐怕不能做到这一步，盼望夫子能辅佐我的志问，明明白白地教导我。我虽然不聪敏，也请让我照着夫子的话去试着做。"

孟子说："没有固定不变的财产，却有固定不移的理想，这只有读书明理的人才能做到。至于普通百姓，就因为没有固定的产业，也就没有固定不移的信念。假如没有固定不移的信念，那就会干出各种越轨犯法的勾当。

所以，贤明的国君，制定人民的财产，原则上必定使他们上足以侍奉父母，下能养活家小。丰年固然吃得饱，即使遇到荒年，也不会饥饿而死。然后施行教化，督促他们向善，这样，人民就容易服从统治了。

如今，国君分配给人民的产业，上不能侍奉父母，下不能养活妻儿。即使是丰年也是一年到头受苦,遇到了荒年,就免不了饥饿死亡。这么一来,他们自身难保,哪还有心思去讲究礼仪?"

为此,若想实行王道统治,必须从根本着手,推行井田制,让农民拥有自己的田地,这样,才能使民心顺服,使社会进步。

孟子把他这一套以"保民"为中心的政治理论,先后向梁惠王及齐宣王加以阐述,目的是希望恢复到圣人之治的境界。

孟子说:"人民最重要,国家次之,国君最轻。所以,能够得到万民拥戴的,便可以做天子;受到天子赏识的,便可以做诸侯;受到诸侯赏识的,便可以做大夫。如果诸侯无道,其所作所为危及国家的话,就要改立一个贤君。"

这种民贵君轻的论调,在当时看来,无疑是一颗震撼人心的炸弹。

有一次,齐宣王和孟子讨论卿相职责的问题时,孟子说:"不知君王问的是哪一种卿相?"

齐宣王感到有点奇怪,于是反问道:"卿相也有不同吗?"

孟子答道:"当然有所不同,有同姓亲族的卿相,也有异姓的卿相。"

宣王说:"请问同姓亲族的卿相应该如何?"

孟子郑重地回答说:"如果国君有重大的过错,就要劝谏,一再劝谏,仍不接纳的话,那就该更换国君,另立宗族里的贤人。"

宣王一听,立刻变了脸色。

孟子赶忙解释说:"请君王不要见怪,是君王先问我,我不敢不以正理相告。"

宣王的神色安定下来后,请孟子接着谈异姓的卿相。

孟子说:"国君如有过错,就要劝谏。一再劝谏,仍然不采纳的话,那只好离去了。"

在权威至上的统治者面前,孟子居然敢说出更换国君,另选贤能的言论,可见他确实具有革命性的民主思想。

这种思想,经常见之于孟子和弟子们的日常谈话中。

有一次,孟子的弟子万章问孟子说:"请问夫子,听说帝尧把天下给予舜,有这么回事吗?"

孟子说:"不,天子不能把天下给予别人的。"

"那么,舜有天下,是谁给的呢?"万章不解地问道。

孟子告诉他说:"是天给予的。"

万章又再问道:"天给予他的时候,是不是郑重地说明是给予他的?"

孟子说:"天并不说话,不过,舜的德行和业绩暗示着天把天下授予他。"

万章说:"此话怎讲?"

孟子说:"天子可以向上天推荐贤人,却不能使上天给予他天下,正如同诸侯只能把人才推荐给天子,但不能使天子让他做诸侯。同样的道理,大夫也只能把人才推荐给诸侯,却不能使诸侯让他做大夫。"

从前帝尧把舜推荐给上天,上天就接受了,他的德行和业绩可以说明这一点。

孟子曾经告诉宣王说:"假如国君把臣下看成是自己的手足,尽心爱护,臣民就会把国君看成是自己的心腹,竭力保卫。假如国君对待臣民如同犬马,毫不尊重,臣民就会视国君如同陌路人,漠不关心。假如国君把臣民视同泥土、草芥般地任意践踏,臣民就会对国君像仇敌般切齿痛恨。"

宣王听孟子这么一说,不由得冷汗直流,深自警惕不已。

有一天,齐宣王问孟子说:"商汤把夏桀放逐到南巢,武王出兵在牧野讨伐殷纣,真有这种事吗?"

孟子说:"古书上有这样的记载。"

宣王说:"桀、纣是天子,汤、武是诸侯。一个是君,一个是臣,以臣弑君可以吗?"

孟子正色说道:"毁伤仁道的人,叫作贼;毁伤义理的人,叫作残。贼仁残义的人,必定众叛亲离,所以称之为独夫,却没听说武王杀死国君啊。"

孟子又进一步劝谏宣王对人才的使用和用刑必须十分慎重,才能立国久远。

宣王请问孟子怎样能明察手下人的才干而加以任用。

孟子说:"国君任用贤人,到了实在不得已的时候,势必会使位卑的超越位尊的、关系疏远的超越关系亲近的。这种事必须慎重处理。

如果左右近臣都说某人很有贤能,不要马上相信;满朝的大夫说某人有贤能,也还不能相信,等到全国的人都称谓某人非常贤能,然后再审察一番,认为确实很有贤能,这才录用他。

至于用刑,也要同样地慎重。假如左右的人都说某人该杀.不能马上听从;满朝的大夫都说某人该杀,也还不能听从;等到全国的人都说某人该杀,然后再亲自去加以审察,判明某人确实该杀,这才杀了他。"

孟子被齐宣王任命为卿相。他当然尽心竭力地辅佐宣王。遇有机会,他总是知无不言,言无不尽地及时规谏。

公元前316年,北方的燕国发生了动乱。由于燕王决定把王位传给宰相之子,国内的人不服,因而引起了内乱。

齐宣王认为有机乘,想要出兵伐燕。有位大臣名叫沈同,他为了这件事,曾经私下去问孟子,可以不可以伐燕。

孟子说:"可以的。现在天子还在位,燕王子哙不应该像逊位似的把燕国私下给予别人。燕国的臣子子之更不该像受禅让似的从子哙手上接受燕国。这是不可以的。"

公元前314年,齐宣王派匡章为帅,率军攻燕,大获全胜,子哙和子之均被杀。宣王志得意满之余,希望吞并燕国,但又顾忌到别国的干涉,于是,宣召孟子进宫,向他请教说:"有人建议我不要占领燕国,也有人建议我占有它。以我拥有兵车万辆的齐国,去攻打同样拥有兵车万辆的燕国,五十天就把它征服了。单靠人力是不可能这样的,这必定是天意。如果不占领它,就是违背天意,一定会受到天降的灾祸,就干脆把它占领了,好不好?"

孟子说:"如果占领后燕国人民心里高兴的话,那就占领好了。古时候也有人这样做过,周武王讨纣就是一例。占领后如果燕国的人民心里不高兴,那就别占领。古时候也有人这样做过,周文王不肯伐纣就是例子。

以拥有万辆兵车的大国,去攻打同样拥有万辆兵车的大国,对方人民自动地用竹筐盛满了饭菜,用壶子装满了酒浆,拿来迎接君王的军队,它是有别的意思? 不过想避开水淹火烧般的暴政啊。倘若水淹得更深,火烧得更热,使他们更加痛苦,他们只好转向别国逃生求救去了。"

孟子的意思是一切要以老百姓的意向为依据,如果换汤不换药,人民还是会反抗的。

宣王找孟子来谈这件事,无非是想找一个借口以达到他吞并燕国的目的。孟子的这套理论,他是听不进去的。

宣王终于不顾一切,吞并了燕国土地。果如孟子所料,燕人起而反抗了。经过一年多,燕国立太子平为君,他就是燕昭王,正式起而抗齐。列国诸侯,也打破了平静,准备出面干涉。

齐宣王可吓坏了,他又和孟子商量说:"许多国家都想出兵助燕来攻打我,该怎么对付?"

孟子答道:"我听说仅凭七十方里的土地就能统一天下的,那便是商汤。却没有听说纵横一千里的大国,会恐惧别人的攻击。《书经》上说,商汤第一次征伐,从葛国开始。天下的人民都相信商汤是拯救人民,所以商汤向东方进军,西方的夷人就抱怨;向南方进军,北方的狄人也抱怨。大家都说,为什么把我留在后面,不先来解救。

天下的诸侯,本来就畏忌齐国的强大,现在又占领了燕国,增加了一倍的土地,却还不施行仁政,这明明是自己引发天下的人在征伐自己啊。君王应该赶快与燕国人民商议,让他立一个贤君,然后撤军离开燕国。"

孟子这一番逆耳忠言,齐宣王当然听不进去。结果是,燕国人民大加反抗,在列国军队的协助下,齐军大败。

齐宣王经过这次教训以后,深深感到自己在外交上彻底的失败。他问孟子关于与邻国交往之道。

孟子回答说:"唯有仁德的国君才能以大国的身份去侍奉小国,是顺着天理,不肯欺负弱小。唯有仁德之君才能以小国的身份去侍奉大国,这是敬畏天理,不敢得罪强大。顺服敬畏天理的人,可以保住自己的国家。"

有一次,孟子对宣王说:"比方君王有一位臣子,即将到楚国去游历,他在行前把自己的妻子托付给一位好朋友,请他代为照顾。等他回来,却发现自己的妻子挨饿受冻。对于这种朋友,应该怎么办?"

宣王说:"跟他绝交,不再往来。"

孟子进一步说:"假如有一个国君,在他四方国境内治理混乱,那又该怎么办?"

宣王听了,针对自己的指责,只得装着左顾右盼,把话题岔开了。在宣王的心目中,孟子是一个棘手人物,成天仁啊义啊,对于齐宣王这样一个雄心勃勃的君王,孟子的理论是不切交际的。而孟子与宣王的关系也越来越疏远。

有一次,齐宣王问孟子:"有人建议我拆掉泰山的明堂。你是拆了好了,还是不拆?"

孟子说:"明堂乃是天子所造的宫室,天子巡游到东方,用来朝会诸侯的。君王如想实行称王天下的仁政,将来还有用得到它的一天,那就不必拆了。"

孟子又对宣王说了一番实行王道的道理,并问他为什么不去实行。

宣王说:"寡人有个毛病,寡人好财。"

孟子说:"这没关系。从前公刘也好财,但公刘和百姓们共同享受钱财。"

宣王说:"寡人还有一个毛病,寡人好色。"

孟子说。"这也没有关系,从前太大王也喜好女色。但君王何不学太王,使老百姓都有配偶?"

孟子对齐王的不满越来越强烈,求去之心也越来越坚定。

他向弟子们感慨说:"齐王的不聪明,不足为怪。我和齐王见面的日子很少,我退居在家时,那班小人经常和他接近。即使我能使他的善心萌芽,但又有什么用呢?"

辞官还乡　教学著书

公元前 311 年,孟子终于离开待了 7 年之久的齐国。

孟子从公元前 321 年开始,先后到齐、宋、滕、梁等地游说诸侯,如今已十有一年了。他怀着满腔热忱,基于仁义理想,倡导王道政治,希望见到仁政施行于天下。可是,10 年的岁月已无情地流逝,而自己的抱负依然未能受到重视。孔子晚年曾叹息说:"没有人知道我。"这种心情,孟子也体会到了。

一股落寞的心情油然而生,身心倦怠的他,不想再去游说诸侯了。

陈代(孟子弟子)希望老师振作起来,再到别国去试试。他说:"夫子不愿去见诸侯,似乎太拘小节了。现在如果去见诸侯,一旦有机会,远处说,可以使他们施行仁政,称王于天下,退一步讲,也可改革局面称霸于诸侯。"

孟子说:"从前齐景公打猎的时候,拿旌旗召唤管理猎场的人,那管理人因为景公不按礼法,不用打猎时戴的皮帽去招他,所以不肯来。景公大怒,准备杀了他。孔子知道了这件事,对那管猎场的人十分赞扬。因为有志之士,坚守节操,纵然牺牲生命亦在所不惜。

我如果不等诸侯依礼招聘,自动去求见,这算是什么呢?"

万章也曾以同样的问题问过孟子,孟子也以类似前面的说法,解释给他听。

陈臻问道:"请问夫子,古时候的君子,要怎么样才出来做官?"

孟子说:"就任官职,有三种情形;辞去官位,也有三种情形。如果接待时既恭敬又有礼貌,并且能采取他的建议,那么就可以出任官职。倘若礼貌虽然周到,可是建议不予采纳执行,那就该辞官而去。

次一等的,虽不能采用自己的建议,但接待时很恭敬,礼貌周到,也可以出任官职。如果礼貌减退,那就辞官而去。

最次一等的,则是为免于穷困而出任官职。"

孟子一行人离开了临淄以后,当晚歇宿在齐国西南的画邑。

有一个人想为齐王挽留孟子,他恭恭敬敬地坐在孟子歇宿的旅舍里,对孟子说一些挽留的话。孟子却不予理睬,只管伏在案上打盹。

那位先生心里十分不自在,他说:"弟子是斋戒过,诚心诚意才敢向夫子说这些话的,夫子却只打盹不理我,我只好走了,以后再也不敢来见夫子了。"

孟子抬起头来,对他说道:"你且坐下,我明白告诉你,从前鲁缪公尊敬子思,假如不经常派人去伺候子思,转达诚意,他就不能把子思留下来。又如鲁国的贤士泄柳和子张的儿子申祥,贤能不及子思,却能在鲁国安然居留。你替我这个长者着想,却不去想缪公是如何对待子思的,你不去劝齐王改变态度,只凭几句空话想留住我,是你拒绝长者呢,还是长者拒绝你呢?"

孟子走出齐国国境以后,齐国一位名叫尹士的人,他对别人说:"如果孟子不晓得齐王不可能成就商汤,周武王的事业,那就说明他糊涂。如果明明知道,却还要到齐国来,那就说明他贪求富贵。他大老远地跑来,又因意见不合而离去,然而却又在画邑停留了三天,为什么这样慢腾腾呢? 我就不喜欢这一套!"

孟子的弟子高子听到这些话,就原原本本地告诉了孟子。

孟子说:"尹士怎么知道我的心意呢? 我以老远的地方来见齐王,这是我自愿的。至于因意见不合而离去,难道也是我愿意的吗? 实在是不得已啊! 至于我在画邑停留了三天,在我心理上还认为太快呢。我希望齐王或许能够改变态度,齐王如果悔改,那就一定要追我回去,直到我走出画邑而齐王仍未派人来追,这才决心归去了。

虽然如此,我岂肯完全抛弃齐王? 齐王天资朴实,还能够教他推行一些吾政。假如齐王肯用我,何止齐国人民可以安定,天下人民都可以得到安定太平了。我天天盼望着齐王能够悔改,我不会像那些气量窄小的人,向国王劝谏,国王不听,就大发脾气,显出一脸不高兴的样子。离开的时候,一口气地奔跑,不到精疲力竭不止。"

孟子从齐国回到老家邹国,从事教学著书工作。这段时间前后持续了 20 年。孟子从 50 岁开始游历各国,前后共 10 余年。虽然备受礼遇,但自己所鼓吹的政治理想,却最终未能实现。公元前 289 年,孟子逝世,享年 84 岁。

孟子去世以后,他的门人遍布邹、鲁、齐、宋、滕、晋、楚等国,继续鼓吹孟子的以"仁义"为中心的王道思想。

千古书圣

——王羲之

名人档案

王羲之：字逸少，汉族，东晋时期著名书法家，有"书圣"之称。祖籍琅琊（今属山东临沂），后迁无锡，晚年隐居剡县金庭（今属浙江）。

生卒时间：303 年~361 年。

安葬之地：葬于金庭瀑布山（又称紫藤山）。

历史功过：历任秘书郎、宁远将军、江州刺史。后为会稽内史，领右将军。其书法兼善隶、草、楷、行各体，精研体势，心摹手追，广采众长，备精诸体，冶于一炉，摆脱了汉魏笔风，自成一家，影响深远。风格平和自然，笔势委婉含蓄，遒美健秀。代表作《兰亭序》被誉为"天下第一行书"。在书法史上，他与其子王献之合称为"二王"。

名家评点：他对中国书法的改革与创造是空前绝后的，可以说揭开了中国书法史上的新的一页。他的书法树立了真、行、草的典范，以至其后历朝历代的学书者，莫不仿效，被书法界称为"书圣"。

书圣大师 世人永传

王羲之，西晋孝惠皇帝太安二年（公元 303 年）生，死于孝宗穆皇帝下升平五年（公元 361 年），时年五十九岁。官至右军将军，会稽内史，故后世称为"王右军"。他出身于两晋的名门望族。父亲王旷，善隶书。王羲之幼年书法的启蒙者便是他的父亲。少年时代拜当时著名的女书法家卫夫人为师学习书法。

据说，王羲之七岁就写得一手好字，但不得要领。一次，他偶然在父亲的枕头里发现前代《笔说》这本书，就偷出来读。父亲发现后问他："你为什么偷看我秘藏的东西？"羲之笑而不答。父亲见羲之年幼，怕他不能保守秘密，告诉他说："待你长大后，我传授给你。"羲之急地跪下请求说："让我现在就读它吧，倘使等我长大成人,恐怕会浪费我少年时的聪明才智呢!"父亲听后高兴极了,终于给了他。不满一个月,羲之的书法便突飞猛进。卫夫人看见后,对太常王策说:"这孩儿准是看到了用笔的要诀,近来发现他的书法,已有成人水平了。"接着感叹说道:"他将来一定会淹没我的名声。"

卫夫人的话果然应验了!随着王羲之年龄的增长,视野有了进一步的扩大。他渡江北游名山,看到李斯、曹喜的书迹,又到许下看到了钟繇、梁鹄(魏书家、善为大字)的书迹,到洛下,看到蔡邕所写的《熹平石经》;又于从兄恰处见到张昶《华岳碑》,才知道学卫夫人是"徒废年月",从此他博采众长,非常用功的练习。他曾居于山中,专心临摹钟繇和张芝的正楷、草书达二十多年。竹叶、树枝、山石及木片等写掉了"不可知数",至于绢、纸、笺、绉纱、杜藤、木头也是"反复书之"(刘有定《衍极》注疏),终于"兼撮众法,各成一家"达到了"贵越群品,古今莫二"(羊顾《笔阵图》)的高度。

魏晋是书法艺术开始形成与日臻完善的阶段,汉字由原来质朴的天生丽质转而讲求一种神韵。由于没有任何先例的束缚,书法家有着大幅度任意创造与追求的空间。王羲之是一个应时代而生的,天才的革新者。对三种书体以及书法的用笔、结字、章法、布白几方面都有绝世惊人的创造,使得魏晋以来质朴的书风变为妍美流便(流畅简便)的今体,奠定了中国书法的基础。

他的贡献首先在楷书方面。在羲之前钟繇的作品和艺术经验影响最大。当时王、谢豪族都学了钟法。王羲之也不例外。但他学钟书,首先学了钟的创作精神,钟繇变八分为楷,其楷"左右波桃",仍存隶意。王羲之以自己独特的眼光,超人的智慧,结全历代各体之优点彻底解放了仍存隶意的钟楷,"钟书应波桃处,王书往往敛锋不发。"(侯镜昶《南京大学学报》1977.3)使自己的楷书脱胎换骨,清新入体"纤纤似新月之出崖"。从此,"文字的楷书"成为"楷书的书法",王羲之最终完成了楷书的创作。

今日所能见的羲之楷书,当以传世刻本《乐毅论》《黄庭经》《孝女曹娥》《东方朔画赞》为主。在这些作品中他的字寓潇洒于方正之中,现飘逸于工整之外。使人看后如履平川,神清气爽。这些作品虽然都是小楷,但是真正的书法艺术的体现,确为千古不可多得的瑰宝。

其次,王羲之还改革了草书,使得这种书体经过汉末至东晋许许多多书法家的努力,最终在他手中完成并推向顶峰。

几乎在隶书产生、发展、定型的同时,就产生了带隶书波磔的草书,后世称之为章草。汉末张芝改变章草,开创了不带隶书波磔的草书,后世称之为今草。到了两晋时期,是草书发展的鼎盛时期,而王羲之的草书代表了晋代的最高成就。羲之深知,草书不能如大江东去那样畅快,否则无"气度";也不能"一泻千里,毫无法度"否则无"神韵"。他在总结前人书法作品中的一些用笔、结字的优点的基础上,以他丰富的内涵,洒脱自然的风韵使他创出的今草流畅、变幻有如"龙跳天门,虎卧凤阁"。精神内守,风华外现,富有独特魅力,成为后人效法的蓝本。留传后世的主要作品有《十七帖》《行穰贴》《寒切贴》。其中《十七帖》书法最佳,体势雄健天下第一,是草书艺术中的绝品。

第三,如果说王羲之在楷书,草书上都做出了令人瞩目的成就,那么确立他"书圣"地位的还在于他在行书方面的贡献。

提到王羲之的行书,我们自然想到《兰亭序》。它是至今能见的最早,也是无人超越的行书绝品,被人们称为"天下第一行书"。《兰亭序》是他在东晋永和九年与太原人孙承公等四十一人在山阴兰亭修被禊,羲之择笔撰序。用蚕茧纸、鼠须笔来写,全篇 28 行,324 字,字字"遒媚劲健、绝代所无"。其章法,布白浑然一体;用笔,结字更是奇妙。全篇 20 个"之"字,7 个"不"字绝不雷同,好像神助一般。等他酒醒之后,又重写了好多本,终究没有兰亭集会时写的那篇好。

王羲之的《兰亭序》是他风度,情操的充分体现。他的笔法自然安详又多具含蓄的回锋以敛其气,后人称之为"内撅"。笔画精细变化、用笔的藏露互见、顿提波磔的运用、结字疏密的变化、字形大小的参差形成他行书的鲜明节奏,和谐而又富于变化。使人见后,犹如缓步于芳林落叶之中,流连于高山流水之间;仿佛听一首抑扬缠绵的乐曲,观一幅气韵生动的画卷,美不胜收。

书法艺术的最高境界即"神韵",而最能体现神韵的莫过于行书。行书最具中和之美,有一种从容不迫的气度,能充分展示书法家的才华。因此《兰亭序》成为王羲之书法艺术的最高代表,对后世书法家产生不可估量的影响。除《兰亭序》外,《何如贴》《奉橘贴》《快雪时晴贴》《官奴贴》《姨母贴》等,也是享誉很盛的行书名作。

第四,王羲之除了完善楷、改革章草、开创行书三大功绩之外,他还是一位大书论家呢。《卫夫人<笔阵图>后》《书论》等多篇书法理论遗产,也成为后人的宝贵财富。虽然有人认为出于后人的依托,但其中或多或少地记载或透露了王羲之一些有关书法创作的经验之谈。

"夫欲书法先干研墨,凝神静思,预想字形大小、偃仰、平直、振动,令筋脉相连,意在笔前,然后作字。若平直相似,状如算子,上、下方整,前后齐平,便不是书,得其点画耳。"这是说书法创作一定要"意在笔前",经过充分的酝酿构思,然后落笔去写,才能取得圆满的艺术效果。此外如"夫书,先须引八分(隶书),章草入隶字(楷书)中,发人意气,若直取俗字,则不能生发"(均见《题卫夫人<笔阵图>后》)阐述各种书体之间在艺术上互相补充和促进,一直被书法家们奉为名言。

作为"书圣",王羲之在我国书法史上的地位是无人能超越的,无论是当时还是后世历朝历代,他都有非同一般的影响。流传最广的是"遇妪书扇"的故事。传说王羲之辞去了会稽内史,住在蕺山脚下,有一老妇人拿着十几把六角竹扇出售,王羲之随便问问一把卖多少钱,回答说二十多钱,王羲之拿起笔来在竹扇上写字。每把扇子写五个字,老妇人大声叹息说:"我一家人的早饭全靠这几把扇子了,你为什么要将它写坏了?"王羲之说:"只要说是王羲之写的字,可以付价一百钱。"老妇人进入集市,赶集的人争相去买。老妇人又拿十几把扇子来请王羲之写,王羲之只笑笑却不作声。这个故事反映出王羲之的书法在当时就负有盛名。

后代的人们更是喜爱、效法王羲之的书法。据说,唐太宗在世时,不惜重金在全国范围内搜罗王羲之的真迹,并把它们裱装成卷,然后请高手有选择地进行钩摹复制,以便流传。不仅如此,他还亲自以帝王之尊,为《晋书·王羲之传》作赞辞道:"所以详察古今,研精篆、隶,尽善尽美,其惟王逸少乎!"唐太宗最终收集了王羲之的真迹3600张,其中以《兰亭集序》最为宝贵,把它放在座位旁边,早晚观赏。有一天他还贴近高宗的耳边说:"我死以后,给我把《兰亭》带去。"等到居丧的日子,《兰亭》被人用玉匣盛着陪葬在昭陵之中。

由于帝王的出面弘扬,因此上行下效,非但王羲之的"书圣"地位由此确立,而且千百年来,学他书的更是不乏其人。从隋朝开始,唐、宋、元、明、清至近代,凡作行书者无不受《兰亭集序》影响,尤其唐宋以来的大书法家,都吸收了《兰亭集序》的不少营养。欧、虞、褚、陆、李北海、杨少师、下及苏、黄、米、蔡,明朝的董、文都是以《兰亭集序》为宗师法祖,就是颜书创始人鲁公及其学派传人也无不崇尚此帖,汲取其特长。

中国的书法艺术历经几千年的"妊娠",到了魏晋时期,是其突破升华的时代。在这开创的时代孕育出了王羲之这样空前绝后的大书法家,他的书法艺术中那种蕴藉空灵的气韵,体现了中国书法艺术的最高境界。今天的书法家们仍然努力地追求着书法艺术的尽善尽美,然而就笔下的神韵来讲,却仍然不得不回视王羲之的成就,如果说晋人的书法是我国2000年书法艺术的王冠,那么王羲之是这王冠上最明亮的那颗宝石。

传说种种　流芳世人

王羲之机智解危

王羲之的家族,是东晋的名门望族,他的两个伯父是拥立司马睿建立东晋的佐命功臣,一位叫王导,任东晋宰相,另一位叫王敦,任大将军,掌管东晋的兵马大权。当时社会上流传着"王与司马共天下"的说法。王氏家族在东晋政权中,权势之盛,地位之高,无与伦比。

王敦虽已位极人臣,享尽荣华,但他的野心很大,一心想尝尝当皇帝的滋味。王敦的谋士钱风,一直在给王敦问鼎的野心鼓动打气,他自己也存心借此捞个开国元勋。二人臭味相投,成为知己。

初夏的一个早晨，王敦起床不久，钱风急如星火地走进王府大门，直奔客厅而来。王敦得报后立即到客厅与他见面。钱风欲言又止，向王敦使了个眼色。王敦抬起右手挥了挥，几个仆人都心领神会地退了下去。二人关起门来，谈起了"谋反"的机密。

钱风用极为神秘的口气，小声地对王敦说着。二人叽叽咕咕地谈了好一阵子，王敦突然站了起来，手一挥，正在开口说话中突然停了下来，原来他透过窗子，看到对面房间里睡着的帐子动了一动，这使他想起侄儿王羲之还在床上睡觉。

王羲之这年才十一二岁，平时最受王敦器重。王敦把聪明机灵、悟性极高的王羲之，看作是维持王家世家大族地位的"荣誉"标志之一，是王家下一代人中的佼佼者。因此，经常把王羲之带在身边，留他在自己府中生活。这一次，王羲之已连续几天吃住在王敦家中了，他的卧室恰好紧挨着客厅。当钱风到来时，因为双方都很紧张，王敦便把王羲之在屋里睡觉的事忘得一干二净。直到王敦站起身来，看到帐子动了一下，才想起来。于是，王敦大惊失色，对钱风说："不好！羲儿还在这里睡觉。我们刚才说的话让他听去了可怎么办？"

策划起兵、夺位，是一件冒天下之大不韪的事，一旦走漏风声，策划者的身家性命将彻底毁灭，王敦和钱风对此是十分清楚的。经王敦一提起，两眼射出凶光的钱风对王敦急促地说："大将军，计划泄漏出去，我们便死无葬身之地了。量小非君子，无毒不丈夫啊！"钱风怂恿王敦去杀王羲之。

"大将军，要成大事，不敢作为不行。当断不断，反受其乱啊！"钱风焦急地催促王敦下手。

听了钱风的话，王敦心一横，脚一跺，说："对，不能儿女情长。"接着转头向着王羲之睡觉的那个房间叫道，"羲儿呀，你就莫怪这做伯伯的无情无义了！"王敦说着拔出了寒光逼人的青龙宝剑，提剑直奔王羲之睡觉的床前。

王敦撩起帐子，正待挥剑砍下去，却突然停了下来。原来王羲之这时发着微微的鼾声，睡得正香甜，头歪在一边，胸脯随着均匀的呼吸一起一伏，王敦掀起帐子，王羲之也毫无反应。王敦爱怜地望着十分钟爱的侄儿，庆幸自己的密谋并没有被侄儿听见，于是，打消了杀侄儿的念头。王敦收回宝剑把它插入鞘中，拉着钱风的手走了出去。

真玄哪，王羲之差一点就成了伯父王敦的刀下鬼了。实际上，打钱风进门时起，王羲之就已醒来，无意中偷听到了伯父与钱风的谈话。很快，王羲之意识到了自己的处境非常危险。当王敦提剑向他走来之时，王羲之紧张的心几乎堵住了嗓子眼，他尽力使自己平静下来，两眼闭着，神态自若，完全像睡着一样，一点破绽也没有露出来。王敦因此才没有下手。

王羲之以自己的机警，避免了一场无妄之灾，保住了自己的小命。

另辟蹊径成佳婿

郗鉴是晋朝明帝时的车骑将军,在他的女儿郗睿成年后,为了选出一个门当户对的好女婿,他征得宰相王导的同意,派了一个人到王导家,从王导的众多儿子中去物色最佳人选。王导的几个儿子早就知道郗睿才貌双全,听说此事后,都想纳此佳妻。到了郗鉴派人来的那一天,一个个都穿戴得衣冠楚楚,光彩照人,而且显得举止潇洒,风度翩翩。

郗鉴派去的人对王导的几位公子逐个地细加端详,比来比去,怎么也分不出个高下优劣来。最后只得回去如实向郗鉴禀报:"王丞相的几位公子,都想娶我家小姐。他们个个都一表人才、超群出众,实在难以比较出哪一个是最佳人选。只有一个公子若无其事地躺在东厢房的床上,还把肚子都袒露在外面。"郗鉴听说竟然有这么一个与众不同的公子,连忙说道:"就选这一个,这一个好!"于是,王羲之便这样被他的泰山大人选中了。

原来王羲之明明知道郗鉴派了人来家里物色女婿,他也早就了解郗睿小姐才貌双全,为什么他这一天要躺在东厢房的床上,还把肚子都袒露在外面,表现出漠不关心、若无其事的样子呢? 是他与弟兄们不同,不想娶郗睿小姐吗? 非也! 他也同样希望能娶郗睿小姐为妻,只不过他的看法与做法不同。他认为,要能被选中,不能步其弟兄们的后尘,应该另辟蹊径、独树一帜。

他深知,他的弟兄们个个都是"好样的",又都希望能娶到郗睿小姐。如果他也如法炮制,来一个油头粉面、锦衣华履,那么,在他的众多弟兄中,未必能脱颖而出,很难会受到特别关注。

未曾得君行道的政治家

——朱熹

名人档案

朱熹：字元晦，一字仲晦，号晦庵、晦翁、考亭先生、云谷老人、沧州病叟、遁翁。南宋徽州婺源（今属江西省婺源县）人。19岁进士及第，曾任荆湖南路安抚使，仕至宝文阁待制。

生卒时间：1130年~1200年。

安葬之地：福建省建阳区唐石里（黄坑镇）大林谷。

性格特点：朱熹的一生志在树立理学，使之成为统治思想。但因理学初出，影响不深。同时，朱熹在官场上因品性耿直而得罪权臣，致使朱熹晚年落得一个悲剧的结局。

历史功过：朱熹是孔子以后中国古代最伟大的思想家，他的学说体系博大、严密，集孔子以后学术思想之大成，并深远地影响了身后中国传统政治与文化发展达数百年。不过，朱熹的一生并不仅仅是一位哲学家的一生。学术固然是他自觉的追求，而"致君行道"更是他一生的梦想。他总结了以往的思想，尤其是宋代理学思想，建立了庞大的理学体系，成为宋代理学之大成，其功绩为后世所称道。

名家评点：南宋著名的理学家和教育家，闽学派的代表人物，世称朱子，是孔子、孟子以来最杰出的弘扬儒学的大师。人们曾用这样的话赞美他："集大成而绪千百年绝传之学，开愚蒙而立亿万世一定之归。"门人黄榦曰："继往圣将微之绪，启前贤未发之机，辨诸儒之得失，辟异端之论谬，明天理，正人心，事业之大，又孰有加于此者。"（《行状》）

学生时代　考中进士

　　朱熹，字元晦，一字仲晦，徽州婺源人，建炎四年(1130年)九月十五日，生于南剑州(今南平)尤溪一家馆舍里。建炎时期正是金兵南侵，南宋小朝廷惶惶不可终日的时候，朱熹的父亲朱松本来是要到建州上任，可是有一支金兵从江西杀入福建邵武，朱松官也不做了，携家南奔。到了四年初，金兵被打退了，可是叛兵又起，于是朱松又仓皇买舟南下，于四年五月来到尤溪避难。刚来四个多月，就喜得麟儿，他给自己的第三子取小名沈郎(一说沈郎)，小字为季延。

　　据说这孩子出生前三天，远在千里之外的老家婺源南街朱氏故宅的古井突然冒出紫气如虹，仿佛在预告圣人降临。也有人说他一生下来，脸右角就有7颗黑痣，更神奇的是这些黑痣排列成北斗七星的样子。朱熹脸上有黑痣倒是真的，不过没有那么多，当然也没有什么北斗七星。朱松还曾经请过高人看风水，问将来富贵，高人回答道："富也只如此，贵也只如此。生个小孩儿，便是孔夫子。"朱松大概不会当真，他对这个第三子并没有寄予多大的期望。在第三天的洗儿会上，朱松写下了两首《洗儿》诗，其中一首写道："行年已合识头颅，旧学屠龙意转疏。有子添丁助征戍，肯令辛苦更儒冠？"现在这个年头，百无一用是书生，生个男孩将来当兵打仗，还读什么书啊，更不用谈什么生个孔夫子了。不过朱松这话也是当不得真的，仕途不顺，他有的是时间亲自调教这个小孩儿，很快他就发现小朱熹是那么的聪明过人。

　　朱熹四岁的时候，有一次朱松指着天空告诉他："儿子，这是天。"没想到小朱熹竟然问道："天上面是什么？"这令朱松惊异不已，于是在朱熹五岁的时候把他送进了学校。上小学时的朱熹就非常喜欢独立思考，儿时的那个问题一直在缠绕着他。他经常仰望太空，苦苦思索："这天地四方之外，到底是什么东西呢？总听人说四方无边，可我想应该有个尽头。就像那墙壁一样，墙后面应该是有东西的。"朱熹后来说自己那时因为总是在思考这个问题，几乎想出病来。朱熹对儒家的蒙学教育接受得也较常人快。有一次，朱熹与一群小孩在沙滩上，别人在玩沙，他却独自端坐，以指画沙，大家一看，画的竟然全是八卦符号。在学校里，老师初授《孝经》的时候，朱熹心领神会一学就懂，并在课本上题字："不若是，非人也！"对《孟子》也非常喜欢，在读到"圣人与我同类"这句话时非常兴奋，觉得做圣人也不难。这时候的朱松也早忘了要让朱熹去当大兵的话了，在朱熹五岁上学的时候就对他寄予了厚望："成家全赖汝，逝此莫蹉跎。"

　　绍兴八年(1138年)，因为父亲在朝为官，朱熹第一次来到临安。在这里，他第一次见到了那么多文坛、政坛上的成名人物，并第一次耳濡目染了朝廷对金和战问题上的激烈交锋。绍兴八年正是在秦桧主持下宋金议和的时候。枢密院编修官胡铨上书反对议和,请斩秦桧等主和三人以谢国人,结果被罢斥。朱松也是坚决反对和议,看到胡铨被贬后,朱松联络同僚共六人联名上书痛斥和谈之非。最终反对无效,和谈达成,忠义之士都为之愤慨。朱松感慨地对小朱熹说道:"太祖受命,到现在刚好180年了!"父辈们的抗争也激发了朱熹胸中的忠义之气,朱松的无奈与叹息直到晚年还留在他的心里。在朱熹去世前一年,他在回忆了当时的情景之后,不禁也是一声长叹:"建隆庚申(960),距今刚好240年了!"比朱松那时又过了一个甲子,仍然是破碎山河,恢复无望。

绍兴十年三月,朱松被秦桧出知饶州,朱松不就任,自请做了闲官,带领全家搬到了建州(今建瓯)城南的建溪定居。十二岁的时候,朱熹在诗文创作上已经有了相当不俗的表现,家乡的前辈曾题诗云:"共叹韦斋(朱松的号)老,有子笔扛鼎。"朱松也为有子如此感到十分欣慰,在这一年朱熹的生日那天,一连写了四首诗祝贺。然而不幸的是,次年的三月,朱松因病去世。临终前将朱熹母子托付给好友屏山刘子羽,这样朱熹寄居刘家,师从刘子羽的弟弟刘子翚、刘勉之、胡宪等武夷三先生问学。刘氏兄弟是忠义之后、当地名门,三先生又都是学尊二程,政治上坚决反和主战,这些都对朱熹的政治立场和学术思想的发展产生了很大的影响。

跟着三先生问学是朱熹读书最刻苦的时期。除了苦读儒家经典外,朱熹还广泛汲取各种知识,所学习的内容十分庞杂,禅、道、文章、楚辞、诗,无不涉猎,连医学、兵法都学,此外还练习书法,并学会了弹琴。朱熹后来回忆说自己"当时也是吃了多少辛苦读书!""我从少年求学,16岁就爱好上了理学,17岁时就已具有了现在学者的见识!"

16岁是对于朱熹具有特别意义的一年。这一年刘子翚给他取字为"元晦",希望朱熹能够像"木晦于根,春荣晔敷"那样,人晦于身,神明内腴,厚积薄发,充实而后有光辉。朱熹后来又自号晦翁、晦庵、沧州病叟、遁翁,等等,显然都是不忘乃师教诲。

绍兴十七年十一月,朱熹参加了建州乡贡考试,一举高中。考官蔡兹对朱熹非常满意,对别人称赞道:"我录取了一个后生,三篇策论都是要为国家措置大事,他日必非常人。"朱熹也是意气风发,作《远游篇》:"举座且停酒,听我歌远游。远游何所至?咫尺视九州。九州何茫茫,环海以为疆。上有孤凤翔,下有神驹骧。孰能不惮远,为我游其方。为子奉尊酒,击铗歌慷慨……朝登南极道,暮宿临太行。睥睨即万里,超忽凌荒。无为蟊蠘者,终日守空堂。"这是现在所存朱熹最早的诗歌。在经历了"十年寂寞抱遗经"的苦读之后,朱熹对即将到来的省试和未来的事业充满信心。十八年,朱熹怀揣着一本高僧宗杲的《大慧语录》就进京赶考了——在近来的几年中,朱熹迷上了禅学。结果在经义的考试中,朱熹援用了禅宗的学说,标新立异,竟然得到了考官的赏识,顺利地考中进士。三年后,朱熹再次进京,通过了铨试,授官泉州同安县主簿。

坎坷仕途　自甘淡泊

　　绍兴二十三年五月，朱熹南下到同安赴任。在此之前的几年间，因为朱熹早早摆脱了科举的羁绊，得以尽其所好，出入于佛、道两教之间，尤好禅学。在赴任途中经过南剑时朱熹去城南樟林拜见了名儒延平先生李侗，他对于禅学的信仰遭到了学主二程的李侗的批评。后来朱熹又多次专程拜访李侗问学并通过信件讨论学问，终于又重新返回到了儒学乐地当中。

　　在同安，24岁的朱熹给自己居住的西斋取名"高士轩"，白天在衙门里恪尽职守做主簿，晚上躲到高士轩里刻苦读书作高士。朱熹把县衙门中的"祐贤堂"改名为"牧爱堂"，悬挂上"视民如伤"的匾额，又在县城的同山上大书"大同"二字，表达了朱熹的仁以爱民的理念。同安曾流传着一则朱熹处理民田纠纷的故事。当时有依仗势力强夺人家土地的，朱熹就题了几个字，写道："此地不灵，是无地理。此地若灵，是无天理。"后来得地之家果然不吉利。这个故事的可信性是值得怀疑的，因为朱熹重视吏治、疾恶如仇，大约不会容忍良民的良田如此简单地就被夺走，而仅仅寄希望于虚无缥缈的天理。

　　朱熹看到县里土地簿籍多年不经核查，有的百姓破产失田，税籍仍在，有的富户则吞并田产，隐匿赋税，为此朱熹提出要重新丈量土地，正籍均税。看到农民赋税太重，尤其是经制钱和总制钱这两种附加税最为困民，朱熹上书财政部官员，痛陈两税之弊，提出蠲免。经、总制钱已通行几十年，已经成为朝廷命脉，朱熹这个年轻的小小主簿成为第一个提出废除的，显示了他对社会问题的关注和勇于直言的胆识。但人微言轻，朱熹正经界和减免百姓赋税的努力最终都失败了。朱熹较为成功的工作是振兴了县学。

　　年轻的朱熹从入仕之初，就表现出对于教育的非同一般的重视。他刚到同安时县学已经是学舍毁坏，藏书朽烂，学纪松弛，名存实亡。朱熹重整县学，将学舍由两斋扩充到四斋。朱熹整理了原有的藏书之后，又向民间募取，同时向上级申请，终于使得一个破败的县学焕然一新。为加强师资，朱熹聘请了本县进士和名儒担任教授工作。朱熹还重新确定了学校的宗旨、大纲和学规，为了严肃学风，他又开除了两名品行不端的学生。朱熹还亲自为学生作33个问题，这些问题有很多都是针对南宋的政治、经济和社会问题提出的，表明朱熹对现实问题的关注。

　　朱熹如此在同安努力工作了三年，"海邑三年吏，勤劳不为身"，而老百姓"输尽王租生理微"的困苦生活又使得他对自己的工作产生了怀疑，"不堪从吏役，憔悴欲归休。"这样在干了五年之后，便奉祠不出了。绍兴二十七年十二月，朱熹被差至监潭州南岳庙，做了祠禄官，没有什么实际职事，但只领取半俸。从此朱熹一心学问，对于朝政不抱什么希望。绍兴三十年的时候，他的老师辈的胡宪到朝中为官,朱熹在送行的诗中写道:"猿悲鹤怨因何事,只恐先生袖手归。"不过在经过李侗的开导之后,次年朱熹就从书斋中走了出来,又开始高度注意起现实来。

三十一年(1161年)九月,金主完颜亮大举南侵。朱熹密切注视着战局的推进。十月名将刘锜指挥在皂角林大败金兵,斩杀金统军高景山。在得到皂角林之战的捷报后,朱熹连写了四首诗庆祝,其中第二首写道:"明朝灭尽天骄子,南北东西尽好音。"祝愿能够尽歼强敌,收复失地,南北一统。十一月,文臣虞允文指挥取得采石大捷,不久完颜亮被部下杀死。兴奋的朱熹又写了七首诗加以赞颂,希望能够乘胜追击,"汉家原有中兴期。"这些诗歌是朱熹第一次涉及重大的社会现实事件,在朱熹的诗歌中占有特殊位置。

然而令朱熹失望的是很快就传来了高宗以战求和的消息。于是朱熹投书主管军政的枢密院长官,批评朝廷的主和倾向,提出重用已经被废居十年之久的主战派张浚。

第二年六月,高宗退位,赵眘即位,是为孝宗。孝宗即位后起用了张浚,恢复岳飞名誉,并下诏臣僚就时政问题上书言事。孝宗虽在位,但实际上受到高宗的掣肘,虽然起用了主战派,但仍然沿袭了高宗主和的政策。朱熹在八月份在老师李侗的指导下,上书慷慨言事,从思想、政治、军事三个方面提出了自己的意见。他批评了孝宗对佛老的崇尚,强烈反对同金议和:"我们同金有不共戴天之仇,绝不可和。"这个意见其实也是老师的主张,李侗曾经说过:"今日就是将'不共戴天'四个字贴在额头上,其他都是次要的!"朱熹接着指出讲和有百害而无一利,四十年来金一直就是以讲和为辅助战争的手段,导致南宋始终处于被动的地位。

然而孝宗却一直举棋不定,直到十一月在川陕前线因退兵而导致金的追击大败而归,得地尽失之后,这才下定了北伐的决心。由于这次北伐准备得并不充分,朝论也没有统一。结果先胜后败,隆兴元年五月宋军在符离溃败。形势急转直下,主和的论调重新得势。这次北伐的失败使朱熹认识到当前最大的忧虑不在边境,而在朝廷。朝廷议论不一,和战分歧,不能上下一心,又怎能取得对外作战的胜利呢。他想起了当初吕夷简在庆历新政时对范仲淹说的话:"想要经略西事,不如且在朝廷。"正是抱着这种想法,当八月份朝廷因为汪应辰的推荐召朱熹入京时,他一反以前屡屡辞官的态度,决定进京,借着这个机会陈述自己对于和战的意见。在去之前他就先写一封信给宰相陈康伯,批评了他的主和之说。但朱熹对于自己的这次进京并没有抱什么希望,他在给朋友刘珙的信中透露了自己的矛盾心情:"这种论调,他们不能接受是可以想象的。但入京之后,我要说的肯定比这个还要严厉,那时候他们又会怎样呢?"但朱熹虽明知不可也决意一行了。

此时的朝廷已经分为主和、主守、主战三派,坚决主战的唯有一二人而已。在朱熹看来,主和、主守没有什么分别,他要求孝宗尽快罢去讲和之议,使天下人都知道朝廷复仇雪耻的本意。这种声音在满朝主和的合唱中实在是太微弱了。孝宗一面听着朱熹的慷慨陈词,一面派人同金议和。朱熹在临安待了两个多月,一事无成，这时候老师李侗去世的消息传来，于是朱熹在愤激与悲痛中失意而归。次年宋金隆兴和议达成，朱熹只有空自浩叹："迷国嗟谁子？和戎误往年！腐儒空感慨，无策静狼烟！"

和议之后，乾道元年(1165 年)四月，朱熹被召入京任武学博士，结果到任不久就与主和派发生了激烈的冲突，他抨击和议道："现在最根本的大患在于讲和。坏我国家恢复大计的，是讲和！坏我边陲防御的，是讲和！沮我民忠义之心的，是讲和！忘宵旰之忧而养成异日宴安之毒的，是讲和！讲和之祸，岂可胜言！"朱熹再也忍受不了京城苟安的气氛，一个月后，朱熹请得祠官，再次愤然离京。这一去就是十四年。

朱熹从 19 岁起科举中第，少年得意，然而在高、孝时期习于苟安的时代里，他的主张得不到重视，他的仕途也充满挫折，他宁肯固穷山林，也不愿意违道干禄蹈利，以自己的立身行事印证了一个道学家的品格。在接下来的这十四年中，他在政治上继续自甘淡泊，在学术上却勇猛精进。清算湖湘派，大体上建立起自己的理学体系。他的政治主张不能施之于政，而他的学术主张却有着强大的冲击力。为了宣传自己的主张，建立自己的学派，朱熹同当时的众多儒学大家如张栻、吕祖谦、陆九渊等展开了一系列的论战，并在论战中取长补短，不断充实自己的学说。当淳熙六年再次出山时，50 岁的朱熹实际上已经成为完成了《四书集注》、建立了自己的理学体系和学派的旷世大儒了。

再次出山　不避权贵

其实在这十四年中，朱熹并没有忘怀政治。正如朱熹在隐居期间所做的《感怀》诗所言："经济夙所尚，隐沦非素期。几年霜露感，白发忽已垂。"在砥砺学术、著述讲学的同时，他也关心着朝廷的局势和地方政事。学术上的老朋友张栻要入朝，他就献上自己关于改善朝政的意见。在地方事务上，他曾经在崇安的开耀乡设立社仓，解决凶年饥荒之患。又曾在灾年向建宁长官进献切实可行的赈济之法，但有功不受赏。所以朱熹常常是人在江湖，心忧朝廷，不在其位而谋其政。朝廷其实也不断地在征召朱熹入朝，但朱熹审时度势，屡屡推辞了。他认为在小人当道的时候，自己出山无益于治，而且自己性格耿介，不肯与时俯仰，所以宁愿退藏。

淳熙四、五年间，朝中形势发生了变化，连续几任宰辅都极力想请大儒朱熹出山为官。五年三月，曾做过孝宗老师的史浩做了宰相，一上台就荐引了吕祖谦、张栻、朱熹等理学名家。他对吕祖谦说道："我第一想起用的就是朱元晦，然后才是其他诸贤。"他希望吕祖谦能向朱熹转达这个意向。在考虑给朱熹的官职时，参知政事赵雄建议道："不如先任命为外官，待之以诚。"他们考虑到朱熹此次出山，肯定又要多发议论，所以就先处之以外郡，任命朱熹知南康军(今九江星子)，直接赴任,不必进京。朱熹果然请辞。宰辅们纷纷劝慰,吕祖谦也写信道:"就是孔夫子在世,恐怕也得勉力出山。现在是使世人见到儒者之效的时候了。"诗人王质也在诗中写道:"晦庵今年登五十,晦庵不急苍生急。"在推辞达半年之久以后,淳熙六年三月朱熹才接受了任命,赴任南康。大儒终于出山。

朱熹上任伊始,就宣布了宽民力、敦风俗、砥砺士风三条施政纲领。宽民力的具体体现就是减免百姓赋税。南康军所属有星子、都昌、新昌等三县,星子人少地荒,朱熹决定从星子入手。他上书给朝廷请求蠲免星子县的税钱,结果遭到了反对,此后一直到他离任南康,先后六次请求减税都没有得到同意。于是朱熹又上书请减三县木炭钱,结果福建漕司出面反对,气得朱熹写信大骂了一顿。接着朱熹又谋求减免百姓当年的秋粮缴纳,也没有成功。大儒刚刚出山不久,就遭受如此挫折,朱熹感到无可奈何:"平生读书,就是要做对百姓有利的事情,现在到这里,却连这几件事都做不到!"

朱熹想要有番作为,不免触犯豪强之家的利益,而朱熹向来疾恶如仇的性格使他根本不避权贵。有一次一名贵胄子弟在大街上马踏一小孩,朱熹正在学校,命令送到军院审讯。晚上朱熹返回时,有吏员报告,已经拷问完毕。朱熹到军院查看,结果发现那人衣服光鲜,根本不像拷掠过的样子。大怒,第二天就将此人与吏一块儿杖脊。还有一名豪右纠集乡民报复仇人,被朱熹处以编管。朱熹对南康豪强的强硬打击,终于导致了流言纷纷,受到了"治财太急,用刑太过"的攻击,指责他在南康的所作所为是"苛政",这也使得朋友们为之担心,连吕祖谦都写信给朱熹劝他在打击豪右方面谨慎从事。但倔强的朱熹不以为意,他上书朝廷,如果不论是非,那就罢免好了。

为了敦厚风俗,朱熹充分发掘了南康一地的历史资源,为前朝忠臣烈士立庙修墓,重建白鹿洞书院,旌表义门节妇,并宣讲《孝经》,提倡儒家礼仪,抵制佛教影响等等,通过这些手段来倡导忠孝节义。其中白鹿洞书院的重建尤其是朱熹整顿教育、振作士风的最突出的成就。

白鹿洞在庐山五老峰南,因唐末李渤在此隐居读书时,养鹿自娱而得名。南唐时在这里建立了学校,称为庐山国学,成为当时的文化圣地。入宋后不久洞主将南唐朝廷给学校的学田捐献了出去,书院从此就衰落了。到了南宋后更是连地基都找不到了。朱熹通过樵夫找到了书院废址,很快修复了书院,盖了20多间学舍,并增置了学田,请朝廷赐了书院洞额。书院不可无书,朱熹除了向朝廷请赐九经之外,又写信给江西各地的同僚好友求书,并由此认识了为书院藏书帮忙的大诗人陆游。朱熹自任洞主,并为书院讲了第一次课,以后每逢假期都到书院同学生们一起讨论。朱熹为书院制定了著名的《白鹿洞书院学规》:

五教之目:父子有亲,君臣有义,夫妇有别,长幼有序,朋友有信。

为学之序:博学之,审问之,慎思之,明辨之,笃行之。

修身之要:言忠信,行笃敬,惩忿窒欲,迁善改过。

处事之要：正其义不谋其利，明其道不计其功。

接物之要：己所不欲，勿施于人。行有不得，反求诸己。

书院的学规体现了朱熹的以伦理道德为本位的教育理念，也成了此后中国古代后期的通行的教育原则。

朱熹在白鹿洞书院开讲的第二天，孝宗下达了地方官就民间利弊上言的诏书。朱熹终于有了一个可以给孝宗上书、畅所欲言的机会，他决定不管只就"民间利病"上书的规定，继续向皇帝宣扬他的正心诚意之学，因为在他看来，君心正否，是所有一切问题的核心，"从头到尾只是此一个病根也。"朱熹对这次上书的后果也做好了充分的准备，就是卷好铺盖卷回家。他给吕祖谦写信道："生死祸福，全在圣上，自己已不能做主。现在只有三五担行李和一两个外甥，走人也不费力，就等着屏住呼吸承受雷霆之威了。"

朱熹在上书里历数朝政、军队之腐败和社会问题之尖锐，然后将所有这些问题的根源都指向了孝宗君心不正，用人不当。最后朱熹说道："莫大之祸，必至之忧，近在朝夕，而陛下独未知之。"孝宗果然大怒。这时候曾经推荐过朱熹的宰相赵雄道："以天子之贵，何必跟一个狂生过不去。如果治他的罪，反倒是助他成名。不如留用，时间长了，能否自见。"参政周必大以及吏部侍郎赵汝愚等极力救解，孝宗这才放过朱熹。

说来也巧，就在赵雄以留用察看为名救解朱熹的时候，南康的一场特大旱灾的到来迅即证明了朱熹的能力。在朱熹上书不久，南康遭受连续干旱，"禾苗数十里无一穗可收"，朱熹从减负和赈济两个方面展开救灾。朱熹对于给农民减负和救灾本来就有不少的想法和经验，在此次救灾中，朱熹在争取朝廷蠲免一些赋税之外，还制定了严密的救灾措施，防止奸商、豪右的趁火打劫，而且还实行了以工代赈的方式。在朱熹的努力下，南康终于平稳度过旱灾，而且他赈荒的成功措施也被推广到了其他的地区。朱熹一展儒者之效，赢得了从百姓到孝宗的赞誉。八年三月，朱熹因为赈荒有功迁为提举江西常平茶盐公事，九月，因为浙中发生特大水旱灾，新任宰相王淮推荐朱熹，于是改为提举浙东。

六劾仲友　正义凛然

淳熙九年初，朱熹来到浙东就任。为了调查灾情，推行赈荒措施，朱熹开始巡历各州。在巡历中他发现由于贪官污吏和豪强的阻挠与破坏，赈济活动中黑幕重重，如有的地方官员漏报饥民数额，有的官员侵吞赈济钱米等等。朱熹向朝廷奏劾了这些赃官奸吏，但很多却依靠同朝廷要员盘根错节的关系逃脱了惩罚，而朱熹却横遭中伤。朱熹义愤填膺，就上书举劾自己的宰相王淮，指责王淮身为宰相，不以荒政为急，"忧国之心，不如爱身之切"。这时候希望"安静"的王淮还能够容忍，然而在朱熹接下来的弹劾中,王淮再也无法回避了,因为朱熹这次弹劾的是台州知州唐仲友。

唐仲友字与政,号悦斋。进士出身,博学多闻,著有《帝王经世图谱》等,以经制之学著称,是当时较有名气的文人。然而同时满口仁义道德的唐仲友又是一个劣迹斑斑的赃官,朱熹的奏状给我们提供了宋代官僚士大夫文人学者背后的另一面。

七月十六日,朱熹启程巡历台州。在一路上朱熹看到两拨共四十多人的台州饥民扶老携幼逃荒外地,经查访从中了解到了知州唐仲友不积极救灾和贪婪酷虐的大量事实。

唐仲友与宰相王淮是同乡,他的弟妻是王的胞妹,因此唐家跟王淮是姻亲。朱熹提举浙东又是王淮所荐,对朱熹来说,要弹劾唐仲友就显得格外艰难,但朱熹并没有犹豫。在了解到大量的情况后,十九日,朱熹还没有到达台州地界,就写出了弹劾唐仲友的第一状,指出唐仲友不积极救灾,反而更加刻急地催督赋税,以及在任上有很多不公不法之事。二十三日,朱熹到达台州,又写了弹劾唐仲友的第二状。经过审讯相关人等,朱熹获得了唐仲友更多的犯罪证据,于是在二十七日,上弹劾唐仲友的第三状,分残民、贪污、结党、淫恶等四个方面,全面揭露唐仲友的违法犯罪行为24条,并请求将唐仲友先行罢黜。八月八日,上弹劾的第四状,继续上奏唐仲友不法事及藏匿伪造官会人蒋辉事。唐仲友为了隐瞒罪证,还将本州的公库文书给藏了起来,拒不交出,不过还是被人发现了一些漏下的草簿。

在朱熹上奏状的时候,唐仲友也上了自辩状,声称朱熹"搜捉轿檐,惊怖弟妇王氏,心疾甚危。"此王氏,即王淮之妹。王淮将朱熹的奏状连同唐仲友的自辩状一起交给孝宗看,孝宗感到难以分辨,就问王淮,王淮道:"朱主程学,唐主苏学,秀才之间争闲气罢了。"王淮知道孝宗崇苏学,所以才这样解释,把一场严肃的政治斗争轻描淡写地说成是两个文人之间的学术之争。孝宗果然信以为真,唐仲友逃过一死。本来惶恐不安的唐仲友得到了来自王淮的消息后,重新变得有恃无恐,竟然派遣吏卒冲入关押人犯的司理院大打出手。然后又遣人通知说朝廷已派浙西提刑前来审理,现在不能给相关人等结案。八月十日,朱熹立即上了第五状,对这些事情提出疑问,指出唐仲友气焰重新嚣张,是因为党援众多,有后台,矛头直指王淮。提出要么罢黜唐仲友,要么治自己的罪。八月十四日,果然有命令下达将这个案子交给浙西提刑来管,不准朱熹再过问此案。王淮更为阴险的是又宣布罢免唐仲友江西提刑的新任命,改任朱熹。这给人造成了朱熹弹劾唐仲友目的不纯的假象。朱熹直到九月初才得到自己改命的消息,于是又上了第六状,详细揭露了唐仲友贪污和造假钞的罪行。当然这都已经没有什么用处了。几天之后,朱熹请求辞职,然后不管朝廷同意与否,就飘然南归了。唐仲友之案遂不了了之。

朱熹弹劾唐仲友的原因后人有种种说法。有的说是因为吕祖谦与唐仲友不和,有的说是朱熹的朋友陈亮与唐仲友不和,所以朱熹为朋友报仇,这才弹劾了唐仲友。也有的说是朱熹自己与唐不和,还有的说是朱熹受人挑拨离间。实际上我们看到朱熹做了大量的调查,审讯了大量的相关人犯,在弹劾唐仲友的奏状里,他所揭示出的唐仲友结党营私、贪赃枉法、荼毒百姓、生活腐败等等罪证可以说是触目惊心,其贪污公款的手法也令人叹为观止。他对唐仲友的弹劾证据确凿,完全是出于对于贪官污吏的痛恨而秉公办事,一查到底。

在朱熹的第三次弹劾状里,提到了一些与唐仲友沆瀣一气、为虎作伥的娼妓,其中有被唐仲友包养的严蕊。在朱熹将她们也捉拿归案后,她们很多都招认了自己与唐仲友勾结的罪行,其中唐仲友贪污的公款有好多就是花在严蕊身上。然而就是这样一朵生长在肮脏的官僚文化肌体上的恶之花,仅仅在十几年之后就被演绎成了勇敢面对酷吏的才情冤女。

朱熹弹劾唐仲友的十三年后,朱熹的政敌洪迈在自己编写的《夷坚志》中,记载了一个严蕊的故事,大致意思是:台州官妓严蕊才艺双全,为知州唐仲友所看重。朱熹弹劾唐仲友时,逮捕严蕊下狱,对严蕊施加酷刑。后来岳霖为提点刑狱,到台州时,严蕊上状自请。岳霖令严蕊作词,严蕊应声而作:"不是爱风尘,似被前身误,花落花开自在时,总是东君主。去也终须去,住也如何住,若得山花插满头,莫问奴归处。"岳霖当即判严蕊从良。

不管是在朱熹的劾状,还是洪迈的记载里,严蕊到底有何才何貌都没有明确的记载,这毕竟令无聊文人颇感不足。到了南宋晚期终于出现了形象丰满的严蕊形象,同时也有了令人生厌的道学家的形象。在周密《齐东野语》里所记载严蕊的故事里,严蕊已经是能诗词,通古今,琴棋书画、丝竹歌舞无所不精,色艺冠一时,"四方闻其名,有不远千里而登门"的名妓。她先是为唐仲友赏识,后又被一谢姓豪士包养了半年。朱熹弹劾唐仲友的时候,就指称他与严蕊有奸情。严蕊系狱月余,虽备受棰楚,但绝不诬陷唐仲友,因此又不免受杖。有狱吏看不下去,就劝道:"你早认了,顶多就是杖罪,何必遭受这种痛苦?"严蕊回答道:"身为贱妓,纵是与太守有滥,也不至死罪。然是非真伪,怎可妄言以污士大夫,虽死不可诬。"严蕊的回答很坚决,于是再痛杖之,委顿几死。后来的故事就跟洪迈的大体相同,严蕊作《卜算子》词后,岳霖将她放良,不过多了个严蕊被赵氏宗室纳为小妾的最后结局。

这两个故事里,除了名字是真的外,其他几乎都是假的。那首系在严蕊名下,至今流传不衰的《卜算子》分明就记录在朱熹劾奏唐仲友的第三状里,是唐仲友的表弟高宣教在一次宴会上为严蕊所作。高宣教为什么要做这么一首词呢?据严蕊交代,唐仲友打算给严蕊落籍,先将严蕊送到婺州永康县亲戚家,并对严蕊说道:"如果在那里住得不好,就来投奔我。"后来唐仲友又将她送到黄岩暂住。"去也终须去,住也如何住"准确地道出了名分不正的严蕊当时所处的尴尬境地和复杂心态。谁会想得到脍炙人口的《卜算子》背后隐藏着一个不折不扣的赃官名士狎妓的真实故事?

如果没有朱熹的劾状,也许人们永远不会知道严蕊何许人,然而在多年以后,严蕊却成了既有情，也有义，既美丽，又坚强的女词人，她的作品和她的故事永远留在人们的心里，直到现在。与此相对的则是，那个疾恶如仇，勇于揭露贪官污吏和官场黑幕的大儒朱熹则成了罗织罪名的酷吏。才子佳人的故事更容易勾起人们的艳羡与想象，口诛笔伐道貌岸然的理学家不但比探究历史的真相来得容易，而且更能够显示出自己的怜香惜玉和正义凛然。于是终生秉持了最高道德规范的道德哲学家却饱受正义的人们最无情的道德评判，卑鄙成了卑鄙者的通行证，历史就是如此吊诡。

大儒出山不满四年，亲自体验了官僚制度的腐败，感受到了在这个世风日下的社会里自己一己力量的微弱。朱熹说："我就是要试一试自己到底有多大的力量，现在试过了，真是长见识啊。"他越发相信，在这个官僚腐败、物欲横流的社会，如果法制坏了还可以更改，如果人心坏了，那整个社会也将不可救药，而挽救人心，改变风俗，唯有靠儒家伦理道德。

三度出山　致君行道

浙东之行铩羽而归后，"归来犹幸此身轻"，朱熹建武夷精舍，继续读书讲学，一晃又是六年。期间朱熹连续做了几任祠禄官，尽管俸禄微薄，生活清苦，但朱熹倒也不以为意，"名教众自有乐处"。淳熙十四年（1187年），朝廷任命朱熹主管南京鸿庆宫的祠官，而南京实际上在金人占领之下，宫中还有神宗像。这样的一个任命，怎能不触动朱熹心事，"旧京原庙久烟尘，白发祠官感慨新。北望千门空引籍，不知何日去朝真？"

这个任命之后过了不久，由于著名诗人杨万里向新任宰相周必大的推荐，朱熹又被任命为江西提刑。朱熹听说孝宗还是念着他，士大夫也有很多推荐的，才有这次任命，不禁感到这是一个机会，但又觉得事情恐怕难尽如人意，"脚甚涩，懒向前。"当陈亮劝他出山的时候，他回信道："再过几天，就是60岁的人了。最近刚刚种了几畦杞菊，若一脚出门，就吃不着了，这可不是小事。奉劝老兄别撺掇我了，留取闲汉在山里咬菜根，与人无争，了却几卷残书吧。"但朱熹四上辞呈都被拒绝。同时在这一个过程中，朝廷形势发生了有利于理学派的重要变化。十月，高宗去世，早有恢复志向的孝宗终于从高宗的阴影中走了出来，王淮渐渐失去信任，周必大受到重用，朱熹终于决定二度出山了。

十五年五月朱熹到达京城，六月初七，拜见了孝宗。八年多未见的君臣二人，在这次相见中首先提到的就是浙东之事。孝宗道："浙东救荒费心了。很久不见，浙东那件事情我自己有数。现在当处卿以清要之官，不会再以州县相劳了。"第二天，朱熹就接到了到兵部任职的诏书。朱熹在这个职位的顶头上司是福州福清人林栗。林栗，字黄中，在7天前刚刚与朱熹有过一场很不愉快的学术辩论，为此朱熹不愿意与林栗共事,就以足疾为由请辞新命。于是林栗立即上书弹劾朱熹本无学术,欺世盗名,故意不肯就任。孝宗就采纳了周必大的建议,仍以朱熹为江西提刑,朱熹坚决请辞,于是再为祠官。朱熹的再度出山因为林栗的阻挠一事无成就早早地结束了。

几个月之后,孝宗再召朱熹进京,朱熹在上书辞免后,又写了一封长篇奏疏。朱熹认为,用其人不如用其言,自己即使进京,所说的也不过就是这些。这就是著名的《戊申封事》。到朱熹的奏疏递到宫中后,已经是深夜,孝宗本已就寝,急忙又点起蜡烛,一口气读完了这封近两万言的奏疏。在这篇奏疏里,朱熹将恢复作为一个长远目标提出,其论政的核心在于改革内政的六大当务之急,这也正与孝宗的想法一致。在第二天,孝宗下诏任命朱熹为崇政殿说书,意在让朱熹辅佐太子。但朱熹鉴于当时周必大推荐理学派的活动遭受挫折,多名理学派官员被劾的局势,没有接受这次任命。三个月之后,淳熙十六年二月,孝宗内禅,光宗即位。

光宗朝受重用的宰相留正为了争取道学力量的支持,亲笔写信邀请朱熹出山,而就在此前不久,留正刚刚清除掉了道学人士极力反对的近习姜特立,这使得他赢得了朱熹的高度信任,因此在十一月,朱熹终于应留正之请接受了知漳州的任命,三度出山。

在漳州,朱熹深感土地兼并、租税不均之害,请求推行经界,重新丈量土地,编制账籍,按籍纳税。然而一切准备就绪,就等中央下令实行的时候,这命令却迟迟不下。朱熹对这种官僚作风气愤之极,对学生说道:"碌碌无为,可以做到公卿;只管纵容富人收田置田,让贫者纳税,便是好牧守!""现在的人都是如此见识短浅,有个天下国家,却无一人肯以天下为己任!"当行经界的诏令下达时,已经是春耕时节。朱熹只好再为秋收农闲时实行经界做准备。绍熙二年(1191年)正月,朱熹长子朱塾病卒,朱熹请求离任奉祠。十月,漳州进士吴禹圭上状诉称经界扰民,结果朱熹为之筹划了一年的漳州经界失败。愤怒的朱熹写信批评留正表面上支持经界,却在暗地里阻挠,"以后决不再登相公之门!"朱熹连续三次出山,"一出而遭唐仲友,再出而遭林黄中,今又遭此吴禹圭",仕途多蹇,志不能伸,不禁仰天长叹造化弄人,再一次归隐山林,卜居考亭。这次出山仅供职一年。

一年以后,杨万里也罢官。他写信给朱熹说从此以后要退隐山林,畅游武夷山水。朱熹表示,如果真能那样,当然是再好不过,"但恐功名迫逐,不暇赴此寂寞之期耳。"他担心杨万里耐不住山林寂寞,早晚会出仕。然而到了明年年底,当宰相留正推荐朱熹担任荆湖南路安抚使时,不能忘世的朱熹却再度应召出山了。

光宗即位以后,由于李皇后和左右近习的挑拨,加上自身的病情,他同已退居重华宫做太上皇的孝宗严重不和,并不再去朝拜孝宗。这引起了朝臣们旷日持久的谏诤和对近习的弹击。绍熙四年五月,光宗准备召用近习姜特立,众多朝臣上疏反对都失败了,这时候朱熹曾经反对过的宰相留正不惜以140多天的罢工来抗议,终于迫使光宗停止召回姜特立。留正的这一壮举再度赢得了道学派的信任,他对道学人士的大量荐引,也使得道学派在朝中的力量空前壮大。正是这样的一个形势才使本来决心归隐的朱熹动摇了,他觉得此番形势转折,是在朝理想的方向发展,决定"勉强一行",同时,他又反过来劝正在享受归隐之乐的杨万里"不能以乐天知命之乐,而忘与人同忧之忧",希望杨万里也能够同自己一起复出。

朱熹在绍熙五年五月到达潭州之后,就着手整顿吏治和清理狱讼。潭州本来形成初一、十五不接待办事人员的惯例,有的甚至十天半月都不见客。朱熹很看不惯这种作风:"不知道出来接待一会儿,有什么辛苦的? 让别人等得久了,或者有急事想离开却又走不了,那时什么心情? 这种人真是不仁之人!"于是下令每天都要接见来访者。对于狱讼,朱熹坚决反对不分是非善恶,一味从宽的处理方式。朱熹曾捉到一个姓张的恶霸,在审理的过程中,发现此人凶恶不可言:他家门前有一木桥,商贩从桥上过,只要用挂杖挂其桥,必捉来吊打。朱熹认为这种人"若不痛治,何以惩戒!"据说不久朱熹在离任的时候,不顾新君即位天下大赦,仍从牢中提取了十八名这样的恶棍处死。

几乎与朱熹在潭州努力刷新政治的同时,朝中却接二连三发生重大的政治变化,从而也深刻影响了朱熹个人的整个晚年生涯。

"伪学"党魁　落职罢祠

绍熙五年(1194 年)四月,当朱熹还在去潭州的路上时,孝宗病重,尽管大臣们苦苦哀求,光宗仍然不为所动,拒绝去重华宫看望病重的父亲。六月九日,孝宗病故于重华宫。即使到了这种时候,光宗仍然不肯去重华宫,丧事也无人主持。临安城为骚动不安的情绪所笼罩,好像预感到有什么不祥的事情要发生,很多权贵、富商,甚至朝臣都在做着逃离京城的准备。六月中旬,叶适找到留正,提出既然光宗有病在身不能为孝宗发丧,请让太子参决政务。留正不敢做主,竟然偷偷溜出京城躲到外边去了。七月五日,副宰相赵汝愚在外戚韩侂胄和宗室赵彦逾等人的帮助下请出来高宗的皇后主持大局,搞了一幕内禅,光宗退位,其子赵扩即位,是为宁宗。

有定策之功的赵汝愚升任宰相,成为道学派的核心。在赵汝愚的推荐下,宁宗召朱熹入京议事。宁宗早在读书时就已经熟知朱熹的大名,因此在不久后他亲自开列的十人的经筵讲官名单中,朱熹赫然名列其中。一生都在梦想着"得君行道"的一代儒宗朱熹终于在垂暮之年像他素来敬佩的程颐一样成为帝王师。

朱熹对于宁宗的钦点讲官有点受宠若惊了,他认为当今圣上如此好学,有求治的愿望,自己是"义不可不一往",朋友们也对朱熹的这次进京充满厚望。"今日之事,非大更改,不足以悦天意,服人心。"当朱熹还在进京的路上时,便已经在筹划助新君施政的方略了。

　　然而就在朱熹踌躇满志的时候,陆续传来的其他消息,却令朱熹稍感不安。外戚韩侂胄已露专权之迹象,当宰相留正对宁宗宠信韩侂胄提出反对时,却又引起了宁宗的不快。八月二十日,光宗以内批将宰相留正罢免。别人都在赞叹新君英明,朱熹却产生畏惧之感。有学生问:"留正当逐,何惧之有?"朱熹回答道:"大臣进退当以礼,怎么可如此轻易?派人晓之以理,让他自己请辞,然后允许,这样才得体。人主新立,怎可诱导他轻逐大臣?"作为天子,不能正心诚意,这正是朱熹所担心的。九月底,朱熹到达临安城外,在距城二十里的六和塔待命。这时候,朝中的一大批道学派官员都赶过来相见,就朝中动向商议对策。朱熹也没有好办法:"我们现在如同几上之肉,哪能管得了这么多!"在朱熹看来,他们根本无法同韩侂胄等人直接对抗,只能寄希望于宁宗,而这也正是自己的帝王师身份意义所在。所以尽管项安世认为"莫遣晦翁闻世事,怕教兴尽却思回",朱熹自己还兴致正浓。

　　十月二日,朱熹入临安,十日正式就任,开始了自己的立朝生涯。十四日,朱熹给宁宗上了自己作为帝王师的第一课,讲的是《大学》。朱熹告诉宁宗,要时刻记着"以修身为本",每出一言,每行一事,都要反省一下是否对自己的修身有害;每当夙兴夜寐之际,都要反省今天对于父母有没有做得不够好的地方。朱熹希望,能够通过君主自身修养的提高来防止权力的滥用。

　　按照惯例,正常情况下经筵是两天一进讲,早晚各一次。朱熹觉得这样不够,就像修身不可一日无一样,帝王学术也是要天天讲,因此请求改为每天早晚都讲。宁宗竟然同意了朱熹的请求,这令朱熹大感欣慰:"圣上是可与为善之人,如能常得到贤者辅导,天下就有望了!"而天下大贤,又舍我其谁呢?

　　十月二十三日,朱熹第三次进讲。讲完之后,朱熹向宁宗面奏了四件事情。这四件事情全都是对宁宗的批评。第一件事是批评宁宗大兴土木,修造宫室三百间;第二件是批评宁宗对太上皇孝心不够,希望宁宗下诏自责,向太上皇请罪;第三件事是批评朝廷纲纪紊乱;第四件事是关于孝宗陵址的选择。其中尤其以第三事为朱熹这次上奏的主要问题。他严厉批评了宁宗即位数月的朝政之失,指出君主不能遵守法制,独断专行,即使处理得当,也是不应该的,因为这是遗患将来;独断的背后更有左右近习如韩侂胄辈的盗窃政柄。朱熹对宁宗和韩侂胄的批评,撕开了以前经筵之上君臣之间那层温情脉脉的面纱,更引起了韩侂胄的嫉恨。韩侂胄指使优伶峨冠博袖,扮成朱熹的样子,戏于宁宗之前,借以丑化朱熹,而宁宗内心里也已经开始厌倦朱熹了,他受不了朱熹每次讲课的说教,尤其受不了朱熹总是愿意就职分外的事情指手画脚,发表意见。

　　闰十月十九日晚上,是朱熹的第七次课。朱熹再次强调了《大学》的正心诚意之说,批判宁宗言行不一,讲完之后,又再次重申以前所陈四事,请求宁宗付诸实施。宁宗终于无法再忍受了。朱熹刚刚退下,宁宗就发出了驱逐朱熹的"内批":"方此隆冬,恐难立讲,已除卿宫观,可知悉。"韩侂胄知道这个内批如果按照正常手续发下,一定会遭到大臣们的阻拦,于是就派宦官直接送到了朱熹的手里。朱熹当然不会赖着不走，当即就上了《谢御笔与宫观状》，表示对宁宗怜惜自己衰病余年，感恩之至，当天就迈出国门。满打满算朱熹立朝仅 46 天，就帝师梦碎，黯然去国。

朱熹被逐，举朝震惊。第二天开始，道学派官员纷纷上书，批判宁宗乱政，请求复留朱熹。但宁宗只是任命朱熹知江陵府，拒绝朱熹返朝，而绝望的朱熹也坚决不受新命："这次就是死也不出！"朱熹准备"永弃人间事，吾道付沧州！"然而，真正的劫难才刚刚开始。

当道学领袖朱熹被逐出京城之后，道学派的政治领袖赵汝愚也岌岌可危了。韩侂胄苦于没有赵汝愚的把柄时，有人献策道："他是宗姓，就说他谋危社稷，就可以一网打尽了。"于是从第二年，庆元元年（1195 年）正月开始，韩侂胄指使党羽谢深甫、何澹、刘德秀等连续弹劾赵汝愚以宗姓居相位，对社稷不利，终于迫使汝愚罢相。接着，道学派成员相继被罢。四月，六名太学生，后来被称作"六君子"，因为上书为汝愚以及太学中被罢的老师鸣不平而被逮捕。六月中旬，太学当中的四名教师又接连被弹劾去职，朝中的道学派官员已经是寥寥无几了。从六月底开始，这些被朱熹称为"新贵"的当权者又开列了一个 46 人的道学邪党名单，打出了反"伪学"的旗号。一时间，风声鹤唳，朱熹预感到更大的迫害就要来临了："时论日新，汝愚等人，必将另有贬斥，只是不知道贬谪的轻重远近罢了。"到了十一月，新贵们果然开始发难。赵汝愚曾"梦孝宗授鼎，背负白龙升天"，于是监察御史胡纮弹劾赵汝愚"倡引伪徒，谋为不轨，乘龙授鼎，假梦为符"的"十不逊"大罪，赵汝愚被贬到永州（治所零陵，今永州市），又有人上书请斩汝愚。第二年的正月，赵汝愚在途中经过衡阳时发病暴卒。三月刘德秀等人借科举考试上疏请禁绝"伪学"，并不点名地将朱熹称为"伪学之魁"。在这一年的科举中，凡文章稍涉"伪学"的都被黜落。朱熹等众多理学家的著作遭到毁版，叶适等大批"伪徒"或罢或贬。这时候一些假道学、理学家的伪信徒开始显出本性，或者媚事新贵，或者另选老师，或者变易衣冠，以同"伪学"划清界限。朱熹对学生说道："以前还担心来求学的真伪难辨，现在朝廷如此锻炼一番，鱼目混珠之徒，再也无法掩饰了。"反"伪学"的目标最终必然指向"伪学之魁"朱熹，但朱熹知道在这文化迫害的大网笼罩之下，任何人都无处可逃，"死生祸福，早已置之度外。"十二月，新贵们终于将矛头直接指向了朱熹，新任监察御史沈继祖上疏弹劾朱熹不忠、不孝、不仁、不义、不公、不廉等"六大罪"。

沈继祖弹劾这个弹疏的真正作者是胡纮。朱熹在武夷精舍讲学的时候，胡纮前往拜谒。朱熹与学生们共食的一直都是糙米、茄子，也就以此招待胡纮了。胡纮很不高兴，回去后对人说道："这不是人之常情。一只鸡、一杯酒，山中应该还是有的。"从此对朱熹怀恨在心。他在做了监察御史时写成了此奏疏，后来因为改官，才将此疏交给了沈继祖上奏。这所谓的六大罪全都是捕风捉影、罗织罪名。比如第一条朱熹不孝，证据是建宁米白，闽中第一，而朱熹只让母亲吃仓米，不给建宁白米吃。胡竑和沈继祖大概不会不知道，建宁白米固然好，却不是老百姓天天都能吃得上的。还有说朱熹图谋霸占建阳县学风水宝地为葬地之类，更是纯粹的诬陷。就是这样看似荒唐的构陷竟然冠以"大罪"之名堂而皇之地上奏，也算是今古奇观了。

而更令人称奇的还在后面。在六大罪之外，沈继祖又罗列了一大堆的罪名，如朱熹的儿子盗牛宰杀，婚嫁必择富民，收徒必引富家子弟，发掘别人坟墓以葬其母，引诱尼姑二人为妾等等。对于以宣扬修齐治平忠孝仁义为己任的道学家朱熹来说，以上罪名无疑是最恶毒的攻击了。当落职罢祠的小报送到来时，朱熹正在与学生们讲论，朱熹看了看后，不动声色，继续上课。朱熹对此已经不屑于一辩了，在谢表中，朱熹说对他的弹劾是尽发阴私，骇人听闻，这么严重的罪行，真是众恶交归，群情共愤了。然后朱熹不无揶揄地写道："自己年老昏聩，竟然不知道自己有这么多的罪恶。"后来又有诏书只落职，仍为前官，朱熹又上谢表道："贪夺朋友之财，纳女尼为小妾，改县学为寺庙之类，想必都已经考察属实，不是诬陷，没想到却给予保全，仍居散官，都是靠皇帝陛下仁义啊。"在私下的通信里，朱熹则是义愤填膺地说道："这些人一点都不想想自己是什么东西，竟然敢这样，真是可怜可笑！"

也许是出于对朱熹四朝老臣的顾忌，被弹劾了诸多大罪的朱熹只是被罢官，免遭流放，而他最好的学生和朋友蔡元定则难逃厄运。在朱熹落职罢祠的同时，普通士人身份的蔡元定却被流放道州（治营道，今道县）。有个学生算了一卦道："先生无虞，蔡所遭必伤。"第二天，朱熹带领弟子们为蔡元定送行，元定作诗告别："断不负所学，此心天地知。"这一天，朱熹罕见地喝了个酩酊大醉。第二年八月，蔡元定病故于贬所。尽管新贵们还没有置朱熹于必死之地，但对于道学的打击则变本加厉了。三年二月，下令"凡是权臣之党，伪学之徒，不得除在内差遣。"闰六月党羽刘三杰上书言："前日之伪党，至此变而为逆党，防之不至，必受其祸。"于是前宰相留正被贬邵州（今邵阳）。九月又下令地方长官荐举改官，必须声明自己"非伪学之人"，参加科举考试的士子则必须在家状上标明"确实不是伪学"才准进考场。在这种情况下，不免有学生把持不住，背弃师门而去。朱熹写信勉励他人："风力愈劲，而此一等人多是立脚不住，千万更加勉力，以副所期。"十二月二十九日，"伪学"之禁达到顶点，一份五十九人的"伪党"名籍终于出炉。病中的朱熹写信问田澹："听说道学党籍已出，我颇居前列，不知是出自谁手？其他人还有谁？"其中宰执四人，以赵汝愚为首；待制以上十三人，以朱熹为首；其他文官三十一人；武臣三人；士人八人。

党籍的确立对于道学派的打击是沉重的。庆元四年春间，病魔缠身的朱熹大病六十多天，几乎不起，都做好了托付后事的准备。更令朱熹伤感的是故交渐零落，有的死于贬所，更多地在困境中郁郁而终。其他有的再遭贬斥，有的杜门不出，"其他吾人往往藏头缩颈，不敢吐气。"无情的政治压迫竟然使得这些学高身正的儒学信徒变成了这般模样，朱熹感到自己晚年碰上的真是一个可悲又可笑的时代。大病不死的朱熹默念平生遭遇，不禁越发怀念起孝宗来。当初孝宗去世时，曾经下诏书规定近臣可以进挽歌，朱熹本想为孝宗写一首挽歌，可是仅仅写了四句就写不下去了，等过了几天之后心情稍平静些的时候，他却被罢职东归，失去了写挽诗的资格了。现在身处党禁中的朱熹越想越是不能自已，于是取出旧稿，恭恭敬敬地续完了这首《孝宗皇帝挽歌词》，"以明孤臣无状，死不忘君之意。"在挽词里，朱熹高度评价了孝宗欲恢复中原的志向和赍志以殁的遗憾，诉说了君臣际遇的经过。在这个凄风苦雨的时刻，朱熹对孝宗的追念，实际上便是对现实政治的否定。

儒学大师　虽死犹生

道学家的苦难和文化的禁锢时代，也必然是道德沦丧、物欲横流的时刻。韩侂胄和他的党羽们借助伪学之禁，清除了政治上的反对派，全面掌控了朝政。朱熹反对了一辈子的近习专权在他的晚年却眼看着变成现实。庆元五年九月，韩侂胄封平原郡王，其权力、地位如日中天，"求进者纳忠不已"，其中也不乏无耻文人和道学叛逆。如本有道学声誉的许及之，在韩侂胄生日的时候，晚来一步，便从旁边的小洞中钻了进去，成了臭名昭著的"由窦尚书，屈膝执政"。韩侂胄的气焰甚至使朱熹也随时感到危险的存在，他对学生们说道："我现在的头颅就好像是粘在脖子上的一样。"但处在严厉的党禁之中，仍不乏学子前来求学，又使朱熹看到希望所在，他写信给黄干："近些年来道学为世所排斥，但年轻人中向学的依然不少，这真是天意！"

朱熹最担心的还是自己大量学术著作的整理："但恨目前文字可以随分发明圣贤遗意、垂示后来者，笔削未定，纂集未成，不能不耿耿耳。"庆元五年，可令朱熹感到欣慰的是在建阳刊刻了最后一次他修订成的《四书集注》以及在广南秘密出版了他文集的第三版。

不过这时候为病魔缠身的朱熹已经预感到自己可能就要不久于人世了。在六年初春"雪花寒送腊，梅萼暖生春"的日子里，他在自己的画像上题了一首诗："苍颜已是十年前，把镜回看一怅然。履薄临深谅无几，且将余日付残编。"

即使在最后的日子里，朱熹也没有忘记自己"为往圣继绝学"的使命，在著述与讲学中度过了自己生命中的最后一周：

三月初二，看蔡沈《书集传》，给全体学生讲说数十条，并论及时事。

初三，改《书传》两章，晚上，讲《书》数十条。

初四，到溪岸边亲自规划筑小亭事宜，晚上讲《太极图》。

初五，本县县令张揆带着礼品来看望朱熹。朱熹拒绝了张揆的礼品，说道："知县若宽得百姓一分，即某受一分之赐。"晚上讲张载《西铭》，又讲为学的要点。

初六，改《大学章句》中《诚意》一章，学生誊写好后，又改了几个字。又修改《楚辞》一段。午后大泻不止。

初七,严重腹泻。

初八,作书信数封,主要交代《礼书》有关事宜。

初九,学生们过来问疾,口不能言,执笔却无力运笔,气息渐微而逝。

朱熹去世的消息迅速传开,诸生距离近的奔丧,远的哭祭。学生们决定十一月份在信上举行会葬。这个消息传到了朝廷后,引起了一些人的恐慌。十一月十日,有人上奏疏道:"四方伪徒,定于某一日聚于信上,欲送伪师朱熹之葬。臣闻伪师往在浙东,则浙东之徒盛。在湖南,则湖南之徒盛。每夜三鼓,聚于一室,伪师身据高坐,口出异言,或更相问答,或转相辩难,或吟哦怪书,如道家步虚之声。或幽然端坐,如释氏入定之状。至于遇夜则入,至晓则出,又如奸人事魔之教。观其文,则对偶偏枯,亦如道家之科仪,语言险怪,亦如释氏之语录。杂之以魔书之诡秘,倡之以魔法之和同。今熹身已殁,其徒不忘,生则画像以事之,殁则设位以祭之。容有此事,然会聚之间,必无美意,若非妄谈世人之短长,则是谬议时政之得失。望令守臣约束。"这个奏疏将朱熹和他的学徒们的讲学描写得像是邪教的聚会,并以莫须有的口气认为这个会葬会成为妄议时政的场所,请求令当地官员注意管束。这个对朱熹最后的污蔑与攻击,也得到了朝廷的批准。

十一月二十日,朱熹葬于建阳县唐石里后塘九峰山下大林谷,仍有近千人不避党禁参加了朱熹的会葬。61岁的辛稼轩也做了沉痛的祭文往哭朱熹:"所不朽者,垂万世名。孰谓公死,凛凛犹生!"

饮誉华夏

——玄奘

名人档案

　　玄奘:俗名陈祎,河南缑氏县(今河南偃师县)人,生于一个官宦家庭。唐代高僧,我国汉传佛教四大佛经翻译家之一,中国汉传佛教唯识宗创始人,中国著名古典小说《西游记》中心人物唐僧的原型。相传他是后汉时颍川郡许县(今河南许昌市东)人陈仲弓的后代,其祖上几代都曾在朝廷为官。高祖陈湛,北魏时的清河太守;曾祖陈山,北魏时的征东将军、南阳郡开国公;祖父陈康,北齐时的国子博士;父亲陈惠,也曾为隋王朝的江陵县令,后辞职还乡。陈惠一共生有四个儿子,次子陈素,出家后法号长捷,第四子即玄奘。

　　生卒时间:602 年~664 年。
　　安葬之地:圆寂于长安玉华宫,葬于白鹿原。后迁至樊川。墓地毁于黄巢起义,顶骨迁至终南山紫阁寺,公元 988 年被僧人可政带回南京天禧寺供奉。
　　历史功过:汉传佛教史上最伟大的译经师之一,中国佛教法相唯识宗创始人。

幼年出家　学习佛经

　　隋开皇二十年(600),玄奘诞生于缑氏县凤凰谷陈村(今为陈河村),那是一个依山临水的小村落,位于闻名的少林寺西北的山岭下面。不幸的是,当玄奘五岁之时,他的母亲便离开了人世,这对玄奘幼小的心灵来说,不能不是一个打击。早年出家的二哥,既精通佛教经典,又熟读老庄,人称"释门栋干"。在玄奘十岁之时,其父亲陈惠不幸因病去世,年幼的玄奘便随二哥一同去了东都洛阳净土寺。

玄奘从小便聪明过人,自从进了净土寺之后,便在二哥长捷的指导下学习佛经。玄奘不但聪明,而且十分好学,对佛经发生了深深的兴趣,十一岁时便能背诵出《维摩经》《法华经》,并且能以佛教戒律要求自己。

有一天,净土寺的僧众在诵经做功课,时间长了,僧人中便有人走了神,此刻又赶上住持不在,僧众中便有人放下手中的佛经,谈论起一些与佛经内容无关的有趣事情。正在他们讨论得兴趣正浓的时候,忽然听见一个孩子的声音:"佛经上不是说过,出家要远离世俗吗?你们怎能不追求佛法,做这种无聊的游戏呢?这真是一种极大的浪费!"

众位僧人抬头依声望去,只见他们面前站着一个神色凛然,面容清俊的男孩。此情此景,让那些僧人羞愧不已,谈笑之声马上消失,又认真做起功课来。

隋大业八年(612),隋大理卿郑善果奉皇帝之敕在洛阳收度少年僧人,但玄奘因年纪太小,未被录取,于是他便不快徘徊于公门之侧。当郑善果偶然见到玄奘之后,看到他年纪虽小,但气宇轩昂,一表人才,大为吃惊,就问:"你为何出家?"

玄奘答道:"为了远绍如来,近光遗法。"

听了玄奘的回答,郑善果深嘉其志,破格收度了他,并向自己的同僚称赞玄奘说:"诵业易成,风骨难得,若度此子,必为释门伟器。"也许是苍天有眼,郑善果的几句话竟然说中了玄奘以后的伟大成就。

玄奘因此便正式出家了,这一年他恰好十三岁。

在出家之初,玄奘和他二哥长捷同住在洛阳净土寺。寺里有一位景法师在讲《涅槃经》,玄奘便和二哥长捷一起学习,达到了废寝忘食的程度。后来,寺里又有一位严法师在讲《摄大乘论》,玄奘也是每讲必听,听完后便仔细思索其中的佛理。每当众人还对法师所宣讲的佛经有所疑惑之时,玄奘已能够升座讲法了,而且讲得头头是道,令众僧称赞不已。

正当玄奘醉心佛法,勤奋学习之际,因为隋炀帝的暴政而使天下大乱,洛阳一带成了当时的混乱中心,这使得玄奘再也在洛阳呆不下去了。因此,玄奘和二哥长捷一起离开洛阳,来到京师长安。他们是唐高祖武德元年(618)来到长安的,由于唐王朝国基初创,全国尚未平定,统治者还顾不到发展佛教事业,这不免使玄奘有所失望。但值得庆幸的是,当他们听说长安有个叫道基的法师道法高深,便前去求教,并且住在了庄严寺。玄奘的聪明和智慧使道基十分吃惊,道基不无慨叹地说:"我过去曾游历过许多地方,却从来没有见过如此聪明的少年!"

玄奘和二哥长捷在长安学习佛法之时,又听说蜀地比较安宁,而且许多闻名的法师都避居那里,于是他们便经由汉中一带而南入成都。即就是前往成都的途中,既然条件那么艰苦,但玄奘也从未荒废过学习。

当时的成都相对于其他地方而言,的的确确是个世外桃源,既未受战争的影响,且环境优雅,加之高僧云集,一时间竟然成了宣扬佛法的核心。玄奘在成都期间,听道基法师讲《毗昙》,听宝暹讲《摄论》,听震法师讲《迦延》,且一听不忘,被当时的人们称为奇迹。通过学习,几年之间,玄奘竟然熟悉了佛学各部的学说。他说出的话,都表达了深刻的佛理,好比修行了多年的高僧一样。当时,婆沙论、杂心论等,在东方流传极广,而且版本众多,每论大约有十多种,玄奘对不同的版本都能熟记于心,而且不会产生混乱,还能论述不同版本在论述佛理上的得失,众僧对他天才般的智慧感到非常惊讶。

在蜀地,此时有个高僧,精通《摄论》,人们称他为"难加人",向他学习佛法的人很多,但他所讲述的《摄论》达十二种之多,非常繁杂。这个高僧还有个习惯,他喜欢边讲边让众人修炼阅读。但是,由于经义繁杂,听讲者都感到很混乱,可玄奘一听就记住了,而且没有一点儿错误。当玄奘上座讲述之时,引用《摄论》中的论述竟然不用看书,似乎他已研究了很长时间。

玄奘和成都的因缘真是不浅,唐高祖武德五年(622),他在成都受了具足戒(即大戒),成为一个完全的佛教僧人,这一年他二十三岁。同时,玄奘在蜀地遍求佛法,名声大振,但他并不因此而满足,他矢志要学遍华夏大地,以求得正法。他说:"学习佛经贵在理解佛经的奥妙之义,重在修持求证。如果只在一个地方学习,是不能求得佛经的精髓的。"因此,玄奘决定离蜀北行,去各地学习佛法。大概在武德六年(623),玄奘不顾二哥长捷的一再挽留,沿长江而下,到达荆州(今湖北江陵县),住在天皇寺,在此为听众讲说《摄论》《毗昙》,大约过了一夏一冬。武德七年(624),玄奘又沿长江而下,过扬州等地,折而北上,直达赵州(今河北赵县),从道深法师学习《成实论》。武德八年(625),玄奘来到相州(今河南安阳市),从慧休学习《杂心》和《摄论》,之后来到长安,住在大觉寺,这时是武德八年(625)年底。玄奘每到一处,因其勤奋好学,因此名声远播。

武德九年(626)这一年,玄奘留在长安跟随道岳学习《俱舍论》,后又跟从法常和僧辩学习《摄大乘论》,还跟随玄会学习《涅槃》。从玄奘出家至这时,见诸记载的,他就拜了十三个法师为师,其勤奋好学由此可见。

玄奘再次来到长安,这儿已不如往昔,高僧云集佛学兴隆。玄奘与众僧切磋佛学,学业大有长进,并深得当时佛学权威法常、僧辩两大法师的赏识,他们称赞玄奘为"释门千里之驹"。唐太宗贞观元年(627),这一年玄奘二十八岁,经过几年的勤奋努力,他终于脱颖而出,成为佛教界的一个后起之秀。

那时,仆射宋萧瑀十分佩服玄奘的才华,他奏请皇帝,让玄奘住在庄严寺。玄奘对他说:"我周游吴蜀,走遍燕赵,历访周秦各地,为的是学习佛法。如今流行的佛法,我已蕴藏于胸中。但我国的法师,所讲的义理,常常各执己见,派别纷争,对佛法的广泛流传非常不利。我想亲自阅读原始的佛教经典,然后再回到中土传播,这样才能使佛法得到振兴。我为此已准备将生命置之度外,誓死求得正法。"玄奘的这一席话,反映了玄奘前往天竺取经的想法和决心。

艰难西行　进入北印

　　的确,诚如玄奘所言,自从佛教传入我国以后,随着人们对佛教经论学习的推广和深入,产生了很多疑问,玄奘也是产生疑问者之一。对此,玄奘曾到处访师请教,但其中的一些问题依旧得不到圆满的解决。在这许多问题之中,比较重要的有两个方面:一是由印度传来的佛教经籍不够齐全,很多疑难之处未能得到解决;二是佛教里面原本就有派别之分,而当时我国自南北朝长期的分裂之后,各地的佛教徒分头研习佛学,常常发生不同的解释,不知应该如何寻求一致的答案。在这样的情形之下,玄奘便产生了亲自前往佛教发源地印度的决心,从而在那里搜集经本,并向印度的佛教宗师直接请求解释疑难。

　　对于聪明而又坚毅的玄奘来说,取经的想法一旦产生,他便决定冲破一切困难,准备进行他那伟大的旅行,远去印度找寻佛教典籍,寻觅佛陀的遗训。因为路途的遥远,玄奘便考虑和其他人结伴而行,但当时唐王朝建国不久,西北方的国界还在伊吾(今新疆哈密市)东南一带,沿边受到突厥的严重威胁,因此玄奘和他的同伴虽然屡屡上奏朝廷,请求出国西游,都未被批准。但玄奘并未因此而灰心丧气,他一边学习各种蕃语,一面仍然积极准备西行。其时间大体上是武德九年(626)和贞观元年(627)前半年的事情。

　　中国有句俗语:有志者事竟成。贞观元年(627),关中、关东、陇右、河南等地发生饥荒,唐太宗下诏僧俗人等四出避地觅食。因此,玄奘便借这个机会,夹杂在饥民队伍中向西而去,开始了他那漫长而又艰难的征程。

　　玄奘由长安出发之后,沿途经过秦州(今甘肃天水)、兰州(今甘肃兰州市),来到凉州(今甘肃武威)。凉州地处要冲,是河西一带的大都会,不时有西域各国的商人们来往。玄奘在凉州期间,一面登坛讲经,一面了解情况。当时,因为突厥的威胁,朝廷命令禁止百姓私自出国,凉州都督李大亮行禁极严,当他得知玄奘要西行之时,便迫令其东归。后来,玄奘在慧威法师的协助之下,溜出了凉州城,昼伏夜行,露宿风餐,向瓜州(今甘肃安西东南)进发。

　　瓜州是唐朝最西面的一个城镇,当时的瓜州刺史独孤达,是个虔诚的佛教徒。当玄奘来到瓜州之后,受到了独孤达热情的款待。玄奘在瓜州停了一个多月,打听西行的路径,了解到瓜州北面五十余里有条瓠𪚔河(即疏勒河),河的南岸就是玉门关,是去西域的必经之路。在玉门关外西北方向,设有五座烽火台,均有官兵守望。各烽火台之间相隔百里,除了在烽火台周围有水草外,其他地方都是沙漠荒丘。过了烽火台,就是莫贺延碛(今甘肃安西与新疆哈密之间的大戈壁),号称"沙河",上无飞鸟,下无走兽,更无水草。在瓜州之时,玄奘的马不幸死去,使他一时无法成行。这时,凉州发出的追捕玄奘的公文已到瓜州,要求沿途州县官吏捉拿玄奘,押遣京师。瓜州有个叫李昌的官吏,被玄奘立志去印度取经的精神所感动,当面毁坏公文,促他赶快西行。玄奘不敢怠慢,马上购买马匹,备办物资,但却苦于无人引路。

就在玄奘大为着急之时,刚好有个叫石槃陀的胡人,愿意送玄奘过五个烽火台。次日,石槃陀带着一个骑着瘦老的赤色马的老翁来见玄奘。石槃陀告诉玄奘,这个老翁对西域的路极熟,曾去伊吾(今新疆哈密)三十余次。那个老翁说:"西路险恶异常,沙河阻隔,又有鬼魅热风,遇到就要丧命。很多同伴还经常迷路,你现在单身一人怎么能行,还是多作考虑,勿轻自己性命!"

玄奘果断地回答:"我为求法而去,发愿西行,若不到婆罗门,决不东归。即使死于半途,也不后悔!"

老翁见玄奘说得非常坚决,就说:"如果一定要去,可乘我这匹老马,它往返伊吾达十五次,知途健行。"玄奘觉着老翁说得有理,遂与他换马。全部装束停当之后,玄奘便和石槃陀向玉门关进发。三更时分,玄奘和石槃陀来到瓠䗪河畔,玉门关在望。瓠䗪河流此仅一丈多宽,岸旁还有几棵树木,石槃陀砍了些树木,搭起一座便桥,人马平安渡过了河。过了玉门关之后,石槃陀忽然改变了主意,不愿继续西行,玄奘只好独自独行。

孑然一身的玄奘,在渺无人烟的茫茫黄沙中,借助一堆堆白骨和驼马的粪便孤独地前进着。这样走了八十多里以后,最后望见了一座烽火台。晚上,玄奘来到烽火台边,看见那里有一汪清水,便下马用皮袋装水。此时,一支箭从他的头顶掠过,还没有等他回过神来,第二支箭又飞了过来,险些射中他的膝盖。玄奘见状,清楚哨兵发现了自己,就喊道:"我是从长安来的僧人,千万不要误会!"边喊边向烽火台走去。哨兵带玄奘去见校尉王祥,王祥和独孤达一样,也是个佛教徒,他问明了玄奘的身份和来历之后,对玄奘十分尊敬,并决定送玄奘回到敦煌去。玄奘坚决不从,对王祥道:"自佛灭度后,经有不周,义有所阙,因此不顾性命,无视艰危,誓往西方,遵求遗法,决心西游,誓不东归!"玄奘不畏艰难,决意西行取经的决心打动了王祥,他帮助玄奘通过了最后一座烽火台,来到了无边无际的莫贺延碛。

当玄奘进入莫贺延碛之时,他便暗下决心:宁可西进而死,决不东归而生。沿途之中,人马绝迹,晚上白骨发出的磷光,使人心中不免惶恐。有一天,玄奘正在先进之时,不小心弄翻了水袋,将水倒得干干净净。这样,玄奘一连走了四夜五天滴水未沾,几乎渴死,最后晕了过去。到第五夜,一阵凉风吹来,才使玄奘恢复了体力,清醒过来。他爬起来,忍着难耐的干渴,继续前进。走了几里路后,最后遇到了泉水。玄奘畅饮之后,将水袋装满,又走了几天,终于把莫贺延碛甩在了身后,来到了伊吾境内。

玄奘在伊吾停了十多天,此时,位于伊吾以西的高昌国国王麴文泰听说玄奘要来,就派使者命伊吾王将玄奘护送到高昌城(今新疆吐鲁番东约五十公里的胜金口之南的亦都护城)。高昌国是当时一个号称独立的盘踞小国,它一面对唐王朝维持着朝贡关系,一面也向突厥臣服。国王麴文泰及其全家,都深信佛教,他们对玄奘的到来十分重视。在玄奘要来高昌城的那天晚上,麴文泰率领自己的妃子和各位大臣,在宫殿前恭敬地等待,连其母亲也出来准备迎接。等到玄奘进入高昌城,已是半夜时分了。这时,高昌城被明亮的火把照得如同白天,玄奘来到大殿前,麴文泰赶忙上前拉住他的手,表示热烈的欢迎。由于长途跋涉,玄奘已是衣衫褴褛,面容憔悴,满面的灰尘,但他的精神却十分振奋,两目炯炯有神。麴文泰见到大唐来的高僧,心情激动万分,说:"久闻法师之名,今日得与法师相见,真是三生有幸。"麴文泰领着玄奘,和诸位大臣、妃子一一见过,这时的高昌城,已沉浸在欢声笑语之中。

玄奘见到高昌王麴文泰之后,便说明了自己西行的目的,使高昌王麴文泰和其他人等感动不已。麴文泰要求玄奘在高昌呆了一段时间,玄奘想到要为继续西行做些准备,便适应了麴文泰的请求,在高昌开讲法席。高昌王麴文泰的母亲十分喜欢佛法高深又来自大唐的玄奘,便认他作自己的儿子,高昌王麴文泰本人则认玄奘为弟弟,他们相处得非常好。在玄奘开讲佛经期间,听讲者挤满了寺庙的院子。玄奘所讲的佛经,条理清晰,能揭示佛经的微妙含义,听讲者都说这是前所未有的事情。正因为这样,高昌王麴文泰和众人都希望玄奘留下来,在高昌弘扬佛法。

玄奘感谢高昌王麴文泰的热情招待,但也表明自己不管怎样也不会中途而止。玄奘说:"我之所以背井离乡,甚至冒着生命危险西行,目的是为了求得正法。万一我留在这里,那求正法的心愿就不能实现,这样的话生不如死! 如果大王真要留我,我宁愿死在此地!"为了表示自己的决心,玄奘甚至断食了三天。高昌王麴文泰看到玄奘西行的决心不可动摇,便答应让他继续西行求法。但为了使玄奘能平安西行,高昌王麴文泰要求玄奘多住一月讲经,以便进行充分的准备,玄奘表示同意。

高昌王麴文泰为玄奘所做的准备工作十分细致周密,他首先剃度了四个小沙弥做玄奘的侍伴;缝制了三十套法衣,还加上若干件棉衣、手套、靴、袜以供玄奘御寒;送给玄奘黄金一百两、银钱三万、绫和绢等丝织品五百匹,作为玄奘往返所用经费;送给玄奘马三十匹、工役二十五人;又写了二十四封介绍信给玄奘所要经过龟兹等二十四国,每封信都附大绫一匹作为信物,让这些国家的国王为玄奘提供方便。对于麴文泰所做的这些物质准备,玄奘完全表示接受,这是保证他求得正法的物质基础。

当时,玄奘要经中亚去印度,还有一个大的阻碍,那就是西突厥。它控制着东起现在的新疆附近,西南到今伊朗东北一带,这些地方正好是从中亚通往印度的必经之地。为了使玄奘顺利通过西突厥,麴文泰写信给当时的西突厥可汗统叶护,并附绫绢五百匹,果味两年,让玄奘带上,作为礼物献给统叶护。同时,麴文泰还派了一位名叫史欢信的侍郎,护送玄奘到中亚的素叶水城(今吉尔吉斯北部托克马克城西南),去拜见统叶护可汗。统叶护因为有高昌王麴文泰的请托,又接受了玄奘所带来的丰厚礼物,对玄奘十分友好,还送给玄奘一套法衣和五十匹绢。在派人护送的同时,传令所属各国,为玄奘西行提供方便。如此一来,玄奘每到一处,人们便举城出迎,盛况空前,宛如皇帝出行。

玄奘从高昌出发,经过了十六个国家,来到铁门要塞。这一带附近为峻峭的高山,两旁石壁竦立,色相如铁。从铁门要塞到达印度边境,又经过了十三个国家,这些国家的风土人情不同,但有一点却是相同的,那就是大都信奉佛教,其中还有许多佛教遗迹。

在大雪山中有一个国家,名叫梵衍国,国中有几千僧人,学习小乘佛教的出世部佛法。在都城的北山中有高达五百一十尺且站立的佛像。城中更有一卧佛像,长一千多尺,这一切都给玄奘留下了很深的印象。从有卧佛处向东南行二百余里,度越大雪山,玄奘来到了一个佛教寺院,那里有泉池林树之胜。从这里再过雪山和黑岭(即今兴都库什山脉最西端一带)东行,即到了迦毕试国。玄奘所到的迦毕试国,是一个山国,它的都城遗址在今阿富汗喀布尔以北 62 公里处,今名贝格兰姆,其地北靠雪山(即兴都库什山),其他三面都是黑岭(今兴都库什山南边一些较低的山,因全年不积雪,故叫黑岭),国势强盛,佛教也很繁荣。都城以东约三四里的北山下有一个大寺院,名叫沙落迦,传说从前以健驮罗为根据地的迦腻色迦曾出兵葱岭以东,带回当地的中国王子为质,对他们加以优待,让他们冬居印度诸国,春秋住健驮罗国,夏天来迦毕试国,并各建寺院以居之。玄奘所到的沙落迦寺院,就是当地人为那些中国质子在迦毕试国所建的住所。玄奘在迦毕试国呆了一段时间之后,从这个国家经由接连不断的山谷东行六百多里,翻越黑岭,便进入了当时北印度的境域了。

周游印度　学习佛法

印度是佛教的发源地,也是世界上四大文明古国之一。唐朝时,称印度为"天竺",亦称为"婆罗门国"。此时,印度分为东、西、南、北、中五部,各部中小国林立,时分时合。玄奘进入印度后所来到的第一个国家是滥波国,这也是一个山国,北靠雪山,三面都是黑岭,其故地在今阿富汗贾拉拉巴德以西北喀布尔河北岸的拉格曼。从滥波国向东南行百余里,越过一条大岭,再渡过一条大河(即今喀布尔河),便到达了那揭罗曷国。那揭罗曷国有很多佛教遗迹,玄奘都虔诚地进行了拜谒。迦罗曷国有佛的头顶骨,周围长三寸,形状仰平,就像穹庐一样;还有佛的头骨,形状像荷叶;佛的眼睛,圆而透明,形状像奈许,澄净而富有光彩;还有佛的衣服、佛的锡杖。五种圣迹都在国内被称之为国宝。由于迦罗曷国北临突厥,过去突厥曾入侵此地,要掠夺这些佛宝,可每次都无法到达藏宝所在,不得不撤兵回国。

相传迦罗曷国的这五件佛宝灵验无比,可以预示人的未来形象。相传大月支王想知道自己的来世是什么样子,便烧香拜佛宝,佛宝向大月支王显示他的未来是马的形象。大月支王感到不好,他便大加布施,并忏悔自己的罪过。当再次去烧香拜佛宝,佛宝向大月支王展现他的未来是狮子的形象。狮子虽然是百兽之王,但毕竟还是野兽。因此,大月支王便皈依佛门,持守戒律,这时佛宝向他显示了他的未来是人的形象。大月支王这才回国。按照惯例,看王相的人要花一枚金钱;看自己相的人要花十枚金钱。玄奘也前去参拜佛宝,当他想到自己历尽艰险,目的是为了求得正法,亲睹佛的遗迹,现在终能够参拜佛宝了,便不由得百感交集。玄奘双手执香,毕恭毕敬地向佛宝施了大礼,然后站立一边,注视着佛宝的变化。此时此刻,佛宝马上展现出了前所未见的吉祥之相,玄奘不由热泪盈眶。

玄奘告别迦罗曷国,向东南沿着连绵的山谷行走了五百余里,来到了著名的健驮罗国。健驮罗国东临信度河,它的都城叫作布路沙布逻(今巴基斯坦白少瓦)。公元二世纪时,迦腻色迦王以健驮罗为核心根据地,曾以布路沙布逻为首都,但玄奘到达健驮罗时,其国势已经衰落,役属于迦毕试国。健驮罗是印度佛教艺术的发源地之一,其都城有许多庄严华丽的寺院、高耸入云的佛塔和壮观的佛像。其国中大约有佛寺一千余所,国人皆信仰佛教。其都城布路沙布逻东有迦腻王塔,塔基周长达一里多,其中有佛骨舍利一斛,高高地放在塔中,塔的九轮上下共五百尺,标志二十五重天火之灾,这就是世人所说的雀离浮屠。至于健驮罗国中的许多佛教遗迹,玄奘都曾去巡礼参拜,其后由乌铎迦汉茶城(今喀布尔河流入印度河处东北方向的温特)北上,离开了健驮罗。如此,玄奘怀着对佛的虔诚之心在佛国大地上行走着。

有一天,玄奘正与众人沿着一条河流向前行走,忽然,从对面杀来一彪人马,他们把玄奘等人团团围住。只见带头的那个人说:“真是苍天有眼,我正愁找不着祭天的供品,却遇到了你们这批秃驴!”说罢,令其他人将玄奘等人用绳子捆了个扎实。

这伙人原来是一群强盗,他们正想杀人祭天。强盗们在玄奘等人中挑来挑去,最后挑中玄奘作为祭天的供品。那伙强盗在路上摆好祭坛,把玄奘放在坛上,他们企图把玄奘生吃一部分,然后再用剩下的祭天。面对这种可怕的场面,玄奘面无丝毫惧色,只见他轻轻闭上双眼,心中发誓说:“要是我的生命还不该结束,那就请诸佛解救我!要是我的生命已对弘扬佛法没有用处,那我死也无憾了。”同行的人看见地伙强盗就要杀玄奘,便放声大哭。就在这危急时刻,只见狂风铺天盖地而来,挟带着沙石吹向强盗,那些强盗吓得不知如何是好。与玄奘同行的人对强盗们说:“这位法师来自东土大唐,不辞劳苦只为求法。你们要是杀了他,就会犯下弥天大罪,受到上苍的惩罚!”强盗们听到这话,吓得纷纷扔掉兵刃,给玄奘松绑,并以礼相待。

玄奘经历了千辛万苦,来到了羯若鞠阇国,其都城即曲女城(今印度北方邦西部之卡瑙季)。当玄奘来到羯若鞠阇国时,在位的君主是闻名的戒日王。玄奘在羯若鞠阇逗留了三个月,学习佛教经论,之后又周游其他国家去了。

当时,在印度中部,有一个摩揭陀国,那里是释迦牟尼悟道成佛及生活活动的主要地方,佛教遗迹甚多。摩揭陀国中有一座山,名叫伽耶山,世人又称之为名山,自古就是国王登临敕封的地方,如来佛离俗成道即在此山。山上有著名的大菩提寺,是狮子国的国王出钱兴建的。此国的十二月三十日,即唐的一月十五日,国人称之为神变日。到了这一天晚上,会出现吉祥的光,同时天空中会飘下特别的花,落在树上和院子里。玄奘来到大菩提寺时,看到经书中所记载的这些遗迹就在眼前,他感慨万千。他遗憾自己生在末世,不能亲睹佛的真颜。玄奘觉得,自己虽然见了圣迹,却没有看到吉祥之景,他决定留下来,以自己的诚心来感动上天,展现吉景。玄奘正在听一个居士讲《瑜珈师地论》,忽然,灯灭了,身上佩戴的珠宝璎珞都失去了光彩,但却有光明照耀内外,只是不知光明来自何方。居士和玄奘都感到奇怪。他们走出屋子看菩提树,只见一个僧人手拿舍利,大小像人的手指,在树下举着给人看。舍利子的光芒照亮了天地,大家欣喜万分,远远地纷纷向舍利子参拜行礼。直到清晨,光才消失。玄奘在印度境内走了几十个国家,最后到达了他此次西行的目的地——那烂陀寺。

那烂陀寺是印度最有名的佛教寺院,其遗址在今印度比哈尔绑腊季吉尔西北的巴拉冈。它有着久远的历史,从公元第五世纪起便有铄迦罗阿迭多等国王在此建立寺院,不仅规模宏大,加上藏书丰富,是当时一个主要的文化中心。唐朝人称其为无厌,因其供奉丰厚,衣食无愁之故。寺里有僧人几千名,都是才能高强、学识渊博的人,中间德行为当时人所敬重、名声驰于国外都就有几百人。那里戒行清白,教规纯粹。僧团有严格的规定,人人都坚定不移地遵守,印度各国都把他们奉为学习的榜样。他们互相询问尚未清楚的问题,谈论深奥的义理,一天到晚没有满足的时候。他们日日夜夜互相提醒、互相告诫,年长的与年轻的互相促进。谁要是不谈论三藏的深义,那就会自己感到孤立和懊疚。因此,那些想要驰名天下的外国学者,都来解决疑难,然后才能美名远扬。所以,那些盗窃它的名义的人,走到哪里都受到礼遇和敬重。各地的和外国的想要进去辩论的人,经过看门的人一番诘难,多半由于答复不上来而回去。只有那些在学问上博古通今的人,才能获准进去。因此,外来的学生再与他们比试较量技能,十个当中必有七八个要失败退走,剩下两三个博识事理的人,在僧人当中依次受到诘问之后,也无不锋芒遭到挫折,名誉被败坏。能够在那烂陀寺生存下去的只有那些才能非凡、博识事理、多才多艺的贤人。

当时,那烂陀寺的住持叫戒贤,已经106岁了,其道法可说高深无比,人称"正法藏"。因为他博闻强记,内外大小一切书都能通晓,戒日王便把十座城邑的税收完全送给他。玄奘西行求法的风声早已传到了那烂陀寺。那烂陀寺的僧众听说玄奘快要到了,便先派出四十多人去迎接。玄奘到达寺中的那天,寺中僧人二百人,俗人二千人,纷纷推着车撑着伞盖,手捧鲜花迎接玄奘。一时间,在那烂陀寺内外人潮如涌,伞盖如云,如同在过一个极为盛大的节日。众人把玄奘拥入寺中,见过众僧人之后，就安排他住下。后来，玄奘在别人的带领下，前去拜见寺中住持戒贤。玄奘来到戒贤的住处，向高居于座上的戒贤深施一礼，戒贤命玄奘就坐之后，就问玄奘："法师从哪里来？"

"弟子从支那而来，久闻贵寺大名，欲学瑜珈等论，以期求得正法。"

听完玄奘的回答，戒贤突然掩面哭泣起来，众人不由得你看我，我看你，不知发生了什么事情。戒贤哭泣了好一会儿才停止，然后又向玄奘施一谢礼，说道："法师前来救我出疾苦，深表谢意"。

玄奘听不懂戒贤的意思，不知所措，便说："住持之言，弟子不甚明白。"

戒贤说："三年前，我得了一场大病，全身疼痛如刀割一般，当时我真想一死了事，以结束这难忍的痛苦，去西方极乐世界。就在此时，我梦见有个金人对我说：'你不要死，你眼前这种痛苦是对你前世做国王时所干坏事的报应，你应当自我悔过，怎么可以轻易去死呢？而且，你眼前的这种痛苦也快结束了，现在有一个支那僧人要到此学法，正在途中跋涉，三年之后便到这里。那时，你要教给他佛法，而后让他把佛法带回他的国家去，你的罪，就消除了。我是曼殊室利，特地来劝你。'"

听了戒贤的话，人们对玄奘更是尊敬了。戒贤为了进一步确定玄奘就是曼殊室利所说的那个支那（中国）僧人，便又问道："法师在途中行了几年？"

玄奘答道："三年。"

玄奘的话一出口，便让戒贤悲喜交加，再次向玄奘施礼致谢。

当时，那烂陀寺设有十个"法通三藏"的称号，给予那些学通经藏的高僧大德，这是寺中的最高荣誉。玄奘到那烂陀寺时，已有九人被授此称号，所剩下的一个便授给了玄奘。那烂陀寺对于法通三藏者，天天都配备上等菜肴两盘，大人米一升，还有槟榔、豆蔻、龙脑、香乳、酥蜜等。各人还有四个净人婆罗侍候，出入乘象，并有三十个随从。其他的暂且不论，仅大人米一项，就可表现出法通三藏者的身份不同寻常。大人米是印度的一种粳米，大得像乌豆一样，做饭时香气可飘百步，只有这里出产，它主要是供给国王和法者食用的。

玄奘在那烂陀寺住定之后，要求戒贤给他讲述《瑜珈论》，和玄奘在一起听讲的人达数千人之多，用十五个月讲完一遍，后又用九个月讲了第二遍。玄奘在那烂陀寺学习佛法期间，起早睡晚地钻研佛学，全神贯注地听戒贤法师讲经，虚怀若谷地向高僧们请教学问，仔细研习达五年之久，从没有间断过。

有一天，戒贤收到了统治印度的戒日王的来信。此时，戒日王正在讨伐乌荼国。戒日王在信中告诉戒贤，南印度有一个灌顶师叫般若毱多，做了篇《破大乘论》，送到一向支持那烂陀寺的戒日王手里，公开向那烂陀寺的大乘教学说提出挑战，要与大乘教学说决一胜负。在这样的情况之下，戒日王便在信中请求戒贤派出四个内外大小皆通的论师，到戒日王行军处，与那些小乘论师进行辩论。因此，戒贤便派智光、海慧、师子光和玄奘四人为应辩之人。就在四人准备出发之时，只见那烂陀寺的外边一片混乱，马上有僧人向戒贤禀报，有一个顺世外道的人写出了四十条,贴在那烂陀寺的门上,要与那烂陀寺的僧人进行辩论,并扬言要是有人能把他驳倒,他就用自己的头来谢罪。那人的论证细密,极难找出破绽,而且寺中僧人对这种外道了解得并不很多,对能否辩胜深表怀疑,大家都静静不语,无人敢出去应辩。由于当地有一个风俗,如果双方进行辩论,输的一方要骑在驴背上,人们把屎尿从他的头上贯下去,然后在公众面前表示服从,做胜方的奴隶。

玄奘依靠他的学识和对大乘佛教学的虔诚,勇敢地站了出来,让人把那四十条抄回来,认真仔细进行了一番研究。之后,玄奘对众僧人说:"我要与他辩论,我们那烂陀寺怎么能受他的污辱呢?请诸位给我做旁证。"

玄奘与那人进了几番辩论,那人辩解不力,以至于理屈词穷,神情沮丧,马上趴在地上表示降伏。那烂陀寺顿时变得沸腾了,众僧欢呼雀跃,有人甚至要履行辩论前那人的诺言,将其斩首,玄奘马上加以制止,说:"万万不可。佛法博大宽容,并不主张刑罚。我们让他信奉佛法就像奴仆信奉主人一样,不也很好吗?"

众僧人听从了玄奘的建议,将那人留在寺中,那个人十分虔诚地皈依了佛门。这场辩论胜利之后,玄奘并没有因此而得意,他又马上找来小乘论师的《破大乘论》,仔细分析其中的谬误,以备前去辩论时用。玄奘问那个外道之人:"你清楚乌荼论师所推崇的《破大乘论》吗?"

"我曾有所闻,我还对他们的学说非常了解。"那人答道。因此,玄奘十分认真地让那人讲述了乌荼小乘佛教的学说,了解了其中的主要理论。在此基础上,玄奘用大乘教的思想批判了乌荼小乘论的观点,写出了《制恶论》,并把它送给戒贤等人。戒贤等人认为这篇《制恶论》可以横扫天下的敌人,无人能够阻止。

经过五年艰苦的学习,玄奘的佛法大有长进,但他还想继续留在那烂陀寺学习。这时,戒贤对玄奘说:"学习佛法,贵在交流,独身一人学习是不行的,你应该到其他地方去学一学,不然就会失去良好的时机。然后,你要及早返回你的国家,去弘扬正法。你不惜生命前来求法,难道不是为此吗?智慧是无边的,只有佛才能穷尽它。人生若朝露,早晚它都是会消失的,你千万别延迟。"

听了戒贤的建议,玄奘便离开了那烂陀寺,在印度境内拜谒佛寺,开始游学。在钵伐多国,玄奘碰上了几个高僧,他们个个学识渊博,可以为师。因此,玄奘便在那里停留了两年,跟随他们学习《根本论》《摄正法论》《成实论》等。玄奘对佛法如饥似渴的追求,赢得了人们的一片称赞。当时,在杖林山有一个胜军论师,是刹帝利人,他学遍内外五明,在林中授徒讲经,从他学法的人逐渐增多,国王也曾前来拜见他,并封给他城邑作为供养。玄奘便向那个胜军论师请教,跟随他学习了两年,前前后后学习了《唯识扶择论》《意义论》和《成无畏论》等。

有一天晚上,玄奘在胜军论师处的寺庙中做梦,他梦见寺院内外和树林被火烧成灰烬,又在梦中见到一个金人,那个金人告诉他:"十年以后,戒日王一死,印度就会大乱,到时就会像现在燃烧的大火一样。"

玄奘醒来后向胜军论师说明了梦中之事,并下了回到祖国的决心。玄奘回国的决心一下,便返回那烂陀寺,向自己的老师戒贤告别。戒贤看到玄奘要返回,心里既留恋又高兴,向玄奘赠送了许多经书。玄奘告别那烂陀寺和戒贤之后,便矢志不移地踏上了归国的旅程,不过他回国之时就像来印度时一样,一边拜见佛教遗迹,学习佛法,一边在各地将自己所学到的佛法加以传播。即将回国的玄奘,又一次在印度的土地上留下了他那辉煌的足迹。

求法取经　享誉天竺

在东印度,有个迦摩缕波国,方圆一万余里,此国的大都城方圆三十余里。那里的土地潮湿,适宜于播种庄稼。河流湖泊与城邑交错,如同衣带一样。气候和畅,风俗淳朴。人的体形矮小,容貌黧黑,语言与中印度稍有差异。人们的性格极为粗暴,但热心学习,勤勉自强,崇敬天神,不信佛法。于是,自佛教兴起以来,国中从未建立佛寺,却有外道神庙数百所,异道数万人。迦摩缕波国的国王当时是童子王,属于婆罗门种姓,自从他的祖先占据了这块疆土,传至童子王已达千世。童子王非常好学,百姓们都服从他的教化,远方有才学的高士,仰慕国王的仁义,都游历迦摩缕波国。童子王虽不十分信仰佛法,但是非常尊敬有学问的沙门。起先,童子王听说摩揭陀国的那烂陀寺来了位叫玄奘的中国僧人,学习深奥的佛教教法,因此几次派遣使者,再三殷勤邀请,但是,玄奘没有接受使者的请求,这时,尸罗跋陀罗对玄奘说:"要想报答佛的恩典,就应当弘扬正法,您就去吧!不要害怕路途遥远。童子王世代崇信外道,如今来邀请玄奘前去,这是一件好事啊。要是他因此而改信佛法,福泽万代啊!您过去曾起过广大的心愿,发下宏伟的誓言,只身远游异域,舍身求法,普济众生,难道只想到自己的家乡国家?应该忘掉得失,不要计较荣辱,宣扬圣教,开导痴迷的群众,先物后己,忘掉名誉得失,弘扬正法。"玄奘推辞而得不到允许,就偕同使人一起上路,会见了国王。

童子王对玄奘说:"我虽说没有什么才能,但是常常羡慕有高深学问的人,听到您的名声,很是敬佩,所以才敢邀请您来。"

玄奘说:"我才能寡少,智识浅陋,让您听人讲到我,实在很羞愧。"

童子王又说:"善哉!仰慕佛法,爱好学问,把生命看作如同浮云。逾越种种危险,远游异域,这都是因为国王的教化所致,国家风气崇尚学术。今印度各国多有歌颂摩诃至那国(中国)秦王破阵乐的,我早就听到很久了,难道摩诃至那就是大德的乡国吗?"

玄奘答道:"对呀!这曲《秦王破阵乐》是讴歌我国君王的德行的。"

童子王说:"没有想到大德就是摩诃至那国人,我时常仰慕贵国的风俗教化,久久向东翘望,但因为山川道阻,没有机会自己表示敬意。"

玄奘说:"我国君王神圣的道德润洽边远之地,仁慈的教化加被遐远之处,八方之国都来朝拜称臣。"

童子王说:"天下既然都是如此,我也希望朝贡。如今戒日王在羯朱嗢祇罗国,将举行大施,推崇树立福德智慧,五印度学有成就的沙门、婆罗门都被召集了来。如今派遣了使人前来邀请,希望大德您与我一同前去。"

玄奘答应了童子王的要求,和他一同去会见戒日王。戒日原先是佛家的谥号,应在人死后据其功德而追赠,但羯若鞠阇国的大德们,在其国王刚一扬名天下之时,便赠给他戒日这种称号,是为了避免死后赠名的虚假不实。实际上,戒日王最初统治的国家羯若鞠阇国只是一个边远的小国,都城西临恒河,长二十余里,宽四五里,城濠坚固险阻。城内楼台殿阁,遥遥相对,花木、树林、池塘,艳丽清新,澄清如镜。外国很多奇珍异宝,多聚于此地。当地居民,人人欢乐,丰足富饶。花果种类繁多,庄稼收种合时。气候温暖调和,风俗淳朴厚道。人的容貌俊美端庄,服饰鲜艳华丽。认真好学游艺,谈吐清晰,见解深刻。信奉佛教或异教的人各占一半。寺院有一百余所,僧人一万余人,大乘和小乘一并学习。外道神庙二百多所,异教徒几千人。

羯若鞠阇国的都城原名花宫,后来改名为曲女城,这里面还有一个动人的故事。相传有个国王名叫梵授,因他前世积德,所以聪明智慧,是个文武双全之人。生有上千个儿子,个个机智勇敢,抱负远大,意志坚强。还生有一百个女儿,个个容貌美丽,仪表端庄。那时,有一个仙人居住在恒河河畔,他在这里收视反听,坐禅入定几万年了。因为他形如枯木,因此招来了四方游荫的飞鸟在他身上歇宿,随着鸟群排泄粪便,在仙人肩上留下很多尼拘律果核。几年之后,仙人四周长满绿荫,并且长出了一棵两手才能合抱的大树。又不知经过了多少年头,仙人起身脱离禅定。他想砍去这棵大树,又恐怕捣翻了鸟窝。当时人们都称赞仙人的美德,尊称他为"大树仙人"。

有一天,仙人欣赏茂密的丛林。他举目向河边望去,看见国王的女儿们在那里高高兴兴地追逐游戏。他欲界的爱欲升起,爱欲之心慢慢浸满整个身心,于是他来到王城花宫,想郑重的要求聘娶王女。国王听说仙人来到,亲自欢迎并问候仙人:"大仙生活在我们世俗凡人之外,怎能劳您大驾光临舍下呢?"仙人回答说:"我住在那草木丛生的湖边,已经很多年了。现在脱离禅定出来游览,看到大王的爱女们在那里戏乐,爱慕之心油然而生。我有意远道前来求婚。"国王听他这么一说,一时不知怎么办好,只得对仙人说:"大仙如今先回住所,请等候吉日良辰再送女儿完婚吧。"

仙人听了国王的回答,就回到他住的地方去了。因此,国王遍问身边的女儿,可是没有一个肯嫁给仙人。国王害怕仙人的威严,终日忧心如焚,以致面容憔悴。

有一天,国王的一个小女儿趁他父亲闲暇的时候从容问道:"父王有一千个子嗣,使那么多国家的君王都仰慕您,为何还这样忧愁呢?您好像有什么担心的事啊?"

国王说:"承蒙大树仙人看重你们,前来求婚,但是你们却没有一个肯答应的,仙人神通广大,能招灾降福,万一他不能遂心如意,必定会嗔怪发怒,只怕那时,山河俱失,宗庙不存啊。我深恐招来此祸,确实有所疑惧。"

小女儿十分内疚地说:"给父王带来这么我的忧虑,是我们这些做女儿的罪过啊!我愿把自己微贱的身躯许配仙人,使社稷得以延续下去。"

国王听了以后非常高兴,马上传命驾车,亲自送小女出嫁。国王到了仙人的住所以后,向仙人道歉说:"感谢大仙俯念世俗之心,屈尊人间之情,今天冒昧奉献幼女,供您驱遣。"

仙人见了幼女之后,很不高兴,对国王说:"您对我老头子也太轻慢了,竟然许配给我这样一个丑女!"

国王回答说:"我问遍了我那些女儿,他们都不肯从命,唯有这个小女儿愿意到这儿来听您差遣。"

仙人十分恼怒,便恶狠狠地念起咒语:"让那九十九女,立时腰弯背驼,容貌毁伤,一辈子嫁不得人。"国王听了以后,马上派人回去查看,果然个个都已变成驼背。自此以后,都城花宫便改称曲女城了。

戒日王出身于吠奢种姓,名叫喜增,他的家族已经有两代三个君王治理统治羯若鞠阇国了。戒日王的父亲名叫光增,哥哥名叫王增。光增去世之后,王增以长子的身份继承了王位,他以贤德治理国家。那时,东印度的金耳国国王常常对大臣们说:"邻国有位贤明的君主,他对我们的国家可是个祸害啊!"因此,金耳国国王采取诱骗的手段,把王增请去,在会面时将王增杀害。羯若鞠阇国的百姓失去了君主,整个国家都陷入了慌乱之中。有个叫婆尼的大臣职高望重,他对其他大臣说:"继承王位这件大事,应该现在就决定。我看,先王的次子,亡君兄弟,本性仁爱慈善,虔心孝敬父母,敬重长者,任人唯贤,对下平等公允。我想请他继承王位,不知诸位意下如何?请各抒己见。"

大家都很敬仰王子喜增,平时对他没有其他不同的议论。因此,所有的大臣执事都去劝说喜增继承王位,他们说:"恭请王子听臣等陈述。先王积累功德,致使国家光耀兴盛。传位王增之后,原想他能耄耋善终,可是因为我们的失职,导致先王遭仇敌杀害,这是国家的奇耻大辱,也是我们当臣子的罪过。现在外界议论纷纷,还流行着歌谣,说英明的王子当然继承王位。如果能蒙王子亲自治理天下,报杀父之仇,雪国家之耻,绍复先王之业,还有什么功德比这更大呢?期望你不要再推辞了。"

王子喜增说:"继承王位的重任,从古至今都是很难担当的,兴立君主更应慎重。我缺乏修养,父兄又早早去世,大家推举我承袭王位,我哪里有能力担负这个重任呢?大家都说我合适,我又怎敢忘记我的虚薄呢?如今,恒河河畔有一尊观音菩萨像,非常灵验,我想前去占卜。"之后,喜增来到菩萨像前,不吃不喝,一心祈祷。菩萨感念喜增的一片诚心,便显出本相问:"你如此勤恳求佛,有什么要求吗?"王子喜增回答："我的灾祸太多了，父王驾崩，兄长被害，残酷的打击一次又一次地降临到我的头上。我自觉缺才少德，但是国人一定要推举我继承王位，以期光复父兄之业。我自己愚昧无知，所以斗胆前来，祈求菩萨指点。"

菩萨告诉王子喜增："你原本就是住在这个山林里的比丘，精心苦修，勤恳不懈。凭借此福分，你才在这世贵为王子。如今，金耳国的国王既然破坏了佛法，你继承王位之后，一定要注重佛法的兴盛，以大慈大悲为志，以同情怜悯为怀。那样的话，不久就可以统治五印度全境。假如要想使王位保持下去，那么就要听从我的教导，这样神明就会暗中给你大福，你们将无敌于天下。不过你不必登上国王的宝座，也不必号称大王。"

王子喜增接了菩萨的教诲，回去以后，承继王位，但自称王子，号戒日。他命令大臣们说："这兄长的仇还没报，邻国也不肯归附，这样还不能指望有安定正常的生活。希望你们所有的大臣幕僚，同心协力。"因此，戒日王亲自率领自己国家的军队，加紧训练士兵。当时，他们只有象兵五千，骑兵两万，步兵五万。戒日王带领军队从西往东，用武力征讨不肯称臣的国家，真是象不解鞍，人不释甲，经过六年艰苦征战，最后征服了五印度国。这时羯若鞠阇的军队已得到补充，象兵增加到六万，骑兵达到十万。在以后的几十年时间里，天下太平，政局安定。

戒日王厉行节约，为人行善造福，乃至达到了废寝忘食的地步。他命令五印度国：百姓不准吃荤，谁若杀生，格杀毋论。他还在恒河沿岸建立了数千座塔，各高一百余尺。在五印度国的城镇、乡村、闾里、街道，都修建起漂亮的房屋，储藏饮食，储备医药用品，目的是用它们进行施舍。在有佛祖遗迹的地方，都建立了寺院，每五年举行一次无遮大会，拿出仓库中全部的财物，施舍给众生。另外，戒日王每年还要召集一次各国佛教徒都参加的大会，在逢三逢七这两天，供给那些佛教徒衣服、卧具、饮食、汤药等四项物品，并且把法座装饰起来，还为参加集会的佛教徒们准备了筵席，让他们展开辩论，比较谁优谁劣，评论谁善谁恶，把正大光明者提升上位，把邪行昏暗者罢黜下级。要是是恪守佛教戒律，信仰坚贞并且对佛教教义见解精深，品德纯正的教徒，就推举他坐在狮子座上，戒日王亲自听他讲授佛法。对于那些信仰佛教，但学识比较浅薄的教徒，也以礼相待，表示尊重。对那些不遵从佛教法规，道德败坏，劣迹昭著的教徒，就把他们驱逐出境，既不再听他说话，也不想再见他们。对于邻近小国的国王和辅佐他的大臣，如果他们可以体恤百姓，造福施慧，就与其结为好友；如果不是这样，则拒不面谈，有事需要商议，就通过使者往来办理。戒日王还经常巡视各地，察看民间，不安居在一个地方。外出巡视暗访之时，每到一处就盖起一间茅屋充当居室。一年之中，唯有三个月的雨季不能外出巡视，每当这个时候，戒日王就在行宫里摆出山珍海味，请各教派的人吃饭，计有僧侣一千人，婆罗门五百人。戒日王往往把一天的时间分成三部分；用三分之一的时间处理国家大事，用三分之二的时间造福行善，孜孜不倦，一天的时间用尽了，还显得不够呢！

　　戒日王对玄奘之名早有耳闻,当他在羯朱温祇罗国巡视时,听说玄奘在迦摩缕波国弘扬佛法,他的臣下对他说:"东面的童子王那里有支那(中国)来的高僧,大王应该把他请来。"戒日王说:"这正是我的想法!"因此,戒日王派使臣前去请玄奘,请童子王把玄奘送来。童子王征得了玄奘的同意后,便同他一同到羯朱温祇罗国会见戒日王。出发之时,童子王命令一支一万人的象兵,乘三万只船,护送玄奘。戒日王听说玄奘要来,便与臣下一百多人,领着一万多人顺河东下,去迎接玄奘。只见河上旌旗高飘,万人耸动,两支庞大的船队相向而行,人们欢呼雀跃,精神振奋,好像要面临一次重大的喜庆之事。玄奘与戒日王一见面,戒日王就行大礼参拜,随从的人撒花唱颂,场面庄严而热闹。

　　戒日王问玄奘:"法师从哪个国家来? 到印度计划做什么?"

　　玄奘答道:"我从大唐而来,是来求法取经的。"

　　戒日王又问:"大唐国在哪里? 沿途经过什么地方? 离这里有多远?"

　　玄奘回答:"在这里的东北方向,离这儿有几万里,也就是印度所说的摩诃支那国。"

　　戒日王接着问:"我曾听说摩诃支那国有位秦王天子,幼年时代就聪明伶俐,成年后勇猛异常。往昔,前朝天下大乱,国家分崩离析,战祸纷起百姓惨遭荼毒,而秦王天子早就胸怀大计。他大慈大悲,拯救人类,平定天下,流风教化传遍远方,美德恩泽遍布四方。各国仰慕其功德,自称为臣;庶民百姓感激他的养育之恩,都在演唱《秦王破阵乐》。我们听说人们对他的赞颂,早已很久了,对他的品德给予这么高的声誉,确有其事吗? 所谓大唐国者,难道就在那里吗?"

　　玄奘答道:"是的,所谓支那,是过去王朝的称号;大唐,那是我们现在的君主的国号。以前他还没有继承王位时,被先帝封为秦王,现在已成为国君,所以称为天子了。在大唐以前,有个王朝国运衰败,百姓失去君王,所以战乱纷起,残害黎民。秦王天生抱负远大,他大发仁慈怜悯之心,威风震慑天下,除去了一切凶恶的敌人。从此,八方安宁,万国都来朝拜进贡。他爱护抚育四生,崇敬三宝,少收税,减刑罚,故此国家财政有余,百姓安分守己,佛教盛行。这些事难以一一列举。"

　　戒日王夸奖地说:"真是伟大的壮举啊! 你们国家的百姓有这样的福分,应该谢谢这位贤明而伟大的君主!"

　　戒日王请求玄奘讲解佛法,玄奘便给他讲了《制恶见论》。戒日王听后,对他的臣子们说:"日光出来,烛光就要消失。大师一到,那些旁门左道将被击破。大师之论虽好,却没有被更多的人所知,我想在曲女城召开法会,让五印度的能言善辩和知识渊博的人都到会,让他们都了解大师之论,使邪道从正,众僧舍小乘而从大乘,不是很好的事吗?"玄奘为了进一步弘扬佛法,便表示同意。因此,戒日王率领数十万人从羯朱温祇罗国出发,返回曲女城召集法会,行走在恒河南岸;此外,有几万人跟随着童子王行走在恒河北岸。两队人马以河中心为界,分成水陆两路,一齐进发。两位国王在前边引导,步、骑、车、象四个兵种严密护卫,有的乘船,有的骑象,敲着鼓吹着螺,拨动着弦琴,鸣奏着管乐。过了九十天才达到曲女城,人马驻扎在恒河西岸的大花林中。这时,已有二十多个国家的国王,早就奉戒日王的命令,各自偕同本国僧侣中的青年才俊及婆罗门、官员、士兵一起前来参观法会。

戒日王事先已在恒河西岸建了一座大寺院,寺院东边筑起宝台,高一百多尺,正中供着金佛像,身量大小同戒日王一样。宝台的南边,又筑了一个宝坛,那是专门为金佛像沐浴的地方。宝坛东北十四五里,专门修建了行宫。这时候正是二月,从初一开始,就用佳肴招待僧侣和婆罗门,一直到二十一日。从行宫到寺院,道路两边都盖起了楼阁,用数不清的玉石装饰着。鼓乐的人端端正正地站立不动,不断地吹奏着高雅的乐曲。戒日王从行宫里请出一尊金佛像,外罩薄纱,与会者隐约可见。佛像高三尺多,用大象驮载,佛像周围支有缀有宝石的帐幔。戒日王穿上帝释的服装,手执装饰着众宝石的华盖在左边侍候;童子扮作梵王的模样,手执白拂尘在右边侍奉。两边各有五百象兵,披坚执锐,在附近护卫。佛像的前后,各有一百头大象,奏乐的人坐在象身上,演奏音乐。戒日王一面行走,一面散发金、银、珠宝和鲜花,供养三宝。他们一行人首先来到宝坛,用香水给金佛像洗浴。随后,戒日王亲自背着金佛像,送上西台,并以许多珍奇异宝和成百上千件憍奢耶衣,作为供奉金佛像的供品。这时,只有二十多个沙门跟随戒日王,各国国王都当做侍卫。吃过饭后,召集各种不同学派的人,商榷微言,探讨真理。日将黄昏,戒日王才乘车回到行宫。就这样,每天护送金佛像,前导和随从就和初时一样,直到法会结束。

在法会期间,玄奘也参加了由戒日王主持的佛学经典教义的辩论,并且是作为"论主"在辩论大会上进行辩论的。玄奘在会上讲解了《会宗论》和《制恶见论》,讲解之后竟然没有一人能够驳倒他。戒日王依据传统习惯,请玄奘坐在身披锦幢的大象上巡游,并且让贵臣陪送,一时间万众欢腾,巡行者高呼:"至那法师,立大乘义,破诸异见。十八日来,无敢论者,普宜知之。"随后,当时的人们都认为玄奘的学识已超过了他的老师戒贤,成为全印度的第一高僧。

辩论大会结束以后,玄奘掐指一算,自己来到印度已经整整十三年了,在这十三年的时间里,他一刻也没有忘记自己的祖国。此行目的已经完成了,玄奘对祖国的思念更迫切,盼望能早日回国。于是,玄奘向戒日王提出东归的请求,戒日王实在舍不得这样一位高僧离开自己,便让玄奘主持了七十五天的大施。此事结束以后,玄奘再次向戒日王提出回国的请求。戒日王命所属部下送玄奘出境,还送给玄奘数万金钱和许多头青象。这种象形体高大,高约三丈,长约二丈多,上面可坐八人,并可放置一些物品。当青象行走起来时,就像空身一般,坐在象背上会感到很平稳。玄奘不想接受金钱和青象,但诸僧都劝玄奘留下青象,他们说:"青象是佛法兴盛的象征。自佛涅槃以来,各国国王虽说崇敬佛法,布施种种物品,但还没有听说有赐给青象的事。因为青象是极为珍贵的国宝,现在戒日王将它们赠给您,表明国王对您崇敬至极。"

在众僧的劝说下,玄奘收下了青象。因为青象形体高大,每天要吃掉四十多个草料饼和三斛料，戒日王为此特意下令所属各国要它们随时供给玄奘草料。启程那天，玄奘用马和青象驮上历年搜集到的六百五十七部佛经和佛像、花种等物，踏上了归途。戒日王等十八国国王都来相送，他们执手垂泪，与玄奘依依惜别。

玄奘在归国途中，总共走了两年。他回国时并没有按原来的路线走，而是沿阿富汗、帕米尔南缘，顺喷赤河而上，经疏勒、于阗、鄯善、敦煌、瓜州等地，回到了阔别将近二十载的唐王朝境内，这时正好是大唐贞观十九年（645）正月二十四日。当时，在京城西郊，人流如涌，僧俗摩肩接踵，几十万人聚集在那里，迎接从西土取经归来的玄奘。从旧城之西到京城朱雀门二十多里的道路上站满了人，道路被阻，玄奘不能进城，只得在郊外的馆驿中休息。虔诚的人们守在馆外，通宵站立。次日，玄奘把带回来的经书、佛像送往弘福寺，京城中众僧竞相列账支车，帮助玄奘运送。一时间人声鼎沸，甚嚣尘上。这时，天空中一轮明日的周围出现了彩色的云朵，佛像上放射出红白相间的轮光，众人对此赞叹不已。因为玄奘的回国，使京中万民停业五天，众多的人都皈依了佛门。这种隆重的场面，实在是百年难得一见。

玄奘开始西行取经之时，还是一个青年人，归来之时已是四十余岁的中年人了。十多年的西行取经，行程五万里，游历了大小一百一十个国家，这在世界旅游史上，写下了光辉的一章。

流传千古的《大唐西域记》

玄奘回到京城长安之时，唐太宗正在洛阳，所以玄奘便来到洛阳拜见唐太宗，并将带回来的各种奇珍异宝进献给唐太宗。唐太宗将玄奘请入宫中，二人在宫中促膝交谈，从卯时一直谈到酉时，却没有发觉时间已经很长了。等到敲响出征的战鼓时，他们才结束了谈话。当时唐太宗正带兵去讨伐辽左的叛乱，便请玄奘与他同行。玄奘因旅途劳累，又加上要翻译佛经，所以推辞不去。唐太宗传旨给留守京城的梁国公房玄龄，让他派人保护玄奘，且供给一切费用。

接着，玄奘上表唐太宗，请求翻译佛经之事，另外要求选择贤能的人和他一同翻译佛经。唐太宗说："法师唐梵皆通，词理通敏，只怕其他人孤陋寡闻，找来也对你翻译佛经无用，更别说翻译佛经圣典了。"

玄奘说："过去二秦之时翻译佛经，门徒就有三千。就是如此，还恐怕后人不能知晓佛教经典，而去信仰邪门歪道。如果现在不召集许多有贤能的人同时翻译佛经，仅凭我一个人的力量是不行的。"后来，经玄奘屡次请求，唐太宗才表示同意。玄奘从洛阳返回长安后，马上召集僧人慧明、灵润等为证义，沙门行友、玄赜等为缀缉，沙门智证、辩机等为录文，沙门玄模为证梵语，此后，玄奘和他的弟子们开始了中国佛教史上规模空前的佛经翻译事业，翻译了《大菩萨经》二十多卷，《显扬圣教论》二十卷，《大乘对法论》十五卷，《西域传》十二卷。在此以前，所翻译的经文，大都是先谈梵文经典,然后凭借对梵文经的理解,再写成汉文。这种汉文经书,和原来的经书相比,增添的或丢失的东西很多。而如今玄奘却是由梵文直接译出,意义和原经相符。玄奘翻译佛经,出口成章,录者随写就行,译出的经书语言简练而意义完备。

当唐太宗讨贼回到京城长安后,玄奘上表,请求太宗为他所译佛经写序。太宗说:"法师您行为高洁,已出于尘世之上,泛宝舟而登彼岸。我才能浅漏,对俗事尚且不能通达,何况是玄妙的佛理呢?"

玄奘却认为,弘扬佛法,必须借助帝王之力。所以,玄奘又再次上表说:"奉您的旨意和奖喻,我才得以翻译佛经,传播佛法。我原本学识浅陋,却有幸参拜九州高僧,向他们学习佛法,又凭着您的英名而远涉他国学习佛法,所依赖的是朝廷的教化。我从天竺得到的经论,奉旨翻译完,只是还没有序。陛下您智慧超群,才智过人,名震四方。我认为佛法无边,不是具有神思的人,不能够解释它的道理;圣教玄远,不是圣人的文辞,是不配序写它的来源的。因此我敢冒犯您的威严,让您为圣经作序。帝王之言影响深远,您就不要再谦虚了。教化众生在于日积月累,如果只是观望等待,就会失去时机。"

玄奘上表之后,唐太宗答应为他作序。太宗就对驸马高履行说:"你以前曾请我为您的父亲写碑文。但我如今的气力已不如从前,我要给玄奘法师译完的佛经作序,不能给你的父亲写碑文了。你要理解我的用意。"之后,唐太宗就在明殿写出了中国佛教史上著名的《大唐三藏圣教序》。序文写完后,唐太宗让弘文馆学士上官仪对群臣朗读此序。百官听后,纷纷称赞。玄奘又上表感谢太宗。从此,朝廷众臣纷纷读经,佛法得到空前发展。玄奘便经常被留在宫中,皇帝不断向他询问佛法。而玄奘依旧继续翻译佛经,为的是不错过这个好时机。唐太宗赐给玄奘云纳一领,又传旨让天下寺院,各自再度五人出家。皇帝在京城长安东北建造弘法院,让玄奘长住其中。又在曲江池为文德皇后建慈恩寺,让玄奘成为住持,并度三百人到寺中。又在慈恩寺的西北建立翻经院,送给他新出家的弟子十五个。唐高宗时,玄奘为了保护梵文佛经,曾上表请求建梵本佛经台,得到批准。

唐高宗曾为皇太子在慈恩寺设大斋,朝中众臣都来到寺中。黄门侍郎薛元超、中书郎李义府说:"译经是佛法中的大事,但不知我们这些人在这中间有何用呢?"

玄奘便说:"你所问的,也是许多人所感到疑惑的。翻译佛经虽是我们僧人的事,但它还是要凭借朝中权贵的力量。就像前秦时鸠摩罗什依靠安成侯姚嵩、元魏时菩提流支依靠侍中崔光禄,贞观初年波颇译经,仆射萧璟、庶子杜正伦等为他阅稿一样。如今没有这些人,弘扬佛法就会受到阻碍。又承蒙圣上在大慈恩寺中发慈悲之心,建造了壮丽辉煌的寺院。要赞美这种德行,最好的方法是把它刻在碑上,使之流传后代。现在二公相问,我想要是做了这二件事,就会流芳于古今了。"他们二人就答应了这两件事。次日早晨,皇帝派人来传旨,说所需帮助译经的大臣已安排好了,而且立碑的碑文皇上亲自撰写。

从归回以来,玄奘就将全力放在翻译佛经和弘法上。他在有生之年,共译佛经七十三部一千三百三十卷,成为中国佛教史上的四大译经师之一。玄奘又充分借助帝王之力,使佛法的弘扬达到空前绝后。后来,玄奘还应唐太宗的请求,完成了闻名中外的《大唐西域记》一书。这部书是玄奘口述,由弟子辩机笔录于贞观十九年(646)完稿。书中记述了他亲自游历的一百一十个国家和传闻的二十八个国家的风俗、文化、地理、山脉、河流、气候、水文、生物、矿产、历史、宗教等等的种种情况,叙述生动真实,文辞绚丽雅瞻,不失为我国古籍中的一本名著。它是研究印度、尼泊尔、巴基斯坦及中亚等地古代地理的重要文献,后被译成英、法等国文字,广为流传。

玄奘入佛门以来,总是希望自己能够死后升往弥勒天。在游西域时,他又听说无著兄弟都升到了弥勒天,因此他更加频繁地发愿请求,每次都有所感应。

唐高宗麟德元年(664)年,玄奘告诉和他一起翻译的僧人和弟子:"有为之法一定能减灭幻影,形体这种虚幻的东西是不能长久的。我到了六十五岁时,一定会死的,现在谁有问题,可速来相问。"

"年纪未到耄耋,为什么要这样说呢?"听到之人,便很吃惊地问。

玄奘回答说:"此事我自己知道。"因此,前去向佛像告别。有门人要外出的,玄奘又对他们说:"你去吧,我现在就与你告别了。你再也不用来见我了,来了也不会见到我了。"

正月九日,玄奘告诉寺中的僧人说:"我要死了。佛经里说,身体是可憎的,就像死狗一样。我死以后,请把我的尸体在接近官寺的安静之处安葬。"

玄奘说完,便躺了下来,闭眼睁眼,只见到大莲花,鲜艳洁白,又看到了自己高大的身影。他也深知是自己将要升天的时候了。这时,玄奘让僧人们朗诵他所翻译佛经的名称,他自己却感到很欣慰。玄奘把寺中门人全部召集起来说:"无常将近,快来相见。"并在嘉寿殿的香木上挂菩提像,向他施礼,再再次向众僧辞行,而且留下了一份给皇帝的奏表。然后,玄奘自己默念弥勒,并且让旁边的人也跟着念道:"南无弥勒如来应正等觉,愿与含识速奉慈颜;南无弥勒如来所居内众,愿舍命以必生其中。"

到了二月四日这一天,玄奘右手支头,身体侧卧,寂然不动。门人问他:"这是什么姿势呢?"玄奘说:"不要问,妨碍我的正念。"五日中夜,玄奘的弟子问道:"和尚一定能坐弥勒天吗?"玄奘回答说:"一定能!"说完,玄奘停止了呼吸,悄悄地进入了他所希望的世界。玄奘死后两个多月,尸体形色如常。

玄奘死后,皇帝下诏入葬,并让京中僧尼制作幢盖前往送行。只见送葬的队伍中,素盖白幢,如白云浮动,哀乐之声响彻云霄,令人神往。玄奘最初葬在白鹿原上,在他所葬之处大约方圆四十里的地方,僧俗两众充满其间。后来,皇帝又下诏把玄奘改葬于樊川,当把玄奘的尸体从地下抬出来的时候,其面色就像活着的时候一样。大家很是惊异,深感玄奘不同凡人。

玄奘带着一种满足感进入了西方极乐世界,但他给后人留下了一笔宝贵的财富,在华夏文明史上留下了辉煌的一页。

才子文豪

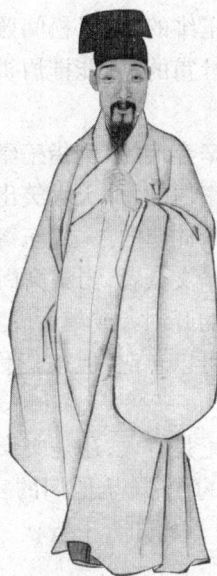

导 语

在我们的印象中,文人才子们总是那样风流倜傥,潇洒出尘,放荡不羁,个性张扬。

他们和中国历史的兴衰更替紧紧相连;

他们参与创造中华民族的历史;

他们在一定程度上决定历史发展的方向和速度;

他们使中华民族的历史文化枝繁叶茂、生生不息;

他们使中国历史一次又一次走向辉煌;

他们是中华民族的魂;

他们,或道德崇高,或学识闳深,以深厚卓绝之才能,坚忍不拔之意志,开一代风气,成一代宗师,独领风骚千年,冠盖天下百代。

他们是洒脱不羁的才子,冠绝古今的文豪。

在苏轼的"大江东去"中,我们读出了他的磅礴之气;

在柳永的"杨柳岸,晓风残月"中,我们读出了他的婉约之气;

在王维的"明月松间照,清泉石上流"中,我们读出了他的空灵之气;

在杜甫的"安能摧眉折腰事权贵,使我不得开心颜"中,我们读出了他的傲然之气;

在辛弃疾的"剑指三秦,君王得意,一战东归"中,我们读出了他的阳刚之气;

在李白的"仰天大笑出门去,我辈岂是蓬蒿人"中,我们读出了他的豪迈之气;

在陶渊明的"采菊东篱下,悠然见南山"中,我们读出了他的隐逸之气……

才子文豪者,当集高尚品德与杰出文采于一身,且其文学才能不拘一格,为影响深远的开创者或集大成者。中国历史悠久,文化灿烂,豪杰辈出,历史上的中国人你都可以忘记,但他们你绝对不应该忘记,没有他们,中国的文化艺术将没有光彩。

无论是诗人,还是文豪,作家还是风流才子们,他们也都是彼时彼地的一个鲜明人物的代表,从他们的言辞中,可以窥出当时社会情况之一斑,正如古诗有云:"见一叶落而知天下皆秋,见瓶水之冰而知天下皆寒。"

伟大的爱国诗人

——屈原

名人档案

屈原:芈姓,屈氏,名平,字原,又自云名正则,字灵均,出生于楚国丹阳秭归(今湖北宜昌),战国时期楚国诗人、政治家。因遭贵族排挤诽谤,被先后流放至汉北和沅湘流域。楚国郢都被秦军攻破后,自沉于汨罗江,以身殉楚国。他是中国历史上一位伟大的爱国诗人,中国浪漫主义文学的奠基人,"楚辞"的创立者和代表作家,开辟了"香草美人"的传统,被誉为"楚辞之祖",楚国有名的辞赋家宋玉、唐勒、景差都受到屈原的影响。屈原投江自尽的日子相传是农历五月初五,即端午节。端午节最初是中国人民祛病防疫的节日。吴越一带春秋之前有在农历五月初五以龙舟竞渡形式举行部落图腾祭祀的习俗。后因屈原在这一天死去,便演变成了中国人民纪念屈原的传统节日。

生卒时间:约前 340 年~约前 278 年。

安葬之地:汨罗山。

性格特点:理想崇高,胸怀博爱,不为恶势力所屈服。忧国忧民、行廉志洁。

历史功过:屈原是个诗人,从他开始,中国才有了以文学著称于世的作家。世界文化名人。他创立了"楚辞"这种文体,也开创了"香草美人"的传统。代表作品有《离骚》《九歌》等。

名家评点:被誉为"衣被词人,非一代也"。王逸盛赞屈原"膺忠贞之质,体清洁之性,直如石砥,颜如丹青;进不隐其谋,退不顾其命,此诚绝世之行,俊彦之英也"。近代学者梁启超首推屈原为"中国文学家的老祖宗"。郭沫若评价屈原是"伟大的爱国诗人",一颗闪耀在"群星丽天的时代","尤其是有异彩的一等明星"。闻一多评价屈原是"中国历史上唯一有充分条件称为人民诗人的人"。《中国文学

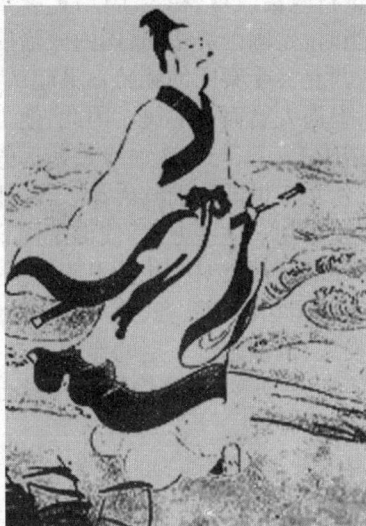

动荡时代　文化高涨

　　战国时期是我国古代一个风云变幻的大动荡、大变革的历史时期。林立的各诸侯国,斗争十分激烈。经过厮杀与兼并,出现了齐、楚、燕、韩、赵、魏、秦七个强国并立的局面。然而七个强国的发展却不平衡。

　　楚国原是江、汉流域的一个蛮族国家,西周时活动在丹阳(今湖北秭归)一带。公元前689年楚文王开始建都于郢(今湖北江陵西北),逐渐地强大了起来,兼并了附近的一些小国,扩大了领域。传至楚庄王的时候(前613年~前591年)任用孙叔敖为宰相,整顿内政,平定贵族叛乱,兴修水利,发展生产,使楚国一跃而为强国。公元前606年,楚庄王曾一度进军洛邑郊外,派人向周天子问九鼎小大轻重,表示有灭周的野心。公元前597年,楚国与晋国大战于邲(今河南郑州北),晋军大败。公元前594年,楚国又出兵围宋,宋向晋告急,但晋畏楚不敢出兵,此后,中原各国背晋向楚,楚国取代晋国成为霸主。《韩非子·有度》载:"荆(楚)庄王并国二十六,开地三千里。"楚庄王之后,楚国的辉煌时期也随之过去了。但仍不失为一个疆域广大,人口众多,经济、文化都发展到相当高度的一个大国。只是政治制度却比较落后,政权常操纵在腐朽的氏族贵族的手里。

　　战国初期,许多国家都进行了变法,取得了良好的效果。最早的是魏国,任用李悝进行政治改革,稳定了政局,发展了经济。继魏之后,楚悼王任用吴起实行变法。当时,楚国国势很弱,国内政治黑暗,阶级矛盾尖锐;北面连遭赵、韩、魏三国的侵犯,西北又受秦国的威胁。吴起认为楚国之所以衰弱的原因,是大臣封君的权势太重,上逼人君而下虐民。因此,他主张废除贵族的特权,选贤任能,重振国威。具体的措施是:一、与王族血缘关系远的贵族,立即取消他们的特权。二、无功的封君子孙,传至三世即取消其爵禄。三、迁贵族到荒僻之乡垦荒。四、加强国防,选练士卒,奖励军功。这些办法,使得楚国日益强大。可惜的是坚持的时间不长,楚悼王死后,吴起就被反对变法的贵族所杀害,变法夭折,楚国也无法保持强盛的国势。

　　与楚国相仿,韩、齐、燕等国也都经过变法运动,在改善政治状况和促进社会经济的发展,也都起过一定的作用。然而,包括最早变法的魏国在内,这些国家的变法都不彻底,所以其国势都难持续地强大下去。而七国中的秦国却是另外一种景象。

　　秦国原是地处偏僻的雍州,今天的陕西西部的一个小国,不与中原诸侯会盟,中原各国也视之为夷翟。西周灭亡,秦襄公护送平王至洛邑有功,被封为诸侯,以歧为中心,势力逐渐发展起来了。秦穆公时(前659年~前621年)任用百里奚等人,整顿内政,发展生产,国家逐渐富强,疆土向东扩展,与晋国接壤。因有晋的阻挡,秦国不能向东发展,于是向西戎地区发展,遂灭许多西戎小国。《史记·秦本纪》记载:"益国十二,开地千里,遂霸西戎。"春秋后期至战国初,秦国社会生产力有了相当的发展。农业中已经使用了铁器,较多的荒地被开垦为良田,经济和社会面貌都有进一步发展。可是,国家政权却被保守的领主贵族所控制,贵族们垄断政权,干预君位的继承,争权夺利,国君权力较小,国力也很弱。在与列国的竞争中,也处于不利的地位。公元前408年,魏国占领秦的河西之地,不久,楚国也控制了黔中、汉中、巴等地。这时,中原各国大多进行过改革,社会有所发展,他们都对秦国有鄙视之意。直到秦孝公任用商鞅变法,情况起了根本的变化。

公元前361年,秦孝公即位。他是一个有抱负的国君,想要进行彻底的改革,于是下令招贤。商鞅得知后由魏人秦,孝公任命他为左庶长,开始变法。

公元前359年至前350年,商鞅两次颁布变法命令。其主要的内容:一、奖励军功,禁止私斗。设爵20级,有军功者可以授爵。宗室贵族无军功者,没有爵位和特权。二、废除井田制,允许土地买卖。三、奖励耕织,生产多者,可免徭役;从事工商活动及因怠惰而贫穷的,籍为官奴。四、编制户口,行"连坐"法。另外还有推行县制和统一度量衡等。

在变法的过程中,新旧势力的斗争十分激烈。秦孝公死后,惠王继位,旧贵族趁势反扑,商鞅被车裂处死。但是新法已经实行了20年,使百姓"家给人足",得到人民的欢迎,所以新法得以实行下去。经过变法后的秦国,社会生产力大大发展了,军队的战斗力也大大加强了,其实力已超出其他六国。此后,秦国开始了兼并六国的行动。

楚国由于吴起变法的失败,到了屈原所生活的楚怀王的时代,政治依旧十分腐朽。王室与贵族总是培植自己的私人势力而打击迫害贤能的人。如《离骚》中所揭露的那样"世混浊而嫉贤兮,好蔽美而称恶",总喜欢隐人善处而扬人恶声。他们媚上压下,拼命搜括百姓。这样发展下去的结果,必然是群臣互相妒忌,奸佞方谀奉承,良臣被排斥疏远,百姓离心,城池不修,既无能人又没强大的军事防御。面对强秦的进攻,总是被动挨打。

战国时期,由于经济的发展,政治制度发生巨大的变化,文化思想界也出现了蓬勃活跃的局面。天文学、医学、农学等科学技术有突出的成就;思想界也出现了"百家争鸣",不同学派的诸子,从不同的阶级利益出发,对当时的政治、学术思想展开了热烈的争辩。主要的思想家有孟轲、荀况、庄周、韩非、公孙龙、惠施、邹衍等人。进步的思想家,大都继承了春秋以来盛行的"民本"思想,他们或主张减轻赋税徭役;或主张"举贤任能",推行贤明政治;或主张实行法治,打击旧贵族,建立封建秩序。反动的思想家,则主张恢复领主的统治,或者幻想回复到原始社会。在哲学领域则展开了朴素唯物主义与唯心主义的斗争,辩证思维与形而上学、诡辩术的斗争。这些政治家与思想家们,把自己的思想主张,用优美的散文表达出来。他们往往采用神话传说、历史故事,或自己编写的寓言来说明道理。内容言之有物、非常丰富;行文多运用当时的口语,文章富有文采,人们喜闻乐见,达到很好的宣传效果。

在文学方面,由于我国第一部诗歌总集《诗经》的诞生,给诗歌的现实主义的创作开辟了道路,它从内容到形式都对后世产生了重要的影响。

科技文化的发展,各个学派的争鸣,促进了不同地区文化思想的交流,有利于促进统一的、高度发达的中华民族文化的形成与发展。

中国文化的起源与巫官密切联系在一起，原始的神话传说与重卜祀相结合，形成巫官文化。然而北方中原地区，政治、经济发展较快，文化的发展也突破巫官文化而步入了史官文化，怀疑天命，重视人事，讲求实际，注意总结历史的经验教训。而南方是徙迁江、汉流域的苗族，他们开化较迟，长期以来被中原各国称之为"蛮夷"。他们依然是信巫鬼，重祭祀，处于巫官文化时期。楚国则是南方文化的代表。由于对鬼神的信仰，就大量保存了富于想象的神话；由于巫风的盛行，又推动了音乐、舞蹈的发展。这样就使楚文化与北方文化形成两个不同的体系。战国时期，经过了长期的斗争，南北方文化交流、融合，形成了一个新的文化高涨时期。

屈原就是生活在这样一个大动荡，大变革与文化高涨的时代里。在政治上，他主张改革，要求废除腐朽贵族的特权，选贤任能，富国强兵；在文化上，他一方面发展南方文化富于想象的浪漫特色，另一方面又接受北方文化重视反映社会现实的优良传统的影响，从而创作了像"楚辞"这样优秀的新兴文学，在中华民族文化史上放出耀眼的异彩。

王胄家世　楚王同族

屈原，名平，出身于楚国贵族，与楚王同姓。他的宗祖屈瑕，是楚武王的儿子，被封在屈这个地方，后代便以屈为氏。从家世渊源来讲，屈原与楚王是同一始祖，这个始祖就是传说中的古帝颛顼高阳氏。屈氏为楚国三大家族屈、昭、景（合称"三闾"）之一，出过不少显赫的人物。

屈瑕曾做过莫敖，从他的事迹来看，既从事外交活动，又领兵打仗，地位应该是很高。他的后人屈重、屈到、屈建等人也都做过莫敖这个官职。《左传》里还记载了屈氏家族的一个有名人物屈完。他在齐桓公统率诸侯伐楚的时候，曾代表楚国前往召陵（今河南郾师东南）议和，齐桓公却让他同自己一起乘兵车检阅诸侯的军队，并威胁他说："以此军作战，谁能抵御；以此军攻城，何城不克。"可屈完却回答说："君若以德义安抚诸侯，谁敢不服；若要用武力，那么楚国以方城山为城，以汉水为城濠，你的军队再多，也没有用处。"于是，屈完与诸侯订立了盟约，成功地完成外交使命。

战国时期，屈氏家族势力较弱。比较有名的人物有大将屈匄。史载在公元前312年，楚秦在丹阳（今河南淅川）一战，楚国大败，屈匄做了秦国的俘虏。到了屈原时，虽然还保持着贵族的身份，但经济状况已经败落了。所以他在《惜诵》中讲了"忽忘身之贱贫"的话。

据传，屈原出生在荆山南麓的夔邑，即今湖北秭归。屈原出生的日期，许多人根据《离骚》中的"摄提贞于孟陬兮，惟庚寅吾以降。"两句诗推算，但因为使用的方法不同所以有几年的差异。有人推算他的生年当在公元前343年到前339年这几年中某一年正月庚寅日。最近有人推算，他的生日既要是夏历正月的朔日，又要是立春，日名还要是庚寅，这样的日子要经过一千多年才重复一次。那么，屈原是生于公元前 336 年,楚威王四年的正月初一。(见程嘉哲:《屈原生年之"谜"》《北京社会科学》1996 年第 4 期)尽管对屈原的生年有几种不同的意见,但并不影响他主要是生活在楚怀王与楚顷襄王时期这一历史空间(公元前 328 年~前 263 年),他的政治及诗歌创作的生涯,也是与这一时期楚国的命运紧紧地联系在一起。

在屈原的幼年时期,楚国已面临着相当严重的危机。大约在公元前 333 年,苏秦至楚,对楚威王说:"楚国的食物贵于玉,柴薪贵于桂,谒者如同鬼一样难得见到,王则如天帝一样难得见到,现在让你的臣民们吃玉烧桂,通过鬼来见天帝,国家能得到强大吗!""大王的亲族,喜欢伤害贤人以培植私人的势力,大肆搜刮百姓,使大王遭人民嫉恨。"(《战国策·楚策》)可见当时楚国经济凋敝,物价飞涨;权贵专横,排挤贤良,各以私人势力互相倾轧;楚王在深宫过着骄奢淫逸的生活;统治者向百姓大肆聚敛,引起人民的憎恨与仇视,国内已是矛盾重重、危机四伏了。显然,经济的衰落、政治的混乱与阶级矛盾的尖锐,使得楚国国势下降。

当时的社会矛盾有三种:一是强秦与六国之间的矛盾;一是楚、齐、魏、韩、赵、燕六国之间的矛盾;一是统治阶级与劳动人民之间的阶级矛盾。

面对着社会的矛盾,楚威王内心感到很恐惧。他曾答复苏秦说:"寡人自己料到,以楚抵挡秦国,是不能取胜的!内与群臣策谋,也是靠不住的。寡人是卧不安席,食不甘味,心中飘摇如高悬的旗,而无所终靠。"(《战国策》)

公元前 329 年,楚威王卒,子怀王继位。在楚怀王在位的 30 年间,中国社会的形势又发生急剧的变化,各种性质的社会矛盾都尖锐化、明朗化。

屈原,因为他是楚王的同族,自幼就培养了他浓厚的宗国感情。在《离骚》开头的第一句他就写道:"帝高阳之苗裔兮",说明自己是古帝高阳氏的后代,表明了他为有这样一位始祖及其苗裔所建立起的楚国而感到自豪。所以,他一生都把自己的命运与祖国的命运紧紧地联结在一起。

一生求索　投江自沉

商鞅变法后的秦国,日益强大,并不断向东方扩张。公元前 330 年,秦与魏战,大胜,斩首八万,得魏割让的河西之地;同年,秦与赵战,杀赵将,占二邑;前 324 年,秦占魏的陕邑,前 322 年又占曲沃、平周;前 319 年,秦与韩战于(今河南陵),韩败。秦击败韩、赵、魏三国之后,还不断向东方腹地深入,从而形成对六国的严重威胁。

在这一个时期,六国之间虽也不断发生互相兼并的战争,但都感到强秦的扩展对自己的危害,于是六国诸侯就联合起来向秦反攻。在公元前 318 年(楚怀王十一年),楚、齐、魏、赵、韩、燕、宋、卫、中山等各组成联军,由楚怀王为领袖,其主力进至函谷关以攻秦。秦出兵反击,六国败退。第二年秦军又打败了韩赵联军,这次反秦的联合行动就这样失败了。此后,六国之间也时战时和。

就在以楚怀王为首联合攻秦之后,20 岁左右的屈原大概就在此时开始在朝廷任职,从此登上了政治舞台。

青年时代的屈原,便有很大的抱负,他珍惜时间,刻苦读书,有广博的知识、超人的见识。《史记·屈原传》中讲他:"博闻强识,明于治乱,娴于辞令。"是说他记忆力强,见多识广,懂得古今治乱的道理,而且善于辞令,很有口才。楚怀王很信任他,任命他为左徒之职,"入则与王国议国事,出则接遇宾客,应对诸侯。王甚任之。上官大夫与之同列,争宠而心害其能。"看来这是一个兼管内政与外交、参与军国大事的重要职务。有人说,左徒不过是一个文学侍从,相当于今天的机要秘书,虽是国君身边的近臣,官职却并不高。(见程嘉哲:《屈原生年之"谜"》)这不知是否符合屈原在朝廷中的重要地位? 左徒官职究竟有多高,虽难以具体的标明,但是与上官大夫同列,这就是一个尺度。然而这还不是问题的实质与关键。《离骚》中说:"众女嫉余之蛾眉,谣诼谓余以善淫。"是说因为自己长得美好,召来周围侍王之人的造谣诽谤。如果一个人在朝廷中根本没有地位,在国事中也根本起不到什么作用的话,哪还能召来别人的嫉恨而造谣诽谤吗? 显然是不会的。所以,不管左徒是个秘书也好,与大夫同列也罢,总之,他在朝廷中是起到能够影响国君、在"图议国事"中能起到举足轻重的作用,他的地位是很重要的,故而引起一些小人的妒忌,这才是问题的重要所在。

屈原敏感地察觉到楚国所存在的种种危机,并认识到这些危机将会导致楚国的灭亡。而这些危机的形成,都是由统治集团和执政者的腐败所造成的。屈原把这些都反映在《离骚》中,他写道:"众竞进以贪婪兮,凭不猒乎求索。"大家都争着往上爬,贪婪不已,贪财好利的心全然不知满足。"惟夫党人之偷乐兮,路幽昧以险隘。"有一批糊涂的人们,只会苟且偷安,他们走的路昏暗、狭隘而且危险。"羌内恕己以量人兮,各兴心而嫉妒。"这些人都对自己宽恕,而严格要求并猜忌别人,他们斗着心机而互相嫉妒。总之,他们争权夺利,唯利是图,排挤贤能,任用宵小,从而使楚国政治日益败坏,国势日渐衰微。《离骚》以桀、纣相比:"何桀纣之猖披兮,夫唯捷径以窘步。"夏桀和殷纣是怎样的糊涂,总爱贪恋走捷径而屡自跌跤。

面对着腐败与危机,屈原心中十分着急。他有责任为振兴楚国而贡献自己的力量,他要"忽奔走以先后兮,及前王之踵武"。即要急速地为祖国效力而前后地奔走,想要追赶上先王的步伐。屈原认为"先王之道"是治世的"规矩墨绳"。"遵道"便可以"得路"。为了使"国富强",他向楚王建议:"奉先功以照下,明法度之嫌疑。"即本先王之遗教而立法度,实行法治;"举贤而授能,循墨绳而不颇。"即要斥退奸邪,任用贤能,遵循先王之道的准绳,不要出偏差;还需要"重仁袭义"作"善事",行"美政"。屈原认为:"皇天无私阿兮,览民德焉错辅。夫维圣哲以茂行兮,苟得用此下土。"皇天是公正无私的,他只保佑有德行的君主,只有具盛德、行美政的人,才能使国家富强。为此,屈原愿努力奋斗"忍而不能舍也,指九天以为正兮,夫唯灵修之故也"。忍耐痛苦绝不抛弃理想,要请上天作证,我只深忧地忠于君王并无他意。

开始,楚怀王对屈原还是很信任的,也颇想有一些改革,所以命屈原"造为宪令",也就是拟制法令。这虽说不是"更张国宪",改革体制,但从屈原反对腐朽贵族执政的思想来看,他所拟制的法令中会有对上官大夫之流的权贵不利的条文。所以当屈原只写完草稿时,上官大夫企图迫使屈原按自己的意见修改,屈原当然不会答应。于是,上官便在怀王面前诬陷屈原,说"每一令出",屈原就当众夸耀,归功于己,"以为非我莫能为也",以此向众人示思而树立自己的威信。不辨真伪的楚怀王,信以为真,"怒而疏屈平"。(《史记·屈原列传》)这显然是一场"正"与"邪"的政治斗争,但是由于怀王不辨忠奸,屈原在斗争中失败了。屈原的政治理想得不到实现,而腐朽贵族的气焰却更为嚣张了,屈原心中充满愤懑和悲伤。他把这忧郁压抑的情绪,通过自己的作品《离骚》宣泄出来。所以《史记》讲:"屈平疾王听之不聪也,谗谄之蔽明也,邪曲之害公也,方正之不容也,故忧愁幽思而作《离骚》,离骚者,犹离忧也。"

在七国争雄的斗争中,屈原是一贯主张联齐反秦的。楚、齐也曾结为纵亲联合在一起,故而秦国也总是想法破坏楚齐两个大国的联盟,以搬掉自己兼并天下道路上的最大障碍。

在楚怀王十二年(前 317 年),联合诸侯攻秦失败之后,秦国便趁机向赵、韩、魏三国发起攻击。楚怀王十三年,秦攻取赵国的西都、中阳。楚怀王十四年,秦攻取韩国的石亭,又战败赵将泥。楚怀王十五年,秦攻取魏国的焦,又打败韩军于岸门。楚怀王十六年,秦再攻赵,占领蔺地,虏赵将赵庄。在秦国的攻击下,韩、魏不得不与秦讲和。这样,楚国北方的韩、魏都成为秦国的盟邦,从而使楚国北部领土处于秦国的军事威胁之下。在楚怀王十三年,秦曾灭蜀,占领了巴、蜀等地,楚国西部和西南部领土,也都处在秦国的军事威胁之下。

楚怀王十六年(前 313 年),秦国又欲攻齐,首先要破楚齐的联盟关系。这时屈原已经被楚王疏远了。有人说大概在被疏远之后,屈原被免去左徒之职,而任三闾大夫,专管昭、屈、景三姓子弟的教育工作。从他的诗作《橘颂》中可以看到他对那些贵族青年,特别注重高尚品德的熏陶及爱国主义的教育。此后,或退居故乡。或许正是秦国看到楚国主张楚齐联合的大臣屈原已离去了,容易破坏楚齐的关系,派张仪来到楚国。《史记·楚世家》中载:"(楚怀王)十六年,秦欲伐齐,而楚与齐从(纵)亲,秦惠王患之,乃宣言张仪免相,使张仪南见楚王。"张仪到了楚国以后,向楚怀王提出楚与齐绝交乃是"一计而三利"之事:一是楚如能与齐绝交,秦愿割商、於之地六百里予楚;二是楚秦结为兄弟之国,齐国力量削弱,楚国北方可得安全;三是秦国感恩于楚,楚国西边境也毋庸担忧了。楚怀王听了之后很高兴,于是,接受张仪的建议而与齐国断绝友好关系。

楚齐绝交固然是由于楚怀王的不明智所致,另一方面也是由于当时复杂的政治斗争形势所迫。首先,楚、齐两国虽结为盟邦,但之间的矛盾也是很尖锐的。在楚怀王之父威王时,为争夺徐州、淮北、东国,楚、齐两国就不断地发生战争。与怀王同时的齐宣王,也是一个不断对外进行扩张,想要臣服秦、楚,独霸天下的人。他在连续打败魏、赵、燕之后,也时常想南割楚国的淮北。为此,楚怀王颇为不安。其次,秦国战败赵、魏、韩之后,打开了大举南侵的道路,同时,秦又占有巴蜀,可以从西方直接进攻楚国的腹地。对于来自秦国的威胁,楚怀王也是心怀恐惧的。怀王认为秦是为攻齐而来说服他的,所以联秦反齐既可减少秦国对楚的威胁,又可以利用秦齐之争,来削两国的势力;而自己呢,可以乘机扩张东部的领土。这样既可解除秦、齐两国的威胁,又可以坐收渔利;况且商、於之地六百里,也是具有诱惑力的。

然而,出乎楚怀王意料之外的是:当楚齐绝交之后,秦却负约食言,戏言只答应给楚国六里之地,这显然是在耍弄而激怒楚王;另外,秦国是实行远交近攻的政策,他真实的行动是在楚齐绝交后,首先是交齐而攻楚,而不是越楚之近而去攻远之齐。

楚怀王知道自己上当了,十分恼怒。于十七年(前312年)出兵攻秦。丹阳一战,秦军大败楚军,斩甲士8万,俘虏了楚大将军屈匄、裨将逢侯丑等70余人,并占领了楚国的汉中地。楚怀王再次集中全国兵力去攻打秦国,战于蓝田,结果楚军又大败。这时,魏、韩两国也趁机南袭楚,攻至于邓。楚国不得不收兵。"而齐竟怒不救楚,楚大困。"(《史记·屈原列传》)大概就是在这种情况下,楚怀王有些悔悟了,他便派屈原出使齐国,争取与齐国和好,重新恢复联盟。已经被疏远了的屈原,再次被委以外交重任,说明他在这方面是最得力的官员,因为他是一贯主张联齐抗秦的,所以或许他还保持了齐人对他的信任。

秦国看到楚国还具有相当势力,一时并无法吞并,又害怕楚、齐再度联盟,于是又派使臣至楚议和,与楚和好。当时秦国要求以武关以外之地来交换楚国的黔中。楚怀王对张仪特别愤恨,所以宁不易地,愿得张仪而献出黔中地。张仪倒不害怕再去楚国,他认为楚怀王的大臣靳尚及宠姬郑袖都会保护他,况且秦强楚弱,他是奉王命使楚,楚何敢加诛于他。张仪来到楚国,怀王不见,而将他囚禁起来,要杀他。张仪用重金贿赂了靳尚,又通过靳尚贿赂郑袖,并进言:如果楚国不释放张仪,秦王就会用土地和美女来赎他,楚王喜欢秦国美女,你就要失宠了,所以你最好去劝大王放了张仪。郑袖听信了这些话,在怀王面前日夜啼哭说:要是杀了张仪,秦军就要打来,你不如早将我母子送至江南,以免将来遭殃。靳尚等人也在楚怀王面前劝说不能得罪强秦。在这伙人的包围中,楚怀王又动摇了,放了张仪,并像以前那样对他厚礼相待。

张仪被释放后,便以"秦楚合亲"来说服楚怀王。他首先说秦国在经济、军事方面的强大,什么虎贲之士百余万,车千乘,骑万匹,积粟如丘山;还有秦法令严明,将士有勇有谋,士卒不怕艰险,勇于牺牲,能"席卷常山之险,必折天下之脊"。接着又说六国贫弱,绝不是秦国的对手。六国合纵,"聚群弱而攻至强,不料敌而轻战,国贫而数举兵,此危亡之术也"!六国攻秦,无异于驱群羊而攻猛虎,羊敌不过老虎是明明白白的。张仪还进一步恫吓楚怀王:秦西有巴、蜀,且船大粟足,循江而下,用不到十天就可以攻进楚地;秦军出武关,又可以自北向南攻楚,而且还有韩、魏,也可以攻其北,楚国社稷岂可无危险吗?最后张仪建议:秦出兵攻卫阳晋,必控制天下之胸,而楚出兵攻宋、鲁、滕等小国,则泗上十二诸侯小国,尽为楚所有。如果楚王同意的话,请使太子入秦作人质,秦太子也入楚作人质,而且秦楚合亲,两国长期为兄弟友邦,终身互不攻伐,这样做不是最好的吗!

虽然张仪的建议充满威胁、欺骗与诱惑,他的目的是为了离间楚齐的关系,以便秦国对六国各个击破。但是张仪对秦与六国之间力量对比及当时局势的分析,还是比较客观的,楚怀王也清楚这一点,答应了"与秦合亲,约婚姻"。

就在这个时候,屈原从齐国谈判归来。他坚决主张杀掉张仪,反对与秦和亲。他说:"前大王见欺于张仪,张仪至,臣以为大王烹之。今纵弗忍杀,又听其邪说,不可。"楚怀王却认为答应了张仪的建议要求,可以不用再献黔中与秦,况且答应之后再反悔是不可以的。就这样放走了张仪,楚秦两国又成为盟国。这一次楚国在对齐国的外交上,又一次失去信用,使屈原出使齐国所做出的努力都白费了。

楚怀王十九年(前310年),秦惠文王卒,秦武王继位。秦群臣俱不喜欢张仪,张仪离开秦国而去了魏国,第二年便死于魏国。形势似乎发生了一些变化。齐王欲再联合六国而为纵长,又恶楚与秦合,所以派使臣使楚下书,说服楚怀王尊周反秦。见信后,楚怀王尚犹豫不决,群臣的意见也不统一,最后还是同意了齐王的意见,"合齐而善韩"。

楚怀王二十三年(前306年),秦昭王即位。为了破坏楚齐联盟,送给楚国许多礼物;秦女入楚,楚女入秦,秦楚交婚。楚怀王又背齐而和秦。楚怀王二十五年,怀王与秦昭襄王会盟于黄棘(今河南新野东北)。

怀王二十六年,齐、韩、魏三国因楚国背叛纵约,联合伐楚。楚使太子横到秦国做人质,换得秦国的援助。秦派客卿通率兵救楚,三国退兵而去。怀王二十七年,太子横在秦国的一次决斗中杀死一大夫而逃归楚国。第二年秦国以此为借口,联合齐、韩、魏一起伐楚。楚将军唐眛率兵抗击。两军在垂沙(今河南唐河西南)相持6个月,楚军最后大败,唐眛战死,楚军损失很大,并丢失了重丘(今湖北竹山县)。怀王二十九年,秦军又攻打楚国,杀楚将军景缺,士卒死有两万。楚怀王惊恐,又想到联齐,派太子横到齐国做人质。第二年秦国攻下楚国8个城邑。胁迫怀王到武关(今陕西商县东)会面,以缔结盟约。在楚王犹豫不决之际,屈原劝楚王莫去,他说:"秦,虎狼之国,不可信,不如毋行。"(《史记·屈原列传》)大臣昭睢也劝楚王勿往。而楚怀王少子子兰害怕触怒秦国,力劝楚王前去。楚怀王最后决定赴会,可一入武关则被伏兵劫至咸阳。秦昭王像对藩属一样待他,并迫使怀王割巫、黔中等地予秦。怀王坚决不肯,于是被当作人质扣留起来。中间虽曾逃至赵国一次,但因赵不肯接纳而失败。3年后终因忧愤成疾,死于咸阳。

在楚怀王被扣留在秦国时,楚国宗室与大臣们便从齐国迎回太子横继承王位,是为楚顷襄王。顷襄王元年(前298年),屈原已是四十岁左右的中年人了。

3年后,楚怀王死于秦国,楚国上下都十分悲痛,当怀王灵柩运回楚国时,楚人痛哭流涕,同时也感到是莫大的耻辱。屈原当然是极为悲愤的。他"眷顾楚国,心系怀王,不忘欲反,冀希君之一悟,俗之一改也。其存君兴国而欲反覆之,一篇之中三致志焉。然终无可奈何,故不可以反,卒以此见怀王之终不悟"(《史记·屈原列传》)。屈原最大的悲愤是怀王始终执迷不悟,不能迷途知返,一改"国俗",终落得身死异国的可悲下场。为了悼念怀王,屈原写了《招魂》一诗,假设巫阳受天帝之命,招楚王魂。

秦连年侵犯楚国以及致死怀王之举,激起楚国人民的共同愤慨,人民都想奋起反抗秦国。顷襄王初立,倒也想与父王报仇,然而楚国的一切权力都操纵在腐朽贵族的手里,他们只顾个人眼前利益,根本不考虑国家的安危。在这群小包围之中,随着时间的推移,顷襄王复仇的念头也逐渐冷淡了下来。顷襄王六年(前293年),秦将白起打败韩、魏联军于伊阙,斩首24万。秦昭王趁机写信威胁楚顷襄王,说楚国背叛秦国,秦将率诸侯伐楚,痛快地进行一次决战。顷襄王很是恐惧,不敢迎战,而是设法与秦谋和,第二年迎娶秦女为妇,秦、楚又和好了。

据史载:楚顷襄王是个荒淫、骄横的君主。他不爱恤百姓,横征暴敛,以榨取百姓血汗过着淫逸侈靡的生活。他好宫室台榭,建筑了许多离宫别馆;他喜欢游玩,与大臣们驰骋于云梦之中,游乐于兰台之宫;他好色,宫墙内皆衣锦绣;他爱马,马皆吃人食。由于他的挥霍无度,国库枯竭,城郭空虚,百姓饥饿,民人无褐。在他周围又聚集一些奸邪的贵族封君,如州侯、夏侯、上官大夫、令尹子兰等人,他们用阿谀逢迎的手段,获得楚王的信任,又用阴谋诡计去排挤、陷害正直贤良的大臣。此时的楚国是"楚王恃其国大,不恤其政,而群臣相妒以为功,谀谄用事,良臣斥疏,百姓心离,既无良臣,又无守备"(《战国策·秦策》)。

屈原一贯主张抗击强秦,所以他是不会得到顷襄王的欢心的。再加上令尹子兰指使上官大夫在楚王面前说屈原的坏话,顷襄王就将屈原流放到江南。有人说,屈原没有被流放,他是"愿曾思而远身",自动弃官出走的。屈原的许多诗篇是在顷襄王时期写的,包括《离骚》。(见程嘉哲《屈原生年之"谜"》)这种看法有些道理。《离骚》中有这样的诗句:

灵氛既告余以吉占兮,

(灵氛已把协吉的占辞向我告诉,)

历吉日乎吾将行。

(选定了好的日期我要走向远方。)

折琼枝以为羞兮,

(折来琼树的嫩枝可做我的路菜,)

精琼靡以为粮。

(磨来美玉的细屑可做我的干粮。)

为余驾飞龙兮,

(为我驾上神速的八尺高的龙马,)

杂瑶象以为车。

(把琼瑶和象齿装饰着我的乘舆。)

何离心之可同兮,

(离心离德的人们哪有方法同流?)

吾将远逝以自疏。

(我要漂泊到远方去离群而索居。)

——译文采自郭沫若《离骚今译》(下同)

这样,屈原远离朝廷及那些卑鄙污浊的小人,长期生活于穷乡僻壤、深山大泽之中,并曾和劳动人民多有接触。他这时的生活是艰苦的,他时而跋涉于深山密林中,倾听猿猴声声的哀鸣;他时而徘徊在大江水泽畔,吟诵着自己悲愤的诗篇。在这样的环境里,屈原依然保持"举世混浊我独清,众人皆醉我独醒"的情操,写了许多不朽的作品,其中有:《离骚》《九章》《九歌》《天问》等。

楚顷襄王于十八年(前281年),派遣使臣到诸侯国,重新组织合纵,欲以伐秦。秦国听说后,出兵伐楚。第二年,楚军大败,割上庸、汉北地予秦。秦将司马错又攻占楚的黔中;第三年秦将白起攻占楚的鄢、邓、西陵等五城;第四年即公元前278年,白起攻陷了楚国都城郢,灭楚宗庙,烧毁楚先王坟墓。顷襄王东逃至陈城(今河

　　国都的失陷,给屈原在精神上又一次沉重的打击。他怀着痛苦的心情写下了《哀郢》。其后不久,屈原来到长沙附近的汨罗江,在极端苦闷与绝望中,投江自沉了。时年,他大约是在60岁左右。有人说,从《哀郢》里有"至今九年而不复"一语看,诗人在郢都陷落后,还过了9年的流亡生活。(见程嘉哲:《屈原生年之"谜"》)这种说法恐怕不妥当。如果是这样的话,那么《哀郢》一诗,也是在郢都沦陷9年以后才写的了。人们不禁要问,是什么原因使屈原在国都沦陷了这么长的时间才为之写哀诗呢? 既然不说原因,怎能令人信服! 其实,这句诗的全句是"忽若去不信兮,至今九年而不复"。应该是写自己因见疑而被迫离开朝廷(或说流放)9年而不复。另外,诗是文学作品,并非历史记录,"三""九"等数不是一个准确的实指数目,而是常被用来泛指一段或短或长的时间而已。所以还是在郢都沦陷不久,诗人难以接受这残酷事实而沉江自杀的,比较能够接近史实。人们为了纪念这位伟大的爱国者及诗人,把五月五日定为他的忌日,使人们千秋万代地怀念着他。

楚辞佳作　辉煌诗篇

　　屈原创作的诗歌,后人称之为"楚辞"。楚辞的本义是楚国体裁的文(歌)辞,即一种文学的体裁。宋朝黄伯思解释"楚辞"说:"屈原诸骚皆书楚语,作楚声,纪楚地,名楚物,故可谓之'楚辞'。"(见陈振孙《直斋书录解题》所引黄伯思《校定楚辞·翼骚》之序言)在这些特点中最主要的是语言与声音的特点,如"楚辞"冲的"若些"(读若所)、"只""羌""淬""蹇""纷""佗傺"等,皆楚国的方言;其声调悲壮顿挫,通常二句一韵,二韵一节。因此我们可以说,"楚辞"是中国最早具有浓厚的楚国地方特色的方言文学。但是屈原在创作诗歌时,并没有把自己的作品称之为楚辞。这个名称是汉代初年才有的。《汉书·地理志》载:

　　始楚贤臣屈原被谗放流,作《离骚》诸赋以自伤悼。后有宋玉、唐勒之属,慕而述之。枚乘、邹阳、严夫子之徒兴于文景之际。而淮南王安亦都寿春,招宾客著书。而吴有严助、朱买臣贵显汉朝,文辞并发。故世传楚辞。

　　《汉书》王褒传、朱买臣传中均提到"楚辞"这一名称。楚辞是屈原所创,其作品既有屈原的,也包括后人"慕而述之"的写作。西汉末年刘向将楚辞编成集,从此楚辞就有了专书。现在人们称楚辞,如屈原的作品为诗,或诗歌。在汉代则称其为赋。如《史记·屈原列传》里说"作怀沙之赋",《汉书·贾谊传》中说"作离骚赋",地理志说"作离骚诸赋",艺文志著录"屈原赋二十五篇"。刘勰的《文心雕龙》以《离骚》为赋又为诗。但是楚辞虽也称赋,却应当与"汉赋"有所区别。很多汉赋,严格说来只是诗化的散文,而楚辞却是真正的诗歌。

　　屈原创作楚辞,除他自身的爱国的激情。高尚的思想情操、广博的学识外,他还接受了南方民歌与我国第一部诗歌总集《诗经》的影响。尽管《诗经》是现实主义的代表作,而《离骚》等诗歌是浪漫主义的代表作,但它们同样都是反映了社会现实,体现"诗言志"之意的作品。从表现形式看,屈原的一些诗与《诗经》中一些

后皇嘉树,野有蔓草,

橘徕服兮。零露漙兮。

受命不迁,有一美人,

生南国兮。清扬婉兮。

深固难徙,邂逅相遇,

更壹志兮。适我愿兮。

《橘颂》为四言,但一小节最后一句为五言,如:"绿叶素荣,纷其可喜兮。"而《诗经》早已有这样的句式:"有匪君子,终不可谖兮。"(《卫风·淇奥》)

当然给楚辞更直接影响的是南方的民歌。公元前6世纪中叶楚人翻译的一首《越人歌》歌辞是这样的:

今夕何夕兮,搴舟中流! 今日何日兮,得与王子同舟! 蒙羞被好兮,不訾诟耻。心几烦而不绝兮,知得王子! 山有木兮木有枝,心悦君兮君不知!

这首民歌的抒情味道很浓;句子的参差不齐,衬字"兮"的多次运用,都增加诗句的舒展流畅及音调的优美。楚辞中的篇章里,很多句子与这类民歌相近。屈原将它吸收过来,经过加工,形式更完美,语言更丰富生动了,使楚辞的这些地方特色更臻完美。

屈原的作品有《离骚》《天问》《招魂》《九章》(9篇)、《九歌》(11篇)等20几篇。司马迁说:"余读《离骚》《天问》《招魂》《哀郢》,悲其志。"(《史记·屈原列传》)这个次序应当是作品的次序,《哀郢》是《九章》中的一篇,故《九章》排第四。《九章》非原题,9篇诗也非一时之作。《九歌》是祀神乐歌,居最后,是屈原加工过的楚国民歌。

《离骚》是屈原的代表作,是我国现存的第一首抒情长诗,共有373句,2477字。《史记·屈原列传》讲:他因为楚王不听正确的意见,邪曲占了上风,容不得方正,所以"忧愁幽思"而作《离骚》。"离骚者,犹离忧也。"说明《离骚》是在他被疏之后的作品,离骚的含义是离忧,即心烦意乱,忧愁幽思与怨恨的意思。《屈原列传》还讲:"信而见疑,忠而被谤,能无怨乎?屈平之作《离骚》,盖自怨生也。"是屈原在自己被打击,又看到楚国面临危亡,发自内心的悲愤之作,完成于楚顷襄王时期,应该是可信的。

《离骚》全诗可分为12个段落,加尾声《乱曰》,共是13个段落。(据郭沫若:《离骚今译》)一、诗人通过家世的追溯,美好品质、远大抱负及重视才能培养的叙述,表明了自己热爱生活,愿为祖国效力的心愿。二、以古代贤与暴不同类型做对比,暗示楚王为小人包围,不纳忠言,表明自己对国家的忠心,对楚王轻信多疑的伤心。三、痛心自己培养出来的人才的变节,鄙视群小的争夺财利,又担心自己政治上无所建树,表示一定要效法先贤,不与他们同流合污。四、表明决不为恶势力的袭击而动摇,埋怨楚王不能明辨是非。正邪不能相容,后悔自己看错了路向,似乎应退避自疏,但最终自己将宁死不屈。五、说明现实道路走不通,只好退到想象的境域中去,使精神暂时得以安歇。六、叙述女伴对他的劝告,但亦于事无补,他感到人间的寂寞,于是只好向舜帝去陈诉。七、以古代国家兴亡的道理,反复说明应当起用贤能,可惜自己生不逢时,只好掩涕悲泣。八、写他乘龙驾凤神游虚幻境界,排除险阻去求索崇高的理想,可惜天国中也找不到自己可以寄托的对象。九、从天国到人间,自己的追求一一的碰壁,其原因是被"混浊"势力所阻挡,宫门万重,君王何时能醒悟呢? 十、在绝望中去请神巫占卜,借巫者的口吻来考虑自己的去留。十一、借神巫的鼓励,应该往好的那方面去设想,却担心不被见容;善良的人抵不住社会歪风的袭击会变节,而自己却不愿随和。十二、写自己离都门日远,把灵魂上升到深邃的上天,摆脱尘世的羁绊,得到了光明,但是当他一看到祖国,就使他再也难以移步向前。尾声总括了全诗,最后说道:算了吧,国内没有人把我理解,我又何必一定要思念着故都? 既然没人和我一起实现美好的政治理想,那我就死去依就殷代的彭咸。从全诗的结构来看,大体可分为两大部分,以"女嬃之婵媛"为界限,前半部分多叙述现实的事情,即对已发生的事情的追述,后半部分则是把自己的理想寄托于虚幻的王国,对未来询问、求索。最后,还是要回到现实中来,但现实又令他绝望,甚至产生去投靠殷代因谏君不听而沉水的贤臣彭咸的念头。

《离骚》,表达了屈原的政治理想及对美好人生的求索。屈原所提出的美政,就是效法古代的贤君尧、舜、禹、汤、文、武,兢兢业业遵循着正义的法则来办事;反对启、羿、浇、桀、纣这些昏君,因贪图逸乐,倚恃强力,荒淫残酷而遭到灭亡。他希望楚王以史为鉴,不要重蹈昏君的覆辙。屈原特别重视"举贤授能",他认为三王时代,政治之所以能够纯正,就是因为有许多贤能的人辅佐君王。他还通过巫咸的口举出许多历史上不拘身份选拔人才的好处。屈原"举贤授能"的主张,正符合大动荡、大变革时代进步的政治趋势。

《离骚》,体现了屈原强烈的爱国思想。他提出并坚持自己的政治理想,是从爱国主义出发的。屈原对楚王所表示的忠诚,就是忠于楚国的表现。例如:

> 岂余身之惮殃兮,
> (我并不怕自己的身子会要遭殃,)
> 恐皇舆之败绩。
> (我怕的是君王的乘舆要被毁坏。)

> 指九天以为正兮,
> (我要请九重的上天做我证人,)
> 夫唯灵修之故也。
> (我悃忱地忠于君王并无他意。)

这里都是把楚国的命运与楚王的命运联系在一起来考虑的。他对楚王的忠诚,是寄希望于楚王能够把楚国治理得富强。他不仅不是对楚王唯命是从、俯首帖耳,而且是与楚王危害楚国的行为去进行抗争,当楚王不辨忠奸,不能采纳正确意见造成严重后果时,他又很痛心,以至于怨恨、绝望。他在《离骚》中写道:

> 荃不察余之中情兮,
> (你既不肯监察我胸中的忠诚,)
> 反信谗而斋怒。
> (更反而听信谗言给我以恼怒。)

余固知謇謇之为患兮，

（我诚然知道耿直是不能讨好，）

忍而不能舍也。

（但我却忍耐着痛苦不肯抛弃。）

初既与余成言兮，

（在当初你既已经和我约定，）

后悔遁而有他。

（你奈何反悔了又改变了心肠。）

余既不难夫离别兮，

（我和你的分离也不怎么难堪，）

伤灵修之数化。

（只叹息你的为人呵太没主张。）

诗中的荃与灵修，都是指的楚王。起初楚王还是信任屈原的，但听信谗言后，则对屈原产生了恼怒。屈原知道耿直是得不到什么好结果，但还是坚持不改。既然得不到信任，与王分离也没什么难堪的。很明显，忠心于楚王的前提，是要能接受自己正确的政治主张，而使楚国强大起来，否则也只能在政治上分道扬镳了。表现出诗人的气节，也是与他的爱国主义相一致的。

屈原的爱国主义还表现在他对祖国大地的无限眷恋上。诗中写道：

陟升皇之赫戏兮，

（在皇天的光耀中升腾着的时候，）

忽临睨夫旧乡。

（忽然间又看见了下界的故丘。）

仆夫悲余马怀兮，

（我的御者生悲，马也开始恋栈，）

蜷局顾而不行。

（只是低头回顾，不肯再往前走。）

当诗人在想象中的皇天遨游的时候，忽然间看到祖国的故丘，就再也不肯往前走了。对于祖国热爱之深，哪怕她处在混浊黑暗中，哪怕对自己还存在许多危险，哪怕自己是在幻想中游历，都绝不能离开自己的祖国。这种至深的爱，有着震撼人心的力量！

《离骚》，体现了屈原对美好人生的不断求索。他追求美与善，而与一切丑恶的事物进行不屈的斗争。在诗中，诗人以香花、香草来比喻自己高洁的品格，而且要永远保持这种高贵的品格，至死不变。和他相对立的那些腐朽的贵族则是苟且、偷安、贪婪、嫉妒，在关键时甚至不惜向敌国变节求荣。他们对正直、廉洁，坚持正确路线的屈原造谣中伤，打击排斥。而屈原决不与他们同流合污，并给以严厉的斥责与辛辣的讽刺。诗人写道：

既替余以蕙纕兮，

（不怕他就毁坏了我秋蕙的花环，）

又申之以揽茝。
（我又要继续着用白芷花来替代。）
亦余心之所善兮，
（说到头是我自己的心甘情愿，）
虽九死其犹未悔。
（纵使是死上九回我也不肯悔改。）

忳郁邑余侘傺兮，
（我忧郁，我不安，我感受着孤独，）
吾独穷乎此时也！
（我孤独地遭受着今世的困穷！）
宁溘死以流亡兮，
（我就是淹然死去而魂离魄散，）
余不忍为此态也！
（也决不肯同乎流俗，屈节卑躬！）

鸷鸟之不群兮，
（鹰和隼不能够同凡鸟同群，）
自前世而固然。
（原本是自古以来就是这样。）
何方圆之能周兮？
（哪有方和圆能够互相通融？）
夫孰异道而相安？
（哪有曲与直能够一概相量？）

　　诗人坚持不懈地与恶势力做斗争，虽九死也不悔。这种洁身自好，一往无前的精神，能感天地，泣鬼神！所以唐代大诗人李白高度评价屈原的诗歌："屈平辞赋悬日月！"

　　《离骚》，所揭发咒骂的贪婪、奸险、奢侈、凶暴的宵小、恶棍，实际上是剥削阶级集团的形象；他所歌颂的正直、善良、廉洁、耿介的疾恶如仇的精神，实际是人民性格和人民反抗情绪的折射。所有这些说明了时代对屈原所起的决定作用；同时，也只有亲身经历过这样的遭遇，才能够写得出这样的作品，所以刘勰讲：没有屈原，也就不会有《离骚》（《文心雕龙·辨骚》）。

　　《离骚》在表现手法上，也取得了很高的艺术成就。

　　首先，这首长诗善于揭示矛盾和心情的波折。诗中所表现作者的广阔思想，深刻和复杂的感情及自己的遭遇与心情，不是平铺直叙的叙述，而是在处处以忠贞与谗邪之间的对立矛盾中展开。诗人对忠贞的歌颂和对谗邪的指斥，充分显示出分明的是非与强烈的爱憎情感，能引起读者的共鸣，有很强的感染力。

　　诗人的内心也充满着矛盾，反映到诗中，一方面是自己忠贞不渝的态度，一方面在现实打击下的苦闷彷徨；一方面是女嬃劝他随俗沉浮，不要使自己过于孤立，一方面是诗人不愿放弃自己的理想而接受这个劝告;一方面是灵氛的卜卦,要他合则留,不合则去,但在诗人离开都门遨游时,看到故丘就再也不愿移步向前了。这些矛盾,使诗人心中充满波折,但诗人最终还是坚持自己的理想,为了祖国和理想他宁肯去死,也决不随波逐流,突出的表现了诗人卓越的人格。

其次,《离骚》用象征比喻的方法描写诗人的遭遇,表白自己的爱憎感情。一是用传说与历史故事,以古喻今;二是用花、草、树木等来比喻不同的人物和品行,以鸩鸟代表丑恶专讲坏话的形象,雄鸠代表举止轻佻的形象,鸷鸟代表不屈斗争的形象,凤凰代表善美的形象等等,这些形象比喻精确,可以看出诗人巧妙的构思。三是诗人充分的利用神话传说的材料,把读者带到虚幻缥缈的世界。他把传说中古代美女组织到自己的诗篇里,把日、月、风、云拟人化。他想象自己驾驶着以凤凰为车,以无角白龙为马的神车,月神望舒在前面引导,风神飞廉在后面追赶,向着四方去遨游。在他去上下求索时,天渐晚了,他就向太阳神羲和发出慢行的命令,叫他不要急于回到崦嵫山下。他在想象中驰骋,早晨由苍梧动身,晚上便落到昆仑山的县圃;刚渡过仙河赤水,便又向西海前进。诗人大胆丰富的想象,在读者面前展现了一个昂扬开阔的精神境界。如同奔驰在群山万壑之上的雷鸣闪电,如同高悬在万顷波涛上的皓月亮星,引起人们的惊奇与激动。

然而,诗人的想象是以激烈复杂的现实斗争为背景的,是以真实的感情为基础的。他没有逃避到梦幻的世界,而借以表达他为实现美好理想,而始终坚持不渝地斗争、去不断地上下求索的坚韧不拔的精神。他的幻想始终是现实的积极反映,他在幻想中的行为正是他在现实中对理想执着追求的反映。

我们说《离骚》是我国古代浪漫主义的代表作,因为他用借助想象构成虚幻的境界,来表达、抒发自己强烈奔放,不受现实羁绊的思想感情;他用夸张和大胆的比拟,赞美善良忠正,鞭笞奸邪巧佞,它的精神是积极的、战斗的,充满了现实主义的。

《天问》是距离《离骚》时间最近的屈原的另一首长诗。全诗基本是四言,4句一节,共95节、373句、1560字。

《天问》是一首奇特的长诗,几乎全篇都是以问句组成,故而称《天问》。关于题目有两种解释,一说《天问》就是问天的意思,那就是说向天发问了。另一种解释是关于天地现象与事物关系的疑问。诗中的史事包括在事物关系之内,在古人的观念中,这一切都统括于天。"天降下民","天生烝民",连人都是天生的。(见王泗原:《楚辞校释》)作者一口气提出了167个问题,并以诗的形式表达出来,这是千古独有的,表现了诗人卓越的文学创作才能。

全诗可分两个大段落。前112句是问天地的,后264句是问人事的,也就是问有关世间盛衰兴亡的历史传说。两大段落的次序顺理成章,先问开天辟地,后及世间的兴亡,既包括了天地的形成,又包括了世间历代的兴亡史,但主要的篇幅和全诗的主旨却是在后者,它体现了诗人想通过历史传说寻找使国家兴亡的答案。诗中所流露出作者激愤的情绪、思想感情和《离骚》及诗人其他的作品基本上是一致的。

屈原通过对历史传说的质问,发抒了自己的怨愤与不平。例如关于鲧治水的传说,诗人问道:鲧不能胜任治理洪水,众人为什么推举他? 都说不必担忧,何不让他试试看呢？鸱龟首尾相连，为何就启发了鲧筑堤的想法？按照他的办法以求成功，天帝为什么对他又要处以极刑？（不任汩鸿，师何以尚之？佥曰何忧，何不课而行之？鸱龟曳衔，鲧何听焉？顺欲成功，帝何刑焉？）在屈原看来，鲧是一个得到众人崇尚的好人，他被处以极刑，与其说是治水的方法错了，倒不如说是因得罪了天帝，因为他为人太耿直了。正如他在《离骚》中所说的那样："鲧婞直（刚直）以亡身兮，终然殀（死于非命）乎羽（山）之野。"这正是对《天问》中问题的回答。屈原在诗中对一系列历史上暴君的灭亡做了分析。在《天问》中以问话的方式表达，在《离骚》则直接点明。例如《天问》中问：比干反对什么，就被剜心剖肚？雷开奉承什么，竟赐以高官厚禄？为什么圣人们美德如一，而结局各式各样？梅伯被剁成肉酱，箕子则假装疯狂？（比干何逆，而抑沉之？雷开何顺，而赐封之？何圣人之一德，卒其异方？梅伯受醢，箕子佯狂。）《离骚》则直接说："后辛（纣王）之菹醢（剁成肉酱）兮，殷宗（殷朝王位）用而不长。"《离骚》和《天问》是可以用来互相解释和互相补充的。在《离骚》中屈原提出"举贤授能"的主张，而《天问》中叙述到商汤和周文、武王的胜利时候，也特别强调伊尹、吕望的作用。在《离骚》中有："皇天无私阿兮，览民德焉错辅。"（主宰一切的上帝他公道无私，他看到有利于民的才能辅佐。）两诗句，在《天问》用问话表现出来："皇天集命，惟何戒之？受礼天下，又使至代之？""天命反侧，何罚何佑？"（皇天把大权集中给王者，又怎样警戒于他？授予天下之位，到时候又使人取代了他？无命翻来覆去，谁该受罚谁该得助？）这些诗句表明"天命靡常"，王者能否统治下去，要看他是否有能利于民的德行，否则他将被取而代之。这也是《天问》一诗的主题所在。有人说：《天问》是一部兴亡史诗，如史诗一般地集中在历史兴亡的故事上，正说明诗人是在总结历史的经验教训，寻找强国的答案，并借此告诫楚王，其爱国的苦心孤诣跃然纸上！

《招魂》，司马迁说是屈原的作品，而王逸认为是宋玉的作品："宋玉怜哀屈原忠而斥弃，愁懑山泽，魂魄放佚，厥命将落，故作《招魂》，欲以复其精神，延其年寿。"是宋玉为屈原招魂。此后关于《招魂》的作者便有这样两种不同的意见。根据诗中的内容，联系当时的历史事实，还有全诗的气魄壮伟、意境奇丽与《离骚》《天问》相一致等情况来看，《招魂》的作者确是屈原无疑。所招的乃是楚怀王之魂。楚怀王被骗至秦，囚禁三年，最后郁闷而死，归葬返楚时，举国上下哀伤、怀念，故谥"怀"字，屈原按照楚国的风俗，为之招魂，是非常自然的事。

全诗的结构：开头两节为序言，从"帝告巫阳曰"至"反故居些"为中心部分，最后的"乱曰"为结束语。序言与"乱曰"是以作者的身份说话，中心部分是假设为巫阳受天帝之命，为怀王招魂之言辞。中心部分与首尾部分，在表现手法上也有所不同，巫阳之辞用的是招魂时特用的助词"些"，首尾的作者说话则用的"兮"字。沈括在《梦溪笔谈》中讲："今夔峡湖湘及南北僚人，凡禁咒句尾皆称些，乃楚人旧俗。"可见《招魂》中心部分的形式，完全是遵照着巫祝招魂的形式。

序言：第一节4句，讲诗人自幼清明廉洁，一身正义，但牵于世俗，难以此盛德为主。这就如同在《离骚》中所讲："哀众芳之污秽"（可悲的是一群芳草要糟践蹋），是很痛心的话。第二节2句，讲君王没有考察此盛德，长期遭殃而愁苦。这节只两句，从文义上看，似乎下面脱掉了两句。

中心段落主要是巫阳招魂之辞。告诫魂兮归来,不要到东、西、南、北四方去,也不要上天或下幽都(地下)。在那些地方有着许多可怕的东西,是非常危险的。如东方有千仞(8尺为一仞)长的巨人,专门索魂,有10个太阳轮流出动,把金属都烧化了,石头都烧焦了;南方有雕题(额上刻有花纹)黑齿的人,蝮蛇遍地;西方是一片沙漠,水极缺,五谷不生,还有硕大的赤蚁与巨蜂;北方则是千里雪飘,万里冰封,这些地方如何去得!天上与地下情形也是十分可怕的:九重的天门是吃人的虎豹把守,还有竖长着眼睛的豺狼。有一个九头的怪物,力大可拔九千棵树,他把人提到空中摇晃,然后投进深渊,使之痛苦不堪,还要等他报告给上帝,然后你才能闭上眼睛死去。幽都更是可怕,有身体长着九个节的土伯,头上长着锐利的角,并有两只血淋淋的手,追逐起人来跑得飞快。还有长着三只眼睛、虎头牛身的怪物,也喜欢吃人。这些地方更是去不得!

此后,劝魂快快回到楚国,回到郢都来(魂归来兮,反故居些)。进了郢都的城门,便是设施豪华的高大而深邃的宫殿,有众多的九侯淑女侍奉,有珍奇观赏、美食乐舞娱乐,有游戏、打猎,可以尽情地享受与玩乐,极奢侈、舒适、安乐。

最后乱曰:描写与王一起打猎的情况,感叹时光不肯停留("时不淹"),如《离骚》中所讲"日月忽其不淹兮,春与秋其代序"一样,表现了诗人有一种紧迫感。之后,描绘了江南的景色,以"魂兮归来,哀江南"结束全诗。这最后一句,点明全诗的主旨:哀江南,就是哀楚国,因为江南是楚国主要的地区。从招楚王之魂而写到哀江南,正表达了诗人依恋祖国,哀怜祖国的深情。

《招魂》的创作与当时楚国巫风的流行有着密切关系。同时可以看到屈原知识是多么渊博,思路又是如何的广阔。全诗保留了许多宝贵的神话资料,既与《山海经》的某些记载相类似,又体现了楚文化浪漫幻想的奇妙特色。《招魂》虽描写幻境,却极富现实性。如对上下四方的描写,有一定的历史知识为依据,许多描写比较符合当地的自然情况。再如对宫廷生活享乐的描绘,据后来的楚墓的发掘所证实,也是当时的实际情况。虽然屈原是反对"淫游以逸田",反对贵族骄奢淫逸的生活方式,但是为了招魂的需要,这样描写是可以理解的。另外从诗中可以看到屈原对上天与幽都是没有好感的。他在《离骚》曾写到天帝的守门人不肯替他开门("吾令帝阍开关兮,倚阊阖而望余"),在《天问》中又替鲧抱不平,指责天公裁判的不公正,故而提出质问。在这里又把上天描写得极其可怕,这说明诗人看重的还是现实,并不寄希望于上苍,体现了诗人积极的现实主义思想,反映的是现实生活,现实的斗争。

《九章》是由《惜诵》《涉江》《哀郢》《抽思》《怀沙》《思美人》《惜往日》《橘颂》《悲回风》九篇作品组成。《九章》这个总标题当是《楚辞》的编者刘向所加。这个题目与用专名的《九歌》《九辩》不同,它是标明了作品的实际篇数。九篇诗作是写于楚顷襄王时,但各篇作时的先后次序,已无法考证。

《橘颂》是《九章》中出色的作品,借对橘品质的颂扬,形象表明作者所坚持的美好理想。诗的开头讲:橘,江南树木中的百果之长,生在南方,不可以随便迁徙。橘树形象很美,绿叶白花,纷然茂盛,但重累的枝条长满利刺,不是可以随便侮弄的;果实圆抟,青黄杂揉,文采斑斓;果瓤精白,像仁人志士一样。诗的第二部分便以橘喻人,一方面是根深蒂固,绝难迁徙;心胸开阔,不求名利;有独立的人格,不从流随俗;另一方面又小心谨慎,终身避免犯过错;执履忠正,行为无私心,故而气节可与天地并存。

《橘颂》把屈原借咏物言志的思想,表达得淋漓尽致。同时诗人选择橘作为讽咏的对象地是有着特别的意义。橘树生长在南方,一旦迁徙到北方,它就变成质量很差的枳,诗人借此表明自己深深扎根于祖国的土壤里,忠实于祖国绝无二心。诗人咏道:"受命不迁,生南国兮。深固难徙,更壹志兮。"这种坚贞的品格,忘我的精神,开阔的心怀,令人佩服并产生了无限的敬仰。

《橘颂》基本上是一首四言短诗,稍有变化,有的小节最后一句是五言。从诗中我们可以看到诗人对事物观察的敏锐与深刻。以橘喻人,构思巧妙。通过橘的习性及美好形象的描述,显示出其美好品德的实质,给读者留下了深刻的印象。屈原开创了咏物诗的先河,给了后人以很大的影响。

《哀郢》是诗人为哀悼国都沦陷而作。诗的开头就讲:"皇天之不纯命兮,何百姓之震愆! 民离散而相失兮,方仲春而东迁。"这里是说"天命靡常",天命是靠不住的,害得百姓不安受罪! 百姓们家庭离散、亲人相失,刚在早春二月就不得不离开郢都而东迁。这是因为郢都已被秦将白起于楚顷襄王二十一年所攻陷,举国上下不得不东迁亡走至陈(今河南淮阳)。诗人也在其中,也不得不在清早,怀着悲痛的心情,出国门沿着江夏水到远处流亡。("去故乡而就远兮,遵江夏以流亡。出国门而轸怀兮,甲之朝吾以行。")但此时,诗人对郢都留恋之情,比之任何时候都强烈,"望长揪而太息兮,涕淫淫其若霰。过夏首而西浮兮,顾龙门而不见。"望着那高大的梓树而长叹,泪水如雪雨流个不断,过了夏水日再往西去,回头再也看不到郢都的东门了。人越走越远,心情越来越沉重,表达出诗人无比深厚的眷恋。诗人进一步叙述自己无所适从的失落感:"心婵媛而伤怀兮,眇不知其所跖!"(心中眷恋而伤怀,远徙不知其所止。)"凌阳侯之氾滥兮,忽翱翔之焉薄?"(踏着泛滥的波涛,飞到何处可以停止?)他登上大丘远望,悯惜乡邑的富饶,这里将被敌人侵占、践踏,令人无限的悲哀。他想到大殿将变为废墟,国都东门也将荒芜,心中长久不乐,忧愁紧连着忧愁。只因离郢都的路程太远,隔着长江、夏水已难再涉,流亡到南方已多年没再回去过,心中愁绪万端、哽咽梗塞。他斥责腐朽贵族误国的丑行:"外承欢之汋约兮,谌荏弱而难持。"他们只会装出美好的外表,讨好君王,他们既无才能,又很软弱,却只会阻挡忠贤者前进的道路。

在最后结束语的乱辞中,诗人写道:"鸟飞返故乡兮,狐死必首丘。信非吾罪而弃逐兮,何日夜而忘之?"鸟可以返回故乡,狐死时头也朝向故乡,而诗人自己呢,无罪而被弃逐,只能日夜思念却无法再回到故乡了。大约就在此后不久,诗人就怀恨自沉了。

《怀沙》应该是诗人最后一篇诗作,即绝命词。"怀沙"的意思就是怀抱沙石沉水之意。司马迁《史记》的屈原传著录"怀沙"全文,并说明:"于是怀石,遂自投汨罗以死。"东方朔在《七谏·沈江》中,解释《怀沙》诗时写道:"赴湘沅之流澌兮,恐逐波而复东,怀沙砾而自沈兮,不忍见君之蔽雍"可见汉朝时人,都以"怀沙"是怀沙石自沉。屈原在诗中的第一句写的是:"滔滔孟夏兮,草木莽莽。"这个时令与相传屈原卒于五月五日的时间,倒是非常相近的。

屈原经历了政治理想不得实现的郁闷,又饱尝祖国遭强秦欺凌以致郢都沦亡的悲哀,当他流亡到荒僻林野之后,痛定思痛,回顾总结自己的一生,在绝笔中,并没有十分冲动的感情,有的是严肃和冷静。他在诗中表明:自己坚定的政治信念,至死不改。"易(变更)初本迪(常道)兮,君子所鄙。章画志墨(彰明法度)兮,前图未改。"而自己的"内厚质正"的品质,也正是君子所赞美的,只是由于宵小挡道,使自己没有贡献力量的机会。在这个世道中,一切都是颠倒错乱的:"变白以为黑兮,倒上以为下,凤凰在笯(鸟笼)兮,鸡鹜翔舞。同糅(杂糅)玉石兮,一概(平斗斛之木)而相量。"没有真理,没有是非曲直,有理想、有才能的人得不到信任和重用,反而遭到嫉妒和排斥,甚至迫害:"邑犬群吠兮,吠所怪也。非俊疑杰兮,固庸态也。"诗人悲叹自己生不逢时,与时代相抵触,相矛盾。在日暮途穷的时候,只有死才可以解除这个矛盾所带来的痛苦,也只有死才能够保持自己的忠贞。诗人明确表示:"舒忧娱哀兮,限之以大故(死亡)。"最后的结束语乱曰:

> 怀质抱青,独无匹兮。
> 伯乐既没,骥焉程兮?
> (我有高洁的品质和激情,却不为人所知,
> 伯乐已经死去,千里马谁认识啊?)
> 民生禀命,各有所错(措施)兮。
> 定心广志,余何畏惧兮?
> (人生各有各的命运,各有各的处理呀。
> 定下心来放开胸襟,我有什么可畏惧?)
> 曾伤爰哀,永叹喟兮。
> 世溷浊莫吾知,人心不可谓兮。
> (重伤和无尽的哀怨,我唯有永远的叹息,
> 世道混浊没有知音,人心叵测不堪一提。)
> 知死不可让,愿勿爱(惜)兮。
> (明知免不了一死,对生命我也不再爱惜。)
> 明告君子,吾将以为类兮。
> (明告正直的人士,我将和前贤一样走去。)

表现了诗人在冷静、深入的思考之后,采取了最后的抉择,以表明心迹。《怀沙》语言简练,含意深刻,富有哲理性。屈原一生保持自己的政治理想。美好的品德,绝不随波逐流,变心从俗。最后为世俗所不容而自沉,实现了其"虽九死其犹未悔"的誓言,为后人树立了一个忠贞不屈的榜样!

《九章》中的其余篇章与上述诗作的思想感情是一致的。《惜诵》是怀着痛惜的心情来叙述往事,楚王不理解屈原的一片忠诚,使他彷徨苦闷,但决不随世俗沉浮。《抽思》是屈原流亡汉北时的作品,诗中有"有鸟自南兮,来集汉北"。"抽思"乃抽绎其忧思的意思。《涉江》大约是屈原流亡到江南时的作品。诗中讲:"余幼好此奇服兮,年既老而不衰。带长铗之陆离兮,冠切云之崔嵬。被明月兮佩宝璐。世混浊而莫知余兮,吾方高驰而不顾。"与《离骚》中的"高

余冠之岌岌兮"一节所表达的思想,完全是一致的。

《九歌》也是一组诗,共11首。《九歌》原本是古乐名。王逸《天问》注:"九辩九歌,启所作乐也。"《左传》:"夏书曰:'劝之以九歌。'"当是夏代的乐曲。屈原在《离骚》中,幻想自己离开尘世,上升到光明的天上时,遇到这相传的古代乐舞:"奏《九歌》而舞《韶》。"屈原借用《九歌》曲名写了组诗。

《汉书·地理志》载:楚地之俗"信巫鬼,重淫祀"。屈原的《九歌》就是加工楚俗祀神的乐歌。王逸说:"九歌者,屈原之所作也。昔楚国南郢之邑,沅湘之间,其俗信鬼而好祠(祀),其祀必作乐鼓舞以乐诸神。屈原放逐,窜伏其域,怀忧苦毒,愁思沸郁。出见俗人祭祀之礼,歌舞之乐,其词鄙陋,因为作九歌之曲。上陈事神之敬,下见己之冤结。"讲述了屈原创作《九歌》的缘由和所要表达的思想内容。

《九歌》的11首诗歌,根据祭歌的对象可以分为三类:

一、天神:东皇太一、云中君、大司命、少司命、东君。

二、地祇:湘君、湘夫人、河伯、山鬼。

三、人鬼:国殇。

第一类关于神的歌词比较庄严,宗教祭祀的意味较浓。第二类神是介于人神之间的,是近似神话中的人物。诗人是以恋爱而终归失败的主题来描写这些神祇,实际上是间接地反映了诗人失望、孤独的痛苦心情。第三类的一篇《国殇》是祭祀为国捐躯的战士而写,表达了作者对烈士们极端颂扬和尊崇的感情。

屈原对诸神的描绘都是很美的,特别表现了他们内心世界的美。他们都蕴蓄着丰富的感情,容貌美丽,被服香洁,生活在虚幻优雅的环境中,如洞庭的"白沙若霜雪,赤岸若朝霞",巫山神秘的群峰等等;当然他们也有不幸,有分离的悲苦、处境的凄凉,有被遗弃的命运、绝望的孤独。这些情绪都表现了诗人浪漫的幻想与现实之间的矛盾,间接反映了诗人对祖国执着的爱,极欲从丑恶的现实中解脱出来但又难以达到的矛盾心情。

《国殇》是《九歌》中比较特殊的一篇,它不同于其他篇章是对神祇的祭祀歌舞,而是对为祖国战死的英雄们的庄严礼赞,屈原具有一定的"民本"思想,他看到了那些浴血奋战的普通士兵,才是保卫祖国真正可以依靠的力量。真正关心祖国命运的屈原,对这些为国捐躯的战士,自然十分的崇敬,为他们大唱赞歌。全诗笼罩在壮烈的气氛下,开始描写残酷的战斗已进行到白热化的程度,交战双方车毂交错、短兵相接。但敌人的力量强大,旌旗蔽日,兵若云,冲进楚军,左杀右砍。接下来描绘楚国战士忘我的战斗,他们义无反顾地拼杀,宁愿把尸骨抛弃于原野。最后歌颂战士们勇武、刚强不可欺凌,"身既死兮神以灵,魂魄毅兮为鬼雄"。他们的精神是不死的,同样也体现了诗人自己的爱国热情!

爱国诗人　百世流芳

屈原是我国古代史上第一个伟大的爱国诗人,他所创作的楚辞是继《诗经》之后,出现在中国文学史的又一朵奇葩。对以后文学的创作给予巨大的影响。鲁迅在《汉文学史纲要》中说:"较之于诗,则其言甚长,其思甚幻,其文甚丽,其旨甚明,凭心而言,不遵矩度。故后儒之服膺诗教者,或訾面细之。然其影响于后来文章,乃甚或在三百篇以上。"鲁迅先生认为楚辞对后来文章的影响超过了《诗经》。

在屈原之后出现一批楚辞的作家,他们或以屈原为题材,或模仿屈原的作品进行创作,给后人留下不少的篇章。距屈原时代最近的作品有《卜居》与《渔夫》等篇章。这是楚人关于屈原本人故事的创作。王逸曾认为这是屈原自己的作品,后人根据作品叙述的语言来看,认为非屈原的作品。两篇皆以假设问答来表现其主旨。

《卜居》是讲屈原尽忠于楚,但因谗人陷害而被放逐,心烦意乱,不知所从。于是去请教太卜郑詹尹,请他卜一卦,看应如何去做。屈原讲了两种对立的生活态度,而是用一连串的问话提出,如"宁诛锄草茅以力耕乎,将游大人以成名乎? 宁正言不讳以危身乎,将从俗富贵以媮(偷)生乎"等。总之,一种是超然高举、廉洁正直,坚持真理,决不妥协;另一种是从世俗、贪富贵,苟且偷生。这两种处世态度哪一种是吉,哪一种是凶? 哪一种能行,哪一种不行? 作者进一步又说明之所以发出疑问,是因为楚国是非不分,一切都颠倒错乱,廉洁正直的品行无人理解,心中的牢骚解释不开。然而所提出的问题,是不需要回答也无从回答的,郑詹尹只好放下卜具,承认占卜是解决不了这些问题的,爱怎么做就怎么做好了。文中表现了鲜明的是非观念和强烈的爱憎感情。

《渔夫》也是讲两种人生观的对立,它是通过屈原和渔夫(好像是位隐士)的对话展开。渔夫认为做人不要太认真:"举世皆浊,何不淈其泥而扬其波? 众人皆醉,何不浦其糟而啜其醨?"(既然世道污浊,何不多挖些烂泥使其更混浊? 既然众人都喝醉了,自己何不也饮个痛快?)但屈原不同意这样为人,他说:"吾闻之,新沐者必弹冠,新浴者必振衣。安能以身之察察受物之汶汶者乎? 宁赴湘流,葬于江鱼之腹中,安能以皓之白蒙世俗之尘埃乎?"(洗澡了头必须弹出帽子上的灰尘,洗了澡要抖去衣服上的灰尘,哪能使身子的明洁与衣帽上的污垢混在一起? 我宁肯跳入江中,埋葬于鱼腹之内,怎么肯使洁白的品质,蒙上尘世的污垢?)

《卜居》和《渔夫》皆散文用韵,是楚辞的变体,为后代散文用韵的先声。它们具有故事性,《渔夫》更富戏剧性、描写形象。如开头"屈原既放,游于江潭,行吟泽畔;颜色憔悴,形容枯槁"这几句的描写,宛如一幅屈子行吟的图画,故而成为后世画家绝好的题材。文章末尾,描写渔夫说服不了屈原,只有莞尔一笑,唱着歌划船离去了,其矛盾无法调和,具戏剧性的冲突。语言优美流畅,比喻贴切。

《史记》屈原传中载:"屈原既死之后,楚有宋玉、唐勒、景差之芉者,皆好辞而以赋见称。然皆祖屈原之从容辞令,终莫敢直谏。"在这些效法屈原而作楚辞的人中,以宋玉最为著名。相传他是楚顷襄王时小臣,或说是屈原的学生。《汉书·艺术志》著录宋玉的作品是 16 篇。现在从《楚辞章句》《文选》《古文苑》等书中辑出宋玉作品是 13 篇,但不知是否在汉志中的 16 篇之数。13 篇是否都是宋玉的作品也有人怀疑,如《招魂》应是屈原的作品。比较可靠为宋玉所作只有《九辩》,王逸序:"《九辩》者,楚大夫宋玉之所作也。"

《九辩》与《九歌》同,皆本是古乐曲名,而宋玉也是借以为题。全诗分为九章,当然并不是因题目而定,而是根据内容分就的。《九辩》体制与屈原作品极相似,手忙脚乱的楚方言,如"羌""冯""蹇"字的用法,也与屈原的《离骚》《九章》相同。

《九辩》是一首抒情长诗,富有文采。第一段关于秋天的描绘,成了千古传颂佳句:

> 悲哉!秋之为气也,
>
> 萧瑟兮,草木摇落而变衰。
>
> 憭栗兮,若在远行,
>
> 登山临水兮,送将归。

作者把秋天的风景和诗人的感触交织在一起,用远方游子登山临水送别将要回到故乡去的朋友的惜别环境来刻画诗人悲怆的感触,情景交融,十分感人。所表达的是"贫士失职而志不平"的思想情绪,也是本诗的主旨所在。

《九辩》文章虽美,但在思想内容方面,却远远不能和屈原的作品相比。

景差的作品有《大招》,王逸认为是屈原所作,又说"或曰景差"。朱熹则从文章风格考定,说"决为(景)差作无疑"。《大招》也是招楚怀王之魂,因此才称大招。而且诗中所描述居室、饮食、娱乐均与《招魂》略同,并且诗中讲到"万民理""尚贤士",这些显然是讲诸侯的事。

汉初也有一批楚辞作家,如淮南王刘安的宾客"淮南小山"的《招隐士》一篇,流传了下来。诗的构思大体模仿《招魂》,但所写的是现实中深山密林真实的情况,与《招魂》所描述幻境有所不同。有的学者认为淮南王群臣所作辞赋以类相从,称大山、小山,其意义如同《诗经》的大雅、小雅。以小山为作者,实在无理(见王泗原《楚辞校释》)。

汉初楚辞作品,内容大多是模仿屈原作品,或吟咏屈原事迹,成就不大,但可以了解汉初人对屈原的态度和认识,还是很有价值的。汉朝的楚辞创作已逐渐向汉赋过渡。

屈原不仅给后人留下宝贵的文化财富,而且还留下珍贵的精神财富。首先是不向恶势力屈服,敢于向命运挑战,成为后人学习的榜样。汉代著名文学家贾谊,年轻,有才能,为汉文帝所信任、重用,然而却招来一些宗室、大臣的嫉恨,因而遭打击与排斥。汉文帝也逐渐对他疏远,派他到远离朝廷的长沙工处任太傅。贾谊"意不自得",路过湘水时作《吊屈原赋》,哀悼屈原并抒发自己的思想感情。伟大史学家、文学家司马迁在遭腐刑之后,同样以屈原为榜样,"屈原放逐,著《离骚》",是圣贤发愤之所为作,司马迁也"述往事,思来者",揭露统治者的黑暗腐朽,以发泄内心的郁结。他们都把自己的思想感情,寄托在自己的作品里,这就是我国文学史上批判现实主义优秀传统的由来与发扬。

屈原的爱国主义精神也给后人以极大的影响。例如明末清初的思想家王夫之,就是通过对楚辞的注释,来表达他对明朝灭亡的悲愤心情。

屈原作品中的艺术成就,也是给后人留下的一份宝贵的遗产。首先是他积极浪漫主义的创作方法,为后人树立了典范,成为学习的榜样。他采用神话传说,运用象征和比喻的手法,描绘了色彩奇幻的虚境,显示了一个昂扬开阔的精神世界。但是诗人并没有逃避到虚幻的世界中去,而正是为现实的美好理想的实现而坚持斗争的表现,是建立在现实的基础上的。在屈原之后的许多伟大的浪漫主义作家及其作品,如李白的:诗歌,汤显祖的《牡丹亭》、吴承恩的《西游记》等,都具有这样的特点。其次,屈原的创作,是从民间文学中汲取了丰富的营养,经过他的提高、锤炼,恰当的表现了自己的思想内容,达到了内容与形式完美的统一,使其成为中国文学乃至世界文学宝库中的珍品。这种艺术创作的经验,也给后代作家以极大的影响。

屈原的影响巨大,以至于两千多年来,研究者数不胜数,著作林林总总,使其成为一专门的学问。首先是要归功于楚人把屈原的作品和事迹保存下来,"高其行义,玮其文采,以相传教"(王逸《离骚序》)。

对屈原及其作品有比较系统的研究,始于汉朝。其中有贡献的如刘安、司马迁、刘向、扬雄、班固、王逸等。

淮南王刘安是汉代第一个研究屈原的人。《汉书·淮南王传》记载:"(淮南王)安入朝,献出所作《内篇》,新出,上爱秘之。使为《离骚传》,且受诏,日食时上。"刘安所作《离骚传》今已失传,据王先谦《汉书注》讲:"传为解说之,若《毛诗传》。"说明它是一部注解、说明性质的书,与《毛诗传》有类似。也就是说把屈原的作品也如同对待儒家经典那样,去发掘、解释其中所含的"微言大义"。

司马迁第一个搜集整理了屈原生平事迹并为其作传。司马迁首先抓住了屈原的创作动机,强调《离骚》等作品是针对当时的社会现实而发的"忧愤之志",是悲愤哀怨之作。这是符合实际情况的,说明司马迁对屈原是真正了解的。当然,对其作品的认识,一定程度上也同意刘安的说法与观点。

东汉王逸所著《楚辞章句》17卷,是至今保存最早的楚辞注本。里面注释的作品是根据刘向编的集于有屈原、宋玉、景差、贾谊等人的创作。王逸对屈原的人格非常推崇,说他:"膺忠贞之质,体清洁之性,直若琳矢,言若丹青,进不隐其谋,退不顾其命,此诚绝世之行,俊彦之英也。"王逸看到了屈原作品一定会产生深远影响,他说:"所谓金相玉质,百世无匹,名垂罔极,永不刊灭者类!"这个注本保存了他之前的汉朝人的许多解释,很有价值,所以它成为后代各种注本的底本。但是王逸也认为屈原依《诗》制《骚》,这样不可避免的落入汉儒"宗经"的樊篱,其注释也就免不了硬要把屈原的作品与五经扯到一起,出现了许多牵强附会的地方。

南朝刘勰在《文心雕龙》中,特立《辨骚卜篇》,专论楚辞,试图总结文学发展的规律。他看到楚辞,尤其是屈原作品巨大成就。但在研究方法上,仍以"宗经"为准绳,也出现了一些乖谬。

南朝萧统编集《文选》,是从文学角度选入了屈原的作品。入选《文选》的作品必须情义和辞采内外并茂,偏于一面的概不录取。是萧统有意识地把文学作品和学术著作区分开来。他认为屈原的作品,无论在思想内容还是在辞采方面都堪称上乘之作,而不是把它看成是为"经典",仅此就比别人前进了一大步,对屈原作品的研究有着十分积极的意义。

宋朝洪兴祖著《楚辞补注》17卷。它是依照王逸的注本,在每诗句下光录王注,然后以"补曰"对王注进行补充与纠正,而以补充阐发为主。王注往往只作解释而不讲根据,洪兴祖则引述大量材料,做了较详细的考证;并参考学者们意见,对王注作了文字校勘,所以后人阅读王逸的注本就离不开洪兴祖的补注了。

宋代著名理学家朱熹,对文学也很有研究。他除著《诗经集传》外,著有《楚辞集注》8 卷、附《辨证》2 卷、《后语》2 卷。所收篇目与《楚辞章句》不同,其删除与增添的篇目显示他很有眼光。《辨证》考订旧注的得失,有独创的见解。《后语》中收集了从荀卿到宋代吕大临的"骚体",凡诗赋 52 篇,从中可以看到楚辞的延续。朱熹注解楚辞,特别强调屈原的忠君爱国思想,但因为他是一个唯心主义的理学家,难免牵涉义理的迂阔。

明末清初大思想家王夫之著有《楚辞通释幻卷》,以此寄寓他对明朝灭亡的悲痛。他十分同情屈原的遭遇,能够体会到屈原忧时伤国的思想感情,他的许多议论对后人颇有启发。

清代研究楚辞有成绩的,如蒋骥,所著有《山带阁注楚辞》6 卷,卷首 1 卷、《余论》2 卷、《说韵》1 卷。他特别着重对屈原生平事迹的考证,还有其每篇作品的写作年代,虽不尽确当,但也不是毫无根据。《余论》主要是订正旧注的错误。《说韵》则可供研究楚辞音读的参考。

著名学者戴震著有《屈原赋注》7 卷、《通释》2 卷、《音义》2 卷。他不采用"楚辞"这一名称,而是用"屈原赋"之称,篇目包括从《离骚》到《渔夫》被认定为屈原作品,共 25 篇。所注简明,旧注已经明白者,便从略;对旧注纠正的地方都很精详。对《离骚》还做了段落要旨的分析,有助于对原作的理解。《通释》上卷疏证山川地名,下卷疏证草木虫鱼;《音义》则定其韵读,并有文字校勘。全书体例严谨、言必有据,体现了考据学家治学的成绩。

两千多年来,屈原斗争的一生、他的爱国主义精神及其辉煌的诗篇,打动了千千万万人民的心弦并波及到世界各国。日本、朝鲜、东南亚、澳大利亚等地的人民,也同中国人民一样,在端午节吃粽子、划龙舟,来表达对这位伟大诗人的纪念。屈原作品已经被翻译成世界各国的多种文字,在外国读者中也产生了很大的影响。1953 年世界和平理事会,还通过了将屈原列为世界文化名人的决定,号召全世界人民隆重纪念他。

屈原的名字与日月同辉。

热肠冷眼　傲骨诗仙

——李白

名人档案

　　李白:字太白,号青莲居士,又号"谪仙人"(贺知章评李白,李白亦自诩)。汉族,我国唐代伟大的浪漫主义诗人,被后人尊称为"诗仙",与杜甫并称为"李杜"。据《新唐书》记载,李白为兴圣皇帝(凉武昭王李暠)九世孙,与李唐诸王同宗。其人爽朗大方,爱饮酒作诗,喜交友。李白深受黄老列庄思想影响,有《李太白集》传世,诗作中多以醉时写的,代表作有《望庐山瀑布》《行路难》《蜀道难》《将进酒》《明堂赋》《早发白帝城》等多首。

　　生卒时间:701年~762年。

　　安葬之地:安徽马鞍山青山西麓。

　　性格特点:好任侠,喜纵横,具有"济苍生""安黎元"的进步理想。他一生不以功名显露,却高自期许,以布衣之身而藐视权贵,肆无忌惮地嘲笑以政治权力为中心的等级秩序,批判腐败的政治现象,以大胆反抗的姿态,推进了盛唐文化中的英雄主义精神。李白自由解放的思想情操和具有平民倾向的个性,还使他能更深入地开掘社会生活中的各种人情美。

　　历史功过:李白的诗以抒情为主。其诗风格豪放飘逸洒脱,想象丰富,语言流转自然,音律和谐多变。他善于从民歌、神话中汲取营养素材,构成其特有的瑰丽绚烂的色彩,屈原而后,他是第一个真正能够广泛地从当时民间文艺和秦、汉、魏以来的乐府民歌中吸取其丰富营养,集中提高而形成他独特风貌的,是屈原以后我国最为杰出的浪漫主义诗人,代表我国古典积极浪漫主义诗歌的新高峰。他具有超异寻常的艺术天才和磅礴雄伟的艺术力量。一切可惊可喜、令人兴奋、发人深思的现象,无不尽归笔底。

　　名家评点:杜甫对其诗歌有"笔落惊风雨,诗成泣鬼神"(《寄李十二白二十

韵》)之评。韩愈云："李杜文章在,光焰万丈长。"(《调张籍》)。唐朝文宗御封李白的诗歌、裴旻的剑舞、张旭的草书为"三绝"。李白的剑术在唐朝可排第二(在裴旻之下),但是,如果李白弃文从武,专心研究剑术,相信是不会亚于裴旻的。与李商隐、李贺三人并称唐代"三李"。

开元才俊　苦读诗书

　　李白,字太白,生于唐代武则天长安元年,也即公元 701 年。他恰好与这个世纪同龄。

　　这个世纪的黎明到来之初,武则天已经是日薄西山。不管后世对她如何评价,这位女皇为大唐将近百年的太平天下所起的承前启后的作用,是封建社会的史学家也无法抹煞的。她的两个儿子相继即位,都碌碌无为。她的孙子李隆基却很有出息,堪称雄才大略。他凭他的铁腕登上了大唐天子的宝座,拉开了"开元之治"的帷幕。

　　前期的唐玄宗,不愧是一个英明的皇帝。他励精图治,任贤用能,又恰好有一批忠良,如姚崇、宋璟、张说、张九龄等人,竭忠尽志地辅佐,于是弊端渐除,德政频颁,更兼连年风调雨顺,人民得以安居乐业,国势也随之蒸蒸日上。

　　"开元之治"如一轮红日从东方冉冉升起。它的金色的光辉照耀着华夏神州的三山五岳,普照大唐王朝的各道诸州,甚至连偏僻的剑南道绵州昌明县青莲乡也在一片明曦之中。

　　昌明县是一个四山环绕的小平原,其西北诸峰,林壑尤美,望之蔚然而深秀者,匡山也。以岷山为源头的涪江,自北而南,从东边抱着青莲乡;它的支流盘江,则从西边抱着青莲乡。青莲乡就在这山清秀的平原的中心。这里就是李白的故乡。

　　这时的李白是一个风华正茂的少年。他五岁入私塾开始识字读书,十岁上便已读完了《诗经》和《书经》。他父亲虽然是从西域经商回来的商人,但是家学渊源,能指导他学习辞赋。李白自己又在诸子百家中发现了奇妙的天地,而且特别对《庄子》和《楚辞》感兴趣。这样一来,他那本来爱好幻想的天性便越发异乎常人。

　　他看见一切都在金碧辉煌中,他看见一条金光大道从脚下通向远方,他甚至看见开元天子在金銮殿上向他招手。他觉得朝廷颁下的每一道求贤诏、求才诏、求士诏都是对他的召唤,他能平心静气吗? 他听说当朝宰相张九龄本是一介寒士,而且僻处南海之隅,居然位极人臣,他能不以此自励吗? 他想起老子所说的:"太上有立德,其次有立功,其次有立言。"便觉得人生在世,必须有所"立",才不枉活一世。这样一来,他那天生自负的心性也越发超过常人。

　　于是,青莲乡、昌明县、绵州……对于他都太小了。

　　开元八年,二十岁的李白上了成都府,并拜访了益州大都督府长史苏颋。苏颋不仅是三品大员,同时又是当时文章巨擘。他接见了李白并看了他的诗文以后,颇为赞许,但也只是说:"文采可观,而风骨未成。还要继续努力,你可以和司马相如比肩。"至于向朝廷举荐,苏颋却看他太年轻,后来又听说是出身于商家,此事便无下文。李白再去拜访，便侯门深似海了。

李白干脆又东下渝州，因为他听说另一位文坛前辈李邕，正在渝州刺史任上，而且为人疏财仗义，广交天下士人。李白不远千里，正是来投奔他的。结果却连李邕的面也未见到，只见到一位小吏。据小吏说刺史正在赶写他的煌煌大文《孔子庙堂碑》，已谢客多日矣。

李白赌气上了峨眉山，打算攀上峨眉山的绝顶去寻找那传说中的仙人，跟他修道炼丹去。实际上这不过是一时愤激所致，最终他还是回到了青莲乡，而且遵从苏颋的教导，在距青莲乡三十里的匡山大明寺中专心一志地苦读了三年。他想：不怕人不识荆山玉，只恐胸无万卷书；然后出三峡，泛长江，登五岳，渡黄河，周览名山大川，遍访社会贤达。他相信少则三年五年，多在十年八年，必能遇上能够提拔他这匹千里马的伯乐，把他举荐给开元天子。不鸣则已，一鸣惊人，不飞则已，一飞冲天。建立一番济苍生安社稷的大事业之后，就学那汉代的留侯张良功成隐退，终老林泉，或者学那三国时的诸葛亮鞠躬尽瘁，死而后已。李白一边在深山苦读诗书，一边编织他的辉煌的梦。

当时，在那千载难逢的盛世，整整一代士人，都受到朝廷"广开才路"的鼓舞，谁又不想大有作为呢？谁又没有一个或大或小的金色的梦呢？

万里之行　离乡远游

开元十二年的春天，二十四岁的李白开始了他的万里之行。

临行之前，他对故乡充满依依不舍之情，对未来更充满了光明的憧憬，于是写下了《别匡山》一诗：

晓峰如画碧参差，藤影摇风拂槛垂。野径来多将犬伴，人间归晚带樵随。看云客倚啼猿树，洗钵僧临失鹤池。莫谓无心恋清境，已将书剑许明时。

李白经成都而南下嘉州（今乐山），又经嘉州而东下渝州（今重庆）。一路行来，不仅山水佳胜使他处处流连忘返，而且蜀江的号子、巴地的山歌也使他时时驻脚。到了三峡之内，他又在古称白帝城的夔州奉节住了下来。几乎游遍了巫山十二峰，然后才在次年早春二月，出了三峡。

李白在鄂州江夏（今武汉）期间，正值道教大师司马承祯要去朝南岳衡山途经此地。这司马承祯不但道行高深，而且博学能文，从武后以来即已屡次奉诏入京，封以官爵，屡辞不受。李白对此人早有崇敬之心，便特地前去拜访。司马承祯连日来客络绎不绝，宾客满座，但所求无非黄白之术，所谈无非俗套虚文，他只好勉强应付。正感疲倦之际，李白却给他带来一阵清风。他自然抬起半倚的身子，睁开半闭的眼睛，细看这位青年公子风神特异，与众不同。身如清松，目若闪电。接谈之间，更觉此人天资聪颖，识见过人。便看定李白说："君家有仙风道骨，可与神游八极之表"。但又说："观君眉宇之间英气勃勃，言谈之间，不忘苍生社稷，毕竟志在匡济。以你之才识，当此开元盛世，自是鹏程万里。待你事君之道成，荣亲之事毕，再到天台山来找我吧。"年轻人看着道士的白须，现出不解的脸色。司马承祯将麈尾一拂，笑道:"岭上白云,松间明月,无往而不相逢。"年轻人恍然大悟,说道:"功成,名遂,身退——这正是晚生的素志。"便高高兴兴拜谢而去。

李白回到下处,一连数日,回味着司马承祯对他的指点和赞扬,不禁飘然有凌云之概,于是胡思乱想。他一会儿想起《神异经》中所说的昆仑山有大鸟,名曰稀有,南向张左翼覆东王公,右翼覆西王母。他一会儿又想起《庄子·逍遥游》中所说的鲲鹏。他觉得司马承祯好像是稀有鸟,自己则好像是鲲鹏。只有稀有鸟能认识鲲鹏,也只有鲲鹏能认识稀有鸟。因此李白便开始构思《大鹏遇希有鸟赋》,后来又干脆改为《大鹏赋》。

他迷茫中看见北冥天池中的巨鲲,随着大海的春流,迎着初升的朝阳,化为大鹏,飞起在空中。它一开始振动羽翅,便使五岳为之震荡,百川为之崩奔。接着它便在广袤的宇宙中翱翔,时而飞在九天之上,时而潜入九渊之下,那更是"簸鸿蒙,扇雷霆,斗转而天动,山摇而海倾。"只见它"足系虹霓,目耀日月";只见它"喷气则六合生云,洒羽则千里飞雪。"它一会儿飞向北荒,一会儿又折向南极。烛龙为它照明,霹雳为它开路。三山五岳在它眼中只是一些小小的泥丸,五湖四海在它眼中只是一些小小的杯盏。古代神话中善钓大鱼的任公子,曾经钓过一条大鱼让全国人吃了一年,见了它也只好甘拜下风。夏朝时候有穷氏之君后羿,曾经射落过九个太阳,见了它也不敢引弓。他们都只有放下钓竿和弓箭,望之兴叹。甚至开天辟地的盘古打开天门一看,也目瞪口呆。至于海神、水伯、巨鳌、长鲸之类,更是纷纷逃避,连看也不敢看了。

……

李白写完《大鹏赋》,感到淋漓尽致的痛快。从少年时代以来,一直在心头汹涌澎湃,而且越来越强烈的豪情逸出,现在总算淋漓尽致地抒发出来了。

李白继续东下,终于到达了他憧憬已久的六朝古都——金陵。

金陵的六朝繁华虽已消歇,它在唐代的版图上只不过是江南道的润州江宁县,但毕竟曾经做过三百年的帝王之州。莽莽钟山如蟠龙卧城东,巍巍石头城如猛虎踞城西,云蒸霞蔚的玄武湖掩映在城北,莺歌燕舞的秦淮河萦绕在城南。回首西望,茫茫九派从遥远的天边向它滔滔而来。翘首东望,汇聚了众水的长江又向着大海滚滚而去。依旧是龙盘虎踞,依旧是气象万千,所以唐代的诗人们总是习惯称它为金陵。

李白来到金陵,照例带上他的作品去拜访当地官吏和社会名流,满以为其中必有伯乐。谁知一连奔走多日,却是"十谒朱门九不开"。原来是封禅大典在即,皇帝要在这年的十一月率领文武百官、千军万马以及四方外宾,登泰山,举行祭祀,告业绩天地。这是百载难得一遇的头等重要大事,全国上下早已在进行准备,而现在正是至关重要关头。李白的干谒活动自然没人理睬啰!

李白站在石头城遗址上望着大江思绪万千,他看见万里长江和它的九条支流,浩浩荡荡,奔腾不息,汩汩滔滔,永不休止。他多想扬帆启航,去乘风破浪,大显身手。学那神话中的任公子,以日月为钩,以虹霓为线。钓起一条大鱼来,让全国人民吃他千万年!忽然,他却看见万里长江和它的九条支流上,风平浪静了,再也无风可乘,无浪可破,无鱼可钓了。他这位任公子只好把钓竿收起来。

于是,李白在金陵纵情登览,恣意行乐,享受大唐王朝治定功成的幸福。

李白玩够了金陵又玩扬州。扬州的名山大川,名胜古迹虽不如金陵,但它是淮南道大都督府所在之地,工商业之盛也远远超过金陵,更是无尽的繁荣富庶。

李白在扬州也曾从事干谒,无奈未封泰山之前大家都忙于准备,既封泰山以后大家又忙于庆祝,李白仍是"十谒朱门九不开",仍然只好乐享太平。

他每日里生活开支巨大,更兼他动辄千二八百地接济落魄公子和风尘佳人。不到一年,腰间的"万贯"便花得一干二净,而且祸不单行,一场大病更使他潦倒于在小客店中。幸好得到友人孟少府的接济,才免于倒毙街头。

病愈之后,李白仍然走投无路,不得已听从孟少府的劝告,西往安州,给人家当了上门女婿。

初至长安　蜀道历险

安州和扬州均属淮南道,不过扬州在它的东头,安州则在它的西头。安州州治安陆,虽不及金陵博大、扬州的繁庶,却也是一个中都督府所在之地。

安陆有一许姓人家,是世代簪缨的名家大族。曾祖许绍是唐高祖的同学,祖父许圉师是唐高宗时的宰相,父亲在唐中宗时也曾当过员外郎。许相爷早已过世,许员外也已辞官归里。员外膝下单生一女,才貌双全,性格贤淑,只因为门第既高,不免择婿过苛,耽误了姑娘豆蔻年华。眼看女儿已经过了二十五岁,许员外这才四处托人,宁愿降格以求,只图招郎上门。孟少府就因受许家之托,看中了李白,觉得此人虽然有些浪荡习气,但为人正直,心地善良,而且才华过人,前途不可限量。许家因为孟少府所说可信,也就接受了李白入赘。

但在古代,这赘婿可是不好当的。亲族内的嫉妒,社会上的白眼,是不可避免的。何况李白又不习惯谨小慎微,更难以低三下四,还时不时流露风流不羁的派头,于是渐渐地便有人说三道四,飞短流长。幸好岳丈大人和许氏夫人都厚待他,时时为他遮风挡雨。但李白毕竟不能靠着老婆,图个温饱了事,他只不过是时当"初九":"潜龙勿用,阳在下也。"到了时当"九二":"飞龙在田,利见大人",他即将去都督府上走走哩!

李白在安州的干谒活动没有成效。不但请求荐举毫无希望,而且落了一身莫须有的罪名,害得他一再上书鸣冤,终不顶事,李白便起了上京师长安之心。他想:"天子既然多次下诏求士,又特令草泽之间若有文武高才可以诣阙自举。以我管、乐之志,扬、马之才,还能无路可走吗?小小都督府对我不闻不问,何必介怀,长安的城门大开着哩!卿相的府邸大开着哩!哪个王公大人侮慢了我,我就学孟尝君的门客冯谖那样弹剑作歌发牢骚,他就得给我送来美味珍馐,派来高车驷马。……"李白越想越来劲,便在《上安州裴长史书》最后,口出狂言:"永辞君侯,黄鹄举矣,何王公大人之门不可以弹长剑乎!"

开元十八年初夏时节,李白从安陆出发,取道襄阳、高洛、蓝田,到了长安——大唐帝国的首都。

李白凭借许家世代簪缨的旧关系,最终进了右相府,但不巧张说却在病中,让他的二儿子张垍接待了李白。张垍是一位仪表非凡的贵公子,面如冠玉,唇红齿白,言谈文雅,举止风流。李白一看,就觉得他实在该当驸马;但他凭什么二十几岁就当上了三品卫尉卿呢?显而易见是凭他是宰相的儿子,天子的女婿了。两相对照,李白简直成了乡下佬。

在张垍心目中,李白也的确是个乡下佬,但他不敢违背父命,也有恐损害了他家举贤荐能的名声,因此对李白倒也客客气气。寒暄已毕,他便一本正经地说道:"当今圣上,广开才路;家父爱才,天下共知。兄长之事,小弟自当尽力。兄长不远千里而来,想必鞍马劳顿,权且休息数日,待小弟请示家父以后,再行登门回拜。"说罢便示意家人送客。李白满心欢喜地去了。

过了三天,张垍果然屈尊回访,而且对李白越发礼敬有加。据他说,皇上有位御妹,人称玉真公主,虔心奉道。皇上特地在城里给她建了一座玉真观,又在终南山楼观台给她建了一处玉真别馆。那别馆可谓山清水秀的福地洞天。玉真公主时不时要到那里去住个十天半月。"李兄,"张垍竟拍着李白肩膀亲热地说:"你到那里去候着我姑吧。"李白正想说:"推贤进士,本是卿相之事,与公主何干?"张垍却早已看透了这乡下佬的傻里傻气,说道:"兄长有所不知,卿相荐士手续繁多,说不定要让他等个一年半载。他只要见上我姑,凭你的锦心绣口,她即日奏知圣上,你便是平地青云。"李白一听,原来有这样终南捷径,便又心花怒放地去了。

终南山麓的玉真别馆确实清幽无比,不但人迹罕见,连个鬼也没有。院中榛莽杂生,窗户上尘土封积,连门上都牵满了蜘蛛网。厨下不但没有烟火,案板上、锅台上都长了苔藓。这玉真别馆竟是荒园一座!李白每日三餐只好到附近的田家寄食,田家有什么吃喝呢?小米稀饭砣砣馍,一碟小葱一碟蒜,外加一碟油泼辣子,已经是好招待了。

李白在这里苦苦等待,十天半月过去了,小暑大暑也过去了,张垍处毫无消息,玉真公主更不知仙踪何处。直到立秋,李白正想进长安城去问个究竟,天却下起雨来。这雨一下就是半月,时大时小,山上山下泥泞不堪,甚至路都冲断了。李白谒见玉真公主的希望也断了。这玉真别馆竟成愁城一座:白日里已是难耐,翻翻旧书,喝喝寡酒,盯着门窗上的蜘蛛织网出神,望着灰蒙蒙的天空发呆;夜里更是辗转反侧,难以入睡。偏偏那阶下的蟋蟀起到夜深,越是叫得欢,叫得人心烦,好像故意和愁人作对。李白越是心烦,越是睡不着,越是睡不着,越是思如潮水。他想起他的故乡,他亲爱的匡山,他的《别匡山》一诗:"莫谓无心恋清境,已将书剑许明时。"他想起他二十四岁那年,仗剑去国,辞亲远游。他想起这些年遍干诸侯,却无果而终。他想起他来长安之前《游安州玉女汤》中的诗句:"可以奉巡幸,奈何隔穷偏。独随朝宗水,赴海输微涓。"这帝京长安确是像一片大海。金碧辉煌的大海,山清水秀的大海,但这个大海却似乎没有他这涓滴的容身之处。他从少年时代起就无限崇敬的"圣主",他的雄心壮志赖以实现的"明君",虽已近在咫尺,却仍然远似天涯。于是李白写下了《长相思》,借这首古乐府中的男女相思之情,表达他此时报国无门之苦:

长相思,在长安。络纬秋啼金井阑,微霜凄凄簟色寒。孤灯不明思欲绝,卷帷望月空长叹。美人如花隔云端,上有青冥之长天,下有渌水之波澜。天才路远魂飞苦,梦魂不到关山难。长相思,摧心肝!

于是李白愤然离开,往游长安西的邠州(今彬县)和长安北的坊州(今黄陵),暂时寄食州县之门。

开元十九年春,李白冒着春雪回到了长安,仍然徘徊巍阙之下不得其门而入。

从此,长安城的斗鸡场和赛马场里便多了一个赌徒。

因为出入斗鸡走马之场,李白结识了长安里坊中的斗鸡徒。他们给他讲"神鸡童"贾昌发迹的故事:"只要被宦官发现你有斗鸡的天才,只要皇上一高兴,你马上就能进宫见驾。读什么经史,写什么诗文,屁事不顶!"他们向他透露斗鸡的秘诀:"只要把狐狸油熬成膏子抹一点在鸡冠上,再把一条带锯齿的铁片缚在鸡足上,对方的鸡一闻着狐狸的气味就不战而逃,即使敢于迎战,也必在搏斗中被锯片杀伤,保你每斗必胜!"

由于出入斗鸡走马之场,李白又结交了长安的游侠儿。他们向李白炫耀他们的吴钩,不仅寒气逼人,锋利无比,而且药水炼过,见血封喉。他们脱下衣服,露出一身的花纹,向李白大讲他们的"英雄"事迹,如何打三擒五,如何花天酒地,如何欺负良民。

由于出入斗鸡走马之场,李白又结识了驻守皇城北门——玄武门的羽林军。这驻守玄武门的羽林军乃是天子的劲旅,皇家的亲兵。上自大将军,下至小头目,都是宗室贵戚子弟。他们向李白炫耀他们的龙马、金鞍、玉剑、珠袍,炫耀他们执戟"大内"的威风,炫耀他们从军临洮的战绩,炫耀皇上对他们的宠幸。他们对李白说:"你看凌烟阁上的画像中,有一个是书生吗?"

李白觉得斗鸡徒所说的虽然是捷径,但以斗鸡事万乘未免太下贱,实在与平生志愿不符。游侠生涯虽然使他有些神往,但依附豪门,仗势欺人,也有悖古人匡扶正义之义。如能在羽林军供职,倒不失为正道,至少在目前是可走之路。于是他便和羽林军中人倾心交往,还写了一首《白马篇》送给他们,把他们褒扬了一番:"龙马花雪毛,金鞍五陵豪。……"

李白却不知道羽林军中这帮"五陵豪"事实上是一伙地痞流氓。他们仗恃着有些皇亲国戚和宦官作后台,便敲诈勒索商人,逼良为娼,甚至杀人越货,什么坏事都干得出来。作了案,躲进一些离宫别馆、深宅大院,御史台也无法查办。案子凶了,干脆跑到边塞上去混个一年半载,立上些军功回来,竟然升了上去,成了五品郎将,甚至三品将军,连皇帝也要召见了。

李白把他们当哥们儿,他们却把李白当傻瓜。斗鸡,李白输了个精光;赛马,李白被骗去了宝马;玩剑,李白被盗去了家传的龙泉。最后,在玄武门附近,李白终于和他们发生了冲突,被他们包围起来,差一点被他们劫持到城外去(那就性命难保了),多亏友人陆调到御史台去告急,御史台派来了一队宪兵,才把李白解救出来,而把那伙歹徒驱散了事。

经过这一次北门之厄,李白打定主意要离开长安了。想起这一年来的遭遇,既感到十分气愤,又感到大惑不解:"说什么'广开才路',路在何方? 光明大道只在张垍等人的足下,只在'五陵豪'的脚下,我却是寸步难行!"于是李白写下了他的

《行路难》："大道如青天，我独不得出！……"

李白写了《行路难》一诗，意犹未已，又因送友人王炎入蜀，在饯别席上谈到古时蜀道的艰险，李白有感而发，猛然想起这次长安之行多么像古蜀道历险记啊！于是在当天夜里一气呵成了他名传千古的名篇《蜀道难》：

噫吁嚱，危乎高哉！蜀道之难，难于上青天！蚕丛及鱼凫，开国何茫然。尔来四万八千岁，不与秦塞通人烟。西当太白有鸟道，可以横绝峨眉巅。地崩山摧壮士死，然后天梯石栈相钩连。上有六龙回日之高标，下有冲波逆折之回川。黄鹤之飞尚不得过，猿猱欲度愁攀援。青泥何盘盘，百步九折萦岩峦。扪参历井仰胁息，以手抚膺坐长叹。问君西游何时还？畏途巉岩不可攀。但见悲鸟号古木，雄飞雌从绕林间，又闻子规啼夜月，愁空山。蜀道之难，难于上青天！使人听此凋朱颜。连峰去天不盈尺，枯松倒挂倚绝壁。飞湍瀑流争喧豗，砯崖转石万壑雷。其险也若此，嗟尔远道之人胡为乎来哉！剑阁峥嵘而崔嵬，一夫当关，万夫莫开。所守或匪亲，化为狼与豺。朝避猛虎，夕避长蛇，磨牙吮血，杀人如麻。锦城虽云乐，不如早还家。蜀道之难，难于上青天！侧身西望长咨嗟！

李白离开长安以后，没有脸面回家，乃从黄河浮舟东下，漫游梁宋（今开封、商丘），在宋州梁园度过了整个夏天。说是访古，实际上是遣怀。

梁宋一带，古迹也确实不少，尤其是汉代梁孝王留下的梁园遗址使李白流连忘返多日。一千多年前，汉文帝的小儿子，汉景帝的亲兄弟，被封在这里。以有功获宠，遂大兴土木，广建园林，方圆达数十里。园中又特地修起了一座平台，作为他举行文艺盛会之地，当时的文坛巨擘如司马相如、枚乘、邹阳等人，都是他的座上客。每当酒至半酣之际，歌舞暂停之时，司马相如等人便即席舞文弄墨，各陈佳作。当时留下的诗赋，流传千古后，以至李白想象当时情景，还不胜向往，又不胜感慨。他踯躅在平台遗址上，想到司马相如在未遇汉武帝时，还有梁孝王常识他，而自己呢，却连梁孝王这样的人也找不到。最后又只好自我安慰："我现在不过三十出头，且学东晋名士谢安归卧东山，待时而起，实现济苍生安社稷的理想，也不晚啊！"

因此，李白便写下了他的《梁园吟》一诗。

离开梁园，李白又西上嵩山，遍游崇山三十六峰。口称寻仙，实则意欲避世。

游罢嵩山，李白便来到故人元丹丘的颍阳山居。其位于嵩山少室南麓，颍水北岸。北依马岭，连峰嵩丘；南瞻鹿台，极目汝海，云岩掩映，颇有佳致。李白看了丹丘的幽栖之所，心里非常向往，真想同他一道隐居，不想回归喧嚣的尘世。

但实际上只住了一个多月，李白便往洛阳去了。由嵩山往洛阳，必须龙门。虽然时节已是冬天，游管都几乎走光了，连最著名的奉先寺也寥无一人，只有寺僧。但李白却被无数的摩石刻迷住了，住了下来。数不清的石窟，看不完的佛像，从魏晋南北朝直到唐代。一处胜过一处，奉先寺后的卢舍那佛更是高大无比，精美绝伦。李白几乎每天到他跟前瞻仰徘徊，顶礼膜拜，口中不禁念念有词："啊！不明普照的卢舍那，妙相庄严的卢舍那，摄人心魂的卢舍那，你大慈大悲，如同日月，洞察三千大千世界，可看见我的孤独和寂寞？可了解我的愤懑的悲哀？归根结底，你可知道我为大唐肝脑涂地的赤胆忠心啊！你隐微的笑容，意味深长的笑容，是笑我凡心太重呢？还是在给我以安慰和启迪？……"卢舍那大佛温和地俯视着他，始终无语,似乎有意让李白自己去参悟。

李白却是一个执迷不悟的"钝根"。

午夜,他忽然惊醒,再也无法入睡。他索性起来点燃灯,在空旷的客堂里踱步。偌大一个客堂还使他感到气闷,他索性又推开窗子。窗外是冰天雪地,伊水变成了冰河,在暗夜中熠熠闪光。两岸的峭壁披上了白色的铠甲,背衬着黑暗的天穹,清晰可辨。寒气袭来,冻得他瑟瑟发抖,更感到衣履的单薄和境遇的凄凉。夏天,在梁园用狂饮浇灭了的火焰,又在心头复燃。秋天,在嵩山让松风吹走了的凡心,又回返体内:"想那殷代傅说,本是一个泥工,殷高宗发现了他的才能,他一下就当了宰相。想那李斯原本不过一个猎人,秦始皇发现了他的才能,他也一下就当了宰相。自己这些年遍干诸侯,历抵卿相,却一直不被重用,当此天寒岁暮还漂流在外,在这荒凉的佛寺中对着冰雪独自惆怅。啊,别人都有冬尽春来的日子,我却一直在苦寒之中。"因此他便把那悲不遇的古乐府《梁甫吟》高声吟诵起来。忽又转念一想:"想那朝歌屠叟姜尚,到八十岁才遇周文王;想那高阳酒徒郦食其,也是游荡多年才遇汉高祖。自己不过三十出头,来日方长,又何必自苦乃尔!何况当今究竟还是大唐盛世,皇帝毕竟是一代英主,怎么会让人才长期不得闻达只不过是我的时机未到罢了!时机一至,直上青云,自然有路。我还是不要太急躁吧!"

于是,李白在开元二十年冬天的龙门奉先寺壁上,写下了自己的《梁甫吟》一诗。

洛阳,大唐皇朝的东都。它的城郭宫殿,它的坊里阡陌,它的柳色花光,它的富庶繁华,都和长安相似。只不过长安城是由朱雀大街分为东西两半,洛阳城是由一条洛水分为南北两半。洛水上架着十几道桥梁,桥头桥尾,商廛林立,岸南岸北,绿树成荫。洛水上最大的一座桥名为天津桥,桥头有一酒楼叫作洛阳酒家。老板绰号董糟丘,虽是商人,却也不俗,喜欢与文人墨客交往,文人墨客也常到此聚饮。李白在这里又结识了一批朋友,其中最与元演趣味相合。元演是元丹丘的本家兄弟,对李白十分倾慕,为李白多次慷慨解囊,不惜一掷千金。因此李白虽然囊中羞涩,却在洛阳纵情游乐,度过一段"黄金白璧买歌笑,一醉累月轻王侯"的狂放生活。

李白直到开元二十年才返回安陆家中,竟在外漂流了三年。

李白倦游归来,一事无成,万念俱灰。为了避免家族中的纠纷,他们夫妇从安陆城中迁居城外二十里的白兆山桃花岩,想要从此终老林下。但是,当春天来了,草木欣欣向荣,白云飘落在山间,鸟儿栖息在树上,他不禁又产生了"彼物皆有托,吾生独无依"的感慨,因此他又跃跃欲试。他不相信朝廷多次的求贤诏会成为一纸空文,他不甘心守着几十亩薄田,伴着妻子,抱着孩子,就这样了此一生。何况"开元之治"的阳光在他心头依然灿烂。

当他听说朝廷新设置了十道采访使,荆州大都督府长史兼任山南东道采访使的,就是他久仰的韩朝宗。"生不愿封万户侯,但愿一识韩荆州。"这位有口皆碑的韩荆州如今近在咫尺,他怎能不动心呢?"也许使我脱颖而出的就是此人。"于是李白马上游历襄阳。"高冠佩雄剑,长揖韩荆州。"他十年以后写的一首诗里还在称许他这次的干谒活动,但就是他这副心狂放不羁的派头,使韩荆州觉得自己采访使的池塘太小,怕盛不下这条大鱼;推荐给朝廷吧,可又怕因"谬举"而丢掉了他的乌纱帽,特别是在看了那封文采飞扬的《与韩荆州书》以后。

李白这次干谒活动又无功而返。他把一腔牢骚都倾泻在他的《襄阳歌》里。

次年,友人元演来邀他同游太原。元演的父亲时任太原府尹,又兼着北方边防的要职。爱子的到来使他高兴异常,因此李白也受到热情款待。除在太原盘桓多日,又北游雁门关,登长城,望大漠,亲自领略了塞上风光,过了一段呼鹰逐兔、驰马射雁的生活。离开太原时元演的父亲给李白送了一匹五花马、一领千金裘,更使李白喜不自胜。

太原之行虽然使李白很高兴,但偶然发现头上早生的几根白发,也使他暗自惊心:"真个是光阴似箭啊,我已经三十六岁,始见二毛了。"

李白在返家途中,经过洛阳时和刚游峨眉归来的元丹丘不期而遇,两人不忍离别,李白便应丹丘之邀到颍阳山居小住。恰好南阳隐士岑勋也正于此时来到。三位好友便置酒高会,开怀畅谈。他们干脆把酒肴搬到庭院之中,月光之下。三人之中自然是李白酒兴最高,谈锋最健,谈到太原之行,他大侃了一番塞外风光,大赞了一通主人的盛情;谈到个人前途,他感到青春将逝而报国无门,又不免暗自神伤;转瞬间,他又觉得来日方长,终有得志之时。不待主人相劝,他已饮尽数盏。

一轮明月,已到头顶,给四山洒下了一片清辉。话已谈得不少了,酒也喝得够多了,李白还在喊:"拿酒来!"丹丘怕他烂醉如泥后就没"戏"唱了,便故意说:"我可没钱打酒了。"李白却哈哈一笑:"没钱怕什么?太原府尹送我的那匹骏马和那件狐裘,还不值几坛酒吗?"显然已经带了几分醉意,丹丘便给岑勋递个眼色,并伸出食指和拇指比了个"八"字。这是他们事先约定的暗号,示意岑勋:李白的酒意已经有八成了,要他作诗的绝佳时机到了。岑勋便转向李白:"请问贤弟,何谓斗酒?"李白举起酒杯来:"古代舀酒的勺子,大概一勺可斟此数杯。"岑勋又道:"请问贤弟,你今天喝了几斗了?"李白毫无芥蒂地答道:"也就是二三斗罢了。"岑勋又道:"早听说贤弟斗酒诗百篇,请问诗在何方?"李白这才知道,遭岑勋"将"了"军",而丹丘又在一旁"幸灾乐祸"地帮腔:"是呀,诗在哪里?"李白便拍案而起,指着胸口说:"在这里!"接着又叫道:"丹丘子,罚你代笔,听我高咏。"幸好纸墨笔砚都现成,书童捧了上来。丹丘刚握笔在手,李白头一抬,口一张,便喷薄出两句来:"君不见,黄河之水天上来,奔流到海不复回!"元、岑二人一听,连声叫好。叫好之声未停,李白一把抹去了头巾,披散了头发,头发朝后一甩,又甩出两句来:"君不见,高堂明镜悲白发,朝如青丝暮成雪!"元、岑二人以为:酒入愁肠,恐怕要化作悲秋调了。谁知李白抓起酒壶,斟满一杯,一饮而尽,接着便一气呵成,如同宿构一般:"人生得意须尽欢,莫使金樽空对月。天生我材必有用,千金散尽还复来。烹羊宰牛且为乐,会须一饮三百杯。"

月光照着他,分明又是满面笑容。岑勋被转换奇特的章法震惊,只听李白突然叫道:"岑夫子,丹丘生,"同时给两人杯中斟上酒:"将进酒,杯莫停。与君歌一曲,请君为我倾耳听。"丹丘说:"敢不先耳恭听?只是我这支笔跟不上你那张嘴。"岑勋道:"贤弟有何高见?"李白吟道:"鼓钟馔玉不足贵,但愿长醉不复醒。古来圣贤皆寂寞,唯有饮者留其名。"岑勋没有想到李白忽又颓废如此,最后两句尤为罕见,不觉问道:"语出何典?"李白笑道:"语出何典。若字字句句都要有来历,那六经都是杜撰。"丹丘正希望他们二人闲聊几句,自己好歇一歇手,不料李白诗如泉涌,说他没典,他就用起典故来了:"陈王昔时宴平乐,斗酒十千恣欢谑。"岑勋知道他用的是曹植《名都篇》,便道:"你我布衣怎能比陈思王?"丹丘也道:"我这山居怎能比平乐宫?"李白却说:"那曹植本有经国济世之才,怎奈被弃置不用,只有靠喝酒打发日子,我辈亦如此也!"丹丘又有意逗他:"诗才逸兴比得,阿堵物可比不得。"李白便不假思索:"主人何为言少钱,径须沽取对君酌。五花马,千金裘,呼儿将出换美酒,与尔同销万古愁!"岑勋正自惊叹:分明是借酒消愁,却又如此旷达、豪迈……只见李白一边大喊:"拿酒来!"一边奋臂低昂,顿足起舞,但只摇摆了几步,便跌倒在丹丘院中的药栏边。

这便是李白的又一名篇《将进酒》。将,音锵,请也。"将进酒"就是请喝酒。虽是一首饮酒诗,却非同小可,它是李白半生的甜、酸、苦、辣所酿造。

开元二十八年(740),大概是因为许氏病逝,李白带着两个孩子离开了安陆,移家东鲁(今山东兖州),依然过着水中浮萍的生涯。

从开元十三年辞家远游以来,李白一直怀着建功立业的壮志,一直做着君臣遇合的美梦,一直在大唐帝国的土地上东奔西走,直到开元二十九年(亦即开元末年),他依旧是"南徙莫从,北游失路";"孤剑谁托,悲歌自怜"。但毕竟已经诗传天下,名噪京师了。

翰林学士　二往长安

真个是否极泰来,喜从天降!天宝元年八月,李白突然接到朝廷诏书,皇上召他进京了!他把那大红诏书看了又看,摸了又摸,怀疑是在梦中。于是马上收拾起程。

此事说是突然,其实并非意外。头年,也就是开元二十九年秋天,李白的好友元丹丘即以"道门龙凤"奉诏入京,随从玉真公主去王屋山天坛朝拜太上老君。丹丘临行之时,李白特地拜托了他,他和李白情同手足,怎能不尽竭力提携他老兄一把?于是在随行途中,丹丘先将李白推荐给玉真,玉真回朝以后便推荐给皇帝。皇帝对李白的诗名也早有所闻,此时也正需要一个著名文人,供朝廷应用,为大唐帝国的太平天下装饰一番。所以,奔波了半生,潦倒了半生,已经四十二岁的李白,马上平步青云。

李白进京以后,又得到秘书监、老诗人、年已八十的贺知章的保荐,竟蒙"主上隆恩",廷见金銮,亲自赐宴宫中,亲自赐他御酒三杯,然后给他封个翰林学士。

这一来,把李白感动得三天三夜都没睡着,一心考虑着如何报效国家,以回报皇上的殊遇。

很快就到了十月,一天,内侍来传旨,命李白侍从圣驾前往骊山温泉宫。

骊山在长安东四十里,是皇帝的离宫之一。从开元后期以来,几乎每年都要扩建修饰,不久前刚在山腰修了一座长生殿,又在山下修建了一座宜春汤,专供新近得宠的杨贵妃淋浴之用。到后第二天,圣旨传下,给侍从官员们赐浴;第三天,又传下旨来赐宴;第四天,又传下旨来赐游山,这骊山使李白好像到了传说的蓬莱。李白感到无比欣幸的同时,以为过几天再传下旨来,必定就是召他去向他问询国家大事了。谁知十天半月过去,杳无消息。只听得半山上的宫殿里,阵阵音乐随着清风飘下来,悠扬宛转,夜以继日。到了夜里,听得更是真切,甚至连歌词也隐约听到了几句:

……

伴洛妃,凌波神渚;动巫娥,行云高唐。音和态宛转悠扬,更泠泠节奏应宫商。

……

步虚步虚瑶台上,飞觞引兴狂;弄玉弄玉秦台上,吹箫也自忙。凡情仙意两参详。

……

银蟾亮,玉漏长,千秋一曲舞霓裳。

…………。

这霓裳羽衣曲真是如琼浆玉液,谁听了也会痴迷。

李白原本大可以沉醉在这仙境和仙乐里,他却偏惦记着皇帝说不定哪一天总会召见他问询国政,因此把他早已准备好的《宣唐鸿猷》,揄扬大唐功德奉劝皇上慎始慎终的奏章,最后又做了一番修改。

大概是霓裳羽衣舞排练到了火候,内侍有一天传下旨来。李白以为皇上终于要和他商讨国是了,连忙弹冠整衣,俯伏阶下,结果却是叫他写一首驾幸温泉宫的诗。他马上写了一首:

羽林十二将,罗列应星文。霜仗悬秋月,霓旌卷夜云。严重千户肃,清乐九天闻。日出瞻佳气,葱葱绕圣君。

内侍立即呈了上去,不一会,又隆下旨来,说是万岁看了很高兴,称赞诗写得快速美妙,特赐宫锦袍一件。李白看着这件金线盘花的宫锦袍,更觉得皇上待他恩重如山。几句小诗怎能承受如此恩宠呢? 他就更想为大唐建功立业。

李白就在屡蒙恩宠,报效心切中,过完了他一生中最得意的一个冬天。

天宝二年的早春,冬寒还未退尽,地上的小草刚刚透出些许绿意,池边的杨柳刚吐出米粒大小的嫩芽。内庭歌舞,夜以继日。李白又奉诏作《宫中行乐词十首》。

未及半月,点点鹅黄变成了一抹新绿,刚出巢的雏莺在枝头歌唱。玄宗出游宜春宛。李白又奉诏作《龙池柳色初青,听新莺百啭歌》。

转眼到了暮春,兴庆宫中牡丹开了。玄宗陪着贵妃,在沉香亭观赏由洛阳新进贡来的名贵品种"姚黄""魏紫"。本已有李龟年率领的梨园子弟侍候,但玄宗说:"对妃子,赏名花,何用旧词为!"于是李白又奉诏作《清平调》三首。

从开元后期以来,玄宗基本上不到大明宫去上朝,平日多在兴庆宫居住。由于差遣频繁,李白又奉命从大明宫的翰林院迁到兴庆宫,侍奉皇帝身边,以便随时应诏。上面派了两名宫女专门侍奉他,伙食也开得更好了。每天除了鸡鸭鱼肉,又特赐西凉进贡来的葡萄酒一坛。衣着更是不愁,冬天还没完,春衣已经早早地送来了;春天还没完,夏衫又已送来。娘娘怕他孤寂,又赐他一只陇西进贡的鹦鹉。鹦鹉站在珊瑚架上,用一条黄金做的小链系着,挂在檐前。宫女们每天用江南进贡来的香稻和终南山的清泉哺养它，还教它念李白的诗哩！

李白这时真是衣来伸手饭来张口，而且荣耀极了。不但翰林院中其他的人难以望其项背，就连正儿八经的朝廷官员看了也眼红，王公贵人常来请他听歌、观舞、赴宴会，还怕他不给面子哩！十年前那个戏弄过他，欺负过他的张垍，这时也深恐巴结不上他了。

李白成了长安城中第一个红人，偏在这红得发紫的时候，李白感到厌倦起来。

他常常独自一人偷偷溜出翰林院，在长安城内外闲逛，几次醉倒在街头酒店里，害得小太监们掀开地皮找他，找他回去应诏作诗。即使找得回去也是醉哒马虎，呕吐狼藉。高力士便命小太监们用冷水浇头，硬把他弄醒，勉强架上龙舟，仍然东倒西歪，酒气熏人。皇帝一见如此模样，贵妃早已紧捂口鼻，只好挥手作罢。

从此以后，李白就很少奉诏吟诗作赋了。他干脆遍游终南，尽登紫阁、太白诸峰，去和一些道士、隐士，寻幽访胜，谈经论道。

大唐天子虽然心胸宽广，但宫廷中那些早已心怀忌妒的人哪里容得他这样放肆呢？于是谗言起来了慢慢吹到贵妃耳朵里，又由贵妃吹到了皇帝耳朵里。皇帝一听李白种种言行之后，也觉得此人"非廊庙之器"，不是当官的料；更怕他"言温室树"，把宫中所见所闻传了出去。

张垍、高力士、杨贵妃等人恨不得把李白碎尸万段，方消心头之恨。大唐天子究竟见识高超，他觉得李白一介布衣，虽然轻如鸿毛，怎奈他名满天下，又未干犯刑律，故而不能随便处置。处置不当，不但遭天下人议论，还将遭后世人议论，岂不坏了朕多年广开才路的名声？还是让他好来好去吧。

天宝三载春，李白经过多日犹豫以后，终于上书请求"还山"，玄宗即日"恩准"，还赏赐了一些金银，后世果然传为佳话，称之为"赐金还山"。李白显得十分荣耀，玄宗也显得皇恩浩荡。

但是只有后世的有心人，细细品味他离开朝廷前后写的一系列的诗歌，才知道他内心是多么痛苦！多么的悲愤！

尤其是他痛定思痛，写的《梦游天姥吟留别》一诗，实际上是一篇披上了"游仙"外衣的"入朝始末记"。李白三个年头待诏翰林的喜怒哀乐都凝聚于此了：

海客谈瀛洲，烟涛微茫信难求；越人语天姥，云霞明灭或可睹。天姥连天向天横，势拔五岳掩赤城。天台一万八千丈，对此欲倒东南倾。我欲因之梦吴越，一夜飞渡镜湖月。湖月照我影，送我至剡溪。谢公宿处今尚在，渌水荡漾清猿啼。脚著谢公屐，身登青云梯。半壁见海日，空中闻天鸡。千岩万转路不定，迷花倚石忽已暝。熊咆龙吟殷岩泉，栗深林兮惊层巅。云青青兮欲雨，水澹澹兮生烟。列缺霹雳，丘峦崩摧。洞天石扇，訇然中开。青冥浩荡不见底，日月照耀金银台。霓为衣兮风为马，云之君兮纷纷而来下。虎鼓瑟兮鸾回车，仙之人兮列如麻。忽魂悸以魄动，恍惊起而长嗟。惟觉时之枕席，失向来之烟霞。世间行乐亦如此，古来万事东流水。别君去兮何时还？且放白鹿青崖间，须行即骑访名山。安能摧眉折腰事权贵，使我不得开心颜！

李白奉诏入朝好比是平步青云，被斥去朝则好比是攀龙堕天，这一大起大落，跌得他头破血流，跌成了多年不能痊愈的伤口。他借道教的符箓和丹药来治疗自己,但任何灵丹妙药都无济于事;他借烈酒来麻醉自己,但即使日夕沉醉也不顶事。只有借远游以消忧:他以为走得越远越好,这样就可以抛开往事,忘掉长安,那使人魂牵梦萦的长安,那使人伤心不已的长安。

他从东鲁起身,南下扬州,南下金陵,东入会稽,东入剡中。一路上经过的都是青年时代的旧游之地,难免触景伤情,接连写下了感慨的诗篇:"总为浮云能蔽日,长安不见使人愁。"

最后他到达了滨海的台州,登上了临海的天台。这座古人比之于蓬莱的名山,是他幻想中的忘忧之乡。一到山足下的国清寺,那数里不见天日的万松径,就已使他精神为之一振。到了人们传说中的只需一濯即可消除一切尘烦的灵溪,他真的感到好像灵魂被洗净。到了石桥,那横跨两崖之间,下临飞瀑万丈的空中悬梁,其长数丈,其宽仅能容足,而又长满了青苔,谁要能跨过去,就能成仙。要不是有人劝阻,他真想去尝试一番。当他登上天台绝顶——华顶。啊,天好近,地好远! 这不是仙界是什么呢? 东望大海,只见波涛翻腾,如同巨鳌出没,又见祥云笼罩,恍惚蓬莱仙岛就在前方。当他早起观日出,只见朝霞映在积雪的悬崖峭壁上,幻出五光十色的奇景,置身其间好像自己也变成了仙人。但就在这高出尘表,远离人寰的高山之巅,他却想起秦皇、汉武派人入海求仙的故事:"劳民伤财,耗时数十年之久,蓬莱仙山到底在哪里呢? 骊山下的始皇陵和咸阳原上的武帝陵都被人盗了。假若他们的灵魂不死,为什么连自己的陵墓都无力保护呢?"他由秦皇、汉武自然又想到玄宗:"一方面穷兵黩武,滥事征伐,一方面又妄想长生不死,成仙成佛——这是多么荒谬啊!"于是李白在天台山绝顶,写下了借古讽今的《登高丘而望远海》一诗。

李白努力忘掉长安,努力忘掉人世,然而走到天涯海角,他也未能忘掉。

天宝七载春,李白从越中返至金陵,他耳闻目睹的是一连串耸人的事件:

故人崔成甫被贬到洞庭湖以南的湘阴去了。成甫仅仅一个九品县尉,他的上司陕郡太守以通漕运有功升为三品刑部尚书,成甫因办事得力也随之升为八品监察御史,未及两年,他的上司出了事,成甫也因城门失火而殃及自身。

故人王昌龄也被贬到夜郎以西的龙标去了。王昌龄是著名诗人,他的绝句不在李白之下,但也不过是个八品县丞,他又为什么遭贬呢? 说是"不护细行",即使是"细行"有亏,也不应该贬到那边远之地去呀!

还有一个故人李邕,七十高龄的北海郡太守,竟被活活杖杀在刑庭之上。三十年前,李白曾去拜访他,虽然未能见上,但后来他们因情投意合却成了好朋友。李白对这位名满天下的贤太守和文坛前辈十分钦佩,还写过一首诗赞扬他在北海郡的德政。李邕又有什么问题呢? 他是被人诬告,诬告他议论过朝政得失和皇帝吉凶。即使议论过点什么也不该活活打死呀!

还有骇人的事件:大唐帝国的塞上长城,北方四镇的节度使,玄宗曾把他当儿子看待的烈士之后,当时首屈一指的忠臣良将——王忠嗣竟然也被撤职了,贬黜了,不久就含冤而死。这又是怎么一回事呢? 因为他主张持重安边,不愿意随便征战,违背了玄宗穷兵黩武的政策,遂以"阻挠军功"得罪。

这一系列冤案的肇始者都是宰相李林甫。这个口蜜腹剑的奸贼,以逢迎和谄媚获得了玄宗的宠信,加以不断地结党营私,排除异己,终于得到了一人之下,万人之上的位置。特别是杨贵妃的从兄杨国忠因裙带关系得宠以后，李林甫又和他朋比为奸，使之成为自己的内援，手下又网罗了一批酷吏，供他驱使。于是他们为所欲为，在玄宗面前任弹劾忠良与无辜。凡他们嫉恨的人，皆罗织成罪，诬陷下狱，滥刑逼供，置之死地。数年之间，仅长安城中被整得家破人亡的，就达数百家。

接连不断的冤狱，牵四挂五的株连，使满朝文武噤若寒蝉，州县官吏更是重足而立。石堡一役死亡数万的噩耗传来，举国震动，但是大家都敢怒而不敢言。

李白呢？人们常见他带着歌伎舞姬到处游历山水，人们常见他和三朋四友在酒楼上觥筹交错，人们常见他和一伙游侠在钟山下呼鹰逐兔。人们还听说，有一次他约了几个酒客，雇了一只小舟，在秦淮河上玩月，然后又溯流而上，一直到五十里外的天门山，第二天才从天门山返回金陵。一路上又是饮酒，又是猜拳，又是吹拉弹唱，整整闹腾了两天两夜。

再后来呢，人们就听说李白皈依了佛门，随一位天竺高僧上庐山东林寺参禅打坐去了。

而就在这时，有一批诗歌在暗中流传。一首是《白鸠拂舞辞》。

人们一眼就能看出来，诗中的"霜衣雪衿诚可珍"的"白鸠"是指开元前期的贤相姚崇、宋璟、张九龄等人；诗中的"外洁其色心匪仁"的"白鹭"是指"口蜜腹剑"的李林甫；诗中"贪而好杀"的"鹰鹯雕鹗"是指屡兴大狱，诛逐忠良的奸臣和酷吏；诗中的"凤凰"自然是指皇帝。"是啊，百鸟之王的凤凰真不该以这些吃人心肝的猛禽为走狗。用它们为臣，也就算不得大圣了！"人们读后不禁纷纷议论。

再一首是《战城南》。

人们一看就想起天宝元年，朝廷用兵桑干，讨伐奚和契丹；又想起天宝六年，朝廷用兵西域，征伐吐蕃；更想起最近的青海石堡之役。据说，石堡城下的石头都给人血染红了，树上到处挂着人肠子。真是拉命债啊！"是啊，战争本是不祥之事，古代圣君是不得已而为之。像如今这样穷兵黩武，把几万良家子弟视同蝼蚁，把无数民脂民膏当作粪土，真是到了丧心病狂的田地了！"人们读后都悲愤异常。

还有一首是《答王十二寒夜独酌有怀》：

……君不能狸膏金距学斗鸡，坐令鼻息吹虹霓。君不能学歌舒，横行青海夜带刀，西屠石堡取紫袍。吟诗作赋北窗里，万言不值一杯水。……

大家刚一读到这里，便议论纷纷："是啊，这些年来，只要有一套斗鸡术，马上就可以飞黄腾达；只要敢拉命债，立地就可以官运亨通。呕心沥血，吟诗作赋，任你才学再高，也得不到重视。怪不得有人气极了说反话，发牢骚，这反话说得真带劲！这牢骚发得真痛快！"

鱼目亦笑我，谓与明月同。骅骝拳局不能食，蹇驴得志鸣春风。折杨黄华合流俗，晋君听琴枉清角。巴人谁肯和阳春，楚地由来贱奇璞。

大家看到这里马上又体味一番："死鱼眼睛自比明月，还要讪笑别人。千里马食不饱，力不足，无法驰骋；烂毛驴却迎着春风昂昂地自鸣得意。庸俗低级的歌曲到处流行，精美华丽的乐章却无人欣赏。而今世事确是如此，确是如此！"

……与君论心握君手，荣辱于余亦何有？孔圣犹闻伤凤麟，董龙更是何鸡狗！一生傲岸苦不谐，恩疏媒劳志多乖。严陵高揖汉天子，何必长剑拄颐事玉阶！

大家看到这里，不觉仔细玩味起来："'孔圣'一句自然是指孔子感慨'凤鸟不至，河不出图，吾已矣乎！'又感慨麒麟出非其时，徒遭网罗之灾。董龙呢？哦，记起来了，董龙是前秦苻生的佞臣。这两句恐有所指。对，对，'孔圣'句是作者自喻，'董龙'句是骂……谁是当今人所共知的佞臣，就是骂谁！哈哈，骂得好，骂得好！……"

……君不见李北海，英风豪气今何在？君不见裴尚书，土坟三尺蒿棘居。少年早欲五湖去，见此弥将钟鼎疏。

到了最后这几句，大家一看，一下都默默不语。悲愤在大家心头荡漾，又不约而同把这首诗从头到尾读了一遍，把诗中的警句反复在口头吟诵，好像它们是从自己心头喷发的一样。最后，不约而同爆发出一阵由衷的赞叹：

"像这样大胆抨击朝政的诗，还从来没见过。"

"真是言人所不敢言！而且句句说在人心上！"

"整首诗气势，直如长虹贯日，彗星袭月，苍鹰击于殿上！"

"这首诗是谁写的呢？还有先前的几首都是谁写的呢？"

大家猜来想去，终于猜到李白头上。但是李白这两年不是只知狂醉于花月之间吗？不是正热衷于奉佛吗？

当李林甫的爪牙赶到江东搜捕这批抨击朝政的诗作者时，又有另一批抨击朝政的诗在两京流传。一首题为《前出塞》，其中对天子已有幽怨之辞，例如：

戚戚去故里，悠悠赴交河。公家有程期，亡命婴祸罗。君已富土境，开边一何多！弃绝父母恩，吞声行负戈。……

再一首题为《兵车行》，更是怨气冲天，竟写出这样的话来：

……边庭流血成海水，武皇开边意未已。君不闻，汉家山东二百州，千村万落生荆杞。

……君不见，青海头，古来白骨无人收。新鬼烦冤旧鬼哭，天阴雨湿声啾啾。

李林甫的爪牙又赶到洛阳，赶到长安，终于没有结果。接连两年，关中大旱，原定的封禅大典也不得不废止。昏君奸臣恐遭天谴，暴政淫威才有所收敛，向昏君奸臣怒飞鸣镝的李白和杜甫也才幸免于难。

三至长安　献策失败

李白流落江湖，东奔西走，又是好几年过去。人生倏忽，他已年届知命。孔子曰："五十而知天命"，他想自己也该认命了。既然"立功"无望，"其次有立言"，那就退而"立言"吧。找个地方隐居下来，致力于诗歌创作算了。孔夫子一生周游列国，终无所遇，最后不也是放弃了从政之心，专门从事著述，删诗书，定礼乐，作春秋吗？"孔子作春秋而乱臣贼子惧，我也要叫那些乱臣贼子和昏君在我的诗歌中留下罪名。我的诗歌必定能芳名永存，让后人看看，皇皇大唐是怎么败坏在他们手中的，这不也是千秋不朽的功业吗？"

李白主意打定，便去了南阳附近的石门山中，故人元丹丘新建的幽栖之地。丹丘的石门幽居比起先前的颍阳山居，其峰峦之秀，林壑之美，有过无不及。而且此地更是远离红尘，人迹罕至，真是个归隐的好地方。李白看了，羡慕不已，便也准备在此附近修几间茅屋，把全家都搬来。所谓全家就是他刚续娶的宗氏夫人和他的两个孩子。

但当他回到宗氏所在的梁园讨论隐居之事时，宗氏倒是满同意，李白自己却动摇了，友人何昌浩来信邀他前赴幽州。何昌浩先前潦倒不堪，曾受过李白接济。谁知此人去了幽州节度使幕府之中，竟充任参赞军机的判官。来信字里行间充满了洋洋自得之情。信中最后写道："恩兄才兼文武，强弟十倍，倘来塞垣，何愁英雄无用武之地？即使无意入幕，何妨来此一游，题诗碣石之馆，纵酒黄金之台，亦人生快事也……"李白顿时思接千载，便想佛剑而起，奔赴边疆，学那班超立功异域，千载留名，"即使马革裹尸，也比老死深山强多了。焉能白首穷经，学那古时候的老儒生？"李白在热血沸腾的同时，自然也考虑到幽州节度使是安禄山，此人的骄横跋扈和杨贵妃的丑事，他也略有所闻，但此时安禄山"势已盛而逆未露"，李白只知朝廷对他的宠信和重用，不久以前他身兼四镇，最近又封了东平王，便以为他是国之干城。所以尽管宗氏夫人再三劝阻，也挡不住李白的幽州之行。直到李白亲自在幽州目睹了塞垣真相，发现了安禄山的种种反迹，他才从"沙漠收奇勋"的迷梦中惊醒，跑到燕昭王黄金台的遗址上去痛哭了一场："君王啊，你最宠信的人原来是一个窃国大盗，你竟把偌大一个北海给了这条长鲸，眼看它就要兴风作浪了，叛乱就要起来了！……"李白趁着安禄山入朝未归，赶快逃离了幽州。

李白回到梁园家中，不顾人困马乏，也不听宗氏的劝告，便又去了长安。他要力挽狂澜，他要平弥大祸，他要向朝廷报告幽州真相，呈献济时之策。

天宝十二载早春二月，长安的杨柳吐出了鹅黄的嫩芽，把帝京装点得一片金黄，令人目眩。龙楼凤阙依然巍然耸峙，横跨三川；紫陌红尘依然朱轮往来，骏马驰骤；王侯们依然如星辰挂在天上；宾客们依然如云烟簇城中。长安城依然是一派歌舞升平的景象。"快一百四十年了，这壮丽的帝京，这赫赫的王朝，有谁知道它已危如累卵，祸在眉睫？"李白面对长安的太平景象，心急如焚。

他总算记住了临行时妻子再三地嘱咐与叮咛："此事非同小可，必须慎之又慎。"他自己也知道安禄山正是辈受宠爱之时，以一介布衣告发一个四镇节度使和新封的王爷谋反，无异以卵击石。所以，他只能提心吊胆，秘密行事。

由于他去朝已有十年之久，朝廷内外，旧交难觅。密察暗访多日才找到两三个故人，一说此行来意，全部大惊失色，都劝李白赶快罢手，趁早离京，否则，非但奏疏递不上去，而且反遭杀身之祸。李白听了以后，虽然感到沮丧，但还在长安滞留。直到有一天，他在大街上看到一队羽林军押着两个五花大绑的犯人向东而去，并听行人议论纷纷："来诬告安王爷的，一律押回幽州让安王爷处置，更遭活剥皮，点天灯哩！"李白这才相信了友人的劝告，绝望而去。

李白在这年写的《远别离》一诗，就是他第三次入长安陈献济时之策失败的挽歌：

远别离，古有皇英之二女；乃在洞庭之南，潇湘之浦。海水直下万里深，谁人不言此离苦，日惨惨兮云冥冥，猩猩啼咽兮鬼啸雨，我纵言之将何补？皇穹窃恐不照余之忠诚,雷凭凭兮欲吼怒。尧舜当之亦禅禹,君失臣兮龙为鱼,权归臣兮鼠变虎。或云尧幽囚,舜野死。九疑联绵皆相似,重瞳孤坟竟何是?帝子泣兮绿云间,随风波兮去无还。恸哭兮远望,见苍梧之深山。苍梧山崩湘水绝,竹上之泪乃可灭。

李白回到梁园后,不久就南下宣城(今皖南),一则是解忧,二则是避祸。逃出龙潭虎穴以后的李白,实在需要一个"世外桃源"定一定他的惊魂。然而实际上,他游遍了宣城郡各县山水,却找不到一个能够寄托心灵的地方。他的心仍然挂在长安的树上,悬在大唐帝国的空中。

身处动乱　离开奉节

天宝十四载十一月,在李白早就预料到的,而且曾经冒着杀身之祸准备给朝廷上书,希望朝廷早加防范的大乱,终于不可扼制地爆发了——安禄山率领二十万兵马从幽州杀来了。叛军是安禄山特意准备了十年的精锐之师,而内地的官军却是好几十年不知战争为何事的乌合之众,因此前者长驱直入,后者望见风解。不到一个月,叛军就过了黄河,攻下了东京洛阳。第二年正月初一,安禄山就在洛阳称帝,国号大燕。

由于安禄山忙于登基,没有乘胜追击,朝廷才赢得了一些时间,调兵遣将,一方面派哥舒翰为兵马副元帅领兵八万把守潼关,一方面又命郭子仪、李光弼等节度使出兵河北,攻打敌人后方;地方上的忠臣良吏,如常山太守颜杲卿、平原太守颜真卿带头讨伐反贼,河北、河东诸郡也纷纷响应,这才暂时稳住了大势。

李白在金陵听到叛乱的消息,他本来很想有所作为,但他一介布衣,手无寸铁,能干什么呢?他即使是能够运筹帷幄之中决胜千里之外的张良,也需要有汉高祖这样的伯乐发现他;他即使是诸葛亮早已准备了《隆中对》,也需要有刘备这样的人赏识他;他即使是鲁仲连,手中还有"一枝箭",可以解"聊城之围",也需要田单这样的将领来借他这"一枝箭"呀!他必须有所依凭,才能施展他的文韬武略,才能实现他的报国壮志。因此他为了寻找可以凭借的力量,也曾经奔走了半年之久,但终于无果而终。听说潼关已被叛军攻破,皇上仓皇出奔,长安已经陷落,叛军已打下半壁天下,正准备南犯。李白只好避入庐山。

李白虽然避居深山,心里却不能安静,日里徘徊彷徨,夜里辗转反侧。他心寄千里万里以外。他的心飞到中原上空,看见洛阳川里野草上涂满了人血,看见洛阳城里一大群豺狼戴着官帽。他的心飞到秦川上空,看见烈火在焚烧着大唐王朝的宗庙,看见安禄山和他的将士们在金銮殿上狂饮高歌。他的心飞到黄河上空,看见两岸的人民像落叶一样飘落在坑洼沼泽,看见白骨像山丘一样到处堆积。他的心飞遍四海,看见全国人民西望长安,都皱着眉头,含着眼泪。

天宝十五载七月,玄宗在奔蜀途中颁下了"制置"之诏:以太子亨任天下兵马元帅,领朔方、河东、河北诸道兵马,收复长安、洛阳。以永王璘任山南东道、江南西道节度都使,经略长江流域。但诏书尚未下达,李亨已即帝位于灵武,是为肃宗,改元至德,尊玄宗为太上皇。至德元年九月,永王璘出镇江夏,招募将士,筹集物资,以李台卿、韦子春等人为谋主，以季广琛、浑惟明等人为大将，积极准备出师东巡。

李白勉强在深山中度过了几个月隐居生活，看看又到了岁末。他内心十分寂寞和苦闷，突然故人韦子春上山来访。这韦子春是李白天宝初年待诏翰林时期结识的友人，在秘书监当过八品著作郎，因多年不得升迁，便辞归故里。近为友人李台卿邀入永王幕中，已任司马之职。这次上山就是奉永王璘之命，来聘请李白入幕。他和李白寒暄已毕，便把玄宗下"制置"之诏，永王璘奉命出镇，以及出师平叛的军事计划一一告诉了李白。李白一听，好像云破见日："好呀！永王东下金陵，以金陵为根据地，然后出师北征。分兵两路，一路从运河直趋河南，一路跨辽海直捣幽燕。这样来配合太子……"说到这里，宗氏在帘后提醒他道："应该说配合今上……"李白才想起太子早已于七月在灵武即位，也连忙改口说："配合今上，收复长安和洛阳。逆胡何愁不灭！天下何愁不平！……"李白越谈越激动。他几乎马上就要随韦子春下山。正在这时，宗氏夫人端了酒菜出来，趁机给李白递了个眼色。李白犹豫了一下，才改口说道："愚兄草野之人，疏懒成性，且已年过半面，恐不堪用。"韦子春连忙说道："我兄素抱经国济世之志，当此国家多难之秋，正是大丈夫一展宏图之日。当仁不让，还望吾兄即日下山。"李白正不知道如何推诿，还是宗氏上前推说年关在即，很多事情需要料理，容缓十数日，这才送走了韦子春。

送走韦子春后，夫妻两人为此商量到半夜。宗氏还是她的老主意：宁愿和李白共糟糠，不教夫婿觅封侯。李白说道："封侯事小，报国事大。社稷苍生在水深火热之中，我避居深山，心实难安。你难道不知我这些日子心里有多痛苦吗？"宗氏却以幽州之行为前车之鉴，埋怨李白虎口余生还不吸取教训。李白却说："幽州之行怎能和这次同日而语？'制置'之诏乃朝廷庙略，永王出师乃奉旨行事，今上和永王又是嫡亲兄弟，这会有什么危险呢？"宗氏仍然说："我怕倘有不测……"虽然她也说不出原因，但总不同意李白下山入幕。李白气得顿足："你怕树叶掉下来打破头，难道就不怕国破家亡吗？"

几天以后，韦子春又上山来了，带来五百两银子，一身崭新的衣帽，还有永王所重用的谋主，现任幕府判官李台卿的亲笔信，信中把李白比作谢安："谢公不出，奈苍生何！"李白一看，心中大动，又想马上跟韦子春下山。当他进去准备打典行装时，宗氏却拉着他袖子哭了起来："哪有大年三十出门的！还是过了年再说吧！"李白毕竟于心不忍，只好出来请求韦子春再延迟几日。

韦子春走后，夫妻俩又商量到半夜。最后好容易才一致决定：李白姑且去试一试，以观进退。

刚过"破五"，韦子春又上山来了，还带来士卒四人，肩舆一乘。一进门就说："也算得上是'三顾'了吧？"又指着肩舆说："这是永王派来接你的。老兄再不下山，我可没法回去了。"李白和宗氏一看，这回是必须走了。李白换上新衣新帽，坐上肩舆，情不自禁，便有些飘飘然，竟向宗氏挥手说道："归来傥佩黄金印，莫见苏秦不下机。"宗氏哭笑不得，掩泪转身进屋去了。骑着马跟在肩舆后面的韦子春说道："哪有佩了黄金印回来，反不下机之理？"李白笑答道："贤弟有所不知，我这位夫人一心好道，凡从政者在她心目中皆是俗流。"韦子春才明白李白是反用苏秦故事和宗氏开玩笑："假如我佩了黄金印回来，你不要看到我这个俗人而不肯理睬吧。"正走之间,只听得李白在肩舆上咏起诗来:"谷口郑子真,躬耕在岩石。……苟无济代心,独善亦何益?"韦子春听了赶忙说道:"吾兄所言极是。像汉代郑朴这样的高士,高则高矣,但他始终独善其身,对社稷苍生有何益处呢?"在下山途中,李白口占《赠韦秘书子春》诗一首,最后以"终与安社稷,功成去五湖"与韦子春共勉。

李白下山时,正好永王大军已到了浔阳。只见大江之上,舳舻千里,旌旗蔽日,又听得军鼓阵阵,画角鸣鸣。早春的太阳照着满江的战船发出灿烂的光辉。如云的旌旗绕着碧山显得分外鲜明。"啊!多强盛的军容!""啊,威武的王师!"李白禁不住赞叹。

为了给李白接风洗尘,永王在他乘坐的最大一只楼船上大摆筵席,又是鼓吹齐发,又是轻歌曼舞,又是高谈阔论,又是赋诗作序,直热闹了一整天。李白好像是乐毅登上了燕昭王的黄金台,其实永王并没有拜他为大将,甚至还没有封他一官半职,他已经为自己报国有路的幻想所迷醉。当场赋诗一首,在诗的最后几句写道:

浮云在一决,誓欲清幽燕。愿与四座公,静谈金匮篇。齐心戴朝恩,不惜微躯捐。所冀旄头灭,功成追鲁连。

在东进途中,他更是思绪飞扬,诗情汹涌,接连写下了《永王东巡歌十首》。他满以为永王东巡是"天子遥分龙虎旗",是奉旨行事,这一盛举,必将得到三吴人民的拥戴;他满以为大军出三江,渡五湖,跨辽海,救中原,一举就会扫清胡尘,很快就会凯旋还朝;他满以为永王会把他当作谢安,他将在谈笑之间就叫敌人灰飞烟灭,建立不朽的功勋,实现他平生的宏愿:济苍生,安社稷,然后功成引退,名垂青史。

谁知就在李白靠在船舷,翘首远望,大做其好梦之际,肃宗早已诏命永王回到太上皇身边去,永王不从,肃宗便下令讨伐永王,并且调兵遣将布置了包围圈。

谁知就在李白满腔热情地歌颂"圣主"和"贤王",满心以为他们是勠力平定叛乱之时,他已堕入了玄宗和肃宗父子之间,李亨和李璘兄弟之间争权夺利的漩涡之中。

内战终于在金陵附近爆发了,永王璘一败涂地,西南逃奔鄱阳,被江西采访使皇甫侁所杀。李白从内战的刀枪下和死人堆里逃了出来,但终于在回庐山的途中被俘获了,被丢进浔阳的监狱,罪名是:附逆作乱。

经过李白多次血泪纵横的申诉,经过宗氏夫人的多方奔走,经过一些贤明官吏的营救,李白得免一死,但终于被判:流放夜郎。

唐肃宗乾元二年春,李白在流放途中到了奉节——古白帝城,再往前去就要南下黔中道——古夜郎国了。

李白站在白帝城头,百感交集。他回忆起青年时代从这里出三峡,下长江,东游金陵与扬州……那时的大唐帝国光辉灿烂,欣欣向荣,自己也正是风华正茂,血气方刚。可惜"开元之治"竟如昙花一现。后来国事日非,自己也每况愈下。战乱一起,社稷在风雨飘摇之中,苍生在水深火热之中,自己也陷于九死一生的境地。最后他惊讶地发现:他这一生的遭遇和大唐的国运竟如此相似!

他翘首北望,不禁悲从中来:"长安啊,长安,你这给我最大希望的地方,又是给我最大失望的地方!你使我魂牵梦萦,又使我悲痛欲绝。我多少次下决心要和你诀别,又多次渴望回到你的身旁。我好比是贾谊被贬,屈原被放,哀吟泽畔,身死他乡。我恐怕也难逃他们那样的下场。"

他翘首南望，也是肝肠寸断："夜郎啊，夜郎，你这不毛之地，瘴疠之乡！听说你虎豹成群，蚊蚋如雷，居无城郭，寝无席帐。任何智勇双全的人也难免丧生此邦。难道你就是我最后的归宿，我长眠的地方？"

江上一阵船夫号子传到城头，他儿时就熟悉的乡音，使他感到无比亲切，又使他感到无比难堪："故乡啊，故乡，我几十年一直把你想望。多少次梦里回到匡山足下，涪江岸上。但此时近在咫尺了，我却不能再继续西上，我也不愿再继续西上。我这一身镣铐叮当，我这一副囚犯模样，怎有脸重见你啊，我的故乡！"

一行雁阵飞掠他头上，发出咿哑的鸣声。他的目光紧随着它们，他的心也紧随着它们："大雁啊，大雁，请你们飞过庐山之南的豫章，把我的亲人探望。带给她，我的血泪编织的诗章。告诉她，我即将南下夜郎。她在明月楼中愁窥镜，我在夜郎天外怨流亡。切莫叫雁断长空，鱼沉湘江。老天爷啊，可怜我们生离死别人一双！"

李白正打算离开奉节，南下黔中道时，突然喜从天降！朝廷因旱灾赦免流刑以下罪犯，李白也在其中。他激动得几乎发狂了，他以为自己否极泰来了，他想马上就要重见太平盛世了。朝廷既然赦免了他，就可能还要重用他。现在，李林甫也死了，杨国忠也杀了，高力士也赶出宫去了，堕落为汉奸的张垍也充军到岭南了……再没有人妒忌他，挤对他，迫害他了。那就趁早回到江陵去吧！趁着郑判官还在那里。那就赶快回到江夏去吧！趁着江夏太守韦良宰还在那里。他们一定会欢迎他的归来，他们一定会很快把他，这位从泽畔活着回来的屈原，推荐到朝廷上去，和当代贤才豪士共图恢复大业。

因此李白在一个朝霞满天的黎明，坐上了东去的小舟，趁着新发的春水，飞也似的顺流而下，在船上写下了他的《早发白帝城》一诗：

> 朝辞白帝彩云间，千里江陵一日还。
>
> 两岸猿声啼不住，轻舟已过万重山。

命运多舛　客死他乡

长安、洛阳，这东西两京收复以后，朝廷以为天下大定，就忙着上尊号，封功臣，享九庙，祭山川，……几乎全是虚文浮套，居然显示出一片中兴在运，一派太平景象。中书舍人贾至的《早朝大明宫》一诗以及王维、杜甫、岑参等人的和诗，特别是其中脍炙人口的佳句："九天阊阖开宫殿，万国衣冠拜冕旒。""共沐恩波凤池里，朝朝染翰伴君王。"……更把中兴幻影装点得煞有介事，更把太平假象渲染得富丽堂皇。

江夏，那时是南方的政治中心，自然也是熙熙攘攘，一片繁忙。忙的是欢庆中兴，歌舞升平，忙的是攀龙附凤，登朝入阁。竟至忙得忘记了并未完全平定叛乱，天下并未太平。安禄山死后，他的同党史思明又自为大燕皇帝。

当时朝野上下都做了一场中兴梦，李白也不能例外。他在江夏也大肆忙碌一番，到处参加庆祝活动，赶赴宴会，四下里求人，八方外张罗，连续不断写了不少诗送给这个,送给那个。满以为自己很快就会奉诏入朝,再次待诏翰林。结果却是自讨没趣,甚至自取其辱——一个长流释放犯,有谁会荐举他,有谁敢荐举他呢?并且他已年满六十了,就是在位的人也该退休了。

李白只好又到处流浪,顺长江而下,重游金陵。金陵虽然江山依旧,但却物是人非,几乎没有人还记得他是"赐金还山"的翰林学士,只知道他是一个穷困潦倒的刑余之人。李白所遭的冷遇就不难想象了。

时光荏苒,又是一年。暮春的一天,李白在街头遇到从甥高镇。虽是远亲,但在这人情似纸的金陵,也觉得格外亲热。特别是听说高镇当了多年进士,未得一官半职,正准备到陇西去从军。李白越发动了真情,便邀高镇到酒楼一叙。到了酒楼上,两人边谈边饮,边饮边谈,李白便将近年来受的窝囊气对着高镇款款道来;而且越说越上气:"都说天下太平了,国家中兴了。可是你这个进士却长期赋闲,无事可干;我呢,又老又穷,几乎是乞讨为生。不仅你我,好多贤才仍然不得其所。假若廉、蔺复生,恐怕三尺儿童都可以随便唾他呢!我们戴着这顶头巾干什么?还不如把它烧了!"说着,一把爪下头巾就掷在地下,又一脚踢了开去。高镇连忙给他拾起来,安慰他半天。最后酒保前来算账,李白一摸身边,身无分文,只好把腰间的宝剑解下来抵了酒钱。又向店里讨了纸笔,写了一首《醉后赠从甥高镇》:

马上相逢揖马鞭,客中相见客中怜。欲邀击筑悲歌饮,正值倾家无酒钱。江东风光不借人,枉杀落花空自春。黄金逐手快意尽,昨日破产今朝贫。丈夫何事空啸傲,不如烧却头上巾!君为进士不得进,我被秋霜生旅鬓。时清不及英豪人,三尺童儿唾廉蔺。匣中盘剑装鲻鱼,闲在腰间未用渠。且将换酒与君醉,醉归托宿吴专诸。

高镇看到最后一句,"醉归托宿吴专诸",以为李白真要去结交游侠,找人来替他报仇雪恨。欲待劝他,又见他已酩酊大醉,只好扶他回去休息。第二天,高镇放心不下,又去看李白。此时李白酒已醒了,苦笑道:"这不过是醉后写诗,你竟当了真!"高镇说:"你不是说过诗以真为贵吗?"李白说:"诗中之真贵在情,而不必实有其事。"一会以后,他又说道:"即使专诸再生,聂政复活,一柄宝剑,或一把匕首,就能削尽世上的邪曲,消却我胸中的不平吗?"

这年初秋,贼势复炽,睢阳再陷。天下兵马副元帅李光弼出镇临淮,准备去收复睢阳,防止贼军南下。睢阳(今商丘)是李白多年往来客居之地,特别是和宗氏结婚以后,这一带更成了他的家园。所以消息传来,他禁不住的热血沸腾起来,忘记了他已是年逾花甲的老人,竟决定立即赶往彭城行营,请缨杀敌。他想:"李光弼军纪严明,战绩赫赫,不啻是汉代的周亚夫。若能在他帐下效力,哪怕把我这副老骨头抛在沙场也很痛快,总算偿了我报国的心愿,也雪了我蹭蹬一世的耻辱。"于是他把从酒店赎回来的宝剑擦了个锃亮,又把从古董店买来的戈矛上拴上一把红缨,还特地穿上待诏翰林时赐给他的宫锦袍,跨上从朋友处借来的一匹老马,就雄赳赳、气昂昂地从金陵出发了。他估计,到了彭城,李光弼一见他,一定会像汉代名将周亚夫得到大侠剧孟一样,兴奋地道:"李太白已在我幕中,我料定敌人的末日不远了!"谁知"亚夫未见顾","天夺壮士心",李白走到半途,就连人带马都病倒了。

李白勉强挣扎着回到金陵,竟然无处可去。思来想去,只好就近投靠当涂县令李阳冰。李阳冰官虽不大,却以篆书名闻天下。李白和他非亲非故,但彼此都闻名已久,估计不会被拒绝。

李阳冰热情的款待,使李白在穷途末路之际感到莫大的欣慰。但潜代已久的"腐胁疾"终于使李白倒床了。阳冰不惜重金延医诊治,但由于病入膏肓,一时难见速效。自秋至冬,李白淹卧病榻之上,眼看就快到年关。偏偏这时李阳冰任期已满,要离开当涂了。

李白自感不久于人世,便将后事托付给了李阳冰。李白唯一需要托付的后事就是他的诗稿,他希望阳冰为他编成集子,并代他作序。

李阳冰也觉得这是李白的临终嘱托了。他听了李白的身世,寄予深切的同情,他读了李白的诗稿,深受感动。他觉得李白的诗言浅意深,言近意远,言小指大,充分地继承和发扬了《诗》《骚》的优秀传统。这样的诗歌,不同凡响!所以他在序文的最后写道:"论《关雎》之义,始愧卜商;明《春秋》之辞,终惭杜预。"显然是把李白的作品喻为是当代的《诗经》和盛唐的《春秋》了。

李阳冰这篇序文最后署明的时间是:"宝应元年十一月乙酉",指的是序文定稿之日,并非李白逝世之期。

第二年春天,传来了安史之乱完全平定的消息,李白竟然战胜了病魔,从病床上起来了,而且接受了田家的邀约,拄着手杖,游历了城南的青山,还在归途中口吟小诗一首:"沦老卧沧海,再欢天地清。……"

天地再清,李白却面临绝境。他既无俸禄,又无恒产,李阳冰临去时给他留下的生活费也将尽了。于是李白拖着衰病之躯又出游附近郡县,借以维持他短促的残生。

李白究竟死于何年何月何日,至今难以确定。只知道唐代宗广德二年(764)正月,朝廷下诏,命天下各州府县荐举人才时,他曾受到荐举,官拜左拾遗,但诏书下达之日,他已离世。范传正所撰写的《唐左拾遗翰林学士李公新墓碑》中有这样的记载:"代宗之初,搜罗俊逸,拜公左拾遗。制下于彤庭,礼降于玄壤,生不及禄,殁而称官。呜呼,命欤!"据此推算,李白大概是在广德元年(763)冬天去世的,终年六十三岁。

李白在他最后一首诗《临终歌》中写道:

大鹏飞兮振八裔,中天摧兮力不济,余风激兮万世。游扶桑兮挂左袂,后人得之传此,仲尼亡兮谁为出涕!

在这首绝命辞中,他仍以大鹏自比。虽然为自己的壮志未酬发出悲叹,却对自己的诗歌作了豪迈的预言,预言他的诗歌将永垂不朽。

如今,这预言已实现,李白已成为世界文化名人,他的诗歌已传诵全世界。

封建盛世使李白壮志凌云,才华盖世,又使他命运多舛,潦倒终身。历史似乎为了降大任于斯人,有意让他走遍了南北东西,让他到大风大浪中去搏击,让他尝尽了人生的甜酸苦辣,让他亲历了世事的盛衰治乱,从而他的多姿多彩的一生就成了时代的一面镜子,他的惊风雨、泣鬼神的诗歌就成了盛唐的《春秋》。他无愧是一位伟大的诗人,和杜甫一样:"李杜文章在,光焰万丈长。"

一代寒儒　千古诗圣

——杜甫

名人档案

杜甫:字子美,自号少陵野老,汉族,河南巩县(今河南巩义市)人。世称杜工部、杜拾遗,盛唐时期伟大的现实主义诗人。他忧国忧民,人格高尚,一生写诗1500多首,诗艺精湛,在中国古典诗歌中备受推崇,影响深远,被后世尊称为"诗圣"。759~766年间曾居成都,后世有杜甫草堂纪念。

生卒时间:712年~770年。

安葬之地:洛阳市东约23公里的偃师县杜楼村北。

性格特点:忧国忧民,人格高尚。杜甫虽然是个现实主义诗人,但是他也有狂放不羁的一面。性格"褊躁傲诞",自视清高。

历史功过:杜甫生活在唐朝由盛转衰的历史时期,其诗多涉笔社会动荡、政治黑暗、人民疾苦,他的诗反应当时社会矛盾和人民疾苦,因而被誉为"诗史"后人尊称他为"诗圣"。杜甫忧国忧民,人格高尚,诗艺精湛。杜甫一生写诗一千四百多首,其中很多是传颂千古的名篇,比如"三吏"和"三别",并有《杜工部集》传世;其中"三吏"为《石壕吏》《新安吏》和《潼关吏》,"三别"为《新婚别》《无家别》和《垂老别》。杜甫的诗篇流传数量是唐诗里最多最广泛的,是唐代最杰出的诗人之一,对后世影响深远。

名家评点:杜甫被后世尊称为"诗圣",与李白并称为"李杜",是中国文学史上伟大的现实主义诗人。

笔架山下诗人出

嵩山山脉绵延起伏,横亘中州大地。由闻名遐迩的"中岳"往西,连绵数百里,一路奇峰秀峦,延伸到河南巩义市境内。这里有一座造型奇特的山,三峰并峙呈

"山"字形，远远望去，犹如一只巨型的笔架，当地人名之曰笔架山。此山为黄土质，山势陡峭，壁如刀削，俯仰之间不见寸草。山下有一村叫瑶湾村，村民在山下凿壁为窑，世世代代居住在里面。

也许是造物主有意的安排，以如椽巨笔挥写一代历史的诗人杜甫，就诞生在笔架山左起第一峰下的一孔窑洞里。

杜甫，字子美，唐玄宗先天元年（712 年）出生在一个世代"奉儒守官"的家庭里，其十三世祖杜预，是西晋著名将领。他英勇善战，人称"杜武库"；又谋略深广，曾在某次对东吴作战时"以计代战一当万"。他既通天算、工程，又通经济、法律，还精通《左传》，是一位出色的历史学家。杜预本是京兆杜陵（陕西西安东南）人，其少子杜耽为晋凉州（甘肃武威）刺史。杜耽的孙子杜逊于东晋初年迁到襄阳，任魏兴（陕西安康西北）太守。杜逊就是襄阳杜氏的始祖，所以《旧唐书·文苑本传》里说杜甫"本襄阳人"。杜逊的孙子杜乾光为齐司徒右长史，乾光子杜渐为梁边城太守，杜渐子杜叔毗为北周硖州（湖北宜昌西北）刺史，叔毗子杜鱼石为隋获嘉（治所在河南境内）县令。鱼石子杜依艺为巩县令，举家迁往巩县，成为襄阳杜氏的支脉。依艺子杜审言是武后时代著名诗人，曾官拜膳部贞外郎。少年时代与李峤、崔融、苏味道并称"文章四友"。及长诗名颇显，与沈佺期、宋之问齐名，在近体诗的形式上做出了很多贡献。杜审言的长子杜闲，就是杜甫的父亲，曾任兖州（山东济宁）司马，奉先（陕西乾县）县令。

出生在这种家庭，杜甫是颇感自豪的。他在给他二姑妈写的墓志里，不无炫耀地说："远自周室，迄于圣代，传之以仁义礼智信，列之以公侯伯子男。"在写给唐玄宗的《进雕赋表》里也一再申说其家"自先君恕、预以降，奉儒守官，未坠素业矣"。

到了杜甫降生时，杜甫的家庭也仍然是被乡亲们艳羡的大户人家，每逢婚娶丧葬照旧很热闹，但他们家庭的气象，终究没有了往日的恢宏而江河日下了。

公元 712 年的某一天，瑶湾村杜闲家的一孔清冷的窑洞里，传出了一声婴儿的长啼，一个新的生命诞生了。这响亮的啼哭仿佛预示了我们的传主一生的哀愁惨苦，随着这声长啼，多舛的命运就像精灵一样，紧紧地附在杜甫的身上。

已过而立之年的杜闲，在功业上却无甚建树，微薄的俸禄，支撑一个大家庭已是时常捉襟见肘（此时杜审言已卒，杜闲为长子，要供养整个家庭），现在又增加了吃饭的人口。然而初为人父总是人生一大幸事。而当幸运之神降临之时，厄运的魔鬼也闯进了家门。妻子崔氏在生下第一个儿子之后，还没有来得及看上亲爱的儿子一眼就撒手人寰与世长辞了。

无奈，杜闲只有把襁褓中的杜甫送到了洛阳建春门内仁风里二姑妈家里，因为二姑妈家里有一个比杜甫大不了多少的表兄。

二姑妈是一个大仁大义的人。她笃信佛教，泛施爱心，她对过早失去母亲的侄子，倾注了全部的母爱，达到了一般人难以想象的程度。

有一年流行瘟疫，杜甫与表兄同时染疴，巫婆来了，告诉姑妈说，睡在堂前柱子东南角那张床上的，可以平安无事。姑妈听了，赶忙给两个孩子换了床，让杜甫睡在巫婆认为安全的地方。在这世界上，有什么样的感情能超越母子之情呢？可是姑妈有比一般母亲更为宽广的胸襟，具有一般人所难以理解得更为广博的爱。

在姑妈的精心呵护下,杜甫从死神之手中挣脱出来,一天天地好转。而表兄病势一天比一天沉重,终于夭折了。

后来说起二姑妈,杜甫总是感慨不已。每当他把这动人的故事说给朋友听时,朋友们都为之动容,情不自禁地流下热泪。

二姑妈还是杜甫人生旅程上的第一个教师。在二姑妈的教导下,杜甫学到了很多知识,像《诗经》《尚书》等儒家的经典著作的学习,就是从二姑妈那里启蒙的。更为重要的是,二姑妈的侠义、慷慨、博爱等高尚品操,潜移默化地影响了杜甫。这为杜甫后来成为人民的诗人、时代的歌手打下了坚实的基础。

开元五年(717年)6岁的杜甫跟随家人来到了河南郾城。在县城的大街上,杜甫有幸观赏到了当时著名艺人公孙大娘表演的剑器、浑脱舞。在人山人海之中,公孙大娘身着戎装,精神抖擞,双剑舞动如同翻江倒海,又如雷霆轰鸣,惊得周围的观众个个目瞪口呆。这种紧张、精彩、壮观的场面,连当时的著名书法家张旭看了都受到了很深的感染从而使其书艺大进。六岁的杜甫虽说对此不可能有深刻的理解,但当时的热烈宏阔的场面,公孙大娘的风采,杜甫是铭记在心了,所以五十年后在夔州看到公孙大娘的弟子表演剑器舞时,还勾起了孩提时代的美好回忆,写下了《观公孙大娘弟子舞剑器行》。

杜甫早慧,年幼时就表现出敏捷的才思,后来,他在《壮游》一诗中说自己"七龄思即壮,开口咏凤凰。九龄书大字,有作成一囊"。在他十四五岁的时候,就已活跃于当时文坛。"出游翰墨场"深受前辈们的喜爱。连当时著名的文学家、书法家李邕以及以那首《凉州词》闻名天下的王翰都愿意与他结交,也为当时文坛名宿崔尚,魏启心所赏识,不无夸张地把他比作汉代的班固和扬雄。

然而,此时杜甫的童心尚未泯灭。金秋时节,庭园里硕果累累,缀满枝头。金黄色的梨子、紫红色的脆枣掩映在翠绿之中。清风徐来,诱人的清香断断续续送至鼻端。此时此刻,怎么能在书房里坐得住呢?忽而爬到梨树上,忽而跷到枣树下,健壮活泼,简直像头小牛犊儿。(《百忧集行》)

开元十二年(724年)十一月,唐玄宗率领朝廷文武百官皇亲国戚来到洛阳,一时洛阳成了全国政治、文化的中心。杜甫在洛阳得贤达之士的引荐,时常出入于音乐爱好者歧王李范和玄宗的宠臣崔涤的府邸,在那里能听到当时著名歌唱家李龟年的美妙歌声。这歌声同公孙大娘的剑器舞一样,沟通了他的艺术感觉,对他的诗歌创作产生了积极的影响。40多年后,杜甫在潭州(长沙)又遇到了李龟年,写下了这样四句诗:

> 岐王宅里寻常见,崔九堂前几度闻。
> 正是江南好风景,落花时节又逢君。
>
> ——《江南逢李龟年》

据《明皇杂录》载,安史之乱后,李龟年流落江南,为人歌唱佐酒,沦为街头艺人。他那哀怨凄婉的歌声,人们听了无不下泪。此时此地杜甫再遇李龟年,却别有一番滋味在心头。国破家亡,离乱人生,诗人已不能醉心于音乐的审美享受了。

开元十九年(公元731年),即在20岁的时候,杜甫走出了书斋,开始了长达十年的漫游生活。

也许是唐代的时尚,学子们在书斋里学习了书本知识之后,在科考或求仕之前,总是要离家远游一番。之所以这样做,无非是做一些自我宣传,结识一些有权势、有地位、有名望的人物,以便在科考或求仕时,得到他们的举荐。当然其中也不乏怀有奇情逸志之士,全没有功利主义的念头,只是想饱览一下祖国的名山大川,于山高云深之处,飞泉流瀑之间访仙问道。但无论是哪一种人,他们在游历的过程中,都必然地领略了途径之地的山川风光,了解了那里的自然环境和人文习俗,接触到了人民的生活,因而他们也都不同程度地开阔了视野,写出了一些较好的作品。

这时的唐帝国正是史称"开元盛世"的时代。从开元初年到天宝初年(713年~742年)这30多年是李氏王朝的鼎盛时期。粮食丰收,仓廪充实;商业、手工业也很发达,经济十分繁荣。社会秩序稳定,治安良好,路不拾遗,夜不闭户。此时正是"远行不劳吉日出"的好时候。而当时的交通事业也很发达,陆路四通八达,馆驿林立;水路纵横交错,京杭大运河纵贯大半个中国。从洛阳登舟便可直抵江南。杜甫第一次漫游就是由洛阳乘船,沿京杭大运河,经淮阴、历扬州,过长江而抵江南的。

杜甫第一次漫游,之所以选择了江南,不外这样两个原因。杜甫从小生长在北方,生活在洛阳文化的氛围里。在他学习的诗中,除了其家诗——祖父杜审言的诗外,主要是六朝时谢灵运、谢朓、阴铿、何逊、鲍照、庾信等人的诗作。从"孰知二谢将能事,颇学阴何苦用心""庾傍文章老更成,凌云健笔意纵横"等诗句中,我们就足以看出杜甫对他们的尊崇。此番下江南,就是要重践先贤们的游踪,寻觅历史遗迹,观赏这些文人骚客所歌咏过的山山水水。此外,杜甫在江南还有一些亲戚。他的四叔杜登,在武康(浙江湖州)任县尉,还有一个姑夫,叫贺㧑,任常熟县尉,另外还有一些远亲。杜甫来到江南,一则是探望亲戚,二则也可以得到他们的接济。

在姑苏(今苏州),杜甫游览了虎丘。据史书记载,春秋时代,吴王阖闾为了给自己营造陵墓,动用数万工役,从临湖口取土在苏州西北堆成一座土山,置一白虎雄踞其上,故曰虎丘。诗人在虎丘凭吊了吴王阖闾的坟冢。当年阖闾刺杀吴王僚而自立,曾灭亡徐国,打败过强盛的楚国并一度占领了楚国的郢都,是何等了得的英雄,而眼前的坟墓却是破败荒凉。吴王阖闾当年的铸剑池,虽历尽沧桑却风光依旧。数丈峭壁之下,莹莹一池,红日相映,波光灿然。走出郁郁苍苍的虎丘林,穿过姑苏城,来到当年吴王阖闾的狩猎场——长州苑。苑内地势开阔,水陆相接。时值菡萏怒放,池碧花红,清香四溢。出姑苏西门,又拜谒了建于东汉永兴二年(154年)的太伯庙。庙内供奉的这位周太伯是周代原始领袖古公亶父的长子。他的三弟(即王季历)有贤德,而且有圣子昌(即后来的周文王),古公亶父欲立季历为王,但又不能废长立幼。太伯为了让贤,偕其二弟仲雍奔蛮荆之地,断发文身,以示其不可用。时移世异,人事代谢,诗人抚今追昔,感慨良多。

诗人又来到了回塘。塘面宽阔,水汽氤氲。嵯峨的门楼倒映水中。远远望去,烟波浩渺。看到这些,诗人不由得生出东游扶桑的念头,想去看看东瀛究竟是个什么样子。遗憾的是诗人并没有成行,不然的话,在中日文化交流史上,这将是灿烂的一页。

离开姑苏南下,过钱塘江,登西陵(萧山区西)古驿台,在会稽山回味了越王勾践的史迹,履践了秦始皇的行踪。五月里,杜甫来到绍兴西南的鉴湖。鉴湖又称镜湖,传说黄帝曾在这里造镜,故得名。所谓鉴湖,取其水面平静,光可鉴人之意。鉴湖湖面宽广,东接曹娥江,与湖汐相通。这里的景致曾引发了著名诗人李白的向往与难耐的渴求,以致在梦中"一夜飞渡镜湖月"。鉴湖地属古越国,是出美女的地方。美貌绝伦的西施就出生在这里。

溯曹娥江而上,来到浙江嵊县南的剡(shan)溪,这里也是李白曾梦游神追的地方。这时杜甫离家已经四年了。为了参加开元二十三年(735年)的进士考试,他必须返回故乡。因此他浮光掠影地游览了天姥山之后,便匆匆北还了。

杜甫这次漫游,还曾在江宁(今南京)短暂逗留过。在江宁,六朝时声名显赫的王导、谢安家族已成过眼云烟,给他留下深刻印象的是瓦棺寺里的顾恺之的维摩诘壁画。瓦棺寺始建于东晋兴宁二年(364年),据张彦远《名画记》载,东晋顾恺之(字长康,小字虎头)为瓦棺寺绘维摩诘像,绘事毕,竟轰动全城,其画光彩耀目,观者无数,寺庙因此而获益。杜甫看到这幅画时,已时隔二百七十年了,但它仍如磁石一般紧紧地吸引了杜甫,他如饥似渴地观赏完画作之后,又从江宁人许八那里索要了画像图样。23年后,杜甫在长安送许八归江宁时,还一再提起这件事。

唐代的科举考试,基本上是因袭隋代的旧制。考生大体有三类:一是在学馆里读书,然后由学馆举荐的"生徒";一是由乡里保荐,经州县遴选然后直接参加科考的"乡贡";一是由皇帝钦点的叫"制举"。杜甫因出身于官宦人家,享有一定的特权,不必从学馆做起,但他必须回到故乡,经过乡、县的举荐,以"乡贡"的名义参加科考。

唐代科考,除进士,明经二科仍因隋制外,又增设明法、明字、明算诸科,而以进士、明经为主。进士科重文辞,以考诗赋为主,此时也考时务策等;明经科则重经术。无论参加哪一科的考试,考生统叫"举人"(这里举人的概念与后世不同)。自高宗、武则天以来,进士科最为社会所重。参加进士科考试,是走上仕途的重要途径。考场一般设在京都,由于开元二十一年雨水太多,谷物歉收,唐玄宗在第二年便行幸洛阳,在洛阳一直住到开元二十四年十月,所以开元二十三年的科考是在洛阳福唐观举行的。进士考试由吏部考功员外郎主持,后来改由礼部侍郎主持,考官叫作"知贡举"。举子们在考前在京城里一般要向达官显宦或社会名流献上自己的作品,这叫作"温卷",然后由于他们推荐和奖掖,才有及第的希望。然而当时才高性傲的杜甫并没有买他们的账,考功员外郎孙狄又是个不辨良莠的庸才,结果,文章似班、扬的杜甫居然落第。此次科考,举子两千。仅取前二十七名,难度是很大的,但就杜甫的文才,名在孙山后是杜甫所始料不及的。因此,这次科考失利对杜甫是一个不小的打击。

科考后,杜甫在洛阳住了不久,便开始了第二次漫游。这次漫游的地区是齐、赵(今河南、山东、河北一带)。他后来回忆这段生活,在《壮游》中写道:

放荡齐赵间,裘马颇清狂。
春歌丛台上,冬猎青丘旁。
呼鹰皂枥林,逐兽云雪冈。

国学经典文库

才子文豪

图文珍藏版

射飞曾纵鞚，引臂落鹙鸧。

苏侯据鞍喜，忽如携葛强。

若不是杜甫自己说，我们无论如何也不能把诗中这些行为跟"诗圣"联系起来。诗中的杜甫简直就是一位强悍的猎手。你看他，飞鹰走马，箭无虚发，连正在飞行中的鸟也能射下。

喜好任侠，大概是唐人的时尚。大诗人李白也是"十五好剑术""曾手刃数人"的侠客。侠义思想对杜甫的影响是潜移默化的，公孙大娘的剑器舞、二姑妈的舍己为人对他的影响自不待言，二叔杜并的侠义故事，杜甫在童年时代就耳熟能详了。

武后时，杜甫的祖父杜审言曾被贬为吉州（今江西吉安）司户参军，与同僚司户郭若讷不睦。吉州司马周季重为郭若讷所蛊惑，诬陷杜审言，将其投入大牢。当时年仅十六岁的杜并，看到父亲蒙冤，便决心为父报仇。一天，周季重在府中举行宴会，杜并混入府中，乘机抽短刀猛刺周季重，杜并当时被乱棍打死，周季重受了重伤，临死时很为构陷杜审言一事而后悔。他说，我不知道杜审言有这样的孝子，是郭若讷把我害了。杜审言竟因此而得救。

在杜甫诗中有不少写鹰和马的诗，特别是写马的，不管是真马还是绘画作品中的马，总能写出马的精气神来。他还常以鹰和马来比喻壮士，如"骅骝开道路，鹰隼出风尘"。杜甫晚年在夔州时，已年老多病，有一次多吃了几杯，一时兴起还飞马从山上跑下，差点摔死。

杜甫此番漫游，往北到过邯郸。春天里，杜甫在丛台上引吭高歌；冬天里，和武功人苏源明一道骑马在青丘打猎。杜甫的父亲杜闲此时在兖州任司马，自然他要到兖州去。一则探望父亲，二则要取得经济上的补充，以维持其骑肥马衣轻裘的生活。就在这个时候，他写出了后来在他诗集中，写作年代最早的诗——《登兖州城楼》。在鲁南，杜甫还去峄山看了秦相李斯的勒石，更其重要的是去曲阜拜谒了孔夫子庙。大概受了《孟子》"孔子登东山而小鲁，登泰山而小天下"的启示，诗人又造访了五岳之尊的泰山，写下了著名的诗篇《望岳》。诗中写道：

岱宗夫如何？齐鲁青未了。

造化钟神秀，阴阳割昏晓。

荡胸生层云，决眦入归鸟。

会当凌绝顶，一览众山小。

开元二十九年（741年），在外游荡了10年的杜甫由山东回到洛阳，在洛阳与偃师之间的首阳山下尸乡亭附近凿了几孔窑洞住了下来。他之所以住在这里，是因为这里埋葬着二位杜氏家族中最让他崇敬的人物：一位是他的远祖晋代名将杜预；另一位就是武后时代著名宫廷诗人，杜甫的祖父杜审言。10年漫游并没有打开事业的成功之门，科考也落第了，好诗也没写下多少，如今已届而立之年，面对二位先人，羞愧难当。于是，写下了《祭远祖当阳君文》，以示"不敢忘本，不敢违仁。"

可能是在这一年里，杜甫成了亲。夫人杨氏，是司农少卿杨怡之女。婚后夫妻二人同甘共苦相敬如宾。杜甫是很忠实于爱情的人，他非常爱自己的妻子，即使是短暂的分别，也写出动人的思念之诗。妻子杨氏，是典型的贤淑女性，她的后半生，跟随杜甫尝尽了人间酸辛，但她无怨无悔，始终陪伴着杜甫。

第二年,恩比生母的二姑妈辞世了,杜甫悲恸欲绝,他给姑妈守制,并写下了凄婉动人的墓志——《唐故万年县君京兆杜氏墓志》。志中写到姑妈对他的养育之恩,尤其是姑妈舍亲子救侄子一段,写得感人至深。

　　殡葬了姑妈,又过了两年,老祖母又去世了。料理完了丧事,空闲下来就时常去洛阳走走。就在这一年的初夏,杜甫在洛阳城里遇见了唐代另一伟大诗人李白,两颗巨星相聚了。

　　天宝元年(742年),李白42岁时,因吴筠的推荐,唐玄宗下诏征赴长安。初到长安时,太子宾客贺知章一见便叹为“谪仙人”,连玄宗召见时也“降辇步迎”。实际上,唐玄宗所欣赏的仅是李白的才华,把他当作点缀升平的御用文人。而这是大违李白素志的,因此在一度狂放纵酒的生活之后,李白上书请还。

　　天宝三载,李白出长安至洛阳,准备南游梁宋。就在这时和杜甫相遇了。此时杜甫30岁,李白已经44岁了;杜甫仅小有名气,而李白已声名显赫了,但这些都没有成为友谊的障碍,两人一见如故,结下了深挚的友谊。

　　李白潇洒、飘逸、豪放的气质深深地吸引了杜甫,把他带入了一个全新的文化氛围。虽然杜甫身上也存有一些侠义的气质,但他毕竟还是一个安分的儒者,而李白就不同了,他不仅是一位天才的诗人,还兼有侠客、隐士、策士、酒徒等人的气质。于是,杜甫开始喜好交接游侠了,也开始去访仙问道了。他在送给李白的第一首诗《赠李白》中,先是表白了“二年客东都,所历厌机巧”的思想,对于洛阳上层社会勾心斗角的厌恶,是深受李白影响的。接着就是一连串的道家术语。大意是说,自己将托迹神仙,虽然有可以延年益寿的“青精饭”,但苦于资金乏匮,无法去山上炼金丹。最后回复李白,答应一同去山林采药访道,到梁宋一带漫游,采摘可以使人长生不老的玉芝。

　　天宝四载,杜甫又开始了他的第三次漫游。先是和李白跨过黄河来到王屋山。王屋山坐落在山西垣曲和河南济源市之间,是中条山的分支,济水的源头。这里是道教的圣地,山上有清虚洞天,著名道士华盖君就在那里修道。可惜二人到时,华盖君已经死去。

　　经过一段时间的交往,杜甫与李白的友谊日深一日。杜甫在《与李十二白同寻范十隐居》里写道:“余亦东蒙客,怜君如弟兄。醉眠秋共被,携手日同行。”从这几行诗里,足见二人的手足之情。李白对杜甫也是相见恨晚,短时的分离,也要寄上他的思念。他面对鲁中的美酒不能尽兴,听着齐地的歌声不能动情,他的思念如同东去的汶水,流向远方的朋友。两人暂别数日,也切盼同聚,《鲁郡东石门送杜二甫》诗曰:“醉别复几日,登临遍池台,何时石门路,重有金樽开。”

　　从王屋山下来,李白前往陈留(今开封)拜访他的从祖李允彦,杜甫也随后赶来。这年秋天,他们遇到了著名边塞诗人高适。

　　高适大概生于武后长安二年(702年),字达夫,渤海蓨(河北景县)人。20岁时曾到长安,求仕未果。于是北上蓟门,漫游燕赵,想在边塞寻求报国立功的机会,也没有找到出路。此后在梁宋山东一带过了十几年的流浪生活。早在开元末年,高适与杜甫就在汶上相识,此番故友重逢,倍感亲切。这三位诗人,性格都很豪放,他们在一起登高怀古、饮酒赋诗、探讨学问。后来杜甫在《遣怀》中,描述了当时的情况:"忆与高李辈,论交入酒垆。两公壮藻思,得我色敷腴。气酣登吹台,怀古视平芜"。

他们三人还一同到单父(山东单县)的大泽中去打猎。那里是一个天然猎场,"鹰豪鲁草白,狐兔多肥鲜"。三人一起忘情地飞鹰逐兔,纵酒高歌。

不久,他们先后离开了鲁南,高适南游楚地,杜甫和李白去了齐州(今济南)。李白此行,要去紫阳宫领受北海高天师的道箓(道教的秘文),杜甫则是探望担任临邑(齐州属县)主簿的弟弟杜颖。适逢担任北海太守的李邕来到济南。李邕是唐代著名书法家,字泰和,扬州江都人。工文、善书,尤擅以行楷写碑。取法二王而多所增益,笔力雄浑而自成一家。由于常给人写墓志,给庙宇写碑文,润资颇丰,过着豪奢的生活。他经常接济一些穷困的朋友,因此在社会上享有盛誉。杜甫少年时在洛阳曾得李邕青睐,所以杜甫把李邕引为知己。故而杜甫前去拜望他。已是古稀之年的李邕和杜甫一起游览了历下亭、新亭。宴席上,杜甫面对湖光山色,即兴写下了"海右此亭古,济南名士多"的名句。历下亭上,竹色波光,花暗影移。他们把盏话旧情,酒酣耳热之际,李邕把近几十年来的当代诗人评价一过,使杜甫获益匪浅。

这时李白已回到兖州,他的家就在兖州附近的任城(济宁),杜甫随后也来到兖州,与李白在秋日重逢,写下了这样四句诗:

> 秋来相顾尚飘蓬,未就丹砂愧葛洪。
> 痛饮狂歌空度日,飞扬跋扈为谁雄。

——《赠李白》

从这首诗里我们不难看出作者流露出的失意与落魄,他意识到不能继续"飘蓬"下去了,也不能再"空度日"了,也意味着两人要分手了。这次相逢是两位大诗人最后的聚首,不久李白要重游江东,杜甫则要西去长安求仕。两人在兖州城东石门分手,临别时李白写下五言古风一首,抒发了依依惜别之情。令人遗憾的是,从此以后石门路上的金樽再也没有为他们二人重开,两颗巨星分别走上了不同的运行轨迹,永远地分手了。过于豪放的李白在不断结识的新朋友的饮宴中,逐渐把杜甫淡忘了,但杜甫却一往情深,不断写出感人肺腑的怀念李白的诗篇。在长安"寂寞书斋里,终朝独尔思"。天宝六载春,杜甫看到窗外枝头新绿,又想起远在江东的朋友,切盼"何时一樽酒,重与细论文"。随着对李白的怀念,对李白的认识也逐步加深。在上引诗里,杜甫还写道:"白也诗无敌,飘然思不群。清新庾开府,俊逸鲍参军",显然已把李白高置于他早年崇拜的庾信、鲍照之上了。在安史之乱中,杜甫称李白的诗"笔落惊风雨,诗成泣鬼神","文采承殊渥,流传必绝伦"。我们知道,李白在世时就已诗名大振了,但真正研究、标榜李白是中唐以后的事情。此时对李白的诗作出恰如其分的评价,除却作者的远见卓识而外,就是与李白有心底深处的沟通。乾元二年(公元759年)杜甫居秦州,在寓所闻知李白因永王李璘故流放夜郎,心急如焚,写下《天末怀李白》,惦念李白是否收到自己的信函而得到及时的安慰,想象负冤的李白去夜郎途经汨罗江时,会去凭吊同病的屈原。其《梦李白二首》写得辞真意切,催人泪下。他时刻为生离死别的朋友悬着一颗心。江南当时是热带雨林气候,瘴气弥漫,瘟疫流行,而流放那里的朋友一点消息也没有,怎能放心得下呢？由于白日的苦思冥想，晚间李白竟入梦来。在梦中，杜甫与李白之魂展开了对话。杜甫说，你如今并无自由，如何生翅飞来，该不是已成鬼魂了吧？不然的话，这么远的路程，怎么能顷刻间来到呢？由于李白频繁入梦，杜甫深感李白厚意，然而梦醒之后，总不见李白的影子，便不免有些烦恼。诗中还托梦中李白仓促之中语：我来一趟实在不容易啊！山高路远，江湖之上风急浪高，稍不留神就会坠落水中。说完，白发苍苍的李白，愁苦、忧郁地从杜甫梦中离去。于是，杜甫震怒了，为什么"冠盖满京华，斯人独憔悴"？"孰云网恢恢，将老身反累"？呐喊之后，杜甫又断言，李白的"千秋万岁名"是"寂寞身后事"。

穷困潦倒行天下

天宝五载(746年)杜甫来到了京都长安。来长安的意图是非常明显的，那就是求仕。杜甫出生在一个世代做官为宦的家庭，接受的是正统的儒家思想的教育，"学而优则仕"的思想在他头脑中根深蒂固。他知道要想实现政治理想，必须走做官的路，而且越是做大官，越是容易实现自己的抱负和理想。从现实情况看，杜甫已经三十五岁了，已有家室，再靠父亲的俸禄来生活似乎也说不过去，再说父亲杜闲也由兖州司马改任奉先(陕西乾县)令，来长安也可以离父亲近一些。

此时的唐帝国已经走上了下坡路，唐玄宗李隆基做了几十年的太平国君便志得意满，日益沉湎于声色犬马之中，不愿过问政事了。一切政要皆出自宰相李林甫之手。唐玄宗起初宠爱武惠妃，惠妃死后，后宫数千粉黛，竟无当其意者。后来听说儿子寿王李瑁的妃子杨玉环很美，他竟不顾乱伦之议，先让杨玉环出家做道士，以便与儿子脱离关系，然后将其纳入宫中，不久封为贵妃，宠爱无比。杨贵妃得宠后，杨氏一门鸡犬升天，兄妹五人，家家大兴土木，每家宅邸耗资以千万计。杨贵妃的三个姊妹，都被封为国夫人，自由出入宫廷，生活奢侈糜烂。

宰相李林甫，人谓"口有蜜，腹有剑"。执政十九年，嫉贤妒能，排斥异己，大兴冤狱构陷忠良。开元老臣张九龄、严挺之等被逐出朝廷郁郁而死，贺知章也上疏请度为道士归还乡里。就在杜甫进京的这一年，李林甫罢李适之左相，贬为宜春太守，次年李适之被迫饮鸩自尽。天宝六载又遣人棒杀北海太守李邕。李林甫曾召集谏官，宣称"今明主在上，群臣将顺之不暇，毋庸多言"。自此无人敢进谏。李林甫所用之人，不是像王鉷、杨国忠那样的贪官，就是像陈希烈那样的庸才。这时的唐玄宗虽成为一个昏君，但也有片时的清醒，天宝六载，他曾颁诏让天下有一技之长之士到京侯选。李林甫主持这次考试，结果竟一人不取。反过来还向玄宗道喜，说应试的人都很平常，可见"野无遗贤"。包括元结、杜甫在内的应试者，就这样断送了前程。

杜甫本来对这次考试寄托了很大的希望，他把这次考试看作自己人生历程中的一个转机，想不到竟被李林甫愚弄了，所以在他的诗里，曾一再提起这件伤心事。

求仕无成，对杜甫是一个不小的打击，接踵而来的是更为沉重的打击。大概就是这一年，杜甫的父亲在奉先任上去世了。父亲一死，主要的经济来源断绝了。为了生存，他不得不低声下气在贵族府邸充任宾客。所谓宾客，实际上是高级奴仆。当时社会部分贵族还存前朝遗风，附庸风雅，在家里延揽一些文人墨客、画工乐师，谓之宾客。他们或陪主人饮酒宴游，或为主人捉刀代笔应酬人事往来。宾客们须察言观色，小心伺候，稍不留意便砸掉饭碗。做宾客的收入不敷家用，杜甫还上山采药或自种一些药材，拿出去换些钱来。杜甫在《奉赠韦左丞丈二十二韵》中，曾描绘了宾客的酸辛："朝扣富儿门，暮随肥马尘；残杯与冷炙，到处潜悲辛。"

唐代是诗歌的时代，前面曾讲到举子们在科考前投诗"温卷"的事情，向公卿大夫投诗也是谋职求仕的一条途径。这在当时是较为普遍的现象，大家并不认为是不光彩的事情，相反认为"以文得禄，亦为荣"。

杜甫为了谋到职位，也开始向达官们投诗了。他最先投给的，便是上面提到的韦左丞韦济。这位韦左丞，天宝七载由河南尹迁尚书左丞，当年在河南曾到首阳山下尸乡亭访过杜甫，可杜甫已西去长安了。后来他升迁也来到长安，常在同僚前称颂杜甫的诗句，因此杜甫将他视为知己，于是向他倾吐了胸中块垒。

在给韦济的诗中，一开始就指出了"纨绔不饿死，儒冠多误身"这种不平的社会现状。然后叙述了他少年时代如何"读书破万卷，下笔如有神"，写诗作赋，可与汉代的扬雄、建安时期的曹子健匹敌，当代文坛名宿李邕、王翰都肯放下架子与他结识。不想会落到这种几乎乞讨的田地。诗中还写了他内心的矛盾，想去东游大海，再度回到那种自由浪漫的生活中，但又舍不得离开终南山下的长安，因为他还想"立登要路津"以"致君尧舜上，再使风俗淳"。除了投给韦济的诗外，他还写了《赠翰林张四学士》《赠献纳司起居田舍人澄》等，但这些诗寄出去，如石沉大海，他仍旧过着穷愁潦倒的生活。

天宝十载(751年)正月初八到初十，三天内唐玄宗连续举行了祭祀玄元皇帝、太庙和天地三个盛典。杜甫此时正走投无路，只好趁此机会直接向最高统治者自荐了。他连进三篇《大礼赋》，以及《进三大礼赋表》。

想不到这三篇赋竟发生了作用，玄宗阅后很赏识他的才华，让他在集贤院待诏，让宰相考试他的文章，杜甫一时名声大噪。结果，虽然"词感帝王尊"，却不曾谋到一官半职，考试之后便没了下文。尽管这样，杜甫还不死心，天宝十三载，他又连进了两篇赋——《封西岳赋》和《雕赋》。在进赋表里，杜甫把自己写得可怜兮兮，比如他写道："臣本杜陵诸生，年过四十，经术浅陋，进无补于明时，退尝困于衣食"，"伏唯明主哀怜之，无令役役，便至于衰老也。"杜甫此时穷得昏了头，竟不加选择地向那些口碑不佳而且自己也不敬重的权要们投诗，如京兆尹鲜于仲通、哥叔翰、左丞相韦见素，甚至通过鲜于仲通向奸贼杨国忠发出"有儒愁饿死"的哀号。

他呼天天不应，呼地地不灵。本来就患有肺疾，天宝十载又患了疟疾。病后到友人王倚家中诉说："头白眼暗坐有胝，肉黄皮皱命如线。"同年冬天，他寄诗给咸阳、华原两县的朋友："长安苦寒谁独悲？杜陵野老骨欲折。……饥卧动即向一旬，敝衣何啻悬百结。君不见空墙日色晚，此老无声泪垂血。"

杜甫在长安曾住在东南效杜陵附近的少陵，所以他自称"杜陵野老"，有时也称"少陵野老"或"杜陵布衣"，诗中展现的画面惨不忍睹。天冷了，没有御寒的冬衣，满是补丁的单衣，怎能抵得住西北风的侵袭，加上终日食不果腹，又冷又饿地蜷缩在床上,一躺就是半个月,眼泪哭干了也无人肯来帮助。在这一时期的诗文里,常出现"饿死"二字,可见诗人的确是挣扎在死亡线上,而他的幼子的确在此后不久饿死了。

政治上的失意,经济上的贫困,把杜甫推向了现实,推向了人民。他在写了大量的投赠诗的同时,也写了一些现实性、人民性很强的优秀作品。天宝年间,由于唐代统治者穷兵黩武,边将好大喜功,边境战争连年发生。天宝十载一年之内,鲜于仲通征南诏,高仙芝击大食(阿拉伯),安禄山讨契丹,结果无不兵败而回。为了补充兵源,就大量征召老百姓入伍。杨国忠甚至派遣御史分道抓人,强迫当兵。杜甫在长安北渭水上的咸阳桥上,亲眼所见强征来的士兵由此开赴边疆。士兵们的爹娘、妻子拦住道路,拽住亲人的衣服顿足痛哭,哭声连成了一片,直冲云天,据此,杜甫写下了《兵车行》。

天宝十一载,李林甫死,杨贵妃的堂兄杨国忠继任宰相。他缺德少才,凭借裙带关系起家。除做宰相外,还身兼四十余职。他卖官鬻爵,大肆收受贿赂,家中仅丝绢就积三千多万匹。有一年关中大雨成灾,唐玄宗一时清醒问及此事,杨国忠派人挑选最好的禾苗进献,说"雨虽多,不害稼也",唐玄宗竟信以为真。抚风(陕西凤翔)太守房琯曾报告水灾,杨国忠马上派御史追查,致使无人再敢报灾。他生活作风糜烂,与杨贵妃的姐姐虢国夫人私通。两人经常出双入对同骑出游,一路调笑戏狎,污人耳目。春天里,他们一同游宴曲江,美味珍馐,箫鼓琴瑟,热闹非凡。杜甫看在眼里,义无反顾地写了《丽人行》予以嘲讽和鞭挞。

天宝十二载,长安一带旱涝相继,杜甫在少陵的几亩薄田实在难以维持一家人的生计,这年秋天,他把妻子儿女送到奉先寄居。奉先令姓杨,是杜闲的继任,又可能是妻子的本家,另外杜甫的舅父崔顼任白水尉,奉先距白水不远,也可得到舅父的接济。这时杜甫经常往来于奉先和白水之间,不过他自己仍住在长安。

天宝十四载,杜甫在长安已经呆了整整九年,可能是他投给左丞相韦见素的诗发生了作用,这年十月,他被任命为河西县尉。出人意料的是,求官求了九年的杜甫竟一口拒绝了。从个人利害来看,这可能是个肥缺,因为它可以直接骑在老百姓头上敲诈勒索,至少可以过上衣食无忧的生活。但是,杜甫宁肯饿死也不愿去做那种高适所说的"拜迎官长心欲碎,鞭挞黎庶令人悲"的官。由于杜甫的拒绝,统治者又改派他做右卫率府胄曹参军。这是一个掌管兵甲器仗和门禁锁钥的正八品下的小官,对于满腹经纶的杜甫来说,似乎是在开玩笑,不过这总比敲骨吸髓地直接欺压老百姓要好得多。他决定要接受这个职务之后,先到奉先探望了妻子。十一月的一天夜里,杜甫只身一人从长安出发,旷野之上,百草凋零。狂风撕扯着大地,掳起大片砂石。寒流透过单薄的衣衫直入骨髓。杜甫一双枯手已冻得僵直,连衣带断了都不能接上。一路上他思前想后,把这些年的生活检讨一遍。他并非没有李白那样遨游江湖之上,潇洒送日月的情怀,只因他放心不下人民,切盼有一个体恤百姓的政府。他把这希望寄托在皇帝身上,当然这皇帝是无比的英明,又从谏如流。再加上他这种如尧舜时代的稷与契一样的贤臣,那将是多么美好的社会啊。可如今。在长安苦熬九年却做了一个在率府看管兵器的小官,施展政治抱负将从何谈起?当他走到骊山下,天已破晓。他知道玄宗和贵妃正在华清宫里避寒。赐予温泉淋浴的都是达官,参与皇帝饮宴的都是贵族,而他们所享用的这些东西又是来自哪里呢!原来"彤庭所分帛,本自寒女出",这些财物又是如何到的彤庭呢?结论是"鞭挞其夫家,聚敛贡城阙"。玄宗与杨氏姊妹宴桌上驼峰兽蹄,霜橙香橘,长安街头的饿殍,蒙太奇般地在脑中闪现,他愤怒地喊出了"朱门酒肉臭,路有冻死骨。"

杜甫回到奉先家中,一进家门就听见一片号咷,原来他那最小的儿子刚刚因饿而死。街坊邻居都伤心落泪,为人父者更是惭愧有加。但此时杜甫所悲悯的并不限于自己的小家。他想,像他这样的不纳租税,不服兵役的家庭尚且如此,一般老百姓更不知怎样贫困呢?他不仅忧己,而且忧人,不仅忧人,而且忧天下。他的忧愁已经超越了终南山,遍及天下了。

从奉先回到长安,在率府里刚开始工作,安禄山的胡兵就打到了洛阳,中原大地上,长达八年的安史之乱爆发了。

天宝十五载五月,杜甫在长安沦陷前一个月,被迫离开了长安,开始了他的流亡生活。

唐玄宗后期,均田制被破坏,府兵制瓦解;唐玄宗本人昏庸无道,荒淫奢侈,政府极度腐败;边防节度使权力过大,中央政府尾大不掉;政治黑暗,用人不明,养痈成患,最终导致了安史之乱。

安禄山是营州(辽宁锦州)人,是个混血儿(其父为胡人,其母为突厥人),因得幽州节度使张守珪的赏识,从小军官一步步提拔为高级将领。天宝元年为平卢节度使,天宝三年兼范阳节度使,天宝十年又兼河东节度使,一人统辖三镇18万兵马。安禄山生性狡诈,善于伪装,在玄宗面前装出天真诚实的样子,博得了玄宗的信任。比如他身体肥胖,体型怪异,肚子突出垂过膝盖。玄宗问他肚子里有什么东西,他回答说,只有一颗忠心而已。玄宗听后十分高兴。他又拜杨贵妃为干娘,在玄宗贵妃面前装疯卖傻,逗他们开心,玄宗对他深信不疑。他见唐朝政治腐败,武备松弛便阴谋造反。以汉人严庄、高尚为谋士,以胡将为核心,又以罗、奚、契丹等少数民族八千余人为军队骨干,积极准备叛乱。

史思明原名史窣干,也是胡人与突厥人的混血儿,与安禄山同乡,也是张守珪提拔起来的将领,最后官至平卢兵马使。

安禄山素与杨国忠有矛盾,杨国忠执政,天下怨声载道。天宝十四载,安禄山、史思明在范阳(北京)以诛杨国忠为名,举兵15万,号称20万,南下进攻长安。乱军来势凶猛,唐王朝毫无应变准备。河北本为安禄山所辖,叛军一到,守城官吏非逃即降,叛军几乎没有遇到抵抗就渡过了黄河,进逼洛阳。玄宗急派封常清前往洛阳募兵御敌,高仙芝率禁军加上临时在长安征募的市井子弟屯驻陕州。

封常清在洛阳所募6万乌合之众,从未受过军事训练,一触即溃,安禄山占领洛阳,封常清败至陕州,认为陕州无险可守,而且潼关无兵,即和高仙芝一起退守潼关。他们这样做在军事上是正确的,但监军宦官却诬二人无故弃城,玄宗即命将封、高二人斩首。又派哥叔翰将兵二十万镇守潼关。安禄山占领洛阳后便忙着做大燕皇帝,他的军队虽逼近潼关,却不曾积极进攻,这样就形成了相持的局面。

天宝十五载五月,杜甫离开长安来到奉先,然后率全家到了白水,住在舅父崔顼家中。从他的《白水县崔少府十九翁高斋三十韵》看,这时杜甫还有心欣赏白水的崇冈野旷,聆听泉韵鸟语,因为他对哥叔翰镇守潼关很有信心,他的好友高适也在军中。但他在诗中又写道:山峦里充溢着兵气,波光里闪烁着剑影,似乎也感觉到了情况的不妙。

哥叔翰在潼关,认为只可坚守,不宜轻出,可杨国忠诬其拥兵逗留,坐失战机。玄宗听信其言,一再催促出战。哥叔翰无奈,痛哭出城,结果唐军在灵宝大败,全军覆没,他本人也做了俘虏。六月九日,潼关沦陷。潼关失守后,玄宗带领后宫仓皇出逃。行至马嵬坡(陕西兴平),禁军哗变,杀死杨国忠,并强烈要求处死杨贵妃。为保全自己性命,玄宗不敢犯众怒,忍痛令杨贵妃自缢。

潼关失守,白水必不能保,杜甫不能在高斋稳坐了。于是,白发苍苍的杜甫,又挈妇将雏跌跌撞撞地挤在了流亡的人群之中。

由于体弱和过度的疲劳,杜甫陷在蓬蒿里实在走不动了,妻子儿女也不知去向。和他在一起的表侄王砅已经骑马走出了十几里,不见了杜甫,又一路呼喊着找了回来,于蓬蒿之中拉起了杜甫,让他骑在马上,王砅牵着缰绳逃离险境,与妻子会合。一家人来到彭衙时,已是深更半夜了。小女儿饿得直哭,怕招来野兽忙把她揽在怀里,用手捂住她的嘴。儿子已经懂些事了,在路边找些苦李权且充饥。天公也不佑人,一旬之内阴雨连绵,道路泥泞不堪。因走得仓促,没带雨具,浑身上下淋得透湿,山风吹来战栗不已。加上腹中无食,一天也走不了几里,饿了就寻野果充饥,困了就在低矮的树冠下休息。就这样走了几天,终于到了离鄜州远的同家洼。这里有杜甫的一个老朋友孙宰。半夜里,敲开了大门,孙宰看到杜甫一家的模样,赶忙烧水让他们洗脚解乏,并剪纸作旐,为杜甫一家招魂。当酒饭摆上桌时,又累又困的孩子们已烂睡如泥了。

在孙宰家休息了几日,杜甫便把家小安置在鄜州城北的羌村,这时由于连日的淫雨,鄜州附近的三川山洪暴发了,大水吞噬了农田,举目望去一片汪洋。在羌村,杜甫听到太子李亨(肃宗)继位灵武的消息,一阵欣喜,他把复兴的希望寄托在李亨身上。八月洪水落下,他便只身北上延州(延安),拟出庐子关奔灵武。但他没走多远,就被胡兵捉住,原来鄜州一带也被胡人占领了。因为杜甫官小位卑,又无声名,加上满头白发一脸菜色,胡兵也没把他放在眼里,因此不像其他官员那样,押到洛阳逼降,只是把他带到了长安。

在长安,杜甫看到,昔日繁华的京都断壁残垣,血流街衢,满目疮痍。此时杜甫身体因在长安,眼睛却密切注视着远方的战事。八月,郭子仪与李光弼率朔方军赶到灵武,李亨手下才有了基本军队。九月,政府迁至顺化(甘肃庆阳),十月又迁至彭原(甘肃宁县),肃宗派房琯率兵收复两京。房琯是一个善于慷慨陈词的读书人,用兵打仗则是门外汉。这年十月,房琯的几路兵马惨败于陈陶斜和青坂。杜甫在长安城里亲见胡兵凯旋,在长安市上痛饮狂歌,心中不胜凄楚,写下了著名的《悲陈陶》和《悲青坂》,哀悼为国殉难的烈士。他又担心战略要冲芦子关无人把守,恨不得有人去提醒肃宗,"谁能叫帝阍,胡行速如鬼"。(《塞芦子》)

在困居长安的日子里,杜甫除为国事忧心外,也非常思念自己的亲人。在《月夜》中写道:

今夜鄜州月,闺中只独看。

遥怜小儿女,未解忆长安。

香雾云鬟湿,清辉玉臂寒。

何时倚虚幌,双照泪痕干。

熬过漫长的冬夜,春天悄悄地回到了大地。窗外枝头冒出的几簇新绿,引发了诗人无限的感慨。国破家亡、战火不断,音讯绝无,面对春花春鸟而黯然伤神,稀疏的白发几乎别不住簪子了。他来到曲江头,江边细柳新蒲青嫩翠绿,江头宫殿却重锁千门,一片沉寂。想起当年这里的繁华景象,诗人无限悲伤写下《哀江头》。

至德二年(757年)四月,杜甫伺机逃离长安,穿过两军对峙的前线,沿山间崎岖小路提心吊胆地前行。到处都是胡兵,随时都有被捉去杀头的可能。直到望见太白山上的积雪,快到武功时,才长出一口气。后来他用"生还今日事,间道暂时人"两句诗生动地描绘了当时的情形。

杜甫到达凤翔,"麻鞋见天子,衣袖露两肘"。五月十六日,肃宗派中书侍郎张镐传命,任杜甫为左拾遗。这是一个可以向皇帝提意见的谏官,应该说是一个相当重要的职务。就在他上任的第一个月里,就因上疏营救房琯,卷入了派系斗争的涡流。这件事对杜甫的影响很大,可以说影响了他后半生的生活,后来他无论是寄居秦州,还是滞留西蜀,都直接或间接地与这件事有关。

房琯陈陶兵败本应革职论罪,但因李泌营救,李亨仍让他做宰相。他待人热情好客,当时的诗人贾志,后来与杜甫关系密切的严武都与他有深交。他为人正直,好发议论,慷慨陈词,义形于色,但往往不切实际。朝廷中另一派官僚如贺兰进明、崔圆等则与房琯结怨,常在肃宗面前中伤他,加上房琯政绩不显,且常称病在家高谈释、道,终为肃宗厌弃。至德二年五月,房琯被贬为太子少师。此时杜甫正好受命左拾遗,凭着对房琯的表面印象,极力为房琯开脱,而且措辞激烈,因此触怒肃宗,幸亏张镐搭救,方免一死。肃宗既厌恶杜甫,就在八月里特许他回家探视妻子。

战乱年代条件艰苦,杜甫没有官服,穿一领青袍于闰八月初一徒步北还。一路之上历尽艰辛。某日傍晚时分,杜甫来到自家门前,妻子儿女没想到他能活着回来,一家人哭作一团。邻人听说,都趴在墙头观看,看到此情此景,无不唏嘘下泪。幼小的宗武,已经不认得父亲了,出于天性,他上前抱住父亲的腿,但当杜甫俯身亲吻他时,却又怯生生地跑开了。第二天一早,街坊邻居都携礼物来看望杜甫,他们拿出自家酿的酒,告诉杜甫,你不要嫌这酒味淡,因为黍地无人耕种,现在是战争时期。孩子们都被征去打仗去了。

通过乡亲们的诉说和沿途所见所闻,杜甫真正感受到乱世中人民的疾苦,写了上面所述的《羌村三首》和著名的《北征》。

至德二年九月,长安克复,十月肃宗还京。同年十一月,杜甫携家小来到长安,仍任左拾遗。尽管肃宗嫌弃他,但为了他所忠的皇家的利益,为了老百姓,他始终没有放弃谏官的职责。"避人焚谏草,骑马欲鸡栖","明朝有封事(密奏),数问夜如何",这些诗句就足以说明他对工作的谨慎和对皇家的忠诚。他把国家的存亡、人民的安危系于封建皇帝一身。

由于杜甫好管"闲事",肃宗更不是从谏如流的贤君,所以到了乾元元年(758年)六月,杜甫就被贬为华州司功参军(管理地方的祭祀、学校、选举等文教工作的官吏)。杜甫从来长安到离开,总共七个月,而这次离开长安后就再也没有回来。

　　他离开长安时,心情十分沉重。不仅"致君尧舜上,再使风俗淳"的愿望无法实现,他甚至怀疑自己的能力了,"无才日衰老,驻马望千门"。当他一步三回头地走出长安城时,他没意识到他走向了更为广阔的天地,走向了人民。

　　这年冬末,杜甫从华州回洛阳,想看看战乱之后的故乡。当他踏上故乡的土地时,已是次年的春天了。胡马铁蹄践踏后的中原大地荒如冷漠。由于"东西消息稀"而不知"百战今谁在"。走进故里,故宅依旧而物是人非,"乱后谁归得?他乡胜故乡……汝书犹在壁,汝妾已辞房。旧犬知愁恨,垂头傍我床"(《得舍弟消息》)。诗人东走西串,结果"访旧半为鬼",诗人不由得老泪纵横,喟叹道:"不知临老日,招得几人魂。"

　　在故乡遇到了青年时代的朋友卫八。光阴荏苒,20多年过去了,昔日的小伙伴如今已鬓发苍苍儿女成行了。老友相逢,灯烛之下举杯畅饮,兵荒马乱的年月,相聚的时光要格外珍惜,因为"明日隔山岳,世事两茫茫"。

　　至德二年,叛军内讧,安禄山被其子安庆绪所杀。安庆绪封史思明为王,使镇守范阳老巢。史思明重兵在握,不肯受安庆绪节制,郭子仪等乘机攻下洛阳,安庆绪败走邺城。乾元元年,肃宗以郭子仪、李光弼等九节度使围攻邺城。由于肃宗担心将帅权力过大,九路人马竟不设主帅,以致指挥不灵,邺城久攻不下。乾元二年三月,史思明率兵来救邺城。三月三日,唐军大败,战马万匹仅剩三千,甲杖十万丧失殆尽。郭子仪率朔方军退居河阳以保洛阳。杜甫从华州来时,洛阳还很安定,而现在又陷于战乱之中。老百姓躲进深山老林,留守官员早已不知去向。杜甫这时启程返回华州,一路狼烟胡突。他经过新安、石壕、潼关。看到新安的差吏在征召未成年男子当年,潼关的士兵忙碌着修筑城墙,石壕的官吏半夜拉夫,连老妇也不放过……他把这些所见所闻,写成了他的辉煌诗篇"三吏""三别"。

　　杜甫回到华州,正值炎热夏季。由于久旱酷热难当,连鸟都懒得飞翔;池塘干涸了,鱼都死在烂泥中。晚上燥热得难以入睡,毒蝎爬来爬去,打开门窗透透气,蚊叮虫咬又让人无法忍受;白天苍蝇乱飞,恶心得饭都吃不下去。面对堆积如山的文书,杜甫急得简直要发疯了。但他想到前线的士兵,披甲荷戈,整宿地击斗呐喊,连澡都不能洗,便又释然了。就是在这样的条件下,他替郭使君写成《进灭残寇形势图状》,陈述了敌我双方的形势,指出唐军应如何避实就虚,消灭盘踞在邺城的胡兵。在《乾元元年华州试进士策问五首》里,他提出了当时关于赋税、交通、征役、币制等迫切需要解决的问题。

　　从洛阳回来后,杜甫思想上发生了很大的变化,他看到了李亨跟李隆基并没有什么不同,他看到了官吏们是怎样对待人民的,这一切跟他过去理想中的政治大相径庭,于是他感到绝望。他在《立秋后题》中写道:"平生独往愿,惆怅年半百,罢官亦由人,何事拘形役"。就在这年秋天,他毅然辞去了官位。

　　杜甫的辞官,表现了他对最高统治集团的绝望,对政治的厌倦;另外,也是不得已而为之。前面曾提到杜甫卷入派系斗争之事。我们知道,李亨上台多少有点抢交椅的味道。在宦官李辅国的拥戴之下,他半推半就地当上了皇帝。李辅国却因拥戴肃宗由功臣而权臣日渐跋扈起来,朝廷之中事无巨细都需经过他的首肯。他一方面离间玄宗父子,加深其矛盾;一方面打击玄宗旧臣,制造党争。房琯本玄宗旧臣,虽曾为肃宗重用,但他早成过时黄花,所以也成了李辅国打击的重点。在凤翔时就被贬为太子少师,回长安后在满朝欢庆之中随喜迁为金紫光禄大夫,但很快又贬为邠州刺史。杜甫因上疏营救房琯,从为房党,随着房琯的贬绌,杜甫被免职也是早晚的事。加上他早就厌倦了官场生涯,正好借坡下驴,提出辞官。这样,从在率府管理兵器算起,到在华州任司功参军,满打满算总共两年半的官场生涯就永远地结束了。

离开华州要去向何方呢?洛阳老家是回不去了,那里正处在战乱之中。去长安?一是杜甫在那里伤透了心,二是付不起京城昂贵的生活费用。这时,他得知从侄杜佐在秦州(甘肃天水)东柯谷盖了几间草堂,曾多次帮助杜甫、受房李党争牵连被逐出京师的大云经寺僧人赞公,也在秦州凿了几孔窑洞。于是,杜甫决定举家西去秦州。

杜甫一家历尽艰辛来到秦州时,这里还相对平静。在从侄杜佐家里寄居了一段时间后,曾打算在秦州定居,僧人赞公曾帮他在城南西枝村觅得一块建筑草堂的基地,但苦无银两。初来秦州靠亲友资助过活,杜甫觉着这不是长久之计,于是又重操旧业,卖起药来。但卖药所得能有几何?填饱一家人肚皮仍是问题。早上起来,天寒地冻,由于不生火、不汲水做饭,井水都结了冰。饿了就到树林中拾些苦柏子充饥,有时竟干脆饿着。"囊中恐羞涩,留得一钱看",虽然不无解嘲、调侃的意思,但杜甫实际上也实在是太穷了。

饥寒交迫之下,杜甫的疟疾又发作了,经常地发高烧,他觉着身上的骨髓都快耗尽了。

生活是这样的穷愁潦倒,而诗歌却获得了丰收。这一段时间,包括后来到同谷,由同谷再到成都途中所写诗歌,流传下来的达一百二十余首。这些诗无论叙事、抒情,还是写景、状物,都有极高的造诣,大大地丰富了我国古典文学艺术的宝库。

杜甫在秦州呆了不到四个月,衣食无着。后来听说同谷是个好地方,不仅良田里出产可以充饥的薯蓣,而且山林里还有蜂蜜、冬笋。十月里,全家又来到同谷。不想同谷还不如秦州。这里正是大雪封山,为了觅取食物,杜甫身穿短褐,扛着锄头,和儿子一起到深山去挖"黄独"(山芋),结果"黄独无苗山雪盛,短衣数挽不掩胫。此时与子空归来,男呻女吟四壁静"。这是一幅多么凄惨的景象啊!外面大雪蔽野,屋内没有炊烟,实指望挖些野山芋回来充饥,却又两手空空而返,屋里除了四面墙,一无所有,一家人只有瑟缩着挤在一起,熬过这饥寒交加的漫漫长夜了。

如果在同谷继续住下去,全家只有饿死一条路。于是,在这年十二月一日,杜甫又率家人迁向四川成都。

蜀中草堂暂寄身

乾元二年(759年)岁末,杜甫一家经过一年的长途跋涉,由甘肃同谷出发,过嘉陵江到陕西略阳,然后由略阳翻五盘岭入蜀,往广元登龙门阁,穿剑门至德阳,风餐露宿,历尽寒暑终于到达成都。初到成都时,住在成都西郊浣花溪寺里。第二年春天,在城西七里浣花溪畔找到了一块荒地,在一棵据传有二百年历史的大楠树下搭起了一座"草堂",开始了他"漂泊西南"的生活。

在亲友的帮助下,杜甫一面营建草堂,一面四处索求树秧,经过两三个月的苦心经营,一座规模并不宏伟但可遮风避雨的草堂终于在暮春时节搭建成了。草堂周围,载满了银桃、绵竹,还有蜀中特有的桤树。杜甫还在大楠树下开辟了一块药圃。一家人不胜欣喜。春燕也来凑热闹了,里里外外忙着在堂下筑起了新巢。

草堂的位置据杜诗描绘是背对城郭,在少城碧鸡坊石笋街外,百花潭北,万里桥及浣花溪西,临近锦江,凭窗向西北眺望可见山巅终年积雪的西岭。这座草堂以及堂前的浣花溪,成为后人景仰的圣地。

这时是肃宗上元元年(760 年),唐帝国仍处在内忧外患之中。史思明邺城击败唐军之后,即杀安庆绪,自立为大燕皇帝,并乘胜再度占领洛阳。安史之乱期间,唐统治者将河西、陇右军队大批征调入援,造成西北边防空虚。杜甫早在秦州时就屡次提到边界烽火,这时吐蕃人趁火打劫,攻占了陇右诸州,后来曾一度攻入长安。虽然不久后退出,但陇右十余州仍在吐蕃人的控制之下,长安时刻处在危机之中。

由于战乱,人民大批流亡,土地荒芜。统治者为了支付巨额军费开支,向人民征收各种名目的苛捐杂税。此外,肃宗还采纳御史中丞第五琦的建议,一再铸造高面值新币,造成了严重的通货膨胀。百姓不堪其苦,此后不久,江淮地区就爆发了农民起义。

这时的成都,远离战火,四川又是自古以来闻名遐迩的天府之国,尽管有大批难民流亡在此,但比其他地方,还是比较容易活命的。所以这时杜甫的心情比较好,诗歌里也拂去了往日的阴霾。他在《卜居》中写道:在浣花溪的西端,一座静谧的草堂,掩映在青翠的林中。清澈的澄江,在眼前流过,它带走了人们的忧愁。蜻蜓们愉快地上下翻飞,一对美丽的鸂鶒悠闲地浮在水面上,不时下潜捕食游鱼。即使他去拜谒武侯祠,也因"映阶碧草""隔叶黄鹂"这些景致而稀释了历史的凝重。他又在《江村》一诗中写道:

> 清江一曲抱村流,长夏江村事事幽。
> 自去自来堂上燕,相亲相近水中鸥。
> 老妻画纸为棋局,稚子敲针作钓钩。
> 但有故人供禄米,微躯此外更何求?

的确,这是自安史之乱以来杜甫一家从未有过的安逸。杜甫也真投入地去做一个农夫,否则不会有"好雨知时节,当春乃发生"等人生体验。但杜甫毕竟不是地地道道的农民,复杂而辛苦的田间劳作也远没有诗中那样浪漫。譬如他要逐棵为林木除虫害。在百草凋敝前要冒着难耐的针刺清除药圃里的莠草。这些对一个真正的老农来说算不了什么,但对一个年过半百、体弱多病的儒者来说,便是难以想象的。实际上,杜甫一家基本上是靠朋友的接济过活的,否则连粗茶淡饭也难以为继。所以杜诗里有"惯看宾客儿童喜,得食阶除鸟雀驯","厚禄故人书断绝,恒饥稚子色凄凉"的句子。到了秋天,家中米瓮告罄,便向老友彭州刺史高适求援:

"百年已过半,秋至转饥寒,为问彭州牧,何时救急难。"

上元二年(761年)秋天,一阵狂风刮得江翻石走,堂前那棵童童如车盖的大楠树被连根拔起,颓然倒地。杜甫为此伤心不已,草堂也因之黯然失色。八月里又一阵狂风,刮得昏天黑地,卷走了草堂顶上的三重茅草。无知的村童欺杜甫年老无力追赶,将风吹落的茅草抢走,杜甫喊哑了嗓子也制止不住。傍晚时分,风停了,浓云却又上来,顷刻间下起大雨。屋顶没有遮盖物,家里没有一块干地方。一床布被盖了多年,棉絮已经板结,儿子睡觉不老实还将被里蹬裂,现在又淋上了雨,本来就神经衰弱的杜甫怎样熬过这漫漫长夜呢?就在这不眠之夜里,诗人想到了很多,但他最先想到的是跟他一样或还不如他的人们,"安得广厦千万间,大庇天下寒士俱欢颜"。这是多么高尚的品格、多么宽广的胸襟啊!自己是这般光景,先想到的还是别人,非但如此,他还愿以自我牺牲来换取众人的幸福。

诗人对他的故乡及流落他乡的弟妹们也是念念不忘。当时洛阳尚未收复,家乡一带胡马横行,弟妹们杳无信息,这一时期诗歌,多是"我已无家寻弟妹,君今何处访庭闱"。"安得如鸟有羽翅,托身白云归故乡"等内容。

为了生计,他要"强将笑语供主人",却仍免不了"悲见生涯百忧集",有时甚至出现"痴儿不知父子礼,跳怒索饭啼门东"这样的困窘局面。

这年十月,成都尹崔光远病故,朝廷派严武担任成都尹,兼剑南西川节度使。在严武未到任之前,由高适代理成都尹。高适曾多次帮助杜甫,在代理成都尹的两个月里,常到草堂看望杜甫。之后任蜀州(四川崇庆)刺史时,杜甫也去拜访过他,并在蜀州一带的新津、青城等地游览,留下了《后游》《游修觉寺》等优美的诗篇。

年底,严武由巴州来到成都。严武与杜甫本为世交,又因房琯故被人目为一党,所以对杜甫格外看顾。他时常派人给杜甫送来钱米,有时还亲携酒食到浣花溪畔造访杜甫,也常请杜甫到府尹厅中谦会。应该说,严武在成都时,杜甫的日子最好过。

但好景不长。宝应元年(762年)四月,玄宗、肃宗先后死去,代宗李豫继位。七月,召严武入朝。对此杜甫有喜有忧,所忧者,在成都没了靠山(指经济上的);所喜者,房党又被启用,杜甫也萌生了回长安再仕的念头。他在送严武入朝的诗中就表白了"此生那老蜀,不死会归秦"的态度。他哪里知道,就在他送严武的时候,成都少尹徐知道就在成都叛乱,非但"归秦"不成,成都也回不去了。

徐知道本是成都少尹兼侍御史,此人有野心。严武在成都时,他不敢造次,但当严武一离开成都,他便把严武的头衔都加在自己身上。他派兵把住剑阁天险,阻绝南北交通,西取邛州(邛崃),勾结西南诸夷于七月起兵。由于内部不和,八月二十三日就被高适率兵击败,徐知道也被部将李忠厚杀死。李忠厚又在成都屠戮人民,血流漂杵。此时杜甫因送严武身在绵州,妻子儿女却在成都,他心急如焚。成都不敢回,北去又不成,只好去了东川节度使的所在地梓州(四川三台)。

绵州到梓州路程虽不远,但山高路险,时有流寇出没。日暮时分,杜甫一人踽踽独行于林间小径,一路提心吊胆,"马惊不忧深谷坠,草动只怕长弓射"。这年秋天,杜甫来到梓州,晚秋时曾一度潜回成都将妻小接到梓州。

上元二年(761年)时,史思明就被其子史朝义杀死。李豫继位后又借回纥兵收复洛阳,叛军的几个主要将领降唐,宝应二年,史朝义穷蹙自杀,安史之乱遂告结束。

杜甫在梓州听到官军收复河南、河北,喜泪纵横,妻子脸上也有了难得的笑容,心想这种漂泊生活该结束了。于是他漫卷诗书,纵酒放歌,准备放舟经巴峡穿巫峡,回河南老家去。

安史之乱虽已结束,但战火远未熄灭,先是李豫借来的回纥兵,更甚于当年李亨借的那一批,入得洛阳后,抢掠奸淫无恶不作。后是河北、山东等地又形成藩镇割据,剑南、山南、甚至京畿之地时常发生节度使叛乱。吐蕃族的胃口也越来越大,已不满足河西、陇右地区的占领,举兵东犯。他们联络党项、羌、吐谷浑等少数民族,于宝应二年九月越过陇山攻陷泾州,十月又陷邠州。由于长安一带无唐军抵抗,他们竟兵不血刃占领长安,代宗仓皇逃至陕州。

在这种情况下,杜甫无法实现回归的愿望。大概由于严武的缘故,杜甫在梓州受到了刺史章彝的照顾,但杜甫也为此付出了代价。他要陪着这位刺史饮宴、出游、打猎,时刻小心谨慎,生怕一时不留神开罪了这位大人。与昔日如壑底游鱼一般的生活相比,此时简直就成了丧家犬。

上元二年四月,房琯迁礼部尚书,随即又任晋州刺史,八月改任汉州刺史。李豫登基后第二年四月又被任命为刑部尚书。这年春天,杜甫曾去汉州拜访房琯,但他已离汉州赴长安了。房琯走到阆州,病在客舍,八月四日死在阆州。杜甫听说后,九月赶到阆州,吊唁了这位同乡知己,写了《祭故相国清河房公文》。

在这两三年里,杜甫常往来于梓州、绵州、阆州之间,宝应元年曾去射洪凭吊过陈子昂。"三年奔走空皮骨",没有一处能让他安身立命。他既怀念成都草堂,又想东游吴楚,寻觅旧友。从章彝那里筹足了川资后,于广德二年春携家至阆州,拟乘船沿嘉陵江下渝州(重庆)。这时杜甫收到京兆功曹的任命,一则京兆功曹这个官位对杜甫没有多大吸引力,二则东游计划已经拟就,所以他拒绝任命。正当杜甫投诗向各方辞行时,严武又被符命为成都尹兼剑南节度使。严武是杜甫朋友中对他照顾最多,官职最高而又不须仰视的人,文韬武略兼具,又非常爱才,待人也比较宽容。严武一来,杜甫就放弃了东游计划,全家回到成都。

暮春三月的一天,杜甫推开草堂门,霉气扑鼻,野鼠满屋乱窜,打开书卷,里面净些干死的壁鱼。水槛和药栏都已朽烂颓败,一派荒凉。听说杜甫回来了邻人都来看望,严武听说后也派人来问寒问暖。杜甫豢养的老犬见到故主,高兴得围着主人团团转。

经过一番整理,草堂又恢复了昔日的生气。冰雪消融,春燕又忙着衔泥筑巢;春江水暖,鸳鸯在水中悠闲游弋;活泼的白鱼不时跳出水面,似乎耐不住水底的寂寞。到了夜晚,江清影动,溪静花闲,所有物种都陶醉在春的怀抱里。这时杜甫的心情也格外好,写下不少歌咏山水风光的诗。连幼儿也能背出的"两个黄鹂鸣翠柳,一行白鹭上青天。窗含西岭千秋雪,门泊东吴万里船",就是此时在草堂写的。

严武第一次任成都尹时,就有诗劝杜甫做官,此番严武再度举荐,杜甫没有理由拒绝,于是接受了节度使署中参谋、检校工部员外郎的职务。

这时杜甫已 53 岁了,自困守长安以来一直疾病缠身:肺病、疟疾、头风,此时又添了风痹,坐久了就四肢麻木。长期漂泊江湖,闲散惯了,受不了幕府里严肃紧张的生活。加上同僚们互相猜忌，所以不到半年，他就辞去幕府职务，回到草堂。

永泰元年(765年)正月，老友高适病故了，这对杜甫是一个沉重的打击，因为高适是与杜甫保持友谊时间最长的朋友。这年四月，严武也去世了。早在梓州时，杜甫已感到朋友的零落，如今更是孤苦伶仃了。严武一死，经济上的援助也断绝了。于是，杜甫于五月率全家离开成都，泛舟东下。

湘江孤舟仙逝去

永泰元年五月，杜甫一家登舟经嘉州(乐山)、戎州(宜宾)、渝州，七月到达忠州(忠县)。在忠州江边龙兴寺小憩，两月后抵云安。在路上写了《旅夜书怀》，解释了辞官的原因："名岂文章著，官应老病休"。这时杜甫确实病得厉害。长期漂泊，湿寒侵入，致使肺病和风痹发作，到长安后就不能前行了，在长安严县令的水阁里休养了一个冬季。第二年春天，杜甫病势渐轻，暮春时来到夔州。

唐代的夔州属山南东道，设都督府，州制在今奉节东南十余里的地方。南临瞿塘峡，东毗白帝城，山川秀美，气象壮观。杜甫刚到夔州时，住在"客堂"，所谓客堂，就是在山坡上临时搭盖的简易住房，住的多是一些流民和当地的穷人。这种客堂散乱地分布在山坡上，居民过着半原始的生活。在山上是不能打井汲水的，当地人的习俗是先到山上找到山泉，然后用竹筒一节节引至家中。客堂离水源远的，竹筒竟长达数十里。水筒的任何一个环节出了问题都会影响吃水，要及时排查、修理。杜诗里就记录了仆人信行往返四十里修水筒的事情。听说乌鸡可治疗风痹，杜甫养了一群乌鸡，结果弄得家里锅翻盆打凌乱不堪，杜甫催促儿子宗文在东墙下扎起了鸡栏。他还打发仆人采摘苍耳，用以治疗风湿痹痛。

到了秋后，柏茂琳由邛南节度使迁夔州都督。柏茂琳原为严武属下，或许因着严武的缘故，对杜甫很是看顾。先是把杜甫家迁至城内"西阁"，后又将州东东瀼溪的部分公田租给杜甫耕种。次年春天，杜甫搬到城东的赤甲山居住，大概为了方便管理田产。三月，柏都督又将州西的西瀼溪西的四十亩柑林赠予杜甫。

相比较而言，杜甫在夔州的生活是好的，至少吃饱肚子不成问题。此时家里还雇了一些仆人(有些可能是短工)，除了前面提到的信行外，还有伯夷、辛秀、阿稽等人。经过疗养，杜甫身体也大有好转。他除了有时参加一些农业劳动外，大部分精力投入了诗歌创作。据统计，他在夔州不到两年的时间里，写了四百三十七首诗(不包括亡佚的)，差不多占他现存诗的百分之三十。

这些作品内容丰富，有的是歌咏夔州山水风光的，像白帝城、滟滪堆、瞿塘峡、鱼复浦、赤甲山、白盐山以及武侯祠、高唐观等都有所描绘;有的是反映夔州人民生活的，《负薪行》《最能行》是其代表作;有的是回忆过去生活的传记体诗篇，如《壮游》《昔游》等，为我们今天研究杜甫留下了珍贵的史料;另外还有一些记人的，有张九龄、李邕、严武等八人，总称"八哀诗"。

由于精力充沛，在体裁上他多写律诗，百韵的排律就是在这时写成的。其七言律诗，无论在形式上还是在内容上都达到了新的高度。

虽然生活上过得去,但这里的气候条件相当恶劣。此时杜甫患有多种疾病,除已述病症外,还有糖尿病,牙齿脱落了一半,耳朵也聋了。也许他已感觉到自己将不久人世,所以更加强烈地思念故乡、思念亲人。

大历三年(768年)正月中旬,杜甫一家乘一条自备小船离开夔州,顺江而下,三月来到江陵。

这时商州兵马使刘洽叛乱,北去交通阻隔。八月,吐蕃又进攻凤翔,北方又受到战争威胁,北归计划又成泡影。

当时卫伯玉为荆南节度使(荆南为江陵府方镇),与杜甫曾有交往,从弟杜位就在节度署里任行军司马,郑虔之胞弟郑审为江陵府少尹,杜甫来到这里,本指望能得到他们的帮助,结果大失所望。这时杜甫耳朵全聋了,右臂也偏枯了,一副可怜巴巴的样子,到亲友府上去拜访,门人都不肯替他通报,即使见了,态度也很冷淡。杜甫陷入了极度尴尬的境地,在诗中把自己描绘成摇尾乞怜的狗,要时常现出感恩的媚笑,不敢多言多语。家家都借遍了,已经无人肯施舍或借贷给他了。

无奈,秋天又顺江而下,到了湖北公安,不想处境更为艰难,不但朋友冷淡他,连亲戚也不理睬他了。在公安呆不下去,年底又漂至岳州(岳阳)。他只身登上岳阳楼,凄凉地说道:"亲明无一字,老病有孤舟"。

在岳州没有活路,次年正月又前往潭州(长沙)。夏初抵潭州,无亲可投,靠在渔市上摆摊售药糊口。拟秋后去汉阳,然后取道归故里,因无川资没能成行。大历五年四月,臧玠在潭州作乱,杜甫又逃至衡州。本想去投奔在郴瑕的旧相识衡州刺史韦之晋,但到衡州后韦之晋改任潭州刺史去了潭州。这时他想去郴州投靠任郴州录事参军的舅父崔伟,就溯郴水而上,行至耒阳境内,时值江水暴涨,无法前行,只好停泊在方田驿。在茫茫大水中,杜甫一家竟饿了五天。耒阳令聂某听说后派人送去酒肉,杜甫一家才免一死。耒阳至郴州尚有二百里水路,且是上行,大水不退一时难以前进;再者杜甫思想上也忌讳这条"左迁之路",于是又折回潭州。就在这年冬天,诗人在由潭州至岳州途中,写下了《风疾舟中伏枕书怀》这首绝笔之作。

大历五年(770年)冬,诗人在完成最后一首诗后不久,就在湘江之上的孤舟中悄然而去了。

杜甫死后,家人无力安葬,只好把他的灵柩权厝在岳州昌江(平江)县小田村。四十三年后,他的孙子杜嗣业(宗武之子)费尽周折,才把他的遗骸运回河南偃师,葬在首阳山下,并请诗人元稹写了墓志。

诗人杜甫就是这样度过了他悲惨的一生,生前很少有人真正理解他,死后的一段时间内又是那样的寂寥和凄惶。这是特定社会历史阶段对他的生命意义做出的合乎逻辑的价值估量。因为他高尚的品格、出众的才华以及独特的个性早已为他框定了人生的路向和命运的轨迹,他无论在封建中国的哪一个朝代,都注定是悲剧的结局。

杜甫的一生又是光辉、伟大的一生。作为"诗史",他以他的诗歌生动地反映了唐代的社会生活,勾勒出历史车轮碾过的印辙;作为"诗圣",他给我国古典文学宝库留下了丰厚的遗产。他以他的诗,表现出对人民无比的同情和热爱,同时又对封建统治集团进行了辛辣的讽刺和无情的鞭挞,因此赢得了后人对他的崇敬与爱戴。

庙堂名臣 文坛宗师

——欧阳修

名人档案

欧阳修：字永叔，号醉翁，晚号"六一居士"。汉族，吉州永丰（今江西省永丰县）人，因吉州原属庐陵郡，以"庐陵欧阳修"自居。谥号文忠，世称欧阳文忠公。北宋政治家、文学家、史学家，与韩愈、柳宗元、王安石、苏洵、苏轼、苏辙、曾巩合称"唐宋八大家"。后人又将其与韩愈、柳宗元和苏轼合称"千古文章四大家"。

生卒时间：1007 年～1072 年。

安葬之地：葬于开封新郑（今河南新郑）。

性格特点：一代儒宗，风流自命。

历史功过：欧阳修是杰出的应用文章家。他一生著述颇丰，《欧阳修全集》（中国书店 1986 年版。本文所引欧文皆出此集）有文章 2651 篇，应用文 2619 篇，可见他的文章写作主要是应用文写作；还撰有《新五代史》74 卷，《新唐书》75 卷。他不仅应用文写作颇有建树，而且对应用文理论贡献也很大。

名家评点：如公气质之深厚，智识之高远，而辅以学术之精微。故形于文章，见于议论，豪健俊伟，怪巧瑰奇。其积于中者，浩如江河之停蓄；其发于外者，烂如日星之光辉。其清音幽韵，凄如飘风急雨之骤至；其雄词闳辩，快如轻车骏马之奔驰。世之学者，无问乎识与不识，而读其文，则其人可知。

——王安石《祭欧阳文忠公文》

远祖欧阳询

　　宋真宗景德四年(1007年)六月二十一日,时任绵州军事推官的欧阳观,晚年喜得一子。他就是后来的北宋著名政治家、文学家欧阳修。

　　欧阳修的远祖为唐初开国名臣、书法大家欧阳询,原籍乌程(今浙江湖州)。询之玄孙欧阳琮,任吉州刺史,徙家于江西庐陵一带,欧阳氏遂成为庐陵大族,故欧阳修常以"庐陵"为郡望,自称"庐陵欧阳修"。历十余世而至欧阳修的曾祖欧阳郴,仕南唐为武昌令。祖父欧阳偃,以文学著称,仕南唐为南京街院判官。欧阳偃定居于江西吉水县沙溪乡,宋仁宗至和二年(1055年),沙溪乡划归永丰县,因此,欧阳修实为江西永丰人。

　　欧阳修的父亲欧阳观,字仲宾。真宗咸平三年(1000年)进士,仕为道州(今湖南道县)军事判官,迁泗州(今江苏盱眙)推官,绵州(今四川绵阳)推官,调泰州(今属江苏)判官,卒于任。他禀性仁恕,刚直不阿,为官清廉,乐善好施。欧阳观前妻遗有一子,名欧阳昞。继室郑氏,生一子一女,子即欧阳修。欧阳修4岁时,59岁的欧阳观就去世了。欧阳修对父亲的印象很模糊,母亲给他讲述父亲的事迹说:"你父亲担任推官时,深夜还在烛光下审阅案卷,屡屡地合上案宗长叹。我问他为什么叹息,他说:'这是个死刑的案子,我在找可以让他活下来的理由,却怎么也找不到。不过,既然找不到理由,那么,死者和我都不会遗憾了。假如能找到而不去找,那么,被处死的人就要含恨九泉了。该判死刑而尽力替他寻找免死的理由,还难免失误处死,何况,世上多有草菅人命的官员呢!'说罢,回头看见奶娘抱着你站在旁边,指着你对我说:'我大概看不到这孩子长大成人了,以后你要常把我这些话告诉他呀!'你父亲就是这样一个心地仁厚的人啊!"

　　母亲还对欧阳修讲,他父亲俸禄微薄,但却轻财好施,广交宾客。从不积攒钱财,常说"不要让财物成了我的拖累"。在蜀中任职三年,别人多买蜀中特产而归,他却只带回一匹绢子,画了幅七贤图。他去世的时候,房无一间,地无一垄。

　　父亲的为人处世,深深地烙印在欧阳修幼小的心灵里,对他以后性情品格的形成起了很大作用。

　　母亲郑氏,出身于江南名门,知书达礼。丈夫死后,她含辛茹苦地培育欧阳修。家中无钱买纸笔,她就用芦荻画地,教欧阳修识字,还教他诵读一些诗文。后来,日子实在过不下去了,郑氏只好带着孩子们投靠担任随州(今湖南随县)推官的兄弟欧阳晔。

　　欧阳观兄弟四人。欧阳观居长,欧阳晔排行第三。他也是咸平三年进士,后来仕至屯田都官员外郎。欧阳修不大记得自己的父亲,母亲告诉他:"你叔父的外貌、言谈、举止都非常像你父亲,见到他就像见到你父亲一样。"欧阳晔对寡嫂侄子,十分照顾。无奈,他这个八品小官,薪俸微薄,自己又是个严明方正、廉洁自持的人,所以,生活依旧是十分清寒。叔父亲自教欧阳修读书。欧阳修聪颖过人,又勤奋好学。家中没有多少书,他就到处借书来抄录,往往书抄完了,他也就能全部背诵了。

叔父见他如此,十分欣慰,对寡嫂说:"嫂子不必为家贫子幼忧愁,这是个出奇的孩子,将来不仅会使我们家族荣耀,而且一定会名重当世。"当时随州是个偏僻的地方,没有多少治学的人。幸好州南有家姓李的大户,他家的儿子李尧辅很爱读书,与欧阳修性情相投。欧阳修常到他家去玩,从他那儿借些书读。有一次,欧阳修在李家墙根看到一只盛书的破筐,从中翻找到了六卷韩愈的《昌黎先生文集》,已经脱落颠倒没有次序了,他便向李家讨要带回家。开卷一读,虽然不能尽解其义,但却觉得浑厚雄博,浩然无涯,心中十分喜爱。当时,以杨亿、刘筠为代表的风格浮靡的时文风行天下,学者们都极力效仿,以此科举应试,猎取功名,唐代古文运动领袖韩愈的文章无人提及。欧阳修也要应试,主要精力放在揣摩时文上,无暇精读韩愈的文章,但他已经认定,韩愈的文章才是治学的最高境界。他决心考中进士,踏上仕途,有了俸禄养活母亲之后,就要全力研读韩文,以偿夙愿。

宋仁宗天圣元年(1023年),欧阳修十七岁参加随州州试,考取贡举资格,结果因所作之赋有不合官韵之处而落选。天圣三年(1025年),再次参加州试,合格,被荐举应试礼部。次年,到京城应进士试,却落了第。

这两次失败,对欧阳修并没有多少打击,他才21岁,还很年轻。不过,这使他明白了一个道理,除了自己勤奋研读之外,还需要得到有学识、有地位的前辈的奖掖提拔。

于是,他背负行笈,辞别母亲,踏上求学应试的征途。

初仕沉浮路

宋仁宗天圣五年(1027年),时方弱冠的欧阳修来到汉阳,拜谒知汉阳军的胥偃。胥偃,字安道,潭州(今湖南长沙)人,少力学,为宋初力倡古文的学者柳开赏识。中进士,历仕大理评事、太常丞,不久前由徐州通判调知汉阳。后来仕至工部郎中,入翰林院为学士。欧阳修精心撰写了一篇四六骈体的书启,并附以时文两篇,呈献给胥偃。胥偃十分赞赏欧阳修的文才,随即复信相答,称他的文章"飘飘之逸思无穷,籍籍之芳尘自远"。并预期他必将成为"多士之魁"。胥偃将欧阳修延之门下。这年冬天,胥偃入朝,授判三司度支勾院,修起居注,把欧阳修也带到京师。次年春,经胥偃推荐,欧阳修参加国子监考试,名列榜首。秋,参加国子监选拔解送举人的考试,又获第一名。天圣八年(1030年)正月,礼部试进士,翰林学士晏殊知贡举,出了个《司空掌舆地图赋》的题目。当时规定,举子们可以向主考官说明自己对题目的理解,请主考官指教是否妥当。而许多举子们说的,都不契合晏殊的本意。最后,一位眼睛近视的瘦弱少年独自走到主考座席垂帘之前,请示说:"这个题目,出于《周礼·司空》,郑康成(东汉学者郑玄)注说:'像今日的司空一职,是掌管舆地图的。若是周代的司空,不只是掌管舆地图而已。'如果像郑康成所说:'今时司空掌管舆地之图',这是指汉司空,不知题目是指周司空还是汉司空呢?"晏殊简短地答道:"这一次考场中,唯有你一个理解题目,正是指的汉朝的司空啊!"这位瘦弱少年,正是欧阳修。这次礼部考试,他再次夺魁。从此,晏殊把他视为最得意的门生。三月殿试,他以甲科第十五名登进士第,授官秘书省校书郎,任西京留守推官。

　　号称"九朝故都"的洛阳,在北宋为陪都,称西京,距东京汴梁仅数驿之路。这里山川灵秀,人文荟萃。欧阳修初仕即得此地,可见朝廷对他的重视。更幸运的是,当时的长官是同中书门下平章事、武胜军节度使、兼判河南府的西京留守钱惟演。钱惟演是吴越王钱俶之子,归降宋朝后,历任要职。他博学能文,与杨亿、刘筠齐名,是一时"耸动天下"的"西昆体"的领袖人物。性喜宾客,尤好奖掖后进。有这样一位风雅的上司,欧阳修可谓如鱼得水了。不仅如此,钱惟演的幕府中还汇集了一大批倜傥不凡的文学之士,例如推官张汝士、掌书记尹洙、户曹参军杨愈、主簿梅尧臣、判官张太素等。此外,谢绛任河南府通判,富弼任河阳县签判,都与欧阳修结识并成为挚友。其中尤以尹洙和梅尧臣与欧阳修关系最为亲密。

　　尹洙字师鲁,河南府(今洛阳市)人,少时即与其兄尹源以儒学知名,举进士,授正平县主簿,调河南府户曹参军。他继柳开、穆修之后,大力提倡古文,为文"简而有法"。他比欧阳修长六岁,欧阳修对他十分敬佩,在《七交诗·尹书记》一首中,落笔即云:"师鲁天下才,神锋凛豪俊。"钱惟演在府第修了一座双桂楼,令谢绛、尹洙、欧阳修各为一记,限期完成。文章写成后,谢绛、欧阳修之文各五百余字,尹洙之文仅三百八十余字,写得典重雍容、语简事备。欧阳修叹赏不已,虚心向尹洙请教。尹洙说:"大凡文章最忌讳的,就是格调卑弱文字冗长。"欧阳修于是重做一记,仅三百六十字,精粹赅当,尹洙读后,对人说:"欧九(欧阳修的行第)的进步真是一日千里啊!"正是在尹洙的鼓励下,欧阳修更加潜心于古文的创作。尹洙与欧阳修后来不仅一直在政治革新中并肩战斗,而且共同为矫正文风,倡导新古文运动做出重大贡献。

　　梅尧臣,字圣俞,宣州宣城(今属安徽)人。其叔父梅询曾为侍读学士,尧臣以荫补太庙斋郎、任桐城主簿,天圣九年(1031年)调河南县主簿,来到洛阳。他"志高而行洁,气秀而色和",喜饮酒,善谈笑,是个宽厚随和、与物无忤的人,他比欧阳修大五岁,欧阳修非常喜欢他的诗,久慕其人。暮春三月,二人在伊水畔相见,一见如故,情投意合。梅尧臣初至洛阳上任,也顾不得去拜见长官,就与欧阳修携手漫游香山,谈诗论文,相得益彰。二人从此结下生死不渝的友谊。后来,欧阳修势位尊荣,梅尧臣官职卑微,但丝毫也没有影响他们之间的情义。欧阳修十分推崇梅尧臣的诗才,以为自己不如他,于是更加精思苦学。八年之后,即仁宗宝元二年(1039年),他在《答梅圣俞寺丞见寄》诗中,回忆在洛阳相识定交的情景:

　　　　忆昔识君初,我少君方壮。

　　　　风期一相许,意气曾谁让。

　　　　交游盛京洛,樽俎陪丞相。

　　　　骐骥日相追,鸾凤志高飏。

　　诗中丞相即指钱惟演,因其职衔为同中书门下平章事,相当于丞相。钱惟演对梅尧臣也十分器重,结为忘年之交,与之酬答唱和,府中同僚都为之倾倒。正是因为这位风雅长官的鼓励,欧阳修和梅尧臣当时才会这样兴致超迈、豪气纵横。

　　欧阳修初仕西京的三年,是他仕途上最为顺畅,最为惬意的一段时期。政务之余,他与意气相投的朋友一道游龙门,登嵩山,泛舟伊水,凭临石楼、或衔触对弈、或清吟啸歌,情趣盎然。他写下了《游龙门分题十五首》《嵩山十二首》等诗。不过,在他个人的生活上,却并非都是欢乐。第一个赏识欧阳修的胥偃,将女儿许配于他。天圣九年,欧阳修亲至东武,迎娶胥夫人至家。胥夫人十分贤德,从不嫌欧阳修家贫,侍奉丈夫和婆婆,任劳任怨。夫妻琴瑟偕和,伉俪情笃。不料,明道二年正月,欧阳修因公赴京,又赴随州探望叔父欧阳晔。三月,胥夫人却因病亡故,生子尚未满月。欧阳修归家后,万分悲痛,他在《绿竹堂独饮》一诗中写道:

> 忆予驱马别家去,去时柳陌东风高。
> 楚乡留滞一千里,归来落尽李与桃。
> 残花不共一日看,东风送哭声嗷嗷。

他没想到与妻子的暂别却成为永诀,昔时共处一室,笑语融融,而今妻子却独弃山阿,蓬蒿满目。他希望长夜不明,能在梦中与妻子相见,哪怕是短暂恍惚,也可聊慰于心啊,悲思难抑,他又洒泪写了一篇《述梦赋》悼念亡妻。

这年三月,长期垂帘听政的刘太后去世,仁宗皇帝亲政,朝廷政局发生了一些较大的变化。九月,西京留守钱惟演因与刘太后娘家联姻,关系密切,被御史弹劾,削落平章事职衔,罢西京留守,以崇信节度使赴随州本镇。这预示着欧阳修等人洛阳悠游山水的欢乐生活失去了屏障。欧阳修和幕中友人在伊水之畔为钱惟演送行,心中充满悲凉之情,他在《书怀感事寄梅圣俞》一诗中写道:

> 乐事不可极,酣歌变为叹。
> 诏书走东下,丞相忽南迁。
> 送之伊水头,相顾泪潸潸。

不顺心的事情总是接二连三发生的。八月,欧阳修的好友,河南推官张汝士突然暴病身亡,年仅三十七岁。另一位朋友户曹参军杨愈秩满,赴吏部调用。而他的最好的朋友梅尧臣也要到京城参加礼部会试了。朋友们渐渐星流云散,西京变得冷落寂寞了。

他的推官任期明年三月届满,他也要离开洛阳了。初仕三年的轻松欢乐的生活就要结束了,此后的仕途布满险风恶浪,正等着他拼搏战斗,升降浮沉呢!

政治漩涡中

西京留守钱惟演离任之后,继任的是吏部侍郎、资政殿学士王曙。王曙,字晦叔,河南人,是真宗时名相寇准的女婿。他与钱惟演性情不同,是个比较严谨的人。见西京的属官们悠游山水、放浪诗酒,很不满意,就把他们召集起来,厉声责备:"你们纵酒悠游,有点太过度了!难道不知道寇莱公(准)晚年正是因为奢靡游乐而得祸的吗!"话刚落音,欧阳修就站起来说道:"不然,据我所知寇莱公得祸是因为年老而不知退止。"当时王曙年事也已高,这分明是针对王曙的,大家都替欧阳修捏一把汗。然而王曙却默然无语,并没有生气。后来,有一个从役所逃归的兵士被捉,交推官欧阳修审断。欧阳修认为应当发遣原地审理。王曙不同意,说道:"像这样事情,我办理过多次了。你刚做官,不必疑虑。"欧阳修答道:"如果是相公你直接审理,斩了他也可以。作为推官,我要依法行事,不能这么办。"过了几天,王曙晚上把欧阳修召了去,问:"逃兵的事审断了吗?"欧阳修说:"没有。"王曙说:"差一点误事。"第二天,就把逃兵发遣回原处。这两件事给王曙留下很深的印象,他本来就十分赞赏欧阳修的文才,欧阳修对他的顶撞,不但没使他恼怒,反而使他看到欧阳修刚直敢言的品格,对欧阳修更器重了。不久,他调入朝中升吏部尚书,又召为枢密使,拜同中书门下平章事,首先就举荐欧阳修为馆阁校勘。同时也举荐了"遇事无难易,勇于敢为"的尹洙。

宋仁宗景祐元年(1034年)三月,欧阳修任职期满离开洛阳,先到襄城(今属河南)看望妹夫、妹妹,五月回到京城汴梁。一个月后,就被任命为宣德郎、试大理评事兼监察御史、充镇南军节度掌书记、馆阁校勘。馆阁校勘是实职,其他都是官资迁叙的空衔。宋代设史馆、昭文馆、集贤院,称"三馆",掌管修史、藏书、校书等事宜。宋太宗时又建秘阁,专藏真本书画。三馆秘阁皆在崇文院内,设修撰、直馆阁、校理、校勘等官职,为皇帝文学侍从,是世人钦羡的所谓清贵之选。当时正在翰林学士王尧臣、史馆检讨王洙主持下整理校勘馆阁藏书,并编写书目,即著名的《崇文总目》。欧阳修参加了这项工作,后来成书时,他为之撰写了《崇文总目叙释》。

这时,朝廷里发生了一些重大事故,使欧阳修难以专心于馆阁校书之事,很快就被卷入了政治斗争的漩涡中。

仁宗明道二年(1033年),欧阳修尚在洛阳任职。长期垂帘听政的刘太后病故,仁宗亲政。仁宗宠爱张美人,早欲立之为后,刘太后不答应。于是天圣二年(1024年)立平卢军节度使郭崇之女为后,但待之颇疏。亲政后,与丞相吕夷简密谋,认为张耆、晏珠等大臣亲附刘太后,想把他们都罢免了,吕夷简非常赞成。仁宗在后宫对皇后郭氏说起此事,郭皇后说:"吕夷简唯独就不亲附太后吗!只不过他这人多机巧之心,善于应变而已。"因此,再次上朝,公布罢免大臣的名单,第一个就是吕夷简。吕夷简听到自己的名字,大吃一惊。后来托关系密切的宦官阎文应探听,才知道内情,于是便恨透了郭皇后。不久,吕夷简复起为相,便与宦官阎文应一起怂恿仁宗废黜郭皇后。御史中丞孔道辅率谏官范仲淹等十人坚决反对,伏阙力争,结果都贬官外地。于是吕夷简更得仁宗宠信。

景祐元年(1034年),仁宗复召范仲淹入朝为礼部员外郎、天章阁待制、权知开封府。欧阳修也入京为馆阁校勘,与范仲淹相会。他们都对宰相吕夷简十分不满,矛盾越来越激化。景祐三年五月,范仲淹上《百官图》,揭露吕夷简任人唯亲,进用多出私门。吕夷简十分恼怒。范仲淹又上"四论",讥讽时政,以夷简比汉成帝时的张禹,说他坏了"陛下家法"。吕夷简则反诬范仲淹越职言事、离间君臣、引用朋党。仲淹又因此而贬为饶州知州。此事引起朝中正直人士的强烈不满,集贤校理余靖,上奏认为范仲淹罪不当罚,并说皇帝亲政以来,多次贬逐上书言事的官员,这样下去,会钳制天下人之口。他要求收回贬逐范仲淹的诏命。疏奏进之后。他自己也落了职,贬监筠州酒税。馆阁校勘尹洙愤而上疏说:"范仲淹素来忠诚耿直,我与他的情谊兼为师友,那么我就是范仲淹同党了。现在范仲淹因为朋党的事被贬,我又怎能苟且求免呢"!惹得宰相吕夷简大怒,立即把尹洙贬黜为监郓州酒税。

尹洙上疏之事,在朝廷引起很大震动,刚被任命的起居舍人、知谏院的高若讷,来到余靖家,并召欧阳修等人一起议论范仲淹之事,高若讷是谏院负责官员,他非但不打算为仲淹辩护,反而当场攻击仲淹的为人,认为罪有应得。欧阳修听了十分愤怒,因座中有别的客人,不便尽言。回家后,便写了封《与高司谏书》,义正辞严地斥责了高若讷的阿附权相,诋毁贤臣的行为。信中说:"您身居谏官之位而不敢进言,就应当离职,不要妨碍能够胜任谏官职务的人。昨日,御史余靖因替范仲淹辩护而被贬,馆阁校勘尹洙也因此而待罪。而您却还有脸见士大夫,出入朝中,自称为谏官,真是不知道人间还有羞耻之事!我所愧惜的是,朝廷发生了大事,你作为谏官的不仗义进言,而让别的官员说话,将来记录在书史上,使朝廷蒙受耻辱的,就是你这种人啊!"

这封言直义切,充满凛然正气的书信,成了欧阳修脍炙人口的传世名文,它充分地表现出欧阳修是个刚正义烈的血性男儿。信的最后,欧阳修声称,高若讷如不接受他的直言,可以把信上交朝廷,证明欧阳修也是朋党之人,让朝廷明令惩诛,这也算是尽了一点谏官的责任吧。

高若讷读了信之后,恼羞成怒,果然将信上交朝廷,并指责欧阳修蛊惑视听。于是欧阳修被贬为夷陵知县。

当时,朝野舆论对此事颇为不忿。范仲淹离京时,官员们畏惧宰相,多不敢相送。而龙图阁直学士李绒、集贤校理王质却到郊外为范仲淹饯行。有人责备他们,王质说:"希文(范仲淹的字)是个贤者,能成为他的朋党,是我的幸运!"馆阁校勘蔡襄作了一首《四贤一不肖诗》,四贤指范仲淹、余靖、尹洙、欧阳修;一不肖则讽刺高若讷。京都人士争相传阅,书商们卖这首诗获得厚利。契丹国的使者恰好来到东京,也买了这首诗带回去,张贴在幽州的宾馆里。

欧阳修贬官夷陵的制书是五月二十日发布的,台吏催逼很紧,二十四日他便雇舟沿水路赴任了。同去的有老母、寡妹和胥夫人所生的儿子,景祐元年,欧阳修曾再娶谏议大夫杨大雅之女,不料,入门仅几个月,杨氏夫人又亡故了。而此前不久,他的妹夫张龟正去世,妹妹携孤女依归于他。夷陵即今湖北宜昌,当时属峡州。水路而行,由汴水南下,绝淮、溯江要走 5000 余里。一路险风恶浪,受尽辛苦。不过沿途官员,大都仰慕欧阳修的文名人品,给以热情接待。九月里,到达荆州(今湖北江陵),要去拜谒上司转运使,他才真切地意识到自己由一个清贵的馆阁之臣变为一个卑微的知县了。一种怅然失意的情绪涌上心头。好在这时,他的旧友峡州判官丁宝臣派人专程给欧阳修送来了信,表示慰问和欢迎,使他"出其意料之外,不胜甚喜"。十月底,他到夷陵任所。峡州知州朱庆基特地来看望他,并拨工拨料,为他在县衙大厅东边修一座宽敞明亮的堂舍。竣工之日,朱庆基又率僚属来庆贺,这使"始来而不乐"的欧阳修感到"既至而后喜"。他为此堂题名为"至喜堂"。并做了一篇《夷陵县至喜堂记》。

峡州夷峡当时是个十分荒僻的地方。虽有州治所在,但却没有城郭。大街不能容车马,市面上没有卖百货日用品的商店。而干鱼铺里臭气熏人,长官经过也得下马掩鼻快步而行。百姓的住处,灶台粮仓厕所都在一处。一间屋子,上层住人下层养猪。屋子全是用竹子修的,常闹火灾,而民俗却迷信鬼神,认为盖瓦屋不吉利。

尽管如此，欧阳修对县中诸事，还是十分尽心尽责的。他把县中搁存的案卷，反复审阅，见其中以无为有、以枉为直、违法循情、乖廖错讹、灭亲害义的，无所不有。他想，一个荒远偏僻的小县尚且如此，那么天下将会有多少冤案、错案啊。他认识道：文学仅可润身，吏事则能及物。从此，无论担任什么职务，他对政事都不敢有丝毫的怠忽。

他虽然无罪被贬于荒远之地，难名怅惘愤懑之情，但他并没有沉沦于牢骚颓唐之中。政务之余，他和朋友丁宝臣等人漫游了夷陵的佳山胜水，写下了组诗《夷陵九咏》，认为这些诗"寄人堪作画图夸"。而他自己也陶醉于夷陵的奇妙景致里，心胸为之开阔，充满了自信而乐观的情绪。他在《黄杨树子赋》里，赞美"偏依最险之处，独立无人之迹"的黄杨树，寄托了自己傲然独立、正直不屈的品格。他的著名的《戏答元珍》一诗，更是以幽默轻松的笔触，表现了他对正义事业的坚定信念和斗争精神：

> 春风疑不到天涯，二月山城未见花。
> 残雪压枝犹有橘，冻雷惊笋欲抽芽。
> 夜闻归雁生乡思，病入新年感物华。
> 曾是洛阳花下客，野芳虽晚不须嗟。

他任职夷陵，时间并不很长。五个月后，请假到徐昌（今属河南），娶已故参知政事薛奎之女为继妻。不久，又接到叔父欧阳晔病故的消息，匆匆赶赴随州奔丧。而到了年底，他移调光化军乾德县令的诏命就下达了。

清代诗人袁枚有诗云："庐陵事业起夷陵，眼界原从阅历增。"贬官夷陵使欧阳修更深入地体察了民情，更清醒地认识了朝政的弊端和吏治的腐败，也就更坚定了他革新政治的信念和决心。

坎坷施新政

宋仁宗宝元元年（1038年）三月，32岁的欧阳修赴乾德（今湖北光化）任知县。次年六月，复旧官，权武成军节度使判官。康定元年（1040年）春赴滑州（今河南滑县，武成军节度使驻地）上任。

这时，政治形势正在发生变化，西夏赵元昊于宝元元年称帝，遣使送反书至京，进一步加紧了对宋境侵扰。而东北契丹也蠢蠢欲动，公然索取晋阳及瓦桥关以南十县土地。国内连年发生自然灾害，加以苛捐杂税，民不聊生，军变、民变迭起；权臣因循苟且，吏治腐败，积贫积弱的趋势越来越严重。宋仁宗切实感受到局势的严重性，不得不考虑起用范仲淹、尹洙、富弼等忠直干练之臣，来改革政治、振兴国运。康定元年（1040年）三月，任命尹洙权理泾原、秦凤经略安抚使判官，范仲淹复天章阁待制之官，知永兴军，随即又授陕西转运使。五月，又任韩琦、范仲淹同为陕西经略安抚副使，主持抵御西夏入侵的军务。此时，范仲淹曾请欧阳修任其幕中掌书记之职，欧阳修推辞未就。六月，欧阳修被召入京，复为馆阁校勘，不久，改太子中允，转集贤较理。庆历二年（1042年），同知太常礼院。

这种情况,使他们的政敌宰相吕夷简十分嫉恨。他别有用心地派知制诰富弼出使契丹,并擅改国书,妄图加害富弼。欧阳修上书阻止,仁宗未采纳。又上书言朝政"三弊五事",亦未得答复。欧阳修很失望,便自请外调,被任命为滑州通判,十月,他又到滑州任职了。

宋仁宗一番犹移之后,终于下定决心,要刷新一下朝政了。庆历三年(1043年)三月,罢免吕夷简,以晏殊为相。再度把欧阳修召回,授太常丞,知谏院。同知谏院的还有正直敢言的王素、蔡襄。欧阳修另一好友余靖也被任命为右正言。以图广开言路,力矫时弊。

欧阳修知谏院之后,不负众望。他首言范仲淹有相才,可参政事。八月,范仲淹被任命为参知政事,提出十项改革措施。仁宗全部采纳,发布诏书实行。同时又任命富弼为枢密副使,韩琦为陕西宣抚使,他们各提安边救世之策。于是,所谓"庆历新政"开始了。

在这种形势的鼓舞下,欧阳修累上奏章。他提议实行按察之法,任命转运按察使,考察委任各路州县官员。范仲淹十分赞同,与富弼亲自负责挑选转运按察使。范仲淹做事果断,凡他视为不才之人便挥笔勾去。富弼有些不忍,说:"一笔勾之很容易,可你哪里知道要使一家人啼哭啊!"范仲淹答道:"一家哭怎比一路哭呢!"

欧阳修还上书反对对西夏、契丹一味妥协退让的策略,主张破格任用军中将帅,汰除无能畏懦之将,加强军队训练,以增强战斗力。

为了解决财政困难,欧阳修主张抑制佛、道,减少赋税和劳役,核查民田,以发展农业生产。同时,他对统治者奢侈无度也加以抵制。仁宗所宠张美人生了个女孩,仁宗命取绫罗八千匹赏赐。欧阳立即写了《论美人张氏恩宠宜加裁损札子》上奏,仁宗不得不减少了赏赐之物。一时之间,仁宗对欧阳修非常尊重和欣赏,他感叹说:"像欧阳修这样的人才,是从哪里得来的啊!"

贤才的任用,新政的施行,使朝野正直人士大为兴奋。国子监直讲石介,是一位笃学尚志、乐善嫉恶、遇事奋然敢为的人。早在景祐元年(1034年)任南京留守推官时,就曾上书枢密使王曾,批评仁宗好近女色。后授御史台主簿,未到任,就上书论不当录用五代国主后嗣,被罢官。为此,欧阳修曾致书御史中丞杜衍,为他脱而未成。他与欧阳修为同榜进士,二人互相敬重。这时,他作了一首《庆历圣德诗》,赞美范仲淹、富弼、韩琦、欧阳修等人,斥夏竦等为妖魅、为大奸。诗很快广泛传播,惹怒了反对新法的政敌,也给他们提供了攻击范、欧为朋党的口实。范仲淹对石介这种意气用事、不讲策略的做法很不满,对韩琦说:"为这种怪人坏了我们的大事。"石介之师、学者孙复忧心忡忡地说:"石介的祸事从此开始了。"

庆历新政触犯了享受特权、因循守旧的达官贵人的利益,也得罪了一些无德无才、贪暴虐民的地方官员。他们攻击范仲淹、欧阳修等人为朋党,这是担心大权旁落的皇帝最忌讳的。一时谗言四起,甚嚣尘上。欧阳修为了反击政敌们的诽谤,写下著名的《朋党论》。在这篇文章里,他不回避"朋党"之说,而是针锋相对的指出:君子以同道为朋,是真朋党,小人以同利为朋,是假朋党。只有"退小人之伪朋,用君子之真朋",天下才会得到治理。此文一出,政敌们更加痛恨欧阳修了。内侍兰元震上疏,说欧阳修"胶固朋党,误朝迷国"。资政殿学士、知亳州的夏竦则暗施阴谋。他指使善于书法的婢女模仿石介的笔迹。石介曾上书富弼,勉励这位枢密副使"行伊、周之事"。伊指伊尹,商汤的贤相;周指周公旦,武王弟,武王死,辅佐年幼的成王治理天下。意思是要富弼忠心辅佐仁宗。夏竦却让婢女改为"行伊、霍之事"。霍为霍光,西汉昭帝时为大司马、大将军。昭帝崩、立昌邑王,荒僻无道,霍光废之,迎立宣帝。这样一改,就成了石介劝富弼废黜当今皇帝了。夏竦还让婢女模仿石介字体,假造了一篇石介代富弼作的"废立诏书"。这些事都传到仁宗的耳中,仁宗虽表示不信,但也流露出一些疑忌。于是范仲淹、富弼不安于位,自请按抚视察边防。庆历四年(1044年)六月,范仲淹外调为陕西、河东两路宣抚使,八月,富弼为河北宣抚使,石介为濮州通判。同时,欧阳修也以龙图阁直学士的官衔,任河北都转运按察使了。政敌们并未就此罢手,庆历四年九月,新政的另一位领袖人物杜衍继晏殊为相,其婿苏舜钦任集贤校理、监进奏院。苏舜钦是位著名诗人,为欧阳修的密友。秋季祀神,以卖衙门的故纸之钱晏同僚,这本是许多衙门的惯例。御史中丞王拱辰却小题大做,弹劾苏舜钦监守自盗,其目的是要推倒杜衍。结果,苏舜钦除名为民,与宴的十几个人均遭贬谪。事后,王拱辰得意地宣称:"这一回可以说是一网打尽了。"次年,范仲淹、富弼、杜衍以及余靖、尹洙等都以"多挟朋党"的罪名,正式罢免朝中职务外调,庆历新法停止实行,庆历革新夭折了。

欧阳修任河北都转运按察使期间,勤于政事,尽职尽责。对于官吏的德能、山川地理的形势、物产所出、军粮兵械、士兵训练,他都亲自考察,造成详备的图表。他秉公执法,不畏权势,也不讲私情。此前不久,保定云翼军暴动,杀了通判,据守城池,朝廷派大军镇压,攻城不克,便采取诱降之策。义兵献城之后,真定帅田况违背诺言,坑杀八百人。真定都部署李昭亮、定州通判冯博,掠叛军妻女。欧阳修得知后,立即逮捕冯博,绳之以法。李昭亮闻讯,赶紧把所掠妇女交了出来。保定叛兵尚存二千人,时富弼为河北宣抚使,怕再生事端,打算把叛兵全部坑杀。他与欧阳修是多年密友,便把自己的计划私下告诉了欧阳修。欧阳修坚决不同意,说:"灾祸没有比杀戮降兵再大的了,这两千人是协从,罪不应死,怎么能把他们全部杀了呢!"富弼固执己见,二人发生了激烈的争辩,最后,欧阳修说:"这事没有朝廷的正式旨意,是您量情处置。如果各郡官员中有不通权变的人,认为你是擅自杀戮,不按您的命令办,必然要滋生事端。这本是想要除害于未萌,反而激发了暴乱啊!我若是到达任所,是绝不会执行您的命令的。"富弼这才有所醒悟,取消杀降的计划。欧阳修性情耿直,从来是对事不对人的。即使是至爱亲朋,他认为不对的地方,也直切而言,从不顾忌。庆历元年(1041年)冬,汴京大雪,枢密使晏殊在西园宴客赏雪。晏殊是欧阳修中进士的座主,又非常器重欧阳修。欧阳修也敬之为恩师。他却即席赋《晏太尉西园贺雪歌》,批评晏殊不顾恤国事。诗中说:"主人与国共休戚,不唯喜悦将丰登。须怜铁甲冷彻骨,四十余万屯边城。"晏殊听了很不高兴,当场不便发作,事后一直耿耿于怀,对人说:"唐朝名相裴度也经常宴请宾客,那时韩愈也会做文章。韩愈就没有这样闹腾过!"很久以后,欧阳修为此事写信向晏殊致歉,晏殊在信尾草草写了几个字,叫文书誊清作答。有人问他是谁的信,他只说了句:"是我主持贡举时选的一个门生。"

欧阳修这种耿直敢言的性格,更是使政敌们恨之入骨,必欲置之死地而后快。

庆历五年（1045年），欧阳修妹婿张龟正前妻之女张氏，自幼在欧阳修家养育，成人后嫁于欧阳修之侄欧阳晟。张氏与仆人陈谏私通，事发，交开封府审理，供词中诬告欧阳修与其有染。军巡判官孙揆只追究其与仆私通事，未理会诬告之词。宰相陈执中大怒，再命户部判官苏安世复审。苏安世迎合宰相之意，尽采张氏诬陷之词以成案，遂下欧阳修于狱。陈执中又派与欧阳修有前怨的内侍王昭明督监复勘。王昭明看了案卷，十分吃惊，对苏安世说："我侍奉圣上，圣上没有三天不提欧阳修之名。如今你审这个案子，迎合宰相之意，强加大恶之罪，将来我要被连累吃剑的。"苏安世听了，也害了怕。不敢再改动孙揆的审理结果。只弹劾欧阳修用张氏的资财买田产立户之事。于是欧阳修被贬为滁州知州。苏安世、王昭明也为此而遭贬逐。

庆历五年十月，欧阳修到滁州（今安徽滁县）任所，时年40岁。滁州位于江、淮之间，风景秀美，但与外界交通不便，比较闭塞。郡小事少，欧阳修又为政宽简，滁州在他治理下倒也年丰民乐，而他自己也有较多的闲暇流连山水，使他在政治漩涡中被搅得疲惫不堪的身心得以调整休息。他渡琅琊溪，登石屏路，探归云洞，观庶子泉，憩班春亭，写了《琅琊山六题》组诗。他偶然发现幽谷之中甜美的清泉，凿石池蓄水，筑亭其旁，命名为"丰乐亭"，并写了著名的《丰乐亭记》一文。而在此期间，他的最为脍炙人口的作品，则是《醉翁亭记》。这是一篇赋体散文，充满浓郁的诗情画意，通篇用了二十一个也字，句法类同，却又能寓变化于整齐，遥曳多姿，韵味无穷。这篇散文描绘了一幅"与民同乐"的生动情景，体现了欧阳修的政治理想与信念。虽然是在遭受诬陷与贬谪之后，但文章却充满乐观开朗、潇洒幽默的基调，表现了作者旷达的胸襟。

在滁州，欧阳修经常与他的密友梅尧臣、苏舜钦、余靖等书信来往，诗文寄赠。他的学生徐无党、曾巩都跋山涉水专程来探望他。曾巩向他推荐了王安石的文章，欧阳修十分赞赏，很想见见这位才情不凡的后辈。

庆历八年（1048年）正月，欧阳修调任扬州知州，离开了他治理了三年的滁州。

偈古文运动

欧阳修任扬州知州仅一年。他为政不求声誉，宽简而不生事扰民。他很注重名胜的保护与修整，以扬州琼花天下无双而筑"无双亭"。他还建了平山堂，据蜀冈，下临江南数百里，成为淮南第一名胜。暑夏之时，他凌晨即携宾客来游，派人到邵伯湖取荷花千株，分插花盆之中，与客人宴饮其间。他还在堂前种了许多柳树，绿绦飘拂，风致幽雅。数年后，他的朋友刘敞任扬州知州，他写了一首《朝中措》词赠之，词中忆及自己在扬州时的心情：

平山栏槛倚晴空，山色有无中。手种堂前垂柳，别来几度春风。文章太守，挥毫万字，一饮千钟。行乐直须年少，樽前看取衰翁。

在扬州，欧阳修患了严重的眼疾，他向朝廷请求调知事少政闲的颍州（今安徽阜阳），皇祐元年（1049年）正月得到批准，二月抵任。颍州地处颍水之滨，土肥水美,风光秀丽,欧阳修非常满意。特别是颍州城西北的西湖,与杭州西湖、扬州瘦西湖齐名,更令欧阳修流连忘返。他一连写了十三首调寄《采桑子》的小词,赞美西湖的景致,每首都以西湖好开头:

轻舟短棹西湖好,绿水逶迤。芳草长堤,隐隐笙歌处处随。无风水面琉璃滑,不觉船移。微动涟漪,惊起沙禽掠岸飞。

他还在一首七绝里抒写了自己由扬州调知颍州的欢快心情:

蒻莴香清画舸浮,使君不复忆扬州;

都将二十四桥月,换得西湖十顷秋。

这期间,朝廷恢复了他的龙图阁直学士的职衔,这表示已经给他昭雪前诬。他自然十分感激。同时,这也预示,朝廷并不打算让这位德才兼备的人物长期闲置,还要重用他。

果然,皇祐二年(1050年)七月,他就被调为知应天府兼南京留守司事。宋代的南京,在今河南商丘,是个繁华的都会,政繁事忙,来往宾客又多,这使欧阳修更加怀念颍州了。他给朋友梅尧臣寄诗,相约在颍州买田置宅,终老于此。

皇祐四年(1052年)三月,欧阳修母亲病故。他回到颍州守丧,次年八月,护母丧返故乡吉州沙溪安葬。服除之后,他被召入京师,仁宗见他头发全白了,动了恻隐之心,留他在朝廷任职,让他权判吏部内诠,负责官员的考察叙用。这使他的政敌们十分恐慌,他们伪造了一封欧阳修建议裁减宦官的奏疏,激起宦官的恼怒。宦官们不断在仁宗面前攻击中伤他。他上任仅六天就被改派知同州。吏部南曹吴宗、知谏院范镇一再为他申辩,仁宗才收回成命,诏留京修《唐书》。不久,迁翰林学士兼史馆修撰,差勾当三班院。他虽然屡遭贬黜,但耿直敢言的作风没有改变,他上书论陈执中不应为相,言贾昌朝好施阴谋,陷害良士,要求罢其枢密使之职。他的朋友富弼继陈执中为相后,他与富弼在修治黄河的问题上发生了激烈争论。富弼未接受他的意见,坚持开六塔河,引黄河水入故道,结果造成溃堤泛滥,溺死者无数。

至和二年,契丹国(辽)主耶律宗卒,子耶律洪基即位。他以右谏议大夫的名义,充任贺登位国信使,出使契丹。契丹君臣早就仰慕他的大名,破格礼遇,物派皇叔宗愿、宗熙、宰相萧知足,太后弟尚父中书令萧孝弟陪宴,这是从来没有先例的。

嘉祐二年(1057年),欧阳修主持礼部贡举。长期以来,由于欧阳修、尹洙等人推崇韩愈,提倡古文,宋初浮靡的"西昆"文风影响逐渐减弱了,但又滋生了另一种倾向,求深、务奇之风盛行起来,"求深者或至于迂,务奇得怪僻不可读"(苏轼《谢欧阳内翰书》),致使"余风未殄,新弊又生"。甚至连与欧阳修一起撰修《唐书》的宋庠也不免此病。欧阳修曾十分巧妙地劝诫他:一次宋庠去拜访欧阳修,见他门上贴了"宵寐匪祯、扎闼洪休"八字。宋庠不解,向欧阳修请教。欧阳修笑道:"就是'夜梦不祥,书门大吉'之意,先生您的文章不就是这种风格吗?"

欧阳修决定利用这次知贡举的机会,大力矫正这种生僻艰涩的文风。好在这次同知贡举的端明学士韩绛、侍读学士范镇等四人以及参详官梅尧臣都是志同道合的朋友。他们决定对那种以艰深文浅陋、怪谬不通的文章,一概不予录取。有一位叫刘几的太学生,好为怪文,颇有名声。他的试卷中有"天地轧、万物茁、圣人发"这种句子,欧阳修见了,又气又笑,诙谐地批了两句"秀才刺,试官刷"。发榜之后,凡属类文字的举子,一律名落孙山,落第举子们大哗,他们成群结伙,拦住正要上朝的欧阳修的马头,大吵大闹,说考官们只顾诗文介和,没有认真看试卷,有人甚至写了祭文寄到欧阳修的家中,诅咒他早死!

在黜落文风不正的举子同时,这次贡举选录了一大批有真才实学的人。其中尤以苏轼、苏辙兄弟以及曾巩最为杰出。考试策论的题目是《刑赏忠厚之至论》,苏轼所作使欧阳修击节赞赏,欲置之第一。因举子试卷姓名是糊住的,欧阳修担心此文是他的得意门生曾巩所作,为避嫌,改为第二。事后,苏轼去拜谢座师欧阳修。欧阳修问他:"你作的《刑赏忠厚之至论》中有'皋陶多次宣布杀犯罪之人,尧则多次赦免'。这个典故出自什么书。"苏轼答道:"出自《三国志·孔融传》。"欧阳修回家之后翻阅,见其中并没有。再见到苏轼,又问他。苏轼说:"曹操消灭袁绍之后,把袁绍之子袁熙的妻子甄氏赐给曹丕。孔融说:'过去武王伐纣,把妲己赐给了周公。'曹操吃了一惊。问他是从什么经书中看到的。孔融说:'以今日之事来看,我想象必定如此。'我讲的皋陶和尧的事,也是猜想必定如此啊。"欧阳修是个十分幽默的人,对于门生的调侃非但没生气,反而对别人说:"这个人可以说是善于读书、善于用书,将来他的文章必定独步天下。"这件事是南宋诗人杨万里《诚斋诗话》中所载,恐有夸饰。但欧阳修在苏轼中进士后不久,就曾写信给梅尧臣,十分高兴地说:"读苏轼的文章,不知不觉地出了身汗,真痛快啊!老夫我应当让让路,放他出一头地!可喜可喜。"欧阳修对有才能晚辈后生是十分爱护的,他不仅极力吹嘘奖拔,而且给以具体的教诲指导。早在知滁州时,欧阳修通过曾巩介绍得知王安石之名并读了他的文章,他就让曾巩转告王安石:"少开廓其文,勿用造语及模拟前人。""孟、韩文虽高,不必似之也,取其自然耳。"后来,他曾多次向朝廷推荐王安石可充馆阁及谏官之职。嘉祐元年(1056 年),王安石入京为群牧判官,首次拜访欧阳修。欧阳修倒屣相迎,把王安石介绍给在座的宾客,并赋诗相赠:

> 翰林风月三千首,吏部文章二百年。
>
> 老去自怜心尚在,后来谁与子争先。
>
> 朱门歌舞争新态,绿绮尘埃试拂弦。
>
> 常恨闻名不相识,相逢樽酒盍留连。

诗中"翰林风月"指李白,"吏部文章"指韩愈,勉励王安石以李、韩为榜样。王安石读了之后,十分感激,立即写了《奉酬永叔见赠》作答:

> 欲传道义心虽壮,强学文章力已穷。
>
> 他日若能窥孟子,终身何敢望韩公。
>
> 抠衣最出诸生后,倒屣尝倾广座中。
>
> 只恐虚名因此得,嘉篇为赆岂宜蒙。

欧阳修提拔培养的一大批人才,不仅驰骋于文坛,使他所领导的新古文运动取得成功,而且成为北宋中后期最有活力的政治家。

嘉祐二年这次贡举,在当时虽引起激烈的反对,但却发挥了扭转文风的重大作用。那种怪僻艰涩的文风,从此销声匿迹了。苏轼在《太息送秦少章》一文中言及:"昔吾举进士,试于礼部,欧阳文忠公见吾文曰:此我辈人也,吾当避之。方是时士以剽裂为文,聚而见讪,且讪公者,所在成市,曾未数年,忽焉若潦水之归壑,无复一人见者。"

一代宗师逝

欧阳修自至和元年(1054年)再度入朝廷职之后,十余年内,仕途比较顺畅,没遇到什么大的风浪。仁宗也对他恩宠优渥:"嘉祐以来,逢国大庆,必加宠赐。"官位越来越高,但身体状况却越来越差。多年的眼疾越来越严重,又新添了昏眩之疾。他已年过半百,鬓发全白,已纯然是一衰翁了。他的心中常常泛起了一种黯然自伤的情绪,在著名的《秋声赋》中,他写道:

嗟乎!草木无情,有时飘零;人为动物,唯物之灵,百忧感其心,万事劳其形,有动于中,必摇其精。而况思其力之所不及,忧其智之所不能,宜其渥然丹者为槁木,黟然黑者为星星。奈何以非金石之质,欲与草木而争荣。念谁为之戕贼,亦何恨乎秋声。

嘉祐三年(1058年)六月,欧阳修加官龙图阁学士、权知开封府。他的前任包拯,刚正威严,执法如山,名震京师。他上任之后,则勤于政事,不务声采。有人对他说:"包公以威严为治,真有古代京兆尹之风。而您上任之后,却没有做过几件轰动的事情,为什么呢?"他回答说:"人的材性各有长短,哪里能舍己之长,去勉强为所短之事,因循世俗希求声誉呢?我尽我的力量,能办的就办好,不能办的就停止。"他这种平稳务实的作风,把京城治理得也很好。京城多权贵,他们犯了法,往往求皇帝降旨赦免。欧阳修上奏凡犯法求皇帝赦免者加本罪二等。宦官梁举直私自役使官兵,交开封府审理,内廷三次降旨赦免,欧阳修拒绝接受,坚持依法处置。这年冬天,开封大雪,百姓冻饿而死者无数。欧阳修上奏请求,停止明年的元宵节放灯活动,节减费用,救济饥民。京城繁冗的政务使衰病的欧阳修实在难以支持,由于几案之劳,他的左臂疼痛不可忍;灯下审阅公文,又使他眼疾大作。他一再请求,终于在嘉祐四年正月,解除了知开封府的职务。迁转一级为给事中,充任御试进士详定官。

嘉祐五年(1060年)七月,欧阳修主持的二百五十卷的《新唐书》编撰完成。这项工程前后共用了十七年的时间。欧阳修至和元年(1054年)以翰林学士入唐史局,也有七年了。他负责"纪""志""表"的编写,"列传"则由宋祁负责。参加这一工作的还有范镇、宋敏求、吕夏卿、刘羲叟等人。脱稿之后,朝廷决定由欧阳修审阅全书,统一文字。欧阳修说:"宋(祁)公于我为前辈,况且各人所见不同,哪能都按自己的意愿修改呢!"对宋祁"列传"部分一字不改。书成进奏,按例只题官职最高的欧阳修一人之名,而欧阳修却说:"宋(祁)公在'列传'的撰写上,功深日久,哪能淹没其名,夺他的功呢。"他坚持"纪""志""表"部分写自己的名字,而"列传"部分则写宋祁的名字。宋祁之兄宋庠听说此事,感慨道:"自古文人好相凌淹,此事前所未有也。"

在编修《新唐书》的后期,欧阳修曾推荐他的好友梅尧臣参加。梅尧臣以诗驰名三十年，却未得一馆阁之职。欧阳修希望书成之名，能使梅尧臣入馆阁。可惜的是，嘉祐五年四月，书尚未成而梅尧臣病逝。欧阳修十分悲痛，做长歌《哭圣俞》悼之，诗中赞美梅尧臣的才能，对他仕途蹭蹬，不受重用表示愤慨。诗的最后写道：

> 荐贤转石古所尤，此事有职非吾羞。
>
> 命也难知理莫求，名声赫赫掩诸幽。
>
> 翩然素旐归一舟，送子有泪流如沟。

梅尧臣素贫，卒后，欧阳修为他向朋友募集钱财，替他家人购置了义田，并请求朝廷录其子为官。欧阳修是笃于友情之人。好友尹洙卒后，他也奏请朝廷录其子。学者孙夏有《尊王发微》十五卷，朝廷有旨让他进奉，书未毕而卒。欧阳修奏请准其家抄录进奉，推恩其子，也录用为官。

嘉祐五年（1060 年），欧阳修被授为枢密副使，两年后，他又转任参知政事，成了副宰相。这时，仁宗已至晚年，无子，皇储未定。他与宰相韩琦等人力促仁宗早立太子。仁宗终于立濮安懿王之子赵宗实为太子，更名赵曙。嘉祐八年（1063 年）年三月，仁宗暴卒，赵曙即位，是为英宗。韩太后垂帘听政，与英宗不和，想废掉英宗。韩琦、欧阳修又极力劝导太后，避免了一场宫廷危机。此时，枢密使空缺，朝议皆以为欧阳修堪当此任。一天，欧阳修上朝，见宰相韩琦与同平章事曾公亮低声耳语，欧阳修走过来，便不再交谈，只是望着欧阳修笑。欧阳修问道："你是在谈推荐我任枢密使之事吧！"二人说是。欧阳修正色道："现今天子居丧，尚未亲政，母后垂帘，朝政得失，天下之人都认为是我们几位大臣决定的，如果我任枢密使，人们会说我们几个人相互补置，怎么能让天下人信服呢？"韩琦、曾公亮听了，认为很对，就不提此事了。后来英宗几次让欧阳修担任枢密使，他都坚辞不就。他这种刚正坦然，不谋私利的品德，终生不渝。韩琦为相，二人相知已久，但议论政事，欧阳修认为不妥的，未尝不力争，以至于英宗也为他担心，当面劝他说："您性子太直，不避众怨。常见你奏事时，与两位丞相意见不合，就当面反驳，说话不加避讳。御史、谏官论事，你也常常面折其短，即此可知，人们都不喜欢你。你应该稍加戒约呀！"欧阳修身居高位，但从不徇私情，有求他办事的，他当面给人家分析可否，不能办的，就直说此事决不可行。所以，有很多人怨恨他、诽谤他，他却一点也不顾忌。他常说"我并不想富贵而得以富贵，所以我也不怕失掉它！"

英宗治平二年（1065 年）四月，皇帝诏命群臣议定宗奉濮王的典礼。濮王赵允让是英宗本生之父。知谏院司马光以为英宗既祧大统，不宜追尊生父，应称之为皇伯。欧阳修引《礼记·丧服记》以为称生父为皇伯"历考前世，皆无典据"。于是，以韩琦、曾公亮、欧阳修等执政大臣为一方，以司马光、吕晦、范纯仁、吕公著等谏官、御史以及翰林学士王珪为一方，发生了激烈的争论。这就是所谓"濮议"之争，争论一直延续到治平三年初，侍御史吕诲、范纯仁攻击韩琦"专权导谀"，欧阳修"首开邪说"，闹到势不两立的地步。这种礼仪名号之争，实际上涉及太后与英宗的权力之争。最后由太后亲手写了诏命，下颁中书省：以为应尊濮王为皇，夫人为后，英宗皇帝应称之为父、母亲。英宗马上下诏谦让，不接受尊号，只称父、母亲。当时的舆论认为，这种妥协的办法，是执政大臣的主意。于是御史吕诲等人认为"理难并立"，纷纷要求辞职。韩琦、欧阳修等也向皇帝奏说："既然御史们认为理难并立,如果皇帝认为罪在我等,应当留下御史,罢免我们的职务。"皇帝犹豫了很久,最后决定贬黜御史范纯仁、吕诲等。司马光等请留御史,不答复;又请求与御史一起贬黜,不准。这件事应当说执政大臣韩琦、欧阳修的处置是妥当的,而谏官、御史司马光、范纯仁等未免意气用事。不过,欧阳修这次虽然占了上风,但却也种下了祸根,使一些台谏官员对他更加嫉恨,他们在等待时机打击欧阳修。

治平四年(1067年)正月,英宗去世。太子赵顼即位,是为神宗。欧阳修的政敌们终于等到了机会。欧阳修夫人薛氏之堂弟薛宗孺,官水部郎中,所荐京官崔庠因贪赃获罪,事连宗孺,入狱,遇赦当释。欧阳修上书言不应因自己为参知政事而宽恕宗孺,须依法审处。宗孺为此而免官。他怀恨在心,造谣说欧阳修与其长子之妻吴氏有奸情。集贤校理刘瑾对欧阳修早就不满,趁机大肆传播。御史中丞彭思永听说后,告诉御史蒋之奇。蒋之奇原为太常博士,"濮议之争"时坚决支持欧阳修。事后欧阳修推荐其为监察御史里行。御史台与中书省矛盾很大,蒋之奇到任后十分孤立,为了摆脱自己的窘境,他上书弹劾欧阳修"帷簿不修"。欧阳修对此又惊又怒,他一再上书神宗,要求申雪诬谤,说:"臣必不能枉受大恶之名,当举族碎首,叫天号冤。仰诉于阙庭,必不能含糊自止。"神宗命中书省诘问蒋之奇。蒋之奇答复是从御史中丞彭思永处得知。彭思永不愿牵连同乡的集贤校理刘瑾,只得承认是得之传闻,暧昧无实。于是彭思永、蒋之奇皆被贬黜。神宗亲自给欧阳修写信抚慰。

经过这一次打击,欧阳修对险恶的仕途彻底厌倦了。他连连上表乞请罢政。三月,神宗终于同意,免去他参知政事的职务,命他以观文殿学士,刑部尚书的身份出知亳州(今安徽亳县)。陛辞时,还特准他过颍州稍留。

欧阳修早已在颍州买田,这次到颍州,趁便修建住宅,做归老田园的准备。他的心境非常轻松,在《再至汝阴三绝》中写道:

> 黄栗留鸣桑葚美,紫樱桃熟麦风凉。
> 朱轮昔愧无遗爱,白首重来似故乡。

欧阳修在亳州任职仅一年。熙宁元年(1068年)他连上五道扎子,乞请致仕退休。朝廷非但不允,反而改派他知青州,充京东东路安抚使。他再度坚辞,不允。只得赴任。青州虽是大州,好在此地民俗淳厚,又连年丰收,地方安宁,他的生活倒也轻松。此时,王安石被任命为参知政事,开始推行新法。朝中富弼、司马光、苏轼等人反对新法,皆遭贬逐。他在青州,并未直接表示反对变革,只连上了两道扎子,对新法之一的"青苗法"表述了不同意见。即使这样,也受到申斥。他再度要求致仕,结果还是"每求退则得进,每辞少则获多",他被改命为检校太保宣徽南院使、判太原府、河东路经略安抚使、兼并、代、泽等诸路兵马都总管。这次他是下定决心坚辞不就了。终于,熙宁三年(1070年)七月,朝廷命他改知蔡州(今河南汝南)。熙宁四年(1071年)六月,由于他累次上表乞休,朝廷只得答应他以观文殿学士、太子少师的官衔致仕了。七月,他回到颍州。当时,他65岁,比规定的大臣七十致仕提前了五年。这固然由于他晚年衰弱多病,但也表现了他不贪名利、急流勇退的旷达情怀。苏轼说:"余出入文忠门最久,故见其欲释位归田,可谓切矣。他人或苟以借口,公发乎至情。如饥者之念食也。"(《跋欧阳文忠公书》)

他中年知滁州时,自号醉翁。晚处致仕前夕,更号为六一居士。自述说:"吾家藏书一万卷,集三代以来金石遗文一千卷,有琴一张,有棋一局,而常置酒一壶","以吾一翁,老于此五物之间,是岂不为六一乎?"

颍州西湖,依旧风光旖旎。他曾用《采桑子》词调,写过十多首"西湖好"的小词,二十几年过去了,抚今追昔,感慨良多,他不禁又赋新词一首:

平生为爱西湖好,来拥朱轮,富贵浮云,俯仰流年二十春。归来恰似辽东鹤,城廓人民,触目皆新,谁识当年旧主人。

致仕之后,欧阳修生活安逸闲适,但不寂寞。他的朋友和门生纷纷来信致贺。当年九月,他的得意门生苏轼、苏辙兄弟专程来访。冬季,妻兄薛仲孺又便道来访。而次年春,他所敬重的老友,早已退居南京(今河南商丘)的赵概,以 77 岁高龄,风尘仆仆地来和他相会。早在庆历五年(1045 年)欧阳修被诬遭贬时,赵概虽与他并不熟悉,却挺身而出,为他辩护。此后二人长期同朝为官,情深意笃。赵概也仕至参知政事,同样也以太子少师致仕。赵概的来访,使欧阳修十分感动。他在《与吴正献公冲卿》信中写道:"近叔平自南都惠然见访,此事古人所重,近世绝稀。"两位老友聚饮于西湖之滨,时知颍州的龙图阁直学士吕公著也来参加,并题其堂为"会老堂"。欧阳修十分兴奋,他即席赋《会老堂口号》,句云:"金马玉堂三学士,清风明月两闲人。"

他致仕之初,看起来身体和精神还很好。苏轼在《陪欧阳公宴西湖》诗中写道:

谓公方壮须似雪,谓公已老光浮颊。

竭来湖上饮美酒,醉后剧谈犹激烈。

但是实际上他已经百病缠身了。致仕一年之后,即熙宁五年(1072 年)闰七月二十三日,这位三朝名臣,一代宗师终于阖上双目,与世长辞了。

他死后,朝廷特赠太子太师。熙宁七年(1074 年)八月,谥为"文忠"。次年九月葬于开封府新郑市旌贤乡。

一生功绩评

欧阳修一生著述等身,在史学和文学领域取得了巨大成就。他生前自定诗文集五十卷,题为《居士集》。南宋孝宗时丞相庐陵周必大,又将其《居士集》之外的诗文收为《居士外集》,共二十五卷,并集其撰写的制书、奏议、笔记、诗话、书简等杂著,以及《集古录》跋尾,合编为《欧阳文忠公集》,计一百五十三卷,近百万字之多。此外,他还撰写了《新唐书》纪、志、表部分共七十五卷,《五代史》七十四卷,《诗本义》十四卷,《归荣集》一卷。

欧阳修是我国古代杰出的散文大师。他继承和发展了唐代韩愈、柳宗元古文运动的传统,发动并领导了北宋的新古文运动,矫正了浮华萎靡、险怪生涩的文风,造就了苏洵、苏轼、苏辙、王安石、曾巩等一批散文大家,开创了一代新风,并对后世产生了深远的影响。他一生创作的散文,有数百篇之多,"文备众体,变化开合,因物命意,各极其工"(吴充《欧阳公行状》)。他的散文贯彻了他的"文道并重"的创作理论。有着充分的思想内容,情笃意深、平易畅达而又迂徐委曲,跌宕起伏、含蓄婉转而又出自天然,韵味无穷。其中如《丰乐亭记》《醉翁亭记》《有美堂记》《泷冈阡表》《祭石曼卿文》《尹师鲁墓志铭》《朋党论》《纵囚论》《五代史宦者传论》《五代史伶官传序》《梅圣俞诗集序》《释秘演诗集序》《上范司谏书》《与高司谏书》《秋声赋》等大量佳作,为后世传诵,乃至奉为楷模,堪称我国古代散文宝库中的珍品。王安石在《祭欧阳文忠公文》中论述欧阳修散文的特点说:"如公气质之深厚、智识之高远,而辅以学术之精微,故形于文章,见于议论,豪健俊伟,怪巧瑰奇。其积于中者,浩如江河之停蓄;其发于外者,烂如日月之光辉。其清音幽韵,凄如飘风急雨之骤至;基雄词闳辩,快如轻车骏怪之奔驰。"而他的另外一位得意门生苏轼则高度评价了他的散文成就和影响:"(韩)愈之后三百年而后得欧阳子,其学推韩愈、孟子以达于孔氏,著礼乐仁义之实以达于大道。其言简而明,信而通,引之为连类,析之于至理,以服人心。故天下翕然师尊之。"

　　欧阳修也是宋诗革新的开拓者。北宋初年承晚唐五代之后,诗风萎靡,盛于一时的"西昆体",撦拾旧典,堆砌华词,排比声韵而内容空泛,气格卑弱。欧阳修与他的朋友梅尧臣、苏舜钦、石延年等一起,从理论和实践上,涤荡了"西昆体"不良影响,又上承唐代李白、杜甫、韩愈、白居易诸大家的传统,另辟蹊径,开宋诗一代新风。针对"西昆体"之弊,他特别强调诗歌的社会作用,指出:"诗之作也,触事感物,文之以言,善者美之,恶者刺之。"(《诗本义·本末论》)强调诗出于至情,有为而发,他说:"凡士之蕴其所有而不得施于世者,多喜自放于山巅水涯,外见虫草鱼木风云鸟兽之状类,往往探其奇怪,内有忧思感愤之郁积,其兴于怨刺,以道羁臣寡妇之所叹,而写人情之难言,盖愈穷则愈工。"欧阳修利用自己在政治和文坛上的地位,大力表彰推崇梅尧臣、苏舜钦等友人的诗作,制造声势,推动诗风转变,他在《水谷放行寄子美、圣俞》诗中写道:"子美(舜钦)气尤雄,万窍号一噫。有时肆癫狂,醉墨洒滂沛。譬如千里马,已发不可杀。盈前当珠玑,一一难柬汰。梅翁事清切,石齿漱寒濑。作诗三十年,视我犹后辈。文辞愈清新,心意虽老大。譬如妖韶女,老自有余态。近诗尤古硬,咀嚼苦难嗾。初如食橄榄,真味久愈在。"而他自己的创作,则风格多样,或富丽奇纵,或清俊飘逸,或雄健苍劲,或平实淡雅,皆"自出胸臆,不肯蹈袭前人"。而其诗最主要的特色,则是坦率平易,清新自然,他首开"以文为诗"的风气,喜铺叙,多议论,有理趣,正如清学者全祖望所说:"庆历以后,欧、梅、苏、王数公出,而宋诗一变。"

　　欧阳修在词集《六一词》和《醉翁琴趣外编》传世,约有二百余首。在词的创作上,他也起了承前启后的作用。他与晏殊齐名,是北宋前期词坛上的代表人物,并称"晏欧"。他们承袭南唐冯延巳清隽的词风,而"晏同叔得其俊,欧阳永叔得其深"。欧阳修的词情深意浓,他能把自己身世、遭际、品格、情怀融入词中,使词具有了较为鲜明的个性化色彩,而不再只限于供歌儿舞妓演唱,宴客娱宾了。他对词的题材进行了开拓,山水之乐,世事感慨,怀古咏今,伤时叹老,皆入于词,而不只限于咏唱艳情闺思了。他写词在运用比兴手法之外,也尝试用铺叙直陈的手法。于短词小令之外,也写了一些长调慢词。他注意采用民间新的曲调,并以俗语、俚语入词。在这些方面,他都对宋词的发展做出了贡献,直接推动了柳永和苏轼对词的重

才子文豪

大革新。

欧阳修晚年退居颍州之后，短短一年时间里，他整理撰写了两部著作：一部是笔记《归田录》（二卷），记载朝廷掌故典实、士大夫轶事趣闻，不仅简雅生动，而且有很重要的史料文献价值。另一部是《六一诗话》。虽仅二十八条，但却集中体现了欧阳修晚年对诗歌的创作和欣赏的重要见解。此前，并无"诗话"之体，欧阳修《六一诗话》首开先河，继之者有司马光《续诗话》、刘攽《中山诗话》、陈师道《后山师话》等，此后，纷至沓来，林林总总，历代不绝，遂成为我国古代论诗的一种重要形式。

欧阳修辞世前不久，写了一首绝句：

> 冷雨涨焦陂，人去陂寂寞。
>
> 唯有霜前花，鲜鲜对高阁。

这首小诗可能是他的绝笔之作，诗人怀着寂寞和怅惋的心情向人世做了最后的诀别。这位庙堂名臣、文坛宗师至今已经辞世九百余年了，但他的品格、他的学识、他的著作，却依旧像经霜秋菊，在历史的殿阁旁，鲜艳地开放着，充盈着永恒的生命活力。

放歌人生路

——苏轼

名人档案

苏轼：字子瞻，又字和仲，号"东坡居士"，世人称其为"苏东坡"。汉族，眉州（今四川眉山，北宋时为眉山城）人，祖籍栾城。北宋著名文学家、书画家、词人、诗人和美食家，历史治水名人，唐宋八大家之一，豪放派词人代表。

生卒时间：1037 年~1101 年。

安葬之地：葬于河南郏县。

性格特点：襟怀宽阔。

历史功过：苏轼是北宋中期文坛领袖，其诗、词、赋、散文，均成就极高，且善书法和绘画，是中国文学艺术史上罕见的全才，也是中国数千年历史上被公认文学艺术造诣最杰出的大家之一。其散文与欧阳修并称欧苏；诗与黄庭坚并称苏黄；词与辛弃疾并称苏辛；书法名列"苏、黄、米、蔡"北宋四大书法家之一；其画则开创了湖州画派。

名家评点：王国维：以宋词比唐诗，则东坡似太白，欧、秦似摩诘，耆卿似乐天，方回、叔原则大历十子之流。

蔡嵩：东坡词，胸有万卷，笔无点尘。其阔大处，不在能做豪放语，而在其襟怀有涵盖一切气象。若徒袭其外貌，何异东施效颦。东坡小令，清丽纡徐，雅人深致，另辟一境。设非胸襟高旷，焉能有此吐属。

胡仔："中秋词自东坡《水调歌头》一出，余词尽废。"

两度出川　步入仕途

宋仁宗嘉祐四年（1059）深秋，一叶轻舟沿岷江入长江，向下游飞驰而去。江水流经三峡时,因河床狭窄,流速大增,惊涛拍岸,激起雪白浪花,颇有些惊心动魄。江两岸,连绵的群山已是落木萧萧。山径上,三三两两的农人樵夫,匆匆赶路,他们并不知道,自己的身影,已被普通客船上的文学臣擘摄入诗中。

船上看山如走马,倏忽过去数百峰。前山槎牙忽变态,后岭杂沓如惊奔。仰看微径斜缭绕,上有行人高缥缈。舟中举手欲与言,孤帆南去如飞鸟。

站在船头的诗人刚吟毕,他身后的高个子青年便拍手称好。船侧那位长者微笑着唤来书童,命他速进舱内备好纸墨,以便录下这首新诗。

长者姓苏名洵,字明允,号老泉。高个子是他的次子,名辙,字子由。而吟诗的便是他的长子,名轼,字子瞻,即后来成为北宋文坛霸主的苏东坡先生。在唐宋八大家文章魁首中,苏家父子就占去三席,其余五位是韩愈、柳宗元、欧阳修、王安石、曾巩。苏轼是位旷世奇才,人品学问均为世人称颂,诗词文书画诸方面均有极深造诣。当然,这是后话。现在,他刚刚步入仕途,与父亲弟弟相伴进京受命。

苏家祖籍河北栾城,二百年前迁居四川眉山,虽不是豪门巨富,却也称作耕读世家,现今在眉山纱縠行内有一所幽雅的宅院,城外有几亩薄田。苏洵生性聪慧,年轻时并不致力于学问功名,一味好游。后来,他的一位兄长中了举人,对他影响很大,他便将希望寄托在自己的两个儿子身上。他的夫人程氏出身书香门第,不仅读过很多书,也很有见识。夫妇两人请当地最有学问的名士教习苏轼苏辙兄弟。每当苏洵外出,程夫人就亲自督促两个儿子读书上进,并教导他们从小立下报效祖国大志。有一次,她亲自给苏轼讲解《后汉书·范滂传》,当讲到范滂因反对宦官专权而被逮捕,范母大义凛然,临别还教导儿子以气节为重时,苏轼天真地问母亲:"我若是范滂,母亲您会怎样?"程夫人直截了当地说:"那我就学范母!"

苏轼年纪轻轻就显示出超常的文学才华。他的老师刘微之作《鹭鸶诗》中有两句为:"渔人忽惊起,雪片逐风斜。"苏轼认为"逐风斜"不能准确地描写出鹭鸶的形象,遂改为"雪片落蒹葭",颇受老师赞许。学习之余,他与弟弟和邻居的孩子在房前屋后玩耍。有一次他在空地上凿出一块鱼形石头,碧绿的底子上,布满晶亮的银点,做成砚台用着很好,这块被他命名为天石砚的石头成了他家的传家宝。有时候,孩童们还到城外更远一些的山坡上游戏,使他接触到一般平民百姓的劳动生活。苏轼一生都铭记下层人民,可以说,苏轼兄弟是在一个健康良好的环境里成长起来的。如何能够使他们的学识才华被人承认并造福于社会?当时最好的出路,便是通过科举考试步入仕途。

三苏父子第一次出川,走的是旱路。二十一岁的苏轼和十八岁的苏辙随父亲经阆中,出褒斜谷,到长安。稍做调整后,便东行到达京城汴梁,即现在的开封。

那一次他们进京的目的就是为了让苏轼苏辙参加科举考试。苏家兄弟先顺利地通过了举人考试,于嘉祐二年(1057)正月参加进士考试。这道关口最重要,为了选拔好人才,宋仁宗任命礼部侍郎、翰林侍读学士欧阳修任主考官,国子监直讲梅圣俞为副考官。欧阳修是当时的文章大家,主张平易流畅、言之有物的文风,反对艰涩雕琢的"时文"。这一次,他出的考试题是《刑赏忠厚之至论》。苏轼挥洒自如,慷慨陈词,仅用了600余字,便阐明了以仁治国,严明赏罚适度的政治主张。梅圣俞读了这篇好文章,立即拿给欧阳修看,因卷子还密封着,欧阳修便以为这么好的文章,必定出自自己的学生曾巩,为了避嫌,把这篇夺魁之作排在了第二名。后来,苏轼见到欧阳修,欧阳修很是高兴,忽然想起苏轼文章中有"皋陶曰杀之三,尧曰宥之三",便问典出自何处。苏轼回答说典出自《三国志·孔融传》。欧阳修回去查找,并未找到这个典,再问苏轼,得到的回答是:曹操灭袁绍,以袁熙妻赐曹丕。孔融说,过去武王伐纣以妲己赐周公。曹操惊问此事出于何书,孔融回答:"以今度之,想当然耳。"苏轼此番便是学孔融,"想当然耳"。欧阳修见苏轼博闻强记,又十分机警,感叹道,这个人善读书,善用书,将来他的文章必定独步天下。

科举考试的最高形式是由皇帝亲自主持的殿试。同年三月,苏轼兄弟同榜高中进士及第。与此同时,苏洵拿着好友张方平的引荐信拜见欧阳修,同时献上自己写的二十篇论文。欧阳修认为这些文章大有荀况之风,便推荐给皇上。一时间,公卿大夫争相传阅。苏洵的文章如此精妙,他又有两位出色的儿子同榜中了进士,没有人不羡慕苏家父子的旷世才华。据说,宋仁宗回到后宫兴高采烈地对皇后说:"我为子孙选得了两位宰相人才。"

按当时习俗,新科进士要向主考官上谢表。欧阳修读了苏轼文采飞扬的谢表后,又进一步盛赞道:"读了苏轼的谢书,不觉汗出。痛快呀!老夫我应当避开,让他出人头地。"又说,再过三十年,人们只知苏轼,不会再知道我了。

正当三苏名噪京师时,家乡传来噩耗,程老夫人于四月初八日病故。父子三人匆匆收拾行装,返家奔丧。程老夫人被安葬在眉山安镇乡可龙里老翁泉旁,这里风景幽雅,山清水秀,被后人称作苏坟。

在将近三年的"丁忧"(即守丧)期间,苏家兄弟继续读书著文,为第二次出川做着准备。

现在,他们选择从水路向京师进发。二次出川,苏轼的情绪十分高涨,因为他和弟弟已经顺利通过了科举考试,进入了国家政治生活的内圈,锋芒初试,他们便一鸣惊人,今后的前程一定光辉灿烂。更让二人高兴的是,他们这次出门,都带了年轻的妻子。早在前次离家前,父母担心他们二人一朝考中进士,会被京城的高官显宦们抢去招婿,所以为他们娶了本地好人家的女孩儿。苏轼娶的是青神县乡贡进士王方之女王弗。王弗颇有才学,她很敬佩自己才华横溢的丈夫。当丈夫进京赶考时,她与弟媳一同侍奉婆母,直至老夫人去世。这次姐娌二人陪伴各自丈夫出去闯前程,当然是又兴奋,又激动。

一家五口带着家丁沿长江而行,两厢是应接不暇的奇峰异境,每经一处名胜古迹,他们必得登临游览,回到船上,父子三人少不得吟咏唱和,每得佳作,必定笔录下来。到江陵弃舟改走旱路时,已经积了一百多首,汇编起来,成为著名的《南行集》,也称作《江行唱和集》。集中所有诗篇,或凭吊古人,或感叹今世,或歌咏风物人情,都是有感而发。其中不少构思奇特,描摹逼真的作品,备受后人称道。

签判凤翔　浪迹天涯

到达京城开封后,苏轼被任命为河南福昌县主簿,苏辙被任命为渑池县主簿,均为九品小官,但二人都未去赴任,原因是欧阳修惜才如命,推荐他们参加秘阁制科考试。这是一项临时性考试,苏轼参加的是"极言直谏科"。试前,他写了二十五篇《进策》,考试时,又做了六篇文章,最后,宋仁宗又亲自出题,苏轼当殿作《御试制科策》一篇,被评为三等。这项殊荣在整个北宋时代获得的人数也只是凤毛麟角。

苏轼这一系列文章比较系统地表达了这位青年学子的基本政治观点和治国韬略,对时政的针砭鞭辟入里,因此,朝廷中不论是保守派还是激进派,都嫌他过于锋芒毕露,因而对他心怀芥蒂。也许正是从这个时候起,苏轼在仕途上的艰辛曲折和命运多舛,就已埋下了祸根。宋仁宗却十分赏识他的敏锐和忠心,认为他直言正谏,针砭时弊,对巩固宋王朝的根本地位是有益的,对他大加褒扬。不久,便任命他为大理评事签判凤翔府,这意味着职务的升迁。弟弟苏辙送他到郑州西门外,兄弟二人自幼一同读书,形影相随,此次远别,实属无奈。紧接着,苏辙也到商州做官去了。

凤翔府地处陕西关中,距京兆(长安)很近,既是军事重镇,又拥有大量历史文化遗迹。在签判凤翔府的两年多时间里,苏轼饱览了周秦汉唐古迹,先后写下了《骊山》《骊山三绝句》《凤翔八观》《郿坞》等许多咏怀的壮丽诗篇。当然,他更多的精力是用在公务上边,努力实践着他在《进策》中提出的政治主张。

在《到凤翔任谢表》中,苏轼便提出减轻老百姓负担的问题。凤翔老百姓最怕的是服"衙前役"。所谓衙前之役,便是官府随时抽派人力去做苦工,不仅干粮自备,还要包赔损坏丢失的物品。比如将终南山的木材茅竹砍伐下来,扎成排筏顺渭水黄河运送到京城,以做建筑材料。每逢秋季暴雨成灾,山洪暴发,把竹木筏子冲垮流失,为了包赔这些损失,老百姓往往倾家荡产。赔不起就得蹲大牢,只要一进监牢,不贿赂官吏就休想出来。真是民怨沸腾,民不聊生。苏轼一方面寻找机会,搭救受害民众,一方面出谋划策,选择春季枯水期运送木料,以减少事故损失。他的主张局部地解决了一些问题,但到了嘉祐八年(1063),宋仁宗驾崩,为修建陵墓,朝廷专门指派重臣韩琦担任山陵使。修陵需要大量竹木,也就顾不得许多了。

凤翔地方自然灾害比较严重,经常困扰农民的是旱灾,祈雨成了地方官的一门必修课。苏轼深怀一颗为民造福之心虔诚地去做这件事,在他这一时期的作品中多有表现。如:"我来秋日午,旱久石床温。安得云如盖,能令雨泻盆。""安得梦随霹雳驾,马上倾倒天瓢翻。"有一次,久旱逢甘霖,百姓们在田野间欢呼庆祝,苏轼见了喜形于色,便将官舍中新建的一座小亭命名为"喜雨亭"。又欣然提笔,写了一篇纪念文章,这就是有名的《喜雨亭记》。

他担任的签判职务,主要是掌管州府文书,并协助太守处理日常公务。刚到凤翔时,太守是宋选,苏轼与他配合得十分协调。后来,陈公弼接任太守。陈公弼是四川青神人,与苏轼算半个老乡,他为官严厉,处世寡合,一般下属都敬畏。苏轼年轻气盛,有学识有辩才,遇事见解独到,因此引起陈太守反感,两人经常发生争执,关系一度十分紧张。这种情况到苏轼快要离开凤翔时才有所缓和。陈太守有个小儿子,名叫陈慥,字季常,倒是与苏轼情趣相投,二人经常一同骑马出猎,他们此时结下的友谊一直持续到晚年。若干年后,苏轼写了一篇《方山子传》,就是为这位朋友而作。

宋仁宗驾崩后,英宗继位,改号治平。第二年,英宗因久慕苏轼才名,将他调回京城,一心想提拔重用他。据说,英宗有意让他进翰林院,却遭到宰相韩琦的力主反对。理由是苏轼年纪太轻,资历太浅,晋升过快会遭到众人非议,不如给他低一些的职位,待他有了政绩再重用不迟。不管韩琦内心如何想的,他的这些理由还是颇有道理的,苏轼不仅不因此仇视韩琦,而且终生都很感激他。

正当此时,苏轼年轻的妻子王弗突然因病去世,享年二十七岁。

王弗不仅受到过良好的家庭教育,是位才女,而且性情温淑,姿色万千。苏轼与她的感情一直融洽。在凤翔任上,每当有客人来访,她总是站在屏风后边,仔细听主客之间的谈话,待客人走后,她便发表自己的看法。她常说,凡是那些过分急着要交友的人,往往是别有所图,这种人背叛起朋友来也是很快的。她由此提醒初入仕途的丈夫谨慎择友。她的话往往会被事实所验证,苏轼对她识人的能力由衷地钦佩。

王弗的去世,使苏轼万分悲痛,以至十年以后,他做密州太守时,为了悼念王弗,还填了一首《江城子》。词曰:

十年生死两茫茫,不思量,自难忘。千里孤坟,无处话凄凉。纵使相逢应不识,尘满面,鬓如霜。

夜来幽梦忽还乡,小轩窗,正梳妆。相顾无言。唯有泪千行。料得年年肠断处,明月夜,短松冈。

显而易见他对王弗的思念是绵绵无绝期的。他与王弗生有一子,名迈,字伯达,此时才六岁。

不幸的事接踵而至。王弗死后不到一年,父亲苏洵也撒手人寰。苏洵虽然文名誉满京师,却还是一介平民。所以,当英宗和朝臣们赠送银两给苏轼时,他委婉拒绝,唯一的要求,就是为父亲求得一个官职,也就是给死者争取一个光彩的名分。这在那个时代是十分正常的,也是孝的一种体现。英宗满足了苏轼的一片孝心,他赐给苏洵的官衔是光禄寺丞。

苏家兄弟在京城会齐,共同扶苏洵和王弗的灵柩,仍循水路回到家乡四川眉县。苏洵和王弗被葬于安镇乡可龙里程老夫人墓旁。

又是长达二十七个月的"丁忧"。苏轼和苏辙远离京师官场,重又过上恬适安然的田园生活。在服丧期满时,王弗的弟弟为姐夫提亲,女方也是王姓亲戚,她便是王弗的堂妹王闰之,人称二十八娘。闰之比王弗小六岁,早年也常见苏轼,不过那时她还是位羞答答的小姑娘,做梦也想不到自己会成为苏轼的继室。她才学虽不及王弗,性情却更加温柔可人。婚后她对堂姐的儿子苏迈非常好,视同己出。

宋英宗在位才四年就病逝了。他的儿子神宗继位时刚满二十岁,改号熙宁。当苏轼兄弟拖家带口第三次出川时,已是熙宁元年(1068)的七月了。这次出川后,苏家兄弟浪迹天涯,再也没能回到这富饶美丽的家乡来。

变法风云　重返朝廷

　　宋神宗继位前后，朝廷中正酝酿着一场疾风暴雨式的政治改革，史称"王安石变法"。

　　宋朝自开国以来，上自宫廷，下至各级官僚，骄淫奢侈之风日甚一日，开支极大，加上连年水旱虫灾，农业歉收，北方西夏、契丹等少数民族屡犯边境，积贫积弱的状况长期难以改变，国力从未达到过强盛。宋仁宗在世时，曾启用范仲淹、富弼、韩琦等人着手改革，历史上称作"庆历新政"。由于保守派势力强大，这次革新运动不到三年就流产了。

　　宋神宗登极时年轻有为，很想大展宏图，让赵家的江山在自己手中重整旗鼓。他很快将改革家王安石请出来，为自己出谋划策。

　　王安石在当时是个莫衷一是的人物，反对他的人称之为"拗相公"。据说，他性格孤僻，不修边幅，对此野史上有不少记载。早年他在韩琦府上做幕僚，常常读书思考通宵达旦，黎明时才打个盹儿，然后顾不上梳头洗脸，就匆忙赶去见韩琦。韩琦见他蓬头垢面，不修边幅，以为他刚刚宿妓归来，对他印象很坏，后来见他文章越做越出色，才刮目相看。有一次，安石的朋友对安石夫人说："你丈夫最爱吃兔肉丝。"夫人很感惊讶，因为她观察多年，也不知道丈夫的特别嗜好，王安石对吃饭向来马马虎虎。朋友说："昨天宴席上，他独自将一盘兔肉吃光了，还不能说明问题吗？"安石夫人笑了，说："你们下次试着把别的菜放在他的面前。"当朋友把别的菜挪到他面前时，他照吃不误。他只吃离自己最近的一盘菜。还有一桩轶闻则令人无法相信。说是宋仁宗宴请大臣们吃饭，发给每人一个钓竿，令大臣们自钓一尾鲜鱼做下酒菜。当太监将一盘鱼饵端上来时，王安石竟把鱼饵当作菜看全部吞进肚子。宋仁宗认为吃了一粒鱼饵尚可理解，吃了那么多还未发现就有些做作了。因此对他有了成见。

　　宋英宗当政时，王安石消沉了几年。据说他曾反对过英宗继承皇位，因此自觉回避了。但他却有机会接近太子，向太子推销自己的改革主张，深为太子器重。这位太子就是后来的宋神宗。

　　宋神宗先任命王安石为江宁知府，不久又擢升他为翰林。王安石虽接受了这一任命，却故意拖延不到皇上面前报到。人们疑惑他是在考验皇上，看他是否真心想进行改革。熙宁元年（1068）四月，王安石终于来到开封，神宗皇帝大悦，特许他自由出入宫廷。王安石将自己多年来观察思考策划的成果在神宗面前和盘托出，为大宋王朝的前景设计好一整套新的蓝图。王安石变法涉及国家政治、军事、经济、财政、贸易的各个方面，归纳为青苗法、免役法、均输法、市易法、方田均税法、农田水利法、将兵法、保马法、保甲法等。在吏制上，则力主改革科举制度。客观地说，王安石制定的一系列新法虽含有一定的空想成分，但王安石不失为一名有胆略有见识的政治家，他制定的限制豪门巨富，帮助农民发展生产的政策是有积极性的。

出于各种复杂的原因,王安石的新法受到多数朝廷重臣的顽强抵制,其中包括"庆历新政"时期的一些改革派。

苏轼兄弟就是在这样一种政治风云变幻、疾风暴雨即将来临的背景下重返朝廷,不可避免地立即被卷入这场纷争中去。

按照苏轼的一贯主张,他并不是一位保守人物。早在他青少年时期,对范仲淹等的"庆历新政"就寄予了极大的热情。他参加科举考试所做的二十五篇《进策》,和在凤翔任上写的《思治论》,无不贯穿着革故鼎新、富国强兵的精神。但面对新法,他却站在了保守派一边。

总括起来,苏轼反对王安石变法的原因大致有四。其一,他主张渐变,反对王安石骤变;其二,他主张通过严格的选拔制度使用人才,反对以是否拥护新法为界限,"招来新进勇锐之人";其三,他所信赖并与之有紧密联系的老臣如欧阳修等,坚决反对新法;其四,他对王安石的印象不好。这也许是受了父亲苏洵的影响。

当时有一篇激烈抨击王安石的文章《辨奸论》,就是以苏洵的署名出现的。虽然后世学者考证这篇文章系委托苏洵之名而作,但也有人认为空穴不来风。在这篇文章里,王安石被描写为"衣臣虏之衣,食犬彘之食,囚首丧面谈诗书"的人,作者认为"凡事不近人情者"肯定是大奸大邪。《辨奸论》流传极广,以至于被学校用作范文,不论其作者是谁,此文的观点还是对苏轼产生了深远影响。

苏轼试图用自己的观点去影响神宗,但又不知神宗能否赞同自己的意见。恰好朝廷准备下一道诏书,在江南一带减价购买花灯四千盏,以做上元节皇宫灯会之用。苏轼便写了一篇《谏买浙灯状》,劝皇帝体恤百姓疾苦,不要因享乐去加重百姓负担。神宗采纳了他的意见。苏轼进而写了《议学校贡举状》,反对新法中对考试制度的改革。他还接连上书,批评议论新法的弊端。

这种直言不讳反对变法的举动,很快引起新派人物的不满。他们联合起来,共同主张让苏轼去当开封府的推官。开封府推官是个忙职,如果让苏轼陷到琐碎芜杂的公务堆里不可自拔,他不是就没功夫在皇帝面前直言进谏吗? 这就是新派人物们的如意算盘。谁知苏轼处理公务惊人的迅速,不仅将分内的事做得井井有条,还利用出乡试考题的机会,策动青年学子反对新政。

苏轼很快被罢免开封府推官的职务。王安石的亲戚兼随从谢景温趁机告了他一状,无中生有地说他在扶苏洵灵柩回乡时,利用官船贩运私盐。这种诬陷自然是无证可查的,却大大激怒了一贯光明磊落的苏轼,他自知在京城呆下去没有什么意义了,便请求到外地去。神宗很认真地考虑了他的请求,派人对他进行考察,结果是他可出任太守,但因新派政敌从中作梗,神宗只得给了他一个杭州通判的职位。苏轼并不太重视官职大小,他早已羡慕杭州的湖光山色,也就痛痛快快带着家眷赴任去了。

在此前后,为了使新法得以顺利实行,宋神宗批准所有因反对王安石变法而申请离开朝廷的官员的请求,他们当中包括欧阳修、司马光、曾巩、张方平等,还有苏轼的弟弟苏辙。

潇洒钱塘　恢复六井

　　苏辙早苏轼一年离开京师,随张方平到陈州,做的是陈州学官。苏轼于熙宁四年(1071)七月赴杭州任,绕道陈州看望弟弟,在那里住了两个多月。后来两人一同探望住在颍州的恩师欧阳修。

　　欧阳修此时已彻底脱离政治纷争,归隐山林。他原来有号醉翁,此时又自称六一居士。据说"六一"指的是"一个老翁、集古一千卷、藏书一万卷、琴一张、棋一盘、酒一壶",可见晚年幽娴自在的生活。欧阳修用美酒佳肴款待两位平生最得意的门生,与他们谈论时事,讲究文章,十分快意。席间,苏家兄弟插花起舞,儿童般地唱起祝寿歌,欧阳修对自己的长寿也信心十足。他们万没料到,此一番聚会竟成永诀。苏轼到杭州的第二年,欧阳修便与世长辞。噩耗传来,苏轼挥泪如雨,来不及奔丧,只得面北焚香,遥祭一番。

　　苏轼南行路过镇江,曾在金山寺逗留。那天夜晚,他登高远眺,却见长江之水浩浩荡荡,天上星光与江中渔火明明灭灭,偶尔传来几声水鸟尖锐的鸣叫,令人心悸。他不由想起远在长江上游的家乡,想起当年与父亲和弟弟出三峡时的情景,那时是何等踌躇满志,一腔报国热忱,却不知十年后的今天,会落得遭人诽谤,被迫离开朝廷的下场。想到此,不免有些伤感。

　　但是,当他率领全家来到杭州城时,一切旅愁和乡思便消失殆尽。

　　杭州的湖光山色使他陶醉了、倾倒了。

　　美丽如画的西湖,绕湖的青翠群山,如烟的柳丝,还有历朝胜迹,深深震撼着才子敏感的心灵。不论春夏秋冬、阴晴雨雪,苏轼一有闲暇,便忘情地漫游在湖岸山野,他的脚迹印满了杭州的每一条山径。在通判杭州的三年多时间里,他的咏景诗取得丰硕的成果,除了那首脍炙人口的《饮湖上,初晴后雨》的咏西子湖第一诗外,还有许多流传千古的名句,至今仍脍炙人口,可说是妇孺皆知。

　　大自然变幻多姿的神韵从诗人笔端汩汩而出。"天欲雪,云满湖,楼台明灭山有无。水清石出鱼可数,林深无人鸟相呼。""黑云翻墨未遮山,白雨跳珠乱入船。""游人脚底一声雷,满座顽云拨不开。天外黑风吹海立,浙东飞雨过江来。""夏潦涨水深更幽,西风落木芙蓉秋。飞雪暗天云拂地,新蒲出水柳映洲。"……

　　在杭州这座举世闻名的山水窟中,苏轼的文学活动离不开两类处在特殊社会阶层的人,其一是有学问的僧人,其二是才艺双全的歌妓。

　　西湖周围的山岭中,零星分散着许多寺庙古刹,如灵隐寺、西菩提寺、海会寺、普安院、净慈寺等,均是天下名僧出没的场所。居住在孤山的诗僧惠勤,早年追随欧阳修,深得欧阳公的称赞,苏轼当然对他心驰神往,所以刚到杭州就去访问他,同时还结识了另一僧人惠思。他们一见如故,很快成为好朋友,经常在一起谈诗论禅。还有一位道潜(即参寥子)和尚也与苏轼频频交往,日后他在苏轼遭难时,陪伴他度过了一段漫长岁月,这在后文中还要提到。

　　道潜居住在西湖寿星寺,传说苏轼第一次拜访他时,曾说他平生第一次进寿星寺,可觉得寺中景致屋宇特别熟悉,他当场说出从方丈室到忏堂间有92级台阶。道潜派人一数,毫厘不爽。苏轼就疑心自己前世是这个庙里的和尚。另有一次,时逢三伏,苏轼游庙疲惫,便脱光膀子在竹林中的长凳上睡熟,一位小和尚偶然路过,的确看见他背上有黑痣如星斗一般。这些传说不论是否真实,却说明苏轼确是寿星寺的常客。

与苏轼最要好的和尚当属佛印。佛印身世比较复杂,他与新党中的活跃分子李定是同母异父的兄弟。也许李定不愿承认歌妓出身的母亲,在母亲去世时不去守丧,苏轼曾对此加以鞭挞,所以,李定日后欲置苏轼于死地而后快,这在下一节中也会讲到。无论如何,佛印却与苏轼是莫逆之交。佛印生得高大英俊、聪慧博学,精通佛理,苏轼在京城时就和他很熟,把他引见到神宗面前,神宗一高兴就颁了一张度牒给他,令他到金山寺当了和尚。佛印出家以后,并不愿静心修行,仍是寄情游乐,成了一个四处飘游的云游僧。他每次出行,都带着骡队,还经常饮酒吃肉。杭州便是他经常去的地方。这个时期的苏轼与出家人相处并非出于信仰上的原因,他对佛术的爱好多半出于对参禅的爱好,参禅接近于哲理对话,他与佛印常常进行这种对话,除此之外,两人还是最好的游伴,毫无芥蒂的知心朋友。

关于苏轼与歌妓们的交往,传说就更多了。

宋代自开国以来,由于受宫廷腐化生活影响,民间蓄婢养妓之风十分流行。尤其在杭州这样的风景名胜,更是处处青楼。官府对妓家有一套完整的管理制度,凡入了花籍的,也被称作官妓,兼有听候官方差遣的义务。妓女基本上没有人身自由,命运凄苦。相比之下,她们当中色艺出众的高级妓女境况稍佳。这些女子自幼受到严格的训练,到十几岁时,便诗词歌赋,琴棋书画,样样精通,个别人甚至与文人雅士们等量齐观。文士们大凡有了新的诗词作品,大都交给她们去演唱传播。从某种意义上说,歌妓们客观上起到了推动诗词创作发展的作用。文人们与歌妓交往,自然有色情的成分,但也不排除其中有不少是艺术实践活动,在这里,诗词与音乐完美融合。

可以肯定地说,诗人苏轼与歌妓们的交往频繁,从未涉及淫滥,这与他是一位伟大的人道主义者有关。对于地位低贱的妓女,苏轼从来抱着同情、尊重、爱护的态度,因而受到世人的称颂,尤其受到妓女们的爱戴。尽管不少风尘女子对他仰慕有加,但他总能很好地把握自己,从一个角度显示了他的高尚人格。他的家中也养着一个歌舞班子,每逢客人到来,他便诙谐地说:"我这里有几名搽粉的虞候可以侍候你们。"然后令她们演奏一番。将歌姬比作虞候,可见她们在苏府中的境遇是比较好的。

杭州府的官僚们经常在西湖北岸的望湖楼和吴山上的有美堂聚宴,歌妓们听到传唤,总要带着乐器盛妆侍宴。有个府僚看上了一位名叫秀兰的歌妓。某次宴会,秀兰迟到了,那府僚大发雷霆,他疑心秀兰另有所爱,有意躲着自己。府僚让秀兰跪在地上,还让差役打她板子,一时间纷繁扰攘,十分不堪。苏轼为了替秀兰解围,即席填了一首《贺新郎》。词曰:

乳燕飞华屋,悄无人,桐阴转午,晚凉新浴。手弄生绡白团扇,扇手一时似玉。渐困倚、孤眠清熟。帘外谁来推绣户?枉教人梦断瑶台曲。又却是,风敲竹。

石榴半吐红巾蹙,待浮花浪蕊都尽,伴君幽独。浓艳一枝细看取,芳心千重似束。又恐被、西风惊绿。若待得君来向此,花前对酒不忍触。共粉泪,两簌簌。

苏轼令人将墨迹未干的词笺让秀兰去唱。歌声委婉清新,在场所有人齐声喝彩,那府僚也不好再发作了。

灵隐寺有个和尚法名了然,不守佛门清规,十分好色。他常乔装俗人,到青楼妓馆鬼混。后来,他将仅有的一点钱财挥霍殆尽,因此妓女秀奴不愿再接待他。他乘醉强行闯入秀奴闺房,把她杀死。了然被缉补归案,人们发现他臂上还刺着"苦相思"之类的字迹。案卷送到苏轼手中,苏轼当然判了然死刑,又写了一词道:"这个秃奴,修行忒煞,云山顶上空持戒,只因迷恋玉楼人,鹑衣百结浑无奈。 毒手伤心,花容粉碎,色空空色今安在,臂间刺道苦相思,这回还了相思债。"

那时,妓女若想从良,须得经过官府的正式核准,这种手续被称作"除籍"。苏轼曾帮助过希望脱离苦难的妓女除籍。他还说服名妓琴操遁入空门。琴操是一位才女,有一次,她演唱秦观的《满庭芳》,误将其中一句"画角声断谯门"唱成"画角声断斜阳"。她即席为这首词改了韵脚,却没损害原词的意境。她改动后的《满庭芳》全词如下:

"山抹微云,天黏衰草,画角声断斜阳。暂停征棹,聊共引离觞。多少蓬莱旧侣,频回首烟霭茫茫。孤村里,寒鸦万点,流水绕低墙。 魂伤当此际,轻分罗带,暗解香囊。漫赢得青楼薄倖名狂。此去何时见也?襟袖上空有余香。伤心处,长城望断,灯火已昏黄。"

苏轼对琴操的才思敏捷十分赞赏,常和她参禅。有一次,苏轼引用唐代大诗人白居易《琵琶行》中的名句:"门前冷落车马稀,老大嫁作商人妇。"琴操听后顿时领悟,脱下艳装,削发作尼姑去了。

有一位十二岁的雏妓,名叫王朝云,不仅眉清目秀,歌喉清脆,而且悟性极高,苏轼看她是棵好苗子,把她收进自己家养的歌舞班中。若干年后,她成为苏轼的侍妾,并在他后半生的家庭生活中扮演了重要角色。

好游乐是文人的秉性,但并不意味着忘记民间疾苦。苏轼的心中一直装着国家大计,由于新法在实际推行中产生的问题,也出于对新法本来就抱着否定态度,苏轼在通判杭州期间,写了不少反映下层社会痛苦生活的诗篇。新法限定政府对茶叶和盐巴实行专卖,江浙一带依靠卖茶贩盐维生的商人便不得不铤而走险,以致触犯法律,身陷囹圄。有一年除夕,苏轼很晚还不能回家,就是因为杭州府监狱中又关进一批私盐贩子。他为此写了一首诗:

除日当早归,官事乃见留。执笔对之泣,哀此系中囚。小人营糇粮,坠网不知羞。我亦恋薄禄,因循失归休。不须论贤愚,均是为食谋。谁能暂纵遣,闵然愧前修。

在这里,苏轼竟将自己与犯人做了比较,说大家都是为了生计,论什么贤和愚啊。

王安石的"青苗法"规定,每年青黄不接,政府可向农民发放贷款,待收获后偿还。这项措施在一定程度上缓解了农民的困境,有利于发展生产。但是,也有一些人,拿着青苗钱任意挥霍,不顾后果。苏轼看到这种现象,写诗道:"杖藜裹饭去匆匆,过眼青钱转手空。赢得儿童语音好,一年强半在城中。"而他另一首著名的《雨中游天竺灵感观音院》,则对遭受天灾人祸的普通百姓表达极大的同情:"蚕欲老,麦半黄,前山后山雨浪浪,农夫辍耒女废筐,白衣仙人在高堂。"

苏轼在杭州以及他后来在密州、徐州、湖州任职时,写了不少批评新法和反映民间疾苦的诗歌,抒发了诗人苦闷彷徨的心情和在现实面前的无可奈何,想不到这些诗在若干年后,竟被用来作为政敌射向他的利箭,几乎置他于死地。

苏轼在杭州期间也曾有过很多好的动议,但因那些靠投机取巧坐上高位的新贵们只知为自己着想,他的意见又怎能受到重视呢?他只能力所能及做一些实事,例如组织捕蝗救灾,赈济灾民等。他参与完成的最大一件事是重修杭州六井的工程。

苏轼刚到杭州时,杭州太守是沈立,后来,陈襄(字述古)接任了太守一职。陈襄和苏轼看到杭州百姓用水困难,下决心整理六井。杭州靠近东海,地下水又苦又咸,早在唐朝时,后来任了宰相的李泌做杭州太守,他发现西湖下有数眼甜水泉,而这些泉脉恰好经过杭州市区,便组织人力在泉脉上打了六眼大井,解决了杭州人吃水问题。到了宋代,六井渐废,陈襄和苏轼花了将近一年时间,使六井恢复了原有功能。次年,江浙一带大旱,许多地方饮水困难,而杭州城内人畜都有充足的饮用水,老百姓感恩戴德。

苏轼于熙宁七年(1074)任满离杭。此后的七八年间,他先后在密州、徐州、湖州任太守之职,每到一地,都受到百姓拥护爱戴,同时,留下一批优秀的诗篇。元丰二年(1079),他到湖州任上不满三个月,就发生了震动朝野的乌台诗案。苏轼一夜之间成了朝廷的阶下囚。

乌台风波　无罪释放

对于苏轼来说,湖州是一个熟悉地方。早在七年前,他任杭州通判时,就曾到这里考察过水利工程。当时的湖州太守孙觉也是一位博学多才的诗人,与他过往甚密。他的堂兄、大书画家文同(字与可),恰于几个月前在湖州辞世。

文同曾在陕西汉中做官,以画竹闻名于世,他首创不必先勾勒轮廓而落笔即成的写意画法,被誉为"胸有成竹"。他为人清高,当一些富豪仰慕其名,拿着雪白的鹅溪绢来求画时,他将素绢抛在地上说,我直拿它当袜子布。他的竹图只赠给懂得他作品的文友。他赠给苏轼的《筼筜谷偃竹图》就是一幅杰出作品。苏轼到达湖州后,在收拾东西时看到这幅画,想起不久前在这里去世的堂兄,不禁潸然泪下。

这些年,苏轼所到之地,自然灾害都很严重。他离开徐州的前一年,还成功地组织过一次大规模的抗洪。谁知到了湖州这山清水秀的鱼米之乡,所看到的还是土地荒芜,民不聊生的萧条景象。他立即着手抗灾,号召乡民们不要抛离热土,一起留下来重整家园。正当此际,弟弟苏辙派人送来难以置信的消息:皇帝亲自下令,要把他逮捕押解进京。

自宋神宗采纳王安石的新法以来,十年间,朝廷中始终没有平静过,围绕新法的实施,革新与反革新的斗争愈演愈烈。熙宁七年(1074),王安石第一次被罢相,以观文殿学士知江宁府。借变法之机爬上来的野心家吕惠卿便想取而代之。吕惠卿一面假惺惺在皇上面前挽留王安石,另一方面则在暗中散布对王安石不利的言论,对有希望接替相位的韩绛大加攻击。韩绛自知不是这个阴谋家的对手,就联络一些人恳请神宗皇帝再次起用王安石为相。第二年,王安石二度任宰相,这一次只干了一年,就被吕惠卿及其同党攻了下来。至此,王安石变法宣告彻底失败,而这场政治斗争也蜕变为党派之争,这个阴影在此后几十年间,一直困扰着朝廷,大大损失了宋王朝的元气。

苏轼就是在这种背景下身陷囹圄的。

这件事的直接导火线是他刚到湖州时,按照惯例给皇帝上的一封谢表。《湖州谢表》中有这样两句话:"知其愚不识时,难以追陪新进;察其老不生事,或能牧养小民。"这本来是一种自我解嘲,意思是说苏轼我不合时宜,不能追随朝廷中的新派人物,还是少惹是生非,就在这个小地方当个百姓的父母官吧。谁料"新进"二字大大影射了新贵们,加上苏轼平时言语唐突,眼中掺不进一粒沙子,喉咙容不得半丝鱼刺,遇到看不惯的事就讥讽一番,无形中得罪了一些人,碰到这个机会便群起而攻之。

一马当先的便是佛印和尚那位同母异父的兄弟李定。李定此时正做着御史中丞,他与监察御史舒亶接二连三对苏轼进行弹劾。他们由"新进"联系到"新法",由"新法"联系到皇帝,按照他们的逻辑,反新进就是反新法,反新法就是反皇帝。为了加重罪名,苏轼的诗集《钱塘集》也成了佐证。他们将诗中的含义任意引申,或断章取义,或肆意夸张,呈献在神宗面前。此时的宰相王珪是个平庸之辈,他为了巩固自己的地位,也随声附和攻击苏轼。

宋神宗是个求贤若渴的皇帝,他虽然从政治上排斥反对新法的大臣,但对苏轼的文章一直青睐有加。这大概也是苏轼遭人嫉恨的原因之一。但是,再有见解的皇帝也抵不住左右宠臣的轮番轰炸,他终于怀疑苏轼是否真的有谋反之心,便下令将苏轼押解进京。不过,当李定等人要求在押解路上,将苏轼寄监夜宿时,神宗没有批准,他说,不过是个诗文案子,押解途中何必一定要寄监呢?

李定总算拿到了逮捕令,但真要执行时,这班人却个个无端退缩。众所周知,苏轼是当朝大才子,在民间威望很高,去捉他的人无疑是冒天下之大不韪。这时,一个叫皇甫遵的人自己跳了出来。皇甫遵官为太常博士,是个掂不出斤两的小人。他领了这个差使,便虚张声势地带着儿子昼夜兼程,直奔湖州而去。

苏轼有位好友叫王诜,是一位驸马,他娶了英宗的二女儿为妻,虽然他们夫妇关系并不融洽,但毕竟是皇亲,消息比较灵通。他听到逮捕苏轼的消息后,赶紧派快马通知苏辙,由苏辙再派家人奔往湖州。抓人的和报信的在通往湖州的驿路上展开竞赛。也是天公有意,皇甫遵的儿子在路上染病卧倒,人马停下来休息一天,这就给了送信人一个机会,赶在头一天晚上到达湖州府衙。

苏轼见到苏辙的来信,十分惊讶,思来想去,除了不赞成新法,自己并无冒犯龙威的地方。他与副手祖无颇商量,祖无颇说:"你现在还是朝廷命官,并没见到撤职的命令,当然应当以太守的身份接待朝廷派来的人。"

次日,皇甫遵一行到达湖州,直奔府衙大堂。苏轼身穿官袍,足踏朝靴出来见他。这个无赖的家伙吹胡子瞪眼,一言不发地藐视着苏轼,凶神恶煞,空气紧张到极点。苏轼上前一步道:"想我必定有得罪皇上的地方,今天必是赐死了。自己死无遗憾,只求给点时间,到后堂与夫人告别,安排好后事再死。"皇甫遵这才从牙缝里蹦出几个字:"还不至于去死。"站在一旁的祖无颇这才上前提醒:"太常博士必定带着朝廷的公文吧。"皇甫遵不无傲慢问:"你是什么人?"祖无颇报出身份后,皇甫遵才将文书交出来,仅仅是一纸拘捕令而已。

皇甫遵令人除去苏轼头上的乌纱,说话间就要将枷锁套在苏轼项上。苏轼再次请求与家人告别,这才获准。

夫人王闰之、侍女王朝云等早已哭作一团。苏轼佯装出笑脸安慰她们。他知道王闰之是个秉性柔弱的女子,哪里见过这种世面?他走了之后,不知她如何支撑起这个家庭,于是故作轻松地给她讲了一个笑话。他讲的是真宗朝有个叫杨朴的人,平时爱做些怪诗,真宗听说了,传他上朝面君,他从容地去了。真宗问他是否会写诗,他说自己的诗写得很一般,倒是老妻送他出家门时写了一首告别诗,诗中说:"且休落托贪杯酒,更莫猖狂爱吟诗。今日捉将官里去,这回断送老头皮。"真宗听了这首打油诗,龙颜大悦,把杨朴放了,让他回家与老妻团聚。苏轼对王闰之说:"今天我也碰到类似的情况,你能不能学杨朴的妻子,也给我作上一首诗?"王闰之虽不能诗,但总算是被这故事逗乐了。苏轼被带走后,她强打精神,把被抄得一片狼藉的家收拾起来。她一气之下,令人把苏轼的诗文稿子拿去烧掉,幸存余下的不足三分之一。幸亏这位才子誉满天下,他的诗文早已传抄出去,否则,将会成为文学史上的一大遗憾。

长子苏迈随同苏轼一同上路。他们在太湖岸边登船,湖州的父老乡亲聚集了一岸,他们看见自己的父母官忽然之间被皇上抓走,像抓一只鸡鸭,十分痛心。送行者的哭声传出很远。

押解船行驶在平静的湖面。天色暗将下去,不一会,月亮升起来了,万顷碧波荡漾着鱼鳞般的银光。船桨拍打着水面,发出单调的响声。苏轼靠在窗前,忽然想起楚大夫屈原,真想学他的样子,一头扎进湖水,以此来清洗自己的耻辱。但他又想起自己的妻儿老小,想起弟弟苏辙,如果自己死了,他们将如何活下去?遂断了死念。

到达京城开封后,苏轼被直接押进御史台的大狱里。因院中栽有几株百年老树,引来成千上万只乌鸦在枝权间作窝安居,御史台又被称作乌台,这就是苏轼这场文字狱被称作"乌台诗案"的缘由。

狱吏们听说牢房押的是一位大诗人,都争先恐后来看,凭直觉,他们判定苏轼不是坏人。有一位好心的老狱卒对苏轼特别关照,每晚为他打热水洗脚。当苏迈前来探监送饭时,总是给予种种方便。

苏轼并未彻底打消死的念头,他甚至将随身携带的丹丸密藏起来,准备到了无法忍受折磨时,过量服用,一死了之。他与苏迈约定,平时送饭只送蔬菜和肉,若打听到给他判死罪的消息,就送鱼进来。有一次,苏迈有事不能送饭,托京城里的一位亲戚代劳,匆忙中忘记嘱托这件事。那亲戚知道苏轼一向爱吃鱼,便一片好心弄了一尾鲜鱼,下功夫做熟了送进牢房。苏轼一看见碗中盛着一条鱼,以为死期不远,便写了两首绝命诗。

第一首绝命诗是写给弟弟苏辙的,诗中说:

圣主如天万物春,小臣愚暗自忘身。百年未满先偿债,十口无家更累人。是处青山可埋骨,他年夜雨独伤神。与君世世为兄弟,更结人间未了因。

第二首绝命诗是写给夫人和儿子的:

柏台霜气夜凄凄,风动琅珰月向低。梦绕云山心似鹿,魂飞汤火命如鸡。眼中犀角真吾子,身后牛衣愧老妻。百岁神游定何处,桐乡知葬浙江西。

诗句凄切婉清,满含着依依不舍之情,夫妇和父子之爱。苏轼连自己死后的葬身之地都选择好了。他想长眠在"浙江西",实际上已把江南视为自己的第二故乡。

误会当然很快就消除了,这两首面临绝境时写下的诗却长留人间。

苏轼是盛夏被抓进监牢的,对他的审讯直至初冬才结束。一场陷害和营救之间的斗争激烈地进行着。

李定、舒亶、王珪等人必欲置苏轼于死地而后快。他们四处收集材料,罗织罪名,为苏轼概括了四条罪状。一是泥古不化,坚持自己的错误见解;二是狂傲不狷,目无他人;三是能言善辩,危害更大;四是语言犯上,冒犯当今皇上。尤其最末一条,被发挥得淋漓尽致,他们无非是想激怒神宗,让他把苏轼当成一个犯上作乱的反叛分子处死。他们一方面将苏轼表达对新法不满的诗加以夸张,另一方面将一些一般的状物说理的诗牵强附会,说成含沙射影,讥讽当今。例如苏轼有一首咏秀才王复宅子里双桧的诗,诗中说:"凛然相对敢相欺,直干凌空未要奇。根到九泉无曲处,世间唯有蛰龙知。"这原本是说桧树的,王珪非要把它和大宋王朝的根基联系起来。他说"龙"不就是"真龙天子"吗?"蛰龙"是否苏轼自比,想要篡夺皇位?这种解释连神宗都感到兴味索然,他看了案宗后不厌其烦地说:"他吟咏他的桧树,与朕有什么相干?"

与此同时,不少正义风骨的人士也四处奔走,为苏轼打抱不平。令人感叹的是,他们当中不仅有保守派,也有不少革新派人物。

张方平与苏家是世交,此时已致仕隐居南京。听说苏轼获罪下狱,便修了一封言辞激烈的奏折,派儿子张恕送抵京城。张恕深知这封奏折的分量,若让神宗看见必定会勃然大怒,说不定还会起反作用,便没有送上去。后来苏轼见到了这个折子的副本,连连咋舌说,是张恕救了我这条命。

作为同胞兄弟,苏辙更是倾尽全力。苏辙与苏轼的性格大不相同。他沉默寡言,为人谨慎,虽然对新法也抱着反对态度,但从不高谈阔论、大加抨击,因此避免许多灾祸。在此之前,他也曾好言相劝,提醒哥哥少发点议论,无奈江山易改,本性难移,到底惹出这场大祸来。苏辙为了挽救兄长的生命,正式向皇帝上书,要求革去自己的官职,以赎苏轼之罪。

朝中重臣吴充、章惇则以历史上的许多明君为例,劝说神宗珍爱人才,容纳不同意见。他们说,如果因为有人发表了不同政见就把他杀掉,皇上就会背上昏愦的恶名,岂不是要被后世嘲笑?这个理由对爱惜名声的神宗很有说服力。

二次罢相的王安石,此时在南京钟山修起一座宅子,命名为半山堂,隐居起来,不愿再过问朝政。苏轼被捕的消息使他十分震惊,他破例与弟弟王安礼一齐出面,一个上书,一个面奏,向神宗进言,论述盛世不杀才士的道理。

连病得奄奄一息的太皇太后都出来说话了。曹太后是宋仁宗的皇后,她把孙子叫到病床前训话,说当初二苏登科时,仁宗亲自对她说,为子孙得了两个相才。如今苏轼入狱,必定是遭人诬陷。曹太后搬出先皇的招牌,也起了很大作用。

总之,经过再三考虑,宋神宗推翻了李定等人的结论,决定无罪释放苏轼。元丰二年(1079)腊月底,神宗下诏贬苏轼为黄州团练副使,“本州安置,不得签书公事”;贬苏辙为筠州酒监。乌台诗案共株连大小官员数十人,如王诜、张方平、范镇、司马光等,均被罚铜30斤、20斤不等。

一词两赋　赤壁绝唱

大年三十,苏轼从御史台大狱里出来,惊魂甫定,次日就登上去黄州的路。他带着长子苏迈,冒着风雪,走了一个月。快到黄州地界,远远看见有人打着青伞,牵着白马,立在路边,原来是在凤翔结识的好友陈慥接他了。陈慥此时已在黄州附近的歧亭归隐。苏轼父子在歧亭休息了五天,渐渐恢复元气。

黄州太守徐君猷久慕苏轼诗名,并不因他是贬官而怠慢于他,不仅为苏轼摆酒接风,还为他在定惠院安排了临时住处。

苏轼住在定惠院,心情十分孤寂,忍不住给旧日的朋友写了许多信,其中有不少是因乌台诗案受株连而被贬到各地的同僚。他收到一些回信,但更多的人不愿继续和他来往,至此,他才体会到了世态炎凉的真正内涵,开始对人生进行更深一步的思考。

一段时间之后,他的妻儿老小共十几口人奔来与他团聚。他搬到临近长江的临皋亭居住,这里视通万里,据说卧在靠窗的榻上,就可以看见长江上千帆竞发的景致。

大概就是在这里,他正式收王朝云为妾。

苏轼由一名五品知府而身陷囹圄,家中仆妇佣人都飞鸟各投林了,只剩下几名忠心的老家人不忍离去,伺候着夫人王闰之和两位小公子苏迨、苏过。家中歌舞班子也被解散,只有当年在杭州收来的歌妓王朝云不肯离开苏家,这位聪明善良的姑娘此时已出脱得容貌端庄、身材婀娜。她十分爱慕自己的主人,并不因他遭到横祸而改变初衷。她是王闰之的一位得力帮手。她能追随苏家来到黄州,使苏轼感动万分而对她格外敬重。

生活艰难,经济困窘。好在黄州是个小地方,物价比较低,全家才得以靠苏轼那点微薄的薪俸养家糊口。书生自有书生理财的办法。苏轼每个月初,把四千五百个大钱分为三十串,悬挂在屋梁上,每天早晨用叉子挑下来一串,然后把叉子藏起来。一天用下来,如果这串钱还有点节余,就丢进匣子,准备家中有客人来时买酒用。这项家政措施虽简单,却保证全家不致因计划不周而断炊。

接二连三,一些青年学子到黄州投奔苏轼,杭州时结识的诗僧道潜(即参寥子)也来了。家中人口越来越多,好朋友马正卿便为苏轼争取到黄州城东边的一块荒废多年的坡地,约有十亩大小,苏轼开始指挥这一群人垦荒种地。他们去掉石块、烧掉荒草,在犁地时竟发现了暗井和泉眼。功夫不负有心人,第二年,这里便庄稼茂盛,果桑成荫。当地老农对苏轼说,越冬小麦要让牛羊践踏蹂躏,来年便有好收成。苏轼照着做了,果然获得大丰收。开荒种田的收入大大地改变了苏家的经济状况,全家人的心情也舒畅起来。

他们家仍住在临皋亭,此时的黄州人每天早晨看见苏轼先生率领着自己的农耕队穿过镇子到城东坡地上耕作,日落时分,又见他们唱着歌向家中走去。冬天到了,田里的活计不多,他们便在田畔盖了几间房舍,又为苏轼盖了一间书房,书房落成时,恰逢天降瑞雪,苏轼诗兴大发,随手在书房四壁画了许多雪景,这间书房便被命名为雪堂。苏轼从此也有了自己万世流芳的号:东坡。

四川籍的苏轼向来以美食家著称,现在他更有兴趣研究烹调艺术。黄州猪肉便宜,他常用文火炖上大半夜,炖得又酥又烂,早晨吃上一碗,十分可口。后来人们把这种肉叫"东坡肉"。他还用鲜嫩的荠菜与米一起煮菜粥,又好吃,又有营养。

他渐渐变成一位地地道道的农民,脸晒得乌黑,手变得粗糙,穿着平民的服装,在集市上和农夫渔民拥来挤去,遇到粗鲁无礼之辈,还被呵斥一顿,他并不在意,倒是十分同情下层百姓的疾苦。

与黄州隔江相望的武昌(即现在的鄂城)乡村有一种陋习,即每户人家只养两男一女,再生下孩子,就按进水盆溺死。苏轼得知这种事情,又惊又悲,便写信给武昌太守朱寿昌,希望他以严令禁止杀婴。苏轼是伟大的人道主义者,早在徐州任太守时,遇到荒歉之年,他就曾绕城拾取弃婴,还发起建立收养弃婴的机构。现在他推广并发扬这种善举,建议对那些因贫穷养不起孩子的人家,予以适当赈济。朱太守采纳了他的主张,因此挽救了许多小生命,并不忍心杀死亲生骨肉的父母们也十分感激苏轼。

黄州并不是著名的风景胜地,但在诗人眼中,大自然的魅力永远是强烈而神奇的。当生活有了基本的依靠后,苏轼又开始了他的游山玩水。山溪间的兰芽,岩隙中的老树,都令他惊喜非常因而流连其中。上从太守,下至村夫,都有可能成为他的游伴。有一天夜里,苏轼不知缘故失眠了,便起身走到附近的承天寺找一位叫作张怀明的人聊天,这次普通的访问成就了他一篇著名的游记《记承天寺夜游》,全文不过百字:

元丰六年十月十二日夜,解衣欲睡,月色入户,欣然起行。念无与为乐者,遂至承天寺寻张怀明。亦未寝,相与步于中庭。庭下如积水空明,水中藻荇交横,盖竹柏影也。何夜无月,何处无竹柏,但少闲人如吾两人耳。

读来令人有身临其境之感。这篇短文遂成了游记典范。

有时他也到歧亭看望陈慥。陈慥的妻子说话粗声大气,他便作了一首小诗打趣:"龙丘居士亦可怜,谈空说有夜不眠。忽闻河东狮子吼,拄杖落地心茫然。"这本是友人之间的戏谑之作,因为形象而生动地描绘了陈慥的神态,而使陈夫人永远地背上了泼妇的恶名,至今人们仍把厉害的太太比做"河东狮吼"。

这时发生了一件事情,使人们记起苏轼的流放者身份,说明他并不是一个自由人。有天晚上，苏轼邀请朋友在东坡雪堂喝酒，回到家中夜已经深了，守门人睡得很死，听不到他拍门的声音，他即兴作了一首词：

夜饮东坡醉复醒，归来仿佛三更。家童鼻息已雷鸣，敲门都不应，倚杖听江声。

长恨此身非吾有，何时忘却营营。夜阑风静縠纹平，小舟从此逝，江海寄余生。

不料这首词很快传到徐君猷太守耳中，他大为惊讶。虽然徐君猷对待苏轼像密友一般，却从未忘记自己作为地方长官，有责任监视苏轼的行动。他从词中理解出苏轼的满腹牢骚，以为苏轼真的乘小舟逃走了，这可了不得。徐太守亲临皋亭打探消息，却发现苏轼躺在床上酣睡，徐太守这才如释重负。

黄州生活是苏轼一生中的重大转折，也是他文学成就的巅峰期。可以说，苏轼最具有代表性的作品，便是在黄州完成的，这就是人们常常说起的一词两赋。

黄州城西临长江有一座突进江水的巨大石崖，因石色呈褚红，形状酷似兽鼻，当地人称它为"赤鼻矶"，爱说古的老人便把它与三国时的赤壁之战联系起来。其实，三国时曹操与孙权之间那场著名的战役发生在上游夏口（即现在的武昌）以西的长江南岸，距此有几百里地呢。苏轼心中很明白这一点，却将错就错，借眼前之"赤鼻"，说三国之"赤壁"，发思古之幽情，吊古战场之英烈。他因赤壁而作的一词两赋问世以后，这里便被公认为"东坡赤壁"，也称作"文赤壁"，成为长江上的一道风景，引来游人无数，甚至超过了"武赤壁"。

唐末宋初，词作为一种文体，主要用来歌风吟月，大多是才子佳人的抒情遣怀之作，格调以缠绵悱恻、低吟浅唱者为主。其代表人物如晚唐"花间派"、宋初柳永、张先，包括苏轼的恩师欧阳修，甚至古板正经的王安石，都未脱离婉约的模式。只有到了苏轼手中，词的调子才发生了根本性变化。站在红色的巨石上，面对滔滔长江之水，苏轼回想起江面上曾经发生过的血与火的战争奇观，禁不住慷慨陈辞。

大江东去，浪淘尽千古风流人物。故垒西边，人道是三国周郎赤壁。乱石穿空，惊涛拍岸，卷起千堆雪。江山如画，一时多少豪杰。　　遥想公瑾当年，小乔初嫁了，雄姿英发。羽扇纶巾，谈笑间樯橹灰飞烟灭。故国神游，多情应笑我，早生华发。人间如梦，一樽还酹江月。

这首铿锵有力的《念奴娇·赤壁怀古》写成以后，苏轼照例先交给爱妾王朝云去唱。朝云配上曲谱，竟唱不下去，自己哑然失笑了，她对苏轼说："像柳永的词，让二八女郎，手执红牙板，轻声曼气地唱'杨柳岸，晓风残月'，非常合适。而先生您这种词，只该让关西大汉，击打着铁砧，粗着喉咙喊：'大江东去……'"

朝云果然是位知音，她一语道破了东坡词的独特境界和特点。苏东坡首开豪放派词之先河，让词从青楼闺阁中走向广阔的天地间。

如果说，这首词着重于怀念和感慨古代英雄事迹，那么，《前赤壁赋》和《后赤壁赋》则从怀古引出关于自然、宇宙、人生的畅想和哲理的思考。

《前赤壁赋》成于元丰五年（1082）七月，记叙了他与友人泛舟长江、夜游赤壁的情景。

那是一个天青月亮的初秋夜晚，苏东坡和客人乘小舟到赤壁下游玩。清风徐徐，波澜不惊。苏东坡举起酒杯请客人同饮，一起吟诵曹操的"月明星稀、乌鹊南飞"和《诗经》中的《月出》。不一会儿，月亮从东山升起，移动在北斗和牵牛星座之间。此时，白露横江，水天相接。他们乘坐的小舟像一片苇叶，在万顷波涛中跌宕起伏。江天浩然，使人像在天空中乘风飞翔，简直不知会到达什么地方，飘飘然像离开了人间，人成了长着羽翅的仙人。大家快乐地饮起酒，敲着船帮唱歌。歌中说："桂木做成的棹，兰叶做成的桨，击打着月影，逆流而上。胸怀广阔悠远，想念着心中的美人却天各一方。"客人吹起了洞箫，和着幽怨的歌声，如泣如诉，余音萦绕不散，感动得水中蛟龙腾动，舟中孤独的渔妇抽泣不止。苏轼有些伤感，坐直身子问客人："你为什么如此悲哀？"客人说："'月明星稀，乌鹊南飞'不是曹孟德的诗吗？西望夏口，东望武昌，在这郁郁葱葱、连绵不绝的山水间，不正是周瑜陷曹孟德于困境的地方吗？当初他破荆州、下江陵，顺江东下时的船队首尾有千里之长，旌旗遮天蔽日，而他临江饮酒、横槊赋诗，堪称一时英豪，而今天曹操到哪里去了？何况你我，与渔民樵夫在江渚之上，与鱼虾为伴与麋鹿为友，驾一叶小舟，互相举杯，就好像飞翔在天地间的蜉蝣，又像沧海之一粟。我为人生的短暂而哀伤，羡慕长江的无穷无尽。我真希望能与仙人一起遨游太空，与明月一样永生。又知道这是不可能的，所以把感想寄托在箫声与秋风中。"苏轼说："你可知道水和月的运行规则吗？江水流过去了，却并未消失，月亮忽盈忽方，却没有增减。从变化的角度来看，天地没有相同的一瞬间。从不变的角度来看，则一切事物都是永存的。又有什么可羡慕的？况且天地万物，各有其主。不是自己拥有的，一丝一毫都不要取。只有这江上的清风，山间的明月，听到的就是声音，看到的就是形状，取之不尽，用之不竭，这是造物主赐给我们的永久，我们应当共享啊！"客人高兴地笑了。大家把杯换盏，把剩下的果菜一扫而光。杯盘狼藉，也不整理，互相枕着在舟中睡去，不知不觉东方天亮了。

《后赤壁赋》记叙的是三个月之后的事。同年十月十五日，苏东坡从雪堂出来，打算回临皋亭家中。两位客人和他一同路过黄泥坂。路上可见霜痕斑斑，树叶已剥落殆尽。看到地上的人影，才想起仰望天空的月亮，大家都高兴起来，歌声此起彼伏。苏轼感叹道："有客人无美酒，有美酒无菜肴。这么好的清风明月，这么好的夜晚，该做些什么？"客人说："傍晚时我网得一条鱼，巨口细鳞，好像是人们常说的松鲈。可哪儿能搞到酒呢？"苏轼回到家中和妻子商讨，妻说："有一坛酒我已珍藏了很久，正是为了你的不时之需。"于是带上酒和鱼，又来到赤壁下。江水汩汩作声，陡峭的山崖好像有千尺之高。山高显得月小，水位下降后石头自然裸露出来。才短短几个月，江山已面目全非，让人无法相认。苏轼提着衣襟，向崎岖的山石小路上攀登，他来到人迹罕至的山顶，俯身向下，喊两位客人，那二人都不敢跟上来。苏轼的声音划破夜空，草木为之震颤，一时间山鸣谷应，风动水涌。苏轼顿时产生孤凄之感，有些害怕，赶快返回舟中，将船划到中流，然后任其飘荡。这时已到了夜半，四周没有一点声音。恰有一只孤鹤从对岸飞过来，翅膀像车轮，黑裳白衣，嘎嘎鸣叫着，掠过小船向西飞去。客人走后，苏轼酣睡，梦中见一道士，穿着羽毛衣裳，翩然而过临皋亭下，他向苏轼作了一揖说："赤壁之游快乐吗？"问他姓名，他不作答。"哈哈！"苏轼恍然大悟。"昨天夜里，那鸣叫着从我头上飞过的，就是你吧？"道士也笑了。苏轼从梦中惊醒，开门去看，却什么人都没有。

除了一词两赋外，苏轼在黄州期间的作品很多，真可谓不胜枚举，美不胜收。

仕途风云　行为旷达

　　苏轼在黄州,一住就是五年。在此期间,远在京城皇宫中的神宗皇帝,一天也没有忘记他。每当苏轼有新作传到禁苑中,神宗都反复诵读,爱不释手。据高太后说,神宗吃饭时只要放下筷子,一定是想读苏轼的文章了。这位有雄心有抱负的皇帝,在王安石变法失败后,也在不断思考,他几次都想起用苏轼等人,终因新党阻止而作罢。

　　元丰七年(1084)四月,神宗下手谕令苏轼迁到离京城较近的汝州。苏轼依依惜别,告别了自己亲手建造的东坡家园,又登上北去的路程。黄州的百姓成群结队前来送行。陈慥、道潜等几位最要好的朋友则把他送到九江。他们同游风光旖旎的庐山。苏轼写了几首诗,其中最著名的是《题西林壁》:"横看成岭侧成峰,远近高低各不同。不识庐山真面目,只缘身在此山中。"这是一首绝妙的写景诗,更是一首意旨深刻的哲理诗。告别陈慥等人后,苏轼继续东行,他与儿子苏迈同游石钟山,写了一篇游记《石钟山记》,从此这座临江小山声名大震。

　　初夏时节,苏轼一家先后到达金陵。二次罢相后一直隐居在此的王安石,穿着平民装束,骑着毛驴到江岸迎接他。苏轼也身着平民服装与这位当年针锋相对的政敌相见。他们虽分属不同的政治派别,却彼此十分仰慕对方的才华。在这难得相遇的日子里,彼此诗词唱和,倒也乐在其中。只是在不经意间提到当年的人和事时,王安石有些谨慎。他是让吕惠卿之类两面三刀的家伙害苦了,很担心苏轼出言随便,再闯下新的祸端。

　　在金陵逗留期间,苏家发生了一件很不幸的事,王朝云头年生下的小儿子苏遁夭折了。这孩子才满十个月,眉眼生得与苏轼十分相像,被视为掌上明珠。也许是年纪太小,耐不住旅途风尘,染上了惊风之症,不出几天,一个活蹦乱跳的孩子便咽了气。苏轼夫妇二人老泪纵横,王朝云更是昼夜以泪洗面,其哭声凄惨,令人心碎。朝云自此后再未生育。

　　此后的旅途上,全家人心情沉重,苏轼再也没有心思游山玩水。盘缠也日趋窘迫。到达泗州时,苏轼上表要求留在常州府的宜兴县居住,因他在杭州任通判之职时,曾在此处置了几亩薄田,神宗恩准了他的请求。不久以后,神宗便驾崩了。

　　神宗弥留之际,高太后便开始主持朝政。神宗的太子才十岁,他就是后来的哲宗。十岁的小皇帝当然什么都不懂,一切唯祖母是听。高太后升为太皇太后,她是一名果断的王安石变法的反对派。她立即废除新法,任命司马光为宰相,把新党一个个逐出京城。因哲宗登基后的年号为元祐,这一时期的政治动荡在历史上称作"元祐更化"。

　　苏轼的命运因此而发生新的转折。

　　他被任命为登州太守。登州滨海,常有海市蜃楼奇观出现。苏轼一到登州,就祈祷自己能有亲眼一见海市蜃楼的机会,不出三天,他就如愿以偿。五天后,他又接到新的圣旨,令他立即赴京入朝。

苏轼的政治生涯达到了一生中最辉煌的时期。短短一年中,他连续几次被擢升,先作礼部郎中,后升起居舍人,又升中书舍人,再升翰林学士知制诰,还兼任侍读,也就是说,不但要代皇上起草文件,还兼任小皇帝的老师。算起来,他官至三品。而他的弟弟苏辙,不仅别具才识,且为官勤谨,官最大时做到副宰相。

皇家赏赐给苏轼一袭官袍、一条镶满宝石的玉带、一匹配有金银鞍辔的白马。他每天骑着白马去上朝,轮到值班,就住在皇宫北部的翰林院中,连夜草拟各种诏书。有一次,高太后和哲宗召他面授旨意,然后令人取下御座前的金莲灯送他回书房,这是至高无上荣誉。在此期间,他一共为朝廷起草了800多道诏命。他每月有几天时间必须给哲宗上课。他授课时,不少青年官吏争相旁听。他的文名更加显赫,海内学子每逢到京,都以能拜见苏轼为幸事。当时,最有才华的四位青年:黄庭坚、秦观、晁补之、张耒都拜在他麾下,被称作苏门四学士。

客观地说,冗繁的公务,繁多的应酬,占去了苏轼许多时间和精力,他不可能像在杭州和黄州时那样潜心写作,有些诗作确实是应景之作。但在这个时期,他与云集在京城的书画家,如米芾、李公麟等过往甚密,他在书法绘画及绘画理论上有许多新的发展。由李龙眠绘画、米芾题字的那幅著名的《西园会》图,形象生动,惟妙惟肖地再现了当时以苏轼为首的十六位书画家,在驸马王诜府上聚会时的情景。

苏轼的家庭生活当然也发生了天翻地覆的变化。父亲苏洵在世时,曾在开封买下一所住宅。"乌台诗案"发生后,长子苏迈等人曾在这里住过。后来,为了筹集举家迁往黄州的路费,苏迈将这所房屋卖掉了。现在,他们又买下了另一所更加宽阔的住宅,朝云带着仆人丫鬟将房屋和庭园都收拾得井井有条。孩子们从来没有像现在这样衣食充足,他们可以安心读书了。全家人在苏轼闲暇时一同出游,他们最爱去的地方除去禹王台、繁塔外,便是相国寺。他们有时也到店铺买东西,或上酒楼品尝美味珍馐。黄州东坡时期的艰苦生活仿佛是昨天的一场梦境。

经过"乌台诗案",苏轼大难不死,按说,他应当变得圆滑谨慎起来,至少应当学会自我保护,充分利用自己的名声、地位和影响,好好做上几年太平官,让自己和家人过上舒心日子。但苏轼似乎生来缺乏这种能力,也许命运注定了他的大起大落。因为他的直率和疾恶如仇的性格,他很快便陷入新旧两党的攻击之中。

在他担任中书舍人时,恰逢朝廷贬斥变法时的大红人吕惠卿、李定等人,诏书当然由他草拟。苏轼举恶不避仇,如实地写出了这些人的恶行,因此引起新党对他的不满。他们故伎重施,总想在苏轼的文章中找到纰漏,以便加在"乌台诗案"的旧账上,新账老账一起算。多亏高太后明察秋毫,屡次驳回诸如此类的诬告陷害,保护了苏轼,才避免了悲剧重演。

保守派对他也未必满意。司马光出任宰相后,全面否定并废除新法。苏轼对此也未置可否。当然,这并不意味着他对王安石变法有了新的看法。当王安石去世时,他代哲宗皇帝草拟过一份敕书,其中对王安石的人品才华大加褒扬,对他的政绩却轻描淡写。苏轼还曾坚决反对以王安石配享宋神宗的祠庙。种种迹象证明,苏轼一生中对王安石的新法都持反对态度。但他是一个实事求是的人。他认为,新法当中也有合理的成分,对老百姓是能带来好处的。他反对废除新法中的合理部分。

有一次,针对是否废除免役法的问题,苏轼和司马光在皇帝面前展开激烈辩论,两人争得面红耳赤。下得朝来,苏轼还连说:"司马牛、司马牛。"吃过晚饭后,他的气还未全消,捧着肚子在院子里踱来踱去。婢女们看他这副样子,都掩了嘴笑。苏轼看见后便问:"你们只知道笑,可知道我肚子里装的是什么?"一婢说,当然是饭食了。另一婢说,是一肚子好文章,朝云在一旁默而不作。苏轼又让她回答,朝云干干脆脆地说:"依我之见,先生一肚皮的不合时宜。"苏轼大笑道:"还是朝云最知我心。"说话间,气已消了大半。

不久之后,司马光也辞世了。在丧礼上,苏轼与理学家程颐又发生了冲突。

程颐与胞弟程灏开创了儒家的一个学派,称之为理学,到了南宋时,经朱熹发扬光大,又被称为程朱理学。这个学派强化了儒学刻板保守的一面,其道德主张十分苛刻。一向思想独立,行为旷达的苏轼当然不能接受这个学派。他与程颐在理论和实践上的矛盾就不可避免。

司马光逝世时,恰好满朝文武正在为宋神宗举行灵牌入祠的典礼。皇家的丧仪完成后,苏轼等一群官员赶到司马光家吊唁。主持司马光丧事的程颐把住大门不准他们进府。他说:"按照孔老夫子的教导,应哭泣的丧葬日子不能唱歌。你们参加了神宗牌位入祠仪事,必然刚刚听了音乐,怎么能跑来哭丧呢?"大家面面相觑。苏轼便上前回答:"孔夫子说哭泣的日子里不能唱歌,又没说唱歌的日子不能哭泣。"程颐一时无言以对。官员们一拥而入。进得府来,却又不见司马光的儿子来迎接,原来又是这位程颐先生不允许。他说,按照古制,孝子应在后堂大悲大恸,怎么能站在灵前接待客人呢?苏轼为此又把程颐指斥了一通。自此,二人产生怨恨。苏轼很讨厌理学家的矫揉造作。

苏轼并非不知道自己开罪人太多,他只是身不由己。他曾说,如果人云亦云,随波逐流,自己会问心有愧,也对不起皇上。如果知无不言言无不尽,则会四面树敌,"不死即废"。因此,他又连连上疏,再次要求去当地方官。元祐四年(1089),苏轼以龙图阁学士出任杭州太守。

二度莅杭　造福一方

苏轼一家回到阔别十五年的杭州。故地重游,自有许多感慨。尤其是朝云,这位当年只有十二岁的小歌妓,如今成了饱经忧虑的少妇。湖山依旧,物是人非,当年的姐妹们都已难觅下落,回过头再看看自己,能够遇到苏学士这样的好人,也算三生有幸。

与通判杭州时相比,苏轼少了许多浪漫,多了几分务实。他认认真真做起父母官来。

他前次离开杭州后,这里遭了一次大饥馑,辖区内死人五十余万。这次来杭第二年,又遇到了连续两年的水灾。由于他有了组织救灾的经验,一方面,将灾前所储蓄的常平仓的米拿出来投放市场,用以平抑米价,另一方面,又向朝廷接连火急奏议,要求减少地方上每年必须上缴国库的贡米数量,并请求发放度牒,以赈济灾民。由于他的努力,杭州大灾之年没有饿死一个人。

水灾必然伴随着瘟疫。为防患于未然,苏轼捐出自己做京官时积累的五十两黄金,夫人闰之和侍妾朝云还拿出了一部分首饰,又从府库中拨了一些银两,用这些资金在西湖边办起了一所医院,无代价为杭州的百姓治病,第一年就治愈一千多人。后来,他离开杭州到别处做官,这家医院还发挥着作用。这大概是中国历史上第一座公费医院。

杭州虽有西湖,但因离海较近,每当钱塘江涨潮时,灌进来的海水不少,使居民饮水含有大量盐分。当年他与陈襄太守治理好的六口甜水井,因设施损坏,已失去作用。苏轼请来一位有经验的老道士,按照他的意见,将竹制的引水管改成瓦管,以增加耐用度。供水系统完善后,杭州人吃水问题得以缓解,苏轼便着手疏浚城内运河和改造西湖的两项大工程。

杭州城内共有两条运河,一为茅山河,一为盐桥河。过不了几年,这两条河就被淤泥堵塞一次。贪官污吏借疏浚之机,大肆敲诈勒索,并将清理出来的污泥随处堆放,居民的生活环境受到影响,却敢怒不敢言。苏轼经过实地勘查,决定将流经郊区的茅山河作为容纳海潮的渠道,盐桥河则接连西湖之水,他利用水位差,控制水的流向,又在两河间建闸,防止海潮涨满时进入盐桥河。经过治理,盐桥河水深八尺,河水清澈,不仅卫生,还大大方便了水路交通。

早在唐朝初年,西湖不过是一榛草丛生的野湖,杭州只是湖边的一个小镇。经过几代人的建设,到了白居易任杭州太守时,已初具规模。白居易对西湖进行了一次大整修。他在湖的北部修筑一条东西走向的长堤,人称白堤。此后西湖才成为一处风景名胜,又经过数代人的修建,湖的四周出现了许多亭台轩榭、寺庙建筑,逐渐绿柳成行,荷菱飘香,越来越美丽了。15年前,苏轼通判杭州时,西湖水面已有十分之二被葑草遮住,到了他再次莅杭时,发现有一半的湖面都长满了葑草,湖底也越来越浅。他估算了一遍,如若不修整,只消二十年左右,西湖就将不复存在了。

他向朝廷申请了一部分资金,自己又筹措了些资金,发动老百姓,积极参与改造工程,很快就动手干了起来。他亲临施工现场指挥,饿了就随便盛一碗粗米饭充饥。民工们见太守如此,干活越发卖力,他们除去葑草,将湖淤泥挖出来,在湖的西侧水面上修出一条十里长堤,与北面的白堤遥遥呼应。堤上共修了六座拱桥,建了几座凉亭,宽宽的大堤两侧,种上柳树和芙蓉,湖中多植荷花菱角。西湖变得又美又实用。

工程竣工时,老百姓抬着猪肉美酒,前往府衙慰劳太守,感谢他为老百姓建立了千秋功业。苏轼大喜,令人将猪肉切成方块,炖得又红又酥,分发给民工们,犒劳筑堤大军,一时间,堤岸上欢声雷动。苏轼欣然提笔,用一首《南歌子》描绘了杭州新貌,其中有这样两句:

古岸开青葑,新渠走碧流。会看光满万家楼。

西湖新景吸引着游人,也吸引着苏轼和他的同僚,他们有机会便在湖上游宴。按照惯例,官员们出游时应当摆出仪仗,苏轼最不喜这些繁杂规矩,又不好破例,他经常令仪仗队抬着空轿子出钱塘门,浩浩荡荡绕湖行走,自己则带两名老兵,从涌金门下船,走水路直奔对岸。他还常常将公案设在葛岭或飞来峰下冷泉亭旁,面对山水胜景，他思路格外清晰，处理起公务来"落笔如风雨"，十分迅速，令同事们惊叹不已。

杭州民间流传着许多关于苏轼的故事，他们甚至坚持说苏轼是杭州本地人。为了感恩戴德，老百姓在苏堤上修了一座特殊的亭子，作为他的生祠，中间悬挂起他的影像，经常顶礼膜拜。后来，人们在葛岭上建起四贤祠，纪念历史上四位对杭州做出突出贡献的人物，他们是李泌、白居易、苏东坡、林逋。

元祐六年（1091），苏轼又被召回京城，高太后有意擢升他为宰相。反对他的人便以其弟苏辙已当了副相为由，提出二苏只能留一的建议。程颐等混淆黑白，竟攻击他在杭州时的所作所为是夸大灾情，还说修整西湖是为了供自己游乐，真是欲加之罪，何患无辞。

苏轼厌弃这些没有止休的政治纷争，他又想到地方上任职了。他先在后颍州（阜阳）、扬州等地为官，时间都不太长。

政治动荡　屡遭贬黜

元祐八年（1093）八月，苏轼的第二位妻子王闰之在京城辞世，苏轼写了《祭亡妻同安郡君文》来追悼她。一个月后，高太后也去世了。一场新的政治动荡又迫在眉睫。

宋哲宗10岁登基，朝廷大权一直由高太后执掌。随着年龄的增长，哲宗当然不希望这位祖母再独断专行下去，但碍于情面，他不甘于忍耐。老练多智的高太后并非没有看出孙皇的心思，所以在自己病情日笃时，曾对吕大防、范纯仁（范仲淹之子）等执政大臣说："我百年之后，必定有人教唆皇上与你们为敌，到那时你们应早早归隐，让皇上用他自己的人吧。"高太后果然有先见之明，她还没有气断，19岁的哲宗就一反常态，开始自作主张了。太后刚驾鹤西归，他便来了一个大换血。吕惠卿、章惇等人又小人得势了，而所谓元祐党人一律遭到贬谪。苏轼当然也逃脱不了厄运。

早在签判凤翔时，苏轼就结识了章惇这个人。有一次，他们相互去游玩，见一个深坑上架着朽木桥，那摇摇欲坠的样子，很让人害怕。苏轼不敢从上边过，章惇却大步流星走了个来回。当时苏轼就暗忖，凡是把自己生命当儿戏的人，杀起人来也会不皱眉头。现在，章惇为了自己的地位和利益，毫不留情地对多年的好友下毒手，他凶相毕露，对苏轼等人大加讨伐。宋哲宗对高太后给自己选定的老师苏轼当然缺乏好感，现在章惇弹劾苏轼，正中自己下怀，立即准奏，贬苏轼到边远地区定州任职。虽然有五年的师生之谊，苏轼离京时要求面见哲宗，都未被获准。

绍圣元年（1094），苏轼又被贬到远在广东的英州，因千里迢迢，他便命长子苏迈带着全家到常州的宜兴县居住就食，他早年买下的那点田产此时成了唯一的凭资。他自己只带着幼子苏过、侍妾王朝云向广东进发。因盘缠缺乏，他身体又不好，便请求改走水路。谁知还没到英州，就接到再贬的命令，朝廷贬他为远宁军节度副使惠州安置。

惠州又名惠阳,位于广州东南方向。苏轼历尽艰辛到达这里以后,稍做调整,便四处浏览,他天生一个乐天派,虽然处在逆境,并不因此郁郁寡欢。他立即被陌生的岭南风光所吸引,尤其是市场上那令人眼花缭乱的水果,他饱尝一顿,之后赋诗道:"罗浮山下四时春,卢橘黄梅次第新,日啖荔枝三百颗,不妨长作岭南人。"

惠州生活仿佛是黄州生活的真实写照。他又遇到一位爱他诗才的好太守,又是忙着为自己安排一个新的家园。他忆起黄州的东坡,不过,现在他的田园所在地叫白鹤蜂,房前屋后的果木品种也与长江之滨大相径庭。最让他慰藉的是,惠州西部也有一个大湖,虽不及杭州西湖,却也翠峰缭绕,碧波荡漾。这就是惠州西湖,又名丰湖。他常带着朝云和苏过在湖边漫步。

自爱子苏遁在南京夭折后,朝云便一心向佛。这次到惠州前,苏轼曾动员朝云也去宜兴与全家人生活在一起,他不忍心让这位善良的女子再跟着自己东奔西走。谁知从未与他红过脸的朝云生气了。朝云是如此痴心地爱着自己的主人,她永难忘怀自己是怎样侥幸脱离苦海的,也永难忘怀丈夫怎样手把手教她读书写字,她认定了自己此生离不开苏轼。到惠州后,她跟着一位老尼学佛经,常常为苏轼的命运祈祷。苏轼写了几诗赞扬她,其中一首是:"不似杨枝别乐天,恰似通德伴伶玄。阿奴络秀不同老,天女维摩总解禅。经卷药炉新活计,舞衫歌扇旧姻缘。丹成随我三山去,不作巫阳云雨仙。"这首诗中用典很多,充满了苏轼对朝云的赞叹。

苏轼最喜欢听朝云唱自己的《蝶恋花》词。词曰:

花褪残红青杏小,燕子飞时,绿水人家绕。枝上柳绵吹又少,天涯何处无芳草。墙里秋千墙外道,墙外行人,墙里佳人笑。笑渐不闻声渐消,多情却被无情恼。

有一次,朝云唱到"枝上柳绵吹又少"时,眼泪如断线珠子般落了下来。她是被词中的伤感情绪感染了?还是在怀念家乡?也许是为当世第一才子的沦落天涯而感怀?总之,苏轼从此以后再也没有听到朝云唱这首词。惠州虽好,朝云却不服这方水土,经常生病。绍圣三年(1096)七月,年仅三十四岁的王朝云在惠州与世长辞,临终,她还用微弱的声音念着《金刚经》中的偈语:"一切有如法,如梦幻泡影,如露亦如电,当作如是观。"苏轼将他的第三位妻子埋葬在丰湖之畔的栖霞山寺东南山坡上,并为她题写了墓志铭。王朝云虽然仅仅一位侍妾,但她在苏轼最艰难的日子里总是风雨相伴着他,为他分忧解难,苏轼并不因她出身微贱而轻视她,与自己的夫人一视同仁。

已过花甲之年的苏轼仍然关心人民疾苦,痛恨那些不顾百姓死活,只知拍马逢迎以求加官晋爵的小人。他写了一首《荔枝叹》,借古讽今,抒发心中喷闷。虽然远在岭南,他的诗作仍很快能传到京城,政敌们当然也在密切关注他的言行。一次,他偶然写了一首《纵笔》诗,诗中说:

白发萧散满霜风,小阁藤床寄病容。

报道先生春睡美,道人轻打五更钟。

这首诗被章惇看见了,章惇青面獠牙的冷笑道:"苏轼居然这般快活?那么就叫他到儋州去吧。"

儋州即今海南岛。苏轼在继续南迁的路上,听说弟弟也被贬到雷州半岛,正在他前边赶路呢,他快马加鞭,追上苏辙一行。兄弟两人在此时此地相见,悲喜交加,不禁老泪纵横。他们相伴前行,到达海边,苏轼就要渡海去了,此番分别不知何日才能再见,免不了又一番哭泣,一番叮咛。

海南岛此时尚处于半蛮荒状态,生产方式十分原始,生产力极其低下,经济文化落后的程度令人难以置信,苏轼刚到海南时,语言不通,居住环境恶劣,心情十分沮丧,他有时担心自己永远也回不到内地了。为了开导自己,他把世界比成宇宙中的一个小岛。好比浅坑中有水,水中有根稻草,伏在草上的蚂蚁看着四周也是汪洋一片,人类不正是在世界这个宇宙小岛上的蚂蚁吗?也说不定太阳一出,坑水很快干了,蚂蚁不就可以上岸了吗?

海南岛系黎、汉杂居区,民风淳朴。好交朋友的苏轼很快就和当地人混熟了。有一次,他到一个村里办事,恰逢下雨,就向农妇借了一顶斗笠,一双木屐,穿着回到住处。他这身打扮十分搞笑,惹得邻人前仰后合,有人把他这副形象绘成一幅《东坡笠屐图》,一直流传至今。

海南岛处在湿热地带,传染病盛行,苏轼经常托人从内地购来一些草药,自己配成丸药,供不时之需,也送给当地的病人。这里读书人很罕见,自从苏轼到来,不少有见识的人纷纷将子弟送来投师而学艺,他也着实收了不少学生,至今海南仍有当年他讲学的遗址,被称为"东坡书院"。苏轼的学生姜唐佐后来成为海南岛有史以来的第一位进士。苏轼还利用这段时间,修《论语说》和《易传》两书,实现了他多年的夙愿。

苏轼在海南住了三年多,做梦也想不到"水坑"有"干"的一天,他这只"蚂蚁"又能上岸了。

二十七岁的哲宗去世了,他的弟弟徽宗继位。一朝天子一朝臣,徽宗罢了章惇的相,重新启用"元祐党人"。苏轼等健在的贬官们相继奉命内迁。

文坛巨擘　星殒常州

徽宗是宋代最荒淫无耻的一个皇帝,当然,这在他即位初期还不明显。他罢章惇的相,主要是章惇曾经反对他继承帝位,再加上太后(神宗的皇后)为苏轼兄弟说了一些好话,因此,他们才能够北归。

苏轼在广州与儿孙们团聚,他取水路向北方慢慢行进。路过一个名叫大庾岭的地方时,曾在一间乡村小店休憩,旅店里有一位老翁向随从探问,问来客是不是苏子瞻大人。当老翁得到肯定的回答时,便对苏轼以大礼相待,说:"苏先生被人百般构陷,今天能北归,这是老天在保佑好人呀!"苏轼为此写诗道:

> 鹤骨霜髯心已灭,青松合抱手亲栽。
>
> 问翁大庾岭头住,曾见南迁几人回?

苏轼这首诗是有感而发。此前不久,当他一片希望,写信给自己最得意的学生之一,也是苏门四学士中最有才气的秦观,得到的却是秦观的死讯。这个消息如晴天霹雳,使他两天粒米未进。

政治斗争的险恶使他最终决定归隐以安度晚年。他开始托人在宜兴买了房屋,也许是宜兴的士大夫们还对他有所戒备,总之,他这个计划未能实现。他又转向常州买房。

有位知己帮他买到一所老屋,房钱已交过,房契也拿到手了。这天傍晚,他在小路上漫游,听到有妇人的哭泣之声,他循声找去,发现是一位老年妇女哭得正伤心。老妇人说,她的儿子不争气,游手好闲,一味挥霍,现在连祖居老屋都让儿子给卖掉了,弄得她没了安身之处了。苏轼再问,方知正是自己买老妇人的祖屋。苏轼当下便将房契焚毁,将房还给老妇人,自己白白贴了一笔钱财。

他只得借住在一位姓孙的朋友家中。

将近一年的旅途奔波,加上他年老体弱,当生活稍稍安定一些时,他便卧榻不起。正赶上江南闷热潮湿的季节,他一直发着高烧,浑身疼痛难忍,夜间更是难挨。伴随着高烧的是止不住的腹泻,接着,他牙根出血,不能进食。他的身体状况迅速恶化,终于崩溃。

建中靖国元年(1101)七月二十八日,一代文坛巨擘苏轼与世长辞,享年六十六岁。

吴越一带的老百姓沉浸在巨大的悲恸中,他们奔走呼号,哭声不绝于市。全国的文人士子纷纷在家中祭奠这位最受尊敬的前辈,为这颗巨星的陨落写下许多情真意切的祭文。

苏轼去世前两个月,写出了他平生最后一首诗。这是在他看到老朋友、著名画家李公麟为他作的画像后所题的一首诗:

> 心似已灰之木,身如不系之舟。
>
> 问汝平生功业?黄州惠州儋州。

这首诗仿佛是苏轼为自己的一生所做出的一个最精练、最恰当的概括。他一生经历了宋朝五个皇帝的统治时期,五个皇帝都承认他的才华和学识,但由于党派之争,更由于他与众不同的品性,他的命运大起大落,几次面临绝境而又峰回路转。在漫长险恶的人生道路上,他从未停止过文学艺术活动,为后世留下了一大批珍贵的精神财富。

按照兄长生前的遗愿,苏辙将苏轼与嫂嫂王闰之的灵柩合葬于一墓,地址选在苏辙任所的汝州郏城县钧台乡。11 年后,苏辙去世,也被安葬在这里。这里被人称作小峨眉。

按照兄长的另一个遗愿,苏辙亲自为苏轼题写了墓志铭。这篇《东坡先生墓志铭》不仅是一篇广传后世、情文并茂的好文章,而且为人们研究苏轼的生平事迹提供了最可靠的依据。

戎装诗人

——陆游

名人档案

陆游：字务观，号放翁，汉族，越州山阴（今浙江绍兴）人。尚书右丞陆佃之孙，南宋文学家、史学家、爱国诗人。陆游生逢北宋灭亡之际，少年时即深受家庭爱国思想的熏陶。宋高宗时，参加礼部考试，因受宰臣秦桧排斥而仕途不畅。孝宗时赐进士出身。中年入蜀，投身军旅生活。

生卒时间：1125 年～1210 年。

安葬之地：会稽云门山。

性格特点：赤子之心。

历史功过：嘉泰二年（1202 年），宋宁宗诏陆游入京，主持编修孝宗、光宗《两朝实录》和《三朝史》，官至宝章阁待制。晚年退居家乡。著有《剑南诗稿》《渭南文集》等数十个文集存世，自言"六十年间万首诗"，今尚存九千三百余首，是我国现有存诗最多的诗人。他的诗歌艺术创作，继承了屈原、陶渊明、杜甫、苏轼等人的优良传统，是我国文化史上一位具有深远影响的卓越诗人。

名家评点：陆游的许多诗篇抒写了抗金杀敌的豪情和对敌人、卖国贼的仇恨，风格雄奇奔放，沉郁悲壮，洋溢着强烈的爱国主义激情，在思想上、艺术上取得了卓越成就，在生前即有"小李白"之称，不仅成为南宋一代诗坛领袖，而且在中国文学史上享有崇高地位。

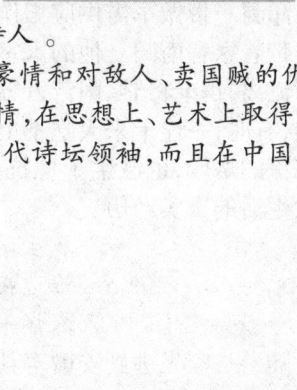

生逢乱世 效力救国

陆游是宋朝越州山阴县(今浙江绍兴市)人,公元 1125 年 11 月 13 日(宋徽宗宣和七年十月十七日),生于他父亲陆宰就任淮南计度转运副使后,奉诏赴首都东京(开封)朝见的行船途中,所以起名为游。一说当时狂风大作,暴雨骤降,其母分娩,梦见前辈著名文人秦观。秦观字少游,因以秦观字为名曰游,以秦观名为字曰务观。关于他的降生,诗人有诗云:"我生急雨暗淮天,出没蛟鼍浪入船。"又说:"少傅奉诏朝京师,舣船生我淮之湄。"正当那时,新兴的女真(即金人)统治者,举兵南下,入侵宋朝。他们兵分两路,西夺太原,东夺北京,然后合兵,直取开封。面对金兵入侵,宋朝广大军民奋起抵抗,张孝纯、王禀率领的太原军民守城二百五十余日,弹尽粮绝,全部壮烈牺牲;李纲、种师道率领的勤王军与守城军精诚合作,给金兵以重创;河北各地人民自动组织起来的抗金武装,声势浩大;以太学生陈东为首的几万人请愿示威,反映了人民的抵御侵略者的爱国热忱。本来,众志成城,团结御侮,危难是可以克服的。但是贪图腐化享乐生活的宋朝统治者,置民族大义于不顾,坚持投降求和的可耻政策,对爱国将士大肆贬斥,加以压制,对有的抗敌队伍还予以遣散,致使金兵得以顺利攻占开封。宋钦宗靖康元年,即陆游出生的第二年,北宋王朝覆灭,整个开封被洗劫一空,赵佶(徽宗)、赵桓(钦宗)、后妃、公主和赵氏宗室以及金银财宝,悉被掳掠北上。

在这紧急关头,宗泽等忠臣良将迅速拥戴在外统兵的赵桓的弟弟康王赵构为皇帝,以稳定大局,并在南京应天府(河南商丘)即位,改年号为建炎元年(1127)。赵构登极后,并无抗金良策,在敌人进攻面前,只是退缩。先后逃往扬州、临安(杭州)、越州、明州(宁波)等地,甚至逃到温州海边的大船上。金兵虽然攻城掠地,无往不胜,但后方空虚,逐渐壮大的中原起义军对它构成严重威胁,因此不得不把进攻队伍从南方撤回。这样,使赵构得到了苟延残喘,于建炎四年四月回到越州,并把越州改为绍兴府。翌年,改年号为绍兴元年,直到绍兴二年正月才回到临安,正式建立了偏安东南一隅的南宋小朝廷。

在那个民族灾难深重的年代里,陆游从小就跟随家人东奔西跑。抗金开始,陆宰在泽潞一带做军需供应工作,由于坏人的陷害,遭到罢黜。此时,战局失利,陆宰只得带着家眷南归。他的家室人口众多,除妻子儿女外还有仆人婢妾,兵荒马乱,辗转流离,携老将雏,困苦万分。为了躲避金兵,他们常常隐蔽起来,饿了只能吃点干粮,有时,一连十来天吃不上饭菜。这种飘荡不定的生活,在陆游幼小心灵里留下深深的烙印,也滋生了他抗金救国的思想。在《三山杜门作歌》诗中,他记载了这段生活的真实经历:

> 我生学步逢丧乱,家在中原厌奔窜。
>
> 淮边夜闻贼马嘶,跳去不待鸡号旦。
>
> 人怀一饼草间伏,往往经旬不炊爨。

陆游一家先逃到安徽寿县(安徽寿春),在这里,他们休息了一段时间,便从淮水经过运河回到山阴故乡。建炎四年，战火逐渐烧到了山阴，金人的铁蹄和溃退的宋朝官兵，把山阴搅得翻江倒海，乌烟瘴气，群众已无安身之地。于是陆游一家只得再次踏上逃难的路程。在《杂兴》诗中，他写道：

> 家本徙寿春，遭乱建炎初。
> 南来避狂寇，乃复遇强胡。
> 于是髡两毛，几不保头颅。
> 乱定不敢归，三载东阳居。

陆游一家人从山阴来到东阳（浙江金华），住在当地颇有声望的陈彦声家里。陈彦声（名宗誉）是一个地方武装力量的领袖人物，讲义气，有武艺，在宣和、建炎中曾两度组织群众抗金，保卫自己的家园。陆游十分赞赏陈的举止，誉为："其义可依，其勇可恃。"（《渭南文集·陈君墓志铭》）陆游一家在陈家一住三年，受到陈的热情款待，直到赵构正式在临安建都，局势已经大体稳定，才又回到老家山阴。陆游此时只有九岁，而内心已深深烙上了对敌人的仇恨。陈彦声的豪侠义勇，保境安民的爱国行动深深地促动了他。他懂得有所爱，有所恨，明白精诚团结，共御强敌，定能收复失地，赶走金人。陆游一生坚持抗战救国，至死不渝，与他从小受陈彦声的影响是不无关系的。

在那山河破碎，风雨飘摇的日子里，宋高宗赵构的登基，曾给人民带来一线希望，但希望很快破灭。因为赵构并不赞成主战派，和全国人民、忠臣义士一起共同抗金，图谋恢复大业；而是畏敌如虎，赞同主和派观点，极力主张逃窜、议和、投降，事实上成了主和派的头子。除了在逼不得已的紧急关头，他需要利用主战派力量外，一贯重用主和派。绍兴十年（1140），金兀术带领大军南侵，被主战派将领率部迎头痛击，打得落花流水。捷报频传，振奋人心。老百姓顶盆焚香，欢迎岳家军渡河北伐，彻底驱逐金寇。此时，金兵锐气沮丧，岳飞队伍所向披靡。岳飞兴奋地给部下说："直抵黄龙府（金国都）与诸君痛饮耳。"但是，正当岳飞率军渡河追击即将逃遁的金兵时，赵构、秦桧却异常恐慌，他们惧怕岳飞取得巨大战功后摆脱朝廷控制，担心北方人民组织的武装和岳家军共同战斗，力量会更加壮大起来，将构成对南宋政权的威胁。因此他们置民族大义于不顾，在一天之内连下十二道金牌，急令岳飞退兵。岳飞被迫无奈，只好放弃收复的失地和取得的累累战果，撤兵回到鄂州（湖北武昌）。岳飞愤惋泣下，悲痛地说："十年之功毁于一旦。"第二年，卖国求荣的秦桧，冒天下之大不韪，竟将岳飞下狱，后又以"莫须有"罪名将岳飞杀害。这年十二月，写金人签订丧权辱国的"绍兴和议"，将东起淮水，西到大散关以北的广大地区划归金人所有，并拜伏称臣，南宋每年向金纳金银二十五万两，绢二十五万匹。对这一丧权辱国的和议，凡具有爱国思想的人，无不为之痛心疾首。

"绍兴和议"以后，怯弱、贪暴、无能的赵构奖励和议有功者，晋封秦桧为宰相兼枢密使，总揽军政大权。小人得志，不可一世，这时，秦桧便利用自己手中的权势，不遗余力地排除异己，打击主战派力量，将胡铨、赵鼎、李光、曾开等人的官职一一予以罢斥。使赵构统治集团，得以无所顾忌，偏安于一隅之地，过着穷奢极欲，荒淫无度的生活，把国仇家恨置于脑后，再也不想收复失地了。面对奸佞当权，祖国沦丧的现实，年纪已经五十开外的陆宰决心致仕，回家乡开始过着隐退生活。由于陆宰有一定的社会地位和声望,经常来探望、访问的同僚和友人很多,像给事中傅崧卿和参知政事李光等,都是坚决主战、反对卖国投城的志士,并且正在遭受秦桧的迫害。他们与陆宰一见面,就禁不住要纵论国家大事。一谈及东京陷落,徽钦二帝被掳,金兵残暴,生灵涂炭时,无不义愤填膺,燃起复仇的烈火;谈到秦桧的卖国行径和垄断朝政,无不咬牙切齿,必欲将之碎尸万段而后快。每到吃饭的时候,尽管桌上摆下饭菜,却无人动筷子,客人往往凄然向主人告辞。陆宰在送走客人后,常常目光呆滞,也无心茶饭。陆游对父亲和客人们当时的表现,看在眼里,记在心头。晚年,他回忆这一难忘的情景时说:"绍兴初,某甫成童,亲见当时士大夫相与言及国事,或裂眦嚼齿,或流涕痛哭,人人自期以杀身翊戴王室,虽丑腐方张,视之蔑如也。"(《跋傅给事贴》)悲痛的经历和义愤的环境,使陆游从少年时代起就开始具有忧国忧民的思想。正如他在《感兴》中所说:"少小遇丧乱,妄意忧元元。"从而立下"上马击狂胡,下马草军书"(《观大散关有感》)效力救国的壮志。

官宦世家　师众曾几

陆游之家是官宦世家。祖父陆佃,曾从王安石学经,参加过王安石领导的诠释经籍和宣传变法活动。宋徽宗时,担任过尚书左丞,因受奸臣蔡京挤兑,被贬到亳州做了一任知州,死在任上,著有《春秋后传》等书。父亲陆宰曾做过朝请大夫、直秘阁,负责过皇家图书馆,也是一个有名的藏书家。绍兴年间,宋高宗下令求天下遗书,陆宰呈上所藏图书清单有一万三千余卷。生长在这样的读书家庭,陆游从小酷爱学习是理所当然的。在《解嘲》诗中他说:"我生学语即耽书,万卷纵横眼欲枯。"又在《幽居记今昔事》一诗中说:"少小喜读书,终夜守短檠。"可以想见他对知识的渴求,学习的勤奋。不仅家中有丰富的藏书可供他饱览。而且父亲又能随时对他进行指导,因此在求知和写作上他的进步是很快的。需要提到的是,陆游的外祖母姓晁,和晁补之是同辈。晁补之和黄庭坚、秦观、张耒一起拜在苏东坡门下,被称为"苏门四学士",他们在文学创作上成就很大,影响面深远。南渡以后,有些苏黄一派的文人就经常到陆游家做客,和陆宰谈论文学流派、创作方法和修辞的得失,这对正在学作诗的陆游无疑是大有裨益的。陆游在《书叹》一诗中回忆道:

文章有废兴,盖与治乱符。庆历、嘉祐间,和气扇大炉。数公实主盟,浑灏配典谟。开辟始欧、王,蓇畲逮曾、苏。大驾初渡江,中原皆避胡。吾犹及故老,清夜陪坐隅。论文有脉络,千古著不诬。

诗里提及多才多艺的宋朝文学的开山大师欧阳修和受他提拔与重视的王安石、曾巩、苏洵、苏轼、苏辙等。"故老"则是指受以上诸人的影响,经常到陆宰家里谈论诗文的作家。

陆游稍稍长大就进入乡校读书,教师韩有功、陆彦远等人都是学识良高,又十分重视气节的知识分子,陆游对他们非常尊重,所从其谆谆教诲。十七岁时,又改从鲍季和受业。与同学们在一块听课,交相问难,生活是极为愉快的。这个期间,他开始正式写诗。恰好,当世著名大诗人曾几来访陆宰,陆游对曾几仰慕已久,能

够在家里见面,实为幸事。在《别曾学士》一诗中他这样写道:

儿时闻公名,谓在千载前;稍长诵公文,杂之韩、杜编。夜辄梦见公,皎若月在天。起坐三叹息,欲见无由缘。

诗中表达了陆游对曾几的仰慕,他把曾几当成杜甫、韩愈那样有名望、有才华的作家看待。朝思暮想,企盼一见;但好梦难圆,只有起坐叹息。而宿愿一朝实现,其喜悦之情是溢于言表的。他继续说道:

忽闻高轩过,欢喜忘食眠。

袖书拜辕下,此意私自怜。

曾几在和陆游的交谈中,感到他才思敏捷,见解独创,博览群书,气度不凡,十分高兴。陆游以学六经为题的言志诗,更使曾几觉得他壮志凌云,不同凡响。诗云:

士生学六经,是为圣人徒。处当师颜原,出当致唐虞。斯文阵堂堂,临敌独援枹。异端满天下,一扫可使无。乃知立事功,先要定规模。彼虽力移山,安能夺匹夫。

于是,曾几欣然收陆游为弟子,并亲自向他指点作诗的方法。从此,陆游更加潜心诗歌创作。

曾几是宋朝南渡后诗坛的领袖,曾几和其兄曾开都是有名的爱国者,力主抗金,反对议和,因触怒卖国贼秦桧,均被罢官,朝野震动。凡正直人士,无不为他们严正的民族立场、强烈的爱国热忱、正谏直言的行动年尊敬。基于这一点,曾几在诗坛上更是享有盛誉。曾几和徐俯、韩驹、吕本中都属于江西派诗人,吕本中是江西派的首创者,和曾几同龄。陆游师事曾几时,徐、韩、吕均已逝去,陆游对这位硕果仅存的老师自然感到格外亲切。

江西派诗人在理论和创作上有很大的局限性,成就也不算很大。不过,在宋代却是一个影响深远的诗派。他们继承并发展了北宋大诗人黄庭坚的一套创作方法,讲究脱胎换骨。黄庭坚说:"诗意无穷,而人才有限,以有限之才,追无穷之意,虽渊明、少陵不得工也。不易其意而造其语,谓之换骨法;窥入其意而形容之谓之夺胎法。"(释惠洪《冷斋夜话》)通俗地讲,"换骨"就是用自己的语言表达前人的诗意;"夺胎"就是在前人的语言基础上推陈出新,并借用前人诗意改为自己的作品。吕本中只提出了作诗的"活法",即从写实入手,遵守上述规矩,又能变化莫测,方能达到圆熟自然程度。曾几根据黄、吕二人的观点,指点陆游,学诗一是忌参死句;二是忌行文空洞无物,需到世间去求意境;三是欲作佳诗必须善养浩然正气。

陆游从曾几那里一方面受到爱国主义思想的洗礼;一方面学得作诗的技巧。陆游曾写诗回忆学习要领:"文章切忌参死句","律令合时方贴妥"。就是说写诗要灵活变化,平仄格律要合乎诗的要求。可见陆游此时作诗侧重文学功夫。曾几曾说陆游的诗从吕本中那里得到"渊源",陆游听了非常激动,他后来还为吕本中的集子撰写了序言。称赞吕的诗文:"汪洋闳肆,兼备众体。间出新意,愈奇而愈浑厚。震耀耳目,而不失高古。"他还回忆自己少年时,读吕诗文,愿向吕学习,但不久吕就去世了,深表遗憾。说明陆游这个时候很受江西诗派的影响,因袭前人看重技巧。正如他在《示子通》诗中所说:"我初学诗日,但欲工藻绘。中年始少悟,渐若窥宏大。怪奇亦间出,如石漱湍濑。数仞李、杜墙,常恨欠领会。"在《九月一日夜读诗稿有感走笔作歌》中又说:"我昔学诗未有得,残余未免从人乞。力屏气馁心自知,妄取虚名有惭色。"但是,他毕竟从江西诗派那里学得了诗歌创作的方法和规矩。由于他的生活视野不断开扩,利用诗歌作为武器积极参加了社会斗争和民族斗争,终于突破了江西诗派狭隘的对形式的追求成为反映时代生活的杰出的现实主义诗人。他回忆说:"四十从戎驻南郑,酣宴军中夜连日。打毬筑场一千步,阅马列厩三万匹。华灯纵博声满楼,宝钗艳舞光照席。琵琶弦急冰雹乱,羯鼓手匀风雨疾。诗家三昧忽见前,屈、贾在眼元历历。天机云锦用在我,剪裁妙处非刀尺。世间才杰固不乏,秋毫未合天地隔。"形象生动地道出了他的诗风转变,意识到现实生活与诗歌创作的千丝万缕的联系。同时,在他的创作理论中,对江西诗派的刻意求奇,以及这个诗派末流趋于轻滑流易,不乏针砭之词。这是一种批判继承的精神,也是他能够登临诗歌创作高峰,自成一家的重要原因。今存《剑南诗稿》八十五卷,大多经诗人生前亲手编定,在收录的九千三百多首诗中,作于宋高宗时期的早年作品很少,均已被他删除。说明他向以江西诗派主宰诗坛为标志的时代,自觉告别。

婚姻不幸　苦闷彷徨

陆游二十岁时,已是一个英俊潇洒,气宇轩昂的青年了。这一年,即绍兴十四年(1144)他和婀娜多姿,志趣相投的姑娘唐琬结为夫妻。唐琬的父亲是陆游的舅舅,陆游是唐琬的表兄,他们两厢情愿,亲上加亲,婚姻是十分美满的。唐琬也工于诗词,与陆游夫唱妻和,思想的交流,更加深了两人之间的感情。陆游的母亲对这位秀丽的内侄女兼媳妇,最初也是非常喜欢的,但后来却发展到很不满意,横加指责,硬逼着陆游与唐琬离婚。有人认为是由于小两口感情甚笃,卿卿我我,形影不离,影响了陆游对功名的进取,于是陆母迁怒于唐琬;还有人认为是由于唐琬不生孩子,怕断了陆家香火的缘故。在那个社会里,媳妇不见容于婆婆,是很难在夫家生活的。对于母亲的决定,新婚宴尔、琴瑟和好的陆游夫妇,当然不能同意。陆游再三向母亲哀求,希望能留下唐琬,但哀求无效。迫于母命,陆游大胆瞒着母亲,假说将唐琬送回娘家,暗中却在外面租了一所房子,把唐琬安置在那里,经常约会。可是没有多久,秘密就被陆游母亲发现了。陆游无奈,只得忍痛和唐琬离异。从此二人燕南雁北,劳燕分飞。绍兴十七年,陆游另娶王氏为妻,王氏虽然贤淑俊俏,但陆游总感到相距唐琬甚远。唐琬被遣送回娘家,满怀幽怨,几乎痛不欲生,经多方劝慰,遵家长之命,改嫁同郡赵士程。琵琶虽然别抱,对陆游仍一往情深。

绍兴二十四年(1154),陆游参加礼部会试被黜回家,心情苦闷彷徨。他经常四处走访,或访朋问友,结交商贾、豪杰和诗人;或接触人民群众,放浪形骸。这一天,春光明媚,他游览禹迹寺的南园。此园是绍兴一所著名的园林,占地十余亩,建有假山、池塘和亭台轩榭,每当东风送暖,园中碧草如茵,繁花似锦,风景雅致,十分宜人。因此不少文人墨客常来这里游目骋怀,赋诗作画。一般平民百姓也不时到此,游兴甚浓。园内有春波桥一座,桥下碧波荡漾,桥上是游人凭栏远眺的地方。当年陆游和唐琬曾在桥上凭栏依偎,谈今论古,衣香人影,流连忘返。陆故地重游,不胜今昔之感。忽然发现唐琬和改嫁后的丈夫赵士程也来到沈园。他远远看着唐琬憔悴的倩影,感慨万千,回想起与唐琬十年前的恩爱之情和分手后的绵绵相思之苦,不禁黯然神伤。唐琬看到陆游独自一人像孤雁似的在园中徘徊,既惊喜今生又能相逢,又悲叹相逢不能相聚。往事历历在目,思之凄然。于是征得越士程同意,派人给陆游送去一份酒菜。陆游饮罢酒后,压抑不住内心的悲苦,提笔在墙上写了一首哀怨悔恨的词《钗头凤》,词云:

红酥手,黄滕酒,满城春色宫墙柳。东风恶,欢情薄,一怀愁绪,几年离索。错!错!错!春如旧,人空瘦,泪痕红浥鲛绡透。桃花落,闲池阁,山盟虽在,锦书难托。莫!莫!莫!

词的上阕描写了唐琬的美丽、多情和温柔,控诉了代表封建势力的东风无情拆散了他和唐琬的夫妻关系。"不得东风花不开,花开又被风吹落"。因为东风送暖,可以使百花齐放;东风逞威,可以使百花凋零。这里交织着陆游酸甜苦辣的复杂情感。上阕结尾连用三个"错"字,是自问,也是感叹。错在命运的不公?错在母亲的专横?还是错在自己对母命的屈从?表达了感情上的极度苦痛,下阕以"桃花落,闲池阁"比喻两人婚姻遭到摧残,集中抒发了相思之苦。结尾用三个"莫"字申言莫再怨天尤人,莫再追忆往事,更莫想再度相逢。这是陆游企图用理智压抑自己的感情,然而感情的野马是不可能为短短的理智缰绳所能拴住的。唐琬看到了这首缠绵悱恻,肝肠寸断的词,十分感伤,回家后便和了一首:

世情薄,人情恶,雨送黄昏花易落。晓风干,泪痕残,欲笺心事,独语斜栏。难!难!难!人成各,今非昨,病魂常似秋千索。角声寒,夜阑珊,怕人寻问,咽泪装欢。瞒!瞒!瞒!

从此,唐琬郁郁寡欢,不久就香消玉殒。陆游的这出婚姻悲剧,是他一生中最大的创伤,永远难以抚平。沈园重逢和唐琬的早逝,在他真挚的情感深处,更加重了他的悔恨、内疚和难以名状的辛酸。尽管时光荏苒,进入暮年,但唐琬的音容笑貌,一直萦绕在他心头。只要他在山阴,有机会他总要登禹迹寺楼上眺望,回忆往日的爱情生活,寄托自己无限的哀思。宋宁宗庆元五年,陆游已经七十五岁了,距唐琬逝去已有四十年之久,但陆游依然难泯旧情,回首往事,不禁潸然泪下,写下了《沈园》二首,表达了对前妻深深的爱恋和悼念,诗云:

(一)

城上斜阳画角哀,沈园非复旧池台。
伤心桥下春波绿,曾是惊鸿照影来。

(二)

梦断香销四十年,沈园柳老不吹绵。
此身行作稽山土,犹吊遗踪一泫然。

以七十五岁高龄的衰朽之躯,铭记不忘唐琬飘若惊鸿的倩影;对同唐琬一起去游玩过的沈园,还沿着老路走到那里去凭吊一番,可以想见用情之专一。在陆游逝世前五年,即陆游八十一岁时,他又写了《十二月二日夜梦游沈氏园亭》二首,诗云:

才子文豪

（一）

路近城南已怕行，沈家园里更伤情。
香穿客袖梅花在，绿蘸寺桥春水生。

（二）

城南小陌又逢春，只见梅花不见人。
玉骨久成泉下土，墨痕犹锁壁间尘。

诗中充满了物是人非，触景生情，魂牵梦绕，此恨绵绵的悼亡哀痛，反映了诗人对唐琬的钟情，年老而弥笃。

陆游不仅是一个热血澎湃的诗人，而且也是个柔肠万千，倜傥风流的才士。据《随隐漫录》记载，一次，陆游在赴任途中，夜宿驿站，见墙上有题诗云："玉阶蟋蟀闹清夜，金井梧桐辞故枝。一枕凄凉眠不得，挑灯起作感秋诗。"经过访问，得知题诗人乃驿卒的女儿，陆游爱其才，托人说合，将女纳为妾。半年之后，陆游夫人不容此女留在丈夫身边，遂将女驱赶。女临行前赋《生查子》而别。其辞云："只知眉山愁，不知愁来路。窗外有芭蕉，阵阵黄昏雨。晚起理残妆，整顿教愁去。不合画春山，依旧留愁住。"《柳亭诗话》说："务观前妻见逐于其母，此女又见逐于其妻，钗头双凤，大小一揆。"据后人考证"玉阶蟋蟀闹清夜"四句是他人将陆游所作诗稍事窜改而成，似乎《随隐漫录》和《柳亭诗话》所说均不是为证。不过，《渭南文集》中提到陆游确纳有一妾，姓杨，系成都府华阴市人。曾随他至严川上任，生一女，小名定娘，不幸夭折。陆游还为小定娘撰写墓志《山阴陆氏女墓志铭》，这该是毋庸置越的吧！至于杨氏的具体情况则不得而知。

科场舞弊　会试见黜

南宋朝廷为了粉饰太平，笼络士人，决定于绍兴二十三年开科取士，并在临安先举行了两浙转运司锁厅试。规定只限现任官僚及恩荫子弟应进士科人员参加。锁厅试就是要应试者锁了办公厅而去参加考试。录取面较大，一百个人中可以录取一个。陆游是恩荫迪功郎，志在报效国家，自然不放弃这个机会。秦桧之孙秦埙已官居右文殿修撰，比考官地位还高，本来不必应试，但秦桧想让孙儿通过科举考试取得状元，获得更显赫的地位，因此也参加了。试前，秦桧还示意主孝官陈子茂将秦埙录取为第一名。陈子茂是两浙转运使，字阜卿，为人正直，办事公正。在审阅试卷中，发现陆游写的文章，笔调通畅，气势不凡，议论北伐中原，还我河山，言辞恳切，大义凛然，不禁为之赞叹；而秦埙的文章则相形见绌。陈子茂不畏炙手可热，权倾天下的秦桧加害，毅然将陆游录取为第一名，秦埙列为第二名。秦桧的目的没有达到，极为震怒，在第二年礼部举行会试时，竟专横独断，公然把考试成绩优良的陆游刷掉，让秦埙捞上头名进士。同时，还准备治陈子茂的罪。这件事表面上看去是一种封建社会常见的科场舞弊勾当，属于追名逐利的冲突，实质上是陆游在试卷中力主抗金，站在抗战派一边，向以秦桧为首的投降派投出的利刃，因此必然遭到秦桧的打击和迫害。陆游晚年在悼念陈子茂的诗里说："陈阜卿先生为两浙转运司考官,时秦丞相孙以右文殿修撰来就试,直欲首送;阜卿得予文卷,推置第一,秦氏大怒。予明年既显黜,先生亦几蹈危机;偶秦公薨,遂已。予晚岁料理故书,得先生手贴,追感平昔,作长句以识其争,不知哀涕之集也。"诗云:

冀北当年浩莫分,斯人一顾每空群。国家科第与风汉,天下英雄唯使君。后进何人知大老,横流无地寄斯文。自怜衰钝辜真赏,犹窃虚名海内闻。

诗中斥责秦桧之流挤兑、罢黜持抗战观点的考生,像唐文宗时当权太监仇士良视敢于直言应制科的刘蕡为"风汉"一样,热情歌颂陈子茂不畏强暴,提携后进,选拔人才,是真正天下的英雄。

绍兴二十五年,秦桧暴病身亡,陈子茂免于祸患,朝野正直之士闻讯奔走相告,弹冠相庆,同时开始议论边事,盼望朝廷抗金复国。北方沦陷区的宋朝遗民也摩拳擦掌,希望王师来收复国土。宋高宗赵构迫于舆论压力,不得不起用抗战派人物张浚、胡寅、洪皓等,一时举国振奋,群情昂扬。陆游的老师,曾被秦桧罢掉两浙西路提点刑狱公事职务的曾几,也被赵构召见,擢拔为直秘阁,仍知台州,后又任秘书少监。不知是得力于曾几的推荐,还是其他原因,绍兴二十八年(1158),陆游三十四岁时被朝廷任命为福州德宁县主簿。接到公文,他又喜又忧,喜的是,从此可以步入仕途,能报效国家;忧的是主簿是九品县吏,位卑事杂,难以展雄才。在他内心深处仍然希望能够纵横捭阖,驰骋疆场,收复失地,勒石燕然。在《夜读兵书》诗中他曾说过:

孤灯耿霜夕,穷山读兵书。平生万里心,执戈王前驱。战死士所有,耻复守妻孥。成功亦邂逅,逆料政自疏。陂泽号饥鸿,岁月欺贫儒。叹息镜中面,安得长肤腴。

想到现在仅仅去做一个小官,能够实现自己的远大志向吗? 但是,计较职位而不出仕,"年与时驰,意与日去,悲守穷庐",将来怎么办呢?

宦海浮沉　革职还乡

陆游再三考虑,决定上任。他经过二十多天的长途跋涉,穿曹娥江,过雁荡山,游台州,由温州到达了宁德县,从此开始了宦海浮沉。一次福建路提点刑狱公事樊茂实来县视察,对县令项膺因口吃而回答问题结结巴巴,露出不悦之色。陆游觉察,即代为详奏,樊茂实听后,十分满意,又看到陆游的诗写得很出众,于是荐举陆游为福州决曹,担任樊茂实属下的一名文官。不到一年,曾几升为礼部侍郎,在曾几的引荐下,陆游调至临安任勅令所删定官。宋代勅令所是掌管修改审订法令条式的机构,法令条式每五年小修一次,每十年大修一次,然后颁行天下。朝廷常以宰臣兼任勅令所提举,下设详定官、删定官,删定官的职责是编纂朝廷公布的法令文件,并分类编成书。这个职务虽说是八品小官,然而能接近朝臣,进言天子,历来又是饱学之士担任,因而为许多人所关注。陆游公务闲暇,以读书写诗自娱,有时四处游荡,他看到繁华的市容,苦难的百姓,屈辱求和的朝廷,苟且偷安,纸醉金迷的君臣,感慨万端。于是他披肝沥胆,陈情阙下,力主励精图治,早复中原。在抗击金兵大举南侵刚刚开始时,陆游满怀为国效死之情,又赶写了《上执政书》,不想触怒了宋高宗赵构,竟遭到罢官。他只好收拾行李回到山阴。绍兴三十一年七月宋、金展开交战,百事待举,前线吃紧,朝廷急需用人才,高宗赵构在朝臣的提醒下,想起了弃置在乡的陆游,很快降旨召回他任大理寺直兼宗正簿,这样,陆游又来到临安。此时,抗金捷报频传,文武官员欣喜非常,老百姓笑逐颜开,陆游更是精神振奋,将有所为,不久,金主完颜亮在扬州为部将杀死,消息不胫而走,陆游暗想,金主既诛,新主初立,趁金朝内乱,正是恢复疆土的大好时机,于是奏请朝廷诏令各地进军,深入敌后,出奇制胜。但始终不见答复,随着时光的流逝,战局的变化,希望逐渐化为泡影。赵构不仅不兴兵北上,反而找出种种借口,恢复议和,使朝野上下为之骚动。秦桧死后的南宋已非二十年前秦桧弄权的南宋。以宰相陈康伯为首的主战派力量已占上风,并能左右朝廷大局;各地百姓纷纷揭竿而起,抗击金兵,反对议和;一些大臣对于朝廷一味采取忍让,不思进取的政策,对金人奴颜婢膝称臣以求归回河南诸地等作法,极力反对。在这种情况下,赵构既不敢战,又不能和,只好传位给赵昚,自己退居德寿宫里作太上皇,过骄逸享乐生活去了。

三十六岁的赵昚,原名伯琮,是太祖七世玄孙。建炎三年,赵构的独生子赵旉夭亡,便把东京汴梁陷落后流之在民间的赵伯琮收为养子,改名瑗,封为普安郡王,后又立为太子,更名为昚,赵昚生长在民间,了解一些民间的疾苦,对广大国土沦于敌手深为痛惜,因而常有恢复中原之志。绍兴三十二年(1162)赵昚正式即位,翌年改年号为"隆兴",开始整顿朝政,荐举人才,并驱逐了一些误国害民的秦桧党羽,起用主战将领张浚等人,给张浚以兵权。陆游也奉调到枢密院担任编修官。一天,赵昚问朝臣周必大,当今诗人谁能比得上李白。周必大回答,首推陆游,世人已称他为"小李白",因为他的才华出众,写的诗风格豪迈,和李白有相似之处,所以有此殊誉。另外,权知枢密院事史诰,同知枢密院事黄祖舜又向赵昚推荐陆游,说他"善辞章,谙典故",于是赵昚召见陆游,陆游趁机将自己对定邦安国的主张——奏明,如革新政治,加强武备,待机北伐,恢复河山,深得孝宗的赞赏,认为他"力学有闻,言论剀切",特赐他进士出身,并加封他为太上皇帝圣政所检讨官。

隆兴元年(1163)正月,孝宗继封张浚为观国公加少傅衔之后,又任他为枢密史,统帅军马,都督江淮,从江阴、镇江、南京直到贵地、九江的部队全部由他指挥,这对大举南犯的金兵构成了巨大的震慑力量。此时,朝廷上下,同仇敌忾,外交上联络西夏,共同抗击;在北方广大沦陷区,发动军民武装起义。为此,由陆游起草了两个重要文件:一是1163年正月二十一日写的《代二府与夏国主书》;一是同年二月写给沦陷区的秘密传单《蜡弹省劄》。二府指中书省和枢密院,蜡弹是封缄秘密文件的蜡丸。像这样重要的军事和外交文件,理应由中书舍人撰写的,而朝廷大臣特请陆游执笔,可见他的才德已为当局所承认,而陆游也以能够参与抗金的机要工作为荣。在他的诗歌中,常常回忆起这件事情。经过一段时间的筹备工作后,张浚率领六万人马,号称二十万雄兵出师北伐,分两路进军。一路由李显忠率领,从濠州(安徽凤阳)攻取灵璧;一路由邵宏渊率领,从泗州出发(安徽盱眙东北)直取虹县(安徽泗县)。两路夹击,进展极为顺利,很快就收复了宿州(安徽宿县)。捷报频传于江南各地,中原诸镇大为震动。孝宗闻讯,喜出望外,连称十年来无此克捷,朝野为之鼓舞,并亲制诏书,慰劳张浚。并擢升李显忠为淮南、京东、河北招讨使,邵宏渊为副使。宿州收复不久,李显忠、邵宏渊之间就产生了矛盾。邵宏渊主张以宿州库藏实物劳军,李显忠坚持军队驻扎城外,以现钱劳军。两人矛盾,以致金兵反扑时,李显忠只能孤军奋战,独守城池,最后寡不敌众,难以抵御,只得杀出重围,于五月二十四日退至符离集一带,距五月十六日进围宿州仅仅才八天时间。随着北伐的失利,主和派势力在朝中又开始抬头。赵眘也一改初衷,起用秦桧余党汤思退为丞相,准备和金人议和。这时,一贯主战的陆游在朝廷的日子也日益窘迫,但他仍然尽忠职守,敢于对植党营私的龙大渊和曾觌的种种召彰劣迹进行揭发。而龙、曾二人却是赵眘的亲信,因此赵眘对陆游十分厌弃,不久就将他调到建康任通判,接着又改调镇江通判。

镇江北临长江,对峙扬州,和建康形成掎角之势,地势险要,南宋水师精锐驻扎于此,是抗金前沿阵地。陆游上任后很快熟悉了环境,结识了一些同僚,图谋抗战大计。听说张浚仍都督江淮兵马,即日抵达镇江,心中十分激动。张浚和陆游的父亲原系老友,又和陆游抗金的主张相同,因此对陆游十分器重有加,张浚的儿子张栻和幕僚们更是和陆游过往甚密,他们经常在一起筹划如何重整武备,收复山河,报仇雪耻,还于旧都。张浚来镇江后,开始扩充军队,山东淮北忠义之士归附者,络绎不绝。不长时间,建康、镇江两支兵力就有一万二千人。万弩营招收淮南和江西义军一万余人,从建康到镇江,凡要害之地,均修筑城堡;沿江险要之处,皆积水为匮。江上战舰来往,风樯如云,各营都配备了弓矢器械,随时准备消灭入侵之敌。金人获悉这一情况后,感到形势于己不利,急忙下令罢兵。谁料为主和派包围的赵眘,又听信谗言,竟于隆兴二年(1164)四月,撤销了江淮都督府,罢免了张浚的官职,正式与金人议和,签订了"隆兴和议"。在议和进行期间,陆游还是一心为国,上书朝廷,乘和约未定之前,宣布建康和临安都是临时首都,以便将来迁都建康,凭借有利地势,积极从事收复中原的准备。这一主张,从岳飞、李纲、胡铨直到张浚都是坚持的,结果他们都遭到迫害。如今张浚已被罢官,朝政又为议和派所左右,陆游仍置个人安危于不顾毅然提出,其爱国热忱,日月可鉴。和议签订后的次年(1165)宋孝宗赵眘又把年号改为乾道,一时的恢复中原的雄心壮志已烟消云散,开始过起忍辱偷安的生活来。陆游关于建都的意见非但未被朝廷采纳,自己反被调往隆兴(江西南昌)任通判。这样,使他离前线更远了。朝廷的一些卖国贼,一贯敌视敢于正谏正言、力主抗金的陆游。他们对陆游的调动并不甘心,必欲置之于死地而后快。在乾道二年(1166)以"交结台谏,鼓唱是非,力说张浚用兵"的罪名,又将他革职还乡。

报国无门　效死疆场

陆游在山河破碎,金瓯残缺的情况下,本想竭尽全力,为国报效,不料"一犬吠影,百犬吠声",竟然被朝廷革职还乡。他仰天长叹,悲愤不已,匆匆交卸了公务,辞别了同僚,便离开了镇江。踏上归途,进入山阴故土,沉重的心绪顿时豁然开朗。

他看到美丽的村庄，明亮的镜湖，觉得为人处世，应该光明磊落，像清澈见底的湖水一样，官可以不做，报国之志难移。到家以后，便向妻子说明情况，开始过起吃芋羹、喝稀粥的躬耕的平民生活来。

春去秋来，北雁几度南飞。陆游自乾通二年罢官，赋闲在家已经四年了，家中人丁日益增多，生计日益艰难，他不得不向朝廷求职，但始终得不到答复。他想到韶华易逝，对国家还没有做出什么贡献，心中一阵凄怆，不由得吟道："慷慨心犹壮，蹉跎鬓已秋，百年殊鼎鼎，万事只悠悠。不悟鱼千里，终归貉一丘。夜阑闻急雨，起坐涕交流。"正吟咏间，忽然想起在镇江张浚都督府中认识的陈俊卿，陈为人耿直，敢于秉义直言，与陆游志同道合，最近已升任朝廷右相了。陆游经过一番考虑，便写信给陈俊卿，一方面祝贺陈的升迁，一方面为自己求个一官半职。信寄出不久，朝廷于乾道五年十二月，召用陆游为夔州通判。陆游想，夔州距山阴虽远，但能去做官，也能一展宏图，于是决定举家前往。正整装待发，陆游忽然染了重病，未能成行，直到第二年夏才携带家口动身。他沿着长江乘船而上，经过江苏、安徽、江西、湖北、湖南等省，最后通过山势险峻、波涛湍急的三峡，终于到达夔州。沿途他饱览名山大川，了解风土人情，在江陵，他想起了战国时楚国的郢都离这里只有十几里，当年楚王为了观看长江胜景，曾在江陵营造了一处华丽的宫殿——渚宫。秦将白起率兵攻陷郢都后，楚国弃郢东迁，人民流离失所，伟大的爱国诗人屈原曾怀着悲怆的心情，写下了名篇《哀郢》。他深深为屈原的爱国精神感动，并为因进忠言而被放逐的遭遇感慨万千。联想到中原沦为金人之手，北伐事业难以为继，不禁悲从心起。船入瞿塘峡，两岸高山林立，古木参天，猿声不断，呈现一片气势磅礴的壮丽景象。过了瞿塘峡就到夔州了，夔州是诗人杜甫住了三年的地方，在这里杜甫由于督都柏茂琳的照应，生活还算过得安定。据说，一次柏茂琳举行宴会，杜甫欣然应允，从白帝城骑马直奔瞿塘峡，谁料马失前蹄，杜甫竟被摔下马来并跌坏了身子骨，只好住在寓所养伤。一些朋友带着酒肉去探望安慰杜甫，杜甫拄着拐杖相迎，宾主开怀畅饮，尽情言笑。想到这里，陆游觉得这是文坛一段佳话。地处深山的夔州却是杜甫住过的地方，缅怀前贤，倒也值前往。心里顿觉释然。长时间的旅行，使他增长了许多书本上得不到的见识。他便把沿途所见所闻，一一都写入日记，后来编成集子，定名为《入蜀记》。这是一本辞章华美，引人入胜的游记，也是研究地理沿革的重要参考资料。

在夔州，陆游感到一切都不熟悉，生活也极不习惯，好在郡守对陆游器重，刚一到府，便委任他主管办学、考试并兼管农业。乍听起来，似乎事情繁多，实际上是个闲差。陆游没有料到，跋山涉水，历尽千辛万苦，到穷乡僻壤来，换取的只是难以施展自己宏图的差事。在敬览杜甫故居时，他暗想：诗圣杜甫，一生命运多舛，早年受知于唐明皇、唐肃宗，经过安史之乱，由陕入川，由成都而到阆中，由阆中而到夔州，最后流落他乡，客死异地，自己的遭遇也有些与杜甫相似，曾经受知于宋高宗、宋孝宗，金人南侵，先后在镇江、南昌为官，现在来到夔州，难道自己的结局也将与杜甫一样吗？

时间飞逝，转瞬三年任期将满，任满后是返归山阴，闲居故里，还是上书朝廷，继续请求官职呢？陆游面临抉择，心里正在思来想去，无可如何之际，忽然得到新任川陕宣抚使王炎的来信，邀他到设在兴元府南郑县的宣抚使衙门做官。南郑是抗金前哨，历来为兵家必争之地。陆游觉得这个前哨阵地，正是他朝思暮想，心驰神往的地方，自己虽然四十八岁了，但身强康健，报国热忱未减，如果能够身着戎装，驰骋疆场，杀敌守土，救民于水火，也不枉活一世。同时，他也想很快见到这位像汉朝萧何、唐朝裴度一样的朝廷重臣王炎。于是，他安顿好家小，很快就奔赴了南郑。

南郑北屏秦岭，南临巴蜀，西控秦州，东达襄阳，地势险要，物产丰盈。王炎把宣抚司迁居这里后，使古老的城池变得繁华起来。远望各个山头，都设有烟墩，一方有警，八方皆知。陆游一到南郑，热血就为之沸腾。见过王炎，叙了叙旧事后，立即投身到公务活动中去。他虽为干办公事，但不愿久坐幕府，主动要求与士卒一同外出巡察。王炎认为陆游年近五旬，身体并不健壮，且长于笔墨，短于兵戈，担心巡营中若遇敌寇犯境，遭遇不测，未即允诺。陆游请求再三，并说自己研读兵书，舞剑习射。万一遭遇窜敌，也能独当一面。又说久居幕府，不深入前线，既难了解士卒甘苦，又不能详知各处地形地貌，议论军事，必然纸上谈兵，有负宣抚使厚望。王炎再三考虑，觉得陆游的话不无道理，于是答应了他的请求。从此，他穿着戎装，跨上战马，率领士卒，经常巡察在大散关一带。有时路遇偷袭金兵，便巧施妙计，奋力拼搏，使敌人狼狈鼠窜。有时冒着严寒追击敌人，顾不上埋锅造饭，只得啃些粗劣的干粮。在《鹅湖夜坐书怀》中云："昔者戍南郑，秦山郁苍苍。铁衣卧枕戈，睡觉身满霜。"又在《江北庄取米到做饭香甚有感》云："我昔从戎清渭侧，散关嵯峨下临贼。铁衣上马蹴坚冰，有时三日不火食。山畲畬粟杂沙碜，黑黍黄穈如土色。飞霜掠面寒压指，一寸赤心惟报国。"可以看到当时环境的恶劣，生活的艰苦。然而，这些对"一寸赤心惟报国"的陆游来说算不了什么。因为过去怀着"扫胡尘""清中原"的愿望，在南郑前线已经能够付诸实际行动中了，且情况的变化，战地体验使诗人的精神世界和诗歌创作都有了新的素材。他在巡察前线后，又写下了《南山行》云：

我行山南已三日，如绳大路东西出。平川沃野望不尽，麦陇青青桑郁郁。地近函秦气俗豪，秋千蹴鞠分朋曹。首蓿连云马蹄健，杨柳夹道车声高。古来历历兴亡处，举目山川尚如故。将军坛上冷云低，丞相祠前春日暮。国家四纪失中原，师出江淮未易吞。会看金鼓从天下，却用关中作本根。

诗中以"近函秦""气俗豪"的重要地理环境和"将军坛"，"丞相祠"等历史遗迹激发起的爱国热忱，引发出若能像韩信那样暗度陈仓，像诸葛亮那样兵出褒斜，把关中作为反攻的根据地，那么驱逐金兵，收复山河是大有希望的。他沉浸在抗金能够胜利的热望之中。在《秋声》里，诗人没有因袭前人"悲秋"的感情，而是喜闻"秋声"的到来。于萧索悲凉气氛中抒发杀敌报国的雄心壮志，迎接胜利的到来。他写道：

人言悲秋难为情，我喜枕上闻秋声。快鹰下鞲爪嘴健，壮士抚剑精神生。我亦奋迅起衰病，唾手便有擒胡兴。弦开雁落诗亦成，笔力未饶弓力劲。五原草枯首蓿空，青海萧萧风卷蓬。草罢捷书重上马，却从銮驾下辽东。

作者采用"萧萧风卷蓬""壮士抚剑""弦开雁落"唾手"擒胡"等语，展现昂扬的斗志,栩栩如生。"草罢捷书重上马,却从銮驾下辽东。"表现那种捷报频传,直捣黄龙的欢欣鼓舞的景象如在眼前。在《金错刀》诗中,诗人持干戈以为社稷的精神表现得更为突出。诗云:

黄金错刀白玉装,夜穿窗扉出光芒。丈夫五十功未立,提刀独立顾八荒。京华结交尽奇士,意气相期共生死。千年史册耻无名,一片丹心报天子。尔来从军天汉滨,南山晓雪玉嶙峋。呜呼,楚虽三户能亡秦,岂有堂堂中国空无人。

慷慨悲歌,壮怀激烈,必欲杀敌报国的决心和信心足以惊天地,泣鬼神。

陆游到南郑前,认为北伐应从山东进军。到南郑以后,这一看法有了变化。他经过多方查访,发现川陕一带,无论从地势、物产方面来看,还是从人民仗义豪爽方面来说,都要比江淮一带条件优越得多。他认为把这里作为向金兵进攻的战略军事基地是更为合适的。经过深思熟虑之后,正式向宣抚使王炎"陈进取之策,以为经略中原,必自长安始,取长安必自陇右始。当积粟练兵,有衅则攻,无则守"。王炎是南宋当时抗战派的主导,政治、军事等各方面的才能都很出色,在群众中影响深远,深得各方面爱国志士的爱戴。王炎以参知政事的身份,任川陕宣抚使,权力显赫,西北一带的军力、财力和人力都集中在自己手里,完全可以有一番作为。因此,陆游对王炎寄予厚望,诚恳地提出了以上建议。尽管王炎同意陆游的建议,但"有衅则攻"这句话要见诸行动,仍须听从朝廷的旨意,边将是不能自作主张的。因此建议虽好,只能置之高阁,正如箭是好箭,不能发出也是枉然。陆游在南郑这段时间里,除处理日常公务外,还经常为王炎出谋划策,不时辗转奔波,传达命令,了解情况;有时要到南郑附近的西县、定军山、孤云、两角等地走动;到宋金对峙的最前线大散关下的鬼迷店和仙人原巡逻。的确他是做了许多抗金的实际工作的,尽到了他能够尽到的责任。但是,对一赤胆忠心的战士来说,仅仅这些是不够的。他希望真正做到"上马击狂胡",在战场上与敌人拼搏冲杀,甚至去流血牺牲。而在苟安已成为南宋国策,恢复中原已成泡影的形势下,希望又是难以实现的。杀敌有心,报国无门,他抑郁彷徨,不得不奏起悲怆的音弦。在著名诗篇《书愤》中云:

早岁那知世事艰,中原北望气如山。楼台夜雪瓜洲渡,铁马秋风大散关。塞上长城空自许,镜中衰鬓已先斑。出师一表真名世,千载谁堪伯仲间。

这是对早年恢复中原强烈愿望的回顾,也是对戎马生涯的真实描写,更多的是壮志未酬的悲愤。这种悲愤,在以后《书志》中表现得尤为明显。诗云:

千岁埋松根,阴风荡空穴。肝心独不化,凝结变金铁。铸为上方剑,衅以佞臣血。匣藏武库中,出参毕头列。三尺粲星辰,万里静妖孽。君看此神奇,丑虏何足灭。

全诗充满了对投降派佞臣的痛心痛恨,必欲诛之而后快;对侵略者丑虏的极度蔑视,必欲灭之而后快。在另一首《书愤》中又云:

白发萧萧卧泽中,只凭天地鉴孤忠。厄穷苏武餐毡久,忧愤张巡嚼齿空。细雨春芜上林苑,颓垣夜月洛阳宫。壮心未与年俱老,死去犹能做鬼雄。

诗中抒发了以苏武、张巡为榜样,坚持民族大义,不改拳拳抗金复国的一片誓死效忠感情,表示即使死去,也要变成鬼雄。继续战斗,荡除寇仇,以雪国耻。

南郑前线,抗金准备工作正在积极进行;沦陷区人民巧妙地传来敌人情报并送来洛阳竹笋和黄河鲂鱼等犒劳品热切盼望宋军北伐;敌军面对巨大的反攻力量,已惊惶失措,在长安城周围掘了三道壕沟,作为防御工事。此时,如果挥师北进,内外夹击,打退金兵是指日可待的。但是,时间一天一天过去,朝廷降旨恢复中原的诏书始终未到。守边将士们的情绪受到极大打击,感到非常失望和愤懑。热情高涨的进军准备工作逐渐松弛,宣抚使机关内过去那种公务繁忙的景象逐渐消失了。

乾道八年(1172)九月,朝廷竟然颁诏把王炎调回临安任职,并遣散了王炎的幕府。这样,使策划多日、直取长安的反攻计划和各种准备工作都置之高阁,爱国志士和人民群众盼望恢复的愿望又一次落空。"遗民忍死望恢复,南望王师又一年。"陆游的一颗火热的心如同遭迎头被泼一盆冷水,他感到伤心、郁闷,对不起那些渴望解救、在敌人铁蹄下痛苦挣扎的广大沦陷区的老百姓,不胜悲痛地说道:"三秦父老应惆怅,不见王师出散关。"对于南宋统治者赵昚这种忍辱偷安的政策,作为川陕宣抚使的王炎,位高权重,尚且感到无计可施,只得听命,作为宣抚使幕府中一位职位不高的陆游,就更无可奈何了。只有愤懑地慨叹:"有时登高望鄠、杜(陕西鄠县和杜陵),悲歌仰天泪如雨。"

骑驴入川　希望破灭

王炎的幕府被遣散后,陆游奉调成都府路安抚司任参议官。乾道八年十一月,他携眷重返四川,自己骑一头驴子款款而行。忽然冷风吹来,天色转阴,濛濛细雨竟然断断续续地下起来了。陆游一家为了赶路,顾不得休息,仍然马不停蹄地往前走,很快就到了剑门关。剑门关地势险要,晋人张载作《剑阁铭》说:"惟蜀之门,作固作镇,是曰剑阁,壁立千仞,穷地之险,极路之峻。"陆游仰望这蜀北屏嶂,川陕咽喉的剑门关,思绪万千,他没有料想到恢复中原的大业,竟无人问津。当年自己挥戈刺虎,上马杀敌,也堪称英雄吧,如今却成了骑在毛驴背上的苦吟诗人。在《剑门道中遇微雨》一诗中云:

衣上征尘杂酒痕,远游无处不销魂。

此身合是诗人未? 细雨骑驴入剑门。

唐代诗人李白在华阴县骑驴,杜甫《上韦左丞丈》中自说:"骑驴三十载",贾岛有骑驴赋诗的故事。同时,唐以后还流传李杜两人的骑驴图。因此,驴子在当时被人认为是诗人的独享坐骑。陆游此次骑驴入川,知道再没希望披挂上阵,成边守土,报效国家了,胸中充满愠火。在蒙蒙细雨中,他又想到自己将来只能过着吟诗泼墨生活,不由得扪心自问是否够得上成为诗人的称号。这一反问,饱含着激愤、忧伤、怅惘和英雄迷途的痛苦心情。在旅途中传来了朝廷把年号"乾道"换成"淳熙"的消息,这显然是昭示全国朝野上下,北伐计划已彻底破产,取而代之的是:不求进取,维持现状的国策。国策的变化,加上抗金贤相虞允文又不幸去世,这无异给陆游欲展宏图的心上蒙上了一层浓重的阴影。在四川他先后代理了蜀州、嘉州、荣州等处地方官的职务,有如水上浮萍,浪迹飘浮,一想起来,不免黯然神伤。淳熙二年(1175)范成大到四川来担任制置使,招陆游为参议官,于是他又到成都。范成大字致能,也是南宋知名的诗人,在隆兴元年陆游担任太上皇帝职政所检讨官的时候,他们在一块儿共事,是文字之交。因此,陆游在范成大衙内供职,虽然一个是上司,一个是部属,但彼此都不拘官场那一套礼仪,保持着朋友关系,除处理公务外,他们经常在一起饮酒赋诗,一唱一和。陆游在《锦亭》一诗中说:

乐哉今从石湖公,大度不计聱丞聱。夜宴新亭海棠底,红云倒吸玻璃钟。琵琶弦繁腰鼓急,盘凤舞衫香雾湿。春醪凸盏烛光摇,素月中天花影立。游人如云环玉帐,诗未落纸先传唱;此邦句律方一新,凤阁舍人今有样。

全诗描绘当时欢乐场面。当然,陆游和范成大之间也有隔阂,主要是对时局和抗金的分歧。范成大到四川后,确实做了一些好事,赢得了民心,但后来也开始一味享乐,只求边境安宁,不再图谋抗金了。而陆游则不然,他以幕僚身份,也写些应酬诗作,不过,一有机会就要力陈北伐中原,收复山河的主张。一次,范成大着人翻修的铜壶阁竣工,在欢庆宴会上,范成大请陆游作记,陆游并不推辞,在挥毫记述铜壶阁之宏伟时,直书荡清中原,以洗五六十年腥膻之污。范成大看后,尽管有些不太如意,念在友情,不仅不发作,还特地称赞几句。一次,陆游写诗给范成大云:"关陇宿兵胡未灭,愿公垂意在苍生。"有的幕僚看后,感到他教训起长官来,未免狂妄自大。而范成大明知陆游有壮志难酬的惆怅,但并未表现出明显的不快,仍然对陆游很客气,让他去办办文书,陪伴自己赏花赋诗。陆游眼看北伐遥遥无期,报国无门,只好凭借美酒、歌舞,聊解心头的苦闷。在酒肆歌楼中,他结识了一些游侠剑客,力促他们潜入中原,刺杀金主。在《剑客行》中说:

我友剑侠非常人,袖中青蛇生细鳞。腾空顷刻已千里,手决风云惊鬼神。荆轲、专诸何足数,正昼入燕诛逆房。一身独报万国仇,归告昌陵泪如雨。

诗中表现了陆游另一种洗血国耻的爱国精神,因为他知道,兴兵北伐已没有希望,只有利用游侠的个人行动了。

陆游经常出入酒肆歌楼,这一情况不知怎么传到临安,台官在孝宗面前奏了一本,说他"不拘礼法","恃酒颓放",于是降旨罢了他的官职。范成大知道陆游遭受诬告,对他进行安慰,并让他仍然寓居原来住所,生活上予以关照。陆游为避免无端影射,在浣花溪旁租了间房子便移居那里。并以"颓放"为由,自号"放翁"。在《和范待制秋兴》一诗中写道:

策策桐飘已半空,啼螀渐觉近房栊。一生不做牛衣泣,万事从渠马耳风。名姓已甘黄纸外,光阴全付绿樽中。门前剥啄谁相觅,贺我今年号放翁。

这首自贺号放翁的诗,可以看出是对那些鼠目寸光,狗苟蝇营,追名逐利,全然不顾国家民族利益的庸俗小人的痛斥和嘲弄。罢官后的陆游由于不时得到范成大的资助,生活上倒也安适。陆范二人常相往来唱和,依然保持昔日的友谊。

淳熙四年(1177)范成大任职期满,奉诏东还临安,陆游对这位好友的离去,怀着眷念不舍之情送行,并赠诗惜别,《送范舍人还朝》中一首云:

平生嗜酒不为味,聊欲醉中遗万事。酒醒客散独凄然,枕上屡挥忧国泪。君如高光那可负,东都儿童作胡语。常时念此气生瘿,况送公归觐明主!皇天震怒贼得长,三年胡星失光芒。旄头下扫在旦暮,嗟此大议知谁当?公归上前勉画策,先取关中次河北。尧舜尚有百蛮,此贼何能穴中国?黄扉甘泉多故人,定知不做白头新。因公并寄千万意，早为神州清虏尘。

诗中淋漓尽致地昭示了自己的内心世界，申述他所以嗜酒，并非迷恋酒，企图醉生梦死，而是想在醉酒中暂时忘掉国家倾颓的痛苦。在酒醒后，他想到的仍是克复中原，解民于水火之中的大事。因此，他不厌其烦地告诉范成大，请他回朝后，一定要向朝廷进言，采用先取关中，后取河北的战略，并希望范成大能与故旧友人一起，精诚合作，共襄北伐抗金义举。陆游的忠言，范成大是否如实转告朝廷，或者说转告了却没有被朝廷采纳。总之他的希望又一次破灭。

赈粮罢官　闲居山阴

范成大走后，陆游在成都孤苦伶仃，曾写《春愁曲》一首云："六年成都擅豪华，黄金买断城中花。醉狂对作《春愁曲》，素屏纨扇传千家。"谁知此诗竟广为传诵，后来传到宫中，连宋孝宗也读到了，动了慈悲之心，觉得陆游十年之中，六年在巴蜀，于是将他召回临安。淳熙五年(1178)秋，五十四岁的陆游见过宋孝宗赵昚后，被任命为提举福建常平茶盐公事。以后，又调任提举江南西路常平茶盐公事，主管钱粮仓库和茶盐专卖事业。任所在江西抚州(江西临川)，抚州本是南宋规模较大的重要瓷场之一，由于贪官污吏敲诈勒索，生产极不景气，且农事凋敝，田园荒芜。淳熙七年抚州地区先是大旱，继而淫雨成灾。陆游动员士卒、百姓运石堵住城墙缺口，使得城池免遭水淹，城外百姓虽逃往高处，但衣食无着，难以为继。特别是吃饭无粮是迫在眉睫的大问题，需要马上解决。陆游想到自己身为朝廷命官，主管义仓和赈灾之事，此时不救民于水火，更待何时。于是他迅速具文奏请朝廷开仓放粮，以济燃眉，可是抚州离临安路途遥远，要等待朝廷批文下来，尚须时日。如果等到那个时候才开仓赈粮，将有大量百姓饿死。陆游想到这里，便立即下令看守粮库的吏卒，打开府库，放粮济民。灾民万分感激陆游这一举措。不久以后，朝廷却下诏免了陆游的职务。诏书上说："抚州义仓之粮乃天朝与大金国结盟的交粮。陆游以济民济灾为名，擅自做主，先开后奏，私开义仓，有背朕膺付之命。故罢其提举江南西路常采茶盐公事之职，得旨不必入奏，钦此。"

陆游被罢官还乡，从淳熙八年到十二年，一直闲居山阴，但他的心一直挂念北伐，进军中原。在《夜泊水村》一诗中云：

腰间羽箭久凋零，太息燕然未勒铭。
老子犹堪绝大漠，诸君何至泣新亭。
一身报国有万死，双鬓向人无再青。
记取江湖泊船处，卧闻新雁落寒汀。

陆游悲痛万分地说，等待北伐等得箭上的羽毛都脱落了，仍未见朝廷付诸行动，虽然自己年事已高，但只要国家一声召唤，仍然会奔赴疆场，杀敌御侮。凌云壮志，至此不衰。陆游既然有志难申，于是他只有读书。在读书的同时，他想到过去一些志同道合的朋友，在取得高官厚禄后，也失去了当年的锐意进取的精神。对待抗战大事，畏缩不前，借口不可操之过急，须"待衅而动"，实际上是为了保住一己之私。为此他在《读书》诗中失望地写道:"士初许身辈稷契,岁晚所立惭廉蔺。正看愤切诡成功,已复雍容托观衅。"当然陆游只是对这些人失望,而对于天下士,对于人民,对于将来,仍然是信心十足希望无限的。在陆游乡居孤寂无聊,有时也找找和尚、道士谈天说地,偶尔还熬罂粟子粥,烧丹炼药,在《题书斋壁》诗中说:

> 随分琴书适性情,乍寒偏爱小窗明。
>
> 旋煎罂粟留僧话,故种芭蕉待雨声。
>
> 丹药验方非畏死,文章排闷不求名。
>
> 是间幽事君知否? 莫怪经秋少入城。

从诗里可以看出他煎罂粟是为了与和尚谈天遣怀,炼丹是为了验证药方的效果怎样,写文章不是图名而是为排遣忧郁。尽管他寂寥、苦恼,但报国之志未减。在《夜步庭下有感》中阐怀道:"书生老抱平戎志,有泪如江未敢倾!"

淳熙十三年(1186),陆游已经六十二岁了,被朝廷起用为严州(浙江建德)知州。他接到任命后赶赴临安觐见,在客舍寓居,正逢春雨初霁,风光旖旎,巷陌深处,断续传来卖花声。于是写下《临安春雨初霁》七律一首:

> 世味年来薄似纱,谁令骑马客京华。
>
> 小楼一夜听春雨,深巷明朝卖杏花。
>
> 矮纸斜行闲作草,晴窗细乳戏分茶。
>
> 素衣莫起风尘叹,犹及清明可到家。

这一首名诗清新自然,既写春雨初晴的美景,也暗寓朝廷有了新的气象。其中"小楼一夜听春雨,深巷明朝卖杏花"一联,尤为脍炙人口,广为传诵。赵眘得知,也极为赞赏。陆游在殿上向赵眘赴任辞行时,赵眘还特别对陆游说:严州山清水秀,公余可以作诗消遣。皇帝完全把陆游当成一位寄情于山水的诗人看待,根本无视了陆游一腔赤诚的报国之志。

严州土地贫瘠,连年灾害,因此农业荒废,田园萧条。陆游到任后,针对这一情况,首先抓农业生产。他告诫群众,要努力耕作,不懈怠不偷懒,不争讼。自己也保证做到:"宽期会,简追胥,戒兴作,节燕游。"也就是,不扰民,不加重人民负担,不无度挥霍,保民、安民。对于那些为非作歹,鱼肉百姓,贪污残暴的吏役,则予以摒退撤职。经过一段时间的整顿,严州的面貌大有改观。

陆游勤于政务,每天早晨鸡未叫就起床,直到乌鸦归巢还在处理各种公文和事情,连吃饭睡觉都不能按时,简直忙得不可开交。有时养病在家,一想到地方安治不好,害怕老百姓受害,也顾不得休息,急忙又去理事。在他的苦心孤诣下,"民租屡减追胥少,吏责全轻法令宽"。政简刑宽,人民得以安居乐业,他也感到高兴,"偶有一樽聊独醉,强按黄菊助清欢"。特别是看到大旱之年,在平坝地栽上高寒作物荞麦,竟然得以丰收,人民可以安居此地,他更是万分兴奋。在《荞麦初熟,刈者满野,喜而有作》一诗中说:

> 城南城北如铺雪,原野家家种荞麦。
>
> 霜晴收敛少在家,饼饵今冬不忧窄。
>
> 胡麻压油油更香,油新饼美争先尝。
>
> 猎归炽火燎雉兔,相呼置酒喜欲狂。

陌上行歌忘恶岁，小妇红装穗簪髻。

诏书宽大与天通，逐熟淮南几误计。

大灾之后，人民喜获丰收，"油新饼美"，"炽火燎兔"，"陌上行歌"，"小妇红装"，形象地反映了群众的忧愁已去的欢欣鼓舞笑逐颜开的景象，也展现了诗人看到群众已不再为饥寒所迫，不再遭受颠沛流离之苦而感到莫大欣慰的博大心胸。

陆游在严州做了许多好事，深得老百姓的拥戴。远在一百四十年前，其高祖陆轸也在这里做过知州，政绩斐然。为了纪念陆轸、陆游二人德政，群众特地在一座庙里为陆轸立了一个生祠，并请陆游作记刻石。

在严州任上，陆游确实有不少诗作，本来皇帝让他到严州来是想让他多做些吟咏山水的诗，但是志在横枪跃马，恢复神州的陆游创作的诗篇仍然多是抒发对祖国的一片赤胆忠心。如在《夜闻角声》诗中云：

（一）

袅袅清笳入雪云，白头老守卧中军。

自怜到死怀遗恨，不向居延塞外闻。

（二）

忆在梁州夜雪深，落梅声里玉关心。

山城老去功名忤，卧对寒灯泪满襟。

虽然，他有时也写些像《东吴女儿曲》《吴娘曲》一类的诗，其中如"东吴女儿语如莺，十三不肯学吹笙""吴娘十四未知愁，罗衣已觉伤春瘦"等句描绘少女神态，栩栩如生，描写少女春愁细致入微。但这一类诗毕竟写得很少。到严州的第二年陆游已写诗三百余首，超过前后几年写的诗，可以说是仰答圣意了。同时，他又把自己过去写的诗，二千五百多首编成集子，付梓问世。在任期内，利用工作闲暇，还为公家刻了《南史》《刘宾客集》和《世说新语》，因为过去这里保存的前两部书毁于兵火，后一部书不幸佚失。淳熙十五年（1188），陆游在严州干了两年，任期届满回家。不久，又奉诏到临安担任朝廷军器少监。翌年，改任礼部郎中兼实录院检讨官。

赵眘晚年，对恢复大业已经无一言及，想和赵构一样，过过安适舒坦的生活，便传位给儿子赵惇。赵惇即位，是为光宗，这位新皇帝既无革新的锐气，又喜亲近奸佞小人，对于陆游一再奏本，请求皇帝励精图治、振兴朝纲的奏议，感到十分反感，听信谗言，以"嘲咏风月"的罪名，罢了陆游的官。原来陆游赴任严州之前，在临安小住候旨。一天友人张镃邀请他到家为自己珍藏的一把扇子题诗，因为陆游当时不仅有"小李白"之称，极负盛名，且在书法上有很深造诣，为人仰慕。在张镃的真诚要求下，陆游不好推辞，在扇面上题了一首诗：

寒食清明数日中，西园春事又匆匆。

梅花自避新桃李，不为高楼一笛风。

这首诗和唐代刘禹锡的《游玄都观》诗"玄都观里桃千树,尽是刘郎去后栽"相似,都是借桃李寓指新贵的。力主议和的新当权者,自然不能容忍陆游对自己进行嘲讽,便向皇帝弹劾他,终于罢免了他。后来,陆游还为此事写诗作记,题记说:"予十年间两坐斥,罪虽擢发莫数,而诗为首,谓之'嘲咏风月'。既还山阴,遂以'风月'名小轩,且作绝句。"诗云:

(一)

扁舟又向镜中行,小草清诗取次成。
放逐尚非余子比,清风明月入台评。

(二)

绿蔬丹果荐瓢尊,身寄城南禹会村。
连坐频年到风月,固应无客叩吾门。

小小一首题扇诗,竟被冠以"以诗讽今,嘲咏风月,诽谤朝政"的罪名。可见当时的政治的黑暗和恶势力的嚣张。在这种氛围中,陆游的一些朋友也不敢和他交相往来,害怕株连,受到迫害。陆游孤独地在家乡过着清贫的生活,但也能洞察到当时的政治危局,他知道国策既已定为和议,抗金志士自然遭到罢黜。宦海浮沉,他已多次经历,因此心情还是比较平和的。他在《放逐》一诗中写道:

放逐曾惭处士高,笑谭未减少年豪。
青山随处有三窟,白首今年无二毛。
正得筇枝为老伴,尽将书帙付儿曹。
饮酣自足称名士,安用辛勤读楚骚。

这是罢官后陆游生活和心情的真实写照。从光宗绍熙元年(1190)到宁宗嘉泰元年(1201)这十一二年中,陆游一直在山阴过着田园生活。山阴是个山清水秀的地方,古迹甚多,有禹迹寺、兰亭和镜湖等遗址,四方来参观、游览的人络绎不绝。陆游住在这里,自然有所感悟,在《吾庐》诗中说:

吾庐镜湖上,傍水开云扃。秋浅叶未丹,日落山更青。孤鹤从西来,长鸣掠沙汀。亦知常苦饥,未忍吞膻腥。我食虽不肉,匕箸穷芳馨。幽窗灯火冷,浊酒倒残瓶。

陆游住在美丽镜湖畔,虽然山清水秀,足以修身养性,但罢官回家,如同孤鹤西来,志行高洁,而生活清苦。这一境况在《困甚戏书》中描述得十分具体:

刈茅以苫屋,缚柴以为门。
故人分禄米,邻父饷鱼餐。
前门吏征租,后门质襦裙。
不敢谋岁月,且复支朝昏。

他靠朋友邻居的接济维持生计,靠典当衣服缴纳租税。住在茅草屋里,家无隔宿之粮,日子得过且过,谈不上什么长期打算,但这种贫穷生活却使他和老百姓更

国学经典文库

中华名人大传

图文珍藏版

加接近，同老百姓的关系更加密切。在《宿野人家》诗中云：

> 避雨来投白版扉，野人怜客不相违。
> 林喧鸟雀栖初定，村近牛羊莫自归。
> 土釜暖汤先濯足，豆秸吹火旋烘衣。
> 老来世路浑谙尽，露宿风餐未觉非。

用土锅烧水洗脚，燃豆秸来烘衣，这种农家生活是与幕府生活截然不同，而陆游置身其间，却感到心安理得，可以看出他的思想感情已和老百姓融为一体。每到丰收的时候，他高兴地同野老田父聚集一块，开怀畅饮，共话桑麻，并向他们宣传抗战、恢复中原的大道理，希望他们将忠义大节，世代相传，让子弟们随时准备，响应国家召唤。庆元二年（1196），陆游七十二岁，在《村饮示邻曲》一诗中云：

> 七年收朝迹，名不到权门。耿耿一寸心，
> 思与穷友论。忆昔西戍日，羼虏气可吞。
> 偶失万户侯，遂老三家村。朱颜舍我去，
> 白发日夜繁。夕阳坐溪边，看儿牧鸡豚。
> 雕胡幸可炊，亦有社酒浑。耳热我欲歌，
> 四座且勿喧。即今黄河上，事殊曹与袁。
> 扶义孰可遣，一战洗乾坤。西醉吴玠墓，
> 南招宗泽魂。焚庭涉其血，岂独清中原。
> 吾侪虽益老，忠义传子孙。征辽诏傥下，
> 从我属橐鞬。

白头老翁，身在乡间，犹心系国家，这种赤子之心，报仇雪恨之情在《七十二岁吟》中，表现得淋漓尽致：

> 七十人言自古稀，我今过二未全衰。
> 读书似走名场日，许国如骑战马时。
> 秋晚雁来空自感，夜阑酒尽不胜悲。
> 渭滨星陨逾千载，一表何人继《出师》？

在《陇头水》中更直截了当地说："生逢和亲最可伤，岁辇金絮输胡羌。夜视太白收光芒，报国欲死无战场。"他公开反对朝廷采取和亲政策，和每年向敌人进贡几十万银两绢疋，勉强换得小朝廷的苟安。他悲愤地呼号，他志不在农村过安闲温饱生活，而是战死沙场，马革裹尸。然而报国无门，空有一腔热血而已。

陆游在农村闲暇无事，常常给邻里朋友诊断病情，因为他曾经研究过医药知识，又掌握家传的一些治病经验，有时，他还骑上驴子带上药囊到附近村落闲逛，遇着生病的人，就给他看病服药。因此，群众都很感激他，爱戴他，把他视为亲人和恩人。陆游特地在《山村经行因施药》诗第四首中云："驴肩每带药囊行，村巷欢欣夹道迎。共道向来曾活我，生儿多以陆为名。"与群众水乳交融之情，溢于言表，这种感情促使他写了一些描写农村自然风光，反映当时人民生活的诗篇。如《西村》云：

> 乱山深处小桃源，往岁求浆忆叩门。
> 高柳簇桥初转马，数家临水自成村。
> 茂林风送幽禽语，坏壁苔侵醉墨痕。

一首清诗记今夕，细云新月耿黄昏。

"高柳簇桥"，"数家临水"，"风送禽语"，"苔侵墨痕"，全诗有如一幅写意的山水画，形象地描写了优美隽永的山村风景，环境的幽雅，人民生活的安适。在《游山西村》诗云：

> 莫笑农家腊酒浑，丰年留客足鸡豚。
> 山重水复疑无路，柳暗花明又一村。
> 萧鼓追随春社近，衣冠简朴古风存。
> 从今若许闲乘月，拄杖无时夜叩门。

诗中描写了丰收后农家的欢庆场面，反映了民风的古朴淳厚。从上述两首诗，可以看出陆游对农村、对农民是饱含着深深的热爱的。

爱国志士　再度出山

陆游罢官在家，大约住了十一二年之久，这段时间南宋小朝廷内部，矛盾风云变幻。淳熙五年六月，孝宗赵昚病死，大臣赵汝愚鉴于光宗赵惇昏愦无能，又对赵昚不孝，因此与韩侂胄等密谋并商得赵构孀妻吴后同意，立赵扩为帝，尊赵惇为太上皇。这次政变虽然很快结束，但大臣之间的急权夺利也接踵而至。韩侂胄是宋宁宗赵扩妻子的叔父，他为了左右朝政，仗着拥立新君有功，又是外戚，便大肆排斥异己，先是免掉曾经弹劾他的朱熹的官职，接着又把赵汝愚排斥在朝廷之外，赵抱屈饮恨，郁闷而死。韩侂胄还感到不知足，于庆元三年定出对"伪学""伪党"的禁令，把朱、赵二人的门生、故吏等加以迫害清除。这样，朝中大权集于韩侂胄一身。

韩侂胄为了巩固自己的地位，开始提出北伐中原的口号，以博得广大人民群众和爱国志士的支持。与此同时，他笼络人才，放宽"党禁"。陆游力主抗战，在群众中影响深远，自然是他延揽的对象。而陆游本人虽不为官位利禄所引诱，但他有一颗赤诚的报国之心。只要是为了抗战救国，他随时准备贡献自己的力量。他认为在抗战的旗帜下，朝野上下应以国家利益为重，消除内部纷争，团结一致，一致对外。因此，在嘉泰二年（1202），即韩侂胄当权的第七年，朝廷起用他为同修国史，实录院同修撰时，他以衰朽之年，慨然应召，再度出山赴临安供职。陆游还想利用这一机会把自己对抗战主张和斗争策略奉献给朝廷，促使北伐早日顺利实现。然而情况这非所料，韩侂胄延揽陆游，只是想利用他的声望吸引群众，却不想真正重用他。这样，陆游在临安也就只能做些整理编史业务，根本不能参与北伐大计。他感到十分失望和无聊，在嘉泰三年史书编成之后，便辞官回家了。

开禧二年初，总揽军政大权的平章军国事韩侂胄密令三军招募健勇，筹办粮草，待命伐金，消息传出，群情为之振奋。本来这一壮举可以获得成功，可惜出身纨绔，志大才疏的韩侂胄，缺乏知人善任的才识，又不能从善如流，像被陆游比作管仲萧何的辛弃疾，既是饮誉当时的爱国词人，又是久经沙场的知兵老将，具有文韬武略和实战经验。在宋宁宗召见时，曾陈述己见，认为从当前国力、人力来看，抗金条件均不成熟，不可仓促用事。他建议将用兵重任交付元老大臣，使其养精蓄锐，备兵应变,待时机成熟,兴师北伐,可一战而胜。但韩侂胄急功近利,坚决反对。认为金国赤地千里,斗米万钱,与鞑靼为仇,且有内变,正是伐金良机。因此朝廷对辛弃疾漠然视之,只是给了一个虚职宝漠阁待制加上提举佑神观的头衔,并未赋予用兵实权。北伐初战的捷报,使南宋百姓多年沉郁的心情兴奋起来,大家奔走相告,彼此祝贺。陆游写下了《老马行》一诗:

老马仳㑉依晚照,自计岂堪三品料,玉鞭金络付梦想,瘦稝枯萁空咀嚼。中原蝗旱胡运衰,王师北伐方传诏。一闻战鼓意气生,犹能为国平燕赵。

陆游自知八十老翁驰骋疆场已不现实,却有"虽不能至,而心向往之"爱国热情,着实动人心魄。抗战力量的抬头,使得朝廷不得不降低卖国贼秦桧的爵谥,改原封申王为卫国公,改谥号为缪王;追封岳飞为鄂王,加谥号武穆。正义一时得到伸张,民心受到鼓舞,开禧三年(1207),陆游八十三岁,被朝廷晋封为渭南县伯,他原系山阴县子,不依原封,晋爵为山阴县伯而把他封在沦陷区渭南县,是为了照顾他的夙愿。因为他打算两京收复后,移家关辅。朝廷晋封陆游为渭南伯,既是对陆游等爱国志士的嘉奖,也表达了政府收复失地的决心。陆游十分快慰,立即刻印,准备启用。随后又把自己的文集定名为《渭南文集》,在《蒙恩封渭南伯因刻渭南伯印》一诗云:

旋著朝衫拜九天,荧光夜半属星躔。
渭南且作诗人伴,敢望移封向酒泉。

这一时期,陆游的心情特别舒畅,他想到唐朝诗人赵嘏为渭南尉,当时称之"赵渭南",后人是否会把自己也称为"陆渭南"呢? 谁知好景不长,北伐失败的消息不断传来,朝野震动,投降议和势力又开始抬头。韩侂胄在紧急情况下启用辛弃疾指挥军马,但辛弃疾却在赴任途中病故,战局难以挽回,政局急转直下。正当韩侂胄一面派使议和缓兵;一面重新布局,准备再战时,十一月,投降派史弥远等,伙同杨贵妃谋杀了韩侂胄,并和金人签订了增岁币为三十万,犒军费三百万两的屈辱和约。陆游的一个儿子是在北伐中战死的。这时,国仇家恨一起涌上心头。加之投降分子为了掩饰自己卖国的行径,竟造谣生事,恶毒攻击陆游赞助北伐是为了给自己和子孙谋取官爵,贬低诗人在群众中的威信。同时,又用名利作钓饵,诱使诗人向他们靠拢。但陆游立场是坚定的,既不怕投降派施加压力,也不为名位和物质利益所引诱。仍然一如既往,坚定地站在抗战救国的一边,为驱逐金人,收复山河做不懈的努力。在《自贻》诗中云:

退士愤骄虏,闲人忧旱年。
耄期身未病,贫困气犹全。

陆游自知是"退士"和"闲人",但"退士"和"闲人"可以不顾自身的前途和命运,却不能不关心国家大事和人民的疾苦。因此他依然时刻痛恨敌人侵略的种种暴虐行径,担心大旱之年群众的生产和生活。尽管他年事已高,贫困交加,而这种以国家人民利益为重的正气始终充溢于胸。这是他做人的根本,是任何力量也不能摇撼的。

壮志未酬　临终豪情

宋宁宗嘉定元年（1208），陆游年已八十四岁，他体弱多病，住在山阴，生活又极清苦，回想一生饱经忧患，历尽沧桑，当然感慨万端。北伐失败，韩侂胄被杀，卖国贼专权，历史倒退到比秦桧时代还要严酷。面对现实，他感到恢复中原已经无望，实现祖国统一，此生也难以亲见，他极力想摆脱忧愤，在诗中描写山村生活，表现旷达闲适的心境，如《梅市》云：

　　小雨长堤古寺西，不容羸马惜障泥。
　　时平道路铃声少，岁乐坊场酒价低。
　　烟树浅深山驿近，野歌断续客魂迷。
　　残躯不料重来此，一首清诗手自题。

又如《散怀》诗云：

　　东行西行一日过，深酌浅酌万事休。
　　亦知衣食将不继，老甚安能怀百忧。

在《江村》一诗中说：

　　山村连夜有飞霜，柿正丹时桔半黄。
　　转枕却寻惊断梦，拨炉偶见爇残香。
　　医无绝艺空三易，死与浮生已两忘。
　　拈得一书还懒读，卧听孙子诵琅琅。

但陆游终究是一个爱国者，对恢复中原的大业是不可能彻底忘记。他在《感事六言》中说：

老去转无饱计，醉来暂豁忧端，双鬓多年作雪，寸心至死如丹。

这首诗反映了诗人坚贞、执着，"虽九死其犹未悔"的高尚爱国情操。陆游对投降卖国分子卑劣的行径是痛心疾首的，对这批软骨头也不抱任何希望；而对于淳朴的农民樵夫却有着深厚的感情。由于他生活在农村，与他们常相往来，结成了友谊，所以能够了解他们的思想，听到他们慷慨激昂的报国杀敌的呼声。他曾在诗中说："几年羸疾卧家山，牧竖樵夫日往还。至论本求简编上，忠言乃在里间间：'私忧骄虏心常折，念报明时涕每潜。'寸禄不沾能及此，细听只益厚吾颜。"他热情洋溢地讴歌不沾国家一点俸禄的老百姓的可贵品质，也深深谴责自己的思想水平还不及老百姓那样高。当然，这种自责，并不表明陆游已不关心国家大事，相反，正表现了年老体衰，贫病交加，身处逆境的陆游，对祖国前途仍然充满着炽烈的信心一片孤忠。

宁宗嘉定二年（1209），陆游常常有病，立秋前得膈上疾。他写诗道："今年老病遂难禁，二竖难逃岂易寻，风雨三更童仆睡，自持残烛检《千金》。"在《一病七十日》中云：

一病七十日，共疑无复生。堤全河渐复，师济寇将平。缥缈香云散，缥缈药鼎鸣。庭前有残菊，自笑尚关情。

在长期病中，他还念念不忘"师济寇将平"，寄盼着横扫中原寇仇的大事。此时陆游毕竟老了，精神一日不比一日。十二月初五进行按摩浴，这一天他的左辅第二个臼齿脱落，在《自笑》诗中说：

> 左辅第二牙辞去，团坐无生活又新。
> 堪笑按摩并洗沐，未忘贪爱梦中身。

这一年的十二月二十九日，以阳历计是 1210 年 1 月 26 日，陆游病弥留之际，而神志还是清醒的。他觉得世界没有什么值得留恋的了，使他悲恸的是，他一生为之奔走呼号，希望宋朝收复失地，人民过上太平生活的局面是不能看到了。他叮嘱儿子，如果有一天中原恢复了，在举行家祭的时候，不要忘记告祭他在天之灵。在《示儿》诗中说：

> 死去原知万事空，但悲不见九州同。
> 王师北定中原日，家祭无忘告乃翁。

这首具有爱国主义思想激情的诗篇，虽然短短二十八字，它却是诗人壮志未酬的临终哀号，是诗人血和泪的融汇，也是诗人对祖国统一大业仍旧信心盈怀，抱有极大希望的遗言。虽是一首告别人世的悲歌，但却充满了战斗的豪情。

陆游的一生是勤勉的一生，不仅留下了《剑南诗稿》八十五卷(诗九千一百三十八首)，而且还有《剑南文集》五十卷，其中包括《入蜀记》六卷，词二卷。又有《放翁逸稿》二卷，续添一卷；《南唐书》十八卷；《老学庵笔记》十卷；《家世归闻》八则；《斋居记事》三十六则。这些都收在《陆放翁全集》里。另外，全集之外还有一些零散著作。

诗坛领袖　成就卓著

陆游的一生是光辉的一生，其伟大成就主要体现在诗歌上。他在"六十年间万首诗"中，最显著的特点就是爱国主义思想像一根长长的红线贯穿创作始终。他在任何时候，任何情况下，都没有忘记"扫胡尘""清中原"，恢复河山，报仇雪恨。

陆游生逢国难，又受父辈和社会影响，使他从少年时起就致力学剑习武，攻读兵书。立下了"战死士所有，耻复守妻孥"、(《夜读兵书》)"上马击狂胡，下马草军书"(《观大散关图有感》)的报国大志。到南郑前线后，秋风铁马，身着戎装，驰骋疆场，更产生了一种"丈夫五十功未立，提刀独立顾八荒""呜呼，楚虽三户能亡秦，岂有堂堂中国空无人"不灭寇仇誓不休的豪情壮志和责任感。但是，南宋统治者一心对敌屈辱求和，无意北伐中原，这使他感到异常悲愤，觉得"报国欲死无战场"(《陇头水》)，他不得不和投降议和派展开势不两立斗争，指出"和戎自古非长策"(《做客有来自蔡州者感怅弥日》)，"诸公尚守和亲策，志士虚捐少壮年"(《感愤》)，"战马死槽枥，公卿守和约"(《醉歌》)，"生逢和亲最可伤，岁辇金絮输胡羌"(《陇头水》)。在《关山月》里，诗人对投降派作了无情披露：

> 和戎诏下十五年，将军不战空临边。
> 朱门沉沉按歌舞，厩马肥死弓断弦！

戍楼刁斗催落月,三十从军今白发。

笛里谁知壮士心?沙头空照征人骨。

中原干戈古亦闻,岂有逆胡传子孙?

遗民忍死望恢复,几处今宵垂泪痕?

自隆兴二年符离一战失败后,南宋向金人妥协,签订了丧权辱国的和约。虽然也派军队戍守边境,可是长期不战,无事可做,一直到淳熙四年,虚度十三个年头(概说十五年),以致马肥得死去,弓多年不用,弦已折断。投降派对敌人奴颜婢膝,主要是想求得一个苟安的安定环境,好让自己继续过着声色犬马、轻歌曼舞的腐朽生活,根本置国家和民族利益于不顾。而守边战士,虽然渴望驱逐金人,实现祖国统一,但投降派,掌握实权,不许他们越雷池半步。他们只有虚掷光阴,蹉跎岁月,终老边防,内心的痛苦和压抑是无法祛除的,过去征战中死去的将士,鲜血等于白流,空有明月照着他们的白骨,着实令人寒心。沦陷区的遗民,不堪敌人奴役,热切企盼宋军去解救他们,结果年年希望破灭,只有黯然神伤。诗人以愤怒心情,从多方面揭露投降派求和的丑恶嘴脸,深刻地展示了杀敌卫国的豪迈情怀。在《追感往事》等诗中,还直截了当地指斥投降派误国误民,残害忠良的罪恶:"诸公可叹善谋身,误国当时岂一秦","公卿有党排宗泽,帷幄无人用岳飞"。意指投降派不仅仅是秦桧一人,而是一个集团。这种尖锐的谴责是要一种大无畏精神的。陆游的爱国思想不仅仅表现在抗金方面,而且对祖国的大好河山、沦陷区人民充满无限热爱。在《秋夜将晓,出篱门迎凉有感》诗中云:

三万里河东入海,五千仞岳上摩天。

遗民泪尽胡尘里,南望王师又一年。

诗中所说的河是黄河,山是华山。它们代表了祖国的大好河山,神圣不可侵犯的领土,而现在这些土地却陷入敌人魔爪。土地上的"遗民"正在敌人的统治下备受践踏,他们的眼泪已经流干了,他们一年一年地盼望朝廷派军队去拯救他们,但那只不过是空想而已,投降派根本没有把遗民的痛苦放在心头。诗人在一些诗中多次提到这个问题,可以看出诗人对祖国每一寸土地的热爱,对苍生苦难所寄予的深切同情,这种可贵的思想冲破了原来历史的、阶级的局限,爱国的着眼点不只是皇帝、朝廷,而是祖国的土地和人民。这是爱国主义思想最本质的问题。也是我们今天应该继承和发扬光大的爱国主义思想。陆游不仅同情沦陷区遗民的苦难,而且对南宋统治下遭受剥削压榨的人民,也极为关注。在《书叹》诗中说:

有司或苛取,兼并亦豪夺。

正如横江网,一举孰能脱。

在《农家叹》中说:

有山皆种麦,有水皆种粳。牛领疮见骨,叱叱犹夜耕。竭力事本业,所愿乐太平。门前谁剥啄?县吏征租声。一身入县庭,日夜穷答榜。人孰不惮死,自计无由生。还家欲具说,恐伤父母情。老人倘得食,妻子鸿毛轻。

如此善良、勤劳的人民,却遭受着官吏敲诈勒索。在《上殿折子》中陆游还清楚指出:"今日之患,莫大于民贫,救民之贫,莫先于轻赋。"足见陆游的爱国思想不仅仅立足于反对异族的侵略,更重要的是植根于广大民众之中,与人民情感一脉相通。

陆游虽主要写诗,也擅长填词,在现存一百多首词中不少作品也抒发了爱国情感。如《诉衷情》云:

当年万里觅封侯,匹马戍梁州。关河梦断何处?尘暗旧貂裘。　　胡未灭,鬓先秋,泪空流!此生谁料,心在天山,身老沧洲。

词中表现出一种慷慨激昂的爱国之情,说明在他晚年体弱多病的时候也丝毫未减。当然,他的作品中,也有些不科学的部分,如对神仙的迷信,在《读仙书作》中说:"人间事事皆须命,唯有神仙可自求。"在《金丹》中说:"子有金丹炼即成,人人各自具长生。"这主要是在他遭到打击后所流露的消极失意情绪。另外,还有些"万事不如长醉眠"(《寓馆晚画》),"事大如天醉亦休"(《秋思》)之类的倾颓诗句,这是他思想孱弱的一面。不过消极软弱思想在他人生进程中只是占很次要的地位,并不起主导作用。

陆游的创作是现实主义的。他的诗歌深刻地反映了他所处时代的社会面貌,忧愤宽广,浩歌激烈。杨万里称陆游的诗是:"重导子美行程旧,尽拾灵均怨句新。"他继承和发展了屈原、杜甫的爱国主义精神,被人称为"诗史",这是他诗歌风格的最显著的特点。同时,他又把现实主义与积极浪漫主义相结合,在创作中,笔触清新,创意深刻,想象丰富,如在《醉歌》中说:"手把白玉船,身游水晶宫,方我饮酒时,江山入胸中。"在《江楼吹笛饮酒大醉》中说:"天为碧罗幕,月作白玉钩,织女织庆云,裁成五色裘。披裘对酒难为客,长揖北辰相献酬。"想象十分瑰丽而奇伟。特别是《五月十一日夜且半,梦从大驾亲征,尽复汉唐故地,见城邑繁华富庶云:西凉府也。喜甚,马上作长句,未终篇而觉。乃足成之》这首诗,描写宋孝宗带领百万大军远征,一举攻掠凉州,收复了唐朝以来几百年的失地,人民重新回到祖国怀抱,连民情风俗也很快改观。"凉州女儿满高楼,梳头已学京都样。"虽是梦境,却写得那样情真意切,气势磅礴。作者把自己在现实中苦苦追寻,始终未有达到的目的,在梦中得以如愿以偿,这是一种积极的浪漫主义手法,具有昂扬的战斗精神,是一种希望,也是一种自我慰藉。是想象中模拟中胜利的欢乐,而在这种欢乐中饱含辛酸和血泪。陆游作诗和李白一样,善于写梦,但李白所写的梦,如《梦游天姥吟留别》中表现的是狂放不羁,蔑视权贵,鄙弃世俗的叛逆精神以及渴望自由和对美好事物的求索。陆游则不同,他身处国家危急存亡之秋,关心人民的疾苦,因此他在诗中写梦则是"熊罴百万","秋风鼓角",恢复国土,解民于水火。李白写梦,多为假托,未必真有其梦。陆游写梦,虽有假托,多系梦醒后所作,或依据梦中点滴印象渲染而成。

陆游在诗歌写作上,善于运用夸张的手法,构思独特,使人为之耳目一新。他抒发英雄无用武之地的愤慨是"国仇未报壮士志,匣中宝剑夜有声"(《长歌行》),"逆胡未灭心未平,孤剑床头铿有声"(《三月十七日夜醉中作》)。他表现对投降派的刻骨仇恨,在《书志》中这样说:"肝心独不化,凝结变金铁。铸为上方剑,衅以佞臣血。""三尺粲星辰,万里静妖孽。"这种想象与夸张,既可以看出作者胸中的抑郁和无可如何的愤慨,也展现了热血飞扬的诗人卓越的文学才华。

陆游诗歌的语言精练自然,晓畅平易。他反对艰涩的雕琢,讲求"清空一气,明白如画"。在这方面受白居易的影响很大。他深知要把诗歌作为鼓舞全国人民抗战的武器,必须言之有物,浅显易懂,宜为群众接受,才能说服感染群众,激发起群众的爱国热忱。晚年,他生活在农村,诗歌的口语化体现得更为突出。如《秋怀》诗云:

> 园丁傍架摘黄瓜,村女沿篱采碧花。
> 城市尚余三伏热,秋光先到野人家。

语言朴实无华,淡淡几笔。勾勒出初秋到来时的农村生活景象,十分逼真。好似一幅美丽的风景画展现在眼前,给人以安详、宁静的艺术享受。

当然,在论述陆游诗歌创作伟大成就的同时,也要看到它存在的缺点。最为显著的就是诗歌句法和意思有时重复,尤其在暮年诗歌中比较多,可能是精力不足所致。还有个别的诗,在组织结构上显得堆砌拼凑,不够周密完美。

陆游才气横溢,不仅诗歌成就突出,而且在词的创作上也颇具特色。如抒发报国之志的《诉衷情》:"胡未灭,鬓先秋","心在天山,身老沧州"。面对投降派的迫害,以梅花象征自己决不屈服的《卜算子》:"无意苦争春,一任群芳妒;零落成泥碾作尘,只有香如故。"歌唱缠绵悱恻爱情的《钗头凤》都是脍炙人口的千古佳句。他的散文在南宋也很有名气,用字准确生动,修辞洗练,内容丰富多彩。特别是《入蜀记》和《老学庵笔记》更是优美的作品,描写山川景物,乡土民情;记述轶闻旧典,掌故传说,颇有情趣。在史学研究上,几次参与了修史工作,积累了许多经验。可惜他修过的史书都已佚失,仅有自撰的《南唐书》遗存至今。另外,在书法上也有很高的造诣。

陆游是一个坚定的爱国主义者,对祖国,对人民,一片赤诚,无怨无悔。基于这种深情和痴情,他的诗歌,不论是表现金戈铁马,驰骋疆场的壮阔场面;还是反映高歌进取,慷慨激烈的雄心壮志;或者是抒发报国无门,仰天长啸的孤愤,都离不开对国家民族的无限热爱,对敌人的强烈憎恨,对投降派的犀利讥讽和对人民的深切同情。他继承并发扬了现实主义和浪漫主义的优良传统,虽然拜过曾几为师,却一扫江西派的积弊,在文坛上树起了一面进步的诗歌的辉煌旗帜,对当时和后代都有极其深远的影响。南宋后期的诗人稍有成就者可以说都或多或少受到陆游诗的熏陶。戴复古曾有诗说:"茶山衣钵放翁诗,南渡百年无此奇。入妙文章本平淡,等闲言语度瑰琦。"(《读陆放翁先生剑南诗草》)除了在明代,由于社会和文学方面的原因,陆游的诗不被看重,甚至把陆游当成"清客"外自清代以后,陆游的诗被推崇到与杜甫同等的地位。梁启超在《读陆放翁集》一诗中说:"诗界千年靡靡风,兵魂销尽国魂空。集中十九从军乐,亘古男儿一放翁。"今人钱钟书在《宋诗选注》中说:"爱国情绪饱和在陆游的整个生命里,洋溢在他的全部作品里;他看到一幅画马,碰见几朵鲜花,听了一声雁唳,喝几杯酒,写几行草书,都会惹起报国仇,雪国耻的心事,血液沸腾起来,而且这股热潮冲出了他的白天清醒生活的边界,还泛滥到他的梦境里去。这也是在旁人诗集里找不到的。"这一评价对陆游的创作来说是十分透辟、十分形象、十分中肯的。陆游作为一个伟大的爱国诗人,不仅仅在于他的作品表现出的爱国思想,首先他是一个意志坚定的爱国战士,他敢于不畏强暴地为了民族和人民的利益而斗争。他的诗篇是发自肺腑的声音,是从血管里流出的鲜血,是真情实感的外露,永远催人奋进,鼓励人们热爱祖国,热爱人民。

陆游是我国文学史上的杰出诗人,是中国人民的骄傲。他的诗篇,在中国和世界文学宝库中,永远放射着灿烂的光辉。

亦狂亦侠亦温柔

——曹雪芹

名人档案

曹雪芹：生卒年难以确定,大约生活在康熙末至乾隆中叶,满族正白旗人。清代小说家,中国古典名著《红楼梦》的作者。名沾(读Zhā),字梦阮,号雪芹、芹圃、芹溪。他的先世原是汉人,祖籍是辽东辽阳人,后移居辽宁铁岭,大约在明末被编入满洲籍,身份是"包衣"(家奴)。他是江宁织造曹寅之孙,曹颙之子(一说曹頫之子)。乾隆二十七年(1762年),幼子夭亡,他陷于过度的忧伤和悲痛,卧床不起。乾隆二十八年(1763年)除夕(2月12日),因贫病无医而逝。关于曹雪芹逝世的年份,另有乾隆二十九年除夕(1764年2月1日)、甲申(1764年)初春之说。

生卒时间：1715年~1763年或1724年~1764年。

安葬之地：不详。

性格特点：品德高尚。

历史功过：他的小说《红楼梦》内容丰富,思想深刻,艺术精湛,把中国古典小说创作推向最高峰,在世界文学发展史上占有十分重要的地位。

名家评点：长篇小说《红楼梦》代表了中国古典小说的最高成就,它不但在国内家喻户晓,在世界文坛上也是举世公认的文学名著。

世袭官职　皇帝家奴

曹雪芹,名霑,字雪芹(一说雪芹是他的号),号梦阮,又号芹圃、芹溪。满洲正白旗人。他是少数民族吗? 可以说是,也可以说不是。说是,是由于早在努尔哈赤时期,曹雪芹的五世祖曹锡远已加入了满洲籍;说不是,是因为如果追根究底,曹家的先祖并非真正的满人,而是汉人。

曹雪芹的好友敦诚,写过一首《寄怀曹雪芹》的诗,开首写道:"少陵指赠曹将军,曾曰魏武之子孙。君又无乃将军后,于今环堵蓬蒿屯。"少陵批唐代大诗人杜甫。曹将军指曹霸,曹操的后代,唐代著名的画家,做过左武卫将军,唐玄宗末年,被削职为民。所以杜甫在题为《丹青引赠曹将军霸》的诗中说:"将军魏武之子孙,于今为庶为清门。英雄割据虽已矣,文采风流今尚存。"敦诚正是借杜甫的诗意比拟曹雪芹,说的是曹雪芹也和他的先祖曹霸一样,虽已为庶为清门,文采风流则一如既往。说曹霸、曹操也许有失偏颇。说近一点,曹家先祖可上溯至北宋初大将济阳王曹彬。再近一点,据曹士章《辽东曹氏宗谱叙言》,曹家远祖曹俊,明代初年"以功授指挥使,封怀远将军,克服辽东,调金洲守御,继又调沈阳中卫,遂世家焉。"《八旗满洲氏族通谱》载曹锡远"世居沈阳地方",可知曹家是从曹俊开始安居沈阳的。中卫指挥使是世袭的官职,曹锡远大概即任此职。

那么,曹家又是怎样变成了满洲旗人的呢?这是一个至今难解之谜。一个比较合理的推测是:明天启元年,即后金天命六年(1621年),努尔哈赤攻占沈阳,身为沈阳中卫的曹锡远及其全家被俘为奴。

努尔哈赤早在明万历三十四年(1606年),已将所率军民编制为红、黄、蓝、白四旗。至万历四十三年(1615年),又增为八旗(原四旗称正红旗、正黄旗、正蓝旗、正白旗;后四旗为镶红旗、镶黄旗、镶蓝旗、镶白旗)。据《八旗满洲氏族通谱》记载,曹锡远属正白旗包衣人。"包衣"乃满语,即家奴。正白旗原由努尔哈赤十四子多尔衮统领,顺治时,多尔衮病故后,以谋逆罪被夺去封爵。正白旗从此归皇帝直接统率,属所谓的"上三旗"。曹家人也就成了皇帝家奴。我们在故宫博物院所藏的清官档案中,看到曹雪芹的祖父曹寅、父亲或叔父曹颙、曹頫等给皇帝的奏折,都自称"臣系家奴,自幼蒙圣恩豢养",或"奴才包衣下贱",康熙皇帝在曹頫的奏折上所写的批语,自称"老主子",都可以证明曹家人的实际身份。这包衣人,子子孙孙,世代为奴。即使做了大官,其奴才的身份也不能改变,这是满洲旗人十分苛酷的宗法等级制度。

《清太宗实录》卷十八记:"墨尔根戴青贝勒多尔衮属下旗鼓牛录章京曹振彦,因有功加半个前程。"曹振彦是曹锡远的儿子,他在多尔衮属下已任"旗鼓牛录章京"。按满洲八旗制度,每三百人为一"牛录",其官长称"章京",即"佐领"。曹振彦的身份应是多尔衮属下的包衣,可能因为他英勇善战,屡立奇功,因而升到佐领之职。

顺治七年,曹振彦已升任山西平阳府吉州知州;顺治九年,又调任山西阳和府知府;顺治十二年,再升为两浙都转运盐司运使,这是从三品的高级文官了。但是曹家真正兴旺发达的时期,是在康熙称帝以后。

家盛时代　好梦不再

曹振彦有两个儿子,长子尔正,次子尔玉。曹尔玉后更名为曹玺,这就是曹雪芹的曾祖父了。曹玺的夫人孙氏，原是康熙的保姆。清朝宫廷制度，皇子幼时有保姆若干人，负责照顾皇子的饮食起居，以及教导其言语、行步、礼仪等的职责。孙氏大约是在未嫁前为康熙保姆，离宫后嫁与曹玺，生前封为一品夫人。1699年，康熙第三次南巡时，驻跸于江宁织造府（当时即曹府），曾接见孙氏，加以安慰犒劳说："此吾家老人也。"其时孙氏已六十八岁，接见时正值庭中萱花开放，康熙乘兴即书"萱瑞堂"三个大字赐给她。这自然是曹家前所未有的光耀，无怪乎全府上下都要感恩戴德了。也许就是因为孙氏的缘故，康熙对曹玺特别照顾，也十分信任。康熙接位后的第二年，就钦点曹玺督理江宁织造。"织造"是内务府的派出官员，专管监制和采办宫廷所需的、包括御用的纺织品以及其他各项物品，是个美差。而且担任织造的官员多半是皇帝的心腹和亲信，所以这类官员虽非地方行政长官，官也不大，但由于"呼吸能通帝座"，是"通天派"，所以权势颇大，炙手可热，地方官吏见了他们都得避让三分。清朝旧制，织造任期，最多三年就得轮换。但是从曹玺开始，江宁织造成了曹家的专利品。从康熙二年起，直至雍正五年，曹家三代人垄断江宁织造，前后长达六十余年。清代除了江宁织造，还有苏州织造和杭州织造，历任苏州织造的李煦，和曹玺之子曹寅是郎舅关系，李煦的堂妹是曹寅的夫人，这李煦也深得康熙信任。曹李两家恰如《红楼梦》中的贾史王薛四大家族，"联络有亲"，"一荣俱荣，一枯俱枯"，在康熙时期，显显赫赫，富贵流传。曹玺在康熙十六年、十七年两次进京观见，天子面询江南吏治，对他的详细而确切的陈述十分赞赏，特赐蟒服，加正一品，又御书"敬慎"匾额赐予他。曹玺被信任的程度，显而易见。康熙二十三年（1684年），曹玺病故。正值康熙南巡至江宁，帝亲临其府第抚慰诸孤，并派内大臣祭奠，说："是朕荩臣，能为朕惠此一方人者也。"

但是，曹玺受宠信的程度，比之于他的儿子曹寅来，又望尘莫及。

曹寅是曹雪芹的祖父，字子清，号荔轩、楝亭等。13岁就担任康熙的御前侍卫，二十多岁以御前二等侍卫兼正白旗旗鼓佐领，后又升为内务府慎刑司郎中协助江宁织造。康熙二十九年，出任苏州织造，次年调任江宁织造，曹寅一生在织造任上长达二十余年。

曹寅和康熙的关系，亲密无间。曹寅对康熙当然忠心耿耿，至死不渝；康熙对曹寅的感情也犹如子侄。我们从以下几个方面就可以洞察他们之间这种非同一般的关系：

第一，康熙给予曹寅以"密折奏闻"的特权。这种密折奏闻实非同小可，它可以不经过通政司和内阁，直送御前，由皇帝亲自审阅。奏闻的内容，大都有关吏治民情。应该说，曹寅并没有利用这种权利诬陷任何人，关于地方上的情况，他也多半报喜不报忧。如他在康熙四十七年三月初一日"奏报自兖至宁一路闻见事宜"，其中"百姓情形"一节，说的是"俱安生乐业如常"，"男女老幼，无不感颂皇仁"之类。即使涉及水旱、盗贼，也都出言审慎，言辞婉转。于此也可见曹寅之为人。在曹寅的奏折中，把自己的家务事一一向康熙汇报，如送女出嫁啦，他的女婿某王子迎娶的情形啦，他打算在东华门外置房让女婿移居以方便其上班（女婿为皇上侍卫）啦。再看下面这句话："臣有一子，今年即令上京当差，送女同往，则臣男女之事毕矣。"这样的报告，这样的口吻，实在超出一般的君臣范畴。

第二，康熙六次南巡，有四次驻跸于曹家所在的江宁织造府。《红楼梦》第十六回描写赵嬷嬷回忆当年太祖皇帝南巡的故事："哎哟哟，好势派！独他家(指江南甄家)接驾四次，若不是我们亲自目睹，无论如何是不会相信的。别讲银子成了土泥，凭是世上所有的，没有不是堆山塞海的，'罪过可惜'四个字竟顾不得了。"这正是曹家四次接驾的真实写照。"江南甄家"，即"江南真家"也。无怪乎当时泰州士人有诗云："三汊河口筑帝家，金钱滥用比泥沙。"

第三，康熙把许多他十分看重、也十分想做的事交由曹寅经办。主持校刊《全唐诗》和《佩文韵府》是最突出的例子。又如康熙要曹寅打听致仕的大学士熊赐履家庭情况。熊因病辞世后，又要曹寅去了解熊生病时用何医药，临终有何遗嘱，儿子如何？还要曹送些礼去。曹寅据实汇报后，康熙又问："闻得他家甚贫，果真是否？"熊临终时给康熙的奏本，曹寅报告说是熊自己写的。康熙则看出是被篡改的，要曹寅再去打听有无真稿。曹寅死后，康熙还要曹寅的儿子曹霜继续照看熊赐履之子，予以接济。此事足见康熙对退休的良臣的关心，而此类事又只能托付给自己的心腹，这是不言而喻的。

第四，康熙五十一年，曹寅病重。李煦报告康熙，转达曹寅的话："我病时来时去，医生用药不能见效，必得主子圣药救我。……若得赐药，则尚可起死回生。"康熙闻讯后，焦急万分。他在李煦的奏折上批道：

尔奏得好。今欲赐治疟疾的药，恐迟延，所以赐驿马星夜赶去。但疟疾若未转泄痢，还无妨。若转了病，此药用不得。南方庸医，每每用补济，而伤人者不计其数，须要小心。曹寅元肯吃人参，今得此病，亦是人参中来的。金鸡挐(即奎宁)专治疟疾。用二钱末酒调服。若轻了些，再吃一眼。必要住的。住后或一钱，或八分，连吃二服，可以出根。若不是疟疾，此药用不得，须要认真。万嘱，万嘱，万嘱，万嘱！

试想，历史上，有哪一位皇帝给臣子(何况还是包衣下奴)写过这样的批语，开过这样的药方？这批语，关切焦急之情，不言自明。康熙对曹寅的关爱，实更胜于子侄！

第五，曹寅病故后，康熙为了保全曹家，可谓费尽心机。他先是钦点曹寅之子曹颙继任江宁织造，不想曹颙在任才两年就故去了，康熙为此十分痛惜。他对曹颙评价甚高，说："朕所用包衣子嗣中，尚无一人如他者，看起来生长得也魁梧，拿起笔来也能写作，是个文武全才之人。……朕对他曾寄予很大的希望。"曹颙一死，曹寅别无子嗣，康熙又命李煦在曹寅的兄弟曹荃的诸子中详细考查择取，找一个"能奉养曹颙之母如同生母之人"，作为曹寅的嗣子。结果挑选了曹頫。頫原是从小由曹寅养大的，据说他为人忠厚正直，对曹寅夫人很孝顺。当时曹頫还是一个黄口孺子，康熙却格外施恩，仍让他继任江宁织造，并给予主事之职衔。康熙五十四年三月初二，李煦到江宁织造署内向曹寅夫人宣示"恩旨"："主子俯念孀居无依，恐你一家散了，特命曹頫承继宗祧，袭职织造，得以养赡孤寡，保全身家。"康熙又在曹頫请安的奏折上批道："尔虽无知小孩，但所关非细，念尔父出力年久，故特恩至此。虽不管地方之事，亦可以所闻大事，照尔父密密奏闻，是与非朕自有洞鉴。就是笑话也罢，叫老主子笑笑也好。"对一个"无知小孩"不仅委以重任，而且如此照顾，口吻又如此亲切,可谓是"爱屋及乌"也。

总之,康熙在位的六十年,特别是曹寅时期,是曹家的极盛时期。四次接驾,更是显赫一时。《红楼梦》第十七、十八回写元妃省亲的盛况,正是"借省亲事写南巡"。贾府那种鲜花锦簇,烈火烹油的盛况,也正是盛极一时的曹府的真实写照。可惜此时曹雪芹还没有降临人世,家庭的极盛时代,对他来说,只是"扬州旧梦"而已。

月满则亏　水满则溢

《红楼梦》中,秦可卿托梦于王熙凤说:"常言'月满则亏,水满则溢';又道是'登高必跌重'。如今我家赫赫扬扬,已将百载,一日倘或乐极悲生,若应了那句'树倒猢狲散'的俗语,岂不虚称了一世的诗书旧族了!"这段话大概是作者有感而发的吧。四次接驾时的曹府,表面上煊赫当时,实际上早已种下衰败的祸根。接待皇帝的巨大开支,从哪里来?曹寅不得不挪用公款,以至造成巨大的方空。方空多少?据李煦康熙五十一年七月二十三日奏折中称,曹寅临终时说江宁织造衙门历年亏欠钱粮九万余两,又两淮商欠钱粮二十三万两,两项相加,计三十二万两。康熙五十五年二月初三李煦的奏折中,又说曹寅亏欠,原有三十七万三千两,除掉商人应缴之费十一万两,实欠二十六万三千两。这些已经是天文数字,所以曹寅临终有"无赀可赔,无产可变,身虽死而目未瞑"的话。可是,江南总督噶礼参奏曹、李两家亏欠三百万两,康熙批驳说只欠一百八十万两。总之,仅仅是曹寅所欠恐也远远高于三十二万两。康熙知道这钱实际上是用在他身上了,所以他才会公开袒护,曹、李,说:"曹寅、李煦用银之处甚多,朕知其中情由。"但他也深知此事的确非同小可,关系曹、李两家身家性命。噶礼敢于在他还在位时就参奏,就证明了这一点。为了帮助曹寅赔补亏欠,康熙采取了许多非常措施。他两次让李煦代理盐差,将所得余银尽归曹颙。他又让监察御史李陈常巡视两淮盐课一年,所有盈余,均代曹寅李煦赔补亏欠。他又怕李煦存有一己之私,只顾自己,所以经常特地训导李煦说:"曹寅于尔同事一体,……唯恐日久尔若变了,只为自己,即犬马亦不如矣!"但是,要填的窟窿实在很大,又怎能填得满?康熙五十二年十一月间,李煦和曹颙的奏折中都宣称亏欠已补清完讫,尚余银三万六千余两。曹颙要把这余银献给康熙"养马",康熙又格外施恩,只收六千两,其余三万两赐予曹颙还"私债"。按道理,此事已经了结(当时康熙还将此事交户部"议覆",确认"江宁、苏州织造衙门所欠银两,今已照数全还")。可是到了雍正元年,查抄李煦家产时,又说李煦亏空银三十八万两,曹家同样难逃一劫。曹頫在雍正二年正月初七的奏折中说:"奴才实系再生之人,唯有感泣待罪,只知清补钱粮为重,其余家口妻孥,虽至饥寒迫节,奴才一切置之度外,在所不顾。凡有可以省得一分,即补一分亏欠,务期于三年之内,清补全完。"话已说得十分凄惶了。这"家口妻孥"中,就包括曹雪芹吧。"饥寒迫节"的话,恐非夸饰,不然他绝不敢在奏折中这样说。我们从清室档案中获知,直到乾隆年间,曹頫始终未能补完亏欠。这座压在曹家头上的大山,要不是乾隆下旨"恩免",是永远移不开的了。

　　曹頫写上述奏折时,曹雪芹最多不过九岁光景,他没能赶上家庭的盛况,却亲身经历了家庭的困窘破败。当然,在他出生时,家庭的景况尚未到困窘的时候。康熙五十四年七月十六日,曹頫在给康熙的奏折中报告曹寅遗存的产业,有"京中住房二所,外城鲜鱼口空房一所,通州典地六百亩,张家湾当铺一所,本银七千两,江南含山县田二百余亩,芜湖县田一百余亩,扬州旧房一所。"这样的产业,还是非常可观的。所以曹雪芹在幼年时代,有可能过过一小段"锦衣玉食"的日子。即使如此,曹頫在上述奏折中已经讲到赖康熙赐银三万两才将私债还完了的话。可见,从曹雪芹懂事之日起,家庭景况必定已江河日下,雍正一上台,更是立即陷于困境之中。到雍正五年曹家被查抄时,曹雪芹还只有十二三岁。

　　导致曹家彻底败落的原因,可能比较复杂,亏欠钱粮,虽然是重要的、也是直接的原因;但如果仅仅是亏欠钱粮,似乎尚不至于引起雍正那样反感和愤恨,以致非要籍没其家产不可,大概还有更深层的原因。雍正一上台,就没给曹李两家以好颜色,李煦是立即就倒霉了。雍正元年,李煦家产就被查抄,房屋赏给了年羹尧,家属被逮捕,全家上下二百余口在苏州变卖,因是旗人,无人敢买。雍正又让年羹尧获取,余者交崇文门监督。雍正五年,李煦又因曾买苏州女子送给雍正的头号政敌、八王子胤禩而受审。李煦虽被"宽免处斩",但仍以七十三岁的高龄发往打牲乌拉(今黑龙江境内),不久死于流所。

　　曹家的厄运也接踵而来。雍正对曹頫的态度与康熙有天壤之别,康熙对曹頫何等亲切,而雍正对曹頫一直敌视,他在上述曹頫雍正二年正月初七的奏折上批道:"只要心口相应,若果能如此,大造化人了!"口气严酷之极!这一年的五月初六,曹頫向雍正汇报蝗灾和米价,雍正竟莫名其妙地批道:"据实奏,凡事有一点欺隐作用,是你自己寻罪,不与朕相干。"把这一批语和康熙"让老主子笑笑也好"的批语加以对比,不难体会到康熙之所爱,恰是雍正之所恶。显而易见,雍正对曹頫这等人很不放心,所以派人明察暗访曹頫的行为。两淮巡盐噶尔泰曾向雍正密报:"访得曹頫年少无才,遇事畏缩,织造事务交与管家丁汉臣料理。臣在京见过数次,人亦平常。"雍正批道:"原不成器","岂止平常而已!"可见雍正对曹頫深恶痛绝。雍正五年十二月二十四日,雍正下旨查封曹頫家产,罪名又是"行止不端",还说曹頫"将家中财物暗移他处"。这明显又是听信了什么人的揭发。从雍正元年到雍正五年,曹頫一再受罚,没太平过。更奇怪是,雍正二年曾把曹頫交怡亲王允祥看管,雍正在曹頫的请安折上批道:"……不要乱跑门路,瞎费心思买祸受。……因你们向来混账风俗惯了,恐人指称朕意撞你,若不解不懂,错会朕意,故特谕你。若有人恐吓诈你,不妨你就求问怡亲王……主意要拿定,少乱一点。坏朕名声,朕就要重重处分,王子也救你不下了。"曹頫不过是一个失宠的包衣下奴,何以会有人借雍正的名头去诈他?他又怎会坏雍正的名声?实在是个谜,只怕其中大有文章。由此我们完全有理由推知,曹頫之获罪、被看管、被查抄,肯定有比亏欠钱粮更深层的原因。也许就是因为曹家是康熙的宠臣,知道的事太多,牵涉的面太广,不免招致雍正的疑忌,以致不除不快了。

生不逢时　旧梦已觉

　　曹雪芹究竟是谁的儿子？自胡适《红楼梦考证》问世以后,红实家们都赞同胡适的看法:曹雪芹是曹頫之子。但后来越来越多的学者对此提出质疑,笔者也认为雪芹不可能是曹頫之子,因为年龄不合。

　　关于曹雪芹的年龄,敦诚《挽曹雪芹》道是"四十年华付杳冥"。张宜泉诗《伤芹溪居士》小序中说"年未五旬而卒"。可以断定曹雪芹享年不到五十岁。《红楼梦》甲戌本第一回有一眉批,说:"壬午除夕,芹为泪尽而逝。"据此,曹雪芹死于"壬午除夕",即公元 1763 年 2 月 12 日。周汝昌先生则认为曹雪芹当是死于癸未除夕,即 1764 年 2 月 1 日。一些学者认为曹雪芹死于甲申年(1764 年)春。以上数说事实只相差一年,如果曹雪芹只活了四十年,曹雪芹当生于 1723 或 1724 年。而照"年未五旬"的说法,假定曹雪芹享年四十八或四十九岁,他当生于 1715 年左右。1715 年,即康熙五十四年,恰是曹頫因病亡故的一年。而这一年,曹頫的妻子马氏夫人已怀孕七个月,曹頫是这一年的正月病故的,他的遗腹子或遗腹女自然也降生于这一年。曹雪芹会不会是曹頫的遗腹子呢？应该说不无可能。前面说过,康熙在康熙五十七年(1718 年)还称曹頫为"无知小孩",后者当然不可能在 1715 年就做曹雪芹的父亲,即使到 1723 或 1724 年,这位"无知小孩"虽已长了五六岁,恐怕也够不上做曹雪芹父亲的年龄。何况,曹雪芹享年一定不止四十岁,不然张宜泉决不会说"年未五旬而卒"那样的话。至于敦诚"四十年华"的诗句,大概因为是作诗,只能取个整数,并不意味着曹雪芹真的只活了四十岁。可见,曹雪芹的生年肯定早于 1723 或 1724。一般认为曹頫生于 1702 年左右,他和曹雪芹的年龄不过相差十几岁,所以他只能是曹雪芹的叔父。

　　我们还可以参照一下曹雪芹创作《红楼梦》的时间。《甲戌本》第一回记述"此书""根由",结局说到"后因曹雪芹于悼红轩中披阅十载,增删五次,纂成目录,分出章回……至脂砚斋甲戌抄阅再评,仍用石头记"。"甲戌"乃乾隆十九年(1754 年),这一年已是"抄阅再评",另《庚辰本》每册卷首标明"脂砚斋凡四阅评过"。"庚辰"是乾隆二十五年(1760 年),根据这个,我们可知从再评到四评相距六年。由此我们又可以假定脂砚斋每隔三年抄评一次,那么首评的时间当在 1751 年左右。我们再假定此时曹雪芹经过十年辛苦,已大体上完成了"增删五次,纂成目录,分出章回"的工作,那么从 1751 年回溯十年,即 1741 年左右,应是曹雪芹开始创作《红楼梦》的时间。

　　如果曹雪芹出生于 1723 或 1724 年,到 1741 年,曹雪芹还是个十七八岁的青年,要创作《红楼梦》这样的煌煌巨著,似乎太年轻了一些。如果曹雪芹生于 1715 年,1741 曹雪芹已经二十六岁,是比较成熟的青年了。

　　尽管我们认为曹頫不是曹雪芹的父亲,但有一点可以肯定:他们虽是叔侄,实际上情同父子。因为曹雪芹出生时就没有了父亲,而曹頫作为曹寅嗣子,是曹家的当家人,理所当然要担负抚育和教导曹雪芹的责任。他们叔侄之间年龄相差无几,更容易培养深厚的情谊。所以曹頫对曹雪芹,可以说不是父亲而胜似父亲了。

曹雪芹取名"霑"，这也很值得体味。这"霑"，是受雨露之恩的意思，取自《诗经·小雅》的《信南山》："益之以霡霂，既优既渥，既霑既足。"为什么要给他取这样的名字？如果真他是曹颙的遗腹子，答案就十分明显了。前文产过，曹颙病故，康熙特命李煦到曹家向曹寅夫人"宣示恩旨"，曹寅夫人"闻命之人，感激痛哭"。曹雪芹正是在全家感念"万岁天高地厚洪恩"之时降生，取名为"霑"，也是理所当然。

曹雪芹实在是生不逢时。从他降临人世的第一天起，家庭就屡遭大变。生身之父英年早逝，1722 年（康熙六十一年），康熙帝归天，曹家一下失去了遮蔽，从此走向深渊，这时曹雪芹才七岁。雍正一上台，他家为了赔补欠款，几乎倾家荡产。到雍正五年，少年曹雪芹亲历了家庭被查抄的惨况。我们可以想象当那些如狼似虎的军丁冲进曹家时，偎依在母亲身边的曹雪芹是何等的惊惧！也可以想象这件事给他幼小的心灵的伤害又是何等深巨！当时接任江宁织造的隋赫德向雍正报告查抄结果："细查其房屋并家人住处十三处，共计四百八十三间。地八处，共十九顷零六十七亩。家人大小男女一百十四口，余则桌椅、床杌、旧衣零星等件及当票百余张外，并无别项。"偌大一个曹府，几乎已空空如也雍正原先以为曹家还是金玉满堂、富贵之极的，所以听信了有关曹颙转移家产的诬告，谁知竟空空如也，实始料所未及。即便如此，雍正并未因此宽恕曹颙，还是将其家产赏给了隋赫德。

雍正六年，曹颙全家被逮问进京。这一路上，曹雪芹和家人一起，又该经受多少痛苦磨难，实非常人所能想象。据雍正七年七月二十九日《刑部移会》引总管内务府同年五月初七咨文："曹颙之京城家产人口及江省家产人口，俱奉旨赏给隋赫德。后因隋赫德见曹寅之妻孀妇无力不能度日，将赏伊之家产人口内于京城崇文门外蒜市口地方房十七间半、家仆三对，给与曹寅之妻孀妇度命。"可知曹颙及寡母寡嫂和曹雪芹等人，进府后就住在崇文门外蒜市口的老宅里。曹雪芹可能就依靠祖母苦度光阴。这段日子，曹家仍然遭劫难。上引咨文还记述："查曹颙因骚扰驿站获罪，现今枷号。"曹颙何以还能"骚扰驿站"，是个谜。反正他进京后，又以新的罪名被"枷号"示众，而且时间大概长达数月，这对曹家无疑是火上浇油，家庭的屈辱史又添上浓重的一笔。前面说过，曹雪芹和曹颙情同父子，他眼见相濡以沫的叔叔被枷号，内心的悲愤与惨痛又岂是笔墨所能形容！可以理解，这愈积愈厚，愈积愈深的悲愤与惨痛，后来都倾注于《红楼梦》之中。

家庭的惨变，给予曹雪芹的，不仅仅是心灵上的创伤，而且是思想上的彻悟。"扬州旧梦久已觉"，这一个"觉"字正透露出曹雪芹从惨痛的人生中觉醒过来的信息。

家学传统　大继承者

曹雪芹的家庭有深厚的文学传统，曹雪芹从降生之日起，就生活于浓厚的文学气氛之中，他也是这个家庭的文学传统的真正继承者。

曹雪芹的曾祖曹玺，是个很具才识的人，有"蔼然称为儒者宗"的美誉。《上元县志》卷十六《曹玺传》说他"少好学，沉深有大志"。《江宁府志》卷十七《曹玺传》

也说他"读书洞彻石今，负经济才，兼艺能，射必贯礼。"是个文武兼备的人。康熙时的名臣熊赐履有《挽曹督造》诗云："云间已应修文召，石上犹传锦字诗。"这表明曹玺颇有文采。

比之乃父，曹寅更是文采风流，颇有大家风范。他工诗文，善绘画，谙熟戏曲与音乐，又是当时著名的刻书家与藏书家，受命主持校刊《全唐诗》和《佩文韵府》的就是他。

清代著名文人、曹寅的舅舅顾景星盛赞其甥才学高超。他在《荔轩诗草序》中，称曹寅："束发即以诗词经艺惊动长者，称神童……今始终冠，而其诗清深老成，锋颖芒角，篇必有法，语必有源，虽颠白齿摇，拈须苦吟，不能逮其一二。"又说曹寅"如临风玉树，淡若縶花；甫曼倩待诏之上，腹嫏嬛二酉之秘，贝多金碧，象数兰术，无所不窥，弧骑剑槊，弹棋擘阮，悉造精诣。"顾还引李白赠高王诗"价重明月，声动天门"以赠曹寅。我们对昭曹寅一生的成就，顾景星的赞誉，不算为过。

曹寅留存于世的作品很多，有《楝亭诗钞》八卷，《楝亭诗别集》四卷，《楝亭词钞》一卷，《楝亭词钞别集》一卷，《栋亭文集》一卷，他还创作了《续琵琶》《虎口余生》二部传奇及《北红拂记》《太平乐记》二部杂剧。《续琵琶记》写的是蔡文姬的故事，大意是讲文姬被俘虏，作《胡笳十八拍》，曹操追念其父，命曹彰兵临寒外，胁赎而归。中间还穿插铜雀大宴、弥衡击鼓等情节。此剧不仅盛赞了才女蔡文姬。而且把曹操塑造为一位真正的英雄人物，称得上是文学史上第一部为曹操翻案的作品。这样明曹寅独具的见识。曹寅不但是诗人、剧作家，而且还能粉墨登场。他的友人张大受在《赠曹荔轩司农》一诗中描写道："多才魏公子，援笔诗立成。有时自敷粉，拍袒舞纵横。跳丸击剑讫，何如邯郸生？风流岂已矣，继擅黄初名。"

曹寅还擅长画道，并工书法。他曾戏言："不恨不如王右军，但恨羲之不见我。"可见他对自己的书法相当自信。

曹寅是个大藏书家，家中藏书万卷，经史子集包罗万象。据《楝亭书目》所录，就有3287种，36大类。他又是刻书家，除奉旨刊刻《全唐诗》和《佩文韵府》外，还刻印了《楝亭五种》和《楝亭十二种》。后者包括《都城记胜》《钓矶立谈》《墨经》《法书考》《砚笺》《琴史》《梅苑》《禁扁》《声画集》《后村千家诗》《糖霜谱》《灵鬼簿》等等。仅仅看这些书目，就可以看出曹寅涉猎之广，学识之丰。

由于曹寅风流倜傥，喜与文人学士交往，许多著名的诗人、文人、画家、戏剧家，如钱秉澄、杜岕、姚潜、石涛、洪升、严绳孙、韩菼、陈枋、叶燮等等，都与之交好。曹玺生前，曾在江宁织造府内手植楝树一株，旁筑小亭，常在其中都曹寅兄弟识字读书。曹玺死后，曹寅追悼先人，手制楝亭图，遍请海内文人学士题诗题辞作画以资纪念。可以说，在曹寅周围，形成了一个很大的文艺群体，风雅云集，云蒸霞蔚。我们可以想象，曹寅全家上下，别说是儿女辈，连家仆婢女都受到这种文学气氛的熏陶渐染。《红楼梦》中十二金钗中的少女人人能诗，还有香菱学诗这样的动人情节，此类事在曹府也许本来就是司空见惯的。史说东晋谢安家中连婢女也出口成章，曹家也许接近于此吧。曹寅的儿子曹颙，连康熙也称赞他文武兼备。至于曹頫，文才肯定也不差，他有一次为边疆凯旋给雍正的贺表，雍正大加赞赏，信笔批道："此篇奏表，文拟甚有趣，简而备，诚而切，是个大通家作的。"当然，此表不一定是曹頫亲笔，但曹頫有文才是当然的。

尽管曹雪芹未能亲聆祖父的教诲，但是祖父的形象在他的心目中必定占据崇高的地位，是他从小崇拜的偶像，并在他幼小心灵中，植下文学的种子。家庭的文学传统也必然深深渗进他的血液。曹雪芹多才多艺，能诗能文能画，妙解音律，深通戏曲，酷似乃祖，我们不难从中体会到曹寅对曹雪芹的影响巨大而深远。至于曹頫，有种种迹象表明，他不仅是《红楼梦》的最早的评论者，而且很可能是小说创作的积极参与者与合作者。曹雪芹着手创作《红楼梦》以前，本有一部旧稿，曹頫很可能就是这旧稿的作者。

相与呼应　诗作颇丰

曹雪芹有幸生于一个文学之家，这个家又恰恰给他带来巨大的不幸与悲恸，但是，正是这种不幸与伤痛，又铸就了曹雪芹。如果没有家庭的巨变和曹雪芹由此而获得的大彻大悟，也许就不会有《红楼梦》。

雍正上台，是曹家灾难的开端，雍正去世，是否就意味着曹家灾难的完结呢？

应该说，雍正在总体上是个励精图治的皇帝。他一来有鉴于康熙时政治过于宽纵的弊病，二来又因皇族内容权力斗争之激烈，所以在政策上倾向于严酷，结果往往过于苛刻。他后来可能也意识到这一点，加以政敌已一一清除，政权已经巩固，所以从雍正八年开始，他下旨"酌免远年承追之项"，凡是雍正三年前已发觉的旧案，"酌其情罪，降旨免追"。曹家可能因此得以缓一口气。

雍正在位二十年突然暴卒，此时曹雪芹刚满十二岁。乾隆上台后，在治国方面上，更致力于以宽济严。乾隆元年，他谕廷臣道："大抵皇祖圣祖仁皇帝之时，久道化成，与民休息，而臣下奉行不善，多有宽纵之弊；皇考世宗宪皇帝整顿积习，仁育而兼义正，臣下奉行不善，又多有严刻之弊。""朕恶刻薄之有害于民生，亦恶纵驰之有妨国事。"话虽如此，他登基伊始，事实上的做法上还是倾向于宽。表现在他释放了雍正的政敌允禩、允禵等，恢复了他们被削除的宗籍，分封原废太子允礽之子弘晳、孙永璥为辅国公，释放了岳钟琪等在狱将领，甚至汪景祺、查嗣庭的亲属也被赦回籍。这些做法自然与雍正大相径庭，乃至当时有"必须将世宗时事翻案，即系好条陈"之说。乾隆种种措施中和曹雪芹家庭有关系的，有如下一些：一是那像噩梦似的压在曹家头上的偿不完的欠款，终于被宽免；二是曹雪芹的高祖曹振彦被诰封为资政大夫（二品虚衔），原配欧阳氏、继配袁氏也都封为夫人；三是曹家的一些亲戚成为显贵。如曹雪芹的亲表兄平郡王福彭受命处理总理事务，不久又任正白旗都统。傅鼐也得到重用，任刑部尚书兼兵部。

正是基于上述情况，有些学者认为此时曹家有过"中兴时期"。有没有这种可能呢？答案是否定的。

中兴说的主要依据，是曹家那些显贵的亲戚会照会曹家，曹家有了这些大靠山就能东山再起。事实上，这些权贵有哪个趋炎附势，他们对曹家避之犹恐不及，又岂肯大力支援。敦诚写给曹雪芹的诗：

"劝君莫弹食客铗,劝君莫叩富儿门。残杯冷炙有德色,不如著书黄叶村。"
(《寄怀曹雪芹》)

这显而易见是有所指而发的。也许曹雪芹曾经求助于那些富贵的亲戚,但遭到冷遇乃至羞辱,敦诚才有此劝。联系到《红楼梦》中描写刘姥姥初进荣国府,向凤姐告贷而耻于开口,脂本有眉批云"且为求亲靠友者一棒喝。"当刘姥姥听到凤姐说如何困难,以为无望,有旁批道:"可怜可叹!"这些批语明显都是因为生活中有相对经历,有感而发的。

从现存史料看,乾隆继立后,曹家境况确实有所改善,欠的债免了,曹頫也有可能重新到内务府供职。据张永海老人回忆,曹雪芹当过内廷侍卫,据说是"因为他是皇族内亲才挂名当侍卫的"。曹雪芹是包衣子弟,当侍卫本来也是题中应有之义。曹寅、曹頫都当过侍卫。不过,曹雪芹即使当过侍卫,时间可能也很短暂,这些情况,也许都不足以使曹家"中兴"吧。

敦诚《寄怀曹雪芹》一诗曾写道:"当时虎门数晨夕,西窗剪烛风雨昏。"据吴恩裕等学者考证,"虎门"指右翼宗学。宗学是朝廷专为宗室子弟办的学堂,右翼宗学是其中之一。曹雪芹与敦诚在宗学相聚,约在乾隆十三、十四年,曹雪芹可能是在辞去侍卫后入宗学的,他在宗学当然不是读书,而是任职。乾隆元年曾有旨:"命考试八旗废员,精于'国语'(指满语)者,充八旗教习。"曹雪芹理应具备当教习的资格。据张永海老人回忆:"曹雪芹的年纪比旁的教习都小,又是个被抄家的人,老派的教师们就轻视他。曹雪芹呢,他也是个有傲骨的人,嘴又好说,爱得罪人,他心想,'你们瞧不起我,我还瞧不起你们呢!'所以乾隆十六年,他就离开宗学搬到西郊来住了,从此一心写他的《红楼梦》去了。"这回忆,似乎挺真实。

不管怎样,曹雪芹这一段的生活,虽说不上"中兴",勉强还可以。不过,自从辞去宗学差使,住到西郊后,生活就日益窘迫了。

就是在这段时间时,曹雪芹与敦敏、敦诚兄弟结为挚友。敦敏字子明,号懋斋,敦诚字敬亭,号松堂,别号庸闲子,二人是同胞兄弟。他们的五世祖就是努尔哈赤十二子英亲王阿济格。阿济格与多尔衮(十四子)、多铎(十五子)是同母兄弟。多尔衮原是正白旗统帅,可说是曹家"故主"。多尔衮被削爵籍没后,阿济格受到株连,被抄家、幽禁,最终被赐自尽。乾隆时,为多尔衮平反昭雪(乾隆三十八年,为其修葺坟茔,四十三年复还睿王封号)。至于阿济格,康熙时曾追封其次子博赫勒为镇国公,复还宗室,但在雍正时又被剥夺。这博赫勒即敦氏兄弟的高祖,所以敦敏、敦诚虽是宗室子弟,事实上和曹雪芹"同是天涯沦落人",有着相似的遭际和命运,而且他们和曹雪芹一样光明磊落,才华过人。敦诚劝雪芹"莫弹食客铗","莫叩富儿门";敦敏则写诗赞美雪芹画石:"傲骨如君世已奇,嶙峋更见此支离。醉余奋扫如椽笔,写出胸中魁礨时。"这既是赞曹雪芹,也是自抒胸怀。他们和曹雪芹互相呼应,成为挚友,实为必然。雪芹生前,和他们二人过从最密,二人诗集中寄赠和怀念曹雪芹的诗甚多,为我们留下了研究曹雪芹的宝贵资料。从这些诗篇中,我们可以知道他们和雪芹常在一起饮酒赋诗,敦敏有一花园,名叫槐园,是他们经常聚会的地方。直到雪芹逝世那一年的春天,敦敏还写了一首小诗代替书信,邀雪芹来槐园赏春。诗中写道:

东风吹杏雨，又早落花辰。

好枉故人驾，来看小院春。

诗人忆曹植，酒盏愧陈遵。

上巳前三日，相劳醉碧茵。

"上巳"是农历三月初三。俗谚道："三月三，上高山。"意味着春到人间。敦敏看到满园春色，就记起好友曹雪芹，希望他能来共谋一醉。他邀请的，一定还有敦诚，大概还有其他好友。以诗代简，既表明主客之雅，也表明他们友情之深。他把曹雪芹看作曹植，更可见他对雪芹之敬重。

雪芹移居西郊后，不可能常来京师，这自然增添彼此思念之情。敦氏兄弟有空就去拜访雪芹，并在诗中描述了雪芹家居"衡门僻巷愁今雨"，"日望西山餐暮霞"的景致。敦敏有一次冒着严寒去访曹雪芹，未遇，怅然而归，留诗一首：

野浦冻云深，柴扉晚酒薄。

山村不见人，夕阳寒欲落。

心中的惆怅，溢于言表。有一次，敦氏兄弟和雪芹一别经年，敦敏偶过友人明琳的养石轩，隔院听到高谈阔论，疑是曹君，急就相访，果然是他，大喜过望，立刻呼酒话旧，畅叙别后之情。敦敏为此诗兴大发，挥诗一首：

可知野鹤在鸡群，

隔院惊呼意倍殷。

雅识我惭褚太傅，

高谈君是孟参军。

秦淮旧梦人犹在，

燕市悲歌酒易醺。

忽漫相逢频把袂，

年来聚散感浮云。

诗句把二人相逢的欣喜，拉着手殷勤致意，以及高谈叙旧，一醉方休的情景，描述得既似如临其境。

还有一次，一个秋天黎明，敦诚和曹雪芹在槐园邂逅。当时风雨淋涔，朝寒袭袂，雪芹酒渴如狂，而主人敦敏还未出来。敦诚就解下佩刀，质酒请雪芹畅饮。雪芹欢畅已极，当场做长歌谢敦诚，敦诚也写了一首长诗答谢，这就是著名的《佩刀质酒歌》。歌中写道："我闻贺鉴湖，不惜金龟掷酒垆；又闻阮遥集，直卸金貂作鲸吸。嗟余本非二子狂，腰间更无黄金珰。秋气酿寒风雨恶，满园榆柳正苍黄。主人未出童子睡，斝乾罍涩何可当？相逢况是渟于辈，一石差可温枯肠。身外长物亦何有？鸾刀昨夜磨秋霜……"从这首诗我们可以看出敦诚也是个豪气冲斗牛人物，所以才配得上做曹雪芹的真正朋友。

庐于西郊　精神充裕

曹雪芹移居西山脚下，在那里搭了一个茅庐。对他的日常起居，敦诚有诗描绘道：

> 满径蓬蒿老不华，
>
> 举家食粥酒常赊。
>
> 衡门僻巷愁今雨，
>
> 废馆颓楼梦归家。
>
> 司业青钱留客醉，
>
> 步兵白眼向人斜。
>
> 何人肯与猪肝食，
>
> 日望西山餐暮霞。

"举家食粥"，生活之贫困可想而知，但居所景色幽美，"门前山川供绘画，堂前花鸟入吟讴"，对比《红楼梦》中作者自云："虽今日之茅椽蓬牖，瓦灶绳床，其晨夕风露，阶柳庭花，亦未有妨我之襟怀笔墨者。"物质生活的困顿，不妨害他精神生活的充裕。也许，这门前山川，更激发曹雪芹创作的灵感，增添他笔下的诗情画意，他就在这山川的怀抱中写就惊天动地的《红楼梦》。

曹雪芹是旗人，他居住的地方大约是旗人聚居的地方。所谓天涯何处无芳草，曹雪芹虽远离那繁华的京都，但并不寂寞，除敦氏兄弟常来看他外，他还有许多知己。其中有一个与他性情最为相投，那就是《春柳堂诗稿》的作者张宜泉。

张宜泉也是旗人。他和雪芹一样，平生坎坷。他自幼父母双亡，又为兄嫂所弃，靠教几个学童糊口。他在《春柳堂诗稿》自序中说："奈家门不幸，书剑飘零，三十年来，百无一就。"他曾参加礼部考试，也曾做过小官，但终生未能有机会一展宏图，于是啸傲林泉，以诗自娱。从《春柳堂诗稿》可以看出，张宜泉诗才清新隽永，性情则有如闲云野鹤，孤高傲世，这正与曹雪芹同调，是以两人一见如故，情谊日笃。他们有时在一起饮酒贱诗，有时则一起赴效外寻幽探胜。《春柳堂诗稿》中有三首诗是专为曹雪芹而作的。其中一首《怀曹芹溪》云：

> 似历三秋阔，同君一别时。
>
> 怀人空有梦，见面常无期。
>
> 扫径张筵久，封书畀雁迟。
>
> 何当常聚会，促膝话新诗。

这首诗道出了他和雪芹情谊深厚，小别一时，就如隔三秋，即使在梦中，也怀念着这位好友。由于张宜泉住在东郊，所以"见面常无期"，他为此深深感叹。他写这首诗，似乎是曹雪芹本来约好来访，他为此扫径张筵，焦急等待，结果不知什么原因雪芹未能来，惆怅之余才写下这首诗以寄托怀念之情。在诗稿中和这首诗编排在一起的，还有一首《晴溪访友》，也像是为雪芹而作的：

> 欲寻高士去，一径隔溪幽。
>
> 岸阔浮鸥水，沙平落雁秋。
>
> 携琴情得得，载酒兴悠悠。
>
> 不便张皇过，轻移访载舟。

诗中描写的景致，与雪芹住处十分相近。曹雪芹不正是张宜泉心目中的"高士"吗？这不免令人想起《红楼梦》中"山中高士晶莹雪"的诗句，张宜泉读过《红楼梦》的书稿是不无可能的。"携琴"一句，也令人联想起他为悼念曹雪芹而作的另一首诗中有"琴裹怀囊声漠漠"之句。我想，他和曹雪芹一起载酒抚琴，理固宜然。

张宜泉还有一首《和曹雪芹西郊信步憩废寺原韵》，更具体描述了他们同游西郊，到一座废寺小憩。雪芹触景生情，赋诗一首，诗题大约就是《西郊信步憩废寺》，张诗就是步其原韵而作的和诗。雪芹的原诗一定精彩绝伦，抒发了自己的怀抱，有很深的寄托。不然张的和诗不会开首就说"君诗未曾等闲吟，破刹今游寄兴深"了。

张宜泉和敦氏兄弟的诗，都清楚告诉我们，曹雪芹和友人在一起，兴致一来就立即赋诗，可见他的诗作一定颇丰。一部《红楼梦》，就有那么多诗，也足见曹雪芹诗人之大，朋友们把他比作曹子建，比作李贺，他是完全承受得起的。可惜，除了敦诚曾引用过他的一句"白傅诗灵应喜甚，定教蛮素鬼排场"外，我们再也无缘见到那些精彩的诗篇，这实在是中国诗歌史的一大憾事！

十年辛苦　"红楼"问世

曹雪芹庐结西郊，致力于《红楼梦》的创作，经过十年的艰辛努力，终于完成了这部前无古人的鸿篇巨制。《红楼梦》第一回有一段话记述了此书的创作过程：先是空空道人把石头上所记述的"无材补天，幻形入世……历尽离合悲欢炎凉世态的一段故事"，"从头至尾抄录回来，问世传奇。从此空空道人因空见色，由色生情，传情入色，自色悟空，遂易名为情僧，改《石头记》为《情僧录》。东鲁孔梅溪则题曰《风月宝鉴》。后因曹雪芹于悼红轩中披阅十载，增删五次，纂成目录，分出章回，则题曰《金陵十二钗》。"这段话扑朔迷离，似乎留给读者诸多疑团。这空空道人是谁？是作者虚拟的乌有先生，还是实有其人他更名情僧，书中的石头，即贾宝玉，不就是情僧吗？难道这空空道人就是贾宝玉的生活原型？是他先抄录了《石头记》，然后由曹雪芹十年辛苦，创作成今日之《红楼梦》？那么，空空道人抄录的《石头记》，是否是《红楼梦》的"前身"或"原稿"？这的确是一个谜团。无论如何，有一点是一定的，《红楼梦》确是曹雪芹十年辛苦的伟大成果。

现有的一百二十回的《红楼梦》，后四十回是高鹗的续作，前八十回是曹雪芹原作。"书未成，芹为泪尽而逝。"说的是，曹雪芹虽然增删五次，但未能最后完成这一浩大工程，尽管脂砚斋一次又一次地帮他誊清书稿，加上评语，但他却始终没有停止修改他的作品。现存的《脂砚斋重评石头记》的抄本，"秦可卿淫丧天香楼"一节被删去后，还留下一些应删而未删尽的文字（如"另设一坛于天香楼上"以及瑞珠触柱而亡等等），十七、十八回尚未分开等。《庚辰本》还有"缺中秋诗，俟雪芹"的批语。这些都证明这部书尚未最后定稿。但这并不是说这部小说只写了八十回。实际上，小说还有后数十回，曹雪芹是定稿的。我们从脂评中得知，小说的终局是太虚幻境公布情榜，头一名就是贾宝玉，其名下还有"情不情"三字。林黛玉的名下，有"情情"二字。所谓"情不情"，一种含义，或许是贾宝玉从"入情"开始,以"不情"结束,所谓"由情入色","因色悟空"吧。另一种含义,或许如脂评所言,贾宝玉对一切不情的事物(花儿啦,鸟儿啦,鱼儿啦)都有一段痴情去体会玩味。"情"乃动词,"不情"乃宾语。至于黛玉的"情情",大概就是脂评所说的她"更胜宝玉十倍痴情"吧。她为还泪而来,泪尽而去,都脱不开一个"情"字。小说既然连结局都有了,可见是完稿了的。这后数十回决非我们现在所看到的后四十回。在脂评中,提供了很多后数十回的情节线索,如凤姐扫雪、拾玉、甄宝玉送玉;宝玉等人被关押在狱神庙,红玉、贾芸仗义探庵、慰劳宝玉;以及贾宝玉"寒冬噎酸虀,雪夜围破毡","薛宝钗借词含讽谏,王熙凤知命强英雄"等等,在现在的后四十回中都不见踪影。现在的后四十回的许多情节,和小说前半部所埋下的伏笔,以及第五回所暗示的贾府结局和人物命运,多有不合。至于像宝玉中举,贾府中兴,兰桂齐芳之类,更与前八十回的思想南辕北辙。在高鹗的笔下,贾宝玉居然忠孝两全。他生子(不孝有三,无后为大吗!)、中举、受封,出了家还要回来向父亲跪拜,这一切叫作为忠孝两全。"平生遭际实堪伤"的香菱,原本是被折磨死的,现在却被"扶了正",在高鹗看来,这就是她的好运了。李纨固守节而遭好报,袭人因"失节"而遭谴责,这是曹雪芹的思想吗? 肯定不是。在曹雪芹的笔下,李纨的青春丧偶和守节,正是她最大的不幸,她没有,也不可能因此而得到好处。"如冰水好空相妒,枉与他人作笑谈"的诗句,以及"也只是虚名儿与后人钦敬"的歌词,都证明了这一点。在曹雪芹的笔下,袭人最终是宝玉在潦倒之际,不得不将她"遣嫁"的,而且是嫁给了宝玉的最要好的朋友蒋玉菡,夫妻二人还终身侍奉宝玉。"失节"两字,从何谈起? 曹雪芹的伟大,正在于他虽然身处宗法封建社会,却敢于向这一社会宣战,并以冲决罗网的精神,向这一社会的传统宣战。他没有赞美忠臣、孝子、义夫、节妇,而是赞美了富于叛逆精神的"顽石"贾宝玉以及黛玉、晴雯这类女性形象。他把同情赋予了被宗法封建制度所残害的一切不幸的人们。曹雪芹是彻底的,在他的笔下,十二金钗、副钗、又副钗,乃至所有女性的命运,概莫能外都是悲剧的。他以穿透历史的深邃眼光,写了一个家庭的大悲剧,一切都是那样的无可挽回,最后只能是食尽鸟投林,树倒猢狲散,落了个白茫茫大地一片真干净。这样的大彻大悟,才是真实的曹雪芹! 这样的思想境界,高鹗与之相比,实是相形见绌。

当然,高鹗的后四十回,作为文学作品,也有其自身的特点与价值。何况一般读者的心理,总希望看到完满的结局。正如高鹗所言:"予闻《红楼梦》脍炙人口者,几廿余年,然无全璧,无定本。"他补上四十回,使《红楼梦》以"全璧""定本"的面貌出现,这对《红楼梦》的广泛传播,的确起了不小的作用。

雪芹把一生的心血都献给了《红楼梦》,过早地离开了人世。那一年的中秋,他的爱子不幸夭折,他感伤成疾,由于无力延医,竟在除夕之夜,带着一腔悲愤和未竟之志,与世长辞了! 一代文星就此陨落! 留下一个新婚的妻子,孤苦无依,他实在难以瞑目啊。敦诚有诗挽道:

四十年华付杳冥,
哀旌一片阿谁铭?
孤儿渺漠魂应逐,
新妇飘零目岂瞑?

牛鬼遗文悲李贺，
鹿车荷锸葬刘伶。
故人唯有青山泪，
絮酒生刍上旧坰。

（《挽曹雪芹》）

铁石诗胆　悟彻人生

　　曹雪芹的生平事迹，由于材料太少，很难勾勒出一个清晰的印象。但我们从他的友人的诗文以及有关记载中，却可以描述出他的为人和品格。我们可以用六个字来总结他的为人：一曰"觉"，二曰"傲"，三曰"豪"，四曰"胆"，五曰"辩"，六曰"谐"。

　　所谓"觉"，就是"扬州旧梦久已觉"的"觉"，梦醒以后，彻底醒悟，读了《红楼梦》就容易体会这种觉悟。"红楼一梦耳"，是这种觉悟；一曲好了歌，是这种觉悟；写彻头彻尾的大悲剧，是这种觉悟；主人公悬崖撒手，复其本性，回归自然，也是这种觉悟。作者悟彻人生，又把这种觉悟，凝聚成一部《红楼梦》，留与世人，警示后世，这要有多大的智慧，多大的气魄！

　　所谓"傲"，就是"傲骨如君世已奇"的"傲"，一身傲骨，睥睨天下，面对残酷的社会和吃人的统治者，他宁愿穷死、饿死，也不肯与当道者同流合污。张宜泉有诗赞道：

羹调未羡青莲宠，
苑召难忘立本羞。
借问古来谁得似，
野心应被白云留。

（《题芹溪居士》）

　　"青莲宠"指的是大诗人李白曾得"宠"于唐明皇和杨贵妃。传说贵妃曾亲自为他调羹，李白也因此留下了千古传诵的《清平乐三章》。其实，皇帝和贵妃又何尝真的赏识李白的才学？ 在他们眼里，这位李学士和他们案头的"供玩"也别无二致，不过兴致高的时候，供其赏玩，助其清兴而已，待他们尽兴了，也就把这一代才人"放还"了。同样是一身傲骨的李白，终究不能一展其宏图大志，只能抱残终生。曹雪芹的身世较李白更为不幸，他的穷困也更甚于李白，但他视王侯如粪土，视富贵如浮云，当然更不会欣羡李白遭遇过的那种"得宠"。

　　"立本羞"指的是唐代大画家阎立本蒙受的羞辱。据《新唐书》卷七十七阎立本传记载，有一天唐太宗与侍臣们在春苑泛舟，忽见异鸟容与波上，大为兴奋，一面命在座的人吟诗作赋，一面传召阎立本，要他当场把这幅天然图画画下来。立本伏在池边，研究丹粉，看着皇帝和侍臣们饮酒作乐，感到无地自容，汗流浃背。他回到家中告诫儿子说：我少年读书，文章作得不比他们差，现今偏偏以画知名，今天简直像仆役一亲侍候他们，你们今后切勿学习画画。曹雪芹也是画家，他自然深深理解阎立本所蒙受的羞辱，自己也不屑于做那种御用画师。从"苑召"二字可以推测曾经有官方的画苑征召曹雪芹，被他严辞的拒绝。这还可以从张诗最后一句得到佐证。"野心应被白云留"一句，用的是宋初魏野谢绝宋真宗宣召的典故（见《宋史》卷457）。曹雪芹正是同魏野一样，宁愿做闲云野鹤，终老林泉，也不愿受朝廷征召。曹雪芹这种高贵的品格，得到他的友人的齐声赞叹，把他比作晋代的山简和阮籍。对阮籍，曹雪芹本来就是十分崇敬的，他自号梦阮，这"阮"正是指阮籍。《晋书·阮籍传》说阮"傲然独得，任性不羁"，"不拘礼教"，嗜酒，常发惊世骇俗之论。曹雪芹和阮籍确有颇有相似，他们的精神是融通的。

所谓"豪"，是指曹雪芹性情豪迈、豪爽，洒脱、豁达，张宜泉说他"素性放达"，敦敏则以"燕市悲歌酒易醺"的诗句来描绘他。曹雪芹和阮籍一样嗜酒，虽然"举家食粥"，还要"卖画钱来付酒家"，一有杯中物，更是豪兴大发。前引敦诚《佩刀质酒歌》，写道："曹子大笑称快哉！击石作歌声琅琅。"其豪迈的气概，跃然纸上。豪放的人必然心胸开阔、豁达，决不会因为身份低贱而改易自己的性情，这又使我们想起《红楼梦》。《红楼梦》中有个"醉金刚"倪二，仗义疏财，颇有几分侠气和豪气。虽然是个泼皮，曹雪芹却以赞美的笔调描绘他，这也许或多或少祖露出作者自己的胸襟。在小说中，曹雪芹把孤傲给了林黛玉，把豁达大度给了薛宝钗，把豪放给了贾探春，他特别用浓油重彩渲染贾探春的"素喜阔朗"；她的闺房三间屋子连成一片，"当地放着一张花梨大理石大案，案上磊着各种名人法帖，并数十方宝砚，各色笔筒，笔海内插的笔如森林一般。"还有"斗大的"花囊啦，"大鼎"啦，"大盘"啦，大佛手啦……这种"阔朗"正是豪放的表现。我们从曹雪芹的赞美的笔触中，不正可以体味作者的为人吗。

所谓"胆"，即胆识。敦诚诗道是："知君诗胆昔如铁，堪与刀颖交寒光。"铁石诗胆这四个字，既道出了曹雪芹的铮铮铁骨，也道出了他的诗有胆有识，锋芒毕露。所以张宜泉也用"剑横破匣影铓铓"来比喻曹雪芹，把他的诗比作刀，比作剑，正说明他的诗是指向黑暗人生，直刺豺狼们的心脏的。他留下的千古绝唱《红楼梦》，不也是刺向宗法封建社会的一柄利刃吗?!

至于"辩"和"谐"是指雄辩和诙谐。雪芹友人诗中多次写到他高谈阔论，并用晋人王猛"扪虱而言，旁若无人"的气概形容他。曹雪芹纵横捭阖，博古通今，善于言谈是意料中的事。他又生性幽默、诙谐，对此，清代文人裕瑞在他的《枣窗闲笔》中有生动的描绘：

其人身胖头广而色黑，风雅游戏，触境生春。闻其奇谈娓娓然，令人终日不倦，是以其书绝妙尽致。……又闻其尝做戏语云："若有人欲快睹我书，不难，惟日以南酒烧鸭享我，我即为之作书"云。

这是前人笔记中对曹雪芹最详尽，也最具体的描绘。裕瑞是努尔哈赤幼子多铎的五世孙，他自云其前辈姻戚有与曹雪芹交好者，这殆实有此事言。他所做的有关曹雪芹的记载，虽是听来的传闻，可能有不实之处，但上述描绘，却有相当的真实性与可信性。当然，曹雪芹是否"身胖头广"，尚有疑问。因为敦诚挽曹雪芹的诗明言"四十萧然太瘦生"。敦敏《题芹圃画石》诗也以石喻人，用"嶙峋更见此支离"的诗句形容曹雪芹，可见，曹雪芹并不胖。除此以外，裕瑞的描绘，令人有栩栩如生、跃然纸上之感,而且很符合曹雪芹的为人品性。

总之,曹雪芹悟彻人生,一身傲骨,凌云豪气,有胆有识,高谈雄辩,而又风趣诙谐。这样的人,实在令人扼腕。我们读其书,想见其为人。诗人屈原曾经自白道:"举世混浊而我独清,众人皆醉而我独醒。"这句话用在曹雪芹身上,也是很恰如其分的。

名女风流

国学经典文库

图文珍藏版

导　语

　　在中国封建社会,妇女处于社会的最底层,她们在蒙受政权、神权、族权的压迫下,还要蒙受夫权的压迫。在某种意义上,夫权的压迫最深重。圣人的典训,已经给妇人定了性,孔子是这样说的:"唯女子与小人为难养也,近之则不逊,远之则怨。"(《论语·阳货》)据说孔夫子在不惑之年,即四十岁上,把妻子休了。这一说无从考证,但这位圣人对妇女有偏见,则大概可以成定论。

　　在封建伦理道德中,对妇女的要求甚为苛刻。"三从四德"就是紧箍咒。《仪礼·丧服传》:"妇人有三从之义,无专用之道;故未嫁从父,既嫁从夫,夫死从子。"这就是"三从",即妇女从生到死,一生都要依从男性,她们没有个人的意志和自由,她们只是男性泄欲和生儿育女的工具。所谓"四德",指"妇德,妇言,妇容,妇功。"《周礼·天官·九嫔》注云:"妇德谓贞顺,妇言谓辞令,妇容谓婉娩,妇功谓丝枲。"说明白点,就是妇人对男性,第一要忠贞,第二说话谦恭,第三仪态装束要端庄温柔,第四做好针线茶饭的服务。一句话,妇人的视听言动都要围绕着男性。"四德"之中,妇德一条最为严酷,特别是宋明理学大兴以后,所谓"饿死事小,失节事大",更把妇女打入十八层地狱。反之,男性则可为所欲为,三妻四妾,名正言顺,为的是人丁兴旺,多育子女。至于统治阶级,更是荒淫无比。子烝父妾,侄妻姑氏,兄纳姊妹,父霸儿媳,史不绝书。男性对女性严厉如此,而对自己放纵如彼,这就是红颜薄命的社会总根源。

　　并非所有的红颜对自己的命运都逆来顺受,她们抗争,她们呼喊。尤为难得的是有些苦命红颜对国家兴亡的关心、对气节的坚守,一点也不减须眉男子。李香君拒收杨文骢所送阮大铖的妆奁,怒斥奸党,凛凛正气,使得复社名士侯朝宗自愧不如。清兵破南京,柳如是欲殉国难,羞煞食君之禄的须眉名士钱谦益。柳氏死时嘱子女"悬棺而葬",表示死后灵魂不践清朝土地,何等的节烈!贱娼俗妓赛金花,为了钱去卖身,还做鸨母去祸害清白女子;但在八国联军破京都的国难之时,她没有去发国难财,她牺牲自己去解救同胞,堪称中国的"羊脂球"。

　　本卷所选名女,不但人体美,才艺美,而且不乏精神美、情操美的闪光。读者看了这卷《名女风流》,对扭曲历史的传统观念,或许会得到一些纠正。所以本卷是一部名与实相符的人物评传,一部风尘血泪书,是值得一读的。

"大家"女性

——班昭

名人档案

班昭:一名姬,字惠班,扶风安陵人(今陕西咸阳),汉族。班彪之女,班固、班超之妹,曹世叔(名寿)妻,早寡。东汉文学家,中国第一个女历史学家。

生卒时间:约49年~约120年。

安葬之地:陕西兴平。

性格特点:少有大志,名家风范。

历史功过:兄长班固编纂《汉书》未竟而卒,班昭承其遗志,独立完成了第七表〈百官公卿表〉与第六志〈天文志〉,《汉书》遂成。另外班昭还著有《女诫》。

名家评点:清代女作家赵傅称"东观续史,赋颂并娴"。

辞赋一路　熟读五经

《东征赋》是班昭随升官的儿子——曹成,字子谷,由洛阳至陈留,所写的赋篇。

班昭少有大志,苦练有成,悉心揣摩,成为大赋之一代宗师。洗净铅华无脂粉气,引经据典,严整旗鼓,实具名家风范。

《东征赋》开头四句,写出发的时间。

唯永初之有七兮,余随子乎东征。

时孟春之吉日兮,选良辰而将行。

第五句到第八句,写举步登车,感情倒很平静,晚上住在洛阳东30里处的偃师县寓所时,思前想后,吊古伤今,不胜凄凉。

方举趾而升舆兮,夕余宿乎偃师。

遂去故而就新兮,志怆恨而怀悲。

班昭刚刚走出一天,思想感情怎么会起这么大的变化呢？一种原因是对住惯了的地方总有难以割舍的情,对新的环境尚一无所知,前途渺茫,心情能不惆怅？这就叫人之常情！另一种原因是看见偃师,就联想到古代贤君帝喾曾经在此地建都。又是殷国盘庚所迁的地方。到个新地方,子谷会不会有所作为,以不负君王的眷顾呢。

到了第二天,思想上转了个180度的大弯。

明发曙而不寐兮,心迟迟而有违。

酌樽酒以驰念兮,喟抑情而自非。

谅不登巢而椓蠡兮,得不陈力而相道。

且从众而就列兮,听天命之所归。

遵通衢之大道兮,求捷径欲从谁？

这10句一气贯通,很有气魄。先说忧心忡忡,直到天亮也睡不着觉,一夜苦思苦想也没想出什么办法来,反而影响赶路。借酒浇愁,忽然悟出道理,于是觉得自己的想法不对路,完全加以否定。

就想:新任的场所又不是像上古那样现搭巢当房屋,现发明火去改善饮食条件。那就尽最大的努力,和别人一起,按部就班地治理国家吧！重要的是走光明大道,而不要搞歪门邪道。第二天在思想激烈斗争中度过去了,下一步应考虑怎样做才算不虚此行。

乃遂往而徂逝兮,聊游目而遨魂。

历七邑而观览兮,遭巩县之多艰。

望河洛之交流兮,看成皋之旋门。

既免脱于峻崄兮,历荥阳而过卷。

食原武之息足,宿阳武之桑间。

没有思想负担,感到轻松自如。于是尽情观看各地的风土民情,以便子谷为官时做到清正廉明。历七县,指的是秦襄公灭东西周时只有河南、洛阳、穀城、平阴、偃师、巩、缑氏七个县为全部领土。班昭此次行程,在巩县遇到了一些艰难险阻。但没因山高路险而停步,经过了河南的荥阳市就顺利地通过虢亭。在河南的原武县吃饭歇脚,在阳武县住宿。最令她高兴的是看到洛水流入黄河的汇合之处。浩浩荡荡,真是壮阔景观,平生初见。遥向天际的河水,泛起滚滚波涛,高山峻岭触目是屏翠跌宕。

离陈留郡越来越近了,就得为子谷找出学习的榜样。凭空设想,不切实际,且显得生硬,班昭善于因势利导,走到哪里,记到哪里,凡能联系的古圣先贤,一位也不漏掉。

涉封丘而践路兮,慕京师而窃叹。

小人性之怀土兮,自书传而有焉。

遂进道而少前兮,得平丘之北边。

入匡郭而追远兮,念夫子之厄勤。

彼衰乱之无道兮,乃困畏乎圣人。

怅容与而久驻兮,忘日夕而将昏。

班昭到了封丘县,不写什么山光水色,想起来殷纣王醢九侯的暴虐无道,便暗自长叹。于是忆起《论语》上孔子说的:“君子怀德,小人怀土。”的名言。她希望子谷能成为道德高尚的君子,而不做那安于一域,饱食终日无所用心的庸碌之徒。稍稍前进一些,到了平丘县的北边。进入匡的城边,思想飞驰到遥远的古代,为孔子被误认为鲁之阳虎,遭到匡人围攻的事,深感不平。为此,停留了好久,已经忘记到了黄昏时刻。真是忧已忘时,感慨至深啊!做地方官该体恤民情,关心老百姓的疾苦才能得到老百姓的信任和拥护。班昭想到这一点,所到之处,观察得格外细心,并就所见阐发议论。

到长垣之境界,察农野之居民。

睹蒲城之丘墟兮,生荆棘之榛榛。

惕觉悟而顾问兮,想子路之威神。

卫人嘉其勇义兮,讫于今而称云。

到长垣县边上,着重说明孔子的学生子路为蒲大夫时,政声远扬。卫国人称赞他的勇敢更重视他讲义施仁,立下祠堂,永远纪念他。

蘧氏在城之东南兮,民亦尚其丘坟。

唯令德为不朽兮,身既没而名存。

唯经典之所美兮,贵道德与仁贤。

吴札称多君子兮,其言信而有徵。

后衰微而遭患兮,遂陵迟而不兴。

知性命之在天兮,由力行而近仁。

勉仰高而蹈景兮,尽忠恕而与人。

好正直而不回兮,精诚通于明神。

庶灵祇之鉴照兮,佑贞良而辅信。

长垣县遽乡有遽伯玉坟,从这些事例可以看到有德行才会永垂不朽,人虽不在世美名传扬。经典中所称赞的就是有道德的仁人志士和贤明善良的人。吴季札到卫国,对公子朝说:"卫国的君子多,不会有灾患的。"(多君子,指的是遽瑗、史狗、史鳛、公子荆、公叔发)后来国势衰微,走向下坡路,最终,被秦二世所灭。

历史的教训应该记取。班昭谆谆教子:要顺应潮流,修身正己,性情淳厚,宽以待人。如此,才能有利于国,有利于民。上天才会庇护,后代人才会铭记。

学屈原《离骚》手法,结束语用"乱"整理归纳出几项具体要求,使子谷在思想上极度震动,严母教子,确实抓住了时机。

乱曰:

君子之思必成文兮,盍各言志慕古人兮。

先君行止则有作兮,虽其不敏敢不法兮。

贵贱贫富不可求兮,正身履道以俟时兮。

修短之运愚智同兮,靖恭委命唯吉凶兮。

敬慎无怠思嗛约兮,清静少欲思公绰兮。

班昭学习孔子的教育方法,启发受教育者谈出自己真实思想,然后再根据其理想、志趣加以引导。

先说自己写《东征赋》的原因,是以父亲班彪为榜样,虽然自己不太聪明,写出来的赋也赶不上《北征赋》深刻,但是,继承父志,教育后人的责任感促使自己要阐明观点。

这篇赋,感情真挚热烈。无疑是给先贤写赞歌,有的是因地而思人,思人而兴叹。有的是直赞其执政时善政,有的则赞其"死后尊荣"。对自己的内心世界,剖白彻底。忧者为何? 略感安慰为何? 矢志学习为何? 起到了动之以情的作用。

穿插议论、大段议论,很有分量。不流于空口说教,有大量史实做根据,使人不能不点首称是,起到潜移默化的作用。即通常所说的晓之以理。

班昭熟读五经四书,一引典极为恰当,更谙诸子百家论述,句中转化,顺畅圆满。

引用《诗经》《论语》《楚辞》为最多,《礼记》《左传》的记载,也较多转述,《老子》《墨子》《韩非子》中的某些主张,也被肯定下来。

时间明确、地点清楚,既便于理清脉络,又增加可信程度。

对朝代之更替、国家之兴衰,极为关心,反映其爱国情怀。

继骚体,创新赋,求对偶,讲铺排。音调铿锵,力贯千钧,春风时雨,鲸吞巨海。

龙兄虎妹　智勇双全

班昭的两位胞兄,都是很有头脑的人。两兄弟的情谊因大哥班固遭到冤枉,做弟弟的班超为之辩冤而更加深厚了。班昭受到了感染,到必要的时候也会挺身而出的。

事情的始末,在《汉书·班彪传》里,有详细的记载。

班彪去世后,班固要继承父业,用写史表达悼念之诚。"固以彪所续前史未详,乃潜精研思。"未详,便欲求其详。求其详便要花大力气。一般来说,丁父之忧不是守庐尽孝就是忧伤难抑打不起精神来。班固的行为是受责任感的驱使,应该说,其情可悯,其志可嘉。又谁知风波骤起,不仅要把他写的史书,扼杀在萌芽状态中,还要把这个有志之人诬为叛国逆徒,私改国史的罪魁。陷害人的钻穴觅空,下属官员也是唯皇帝命令是听。"既而有人上书显宗,告固私改作国史者。有诏下郡,收固系京兆狱,尽取其家书。"一告就灵,皇帝让人抓起班固,送到京城监狱,抄家拿着班固所写的书稿作为罪证。班固的一片苦心骤成泡影,牢狱之灾恰好磨炼其不悔之心。

谁最了解班固呢?谁肯冒死为之奔走,直达天听呢?那是他的弟弟班超。班超善于分析政治形势,既有前车可鉴,岂能让耿耿忠心的兄长冤死狱中,甚至祸及家族。实在是岌岌可危,欲告无门。"先是扶风人苏朗伪言图谶事,下狱死。"苏朗是"自作孽不可活也。"班固有半点与之相同吗?没有。班超权衡利害得失,急如星火地赶赴京师。"恐固为郡所蘖考,不能自明,乃驰诣阙上书。"他的担心不是没有道理的。旧社会在办案方面,屈打成招的案例无法统计,只不过留与后代讲古时一声长叹罢了。行动迅速的班超,是在班固受诬告后,定案前的极短时间里,赶到了京城,上书给皇帝的。其晓行夜宿的辛苦,不言而喻,忧心如焚,可想而知。所幸的是:"得召见",就是受到了皇帝的召见。有机会"具言固所著述意"。通过详详细细的陈述,可见班超对班固所写的史书非常清楚,简直如同自己写的一般。事有凑巧,"而郡亦上其书"。郡中的官吏也觉案情重大,不敢擅自主张,把班固的作品直接送到皇宫。"显宗甚奇之,召诣校书部,除兰台令史,与前睢阳令陈宗,长陵令尹敏、司隶从事孟异共成《世祖本纪》。迁为郎、典校秘书。"弄清原委,擢用奇才,班固得到写史的重权。兰台令史六人,秩百石,掌书劾奏。写《世祖本纪》有功,又被提升为郎,典校秘书。

班固以完成史书为己任,才华又高出云表,很快地写出了一系列作品。"固又撰功臣、平林、新市、公孙述事,作列传,载记二十八篇,奏之。"经过一番严峻的考验,他才获得了按照自己原有的写作计划,编撰史书的权利。"帝乃复使终成前所著书"。

由此,班固独立思考,发挥才智,遵古而不泥于古,重前人成绩,却找出其不足,而决定了自己的写作纲领。他认为汉代是了不起的朝代,是继承了圣明君主尧的运气,成就了帝王之业"汉绍尧运,以建帝业"。那么,在写史上有什么偏差呢?那就是有三个问题。一是历史出现了断条,二是有所贬低,三是大面积空白。于是进行了史无前例或有例还需大量充实的工作。"故探撰前记,缀集所闻,以为《汉书》"。所记年代为"起元高祖,终于孝平王莽之诛,十有二世,二百三十年"。与历史上成名之作有何关系?"综其行事,傍贯五经,上下洽通,为《春秋》考纪、表、志、传凡百篇"。其成书时间"固自永平中始受诏,潜精积思二十余年,至建初中乃成"。其影响之大是"当世甚重其书,学者莫不讽诵焉。"

倘若不是班超为之上书辩冤,力陈其忠,其著,可昭天日,绝不会有这般成就。

班氏兄弟同胞义、手足情,岂为一己之私?简直是推动历史前进的巨大力量。为后世留下了宝贵的精神财富,可谓功高盖世。

文能济世,武可匡国。班氏兄弟文武全才。班超投笔从戎的故事,流传千载,鼓舞多少文人,或者说是知识分子,拿起刀枪,驰骋疆场,保卫祖国,保卫边疆,促进建设,赢来和平!

立大功的班超,有赫赫的战功,在中国历史上获得了应有的地位。

《后汉书·孝和孝殇帝纪》记载:"夏五月……月氏国遣兵攻西域长班超,超击降之。"

六年秋"西域都护班超大破焉耆、尉犁,斩其王,自是西域降服,纳贡者五十余国。"

《班超传》历述受兄固的推荐、支持,由兰台令到军司马。后屡出奇兵,大获全胜,被帝拜为将兵长史。待遇如同大将"假鼓吹幢麾"。关于再升官职,有一段精彩的记录:"永元二年,月氏遣其副王谢,将兵七万攻超,超众少,皆大恐。超譬军士曰:'月氏兵虽多,然数千里逾葱岭来,非有运输,何足忧也?但当收谷坚守,彼饥穷自降。不过数十日决矣。'谢遂前攻超不下,又钞掠无所得。超度其粮将尽,必从龟兹求救,乃遣兵数百于东界要之。谢果遣骑赍金银珠玉以赂龟兹,超伏兵遮击尽杀之,持其使首以示谢,谢大惊,即遣使请罪,愿得生还,超纵遣之。月氏由是大震。岁奉贡献。明年,龟兹、姑墨、温宿皆降,乃以超为都护。"班超善于分析敌情,班超善于用兵,班超善于做群众的思想工作,对认输者,又会恩威并施。

当50余国皆进贡、交人质、归附于汉时,永元三年,皇帝下诏列举班超的功劳,并阐明封侯的目的:"……先帝重元元之命,惮兵役之兴,故使军司马班超,安集于阗以西。超遂逾葱岭,迄县度。出入二十二年,莫不宾从。改立其王而绥其人。不动中国,不烦戍士,得远夷之和,同异俗之心,而致天诛,蠲宿耻,以报将士之仇。司马法曰:'赏不逾月。'欲人速睹为善之利也。其封超为定远侯,邑千户。"

每次封官,班超都没有沾沾自喜。这和他青年时投笔从戎的动机是一致的。他说:"大丈夫无他志略,犹当效傅介子、张骞,立功异域,以取封侯,安能久事笔砚间乎?"

班超在给皇帝上书中,恳切要求归乡,只字未提功高乞养事。

"臣闻太公封齐,五世葬周。狐死首丘,代马依风。夫周齐同在中土,千里之间,况于远处绝域,小臣能无依风首丘之思哉。蛮夷之俗,畏壮侮老。臣超犬马齿歼,常恐年衰,奄忽僵仆,孤魂弃捐。昔苏武留匈奴中尚十九年,今臣幸得奉节,带金银,护西域。如自以寿终屯部,诚无所恨,然恐后世,或名臣为没西域。臣不敢望到酒泉,但愿生入玉门关。臣老病衰困,冒死瞽言。谨遣子勇随献物入塞。及臣生在,令勇目见中土。"

班超欲以怀乡思国之情,打动君王,君王未为所动。班昭代兄上书,在《班超传》里,与超上书衔接。其后被收入《古文析义》一书中,世传此珍品,如捧政治宏论。

君王受感动,征超回洛阳,拜为射声校尉。超有胸胁疾,回到故国仅一个月,便溘然长逝。昭的一纸奏文功莫大焉。一显君王盛德,二慰边将老臣之心,戎马一生的班超死而无憾。

班昭奏疏中称皇帝对臣下的封赏是"天恩殊绝",治国是"以至孝理天下"。这些话,君王听起来十分入耳。

班昭述超的战绩,突显其忠勇,且毫不夸张。得以生存归功于"赖蒙陛下神灵"。如此效忠之臣,君王岂能不视为股肱、腹心。

班昭从召回班超能利于国家安定强盛的角度加以申说,题目大而凿实。君王倘能谋深虑远,岂有不动之理。

班昭从关心班超健康角度,如小儿女向父执,向慈母哀哀乞怜,暗含君臣犹如父子情义,君王铁石之心也能为之软化。

班昭从班超的过去、现在,再推测到未来,君王还怎么能固执己见,不下现成台阶呢?

兹引原奏疏如下:

妾同产兄西域都护定远侯超,幸得以微功,特蒙重赏,爵列通侯,位二千石,天恩殊绝,诚非小臣所当被蒙。

超之始出,志捐躯命,冀立微功,以自陈效。会陈睦之变,道路隔绝。超以一身,转侧绝域,晓譬诸国,因其兵众。每有功战,辄为先登。身被金夷,不避死亡。赖蒙陛下神灵,且得延命沙漠。至今积三十年,骨肉生离,不复相识。所与相随,时人士众,皆已物故。超年最长,今且七十。衰老被病,头发无黑。两手不仁,耳目不聪明,扶杖乃能行。虽欲竭尽其力,以报塞天恩,迫于岁暮,犬马齿索。蛮夷之性,悖逆侮老,而超旦暮入地。久不见代,恐开奸宄之源,生逆乱之心。而卿大夫咸怀一切,莫肯远虑。如有卒暴,超之气力,不能从心。便为上损国家累世之功,下弃忠臣竭力之用。诚可痛也。故超万里归诚,自陈苦急,延颈逾望,三年于今,未蒙省录。

妾窃闻古有十五受兵,六十还之。亦有休息,不任职也。缘陛下以至孝理天下,得万国之欢心。不遗小国之臣,况超得备侯伯之位。故敢触死,为超求哀。匄超余年。一得生还,复见阙庭,使国永无劳远之虑,西域无仓卒之忧。超得蒙文王葬骨之恩,子方哀老之惠。诗曰:"民亦劳止,汔可小康。惠此中国,以绥四方。"

超有书与妾生诀,恐不复相见。妾诚伤超,以壮年竭忠孝于沙漠,疲老则便捐死于旷野,诚可哀怜。如不蒙救护,超后有一旦之变,冀幸超家得蒙赵母卫姬先请之贷。妾愚戆不知大义,触犯忌讳,书奏。

班昭引《周礼》所言服兵役的制度,当无可驳。引《诗经》说明先施恩惠于国,然后能安定四方。引《史记》《列女传》,表示效赵括之母、齐桓公之姬,请罪在先,不受连坐。于公于私说得面面俱到。

说理处,运用排比,以增气势,正反兼及,无懈可击。感叹处,用"诚可痛也","诚可哀怜"句,欲以己之感慨,激起君王感情上的共鸣。

整篇奏疏中心是说明班超应该被召还朝。超上书乞归,感情凄切,只说明自己思归可谅,对国家、对民族,将有什么好处略而未谈,故搁置三年。班昭则在"应该"两字上做文章,既说动了君王,也征服了人心。

班超为兄解脱囹圄之苦,班昭代兄求得荣归,都有冒险成分,兄妹智勇双全,成为千古佳话。

直言纳谏　倾国才华

　　班昭的才识,朝廷显官、公侯将相、皇亲国戚无不钦敬。举国上下,男女老少,不知才女班昭的,可遗憾地称之为:不闻春雷响,但见桃李长,不知夏雨湿,但见秋圃场。因为一年四季当中,受班昭教育思想影响的那就太多了。由于班昭的教育而施德政的君王,能肃正朝纲,善纳忠言。以帝王之尊,下诏让班昭续成《汉书》所缺部分,完成班固的未竟事业。东观藏书阁里有琳琅满目的书册,班昭爱书如命,专心诵读。浏览,不逞一目十行之能,深钻,不辞铁杵磨针之苦。她最懂得:博览群书,是增长学识,扩大知识领域的必由之路。

　　班昭自从被和帝(89年~105年)召入宫中写书之后,不仅日夜研磨学问,还要承担起教育皇后、妃子、贵人等的责任。受君王的命令,谁敢怠慢师尊!

　　曹大家,是皇帝赐给班昭的号,宫廷中,后妃尽尊敬老师的礼节,当然不能直呼其名,而一律称之为曹大家。大家,当今指在某一方面独擅其长的人,如国画大家,书法大家。又因其地位高,或称为某国专家,某行业专家。班昭这位德才兼备的女子,受到这般礼遇,正体现出对社会贡献大,才得到了最公正的评价。家,同姑。意思是后妃不敢越礼,尊之为长辈,写成家而不写成姑,意思是亲情超过骨肉,师严不可冒犯。

　　朝堂之上,常常显出才华出众。凡接到进贡的出奇物品,皇帝就让曹大家做赋写颂辞。流传遍及国内外,文笔流丹史册,虽然不像现在作家署名,也是代撰篇章,记载了当时的奇闻盛事。在文学创作的历史上,多一分成就,创一种风格。在文化宝库中,收藏班昭种类纷繁的作品有16篇之多。诸如:铭、诔、问、注、哀辞、书、论、上疏、遗命等文学体式。

　　班昭所作,无不标明其时代特征,各抒发其政治见解,各标志鲜明爱憎。在历史的长河中,永不沉没,在社会的发展中,经受检验。多少面镜子,照出她生活时代的淳风抑或是陋俗。其借鉴意义,不能说不大。千年万代,人们从沙里淘金,璞中剖玉,可以说金玉其中,表里如一。

　　班昭对她所施教的人,从不放松要求,可以称之为严师。对当朝执政者,不阿谀奉承,敢犯颜直谏,说她是净臣,也未为不可。

　　邓太后执政期间,因为班昭常帮助研究政策,有远见,出善策良谋甚多,贡献很大。当时社会,女的不能封官晋爵,就把她的儿子曹成封为关内侯,官至齐相。

　　永初中,太后的哥哥大将军邓骘,因为母亲去世,就上书辞官。邓太后内心里不愿意答应。自己官职这么高,又能为国出力,不借着皇亲国戚的身份,往前探求,反倒要退居家中,在一心巴望升官的人看来,有些不识抬举。当邓太后找班昭请教怎样做合适时,班昭有她的独到见解。引古证今、瞻前顾后,认为同意国舅邓骘离职是上策。

　　班昭先称颂邓太后一番,说:"既然太后这么重视我,不嫌我的见识浅薄,我就倾心吐胆地直言啦!"班昭的奏书中有这一段话:

昔夷齐去国,天下服其廉高,太伯违邻,孔子称为三让。所以光昭令德,扬名于后者也。《论语》曰:"能以礼让为国,子从政乎何有?"由是言之,推让之诚,其致远矣。

今国舅深执忠孝,引身自退,而以方垂未静,拒而不许,如后有毫毛加于今日,诚恐推让之名不可再得。

邓太后采纳了班昭的建议,准许邓骘离职。班昭对建议经太后采纳,而使邓氏兄弟不受政治陷害一点,感到满意。尤其是,邓太后对灾区民众心情的理解,减租、免税、放赈的措施都有班昭的意见在内。皇家祭祀活动,让大臣的妻子参加,这是提高妇女地位的表现。

远见卓识　渡尽劫波

班昭如何度过人生的艰难时刻?她用自身的积极行动,给人以满意的答案。

寡居的岁且,孤单寂寞,美好的记忆,都付梦魂中。

她愈是不讲,愈使人感到她心情沉重。笔墨上不留绮丽的痕迹,愈加证实她实欲抹煞多彩青春的瑰丽。时间是常数,反正不是这么过,就是那么过,就看一个人对人生的追求和向往了。

班昭,斗志愈来愈旺,老而志弥坚。

何事感惘怅?教女一时搜索枯肠,啊!寻妙药,找良方,《女诫》七条登上文墨场。不做临风断肠语,不对花月叹孤零。教子已成名,衣紫感恩隆,唯思报国竭尽忠。训女论从头,一自坠地便体现地位不同。社会造成生女低贱,她虽非有意揭穿,却实际起了证实自古以来,男尊女卑的定格。生男生女庆祝物不同。各有良苦用心。男如玉温馨,成大器,传令名。并非惯养要娇生,让他们自诫休自傲,后天的教育起决定作用。

班昭强调教育的重要。不想在对子女的教育上产生漏洞。思维的细密,来源于对社会的谙熟。

《女诫》序言,简单构出自身婚姻家庭的轮廓。首先写出所受的家庭教育,自谦地说:"鄙人愚昧,受性不敏。"自谓自己是很愚昧的,对事物又缺乏明晰的判断,可以说并非与生俱来的聪明伶俐。旨在强调家庭教育良好,父亲不是溺爱,而是委托班昭的母亲进行了不间断的精心教育。"蒙先君之余宠,赖母师之典训。"先君,指已故的父亲班彪。余宠,说明为父的对子女真正的关心。也可以说靠父亲分出那么一点精力施以教育,并有其言传身教,良好的影响就足够了。何况,作为母亲来说,教女知书达礼,是首要的任务,不然,嫁到夫家,刁悍疏懒,只能影响人际间各种关系,使父母无颜见人。应该说对女儿的教育要早下手。典训,说的是女老师用典谟训诰揭示的道理开导女弟子。当然,《诗》就成了重要教材。《诗·周南·葛覃》就有"言告师氏,言告言归"回娘家前的报告程序。

班昭有专人相教,所以思想上成熟得早。婚后,相夫有成。社会实践,使她懂得要进退有节,心怀戒惧,40年当中,"战战兢兢"如临深渊,如履薄冰般,从思想到行动,都是无可指责的。

她在《女诫》中,就七方面对妇女提出准则。"卑弱第一"可取的是,她传播了"谦让恭敬先人后己"的正确观点。"夫妇第二"说明夫妇互相尊重的辩证观点。"敬慎第三"提出要培养良好的习惯,从反面论证偏离敬慎,其害无穷。"妇行第四"提到"德言容功"的具体内容倘能正确理解,便不会成为精神桎梏。"妇德,不必才明绝异也,妇言不必辩口利辞也,妇容不必颜色美丽也,妇功不必工巧过人也"别有新义。"专心第五"同意的是"礼义居诘",反对的是"佞媚苟亲"。"曲从第六"指明为人媳者要尽孝道,处理好婆媳关系。"和叔妹第七"以推进法,逐层论述了要搞好嫂子和小姑的关系。

时代变化了,妇女解放了,自不能把《女诫》当为做人处世范本,但其中的正确观点,颇有借鉴意义。全盘照搬或一概否定,都有其片面性。

一个成功人的后面,有多少付出心血的真人,一个成功人的周围,有多少献智的能人,一个成功人的近旁,有多少奔走驰驱的杰人。班昭所写的八表,正昭示了这个道理。

八表,包括《异姓诸侯王表》《诸侯王表》《王子侯表》《高惠高后孝文功臣表》《景武昭宣元成功臣表》《外戚恩泽表》《百官公卿表》《古今人表》等八篇分类列表,是有赞有评的著作。

《古今人表》将人分为九等。即上上、上中、上下;中上、中中、中下;下上、下中、下下。

班昭不以好恶乱排班次,也不局限于帝王、臣下、名人等,而是以政治地位、政绩、品德、贡献、对后代的影响为依据的。如15位圣人中就有周公、仲尼、老子。

周公姬旦辅佐过武王、成王,政绩远播,臣民威服。

仲尼,是孔子的字。孔子在思想界、教育界开创新纪元,被称为无冕之王。老子开创道家学说,主张清静无为,反对不义战争。对睦邻友好、消除贪欲方面有其功劳。

要不,这几个人怎样与尧舜同列呢?

班昭列了仁人174人。第一位是炼石补天的女娲,第二位就是惊天动地的共工氏。其中不少是政治家、军事家、外交家、文学家、诗人、学者等。

智人共列出213人。

这些体现出班昭的正确史观,不以成败论英雄,做了大量的拨乱反正工作。把被颠倒的历史颠倒过来,使其恢复本来的面目。

班昭还通过写《天文志》提醒当时及后代人要善识天文,通晓地理。要破除迷信,尊重天体可以探试,规律必须掌握。要百般研求,炽热能忘我,冷静好思索。理想的追求,可破"昊天罔极"的谜。

如今是:宇宙航行开天路,星际关系知连锁。星球各循其道,秘密已可探知。班昭所展望的,已成为现实,更使人感到班昭在那一个时代的远见卓识。作为东汉时代的一大才女,永远令今人赞叹。

女中俊杰　一代词人

——李清照

名人档案

李清照：号易安居士，济南章丘人。南宋女词人，婉约派代表，有"千古第一才女"之称。

生卒时间：1084年~1155年。

性格特点：豪情满怀，多愁善感。

历史功过：清照创词"别是一家"之说，创"易安体"，为宋词大家。词集名《漱玉集》，今本皆为后人所辑。李词有两大特点，一是以其女性身份和特殊经历写词，塑造了前所未有的个性鲜明的女性形象，从而扩大了传统婉约词的情感深度和思想内涵；二是善于从书面语言和日常口语里提炼出生动晓畅的语言，善于运用白描和铺叙手法，构成浑然一体的境界。

名家评点："大河百代，众浪齐奔，淘尽万古英雄汉；词苑千载，群芳竞秀，盛开一只女儿花。"形容的便是李清照。还是中国历史上唯一一位名字被用作外太空环形山的女性。

如梦令
李清照
常记溪亭日暮，
沉醉不知归路。
兴尽晚回舟，
误入藕花深处。

争渡，争渡，
惊起一滩鸥鹭。

"红藕香残玉簟秋，轻解罗裳，独上兰舟。云中谁寄锦书来？雁字回时，月满西楼。花自飘零水自流。一种相思，两处闲愁。此情无计可消除，才下眉头，却上心头。"这首著名的《一剪梅》表达了作者淡淡的离愁与相思，从遥远的宋朝一直唱到了现在。今人了解李清照多是由读她的词开始，这些词清丽婉约、临水照人，一如她的名字嵌入人心。这位女词人在生活中又是怎样的一位女性呢？

出身大户人家

宋神宗元丰七年（1084年），济南府章丘明水镇一个大户李姓人家诞生了一名女婴，她就是后来名震北宋词坛的著名女词人李清照（号易安）。

李家是远近闻名的书香门第。李清照的父亲李格非（字文叔）聪颖好学，为官太学博士，以文章受知于苏轼。后升任礼部员外郎。李格非不仅学富识高，而且遇事有独立见解。在他青少年时代，礼部按照传统方式，以诗赋取士，而他却注意研究经学，写作了《礼记说》数十万言，对经书的《礼记》多有阐发论说，引起了当政者的重视，并由此考取了进士。李格非不图虚名，重视实际，识见确在一般士大夫之上，比如，当时爱好写文章的士大夫，都把用的墨看得很重，喜欢藏墨，而他偏偏写了一篇《破墨癖说》。文章写道："……今墨之所用在书，苟有用于书，与凡墨无异，则亦凡墨而已焉，乌在所宝者？嗟呼！非徒墨也，世之人不考其实用眩于虚名者，多矣，此天下寒弱祸败之所由兆也。吾安可以不辨于墨？"不重实际，而图虚名，实际关乎国家的衰败兴亡，这是由"辨墨"而生发出来的很深刻的见解了。李格非的个性还表现在另外一件事情上，绍圣元年（1094年）章惇当宰相，编元祐章奏，要李格非参加，而被李格非谢绝了。这件事实际涉及了宋代的党争。宋哲宗元祐年间变法派和保守派的争斗异常激烈。哲宗绍圣年间编"元祐章奏"的目的是"外为检讨"，而李格非谢绝不就，很可以看出他对"党争"的看法。可是，绵延不绝的"党争"又和他的仕途升降，以及李清照的生活都结下了"不解之缘"，这自然是后话了。还有一件事也很可以说明李格非的个性。有一个道士能说人祸福，据说往往甚准。道士出必乘车，百姓都很信奉。一次李格非在道路上与道士相遇，他命令左右将道士从车中拽出，"穷治其奸"，狠狠地揍了一顿，驱逐出境。

李格非为元祐明士，又是一位著辞章的能手。在李清照六岁的那一年，他担任了太学正，"得屋于经衢之西"。他于是在屋前种了大片竹子。起名为"有竹堂"，专门从事写作。他的同门朋友晁补之经常造访，自然是品诗论文，极为投契，后来晁以赞赏的心情写了一篇《有竹堂记》，其中写道："为文章，日十数篇不休，如茧抽绪，如山云蒸，如泉出地流，如春至草木发，须臾盈卷轴。"李格非的才思敏捷、文如泉涌以及著文时的潇洒自得恍如就在我们的眼前。李格非还著有《洛阳名园记》，宋人邵博在这部书的跋语中说："洛阳名公卿园林，为天下第一；靖康后，祝融、回禄尽取以去矣。予得李格非文叔《洛阳名园记》，读之至流涕。文叔出东坡之门。其文亦可观,如论天下之治乱,候于洛阳之盛衰;洛阳之盛衰,候于园圃之废兴。其知言哉!"洛阳的著名园林皆毁于靖康之难;但《洛阳名园记》不仅是记载保留了名园当日的繁盛,也同时寄寓了作者有关国家的废兴感叹。这就愈发地显示出李格非不仅能文,而且有识。李格非对于著文也有自己的见解,说:"诸葛孔明《出师表》、刘伶《酒德颂》、陶渊明《归去来辞》、李令伯《陈情表》,皆沛然从肺腑中流出,殊不见斧凿痕。是数君子在后汉之末、两晋之间,初未尝以文章名世,而其意超迈如此,吾是知文章以气为主,气以诚为主;故老杜谓之'诗史'者,其大过人在诚实耳。"强调文章要表现作者的真情实感,强调为文要自然天成,这是很进步的文学主张,而且由此我们又可以看出李格非诚恳处世的品格。

李清照的母亲王氏,是状元王拱辰的孙女,也有很高的文化修养,善于写词做文章。《宋史·李格非传》说她"亦善文",《祖国名媛录》说她"工词翰"。如此富有文化氛围的家庭,对李清照的影响是不言而喻的。

李清照聪慧、多才、活泼、可爱,除了作画习文,她还全身心地投入到大自然的怀抱。她斗草,打秋千,划船,这既陶冶了情操,又给她的生活增添了无穷的情趣。在《如梦令》中写道:

常记溪亭日暮,沉醉不知归路。兴尽晚回舟,误入藕花深处。争渡,争渡,惊起一滩鸥鹭。

清照动情地记述了一次夏季远游,归来迷路的情景。当一个夏日的傍晚,因贪恋美景而归迟,当兴尽泛舟归,又误入荷花深处,从而出现了惊起鸥鹭齐飞和人舟争渡的热烈画面。清照少女时代的自得自乐以及洋溢着的青春活力,都像呈现在我们面前一样。在一首《怨王孙》写道:

湖上风来波浩渺,秋已暮,红稀香少。水光山色与人亲,说不尽、无穷好。

莲子已成荷叶老,清露洗、苹花汀草。眠沙鸥鹭不回头,似也恨、人归早。

一片深秋凄清的景象,而女词人感到那正是说不尽无穷好的山光水色。女词人热爱自然,与大自然融为一体,可她偏说"水光山色与人亲";女词人欣赏自然,流连忘返,可又偏说"眠沙鸥鹭不回头"的远飞,是"似也恨、人归早?"这种拟人化的写法反映出女词人天真俏皮和无拘无束的自然天性。

和普通富贵人家的女人一样,荡秋千是闺门中最常玩的一种游戏。清照在《点绛唇》中写道:

蹴罢秋千,起来慵整纤纤手。露浓花瘦,薄汗轻衣透。见有人来,袜刬金钗溜。和羞走,倚门回首,却把青梅嗅。

女词人在一个"露浓花瘦"的清晨,荡秋千时的轻盈体态和娇憨神情,活灵活现地展现在我们面前。也表现出清照少女时代天真烂漫的性格特征。

随着年龄的增长,特别是在父辈们的熏染之下,李清照对国家政事渐渐关心,并发表了自己的见解。在她十六七岁时,写了两首《浯溪中兴颂诗和张文潜》诗。张文潜即张耒,是李格非的朋友,张耒被罢官时,李格非曾亲自相送。张耒曾作《浯溪中兴颂碑》诗,歌颂郭子仪平定"安史之乱",功高盖世,并慨叹时过境迁,和瓜果,然后夫妻对坐,一面欣赏碑文,一面品尝食品,那可真是像"葛天氏之民"一样地无拘无束啊!结婚的第二年,赵明诚拿到俸禄,生活明显富裕了,于是就广泛搜求天下碑帖,日积月累,日渐堆积。也就在这一年,赵挺之当了右丞相。亲戚朋友也多在馆阁任职,他们就利用这个有利条件,传抄内府秘籍,达到不能自已的程度。他们时或遇到古今名人书画,夏商周三代奇器,总是爱不释手,甚至脱下穿的衣服交换。这期间,曾经有人拿来一幅南唐徐熙的牡丹图,要价二十万钱。当时虽然是富家子弟,二十万钱岂能够轻易办到?只好又回还给了人家。多少天之后夫妻二人还因未收集到这幅名画而相向叹息。

婚后的李清照夫妻恩爱,情感甚笃。丈夫赵明诚以及收集古文石刻都成了李清照生活中重要组成部分。李清照虽由一名少女变成了少妇,她那天真烂漫、喜好自然的性格仍时时流露出来。春天,她把自己打扮得漂漂亮亮地去观灯、闹元宵,秋天她驾小舟远游,领略大自然的美好风光。自然,赵明诚或朋友诗酒相会,或外出为官,暂时的分别是不可避免的,李清照在词中细腻地描写了自己分别时的感情。在《点绛唇》(闺中)写道:

寂寞深闺,柔肠一寸愁千缕。惜春春去,几点催花雨。

倚遍栏杆,只是无情绪。人可处?连天芳草,望断归来路。

女词人闺中惜花,而阵阵春雨催花开花落,只能是惜春春流去。而丈夫远行未归,瞻望归来路,看到的只有连天芳草。主人翁的那种惜春伤别,怀念远方之人的慵态深情,就再清楚不过了。此间,清照还作有《一剪梅》:

红藕香残玉簟秋,轻解罗裳,独上兰舟。云中谁寄锦书来,雁字回时,月满西楼。

花自飘零水自流,一种相思,两处闲愁。此情无计可消除,才下眉头,却上心头。

时序已经入秋,荷花香尽,床上的竹席已嫌凉意。女词人追慕大好秋光,"轻解罗裳",荡舟远游。但眼前景又无法排除对远方人的思念,当大雁或成"人"字、或成"一"字南飞的时候,当月满西楼的时候,遥望云中,谁又能寄锦书报亲人的音讯呢?夫妻之间的离别思念,是人类最可宝贵的真实感情之一,"一种相思,两处闲愁",对这种相互思念之情作了高度凝练的概括。而"才下眉头,又上心头"则形象地写出了相思之情的无法排遣。

此间清照伤秋的作品莫过于《醉花阴》了,她写道:

薄雾浓云愁永昼,瑞脑销金兽。佳节又重阳,玉枕纱厨,半夜凉初透。东篱把酒黄昏后,有暗香盈袖。莫道不消魂?帘卷西风,人比黄花瘦。

金秋季节,又正逢重阳,应该是万里秋色无限。可是女词人或许丈夫的远行未归,面对萧瑟秋景引起了无限的愁思。主人翁先在"凉初透"的秋夜"愁永昼";傍晚的把酒赏东篱菊花也并没有引起多少喜悦;倒是阵阵卷帘的西风,更加触动了心中的烦怨愁苦,吟出了"人比黄花瘦"的妙语。人和黄花相比,主人的孱弱,主人的多情,甚至主人的美丽,都在这一丰美的形象中了。据记载,李清照将此词寄给了赵明诚,明诚大加赞叹,自愧自己不如,因而下决心要超过清照。于是他谢绝宾客,废寝忘食地做了三日三夜,写出了五十阕同一题目的词,并将清照的词杂于其中,让朋友陆德夫欣赏。陆德夫反复吟诵欣赏,说:"只有三句绝佳。"明诚赶紧问是哪三句,陆德夫说:"莫道不销魂,帘卷西风,人比黄花瘦。"恰恰正是李清照所作。这虽然是传说，但也可以看出李清照的才气。

清照的闺中生活充满了对丈夫思念的"闲愁"，也有着有身份的少妇的闲适。她在一首小词《如梦令》中写道：

昨夜雨疏风骤，浓睡不消残酒。试问卷帘人，却道海棠依旧。知否、知否？应是绿肥红瘦。

词中写到了人物的对话，而对话又极符合人物的身份。一夜的风雨袭击，主人翁清早自然要问所喜爱的海棠花怎么样了。可是"卷帘"的婢女根本不懂主人的心思。反说："海棠还是老样子。"于是主人翁很不满意地又迫不及待地告诉她："知道吗，知道吗？绿叶肥了而红花谢了。"主人翁浓睡乍起的慵态，对海棠花的喜爱，以及热爱自然的生活情趣都呈现在读者面前了。清照的这首词传出后，据说士人们无不击节赞赏。同时代人胡仔说："'绿肥红瘦'此语甚新。"由此我们也可以想见李清照在当时词坛的地位了。

李清照从事大量词的创作，同时又钻研前代的词作词人，此间她还写下了我国第一篇后人称之为《词论》的词学专文。在《词论》中，清照先回顾了词的发展历史，她认为"乐府声诗并著，最盛于唐。开元、天宝间，有李八郎者，能歌擅天下。"到五代，由于干戈四起，四海瓜分，"斯文道息"。只有南唐"李氏君臣尚文雅。故有'小楼吹彻玉笙寒'、'吹皱一池春水'之词。语虽甚奇，所谓'亡国之音哀以思'也。"到本朝宋代，词得到大发展，先有柳永"变旧声作新声"，"虽协音律而词语下。"至晏元献、欧阳永叔、苏子瞻，学际天人，作为小歌词，直如酌蠡水于大海，然皆句读不葺之诗尔，又往往不协音律者。何耶？盖诗文分平侧，而歌词分五音，又分五声，又分六律，又分清浊轻重。……王介甫、曾子固文章似西汉，若作小歌词，则人必绝倒，不可读也，乃知词别是一家，知之者少。又晏叔原、贺方回、秦少游、黄鲁直出，始能知之。又晏苦无铺叙，贺苦少典重，秦即专主情致而少故实，譬如贫家女，虽极研丽丰逸，而终乏富贵态，黄即尚故实而多疵病，壁如良玉有瑕，价自减矣。"对于李清照的《词论》，自古就毁誉不一。实事求是地讲，这是一篇很有价值的研究词发展史的文章。她讲到了词盛于唐，讲到南唐李璟李虞词的尚文尚雅，讲到北宋柳永作新声，讲到苏轼等人以诗文为词等等，都是符合词史发展的实际情况的。至于有人批评她对词的创作否定过多，并提出"词别是一家"，也应该分析对待。诚然，清照对几乎所有的词人都指出了他们的不足，表现出十分的自尊自信，可能对他们的评价不够全面；但我们又必须看到，李清照指出的他们的问题又确实是客观存在的。比如说南唐李氏君臣的词是"尚文雅"，是"亡国之音哀以思"，这实际上指出了晚唐五代词状物则风花雪月、绮罗香泽，抒情则离愁别恨、男欢女爱的特色。比如，苏轼等人的以诗为词，其积极作用是打破了词只是"娱宾遣兴之资"的作用，将词用于记游、怀古、赠答、送别……，大大地扩大了词的表现领域；但也必须看到他的有些词有不符合词律要求的地方，清照《词论》批评他"句读不葺之诗尔，又往往不协音律者"，是符合实际的。再比如对晏几道、贺铸、秦观、黄庭坚等人的批评，既指出他们词作的可取，又主要指出其不足，体现出李清照要求词重铺叙、尚典重，既有情致又重故实，有富贵态的主张。至于她提出的"词别是一家"的主张也符合实际。无论所表达的内容和表现的形式，词与诗的要求的确有所不同。李清照是几百年前的词人，她对词的认识不可能处处全面，而且她后来的创作实践也打破了早年作《词论》时的主张，更重要的，她以一个女子的身份，纵论词的发展历史，批评卓尔大家的历代词人，提出自己对词的认识，显示出一般闺阁妇女少有的豪气。这使我们认识到李清照性格的另外一个方面。

李清照与赵明诚夫妻相得、伉俪情深，春花秋月，时序更替，他们悄悄地打发着时日。但是朝中的争斗却没能让他们安逸的生活继续下去。

在李清照出嫁的第二年（崇宁元年）七月，蔡京担任尚书左丞，政局发生了变化。朝廷登记元祐党人的姓名，不准许在京做官。李清照的父亲李格非属元祐旧党，被赶出京，担任了提点京东刑狱的官职。到九月，宋徽宗又把元祐、元符党人的姓名亲自书写在碑上，让人刻石，立于端门之前。蔡京仍觉得未惬意，又将苏轼、李格非、秦观、张末等一百二十人打成奸党，李格非因此被罢官。赵明诚的父亲清照的公公赵挺之正受到蔡京的重用，这一年他担任了尚书右仆射，也即副丞相。本是儿女亲家，现在却形同水火。李清照自然心急如焚，于是写诗给赵挺之救父，其中有"何况人间父子情"的诗句，受到世人的同情。清照对朝中的政治形势也颇为清醒，她看出奸相蔡京的胡作非为，倒行逆施，又写诗给她的公公，其中有"炙手可热心可寒"的诗句，对公公的处境十分担心。同年作的《浯溪中兴颂碑和张文潜韵二首》中又说："君不见当时张说最多机，虽生已被姚崇卖"，把唐代张说比成赵挺之。暗指其终被蔡京所卖。李清照的观察是异常敏锐的，事实上赵挺之担任右相不久，就与蔡京不和，赵挺之于大观元年（公元1107年）三月去世，去世才三天，蔡京就兴大狱治罪赵家，时间一直持续了四五个月。虽然无查出任何事实，但把赵挺之生前死后的一些官职都褫夺了。连带赵明诚也无法在朝中做官，就在这一年回到了故乡青州。

幸福短暂时光

青州是赵明诚的故乡，这次是罢官归乡自别有一番滋味在心头。庆幸的是与李清照趣味相投、夫妻恩爱，还多少减少了一些心中的烦恼。赵明诚给自己的住处起名"归来堂"，清照还亲自题字，他们倾慕东晋大诗人陶渊明"归去来"，既表示了对黑暗现实的抗议，也同时是他们的精神寄托。清照本来就喜欢菊花，已有"帘卷西风，人比黄花瘦"佳句为世人赞叹，如今闲居乡间，菊花的高洁又一次引起她的神往，她写了一首咏菊的《多丽》词："小楼寒，夜长帘幕低垂。恨萧萧无情风雨，夜来揉损玉肌"，对无情风雨摧伤白菊充满无限同情。但是，"细看取，屈平陶令，风韵正相宜。"微风起，清芬蕴藉，不减酴醾，风雨后的白菊，在微风中依然像酴醾那样芬芳多情，只有陶渊明和屈原才能和她风韵相宜，词的下半阕写道："渐秋阑，雪清玉瘦，向人无限依依"，"朗月清风，浓烟暗雨，天教憔悴度芳姿！纵爱惜，不如从此，留得几多时？人情好，何须更忆，泽畔东篱！"女词人爱惜留恋菊花的凋谢，叹息年华流逝，又以菊花的孤傲高洁相自许。

饮酒赏花度良辰，是李清照重要的生活内容，她在一首《渔家傲》中写道：

雪里已知春信至,寒梅点缀琼枝腻。香脸半开娇旖旎,当庭际,玉人浴出新妆洗。造化可能偏有意,故教明月玲珑地。共赏金尊沉绿蚁,莫辞醉,此花不与群花比。

"绿蚁"即酒。词写出了乍开白梅的晶莹剔透、妩媚多姿,写出了月下饮酒赏花,花月遇辉,生机盎然,充满青春的活力和蓬勃朝气。大自然的美景让李清照陶醉,驱散了父亲和明诚官场蹉跎的阴影。

回到家乡后,清照明诚闲暇无事,于是又重操旧业,收集古籍碑帖。或在集市采买,或至民间访求,每得到一本古书,都喜不自禁,夫妻二人一同整理校勘,并题签编集。如果得到书画、彝鼎,二人则"摩玩舒卷"爱不释手,也指出其毛病所在。他们是太喜欢这些古董了,以至于通宵达旦,展玩不已。后来,只好做个规定,燃完一支蜡烛就必须上床休息。每吃过饭后,清照还与丈夫做一种游戏,他们坐在归来堂上,烹好茶,指着堆满的图书,说出某事在某书的第几卷第几行,以猜中还是猜不中,来决定饮茶的先后。清照每每猜中,举杯大笑,茶水常常倒在怀中而站起,反倒饮不成了。这该是何等舒心的时候啊!由于收集到的古书文物愈来愈多,他们在归来堂建起书库,置办大书橱,将图书分门别类地加以整理,并对缺损进行修补。到政和七年(1117年)赵明诚编纂《金石录》已基本就绪,这其中也包含有清照的大量心血。赵明诚请他的朋友刘跂为《金石录》写了一篇序言。刘跂在《题古器物铭赠得甫简诸友》诗中说:"沉酣夏商周,余嗜到两汉。铭识文字祖,曾玄成籀篆。颇通《苍》《雅》字,不畏鱼鲁眩。"对赵明诚的学术造诣给予了高度评价。李清照与丈夫一同享受到了胜利的欢乐。

乡间生活平静安然,而朝中政治则风云变幻。宋徽宗政和元年(1111年),即清照屏居青州的第四年,由于赵挺之遗孀,即赵明诚的母亲请示,撤销了对赵挺之的种种处分,由此赵家的政治地位又有了转机。第二年,即政和二年七月明诚大哥赵存诚以秘书少监的身份上书言事:"诸州取访遗书,乞委监官总领,庶天下之书,悉归秘府。"这虽然只是建议朝廷统领收藏天下遗书,算不上什么宏谋,但被朝廷采纳了。这也说明赵家的地位正在好转。又过了八九年的时间,专权日久作恶多端的蔡京罢官,当年,赵明诚被任命为莱州知府,五年之后,又被任命为淄州知府。

明诚的再次出仕,李清照自然非常高兴,一连好长时间都沉浸在扬眉吐气的喜悦之中。开始的时候,清照并没有与明诚一同去莱州,夫妻恩爱,乍离乍别,特别在闺房独处或是在花前月下,良辰美景之际,往往抑制不住到丈夫的思念。又是初春季节,春风骀荡,细雨飘洒,柳已绽眼,梅已露腮,春光无限,而女词人却难以消遣离情别恨,只好是"酒意诗情谁与共","夜阑犹剪灯花弄"。又是七月七乞巧的时候,盼望天上牛郎织女喜渡鹊桥,也盼望自己能和夫君相会,可在这寂寞的秋夜里:

草际鸣蛩,惊落梧桐,正人间天上愁浓。云阶月地,关锁千重。纵浮槎来,浮槎去,不相逢。星桥鹊架,经年才见,想离情别恨难穷。牵牛织女,莫是离中,甚霎儿晴,霎儿雨,霎儿风。

——《行香子》

天上是离愁,人间是别恨,虫鸣叶落,云遮月影,特别是"牵牛织女,莫是离中,甚霎儿晴,霎儿雨,霎儿风"的秋风秋雨,把"人间天上愁浓"的感情表现得淋漓尽致。

明诚出仕莱州几个月后,清照也由青州赴莱州丈夫任所。途中路过昌乐县,便在馆驿中住了下来。清照一边听着窗外萧萧的雨声,又回忆起闺中姐妹们送别自己的情景:

泪湿罗衣脂粉满,四叠阳关,唱到千千遍。人道山长山又断,萧萧微雨闻孤馆。惜别伤离方寸乱,忘了临行,酒盏深和浅。好把音书凭过雁,东莱不似蓬莱远。

清照青州乡间十多年的生活,和闺中姐妹结下了深厚的情谊,如今突然分离,其情难分难舍。自身虽已在馆舍,望断远山,可再也望不到自己姊妹的身影。又回忆临别仓促,忘记惜别酒盏里酒的深浅,心中又一次感到歉意。值得庆幸的是莱州青州相隔不远,还可鸿雁传书,互致问候。李清照热爱自然,热爱生活,看重友情,这首致远方姊妹的词,从侧面了解到她闺中另一方面的生活。

明诚知莱州和淄州一段时间的生活,还是相当平静的。他把挣来的俸禄钱,几乎都用来购置书籍、金石、字画。每得到一书,夫妻总是反复把玩、品赏,有时甚至通宵达旦。此间,明诚还经常外出访求石碑古器。莱州南山有一块后魏郑羲碑,明诚和同僚们登山寻访,并且在碑下徘徊了很久。宣和五年(1123年),青州临淄县有个农夫在齐故城遗址耕地,发现古器数十枚,刻着文字,最多的一枚有近五百字。明诚十分珍惜地摹写下来。靖康元年(1126年)明诚在淄州寻访时,发现一处水清林茂,环境优美的村子。村中有位名叫邢有嘉的人,看赵明诚身为太守却能造访农家,于是很殷勤地接待了他。这年夏天再去的时候,邢有嘉把自己所珍藏的白居易手书《楞严经》拿给了他。明诚如获至宝,上马急驰而归。到家时已过二更天。明诚酒渴,清照为之烹茶,二人一面喝茶,一面欣赏,心中非常高兴。明诚亲自在上面写了跋语,记载下意外的收获和二人展玩时的情景。

明诚收集编写《金石录》的工作进展很顺利,把收集到的古籍古物先做初步整理,每十卷装成一帙。然后每天晚上"更散"后,校勘两卷,写作跋题一卷。成年累月地搜集整理,古籍古器已经是"盈箱溢箧",颇成规模了。

然而,时局的动荡,没有使赵明诚夫妇将搜集工作继续下去,随着金兵的南下和攻克汴京,整个中国都陷入了血火之中,赵明诚和李清照一家与千千万万的家庭一样,开始了战乱中颠沛流离和生离死别。

在宋朝的西部和北部边境,有辽和金国。辽多次进逼中原,对宋朝统治造成很大的威胁。宋朝为联合金国共同对付辽,答应将原来贡献给辽朝的"岁币",全部贡献给金朝。公元1125年2月,辽天祚帝被金兵俘虏。金在灭辽之后,并不满足进贡的"岁币",把侵略的目标指向了宋朝。金国的第一次南侵兵分两路:一路由完颜宗翰(粘罕)率领,进取太原;一路由完颜宗望率领进取燕京。两路兵马在宋朝的东京(今开封)会合。宗望一路进兵神速,很快取燕京,入中山府,兵临东京城下。宋徽宗惊慌失措,慌忙退位,传位给太子赵恒,十二月赵恒即皇帝位,是为钦宗,改年号为靖康。钦宗继续执行投降路线,以割让太原、中山、河间三镇为条件,与金签订了屈辱的城下之盟。宗望的军队刚刚北返,进攻太原的宗翰军队又大举南侵,金兵很快攻克太原,并两部合兵,下真定,入中山,并渡过黄河。虽然李纲等抗战派将领和各地守土军民奋力抵抗,也没能挽救北宋灭亡的命运。靖康二年,徽、钦二帝被金兵扣押在营中,后又俘虏北去,北宋灭亡了。这年的五月,康王赵构在南京(今商丘)即皇帝位,称高宗,重建宋朝,是为南宋,改年号为建炎。

建炎元年,对李清照一家来说,国事不幸,家事也不幸。三月,赵明诚的母亲病逝于金陵,明诚和清照南行奔丧。考虑到金兵已陷汴京,青州的陷落只是早晚问题,所以他们非常担心的是已经有十余屋的藏书。这毕竟是他们多少年心血的结晶啊!思忖再三,决定尽量多地把书带到南方。可是装车之后,因为实在太多,无法都能运走,于是"先去书之重大印本者,又去画之多幅者,又去古玩之无款识者。复又去书之监本者,画之平常者,器之重大者"。减到最后,还是装了满满十五大车。剩下实在无法装车运走的,就封存在十几间大屋子里,准备明年春天再运走。可是到十二月间,金人就攻陷了青州,十几间房子连同书册什物都化作了灰烬。李清照和赵明诚带着这十五车书,经过千难万险,先运至东海(今江苏东北部与山东连接一带),后换船渡过淮河,又沿运河南下,渡过长江,最后到达建康。

建康虽然尚未遭金兵侵略,但朝廷内的主张战和两派的争论以及沦陷区人民惨痛生活方面的消息,却是不断传来。高宗即位之初,迫于压力,不得不标榜"中兴",起用主张抗金的李纲为宰相,令副元帅宗泽作开封知府并领兵进驻东京。但同时,又起用副元帅黄潜善为中书侍郎,参与政务,汪伯彦同枢密院事,执掌军权。黄、汪实际是投降派的代表,处处与李纲、宗泽作对。李纲、宗泽力主高宗整顿军马,收复失地,还都东京抗金;而黄、汪劝高宗放弃中原,继续南逃。宗泽到东京后,整顿城市,稳定秩序,平折物价,上书高宗回汴,而黄、汪却说"东南方才力富盛,足以待敌"。李纲重用河北抗金的义军,而黄、汪却暗中反对,并制造事端,说李纲"狂诞刚愎","兹遣防秋,实为渡河之扰"。结果是李纲罢相。南宋小朝廷开始南逃,先是逃到扬州,接着又逃到镇江、杭州。

李清照于国破家亡之际,对以宋高宗为首的南宋小朝廷屈辱投降政策,极为不满;对李纲、宗泽等人的抗金壮举,表示出热烈的赞颂和同情。三年(公元1129年),宗泽部署大军,拟渡黄河全面反攻,可是奏章报到朝廷,黄、汪之流反说宗泽发了狂,拒不允准。70多岁的老将终于忧愤成疾,背发疽而死。临死前,对部下诸将说:"诸君能为我歼灭强敌,我死也不恨了。"最后长吟"出师未捷身先死,长使英雄泪沾巾",又大呼三声"过河"而死。此间,抗金名将岳飞也奏请恢复中原,朝廷不准,并罢官。清照有感时局纷乱和朝廷的黑暗,在所作绝句中写道:"生当作人杰,死亦为鬼雄。至今思项羽,不肯过江东。"屈原《九歌·国殇》中有诗云"子魂魄兮为鬼雄。"《国殇》是颂悼为国捐躯将士们的祭歌,清照此时此刻想到为国捐躯的楚国将士的英灵,其对抗金英雄们的赞颂之情,就不言自明了。项羽在乌江战败,乌江亭长曾劝他渡河,说:"江东虽小,还有千里土地,几十万人口,已经足以为王了,请大王马上渡河。"项羽笑了笑说:"天要亡我,我为什么还要渡河呢?况且我项籍率江东子弟八千人渡江西进,如今,没有一人能回来,即使江东父兄可怜我,拥我为王,我又有什么面目去见他们?即使他们不埋怨我,我难道心里就不感到惭愧吗?"在这里,李清照借项羽知惭而不肯过江东,来讽刺不以失地丧国为耻的宋高宗,其用心之迹也甚明。此间,清照还有诗直指宋高宗和南宋小朝廷的逃跑行为。全诗已不能见,其残句曰:"南来尚怯吴江冷,北狩应悲易水寒","南渡衣冠思王导,北来消息少刘琨。"宋高宗畏惧金兵南侵，一路南逃，尚且害怕吴江的寒冷，而被金人掳掠北去当奴隶的徽、钦二帝不是更感易水的寒冷吗？这应该说是对宋高宗背亲忘祖的直接谴责和讽刺了。王导是东晋元帝的丞相，东晋南渡不久，上下笼罩在一片哀苦投降的气氛中。过江人士，每至闲暇之日，相约到新亭饮宴。有人就感叹说："风景不殊，举目有江河之异。"在座的人都相视流涕。只有王导"愀然变色"，说："当共勠力王室，克复神州，何至作楚囚相对泣邪？"刘琨是西晋怀帝时人，永嘉元年出任并州刺史，招募流亡与北方刘渊、刘聪对抗，兵败，父母遇害。晋愍帝时又受命都督并、冀、幽三州军事，又为石勒所败。后投奔幽州刺史段匹磾。后被俘缢杀。刘琨在北方五胡十六国南侵之际，积极投入了保家卫国的战争。李清照在国家危难，衮衮诸公纷纷南逃之时，想起东晋渡江后"勠力王室，克复神州"的王导；在二帝蒙难，被金兵掳掠北上之时，想起国家缺少像刘琨一样的抗敌英雄，表现出对南宋朝廷投降派的愤激之情。

清照和明诚在建康住了近两年的时间，明诚在到建康的第二年被任命为建康知府。虽然是在战乱之中，但建康尚一直安宁，夫妻又可整理旧籍或约亲朋聚会，填词作诗，但那景象已远非过江之前相比了。赵明诚在清照经千难万险带到建康的《蔡襄书赵氏神妙贴》上写了跋语，说："此帖章氏子售之京师，予以二百千得之。去年秋西兵之变，余家所资，荡然无遗，老妻独携此而逃，未几，江外之盗再掠镇江，此帖独存，信其神工妙翰，有物护持也。"其凄惨之状溢于言表。清照在上巳节，也曾召集族人饮酒，写下了《临江仙》和《蝶恋花》。《临江仙》的序中说："欧阳公作《蝶恋花》，有'深深深几许'之语，予酷爱之。用其语作'庭院深深'数阕，其声即旧《临江仙》也。"欧阳修的《蝶恋花》原有"门掩黄昏，无计留春住"的诗句，这与清照青春已失，韶华不驻的心情是一致的。特别是流离江南，客居建康，更加触动惆怅心情，《临江仙》写道：

庭院深深深几许，云窗雾阁常扃。柳梢梅萼渐分明，春归秣陵树，人老建康城。感月吟风多少事，如今老去无成。谁怜憔悴更凋零！试灯无意思，踏雪没心情。

通篇词笼罩着一种压抑低沉的气氛。特别是"春归秣陵树，人老建康城"，"如今老去无成"，"谁怜憔悴更凋零"，表现出词人愁容满面的情态和嗟老叹悲，一事无成，百无聊赖的心境。在《蝶恋花》中，又有"永夜恹恹欢意少，空梦长安，认取长安道"的词句，是对沦陷于敌手的汴京的深深的怀念，对"长安"的魂牵梦绕，寄托了作者对故国的无限哀思。

建炎三年（1129年）二月，赵明诚被罢免建康知府官职。夫妇离开建康，乘船先到芜湖、姑苏，准备在赣江边找个地方居住下来。五月，当行至池阳时，明诚接到朝廷圣旨，被任命为湖州知州，并要他到行都（建康）上殿见过皇帝后赴任。清照于是在池阳居住下来，送明诚独去赴任。多少年后，清照还在《金石录后序》中回忆起当时送别时的情景："六月十二日，始负担舍舟，坐岸上，葛衣岸巾，精神如虎，目烂烂，光射人，望舟中告别。余意甚恶，呼曰：'如传闻城中缓急奈何？'戟手遥应曰：'从众。不得已，先去辎重，次衣被，次书册简轴，次古器，独所谓宗器者，可自抱负，与身俱存亡，勿亡失也。'遂驰马而去。"这或许是与丈夫离别给清照留下极深印象的缘故，她把明诚的神态描绘得如此真切生动。因为天气炎热，明诚急于赶路,到达建康后,就病倒了。七月底,清照得到消息,心中非常着急,因为她知道明诚一向性急,如果是得了疟疾发热时,就一定会吃凉药,这样就很危险了。于是她就立即乘船顺流而下,一日夜行三百里,到达建康后,明诚果然是得的疟疾。又大服凉药,结果是疟疾又加痢疾,已是病入膏肓了。清照悲痛不已,仓促之间连后事都未来得及问。八月十八日,明诚勉强爬起,写了一首绝命诗,就去世了,没留下任何遗言。

清照强忍悲痛,料理完了丈夫的后事。国破家亡,而如今又丧夫,其悲痛就可想而知了。她写了一篇《祭赵湖州文》,来寄托对丈夫的哀悼思念,其中说:"白日正中,叹庞翁之机捷;坚城自坠,忧杞妇之悲深。""庞翁"指庞蕴,是唐代著名的佛教居士,文中用庞翁入灭的典故,写明诚正当壮年不幸早逝;"杞妇"指杞梁殖妻,春秋时齐杞梁殖战死,其妻乃枕尸于城下大哭,路过之人无不为之流涕,十日城为之崩塌。清照比自己为"杞妇",寄托失去丈夫的悲痛心情。

悲伤过后临灾

建炎三年(1129年),即赵明诚去世的这一年的五月,高宗由杭州北上,进驻江宁,改为建康府,派洪皓为使者向宗翰求和。宗翰扣留了宋使。八月高宗又派杜时亮为"奉使大金军前使"求和,在求和书中写道:"今以守则无人,以奔则无地,所以朝夕惴惴然惟冀阁下之见哀赦己也。"又说:"前者连奉书,愿削去旧号,是天地之间,皆大金之国而尊无二上,亦何必劳师远涉而后为快哉!"其无耻软弱到如此境地。

但是,金朝统治者并不理睬宋高宗的摇尾乞怜,而是再次引兵南侵,金兵很快拿下山东登州,渡过黄河、长江,连续攻下杭州、越州、明州、定海。南宋小朝廷继续从海路南逃温州。金兵追击时在海上遇风雨,又被和州防御使张公裕率大船冲散,才退回明州。后又在杭州大肆掳掠后北还。

清照在丈夫病逝后,由于极度悲伤和劳累,大病一场。病还未痊愈,迫于形势急迫,先让门人将书二万卷、金石刻二千卷送到洪州赵明诚的妹婿家里。清照一方面在建康养病,一方面看形势发展再定夺去留。谁知,一场灾难又落在了她的头上。

原来在赵明诚病重的时候,有个叫张飞卿的学士拿着一个玉壶来看赵明诚,然后又把玉壶拿走了。其实,那个玉壶是石头作的。可是不知什么人这时造谣说,赵明诚让张飞卿拿了玉壶去投降金朝,且传说已有人向朝廷密奏了这件事。李清照非常害怕,自己知道虽然无辜,但朝廷完全可能以通敌治罪。于是就准备将家中所有金石文物贡献给朝廷。其时宋高宗已经南逃,于是清照沿着高宗南逃的路线,经杭州、越州。一直追赶到明州。高宗由明州入海,清照只好陆行,经奉化、剡县、台州,到达黄岩。在黄岩终于赶上了高宗逃难的船只。追随龙舟到达了温州。后随御舟离开温州回到越州,便在越州居住下来。中间又到衢州躲避了几个月,于第二年(1131年)又迁回越州。清照于逃难途中,风餐露宿,颠簸流离,担惊受怕,其悲惨之状可想而知。在越州清照暂时住在一位钟姓家中,随身带的五七箧书画就放在住室以供随身翻阅。不幸的是,盗贼在墙上凿了个洞,偷走了五簏。清照出重赏希望能够赎回,但也只得到十八个卷轴。第二年,清照才知道自己失窃的东西被当时著名画家吴说用很便宜的价钱买去了;而盗窃者就是钟姓家的一个邻居。在这之前的前两年,金人攻陷洪州的时候,清照运往明诚妹婿家的所有金石、书册,也都散为了云烟。可怜夫妇半世心血,至此已经十去其七八了。

绍兴二年(1132年)正月,高宗返回杭州。此时金国军队北还,南宋小朝廷尚控制着半壁江山。时局相对安定后,清照也移居杭州。

三月,高宗开科取士,张九成以第一人及第。据《宋史·张九成传》,他对策中要旨有三:(一)中兴之术,以刚为心去谗节欲,勿畏金人;(二)迎还二帝;(三)勿使宦官干政。这些建议应该说是很好的,文章传诵一时。但其中用词却有不甚庄重之处,如说:"澄江泻练,夜桂飘香,陛下享此乐,必曰:西风凄劲,两宫得无忧乎?"清照戏作一联道:"荷花倒影柳三变,桂子飘香张九成。"柳三变,即柳咏,北宋初年词人,其词格调不高,清照把头名进士张九成比作柳三变,既是对其文风的讥讽,同时,也是对朝廷无愤志图强之心的担忧。

在宋金对峙的形势下,金一方面对南宋施加军事压力,一方面则利用汉奸,建立所谓的朝廷。早在钦宗建康二年,金立宋投降派头目张邦昌作傀儡皇帝,国号楚。建炎四年(1130年)又立降金的原宋朝济南知府刘豫在大名(今河北大名县)作"大齐"皇帝,两年后,刘豫又迁都到东京(今开封)。清照对这些汉奸卖国贼,深恶痛绝,她曾在《绝句》中写道:

两汉本继绍,新室如赘疣。

所以嵇中散,至死薄殷周。

"新室"指王莽的新朝。诗中把北宋南宋比作两汉之时的西汉、东汉,虽说是两个朝代,但还一脉相承;而所谓的"大齐"等等傀儡,就像西汉末的王莽建新朝一样,只不过是人身上的多余的赘物而已。"嵇中散"即嵇康,他反对司马氏篡魏,因在一篇文字中写了"非汤武而薄周孔"而被杀。清照对他的赞扬,流露出赞颂之情。这首词通过对王莽的鞭挞和对嵇康的赞颂,表现出清照的爱国之情。

在国难当头之际,清照的个人生活又遇到不幸。明诚去世,整日的逃难,清照一直处在极度压抑之中,所以身体一直很坏。近来又旧病加重,虽然有个弟弟服侍吃药,但病"欲至膏肓"。正当清照孤立无援之际,媒人登门以"如簧之说""似锦之言"劝其嫁张汝舟。弟弟年幼无有主意,自己又疾病缠身,清照犹豫再三,最后很勉强地同意了。可是婚后不久,张汝舟就露出了本来的市侩嘴脸。原来,他对清照毫无感情,骗婚只是为了贪图她的财物,目的达到之后,对清照即加虐待,天天凌辱,日日殴打。清照毕生崇尚气节,怎能甘心忍受,于是告发到朝廷。按照宋代《刑统》的规定,妻告夫,虽属实,也要服徒刑二年。结果,清照被关在狱中。在狱中,清照痛苦而且非常后悔,她只希望离开张汝舟,至于财物是否归她,也不敢生任何希望。她甚至觉得受此祸难或许就是命里注定的。李清照这一遭遇被翰林学士綦崇礼知道了。綦崇礼在朝廷南逃时曾与高宗患难与共,很得高宗信任,又与清照有亲戚关系,所以极力搭救。清照只在狱中关了九天就被放出来了,而张汝舟则被开除公职,流放于柳州编管。清照像一场噩梦一样的再婚就这样结束了。事情结束后,清照对綦崇礼十分感激,写了一封长信《上内翰綦公启》,讲述了事情的全部经过,并表示"感戴鸿恩"。

家庭变故,并未使清照消沉下去,她仍然关心着国家的前途命运。绍兴三年(1133年),朝廷派枢密韩肖胄、工部尚书胡公出使金国,与金议和。李清照写了《上枢密韩公工部尚书胡公》一诗为他们送行。韩肖胄是北宋大臣韩琦的曾孙,李清照的父祖都出韩琦门下,因此与韩肖胄关系又多了一层亲切,诗所以写得更直接。清照对高宗的投降政策一向坚决反对,所以她一开始就批评高宗的软弱无力和屈辱卑怯:"勿勒燕然铭,勿种金城柳。岂无纯孝臣,识此霜露悲。何必羹舍肉,使可车载脂。土地非所惜,玉帛如尘泥。"后汉大将军窦宪曾率兵大破匈奴,一直追到燕然山,刻石记功而返;西晋时桓温曾北伐苻坚,途经金城,看到自己种的柳树已长到几围粗,心中非常感慨。清照此处用典,正批评高宗不能奋力挥师北伐,收复国土。名义上迎接二帝,通使和好,实则是丧权辱国、出卖土地和玉帛。清照对于冒着危险毅然使金的韩、胡,由衷地赞颂,"身为百夫特,行足万人师","径持紫泥诏,直入黄龙城。单于定稽颡,侍子当来迎。仁君方恃信,狂生休请缨。或取犬马血,与结天日盟。"这虽是想象之词,但流露出很强的民族自豪感。清照非常惦记沦陷区人民的生活斗争,"不乞隋珠与和璧,只乞乡关新消息。灵光虽在应萧条,草中翁仲今何若? 遗氓岂尚种桑麻? 败将如闻保城郭",希望使者能带回故乡人民抗金斗争的消息。清照想起漂泊流离的生活,更加怀念故土,"欲将血泪寄山河,去洒东山一抔土!"在最后的七律中写道:

> 想见皇华过二京,壶浆夹道万人迎。
> 连昌宫里桃应在,华萼楼前鹊定惊。
> 但说帝心怜赤子,须知天意念苍生。
> 圣君大信明如日,长乱何须在屡盟。

诗中想象到韩、胡北使受到故乡人民的热烈欢迎;对水深火热中的人民表示深深的同情;并指出朝廷对敌要有理有信,而屡败屡盟的投降政策,是不能改变这种动乱不止的局面的。

李清照南渡以后的生活与南渡以前相比,发生了很大的变化,国家的、个人的种种不幸遭遇,直接影响到创作。这不仅在诗歌中表现非常明显,词的创作也一改以前轻婉淡雅,而逐渐显露出深厚凝重,不仅在词的创作技巧上达到了新的高度,而且内容上也有了突破。她在《菩萨蛮》中写道:

> 风柔日薄春犹早,夹衫乍著心情好。睡起觉微寒,梅花鬓上残。故乡何处是? 忘了除非醉。沈水卧时烧,香消酒未消。

即使在心情好的时候,女词人也忘不了沦陷区的故乡,委婉曲折地表现出热爱故国之情。这与南宋统治者的文恬武嬉的投降行径,形成了鲜明的对比。

此间,清照还写下了在词坛上享有盛誉的《声声慢》:

> 寻寻觅觅,冷冷清清,凄凄惨惨戚戚。乍暖还寒时候,最难将息。三杯两盏淡酒,怎敌他晚来风急! 雁过也,正伤心,却是旧时相识。满地黄花堆积,憔悴损,如今有谁堪摘。守着窗儿,独自怎生得黑! 梧桐更兼细雨,到黄昏点点滴滴。这次第,怎一个愁字了得。

开首的三句叠字的运用,受到历代批评家的激赏。它准确、生动地传达出女主人孤寂痛苦的感情变化。因百无聊赖所以要"寻觅",越"寻觅"越感到"冷清","冷清"更触到凄惨的情感。再加之在"乍暖还寒""晚来风急"的时候,看到旧时雁飞过,怎不令人觉得往事如烟,物是人非。词的下半阕通过"满地黄花堆积","梧桐更兼细雨"等环境描写,暗示寂寞中时间的难耐,最后用"这次第,怎一个愁字了得"来集中概括出凄苦的心境。清照的愁自然包括失去丈夫后的痛苦,同时也包括对国家破亡的悲愁。联系清照的家国之恨,就更懂得"这次第,怎一个愁字了得"的分量。

怀着对丈夫的无限思念,李清照在绍兴四年(1134 年)的八月写成了《金石录后序》。《金石录》中记载的许多珍贵图书和器物已经在战乱中失散了,但夫妇二人收集时的情景就还好象在眼前一样,整理《金石录》曾经是他们的生活组成部分,甚至是他们的生命寄托。如今,睹物伤情,胸中的感情极其复杂。清照在《后序》中回忆了他们夫妇半生的经历,充满了对亡夫的深切思念。在文章的最后,无限辛酸感慨地写道:"呜呼! 余自少陆机作赋之二年,至过蘧瑗知非之两岁,三十四年之间,忧患得失,何其多也!"晋朝陆机二十岁作《文赋》,"少陆机作赋之二年",清照谓己从十八岁开始适明诚;蘧瑗字伯玉,春秋时卫人,史载他"五十而知四十九年之非","过蘧瑗知非之两岁",清照又谓己作此文时 52 岁,自从嫁给明诚至今,已过去了整整三十四春秋。

绍兴四年的九十月间,金人与伪齐刘豫一同发动了对南宋的军事进攻,先是合兵进犯淮上,又进攻滁州(今安徽滁县)、亳州(今安徽亳县)、濠州(今安徽凤阳县一带)等地。宋高宗的朝野又是一片惊恐。清照后来回忆那场变乱说;"闻淮上警报,江浙之人,自东走西,自南走北,居山林者谋入城市,居城市者诸入山林,旁午络绎,莫不失所。"一片狼奔鼠窜的惨痛之状。清照也随着这股逃难的人流离开临安,前往金华避难。

从临安出发,溯江流而上,到达桐庐的严陵濑,已经是深夜。不敢久留,当夜就又出发了。清照写下了《夜发严滩》的诗:

巨舰只缘因利往,扁舟亦是为名来。

往来有愧先生德,特地通宵过钓台。

汉代严光字子陵,少与光武帝刘秀同游学,光武帝即位,他变易姓名,隐而不见。光武帝赐谏议大夫之了,不就,耕于富春山,后人就名其垂钓之处为严陵濑。清照想起这位隐居不仕的古人,与眼前只顾追逐名利、畏敌如虎、仓促逃命的官宦们相比较,表示出了很深的蔑视和讽刺挖苦感情。

金兵的这次南侵,由于南宋军民的坚决抵抗,很快就北撤了。南宋小朝廷的江南半壁江山很快又平静下来。清照在金华也相对安定下来。她还像以前那样登高远游,还像以前那样与闺中之友博戏玩笑,还像以前那样赋诗填词,但其情其景都非同往昔可比了。在避难金华的第二年(1135 年)她登上了金华城郊的八咏楼,赋诗曰:

千古风流八咏楼,江山留与后人愁。

水通南国三千里,气压江城十四州。

清照此时的感情是非常复杂的。八咏楼为著名古迹,沈约曾为之撰写碑记,并因作有八咏诗而得名,当然是"千古风流"了。可是如此的大好河山,统治者却无力抵御外族的入侵，说不定什么时候就要沦陷敌手，这"后人愁"蕴含诗人多少的痛苦！清照毕竟有性格豪壮的一面，诗最后两句从纵横交叉上写出了八咏楼的气势，表现出作者开阔胸襟和豪迈气概。

清照从小喜爱博弈，而且争胜心极强。金华闲暇之日，她把打马博弈游戏作改革，作了《打马图序》，详细讲解这种游戏的法则，并写了一篇《打马赋》。《打马赋》既是对博弈之戏的描绘，更寄托作者抵抗金兵、恢复失地的激切心情。"平生不负，遂成剑阁之勋；别墅未输，已破淮淝之贼。今日岂无元子，明时不乏安石。""成剑阁之勋"，指桓温伐蜀中李势；"破淮淝之贼"，指谢安、谢玄大破前秦苻坚；"今日岂无元子（桓温字元子），明时不乏安石（谢安字安石），"作者将恢复中兴的希望寄托在像桓温、谢安一样的抗敌名将的身上。赋的最后写道：

佛狸定见卯年死，贵贱纷纷尚流徙。满眼骅骝及骒骊，时危安得真致此。木兰横戈好女子，老矣不复志千里。但愿相将过淮水。

"佛狸"魏太武帝的小名。佛狸"卯年死"，比喻金寇即将灭亡。"骅骝""骒骊"为周穆王八骏中的两匹。真的骏马在国家危亡之时就应该驰骋疆场，杀敌立功。清照希望在不久将来消灭金寇，恢复中原，自己虽然年老不能为国杀敌，但也希望"相将"渡过淮水，回到自己的故乡。

清照在金华住了一年多的时间，于第二年（绍兴五年）待时局安定，就又回到了临安，并且在这里度过了她的晚年。清照的为人和才华在当时的社会上层引起了不小的影响，同时人胡仔编成《苕溪渔隐丛话》收入李清照《词论》一篇。她曾代亲戚中的一位贵妇人撰写三首《端午帖子词》进献给朝廷。她曾拿着自己收藏中幸存的米芾的书帖访米友仁求跋，米友仁题了两则，其一曰："易安居士一日携前人墨迹临顾，中有先子留题，拜观不胜感泣。先子寻常写字，但乘兴而为之，今之数句，可比黄金千两耳。呵呵！"当时有一富家孙夫人，幼有淑质，清照曾想收为徒弟，教其文辞。这都很符合清照的性格。

晚年的落寞孤寂，使清照往往陷入对过去生活的回忆，而又往往带来更深的伤悲，她怀念丈夫赵明诚写下了《武陵春》：

风住尘香花已尽，日晚倦梳头。物是人非事事休，欲语泪先流。闻说双溪春尚好，也拟泛轻舟。只恐双溪舴艋舟，载不动，许多愁。

"物是人非事事休"，这既是对丈夫的怀念，又是自己坎坷经历的总结。那"载不动"的"许多愁"，既是个人生活的悲愁，又有国破家亡的悲愁。

临安的元宵佳节，照旧是非常热闹，"落日熔金，暮云合璧"，"染柳烟浓，吹梅笛怨"，可她辞谢"香车宝马"，"酒友诗侣"，回忆起当年中州元宵佳节的情景：

中州盛日，闺门多暇，记得偏重三五，铺翠冠儿，捻金雪柳，簇带争济楚。如今憔悴，风鬟霜鬓，怕见夜间出去。不如向帘儿底下，听人笑语。

——《永遇乐·元宵》

当年中州过元宵佳节，是何等的重视，穿戴打扮得齐齐整整，漂漂亮亮，去游会逛灯；而今已近老境，容颜憔悴，谁还有心思夜间出去呢？倒不如到"帘儿底下，听人笑语"。这中间包含有多少古今盛衰的凄楚之感。

在临安，清照过了二十几年的贫困生活，大约70余岁时离开人世。

红颜祸水 色艺双绝

——陈圆圆

名人档案

陈圆圆:陈圆圆这位色艺双绝,明末清初的女性,曾在著名武侠小说家金庸的两本书中出现过,一本是《碧血剑》,一本是《鹿鼎记》,两本小说都描绘了她倾国倾城的美丽。本姓邢,名沅,字畹芬。明末清初苏州名妓。崇祯末年被田畹锁掳,后被转送吴三桂为妾。相传李自成攻破北京后,手下刘宗敏掳走陈圆圆,吴三桂遂引清军入关。

生卒时间:1623 年 ~ 1695 年。

安葬之地:思州城东北 38 公里,今水尾镇马家寨狮子山上。

历史功过:所谓的"冲冠一怒为红颜"吴三桂引领清兵火速进入北京,不仅加速了明王朝的灭亡,也攻破了李自成的"大顺"政权,使闯王李自成的命运发生了不可挽回的逆转,而且随着清兵快速入关,还大大推进了清朝定都北京和大清王朝的建立与崛起。

名家评点:能歌善舞,色艺冠时,时称"秦淮八艳"之一。

雏妓本为良家娇

陈圆圆，名沅，字畹芬，原籍苏州，《圆圆曲》中说"家本姑苏浣花女，圆圆小字娇罗绮"，就是对其简况的介绍。

她原本不姓陈，而姓邢，父亲叫邢三，住在苏州奔牛镇四亩田，是个贫苦的农民，以耕种为生。圆圆初生时，有一群雏鸡飞集她家屋上，所以乳名叫"野鸡"。她幼年丧母，邢三就把她送给姨母抚养，姨母的丈夫姓陈，因而野鸡就改姓陈。

圆圆的养父是挑货郎担的，俗称陈货郎。陈货郎初时家境尚可，尤好听人唱歌，还不惜倾全部资财请善于唱歌的人到家里居住，有时竟请来数十位，日夜讴歌不止。慢慢地，陈家破产了。

陈姨母是个俗称"养瘦马"的人。所谓养瘦马，就是领着幼女，等长大后卖给人家做妾或歌妓。白居易有诗曰："莫养瘦马驹，莫教小妓女。"由于陈氏家道中落，原本出身于良家的圆圆姑娘早早被送进了烟花场。

初操卖笑行当，甚为乖巧的小圆圆就被看作天生尤物，惹人怜爱。据说金衢道贡二出的儿子若甫一次去金华途中见到圆圆，当即倾其所有，拿出三百两赎金将她赎出。不料带回家后，内人不许。贡二山说："这是贵人，命不该留我们家。"于是又送圆圆归去，并不索回赎金。

在明末江南，做不了出色的女演员也就成不了名妓，所以勾栏中人对串戏之类是很看重的。作为无名的"雏妓"，孤苦幼小的陈圆圆为了学唱弋腔俗调，经常向民间老艺人请教，教曲技师也十分怜惜、精心点拨她。

陈圆圆从小读书识字、唱歌学戏，后来能写得一手好词。遗有《畹芬集》《舞馀词》，大多词意凄切。

据《妇人集》形容，陈沅生来"蕙心纨质，淡秀天然，"而且"色艺擅一时"，天生一副好嗓子，兼工声律。

她填过不少"长短句"，如有一首《转运曲·送人南还》写道：

堤柳堤柳，不系东行马首，空余千缕秋霜，凝泪思君断肠，肠断肠断，又听催归声唤。

写得别恨郁郁，黯然销魂，颇有唐代词人韦应物的遗韵。

年少的圆圆虽周旋于勾栏，毕竟未全失天真，也写过了一点生乐俏皮的词，如一首"丑奴儿令"中就有"声声羌笛吹杨柳，月映官衙，懒赋梅花，帘里人儿学唤茶"的句子。

陈圆圆俏丽绝伦，能歌善舞，陆次云在《圆圆传》中称之为"声甲天下之声，色甲天下之色"。她十八岁，在苏州登台演出，自称为"玉峰女优陈圆圆"。她演的是花旦，曾经扮饰过《长生殿》的杨贵妃、《霸王别姬》的虞姬和《西厢记》的崔莺莺，演得"体态轻糜，说白便巧"。一下子，她成了走红的红歌妓，声名大噪，四海闻扬。

当时，陈圆圆也很想借广泛交际的机会，结识一些名士，出籍从良。

明末社会，封建士大夫生活追求浪漫，很多人也是征歌逐妓，迷恋声色。冒辟疆,乃江南名士,与陈定生、侯方域、方以智,号称江南四公子,他们在政治上反对阉党,针砭时弊,不乏激扬文字。但在生活上却和一些妓女们日相唱和,留连风月。

崇祯十四年,即公元1641年春,冒辟疆与陈圆圆初逢。

少年倜傥的冒辟疆第一次见到陈圆圆就为其所迷。那次正值她演出弋腔《红梅》。在冒君眼里,陈姬丽容中显示的真可谓"著粉则太白,施朱则太赤,眉若翠羽,肌如白雪,腰如束素,齿若含贝,嫣然一笑,惑阳城,迷下蔡……。"在他听来,陈姬口中唱出的燕俗之剧,咿呀啁哳之调,无疑似云出岫,如珠走盘,令人欲仙欲死。

到了及笄之年,陈圆圆便把自己完全托付给了冒辟疆。她对冒说:"我是风尘女子,残花败絮,今蒙公子错爱,愿终生以报。"她一直痴心地等待着心上人来娶。

在黑暗的封建时代,一个女子的如花似月的美丽,往往会给自己带来重重灾难,正所谓自古红颜多薄命。尤其是在灾荒之年,遭遇兵荒马乱,年轻女子的命运,就更是朝不保夕。

1642年。正当冒辟疆准备从外地赶回苏州与陈结秦晋之好的时候,祸从天降了。

冒辟疆到达苏州,陈圆圆已被一条老色狼田弘遇叼走。

田弘遇,名戚畹,陕西人,做过扬州把总的官,娶扬州娼家妇为妻,故亦称广陵(扬州百称)人。女儿被崇祯选封为贵妃后,田弘遇官封左都督,在皇亲国戚中飞扬跋扈,不可一世。

为掠取陈圆圆,田弘遇倒也费了一番周折。

明代末叶苏州是当时中国经济最发达的地区之一。这里的市民阶层,已经开始形成一股新的社会力量,他们屡屡蔑视封建王法。田弘遇1641年(崇祯十四年)去南海普陀山进香时就要买陈圆圆,可是买到的竟是一个冒名顶替的女人。这里还有一段传说:

这年八月,冒辟疆从衡阳省父回来,到了西湖,便询问陈姬。有人说,圆圆已为田弘遇家掠去,冒闻之惨然,差点昏了过去。等他到了苏州,偶然晤见一位朋友,谈到陈姬时他悲切叹息:"有佳人难再得呀!"朋友告诉他:"你弄错了。前被劫去的是个假的,她本人藏匿的地方距此甚近。我同你去看她!"冒辟疆喜出望外,连忙同朋友赶去,果然见到了圆圆。

次年二月,田弘遇在普陀进完香,归途再经苏州,下狠心再次以势逼娶陈圆圆。没料到又遭到市民反对。一时未得逞的田弘遇哪甘示弱,拿大话吓唬人,又不惜出数千金加以贿赂,软硬兼施。地方当局怕事态再闹大了不可收拾,乃出面调停,田弘遇才算勉强把陈圆圆夺走。

苦矣,佳人爱的是才子而不是田弘遇这个六十四岁的糟粪老头。此际此时的陈圆圆是多么想念冒辟疆和不愿去北京啊!但在"横塘双桨去如飞,何处豪家强载归"的境况下,陈圆圆只得自叹薄命,以泪沾衣而已。

田弘遇这次是出于女儿田妃之请,专程到江南选美。因为明朝的末代皇帝朱由检登上皇帝宝座以后,国势正走下坡路,不仅内政腐败,东北边患日紧,中原各地虫灾旱灾频繁,闹得赤地千里,人竟吃人;阶级矛盾日益尖锐,农民起义的烈火,已燃遍大江南北,黄河上下,并且向京畿烧来。尽管这个"君非甚暗"的崇祯皇上也在不断地撤乐、减膳和下"罪己诏",但始终挽救不了太祖以来的十七朝皇业,更稳定不了大明千万里江山。他不仅心忧如焚,而且情绪愈来愈坏,脾气暴躁到了极点。田妃为了解除崇祯的苦闷,转移一下他的视线,便托请父亲去江南寻丽人。

此次为田弘遇所掳掠的妇女,名妓有杨宛、陈圆圆和顾寿等,以陈圆圆和顾寿当时身价最高。

为了讨主子欢心,田弘遇将圆圆送进皇宫,准备给皇帝聊以解忧。晋见时,圆圆着红霞仙子裳,蛾眉淡扫,但身处"薰天意气连宫掖"关头的崇祯哪有心思瞥睹倾城好颜色的江南姝丽。他连看都没看一眼,只淡然地说:"国家弄到这个地步,我哪有这种闲情逸致?"便挥手下令将其送走。陈圆圆也只有抱着明眸皓齿无人惜的万分委屈心情回到了田家。

田家本来是骄奢淫逸的权贵府第。过去,陈圆圆是个很不错的弋腔演员。弋腔即弋阳腔,源起于江西弋阳。在明朝末叶虽然已从南方流行到了北方,但在士大夫阶级眼中仍属文词俚俗、不登大雅的俗唱;在上层社会的宴集中,如果以弋腔来娱乐座客,是被认为大不敬的。当时弋腔的基本听众是广大市民阶层,而士大夫阶级所欣赏的雅音,乃是文词典雅,声调宛转的昆腔。陈圆圆所擅的那种俚俗之调自然不能登皇亲国戚的大雅之堂。这就需要改学新腔,拿出昆曲的戏,方能适应田府上那班贵族官僚的需要。

在这"侯门歌舞出如花"的环境里,通过田府乐工的传授,也靠着自己的聪慧,陈圆圆学成了人间几乎绝响的《高山流水》古乐曲。加之她一向舞姿婆娑,因此深受田国丈的赏识,将她比为"金谷园里的绿珠",使之常在饮宴中表演,正所谓"教就新声倾坐客"了。

陈圆圆被编入田府家庭乐队。但她是一个爱好自由,不慕虚荣的姑娘,虽然穿的是绫罗绸缎,住的是楼台殿阁,内心却是郁郁不乐。歌舞之余,就吟诗填词,她的题为《有所思》的"荷叶杯"云:

"自笑愁多欢少,痴了! 底事情传杯,酒一巡时肠九回,推不开,推不开!"

这是颇有个性的作品,与通常的"闺词"大大相径庭。有时呢,便唱唱《高山流水》曲,嗓音清脆,柔和婉约,以怀念她少年时期的知音。

1643年(崇祯十六年)秋天,农民大起义如火如荼,攻下了洛阳,京师为之震动。

崇祯在万不得已的情况下,把驻守在山海关的宁远总兵吴三桂叫到京城来,"召对平台",以国家重任相托。吴三桂当即慷慨受命,以忠贞自诩。

吴三桂字顾甫,号月秋,锦州抱沙岭人。父亲吴襄,以养马见长,官至参将,又是宁远卫世将祖家的女婿。吴三桂从小相貌奇伟,勇略过人,娴于骑射,好田猎,很受舅父祖大寿的器重。在祖家的影响和培养下,吴很快成了出色的武将,担任宁远卫中军。有一次,吴襄出关侦查,被清兵包围,三桂单骑救出父亲。自此山海关内外,颇闻其名,监军太监高起潜还把他收为养子。总之,召对平台,确实事出有因。

农民起义军在1643年十月攻破潼关,转瞬之际全陕披靡,以摧枯拉朽之势,很快打到北京附近。

京中豪门权贵和富家巨室万分惶恐,害怕起义军一旦攻下北京,将无以自安。

田弘遇焦头烂额,陈圆圆乘机献计说:

"你最好结交一些有实力的武将,好有个依靠。"田左思右想,最后想到了此时正在京师的吴三桂。大学士魏藻德应请前来商议对策,也力主抓住实力在握的吴三桂,并建议通过请吴总兵来田府观乐与他拉上关系。田弘遇遂下谏请吴。

吴三桂早就想到田家观看歌舞,借此一睹陈圆圆,听到田家来请,正中下怀,可说是求之不得,但他又故作姿态地推辞一番,等田国丈四请四迎,才戎服临宴。

一个初春的夜晚,天空星光闪耀,田府雕梁画栋的"碧云轩"灯火辉煌,田弘遇备办了丰盛的晚宴,迎来了"白皙通侯最少年"的吴三桂。酒过三巡,总兵大人故意站起来告辞,田国丈一把将他挽留住,并邀入幽静的邃室,以歌儿舞女、管弦丝竹相见。

此时,吴三桂直截了当地问:"听说玉峰歌妓陈圆圆曾入贵邸。这批歌姬中是否有她呢?"话语未落,忽然一个天姿国色的歌女手抱琵琶,姗姗走出。

她豆蔻年华,飘然若仙,云鬟堆丛,宛如轻烟密雾,飞金巧贴,凤钗半卸,耳坠如虹,上着白藕丝对衿仙裳,下穿紫绡翠纹裙,脚下露出红鸳凤嘴双钩。她立在那班"殊秀舞女"之前,拨动琴弦,弹了一曲抒发自己幽怨之情的《昭君怨》。接着即席唱了一曲《飘零怨》:

"侑酒承欢,豪筵彻夜;歌扇舞衣,消磨无价;似这般飞逝了少女年华,咨嗟!谁怜我禁闺巷永,横塘路赊,莺传呼:少年客乍到豪家,未必竟终身有托,祸福凭他。算来身世总飘零,思忖也心魂惊怕。罢!罢!罢!只恐宿缘注定,无错无差。"

这唱曲女子正是吴三桂欲一睹芳容的陈圆圆。

几时青鸟脱樊笼

听罢圆圆的唱曲,吴三桂不觉心荡神移。他解戎装,易轻裘,请求与这个歌女相见,并对田弘遇说:"国丈!这陈圆圆真称得上一笑倾城,再笑倾国了。"田弘遇不知如何回答是好,魏藻德从旁悄悄地对田说:"事到如今,乐得做个顺水人情。何况再好的东西,一旦到那玉石皆焚之时,也不可能坚闭存留的呀!我们正愁急中无计,姑且作条美人计罢!"田弘遇只好叫陈圆圆敬酒。

陈圆圆移步至吴三桂座前,吴总兵乘机低声问道:"你在这里想来一定很快乐吧?"圆圆也小声回答:"像红拂那样的歌妓。尚且不喜欢隋朝的越国公杨素而出逃到李靖那儿去,何况像我这样守着一个不及杨素的人,您想我会喜欢吗?从内心讲是绿珠哪能藏金谷,红拂何心事越公啊!"吴三桂频频点头,报以会心的微笑。

正当吴三桂拣取花枝累回顾时,山海关边事告紧。家人呈进邸报,上面只写了九个大字:"代州失守,周遇吉阵亡。"尽管总兵大人万分留恋"花明雪艳,独出冠时"的陈圆圆,可迫于军令,不得不怅然离座。

临行,田弘遇惨然失色,叹了口气问吴:"我是行将就木的人了,一旦李自成打进北京,将军您看如何是好?"吴三桂乘机说:"国丈如肯将圆圆相赠,那么我对您恩赐的报答将重于对国家的报答,保护田府定先于保国。"田说:"吾老矣,谢世后当以持赠。"可一看吴的脸色,便再也不敢推托,只好割爱了。

美人到手,吴三桂立即唤人给田弘遇送上早已备好的千两酬金,命令部将夏国相择上好马匹将陈圆圆接回家中。夏国相对吴三桂说:"将军,现在是什么时候!关外建州统治者野心勃勃,正伺机进窥中原,灭我大明。当此风云骤变之际,堂堂山海关总兵却回到京城流连风月,沉醉于醇酒妇人,这不是使人们太失望了吗?我劝将军还是不要收留陈姑娘为好。"但是一向刚愎自用的吴三桂,对这样的肺腑忠言,又哪里听得进呢?

崇祯一连下了几道手谕,催促吴三桂星夜赴任,速回山海关驻守。虽军中不准随带姬妾,吴三桂仍执意携眷同行,最后还是吴襄担心儿子带着陈沅去宁远会贻误军机,力加阻挠,才把陈圆圆留在家中。

吴三桂赴山海关不久,1644年(崇祯十七年,大顺永昌元年)三月十九日,李自成亲率大顺军攻入北京城,崇祯吊死在煤山。

农民起义军进入北京后,迅猛的胜利使少数将领开始沉醉在红灯绿酒之中,昏昏然,以为自此天下太平了。牛金星忙于招揽门生,筹备登基大典;刘宗敏则严刑拷打降官,搜罗赃款。

进京当日,身为大顺朝文武百官之首的"帅标权将军""领哨刘爷"刘宗敏,便占住了好佚游、为轻侠、恃宠甚横的田贵妃父田弘遇淫窟。

老实讲,这位刘将军是曾有"寡人之疾"的。崇祯十四年正月,大顺军拿下洛阳时,刘就对明朝致仕南兵部尚书吕维祺的孀居自守的弟媳楚氏非礼,使楚氏自缢而死。

这次进田府的翌日,"数十女人"随着一个美而艳的国公家媳妇在大白天前呼后拥到了刘宗敏宅。刘宗敏日常是拥妓欢笑、饮酒为乐。

前文提到为田弘遇所得的杨宛、顾寿也遭刘宗敏追索。杨宛被刘带去;顾寿乘混乱与几名男优私下约好偷偷逃走了。

刚进京占据宫殿时,刘宗敏就向内监打听:"上苑三千,何无一国色?"内监说:"有一圆圆者,绝世所希,据说在田弘遇家。"在田家,刘又索圆圆,后得知被赠给吴三桂了,现留在吴襄府内。

于是乎,刘宗敏把吴襄抓来,拷掠甚酷。吴襄诈说圆圆早已到宁远去,因气候不适,死在宁远了。但刘不信,逼得更紧,最后竟杀死七位优人,采取遍索绿珠围内第的办法,抄了吴襄的家,果然找到了圆圆,便强呼绛树出雕栏了。

刘宗敏强索陈圆圆后,李自成听说她善歌舞,便请她表演。陈圆圆倒是加意用心地唱了一曲,可李却大呼不好。原来李是陕西米脂人,听不懂吴侬软语。陈改唱秦腔,李拍案大乐。李又命一群歌姬操阮筝琥珀唱西调,自己也拍掌随和,嘻闹得"繁音激楚,热耳酸心"。李又特意问圆圆:"这个乐调好吗?"圆圆答:"此曲只应天上有,非南鄙之人所能及。"

确实,大顺军内某些高级将领这时已沉湎在征歌挟妓之中,大顺政权的危机也迫在眉睫了。

冲冠一怒为红颜

等到传报吴三桂还兵据山海关,刑牲盟众,扬言兴复明室。李自成才感到刘宗敏是捅了乱子。于是一面责怪刘鲁莽,告诉他不可再对吴襄、陈沅造次;一面命牛金星代笔写了《吴襄诏三桂书》,派唐通携招书连同李自成救谕、万两白银、千两黄金、千匹锦缎前往山海关诏降,封吴三桂为侯。

牛金星代笔的信写得委实不高明,通篇都是挖苦和训斥。收信,吴三桂虽尚不了解京中情况,更不知陈圆圆为刘宗敏所得,但开始也大为不悦。他想:手握几万兵马,何必俯首听令呢?可一因阖家三十八口捏在人家手中,二为自己今后前途,又不能不考虑。经过一番权衡轻重,他动了投闯之念心,给吴襄回信说:"今我父谆谆以孝督责,儿下得不遵父命。"尽管不得已,可已准备归顺李自成了。

正当吴三桂打算顺闯的时候,投靠了清人的祖大寿以看望外甥为借口,混进关来,替多尔衮说项,怂恿外甥投降清朝。

此其时适逢吴三桂派往北京的探子回来,吴三桂问道:"我家里怎样?"探子回禀说:"被闯将刘宗敏抄掠了!"吴听后说:"这不关紧要,到我回去,他们会归还我的。"又一个探子回来,吴又问道:"我父亲怎样?"回禀说:"老太爷被刘宗敏抓走了!"吴又说:"这也不关紧要,到我回去,他们也一定会放出的。"

最后第三个探子回来了,吴三桂急出地问道:"陈氏夫人怎样?"探子迫不及待地回禀:"哎呀,大人呀,大事不好,夫人被刘宗敏强占了!"吴三桂不听则已,一闻此讯,火冒三丈,怒发冲冠,拔剑斫案大骂道:"真是岂有此理!一个铁匠竟敢强占总兵夫人,这叫我还能归顺他们吗?大丈夫不能保全自己的家室,为人所辱,我还有何脸面再见京中父老兄弟。李自成啊李自成,我与你有不共戴天之仇。我意已决,兴兵剿闯!"

骂完,他咬破中指,立即仿效战国时代楚国申包胥哭秦廷的方式,向清统治者借兵。通过祖大寿的疏通,他向多尔衮表示:

"敝遭不幸,李闯犯阙,攻破京师,先帝殉国,九庙成灰;全国臣民,痛心椎血。三桂身受国恩,报仇雪耻,责无旁贷。怎奈京东地方狭小,兵力微弱,只能冒昧向贵国作秦廷之泣,望殿下予以一臂助力。"

多尔衮趁此大事要挟,强迫吴三桂率部投降,拱手让出大明锦绣江山。吴三桂此时也抱定了"且作七日秦廷哭,不负红颜负汗青"的想法开门揖清。

滑入降清抗闯,引狼入室泥坑的吴三桂按照多尔衮的意愿,下令全体官兵一律薙发,手缠白布,接受多尔衮的调遣。

清兵入关后,多尔衮立即封吴三桂为平西王,作前锋向导,誓师出征,与李自成率领的农民起义军相遇于一片石(今河北临榆县北七十里)。

由于仓促应战,大顺军遭到严重挫败,损兵折将,尸横遍野,于四月二十六日败归。

回到北京,李自成下令杀了吴襄、吴襄妻祖氏、于吴三辅及其家人三十四名,枭吴襄首级于城楼示众。而陈圆圆则于乱中置身于一个平民百姓的家里。

四月二十九日，大顺军离开大内西撤。后来李自成自己也带了箭伤，一直退到西安。

吴三桂回到北京老家，不见圆圆，便四出探听，后来部将在一个小村里发现了她。

听说找到陈圆圆，吴三桂的喜出望外不言而喻。他立即下令结五彩楼，备蕙茬从香辇，列旌旗鼓乐，亲自前往迎接。正所谓"蜡炬迎来在战场，啼妆满面残红印。"

虽屡遭坎坷，陈圆圆风鬟雾鬓仍不减往日娇容。一见面，吴三桂问陈沅："圆圆！真没有想到会在此地找到你，这不是在做梦吧！"陈圆圆见到吴三桂已降清薙发，更是百感交集，她淡淡地回答说："月秋！你已不是大明的山海关总兵，而是建洲人的平西王了！"

吴三桂打算继续追击李自成。圆圆向他叙述闯王对她礼遇的经过，并说："李自成是英雄人物，军纪严明。秋毫不犯，有些将士不听号令，他也管教得紧。他们之所以扣留我，目的是为了要招你投降，所以你不必再追击了。"吴三桂复得陈圆圆，目的达到，所考虑得倒是如何对陈圆圆安置一番，忙于"峡谷云深起画楼，陕关月落开妆镜"了。于是，吴部留在北京，等候清世祖的到来。

清世祖一入京师，就着手建立全国性的清朝政权；也赐吴王桂白银万两、骏马三匹。吴三桂又为清兵先驱，进攻南明所统治的西南地区，经四川、贵州而入云南，杀明朝末代皇帝永历于五华山侧的金蝉寺。他奉命镇守云南，手握重兵，强大无比，形成地方割据的局面。清廷为了笼络吴三桂，封他的妻子张氏为福晋，令其子吴应熊到京师供职，并妻以太宗第十四女和硕公主。

那吴三桂一进昆明，便占据五华山大修宫殿，并将翠湖圈入禁苑之中。他占了永历故宫，该宫俗称"金殿"，素有"无双玉宇无双地，一半青山一半云"的美誉。但他认为此宫狭小，便填菜海子之半，更作新府。

据《续云南备征志》记载：新府"花木扶疏，回廊垒石"。当时的平西王府，可以说是千门万户，土木花石之盛，可以和帝居媲美。

吴三桂还在大观楼附近海中造亭，取名"近华浦"；又在北郊修建别墅和花园，称作"安阜园"，也叫"野园"，楼阁耸峙，花木葱茏。并且将这些地方连在一起，可从野园乘辇进入新府，又从新府改乘船经篆塘通往近华浦，直入滇池游览。

这安阜园是特为陈圆圆修建的，不仅穷土木之工，凡民间名花怪石，无不强行劫掠，置之园中；珍禽异兽，大队优伶，除搜尽云南，还派人购于江淮闽粤。清康熙进士王畤五（思训）作《野园歌》道：

浮云渺忽春城限，乐游谁拟姑苏台。夷光未去走麋鹿，红墙碧树乌栖哀。放莹别苑千山拥，凿一池抛万姓冢。毕穿旧室求琼华，妙选良家唱罗唝。楼阁岧峣海市连，凤笙龙笛围红鸾。蛟宫深浅少人致，长鲸醉倒鼾狂澜。排山波涌飞衡嶝，窃弄衣冠猿戏谑。云暗潇湘夜雨昏，肠断三声泪空落。澄怀坐啸惟青苔，弥天腥雾令尘埃。亡魂徒结分香恨，月冷荒台觅燕钗。

在当时的安阜园里，有花木千种，而且不少是花中极品。则有"神女花"一株，类似芙蓉，一天能变数颜色，子丑时为白色，寅卯时为绿色，辰巳时为黄色，午未时为红色,申酉时为橙色,戌亥时变为紫色,每年春开花,花期长达数十天,然后才慢慢凋谢。

园中珍宝器玩,可说是琳琅满目。如有大理石屏一堂,高六尺左右,屏上花纹画面,酷似山水木石,浑然天成,很像元代名画家倪瓒的手笔。据说这堂屏曾派专使前往大理石场,强迫石户村所有石工,花了近三年的时间,才从苍山里选采出来。单就为了打磨石面,又征用了全云南最上选的工人,受尽无数折腾,才琢磨成屏。为此后人有诗写道:"匠工十指淋漓血,血浸石骨成丹青。"

安阜园中心挖有观赏水池,波平如镜,清澈见底。池旁有珠帘绣幕的画楼,相传就是陈圆圆梳妆台。

此时的吴三桂,像夫差得了西施一样,拥着陈圆圆"移宫换羽""珠歌翠舞",为其设专房之宠,过着花天酒地的生活,终日迷于"天边春色来天地""越女如花看不足"的日子。

吴三桂每每让圆圆唱歌,圆圆总得唱汉朝留传下来的大风之歌。用"大风之章以媚之"。逢这种时候,吴便饮酒至酣,并拔剑应歌起舞,作"发扬蹈厉之容",让圆圆捧酒为自己祝寿,自以为神武不可一世。因此,吴对圆圆另眼相看,益发倍加怜爱。

为了安慰陈圆圆,以宽其思乡思亲之情,吴三桂还派人到陈的家乡招她的亲属。

据说吴传檄文到江南,张榜于通衢,查访陈圆圆的姨母(也是养母)和哥哥等。过了有十天,陈兄仍居住在村中全然不知,亲戚们得到消息告诉他,他还是不敢认。人们仔细对照榜中姓名居址,断定寻亲之人确是他的妹妹。经大家反复怂恿,圆圆的哥哥才终于自己向官府言明,并同意与母亲一道随官府去和陈圆圆相认。

传报姨母兄长来,陈圆圆带着侍女百余骑出迎。姨母年老体迈,见许多飞骑奔近,惊惶不已。相见时,陈圆圆跳下马来搂定姨母哭泣;姨母认不出面前何人,惊恐得昏过去半天才苏醒。后来,姨母兄长不愿也不习惯长住宫府,几次要求回故里,吴三桂拿出许多银两来礼送他们。

除此之外,吴三桂还使人以千金欲招较有才华的圆圆之叔陈玉汝到云南。谁知陈玉汝执意不肯"攀龙附凤",他笑着说:"我是明朝的孝顺臣民,岂能成为清朝人宠姬的叔父呢?"

在滇中,陈圆圆被称作陈娘娘,前呼后拥,随心所欲,但她总难忘旧情。每当苏州的达官到来,她便在便殿召见,对平昔交好者一一问及,对冒辟疆也甚为关心。听说旧友无恙,她高兴地露出笑容。

婵娟了结冤孽债

吴三桂在滇中内宠颇多。原属礼部侍郎李明睿后为给事高安所得又奉送给吴三桂的歌妓"八面观音"和"四面观音",在当日王府的声色中也名列前茅,甚至与陈圆圆争宠,尤其是八面观音常与陈圆圆"并擅殊宠"。陈夫人渐渐发现"夫婿背侬从意愿",不得不"婵娟新斗两观音"。同时,吴三桂原配张氏又极嫉妒。

从此陈与吴的感情已非昔比。陈圆圆开始"梦醒繁华镜里花",看破了红尘。尽管吴三桂这时要给圆圆封次妃之位,也被拒绝了。

1673年(康熙十二年),时逢吴三桂六十花甲,平西王在安阜园布置了盛大庆典。

却说吴三桂那日在校场阅罢绿旗兵操练回到藩王府邸,正欲命丫头去请陈圆圆,一同喝杯普洱新茶,听听丝竹细乐,然后去参加庆寿活动。忽听一声高呼"圣旨下,吴三桂接旨",吴慌忙重整衣冠,命令摆下香案接旨。

圣旨的内容是吴三桂万万没预料到的,竟是康熙皇帝对他请求撤藩奏折的准奏批复,让他移镇关东。

送走钦差,吴三桂气急败坏地说:"关东一片荒凉苦寒之地,无异万里充军。我只不过想试探一下朝廷对我的看法,不想皇上竟准了削藩之请,这叫我如何是好!"夏国相在旁插嘴道:"朝廷既已逼到这种地步,只望王爷速举义旗,光复大明河山。"在场的部将马宝、胡国柱、吴应麒等亦都呼应。他们非常清楚,康熙撤了吴三桂的藩王爵位,自己的地位也不保,因此众口一声劝吴三桂反了。

吴三桂眼一瞪、脚一跺,为实现一己之私,借助"反清复明"的大旗,点燃了反清的战火。他调兵遣将,自封"天下都招讨兵马大元帅",大干起来。

正当吴三桂在兴头上准备大干一场时,不想却有人出来兜头给他浇了一瓢冷水。这人不是别人,正是陈圆圆。

尽管陈圆圆天生丽质,美貌非常,可在吴三桂眼里不过是自己的玩物,万没有想到她却很有见识。自从吴三桂举起反清之旗以后,她便终日闷闷不乐。

这一日,吴三桂问她:"爱妃为何不乐?"陈圆圆道:"妾本姑苏歌妓,如今做了王爷的妃子,侍候大王也已有二三十年,已是荣华富贵到头了。我恐怕长此奢华下去,会遭到老天的惩罚……"吴三桂听到此处吃了一惊,不由问道:"你……怎么说出这种话来?"

陈圆圆瞅了他一眼,缓缓地说:"请求王爷赐我一间净室,我愿意身披袈裟,吃素修斋,终享天年。"

这可急坏了吴三桂:"我正想推倒清朝,面南为帝,那时你也贵不可言,怎么你却起了如此想法?"他说。陈圆圆摇摇头,道:"从古至今,多少人为了争帝争王,扰得百姓不得安宁。待到当了皇帝,又为保住帝位费尽心思,有何乐趣可言?"

顿了顿,她接着说:"我幼年时,自以为容貌美丽,也曾有过非分之想。如今当了王爷次妃,反倒觉得那想法俗不可耐了。我看,王爷为自己着想,不如交出兵权,你我偕隐林下,像范蠡和西施那样泛舟五湖,该多快乐!人生在世,不过数十年,何苦再开战端,称王称霸,争城夺地,致使生灵又遭涂炭?"

吴三桂听了,多少觉得圆圆此说也有些道理,口里却说:"这是妇人之见。"想到已骑虎难下,只好又硬着头皮说:"大丈夫不能流芳百世,也要遗臭万年。"陈圆圆听吴三桂说出这等话来,心知事情已无挽回余地,不免叹息一声,垂下泪来。

第二天早晨,她又向吴三桂重申要求,执意要去净室。吴再三挽留,她无比伤感地说:"为时太晚了,流光易逝,这些年来我经历了多少苦难和折磨,我已有所顿悟,一切都看透了;你已不是当年的吴总兵,我也不是年轻时的陈沅姬了。我再也不想回去,北国的风光已不再使我留恋,我将留在这清冷的莲花池畔,守着青灯黄卷,了此残生……。"

话还未了,夏国相进来报告:"王爷,将领士卒都已集合在校场恭听您的训示。"

夕阳西下,时近黄昏,在凄冷尖利的号角声中,吴三桂无暇细想,只得默许陈的要求,拖着迟缓的步伐,向校场走去;陈圆圆也怀着莫可名状的心情立即移居宏觉寺,跟从王林禅师,正式做了尼姑,改名"寂静",号"玉庵",诵经念佛,日夜不辍,再也不去理会吴三桂。

陈圆圆毅然离去,虽给吴三桂带来不快,却并未能使他悬崖勒马。

吴三桂率兵离开昆明后,陈圆圆估计他此行必败。为了免受株连,迁居于昆明近郊瓦仓庄的三圣庵,与市区相距有半里多路。

这里很是宽敞,且远山近水,幽静异常,是个最佳去处。尤为可意的是这里有一现成的废弃园林,只需稍加修葺便好用来净修。于是她立即命奴仆整修,便住了下来。

该庵原为明代沐国公的属人所建,本名土主寺,万历年间改称为庵。陈圆圆在庵内与一名为智莹的尼姑和两个徒弟一起,茹素吃斋,不问世事,与吴家断绝了一切往来。

为了对付吴三桂,康熙皇帝亲自坐镇北京平叛。后来干脆将在京的吴三桂的儿子吴应熊和吴三桂的孙子吴世霖一起处了死刑。

1678年(康熙十七年)三月,吴三桂在衡州祭告天地,自称为帝,改元昭武,称衡州即今天的湖南衡阳市为定天府;八月,就一命呜呼,时年六十七岁。

后来,清兵攻入昆明。那吴三桂王府,果如吴梅村预言的成了香迳尘生、好鸟自啼、屟廊人杳、苔痕空绿的一片荒野之地。吴三桂妻张氏、吴三桂的孙子吴世璠及吴世璠的妻郭氏自杀,"八面观音"归了绥远将军蔡毓荣,"四面观音"归了征南将军穆占,其余吴家男女老幼尽遭杀害。唯独圆圆得免于难。

同年秋天,当智莹把吴三桂兵败并病死在湖广道衡州城的消息告诉陈圆圆后,圆圆若有所思地说:"三十多年的冤孽债算是了结了。我这一生就是送在他手里,经过这些年来他的所作所为,使我了解到他只不过是一个表面逞强,心地险诈,患得患失,反复无常的小人;在我的心里,吴三桂早就死了!"

又过了几年,在一个木落萧瑟的深秋傍晚,陈圆圆正伴着青灯古佛,手持念珠,虔诚诵经的时刻,忽然传来了一阵紧急的敲门声。

智莹急忙出去一看,原来是蔡毓荣带领兵了,前来查抄珍宝古玩。智莹立即转身告知陈圆圆。

陈圆圆不愿被军兵认出,更担心会有不测,她打发智莹从后门逃走,然后从容走到窗前,遥望着秋水长天,深情脉脉地自言自语道:"澄清澈底的莲花池水啊,我将永远倚傍着你!"

接着,她双手合十,在"祥中祥,吉中吉,波罗会上有殊利,一切冤家离了身,摩诃般若波罗蜜……"的佛语声中,安详地跳进了池水里。

静静的池水,掀起一圈圈波纹。

隐入青楼　择夫自嫁

——柳如是

名人档案

柳如是：早年以杨为姓，先后用过杨爱、云娟等名，又名影怜；后改姓柳（一说原本姓柳），初名隐（一说隐雯），据《柳如是别传》载："至若隐遁之意，则当日名媛，颇喜取以为别号。"

生卒时间：1618 年~ 1664 年。

安葬之地：常熟虞山的拂水山庄。

性格特点：个性坚强，正直聪慧，魄力奇伟。

历史功过：明朝灭亡时，她敢以死来抗清，当自己的老夫君不幸入狱，她奔波官差间，愿以妾身换夫君，救出自己的丈夫。她死后，大学问家陈寅恪教授花十年的时间给她写传记，然而，她自小却是一个隐入青楼做烟花的女性。

柳如是，名是，号"我闻居士"，嘉兴人。公元1646 年，其夫钱谦益以八十二岁高龄撒手尘寰，年届半百且已皈依佛门的柳如是"居士"，竟不能斩绝葛藤，为保钱氏一门不至"倾家荡产"，自缢于荣木楼，时隔钱谦益谢世仅三十四天。柳诗擅近体七言，分题步韵，作书得虞世南、褚遂良笔法。年稍长，流落青楼。

名家评点：秦淮八艳之首。

还记得旧时飞絮

没读过《明清史讲义》或《南明史略》一类书的读者，并不要紧，只要耳闻目染过《李自成》这样的小说，对那自缢于煤山的崇祯皇帝不甚陌生就行。"风尘女子"柳如是，便一度生活在那特定的时空里。

崇祯帝朱由检在位时，有个叫周道登的大臣运气不错，由礼部尚书被提拔为太子的老师（太保）。不久，又晋升为文渊阁大学士，帮助皇帝起草诏令，批答奏章，实质上掌握了宰相才具有的大权。"伴君如伴虎"，春风得意的周道登可不觉得——那正是他忘乎所以的好日子。

柳如是就是这周道登府中的小丫头。她被主人赐以周姓，这是件"荣幸"的事儿。周姑娘天资聪慧，面容姣好，乖巧伶俐，嘴儿甜蜜，把个周道登的老母侍候得舒舒服服，颇讨得老人家的欢喜。那么，周姓小姑娘的生身父母是谁？这样可爱的小女子，怎么做了相府的下人呢？

这就有点说不清，因为小女子本人也茫然。她只依稀记得自个儿原姓柳，父亲瘦瘦的，母亲胖胖的，还记得念过的"床前明月光"之类的唐诗。后来呢，一位面善的大爷带了她出去玩，过桥摆渡，走村串巷，三天五天，就领她到了吴江。她便再也记不得归途，再也见不着读书的爹与贤惠的娘了。虽也曾哭过嚷过，但小孩子家的事，没什么可讲的"气节"，饿了得吃，渴了要喝，困了便睡，几天过去就莫名其妙地姓了"周"。春去秋来，她渐渐长大，也就渐渐淡忘了自己的故土与二老了。

现在推测起来，小姑娘是被歹徒拐卖了的。

那时拐骗女孩子的坏人，先看中了容貌秀丽、聪明悦人的女孩子，然后下手。得手后则疾速转移到异地他乡，以避人耳目。人贩子出卖她们，不外有两条路：一是卖给妓院，妓院买得这样的女孩子，称为"养瘦马"。"瘦马"可养，但倘长久不"肥"，老鸨可是等不得的。因此女孩子太小，妓院老鸨往往不愿承接。二是卖给大户人家做婢女，这条路儿的条件不高，只要略略懂事，便可教她管领更小的孩子，再由婆子教她怎样侍候大小主人。

柳如是幼时，因太小而被卖入相府，未直接堕入烟花巷，算是她幸运。往事不堪，欲说还休，因此柳如是曾取单名为"隐"，确也有百年后曹雪芹写《红楼梦》甄士隐（真事隐）时的一段难言苦衷罢。她晚年所作《咏寒柳》词中有"更吹起，霜条孤影，还记得，旧时飞絮？"的句子，就分明是对自己不幸童年的低回叹息了。

周道登一人之下万人之上的好景不长，刚做了一年大学士，被大臣们七拱八翘，又遇着喜怒无常的皇帝老儿一翻脸，便下了台。下台之后，抑郁患疾，于是干脆弃官归田了。

中国的士大夫，做官倘不得意，在野可必须"得意"。得意之法，重在"自污"，免得被在朝的政敌疑为养精蓄锐以图东山再起。周道登这样的人物，本不是大德之士，当然乐于恣情声色，他不顾久病之身，采取了玩玩就玩玩的生活态度。他姬妾成群，整日夹在脂粉队中厮混，也歌也舞，亦诗亦画，做无益之事，想尽法儿打发自己的"有涯之日"。

几年过去了，昔日的小姑娘柳如是在"吴江故相"家，已从一个低贱的小丫头升为周母的贴身侍女了，人也出落得愈发标致。小女子美目流盼，俳达不俗，莺声燕语，常敢谑笑应对主人，把个周道登逗得心痒难忍，厚着脸皮恳请母亲大人赏小姑娘与他做妾。周母对此无赖子无可奈何，心想用这小精灵给儿子冲冲喜也好——于是十四岁的柳如是，一夜之间便成了"山中宰相"周道登的姨太太了。

中国的士大夫无论做何事总找得着理由替自个儿辩解。比如"纵情声色"，在政治上的好处已如上述，还能对个人身心健康有增进作用哩！他们认为，儒家思想的礼法只适应社会与国家的需要，效法自然放任无为的道家法则才适合于个人的私生活。一个人要获得长寿、快乐甚至不朽，就应效法自然，采"阴"而补"阳"。男子为了养身，应从不同的女人身上获得"阴气"的滋补；如果一直与一个女人同床，她的阴气会越来越弱，以致无法滋补男身。周道登当然也深通此"道"，便敢不惜久病之体，到了晚年还强迫柳如是做了"荐枕"的媵妾。

况且这小女子确也招人怜爱。如果一个女人喉结外突，面皮粗糙，声音嘶哑，那就是"阳气"太重，近乎男性了，而一个男人与这样的"女性"交接，不仅无法得到滋养，反而会受到伤害，所以士大夫们心目中的女性，最佳者是那种刚好到成熟期，发育良好，娇小丰满，曲线玲珑的女子。当时的柳如是，可以说已超越了这些"起码的条件"，不仅外貌可人，而且外慧内秀，在"吴江故相"家耳濡目染十来年，亦能诗能画了。相比之下，众姨太难免相形见绌了。周道登一时独宠这新纳小妾，爱之怜之，尤疼她那对纤纤"金莲"。

中国妇女的缠足，据传肇自南唐李后主的癖好。缠足使女子变得颤颤巍巍，楚楚可怜，独具一种"病弱之美"。周道登逃不脱以女子的"病弱"来膨胀自个儿优越感的病态心理，与士大夫们的欣赏趣味完全无二，认定女人小足的用处无非是供夫子们昼间怜惜、夜里把玩。年纪尚小的柳如是，虽通文墨，却无后来的清醒认识，并没感到自己仅是周道登的掌中玩物，倒因自己有一双堪称"五式九品"中之上品的金莲而沾沾自喜，颇有一点老爷子当年做宰相时春风拂面的得意劲。于是小女子便愈发地撒娇戏谑，把个周老儿弄得神魂颠倒，单要她服侍。

周道登是做了皇子的老师的，那经史子集、琴棋书画，虽无一绝，却样样能舞得有板有眼。闲时吟诗，便叫"周"姑娘应对；夜间读书，少不了小爱妾"红袖添香"；书写养气，自有小精灵磨墨；信笔涂鸦，高兴时唤小女子也来抹上几笔——不知不觉，周道登确成了柳如是的启蒙老师。这"老师"当得也够分的，常常把娇小的"学生"置于膝上，手把手儿地教她练习。这样相怜相逗，匆匆便是一年。

不想这一来，又应了道家预言：乐极生悲。周道登冷落众妾，独宠如是，太太们只好闲坐议论了。这个说："我看那小妮子让老爷宠坏了。"那人接嘴："哎呀，我家老爷子还把她抱在膝头上亲亲哩！"这个一撇樱桃口："哼！得想个法儿治治她。"那个忙一嘘，"看！来了来了"。——周氏小姨太果然过厅而来，见众太太聚首说得热闹，忍不住掺和进去打笑："你们促膝儿说话，也不叫我？"大家便嘻嚷开了："哎呀，你忙着呐！你跟老爷子促膝儿操练去了，哪还记得姐妹们！"七嘴八舌，兜底翻转醋瓶儿，打趣个没了。本性狂放的柳如是，被惹得上了劲，利嘴还击："有本事,也学着咱去跟老爷子操练操练么。"众"姐妹"立时便丧了脸,讪讪恨恨地各自走散。柳如是傲然一哼,袅娜而去。

不一日,忽生出闲话来,开头简单得很:"那小妮子偷人了!"渐渐传到周道登耳朵里,早已添足了油加够了醋:某年某月某日某夜子丑之时,老爷子病得昏沉,小妮子趁空便串进某男仆房中,一番密云浓雨,下得山响,哪有不露馅的事呢?况且那与小妮子早有勾搭的男仆,近日里莫名其妙地告了长假——这不明摆着:那小子闻得风声不对,干脆一逃了事喽!

有根有据的一段故事,立时把个"山中宰相"气得通身冒烟,怒立当庭,喝声:"拿下!"众家人早将柳如是拖翻。周道登不问皂白,叫拿家伙要将这偷汉的小荡妇立毙杖下。

周氏小妾遭此变故,一时呆了,身不能动,口不能辩——怎能说清?只叹昔日几多"恩爱",原来并非"夫妻",自忖一贯清白,却难避众矢。想起"老爷子"日常于怀中、被中、灯下、帘下玩摩自己那对"香莲"的痴劲,想起案头笔间吟诗作赋的情景,心如刀绞:原来自己不过是老爷子的一件"小摆设",玩厌了、玩腻了、玩冒了火,便弃之如屣,抛之如咳唾。十五岁的柳如是终于清醒,她还有什么可申辩的?

若当时乱棍齐下,打死了柳如是,兴许倒是她的"造化"。所谓一了百了,便不会生出她劫后余年的几多磨难、几丝白发:也不会留下她的几曲哀歌、几段情话,更不会让后人忍泪听她那悲凄的长歌了。

然而周母蹒跚赶到,见姑娘悲切难言的惨相,忆起小丫头十来年的乖觉趋承,便叹道:"放她一条活路罢。"慈母有命,周道登只得强压心火,也长叹一声,卖了罢了……

柳如是十四岁为妾,十五岁被卖为娼。有人说:周道登姬妾成群,柳氏在脂粉队中,由受嫉妒而被谣诼,由被谣诼而遭斥逐,亦是情理之常。对其本人来说,当然是一种严重的打击,但从此飞出金笼,得以摆脱礼教束缚,和当时名流相往来,终于得到了理想的归宿,也未尝不是一件不幸之幸的事。这番话,的确不乏一腔怜香惜玉之情。然而仔细一想,柳氏未受杖杀而被卖娼家,飞出金笼又堕淫窟,本为一人把玩之妾,忽成众人戏浪之妓,恐也算不得不幸之幸吧。后来柳如是终于"从良",嫁了个钱谦益,又逢国破,又遭家难,在正人君子眼中照样不清不白。她哪里找到什么"理想的归宿"?柳如是以十年为妓作代价,方能与当时名流"相往还",议论国事,切磋文艺,确也有了一点"文学成就",然而失意一生,仅换得得意诗若干,其代价未免太高了些罢?

言归正传,柳如是悲愤地离开周家不数日,周道登就一命呜呼了,可柳如是的人生之路还长。

娟娟独立寒塘路

此后便是柳如是的十年妓女生涯。
又得说点历史背景。

崇祯帝登上宝座的当年，整个北中国发生了可怕的旱灾与蝗灾，千里赤地，寸草不生。饥民们不愿饿死，拒绝吃观音土，便集结起来，向官员乡绅强行夺取粮食。于是从陕西到河南，从武昌到成都，一片造反的呐喊，一闹就二十多年。那时李自成尚是"闯王"高迎祥手下的"闯将"，有名的农民领袖还有个"八大王"张献忠。面对暴烈的内乱，崇祯帝已穷于应付，而外患又起，他简直是束手无策了。当时强盛的后金汗国（公元1636年改称清帝国，这时已是柳氏为妓三年了）跟大明以长城为界，却数次攻破大墙，发动了一连串的入塞攻击，深入中国的心脏地带抢掠烧杀，坚固的长城在明朝手中，只不过是脆弱的篱笆，外族只要高兴，可以在任何地方打开一个缺口，长驱而入。

然而，江南吴越之地，因占尽地利天时，又远离北国的烽火狼烟，不啻是乱世中的人间天堂。其时江南的富商大贾，诸多豪族名士，依旧过着醉生梦死的日子，对嚣嚣天下塞耳闭目，抱着"我死了哪管它洪水滔天"的生活态度。有识的骚人墨客见此情形，不免吟出先贤的悲愤名句来：山外青山楼外楼，西湖歌舞几时休。暖风熏得游人醉，直把杭州作汴州！

妓院的兴盛，离不了这样的"沃土"。

柳如是从"吴江故相"的爱妾，翻手之间沦为盛泽的风尘女子。盛泽盛产丝绸，富甲一郡，客商云集，正是荡子娼妓集中的好所在。周家把柳氏卖给盛泽杨姓妓院，柳如是便又改姓了"杨"，且名"爱"。

一般妓女，要混得出人头地，也非易事。而杨爱姑娘因是相府下堂妾，这面招牌，使她的身价不同一般，商贾市侩、名流雅士一时趋之若鹜，争欲先睹先近为快。杨氏鸨母由是"生意兴隆"。

传说自管仲设"女闾"以来，中国的历代封建王朝均允许妓院的存在。像社会中其他职业一样，这门行当中的卖身者也有等级。低级的只具肉体的资本，高级的则精通音乐歌舞文学，拥有自个客厅、卧室妆台之类的东西。前者是下层男子纵欲之地，后者是高官巨贾、士大夫们光顾流连的温柔之乡。这些有教养有身份的人常常为的是获得松弛与宁静，享受美酒佳肴歌舞音乐。也是，有美人在座，有歌舞助兴，无妻妾与子女在旁碍眼，确也不失为富有的中国士大夫们摆脱家庭琐事的一种办法。杨爱姑娘强颜欢笑接待的，便是这样一批平时"非礼勿视"的男人们。

内心沉痛而面带欢快的妓女们，最大的愿望当然是"从良"。从良也有几条路：或由一个有名望的眷恋"贱妾"的恩客花大把银子，替她赎身，买回去做妻做妾；或像"杜十娘"那样，趁机搞些私蓄，待到有了相当资财，拿出来自个赎回自己的身体，先求得不受鸨母控制的自由，再慢慢儿去寻那能白头偕老的"良人"。前条路，多是貌美而心气不高的妓女愿走的，取于走后路者，便是才貌双全并极力追求自由的女子。杨爱姑娘当然不甘永沉泥坑，她不仅要为求得身体的自由而奋斗，并想努力去获取一个人应有的尊严。

她忍辱含垢以自身的资本迷狂了公子哥儿们，确也成了杨氏鸨母的一株"摇钱树"。一时间，"五陵年少争缠头，一曲红绡不知数"，阔人们倾囊相赠。柳如是终于积攒了大量财物。当杨氏鸨母在大盘金银前傻眼，不得不任"爱"姑娘弃"杨"而去之时，那老婆子嘴里说行，心里难舍的矛盾劲，就不必多加形容了。

　　杨爱离开杨姓淫窟之后,便弃杨而复姓了柳,单名一个"隐"字。这时节的柳隐,也不过十六七岁,本人虽已赎身,但在未从良前,"落籍"仍然是不可能的。身体虽自由了,而身份仍是"妓女",算不得"良民"。柳隐不觉萌发了更深一层的悲哀。她痛恨自己此生竟为"女儿",这一躯壳累得自己难以做人。但她很快明白自身由苍天造就,本"性"岂能改变? 她认识到,不少女中豪杰之所以青史流芳,正是敢与男儿并驾齐驱,终于成就了一番功业! 她耳闻天下嚣嚣,长岭狼烟腾空,眼见国家岌岌可危,内乱方兴未艾,慷慨之情油然而生,小女子竟作大丈夫口吻,长歌浩叹道:

　　　　人生苦不乐,意气何难雄?
　　　　走猎邺城下,射虎当秋风。
　　　　　　　　——柳如是《青青陵上柏》断章

　　柳隐不再因身为妓女而感到悲哀,也不再为操此贱业而有一般女儿的羞愧。她要借此身份,广交天下名士,觅一有志郎君,协助他报效国家。

　　十六七岁的柳隐,有了"自由身"后,行事便与一般妓女不同。

　　江南一带的妓女,根据"营业"的方式,有"水、陆、空"三类。"陆"为土著之妓,靠山吃山;"空"为尼姑庵,专指那身在空门而实操皮肉生涯的年轻师姑;"水"则为漫游于河网四布的吴越之地的"船妓"。柳隐置得一豪华画舫。放浪湖山之间,北起常熟,东至嘉兴,西到松江,南下杭州,悠然往来,与高士名流相伴相处。

　　她的随波逐流的"香巢",备有妆台、卧室、客厅以及琴棋书画等。她养了不少下人,管家婆、使女、男仆、琴师、厨子等等。她的派头愈大,声价便愈高,结果门庭若市。

　　一日,有公子某赠黄金三十两,但求一睹柳姑娘。此人亦一浪荡哥儿,打听得柳姑娘满腹文章,于是命师爷拟定了几句文雅言语,背得烂熟,备临场用来曲意奉承。公子上船一见姑娘肃然端坐,慌忙口颂一句:"久慕芳姿,幸得一见!"这酸溜溜的话把个柳姑娘惹得忍俊不禁,破颜一笑。公子见状,记得师爷的指点,又赶紧趁热打铁道:"姑娘一笑,真倾了城也!"柳隐大笑,想不到世间还有这等蠢货! 可公子懵然不觉,反以为自个儿已讨得了姑娘欢心,干脆连肚子里的残墨兜底儿泼出:"姑娘,你再笑就倾国了呀……"柳隐顿时沉下了脸,转身拂袖而入,问管家婆:"得金多少?"婆子忙答:"三十两。""还他罢了!""姑娘,公子送来好多时辰了哩,三十金,早用完了……"柳隐略一沉思,便操起剪刀,手削秀发一缕,付给婆子:"告诉他,这是对他的报答。"

　　公子一点不懊丧,喜出望外地捧了一缕头发,雀跃登岸而去。原来这小子得到了吹牛的本钱。他得意非凡,逢人便讲:"哥们儿这里有柳姑娘的定情物,看看这头发——你得到过吗? 常言说,美人一笑,千金难买。嘿嘿,哥们破费才三十金,就买得柳姑娘两笑——你行吗?"闻者点头赞叹,齐说公子好手腕。

　　此类公子哥儿,不过是仗了祖上的余荫,腰缠万贯,整日里问柳寻花,虽对穷苦人一毛不拔,却甘愿在青楼上一掷千金。对这类人物柳姑娘避之不得,慢慢也就见惯不惊,随意打发了事。却不想又生出事后的笑谈来。

　　还有一个人,也有钱,也浪荡,自从见了柳姑娘后,却动了真情,一痴到底——

可惜偏偏他命中注定没有那段姻缘,赢不得柳姑娘的心。在局外人看来,倒是一场多情反被无情"弃"的小小悲剧了。

这位公子姓徐,人称三公子,乃佘山大户人家子弟。一日信步江畔,偶睹柳姑娘独立船舷的芳姿,顿时为之倾倒,弄得寝食不安,几番遣人携财相赠,叩问柳姑娘何时能见他一面。柳隐整日忙着与名伎如徐佛、林雪等成堆儿聊谈,酬唱应和,把个巴望接见的三公子忘到了一边,害得好端端的一条男子汉形消骨瘦。

一连几月过去,倒是平时受了三公子好处的几位姐妹们于心不忍,劝柳姑娘"稍假颜色,偿夙愿"。柳隐笑道:"你们不提,我倒真的忘了——放心吧,受人钱财,与人消灾,定个时辰见他一面得了……"说过就忘,忘了众人又提,柳姑娘终于遣人捎话去:"公子倘真有心意,不妨腊月三十晚来罢。"

这大年三十夜,是中国人雷打不动的"团圆之夜",怎能有家不归反往外溜呢?可三公子竟反了传统,置礼教于脑后,在料峭春寒中跌跌撞撞地摸到江畔来了。柳隐见三公子不顾一切地竟然来了,倒吃一惊,忙叫婆子上茶,使女备酒。几杯下肚,柳姑娘面色绯红,便叫琴师鼓瑟,伴娘敲板,起舞为公子助兴。她长袖飘摆,款移莲步,作荷花露珠之旋,状霓裳飞天之像。三公子酒不醉人人自醉,通体舒泰,数月来的"相思苦"一时化解,竟神采焕发,连声喝彩。

柳隐见好就收,纤指一点,乐声戛然。她缓缓走到三公子面前,深深道个万福,肃然开口:"公子,你可知道,妾身所以在大年三十夜约公子前来,原是想公子不会赴约的。但公子竟守信而来,足见公子确是一个有情有义的男子。然而在这普天同辞旧岁之夜,有家者无一不望骨肉团圆,共迎新春,图个来年大吉。公子倒好,舍家不顾,反在妾身这儿寻欢求乐——未免太不近人情了罢?"

一番话说得三公子好不尴尬,欲辩不能,欲辞难舍。柳隐长叹一声:"公子啊,实话说了罢——妾见你身体魁梧,非一个读书之人。而与妾交游者,多是儒雅之士,公子倘将自己杂厕其间,孔武有余,风流不足,别人会看公子不起的,公子也恐怕难免自惭。公子呵,既读书不成,何不利用上天赐予的一副好身体,练弓习马,报效朝廷?到那时,公子功成名就,无愧天下名流,妾身亦好接待公子。去吧!为公子——掌灯,送公子归家!"

三公子热血涌动,霍然而起,点头道:

"在下当牢记姑娘企望——告辞了。姑娘,后会有期!"

柳隐独立画舫,目送灯火远逝。不觉倍感凄凉:我劝公子归家,但我家何在?……她一夜难眠。

徐三公子自那夜归家,真的弃文从武了。他娴习弓马,中了武举,而后领兵打仗,竟然死于炮石。"后会有期"终成泡影。呜呼!其情痴如此,亦可悯也。

闪烁珠帘光不定

柳姑娘乐于交游者,莫过于吴越之地的"党社"名士。

说到"党社"得从头提起。崇祯帝的父亲朱翊钧在位的末年,当时的士大夫阶层出现了被称为"东林党"的团体。吏部尚书陈有年被迫辞职,他的部下文选郎中顾宪成上书请求皇帝留用,朱翊钧索性连顾宪成一并免职。顾宪成便回到他的故乡江苏无锡,在东林书院讲学。他经常谈论时政、抨击当朝,集结了一批同一观点同一利害的人物,时称"东林党"。天启年间,太监魏忠贤把持朝政,东林党人惨遭屠杀。在这场斗争中,"东林"中不少志士表现了不畏权贵、至死不屈的气节。后来,一些东林党人又组织了"复社",复社中若干成员还搞了个"几社"。魏忠贤虽被崇祯帝谋杀,但"魏党"的残余当时还有不小力量,"复社""几社"的党社成员都坚持与魏党斗争。

柳隐实际上已为"几社"的成员了。党社成员皆为社会名流,文化根基深厚,关心天下大事。柳隐以一名妓的身份,与他们交往,渐渐地培养成了师友之谊。她天资聪慧,又虚心好学,无闺房之拘束,无礼法之顾忌,不仅与诸子切磋文艺,而且参与议论国事,其言辞常令四座惊叹。时人有这样的赞叹:"凡所叙述,感慨激昂,绝不类闺房语。"

一个初夏的夜晚,蛙声如潮,月朗星稀,天凉似水,众名士围了柳隐海阔天空,尽情谈笑,一时觚觥交错,个个面热耳酣,慷慨长啸。柳隐作七律《初夏感怀》云:

> 荒荒慷慨自知名,百尺楼头倚暮筝。
> 勾注谈兵谁最险,崤函说剑几时平?
> 长空鹤羽风烟直,碧水鲸文澹冶晴,
> 只有大星高夜半,畴人傲我此时情。

此歌将一个热血女子的形象,淋漓尽致地表现出来了。可以想见,当时在场的名士们,面对这如花美女,听其说剑雄词,怎能不"心已醉而身欲死"呢?

柳隐与党社中的三名才子,各有一段情话。这得一一叙来。

柳隐不仅诗文好,书画亦佳。她的书法得力于李待问的指点。李待问,字存我,崇祯十六年(公元1643年)进士。此公善著文,精书法,下笔颇有"晋唐人风神"。当时有位书法家叫董其昌,名冠江南。李待问却不服气,自诩在董其昌之上。他目空董氏,凡有董其昌题字留匾的寺院、民居、古迹、胜地,他都要照董氏的词句,另写一幅,列于其旁。大家一看,承认二人各有千秋,并认为李待问笔下的绝妙处确也有盖过董体的地方。这样一来,李待问也就有名了。他交游甚寡,却收了柳隐做"学生",师生之谊笃,慢慢地就产生了男女之情。

说到底,李待问与柳隐的一段缠绵岁月,来得不快,却去得匆匆。柳隐从李待问处得到两件值得纪念的"东西"。一种是"永久性"的,即书法,人们至今尚能看到柳隐的墨迹,笔法凝重,无闺房秀嫩之气,因而推许李待问确是一位好师长。另一件则是李待问为了功名与柳隐分手时,爽快地赠给柳姑娘一枚玉印,上刻"问郎"二字。这"爽快",虽也可见很难予人青眼的李待问对柳姑娘刮目相看,却也叫柳隐对"才士"们的认识更深了一层。男女之情,对那些浪子来说,不过是一件随时可穿可脱的衣服而已;可作为女儿家,她将情爱视为生命之依托。柳姑娘内心悲楚难忍,她强含泪水,对即将离去的李公子缓缓说道:"公子,此一别,多多保重。慎言妾观公子行事,常争胜好强,这样下去恐有不测——公子当行。妾从公子习书,只因公子自成一家,名满吴越。但公子之书挺拔张扬,杀气太重,请公子珍重……"

李待问凄然一笑,作别去了。后话便是,柳如是嫁与钱谦益后,作为"东林党魁"的钱氏,一日大宴宾客,李待问受邀而来。他一见昔日恋人做了钱公夫人,未免泛起往昔之情。柳如是亦有动于衷。然而,柳氏毕竟已为"钱夫人",往事可忆,而旧情难复,于是柳姑娘决意扫清前缘,便叫使女捧出那方"问郎"玉印,还与所赠之人。师友之谊终得长存,男女之情从此终了。时人有亲眼见此情景者,有诗写道:"内烁珠帘光不定,双鬟捧出'问郎'来。"

　　再后来,清人入关,李待问守城苦战,无力回天,城破兵败,便上吊自杀,而气息未绝,追兵已至,乱刀齐下,斩为数段——这似乎合了柳隐当年的预言:杀气太重,恐不得善终。

　　如果说李待问属薄情男儿,那么,另一名"几社"名士宋征舆,在与柳姑娘的一段情话中,就扮演着一种可怜的角色,使柳隐更为失望了。

　　宋征舆,字辕文,膏粱世族出身。他父亲宋幼清,据说精通相命之学。儿子一出世,马上占卜,其结果书于一纸上交给夫人道:"这孩子中了进士后,你才能打开看。"顺治四年(公元1647年),三十岁的宋征舆果然中了,宋母展开老头子的前书,有字云:"此儿三十年后当事新朝,官至三品,寿止五十。"宋征舆与柳隐同岁,当柳隐名噪江南时,宋辕文也正是翩翩少年,他对柳隐的爱慕之情自然而生。柳姑娘虽对宋公子的年龄、出身和才华颇为满意,但还是对他存有戒心。她想知道宋公子是一时的感情冲动呢,还是真的一往情深,能叫自己把终身托付与他。

　　一个初冬的早晨,白霜在江畔的衰草上闪烁,雾霭笼罩着柳隐泊舟的所在地"白龙潭"。青年书生宋辕文早早地赶到这里,提前来赴柳姑娘的约会了。宋公子心急如焚,在潭边叫艄公舟子,快快放下跳板。柳姑娘在床上未起,听得公子大呼,内心一动,便叫船工传话,让他先别上船,若真的有意,不妨跳在水中等着。话音刚落,宋辕文"扑通"一声,早跃入水中。宋公子本不娴水性,而这白龙潭也非浅濑,又加初冬天气,宋公子那番拼命挣扎的情景就不难想象了。

　　然而,这不要命的壮举,确也叫柳姑娘感动,忙叫篙师伸过篙杆去。宋公子认准了那救命的竹篙牢牢抓住。待船工们把这玩命的公子拖上船板,宋辕文早瘫作一堆,斯文扫地了。柳姑娘吩咐人替公子更换了衣服,然后扶上她的绣榻。宋辕文昏昏沉沉,好半天才缓过气来。睁眼一看,见柳姑娘偎着自己。兰麝扑鼻,温馨扑鼻。宋公子哪里还记得适才的狼狈相,急不可待地投入柳姑娘隐蔽的那方山水中……

　　这一番"考验",宋辕文得了满分。柳姑娘对他也动了真情。可是,随着时光的流逝,宋辕文明白了在这世界上,除了"爱情"以外,还有许多比"爱情"更"可爱"的东西,这念头一产生,又活该柳姑娘痛悔不已了。

　　再说,那掌握着儿子未来命运的宋氏夫人,渐渐发觉宋辕文三天两头不见了。一打听,原来儿子跟妓女"泡上了",老夫人怒不可遏。一日,宋辕文刚溜回来,老夫人一声怒喝:

　　"跪下!从何而来?"

　　宋公子知事情不妙,便慌忙跪下道:"母亲大人息怒,儿才在柳姑娘那里。柳姑娘为人甚好,与儿游处日久,并没要儿一分一厘钱财……"

夫人呵呵一笑：

"钱财算甚！那贱人要，当给就给——害怕她不要钱财，正要汝命呢！"

宋辕文一愣，板子已下，重责二十，把个"少爷"打得皮开肉绽。

时过境迁，宋辕文毕竟年轻，一方面记着夫人的教训，一方面又抑制不住自己，虽不敢再明目张胆地往柳姑娘处溜跑，可趁机还是悄悄往那儿溜。柳隐察觉到宋公子心中有事，而且来的次数也明显减少，不免黯然：难道又看错了？

在普通人眼中，柳隐不过是一"浮家泛宅"的船妓。但自从她恋上宋辕文后，她便长驻在松江了。这就引起"陆妓"们的不满：柳姑娘的名气大，无形中抢了她们的"生意"，而驱逐"流妓"，以保护本身利益，也是本土官员们的应尽之责。松江知府终于发话：限柳隐三日内出境。

柳姑娘着急了，便请宋公子商量。她打定主意，不能再这样下去，要么与公子成婚，一旦身有所属，就不存在"被驱"的事儿；要么，请公子出面，与知府说情，让自己暂留松江，待得公子安排妥当，再不慌不忙地嫁到宋家；要么，一刀两断……

宋辕文急急赶到，见柳姑娘案头放了两件东西：古琴一张，倭刀一口，有些莫名其妙。柳姑娘面色肃然，开口道：

"公子，你可知道了？知府限妾三日内离境——为今之计，奈何？"

宋辕文好一阵踌躇。"母命"不可违抗，他不可能迎娶柳姑娘，而且自己迄今无功无名，倘若出面替姑娘说情，知府大人也不会买账的。柳隐见公子不言语，又说道：

"公子，为今之计，还是早早娶了妾身的好——不然，公子可否代妾斡旋？"

宋辕文忽见倭刀，便道：

"姑娘，依小生之见，姑避其锋……"

柳隐一阵晕眩：好个宋公子，竟这样孱弱！不由激动起来："他人这样说，不奇怪！与妾无关者，不必留意妾之去从，不必心念妾之归宿。公子却不该如此开口——也罢，长痛不知短痛，妾与君自此了绝！"

柳姑娘持刀在手，猛一挥，将那把古琴拦腰劈为两截。七弦铮纵，齐齐飞进，宋辕文大惊失色，惶然不知所措。柳隐一扬手，道："送客！"

宋公子颓然登岸，转头见众船工正解缆动桨，不由得五内俱焚，柔肠寸断。

二十五年后，做了新朝三品官员的宋辕文，声名显赫，踌躇满志，却并没忘怀年轻时与柳如是的一段感情纠葛。当时的"柳夫人"已与钱谦益结为夫妻十余年了。夫妇二人你唱我和的诗集《东山酬唱集》刊布于世，二人间风流韵事，也在文人学士间流传。这些，宋辕文看过了听过了，放在心里却过不去。本来，时移事变，宋辕文在燕京做官，位列新朝之贵卿，钱氏夫妇隐于琴水，乃故国之遗民，志趣殊途，没什么关涉的。然而，宋辕文竟将一腔旧怨化为文字，不敢抱怨柳如是，却全力诋毁钱谦益。宋氏写书一封，遣人直付钱氏，其书云："先生年少时才气横溢，到了中年就做了显官。先生服务的朝代，有一明一清，所服侍的帝王呢，前朝有万历、泰昌、天启、崇祯、弘光帝，加上而今圣上，先后已为六君效过犬马之劳了。据我所知，先生做官的历史已达四十八年。几十年的宦海沉浮，先生什么没见过呢？先生的经验是够丰富的了，先生的教训也够深刻的了。以先生这样聪明的人，经历这样复杂的人生,到了晚年,应该成为我们后生的表率,一举一动,不愧人师,一言一语,堪为人则。可惜先生完全没做到。先生不能割帷薄之爱,到了现在还跟些女人打得火热,背了受人指责的包袱,与她们谑浪湖山之间,弄得流言不断,路人都在议论先生太不检点,使我们这些家乡人也感到羞愧,一听到这些就脸发烧,无法找个什么理由来应付四方的询问与批评。先生虽不自爱,可别污秽了家乡的山水呀。呜呼!鬼神不来找先生,反而使先生长寿,这是准备算先生的总账——到先生百年之时才一并降个大大的惩罚,还是让先生自个儿充分表演无德之行,以告诫我们这些家乡人,不要学先生的样儿。不管怎样,像先生这样的人,说老实话,不论鬼神怎么想,自个儿早该收敛了,再聪明一点,早该自动找个清静去处了……"

宋辕文可鄙可笑之处在于:他痛诋钱氏,出于私意,与吴越间旧时党社名流不忘故国旧君而嘲骂钱谦益者,不可同日而语。观其书中"不能割帷薄之爱"一语,便可见其真意。宋氏不检讨自己二十五年前的过失,不检查自己当时何以失去柳姑娘的爱情,反而几十年后挟了旧时恩怨大骂钱氏。为人如此,可笑可鄙。

看来,那场"倭刀古琴"的考验,柳隐没有白设。

一种凄凉人憔悴

李待问、宋辕文与柳隐的两段情话匆匆过去,柳姑娘心灵的创伤,渐渐愈合,对两位风流名士的印象,终于淡漠。

此后,柳隐便开始了另一段感情生活。这生活的另一方便是那在"中国文学史"占有重要一席的陈子龙。

陈子龙,字大樽,号卧子,松江人,比柳隐大十岁(公元1608年生)。子龙是"复社"的主将,也是明代中叶以来"复古派"的最后一个重要作家,其文学成就却在中叶的"前后七子"之上。

陈子龙生当乱世。所谓"国家不幸诗家幸",他学问渊博、功力深厚,作品注入了忧愤沉痛的感情,显得悲劲苍凉,音调铿锵,具有感人的力量。子龙各诗体中最富特色者是七律,如《辽事杂诗》写道:

二月辽阳大出师,无边云鸟尽东驰。

乌鸢暗集三军幕,风雨惊传两将旗。

长白峰高尘漠漠,浑河水落草离离。

国殇毅魄今何在?十载招魂竟不知。

陈子龙不仅是一个才气横溢的诗人,而且是一个铁骨铮铮的英雄。清兵破江南后,他坚决抗清,表现了坚贞不屈的民族气节。最后被清人所获,他得机投水而死,时年四十。一百三十年后,即清乾隆四十一年(公元1776年),为了让臣僚忠于本朝,清朝号召大臣们向明末殉国的忠烈之士学习,清廷乃赐陈子龙"忠裕"谥号。利用死人,是政治家们治理天下的手段——陈子龙九泉有知,是定不肯领受这迟来的"荣誉"的罢?

以上是对陈子龙生平的粗略叙述,现在还是回到他与柳隐的感情纠葛上。

陈子龙本有妻室，夫人姓张。这婚姻当然是"明媒正娶，门当户对"，含着父母包办的意味。陈子龙心高气盛，追求自由，张氏岂能拴住他的心？日常里"流连声色"，以诗酒自娱。张氏着急，乃主动替子龙纳妾蔡氏，意在借此杜绝其夫在外"浪荡"的行为。对蔡氏，子龙也不满意，便将两个女人扔在家中，独自一人北游去了。

这一游，就生出许多缠绵的艳史来。

陈子龙北游，一个重要目的是为考取功名，可惜那年竟榜上无名。陈子龙应考碰壁，干脆甩掉八股时文，又专心从事古文诗词的创作，闲暇时免不了惹花拈草。

崇祯五年（公元 1632 年）春，陈子龙在苏州遇见柳隐，可谓一见倾心，迷恋之至。不久便随着柳姑娘到了佘山。佘山是个好地方，名士陈眉公在那儿修了一大片庄园，广植松杉，有古梅百株，成为一冶游之所。每值春时，倩女如云，绣弓窄窄，斗草拾翠，嬉笑不绝；游子乌帽黄衫，担花负酒，达旦酣歌，并日而醉。

此情此景，使陈子龙诗兴大发，佳句迭出。他极力描摹柳隐在众姝之中的特出风采，喜慕之情溢于言表。

> 晓日垂杨里，去鬟锁绛纱。
> 自怜颜色好，不带碧桃花。
>
> ——《朝来曲》之一

> 日暮吹罗衣，玉闺未遣入。
> 非矜体自香，本爱当风立。
>
> ——《古意》之一

> 问妾门前花，殷勤为郎起。
> 欲攀第几枝，宛转春风里。
>
> ——《长乐少年行》之二

诗中所描写的柳姑娘，其姿态动作，可当"传神"二字。

此时的柳隐，所过的大半是以船为家的生活，如浮萍飘叶。一次次的打击，一次次的失望，使她心灰意冷，很难相信世间还有幸福。面对新的追求者，她踌躇犹豫。其词常常流露出害怕希望再度幻灭的心情：

> 金猊春守帘儿暗，一点旧魂飞不返。
> 几分影梦难飘断，醒时恼见小红楼。
> 朦胧更怕青青岸，薇风涨满花阶院。

"醒时恼见小红楼""朦胧更怕青青岸"两句，真切地表现了作者对过去、对现实的厌烦。

陈子龙便作《早梅》一首，寄托他对柳隐人格的赞美和对她的鼓励。

> 垂垂不动早春间，尽日青冥发满山。
> 昨岁相思题朔漠，此时留恨在江关。
> 干戈绕地多愁眼，草木当风且破颜。
> 念尔凌寒难独立，莫辞冰雪更追攀。

陈子龙的精诚、才华和英雄男儿的气概，终于打动了柳隐。二人情感日笃，后便同居了。在这期间，他们忘怀一切，沉浸在爱与恋的幸福之中。陈子龙视柳姑娘为仙女，戏称为"洛神"。柳隐便作《男洛神赋》一章，以相嬉笑，中有妙句云：

尔乃色愉神授,和体饰芬。启奋迅之逸姿,信婉嘉之特立,群妖媚而悉举,无幽丽而勿臻。扩乎纱兮,斯固不得而夷者也。

此赋文虽丛杂,题目却新,后人便知柳隐会开玩笑了。

韶光易逝,欢娱夜短,新的"会试"即将来临。陈子龙经世之略未展,又打算北上赴试。科举制度,肇自隋唐,千余年来令天下学子为此皓首穷经以图博取功名。当日东南党社名士,无一不具这样的抱负,非独陈子龙一人有此企望。世俗小说中,才子总得金榜题名,方能与佳人团圆,虽有虚构,确也反映出当日社会的一部分真相。

陈子龙北上,不得不与柳隐暂别。子龙"离情壮怀,百端杂出",有诗云:

高秋九月露为霜,幡然黄鹄双翱翔。

云途窈窕星苍茫,下有江水清淮长。

嗟予远行涉冀方,嵯峨宫阙高神乡。

良朋徘徊望河梁,美人赠我酒满觞。

欲行不行结中肠,何年解佩酬明珰。

燕尔恩爱,如今却要分别,柳隐黯然销魂。一直盼望意中人成为功盖天下的英雄人物吗?但她毕竟是女中人杰。自己不是也时时"闻鼙鼓而思将帅",立志扶助郎君成就一番巾帼女子所向往的伟业吗?想到这里,她暂将"儿女情长"置于一旁,作《送别》二首,赠予子龙:

众草欣有在,高木何须因。

纷纷多远思,游侠几时论?

陈子龙起程了。柳隐望着北去的心上人,伫立良久,悲从中来,《梦江南·怀人》四首涌出心间:

人去也,人去小池台。道是情多还不是,若为恨少却教猜。一望损莓苔。

人去也,人去梦偏多。忆昔见时多不语,而今偷悔更生疏。梦里自欢娱。

人何在,人在木兰舟。总见客时常独语,更无知处在梳头。碧丽怨风流。

人何在,人在玉阶行。不是情痴还欲往,未曾怜处却多心。应是怕情深。

陈子龙三秋出发,应次年春天的"会试",结果又名落孙山。生活无情,现实严酷,子龙颓然而返,而柳姑娘待之如故。陈子龙一下决心,要迎娶柳隐来家。但往昔主动为夫婿纳妾的张氏,这回可不干了,冷笑道:"相公,你拿什么养她?"陈子龙家不富裕,平日在外游荡,多为朋友接济;与柳隐同居,也全是柳氏开销。这句话,便把他问住了。柳隐得知,明白子龙为难,竟不提"明媒正娶"的事儿。要说经济,柳姑娘本可以"包销"下去,可她清楚作为"大丈夫"的陈子龙,自尊心极强,是绝不同意那样办的;再说,柳隐本人也不愿意在张氏手下做受气的"小婆子"。这样,陈柳二人又不得不割爱分离。

陈子龙与柳隐分居之后,两人仍时有来往,以诗文相交。子龙集资,为柳隐刊刻了她的诗集《戊寅草》,并为之作序。当时的陈子龙,名气颇大了,经他题序的《戊寅草》,流传甚广。序中,子龙赞赏柳隐的诗作,尤钦佩她独立的人格。

柳隐脱离子龙后,又陷入了难以排遣的苦恼中。回首往事,感慨万千,乃作《金明池·咏寒柳》长调一首,深沉地表达了她的哀婉之情:

有恨寒潮，无情残照，正是潇潇南浦。更吹起，霜条孤影，还记得，旧时飞絮？况晚来，烟浪离迷，见行客，特地瘦腰如舞。总一种凄凉、十分憔悴，尚有燕台佳句。春日酿成秋日雨，念畴昔风流，暗伤如许。纵饶有，绕堤画舸，冷落尽、水云犹故。忆从前，一点东风，几隔着重帘，眉儿愁苦。待约个梅魂，黄昏月淡，与伊深怜低语。

陈子龙后来总算中了进士，可明王朝也接着垮台了。子龙"壮志未酬身先死"，捐躯殉国，徒留下一段英雄美人的短暂姻缘，令后人唏嘘感叹。

烟雨湖中人何在

《戊寅草》刊布东南，当时的文坛泰斗钱谦益读了以后，十分赞赏。竟很想一睹这位"奇女子"的风采。

读者也许还记得，柳姑娘十来岁的时候，不过是"文渊阁大学士"周道登家的一个小丫头。而那时的钱谦益已四十七岁，官居礼部侍郎之职了。他正趁喜欢换人的崇祯帝上台的好机会，使足了劲与温体仁、周延儒二人争当宰相。结果宰相没有当成，反而惹恼了皇帝老儿，把牢骚太盛的钱侍郎遣返回家。钱谦益还乡后，待遇上还是"朝廷二品大员"，心中虽不痛快，却善于排解，一年到头吟诗作赋，游山玩水，倒也过得逍遥自在。他的诗文，名噪一时，确也不愧为文坛领袖。青年学子纷纷拜他为师，同辈命官常常出入其门。他的府第，热闹非凡。

这样的日子过了十来年，钱氏已五十多了。而这时柳隐也二十余岁了。

柳姑娘处卑微之中，择婿十年，竟无一可托付终身者。几年来，她不再愁苦着脸儿过日子，她追求精神快活，凡四方名士，都盛情接待，应席酬唱。时人便吹捧柳姑娘"美丰姿，性猿慧，知书善诗律。分题步韵，顷刻立就。使事谐对，老宿不如"。一传十，十传百，传到钱谦益耳中，钱老便愈发想亲眼见见。

事有蹊跷，有人开玩笑说柳姑娘"嫁得人了"，柳隐吃不住众人的笑乐，干脆说个大话："吾非才学如钱学士虞山者（世称钱氏为虞山先生）不嫁！"这话等于说"这辈子不嫁"。但说者无心，听者有意。钱谦益本盼着能与柳隐有缘相识，一闻柳姑娘赌咒发誓，竟大喜过望，也说出大话来："吾非能诗如柳如是者不娶！"

这柳、钱二人或无意或有意的"一唱一和"，倒成了他们结合的起因。在众名士的撮合下，两人了解日久，她就慢慢"当真"起来。大约过了两年，柳隐便过访钱家。钱氏居室称"半野堂"，这是柳姑娘第一次跨入钱府大门。钱家上下，热情万分，包括钱氏原配夫人与儿辈。

钱谦益在半野堂，另筑一屋，称"我闻室"，留柳隐居住。"我闻"二字，出自《心经》"如是我闻"。从此柳隐不再"隐"于风尘，而更名为"是"，且字"如是"了。柳如是留居钱府半年，并不急着与钱谦益行"结拜"之礼，主要是争个"名义"。如果堂而皇之做钱氏的小老婆（姬妾），柳如是是决不干的。她的条件"苛刻"：要得到仪礼俱备的"命妇"身份。她吃的苦头太多了，她已不是任人玩弄的女子，她坚决要在最低级的社会阶层中来个大翻身。她争取的那种不同于姬妾而实质上并无区别的"命妇地位"，在今人看来似乎是"概念的游戏"，而在当时人心目中，确有天壤之别。她是对的，应该奋争。

柳如是独居"我闻室"，回顾身世，掂量眼前，几多愁绪，油然而生。数年前与陈子龙相亲相爱，酬唱低语，可后来偏有不测。而今又有迷恋者，可此生仍然吉凶未卜，不禁感慨赋诗(《春日我闻室赋》)。

> 裁红晕泪碧漫漫，南国春来正薄寒。
> 此去柳花如梦里，向来烟月是愁端。
> 画堂消息何人晓？翠帐容颜独自看。
> 珍重君家兰桂室，东风取次一凭阑。

此诗令钱谦益大为感动，爱怜之心倍增，乃和诗一首，题云："河东君(以其族望称柳氏)春日诗有'梦里''愁端'之句，怜其作憔悴之语，聊广其意。"对柳如是幽怨的情怀，百般抚慰。同时见柳姑娘"春日诗"尾联，分明表达了她"从善而终"的誓愿，钱谦益便决定正式迎娶柳如是了。那么，他迎娶柳氏的名义称什么呢？称"继室"，这就有点不合规矩。依理说，原配死了以后，才有"继配"，而钱氏陈夫人健在，怎么能这样称呼？当时的缙绅大夫，便愤愤不平，认为钱谦益这老头子简直不像话。柳如是也太不知趣。

钱谦益可不管那一套，择个黄道吉日，竟将柳如是的画舫张灯结彩，登船举行婚礼了。钱谦益皤发冠带，抖擞五十九岁老来愈壮的精神，怡然立于船首；柳如是罩了盖巾，默默在舱间念佛。爆竹齐鸣，花烛辉煌，二人行合卺之礼。这一场不合时尚的"演出"，引来观者如堵。有鼓掌喝彩的钱氏门生，祝贺送礼的亲朋好友。更多的却是缙绅乡老，站在岸边破口大骂。他们骂钱氏"亵渎朝廷之名器，有伤士大夫之体统"，骂着骂着，有人喊打，众乡老便捋袖卷裤，要扑上船去叫那俩"鸟男女"饱尝一顿老拳。篙师见状，慌忙起舵，扬帆而去，众人顿足大骂不止，纷纷抛瓦扔石头，把个画舫砸如"乌篷船"。钱谦益仰头大笑，柳如是惨然自得，并立船舷，"满船载瓦砾而归"。

钱谦益蔑视世俗礼法，爱情至上，敢与柳如是这样的"沦落女子"结为夫妻，其勇气是值得赞赏的。轰动一时的"江上婚礼"才过，钱氏又干了件让正人君子瞠目结舌的事：他花钱建了"绛云楼"，壮丽无比，楼上藏书七十三大柜，多是稀世的宋、元刻本，楼下设立床帐，与柳如是双双栖居。惹得缙绅先生再次大跳"亵甚矣！"

对这一切钱氏夫妇干脆不理。钱谦益每有心得，提笔作文，有所检勘，皆由柳如是查找。"虽牙签万轴，而某册某卷，立时翻点，百不失一。所用事或有舛误，河东君颇为辨正。"夫妇你唱我和，其乐融融。这样的好日子，可惜没有过多久。

公元1644年，钱氏夫妇婚后三载，李自成攻进北京，崇祯帝走投无路，自缢于煤山。吴三桂大开山海关，放清人入关。清兵顺利进入北京，李自成兵败如山倒，彻底失败了。清政府一面督促吴三桂领兵继续南下，一面派满洲兵团向长江流域进攻，消灭明王朝的残余力量。

明王朝苟延残喘，一连有三个皇帝出现在江南。可惜他们全是十足的酒肉皇帝，成不了大事。

第一位便是朱由崧。他当了皇帝的第一道命令，就是征集宫女，第二道命令是叫各地进贡春药秘方。不知第几道命令，忽将一度很想做官的钱谦益任命为礼部六十二岁的钱谦益,受命于危难之际,又遇着这样的皇帝老儿,哪里能整顿什么"教育"?他分明是这残喘王朝中配盘的角色,算不得数,也干不成事。他一辈子确想做大官,却没想到在这小朝廷中才得到升迁。面对危如累卵的国家,他雄心已泯,只将精神寄托在"生平第一大快事"上,即与柳如是的恩恩爱爱。

朱由崧组成的小朝廷,乌烟瘴气,维持了十三个月,清军便攻破南京了。城破之时,柳如是便劝钱谦益自杀,以身殉国。

"自杀"是自己的事,由别人来"劝",已说明钱氏何等留恋残生。他也许不怕死,可以死,但把他"偷生之心"牢牢拴住的,据说是"佳人难再得"的柳如是。他"不爱江山爱美人",不能看破俗世情爱,甘冒"失节"之不韪,苟活人世。那么,逻辑推理的必然结论是:柳如是连累了钱谦益,使他不惜名节,为河东君做了最大的"牺牲"——呜呼!吴三桂卖国献关,非三桂之罪也,全是其妾陈圆圆的责任!钱谦益以城迎降,亦非学士不敢死也,全是柳如是这"佳人"害了的!中国的士大夫们,凡做错了事,总找得着弱女子当替罪羊!他们随便怎样做,都能寻些理由为自个儿辩护开脱。有什么办法?

柳如是立于池畔,肃然道:

"君不忍死,是为了我吗?那好,我先死……"便欲投水,左右侍儿手快,拼命拖住,钱谦益老泪纵横。柳如是心一软,结果两人都活了下来。投降了清廷的钱谦益,做了五个月的官后,已有"一失足成千古恨"的痛苦。他深悔当初未自裁捐躯,不仅自己遭受千古唾骂,还连累了柳如是,会使她蒙羞含冤,难得清白,他常常喟叹:"苦恨孤臣一死迟"。

钱氏夫妇在一片嘲骂声中,无法辩解,只得暗地里使劲,积极参加了"复明运动"。夫妇倾家荡产,甚至借债,资助南明的残余势力。当时南明的第三位皇帝叫朱由榔,在西南地区诸省狼狈逃亡。钱氏门生瞿式耜,正做南明广西留守、东阁大学士,钱谦益与之"蜡书往来",颇为密切,通过他向朱由榔汇报自己的情况以及暗中策反马进宝的经过,并定期向南明纳款。

钱氏与另一门生郑成功,关系也密切。郑成功之父原为海盗,后欲降清,郑成功力谏不从,郑成功便与他分道扬镳,勒兵抗敌。他见清兵追击朱由榔,便倾全国之师进入长江,直逼南京,以阻挠清兵穷追南明皇帝。郑成功挥师西进,有歌云(《出师讨满夷,自瓜洲至金陵》):

缟素临江誓灭胡,雄师十万誓吞吴。

试看天堑投鞭渡,不信中原不姓朱!

然而大势已去的南明,决定了"气吞万里如虎"的郑成功也不会成功。攻金陵失败后,郑成功率余舰扬帆出海,又攻崇明。钱谦益冒死以往,师生二人相会于崇明附近海船之上,密谈形势,依依惜别。后来,人们发觉钱氏夫妇早有与海上反清将士往来的嫌疑,曾移居于临海之白茆湾芙蓉庄。其后清军水师封锁白茆港,郑成功亦以余力攻取台湾,不复卷土重来。钱谦益方归城中旧宅,柳如是仍留居芙蓉庄,直至钱氏将死前才返回。

公元1664年,八十老翁钱谦益归天而去,其愧恨之情,毕生未消。"绛云楼"早不复存在,被十多年前的一场大火,烧为白地了。柳如是也年届半百,鬓发上霜,虽口诵佛经,而心念天下,郁郁寡欢毛为资助复明,他们借了不少债,此刻债主们便逼上门来,打闹不休。柳如是难逃此厄,为使钱氏一门不致彻底破败,她自缢于荣木楼。一见闹出了人命案,债主们才不得不偃旗息鼓。

柳如是遗嘱,有两方面内容。她嘱咐亲生女儿道:"我来汝家(即钱家)二十五年,从不曾受人之气。我死之后,汝事兄嫂,如事父母。"可见从个人生活来说,柳如是与钱谦益结婚后,钱家以"匹礼"相待,原配夫人纵有妒意,也奈何她不得。作为"继母",她平时与"前夫人"所生之子钱孙爱也相处得好;柳如是死后,钱孙爱以"匹礼"葬之,亦足见对她的尊重。总之,柳如是的后半生确实"大大翻了一个身",不再是受人欺凌玩弄的风尘女子。钱谦益为了使她能突破社会制度与感情的矛盾藩篱,任人笑骂,以"爱情至上"的精神,展开翼护一个弱女子的有力翅膀,确也难能可贵。

从政治立场上看,柳如是则不愧为"一代国士"。她在遗嘱中,吩咐子女将她"悬棺而葬",表示死后也不践踏清朝土地。山河破碎,当与国家共存亡,这是柳如是一贯的思想。虽然因钱谦益"艰于一死"的连累,柳如是多活了二十年,但她绝非苟且偷生之辈,夫妇二人沉默相伴,竟从事了十多年的"地下活动"。

柳夫人殉家难之后,儿辈将她礼葬于拂水山庄秋水阁庭中,东距钱谦益墓四十步。棺用铁索悬于墓室,而遂其不愿践踏清朝土地之志。呜呼!世人仅以才女目之,以名姝赏之,而不知其亦为爱国之奇女子。柳如是眷怀故国,至死不悔的凛凛巾帼形象,正是刻在后人心中的墓志铭。

三百多年过去了,柳如是的墓冢几经沧桑,在荒烟蔓草中已难辨认。旧事随流水,人们只见衰草翠柏,游人耳畔,似乎回荡着《梦江南》的悠然曲调:

> 人何在?人在烟雨湖,
> 篙水月明春腻滑,舵楼风满睡香多,
> 杨柳落微波。
> ——柳如是《梦江南·怀人》之十七

柳如是给我们留下了宝贵的文化遗产,也给我们留下了她坎坷的人生经历,更给我们留下了对人生的思索。

民国侠妓　乱世传奇

——小凤仙

名人档案

小凤仙：又叫筱凤仙，偏房所生，后改名为张凤云、张洗非。原籍浙江钱塘，光绪年间全家流寓湖南湘潭，父亲经商颇有所成，后因被不肖友人拖累而倾家荡产。小凤仙被卖为奴婢，不久被卖到妓院，辗转到了北京。在著名的八大胡同之一的陕西巷云吉班卖唱接客做生意，以其才貌色艺俱佳，名震京师，成为民国初年北京城红极一时的名妓。

生卒时间：不详。

安葬之地：不详。

性格特点：侠肝义胆。

历史功过：她曾帮助共和名将蔡锷将军逃离袁世凯的囚禁，更因为与蔡锷的那段至死不渝的爱情而被人传颂，20世纪八十年代，这段爱情被拍成名叫《知音》的电影。

名家评点：蔡锷送给小凤仙一副对联中这样写道："不信美人终薄命，从来侠女出风尘。"

南帮翘楚　卖艺生涯

小凤仙19世纪80年代末出生在杭州。她是满族人的后裔。父亲是没落的满族八旗武官。在那清王朝彻底崩溃前的苟延残喘的年月里,那个八旗武官又突然落职了。小凤仙的幼年,生活在一个日趋贫困、后母对她很冷落的家庭中。在小凤仙约十三四岁那年,她的父亲故去。由此家庭生活更为艰难。后母意欲再嫁谋生路,狠心要将小凤仙卖掉。

这一天,杭州的一条街上挤满一群人,围观一个身上被插了草标出卖的小女孩。一对男女走过来,仔细打量这个瘦弱的小女孩,见她虽衣衫褴褛,却浑身透着一股清秀和聪灵。这对男女当即以八十两银子的身价将小女孩买去。

这个被抛弃给陌路人的小女孩,便是后来闻名北京的艺妓小凤仙。可怜当时她被卖身时,连姓名也被卖得无从知晓。这对男女给她取名小凤。

小凤没有落到正经善良人家的枝头。买回她当婢女使唤的这对男女。据说男的是在宣统年间写过一本庸俗的自传体小说《鲁男子》的风流文人,叫曾孟朴。此人以寻花问柳为乐。女的叫彩鸾,是曾孟朴在上海清和坊“媚莲小榭”狎妓时宠爱的一个雏妓。后来曾孟朴花了一大笔赎身钱从鸨母手上赎她出来,娶回家中。这两个男女成婚后双双来到杭州,在官场上谋了一个差事。

小凤在曾孟朴家里当了一年婢女后,已是一个十五岁的少女了。尽管吃的残羹剩食,而又重活劳累,她仍然发育成熟了,出落得十分标致。当初买她时就不怀好意的曾孟朴,迫不及待地要摧残这支刚刚含苞的小花,他时常拿贪婪的目光在小凤身上扫来扫去。天真纯朴的小凤尚不谙人事,对这些浑然不察。

这日一大早,小凤见主人曾孟朴和彩鸾忙着梳妆打扮完毕,便有说有笑地出门去了。她料想他们一时片刻不会回转,便想把自己身上穿的衣裳换洗一下。她走进自己的小寝室,刚刚闭门解了衣扣,便听见男主人急促地敲着她的门叫她。她以为主人突然转回来必是忘了带上什么物品或忘了吩咐什么事,急忙应声掩了衣襟开门出去。谁知男主人一头闯进门来,把她也拽进去,闩了门栓便行非礼之举。可怜小凤一个奴婢,哪敢有任何反抗? 只得在惊慌和恐骇中任由男主人凌辱……偏偏这时女主人彩鸾不迟不早赶回家来,撞见了男主人的丑行。

原来,曾孟朴乃是故意骗彩鸾一同外出,然后借故甩脱彩鸾溜回家来的。但他却瞒不住彩鸾这个风流场所里滚出来的泼辣女人,她早就在暗暗提防他的言行举动。当初她花银子买下小凤是另有打算,想使唤她几年,再转手卖给鸨母赚一笔银子。她自然不容曾孟朴去狎昵一个婢女而冷落她。她急急忙忙赶回家中,拿着了把柄便醋劲大发又哭又闹。

小凤也挨了女主人的痛骂。听了一番不堪入耳的污言秽语后,她才知道自己宝贵的童贞被男主人强夺去了,不禁失声痛哭。

男主人恼羞成怒,索性公开地一再蹂躏起小凤来。小凤的身心遭此摧残,从此形成忧郁寡欢的性情。

正巧,这时上海清和坊“媚莲小榭”的那个鸨母忽然来杭州进香。她顺路到曾孟朴家看她过去的“女儿”彩鸾,撞见了这对男女的闹剧。

鸨母见小凤姿色不凡,暗忖可从这个年龄正合适的女孩子身上捞一把。便打定主意,故作半真半假的语气对曾孟朴说:

"当初老身为了成全你,狠狠心把老身最疼爱的女儿给了你,也是指望你们恩恩爱爱地过日子。你如今也该寻一个孝顺的女儿还给老身材好……依老身之见,不如让老身把这个小凤带回上海去。她一走,你们两口子也没事了。"

彩鸾一听正中下怀,自然是抢先满口应承。曾孟朴也不便再说什么。

鸨母回上海时,便像花钱买小羊羔似的把小凤牵走了。

小凤被带到上海,从一个火坑里被推进另一个火坑,被迫入了清和坊"媚莲小榭"为妓。她开始痛恨这世间的不公正,性格更忧郁而冷漠。鸨母给她易花名凤云,逼她立即接客。尽管小凤哭泣不从,怎奈老鸨冷眼凶脸,威逼利诱,她已是身不由己了。

从此,小凤(凤云)在上海沦落风尘。

那正是"二次革命"失败时期,革命志士或远逃他乡或亡命国外。官僚、巨贾、豪绅们却洋洋得意。一时间,冠盖京华,挥金如土。上海的名妓,也趋炎附势,纷纷北上"淘金"。凤云(小凤)也随着这股潮流漂泊到北京。

北京八大胡同,是达官贵人醉生梦死,妓女们强作欢颜的青楼之地。

八大胡同的兴起,是民国前后一、二十年的事。前清禁止官吏狎妓。但不禁"男风",俗称"相公",士大夫选歌征色,都重在那些扑朔迷离、难辨性别的戏班"歌郎",也就是扮花旦扮得惟妙惟肖的俊俏小生。这些"歌郎"名为郎君,实则视同女身。到了光绪中叶,北京内城口袋底一带出现了歌妓,与戏班相区别,称为小班。庚子年间,八国联军进犯北京,京城大乱,内城的歌妓班子也都逃散躲避了。等到局势平定以后,歌妓小班渐渐集中到八大胡同:陕西巷、石头胡同、皮条营、王广福斜街、百顺胡同、韩家潭和后来名存实亡的胭脂胡同、万佛寺湾共八处。

小班,全称是清吟小班,表示她们卖艺不卖身,流品不同,是娼寮中身份等级最高的。清吟小班,又分南帮和北帮。两帮界限划分极严,本来南不北侵,北不南扰。但自从上海和南方各地的艺妓歌女纷纷入京以后,使南帮的势力扩大了,尤其是南帮中的苏帮,地盘向北帮占据的东段延伸。原先是北帮天下的陕西巷,渐渐由南北两帮平分秋色。陕西巷在八大胡同中名气最大。据说当年赛金花就曾在此高张艳帜。

凤云来到京城,就入在陕西巷南帮的云吉班。她改叫艺名小凤仙,度卖艺生涯。

小凤仙的身姿、容貌可谓天生丽质。但在美女如云的八大胡同,她的相貌并不特别突出。她是凭自己非凡的气质而迅速引人注目的。命运对她不公道的摆弄和折磨,倒使她在生活中熬得性情孤傲。她很不善于侍候客人,尤其不愿逢迎巴结,为此不知遭到鸨母多少次叱骂讥讽,可她仍我行我素。她很聪慧,颇能识文断字,癖好读书。这使她在艺妓群中超人一等。她本一口吴侬软语,进京后很快又说得好一口京片子。她擅长作歌缀词,更兼博览群书,很有思想,且有一副侠义心肠,被人称作侠妓。

所以,小凤仙在陕西巷挂的牌子很快名噪京城,成为南帮翘楚。

民国初年,北京官僚狎妓成风。革命党人也以烟花胡同作掩护,从事秘密活动。

蔡锷闻得小凤仙的名气,便到陕西巷云吉班探访,结识了小凤仙。这是在1913年至1914年之间(民国二年至民国三年)的事。当时小凤仙约十七八岁。

小凤仙与蔡锷交往的背景很复杂微妙。

蔡锷是北洋军阀的滇系将领。年轻有为,军事才干卓著,深得云南将士的拥戴。以当时蔡锷身为云南都督的实力地位和影响,加之他敬重梁启超师长,被一心策划称帝复辟的袁世凯视为大隐患。袁世凯便用民国大总统委以组阁重任或派往湖南率军的名义,骗蔡锷入京。蔡锷尚在进京途中,袁世凯已背信弃义,宣布了另外的组阁和治湘军人选。等蔡锷到京后,袁世凯委他以参政院参政员、全国经界局督办等重职,并赠予梅花胡同66号豪华公寓和一万元金,以示大总统爱才重才,"上马赐金,下马赐银"。其实,封给蔡锷的都是空衔,他被软禁起来了。袁世凯专门指使长子袁克定,派出众多党羽,严密监视蔡锷的一举一动。

这些都是小凤仙和蔡锷深交之后才得知的。

蔡锷是一个爱国的热血壮士。他出生在湖南宝庆县(今邵阳市)一个清贫的农家。这个寒门学子,从小就立志救国,长大留学日本,寻求真理。后来投笔从戎,从重九起义到督军云南,屡建奇功。蔡锷的政治抱负,是巩固刚刚建立的民国基础,结束军阀割据的局面,安定天下老百姓的生活;训练一支强大的军队,用以对付日益贪得无厌的帝国主义列强尤其是日本。蔡锷对袁世凯的认识,经历了一个过程:由全心拥护、寄予幻想,到半疑半信、提高警惕,直至彻底失望,认清了窃国大盗的狰狞面目。

蔡锷遂与其师梁启超密谋反袁大计,极其隐蔽地与云南将士频繁联系。为了迷惑袁世凯,蔡锷宣称与其师梁启超政见不同,公开签名拥护帝制。并进一步麻痹袁贼,终日混迹八大胡同,纵情声色,不问公务,表现出一副沉沦壮志的庸倦形态。评价这段历史的人称之为"醇酒妇人计策"。

自然,此时的蔡锷,目睹令人作呕的拥帝派丑行,叹满京城的文武官吏、学者名士中,竟难觅知音,也不无索性遁身歌楼酒肆,借以排遣积淤满胸的忧愤愤懑之心境。

一天,蔡锷易戎装为商贾服来访。他自称是商人,出言谨慎,对自己的身份来历讳莫如深。小凤仙很善于察言观色识别人物,一眼看出蔡锷气宇轩昂,仪表非凡。凭直觉,她感到此人绝非一般拉皮条的官绅富贾、无聊文人之类,像是一个身负有重大使命的人。

小凤仙置酒款待蔡锷。应酬交谈中,小凤仙更见这人谈吐不凡,便说道:

"我自堕于风尘卖艺,几年来也接待了各色各样的客人。未尝有丰采似君,令人钦仰,今日可谓仅见斯人了。"

蔡锷忙答道:"都门繁盛,游客众多。王公大臣,不知凡几;公子王孙,不知凡几;名士才子,不知凡几。我贵不及他人,美不及他人,才不及他人,怎得谓仅见斯人?"

小凤仙摇首道:"如君所言,均非我意。试想当今举国萎靡,国将不国,贵乎何有,美乎何有,才乎何有?我独重君,因见君眉宇间有英雄气,不似那寻常人醉生梦死的模样。"

说得蔡锷半晌不言,暗暗赞叹小凤仙果然是娼寮中的特色女子,不愧侠妓名声。但他毕竟不放心直言自己的来历,只好言不由衷地应付别的话儿。

小凤仙见蔡锷似有难言之隐,遂离席抚琴,奏一曲《高山流水》。委婉真切,情意淋漓。蔡锷为歌曲所动,也离席聆听。一曲罢了,他还愣在那里若有所思。

小凤仙见状,又为蔡锷满斟一杯酒。递给他说:"细观君态,外似欢娱,内怀忧结。我虽弱女子,倘蒙不弃,或许能替君解忧。请勿视我仅为青楼浅薄女郎!"

蔡锷听罢,对小凤仙更为赏识,他接过酒,一饮而尽。这才仔细打量小凤仙,见她确实妩媚动人,衣饰装扮却淡雅,眼神天真中透着孤傲和深沉,显得格外端庄清秀,全然没有青楼脂粉气。

小凤仙被他的眼光逼得垂下眼睑,但她很快迎眸对望过去。两人心里都有了一种碰撞般的震荡。

蔡锷看到小凤仙的箱头柜面上堆满了书籍和许多卷轴。他信手展阅卷轴,见多是文士赠联,便笑着问小凤仙:

"对联如许,何联最适卿意?"

小凤仙答道:"我略谙文字,未通三昧。但觉赠联中多是泛词,不甚切合。不知君肯赏我一联否?"

蔡锷慨允不辞。小凤仙当即取出宣纸,磨墨润笔。蔡锷不假思索,挥毫疾书,但见一联跃然纸上:

不信美人终薄命

自古侠女出英雄

小凤仙十分欣慰。当她看到蔡锷署下款"松坡"二字时,略微思忖,猛悟道:

"君莫非蔡都督吗?"

蔡锷神情漠然地点点头。

小凤仙欲问又止。犹豫片刻,仍旧问道:

"如今这都门系龌龊地方,君本在云南率军,何为轻身到京?"

蔡锷一惊,毕竟不敢轻易道出实情,便试探说:"现在袁总统要做皇帝,哪一个不想攀龙附凤,图些功名。就连女界中也组织请愿团,什么安静生,什么花元春,都趁机出风头。我为你计,也不妨附入请愿团,借沐光荣。何必甘落人后?"

小凤仙却正色答道:"你们大人先生,应该攀龙附凤,似我命薄,想什么意外光荣?君且休说得肉麻。"

蔡锷并不在意,又问道:"你难道不赞成帝制?"

小凤仙反问道:"帝制不帝制,与我无涉。但问君一言:三国时候的曹阿瞒,人品如何?"

"也是个乱世英雄。"

蔡锷的话音刚落,小凤仙立刻声色俱厉地接道:"君去做华歆、荀彧罢,我的妆阁,不配你立足!"

蔡锷又是半晌不语。他对面前的小凤仙已是钦佩不已,不禁在心底吟诵起唐代诗人高适的名句:"莫道前路无知己,天下谁人不识君。"一时竟有此番入京,不虚此行之慨。

从此以后,小凤仙赢得蔡锷的爱慕和信赖。

蔡锷对小凤仙推心置腹,视为知己。小凤仙也爱蔡锷的将军风采和才华胆识,尤其敬佩他反袁护国的英雄壮志。他俩相见恨晚,两情缱绻。

一时间,满京城流传开将军狎美人的风流韵事。

局外人却绝少知道,这是一对侠义情侣。小凤仙在大胆、机智地配合掩护蔡锷秘密筹划的反袁护国行动。小凤仙的妆阁内室,成为蔡锷收集情报、拟发密电、隐秘与反袁志士会见接头的安全掩所。

小凤仙与蔡锷形影相随,外界的议论沸沸扬扬。蔡锷的家里也风波迭起,夫妻反目。蔡夫人与他狠吵了几回,哭闹着要回老家去,蔡锷也不劝阻。风声都传到袁世凯的耳朵里去了。流言对蔡锷颇有贬责。其实,蔡夫人很贤惠而晓大义,她是在配合蔡锷演"苦肉计"。这是蔡锷巧妙筹划的"佯狂避世"迷惑袁世凯计谋的一部分。

起初,小凤仙尚不知蔡锷与夫人演的"双簧"。当有人指责蔡锷"宠妓灭妻"的同时,针对她的各种飞短流长也纷至沓来。这对小凤仙的为人是一大考验。她难堪,为蔡锷夫妇的不和而愧疚不安。她确实倾心于蔡锷这位英俊勇敢而又温文儒雅的将军,但为蔡夫人考虑,她准备痛苦地提剑斩断情丝。她采取了理智、大义而富于同情心的行动,大胆去拜访了蔡夫人并博得蔡夫人的好感。

小凤仙拜访过蔡夫人之后,才把见夫人的经过,告诉蔡锷。

这天中午,蔡锷又来见小凤仙。小凤仙自与蔡锷结识后,虽未摘"牌子",实际上已不再接待别的客人。所以蔡锷每次来访也不再通报,可以排闼直入,毫无顾虑。

小凤仙起床不久,刚刚梳妆完毕。见蔡锷进来,两人便手拉手来到套房,套房里有一张很舒适的小床,蔡锷喜欢在这里睡午觉。蔡锷往小床上一坐,把枕头垫到背后靠起来。小凤仙先向窗外望了望,然后挨着蔡锷坐下。她见蔡锷似无要紧事待开口,便握起他的一只手合在自己的掌中,若有所思地说:

"我到府上去过了,见到了蔡太太。"

蔡锷未免有些惊讶,说:"我怎么不知道?"

"我特意瞒着将军去的。"小凤仙说,"我是忍声吞泪去的。见了面才知蔡太太的大贤大德。"

接着她说了去见蔡夫人的经过。她决意去见蔡夫人表明心迹,事先打电话给蔡夫人道明了身份,说有话要跟太太谈谈,请太太约一个见面的地点。太太表示欢迎她直接到家里来说。

一见面,小凤仙很坦诚地表示,她不愿意看到蔡将军与太太闹家庭纠纷,但也不能立刻与蔡将军绝交,以免激得蔡将军与太太之间产生更大的裂痕。她希望太太信任她,给她一段缓冲时间,让她设法慢慢地与蔡将军疏远。

小凤仙说着便流泪了:

"将军猜蔡太太怎么说的?真令人感动。她拉着我的手说:'好妹妹,别这么说,蔡将军不得志,正要靠你的安慰和帮助。你是聪明人,别的话我就不便多说了。'我回来整整想了一夜,才知将军的良苦用意。"

她哽咽着说:"听太太说,趁袁世凯还没有看破,她近期就准备从京城这虎穴脱身回老家去。太太若一走,我得承担起照顾将军身体的担子……从此我追随将军也更无顾虑了。"

蔡锷默默听着,一直不语。待小凤仙说完,他慢慢抽出捧在小凤仙掌上的手,去抚着她的肩膀。两人挨得紧紧的,他都听到了她的心跳。

小凤仙这一番披肝沥胆的表白,使蔡锷进一步认识到她可亲可敬,有一副炽热而善良的心肠。

小凤仙巧妙地帮助蔡锷的反袁行动,很精彩的一幕,是智送热血青年金云麓投奔上海革命运动。

大学生金云麓,是小凤仙的云吉班姊妹雅梅的痴情恋人。他发誓要解救雅梅跳出火坑挣个自由身,雅梅也情深意笃地将终身大事期许在他身上。不料,金云麓因事暂离北京不久,袁世凯的爪牙突然闯进云吉班来捉雅梅进宫。

袁世凯的爪牙为什么要来云吉班捉雅梅?起因是这样的——

袁寒云是袁世凯的二公子,以风流自许。又喜舞文弄墨,自命清高,常以曹植自诩。他与一心巴望袁世凯做了皇帝自己便好做皇太子的大公子袁克定不合,对父兄二人常有讥讽。这一日袁寒云又与某文人唱和了几首诗,被袁克定偷看了,便去向袁世凯告状,家里有人造反,反对帝制。袁世凯听了大怒,令袁寒云搬到北海公园里去住,不准随便出入,"禁与当代名士唱和"。并派兵警卫,软禁了袁寒云。

袁寒云倒无所谓,说不如趁此机会潜心研究古钱,但他那"非正式"的夫人薛丽清却被激怒了,她对袁寒云说:"我本没有做王妃的命,犯不着跟你一起被人关起来!今日正要与你好说好散!"

这薛丽清原来也是八大胡同清吟小班的艺妓。她被袁寒云相中,接回宫里同住了一年多，已给袁家生下了一个男孩，而她的身份却一直未被袁家认可。虽说袁寒云倒还温柔，不似其父其兄那么霸道，但她嫌他酸气太重，又受兄长挟制……凡此种种，使薛丽清这个个性很强的女子总觉此身如在金丝笼中飞不出去。她一直忍耐着。如今袁寒云竟被关进北海，她再也忍耐不住了，便不顾袁寒云百般劝阻，撇下孩子，毅然决然离宫出走了。

此事本来也就罢了。不料薛丽清走后年余，袁世凯庆贺他的生日大寿，提前三日举行家宴，儿女、孙子都去给他磕头。临到一个老妈子抱着一个襁褓里的婴儿去磕头时，袁世凯一问才知是二公子新添的少爷，便再问孩子的生母何在？老妈子搪塞说："孩子的生母住在府外，未奉皇上恩准不敢入宫。"谁知袁世凯这天兴头很好，随口就说："叫她搬进宫里来住，等候传见。"

这就难倒了袁寒云和几个管家。那薛丽清早已出走去了上海，据说又在那里重张艳帜。这事千万不能传到袁世凯耳朵里。几个管家便给袁寒云出主意说，不如赶紧到胡同里随便寻一个来充数，反正皇上并不认识孩子的生母。袁寒云说只好如此了。管家便随口报出八大胡同几个名角的花名叫袁寒云挑。连报了几个袁寒云都不中意，报到"小桃红"雅梅时，袁寒云便中意了。他以往到八大胡同去混时，识得雅梅小巧玲珑如香扇坠，很是喜爱。于是厄运落到雅梅身上：进宫去为袁二公子李代桃僵，给薛丽清当替身蒙混袁世凯。

管家们马上吩咐军法处到八大胡同去要人。当军警们闯进云吉班气势汹汹地指名道姓要雅梅快快入宫时，雅梅慌忙从侧门溜进小凤仙的房里。小凤仙把她拉进里间藏起来。鸨母知道雅梅藏在小凤仙房里。她起先也装作不知道，假意诘问军警凭什么要抓人？其实她是在要价，当随后赶到的管家拿出五千银洋时，她的冷脸立即变作笑脸，帮着军警把雅梅从小凤仙房里拖出来。小凤仙气得满脸通红，却无力相助。雅梅悲痛欲绝，也无可奈何。她临走留下信物，委托小凤仙较交金云麓。金云麓从关外回京，看到雅梅留下的信物，悲愤交加，陷入不可自拔的苦楚中。

这天中午，小凤仙约了蔡锷一起，到东交民巷西口一家僻静的俄国餐馆，与金云麓交谈。小凤仙真诚地劝慰、开导金云麓。蔡锷鼓励他振作起来，去干一番事业。金云麓透露出他是革命党人，并说他有意南下，去上海投入反袁革命运动，只是犹豫会荒废了学业。

小凤仙和蔡锷都建议他以报国为重，他这才打定主意立即南下。一谈到动身日程时，金云麓支晤其词，似有难言之隐。蔡锷猜到他必是囊中羞涩，没有盘缠又好面子，不以实相告。

偏偏蔡锷身上只带了些零钱。小凤仙打开手提包，取出三百元整扎的钞票，不容推谢地赠给金云麓。

他们当即商定，金云麓次日启程经天津坐海船赴沪。蔡锷有一密件要托金云麓带到天津。约定当晚六时，金云麓再来此处与个凤仙接头。

等金云麓照嘱换了一身漂亮西服按时赶到时，早候在此的小凤仙却取出两张舞票,邀他去六国饭店跳舞。上了车,小凤仙在金云麓耳边低语一声"靠紧我坐",然后故用亲昵的语态与他调情说笑。到了六国饭店,小凤仙给了司机小费,叫他不要等,还故意关照司机:不要对蔡将军多说什么。果然蒙蔽过了一路上竖着耳朵偷听,并从反光镜中盯着他们的司机。事后,小凤仙听蔡锷说,司机倒劝他别太痴情,何苦大把洋钱给人去倒贴小白脸。两人忍俊不禁。

刚进入舞厅坐定,金云麓急切要小凤仙交代正事。小凤仙却谈笑风生。直到音乐声起,两人随众旋入舞池,她才低语道:

"座位上有可疑的人在偷听。我已放了一张纸条在你上衣左面口袋里。这曲舞罢,你借故去寻个地方赶紧记熟了便销毁。"

金云麓一摸,果然衣袋里不知何时有了一张纸条。他躲进一间单人房展开纸条,是写的一串阿拉伯数字,四个数一组,显然是电报密码。金云麓也很机灵,他把数字化作简谱,谱成一首曲子,顷刻背熟了。

他再返回舞台时,小凤仙才将收件人梁启超的地址告诉他。

金云麓很感激小凤仙和蔡锷的关怀、信任,自知受托事关重大,也急于早日投奔血与火的革命新天地,以斩却私情烦恼,他低沉、急促地告诉小凤仙:

"我决计提前启程以防不测,连夜搭货车走。"

小凤仙默默点头嘉许,两人旋出舞池。她再次打开手提包,将剩下的五十多元倾囊塞给金云麓:

"一路保重!"语毕,她凝望着他义无反顾的背影,直至他消失在夜幕中。

义送壮士　把盏饯行

1915 年(民国四年)秋,八大胡同里,依然日日是欢声笑语,轻歌曼舞。似乎在这繁华的京都,官僚富豪们能挥金如土、寻欢作乐,便能证明天下是一派歌舞升平景象。真所谓:"商女不知亡国恨。"

然而小凤仙知道,袁世凯登基称帝的日子越来越迫近。在水深火热中煎熬的中国人民,面临着一场更为巨大的灾难。形势逼人,刻不容缓,蔡锷必须立即离京赴滇,率领将士们发动反袁护国的军事行动。

小凤仙还知道,蔡锷除了已与梁启超和各省反对帝制的人士有过周密计划外,早在九月间,还与革命党领袖黄兴秘密接上了头。蔡锷返滇向袁贼发难,时机也成熟了。

令小凤仙焦虑的是,怎样才能帮助蔡锷甩脱密探的监视离京呢?她看到,蔡锷成天陷入苦思冥想。有时她深夜一觉醒来,见蔡锷还坐在灯下反复思量,她也睡意索然,披衣起床,给他煲上红枣莲米香粥,或重新沏上一杯浓茶,然后,默默地陪坐到天明。

在小凤仙的慨然允诺下，蔡锷终于拟定了一条脱身妙计。

那是 1915 年(民国 4 年)11 月 11 日。

小凤仙精心梳妆完毕，着一身格外惹人注目的华贵服饰，让蔡锷搂着她，二人卿卿我我地离开陕西巷云吉班，坐车来到中央公园(今北京中山公园)。小凤仙大声招呼司机把汽车开回去，她娇媚地说，"今日妾陪蔡将军在公园里好好散心。"

入得园来，两人徐徐散步。踱到大松柏树下的"来今雨轩"露天茶社前，便停步饮茶。

坐定以后，蔡锷将手上提的银丝网袋放到茶桌上，只听哐当一响，网袋里白花花的银圆十分显眼。

小凤仙又招呼蔡锷摘下巴拿马草帽，帮他脱下长衫。两人这才开始品茶。蔡锷点燃一支烟徐徐吐着烟圈，听小凤仙眉飞色舞地说着一件什么趣事。

跟踪而来的密探们见状，便松了一口气，都充作游客，坐在距离不远的茶座上。

少顷，蔡锷起身对小凤仙说：

"我去解手即回，你不要离开。"说着，便向厕所走去。密探们交换了一个眼色，见蔡锷身穿短衣去厕所，衣帽、钱袋都留在茶桌上，尤其是一向形影相随的小凤仙还坐着没动，断定他必然会很快转回来，所以没跟上去。

蔡锷佯作解手，绕过厕所，迂回走出中央公园，疾步直奔府石街石板房 20 号曾鲲化府中。

曾鲲化，时任民国交通总长。他是辛亥革命的前驱。从日本留学归国后，在袁世凯政府中任职。曾鲲化先生也是一位支持反袁斗争的志士。不过蔡锷在京两年，与他往来甚少，他便不为袁世凯的党羽们所注意。

早等候在家里的曾鲲化，急忙帮蔡锷换上曾夫人刘灿华的蓝衫和黑裙。男扮女装的蔡锷，钻进事先备好的轿子里，由曾府的一个湘籍厨师和一个北京籍的马车夫，一前一后抬着，径直抬到崇文门火车站。

当时北京火车站军警宪兵林立，严密盘查进出站的乘客。只有崇文门火车站是专供外国人和高级官员使用的，检查不甚严格。加之曾鲲化以交通总长之衔亲送家眷，轿上的"女客"便顺利登上了开往天津的火车包厢。

在"来今雨轩"茶社，一直盯着小凤仙守候蔡锷的密探们，见他迟迟未从厕所转回，慌忙去把厕所周围、公园内外搜寻了个遍，这才知道上当了。密探们气急败坏地返回茶社，围住小凤仙，逼问蔡锷的下落。

小凤仙由此判断，蔡锷必是安然脱身了，她一直惴惴不安的心情顿时宽松下来。她嘲笑地反诘密探们：

"各位大人一直在此监视小民，莫非哪位能证明小民藏匿了蔡将军吗？"

密探们面面相觑。

这时，蔡锷已安全抵达天津。袁世凯闻讯惊慌失措。

小凤仙首当其冲地成了重点审查对象。密探们把她抓去盘问了一整天。她镇定自若,从她口中得不到一句有价值的线索。密探们不得不把她放出来。

为了推诿责任,密探们便向袁世凯谎报军情,说小凤仙坐马车去丰台,车内掩藏了蔡锷。蔡锷离京前一天,曾去密友哈汉章家里打牌,哈汉章为避嫌疑,也趁机大肆鼓吹说,小凤仙如何勇敢侠义,冒险走丰台,故意混淆视听。于是,小凤仙挟走风流将军的美谈,成了京城的街谈巷议。刘成禺在《洪宪纪事诗》中,有一首专叙此事:

> 当关油壁掩罗裙,
> 侠女谁知小凤云。
> 缇骑九门搜索遍,
> 美人挟走蔡将军。

送走蔡锷后,小凤仙的心境是复杂的。京城的议论使她欣慰,但她仍很不安。她想,蔡锷到了天津并非就是脱险,赴滇的路途上必伏满杀机。她还有一种强烈的失落感。两年来,蔡锷与她朝夕相处,心心相印。使她有希望,有寄托,生活富有了光彩。如今斯人一旦离去,她感到孤寂和无聊。

她只知道,蔡锷到天津后将住进日本人办的共立医院。她仔细从报纸上寻找蔡锷在天津的消息。报载,蔡锷称喉疾,向袁世凯请假赴日治病,袁世凯已照准。她思忖,蔡锷确乎喉部有小恙,但事态绝非如此简单,其中必有险诈。她带着满腹的牵挂和思念,悄悄离京赴津,去寻蔡锷。

袁世凯果然是一方面假意照准蔡锷东渡治疾,一方面密令日本和云南等地党羽,不惜一切代价堵劫捕杀蔡锷。蔡锷早有防范,他与梁启超密商后决定,绕道日本返滇。并事先派专人到云南向唐继尧报告,同时与正在海外的孙中山、黄兴取得联系,以期沿途布置人接应保护。

小凤仙赶到天津,在蔡锷离津前夜,为他把盏饯行。别离愁绪,语重心长的叮嘱,都倾注在满杯满盏的送行酒中。

饮到酣畅之际,小凤仙起身趋前,哽咽道:

“将军此去,任重道远。本欲为君高歌饯行,但恐袁贼耳目甚近。愿拟歌词几阕赠别。”

当即找了笔墨来,蔡锷取出怀里揣着的一个笔记本,小凤仙便舒开纤腕,一字一句地默写着——

[柳摇金]丽歌一曲开琼宴,且将之子饯。(将军呵!)你倡义心坚,不辞冒险。浊着一杯劝,料你食难下咽(蔡郎蔡郎!)你莫认作离筵,是我两人大纪念。

[帝子花]燕婉情你留恋! 我这里百年预约来生券,你切莫一缕情丝两地牵。(如壮志未遂啊,)化作地下并头莲,再了生前愿。

[学士巾](蔡将军呵!)你须计出万全,力把渠魁珍。(若打不倒袁贼呵,)休说你自愧生前,就是依也羞见先生面,妾要见,到黄泉。

写着写着,涌满小凤仙眼眶里的泪珠断线而落,砸得满纸湿痕斑斑。蔡锷轻轻地为她拭泪,但自己的眼眶也通红了。

这是 1915 年(民国 4 年)12 月初的一天深夜。寒风呼号,残月惨淡。小凤仙依依送别蔡锷,默望着他换上一套灰色西装,手提简单的行李,大步流星向塘沽港而去。

那里泊着一艘日商"山东丸"轮,即将起锚东渡日本。

魂牵沙场　涕泗滂沱

小凤仙怀着沉重的心情回到北京,回到陕西巷云吉班,竭力保持平静地挨过一天天时光。

但她的心一直激动难宁。这次蔡锷离京,她本愿跟随他去,哪怕山高路远,风吹雨打。想前一段时间,满京城里"风流将军狎美人"的议论沸沸扬扬的时候,曾风传蔡锷欲"置金屋以藏娇"。事实上,小凤仙与蔡锷之间,确实就小凤仙的归宿有过打算。蔡锷有心助她跳出风尘。她虽知蔡锷已有妻室,也愿以终身相许。有一次,小凤仙陪蔡锷去中学看望他收养的阵亡部下的孤女胡小静时,三人交谈中,蔡锷已有携小凤仙带养女东渡日本的主意。

不料蔡锷因形势险迫而仓促离京,行前局势不允许他与她从容商计小凤仙的日后事。两人都是欲言又止,将万语千言滞留在胸臆。蔡锷只能反复叮咛,嘱咐她自珍,待他完成壮举重返京城时,再来相会。他认为这段时间不会很长……

而今斯人已去,在这严寒的冬季,小凤仙独守孤灯长夜。空空的妆阁里,将军的音容笑貌骤然消失了,但那宛若昨日的缱绻情谊又难以忘怀。小凤仙常常彻夜思念挂牵。每到天色微明,她就推窗遥望天津塘沽方向,眼前立刻浮现她与蔡锷挥泪而别的一幕。这时,她心里总有一种似担心又不只担心的不祥怕意,于是便联想起古人易水送别荆轲的悲壮场面,不禁默吟:"风萧萧兮易水寒,壮士一去兮不复返"。

小凤仙每天清晨做的第一件事,就是将京城所有的报纸都找来翻阅。其时,蔡锷已是全国景仰的人物,有关他的报道,相当详细。小凤仙将关于蔡锷的每条消息都剪下来,贴在本子上,不放过一鳞半爪——

蔡锷安全到达云南。

蔡锷与唐继尧等人致电袁世凯作最后通牒:取消帝制,惩治重要罪犯即拥护帝制派十三人。

最后通牒到期这天,云南通电独立。组成护国军,蔡锷任护国军第一军总司令。

护国军兵分三路北上。蔡锷率中路直取川南重镇泸州,声势壮大。广大革命党人同时掀起强大的反袁革命浪潮,各省纷纷响应,通电独立。

......

但报道毕竟不能涉及蔡锷更具体的状况，而这是小凤仙更为关注的。

一天，小凤仙接到从袁府出走的雅梅的电话，约她去六国饭店见面。

见面后，雅梅告诉小凤仙："我准备与袁寒云分手。等我与他的事了结，我们一起先去上海，我帮你去找蔡将军。"

小凤仙初觉这个主意好，但细细一想，又觉不妥，便说：

"我还是守在北京的好。他正在忙着打仗，我不能再拿不相干的事去扰乱他。"

"怎么不相干？这可是你的终身大事。"

"比起他的大事业来，我的事太小了。等到仗打完了，他一定不会忘记我。我相信他。"

雅梅不语了。其实，她偶然从别人口里听到了蔡锷的消息。蔡锷目前正在泸州、叙府一带作战。他的生活极其艰苦，经常几日几夜不能好好睡一觉，一身军服，从出师以来从未换洗过。原本不好的身体，益发瘦弱了。雅梅不忍将这些告诉小凤仙，免得她担惊受怕。

让小凤仙平静地期待战事平息的那一天吧，她想。

小凤仙期待的日子，到底来临了。

1916年（民国5年）6月上旬，袁世凯在全国人民的唾骂声中一命呜呼。黎元洪继任总统，段祺瑞组阁。护国军罢兵。

小凤仙开始急切地盼望蔡锷派人来，或者至少写信来。可是一天天过去了，她望眼欲穿，依然是音讯渺茫。她的一颗心，忐忑不安，滋生出无穷的忧愁和疑虑。

她竭力宽慰自己说，蔡锷还羁留在硝烟未散的前线，他眼下还没有功夫派人或写信来。

到了7月下旬，消息说，蔡锷到达成都，就任四川都督。小凤仙更为期待而焦虑了。他怎么仍无信来呢？他该想到天涯有人魂牵梦绕的呵！

小凤仙终于盼来了一个人。这人便是她和蔡锷资助、鼓励赴沪投入革命运动的金云麓。他五天前由四川到上海，又匆匆赶来北京。原来，他自从离京南下后，一直受命往来于沪蜀之间，联络各地的反袁护国行动。

金云麓告诉小凤仙，他是二十天前与蔡将军分手的。将军郑重委托他来看望小凤仙，还捎来了口信："将军说，对不起你。请你不必惦念他。"

小凤仙听了此话，感到很费解。她欲再问详情，却见金云麓向陪她而来的雅梅递了个眼色，便匆匆起身说今日另有要事，要告辞。

不祥的预兆猛地袭向小凤仙的心头。她明白，他有些不便说的话，转而委托雅梅来对她说。她便不挽留他，只约改日再见。

金云麓一走，雅梅并不等小凤仙催问，主动按照金云麓的嘱咐说起来：

"蔡将军说，他不能派人来接你。他也拿不出一些钱来托金云麓捎给你。蔡将军和他的弟兄们苦得很，几个月发不出饷，伙食钱是找地方上的绅士东拉西借的……"

"难道我指望他给一大笔钱发财？"小凤仙听得不禁恼怒起来。

雅梅愣了愣神，迟疑着说下去："蔡将军的反袁壮举是成功了，却没人管他的事。弟兄们要解散，要补发欠饷，他拉了两三百万的亏空。"

小凤仙听了也一惊："竟拉了这么大的亏空？"

雅梅点点头，无意中又冒出一句："蔡将军的病，也更加治不好了。"她立即知道失口了。金云麓关照过，暂不要对小凤仙说蔡将军的病情。

小凤仙立刻惊讶变色，接二连三追问道：

"蔡将军何时患上了病？是什么病？有没有危险？"

雅梅惶惑地摇摇头，她不敢再说，也说不清楚。

小凤仙赶紧向她问清金云麓的住址，向他挂通了电话，请他连夜赶到她的住处再谈。

雅梅陪小凤仙回到家里，表示要再陪她等金云麓到来。小凤仙谢绝了，她想独自静一会儿，理理纷乱的思绪。

送走雅梅，她虚掩大门，点燃煤油灯，仰头靠在窗前，紧闭双目。她凝听窗外，西风乍起，尖利地扯叫着，吹打起落叶，哗哗啦啦地，不知卷向何处……

金云麓很快赶来了。他见已隐瞒不住，便将真相和盘托出。

"……蔡将军率军入川时，只领了四个月的饷……他以三千饥卒，与北军四万为敌……与张敬尧在合江、纳溪之间，一连交战二十多天。他未曾好好睡一觉，未曾好好吃一顿饭，终致病倒了。不断发高烧，军医诊断不出病因，束手无策……"

"幸亏当地有一座天主教堂，法国神父精通医理，诊断蔡将军咽喉部位的细胞畸形发展，蔓延极快，已属不治之症。若再不好好休息疗养，则最多只有半年时间了……"

金云麓已泣不成声：

"将军恶衣废食，自戕其身，瘦得脱了形。说话要拿耳朵贴在他的嘴上才听得见。就这样，他还不躺下休息。我从未见过这样的硬汉子，一步一步往死里走，自己也知道，可决不泄气……"

小凤仙听得心如刀绞。但她还没流泪，她忘了哭，只顾死死盯着金云麓的嘴巴，不放过一字一句地听着。直到他说完，她还目不转睛地望着他，但她的双眼已失了神，她的一颗心，早已飞到成都，扑到蔡锷身上。

痛失知音　隐居至老

蔡锷的病情日益恶化。8月9日，他被从重庆送到宜昌。一艘军舰全速驶来，载着他顺长江急下，沿途所经武汉、南京均不停留，直抵上海。他的行踪极为隐秘，以防有人去探望反而打扰了他。

但小凤仙还是打探到了蔡锷的消息,并知道他住在上海哈同花园。她急切地邀金云麓马上同她一道去上海,她要去探望、护理蔡锷。

金云麓以为小凤仙不去为好。但他一时难以劝说,便推说有急事要办,三日后再会面商量启程日期。小凤仙则催促他有事赶紧料理,三日后便启程。

金云麓陷入了沉思中。他早料知,蔡将军所托此行,使命艰难。而今小凤仙的念头果然难倒了他。从蔡锷考虑,以他危重病状之身,他感情上的负担,本已断然抛开。如果又玉人觌面,古井重波,对需要绝对静养的他来说,何堪承受这番巨大波澜的刺激?为小凤仙设想,一旦去见了蔡锷,目睹他形容枯槁,失音难语,连一吐相思都不能够。除了平添摧肝裂胆的巨大痛苦,于小凤仙的今后又有何益?

"……我不能让小凤仙去上海见蔡锷!"他考虑笃定。可是,怎样劝阻她呢?他搜遍枯肠,猛然想起一句话来。这句话,足以打消小凤仙的念头。但这句话也会像一把利刃,深深刺伤她的心……别无选择了,他狠心对自己说。

第二天,小凤仙突然接到金云麓约她去明湖春吃饭的电话。她想,他提前找她见面,必有要紧话说,便准时赴约。

见面后,她见金云麓的表情很紧张,果然似欲相告要紧事的神态,便也不催问他赴沪的准备如何,听任他闲聊起他的故乡和出身。

"我的故乡徐州,是当年楚霸王项羽镇守之地,古迹名胜甚多。有个燕子楼,不知凤姐听说过否?"

小凤仙答道:"是不是关盼盼绝食的地方呢?"

"正是。"他趁机接着讲起,白居易如何应邀到张尚书家做客,如何见面认识了关盼盼。张尚书死后,关盼盼怎样誓死不嫁人,怎样在燕子楼独居十余载。她苦吟了思念张尚书的三首诗落到白居易手里的经过。

小凤仙伤感地说:"我闲来读书时,也读过这三首诗,确实催人泪下。"说着,她不禁小声吟哦起来:

"楼上残灯伴晓霜,夜眠人起合欢床;相思一夜知多少,地角天涯不足长。

这一首是说寂寞恨更长,纵天高路远,也不比一夜思念更长。第二首说是张尚书葬在洛阳北邙,她去谒墓:

北邙枕柏锁愁烟,燕子楼中思悄然;自埋剑履歌尘散,红褪香消二十年。"

她闭目略为思忖了一会儿:"第三首写得更是凄凉:

适看鸿雁岳阳回,又睹玄禽逼社来;瑶瑟玉笛无意绪,任从蛛网任从灰。"

金云麓说:"这三首诗落到白居易手上,他依韵和了三首。你可曾读过?"

"未曾。你记得吗?"

"我只记得第三首。"他说着吟道:

"今春有客洛阳回,曾到尚书墓上来;见说白杨堪作柱,争教红颜不成灰。"

小凤仙听了惊疑地问:"白居易要叫关盼盼去死?"

"白居易另外有一首诗赠关盼盼,说得更明白:黄金不惜买蛾眉,拣得如花四五枝;歌舞教成心力尽,一朝身去不相随!"

"岂有此理!"小凤仙勃然变色:"难道教成歌舞,就应该身去相随死吗?"

金云麓并不停嘴,依然说下去:

"关盼盼看了白居易的诗便绝食而死。但她未绝食前,有一番解释的话。她说张尚书故世时,她不是不肯殉节,是怕人贬议张尚书重色,所以有姬妾愿意跟他一起死。这不是损害了张尚书的名誉?"

说到这里,他顿了顿,终于脱口说出最后一句话:

"我觉得,关盼盼的想法很对。这样爱惜张尚书的名誉,才是真正与张尚书好。"

小凤仙默然。她不再说话,只是低着头沉思。她完全明白了金云麓引出这个话题的用意。

好一会儿过去,小凤仙才猛然昂起头:

"上海,我不去了。蔡将军本是大人物,如今更是全国景仰,一举一动,都有人注意。我这个风尘女子去找他,被人传说开去,不是对将军不合适吗?"

她的话骤然而止,浑身的血都奔涌到脸上。她确实也悟到了,此时去见蔡锷,会使他激动,对他的病体不利。但她心中翻腾着更多的感慨。

"去不去上海,请凤姐再从容考虑……我断无意语伤尊敬的凤姐……"金云麓深抱歉意地说。

"我的主意已定。"小凤仙面色惨白,却很豁达地说。

小凤仙不去上海是绝望的决定。但她对蔡锷的期待还没有绝望,她默默祈祷他康复。

她依然仔细地从报纸上寻找蔡锷的消息,小心地剪贴在本子上。这时全国都关注着蔡锷的病情,报纸上的消息较为详细。报载——

蔡锷于9月初由上海东渡日本,在神户登岸转道福冈。一路由他在日本陆军士官学校时的老同学蒋百里护送。

福冈医科大学病院的医师们对蔡锷的病症进行会诊,一致认为:蔡锷的病已属不治之症。只能安慰病人使之保持良好的心境以拖延时间。

小凤仙对这残酷的诊断结论惊讶失色之余,仍在心里暗自祈祷:但愿蔡锷能因护国成功而感到宽慰。她想,这种宽慰能使蔡锷避死回生,天不应绝此救国救民的良将。

然而蔡锷的心境是难以宽慰的。他不顾医嘱执意要看报了解国内政局。护国战争的告捷并未带来他预期的结果。军阀割据之势已形成。袁世凯死后继任大总统的黎元洪与总理段祺瑞勾心斗角,致成府院对峙……这一切对蔡锷都是刺激。

这些坏消息,折磨得小凤仙柔肠寸断。但她的心里还是抱着苦苦的希望。

11月中旬,一个噩耗从上海传到日本:黄克强以四十三岁的英雄年华,忽于一

国学经典文库

中华名人大传

图文珍藏版

三七四

天傍晚口吐狂血,致当夜2时气绝身死。蔡锷闻讯顿足捶胸,痛呼国家于用人之际失却一栋材。他由此愁闷益增,病势更为沉重……

小凤仙泪流满面地读到这些消息:

至11月8日,蔡锷感觉天旋地转,自知死神临近了,他以低得几乎听不见的声音对蒋百里说:

"我不死于保卫国家的疆场,死有余憾……古来大臣临终,必有遗奏。人之将死,其言也善……我要尽最后的言责,请你代我拟遗电。"

他艰难地口诉起来,一字一句都凝聚着满腔的爱国情义。这就是历史上著名的蔡锷四点遗电。其中有一点就是要求北京政府令饬四川有关当局,将护国军将士在四川作战的阵亡及有功人员,核实请恤请奖。他临死尚念念不忘他的将士。

他喘不成声地口诉完最后一句遗电,说他"以短命未克尽力民国,应以薄葬。"

护国运动的主将,一颗耀眼的将星,陨落了。

蒋百里急电回国报告噩耗:"……公恶衣菲食,以戕其身……临终之际,犹以未能裹尸为恨,然蔡公身虽未死于疆场,实与阵亡者一例也……"

急电传到北京,传遍全国。

小凤仙彻底绝望了,她痛不欲生。她摘掉云吉班门前她那块早已是虚挂的"牌子",几日几夜把自己反锁在内室卧床不起,拒食拒饮。

蔡锷的灵柩于1917年(民国6年)元旦的第二日运回国,扶送到湖南长沙。依照不久前公布的"国葬法",蔡锷获当时民国的最高哀荣,国葬于巍巍雄峙的岳麓山。

不久,在北京举行了隆重的追悼会,公祭蔡锷灵堂四壁挂满了政界军方文坛名流的挽联祭文。而小凤仙的一副挽联,却特别引人注目:

不幸周郎竟短命

早知李靖是英雄

此联运典浑成,而又以红拂自拟。于极简十四字之中,凝注了无穷无尽的感慨和悲哀,使参加悼念的人赞议、叹息不已。

但人们并未看到小凤仙参加追悼会。挽联是小凤仙请人送去的。新闻记者由短命的英雄联想到飘零的红颜,急忙赶到陕西巷云吉班去采访小凤仙,谁知早已是人去楼空了……

小凤仙离开京城后,人们长期以来对她的去向猜疑纷纷。有人说她经上海乘舟去了湖南。说蔡锷临终前留有给她的遗书,她照蔡锷的遗嘱,捧了蔡锷遗书去蔡锷的原籍寻找到蔡锷的母亲,在那里度过了清苦而不失宁静的一生。又有人说,小凤仙不久后重新返回了京城。说她不得不斩断旧情,嫁给了一个富商,改名易姓做了寂寞尚且安逸的富贵妇人。这些都是捕风捉影的猜测。其实,小凤仙远远地去了东北。她痛失知音,万念俱灰,唯对蔡锷的音容笑貌难以忘怀。在东北,她在对蔡锷的永久悼念中隐居至老。新中国成立以后,据说,梅兰芳先生于五十年代初期赴朝鲜民主主义人民共和国演出归来,途经东北时,还曾见过小凤仙的。

舍身济世　寂冷长眠

——赛金花

名人档案

赛金花:其初名为赵彩云,又名傅彩云,安徽黟县人。她的父亲在太平天国运动时流寓苏州,娶了当地的女子为妻,先生一女赛金花,后生一男。幼年被卖到苏州的所谓"花船"上为妓。1887年(光绪十三年),适逢前科状元洪钧回乡守孝,对彩云一见倾心,遂纳为妾,不久,洪钧奉旨为驻俄罗斯帝国、德意志帝国、奥匈帝国、荷兰四国公使,其原配夫人畏惧华洋异俗,遂借诰命服饰给彩云,命她陪同洪钧出洋。90年代初,同洪钧归国,不久洪病死。1894年,傅彩云在送洪氏棺枢南返苏州途中,潜逃至上海为妓,改名"曹梦兰"。后至天津,改名"赛金花"。1900年八国联军攻陷北京时,居北京石头胡同为妓,曾与部分德国军官有过接触,也曾改换男装到皇家园林西苑(今中南海)游玩。1903年在北京因涉嫌虐待幼妓致死而入狱,解返苏州后出狱再至上海。晚年生活穷困潦倒,1936年病死于北京。

生卒时间:1870年或1864年~1936年。

安葬之地:陶然亭公园。

性格特点:性情温良、贤惠耐劳。

历史功过:赛金花曾作为公使夫人出使欧洲四国,是一个生活在19世纪末20世纪初叶中国的具有传奇色彩的女子。

名家评点:林语堂《京华烟云》:"你做过一些义举,于社会有功,上苍总会有眼的。"

林语堂《京华烟云》:"北京总算有救了,免除了大规模杀戮抢劫,秩序逐渐在恢复中,这有赖于名妓赛金花的福荫。"

胡适《新青年》:"北大教授,为妓女写传还史无前例。"(注:北大教授是指刘半农和他的学生商鸿逵亲自采访赛金花后,为

赛金花写传记《赛金花本事》。)

夏衍《懒寻旧梦录》:"朝堂上的大人物的心灵还不及一个妓女。"

刘半农《赛金花本事》:"中国有两个'宝贝',慈禧与赛金花,一个在朝,一个在野;一个卖国,一个卖身;一个可恨,一个可怜。"

鲁迅《这也是生活》:"连义和拳时代,和德国统帅瓦德西睡了一些时候的赛金花,也早已封为九天护国娘娘了!"

荒唐世道　可怜人家

赛金花原籍安徽徽州(今歙县),祖上原是当地一个大姓人家赵氏,堂屋殿宇,极其壮丽。(《赛金花本事》。下引此书不再注出处)不过,这番景象,已是小彩云闻之于老祖母之口的旧日风光了。安徽城乡自然难免兵火之苦。太平天国农民革命爆发后,赛金花的祖父赵多明随着逃难的人流从徽州来到了苏北,凭着变卖家资后的几个铜板,与人合开了一家当铺。承蒙送子娘娘特别关照,他妻子一连串生了八个孩子。可惜其中七人都因战乱失踪,只剩得个幺儿,唤作八哥,大名阿松。战乱中跑来苏州找到了父亲,遂定居苏州城萧家巷。既长,娶妻潘氏。这潘氏本苏州人氏,长得十分标致,虽是布衣荆钗,也难掩其丽质。她自幼寄养于别家,历经磨难,性情温良、贤惠耐劳。三十岁上,产下一女,老祖母高兴异常,亲自为小乖孙取名"彩云",希望她能给这个家庭带来一片幸福的云彩,却不知反而成了小孙女将来"朝为行云,暮为行雨"生涯的谶语。

赵氏家业还在老祖父手中便已萧条,与人合伙经营的当铺渐渐入不敷出,以致不得不歇业。祖父死后,彩云的父亲八哥儿似乎没有什么生计,一度挑水、抬轿,还有鸦片烟瘾。好在母亲潘氏吃苦耐劳,节约度日,方使这个家不至于乞食。后来又凑凑合合开了一爿老虎灶,以五个小钱一瓶水,一个铜板一客茶,"过着艰辛的生活"(《名人传记》1988年第6期陈藩《话说赛金花》。下引此文简称"陈传")。不料上天偏不容人,同治十二年(公元1873年)初冬,邻家一场火,殃及池鱼,赵家两间茅屋顿时化为乌有。

生活是更加贫困了。赵氏夫妻东奔西颠以维系一家老小的生活,而小彩云则每天与祖母相伴,成天听几则祖上如何如何富裕,怎样怎样风光的旧话。这对赛金花那为了饱暖富贵而不惜一切代价去追求的个性的形成,具有一定的作用。

小彩云就是在这种充满了对美好生活回忆与企盼的家庭中长大成人的。

娉娉婷婷　豆蔻梢头

"上有天堂,下有苏杭"。苏杭一带,吴山越水,绮丽多姿,钟灵毓秀,美女如云,故越女吴娃成了美人的代称。赵彩云祖籍虽非苏非杭,而母亲潘氏却是地道的苏州人,由于"钟"这么一点灵气的缘故,小彩云也生得西施一般的美丽。十余岁时,已出落得俊俏非常。你看她小巧玲珑,一身秀气,肤莹肌润,修短有致,脓纤得体。一张瓜子脸,樱唇一点含皓齿,回头一笑两靥生。还有那"抗鲜""碧霞"般的媚眼,简直是"一泓秋水照人寒",勾人心魂。老祖母有她在身边逗趣,减却了许多老来无事的寂寞与凄凉,因而对她倍加疼爱。家中凡有好衣美食,自然首先就是满足她,小彩云天性喜欢打扮,爱擦胭脂、抹粉、穿好衣裳。那天生丽质,再加这么一打扮,真是锦上添花。渐渐地,远远近近,没有不知道萧家巷生个俏姑娘的。那抚台、学台老爷们,打轿从萧家巷过时,无一不被站在门首看热闹的小彩云撩得心花怒放,心里痒痒的。

小彩云自幼便很聪明机敏,记忆力特好,模仿力又强。七八岁的小个头,便懂得待人接物的全套礼节,并学得许多民间故事和地方唱腔,每当有客造访,那装烟倒茶,延坐问安,全是这小姐子的精彩表演。还陪着客人们聊天说故事,逗得人满心欢畅。她从不知道怯场,没有一般穷家小孩的猥琐拘束,没有富门闺秀的羞颜满面、忸怩作态,她大方自如,八面玲珑。

出生在这个穷家庭的小家碧玉,自然无法将聪明与灵秀用于诗赋、挑花、刺绣等事情上,她除了平时随大人学些日常礼教和民歌故事外,将更多的好奇心和精力转为贪玩、爱热闹、寻快活上去了。在她年方十三的豆蔻年华,就因这贪玩被人引诱着开始了她时而荣华、时而贫贱的生涯。

赵家在小康之时,还有个丫鬟使女,名叫阿金,是母亲潘氏的陪房丫鬟。后来由于家道日衰,只好把她打发走了。阿金两嫁之后投到苏州阊门金家门下。金家有女叫云仙,是阊门一带有名的为狎家介绍婊子的"皮条客",她早听说萧家巷有个小美人儿,就是无从下手。现在阿金去她家,于是授命阿金带彩云常来金家玩耍。在彩云十三岁上的春天,阿金背着老祖母把彩云引到了金家。对这位小仙女的降临,金云仙自然是高兴得了不得,对她热情相待,趁彩云高兴,云仙便带她出去游玩。小彩云最贪玩,一听有好玩的地方,便不问去处,跟着云仙便走。原来这金云仙早接了客人要几个姑娘陪酒的"条子",正要寻几个去交差哩。既然彩云已经上钩,她便穿街转巷,把彩云领到了苏州花船停泊的仓桥滨。那日正值清明的前夕,彩云看见那里神会灯戏,很是热闹,篷舟画舫,济济一河,船上游人有的猜拳斗酒,有的唱曲吟诗,好不新鲜!真叫这爱热闹、寻快活的小姑娘心驰神往。岂奈囊中无物,好不沮丧!正当她自叹无钱登舟一乐的时候,对面一只船上有人向金云仙打招呼,云仙会意,忙拽了彩云跨过去。彩云喜从天降,嘻嘻一声,小燕般灵巧的娇体已立船头。她只觉得开心,岂知这只游船决定了她一生的荣辱!

原来,这江南水乡,风光秀丽,春来夏至,游人如云。或沿河看柳,或游湖戏莲,皆需借助船。在南京秦淮河、杭州西子湖,这种专供游人租用的篷舟回舫,比比皆是。苏州城水路密如蛛网,是个"入家皆枕水,出门须乘船"的东方威尼斯,游船之盛,更是首屈一指。这些游船大致分为两类:一类是小船一叶,人称"七板子",陈设简陋,但进退自如,十分灵便,是观光览胜的好工具;一类是画舫,这种船体积较大,在船上起屋,双开门,四面窗,外围一圈朱栏,室内室外,油壁彩绘,十分精致。室内宽绰,可安两桌酒席,高悬华灯,再点缀茉莉花篮,清香幽雅。苏州人的风俗,凡亲朋高会,王孙冶游,佳节出行,大多数情况下是包乘画舫,茶水饭菜俱不用操心。在间门与虎丘之间,有夹岸杨柳、迎面人家,舟行其间,真有几分陶然世外,脱却尘凡的轻松感觉。船家为了招徕顾客,常买几个标致的姑娘,侍候船中,称为"坐舱姑娘"。这些姑娘多半能唱小曲,未开宴时,咿咿呀呀唱上几段,或雅部昆腔,或缠绵评弹,和以丝竹管弦,五音和谐,往往能动人心怀,不失为助酒增兴的好办法。但是一旦游客看上了坐舱姑娘,多出些银两,那为云为雨的事也就不可避免了。这称为"花船",其实是水上流动妓院。当然,也有另一种不带姑娘的画舫,叫作"清船"。游客到前,先由船家伙计持红帖到妓院或"拉纤"家预约几个姑娘(即"叫条子"),到时上船助兴(叫"应条子")。小彩云这天便是被金云仙叫去"应"了"条子"。这其中三味,对于天真的小彩云来说,自然是不得而知的。

她们先是上了一只"七板子"。那船家技艺高超,在河心一篙打去,"七板子"便围着篙儿直打转,霎时间,天旋地转,屋动柳移,乐得小彩云嘻嘻哈哈,前仰后合。云仙见她忘乎所以,又把她带上了画舫。那里有几个漂亮青年围坐一席,彩云见他们猜拳行令,十分好玩,便随着云仙走在旁边坐下。那些青年倒是待人热情,与彩云调笑逗乐,十分友好。小彩云只知好玩,哪知这一个个后生色眯眯地把她当成佐酒的雏妓了哩。这天,彩云跟着云仙从一船玩到另一船,得到的都是眯眯笑眼,还赚了几箸好菜,两杯美酒,直到天晚,才晕乎乎地离船而归。末了,金云仙还大方地给她一把铜钱,约她下次再来。其实依当时"清倌"(不卖身的妓女)出局一次四元的行情,金云仙领着彩云转了十多条船,少不了也赚四五十元大洋了。

以后彩云又瞒着家里人出去了几趟。既有玩的,又有吃的,还能赚几个子儿,真是天下难找的便宜事!这对生性就爱热闹、寻快活、爱打扮、好穿好衣服的小彩云来说,又何乐而不为呢?况且,自己只做个"清倌",并不卖身。

俗话说:"好男不游春,好女不看灯。"一个涉世未深、情窦初开的美貌少女,在那班狂蜂浪蝶的日夜追逐纠缠中,纵然她当初也许全然不晓那个人事,但她难免有羞红了粉脸,身不由己的时候吧?当彩云家里的人知道她出入于画舫的事情之后,都觉得辱莫大焉。特别是爱她疼她的老祖母,更难过得几天吃睡不安。但是生计促迫,他们还有什么别的办法来满足小彩云那渴望快乐和享受的要求呢?况且,她似乎已有过那么一两回的了，再有三回、四回好像也没有什么不可以了。这样，家人默许了彩云的行为。她由懵懵懂懂地做应条子"清倌"，而调笑戏闹，而半推半就地"破瓜"陪床。由偷偷摸摸地来去，而明伙执仗地过起了"朝为行云，暮为行雨"的"神女"生涯。后来，赵家见再要给她择个"才貌双全的夫婿，好好地嫁了"已不可能，便干脆把她典押给了大郎桥娼家。彩云还为了顾全本家面子，易姓"富"字，希望能借这点吉利富起来。外人不知其中奥秘，写"富"为"傅"，人称傅彩云。

苏州盛产美人，但是在旧时代，不少女子由于生活所迫和社会风气的污浊，从事卖性为生的贱业。在全国许多通都大邑，都有苏州籍的妓女，号称"苏帮"，与来自扬州的"扬帮"、南京的"南京帮"相匹敌。苏州城内的妓女就更多了。士大夫、贵公子，车马轻裘，一斗千金，争相以嫖娼宿妓相矜尚。还品评等级优劣，第其高下，设立"花榜"。彩云姑娘凭着自己美丽的姿质，乖巧的性格，大得豪门公卿、江湖骚客的赏识，一时趋者若鹜。不久便力压群芳，夺得了"花榜状元"的雅号，饮誉一时。

一笑倾城　仙槎万里

不料这"花榜状元"的称号，却惊动了卜居苏州城内的真正状元——洪钧。洪钧字文卿，原籍安徽徽州，算来还与彩云同乡。这洪状元家居悬桥巷，此时正为母守丧在家。他虽是"代圣人立言"起家，大讲"正心诚意，修身齐家治国平天下"。但是也深谙"小雅好色而不淫"和那诗始《关雎》《易》首"乾""坤"的命意所在。还在未得志时，他便在烟台妓家相识小红，打得火热，不久囊空如洗，赴考无资，还赖那侠心未泯的小红解囊相助，才使他一举成名。既魁天下，重担孔夫子"唯女子与小人难养也，近之则不逊，过之则怨"的话，幡然"知新"，本着"过勿惮改"的精神，斩断情丝恨缕，避道南下，空让小红独守"永不相负"之誓。现在又闻傅彩云的艳名，又想重效夫子之访南后，再演一段名士风流。怎奈母孝在身，不便走马章台，只好叫条子，邀那"花状元"来到状元府上，陪二三好友玩牌。虽然状元公已有一正一副妻妾二位，见了彩云，似乎多年吟哦的"肤如新凝脂，颈若蝤蛴，巧笑倩兮，美目盼兮"的"诗教"，才在这红衫绿裙底下找到恰当的注脚，顿生怜香惜玉之感，后来竟"一日不见，如三秋兮"。好友们瞧透机关，极力劝他拯彩云于水火，既可救人一命，亦可独占花魁。洪状元先是因自己年纪太大（五十岁），"觉得有些不好意思"，但又经不住劝说，便以三千金为彩云赎了身子，买得专利。只是母丧未除，为顾全礼制，仍将彩云寄宿在大郎桥，自己只好辛苦些，暗度陈仓，以全孝子之名。

次年（公元1887年）正月总算脱下孝服，状元公换上红锦喜袍，正式"用凤冠霞帔"这种诰命夫人才享用的盛装，"绿绒喜轿"将彩云迎娶过来。彩云易名梦鸾，以期鸾凤和鸣，朝朝如梦。（《赛金花外传》，下称"外传"）。她正式成了洪状元的第三房姨太太。洪状元自喜在"知天命"之年独占花魁，对这样一个娇小玲珑、混沌初开的美女真是又怜又爱，恨不得含在口中、揣于怀中。虽然这半百之叟已无法掀起那青年夫妇的百尺热浪，但是那真挚的情感，抑或胜过青年。梦鸾太太除一点美中不足外，在人间真富贵面前倒也心安理得了。

这年四月，洪钧回朝，举家迁京。在当时海禁大开，中西交往日繁的时势下，这洪钧却仍然是个"尊王攘夷""内诸夏而外夷狄"的圣徒，不仅对那世界大局、国际潮流一点不知，而且讨厌那着西服的"假洋鬼子"。"老佛爷"慈禧太后也许正是看上了他这一点"气节"吧，偏授命洪钧为"出使俄、德、奥、荷四国钦差大臣"，即驻外公使。制书五月下来，洪府上下，忙成一团。当时的人们对出国万万没有现在人开通，因为在天朝上国的臣民心目中，外国犹夷狄之地，"无父无君，是为禽兽"。可是圣命难违，洪状元只有勉为其难了。又按照当时国际交往的惯例，公使出国必须携带夫人同行。考虑再三，其他两位太太都不能随洪公漂洋过海，只剩下这个正与先生缱绻绸缪的新太太了。她年轻貌美，见得客，而且过从来往，也不怕。于是洪钧只得上奏太后，一诉苦衷，请求以妾代正。孀居多年的慈禧太后倒也理解，准许了洪钧的奏请。

圣旨一下，乐得这生性就爱热闹、寻快活的梦鸾太太高兴得了不得，她乐得到外面寻找另一个世界，去阅历一番异国人情的风味。

1887年中秋节后，梦鸾随着夫君从上海启航放洋去了。他们搭乘的是德籍"萨克森"号货船，经马六甲海峡、印度洋、红海、地中海，直至9月13日才到达德国柏林。一路上万里鲸天，波峰浪谷，起初很让这好奇的公使夫人受了一番罪，且不幸将她与夫君的爱情结晶流产了。

临行前在上海逗留了数月，主要是让公使和随员熟悉一些外交礼节。梦鸾出于好奇心，曾向两位随行的中国翻译学习英语、德语会话。上船后又遇上德国驻上海商务会馆的打字员夏玛丽小姐，梦鸾与她一见如故，又拜她为师，学习德语。凭着她那超人的模仿力和过耳不忘的记性，在这短短的航程中，梦鸾鹦鹉学舌，竟然掌握了英、德两种的日常生活及官场社交用语，为她来日成为"交际社会之花"奠定了一点基础。

当时柏林的中国使馆非常阔气。它的前身是德国一位公爵的别墅，非常幽雅。一幢三层楼的长形主体建筑，修得宏丽曲邃；院落周围遍栽花木，春来夏至，草木青青，百花吐芳，再配上那绿茸茸的草坪，真是好看极了！楼后环绕着一湾流水，闲暇时或划桨荡舟，或素足涉水，好不惬意！至于室内的陈设，其豪华之况更是梦鸾在国内时看都没有看过的。能置身在这个特别的环境里，在梦鸾眼里，这里是获得解脱和自由的瑶池。不负这良辰美景的是，而今这幢大楼的主人婆又是个花枝招展的青春少妇，她披着孔雀毛的围巾，穿着二十四条飘带的六幅湘绫裙，每条带上系一个玲珑别致的小银铃，随着她那斯文款缓的脚步，发出一连串丁零有致的响声。还有那三寸金莲上的宫鞋，每只后跟都凿成莲花模样，再塞进粉色，在那一尘不染的大厅里扭扭怩怩作态地走过，一摇一个模样，一移一个花印，真个步步莲花！连欧洲贵族见了，也莫不啧啧称奇，自愧不如（《外传》）。至于那些略闻一点公使夫人底细的随员或使馆公务员，被梦鸾的这番表演更是诱得心花怒放，看得如迷如痴。不过，身为公使的洪大人此时还是能保护爱妾的，因此，对公使夫人怀有不正之心而又表现得露骨的人，被公使免职回国也就在所难免了。

公使及夫人虽远居海外，过的仍然是"合乎中国国情"的讲排场、讲体面的寄生生活。他们除了从国内带来了用五十两银子一月请来的男女仆从各两名外，还带有厨师、缝纫师、剃发匠等。公使夫人爱洋婢，于是又用每月四十元大洋的价钱雇了四个洋丫头。不仅饭来张口、衣来伸手，而且夜间有四个洋丫头打着"角明灯"迎送，白天有摩登女郎陪着打牌、下棋、跳舞、弹钢琴。在吃的方面，也不马虎。公使大人深谙"食不厌精，脍不厌细"的圣人之教，"对于饮食上最爱讲究，也最有研究，家里每次请客，调制出的菜品，有许多样是外边做不出来的"。公使虽不拒绝西菜洋餐，但却严格执行"中体西用"的方针，主茶主食必然由自己研究方案，而由自带厨师如法炮制出来。因而每次宴后，外国客人都交口称赞，说中国菜好吃。

在欧四年，公使夫人不仅经常出入于柏林的剧院、舞厅之间，徜徉于商场和乐园之中，还访名都、会名人，成了饮誉欧洲上流社会的交际花。她经常与德国首脑人物见面，她曾经与威廉二世握过手，有名的"铁血宰相"俾斯麦曾称赞她"美丽"。特别值得一提的是，她还与当时任德军总参谋长的瓦德西跳过舞，当然那时他们未必就有染了，但结下了异日相会于赤县神州的姻缘。梦鸾托洪状元的福，爬上了公使夫人的特殊地位，又借公使夫人的桂冠，任情炫耀于异国他乡，享尽了人间荣华富贵。一片又一片的喝彩，自然也留下许多风言风语。

光绪十六年（公元 1890 年），公使任期已满，梦鸾随夫君回到上海，结束了那段异国情调的公使夫人生涯。在苏州祭过祖先之后，于当年年底，梦鸾与洪氏全家，又随夫君回京述职。这次北上，仍乘画舫，沿大运河至通州登岸。朝廷派来八辆大马车装行李，六辆装人，另有两顶花轿，一顶大红轿，十二人开道，一字排开，队伍长达一里，煞是威风！入京后，卜居东城区史家胡同。

再堕平康　重张艳帜

洪钧入京，以兵部左侍郎的官职参办外交事宜，一时官场引为荣耀。岂奈这位状元公、旧公使，虽没少喝那莱茵河、多瑙河和大西洋水，却对"夷务"毫无兴趣，就连这做官也缺乏热情，成天价研究他的元史。这梦鸾太太本是个生性活泼爱快活的人，自然难作那添香红袖，不愿老关在屋里厮守那书斋中的夫子。她于是花着状元公的钱，以状元夫人身份，逛公园、进戏馆，一时间状元夫人誉满京华，招来了一群狂蜂浪蝶的觊觎。不少人为了瞧一眼状元夫人，或者更有幸能得到她飞来的媚眼,常常借故来洪府走上一遭。老迈气竭的洪老爷自然难叫春情方盛的梦鸾满足,于是侍僮阿福和贵儿便"近水楼台先得月"了。洪先生虽然可以对四夷之事漠不关心,但对爱妾的行为却难闭目塞听。于是,他逐辞掉了仆童,以绝祸根。

洪状元与爱妾先时在圣彼得堡高价购得的中俄边界图,当曾矜为秘本,请人翻译,付诸梨枣,原本想掌握一点俄人内部的边界图,以便将来在中俄边界交涉中握有铁证。殊不知那幅图竟是伪品,将整个帕米尔都画到了大清版图的界外。公元1892年帝俄公使根据这幅据说是中国承认了的地图,向清政府提出领土要求,朝野哗然。那些铁面御史看准洪状元的弱点,交相弹劾,说他"识浅昏庸""里通外国"。满朝惊动,合家惶恐!好在对那边界得失看得很通达的李鸿章为之疏解,慈禧太后也记起了洪钦差放洋回来时敬献的那好玩的滑冰车、小火轮,至今还放在颐和园,于是龙颜顿缓,恕其无罪。但是这一惊却非同小可,内忧外扰,积劳成疾,洪状元没等到那部曾"取材域外,时论称之"的《元史译文证补》"杀青"斯尽,便撒手归天了。

面对夫君的亡灵,这位飘浮于极乐世界的"飞天"才猛然回到现实中来,亲不亲,夫妻情,相处七年,没有爱也有亲,虽是老夫少妻,难得有那少年夫妇的火样热情,可他对自己的一腔痴情,千种怜惜,都还历历在目。特别是自从跟了洪状元,实现了儿时的幻想,享尽了人间富贵和绝世风流!可自己那可恨却又可爱的爱热闹寻快活的个性,虽然也没少给夫君带来快活,但也难免给夫君带来麻烦。念及这些,这心肠软的梦鸾少不得泪如雨下。再看看,如今大厦已倾,自己这漫天飞舞的彩蝶顿时成了断线风筝,何去何从,心中无数。固然,初嫁夫君时,怜爱之余,他曾向自己允诺:"吾年倍于汝,他日倘有不测,当畀汝五万金以终老。"(《二南随笔》)而且在临死前,夫君又重复过这话,但是迄今并未拨到自己名下,不过一张空头支票;还有,夫君有意在史家胡同为自己盖几间洋式楼房,以便满足自己随君万里时养成的喜洋楼的兴趣,哪知还没动工他便一病不起了。

想到这些,这位未亡人又顿增十分悲戚。于是,她哭罢夫君哭命运,如泣如诉,好不动情!

不过,哭也罢,悲也罢,总得为自己的将来找条退路。要么,长做未亡人,但是这对自己这个年龄不足三十又活泼多情的人来讲,实在是可怕的漫漫长夜;要么……想到这里,她也难免羞红了沮丧的脸蛋。不过她并不觉得十分对不起状元公,而且相信那已入黄泉的夫君会原谅她,会理解她的。不是吗,还在三天前,那时夫君正卧病在床,奄奄一息地望着这位风韵正浓的爱妾,缓缓地握住她那伸来喂药的酥手,吃力地对她说,等自己丧事过后,一俟"断七",她便可以再醮他夫。梦鸾觉得在良心上并没有什么不安,便从灵前站起,急忙去找大太太王夫人交涉遗赠五万元和许嫁的事。宽厚的王夫人以及其他亲属都知道这个三姨太的底细,没有要留她守寡的意思,只是状元新丧,劝她应尽妾之道,戴孝至"断七"以后,才能脱离洪籍。而且还约法三章:脱籍后不能在京师胡来,以免有辱状元公面子。五万银两可以拨给,不过银票先交给洪氏族弟洪銮收管,等梦鸾实践诺言后再交还与她。现有梦鸾房中资产尽归其所有,但是梦鸾与洪先生在德国生的小女儿德官却必须留住洪家。梦鸾勉强服满丧,又扶柩经运河到了苏州。

谁知到了苏州地界,却不见洪銮,他竟昧着良心把五万银圆给硬吞了!梦鸾找不到洪銮,便到洪府去要,可是洪家不仅不给钱,还讥讽她是妓女出身,有丧洪门风范。一种被愚弄的怒火在她胸中燃烧,她决心报复洪家:"你们嫌我是妓女,有辱洪家。我索性叫你洪家丢人丢到底,我宁可伤身,也要跟他们较量!"(《忆赛金花》,《中外妇女》1985.5 期)其实,这只是问题的一方面,另一方面,而且是主要的方面:她已过惯了不劳而获的寄生生活,而且是豪华的生活,她不愿凭自己的劳动来获取生活资料,也不愿就手中现有的几千两银子来维系简朴的生活。况且,她已经干过那种皮肉生意,并不视妓女生涯为畏途。由于这内因外因的促成,她便暗打主意再入平康,重操旧业。

公元 1893 年,她易名曹梦兰,卷资来到上海,暂居址圾桥保康里。初来上海,她也不急着挂牌接客,她要趁着手中还有几个钱,趁着年轻,放松一下自己,享受一下人生。那时,好心的媒人为她提亲的不少,但似乎都不中意,她也就乐得无拘无束地日游张园愚园,夜坐戏馆。这时的梦兰既有人才,又有钱财,惹得一班少年抓耳搔腮,一位当时的过来人说:"风声传播,遐迩咸知。狂且狡童,皆利其囊中之物,更可一亲香泽,人财两得,何乐不为?"(陈荣广《老上海》)可见当时在梦兰鞍前马后伺候的人确实不少。其中有一个成功地闯进了梦兰的怀抱,他便是与曹梦兰保持了近十年同居生活的孙作舟。孙氏系当时一名业余演员(时称"票友"),别名少棠,排行老三,人称"孙三爷"。父辈在天津开珠宝店,爱唱几句京腔,这时正走票上海。孙氏样子虽谈不上帅,一脸大麻子,但是身体魁梧,精力旺盛,又是走风月的老手,一开场便把曹梦兰整治得舒舒服服,快快活活。于是,二人朝夕追欢,情好日笃。不过,二人都"明知不是伴,情急且相随",只是恩恩爱爱,无休无止地同居,却不正式办理结婚手续,这在孙三爷意下,图的就是亲其芳泽、利其囊资,有手续不是反而成了枷锁?他寓居上海的开销都出自梦兰,这还不算,梦兰还把洪老爷洪侍郎的三大毛缺襟袍、貂马褂、忠孝带等遗爱都转赠给了他。这些东西按《大清会典》可得要五品官员才配享受哩!而在梦兰心中,也不是没有别的打算。她看见那上海勾栏林立,行情看好,那些烟花姊妹自由自在。蜂飞蝶舞的生活,既无室家之累,亦无柴米之忧,好不快活!于是她名义上与孙三爷夫妻同居,暗地里仍然朝看"髦而戏",夕观斗蟋蟀,打探花界行情(同梦庄《雪窗闲话赛金花》),一伺时机成熟,便挂牌开业。到那时,这个孙三爷么,正可用来撑门立户,做个妓馆的"叉杆儿",到外面去应付应付。

时机终于成熟了,光绪甲午年(公元 1894 年)二月,曹梦兰在上海二马路鼎丰里旁边的彦丰里租了一所"五楼一底"的豪华寓所,用两千多元大洋包了两个姑娘——素娟、月娟,正式开了个"书寓",让两位姑娘挂出"新月娟娟""素月娟娟"的招牌接客,自己则一半是居家主妇,一半是领家鸨母,过起那"半居家半书寓"两栖生活。曹梦兰既是开的妓院,为何又称"书寓"呢?原来这是上海滩花界的规矩。

在中国近、现代史上,"上海青楼之盛,甲于天下。十里洋场,钗光鬓影,几如过江之鲫。每逢国家有变故,而上海北里(妓院)繁盛,益倍于从前。贵游豪客之征逐于花场中者,肩摩毂击。一岁所费金钱,殆难数计。自道光二十二年(公元1842年)未与外人通商之先,上海仅海滨弹丸小邑。公元1842年后,其娼妓事业与工商业,有骈进之势"(《中国娼妓史》)。这日盛一日的娼妓之业,为了协调关系,共荣共存,也形成了许多规矩,妓院分成若干等级以别贵贱。最上的叫"书寓",其次叫"长三"(其姑娘出局佐酒例收银洋三元),再次"么时事"(姑娘出局取二元),再往下便是"烟花馆"和不入流的"野鸡"之流了。其中的"书寓"最高级,其院落整洁,陈设豪华,什么五色保险洋灯、著衣大柜、自鸣钟等物,都是不能缺少的。箱箧、床榻、桌椅,再添上屋里的一些应用零碎东西及被褥、四季衣服、首饰等,真是了不得!与当时居家的豪门闺秀没有两样。"书寓"里的姑娘也不同一般纯粹卖身的妓女,她们必须能弹会唱,具有一技之长。与客相见,第一面便是一曲迎客,谓之"堂唱"。来宾入座,四季鲜果,清香点心,任其啖食,量腹取足。"书寓"的姑娘也不随便陪宿,如客有意,得经较长时间接触,叫处朋友。即使双方有意,掌班的(即鸨母)也要估摸来客已将银钱花得差不多了,再摆上一桌酒席定亲,方才能谐鱼水之乐。除了卖身一项外,这"书寓"实与高级俱乐部加高级宾馆相当。曹梦兰在上海开的就是这类高级妓馆。

这时正是中日甲午战争打得十分激烈的时候,各地富豪裹挟重资来到上海,与妓女们打得火热。那千里之外的轰轰炮声把豪绅王孙们素来虚骄炸得粉碎,他们仿佛大难临头一样,跑来上海乘时挥霍那身外之物,以填补一点心灵的空虚。由于这一刺激,上海的妓业又出现了惊人的"繁荣"。这时的曹梦兰正是三十许年华,表现出成熟的少妇之美,加之善于打扮,头插翡簪,髻挽五套头,耳带公使当年用几千两银圆从英伦买来的牛奶珠坠子,光润如蜻蜓的颈上挂着公使千金买的柏林金链珐琅表。这些所配之物,直让人有"光摇银海眩生花"之感,能不"称美不已"吗?(《雪窗闲话赛金花》)她不仅有响当当的"吴娃"籍贯(须知上海滩以苏常娇娃为上),还见过世面,吸取了柏林姑娘的热情和泼辣、巴黎女郎的多情与开放。这样一来,与那般逆来顺受的娇娃大异其趣的是,她将火样的热情、泼辣与生的那副爱热闹、寻快活的本性发挥出来,使那班自命风流的大人先生们在玩腻了多愁善感的林黛玉式的女人后,为她的新奇所吸引,为她的多情所陶醉。更何况,她还有"花榜状元"的历史和"元太太""公使夫人"的头衔哩,一有头衔便畅销,古今一例,中外同理。于是乎,曹梦兰再要隐姓埋名,过"半住家半书寓"的生活都不可能了。想见她的人太多了,想一睹芳容的人太多了。她"觉得实在推脱不开",心肠素来就软的她只得羞答答地重挂牌,规定周末两天出来见客。对这段得意生涯,后来人老珠黄的赛金花回忆起来也不无眉飞色舞:"这么一来,每到这两天,真是客人络绎,车马盈门。忙得我吃饭的工夫都没有!"

当时的大小记者和报纸大肆采访报道,还举办赛金花会,将上海名伎林黛玉、金小宝、陆兰芳与这曹梦兰一齐评为明星,号为"四大金刚"。而这曾远涉重洋,又会几句"哈罗!"(Hello)、"达令!"(Darling)的状元娘子,当然又被推上榜首,再享"花榜状元"之号。

这样云里雾里地过了五年,甲午战争的炮声已经消失。《马关条约》也在"精通"夷务的"外交家"李鸿章手下签署了,无非断送些国土主权,再带上二万万银两,送给那贪鄙的东洋人,以取得友邦睦邻。那群来沪斗酒千金的富商豪绅又各就各位,回到当初的地方去了。昔日靠这些人挥霍而呈现出的繁荣景象顿时薪去羹冷,盛极一时的妓业也陡然逆转,曹记"书寓"也是"门前冷落鞍马稀"了。作为上海滩上的顾主,一则对这状元夫人的好奇心已得到了满足,二则梦兰与"叉杆儿"孙三爷过分亲密的关系,使他们即使在兴奋的时候,也总觉得像咽了苍蝇一般不是滋味。这自然会大减他们光顾"书寓"的热情。这些"随喜功德"越来越少,而梦兰与孙三爷的挥霍却不减分毫,坐吃山空,形见拮据。一种被冷落的寂寞和经济的压迫感,使曹梦兰将一腔怨气都向那孙三爷发来。起初的孙三还赔着笑,渐渐地也不让不饶,于是争吵打骂时有发生。曹梦兰暗地里筹划着脱离孙三,以便重整旗鼓(《赛金花故事编年》,下称"编年")。正在这时,苏州状元、洪钧亲家陆润庠,为了维护苏州人和已故洪老爷的面子,说上海滩离苏州太近,改名换姓,又没换个脑袋(《忆赛金花》),遂串通上海知府,强迫那曹梦兰离开上海,并下令:江、浙、皖三省都不得居住!她再次面临着人生的十字路口。孙三爷总算不忘旧情,极力鼓动梦兰迁往天津码头,以便自己控制。

南妓北移　京津流誉

公元1898年,曹梦兰不得已带上潘氏母亲,随孙三来到了天津,在江贫胡同旧"金花班"重开旧业,自己易名"赛金花"。从此"赛金花"的名字逐渐响彻寰宇了。

这时中日和约已签订三年,社会又恢复平静,京津一带又出现了所谓升平气象。人们对中国战败的国耻虽记忆犹新,但清政府自皇族以下大小官吏,又恢复了过去醉生梦死的糜烂生活,以乐韬忧。再加上新任直隶总督荣禄又是个极爱闹阔绰的"八旗子弟"的领袖,在他统治下的天津等地,虽然官场贪污受贿、庸愚腐朽,而娼馆戏院却格外红火。赛金花的班子也欣逢"盛世",生意兴隆。来到天津后,赛金花也一扫离开上海时的落寞气象,重振精神,再焕容光。她广交名流,出入京津,什么户部尚书杨立山(豫甫)、直隶总督荣禄、浙江江西抚台德馨、小站练兵起家的新建陆军统帅袁世凯,概与之有一日之雅会。还因杨立山的介绍,北京名儒兼巨商卢玉舫与赛金花拜为把兄弟,赛排行第二,人称"赛二爷"。这拜把之事,本系当时色情行业的风尚，有地位的名伎，多与江湖名流结拜为兄弟，不过借以重其身价、使其营业。这赛金花借着"赛二爷"之称，果然女扮男装，进出豪门贵第，与那班风流士大夫称兄道弟。有知其底细者，作打油诗一首以戏之："嗡嗡苍蝇戏彩蝶，状元有灵九泉泣。自古红颜多薄命，女扮男装赛二爷。"（《陈传》）

在这段时期里，据说赛金花还利用与荣禄、袁世凯的特殊关系，在戊戌政变这个政治事件中扮演了角色。

甲午战争，堂堂大中华居然败伏在弹丸岛国日本的脚下，以割地赔款告终，这使百年沉睡的巨人惊醒了！人们意识到，日本之所以能以小胜大，由弱到强，是由于采用了西方先进的生产技术和先进的管理方式的缘故。于是，一部分代表新兴民族资产阶级利益和开明士绅要求的中国知识分子，如康有为、梁启超等人，便鼓吹维新，要求变法。公元1897年冬，德国又强占胶州湾，帝国主义瓜分中国的步伐加快。于是光绪皇帝命康有为、梁启超、谭嗣同等人，从公元1898年6月至9月百日之间，颁布了一系列维新法令，推行新政，史称"百日维新"。可是，这场志在改革图强的政治改良运动却触动了以慈禧太后为首的"后党"的专制权益，遭到疯狂的反扑。"后党"不仅拼命控制军政实权，阻挠新政的推行，还阴谋在当年九月，趁光绪皇帝去天津检阅陆军操练的机会，将光绪杀死。这时，直隶总督荣禄正统领当时比较有战斗力的三支军队，即董福祥的"甘军"、聂士成的"武毅军"、袁世凯的"新建陆军"，慈禧太后便把这兵变的任务交给荣禄。一天李莲英奉慈禧懿旨来天津与荣禄密谋，刚好被荣禄留居府中的赛金花听见了。由于维新人物中的谭嗣同系洪钧好友湖北巡抚谭继洵之子，赛金花从前曾与谭大公子相识，出于一种善良的情感，赛金花决计帮他一把。当时在荣氏所辖三军中，以新建陆军尤堪举足轻重，而袁世凯又是个人中奸雄，在维新派与"后党"之间态度暧昧，依违两可。在维新之初，他曾表现出极大的热情，赢得"进步开明"的声誉和维新派的好感；但是他又在"后党"面前大表忠心，大耍两面派手腕。荣禄为了固结袁世凯，除封官许愿外，还跪求赛金花，要她下嫁袁世凯，以行那王允献貂蝉于董卓的美人之计。赛金花怀着倒戈的意图答应了他。当谭嗣同奉光绪之命来袁营说项，要他入京勤王时，赛金花暗中差人将荣禄等阴谋兵变之事告诉了谭大公子，使年轻的皇帝免于一死（《忆赛金花》）。不过，戊戌政变还是以另一种形式发生了，光绪皇帝喋血瀛台，谭嗣同也成了菜市口的"六君子"之一，她的反戈到底十分有限。不过，如果此说不虚，赛金花表现出来的那一点正义感和同情心，还是可以嘉许的。

公元1899年，杨立山的老太太做寿，"赛二爷"从天津赶来北京敬献"蟠桃"。在那里又与在京诸友相聚，诸人情意缠绵，依依难舍，都挽留她迁进京城，好行方便。赛金花觉得"对他们这番美意，很难违拂"，况且北京乃帝都所在，公卿所聚，有这班大人捧场，一来肯定走红。于是她便勉为其难地留下来陪侍诸友，另遣人去天津将班子迁来。卜居李铁拐斜街"鸿升店"。

赛金花迁来北京，不仅遂了在京诸相识的心愿，而且一改北京妓业旧貌，也给北京其他章台折柳诸人带来了倾心的艳福。原来在大清初入关时，为力矫晚明颓俗，顺治皇帝下令废除京师官妓，康熙时又陆续废除各省官妓，一时颇称清静。不过政府虽然也对民间宣布"禁良为娼"，限制私妓的发展，但却是有禁不止。不仅外埠的南京、苏州、扬州、广州、上海等通都大邑青楼林立，即便是这"日下"京都，其外城内之东西、外城外之南部，在清初已是"都为香巢"。不过在清律上仍禁止命官士夫宿妓。凡文武官吏，公然宿妓者杖八十，监生生员狎妓赌博者，贬为庶民。因此文人雅士往往"既慕予兮然疑作"，望而生畏。因此北京的妓女之业与外埠相比稍显萧条。加之北京妓女多出自燕地，有人比较各地的女子时说："燕赵佳人，以壮迈胜；吴姬越女，以婀娜胜；粤东珠娘，以刚健胜。"（《中国娼妓史》）这壮迈的燕地佳人，除了装烟递茶、卖笑卖身等"尚实行"的技巧外，却缺乏点艺术气质，远不如南方妓女能歌善舞，以至当时"评春"品藻的士大夫对这"都中妓鲜解音律"的不足，深以为憾（《燕台评春录》）。赛金花之来北京，大胆引进南妓乐班，算是开风气之先。这些南国佳丽，轻盈婀娜，朱唇小启，南曲斯兴；有的还锦心慧口，粗通文墨，更能适应文人雅士在那实质内容外的精神慰藉和灵魂寄托等多种要求。面对这新奇而又全能的南妓，北京的王公大人们哪能不为之粲然、为之颠倒呢？从此后，北京花界逐渐形成了一种色艺皆营的名副其实的"清吟小班"。能使京师的妓业从纯粹的卖淫提高到兼卖艺术，这也算是她赛二爷的一项"功德"吧。

赛金花的"金花班"以崭新的面目令京中骚客耳目一新，而她本人的神采风韵，更具有吸引力。《清稗类钞》说她当时"性俊爽，客至，掀帘出，神光四射。其装束日必数易，有见之者，谓此一赛金花，彼亦一赛金花也。"花样翻新，真是深得"苟日新，又日新"的圣训之三昧，不读诗书，尽得风流！当时曾有幸一睹芳容的巡城尉史陈恒庆也说："初见时目不敢逼视，以其光艳照人，恐乱吾怀也！"（《谏书稀庵笔书》）不过，又有几个王孙贵胄能像陈学究"非礼勿视"，坐怀而不乱呢？因而赛金花在京里这么一住，时间不久，被她乱了心怀的人实在不少。"每天店门前的车轿，总是拥挤不堪，把走的路都快塞满了"。还有那因碍于高官显爵的尊严而不便寻花问柳者之流，便打发方便人去把赛金花"邀到他们府里去"，诸如庄王府这样的似海侯门，她也经常乘便去走走。这样一来，我们的主人翁就"越发忙了，夜间在家里陪客见客，一直闹到半夜，白天还要到各府里去应酬"。真是太难为她了。

赛金花虽然一开京中"南妓"的风气之先，却"但开风气难为师"，到底初来乍到，阵营尚弱，在居住地上就受了许多限制。《京华春梦录》上说："斯时南妓根蒂未固，僻处李铁拐斜街胭脂胡同等处，曲径小巷，地势鲜宜。寒葭潭、百顺胡同以东，似均北妓根据之地。鸿沟俨然，凛不可犯。"赛金花居住的李铁拐斜街，不仅"曲径小巷"，而且"太脏太乱"，她试图改变这一现状，"想在内城找一所清洁宽敞的房子"，结果虽然在刑部后边高碑胡同找到了一所，但刚搬过去就逢着官家禁止在内城设曲班妓馆而被撵走了。

赛金花只得又回到天津孙三爷的"码头"去。

知亡国恨 舍身济世

　　法国大作家莫泊桑在小说《羊脂球》中写了这样一个故事:在普法战争中,一群同车逃难的人途中被普鲁士士兵拦劫拘留,人群中有公爵、夫人、修女以及其他正派的大人先生,他们对敌人的刁难都束手无策,甘作囚徒。于是他们怂恿,甚至哀求同车的一位妓女羊脂球,以出卖自己的肉体来换取同胞们的自由。她十分不情愿地去了,公爵保住了身份,夫人保住了体面,修女保住了圣洁,群人获得了自由,而她——羊脂球却蒙受了卖身之辱。由于她而得自由的同胞们因她卖身于敌人而觉耻辱,于是群起而轻蔑她、遗弃她。如果说《羊脂球》还是小说家创作的"子虚赋"的话,那么在中国近代史上则实实在在地出现了一个羊脂球似的人物,她就是本文传主赛金花。

　　中国在19世纪与20世纪之交也发生了一场惊心动魄的大战乱。那时帝国主义加紧瓜分中国,在沿海占军港、设租界、修铁路、开矿藏,划分势力范围,严重侵害了中国的主权。而洋货的倾销与铁路的修通,又大大侵害了沿海京津一带世代以手工业为生的中国人民的利益。此外,帝国主义者在经济掠夺的同时,还伴之以文化侵略,大批外国传教士来华,四处修教堂、招教民,用西方的基督教来取代中国的儒学,用耶稣来代替孔子;而且,这些传教士以及部分"汉儿学得胡儿语,又向城中骂汉儿"的教民,在宗教的幌子下,也进行经济剥削,还横行霸道,包揽词讼,无恶不作。中国人民面临亡国、亡教、灭族、灭种的危险! 可是以慈禧太后为首的清廷政府,却不思奋起,一味妥协退让,卖国求荣! 处于帝国主义和封建主义双重压迫下的中国人民,特别是沿海京津的手工业工人、农民,于是替天行道,举起了"扶清灭洋"的义旗,这就是公元1900年的义和团反帝爱国运动。由于义和团运动缺乏正确的引导,采取了无原则反科学的斗争方式,给帝国主义留下了向中国内地甚至首都北京派遣军队的借口。八国联军占领天津后,继而又攻进了中国首都北京,几天前还振振有词地宣誓"与其苟且图存,贻羞万古,孰若大张挞伐,一决雌雄!"的慈禧太后顾不得万古贻羞,挟持光绪废帝逃往西安。尽管义和团团众不停地口念真诀,仙佛关圣也不附体,尽管巫师们搜罗来女人的缠脚布、亵物以及马桶,挂满了北京的大街小巷,可是帝国主义者的洋枪洋炮还是打响了,一队队挥舞着大刀长矛、袒胸露臂的义和团团众倒下了,一车车王公大人裹袭金银细软、妻儿老小躲避国难去了,一队队官兵退避三舍……八国联军彻底地控制了北京城。为了显示"西方文明"的伟大征服力量,联军司令部"特让军队公开抢劫三日"。于是乎有些"专长"之英军,"最善寻宝"之印度兵,掠夺归公的有纪律的日本兵,"精明巧识"的美国兵,"颇称粗野"的俄国兵,"不曾落后"的法国兵,还有那因在中国死了个公使的德国兵,皆"不甘落后",战果"辉煌"! 不过,这只是"文明"行为的开端,至于那不公开的抢劫掳掠则"一以贯之"地在侵略者留京的全过程中进行。（瓦德西《拳乱笔记》）这样一来，什么"冬宫""夏宫"（故宫、颐和园）没有不遭洗劫的了。那年轻媳妇、居家姑娘以及皓首龙钟的老头，也无不受辱。北京街头，侵略者肆虐的浪笑，与那无辜男女惊恐悲痛的哭号，声声交织。此时此际，莘莘士夫，衮衮诸公，不是随君"远播"，就是袖手旁观。李鸿章除了在谈判桌上向洋鬼子叩头而外，别无他能。这时节有一个人，一个为人所不齿的娼妇走向街头，向被辱的姐妹、受难的父兄伸出了同情之手。她，就是赛金花。

　　早先，赛金花在侵略者炮轰天津时，于6月份从天津逃到了通县，既而战火烧到通县，她又辗转逃到她认为是固若金汤的北京城。到底她的两条腿没跑过洋人的火车轮，等她8月份到达北京，北京已落到八国联军的控制之中。原先她准备投靠的吏部左侍郎许景澄大人已被杀了，旧日相好户部尚书杨立山亦已问斩。彷徨城隅无所之，只得屈居旧时仆人杜升家。杜升虽然与定王府结邻，但他却家徒四壁，食不果腹，好在邻家院里有棵大枣树，得以逾篱"攘鸡"，过那"落叶添新啖枣梨"的生活。后来大街上闹闹嚷嚷地抢起了粮店，好在杜升大着胆子也去抢了些米面回来，这才让赛金花一行人有了吃的。但是总不能没有营生，等过了几天外边风声稍松些，赛金花举班来到南城，凭她往日学得的几句洋腔，咿咿呀呀，过关斩将，"占了许多便宜"。遂在李铁拐斜街一家三等妓院（"下处"）暂住下来了。

　　那时，南城的洋兵很多，毫无纪律可言。他们日夜饮酒作乐，胡作非为，在那一带，无论是民女，还是青楼娼妓，都备受蹂躏。一天夜里，忽然一阵"咯噔！咯噔！"的皮鞋声在赛金花暂居的门前停下了。赛金花虽是见多识广，对这不速之客仍然难免有几分恐惧。但又不能不开门，因为那扇虽然上了杠的小门迟早会被撞开的。门一打开，好家伙，一道进来了几个小军官。一听口音，是德国人，于是，机警的赛金花口操德语，笑脸相迎。待军人入座，赛金花端上茶来，随即陪着他们闲聊，提出一大串当年随公使在柏林时相识或听说过的人名来，还问到了当时的总参谋长瓦德西。军人们先听她操德语已是一惊，又见她举出一串名人，特别是还问及他们联军元帅瓦德西，更觉这个女人不寻常，于是将那进门时的粗野与傲慢顿时改为恭敬之容。临行时还表示一定要将她的问候转告元帅，并说要请她去军官总部观光。第二天，元帅果然派来了车骑，把赛金花接到了大元帅府所在地——故宫。

　　一相见，那戎机在身的大元帅对昔日光彩照人的公使夫人记忆犹新。尽管这眼前人自称只是公使小姨子，但是那口流利的德语和她对西方风物掌故的娴熟程度，又蒙骗得了谁呢？索性扯开面具，讲出真情。那威风凛凛的元帅不免为燕落平康的变故而感慨唏嘘。于是吩咐侍从拿来两套夹衣服和一千块钱（"都是现洋"，却铸的是中国文字），赠予赛金花，算是压惊，亦是见面礼。此后，瓦德西差不多每天都来接她，在他营里一呆就是多半天。渐渐地，两人仪鸾殿里诉恩爱，芙蓉帐暖度春宵。这在瓦德西看来，从前那可以远观而不可亵玩的公使夫人，如今在自己这征服者面前荐枕承欢，亦是不虚此行；而在赛金花看来，以一个烟花女子，在兵乱的恐慌中、在京中诸相识皆死的死逃的逃的情况下，也算找到了一顶保护伞。因而他们怀着不同的心态，各自在共同的结合中寻求不同的心理满足。

不过，赛金花究竟还是个善端未泯的中国人，她既没有发国难财，更没有仗洋大人的势力来欺凌百姓，而是利用自己与瓦德西的特殊关系，尽量为国为民做些好事。

一是直接救助被害百姓。洋兵初进城时，野蛮恣肆，任意奸淫抢掠，一见形迹可疑的人，便指为义和团，男的按倒就杀，女的则放倒便奸。一些刁顽教民也往往乘洋人威风，诬陷良民，以泄私愤。偌大京师，十室九空，所剩不过三分之二。这仅存的老弱病残，性命也朝不保夕。赛金花每逢出行，凡遇上洋兵欺凌国人，她都勇敢上前，或用英语，或操德语，解救说："他不是义和团，我敢担保，我敢担保！"凭着她能讲外语这点，也常常令洋兵起敬；又倘若那洋兵还知道她与元帅的关系，就更不敢怠慢了。因而凡赛金花出面担保时，往往能逢凶化吉，着实也救下不少的人。还有那未被赛金花遇上而被欺凌的，"而欲诉于瓦德西者，辄挽傅（彩云——赛金花）为介绍，傅甚工辞辩，所言，瓦帅无弗应，由是保全者甚多"（《花史·赛金花》）。当然，这些方式仍然是小范围的救助，对于国人当时面临的灾难无异杯水车薪。于是赛金花又趁瓦德西高兴的时候对他说："义和团一听你们要来，早逃窜得远远的了，现在京城里剩下的都是些很安分守己的良民。他们已经受了不少义和团的害了，现在又被误指是义和团，岂不太冤枉。"瓦德西一听有理，便下了道命令，不许兵士们随便杀人。

二是协助议和。洋兵入京，慈禧太后留下奕劻和李鸿章等人善后，订立"城下之盟"。但是联军代表以战胜者的姿态、强盗的逻辑，要价很高，条件苛刻，一个个瓜分中国的野心毕露，连最善于答应条件的李鸿章也觉难以应允。赛金花虽然够不上直接参与谈判的资格，却能在床笫宴私之间，没忘了劝几句瓦德西，要他从两国广大的老百姓计，不要"过于执拗"。清政府在同其他国家议和中，特别难办的是原德国公使克林德的夫人。克林德在义和团初入北京时，无视中国主权与民族尊严，不仅联合外国驻华公使要挟清政府镇压义和团，而且自带兵众出动，屡屡制造绑架义和团团众、残杀义和团团员数十人的惨案，后来在他乘轿进宫途中，与端王载漪的神虎营士兵遭遇，克林德被击毙。这本是罪有应得，但是，如今德国成了战胜国，而且德国人又是八国联军中的首领，在"强权即是公理"的当时，克林德夫人提出了种种蛮横条件，什么要西太后抵偿啦，要皇上赔罪啦，不依不饶。把个全权议和的大臣李鸿章弄得简直下不了台！于是只好来求助于赛金花。赛金花以女人的身份去见克林德夫人，又通德语，自然就方便得多了。经赛金花一番劝慰，多方比况，最后夫人答应以给克林德建立牌坊的条件了事。自然，这牌坊仍然是中国人民国耻的象征，是压在中国人民心头的耻辱碑。但是在国家已虚弱得别无他法的时候，能尽可能地减少些损失，让侵略者早些撤出北京，以恢复人民正常的生活秩序，难道不是有补于时吗？

三是劝瓦德西保护故宫文物。八国联军入北京后,列强分区设防,其中颐和园、故宫落入俄兵手中。俄军贪婪粗野,除颐和园中宝物尽行掠去外,故宫中"最大部分可以移动之贵重物件皆被抢去,除少数例外。只有难于运输之物始获留存宫中"。(《拳乱笔记》)对那些喜欢却又无法搬走的东西,则粗暴地砸烂,使故宫之中,成了垃圾之场。后为瓦德西建帅府于此,为清除砸烂的东西,动用了九十个士兵,干了十日,才初步腾了块落足的净土。从前清朝等皇帝接见外国公使谒见的壮丽宫殿,里里外外,皆被破物塞满。可见破坏之惨重。对那些劫后余生的古董器物,瓦德西入主后虽然是比较"文明"地取用,但仍有随时丢失的可能,赛金花出入禁宫,对这些本来唾手可得的宝物,不但没有顺手牵羊,而且还劝瓦德西要加以保护,严禁士兵出入(《忆赛金花》)。

诚然,赛金花能在战乱中起这些有利于国和民的作用,是付出了她自己的代价的,而且也使中华民族跟着付出了心理上的代价的;不过,作为一个弱女子,在那个满朝文武束手无策、普天之下惶恐不安的日子里,能减少一点哀哀生民的痛苦,她又能做什么? 她不是颐指气使的皇太后,也不是手握千军的元帅,她是一个妓女,她的全套家当只有色相和她那善于应酬的乖巧! 她在与瓦德西的交往中,夜宿仪銮殿、颠倒太后床,闹出仪銮殿遭火灾时,与瓦德西双双赤身裸体破窗而出的笑话,还为了求得瓦德西的垂爱,挨家挨户为之购买粮饷,等等。这些在中国人敏感的神经上自然刺激很深。不过,对于一个正做着送往迎来的"神女"生涯的妓女来说,又何必硬要用什么"贞操"去责求她呢?

也许是这个原因吧,当时的好多人,无论出于什么目的,原谅了她,甚至还感激她。平民们煮了饺子等着她的光临;富家儿争相拜她为干娘,以求得庇护;"一时亲贵",更趋之若鹜(《清稗类钞》)。自然,赛金花本人也再度得意,很是风光了一阵。她女扮男装,性情豪爽,日跨骏马,走东闯西,偌大个北京城,没有人不知道赛金花大名的了。真个"九城芳誉腾人口,从此争传赛二爷!"

和议成,慈禧太后回銮,还特许赛金花进宫面圣,在举行对外使节及其夫人的盛大招待会时,赛金花还充任过几次女宾翻译(《花史》)。她的声誉以一种扭曲了的形式,再度出现热点。

逼良为娼　倾家荡产

公元 1901 年 7 月和约正式签订,10 月慈禧太后带着光绪回京了;瓦德西也已离京去日本,绕道回国;王公大人们又热热闹闹地回到了京师。在清廷论功行赏、觥筹交错的庆功大典中,赛金花除获得两次淡淡地面圣的恩准外,又静悄悄地回到了她原来的位置上去了。不过,对于她的事业来说,这已经够了。还在公元 1889年,樊樊山已根据赛金花的事迹,写成了脍炙人口的长篇叙事诗《彩云典》,在文人士大夫之间广为传颂;现在又经她自己的一番精彩表演,更扩大了知名度。有这文学和实际的宣传,再来干那万人光顾的营生,真是锦上添花!根据一位堪舆先生的指点,赛金花又把班子从李铁拐斜街搬到陕西巷一所带龟形的寓所来。赛金花以那样的资本投放这样的市场,果然"龟孙"云集,宝货滚滚。她自己说:"每天除去开销,能净赚一个大元宝!"一个大元宝,按当时的铸制,为五十两一锭的白银。真是红火!

这样红红火火地过了两年,1903年5月的一场官司,结束了她的好运。1902年秋天,赛金花因弟丧回苏州料理,次年4月返京时,又挑了六个苏州姑娘来京,以便扩大营业。由于生意太好,还是应接不暇,于是又在北京买了两个,其中一个名叫凤铃(原名蝶芬)花容月貌,最为杰出。内务府的一位官员对她特别钟情,往来频繁,"缠头"之资,所费无数。按照这清吟小班的规矩,当客人与某姑娘长期相处,钱花得差不多时,就该从献艺佐酒转而献身侍枕了,这叫"度夜",当然度过夜后会有更多的收入。赛金花既然是过来人,又是本班掌班——鸨母,当然知道这规矩,便要凤铃与之度夜。哪知这凤铃已另有所爱,生死不从。气得个赛金花七窍生烟。于是叫伙计来,先给她个开张见红,还不从,上家法动硬的,"数凌虐之,鞭笞无完肤",可怜这个身陷火坑的烈女子,"不堪其毒,遂仰药死"。内务府官员伤悼不已,向五城公所告发了赛金花,于是巡城御史将她逮捕归案。(《清稗类钞》)赛之相好,纷纷为她说情,五城不敢轻断,遂将赛金花移交刑部,赛氏遂被打入"天牢"。

当时,与赛金花相继押于一室的另有两位大名人,一是名士沈荩。沈原名克诚,字愚溪,是当时进步的资产阶级革命家。戊戌变法失败后,他东渡日本,1900年春返上海与唐才常共同组织正气会。后以记者身份潜入北京从事反封建反清政府的活动。1903年因揭露丧权辱国的《中俄密约》,有"泄"机密,被清政府逮捕入狱。在狱中,他铁骨铮铮,在严刑面前不屈服,被慈禧太后下令活活杖死狱中。继沈入狱的是一位名将苏元春,字子熙,1884年署广西提督,率军驻守越南谷松一带,多次击退法军。又与冯子材阻击法军,取得镇南关大捷。1903年6月因纵兵殃民,被革职拿问,后充军新疆,死于乌鲁木齐。第三位进来的便是名伎赛金花,时称"三名狱"(即名士、名将、名伎之狱)。当时,沈荩被杖死狱中,血肉模糊,苏元春进来时,目不忍睹,以三百金请改系一室。继而赛金花进来,见状叹曰:"沈公,英雄也。"遂捧其碎肉,和以灰土,埋之窗下(《中国大运动家沈荩》),人称义举。

在旧社会里,妓院中发生凤铃那样服毒自杀的事,简直屡见不鲜,许多时候司法部门都是睁只眼、闭只眼地敷衍了事。可赛金花的案子,在当时牵动却很大。那些过去与赛金花有间隙者,此时不是幸灾乐祸,就是火上浇油,主张给她点颜色看。还有洪钧的亲家陆润夫,为了苏州人的面子和洪大人的风范,更四处活动,欲处她个"二千里流"的刑法,远远地发配四夷!至于那平日被这位来自南班咄咄逼人之势侵迫的北妓各班,也未尝不想趁机撵走这位来自南国的竞争对手。不过,赛金花毕竟是个风月场中能征惯战的宿将,这时,诸多宾友纠纷拔刀相助,一时间"为傅

（彩云）缓颊（说情）者,积函盈箧"（《花史》）。因而使此案呈现出错综复杂的情形,刑部也不便遽断,于是采取了素来行之有效的平衡各方关系的传统做法——拖!一直拖到次年（1904年）春,这时赛金花的老鸨已在刑部内外大把地挥洒银洋,于是刑部开堂会审,结果"以误杀定徒刑",流一千里（冒广生《孽海花闲话》）,将她从京师发配回原籍苏州。

出狱后,赛金花的班子却已糟蹋得不成样子了。妓院中的龟奴伙计、老妈使女纷纷趁火打劫,特别是那有情无义的孙三爷,此时竟拿走了赛金花足足有三分之二的金银首饰、珠宝玉器,逃之夭夭（《陈传》）。赛金花真是有苦难言。

6月,一道行文下来,催促磨磨蹭蹭的赛金花快快离京回籍。赛金花不得不起解了。那些曾经爱慕过彩云色笑的知己争来钱行。那旧日相好一想到赛金花这一别京都,何年才能相逢? 即便相逢,是在云山烟水的江南,还是在这琼楼玉宇的京中呢? 前路茫茫,后会无期,莫不黯然怆然。这个起解钱别,虽然没有当年苏三起解时的凄凉悲壮,但还是有点"君泪盈,妾泪盈"的味道。

赛金花偕老鸨从北京到天津,再由天津乘海船到上海,然后改乘火车到苏州。到苏州的那天,天色已晚,虑城门已关,便叫了条小船,飘向位于虎丘下的萧家巷故里。这次回乡,自然比不得从前以公使夫人身份荣归故里的排场了,因而赛金花感慨颇多。后来她回忆说:"船在初夏的夜色里,款乃而前,微风犹带着嫩寒,行经仓桥滨的停泊处,只见那里仍有窗明的画舫,仍有青春活跃的少年,仍有划拳饮酒的文士,仍有悄然无声的'七板子',小船停泊在近旁,舷边只有三两个船夫,在那里吸旱烟。我回想到幼小的时候,在河上乘着'七板子'打转,我回想到十七年前我犹是一个天真的小姑娘时,我要乘'七板子',而云仙却拉着我手跳上画舫时的情景,历历如在目前。今事隔境迁,我已被解回籍,此后前途渺茫,何处是归宿? 真不可逆料。十七年的色笑生涯,只是一片过眼烟花而已。昔日豪华今已风流云散,世情如纸,淡薄空清。人生原不可以留恋在繁华里。我受着这等感触,觉得风月场中,已是可厌的了!"（《外传》）观此语,似乎有一番鸟儿倦飞、浪子回头的觉悟。

一朝春尽　门庭冷落

经过那场官司和世态炎凉的刺激,赛金花已"知今是而昨非"了,她不再愿以声容来博取人间的欢乐,更不愿再用色笑之业来侍奉老鸨。她希望有一个归宿之所,有一个安静的室家,以了此疲倦的人生。可是,她能得到吗? 她是一个妓女,又是一个名妓女。在那个"礼教"的社会里,纵然士大夫君子自己可以寻花问柳、嫖娼宿妓,但是,当那些被他们百般蹂躏,给他们奉献了千种风情、万般欢娱的人,希望能过正常人的生活时,他们不仅弃之若敝屣,而且视之为忌物,更何况赛金花又是个无人不晓的名妓呢? 当其希望顾客盈门时,盛名帮了她不少忙,让她着实风光了一阵;但当她希望隐姓埋名,屏居静处时,这"名"却害了她。这实实在在应验了"人怕出名猪怕壮"的千古名言!那个极力将赛金花赶出北京、发配回原籍的陆大人及洪氏家族呢,当赛金花在外面大张妓业时,他们觉得有辱洪老爷清范,有扫苏州人面子;而此时赛金花被发配回籍,家资荡尽时,他们又觉得赛金花已脱离洪籍,其生死存亡已与自己无关!道理全在这帮"礼教"圣徒手中了!他们自己过着肥马轻裘、饱食温衣的优裕生活,却要赛金花空着肚子来为洪老爷守节尽妇道!当赛金花倦鸟欲栖、彷徨世路的时候,他们谁肯破费一个铜板来指点迷津、超度残花呢?不仅不援之以手,而且连赛金花的亲生女儿德官也不让她探望,却只能"偷偷站在街外遥望",惨兮兮弄得她"肝肠寸断,涕泪交流"(《编年》)。这个现实既然对她是那样的不公平,作为她这个因多样的人生体验养成了泼辣而倔强性格的妓女,自然不会低头认输,就此穷愁陋巷!她要趁自己还没有完全消失的风采和自己那八面应酬的本领,去再寻幸福,再博千金,再觅知己,去再一次闯荡人生——直至油干灯尽。

赛金花于是用银洋疏通了县衙,打发了解差,重新获得了自由。1905年她再度来到上海滩,在昔日烟花姊妹苏州籍的金小宝帮助下,又在上海小花路挂牌开业了。门上高悬"京都赛寓"的大红匾额。为了招徕远客,捞得外汇,她还别出心裁地在旁注上英文。虽然这次来沪已今非昔比,当初她年正芬芳,她住的是"五楼一底"的洋楼,开的是十足的上等乐园,故题记"书寓";而今已年届不惑,纵然"泽发雪肤,略施膏沐,犹似三十许也",但厚粉之下,难掩皱纹,因而按花界规矩,只能称"寓"了,降为二等妓院("长三")了。不过,这"寓"前的"京都赛"三字却分外惹眼,至于她对"外交掌故,肆应如流"的本钱,更填补了她年龄稍大一些的不足。而且那旁注的一段洋文,又激起了洋老爷们希望一睹他们当年联军元帅的异国情侣的热情。因此,赛金花一开张,竟是个开门大喜,宾客盈门。

稍后,又因为美帝国主义订立排斥华工案,迫害我旅美华侨,国内掀起了以沿海城市为主体的全国性抵制美货运动,民族自觉意识高涨,许多爱国的小说家、杂文家,大量出版反美作品,从前那位洪老爷"门生的门生"曾朴也把"小太师母"赛金花的韵事搬进小说,写成"文采蜚然"(鲁迅《中国小说史略》)的讽世文学《孽海花》问世。由于小说以尽人皆知的风云人物赛金花为主线,又淋漓尽致地写了那些人们口头上讳莫如深而暗地里却手舞足蹈的情节,并且还配合了反美反帝的浪潮,因而也是一出行销,洛阳纸贵。虽然现实中活生生的赛金花不满意小说中对她的太多暴露和时有的歪曲,但是却帮助她获得了更高的知名度,激起了人们对她更高的热情。因而她在上海再度走红,这四五年间的生意,竟然有超过当年之势!

花木逢春犹再发,人无两度再少年。这时的赛已年近五十,再是"金花""银花",没有不凋谢的鲜花。这以色事人的行当就是那样,花艳花红任蝶舞,花黄花谢不值钱!尽管是"京都赛寓",任你旁注洋文,也难免"门前冷落鞍马稀"的结局。赛金花的时代已经过去,形势逼着她冷静下来,"总愿遇着一个真心男子,过过家庭生活"(《外传》)。1910年,果然遇着了,其人便是曹瑞忠。曹是沪宁铁路上的一个总稽查,权力涉及四十余个大小车站,他是一个实心的人,虽然不如青楼中其他豪富少年那样会调笑取闹,一挥千金,却具有一片真诚的热忱和实实在在的情感,对赛金花体贴入微,这样一来,竟使赛金花大受感动,将他推为"阅历中的一个特殊的男子",当年便同居,撤牌住家(《外传》)。可惜这种她渴望既久的"做人家"(吴人谓勤俭度日的家庭生活为"做人家")的生活又是昙花一现就消失了。1912年曹就去世了,赛金花只得又拉开帷幕,继续演完她为妓生涯的最后一幕。这时,满清政府已在武昌起义的一声炮声中宣告灭亡,1912年中华民国亦已成立。但是大权落在了窃国大盗袁世凯手中,他演了一场帝制复辟的丑剧。革命并未完全成功,大批革命党人群集上海,娼楼妓院成了理想的避难所和策源地。赛金花以当年曾经同情过革命党的同志沈荩的资格,又结识了一批革命党人,其中的魏斯炅(耿)便是赛心目中最"真心"的一个。魏氏系江西金溪人士,曾在反袁的"二次革命"中,出任过李烈钧江西军政府的民政厅长、参议院议员。后来"二次革命"被袁世凯扑灭,魏潜逃至上海。1913年赛与魏相识,1916年魏携赛金花一同回到北京樱桃斜街的寓所。这时恢复帝制的袁世凯已在举国共诛的声讨中死去,全国上下额手称庆。"匈奴"已灭,魏先生可以"为家"了。1918年他们来到上海,在魏氏上海的寓所中举行了盛大的结婚典礼。魏氏身着大礼服,赛氏身披拖地长纱巾,高高兴兴地照了结婚照,这结婚照后来也就成了赛金花永远保存留念的珍品。五十五岁的赛金花终于找到了个合法的归宿。不过需要交代的是,魏先生与赛金花虽然是合法婚姻,但家中也另有明媒正娶的一妻一妾。

婚后重返北京居住。一段时间内,魏斯炅待赛金花十分体贴,对赛的母亲潘氏也竭尽孝心,让折腾半生的赛金花极其辛苦一世的赛母充分享受了平等自由的家庭生活。不幸1921年赛母去世,更不幸的是六个月后魏斯炅也离她而去。赛金花痛失爱夫,再做孀妇。面对这接二连三的打击,她变得木人一般,欲哭无泪,欲诉无言了。这时,魏斯炅的妻妾以及亲戚对赛金花十分鄙夷,百般凌辱。在人们心目中,女人是祸水,而这女人中最下贱的娼妓自然就更是祸水了。当魏斯炅亡灵在北京江西会馆祭奠时,人们又在挽联中诅咒她,使本来心已破碎的赛氏又添万分屈辱。后来在与魏氏家属分割遗产时,赛氏又彻底败北。绝望之下,赛金花只好将家迁至天桥附近居仁里的一所平房中,隐居起来,直到1933年才再度为人所知。

蛰居天桥 长斋绣佛

天桥,那是个艺文荟萃、喧嚣繁华的所在,它位于北京永定门内。那里不仅是北京最大的农产品、手工艺品集中的地方,而且是三教九流聚集的地方。清末至民国时期,在那里聚集着各种表演戏曲、曲艺杂技、杂耍、木偶戏、武术及民间艺人和剪纸、绣品等艺术品,吸引着北京居民和四方来客,堪称露天俱乐部和民间艺术博物馆。在一个绣品摊旁边,有一个年逾花甲的老妇人,要不是太粗心的话,还能发现她当年的一点风采。这便是隐姓埋名多年的名妓赛金花!终日没有多少顾主,也许是从事同行业的人太多了吧?也许,是自己早年太贪玩,没有学成那饮誉遐迩的苏州刺绣?也许……她想不下去了,于是收了摊子,向回家的路上走去。

我们随着她的身影,就会看到居仁里。居仁里的巷口也是一个小小的集市,这里远没有天桥的气派,更没有天桥的风雅,那杂乱无章的皮货摊、家具铺,以及简陋的茶水肆、乏味的说书大鼓……构成了这里的一切。顺着这条巷道一直往前走,那最里边的一个门洞十六号,便是赛金花的寓所。自从与魏家闹翻后,她便居于此。那是一幢矮小的房屋,虽是北京传统民居四合院,但却破败陈旧,院落荒芜,除了自民国初年已跟随了赛金花的一对"义仆"老妈子蒋氏及其痴弟而外,只有活泼可爱的小犬、小猫穿梭其间,方显出一些生气来。这里自然不是花枝招展的傅彩云锦衣玉食的"书寓"或"清吟班",也不是公卿名流斗酒寻欢的"京都赛寓"。这里居住的是位风华已逝的老妇人,她失却了为男人们提供欢乐的资本,自然男人们也就顺理成章地离开了她、忘记了她,不再将元宝往这里扔。此时的她,见那"秦楼笙歌楚馆笛舞不过一刹那风流而已",她万念俱灰了。于是她越来越"无心修饰",日日夜夜,面对绣佛,"礼佛自忏"。一则以忏悔自己因"爱热闹,寻快活"而堕入平康、游戏青楼,以至于落得被凌辱、被遗弃的下场;二则以寻求精神寄托,以减轻一点现实生活中的孤凄与寂寞;三则以重修因缘早成善果,进入那西方极乐世界……但是任凭她如何意诚心敬,仍然无法忘却过去的一切。

居住天桥的最初几年,仗着往日的一点积蓄,再辅以手工活、作佛事,倒也勉强过得平平安安。到公元1933年,她锦囊殆尽,连每月大洋八角的房租也缴纳不起了。有好心人为赛金花写了纸呈文给北京公安局,请求为她豁免房租。文中历陈赛金花在公元1900年八国联军攻陷北京时,"忧时伤国,不忍坐视,原本与瓦德西氏有结交之谊,挺身谒瓦,劝令约束联军,尊重人道,毋再蛮横,以复邦交。瓦从其言,联军纪律顿肃,而吾国民命斯保"的功劳。被一好事记者拿去往报上一发表,立即震动了北京社会,轰动大江南北,埋没多年的赛再次成了新闻人物。

这时,是"九一八"事变后三年,日本帝国主义者的铁蹄已踏遍东三省,并进而入长城,威胁华北。这年五月卖国的《塘沽协定》签署,北京有重陷帝国主义蹂躏的危险。中国人民,尤其是北京人民,对赛金花的再度出现,产生了强烈的联想和预感。有爱国心的文人希望从赛金花的身上找到作警世之言的素材;历史学家希望从赛金花这具"出土文物"那里,得到考据庚子国变的史料。更有那被《孽海花》陶醉过的读者,根据作者提供的聪明、美丽、放荡、轻佻不拘的线索,希望从赛金花那额角的皱纹中读出点什么。至于那电影、戏剧、小说的作者和老板,更认为赛金花的身世是难得的奇货。于是,记者、教授、作家以及猎奇士绅,纷至沓来,登门造访。冷落了多年的"赛寓"成了人们寻奇猎宝的对象,一时又变得车错毂兮马摩肩了。北"京"南"海"大报小报,有关赛金花的采访、回忆、评述的消息不断。随着采访者的满意离去,便是小样礼品的遗赠,赛氏主仆也暂免饥冷。

北京大学教授刘半农与弟子商鸿逵在访问赛金花后,写成《赛金花本事》,答应将润笔所得如数交给赛金花;1936年,进步作家夏衍编成的七幕话剧《赛金花》,也在上海金城大戏院上演,轰动一时,蓝平就因争演该剧主角未成而大发醋劲的;上海"四十年代"剧社也排演赛金花剧,并宣言要从营业所得中抽出部分利润来拯救名花;上海业余剧社甚至以高薪约赛金花登台演出。只可惜雷声大雨点小,此时的赛金花已人老珠黄,从前那种时代早已成了过去,这靠施舍敛钱的方式又哪里能与当初令人在狂迷中倾囊的买笑盛况相比呢?某公慨然应允要在上海这个赛金花当年数度走红的乐园里为她募捐,尽管他东奔西走,声嘶力竭,也只汇来了二十余元。因此,当赛金花收到韩复榘的一百元赏赐时,竟是感激涕零,花了两天时间,歪歪扭扭地写了一封感谢信,千恩万谢地说:"含情不忍诉琵琶,几度低头掠鬓鸦。多谢山东韩主席,肯持重币赏残花!"(《赛金花轶事汇编》)

靠人施舍的生活到底有限得很,至1936年,赛金花已积欠房租达数百元,被房东控告,法院判令赛金花必须于次年端阳节前搬离!也许赛金花已走投无路,也许她礼佛已修成正果,于是,在"无钱加煤,炉火不温","拥败絮,呼冷不已"的处境中,连呼"我今去矣!阿弥陀佛!观音菩萨、教主、洪状元已来迎我!"在数阵狂笑中,求得了人生的彻底解脱。(《中国近世十大新闻》)其时公元1936年12月3日是也!

长眠香妃冢　千古留风情

一代名花,历尽风风雨雨后,与世长辞了。据说临死前,赛金花曾写下一首《悠悠曲》:

天悠悠,地悠悠,风花雪月不知愁,斜睇迎来天下客,艳装袅娜度春秋。度春秋,空悠悠,长夜尽成西厢梦,扶疏深处唱风流。唱风流,万事愁,一朝春尽红颜老,门庭冷落叹白头。叹白头,泪水稠,家产万贯今何在?食不果腹衣褴褛。衣褴褛,满身垢,一副骸骨谁来收?自古红颜多薄命,时运不济胜二尤。胜二尤,深海仇,纨绔王公皆猪狗,赏花折柳情不留。天悠悠,地悠悠,贞操牌坊万世流!(《陈传》)

字字血泪,长恨悠悠,这便是赛金花从十三岁豆蔻年华走上卖笑生涯后,时浮时沉,最终穷困凄凉而死的写照,也是古今众多妓女生涯的共同写照。赛金花到底是一个见多识广的人,在这万般皆苦的人生弥留之际,不仅能深深反省自己那放浪形骸的痛苦而罪过的一生,而且还能预言自己的"一副骸骨谁来收"的后事。果然,她死后,棺木无着,装裹阙然,急得两位忠心耿耿的"义仆"号啕大恸。

好在这个世界上具有"善端"的人确也不少,只要有人率先为之诱导或倡议,还是不难有人起而为善的。在前北京商会会长孙晋卿和沈钧等人的倡导下,发起了义葬赛金花的募捐活动:名教授肖一山等发起助葬筹备处,教授多人列名;画家李苦禅、王青等将自己和徐悲鸿的画作六十余幅,义卖于中山公园以助葬。众人葬花,居然募得款项一千三百多银圆,可以热热闹闹将赛氏亡灵营葬复营斋了。

至于墓地,赛金花临死时也知道她不会"涅槃",其最高的奢望是"进万安公墓"。但是义葬名花的二三君子,都认为赛金花一生经历,既已谱成诗歌小说,若葬之公墓,似乎有些明珠投暗,太可惜了。为给北京风光添一韵迹,一致主张将赛金花布满风流色彩的"遗蜕",卜葬于陶然亭之旁,而建墓于有口皆碑的香冢与鹦鹉冢之间。慈悲庵的佛弟子也大发慈悲,献地一分八厘。

1936 年 12 月 16 日,雪后方霁,义仆蒋乾方充孝子,义女侯秀贞充孝女,裹罩着绣有寿福字样棺罩的赛氏灵枢,在一遍哀乐和五三歆献声中,随着引魂幡的招引,踏着纸钱铺出的路,缓缓地移向另一个世界。人们来到陶然亭,放眼一看,只见白茫茫看似洁净的瑞雪埋葬了整个世界,就像一个大大的雪墓一样,再近看这陶然亭的雪墓下面,掩盖不住的是更小的点点乱冢,处处坟茔。原来这里是个野鬼啼号的乱葬岗,特别是那妓女的香窟特多。每到清明寒食,活着的妓女悲其性命,感其身世,常来这里烧纸哭诉,大放悲声。只因这里处于城南郊外,颇带几分清空与寂静,那看破红尘的和尚尼姑便来这里修炼,把它当成净土。康熙时工部郎中江藻又建亭于此,取白乐天"更待菊黄家酿熟,与君一醉一陶然"之意,命名为"陶然亭"。于是这荒冢野寺便与文人雅士结下了缘。那些厌倦了城里生活的墨客词人,便携酒会友于此,任情抒发一番才情与忧伤。倘若连这抒发也厌倦了,便把诗稿就地一焚,随风飘扬,化为虚空。那赛金花卜葬处的鹦鹉冢便是某词客焚稿的纪念碑哩!至于那"香冢",有人说是名伎倩云的归宿,有人说是清官不敷自香的香妃的秘密冢。不管是谁,都充满了风流色彩。赛金花能置身于这风流女伴与闲情词客之间,与她那平生风流,不是相得益彰吗?再请看那香冢前面,一断残碑上刻着:

浩浩愁,茫茫劫!短歌终,明月缺!郁郁佳城,中有碧血!碧亦有时尽,血亦有时尽,月亦有时灭,一缕香魂无断绝!是耶非耶?化为蝴蝶!

原来这好客的香冢已为新来的伙伴准备好了共同的墓碑!安息吧,傅彩云,赛金花!

她就是这样一个复杂的人,当她可爱时,她是一个天真活泼的美人;当她淫荡时,她又是一个放浪形骸的妓女;当她善良时,她是一个见义勇为的救星;当她心狠时,她又是一个逼良为娼的恶鸨;当她富贵时,她是一个称艳上流的贵妇;当她贫贱时,她又是一个摇尾乞怜的乞婆……这就是她,她就是这样!她不仅与同辈们形成鲜明对比,她还在自己一生中对比鲜明。多种特性,多样人生,多种面貌,这就是赛金花的风格。人们可以认识她,可以评说她,可以喜,可以怒,可以弃,可以悲,但是却不能简单地用"好"与"坏""是"与"非"来一言以蔽之。如果硬要强做结论的话,那只能是:荒唐世道荒唐人生,可怜命运可怜人儿。

辛亥女杰

——秋瑾

名人档案

秋瑾：女，原名秋闺瑾，字璇卿（璇卿），号鉴湖女侠。祖籍浙江山阴（今绍兴市），出生于福建厦门。中国女权和女学思想的倡导者，近代民主革命志士。蔑视封建礼法，提倡男女平等，常以花木兰、秦良玉自喻。

生卒时间：1875 年~1907 年。

安葬之地：湘潭昭山。

性格特点：性豪侠，习文练武，喜男装。

历史功过：光绪三十三年正月（1907 年 2 月），秋瑾接任大通学堂督办。不久与徐锡麟分头准备在浙江、安徽两省同时举事。联络浙江、上海军队和会党，组织光复军，推徐锡麟为首领，自任协领，拟于 7 月 6 日在浙江、安徽同时起义。因事泄，于 7 月 13 日在大通学堂被捕。7 月 15 日从容就义于浙江绍兴轩亭口。

名家评点：孙中山和宋庆龄对秋瑾都有很高的评价。1912 年 12 月 9 日孙中山致祭秋瑾墓，撰挽联："江户矢丹忱，重君首赞同盟会；轩亭洒碧血，愧我今招侠女魂。"1916 年 8 月 16 日至 20 日，孙中山、宋庆龄游杭州，赴秋瑾墓凭吊，孙说："光复以前，浙人之首先入同盟会者秋女士也。今秋女士不再生，而'秋风秋雨愁煞人'之句，则传诵不忘。"1942 年 7 月宋庆龄在《中国妇女争取自由的斗争》一文中称赞秋瑾烈士是"最崇高的革命烈士之一"。1958 年 9 月 2 日宋为《秋瑾烈士革命史迹》一书题名。1979 年 8 月宋为绍兴秋瑾纪念馆题词："秋瑾工诗文，有'秋风秋雨

生性豪爽　驰骋疆场

　　1903 年春,秋瑾跟随当京官的丈夫王子芳从湖南湘潭来到了京城。这一年是清朝光绪二十九年。

　　从 1840 年以来,历经西方列强的多次侵略和战乱,此时的清王朝已经走向了衰落。在来京的路上,秋瑾看到曾经的大好河山已是满目疮痍,民不聊生。她那兴奋的心情不由得转为低沉:"我多难的国家啊!我该为你做点什么呢?还有京城,那陌生的地方,又将给予我怎样的未来呢?是依然将我束缚在家庭中,有志不得伸,还是会赐予我志同道合的知音呢?"带着这些疑问,秋瑾走向了茫然不可知的未来。

　　王家为王子芳捐了一个户部主事的官职。七年前,由父母之命、媒妁之言的安排,秋瑾嫁进了湘潭王家。王家是湘潭的大富户,这个封建大家族,从上到下充满铜臭味,只知道关起门来过自己的富贵生活,没有人关心国家的前途和民族的命运,也没有人胸怀救国救民的大志。生性豪爽侠气的秋瑾与锱铢必较的王家格格不入。在这样的一个家庭里生活,秋瑾感到窒息。

　　秋瑾的丈夫王子芳更是典型的纨绔子弟,不学无术,胸无大志,只知道吃喝玩乐,秋瑾和他根本就没有共同语言。当时,秋瑾深感国势衰落,恨自己报国无门。她就常常劝王子芳革掉嫖赌等恶习,改邪归正,做一点救国救民的事。不料王子芳竟毫不在乎地说:"国家的兴亡,民族的消长,都是天注定的,非人力所能强挽的,那么多的朝廷大员都无能为力。中国这个样子,是天运的安排……你一个女流之辈,何苦为这些国家大事操心呢?"秋瑾听到丈夫说出如此不成器的话,一时悲从心中来:"这样的丈夫,有什么地方值得敬爱?这样的家庭,这样的婚姻,又有什么意义呢?"她恨父母的安排,恨命运的不公,将自己这样一个有志气的女子配给一个纨绔子弟:"知己不逢归俗子,终身长恨咽深闺。"

　　来到京城,离开了封建大家族,秋瑾稍微得到了一点自由。每当丈夫去了衙门,秋瑾就跑到结拜姐妹吴芝瑛家。由于吴芝瑛和丈夫的思想都倾向维新,他们家有大量的新书报,如康有为的文章、梁启超所编的《新民丛报》和《新小说》,以及邹容的《革命军》等,秋瑾如饥似渴地阅读着。这些书为秋瑾打开了一扇通往外面世界的大门。以前,被束缚在封建大家庭中的秋瑾常常感到苦闷,感到有志难伸,她忧心国事,却只能困于家庭袖手旁观。封建社会的伦理道德规定女子只能依附于丈夫和家庭,女子连人身权利都没有,更没有参与国事的权利。因此,秋瑾感怀时事,除借诗抒怀之外,便别无他法。

　　而现在,这些书报里所宣传的男女平权和女权思想给了秋瑾一把打开困境的钥匙。她看到,女子也可以读书自立,不依附丈夫。更重要的是,很多新思想也提倡女子的参政权利。在梁启超所著的《近世第一女杰罗兰夫人传》《意大利建国三杰》《东欧女豪杰》《新中国未来记》等书中,提到了许多外国女豪杰,这些女豪杰跨出了家门,参与国事,并做出了经天纬地的事业。她们的事迹深深地感染了秋瑾。

这些书秋瑾都爱不释手。在写给妹妹的信中,她对书中的女豪杰大加称赞,说道:"这里的女同胞,都以读这些书为快事,把她们都视为女界的楷模。"秋瑾自小就仰慕古代的女侠,对秦良玉、沈云英、梁红玉、花木兰等历史上的或传说中的女杰都推崇备至,并视之为榜样。

在少女时代,她就曾写道:"肉食朝臣尽素餐,精忠报国赖红颜。壮哉奇女谈军事,鼎足当年花木兰。"

为了像这些古代女杰一样驰骋疆场为国效力,14岁时她随着母亲到萧山外祖母家探亲,看到四表兄单宝勋会武术,便闹着要学。因此,她虽然是一个官家大小姐,但是她学会了骑马、击剑和武术。秋瑾所生活的时代和社会是不会为她提供这样的机会的。在晚清时期,统治者昏庸腐败,连有志气的男儿都难一展抱负,何况她这个被困在闺阁中的小女子呢? 如今,这些外国女豪杰的事迹如春风拂面,沁入到秋瑾的心里,使她久被压抑的豪情和壮志解放出来了。

提倡妇女解放

她决心效法这些女豪杰。于是,她激烈地提倡妇女解放,她说:"女子应当有学问,求自立,不应当事事都靠男子。现在人们动辄说革命,我认为革命就应当从家庭开始,将妇女从家庭里解放出来,这才是真正的男女平权。"她决定去实践她所仰慕的外国女豪杰们所走的道路:做一个有学问,能自立,并能够为国分忧的女志士。秋瑾不再甘心做一个蛰伏在家中的官太太。她想到美国留学,她想学习知识以自立,同时考察一下西方的妇女解放状况和国家富强的原因。秋瑾的这些思想和行为很自然地引起了丈夫王子芳的不满。

一日,王子芳回到家,信步走进书房,只见书房到处都放着书,拿起来一看,居然都是一些反书,不是维新派梁启超的《近世第一女杰罗兰夫人传》,就是邹容的《革命军》以及留日学生办的革命刊物。"反了! 反了!"王子芳愤愤地跺着脚。这个书房虽然名义上是男主人王子芳所用,但是下了衙门,他总是忙于花天酒地和官场应酬,很少来书房。倒是秋瑾自小就爱读书写诗,因此,书房便成了秋瑾专用的了。走到书桌前,桌上放着秋瑾刚刚写完的《宝刀歌》,王子芳拿起来一看:"不观荆轲作秦客,图穷匕首见盈尺。殿前一击虽不中,已夺专制魔王魄……"诗中句句透露着不平之气,好象要挥舞宝刀砍向清王朝统治者。

这时,秋瑾穿着一身男子装束走了进来,王子芳看了,更生气:"太不像话了!

太放肆了！你还像一个官太太吗？反了！"秋瑾反唇相讥："你像一个国家的官员吗？一天吃喝玩乐，不思为国为民。"王子芳气得大叫："从今天起，你不许出门。"秋瑾毫不示弱地说："我不但要出门，我还要出国呢！"你敢！我不会给你钱的，你要出国，我们王家就将你扫地出门。"随便，我就是要留学，我自己筹钱，不要你的臭钱。"说完，秋瑾头也不回地就走了，丢下瞠目结舌的王子芳。

第二天，秋瑾来到吴芝瑛家，看到在坐的有一位日本妇人，一问才知道是服部繁子。服部繁子看到秋瑾更是惊诧不已："出现在我面前的朋友，究竟是男是女？"因为站在她面前的秋瑾，高高的个子，戴着鸭舌帽，穿着蓝色的旧西服，胸前系着一条绿色的领带，手中提一根细手杖。白皮肤，大眼睛，高鼻梁，薄嘴唇，好一个潇洒的青年。服部繁子好奇地问："您为什么要着男装呢？"秋瑾红着脸，坚定地说："您知道，在中国男子强，女子弱，女子总是受到压迫。我要成为像男人一样的强者，为国效力，为女子争气。所以我要先从外貌上像个男人，再从心理上也成为男人。这样才能成功。"

"身不得，男儿列；心却比，男儿烈。"秋瑾在《满江红》中写到的这几句词正是秋瑾自我性格的真实写照。

鉴湖女侠　远渡日本

通过与服部繁子的接触，秋瑾了解到日本的女学很发达。于是秋瑾改变了去美国留学的打算，而决定去日本。因为，一来去日本的费用比较低廉，再加上，秋瑾知道在日本有很多中国留学生组织的爱国团体。回到家，秋瑾就找出自己陪嫁的妆奁，一清点，发现其中最值钱的珠帽和珠花都不见了。她问仆人，才知道是王子芳拿走了。原来，王子芳知道秋瑾是一个敢作敢为的人，害怕秋瑾真的去留学，于是就卑鄙地把她最贵重的首饰偷走。王子芳心里盘算：家里不出钱，秋瑾的首饰又当不了几个钱，她娘家败落，也无法支持她，那么，秋瑾没有路费和学费，最终无可奈何，就会死了留学的心。

不料，这更坚定了秋瑾留学的心："这样的丈夫，还有什么留恋可言？家庭的幸福既无可挽回，那么就让我把一生的幸福寄托在国家的兴旺上吧！"她不愿意做一个只会听命于丈夫的官太太，她要追求更广阔的天地，她要实现自己当女侠救国家于水火的愿望。她把剩下的首饰和一些贵重的衣物交给好友包荻漪变卖，筹备学费。

正当秋瑾艰苦筹集学费时，忽然听说王照因为赞成戊戌维新，而被牵连入狱，急需要金钱来运作打点。秋瑾与王照素昧平生，但是她一向钦佩戊戌党人的爱国热忱，立刻就将学费的一部分托人送给王照的家人，并嘱托不要告诉他们自己的姓名。直到王照被赦出狱后，才知道这个不留姓名的救命恩人是秋瑾，他感激涕零，要登门致谢。但是这时秋瑾已经远去日本了。

其实，这并不是秋瑾第一次这样慷慨助人。两年前，她随夫进京。途经上海时，结识了琴文。相识后二人言谈投机，结为好友。后来，琴文的旅费告罄，秋瑾慨然资助。在日本留学期间，尽管自己的生活艰苦，秋瑾仍然资助了一名叫蔡竞的女学生。

因为帮助了王照，秋瑾的学费不够，只好暂留国内。但是她已经与丈夫为留学的事决裂了，有家不得回，就随吴芝瑛在上海小住。最后，经过多方筹措，才凑齐一部分学费。

1904年6月28日，秋瑾第一次东渡日本。但是，在日本一年半后，秋瑾的经费用尽，她只好回国筹措。后来，是她的母亲典卖衣物筹得几百银圆。

1905年7月15日，一艘从上海开往日本的轮船缓缓驶出港口。为了节约经费，秋瑾坐三等舱，和人力苦力杂处。为了安全和防身，她一身男装打扮：身穿长衫，结着辫子，穿着皮鞋，腰间系着倭刀。秋瑾静静地站在三等舱甲板的铁栏边，忧郁地望着渐渐消失的大陆，心潮起伏。她正在告别的祖国已经四分五裂，处于风雨飘摇之中，祖国的苦难何时是个尽头啊？作为一名女子，一位曾经的官太太，抛夫别子，两次只身前往日本留学，所为何来？为的是一颗赤诚的爱国心。她要到日本去学习先进的科学，要考察日本崛起的奥秘，要结识志同道合的同志探求救国之途……想到这里，一时间秋瑾豪气满怀："祖国沉沦感不禁，闲来海外觅知音。金瓯已缺总须补，为国牺牲敢惜身？嗟险阻，叹飘零，关山万里作雄行。休言女子非英物，夜夜龙泉壁上鸣！"

为了表达自己要做一番伟业的决心，秋瑾将自己的字改为竞雄，意味着要与男子一争高下，并自号鉴湖女侠。尽管学习紧张，但从踏上日本之日起，秋瑾就以极大的热情，广泛结交留学生中的志士仁人。她频繁地参与各个爱国团体的活动。人们常常看到秋瑾束着头发，身披一件翻毛黑白道花纹的外套，戴着黑白围巾，佩戴着日本刀，出入各爱国团体。每次集会，她几乎都要登台演讲，她的演讲慷慨激昂，荡人心魄。

秋瑾平时待人接物和蔼可亲，但她是一个爱憎分明的人。与志气相投的人在一起，不言则已，言则滔滔不绝，无话不谈，十分坦诚。而对那些浮薄轻佻、只知吃喝玩乐的纨绔子弟，深恶痛绝，不相往来，有时还当面呵斥，毫不留情。对那些顽固透顶、视留学为升官发财之途的人，她更是口诛笔伐，大有"杀尽胡虏方罢手"的气概。有一个叫胡道南的绍兴留学生，反对革命，反对男女平权，秋瑾对他很是不满，便当面骂他是"死人"。胡道南颜面尽失，因而怀恨在心。后来，正是他向官府告密说秋瑾是革命党人，导致她被捕遇害。

同时，秋瑾也是一个敢于为捍卫自己的信念而斗争的人。当时湖南人陈范带着两个小妾湘芬、信芳来到日本。秋瑾反对封建一夫多妻制，她认为陈范养小妾，是对女界的侮辱。于是，她鼓动湘芬、信芳二人脱离陈范，二人离开陈范后，无以为生，秋瑾便号召同学集资为她们凑齐学费读书。其时，陈范的女儿陈撷芬也随父亲来到日本。陈撷芬曾在上海办过《女苏报》，在女界有一定的影响。她父亲要将她嫁给一位广东商人为妾，留学界闻之哗然。秋瑾就召集全体女同学开大会，向陈撷芬提出警告，要她解除婚约。陈撷芬面有难色："父亲定下的婚约，我不得不从。"秋瑾义正词严地说："逼女做妾，这是不讲道理的父命，不应当遵从。而且，此事关系到所有女同学的声誉。我们出国留学，是为了自食其力，不再做父母和丈夫的依附，你这样做，不是玷污我们女学生的名声吗？这个婚约必须取消。"女同学们纷纷热烈鼓掌。陈撷芬羞愧万分。最终，婚约被解除。

秋瑾如此爱憎分明的性格，深得爱国留学生的爱戴。秋瑾虽然身为女子，但在众多的男性有志之士中毫不逊色。许多的有志之士纷纷将秋瑾引为知己，常常邀请秋瑾加入他们的革命团体。渐渐地，秋瑾开始和一些志同道合的同志结社。她参加了"演说练习会"，提倡用演说作为革命和爱国斗争的一种武器，对民众宣传革命、爱国道理。

投身革命　不枉一生

1904 年，她参加了由冯自由、梁慕光等革命党人组织的三合会。三合会以"推翻清朝，恢复中华"为宗旨。在会里，秋瑾被封为"白扇"（就是军师）。1905 年秋瑾暂时回国期间，她参加了光复会。光复会 1904 年 11 月由蔡元培、龚宝铨等人在上海成立，是辛亥革命期间的一个重要的资产阶级民主革命团体。它以"光复汉族，还我山河，以身许国，功成身退"作为誓词。

1905 年 7 月孙中山在日本成立同盟会。在同盟会正式成立后半个月，秋瑾由冯自由介绍，在黄兴寓所加入了同盟会。秋瑾是浙江人入同盟会的第二人，并被推为浙江分会主盟人。正是在日本，秋瑾终于找到了自己今后要走的道路。她认识到要实现男女平权，要改变国家贫弱的面貌，只能通过暴力革命的手段推翻满清政府才能成功。从此，秋瑾就坚定地走上了革命道路，把自己的一切都献给了革命事业，就像她自己所说的那样："以身许国。"

看到国内的革命形势一天天地发展，秋瑾开始积极准备着回国从事武装革命。她坚持练武，还到东京神乐坂武术会练习射击技术，又到横滨学习制造炸药。

1905 年冬，清政府驻日本公使杨枢为了破坏留日学生的爱国活动，勾结日本文部省颁布了所谓的《清国留日学生取缔规则》，它要求日本政府驱逐留日的革命党人，禁止留学生的爱国活动，并且限制留日学生的行动自由。八千多留日中国学生向日本政府多次交涉，均无效，于是实行罢课。

从一开始，秋瑾就激烈地反对《清国留日学生取缔规则》。在反对运动初起时，她所在的学校就严令不准中国留学生到校外参加反对运动。秋瑾对此愤然不顾。她冲破校方的禁令，毅然前往参加 12 月 5 日在富士间楼召开的中国留学生集会。商讨时,她代表全体女留学生,在会上慷慨陈词,号召留学生以行动反对《清国留日学生取缔规则》。为此,学校开除了秋瑾。秋瑾强烈抗议。她站在学校的路边,大声斥责校方和日本政府对中国留学生的压制,引得学校学生和路人纷纷围观,使马路成了一个临时的演说会场。最后,警察出动,才将人群驱散。

当时,在反对运动中,留学生们有两种不同的意见:一部分人主张为了国家的将来忍辱求学,另一部分则极力主张抗议这个反动的规则,应该全体留学生立刻回国进行革命。在浙江同乡会集会上,秋瑾慷慨激昂力主回国。当她演说完,随手从靴筒里拔出匕首,插在讲台上说:"如果有人回到祖国,投降满虏,卖友求荣,欺压汉人,吃我一刀。"

1905年12月,秋瑾从日本风尘仆仆归来。一到上海,就寄信给留在日本的同学:"我回国以后,将尽力筹划,以期光复旧物。虽然成败不可知,但是我将以我的有生之年,不息一日。自庚子(指1900年的八国联军入侵北京事件)以来,我已经置自己的性命于身外,即使没有成功而死,我也不后悔。"她还坚定地说:"光复之事,不可缓行。男子死于图谋光复的,自唐才常后,还有沈荩、史坚如、吴樾等诸君子,不乏其人。但是却没有听说过女子为光复尽忠,这是我们女界的羞耻。我愿意以此和诸君共勉。"看得出来,秋瑾是抱着牺牲的信念回国的,她是想做中国第一个为资产阶级民主革命流血的女英雄,要以自己的鲜血来浇灌革命之花。为了明志,秋瑾还创作了弹词《精卫石》。这是一部带有自传性质的作品,主人公黄鞠瑞(后改名黄汉雄)是秋瑾的化身。秋瑾以"精卫填海"之意,表达自己的革命意志。

1906年,上海虹口厚德里一幢普通弄堂里一座房子的二楼,挂着"蠡城学社"的牌子。在这里,秋瑾一边筹办《中国女报》,一边从事革命活动。

在房子里,她设置了一间密室,和陈伯平一起研制炸药,为起义准备军火。一天,他们正在紧张地配置火药,不料,炸药突然爆炸,一声闷响,整个房子都被震动了,秋瑾和陈伯平都被炸伤倒地,陈伯平伤了眼睛,秋瑾伤了手臂。为了怕被人发现,他们忍痛爬起来,将炸药隐藏起来了。等到循声而来的印度巡捕来搜查时,他们已经将爆炸痕迹消灭干净。秋瑾让陈伯平躲在密室里,自己把手臂简单地包扎一下,用袖子遮住就在外面应付巡捕。印度巡捕问她:"怎么回事?"秋瑾也装作茫然不知的样子,问道:"是啊,怎么回事?地动山摇的,出了什么事?"巡捕半信半疑地看着秋瑾,四处搜查了一番,也没有发现蛛丝马迹,只好走了。

不久,主持浙江绍兴大通学校的革命党人徐锡麟捐了安徽候补道员,准备去安徽开辟革命阵地。大通学校全名"大通师范学堂",创立于1905年9月,目的是为了聚集和训练革命力量,招收金华、绍兴等各处的会党骨干,进行军事训练,为革命起义做准备。

徐锡麟与秋瑾早在日本就相识。秋瑾的豪爽性格以及忧国忧民的爱国情怀,都使徐锡麟将秋瑾引为知音。他曾经致信给秋瑾说:"如同志者,有英雄之气魄,神圣之道德,麟实钦佩之至,毕生所崇拜也。"秋瑾的组织能力也让徐锡麟很放心。于是,他将大通学校所有事务都委托给秋瑾。秋瑾于1907年2月正式接任大通学堂督办之职,并成为准备起义的浙江革命力量领导人。

临行前,吴芝瑛和徐自华为秋瑾饯别,她们二人都很担心秋瑾此去凶多吉少。吴芝瑛劝秋瑾:"你还是留在上海,办《中国女报》吧!这也是为国为民的大好事啊。"秋瑾摇头说:"中国这个睡狮,睡得太熟了。一两声呐喊叫不醒它,非要更激烈行动才能将它震醒。""但是太冒险了!"徐自华劝到。秋瑾却毫不在乎地说:"别这么前怕狼后怕虎的!我今天很高兴,来,你们看我舞刀吧。"说完,她拿出倭刀舞起来,放声高歌:"吾辈爱自由,勉励自由一杯酒!男女平等天赋就,岂甘落后?原奋然自拔,一洗从前羞耻垢,责任在肩头,恢复江山劳素手!"

到了绍兴后,秋瑾每天骑着马,往来于住处和学堂之间,早出晚归,全力以赴主持学堂工作。人们常常看到秋瑾梳着一条辫子,身穿鱼肚白竹布男长衫,脚穿一双黑色的皮鞋,全副男装打扮,进出于绍兴的大街小巷。秋瑾在大通学堂自任教练,常常身穿着男式体操服,骑着高头大马,腰插手枪,手提着倭刀带领学生练射击、劈刺,英气勃勃,气度非凡。同时,秋瑾还在浙江各地联系会党,为起义做准备。风餐露宿,跋山涉水,秋瑾以自己一双缠过的小脚,三四个月中走遍了金华、处州、绍兴三府的十余个县,其革命之志可谓感天动地。

三月,杭州西湖碧波荡漾,景色明丽,一艘小船在湖中央轻轻划过。秋瑾和好友徐自华并肩而坐,这是秋瑾难得轻松的一刻。秋瑾是来杭州联系革命事宜的,久未见面的两位好友分外亲切。为了让秋瑾放松心情,徐自华带着她来游西湖。她们登上了凤凰山巅,俯瞰整个杭州城,秋瑾感慨万千:"多么美好的景色啊!只可惜,满清政府昏聩无能,眼看着就要将这大好的河山拱手送给洋人。我辈不努力,国家就会像南宋王朝一样灰飞烟灭了。"说完,秋瑾拿出随身带的纸笔,将杭州的城池、街道、路口和地形都一一绘制成地图,为以后进军杭州做必要的准备。

临别时,她们来到南宋抗金名将岳飞的坟墓前,秋瑾留恋不忍离去。望着这位爱国名将的坟茔,秋瑾嘱托徐自华说:"人生如此,也不枉为一生。自华,如果我哪一天撒手而去,你就将我埋在岳墓旁吧!让我在这青山绿水中安眠,护卫着岳将军的魂灵。"

回到绍兴后,秋瑾又投入到繁忙的革命活动中。秋瑾决定将各地的革命力量统编起来,组成光复军。

1907年4月,秋瑾将浙江会党的领导人,分干部为十六级,以"黄河源溯浙江潮,卫我中华汉族毫;莫使满胡留片甲,轩辕神胄是天骄"这首七绝诗中,从"黄"字到"使"字的十六个字,代表十六个等级。并铸造金指约,上面分刻了这些文字颁给干部。这些字均系干部的代号。如"黄"字为首领,推徐锡麟担任;"河"字为协领,秋瑾自己担任,"源"字为分统,推王金发等人担任。分统以下的职位,因为一职数人,所以在字之后加英文字母A、B、C等符号。经过这样的编排,原先处于散乱状态的会党干部,都被纳入统一的组织中来了,而且各负其责,有利于起义行动。

紧接着，五月，秋瑾又将所有浙江会党成员和光复会成员用"光复汉族，大振国权"八个字，统一改编成八个军，总称"光复军"，而且她为每个军设置具体的军职。在其《光复军军制稿》中，规定得十分详细。她为还光复军设计了军服和军旗。

关于发动起义的具体时间和行动计划，秋瑾也做了初步的安排：7月6日，先从金华起兵，处州府响应，引动杭州的清军前来镇压。这时省城空虚，绍兴的义军立刻渡过钱塘江，直袭杭州。同时留在杭州的革命党人按约定从内部响应。里外配合，一举夺取杭州。如果这个计划失败的话，义军将到安徽，与徐锡麟的力量汇合。在浙江起义的同时，徐锡麟也在安庆发动起义，两省配合，先夺取两省的要地，再合取南京……为了配合这些军事行动，秋瑾还草拟了《普告同胞檄稿》《光复军起义檄稿》以及《同胞苦》等文件，以便起义后到处张贴这些文件号召人民起来反抗。

这些计划制定得非常周密而详细，显现出了秋瑾出众的军事才能。在起义举行之前，秋瑾加紧筹款，购买武器。这年端午节刚过，她前往上海向陈伯平通报起义计划的途中，顺道来到了崇德徐自华家，请求经济支援。徐自华将自己所珍藏的全部首饰和贵重衣物，十分慷慨地交给了秋瑾。秋瑾深为感动："谢谢你的馈赠，我真是无以为报啊。"她从自己的手上脱下戴着的一副翠钏，回赠给徐自华，并说："我已身无长物，只剩下这副镯子，值不了几个钱，但是它是我母亲给我的，我一直戴着。现在我就把它送给你作为纪念吧。"临行前，秋瑾再次以"埋骨西泠"相嘱托。

起义失败　国葬西泠

秋瑾的革命活动日渐引起了清政府的注意。1907年5月，省里就专门派人到大通学堂，以盘查仓谷为名进行密查暗访。秋瑾事先得到了消息，便指挥学员将一切机密文件、枪支收藏起来，使来人没有查到任何"不轨行动"的证据。但是，徐锡麟在安徽的行动计划却很快就暴露了。当时，一名浙江会党人物在上海被捕并叛变，供出了在安庆的部分光复会成员的代号。徐锡麟得到消息决定提前起义。

1907年7月6日，徐锡麟在安徽巡警学堂毕业典礼上刺杀了安徽巡抚恩铭，但因寡不敌众被俘，最后被清政府严刑拷打后，处于剖心酷刑，惨遭杀害。

徐锡麟起义失败后，引起了清政府的恐慌，各地都严查革命党人的活动。当时的绍兴府学总办胡道南，就是在日本留学时曾被秋瑾当面斥责为"死人"的人。胡道南早就对秋瑾怀恨在心。此时，胡道南听说徐锡麟的事以后，正好公报私仇。于是，他密报绍兴知府贵福，说秋瑾是徐锡麟的同谋。贵福大惊，慌忙立刻到杭州请兵。

秋瑾是在7月10日得知徐锡麟牺牲消息的。她悲愤之极，坐在室内一言不发。又一位同志牺牲了，而他们的事业还有漫长的道路要走。想到这里，秋瑾立刻意识到要做好应对之策。她将收藏在家的文件和往来电函统统烧毁。

7月11日,清政府从杭州派兵三百人,来绍兴逮捕秋瑾等革命党人。7月12日,秋瑾得到了消息,她并没有立刻避祸而去,也没有孤注一掷地举行起义,因为此时留在绍兴的革命党人人数不多,而又没有时间通知其他地方的革命党人接应。为了保存实力,她指挥藏匿好起义用的武器弹药,并命令学生各自分散隐蔽。

7月13日下午四时左右,清军包围了大通学堂,学堂留守的学生劝秋瑾立刻逃走,但是秋瑾却镇定自如地指挥学生和其他革命党人离开。最后教员程毅等几人坚决不肯走,愿共存亡。由于枪支弹药均以隐藏,学堂内只有秋瑾一人随身带枪。因此清军很快就从前门破门而入。不一会儿,秋瑾被双手反缚,被清军押出了学堂,直接押到了绍兴知府衙门。

当晚,秋瑾就受到严刑。知府贵福升堂就坐后,喝令秋瑾招供革命党的名单和起义计划。秋瑾临危不惧,根本不把贵福的知府威风放在眼里。贵福问她:"你认识徐锡麟吗?""认识!"秋瑾理直气壮地回答。"那么你还认识哪些革命党人?"贵福进一步地追问。秋瑾冷笑说:"不知道常来大通学堂,并赠我'竞争世界,雄冠全球'对联的贵福大人算不算?"贵福一听,气得大拍桌子:"一派胡言,你还不老实招供,我就要用刑了。""随便!"残忍的贵福,为了逼出秋瑾的口供,便令兵丁架着秋瑾跪火链、火砖。他认为秋瑾乃一女流之辈,必定受不住如此酷刑。没料到秋瑾始终岿然不动,坚决不招供。

第二天上午,贵福又派山阴知县李钟岳出面,在县衙的花厅里再次审讯秋瑾。李钟岳佩服秋瑾的硬气,并没有对秋瑾用刑,而是和颜悦色地让秋瑾写下笔供。秋瑾拿起笔,望着窗外,凝思片刻,挥笔写下"秋风秋雨愁煞人"七个大字。这七个字饱含秋瑾此时的全部感情:对起义失败的惋惜之情;对风雨飘摇之中的祖国的担忧之情,也有壮士之志难酬的慨叹……

深夜,漆黑的天,山阴县监狱外却被火把照得通明,几百兵丁团团围住监狱,如临大敌。秋瑾戴着手镣脚铐,镇定地从监狱里走了出来。士兵押着秋瑾来到了绍兴古轩亭口。站在刑场上,秋瑾仰望夜空:"黑夜,何时是个尽头啊?中国,你的女儿今天就要将一腔热血抛洒在这里了,为什么这么多志士的热血和呐喊都不能够唤醒你呢?但是,我不后悔,我说过我要作为革命而献身的第一位女子,现在我做到了。我死而无憾。"秋瑾仰天长笑,英勇就义。年仅三十一岁。

秋瑾就义后,其家人避祸逃匿,烈士的遗体由同善局收葬。徐自华和吴芝瑛听到秋瑾牺牲的消息,悲愤不已。二人星夜兼程赶往绍兴,她们将烈士的遗体从同善局取出,移葬在烈士生前嘱托的杭州西湖的西泠桥畔。墓前碑上题为:"呜呼鉴湖女侠秋瑾之墓"。她们还冒着生命危险四处奔走,为秋瑾申冤。但是,清朝政府在1908年毁了西湖秋瑾墓,并要严惩徐自华和吴芝瑛。只因中外舆论及各方面都反对此举,她们二人才幸免株连。但是,秋瑾的遗骨只能迁葬到湘潭。

三年后,胡道南被革命党人在绍兴诛杀。民国元年(1912年),秋瑾的遗骨以国葬的礼遇,复葬在西湖西泠桥畔,与岳飞墓同垂不朽。

风华绝代　一代影后

——阮玲玉

名人档案

阮玲玉：中国早期影星，原名阮凤根，学名阮玉英。广东香山（今中山）南朗左步关村人，1910 年 4 月 26 日出生于上海。因为当工人的父亲早逝，孩童时代就随母为人帮佣。母亲节衣缩食，让她上学读书，就读于上海崇德女子中学。1926 年，为自立谋生，奉养母亲，考入上海明星影片公司，主演处女作《挂名夫妻》，从此踏入影坛。1935 年春，《新女性》上映后，阮玲玉主演的人物颇受非议，私生活还被屡屡曝光。1935 年 3 月 8 日阮玲玉深感压力太重而自杀，留下遗言："人言可畏"。

生卒时间：1910 年～1935 年。

安葬之地：上海福寿园。

性格特点：对待表演艺术，她勤奋刻苦，倾注了全部的热情，不懈追求。

历史功过：阮玲玉是中国早期电影最杰出的女演员。自 1927 年主演第一部影片《挂名夫妻》起，她在二十九部影片中饰演了旧中国各个社会阶层的妇女形象。她的表演才华横溢，光芒四射。那忧郁的美，饱满的热情，娴熟的技巧，朴实独特的表现风格共同组成的夺目光辉，使她达到了中国无声电影时期表演艺术的最高水平，赢得几代观众由衷的倾慕。尤其是在电影《神女》中，她以精湛的演技，把一个品格崇高的母亲与一个地位卑微的妓女奇迹般地融合为一体，出神入化，令人心灵为之震动。近年来，《神女》在国外展映，仍闪耀着不朽的艺术光彩。她在中国银幕留下的那些不可磨灭的艺术形象，已永远地载入了中国电影的史册。

名家评点：《神女》导演吴永刚曾用"感光最快的胶片"做比喻，给予她高度赞

年轻幼稚　母命难违

清末的上海,动荡纷乱。帝国主义的势力,早已把一块富饶诱人的上海大地划分为各个租界地区,什么英租界,法租界,日租界,公共租界,俨然是国中之国,中国土地上的外国世界,在这块土地上,洋人吮吸着财富,清朝官吏刮尽了民膏。一个普普通通的工人,恰似生活在地狱的底层。1910 年,阮玲玉出生在上海的工人家庭里。

4 月 26 日这一天,春意已浓,而在上海朱家木桥祥安里的一间阴暗狭窄小屋里,却不见阳光,很少暖意。一名浦东亚细亚火油栈的、年近 40 的中年男工阮用荣,正请了假在家里忙里忙外。年纪不轻的、旧式的接生婆正在匆匆地张罗着。一名刚刚 25 岁、面容憔悴的妇女,阮用荣的妻子何氏躺在破旧的木板床上,呻吟着,喊叫着,正在为她第二个孩子的出生苦苦挣扎。他们的生活是艰难的,他们家的头一个女孩子才只有二三岁呢。

善良的母亲,辛劳的父亲,并不为过早降临的第二个孩子高兴。他们只是盼望着这第二个孩子是个男孩,因此,当接生婆,以拉腔拖调的浦东话报告他家得了一个女孩时,阮用荣愁苦的脸上眉心皱得更紧了。老实巴结的父亲没有多瞧这多余的女孩一眼,长长叹口气就把接生婆送走了。失望伤心的母亲,勉强睁开眼望了这身边的婴儿,不知是喜悦还是悲苦?

穷工人家的孩子,求人取了个文静的名字:凤根。而这无知的婴儿,一下子竟跨过了两个时代——从清皇朝到了中华民国。皇帝没有了,国号改变了,而千千万万中国人的生活并没有起色。在这个阴暗的房间里,愁苦还是这么多,生活还是如此艰难。

不久,死神又闯进了他们的房中。在她两岁时,唯一的姐姐死去了,这只是在她懂事后母亲才告诉她的;从那时起,凤根更加受到父母的疼爱。从她记事起,她常常在黄昏时,一边在门前捡菜剥豆,一边等候父亲回家。当她亲热地唤他"爸爸",并起身奔向他,他常常疲惫无力地找把破椅子靠墙坐了下来,偶尔,父亲领到了工钱,喝了两盅,有了点精神,也会抱着她,给她讲猪八戒招亲的故事。她是多么快乐啊!穷人也有苦中作乐的时候。一次,父亲买了张靠舞台边的便宜的歌剧票,带凤根去看戏,舞台上的五光十色,演员的唱做动作,使小小的凤根惊呆了。回到家中,站在床上,拿着被单、母亲的围巾,像演员那样装扮起来,唱起来,扭起来。凤根小小年纪,已有自己的保留节目,每每亲朋来访,她唱做起来,往往能博得满堂喝彩。那时,她不太胖,晶莹可爱的脸上浮起了笑容。

幸福和欢乐对这个万分艰难的家庭毕竟是短暂的,像受到一场巨大的雷击似的,她父亲又不幸去世。她刚刚才6岁。

长期劳累和营养不良,使父亲得了重病。他们才迁居到上海北四川路武昌路同仁里不久,父亲便无法工作,母亲靠到附近的有钱人家帮佣维持一家生活。母亲既要帮工,又要照顾病人,年仅五六岁的凤根,开始要像成人似的忙这顾那。母亲常常是匆匆回家,交代了一些事情又赶回主顾家去。父亲在病床上叹气,呻吟。

父亲的病,固然使这个贫穷的家庭显得分外凄楚;父亲的死,更使母女两人仿佛失去了最后的希望。

母亲更孤苦了,在黝黯的油灯下,她几乎老了10年。凤根望着母亲在为她缝补旧衣,禁不住懂事地说:"妈,油灯暗了,让我替你穿针线吧。"

母亲抬起疲倦无神的眼睛望了望她,摇摇头,又低头去穿针缝衣了。

灯火愈来愈暗,夜愈来愈静,自幼聪明过人,求知欲极强的凤根,像大人似的发问:"妈,我们为什么要做穷人?"

"你爸爸没有本事。"

母亲的回答不能满足她的疑题,小凤根又追问了一句:"那怪爸爸吗?"

母亲没有再回答,默默地似乎点了点头,又摇了摇头。

久久盘旋在孩子心头的疑问,赶走了她的睡意。沉默了一阵子以后,凤根把小凳子靠近了母亲的身边,抬头又提出了问题:"为什么我们不能上厂里做工?"

"我们是女子嘛。"母亲叹了口气说。

"女子就不能做事吗?"在她的幼小天真的心灵里,女子低人一等的观念还没有形成。

"社会是不允许的。"母亲抚摸了一下她的头发和脸,说:"睡吧。别瞎想啦。船到桥头自然直,听命吧。"

夜更深了,寒风从不严实的门窗里钻了进来,把靠在母亲腿边迷迷糊糊睡过去的凤根冻醒了。她感到身上多了件旧毛衣,睁眼望望仍在不停地缝衣、身子微微颤抖的母亲,禁不住说:"妈,你太冷啦! 怎么把绒线衫都给了我?"

母亲慈爱地说:"你穿着吧。小孩子冻不起的。要不上床睡吧。"

"妈,我不冷,也不困,陪你做活吧。你还只穿件单褛呢!"

实际上,才6岁的凤根真是又冷又困,她终于在母亲的抚爱和督促下,爬上了又硬又冷的床铺。

在童年的梦里,她尝到的是人生的苦果。

穷人家的孩子是早熟的。凤根随着母亲,给有钱人家当小丫头,小小的年纪就学着打杂,洗衣,给老爷擦皮鞋,替太太抱小少爷。唯有相依为命的母亲心疼她,夏天,看到她累得满头大汗,面色通红;冬日,瞧见她双手起了冻疮,肿得很高,瞅着主人家出门的时候,让她放下手上的活计,悄悄去休息一会。

这时候,她总是很快溜到附近的一所小学,从校门的缝隙里偷望男女孩子们上课的景象。有时,凑巧学生们放学了,她就躲得远远地看他们嬉闹,打架。他们都穿得很整齐,背着崭新的小书包,有的孩子的父母,还在校门口等候迎接他们。

这,给凤根幼小的心灵留下了很深很深的印象。这,也使一个难以管束的想法在她头脑里转了又转。隔了好一阵子,她看到母亲忙完了活心绪较好时,终于忍不住说出了自己最大的愿望:"妈,让我上学吧。"

妈妈听到她的要求,像被针扎了一样皱了一下眉心,半天没有说话。而当她拉着母亲的手,一再恳求:"妈,让我上学吧。"母亲的心动了,轻轻叹了口气:"难哪。"

母亲是这样一个老实,听命,苦苦挣扎的妇女。她没有马上答应女儿的要求,因为,她明白这不是一件容易的事:学费、杂费、书本、衣着这一连串的费用,对当女佣的她来说是很难应付的。再说,女儿上了学,还能在主人家吃住下去吗?她找不到答案。

母亲的心在那次凤根的恳求后,又确确实实留下了无法摆脱的印记。凤根是她世上唯一的亲人和寄托啊。何况,凤根自小体弱多病,丈夫刚去世之际,自己曾将她寄养在一个干姐妹家中,一场大病整整两个月,几乎葬送了一条小生命。母亲尽管没有文化,而身居上海这样繁华的大都市,也约略知道读书方能出头的好处。从此,母亲默默地攒钱,也在主人家里卖命地干活,博取老爷、太太的欢心。冬去春来,约莫在两年之后一个晚上才悄悄地对女儿深情地说:"凤根,你也不小了,妈明早送你去上学吧。这可不易啊。"说着说着,眼眶红了起来,声音也变得颤抖了。

凤根望着更加苍老的母亲面容,聆听着这字字句句千斤重的话语,一阵温暖,一阵心酸;一阵凄苦,又一阵幸福。夜依然是凉冰冰的,而她心底却由于有了希望而感到热辣辣的,连她的梦也出现了一丝希望之光。

凤根8岁才上学念书,改学名为玉英。起初,进的是私塾。第二年,才转入崇德女子学校。

上学,对这个寡母孤女来说,实在是难上加难的事,费用的重担自不用说,而且,母女俩没有一个自立门户的家。他俩得苦苦求情于心肠较好的主人家,让母女俩有一个栖身之处。玉英放了学,还得像小丫头一样干活,比往常更卖命地干活。要不,母女俩马上连一个可以遮风避雨的住处都会没有了。

年幼多病的玉英,并没有被这种艰难的境遇压倒,随着年岁的增长,随着知识的开化,她变得自信了,坚强了。

清晨,当她忙完主人家的杂活,迎着初升的太阳向学校走去时,她的心里反复响起了一个声音:"我要做个自立的女子!"

黄昏,当她离开学校急匆匆地赶回主人家时,母亲的面貌和话语出现在她眼前耳边:"听命吧","不,我定要做个自立的女子!"她的内心时时在和母亲做着争辩。

这种发自内心的精神的力量,使她自小有无穷无尽的求知欲。她比许多富家的孩子学得认真,进步得快。年幼的孩子,谁不贪睡呢。而她,常常忙到主人们睡了才能学习,常常要熬到深夜;天色微明就得起床,偷偷温习了功课又得干活。她不觉得苦,也不怕累,一心要念书识字,成为"自立的女子"。

上海,是帝国主义、官僚买办、富商阔人的天下,又是经济、文化发达的大都市。玉英渐渐长大了起来,学校里的功课对她已经不那么费力了,她开始借来许多小说之类来读。

小说是五花八门,混七杂八的,而她从中一次次体验了各种人、各种生活的甜酸苦辣。她嗜书如命,终生不变。这,也不知不觉地在她身上培育了艺术的细胞,对她走上电影演员的道路有莫大的影响。

生活的磨难,使玉英比普通少女更早地懂事了,成熟了;生活的磨难,却又使玉英过早地将自己的命运和一名玩世不恭的少爷联结在一起。这是她悲剧命运的开始,也是她悲惨生涯的结局的决定因素之一。

这是在阮玲玉短促一生中第一个占有了她的男人,而且,从16岁到25岁的近10年中,她为他付出了青春和血汗换来的金钱,而他则愈来愈像魔影似的追随着她,笼罩着她,直至将她送给了死神。此人便是上海张家的三少爷——张达民。

母亲将玉英送进了学校,含辛茹苦,望女成凤,这为阮玲玉成为一代艺人铺下了最早的一块基石。只是人穷志短,封建意识、缺少文化更使母亲目光短浅,在一个终生作女佣人的眼光里看来,能过上主人家的那种穿绸着缎、吃用不愁的生活,就是人上人,福中福了。凑巧,阮玉英16岁那年,她母亲恰好在早期武侠影星张慧冲家里帮工。他家的三弟达民在一次崇德女子学校的晚会上,看到了阮玉英的戏剧演出,一下子就对她产生了好感。

从相识到恋爱,从恋爱到同居,是闪电式的。玉英在此期间,也曾痛苦彷徨过。有时她暗自思忖:我这以后的路该怎么走呢? 自己内心的向往自然是先念书、后工作,做一个自立的人。可每每将这一想法向母亲倾吐时,总在母亲脸上看到一副痛苦、内疚的神情,接着是一声长长的哀叹。怪我这么大的人,好不晓事理,与张达民结婚,还是好的一条出路呢。玉英又想到:自与张达民认识以来,特别自那次学校演出之后,他对我总是笑脸相迎,也从不摆出少爷架子,对母亲也尚称和蔼可亲……难道,结婚就是我面前唯一能走的路?

母亲感到女儿能嫁张家,这是再好不过的事,从此自己终身有靠,地位改变。因而自始至终热心地促成这件事,劝说女儿应允这件事。玉英年青幼稚,母命难违。她就这样轻易地,似懂非懂地将自己的一生和这位张少爷结合在一起。

说是结婚,并无正式的婚姻仪式和手续;说是恋爱,又无真正一致的理想和爱情。这是买卖婚姻的一种新变种,是半封建、半殖民地时代婚姻的一种常见的方式。就阮玉英的身世、环境而言,不为浪蝶游蜂所惹,定为商贾富人所攫,似乎是定命所关,安能免此!

阮玉英初嫁时年才二八,完全是个青年少女,而那种流传了千百年的"嫁鸡随鸡,嫁狗随狗"的思想,牢牢占据了她的心灵。要是这位张家三少爷稍有上进之心,至少能够安分守己,阮玉英就将会终身相随,忠贞到头了。而他却像许多旧社会的纨绔子弟一样，一步步走向了堕落。

银幕初试　获得成功

阮玉英婚后不久的一天，张慧冲突然兴冲冲地走进她的屋里说："弟妹，想不想拍电影？"

这意外的询问，使才过上几天安定生活的阮玉英大吃一惊。如今，她已正式在张家有了一个家，多想过几天舒坦清静的日子，除了家务杂活，伺候丈夫外，可以找些心爱的小说来读，也可以偶尔看场电影和话剧。可是，她的心扑扑地跳得厉害，在学校时，她就喜好文娱活动，登台演过戏。张慧冲就是从看她的演出中，发现了她的演出才能的。在她贫苦的少女时代，演戏曾是她极大的感情寄托和人生的愉快啊。

张慧冲瞧她呆呆地发怔，怕她还不明白自己的意思，进一步具体地说："上海有家明星影片公司，那是家老牌的公司了，你该是听说过的吧？现今，公司正在招考电影演员，要是你愿意试试，我可以介绍你去。"他还怕她要面子，又补了两句："考不取也没关系，反正是试试嘛。"

玉英的心真正被说动了。她虽然结婚不久，丈夫和她的感情并不浓烈。张达民原是一个依靠父母钱财混日子的世家子弟，他一点不像他的 3 个兄弟那样，有固定职业和收入，成年后又结交了几个不三不四的朋友，常常到赌场里混日子。同居了数月后，张达民因手中经济不大宽裕而多有埋怨，不时还对她发点脾气。后来，不到半年的时间，他几乎完全断绝了对阮玉英生活上的供给。此时，阮玉英更坚定了要闯入社会，走独立自主的道路的想法。自然，最最诱动她的还是"拍电影"这几个字的魅力。这是她在长夜的梦中出现过的情景。

"那，……那就请大哥介绍试一试吧。"

事情就这样很简单地决定了。她生活在这个和电影关系密切的家庭里，张达民也没提什么反对意见，再说这又是一条挣钱的出路，母亲当然更是唯张家之命而从，也赞成女儿去碰碰运气了。

1926 年的一个春光明媚的日子里，张慧冲偕同玉英和阮母来到明星公司，让她参加《挂名的夫妻》这部默片女主角的应试。慧冲是电影界的老人了，人头很熟，只和看门的打了个招呼，就领着玉英和阮母直接去找电影导演卜万苍了。

不巧的是，卜万苍刚巧不在，只见到了公司里的一名姓林的广东人。姓林的很买张慧冲的面子，又见玉英面容秀美，神态动人，答允向已颇有名声的卜导演推荐。

第二日，当玉英一行人再到明星公司时，卜万苍已经从林某的介绍里预先有了个印象，待他一见，细细端详，便感到这名年轻女人虽不是什么绝色美人，姿容超凡；却有一股清秀气，书卷气。尤为难能可贵的是，她没有那种上海摩登女郎的洋味和俗气,立即答应让她参加《挂名的夫妻》女主角的试戏。卜万苍对她热情地说:"密司阮,我看你定能演戏,让我来给你一个机会吧。"这意外的顺利,使玉英又喜又愁,喜的是受到了一位令她敬畏的电影导演的青睐,愁的是她真能演好这个主角吗?

当她怀着这种复杂不安的心绪回到家里时,她哪里想到:在明星电影公司,正为她的女主角问题争得面红脖子粗呢。有人说:一个初出茅庐的毛丫头,没有号召力;又有人说:模样儿、演戏的本领都不出众。多数的意见是否定的,有的主张重选。

卜万苍力排众议,独执己见。他的确还没有试过她的表演才能,尤其不了解她会不会拍电影,只是从接触中有一种隐隐约约的感觉:这是个可以造就之才。外貌虽不惊人,却有一股隐含内在的力量,为了郑重起见,卜万苍答允试一试她的戏,再做定夺。

阮玉英一夜翻来覆去,久久不能入寐。好不容易入睡了,又不觉做起梦来,梦里一会儿被录取了,她从此成了演员;一会儿有人凶神似的训斥她:"毛丫头,凭你的模样和本事,还想当明星?"她模模糊糊地被赶了出来。夜,竟像从来没有过的那么漫长,当她在天微亮醒来时,头沉沉的,心中感到一阵阵不舒服。

在母亲的催促下,她打起了精神,认真地梳妆了一番。以比当年走进学校更紧张万分的心情,走进了这家赫赫有名的电影公司。

在场看她试戏的有公司的决策人物张石川等人,气氛十分严肃。

卜导演和蔼地向她讲解了剧中的人物要求,以及怎样演好这名可怜的女子。她认真地听讲,眼睛盯得直直的,脸色也红了起来,而导演的话却似懂非懂,似听非听。临到卜导演让她试着走几段戏时,她几乎手足无措,连步子都不会走了。

一个天性聪慧,酷爱演戏,又有过舞台经验的女子,竟在万分惶恐不安的心情中把一切都弄糟了。糟得连自己也不能相信,自然更使张石川和卜导演大大地失望了。

当试戏停下来的时候,玉英忍不住要哭出来,心里难过极了。审看的人们纷纷离去。卜万苍的情绪也从开朗转阴沉,默默无言,他为自己的莽撞十分后悔,这样糟糕的成绩让自己怎样再去向同事们张口呢? 这真是太贻笑大方了。

他望着这个满脸乌云的女子,轻声地,有气无力地对她说:"好吧,密司阮,够辛苦的了,你回去吧。"玉英从他的话音里,听到的是深深的失望,也自感到"拍电影"的大门从此对她关上了。她咬了咬牙,打起了精神,走向陪伴她来的母亲,转身准备离去。

当母女俩缓缓地,一步一步地走出试戏场时,突然,从她们的脑后传来了一声响亮的声音:"等一等。"随着话音,卜万苍快步走了过来,向已回身过来的阮玉英说:"明早再来试一趟吧。"听到这一话语,阮玉英的泪水都禁不住地流了出来。

又是一个难眠的夜。她把自己要演的那个被封建婚姻包办的少女的身世。反复想了又想,琢磨了又琢磨。片中的少女不是自己,但不是又有自己的影子吗?自己虽说不尽是挂名夫妻,但自己的婚姻是自由、幸福的吗?她隐隐感到,自己和这个要扮演的不幸女子,有相近之处,在她的心中,升起了一种信心,希望,力量。她在不知不觉中,激发起一定能演好她的愿望。

当她由母亲陪同,再次走进明星电影公司大门和试演场时,心不再剧烈地狂跳,神态也从容自如得多了。卜万苍不去理睬阮母的恳求和哀告,以鼓励的眼神对着玉英说:"这没有什么,就像你在生活中照相一样!"

玉英此刻已忘了是在试戏,也不去多想"当明星"的事情,一心沉到了人物之中。她的步履、神情,都在刹那间成了少女史妙文。她本与青年王定章相恋,而家庭包办了她的婚姻,让她嫁给一名痴呆的富家子弟方少琏。她,为这忍受着感情的痛苦。这样的故事,人物,并不新鲜,也无太多的特色,而由于阮玉英是用心,用真情实感去演的,演起来楚楚动人,表情贴切,使周围在场的人都怔住了。卜万苍愈看愈喜悦,脸色由肃穆转向赞赏。当试演告一段落时,他连连向阮玉英说:"好,很好。我决定让你来演!"

阮玉英从心底升起了一股暖流。当她从人物的情景中完全清醒过来时,终于意识到电影的大门已为她打开了。

她终于成了《挂名的夫妻》这部默片的女主角,而且改艺名为阮玲玉。她,终于跨出了第一步,这是多么艰难的第一步啊!这一步中有自己的心血,也有卜导演的信任。

在阮玲玉短短的艺术生活中,从未忘怀卜万苍的知遇之恩;卜万苍也以一个艺术界的长者关怀着阮玲玉的成长。后来,在1932年由他执导的《三个摩登女性》中,又最后决定由她担任女主角淑贞。该片放映与观众见面后,阮玲玉的表演又获新的成功。卜万苍兴致盎然地著文说:

"我认识阮玲玉,还是在她未演电影之前,所以我和她的关系是比较深切的。记得那时候的她,天天做着明星的梦,但是总没有去实现的勇气,又没有入门的机会。后来被我发现了,尤其在短时间的谈话中,我很肯定地向她说:'密司阮,我看你定能演戏,让我来给你一个机会罢。'后来我就请她担任《挂名的夫妻》片中的女主角。片成之后,……一时获得不少佳誉。再仗着她的天才和不断的努力,现在已成了中国女星队中的最明亮的一个了。她的性格很好,待人接物俱甚和蔼。尤其对我,从她演电影起一直到现在都是忘不了我们的友谊,这是值得赞颂她的。"

阮玲玉对卜万苍在艺术上更为敬重,始终事以师礼,对卜之指点,无不唯命是从。后来,当她成为举国瞩目的大明星时,依然不改本色,联华公司因为她名气大,要调整她的薪水时,阮玲玉认真地回答说:"卜先生每月拿300元的薪水,我也拿300元,要加我的薪水,请先加他……"

在阮玲玉短促的不到10年的拍片生涯里,曾先后演出了29部电影,全部是默片。她先在明星影片公司,短短的2年时间,便演了5部电影,除《挂名的夫妻》外,还有《血泪碑》《杨小真》(又名《北京杨贵妃》)、《洛阳桥》《白云塔》。这些影片都是描写婚姻恋爱故事的,如《血泪碑》以姐妹两人的境遇做对比。大姐梁似宝被一名男扮女装的坏人引诱失身,走上自杀道路;二妹梁似珍有反抗精神,与一青年自由恋爱,却遭到封建家庭的阻挠破坏,终于含冤而死。《杨小真》表现一名有学识的交际花,不甘堕落,和一名正直有为的青年恋爱,后来受到封建家庭的威逼与欺骗,嫁给了一个军阀,历尽苦难,终于和情人团圆。《白云塔》描写3家矿山资本家儿女之间的恋爱故事。

这些影片,虽多少有一些反封建、争取婚姻自由的意义,而故事比较陈旧、老套,手法也比较刻板、程式化,人物大同小异,差别不大。阮玲玉尽管演得严肃认真,较有生活气息,而终究还不能摆脱明星公司当时那种小市民的格调。她此刻虽已成为一些观众爱慕的新星,却还未发出真正夺目的光彩。

阮玲玉在短短的两年间,成了一名颇有声誉的女明星,但阮玲玉的内心并不宁静。婚后,张达民已不像当初追求自己时那么温顺、体贴,有时阮玲玉对他的放荡生活好言相劝,他却恶语伤人。他的两个哥哥(张慧冲、张惠民都开过公司,也都以演武侠片出名)在事业上都有进取,而张达民却终日无所事事、游手好闲。近日来,总去赌场厮混,为了钱,还向两个哥哥提出财产分家。

阮玲玉感到生活、感情的无望,更感到自己要在经济上独立。自入明星影片公司以来,最初薪金是40元,现在由于摄制的影片较多,片酬也有提高,完全够自己、母亲和小玉(原为阮母收留的一个孤苦女孩,玲玉见而生爱,求母亲给她,当亲生女儿抚养)的生活,阮玲玉意识到自己的生活、事业走到这一步是不容易的,如果从这一步败下阵来,那就不堪设想了!“一定要演好每一个角色”——既为了实现心中美好的理想,又为了实际生活的需要。

为了演好戏,她每接到一个角色,就将自己关在房中准备,揣摩角色的神情、动作,一会嬉笑,一会哭泣。当有人问她:你在家中准备角色和在摄影棚里,怎么能一会儿笑得那么由衷,顷刻之间又可以哭得那么真情呢?阮玲玉回答说:“演戏就要像疯了一样。演员是疯子!”接着,她还带着一种创造的喜悦神情说:“我就是疯子!”

在阮玲玉创造角色过程中,往往是凭自己的生活经历、感情进入角色,有时还需借助小说中描绘的人物心理、神态、动作,来丰富角色的创造。所以在阮玲玉的艺术生活中,嗜书如命。上海当时到处有租书店和小书摊,她成了这里的常客。她向租书店每月缴纳一元伍角钱,往往三两天就把厚厚一本书读完了,又去换借来看。她是个书迷,连去摄影棚拍戏,都请娘姨带着书,戏一拍完,即从娘姨处取书。她曾情不自禁地笑着说:“娘姨是我的一个书橱!”阮玲玉从小说中探索到各种女性的精神世界,并在自己的艺术实践中,丰富了自己的角色创造。这更坚定了她的阅读习惯,数年间,她看过的书竟不下千册。

阮玲玉阅读的书,都是从书店租赁来的,看后即还。可是有一部传记小说,即美国女舞蹈家伊沙杜拉·邓肯(1878～1927)写的自传,却是从书店购来"备朝夕研揣焉"。是什么吸引了阮玲玉那么喜爱这本书?邓肯,作为一个新兴的舞蹈艺术家,在她生命的最后两年里撰写的这部自传中,记述了这个美国姑娘,早年家境贫寒,为了保持生计和学习舞蹈,历尽坎坷和社会冷遇的经历。邓肯的舞蹈,是反芭蕾、反传统、反对一切束缚感情表达的陈规旧习,而极力主张:"动作或舞蹈主要表现内心的需要和冲动"。阮玲玉喜爱看这本书,是因为自己的幼年生活与作者有某些相似而产生共鸣?还是因为阮玲玉也如邓肯一样,追求艺术中的那种生动、自然的创作原则?从阮玲玉表演艺术的追求来看,特别是她的后期作品,她塑造的角色,是植根于生活之中,植根于自然之中。由此可见:阮玲玉与邓肯所在的国度不同,所创造的艺术领域不同,可阮玲玉从自己的表演艺术实践中,同样萌发了一种与邓肯的舞蹈艺术密切相关的艺术感觉。这种艺术感觉,使阮玲玉在默片时期的表演艺术,与"现代舞之母"的邓肯一样,有着同样的艺术光辉和魅力。

明星影片公司的主持人张石川等人,注重的是能有号召力的红星。因而同罗人才,不遗余力。1928年,公司的女明星,除杨耐梅、丁子明、赵静霞和阮玲玉外,又新添聘了胡蝶、胡珊等人。

当年该公司摄制《白云塔》即为阮玲玉与胡蝶主演。明星公司编制《白云塔》的动机,是起于胡蝶加入之后。《白云塔》一片,系根据陈冷血原著改编。导演为张石川、郑正秋。剧情大意是描写秋、石、蒲三姓矿山资本家之间的恩怨与爱情的曲折故事。石斌(朱飞饰)与凤子(胡蝶饰)相恋,遭蒲绿姬(阮玲玉饰)之破坏,后凤子乔装为红叶公子,绿姬遂舍石斌追求红叶,真相大白后,绿姬自顾无颜,坠白云塔而死。

胡蝶貌美肤丽,举止安详,形象较适合扮演雍容华贵的大家闺秀。她在片中饰演了凤子,在影片后半部又扮男装,饰演红叶公子,很适合东方人的审美心理;阮玲玉在片中扮演的蒲绿姬,额前刘海齐眉,着长衫,婀娜多姿,顾盼自如。在影片中,阮玲玉与胡蝶处于同样的地位。她们两人与男主角朱飞配戏,是珠联璧合,相映生辉。可明星公司出于胡蝶在一般观众中的号召力,偏将广告中胡蝶的名字列于阮玲玉之上。

当阮玲玉演完《白云塔》后,感到公司对自己往往另眼相看,态度冷落。这自然伤害了一个有抱负、有作为、又蕴藏着无限创造力的青年演员的自尊心。再说,明星公司武侠片的兴起,在阮玲玉心中也引起了思考。北伐战争失败后的1928年,混乱的中国电影界,更向着脱离现实的商业化方向发展。为了迎合小市民观众的口味和南洋片商的要求,各公司大拍武侠神怪电影。明星公司的郑正秋抵不过当时这股潮流,为公司营业计,他根据平江不肖生(向恺然)所著的武侠小说《江湖奇侠传》改编,由张石川导演了《火烧红莲寺》第一集,董克毅摄影,郑小秋、夏佩珍主演。同年5月公映后,大为轰动,倍受欢迎。从此,明星公司更掀起了拍摄武侠片的狂潮,并从第三集起,重要的女演员,除夏佩珍外,胡蝶也参加主演。阮玲玉不喜欢武侠片,也不愿加紧训练自己投入这一片种以试身手。这种影片只求新奇热闹,演员不能展示精细的演技。明星公司专注拍这种武侠片,这就使能演戏而不愿意搞这种武侠片的阮玲玉,感到英雄无用武之地了。

阮玲玉思虑再三,只好另谋出路了。

默片时代　出类拔萃

1928 年,她离开了明星影片公司,加入大中华百合影片公司,第二年又转入联华影业公司,从此真正走向了她思想上、艺术上的新路程,向默片表演艺术的顶峰不断攀登。

阮玲玉在大中华百合影片公司的时间不长,在短短一年多时间,就演出了《银幕之花》《情欲宝鉴》《珍珠冠》《大破九龙山》《火烧九龙山》《劫后孤鸿》6 部影片。这些影片题材仍然比较狭窄,思想、艺术上新意不多,阮玲玉的艺术才华难以得到更好的发挥。

阮玲玉的艺术才华,是和"联华"这家新起的、有名的电影公司相联系的。可以说,她始于"明星",却成熟于"联华"。"联华"的一些著名导演孙瑜、卜万苍、朱石麟、费穆、蔡楚生、吴永刚,在阮玲玉的艺术道路上都起过不可磨灭的作用。而阮玲玉,又以她那杰出的、多面的、不断探求的艺术才能,为"联华",为这些艺术家的电影作品,为中国早期电影事业做出了永垂青史的贡献。

"明星"是家创立多年的老牌电影公司,影响较大,实力雄厚,只是到了 20 年代末期,为了与美、英影片竞争,竟大拍《火烧红莲寺》之类的武侠影片,一烧再烧,烧至 20 来集。经营方针、艺术上日趋以营利和迎合小市民趣味为宗旨,处于没落、保守、暮气沉沉的氛围之中。直至 1932、1933 年间,以夏衍为首的党的电影小组,以编剧人的身份进入"明星",情况才发生根本性的变化。此系后话,且不多叙。而"联华",新兴于 20 年代末,思想、艺术都有一定进取革新精神,题材注重现实,手法讲究新颖,为此,很受许多城市电影观众,尤其是知识青年的喜爱。阮玲玉进入"联华"之后,自然感到耳目一新,精神振奋,蕴于心底多年的艺术之泉终于不可抑制地喷涌而出了。

比较了"明星"和"联华"的情况,可以看到客观情况的变化,对阮玲玉艺术发展的重大影响。只是,真正能推动她在艺术上不断进步的,仍是她那顽强的、不停顿的、对艺术创造追求的性格。这使她不安于现状,不满足于已有的名利地位,而有一种开拓的、甘冒风险的精神。就拿她在进"联华"之前,先由"明星"公司转入大中华影片公司的情况来说,就和常见的女明星、女演员有很大不同。按说,阮玲玉在"明星"的地位虽不十分冒尖,也已奠定了一定基础,可是,当陆洁、吴性裁合办的大中华百合公司登报招考女演员时,在千百封寄往该公司的报考信中,就有一封阮玲玉亲自写的,按规定附有本人照片的信件。而那个管招考工作的拆信人,竟主观认为阮玲玉已是明星公司一位较有名气的演员了,信件肯定不是阮玲玉自己写来的,不光没有和别人商量,干脆就不予理睬。考期过去了,使这个拆信人和公司主持人感到十分意外的是:阮玲玉竟亲自找到大中华百合公司来了。阮玲玉打趣地对该公司的人说:"我要来投考,你们连回音也不给我一个,是看不起我,不要我这么个人吗?"公司里的人坦率地告诉她,不相信她会舍得离开"明星"这样赫赫有名的老牌公司,跑到他们这家新公司来。阮玲玉问明了该公司不理会她的原因,明确地表示了自己的态度:自己这次自愿投考,是一片诚心。明星公司的几个老板,只捧着一个红星,对别的演员都不重视,自己不愿屈居人下,才决心跳出来另找门路。公司的人听阮玲玉这样坦白地说明缘由,连连对她表示由衷的欢迎,又不无顾虑地问:"阮小姐,明星公司能不能放您出来呢?"阮玲玉果断地回答说:"他们不会阻拦我。再说,是我自己投考来的,贵公司丝毫不会有挖角的嫌疑的。"阮玲玉的爽朗态度,打消了该公司的疑虑,他们当即给了阮玲玉一份聘书,聘请她为该公司的基本演员。这,是阮玲玉在艺术事业上很关键的一个转折,很能反映她性格的果断,对艺术的挚爱。

不久,大中华百合影片公司与从北京迁来的华北影片公司合并,改名为联华影业公司,实力和规模都大大扩充了。导演人才中有孙瑜、蔡楚生、朱石麟等等。演员著名的有金焰、王人美、舒绣文、陈燕燕、张翼、林楚楚、黎灼灼等。"联华"自孙瑜导演的《故都春梦》和《野草闲花》《恋爱与义务》之后,影响日渐扩大,阮玲玉的演技也给人耳目一新的感受,从此,她便成为30年代最受欢迎的女星之一了。

假如说,阮玲玉的初入影圈的大门,是得力于卜万苍的"慧眼"和提携的话,那么,她进入"联华"之后,能使她的才华得以展露,又得归功于中国电影界的元老孙瑜先生。

孙瑜是中国电影工作者到外国学习的第一人。他从清华毕业后,在美国威斯康星大学、纽约摄制学院和哥伦比亚大学选修过文学、戏剧、电影编导、摄影、洗印、剪辑等学科。孙瑜于1925年回到上海,看到上海映的几乎都是外国片、欧美片,国产片生产都是粗制滥造的"鸳鸯蝴蝶派"的恋情片,和宣扬封建迷信的武侠神怪片。在联合成立的联华电影公司中,提出了"复兴国片,挽救影业"的口号。后来有人问孙瑜,他是怎样发现和选用阮玲玉的? 孙瑜回答说:

"最初,我看过阮玲玉演的几部舞台戏,认为她各方面条件都不错。后经人推荐,请她在《故都春梦》中扮演红妓女,她演得非常成功。"孙瑜不仅挑选阮玲玉在《故都春梦》里扮演妓女燕燕,而且细心引导,发挥了她的个性和才能,使她的演技有了显著提高,从此确立了一名真正的电影表演艺术家的地位。

《故都春梦》一片取材自当时北平报纸刊登的一篇新闻报道,描述的是在民国后的军阀混乱期间,一名潦倒不堪的私塾教师朱家杰,一心往上爬,他依赖妓女燕燕(阮玲玉饰)的交际手腕,置身于官场之中,当上一名税务局长。朱家杰抛弃了原来的妻子,娶燕燕作了老婆。他由于生活日益腐化,便大肆贪污以作挥霍。后来他的贪污行为被揭发，自己的靠山也倒台，终于被捕入狱。他出狱后，回首往事，感到犹如一场春梦。这一影片由于取材取自现实生活，多少反映了当时社会的现实矛盾，再加导演手法比较新颖，上映后颇受观众，尤其是知识青年的喜好。阮玲玉的演技也受到好评。

孙瑜在事隔半个多世纪以后，曾这样怀有激情地回忆起这部影片和阮玲玉的情况："1930 年，《故都春梦》受到广大观众的欢迎，特别是知识分子的青年学生也被吸引到影院看起国产片来了。当时，《故都春梦》片的四句广告是：'复兴国片之革命军，对抗舶来片之先锋队，北方军阀时代的燃犀录，我国家庭生活之照妖镜。'……在当时国产片中的确令人耳目一新。"

"饰燕燕的是阮玲玉，由于她的表演天才，她一上银幕就饰演主角，曾演过明星影片公司的《挂名的夫妻》《白云塔》，大中华百合公司的《情欲宝鉴》《银幕之花》等，在当时，大家公推她'长于妖媚泼辣之表演'。在《故都春梦》里，她做了极为细腻准确的角色创造，那是阮和我的第一次艺术合作。"

孙瑜的回忆和当时舆论的反映，都充分说明阮玲玉在《故都春梦》里有了新的突破、新的创造。在实际生活里，她是质朴纯真的，而在银幕上，她却将一名周旋于达官贵人中的妓女燕燕，表演得妖媚泼辣。她与王瑞林(饰朱家杰)、林楚楚(饰朱妻)3 个人的优秀演技，使得联华公司"复兴国片"的口号，在这第一炮中，就完全打响了。

阮玲玉在"联华"拍摄的第二部影片，是孙瑜编导的《野草闲花》。在这部片子里，阮玲玉却要主演一个完全不同于燕燕的，聪明活泼、纯洁天真的少女——卖花女丽莲。丽莲在街头卖花之时，差点被汽车轮子压死，幸亏得到了富家子弟黄云的急救。他俩相识后，黄云又发现她有很好的歌喉，便教她习唱自己编的歌剧《万里寻兄》。后丽莲登台公演，受人注目。他俩由相识至相爱，并订立了婚约。可是，却受到黄云父亲的阻挠。这对有情人终因贫富悬殊，以爱情悲剧告终。

《故都春梦》中的燕燕，和《野草闲花》中的丽莲，一个是毒如蛇蝎的荡妇，一个是聪慧活泼、纯洁天真的姑娘，阮玲玉以她精湛的角色创造和真挚的表演，将这两个角色都演得细腻准确。默片时期的电影女演员，戏路宽广的，真可谓是凤毛麟角。阮玲玉在"联华"公司的两炮，都打响了，这两部影片在公开放映时，都打破了当时国产影片的卖座纪录。同时，在这两炮中，阮玲玉也真正迈出了可塑性演技的第一步。

阮玲玉在 30 年代初的艺术成就，是与孙瑜的导演艺术分不开的。孙瑜要求演员不矫揉造作，无端地在镜头前显示演技；他主张演员体验角色的思想感情、体现出人物的生活面貌，可又不是自然主义地从事琐碎生活的外表模拟。孙瑜在进行实拍时，从不讲成篇大套的理论，只在演员表演角色性格的关键时刻指点一下。只要演员不超出他心中大的设想，就不轻易地去干涉演员。所以，在孙瑜的执导下，阮玲玉的表演天才，得到了充分的发挥。

由孙瑜导演、阮玲玉主演的影片，除《故都春梦》《野草闲花》外，还有 1933 年拍摄的《小玩艺》。在这三次合作中，孙瑜对阮玲玉的演技留下了很好、很深的印象，他说："导演阮玲玉拍电影，是任何导演的最大愉快，开拍前略加指点，她很快地就理解了导演的意图，在绝大多数情况下，总是一拍成功，极少重拍。"她"试拍出来的戏，常比导演在进入摄影场前所想象出来的戏要好得多、高明得多。"

阮玲玉去世后，孙瑜坐在栩栩如生的阮玲玉遗体旁，默默地凝视着她，痛惜这位被万恶的旧世界吞噬了的艺术天才。他在《联华画报》上发表文章说："她（阮玲玉）的一生是一页挣扎向上的史实。阮玲玉的卓绝演技霸占了中国影坛十几年以来的第一位。"在阮玲玉去世 20 多年后，他又写文章怀念阮玲玉，对她的表演艺术给予更高、更准确的评价："阮玲玉的天才演技，是中国电影默片时代的骄傲。"

从孙瑜和阮玲玉在艺术上的合作到现在，50 多年过去了，在他身边还珍藏着一本宝贵的纪念册子。在这本纪念册中，有韩兰根、殷秀岑、陈燕燕、陈娟娟、金焰的题字留念，也有郑君里、蔡楚生、聂耳、王人美、黎莉莉书写的手迹。唯独在有一页上，贴着一小块暗红的漆布，绣了一个精巧、秀丽的"孙"字。在这个"孙"字旁，纪念册的主人，例外地写了几行字：

十几天前，我请她给我留几个字在老朋友的小册上。她说要想一点好的意思……如今是太晚了，还剩下在拍《小玩意》时她在草帽里绣的一个字……。昨天我们的玲珑美玉离开这浊世了。她去了，但是她的天才永远留在每个人的心坎深处！

1935 年 3 月 9 日

阮玲玉在生前没有应孙瑜的要求，在纪念册上留下片言只语，只用她那纤细灵巧的双手绣了一个"孙"字。这个"孙"字，寄托了阮玲玉对自己的艺术合作者孙瑜的多少深情厚谊，也留下了孙瑜多少怀念与惋惜！

阮玲玉与张达民同居后，张的兄嫂对阮母甚好，感情融洽，阮玲玉考虑到大家庭居住不便，便和张达民商量另行赁屋。经过一番努力之后，终于在上海海宁路十八号找到了新居。除旧有家具外，又新添了几件上好的木料床柜、穿衣镜柜等。阮的母亲也与他们一起居住，还领养了一名小女孩，取名妙蓉（小玉）。

在阮玲玉婚后的一段时间中，她对张达民有了进一步的观察和了解。她曾暗自盘算：张家的四兄弟中，长兄是武侠明星张慧冲，大嫂是电影明星徐素娥；二兄张惠民也是个武侠明星，二嫂是颇有声誉的电影明星吴素馨。这两位兄长都以拍武侠片出名，还开过影片公司，各有一套创业立命的本领。四弟虽年轻，也很努力，在静安寺路开设了一家卡尔生照相馆。四兄弟中，唯有自己的丈夫、老三张达民游手好闲，既无固定的职业，又不努力上进。长久下去，何以为生？阮玲玉曾试着以好言劝解丈夫：你才二十三、四岁（时阮玲玉仅 16 岁），前途无量，总要有一固定安生的职业才好……。张达民起初因为和阮玲玉新婚，感情缠绵，听了妻子动情的规劝，常还流露出几分羞愧腼腆的神态，只是时间一久，夫妻间的感情渐渐淡薄，他便把阮玲玉的话当耳边风了。后来,他不仅不听阮玲玉的规劝,反而变本加厉地暴露出挥霍无度的浪荡习性,加上阮玲玉进入电影界后,渐渐有了声誉和收入,张达民更是将她看作摇钱树,胃口越来越大,简直到了索取无厌的地步。阮玲玉以她电影女明星的地位,服饰精美,交际渐广,这都一次次引起张达民的疑心和嫉妒。渐渐地,他们间的意见日益增多,还经常发生口角。阮玲玉自幼清苦无势,现仅有弱母幼女相依为命,当她受到张达民的欺负、忍无可忍时,曾被迫分居3次,并曾服毒自杀,幸亏抢救及时,才痛苦地生活下去。

命运之神正是这样在摆弄着阮玲玉:正当她的事业一步一步向前发展的时候,她的感情生活也一步一步地向悲剧发展了。在阮玲玉往北平去拍摄《故都春梦》外景时,张达民便在上海尽情地嫖赌,把家里折产分得的1万多元钱,全部嫖尽输光了。当她回家后,和母亲一起对他好言相劝,张达民却拿出先前做主子的样子先吵后骂,以至动手打了阮玲玉一个嘴巴。阮玲玉用手摸着疼痛的脸颊愣住了:从结婚到现在,夫妻间虽然吵吵闹闹,相互之间,总还有着一点起码的尊重。现今,张达民竟如此蛮横,打痛了她的肉体,更污辱了她的人格!这还不算,张达民还当着阮玲玉的面,拉开架势要打她的母亲,并恶狠狠地说:"我和玉英的事都是你在中间搅坏的。你说我不该赌博,你打不打牌?你打了牌,是不是要输钱?你不是也输钱吗?还有资格管我!"他还盛气凌人地说:"你是什么人?刚吃了几天饱饭就不耐烦了,真是小人得志。"说话时,他那眉眼之间还流露出那种不屑一顾的怪模样!最后,他又冷笑了一下,朝着阮玲玉说:"你可以像上次那样自杀!"

从此,阮玲玉与张达民的感情彻底破裂,再也无法弥补了!在一段时期内,阮玲玉心中想的是断绝,是离异!张达民要达到的却是纠缠,是诈取!这一场纠纷白热化的后果,只有诉诸法律解决!阮玲玉曾这样痛诉了自己的悲愤:

"他会恐吓,他会闹,他要起赌博的本钱来,眼见我把衣饰当了凑钱给他,他也不叫一声可惜,……我真给缠不过了,于是我便亲自去找罗明佑先生(联华公司负责人),恳他代为设法给张达民找个职业,把他推荐在光华大戏院担任经理,月薪120元。可是他却偏偏仍常(是)来公司跟我寻事、闹架。"

终于,阮玲玉忍无可忍,提出了离婚的要求。后经亲友调解,两人仍勉强住在一起。1932年上海"一·二八"事变时,他们同赴香港,阮玲玉想:如果他"依旧在这个上海的恶劣环境里,是无论如何改不过他的脾气来的",于是介绍张达民在轮船上做事。同年4月,阮玲玉接"联华"电报,返沪拍《续故都春梦》(1932年,编剧:朱石麟,导演:卜万苍)。在这段时间内,她像在精神上卸下了一个不小的包袱,也暂时"解脱"了张达民对自己索取无厌、把自己当摇钱树一样的无理纠缠。

她的心情轻快了,也更豁达了。闲暇无事,也能和二三好友到戏院去听听戏。这时,她已是为大家所注目的电影明星了。在群众场所,她对自己的举止行动都分外注意:衣饰、面容既要给人以美感,又不使人觉得轻浮、浪漫。她深知:一个引人注目的女明星,在公共场所稍有闪失,就会遭来很多不好的舆论,不是在人群中传为笑话,就会弄到在报章杂志上公开宣扬。有一次,她去看被誉为"粤剧梅兰芳"的薛觉先的戏,服饰打扮就不像平日参加宴会那样浓妆艳服,而是仅仅穿一件合身的长旗袍,薄施脂粉。她童年生过天花,脸上留下了浅浅的麻点,但细白、柔嫩,不仅无损其美,反添俏媚。她与友人边看边谈时,声音极细,就是近在咫尺的人,也分辨不出她说的是什么,可她对周围观众的吸引力,仍然是很大的。大家常常情不自禁地舍弃了看舞台上演员的唱做,而将眼神向她转了过去。原来,阮玲玉不仅在银幕上表演艺术美妙动人,在生活中谈笑风生的神情,也是有无比的魅力。有人甚至感到:她在生活中的真人,比起银幕形象还要美三分。

除了看戏,阮玲玉也很喜欢音乐和跳舞。"联华"一厂就组织有音乐会,担任教授的是当年的少年音乐家关华石。加入者,除一厂主任黎明伟,导演卜万苍,演员金焰、林楚楚(黎明伟的妻子)、陈燕燕外,阮玲玉也欣然参加。她也是舞会的积极参加者。这,既是爱好,也是对演员的身体灵敏、节奏感的极好训练。

这期间,好像暂时摆脱了笼子的鸟儿,自由、快活。她聪明美丽,豪放开朗,热爱生活里一切美好的东西,热爱多种艺术,更热爱电影事业。她完全把摄影场当作自己的家,对"联华"影业公司的新环境、新气氛更是充满了兴趣。有时在摄影场中,她卸了装,穿着平日喜穿的滚边旗袍,又回到拍摄现场聊一些工作上的事。自有电影明星以来,社会上就常有自命多情的"明星迷"给她们写信。30 年代初,阮玲玉的声誉与日俱增。特别是青年学生们,更是对她崇拜得无以复加了。阮玲玉每天都收到这些热情观众的信件。是复,还是不复? 她曾再三斟酌:有的确实不便回信,而不回吧,又怕挫伤了观众的热情。于是,她只得请人代拟信稿,信中大意写的不过是些"承蒙过奖,愧不敢当,今后尚希随时指教"之类的话。落款盖有一颗署名"玲玉"的血红小篆的印章。外面是牛皮纸的信封,印红的"联华影业公司缄"。缄字的上面,还有一个黑笔的"阮"字。影迷们收到这样的信,因为不是阮玲玉的亲笔,总有些泄气,但信封上毕竟有一个黑笔的"阮"字和信笺上面盖有一颗"玲玉"的印章,也就聊以自慰了。

人,常常是复杂的。阮玲玉在内心也充满着冲突和矛盾。一方面,她风趣、爽朗,对艺术事业勇往直前;另一方面,又常常感到身世的凄凉,婚姻的不幸,她的感情常常是脆弱而悲观的。曾与阮玲玉合作过三部影片的导演费穆先生说过:"阮玲玉时常对人说:'做女人太苦',又常说:'一个女人活过 30 岁,就没有什么意思了'。第一句话,差不多的女子都会这样说。至于第二句,却有着她特殊的感觉了"。"她是一个虔诚的佛教徒,她曾数次到普陀进香;在苏州拍《人生》的时候,一行人曾同去游玩虎丘;归途中,她又在西园进香,在五百罗汉面前,每一尊供上一支香。我很记得,她曾这样对我说:'不要笑我,我晓得你是不相信的。'其实我何尝笑她,这不过她自己解嘲的话——根本她已自觉在佛前烧香是一种迷信的行为,而暂时还不能克服这种矛盾罢了。她对于这种内心的冲突,正如对于生活上的矛盾一样,无时不在挣扎,无时不在斗争。"也许,正因为阮玲玉的内心充满着矛盾,又加上她性格中悲观、脆弱的因素,这是酿成她后来自杀离世的内因。

一般说,30年代初中国电影的表演,还处在比较幼稚的阶段,中国电影女演员的出现,不来就比男演员为晚,开始的女角往往由男的扮演。后来,当电影女演员开始登上银幕之后,大都也以容貌、形态来取悦观众,离真实地刻画人物相去甚远。阮玲玉可以说是中国电影史上具有真实刻画各种女性形象的最早的女演员之一,而且,她又是其中的一位佼佼者。她自参加"联华",演出了《故都春梦》《野草闲花》之后,人们更是对她刮目相看了。她的确是一颗日见光彩的影星。

阮玲玉在这时,也进入了她创作最旺盛、演技状态最佳的时期。在她短促的、最后的四、五年艺术生涯里,竟演出了近70部影片(已知有18部,尚有《妇人心》等片因故未正式公映),并大都担任有很重分量的主要角色。是什么促成阮玲玉进入她创作最旺盛、演技状态最佳的时期的呢? 主要因素是正在开展的左翼电影创作,为她提供了一批新的女性形象。

阮玲玉从1930年开始,她的主要角色创造,正是党领导下的左翼文艺和受其影响的作品。如《三个摩登女性》《恋爱与义务》《小玩意》《女神》《新女性》等。

中国默片的黄金时期,为发挥阮玲玉的表演艺术天才,提供了坚实的基础。30年代初,是我国默片向有声片逐步过渡、逐步转折的时期,这个时期是电影史中一个很值得重视和研究的课题。这时,国外已有了有声片(第一部有声片为美国1927年出品的《爵士歌手》)。中国在世界电影潮流的影响下,一方面进行了有声片的试验,摄制成了中国的第一部有声片——胡蝶主演的《歌女红牡丹》;另一方面,当时对摄制有声片还有许多思想、工艺技术落后的障碍。人们往往有保守的一面,尤其是许多有成就、为之付出了大量心血的默片创作者,感到自己千辛万苦赢得的东西正在受到威胁。他们不满地说:"我们去看声片,还不如直接去看戏院里的舞台表演——对白决不能如字幕(默片因无语言声音,故用字幕解释剧情)的透彻,有时反会使人模糊"。

当然,摄制有声片的障碍,更重要的还是由于这方面的技术还处于幼稚阶段。从1930年到1935年,我国有声片的制作,还不能像美国那样,在拍摄时将声音同时收在唱片上,而是蜡盘配音,既不能耐久,又不准确完美。加上投入拍摄的主要创作人员都是默片的导演和演员,演员在银幕上第一次开口说话,一是音质不好,二是语言不准,常常在摄影场中,对声音语言颇费斟酌。何况,在拍摄无声片时,对话都是用字幕表达,演员不一定按照戏里规定的话来说,而如今则需演员们按照唱片录下来的北方话再在戏里重现一次,这又是一件很困难的事。导演唯有拿着秒表,一方面揿着不同暗示的铃,候准时间对口形;一方面看准秒表,指挥着演员开口与动作。……这却限制了演员的表演,不仅动作不灵活了,有的竟仓皇失措起来。

阮玲玉的表演艺术高峰,正是在这一默片的黄金时期达到的。在1931年以前,从《挂名的夫妻》起拍摄的十余部影片,虽也取得了较好的成绩,而银幕上稍观即逝、过于仓促的表情动作,并未完全展露她的才华。如1931年映出的《桃花泣血记》（卜万苍编导，联华公司出品），仍是以每秒16格摄制的。影片中，阮玲玉扮演一个贫苦的牧羊女琳姑，对她主人家的少爷金德恩（金焰饰）一见倾心。这时，只能看见阮玲玉在一个近景镜头中，头部在左右摆动（默片中演员因不能说话，常以大幅度的动作来加强剧情效果），再加上快速的节奏，使人简直无法看出人物的细致表情和深刻的心理变化。可见，当时的电影技术限制了艺术创造。

在稍后的一个时期中，当拍摄速度由每秒16格转为每秒24格时，阮玲玉的表演，也有一个适应、变化的过程，如在同年映出的影片《一剪梅》（编剧黄漪磋根据莎士比亚《维罗那二绅士》改编，导演：卜万苍，主要演员：阮玲玉、金焰、林楚楚、高占非、王次龙、陈燕燕等）中，人们往往觉得阮玲玉在影片里的动作快慢不均，表情节奏失衡。她所饰的一妙龄女郎，在影片开始不久，手中拿着歌谱，一边唱一边跳，动作的节奏因演员仍保留前期拍摄时（一秒钟16格画面）的表演习惯，动作幅度过大，表情过多。一直到1932年，阮玲玉在她参加拍摄的一些影片（如《三个摩登女性》等）中，才逐步克服了默片初期的一些表演弊端。也正是从1932年开始，阮玲玉的表演艺术才华，更臻于完美。她表演的几部最佳影片，除以上说的《三个摩登女性》外，还有《小玩意》《神女》《新女性》，都是这一时期拍摄的。

我国早期电影中的编、导、演，大都为新剧家们充任，所以，在很长的一段时间里，电影表演也充满了文明戏程式化的印迹。同时，早期的新剧舞台和电影中，几乎没有职业的女演员，只是到了1932年后，随着电影事业的发展，才陆续出现了王汉伦、张织云、胡蝶、阮玲玉这一批女演员。阮玲玉虽曾多次参加舞台演出，可大多属于业余性质，还没有养成程式化表演的积习。她表演技艺的形成，更多的是每年在摄影机前拍摄2~4部影片的实践积累，从实践经验中，她的表演逐渐适应了电影的特性。再加上她个人的表演魅力，更使她在这一批女演员中有一种去陈脱俗的独特风格。

从另一方面看，阮玲玉表演的艺术光辉又远远超过了默片时代。因为，随着有声片的兴起，默片中有地方口音的演员开始自然淘汰，不得不大量启用话剧演员，在许多年后，影坛上仍然流行一种舞台化的表演。这就使人深深感到：阮玲玉的表演，不仅在默片时期，就是与后来许多有声片相比，也是更为自然质朴，并且适应电影表演特性的一种表演。许多国外的评论家，曾批评我国某些影片的表演还存在着虚假和模式化，可对阮玲玉的表演却倍加赞赏："当时拍电影根本没有预先写好的剧本，演员只是依靠导演的简单的指示去演，而她却演得如此自然，无论是戴着草帽的农妇，干着活的工人，还是叼着香烟的妓女。阮玲玉的演技在当时的女演员中是出类拔萃的。"

摩登女性　艺术之巅

阮玲玉在《三个摩登女性》的表演，揭示了她艺术创造光辉的新的一页。

1932 年,联华影业公司拍了一部左翼电影——《三个摩登女性》。首演时间为 1931 年 12 月 29 日,首映地点在上海北京大戏院、上海大戏院,二家同时演出。在该片字幕上编剧署名陈瑜。陈瑜的名字对当时的观众和今天的人们都很陌生,原来他是一代戏剧大师田汉的笔名。田汉早在 20 年代中,即有志于电影艺术创作,宣扬进步、革命运动。这一电影剧作,也以鲜明有力的笔触,描写了在帝国主义侵略的情况下,3 名不同类型的女性的生活道路。这一主题构思,在当时是很有现实意义的。该片的男主角金焰,在生前曾说:田(汉)先生"一·二八"避难在我家住了很长一段时间,白天不便出门,心中真闷得慌,闲下来他就看了观众给我的大量来信。有一个女孩子写信追我,每封信都长达万把字,文字好,感情也很充沛;另外,还有一个电话女工写来的信,也是在感情上有所表示;其中还有一个是电影厂的黎灼灼,那时她还没有演过电影,后来让她参加《三个摩登女性》的演出,扮演交际花虞玉是头一次拍电影。田先生看了这些影迷们的来信非常喜欢,当时,上海正巧发生了一次接线员罢工的事件。这样,就结合这 3 个人的情况,又有一定的虚构,编写了一个描写 3 个女性的电影剧本:一个代表浪漫,一个代表爱情,一个代表革命。剧本完成后,由联华第一流导演卜万苍担任导演。这 3 个"摩登女性"分别由阮玲玉、黎灼灼和陈燕燕饰演。

阮玲玉在《三个摩登女性》中,扮演了一名自食其力、有理想有追求的新女性形象——淑贞。淑贞因为"九·一八"日本军国主义在我国东北发动事变,护送母亲来到上海,并考入电话局为接线生。她有一位同乡、未婚夫张榆(由金焰扮演)恰巧也在北京、并且当上了电影明星,以英俊风流的姿态获得盛名,张榆和交际花虞玉过往甚密,完全忘却了一片真情的淑贞。淑贞看了张榆在银幕上的演出,还在电话接线中时常听到张榆和虞玉的绵绵情话,深感不安和痛苦。她不仅为自己失去一名钟情的未婚夫而难过,而且深深为张榆的前途担忧。在国难家破之时,张榆陷于醉生梦死之中,使她不顾被张榆拒绝的女性自尊心,从电话中坦诚相劝,而张榆一意孤行,不接受淑贞的忠告。后来,"一·二八"事变再起,张榆在爱国意识的促动下,断绝和交际花虞玉的情爱关系,热忱投入发动民众的抗日宣传工作。在此期间,张榆从工作中、从接触中,深深为淑贞的真知灼见和皎洁不凡所吸引,认为她才是当代真正的摩登女性,不觉一往情深,产生前所未有的爱慕之心。淑贞则因被张榆伤透了心,不愿接受这种感情。最后,在一次电话局罢工活动中,淑贞当众演说被坏人击伤,送入医院,张榆日夜守护在病床旁,终于重新获得了淑贞的爱情。

《三个摩登女性》是阮玲玉表演艺术中很关键的一部影片,也是她在上片过程中颇费周折的一部影片。当《三个摩登女性》即将摄制,正着手选择角色的时候,阮玲玉因怕被观众遗忘,而要求给她一个角色(其实,这几年来,她每年都要拍二、三部影片)。导演卜万苍,是最先了解和发现阮玲玉的演剧才华的,这时却和其他人一样犹疑不决。因为,这部影片比较重要的角色是一个女工,而阮玲玉以前在《白云塔》《情欲宝鉴》《故都春梦》中成功地扮演了一些尖刁狡猾、风骚放荡的女性,给人的印象太深了。如果选择她来饰演,怕容易演成一个"骚"女工,所以举棋不定。可阮玲玉对周淑贞一角非常倾心,很有信心。她坚决表示:如果影片失败,她愿负担赔偿因她所受的全部损失。

《三个摩登女性》拍摄放映后,获得了成功,它是一部很有时代特色的电影作品。当时评论说:《三个摩登女性》如炸弹般落于中国影坛,新的电影开始出现于观众面前。尤其是作为该片女主角阮玲玉的表演更是富有光彩,她在片中很完美地塑造了一个富有爱国思想的、自立奋发的女性形象。这和阮玲玉以往扮演的堕落女性或苦命的女性,有着很大的不同。阮玲玉在她的每一部影片里,并不去重复过去的角色,相反,她沉浸在新的角色之中,寻求着一种新的形象的美。比如她表演淑贞在电话机前接线的服饰、神态:头发虽然烫过,却梳得朴素大方,布旗袍也显得整洁严正,一双眼神安详、诚挚、含有深意,欣喜时脸容上流露出一丝会心的微笑,而有别于以往影片中的"娇笑""媚笑"。这使人感受到阮玲玉那种扮演角色并非有意取媚于人的神情。这种艺术风度,显然是超出于当时许多女演员以至于一些赫赫有名的女星之上的。

《三个摩登女性》与隔年费穆执导的《城市之夜》,于1935年为美国纽约影业公司以重资赁去,在美国公映时,大为轰动。每片开映期往往延长至半个月,犹有人满之患。当时,纽约各家报纸,盛赞中国默片含意深远,并饶有时代革命色彩;同时对阮玲玉的演剧天才,倍加赞美,又对她青春夭折,甚为惋惜。

任何表演艺术家的成功绝非偶然,阮玲玉的成就自然也不单靠天赋。

在默片时代,演员们往往较多地借用本人的性格、形象、气质来扮演角色。如当年以演悲剧擅长的女电影明星王汉伦(1923年拍摄了《孤儿救祖记》等片);擅演深锁双眉、有淡淡哀怨的妇女形象的张织云(1924年拍摄了《人心》等片);擅演贤妻良母型的林楚楚(黎民伟的夫人,拍摄了《玉洁冰清》等片,曾与阮玲玉在《一剪梅》等片中多次合作);还有擅演3种不同型的少女的王人美、黎莉莉和陈燕燕……在二三十年代,这些电影女明星正是以自己特有的素质、外形,自然地用在角色的创造中,取得了成功的。

阮玲玉与她同时代的电影女明星一样,也以自己的素质、外形和本人的气质上的魅力,作为创造角色的基础。只要稍为了解阮玲玉身世和遭遇的人,就会惊异地发现,她所扮演的角色,与她的经历是如此相似。在这方面,曾与阮玲玉在数部电影片合作过,又对表演艺术理论有较深造诣的郑君里,有过精辟的论述:"我以为阮玲玉的表演艺术所获得的成就,首先是由于——她所塑造的人物与她的切身的社会阅历有着密切的关联。她在生活中的经历和感受有力地支援了她的艺术创造。……如果把她所创造的几种女性形象按编年的顺序排列起来,就是:被封建势力压得抬不起头的弱女;被阔佬损害的风尘女子;打破传统的婚姻观念的女性;要求和劳动人民结合的有初步觉悟的新女性。这些人物的思想演进过程,同她本人的思想发展颇有隐然偶合之处。从横向看,她个人的阅历和感受与她所扮演的形形色色的人物有大同小异的关联;从纵向看,她的生活道路也跟她所创造的人物同发展、同进步"。这一评语,正是从阮玲玉的艺术实践中如实地总结出来的。如她初入影坛时在《挂名的夫妻》一片中扮演少女史妙文,史先与青年王定章(黄君甫饰)相恋,但在家庭包办下,嫁了一个毫无感情的富家子方少琏,从此隐痛终身。这一角色,和阮玲玉的遭遇相似,容易为她所理解。影片中,阮玲玉扮演的史妙文,拒绝了王定章的爱情,默默地回到方少琏身边时,她表现出一种贤淑、善良的神态,低着头,脸上布满了愁云,生动地塑造了被封建势力压得抬不起头来的弱女子的形象。又如,在阮玲玉的中、早期影片中,如《情欲宝鉴》《白云塔》《故都春梦》等,曾现出她善作妖媚、泼辣的表演的特色,这也和阮玲玉在外形资质上的一些特质有关。她的一个同学,在回忆阮玲玉于崇德女校读书时的情况说:"她既不漂亮,又不摩登,不过几点细麻麻得很俏,态度也生得风骚一些,尤其是那一双眼珠,滑溜溜的真摄人魂魄。"1932年,当左翼文艺运动蓬勃发展的时候,玲玉也有强烈追随时代前进的心情,正是在这种心情下,又主演了要求和劳动人民相结合的新的妇女形象——《三个摩登女性》《新女性》。

但,如果认为阮玲玉的表演艺术仅仅而已,那是不符合实际的。假若如此,她是不会,或者说是不可能达到很高艺术成就的,就像我们现在看过她的影片后所评价的那样,说她的表演具有"永久的艺术魅力。"也就是说,阮玲玉的表演,除了与她同时代的女星有着共同的特点以外,一定还有更重要的东西来构成她表演艺术的整体的一个部分。

1934年,阮玲玉在联华影业公司主演了影片《再会吧,上海》,在摄影场间隙,她与同片演出的主要演员何非光(扮演影片中的医生)的一席话,道出了阮玲玉表演的奥秘。当何非光问阮玲玉如何才能塑造好一个角色时,她毫不犹疑、很有定见地说:"多看"生活,我就常观察我母亲是怎么样打牌的。

阮玲玉,作为一个演员,她并没有经过系统的表演理论的学习,这使她不大可能依靠艺术技巧和理性分析去进入角色。从她的艺术实践来看,她更多的还是靠着观察生活来进入角色创造。如阮玲玉在1931年主演《恋爱与业务》(联华影片公司出品;编剧:朱石麟;导演:卜万苍;摄影:黄绍芬)时,年仅21岁的阮玲玉,既要扮演女儿杨平凡,又要扮演老年角色杨平凡的母亲杨乃凡。为了演好这母女两代人的角色,在生活中她既注意观察了与片中女儿明快开朗的性格相近的年轻姑娘,又特别注意观察与母亲性格相近的老人神态。一次,她在街上遇见一位老年妇女,居然紧紧地尾随其后,仔细观察,细心模仿,直到被这位老人发觉……。由于阮玲玉在《恋爱与业务》中表演的成功,使它成为我国初次打入欧洲的巨片。当时除向法国卖出2个拷贝外,南美洲、加拿大等地均慕名而来,纷争罗致,影响广远。

阮玲玉创造角色的特点,是一方面用自己对生活的感受、气质、外形直觉地进入角色;同时,她也到生活中去攫取人物的素材,进行角色的再创造。如果没有后者,如果她没有注意不断地从生活中吸取营养,阮玲玉是不会在《三个摩登女性》中,成功地创造了与以往角色完全不同的电话工人周淑贞,也不会在《小玩意》中塑造一个热情泼辣、勤劳朴实的手工业者叶大嫂,以及后来创造的、艺术形象更为完美的《神女》《新女性》的角色。阮玲玉在短促的不到10年的艺术生活中,她扮演过小家碧玉、大家闺秀、村姑、老太婆、尼姑、丫头、妓女、乞丐、姨太太、卖花女、女学生、歌女、女作家等等。"如果把她的杰作汇集起来,差不多是一本中国社会大观",她在银幕上"曾自杀4次,入狱两次,其余便是忧伤、癫疯、被杀、病死等等"。如果一个演员,不能对自己的角色作性格化的创造,她是绝不可能塑造好这么多类型的人物的。所以,阮玲玉既是大家所俗称的本色演员,又是一个当之无愧的擅演多方面性格的性格演员。

默片时期,演员往往没有经过充分的排练时间,有时演员根本没有剧本,只能根据导演在摄影场中临场的要求,演员需要做即兴的创造表演,例如导演要求说:"你哭,悲伤一些","你笑,热情一些"……。在这种情况下,一般演员很容易从本色出发进行表演。

阮玲玉的整个艺术生活,是在默片创作时期度过的。面对拍摄场中即兴表演的方式,她是如何创造出那么多千姿百态的人物形象呢?阮玲玉是很有表演天才的,而她的表演天才,还是在脚踏实地地准备角色,可以说她的角色不是到摄影场中完成的,而是到摄影场以前就创造成功的。她常常为了回避干扰,躲到一个开服装公司的好友家里,将自己关在试衣房里,对着试服装的镜子练起来,动作起来,以至在与友人接触时,还口中念念有词,她解嘲似的嬉笑说:"我是个疯子。"还说:"我甚至做梦都在想着如何来表演她(角色)"。阮玲玉的表演艺术的特点之一,就是当她掌握了一个角色的思想感情之后，就不需要再苦苦地缠住它，而是随时都可以进入角色。与阮玲玉合作的著名导演艺术家蔡楚生曾说："在要正式拍戏时，阮却能在瞬间变换自己的全部思想感情和形体动作，从容而又敏捷地进入角色，待摄影机一转动，她——或者就是一个在身心上长年受践踏与创伤的老妇人，她以无穷的哀痛，苦泪交流地在泣诉着什么……使许多内外行的参观者为之惊叹不已。"在联华影业公司的《联华画报》5 卷 7 期上，曾登载过这么一段对阮玲玉表演的评语："各导演言，演员拍戏时，重拍最少者，女为阮玲玉，阮玲玉拍戏极能领略剧中人地位，临摇机以前，导演为之伸说一二句，即贯通了解，拍时，喜怒哀惧，自然流露，要哭，两泪即至，要笑，百媚俱生，甚有过于导演所期水准之上者，斯阮之所以独异于人欤"。事隔20 多年后，与阮玲玉合作过 3 部影片的著名导演孙瑜也愉快地回忆说："导演阮玲玉拍摄影片，是任何导演的最大愉快，开拍前略加指点，她很快就理解了导演的意图，一试之后，在绝大多数情况下，总是一拍成功，极少重拍。导演们在摄影场里，平常总致力于如何启发和帮助演员创造角色的表演，但阮却在很多时候反转过来启发和帮助了导演，她在镜头前试拍出来的戏，常比导演在进入摄影场前所想象出来的戏要好得多、高明得多。当一个导演对阮玲玉具体地规定了某些机械的、不真实的形体动作时，阮并不要在镜头前停下来，和导演面红耳赤地争论一大篇，她只消满怀信心地、真挚地把她的角色在规定情景中所应有的形体动作表演出来，便能使导演心悦诚服了。作为导演之一，这就是我所可能给予任何演员的最高评价。"

这些，我以为是阮玲玉的表演艺术真正吸引人、最可珍贵的地方。这种表演素质的技艺，不是每个演员都能达到的。

1935 年，阮玲玉去世后，"联华"因为公司的台柱明星阮玲玉陨落，实力大损，演员阵线顿形软弱，大有后继无人的恐慌。在公司已成名的演员中，或因个性与阮玲玉不同，或是因天才有限，造诣已止，都没有递补阮玲玉地位的资格。为此，"联华"只有把注意力移向新人。

恰巧"联华"女演员中，有两位新演员，一个是貂班华，一个是梅琳。貂班华在《新女性》等影片中，酷似胡蝶，联华公司让貂班华极力模仿胡蝶，以此与"明星"公司抗衡；梅琳踏进影圈，为联华公司吴邦藩所发现。他认为她的芳容正和阮玲玉十分相像，因而设法聘用，来递补阮玲玉的虚席。梅琳虽有阮玲玉的桃花脸、柳叶眉，却缺乏阮玲玉的演员素质和纯熟的表演技巧。后来，梅琳在联华的《无愁君子》等影片中的表演，都未达到过预期效果。

其实，阮玲玉的表演，何止一个梅琳难于望其项背呢？

阮玲玉所说的"多看",不仅是多看表演艺术的原形——生活;同时,也要多看表演艺术的成品——电影。过去,在她没有参加工作以前,为了拿不出一张买票的钱,她常常只得在影戏院门前望洋兴叹。如今,生活宽裕了,自己的职业又是演电影,"看电影"就成了阮玲玉生活中一件至关重要的事情。

在阮玲玉周围的人,只要细心一点的都会观察得出:她很少看中国影片,大多时候看的是外国影片。30年代初,葛丽泰·嘉宝是好莱坞最红的女明星,她曾以精湛的演技和迷人的风姿使世界上千百万影迷为之倾倒。嘉宝的重要影片,都曾在我国上映,除默片外,1930年上映了嘉宝的第一部有声片《安娜·克立斯蒂》和数年后上演的《琼宫恨史》,都曾得到过我国影剧界的赞誉。可阮玲玉最喜爱的影星,并不是嘉宝,而是1931年在世界电影中,使人震惊的德国影片《蓝天使》里的女主角玛琳黛德丽。阮玲玉酷爱这位德国的影星的缘由,并未告人。可是,如果看过她俩所拍摄的影片,并与之相比较研究,就会使人强烈地感到:她们在形体、表演风格上,都有惊人的相似之处。玛琳黛德丽在《蓝天使》等影片中娇姿婀娜,体态窈窕,出色地表演了一个迷惑道学先生的歌女。当时的西方电影对女电影明星的体形美的要求是十分严格的。玛琳黛德丽就曾以她的大腿美著称于世。《蓝天使》的导演冯·斯登堡,就是"用隐藏在吊袜带与黑色花边下面的大腿的扭动来突出她的淫荡"。阮玲玉在她同时代的电影女明星中,她的银幕形象也是轻盈敏捷、婀娜多姿的。阮玲玉的艺术生活,整个是处在默片时期。默片中的演员,只能借助字幕表示人物的语言,所以默片时代演员的语言运用,不可能像现在这么丰富,这就更多地要求演员在表演角色时,不仅需要丰富的面部表情,而且需要身体灵活,气质优雅,以加强整个场面的感情、艺术效果。纵观阮玲玉所拍摄的影片,她是很能领略其中之精髓的。在生活中,她一方面爱跳舞,请人教授形体健美训练;另一方面,在饮食等生活上也甚为注意。如1934年,阮玲玉在《香雪海》(联华影业公司出品;编导:费穆;主要演员除阮以外尚有高占非、黎铿)中第一次扮演了一个尼姑。她在拍戏时是吃斋的,在拍完戏后,她用饭时还吃素的。后来,她平日几乎都是素食,只是有时阮母心疼女儿辛劳,做些广东家乡的腊味饭、鸡球粥、珍肝面,这,她才品尝一点。阮玲玉虽然并不胖,但对经济渐渐富裕、生活安排甚为舒适的女演员来说,她却是很警惕的。联华公司服装工作人员都知道,阮玲玉的腰很细,市面上所出售的束腰围带,就没有像她那么小的。还有,与阮玲玉同时代的电影演员——谈瑛(曾主演过《麻疯女》等片),最近在香港记者采访她时说,"提起阮玲玉,她喜欢得不得了,说那是她最喜爱的中国女演员,而且真人很美,腰只有廿三、四,腿又修长,羡慕死了。"

阮玲玉训练、爱护自己的体形，一方面适应了默片时代演员以造型、动作为主要塑造人物手段的需要，更重要的是，使她在扮演各种角色时，具有较大的适应性。她不像当时一些体态过于丰硕的女演员，只能演富家女性，不能扮演贫家女子；只能演城市女性，不适宜扮农村妇女。还有另外一些女演员，单就她的外型看，总使人自然将她们规划到某种类型的女性之中，阮玲玉却演一人有一种模样。赵丹在生前曾这样称许阮玲玉说："穿上尼姑服就成为尼姑。换上一身女工的衣服，手上再拎个饭盒，跑到工厂的女工群里去，和姐妹们一同上班去，简直就再也分辨不出她是个演员了。"我以为，这不仅说明阮玲玉，是一个素质很好的可塑性演员，也因为她的外型对各类妇女具有适应性。

阮玲玉与玛琳黛德丽的演剧风格也是甚为相似的。玛琳黛德丽在《蓝天使》中，每一举一动，每一姿态，极其真切销魂，冶艳无比。这点，集中展现在她的一双不凡的眼睛上，这双眼睛在镜头前，具有一种朦胧，好像有点"焦点不清"（影评家亚里斯坦语），透过这双朦朦胧胧的眼神，在一种神秘的味道之中，有着强烈的魅惑力；在阮玲玉的艺术生活中，特别在她的早、中期，也有一组角色是一些妖媚娇艳的女性。如在《故都春梦》中饰演的妓女燕燕，迷惑了家中有贤妻的朱家杰，并以自己狡黠的交际手腕，为朱觅得一份要职。阮玲玉扮演的燕燕，除用自己形体上轻盈敏捷、婀娜多姿为体现人物的手段外；也靠她那一双发虚的、"焦点不清"的眼睛的魅惑力来蛊惑人心。角色正是依赖于这种魅惑力，才牢牢地抓住了观众的心神。

从《故都春梦》之后，阮玲玉塑造的角色，离这一类型的人物越来越远了。开始是温柔、善良（如《野草闲花》），受人同情的角色（如《恋爱与义务》《桃花泣血记》《小玩意》《归来》等），后来又发展到扮演追求革命、要求进步的新女性（如《三个摩登女性》《新女性》等）。自然，塑造这些角色，是不能用以前那种人物造型和眼神去表现的，但阮玲玉在扮演那些人物时具有的那种魅惑力却没有消失，她只是在将"美艳"化为"温柔"，将"迷惑"换成"质朴"的同时，有着一种态度大方、仪容优雅的气度。郑君里回忆说：她的技术熟练、朴素而自然，丝毫没有雕凿的痕迹。每个人物都烙印着她特有的清丽而优美的表演风格，具有强烈的艺术魅力。即使她扮演一个庸俗的"交际花"，也有一种脱俗的韵味。

当阮玲玉在左翼电影运动中，在表演艺术上有着迅速发展时，那追随着她的悲剧命运，似乎也以更快的速度，在向更深的方向进展了。这是因为在阮玲玉的感情生活里，纠缠不休的张达民的身影渐渐"淡化"了，一名富商叫唐季珊的暗影，又推到了她生活的"前景"上来了。

提到唐季珊，这还得从联华公司谈起。当时上海摄制影片的公司林立，相互之间的竞争甚为激烈，就是较有根基的公司，如果不发展、巩固自己的事业，也存在倒闭和被挤垮的危险。担任"联华"第一厂主任的黎民伟，为扩大、稳定自己公司的范围和权势，想拉富裕的茶商——茶华公司的经理唐季珊入股，常在公司和租赁场地召开联谊会和舞会，并要求"联华"公司的女演员参加，和他联络伴舞。自然，在这种场合，是独独不能缺少当时演剧声誉日高的阮玲玉的。

唐季珊不仅是一个茶行巨富，更是一个情场老手，想当年，他能追逐到红极一时的影后张织云，就可证明他对付女人是很有一套手腕的。张织云是我国电影正处于萌芽时期的电影女演员。1925 年她主演了"大中华影片公司"拍摄的《战功》获得成功后，奠定了她电影女明星的地位。这时，后来名震中外的女明星胡蝶，还只是一个默默无闻的临时演员，"阮玲玉"的芳名，也还从未在影坛上出现过。不久，她又主演了明星公司的《空谷兰》《玉洁冰清》和《梅花落》等，都获得了较大的成功。她外型雍容端丽、楚楚动人，很为那一时代的观众所喜爱。因而，她是明星公司当之无愧的台柱。在这期间，她与杨耐梅、王汉伦、宣景琳、黎明晖、韩云珍这些有名的电影女明星竞选电影皇后，"影后"一席，即为张织云所得。她是我国电影史上的第一任电影皇后。当时，正处于艺术的黄金时代的张织云，终于经不起物质引诱，与唐季珊同居，并与他到世界拍片名城好莱坞观光。但张织云在美国的公开身份，不是中国电影明星，而是以茶叶商人的太太身份出现在各种社交场所。回国之后，唐季珊不仅与原妻室有所来往，而且既有旧好（一青楼女子，人称花神老四），又添新欢。当张织云与唐争执时，唐正好借机将张织云抛弃。张织云与唐季珊离异后，陡然醒悟，极为沉痛地说过：牺牲了许多朋友和观众的爱不算，主要的是我的"黄金时代"已随青春消逝了。

唐季珊自从与阮玲玉数次接触同舞后，对阮的追逐甚为热烈。阮玲玉开始对唐季珊，只是为了"联华"的事业，对他作一般的周旋、交际。何况，张达民还不时地三天两头地来要钱、吵闹，已使她在感情上伤透了心。加之影片一部一部的连续拍摄，那有余暇去想这些情场上的事呢？可唐季珊手段老到，不仅与阮玲玉同舞时百般温存、随和，风度翩翩，还仔细体察、了解她思想感情上的需求。阮玲玉心爱小女妙容（小玉），他每次去她家常带些小衣裙、洋囡囡，小孩子思想单纯，见着他，就拉着手亲如家人。唐季珊对阮母，更是恭敬得五体投地，极尽阿谀奉迎之能事，"阿婆""阿婆"的叫个不停，将上海好的衣料、点心买了送她不算；还常陪她打牌，设法将钱输给她，以博得她对自己的好感。经过大半辈子动荡贫困的阮母，见着很有经济实力的唐季珊主动来巴结他，也时常被他哄得笑逐颜开。况且，阮玲玉离开了张达民后，也需要终身有靠。

唐季珊为了取得阮玲玉的爱恋,打的是一场迂回战、包围战。阮玲玉深爱相依为命的母亲和小玉,他就先取得了她们的欢心。确实,他的力气并没有白花,阮玲玉对这一切看在眼里,在心中对唐季珊这个人也有所动。但她到底是在生活中曾有过一次失意和打击的人,哪能轻易地迈开这决定人生道路的一步呢? 她平时行动,仍深自矜持;在与唐季珊的接触中,依然保持一定的距离。在繁忙的拍片生活里,她把业余时间都用在准备角色上,不敢有稍许懈怠。但,道高一尺,魔高一丈,唐季珊为阮玲玉的色艺所动,决心坚定,积极向阮玲玉"进攻"。他反复表示:决不会像张达民那样对待她,也决不会像和张织云那样与阮玲玉分离……,唐季珊还为她解除了许多后顾之忧,当阮玲玉提到张达民的纠缠无理时,他完全表现出一个真正的男子汉大丈夫的气概说:"这由我来对付! 他对你有什么感情? 在他眼里只有个'钱'字,要钱,这还不容易!""离了婚,再结婚,这在报纸上不是天天都有吗?"

可以说,在事业上,阮玲玉不愧为一个强者,她从 16 岁起,由不会演戏到会演戏;又从会演戏到争取饰演不同性格的角色。可在生活中,却有女性脆弱的一面,她常常因重感情而失去理智。在唐季珊以前不久,曾有一华侨富商,向她表示爱慕,追逐热烈,为她修造洋房、高价购赁饰物,用以金屋藏娇。后因为有人识破他家中已有三房妻妾,劝解阮玲玉与他割断了关系。事后,阮玲玉也十分庆幸自己未踏进这一痛苦的深渊。阮对劝解她的这位友人赤诚袒露自己的心怀说:"×太太,我太弱,我这个人经不起别人对我好。要有人对我好,我也真会像疯了似的爱他!"所以,阮玲玉在艺术上除了对自己有很高的自期外,她是一个很重感情的人。1932年前后,正是左翼文艺运动蓬勃发展的时期,许多艺人在艺术、思想上萌发了新的感情,开阔了新的视野。阮玲玉本是一个积极向上、热爱新生活的女艺人,她曾分外向往这样的生活,也乐于接触这些进步的同志。可当时她除了在摄影场拍戏,就在家中准备角色,红女星的地位,决定了她在生活中必须是深居简出的,她很少有时间参加一些左翼活动。所以,这次唐季珊为了得到她,精心设置了这一切,她就不知不觉地重踏了张织云的覆地。最初,唐季珊提出在她往返于摄影场地来回路上接送她时,是被她拒绝的,可一方拒绝,一方坚持,不管刮风下雨,唐季珊在标有"联华影业制片印刷有限公司"厂部的门外,身坐在汽车中静等阮玲玉的到来,一天,阮玲玉上了唐季珊的汽车。后来有一次在国民饭店跳舞后,两人终于结合在一起。

阮玲玉与唐季珊的结合,在当时的观念与现在的男婚女嫁是有所不同的。旧社会对男女婚姻,都以父母之命、媒妁之言为主要联姻方式,常常酿成不幸的人命悲剧。三、四十年代中,有些具有新思想的青年,为反叛这些封建意识的羁绊,只要双方性格相投,志趣一致就可结合在一起。阮、唐的结合,在阮玲玉的内心深处,也是有这一层意思的。她知道,唐季珊在最初热恋张织云时,两人曾订有契约,各执一纸,在该契约载明:唐如弃张,唐应赔偿张之损失费20万元。阮玲玉想:虽然唐季珊为新居办置了上好的红木家具,特制沙发床、椅,选购了我心爱的项链首饰等物,但这是与张织云结合的性质截然不同的。一是我们有真正的感情;二是我们有独立的人格,不是他人的依附物,总之,我绝不停止去摄影场拍片。阮玲玉希望唐季珊对他们的结合不必过多地张扬,因为以她当时在影坛的地位,定会遭到一些不好的舆论。

阮玲玉与唐季珊结合时,在事业上,完全奠定了她在影坛上的地位,月入丰盛(一说每月收入千元,一说实际收入为700金),不会太贪爱唐季珊的钱财;再者,唐季珊已达不惑之年,并非风流少年,这说明两人之间,尚有一定的感情。而对张达民呢,阮玲玉回想到与他在一起生活时的情况,仍是感到分外寒心的。那时为了将他从上海这个嫖、赌的恶劣环境里拔出来,曾恳请从香港来的何东爵士,为他设法介绍到瑞安轮上充任卖办,可是去不数月,又用亏了1000余元,丢了工作后,又回来吵闹,于是又写信给十九路军范其务先生,把他介绍至福建福清税局任事,大概不到2个月吧,竟又三天两日地写信来缠扰她了。为免却将来纠纷,阮玲玉找到律师伍澄宇,于1933年2月在报上登了一个声明:

伍澄宇律师受任

阮玲玉女士聘为常年法律顾问并代表郑重声明启事

现本律师受当事人阮玲玉聘为常年法律顾问,以后凡关于阮玲玉女士名誉财产及其他一切法益如有加以侵害者,本律师尽依律师依法保护之责。同时并据阮女士面称渠向抱独身主义,并未与何人为正式配偶,现亦未有与何人为婚姻契约。诚恐朋辈错认男女之际,致生误会,委为登报郑重声明等语。前来相应代表声明如上。

此致。

阮玲玉读了这一则声明后,对它的后果难以估量。经过反复思量,她还是带着矛盾的心情同意刊出了。

在一段时间里,没有听见什么动静。

1933年4月9日,张达民从福建因公到南京出差,路经上海回到家中,知道阮玲玉离开原来住处,并与唐季珊同居于大胜胡同137弄1号,曾登门对阮玲玉多次缠扰。阮玲玉忍无可忍,于4月14日约伍澄宇律师到中国饭店(张达民临时住处)找张达民谈判。在伍澄宇律师的证明下,双方达成协议,立约据为:

立脱离关系约据人阮玲玉张达民以下称甲乙今双方前曾一度发生恋爱同居关系,现为彼此免日后争执订立脱离关系条件如次:

（一）双方自签约后彼此各自立并声明以前并无为婚姻关系。

（二）甲因生计较乙为优并于脱离之后如乙之生计果有困难情形甲为念旧生恋爱之情仍需酌量津贴,但每月至多一百元为限以二年为期期满乙不得再有何要求

（三）前条甲之生计若不能继续维持时乙不得以志为要求

（四）乙之生计如何若不要甲津贴须以友谊将实在情况商告,不得有不实之事瞒欺甲方

（五）双方为名誉保障起见约定对本约不为登报

（六）乙方对甲方之津贴依照第二条若遇困难实甚经甲方同意按月之给付为时超过百元以上则陆续给付以满足二千四百元为额

（七）双方以手续自立约之日后为清楚以后不得有任何项事件之主张

（八）本约一式二纸各持一纸为凭

阮玲玉

张达民

伍澄宇

张达民返回福建后不久,又丢掉了饭碗。失业后的时日,他几乎每月就靠这100元的津贴过活。

阮玲玉自与张达民有了这样一项协议后,心中稍有平静和安慰。可那黑暗的旧社会的现实,将她这一点点可怜的平静和安慰也毫不留情地撕得粉碎。她与唐季珊的结合之日,正是她爱情上第二次失足之时。唐季珊以自己的富有,一贯对女性巧取豪夺、浪漫成性。婚后不久,阮玲玉就感到唐季珊的变化,他在热情、笑容可掬之外,常常体现着一些冷漠、貌合神离的神情。阮玲玉在生活中是一个绝顶聪明的人,她的表演职业,更促使她长于细心、善于观察的特性。为此,她开始审试、提防他了。有一次,唐季珊刮好胡子,着上新添购的灰色西装,支支吾吾地出去了,阮玲玉设法尾随其后,终于印证了她的推测,亲眼见到唐季珊与一红舞女并肩携手地双双进入新居中去。阮玲玉看到此情此景,心快跳到喉咙口,手激动得急骤颤抖,几乎眼发黑快晕了过去,心中在默念着:啊！她胸前还戴着那颗红宝石项链!

原来,在数天前,阮玲玉已见唐季珊行动有异,借他酒后熟睡之机,带着试探的心情,搜查了一下他的上衣口袋,摸着了一个硬邦邦的东西,拿出来一看,是一个精美的首饰盒子,内装一红色宝石的项链。阮玲玉看着这精美的饰物,思绪起伏:他

是送给我的吗？他已知道我有几副满意的项链了，而且这一副和我原有的项链中的一副十分相像。可他不是送给我的，又是送给谁的呢？阮玲玉全身血液沸腾着，微皱眉头，不觉又想到：难道自己的猜测，近日来所听到的风言风语是真的吗？当她再回过头去，看见正躺在床上的唐季珊，沉睡中一滴口水顺着嘴唇流出的样子，陡生一种嫌恶的感情。阮玲玉是一个十分爱干净的人，顺手拿了一块手帕拭去了唐季珊嘴边的唾液。随着这一个动作，她心中又萌生一个思想：可能是自己小心眼，是真是假还得进一步留心查看。现在看来，天呐！这一切可不是真的吗？

唐季珊的变化，唐季珊的见异思迁，这一打击不亚于张达民的堕落，不，只有过之而无不及。昔日阮玲玉与张达民联姻，是母女都寄人篱下，又受旧风俗习惯的束缚，家长为子女包办婚姻，代订婚约，收受财礼，到处都有。阮玲玉幼年丧父，母亲为她与张达民订婚，在当时是很平常的事情。何况，那时阮玲玉并未成年，婚姻由无经济能力的寡母代办，现在离异，能明了几分真相的人，可能同情是在阮玲玉这一边的；可是，与唐季珊同居时，自己已是一个22岁的成熟女子，又是一个曾经历过一次婚姻不幸的人，这是自作自受。

阮玲玉的眼泪，向谁诉？向谁言？自然，她首先想到了在生活中最亲的人——母亲。可她想到，就是对母亲倾诉心怀，也是于事无补，她见着母亲因过于辛劳的生活而造成额头的缕缕皱纹，就不忍心去再加重她的悲痛。

从此，在阮玲玉的生活中，有着异乎寻常的变化。不明底细的人，从表面看去，她照常拍戏，准备角色，参加社交活动，可要是一个细心的人就会觉察到，她在和大家说笑的时候，总有那么一点像在哭的味道，或者笑声刚出来，又戛然而止。

神女背后　美的享受

阮玲玉从1930年后，一直到她1935年去世的四、五年间，参加拍摄了近20部影片，她的表演大都是具有一定的思想和艺术深度的。自然，其中也有较差的，如《再会吧，上海》（1933年）和最后拍摄的《国风》（1935年）。在这两部影片中，一是她在进入角色时有过多的理念成分；二是缺少人物独特的感情和动作。也许，这是她在这一时期中，被婚姻和感情折磨所致吧。

就我们现在所能看到的阮玲玉后期影片里，以《小玩意》（1933年）、《神女》和《新女性》（1935年）3部为最有光彩、最有代表性。

导演孙瑜，自与阮玲玉合作拍摄《故都春梦》《野草闲花》后，就缺少合作的机会。因为,这时阮玲玉在电影界的声誉日高,许多电影导演名家,都纷纷邀她拍片。曾与阮玲玉初次合作《挂名的夫妻》一片的导演卜万苍,在 1931 年又与她合作了《恋爱与义务》《一剪梅》《桃花泣血记》,1932 年与她合作了《续故都春梦》《三个摩登女性》。著名导演朱石麟在 1931 年与她合作拍摄了《自杀合同》;费穆在 1933 年与她合作拍摄了《城市之夜》。孙瑜虽认为阮玲玉是默片时代最有创作活力的电影女演员,也没有获得再合作的机会。

1933 年,孙瑜编导了他的救亡三部曲(《野玫瑰》《小玩意》《大路》)之一的《小玩意》。阮玲玉向他表示了再度合作的意愿,孙瑜欣然同意由她扮演女主角叶大嫂,还决定邀请她的养女妙容在片中扮演叶大嫂的女儿——珠儿(长大后为黎莉莉扮演)。

叶大嫂是一个制作“小玩意”的民间手工女艺人。影片反映了从第一次世界大战后,到“九·一八”“一·二八”事变十几年中的风云变化。阮玲玉扮演的叶大嫂也随之从青年成为中年妇女。年仅 23 岁的阮玲玉,从创作思想上看,已摆脱了当时一般女明星的爱美心理,她不以外形动作和形态美来吸引观众;而着眼于人物精神世界的创造,随着剧情的开展,一步步地揭示了人物的心理深度。在影片中可以看出,阮玲玉不仅有表现人物的娴熟技巧,而且是很有审美追求的。叶大嫂的一生是悲苦的:在帝国主义侵略、军阀混战和国民党黑暗统治下,她遭到破产、亡夫、失子的一连串打击,最后,连唯一的女儿也死于抗日的战火中。而阮玲玉没有一味去演人物的悲苦,自我怜悯,而是不卑不亢,突出了人物坚贞不屈的乐观性格。

阮玲玉在此片中,不仅自己演得好,还适时地帮助了扮演珠儿的演员黎莉莉。黎莉莉曾回忆说:“当时,我对角色的理解很肤浅,我想珠儿既然受了重伤,伤口必然很痛,所以我紧皱双眉,表现出异常疼痛的样子。这段戏拍了几次,导演都不满意。我因演不好戏又着急、又难过。这时阮玲玉启发我说:‘这时候你所要表现的不是如何疼痛,而是安慰母亲,不让她难过,这样才能深刻体现出深厚的母女之情’。”可见,那时才 23 岁的阮玲玉,对如何揭示角色的内心世界,是很有见解的。这说明:阮玲玉的表演艺术成就,不仅在她有着娴熟、自然地表现角色的技巧;而同时也具有理解角色的思想深度。唯独有理解角色的深度,才使她的技巧升华到了更高的艺术境界。

阮玲玉在《小玩意》中,演得最出神入化的地方,还是在影片的结尾部分。一年春节,她身遭家破人亡之后,流落在春花舞场门外的街头,猛听见爆竹一声巨响,误以为敌人杀来,精神失常,高呼:“中国要亡了……快救救中国!”她指着一些沉醉在灯红酒绿中的男女:“我所说的是你!”“是你!”。虽然叶大嫂的语言是用字幕打出来的，可阮玲玉对于她那种既疯狂，而又对侵略者怀有深仇的真情，掌握得恰到好处。影片用几个不长的中、近景，拍摄了在人群中的叶大嫂大幅度摆动身肢和凝视失常的眼神，显示出阮玲玉已完全沉浸在角色之中。透过她的眼神，一幕幕敌人摧残杀害中国人的惨剧在重视，透过她自己制作的小玩意——士兵、武器去冲锋陷阵的幻觉，更刻画了她的爱国激情。这使人感受到：阮玲玉既善于演一些细致入微的感情变化，又能发挥出淋漓尽致的奔腾激情，并达到和谐的统一。

阮玲玉所塑造的人物大都与她的切身社会阅历有着密切的关联。她在生活中的经历和感受，有力地支援了她的艺术创造。可是，从《三个摩登女性》中的电话接线生淑贞，到《小玩意》里的叶大嫂则不同，这些人物都和她的生活距离较远，在当时的银幕上也几乎是没有出现过的。她进入了一个陌生的、新人物的世界之中。这，正是阮玲玉这一时期所追求的。在她刚参加拍摄电影之初，往往把演戏、拍片看作个人的事，兴趣、挣钱、出名是她生活的动力。如今不同了，随着进步力量对电影的影响，随着当时民族危机日渐加深，阮玲玉渐渐明白了一个电影演员应有的责任。

一次，在拍摄外景时，因天气阴雨绵绵，不能进入拍摄。

《小玩意》一片的摄影师周克笑着对阮玲玉说："阮小姐，你对于外间批评和拥护女明星有什么意见？"

阮玲玉笑了笑，把身前的小玉向怀里拢了拢说："批评是我最关心的事，拥护，没有什么……老实说，只要中国影业发达，能有我一个位子便很光荣了，却不希望无意识地被人捧上天去，我生怕自己摔下来了呀！"言辞诚恳，流露出阮玲玉对演员艺术的执着追求。在那样一个纸醉金迷、灯红酒绿的旧上海里，有多少女演员，稍有名气，便一味沉醉在交际场中，和阔佬、富少、名流、记者周旋，哪里还顾得上艺术的追求？阮玲玉的艺术生命，来自对表演艺术的热爱，特别是她艺术创作的后期，她对自己所扮演的角色的探索和对完美艺术的追求，从未因名声显赫和感情生活的失意而随意松懈。

1933 年 8 月 13 日，阮玲玉拍完《小玩意》后，感觉疲劳，她到普陀山去休息了几天。接着，她在费穆导演的《人生》里担任女主角。该片的主要内容，是写一个女工，由于生活和环境的逼迫，使她一生都无法摆脱当妓女的命运。影片制作时间历时 4 个多月，首演于 1934 年 2 月 3 日上海金城大戏院。放映后得影评界关注，认为："1934 年带给中国电影的是压力的黑影与忧郁。但是，费穆的《人生》，的确表示了中国电影的技术水准的新的阶段。"影片的成绩是与阮玲玉的表演技艺分不开的。她在影片中饰演的角色，从少小到老死，历时四、五十年之久。当影片拍完后,阮玲玉曾对人说过,在她所拍过的影片中,她以为这部影片的表演是最使她满意的了。

在阮玲玉所主演的 29 部影片中,就她的艺术上的完美和光彩来说,吴永刚导演的《神女》可以说是她的艺术顶峰之一。

吴永刚,原为"天一""联华"的美工师,1934 年,他有感于当时的现实生活中,一部分妇女流落街头当妓女的屈辱地位,开始创作他的第一部影片——《神女》。作为初次创作的青年导演,他把握不大,甚至怀疑自己的作品将来是否能有所成就。他想,重要的是,《神女》得选择一个上好的女演员来担任主角。此时,他自然会首先想到演技好、戏路宽的阮玲玉。但他又顾虑重重,因为阮玲玉从拍完《三个摩登女性》《小玩意》等影片后,声誉日隆,她能与一个初出茅庐的青年导演合作吗?吴永刚带着一种期望的心理等待着。后来,黎民伟转告吴永刚说:"阮玲玉热情回答,'没关系,让我来演好了'。"

由于有了阮玲玉的参加,增加了吴永刚拍好《神女》的信心。因为,吴永刚作为"联华"的一位美工师,曾经无数次在摄影场上看见过阮玲玉在摄影机前的表演,他认为:她有着非常敏捷的感应力,如同一张感光最快的底片,反应力非常快;尤其是她那种对于工作的严肃、一丝不苟的态度,使人感动。而在她的过去作品中,她曾经饰演过多种人物,她非但能模拟各种人物典型,并且能深深地抓住剧中人的个性,她能控制她感情,使她的表情和动作,转变的顺序节奏恰到好处。她对于工作是聪明而诚恳,待人接物使人感到像是一团和煦的春风。

《神女》一片的故事情节极为简单,它写了一个城市的普通妇女,迫于要抚养她幼小的儿子,忍辱出卖肉体。结果一个流氓不仅占有了她,还要夺取她全部的"卖身钱",她在忍无可忍的心情下,将他打死,最后被法院判处 12 年徒刑。

在我国和世界各国的影片里,一些优秀的女演员都创造过不幸的妓女艺术形象。在众多的妓女题材的影片里,《神女》又以不同凡俗的特色,不仅在当年引起很大反响,至今仍有经久不衰的艺术魅力。阮玲玉,她演出的那个连名字都没有的、神容黯淡的下等妓女,既没有嘉宝演的《茶花女》的雍容华贵,珠光宝气;又没有费雯丽于 40 年代演的《魂断蓝桥》里的玛拉那么娇美诱人,脉脉含情。她,只是一个从来没有被人爱过疼过,尝过人间温暖的下等妓女。容貌既不惊人,衣着更不华贵。她在小屋中的几步走动的姿态,她那微皱眉心的面容,以及领口都没有扣好的衣衫,一下子就让人产生了一种信任感。她在摇篮里亲了亲婴儿,换上墙上挂着的半新的花旗袍,……这就是一个为生活所迫,以出卖肉体为职业的妓女形象。

从她在《神女》中的第一个镜头起,阮玲玉从步态、面容、情绪、细节,都演得那么从容、自然、准确。而这又不是琐琐碎碎,断断续续的。它是这一艺术形象总体中的一部分、一方面。一皱眉、一昂头、一举步、一个眼神,都是人物整体中的一枝一叶。这种对人物整体把握和表达的能力,体现出阮玲玉的表演艺术已进入成熟的境地,已从一般表演上的真实、质朴、自然,达到了创造完整丰满的性格化表演的高峰。

在《神女》里,有3次表现神女上街卖淫的镜头。

第一次:她第一次出街,来到20年代的路灯下,从眼神、面容、步态,尤其是抽烟、吐烟圈的细节,活画出她那从事这一不幸生涯的真实形态。可是,阮玲玉并不以这些表面的、外观的真实为满足,而在细微的瞬间,在面容的变化和紧闭一下嘴唇的表情中,显露出她内心的委屈、无奈和痛楚。这都是在极短的镜头中完成的,反映了阮玲玉感情变化迅速、明快的特点,也使人物在具有真实可信的同时,有了深度和厚度,有了多样的色彩。尤其令人惊讶的,是阮玲玉在步态的运用上,真是像出色的音符那么准确、传神:如她出卖肉体挣不到钱,而在当铺门口徘徊时进退两难的步态;尤其是当寒夜已经过去,黎明初展,她拖着疲惫的步子缓慢、沉重地上楼,这一步态,既反映了她身体的劳乏,更表现出她心灵的悲切。在画面中,阮玲玉有时是以背影出现,而却给人以胜过语言、胜过正面面部表情许多倍的感染力、想象力。

第二次:她在街上卖淫时,受到巡警的追捕。慌忙之中,她竟误撞入那个高大肥胖的流氓(章志直饰)房里。她如同一只小鸡似的,刚逃过豺狼的追逐,又落入饿虎的巢穴。惊魂未定,神色惶恐,她向流氓发出一丝希望的祈求,流氓掩护了她,把警察打发走了。她神色略显安定,流氓又强迫她留下过夜:"你应当怎样来谢我?今天别走了!"她听了他的话并不声响,平易的外表隐含着内心无比的屈辱和痛苦。此时,她在一个较长的摇镜头中,默默地向里走去,跳到桌上坐着,还用一只腿搭在木椅上,她找流氓要了一支烟,在指甲上磕了磕烟丝,既豪爽又从容地吸着……。在阮玲玉的脸上,我们没有看见她啼哭、悲切的表情,然而在她这种默默地、连续不断的形体动作中,在她那淡淡的、冷峻的目光后面,却使人感到她有比啼哭、悲切更深沉的东西!

第三次:阮玲玉只是以她的步态,向嫖客走去,镜头中是她的脚的特写。简简单单的、朴素的几步,暗示出她一次次出卖了自己的肉体,干着最不幸最可耻的勾当。电影表演不可能在每个镜头中,全都显露演员的面部和肢体,但在局部镜头中,也要紧紧联系着人物整个精神状态。导演在这一小节镜头中,虽只是双脚走动的特写,可它已是有主体感觉的、有生命的,观众也完全可以想象出阮玲玉当时那似哭非哭,楚楚可人的神情。

这三次卖淫的表演处理,镜头都不算太长,阮玲玉却在有限的篇幅里,在默默无言的动作中,以及在细微变化的表情里,活现出一个地道的旧上海滩、而且是个生活在最底层的妓女血泪史。她演得既有妓女卖笑的职业特点,又演得那么含蓄,毫不给人一种感官上的生理刺激;相反,还给人一种"脱俗"的味道。阮玲玉表演丑恶的生活现象,却留给人们美的艺术享受。这正反映她的美学观、艺术观日趋成熟。

阮玲玉在这之前,曾在《玉堂春》《故都春梦》《人生》等影片中,成功地创造过妓女的角色,唯独在《神女》中,塑造了一个富有哲学意味的艺术典型。如果阮玲玉演出她不幸屈辱的一面,那么,即使她演得再出色,再成功,终不过是个中外电影史上已经有过、常见的妓女罢了。阮玲玉在这一角色身上所追求,所探寻的,有更为重要、更具特色的另一面,那就是她在第一场里就定下的基调:崇高的无私的母爱。正是流动于她心灵之中的这种母爱,使神女的形象发出了与众不同的异彩。在影片中,孩子才是神女的欢乐、安慰、希望。她的肉体虽然属于世上的任何男人,可她的灵魂却只属于她的孩子。当她一抱起孩子时,似乎在灵魂里纯洁得没有一丝污秽。人们不能不感到惊讶:阮玲玉竟能这样天才地将最不幸、最痛苦的情感和最崇高、最丰富的母爱揉和在一起;竟能从一个最下等的神女身上,发掘出最美、最无私、最纯洁的母爱之光;竟能从最寻常、最普遍的日常生活中,挖掘出一种艺术美的境界。我们从心底发出由衷赞叹:当20年代初,中国早期女演员的表演大都还受着文明戏、形式主义、刻板化的束缚和影响时,她却迈出了现实主义表演艺术的极可宝贵的一步。从内心到外形,从动作到表情,她都能如此自然、和谐、清新、质朴,尤其是,它力求生活感而不流于琐碎,注重人物的性格刻画,注重形象的整体。与她同一时期的世界各国的著名女星相比,是毫不逊色的。

导演吴永刚,在和阮玲玉合作拍片后,更领略到她表演技艺之精深。一次,在拍摄她进入监狱一场戏时,正好她的广东老乡远道赶来看她拍戏。她热情亲昵地与他们交谈着,等到拍摄现场一切安排就绪时,导演吴永刚怕她马上进不了戏,可她却愉快而惬意地说:"不要紧不要紧,开始吧。"只见她在监狱的铁栏杆前一站,定了定心,当摄影机一开动时,她早已进入了角色。愤懑时,面容分外凄苦;悲伤时,两泪即下,使参观的老乡对她的表演倍感同情。尤其使人惊奇不已的是她的眼泪来得那么自然,使参观的人忘记了是在参观而掉下了眼泪。吴永刚深感阮玲玉卓绝的表演天才,称阮玲玉是"感光敏锐的'快片',无论有什么要求,只要向她提出,她都能马上表现出来,而且演得那样贴切、准确,恰如其分。有时我对角色想象和要求还不如她体验的细腻和深刻。在拍片时,她的感情不受外界的干扰,表达得始终是那么流畅、逼真,犹如自来水的龙头一样,说开就开,说关就关。"

美国影片公司在 30 年代的初、中期,一度盛行以旧时的默片重新摄制有声片。如《三剑客》《双城记》和《钟楼怪人》等,都是先有默片,后来才有有声片。吴永刚在拍摄了《神女》(1934 年)之后,于 1938 年又在联华公司,重新拍摄和《神女》内容几乎完全一样的有声片——《胭脂泪》。此时,已是阮玲玉去世后 3 年,该片的女主角由另一有名的红女星扮演。其他配戏的主要演员尽量保留(如饰演孩子的黎铿,扮演流氓的章志直等)。场次、镜头的分切等处理也基本忠于拍摄的《神女》。由于有重要女明星参加,影片有一定的影响,但人们难于忘怀的是阮玲玉在《神女》中那纤弱灵巧、造型优美的形体;更难于忘怀的是她那凄楚冷峻的眼神,这一切的美,在人们的心中是永恒的。